Übersicht über das **Sozialrecht**

Impressum

Herausgeber:
Bundesministerium für Arbeit und Soziales
53107 Bonn
www.bmas.de

BW Bildung und Wissen
Verlag und Software GmbH
Südwestpark 82
90449 Nürnberg

Bibliographische Informationen der Deutschen Bibliothek:
Die Deutsche Nationalbibliothek verzeichnet diese Publikation in der Deutschen Nationalbibliographie; detaillierte bibliographische Daten sind im Internet über http://dnb.ddb.de abrufbar.

© 8. Auflage 2011 (Rechtsstand 1. Januar 2011)
BW Bildung und Wissen
Verlag und Software GmbH
Südwestpark 82
90449 Nürnberg
Tel.: 0911/9676-175
Fax: 0911/9676-189
E-Mail: serviceteam@bwverlag.de
http://www.bwverlag.de

Umschlaggestaltung: Karin Lang, Nürnberg
Layout und Satz: Hans-Jörg Jolli, Nürnberg
Druck: CPI – Clausen & Bosse, Leck

Diese Publikation wird im Rahmen der Öffentlichkeitsarbeit des Bundesministeriums für Arbeit und Soziales herausgegeben. Sie darf weder von Parteien noch von Wahlbewerbern oder Wahlhelfern während des Wahlkampfes zum Zwecke der Wahlwerbung verwendet werden. Dies gilt für Europa-, Bundestags-, Landtags- und Kommunalwahlen. Missbräuchlich ist besonders die Verteilung auf Wahlveranstaltungen, an Informationsständen der Parteien sowie das Einlegen, Aufdrucken oder Aufkleben parteipolitischer Informationen oder Werbemittel. Untersagt ist gleichfalls die Weitergabe an Dritte zum Zwecke der Wahlwerbung. Unabhängig davon, wann, auf welchem Weg und in welcher Anzahl diese Publikation dem Empfänger zugegangen ist, darf sie auch ohne zeitlichen Bezug zu einer bevorstehenden Wahl nicht in einer Weise verwendet werden, die als Parteinahme der Bundesregierung zugunsten einzelner politischer Gruppen verstanden werden könnte.

Aus Gründen der besseren Lesbarkeit wurde in der Regel die männliche Schreibweise verwendet. Es wird ausdrücklich darauf hingewiesen, dass unter der maskulinen Schreibweise männliche und weibliche Personen zusammengefasst sind.

Alle Rechte vorbehalten. Nachdruck – auch auszugsweise – nicht gestattet.
Für Vollständigkeit, Fehler redaktioneller oder technischer Art, Auslassungen usw. kann – auch wegen der schnellen Veränderungen in Gesellschaft und Bildung, Wirtschaft und Technik – keine Haftung übernommen werden.

Dieses Buch enthält eine CD-ROM mit dem vollständigen Inhalt des Buches ergänzt um eine Übersicht über die Investitionsprogramme nach Art. 52 Pflegeversicherungsgesetz (Ergänzung zu Kapitel 11) und folgender Veröffentlichung des Bundesministeriums für Arbeit und Soziales: *Statistisches Taschenbuch 2010*.

Die „Übersicht über das Sozialrecht" erscheint jährlich in aktualisierter Fassung.
Aboservice unter o. g. Verlagsadresse.

ISBN 978-3-8214-7247-8

Übersicht über das **Sozialrecht**

Dieses Buch ist auf der Grundlage von Einzelbeiträgen verschiedener Autoren zusammengestellt worden.

Vorwort

Liebe Leserin, lieber Leser!

Deutschland ist ein verlässlicher Sozialstaat. Die Menschen können sich darauf verlassen, dass sie Unterstützung und Perspektiven bekommen, wenn sie arbeitslos werden oder nicht mehr arbeiten können, krank oder pflegebedürftig werden, nach einem Unfall behindert sind oder durch einen Schicksalsschlag den Boden unter den Füßen verlieren. Für all diese Menschen tritt die Gemeinschaft ein. Wie das im ganz konkreten Fall geschieht, regelt das Sozialrecht.

Mit der *Übersicht über das Sozialrecht* möchten wir Ihnen einen Überblick über die vielfältigen Hilfen der gesamten sozialen Sicherung geben. Wir haben in die *Übersicht* die Sozialgesetzbücher aufgenommen, in denen geregelt ist, welche Schutzmechanismen jeweils greifen. Sie können sich aber auch über andere Teilgebiete des Sozialrechts informieren: über die Hilfen für Familien genauso wie über die soziale Sicherung der freien Berufe, das Wohngeld oder Hilfen für Spätaussiedler.

Das soziale Sicherheitssystem der Bundesrepublik Deutschland blickt auf eine lange Entwicklung zurück. Dabei haben wir es ständig aktualisiert. Dadurch zählt unser Sozialsystem heute zu den leistungsstärksten der modernen Industriestaaten. Viele Länder in Europa und in der Welt haben das deutsche Sozialsystem zum Vorbild genommen. Darauf dürfen wir stolz sein. Aber wir dürfen uns darauf nicht ausruhen: Wir müssen immer wieder neue Antworten auf aktuelle Herausforderungen geben.

Für die *Übersicht* konnten wir kompetente Autorinnen und Autoren gewinnen, die die Sozialgesetze allgemeinverständlich darstellen und durch Beispiele mit Leben füllen. Das ist wichtig, denn das Sozialrecht ist keine Ansammlung von Paragrafen. Es nimmt stets den Menschen in den Blick und regelt, was soziale Sicherung für jede und jeden Einzelnen bedeuten kann.

Wir laden alle interessierten Bürgerinnen und Bürger ein, sich mit der *Übersicht über das Sozialrecht* ein Bild davon zu machen, wie das soziale Sicherungssystem in Deutschland organisiert ist und wie es funktioniert. Denn soziale Sicherung ist nichts Abstraktes, sondern geht alle etwas an. Ein verlässliches Sozialsystem ist Fundament einer lebenswerten Gesellschaft und Garant des sozialen Friedens.

Ihre

Ursula von der Leyen

Verzeichnis der Autoren

Einführung
Dr. Gerald Becker-Neetz, Ministerialdirigent
im Bundesministerium für Arbeit und Soziales

Kapitel 1
Renate Freund, Ministerialrätin
im Bundesministerium für Arbeit und Soziales

Kapitel 2
Björn Kazda, Oberamtsrat
Martin Vogt, Ministerialrat
beide im Bundesministerium für Arbeit und Soziales

Kapitel 3
Dr. Klaus Bermig, Ministerialrat
im Bundesministerium für Arbeit und Soziales
Heinz Peter van Doorn, Regierungsdirektor
im Bundesversicherungsamt

Kapitel 4
Armin Knospe, Ministerialrat
im Bundesministerium für Arbeit und Soziales

Kapitel 5
Markus Algermissen, Ministerialrat
Dr. Brigitte Bernardi, Ministerialrätin
Ulrich Dietz, Ministerialrat
Marco Ginocchio, Oberregierungsrat
Dr. Volker Grigutsch, Ministerialdirigent
Till-Christian Hiddemann, Regierungsdirektor
Monika Hommes-Rüdiger, Verwaltungsangestellte
Dr. Hiltrud Kastenholz, Ministerialrätin
Christian Leber, Regierungsdirektor
Dr. Joachim Müller, Ministerialrat
Dr. Thomas Neumann, Ministerialrat
Franz-Heinrich Schäfer, Ministerialrat
Dr. Josephine Tautz, Regierungsdirektorin
Dr. Gerhard Vieß, Ministerialrat

Tina Vogel, Oberregierungsrätin
Christian Weck, Regierungsdirektor
Dr. Manfred Zipperer, Ministerialdirektor a. D.
alle im Bundesministerium für Gesundheit
Bernd Dortants, Regierungsdirektor a. D.
im Bundesversicherungsamt

Kapitel 6
Hans-Ludwig Flecken, Ministerialdirigent
im Bundesministerium für Arbeit und Soziales

Kapitel 7
Harald Goeke, Regierungsdirektor
Sabine Meiburg, Regierungsdirektorin
beide im Bundesministerium für Arbeit und Soziales

Kapitel 8
Prof. Dr. Dr. h. c. Reinhard Wiesner,
Ministerialrat a. D.
im Bundesministerium für Familie, Senioren, Frauen und Jugend

Kapitel 9
Nikola Lafrenz, Ministerialrätin
im Bundesministerium für Arbeit und Soziales

Kapitel 10
Renate Freund, Ministerialrätin
Dr. Robert Steinbach, Ministerialrat
beide im Bundesministerium für Arbeit und Soziales

Kapitel 11
Winfried Münch, Oberamtsrat
Franziskus Nostadt, Regierungsdirektor
Dr. Eckhard Grambow, Ministerialrat
Jörg Rudolph, Ministerialrat
Robert Schüßler, Ministerialrat
alle im Bundesministerium für Gesundheit

Kapitel 12
Dieter Lutz, Ministerialrat
im Bundesministerium für Arbeit und Soziales

Kapitel 13
Wilfried Gleitze, Erster Direktor a. D. der
Deutschen Rentenversicherung Westfalen

Kapitel 14 und 17
Christian Wirth, Ministerialrat
im Bundesministerium für Arbeit
und Soziales

Kapitel 15
Friedrich Schupp, Oberamtsrat
im Bundesministerium für Arbeit
und Soziales

Kapitel 16
Joachim Försterling, Direktor / Mitglied der
Geschäftsführung der Deutschen Rentenversicherung Westfalen

Kapitel 17
Siehe Kapitel 14

Kapitel 18
Hans Joachim Helmke, Ministerialrat a. D.
Dr. Martin Lenz, Ministerialrat a. D.
beide im Bundesministerium für Familie, Senioren,
Frauen und Jugend

Kapitel 19
Hans-Herbert Thiel, Oberamtsrat
im Bundesministerium für Bildung und Forschung

Kapitel 20
Manuela Frank, Tarifbeschäftigte
im Bundesministerium für Verkehr, Bau und
Stadtentwicklung

Kapitel 21
Sabine Schneider, Ministerialrätin
im Bundesrechnungshof

Kapitel 22
Ulrike Eckert-Knappe, Tarifbeschäftigte
im Bundesausgleichsamt

Kapitel 23
Martin Vogt, Ministerialrat
im Bundesministerium für Arbeit und Soziales

Kapitel 24
Frank Wältermann, Ministerialrat
im Bundesministerium für Arbeit und Soziales

Kapitel 25
Egon Kalmund, Ministerialrat a. D.
im Bundesministerium für Arbeit und Soziales

Kapitel 26
Dr. Peter Becker, Richter
am Bundessozialgericht

Kapitel 27
Roland Tautz, Oberregierungsrat
im Bundesministerium für Arbeit und Soziales

Inhaltsverzeichnis

	Seite
ABKÜRZUNGEN	XXIX
EINFÜHRUNG	1
Sozialrecht – Mythen oder Fakten	1
Sozialrecht und Wirtschaftskrise	1
Ein wenig Geschichte ...	2
Sozialstaat ist ein Produktivfaktor	2
Soziale Sicherung und Gerechtigkeit – vom Grundgesetz gefordert!	2
Netzwerke der sozialen Sicherheit	3
Möglichst wenig Staat ...	3
Weiterentwicklung des Sozialstaates unabdingbar	3
Und wie sieht die Zukunft des Sozialstaates aus?	5
Information und Mitgestaltung des Sozialstaates	6

1 SOZIALGESETZBUCH 1. BUCH ALLGEMEINER TEIL 7

Überblick	7
Werdegang	7
Gegenwärtiger Umfang des Sozialgesetzbuchs	8
Soziale Rechte	8
Hilfen für den Bürger	9
Aufklärung	9
Beratung	9
Auskunft	10
Antragstellung	10
Sozialleistungen und zuständige Leistungsträger	10
Räumlicher Geltungsbereich des Sozialgesetzbuchs	11
Sozialgeheimnis	11
Grundsätze des Leistungsrechts	12
Vorschüsse	12
Vorläufige Leistungen	12
Verzinsung	12
Verjährung	13
Auszahlung von Geldleistungen	13
Eingriffe in die Leistungsansprüche	13
Pfändung	13
Aufrechnung	14
Verrechnung	14
Abzweigung	14
Mitwirkungspflichten des Leistungsberechtigten	15

2 SOZIALGESETZBUCH 2. BUCH GRUNDSICHERUNG FÜR ARBEITSUCHENDE 17

Überblick	17
Einleitung	18
Reformbedarf / Zusammenlegung von Arbeitslosenhilfe und Sozialhilfe	19
Allgemeine Grundsätze	20
Leistungsarten	21
Leistungsberechtigte	21
Anspruch ausländischer Hilfebedürftiger	22
Erwerbsfähigkeit	22
Hilfebedürftigkeit	22
Gewöhnlicher Aufenthalt	23
Ausgeschlossene Personen	23
Leistungen zur Eingliederung in Arbeit	24
Sonderregelungen für ältere Arbeitsuchende	25
Eingliederung und Eingliederungsverein-barung	26
Eingliederungsmaßnahmen	26
Sonstige Leistungen zur Eingliederung	27
Einstiegsgeld und Leistungen zur Eingliederung von Selbständigen	27
Arbeitsgelegenheiten	28

Inhaltsverzeichnis

Arbeitsgelegenheiten mit Entgelt	28
Arbeitsgelegenheiten mit Mehraufwandsentschädigung	28

Leistungen zur Sicherung des Lebensunterhalts 28
Regelbedarf zur Sicherung des Lebensunterhalts 29
Mehrbedarfe 30
   Mehrbedarf für werdende Mütter 30
   Mehrbedarf für Alleinerziehende 31
   Mehrbedarf für behinderte Leistungsberechtigte 31
   Mehrbedarf bei kostenaufwändiger Ernährung 31
   Besonderer Mehrbedarf 31
   Mehrbedarfe für dezentrale Erzeugung von Warmwasser 31
   Bedarfe für Unterkunft und Heizung 32
Satzungsermächtigung 33
   Wohnkosten für unter 25-Jährige 33

Abweichende Erbringung von Leistungen 34
Darlehen bei unabweisbarem Bedarf 34
Sachleistungen 34
Nicht vom Regelbedarf umfasste Bedarfe 34
Darlehen bei zu erwartenden Einnahmen 35
Leistungen für Auszubildende 35
   Wohnkostenzuschuss für Auszubildende 35
Leistungen für Bildung und Teilhabe 36

Antragstellung, Berechnung und Auszahlung des Arbeitslosengeldes II und des Sozialgeldes 38
Berücksichtigung von Einkommen 38
   Bestimmung des Einkommens 39
   Absetzbeträge 40
   Selbständige Tätigkeit und Gewerbebetrieb 41
   Freibetrag bei Erwerbstätigkeit 41
Berücksichtigung einmaliger Einnahmen 42
Berücksichtigung von Vermögen 43

Soziale Sicherung 45
Kranken- und Pflegeversicherung 45
Rentenversicherung 45

Sanktionen 45

Mitwirkungspflichten 46

Anspruchsübergang 46

Ersatzansprüche 46

Erbenhaftung 46

Organisation / Durchführung / Beratung 47

Widerspruch und Klage 47

Finanzierung 47

Rechtsquellen 47

3 SOZIALGESETZBUCH 3. BUCH ARBEITSFÖRDERUNG 49

Überblick 49

Aufgabe der Arbeitsförderung 50

Personenkreis 50
Schutzbereich der Arbeitsförderung 50
Versicherungspflicht nach dem SGB III 51
   Versicherungspflichtiger Personenkreis 51
   Versicherungspflicht besonderer Personengruppen 51
   Versicherungsfreiheit 51
   Beginn und Ende der Versicherungspflicht 52
   Freiwillige Weiterversicherung 52

Leistungen 52
Überblick 52

Beratung 53

Vermittlung 53
Arbeitsvermittlung 53
   Kostenfreie Beratung und Vermittlung 54
   Potenzialanalyse und Eingliederungsvereinbarung 54
Ausbildungsvermittlung 54

Leistungen zur Förderung der beruflichen Aus- und Weiterbildung 55
Zielsetzung 55
Leistungen zur Förderung der beruflichen Ausbildung 55
   Zielsetzung 55
   Förderungsfähige Maßnahmen 55
   Art der Förderung 56
   Förderungsfähiger Personenkreis 56
   Umfang der Förderung 56
   Einkommensanrechnung 57
   Berufsausbildungsbeihilfe für Arbeitslose 57
   Einstiegsqualifizierung 57
   Ausbildungsbonus 58
Unterstützung und Förderung der Berufsausbildung 58
   Berufseinstiegsbegleitung 60
Leistungen zur Förderung der beruflichen Weiterbildung 60
   Grundsätze der Förderung 60

Inhaltsverzeichnis

Bildungsgutschein	61
Zulassung von Bildungsmaßnahmen	61
Dauer von Weiterbildungsmaßnahmen	61
Anerkennung von Bildungsträgern	61
Umfang der Förderung	61
Weiterbildung Beschäftigter	62
Förderung von Einrichtungen der beruflichen Aus- und Weiterbildung und der beruflichen Rehabilitation behinderter Menschen	62
Leistungen zur Förderung der Arbeitsaufnahme und der Aufnahme einer selbständigen Tätigkeit	62
Leistungen zur Förderung der Aufnahme einer Beschäftigung	62
Leistungen an Arbeitnehmer	63
Vermittlungsunterstützende Leistungen	63
Vermittlungsbudget	63
Maßnahmen zur Aktivierung und beruflichen Eingliederung	63
Entgeltsicherung für Ältere	63
Leistungen an Arbeitgeber	64
Eingliederungszuschüsse	64
Grundsatz	64
Eingliederungszuschuss für schwerbehinderte Menschen	64
Eingliederungszuschuss für Jüngere	64
Eingliederungszuschuss für Ältere	65
Bemessung des Zuschusses	65
Förderungsausschluss und Rückzahlung	65
Eingliederungsgutschein	65
Weiterbildung für ungelernte Arbeitnehmer	66
Qualifizierungszuschuss	66
Beitragsbonus	66
Leistungen zur Förderung der Aufnahme einer selbständigen Tätigkeit	66
Gründungszuschuss	66
Leistungen zur Teilhabe behinderter Menschen	67
Leistungen der Bundesagentur für Arbeit	67
Maßnahmekosten	67
Unterhaltssichernde Leistungen	67
Ergänzende Leistungen	67
Allgemeine Leistungen	68
Besondere Leistungen	68
Übergangsgeld	68
Höhe des Übergangsgeldes	68
Ausbildungsgeld	69
Leistungen an Arbeitgeber	69
Leistungen zur Erhaltung und Schaffung von Arbeitsplätzen	69
Überblick über die Leistungen	69
Förderung von Maßnahmen zur Arbeitsbeschaffung	69
Förderungsfähige Arbeiten	69
Träger der Maßnahmen	70
Zugewiesene Arbeitnehmer	70
Umfang der Förderung	71
Dauer der Förderung	71
Rückzahlung	71
Kurzarbeitergeld	71
Zielsetzung	71
Anspruch auf Kurzarbeitergeld	72
Erheblicher Arbeitsausfall	72
Betriebliche Voraussetzungen	72
Persönliche Voraussetzungen	73
Anzeigeverfahren	73
Umfang der Leistungsgewährung	73
Bemessung und Höhe des Kurzarbeitergeldes	73
Anspruch auf Saison-Kurzarbeitergeld	74
Ergänzende Leistungen zum Saison-Kurzarbeitergeld	75
Transferleistungen	75
Transferkurzarbeitergeld	75
Förderung der Teilnahme an Transfermaßnahmen	76
Verwendung der Mittel für die aktive Arbeitsförderung	76
Eingliederungstitel	76
Erprobung innovativer Ansätze	76
Eingliederungsbilanz	77
Förderung aus Mitteln des Europäischen Sozialfonds	77
Leistungen bei Arbeitslosigkeit	78
Arbeitslosengeld	78
Zielsetzung und Grundformen des Arbeitslosengeldes	78
Voraussetzungen des Anspruchs bei Arbeitslosigkeit	78
Arbeitslosigkeit	78
Beschäftigungslosigkeit	78
Eigenbemühungen	78
Verfügbarkeit	78
Zumutbarkeit	79
Persönliche Arbeitslosmeldung	80
Anwartschaftszeit	80
Dauer des Anspruchs	81
Anspruchsvoraussetzungen bei beruflicher Weiterbildung	81
Bemessungsgrundlage	81
Höhe des Arbeitslosengeldes	82

Inhaltsverzeichnis

Minderung des Arbeitslosengeldes, Zusammentreffen des Anspruchs auf Arbeitslosengeld mit sonstigem Einkommen und Ruhen des Anspruchs 82
   Minderung des Arbeitslosengeldes 82
   Ruhen bei Arbeitsentgelt und Urlaubsabgeltung 82
   Ruhen bei Entlassungsentschädigungen 82
   Anrechnung von Nebeneinkommen 83
   Ruhen bei anderen öffentlich-rechtlichen Leistungen 83
   Ruhen bei Sperrzeiten 83
   Ruhen bei Arbeitskämpfen 84
Teilarbeitslosengeld 84
Altersteilzeitförderung (Altersteilzeitgesetz) 84
   Ziel der Altersteilzeit 84
   Funktionen der Altersteilzeit 84
   Voraussetzungen der Altersteilzeit 85
   Arbeitszeitvereinbarung 85
   Aufstockungsbeträge 85
   Zusätzliche Rentenversicherungsbeiträge 85
   Voraussetzungen der Förderung 86
   Insolvenzsicherung 86
   Soziale Sicherung 87

Insolvenzgeld 87

Organisation und Aufsicht 88

Finanzierung 88
Beiträge 88
   Bemessung des Beitrags 89
   Beitragshöhe 89
Umlage 89
Kostenübernahme durch den Bund 89

4 SOZIALGESETZBUCH 4. BUCH GEMEINSAME VORSCHRIFTEN 91

Überblick 91

Entstehung und Aufgabe der gemeinsamen Vorschriften 92
Gemeinsame Vorschriften 93
Begriff der Sozialversicherung 94

Gemeinsame Grundsätze, Begriffe und Verfahren in der Sozialversicherung 94
Geltungsbereich und Umfang der Sozialversicherung 94
   Die Versicherungszweige der Sozialversicherung 94
   Versicherungspflicht und Versicherungsberechtigung 95

Das Territorialitätsprinzip 96
   Aus- und Einstrahlung 97
   Über- und zwischenstaatliches Recht, Sozialversicherung in der Europäischen Union 99

Beschäftigung und selbständige Tätigkeit 100
Versicherter Personenkreis 100
Begriff der Beschäftigung 101
Beschäftigung und Arbeitsverhältnis 101
Selbständige Tätigkeit 104
Berufsbildung und Betriebliche Berufsbildung 105
Freiwilligkeit der Beschäftigung 106

Besondere Formen der Beschäftigung 106
Geringfügige Beschäftigung 106
   Beschäftigung in der Gleitzone 110
   Beschäftigung während Zeiten der Freistellung von der Arbeitsleistung (flexible Arbeitszeiten) 112
   Vermutung von Beschäftigung – sogenannte Scheinselbständigkeit 115
   Unständig Beschäftigte 116

Beschäftigungsort und besondere Personenkreise in der Sozialversicherung 117
Beschäftigungsort 117
   Heimarbeiter und Hausgewerbetreibende 117
   Seeleute 117
   Besondere Personengruppen im versicherten Personenkreis der Sozialversicherung 118

Arbeitsentgelt und Arbeitseinkommen, Leistungen und Beiträge 121
Arbeitsentgelt 121
Arbeitseinkommen 121
Sachbezüge 122
Einnahmen bei flexibler Arbeitszeitregelung 122
Einmalzahlungen 122
Bezugsgröße 123
Einführung des Euro 123
Gesamtsozialversicherungsbeitrag 123
Sozialversicherungsbeiträge 124
Beitragszuschüsse 126
Beitragseinzug und Prüfung 126
Haushaltsscheck 127

Meldepflichten, Prüfungen und Kontrollmechanismen 127
Meldepflichten des Arbeitgebers 127
Sonstige Pflichten der Arbeitgeber und der Beschäftigten 129
Sozialversicherungsausweis 129

Bußgeldvorschriften und Haftungsfragen 130

Inhaltsverzeichnis

Haushalts- und Rechnungswesen	130
Sozialbudget	130
Haushalte der Sozialversicherungsträger	130
Haushalts- und Rechnungslegungsvorschriften für die Sozialversicherung	*131*
Aufbau der Haushaltspläne	*131*
Gestaltung des Haushaltsplans durch die Selbstverwaltung	*132*
Staatliche Verantwortung für die Haushalte der Sozialversicherungsträger	*132*
Ausführung des Haushaltsplans	*132*
Rechnungsabschluss, Jahresrechnung und Entlastung	*133*
Vermögenswirtschaft der Sozialversicherungsträger	133
Verwaltung der Mittel	133
Vermögensarten in der Sozialversicherung, Betriebsmittel	134
Rücklagen	135
Verwaltungsvermögen	135
Anlegung des Vermögens	135
Genehmigungsbedürftige Vermögensanlagen	136
Übergangsregelungen für die neuen Bundesländer	136

5 SOZIALGESETZBUCH 5. BUCH KRANKENVERSICHERUNG — 139

Überblick	139
Gesetzliche Krankenversicherung als Teil der Gesundheitspolitik	139
Zur Geschichte der gesetzlichen Krankenversicherung	141
Über 125 Jahre alt	141
Weiterentwicklung durch die Reichsversicherungsordnung	141
Rechtsentwicklung in der Weimarer Republik	142
Beziehungen zu Kassenärzten	142
Führerprinzip und Vereinheitlichung	142
Rechtszersplitterung nach 1945	142
Wiederherstellung und Neubeginn	143
Gescheiterte Krankenversicherungsreformen	143
Schwerpunktverlagerung durch Lohnfortzahlung	143
Erweiterung des versicherten Personenkreises	143
Verbesserung des Leistungsrechtes	144
Kostendämpfungspolitik	144
Ausdehnung auf die neuen Länder	145
Vorläufiger Endpunkt: Die Gesundheitsreform	146
Rechtsgrundlagen der gesetzlichen Krankenversicherung	146
Aufgaben und Grundzüge der Krankenversicherung	146
Krankenversicherungsschutz der Bevölkerung	146
Aufgaben der Krankenversicherung	147
Krankheit und Gesundheit	147
Strukturprinzipien der gesetzlichen Krankenversicherung	149
Das Sachleistungsprinzip	*149*
Das Solidaritätsprinzip	*149*
Das Selbstverwaltungsprinzip	*150*
Das Prinzip der gegliederten Krankenversicherung	*150*
Die Gesundheitsreform	150
Notwendige Kostendämpfung im Gesundheitswesen	151
Notwendigkeit der Gesundheitsreform	152
Rechtspolitische Ziele	153
Neukodifizierung des Rechts der Krankenversicherung	154
Auswirkungen des Gesundheits-Reformgesetzes	154
Das Gesundheitsstrukturgesetz	154
Sofortmaßnahme: Budgetierung der wichtigsten Leistungsbereiche	155
Strukturelle Veränderungen	155
Finanzielle Entwicklung der GKV seit den 90er Jahren	157
Beitragsentlastungsgesetz und die beiden GKV-Neuordnungsgesetze	157
Das GKV-Solidaritätsstärkungsgesetz	157
Die GKV-Gesundheitsreform 2000 und das Gesetz zur Rechtsangleichung in der GKV	157
GKV-Modernisierungsgesetz	160
GKV-Wettbewerbsstärkungsgesetz	162
Das Gesetz zur Weiterentwicklung der Organisationsstrukturen in der gesetzlichen Krankenversicherung (GKV-OrgWG)	163
Gesetz zum ordnungspolitischen Rahmen der Krankenhausfinanzierung ab dem Jahr 2009 (KHRG)	164
Konjunkturpolitische Maßnahmen	164
Gesetzgebung in der 17. Legislaturperiode ab 2010	164
Finanzentwicklung seit Ende der 90er Jahre	166
Finanzentwicklung nach Inkrafttreten des GKV-Modernisierungsgesetzes	166
Versicherter Personenkreis	172

Inhaltsverzeichnis

Versicherungspflicht	172
Versicherungsfreiheit	174
Befreiung von der Versicherungspflicht	175
Freiwillige Versicherung	175
Familienversicherung	176
Versicherung und Mitgliedschaft	176

Finanzierung durch Krankenversicherungsbeiträge 177
Gesundheitsfonds 177
Weiterentwicklung der Zusatzbeiträge 177
Ausgleich von Einnahmen und Ausgaben 177
Grundprinzipien des Beitragsrechts 178
Beitragsbemessungsgrenze 178
Beitragspflichtige Einnahmen versicherungspflichtiger Beschäftigter 178
Beitragspflichtige Einnahmen versicherungspflichtiger Rentner 179
  Rente und Arbeitsentgelt 179
  Eigene Rente und Witwen- und Witwerrente 179
  Rente und Versorgungsbezüge 179
Beitragspflichtige Einnahmen freiwilliger Mitglieder 180
  Allgemeine Mindestbemessungsgrundlage 180
Beitragspflichtige Einnahmen der Selbständigen 181
  Grundsätze 181
  Wandergesellen 182
  Anwartschaftsversicherung freiwillig Versicherter 182
Beitragsfreie Einnahmen und Beitragsfreiheit 183
  Bezug von Kranken-, Mutterschaftsgeld, Erziehungs- oder Elterngeld 183
  Beitragssatz 183
  Allgemeiner und ermäßigter Beitragssatz 184
  Beitragssatz für Studenten und Praktikanten 184
  Beitragssatz für Bezieher von Arbeitslosengeld II 184
  Beitragssatz aus der Rente 184
  Beitragssatz aus Versorgungsbezügen und Arbeitseinkommen 185
  Kassenindividueller einkommensunabhängiger Zusatzbeitrag und Sozialausgleich 185
  Zusätzlicher Beitragssatz nach § 241a SGB V a. F. 187
  Tragung der Beiträge 188
Für einige Personengruppen gibt es Besonderheiten 188
Freiwillig Versicherte im Ruhestand 189
Beiträge bei längerem Auslandsaufenthalt 190
Beitragszuschüsse 190
  Arbeitgeberzuschuss für Beschäftigte 190
  Standardtarif 191
  Basistarif 191
  Kein Zuschuss für Beamte 191
Sonstige beitragsrechtliche Regelungen 191
  Das Umlageverfahren nach dem Aufwendungsausgleichsgesetz 191
  Verfahren U 1 192
  Verfahren U 2 193
  Durchführung der Umlageverfahren U 1 und U 2 193

Das Leistungsrecht 193
Grundprinzipien 193
  Wirtschaftlichkeitsgebot 193
  Sachleistungen – Kostenerstattung 194
Voraussetzung der Inanspruchnahme von Leistungen 195
Erlöschen des Leistungsanspruchs 195
Leistungen bei Selbstverschulden 195
Leistungen bei Behandlungen im Ausland 195

Die Leistungen der Krankenversicherung im Einzelnen 198
Medizinische Vorsorgeleistungen 198
  Schutzimpfungen 199
  Untersuchungen zur Früherkennung von Krankheiten 199
Krankenbehandlung 200
  Überblick 200
  Ärztliche Behandlung 200
  Versorgung mit Arznei-, Verband-, Heil- und Hilfsmitteln 201
  Häusliche Krankenpflege 202
  Soziotherapie 202
  Spezialisierte ambulante Palliativversorgung 203
  Haushaltshilfe 203
  Krankenhausbehandlung 203
  Hospizversorgung 203
  Medizinische Rehabilitationsmaßnahmen und sonstige Leistungen zur Rehabilitation 205
Krankengeld 207
Leistungen bei Schwangerschaft und Mutterschaft 209
  Sonstige Hilfen 210
  Leistungen zur künstlichen Befruchtung 210
  Fahrkosten 210
Zuzahlungen, Belastungsgrenze 211
  Zu den Befreiungsmöglichkeiten / Belastungsgrenzen im Einzelnen 211
  Heranziehung des Familienbruttoeinkommens 212
  Besonderheiten bei chronisch Kranken 213
  Besonderheiten bei Sozialhilfeempfängern und anderen Personengruppen 214

Inhaltsverzeichnis

Bonusregelung	214
Wahltarife	214

Ökonomische Steuerung im System der gesetzlichen Krankenversicherung 216
Grundsatzfragen der ökonomischen Steuerung 216
  Gesundheitspolitische Prioritäten und effiziente Mittelverwendung 216
  Ordnungspolitische Alternativen: Marktsteuerung und staatliche Regulierung 217
Steuerung der Gesundheitsausgaben 217
  Zur Flexibilisierung der globalen Ausgabensteuerung 217
  Angebots- und nachfrageorientierte Steuerungs- und Wettbewerbsansätze 218
Kosten- und Leistungstransparenz, Datenschutz 219
  Datentransparenz 219
  Krankenversichertenkarte 219
  Auskünfte an Versicherte 219
  Datenschutz 220
  Sachverständigenrat zur Begutachtung der Entwicklung im Gesundheitswesen 220

Gemeinsamer Bundesausschuss 222

Medizinische Qualitätssicherung 223
Ziele und Merkmale 223
Gesetzliche Regelungen 223

Strukturierte Behandlungsprogramme 225
Gesetzliche Regelungen 225
Ziele und Merkmale 226

Die Versorgungsbereiche 227
Prävention und Gesundheitsförderung, Betriebliche Gesundheitsförderung, Selbsthilfeförderung 227
  Mutterschaftshilfe 228
  Krankheitsfrüherkennung im Säuglings-, Kleinkind- und Jugendalter 228
  Krebsfrüherkennungsuntersuchungen 229
  Gesundheitsuntersuchungen 229
Die ambulante ärztliche Versorgung 230
  Grundzüge des Vertragsarztrechts 230
  Das Verhältnis Versicherter / Krankenkasse 230
  Das Verhältnis Versicherter / Arzt 230
  Das Verhältnis Vertragsarzt / Kassenärztliche Vereinigung 230
  Das Verhältnis Krankenkasse / Kassenärztliche Vereinigung 230
  Richtlinien des Gemeinsamen Bundesausschusses 231
  Zur ambulanten ärztlichen Behandlung berechtigte Leistungserbringer 231
  Hausärztliche Versorgung 232
  Sorgfalt und Haftung des Arztes 232
  Fortbildungspflicht in der ambulanten ärztlichen Versorgung 233
  Bedarfsplanung 233
  Arztdichte 233
  Zulassungsbeschränkungen 233
  Ärztemangel 233
  Praxisübergabe 233
  Altersgrenze für Vertragsärzte 234
  Integration der Psychotherapeuten 234
  Ärztliche Vergütung 234
Integrierte Versorgung 239
Strukturverträge/Modellvorhaben 241
  Strukturverträge 241
  Modellvorhaben 241
  Vermittlung von Zusatzversicherungen 241
Die zahnmedizinische Versorgung 242
  Ausgaben für die zahnmedizinische Versorgung 242
  Zahnmedizinisches Prophylaxesystem 243
  Herausforderungen bei der Prophylaxe und Vorsorge 245
  Qualitätssicherung in der Zahnmedizin 245
  Leistungsanspruch auf zahnärztliche Behandlung 246
  Leistungsanspruch bei Füllungen 247
  Befundbezogene Festzuschüsse bei Zahnersatz 247
  Zahnersatz bzw. Zahntechnik aus dem Ausland 249
  Kieferorthopädische Behandlung 250
  Implantate und implantatgetragener Zahnersatz 251
  Praxisgebühr 252
  Versorgung durch Selektivverträge 252
  Degressiver Punktwert 252
  Neuregelungen des GKV-Finanzierungsgesetzes 253
  Neuere Rechtsprechung zur Teilnahme von Zahnärzten an Preisvergleichsportalen 254
Arzneimittel 254
  Leistungsansprüche der Versicherten 254
  Zuzahlung zu Arzneimitteln 255
  Begrenzung der erstattungsfähigen Preise 256
  Festbeträge für Arzneimittel 257
  Erstattungsbeträge für Arzneimittel mit neuen Wirkstoffen 259
  Preise für Impfstoffe 260
  Gesetzliche Rabatte 260
  Zuzahlungsfreistellung 261
  Rabattvereinbarungen zwischen Krankenkassen und pharmazeutischen Unternehmen 261

Inhaltsverzeichnis

Regelungen zur ärztlichen Verordnungsweise 262
Arznei- und Heilmittelvereinbarungen 262
Arzneimittelrichtlinien 263
Nutzenbewertung, Kosten-Nutzenbewertung 263
Wirtschaftlichkeitsprüfung, Richtgrößen 263
Heil- und Hilfsmittel 264
   Ausgaben für Heil- und Hilfsmittel 264
   Heilmittel 264
   Hilfsmittel 268
   Heil- und Hilfsmittelerbringer 274
Krankenhäuser 274
   Anspruch auf Krankenhausbehandlung 274
   Behandlung in zugelassenen Krankenhäusern 275
   Wahl des Krankenhauses 275
   Kündigung von Versorgungsverträgen 275
   Vor- und nachstationäre Behandlung im Krankenhaus 275
   Ambulantes Operieren durch Krankenhäuser 276
   Ambulante Behandlung im Krankenhaus 276
   Leistungsorientierte und pauschalierte Vergütung / DRG-Vergütungssystem 277
   Krankenhausfinanzierungsreformgesetz 278
   Weitere Auswirkungen des GKV-Finanzierungsgesetzes im Krankenhausbereich 279
   Bewertung von Untersuchungs- und Behandlungsmethoden im Krankenhaus 280
Stationäre Vorsorge- und Rehabilitationseinrichtungen 280
   Medizinische Vorsorge und medizinische Rehabilitation 280
   Zulassung/Versorgungsauftrag 280
   Vergütung 281

Die Krankenkassen als Träger der Krankenversicherung 281
Organisation 281
Kassenwahlmöglichkeiten 282
Risikostrukturausgleich 282
Schließung und Insolvenz von Krankenkassen 284
Die Selbstverwaltung 285
   Das Prinzip der Selbstverwaltung 285
   Die Merkmale der Selbstverwaltung 285
   Die Formen der Selbstverwaltung 286
   Die Selbstverwaltungsorgane 286
   Die Gestaltungsmöglichkeiten der Selbstverwaltung 286
Die Verbände der Krankenkassen 287
   Die Verbände auf Landesebene 287
   Der Spitzenverband Bund der Krankenkassen (GKV-Spitzenverband) 287
   Rechtsnatur, innere Struktur der Verbände 288
   Die Aufgaben der Verbände 288
Die Staatsaufsicht 288
   Das Prinzip der Staatsaufsicht 288
   Der Zweck der Staatsaufsicht 288
   Inhalt, Reichweite und Mittel der Staatsaufsicht 288
   Die zuständigen Aufsichtsbehörden 289
Prüfung nach § 274 SGB V 290
Medizinischer Dienst der Krankenversicherung 292

Der Rechtsschutz in der GKV 293
Behandlungsfehler 294
   Zu den Voraussetzungen des Behandlungsfehlers 295
   Beweis der Ursächlichkeit 295
   Außergerichtliche Hilfe – gerichtlicher Rechtsschutz 295

6 SOZIALGESETZBUCH 6. BUCH RENTENVERSICHERUNG 301

Überblick 301

Zur Geschichte der Rentenversicherung 303

Die Bedeutung der gesetzlichen Rentenversicherung 304

Die Rentenreform 1992 312

Die weitere Reformgesetzgebung im Anschluss an die Rentenreform 1992 im Überblick 313
Die Rentenreform 1999 313
Die Rentenreform 2001 313
Die Weiterentwicklung der Rentenreform 2001 im Jahr 2004 durch das RV-Nachhaltigkeitsgesetz 314
Das RV-Altersgrenzenanpassungsgesetz aus dem Jahr 2007 315
Aussagen im Koalitionsvertrag von CDU, CSU und FDP zu den rentenpolitischen Vorhaben in der 17. Legislaturperiode des Deutschen Bundestages 316

Versicherter Personenkreis 316
Versicherungspflicht 317
Versicherungspflicht auf Antrag 319
Versicherungsfreiheit kraft Gesetzes 319
Befreiung von der Versicherungspflicht 322
Nachversicherung 322
Freiwillige Versicherung 322
Nachzahlung freiwilliger Beiträge 323
Höherversicherung 325

Inhaltsverzeichnis

Leistungen der Rentenversicherung 325
Leistungen zur Rehabilitation 325
Rentenarten und die Voraussetzungen für einen Rentenanspruch 330
Bedeutung der Rente der gesetzlichen Rentenversicherung für die Altersversorgung der heutigen Rentnergeneration 330

Renten wegen Alters 332
Die Regelaltersrente 333
Die Altersrente für besonders langjährig Versicherte 334
Die Altersrente für langjährig Versicherte 334
Die Altersrente für schwerbehinderte Menschen 335
Die Altersrente wegen Arbeitslosigkeit oder nach Altersteilzeitarbeit 337
Die Altersrente für Frauen 338
Altersrente und Hinzuverdienst 339
Rentenabschläge bei Inanspruchnahme einer Altersrente vor dem 65. Lebensjahr 340
Der Werdegang der Gesetzgebung zur Anhebung der Altersgrenzen im Überblick 340
Rentenreformgesetz 1992 340
Gesetz zur Förderung eines gleitenden Übergangs in den Ruhestand 341
Wachstums- und Beschäftigungsförderungsgesetz (WFG) 341
Rentenreformgesetz 1999 342
Gesetz zur Reform der Renten wegen verminderter Erwerbsfähigkeit 343
Gesetz zur Sicherung der nachhaltigen Finanzierungsgrundlagen der gesetzlichen Rentenversicherung (RV-Nachhaltigkeitsgesetz) 343
Gesetz zur Anpassung der Regelaltersgrenze an die demografische Entwicklung und zur Stärkung der Finanzierungsgrundlagen der gesetzlichen Rentenversicherung (RV-Altersgrenzenanpassungsgesetz) 344
Änderungen bei der Regelaltersrente nach dem RV-Altersgrenzenanpassungsgesetz 345
Änderungen bei der Altersrente für langjährig Versicherte nach dem RV-Altersgrenzenanpassungsgesetz 345
Änderungen bei der Altersrente für schwerbehinderte Menschen nach dem RV-Altersgrenzenanpassungsgesetz 345
Die Altersgrenzen bei der Altersrente wegen Arbeitslosigkeit und nach Altersteilzeitarbeit und bei der Altersrente für Frauen nach dem Inkrafttreten des RV-Altersgrenzenanpassungsgesetzes 346
Der nach dem RV-Altersgrenzenanpassungsgesetz vorgesehene Vertrauensschutz bei der Anhebung der Altersgrenzen 346
Die nach dem RV-Altersgrenzenanpassungsgesetz vorgesehenen Auswirkungen der Altersgrenzenanhebung auf die Renten wegen Erwerbsminderung 348
Die nach dem RV-Altersgrenzenanpassungsgesetz vorgesehenen Auswirkungen der Altersgrenzenanhebung auf die Witwen- und Witwerrenten 348
Der Berichtsauftrag an die Bundesregierung über die Anhebung der Regelaltersgrenze nach dem RV-Altersgrenzenanpassungsgesetz vom 17. November 2010 348
Teilrente und Hinzuverdienst 350
Kündigungsschutz beim Übergang in den Ruhestand 352

Renten wegen verminderter Erwerbsfähigkeit 353
Sachgerechte Risikoverteilung zwischen Rentenversicherung und Bundesagentur für Arbeit 356
Vertrauensschutz bei Berufsunfähigkeit 356
Die versicherungsrechtlichen Voraussetzungen für die Renten wegen Erwerbsminderung 357
Bezugsdauer bei Renten wegen Erwerbsminderung 358
Höhe der Renten wegen verminderter Erwerbsfähigkeit 358
Zusammentreffen von Renten wegen verminderter Erwerbsfähigkeit mit Einkommen 361
Übergangs- und Vertrauensschutzregelungen bei den Renten wegen Erwerbsminderung 363

Renten wegen Todes 364
Witwen- und Witwerrenten 364
Erziehungsrenten 365
Waisenrenten 365
Änderungen in der Hinterbliebenenversorgung durch das Altersvermögens-Ergänzungsgesetz aus dem Jahr 2001 365
Rentensplitting unter Ehegatten 366
Lange Übergangsfristen für die Anwendung des neuen Hinterbliebenenrentenrechts 368
Erstreckung des Rechts der Hinterbliebenenversorgung auf eingetragene Lebenspartnerschaften 368
Wartezeit 368

Rentenrechtliche Zeiten 369
Beitragszeiten 369
Beitragsfreie Zeiten 369

Inhaltsverzeichnis

Anrechnungszeiten	369
Zurechnungszeit	372
Ersatzzeiten	373
Beitragsgeminderte Zeiten	374
Berücksichtigungszeiten wegen Kindererziehung und wegen häuslicher Pflege	374
Rentenberechnung	**375**
Versicherungsnummer, Versicherungskonto, Rentenauskunft	375
Aufbau der Berechnung einer Versichertenrente	376
Ermittlung der Entgeltpunkte für Beitragszeiten	377
Kindbezogene Höherbewertung von Pflichtbeitragszeiten	*380*
Ermittlung der Entgeltpunkte aus einem durchgeführten Rentensplitting unter Ehegatten	*382*
Ermittlung der Entgeltpunkte aus den pauschalen Arbeitgeberbeiträgen für Entgelte aus geringfügiger Beschäftigung	*383*
Ermittlung der Entgeltpunkte für beitragsfreie und beitragsgeminderte Zeiten	*383*
Begrenzte Gesamtleistungsbewertung	*385*
Anrechnungszeiten ohne Bewertung	*385*
Erhöhung des Gesamtleistungswerts durch Zeiten der Berufsausbildung	*386*
Zugangsfaktor (persönliche Entgeltpunkte)	389
Rentenartfaktor	391
Aktueller Rentenwert	391
Bestimmung des aktuellen Rentenwerts zum 1. Januar 1992	*391*
Fortschreibung des aktuellen Rentenwerts seit dem 1. Januar 1992	*391*
Berechnung der Witwen- und Witwerrenten	393
Anrechnung von Einkommen bei Witwen- und Witwerrenten	*394*
Berechnung der Waisenrenten	397
Rentenanpassung	**398**
Fortschreibung des aktuellen Rentenwerts nach dem Rentenreformgesetz 1992	399
Fortschreibung des aktuellen Rentenwerts nach dem Rentenreformgesetz 1999	399
Fortschreibung des aktuellen Rentenwerts nach dem im Jahr 2001 beschlossenen Altersvermögens-Ergänzungsgesetz	401
Zeitliche Streckung des in 0,5-Prozentschritten steigenden Altersvorsorgeanteils bis zum Jahr 2012	*402*
Auswirkung der mit dem Altersvermögensgesetz eingeführten Anpassungsformel auf das Nettorentenniveau	*403*
Fortschreibung des aktuellen Rentenwerts nach dem im Jahr 2004 beschlossenen Gesetz zur nachhaltigen Sicherung der Finanzierungsgrundlagen in der gesetzlichen Rentenversicherung	404
Schutzklausel zur Vermeidung von Rentenkürzungen	406
Schutzklausel zur Vermeidung von Rentenkürzungen durch die Anwendung der Dämpfungsfaktoren	*406*
Modifizierung der Schutzklausel zur Vermeidung von Rentenkürzungen durch die Anwendung der Dämpfungsfaktoren	*406*
Erweiterung der Schutzklausel zur Vermeidung von Rentenkürzungen	*408*
Die seit dem Jahr 2004 vorgenommenen Änderungen bei der Bestimmung der für die Rentenanpassung maßgebenden Lohnentwicklung	409
Korrektur der Bruttolohn- und Gehaltsumme nach der volkswirtschaftlichen Gesamtrechnung durch die beitragspflichtige Bruttolohn- und Gehaltsumme	*409*
Bereinigung der Lohnentwicklung nach der Volkswirtschaftlichen Gesamtrechnung um die Wirkung des Zusatzjobs gegen Mehraufwandsentschädigung („Ein-Euro-Jobber")	*410*
Die aktuell geltende Formel für die Fortschreibung des aktuellen Rentenwerts	411
Die ab dem Jahr 2014 geltende Formel für die Fortschreibung des aktuellen Rentenwerts	411
Rentenanpassung als Dynamisierungsverbund	411
Auswirkungen der um den Nachhaltigkeitsfaktor ergänzten Rentenanpassungsformel auf das Rentenniveau	412
Das Sicherungsniveau vor Steuern	*412*
Förderung der zusätzlichen kapitalgedeckten Altersvorsorge	**413**
Geförderter Personenkreis	413
Grundsätze der Förderung	414
Förderfähige Anlageformen	416
Einbeziehung von Wohneigentum	416
Förderkonzept	416
Höhe der Zulage	417
Beispiele für Förderquoten und den Anteil eigener Aufwendungen	*418*
Sicherheit der staatlich geförderten zusätzlichen Altersvorsorge in der Finanzkrise	418
Schutz durch Nominalwertzusage	*418*

Inhaltsverzeichnis

Schutz durch Finanzaufsicht 418
Schutz der Sparer bei Konkurs 418
Stärkung der betrieblichen Altersversorgung 420
Zusammentreffen von Renten und Leistungen aus der Unfallversicherung 420
Beginn, Ende und Zahlung der Renten 421
Fremdrentenrecht 422
Auslandsrentenrecht 425
Leistungen für Kindererziehung 426
Versorgungsausgleich 428
Krankenversicherung der Rentner 433
Pflegeversicherung der Rentner 436
Besteuerung der Renten 437
Vermeidung von Armut im Alter und bei voller Erwerbsminderung 438

Organisation der gesetzlichen Rentenversicherung 439
Träger der gesetzlichen Rentenversicherung 442

Finanzierung 443
Deckungsverfahren 443
Rentenversicherungsbericht und Sozialbeirat 445
Höhe der Beiträge 445
Festsetzung des Beitragssatzes 446
Verstetigung der Beitragssatzfestsetzung 447
Die Festsetzung des Beitragssatzes ab dem Jahr 2007 448
Beitragsbemessungsgrundlagen 448
Höchstbeiträge 448
Mindestbeiträge 450
Pflichtbeitrag für versicherungspflichtig Beschäftigte 450
Pflichtbeiträge aus Arbeitsentgelten bis 800 Euro 450
Pauschalbeitrag bei geringfügiger Beschäftigung 453
Beitragsbemessungsgrundlage bei Altersteilzeitarbeit 454
Sonderregelungen zu den Beitragsbemessungsgrundlagen für bestimmte Personengruppen 454
Beitragsbemessungsgrundlage bei Wehr-/Zivildienstleistenden 454
Beitragsbemessungsgrundlage bei Beziehern von Lohnersatzleistungen 455
Beitragsbemessungsgrundlage bei selbständig Tätigen 456
Tragung der Beiträge 456
Abführung der Beiträge 456
Zahlung zusätzlicher Beiträge zum Ausgleich von Rentenminderungen bei vorzeitiger Inanspruchnahme einer Altersrente 457

Beitragserstattung 458
Beteiligung des Bundes an der Finanzierung der Rentenversicherung 459
Allgemeiner Bundeszuschuss 459
Zusätzlicher Bundeszuschuss 461
Senkung der Lohnnebenkosten durch die ökologische Steuer- und Abgabenreform 461
Der Erhöhungsbetrag zum zusätzlichen Bundeszuschuss 462
Erstattungen des Bundes 463
Liquiditätshilfe des Bundes 463
Finanzausgleich 463
Besonderheiten für bestimmte Personengruppen 464
Sonderregelungen für Bergleute 464
Sonderregelungen für selbständig Tätige 468
Arbeitnehmerähnliche Selbständige 468
Selbständig tätige Lehrer 469
Selbständig tätige Handwerker 469
Bezirksschornsteinfegermeister 470
Hausgewerbetreibende 470
Beitragsbemessungsgrundlage bei selbständig Tätigen 470
Leistungsrechtliche Besonderheiten bei selbständig Tätigen 471
Versicherungs- und Beitragspflicht für Empfänger von Lohnersatz- und Sozialleistungen 471
Anrechnung und Bewertung von Zeiten des Bezugs von Lohnersatzleistungen 472
Überblick über die Besonderheiten bei der rentenrechtliche Behandlung und Bewertung von Zeiten der Arbeitslosigkeit seit 1957 473
Behinderte Menschen 475
Jugendliche, die für eine Erwerbstätigkeit befähigt werden sollen 476
Ordensleute 476
Pflegepersonen 476
Wehr- und Zivildienstleistende 477
Entwicklungshelfer und andere im Ausland beschäftigte Deutsche 478
Seeleute 478
Ehrenamtlich Tätige 479
Verfolgte des Nationalsozialismus 479
Verfolgte des DDR-Regimes 480

Beratung und Auskunft 481
Verbesserter Auskunftsservice durch die Rentenversicherungsträger 481
Auskunfts- und Beratungsstellen 481

Übergangsregelungen für die neuen Bundesländer 482

Inhaltsverzeichnis

Grundsätze der Rentenüberleitung auf die neuen Bundesländer	482
Versicherter Personenkreis	483
Befreiung von der Versicherungspflicht	484
Versicherungsfreiheit kraft Gesetzes	484
Nachversicherung	484
Leistungen der Rentenversicherung	485
Renten wegen Alters	485
Teilrente und Hinzuverdienst bei Renten wegen Alters	485
Renten wegen verminderter Erwerbsfähigkeit	486
Zusammentreffen von Renten wegen verminderter Erwerbsfähigkeit mit in den neuen Bundesländern erzieltem Einkommen	488
Renten wegen Todes	488
Erziehungsrente	489
Waisenrenten	490
Rentenrechtliche Zeiten	490
Beitragszeiten	490
Kindererziehungszeiten	490
Anrechnungszeiten	491
Ersatzzeiten	491
Rentenberechnung	491
Ermittlung der Entgeltpunkte für Beitragszeiten	492
Die für die Rentenberechnung zu berücksichtigenden Entgelte	493
Zu berücksichtigende Entgelte für Beschäftigte der Deutschen Reichsbahn und der Deutschen Post	494
Berücksichtigung der neben dem Bezug von Invalidenrenten erzielten Entgelte	495
Berücksichtigung von Entgelten, die nicht nachgewiesen werden können	495
Vertrauensschutz für Übersiedler	496
Freiwillige Beiträge nach der Verordnung vom 28. Januar 1947	497
Freiwillige Beiträge nach der Verordnung vom 15. März 1968	497
Entgeltpunkte bei verminderter Erwerbsfähigkeit vor Erfüllung der Voraussetzungen für einen Anspruch auf voller Erwerbsminderungsrente	497
Entgeltpunkte für Zeiten der Zugehörigkeit zu einem Zusatz- bzw. Sonderversorgungssystem der ehemaligen DDR	497
Zusatzversorgungssysteme der ehemaligen DDR	498
Sonderversorgungssysteme der ehemaligen DDR	499
Einkommensbegrenzungen im AAÜG für die Ermittlung von Entgeltpunkten	500
Getrennte Ermittlung der Entgeltpunkte für Versicherungszeiten in den alten und neuen Bundesländern	503
Die Umwertung der am 31. Dezember 1991 in den neuen Bundesländern gezahlten Renten	504
Besitzschutz für Rentner in den neuen Bundesländern, die bereits am 31. Dezember 1991 eine Rente bezogen haben	504
Neufeststellung der am 31. Dezember 1991 gezahlten Renten von ehemaligen Angehörigen der Zusatz- und Sonderversorgungssysteme der DDR	505
Besitzschutz für Rentner, die ehemals Zusatz- oder Sonderversorgungssystemen der DDR angehört haben und am 31. Dezember 1991 bereits Renten bezogen haben	505
Begrenzung der Zahlbeträge bei Zugehörigkeit zu einem Zusatz- oder Sonderversorgungssystem	505
Vertrauensschutzregelungen	507
Vertrauensschutzregelung bei Zugehörigkeit zu einem ehemaligen Zusatz- oder Sonderversorgungssystem der DDR	507
Herstellung eines gleich hohen Rentenniveaus in den neuen und alten Bundesländern	508
Die Bestimmung des aktuellen Rentenwerts (Ost)	509
Anpassung der Renten in den neuen Bundesländern	509
Rentenanpassungen in den Jahren 1992 bis 1999	509
Rentenanpassung im Jahr 2000	510
Rentenanpassungen ab dem Jahr 2001	510
Die Angleichung des aktuellen Rentenwerts (Ost) an den aktuellen Rentenwert	512
Besonderheiten bei der Anpassung der Renten	514
Ausgestaltung des Nachhaltigkeitsfaktors	514
Die Schutzklauseln bei der Anpassung des aktuellen Rentenwerts (Ost)	514
Zusammentreffen von Renten und Leistungen aus der Unfallversicherung	516
Fremdrentenrecht	517
Leistungen für Kindererziehung	518
Versorgungsausgleich	519
Krankenversicherung der Rentner	520
Besondere Regelungen für bestimmte Personengruppen	521
Verfolgte des DDR-Regimes	521
Berechtigte nach dem Pensionsstatut Carl-Zeiss Jena	523

Finanzierung	523
Beiträge	523
Die Beitragsbemessungsgrenzen in den neuen Bundesländern	524
Finanzverbund	525
Bundeszuschüsse	525
Rechtsschutz	525

7 SOZIALGESETZBUCH 7. BUCH UNFALLVERSICHERUNG — 527

Überblick — 527

Aufgabe der Unfallversicherung — 528
Allgemeines — 528
Entwicklung der Unfallversicherung — 528
Die Aufgaben im Einzelnen — 529

Unfallverhütung — 529
Bedeutung der Unfallverhütung — 529
Überbetrieblicher Arbeitsschutz — 531
Gemeinsame Deutsche Arbeitsschutzstrategie (GDA) — 531
Der Aufsichtsdienst der Unfallversicherungsträger — 531
Staatliche Gewerbeaufsicht — 532
Innerbetrieblicher Arbeitsschutz — 533
Personenkreis — 534
Versicherungspflicht — 534
Versicherung kraft Gesetzes — 534
Versicherung kraft Satzung — 535
Versicherungsfreiheit — 536
Freiwillige Versicherung — 536
Versicherungsfall und Versicherungsumfang — 536

Leistungen der Unfallversicherung — 538
Allgemeines — 538
Heilbehandlung, Teilhabe, Pflege und Geldleistungen — 538
Medizinische Leistungen — 539
Heilbehandlung — 539
Leistungen zur Teilhabe am Arbeitsleben — 540
Leistungen zur Teilhabe am Leben in der Gemeinschaft — 540
Ergänzende Leistungen — 540
Leistungen bei Pflegebedürftigkeit — 541
Geldleistungen während der Heilbehandlung und der beruflichen Rehabilitation — 542
Verletztengeld — 542
Übergangsgeld — 543
Einkommensanrechnung, Erhöhung — 543

Renten, Beihilfen, Abfindungen — 544
Renten an Versicherte — 544
Berechnungsgrundlage für die Renten — 544
Jahresarbeitsverdienst — 544
Höhe der Rente — 545
Beginn, Änderung und Ende von Renten — 545
Abfindung von Renten — 546

Weitere Leistungen — 546
Leistungen an Hinterbliebene — 546
Sterbegeld und Überführungskosten — 546
Hinterbliebenenrenten — 547
Witwen- und Witwerrente — 547
Abfindung der Witwenrente und der Witwerrente — 548
Waisenrente — 549
Elternrente — 549
Gemeinsame Vorschriften — 549
Anpassung der Geldleistungen — 549

Organisation — 549
Allgemeines — 549
Die Unfallversicherungsträger — 551
Gewerbliche Berufsgenossenschaften — 551
Landwirtschaftliche Berufsgenossenschaften — 551
Unfallversicherungsträger der öffentlichen Hand — 551
Bundesbereich — 551
Kommunaler Bereich — 552
Feuerwehr-Unfallkassen — 552

Finanzierung — 552
Beiträge — 552

Lastenverteilung — 553

Beratungsstellen, Auskunft — 554
Allgemeines — 554
Beratung und Auskunft in der Unfallversicherung — 554

Rechtsschutz — 555

Rechtsquellen — 555

8 SOZIALGESETZBUCH 8. BUCH KINDER- UND JUGENDHILFE — 557

Überblick — 557

Aufgabe und Bedeutung der Kinder- und Jugendhilfe — 558
Allgemeines — 558
Geschichte der Kinder- und Jugendhilfe — 558

Inhaltsverzeichnis

Entwicklung des SGB VIII seit 1990	560
Personenkreis	561
Nachrang	562
Zusammenarbeit mit der freien Jugendhilfe	563
Spezifische Pflichten zum Schutz von Kindern und Jugendlichen vor Gefahren für ihr Wohl	563
Die einzelnen Aufgaben der Kinder- und Jugendhilfe	564
Leistungen der Kinder- und Jugendhilfe	564
Allgemeine Leistungen zur Förderung junger Menschen	564
Allgemeine Leistungen zur Förderung der Familie	565
Beratung in Fragen der Partnerschaft sowie zur Ausübung der elterlichen Sorge nach Trennung und Scheidung	565
Gemeinsame Wohnformen für Mütter, Väter und Kinder	566
Förderung von Kindern in Tageseinrichtungen und in Tagespflege	566
Hilfen zur Erziehung	567
Eingliederungshilfe für seelisch behinderte Kinder und Jugendliche	569
Hilfe für junge Volljährige	571
Steuerung des Hilfeprozesses durch das Hilfeplanverfahren	571
Andere Aufgaben	572
Datenschutz	573
Einsatz des Einkommens und Vermögens	574
Organisation	575
Träger der öffentlichen Jugendhilfe	575
Verfahren	575
Finanzierungsformen	576
Finanzierungslast	576
Statistik	577
Beratung und Auskunft in der Kinder- und Jugendhilfe	577
Rechtsschutz	577
Rechtsquellen	577
Sozialgesetzbuch	577
Bürgerliches Gesetzbuch	577

9 SOZIALGESETZBUCH 9. BUCH REHABILITATION UND TEILHABE BEHINDERTER MENSCHEN 579

Überblick	579
Allgemeines	579
Behinderte Menschen	581
Leistungen zur Teilhabe	583
Prävention, Früherkennung und Frühförderung	588
Leistungen zur medizinischen Rehabilitation	590
Grundsatz „Rehabilitation vor Pflege"	592
Rehabilitationssport und Versehrtenleibesübungen	593
Bildung für behinderte Menschen	593
Berufsberatung	595
Leistungen zur Teilhabe am Arbeitsleben	597
Besondere Hilfen für schwerbehinderte Menschen zur Teilhabe am Arbeitsleben	600
Werkstätten für behinderte Menschen	603
Leistungen zur Teilhabe am Leben in der Gemeinschaft	604
Aufklärung, Auskunft und Beratung	606
Geschichtliche Entwicklung	606

10 SOZIALGESETZBUCH 10. BUCH VERWALTUNGSVERFAHREN 609

Überblick	609
Allgemeine Vorschriften über das Verwaltungsverfahren	609
Bestandskraft von Verwaltungsakten	612
Zusammenarbeit der Leistungsträger und ihre Beziehungen zu Dritten	614
Datenschutz	615
Prinzipien des Sozialdatenschutzes	615
Datenerhebung	617
Datenspeicherung, -veränderung oder -nutzung	617
Datenübermittlung	617
Nutzungsbeschränkung beim Datenempfänger	619
Technisch-organisatorische Vorkehrungen zum Schutz von Sozialdaten	620
Datenschutzaufsicht und Rechte des Betroffenen	620
Sozialdatenschutzrechtliche Sondervorschriften	621

11 SOZIALGESETZBUCH 11. BUCH PFLEGEVERSICHERUNG 623

Überblick	623
Historische Bedeutung	624
Umbau des Sozialstaates	624
Absicherung des Lebensrisikos Pflegebedürftigkeit vor Einführung der Pflegeversicherung	624

Inhaltsverzeichnis

Grundzüge der gesetzlichen Pflegeversicherung   625
Stufenweises In-Kraft-Treten   625
Umfassende Versicherungspflicht für die gesamte Bevölkerung   626
Die soziale Pflegeversicherung   626
Die private Pflegeversicherung   626
Reform der Pflegeversicherung   627
Begriff der Pflegebedürftigkeit   628
Antragstellung, Entscheidung durch die Pflegekasse, Begutachtung durch den Medizinischen Dienst   628
Die wichtigsten Leistungen der Pflegeversicherung   629
Leistungen bei häuslicher Pflege   629
Leistungen zur sozialen Sicherung der Pflegepersonen   630
Kurzzeitpflege und teilstationäre Pflege   630
Stationäre Pflege   630
Qualitätssicherung   631
Sicherstellungsauftrag der Pflegekassen   631
Finanzierung der Investitionskosten   631
Pflegezeit   631
SGB-XI-Änderungsgesetze   632

Versicherter Personenkreis   632
Allgemeines   632
Versicherungspflicht für Pflichtmitglieder der gesetzlichen Krankenversicherung   633
Versicherungspflicht für freiwillige Mitglieder der gesetzlichen Krankenversicherung   633
Versicherungspflicht von Personen, die weder Mitglied einer gesetzlichen Krankenkasse noch privat krankenversichert sind   633
Familienversicherung   634
Befreiung von der Versicherungspflicht in der sozialen Pflegeversicherung bei Abschluss einer privaten Pflegeversicherung   635
Schutz vor Missbrauch der Solidargemeinschaft   635
Freiwillige Versicherung   636
Beitrittsrecht   636
Kündigung eines privaten Pflegeversicherungsvertrages   637

Die Leistungen der Pflegeversicherung   637
Allgemeines   637
Einführung eines Anspruchs auf Pflegeberatung (Fallmanagement) zum 1. Januar 2009   638
Leistungen bei häuslicher Pflege   639
Pflegesachleistung   639
Pflegegeld für selbst beschaffte Pflegehilfen   640
Kombination von Geldleistung und Sachleistung – Kombinationsleistung –   641
Häusliche Pflege bei Verhinderung der Pflegeperson   641
Tages- und Nachtpflege   642
Kurzzeitpflege   643
Zusätzliche Betreuungsleistung für Pflegebedürftige mit erheblich eingeschränkter Alltagskompetenz   643
Pflegehilfsmittel und technische Hilfen   643
Zuschüsse zu pflegebedingtem Umbau der Wohnung   644
Pflegekurse für Angehörige und ehrenamtliche Pflegepersonen   644
Leistungen zur sozialen Sicherung der Pflegeperson   644
Leistungen zur sozialen Sicherung bei Pflegezeit   645
Leistungen bei stationärer Pflege   646
Vollstationäre Pflege nach § 43 SGB XI   646
Pflege in vollstationären Einrichtungen der Behindertenhilfe   647

Allgemeine Leistungsgrundsätze   647
Antragserfordernis   647
Vorversicherungszeit   648
Ruhen von Leistungsansprüchen   648
Ruhen bei Auslandsaufenthalt   648
Ruhen bei Entschädigungsleistungen wegen Pflegebedürftigkeit   648
Ruhen bei häuslicher Krankenpflege, Krankenhausbehandlung und stationärer Rehabilitationsmaßnahme   649
Erlöschen der Leistungsansprüche   649
Wirtschaftlichkeitsgebot   649
Anpassung der Leistungen   649

Begriff und Stufen der Pflegebedürftigkeit   650
Begriff der Pflegebedürftigkeit   650
Grundsätzliche Definition   650
Leistungsvoraussetzung – Hilfebedarf auf Dauer   650
Ursachen der Pflegebedürftigkeit   650
Die Hilfen im Sinne des Pflege-Versicherungsgesetzes   650
Hilfe bei den Verrichtungen des täglichen Lebens   651
Stufen der Pflegebedürftigkeit   651
Pflegestufe I (erhebliche Pflegebedürftigkeit)   651
Pflegestufe II (Schwerpflegebedürftige)   652
Pflegestufe III (Schwerstpflegebedürftige)   652
Pflegebedürftige Kinder   652

XV

Inhaltsverzeichnis

Zeitaufwand für die Pflege	653
Feststellung der Pflegebedürftigkeit	653
Antragsverfahren und Entscheid	653
Begutachtung durch den Medizinischen Dienst der Krankenversicherung	653
Fachkräfte im Medizinischen Dienst der Krankenversicherung	654
Organisation der sozialen Pflegeversicherung	654
Finanzierung der Pflegeversicherung	655
Umlageverfahren	655
Beitragssatz und Beitragsbemessungsgrenze	656
Bemessungsgrundlage	656
Beitragstragung und Beitragszahlung	657
Beitragszuschüsse	657
Beitragsfreiheit	657
Finanzausgleich	657
Die private Pflegepflichtversicherung	658
Der versicherte Personenkreis	658
Familienversicherung	658
Versicherungsfreiheit und Befreiungsrechte	658
Kontrolle der Einhaltung der Versicherungspflicht	659
Beitrittsrecht	659
Leistungen	659
Sozialverträgliche Rahmenbedingungen für die Durchführung der privaten Pflegepflichtversicherung	660
Beiträge	661
Beitragszuschüsse	662
Zuständiges Unternehmen	663
Finanzausgleichssystem innerhalb der privaten Pflegepflichtversicherung	663
Zuständige Gerichtsbarkeit bei Streitigkeiten in Angelegenheiten der privaten Pflegepflichtversicherung	663
Vertrags- und Vergütungsrecht	663
Beziehungen der Pflegekassen zu den Pflegeeinrichtungen	664
Sicherstellungsauftrag der Pflegekassen	665
Versorgungsverträge	665
Parteien des Versorgungsvertrages	666
Zulassungsvoraussetzungen	666
Kündigung von Versorgungsverträgen	667
Leistungs- und Preisvergleichsliste	668
Rahmenverträge, Bundesempfehlungen und Bundesvereinbarungen	668
Personalrichtwerte	669
Schiedsstelle	669
Häusliche Pflege durch Einzelpersonen	670
Arbeitgebermodell	670
Wirtschaftlichkeitsprüfungen	671
Leistungs- und Qualitätsvereinbarung	671
Pflegevergütung	671
Duales Finanzierungssystem	671
Monistisches Finanzierungssystem	672
Finanzierung der Investitionskosten	672
Öffentlich geförderte Pflegeeinrichtungen	672
Nicht geförderte Pflegeeinrichtungen	673
Leistungsgerechte Pflegevergütung	673
Unterkunft und Verpflegung	674
Vereinbarungsprinzip und Schiedsperson	675
Pflegesätze	675
Bemessungsgrundsätze für die Pflegevergütung	675
Pflegesatzverfahren	676
Pflegesatzkommission	677
Unterkunft und Verpflegung	678
Zusatzleistungen	678
Vergütung der ambulanten Pflege	679
Gebührenordnung	679
Grundsätze der ambulanten Vergütungsregelung	679
Vergütungsempfehlung der Spitzenverbände der Pflegekassen	680
Leistungskomplexe	680
Vergütung der Leistungskomplexe	681
Vergütungsfähige Pflegeleistungen und „Poolen" von Leistungen	681
Weitere vergütungsrechtliche Regelungen	681
Pflegeeinrichtungsvergleich	681
Pflegestützpunkte	682
Weitere Regelungen des Pflege-Weiterentwicklungsgesetzes	682
Der Regelungsbereich des Heimrechts	683
Modellprogramm zur Verbesserung der Versorgung Pflegebedürftiger	683
Schwerpunkte der Förderung	683
Aufbau und Verbesserung der Pflegeinfrastruktur	683
Verbesserung der regionalen Zusammenarbeit	684
Qualifizierung von Pflegepersonal und Ärzten	684
Pflegeeinrichtungen für besondere Gruppen von Pflegebedürftigen	684
Förderung von modernen, wohnortnah gelegenen Pflegeeinrichtungen	684
Hospizeinrichtungen	684
Ergebnisse der Modellmaßnahmen	684
Wissenschaftliche Begleitung	685
Vorbildfunktion des Modellprogramms	685
Impulse für den Arbeitsmarkt	685
Ausblick	685

Inhaltsverzeichnis

Anschubfinanzierung Ost	686
Die Mittelaufbringung im Einzelnen	687
Übersicht über die Investitionsprogramme nach Art. 52 PflegeVG	688
Berlin	688
Brandenburg	689
Mecklenburg-Vorpommern	690
Freistaat Sachsen	690
Sachsen-Anhalt	691
Freistaat Thüringen	692

12 SOZIALGESETZBUCH 12. BUCH SOZIALHILFE — 693

Überblick — 693
Allgemeines — 693
Aufgabe und Ziele — 694

Geschichte der Sozialhilfe – von der Armenpflege zur Sozialhilfe — 695
Vorläufer der Sozialhilfe – Armenpflege und öffentliche Fürsorge — 695
Einführung der Sozialhilfe – das Bundessozialhilfegesetz — 695

Das Sozialhilferecht im SGB XII — 696
Gründe für die Sozialhilfereform — 696
Gesetzgebungsverfahren — 697
Konzeption des SGB XII — 697

Entwicklung des SGB XII seit 2004 — 697

Allgemeine Grundsätze der Sozialhilfe — 699

Leistungen der Sozialhilfe — 701
Grundsätze für Leistungen — 701
Anspruch auf Leistungen — 704

Abgrenzung der Leistungsberechtigung — 704
Leistungsberechtigte Personen — 704
Einschränkungen der Leistungsberechtigung für im Inland lebende Personen — 705
Einschränkungen der Leistungsberechtigung für im Ausland lebende Deutsche — 707
Erstattung von Aufwendungen, Beschränkung der Leistungshöhe und Aufrechnung — 708

Regelbedarfsstufen und Regelsätze für ein menschenwürdiges Existenzminimum — 709
Urteil des Bundesverfassungsgerichts vom 9. Februar 2010 zur Verfassungsmäßigkeit von Regelleistungen nach dem SGB II und den Regelsätzen nach dem SGB XII — 709
Umsetzung des Urteils des Bundesverfassungsgerichts vom 9. Februar 2010 — 710
Notwendiger Lebensunterhalt, Regelbedarfe und Regelsätze für Leistungsberechtigte außerhalb von Einrichtungen — 711
Notwendiger Lebensunterhalt für Leistungsberechtigte in Einrichtungen — 713
Gesetzliche Vorgaben für die Ermittlung von Regelbedarfen — 713
Sonderauswertungen der EVS 2008 — 715
Bestimmung der Referenzhaushalte für die Regelbedarfsermittlung — 718
Abgrenzung der Referenzgruppen für die Regelbedarfsermittlung — 720
Regelbedarfsrelevante Verbrauchsausgaben im Jahr 2008 und Fortschreibung bis zum 1. Januar 2011 — 723
Regelbedarfsstufen zum 1. Januar 2011 — 724
Weiterentwicklung Regelbedarfsermittlung — 726
Übergangsregelung zur Regelbedarfsstufe 3 — 727
Jährliche Fortschreibung der Regelbedarfsstufen per Verordnung — 728
Fortschreibung der Regelbedarfsstufen 4 bis 6 — 729
Fortschreibung der Regelbedarfsstufen zum 1. Januar 2012 — 730
Festsetzung und Fortschreibung der Regelsätze — 731

Hilfe zum Lebensunterhalt — 732
Leistungsberechtigter Personenkreis — 732
Mehrbedarfe als ergänzende Bedarfe — 735
Einmalige Bedarfe als ergänzende Bedarfe — 738
Übernahme von Beiträgen für Kranken- und Pflegeversicherung sowie für weitere Versicherungen — 738
Leistungen für Bildung und Teilhabe für Schüler sowie Kinder und Jugendliche — 741
Kosten für Unterkunft und Heizung — 744
Darlehen als ergänzende Leistungen — 747
Einschränkung der Leistung und Leistungsumfang — 747
Pauschalierung und Bedarfsdeckung — 748

Grundsicherung im Alter und bei Erwerbsminderung — 749
Vom eigenständigen Gesetz zum Vierten Kapitel SGB XII — 749
Leistungsberechtigter Personenkreis — 749
Leistungsumfang — 753
Besonderheiten bei Vermögenseinsatz und Unterhaltsansprüchen — 754
Besondere Verfahrensbestimmungen in der Grundsicherung — 755

XVII

Inhaltsverzeichnis

Beteiligung des Bundes an den Nettoausgaben der Grundsicherung im Alter und bei Erwerbsminderung	757
Hilfen zur Gesundheit	758
Leistungsgewährung durch die Träger der Sozialhilfe	758
Leistungsgewährung durch die Krankenkassen gegen Kostenerstattung	760
Zuzahlungen für Gesundheitsleistungen	760
Eingliederungshilfe für behinderte Menschen	760
Leistungsberechtigte und Aufgaben	761
Leistungen der Eingliederungshilfe	761
Besondere Regelungen für behinderte Menschen in Einrichtungen	763
Trägerübergreifendes Persönliches Budget	763
Aufgaben des Gesundheitsamts	763
Gemeinsame Servicestellen	764
Hilfe zur Pflege	764
Leistungsberechtigte und Leistungen	764
Häusliche Pflege	764
Teil- und vollstationäre Leistungen der Hilfe zur Pflege	766
Verhältnis der Hilfe zur Pflege zu anderen Leistungen bei Pflegebedürftigkeit	766
Hilfe in besonderen sozialen Schwierigkeiten	767
Hilfe in anderen Lebenslagen	769
Hilfe zur Weiterführung des Haushalts	769
Altenhilfe	769
Blindenhilfe	769
Hilfe in sonstigen Lebenslagen und Bestattungskosten	770
Einrichtungen	771
Einrichtungen und Dienste	771
Inhalt, Abschluss und außerordentliche Kündigung von Vereinbarungen	771
Rahmenverträge	772
Schiedsstelle	772
Einsatz des Einkommens	772
Begriff des Einkommens im SGB XII	773
Einsatz des Einkommens für Leistungen nach dem Dritten und Vierten Kapitel	774
Einkommensgrenzen für Leistungen nach dem Fünften bis Neunten Kapitel	775
Einsatz des Vermögens	777
Allgemeiner Vermögenseinsatz	777
Aufgeschobener Vermögenseinsatz durch Darlehensgewährung	780
Einschränkung der Anrechnung von Einkommen und Vermögen	780
Berücksichtigung von Verpflichtungen anderer Personen sowie von Sozialleistungsträgern	782
Übergang von Ansprüchen	782
Übergang von Unterhaltsansprüchen nach bürgerlichem Recht (Unterhaltsrückgriff)	782
Feststellung von Sozialleistungen	784
Träger der Sozialhilfe	784
Örtliche und überörtliche Träger der Sozialhilfe	784
Zuständigkeitsregelung bei Sozialhilfeleistungen für Deutsche im Ausland	785
Kosten	785
Rückzahlung von Sozialhilfe	785
Kostenerstattung zwischen den Trägern der Sozialhilfe	787
Sonstige Regelung zur Kostenerstattung	787
Verfahrensbestimmungen	787
Beteiligung sozial erfahrener Dritter	787
Rücknahme von Verwaltungsakten	787
Pflicht zur Auskunft	788
Überprüfung durch automatisierten Datenabgleich	788
Statistik	789
Finanzierung und Kostenentwicklung	790
Finanzierung	790
Ausgabenentwicklung	790
Rechtsschutz	791
Rechtsquellen	791

13 ORGANISATION UND SELBSTVERWALTUNG 793

Überblick	793
Organisation und Selbstverwaltung	793
Mitwirkung und Mitverantwortung	794
Geschichtliche Entwicklung	794
Aufgabe und Funktion	795
Versicherungsträger	795
Organe der Selbstverwaltung	797
Sozialversicherungswahlen	797
Vertreterversammlung	798
Vorstand	799
Verwaltungsrat	800
Ausschüsse	800
Versichertenälteste	800

Inhaltsverzeichnis

Geschäftsführung	801
Vorstand in der Krankenversicherung	801
Aufsicht	801
Selbstverwaltung – gelebte Demokratie	802
Organisationsreform in der gesetzlichen Rentenversicherung	802

14 SOZIALE SICHERUNG DER FREIEN BERUFE — 805

Überblick — 805

Soziale Sicherung der selbständigen Künstler und Publizisten — 806
Aufgabe und Entwicklung des Künstlersozialversicherungsgesetzes — 806

Personenkreis — 807

Versicherungsverhältnis und Leistungen — 808

Finanzierung — 809

Organisation — 810

Gesetzliche Grundlagen — 811

Berufsständische Versorgungswerke — 811
Aufgabe — 811
Mitglieder — 812
Leistungen — 813
   Leistungen bei Alter — 813
   Leistungen bei Berufsunfähigkeit — 814
   Leistungen an Hinterbliebene — 814
   Sonstige Leistungen — 814
Organisation — 815
Finanzierung — 815
Beratungsstellen und Auskunft — 815

Übergangsregelungen für die neuen Bundesländer — 815
Berufsständische Versorgungswerke — 815
Zusatzversorgung für Bezirksschornsteinfegermeister — 816

15 SOZIALE SICHERUNG DER BEAMTEN — 819

Überblick — 819

Allgemeines — 819

Beamtenversorgung — 821
Aufgabe des Beamtenversorgungsrechts — 821
Versorgungsberechtigte — 821
Versorgungsarten — 821
Ruhegehalt — 821
Berechnung des Ruhegehalts — 822
Ruhegehaltssatz — 823
Altersteilzeit — 823
Mindestruhegehalt — 824
Unterhaltsbeitrag — 824
Hinterbliebenenbezüge — 824
Unfallfürsorge — 825
Sachschäden — 825
Heilverfahren — 825
Unfallausgleich — 825
Unfallruhegehalt — 825
Einmalige Unfallentschädigung — 825
Versorgung von Beamten im einstweiligen Ruhestand — 826
Kindererziehungs- und Pflegezuschläge — 826
Vorübergehende Erhöhung des Ruhegehaltssatzes — 827
Anpassung der Versorgungsbezüge — 827
Anrechnung beim Zusammentreffen von Versorgungsbezügen mit sonstigen Einkünften — 827
Zusammentreffen von Versorgungsbezügen mit Einkommen — 827
Zusammentreffen von mehreren Versorgungsbezügen in einer Person — 828
Zusammentreffen von Versorgungsbezügen mit Renten — 828
Versorgungsausgleich bei Ehescheidung — 828
Nachversicherung — 829
Ausblick: Zukunft der Beamtenversorgung im Bereich des Bundes — 829

Beihilfe in Krankheits-, Pflege- und Geburtsfällen — 829
Beihilfeberechtigte Personen und berücksichtigungsfähige Angehörige — 829
Höhe der Beihilfe — 829
Beihilfefähige Aufwendungen — 830
Beihilfen im Krankheitsfall — 830
Beihilfen im Pflegefall — 830

Organisation/Zuständigkeiten — 830

Finanzierung — 830

Rechtsschutz — 831

Rechtsquellen — 831

16 ZUSÄTZLICHE ALTERSVERSORGUNG — 833

Überblick — 833

Inhaltsverzeichnis

Zusatzversorgung im öffentlichen Dienst 834
Aufgabe 834
Reform der Zusatzversorgung 834
Tarifvertragliche Regelungen 835
Versicherte 835
Freiwillige Versicherung 836

Leistungen 836
Wartezeit 836
Beginn und Ende der Betriebsrente 837
Berechnung der Betriebsrente nach dem
  Punktemodell 837
  Soziale Komponenten 838
  Versorgungspunkte für Zurechnungszeiten 838
  Versorgungspunkte für Zeiten des Mutter-
    schutzes/der Elternzeit 838
  Mindestversorgungspunkte 838
  Bonuspunkte 838
  Startgutschrift zum 31. Dezember 2001 838
Anpassung der Betriebsrente 839
Vorzeitige Inanspruchnahme 839
Hinterbliebenenversorgung 839
Beiträge zur Kranken- und Pflegeversicherung 840
Versorgungsausgleich 840
Abfindung 841
Beitragserstattung 841
Übergangsrecht 841

Finanzierung 842
Riester-Rente (steuerliche Förderung nach
  § 10a EStG) 843
Brutto-Entgeltumwandlung (Steuerbefreiung
  nach § 3 Nr. 63 EStG) 843

**Zusatzversorgung in den neuen Bundes-
ländern** 843

Organisation und Aufsicht 844
Beratung und Information 844

Die Seemannskasse 844
Aufgabe 844
Versicherte 844
Leistungen 845
  Überbrückungsgeld 845
  Überbrückungsgeld auf Zeit 845
  Wartezeit 845
  Beginn des Überbrückungsgeldes 845
  Höhe des Überbrückungsgeldes 845
  Wegfall des Überbrückungsgeldes 846
  Anrechnung von Leistungen auf das Über-
    brückungsgeld 846
  Krankenversicherung 846

Pflegeversicherung 846
Leistungszuschlag 847
Leistung nach Erreichen der Regel-
  altersgrenze 847
Überbrückungsgeld als Abschlagsausgleich 847
Rechtliche Regelung in den neuen Bundes-
  ländern 848
Organisation 848
Finanzierung 848
Beratung 848

**Hüttenknappschaftliche Zusatzversicherung
im Saarland** 848
Aufgaben der Zusatzversicherung 848
Berechtigte 849
Freiwillige Weiterversicherung 849
Leistungen 849
  Umlageverfahren 850
Wartezeiten für Renten aus der HZV 850
Berechnung der Zusatzrente 850
  Stufenweise Absenkung des Rentenfaktors 850
Abfindung von Witwen- und Witwerrenten bei
  Wiederheirat 851
Beginn und Ende der Zusatzrenten 851
Kapitalabfindung 851
Beitragserstattung 851
Kapitaldeckungsverfahren 852
Beiträge zur Kranken- und Pflegeversicherung 852
Wahlrecht 852
Übergangsregelungen 852
Organisation 853
Finanzierung 853
Steuerliche Förderung bei der Durchführung
  der HZV im Kapitaldeckungsverfahren 853
Beratung 853

**Zusatzversorgung für Bezirksschornstein-
fegermeister** 853
Aufgabe 853
Berechtigte 854
Leistungen 854
Dynamisierung der Versorgungsleistungen 855
Anrechenbare Renten 855
Mindestversorgung 856
Hinterbliebenenversorgung 856
Rechtliche Regelung in den neuen Bundes-
  ländern 857
Organisation 857
Finanzierung 857
Beratung 857

**Zusatzversorgung in der Land- und
Forstwirtschaft** 857

Aufgabe	857	Einführung einer eigenständigen Sicherung	
Berechtigte	858	der Bäuerin	869
Leistungen	858	Beitragsfestsetzung und Beteiligung des Bundes	869
Beihilfen	858	Beitragsgerechtigkeit	869
Wartezeit	858	Rentenberechnung	869
Beginn und Ende der Beihilfe	859	Überleitung der Alterssicherung der Landwirte	
Ausgleichsleistung	859	auf die neuen Bundesländer	869
Regelungen für die neuen Bundesländer	860		
Organisation	860	**Versicherter Personenkreis**	869
Finanzierung	860	Versicherungsfreiheit	871
Auskunft	860	Befreiung von der Versicherungspflicht	871
		Freiwillige Versicherung	872
Zusatzversorgung für Bühnenkünstler	861		
Aufgabe	861	**Leistungen**	872
Mitgliedschaft	861	Renten wegen Alters	872
Beginn und Ende der Mitgliedschaft	862	Vorzeitige Altersrente	873
Freiwillige Mitgliedschaft	862	Rente wegen Erwerbsminderung	874
Versicherte	862	Leistungen an Hinterbliebene	875
Weiterversicherung	862	Wartezeit	876
Beitragsfreie Versicherung	862	Rentenrechtliche Zeiten	877
Leistungen	862	*Beitragszeiten*	877
Versorgungsleistungen wegen Alters	863	*Zurechnungszeit*	877
Anhebung der Altersgrenzen	863	*Rentenbezugszeiten*	878
Versorgungsleistungen wegen Berufs- oder			
Erwerbsunfähigkeit	863	**Berechnung der Renten**	878
Höhe des Ruhegeldes	863	Berechnung der Renten für Versicherte	878
Wartezeit	864	*Anpassung*	879
Hinterbliebenenversorgung	864	Berechnung der Rente an mitarbeitende	
Beiträge zur Kranken- und Pflegeversicherung	865	Familienangehörige	879
Dynamisierung der Versorgungsleistungen	865	Abschläge vom allgemeinen Rentenwert bei	
Sterbegeld	865	Renten wegen Erwerbsminderung und Renten	
Kapitalabfindung	865	wegen Todes ab 1. Januar 2001	879
Beitragserstattung und Abfindung	865	Begrenzung des Rentenbetrags aus den dem	
Rechtliche Regelung in den neuen Bundes-		Ehegatten beitragsfrei angerechneten	
ländern	866	Beitragsjahren des Landwirts	880
Organisation	866	Berechnung der Renten für Hinterbliebene	881
Finanzierung	866	Einkommensanrechnung auf Hinterbliebenen-	
Riester-Rente (steuerliche Förderung nach		renten	881
§ 10a EStG)	866	Einkommensanrechnung auf Renten wegen	
Brutto-Entgeltumwandlung (Steuerbefreiung		Erwerbsminderung	882
nach § 3 Nr. 63 EStG)	866	Berechnung der Renten nach Übergangsrecht	883
Beratung	866	Übergangsrecht und eigenständige Sicherung	
		von Landwirtsehegatten	884
17 ALTERSSICHERUNG DER LANDWIRTE	867	Berechnung der Renten für Hinterbliebene nach Übergangsrecht	884
		Rehabilitationsleistungen	885
Überblick	867	Zuschüsse zum Beitrag	885
Entstehungsgeschichte	868	**Organisation**	886
Die wesentlichen Zielsetzungen der Agrar-		**Finanzierung**	887
sozialreform	869	Festsetzung des Beitrags	887
		Bundeszuschuss	887

Inhaltsverzeichnis

Beratungsstellen und Auskunft	888
Übergangsregelungen für die neuen Bundesländer	888
Versicherungspflicht des als Ehegatten versicherten Landwirts	888
Befreiung von der Versicherungspflicht	888
Wartezeit	888
Beitragsfreie Anrechnung von Beitragsjahren für den Ehegatten des Landwirts	888
Berechnung der Hinterbliebenenrenten	889
Festsetzung des allgemeinen Rentenwerts	889
Höhe des Beitrags	889
Höhe der Beitragszuschüsse	889

18 FAMILIENLEISTUNGSAUSGLEICH 891

Überblick	891
Familie und Kinder als Aufgabe des Sozialrechts	892
Soziale Hilfen	892
Familienleistungsausgleich	892
Kindergeld	893
Berechtigte	893
Unbeschränkte Steuerpflicht	893
Staatsangehörigkeit	894
Berücksichtigte Kinder / Begriff des Kindes	894
Örtliche Voraussetzungen	894
Rangfolge der Kindergeldberechtigung	895
Altersgrenzen für das Kindergeld	895
18. Lebensjahr	895
21. Lebensjahr	895
25. Lebensjahr	895
Schul- und Berufsausbildung	896
Übergangszeiten	896
Freiwillige Dienste	896
Fehlender Ausbildungsplatz	896
Wehr- und Zivildienst	896
Wegfall bei Einkünften und Bezügen	896
Zeitliche Aufteilung	897
Höhe des Kindergeldes	897
Staffelung des Kindergeldes	897
Zahl- und Zählkinder	898
Aufenthaltsort des Kindes	898
Anrechnung von Leistungen	898
Kinderzuschlag	898
Kinderbonus	899
Organisation und Verfahren	899
Zuständige Stellen	899
Familienkassen	899
Öffentlicher Dienst	899
Aufsicht	900
Verfahren	900
Antrag	900
Örtliche Zuständigkeit	900
Auszahlung des Kindergeldes	900
Finanzierung	900
Beratungsstellen und Auskunft	900
Elterngeld und Elternzeit im Bundeselterngeld- und Elternzeitgesetz	900
Einführung	900
Aufgaben	902
Elterngeld	903
Berechtigte	903
Ausländer und Grenzgänger in Deutschland	903
Bezugsdauer	904
Höhe und Berechnung des Elterngeldes	904
Anrechnung von Entgeltersatzleistungen	905
Verhältnis zu anderen Sozialleistungen	905
Antragstellung	906
Steuern und Sozialversicherung	906
Zuständige Behörden	907
Elternzeit und Teilzeitarbeit	908
Berechtigte	908
Umfang der Elternzeit und Teilzeitarbeit	908
Wirkungen der Elternzeit	909
Inanspruchnahme der Elternzeit und Teilzeitarbeit	910
Unterhaltsvorschuss	910
Berechtigte	910
Leistungshöhe	911
Leistungszeitraum	911
Übergang von Unterhaltsansprüchen	911
Ausgaben und Einnahmen	911
Verfahren	911

19 BUNDESGESETZ ÜBER INDIVIDUELLE FÖRDERUNG DER AUSBILDUNG; BILDUNGSKREDIT UND AUFSTIEGS-FORTBILDUNGSFÖRDERUNG 913

Überblick	913
Leitgedanken	914
Entwicklung der Ausbildungsförderung	915
Rechtsverordnungen und Verwaltungsvorschriften	924

Inhaltsverzeichnis

Der Familienleistungsausgleich	924
Deutsche Einheit	925
Übergangsregelungen für die neuen Bundesländer zwischen dem 1. Januar 1991 und 31. März 2001	925
Weitere Regelungen individueller Ausbildungsförderung	927
Arbeitsförderung (SGB III)	927
Kriegsopferversorgung	927
Kriegsfolgengesetze	927
Berufsfördernde Maßnahmen zur Rehabilitation	927
Jugendhilfe	927
Begabtenförderung im Hochschulbereich	927
Weitere Möglichkeiten finanzieller Förderung eines Studiums	928
Aufstiegsstipendium	929
Das Bundesausbildungsförderungsgesetz (BAföG)	929
Allgemeines	929
Förderungsfähige Ausbildung	930
Grundsatz	930
Besonderheit	930
Überbetriebliche Ausbildungen	930
Schülerförderung	930
Ausnahme	931
Leistungsanspruch	931
Staatsangehörigkeit	931
Eignung zur Förderung	931
Altersbegrenzung bei der Förderung	932
Beantragung von Leistungen nach dem BAföG	934
Leistungen	935
Förderungsarten	935
Sonderregelungen für Schwangere und für Auszubildende mit Kindern	935
Freibeträge nach dem BAföG beim Nebenverdienst	936
Darlehensarten	936
Unverzinsliches Darlehen	937
Berücksichtigung eigener Kinder bei der Darlehensrückzahlung	937
Ratenzahlung	937
Rückzahlungsbeginn und Rückzahlungszeitraum	937
Mitteilungspflichten der Empfänger der Staatsdarlehen	938
Freistellung von der Rückzahlungsverpflichtung	938
Darlehensteilerlass	938
Darlehensdeckelung	938
Verzinsliches Bankdarlehen	940
Antragstellung für ein verzinslichen Bankdarlehen	940
Vertragsbescheidung und Auszahlung	940
Rückzahlung von Bankdarlehen	941
Individuelle Förderungshöhe	941
Bedarfssätze	942
Vermögensanrechnung	942
Anzurechnendes Einkommen	943
Elternunabhängige Förderung	943
Gewährung von Freibeträgen	944
Freibeträge vom eigenen Einkommen der Auszubildenden	944
Eltern-Rechnung	945
Ehegatten-Rechnung bzw. Rechnung für den eingetragenen Lebenspartner	946
Förderungsdauer	946
Fallbeispiele zur Ermittlung des individuellen Bedarfs	946
Auslandsförderung	955
Zuschläge zum Bedarf bei einem Ausbildungsaufenthalt im Ausland	955
Auslandsämter	956
Verzeichnis der Ämter für Ausbildungsförderung, die für die Förderung einer Ausbildung außerhalb der Bundesrepublik zuständig sind	956
Aufstellung der Länder in denen eine Ausbildung gefördert wird	960
Auslandszuschläge	961
Zweit-, Ergänzungs- oder Vertiefungsausbildung	961
Fachrichtungswechsel und Ausbildungsabbruch	962
Hilfe zum Studienabschluss	964
Entwicklung der Leistungsparameter	965
Berichte der Bundesregierung nach § 35 BAföG	965
Rechtsschutz	966
Rechtsquellen	966
Literaturnachweise	966
Bildungskredit	966
Aufgabe des Bildungskredits	966
Höhe der Förderung	969
Wer erhält den Bildungskredit?	969
Förderung und Staatsangehörigkeit	969
Kreditvergabe und Alter	970
Inanspruchnahme des Bildungskredites	970
Förderung einer Ausbildung im Ausland	970
Bildungskredit und BAföG	970
Beantragung	970
Rückzahlung	970

Inhaltsverzeichnis

Aufstiegsfortbildungsförderung (AFBG)	971
Anschriften der Ämter für Ausbildungsförderung an Universitäten	973

20 WOHNGELD 987

Überblick	987
Aufgaben des Wohngeldgesetzes	988
Entwicklung des Wohngeldrechts	988
Änderungen ab 1. Januar 2011	989
Allgemeines	989
Arten des Wohngeldes	989
Beantragung des Wohngeldes	990
Mietzuschuss	990
Lastenzuschuss	990
Berechnung des Wohngeldes	990
Haushaltsmitglieder	990
Ausgeschlossene Haushaltsmitglieder	990
Zu berücksichtigende Haushaltsmitglieder	991
Zu berücksichtigende Miete und Belastung	991
Miete	991
Belastung	992
Höchstbeträge für Miete und Belastung	992
Mietenstufen der Gemeinden	992
Gesamteinkommen	993
Jahreseinkommen	993
Welche Einkünfte rechnen zum Jahreseinkommen?	993
Welche Beträge werden abgezogen?	993
1. Abzugsbeträge für Steuern und Sozialversicherungsbeiträge	993
2. Frei- und Abzugsbeträge	994
2.1 Freibeträge für bestimmte Personengruppen	994
2.2 Abzugsbeträge für Unterhaltsleistungen	994
Wie wird das Jahreseinkommen ermittelt?	994
Bis zu welchem Einkommen besteht ein Wohngeldanspruch?	994
Höhe des Wohngeldes	994
Bewilligung und Auszahlung des Wohngeldes	997
Änderungen des Wohngeldes im laufenden Bewilligungszeitraum	997
Unwirksamkeit des Wohngeldbewilligungsbescheides und Wegfall des Wohngeldanspruchs	998
Zuständige Stellen	999

Finanzierung	1000
Beratung und Auskunft	1000
Rechtsschutz	1000
Auszug aus dem Tabellenwerk	1001

21 SOZIALE LEISTUNGEN AN AUSLÄNDISCHE FLÜCHTLINGE – ASYLBEWERBER-LEISTUNGSGESETZ 1009

Überblick	1009
Grundrecht auf Asyl	1009
Asylbewerberzugänge	1010
Asylanträge und deren Behandlung in der Bundesrepublik Deutschland	1010
Asylantragszahlen im europäischen Vergleich	1011
Asylantragszahlen pro 1.000 Einwohner der Asylzielländer	1012
Asylantragszahlen in der Europäischen Union nach Hauptherkunftsländern	1012
Asylantragszahlen in der Bundesrepublik Deutschland nach Hauptherkunftsländern	1012
Leistungen an ausländische Flüchtlinge	1013
Leistungen vor dem 1. November 1993	1013
Schaffung des Asylbewerberleistungsgesetzes	1013
Erstes Änderungsgesetz	1013
Zweites Änderungsgesetz	1014
Zuwanderungsgesetz	1014
Zweites Änderungsgesetz zum Zuwanderungsgesetz	1014
Empfänger von Leistungen nach dem Asylbewerberleistungsgesetz	1015
Ausgaben nach dem Asylbewerberleistungsgesetz	1016
Wesentliche Bestimmungen des Asylbewerberleistungsgesetzes	1016
Leistungsberechtigte gemäß § 1 des Asylbewerberleistungsgesetzes	1016
Grundleistungen nach dem Asylbewerberleistungsgesetz gemäß § 3	1018
Leistungen bei Krankheit, Schwangerschaft und Geburt gemäß § 4	1020
Sonstige Leistungen gemäß § 6	1020
Arbeitsgelegenheiten gemäß § 5	1021
Nachrangigkeit der Leistungen nach dem Asylbewerberleistungsgesetz gemäß § 8	1022
Einsatz von Einkommen und Vermögen gemäß § 7	1022

Inhaltsverzeichnis

Meldepflicht gemäß § 8a	1023
Sicherheitsleistungen gemäß § 7a	1023
Dauer des Bezugs der abgesenkten Leistungen	1023
Anspruchseinschränkung gemäß § 1a	1024
Leistungen im Falle des Verstoßes gegen räumliche Beschränkungen gemäß § 11 Abs. 2	1025
Durchführung, Zuständigkeit und Kostenerstattung gemäß §§ 10, 10a und § 10b	1025
Verhältnis zu anderen Bestimmungen	1025
Asylbewerberleistungsstatistik gemäß § 12	1026
Aufgaben der Bundesländer	**1026**
Zuständige oberste Landesbehörden in den Bundesländern	1026
Aufnahmequoten der Bundesländer nach dem Königsteiner Schlüssel	1027
Ausgaben der Bundesländer	1027
Leistungen an Ausländer nach dem Zwölften Buch Sozialgesetzbuch	**1028**

22 LASTENAUSGLEICH — 1029

Überblick	**1029**
Aufgaben des Lastenausgleichs	**1029**
Allgemeines	1029
Entwicklung des Lastenausgleichs	1029
Folgen des Zweiten Weltkriegs	1030
Personenkreis	**1031**
Leistungen	**1031**
Leistungsarten	1031
Kriegsschadenrente	1031
Voraussetzungen für die Kriegsschadenrente	1032
Persönliche Voraussetzungen	1032
Bemessung der Kriegsschadenrente	1033
Unterhaltshilfe	1034
Höhe	1034
Sonderregelungen für ehemals Selbständige	1035
Anpassung der Unterhaltshilfe	1036
Krankenversorgung, Pflegeversicherung und Sterbevorsorge	1036
Entschädigungsrente	1036
Voraussetzungen und Höhe	1036
Anpassung der Einkommensgrenzen	1037
Krankenversorgung, Sterbegeld und Pflegeversicherung	1037
Sonstige Vorschriften zur Kriegsschadenrente	1038
Laufende Beihilfen	1038
Organisation	**1038**
Finanzierung	1038
Abschluss	1039
Rechtsquellen	**1040**
Regelungen für die neuen Bundesländer	**1040**
Vertriebenenzuwendungsgesetz	1041

23 HILFEN FÜR SPÄTAUSSIEDLER — 1043

Übersicht	**1043**
Aufgabe der Leistungen	**1043**
Leistungszweck	1043
Personenkreis	**1043**
Vertriebene	1044
Spätaussiedler	1044
Kriegsgefangene	1044
Heimkehrer	1045
Ehemalige politische Häftlinge	1045
Leistungen	**1045**
Aufnahmehilfen	1045
Kosten der Reise nach Deutschland	1045
Leistungen bei Arbeitslosigkeit	1045
Leistungen bei Krankheit	1046
Rentenleistungen	1046
Hilfen zur beruflichen Eingliederung	1047
Existenzgründungshilfen	1047
Entschädigungen	1047
Organisation und Verfahren	**1048**
Finanzierung	**1048**
Beratungsstellen und Auskunft	**1048**
Rechtsgrundlagen	1048

24 KRIEGSOPFERVERSORGUNG/SOZIALE ENTSCHÄDIGUNG BEI GESUNDHEITSSCHÄDEN — 1051

Übersicht	**1051**
Einführung	**1051**
Berechtigte	1054
Soziale Entschädigung nach dem Bundesversorgungsgesetz	1054
Soziale Entschädigung nach anderen Gesetzen	1056
Leistungen	**1059**
Leistungen für Beschädigte	1060
Heilbehandlung	1060
Renten für Beschädigte	1062

Inhaltsverzeichnis

Grundrente	1063
Schwerstbeschädigtenzulage	1063
Abgeltung des wirtschaftlichen Schadens	1064
Ausgleichsrente	1064
Ehegattenzuschlag	1064
Kinderzuschlag	1064
Berufsschadensausgleich	1065
Ausgleich schädigungsbedingter Mehraufwendungen	1066
Pflegezulage	1066
Blindenführzulage	1066
Ersatz für Kleider- und Wäscheverschleiß	1066
Kriegsopferfürsorge	1067
Leistungen zur Teilhabe am Arbeitsleben und ergänzende Leistungen	1067
Erziehungsbeihilfe	1067
Ergänzende Hilfe zum Lebensunterhalt	1067
Hilfe zur Pflege	1067
Leistungen für Hinterbliebene	1067
Leistungen für Witwen	1067
Krankenbehandlung für Witwen	1068
Grundrente	1068
Ausgleichsrente	1068
Schadensausgleich	1068
Pflegeausgleich	1069
Andere Leistungen	1069
Leistungen für Waisen	1070
Leistungen für Eltern	1070
Sonstige Leistungen	1070
Bestattungsgeld	1070
Sterbegeld	1071
Kapitalabfindung	1071
Härteausgleich	1071
Zusammentreffen von Leistungen und Ruhen von Ansprüchen	1071
Anpassung der Versorgungsbezüge	1071
Beginn, Änderung und Ende der Versorgung	1071
Versorgung von Kriegsopfern im Ausland	1072
Verfahren	1072
Finanzierung	1073
Organisation	1073
Rechtsquellen	1074

25 INTERNATIONALE SOZIALE SICHERUNG 1075

Übersicht	1075
Ausgangslage	1076
Historische Entwicklung	1077
Gründung der Europäischen Wirtschaftsgemeinschaft	1078
Der Weg zur Europäischen Union	1079
Die einzelnen Instrumente der Sozialen Sicherung	1084
Instrumente der Internationalen Arbeitsorganisation (IAO)	1084
Treffen der führenden Industrie- und Schwellenländer	1085
VN, OECD und OSZE	1086
Instrumente des Europarats	1086
EG-Recht und zwischenstaatliche Abkommen	1087
Koordinierung der Systeme der sozialen Sicherheit in der EU	1090
EG-Abkommen mit der Schweiz, das sog. vierseitige Abkommen und das Rheinschifferübereinkommen	1094
Die Abkommen mit den Anwerbeländern	1094
Abkommen mit den Auswanderungsländern	1095
Polen	1096
Südtirolabkommen	1097
Asiatische Staaten	1097
Weitere osteuropäische Staaten	1097
Finanzielles	1098
Durchführung des EG-Rechts und der zwischenstaatlichen Abkommen	1099
Beratung der Versicherten und der Berechtigten	1099
Verbindungsstellen und zuständige Träger für die Durchführung der Verordnungen der Europäischen Gemeinschaft und der Abkommen über Soziale Sicherheit	1099
Regionalträger der Rentenversicherung als Verbindungsstellen und zuständige Träger	1100
Zuständige Träger	1100
Rechtliche Grundlagen	1100
Mehrseitige Rechtsgrundlagen	1100
Internationale Arbeitsorganisation	1100
Vereinte Nationen	1101
Europarat	1101
Gemeinschaftsrechtliche Regelungen (EU/EWR)	1101
Innerstaatliche Rechtsvorschriften zur Durchführung von EG-Recht	1102
Sonstige mehrseitige Abkommen	1102
Zweiseitige Verträge	1102

Inhaltsverzeichnis

26 SOZIALGERICHTSBARKEIT — 1105

Überblick — 1105

Allgemeine Hinweise — 1105

Aufbau und Besetzung der Gerichte der Sozialgerichtsbarkeit — 1106

Übersicht über die Gerichte der Sozialgerichtsbarkeit — 1107

Richteramt — 1108
Aufgaben der Gerichte der Sozialgerichtsbarkeit — 1108

Das Verfahren vor den Sozialgerichten — 1109
Klageerhebung — 1109
Zulässigkeit der Klage — 1110
Klagearten — 1111
Einstweiliger Rechtsschutz — 1112

Allgemeine Grundsätze des Verfahrens — 1112
Verfahrensabschluss ohne gerichtliche Entscheidung — 1113
Verfahrensabschluss durch Gerichtsbescheid — 1113
Verfahrensabschluss durch Urteil — 1113

Berufungsverfahren — 1114

Revisionsverfahren — 1115

Kosten des Verfahrens — 1116
Prozesskostenhilfe — 1116

Gesetzliche Grundlagen — 1117

27 SOZIALBUDGET — 1119

Überblick — 1119

Aufgaben und Entwicklung des Sozialbudgets — 1120

Sozialbudget und gesamtwirtschaftliche Entwicklung — 1120

Das funktionale Sozialbudget — 1122

Das institutionelle Sozialbudget — 1123

Die Finanzierung der sozialen Sicherung — 1124

Finanzierungssaldo — 1126

Das Europäische Sozialbudget — 1127

SUMMARIES — 1131

STICHWORTVERZEICHNIS — 1153

Inhalt der CD-ROM

Übersicht über das Sozialrecht 2011/12

Übersicht über die Investitionsprogramme nach Art. 52 Pflegeversicherungsgesetz (Ergänzung zu Kapitel 11 der Übersicht über das Sozialrecht)

Bundesministerium für Arbeit und Soziales (Hrsg.): Statistisches Taschenbuch 2010. Arbeits- und Sozialstatistik.

Abkürzungen

AAG	Gesetz über den Ausgleich der Arbeitgeberaufwendungen für Entgeltfortzahlung (Aufwendungsausgleichsgesetz)
AAÜG	Anwartschaftsüberführungsgesetzes
ABl.	Amtsblatt der Europäischen Union
ABM	Arbeitsbeschaffungsmaßnahme
Abs.	Absatz
AEU-Vertrag	Vertrag über die Arbeitsweise der Europäischen Union
AFBG	Gesetz zur Förderung der beruflichen Aufstiegsfortbildung (Aufstiegsfortbildungsförderungsgesetz)
AFG	Arbeitsförderungsgesetz
AföRG	Gesetz zur Reform und Verbesserung der Ausbildungsförderung (Ausbildungsförderungsreformgesetz)
AGG	Allgemeines Gleichbehandlungsgesetz
AHP	Anhaltspunkten für die ärztliche Gutachtertätigkeit im sozialen Entschädigungsrecht und nach dem Schwerbehindertenrecht
AKA	Arbeitsgemeinschaft kommunale und kirchliche Altersversorgung e. V.
ALG	Gesetz über die Alterssicherung der Landwirte
AMG	Gesetz über den Verkehr mit Arzneimitteln (Arzneimittelgesetz)
AMNOG	Gesetz zur Neuordnung des Arzneimittelmarktes in der gesetzlichen Krankenversicherung (Arzneimittelmarkt-Neuordnungsgesetz)
ApU	Abgabepreis des pharmazeutischen Unternehmers
ARGE	Arbeitsgemeinschaft (nach § 44 SGB II)
ASiD	Alterssicherung in Deutschland
ASRG	Gesetz zur Reform der agrarsozialen Sicherung (Agrarsozialreformgesetz)
AsylbLG	Asylbewerberleistungsgesetz
AsylVerfG	Asylverfahrensgesetz
ATV	Tarifvertrag über die betriebliche Altersversorgung der Beschäftigen des öffentlichen Dienstes (Tarifvertrag Altersversorgung)
ATV-K	Tarifvertrag über die zusätzliche Altersvorsorge der Beschäftigten des öffentlichen Dienstes (Altersvorsorge-Tarifvertrag-Kommunal)

Abkürzungen

AufenthG	Gesetz über den Aufenthalt, die Erwerbstätigkeit und die Integration von Ausländern im Bundesgebiet (Aufenthaltsgesetz)
AÜG	Gesetz zur Regelung der gewerbsmäßigen Arbeitnehmerüberlassung (Arbeitnehmerüberlassungsgesetz)
AuslG	Ausländergesetz
AVWG	Gesetz zur Verbesserung der Wirtschaftlichkeit in der Arzneimittelversorgung (Arzneimittelversorgungs-Wirtschaftlichkeitsgesetz)
BA	Bewertungsausschuss
BAFin	Bundesanstalt für Finanzdienstleistungsaufsicht
BAföG	Bundesausbildungsförderungsgesetz
BAföGÄndG	Gesetz zur Änderung des Bundesausbildungsförderungsgesetzes
BAföGVwV	Allgemeine Verwaltungsvorschrift zum BAföG
BAR	Bundesarbeitsgemeinschaft für Rehabilitation
BAT	Bundesangestelltentarif
BDA	Bundesvereinigung der Deutschen Arbeitgeberverbände
BDSG	Bundesdatenschutzgesetz
BEEG	Gesetz zum Elterngeld und zur Elternzeit (Bundeselterngeld- und Elternzeitgesetz)
BErzGG	Gesetz zum Erziehungsgeld und zur Elternzeit (Bundeserziehungsgeldgesetz)
BetrAVG	Gesetz zur Verbesserung der betrieblichen Altersversorgung (Betriebsrentengesetz)
BfA	Bundesversicherungsanstalt für Angestellte (jetzt: Deutsche Rentenversicherung Bund [DRV Bund])
BGB	Bürgerliches Gesetzbuch
BGG	Gesetz zur Gleichstellung behinderter Menschen (Behindertengleichstellungsgesetz)
BGH	Bundesgerichtshof
BillBG	Gesetz zur Bekämpfung der illegalen Beschäftigung
BIP	Bruttoinlandsprodukt
BMAS	Bundesministerium für Arbeit und Soziales
BMG	Bundesministerium für Gesundheit
BMWA	Bundesministerium für Wirtschaft und Arbeit
BSG	Bundessozialgericht
BSGE	Entscheidungen des Bundessozialgerichts
BSHG	Bundessozialhilfegesetz
BVA	Bundesversicherungsamt; Bundesverwaltungsamt
BVerfG	Bundesverfassungsgericht
BVerwG	Bundesverwaltungsgericht
BVFG	Gesetz über die Angelegenheiten der Vertriebenen und Flüchtlinge

Abkürzungen

BVG	Gesetz über die Versorgung der Opfer des Krieges (Bundesversorgungsgesetz)
bzw.	beziehungsweise
CGB	Christlicher Gewerkschaftsbund
COPD	Chronic Obstructive Pulmonary Disease (Chronisch obstruktive Lungenerkrankung)
DDD	Defined Daily Dose (Angenommene mittlere Tagesdosis)
DEÜV	Datenerfassungs- und Übermittlungsverordnung
DGB	Deutscher Gewerkschaftsbund
DGUV	Deutsche gesetzliche Unfallversicherung
DJI	Deutsches Jugendinstitut
DMP	Disease-Management Programme
DRG	Diagnosis Related Groups (Diagnosebezogene Fallgruppen)
DRV	Deutsche Rentenversicherung
DRV-Bund	Deutsche Rentenversicherung Bund
DRV-KBS	Deutschen Rentenversicherung Knappschaft-Bahn-See
EASY	Erstverteilung von Asylbegehrenden
EBM	Einheitlicher Bewertungsmaßstab
EFZG	Gesetz über die Zahlung des Arbeitsentgelts an Feiertagen und im Krankheitsfall (Entgeltfortzahlungsgesetz)
EG	Europäische Gemeinschaft
EHIC	European Health Insurance Card (Europäische Krankenversicherungskarte)
ELENA	Elektronischer Einkommensnachweis
ESF	Europäischer Sozialfonds
ESSOSS	Europäischen System der Integrierten Sozialschutzstatistik
EStG	Einkommensteuergesetz
EU	Europäische Union
EuGH	Gerichtshof der Europäischen Gemeinschaften (Europäischer Gerichtshof)
Euribor	European Interbank Offered Rate
EUROSTAT	Statistische Amt der Europäischen Gemeinschaften
EVS	Einkommens- und Verbraucherstichprobe
EWG	Europäische Wirtschaftsgemeinschaft
EWR	Europäischer Wirtschaftsraum
FamFG	Gesetz über das Verfahren in Familiensachen und in den Angelegenheiten der freiwilligen Gerichtsbarkeit
FGG	Gesetz über die Angelegenheiten der Freiwilligen Gerichtsbarkeit
FZR	Freiwillige Zusatzrentenversicherung
G-BA	Gemeinsamer Bundesausschuss

Abkürzungen

GdS	Grad der Schädigungsfolgen
GG	Grundgesetz
GKV	Gesetzliche Krankenversicherung
GKV-FinG	Gesetz zur nachhaltigen und sozial ausgewogenen Finanzierung der Gesetzlichen Krankenversicherung (GKV-Finanzierungsgesetz)
GKV-OrgWG	Gesetz zur Weiterentwicklung der Organisationsstrukturen in der gesetzlichen Krankenversicherung
GKV-WSG	Gesetz zur Stärkung des Wettbewerbs in der gesetzlichen Krankenversicherung
GMG	Gesetz zur Modernisierung der gesetzlichen Krankenversicherung (GKV-Modernisierungsgesetz)
GOZ	Gebührenordnung für Zahnärzte
GRG	Gesetz zur Strukturreform im Gesundheitswesen (Gesundheits-Reformgesetz)
GSiG	Gesetz über eine bedarfsorientierte Grundsicherung im Alter und bei Erwerbsminderung (Grundsicherungsgesetz)
HeimG	Heimgesetz
HRG	Hochschulrahmengesetz
HVBG	Hauptverband der gewerblichen Berufsgenossenschaften e. V.
HZV	Hüttenknappschaftliche Zusatzversicherung
HZvG	Gesetz zur Neuregelung der Hüttenknappschaftlichen Zusatzversicherung (Hüttenknappschaftliches Zusatzversicherungs-Gesetz)
i. V. m.	in Verbindung mit
IAO	Internationale Arbeitsorganisation
ICD 10	International Classification of Diseases and Related Health Problems (Internationale Klassifikation der Krankheiten und verwandten Gesundheitsprobleme), 10. Revision
ICF	International Classification of Functioning, Disability and Health (Internationale Klassifikation der Funktionsfähigkeit, Behinderung und Gesundheit)
IFG	Gesetz zur Regelung des Zugangs zu Informationen des Bundes (Informationsfreiheitsgesetz)
ILO/OIT	International Labour Organization / Organisation international du Travail / Organización Internacional del Trabajo (Internationale Arbeitsorganisation)
KAPOVAZ	Kapazitätsorientierte Variable Arbeitszeit
KDA	Kuratorium Deutsche Altershilfe
KfbG	Gesetz zur Bereinigung von Kriegsfolgengesetzen (Kriegsfolgenbereinigungsgesetz)
KfW	Kreditanstalt für Wiederaufbau
KHK	koronare Herzkrankheit
KHRG	Gesetz zum ordnungspolitischen Rahmen der Krankenhausfinanzierung (Krankenhausfinanzierungsrahmengesetz)
KICK	Gesetz zur Weiterentwicklung der Kinder- und Jugendhilfe (Kinder- und Jugendhilfeweiterentwicklungsgesetz)

Abkürzungen

KiföG	Gesetz zur Förderung von Kindern unter drei Jahren in Tageseinrichtungen und in Kindertagespflege (Kinderförderungsgesetz)
KJHG	Kinder- und Jugendhilfegesetz
KOV	Kriegsopferversorgung
KSK	Künstlersozialkasse
KSVG	Künstlersozialversicherungsgesetz
KV	Kassenärztliche Vereinigung
LQV	Leistungs- und Qualitätsvereinbarung
LSVOrgG	Gesetz zur Organisationsreform in der landwirtschaftlichen Sozialversicherung
MdE	Minderung der Erwerbsfähigkeit
MDK	Medizinischer Dienst der Krankenversicherung
MDS	Medizinischer Dienst des Spitzenverbandes Bund der Krankenkassen
MoZArT	Modellvorhaben zur Verbesserung der Zusammenarbeit von Arbeitsämtern und Trägern der Sozialhilfe
MPG	Gesetz über Medizinprodukte (Medizinproduktegesetz)
MuSchG	Gesetz zum Schutz der erwerbstätigen Mutter (Mutterschutzgesetz)
NZS	Neue Zeitschrift für Sozialrecht, Verlag C. H. Beck
OECD	Organization for Economic Cooperation and Development (Organisation für wirtschaftliche Zusammenarbeit und Entwicklung)
OEG	Opferentschädigungsgesetz
OSZE	Organisation für Sicherheit und Zusammenarbeit in Europa
PKV	Private Krankenversicherung
PQsG	Pflegequalitätssicherungsgesetz
PSA	Personal Service Agentur
PsychThV	Verordnung über die Ausbildungsförderung für den Besuch von Ausbildungsstätten für Psychotherapie und Kinder- und Jugendpsychotherapie
RBEG	Gesetz zur Ermittlung von Regelbedarfen und zur Änderung des Zweiten und Zwölften Buches Sozialgesetzbuch (Regelbedarfs-Ermittlungsgesetz)
Rdnr.	Randnummer
RLV	Regelleistungsvolumen
RSA	Risikostrukturausgleich
RSAV	Risikostruktur-Ausgleichsverordnung
RSV	Regelsatzverordnung
RV	Rentenversicherung
RVO	Rentenversicherungsordnung
SchfG	Gesetz über das Schornsteinfegerwesen (Schornsteinfegergesetz)
SchwbVWO	Wahlordnung Schwerbehindertenvertretungen

Abkürzungen

SGB	Sozialgesetzbuch
SGG	Sozialgerichtsgesetz
SozPflegerV	Verordnung über die Ausbildungsförderung für soziale Pflegeberufe
SozR	Sozialrechtliche Entscheidungen des Bundessozialgerichts, Carl Heymanns Verlag
StGB	Strafgesetzbuch
SVA	Sozialversicherungsabkommen
TAG	Tagesbetreuungsausbaugesetz
TV EZV-O	Tarifvertrag zur Einführung der Zusatzversorgung im Tarifgebiet Ost
TVöD	Tarifvertrag für den öffentlichen Dienst
UVG	Gesetz zur Sicherung des Unterhalts von Kindern alleinstehender Mütter und Väter durch Unterhaltsvorschüsse oder -ausfallleistungen (Unterhaltsvorschussgesetz)
UVMG	Unfallversicherungsmodernisierungsgesetz
V	Verordnung
VBL	Versorgungsanstalt des Bundes und der Länder
VddB	Versorgungsanstalt der deutscher Bühnen
vdek e. V.	Verband der Ersatzkassen e. V.
VDM	Verband Deutscher Makler
VGR	Volkswirtschaftliche Gesamtrechnung
VN	Vereinte Nationen
VorkursAFöV	Verordnung über die Ausbildungsförderung für die Teilnahme an Vorkursen zur Vorbereitung des Besuchs von Kollegs und Hochschulen
VV	Verwaltungsvereinbarung
VwGO	Verwaltungsgerichtsordnung
WBVG	Gesetz zur Regelung von Verträgen über Wohnraum mit Pflege- oder Betreuungsleistungen (Wohn- und Betreuungsvertragsgesetz)
WFG	Wachstums- und Beschäftigungsförderungsgesetz
WHO	World Health Organization (Weltgesundheitsorganisation)
WoGG	Wohngeldgesetz
ZfA	Zentrale Zulagenstelle für Altersvermögen
ZLA	Zusatzversorgungskasse für Arbeitnehmer in der Land- und Forstwirtschaft
ZLF	Zusatzversorgungswerk für Arbeitnehmer in der Land- und Forstwirtschaft e. V.
ZPO	Zivilprozessordnung
ZVALG	Gesetz über die Errichtung einer Zusatzversorgungskasse für Arbeitnehmer in der Land- und Forstwirtschaft

Einführung

Sozialrecht – Mythen oder Fakten

1 Sozialrecht – darüber lesen wir täglich in den Zeitungen. Oft ringen populistische Schlagzeilen um die Aufmerksamkeit der Leserinnen und Leser. Und nicht selten verzerren solche Schlagzeilen die Wirklichkeit. Mit dem vorliegenden Band „Übersicht über das Sozialrecht" besteht die Chance, sich umfassend über das soziale Netz in Deutschland zu informieren und dann zu urteilen.

Deutschland verfügt über einen hochentwickelten Sozialstaat. Von der Geburt bis ins Alter stellt der Sozialstaat Unterstützung für die Bürgerinnen und Bürger bereit. All dies ist aber keinesfalls selbstverständlich. Man darf nicht vergessen: All die sozialen Leistungen müssen erwirtschaftet werden. Nur wenn Deutschland es schafft, auf die Herausforderungen der globalisierten Weltwirtschaft die richtigen Antworten zu geben, wenn die deutsche Wirtschaft weiterhin zu den führenden der Welt gehört, dann werden wir uns unseren Wohlstand und damit ein hohes soziales Niveau weiterhin leisten könnten. Soziale Leistungen fallen nicht vom Himmel, sie müssen erarbeitet werden.

Sozialrecht und Wirtschaftskrise

2 Deutschland hat die Wirtschaftskrise erfolgreich gemeistert. Während im Jahr 2009 das Wachstum um fast 5 Prozent zurückging, gab es bereits im Jahr 2010 überraschend wieder ein unvorhergesehenes, starkes Wirtschaftswachstum. Zwar steigt die Staatsverschuldung in Deutschland – wie auch in anderen Staaten – stark an. Aber es war richtig, durch umfangreiche staatliche Konjunkturpakete zu versuchen, den Abschwung zu dämpfen. Milliardenbeträge waren notwendig, um systemische Banken zu retten, deren Insolvenz der Staat nicht zulassen konnte, weil sonst das Finanzsystem insgesamt bedroht worden wäre. Die notwendige staatliche Regulierung, die verhindert, dass die „Player" des Finanzsystems ihre eigenen Risiken erfolgreich auf die Allgemeinheit externalisieren können, ist weiterhin erst in den Anfängen. Auch aus sozialpolitischer Sicht ist es aber bitter notwendig, eine Wiederholung einer solchen Krise zu verhindern, nicht zuletzt auch deshalb, um den sozialen Frieden nicht zu gefährden.

Der Sozialstaat hatte in der Krise eine besonders wichtige Funktion. Wenn die Arbeitslosigkeit steigt, dann fallen die Menschen nicht ins Nichts, sondern sind abgesichert. Die Arbeitslosenversicherung spielt eine wichtige Rolle. Sie organisiert und finanziert Lohnersatzleistungen und stellt sicher, dass auch Kranken- und Rentenversicherung weiter laufen. Das sind historische Errungenschaften, die sich auch in einer Krise bewähren. Gleichzeitig hat dies auch eine konjunkturpolitische Wirkung. Insbesondere die Arbeitslosenversicherung ist ein sogenannter automatischer Stabilisator, der antizyklisch wirkt und die wirtschaftliche Nachfrage stabilisiert. Deutschland hat es in der Krise erreicht, dass der Arbeitsmarkt in hohem Maße von der Rezession abgekoppelt wurde. Insbesondere die Verlängerung und Ausweitung der gesetzlichen Regelungen zum Kurzarbeitergeld haben es den Unternehmen ermöglicht, die Belegschaften während der Krise in Beschäftigung zu halten.

Im Aufschwung besteht nunmehr die Notwendigkeit, die Konsolidierung der Staatsfinanzen in Angriff zu nehmen. Dem dient die im Grundgesetz verankerte Schuldenbremse; sie soll den Bund und die Länder zwingen, Staatsschulden zu begrenzen und wieder zurückzuführen. Dies ist als Kehrseite zu der expansiven Finanzpolitik in der Krise durchaus sachgerecht. Zusammen mit den neu entstandenen haushaltspolitischen Herausforderungen, etwa im Kontext der europäischen Staatsschuldenkrise und den damit verbundenen auch von Deutschland zu tragenden Hilfstransfers, bleibt der finanzielle Druck auf die Sozialpolitik weiterhin hoch. Das wird perspektivisch eine Herausforderung auch für das Sozialrecht sein.

Ein wenig Geschichte ...

3 Im 19. Jahrhundert begann die Absicherung der Bevölkerung gegen soziale Risiken. Schon vor einer systematischeren Sozialgesetzgebung gab es freiwillige genossenschaftliche und kommunale Hilfs- und Unterstützungskassen. Dann organisierte Bismarck mit seiner Sozialgesetzgebung erstmals in großem Umfang eine soziale Absicherung gegen die größten Lebensrisiken. Diese Gesetze aus der Kaiserzeit bildeten die Grundlage einer sozialpolitischen Entwicklung, die sich in der Weimarer Republik fortsetzte und an die die junge Bundesrepublik Deutschland nach der Überwindung der Hitler-Diktatur wieder anknüpfen konnte.

Die Gesetze zur Krankenversicherung von 1883, zur Unfallversicherung von 1884 und zur Invaliditäts- und Alterssicherung von 1889 waren die Anfänge staatlicher Sozialpolitik. Während damals nur ein Fünftel aller Erwerbstätigen und ein Zehntel der Bevölkerung von der Sozialgesetzgebung erfasst wurden, sind heute nahezu 90 Prozent der Bevölkerung in den Schutz der sozialen Sicherung einbezogen. Das soziale Sicherungssystem, das 1927 um den wichtigen Bereich der Arbeitslosenversicherung ergänzt wurde, hat bis heute überdauert. Erst 1995 wurde es durch eine fünfte Säule, die Pflegeversicherung, komplettiert.

Es hat aber auch tiefe Einschnitte erlebt – die Inflation von 1923, die Wirtschaftskrise Anfang der 30er Jahre oder den Zusammenbruch nach dem Zweiten Weltkrieg. Die Anerkennung der sozialen Marktwirtschaft und der Aufbau eines starken sozialen Netzes ist in Deutschland Ausdruck eines tiefgreifenden gesellschaftlichen Konsenses, den alle wichtigen gesellschaftlichen Gruppen mittragen. Dieser Konsens wird sich in der gegenwärtigen Wirtschaftskrise und im nächsten Aufschwung bewähren müssen.

Sozialstaat ist ein Produktivfaktor

4 Oft findet man in der sozialpolitischen Diskussion den Hinweis, dass sozialpolitische Maßnahmen die Unternehmen und die Steuerzahler zu sehr mit Kosten belasten. Der Sozialstaat müsse zurückgeschraubt werden, um ihn finanziell tragbar zu halten. Diese Sichtweise greift zu kurz. Denn es wird ignoriert, dass soziale Sicherheit gleichzeitig auch einen wichtigen Produktivfaktor einer Volkswirtschaft darstellt. Soziale Sicherheit führt zu einer hohen gesellschaftlichen Integration und damit zu sozialem Frieden. In der Wirtschaftskrise fängt die soziale Sicherung die Folgen ab und erreicht, dass die Betroffenen abgesichert sind. Arbeitnehmerinnen und Arbeitnehmer, die sozial angemessen abgesichert sind, sind höher motiviert und besser in der Lage, in den Betrieben produktiv tätig zu sein. Ohne soziale Absicherungen gäbe es mehr Armut und soziale Konflikte. Es ist kein Wunder, dass in Deutschland die Zahl der durch Arbeitskämpfe verlorenen Arbeitsstunden im internationalen Vergleich relativ gering ist. Letztlich könnte man sagen: Wer die Fähigkeit hätte, im Modellbaukasten eine Gesellschaft und ihren Staat von Grund auf neu zu konzipieren, der würde ein starkes soziales Element einbauen.

Soziale Sicherung und Gerechtigkeit – vom Grundgesetz gefordert!

5 Das Sozialstaatsprinzip in Deutschland ist in Artikel 20 Abs. 1 des Grundgesetzes festgeschrieben und kann selbst durch eine Änderung des Grundgesetzes nicht aufgehoben werden. Das heißt, dass der Sozialstaat seinen Bürgern die Sicherung existenzieller Lebensbedingungen schuldet, dabei aber auch die Voraussetzungen für die Entfaltung von Freiheit zu sichern hat. Der Einzelne hat die Verantwortung für seine soziale Sicherung aktiv zu übernehmen. Der Sozialstaat fußt daher auf emanzipatorischen Grundelementen: Auf Leistung und Gegenleistung, Geben und Nehmen.

6 Um die Freiheit des Einzelnen zu wahren, ist es auch Aufgabe des Sozialstaats, die Kosten für die soziale Sicherheit für jeden Versicherten in einem vertretbaren Rahmen zu halten. Soziale Gerechtigkeit setzt schon bei der Einnahmeseite der Sozialversicherung an. Die Sozialpolitik muss ständig prüfen, was nötig und was entbehrlich ist, um die Beiträge möglichst gering zu halten. Was früher zur Behebung von verbreitetem Elend erforderlich war, muss heute nicht notwendigerweise sinnvoll sein. Durch den gesellschaftlichen Wandel können sich aber auch neue Notwendigkeiten ergeben. Bis zur Rentenreform des Jahres 1957 lag das Rentenniveau beispielsweise bei etwa 40 Prozent des Nettoeinkommens. Das war zur Sicherung eines angemessenen Lebensstandards damals kaum ausreichend. Allerdings waren familiäre Bindung und Verantwortung ausgeprägter als heute. Um den einmal erreichten Lebensstandard im Alter aufrecht zu erhalten, war schon immer eine ergänzen-

de private Absicherung sinnvoll. Denn die Differenzen zwischen letztem Arbeitseinkommen und Rente gab es damals wie heute. Eigenverantwortlichkeit ist deshalb auch in Zukunft ein wichtiges Gebot. Erstmals ist es seit 2002 möglich, ein staatlich gefördertes Altersvermögen aufzubauen, das hilft, diese Differenz so gering wie möglich zu halten.

Netzwerke der sozialen Sicherheit

7 Der Sozialstaat Deutschland hat in dem Spannungsfeld zwischen staatlicher Fürsorge einerseits und Freiheit und Eigenverantwortung des Einzelnen andererseits ein umfassendes Netzwerk geknüpft. Die Sicherung des persönlichen Existenzminimums durch die Sozialhilfe und die Grundsicherung für Arbeitsuchende, die Absicherung von Alter, Krankheit, Arbeitslosigkeit, Invalidität und Pflegebedürftigkeit im Rahmen der Sozialversicherung, Kindergeld und Elterngeld, aber auch die Beteiligungsrechte der Arbeitnehmer in den Betrieben sind neben vielen anderen Reformgesetzen Ausprägungen der Sozialstaatlichkeit. Die Sicherung dieser Netzwerke ist eine wichtige sozialstaatliche Aufgabe.

8 Innerhalb des Rahmens, der durch den Gesetzgeber vorgegeben ist, wird der Sozialstaat wesentlich durch nichtstaatliche Institutionen und durch deren Übernahme von Verantwortung geprägt. Dazu sei auf die Tarifvertragsparteien hingewiesen: Mit dem grundgesetzlichen Auftrag zur Gestaltung der Arbeits- und Wirtschaftsbedingungen ausgestattet, haben sie durch vertragliche Vereinbarungen ein weit verzweigtes, auf die jeweilige Situation abgestimmtes Normenwerk geschaffen. Sie werden regelmäßig dort tätig, wo die Verantwortlichkeit des Staates aufhört – z. B. wenn es darum geht, betriebliche Alterssicherungssysteme zu entwickeln, die die staatlichen Systeme ergänzen. Da die Beteiligten die eigenen Interessen selbst ausbalancieren, ist es entbehrlich, dass der Staat tätig wird. Die Bedeutung der nichtstaatlichen Initiativen zeigt sich überall: Die freien Wohlfahrtsverbände mobilisieren in einem beträchtlichen Umfang privates Engagement und private Mittel für die Gemeinschaft. Auf dieses private Engagement ist der Sozialstaat Deutschland in höchstem Maße angewiesen, denn der Staat wäre hierzu kaum oder nur mit größter Mühe – jedenfalls aber nicht so effizient – in der Lage. Deshalb ist es wichtig, dass jedem Einzelnen bewusst ist, was er selbst für die Gemeinschaft mit ein wenig Zeit und Kraft leisten kann.

Möglichst wenig Staat ...

9 Die einzelnen Zweige der Sozialversicherung sind keine Untergliederungen des Staates, sondern selbstverwaltete Institutionen. Gemeinschaftlich organisieren sie die Selbsthilfe in einer großen solidarischen Risikogemeinschaft der Versicherten. Diese Solidargemeinschaft ergänzt die kleineren Gemeinschaften von Ehe und Familie, indem sie die Aufgaben übernimmt, die den Einzelnen oder die Familie überfordern. Diese Subsidiarität oder Nachrangigkeit ist das wesentliche Gliederungsprinzip sozialstaatlicher Solidarität. Sie führt zu einer Verzahnung der verschiedenen Kompetenz- und Verantwortungsebenen – der persönlichen und gemeinschaftlichen, der privaten und öffentlich-rechtlichen, der ehrenamtlichen und der professionalisierten. Auch diese subsidiär gegliederte Struktur des Sozialstaates hat sich historisch entwickelt: Die Sozialversicherung entstand in Etappen, genau wie sich die Sozialgesetzgebung Schritt für Schritt entwickelte und sich dabei an den jeweiligen Handlungsnotwendigkeiten orientierte.

10 Das Prinzip der Subsidiarität legt die Solidarität in die Hände möglichst kleiner Gemeinschaften, die sich als effektiver und stabiler erweisen als große Bürokratien und wenig anfällig gegen Missbrauch sind. In der Selbstverwaltung sind Sozialstaat und Demokratie durch die Mitwirkung von Versicherten und Arbeitgebern vereinigt. Sie ist daher ein wesentliches Element des Sozialstaates in einer freien Gesellschaft, das eine beachtliche soziale Produktivität entfaltet hat. Freie Tarifpartner stehen als Motor und Förderer von Vielfalt, Differenzierung und Kreativität immer vor der Herausforderung, auf neue Entwicklungen neue Antworten zu suchen. Sie sind damit unverzichtbarer Bestandteil einer Gesellschaft, die Demokratie und Sozialstaatlichkeit als ständigen Gestaltungsauftrag begreift.

Weiterentwicklung des Sozialstaates unabdingbar

11 Die Gesetzgebung stand und steht vor der großen Aufgabe, auf Grundlage von seit mehr als einem Jahrhundert bewährten Prinzipien die Sozialversicherung für die Zukunft fit zu machen, um auch für die künftigen Generationen soziale Sicherheit zu gewährleisten.

Wichtige Schritte wurden in den vergangenen Jahren angegangen, weitere Schritte liegen vor uns: Die Gesundheitsreform 2004 hat für die Krankenkassen die Möglichkeit geschaffen, die Beitragssätze zu senken und gleichzeitig die verfügbaren Mittel so zu konzentrieren, dass eine qualitativ hochwertige Versorgung der Patienten weiterhin gewährleistet werden konnte. Für die Krankenversicherung hatte die große Koalition eine weitere Gesundheitsreform verabschiedet, deren erste Bestandteile am 1. April 2007 in Kraft traten. Wichtige Elemente waren etwa die Ausweitung des Versicherungsschutzes auf bisher nicht Versicherte sowie ab Anfang 2009 die Einführung des Gesundheitsfonds.

12 Mit der Reform der Rentenversicherung im Jahr 2001 wurden die Weichen für eine staatlich geförderte ergänzende Altersvorsorge gestellt. Es wurde klargestellt, dass die gesetzliche Rentenversicherung zwar auch zukünftig die wichtigste Säule der Alterssicherung bleiben wird, dass aber ergänzende Eigenvorsorge in Zukunft unabdingbar ist. Gerade angesichts der Tumulte auf den Finanzmärkten hat es sich als richtig herausgestellt, die gesetzliche Rentenversicherung keinesfalls vollständig auf eine Kapitaldeckung umzustellen. Der Risikomix mit dem Umlageverfahren als Basis und der privaten Eigenvorsorge als Ergänzung bewährt sich.

Ende 2003 wurden weitere Maßnahmen beschlossen, um den Beitragssatz in der gesetzlichen Rentenversicherung auch kurzfristig stabil zu halten. Das langfristig wirkende Kernstück der Reform ist der „Nachhaltigkeitsfaktor", der den Anstieg der Renten neu einjustieren soll. Wichtige Zielgröße ist, dass im Jahr 2020 der Beitragssatz nicht über 20 Prozent und im Jahr 2030 nicht über 22 Prozent steigt. Außerdem soll die Bundesregierung ab 2008 in einem Vierjahresturnus dem Parlament über gegebenenfalls notwendige Maßnahmen berichten, falls das Rentenniveau in den Jahren 2020 oder 2030 unter eine bestimmte Zielmarke abzusinken droht. Darüber hinaus wurden weitere Maßnahmen beschlossen, die auf die demografischen Herausforderungen vorbereiten sollen. Dazu gehörte die schrittweise, langfristige Erhöhung des gesetzlichen Renteneintrittsalters von 65 auf 67 Jahre. Inzwischen hat die Bundesregierung entsprechend den gesetzlichen Vorgaben mit dem Bericht „Aufbruch in die altersgerechte Arbeitswelt" die Entwicklung der Beschäftigung älterer Arbeitnehmer analysiert und festgestellt, dass die Anhebung der Altersgrenze sachgerecht war und ist.

13 Es wurden weitgehende Reformgesetze für den Arbeitsmarkt beschlossen, die in der Öffentlichkeit als die sogenannten „Hartz-Gesetze" bekannt sind. Die Arbeitsvermittlung durch die Bundesagentur für Arbeit sollte effektiver gestaltet werden. Die bisherigen bedürfnisorientierten Leistungen der Arbeitslosenhilfe und der Sozialhilfe für Erwerbstätige wurden zu einer neuen Leistung, dem Arbeitslosengeld II, oft auch „Hartz IV" genannt, zusammengefasst. Dazu kamen sozialpolitisch vertretbare Auflockerungen beim Kündigungsschutz und bei der Möglichkeit der Befristung von Arbeitsverhältnissen.

14 Mit der Pflegereform 2008 wurden Verbesserungen für die Pflegebedürftigen, ihre Angehörigen und die Pflegekräfte eingeführt, insbesondere eine schrittweise Verbesserung der Leistungen.

Mit der Gesundheitsreform 2011 wurden weitere Strukturelemente der gesetzlichen Krankenversicherung fortentwickelt. Die Beitragssätze für Arbeitnehmer und Rentner wurde auf 8,2 Prozent angehoben, der für Arbeitgeber auf 7,3 Prozent. Ausgabensteigerungen sollen zukünftig durch einen einkommensunabhängigen Zusatzbeitrag finanziert werden, wobei allerdings Überlastungen der Versicherten durch einen automatischen Sozialausgleich aus Steuermitteln ausgeglichen werden sollen.

15 In der Grundsicherung für Arbeitsuchende wurde das Urteil des Bundesverfassungsgerichts zur Verfassungswidrigkeit der Organisation der Job-Center umgesetzt; dazu wurde auch die Verfassung geändert.

Eine große Herausforderung stellte die Entscheidung des Bundesverfassungsgerichts zu den Regelleistungen in der Grundsicherung für Arbeitsuchende dar. Nach einem Vermittlungsverfahren wurde eine Neubemessung der Regelbedarfe durchgeführt. In dem neuen Regelbedarfsermittlungsgesetz werden die Berechnungsschritte zur Festsetzung der Regelbedarfe durch den Gesetzgeber selbst festgelegt. Obwohl in Teilen der Öffentlichkeit hohe Erwartungen hinsichtlich einer Erhöhung bestanden, fiel sie für Alleinstehende mit 5 Euro vergleichsweise bescheiden aus. Bei Kindern und Jugendlichen wurden sogar geringere Beträge ermittelt, so dass der Gesetzgeber eine Zahlbetragsgarantie entsprechend dem bisher geltenden Recht ausspracht.

Weniger in der öffentlichen Debatte präsent ist eine durch die Entscheidung vorgezeichnete Entwicklung, nach der die jährliche Anpassung – zwischen den fünfjährigen Erhebungen der Einkommens- und Verbrauchsstichprobe – nach einem Lohn- und Preisindex erfolgt. Denn die Orientierung an den Anpassungen in der gesetzlichen Rentenanpassung hat das Gericht als verfassungswidrig angesehen. Es bleibt abzuwarten, ob das Grundsicherungssystem einer höheren Anpassungsdynamik folgt als die Rentenversicherung und damit möglicherweise Reformdruck – vielleicht sogar auf die Ausgestaltung der Rentenversicherung – entsteht.

Unmittelbar und sofort galt eine vom Gericht angeordnete Härtefallregelung, da das SGB II keine entsprechenden Vorschriften enthielt; sie ist inzwischen ebenfalls im SGB II kodifiziert.

Schließlich – last but not least – wurde mit dem sogenannten Bildungspaket für bedürftige Kinder Neuland betreten. Zweckgebundene Bildungs- und Teilhabeleistungen werden als Rechtsanspruch gewährt, z. B. für Lernförderung, Teilhabe, Schul- und Kitamittagessen und Schulbedarfe. Neben Kindern im Grundsicherungsbereich erhalten dies auch Kinder aus Familien, in denen Wohngeld oder Kinderzuschlag bezogen wird.

16 Der Koalitionsvertrag von CDU/CSU und FDP sieht weitere Schritte zur Fortentwicklung des Sozialstaates vor.

In der Pflegeversicherung soll der Begriff der Pflegebedürftigkeit neu und differenziert definiert werden, so dass nicht nur körperliche Beeinträchtigungen, sondern auch anderwärtiger Betreuungsbedarf, z. B. Demenz, berücksichtigt werden kann.

In der Arbeitsmarktpolitik sollen die Instrumente auf den Prüfstand gestellt werden mit dem Ziel, sie auf Effektivität und Effizienz zu bewerten und auch deutlich zu reduzieren.

In der gesetzlichen Rentenversicherung soll ein einheitliches Rentensystem in Ost und West eingeführt werden. Im Rahmen der finanziellen Möglichkeiten will die Koalition auch die verbesserte Berücksichtigung von Erziehungsleistungen prüfen.

Und wie sieht die Zukunft des Sozialstaates aus?

17 Der Sozialstaat muss den gesellschaftlichen Wandel reflektieren und ihn gestalten, er muss wirtschaftliche Dynamik und soziale Sicherheit miteinander verbinden. Der zunehmende Anteil älterer Menschen in der Bevölkerung stellt die sozialen Sicherungssysteme vor gewaltige Herausforderungen. Dabei darf der Sozialstaat die wirtschaftliche Dynamik nicht bremsen. Die Weltwirtschaft wächst mehr und mehr zusammen. Der grenzüberschreitende Personen-, Waren- und Dienstleistungsverkehr expandiert – nicht zuletzt durch eine zunehmende Nutzung des Internets – in einem Ausmaß, wie es vor wenigen Jahren noch unvorstellbar war. Es wächst aber auch international nun die Erkenntnis, dass die Krise der Finanzmärkte und der Wirtschaft nur durch eine verstärkte Regulierung überwunden werden kann. Das ordnungspolitische Leitbild einer unregulierten Marktwirtschaft ist zu Recht stark angeschlagen. Die Menschen in Deutschland erwarten, dass in all diesen Umwälzungen das soziale Element weiterhin stark bleibt. Von einer zukünftig weiterhin starken Sozialpolitik kann allerdings auch erwartet werden, dass sie flexibel bleibt und sich den neuen Gegebenheiten anpasst. Der Wandel erfordert Behutsamkeit, da das System sozialer Sicherung auf dem Vertrauen von Millionen Bürgerinnen und Bürgern beruht, die ihre Lebensplanung auf dieses System abstellen. Eine Entwicklung, wonach die zukünftig verstärkt notwendig werdende Haushaltskonsolidierung auf Kosten des Sozialen gehen sollte, wäre sicherlich die falsche Lehre aus der Krise.

18 Alle Bürgerinnen und Bürger müssen im Rahmen der staatlichen Gesamtverantwortung zukünftig höhere Mitverantwortung für den Sozialstaat übernehmen. Damit ist nicht eine Privatisierung von Risiken gemeint, sondern ein aktives Mitwirken bei der verantwortungsvollen Nutzung knapper Ressourcen sowie die Gestaltung der eigenen langfristigen Vorsorge. Auch eine aktive Mitwirkung bei der Prävention, der Vorbeugung gegen soziale Risiken, wird zukünftig eine größere Bedeutung erlangen.

Die individuellen Bedürfnisse der Bürger und das Gesamtinteresse der Sicherungssysteme sind in ein sinnvolles Gleichgewicht zu bringen, um die Erfolgsgeschichte des Sozialstaates weiterzuführen. In der Alterssicherung bestätigt sich die Grundsatzentscheidung, eine höhere Eigenvorsorge vorzusehen und staatlich zu fördern. Im Gesundheitswesen kann die gleichmäßige medizinische Versorgung und Absicherung der Bevölkerung nur erhalten bleiben, wenn alle Beteiligten mitwirken, die Ressourcen effizient zu nutzen, überflüssige Leistungen zu vermeiden und insgesamt die knappen Ressourcen auf eine qualitativ hochstehende Versorgung zu konzentrieren.

Information und Mitgestaltung des Sozialstaates

19 Das Sozialrecht ist durch hohe Komplexität gekennzeichnet. Das mag auch daran liegen, dass die Leistungssysteme oft an neue Realitäten angepasst werden müssen und dass finanzielle Gesichtspunkte nicht selten ein Eingreifen des Gesetzgebers erfordern. Die Komplexität sollte nicht davor abschrecken, sich mit der Materie intensiv auseinanderzusetzen.

Die notwendige Gestaltung des Sozialstaates, die erforderlich ist, um ihn auch für die Zukunft fit zu erhalten, wird nur gelingen können, wenn sie durch die Bürgerinnen und Bürger aktiv unterstützt wird. Vielleicht kann der vorliegende Band einen Beitrag dazu leisten, indem er über die Vielfältigkeit der sozialen Sicherung informiert und damit die öffentliche Diskussion von den anfangs genannten Schlagzeilen weg zu einer sachlichen Debatte hinzuführen hilft.

1 Sozialgesetzbuch - 1. Buch Allgemeiner Teil

Überblick

Das Erste Buch des Sozialgesetzbuchs ist dessen Allgemeiner Teil. Er enthält Vorschriften, die für sämtliche Sozialleistungsbereiche gelten. Der Allgemeine Teil gliedert sich in drei Abschnitte:

Im ersten Abschnitt werden die Aufgaben des Sozialgesetzbuches dargestellt und die sozialen Grundrechte aufgeführt.

Der zweite Abschnitt enthält die Einweisungsvorschriften. Dadurch soll eine umfassende Information des Bürgers über die Sozialleistungen und die jeweils zuständigen Leistungsträger erreicht werden. Hier sind auch die Aufklärungs-, Beratungs- und Auskunftspflichten der Sozialverwaltung geregelt.

Im dritten Abschnitt werden die gemeinsamen Vorschriften für alle Sozialleistungsbereiche des Sozialgesetzbuches nach dem Vorbild des Bürgerlichen Gesetzbuches zusammengefasst. Hier sind z. B. die Grundsätze des Leistungsrechts und die Mitwirkung des Leistungsberechtigten geregelt.

Zu Verständnis des Allgemeinen Teils ist es zweckmäßig, auf die Gesamtkonzeption des Sozialgesetzbuchs und seine Entstehungsgeschichte kurz einzugehen.

Werdegang

1 Das Sozialrecht, das mit der Sozialgesetzgebung Bismarcks in den 80er Jahren des 19. Jahrhunderts seinen Anfang genommen hatte, war im Laufe der vielen Jahrzehnte immer unübersichtlicher geworden. Es wurde zudem komplizierter und durch viele Gesetzgebungsnovellen wies es Unstimmigkeiten auf. Um hier Abhilfe zu schaffen, beauftragte bereits Bundeskanzler Adenauer vier Professoren, Vorschläge zu unterbreiten, um auf dem Gebiet des Sozialrechts mehr Transparenz zu erreichen. Im Mai 1955 legten die Professoren in der sogenannten Rothenfelser Denkschrift den Gedanken vor, das Sozialrecht in einer Kodifikation zu vereinfachen. Diese Denkschrift wurde in der Sozialgesetzgebung nicht umgesetzt. Dennoch ist der Gedanke, das Sozialrecht in einem Gesetzbuch zusammenzufassen, wach geblieben. Er wurde im Jahre 1959 in das Godesberger Programm der SPD aufgenommen.

2 In der Regierungserklärung von Bundeskanzler Brandt vom Oktober 1969 wurde ausgeführt, dass die „Bundesregierung dem sozialen Rechtsstaat verpflichtet ist" und „zur Verwirklichung dieses Verfassungsauftrags mit den Arbeiten für ein den Erfordernissen der Zeit entsprechendes Sozialgesetzbuch beginnen wird."

3 Im März 1970 wurde diese Aussage der Regierungserklärung in einem Kabinettsbeschluss konkretisiert. Mit dem Sozialgesetzbuch, so wurde in dem Regierungsbeschluss niedergeschrieben, werde das Ziel angestrebt, das Sozialrecht für die Bevölkerung überschaubarer zu machen und seine Durchführung für die Verwaltung zu vereinfachen. Dieses Ziel werde dadurch erreicht, dass jene Bereiche des Sozialrechts, die sozial- und rechtspolitische Gemeinsamkeiten aufwiesen, in dem Gesetzbuch zusammengefasst und dabei grundsätzlich alle gemeinsamen Tatbestände in einem Allgemeinen Teil dieses Gesetzbuchs geregelt würden.

4 Aufgrund dieses Kabinettsbeschlusses wurde 1970 eine Sachverständigenkommission von 30 Experten eingesetzt, die bis 1980 tätig gewesen ist. Sie hatte zu Beginn ihrer Tätigkeit vorgeschlagen, das Sozialgesetzbuch in zehn Bücher zu gliedern:

1. Buch – Allgemeiner Teil
2. Buch – Ausbildungsförderung
3. Buch – Arbeitsförderung
4. Buch – Sozialversicherung
5. Buch – Soziale Entschädigung bei Gesundheitsschäden
6. Buch – Kindergeld

7. Buch – Wohngeld
8. Buch – Jugendhilfe
9. Buch – Sozialhilfe
10. Buch – Verwaltungsverfahren

Diese Gliederung hat vor allem im Bereich der Sozialversicherung entscheidende Abweichungen erfahren. Das 4. Buch umfasst nur noch die gemeinsamen Vorschriften für die Sozialversicherung. Die Krankenversicherung bildet das 5., die Rentenversicherung das 6. und die Unfallversicherung das 7. Buch. Das 9. Buch betrifft die Rehabilitation und andere Rechte behinderter Menschen. Die soziale Pflegeversicherung bildet das 11. Buch.

Gegenwärtiger Umfang des Sozialgesetzbuchs

5 Bisher sind zahlreiche Gesetze zur Schaffung des Sozialgesetzbuchs in Kraft getreten. Das erste war dasjenige über den Allgemeinen Teil aus dem Jahr 1975. Erhebliche Änderungen und Ergänzungen sind in anderen Gesetzen am Text des Sozialgesetzbuchs vorgenommen worden. Zu nennen ist hier vor allem das Renten-Überleitungsgesetz, das Vorschriften einfügte, die sich auf das Gebiet der ehemaligen DDR beziehen. Das 4. Buch über die Gemeinsamen Vorschriften für die Sozialversicherung trat 1977 in Kraft, das 5. Buch über die Krankenversicherung im Jahre 1989, das 6. Buch über die Rentenversicherung im Jahre 1992 und das 7. Buch über die Unfallversicherung am 1. Januar 1997. Das 8. Buch über die Kinder- und Jugendhilfe war zuvor schon 1991 in Kraft getreten. Das 10. Buch beruht auf zwei Gesetzen. Dessen erstes Kapitel „Verfahrensrecht" und sein zweites Kapitel „Schutz der Sozialdaten" wurden 1980 verkündet. Dieses Kapitel ist in völlig überarbeiteter Form 1994 in Kraft getreten. Das dritte Kapitel „Zusammenarbeit der Leistungsträger und ihrer Beziehung zu Dritten" trat am 1. Juli 1983 in Kraft. Im Mai 1994 wurde das Gesetz über die Pflegeversicherung verkündet, das das 11. Buch des Sozialgesetzbuches bildet. Es trat 1995, teilweise aber erst 1996 in Kraft. Am 1. Januar 1998 erlangte als 3. Buch das Recht der Arbeitsförderung Gesetzeskraft. Es löste das Arbeitsförderungsgesetz (AFG) ab. Das 9. Buch über „Rehabilitation und Teilhabe behinderter Menschen" ist seit 1. Juli 2001 in Geltung. Als 17. Gesetz zur Schaffung des Sozialgesetzbuchs wurde das Gesetz für moderne Dienstleistungen am Arbeitsmarkt vom 24. Dezember 2003 am 29. Dezember 2003 verkündet. Die mehr als 60 Paragraphen seines Artikels 1 bilden das SGB II, das ursprünglich für die Einordnung des Rechts der Bundesausbildungsförderung vorgesehen war. Das neue SGB II ist am 1. Januar 2005 in Kraft getreten. Als 18. Gesetz zur Schaffung des Sozialgesetzbuchs ist das Gesetz zur Einordnung des Sozialhilferechts in das Sozialgesetzbuch als SGB XII am 30. Dezember 2003 verkündet worden. Es trat ebenfalls am 1. Januar 2005 in Kraft. Mit den beiden neuen Büchern wird die Kodifikation rd. 2.700 Paragraphen umfassen. Es gibt in der Geschichte der Bundesrepublik Deutschland kein Gesetzeswerk von vergleichbarer Dimension und Bedeutung. Als mit den Arbeiten 1970 begonnen wurde, sprach der damalige Bundesarbeitsminister Arendt von einem Dschungel des Sozialrechts. Eine große gestalterische Leistung hat in diesem Rechtsgebiet mehr normative Klarheit und Ordnung hervorgerufen. Mit den verkündeten zwölf Büchern sind die Arbeiten am Sozialgesetzbuch im Wesentlichen beendet.

6 Für die Leistungsgebiete, die noch nicht in das Sozialgesetzbuch eingeordnet sind, ist Artikel II § 1 SGB I von großer Bedeutung. Dort sind alle Sozialgesetze aufgezählt, die noch nicht kodifiziert sind. Es ist geregelt, dass diese Gesetze bis zu ihrer Einordnung als Teile des Gesetzbuchs gelten. Dies bedeutet, dass der Allgemeine Teil des Sozialgesetzbuchs und SGB X, nämlich die Bestimmungen über das Verfahrensrecht, den Sozialdatenschutz und die Zusammenarbeit der Leistungsträger, auf diese Gesetze bereits vor der Einordnung anwendbar sind. Hieraus folgt, dass die Daten beim Wohngeldamt auch vor der Integration des Wohngeldgesetzes in das Sozialgesetzbuch den Datenschutzvorschriften des Sozialgesetzbuchs unterliegen. Ebenso ist z. B. das Verwaltungsverfahrensrecht des Sozialgesetzbuchs auch vor der Einordnung durch die Ämter für Ausbildungsförderung anzuwenden.

Soziale Rechte

7 Im Sozialgesetzbuch sind soziale Rechte normiert. Sie beziehen sich auf die Bildungs- und Arbeitsförderung, auf die Sozialversicherung und die soziale Entschädigung bei Gesundheitsschäden (§§ 3 bis 5 SGB I). Sie erstrecken sich ferner auf den Anspruch auf Minderung des Familienaufwands und auf einen Zuschuss für eine angemessene Wohnung (§§ 6 und 7 SGB I). Außerdem gibt es Rechte auf Unterstützung durch die Jugendhilfe und Sozialhilfe sowie auf die Teilhabe behinderter Menschen (§§ 8 bis 10 SGB I).

Wenngleich diese sozialen Rechte in allgemeiner Sprache formuliert worden sind, so dürfen sie doch nicht mit den Grundrechten des Grundgesetzes (GG) verwechselt werden. In Artikel 1 Abs. 3 GG ist bestimmt, dass die Grundrechte neben der Gesetzgebung die vollziehende Gewalt und die Rechtsprechung als unmittelbar geltendes Recht binden. Durch diese Bestimmung ist gewährleistet, dass die Grundrechte des Grundgesetzes nicht allgemeine Programmsätze bleiben. In § 2 SGB I ist demgegenüber festgelegt, dass aus den sozialen Rechten des Sozialgesetzbuchs Ansprüche nur insoweit geltend gemacht oder hergeleitet werden können, als deren Voraussetzungen und Inhalt durch die Vorschriften der besonderen Teile des Gesetzbuchs im einzelnen bestimmt sind. Der Bürger kann sich also nicht auf die §§ 3 bis 10 des Allgemeinen Teils des Sozialgesetzbuchs berufen. In den besonderen Teilen und in den Gesetzen, die als Teile des Gesetzbuchs gelten, muss jeweils die Anspruchsgrundlage für soziale Rechte gesucht werden. Die praktische Bedeutung der §§ 3 ff. SGB I ist im Gegensatz zu den Grundrechten des Grundgesetzes gering.

Hilfen für den Bürger

8 Wenngleich es das Ziel des Gesetzbuchs ist, durch eine klare Gesetzessprache, eine genaue Begrifflichkeit und einen übersichtlichen Aufbau die gesetzlichen Vorschriften für den Bürger verständlich zu machen, so kann dennoch nicht übersehen werden, dass bei der hohen Kompliziertheit des sozialen Lebens in einem modernen Dienstleistungs- und Industriestaat das Sozialrecht für den Nichtfachmann nicht selten schwer verständlich bleibt. Um hier Abhilfe zu schaffen, hat das Sozialgesetzbuch eine Reihe von Möglichkeiten geschaffen, durch die der Bürger seinen Wissensstand und die Kenntnis seiner Rechte und Pflichten verbessern kann.

Aufklärung

9 Die Leistungsträger und ihre Verbände sind verpflichtet, im Rahmen ihrer Zuständigkeit die Bevölkerung über die Rechte und Pflichten nach diesem Gesetzbuch aufzuklären (§ 13 SGB I). Diese Aufklärung umfasst vor allem die Unterrichtung der Bevölkerung über Rechtsänderungen auf dem Gebiet der Sozialleistungen. Sie kann durch Broschüren, Flugblätter, Verbandszeitschriften oder Anzeigen in der Presse erfolgen. Der Einzelne hat kein Recht auf Aufklärung. Die Aufklärung wendet sich an die Bevölkerung. Allerdings haftet der Leistungsträger oder Verband dafür, dass die Aufklärung von Unrichtigkeiten frei ist. Eine unrichtige Aufklärung kann u. U. zur Schadensersatzpflicht nach § 839 BGB führen.

10 Die Aufklärung berechtigt nicht, Mittel zur Selbstdarstellung der Leistungsträger zu verwenden. Wenn aber, wie bei den Krankenkassen, Träger miteinander im Wettbewerb stehen, so kann hiervon eine Ausnahme gemacht werden. Soll z. B. eine Betriebskrankenkasse gegründet werden, so können die von einer solchen Gründung wahrscheinlich betroffenen Ortskrankenkassen sich an die Bevölkerung wenden und ihrerseits darlegen, welche Vorteile es haben würde, die Mitgliedschaft in der Ortskrankenkasse zu erhalten.

Beratung

11 Noch wichtiger als die Aufklärung ist für den Einzelnen der Anspruch auf Beratung über seine Rechte und Pflichten nach dem Sozialgesetzbuch (§ 14 SGB I). Die Erteilung der Auskunft ist zwar kein Verwaltungsakt, da sie keine Regelung eines Einzelfalles darstellt. Ihre Verweigerung wird jedoch nach ständiger Rechtsprechung als Verwaltungsakt angesehen und kann durch Widerspruch und Klage angegriffen werden. Eine Beratung setzt im Allgemeinen das Ersuchen voraus, über die Rechte oder Pflichten und deren Bedeutung unterrichtet zu werden. Dennoch kann es Fallgestaltungen geben, in denen sich bei der Bearbeitung eines Einzelfalls zeigen kann, dass die Ausübung eines Rechts für den Betroffenen auf der Hand liegt, falls er diese Möglichkeit erkennt. In solchen Fallgestaltungen hat die Beratung auch ohne Nachsuchen durch den Betroffenen zu erfolgen.

> **Beispiel:**
>
> Ein Versicherter stirbt und hinterlässt eine Witwe und minderjährige Kinder. Falls die Witwe nur für sich Hinterbliebenenrente beantragt, nicht jedoch für die Kinder, so hat der Rentenversicherungsträger die Witwe oder ggf. einen sonstigen gesetzlichen Vertreter darauf hinzuweisen, dass die Kinder eventuell leistungsberechtigt sind und ein Antrag auf Rente für sie zu stellen sei.

12 Der Anspruch auf Beratung kann sich auch auf Einzelheiten des Rechts oder der Pflichten erstrecken. Der Versicherungsträger muss jedoch nicht sogenannte „Optimierungsberechnungen" durchführen, die dem Betroffenen mitteilen, welche der verschiedenen Möglichkeiten, die er bei der Ausgestaltung seiner Rechte hat, die wirtschaftlich ergiebigste ist.

13 Bei fehlerhafter Beratung kann, falls den öffentlich-rechtlichen Bediensteten ein Verschulden trifft, ein Schadenersatzanspruch nach § 839 BGB in Betracht kommen. Darüber hinaus hat das Bundessozialgericht den sogenannten „Herstellungsanspruch" entwickelt (siehe z. B. Urteil vom 12. November 1980, SozR 1200 § 14 Nr. 9 Leitsatz 2 bis 4). Dieser Herstellungsanspruch besagt, dass bei einer fehlerhaften Beratung die Folgen des Fehlers, so weit dies möglich ist, zu beseitigen sind. Hierbei kommt es nicht darauf an, ob dem Träger bei der fehlerhaften Beratung ein Verschulden vorzuwerfen ist.

14 Der Anspruch auf Beratung richtet sich gegen den zuständigen Leistungsträger. Anspruchsberechtigt sind diejenigen Personen, die in Deutschland ihren Wohnsitz oder ständigen Aufenthalt haben (§ 30 SGB I). Aufgrund internationaler oder übernationaler Vereinbarungen kann eine Beratung auch von Personen beansprucht werden, die ihren Wohnsitz in einem Vertragsland oder in einem Land der Europäischen Union haben.

Die Beratung kann mündlich, aber auch in schriftlicher Form erfolgen.

Auskunft

15 Nicht so umfangreich wie die Beratung ist die Auskunft. Sie erstreckt sich auf die Benennung der für die Sozialleistung zuständigen Leistungsträger sowie auf alle Sach- und Rechtsfragen, die für den Auskunftssuchenden von Bedeutung sein können und zu deren Beantwortung die Auskunftsstelle im Stande ist. Sie ist also nicht verpflichtet, ihrerseits Ermittlungen anzustellen (§ 15 SGB I). Auskunftsstellen sind die gesetzlichen Krankenkassen, zu denen auch die Ersatzkassen zählen. Auskunftsverpflichtet sind ferner die nach Landesrecht zuständigen Stellen. Die Länder haben entweder die Gemeinden schlechthin als Auskunftsstellen bestimmt, so z. B. in Nordrhein-Westfalen, oder die Landkreise und die kreisfreien Städte, wie dies in Rheinland-Pfalz erfolgt ist.

16 Außerdem haben die Versicherungsämter, die bei den Gemeinden und anderen Gebietskörperschaften eingerichtet sind, in allen Angelegenheiten der Sozialversicherung Auskunft zu erteilen (§ 93 SGB IV). Sie haben Anträge auf Leistungen aus der Sozialversicherung entgegenzunehmen, auf Verlangen des Versicherungsträgers den Sachverhalt aufzuklären, Beweismittel beizufügen und Unterlagen unverzüglich an den zuständigen Versicherungsträger weiterzuleiten.

Antragstellung

17 Neben der Antragstellung bei den Versicherungsämtern besteht im Sozialgesetzbuch der Grundsatz, dass Anträge auf Sozialleistungen beim zuständigen Leistungsträger zu stellen sind (§ 16 SGB I). Das Antragserfordernis ergibt sich im Bereich der Sozialversicherung für die Renten-, Kranken- und Pflegeversicherung sowie für das Recht der Arbeitsförderung aus § 19 SGB IV, des Weiteren aus den einzelnen Leistungsgesetzen. Die Anträge können auch von allen anderen Leistungsträgern, von Gemeinden und von diplomatischen Vertretungen der Bundesrepublik Deutschland im Ausland entgegengenommen werden. Wird der Antrag bei einer dieser Stellen gestellt, obwohl sie nicht zuständig ist, gilt dennoch der Antrag als zu dem Zeitpunkt gestellt, in dem er eingegangen ist. Die Frist kann auf diese Weise gewahrt werden.

18 Jugendliche sind nach § 36 SGB I schon in jungen Jahren handlungsfähig. Wer nach Vollendung des 15. Lebensjahres einen Antrag auf Sozialleistungen stellt, wird vom Gesetz als handlungsfähig angesehen. Er oder sie kann auch die Sozialleistung entgegennehmen. Der Leistungsträger soll jedoch den gesetzlichen Vertreter über die Antragstellung und die erbrachten Sozialleistungen unterrichten. Der gesetzliche Vertreter kann durch schriftliche Erklärung gegenüber dem Leistungsträger die Handlungsfähigkeit des Jugendlichen einschränken. Vom Eingang der schriftlichen Mitteilung beim Leistungsträger an ist dieser hieran gebunden. Zu beachten ist, dass der gesetzliche Vertreter die Handlungsfähigkeit nur einschränken, nicht jedoch gänzlich aufheben kann.

Sozialleistungen und zuständige Leistungsträger

19 Der Gesetzgeber hat es bei der Vielzahl der Sozialleistungen als erforderlich angesehen, im Sozialgesetzbuch den Bürgern eine Wegweisung zu geben. In den §§ 18 bis 29 SGB I werden, gegliedert nach den wichtigsten Sachgebieten, alle Sozialleistungen stichwortartig aufgezählt.

Im Bereich der Arbeitsförderung sind dies die Berufsberatung einschließlich der Arbeitsmarktberatung sowie die Vermittlung in berufliche Ausbildungsstätten, die Arbeitsvermittlung, Zuschüsse und Darlehen zur Förderung der beruflichen Ausbildung sowie sonstiger Förderungsmaßnahmen der Arbeitsverwaltung, die einzeln genannt werden, ferner das Kurzarbeitergeld, das Arbeitslosengeld, Wintergeld in der Bauwirtschaft sowie das Insolvenzgeld (§ 19 SGB I).

In diese Kataloge werden sämtliche Änderungen, die durch Novellierungen eingetreten sind, aufgenommen. Neue Leistungen werden ergänzt, weggefallene Leistungen werden gestrichen, wie z. B. das Entbindungsgeld durch das GKV-Modernisierungsgesetz. Hierdurch sind diese Übersichten auf dem neuesten Stand der Gesetzgebung.

20 Bei den einzelnen Leistungskatalogen sind stets die zuständigen Leistungsträger genannt. Bei den Leistungen der Krankenversicherung werden als Träger die Orts-, Betriebs- und Innungskrankenkassen, die landwirtschaftlichen Krankenkassen, die Deutsche Rentenversicherung Knappschaft-Bahn-See und die Ersatzkassen (§ 21 Abs. 2 SGB I) aufgezählt.

Die neuen Behördenbezeichnungen im Bereich der Arbeitsverwaltung, z. B. „Agentur für Arbeit" statt „Arbeitsamt" wurden in das SGB eingearbeitet.

21 Die Voraussetzungen für die einzelnen Leistungen finden sich allerdings nicht in den Vorschriften der §§ 18 bis 29 SGB I. Sie müssen in den besonderen Büchern des Sozialgesetzbuches und, soweit eine Einordnung noch nicht erfolgt ist, in den einzelnen Leistungsgesetzen, z. B. in dem Wohngeldgesetz ermittelt werden.

Räumlicher Geltungsbereich des Sozialgesetzbuchs

22 In § 30 SGB I hat das im Sozialrecht aller Staaten geltende Territorialitätsprinzip seinen Ausdruck gefunden. Es besagt, dass die Vorschriften des Sozialgesetzbuchs und damit aller Sozialgesetze grundsätzlich nur für die Personen gelten, die ihren Wohnsitz oder gewöhnlichen Aufenthalt in Deutschland haben. Ein gewöhnlicher Aufenthalt kann nur angenommen werden, wenn der Betroffene sich nicht unrechtmäßig in Deutschland aufhält und eine im Grunde auf Dauer angelegte Erlaubnis zum Aufenthalt besitzt. Um Schwierigkeiten zu beseitigen, ist in § 1 des Bundeskindergeldgesetzes eine Sonderregelung aufgenommen worden.

23 Darüber hinaus enthält das Sozialrecht zahlreiche Ausnahmen vom Wohnsitzgrundsatz in § 30 SGB I. So bestimmt z. B. § 3 SGB IV, dass jeder, der eine Beschäftigung im Geltungsbereich des Sozialgesetzbuchs ausübt, den Vorschriften über die Versicherungspflicht in der Bundesrepublik Deutschland unterliegt. Hierbei kommt es nicht auf seinen Wohnsitz an.

Sozialgeheimnis

24 Durch § 35 SGB I werden die Sozialdaten einem besonderen Schutz unterworfen. Sie unterliegen dem Sozialgeheimnis, das in etwa vergleichbar ist dem Steuergeheimnis und dem Postgeheimnis.

Geschützt werden die Sozialdaten. Dies sind Einzelangaben über persönliche und sachliche Verhältnisse einer Person, die entweder sozialversichert ist, in einem Leistungsverhältnis mit einem Träger steht oder auf Grund von Mitwirkungspflichten Daten an den Leistungsträger geben musste. Anspruch auf den Schutz seiner Sozialdaten hat jede natürliche Person. Für Unternehmen ist der Sozialdatenschutz auf die Betriebs- und Geschäftsgeheimnisse ausgedehnt.

25 Der Anspruch auf Geheimhaltung der Sozialdaten richtet sich gegen die Leistungsträger, ihre Verbände und Arbeitsgemeinschaften, die kassenärztlichen und kassenzahnärztlichen Vereinigungen, die Künstlersozialkasse, den Renten Service der Deutschen Post AG, gemeinsame Servicestellen, Integrationsfachdienste und die Aufsichtsbehörden. Ferner sind die Rechnungshöfe, wenn sie die Leistungsträger prüfen, zur Geheimhaltung verpflichtet. Darüber hinaus wurden in § 35 Abs. 1 Satz 4 SGB I weitere Stellen aufgeführt, die häufig mit Sozialdaten zu arbeiten haben und daher das Sozialgeheimnis zu wahren haben, so z. B. die anerkannten Adoptionsvermittlungsstellen und die Behörden der Zollverwaltung.

Werden die Sozialdaten erlaubterweise an andere Behörden gegeben, die nicht Leistungsträger sind, sind die Daten auf Grund von § 78 SGB X auch dort geschützt. Dies gilt auch für die Weitergabe von Daten an Gerichte.

26 Der Schutz der Sozialdaten wurde im Jahre 1994 neu gestaltet. Das zweite Kapitel des Zehnten Buches (§§ 67 bis 85a SGB X) wurde im Hinblick auf das für den Datenschutz grundlegende Urteil des Bundesverfassungsgerichts zum Volkszählungsgesetz und unter Berücksichtigung des neu gestalteten Bundes-

datengesetzes grundlegend überarbeitet. Dort ist im Einzelnen bestimmt, unter welchen Voraussetzungen ein Leistungsträger Daten erheben, verarbeiten und nutzen darf. Besonderen Schutz haben die medizinischen Daten erfahren (§ 76 SGB X).

27 Beamte und sonstige Bedienstete der Stellen, die das Sozialgeheimnis zu wahren haben, haben ein Zeugnisverweigerungsrecht vor Gericht. Es besteht für die Leistungsträger, so weit eine Übermittlung nicht zulässig ist, auch keine Pflicht zur Vorlegung von Akten, Schriftstücken und sonstigen Datenträgern.

28 Das Sozialgeheimnis erstreckt sich auf alle Daten, die sich bei den Leistungsträgern und den sonstigen in § 35 SGB I genannten Stellen befinden. Für die Anwendung von § 35 SGB I kommt es also nicht auf die Art der Speicherung an.

29 Der Schutz der Sozialdaten umfasst auch die Verpflichtung, die technischen und organisatorischen Maßnahmen zu treffen, die erforderlich sind, um sicherzustellen, dass die Sozialdaten nur Befugten zugänglich sind. Personenbezogene Daten der Beschäftigten und deren Angehörigen sollen, wenn diese Daten Leistungs- oder Versicherungsdaten sind, Personen, die Personalentscheidungen treffen, nicht zugänglich sein oder diesen Personen nicht von anderen übermittelt werden.

Durch die Einfügung eines § 36a in das Erste Buch wurde dem Fortschritt in der Datenverarbeitung Rechnung getragen und die Übermittlung elektronischer Dokumente zugelassen. Hierbei ist eine qualifizierte elektronische Signatur zu verwenden. Zertifizierungsdienste, die nach dem Signaturgesetz zu errichten sind, haben die Überprüfbarkeit der elektronischen Signatur sicherzustellen.

Grundsätze des Leistungsrechts

30 Auf Sozialleistungen besteht ein Rechtsanspruch. Sind die Leistungsträger berechtigt, bei der Entscheidung über Sozialleistungen nach ihrem Ermessen zu handeln, beschränkt sich der Anspruch auf die pflichtgemäße Ausübung des Ermessens durch den Leistungsträger (§ 39 Absatz 1 Satz 2 SGB I). Die Ansprüche auf Sozialleistungen entstehen, wenn die im Gesetz oder in einer Verordnung vorgesehenen Tatbestandsvoraussetzungen erfüllt sind. Bei Ermessensleistungen ist der Zeitpunkt maßgebend, in dem die Entscheidung über die Leistung bekannt gegeben wird. Ausnahmen hierfür müssen in der Entscheidung selbst enthalten sein.

Vorschüsse

31 Steht fest, dass eine Sozialleistung zu erbringen ist, ist jedoch noch offen, in welcher Höhe der Anspruch besteht. Ist damit zu rechnen, dass die Feststellung hierüber voraussichtlich längere Zeit dauert, z. B. weil medizinische Untersuchungen vorgenommen werden müssen, kann der zuständige Träger Vorschüsse zahlen. Ihre Höhe kann er nach pflichtgemäßem Ermessen bestimmen. Beantragt der Berechtigte einen Vorschuss, so ist ihm dieser, wenn nur die Höhe des Anspruches noch nicht feststeht, zu gewähren. Ist der Vorschuss höher als die endgültig festgestellte Leistung, so ist der zu hoch gewährte Teil des Vorschusses zu erstatten (§ 42 SGB I).

Vorläufige Leistungen

32 Besteht zwischen zwei Leistungsträgern Streit, wer von ihnen zuständig ist, so soll diese Auseinandersetzung nicht zu Lasten des Berechtigten gehen. In § 43 SGB I ist bestimmt, dass derjenige Leistungsträger, der von dem Berechtigten im Falle eines Streites um Leistung ersucht wird, in vorläufiger Form die Leistung zu erbringen hat. Den Umfang kann er nach pflichtgemäßem Ermessen bestimmen. Liegt ein Antrag auf vorläufige Leistung vor, muss diese erbracht werden.

Stellt sich heraus, dass derjenige Leistungsträger, der die vorläufigen Leistungen erbracht hat, letztendlich nicht der zuständige Träger gewesen ist, sind ihm vom zuständigen Träger die Leistungen zu erstatten (§ 102 SGB X).

Verzinsung

33 Der Gesetzgeber hat in § 44 SGB I vorgesehen, dass Geldleistungen auf sozialem Gebiet zu verzinsen sind, wenn die Leistungen nicht rechtzeitig erbracht worden sind. Der Zinssatz zugunsten des Berechtigten beträgt 4 Prozent.

Die Verzinsung beginnt frühestens nach Ablauf von sechs Kalendermonaten nach Eingang des vollständigen Leistungsantrags beim zuständigen Leistungsträger. Wird die Leistung auch ohne Antrag erbracht, wie das z. B. in der Unfallversicherung der Fall ist, beginnt die Verzinsung nach Ablauf eines Kalendermonats nach der Bekanntgabe der Entscheidung über die Leistung. Ist aber ein Antrag gestellt worden, obwohl er nicht erforderlich ist, dann gilt die allgemeine Regelung, dass die Verzinsung frühestens nach Ablauf von sechs Kalendermonaten nach Antragseingang beginnt. Der Antrag muss nicht ein förmlicher Antrag sein. Es genügt, dass aus den Umständen zu erkennen ist, dass der Berechtigte Leistung begehrt und dass er die für die Entscheidung erforderlichen Unterlagen dem Leistungsträger zugänglich gemacht hat. Ein Verschulden des Leistungsträgers ist für die Entstehung des Verzinsungsanspruchs nicht erforderlich.

Verjährung

34 Ansprüche auf Sozialleistungen verjähren gemäß § 45 SGB I in vier Jahren nach Ablauf des Kalenderjahres, in dem sie entstanden sind. Wichtig hierbei ist, dass es bei der Verjährung nicht darauf ankommt, ob der Berechtigte weiß, ob ihm ein Anspruch zusteht oder nicht.

Für die Hemmung, die Ablaufhemmung, den Neubeginn und die Wirkung der Verjährung gelten die Vorschriften des Bürgerlichen Gesetzbuchs sinngemäß. Das bedeutet, dass die Verjährung in Form einer Einrede durch den Leistungsträger geltend zu machen ist. Hierbei muss der Leistungsträger nach pflichtgemäßem Ermessen prüfen, ob die Erhebung der Verjährungseinrede angemessen ist oder nicht. Die Verjährung wird durch einen schriftlichen Antrag auf die Leistung oder durch Erhebung eines Widerspruchs gehemmt. Klageerhebung ist zur Hemmung der Verjährung nicht ausgeschlossen.

Auszahlung von Geldleistungen

35 Der Gesetzgeber hat die Auszahlung von Geldleistungen durch die Leistungsträger bürgerfreundlich gestaltet. Nach § 47 SGB I sollen sie kostenfrei auf ein Konto des Empfängers überwiesen werden. Allerdings übernimmt der Leistungsträger nicht die Kontoführungsgebühren für das Konto des Berechtigten, wie das bei Gehaltskonten auf Grund von Tarifverträgen vorgesehen sein kann. Hat der Empfänger kein Konto oder ist er nicht in der Lage, sich zur Bank, zur Sparkasse oder zur Post zu begeben, so kann er verlangen, dass ihm das Geld kostenfrei an seinen Wohnsitz übermittelt wird. Die Barzahlung an den Empfänger ist für den Leistungsträger mit erheblichen Kosten verbunden. Sie ist daher, aber auch wegen der größeren Sicherheit der Kontozahlung für den Empfänger, im Gegensatz zu früheren Jahrzehnten, zur Ausnahme geworden.

Eingriffe in die Leistungsansprüche

36 Die Sozialversicherungsansprüche sind verschiedenen Eingriffen der Gläubiger des Leistungsberechtigten, des Versicherungsträgers oder Unterhaltsberechtigter ausgesetzt. Der Gesetzgeber ist einen Weg gegangen, der sowohl die Interessen des Leistungsberechtigten als auch der hier genannten Stellen oder Personen berücksichtigt.

Pfändung

37 Sozialleistungen haben häufig Lohnersatzfunktion. Das gilt insbesondere für Renten. Im Hinblick hierauf hat der Gesetzgeber die Sozialleistungen, soweit sie in einem Anspruch auf Geldleistungen bestehen, grundsätzlich für pfändbar erklärt. Hierdurch werden auch die Kreditmöglichkeiten des Leistungsempfängers vergrößert. Ansprüche auf laufende Geldleistungen können wie Arbeitseinkommen gepfändet werden wegen gesetzlicher Unterhaltsansprüche. Dies bedeutet, dass § 850d der Zivilprozessordnung (ZPO) Anwendung findet. Wegen Ansprüchen, die nicht Unterhaltsansprüche sind, sind die laufenden Geldleistungen nach § 850c ZPO pfändbar (§ 54 Abs. 4 SGB I).

Der Anspruch auf Geldleistungen für Kinder kann nur wegen gesetzlicher Unterhaltsansprüche eines Kindes, das bei der Festsetzung der Geldleistung berücksichtigt wird, gepfändet werden (§ 54 Abs. 5 SGB I). Die Höhe des pfändbaren Betrages beim Kindergeld ist im Gesetz eingehend geregelt.

Unpfändbar sind z. B. Ansprüche auf Erziehungsgeld und vergleichbare Leistungen der Länder, das Elterngeld bis zu einer bestimmten Höhe, Mutterschaftsgeld nach § 13 Abs. 1 Mutterschutzgesetz und Geldleistungen, die dafür bestimmt sind, den durch einen Körper- und Gesundheitsschaden bedingten Mehraufwand auszugleichen.

38 § 55 SGB I, nach dem eine Geldleistung auf dem Konto des Berechtigten für die Dauer von 14 (bisher sieben) Tagen seit der Gutschrift nicht gepfändet werden darf, und der Leistungsberechtigte weiterhin über das Konto verfügungsberechtigt ist, gilt nur noch bis zum 31. Dezember 2012. Als Alternative wird durch das Gesetz zur Reform des Kontopfändungsschutzes vom 7. Juli 2009 nach § 850k ZPO ein sog. Pfändungsschutzkonto eingeführt. Danach kann jeder Bankkunde gegenüber seiner kontoführenden Bank oder Sparkasse jederzeit verlangen, dass sein bestehendes Girokonto innerhalb von vier Geschäftstagen als Pfändungsschutzkonto mit dem Vermerk „P-Konto" weitergeführt wird. Der Kontopfändungsschutz beim P-Konto dient der Sicherung einer angemessenen Lebensführung des Schuldners und seiner Unterhaltsberechtigten. Automatisch besteht auf dem P-Konto zunächst ein Pfändungsschutz für Guthaben in Höhe des Grundfreibetrages von derzeit 985,15 Euro je Kalendermonat. Dieser Basispfändungsschutz kann unter bestimmten Voraussetzungen erhöht werden, zum Beispiel wegen Unterhaltspflichten des Schuldners: Der Basispfändungsschutz erhöht sich um 370,76 Euro für die erste und um jeweils weitere 206,56 Euro für die zweite bis fünfte Person. Kindergeld oder bestimmte soziale Leistungen werden zusätzlich geschützt. In der Regel genügt ein Nachweis bei der Bank. In besonderen Fällen, z. B. wegen außerordentlicher Bedürfnisse des Schuldners aufgrund Krankheit, kann der pfandfreie Guthabenbetrag vom Vollstreckungsgericht oder bei der Vollstreckungsstelle des öffentlichen Gläubigers (Finanzamt, Stadtkasse) individuell angepasst werden.

39 Eine weitere wichtige Vorschrift bildet § 850e Abs. 2a ZPO. Arbeitseinkommen kann auf Antrag mit Ansprüchen auf laufende Geldleistungen nach dem Sozialgesetzbuch zusammengerechnet werden. Zu berücksichtigen ist auch, dass im Einzelfall die Pfändungsfreigrenze von § 850c ZPO den Sozialhilfebedarf des Schuldners nicht erreicht oder erheblich über dem Durchschnitt liegende persönliche Bedürfnisse vorliegen. In diesen Fällen kann nach § 850f ZPO bei dem Vollstreckungsgericht eine Erhöhung des unpfändbaren Betrages beantragt werden.

40 Anzumerken ist noch, dass Ansprüche auf laufende Geldleistungen, die der Sicherung des Lebensunterhalts zu dienen bestimmt sind, vom Rentner oder einem sonstigen Berechtigten abgetreten werden können, so weit sie den für Arbeitseinkommen geltenden unpfändbaren Betrag übersteigen (§ 53 Abs. 3 SGB I).

Aufrechnung

41 Der zuständige Leistungsträger kann gegen Ansprüche auf Geldleistungen mit Ansprüchen, die ihm selbst gegen den Berechtigten zustehen, aufrechnen, so weit die Ansprüche nach § 54 Abs. 2 und 4 SGB I pfändbar sind (§ 51 SGB I). Ergänzend sind die Vorschriften über die Aufrechnung im Bürgerlichen Gesetzbuch heranzuziehen (§§ 387 ff. BGB). Die Erklärung der Aufrechnung durch den Leistungsträger ist ein Verwaltungsakt, gegen den Widerspruch eingelegt werden kann.

Mit Ansprüchen auf Erstattung zu Unrecht erbrachter Sozialleistungen und mit Beitragsansprüchen kann der zuständige Leistungsträger bis zur Hälfte der laufenden Geldleistung aufrechnen. Das bedeutet, dass in diesen Fällen auch die Aufrechnung unterhalb der Pfändungsfreigrenzen der Zivilprozessordnung bei Arbeitseinkommen wirksam werden kann. Allerdings darf auch in diesen Fällen der Leistungsberechtigte nicht hilfebedürftig nach dem Sozialhilfegesetz werden.

Verrechnung

42 Die Verrechnung ist eine Art der Aufrechnungsmöglichkeit, die das bürgerliche Recht nicht kennt.

Beispiel:

X hat bei dem zuständigen Rentenversicherungsträger seine Rente beantragt. Da wegen medizinischer Gutachten die Rentenbewilligung einige Zeit in Anspruch nimmt, wendet er sich an das Sozialamt und erhält bis zum Zeitpunkt der Rentenbewilligung Sozialhilfe. Irrtümlich hat er dem Sozialamt gegenüber eine weitere Einkommensquelle nicht angegeben. Objektiv waren die Voraussetzungen für die Gewährung der Sozialhilfe nicht gegeben. Nach einigen Monaten wird die Rente bewilligt. Nunmehr kann das Sozialamt, das einen Rückforderungsanspruch gegen den Rentner hat, den zuständigen Rentenversicherungsträger bitten, seinen Rückzahlungsanspruch mit dem Anspruch des X gegen den Rentenversicherungsträger auf Zahlung der Rente zu verrechnen (§ 52 SGB I).

Die Verrechnung ist unter entsprechender Anwendung der Vorschriften über die Aufrechnung zulässig. Sie setzt im Beispielsfall ein Ersuchen des Sozialamts an den Rentenversicherungsträger um Verrechnung voraus. Die Erklärung der Verrechnung ist wie die Erklärung der Aufrechnung ein anfechtbarer Verwaltungsakt.

Abzweigung

43 Viele Sozialleistungen dienen der Sicherung des Lebensunterhalts des Berechtigten, seines Ehegatten oder seiner Kinder. Immer wieder kommt es jedoch vor, dass der Berechtigte seinen Unterhaltsverpflichtungen gegenüber dem Ehegatten oder den Kindern nicht nachkommt. Um den Familienangehörigen schnell zu helfen, können laufende Sozialleistungen in angemessener Höhe an den Ehegatten oder die Kinder des Leistungsberechtigten bei Verletzung der gesetzlichen Unterhaltspflicht ausgezahlt werden (§ 48 SGB I). Kindergeld oder sonstige Geldleistungen für Kinder können an diese in der Höhe abgezweigt werden, in der sie nach § 54 Abs. 5 Satz 2 SGB I gepfändet werden können. Die Auszahlung kann auch z. B. an Pflegeeltern oder das Jugendamt erfolgen, wenn diese den Kindern Unterhalt gewähren. Die Abzweigung von Leistungen für Kinder ist auch in den Fällen zulässig, in denen auf Seiten des an und für sich Unterhaltspflichtigen deshalb keine Verletzung dieser Pflicht vorliegt, weil er nicht über genügend Mittel zur Erfüllung dieser Pflicht verfügt. Auch in diesem Falle hat der Gesetzgeber durch Ergänzung von § 48 SGB I die Möglichkeit eingeräumt, die Kindergeldleistungen dem Kinde zukommen zu lassen.

Auch in den Fällen, in denen keine Unterhaltspflicht besteht, so z. B. im Verhältnis zwischen Stiefvater und Stiefkindern, kann die Abzweigung erfolgen, wenn dem Stiefvater unter Berücksichtigung der Stiefkinder Kindergeld oder sonstige Sozialleistungen erbracht werden und der Leistungsberechtigte diese Kinder nicht unterhält (§ 48 Abs. 2 SGB I).

Mitwirkungspflichten des Leistungsberechtigten

44 Die Vorschriften über die Mitwirkungspflichten des Leistungsberechtigten (§§ 60 bis 67 SGB I) gehören zu den wichtigsten im gesamten Sozialgesetzbuch. Manche Verzögerung bei den Leistungsbescheiden und nicht wenige Unrichtigkeiten bei der Leistungsbewilligung gehen auf eine verzögerte oder unvollständige Erfüllung dieser Mitwirkungspflichten zurück. Zwar hat nach § 20 SGB X der Leistungsträger den Sachverhalt von Amts wegen zu ermitteln. Er ist an das Vorbringen und die Beweisanträge der Beteiligten nicht gebunden. Viele Daten und Informationen sind jedoch nur dem Leistungsberechtigten verfügbar. Ohne seine Mithilfe kann der Leistungsträger den maßgebenden Sachverhalt nicht feststellen. Daher hat der Gesetzgeber ergänzend zum Untersuchungsgrundsatz in § 20 SGB X die Mitwirkungspflichten des Berechtigten normiert.

Wer Sozialleistungen beantragt oder erhält, hat alle Tatsachen anzugeben, die für die Leistung erheblich sind. Wenn der zuständige Träger dies verlangt, hat der Berechtigte der Erteilung der erforderlichen Auskünfte durch Dritte, z. B. Familienangehörige, zuzustimmen.

45 Ändert sich etwas in den Verhältnissen des Berechtigten, so hat er diese Änderung mitzuteilen. Bei einkommensabhängigen Leistungen, wie z. B. der Sozialhilfe, muss er dem Träger angeben, dass er von einem bestimmten Zeitpunkt an anderes Einkommen erzielt. Darüber hinaus hat der Antragsteller Beweismittel zu bezeichnen oder auf Verlangen Beweisurkunden, z. B. Geburtsurkunden oder einen Personalausweis, vorzulegen. Wenn diese Urkunden in der Hand eines Dritten sind, hat er ihrer Vorlage zuzustimmen. Nach § 99 SGB X ist im Recht der Sozialversicherung einschließlich der Arbeitslosenversicherung und dem Kriegsopferrecht die Mitwirkungspflicht hinsichtlich der Angaben aller anspruchsbegründenden Tatsachen und der Beweismittel und Beweisurkunden auch auf Angehörige, Unterhaltspflichtige, frühere Ehegatten oder Erben ausgedehnt worden.

46 Auf Verlangen des zuständigen Leistungsträgers soll der Antragsteller oder Bezieher von Leistungen zur mündlichen Erörterung von Fragen, die vor einer Entscheidung über die Leistung notwendig sind, beim Leistungsträger persönlich erscheinen (§ 61 SGB I). Beantragt jemand eine Rente wegen Erwerbsunfähigkeit, Berufsunfähigkeit oder wegen eines Arbeitsunfalls, so soll er sich auf Verlangen des Leistungsträgers einer ärztlichen Untersuchung unterziehen, soweit dies für eine Entscheidung über die Leistungsfähigkeit erforderlich ist. Im Rahmen der Tätigkeit der Bundesagentur für Arbeit ist u. U. auch ein psychologischer Eignungstest erforderlich. Auch in diesem Falle ist der Antragsteller verpflichtet, sich untersuchen zu lassen (§ 62 SGB I). Die Untersuchungsmaßnahmen können auch bei Beziehern von Leistungen notwendig werden. Auch insoweit trifft den Berechtigten die Mitwirkungspflicht. Zur Teilnahme an Rehabilitationsmaßnahmen kann ein Antragsteller oder ein Bezieher von Leistungen verpflichtet sein. Nach § 63 SGB I soll derjenige, der wegen Krankheit oder Behinderung Sozialleistungen beantragt oder erhält, sich einer Heilbehandlung, d. h. einer medizinischen Akutbehandlungen oder medizinischen Rehabilitationsmaßnahmen, unterziehen. Vorausgesetzt, dass zu erwarten ist, dass eine Besserung des Gesundheitszustandes herbeigeführt oder eine Verschlechterung verhindert wird.

Ist jemand nicht mehr vollerwerbsfähig oder arbeitslos und hat er deshalb Sozialleistungen beantragt oder bezieht er sie, so soll er auf Verlangen des zuständigen Trägers an berufsfördernden Maßnahmen teilnehmen, wenn zu erwarten ist, dass seine Erwerbsfähigkeit gefördert oder erhalten wird oder dass er besser auf dem Arbeitsmarkt vermittelt werden kann. Hierbei sollen die beruflichen Neigungen des Betroffenen berücksichtigt werden.

47 Der Gesetzgeber hat, wie hier dargelegt ist, umfangreiche Mitwirkungspflichten im Interesse der richtigen Entscheidung über Sozialleistungen vorgesehen. Er ist dem Betroffenen andererseits auch weitgehend entgegengekommen. Wer zum persönlichen Erscheinen beim Leistungsträger aufgefordert worden ist und dem nachkommt oder wer sich auf Verlangen des Trägers einer ärztlichen oder psychologischen Untersuchung unterzogen hat, bekommt auf Antrag Ersatz seiner notwendigen Auslagen und des Verdienstausfalls in angemessenem Umfang. Beim persönlichen Erscheinen sollen die Aufwendungen jedoch nur in Härtefällen ersetzt werden (§ 65a SGB I).

48 Darüber hinaus hat das Sozialgesetzbuch Grenzen der Mitwirkung vorgesehen. Die Mitwirkungspflichten müssen in angemessenem Verhältnis zu der in Anspruch genommenen Sozialleistung stehen. Nicht für jede geringe Leistung kann eine ärztliche Untersuchung verlangt werden. Die Erfüllung der Mitwirkungspflichten darf für den Betroffenen aus wichtigem Grund nicht unzumutbar sein. Außerdem darf sich im Hinblick auf das Amtsermittlungsprinzip der Träger nicht an den Betroffenen wenden, wenn er mit geringerem Aufwand als der Antragsteller oder Leistungsberechtigte die erforderlichen Kenntnisse auf andere Weise beschaffen kann.

Behandlungen und Untersuchungen muss der Antragsteller oder Leistungsbezieher nicht in jedem Falle über sich ergehen lassen. Er kann sie ablehnen, wenn im Einzelfall ein Schaden für Leben oder Gesundheit nicht mit hoher Wahrscheinlichkeit ausgeschlossen werden kann. Das gleiche gilt, wenn erhebliche Schmerzen mit einer Behandlung oder Untersuchung verbunden wären oder ein erheblicher Eingriff in die körperliche Unversehrtheit hiermit verbunden wären (§ 65 SGB I).

49 Hat der Antragsteller oder Leistungsberechtigte falsche Angaben gemacht oder Angaben bewusst unterlassen, so dass der Verdacht einer Straftat oder Ordnungswidrigkeit vorliegt, so ist er nicht gezwungen, sich hierzu zu äußern. Er kann Angaben verweigern, wenn er oder ihm nahe stehende Personen in die Gefahr geraten würden, wegen einer Straftat oder Ordnungswidrigkeit auf Grund der Angaben verfolgt zu werden. Die Nichterfüllung der Mitwirkungspflichten wird nicht als Ordnungswidrigkeit geahndet. Der Gesetzgeber ist einen anderen Weg gegangen. In § 66 SGB I ist bestimmt, dass die Leistung ganz oder teilweise versagt oder entzogen werden kann, wenn durch die fehlende Mitwirkung deren Voraussetzungen nicht nachgewiesen sind. Ein solcher Leistungsentzug wird auch zulässig, wenn der Antragsteller oder Leistungsberechtigte in anderer Weise absichtlich die Aufklärung des Sachverhalts erheblich erschwert. Eine solche Versagung oder der Entzug einer Leistung kann bei fehlender Mitwirkung nicht sofort verfügt werden. Der Leistungsträger muss den Betroffenen auf diese Rechtsfolge hinweisen und ihm eine angemessene Frist setzen, innerhalb derer er seinen Mitwirkungspflichten nachzukommen hat. Erst nach dieser Mahnung und der Fristsetzung können die Leistungen versagt oder entzogen werden.

Tritt der Fall ein, dass der Betroffene die Mitwirkung nachholt und liegen die Leistungsvoraussetzungen vor, kann der Leistungsträger die zuvor versagten oder entzogenen Leistungen nachträglich ganz oder teilweise erbringen (§ 67 SGB I).

2 Sozialgesetzbuch - 2. Buch Grundsicherung für Arbeitsuchende

Überblick

Seit dem 1. Januar 2005 gibt es ein einheitliches Grundsicherungssystem für erwerbsfähige Leistungsberechtigte. Dieses System hat die vormalige Arbeitslosenhilfe und die Sozialhilfe nach dem Bundessozialhilfegesetz abgelöst.

Bei der Grundsicherung für Arbeitsuchende gilt: Nur wer sich nicht selbst helfen kann, erhält staatliche Unterstützung. Mit den Leistungen nach dem SGB II sollen erwerbsfähige Leistungsberechtigte und deren Angehörige bei der Aufnahme einer Erwerbstätigkeit unterstützt werden, die sie zum Bestreiten ihres Lebensunterhalts befähigt. Dieses Ziel hat nach dem SGB II Priorität. Die Leistungen zum Lebensunterhalt dürfen nur gezahlt werden, wenn die Hilfebedürftigkeit nicht anderweitig beseitigt werden kann.

Mit den Unterstützungsmöglichkeiten („Fördern") sind Forderungen verknüpft. Arbeitsuchende müssen von sich aus alle Anstrengungen zur Beendigung ihrer Hilfebedürftigkeit unternehmen. Dies betrifft nicht nur die Aufnahme einer zumutbaren Beschäftigung; es besteht auch eine Verpflichtung, an Eingliederungsmaßnahmen teilzunehmen und eine Eingliederungsvereinbarung abzuschließen. Auch zumutbare Arbeitsgelegenheiten (Zusatzjobs) müssen angenommen werden.

Wer seinen Lebensunterhalt nicht durch eine Beschäftigung sichern kann, muss grundsätzlich vorhandenes Einkommen und Vermögen einsetzen; hier gibt es allerdings Freibeträge und bestimmte Ausnahmeregelungen.

Das SGB II sieht verschiedene Leistungsarten vor:

- *Dienstleistungen werden vor allem durch Information und Beratung durch den persönlichen Ansprechpartner im Jobcenter erbracht.*
- *Geldleistungen werden zur Eingliederung und zur Sicherung des Lebensunterhalts (einschließlich der Kosten für Unterkunft und Heizung) erbracht.*
- *Sachleistungen werden z. B. nach § 28 (Leistungen für Bildung und Teilhabe) erbracht.*

Die Leistungen der Grundsicherung für Arbeitsuchende dürfen nicht zur Verfügung gestellt werden, wenn andere – vorrangige – Leistungen beantragt werden können.

Leistungen der Grundsicherung für Arbeitsuchende erhalten Personen, sogenannte erwerbsfähige Leistungsberechtigte, die

- *das 15. Lebensjahr vollendet und die Altersgrenze noch nicht erreicht haben,*
- *erwerbsfähig sind (erwerbsfähig ist, wer mindestens drei Stunden täglich erwerbstätig sein kann),*
- *hilfebedürftig sind und*
- *ihren gewöhnlichen Aufenthalt in der Bundesrepublik Deutschland haben.*

Außerdem erhalten Personen Leistungen, die mit erwerbsfähigen Leistungsberechtigten in einer Bedarfsgemeinschaft leben. Zur Bedarfsgemeinschaft gehören:

- *die erwerbsfähigen Hilfebedürftigen,*
- *die im Haushalt lebenden Eltern oder der im Haushalt lebende Elternteil eines unverheirateten erwerbsfähigen Kindes, welches das 25. Lebensjahr noch nicht vollendet hat, und der im Haushalt lebende Partner dieses Elternteils,*
- *die jeweiligen Partner der erwerbsfähigen Hilfebedürftigen,*
- *die dem Haushalt angehörenden unverheirateten Kinder der übrigen Mitglieder der Bedarfsgemeinschaft, wenn sie das 25. Lebensjahr noch nicht vollendet haben; die Kinder gehören nicht mehr zur Bedarfsgemeinschaft, wenn sie aus eigenem Einkommen oder Vermögen die Leistungen zur Sicherung ihres Lebensunterhalts beschaffen können.*

Einleitung

1 Bis zum Inkrafttreten der Grundsicherung für Arbeitsuchende im Rahmen des Vierten Gesetzes für moderne Dienstleistungen am Arbeitsmarkt zum 1. Januar 2005 gab es in Deutschland zwei Fürsorgesysteme für erwerbsfähige Hilfebedürftige:

- die Arbeitslosenhilfe nach dem SGB III und
- die Sozialhilfe nach dem Bundessozialhilfegesetz.

Die Arbeitslosenhilfe hatte ihren Ursprung in der Verordnung über die Erwerbslosenfürsorge vom 13. November 1918. Die Erwerbslosenfürsorge trat als Sondersystem für Erwerbsfähige neben die klassische Armenfürsorge. Sie wurde im Laufe des letzten Jahrhunderts mehrmals umbenannt und schließlich im Jahr 1969 als Arbeitslosenhilfe in das Arbeitsförderungsgesetz integriert. Durch das Arbeitsförderungsreformgesetz wurde sie mit Wirkung vom 1. Januar 1998 mit wenigen Änderungen in das SGB III übernommen.

Die klassische Armenfürsorge wurde Mitte des Jahres 1962 durch das neue Bundessozialhilfegesetz (BSHG) abgelöst. Die Regelungen dieses Gesetzes bildeten von da an das „unterste Auffangnetz" in der sozialen Marktwirtschaft der Bundesrepublik Deutschland.

2 Mit der Einführung der Erwerbslosenfürsorge, die neben die Armenfürsorge trat, kam es zwar zu einer Trennung zwischen dem Fürsorgesystem für Erwerbsfähige (Erwerbslosenfürsorge) und dem System für sonstige Hilfebedürftige (Armenfürsorge). Diese Aufteilung hatte aber nur grundsätzlichen Charakter und wurde in vielfältiger Hinsicht durchbrochen. Eine dieser Durchbrechungen hing damit zusammen, dass die Leistungen der Arbeitslosenhilfe und die Hilfen nach dem BSHG nach grundlegend verschiedenen Maßstäben bemessen wurden. Bei der Arbeitslosenhilfe richtete sich die Höhe der monatlichen Leistung – wie beim Arbeitslosengeld aus der Arbeitslosenversicherung – faktisch nach dem Netto-Einkommen vor Eintritt der Arbeitslosigkeit. Je nach der Höhe des früheren Netto-Verdienstes konnte die Arbeitslosenhilfe höher oder niedriger sein.

Für die Höhe der Sozialhilfe war hingegen das soziokulturelle Existenzminimum, also der tatsächliche (Mindest-) Bedarf, ausschlaggebend.

In den Fällen, in denen nur eine sehr geringe Arbeitslosenhilfe gezahlt wurde, reichte diese Leistung u. U. nicht aus, um den Mindestbedarf zur Bestreitung des Lebensunterhalts abzudecken. Es wurden dann – darauf aufstockend – Leistungen nach dem BSHG gezahlt. Aufstockende Leistungen erhielten vor dem Inkrafttreten der Grundsicherung für Arbeitsuchende Ende 2004 ca. 200.000 Hilfebedürftige.

Darüber hinaus gab es andere Personengruppen, die als Erwerbsfähige keine Arbeitslosenhilfe erhalten konnten, z. B. ehemalige Beamte oder Selbständige. Auch vormalige Bezieher von Arbeitslosenhilfe, die den Anspruch auf diese Leistung verloren hatten, bezogen Sozialhilfe.

3 Das System zweier paralleler Fürsorgesysteme hatte viele Nachteile. Obwohl Arbeitslosenhilfe- und Sozialhilfeempfänger in der Regel einen gleichartigen Unterstützungsbedarf zur Überwindung ihrer Arbeitslosigkeit hatten, hatten sie in der Praxis nicht den gleichen Zugang zu Eingliederungsleistungen. Besonders auffällig waren die Unterschiede bei den für die Chancenverbesserung besonders wichtigen Weiterbildungsmaßnahmen. Arbeitslosenhilfebezieher erhielten Geldleistungen auf der Grundlage des SGB III. Dadurch hatten sie die Möglichkeit, während einer Weiterbildungsmaßnahme nicht nur die Maßnahmekosten, sondern auch Unterhaltsgeld von der Bundesagentur für Arbeit zu erhalten.

Sozialhilfebeziehern konnten zwar auch die Maßnahmekosten erstattet werden. Für die Sicherung des Lebensunterhalts war aber weiterhin der Träger der Sozialhilfe zuständig. Die kommunalen Träger waren nur ausnahmsweise bereit, die Sozialhilfebezieher für die Zeit der Weiterbildungsmaßnahme aus ihrer Verpflichtung zur Aufnahme einer den Bedarf deckenden Beschäftigung zu entlassen und für diesen Zeitraum Sozialhilfe zu zahlen.

Ganz generell waren die Eingliederungsbemühungen für die Arbeitslosenhilfe- und die Sozialhilfebezieher nicht ausreichend, weil in dem System der beiden parallelen Fürsorgesysteme die Zuständigkeiten nicht klar genug abgegrenzt waren und aus diesem Grund die erforderlichen Leistungen oft nicht erbracht wurden. Diese Problematik wurde durch die begrenzten finanziellen Spielräume bei den Trägern verschärft. Bei der Bundesagentur für Arbeit kam hinzu, dass die Mittel für die Eingliederungsleistungen nicht aus Mitteln des Bundes, sondern aus Beitragsmitteln zur Bundesagentur für Arbeit finanziert werden mussten. Es häuften sich Stimmen, die einen Einsatz von Beitragsmitteln nur bei Beziehern der Versicherungsleistung Arbeitslosengeld für zulässig hielten.

4 Deutliche Unterschiede gab es in den beiden Systemen auch bei der sozialen Absicherung. Arbeitslosenhilfebezieher waren – auf Grund des Leistungsbezugs – in der Renten-, Kranken- und Pflegeversicherung auf Kosten des Bundes versichert. Die Sozialhilfe hatte zwar bei einer bestehenden Versicherung die Beiträge zur Kranken- und Pflegeversicherung übernommen; die Weiterversicherung in der Rentenversicherung kam hingegen nur in wenigen Fällen in Betracht.

Es gab für die betroffenen Arbeitslosen weitere Nachteile. Die sogenannten Aufstocker, die zusätzlich Sozialhilfe bezogen, mussten bei zwei unterschiedlichen Behörden – nämlich bei der Agentur für Arbeit und bei der kommunalen Behörde – Leistungen beantragen.

Reformbedarf / Zusammenlegung von Arbeitslosenhilfe und Sozialhilfe

5 Die oben aufgeführten Nachteile verdeutlichen den Reformbedarf, der im Rahmen der Fürsorge für Erwerbsfähige entstanden war. Er ist schließlich im Rahmen des Reformprozesses aufgegriffen worden, der zu Beginn der 15. Legislaturperiode des Deutschen Bundestages eingeleitet worden war. Ein großer Teil der Reformen bezieht sich auf den Arbeitsmarkt. Ziel ist es, in absehbarer Zeit – gemäß den beschäftigungspolitischen Leitlinien der Europäischen Union – wieder Vollbeschäftigung zu erreichen.

Dies sollte im Bereich der Fürsorge für Erwerbsfähige insbesondere durch folgende Maßnahmen erreicht werden:

– gleicher Zugang zu den Eingliederungsmaßnahmen,
– Vermeidung von Lastenverschiebungen zwischen den Sozialleistungsträgern (Verschiebebahnhöfen).

Beispiel:

Kommunale Beschäftigungsgesellschaften stellten Sozialhilfeempfängern befristet sozialversicherungspflichtige Beschäftigungsmöglichkeiten zur Verfügung. Diese Beschäftigungen waren darauf ausgerichtet, den Betroffenen praktische Erfahrungen und Qualifizierungen zu vermitteln. Unter günstigen Umständen kam der Übergang in ein festes Beschäftigungsverhältnis z. B. bei einem Auftraggeber der Beschäftigungsgesellschaft in Betracht. Wenn der Übergang innerhalb der befristeten Beschäftigung nicht gelungen war, bestand allerdings Anspruch auf Leistungen aus der Arbeitslosenversicherung (Arbeitslosengeld und Eingliederungsleistungen nach SGB III). Die Betroffenen hatten damit das System der Sozialhilfe verlassen und waren in den Bereich der Bundesagentur für Arbeit gewechselt. Nach Auslaufen des Arbeitslosengeldes bestand dann Anspruch auf Arbeitslosenhilfe.

Der umgekehrte Fall war allerdings auch denkbar: Arbeitslose konnten – u. U. wegen des Eintritts von Sperrzeiten – aus der Arbeitslosenhilfe ausscheiden; ihr Lebensunterhalt musste dann von der Sozialhilfe finanziert werden.

Da für die Finanzierung der Eingliederung und des Lebensunterhalts jetzt einheitlich die Bundesagentur für Arbeit verantwortlich ist, sind die mit den Lastenverschiebungen für die Arbeitslosen verbundenen Nachteile ausgeräumt worden.

6 Die Einführung der einheitlichen Grundsicherung für Arbeitsuchende ist nicht ohne Vorbereitung erfolgt. Ihr waren unterschiedliche Maßnahmen und Projekte vorgeschaltet, die Erprobungscharakter hatten und übergangsweise die Eingliederungsbemühungen zu Gunsten der Langzeitarbeitslosen verstärken sollten.

Einen bedeutenden Beitrag haben dazu die Modellvorhaben zur Verbesserung der Zusammenarbeit von Arbeitsämtern und Trägern der Sozialhilfe (MoZArT) geleistet, die ab dem Jahr 2000 begonnen hatten. Es wurden unterschiedliche Varianten einer Zusammenarbeit erprobt. Zentrales Anliegen war es, die Möglichkeiten der Zusammenarbeit über alle Bereiche (Personal, Eingliederungsstrategien) zu sondieren. Auf Grund der gewonnenen Erfahrungen konnten Vorgaben für das angestrebte neue System formuliert werden, die teilweise schon vor der Einführung der Grundsicherung für Arbeitsuchende umgesetzt werden konnten. Die Erprobung einer gemeinsamen Leistungserbringung (d. h. gemeinsame Auszahlung von Arbeitslosenhilfe und Sozialhilfe) hat allerdings deutlich werden lassen, dass ein solches Vorhaben mit erheblichen praktischen Schwierigkeiten verbunden war. Damit stand der Bedarf für die Einführung einer einheitlichen – neuen – Leistung für alle Arbeitsuchenden fest.

7 Die neue Leistung – das Arbeitslosengeld II – vereinigt Merkmale aus beiden bisherigen Systemen. Bereits mit dem Zweiten Gesetz für moderne Dienstleistungen am Arbeitsmarkt ist durch Änderungen im Bereich der Arbeitslosenhilfe eine Annäherung an das Sozialhilferecht herbeigeführt worden.

Für die Vorbereitung im politischen und gesellschaftlichen Raum hatten die Beratungen der Arbeitsgruppe „Arbeitslosenhilfe/Sozialhilfe der Kommission zur Reform der Gemeindefinanzen" zentrale Bedeutung: Es ist Verdienst dieser Arbeitsgruppe, den Handlungsbedarf bei der Zusammenführung der beiden Fürsorgesysteme einschließlich der finanziellen Folgewirkungen umfassend aufbereitet zu haben. Die Arbeitsgruppe hat damit die Basis für die Zusammenführung gelegt.

Das ursprüngliche Anliegen, die Leistungen für Arbeitsuchende in einer Hand zu vereinigen, ist nicht vollständig erreicht worden: Die Kommunen bleiben für einen Teil der Leistungen zum Lebensunterhalt und der Eingliederungsleistungen zuständig. Sie erbringen die Leistungen für Unterkunft und Heizung sowie einige abschließend geregelte Einzelbedarfe (dazu gehören jetzt auch die Leistungen für Bildung und Teilhabe nach § 28 SGB II); außerdem gehören die psychosoziale Betreuung, die Kinderbetreuung und die Schuldner- sowie die Suchtberatung zu ihren Aufgaben.

Um das angestrebte Ziel – die Leistung aus einer Hand für alle Bezieher der Grundsicherung für Arbeitsuchende – nicht vollständig zu verfehlen, ist die Bildung von Arbeitsgemeinschaften zwischen den Agenturen für Arbeit und den Kommunen vorgesehen worden. Die beteiligten Behörden haben diese Zielvorstellung des Gesetzgebers weitgehend umgesetzt, indem bundesweit Arbeitsgemeinschaften gebildet worden sind.

Allerdings hatte das Bundesverfassungsgericht am 20. Dezember 2007 entschieden, dass es sich bei den Arbeitsgemeinschaften um eine Mischverwaltung handele, die mit dem Grundgesetz nicht vereinbar sei. Es hat dem Gesetzgeber einen Übergangszeitraum bis Ende des Jahres 2010 eingeräumt, um eine neue Organisationsform zu regeln. Dieser Auftrag ist durch das Gesetz zur Änderung des Grundgesetzes (Artikel 91e) vom 21. Juli 2010 und das Gesetz zur Weiterentwicklung der Organisation der Grundsicherung für Arbeitsuchende vom 3. August 2010 umgesetzt worden. Artikel 91e lässt nun im Bereich der Grundsicherung für Arbeitsuchende die Mischverwaltung als Ausnahme zu; das bedeutet, dass die Aufgaben der Bundesagentur für Arbeit und der Kommunen in den sog. gemeinsamen Einrichtungen erbracht werden können.

Für Bezieher der Grundsicherung für Arbeitsuchende ergeben sich daraus grundsätzlich keine Veränderungen.

8 Eine weitere Besonderheit, die auf einen politischen Kompromiss in den Beratungen des Vermittlungsausschusses im Dezember 2003 zurückgeht, ist die sogenannte kommunale Option. Kreisfreie Städte und Landkreise hatten die Möglichkeit, im Rahmen einer sechsjährigen Experimentierphase die Aufgaben der Bundesagentur für Arbeit mit zu übernehmen. Insgesamt konnten 69 Kommunen dafür zugelassen werden (Optionskommunen). Dieses Kontingent ist ausgeschöpft worden. Mit der Erprobung ist die Erwartung verbunden, dass die Strategien der Arbeitsgemeinschaften und der Kommunen bei der Eingliederung Arbeitsuchender „im Wettbewerb" miteinander verglichen werden. Die Erprobungsphase ist in der Zwischenzeit beendet worden. Die kommunale Option ist aufgrund der Grundgesetzänderung dauerhaft im Gesetz verankert worden. Es können zusätzlich zu den bereits bestehenden Optionen weitere 41 Kommunen von dieser Möglichkeit Gebrauch machen.

Die Optionskommunen und die gemeinsamen Einrichtungen (s. Rdnr. 7) werden seit dem 1. Januar 2011 einheitlich als Jobcenter bezeichnet.

Allgemeine Grundsätze

9 Bei der Grundsicherung für Arbeitsuchende gilt: Nur wer sich nicht selbst helfen kann, erhält staatliche Unterstützung. Hinzu kommt die im Vergleich zu den bisherigen Systemen wesentlich stärkere Betonung der Eigenverantwortung: Mit den Leistungen nach dem SGB II sollen erwerbsfähige Hilfebedürftige und deren Angehörige bei der Aufnahme einer Erwerbstätigkeit unterstützt werden, die sie zum Bestreiten ihres Lebensunterhalts befähigt. Dieses Ziel hat nach dem SGB II Priorität. Die Leistungen zum Lebensunterhalt dürfen nur gezahlt werden, wenn die Hilfebedürftigkeit nicht anderweitig beseitigt werden kann.

Mit den Unterstützungsmöglichkeiten („Fördern") sind Forderungen verknüpft. Arbeitsuchende müssen von sich aus alle Anstrengungen zur Beendigung ihrer Hilfebedürftigkeit unternehmen. Dies betrifft nicht nur die Aufnahme einer zumutbaren Beschäftigung; es besteht auch eine Verpflichtung, an Eingliederungsmaßnahmen teilzunehmen und eine Eingliederungsvereinbarung abzuschließen. Auch zumutbare Arbeitsgelegenheiten (Zusatzjobs) müssen angenommen werden.

10 Die Träger der Grundsicherung müssen ihre Eingliederungsangebote so gestalten, dass alle Gruppen von Arbeitsuchenden (z. B. Jugendliche, Ältere, Frauen, Behinderte) berücksichtigt werden. Bei jungen Menschen unter 25 Jahren sieht das Gesetz besondere Verpflichtungen des Trägers der Grundsicherung vor: Ihnen sind, wenn sie einen Antrag auf Leistungen gestellt haben, eine Arbeit, eine Ausbildung oder eine Arbeitsgelegenheit zu vermitteln.

Leistungsarten

11 Das SGB II sieht verschiedene Leistungsarten vor:

– Dienstleistungen werden vor allem durch Information und Beratung durch den persönlichen Ansprechpartner im Jobcenter erbracht.
– Geldleistungen werden zur Eingliederung und zur Sicherung des Lebensunterhalts (einschließlich der Kosten für Unterkunft und Heizung) erbracht.
– Sachleistungen werden z. B. bei unwirtschaftlichem Verhalten erbracht (vgl. Rdnr. 62).

Die Leistungen der Grundsicherung für Arbeitsuchende dürfen nicht zur Verfügung gestellt werden, wenn andere – vorrangige – Leistungen beantragt werden können. Auf Leistungen nach dem Bundesausbildungsförderungsgesetz (BAföG) besteht z. B. ein vorrangiger Anspruch; Hilfen nach dem SGB II kommen dann grundsätzlich nicht in Betracht (§ 7 Abs. 5 SGB II); Gleiches gilt bei Anspruch auf Berufsausbildungsbeihilfe nach dem SGB III.

Wegen der Nachrangigkeit der Grundsicherung für Arbeitsuchende besteht die Verpflichtung, zunächst andere – vorrangige -Sozialleistungen zu beantragen. Dies gilt ab Vollendung des 63. Lebensjahres grundsätzlich auch für eine Altersrente mit Abschlägen.

Davon nicht betroffen sind Personen, die vor dem 1. Januar 2008 von der Möglichkeit des erleichterten Bezugs Gebrauch gemacht haben (siehe Rdnr. 28) oder denen diese Möglichkeit offen stand. Sie müssen nur eine abschlagsfreie Rente vorrangig beantragen.

Leistungsberechtigte

12 Leistungen der Grundsicherung für Arbeitsuchende erhalten Personen, sogenannte erwerbsfähige Hilfebedürftige, die

– das 15. Lebensjahr vollendet und die Altersgrenze noch nicht erreicht haben,
– erwerbsfähig sind,
– hilfebedürftig sind und
– ihren gewöhnlichen Aufenthalt in der Bundesrepublik Deutschland haben.

Außerdem erhalten Personen Leistungen, die mit erwerbsfähigen Hilfebedürftigen in einer Bedarfsgemeinschaft leben. Für diese Personen kommen im Normalfall nur Geldleistungen in Betracht. Dienstleistungen und Sachleistungen werden ihnen nur dann erbracht, wenn dadurch die Hilfebedürftigkeit der Angehörigen der Bedarfsgemeinschaft beendet oder verringert oder Hemmnisse bei der beruflichen Eingliederung der erwerbsfähigen Hilfebedürftigen beseitigt oder vermindert werden.

13 Zur Bedarfsgemeinschaft gehören:

– die erwerbsfähigen Hilfebedürftigen,
– die im Haushalt lebenden Eltern oder der im Haushalt lebende Elternteil eines unverheirateten erwerbsfähigen Kindes, welches das 25. Lebensjahr noch nicht vollendet hat, und der im Haushalt lebende Partner dieses Elternteils,
– die jeweiligen Partner der erwerbsfähigen Hilfebedürftigen – dies können sein
  – der nicht dauernd getrennt lebende Ehegatte oder der nicht dauernd getrennt lebende Lebenspartner in einer gleichgeschlechtlichen eingetragenen Partnerschaft,
  – die Person, die mit dem erwerbsfähigen Hilfebedürftigen in einer Einstehensgemeinschaft lebt (eine solche Gemeinschaft ist eine auf Dauer angelegte Lebensgemeinschaft zwischen einer Frau und einem Mann oder zwischen gleichgeschlechtlichen Lebenspartnern, die so eng ist, dass sie von den Partnern ein gegenseitiges Einstehen im Bedarfsfall erwarten lässt),
– die dem Haushalt angehörenden unverheirateten Kinder der übrigen Mitglieder der Bedarfsgemeinschaft, wenn sie das 25. Lebensjahr noch nicht vollendet haben; die Kinder gehören nicht mehr zur Bedarfsgemeinschaft, wenn sie aus eigenem

Einkommen oder Vermögen die Leistungen zur Sicherung ihres Lebensunterhalts beschaffen können.

Bei Partnern wird das Bestehen einer Einstehensgemeinschaft bei Vorliegen bestimmter Lebenssachverhalte (z. B. Zusammenleben, das länger als ein Jahr andauert, Versorgung von Kindern oder Angehörigen im Haushalt) vermutet. Für die Betroffenen besteht die Möglichkeit, diese Vermutung anhand geeigneter Indizien zu widerlegen; die bloße Behauptung, dass eine Einstehensgemeinschaft nicht bestehe, reicht nicht aus.

14 Von der Bedarfsgemeinschaft zu unterscheiden ist die Haushaltsgemeinschaft. Zur Haushaltsgemeinschaft gehören alle Personen, die auf Dauer mit einer Bedarfsgemeinschaft in einem Haushalt zusammen leben. Ein Beispiel ist ein 25-jähriges unverheiratetes Kind von Hilfebedürftigen, das nicht mehr zur Bedarfs- aber noch zur Haushaltsgemeinschaft der Eltern gehört. Zu einer Haushaltsgemeinschaft, nicht aber zu einer Bedarfsgemeinschaft, gehören:

– verheiratete Kinder oder Kinder, die das 25. Lebensjahr vollendet haben,
– Großeltern und Enkelkinder,
– Onkel/Tanten und Nichten/Neffen,
– Pflegekinder und Pflegeeltern,
– Geschwister, soweit sie ohne Eltern zusammenleben,
– sonstige Verwandte und Verschwägerte,
– nicht verwandte Personen, die im selben Haushalt leben.

Wenn Hilfebedürftige mit Verwandten oder Verschwägerten in einer Haushaltsgemeinschaft leben, wird widerlegbar vermutet, dass die Hilfebedürftigen von diesen Verwandten und Verschwägerten finanziell unterstützt werden, allerdings nur soweit, als dies nach deren Einkommen und Vermögen erwartet werden kann.

Anspruch ausländischer Hilfebedürftiger

15 Auch ausländische Hilfebedürftige können Leistungen der Grundsicherung für Arbeitsuchende erhalten. Hierfür ist aber erforderlich, dass ihnen die Aufnahme einer Beschäftigung erlaubt ist oder erlaubt werden könnte. Die Frage, ob ein solcher Arbeitsmarktzugang gewährt werden kann, richtet sich dabei nach dem Zuwanderungsgesetz und den dazu erlassenen Rechtsverordnungen.

Ausländer sind insbesondere dann zur Ausübung einer Erwerbstätigkeit berechtigt, wenn sie einen Aufenthaltstitel haben, der ihnen die Ausübung der Erwerbstätigkeit ausdrücklich erlaubt. Jeder Aufenthaltstitel muss erkennen lassen, ob die Ausübung einer Erwerbstätigkeit erlaubt ist.

Von den Leistungen ausgenommen sind Ausländer, deren Aufenthaltsrecht sich allein aus dem Zweck der Arbeitsuche ergibt; Gleiches gilt für die Familienangehörigen dieser Ausländer sowie für Leistungsberechtigte nach § 1 des Asylbewerberleistungsgesetzes.

Erwerbsfähigkeit

16 Als erwerbsfähig wird derjenige angesehen, der nicht wegen Krankheit oder Behinderung auf absehbare Zeit (in der Regel sechs Monate) außerstande ist, unter den üblichen Bedingungen des allgemeinen Arbeitsmarktes mindestens drei Stunden täglich erwerbstätig zu sein. Hierbei kommt es nicht darauf an, ob derjenige z. B. wegen der Betreuung eines Kindes keine Erwerbstätigkeit verrichten kann, sondern ob er theoretisch imstande ist, eine solche Arbeit zu verrichten. In diesen Fällen ist dann die Zumutbarkeit einer Arbeit zu prüfen (vgl. Rdnr. 24 ff.). Ausländer können in diesem Sinne nur dann erwerbstätig sein, wenn ihnen die Aufnahme einer Beschäftigung erlaubt ist oder erlaubt werden könnte.

Die Erwerbsfähigkeit wird von der Agentur für Arbeit festgestellt. In Zweifelsfällen – insbesondere wenn andere Leistungsträger der Entscheidung widersprechen –, ist ein Gutachten des zuständigen Trägers der Rentenversicherung einzuholen. Auf der Grundlage dieses Gutachtens ist dann von der Agentur für Arbeit abschließend zu entscheiden. Bis zu dieser Entscheidung erbringen die Agentur für Arbeit und der kommunale Träger Leistungen der Grundsicherung für Arbeitsuchende.

Hilfebedürftigkeit

17 Hilfebedürftig ist derjenige, der seinen Lebensunterhalt, seine Eingliederung in Arbeit und den Lebensunterhalt der mit ihm in einer Bedarfsgemeinschaft lebenden Personen nicht oder nicht ausreichend aus eigenen Kräften und Mitteln sichern kann. Hierzu gehören die Aufnahme einer zumutbaren Arbeit und der Einsatz des zu berücksichtigenden Einkommens oder Vermögens und die Tatsache, die erforderliche Hilfe nicht von anderen, insbesondere von Angehörigen oder von Trägern anderer Sozialleistungen erhalten zu können.

Daher wird bei Personen, die in einer Bedarfsgemeinschaft leben, auch das Einkommen und Vermögen des Partners berücksichtigt. Bei unverheirateten, noch nicht 25 Jahre alten Kindern, die mit ihren Eltern oder einem Elternteil in einer Bedarfsgemeinschaft leben und die die Leistungen zur Sicherung ihres Lebensunterhalts nicht aus ihrem eigenen Einkommen oder Vermögen beschaffen können, wird auch das Einkommen und Vermögen der Eltern, des Elternteils und des Partners des Elternteils berücksichtigt.

Soweit ein unverheiratetes Kind, das das 25. Lebensjahr noch nicht vollendet hat, seinen Lebensunterhalt aus eigenen Mitteln und Kräften bestreiten kann, gehört es nicht zur Bedarfsgemeinschaft. Einkommen und Vermögen des Kindes werden aber auch bei Zugehörigkeit zur Bedarfsgemeinschaft nicht bei den Leistungen der Eltern oder des Elternteils berücksichtigt.

Sofern jemandem der sofortige Verbrauch oder die sofortige Verwertung von zu berücksichtigendem Vermögen nicht möglich ist oder dies eine besondere Härte bedeuten würde, liegt gleichfalls Hilfebedürftigkeit vor; allerdings werden die Leistungen dann als Darlehen erbracht.

Gewöhnlicher Aufenthalt

18 Den gewöhnlichen Aufenthalt hat jemand dort, wo er sich unter den Umständen aufhält, die erkennen lassen, dass er an diesem Ort oder in diesem Gebiet nicht nur vorübergehend verweilt. Dieser Aufenthaltsort muss in der Bundesrepublik Deutschland liegen; es können grundsätzlich keine Leistungen an Personen erbracht werden, deren gewöhnlicher Aufenthalt außerhalb Deutschlands (z. B. im grenznahen Gebiet) liegt.

Ausgeschlossene Personen

19 Personen, die vollstationär in einer Anstalt, einem Heim oder einer ähnlichen Einrichtung untergebracht sind, erhalten keine Leistungen der Grundsicherung für Arbeitsuchende. Ausnahmen gelten für Personen, die voraussichtlich für weniger als sechs Monate in einem Krankenhaus untergebracht sind oder die während der vollstationären Unterbringung mindestens 15 Stunden wöchentlich erwerbstätig sind; diese Personen erhalten Leistungen der Grundsicherung für Arbeitsuchende.

Außerdem sind Personen, die eine Vollrente wegen Alters aus der gesetzlichen Rentenversicherung oder ähnliche Leistungen wie z. B. Pensionen beziehen, unabhängig von deren Höhe und dem Eintrittsalter vom Leistungsbezug ausgeschlossen. Soweit die Altersrente nicht ausreicht, den Bedarf zu decken, können ggf. Leistungen der Sozialhilfe nach dem SGB XII beantragt werden.

Nicht erwerbsfähige Angehörige, die mit erwerbsfähigen Hilfebedürftigen in Bedarfsgemeinschaft leben, erhalten keine Leistungen, wenn sie einen Anspruch auf Leistungen der Grundsicherung im Alter oder bei Erwerbsminderung nach dem SGB XII geltend machen können. Dies kann z. B. bei über 65-jährigen Personen oder bei Personen, denen eine Erwerbsminderungsrente auf Dauer zuerkannt worden ist, der Fall sein.

Personen, die sich ohne Zustimmung ihres persönlichen Ansprechpartners außerhalb des sog. zeit- und ortsnahen Bereiches aufhalten, sind ebenfalls von Leistungen ausgeschlossen. Ein Aufenthalt außerhalb dieses Bereiches liegt nur vor, wenn eine tägliche Kontaktaufnahme mit dem persönlichen Ansprechpartner nicht mehr ohne besonderen Aufwand möglich ist. D. h., wer erforderlichenfalls noch am gleichen Tag bei seinem Ansprechpartner vorstellig werden kann, befindet sich noch innerhalb des zeit- und ortsnahen Bereichs.

20 Auszubildende, deren Ausbildung im Rahmen des Bundesausbildungsförderungsgesetzes oder der §§ 60-62 SGB III (Berufsausbildungsbeihilfe) dem Grunde nach förderungsfähig ist, haben keinen Anspruch auf Leistungen zur Sicherung des Lebensunterhalts. Nur in besonderen Härtefällen können Leistungen zur Sicherung des Lebensunterhalts als Darlehen erbracht werden.

Der Anspruchsausschluss bezieht sich aber nur auf die sogenannten ausbildungsgeprägten Bedarfe, also die Regelleistung zur Sicherung des Lebensunterhalts sowie die Leistungen für Unterkunft und Heizung. Die übrigen Leistungen, wie z. B. sogenannte Mehrbedarfe beim Lebensunterhalt für Alleinerziehende oder Schwangere sowie bestimmte einmalige Leistungen (vgl. Rdnr. 45 ff.), werden bei Vorliegen der jeweiligen Anspruchsvoraussetzungen erbracht.

21 Bei Besuch folgender Ausbildungsformen besteht grundsätzlich kein Anspruch auf Leistungen zum Lebensunterhalt:

- weiterführende allgemeinbildende Schulen und Berufsfachschulen, einschließlich der Klassen aller Formen der beruflichen Grundbildung, ab Klasse 10 sowie von Fach- und Fachoberschulklassen, deren Besuch eine abgeschlossene Berufsausbildung nicht voraussetzt, wenn der Auszubildende bestimmte Voraussetzungen erfüllt, insbesondere nicht im Haushalt der Eltern wohnt,
- Berufsfachschulklassen und Fachschulklassen, deren Besuch eine abgeschlossene Berufsausbildung nicht voraussetzt, sofern sie in einem zumindest zweijährigen Bildungsgang einen berufsqualifizierenden Abschluss vermitteln,
- Fach- und Fachoberschulklassen, deren Besuch eine abgeschlossene Berufsausbildung voraussetzt,
- Abendhauptschulen, Berufsaufbauschulen, Abendrealschulen, Abendgymnasien und Kollegs (wenn der Besuch dieser Ausbildungsstätten die Arbeitskraft des Auszubildenden voll in Anspruch nimmt),
- Höheren Fachschulen und Akademien,
- Hochschulen (Universitäten),
- betriebliche oder außerbetriebliche berufliche Erstausbildungen in einem staatlich anerkannten Ausbildungsberuf,
- berufsvorbereitende Bildungsmaßnahmen,
- Berufsausbildung oder berufsvorbereitende Bildungsmaßnahmen, die ganz oder teilweise im Ausland stattfinden.

22 In bestimmten Fallgestaltungen ist aber ein Anspruch auf Leistungen zur Sicherung des Lebensunterhalts gegeben. Dies betrifft insbesondere

- Schüler weiterführender allgemeinbildender Schulen oder Berufsfachschulen (einschließlich der Klassen aller Formen der beruflichen Grundbildung) ab Klasse 10 sowie von Fach- und Fachoberschulen, welche keine abgeschlossene Berufsausbildung voraussetzen,
- Auszubildende in betrieblichen oder außerbetrieblichen beruflichen Erstausbildungen in einem staatlich anerkannten Ausbildungsberuf,
- Schüler einer Berufsfachschule oder Fachschule (welche keine abgeschlossene Berufsausbildung voraussetzen),
- Teilnehmer an einer berufsvorbereitenden Bildungsmaßnahme,

die im Haushalt der Eltern oder eines Elternteils leben. Eine weitere Ausnahme gilt für Schüler einer Abendhauptschule, einer Abendrealschule oder eines Abendgymnasiums, die wegen Überschreitens der Altersgrenze keine Leistungen nach dem BAföG mehr erhalten können, insbesondere wenn sie deshalb ihre Ausbildung in der Abschlussphase aufgeben müssten.

23 Wenn also dem Grunde nach ein Anspruch auf BAföG- oder Berufsausbildungsbeihilfe-Leistungen besteht, können Leistungen zur Sicherung des Lebensunterhalts nur in Form eines Darlehens erbracht werden, soweit besondere Umstände dies erfordern. Hierfür müssen außergewöhnliche, schwerwiegende, atypische und möglichst nicht selbst verschuldete Umstände gegeben sein, die z. B. einen zügigen Ausbildungsdurchlauf verhindert haben. Eine solche besondere Härte kann u. a. dann vorliegen, wenn der Hilfebedürftige ohne die Leistungen zur Sicherung des Lebensunterhalts in eine Existenz bedrohende Notlage geriete, die auch nicht bei Unterbrechung der Ausbildung und Aufnahme einer Erwerbstätigkeit beseitigt werden könnte.

Leistungen zur Eingliederung in Arbeit

24 Die Grundsicherung für Arbeitsuchende ist durch den Grundsatz des Förderns und Forderns geprägt. Ziel ist es, Langzeitarbeitslose schneller und dauerhafter in das Arbeitsleben zu integrieren. Fordern bedeutet: Jeder Erwerbsfähige ist gehalten, sich aus eigenen Mitteln und Kräften nach Möglichkeit selbst zu helfen. Die beste Möglichkeit ist die Aufnahme einer Erwerbstätigkeit, die den eigenen Bedarf und den Bedarf der Angehörigen in einer Bedarfsgemeinschaft deckt. Um eine solche Beschäftigung muss sich jeder Betroffene selbst kümmern; er darf sich nicht ausschließlich auf Vermittlungsbemühungen des Trägers der Grundsicherung verlassen. Zum Fordern gehört auch, dass jede zumutbare Tätigkeit aufgenommen werden muss.

Was zumutbar ist, ist anhand bestimmter Kriterien zu entscheiden. Beschäftigungen, die als sittenwidrig anzusehen sind und die Arbeitnehmer übervorteilen, müssen nicht angenommen werden. Als grobe Richtschnur kann gelten: Nicht mehr zumutbar, weil sittenwidrig, ist eine Beschäftigung, deren Vergütung den Tariflohn oder den ortsüblichen Lohn um mehr als 30 Prozent unterschreitet.

25 Bei der Zumutbarkeit gibt es weitere Ausnahmen:
- Der Beschäftigung können körperliche, geistige oder seelische Gründe entgegenstehen. Z. B. kann von einem Alkoholkranken nicht erwartet werden, dass er in der Gastronomie im Thekenbetrieb arbeitet (seelischer Grund). Dabei ist es wichtig, insbesondere gesundheitliche Gründe durch ärztliche Gutachten zu belegen. Vorrangig kommen dafür amtsärztliche Gutachten, aber auch Expertisen anderer Ärzte in Betracht.
- Es müssen auch keine Arbeiten durchgeführt werden, die einem Arbeitsuchenden die Ausübung seines bisherigen Berufes für die Zukunft unmöglich machen würden. Wenn im bisherigen Beruf eine besondere Fingerfertigkeit Voraussetzung für die Ausübung war, wäre das Arbeiten mit einem Bohrhammer im Rahmen einer Tätigkeit im Baugewerbe kontraproduktiv; eine solche Tätigkeit wäre deshalb nicht zumutbar.

26 Bei der Feststellung der Zumutbarkeit spielt auch die Betreuung von Kindern eine Rolle. Die Betreuung eines Kindes unter 3 Jahren steht der Arbeitsaufnahme immer entgegen, es sei denn, der andere Elternteil ist auch arbeitslos und kann die Betreuung übernehmen. Bei älteren Kindern kann man sich nur dann auf die Kinderbetreuung berufen, wenn die Versorgung in einer Tageseinrichtung (z. B. einer Kindertagesstätte) und auch eine Betreuung durch Dritte nicht möglich sind. Dafür müssen besondere Gründe vorliegen (z. B. schwere Verhaltensauffälligkeiten des Kindes, die eine besondere Betreuung erfordern).

Ein weiterer Ausnahmetatbestand ist die Pflege von Angehörigen. Auch hier gilt: Die Zumutbarkeit ist nur dann eingeschränkt oder entfällt ganz, wenn die Pflege des Angehörigen nicht anderweitig sichergestellt werden kann. Auch wenn diese Möglichkeit nicht besteht, entfällt die Zumutbarkeit nicht automatisch. Es kommt darauf an, wie hoch der zeitliche Pflegeaufwand ist. Anhaltspunkte hierfür bieten die Pflegestufen, die im Rahmen der Pflegeversicherung für den Angehörigen festgelegt worden sind. Bei Pflegestufe 1 (mindestens 90 Minuten Pflegeaufwand pro Tag) wird im Regelfall noch von der Möglichkeit einer Vollzeitbeschäftigung (mit Modifikationen bei der Arbeitszeit) ausgegangen. Pflegestufe 2 (mindestens 2 Stunden Aufwand) begrenzt die zumutbare Arbeitszeit auf bis zu 6 Stunden. Erst bei Schwerst-Pflegebedürftigkeit des Angehörigen (Stufe III – mindestens fünf Stunden Aufwand) wird davon ausgegangen, dass Arbeit nicht mehr zumutbar ist.

27 Die Zumutbarkeit entfällt auch dann, wenn ein sonstiger wichtiger Grund vorliegt.

Was als wichtiger Grund gilt, ist gesetzlich nicht festgeschrieben. Durch die vergleichsweise offene Formulierung wird erreicht, dass möglichst vielen unterschiedlichen Lebenssachverhalten und Bedürfnissen Rechnung getragen werden kann. Ob ein Grund „wichtig" ist, ist durch Abwägung der gegenläufigen Interessen durch den Träger der Grundsicherung zu bestimmen. Es sind also nicht nur die Interessen der Arbeitsuchenden, sondern auch die des Staates und der Steuerzahler an der schnellstmöglichen Beendigung der Hilfebedürftigkeit zu berücksichtigen.

Z. B.
- steht bei jungen Arbeitsuchenden der Besuch einer allgemeinbildenden Schule der Aufnahme einer Arbeit entgegen,
- wird niemand gezwungen, Prostitution auszuüben. Dies gilt selbst dann, wenn in der Vergangenheit Prostitution – freiwillig – ausgeübt wurde.
- kann die Zugehörigkeit zu einer bestimmten Volksgruppe oder Religionsgemeinschaft bei bestimmten Arbeiten zu Konfliktlagen führen (bei einem Arbeitsuchenden jüdischen Glaubens etwa der Umgang mit nicht koscheren Lebensmitteln).

Die Ablehnung einer zumutbaren Arbeit wegen des damit verbundenen Umzugs kommt nur ausnahmsweise in Betracht. Auch Pendelzeiten müssen im Regelfall akzeptiert werden. Bei einer Beschäftigung von über 6 Stunden müssen 3 Stunden Pendelzeit täglich hingenommen werden.

Sonderregelungen für ältere Arbeitsuchende

28 Personen, die während des Bezugs von Arbeitslosengeld II das 58. Lebensjahr vollendet hatten (ältere Arbeitsuchende), hatten bis zum Ablauf des Jahres 2007 die Möglichkeit, sich für den sog. erleichterten Bezug zu entscheiden. D.h. dass sie Leistungen der Grundsicherung für Arbeitsuchende beziehen konnten, ohne zu Eigenbemühungen oder zur Annahme einer zumutbaren Arbeit verpflichtet zu sein. Mit dem Wegfall dieser Sonderregelung sind Veränderungen hinsichtlich der – vorrangigen – Beantragung einer Altersrente verbunden (siehe oben Rdnr. 11).

Für erwerbsfähige Personen, die vor dem 1. Januar 2008 Arbeitslosengeld nach dem Dritten Buch Sozialgesetzbuch unter erleichterten Bedingungen bezogen haben und erstmals ab diesem Zeitpunkt hilfebedürftig werden, gilt der erleichterte Bezug im Rahmen der Grundsicherung für Arbeitsuchende weiter.

Eingliederung und Eingliederungsvereinbarung

29 Dem Fordern steht das Fördern gegenüber. Dazu enthält § 14 SGB II eine grundsätzliche Regelung: Die Träger der Grundsicherung müssen erwerbsfähige Hilfebedürftige bei der Suche und Erlangung einer Beschäftigung oder Arbeitsgelegenheit unterstützen. Ziel ist es, die dauerhafte Eingliederung möglichst auf einem Arbeitsplatz im sogenannten ersten Arbeitsmarkt zu erreichen.

Dazu ist dem erwerbsfähigen Hilfebedürftigen beim Träger der Grundsicherung der persönliche Ansprechpartner zu benennen. Mit diesem persönlichen Ansprechpartner schließt er eine Eingliederungsvereinbarung (§ 15 SGB II) ab. Diese Vereinbarung regelt Rechte und Pflichten beider Seiten. Sie gilt grundsätzlich sechs Monate und wird dann erneuert. Für den erwerbsfähigen Hilfebedürftigen stehen bei den Pflichten die Eigenbemühungen im Vordergrund, die auf eine Beschäftigung ausgerichtet sein müssen.

Auf der anderen Seite stehen die Rechte. Dazu gehört die Inanspruchnahme von Leistungen, die der Träger der Grundsicherung zur Verfügung stellen kann. Es wird die Leistung vereinbart, die den konkreten Bedürfnissen der Hilfebedürftigen am besten gerecht wird. „Leistung" ist auch die Vermittlung auf einen Arbeitsplatz, die immer vorrangig ist. Vereinbart werden kann die Bewilligung von Eingliederungsmaßnahmen (vgl. Rdnr. 32).

Wenn Arbeitsuchende nicht zum Abschluss der Eingliederungsvereinbarung bereit sind, kann der Träger der Grundsicherung sie – einseitig – als Verwaltungsakt erlassen und damit verbindlich machen.

Beim Verstoß gegen Pflichten aus der Eingliederungsvereinbarung besteht die Möglichkeit, das Arbeitslosengeld II – als Sanktion – zu kürzen.

30 In der Praxis sehr bedeutend ist die Frage des „Urlaubs" für Arbeitsuchende. Der Begriff Urlaub ist irreführend, weil Arbeitsuchende im Regelfall nicht in einem Beschäftigungsverhältnis stehen und keinen Anspruch aus einer tariflichen Regelung oder dem sonstigen Urlaubsrecht haben (Ausnahmen gelten für sogenannte Aufstocker und bestimmte Formen von Arbeitsgelegenheiten). „Urlaub" bedeutet für Arbeitsuchende, dass sie sich mit Zustimmung ihres persönlichen Ansprechpartners außerhalb des zeit- und ortsnahen Bereichs aufhalten dürfen, ohne leistungsrechtliche Konsequenzen fürchten zu müssen (siehe Rdnr. 19). Es kommen naturgemäß nur solche Zeiträume in Betracht, in denen eine Vermittlung in eine Beschäftigung nicht wahrscheinlich ist. Der „Urlaub" soll allerdings im Regelfall einen Zeitraum von 3 Wochen nicht überschreiten.

Eingliederungsmaßnahmen

31 Zu den Maßnahmen, die in § 16 ff. SGB II vorgesehen sind, gehören

– die im SGB III geregelten Eingliederungsleistungen (mit Ausnahmen),
– sonstige ergänzende Leistungen zur Eingliederung,
– Leistungen zur Eingliederung von Selbständigen,
– Arbeitsgelegenheiten und
– Leistungen zur Beschäftigungsförderung.

§ 16 Abs. 1 SGB II enthält die Grundregel, dass – mit wenigen Ausnahmen – die Leistungen nach dem SGB III auch im Rahmen der Grundsicherung für Arbeitsuchende Anwendung finden. Zu den Leistungen, die nicht übernommen sind, gehören die Arbeitsbeschaffungsmaßnahmen, der Gründungszuschuss und die Entgeltsicherung. Eine Förderung der Selbständigkeit kommt allerdings im Bereich der Grundsicherung für Arbeitsuchende durch die Zahlung des Einstiegsgeldes und durch Leistungen zur Eingliederung von Selbständigen nach § 16c SGB II in Betracht (vgl. Rdnr. 35).

Das SGB II verweist zu den Inhalten der Leistungen auf das SGB III. Dabei gibt es Ausnahmen: so können Leistungen aus dem Vermittlungsbudget im Rahmen der Grundsicherung für Arbeitsuchende auch zur Aufnahme einer *schulischen* Berufsausbildung erbracht werden (z.B. Fahrkosten, die in diesem Zusammenhang anfallen). Nähere Ausführungen zu den Leistungen sind im Dritten Kapitel „Arbeitsförderung" enthalten.

Die Frage, ob ein Rechtsanspruch besteht, oder ob es sich um Ermessensleistungen handelt, ist allerdings im SGB II eigenständig geregelt. Das SGB II sieht grundsätzlich nur Ermessensleistungen vor. Dies gilt auch dann, wenn auf bestimmte Leistungen nach dem SGB III ein Rechtsanspruch besteht.

> **Beispiel:**
>
> Nach dem SGB III besteht unter bestimmten Voraussetzungen ein Anspruch auf Ausstellung eines Vermittlungsgutscheins (§ 421g SGB III). Das SGB II sieht die Vergabe von Vermittlungsgutscheinen ebenfalls vor, stellt sie aber in das Ermessen des Trägers der Grundsicherung. Nach dem SGB II kann damit die Ausstellung eines Vermittlungsgutscheins nicht eingeklagt werden.

32 Von diesen Grundregeln weichen die Bestimmungen ab, die für behinderte Menschen gelten. § 16 Abs. 1 Satz 3 SGB II erklärt bestimmte Regelungen des SGB III für entsprechend anwendbar. Es handelt sich dabei um Leistungen, die an behinderte Menschen zur Teilhabe am Arbeitsleben erbracht werden.

> **Beispiel:**
>
> Eine gelernte Friseurin kann infolge einer Allergie in ihrem bisherigen Beruf nicht mehr tätig sein. Sie muss um Rahmen einer Rehabilitationsmaßnahme in einen anderen Beruf umgeschult werden.

Wenn nach dem SGB III ein Rechtsanspruch auf Leistungen besteht (z. B. bei einer Maßnahme in einem Berufsförderungswerk), besteht auch nach dem SGB II ein Rechtsanspruch.

33 Erwerbsfähige Hilfebedürftige können Leistungen zur Eingliederung grundsätzlich nur über das SGB II erhalten. Diese Grundregel ist bei Jugendlichen durchbrochen. Sie können, auch wenn sie erwerbsfähige Hilfebedürftige sind – Berufsausbildungsbeihilfe nach dem SGB III erhalten und an behinderte Jugendliche können Leistungen zur beruflichen Ersteingliederung auf der Basis des SGB III erbracht werden.

Sonstige Leistungen zur Eingliederung

34 Ausdrücklich vorgesehen sind als weitere Leistungen zur Eingliederung

- Betreuung von Kindern oder häusliche Pflege von Angehörigen,
- psychosoziale Betreuung sowie
- Schuldnerberatung und Suchtberatung.

Diese Leistungen können von den kommunalen Trägern (im Rahmen von gemeinsamen Einrichtungen) erbracht werden.

Nach § 16f SGB II können im Rahmen der sog. Freien Förderung weitere Leistungen erbracht werden, die für die Eingliederung erforderlich sind. Im Rahmen dieser „Generalklausel" können z. B. Führerscheine gefördert werden oder Prämien im Zusammenhang mit der regionalen Mobilität (Prämien bei Arbeitsaufnahme außerhalb der bisherigen Region) gezahlt werden. Die Art und die Höhe der freien Leistungen richten sich nach dem Einzelfall.

Bei Langzeitarbeitslosen ist es unter bestimmten Voraussetzungen möglich, gesetzlich geregelte Maßnahmen bezogen auf die Voraussetzungen oder die Förderhöhe zu verändern.

Einstiegsgeld und Leistungen zur Eingliederung von Selbständigen

35 Einstiegsgeld kann an erwerbsfähige Hilfebedürftige gezahlt werden, die eine Beschäftigung oder selbständige Tätigkeit aufgenommen haben und vorher arbeitslos waren. Hierbei kann das Einstiegsgeld auch dann gewährt werden, wenn die Hilfebedürftigkeit durch die Aufnahme der Erwerbstätigkeit entfällt.

Gefördert wird nur die Aufnahme einer sozialversicherungspflichtigen oder selbständigen, mindestens 15 Stunden wöchentlich umfassenden Beschäftigung.

Bei der selbständigen Tätigkeit hängt die Förderung davon ab, dass die Tätigkeit nicht nur nebenberuflichen Charakter hat.

Das Einstiegsgeld wird als Zuschuss zum Arbeitslosengeld II für höchstens 24 Monate gezahlt.

Der Fördersatz beträgt grundsätzlich 50 Prozent der Regelleistung nach § 20 Abs. 2 SGB II (vgl. Rdnr. 44). Für Angehörige in der Bedarfsgemeinschaft und auch bei vorausgegangener längerer Arbeitslosigkeit des Empfängers kann eine Aufstockung vorgenommen werden; maximal können aber nur 100 Prozent der Regelleistung als Einstiegsgeld gezahlt werden.

Das Einstiegsgeld wird nicht als Einkommen auf das Arbeitslosengeld II angerechnet.

Bei der Aufnahme einer selbständigen Tätigkeit, die wirtschaftlich tragfähig ist und voraussichtlich zu einer Beseitigung oder Verringerung der Hilfebedürftigkeit führt, können Darlehen und Zuschüsse für die

Beschaffung von Sachgütern gezahlt werden (Zuschüsse nur in Höhe von bis zu 5.000 Euro).

Arbeitsgelegenheiten

36 § 16d SGB II ermöglicht zwei Varianten der Arbeitsgelegenheiten:

- entgeltliche Arbeitsgelegenheiten und
- Arbeitsgelegenheiten, bei denen eine Mehraufwandsentschädigung gezahlt wird (sogenannte Zusatzjobs).

Arbeitsgelegenheiten mit Entgelt

37 § 16d Satz 1 SGB II eröffnet die Möglichkeit, in besonderen Formen von Unternehmen (z. B. in Betrieben mit sozialer Ausrichtung) Beschäftigungen zu fördern. Im Gegensatz zu den Arbeitsgelegenheiten mit Mehraufwandsentschädigung (siehe nachfolgend Rdnr. 39) kommt es in diesem Fall nicht auf ein öffentliches Interesse oder die „Zusätzlichkeit" an. Allerdings sollen die Arbeitsgelegenheiten so ausgestaltet sein, dass sie wettbewerbsneutral sind, also nicht zu Benachteiligungen der privaten Mitbewerber führen.

38 Die Arbeitsgelegenheiten nach § 16d Satz 1 SGB II sind insbesondere auf Zielgruppen mit spezifischen Problemlagen (Suchtkranke, psychisch behinderte Menschen) ausgerichtet. Sie haben zum Ziel, diesen erwerbsfähigen Hilfebedürftigen eine dauerhafte Eingliederung auf dem Arbeitsmarkt zu ermöglichen. Im Regelfall liegt die Förderungsdauer aber nur bei neun Monaten.

Arbeitsgelegenheiten mit Mehraufwandsentschädigung

39 Die sogenannten Zusatzjobs sind eine weitere Variante der Arbeitsgelegenheiten. Sie sollen für erwerbsfähige Hilfebedürftige geschaffen werden, die sonst keine Arbeit finden können, müssen im öffentlichen Interesse liegen und außerdem zusätzlich sein (Beispiel: Vorlesetätigkeit im Pflegeheim für Senioren).

Die Beschäftigung erfolgt nicht entgeltlich und damit auch nicht sozialversicherungspflichtig. Es wird während der Ausübung eines Zusatzjobs weiterhin Arbeitslosengeld II bezogen. Über den Bezug dieser Leistung ist gleichzeitig auch die soziale Absicherung (insbesondere die Krankenversicherung) gewährleistet. Die Unfallversicherung erfolgt über den Maßnahmeträger.

Für die Förderungsdauer von Zusatzjobs enthält das SGB II keine Vorgaben. Sie muss sich an den Gegebenheiten des Arbeitsmarktes und an den individuellen Voraussetzungen des erwerbsfähigen Hilfebedürftigen orientieren. Eine Festlegung kann in der Eingliederungsvereinbarung erfolgen (vgl. Rdnr. 29).

Es muss allerdings berücksichtigt werden, dass Zusatzjobs keine Basis für eine Dauerbeschäftigung sein können. Ziel muss die dauerhafte Eingliederung auf dem ersten Arbeitsmarkt sein und dieses ist nur erreichbar, wenn für erwerbsfähige Hilfebedürftige neben dem Zusatzjob die Suche nach einer regulären Beschäftigung möglich bleibt. Vor diesem Hintergrund kann man davon ausgehen, dass Zusatzjobs auf 30 Stunden pro Woche beschränkt bleiben.

Die Mehraufwandsentschädigung ist kein Lohn. Sie wird deshalb auf das während des Zusatzjobs weitergezahlte Arbeitslosengeld II nicht angerechnet. Da in Krankheitszeiten sowie an Urlaubs- und Feiertagen kein Mehraufwand entsteht, wird für diese Zeiten keine Mehraufwandsentschädigung gezahlt. Die Höhe der Entschädigung soll pro Stunde einen Euro nicht unterschreiten. Sie wird sich im Regelfall zwischen ein bis zwei Euro bewegen.

40 Seit dem 1. Oktober 2007 kann an Arbeitgeber der Beschäftigungszuschuss zur Förderung von arbeitsmarktfernen Menschen mit besonderen Vermittlungshemmnissen gezahlt werden. Es handelt sich um einen Lohnkostenzuschuss, der in einer ersten Förderphase in Höhe von bis zu 75 Prozent bis zu 24 Monate gewährt werden kann. Anschließend soll in der zweiten Förderphase eine unbefristete Förderung erfolgen, sofern die Vermittlungshemmnisse weiterhin bestehen und ein Wechsel in den allgemeinen Arbeitsmarkt auch für die nächsten 24 Monate nicht prognostiziert wird. Damit wird Menschen mit besonders schweren Vermittlungshemmnissen, die auf absehbare Zeit keine Chancen haben, auf dem allgemeinen Arbeitsmarkt einen Arbeitsplatz zu finden, eine längerfristige bzw. dauerhafte Perspektive zur Teilnahme am Erwerbsleben eröffnet.

Leistungen zur Sicherung des Lebensunterhalts

41 Die Grundsicherung für Arbeitsuchende beinhaltet insbesondere zwei Geldleistungen zur Sicherung des Lebensunterhalts: das Arbeitslosengeld II für erwerbsfähige Leistungsberechtigte und das Sozialgeld für nicht erwerbsfähige Angehörige, die mit erwerbsfähigen Leistungsberechtigten in Bedarfsgemeinschaft leben.

Das Arbeitslosengeld II umfasst die Regelbedarfe zur Sicherung des Lebensunterhalts, die Bedarfe für angemessene Aufwendungen für Unterkunft und Heizung sowie bei Vorliegen besonderer Voraussetzungen Mehrbedarfe zur Sicherung des Lebensunterhalts. Als Sozialgeld werden grundsätzlich entsprechende Leistungen erbracht. Arbeitslosengeld II und Sozialgeld werden in Höhe der Bedarfe geleistet, soweit die Bedarfe nicht durch zu berücksichtigendes Einkommen oder Vermögen gedeckt sind. Dabei deckt das Einkommen und Vermögen zuerst die Regelbedarfe und Mehrbedarfe, danach die Bedarfe für Unterkunft und Heizung.

Seit 1. Januar 2011 werden Kindern bzw. Schülerinnen und Schülern, die eine allgemeinbildende oder eine berufsbildende Schule besuchen und die keine Ausbildungsvergütung erhalten, außerdem Leistungen für Bildung und Teilhabe erbracht. Die Bedarfe für Bildung und Teilhabe werden über die Bedarfe hinaus berücksichtigt, die vom Arbeitslosengeld II und Sozialgeld umfasst sind. Einkommen und Vermögen wird zuletzt auf die Bedarfe für Bildung und Teilhabe angerechnet.

Regelbedarf zur Sicherung des Lebensunterhalts

42 Der Regelbedarf zur Sicherung des Lebensunterhalts umfasst insbesondere Ernährung, Kleidung, Körperpflege, Hausrat, Haushaltsenergie ohne die auf die Heizung und Erzeugung von Warmwasser entfallenden Anteile, Bedarfe des täglichen Lebens sowie in vertretbarem Umfang auch Beziehungen zur Umwelt und eine Teilnahme am kulturellen Leben. Der Regelbedarf bildet somit im Rahmen des Arbeitslosengeldes II das soziokulturelle Existenzminimum ab und umfasst die im Rahmen der genannten Bedarfe pauschalierbaren Leistungen. Über die Verwendung des Regelbedarfs entscheiden die Leistungsberechtigten eigenverantwortlich. Dabei sollten sie insbesondere auch unregelmäßig auftretende Bedarfe berücksichtigen (zum Beispiel Ersatz einer Waschmaschine). Der Regelbedarf beträgt für Personen, die alleinstehend oder alleinerziehend sind oder deren Partner minderjährig ist, seit 1. Januar 2011 364 Euro.

Die Bemessung berücksichtigt Stand und Entwicklung von Nettoeinkommen, Verbraucherverhalten und Lebenshaltungskosten. Grundlage sind die tatsächlichen, statistisch ermittelten Verbrauchsausgaben von Haushalten in unteren Einkommensgruppen. Datengrundlage ist die Einkommens- und Verbrauchsstichprobe. Sie wurde zuletzt im Jahr 2008 erhoben. Die Höhe des Regelbedarfs folgt der Festlegung der Regelbedarfe in der Sozialhilfe nach dem Zwölften Buch Sozialgesetzbuch im Regelbedarfs-Ermittlungsgesetz.

Der Regelbedarf deckt laufende und einmalige Bedarfe pauschaliert ab. Im Einzelnen umfasst sie in etwa folgende Bedarfe:

- Nahrung, Getränke, Tabakwaren;
- Bekleidung, Schuhe;
- Wohnung (ohne Mietkosten, jedoch einschließlich Reparatur und Instandhaltung; Schönheitsreparaturen im mietrechtlichen Sinne werden aber über die Leistungen für die Unterkunft übernommen), Strom;
- Möbel, Apparate, Haushaltsgeräte (einschließlich Instandhaltung);
- Gesundheitspflege, Praxisgebühr (einschließlich pharmazeutische und andere medizinische Erzeugnisse);
- Verkehr (Ausgaben für öffentlichen Personenverkehr und Fahrräder, Ausgaben für Kraftfahrzeuge und Motorräder gehören nicht zum notwendigen Bedarf und sind daher nicht berücksichtigt);
- Telefon, Fax (Grundgebühren für Telefon einschließlich Onlinedienste);
- Freizeit, Kultur (Ausgaben für Zeitungen, Zeitschriften, Bücher, Gebrauchsgüter für Freizeit, Besuch von Sport- und Freizeitveranstaltungen, teilweise auch sonstige Freizeit- und Kulturdienstleistungen, Ausgaben für Rundfunk- und Fernsehgeräte wobei die Beschaffung gebrauchter Geräte weitgehend als zumutbar gilt, Entsprechendes gilt auch für EDV-Geräte einschließlich Software);
- Beherbergungs- und Gaststättenleistungen;
- sonstige Waren und Dienstleistungen (Friseurleistungen und andere Dienstleistungen für die Körperpflege, elektrische Geräte, Artikel und Erzeugnisse für die Körperpflege, Kontoführungsgebühren u. a. m.), einschließlich der Kosten für die Beschaffung eines Personalausweises.

Haben zwei Angehörige der Bedarfsgemeinschaft das 18. Lebensjahr vollendet, beträgt der Regelbedarf jeweils 328 Euro. Der Regelbedarf für erwerbsfähige Kinder, die mit ihren Eltern in einer Bedarfsgemeinschaft leben, beträgt 291 Euro für Kinder zwischen dem 19. bis zum vollendeten 25. Lebensjahr und 287 Euro vom vollendeten 15. bis zum vollendeten 18. Lebensjahr.

Bis zur Vollendung des 6. Lebensjahres beträgt der Regelbedarf beim Sozialgeld 215 Euro, vom vollendeten 6. bis zur Vollendung des 14. Lebensjahres 251 Euro und im 15. Lebensjahr 287 Euro.

43 Die Regelbedarfe werden jeweils zum 1. Januar eines Jahres fortgeschrieben. Die Fortschreibung der Regelbedarfe erfolgt auf Grund der bundesdurchschnittlichen Entwicklung der Preise für regelbedarfsrelevante Güter und Dienstleistungen (zu 70 Prozent) sowie der bundesdurchschnittlichen Entwicklung der Nettolöhne und -gehälter je beschäftigtem Arbeitnehmer nach der volkswirtschaftlichen Gesamtrechnung (zu 30 Prozent). Die sich ergebenden Regelbedarfe werden jeweils spätestens zum 1. November eines Kalenderjahres im Bundesgesetzblatt bekannt gegeben. Liegen die Ergebnisse einer jeweils neuen Einkommens- und Verbrauchsstichprobe vor, wird die Höhe der Regelbedarfe in einem Bundesgesetz neu ermittelt. Beispiele für verschiedene Bedarfsgemeinschaften sind unten (Tabelle 1) dargestellt.

Mehrbedarfe

44 Die Leistungen für Mehrbedarfe umfassen Bedarfe, die nicht durch die Regelbedarfe abgedeckt sind.

Mehrbedarfe müssen nicht gesondert beantragt werden. Dies gilt auch dann, wenn die Voraussetzungen für den Mehrbedarf erst nach der Antragstellung, also während des laufenden Leistungsbezugs eintreten. Die Summe der insgesamt zu zahlenden Mehrbedarfe darf nicht höher sein als die jeweils zustehende Regelleistung. Auch nicht erwerbsfähige Angehörige (Sozialgeldempfänger) haben bei Vorliegen der jeweiligen Voraussetzungen Anspruch auf Leistungen für Mehrbedarfe.

Mehrbedarf für werdende Mütter

45 Der Mehrbedarf bei Schwangerschaft wird ab der 13. Schwangerschaftswoche bis zum tatsächlichen Entbindungstermin berücksichtigt. Die Höhe des Mehrbedarfs beträgt 17 Prozent des individuell zustehenden Regelbedarfs.

Tabelle 1: Übersicht über die Regelbedarfe (Stand 1. Januar 2011)

Regelbedarfe bei Arbeitslosengeld II / Sozialgeld					
Alleinstehend oder alleinerziehend	Partner	Sonstige Angehörige der Bedarfsgemeinschaft			
		Kinder bis zur Vollendung des 6. Lebensjahres	Kinder ab Beginn des 7. bis zur Vollendung des 13. Lebensjahres	Kinder ab Beginn des 15. bis zur Vollendung des 18. Lebensjahres	Kinder ab Beginn des 19. Lebensjahres
364 Euro	328 Euro	215 Euro	251 Euro	287 Euro	291 Euro

Im Einzelnen ergeben sich daraus folgende Prozentsätze:

Prozentsatz	12	24	36	48	60
1 Kind < 7			X		
1 Kind > 7	X				
2 Kinder < 16		X			
1 Kind < 7 und 1 Kind > 7		X			
3 Kinder			X		
4 Kinder				X	
ab 5 Kinder					X
Betrag	44 Euro	87 Euro	131 Euro	175 Euro	218 Euro

Tabelle 2: Übersicht über die Mehrbedarfe für werdende Mütter

Regelbedarfshöhe	Mehrbedarfshöhe
364 Euro	62 Euro
328 Euro	56 Euro
291 Euro	49 Euro
287 Euro	49 Euro

Mehrbedarf für Alleinerziehende

46 Personen, die mit einem oder mehreren minderjährigen Kindern zusammen leben und allein für deren Pflege und Erziehung sorgen, wird ein Mehrbedarf anerkannt

– in Höhe von 36 Prozent des Regelbedarfs, wenn sie mit einem Kind unter sieben Jahren oder mit zwei oder drei Kindern unter sechzehn Jahren zusammen leben, oder
– in Höhe von 12 Prozent des Regelbedarfs für jedes Kind, wenn sich dadurch ein höherer Prozentsatz als nach obiger Berechnung ergibt, höchstens jedoch in Höhe von 60 Prozent des maßgebenden Regelbedarfs.

Soweit sich dauernd getrennt lebende oder geschiedene Eltern das Sorgerecht teilen, also ein Kind in etwa zu gleichen Teilen bei beiden Elternteilen im Wechsel lebt, kann jeweils ein Anspruch auf den halben Mehrbedarf bei Alleinerziehung bestehen.

Mehrbedarf für behinderte Leistungsberechtigte

47 Erwerbsfähigen behinderten Leistungsberechtigten, denen Leistungen zur Teilhabe am Arbeitsleben nach § 33 des SGB IX sowie sonstige Hilfen zur Erlangung eines geeigneten Platzes im Arbeitsleben oder Hilfe zur Ausbildung für eine sonstige angemessene Tätigkeit erbracht werden, wird ein Mehrbedarf von 35 Prozent des jeweiligen Regelbedarfs anerkannt. Ein Mehrbedarf kann auch nach Beendigung der genannten Maßnahmen während einer angemessenen Übergangszeit, vor allem einer Einarbeitungszeit, anerkannt werden.

Voraussetzung für die Anerkennung des Mehrbedarfs ist das Vorliegen einer Behinderung, eine daraus folgende Beeinträchtigung des Hilfesuchenden bei der Teilhabe am Arbeitsleben und die Erbringung von Hilfen zum Ausgleich dieser Beeinträchtigungen.

Nicht erwerbsfähige Personen erhalten in der Regel einen Mehrbedarf von 17 Prozent ihrer Regelleistung, wenn sie Inhaber eines Schwerbehindertenausweises mit dem Merkzeichen „G" sind.

Mehrbedarf bei kostenaufwändiger Ernährung

48 Bei Leistungsberechtigten, die aus medizinischen Gründen einer kostenaufwändigen Ernährung bedürfen, wird ein Mehrbedarf in angemessener Höhe anerkannt. Die Anerkennung dieses Mehrbedarfs setzt daher einen Zusammenhang zwischen einer drohenden oder bestehenden Erkrankung und der Notwendigkeit einer kostenaufwändigeren Ernährung voraus. Der Mehrbedarf wird anerkannt, wenn die Notwendigkeit der kostenaufwändigeren Ernährung aus medizinischen Gründen nachweislich, z. B. durch eine Bescheinigung des behandelnden Arztes, belegt ist.

Die Höhe des anzuerkennenden Mehrbedarfes bei kostenaufwändiger Ernährung setzt der Träger unter Berücksichtigung der bescheinigten Erkrankung sowie der daraus resultierenden erforderlichen Kostform fest.

Bei der Festsetzung der Höhe des Mehrbedarfes bei kostenaufwändiger Ernährung orientieren sich die Träger der Grundsicherung für Arbeitsuchende in aller Regel an den „Empfehlungen des Deutschen Vereins für öffentliche und private Fürsorge zu Krankenkostzulagen", die unter www.deutscher-verein.de abrufbar sind.

Besonderer Mehrbedarf

49 Ein besonderer Mehrbedarf wird anerkannt, soweit im Einzelfall ein unabweisbarer, laufender, nicht nur einmaliger besonderer Bedarf besteht. Unabweisbar bedeutet, dass weder Dritte eine Unterstützung leisten noch der Leistungsberechtigte selbst in der Lage ist, den Bedarf aus seinem Regelbedarf zu decken. Außerdem muss der Bedarf seiner Höhe nach erheblich von einem durchschnittlichen Bedarf abweichen. Dazu gehören beispielsweise Bedarfe zur Ausübung des Umgangsrechts.

Mehrbedarfe für dezentrale Erzeugung von Warmwasser

50 Soweit Warmwasser zentral erzeugt wird, werden die entstehenden angemessenen Aufwendungen als Bedarf für Unterkunft und Heizung berücksichtigt. Wird Warmwasser hingegen durch in der Unterkunft installierte Vorrichtungen erzeugt und sind die Bedarfe deshalb nicht in den Unterkunfts- oder Heizkosten enthalten, wird ein Mehrbedarf anerkannt.

Der Mehrbedarf beträgt für jede im Haushalt lebende leistungsberechtigte Person jeweils

- 2,3 Prozent des Regelbedarfs in Höhe von 364, 328 oder 291 Euro,
- 1,4 Prozent des Regelbedarfs in Höhe von 287 Euro,
- 1,2 Prozent des Regelbedarfs in Höhe von 251 Euro oder
- 0,8 Prozent des Regelbedarfs in Höhe von 215 Euro.

Bedarfe für Unterkunft und Heizung

51 Im Rahmen des Arbeitslosengeldes II und des Sozialgeldes werden auch Bedarfe für Unterkunft und Heizung in Höhe der tatsächlichen Aufwendungen anerkannt, soweit diese angemessen sind. Zuständig für die Gewährung des Arbeitslosengeldes II, soweit es für die Bedarfe für Unterkunft und Heizung geleistet wird, sind die kommunalen Träger (vgl. Rdnr. 94 ff.), die über die Angemessenheit der geltend gemachten Kosten der Unterkunft stets einzelfallbezogen entscheiden. Grundsätzlich werden die Kosten für Unterkunft und Heizung hierbei anteilig auf alle Mitglieder der Haushaltsgemeinschaft bzw. der Wohngemeinschaft aufgeteilt.

Die Angemessenheit der Kosten der Unterkunft muss immer im Einzelfall überprüft werden. Für eine einheitliche Auslegung des Begriffs der Angemessenheit innerhalb ihres jeweiligen Zuständigkeitsbereiches haben die kommunalen Träger oder Bundesländer vielerorts in so genannten Richtlinien verschiedene Kriterien festgelegt.

Eines der Kriterien zur Beurteilung der Angemessenheit ist die Wohnfläche, die allerdings regelmäßig nicht allein zur Beurteilung der Angemessenheit herangezogen wird. Darüber hinaus wird die Höhe der Miet- und Heizkosten geprüft. Häufig werden feste Kaltmieten, meist unter Berücksichtigung der Nebenkosten, festgelegt oder der örtliche Mietspiegel, soweit vorhanden, herangezogen. Nach ständiger Rechtsprechung des Bundessozialgerichts ist für die Beurteilung der Angemessenheit die sogenannte Produkttheorie anzuwenden. Angemessen sind demnach Aufwendungen, wenn diese insgesamt nicht höher sind als das Produkt aus angemessener Wohnfläche und angemessenem Mietpreis. Damit ist es beispielsweise möglich, eine nach dem Quadratmeterpreis teurere Wohnung zu Lasten einer kleineren Wohnfläche zu mieten. In einigen Bereichen werden auch die in der Tabelle zu § 12 des Wohngeldgesetzes genannten Höchstbeträge – meist unter Festlegung einer bestimmten Mietstufe oder Spalte – für die Beurteilung zu Grunde gelegt. Nach der genannten Entscheidung des Bundessozialgerichts ist dies aber nur zulässig, wenn keine anderen Erkenntnismöglichkeiten bestehen. Häufig wird auch eine Überschreitung der höchstzulässigen Wohnfläche toleriert, wenn die Miete noch innerhalb der als angemessen anerkannten Grenzen liegt.

52 Die Wohnungsgröße ist in der Regel angemessen, wenn sie es ermöglicht, dass auf jedes Familienmitglied ein Wohnraum ausreichender Größe entfällt; darüber hinaus sind auch besondere persönliche und berufliche Bedürfnisse des Wohnberechtigten und seiner Angehörigen sowie der nach der Lebenserfahrung in absehbarer Zeit zu erwartende zusätzliche Raumbedarf zu berücksichtigen. Dabei richtet sich die angemessene Wohnungsgröße nach den Festlegungen der Länder zum sozialen Wohnungsbau.

Im Durchschnitt kann von folgenden angemessenen Wohnungsgrößen ausgegangen werden:

1 Person	ca. 45–50 m²,
2 Personen	ca. 60 m² oder 2 Wohnräume,
3 Personen	ca. 75 m² oder 3 Wohnräume,
4 Personen	ca. 85–90 m² oder 4 Wohnräume

sowie für jedes weitere Familienmitglied zirka 10 m² oder 1 Wohnraum mehr.

53 Wenn Leistungsberechtigte ein (angemessenes) Eigenheim oder eine Eigentumswohnung bewohnen, werden im Rahmen der Leistungen für Unterkunft und Heizung die mit diesen verbundenen Belastungen übernommen. Dies sind z. B.:

- angemessene Schuldzinsen für Hypotheken,
- Grundsteuer und sonstige öffentliche Abgaben,
- Wohngebäudeversicherung, Erbbauzins sowie
- Nebenkosten wie bei Mietwohnungen (z. B. Müllgebühr, Schornsteinfegergebühr, Straßenreinigung) laufende Leistungen für Heizung.

Tilgungsraten können nur ausnahmsweise übernommen werden, weil sie dem Vermögen des Hilfebedürftigen zufließen. Voraussetzung ist, dass das Eigenheim anderenfalls aufgegeben werden müsste. Insgesamt sind bei Eigenheimen und Eigentumswohnungen maximal Aufwendungen bis zu einer Höhe wie bei Mietern angemessen.

Bei Aufwendungen für Instandhaltung und Reparatur werden die Aufwendungen für die selbstgenutzte Immobilien innerhalb eines Jahres mit den bei Mietwohnungen angemessenen Kosten verglichen und bis zu dieser Grenze als Zuschuss übernommen.

Satzungsermächtigung

54 Ab 1. April 2011 können die Länder die Kreise und kreisfreien Städte ermächtigen oder verpflichten, durch Satzung zu bestimmen, in welcher Höhe Aufwendungen für Unterkunft und Heizung in ihrem Gebiet angemessen sind. Die Ermächtigung kann auch die Möglichkeit der Pauschalierung der Bedarfe für Unterkunft und Heizung beinhalten.

55 Wird die Unterkunft vom kommunalen Träger nach einer Einzelfallentscheidung als zu groß oder zu teuer beurteilt, werden auch die unangemessenen Kosten übernommen, wenn es den Betroffenen nicht möglich oder nicht zumutbar ist, durch einen Wohnungswechsel, durch Vermietung oder auf andere Weise die Aufwendungen zu senken. Eine Übernahme der unangemessenen Kosten ist in der Regel für längstens sechs Monate vorgesehen, es sei denn, eine Senkung der Kosten ist bereits früher möglich. Nach Ablauf dieses Zeitraumes werden nur noch die angemessenen Kosten übernommen. Etwas anderes gilt, wenn ein Umzug ist mangels eines zur Verfügung stehenden angemessenen anderweitigen Wohnraums nach wie vor nicht möglich oder aus anderen Gründen nicht zumutbar und eine Senkung der Kosten ist auch auf andere Weise nicht möglich. In diesen Fällen können die höheren Kosten auch länger übernommen werden.

56 Die Kosten für Heizung werden in aller Regel in Höhe der tatsächlichen Aufwendungen als Bedarf anerkannt. Geringere als die angefallenen Kosten werden dann anerkannt, wenn diese über einen längeren Zeitraum infolge unwirtschaftlichen Verhaltens der Leistungsberechtigten zu hoch sind.

Die Heizkosten ergeben sich insbesondere aus der Nebenkostenabrechnung des Vermieters. Bei anderen Kostenarten, z. B. selbst beschafftem Heizöl oder Kohlen, ist eine Gewährung von Pauschalen pro Quadratmeter Wohnfläche üblich.

57 Wird ein Umzug auf Veranlassung des kommunalen Trägers erforderlich, soll die leistungsberechtigte Person vor Abschluss eines Vertrages über eine neue Unterkunft die Zusicherung des kommunalen Trägers zu den Aufwendungen für die neue Unterkunft einholen. Dies bedeutet für Leistungsberechtigte die Sicherheit, dass die Aufwendungen für die neue Wohnung nach Abschluss des Vertrages auch tatsächlich als angemessen anerkannt werden. Ist der Umzug erforderlich und Aufwendungen für die neue Unterkunft angemessen, ist der kommunale Träger zu einer Zusicherung für die Übernahme der neuen Kosten verpflichtet. Auch Wohnungsbeschaffungskosten, und Umzugskosten können bei vorheriger Zusicherung durch den bis zum Umzug zuständigen kommunalen Träger übernommen werden, insbesondere dann, wenn der Umzug durch den kommunalen Träger veranlasst oder aus anderen Gründen notwendig ist. Eine Mietkaution kann durch den am Ort der neuen Unterkunft zuständigen kommunalen Träger als Darlehen erbracht werden.

58 Grundsätzlich werden die Leistungen für Unterkunft und Heizung an die leistungsberechtigte Person gezahlt. Nur im Ausnahmefall zahlt der kommunale Träger die Leistungen an den Vermieter oder andere Empfangsberechtigte. Dies ist insbesondere der Fall, wenn die leistungsberechtigte Person dies beantragt, wenn Mietrückstände bestehen, die zu einer außerordentlichen Kündigung des Mietverhältnisses berechtigen oder wenn die zweckentsprechende Verwendung durch die leistungsberechtigte Person nicht sichergestellt ist.

Sofern Arbeitslosengeld II für den Bedarf für Unterkunft und Heizung erbracht wird, können auch Schulden als Darlehen übernommen werden, wenn dies gerechtfertigt und notwendig ist und sonst Wohnungslosigkeit einzutreten droht. Vorhandenes verwertbares Vermögen ist in diesem Fall vorrangig einzusetzen.

Wohnkosten für unter 25-Jährige

59 Für Personen, die das 25. Lebensjahr noch nicht vollendet haben, werden nach einem Umzug Bedarfe für Unterkunft und Heizung für die Zeit bis zur Vollendung des 25. Lebensjahres nur anerkannt, wenn der kommunale Träger dies vor Abschluss des Vertrages über die Unterkunft zugesichert hat. Der kommunale Träger ist aber zur Zusicherung verpflichtet, wenn

1. der Betroffene aus schwerwiegenden sozialen Gründen nicht auf die Wohnung der Eltern oder eines Elternteils verwiesen werden kann,

2. der Bezug der Unterkunft zur Eingliederung in den Arbeitsmarkt erforderlich ist oder ein „sonstiger, ähnlich schwerwiegender Grund" vorliegt.

Letzterer kann unter anderem vorliegen, wenn unter 25-Jährige heiraten, schwanger sind oder mit ihrem Kind einen Haushalt gründen möchten. In allen anderen Fällen ist eine Zusicherung des kommunalen Trägers im Rahmen einer Einzelfallentscheidung möglich.

Vom Erfordernis der Zusicherung kann abgesehen werden, wenn es dem Betroffenen aus wichtigem Grund nicht zumutbar war, die Zusicherung einzuholen. Bedarfe für Unterkunft und Heizung werden bei Personen, die das 25. Lebensjahr noch nicht vollendet haben, außerdem dann nicht anerkannt, wenn sie schon vor der Beantragung von Leistungen in eine Unterkunft umgezogen sind, um die Zusicherungsregel zu umgehen.

Abweichende Erbringung von Leistungen

Darlehen bei unabweisbarem Bedarf

60 Durch den Regelbedarf sind auch die Bedarfe zur Sicherung des Lebensunterhalts pauschaliert abgedeckt, die im Allgemeinen einmalig bestehen. Daher sollen Leistungsberechtigte für diese Bedarfe aus dem Regelbedarf Beträge ansparen, um sie bei Bedarf für die Beschaffung bestimmter Gegenstände einsetzen zu können. Korrespondierend hierzu wird ein zusätzlicher Freibetrag für Vermögen in Höhe von 750 Euro je Mitglied der Bedarfsgemeinschaft eingeräumt (vgl. Rdnr. 86).

Kann im Einzelfall ein solcher, nach den Umständen unabweisbarer Bedarf nicht gedeckt werden, weil keine Ansparungen und kein Vermögen vorhanden sind und kann der Bedarf auch auf andere Weise nicht gedeckt werden, wird er bei entsprechendem Nachweis als Sachleistung oder als Geldleistung darlehensweise erbracht.

Unabweisbare Bedarfe können etwa durch Verlust oder Diebstahl von Barmitteln entstehen. Ein Darlehen kann aber auch z. B. bei notwendigen Reparaturen von Haushaltsgeräten oder bei notwendiger Anschaffung von Winterkleidung bei heranwachsenden Kindern geleistet werden.

Der Träger behält zur Tilgung des Darlehens 10 Prozent der der dem Darlehensnehmer anerkannten Regelbedarf als monatliche Aufrechnung ein. Über die Aufrechnung erteilt der Träger einen schriftlichen Bescheid. Nach Beendigung des Leistungsbezuges sind Forderungen aus Darlehen sofort fällig; die Rückzahlung wird dann gesondert vereinbart.

Sachleistungen

61 Regelbedarfe werden mit dem Zweck der Sicherung des Lebensunterhalts berücksichtigt. Wird z. B. durch häufige Nachfrage eines Leistungsberechtigten nach zusätzlichen Leistungen bekannt, dass der Leistungsberechtigte den Regelbedarf anderweitig verwendet oder durch unwirtschaftliches Verhalten vorzeitig verbraucht und somit seinen und ggf. auch den Lebensunterhalt der übrigen Mitglieder der Bedarfsgemeinschaft gefährdet, kann der Träger das Arbeitslosengeld II, soweit es für den Regelbedarf geleistet wird, ganz oder teilweise als Sachleistung erbringen. Dies gilt insbesondere bei Drogen- oder Alkoholabhängigkeit.

Sachleistungen sind Leistungen, die der leistungsberechtigten Person unmittelbar in Form des benötigten Bedarfes (Gebrauchsgegenstände wie z. B. Bekleidung, Hausrat), Kostenübernahmeerklärung oder aber auch in Form von Gutscheinen (z. B. Lebensmittelgutscheine) zukommen. Sachleistungen kommen auch während einer Absenkung der Leistungen (zum Beispiel während Sanktionen) in Betracht.

Nicht vom Regelbedarf umfasste Bedarfe

62 Folgende Bedarfe sind nicht vom Regelbedarf umfasst und werden auf Antrag als Beihilfe gesondert erbracht:

– Erstausstattungen für die Wohnung einschließlich Haushaltsgeräten,
– Erstausstattungen für Bekleidung und Erstausstattungen bei Schwangerschaft und Geburt und
– Anschaffung und Reparaturen von orthopädischen Schuhen, Reparaturen von therapeutischen Geräten und Ausrüstungen sowie die Miete von therapeutischen Geräten.

Solche Leistungen können auch dann erbracht werden, wenn die Antragsteller sonst nicht hilfebedürftig sind, weil sie ihren Lebensunterhalt einschließlich der Kosten für Unterkunft und Heizung aus eigenen Mitteln bestreiten können. In diesem Fall kann auch Einkommen berücksichtigt werden, das Leistungsberechtigte innerhalb eines Zeitraumes von bis zu sechs Monaten nach Ablauf des Monats erwerben, in dem über die Leistung entschieden worden ist.

Diese Leistungen können auch an Empfängerinnen und Empfänger von Wohngeld und Kinderzuschlag erbracht werden.

Darlehen bei zu erwartenden Einnahmen

63 Einnahmen werden in dem Monat auf den Bedarf angerechnet, in dem sie zufließen (vgl. Rdnr. 66 ff.). Dadurch wird bei voraussichtlichem Zufluss im Laufe des Kalendermonats die erwartete Einnahme bereits am Monatsbeginn auf den Bedarf angerechnet, weil die Leistungen zur Sicherung des Lebensunterhalts monatlich im Voraus erbracht werden. Dies kann dazu führen, dass ein Bedarf, der zu Monatsbeginn besteht, eigentlich bis Ende des Monats (z. B. Lohnzahlung) ungedeckt ist.

In diesem Fall kann ein angemessenes Darlehen zur Überbrückung geleistet werden.

Leistungen für Auszubildende

64 Auszubildende, die vom Anspruch auf Arbeitslosengeld II ausgeschlossen sind, weil ihre Ausbildung nach dem Bundesausbildungsförderungsgesetz oder durch Berufsausbildungsbeihilfe förderungsfähig sind, haben einen gesonderten Anspruch auf Leistungen, die nicht als Arbeitslosengeld II gelten.

Auszubildende erhalten Leistungen für Mehrbedarfe bei Schwangerschaft, Alleinerziehung, kostenaufwändiger Ernährung und besonderen Mehrbedarfen sowie Leistungen für die Erstausstattung bei Schwangerschaft und Geburt, soweit diese Bedarfe nicht durch zu berücksichtigendes Einkommen und Vermögen gedeckt sind.

Wohnkostenzuschuss für Auszubildende

65 Auszubildende, die Berufsausbildungsbeihilfe oder Ausbildungsgeld nach dem Dritten Buch Sozialgesetzbuch oder Leistungen nach dem Bundesausbildungsförderungsgesetz erhalten oder nur wegen der Vorschriften der Ausbildungsförderung zur Berücksichtigung von Einkommen nicht erhalten, erhalten in den folgenden Fällen trotz des üblicherweise bestehenden Anspruchsausschlusses einen Zuschuss zu ihren ungedeckten angemessenen Kosten für Unterkunft und Heizung. Eine Ausnahme gilt dann, wenn die Übernahme der Leistungen für Unterkunft und Heizung wegen einer fehlenden Zusicherung der kommunalen Träger ausgeschlossen ist. Die Regelung gilt für folgende Fälle:

– Auszubildende in einer beruflichen Ausbildung, die im eigenen Haushalt wohnen;
– Teilnehmer an einer berufsvorbereitenden Bildungsmaßnahme, die nicht im Haushalt der Eltern wohnen;
– behinderte Auszubildende in einer beruflichen Ausbildung, die auch im Haushalt der Eltern einen Anspruch auf Berufsausbildungsbeihilfe haben;
– behinderte Menschen mit Anspruch auf Ausbildungsgeld
  – bei einer beruflichen Ausbildung, die im Haushalt der Eltern oder in einem eigenen Haushalt untergebracht sind;
  – in einer berufsvorbereitenden Bildungsmaßnahme, die in einem eigenen Haushalt untergebracht sind;
– Schüler von Abendhauptschulen, Berufsaufbauschulen, Abendrealschulen und von Fachoberschulklassen, deren Besuch eine abgeschlossene Berufsausbildung voraussetzt, die im Haushalt der Eltern untergebracht sind;
– Schüler von weiterführenden allgemeinbildenden Schulen und Berufsfachschulen sowie von Fach- und Fachoberschulklassen, deren Besuch eine abgeschlossene Berufsausbildung nicht voraussetzt, die in einem eigenen Haushalt untergebracht sind, wenn die Voraussetzungen des § 2 Abs. 1a Satz 1 BAföG erfüllt sind (zumutbare Ausbildungsstätte ist von der Wohnung der Eltern aus nicht erreichbar und der Auszubildende ist oder war verheiratet oder lebt mit mindestens einem Kind zusammen);
– Schüler von Abendhauptschulen, Berufsaufbauschulen, Abendrealschulen und von Fachoberschulklassen, deren Besuch eine abgeschlossene Berufsausbildung voraussetzt, die in einem eigenen Haushalt untergebracht sind sowie
– Studierende, die bei ihren Eltern wohnen.

Der Zuschuss wird grundsätzlich nur dann geleistet, wenn Leistungen der Ausbildungsförderung tatsächlich bezogen werden, da nur tatsächlich erbrachte, jedoch nicht ausreichende Leistungen der Ausbildungsförderung aufgestockt werden sollen. Der Zuschuss wird aber zum Beispiel auch gezahlt, wenn ein Anspruch Ausbildungsförderung nur wegen gleich hoher Unterhaltszahlungen der Eltern nicht besteht. Besteht hingegen kein Anspruch auf Ausbildungsförderung – zum Beispiel wegen Überschreitens der Altersgrenze oder der Studiendauer oder wegen einer Zweitausbildung -, können Leistungen nur in besonderen Härtefällen und als Darlehen gewährt werden.

Die Wohnkosten der Auszubildenden müssen angemessen sein. Dies gilt für die Auszubildenden zumutbaren Wohnverhältnisse. Die Leistungen der Ausbildungsförderung berücksichtigen regelmäßig nur Unterkünfte einfacherer Art (zum Beispiel Studentenwohnheime, Wohngemeinschaften). Zudem müssen die Wohnkosten ungedeckt sein. Es ist daher eine normale Berücksichtigung von Einkommen vorzunehmen, die auch den Regelbedarf berücksichtigt.

> **Beispiel:**
>
> Ein Auszubildender in einer betrieblichen Berufsausbildung erhält eine Ausbildungsvergütung von 252 Euro monatlich. Außerdem erhält er von der Agentur für Arbeit Berufsausbildungsbeihilfe in Höhe von 381 Euro. Von seinen Eltern erhält er das Kindergeld; im Übrigen sind die Eltern unterhaltsrechtlich nicht leistungsfähig. Die angemessenen Kosten für Unterkunft und Heizung betragen 360 Euro. Der Zuschuss berechnet sich:
>
> Fiktiver Arbeitslosengeld II-Bedarf: Regelleistung 364 Euro, Kosten für Unterkunft und Heizung 360 Euro, Gesamtbedarf 724 Euro.
>
> Einkommensfreibetrag auf die Ausbildungsvergütung: 130 Euro
>
> Gesamteinkommen: Berufsausbildungsbeihilfe 381 Euro abzüglich eines zweckbestimmten Anteils für Fahrkosten und Arbeitskleidung von 37 Euro, Kindergeld 184 Euro, Ausbildungsvergütung 252 Euro minus Freibetrag 130 Euro ergibt ein Gesamteinkommen in Höhe von 650 Euro.
>
> Das Einkommen reicht nicht aus, den Bedarf zu decken. Es besteht eine Bedarfslücke von 74 Euro bei den Leistungen für Unterkunft und Heizung, da das Einkommen stets zuerst die Regelleistungen und danach die Kosten der Unterkunft mindert. Ein Zuschussanspruch besteht daher in Höhe von 74 Euro.

66 Auszubildende können außerdem ein Darlehen zur Sicherung des Lebensunterhalts für den Monat der Aufnahme einer Ausbildung erhalten. Damit soll der Lebensunterhalt zwischen der letztmaligen Zahlung von Arbeitslosengeld II und der erstmaligen Zahlung von Ausbildungsvergütung und Berufsausbildungsbeihilfe überbrückt werden. Zudem können in besonderen Härtefällen weitere Darlehen zur Sicherung des Lebensunterhalts erbracht werden.

Leistungen für Bildung und Teilhabe

67 Die Leistungen für Bildung und Teilhabe wurden zum 1. Januar 2011 in das Zweite Buch Sozialgesetzbuch eingefügt. Grundgedanke dabei war es, durch ein Mindestmaß an Bildung und Teilhabe auch für hilfebedürftige Kinder und Jugendliche die Chance zu wahren, dass sie später aus eigenen Kräften und damit unabhängig von staatlichen Fürsorgeleistungen leben können. Deshalb waren zum einen die Regelbedarfe für Kinder und Jugendliche unmittelbar zu ermitteln und dabei Bedarfe unterschiedlicher Altersstufen zu berücksichtigen. Zum anderen sollte auch die Teilhabe am Leben in der Gemeinschaft auch für Kinder und Jugendliche mit einer ungünstigen häuslichen Ausgangssituation sichergestellt werden.

Für besondere Bedarfspositionen sind deshalb besondere Leistungen vorgesehen worden. Diese zielgerichteten Leistungen werden jedoch nur teilweise als Geldleistungen erbracht, um eine besondere Zweckbindung zu erreichen.

68 Leistungen für Bildung erhalten insbesondere Schülerinnen und Schüler, die das 25. Lebensjahr noch nicht vollendet haben, eine allgemein- oder berufsbildende Schule besuchen und keine Ausbildungsvergütung erhalten. Die Leistungen für Ausflüge sowie gemeinschaftliche Mittagsverpflegung werden dabei auch an Kinder erbracht, die eine Tageseinrichtung besuchen oder für die Kindertagespflege geleistet wird. Im Einzelnen sind Leistungen für Bildung vorgesehen für:

– Aufwendungen für Schulausflüge,
– Aufwendungen für mehrtägige Klassenfahrten im Rahmen der schulrechtlichen Bestimmungen,
– die Ausstattung mit persönlichem Schulbedarf 70 Euro zum 1. August und 30 Euro zum 1. Februar eines jeden Jahres,
– Schülerinnen und Schüler, die für den Besuch der nächstgelegenen Schule des gewählten Bildungsgangs auf Schülerbeförderung angewiesen sind, die dafür erforderlichen tatsächlichen Aufwendungen, soweit sie nicht von Dritten übernommen werden und die Kosten nicht aus dem Regelbedarf gedeckt werden können,
– angemessene Lernförderung, wenn diese schulische Angebote ergänzt und sie geeignet und zusätzlich erforderlich ist, um wesentliche Lernziele wie die Versetzung zu erreichen und
– die Teilnahme an einer gemeinschaftlichen Mittagsverpflegung in schulischer Verantwortung in

Sozialgesetzbuch · 2. Buch · Grundsicherung für Arbeitsuchende

Tabelle 3: Beispiele für Bedarfe beim Arbeitslosengeld II / Sozialgeld in Euro

	Allein-stehend	Allein-erziehend (1 Kind, 12 J.)	Allein-erziehend (1 Kind, 4 J.)	Allein-erziehend (2 Kinder 8/15 J.)	(Ehe-)Paar	Paar 1 Kind (4 J.)	Paar 2 Kinder (8/12 J.)	Paar 2 Kinder (17/20 J.)	Paar 3 Kinder (4/12/15 J.)
Regelleistung	364	364	364	364	328	328	328	328	328
					328	328	328	328	328
Ggf. Mehrbedarf		44	145	145					
Regelleistung Kind (0-6 J.)			215			215			215
(7-13 J.)		251		251			251		251
							251		
(14-18 J.)				287				287	287
(19-25 J.)								291	
Kosten der Unterkunft1	246	332	332	391	283	378	443	443	499
Kosten für Heizung*	34	48	48	56	44	54	61	61	69
Summe	644	1039	1104	1494	983	1303	1662	1738	1977

*) Quelle der Wohn- und Heizkostenbeispiele: Statistik der Bundesagentur für Arbeit, Bericht Bedarfe, Leistungen und Haushaltsbudget Juli 2008, Anerkannte Bedarfe der laufenden Wohnkosten.
Vom Bedarf Arbeitslosengeld II / Sozialgeld ist insbesondere zu berücksichtigendes Einkommen abzusetzen. Ergibt sich nach Abzug des Einkommens noch ein Bedarf, kann sich das Arbeitslosengeld II in den ersten zwei Jahren nach dem Ende des Bezuges von Arbeitslosengeld um einen befristeten Zuschlag erhöhen.

Höhe der entstehenden Mehraufwendungen; dabei wird von einem Eigenbeitrag von einem Euro je Mittagessen ausgegangen.

69 Als Leistung zur Teilhabe am sozialen und kulturellen Leben in der Gemeinschaft ist für Leistungsberechtigte bis zur Vollendung des 18. Lebensjahres ein Betrag in Höhe von insgesamt 10 Euro monatlich vorgesehen. Aus diesem Budget können Ausgaben für Mitgliedsbeiträge in den Bereichen Sport, Spiel, Kultur und Gesellligkeit, Unterricht in künstlerischen Fächern (zum Beispiel Musikunterricht) und vergleichbare angeleitete Aktivitäten der kulturellen Bildung und sowie die Teilnahme an Freizeiten finanziert werden.

70 Leistungen zur Deckung der Bedarfe für Bildung und Teilhabe werden durch Sach- und Dienstleistungen erbracht. Nur die Leistungen für den persönlichen Schulbedarf und die Schulbeförderungskosten werden als Geldleistung erbracht. Zu den Sach- und Dienstleistungen gehören insbesondere personalisierte Gutscheine oder Direktzahlungen an Anbieter zur von Leistungen zur Deckung dieser Bedarfe. Die für die Gewährung der Leistungen für Bildung und Teilhabe zuständigen Kreise und kreisfreien Städte entscheiden, in welcher Form die Leistungen erbracht werden. Dabei ist auch eine pauschalierte Abrechnung mit Anbietern möglich.

Werden Gutscheine ausgegeben, ist die Leistung damit gegenüber der leistungsberechtigten Person erbracht. Die Gutscheine können auch für den gesamten Bewilligungszeitraum im Voraus ausgegeben werden. Durch eine angemessene Befristung der Gültigkeitsdauer auch über den Bewilligungszeitraum hinaus kann es Leistungsberechtigten ermöglicht werden, Gutscheine zu sammeln, um daraus einen größeren Betrag zu einem späteren Zeitpunkt bestreiten zu können. Auch eine Direktzahlung an Anbieter von Leistungen kann bereits zu Beginn eines Bewilligungszeitraumes in voller Höhe erfolgen.

Antragstellung, Berechnung und Auszahlung des Arbeitslosengeldes II und des Sozialgeldes

71 Leistungen der Grundsicherung für Arbeitsuchende werden auf Antrag erbracht. Der Antrag gilt grundsätzlich für alle Bedarfe zur Sicherung des Lebensunterhalts. Nur die Leistungen für Bildung und Teilhabe (mit Ausnahme der Leistungen für den persönlichen Schulbedarf, der vom Antrag auf Arbeitslosengeld II und Sozialgeld umfasst ist) sind separat zu beantragen. Der Antrag wirkt auf en Ersten des Monats zurück, in dem der Antrag gestellt wurde.

Im Normalfall werden die Leistungen für die gesamte Bedarfsgemeinschaft von dem erwerbsfähigen Leistungsberechtigten als Bevollmächtigten der gesamten Bedarfsgemeinschaft beantragt und entgegengenommen. Hierbei ist derjenige der Bevollmächtigte, der die Leistungen beantragt.

Der Bevollmächtigte ist auch Empfänger der Bescheide. Trotzdem richtet sich der Bescheid inhaltlich nicht nur an den Bevollmächtigten bzw. den Antragsteller, sondern an die gesamte Bedarfsgemeinschaft.

Diese gesetzliche Vermutung der Vertretung gilt dann nicht, wenn Mitglieder der Bedarfsgemeinschaft gegenüber dem Träger erklären, dass sie ihre Interessen selbst wahrnehmen wollen, z. B. die Leistungen auf das eigene Konto gezahlt haben möchten. Eine solche Erklärung ist schriftlich abzugeben.

Der Anspruch auf Leistungen zur Sicherung des Lebensunterhalts besteht für jeden Kalendertag, allerdings wird der Monat mit 30 Tagen berechnet. Wenn die Leistungen nur für Teile eines Monats zustehen, wird die Leistung anteilig erbracht. Die Leistungen werden grundsätzlich bei ihrer Berechnung nicht gerundet.

72 Die Leistungen sollen jeweils für sechs Monate bewilligt werden (Regelbewilligungszeitraum). Die Leistungen können aber auch für bis zu zwölf Monaten erbracht werden, wenn in diesem Zeitraum keine nennenswerten Veränderungen zu erwarten sind (zum Beispiel bei einer Alleinerziehenden während der Elternzeit). Die Leistungen werden monatlich im Voraus erbracht.

Die Geldleistungen werden auf das im Antrag angegebene inländische Konto bei einem Geldinstitut überwiesen. Wenn der Antragsteller über kein Konto verfügt, werden die Leistungen mit einer Postzahlungsanweisung zur Verrechnung an den Wohnsitz oder gewöhnlichen Aufenthalt des Berechtigten übermittelt. Hierbei werden die dadurch veranlassten Kosten in der Regel von den Geldleistungen abgezogen.

Die Kosten für die Einrichtung eines Bankkontos können nur dann vom Träger übernommen werden, wenn nachgewiesen wird, dass die Errichtung eines Kontos ohne eigenes Verschulden nicht möglich war. Hierbei gilt: Für Geldinstitute besteht zwar keine gesetzliche Verpflichtung, für jedermann ein Konto zu führen. Die Kreditinstitute, die Girokonten für alle Bevölkerungsgruppen führen, sind jedoch nach einer Empfehlung des Zentralen Kreditausschusses aufgefordert, zumindest ein Girokonto auf Guthabenbasis zu ermöglichen, damit jeder am bargeldlosen Zahlungsverkehr teilnehmen kann. Sofern trotzdem kein Konto eingerichtet wird, ist eine Prüfung durch die Kundenbeschwerdestelle der jeweiligen Kreditinstitutsgruppe möglich. Näheres kann den Internetseiten des Zentralen Kreditausschusses (www.zentraler-kreditausschuss.de) entnommen werden.

Die Kosten einer Zahlungsanweisung zur Verrechnung betragen 2,10 Euro als Grundentgelt sowie abhängig von der Höhe des Auszahlungsbetrages eine zusätzliche Gebühr. Das Grundentgelt wird sofort von der Geldleistung abgezogen. Die zusätzliche Gebühr wird erst bei der Einlösung einbehalten und beträgt:

bis 50,00 Euro	3,50 Euro,
über 50,00 Euro bis 250,00 Euro	4,00 Euro,
über 250,00 Euro bis 500,00 Euro	5,00 Euro,
über 500,00 Euro bis 1.000,00 Euro	6,00 Euro,
über 1.000,00 Euro bis 1.500,00 Euro	7,50 Euro.

Berücksichtigung von Einkommen

73 Erwerbsfähige Leistungsberechtigte und die mit ihnen in einer Bedarfsgemeinschaft lebenden Personen haben in eigener Verantwortung alle Möglichkeiten zu nutzen, ihren Lebensunterhalt aus eigenen Mitteln und Kräften zu bestreiten (§ 2 Abs. 2 SGB II). Hierzu gehört der Einsatz des zu berücksichtigenden Einkommens und Vermögens.

Einkommen und Vermögen grenzen sich grundsätzlich dadurch voneinander ab, dass Einkommen alles das ist, was jemand in der Bedarfszeit wertmäßig dazu erhält, und Vermögen das, was er in der Bedarfszeit bereits hat. Als Bedarfszeit gilt dabei ein Kalendermonat.

Das zu berücksichtigende Einkommen mindert die oben beschriebenen Bedarfe leistungsberechtigter Personen. Hierbei wird nicht zwischen „Nebeneinkommen" und Einkommen aus einer hauptberuflichen (Vollzeit-) Beschäftigung unterschieden. Insbesondere gibt es beim Arbeitslosengeld II auch keinen pauschalen Freibetrag für Nebentätigkeiten. Auch Einkünfte aus sogenannten mühelosen Einkommen (z. B. Kindergeld, Einnahmen aus Vermietung und Verpachtung, oder Zinseinnahmen) werden berücksichtigt.

Außerdem ist das Bestehen von Arbeitslosigkeit keine Voraussetzung für den Bezug von Arbeitslosengeld II. Dementsprechend gilt auch die bei Arbeitslosengeld-Beziehern geltende 15-Stunden-Grenze nicht. Dies bedeutet, dass ein Anspruch auf Arbeitslosengeld II auch bei Ausübung einer nicht bedarfsdeckenden Teilzeitbeschäftigung oberhalb von 15 Stunden wöchentlich nicht automatisch entfällt. Das aus dieser Tätigkeit erzielte zu berücksichtigende Einkommen deckt die Bedarfe zur Sicherung des Lebensunterhalts.

Bestimmung des Einkommens

74 Einkommen im Sinne des SGB II sind grundsätzlich alle Einnahmen in Geld oder Geldeswert. Hierzu gehören alle Einnahmen ohne Rücksicht auf ihre Herkunft oder Rechtsnatur. Unerheblich ist auch, ob sie der Steuerpflicht unterliegen. Auch Sachleistungen sind zu berücksichtigen. Unentgeltlich bereitgestellte Verpflegung wird mit täglich 1 Prozent des individuellen monatlichen Regelbedarfs bewertet und nur berücksichtigt, soweit sie vom Arbeitgeber als Lohnbestandteil bereitgestellt wird. Einkommen sind auch darlehensweise erbrachte Sozialleistungen, soweit sie zur Bestreitung des Lebensunterhalts geleistet werden. Zum Einkommen gehören insbesondere Arbeitsentgelt aus Beschäftigung oder selbstständiger Tätigkeit, aus Land- und Forstwirtschaft, Sachbezüge, Renten, aber auch z. B. Kindergeld oder Mieteinnahmen und Kapitaleinkünfte. Allerdings ist Einkommen aus Erwerbstätigkeit durch einen zusätzlichen Freibetrag besonders privilegiert.

75 Leistungen, die aufgrund öffentlich-rechtlicher Vorschriften zu einem ausdrücklich genannten Zweck erbracht werden, werden nur als Einkommen berücksichtigt, soweit sie im Einzelfall demselben Zweck als die Leistungen nach dem SGB II dienen. Steuerfreie Aufwandsentschädigungen fallen regelmäßig nicht hierunter; sie werden grundsätzlich wie Erwerbstätigkeiten behandelt (siehe hierzu die Freibeträge bei Erwerbstätigkeit). Außerdem werden Zuwendungen der freien Wohlfahrtspflege regelmäßig nicht berücksichtigt (zum Beispiel Lebensmittel- oder Möbelspenden).

76 Vom Einkommen abgesetzt werden Aufwendungen zur Erfüllung gesetzlicher Unterhaltsverpflichtungen bis zu dem in einem Unterhaltstitel oder in einer notariellen Unterhaltsvereinbarung festgelegten Betrag. Voraussetzung ist aber, dass die Unterhaltszahlungen tatsächlich geleistet werden, und dass der festgelegte Betrag im Rahmen des Unterhaltsrechts plausibel ist. Soweit vermutet wird, dass der Unterhaltspflichtige den festgelegten Betrag nicht leisten kann, weil bereits sein nach dem bürgerlichen Recht geltender Selbstbehalt unterschritten ist, werden die Träger der Grundsicherung für Arbeitsuchende die leistungsberechtigte Person unter Hinweis auf seine Eigenverantwortung auffordern, den im Titel festgelegten Betrag senken zu lassen.

77 Vom Einkommen kann ferner ein Betrag abgesetzt werden, der bei erwerbsfähigen Leistungsberechtigten, die mindestens ein Kind haben, bei der Berechnung von Leistungen der Ausbildungsförderung (Berufsausbildungsbeihilfe oder BAföG) als Einkommen berücksichtigt worden ist. Dies gilt auch, wenn der Ehepartner Ausbildungsförderung erhält und auf diese Einkommen des anderen Ehepartners angerechnet wurde.

Schließlich gelten unter anderem folgende Einnahmen nicht als Einkommen:

– Verpflegung, die außerhalb von Arbeitsverhältnissen bereitgestellt wird (zum Beispiel in einem Krankenhaus, einer Schule oder einem Kindergarten),
– Geschenke an minderjährige Kinder anlässlich der Firmung, Konfirmation, Kommunion oder vergleichbarer religiöser Feste sowie der Jugendweihe, soweit sie 3100 Euro nicht übersteigen,
– Taschengeld während eines Freiwilligen Sozialen oder Ökologischen Jahres oder bei Teilnahme an einem Bundesfreiwilligendienst in Höhe von 60 Euro monatlich,
– nicht steuerpflichtige Einnahmen einer Pflegeperson für Leistungen der Grundpflege und der haus-

wirtschaftlichen Versorgung, wenn Angehörige gepflegt werden, insbesondere Pflegegeld nach dem SGB XI;
- Kindergeld, das die Eltern nachweislich an ihr nicht im Haushalt lebendes Kind weiterleiten;
- die Eigenheimzulage, soweit sie nachweislich zur Finanzierung einer nicht als Vermögen zu berücksichtigenden Immobilie verwendet wird (vgl. Rdnr. 84);
- Einnahmen eines unter 15jährigen Kindes bis zur Höhe von 100 Euro monatlich;
- Einnahmen soweit sie 10 Euro monatlich nicht überschreiten;
- bei Soldaten der Auslandsverwendungszuschlag und der Leistungszuschlag;
- Leistungen der Ausbildungsförderung, soweit sie für Fahrkosten oder Lernmittel tatsächlich verwendet werden;
- Rückzahlungen eines Energieversorgungsunternehmens, die aus zu hohen Abschlagszahlungen resultieren, die die leistungsberechtigte Person aus seinen Regelleistungen bestritten hat.

Außerdem ist das Elterngeld nach dem Bundeselterngeld- und Elternzeitgesetz bis zur Höhe von 300 Euro monatlich nicht als Einkommen zu berücksichtigen, soweit es aus einer vor der Geburt des Kindes ausgeübten Erwerbstätigkeit resultiert. Auf die übersteigenden Beträge gibt es aber keine weiteren Freibeträge.

78 Eine Sonderregelung gilt für das Pflegegeld für die Erziehung von Pflegekindern, das sich in Pflegegeld für das Pflegekind selbst und einen Teil, der für den erzieherischen Einsatz gewährt wird, aufteilt. Das Pflegegeld für das Pflegekind wird nicht berücksichtigt. Der für den erzieherischen Einsatz gewährte Teil wird

1. für das erste und zweite Pflegekind nicht,

2. für das dritte Pflegekind zu 75 Prozent und

3. für das vierte und jedes weitere Pflegekind in voller Höhe berücksichtigt.

Absetzbeträge

79 Das Einkommen wird ist um verschiedene bestimmte Absetzbeträge zu vermindern. Abzusetzen sind zunächst stets die auf das Einkommen entfallenden Steuern und Beiträge zur Sozialversicherung und zur Arbeitsförderung.

Zur Vereinfachung der Berechnung des zu berücksichtigenden Einkommens aus Erwerbstätigkeit gilt ein sogenannter Grundfreibetrag in Höhe von 100 Euro monatlich für folgende Absetzbeträge:
- Beiträge zu gesetzlich vorgeschriebenen Versicherungen (z. B. Kfz-Haftpflicht);
- Beiträge zu nach Grund und Höhe angemessenen öffentlichen und privaten Versicherungen – hierzu gehören z. B. die Hausrat-, Haftpflicht-, Unfall- und Lebensversicherung;
- Beträge zur Riester-Rente;
- die mit der Erzielung des Einkommens verbundenen notwendigen Ausgaben (Werbungskosten).

Bei Bezügen oder Einnahmen aus einer Tätigkeit, die nach § 3 Nr. 12, 26, 26a oder 26b des Einkommensteuergesetzes steuerfrei sind (zum Beispiel Übungsleiter im Sportverein oder Aufwandsentschädigungen aus ehrenamtlicher Tätigkeit), gilt ein Grundfreibetrag von 175 Euro monatlich.

Bei (Neben-) Beschäftigungen oberhalb 400 Euro brutto kann der Arbeitnehmer insgesamt höhere Absetzbeträge als die grundsätzlich vorgesehenen 100 Euro monatlich nachweisen. Dies gilt auch für Auszubildende unabhängig von der Höhe der Ausbildungsvergütung. Für den Vergleich, ob ein höherer Betrag abzusetzen ist, gilt Folgendes:

- Beiträge zu gesetzlich vorgeschriebenen Versicherungen (z. B. Kfz-Haftpflicht) sind in der tatsächlich gezahlten Höhe anzusetzen, zusätzlich ein Pauschbetrag von 30 Euro monatlich für Beiträge volljähriger Leistungsberechtigter zu angemessenen öffentlichen und privaten Versicherungen – unabhängig von tatsächlichen Kosten;
- Beträge für die Riester-Rente bis zur Höhe des staatlich geförderten Mindesteigenbetrages (2005 = 2 Prozent, ab 2006 = 3 Prozent, seit 2008 = 4 Prozent der Einnahmen des vorangegangenen Kalenderjahres abzüglich der Zulagen);
- für andere Kosten als Fahrkosten grundsätzlich in Höhe einer Pauschale von 16,67 Euro monatlich (ein Sechzigstel der steuerlichen Pauschale);
- für Fahrkosten die bei Benutzung anfallenden Kosten bzw. bei Benutzung eines Kraftfahrzeuges Fahrkosten in Höhe von 0,20 Euro pro Entfernungskilometer. Allerdings kann der Träger der Grundsicherung für Arbeitsuchende auch den Betrag ansetzen, der bei Benutzung öffentlicher Verkehrsmittel anfallen würde, wenn der Abzug der Pauschale von 0,20 Euro je Entfernungskilometer einen unangemessen hohen Abzug darstellen würde.

> **Beispiel:**
>
> Für öffentliche Verkehrsmittel innerhalb einer Großstadt würden 50 Euro für ein Sozialticket monatlich anfallen. Der Arbeitnehmer fährt 20 Arbeitstage innerhalb dieser Stadt mit einer Entfernung von 18 Kilometern. Der sich ergebende Pauschbetrag von 72 Euro ist gegenüber den Kosten für das Monatsticket unangemessen hoch. Es werden daher für Fahrkosten nur 50 Euro abgesetzt.

Bei Einnahmen, die nicht aus Erwerbstätigkeit erzielt werden (z. B. Zinseinnahmen oder Renten), gilt der Grundfreibetrag nicht. In diesen Fällen wird aber der Abzug von Versicherungsbeiträgen und Beiträgen zur Riester-Rente vorgenommen.

Sofern das Einkommen aus nichtselbständiger Arbeit schwankt (z.B. bei Stundenlöhnen oder variierenden Werbungskosten) ist es möglich, für den Bewilligungszeitraum einen durchschnittlichen Einkommensbetrag zu berücksichtigen. In diesem Fall wird das Einkommen zunächst für eine vorläufige Entscheidung soweit wie möglich ermittelt. Nach Ablauf des Bewilligungszeitraumes wird die Berechnung überprüft. Zudem besteht bei schwankendem Einkommen erst dann die Verpflichtung zur Inanspruchnahme vorrangiger Leistungen wie Wohngeld und Kinderzuschlag, wenn dadurch die Hilfebedürftigkeit der gesamten Bedarfsgemeinschaft für mindestens drei Monate überwunden werden kann.

Selbständige Tätigkeit und Gewerbebetrieb

80 Werden Einkünfte aus einer selbständigen (Neben-) Beschäftigung oder aus einem Gewerbebetrieb erzielt, so gilt als monatliches Bruttoeinkommen für die Berechnung der Freibeträge ein Sechstel des Gesamteinkommens im Bewilligungszeitraum. Das Gesamteinkommen wird losgelöst von steuerlichen Vorschriften an Hand der tatsächlichen Einnahmen in Bewilligungszeitraum abzüglich der tatsächlichen notwendigen Ausgaben ermittelt. Hierzu ist den Trägern der Grundsicherung für Arbeitsuchende eine Einnahmen- und Ausgabenrechnung (Formular erhältlich) vorzulegen. Regelmäßig wird dann zunächst vorläufig über die Höhe des zu berücksichtigenden Einkommens entschieden; die endgültige Festsetzung erfolgt nach Ablauf des Bewilligungszeitraumes. Für saisonbezogene Betriebe wird ggf. auch Einkommen berücksichtigt, das mit dem Betrieb in den sechs Monaten vor Beginn des Bewilligungszeitraumes erzielt wurde.

Freibetrag bei Erwerbstätigkeit

81 Bei Einkommen aus Erwerbstätigkeit – auch bei Einnahmen aus steuerfreien Tätigkeiten – wird zusätzlich zu den genannten Absetzbeträgen ein weiterer Freibetrag berücksichtigt. Zunächst gilt der oben beschriebene Grundfreibetrag von 100 Euro monatlich. Darüber hinausgehendes Bruttoeinkommen bis 800 Euro monatlich (ab 1. Juli 2011 bis 1.000 Euro monatlich) ist zu 20 Prozent anrechnungsfrei. Weiteres Bruttoeinkommen bis 1.200 Euro monatlich wird noch zu 10 Prozent anrechnungsfrei gestellt; für Beschäftigte mit Kindern beträgt die Grenze 1.500 Euro.

Daraus ergeben sich z. B. folgende Freibeträge:

Bruttoverdienst	anrechnungsfreier Betrag
100 Euro	100 Euro
200 Euro	120 Euro
400 Euro	160 Euro
800 Euro	240 Euro
1.200 Euro	280 Euro
	(ab 1. Juli 2011 300 Euro)
1.500 Euro (mit Kind)	310 Euro
	(ab 1. Juli 2011 330 Euro)

Beispiele für die Einkommensberücksichtigung:

Beispiel 1:

Minijob, 5 Arbeitstage

Bruttoentgelt	200,00 Euro
./. Steuern (Stkl. I)	0,00 Euro
./. SV-Beiträge	0,00 Euro
./. Grundfreibetrag	100,00 Euro
= Bereinigtes Einkommen:	100,00 Euro

Ermittlung Freibetrag bei Erwerbstätigkeit:

Brutto 100,01 - 200 Euro =	
100 × 20 Prozent =	20,00 Euro
Freibetrag	20,00 Euro

Anrechnung:

Bereinigtes Einkommen	100,00 Euro
./. Freibetrag	20,00 Euro
Zu berücksichtigendes Einkommen:	80,00 Euro

Sozialgesetzbuch · 2. Buch · Grundsicherung für Arbeitsuchende

Beispiel 2:

Erwerbstätigkeit, 10 Arbeitstage, Benutzung öffentlicher Verkehrsmittel zur Arbeitsstelle, kein Auto

Bruttoentgelt	800,00 Euro
./. Steuern (Stkl. I)	0,00 Euro
./. SV-Beiträge	167,01 Euro
./. Pauschbetrag für Versicherungen*	30,00 Euro
./. Kfz-Haftpflichtversicherung*	0,00 Euro
./.Werbungskosten (nachgewiesene notwendige Höhe)*	80,00 Euro
= Bereinigtes Einkommen:	522,99 Euro

*) Hier wird nicht der Grundfreibetrag von 100 Euro in Abzug gebracht, weil insgesamt ein höherer Betrag nachgewiesen wird (110 Euro).

Ermittlung Freibetrag bei Erwerbstätigkeit:

Brutto 100,01 - 800 Euro =	
700 × 20 Prozent =	140,00 Euro
Freibetrag	140,00 Euro

Anrechnung:

Bereinigtes Einkommen	522,99 Euro
./. Freibetrag	140,00 Euro
Zu berücksichtigendes Einkommen:	382,99 Euro

Beispiel 3:

Arbeitsverhältnis, 20 Entfernungskilometer, 20 Arbeitstage monatlich, kein Kind vorhanden.

Bruttoentgelt	1.400,00 Euro
./. Steuern (Stkl. I)	81,30 Euro
./. SV-Beiträge	292,26 Euro
./. Pauschbetrag für Versicherungen*	30,00 Euro
./. Kfz-Haftpflichtversicherung*	34,00 Euro
./.Werbungskosten (20 Tage × 20 Kilometer × 0,20 Euro)	80,00 Euro
= Bereinigtes Einkommen:	882,44 Euro

*) Hier wird nicht der Grundfreibetrag von 100 Euro in Abzug gebracht, weil insgesamt ein höherer Betrag nachgewiesen wird (144 Euro).

Ermittlung Freibetrag bei Erwerbstätigkeit:

Brutto 100,01 - 800 Euro =	
700 × 20 Prozent =	140,00 Euro
Brutto 800,01 - 1200 Euro =	
400 × 10 Prozent =	40,00 Euro
Gesamtfreibetrag	180,00 Euro

Anrechnung:

Bereinigtes Einkommen	882,44 Euro
./. Freibetrag	180,00 Euro
Zu berücksichtigendes Einkommen:	702,44 Euro
(ab 1. Juli 2011	682,44 Euro)

Berücksichtigung einmaliger Einnahmen

82 Einmalige Einkünfte, wie z. B. Lottogewinne oder Steuererstattungen, die während der Bedarfszeit zufließen, gehören zum Einkommen und nicht zum Vermögen. Sie werden als einmalige Einnahmen berücksichtigt. Gleiches gilt für Einnahmen, die in größeren als monatlichen Zeitabständen zufließen, wie jährlich gezahltes Weihnachtsgeld.

Einmalige Einnahmen werden grundsätzlich in dem Monat an berücksichtigt, in dem sie zufließen. Die Berücksichtigung erfolgt im Folgemonat, wenn die Leistungen für den Zuflussmonat bereits erbracht worden sind. Wenn der Leistungsanspruch in dem Monat der Berücksichtigung vollständig entfallen würde, wird die einmalige Einnahme auf sechs Monate aufgeteilt und monatlich mit einem entsprechenden Teilbetrag angesetzt. Nach Ablauf des Sechsmonatszeitraums noch vorhandene Beträge werden dem Vermögen zugerechnet.

Beispiel:

Ein alleinstehender erwerbsfähiger Leistungsberechtigter hat einen Bedarf in Höhe von 569 Euro monatlich (364 Euro Regelbedarf und 205 Euro Bedarf für Unterkunft und Heizung). Er erhält am 20. März 2011 eine Einkommensteuererstattung in Höhe von 200 Euro. Die Erstattung erfolgt zwar für ein Kalenderjahr. Gleichwohl wird die Einnahme nur in einem Monat angerechnet, da hierdurch die Hilfebedürftigkeit nicht beseitigt wird. Nach Abzug der Versicherungspauschale ergibt sich ein zu berücksichtigendes Einkommen von 170 Euro.

Da die Leistungen im Voraus erbracht werden, werden die Träger der Grundsicherung für Arbeitsuchende im Monat April 2011 die Leistungen um 170 Euro reduzieren.

Die Träger der Grundsicherung für Arbeitsuchende können in begründeten Einzelfällen einmalige Einnahmen unberücksichtigt lassen, wenn die Berücksichtigung als Einkommen grob unbillig wäre. Dies kann z. B. vorliegen, wenn eine Zuwendung Dritter ohne rechtliche oder sittliche Pflicht geleistet wird und erkennbar nicht auch zur Deckung des physischen Existenzminimums verwendet werden soll. Dies betrifft beispielsweise Soforthilfen bei Katastrophen, gesellschaftliche Preise zur Ehrung von Zivilcourage, Ehrengaben aus öffentlichen Mitteln (z. B. bei Alters- oder Ehejubiläum, Lebensrettung) oder Spenden aus Tombolas für bedürftige Menschen, insbesondere in der Vorweihnachtszeit).

Berücksichtigung von Vermögen

83 Geldleistungen können nur erbracht werden, soweit kein zu berücksichtigendes Vermögen vorhanden ist. Allerdings gilt hier der Grundsatz, dass nicht alle vorhandenen Vermögenswerte einzusetzen sind. Einige Vermögensgegenstände zählen nicht zum zu berücksichtigenden Vermögen, und für alle anderen werden bestimmte Freibeträge eingeräumt.

Als Vermögen sind grundsätzlich alle verwertbaren Vermögensgegenstände zu berücksichtigen. Vermögen ist verwertbar, wenn es für den Lebensunterhalt verwendet bzw. sein Geldwert für den Lebensunterhalt durch Verbrauch, Übertragung, Beleihung, Vermietung oder Verpachtung nutzbar gemacht werden kann.

Zum Vermögen gehören demnach z. B.

- Bargeld (gesetzliche Zahlungsmittel) und Schecks,
- bebaute und unbebaute Grundstücke,
- bewegliche Sachen, wie z. B. Schmuckstücke, Gemälde und Möbel,
- auf Geld gerichtete Forderungen,
- Aktien, Fondsanteile und
- Rechte aus Grundschulden und Nießbrauch.

84 Folgende Sachen und Rechte zählen nicht als zu berücksichtigendes Vermögen:

- angemessener Hausrat (Gegenstände, die zur Haushaltsführung und zum Wohnen notwendig oder üblich sind);

- ein angemessenes Kraftfahrzeug für jeden in der Bedarfsgemeinschaft lebenden erwerbsfähigen Hilfebedürftigen; die Prüfung der Angemessenheit wird hierbei einzelfallbezogen vorgenommen. Berücksichtigt wird z. B. die Größe der Bedarfsgemeinschaft, die Anzahl der Kfz im Haushalt oder der Zeitpunkt des Erwerbs. Üblicherweise werden Kraftfahrzeuge mit einem zu erzielenden Wert von maximal 7.500 Euro ohne weitere Prüfung als angemessen anerkannt;

- vom Inhaber als für die Altersvorsorge bestimmt bezeichnete Vermögensgegenstände in angemessenem Umfang, wenn der erwerbsfähige Hilfebedürftige oder sein Partner von der Versicherungspflicht in der gesetzlichen Rentenversicherung befreit ist; hierbei reicht Versicherungsfreiheit in der Rentenversicherung nicht aus – es muss eine Befreiung vorliegen. Sachen und Rechte, die nachweislich der Alterssicherung dienen, werden dann nicht als Vermögen berücksichtigt;

- ein selbst genutztes Hausgrundstück von angemessener Größe oder eine entsprechende Eigentumswohnung; die Angemessenheit einer solchen Immobilie richtet sich nach den Verhältnissen im Einzelfall. Nach einer Entscheidung des Bundessozialgerichts sind mindestens 80 m² für bis zu zwei Personen bei einer Eigentumswohnung und mindestens 90 m² bei einem Einfamilienhaus zu berücksichtigen; für jede weitere Person 20 m² mehr. Für die Grundstücksfläche gilt eine Größe von mindestens 500 m² im städtischen und von mindestens 800 m² im ländlichen Bereich als angemessen. Hier wird auch berücksichtigt, ob das Grundstück teilbar ist;

- Vermögen, solange es nachweislich zur baldigen Beschaffung oder Erhaltung eines Hausgrundstücks von angemessener Größe bestimmt ist, soweit dieses zu Wohnzwecken behinderter oder pflegebedürftiger Menschen dient oder dienen soll und dieser Zweck durch den Einsatz oder die Verwertung des Vermögens gefährdet würde;

- Sachen und Rechte, soweit ihre Verwertung offensichtlich unwirtschaftlich ist oder für den Betroffenen eine besondere Härte bedeuten würde. Unwirtschaftlich ist eine Verwertung durch Verkauf z. B. dann, wenn unter Berücksichtigung der Verwertungskosten der zu erzielende Verkehrswert einer Kapital-Lebensversicherung mehr als 10 Prozent unter dem Substanzwert (Summe der eingezahlten Beträge) liegt. Allerdings kann auch geprüft werden, ob eine Verwertung durch Beleihung wirtschaftlich wäre. Bei Anlageformen, die bereits auf Grund ihrer Art Schwankungen unterliegen (z. B. Aktien, Aktienfonds) wird der Vergleich zwischen Verkehrs- und Substanzwert nicht vorgenommen. Die Anerkennung einer besonderen Härte bei der Vermögensberücksichtigung kommt insbesondere dann in Betracht, wenn Ersparnisse für die Altersvorsorge, die trotz lückenhafter Rentenversicherung (z. B. wegen früherer Selbständigkeit), kurz vor dem Rentenalter eingesetzt werden müssten;

– Vermögensgegenstände, die für die Aufnahme oder Fortsetzung einer Berufsausbildung oder der Erwerbstätigkeit unentbehrlich sind. Beispiele hierfür sind Arbeitsgeräte wie die Friseurschere eines Friseurs, aber auch der Kleintransporter eines Fuhrunternehmers.

85 Vermögen wird mit seinem Verkehrswert zum Zeitpunkt der Antragstellung berücksichtigt. Wesentliche Änderungen des Verkehrswertes werden aber berücksichtigt.

Soweit Vermögen zu berücksichtigen ist, werden Freibeträge eingeräumt:

– ein Grundfreibetrag in Höhe von 150 Euro je vollendetem Lebensjahr des volljährigen Hilfebedürftigen und seines Partners, mindestens aber 3.100 und höchstens jeweils 9.750 Euro, für Vermögen jeder Art; für Personen, die bis zum 1. Januar 1948 geboren sind, erhöht sich der Grundfreibetrag auf 520 Euro je vollendetem Lebensjahr, höchstens aber 33.800 Euro;

– ein Grundfreibetrag in Höhe von 3.100 Euro für jedes hilfebedürftige minderjährige Kind;

– Altersvorsorge in Höhe des nach Bundesrecht ausdrücklich als Altersvorsorge geförderten Vermögens einschließlich seiner Erträge und der geförderten laufenden Altersvorsorgebeiträge, soweit der Inhaber das Altersvorsorgevermögen nicht vorzeitig verwendet („Riester-Rente");

– geldwerte Ansprüche, die der Altersvorsorge dienen, soweit der Inhaber sie vor dem Eintritt in den Ruhestand auf Grund einer vertraglichen Vereinbarung unwiderruflich nicht verwerten kann und der Wert der geldwerten Ansprüche 750 Euro je vollendetem Lebensjahr des erwerbsfähigen Hilfebedürftigen und seines Partners, höchstens jedoch jeweils 48.750 Euro nicht übersteigt, und

– ein weiterer Freibetrag für notwendige Anschaffungen in Höhe von 750 Euro für jeden in der Bedarfsgemeinschaft lebenden Hilfebedürftigen.

Bei Partnern werden die Freibeträge jeweils addiert – es ist demnach nicht entscheidend, wer von den beiden Inhaber des Vermögens/Vermögenswertes ist. Freibeträge, die einem Kind eingeräumt werden, sind jedoch grundsätzlich dessen eigenem Vermögen zuzuordnen, da überschüssiges Vermögen des Kindes nicht bei seinen Eltern berücksichtigt wird.

Die oben angegebenen, vom Lebensalter abhängigen Höchstfreibeträge gelten, soweit ein Eintritt in die Regelaltersrente bei Vollendung des 65. Lebensjahres möglich ist. Bei Heraufschieben des Renteneintrittsalters auf bis zu 67 Jahren erhöhen sich die Freibeträge entsprechend.

Beispiele für Vermögensfreibeträge:

Beispiel 1:	
Alleinstehender, geboren am 16. Mai 1962. Es werden Leistungen ab 1. September 2010 beantragt.	
Grundfreibetrag	7.200 Euro
Freibetrag für Altersvorsorge (bei Verwertungsausschluss)	12.000 Euro
Freibetrag für Anschaffungen	750 Euro
Gesamtfreibetrag	**19.950 Euro**

Beispiel 2:	
Ehepaar, keine Kinder. Der Ehemann ist am 5. Januar 1947, die Ehefrau am 16. Februar 1952 geboren. Es werden Leistungen ab 1. März 2010 beantragt.	
Grundfreibetrag Ehemann	32.760 Euro
Grundfreibetrag Ehefrau	8.700 Euro
Freibetrag für Altersvorsorge (bei Verwertungsausschluss), Ehemann	47.250 Euro
Freibetrag für Altersvorsorge (bei Verwertungsausschluss), Ehefrau	43.500 Euro
Freibetrag für Anschaffungen	1.500 Euro
Gesamtfreibetrag	**133.710 Euro**

> **Beispiel 3:**
>
> Ehepaar, 2 minderjährige Kinder. Der Ehemann ist am 25. Juni 1970, die Ehefrau am 31. Juli 1975 geboren. Es werden Leistungen ab 1. August 2010 beantragt.
>
> | | |
> |---|---:|
> | Grundfreibetrag Ehemann | 5.950 Euro |
> | Grundfreibetrag Ehefrau | 5.250 Euro |
> | Freibetrag für Altersvorsorge (bei Verwertungsausschluss), Ehemann | 30.000 Euro |
> | Freibetrag für Altersvorsorge (bei Verwertungsausschluss), Ehefrau | 26.250 Euro |
> | Freibetrag für Anschaffungen | 1.500 Euro |
> | **Gesamtfreibetrag Eltern** | **68.950 Euro** |
>
> Für die Kinder werden jeweils ein Grundfreibetrag von 3.100 Euro und zusätzlich ein Freibetrag für Anschaffungen von 750 Euro, insgesamt also Freibeträge von 3.850 Euro eingeräumt.

Soziale Sicherung

Kranken- und Pflegeversicherung

86 Bezieher von Arbeitslosengeld II, die nicht bereits im Rahmen einer Familienversicherung kranken- und pflegeversichert sind oder im Ausnahmefall Arbeitslosengeld II nur als Darlehen erhalten, sind in der gesetzlichen Kranken- und Pflegeversicherung versicherungspflichtig, es sei denn, sie waren vor dem Leistungsbezug privat versichert. In diesem Fall wird ein Zuschuss zu den Kosten der privaten Versicherung gezahlt. Soweit die gesetzliche Krankenkasse einen Zusatzbeitrag erhebt, wird dieser ebenfalls von den Trägern der Grundsicherung für Arbeitsuchende gezahlt.

87 Allerdings besteht die Möglichkeit, unter bestimmten Voraussetzungen bei einer Krankenkasse eine Befreiung von der Versicherungspflicht zu beantragen, z. B. wenn bereits vorher eine private Krankenversicherung bestanden hat.

Sofern eine solche Befreiung vorliegt, erhalten Hilfebedürftige einen Zuschuss zu den Beiträgen, die für die Dauer des Leistungsbezugs für eine Versicherung gegen Krankheit oder Pflegebedürftigkeit an ein privates Krankenversicherungsunternehmen gezahlt werden. Der Zuschuss ist aber auf die Höhe des Betrages begrenzt, der ohne die Befreiung von der Versicherungspflicht in der gesetzlichen Krankenversicherung oder in der sozialen Pflegeversicherung zu zahlen wäre.

Der Zuschuss wird auch in Fällen gezahlt, in denen allein die Höhe der Aufwendungen für eine eigenständige Kranken- und Pflegeversicherung zur Hilfebedürftigkeit führen würde, wenn der Kranken- und Pflegeversicherungsschutz nicht anderweitig sichergestellt ist. Dabei werden die Aufwendungen für die Versicherung direkt an die Krankenkasse oder das Versicherungsunternehmen gezahlt, wenn die zweckentsprechende Verwendung durch den Betroffenen nicht sichergestellt ist.

Den Zuschuss auch Sozialgeld-Bezieher erhalten, die im Ausnahmefall nicht von der Familienversicherung einer anderen Person erfasst sind. Außerdem kann der Zuschuss erforderlichenfalls auch an Bezieher von Wohngeld und Kinderzuschlag gezahlt werden.

Rentenversicherung

88 Bezieher von Arbeitslosengeld II sind seit dem 1. Januar 2011 in der gesetzlichen Rentenversicherung nicht mehr versicherungspflichtig. Es werden für die Zeiten, in denen Leistungen nach dem SGB II bezogen werden, allerdings Anrechnungszeiten an die Rentenversicherung gemeldet. Hierdurch werden u. a. bestehende Anwartschaften auf Erwerbsminderungsrenten und Reha-Leistungen aufrecht erhalten.

Sanktionen

89 Das SGB II regelt unterschiedliche Pflichten erwerbsfähiger Hilfebedürftiger. Eine Missachtung dieser Pflichten bleibt nicht ohne Folgen. Wer z. B. eine zumutbare Arbeit, Ausbildung oder Arbeitsgelegenheit ablehnt, muss mit einer Kürzung des Arbeitslosengeldes II um 30 Prozent rechnen. Bei Verstößen gegen die Pflicht, sich beim Träger der Grundsicherung zu melden oder an ärztlichen Untersuchungen teilzunehmen, kann die Regelleistung um 10 Prozent abgesenkt werden.

Bei wiederholten Pflichtverletzungen erfolgen in einer zweiten Stufe weitere Kürzungen und zwar jeweils um weitere 30 bzw. 10 Prozent der – vollen – Regelleistung. Bei der dritten Ablehnung einer zumutbaren Arbeit oder einer vergleichbaren Pflichtverletzung in

Folge wird das Arbeitslosengeld II vollständig gestrichen, und zwar einschließlich der Leistungen für Unterkunft und Heizung (in diesen Fällen können nur noch Sachleistungen – z. B. Lebensmittelgutscheine – zur Verfügung gestellt werden).

Von einer wiederholten Pflichtverletzung wird immer dann ausgegangen, wenn der Beginn eines vorausgegangenen Sanktionszeitraums noch nicht länger als ein Jahr zurück liegt.

Jugendliche unter 25 Jahren werden nach dem SGB II in besonderer Weise gefördert. Andererseits gelten für sie bei einer Arbeitsverweigerung härtere Sanktionen: sie erhalten schon bei der ersten Pflichtverletzung nur noch die Kosten für Unterkunft und Heizung, die unmittelbar an den Vermieter gezahlt werden. Sachleistungen (z. B. Lebensmittelgutscheine) können allerdings bewilligt werden. Bei einer wiederholten Pflichtverletzung werden auch die Kosten für Unterkunft und Heizung gestrichen.

Bei allen Arten von Sanktionen gilt eine wichtige Voraussetzung: die Betroffenen müssen vor der Festsetzung der Sanktion über die Folgen eines Pflichtverstoßes grundsätzlich schriftlich belehrt worden sein.

Mitwirkungspflichten

90 Wer Leistungen der Grundsicherung für Arbeitsuchende beantragt, muss alle erforderlichen Angaben machen, insbesondere Auskünfte zu Einkommen oder Vermögen und sonstigen persönlichen Verhältnissen erteilen (Mitwirkungspflichten).

Auskunftspflichten bestehen aber auch für Dritte, z. B. den Partner hinsichtlich dessen Vermögen oder den Arbeitgeber in Bezug auf Bestand und Dauer von Beschäftigungsverhältnissen. Wer gegen diese Pflichten verstößt, ist zum Ersatz des daraus entstehenden Schadens verpflichtet.

Außerdem kommt bei bestimmten Verstößen auch die Verhängung von Bußgeldern in Betracht.

Anspruchsübergang

91 Es kommt oft vor, dass Leistungsempfänger zivilrechtliche Ansprüche gegen Dritte haben. Dabei geht es oft um Ansprüche auf Zahlung von Unterhalt.

Da die Leistungen nach dem SGB II nur bei Hilfebedürftigkeit gezahlt werden, müssen bestehende Unterhaltsansprüche (und andere zivilrechtliche Ansprüche) vorrangig verwertet werden. Dies ist in der Regel mit zeitlichen Verzögerungen verbunden. Wenn der Träger der Grundsicherung in diesen Fällen bereits Leistungen erbracht hat, gehen Ansprüche des Leistungsempfängers grundsätzlich auf ihn über.

Der Übergang erfolgt ohne weiteres allerdings nur, wenn minderjährige Kinder oder noch nicht 25-jährige Kinder ohne abgeschlossene Erstausbildung Unterhaltsansprüche gegen die Eltern haben. Ansonsten ist Voraussetzung, dass der Hilfebedürftige den Anspruch gegen den Verwandten selbst geltend gemacht hat.

Bei der Geltendmachung von Ansprüchen sind zugunsten des Zahlungsverpflichteten die in §§ 11 und 12 SGB II geregelten Freigrenzen für Einkommen und Vermögen zu beachten.

Es kann für den Träger der Grundsicherung sinnvoll sein, den auf ihn übergegangenen Anspruch eines minderjährigen Hilfebedürftigen zur gerichtlichen Geltendmachung auf diesen zurück zu übertragen. Damit wird insbesondere die Möglichkeit eröffnet, dass Unterhaltsansprüche von Jugendlichen in einem einheitlichen Verfahren vor dem Zivilgericht und insbesondere auch unter Einschaltung der Beistandschaft des Jugendamtes realisiert werden können.

Ersatzansprüche

92 Leistungen der Grundsicherung für Arbeitsuchende sind darauf ausgerichtet, in einer unverschuldeten Notlage Hilfebedürftigkeit zu beseitigen. Wenn die eigene Hilfebedürftigkeit oder die der Angehörigen in einer Bedarfsgemeinschaft vorsätzlich oder grob fahrlässig herbeigeführt worden ist, besteht die Verpflichtung, die geleisteten Zahlungen zu ersetzen. Dies gilt allerdings nicht, wenn durch die Erfüllung der Ersatzpflicht wiederum Hilfebedürftigkeit entstünde.

Erbenhaftung

93 Leistungen der Grundsicherung für Arbeitsuchende müssen, wenn sie zu Recht bezogen worden sind und die Hilfebedürftigkeit nicht mutwillig herbeigeführt worden ist, nicht zurückgezahlt werden. Eine Ausnahme gilt allerdings für Erben von Leistungsempfängern. Diese müssen die Leistungen, die in den letzten zehn Jahren vor dem Tod des Empfängers an diesen gezahlt worden sind, aus dem Erbe zurückzahlen (Erbenhaftung). Es wird allerdings ein allgemeiner Freibetrag in Höhe von 1.700 Euro eingeräumt.

Ein Freibetrag von 15.500 Euro wird eingeräumt, wenn der Partner oder Verwandte des Verstorbenen diesen in häuslicher Gemeinschaft gepflegt hat.

Organisation / Durchführung / Beratung

94 In dem ursprünglichen Entwurf zum Vierten Gesetz für moderne Dienstleistungen war vorgesehen, dass die Bundesagentur für Arbeit alleiniger Träger der Grundsicherung für Arbeitsuchende sein sollte. In den weiteren Beratungen ist festgelegt worden, dass die kommunalen Träger für bestimmte Leistungen zuständig sein sollen. Dies sind:

– Kinderbetreuung,
– Schuldnerberatung,
– psychosoziale Betreuung,
– Suchtberatung,
– Leistungen für Erstausstattungen (Wohnung/Bekleidung),
– Leistungen für Bildung und Teilhabe und
– Leistungen für Unterkunft und Heizung.

Bei der Bundesagentur für Arbeit sind im Wesentlichen die Leistungen für den Lebensunterhalt und die Leistungen zur Eingliederung verblieben.

95 Um eine Antragstellung bei zwei unterschiedlichen Trägern zu vermeiden und Leistungen aus einer Hand zu ermöglichen, werden die Aufgaben der Agenturen für Arbeit und der Kommunen in den gemeinsamen Einrichtungen wahr genommen. Die gemeinsame Einrichtung berät auch über Rechte und Pflichten. Auskünfte über die zuständige gemeinsame Einrichtung erteilen die Agenturen für Arbeit und die Kommunen.

In den Bezirken von derzeit 69 kreisfreien Städten und Landkreisen nehmen diese auch die Aufgaben der Bundesagentur für Arbeit wahr (sog. Optionskommunen; vgl. Rdnr. 8). Auskünfte über diese abweichende Zuständigkeit erteilen ebenfalls die Agenturen für Arbeit und die örtlichen kommunalen Stellen.

Optionskommunen und gemeinsame Einrichtungen werden einheitlich als Jobcenter bezeichnet.

Widerspruch und Klage

96 Widersprüche sind bei der Behörde einzulegen, die den Bescheid erlassen hat, also in der Regel bei dem Jobcenter. Es gilt nach dem Sozialgerichtsgesetz eine Widerspruchsfrist von einem Monat nach Zugang des Bescheids, wenn der Bescheid eine entsprechende Belehrung enthält. Den Widerspruchsbescheid erlässt das Jobcenter. Klagen gegen abgelehnte Widersprüche müssen vor dem Sozialgericht erhoben werden.

Finanzierung

97 Die Leistungen der Grundsicherung für Arbeitsuchende werden aus Steuermitteln erbracht. Für die Leistungen, die in die Zuständigkeit der Bundesagentur für Arbeit fallen, tritt der Bund ein. Die kommunalen Leistungen werden grundsätzlich von den Kommunen getragen; dabei bestehen allerdings Besonderheiten:

Die für Bildungs- und Teilhabeleistungen nach § 28 SGB II entstehenden Kosten werden über einen Ausgleichsmechanismus vom Bund übernommen.

Bei den Kosten für Unterkunft und Heizung besteht die Besonderheit, dass sich der Bund an den Kosten beteiligt. Damit soll die in den Beratungen der Kommission zur Reform der Gemeindefinanzen beschlossene Entlastung der Kommunen in Höhe von 2,5 Mrd. Euro erreicht werden.

Rechtsquellen

Sozialgesetzbuch – Zweites Buch (Grundsicherung für Arbeitsuchende)

Verordnung zur Zulassung von kommunalen Trägern als Träger der Grundsicherung für Arbeitsuchende (Kommunalträger-Zulassungsverordnung) vom 24. September 2004

Verordnung zur Berechnung von Einkommen sowie zur Nichtberücksichtigung von Einkommen und Vermögen beim Arbeitslosengeld II / Sozialgeld (Arbeitslosengeld II / Sozialgeld-Verordnung) vom 17. Dezember 2007.

3 Sozialgesetzbuch - 3. Buch Arbeitsförderung

Überblick

Kernstück der staatlichen Arbeitsmarktpolitik ist die Arbeitsförderung. Sie soll im Rahmen der Sozial-, Wirtschafts- und Finanzpolitik dazu beitragen, einen möglichst hohen Stand der Beschäftigung zu erreichen und zu erhalten. Außerdem soll sie die Struktur der Beschäftigung ständig verbessern. Sowohl aus volkswirtschaftlichen Gründen als auch im Interesse des einzelnen Arbeitnehmers sollen das Entstehen von Arbeitslosigkeit vermieden und ihre negativen Auswirkungen möglichst begrenzt werden. Die Leistungen der Arbeitsförderung haben in erster Linie die Aufgabe, den Ausgleich am Arbeitsmarkt zu unterstützen. Ausbildungs- und Arbeitsuchende sollen über die Lage und Entwicklung des Arbeitsmarktes und der Berufe beraten werden. Offene Stellen sollen zügig besetzt und die Möglichkeiten von benachteiligten Ausbildung- und Arbeitsuchenden für die Eingliederung in den Ausbildungs- bzw. Arbeitsmarkt verbessert werden. Dadurch soll Arbeitslosigkeit vermieden oder verkürzt werden. So weit Arbeitslosigkeit dennoch eintritt, soll die Arbeitsförderung den betroffenen Arbeitnehmer finanziell sichern.

Dieser umfassenden Zielsetzung folgend stellt das Arbeitsförderungsrecht ein breit gefächertes Instrumentarium der aktiven, d. h. auf Schaffung und Erhaltung von Arbeitsplätzen gerichteten Arbeitsmarktpolitik, wie auch der sozialen Sicherung bei Arbeitslosigkeit zur Verfügung. Letzteres ist vornehmlich Aufgabe der Arbeitslosenversicherung, die ein wesentlicher Bestandteil der Arbeitsförderung ist.

Rechtsgrundlage der Arbeitsförderung ist das Dritte Buch Sozialgesetzbuch (SGB III). Der Aufgaben- und Schutzbereich der Arbeitsförderung erfasst grundsätzlich alle Personen, die eine abhängige Beschäftigung ausüben, ausgeübt haben oder künftig ausüben wollen. Die Förderung selbständiger Tätigkeiten ist demgegenüber in erster Linie Aufgabe der Wirtschaftsförderung und erfolgt nur im wenigen Ausnahmefällen durch Leistungen des SGB III. Während einige wesentliche Leistungen des SGB III eine Beschäftigung, die die Versicherungspflicht begründet und damit die Zugehörigkeit zur Solidargemeinschaft der Beitragszahler voraussetzen, insbesondere die Entgeltersatzleistungen bei Arbeitslosigkeit, stehen alle übrigen Leistungen, vor allem die Vermittlung, Beratung und die vermittlungsunterstützenden Leistungen, allen bisherigen oder künftigen Arbeitnehmern zur Verfügung. Die Vermittlung können auch Arbeitgeber in Anspruch nehmen.

Das SGB III enthält darüber hinaus Leistungen, die sich an Arbeitgeber oder Träger bestimmter Einrichtungen richten.

Hauptziele der Arbeitsförderung sind die Verhinderung von Arbeitslosigkeit sowie, wenn diese bereits eingetreten ist, ihre schnellstmögliche Beendigung. Dazu dienen die Beratung und die Vermittlung sowie die sonstigen Leistungen der aktiven Arbeitsförderung. Dies sind insbesondere:

- *die Hilfen zur Verbesserung der Eingliederungsaussichten, zur Förderung der Aufnahme einer Beschäftigung und zur Förderung der Einstellung von Arbeitnehmern,*
- *die Förderung der beruflichen Aus- und Weiterbildung einschließlich der Zuschüsse zur Ausbildungsvergütung oder zum Arbeitsentgelt,*
- *die Leistungen zur Teilhabe behinderter Menschen am Arbeitsleben,*
- *Kurzarbeitergeld einschließlich des Saison-Kurzarbeitergelds,*
- *Zuschüsse zu Arbeitsbeschaffungsmaßnahmen und die Förderung der Teilnahme an Transfermaßnahmen.*

Diese Maßnahmen haben Vorrang vor den Entgeltersatzleistungen bei Arbeitslosigkeit, die darauf ausgerichtet sind, finanziellen Schaden, der durch

Arbeitslosigkeit entsteht, auszugleichen. Zu Entgeltersatzleistungen zählen das Arbeitslosengeld und das Teilarbeitslosengeld.

Für Arbeitnehmer, deren Arbeitgeber seinen Entgeltzahlungsverpflichtungen auf Dauer nicht mehr nachkommen kann, erfolgt eine Sicherung durch das Insolvenzgeld.

Die Aufgaben nach dem SGB III nimmt die Bundesagentur für Arbeit wahr. Sie hat ihren Sitz in Nürnberg und gliedert sich in die Zentrale, zehn Regionaldirektionen und 176 örtliche Agenturen für Arbeit. Die Aufsicht über die Bundesagentur führt das Bundesministerium für Arbeit und Soziales. Die Aufsicht erstreckt sich darauf, dass die Bundesagentur Recht und Gesetz beachtet.

Die Aufgaben der Bundesagentur für Arbeit werden insbesondere durch Beiträge finanziert. Die Beiträge sind grundsätzlich von den versicherungspflichtig Beschäftigten und den Arbeitgebern je zur Hälfte zu tragen. Derzeit beträgt der Beitrag 3,0 Prozent des Bruttoarbeitsentgelts. Kann der Finanzbedarf aus Einnahmen und Rücklage nicht gedeckt werden, gibt der Bund Darlehen und erforderlichenfalls Zuschüsse.

Aufgabe der Arbeitsförderung

1 Die Arbeitsförderung ist das Kernstück der staatlichen Arbeitsmarktpolitik. Im Rahmen der Sozial-, Wirtschafts-, und Finanzpolitik soll sie dazu beitragen, einen möglichst hohen Stand der Beschäftigung zu erreichen, zu erhalten und die Struktur der Beschäftigung ständig zu verbessern. Sowohl aus volkswirtschaftlichen Gründen als auch im Interesse des einzelnen Arbeitnehmers sollen das Entstehen von Arbeitslosigkeit vermieden und negative Auswirkungen der Arbeitslosigkeit möglichst begrenzt werden.

Die Leistungen der Arbeitsförderung sollen in erster Linie den Ausgleich am Arbeitsmarkt unterstützen. Ausbildungs- und Arbeitsuchende sollen über die Lage und Entwicklung des Arbeitsmarktes und der Berufe beraten werden. Offene Stellen sollen zügig besetzt und die Möglichkeiten von benachteiligten Ausbildungs- und Arbeitsuchenden für eine Erwerbstätigkeit verbessert werden. Dies soll dazu beitragen, Arbeitslosigkeit zu vermeiden oder zu verkürzen. So weit dies nicht erreicht werden kann und dennoch Arbeitslosigkeit eintritt, soll die Arbeitsförderung den betroffenen Arbeitnehmer finanziell sichern.

Entsprechend dieser umfassenden Zielsetzung stellt das Arbeitsförderungsrecht ein breit gefächertes Instrumentarium der aktiven, d. h. auf Schaffung und Erhaltung von Arbeitsplätzen gerichteten Arbeitsmarktpolitik, wie auch der sozialen Sicherung bei Arbeitslosigkeit zur Verfügung. Letzteres ist vornehmlich Aufgabe der Arbeitslosenversicherung, die ein wesentlicher Bestandteil der Arbeitsförderung ist.

2 Rechtsgrundlage der Arbeitsförderung ist das Dritte Buch Sozialgesetzbuch (SGB III) vom 24. März 1997 (BGBl. I S. 594), zuletzt geändert durch das Gesetz zur nachhaltigen und sozial ausgewogenen Finanzierung der gesetzlichen Krankenversicherung (GKV-Finanzierungsgesetz) vom 22. Dezember 2010 (BGBl. I S. 2309).

Tabelle 1: Arbeitslose im Jahresdurchschnitt (in Tausend)

Jahr	Arbeitslose		Arbeitslosenquote*			
	West	Ost	West		Ost	
			I	II	I	II
2000	2.529	1.359	8,7	7,8	18,8	17,4
2001	2.478	1.374	8,3	7,4	18,9	17,5
2002	2.649	1.411	8,7	7,9	19,5	18,0
2003	2.753	1.623	9,3	8,4	20,1	18,3
2004	2.783	1.599	9,4	8,5	20,1	18,4
2005	3.246	1.617	11,0	9,9	20,6	18,8
2006	3.007	1.480	10,2	9,1	19,2	17,3
2007	2.486	1.291	8,4	7,5	16,8	15,1
2008	2.145	1.123	7,2	6,4	14,7	13,1
2009	2.320	1.103	7,8	6,9	14,5	13,0
2010	2.232	1.013	7,4	6,6	13,4	12,0

*) Quote I: Arbeitslose in Prozent der abhängig zivilen Erwerbspersonen,
Quote II: Arbeitslose in Prozent aller zivilen Erwerbspersonen.

Das SGB III wird durch zahlreiche weitere Gesetze ergänzt, die die Förderung der Beschäftigung, die soziale Sicherung besonderer Personengruppen oder die Erhaltung der Ordnung auf dem Arbeitsmarkt zum Ziel haben. Hierzu zählen das Altersteilzeitgesetz, das Arbeitnehmerüberlassungsgesetz oder das Gesetz zur Bekämpfung der illegalen Beschäftigung.

Personenkreis

Schutzbereich der Arbeitsförderung

3 Der Aufgaben- und Schutzbereich der Arbeitsförderung bezieht sich grundsätzlich auf alle Personen, die eine abhängige Beschäftigung ausüben, ausgeübt haben oder künftig ausüben wollen. Die Förderung selbständiger Tätigkeiten ist demgegenüber in erster Linie Aufgabe der Wirtschaftsförderung und erfolgt nur in wenigen Ausnahmefällen durch Leistungen des SGB III. Während einige wesentliche Leistungen des SGB III eine Beschäftigung, die die Versicherungspflicht begründet, und damit die Zugehörigkeit zur Solidargemeinschaft der Beitragszahler voraussetzen, insbesondere die Entgeltersatzleistungen bei Arbeitslosigkeit, stehen alle übrigen Leistungen, vor allem die vermittlungsunterstützenden Leistungen, allen bisherigen oder künftigen Arbeitnehmern wie auch den Arbeitgebern zur Verfügung.

Das SGB III enthält darüber hinaus Leistungen, die sich an Arbeitgeber oder Träger bestimmter Einrichtungen richten.

Näheres zum Kreis der jeweils Berechtigten wird bei den einzelnen Leistungen dargestellt.

Versicherungspflicht nach dem SGB III (§§ 24 ff.)

Versicherungspflichtiger Personenkreis

4 Versicherungspflicht nach dem SGB III besteht grundsätzlich bei allen Personen, die gegen Arbeitsentgelt beschäftigt – also alle Arbeitnehmer – oder aus sonstigen Gründen versicherungspflichtig sind. Zu den versicherungspflichtigen Arbeitnehmern zählen auch die zu ihrer Berufsausbildung Beschäftigten. Jugendliche Behinderte, die in Einrichtungen der beruflichen Rehabilitation Leistungen zur Teilhabe am Arbeitsleben erhalten, damit sie später eine Erwerbstätigkeit auf dem allgemeinen Arbeitsmarkt ausüben können, unterliegen der Versicherungspflicht in gleicher Weise wie die zur Berufsausbildung beschäftigten Auszubildenden. Gleiches gilt auch für Jugendliche, die durch eine Beschäftigung in Einrichtungen der Jugendhilfe für eine Erwerbstätigkeit befähigt werden sollen.

Versicherungspflicht besonderer Personengruppen

5 Personen, die auf Grund einer gesetzlichen Pflicht Wehr- und Zivildienst leisten, sind versicherungspflichtig. Hierzu gehören auch alle Personen, die zuvor Schüler oder Studenten waren. Für Personen, die im Anschluss an den Grundwehrdienst freiwilligen zusätzlichen Wehrdienst leisten, besteht die Versicherungspflicht fort. Bei Wehr- und Zivildienstleistenden, denen für die Zeit ihres Dienstes Arbeitsentgelt weiterzugewähren ist, gilt das Beschäftigungsverhältnis durch den Dienst als nicht unterbrochen. Die Regelungen zur Versicherungspflicht auf Grund des Wehrdienstes gelten auch für Personen, die im Rahmen einer besonderen Auslandsverwendung im Sinne des Soldatengesetzes, also z. B. im Rahmen internationaler Hilfseinsätze, freiwilligen Wehrdienst leisten und für nicht wehrpflichtige Personen, die Wehrdienst leisten.

Strafgefangene sind versicherungspflichtig, sofern sie nach den Vorschriften des Strafvollzugsgesetzes Arbeitsentgelt, Ausbildungsbeihilfe bzw. Berufsausbildungsbeihilfe oder Ausfallentschädigung erhalten. Dies sind in erster Linie Gefangene, denen eine bestimmte Arbeit zugewiesen ist. Für Gefangene, die als Freigänger auf dem allgemeinen Arbeitsmarkt beschäftigt sind, ergibt sich die Versicherungspflicht hingegen schon auf Grund und nach den Regelungen der allgemeinen, oben dargestellten Vorschriften.

6 Versicherungspflichtig sind darüber hinaus arbeitsunfähige Arbeitnehmer oder Arbeitnehmer, die an einer medizinischen Maßnahme zur Rehabilitation teilnehmen, wenn durch die Arbeitsunfähigkeit oder die Teilnahme an der Rehabilitationsmaßnahme eine die Versicherungspflicht begründende Beschäftigung oder der Bezug einer laufenden Entgeltersatzleistung nach dem SGB III (z. B. Arbeitslosengeld) unterbrochen worden ist und der Betroffene Krankengeld, Versorgungskrankengeld, Verletztengeld oder Übergangsgeld erhält. Zum Krankengeld zählt dabei nicht nur das Krankengeld aus der gesetzlichen Krankenversicherung, sondern auch das Krankentagegeld, das ein Privatkrankenversicherter von seinem Privatversicherer erhält. Auf diese Weise wird vermieden, dass z. B. längere Krankheitszeiten zum Verlust des sozialen Schutzes bei Arbeitslosigkeit führen können.

Versicherungspflicht besteht weiterhin bei

– Zeiten des Bezuges einer Rente wegen einer vollen Erwerbsminderung,
– Zeiten des Bezuges von Mutterschaftsgeld und der Betreuung/Erziehung des Kindes bis zum dritten Lebensjahr und
– für längstens sechs Monate Zeiten der Inanspruchnahme einer Pflegezeit nach dem Pflegezeitgesetz bei Pflege einer pflegebedürftigen Person,

wenn durch den Bezug der Rente bzw. durch Mutterschaft, Betreuung des Kindes oder durch eine Pflegezeit eine versicherungspflichtige Beschäftigung, der Bezug einer Entgeltersatzleistung oder eine als Arbeitsbeschaffungsmaßnahme geförderte Beschäftigung unterbrochen worden ist.

Versicherungsfreiheit

7 Versicherungsfrei nach dem SGB III sind diejenigen Arbeitnehmer, bei denen entweder anzunehmen

ist, dass die fragliche Beschäftigung nicht die Lebensgrundlage bildet, weil es sich lediglich um Gelegenheits- oder Nebenbeschäftigungen handelt, oder die nicht der Solidargemeinschaft der in der Arbeitslosenversicherung Versicherten zuzurechnen sind, weil sie einem eigenständigen Sicherungssystem angehören (Beamte, Richter, Berufssoldaten etc.).

Versicherungsfrei sind im Einzelnen insbesondere Arbeitnehmer,

- die während einer Zeit, in der ein Anspruch auf Arbeitslosengeld besteht, eine Beschäftigung ausüben; dies gilt nicht für Beschäftigungen, die während der Zeit, in der ein Anspruch auf Teilarbeitslosengeld besteht, ausgeübt werden;
- die eine Beschäftigung ausüben, die als Arbeitsbeschaffungsmaßnahme oder mit einem Beschäftigungszuschuss, als Arbeitsgelegenheit bzw. mit einem Beschäftigungszuschuss nach dem Zweiten Buch Sozialgesetzbuch (SGB II) gefördert wird;
- die als ehrenamtliche Bürgermeister oder ehrenamtliche Beigeordnete beschäftigt sind;
- in sogenannten unständigen Beschäftigungen, das sind Beschäftigungen, die jeweils auf weniger als eine Woche beschränkt sind;
- die das Lebensjahr vollendet haben, ab dem der Anspruch auf Regelaltersrente nach dem Sechsten Buch Sozialgesetzbuch (SGB VI) besteht (stufenweise Anhebung der Regelaltersrente auf 67 Jahre), mit Ablauf des Monats, in dem sie dieses Lebensjahr vollenden;
- die auf Grund ihrer vollen Erwerbsminderung der Arbeitsvermittlung nicht zur Verfügung stehen;
- in einer Beschäftigung als Beamter, Richter, Berufssoldaten;
- die während ihrer Schulausbildung an einer allgemeinbildenden Schule oder ihres Studiums an einer Hochschule oder einer der fachlichen Ausbildung dienenden Schule beschäftigt sind. Der Besuch schulischer Einrichtungen zur Fortbildung außerhalb der üblichen Arbeitszeit führt hingegen nicht zur Versicherungsfreiheit;
- nicht deutsche Besatzungsmitglieder deutscher Seeschiffe, die ihren Wohnsitz oder gewöhnlichen Aufenthalt nicht im Geltungsbereich des SGB III haben.

Beginn und Ende der Versicherungspflicht

8 Die Versicherungspflicht beginnt mit dem Tage des Eintritts des Arbeitnehmers in das Beschäftigungsverhältnis, das die Versicherungspflicht begründet, oder mit dem Tag nach dem Erlöschen der Versicherungsfreiheit; sie endet mit dem Tag des Ausscheidens aus diesem Beschäftigungsverhältnis oder mit dem Tag vor Eintritt der Versicherungsfreiheit.

Freiwillige Weiterversicherung

9 Auf Antrag können Versicherungspflichtverhältnisse freiwillig von Personen begründet werden, die

- als Pflegeperson einen Pflegebedürftigen wenigstens 14 Stunden wöchentlich pflegen, ohne hierbei eine Pflegezeit nach dem Pflegezeitgesetz zu beanspruchen,
- eine selbständige Tätigkeit mit einem Umfang von mindestens 15 Stunden wöchentlich aufnehmen und ausüben oder
- eine Beschäftigung außerhalb der Europäischen Union oder in einem assoziierten Staat mit einem Umfang von mindestens 15 Stunden wöchentlich ausüben.

Dem Charakter einer Weiterversicherung entsprechend setzt ihre Inanspruchnahme eine im Gesetz näher bestimmte, in der Vergangenheit erworbene Zugehörigkeit zur Versichertengemeinschaft voraus.

Der Antrag muss spätestens innerhalb von drei Monaten nach Aufnahme der Tätigkeit oder Beschäftigung gestellt werden. Nach einer Pflegezeit im Sinne des Pflegezeitgesetzes muss der Antrag innerhalb von drei Monaten nach Beendigung dieser Pflegezeit gestellt werden. Die Weiterversicherung endet mit dem Bezug einer Entgeltersatzleistung, bei Zahlungsverzug von mehr als drei Monaten oder nach Kündigung durch den Versicherten (frühestens nach Ablauf von fünf Jahren).

Leistungen

Überblick

10 Hauptziele der Arbeitsförderung sind die Verhinderung von Arbeitslosigkeit sowie, wenn diese bereits eingetreten ist, ihre schnellstmögliche Beendigung. Der Verwirklichung dieser Zielsetzung dienen die Beratung und die Vermittlung sowie die sonstigen Leistungen der aktiven Arbeitsförderung. Dies sind

- die Hilfen zur Verbesserung der Eingliederungsaussichten, zur Förderung der Aufnahme einer Beschäftigung und zur Förderung der Einstellung von Arbeitnehmern,

- die Förderung der beruflichen Aus- und Weiterbildung einschließlich der Zuschüsse zur Ausbildungsvergütung oder zum Arbeitsentgelt,
- die Leistungen zur Teilhabe behinderter Menschen am Arbeitsleben,
- Kurzarbeitergeld,
- Wintergeld und Winterausfallgeld in der Bauwirtschaft und
- Zuschüsse zu Arbeitsbeschaffungsmaßnahmen, und die Förderung der Teilnahme an Transfermaßnahmen.

11 Diese Maßnahmen haben Vorrang vor den Entgeltersatzleistungen bei Arbeitslosigkeit, die darauf ausgerichtet sind, finanzielle Nachteile, die durch Arbeitslosigkeit entstehen, teilweise auszugleichen. Dies sind das Arbeitslosengeld und das Teilarbeitslosengeld.

12 Für Arbeitnehmer, deren Arbeitgeber seinen Entgeltzahlungspflichten auf Dauer nicht mehr nachkommen kann, erfolgt eine Sicherung durch das Insolvenzgeld.

13 Daneben erbringt die Bundesagentur für Arbeit Leistungen zur Förderung der Altersteilzeit auf Grund des Altersteilzeitgesetzes.

14 Unabhängig von den besonderen Leistungen sieht das SGB III eine umfassende Beratungs- und Auskunftspflicht der Bundesagentur für Arbeit über alle Bereiche der Arbeitsförderung vor.

Beratung (§§ 29 ff.)

15 Jugendliche und Erwachsene können sich unabhängig von einer Vermittlung in allen Fragen, die mit dem Arbeitsleben zusammenhängen, von der Agentur für Arbeit beraten lassen (Berufsberatung); gleiches gilt für Arbeitgeber, die bei der Besetzung von Ausbildungs- und Arbeitsstellen Unterstützung benötigen (Arbeitsmarktberatung).

Die Beratung ist nicht auf den Zeitraum vor der Aufnahme einer Ausbildung oder einer Arbeit beschränkt; sie ist auch danach möglich.

16 Die beratende Unterstützung soll möglichst frühzeitig einsetzen, um bei der Vorbereitung auf die Berufswahl den bestehenden Informationsbedarf (z. B. über die Anforderungen und Aussichten von Berufen) abzudecken (Berufsorientierung). Hierzu bieten die Agenturen für Arbeit schon vor dem Ende der schulischen Ausbildung u. a. Gruppenveranstaltungen für jugendliche Ausbildungsuchende an.

17 Berufsberatung kann auch von Privaten angeboten werden. Die Agenturen für Arbeit müssen allerdings privaten Berufsberatern die Beratungstätigkeit untersagen, wenn dies zum Schutz der Ratsuchenden erforderlich ist.

Vermittlung (§§ 35 ff.)

Arbeitsvermittlung

18 Arbeitsvermittlung besteht darin, arbeitsuchende Arbeitnehmer und Arbeitgeber, die Arbeitskräfte suchen zusammenzuführen damit sie ein Arbeitsverhältnis begründen können.

19 So weit die Bundesagentur für Arbeit die Arbeitsvermittlung betreibt, beinhaltet diese gleichzeitig auch Beratung. Die Vermittlung wird auch über die Selbstinformationseinrichtungen im Internet durchgeführt.

20 Die Bundesagentur für Arbeit betreibt die Arbeitsvermittlung unparteiisch, d. h. ohne Bevorzugung oder Benachteiligung einzelner Arbeit- bzw. Ausbildungsuchender wegen des Alters, des Geschlechts, des Gesundheitszustandes oder der Staatsangehörigkeit. Auch die Zugehörigkeit zu einer politischen, gewerkschaftlichen oder ähnlichen Vereinigung oder zu einer Religions- oder Weltanschauungsgemeinschaft darf grundsätzlich nicht berücksichtigt werden. Ausnahmen gelten nur, wenn die Eigenart des Betriebes oder die Art der Beschäftigung dies rechtfertigt.

21 Die Agentur für Arbeit ist bei einer Vermittlung nicht dazu verpflichtet, zu prüfen, ob der vorgesehene Vertrag ein Arbeitsverhältnis begründen soll. Ist dies erkennbar nicht der Fall, weil eine selbständige Tätigkeit angeboten wird, kann die Agentur auf das Angebot hinweisen.

22 Bei Arbeitskämpfen ist die Bundesagentur für Arbeit zur Neutralität verpflichtet. Sie darf Arbeitnehmer in dem durch den Arbeitskampf unmittelbar betroffenen Bereich nur dann vermitteln, wenn der Arbeitsuchende und der Arbeitgeber dies trotz eines Hinweises auf den Arbeitskampf verlangen.

23 Arbeitsvermittlung können auch private Vermittlungsunternehmen gewerblich betreiben. Die Vermittlungsunternehmen können nicht nur von Arbeitgebern sondern auch von Arbeitsuchenden ein

Erfolgshonorar verlangen. Bei Arbeitnehmern ist dessen Höhe allerdings begrenzt. Diese Begrenzung wird durch den Vermittlungsgutschein gewährleistet:

Arbeitnehmer, die Anspruch auf Arbeitslosengeld haben, bereits sechs Wochen arbeitslos sind und innerhalb von drei Monaten noch nicht vermittelt sind, haben Anspruch auf einen Vermittlungsgutschein, den die Agentur für Arbeit ausstellt. Einen Vermittlungsgutschein können auch Teilnehmer an Arbeitsbeschaffungsmaßnahmen oder Arbeitslose, die zuletzt in diesen Maßnahmen beschäftigt waren, beanspruchen. Der Gutschein gilt für jeweils drei Monate und wird in Höhe von 2 000 Euro einschließlich der auf diesen Betrag entfallenden Umsatzsteuer ausgestellt. Langzeitarbeitslose oder behinderte Menschen können von der Agentur für Arbeit einen Gutschein bis zur Höhe von 2.500 Euro erhalten. Der Gutschein kann bei einem privaten Vermittlungsunternehmen eingelöst werden.

Der im Gutschein ausgewiesene Betrag ist gleichzeitig die Höchstgrenze für das Vermittlungshonorar, so dass den Arbeitnehmern keine zusätzlichen Kosten entstehen.

Der private Vermittler erhält von der Agentur für Arbeit für den eingelösten Vermittlungsgutschein sein Honorar. Die Agentur zahlt 1.000 Euro, wenn das vermittelte Beschäftigungsverhältnis sechs Wochen besteht und der Restbetrag nach sechsmonatigem Bestehen des Beschäftigungsverhältnisses.

Anspruch auf Ausstellung eines Vermittlungsgutscheins besteht bis zum 31. Dezember 2011.

Die Möglichkeit, vom Arbeitgeber eine Vergütung für die Vermittlung zu verlangen, haben die privaten Vermittlungsunternehmen unbefristet.

Kostenfreie Beratung und Vermittlung

24 Die Beratung und die Vermittlung durch die Bundesagentur für Arbeit sind grundsätzlich unentgeltlich. Entstehen bei der Arbeitsvermittlung besondere Aufwendungen, kann sich die Agentur für Arbeit diese Aufwendungen vom Arbeitgeber unter bestimmten Voraussetzungen erstatten lassen. Außerdem kann sie von Arbeitgebern bei Auslandsvermittlungen Gebühren verlangen.

Potenzialanalyse und Eingliederungsvereinbarung (§ 37)

25 Die Agentur für Arbeit und der Arbeitsuchende halten in einer Eingliederungsvereinbarung die zu einer beruflichen Eingliederung erforderlichen Leistungen und die eigenen Bemühungen des Arbeitsuchenden fest.

26 Grundlage der Eingliederungsvereinbarung für Arbeitsuchende ist eine Potenzialanalyse, in der die für die Vermittlung erforderlichen beruflichen und persönlichen Merkmale, die beruflichen Fähigkeiten und die Eignung ermittelt werden. Die Potenzialanalyse soll unverzüglich nach der Meldung, nicht erst nach Eintritt der Arbeitslosigkeit erfolgen. Auch ausländische Bildungs- und Berufsabschlüsse stellen ein wertvolles Potenzial für den Arbeitsmarkt dar. Im Rahmen der Potenzialanalyse soll daher auf die Möglichkeit der Anerkennung dieser ausländischen Bildungs- und Berufsabschlüsse durch zuständige Stellen hingewiesen werden.

27 Über die Schritte und Maßnahmen, die zur Eingliederung in den Arbeitsmarkt notwendig sind, schließt die Agentur für Arbeit mit dem Arbeitslosen eine Eingliederungsvereinbarung ab. In der Eingliederungsvereinbarung werden für einen zu bestimmenden Zeitraum festgelegt: das Eingliederungsziel, die Vermittlungsbemühungen der Agentur für Arbeit, und die Eigenbemühungen, die der Arbeitsuchende erbringen und nachweisen muss. Außerdem wird vereinbart, welche Leistungen der Aktiven Arbeitsförderung erforderlichenfalls vorgesehen sind. Bei der Eingliederungsvereinbarung sind die besonderen Bedürfnisse behinderter und schwerbehinderter Menschen zu berücksichtigen. Die Eingliederungsvereinbarung ist bei sich ändernden Verhältnissen anzupassen. Sie wird fortgeschrieben, wenn eine Eingliederung in dem ursprünglich festgelegten Zeitraum nicht gelungen ist. Der Arbeitsuchende erhält eine Ausfertigung der Eingliederungsvereinbarung. Sie ist nach spätestens sechsmonatiger Arbeitslosigkeit, bei Ausbildungsuchenden und behinderten oder schwerbehinderten Menschen nach drei Monaten, zu überprüfen. Wenn eine Eingliederungsvereinbarung zwischen der Agentur für Arbeit und dem Arbeitsuchenden nicht zustande gekommen ist, soll die Agentur für Arbeit die erforderlichen Eigenbemühungen festlegen.

Ausbildungsvermittlung

28 Zu den Aufgaben der Bundesagentur für Arbeit gehört auch die Ausbildungsvermittlung. Sie ist darauf ausgerichtet, Ausbildungsuchende mit Arbeitgebern zusammenzuführen, damit ein Ausbildungsverhältnis begründet wird. Mit der Vermittlung verbunden

ist wie bei der Arbeitsvermittlung die Beratung der Ausbildungsuchenden und der Arbeitgeber. Die Ausbildungsstellenvermittlung- und -beratung sind ebenfalls unentgeltlich. Es finden dieselben Grundsätze wie für die Arbeitsvermittlung Anwendung. Für die Potenzialanalyse und die Eingliederungsvereinbarung zwischen der Agentur für Arbeit und einem Ausbildungsuchenden gelten dieselben Regeln wie bei der Arbeitsvermittlung. Liegen Potenzialanalysen von Schulen oder anderen Institutionen vor, soll die Agentur für Arbeit diese mit Einverständnis des Ausbildungsuchenden in ihre Potenzialanalyse einbeziehen.

Auch die Ausbildungsvermittlung kann gewerblich durch private Vermittler betrieben werden. Anders als bei der privaten Arbeitsvermittlung dürfen Vergütungen allerdings nur vom Arbeitgeber, nicht vom Ausbildungsuchenden verlangt werden.

Leistungen zur Förderung der beruflichen Aus- und Weiterbildung

Zielsetzung

29 Die Förderung der beruflichen Bildung ist ein zentraler Bestandteil der arbeitsmarktpolitischen Maßnahmen des SGB III. Die fachliche Qualifikation des einzelnen Arbeitnehmers ist eine wichtige Voraussetzung sowohl für die Produktivität der Wirtschaft als auch für die Beschäftigungs- und Aufstiegschancen des Arbeitnehmers selbst.

30 Grundlage der beruflichen Bildung ist die berufliche Ausbildung, die den Arbeitnehmer zu einer qualifizierten Beschäftigung befähigen soll. Darüber hinaus erfordert der stete wirtschaftliche Wandel – insbesondere so weit er durch die fortschreitende technische Entwicklung bestimmt wird – eine ständige Anpassung und damit Weiterentwicklung der Kenntnisse und Fähigkeiten der Erwerbstätigen (berufliche Weiterbildung). Auch eine berufliche Neuorientierung kann im Einzelfall zweckmäßig oder erforderlich sein um die Beschäftigungsperspektiven zu erhalten oder zu verbessern.

31 Die berufliche Bildung ist in erster Linie Aufgabe der Wirtschaft, da sie ein hohes Eigeninteresse an beruflich qualifizierten Beschäftigten hat. Das Förderinstrumentarium des SGB III tritt – so weit dies aus arbeitsmarktlichen oder sozialpolitischen Gründen erforderlich ist – ergänzend hinzu, sofern dem einzelnen Arbeitnehmer die berufliche Bildung sonst verwehrt wäre. Die Förderung umfasst die Leistungen für einzelne Arbeitnehmer und die Unterstützung des Aufbaues und Betriebes von Einrichtungen der beruflichen Bildung.

Leistungen zur Förderung der beruflichen Ausbildung (§§ 59 ff.)

Zielsetzung

32 Die berufliche Ausbildung ist die Grundlage einer qualifizierten Beschäftigung des einzelnen Arbeitnehmers. Inhalt und Durchführung der Ausbildung in den staatlich anerkannten Ausbildungsberufen regelt insbesondere das Berufsbildungsgesetz. Die berufliche Ausbildung erfolgt in aller Regel in den Betrieben, teilweise auch in überbetrieblichen Ausbildungsstätten. Die Kosten der Ausbildung trägt im Regelfall der ausbildende Betrieb. Wenn eine betriebliche oder überbetriebliche Ausbildung bei bestimmten Personengruppen nicht möglich ist, kommt unter bestimmten Voraussetzungen auch eine Vollausbildung in einer außerbetrieblichen Ausbildungsstätte in Betracht.

Die Förderleistungen des SGB III treten ergänzend hinzu, so weit dem einzelnen Auszubildenden die Mittel, die für die Ausbildung erforderlich sind, anderweitig – zumeist durch Unterhaltsleistungen der Eltern – nicht zur Verfügung stehen (Ausbildungsförderung). Ziel der Förderung ist es, wirtschaftliche Schwierigkeiten, die einer angemessenen beruflichen Qualifikation entgegenstehen, zu überwinden.

Förderungsfähige Maßnahmen

33 Die Förderung erstreckt sich auf die betriebliche (bzw. überbetriebliche) oder außerbetriebliche Ausbildung in den staatlich anerkannten Ausbildungsberufen nach den Vorschriften des Berufsbildungsgesetzes, der Handwerksordnung, dem Altenpflegegesetz und die Berufsausbildung in der Seeschifffahrt auf Grund des Seemannsgesetzes.

Gefördert werden kann die erstmalige Ausbildung. Eine Zweitausbildung ist nur förderfähig, wenn zu erwarten ist, dass eine dauerhafte berufliche Eingliederung ohne diese Ausbildung nicht erreicht werden kann.

Die Leistungen werden grundsätzlich zur Durchführung von Maßnahmen im Inland erbracht. Unter bestimmten Voraussetzungen ist auch eine Förderung im Ausland möglich, insbesondere wenn eine betriebliche Ausbildung im Ausland die Erreichung des Bildungszieles erleichtert. Dies gilt z. B. für Berufe, in denen Auslandserfahrung erwünscht ist. Wenn die Ausbildung vollständig in einem Mitgliedstaat der Europäischen Union oder in der Schweiz durchgeführt wird, ist sie förderfähig, wenn die zuständige Stelle die Gleichwertigkeit des Bildungsabschlusses bestätigt, die Ausbildung im Ausland für das Erreichen des Bildungsziels oder die berufliche Eingliederung besonders dienlich ist und der Auszubildende zuvor insgesamt drei Jahre in Deutschland gewohnt hat.

34 Gefördert werden darüber hinaus auch Bildungsmaßnahmen, die auf die Aufnahme einer Berufsausbildung vorbereiten oder der beruflichen Eingliederung dienen (berufsvorbereitende Bildungsmaßnahmen), so weit diese nicht zur – nicht förderungsfähigen – Schulausbildung (Ausbildung auf der Grundlage der Schulgesetze der Länder) zählen.

Berufsvorbereitende Bildungsmaßnahmen können zur Erleichterung der beruflichen Eingliederung auch allgemeinbildende Inhalte haben und auf den nachträglichen Erwerb des Hauptschulabschlusses oder eines gleichwertigen Abschlusses vorbereiten.

35 Für einen erfolgreichen Übergang in Berufsausbildung ist wegen steigender Anforderungen der Berufsbilder und der Betriebe auch der Nachweis eines schulischen Abschlusses von wachsender Bedeutung. Ausbildungsuchende ohne Schulabschluss haben daher Anspruch darauf, im Rahmen einer berufsvorbereitenden Bildungsmaßnahme auf den nachträglichen Erwerb des Hauptschulabschlusses oder eines gleichwertigen Schulabschlusses vorbereitet zu werden. Der Anspruch besteht allerdings nicht, wenn bereits feststeht, dass der Auszubildende aufgrund seiner individuellen Möglichkeiten voraussichtlich nicht in der Lage sein wird, den Hauptschulabschluss durch die Vorbereitung zu erreichen. Ein Rechtsanspruch auf einen Schulabschluss ist damit nicht verbunden. Die notwendigen Qualifikationen müssen in einer schulischen Abschlussprüfung nachgewiesen werden. Die Leistung wird nur erbracht, so-weit sie nicht für den gleichen Zweck durch Dritte erbracht wird. Leistungen Dritter zur Aufstockung der Leistung werden nicht angerechnet.

Art der Förderung

36 Die Förderung (sogenannte Berufsausbildungsbeihilfe) erfolgt durch Zuschüsse, also Leistungen, die nicht zurückgezahlt werden müssen.

Förderungsfähiger Personenkreis

37 Auszubildende erhalten Berufsausbildungsbeihilfe für eine betriebliche oder außerbetriebliche Ausbildung grundsätzlich nur dann, wenn sie außerhalb des Haushalts der Eltern wohnen. Für Minderjährige gilt außerdem grundsätzlich, dass sie die Ausbildungsstätte von der Wohnung der Eltern aus nicht in angemessener Zeit erreichen können. Ein minderjähriger Auszubildender, der außerhalb des Haushalts der Eltern untergebracht ist und die Ausbildungsstätte auch von der Wohnung der Eltern aus in angemessener Zeit erreichen könnte, erhält dennoch Berufsausbildungsbeihilfe, wenn er verheiratet oder in einer Lebenspartnerschaft verbunden ist oder war, mit mindestens einem Kind zusammenlebt oder es aus schwerwiegenden sozialen Gründen unzumutbar wäre, ihn auf die Wohnung seiner Eltern zu verweisen. Eine Förderung allein für die Dauer des Berufsschulunterrichts in Blockform ist ausgeschlossen.

Behinderte Menschen haben grundsätzlich auch dann Anspruch auf Berufsausbildungsbeihilfe, wenn sie bei ihren Eltern wohnen.

38 Berufsausbildungsbeihilfe für die Teilnahme an berufsvorbereitenden Bildungsmaßnahmen erhalten Personen, die nicht mehr der Vollzeitschulpflicht unterliegen und zur Vorbereitung auf eine Berufsausbildung oder zur beruflichen Eingliederung auf die Maßnahmen angewiesen sind.

Umfang der Förderung

39 Der Gesamtbedarf der Berufsausbildungsbeihilfe bemisst sich nach

– dem Bedarf für den Lebensunterhalt,
– den Fahrkosten,
– den sonstigen Aufwendungen und
– den Maßnahmekosten bei Teilnahme an einer berufsvorbereitenden Bildungsmaßnahme.

40 Der Bedarf für den Lebensunterhalt wird in pauschalierter Form abgedeckt. Die Bedarfssätze des Bundesausbildungsförderungsgesetzes (BAföG) für Studierende bzw. Schüler (einschließlich der Kosten für Unterkunft) gelten entsprechend.

41 Bei beruflicher Ausbildung in Betrieben oder überbetrieblichen Ausbildungsstätten beträgt der Bedarf monatlich 348 Euro für den Lebensunterhalt und weitere 149 Euro für die Unterkunft. Bei Nachweis von erhöhten Unterkunftskosten erhöht sich der Bedarf um 75 Euro.

42 Bei der Teilnahme an einer berufsvorbereitenden Bildungsmaßnahme beträgt der Bedarf 391 Euro im Monat. Wenn die Kosten für die Unterkunft nachweislich höher sind als 58 Euro monatlich, dann erhöht sich der Bedarf um bis zu 74 Euro im Monat. Bei Teilnahme an einer berufsvorbereitenden Bildungsmaßnahme ist eine Förderung auch bei Unterbringung im Haushalt der Eltern möglich. Der Bedarfssatz beträgt dann 216 Euro. Bei Unterbringung in einem Wohnheim oder Internat mit voller Verpflegung – entsprechendes gilt, wenn der Auszubildende beim Ausbildenden mit voller Verpflegung untergebracht ist – werden die amtlich festgesetzten Kosten der Unterkunft und Verpflegung und zusätzlich ein Betrag von 90 Euro für sonstige Bedürfnisse zugrunde gelegt.

43 Als Fahrkosten werden die Aufwendungen für Fahrten zwischen Unterkunft, Ausbildungsstätte und Berufsschule (Pendelfahrten) bis zur Höhe von 476 Euro monatlich berücksichtigt. Bei auswärtiger Unterbringung werden darüber hinaus einmal im Monat die Kosten für eine Heimfahrt zu den Eltern, einem Elternteil oder der eigenen Familie erstattet (ersatzweise die Kosten für eine Fahrt eines Angehörigen zum Auszubildenden). Bei einer Ausbildung im europäischen Ausland werden die Kosten für eine Hin- und Rückreise je Ausbildungshalbjahr, bei einer Ausbildung außerhalb Europas je Ausbildungsjahr erstattet. In Härtefällen können jeweils die Kosten für eine weitere Hin- und Rückreise übernommen werden.

44 Als Bedarf für sonstige Aufwendungen werden für Auszubildende bei einer berufsvorbereitenden Bildungsmaßnahme für Lernmittel 9 Euro monatlich und, soweit keine anderweitige Kranken- und Pflegeversicherung besteht, die Beiträge für eine freiwillige Kranken- und Pflegeversicherung zugrunde gelegt. Bei einer beruflichen Ausbildung sind für Fernunterrichtsgebühren 17 Euro im Monat veranschlagt. Sowohl bei einer berufsvorbereitenden Bildungsmaßnahme als auch bei einer beruflichen Ausbildung werden 12 Euro für Arbeitskleidung und je Kind monatlich 130 Euro für Kinderbetreuungskosten zugrunde gelegt.

Einkommensanrechnung

45 Auf den Bedarf wird, außer bei der Teilnahme an einer berufsvorbereitenden Bildungsmaßnahme, Einkommen angerechnet.

Einkommen des Auszubildenden wird in der Regel in voller Höhe angerechnet. Das Einkommen seines nicht dauernd getrennt von ihm lebenden Ehegatten, des Lebenspartners und seiner Eltern wird angerechnet, so weit es bestimmte Freibeträge übersteigt.

Für die Ermittlung des Einkommens und seine Anrechnung gelten im Wesentlichen die Vorschriften des BAföG über die Einkommensanrechnung entsprechend. Unter bestimmten Voraussetzungen können abweichend vom BAföG zusätzliche Freibeträge bei der Ermittlung des Einkommens des Auszubildenden und der Eltern berücksichtigt werden.

Berufsausbildungsbeihilfe für Arbeitslose (§ 74)

46 Arbeitslosen, die bei Beginn der Teilnahme an einer berufsvorbereitenden Bildungsmaßnahme Arbeitslosengeld bezogen hätten, wird die Berufsausbildungsbeihilfe in Höhe des Arbeitslosengeldes gewährt, es sei denn, der dann zu zahlende Betrag läge niedriger als die reguläre Berufsausbildungsbeihilfe. Einkommen, das aus einer Beschäftigung neben der Maßnahme erzielt wird, wird wie beim Bezug von Arbeitslosengeld angerechnet.

Einstiegsqualifizierung (§ 235b)

47 Arbeitgeber, die eine betriebliche Einstiegsqualifizierung durchführen, können Zuschüsse bis zu einer Höhe von 216 Euro erhalten. Hinzu kommt ein pauschalierter Arbeitgeberanteil am Gesamtsozialversicherungsbeitrag. Die betriebliche Einstiegsqualifizierung soll Grundlagen für den Erwerb beruflicher Handlungsfähigkeit vermitteln und vertiefen. Sie kann für sechs bis längstens zwölf Monate gefördert werden. Voraussetzung ist, dass die Einstiegsqualifizierung auf Grund eines Vertrages des Arbeitgebers mit dem Jugendlichen erfolgt und auf einen anerkannten Ausbildungsberuf vorbereitet. Sie muss außerdem in Vollzeit bzw. im Fall von Kindererziehung oder Pflege von Angehörigen wenigstens für 20 Wochenstunden durchgeführt werden.

Förderfähig sind Ausbildungsbewerber, die bei der Agentur für Arbeit gemeldet sind, aus individuellen Gründen eingeschränkte Vermittlungsperspektiven haben und auch nach den bundesweiten Nachvermittlungsaktionen keinen Ausbildungsplatz erhalten haben, ferner Jugendliche, die noch nicht über die erforderliche Ausbildungsreife verfügen und lernbeeinträchtigte und sozial benachteiligte Auszubildende.

Die Förderung ist ausgeschlossen, wenn der Auszubildende bereits eine Einstiegsqualifizierung im betreffenden Betrieb oder einem anderen Betrieb desselben Unternehmens durchlaufen hat, oder dort in den letzten drei Jahren versicherungspflichtig beschäftigt war. Ausgeschlossen ist die Förderung auch, wenn die Ausbildung im Betrieb der Eltern, des Ehegatten oder Lebenspartners durchgeführt wird.

Ausbildungsbonus (§ 421r)

48 Der Ausbildungsbonus soll Arbeitgeber veranlassen, zusätzliche betriebliche Ausbildungsplätze für junge Menschen bereitzustellen, die bereits seit Längerem einen Ausbildungsplatz suchen,. Arbeitgeber, die auf einem zusätzlichen Ausbildungsplatz einen Altbewerber ohne Schulabschluss, mit einem Sonderschulabschluss oder einem Hauptschulabschluss betrieblich ausbilden, haben einen Anspruch auf den Ausbildungsbonus. Auch für die zusätzliche Ausbildung eines lernbeeinträchtigten oder sozial benachteiligten jungen Menschen, der im Vorjahr oder früher die allgemein bildende Schule verlassen hat, erhält der Arbeitgeber den Ausbildungsbonus. Förderfähig ist die betriebliche Ausbildung in einem staatlich anerkannten Ausbildungsberuf nach dem Berufsbildungsgesetz, der Handwerksordnung dem Seemannsgesetz oder dem Altenpflegegesetz.

Darüber hinaus können Arbeitgeber den Ausbildungsbonus als Ermessensleistung erhalten, wenn sie zusätzliche betriebliche Ausbildungsplätze mit Altbewerbern besetzen, die über einen mittleren Schulabschluss verfügen. Der Ausbildungsbonus kann auch für Auszubildende mit höheren Schulabschlüssen gezahlt werden, wenn sich diese bereits seit mehr als zwei Jahren erfolglos um eine berufliche Ausbildung bemüht haben, d.h. je Kalenderjahr mindestens fünf abgelehnte Bewerbungen nachweisen. Die Agentur für Arbeit entscheidet vor Ort, ob für die zusätzliche Ausbildung dieser Bewerber ein Ausbildungsbonus gezahlt wird. Mitnahmeeffekte und Fehlanreize sollen vermieden werden. Außerdem können Arbeitgeber einen Ausbildungsbonus erhalten, wenn sie Auszubildende ausbilden, deren Ausbildungsvertrag wegen einer Insolvenz, Stilllegung oder Schließung des früheren Ausbildungsbetriebes vorzeitig beendet worden ist.

Die Höhe des Bonus ist abhängig von der für das erste Ausbildungsjahr tariflich vereinbarten oder ortsüblichen Ausbildungsvergütung. Sie beträgt 4.000, 5.000 oder 6.000 Euro. Für behinderte und schwerbehinderte junge Menschen erhöht sich der Bonus um 30 Prozent, um die betriebliche Ausbildung behinderter junger Menschen in besonderem Maße zu unterstützen. Der Bonus wird in zwei Teilbeträgen ausgezahlt: 50 Prozent nach Ablauf der Probezeit, die restlichen 50 Prozent nach Anmeldung des Auszubildenden zur Abschlussprüfung. Mit dem Ausbildungsbonus sind Ausbildungen förderfähig, die nach dem 30. Juni 2008 und vor dem 1. Januar 2011 begonnen haben. Handelt es sich um eine Ausbildung, die wegen einer Insolvenz, Stilllegung oder Schließung des früheren Betriebes vorzeitig beendet worden ist, dann kann der Ausbildungsbonus auch gezahlt werden, wenn die Ausbildung bis zum 31. Dezember 2013 begonnen wird.

Unterstützung und Förderung der Berufsausbildung (§§ 240 ff.)

49 Die Agentur für Arbeit kann Träger von Maßnahmen der beruflichen Ausbildung mittels Zuschüssen und durch Übernahme von Maßnahmekosten fördern. Fördervoraussetzung ist, dass der Träger förderungsbedürftige Jugendliche

– mit ausbildungsbegleitenden Hilfen bei der betrieblichen Berufsausbildung oder bei der Einstiegsqualifizierung unterstützt oder deren Eingliederungsaussichten in berufliche Ausbildung oder Arbeit verbessert,
– in einer außerbetrieblichen Einrichtung anstelle einer betrieblichen Berufsausbildung ausbildet,
– mit sozialpädagogischer Begleitung während einer Berufsausbildungsvorbereitung nach dem Berufsbildungsgesetz unterstützt oder
– sie durch Unterstützung mit administrativen und organisatorischen Hilfen in die Berufsausbildung, in eine Berufsausbildungsvorbereitung nach dem Berufsbildungsgesetz oder in eine Einstiegsqualifizierung eingliedert.

50 Berufsausbildung in diesem Sinne ist eine Ausbildung in einem Ausbildungsberuf, der nach dem Berufsbildungsgesetz, der Handwerksordnung oder dem Seemannsgesetz staatlich anerkannt ist. Die Ausbildung muss im Rahmen eines Berufsausbildungsvertrages nach dem Berufsbildungsgesetz in einem Ausbildungsbetrieb oder außerbetrieblich durchgeführt werden. Auch eine im Rahmen eine Berufsausbildungsvertrages nach dem Altenpflegegesetz betrieblich durchgeführte Ausbildung erfüllt die Voraussetzungen.

51 Förderungsbedürftig sind Jugendliche, die lernbeeinträchtigt oder sozial benachteiligt sind und die ohne die Förderung aus in ihrer Person liegenden Gründen entweder

- eine Berufsausbildungsvorbereitung nach dem Berufsbildungsgesetz, eine Einstiegsqualifizierung oder eine Berufsausbildung nicht absolvieren,
- nach Abbrechen einer Berufsausbildung keine neue Berufsausbildung beginnen oder
- nach erfolgreich zu Ende geführter Berufsausbildung kein Arbeitsverhältnis finden oder festigen könnten.

52 Förderfähig sind ausbildungsbegleitende Hilfen. Dies sind Maßnahmen, die förderungsbedürftige Jugendliche während einer Berufsausbildung oder Einstiegsqualifizierung unterstützen sowie Maßnahmen, mit denen Unterstützung nach Abbrechen einer betrieblichen Berufsausbildung bis zur Aufnahme einer neuen betrieblichen oder einer außerbetrieblichen Berufsausbildung erfolgt oder die nach erfolgreich beendeter einer mit ausbildungsbegleitenden Hilfen geförderten Berufsausbildung bis zur Begründung oder Festigung eines Arbeitsverhältnisses fortgesetzt werden.

Ausbildungsbegleitende Hilfen müssen über die Vermittlung von solchen Inhalten hinausgehen, die betriebs- und ausbildungsüblich sind. Insbesondere müssen sie während einer Einstiegsqualifizierung über die Vermittlung der vom Betrieb in diesem Rahmen zu vermittelnden Fertigkeiten, Fähigkeiten und Kenntnisse hinausgehen. Dazu gehören Maßnahmen zum Abbau von Sprach- und Bildungsdefiziten, zur Förderung von fachpraktischen und -theoretischen Fertigkeiten, Fähigkeiten und Kenntnissen und zur sozialpädagogischen Begleitung.

53 Förderfähig sind auch Maßnahmen, mit denen förderungsbedürftige Jugendliche in einer außerbetrieblichen Einrichtung unterstützt werden. Die Förderung kann erbracht werden, wenn dem Auszubildenden auch mit ausbildungsbegleitenden Hilfen keine betriebliche Ausbildung vermittelt werden kann, er nach Erfüllung der Schulpflicht bereits an einer auf einen Beruf vorbereitenden Maßnahme von mindestens sechsmonatiger Dauer teilgenommen hat und der Anteil betrieblicher Praktikumsphasen höchstens sechs Monate je Ausbildungsjahr beträgt. Während der außerbetrieblichen Ausbildung müssen alle Möglichkeiten wahrgenommen werden, um den Übergang des Auszubildenden auf einen betrieblichen Ausbildungsplatz zu fördern. Wenn zuvor ein Ausbildungsverhältnis – betrieblich oder außerbetrieblich – vorzeitig beendet wurde und eine Eingliederung in eine betriebliche Berufsausbildung auch mit ausbildungsfördernden Leistungen ohne Aussicht ist, kann der Auszubildende seine Berufsausbildung in einer außerbetrieblichen Einrichtung fortführen, wenn zu erwarten ist, dass sie mit Erfolg abgeschlossen wird.

54 Gefördert werden auch notwendige Maßnahmen zur sozialpädagogischen Begleitung förderungsbedürftiger Jugendlicher während einer Berufsausbildungsvorbereitung nach dem Berufsbildungsgesetz. Förderfähig sind Maßnahmen zur Unterstützung von Arbeitgebern mit bis zu 500 Beschäftigten bei organisatorischen und administrativen Aufgaben im Zusammenhang mit der betrieblichen Berufsausbildung der Berufsausbildungsvorbereitung und der Einstiegsqualifizierung. Allerdings besteht keine Fördermöglichkeit, sofern gleichartige Leistungen nach einem Bundes- oder Landesprogramm erbracht werden.

55 Die Leistungen zur Unterstützung und Förderung der Berufsausbildung umfassen Zuschüsse zur Ausbildungsvergütung zuzüglich des Gesamtsozialversicherungsbeitrages und des Beitrags zur Unfallversicherung sowie Maßnahmekosten. Der Zuschuss zur Ausbildungsvergütung in einer außerbetrieblichen Einrichtung kann bis zu 316 Euro im Monat betragen zuzüglich 5 Prozent ab dem zweiten Ausbildungsjahr. Der Betrag erhöht sich um den vom Träger aufzuwendenden Gesamtsozialversicherungsbeitrag und den Beitrag zur Unfallversicherung.

Als Maßnahmekosten können die angemessenen Aufwendungen für das erforderliche Ausbildungs- und Betreuungspersonal, das zur Durchführung der Maßnahme eingesetzt wird, übernommen werden. Dies umfasst auch die Aufwendungen für dessen regelmäßige fachliche Weiterbildung. Übernommen werden können auch die Aufwendungen für das erforderliche Leitungs- und Verwaltungspersonal, die angemessenen Sach- und Verwaltungskosten sowie eine Pauschale in Höhe von 2.000 Euro für jede vorzeitige Vermittlung aus einer außerbetrieblichen Berufsausbildung in eine betriebliche Berufsausbildung. Die Vermittlung muss dazu spätestens 12 Monate vor dem Ende der außerbetrieblichen Ausbildung erfolgen und das Berufausbildungsverhältnis muss mindestens vier Monate fortbestehen. Diese Pauschale wird für jeden Auszubildenden nur einmal erbracht. Leistungen können nur erbracht werden, wenn sie nicht für den gleichen Zweck von Dritten erbracht werden. Zuwendungen Dritter zur Aufstockung der Leistungen bleiben anrechnungsfrei.

Berufseinstiegsbegleitung (§ 421s)

56 Die Berufseinstiegsbegleitung soll dazu beitragen, die Chancen von Schülern auf einen erfolgreichen Übergang in eine berufliche Ausbildung zu verbessern. Schüler, die voraussichtlich Schwierigkeiten haben werden, einen Schulabschluss zu erreichen und den Übergang in eine berufliche Ausbildung zu bewältigen, sollen noch während der Schulausbildung durch Berufseinstiegsbegleiter unterstützt werden, um ihre Eingliederung in eine Berufsausbildung zu erreichen. Unterstützt werden sollen insbesondere der Schulabschluss, die Berufsorientierung und -wahl, das Finden eines Ausbildungsplatzes und die Festigung des Ausbildungsverhältnisses.

Dazu besteht im Wege der Erprobung die Möglichkeit, leistungsschwächere Schüler an allgemein bildenden Schulen einschließlich der Sonderschulen für behinderte Menschen über einen längeren Zeitraum beim Übergang in eine berufliche Ausbildung oder eine Beschäftigung durch dazu besonders geeignete Personen zu begleiten. Die Berufseinstiegsbegleitung soll bereits während des Besuchs der Vorabgangsklasse der allgemein bildenden Schule beginnen, damit der Jugendliche für die zu treffenden Entscheidungen frühzeitig auf Unterstützung zurückgreifen kann. Sie endet ein halbes Jahr nach Beginn der Berufsausbildung, spätestens aber 24 Monate nach Beendigung der Schulausbildung. Der Berufseinstiegsbegleiter soll schon bei der Berufsorientierung und -wahl unterstützen. Darüber hinaus kann er den Schüler auch bei der Herstellung der Ausbildungsreife unterstützen.

Gefördert werden Träger, die Maßnahmen zur Berufseinstiegsbegleitung anbieten. Die Förderung besteht in der Übernahme der Maßnahmekosten. Im Wege der Erprobung werden die Maßnahmen zugunsten von Schülern an 1.000 von der Bundesagentur für Arbeit ausgewählten allgemein bildenden Schulen gefördert. Förderfähig sind Maßnahmen, die bis zum 31. Dezember 2011 beginnen.

Leistungen zur Förderung der beruflichen Weiterbildung (§§ 77 ff.)

Grundsätze der Förderung

57 Arbeitnehmer, die an einer beruflichen Weiterbildungsmaßnahme teilnehmen, können gefördert werden. Die Förderung kann in der Übernahme der Weiterbildungskosten und der Weiterzahlung von Arbeitslosengeld während der Teilnahme bestehen.

Die Förderung setzt voraus, dass die Weiterbildung notwendig ist,

– um den arbeitslosen Arbeitnehmer wieder beruflich einzugliedern,
– um eine drohende Arbeitslosigkeit abzuwenden,
– um im Falle der Teilzeitbeschäftigung eine Vollzeittätigkeit erlangen zu können oder
– um einen fehlenden Berufsabschluss zu erreichen.

Erforderlich ist außerdem, dass

– die Weiterbildungsmaßnahme und ihr Träger für die Förderung zugelassen ist und
– die Agentur für Arbeit den Teilnehmer vor Maßnahmebeginn beraten hat.

58 Eine Bildungsmaßnahme wegen eines fehlenden Berufsabschlusses wird nicht nur dann als notwendig anerkannt, wenn der Arbeitnehmer keinen Berufsabschluss besitzt, sondern auch in anderen Fällen: Bei Arbeitnehmern, die bereits drei Jahre beruflich tätig sind, wird die Notwendigkeit anerkannt, wenn eine Berufsausbildung oder eine Berufsvorbereitungsmaßnahme nicht zumutbar ist. Für Arbeitnehmer, die zwar über einen Berufsabschluss verfügen, jedoch vier Jahre oder länger in angelernter oder ungelernter Tätigkeit beschäftigt waren und deshalb voraussichtlich keine ihrem Berufabschluss angemessene Beschäftigung mehr finden können, wird die Notwendigkeit ebenfalls anerkannt.

59 Arbeitnehmer ohne Schulabschluss haben einen Rechtsanspruch auf Übernahme der Weiterbildungskosten zum Nachholen des Hauptschulabschlusses oder eines gleichwertigen Schulabschlusses. Sie müssen die Voraussetzungen für die Förderung der beruflichen Weiterbildung besitzen, d. h. insbesondere muss der Abschluss für die berufliche Eingliederung notwendig sein. Außerdem muss zu erwarten sein, dass sie mit Erfolg an der Maßnahme teilnehmen. Ein Rechtsanspruch auf den Schulabschluss ist damit nicht verbunden. Die notwendigen Qualifikationen muss der Arbeitnehmer in einer schulischen Abschlussprüfung nachweisen. Die Vorbereitungskurse sollen in der Regel mit beruflicher Weiterbildung verknüpft werden. Die Förderung wird nur erbracht, soweit der Arbeitnehmer sie nicht für den gleichen Zweck von Dritten erhält. Leistungen Dritter zur Aufstockung der Leistung bleiben anrechnungsfrei. Mit der Förderung werden die Bemühungen der dafür vorrangig verantwortlichen Länder verstärkt und ergänzt, um auch Erwachsenen das nachträgliche Erwerben des Hauptschulabschlusses zu ermöglichen.

Bildungsgutschein

60 Arbeitnehmer, die die genannten Voraussetzungen erfüllen, erhalten von der Agentur für Arbeit darüber eine Bescheinigung in Form eines Bildungsgutscheins. Der Bildungsgutschein kann regional oder auf ein bestimmtes Bildungsziel hin begrenzt werden. Mit dem Gutschein kann ein anerkannter Bildungsträger ausgewählt und bei ihm eine für die Förderung zugelassene Maßnahme besucht werden.

Zulassung von Bildungsmaßnahmen

61 Zugelassen werden können nur Maßnahmen, die eine erfolgreiche, für den Arbeitsmarkt zweckmäßige Bildung erwarten lassen, angemessene Teilnahmebedingungen bieten, mit einem aussagefähigen Zeugnis abschließen und wirtschaftlich und sparsam geplant und durchgeführt werden, wobei insbesondere Kosten und Dauer angemessen sein müssen. Dies muss eine fachkundige Stelle festgestellt haben. Die Maßnahmen müssen zum Ziel haben,

– berufliche Fertigkeiten Kenntnisse, und Fähigkeiten zu erhalten, zu erweitern, der technischen Entwicklung anzupassen oder einen beruflichen Aufstieg zu ermöglichen,
– einen Berufsabschluss zu vermitteln oder
– zu einer anderen beruflichen Tätigkeit zu befähigen.

62 Maßnahmen, die diese Anforderungen nicht erfüllen, kann die Agentur für Arbeit nicht anerkennen. Dies gilt insbesondere, wenn überwiegend allgemeinbildendes Wissen oder Wissen vermittelt wird, das ansonsten in den üblichen Studiengängen an Hochschulen oder ähnlichen Einrichtungen gelehrt wird, ebenso wenig wenn Inhalte vermittelt werden, die nicht berufsbezogen sind oder hauptsächlich zur Vorbereitung einer selbständigen Tätigkeit dienen.

63 Wenn es dem Erreichen des Bildungsziels dient, können auch Maßnahmen zugelassen werden, die im Ausland durchgeführt werden. Die Zulassung ist ausgeschlossen, wenn nur Inhalte vermittelt werden, die den Bildungszielen allgemeinbildender Schulen oder berufsqualifizierender Studiengänge an Hochschulen entsprechen oder wenn nicht berufsbezogenes Wissen vermittelt wird. Beschäftigungen, die einer Weiterbildung folgen, um eine staatliche Anerkennung oder Berufsausübungserlaubnis zu bekommen („Anerkennungsjahr"), sind keine förderfähige Weiterbildung.

Dauer von Weiterbildungsmaßnahmen

64 Die Dauer einer Maßnahme ist angemessen, wenn sie sich auf das zum Erreichen des Bildungsziels Notwendige beschränkt.

Führt die Maßnahme zu einem anerkannten Ausbildungsberuf, muss sie mindestens um ein Drittel kürzer sein, als es die Erstausbildung in diesem Beruf wäre. Ist eine solche Verkürzung gesetzlich ausgeschlossen, kann die Agentur für Arbeit jedoch zwei Drittel der Maßnahmedauer fördern, wenn die Finanzierung des restlichen Zeitraums bereits zu Maßnahmebeginn sichergestellt ist. Eine Ausnahme gilt für Maßnahmen nach dem Alten- und nach dem Krankenpflegegesetz, die bis zum 31. Dezember 2010 begonnen haben. Ihre Dauer ist auch dann angemessen, wenn sie nicht um ein Drittel verkürzt werden können. Die Agentur für Arbeit kann in diesen Fällen die gesamte Ausbildung fördern.

Anerkennung von Bildungsträgern

65 Der Maßnahmeträger muss die erforderliche Leistungsfähigkeit besitzen und die Eingliederung der Teilnehmer in den Arbeitsmarkt durch eigene Vermittlungsbemühungen unterstützen können. Aus- und Fortbildung von Leiter und Lehrkräften müssen zudem eine erfolgreiche Weiterbildung erwarten lassen. Der Träger ist verpflichtet, ein Qualitätssicherungssystem anzuwenden.

Umfang der Förderung

66 Die Agentur für Arbeit kann die berufliche Weiterbildung durch Übernahme der Weiterbildungskosten fördern.

67 Als Weiterbildungskosten können die Kosten übernommen werden, die durch die Weiterbildung unmittelbar entstehen. Dies sind

– Lehrgangskosten (Lehrgangsgebühren einschließlich der Kosten für erforderliche Lernmittel, Arbeitskleidung, Prüfungsgebühren für gesetzlich geregelte oder allgemein anerkannte Zwischen- und Abschlussprüfungen, Prüfungsstücke),
– Kosten für eine Eignungsfeststellung, die im Vorfeld der Weiterbildung anfallen (z. B. Gesundheitsprüfung),
– Fahrkosten für die Fahrten zwischen Wohnung und Bildungsstätte. Diese werden in Höhe der Kosten öffentlicher Verkehrsmittel gezahlt. Bei Benutzung anderer Verkehrsmittel wird eine Kilometer-

pauschale gezahlt (0,20 je Kilometer Fahrstrecke), Höchstbetrag für erstattungsfähige Fahrkosten sind 476 Euro,
- Kosten für eine erforderliche auswärtige Unterbringung bis zu 340 Euro und für Verpflegung bis zu 18 je Tag, höchstens 136 Euro je Monat sowie
- Kosten für die Betreuung aufsichtsbedürftiger Kinder in Höhe von monatlich 130 Euro je Kind.

68 Um das während der Weiterbildung ausfallende Arbeitsentgelt zu ersetzen, können die Bildungsteilnehmer Arbeitslosengeld erhalten. Dies setzt voraus, dass sie die Anspruchsvoraussetzungen dafür erfüllen und dem Arbeitsmarkt nur deshalb nicht zur Verfügung stehen, weil sie an der Bildungsmaßnahme teilnehmen. Die Teilnahme muss allerdings mit Zustimmung der Agentur für Arbeit erfolgt sein und der Teilnehmer muss sich bereit erklärt haben, die Maßnahme abzubrechen, sobald eine berufliche Eingliederung in Betracht kommt. Die Abbruchmöglichkeit für diesen Fall muss er mit dem Bildungsträger vereinbart haben.

Weiterbildung Beschäftigter (§ 417)

69 Die berufliche Weiterbildung von in Beschäftigung stehenden Arbeitnehmern ist grundsätzlich Aufgabe der Unternehmen und der Beschäftigten selbst. Als Ausnahme von diesem Grundsatz wird übergangsweise die Weiterbildung von Arbeitnehmern gefördert, deren Beschäftigungsverhältnis während der Maßnahme fortbesteht. Dies ist möglich, wenn die Weiterbildung außerhalb des Betriebes durchgeführt wird und sie keine lediglich arbeitsplatzbezogene und interne Qualifizierung ist. Der Arbeitnehmer muss das 45. Lebensjahr vollendet haben und in einem Betrieb beschäftigt sein, der weniger als 250 Beschäftigte hat.

Der Träger und die Maßnahme müssen nach den oben genannten Kriterien für die Weiterbildung zugelassen sein. Die Arbeitsagentur bescheinigt dem Arbeitnehmer das Vorliegen der Voraussetzungen durch einen Bildungsgutschein. Der Arbeitgeber muss das Arbeitsentgelt während der Weiterbildung fortzahlen. Die Förderung durch die Agentur für Arbeit erfolgt in Form der Übernahme der Weiterbildungskosten für den Arbeitnehmer. Diese Förderung, die einen Anreiz zur beruflichen Weiterbildung beschäftiger Arbeitnehmer bieten soll, ist möglich, wenn die Weiterbildungsmaßnahme bis zum 31. Dezember 2011 begonnen hat.

Förderung von Einrichtungen der beruflichen Aus- und Weiterbildung und der beruflichen Rehabilitation behinderter Menschen

70 Mit der Förderung von Einrichtungen der beruflichen Aus- und Weiterbildung und der beruflichen Rehabilitation behinderter Menschen bezweckt das SGB III einerseits, ein Angebot an Bildungseinrichtungen zu schaffen, das der Lage und Entwicklung des Arbeitsmarktes und der Berufe gerecht wird, andererseits die Beschäftigungsstruktur der einzelnen Wirtschaftszweige und -regionen zu verbessern.

71 Träger von Einrichtungen der beruflichen Aus- oder Weiterbildung oder zur beruflichen Rehabilitation behinderter Menschen können durch Darlehen und Zuschüsse gefördert werden, wenn dies für die Erbringung anderer Leistungen der aktiven Arbeitsförderung notwendig ist. Die Förderung setzt voraus, dass der Träger sich in angemessenem Umfang an den Kosten beteiligt. Förderleistungen können für Aufbau, Erweiterung und Ausstattung der Einrichtungen sowie den der beruflichen Bildung behinderter Menschen dienenden begleitenden Diensten, Internaten, Wohnheimen und Nebeneinrichtungen erbracht werden. Auch Maßnahmen zur Entwicklung oder Weiterentwicklung von Lehrgängen, Lehrprogrammen oder Lehrmethoden zur beruflichen Bildung von behinderten Menschen sind förderfähig.

72 Die Bundesagentur für Arbeit soll Einrichtungen, die zur beruflichen Aus- oder Weiterbildung oder zur beruflichen Rehabilitation behinderter Menschen dienen, gemeinsam mit anderen Trägern oder alleine errichten, wenn bei dringendem Bedarf geeignete Einrichtungen nicht zur Verfügung stehen. Sie kann allein oder gemeinsam mit anderen Trägern Einrichtungen errichten, die als Modell für Einrichtungen anderer Träger dienen.

Leistungen zur Förderung der Arbeitsaufnahme und der Aufnahme einer selbständigen Tätigkeit

Leistungen zur Förderung der Aufnahme einer Beschäftigung

73 Sowohl Arbeitnehmer als auch Arbeitgeber können Leistungen der Agentur für Arbeit erhalten, um die Aufnahme einer Beschäftigung zu fördern. Die

Leistungen sollen dazu beitragen, die Arbeitsaufnahme oder die Begründung eines Ausbildungsverhältnisses zu ermöglichen, damit Arbeitslosigkeit beseitigt, drohende Arbeitslosigkeit abgewendet oder offene Stellen besetzt werden.

Leistungen an Arbeitnehmer

Vermittlungsunterstützende Leistungen (§§ 45-47)

74 Arbeitsuchende, die bei der Agentur für Arbeit gemeldet und arbeitslos oder von Arbeitslosigkeit bedroht sind, und Ausbildungsuchende können durch vermittlungsunterstützende Leistungen gefördert werden Diese Leistungen können für die Aufnahme einer versicherungspflichtigen Tätigkeit im Umfang von mindestens 15 Stunden in der Woche in Deutschland, und im europäischen Ausland (EU-Mitgliedstaaten, Staaten des Europäischen Wirtschaftsraums und Schweiz) erbracht werden.

Vermittlungsbudget

75 Aus dem Vermittlungsbudget können Leistungen erbracht werden, wenn sie für eine berufliche Eingliederung erforderlich sind.

Im Vermittlungsbudget werden Leistungen zusammengefasst, die nach bisherigem Recht in Einzelvorschriften geregelt waren, um die Arbeitsaufnahme zu unterstützen (z. B Freie Förderung, Übernahme von Bewerbungskosten, Reisekosten, oder Mobilitätshilfen). Dementsprechende Leistungen können auch künftig erbracht werden. Während das Gesetz aber bisher genaue Leistungsbestimmungen enthalten hat, soll künftig die Agentur für Arbeit über den Umfang der Leistungen entscheiden. Die Vermittler erhalten ein Instrument, mit dem sie Hilfestellungen im Einzelfall geben können. Das Vermittlungsbudget bedeutet einen veränderten Ansatz in der individuellen Förderung. Im Vordergrund steht nicht mehr die Frage, welche Leistungen beantragt werden können, vielmehr ist entscheidend, ob und welche Hemmnisse für die Arbeitsaufnahme beseitigt werden müssen.

76 Die Förderung besteht in der Übernahme der angemessenen Kosten. Das Gesetz legt keine Höchst- oder Mindestbeträge fest. Über den Umfang der Leistungen entscheidet die Agentur für Arbeit, die dafür Pauschalen festlegen kann. Ausgeschlossen sind allerdings Leistungen zur Sicherung des Lebensunterhalts. Hier für stehen die Entgeltersatzleistungen des SGB III zur Verfügung.

Die Leistungen aus dem Vermittlungsbudget können nur erbracht werden, so weit der Arbeitgeber gleichartige Leistungen nicht oder voraussichtlich nicht erbringen wird. Ein Rechtsanspruch auf Leistungen aus dem Vermittlungsbudget besteht nicht.

Maßnahmen zur Aktivierung und beruflichen Eingliederung

77 Als vermittlungsunterstützende Leistungen kommen auch Maßnahmen zur Aktivierung und beruflichen Eingliederung in Betracht. Arbeitslose, von Arbeitslosigkeit Bedrohte und Ausbildungsuchende können gefördert werden, wenn sie an Maßnahmen teilnehmen, die ihre berufliche Eingliederung unterstützen. Dies können Maßnahmen sein, die

- an den Ausbildungs- und Arbeitsmarkt heranführen,
- Vermittlungshemmnisse feststellen, verringern oder beseitigen,
- in eine versicherungspflichtige Beschäftigung vermitteln,
- an eine selbständige Tätigkeit heranführen oder
- die Beschäftigungsaufnahme stabilisieren.

Die Maßnahmen können als Einzel- oder Gruppenmaßnahme durchgeführt werden. Ihre Dauer muss ihrem Zweck und ihrem Inhalt entsprechen. Wenn Maßnahmen oder Teile von ihnen bei einem Arbeitgeber durchgeführt werden, dürfen diese höchstens jeweils vier Wochen dauern. Die Vermittlung von beruflichen Kenntnissen darf nicht länger als acht Wochen dauern. Die Förderung der Berufsausbildung darf nicht Inhalt der Maßnahme sein.

78 Die Förderung umfasst die Übernahme der für die Teilnahme angemessenen Kosten, soweit dies für die berufliche Eingliederung erforderlich ist. Dabei kann sich die Förderung auch auf die Weiterleistung von Arbeitslosengeld beschränken. Ein Rechtsanspruch, an einer Maßnahme zur Aktivierung und beruflichen Eingliederung teilzunehmen, besteht nicht. Wer jedoch mindestens sechs Monate arbeitslos ist, kann von der Agentur für Arbeit die Zuweisung in eine Maßnahme verlangen.

Entgeltsicherung für Ältere (§ 421j)

79 Die Entgeltsicherung soll Arbeitslosen, die das 50. Lebensjahr vollendet haben, einen finanziellen Anreiz bieten, eine neue Arbeit aufzunehmen. Ist die neue Tätigkeit geringer bezahlt als die frühere Beschäftigung, zahlt die Agentur für Arbeit einen Zuschuss zum Nettoarbeitsentgelt der neuen Beschäftigung und zusätzliche Beiträge zur Rentenversicherung. Dies soll den Minderverdienst teilweise ausgleichen. Die Regelung gilt entsprechend für mindestens 50-jährige Arbeitnehmer, die unmittelbar von einer höher entlohnten in eine niedriger entlohnte Beschäftigung wechseln und ihre Arbeitslosigkeit dadurch vermeiden. Bei Aufnahme der neuen Beschäftigung muss allerdings noch ein (Rest)Anspruch auf Arbeitslosengeld für mindestens sechs Monate bestehen. Die Entlohnung im neuen Arbeitsverhältnis muss tariflichen, bzw. bei fehlenden tariflichen Regelungen, ortsüblichen Bedingungen entsprechen.

80 Der Zuschuss zum Nettoarbeitsentgelt wird für zwei Jahre gezahlt. Er beträgt im ersten Jahr der Beschäftigung 50 Prozent und im zweiten Jahr 30 Prozent des Unterschiedsbetrages zwischen dem pauschalierten Nettoentgelt der früheren und der neuen Beschäftigung. Das pauschalierte Nettoentgelts wird berechnet wie beim Arbeitslosengeld. Die zusätzlichen Beiträge zur Rentenversicherung werden nach dem Unterschiedsbetrag zwischen dem Bruttoarbeitsentgelt aus der neuen Beschäftigung und 90 Prozent des Bruttoarbeitsentgelts der früheren Beschäftigung ermittelt und unmittelbar von der Agentur für Arbeit an den zuständigen Träger der gesetzlichen Rentenversicherung abgeführt. Bei Arbeitnehmern, die von der Rentenversicherungspflicht befreit sind, werden die Beiträge zu einer privaten Versicherungs- oder Versorgungseinrichtung in entsprechender Höhe erstattet.

81 Die Leistung ist ausgeschlossen, wenn der Arbeitnehmer durch andere Maßnahmen der aktiven Arbeitsmarktpolitik gefördert wird, so, wenn er in eine betriebsorganisatorisch eigenständige Einheit für Transferkurzabeitergeld wechselt und dort ein geringeres Arbeitsentgelt vereinbart wurde oder in er einer Arbeitsbeschaffungsmaßnahme gefördert wird. Ein Anspruch auf die Leistungen der Entgeltsicherung besteht auch dann nicht, wenn der Arbeitnehmer eine Altersrente aus der gesetzlichen Rentenversicherung oder eine ähnliche Leistung öffentlich-rechtlicher Art erhält. Die Entgeltsicherung ist steuerfrei, wird jedoch im Rahmen des steuerlichen Progressionsvorbehaltes berücksichtigt. Die Entgeltsicherung können Arbeitnehmer erhalten, die bis zum 31. Dezember 2011 einen Anspruch darauf erwerben. Insgesamt kann die Leistung bis zum 31. Dezember 2013 bezogen werden.

Leistungen an Arbeitgeber

Eingliederungszuschüsse (§§ 217–223, 421f, o und p)

Grundsatz

82 Für die Eingliederung von Arbeitnehmern, die Vermittlungshemmnisse haben, können Arbeitgeber Eingliederungszuschüsse von der Agentur für Arbeit erhalten. Dauer und Höhe der Förderung richten sich nach dem Umfang der Minderleistung des jeweiligen Arbeitnehmers und den jeweiligen Eingliederungserfordernissen. Grundsätzlich darf der Eingliederungszuschuss 50 Prozent des berücksichtigungsfähigen Arbeitsentgelts nicht übersteigen und für längstens zwölf Monate gezahlt werden.

Eingliederungszuschuss für schwerbehinderte Menschen (§ 219)

83 Etwas anderes gilt für schwerbehinderte und sonstige behinderte Menschen: Für sie kann die Förderhöhe bis zu 70 Prozent und der Förderzeitraum bis zu 24 Monate betragen. Auch bei besonders betroffenen schwerbehinderten Menschen und ihnen Gleichgestellten darf die Förderung bis zu 70 Prozent des berücksichtigungsfähigen Arbeitsentgelts betragen. Sie darf jedoch für bis zu 36 Monate, bei schwerbehinderten Menschen, die 55 Jahre und älter sind, für bis zu 96 Monate geleistet werden. Bei der Entscheidung über Höhe und Dauer der Förderung muss die Agentur für Arbeit berücksichtigen, ob der schwerbehinderte Mensch ohne gesetzliche Verpflichtung oder über die Beschäftigungspflicht nach dem SGB IX hinaus eingestellt und beschäftigt wird. Eine geförderte befristete Vorbeschäftigung beim selben Arbeitgeber soll berücksichtigt werden.

84 Bei der Förderung dieser Personengruppen muss der Zuschuss nach zwölf Monaten entsprechend der Zunahme der Leistungsfähigkeit des Arbeitnehmers und den abnehmenden Eingliederungserfordernissen angepasst und um mindestens zehn Prozentpunkte vermindert werden. Bei besonders betroffenen schwerbehinderten Menschen darf er 30 Prozent des berücksichtigungsfähigen Arbeitsentgelts nicht unterschreiten. Der Eingliederungszuschuss für besonders betroffene schwerbehinderte ältere Arbeitnehmer darf erst nach 24 Monaten angepasst werden.

Eingliederungszuschuss für Jüngere (§ 421p)

85 Für die berufliche Eingliederung von Arbeitnehmern unter 25 Jahren, die einen Berufsabschluss besitzen, vor Aufnahme der Beschäftigung jedoch mindestens sechs Monate arbeitslos waren, können Arbeitgeber Zuschüsse in Höhe von mindestens 25 Prozent bis zu 50 Prozent des berücksichtigungsfähigen Arbeitsentgelts erhalten. Die Förderung wird nicht erbracht, wenn die Einstellung bei einem früheren Arbeitgeber erfolgt, bei dem der Jugendliche in den letzten zwei Jahren für mehr als drei Monate versicherungspflichtig tätig war oder zu vermuten ist, dass der Arbeitgeber die Beendigung eines Beschäftigungsverhältnisses veranlasst hat, um den Zuschuss zu erhalten. Der Arbeitgeber muss die Förderung zur Hälfte zurückzahlen, wenn das Beschäftigungsverhältnis während des Beschäftigungszeitraums beendet wird. Das gilt allerdings nicht, wenn der Arbeitgeber einen Kündigungsgrund hatte oder der Arbeitnehmer das Arbeitsverhältnis beendet hat, ohne dass der Arbeitgeber den Grund dafür zu vertreten hat.

Der Eingliederungszuschuss wird erbracht, wenn das Beschäftigungsverhältnis bis zum 31. Dezember 2010 begonnen hatte.

Eingliederungszuschuss für Ältere (§ 421f)

86 Für Arbeitnehmer, die bei Förderbeginn 50 Jahre und älter sind, gelten besondere Bestimmungen, wenn die Förderung bis zum 31. Dezember 2011 beginnt. In diesen Fällen kann der Eingliederungszuschuss für bis zu 36 Monate geleistet werden. Eine Anpassung nach zwölf Monaten erfolgt nach den oben genannten Maßgaben. Handelt es sich um besonders betroffene schwerbehinderte Arbeitnehmer, wird der Zuschuss für bis zu 96 Monate geleistet. Für besonders betroffene schwerbehinderte Arbeitnehmer ab Vollendung des 55. Lebensjahres ist der Zuschuss auf 60 Monate begrenzt.

Bemessung des Zuschusses

87 Der Eingliederungszuschuss bemisst sich nach dem vom Arbeitgeber regelmäßig gezahlten Arbeitsentgelt. Berücksichtigt werden die Arbeitsentgelte allerdings nur bis zur Höhe des tariflichen Entgelts oder wenn eine tarifliche Regelung nicht besteht, bis zur Höhe des ortsüblichen Entgelts für vergleichbare Tätigkeiten. Hinzu kommt der Arbeitgeberanteil am Gesamtsozialversicherungsbeitrag, der pauschaliert wird.

Förderungsausschluss und Rückzahlung

88 Die Förderung durch einen Eingliederungszuschuss ist ausgeschlossen, wenn zu vermuten ist, dass der Arbeitgeber die Beendigung einer Beschäftigung veranlasst hat, um den Zuschuss zu erhalten oder die Einstellung bei einem früheren Arbeitgeber erfolgt, bei dem der Arbeitnehmer in den letzten vier Jahren tätig war. Dies gilt allerdings nicht, wenn es sich um die befristete Beschäftigung besonders betroffener schwerbehinderter Menschen handelt.

89 Ein Eingliederungszuschuss muss teilweise zurückgezahlt werden, wenn das Beschäftigungsverhältnis während der Förderdauer oder während eines Zeitraums von zwölf Monaten nach der Förderung beendet wird (Nachbeschäftigungszeit). Erfolgte die Förderung für weniger als zwölf Monate, gilt ein entsprechend kürzerer Zeitraum für die Nachbeschäftigung. Eine Rückzahlungsverpflichtung besteht nicht, wenn der Arbeitgeber zur Kündigung des Arbeitsverhältnisses aus personen-, verhaltens- oder betriebsbedingten Gründen berechtigt war, der Arbeitnehmer die Beendigung veranlasst hat oder er das Mindestalter für den Bezug einer Altersrente erreicht hat.

Die Rückzahlungsverpflichtung besteht bis zur Höhe von 50 Prozent des Förderbetrages und darf die in den letzten zwölf Monaten vor Beendigung des Beschäftigungsverhältnisses geleistete Förderung nicht übersteigen. Ungeförderte Nachbeschäftigungszeiten werden dabei anteilig berücksichtigt.

Beim Eingliederungszuschuss für Ältere trifft den Arbeitgeber weder eine Nachbeschäftigungsverpflichtung noch eine Rückzahlungspflicht.

Eingliederungsgutschein (§ 223)

90 Eine weitere Form des Eingliederungszuschusses für Ältere ist der Eingliederungsgutschein. Durch den Eingliederungsgutschein verpflichtet sich die Agentur für Arbeit, einen Eingliederungszuschuss an den Arbeitgeber zu leisten, wenn der Arbeitnehmer dort eine versicherungspflichtige Beschäftigung im Umfang von mindestens 15 Wochenstunden aufnimmt. Das Beschäftigungsverhältnis muss für mindestens ein Jahr begründet werden. Einen Eingliederungsgutschein können Arbeitnehmer erhalten, die das 50. Lebensjahr vollendet haben, wenn sie einen Anspruch auf Arbeitslosengeld für mindestens zwölf Monate haben. Sie haben einen Rechtsanspruch auf einen Eingliederungsgutschein, wenn sie bereits mindestens zwölf Monate arbeitslos sind.

Der Eingliederungszuschuss wird für zwölf Monate geleistet. Seine Höhe richtet sich nach den jeweiligen Eingliederungserfordernissen und beträgt zwischen

30 Prozent und 50 Prozent des berücksichtigungsfähigen Arbeitsentgelts. Die Leistung ist ausgeschlossen, wenn zu vermuten ist, dass der Arbeitgeber zuvor die Beendigung eines Beschäftigungsverhältnisses veranlasst hat, um den Eingliederungszuschuss zu erhalten oder die Einstellung bei einem früheren Arbeitgeber erfolgt, bei dem der Arbeitnehmer während der letzten zwei Jahre vor Förderbeginn bereits mindestens drei Monate beschäftigt war.

Weiterbildung für ungelernte Arbeitnehmer (§ 235c)

91 Ein Arbeitnehmer ohne Berufsabschluss kann auch im Rahmen eines bestehenden Arbeitsverhältnisses weitergebildet werden. Zahlt der Arbeitgeber das Arbeitsentgelt auch für Zeiten, in denen wegen der Weiterbildung keine Arbeitsleistung erbracht wird, kann er durch Zuschüsse der Agentur für Arbeit gefördert werden. Die Zuschüsse können bis zur Höhe dieses Arbeitsentgelts einschließlich des darauf entfallenden pauschalierten Arbeitgeberanteils am Gesamtsozialversicherungsbeitrag geleistet werden.

Qualifizierungszuschuss (§ 421o)

92 Arbeitgeber, die junge Arbeitnehmer unter 25 Jahren im Rahmen einer Vollzeitbeschäftigung in das Berufsleben eingliedern, können Zuschüsse erhalten, wenn die jungen Arbeitnehmer vor Aufnahme der Beschäftigung mindestens sechs Monate arbeitslos waren, ohne Berufsabschluss sind und im Rahmen des Arbeitsverhältnisses qualifiziert werden. Die Förderung darf 50 Prozent des berücksichtigungsfähigen Arbeitsentgelts nicht überschreiten und wird für bis zu zwölf Monate erbracht. Sie ist von den jeweiligen Eingliederungserfordernissen abhängig. Mindestens 15 Prozentpunkte der Förderung sind für die Qualifizierung des Arbeitnehmers zu verwenden.

Die Qualifizierung soll in der betriebsnahen Vermittlung von Fähigkeiten, Fertigkeiten und Kenntnissen bestehen, die auf dem Arbeitsmarkt verwertbar sind. Sie kann, sofern sie im Betrieb nicht möglich ist, auch von einem Träger durchgeführt werden. Die Förderung wird nicht erbracht, wenn die Einstellung bei einem früheren Arbeitgeber erfolgt, bei dem der Jugendliche in den letzten zwei Jahren für mehr als drei Monate versicherungspflichtig tätig war, oder wenn zu vermuten ist, dass der Arbeitgeber die Beendigung eines Beschäftigungsverhältnisses veranlasst hat, um den Zuschuss zu erhalten. Der Arbeitgeber muss die Förderung zur Hälfte zurückzahlen, wenn das Beschäftigungsverhältnis während des Beschäftigungszeitraums beendet wird. Das gilt allerdings nicht, wenn der Arbeitgeber einen Kündigungsgrund hatte oder der Arbeitnehmer das Arbeitsverhältnis beendet hat, ohne dass der Arbeitgeber den Grund dafür zu vertreten hat.

Leistungen des SGB III, die auf einen beruflichen Abschluss gerichtet sind, haben Vorrang vor dem Qualifizierungszuschuss. Der Qualifizierungszuschuss wird erbracht, wenn die Qualifizierung bis zum 31. Dezember 2010 begonnen hatte.

Beitragsbonus (§ 421k)

93 Arbeitgeber, die einen Arbeitnehmer eingestellt haben, der mindestens 55 Jahre war, sind von der Zahlung ihres Beitragsanteils zur Arbeitsförderung (derzeit 1,5 Prozent des beitragspflichtigen Arbeitsentgelts) befreit. Damit Mitnahmeeffekte vermieden werden, ist die Beitragsbefreiung allerdings ausgeschlossen, wenn der Arbeitnehmer zuvor bereits bei diesem Arbeitgeber beschäftigt war. Die Regelung ist befristet und gilt für Einstellungen, die bis zum 31. Dezember 2007 erfolgt waren. Ist die Einstellung vor diesem Zeitpunkt erfolgt, gilt die Beitragsbefreiung für die gesamte Dauer des Beschäftigungsverhältnisses. Die Arbeitnehmer erwerben für den Fall der Arbeitslosigkeit volle Leistungsansprüche. Die entfallene Beitragsleistung des Arbeitgebers wirkt sich nicht aus.

Leistungen zur Förderung der Aufnahme einer selbständigen Tätigkeit

Gründungszuschuss (§ 57)

94 Arbeitnehmer, die ihre Arbeitslosigkeit dadurch beenden oder vermeiden, dass sie sich im Hauptberuf selbständig machen, haben Anspruch auf Zahlung eines Gründungszuschusses zur Sicherung ihres Lebensunterhalts und zur sozialen Sicherung für die erste Zeit nach der Existenzgründung. Die Förderung erhalten Personen, die bis zur der Aufnahme der selbständigen Tätigkeit.

– einen Anspruch auf Arbeitslosengeld hatten oder eine Beschäftigung ausgeübt haben, die als Arbeitsbeschaffungsmaßnahme gefördert worden ist und

– bei Aufnahme der selbständigen Tätigkeit noch mindestens 90 Tage Anspruch auf Arbeitslosengeld hatten der allerdings nicht aus einer Saisonbeschäftigung herrühren darf.

Voraussetzung für die Förderung ist, dass der Antragsteller der Agentur die Tragfähigkeit der Existenzgründung durch die Stellungnahme einer fachkundigen Stelle (z. B. Industrie- und Handelskammer, Handwerkskammer Fachverband, Kreditinstitut) nachweist und seine Kenntnisse und Fähigkeiten zur Ausübung der selbständigen Tätigkeit darlegt.

95 Der Gründungszuschuss wird für neun Monate in Höhe des Betrages geleistet, den der Antragsteller zuletzt als Arbeitslosengeld bezogen hat. Daneben zahlt die Agentur für Arbeit eine Pauschale in Höhe von 300 Euro monatlich zur sozialen Absicherung des Existenzgründers. Der Gründungszuschuss ist steuerfrei und unterliegt – im Unterschied zu den meisten anderen Leistungen der Arbeitsförderung – nicht dem steuerlichen Progressionsvorbehalt. Der Gründungszuschuss kann für weitere sechs Monate in Höhe von 300 Euro monatlich geleistet werden, wenn der Existenzgründer seine Geschäftstätigkeit anhand geeigneter Unterlagen nachweist. Bei begründeten Zweifeln kann die Agentur die erneute Vorlage der Stellungnahme einer fachkundigen Stelle verlangen.

Eine erneute Förderung durch einen Gründungszuschuss ist nur möglich, wenn seit einer vorangegangenen Förderung mindestens zwei Jahre vergangen sind, es sei denn, es liegen besondere Gründe in der Person des Arbeitnehmers vor. Wer die Voraussetzungen für eine Regelaltersrente erfüllt, hat keinen Anspruch auf Förderung mehr.

Leistungen zur Teilhabe behinderter Menschen

96 Die Rehabilitation behinderter Menschen ist aus traditionellen Gründen den verschiedenen Zweigen der sozialen Sicherung (Renten-, Unfallversicherung usw.) zugeordnet. Allerdings trifft das Neunte Buch Sozialgesetzbuch (SGB IX) Regelungen über Art und Umfang der Leistungen grundsätzlich einheitlich für alle Leistungsträger. Die Regelungen über die Voraussetzungen für die Leistungen sind weiterhin in den für die einzelnen Leistungsträger geltenden Regelwerken enthalten. Zu den Einzelheiten siehe Kapitel 9.

Die nachfolgenden Ausführungen beschränken sich auf einige Grundzüge im Bereich der Arbeitsförderung.

Leistungen der Bundesagentur für Arbeit

97 Die Bundesagentur für Arbeit kann Leistungen zur Rehabilitation grundsätzlich nur erbringen, sofern nicht ein anderer Rehabilitationsträger zuständig ist. Ist ein anderer Rehabilitationsträger zuständig, hat sie mit diesem zusammenzuarbeiten.

98 Die Agentur für Arbeit kann an Personen, die körperlich, geistig oder seelisch behindert sind, Leistungen zur Teilhabe am Arbeitsleben erbringen (§ 33 SGB IX). Die Förderung kann auch dazu dienen, eine Arbeits- und Berufsförderung vorzubereiten. Sie kann ferner darauf gerichtet sein, dass die Teilhabe behinderter Menschen am Arbeitsleben gesichert bleibt und dadurch Arbeitslosigkeit vermieden wird.

Als Leistungen kommt wie bei den anderen Rehabilitationsträgern die Übernahme der

– im Zusammenhang mit den Maßnahmen entstehenden Kosten (Maßnahmekosten),
– unterhaltssichernden Leistungen und
– sonstigen ergänzenden Leistungen

in Betracht.

Maßnahmekosten

99 Zu den Kosten, die im Zusammenhang mit der Maßnahme entstehen, gehören

– Lehrgangskosten einschließlich der Prüfungsgebühren,
– Kosten für erforderliche Lernmittel,
– Kosten für erforderliche Arbeitsausrüstung,
– Kraftfahrzeughilfe und finanzielle Hilfen bei der Wohnraumbeschaffung und
– Kosten für die Unterkunft und Verpflegung.

Unterhaltssichernde Leistungen

Unterhaltssichernde Leistungen sind u. a.

– die Berufsausbildungsbeihilfe,
– das Ausbildungsgeld,
– das Arbeitslosengeld bei beruflicher Weiterbildung und
– das Übergangsgeld.

Ergänzende Leistungen

Zu den ergänzenden Leistungen gehört u. a. die Übernahme

– von Reisekosten,
– der Kosten für eine Haushaltshilfe und Kinderbetreuung und

– der Beiträge oder Beitragszuschüsse zur gesetzlichen Sozialversicherung bzw. einer erforderlichen privaten Kranken- oder Pflegeversicherung.

Eine Besonderheit bei der Förderung durch die Agentur für Arbeit ist die Unterscheidung zwischen allgemeinen und besonderen Leistungen.

Allgemeine Leistungen

100 Allgemeine Leistungen zur Rehabilitation sind im Grundsatz vermittlungsunterstützende Leistungen und Leistungen zur Verbesserung der Eingliederungsaussichten, der Förderung der beruflichen Aus- und Weiterbildung sowie der Förderung der Aufnahme einer Beschäftigung oder einer selbständigen Tätigkeit, die auch den Nichtbehinderten zur Verfügung stehen. Sie werden zwar grundsätzlich in gleicher Art und in gleichem Umfang wie für nicht behinderte Menschen erbracht, soweit hierdurch das Ziel der Eingliederung im Einzelfall erreicht wird. Im Hinblick auf die besonderen Belange der behinderten Menschen sind jedoch in vielen Fällen sowohl der Förderungsrahmen als auch die Zugangsvoraussetzungen und der Leistungsumfang (u. a. die Bedarfssätze) modifiziert.

So können bspw. Leistungen zur beruflichen Ausbildung auch erbracht werden, wenn diese abweichend von den Ausbildungsordnungen für staatlich anerkannte Ausbildungsberufe oder in Sonderformen durchgeführt wird. Berufsausbildungsbeihilfe kann während einer betrieblichen Ausbildung auch gezahlt werden, wenn der behinderte Mensch bei den Eltern wohnt.

101 Behinderte Menschen ohne Berufsabschluss können auch dann durch Weiterbildungsmaßnahmen gefördert werden, wenn sie noch nicht drei Jahre Berufstätigkeit zurückgelegt haben. Ist für die Teilnahme an einer Weiterbildungsmaßnahme ein schulischer Abschluss erforderlich, kann die hierfür notwendige Maßnahme gefördert werden. Ausbildungsmaßnahmen können verlängert oder wiederholt werden, wenn dies wegen Art oder Schwere der Behinderung und zur dauerhaften Teilhabe am Arbeitsleben erforderlich ist.

Besondere Leistungen

102 Die besonderen Leistungen werden erbracht, wenn die allgemeinen Leistungen zur Teilhabe am Arbeitsleben nicht ausreichen. Dabei handelt es sich um Fälle, in denen wegen Art oder Schwere der Behinderung oder zur Sicherung der Teilhabe die Maßnahmen in einer besonderen Einrichtung für behinderte Menschen durchgeführt werden müssen oder auf die besonderen Bedürfnisse dieser Menschen ausgerichtete Maßnahmen außerhalb von besonderen Einrichtungen erforderlich sind. Auf die besonderen Leistungen besteht ein Rechtsanspruch.

Übergangsgeld (§§ 160 ff., §§ 46 ff. SGB IX)

103 Das Übergangsgeld ist die zentrale Leistung zur Sicherung des Lebensunterhalts während der Teilnahme an besonderen Maßnahmen zur Teilhabe am Arbeitsleben. Übergangsgeld wird im Grundsatz an die behinderten Menschen geleistet, die wegen der Teilnahme an einer Maßnahme

– der beruflichen Weiterbildung,
– der Berufsvorbereitung einschließlich einer wegen der Behinderung erforderlichen Grundausbildung oder
– einer individuellen betrieblichen Qualifizierung nach dem Neunten Buch Sozialgesetzbuch

keine ganztägige Erwerbstätigkeit ausüben können. Es wird außerdem bei der Teilnahme an Maßnahmen der Berufsfindung und Arbeitserprobung gezahlt, wenn hierbei kein oder nur ein geringes Arbeitsentgelt erzielt wird.

104 Die Leistung setzt voraus, dass der behinderte Mensch innerhalb der letzten drei Jahre vor Beginn der Maßnahme (sogenannte Rahmenfrist) mindestens zwölf Monate lang eine versicherungspflichtige Beschäftigung (Vorbeschäftigungszeit) ausgeübt oder Arbeitslosengeld oder im Anschluss daran Arbeitslosenhilfe bezogen oder beantragt hat; bei einer vorhergehenden Beschäftigung im Ausland kann sich die Rahmenfrist auf bis zu fünf Jahre verlängern. Für Berufsrückkehrerinnen und Berufsrückkehrer reicht es aus, wenn die oben genannte versicherungspflichtige Beschäftigung irgendwann in der Vergangenheit bestanden hat.

In bestimmten Fällen kann auf die Erfüllung der Vorbeschäftigungszeit verzichtet werden.

Höhe des Übergangsgeldes

105 Das Übergangsgeld berechnet sich auf der Grundlage eines Regelentgelts. Das Regelentgelt entspricht im Grundsatz dem Arbeitsentgelt, das im letzten vor Beginn der Maßnahme abgerechneten Entgeltzeitraum, mindestens während der letzten abgerechneten vier Wochen erzielt wurde, gemindert um das einmalig gezahlte Arbeitsentgelt (z. B. Weihnachtsgeld). Für die Berechnung ist ein Betrag in Höhe von 80 Prozent des Regelentgelts maßgeblich (Berechnungsgrundlage). Das Übergangsgeld beträgt

– bei einem behinderten Menschen mit mindestens einem Kind im Sinne des Steuerrechts oder einem behinderten Menschen, dessen Ehegatte oder Lebenspartner, mit dem er in häuslicher Gemeinschaft lebt, eine Erwerbstätigkeit nicht ausüben kann, weil er den behinderten Menschen pflegt oder selbst der Pflege bedarf, 75 Prozent, bei Arbeitslosigkeit im Anschluss an die Maßnahme 67 Prozent,
– bei den übrigen behinderten Menschen 68 Prozent, bei Arbeitslosigkeit im Anschluss an die Maßnahme 60 Prozent der Berechnungsgrundlage.

Übergangsgeld bei Arbeitslosigkeit im Anschluss an die Maßnahme wird für höchstens drei Monate geleistet

106 Hat der behinderte Mensch zuletzt kein Arbeitsentgelt erzielt oder liegt dies länger als drei Jahre zurück, richtet sich das Übergangsgeld nach einem Betrag in Höhe von 65 Prozent des Entgelts, das der behinderte Mensch ohne die Behinderung nach seinen beruflichen Fähigkeiten und seinem Lebensalter erzielen könnte (fiktive Berechnung). Dies gilt ebenso, wenn sich aufgrund der regulären Berechnung (80 Prozent vom Regelentgelt) ein niedrigeres Entgelt ergibt als auf der Basis der fiktiven Berechnung.

Bei vorausgegangenem Bezug von bestimmten anderen Sozialleistungen (z. B. Krankengeld) wird das Übergangsgeld auf der gleichen Grundlage berechnet wie die vorausgegangene Leistung.

Auf das Übergangsgeld werden Arbeitsentgelt, Arbeitseinkommen und bestimmte öffentlich-rechtliche Geldleistungen angerechnet.

Ausbildungsgeld (§ 104)

107 Kann Übergangsgeld nicht geleistet werden, kann bei Teilnahme an Maßnahmen der beruflichen Ausbildung, einer individuellen betrieblichen Qualifizierung nach dem Neunten Buch Sozialgesetzbuch oder einer Maßnahme im Eingangsverfahren oder Berufsbildungsbereich einer Werkstatt für behinderte Menschen ein Ausbildungsgeld erbracht werden. Art und Höhe der Leistungen orientieren sich grundsätzlich an den Regeln, die im Bereich der Berufsausbildungsbeihilfe gelten.

Leistungen an Arbeitgeber (§§ 235a, 236 SGB III)

108 Arbeitgebern kann die Agentur für Arbeit neben den Eingliederungszuschüssen Ausbildungszuschüsse für die betriebliche Aus- oder Weiterbildung behinderter Menschen gewähren, wenn diese Aus- oder Weiterbildung sonst nicht zu erreichen ist. Die Zuschüsse sollen regelmäßig 60 Prozent der monatlichen Ausbildungsvergütung nicht überschreiten; bei schwerbehinderten Menschen im Sinne des SGB IX sollen 80 Prozent nicht überschritten werden. Zur Teilhabe der behinderten Menschen am Arbeitsleben kann die Agentur für Arbeit darüber hinaus weitere Hilfen erbringen, z. B. zur behindertengerechten Ausgestaltung von Ausbildungs- und Arbeitsplätzen.

Leistungen zur Erhaltung und Schaffung von Arbeitsplätzen

Überblick über die Leistungen

109 Zu den Leistungen zur Erhaltung und Schaffung von Arbeitsplätzen zählen die Maßnahmen zur Arbeitsbeschaffung und das Kurzarbeitergeld. Ihr Ziel ist es, die Schaffung neuer Dauerarbeitsverhältnisse zu ermöglichen und bestehende Arbeitsplätze durch gezielte Hilfen zu erhalten.

Förderung von Maßnahmen zur Arbeitsbeschaffung (§§ 260 ff.)

110 Ziel der Maßnahmen zur Arbeitsbeschaffung (Arbeitsbeschaffungsmaßnahmen - ABM) ist es, die Schaffung von Dauerarbeitsplätzen auf dem regulären Arbeitsmarkt zu fördern und Arbeitsgelegenheiten für arbeitslose Arbeitnehmer zu schaffen. Sie sollen dazu beitragen, Arbeitslosigkeit abzubauen, eine dauerhafte und qualifikationsgerechte Wiedereingliederung arbeitsloser Arbeitnehmer zu erreichen und darüber hinaus Impulse zur Verbesserung der sozialen Infrastruktur und zu sonstigen Strukturverbesserungen – insbesondere in den neuen Bundesländern – zu geben, um auch hierdurch zusätzliche Dauerarbeitsplätze zu schaffen. Die Förderung erfolgt durch Zuschüsse an die Träger der Maßnahmen.

Förderungsfähige Arbeiten

111 Gefördert werden Arbeiten, die der Allgemeinheit dienen und sonst nicht in diesem Umfang oder erst zu einem späteren Zeitpunkt durchgeführt würden (Zusätzlichkeit).

Es ist unschädlich, wenn die Arbeiten – in begrenztem Umfang – den in den Maßnahmen beschäftigten Arbeitnehmern zugute kommen (die Arbeitnehmer können z. B. Mieter der von ihnen errichteten Wohnungen werden).

112 Vorrangig sollen Arbeiten gefördert werden, bei denen im Anschluss an die Maßnahme mit einer Eingliederung auf dem Arbeitsmarkt gerechnet werden kann.

113 Arbeiten, die auf Grund einer rechtlichen Verpflichtung durchzuführen sind oder üblicherweise von juristischen Personen des öffentlichen Rechts durchgeführt werden, werden nur gefördert, wenn sie ohne die Förderung voraussichtlich nicht vor Ablauf von 2 Jahren durchgeführt würden.

114 Bei der Durchführung von Maßnahmen können begleitende Qualifizierungs- oder Praktikumsanteile gefördert werden.

Träger der Maßnahmen

115 Als Träger der Maßnahme kommen sowohl juristische Personen des öffentlichen Rechts als auch privatrechtliche Unternehmen oder Einrichtungen in Betracht, letztere allerdings nur, wenn sie gemeinnützige Zwecke verfolgen oder zu erwarten ist, dass die Förderung den Arbeitsmarkt in wirtschafts- oder sozialpolitisch erwünschter Weise belebt.

Zugewiesene Arbeitnehmer

116 Die Förderung wird für die Beschäftigung von Arbeitnehmern gewährt, die dem Träger von der Agentur für Arbeit zugewiesen werden. Zugewiesen werden dürfen grundsätzlich nur Arbeitnehmer, die

– arbeitslos sind und allein durch die Förderung in einer Arbeitsbeschaffungsmaßnahme eine Beschäftigung aufnehmen können und
– die Voraussetzungen für den Bezug von Entgeltersatzleistungen bei Arbeitslosigkeit oder bei beruflicher Weiterbildung (Arbeitslosengeld) oder Eingliederungsmaßnahmen für behinderte Menschen (Übergangsgeld) erfüllen.

Die Agentur für Arbeit kann auch Arbeitslose zuweisen, die nicht Leistungsbezieher sind, jedoch darf ihr Anteil 10 Prozent aller in dem betreffenden Jahr in Arbeitsbeschaffungsmaßnahmen zugewiesene Teilnehmer nicht übersteigen.

Die „10-Prozent-Grenze" gilt nicht für die Zuweisung von Arbeitnehmern,

– deren Zuweisung wegen der Wahrnehmung von Anleitungs- und Betreuungsaufgaben für die Durchführung der Maßnahme notwendig ist,
– die unter 25 Jahre sind, keine abgeschlossene Berufsausbildung haben und bei denen die Maßnahme mit einer berufsvorbereitenden Bildungsmaßnahme verbunden ist,
– die als behinderte Arbeitnehmer wegen Art und Schwere ihrer Behinderung nur durch die Zuweisung eine dauerhafte Eingliederungschance haben oder
– die als Berufsrückkehrer bereits für die Dauer von zwölf Monaten in einem Versicherungspflichtverhältnis gestanden haben.

Die Zuweisung von Arbeitnehmern in Arbeitsbeschaffungsmaßnahmen für Arbeitnehmer, die das 55. Lebensjahr noch nicht vollendet haben, ist ausgeschlossen, wenn die letzte Beschäftigung in einer Arbeitsbeschaffungs- oder Strukturanpassungsmaßnahme weniger als drei Jahre zurückliegt.

117 Für das Verhältnis zwischen dem Träger der Maßnahme und dem zugewiesenen Arbeitnehmer gelten die Vorschriften des Arbeitsrechts. Das Arbeitsverhältnis kann jedoch vom Arbeitgeber fristlos gekündigt werden, wenn die Agentur für Arbeit den Arbeitnehmer abberuft, weil sie ihm einen Dauerarbeitsplatz oder eine berufliche Ausbildungsstelle vermitteln oder ihm die Teilnahme an einer Maßnahme der beruflichen Weiterbildung ermöglichen kann. Ferner kann auch der Arbeitnehmer fristlos kündigen, wenn er eine andere Arbeit oder berufliche Ausbildungsstelle findet oder an einer Maßnahme der beruflichen Weiterbildung teilnehmen kann. In Arbeitsbeschaffungsmaßnahmen beschäftigte Arbeitnehmer werden nicht in die Arbeitslosenversicherung einbezogen. Damit entsteht nach Beendigung der Beschäftigung auch kein neuer Anspruch auf Arbeitslosengeld.

118 Die Agentur für Arbeit soll den zugewiesenen Arbeitnehmer aus der Arbeitsbeschaffungsmaßnahme abberufen, wenn sie ihm einen regulären Arbeitsplatz oder eine Ausbildungsstelle vermitteln oder die Teilnahme an einer notwendigen Maßnahme der beruflichen Weiterbildung ermöglichen kann. Nimmt der zugewiesene Arbeitslose den Arbeitsplatz nicht an oder tritt er die Ausbildungsstelle oder die Bildungsmaßnahme nicht an, muss er – wie der Empfänger von Entgeltersatzleistungen bei Arbeitslosigkeit – mit dem Eintritt einer bis zu zwölfwöchigen Sperrzeit für den nachfolgenden Anspruch auf Arbeitslosengeld rechnen.

Der Träger oder das durchführende Unternehmen haben nach Beendigung der Beschäftigung eine Teilnehmerbeurteilung auszustellen, die der Agentur für Arbeit und – auf Wunsch – auch dem Teilnehmer auszuhändigen ist.

Umfang der Förderung

119 Die Förderung erfolgt grundsätzlich pauschaliert. Es werden ausgerichtet an vier Qualifikationsstufen feste Sätze in Höhe von 900, 1.100, 1.200 oder 1.300 Euro gezahlt. Der Zuschuss darf allerdings die Höhe des tatsächlich vom Träger gezahlten Arbeitsentgelts nicht übersteigen. Ist die Arbeitszeit eines zugewiesenen Arbeitnehmers gegenüber der Arbeitszeit eines vergleichbaren, mit voller Arbeitszeit beschäftigten Arbeitnehmers herabgesetzt, sind die Zuschüsse entsprechend zu kürzen. Die Agentur für Arbeit kann den pauschalierten Zuschuss zum Ausgleich regionaler und in der Tätigkeit liegender Besonderheiten um bis zu 10 Prozent erhöhen.

Bei der Beschäftigung von Teilnehmern, die das 25. Lebensjahr noch nicht vollendet haben, muss dafür Sorge getragen werden, dass das in der Maßnahme gezahlte Entgelt sich ungefähr an der Höhe von Ausbildungsvergütungen orientiert. Ansonsten könnte für Jugendliche die Aufnahme einer Ausbildung uninteressant werden.

120 Zusätzlich zu der Pauschale kann die Agentur für Arbeit Sachkosten, pauschalierte Beiträge oder Beitragsanteile des Arbeitgebers und Qualifizierungskosten in Höhe von bis zu 300 Euro pro Arbeitnehmer und Fördermonat übernehmen (sogenannte verstärkte Förderung). Voraussetzung ist, dass die Finanzierung der Maßnahme auf andere Weise nicht sichergestellt werden kann und an der Durchführung der Maßnahme ein besonderes arbeitsmarktpolitisches Interesse besteht.

Dauer der Förderung

121 Die Regelförderungsdauer beträgt zwölf Monate. Eine Verlängerung auf 24 Monate ist u. a. dann möglich, wenn der Träger die Verpflichtung übernimmt, dass die zugewiesenen Arbeitnehmer in ein Dauerarbeitsverhältnis übernommen werden. Sind zu Beginn der Maßnahme überwiegend ältere Arbeitnehmer, die das 55. Lebensjahr vollendet haben, zugewiesen worden, kann sie bis zu 36 Monate gefördert werden. Eine Maßnahme kann ohne zeitliche Unterbrechung wiederholt gefördert werden, wenn durch sie während einer längeren Dauer Arbeitsplätze für wechselnde, besonders förderungsbedürftige Arbeitnehmer geschaffen werden.

122 Die Dauer der Zuweisung des förderungsbedürftigen Arbeitnehmers ist grundsätzlich auf bis zu zwölf Monate begrenzt. Die Zuweisungsdauer ist zu unterscheiden von der Dauer der Förderung. Die Förderungsdauer bezieht sich auf die Maßnahme, die Zuweisungsdauer auf den einzelnen Arbeitnehmer. Beide können auseinander fallen, z. B. dann, wenn in einer länger geförderten Maßnahme die Arbeitnehmer wechseln (Beispiel: an einer Maßnahme mit einer Gesamtförderdauer von 36 Monaten nehmen – nacheinander – Arbeitnehmer für einen Zeitraum von jeweils bis zu zwölf Monaten teil). Die Zuweisungsdauer kann unter den Voraussetzungen, die auch für die Verlängerung der Förderdauer der Maßnahme gelten, auf 24 bzw. 36 Monate verlängert werden.

Rückzahlung

123 Wird die Verpflichtung zur Übernahme nicht erfüllt oder das Arbeitsverhältnis innerhalb von zwölf Monaten nach Ende des Förderzeitraums beendet, sind die auf den Verlängerungszeitraum entfallenden Zuschüsse zurückzuzahlen. Ausnahmen gelten, wenn dem Arbeitgeber die Beendigung des Arbeitsverhältnisses nicht zuzurechnen ist oder die Erfüllung der Übernahmeverpflichtung nicht zumutbar war.

Kurzarbeitergeld (§§ 169 ff.)

Zielsetzung

124 Das Kurzarbeitergeld vergütet beschäftigten Arbeitnehmern einen Teil der Entgelteinbuße, die sie durch einen vorübergehenden Arbeitsausfall innerhalb ihres Beschäftigungsbetriebes erleiden. Es dient damit gleichermaßen sozialpolitischen, arbeitsmarktpolitischen, betriebs- und wirtschaftspolitischen Zwecken:

– Der Lebensstandard des von Arbeitsausfall und damit Entgeltausfall betroffenen Arbeitnehmers wird in etwa erhalten (sozialpolitischer Zweck).
– Der Betrieb behält seine eingearbeitete Belegschaft und kann bei verbesserter Auftragslage schnellstmöglich zur früheren Produktionsauslastung zurückkehren (betriebswirtschaftlicher Zweck).
– Beschäftigungsverhältnisse werden stabilisiert, der Fortbestand von Auftragsmangel betroffener

Betriebe gesichert, zugleich bleibt die Kaufkraft des Kurzarbeiters weitgehend erhalten (volkswirtschaftlicher Zweck).

Das Saison-Kurzarbeitergeld ist eine Spezialform des Kurzarbeitergelds. Der Bezug des Saison-Kurzarbeitergelds geht dem Bezug von Kurzarbeitergeld vor. Arbeitnehmer, die in Betrieben des Baugewerbes oder in Wirtschaftszweigen beschäftigt sind, welche von saisonbedingten Arbeitsausfällen betroffen sind, können während der Schlechtwetterzeit auch bei konjunkturell bedingtem Arbeitsausfall ausschließlich Saison-Kurzarbeitergeld beziehen.

Anspruch auf Kurzarbeitergeld

125 Der Anspruch auf Kurzarbeitergeld steht dem einzelnen Arbeitnehmer zu. Er verlangt die Erfüllung sowohl auf den Betrieb bezogener als auch vom betroffenen Arbeitnehmer zu erfüllender Voraussetzungen:

Erheblicher Arbeitsausfall

126 Erheblich ist ein Arbeitsausfall, der auf wirtschaftlichen Gründen oder einem unabwendbaren Ereignis beruht, vorübergehend und nicht vermeidbar ist.

127 Kurzarbeitergeld wird nur gewährt, wenn in einem Betrieb ein Arbeitsausfall eintritt, der auf wirtschaftlichen Ursachen einschließlich betrieblicher Strukturveränderungen oder auf einem unabwendbaren Ereignis beruht. Hierfür kommen in erster Linie konjunkturelle Ursachen, wie Auftragsmangel, sowie Naturkatastrophen, aber auch behördliche Maßnahmen, die vom Arbeitgeber nicht zu vertreten sind, in Betracht.

128 Der Arbeitsausfall muss vorübergehend sein (die Konsolidierung dauernd produktionsgeminderter Betriebe ist im Grundsatz nicht Aufgabe der Arbeitsförderung), aber auch einen gewissen Mindestumfang erreichen. Innerhalb eines Kalendermonates muss mindestens ein Drittel der im Betrieb tatsächlich beschäftigten Arbeitnehmer – bis 31. März 2012 ist das Drittelerfordernis ausgesetzt - von einem Entgeltausfall von jeweils mehr als 10 Prozent ihres monatlichen Bruttoentgelts betroffen sein. Weitere Kurzarbeitsperioden können sich anschließen. Arbeitsausfälle geringeren Umfangs werden nicht vergütet, weil in diesen Fällen davon ausgegangen werden kann, dass sie mit innerbetrieblichen Maßnahmen aufgefangen werden können. Dagegen besteht keine Obergrenze des Arbeitsausfalls, auch der vorübergehende vollständige Arbeitsausfall in einem Betrieb kann daher zur Kurzarbeitergeldzahlung führen.

129 Unvermeidbar ist der Arbeitsausfall, wenn er auch unter Einsatz aller wirtschaftlich vertretbaren und technisch realisierbaren Möglichkeiten nicht zu verhindern ist. Hierzu zählt etwa die Möglichkeit einer vertretbaren Vorratshaltung für Rohstoffe, der Arbeit auf Lager, aber auch personalwirtschaftlicher Entscheidungen von Urlaubsgewährungen bis zur Freisetzung von Arbeitnehmern. Als vermeidbar gilt insbesondere ein Arbeitsausfall, der bei der Nutzung von im Betrieb zulässigen Arbeitsschwankungen ganz oder teilweise vermieden werden kann – bis 31. März 2012 sind allerdings betrieblich mögliche negative Arbeitszeitsalden nicht zu nutzen. Vom Arbeitnehmer kann auch die Auflösung eines Arbeitszeitguthabens nicht verlangt werden, so weit es ausschließlich für eine vorzeitige Freistellung eines Arbeitnehmers vor einer altersbedingten Beendigung des Arbeitsverhältnisses bestimmt ist (z. B. gesetzliche Altersteilzeit). Dies gilt auch für ein Arbeitszeitguthaben, das zur Vermeidung der Inanspruchnahme von Saison-Kurzarbeitergeld bis zu einem Umfang von 150 Stunden angespart worden ist, das länger als ein Jahr unverändert bestanden hat oder das den Umfang von 10 Prozent der ohne Mehrarbeit geschuldeten Jahresarbeitszeit eines Arbeitnehmers übersteigt. Arbeitszeitkonten, die zum Zwecke der außer- und innerbetrieblichen Qualifikation auf Grund eines Tarifvertrages oder einer auf einem Tarifvertrag beruhenden Betriebsvereinbarung aufgebaut sind, sind auch geschützt. Die Auflösung bis zu einem Umfang von 50 Stunden kann auch nicht verlangt werden, wenn vertraglich Zeitguthaben zur Überbrückung von Arbeitsausfällen außerhalb der Schlechtwetterzeit bestimmt ist.

130 Dagegen können Arbeitsausfälle, die ausschließlich auf betriebsorganisatorischen Gründen beruhen, überwiegend branchen- oder betriebsüblich sind oder saisonbedingt auftreten, den Anspruch auf Kurzarbeitergeld nicht begründen.

Betriebliche Voraussetzungen

131 Das Kurzarbeitergeld wird Arbeitnehmern bei vorübergehendem Entgeltausfall in Betrieben gezahlt, die regelmäßig mindestens einen Arbeitnehmer beschäftigen. Die Voraussetzung gilt auch gleichbedeutend für eine Betriebsabteilung.

Persönliche Voraussetzungen

132 Kurzarbeitergeld können nur Personen erhalten, die versicherungspflichtig beschäftigt sind. Ein Arbeitnehmer hat Anspruch auf Kurzarbeitergeld, wenn er nach Beginn des Arbeitsausfalls in einem Betrieb, in dem Kurzarbeitergeld gezahlt wird, eine versicherungspflichtige Beschäftigung ungekündigt fortsetzt oder aus zwingenden Gründen oder im Anschluss an die Beendigung eines Berufsausbildungsverhältnisses aufnimmt und infolge des Arbeitsausfalls nur ein vermindertes oder aber keinerlei Arbeitsentgelt bezieht.

133 Teilnehmer an einer beruflichen Weiterbildungsmaßnahme, die Arbeitslosengeld oder Übergangsgeld nach dem SGB III oder einem anderen Gesetz beziehen, erhalten kein Kurzarbeitergeld.

Dagegen wird das Kurzarbeitergeld weiter gezahlt, wenn der Arbeitnehmer während des Bezuges von Kurzarbeitergeld arbeitsunfähig wird, solange Anspruch auf Fortzahlung des Arbeitsentgelts im Krankheitsfalle besteht oder ohne den Arbeitsausfall bestehen würde.

Ausgeschlossen von der Zahlung des Kurzarbeitergeldes sind Arbeitnehmer, wenn und solange sie bei einer Vermittlung nicht in der von der Agentur für Arbeit verlangten und gebotenen Weise mitwirken. Hat der Arbeitnehmer eine von der Agentur für Arbeit angebotene zumutbare Beschäftigung nicht angenommen oder angetreten, tritt unter den gleichen Voraussetzungen und im gleichen Umfang wie bei den Beziehern von Arbeitslosengeld eine Sperrzeit ein.

Anzeigeverfahren

134 Kurzarbeitergeld wird nur gezahlt, wenn der Arbeitsausfall der Agentur für Arbeit schriftlich angezeigt worden ist. Anzeigeberechtigt ist der Arbeitgeber, aber auch die Betriebsvertretung.

Dem einzelnen Arbeitnehmer steht ein Anzeigerecht hingegen nicht zu.

Umfang der Leistungsgewährung

135 Kurzarbeitergeld wird frühestens von dem Kalendermonat an geleistet, in dem die Anzeige bei der Agentur für Arbeit eingegangen ist. Bei unabwendbaren Ereignissen gilt eine unverzüglich erstattete Anzeige als für den Kalendermonat, in dem der Arbeitsausfall eingetreten ist, als erstattet. Die Leistung ist innerhalb einer Ausschlussfrist von drei Kalendermonaten nach Ablauf des Monats zu beantragen, in dem der Arbeitsausfall eingetreten ist.

136 Kurzarbeitergeld wird grundsätzlich nur für die Dauer von sechs Monaten geleistet. Diese Frist beginnt mit dem ersten Monat, für den in einem Betrieb Kurzarbeitergeld gezahlt wird. Wird für eine zusammenhängende Zeit von mindestens einem Monat kein Kurzarbeitergeld gezahlt, verlängert sich die Bezugsfrist entsprechend.

Nach Ablauf der Bezugsfrist kann Kurzarbeitergeld erneut erst dann gezahlt werden, wenn seit dem letzten Tag, für den Kurzarbeitergeld gezahlt worden ist, drei Monate verstrichen sind und die Voraussetzungen im Übrigen erneut vorliegen. Zeiten des Bezugs von Saison-Kurzarbeitergeld werden nicht auf die Bezugsdauer des Kurzarbeitergelds angerechnet. Sie gelten nicht bei vorangehenden und sich anschließenden Bezug von Kurzarbeitergeld als Unterbrechungszeit.

137 Das Bundesministerium für Arbeit und Soziales kann bei außergewöhnlichen Verhältnissen auf dem Arbeitsmarkt durch Rechtsverordnung bestimmen, dass die Bezugsfrist, wenn nur bestimmte Wirtschaftszweige oder Bezirke von den außergewöhnlichen Verhältnissen betroffen sind, für diese bis auf 12 Monate, wenn die außergewöhnlichen Verhältnisse auf dem gesamten Arbeitsmarkt vorliegen, bis auf 24 Monate verlängert wird.

Durch Verordnung über die Bezugsfrist für das Kurzarbeitergeld ist im Hinblick auf die außergewöhnlichen Verhältnisse auf dem Arbeitsmarkt die Bezugsfrist für das Kurzarbeitergeld bei Arbeitnehmern, deren Anspruch im Jahr 2011 entsteht, auf 12 Monate verlängert. Bei Ansprüchen, die im Jahr 2010 entstanden sind, gilt eine Bezugsfrist von 18 Monaten.

Tabelle 2: Kurzarbeitergeld
Zahl der Empfänger und Ausgaben (Istergebnisse)

Jahr	Kurzarbeiter Jahresdurchschnitt	Betriebe	Aufwand ohne Erstattung SV-Beiträge in Mio. Euro
2002	206.767	12.395	603,50
2003	195.371	13.404	687,12
2004	150.593	11.726	672,00
2005	125.505	10.998	635,00
2006	66.981	6.577	150,00
2007	68.317	8.334	80,00
2008	101.540	10.052	110,00
2009*	1.147.094	55.729	2.975,00

*) Schätzung.

Bemessung und Höhe des Kurzarbeitergeldes

138 Das Kurzarbeitergeld bemisst sich nach dem Entgeltausfall, den der Arbeitnehmer in einem Kalendermonat erleidet. Maßgeblich ist hierbei die sogenannte Nettoentgeltdifferenz. Diese wird aus dem Nettobetrag, der sich aus dem ungeminderten Bruttoentgelt errechnet, das der Arbeitnehmer ohne Kurzarbeit in dem Monat erzielt hätte (sogenanntes Sollentgelt) und dem Nettobetrag, der sich aus dem geminderten tatsächlich erzielten Bruttoentgelt ergibt (sogenanntes Istentgelt), berechnet. Zur Vermeidung von Benachteiligungen bleiben Einmalzahlungen bei der Ermittlung des maßgeblichen Betrages außer Betracht. Das Bruttoentgelt vermindert sich hierbei jeweils um die gesetzlichen Abzüge, die bei Arbeitnehmern gewöhnlich – also nicht einzelfallbezogen – anfallen. Die Vorschriften beim Arbeitslosengeld über die Berechnung des Leistungsentgelts gelten im Wesentlichen für die Berechnung der pauschalierten Nettoarbeitsentgelte beim Kurzarbeitergeld entsprechend.

139 Das Kurzarbeitergeld beträgt

– für Arbeitnehmer mit mindestens einem Kind im Sinne des Steuerrechts sowie Arbeitnehmer, deren Ehegatte mindestens ein Kind im Sinne des Steuerrechts hat, wenn beide Ehegatten unbeschränkt steuerpflichtig sind und nicht dauernd getrennt leben, 67 Prozent und
– für die übrigen Arbeitnehmer 60 Prozent der Nettoentgeltdifferenz.

140 Die konkrete Berechnung des Kurzarbeitergeldes wird vom Bundesministerium für Arbeit und Soziales in einer Verordnung über die pauschalierten Nettoarbeitsentgelte bestimmt.

141 Nebeneinkommen, das ein Arbeitnehmer während des Bezuges von Kurzarbeitergeld aus einer anderen Tätigkeit erzielt, wird auf den Anspruch angerechnet. Dies gilt nicht, so weit Einkommen in entsprechender Höhe vor dem erheblichen Arbeitsausfall erzielt wurde und in entsprechender Höhe auch während der Kurzarbeit weiter erzielt wird.

Anspruch auf Saison-Kurzarbeitergeld

142 Zur Förderung der ganzjährigen Beschäftigung sieht das SGB III ein Saison-Kurzarbeitergeld vor. Die Leistung soll in der Bauwirtschaft und in anderen Wirtschaftszweigen mit hohen saisonbedingten Arbeitsausfällen zu einer Verstetigung der Beschäftigungsverhältnisse beitragen und dem Anstieg der Arbeitslosigkeit in den Wintermonaten entgegenwirken. Die Leistungen Wintergeld und Winterausfallgeld sind Bestandteil dieses Leistungssystems.

143 Saison-Kurzarbeitergeld erhalten in der Schlechtwetterzeit (1. Dezember bis 31. März) in Betrieben des Baugewerbes oder in von saisonbedingtem Arbeitsausfall betroffenen Wirtschaftszweigen beschäftigte Arbeitnehmer, wenn die persönlichen und betriebsbedingten Voraussetzungen, die denen für den Bezug des Kurzarbeitergelds entsprechen, erfüllt sind.

144 Betriebe des Baugewerbes sind solche Betriebe oder Betriebsabteilungen, die gewerblich überwiegend Bauleistungen auf dem Baumarkt anbieten, also Bauarbeiten, die der Herstellung, Instandsetzung, Instandhaltung, Änderung oder Beseitigung von Bauwerken dienen. Ein Wirtschaftszweig ist von saisonbedingtem Arbeitsausfall betroffen, wenn der Arbeitsausfall regelmäßig in der Schlechtwetterzeit auf Grund witterungsbedingter oder wirtschaftlicher Ursachen eintritt. Das Nähere hierzu ist durch ein gesondertes Bundesgesetz festzulegen. Ein Bezug von Saison-Kurzarbeitergeld in Branchen außerhalb des Baugewerbes ist nur mit Einvernehmen der maßgeblichen Tarifvertragsparteien möglich.

145 Ein Arbeitsausfall ist erheblich, wenn er auf wirtschaftlichen oder witterungsbedingten Gründen oder einem unabwendbaren Ereignis beruht, vorübergehend und nicht vermeidbar ist. Witterungsbedingter Ausfall liegt vor, wenn dieser ausschließlich durch zwingende Witterungsgründe verursacht ist und an einem Arbeitstag mindestens eine Stunde der regelmäßigen betrieblichen Arbeitszeit ausfällt. Wurden seit der letzten Schlechtwetterzeit Arbeitszeitguthaben, die nicht mindestens ein Jahr bestanden haben, zu anderen Zwecken als zum Ausgleich für einen verstetigten Monatslohn, bei witterungsbedingtem Arbeitsausfall oder der Freistellung zum Zweck der Qualifizierung ausgelöst, gilt der Umfang der aufgelösten Arbeitszeitguthaben im Sinne einer arbeitsförderungsrechtlichen Schadensverhinderungspflicht als vermeidbarer Arbeitsausfall.

146 Saison-Kurzarbeitergeld wird nur ausgezahlt, wenn der Arbeitsausfall der Agentur für Arbeit monatlich schriftlich angezeigt wird. Eine Anzeige ist entbehrlich, wenn der Arbeitsausfall ausschließlich auf unmittelbar witterungsbedingten Gründen beruht. Die Leistung ist innerhalb einer Ausschlussfrist von drei Kalendermonaten nach Ablauf des Monats zu beantragen, in dem der Arbeitsausfall eingetreten ist.

147 Saison-Kurzarbeitergeld wird ausschließlich für die Dauer der Schlechtwetterzeit geleistet. Für die

Bemessung und die Höhe des Saison-Kurzarbeitergelds sowie die Einkommensanrechnung gelten die Regelungen über das Kurzarbeitergeld entsprechend. Es wird demnach in Höhe von 67 Prozent der Nettoentgeltdifferenz an Arbeitnehmer mit Kind, an die anderen Arbeitnehmer in Höhe von 60 Prozent gezahlt.

Ergänzende Leistungen zum Saison-Kurzarbeitergeld

148 Das Wintergeld wird zur pauschalen Abgeltung der Mehraufwendungen (Mehraufwands-Wintergeld) gezahlt, die für die Arbeitnehmer der Bauwirtschaft und in den durch Bundesgesetz näher bezeichneten Wirtschaftszweigen mit der Arbeit auf einem witterungsbedingten Arbeitsplatz in der saisonal ungünstigen Jahreszeit verbunden sind. Gezahlt wird in der Förderungszeit (es handelt sich um die Monate Januar und Februar sowie den Zeitraum vom 15. bis 31. Dezember) in Höhe von 1,00 Euro für jede berücksichtigungsfähige Arbeitsstunde. Berücksichtigungsfähig sind im Dezember bis zu 90, im Januar und Februar bis zu 180 Arbeitsstunden.

149 Zuschuss-Wintergeld wird in Höhe von bis zu 2,50 Euro je ausgefallene Arbeitsstunde gewährt, wenn zu deren Ausgleich Arbeitszeitguthaben aufgelöst und die Inanspruchnahme des Saison-Kurzarbeitergelds vermieden wird.

150 Im Baugewerbe können nur Arbeitnehmer die ergänzenden Leistungen beziehen, deren Arbeitsverhältnis in der Schlechtwetterzeit nicht aus witterungsbedingten Gründen gekündigt werden kann.

151 In Betrieben des Gerüstbauerhandwerks gelten bis 31. März 2012 für das Saison-Kurzarbeitergeld und die ergänzenden Leistungen Besonderheiten, die sich an der bisherigen Förderung orientieren (z.B. Erweiterung der Schlechtwetterzeit auf den November).

152 Arbeitgeber haben Anspruch auf Erstattung der von ihnen zu tragenden Beiträge zur Sozialversicherung, soweit für diese Zwecke Mittel durch eine Umlage aufgebracht werden.

Transferleistungen

153 Die bisherigen Instrumente zur Flankierung betrieblicher Restrukturierungsprozesse, die Zuschüsse zu den Sozialplanmaßnahmen und das strukturelle Kurzarbeitergeld werden zu wirksamen Transferleistungen fortentwickelt.

Transferkurzarbeitergeld (§ 216b)

154 Zur Vermeidung von Entlassungen und zur Verbesserung ihrer Vermittlungsaussichten haben Arbeitnehmer Anspruch auf Kurzarbeitergeld zur Förderung der Eingliederung bei betrieblichen Restrukturierungen (Transferkurzarbeitergeld), wenn und solange sie von einem der Agentur für Arbeit angezeigten dauerhaften unvermeidbaren Arbeitsausfall mit Entgeltausfall betroffen sind, die betrieblichen und persönlichen Voraussetzungen erfüllt sind und sich die Betriebsparteien zuvor von der Arbeitsagentur haben beraten lassen. Die betrieblichen Voraussetzungen sind erfüllt, wenn in einem Betrieb Personalanpassungsmaßnahmen auf Grund einer Betriebsänderung durchgeführt und die vom Arbeitsausfall betroffenen Arbeitnehmer zur Vermeidung von Entlassungen und zur Verbesserung ihrer Eingliederungschancen in einer betriebsorganisatorisch eigenständigen Einheit zusammengefasst werden, die im Hinblick auf die Organisation und Mittelausstattung den angestrebten Integrationserfolg erwarten lässt. Um diesen messen zu können, ist ein internes Qualitätssicherungssystem anzuwenden. Die persönlichen Voraussetzungen sind erfüllt, wenn der Arbeitnehmer von Arbeitslosigkeit bedroht ist, nach Beginn des Arbeitsausfalls eine versicherungspflichtige Beschäftigung fortsetzt oder im Anschluss an die Beendigung eines Berufsausbildungsverhältnisses aufnimmt, nicht vom Kurzarbeitergeld ausgeschlossen ist, vor der Überleitung in die betriebsorganisatorisch eigenständigen Einheit aus Anlass der Betriebsänderung sich bei der Arbeitsagentur arbeitsuchend meldet und an einer arbeitsmarktlich zweckmäßigen Maßnahme zur Feststellung der Eingliederungsaussichten (Profiling-Modul) teilgenommen hat. Während des Bezugs von Transferkurzarbeitergeld hat der Arbeitgeber dem geförderten Arbeitnehmer Vermittlungsvorschläge zu unterbreiten. Hat das Profiling-Modul ergeben, dass Arbeitnehmer Qualifizierungsdefizite aufweisen, soll der Arbeitgeber geeignete Maßnahmen zur Verbesserung der Eingliederungsaussichten anbieten.

155 Der Anspruch ist ausgeschlossen, wenn die Arbeitnehmer nur vorübergehend in der betriebsorganisatorisch eigenständigen Einheit zusammengefasst werden, um anschließend einen anderen Arbeitsplatz in dem gleichen oder einem anderen Betrieb des Unternehmens zu besetzen; gleiches gilt auf Konzernebene. Die Bezugsfrist für das Transferkurzarbeitergeld beträgt längstens zwölf Monate. Da das Transferkurzarbeitergeld als Sonderform des (konjunkturellen) Kurzarbeitergeldes konzipiert ist, gelten im Übrigen die sonstigen gesetzlichen Vorschriften zum Kurzarbeitergeld entsprechend.

Förderung der Teilnahme an Transfermaßnahmen (§ 216a)

156 Steht eine Betriebsänderung an, die für einen erheblichen Teil der Belegschaft zu wesentlichen Nachteilen führen kann, soll der Arbeitgeber versuchen, mit dem Betriebsrat einen Interessenausgleich zu vereinbaren. Wenn die Betriebsänderung einen Personalabbau zur Folge hat, erhalten die Betroffenen zumeist Abfindungen. Diese Arbeitnehmer, die in der Regel gleichzeitig auch Arbeitslosengeld beziehen, sind dann häufig nur schwer wieder in den Arbeitsmarkt einzugliedern.

Um darauf hinzuwirken, dass die Betriebspartner in Sozialplänen anstelle von Abfindungen Maßnahmen zur Wiedereingliederung in den Arbeitsmarkt vereinbaren, werden solche beschäftigungswirksamen Maßnahmen (Transfermaßnahmen) gefördert. Dabei bleibt für betriebliche und örtliche Bedürfnisse ein breiter Handlungsspielraum. Das Gesetz legt die förderungsfähigen Gestaltungen nicht im Einzelnen fest. Transfermaßnahmen sind alle Maßnahmen zur Eingliederung in den Arbeitsmarkt, an denen sich der Arbeitgeber angemessen finanziell beteiligt. Die Teilnahme von Arbeitnehmern an einer Transfermaßnahme wird gefördert, wenn

- die Maßnahme von einem Dritten durchgeführt wird,
- die Maßnahme der Eingliederung in den Arbeitsmarkt dienen soll,
- ihre Durchführung gesichert ist und
- ein System der Qualitätssicherung angewendet wird.

Die Förderung, auf die bei Vorliegen der Voraussetzungen ein Rechtsanspruch des Arbeitnehmers besteht, beläuft sich auf 50 Prozent der aufzuwendenden Maßnahmekosten. Sie kann bis zu 2.500 Euro je gefördertem Arbeitnehmer betragen.

157 Durch die Förderung darf der Arbeitgeber nicht von bestehenden Verpflichtungen entlastet werden. Ein Förderanspruch besteht nicht, wenn die Maßnahme dazu dient, den Arbeitnehmer auf eine Anschlussbeschäftigung im selben Betrieb, bzw. bei Konzernunternehmen, in einem Betrieb eines anderen Unternehmens des Konzerns vorzubereiten. Während der Förderung sind andere Leistungen der aktiven Arbeitsförderung, die die gleiche Zielsetzung haben, nicht möglich. Von der Förderung ausgeschlossen sind Arbeitnehmer im öffentlichen Dienst mit Ausnahme der Beschäftigten solcher Unternehmen, die in selbständiger Rechtsform erwerbswirtschaftlich betrieben werden.

Verwendung der Mittel für die aktive Arbeitsförderung

Eingliederungstitel

158 Die Agenturen für Arbeit erhalten die Mittel für die weitaus meisten Ermessensleistungen der aktiven Arbeitsförderung zur eigenständigen Bewirtschaftung zugewiesen (sogenannter Eingliederungstitel). Im Eingliederungstitel sind die Mittel für folgende Fördermaßnahmen enthalten:

- berufliche Weiterbildung,
- Arbeitsbeschaffungsmaßnahmen,
- vermittlungsunterstützende Leistungen,
- Förderung der Teilnahme an Transfermaßnahmen,
- Eingliederungszuschüsse, mit Ausnahme der Leistungen für besonders betroffene schwerbehinderte Menschen,
- Leistungen an Arbeitgeber und Träger zur Förderung der Berufsausbildung mit Ausnahme der Leistungen für schwerbehinderte Auszubildende und des Ausbildungsbonus,
- Leistungen zur Förderung benachteiligter Auszubildender sowie
- allgemeine Leistungen zur beruflichen Eingliederung behinderter Menschen.

Die arbeitsmarktpolitischen Schwerpunkte setzen die Agenturen für Arbeit. Sie und ihre örtliche Selbstverwaltung, die Verwaltungsausschüsse, müssen sicherstellen, dass für jede der vorgenannten Leistungen Mittel zur Verfügung stehen. Die Agenturen entscheiden im Übrigen jedoch eigenverantwortlich über die Mittelverteilung.

Erprobung innovativer Ansätze (§ 421h)

159 Bis zu 1 Prozent der im Eingliederungstitel enthaltenen Mittel kann die Bundesagentur dafür einsetzen, innovative Ansätze der aktiven Arbeitsförderung zu erproben. Die einzelnen Projekte dürfen den Höchstbetrag von 2 Millionen Euro jährlich und eine Dauer von 24 Monaten nicht übersteigen. Diese Erprobung innovativer Ansätze gilt für Förderungen, die bis zum 31. Dezember 2013 beginnen. Die Umsetzung und die Wirkung der Projekte werden beobachtet und ausgewertet.

Eingliederungsbilanz (§ 11)

160 Mit dem Eingliederungstitel erhalten die Agenturen für Arbeit große Flexibilität beim Verwaltungsvollzug. Außerdem wird deren Eigenverantwortung gestärkt. Dies verlangt, dass die Mittelverwendung nachvollzogen werden kann. Dazu muss jede Agentur für Arbeit jährlich eine Eingliederungsbilanz über ihre Ermessensleistungen der aktiven Arbeitsmarktpolitik und ihre Leistungen zur Förderung der Aufnahme einer selbständigen Tätigkeit veröffentlichen. Die Eingliederungsbilanzen, die zwischen den einzelnen Agenturen für Arbeit vergleichbar sein müssen, sollen deutlich machen, wofür die Agenturen ihre Mittel verwenden, wie hoch der Aufwand bei den Förderleistungen ist, welche Personengruppen gefördert werden und welchen Erfolg die Förderung hat. Für die Aufstellung der Bilanz gibt das SGB III deshalb u. a. folgende Kriterien vor:

– Angaben über die Mittelverwendung,
– durchschnittliche Ausgaben pro gefördertem Arbeitnehmer,
– Beteiligung besonders förderungsbedürftiger Personengruppen an den einzelnen Leistungen,
– Beteiligung von Frauen unter Berücksichtigung des Frauenanteils an den Arbeitslosen,
– Erfolg und Nachhaltigkeit von Vermittlung und Förderung,
– Entwicklung der Rahmenbedingungen für die Eingliederung auf dem regionalen Arbeitsmarkt,
– Veränderung der Maßnahmen im Zeitverlauf und
– Arbeitsmarktsituation von Personen mit Migrationshintergrund.

Förderung aus Mitteln des Europäischen Sozialfonds

161 Eine ergänzende Förderung kann aus Mitteln des Europäischen Sozialfonds (ESF) erfolgen. Die ESF-Förderung ergänzt Fördermöglichkeiten des SGB III und wird von der Bundesagentur für Arbeit auf der Grundlage der Richtlinien für aus Mitteln des ESF mitfinanzierte zusätzliche arbeitsmarktpolitische Maßnahmen im Bereich des Bundes durchgeführt. Auf die Förderung besteht kein Rechtsanspruch. Sie erfolgt nur im Rahmen vorhandener Haushaltsmittel.

162 Bezieher von Transferkurzarbeitergeld, insbesondere aus kleinen und mittleren Unternehmen, können bei Teilnahme an beruflichen Qualifizierungsmaßnahmen gefördert werden. Dies ist möglich, wenn sie bei der Agentur für Arbeit arbeitslos gemeldet sind, durch eine Maßnahme zur Feststellung der Eingliederungsaussichten Qualifizierungsdefizite festgestellt wurden und daher vorgesehen ist, geeignete Maßnahmen zur Verbesserung der Eingliederungsaussichten zu veranlassen. Die Qualifizierungsmaßnahme muss während des Bezugszeitraums für Transferkurzarbeitergeld durchgeführt werden und die Maßnahme sowie deren Träger müssen die erforderlichen Zulassungen für berufliche Weiterbildungsförderung besitzen. Die Arbeitnehmer können die angemessenen Lehrgangskosten und eine Fahrkostenpauschale in Höhe von 3 Euro pro Tag erhalten. Der Arbeitgeber muss sich jedoch an den Kosten der Qualifizierungsmaßnahme angemessen beteiligen.

163 Eine ESF-Förderung ist möglich, wenn die betreffende Maßnahme bis zum 31. Dezember 2013 beginnt. Förderleistungen können dann bis zum 31. Dezember 2014 erbracht werden.

164 Für Arbeitnehmer aus kleinen und mittleren Unternehmen die Kurzarbeitergeld oder Saisonkurzarbeitergeld beziehen und an beruflichen Qualifizierungsmaßnahmen teilnehmen, kann der Arbeitgeber von der Agentur für Arbeit Förderleistungen erhalten. Die Förderung setzt voraus, dass für den Arbeitnehmer Qualifizierungsbedarf begründet wird, die Teilnahme nicht der Rückkehr zur Vollarbeitszeit oder der Erhöhung der Arbeitszeit im Wege steht, bei Maßnahmebeginn zu erwarten ist, dass die Maßnahme innerhalb der Bezugsfrist für das Kurzarbeitergeld abgeschlossen ist und die Qualifizierungsmaßnahme sowie deren Träger für die Weiterbildung zugelassen sind. Kleine Unternehmen in diesem Sinne sind Unternehmen mit weniger als 50 Beschäftigten und einem Jahresumsatz, bzw. einer Jahresbilanzsumme von nicht mehr als 10 Millionen Euro. Mittlere Unternehmen sind Unternehmen mit weniger als 250 Beschäftigten und einem Jahresumsatz von höchstens 50 Millionen Euro bzw. einer Jahresbilanzsumme von höchstens 43 Millionen Euro. Die Arbeitgeber können 60 Prozent der Maßnahmekosten erstattet bekommen. An Arbeitgeber mittlerer Unternehmen können bis zu 70 Prozent, an Arbeitgeber kleinerer Unternehmen bis zu 80 Prozent der Maßnahmekosten gezahlt werden. Bei benachteiligten oder behinderten kann die Förderung bis zu 70 Prozent betragen.

165 Die Förderung für Bezieher von Kurzarbeitergeld oder Saisonkurzarbeitergeld kann nur erfolgen, wenn deren Qualifizierungsmaßnahme bis zum 31. Dezember 2010 beendet war. Dauert eine Maßnahme über diesen Zeitpunkt hinaus, können Förderleistungen bis zum 30. Juni 2011 erbracht werden.

Leistungen bei Arbeitslosigkeit

Arbeitslosengeld (§§ 117 ff.)

Zielsetzung und Grundformen des Arbeitslosengeldes

166 Das Arbeitslosengeld ist die Hauptleistung der Arbeitslosenversicherung. Anspruch auf Arbeitslosengeld besteht bei Arbeitslosigkeit oder auch bei beruflicher Weiterbildung.

167 Entsprechend dem Grundsatz des SGB III, dass der Vermittlung in Ausbildung und Arbeit der Vorrang vor der finanziellen Sicherung zukommt, wird Arbeitslosengeld nur gezahlt, so weit und so lange die Arbeitslosigkeit auch durch intensive Vermittlungsbemühungen unter Einschluss des arbeitsmarktpolitischen Instrumentariums nicht beseitigt werden kann. Das Arbeitslosengeld ist eine Entgeltersatzleistung, die an die Stelle des während der Zeit der Arbeitslosigkeit oder der Teilnahme an einer beruflichen Weiterbildung ausfallenden Arbeitsentgelts tritt; dem Arbeitnehmer soll sie ermöglichen, seinen Lebensstandard in dieser Zeit in etwa zu erhalten.

Voraussetzungen des Anspruchs bei Arbeitslosigkeit

168 Anspruch auf Arbeitslosengeld bei Arbeitslosigkeit hat, wer arbeitslos ist, sich bei der Agentur für Arbeit arbeitslos gemeldet und die Anwartschaftszeit erfüllt hat. Arbeitnehmer, die das für die Regelaltersrente im Sinne des SGB VI maßgebliche Lebensjahr vollendet haben, zählen zum Schutzbereich der gesetzlichen Rentenversicherung und haben daher vom Beginn des Monats an, der auf die Vollendung des maßgeblichen Lebensjahres folgt, keinen Anspruch auf Arbeitslosengeld.

Arbeitslosigkeit

169 Arbeitslos ist ein Arbeitnehmer, der vorübergehend nicht beschäftigt ist (Beschäftigungslosigkeit), sich bemüht, seine Beschäftigungslosigkeit zu beenden (Eigenbemühungen) und den Vermittlungsbemühungen der Agentur für Arbeit zur Verfügung steht (Verfügbarkeit).

Beschäftigungslosigkeit

170 Die Ausübung einer Beschäftigung, die auf weniger als 15 Stunden wöchentlich beschränkt ist, schließt Beschäftigungslosigkeit nicht aus. Mehrere unter dieser Zeitgrenze liegende Beschäftigungen oder selbständige Tätigkeiten, die der Arbeitnehmer nebeneinander ausübt, werden zusammengezählt.

Eigenbemühungen

171 Im Rahmen der Eigenbemühungen hat der Arbeitslose alle Möglichkeiten zur beruflichen Eingliederung zu nutzen. Hierzu gehören insbesondere die Einhaltung der Eingliederungsvereinbarung, die Mitwirkung bei der Vermittlung durch Dritte und die Nutzung der Selbstinformationseinrichtung der Bundesagentur für Arbeit.

Verfügbarkeit

172 Der Arbeitsvermittlung steht zur Verfügung, wer

– eine zumutbare versicherungspflichtige, mindestens 15 Stunden wöchentlich umfassende Beschäftigung unter den üblichen Bedingungen des für ihn in Betracht kommenden Arbeitsmarktes aufnehmen und ausüben,
– an Maßnahmen zur beruflichen Eingliederung in das Erwerbsleben teilnehmen und
– Vorschlägen der Agentur für Arbeit zur beruflichen Eingliederung zeit- und ortsnah Folge leisten kann und darf.

Der Arbeitslose muss zur Aufnahme einer zumutbaren Beschäftigung, die er objektiv verrichten kann, aber auch zur Teilnahme an einer Maßnahme der beruflichen Bildung oder – so weit dies erforderlich ist – der beruflichen Rehabilitation bereit sein (subjektive Verfügbarkeit).

Wer wegen körperlicher oder geistiger Einschränkungen der Leistungsfähigkeit oder tatsächlicher – z. B. familiärer – oder rechtlicher Bindungen nicht in der Lage ist, unter den üblichen Bedingungen des allgemeinen Arbeitsmarktes beschäftigt zu sein, ist daher nicht verfügbar. Ist der Leistungsberechtigte nur bereit, Teilzeitbeschäftigungen auszuüben, so schließt dies Verfügbarkeit nicht aus, wenn sich die Arbeitsbereitschaft auf eine versicherungspflichtige, mindestens 15 Wochenstunden umfassende Teilzeitbeschäftigung erstreckt. Die Regelung trägt dem Wunsch vieler Arbeitnehmer Rechnung, in Teilzeit tätig zu werden. Der Arbeitslose muss nicht mehr grundsätzlich für eine Vollzeittätigkeit zur Verfügung stehen, erhält dann aber ein entsprechend gemindertes Arbeitslosengeld. Eine Einschränkung auf Teilzeitbeschäftigungen ist aus Anlass eines konkreten Arbeits- oder Maßnahmeangebots allerdings nicht zulässig. Bei anzuerkennenden Bindungen, wie insbesondere der Betreuung aufsichtsbedürftiger Kinder oder pflegebedürftiger Angehöriger, ist weiterhin eine Beschränkung des Arbeitslosen auf eine mindestens 15 Stunden wöchentlich umfassende Teilzeitbeschäftigung ohne Beeinträchtigung der Verfügbarkeit möglich.

Die Verfügbarkeit eines Arbeitslosengeldbeziehers für die Arbeitsvermittlung wird nicht dadurch ausgeschlossen, dass er an einer Maßnahme zur Aktivierung und beruflichen Eingliederung teilnimmt, die mit Zustimmung der Agentur für Arbeit durchgeführt wird, um zu seiner beruflichen Weiterbildung oder zur Verbesserung seiner Vermittlungsaussichten beizutragen. Wer an einer Maßnahme der beruflichen Weiterbildung teilnimmt, ohne die Fördervoraussetzungen zu erfüllen, ist verfügbar, wenn die Agentur für Arbeit der Teilnahme zustimmt und der Arbeitslose bereit ist, die Maßnahme abzubrechen, sobald eine berufliche Eingliederung in Betracht kommt und für diesen Fall mit dem Träger den Abbruch der Maßnahme vereinbart hat. Auch die ehrenamtliche Betätigung in einem Umfang von 15 Stunden und mehr schließt Arbeitslosigkeit nicht aus, wenn dadurch die berufliche Eingliederung des Arbeitslosen nicht beeinträchtigt wird. Das Nähere hierzu hat das Bundesministerium für Arbeit und Soziales in der Verordnung für ehrenamtliche Betätigung von Arbeitslosen festgelegt.

Wer wegen seines Verhaltens nach der im Arbeitsleben herrschenden Auffassung für eine Beschäftigung als Arbeitnehmer nicht in Betracht kommt, ist nicht verfügbar.

173 Bei Schülern oder Studenten wird widerlegbar vermutet, dass sie nur versicherungsfreie Beschäftigungen ausüben können. Die Vermutung ist widerlegt, wenn der Arbeitslose nachweist, dass sein Ausbildungsgang auch bei ordnungsgemäßer Erfüllung der Ausbildungs- und Prüfungsbestimmungen die Ausübung einer versicherungspflichtigen, mindestens 15 Stunden wöchentlich umfassenden Beschäftigung zulässt.

Zumutbarkeit

174 Bei der Beurteilung der Zumutbarkeit einer Beschäftigung sind die Interessen des Arbeitslosen und die der Gesamtheit der Beitragszahler gegeneinander abzuwägen.

Zumutbar sind alle Beschäftigungen, die den Fähigkeiten des Arbeitslosen entsprechen, so weit allgemeine oder personenbezogene Gründe der Zumutbarkeit einer Beschäftigung nicht entgegenstehen.

- Aus allgemeinen Gründen ist eine Beschäftigung einem Arbeitslosen insbesondere dann nicht zumutbar, wenn die Beschäftigung gegen gesetzliche, tarifliche oder in Betriebsvereinbarungen festgelegte Bestimmungen über Arbeitsbedingungen oder gegen Bestimmungen des Arbeitsschutzes verstößt.

- Aus personenbezogenen Gründen ist eine Beschäftigung einem Arbeitslosen insbesondere nicht zumutbar, wenn das daraus erzielbare Arbeitsentgelt erheblich niedriger ist als das der Bemessung des Arbeitslosengeldes zugrunde liegende Arbeitsentgelt. Danach ist in den ersten drei Monaten der Arbeitslosigkeit eine Minderung um mehr als 20 Prozent und in den folgenden drei Monaten um mehr als 30 Prozent dieses Arbeitsentgelts nicht zumutbar. Vom siebten Monat der Arbeitslosigkeit an ist dem Arbeitslosen eine Beschäftigung nur dann nicht zumutbar, wenn das daraus erzielbare Nettoeinkommen unter Berücksichtigung der mit der Beschäftigung zusammenhängenden Aufwendungen niedriger ist als das Arbeitslosengeld.

- Aus personenbezogenen Gründen ist einem Arbeitslosen eine Beschäftigung auch nicht zumutbar, wenn die täglichen Pendelzeiten zwischen seiner Wohnung und der Arbeitsstätte im Vergleich zur Arbeitszeit unverhältnismäßig lang sind. Als unverhältnismäßig lang sind dabei im Regelfall Pendelzeiten von insgesamt mehr als zweieinhalb Stunden bei einer Arbeitszeit von mehr als sechs Stunden und Pendelzeiten von mehr als zwei Stunden bei einer Arbeitszeit von sechs Stunden und weniger anzusehen. Eine Beschäftigung ist nicht schon deshalb unzumutbar, weil sie befristet ist, vorübergehend eine getrennte Haushaltsführung erfordert oder nicht zum Kreis der Beschäftigungen gehört, für die der Arbeitnehmer ausgebildet ist oder die er bisher ausgeübt hat.

- Ein Umzug zur Aufnahme einer Beschäftigung außerhalb des zumutbaren Tagespendelbereichs ist einem Arbeitslosen zumutbar, wenn nicht zu erwarten ist, dass er innerhalb der ersten drei Monate der Arbeitslosigkeit eine Beschäftigung innerhalb des zumutbaren Pendelbereichs aufnehmen wird. Ab dem vierten Monat der Arbeitslosigkeit ist ein Umzug in der Regel zumutbar. Ein Umzug ist nicht zumutbar, wenn diesem ein wichtiger Grund (z. B. familiäre Bindungen) entgegensteht.

175 Damit der Arbeitslose die Agentur für Arbeit erreichen kann und für diese erreichbar ist, ist er verpflichtet, sicherzustellen, dass die Agentur für Arbeit ihn persönlich an jedem Werktag unter der von ihm benannten Anschrift durch Briefpost erreichen kann. Innerhalb des Nahbereichs der für ihn zuständigen Agentur für Arbeit kann sich der Arbeitslose auch an jedem anderen Ort aufhalten, wenn er der Agentur für Arbeit rechtzeitig seine Anschrift für die Dauer der Abwesenheit mitgeteilt hat und dort erreichbar ist. Zum Nahbereich gehören alle Orte in der Umgebung der Agentur für Arbeit, von denen aus der Arbeitslose erforderlichenfalls in der Lage wäre, die Agentur für Arbeit täglich ohne unzumutbaren Aufwand zu erreichen. Ein Aufenthalt außerhalb des Nahbereichs der Agentur für Arbeit ist unter bestimmten Voraussetzungen – grundsätzlich für bis zu drei Wochen im Jahr – aber nur dann möglich, wenn die Agentur für Arbeit zuvor festgestellt hat, dass dadurch die berufliche Eingliederung nicht beeinträchtigt wird.

176 Arbeitslose, deren Leistungsfähigkeit nicht nur vorübergehend eingeschränkt ist und die deshalb nicht in dem gesetzlich vorgesehenen Umfang arbeiten können, werden gleichwohl als verfügbar angesehen, solange der zuständige Rentenversicherungsträger eine verminderte Erwerbsfähigkeit noch nicht festgestellt hat.

177 Wird die Person, die Arbeitslosengeld bezieht, während des Leistungsbezuges durch Krankheit, Sterilisation oder infolge eines rechtmäßigen Schwangerschaftsabbruchs arbeitsunfähig, wird die Leistung ungeachtet der fehlenden Verfügbarkeit für die Arbeitsvermittlung für bis zu sechs Wochen fortgezahlt. Dies gilt auch für arbeitslose Personen, die auf Kosten der Krankenkasse stationär behandelt werden.

Persönliche Arbeitslosmeldung

178 Arbeitslosengeld bei Arbeitslosigkeit wird erst von dem Tag an gewährt, an dem sich der Arbeitnehmer bei der Agentur für Arbeit persönlich arbeitslos gemeldet hat. Dies entspricht dem Grundsatz des Vorrangs der Vermittlung in eine neue Beschäftigung vor der Gewährung von Entgeltersatz. Die Sicherung durch die Entgeltersatzleistung tritt erst von dem Tage an ein, an dem die Agentur für Arbeit Kenntnis vom Eintritt der Arbeitslosigkeit hat, sich persönlich von der Verfügbarkeit des Arbeitnehmers für die Arbeitsvermittlung und der Bereitschaft zur Beschäftigungssuche überzeugen und entsprechende Vermittlungsbemühungen einleiten kann. Das Gesetz verlangt daher eine persönliche Meldung des Arbeitslosen bei der Agentur für Arbeit, eine schriftliche oder telefonische Meldung reicht hierzu ebenso wenig aus wie eine solche durch einen Dritten. Kann sich der Arbeitslose nicht am ersten Tag seiner Beschäftigungslosigkeit melden und Arbeitslosengeld beantragen, weil die zuständige Agentur für Arbeit an diesem Tag nicht dienstbereit ist, gelten diese Voraussetzungen als am ersten Tag der Arbeitslosigkeit erfüllt, wenn sich der Arbeitslose am nächsten Tag, an dem die Agentur für Arbeit dienstbereit ist, arbeitslos meldet.

179 Die Wirkung der Meldung erlischt, wenn die Arbeitslosigkeit für einen zusammenhängenden Zeitraum von mehr als sechs Wochen – bspw. durch die Ausübung einer mindestens 15 Stunden umfassenden Beschäftigung – unterbrochen war. Sie erlischt ferner, wenn die Aufnahme einer Beschäftigung nicht unverzüglich mitgeteilt worden ist. Ein Arbeitsloser, der der Agentur für Arbeit eine Zwischenbeschäftigung von nicht mehr als sechs Wochen mitteilt, hat nach dem Ende der Beschäftigung ohne erneute Arbeitslosmeldung wieder Anspruch auf Arbeitslosengeld.

Anwartschaftszeit

180 Die Anwartschaftszeit hat erfüllt, wer in der Rahmenfrist mindestens zwölf Monate in einem Versicherungspflichtverhältnis gestanden hat. Die Rahmenfrist, innerhalb der die Anwartschaftszeit erfüllt sein muss, beträgt zwei Jahre und beginnt mit dem Tag vor der Entstehung des Anspruches auf Arbeitslosengeld (dies ist in der Regel der Tag der Arbeitslosmeldung). In die Rahmenfrist werden Zeiten nicht eingerechnet, in denen der Arbeitslose von einem Rehabilitationsträger Übergangsgeld wegen einer berufsfördernden Maßnahme bezogen hat.

181 Seit 1. August 2009 beträgt die Anwartschaftszeit sechs Monate für Arbeitslose, die nachweisen, dass sich die in der Rahmenfrist zurückgelegten Beschäftigungstage überwiegend aus versicherungspflichtigen Beschäftigungen ergeben, die nicht auf mehr als sechs Wochen im Voraus befristet sind, und nachweisen, dass das in den letzten zwölf Monaten vor der Beschäftigungslosigkeit erzielte Arbeitsentgelt die zum Zeitpunkt der Anspruchsentstehung maßgebliche Bezugsgröße (im Jahr 2011: 30.600 Euro West/ 26.880 Euro Ost) nicht übersteigt,. Die Neuregelung, die insbesondere den besonderen Bedingungen von projektbezogen kurzfristig beschäftigten Kulturschaffenden Rechnung trägt, ist bis zum 1. August 2012 befristet und soll im Rahmen einer Wirkungsforschung evaluiert werden.

Dauer des Anspruchs

182 Die Dauer des Anspruchs auf Arbeitslosengeld richtet sich nach der Dauer der Versicherungspflichtverhältnisse innerhalb der letzten vier Jahre vor der Arbeitslosmeldung und dem Lebensalter des Betroffenen; im Einzelnen:

nach Versicherungspflichtverhältnissen mit einer Dauer von insgesamt mindestens … Monaten	und nach Vollendung des … Lebensjahres	… Monate
12		6
16		8
20		10
24		12
30	50.	15
36	55.	18
48	58.	24

183 Bei Erfüllung der Anwartschaftszeit bei überwiegend kurzzeitigen Beschäftigungen beträgt die Dauer des Anspruchs auf Arbeitslosengeld:

nach Versicherungspflichtverhältnissen mit einer Dauer von insgesamt mindestens … Monaten	… Monate
6	3
8	4
10	5

184 Der Anspruch auf Arbeitslosengeld erlischt mit der Entstehung eines neuen Anspruches. Ein evtl. bestehender Restanspruch wird dem neuen Anspruch auf Arbeitslosengeld bis zur jeweiligen altersmäßigen Höchstgrenze hinzugerechnet, wenn die Rahmenfrist von fünf Jahren noch nicht verstrichen ist.

Anspruchsvoraussetzungen bei beruflicher Weiterbildung

185 Anspruch auf Arbeitslosengeld besteht auch, wenn der Arbeitnehmer einen Anspruch auf Arbeitslosengeld allein wegen einer geförderten beruflichen Weiterbildung nicht erfüllt. Bei einem Arbeitnehmer, der vor Eintritt in die Maßnahme nicht arbeitslos war, gelten die Voraussetzungen als erfüllt, wenn er

– bei Eintritt in die Maßnahme einen Anspruch auf Arbeitslosengeld bei Arbeitslosigkeit hätte, der weder ausgeschöpft noch erloschen ist, oder
– die Anwartschaftszeit im Falle von Arbeitslosigkeit am Tage des Eintritts in die Maßnahme erfüllt hätte; insoweit gilt der Tag des Eintritts in die Maßnahme als Tag der persönlichen Arbeitslosmeldung.

Bemessungsgrundlage

186 Ausgangspunkt der Bemessung des Arbeitslosengeldes ist in der Regel das Bruttoarbeitsentgelt, das der Arbeitslose in den Entgeltabrechnungszeiträumen im letzten Jahr vor der Entstehung des Anspruchs auf Arbeitslosengeld durchschnittlich täglich erzielt hat (Bemessungsentgelt). Außer Betracht bleibt Arbeitsentgelt, das nur wegen der Beendigung des Arbeitsverhältnisses gezahlt wird. Besondere einmalige Zuwendungen, z. B. Weihnachts- und Urlaubsgeld, die der Arbeitslose zusätzlich zum laufenden Arbeitsentgelt erhalten hat, sind in die Bemessung einbezogen.

187 Für den Bemessungszeitraum bleiben Zeiten außer Betracht, die nicht auf typischen Beschäftigungsverhältnissen beruhen (z. B. Zeiten des Bezugs von Erziehungsgeld oder Elterngeld, Zeiten der Tätigkeit als Helfer im Rahmen eines freiwilligen sozialen oder ökologischen Jahres oder Zeiten der Pflege, die mit einer Minderung der Arbeitszeit oder des Arbeitsentgelts verbunden ist). Bei der Bemessung des Arbeitslosengeldes bleiben ebenfalls Zeiten außer Betracht, in denen der Arbeitslose – etwa wegen eines Wechsels von Vollzeit- auf Teilzeitbeschäftigung – seine Arbeitszeit vermindert hatte, wenn die Minderung nicht länger als drei Jahre zurückliegt. Bis 31. März 2012 bleiben Änderungen der durchschnittlichen regelmäßigen wöchentlichen Arbeitszeit außer Betracht, die auf Grund einer ab dem 1. Januar 2008 geschlossenen Beschäftigungssicherungsvereinbarung beruhen.

188 Der Bemessungszeitraum wird auf zwei Jahre erweitert, wenn der auf das letzte Jahr entfallende Bemessungszeitraum weniger als 150 Tage oder bei Fällen mit überwiegend kurzzeitigen Beschäftigungen weniger als 90 Tage mit Anspruch auf Arbeitsentgelt enthält. Bestanden auch im erweiterten Bemessungszeitraum kein Anspruch auf Arbeitsentgelt von mindestens 150 bzw. 90 Tagen, ist als Bemessungsentgelt ein fiktives Arbeitsentgelt zugrunde zu legen, das sich nach der Beschäftigung ausrichtet, auf die die Arbeitsverwaltung die Vermittlungsbemühungen in erster Linie zu erstrecken hat. Die Höhe dieses fiktiven Bemessungsentgelts richtet sich nach pauschalierten Qualifikationsstufen.

189 Bestandsschutzregelungen gewährleisten, dass ein Arbeitsloser, der eine schlechter bezahlte Beschäftigung aufnimmt, bei Verlust dieser Beschäftigung nicht ein niedrigeres Arbeitslosengeld erhält. Hat der Arbeitslose in den letzten zwei Jahren vor dem erneuten Entstehen eines Leistungsanspruchs Arbeitslosengeld bezogen, richtet sich das Arbeitslosengeld mindestens nach dem Entgelt, das der früheren Bemessung zugrunde gelegen hat.

190 Kann der Arbeitslose nicht mehr die im Bemessungszeitraum durchschnittlich auf die Woche entfallende Zahl von Arbeitsstunden leisten, weil er tatsächlich oder rechtlich gebunden (z. B. aufgrund der Betreuung aufsichtsbedürftiger Kinder) oder sein Leistungsvermögen gesundheitlich bedingt eingeschränkt ist, führt dies für diese Zeit zu einer entsprechenden Minderung des Bemessungsentgelts.

191 Das so ermittelte Bruttoarbeitsentgelt (Bemessungsentgelt) vermindert sich um eine Sozialversicherungspauschale in Höhe von 21 Prozent des Bemessungsentgelts und um die sonstigen gesetzlichen Abzüge, allerdings ohne Kirchensteuer. Hieraus resultiert das für die Bemessung des Arbeitslosengeldes maßgebliche „pauschalierte" Nettoarbeitsentgelt (Leistungsentgelt).

Höhe des Arbeitslosengeldes

192 Das Arbeitslosengeld beträgt bei Arbeitslosen mit mindestens einem Kind im Sinne des Steuerrechts 67 Prozent, bei den übrigen Arbeitslosen 60 Prozent dieses Leistungsentgelts.

Minderung des Arbeitslosengeldes, Zusammentreffen des Anspruchs auf Arbeitslosengeld mit sonstigem Einkommen und Ruhen des Anspruchs

Minderung des Arbeitslosengeldes

193 Die Anspruchsdauer auf Arbeitslosengeld mindert sich während der Dauer von Sperrzeiten, während der Zeiten, für die das Arbeitslosengeld wegen fehlender Mitwirkung versagt oder entzogen worden ist oder in denen der Arbeitslose ohne wichtigen Grund nicht arbeitsbereit ist. Bei Sperrzeiten von zwölf Wochen mindert sich die Anspruchdauer mindestens um ein Viertel; bei anderen Minderungstatbeständen ist die Höhe der Minderung ebenfalls näher festgelegt.

Ruhen bei Arbeitsentgelt und Urlaubsabgeltung

194 Da das Arbeitslosengeld ausfallendes Arbeitsentgelt ersetzen soll, ruht der Anspruch auf Arbeitslosengeld, solange der Arbeitslose noch Arbeitsentgelt erhält oder zu beanspruchen hat. Ebenso ruht der Anspruch, wenn der Arbeitslose wegen der Beendigung des Arbeitsverhältnisses eine Urlaubsabgeltung erhalten hat oder zu beanspruchen hat; dabei entspricht der Ruhenszeitraum der Zeit des abgegoltenen Urlaubs.

Tabelle 3: Übersicht über die Entwicklung der Zahl der Arbeitslosengeldempfänger sowie der Aufwendungen für Arbeitslosengeld (Istergebnisse):

Haushaltsjahr	Leistungsempfänger (Jahresdurchschnitt)	Durchschnittlicher Monatskopfsatz (einschließlich Kranken-, Pflege- und Rentenversicherung)	Aufwand
		Euro	Mio. Euro
2002	1.873.503	1.213,99	27.006,5
2003	1.914.488	1.213,20	29.047,9
2004	1.844.720	1.312,51	29.072,1
2005	1.728.592	1.302,60	27.018,6
2006	1.445.200	1.319,19	22.878,0
2007	1.080.000	1.306,36	16.934,0
2008	916.667	1.260,40	13.864,4
2009	1.143.000	1.260,61	17.290,6

Ruhen bei Entlassungsentschädigungen

195 Der Anspruch ruht, wenn der Arbeitnehmer wegen der Beendigung des Arbeitsverhältnisses eine Entlassungsentschädigung erhalten oder zu beanspruchen hat. Das Ruhen tritt ein, wenn das Arbeitsverhältnis ohne Einhaltung einer Frist, die der ordentlichen Kündigungsfrist entspricht, beendet worden ist. Der Anspruch auf Arbeitslosengeld ruht in diesen Fällen für den Zeitraum, den der Arbeitnehmer bei Fortzahlung seines bisherigen Arbeitsentgelts benötigt hätte, um ein Entgelt von mindestens 25 Prozent, höchstens aber 60 Prozent der Entlassungsentschädigung zu erzielen, jedoch nicht über den Zeitraum hinaus, der der ordentlichen Kündigungsfrist entspricht. Der Ruhenszeitraum beträgt längstens ein Jahr.

Bei Arbeitnehmern, die unkündbar sind, wird in der Regel eine fiktive Kündigungsfrist von 18 Monaten, bei Arbeitnehmern, die nur bei Zahlung einer Entlassungsentschädigung ordentlich kündbar sind, eine solche von einem Jahr zugrunde gelegt.

Der jeweils zu berücksichtigende Anteil der Entlassungsentschädigung, der von dem Lebensalter des Arbeitnehmers und der Dauer der Betriebszugehörigkeit abhängig ist, ergibt sich aus der nachfolgenden Übersicht:

Betriebszugehörigkeit	Lebensalter					
	unter 40 J.	ab 40 J.	ab 45 J.	ab 50 J.	ab 55 J.	ab 60 J.
weniger als 5 Jahre	60%	55%	50%	45%	40%	35%
5 bis 10 Jahre	55%	45%	45%	40%	35%	30%
10 bis 15 Jahre	50%	40%	40%	35%	30%	25%
15 bis 20 Jahre	45%	35%	35%	30%	25%	25%
20 bis 25 Jahre	40%	30%	30%	25%	25%	25%
25 bis 30 Jahre	35%	25%	25%	25%	25%	25%
30 bis 35 Jahre		25%	25%	25%	25%	25%
35 und mehr Jahre		25%	25%	25%	25%	25%

Anrechnung von Nebeneinkommen

196 Das Nettoeinkommen, das der Arbeitslose aus einer geringfügigen Nebenbeschäftigung mit einer wöchentlichen Arbeitszeit mit weniger als 15 Stunden erzielt, die er während des Leistungsbezuges ausübt, wird nach Abzug der Werbungskosten und eines Freibetrages auf das Arbeitslosengeld für den Kalendermonat, in dem die Beschäftigung ausgeübt wird, angerechnet. Der Freibetrag beträgt pauschal 165 Euro. Besonderheiten gelten, wenn in den letzten 18 Monaten vor Entstehung des Anspruchs auf Arbeitslosengeld in einem gesetzlich näher bestimmten Zeitraum eine Beschäftigung oder selbständige Tätigkeiten mit einer wöchentlichen Arbeits- bzw. Tätigkeitszeit jeweils unter 15 Stunden ausgeübt worden sind. Sonderregelungen gelten zu Nebeneinkommen, das ein Bezieher von Arbeitslosengeld bei beruflicher Weiterbildung bezieht.

Ruhen bei anderen öffentlich-rechtlichen Leistungen

197 Der Anspruch auf Arbeitslosengeld ruht grundsätzlich ferner während der Zeit, für die dem Arbeitslosen ein Anspruch auf bestimmte andere Sozialleistungen zuerkannt ist. Hierzu zählen insbesondere Krankengeld, Versorgungskrankengeld, Verletztengeld, Übergangsgeld, Mutterschaftsgeld, Rente wegen voller Erwerbsminderung aus einer der gesetzlichen Rentenversicherungen sowie Altersruhegeld aus der Rentenversicherung der Arbeiter oder der Angestellten, Knappschaftsruhegeld oder Knappschaftsausgleichsleistungen aus der knappschaftlichen Rentenversicherung oder ähnliche Bezüge öffentlichrechtlicher Art für eine Zeit vor Vollendung des Lebensjahres des Arbeitslosen, das für den Anspruch auf Regelaltersrente nach dem SGB VI maßgeblich ist.

Ruhen bei Sperrzeiten

198 Hat der Arbeitnehmer sich ohne wichtigen Grund versicherungswidrig verhalten, ruht der Anspruch für die Dauer einer Sperrzeit. Versicherungswidriges Verhalten liegt vor, wenn

– der Arbeitslose das Beschäftigungsverhältnis gelöst oder durch ein arbeitsvertragswidriges Verhalten die Lösung veranlasst und dadurch vorsätzlich oder grob fahrlässig die Arbeitslosigkeit herbeigeführt hat (Arbeitsaufgabe),
– der arbeitsuchend gemeldete Arbeitnehmer oder der Arbeitslose, eine von der Agentur für Arbeit angebotene Arbeit nicht angenommen, nicht angetreten oder die Anbahnung eines solchen Beschäftigungsverhältnisses durch sein Verhalten verhindert (Arbeitsablehnung),
– der Arbeitslose die geforderten Eigenbemühungen nicht nachweist (Unzureichende Eigenbemühungen),
– der Arbeitslose sich weigert, an einer zumutbaren Maßnahme der Aktivierung und beruflichen Eingliederung oder an einer Maßnahme zur beruflichen Ausbildung oder zur Teilhabe behinderter Menschen am Arbeitsleben teilzunehmen oder die Teilnahme an einer solchen Maßnahme abgebrochen oder seinen Ausschluss aus der Maßnahme veranlasst hat (Ablehnung bzw. Abbruch einer Eingliederungsmaßnahme),
– der Arbeitslose der Aufforderung der Agentur für Arbeit sich zu melden oder zu einem Untersuchungstermin zu erscheinen, nicht nachkommt oder nachgekommen ist (Meldeversäumnis) oder
– der Arbeitslose seiner Verpflichtung zur frühzeitigen Arbeitsuche bei bevorstehender Beendigung des Arbeitsverhältnisses nicht nachgekommen ist (verspätete Arbeitsuchendmeldung).

199 Bei erstmaligem versicherungswidrigen Verhalten tritt eine Sperrzeit von drei Wochen ein; bei einem zweiten versicherungswidrigen Verhalten eine Sperrzeit von sechs Wochen. Erst ab dem dritten versicherungswidrigen Verhalten tritt eine Sperrzeit von zwölf Wochen ein. Die Dauer der Sperrzeit wegen Arbeitsaufgabe beträgt auch bei erstmaligem versicherungswidrigen Verhalten zwölf Wochen. Die Dauer der jeweiligen Sperrzeit verkürzt sich in besonderen Härtefällen auf drei bzw. sechs Wochen. Die Dauer der Sperrzeit bei unzureichenden Eigenbemühungen beträgt zwei Wochen, bei Meldeversäumnissen oder verspäteter Arbeitsuchendmeldung eine Woche.

200 Die Sperrzeit tritt nicht ein, wenn der Arbeitslose für sein Verhalten einen wichtigen Grund hatte. Ein solcher liegt vor, wenn dem Arbeitslosen unter Abwägung seiner Interessen und der Interessen der Solidargemeinschaft der in der Arbeitslosenversicherung Versicherten ein anderes Verhalten nicht zugemutet werden konnte.

Der Arbeitslose hat für die Beurteilung eines wichtigen Grundes die maßgebenden Tatsachen darzulegen und nachzuweisen, wenn diese in seiner Sphäre oder in seinem Verantwortungsbereich liegen. Insoweit trägt der Arbeitslose die Ermittlungs- und Beweislast.

201 Während der Sperrzeit ruht der Anspruch auf Arbeitslosengeld. Grundsätzlich vermindert sich außerdem bei einer Sperrzeit wegen Arbeitsaufgabe die Dauer des Anspruchs um ein Viertel der verbleibenden Anspruchsdauer.

Ruhen bei Arbeitskämpfen

202 Bei Arbeitskämpfen ist die Bundesagentur zur Neutralität verpflichtet. Durch die Gewährung von Arbeitslosengeld (gleiches gilt für den praktisch häufigeren Fall der Gewährung von Kurzarbeitergeld) darf daher nicht in Arbeitskämpfe eingegriffen werden. Das Arbeitslosengeld ruht deshalb für Arbeitnehmer, die infolge eines Arbeitskampfes arbeitslos werden, wenn sie selbst streiken oder ausgesperrt sind.

203 Der Anspruch ruht ferner bei allen mittelbar vom Arbeitskampf betroffenen Arbeitnehmern, wenn die geforderten oder erkämpften Arbeitsbedingungen nach Abschluss eines entsprechenden Tarifvertrages für sie persönlich in Betracht kommen und der Betrieb, in dem sie zuletzt beschäftigt waren,

– dem räumlichen und fachlichen Geltungsbereich des umkämpften Tarifvertrages zuzuordnen ist oder

– allein dem fachlichen Geltungsbereich des umkämpften Tarifvertrages zuzuordnen ist, aber der Arbeitskampf stellvertretend auch für ihre Arbeitsbedingungen geführt wird. Das Gesetz geht davon aus, dass dies nur dann der Fall ist, wenn

  – im Tarifbezirk des mittelbar betroffenen Arbeitnehmers eine Tarifforderung erhoben worden ist,
  – diese erhobene Forderung einer Hauptforderung des Arbeitskampfes nach Art und Umfang gleich ist, ohne mit ihr übereinstimmen zu müssen und
  – das Arbeitskampfergebnis aller Voraussicht nach im Tarifbezirk des mittelbar betroffenen Arbeitnehmers im Wesentlichen übernommen wird.

Die Entscheidung hierüber trifft der Neutralitätsausschuss der Bundesagentur, dem Vertreter der Arbeitnehmer und Arbeitgeber aus dem Verwaltungsrat der Bundesagentur sowie dem Vorsitzenden des Vorstands der Bundesagentur angehören.

Teilarbeitslosengeld

204 Teilarbeitslosengeld ist von Bedeutung, wenn Arbeitnehmer zwei oder sogar mehrere Teilzeitbeschäftigungen nebeneinander ausüben und eine hiervon verlieren. Im Einzelnen setzt ein Anspruch auf Teilarbeitslosengeld voraus, dass der Arbeitnehmer

– teilarbeitslos ist; der Versicherungsfall ist eingetreten, wenn der Arbeitnehmer eine versicherungspflichtige Beschäftigung verloren hat, die er neben einer oder mehreren ebenfalls versicherungspflichtigen Beschäftigungen ausgeübt hat und eine neue versicherungspflichtige Beschäftigung sucht,
– sich teilarbeitslos gemeldet hat oder
– die Anwartschaftszeit für Teilarbeitslosengeld erfüllt hat; der Arbeitnehmer muss in einer „Teilarbeitslosengeld-Rahmenfrist" von zwei Jahren vor dem Tag, an dem alle sonstigen Voraussetzungen für den Leistungsanspruch erfüllt sind, neben der weiterhin ausgeübten versicherungspflichtigen Beschäftigung mindestens zwölf Monate die verlorene versicherungspflichtige Beschäftigung ausgeübt haben.

Anspruch auf Teilarbeitslosengeld besteht für bis zu sechs Monate.

Altersteilzeitförderung (Altersteilzeitgesetz)

Ziel der Altersteilzeit

205 Das Altersteilzeitgesetz soll älteren Arbeitnehmern den gleitenden Übergang in den Ruhestand ermöglichen. Es regelt die Rahmenbedingungen, unter denen Arbeitgeber und Arbeitnehmer einen schrittweisen Übergang in den Ruhestand in Form einer Verminderung der Arbeitszeit vereinbaren können. Werden die dadurch freiwerdenden Arbeitsplätze wiederbesetzt, erlangt der Arbeitgeber einen Anspruch auf Förderung durch die Agentur für Arbeit. Das Altersteilzeitgesetz verpflichtet weder Arbeitnehmer noch Arbeitgeber, eine Altersteilzeitvereinbarung abzuschließen. Auf der Grundlage des Gesetzes sind zahlreiche Tarifverträge abgeschlossen worden, die zum Teil Rechtsansprüche auf Altersteilzeitarbeit vorsehen.

Funktionen der Altersteilzeit

206 Altersteilzeitarbeit hat in rechtlicher Hinsicht vor allem zwei Funktionen: Arbeitnehmer, die mindestens 24 Kalendermonate in Altersteilzeitarbeit beschäftigt waren und deren Arbeitgeber Aufstockungsleistungen zum Arbeitsentgelt gezahlt und zusätzliche Rentenversicherungsbeiträge mindestens in der gesetzlich bestimmten Höhe entrichtet hat, erfüllen damit eine der Zugangsvoraussetzungen für die Altersrente wegen Arbeitslosigkeit oder nach Altersteilzeitarbeit.

Wird der Arbeitsplatz, der durch den Übergang in Altersteilzeitarbeit frei wird, wirksam wiederbesetzt, dann erhält der Arbeitgeber eine Förderung von der Agentur für Arbeit, die ihm seine erbrachten Leistungen in dem vom Altersteilzeitgesetz festgelegten Umfang erstattet.

Voraussetzungen der Altersteilzeit

207 Altersteilzeitarbeit im Sinne des Altersteilzeitgesetzes liegt vor, wenn ein mindestens 55 Jahre alter Arbeitnehmer, seine bisherige wöchentliche Arbeitszeit in einer Vereinbarung mit dem Arbeitgeber auf die Hälfte herabgesetzt hat. Auch nach der Verminderung der Arbeitszeit muss der Arbeitnehmer noch versicherungspflichtig in der Arbeitslosenversicherung beschäftigt sein. Als bisherige wöchentliche Arbeitszeit in diesem Sinne ist grundsätzlich die Arbeitszeit maßgebend, die mit dem Arbeitnehmer vereinbart war, bevor er in Altersteilzeit gewechselt ist. Allerdings darf höchstens die Arbeitszeit herangezogen werden, die im Durchschnitt der letzten 24 Monate vor dem Übergang in Altersteilzeit vereinbart war. Während der letzten fünf Jahre vor der Altersteilzeit muss der Arbeitnehmer außerdem insgesamt mindestens 1.080 Kalendertage versicherungspflichtig beschäftigt gewesen sein. Der Zugang zur Altersteilzeit steht damit nicht nur Vollzeitbeschäftigten offen, sondern auch Arbeitnehmern, die bereits in Teilzeitarbeit tätig sind. Die Vereinbarung über die Verminderung der Arbeitszeit muss immer zumindest bis zu einem Zeitpunkt reichen, zu dem der Arbeitnehmer eine Altersrente aus der gesetzlichen Rentenversicherung in Anspruch nehmen kann.

Arbeitszeitvereinbarung

208 Die Arbeitsvertragsparteien können grundsätzlich frei vereinbaren, wie sie die im Zuge der Altersteilzeit verminderte Arbeitszeit verteilen wollen. Denkbar ist dabei z. B. Teilzeitarbeit in Form von Halbtagsbeschäftigung oder Tätigkeiten in täglichem, wöchentlichem oder monatlichem Wechsel. Die Arbeitszeit kann auch auf noch längere Zeiträume mit unterschiedlichen wöchentlichen Arbeitszeiten verteilt werden („Blockmodell"). Gewährleistet sein muss jedoch, dass im Durchschnitt eines Zeitraumes von drei Jahren die Hälfte der tariflichen regelmäßigen wöchentlichen Arbeitszeit nicht überschritten wird. Möglich ist so z. B., dass der Arbeitnehmer bis zu eineinhalb Jahre in Vollzeit tätig ist und sich daran eine bis zu eineinhalb Jahre dauernde Freistellungsphase anschließt. Während des gesamten Zeitraums, also auch während der Freistellung, muss das Arbeitsentgelt durchgehend gezahlt werden.

209 Soll der Zeitraum für das Blockmodell länger als drei Jahre sein, bedarf es dafür grundsätzlich einer tarifvertraglichen Grundlage (sogenannter Tarifvorbehalt). Ist diese vorhanden, kann das Blockmodell auf zu zehn Jahre ausgelegt werden. Die Arbeitsvertragsparteien können so z. B. vereinbaren, dass der Arbeitnehmer zunächst bis zu fünf Jahre in Vollzeit tätig ist und darauf eine bis zu fünfjährige Phase der Freistellung folgt. Im Geltungsbereich eines Tarifvertrages kann dies auch in Betrieben von nicht tarifgebundenen Arbeitgebern genutzt werden. Dann muss die tarifliche Regelung durch eine Betriebsvereinbarung oder, wenn ein Betriebsrat nicht besteht, durch eine schriftliche Vereinbarung zwischen Arbeitgeber und Arbeitnehmer übernommen werden. Lässt der Tarifvertrag abweichende Regelungen durch Betriebsvereinbarung zu, kann davon auch in Betrieben nicht tarifgebundener Arbeitgeber Gebrauch gemacht werden. In Bereichen, in denen tarifvertragliche Regelungen über Verteilung der Arbeitszeit nicht bestehen oder üblicherweise nicht abgeschlossen werden (das gilt z. B. für Freiberufler oder zahlreiche Verbände) kann ein über bis zu zehn Jahre laufendes Blockmodell auch ohne tarifvertragliche Grundlage genutzt werden. In allen Fällen müssen Arbeitsentgelt und Aufstockungsleistungen durchgehend gezahlt werden.

Aufstockungsbeträge

210 Damit die Fördervoraussetzungen erfüllt werden, hat der Arbeitgeber Zusatzleistungen für den Arbeitnehmer zu erbringen. Er muss eine Aufstockung zum Arbeitsentgelt für die Teilzeitarbeit leisten. Das Arbeitsentgelt des Arbeitnehmers ist dabei um mindestens 20 Prozent aufzustocken. Dieser Aufstockungsbetrag ist für den Arbeitnehmer sowohl steuer- als auch sozialabgabenfrei. (Allerdings unterliegen die Aufstockungsbeträge dem sogenannten Progressionsvorbehalt. Sie können sich deshalb insbesondere beim Zusammentreffen mit anderen steuerpflichtigen Einkünften im Rahmen der Einkommensteuerveranlagung steuerlich auswirken). Die Steuerfreiheit besteht unabhängig davon, ob der Arbeitgeber für den Arbeitnehmer Förderleistungen von der Agentur für Arbeit erhält.

Zusätzliche Rentenversicherungsbeiträge

211 Außer der Aufstockung des Arbeitsentgelts muss der Arbeitgeber für den Arbeitnehmer zusätzliche

Beiträge zur Rentenversicherung entrichten. Die zusätzlichen Beiträge sollen die rentenrechtlichen Auswirkungen, die sich aus der Verminderung der Arbeitszeit ergeben würden, weitgehend ausgleichen, indem sie sicherstellen, dass der Arbeitnehmer für die Zeit der Altersteilzeit so rentenversichert ist, als arbeite er 90 Prozent der bisherigen Arbeitszeit. Dies wird erreicht, indem zusätzliche Beiträge zur gesetzlichen Rentenversicherung in der Höhe entrichtet werden, die auf 80 Prozent des sogenannten Regelentgelts für die Altersteilzeitarbeit entfällt. Regelentgelt in diesem Sinne ist das Arbeitsentgelt, das der Arbeitnehmer für die Altersteilzeitarbeit regelmäßig erhält. Berücksichtigungsfähige Obergrenze ist die Beitragsbemessungsgrenze (2011: monatlich 5.500 Euro für die alten und 4.800 Euro für die neuen Bundesländer). Die zusätzlichen Beiträge trägt der Arbeitgeber allein. Für Arbeitnehmer, die von der Versicherungspflicht in der gesetzlichen Rentenversicherung befreit sind, kann der Arbeitgeber entsprechende Zusatzleistungen erbringen.

Voraussetzungen der Förderung

212 Ist eine wirksame Wiederbesetzung des freigewordenen Arbeitsplatzes erfolgt, erstattet die Agentur für Arbeit dem Arbeitgeber die von ihm erbrachten Leistungen nach Maßgabe des Gesetzes. Voraussetzung ist, dass aus Anlass des Übergangs in Altersteilzeit auf dem freigemachten Arbeitsplatz oder einem Arbeitsplatz der infolge der Altersteilzeit durch eine Umsetzung innerhalb des Betriebes freigeworden ist, ein bei der Agentur für Arbeit arbeitslos gemeldeter Arbeitnehmer eingestellt oder ein Arbeitnehmer nach Abschluss der Berufsausbildung übernommen wird. Als Wiederbesetzer kommt auch ein Bezieher von Arbeitslosengeld II nach dem SGB II in Betracht. Dieser Wiederbesetzer muss versicherungspflichtig (in der Arbeitslosenversicherung) beschäftigt sein. Kleinunternehmen, die nicht mehr als 50 Arbeitnehmer haben, erhalten die Altersteilzeitförderung auch dann, wenn sie aus Anlass der Altersteilzeit einen Auszubildenden einstellen und versicherungspflichtig beschäftigen. Eine wirksame Wiederbesetzung ist bei Kleinunternehmen dieser Größe gegeben, wenn aus Anlass des Übergangs eines älteren Arbeitnehmers in Altersteilzeit ein arbeitslos gemeldeter Arbeitnehmer auf dessen Arbeitsplatz oder an einer beliebigen anderen Stelle des Unternehmens beschäftigt wird. Solange die Wiederbesetzung Bestand hat, erhält der Arbeitgeber die 20-prozentige Aufstockung des Arbeitsentgelts und die Aufwendungen für die zusätzlichen Rentenversicherungsbeiträge erstattet. Die Leistungen werden für bis zu sechs Jahre gezahlt. Dies gilt auch, wenn sich die vereinbarte Altersteilzeit über einen bis zu zehnjährigen Zeitraum erstreckt. Der Förderanspruch erlischt, wenn der Arbeitnehmer die Altersteilzeit beendet, wenn er 65 Jahre alt wird oder eine Altersrente bezieht sowie dann, wenn er Anspruch auf eine Altersrente ohne Abschläge hat. Die Förderung wird auch dann eingestellt, wenn der Arbeitnehmer neben der Altersteilzeitarbeit über einen geringfügigen Umfang hinaus (Geringfügigkeitsgrenze) Mehrarbeit leistet oder eine entsprechende Nebenbeschäftigung ausübt. Dies gilt allerdings nicht, wenn er diese Tätigkeit bereits in den letzten fünf Jahren vor Beginn der Altersteilzeit ständig ausgeübt hat.

Insolvenzsicherung

213 Wird Altersteilzeit im Blockmodell durchgeführt, dann ist der Beschäftigte während der Arbeitsphase zunächst unverändert mit seiner bisherigen Arbeitszeit tätig. Da er über die gesamte Laufzeit der Altersteilzeitvereinbarung ein Teilzeitarbeitsentgelt erhält, wird er auch während der Vollarbeitsphase lediglich wie ein Teilzeitbeschäftigter bezahlt. Den restlichen Teil des verdienten Arbeitentgelts stundet er dem Arbeitgeber, das heißt, es wird als Wertguthaben angespart, das der Arbeitnehmer in der Freistellungsphase ausgezahlt erhält. Diese Gestaltung sichert zwar einen durchgängigen Versicherungsschutz in der Sozialversicherung, birgt jedoch Risiken für den Fall, dass der Arbeitgeber vor der vertraglich vorgesehenen Beendigung der Altersteilzeitvereinbarung zahlungsunfähig wird. Tritt Zahlungsunfähigkeit ein, so kann der Arbeitnehmer das für die Freistellungsphase noch zu beanspruchende Entgelt nicht mehr vom Arbeitgeber erhalten. Zwar kann er Insolvenzgeld von der Agentur für Arbeit beanspruchen, jedoch sichert dies seine Ansprüche nur in beschränktem Umfang, denn Insolvenzgeld erhält er lediglich für das Arbeitsentgelt der letzten drei Monate vor dem Insolvenzereignis. Ansprüche auf später (in der Freistellungsphase) auszuzahlende Teile des Arbeitsentgelts werden nicht abgedeckt.

214 Um die Gefahr des Entgeltausfalls aufzufangen, sieht das Altersteilzeitgesetz die Verpflichtung des Arbeitgebers vor, das Wertguthaben in geeigneter Weise gegen Insolvenz zu sichern. Diese Verpflichtung tritt ein, wenn vereinbart ist, dass das Wertguthaben das Dreifache des Monatsentgelts für die Altersteilzeitarbeit einschließlich des Arbeitgeberanteils am Gesamtsozialversicherungsbeitrag übersteigt. Der Gesetzgeber schreibt nicht vor, welche Art der Insolvenzsicherung der Arbeitgeber veranlassen muss, jedoch schließt er bestimmte Sicherungsmittel aus, da sie sich nach den Erfahrungen der Vergangenheit als untauglich oder unzureichend erwiesen haben. Dies sind z. B. Rückstellungen in der Bilanz, Einstandspflichten zwischen Konzernunternehmen oder Schuldbeitritte. Der Arbeitgeber muss die zur Insolvenzsicherung ergriffenen Maßnahmen alle sechs Monate gegenüber dem Arbeitnehmer nachweisen. Kommt der Arbeitgeber dieser Verpflichtung nicht nach oder sind die zur Sicherung ergriffenen Maßnahmen unzureichend, kann der Arbeitnehmer, nachdem er den Arbeitgeber nochmals erfolglos dazu aufgefordert hat, eine Sicherheitsleistung verlangen, die nur mittels der Stellung eines tauglichen Bürgen oder der Hinterlegung von Geld oder Wertpapieren erfolgen kann. Im Streitfall können die Arbeitnehmer ihre Ansprüche vor dem Arbeitsgericht geltend machen.

215 Da bei Bund, Ländern, Gemeinden, öffentlich-rechtlichen Anstalten, Körperschaften oder Stiftungen keine Zahlungsunfähigkeit im rechtlichen Sinne eintreten kann, sind sie nicht zur Insolvenzsicherung verpflichtet. Dasselbe gilt für juristische Personen des öffentlichen Rechts, bei denen der Bund oder ein Land die Zahlungsfähigkeit kraft Gesetzes sichert.

Soziale Sicherung

216 Der Altersteilzeitarbeitnehmer wird durch verschiedene Einzelregelungen des Altersteilzeitgesetzes geschützt. So darf der Arbeitgeber die Zahlung von Aufstockungsleistungen und zusätzlichen Rentenversicherungsbeiträgen nicht davon abhängig machen, dass er selbst eine Wiederbesetzung vornimmt und seinerseits einen Förderanspruch gegen die Agentur für Arbeit hat. Eine derartige Vereinbarung wäre nichtig. Der Arbeitnehmer ist außerdem davor geschützt, dass die Möglichkeit Altersteilzeit in Anspruch zu nehmen, beim Kündigungsschutz für ihn nachteilig ist. Wenn der Arbeitnehmer Krankengeld von der Krankenkasse oder Krankentagegeld aus einer privaten Krankenversicherung bezieht und dieses nur nach dem Teilzeitentgelt bemessen wird, tritt die Agentur für Arbeit an die Stelle des Arbeitgebers und zahlt die Aufstockungsleistungen und die zusätzlichen Rentenversicherungsbeiträge, wenn sie für den Arbeitnehmer zuvor Förderleistungen erbracht hat. Wird der Arbeitnehmer aus der Altersteilzeit heraus arbeitslos, wird das Arbeitslosengeld nicht lediglich nach dem Teilzeitentgelt bemessen, sondern so, als habe er seine Arbeitszeit nicht vermindert. Diese besondere Bemessung gilt bis zur Vollendung des 60. Lebensjahres. Bezieht der Arbeitnehmer während der Altersteilzeit Kurzarbeitergeld oder Winterausfallgeld, muss der Arbeitgeber die Aufstockungsleistungen und zusätzlichen Rentenversicherungsbeiträge in der Höhe weiterzahlen, als sei die Arbeit nicht ausgefallen.

217 Liegen die gesetzlichen Voraussetzungen vor, dann wird Altersteilzeitarbeit gefördert, wenn sie bis zum 31. Dezember 2009 begonnen worden ist. Die Zugangsvoraussetzungen für die Altersrente wegen Arbeitslosigkeit oder nach Altersteilzeitarbeit erfüllt jedoch auch Altersteilzeitarbeit, die erst nach dem 31. Dezember 2009 begonnen worden ist. Die Aufstockungsleistungen sind für den Arbeitnehmer auch in diesem Fall steuerfrei.

Insolvenzgeld (§§ 183–189a)

218 Wenn der Arbeitgeber dauerhaft zahlungsunfähig ist, werden die zurückliegenden Entgeltansprüche der Arbeitnehmer für einen begrenzten Zeitraum durch das Insolvenzgeld gesichert.

219 Insolvenzgeld wird für das noch ausstehende Arbeitsentgelt aus den letzten drei Monaten vor Eröffnung des Insolvenzverfahrens über das Vermögen des Arbeitgebers gezahlt. Hat ein Arbeitnehmer weitergearbeitet oder überhaupt erst die Arbeit angetreten, ohne von der Insolvenz zu wissen, sind die maßgebenden letzten drei Monate diejenigen, bevor er von der Insolvenz erfahren hat. Der Eröffnung des Insolvenzverfahrens steht die Abweisung des Insolvenzantrages mangels Masse gleich. Auch die vollständige Einstellung der Betriebstätigkeit begründet einen Anspruch auf Insolvenzgeld, wenn ein Antrag auf Eröffnung des Insolvenzverfahrens nicht gestellt ist und mangels Masse auch offensichtlich nicht in Betracht kommt. War das Arbeitsverhältnis bereits vor dem Insolvenzereignis beendet, so besteht Anspruch auf Insolvenzgeld für rückständiges Arbeitsentgelt der letzten drei Monate des Arbeitsverhältnisses.

220 Insolvenzgeld erhält der Arbeitnehmer von der Agentur für Arbeit in Höhe des rückständigen Nettoverdienstes. Das Arbeitsentgelt ist allerdings durch die Beitragsbemessungsgrenze (2011: 5.500 Euro West, 4.800 Euro Ost) begrenzt. Gleichzeitig entrichtet die Agentur für Arbeit die auf das Arbeitsentgelt entfallenden Sozialversicherungsbeiträge (Beiträge zur Rentenversicherung, Kranken- und Pflegeversicherung sowie zur Arbeitsförderung) an die jeweils zuständige Stelle, soweit dies noch nicht geschehen ist. Um Insolvenzgeld zu erhalten, muss bei der Agentur für Arbeit innerhalb von zwei Monaten nach dem Insolvenzereignis ein Antrag gestellt werden. Zuständig ist in der Regel die Agentur für Arbeit, in deren Bezirk der ehemalige Arbeitgeber seine Lohnabrechnungsstelle hatte.

221 Auf Antrag kann die Agentur für Arbeit einen Vorschuss auf das Insolvenzgeld zahlen. Dazu muss der Arbeitnehmer nachweisen, in welcher Höhe sein ehemaliger Arbeitgeber ihm noch Arbeitsentgelt schuldet. Zu diesem Zweck muss er die letzte Entgeltabrechnung und eine schriftliche Bestätigung des ehemaligen Arbeitgebers, des Insolvenzverwalters oder des Betriebsrates über das rückständige Arbeitsentgelt vorlegen. Ein Vorschuss ist unter bestimmten Voraussetzungen auch schon vor Eröffnung des Insolvenzverfahrens möglich.

222 Arbeitslosengeld, das für den gleichen Zeitraum gezahlt wird, für den ein Anspruch auf Insolvenzgeld besteht, wird auf das Insolvenzgeld angerechnet. Ebenfalls angerechnet werden Einkünfte aus einem neuen Arbeitsverhältnis oder einer selbständigen Tätigkeit während dieses Zeitraums.

Organisation und Aufsicht

223 Die Aufgaben nach dem SGB III nimmt die Bundesagentur für Arbeit wahr. Sie hat ihren Sitz in Nürnberg und gliedert sich in

- die Zentrale,
- 10 Regionaldirektionen: Nord, Niedersachsen/Bremen, Berlin/Brandenburg, Nordrhein-Westfalen, Sachsen-Anhalt/Thüringen, Sachsen, Hessen, Rheinland-Pfalz/Saarland, Baden-Württemberg und Bayern und
- 176 Agenturen für Arbeit.

224 Die Bundesagentur für Arbeit wird von einem Vorstand geleitet, der aus einem Vorsitzenden und zwei weiteren Mitgliedern besteht. Die Vorstandsmitglieder ernennt der Bundespräsident auf Vorschlag der Bundesregierung für jeweils fünf Jahre. Die Regionaldirektionen werden von einer Geschäftsführung geleitet, die einen Vorsitzenden und zwei weitere Mitglieder umfasst. Auch die Geschäftsführungen der Agenturen für Arbeit bestehen aus einem Vorsitzenden und bis zu zwei weiteren Mitgliedern. Die Geschäftsführungen der Regionaldirektionen und der Agenturen bestellt der Vorstand der Bundesagentur.

Die Organe der Selbstverwaltung der Bundesagentur sind der 21-köpfige Verwaltungsrat, der bei der Zentrale gebildet ist und die Verwaltungsausschüsse, die bei den Agenturen für Arbeit eingerichtet sind und bis zu 15 Mitglieder haben. Die Selbstverwaltungsorgane haben die Aufgabe, die Verwaltung zu überwachen und in aktuellen Fragen des Arbeitsmarkts zu beraten. Die Organe setzen sich zu je einem Drittel aus Vertretern der Arbeitnehmer, der Arbeitgeber und der öffentlichen Körperschaften zusammen. Die Vertreter üben ihre Tätigkeit ehrenamtlich aus. Die Amtsdauer beträgt sechs Jahre.

225 Die Aufsicht über die Bundesagentur als Trägerin der Arbeitsförderung führt das Bundesministerium für Arbeit und Soziales. Die Aufsicht erstreckt sich darauf, dass die Bundesagentur Recht und Gesetz beachtet.

Finanzierung

226 Die Aufgaben der Bundesagentur für Arbeit werden durch Beiträge, Umlagen und in besonderen Fällen vom Bund finanziert.

Beiträge

227 Beiträge nach dem SGB III sind von den versicherungspflichtig Beschäftigten und den Arbeitgebern je zur Hälfte zu tragen. Für Beschäftigte, die wegen Vollendung des Lebensjahres, das für den Anspruch auf Regelaltersrente nach dem SGB VI maßgeblich ist versicherungsfrei sind, tragen die Arbeitgeber die Hälfte des Beitrages, der zu zahlen wäre, wenn die Beschäftigten versicherungspflichtig wären.

228 Die Arbeitgeber tragen die Beiträge der Arbeitnehmer,

- bei Beschäftigten, die ein freiwilliges soziales oder freiwilliges ökologisches Jahr leisten,
- bei jugendlichen Behinderten, die zur Ermöglichung einer Erwerbstätigkeit auf dem allgemeinen Arbeitsmarkt Leistungen zur Teilhabe am Arbeitsleben erhalten,
- bei Jugendlichen, die in Einrichtungen der Jugendhilfe beschäftigt sind, um für eine Erwerbstätigkeit befähigt zu werden. und

– bei Auszubildenden in einer außerbetrieblichen Einrichtung nach Maßgabe des Berufsbildungsgesetzes.

229 Besonderheiten gelten für Beschäftigte mit einem Arbeitsentgelt, das innerhalb der Gleitzone liegt. Für die beitragspflichtigen Wehr- und Zivildienstleistenden trägt der Bund die Beiträge, für beitragspflichtige Gefangene das Land, das für die Vollzugsanstalt zuständig ist.

230 Im Fall der Beitragspflicht von Entgeltersatzleistungen an Arbeitnehmer, die arbeitsunfähig sind oder an einer Maßnahme der medizinischen Rehabilitation teilnehmen, tragen die Bezieher von Krankengeld und Verletztengeld sowie die Leistungsträger die Beiträge je zur Hälfte, die Leistungsträger jedoch allein, wenn diese Leistungen in Höhe der Leistungen der Bundesagentur für Arbeit zu zahlen sind. Die Beiträge für Zeiten des Bezuges von Krankentagegeld tragen die privaten Krankenversicherungsunternehmen., die Beiträge für versicherungspflichtige Zeiten während einer Pflegezeit nach dem Pflegezeitgesetz tragen die gesetzliche Pflegekasse oder das private Versicherungsunternehmen.

Personen, die freiwillig ein Versicherungspflichtverhältnis auf Antrag begründen, tragen die Beiträge allein. Als Einnahme gilt bei Pflegepersonen, die Pflegebedürftige wenigstens 14 Stunden pflegen, ein Arbeitsentgelt in Höhe von 10 Prozent der monatlichen Bezugsgröße, bei Selbständigen und bei außerhalb der Europäischen Union oder in assoziierten Staaten Beschäftigten ein Arbeitsentgelt in Höhe der monatlichen Bezugsgröße (bei Selbständigen im ersten Jahr nach Aufnahme der Tätigkeit 50 Prozent der monatlichen Bezugsgröße).

Bemessung des Beitrags

231 Für die Zahlung der Beiträge aus Arbeitsentgelt bei einer versicherungspflichtigen Beschäftigung gelten die Vorschriften des SGB IV entsprechend. Grundlage der Beitragsbemessung sind hiernach die versicherungspflichtigen Einnahmen einschließlich einmaliger und wiederkehrender Zuwendungen, wie „Weihnachts-" oder „Urlaubsgeld", das der Arbeitnehmer aus versicherungspflichtigen Beschäftigungen erzielt, so weit es nicht eine bestimmte Höhe, die Beitragsbemessungsgrenze der allgemeinen Rentenversicherung, übersteigt. Diese liegt 2011 bei 5.500 Euro monatlich, bzw. in den neuen Bundesländern bei 4.800 Euro monatlich. Besonderheiten bei der Beitragsbemessungsgrundlage bestehen bei einzelnen Gruppen von Versicherten, wie z. B. den beitragspflichtigen Wehr- und Zivildienstleistenden und den Arbeitnehmern, die ein freiwilliges soziales oder freiwilliges ökologisches Jahr leisten und Pflegezeiten nach dem Pflegezeitgesetz.

Beitragshöhe

232 Die Beitragshöhe ist für 2011 auf 3,0 Prozent der Beitragsbemessungsgrundlage festgelegt worden. Der Höchstbeitrag für Arbeitnehmer liegt – der Beitragsbemessungsgrenze entsprechend – 2011 bei rd. 82,50 Euro monatlich.

Umlage

233 Die Mittel für das Wintergeld werden von den Arbeitgebern des Baugewerbes durch eine Umlage aufgebracht. Die Mittel für die ergänzenden Leistungen zum Saison-Kurzarbeitergeld werden von den Arbeitgebern des Baugewerbes und in weiteren Wirtschaftszweigen, die von saisonbedingtem Arbeitsausfall betroffen sind, durch eine Umlage aufgebracht. Die Umlage für das Insolvenzgeld wird seit dem Umlagejahr 2009 nicht mehr über die Berufsgenossenschaften eingezogen, sondern ist von den Arbeitgebern zusammen mit dem Gesamtsozialversicherungsbeitrag an die Einzugsstelle zu zahlen. Der Umlagesatz für das Jahr 2011 ist im Hinblick auf im Vorjahr erzielte Überschüsse auf 0,0 Prozent der Beitragsbemessungsgrundlage festgesetzt worden.

Kostenübernahme durch den Bund

234 Die Bundesagentur für Arbeit bildet aus eventuellen Überschüssen ihrer Einnahmen über die Ausgaben eine Rücklage, um ihre Zahlungsfähigkeit bei ungünstiger Arbeitsmarktlage sicherzustellen. Die Bundesagentur erhält einen Beitrag des Bundes, um durch Beitragssatzsenkungen verursachte Mindereinnahmen teilweise auszugleichen. Kann der Finanzbedarf aus Einnahmen und Rücklage nicht gedeckt werden, gibt der Bund Darlehen und erforderlichenfalls Zuschüsse.

4 Sozialgesetzbuch - 4. Buch Gemeinsame Vorschriften

Überblick

Das Sozialgesetzbuch Viertes Buch (SGB IV) wird seiner 1977 geschaffenen Aufgabe, gemeinsame Vorschriften für alle Zweige der Sozialversicherung sozusagen „vor die Klammer zu ziehen", nur zum Teil gerecht. Gleichwohl sind hierin eine Reihe von überaus wichtigen gemeinsamen Regelungen enthalten, wie etwa das Beitrags- und Melderecht oder das Selbstverwaltungs- der und das Aufsichtsrecht über die gesetzlichen Sozialversicherungsträger. Daneben sind zahlreiche gemeinsame Regelungen enthalten, die für die Sozialversicherung insgesamt eine wichtige Rolle spielen, wie etwa die Regelungen über die Ein- und Ausstrahlung, das sind Regelungen, die sich mit dem territorialen Geltungsbereich und der Frage befassen, welchem Rechtskreis die Beschäftigung zuzuordnen ist und wie die Kollision mit der Sozialversicherung anderer Länder gelöst werden kann, oder etwa der gemeinsame Entgeltbegriff, aber auch so zentrale Begriffe wie der der Beschäftigung, an die alle Zweige der Sozialversicherung grundlegend für die Aufnahme in den versicherten Personenkreis anknüpfen. So sind besondere Gruppen und Formen von Beschäftigten und Beschäftigungen immer wieder Kernpunkt sozialpolitisch heftig geführter Diskussionen, so bei der geringfügigen Beschäftigung oder dem Phänomen der sogenannten Scheinselbständigkeit. Auch die Abgrenzung zu einer selbständigen und nicht der gesetzlichen Sozialversicherung unterliegenden Tätigkeit ist etwa bei ehrenamtlich tätigen Bürgermeistern, Übungsleitern in Sportvereinen, mithelfenden Familienangehörigen und GmbH-Geschäftsführern nicht immer leicht. Ebenso haben die neu geregelten Langzeitkonten oder Wertguthaben ihre gesetzliche Verankerung im SGB IV, wobei etwa der Insolvenzschutz bei diesen vom Beschäftigten erarbeiteten Entgelten zur Verwendung in späteren Freistellungsphasen ein wichtiges Stück Verlässlichkeit und Rechtssicherheit schafft und auch schaffen muss, wie es in der gesetzlichen Sozialversicherung übrigens generell gilt oder zumindest gelten sollte.

Aufsetzpunkt für das insbesondere für Arbeitgeber wichtige Beitrags- und Melderecht ist ebenfalls das SGB IV, wobei diese Vorschriften wegen ihrer Kompliziertheit und häufigen Veränderung von den Arbeitgebern, Steuerberatern und Firmenberatern nicht immer mit Wohlwollen bedacht werden, zumal seit einigen Jahren im Melderecht alle Verfahrenswege elektronisch basiert ablaufen. Dabei darf nicht übersehen werden, dass der Beitragseinzug und die Beitragsüberwachung eine zentrale Rolle für die Sozialversicherung einnehmen, denn ohne eine ausreichende Sicherung der Finanzgrundlagen der Sozialversicherung können auch keine Leistungen erbracht werden. Um Beiträge einziehen zu können, muss die Sozialversicherung wissen, wer bei wem zu welchem Lohn beschäftigt wird, daher das bisweilen komplizierte Melderecht. All diese Regelungen helfen letztlich dabei, dem einzelnen Bürger die Garantieerklärung abzusichern, dass seinen Beiträgen verfassungsrechtlich geschützte Leistungsansprüche gegenüberstehen, die auch von der Gerichtsbarkeit auf ihre rechtsstaatsgemäße Gewährung hin überprüft werden können.

Im letzten Teil des SGB IV sind gemeinsame Regelungen enthalten, die für den von der Sozialversicherung betroffenen Bürger meist nicht von vordergründiger Wichtigkeit sind, aber für die Arbeit der Träger wichtige zentrale Grundlagen vorgeben. Hierzu gehören das Haushaltsrecht der Sozialversicherungsträger, die Vermögenswirtschaft, das sind vor allem die besonderen Kapitalanlagevorschriften, und eben das der demokratischen Verfassung der Sozialversicherung innewohnende Selbstverwaltungsrecht sowie nicht zuletzt das Aufsichtsrecht, wobei die Rechtsaufsicht über die Sozialversicherungsträger die Landesversicherungsämter und das Bundesversicherungsamt ausüben. Im Jahr 2009 sind hier die zentralen

*Vorschriften zum ELENA-Verfahren (**E**lektronischer **E**ntgelt**na**chweis) eingefügt worden, deren zukünftiger Nutzen in der öffentlichen Diskussion noch nicht überall erkannt worden ist.*

Entstehung und Aufgabe der gemeinsamen Vorschriften

1 Das Vierte Buch Sozialgesetzbuch (SGB IV) ist nach dem Ersten Buch (SGB I) von 1975 als zweiter Teil des großen Reformansatzes der 70er Jahre des vergangenen Jahrhunderts, nach Möglichkeit das gesamte Sozialrecht in einer umfassenden und einheitlichen Kodifikation zusammenzufassen, am 1. Juli 1977 in Kraft getreten. Sollte ursprünglich die gesamte Sozialversicherung hierin geregelt werden und die gemeinsamen Vorschriften lediglich das erste Kapitel umfassen, wurde schnell deutlich, dass dieses Vorhaben nicht verwirklicht werden konnte. Allen Zweigen der Sozialversicherung ist heute neben weiteren Kodifikationen des Sozialrechts wie im Achten und Zehnten Buch (SGB VIII und SGB X) ein eigenes Buch des Sozialgesetzbuches zugewiesen und der Ansatz eines gesamten Buches Sozialversicherung beschränkt sich auf die Zusammenfassung einiger gemeinsamer Grundsätze und Begriffe sowie gemeinsam geltender Verfahren. Mittlerweile bestehen Überlegungen, die bisher auf insgesamt zwölf Bücher angewachsene Sammlung des Sozialgesetzbuchs um ein XIII. Buch zu ergänzen.

2 Die gemeinsamen Vorschriften ergänzen die im Ersten Buch zusammengefassten, für sämtliche Sozialleistungsbereiche einheitlich geltenden Vorschriften mit Regelungen, die teils für alle Versicherungszweige, teils für mehrere Zweige gemeinsam gelten. Versicherungszweige im Sinne der gemeinsamen Vorschriften sind die Gesetzliche Krankenversicherung (geregelt im SGB V) sowie die Soziale Pflegeversicherung (geregelt im SGB XI), die Gesetzliche Unfallversicherung (geregelt im SGB VII) und die Gesetzliche Rentenversicherung einschließlich der Altershilfe für Landwirte (geregelt im SGB VI und im Gesetz über die Alterssicherung der Landwirte – ALG). Mit der Überführung des Rechts der Arbeitsförderung in das SGB III wurde 1998 die Geltung der gemeinsamen Vorschriften auch weitgehend auf die Arbeitslosenversicherung erstreckt, wenn auch hier nach wie vor Sonderregelungen gelten. Durch die Zusammenführung der früheren Arbeitslosenhilfe mit der Sozialhilfe sind zwei neue Bücher des Sozialgesetzbuches entstanden, das Zweite Buch Sozialgesetzbuch – Grundsicherung für Arbeitsuchende – (SGB II, siehe Kapitel 2) und das in das Zwölfte Buch Sozialgesetzbuch – Sozialhilfe – überführte frühere Bundessozialhilfegesetz (SGB XII, siehe Kapitel 12).

3 Der erste Abschnitt des SGB IV (§§ 1 bis 18g) enthält Grundsätze und Begriffsbestimmungen. Diese Vorschriften legen bestimmte Grundbegriffe des Sozialversicherungsrechts fest, grenzen den Geltungsbereich der Regelungen ab und umschreiben Grundlagen für die Einkommensberechnung und die Versicherungsnummer. In § 18h SGB IV sind seit 1. Januar 2008 die Vorschriften zum Sozialversicherungsausweis in einer Vorschrift zusammengefasst (bislang §§ 95 bis 109), mit denen vor allem illegale Beschäftigung und Leistungsmissbrauch wirksamer bekämpft werden sollen; allerdings ist hier zum 1. Januar 2009 die Mitführungspflicht in ausgewählten Branchen und Wirtschaftsbereichen vollständig entfallen und wurde durch eine Mitführungspflicht von Personalausweispapieren ersetzt. Der zweite Abschnitt (§§ 19 bis 28) behandelt die Leistungen und Beiträge. In diesen Vorschriften sind alle wichtigen für alle Zweige geltenden Grundsätze des Beitragsrechts, insbesondere über die Fälligkeit und Erhebung der Beiträge und über den Einzug und die damit zusammenhängenden Rechtsfragen erfasst, neben den in den einzelnen Zweigen geregelten Vorschriften für die Berechnung und Bemessung der Beiträge.

Der dritte Abschnitt (§§ 28a bis 28r) regelt zuerst die Meldepflichten des Arbeitgebers, anschließend die Aufgaben der Einzugsstellen und den Gesamtsozialversicherungsbeitrag. Auch die Beitragsüberwachung und bestimmte Mitwirkungspflichten des Beschäftigten und des Arbeitgebers sind hier normiert.

Der vierte Abschnitt (§§ 29 bis 90a) befasst sich mit den Trägern der Sozialversicherung. In diesen Vorschriften ist ihre Verfassung, Zusammensetzung, Wahl und Verfahren der Selbstverwaltungsorgane, das Haushalts- und Rechnungswesen, die Verwaltung der Mittel, die Vermögensanlage und die Aufsicht über die Träger geregelt. Mit diesen Regelungen wurde auch die Forderung verwirklicht, das Recht der Selbstverwaltung und die Aufsicht für alle Versicherungszweige gemeinsam festzulegen und dabei unter Wahrung der Funktionsfähigkeit der verfassungsrechtlich vorgegebenen Selbstverwaltungskörperschaften (Art. 87 GG) ein angemessenes Verhältnis zwischen Selbstverwaltung und Aufsicht zu finden.

In Ergänzung dieser umfangreichen Materie sind im fünften Abschnitt (§§ 91 bis 94) die Konstitution der Versicherungsbehörden, und zwar die Versicherungsämter der Länder und die des Bundesversicherungsamtes als selbständige Bundesoberbehörde behandelt.

Am 1. April 2009 wurden in den durch die Verlagerung der Vorschriften über den Sozialversicherungsausweis unbesetzten sechsten Abschnitt (§§ 95 bis 104) die Regelungen zum Verfahren über den elektronischen Entgeltnachweis ELENA aufgenommen. Durch diese neuen Vorschriften sind sämtliche Arbeitgeber in Deutschland seit 1. Januar 2010 verpflichtet, die Entgeltdaten ihrer Beschäftigten, Beamten, Richter und Soldaten monatlich durch einen elektronischen Datensatz (sog. multifunktionaler Datensatz) an die bei der Deutschen Rentenversicherung Bund angesiedelten Zentralen Speicherstelle (ZSS) zu übermitteln. Bisher müssen die Arbeitgeber in über 100 verschiedenen Bescheinigungen jährlich in zweistelliger Millionenhöhe Entgeltbescheinigungen in Papierform erstellen, damit der einzelne Beschäftigte diese zum Nachweis für den Bezug einer Sozialleistung bei den unterschiedlichen Behörden vorlegen kann. Geplant ist, diese Papierbescheinigungen beginnend ab 2012 durch elektronische Meldungen zu ersetzen, wobei der Arbeitgeber die erforderlichen Daten an die ZSS regelmäßig übermittelt und der Betroffene im Bedarfsfall in Zusammenwirken mit der leistungsgewährenden Behörde diese Daten schnell und unkompliziert abrufen kann. Selbstverständlich ist das Verfahren hinsichtlich der Datensicherheit und des möglichen Zugriffs Unberechtigter mit aufwändigen Sicherheitsvorkehrungen ausgestattet, wobei etwa ein Abruf durch Arbeitgeber völlig ausgeschlossen ist und eine Abfrage immer nur mit der elektronisch gegebenen Einwilligung des Betroffenen (mit einer Signaturkarte) selbst erfolgen kann. Der Verschlüsselungsschlüssel für die Datensätze wird übrigens allein vom Bundesdatenschutzbeauftragten verwaltet und ist einem Zugriff der Behörden oder der ZSS entzogen. In einer ersten Pilotphase sind derzeit die Daten für fünf Bescheinigungen vom Arbeitgeber zu übermitteln (drei Bescheinigungen für die Berechnung des Arbeitslosengeldes sowie eine für das Wohngeld und eine für das Elterngeld). Die Regelungen im SGB IV enthalten nur die grundlegenden Verfahrensvorschriften und die Vorgaben für die strenge Datensicherheit, flankiert durch Zusatz- und Detailregelungen in den einzelnen Leistungsgesetzen und durch die im Frühjahr 2010 in Kraft getretene ELENA-Datensatzverordnung. In einem ersten Schritt nach der Pilotphase der Datenübermittlung soll die Bundesagentur für Arbeit ab 2012 den elektronischen Entgeltnachweis in Zusammenarbeit mit dem Leistungsantragsteller für ihre Leistungsberechnung nutzen. Daneben sollen zugleich die Bereiche des Wohn- und des Elterngeldes mit dem Abruf der Daten beginnen. Möglichst bald soll das Verfahren auf weitere Bescheinigungen ausgedehnt werden, etwa die Bescheinigungen für die Arbeitslosengeld II. Allerdings wird im politischen Raum seit geraumer Zeit diskutiert, die Startphase um weitere zwei Jahre zu verschieben und das Verfahren insgesamt noch einmal zu überarbeiten. Die Diskussionen hierüber sind noch nicht abgeschlossen.

Der 2002 neu gefasste siebte Abschnitt (§§ 110a bis 110d) regelt die Aufbewahrung von Unterlagen durch die Behörden und Träger, ihre Rückgabe, Vernichtung und Archivierung sowie die Beweiswirkung insbesondere von elektronisch erstellten und erfassten Unterlagen; diese Neuregelungen waren erforderlich, um die Arbeit der Sozialversicherungsträger an die heute standardisierte Arbeit im Bereich der elektronischen Datenverarbeitung anzupassen.

Der achte Abschnitt des SGB IV (§§ 111 bis 113) enthält Bußgeldvorschriften, die zur ordnungsgemäßen Funktion einer öffentlichen Verwaltung erforderlich sind.

Angefügt wurde im Jahr 2001 der neunte Abschnitt (§§ 114 bis 116) mit Übergangsvorschriften zum Zusammentreffen von Einkommen mit Renten wegen Todes sowie eine ergänzende Übergangsvorschrift zu § 14, die spezielle Fragen zur Entgeltumwandlung regelt. Neu angefügt wurde § 117, der spezielle Regelungen zu den Verwaltungsaufgaben der Bundesknappschaft regelt. In die §§ 115 und 118 bis 120 sind seit April 2009 besondere Übergangsvorschriften für das ELENA-Verfahrensgesetz eingefügt, wobei durch die in § 118 normierte „Abweichungsfestigkeit" eine bundeseinheitliche Anwendung sichergestellt ist und abweichende landesrechtliche Regelungen ausgeschlossen werden. Ganz am Schluss stehen Überleitungs- und Schlussvorschriften in Artikel II, die mittlerweile nur noch aus einer Inkrafttretensregelung (§ 21) bestehen.

Gemeinsame Vorschriften

4 Gemeinsame Vorschriften regeln Begriffe und Sachverhalte einheitlich, die für die gesamte Sozialversicherung von Bedeutung sind und auch überall gleichermaßen Anwendung finden sollen. Die historisch gewachsenen Strukturen der einzelnen Zweige der Sozialversicherung und die damit verbundenen unterschiedlichen Ausgestaltungen dieser Versicherungen führen jedoch dazu, dass zwischen den verschiedenen Zweigen erhebliche Unterschiede bestehen. Folge davon ist, dass sich für die einzelnen Zweige der Sozialversicherung insgesamt nur wenige gemeinsame Vorschriften „vor die Klammer" ziehen lassen. So sind etwa die einzelnen leistungsrechtlichen Vorschriften, aber auch schon der Kreis der versicherten Personen derart unterschiedlich, dass die Schaffung gemeinsam geltender Regelungen sehr unübersichtliche und zersplitterte Regelungen ergeben würde, die im Übrigen auch die unterschiedlichen Anforderungen und Voraussetzungen in den verschiedenen Zweigen der Sozialversicherung nur unzureichend berücksichtigen und abbilden könnten. So wäre als Beispiel die Aufzählung der in den verschiedenen Zweigen versicherten Personen sehr unübersichtlich geworden, weil auch der Personenkreis, der in die jeweilige Versicherung einbezogen ist, erheblich voneinander abweicht. Interessanterweise werden die einheitlich und gemeinsam für alle Zweige der Sozialversicherung geltenden versicherungsrechtlichen Vorschriften des Vierten Buches Sozialgesetzbuch häufig als besonders kompliziert angesehen, obwohl es gerade keine Sonderregelungen für einzelne Versicherungszweige gibt; dies gilt etwa für die geringfügige Beschäftigung oder gemeinsam geltende beitragsrechtliche Vorschriften.

Das Vierte Buch enthält demnach im Wesentlichen nur Regelungen, die auch ohne den Zusammenhang mit den besonderen Regelungen der einzelnen Versicherungszweige aus sich heraus verständlich sind. Dies sind vorrangig gemeinsame Grundsätze, Begriffe und Definitionen sowie grundsätzliche verfahrensrechtliche Vorschriften sowie übergreifende Regelungsgebiete, wie etwa das Aufsichts- und Selbstverwaltungsrecht oder die Vermögensanlagevorschriften.

Begriff der Sozialversicherung

5 Eine Grundnorm von zentraler Bedeutung in den gemeinsamen Vorschriften ist der Begriff der Sozialversicherung. Die Sozialversicherung weist drei wesentliche Merkmale auf, die sie von allen übrigen Sozialleistungsbereichen abgrenzt und unterscheidet:

– Die Finanzierung erfolgt grundsätzlich durch Beiträge der Versicherten und ihrer Arbeitgeber (Ausnahme Unfallversicherung, bei der allein der Arbeitgeber die Beiträge abführt und die rentenversicherungspflichtigen Selbständigen sowie die Sonderregelungen in der Künstlersozialversicherung; der im Koalitionsvertrag von 2009 vorgesehene partielle Ausstieg aus der paritätischen solidarischen Finanzierung der Beiträge in der gesetzlichen Krankenversicherung wurde mit dem Gesetz zur nachhaltigen und sozial ausgewogenen Finanzierung der Gesetzlichen Krankenversicherung (GKV-Finanzierungsgesetz - GKV-FinG) umgesetzt).
– Die Gewährung von Leistungen aus der Sozialversicherung setzt eine Mitgliedschaft oder Zugehörigkeit zu der Versicherung voraus.
– Die Sozialversicherungsträger sind in der Regel selbständige Körperschaften des öffentlichen Rechts mit Selbstverwaltung.

Alle anderen Sozialleistungen für die auch die allgemeinen Vorschriften im Ersten Buch gelten, sind dadurch gekennzeichnet, dass sie allein aus staatlichen Steuermitteln finanziert werden, die Leistungen von staatlichen, meist nicht der Selbstverwaltung unterliegenden Behörden unabhängig von einer Mitgliedschaft für alle Personen erbracht werden, bei denen die gesetzlichen Voraussetzungen vorliegen. Beispiele für derartige staatliche Sozialleistungen sind das Kindergeld oder Elterngeld, das Wohngeld, die Sozialhilfe und das neu eingeführte sogenannte Arbeitslosengeld II, wenn auch hier die Übergänge bisweilen fließend sind.

Gemeinsame Grundsätze, Begriffe und Verfahren in der Sozialversicherung

Geltungsbereich und Umfang der Sozialversicherung

Die Versicherungszweige der Sozialversicherung

6 Die Bundesrepublik Deutschland hat ein gegliedertes System der Sozialversicherung. Das bedeutet, dass für die einzelnen, durch die Sozialversicherung abzudeckenden sozialen Risiken unterschiedliche und voneinander unabhängige Träger dieser Versicherung bestehen. Versicherungszweige sind nach dem ausdrücklichen Wortlaut die Gesetzliche Krankenver-

sicherung, die Gesetzliche Unfallversicherung, die Gesetzliche Rentenversicherung und die Soziale Pflegeversicherung. Die Einbeziehung der Altershilfe für Landwirte (nach dem Gesetz über die Alterssicherung der Landwirte) durch das Wort „einschließlich" stellt klar, dass die gemeinsamen Vorschriften nicht von einer berufsbezogenen Gliederung der Sozialversicherung ausgehen. Demzufolge sind die sogenannten berufsständischen Versorgungswerke (vgl. Kapitel 14) nicht Teil der Rentenversicherung als Versicherungszweig. Das Künstlersozialversicherungsgesetz macht die selbständigen Künstler und Publizisten zu Versicherten der Kranken- und Rentenversicherung, so dass dieses Gesetz insgesamt Teil der Sozialversicherung ist. Die Arbeitslosenversicherung wird zwar nicht ausdrücklich als Versicherungszweig benannt, es handelt sich der Sache nach gleichwohl um Sozialversicherung. Was im Einzelnen zu den Bereichen der Versicherungszweige gehört, ergibt sich wiederum aus dem Ersten Buch Sozialgesetzbuch.

Versicherungspflicht und Versicherungsberechtigung

7 Der personelle Geltungsbereich des SGB IV beruht auf dem grundsätzlich uneingeschränkten Jedermannsrecht des SGB I auf Zugang zur Sozialversicherung. Es bestehen zwei Formen der Mitgliedschaft in der Sozialversicherung: die Versicherungspflicht und die freiwillige Versicherung. Versicherungspflicht wird ohne weiteres Zutun des Betroffenen begründet, sobald die gesetzlichen oder satzungsmäßigen Voraussetzungen hierfür vorliegen. Versicherungspflicht ist deshalb antragsunabhängig und führt in der Regel zum Versicherungsschutz. Pflichtversichert wird man ohne Rücksicht auf seinen eigenen Willen. Die Pflichtversicherung ist deshalb eine Zwangsversicherung, die auch nicht ausgeschlossen werden kann. Die Versicherung besteht (mit Ausnahmen) selbst dann, wenn absichtlich keine Angaben und Meldungen an die Krankenkasse weitergeleitet werden und auch keine Beiträge gezahlt werden. Die böswillige Nichtabführung der Arbeitnehmeranteile von Sozialversicherungsbeiträgen ist ein Straftatbestand im Strafgesetzbuch.

Im Gegensatz dazu hängt es vom Willen des Einzelnen ab, ob er sich freiwillig versichern will, wenn er zum Kreis der Versicherungsberechtigten gehört. Im Gegensatz zur Pflichtversicherung kann die freiwillige Versicherung jederzeit aufgenommen und nach Belieben wieder beendet werden. Auch auf die Höhe der Beiträge hat der Versicherte dabei einen gewissen Einfluss. Versicherungsberechtigung kann durch freiwilligen Beitritt oder freiwillige Fortsetzung der Versicherung wahrgenommen werden. Wer dazu berechtigt ist, ergibt sich aus den einzelnen Versicherungszweigen. In der Krankenversicherung sind die Voraussetzungen hierfür relativ eng, so dass in nur wenigen Fällen ein freiwilliger Beitritt zur Versicherung möglich ist. In der Rentenversicherung kann sich dagegen jedermann für Zeiten von der Vollendung des 16. Lebensjahres an freiwillig versichern. Vergleichbares gilt für die freiwillige Versicherung der Unternehmer in der Gesetzlichen Unfallversicherung. Diese unterschiedliche Behandlung in den verschiedenen Zweigen hat seine Berechtigung dadurch, dass in der Krankenversicherung grundsätzlich der Anspruch auf umfassende Leistungen besteht, während in der Rentenversicherung sich die Höhe der Renten wegen Alters grundsätzlich an den eingezahlten Beiträgen orientiert (Äquivalenzprinzip).

Eine Durchbrechung dieser prinzipiellen Zweigliederung zwischen Pflichtversicherung und freiwilliger Versicherung ist die Versicherungspflicht auf Antrag. So kann bspw. eine geringfügig beschäftigte Person unter Verzicht auf die Versicherungsfreiheit den jeweils vom Arbeitgeber zu zahlenden Beitrag auf die Höhe des regulären Beitragssatzes in der Rentenversicherung auf Antrag aufstocken und wird damit trotz der zunächst bestehenden Versicherungsfreiheit pflichtversichert; dies gilt auch für die geringfügige Beschäftigung im Privathaushalt. Vergleichbares gilt für Seeleute, deren Schiff nicht die Bundesflagge führt, Entwicklungshelfer und Auslandsbeschäftigungen. Mit dem Gesetz zur Änderung des Vierten Buches Sozialgesetzbuch, der Errichtung einer Versorgungsausgleichskasse und zur Änderung anderer Gesetze vom 21. Juli 2009 wurden die Teilnehmerinnen und Teilnehmer des Freiwilligendienstes „weltwärts" in den Schutz der gesetzlichen Unfallversicherung einbezogen. Damit erfährt das besondere Engagement junger Menschen eine besondere Anerkennung in Form der Einbeziehung in den Schutz der Solidargemeinschaft der gesetzlichen Sozialversicherung. Die weitere Ausdehnung für außerhalb der Unfallversicherung stehende Freiwilligendienste ist geplant. Umgekehrt besteht in bestimmten Einzelfällen die Möglichkeit, die Pflichtversicherung auf Antrag zu verlassen: Dies gilt in der gesetzlichen Rentenversicherung für bestimmte Gruppen von selbständig Tätigen oder nichtdeutsche Besatzungsmitglieder deutscher Seeschiffe, die nicht in Deutschland wohnen. Einen anderen Weg ist man hierbei in der

Kranken- (und zugleich Pflege-) und Arbeitslosenversicherung gegangen: Die nichtdeutschen Seeleute gehören seit Januar 2004 nicht mehr zum versicherten Personenkreis in diesen Zweigen der Sozialversicherung; allerdings wird im Rahmen der Ratifizierung eines ILO-Übereinkommens zur Seeschifffahrt geprüft, ob diese Herausnahme wieder rückgängig gemacht werden soll.

8 Das SGB IV enthält als gemeinsamen (pflicht-)versicherten Personenkreis Beschäftigte (Personen, die gegen Arbeitsentgelt oder zu ihrer Berufsausbildung beschäftigt sind), behinderte Menschen, die in geschützten Einrichtungen beschäftigt sind, sowie die Landwirte.

Ob im Einzelfall tatsächlich Versicherungspflicht und Beitragspflicht bestehen oder ob ggf. Versicherungsfreiheit gegeben ist, wird nach Maßgabe der besonderen Vorschriften für die einzelnen Versicherungszweige beurteilt. Der Kreis der Versicherten in den einzelnen Zweigen weicht zum Teil erheblich voneinander ab: so sind bspw. zahlreiche Gruppen von Selbständigen in die Gesetzliche Rentenversicherung einbezogen, in die Krankenversicherung dagegen seit 1988 nicht mehr. Wahrscheinlich aufgrund dieser Inkongruenzen im versicherten Personenkreis wurden gerade in den letzten Jahren immer wieder Forderungen nach einer Erwerbstätigen- oder Bürgerversicherung erhoben, wobei die bisher hauptsächlich bei den selbständig Tätigen bestehenden Ausnahmen von der Einbeziehung in die gesetzliche Sozialversicherung beseitigt werden sollen und die gesetzliche Sozialversicherung – wie in den meisten anderen europäischen Staaten – eine umfassende Einbeziehung aller Erwerbstätigen sicherstellen soll. Der an die Stelle der Ich-AG getretene Gründungszuschuss sieht keine besondere Rentenversicherungspflicht des Existenzgründers mehr vor.

Das Territorialitätsprinzip

9 Das Territorialitätsprinzip besagt im völkerrechtlichen Sinn, dass staatliche Hoheitsgewalt nur innerhalb der räumlichen Grenzen des eigenen Hoheitsgebietes, also insbesondere auf dem Staatsgebiet ausgeübt werden darf. Für das Sozialrecht leitet sich daraus der Grundsatz ab, dass inländisches Recht nur inländische Sachverhalte erfasst, zumindest muss der für die Anwendung inländischen Rechts maßgebliche Anknüpfungspunkt im Inland liegen. Damit gelten die gemeinsamen Vorschriften des SGB IV grundsätzlich nur auf dem Territorium der Bundesrepublik Deutschland.

Territorialer Anknüpfungspunkt kann z. B. der Ort der Erwerbstätigkeit (Beschäftigung oder selbständige Tätigkeit) sein, dies bezeichnet man als Beschäftigungsortprinzip. Andere Varianten sind das sogenannte Wohnsitzprinzip und das in gewissem Gegensatz zum Territorialitätsprinzip stehende Personalitätsprinzip, das in Regelungen verwirklicht ist, die an persönliche Eigenschaften, insbesondere an die Nationalität anknüpfen. Besatzungsmitglieder deutscher Seeschiffe, mit Ausnahme der nichtdeutschen Seeleute sind mit Ausnahme der Lotsen im Inland beschäftigt, und zwar auch bei Aufenthalt in fremden Hoheitsgewässern einschließlich fremder Häfen; dies folgt aus dem sogenannten Flaggenstaatsprinzip.

10 Die rechtliche Bedeutung des Territorialitätsprinzips besteht darin, dass, als jeweils über die anderen Voraussetzungen für die Versicherungspflicht oder -berechtigung hinausgehende, zusätzliche Voraussetzung geprüft werden muss, ob die Beschäftigung im Inland ausgeübt wird. Damit ist aber nicht die Frage geregelt, unter welchen Voraussetzungen die Sozialversicherungsträger Leistungen erbringen, bspw. bei Entstehung des Versicherungsfalles oder Aufenthalt des Leistungsberechtigten im Ausland. Hierfür gelten besondere Regelungen. Das Territorialitätsprinzip gilt mit der oben genannten Einschränkung für nichtdeutsche Seeleute „für alle Personen", so dass die deutsche Staatsangehörigkeit keine Voraussetzung ist.

Aus anderen Gründen als auf Grund einer Beschäftigung oder Tätigkeit können prinzipiell nur Personen versicherungspflichtig oder -berechtigt sein, die ihren Wohnsitz oder gewöhnlichen Aufenthalt (vgl. § 30 SGB I) im Bundesgebiet haben. Wer jedoch im Bundesgebiet eine versicherungspflichtige Beschäftigung ausübt, bleibt versicherungspflichtig, auch wenn er im Ausland wohnt. Umgekehrt wird derjenige nicht vom deutschen Sozialversicherungsrecht erfasst, der zwar im Bundesgebiet wohnt, aber im Ausland beschäftigt ist.

Das Territorialitätsprinzip wird innerstaatlich von den Sonderregelungen der Ein- und Ausstrahlung durchbrochen; in besonderem Maße erfolgt eine solche Überlagerung innerstaatlicher Regelungen auch durch Koordinierungsvorschriften der Europäischen Union, etwa durch die Verordnung 883/2004 (früher 1408/71) über die Anwendung der Systeme der sozialen Sicherheit auf Arbeitnehmer und Selbständige sowie deren Familienangehörige, die innerhalb der Gemeinschaft zu- und abwandern. Diese unmittelbar in allen Mitgliedstaaten mit Gesetzesrang geltende europäische Rechtsverordnung enthält zahlreiche Sonderregelungen zum Territorialitätsprinzip und zu der Frage, welche Rechtsregeln im Einzelfall anzuwenden sind, wenn das Recht mehrerer Mitgliedstaaten und das Gemeinschaftsrecht berührt sind. Für eine Übergangszeit sind auch noch einzelne Vorschriften der früheren Koordinierungsverordnung 1408/71 neben der neuen Regelung anwendbar.

Aus- und Einstrahlung

11 Die internationale Verflechtung der Wirtschaft, die Globalisierung der als Arbeitsleistung erbrachten Dienstleistungen und die im europäischen Raum immer weiter zurückgedrängten rein nationalen wirtschaftlichen Interessen bringen es mit sich, dass Beschäftigte ihre Arbeitsleistung nicht mehr allein im Inland erbringen, sondern entweder für ihren Arbeitgeber im Ausland tätig sind oder bei ausländischen Arbeitgebern im Inland oder Ausland. Es liegt im Interesse der in Deutschland lebenden Beschäftigten und der Sozialversicherung, während derartiger Auslandsaufenthalte den Schutz der deutschen Sozialversicherung nicht zu verlieren oder umgekehrt bei vorübergehender Beschäftigung von Beschäftigten aus anderen Staaten in der Bundesrepublik Deutschland nicht den Versicherungsschutz der auswärtigen sozialen Sicherung zu verlieren. Bis zum Inkrafttreten des SGB IV fehlte es an einer gesetzlichen Regelung für Entsendungen in das Ausland. Allerdings hatte die Rechtsprechung schon früh (das erste Urteil hierzu stammt aus dem Jahre 1885) die Notwendigkeit erkannt, die von inländischen Unternehmen vorübergehend in das Ausland entsandten Arbeitnehmer weiterhin dem deutschen Sozialversicherungsschutz zu unterstellen. Unter dem Begriff „vorübergehend" wurden zunächst drei, dann sechs, später dann sogar 24 oder 36 Monate verstanden, bis in neuerer Zeit feste Zeitgrenzen aufgegeben wurden und insoweit nur noch darauf abgestellt wird, ob die Entsendung überschaubar befristet ist und der Arbeitnehmer nach Beendigung der Entsendung nach Deutschland zurückkehrt. In einigen Sozialversicherungsabkommen ist diese Frist mittlerweile auf 60 Kalendermonate und mehr ausgedehnt worden und kann sogar noch verlängert werden (bspw. SVA mit Japan oder den USA), wobei damit der Begriff der „vorübergehenden" Entsendung wohl etwas überdehnt sein dürfte.

12 Ausstrahlung bedeutet, dass die Vorschriften über die Versicherungspflicht und -berechtigung auch auf Beschäftigungen und entsprechend auf selbständige Tätigkeiten und Berufsausbildungen Anwendung finden, die außerhalb des Geltungsbereichs dieses Gesetzbuches ausgeübt werden, wenn im Bundesgebiet das Beschäftigungsverhältnis besteht und der Beschäftigte für eine im Voraus begrenzte Zeit von hier aus in das Ausland entsandt wird. Die Beschäftigung oder Ausbildung beruht in aller Regel rechtlich auf einem Arbeits- oder Ausbildungsvertrag. Dieser muss im Bundesgebiet abgeschlossen sein und während der Entsendung ins Ausland fortbestehen. Damit verbunden ist auch das Erfordernis, dass der Beschäftigte weiterhin den Weisungen des inländischen Arbeitgebers hinsichtlich Zeit, Ort und Art der Arbeitsausführung unterliegt. Typische Fälle sind bspw. Montagearbeiten, die bei der Errichtung großer Industrieanlagen auch mehrere Jahre andauern können. Das wichtigste Indiz für das Fortbestehen eines Beschäftigungsverhältnisses besteht darin, dass der inländische Arbeitgeber weiter das Arbeitsentgelt zahlt und vor allem Steuern und Sozialversicherungsbeiträge an das inländische Finanzamt bzw. die Einzugsstelle abführt.

Keine Ausstrahlung liegt vor, wenn der Beschäftigte mit einem ausländischen Unternehmen einen eigenständigen Vertrag im Ausland abschließt, auch falls daneben der Arbeitsvertrag im Bundesgebiet nicht aufgelöst und gekündigt wird, sondern der inländische Arbeitgeber die auswärtige Beschäftigung sogar wünscht. In diesen Fällen fehlt es am Tatbestand der Entsendung bzw. dem Fortbestehen eines im Inland begründeten Arbeitsverhältnisses. Dasselbe gilt beim Abschluss von Arbeitsverträgen im Ausland mit eigenständigen Tochterunternehmen eines inländischen Konzerns, bei dem bis dahin die Beschäftigung ausgeübt wurde. Bei diesen sogenannten Ortskräften fehlt ebenfalls das Merkmal der Entsendung. Die Entsendung wird dagegen nicht dadurch ausgeschlossen, dass die Beschäftigung in mehreren ausländischen Staaten ohne zeitliche Unterbrechung nacheinander (z. B. in Ägypten, danach in Brasilien) für dasselbe Inlandsunternehmen ausgeübt wird, wenn der Beschäftigte vor Aufnahme der ersten Tätigkeit von Deutschland aus entsandt worden ist und die Auslandstätigkeit insgesamt befristet ist.

13 Die wichtigste Rechtsfolge der Ausstrahlung ist, dass die Versicherungspflicht während des Auslandsaufenthaltes fortbesteht. Diese nationale Rechtsvorschrift bleibt jedoch ohne Einfluss auf die rechtlichen Bestimmungen im Ausland. Daher kann Versicherungspflicht sowohl im Bundesgebiet als auch im Ausland nach den dortigen Vorschriften gegeben sein. Dies wird durch die inländischen Regelungen nicht ausgeschlossen, weil u. a. nicht sichergestellt ist, dass die Versicherung im Ausland eine gleichwertige soziale Sicherung bietet. Um eine solche Doppelversicherung auszuschließen, bestehen mit den meisten Industrieländern, die vergleichbare Sozialsysteme haben und mit denen ein nicht unerheblicher Arbeitskräfteaustausch stattfindet, Sozialversicherungsabkommen (SVA), in denen vor allem geregelt ist, dass und wie die Versicherungszeiten in den verschiedenen Ländern zusammengerechnet werden können. Vergleichbare Regelungen werden auch im Steuerrecht durch so genannte Doppelbesteuerungsabkommen getroffen.

Interessant ist in diesem Zusammenhang eine Entscheidung des Europäischen Gerichtshofes (EuGH) in Luxemburg: Ein in den Niederlanden wohnender Beschäftigter wurde von einem Unternehmen mit Sitz in Deutschland eingestellt, das ihn sofort nach Thailand entsandte. Das deutsche Unternehmen hatte ihn in Deutschland versichert, die Niederlande als Wohnortstaat sahen den Beschäftigten ebenfalls als versicherungspflichtig an. Der EuGH hat hierzu entschieden, dass ein Beschäftigter jeweils nur in einem Staat versicherungspflichtig sein kann und die Versicherungspflicht in den Niederlanden verneint. Diese Entscheidung anerkennt insoweit auch das zuvor beschriebene Beschäftigungsortprinzip. Wichtig ist in diesem Zusammenhang, dass sich die Regelungen der Ein- und Ausstrahlung immer nur auf die Sozialversicherung und nicht auf andere Sozialleistungen beziehen. So hat der EuGH beispielsweise in einer Entscheidung vom Juli 2007 frühere Entscheidungen zutreffend bestätigend entschieden, dass eine in den Niederlanden wohnende Niederländerin, die in Deutschland arbeitet, jedenfalls aus europäischen Rechtsvorschriften abgeleitet keinen Anspruch auf das in Deutschland gewährte Erziehungsgeld hat.

14 Ausstrahlung ist auch möglich, wenn ein Arbeitnehmer zulässigerweise ins Ausland verliehen wird, was eine Genehmigung nach dem Arbeitnehmerüberlassungsgesetz voraussetzt, die nur für Arbeitnehmerüberlassungen in die Mitgliedstaaten der Europäischen Union erteilt wird. Bei unzulässiger Arbeitnehmerüberlassung liegt dagegen keine Ausstrahlung vor.

15 Wichtige Voraussetzung für die Ausstrahlung ist eine Entsendung. Eine solche liegt vor, wenn sich ein Beschäftigter, der bisher in der Bundesrepublik gewohnt, bzw. auch gearbeitet hat, auf Weisung seines Arbeitgebers mit Sitz in der Bundesrepublik in das Ausland begibt, um dort eine Beschäftigung unmittelbar für Zwecke dieses Arbeitgebers auszuüben. Die Entsendung setzt die physische Bewegung des Arbeitnehmers vom Inland in das Ausland voraus. Voraussetzung für eine Entsendung ist ferner, dass der Beschäftigte für die Dauer des Auslandseinsatzes weiterhin in das inländische Unternehmen eingegliedert bleibt. Damit muss bereits bei Beginn des Auslandseinsatzes feststehen, dass der Arbeitnehmer nach dem Ende des Auslandseinsatzes von dem Arbeitgeber weiterbeschäftigt wird.

Auch für versicherungspflichtige Selbständige können die Regelungen über die Ausstrahlung entsprechend Anwendung finden, wenn selbständige Tätigkeiten vorliegen, die zeitlich begrenzt außerhalb der Bundesrepublik ausgeübt werden und wenn der Schwerpunkt der rechtlichen und tatsächlichen Merkmale der selbständigen Tätigkeit im Inland liegt. Dies kann in einem zusammenwachsenden Europa zunehmend an Bedeutung erlangen, aber bspw. auch für die sich schnell verändernden Berufsfelder Neue Medien, *E-commerce* und alle mit der Informationstechnologie zusammenhängenden Dienstleistungsbereichen. Die neue Verordnung 883/2004 bezieht sich daher auf der Grundlage der ebenfalls im EG-Vertrag geltenden Dienstleistungsfreiheit genauso wie die abgelöste Verordnung 1408/71 auch auf die Koordinierung der Systeme der Sozialen Sicherheit für Selbständige und deren Familienangehörige. Über eine weitere Europäische Verordnung sind unter bestimmten Voraussetzungen sogar die Familienangehörigen der Wanderarbeitnehmer in den sozialen Schutz des Aufnahmestaates einbezogen, wobei die Regelung dieser europäischen Arbeitsmigration vor allem vor dem Hintergrund der massiven Erweiterung der Europäischen Gemeinschaft in den letzten Jahren insgesamt eine besondere Beachtung gefunden hat. Allerdings muss auch berücksichtigt werden, dass durch den Wegfall von Beschränkungen und Zugangsregelungen für die Arbeitsmigration insbesondere Schwarzarbeit und illegale Beschäftigung erheblich zugenommen haben und vor allem unterschiedliche Maßnahmen der einzelnen Mitgliedstaaten eine grenzüberschreitende Zusammenarbeit bei der Missbrauchsbekämpfung nicht immer erleichtern.

16 Die Einstrahlung stellt das Gegenstück zur Ausstrahlung dar. Vom deutschen Sozialversicherungsrecht werden danach Personen nicht erfasst, die im Rahmen eines im Ausland fortbestehenden Beschäftigungsverhältnisses für eine von vornherein begrenzte Dauer in das Bundesgebiet entsandt werden. Ähnlich wie bei der Ausstrahlung sind mit der Einstrahlung zahlreiche rechtlich komplizierte Problemstellungen verbunden, weil einerseits das Bestreben der Sozialversicherung besteht, möglichst alle gegen Entgelt beschäftigte Personen versicherungspflichtig zu stellen, und andererseits der Wunsch der Arbeitgeber verständlich ist, Sozialversicherungsbeiträge, zumindest doppelt gezahlte, zu vermeiden. Um hier einen Ausgleich der Interessen zu erreichen, werden in zwischenstaatlichen Abkommen entsprechende Regelungen aufgenommen, die Wettbewerbsvorteile durch Versicherungsfreiheit, aber auch unsinnige Doppelversicherungen ausschließen.

Die Tendenz, in diesen zwischenstaatlichen Regelungen die zeitlichen Grenzen für eine Ein- oder Ausstrahlung stark auszudehnen, verwischt aus der Sicht der Sozialversicherung zunehmend das Merkmal der „vorübergehenden" Entsendung. Nach dem Abkommen mit Japan kann bspw. die dort vorgesehene Frist von 5 Jahren prinzipiell unbeschränkt verlängert werden, so dass hier theoretisch Entsendezeiten von 20 oder mehr Jahren noch als Ausstrahlung/Einstrahlung gelten können, obwohl damit ein Großteil einer Erwerbsbiografie erfasst wird, und das eigentliche Schutzziel der Sozialversicherung, die Erwerbstätigkeit in der inländischen Sozialversicherung abzusichern, in Einzelfällen durchaus nicht mehr gewährleistet sein kann.

Über- und zwischenstaatliches Recht, Sozialversicherung in der Europäischen Union

17 Die gemeinsamen Vorschriften des SGB IV werden von den für die Bundesrepublik Deutschland geltenden über- und zwischenstaatlichen Regelungen durchbrochen, sofern diese vorsehen, dass auf Beschäftigungen oder selbständige Tätigkeiten nicht die deutschen Rechtsvorschriften über die Versicherungspflicht, sondern diejenigen eines EU-Mitgliedstaates, das europäische Gemeinschaftsrecht oder das Recht des Vertragsstaates bzw. nicht diese Rechtsvorschriften des über- und zwischenstaatlichen Rechts, sondern die deutschen Rechtsvorschriften anzuwenden sind. Abänderungen des deutschen Rechts können sich damit vor allem aus folgenden Rechtsquellen ergeben:

– Regelungen des europäischen Gemeinschaftsrechts, d. h. Vorschriften des von den Mitgliedstaaten der Europäischen Union gemeinsam beschlossenen Rechts;
– Regelungen aus zwischenstaatlichem Recht, das sind vorrangig Regelungen aus zwei- oder mehrseitigen völkerrechtlichen Verträgen (innerhalb des Sozialversicherungsrechts vorrangig in Form von Sozialversicherungsabkommen).

18 Auf der Grundlage des Unionsvertrages hat die Europäische Union eine Reihe von Verordnungen erlassen, die sich mit der Frage der Koordinierung der nationalen Systeme für die soziale Sicherheit befassen. Die in diesem Zusammenhang bedeutsamsten Regelungen sind die Verordnung 883/2004 und die dazugehörige Durchführungsverordnung 987/2009, die am 1. Mai 2010 in Kraft getreten ist und damit auch das Inkrafttreten der Verordnung 883/2004 ausgelöst hat. Die neuen Verordnungen lösen die alte Koordinierungsverordnung 1408/71 und die dazugehörige Durchführungsverordnung 574/72 ab, die allerdings für eine Übergangszeit mit einzelnen Sonderregelungen und Ausnahmebestimmungen noch weiter gelten. Die Verordnungen des europäischen Gemeinschaftsrechts – also auch die genannten Koordinierungsvorschriften – gelten unmittelbar, ohne dass es einer Transformation in innerstaatliches Recht bedarf; ihnen kommt daher der Vorrang gegenüber dem innerstaatlichen Recht zu. Die einheitliche Auslegung dieser Normen für alle Mitgliedstaaten der Europäischen Union wird durch den Europäischen Gerichtshof in Luxemburg gewährleistet.

19 Die Verordnung 883/2004 grenzt den Geltungsbereich der verschiedenen nationalen Sozialsysteme in Übereinstimmung mit dem innerstaatlichen Recht nach dem Ort der Beschäftigung ab, wobei dieser Grundsatz für die Fälle der Entsendung modifiziert wird. Eine Unterscheidung zwischen Aus- und Einstrahlung ist auf europäischer Ebene nicht erforderlich, weil jeder Entsendungsfall für den einen Mitgliedstaat eine Ausstrahlung und für den anderen zugleich eine Einstrahlung darstellt. Die Entsendung ist auf Fälle beschränkt, in denen die Arbeit im anderen Staat voraussichtlich nicht länger als 12 Monate andauert. Wird diese Dauer überschritten, so ist eine Verlängerung der Entsendungswirkung für längstens weitere 12 Monate möglich, sofern die staatlichen Behörden zustimmen. Sonderregelungen gelten in den Verordnungen für die Krankenversicherung der sogenannten Grenzgänger.

20 Zahlreiche internationale Konventionen und völkerrechtliche Verträge befassen sich (neben dem europäischen Gemeinschaftsrecht) auch mit sozialrechtlichen Fragen. Zu nennen sind hier bspw. die Allgemeine Erklärung der Menschenrechte oder die Europäische Sozialcharta. Diese Deklarationen und Konventionen wenden sich jedoch meist nur an die Unterzeichnerstaaten, durch die sich die Staaten wiederum verpflichten, ihre nationalen Rechtsordnungen entsprechend anzupassen, soweit dies erforderlich ist. Der Einzelne kann hieraus im Regelfall jedoch weder Ansprüche noch Rechte ableiten. Eine Ausnahme bildet hierbei die Europäische Menschenrechtskonvention des Europarates, die auch unmittelbar vor dem Europäischen Menschenrechtsgerichtshof einklagbare Grundrechtspositionen enthält. Eine ebenfalls besondere Form der internationalen Konventionen stellen die Übereinkommen der Internationalen Arbeitsorganisation (engl. ILO / franz. OIT) dar. In diesen Übereinkommen werden Mindeststandards für bestimmte Arbeits-/Sozialbereiche festgelegt, die sich die ratifizierenden Staaten einzuhalten verpflichten. Im Einzelfall können auch aus diesen Übereinkommen Rechte und Pflichten der einzelnen Bürger begründet werden, bspw. aus dem Übereinkommen Nr. 19 betreffend die Entschädigung bei Betriebsunfällen.

21 Die wichtigsten Rechtsquellen im internationalen Sozialrecht sind jedoch die zwei- oder mehrseitigen Abkommen, die insbesondere im Bereich des Sozialversicherungsrechts zwischen der Bundesrepublik und einer großen Zahl anderer Staaten geschlossen worden sind. Regelmäßig enthalten diese Abkommen auch Vereinbarungen über die Abgrenzung des Anwendungsbereiches der nationalen Sozialversicherungsordnung, ferner sind typischerweise Regelungen über die Aus- und Einstrahlung enthalten. Sofern daher ein Sozialversicherungsabkommen mit einem Staat besteht, ist zunächst zu prüfen, ob dieses Abkommen eine konkrete zeitliche Ausgestaltung der zeitlich unbestimmten Regelungen des SGB IV enthält. Einige Abkommen, z. B. mit Israel, enthalten jedoch keine solchen zeitlichen Grenzen. In den letzten Jahren sind zahlreiche neue Sozialversicherungsabkommen abgeschlossen worden, so mit Japan, Südkorea, China, Australien, der Tschechischen Republik, der slowakischen Republik, Mazedonien und Rumänien. Allerdings wird das Abkommen mit Rumänien durch den zwischenzeitlichen Beitritt zur Europäischen Union durch die europäischen Koordinierungsregelungen bereits überlagert. Das Zusatzabkommen mit Australien (Entsendeabkommen) ist in Deutschland inzwischen ratifiziert, bedurfte zu seinem Inkrafttreten indes noch der gesetzlichen Umsetzung in Australien, die im November 2008 erfolgt ist. Das mit Indien im Oktober 2008 unterzeichnete Entsendeabkommen wurde zwischenzeitlich ratifiziert und ist zum 1. Oktober 2009 in Kraft getreten. Damit gelten nunmehr abgestimmte versicherungsrechtliche Regelungen für nach Indien entsandte deutsche Arbeitnehmer und ihre Arbeitgeber und umgekehrt. Mit Brasilien wurde im Dezember 2009 das deutsch-brasilianische Abkommen über Sozialversicherung abgeschlossen. Das Abkommen sichert den sozialen Schutz im Bereich der jeweiligen Rentenversicherungssysteme für deutsche und brasilianische Staatsangehörige, die sich im jeweils anderen Vertragsstaat aufhalten. Derzeit werden mit Russland und Indien vergleichbare Verhandlungen für ein zusätzliches bilaterales Rentenabkommen geführt, wobei das indische Sozialversicherungsabkommen weitgehend abgeschlossen ist. Daneben haben ergänzende Verhandlungen über die Vereinbarung mit Quebec stattgefunden, bei der die Unfallversicherung in die Vereinbarung einbezogen wurde sowie besondere Regelungen für Entschädigungsleistungen zur Wiedergutmachung.

22 Sozialversicherungsabkommen können auch zwischen mehreren Staaten abgeschlossen werden; ein Beispiel dafür ist das Rheinschiffer-Abkommen aus den 50er Jahren des vergangenen Jahrhunderts. Nach diesem Abkommen richtet sich das Sozialversicherungsrecht nach dem Recht des Staates, in dem das Beschäftigungsunternehmen seinen Sitz hat. Die Neufassung dieses Abkommens wurde 1980 von der Bundesrepublik unterzeichnet. Ein weiteres Beispiel für mehrseitige Abkommen ist bspw. das Zusatzabkommen zum NATO-Truppenstatut oder das Abkommen zwischen der Europäischen Gemeinschaft und ihren Mitgliedstaaten einerseits und der schweizerischen Eidgenossenschaft andererseits über die Freizügigkeit vom 2. September 2001.

Beschäftigung und selbständige Tätigkeit

Versicherter Personenkreis

23 Es wäre wünschenswert gewesen, die Beschreibung der versicherungspflichtigen bzw. -berechtigten Personenkreise im SGB IV zusammen für alle Ver-

sicherungszweige vorzunehmen. Dies konnte wegen der großen Unterschiede in den einzelnen Zweigen jedoch nicht realisiert werden. Deshalb ist für jeden Zweig der Sozialversicherung ein anderer versicherter Personenkreis entstanden, der den jeweiligen Teilen des Sozialgesetzbuchs zumeist vorangestellt ist. Ausführungen hierzu finden sich in den Kapiteln zu den einzelnen Zweigen der Sozialversicherung. Die Aufzählung des versicherten Personenkreises in § 2 SGB IV hat deshalb genau genommen nur erläuternden Charakter.

Als in allen Zweigen versicherte Personen sind in den gemeinsamen Vorschriften neben den Beschäftigten vor allem die in geschützten Einrichtungen beschäftigten behinderten Menschen und die Landwirte genannt. Daneben ist die Antragspflichtversicherung der Seeleute geregelt, deren Schiffe nicht die deutsche Flagge führen dürfen.

Begriff der Beschäftigung

24 Der Begriff der Beschäftigung ist einer der zentralen Grundbegriffe des Sozialversicherungsrechts. Die Beschäftigung ist Anknüpfungspunkt für die Sozialversicherung; Beschäftigte sind in allen Zweigen der Sozialversicherung nach Maßgabe der besonderen Vorschriften in den Versicherungszweigen versichert. Die Beschäftigung ist damit in allen Bereichen der Sozialversicherung auch notwendige Voraussetzung für die Zugehörigkeit zum Kreis der Versicherten und der in der Folge der Versicherung auch Leistungsberechtigten. Mit dieser Anknüpfung der Sozialversicherung wird die traditionelle Zielsetzung der Versicherung erreicht, nämlich die abhängig arbeitende Bevölkerung bzw. den unselbständigen Erwerbstätigen den Schutz der Versicherung zwangsweise zugute kommen zu lassen. Auch wenn der Kreis der Versicherten heute in vielen Bereichen über diese klassische Versichertengruppe hinausgeht, bleibt die Beschäftigung – begrifflich auch im internationalen und supranationalen Recht – von grundlegender Bedeutung.

Beschäftigung und Arbeitsverhältnis

25 Das Sozialgesetzbuch Viertes Buch bezeichnet die Beschäftigung als die nichtselbständige Arbeit, insbesondere in einem Arbeitsverhältnis. Diese von seinen Voraussetzungen her zunächst sehr offene Regelung ist 1999 durch eine Erläuterung ergänzt worden, wonach Anhaltspunkte für eine Beschäftigung eine Tätigkeit nach Weisungen und eine Eingliederung in die Arbeitsorganisation des Weisungsgebers sind. Auf Grund der Beschäftigung entsteht ein Beschäftigungsverhältnis. Beschäftigung ist die tatsächliche Arbeitsleistung, das physische Arbeiten. Ein Beschäftigungsverhältnis entsteht, wenn eine tatsächliche Beschäftigung aufgenommen wird. Es bleibt aber auch bei Unterbrechungen der tatsächlichen Arbeit bestehen, solange das Ende der Unterbrechung nach Möglichkeit absehbar ist, die Beteiligten das Beschäftigungsverhältnis fortsetzen wollen, der Beschäftigte grundsätzlich auch bereit ist, seine Arbeitsleistung nach der Unterbrechung wieder zu erbringen, der Arbeitgeber die Weisungsgebundenheit behält und vor allem der Beschäftigte weiterhin in den Betrieb eingegliedert ist. In Zeiten, in denen tatsächlich nicht gearbeitet wird, bleibt das Beschäftigungsverhältnis daher bestehen. Somit besteht die Beschäftigung auch in Zeiten während des Urlaubs oder der auf Krankheit beruhenden Arbeitsunfähigkeit, solange jedenfalls der Lohn weitergezahlt wird oder Lohnersatzleistungen wie Entgeltfortzahlung im Krankheitsfall gewährt werden. In diesem Zusammenhang sind moderne und neue Formen der Beschäftigung wie Job-Sharing, flexible Arbeitszeiten und Altersteilzeitmodelle sozialversicherungsrechtlich immer dann problematisch, wenn in Zeiten der fehlenden Beschäftigung nicht kontinuierlich Lohn gezahlt wird oder für größere Zeiträume – etwa auch vor dem Altersruhestand – möglicherweise gar keine Beschäftigung mehr vorliegt. Aus diesem Grund sind in der zentralen Vorschrift des § 7 SGB IV hierzu eine Reihe von Sonderfällen und Regelungen zur Beschäftigungsfiktion ausdrücklich geregelt, um Missverständnisse und Fehlinterpretationen zu vermeiden.

26 Der sozialversicherungsrechtliche Begriff der Beschäftigung regelt das Verhältnis zum Arbeitsrecht in zweifacher Weise: Zum einen wird klargestellt, dass in der Regel ein wirksames Arbeitsverhältnis zur sozialversicherungsrechtlichen Beschäftigung führt, und zwar auch in den Fällen des sogenannten faktischen Arbeitsverhältnisses oder des missglückten Arbeitsversuches. Zum anderen macht die Regelung in den gemeinsamen Vorschriften des öffentlich-rechtlichen Sozialversicherungsrechts deutlich, dass der Begriff der Beschäftigung auch in Fällen anwendbar sein kann, in denen kein privatrechtlich strukturiertes Arbeitsverhältnis vorliegt. Insoweit ist der Begriff der Beschäftigung der weitergehende. Dies wird bedeutsam in den Fällen, in denen regelmäßig kein Arbeitsverhältnis vorliegt, etwa bei ehrenamtlicher Tätigkeit oder bei mithelfenden Familienangehörigen, hier aber die Sozialversicherung möglicherweise zur Annahme einer Beschäftigung kommt. Das Beschäftigungsverhältnis ist im Übrigen im Gegensatz zum zweiseitigen und privatrechtlichen Arbeitsverhältnis ein öffentlich-rechtlich gestaltetes Dreiecksverhältnis zwischen Arbeitnehmer, Arbeitgeber und dem Sozialversicherungsträger.

27 Der Begriff der Beschäftigung ist juristisch ein offener Begriff, dessen Voraussetzungen im Einzelnen geprüft und festgestellt werden müssen. Dies gilt auch für den 1999 angefügten Satz 2 in § 7 SGB IV, wonach eine Tätigkeit nach Weisungen und eine Eingliederung in die Arbeitsorganisation des Weisungsgebers als Anhaltspunkte für eine Beschäftigung anzusehen sind. Für eine Beschäftigung ist nach ständiger Rechtsprechung des Bundessozialgerichts die persönliche – nicht die wirtschaftliche – Abhängigkeit des Beschäftigten gegenüber einem Arbeitgeber oder Dienstherrn maßgebend, die ihren wesentlichen Ausdruck in der Eingliederung in den Organismus eines Betriebes oder einer Verwaltung, in der Dienstbereitschaft und in der Verfügungsbefugnis des Arbeitgebers oder Dienstherrn findet. Für diese nur an den tatsächlichen Verhältnissen ausgerichtete Zuordnung ist weder die Erzielung eines Arbeitsentgeltes konstitutives Merkmal noch hängt diese Entscheidung davon ab, zu welchem Zweck und aus welchen Motiven der Beschäftigte die abhängige Tätigkeit verrichtet. Damit sind auch ehrenamtliche Helfer oder nebenamtliche Bürgermeister mit Verwaltungsaufgaben als Beschäftigte im Sinne der Sozialversicherung anzusehen. Eine Eingliederung liegt vor, wenn der Beschäftigte verpflichtet ist, Weisungen des zur Verfügung über seine Arbeitskraft befugten Arbeitgebers oder Dienstherrn zu befolgen, die sich auf Zeit, Dauer, Ort, Inhalt oder Gestaltung (Ausführung) seiner Tätigkeit beziehen. Dabei können Weisungsgebundenheit und Direktionsrecht bei abhängiger Beschäftigung auch stark eingeschränkt sein oder sogar gänzlich fehlen, bspw. bei einem Chefarzt oder einem Syndikusanwalt.

28 Im Normalfall bereitet die Abgrenzung zwischen abhängiger Beschäftigung und selbständiger Tätigkeit keine Schwierigkeiten. Der soziale Sachverhalt Beschäftigung ist so typisch, dass in den weitaus meisten Fällen keine genauere begriffliche Festlegung erforderlich ist. Für den typischen Lebenssachverhalt kommt es normalerweise nur darauf an, dass ein Arbeitnehmer im Dienste eines anderen, des Arbeitgebers, arbeitet. Das bedeutet vor allem zweierlei:

– Der Arbeitgeber behält sich vor, innerhalb eines gewissen Rahmens Inhalt, Zweck, Art und Weise der Arbeit sowie die Arbeitszeit näher zu bestimmen und zu diesem Zweck dem Arbeitnehmer Weisungen zu erteilen.
– Der unmittelbare Arbeitserfolg kommt dem Arbeitgeber zugute. Der Arbeitnehmer arbeitet also auf fremde Rechnung. Der Arbeitgeber trägt die Verantwortung und das wirtschaftliche Risiko für Produktion und Absatz, also auch dafür, dass die Arbeit letztlich auch wirtschaftlich effektiv ist. Dadurch ist die Entlohnung oder Vergütung des Arbeitnehmers vom unmittelbaren wirtschaftlichen Erfolg der Arbeit zumindest weitgehend unabhängig.

29 Problematisch ist in der Praxis die Abgrenzung der Grenzfälle zwischen Beschäftigung und selbständiger Tätigkeit. In bestimmten problematischen Fällen kann die Beurteilung nur an Hand von Indizien erfolgen: Ein wichtiges Indiz ist immer der Umfang der Weisungsgebundenheit. Je mehr der Beschäftigte den Anordnungen des Arbeitgebers Folge leisten muss, wann, was und wie gearbeitet wird, desto mehr spricht für eine Beschäftigung. Auf der anderen Seite kann das Weisungsrecht auch stark gelockert sein, ohne dass die persönliche Abhängigkeit entfiele, etwa bei dem erwähnten Chefarzt: So muss der im Krankenhaus angestellte Chefarzt eigenverantwortlich und selbständig entscheiden, ob und wann er welche medizinisch-therapeutische Behandlung durchführt und er unterliegt insoweit auch keinen Weisungen. Andererseits dürfen vertragliche Vereinbarungen auch nicht mit Weisungen verwechselt werden. Bestimmt bspw. ein Bauherr gegenüber dem Architekten, wie viele Zimmer sein Haus haben soll und wie die Fenster zu gestalten sind, dann handelt es sich nicht um Weisungen, sondern um vertragliche Ausgestaltungen des Architektenvertrages; der Architekt wird dadurch nicht zum Angestellten des Bauherrn.

30 Ein weiteres wesentliches Indiz einer Beschäftigung ist die Eingliederung in einen Betrieb, wenn der Beschäftigte sich also in eine vorgegebene, übergeordnete Struktur einfügen muss, die er selbst nicht festlegen kann. Das ist insbesondere der Fall, wenn die Tätigkeit nicht ohne Inanspruchnahme der Einrichtungen und des Personals des Arbeitgebers, also in einem fremden Betrieb, ausgeübt werden kann. So ist auch ein Geschäftsführer einer GmbH in der Regel Beschäftigter, auch wenn er Arbeitgeberfunktionen ausübt. Voraussetzung für eine sozialversicherungspflichtige Beschäftigung ist vorrangig, dass dem Geschäftsführer die Einrichtungen des Betriebes nicht als Gesellschafter selbst gehören. Sobald ihm mehrheitlich die Gesellschafteranteile gehören und er somit Haupteigentümer der Betriebseinrichtungen ist und er über die Struktur der Gesellschaft unabhängig von anderen bestimmen kann, ist er als Selbständiger und nicht als abhängig Beschäftigter anzusehen.

31 In der Praxis der Bundesagentur für Arbeit kommt immer wieder der Fall vor, dass Arbeitgeber für im Betrieb mitarbeitende Ehegatten oder sonstige enge Familienangehörige und ohne genaue und vorherige Prüfung des Status der Betroffenen jahrelang Beiträge zur Sozialversicherung, insbesondere Arbeitslosenversicherung, abführen. Erst bei Verlust der Erwerbstätigkeit der Betroffenen stellt sich dann besonders bei Handwerksbetrieben im Nachhinein heraus, dass keine Ansprüche auf Arbeitslosengeld bestehen, weil die Familienangehörigen gar keine abhängig Beschäftigten, sondern Mitinhaber und Mitunternehmer des Familienbetriebes gewesen sind. In der Rentenversicherung hat sich in der Vergangenheit dieses Problem deshalb nicht gestellt, weil nach einer Vorschrift im SGB IV bei einer Arbeitgeberprüfung nicht beanstandete und gezahlte Beiträge zur Rentenversicherung spätestens nach vier Jahren als zu recht entrichtete Pflichtbeiträge gelten.

Das gleiche Problem tritt auch bei GmbH-Gesellschafter-Geschäftsführern auf, wenn diese gleichzeitig mit einer nicht unerheblichen Beteiligung an der Stammeinlage beteiligt sind. Bisher stand den Betroffenen die Möglichkeit offen, Entscheidungen der Einzugsstelle oder der Rentenversicherung über das Vorliegen der Versicherungspflicht zur Bundesagentur herbeizuführen und eine leistungsrechtliche Bindung der Arbeitsverwaltung an diese Entscheidung zu beantragen. Diese Möglichkeit ist jedoch auf Grund ihrer unbefriedigenden Ausgestaltung in der Praxis nahezu ungenutzt geblieben.

Um die unbefriedigende Rechtslage zu verbessern, sind mit dem Vierten Gesetz für moderne Dienstleistungen am Arbeitsmarkt einige Rechtsänderungen zum 1. Januar 2004 in Kraft getreten. Zunächst wurden die Meldevorschriften so ergänzt, dass der Arbeitgeber in der Meldung angeben muss, ob der angemeldete Beschäftigte zu ihm in einer Beziehung als Ehegatte, Lebenspartner, Abkömmling, Verwandter oder Verschwägerter in gerader Linie bis zum zweiten Grad steht, oder ob er als geschäftsführender Gesellschafter einer Gesellschaft mit beschränkter Haftung tätig ist. Macht der Arbeitgeber diese Angaben in der Meldung, muss die Einzugsstelle nunmehr zwingend ein Clearingstellenverfahren bei der Deutschen Rentenversicherung Bund (DRV Bund, frühere BfA) beantragen (vgl. Rdnr. 68). Die DRV Bund muss dann entscheiden, ob eine abhängige Beschäftigung vorliegt. Stellt die DRV Bund die Sozialversicherungspflicht durch Verwaltungsakt fest, ist die Bundesagentur für Arbeit an diese Feststellungen leistungsrechtlich gebunden. Selbst wenn durch dieses Verfahren in einigen Problemfällen eine höhere Rechtssicherheit gegeben ist, mag die gezwungene Offenlegung verwandtschaftlicher oder partnerschaftlicher Verhältnisse im Rahmen eines Meldeverfahrens zur Sozialversicherung nicht frei von Bedenken sein, und zwar unabhängig von dem Mehraufwand für das zwingende Clearingstellenverfahren angesichts der geringen Zahl von Betroffenen von einigen Tausend Personen im Verhältnis zu weit mehr als 100 Mio. Meldungen jährlich in der Sozialversicherung. Allerdings dürfte die in einigen Fällen vorgetragene Verfassungswidrigkeit dieser Regelungen zur Auskunftspflicht abwegig sein, da hier weder ein Grundrechtseingriff in die Gewerbe- und Berufsfreiheit, noch ein solcher in die allgemeine Handlungsfreiheit ernsthaft angenommen werden kann.

32 Den Lebenssachverhalt abhängige Beschäftigung gibt es heute in sämtlichen Ländern mit industrieller Produktion, unabhängig von der Wirtschafts- und Gesellschaftsform, also sowohl in den marktwirtschaftlich orientierten wie in den sozialistischen Staaten. Die Begriffe Beschäftigung und (Nicht-)Selbständigkeit erscheinen auch im internationalen wie im supranationalen Sozialrecht und sind insbesondere im europäischen Gemeinschaftsrecht einheitlich auszulegen, wobei wesentliche Unterschiede zum deutschen Recht ohnehin nicht ersichtlich sind.

33 Damit ist festzustellen, dass der Begriff der Beschäftigung ein seit Jahrzehnten von der Praxis und der Rechtsprechung entwickelter Begriff ist, der sich auf Grund seiner vielschichtigen Struktur und der stetigen inhaltlichen Entwicklung mit einiger Wahrscheinlichkeit wohl auch nicht vom Gesetzgeber normieren ließe. Deshalb entscheidet die Frage, ob ein sozialversicherungspflichtiges Beschäftigungsverhältnis vorliegt oder nicht, auch nicht der Beschäftigte oder sein Arbeitgeber selbst, sondern grundsätzlich in einem öffentlich-rechtlichen Verwaltungsverfahren die zuständige Einzugsstelle (Krankenkasse), die rechtsverbindlich die Versicherungspflicht und Beitragshöhe in der Kranken-, Pflege- und Rentenversicherung sowie nach dem Recht der Arbeitsförderung durch Verwaltungsakt feststellt. Neben den Krankenkassen sind nur noch die Rentenversicherungsträger zu dieser Feststellung befugt, und zwar bei der sogenannten Arbeitgeberprüfung. Soweit deren Rechtsauffassung nicht geteilt wird, steht der Rechtsweg zu den Sozialgerichten offen.

Der Grund für die allgemeine und sehr weitreichende Sozialversicherungspflicht ist die vom grundgesetzlichen Sozialstaatsgebot ausgehende Verpflichtung für den Gesetzgeber, einen weitgehenden Sozialschutz für alle Bürger zu schaffen und zu gewährleisten. Das ist aber nur dann möglich, wenn grundsätzlich alle Arbeitnehmer und ihnen vergleichbare Bevölkerungsgruppen sowie die Arbeitgeber gemeinsam und solidarisch durch Beitragszahlungen ihren Anteil erbringen und Ausnahmen in Form der Sozialversicherungsfreiheit nur in besonders gelagerten Fällen bestehen. Im Lichte dieses Verfassungsauftrages wäre es nur schwer zu begründen, wenn der Gesetzgeber einer Erosion oder schleichenden Auflösung der Sozialversicherung untätig gegenübersteht.

Selbständige Tätigkeit

34 Der sozialversicherungsrechtliche Gegenpart zur abhängigen Beschäftigung ist – ähnlich wie im Steuer- und Arbeitsrecht – die selbständige Tätigkeit. Die selbständige Tätigkeit wird im Sozialgesetzbuch nicht definiert, so dass sie im Umkehrschluss zur abhängigen Beschäftigung ermittelt und abgegrenzt werden muss. Im Vordergrund steht bei der Selbständigkeit die Selbstbestimmtheit der Arbeit. Der selbständig Tätige ist hinsichtlich des Arbeitsortes, der Arbeitszeit, der Arbeitsfolge und der Art und Weise der Arbeitsausführung grundsätzlich persönlich unabhängig. Er ist damit in der Verfügung über die eigene Arbeitskraft frei, wie es im Handelsgesetzbuch für die selbständigen Handelsvertreter festgelegt ist. Der Selbständige arbeitet für eigene Rechnung und trägt auch das wirtschaftliche Risiko der Verwertbarkeit seiner Arbeitsleistung.

35 Ein wichtiges Indiz für die Selbständigkeit ist das Vorliegen eines wirtschaftlichen Risikos, das sogenannte Unternehmerrisiko. Wer eigenes Geld oder Arbeit einsetzt, ohne sicher zu sein, ob und wann er daraus Gewinn erwirtschaften kann oder Verlust machen wird, ist in der Regel frei in der Gestaltung seiner Tätigkeit. Besteht die selbständige Tätigkeit in der Vermittlung von Kenntnissen oder Fertigkeiten, reicht es aus, dass der Betreffende ohne feste Monatsvergütung oder Mindestgarantie arbeitet, z. B. auf den Ertrag seiner Unterrichtsstunden angewiesen ist und nicht fest in das Bildungsinstitut eingegliedert ist. Für den Bereich der in die Handwerksrolle eingetragenen Handwerker und die Angehörigen der freien Berufe ist die Abgrenzung meist unproblematisch, kann aber im Einzelfall durchaus schwierig sein. So kann ein Handwerker selbst Inhaber eines Betriebes sein, aber auch als angestellter Handwerker tätig werden. Vergleichbares gilt für einen Rechtsanwalt, Arzt, Apotheker oder Architekten, die alle sowohl selbständig als auch abhängig beschäftigt tätig sein können.

36 Weitere weniger wichtige Anhaltspunkte können in Folgendem bestehen:

– Die Tatsache, dass der Tätige seine ganze Arbeitskraft nur einem Berechtigten schuldet, spricht für eine abhängige Beschäftigung. Für Selbständige ist typisch, dass sie mehrere Kunden, Mandanten oder Auftraggeber haben. Wird der Selbständige nur für einen Auftraggeber tätig, kann dies ein Indiz für das Vorliegen von Scheinselbständigkeit sein bzw. kann dies bei der Annahme gegebener Selbständigkeit zur Rentenversicherungspflicht für diesen „arbeitnehmerähnlichen Selbständigen" führen.

– Die Bezeichnung im Vertrag als Angestellter oder Arbeiter lässt auf eine Beschäftigung, die Bezeichnung als freier Mitarbeiter eher auf Selbständigkeit schließen, wenngleich die alleinige Festlegung der Vertragsparteien meist wenig Aufschluss über die tatsächlichen Verhältnisse gibt. So kann die Befolgung von Weisungen auch Bestandteil einer selbständigen Tätigkeit sein.

– Führt der Arbeitgeber / Auftraggeber Lohnsteuer und Sozialversicherungsbeiträge vom Entgelt ab, wird dies meist für eine Beschäftigung sprechen, wobei die hierüber entscheidende Krankenkasse an die Entscheidungen des Arbeitgebers nicht gebunden ist.

Insgesamt kommt es für die Beurteilung, ob eine selbständige Tätigkeit vorliegt, ebenso auf alle Umstände des Einzelfalls an wie bei der Einordnung einer Tätigkeit als Beschäftigung. Weist eine Tätigkeit sowohl Merkmale der Beschäftigung wie der Selbständigkeit auf, so kommt es darauf an, welche Merkmale im Gesamtbild überwiegen. Dabei sind nur die wirklichen Umstände maßgeblich, unter denen die Arbeit verrichtet wird. Eine vertragliche Vereinbarung, die Tätigkeit solle im Rahmen eines Werkvertrages erfolgen, ist dann unbeachtlich, wenn in Wirklichkeit der Beschäftigte weisungsgebunden und in den Betrieb eingegliedert ist. Auch wenn die Vertragsparteien die Tätigkeit als Selbständigkeit vereinbaren, um bspw. die Abführung von Sozialversicherungsbeiträgen zu umgehen, kann nach den tatsächlichen Gegebenheiten dennoch eine Beschäftigung und ggf. Versicherungs- und Beitragspflicht in der Sozialversicherung gegeben sein.

37 Schwierigkeiten kann auch die Einordnung sogenannter freier Mitarbeiter bei Rundfunk und Fernsehen, von Vertretern und selbständigen Handelsvertretern sowie von Dozenten an Volkshochschulen oder weiterführenden Schulen bereiten, wobei die abgrenzungsproblematischen Berufsgruppen nicht abschließend aufgelistet werden können.

38 Die Abgrenzung zwischen abhängiger Beschäftigung und selbständiger Tätigkeit hat insbesondere Bedeutung für die Einbeziehung in die Sozialversicherung. Während grundsätzlich alle Beschäftigten in alle Zweige der Sozialversicherung eingebunden sind, ist der Selbständige abgesehen von einigen Ausnahmen in der gesetzlichen Rentenversicherung und der sozialen Sicherung der freien Berufe weitgehend versicherungsfrei. Die Einbeziehung der sogenannten arbeitnehmerähnlichen Selbständigen in die Rentenversicherung anlässlich der gesetzlichen Regelungen zur Scheinselbständigkeit war insoweit sozialpolitisch schwer abzugrenzen und musste deshalb auch sorgfältig begründet werden.

Berufsbildung und Betriebliche Berufsbildung

39 Berufsbildung ist ein umfassender Begriff, der die Berufsausbildung, die berufliche Fortbildung und die berufliche Umschulung im Sinne des Berufsbildungsgesetzes umfasst. Diese Berufsbildungsverhältnisse sind zwar keine Arbeitsverhältnisse, gelten in der Sozialversicherung jedoch auch als Beschäftigung.

Die Berufsbildung erfasst nur die Vermittlung der für den jeweiligen Beruf erforderlichen und geeigneten Kenntnisse, Erfahrungen und Fertigkeiten. Berufsunspezifische, allgemeinbildende Veranstaltungen staats- oder parteipolitischer oder gewerkschaftlicher Art gehören nicht dazu.

Die Berufsausbildung soll eine breit angelegte berufliche Grundbildung, die für die Ausübung des späteren Berufs notwendigen Fertigkeiten und Kenntnisse und den Erwerb der erforderlichen Berufserfahrungen ermöglichen. Die Berufsausbildung ist in derselben Berufsrichtung regelmäßig nur die erste, zu einem Abschluss führende Bildungsmaßnahme.

40 Die berufliche Fortbildung soll die beruflichen Kenntnisse und Fertigkeiten erhalten, erweitern und der Entwicklung anpassen. Sinn der Fortbildung ist es, weitere Qualifikationen zu vermitteln und damit zu einer beruflichen Mobilität und einem beruflichen Aufstieg beizutragen. Die berufliche Umschulung soll die notwendigen Kenntnisse, Fertigkeiten und Erfahrungen für einen anderen Beruf vermitteln und damit den Übergang in eine andere geeignete berufliche Tätigkeit ermöglichen.

41 Zur Berufsbildung im Sinne der Sozialversicherung gehört nicht die Ausbildung an allgemeinbildenden Schulen oder an Universitäten und Fachhochschulen sowie auf der anderen Seite auch nicht das Anlernen eines Beschäftigten im Rahmen seines Arbeitsvertrages. Die Versicherungspflicht während der Berufsbildung ist in den einzelnen Zweigen der Sozialversicherung jeweils gesondert geregelt.

In den letzten Jahren bereitet sozialversicherungsrechtlich die Zuordnung sogenannter dualer Studiengänge vermehrt Schwierigkeiten. Dies sind Studien an einer Fachschule oder Fachhochschule, bei der der Student aber gleichzeitig in einem festen Beschäftigungsverhältnis in dem studierten Bereich meist beim gleichen Arbeitgeber tätig ist. Nach einer einheitlichen Festlegung der Spitzenorganisationen der Sozialversicherung sollen diese Bildungsgänge auf Grund ihres vorrangig von einer Beschäftigung geprägten Ablaufs auch durchgängig als Beschäftigung im Sinne der Sozialversicherung angesehen werden. Dies rechtfertigt sich meist schon aus der Tatsache heraus, dass der Arbeitgeber die häufig hohen Studiengebühren dieser Berufsakademien übernimmt und auch gleichzeitig das bisherige Arbeitsentgelt in unverminderter Höhe weiterzahlt. Allerdings hat der Gesetzgeber mit dem Gesetz zur Änderung des Vierten Buches Sozialgesetzbuch vom 21. Juli 2009 die Beitragsfreiheit für Studiengebühren eingeführt, die der Arbeitgeber trägt und sofern sie steuerrechtlich nicht als Arbeitslohn gewertet werden. Diese politisch entschiedene Beitragsfreistellung von Bestandteilen des Arbeitslohnes bezweckt eine Anpassung des Beitragsrechts der Sozialversicherung an die Praxis im Steuerrecht. Von Bedeutung ist hierbei auch, dass das Bundessozialgericht im Vorfeld der gesetzgeberischen Entscheidung Zweifel an der Zuordnung dualer Studiengänge zum Kreis der Beschäftigung geäußert hatte und damit zu einer Veränderung der Festlegungen der Spitzenorganisationen Anlass gegeben hatte. Zur Klarstellung und zur einheitlichen Beurteilung von Studierenden in dualen Studiengängen wird derzeit von der Bundesregierung geprüft, ob durch eine Neuregelung in einem SG-IV-Änderungsgesetz eine einheitlich begründende Versicherungspflicht normiert werden soll.

Freiwilligkeit der Beschäftigung

42 Nur die freiwillig, in der Regel auf Grund eines Arbeits-, Dienst- oder eines vergleichbaren Vertrages erbrachte nichtselbständige Arbeit ist eine Beschäftigung im sozialversicherungsrechtlichen Sinn. An der Freiwilligkeit fehlt es, wenn die Arbeit auf Grund einer gesetzlichen Pflicht, bspw. bei Familienangehörigen, in einem besonderen Gewaltverhältnis, wie bei Strafgefangenen, Sicherungsverwahrten oder in einer sozialtherapeutischen Anstalt Untergebrachten oder sonst kraft obrigkeitlichem Zwang geleistet wird oder wurde, etwa bei Zwangsarbeitern, sogenannten Fürsorgezöglingen oder bei KZ-Häftlingen. Teilweise besteht in derartigen Fällen Sozialversicherungsschutz kraft besonderer Vorschriften in einzelnen Zweigen der Sozialversicherung; in der Rentenversicherung bestehen zahlreiche Sondergesetze und -regelungen, vor allem im Bereich der Wiedergutmachung nationalsozialistischen Unrechts.

Besondere Formen der Beschäftigung

Geringfügige Beschäftigung

43 Auch nach der Reform von 1999 und der Anhebung der Beitragssätze für die gewerbliche geringfügige Beschäftigung im Haushaltsbegleitgesetz 2006 ist die geringfügige Beschäftigung (§ 8 SGB IV) weiterhin Gegenstand sozial-, arbeitsmarkt- und gleichstellungspolitischer Diskussionen, wenn auch mit gewissen Akzentverschiebungen. Zuletzt hat sich der 68. Deutsche Juristentag im Herbst 2010 mit einer großen Mehrheit für eine gesetzliche Neukonstruktion dieser Form sozial ungeschützter Beschäftigung ausgesprochen Ausgelöst durch verschiedene parlamentarische Initiativen, insbesondere durch die Ergebnisse der Hartz-Kommission, wurde Ende 2002 die geringfügige Beschäftigung grundlegend geändert und reformiert. Aktuell wird die Wiedereinführung der 2002 abgeschafften 15-Stunden-Wochenarbeitszeitgrenze und ganz generell seit langem eine drastische Einschränkung der geringfügigen Beschäftigung gefordert, unter anderem mit dem Argument, diese Form der Beschäftigung verdränge die sozialversicherungspflichtige Beschäftigung. Auf der anderen Seite enthält der Koalitionsvertrag von 2009 mit einer veränderten politischen Wertung den Prüfauftrag, bei gleichzeitiger Stärkung der Brückenfunktion von Mini- und Midijobs zu voll sozialversicherungspflichtigen Beschäftigungsverhältnissen nach acht Jahren unveränderter Entgeltwerte die Erhöhung und die Wiedereinführung der Dynamisierung der Entgeltgrenze zu erwägen. Diese Prüfungen sind noch nicht abgeschlossen.

44 Die sozialversicherungsfreie Beschäftigung ist fast so alt wie die Sozialversicherung Deutschlands. Es gibt sie, in immer wieder modifizierter Form, bereits seit 1893. Der Begriff wurde allerdings erst durch das Vierte Buch Sozialgesetzbuch im Jahre 1977 geprägt. In den folgenden Jahren ist die Geringfügigkeitsgrenze mehrfach verändert worden, zumeist verbunden mit Einschränkungen. Zu unterscheiden sind dabei die geringfügigen Dauerbeschäftigungen und die kurzfristigen Beschäftigungen. Beiden ist gemeinsam, dass geringfügig Beschäftigte auf Grund der besonderen Vorschriften für die einzelnen Sozialversicherungszweige in der Kranken-, Pflege-, Renten- und Arbeitslosenversicherung grundsätzlich versicherungsfrei sind. Besonderheiten sind zu berücksichtigen, wenn mehrere Beschäftigungen ausgeübt werden. Für die gesetzliche Unfallversicherung ist die Geringfügigkeitsgrenze ohne Belang, da in ihr jede Beschäftigung, gleich welchen Umfangs, versichert ist.

45 Mit der Reform von 1999 wurden erstmals ca. 4 Mio. ausschließlich geringfügig Beschäftigte in den Schutz der Sozialversicherung einbezogen. Insbesondere für Frauen hat die Möglichkeit der freiwilligen Aufstockung der Rentenversicherungsbeiträge durch den Verzicht auf die Versicherungsfreiheit, der für einige Personengruppen erst die Voraussetzung für den Zugang zur staatlich geförderten zusätzlichen Altersvorsorge schafft, eine wichtige Rahmenbedingung im Hinblick auf die eigenständige Altersvorsorge

geschaffen. So gab es im November 2010 einschließlich der mehr als 2 Mio. geringfügig Nebentätigen insgesamt 7,2 Mio. geringfügig Beschäftigte. Davon haben mehr als 349.000 Personen die Rentenbeiträge aufgestockt, davon über 88 Prozent Frauen. Nachdem der Trend bis Ende 2006 eher rückläufig war, stieg die Zahl der geringfügig Beschäftigten ab 2007 insgesamt wieder leicht an und stagnierte zuletzt bei den genannten Werten.

46 Das Gesetz von 1999 stieß auf heftige Kritik der Wirtschaft, insbesondere von Zeitungs- und Anzeigenblattverlagen, der Landwirtschaft sowie dem Hotel- und Gaststättenbereich, und wurde auch vor dem Bundesverfassungsgericht angegriffen. Die daraufhin von der Bundesregierung eingesetzte Kommission „Moderne Dienstleistungen am Arbeitsmarkt" hat im August 2002 ein Gesamtkonzept zur Modernisierung des deutschen Arbeitsmarkts vorgelegt. Die Umsetzung der Vorschläge der Hartz-Kommission zu den Mini-Jobs erfolgte mit dem Entwurf eines Zweiten Gesetzes für moderne Dienstleistungen am Arbeitsmarkt. Die Regelungen zu den Mini-Jobs brachten beginnend ab April 2003 folgende Änderungen:

- Die Arbeitsentgeltgrenze für alle geringfügigen Beschäftigungen wurde auf 400 Euro angehoben.
- Die 15-Stunden-Wochenarbeitszeitgrenze wurde gestrichen.
- Der Arbeitgeber zahlt Pauschalabgaben in Höhe von 25 Prozent (seit 2006: 30 Prozent); davon:
  - 12 Prozent zur gesetzlichen Rentenversicherung (mit Aufstockungsoption für Arbeitnehmer),
  - 11 Prozent zur gesetzlichen Krankenversicherung und
  - 2 Prozent einheitliche Pauschalsteuer mit Abgeltungswirkung (einschließlich Kirchensteuer und Solidar-Zuschlag).
- Eine geringfügige Nebenbeschäftigung ist für den Arbeitnehmer beitragsfrei, wenn er eine nicht geringfügige sozialversicherungspflichtige Beschäftigung ausübt.
- Der Arbeitgeber kann für geringfügig Beschäftigte, für die er Pauschalbeiträge zur gesetzlichen Rentenversicherung zahlt und für geringfügig Beschäftigte, die auf die Versicherungsfreiheit verzichtet haben, unter Verzicht auf die Vorlage einer Lohnsteuerkarte einen einheitlichen Pauschalsteuersatz von 2 Prozent des Arbeitsentgelts entrichten. Daneben ist weiterhin eine Individualbesteuerung möglich.

- Kurzfristige Beschäftigungen nach § 8 Abs. 1 Nr. 2 SGB IV wurden auf das Kalenderjahr (vorher Beschäftigungsjahr) umgestellt.

Zur Bekämpfung von Schwarzarbeit werden Mini-Jobs in Privathaushalten besonders gefördert:

- Der Arbeitgeber zahlt Pauschalabgaben nur in Höhe von 12 Prozent, davon je 5 Prozent zur gesetzlichen Rentenversicherung (mit Aufstockungsoption für Arbeitnehmer) und gesetzlichen Krankenversicherung sowie 2 Prozent einheitliche Pauschsteuer mit Abgeltungswirkung (einschließlich Kirchensteuer und Solidarzuschlag).
- Arbeitgeber im Privathaushalt erhalten eine steuerliche Förderung, die ab 1. Januar 2009 deutlich angehoben wurde: 20 Prozent der Aufwendungen für Mini-Jobs, höchstens 510 Euro im Jahr, können von der Steuerschuld abgezogen werden.

Bei der Zusammenrechnung von geringfügigen Beschäftigungen gilt Folgendes:

- Geringfügige Beschäftigungen sowohl im gewerblichen Bereich als auch im Privathaushalt werden zusammengerechnet. Das Überschreiten der Grenze von 400 Euro führt zur Versicherungspflicht, bei zusammengerechneten Entgelten zwischen 400,01 Euro und 800 Euro gelten die Regelungen für die Gleitzone (vgl. Rdnr. 56)
- Versicherungspflichtige Hauptbeschäftigungen werden mit geringfügigen Beschäftigungen zusammengerechnet; Ausnahme: Eine Nebenbeschäftigung bis zu 400 Euro bleibt anrechnungsfrei.

Alle geringfügig Beschäftigten sind zentral nur noch bei einer Einzugsstelle, der Minijob-Zentrale bei der Deutschen Rentenversicherung Knappschaft-Bahn-See (DRV-KBS) als Träger der Rentenversicherung, zu melden. Die Sozialversicherungsbeiträge und die Pauschsteuer sind dorthin abzuführen, gleichgültig bei welcher Krankenkasse der oder die Beschäftigte versichert ist. Dies gilt auch für eine geringfügige Beschäftigung neben einer versicherungspflichtigen Hauptbeschäftigung. Seit 2005 erfolgt auch die Anmeldung zur gesetzlichen Unfallversicherung für geringfügig Beschäftigte über die Minijob-Zentrale.

47 Bei geringfügigen Beschäftigungen in Privathaushalten ist der Haushaltsscheck im Rahmen des Haushaltsscheckverfahrens zwingend zu verwenden. In allen diesen Fällen berechnet die Einzugsstelle den Gesamtsozialversicherungsbeitrag, die Umlagen nach dem Entgeltfortzahlungsgesetz und die Pauschsteuer. Sie vergibt auch die Betriebsnummer des Arbeitgebers, so dass dieser sich nicht extra an die Arbeitsverwaltung wenden muss. Außerdem sind die per Lastschrift von der Minijob-Zentrale einzuziehenden Beträge zur Entlastung der Arbeitgeber nur noch alle 6 Monate fällig. Nach der gesetzlichen Regelung ist die Erteilung der Einzugsermächtigung für die Arbeitgeber im Privathaushalt zwingend im Gesetz vorgeschrieben und kann nicht durch Überweisung oder andere Zahlungsarten ersetzt werden. Die Minijob-Zentrale bescheinigt dem Arbeitgeber im Privathaushalt auch die für die steuerliche Absetzbarkeit maßgebenden Aufwendungen. Außerdem werden Privathaushalte nicht von den Rentenversicherungsträgern auf Richtigkeit und Vollständigkeit der Beitragsabführung geprüft. Wichtig ist in diesem Zusammenhang auch die schon seit Jahren bestehende Vorschrift, wonach Arbeitgeber im Privathaushalt nicht verpflichtet sind, Lohnunterlagen zu führen und aufzubewahren. Zum weiteren Bürokratieabbau kann bei schwankendem Arbeitsentgelt auf die Abgabe immer neuer Haushaltsschecks verzichtet werden; in diesen Fällen muss künftig nur noch die Gesamtlohnsumme für sechs Monate im nachhinein mit einem Haushaltsscheck übermittelt werden.

48 Unabhängig von der im Vermittlungsausschuss im breiten Konsens der großen politischen Parteien gefundenen Kompromisslösung für die geringfügige Beschäftigung hat dieses Segment der Beschäftigung am Arbeitsmarkt seit jeher Kritiker und Befürworter. Soweit der eine ein starkes Ansteigen dieser Form der Beschäftigung im gegenläufigen Trend am Arbeitsmarkt als flexible und unkomplizierte Teilzeitbeschäftigung begrüßt, wird dieser Anstieg von Gegnern als ein starkes Anwachsen sozial unbefriedigend geschützter Beschäftigung vor allem zu Lasten von Frauen angesehen. Eine alle Seiten zufrieden stellende Lösung, einen sogenannten Königsweg, wird man dabei wohl nicht finden und je nach politischer Großwetterlage werden immer mal wieder kurzfristig Änderungen an dieser Form der Beschäftigung gefordert. Mit dem Haushaltsbegleitgesetz 2006 wurde die pauschale Beitragsbelastung von 23 Prozent um 5 Punkte, also auf 28 Prozent angehoben, wobei der Rentenversicherung 15 Prozent und der Krankenversicherung 13 Prozent zugewiesen werden. Um Ausweichreaktionen zu verhindern, wurden diese Regelungen gleichermaßen auch auf Beschäftigungen in der Gleitzone (vgl. Rdnr. 56) erstreckt. Der Koalitionsvertrag von 2009 hat nun wiederum die Prüfung einer Ausweitung der Geringfügigkeitsgrenze erbeten, wobei auch die früher (bis 1999 ein Siebtel der monatlichen Bezugsgröße) geltende Dynamisierung der Entgeltgrenze einbezogen werden soll; diese politische Absichtserklärung ist jedoch sowohl vom 68. Deutschen Juristentag wie auch von Gegnern einer Ausweitung scharf kritisiert worden. Dabei ist auch zu berücksichtigen, dass bei einer Fortschreibung der bis 1999 dynamischen Grenze heute der Wert (1/7 der monatlichen Bezugsgröße) noch deutlich unter dem derzeit geltenden Betrag von 400 Euro liegen würde, nämlich bei 365 Euro.

49 Für Arbeitnehmer, die wegen einer geringfügig entlohnten Beschäftigung in der gesetzlichen Rentenversicherung versicherungsfrei sind, wird ein Zuschlag an Entgeltpunkten für einen Altersrentenanspruch, einschließlich eines sich daraus ableitenden Hinterbliebenenrentenanspruchs, ermittelt (§ 76b Abs. 2 SGB VI). Geringfügig Beschäftigte haben die Möglichkeit, für die Versicherungspflicht zu optieren. Aus der Zahlung von Pflichtbeiträgen entstehen Ansprüche auf alle Leistungen der gesetzlichen Rentenversicherung einschließlich voller Rentenansprüche. Der Arbeitgeber muss seine geringfügig beschäftigten Arbeitnehmer über die Möglichkeit aufklären, dass sie durch schriftliche Erklärung auf die Rentenversicherungsfreiheit verzichten können. Dann muss neben dem pauschalen Beitrag des Arbeitgebers zur Rentenversicherung vom Arbeitnehmer ein Arbeitnehmerbeitrag in Höhe der Differenz zum vollen Rentenversicherungsbeitrag geleistet werden. Wünscht der Arbeitnehmer die Aufstockung, so teilt der Arbeitgeber dies der Minijob-Zentrale mit. Bei geringfügig im Privathaushalt Beschäftigten berechnet die Minijob-Zentrale auch diese Beiträge und zieht sie ein. Die Erklärung des Beschäftigten kann (später) nicht widerrufen werden und kann für mehrere geringfügige Beschäftigungen nur einheitlich abgegeben werden.

Auch für geringfügig Beschäftigte in Privathaushalten (§ 8a SGB IV) wird entsprechend den für gewerblich geringfügig Beschäftigte geltenden Regelungen aus den gezahlten Pauschalbeiträgen ein Zuschlag an Entgeltpunkten für einen Altersrentenanspruch ermittelt. Die Höhe des Zuschlags an Entgeltpunkten fällt allerdings wegen des nur 5 Prozent anstelle von 15 Prozent betragenden Pauschalbeitrags zur gesetzlichen Rentenversicherung entsprechend geringer aus als bei anderen geringfügig Beschäftigten. Auch für die in Privathaushalten geringfügig Beschäftigten besteht das aufgrund des weitaus höheren Eigenbeitrages erheblich weniger attraktive Optionsrecht zur Herbeiführung der Versicherungspflicht, das zu vollen Versicherungsansprüchen einschließlich voller, d. h. den gezahlten Pflichtbeiträgen entsprechenden, Rentenansprüche führt. Aus der Pauschalbeitragszahlung des Arbeitgebers zur gesetzlichen Krankenversicherung entstehen – wie nach bisherigem Recht – keine gesonderten Ansprüche auf Leistungen der Krankenversicherung.

50 In Fällen, in denen mehrere Beschäftigungsverhältnisse ausgeübt werden und bei der Zusammenrechnung festgestellt wird, dass die Voraussetzungen einer geringfügigen Beschäftigung nicht mehr vorliegen, tritt die Versicherungspflicht mit dem Tage der Bekanntgabe der Feststellung der Versicherungspflicht durch die Einzugsstelle oder eines Trägers der Rentenversicherung ein. Damit werden Beitragsnachforderungen zu Lasten des Arbeitgebers für zurückliegende Zeiten ausgeschlossen. Der Arbeitgeber haftet nicht mehr, wenn der geringfügig beschäftigte Arbeitnehmer das Ausüben weiterer geringfügiger Beschäftigungen oder einer versicherungspflichtigen Hauptbeschäftigung verschweigt.

Weiterhin werden einmalige Einnahmen nur dann beitragspflichtig, wenn sie dem Beschäftigten ausgezahlt worden sind. Damit ergibt sich bei sogenannten Einmalzahlungen wie Weihnachts- und Urlaubsgeld, auf die zwar tarifrechtlich ein Anspruch besteht, die aber nicht gezahlt werden, eine Erleichterung: Ein Überschreiten der Grenzen der geringfügigen Beschäftigung mit der Folge des Eintretens der Versicherungspflicht und der Nachzahlung von Sozialversicherungsbeiträgen wird vermieden.

51 Die kurzfristige Beschäftigung ist insbesondere in der Landwirtschaft (Erntehelfer), aber auch bspw. im Zeitungsvertrieb oder in der Gastronomie weit verbreitet. Eine versicherungsfreie kurzfristige Beschäftigung liegt vor, wenn innerhalb eines Kalenderjahres nicht länger als zwei Monate gearbeitet wird. Bei Beschäftigungen von regelmäßig weniger als an fünf Tagen in der Woche liegt eine kurzfristige Beschäftigung vor, wenn nicht mehr als 50 Arbeitstage im Jahr gearbeitet werden. Nachtschichten gelten dabei als ein Arbeitstag. Kurzfristige Beschäftigungen gelten auch dann als geringfügig, wenn dabei mehr als 400 Euro verdient werden. Übersteigt das Arbeitsentgelt jedoch diese Grenze, ist die Beschäftigung versicherungspflichtig, wenn sie berufsmäßig ausgeübt wird. Dies ist immer dann anzunehmen, wenn die Tätigkeit für den Beschäftigten von nicht nur untergeordneter wirtschaftlicher Bedeutung ist, also einen wesentlichen Teil der Einkünfte ausmacht, mit denen der Beschäftigte seinen Lebensunterhalt sichert. Beschäftigungen, die nur gelegentlich ausgeübt werden (z. B. zwischen Abitur und Studium) sind grundsätzlich nicht als berufsmäßig anzusehen. Üben Personen, die Leistungen nach dem Dritten Buch Sozialgesetzbuch beziehen oder für eine mehr als kurzfristige Beschäftigung als Arbeitsuchende bei der Bundesagentur für Arbeit gemeldet sind, eine Beschäftigung aus, so ist diese immer als berufsmäßig anzusehen und ohne Rücksicht auf ihre Dauer versicherungspflichtig, wenn keine geringfügig entlohnte Beschäftigung vorliegt. Für kurzfristige Beschäftigungen hat der Arbeitgeber keine Pauschalbeiträge zur Renten- und zur Krankenversicherung zu entrichten, allerdings müssen diese Beschäftigungen auch versteuert werden (Pauschalsteuersatz von 25 Prozent oder individueller Lohnsteuerabzug).

52 Die Beitragsfreiheit hat die kurzfristige Beschäftigung durch die Einführung der Pauschalbeiträge bei der geringfügig entlohnten Beschäftigung seit 1999 interessanter gemacht und zu Ausweichreaktionen in diesen Beschäftigungssektor geführt. Die Spitzenverbände der Sozialversicherung haben daraufhin ihre bis dahin sehr strenge Abgrenzung zwischen geringfügig entlohnter Dauerbeschäftigung und einer kurzfristigen Beschäftigung deutlich gelockert. Regelmäßig sich wiederholende Beschäftigungen konnten davor, auch wenn die 50-Tage-Grenze nicht überschritten wurde, nicht im Rahmen einer kurzfristigen Beschäftigung ausgeübt werden. Unter bestimmten Bedingungen ist dies seit 2002 möglich, insbesondere wenn ein Rahmenarbeitsvertrag geschlossen wird, der Arbeitseinsätze an höchstens 50 Tagen im Jahr vorsieht, und dieser Vertrag nicht in unmittelbarem Anschluss verlängert wird, wobei zwischen zwei solchen Rahmenverträgen eine Pause von mindestens zwei Monaten liegen muss.

53 Die Regelungen zur geringfügigen Beschäftigung gelten für geringfügige selbständige Tätigkeiten entsprechend, soweit sie dem Grunde nach versicherungspflichtig in einzelnen Zweigen der Sozialversicherung sind. Allerdings werden geringfügige selbständige Tätigkeiten nicht mit geringfügigen Beschäftigungen zusammengerechnet.

54 Es ist ein immer wieder anzutreffender Irrtum, dass geringfügig Beschäftigte keinen Anspruch auf Entgeltfortzahlung im Krankheitsfall oder auf bezahlten Urlaub hätten. Geringfügig Beschäftigten stehen alle gesetzlichen und tariflichen Ansprüche und Arbeitnehmerschutzvorschriften in gleicher Weise zur Seite, wie jedem anderen Beschäftigten auch. Insbesondere unterliegt diese Form der Beschäftigung auch den allgemeinen Vorschriften über den Kündigungsschutz. Tarifrechtliche Schlechterstellungen sind nur zulässig, wenn es einen sachlichen Grund für diese Differenzierung gibt. Geringfügig beschäftigte Arbeitnehmer dürfen wegen der geringfügigen Beschäftigung nicht schlechter behandelt werden als vergleichbare vollzeitbeschäftigte Arbeitnehmer, es sei denn, dass sachliche Gründe für eine Ungleichbehandlung vorliegen. Der Gleichbehandlungsgrundsatz, der in § 4 Abs. 1 Satz 1 Teilzeit- und Befristungsgesetz verankert ist, gilt für alle Maßnahmen und Vereinbarungen im Arbeitsverhältnis.

Der Arbeitgeber ist nach dem Nachweisgesetz verpflichtet, jedem Arbeitnehmer spätestens einen Monat nach Beginn des Arbeitsverhältnisses einen schriftlichen Beleg über die wesentlichen Arbeitsbedingungen – z. B. Arbeitsentgelt, Arbeitszeit – unter Hinweis auf die Möglichkeit des Arbeitnehmers zur Beitragsaufstockung in der gesetzlichen Rentenversicherung auszustellen.

Das Bundesurlaubsgesetz garantiert jedem Arbeitnehmer einen Mindesturlaub von 24 Werktagen. Sofern der Arbeitgeber vollzeitbeschäftigten Arbeitnehmern höhere Urlaubsansprüche gewährt, dürfen auf Grund des Gleichbehandlungsgebots Teilzeitkräfte, einschließlich der geringfügig Beschäftigten, ohne sachlichen Grund nicht benachteiligt werden.

Nach dem Entgeltfortzahlungsgesetz haben alle Arbeitnehmer Anspruch auf Fortzahlung ihres regelmäßigen Arbeitsentgelts durch den Arbeitgeber bis zu sechs Wochen, wenn sie unverschuldet durch Arbeitsunfähigkeit infolge Krankheit an der Arbeitsleistung verhindert sind. Dieser Anspruch steht gleichermaßen auch den geringfügig (teilzeit)beschäftigten Arbeitnehmern für die Tage zu, an denen sie ohne Arbeitsunfähigkeit zur Arbeitsleistung verpflichtet wären. Für Arbeitgeber mit wenigen Beschäftigten übernimmt die Krankenkasse einen Großteil der Kosten, allerdings muss sich der Arbeitgeber zusätzlich zu seinen Pauschalabgaben an einer Umlage beteiligen. Die Höhe dieser Umlage nach dem Lohnfortzahlungsgesetz und dem Mutterschutzgesetz beträgt bei der Minijob-Zentrale derzeit 0,74 Prozent.

Der Arbeitgeber hat den geringfügig Beschäftigten wie allen anderen Arbeitnehmern auch für die Arbeitszeit, die infolge eines gesetzlichen Feiertages ausfällt, das Arbeitsentgelt zu zahlen, das sie ohne den Arbeitsausfall erhalten hätten. Die Anspruchsvoraussetzung des feiertagsbedingten Arbeitsausfalls ist erfüllt, wenn an einem Tag, an dem der Arbeitnehmer sonst regelmäßig zur Arbeitsleistung verpflichtet ist, für ihn infolge eines Feiertags die Arbeit ausfällt. Ein genereller gesetzlicher Anspruch des Arbeitnehmers auf eine Sonderzahlung oder eine Gratifikation (z. B. Weihnachtsgeld oder zusätzliches Urlaubsgeld) gegen seinen Arbeitgeber besteht nicht. Ein Anspruch kann sich jedoch aus einem Tarifvertrag, nach betrieblicher Regelung oder arbeitsvertraglicher Vereinbarung ergeben. Aus der jeweiligen Rechtsquelle ist dann auch zu entnehmen, unter welchen Voraussetzungen und in welcher Höhe der Anspruch besteht. Gewährt der Arbeitgeber eine Gratifikation an vollzeitbeschäftigte Arbeitnehmer, so darf er diese geringfügig Beschäftigten nicht vorenthalten, es sei denn, für die unterschiedliche Behandlung liegt ein sachlicher Grund vor. Einem geringfügig Beschäftigten ist daher eine Gratifikation mindestens in dem Umfang zu gewähren, der dem Anteil seiner Arbeitszeit an der Arbeitszeit eines vergleichbaren vollzeitbeschäftigten Arbeitnehmers entspricht.

55 Der Kündigungsschutz, d. h. die Rechtsunwirksamkeit sozial ungerechtfertigter Kündigungen, besteht auch für geringfügig Beschäftigte, wenn ihr Arbeitsverhältnis zum Zeitpunkt der Kündigung länger als sechs Monate bestanden hat und der Betrieb in der Regel mehr als fünf Arbeitnehmer (ausschließlich Auszubildende, mehr als zehn Arbeitnehmer für Beschäftigungen, deren Beginn nach dem 1. Januar 2004 begründet wurden) beschäftigt. Die gesetzliche Grundkündigungsfrist von vier Wochen ist auch für geringfügig Beschäftigte vorgeschrieben. Bei nur vorübergehender Aushilfe ist die Vereinbarung einer kürzeren Kündigungsfrist für die ersten drei Monate der Tätigkeit möglich. Ab einer Beschäftigungsdauer von mehr als zwei Jahren gelten längere Kündigungsfristen.

Beschäftigung in der Gleitzone

56 Zusätzlich zu den Änderungen im Bereich der geringfügigen Beschäftigung wurde mit der Schaffung einer Gleitzone eine deutliche Stärkung des gesamten

Niedriglohnsektors vorgenommen: Um den Übergang aus einem geringfügigen Beschäftigungsverhältnis in ein sozial in vollem Umfang abgesichertes Beschäftigungsverhältnis attraktiver zu gestalten, wurde 2003 eine Gleitzone (Progressionszone) für Arbeitsentgelte zwischen 400,01 Euro und 800 Euro eingeführt. Der Arbeitgeber zahlt grundsätzlich – wie auch nach bisherigem Recht – seinen vollen Anteil am Gesamtsozialversicherungsbeitrag (z. Z. rd. 20 Prozent). Der Beitrag des Beschäftigten steigt von ca. 10 Prozent am Beginn der Gleitzone (400,01 Euro) auf den vollen Arbeitnehmerbeitrag bei 800 Euro an, wobei die Steigerung des Arbeitnehmeranteils über eine mit Hilfe der in § 163 Abs. 10 SGB VI enthaltenen sogenannten Gleitzonenformel verminderte Beitragsbemessungsgrundlage gesteuert wird. Mit dieser Regelung wird die sogenannte Niedriglohnschwelle deutlich abgesenkt. Für den Beschäftigten wird durch eine geringere Nettobelastung ein Anreiz geschaffen, eine Tätigkeit in diesem Einkommensbereich auszuüben. Die Besteuerung ab einem Arbeitsentgelt von 400,01 Euro erfolgt individuell. Die Regelungen der Gleitzone gelten grundsätzlich nicht bei Auszubildenden. Durch das Haushaltsbegleitgesetz 2006 sind die Abgabesätze, damit also der so genannte Gleitzonenfaktor, in vergleichbarer Weise wie die Beitragssätze bei geringfügiger Beschäftigung von 25 auf 30 Prozent angehoben worden, so dass der Eingangssatz des Arbeitnehmerbeitrags bei etwa 10 Prozent einsetzt.

Da ab einem Arbeitsentgelt von 400,01 Euro Versicherungspflicht in allen Zweigen der Sozialversicherung besteht, erhalten Arbeitnehmer mit einem Arbeitsentgelt, das zwischen dem unteren und dem oberen Grenzwert der Gleitzone liegt, Ansprüche auf alle Versicherungsleistungen.

In der Gleitzone wird der Beitragsbemessung ein reduziertes beitragspflichtiges Arbeitsentgelt zugrunde gelegt. Der Arbeitnehmer kann hierauf verzichten und den Beitrag zur Rentenversicherung entsprechend seinem tatsächlichen Arbeitsentgelt zahlen. Er erwirbt damit höhere Rentenanwartschaften. Der Arbeitgeber zahlt für das gesamte Arbeitsentgelt grundsätzlich den vollen Arbeitgeberanteil, d. h., er trägt die Hälfte des Gesamtsozialversicherungsbeitrages. Der vom Arbeitnehmer zu zahlende Beitrag steigt linear von rd. 10 Prozent am Anfang der Gleitzone bis zum vollen Arbeitnehmeranteil, d. h. bis zur Hälfte des Gesamtsozialversicherungsbeitrages, an. Zur Glättung des Übergangs in die Gleitzone ist das beitragspflichtige Arbeitsentgelt so bemessen, dass sich bei einem Arbeitnehmer mit einem Gesamtsozialversicherungsbeitragssatz (zur Zeit ca. 40,35 Prozent, Wert für 2011, bestehend aus: 19,9 Prozent Rentenversicherung; 3 Prozent Arbeitslosenversicherung; 15,5 Prozent Krankenversicherungssatz bei ungleich hohen Arbeitgeber- und Arbeitnehmeranteilen; 1,95 Prozent Pflegeversicherung) am Beginn der Gleitzone ein individueller Gesamtsozialversicherungsbeitragssatz von 30 Prozent (entsprechend der Pauschalabgabe bei geringfügigen Beschäftigungsverhältnissen) ergibt.

57 Das monatliche Bemessungsentgelt, aus dem der Gesamtbeitrag zur Sozialversicherung errechnet wird, ist für Arbeitnehmer in der Gleitzone nach folgender Formel zu ermitteln:

$$\text{Bemessungsentgelt} = F \times 400 + (2 - F) \times (AE - 400)$$

AE ist das monatliche Arbeitsentgelt

F ist ein Faktor der sich ergibt, wenn die Pauschalabgabe bei geringfügiger Beschäftigung (30 Prozent) durch den durchschnittlichen Sozialversicherungsbeitrag aller Versicherten (z. Z. 40,35 Prozent) dividiert wird.

Für das Jahr 2011 beträgt der Faktor F folglich: 30 Prozent / 40,35 Prozent = 0,7435.

Es kann sowohl der Gesamtsozialversicherungsbeitrag, als auch der Beitrag für einen einzelnen Zweig der Sozialversicherung (z. B. gesetzliche Rentenversicherung) errechnet werden. Der Gesamtsozialversicherungsbeitrag errechnet sich wie folgt:

$$\text{Bemessungsentgelt} \times \text{Gesamtsozialversicherungsbeitragssatz} = \text{Gesamtbeitrag}$$

Der Sozialversicherungsbeitrag zu einem Zweig der Sozialversicherung (Renten-, Arbeitslosen-, Kranken- oder Pflegeversicherung) errechnet sich wie folgt:

$$\text{Bemessungsentgelt} \times \text{Beitragssatz des Versicherungszweiges} = \text{Gesamtbeitrag}$$

Der Arbeitgeber zahlt grundsätzlich den vollen Arbeitgeberanteil für das tatsächliche Arbeitsentgelt.

$$\text{Arbeitsentgelt} \times 1/2 \text{ Beitragssatz} = \text{Arbeitgeberanteil}$$

Der vom Arbeitnehmer zu zahlende Beitrag ermittelt sich aus der Differenz zwischen dem insgesamt zu zahlenden Rentenversicherungsbeitrag und dem Arbeitgeberanteil.

Gesamtbeitrag – Arbeitgeberanteil = Arbeitnehmeranteil

Beschäftigung während Zeiten der Freistellung von der Arbeitsleistung (flexible Arbeitszeiten)

58 Überlegungen zur Arbeitszeitflexibilisierung und -gestaltung sind nicht neu und haben insbesondere in Zeiten hoher Arbeitslosenzahlen immer wieder besondere Aktualität erlangt. Stichworte wie Teilzeitarbeit, Altersteilzeit, KAPOVAZ (Kapazitätsorientierte Variable Arbeitszeit), Sabbaticals und nicht zuletzt Arbeitszeitkonten und Zeit-Wert-Papiere zeigen, dass sich die Strukturen der Arbeitswelt und das Gefüge des Normalarbeitsverhältnisses von 40 Wochenstunden an fünf Arbeitstagen und seine sozialversicherungsrechtliche Ausgestaltung in den vergangenen Jahren grundsätzlich und nachhaltig verändert haben. Ein Ausschnitt aus diesem Fächerkanon variabler Gestaltungsmöglichkeiten ist die Aufweichung der Grenzen zwischen Arbeit und Nichtarbeit in größeren zusammenhängenden Zeitphasen, meist in den letzten Jahren der Erwerbstätigkeit, den man insgesamt als Flexibilisierung des Arbeitsein- oder Arbeitsansatzes bezeichnen kann.

59 Das Hauptproblem der Darstellung von Arbeitszeitflexibilisierung ist die große Vielfalt der diskutierten und praktizierten Varianten in Theorie und Praxis. Die früheren Strukturen menschlicher Arbeitsleistung werden in der heutigen globalen Arbeitsorganisation aufgelöst und an ihre Stelle treten vielfältigste individuelle Modelle und Vereinbarungen, die das klassische Austauschverhältnis Arbeitsleistung gegen Entgelt in ihren Randbereichen auflösen, teilweise gänzlich verschwinden lassen. Diese Veränderungen der Arbeitswelt sind an sich nicht problematisch, vielmehr ist es dagegen schwierig, derartige Flexibilisierungen in das historisch gewachsene Sozialversicherungsrecht einzupassen.

60 Flexibilisierungen der Arbeitszeiten in der Form von Arbeitszeitkonten oder Zeitwertkonten sind ein sehr starker Eingriff in traditionelle Arbeitszeitsysteme. Ursprünglich bestanden diese aus einem Muster mit gleichmäßig proportionierter Dauer der Arbeitszeit mit kontinuierlich ausgeübter Beschäftigung gegen ein je nach Tarifergebnis erhöhtes Entgelt. Ausnahmen bestanden lediglich in Form von Überstunden oder Kurzarbeit, beides eng begrenzte Verteilungsformen des inzwischen knapper gewordenen Bedarfs an möglicher menschlicher Arbeitsleistung.

61 Am Anfang der Flexibilisierung wurden die Modelle der Gleitzeit geschaffen, die schon seit vielen Jahren in unterschiedlicher Form von vielen Unternehmen praktiziert werden. Hier findet man eine Kernarbeitszeit, die starr auf den Tag verteilt ist, sowie einen begrenzten Ausgleichsrahmen, innerhalb dessen der Arbeitnehmer seine Arbeitszeit variabel verteilen kann. Die Begrenzung der Gleitzeitmodelle liegt in der regelmäßig relativ kurzen Ausgleichsphase, in der das Arbeitsstundensoll ausgeglichen werden muss.

Eine Fortführung dieser Modelle sind sogenannte Überstundenkonten, die über einen bestimmten Zeitraum Freizeitausgleich der zuviel geleisteten Arbeitszeit ermöglichen. Beide Modellvarianten sind auf Grund des sehr begrenzten und überschaubaren Ausgleichzeitraumes sozialversicherungsrechtlich noch unproblematisch.

62 Die traditionellen Zeitsysteme werden mit sogenannten Ansparmodellen schon weitgehend aufgegeben. Dabei wird die tatsächliche Arbeitszeit nicht mehr auf die tarifvertraglich vereinbarte Arbeitszeit erbracht, sondern für spätere Verwendungen angespart. Je nach Modellvariante kann der Beschäftigte hier Geld- oder Zeitguthaben auf einem Konto ansparen und in späteren Jahren in erster Linie für Freistellungsphasen einsetzen. Das Besondere bei diesen Zeit-Wert-Konten ist, dass die in Entgelt umgerechneten Werte als Kapital rentierlich angelegt werden mit der Folge, dass der Beschäftigte einen nicht geringen Anteil der Freistellung aus diesen Kapitalerträgen erwirtschaften kann. Solche Modelle werden inzwischen bei einigen Firmen auf Grund von Tarifverträgen oder Betriebsvereinbarungen praktiziert. In besonderem Maße finden diese Modelle auch bei der Altersteilzeit in der Form des sogenannten Blockmodells Anwendung.

63 Diese Zeitwertkonten-Modelle sind sozialversicherungsrechtlich mitunter nicht unproblematisch, und zwar aus folgenden Gründen:

– Es fehlt an der sozialversicherungsrechtlichen Zuordnung von Entgelt zu einer Phase der Beschäftigung bzw. es lassen sich solche Modelle mit dem Grundsatz der unmittelbaren Beitragserhebung nicht nahtlos vereinbaren. Nach diesem Grundsatz sind die Beiträge für den Zeitraum zu erheben, in dem die Beschäftigung oder Tätigkeit, mit der das Arbeitsentgelt oder Arbeitseinkommen erzielt wird, ausgeübt worden ist. Auf die tatsächliche Auszahlung oder Verfügbarkeit kommt es nicht an (vgl. § 23 SGB IV).

– Insbesondere in sogenannten Störfällen, also in den Fällen, in denen das Wertguthaben nicht mehr bestimmungsgemäß für eine Freistellung von der Arbeit verwendet werden kann, ist es regelungsbedürftig, wie dieses Guthaben dann genutzt oder aufgelöst werden kann und welche Beiträge noch zu entrichten sind.

– Die Verzahnung von Arbeitszeit und Arbeitsentgelt mit Arbeitsfreistellungen bis zur Form des Vorruhestandes und mit betrieblicher Altersversorgung ist rechtlich vielfach deshalb nicht einfach, weil die verschiedenen Bausteine ganz verschiedene Zielsetzungen und sozialversicherungsrechtliche Bewertungen haben. Dazu kommt, dass der mögliche Kapitalgewinn aus der Finanzanlage überhaupt nicht mehr in das klassische Austauschverhältnis Arbeit gegen Lohn passt, an dem sich die Sozialversicherung als momentane Risikovorsorge gegen bestimmte soziale Risiken auf der Basis eines Versicherungssystems aber traditionell orientiert und orientieren muss. Nicht einfacher werden diese Modelle dadurch, dass sie auf Grund privatrechtlicher Tarif- oder Arbeitsverträge oder Betriebsvereinbarungen eingeführt werden, deren Anpassung an das öffentlich-rechtlich strukturierte Sozialversicherungsrecht zu Schwierigkeiten führen kann. Der Gesetzgeber hat deshalb in diesem Bereich nur Regelungen geschaffen, die diese Modelle sozialversicherungsrechtlich flankieren und absichern.

64 Das Gesetz zur sozialrechtlichen Absicherung flexibler Arbeitszeitregelungen (Flexigesetz) von 1998 hat im Kernbereich drei wesentliche Regelungen geschaffen:

– Durch die Vorschrift des § 7 Absatz 1a SGB IV wurde festgelegt, dass Zeiten der Freistellung, die nach ihrem Vereinbarungszweck typischerweise über kurzfristige Arbeitsunterbrechungen hinausgehen, als eine zeitlich fortgeltende Beschäftigung zu werten sind, obwohl das genannte Austauschverhältnis Arbeit gegen Entgelt für diese Freistellungsphasen nicht existiert. Das hat insoweit Bedeutung, weil die leistungsrechtlichen Regelungen in den verschiedenen Zweigen der Sozialversicherung nur an den Tatbestand der Beschäftigung anknüpfen und eben nicht an Freizeitphasen. So ist etwa daran zu denken, dass die Zeiten der Arbeitsfreistellung rentenrechtlich als Beschäftigungszeiten gelten sollen oder bei längeren Freistellungen der Beschäftigte nicht aus dem Erwerbsminderungsschutz „herauswächst" (vgl. § 43 SGB VI).

– Die zweite wichtige Regelung ist die Regelung zum Insolvenzschutz. Diese Regelung bestimmt, dass diese Zeitwertguthaben im Falle einer Insolvenz des Arbeitgebers zum Schutze des die Freistellung ansparenden Beschäftigten abgesichert werden müssen. In der Praxis hatte sich allerdings gezeigt, dass viele Arbeitgeber dieser insolvenzschützenden Verpflichtung nicht oder nur unzureichend nachkommen. Daher wurde in der politischen Diskussion vor dem Hintergrund spektakulärer Insolvenzen seit geraumer Zeit eine Verschärfung des Insolvenzschutzes erörtert, um die Ansprüche des Beschäftigten auf eine Freistellung zu erhalten und den Insolvenzschutz zu verbessern. Um im allgemeinen Insolvenzschutz einen verbesserten Wirkungsgrad der Vorschrift zu erreichen, wurde 2003 eine Ergänzung vorgenommen, nach der der Arbeitgeber den Beschäftigten alsbald über die Vorkehrungen zum Insolvenzschutz in geeigneter Weise schriftlich zu unterrichten hat, wenn das Wertguthaben die Mindestgrenzen und -voraussetzungen erfüllt. Das Gesetz „zur Verbesserung der Rahmenbedingungen für die Absicherung flexibler Arbeitszeitregelungen" ist am 1. Januar 2009 in Kraft getreten.

– Im Altersteilzeitgesetz gilt seit dem 1. Januar 2004 eine umfangreiche und sehr detailliert vorgegebene Insolvenzschutzverpflichtung, wobei bilanzielle Rückstellungen sowie zwischen Konzernunternehmen begründete Einstandspflichten, insbesondere Bürgschaften, Patronatserklärungen oder Schuldbeitritte nicht als geeignete Sicherungsmittel angesehen werden. Kommt der Arbeitgeber dieser Insolvenzschutzverpflichtung nicht nach, kann der Arbeitnehmer Sicherheitsleistung nach den zivilrechtlichen Vorschriften verlangen. Da die Regelung sehr weit in die an sich dem Arbeitgeber zustehende Entscheidungsfreiheit eingreift, ist sie auch nicht unproblematisch. Vor allem ist ein entscheidender Nachteil, dass die Möglichkeit der Sicherheitsleistung noch keinen Insolvenzschutz schafft und der Beschäftigte das Wertguthaben im Insolvenzfall verliert. Weiterhin ist es denkbar, dass die Zahlung einer Sicherheitsleistung durch den Arbeitgeber vom Insolvenzverwalter erfolgreich angefochten wird und dieser gut gemeinte Schutz ebenfalls entfällt.

– Die dritte wichtige Kernregelung im Flexigesetz von 1998 ist beitragsrechtlicher Natur. Die Notwendigkeit der Regelung in § 23b SGB IV ergibt sich kurz gesagt aus der Tatsache, dass Entgelt im Zeitpunkt seiner Entstehung eigentlich sofort verbeitragt werden müsste und diese Beiträge normalerweise am drittletzten Bankarbeitstag des Monats ihrer Entstehung fällig wären.

Leistungen der Sozialversicherung stehen regelmäßig gezahlte Beiträge gegenüber, so dass diese für Zeiten, in denen keine Beiträge gezahlt werden, eigentlich auch nicht erbracht werden können. Bei Zeitwertkonten ergibt sich jedoch die Besonderheit, dass das Entgelt nicht an den Arbeitnehmer ausgezahlt wird und man insbesondere in Störfällen noch gar nicht weiß, ob es tatsächlich zu einer beitragspflichtigen Freistellung unter Auszahlung des Wertguthabens kommen wird. Deshalb hat der Gesetzgeber bestimmt, dass die Beiträge zunächst gestundet werden und das Entgelt erst im Zeitpunkt der tatsächlichen Freistellung und der damit verbundenen Auszahlung des verdienten Entgelts verbeitragt werden muss.

65 Das am 1. Januar 2009 in Kraft getretene Flexigesetz II hat den Bereich der Wertguthaben/Langzeitkonten weitgehend neu geordnet und dabei eine Reihe von Verschärfungen und Präzisierungen vorgesehen:

– Die Definition von Wertguthaben wurde in einem neuen § 7b SGB IV weitgehend neu geregelt. Wertguthaben umfassen nur noch solche Vereinbarungen, die nicht das Ziel der flexiblen Gestaltung der werktäglichen oder wöchentlichen Arbeitszeit oder den Ausgleich betrieblicher Produktions- und Arbeitszeitzyklen verfolgen. Die früher in § 7 Abs. 1a SGB IV enthaltenen weiteren Voraussetzungen sind ebenfalls neu gefasst und in der neuen Vorschrift als Ziffernfolge aufgelistet. Da in der Vergangenheit vielfach auch Kurzzeit- und Gleitzeitkonten wegen der erwünschten Stundungswirkung als Wertguthaben behandelt worden sind, ist für diese Konten nunmehr angeordnet, dass auch für sie das steuerliche Zuflussprinzip gilt, so dass hier die Beiträge erst dann bezahlt werden müssen, wenn die Zeitkonten kapitalisiert und ausgezahlt werden.

– Das Gesetz enthält erstmals eine Auflistung der Verwendungszwecke für das angesparte Wertguthaben. So sollen Wertguthaben in erster Linie für die gesetzlich geregelten Freistellungsansprüche (Pflegezeit nach dem neuen Pflegezeitgesetz, Kindererziehungszeiten und Zeiten der Teilzeitbeschäftigung nach dem Teilzeit- und Befristungsgesetz), aber auch für vertraglich vereinbarte Freistellungen verwendet werden können, wobei hier beispielhaft berufliche Qualifizierungszeiten und Zeiten genannt werden, die unmittelbar vor dem Bezug von Altersrente liegen. Der Gesetzgeber hat hier vor allem einen programmatischen Ansatz verfolgt, da von den Vorgaben vertraglich uneingeschränkt abgewichen werden und zudem eine großzügige Übergangsregelung dem Umstand Rechnung trägt, dass nicht alle bestehenden Verträge umgeschrieben werden können.

– Neu ist auch, dass Wertguthaben zur besseren Abgrenzung von anderen Arbeitszeitflexibilisierungen zukünftig nur noch als Entgeltguthaben geführt werden sollen, wobei insbesondere auf die erstmals eingeführten Kapitalanlagebeschränkungen hinzuweisen ist: Für die Anlage der Wertguthaben gelten zum einen die Vorschriften über die Vermögensanlage der Sozialversicherungsträger mit der Ausnahme, dass grundsätzlich eine Anlage in Aktien in Höhe von 20 Prozent zulässig ist (von der auch die Tarifpartner noch abweichen können), hier allerdings ein Rückfluss mindestens in Höhe des eingebrachten Kapitals gewährleistet werden muss (gilt nicht für Störfälle). Die Restriktionen beruhen auf dem Umstand, dass in der Vergangenheit bei zahlreichen Wertguthabenvereinbarungen durch zu riskante Anlagestrategien bisweilen spürbare Verluste eingetreten sind, die dem geplanten Verwendungszweck, der Freistellung für bestimmte Zeiten, deutliche Einbußen zugewiesen hatten. Diese Anlagebeschränkungen sind verständlicherweise besonders bei den Finanzdienstleistern auf heftigen Widerstand gestoßen, während diese Neuordnung vor allem von den Gewerkschaften und der Sozialversicherung begrüßt wurde. Dabei ist auch daran zu erinnern, dass Wertguthaben ein Bruttoarbeitsentgelt darstellen, in dem der noch zu entrichtende Gesamtsozialversicherungsbeitrag sowie zusätzlich die noch zu zahlenden Steuern enthalten sind. Vor diesem Hintergrund kann es nicht im Interesse der Sozialversicherung und des Fiskus sein, wenn dieses Kapital spekulativ und allzu riskant und verlustbedroht angelegt wird.

Daneben wird der Arbeitgeber verpflichtet, den Beschäftigten jährlich in einem „Kontoauszug" über den Stand seines Wertguthabens (nicht den Umfang der möglichen Freistellung) zu unterrichten.

- Ebenfalls völlig neu wurde der Insolvenzschutz geregelt. Die frühere Regelung wurde in der Praxis vor allem deshalb nicht beachtet, weil die fehlende Installation eines Insolvenzschutzes sanktionslos blieb. Die Neuregelung zum Insolvenzschutz enthält eine Vielzahl von ineinandergreifenden Maßnahmen, die das Ziel verfolgen, in der Gesamtheit das Wertguthaben im Insolvenzfall wirksam und dauerhaft erhalten zu können: Zum einen sind die für den Insolvenzschutz geltenden Einsetzschwellen drastisch abgesenkt worden; so besteht die Verpflichtung nunmehr schon bei einem Umfang des Wertguthabens von mehr als dem Einfachen der monatlichen Bezugsgröße (für 2011 West 2.555 Euro und Ost 2.240 Euro). Unter Berücksichtigung der Rechtsprechung des Bundesarbeitsgerichts ist der Insolvenzschutz nunmehr eine Verpflichtung des Arbeitgebers und nicht mehr beider Vertragsparteien. Weitere Kernpunkte des verbesserten Insolvenzschutzes sind:
  - Verpflichtung zur Führung des Wertguthabens durch einen Dritten (Treuhandverhältnis);
  - Verbot der Rückführung des Wertguthabens;
  - Übernahme des Ausschlusses ungeeigneter Insolvenzschutzmaßnahmen aus dem Altersteilzeitgesetz;
  - Sonderkündigungsrecht des Beschäftigten bei fehlendem Insolvenzschutz;
  - Einbeziehung des Insolvenzschutzes in die Arbeitgeberprüfung durch die Rentenversicherung, wobei bei vier im Gesetz genannten Fällen Rechtsfolge die Unwirksamkeit der Wertguthabenvereinbarung zur Folge hat und das Guthaben sofort zu verbeitragen und aufzulösen ist;
  - erweiterter Schadensersatzanspruch des Beschäftigten mit Durchgriffshaftung auf die organschaftlichen Vertreter sowie das
  - Verbot der Auflösung oder einseitigen Abänderung des Insolvenzschutzes durch den Arbeitgeber.
- Völlig neu ist die Einführung einer begrenzten Portabilität für Wertguthaben. Seit Juli 2009 kann der Beschäftigte beim Arbeitgeberwechsel sein Wertguthaben entweder zum neuen Arbeitgeber mitnehmen, wenn dieser der Übernahme zustimmt, oder er kann vom bisherigen Arbeitgeber verlangen, dass dieser das Wertguthaben an die Deutsche Rentenversicherung Bund überträgt, die das Wertguthaben für den Beschäftigten verwaltet und in der Entsparphase das Entgelt an den Beschäftigten auszahlt. Obwohl für derart übertragene Wertguthaben keine weiteren Ansparmöglichkeiten bestehen, kann insbesondere in Fällen, in denen sogenannte Vorruhestandszeiten mit einem Wertguthaben organisiert werden sollen, eine solche Übertragung an die DRV Bund durchaus attraktiv sein. Vor allem dürfte sich als deutliche Arbeitserleichterung für die Arbeitgeber darstellen, dass so eine Störfallauflösung des Wertguthabens vermieden werden kann.

- Daneben enthält das Gesetz noch eine Reihe von großzügigen Übergangsregelungen und die Verpflichtung für den Bund, die weitere Entwicklung von Langzeitkonten in einem Bericht zu dokumentieren.

Es ist davon auszugehen, dass die Neuregelungen mit dazu beitragen können, dass Wertguthaben und Langzeitkonten in absehbarer Zeit in der betrieblichen Praxis eine spürbare Verbreitung finden und das Arbeitsleben durch zahlreiche neue und intelligente Flexibilisierungsmodelle für die Arbeitszeit – auch Lebensarbeitszeit – bereichert wird.

Vermutung von Beschäftigung – sogenannte Scheinselbständigkeit

66 Zwischen den Bereichen derjenigen, die bereits auf Grund eines Arbeitsvertrages abhängig beschäftigt sind und derjenigen, die infolge ihrer persönlichen Unabhängigkeit und ihres eigenen wirtschaftlichen Risikos selbständig sind, hatte sich ab etwa 1985 eine sich ausweitende Grauzone entwickelt. Um Sozialversicherungsbeiträge zu sparen, wurden häufig Verträge geschlossen, in denen Auftragnehmer formal als selbständig bezeichnet waren, obwohl sie wegen ihrer Eingliederung in den Betrieb des Auftraggebers und ihrer Weisungsgebundenheit nach den tatsächlichen Umständen abhängig beschäftigt im Sinne des § 7 Abs. 1 SGB IV sind. Dieses als Scheinselbständigkeit bezeichnete Phänomen hat für den Beschäftigten die Folge, dass ihm Arbeitnehmerrechte vorenthalten werden und er nicht unter dem Schutz der Sozialversicherung steht. Leidtragende dieser Entwicklung sind nicht nur die Beschäftigten und deren Familien, die sich häufig angesichts ihrer finanziellen Lage einen privaten Schutz gegen Krankheit und eine

ausreichende Alters- und Invaliditätsvorsorge nicht leisten können, sondern auch die Gemeinschaft der in der gesetzlichen Sozialversicherung Versicherten, denen Beiträge vorenthalten werden, mit der Folge einer höheren Beitragslast des einzelnen Versicherten. Nicht selten sind Armut und Sozialhilfebedürftigkeit im Alter oder im Falle der Erwerbsunfähigkeit die Folge, deren Lasten wiederum von allen zu tragen sind. Von den Scheinselbständigen zu unterscheiden sind die sogenannten „arbeitnehmerähnlichen Selbständigen" die als echte Selbständige – jedenfalls im Sinne der Sozialversicherung – rentenversicherungspflichtig sind (vgl. § 2 SGB VI).

67 Um dieser Entwicklung zunehmender Umgehung der Sozialversicherungspflicht Einhalt zu gebieten, wurde 1998 eine Vermutungsregelung in das Gesetz aufgenommen, nach der das Vorliegen einer Beschäftigung vermutet werden konnte, wenn drei der im Gesetz genannten fünf Merkmale vorlagen. Die Vermutungsregelung ist von Verbänden, Unternehmen und Betroffenen, aber auch in der rechtswissenschaftlichen Literatur heftig angegriffen worden. Es wurde der Vorwurf erhoben, diese Regelung behindere Existenzgründungen und schaffe unnötige Bürokratie. Auf der anderen Seite war die praktische Anwendung der Vermutungsregelung äußerst gering, da sie nach einer weiteren gesetzlichen Einschränkung nur noch dann angewandt werden konnte, wenn die Beteiligten ihre gebotenen Mitwirkungspflichten verletzt hatten. Im Zuge der Beratungen zur Umsetzung des Hartz-Konzepts ist die Vermutungsregelung daher ersatzlos gestrichen worden. Für die Abgrenzung von selbständiger Tätigkeit zu abhängiger Beschäftigung bei Personen mit zweifelhafter Tätigkeitszuordnung gelten in der Praxis der Sozialversicherungsträger nunmehr wieder die von der Rechtsprechung der Arbeits- und Sozialgerichtsbarkeit entwickelten Kriterien, die im konkreten Einzelfall geprüft und gegeneinander abgewogen werden müssen.

68 Sowohl Auftraggeber als auch Auftragnehmer haben die Möglichkeit, innerhalb eines Monats nach Aufnahme einer Tätigkeit einen Antrag bei der Clearingstelle der Deutschen Rentenversicherung Bund auf Statusklärung zu stellen. Mit diesem 1999 eingeführten Verfahren können die Beteiligten verbindlich für alle Zweige der Sozialversicherung feststellen lassen, ob sie als Beschäftigte versicherungspflichtig sind. Stellt die Clearingstelle eine Beschäftigung fest und wurde der Antrag innerhalb eines Monats nach Aufnahme der Tätigkeit gestellt, so beginnt die Versicherungspflicht erst mit der Bekanntgabe der Entscheidung, wenn der Beschäftigte dem späteren Eintritt der Versicherungspflicht zustimmt (sonst: Versicherungspflicht seit Aufnahme der Beschäftigung nach den allgemeinen Regelungen) und er für den Zeitraum zwischen Aufnahme der Beschäftigung und der Entscheidung eine Absicherung gegen das finanzielle Risiko von Krankheit und zur Altersvorsorge vorgenommen hat, die der Art nach den Leistungen der gesetzlichen Krankenversicherung und der gesetzlichen Rentenversicherung entspricht. Der Gesamtsozialversicherungsbeitrag wird erst zu dem Zeitpunkt fällig, zu dem die Entscheidung, dass eine Beschäftigung vorliegt, unanfechtbar geworden ist. Widerspruch und Klage gegen Entscheidungen, dass eine Beschäftigung vorliegt, haben aufschiebende Wirkung, so dass die Beiträge ab dem Zeitpunkt der Bekanntgabe der Entscheidung erst zu entrichten sind, wenn Rechtsmittel gegen die Entscheidung nicht mehr möglich sind. Entsprechendes gilt, wenn ein anderer Versicherungsträger außerhalb des Anfrageverfahrens bei der Clearingstelle feststellt, dass eine versicherungspflichtige Beschäftigung vorliegt und wenn weder der Beschäftigte noch sein Arbeitgeber vorsätzlich oder grob fahrlässig von einer selbständigen Tätigkeit ausgegangen sind. Auf die erhebliche Ausweitung des Clearingstellenverfahrens durch die zwingende Einleitung des Verfahrens bei der Beschäftigung von Familienangehörigen und GmbH-Geschäftsführern wurde bereits hingewiesen.

Unständig Beschäftigte

69 Eine weitere Personengruppe, bei denen die Abgrenzung zwischen abhängiger Beschäftigung und selbständiger Tätigkeit bisweilen auf erhebliche Probleme stößt, sind die unständig Beschäftigten. Problematisch ist hierbei, dass diese Personen häufig nur sehr kurzfristig bei einem Arbeitgeber tätig sind oder sogar an einem Tag für mehrere Arbeitgeber. Für Arbeitnehmer, die berufsmäßig unständige Beschäftigungen ausüben, gelten im Versicherungs-, Beitrags- und Melderecht einige Besonderheiten. Ein ständiger Wechsel des Arbeitgebers oder ein Wechsel in der Art der Beschäftigung ist nicht Grundvoraussetzung für die Annahme einer unständigen Beschäftigung. Wiederholen sich Beschäftigungen von weniger als einer Woche bei demselben Arbeitgeber oder bei mehreren Arbeitgebern über einen längeren Zeitraum, so geht der Charakter einer unständigen Beschäftigung nicht verloren, wenn die Eigenart der Beschäftigung, die Art ihrer Annahme und Entlohnung einer unständigen Beschäftigung entspricht. Unständige Beschäftigungen können daher auch bei nur einem Arbeitgeber ausgeübt werden. Probleme ergeben sich bei unständig Beschäftigten häufig auch dadurch, dass die Tätigkeiten vielfach auch als selbständige Tätigkeiten ausgeübt werden können und daher der Status des Betroffenen nicht leicht zu bestimmen ist. Unständig Beschäftigte finden sich vor allem im künstlerischen Bereich, etwa bei Schauspielern, Synchronsprechern bzw. -schauspielern oder Moderatoren, aber auch bei Schauerleuten in Hafenbetrieben oder in anderen Branchen.

Beschäftigungsort und besondere Personenkreise in der Sozialversicherung

Beschäftigungsort

70 Die Bestimmungen über den Beschäftigungsort ergänzen die Regelungen über den räumlichen Geltungsbereich des Gesetzes. Neben der lokalen Anknüpfung des Beschäftigungsortes für abhängig Beschäftigte gibt es eine vergleichbare Regelung für Selbständige und eine Sonderregelung für bestimmte Personengruppen, so für Entwicklungshelfer, Seeleute und für Absolventen eines freiwilligen sozialen oder ökologischen Jahres.

71 Für die Anwendung der Vorschrift über Versicherungspflicht und -berechtigung kommt es in erster Linie darauf an, dass der Beschäftigungsort im Geltungsbereich des deutschen Sozialversicherungsrechts liegt. Grundsätzlich ist daher der Ort maßgeblich, an dem die Beschäftigung tatsächlich ausgeübt wird. Ausnahmen bestehen für Einsatzwechseltätigkeiten. Der Beschäftigungsort ist im nationalen Recht von Bedeutung für die örtliche Zuständigkeit der Sozialversicherungsträger in der Kranken- und Rentenversicherung und auch für die Wahlen in der Sozialversicherung.

72 Im internationalen Sozialversicherungsrecht ist der Beschäftigungsort auch für das anzuwendende Recht maßgeblich; welches sich vor allem auf Grund vertraglicher Vereinbarungen ergibt (vgl. Begriffe der Einstrahlung / Ausstrahlung und das Territorialitätsprinzip, Rdnr. 9 ff.).

Heimarbeiter und Hausgewerbetreibende

73 Diese Personen werden als arbeitnehmerähnlich bezeichnet, weil sie nicht in die klassische Unterscheidung zwischen abhängig Beschäftigte und selbständig Tätige passen. Der Personenkreis ist im Heimarbeitsgesetz definiert und umfasst Personen, die im Auftrag bestimmter Auftraggeber in eigener oder selbstgewählter Arbeitsstätte erwerbsmäßig arbeiten, ihre Arbeitsergebnisse aber nicht selbst verwerten (Tätigkeit „für fremde Rechnung") und sich Roh- oder Hilfsstoffe auch selbst beschaffen dürfen. Es handelt sich zwar um selbständig Tätige, die aber wegen ihrer wirtschaftlichen Abhängigkeit von ihrem Auftraggeber den abhängig Beschäftigten sehr nahe stehen. Aus diesem Grund hat der Gesetzgeber die Notwendigkeit gesehen, sie in die Sozialversicherung einzubeziehen. Heimarbeiter sind in der Sozialversicherung deshalb den Beschäftigten gleichgestellt. Sie gelten als Beschäftigte, so dass fast alle Vorschriften für Beschäftigte auch auf sie Anwendung finden. Von der Arbeitslosenversicherung werden sie als Selbständige hingegen nicht erfasst. Hausgewerbetreibende, die auch Hilfskräfte beschäftigen dürfen und ausschließlich Waren herstellen, verarbeiten oder verpacken, sind nach besonderen Vorschriften unfall- und rentenversichert.

Seeleute

74 Die Beschäftigung auf deutschen Seeschiffen – nicht Binnenschiffen – wird unabhängig von deren jeweiligem Standort als im Gebiet der Bundesrepublik Deutschland ausgeübt angesehen. Damit werden alle Personen mit Ausnahme der nicht deutschen Seeleute, die auf Schiffen beschäftigt werden, die nach dem Flaggenrecht berechtigt sind, die Bundesflagge zu führen, auch außerhalb des deutschen Territoriums vom Sozialversicherungsrecht erfasst. Beschäftigungsort für Seeleute ist der Heimathafen des Seeschiffes. Nicht-deutsche Besatzungsmitglieder auf deutschen Seeschiffen können auf Antrag des Reeders von der Rentenversicherungspflicht befreit werden, und zwar unter der Voraussetzung, dass sie weder Wohnsitz noch gewöhnlichen Aufenthalt in Deutschland haben.

Der Versicherungsschutz deutscher Seeleute auf Schiffen unter fremder Flagge wurde 1998 neu geregelt. Für deutsche Seeleute, die im Inland beschäftigt sind, und auf ein Seeschiff entsandt werden, das nicht berechtigt ist, die Bundesflagge zu führen, gelten die Ausstrahlungsregelungen.

75 Auf Antrag des Reeders wird die Versicherungspflicht deutscher Seeleute, die auf ausländischen Seeschiffen beschäftigt sind, in der Kranken-, Renten- und Pflegeversicherung sowie der Arbeitslosenversicherung ohne weitere Voraussetzungen begründet. Sind deutsche Seeleute auf einem Seeschiff beschäftigt, dass im überwiegenden wirtschaftlichen Eigentum eines deutschen Reeders mit Sitz im Inland steht, ist der Reeder verpflichtet, diesen Antrag zu stellen. In der Unfallversicherung werden diese Seeleute nur dann versichert, wenn das Seeschiff der Unfallversicherung sowie der Sicherheitsüberwachung durch die See-Berufsgenossenschaft unterstellt wird und der Staat, dessen Flagge das Seeschiff führt, nicht widerspricht. Reeder mit Sitz im Ausland haben für die Erfüllung ihrer Verbindlichkeiten gegenüber allen Versicherungszweigen einen Bevollmächtigten im Inland zu bestellen.

Besondere Personengruppen im versicherten Personenkreis der Sozialversicherung

76 Zahlreiche Tätigkeiten, die auch im gesellschaftlichen Ansehen nicht ohne weiteres als Beschäftigung angesehen werden, sind in der Handhabung durch die Sozialversicherung problematisch. In den meisten Fällen handelt es sich um Tätigkeiten, die in der Anschauung der Betroffenen nicht als sozialversicherte Beschäftigung gewertet werden sollen oder dies aus rechtlichen Gründen nicht geschehen kann.

77 Die sogenannte Ehrenamtlichkeit einer dem allgemeinen Erwerbsleben zugänglichen Tätigkeit schließt das Vorliegen eines Beschäftigungsverhältnisses zunächst nicht aus. Eine gesetzlich vorgegebene Definition des Begriffs „Ehrenamt" existiert zumindest in der Sozialversicherung nicht. Die Rechtsprechung geht davon aus, dass eine ehrenamtliche Tätigkeit sich vornehmlich durch Unentgeltlichkeit auszeichnet. Ausgehend vom Wortlaut unter Berücksichtigung des allgemeinen Sprachgebrauchs wird ein solches Amt „um der Ehre Willen" ausgeübt. Vergütungen oder Gehaltszahlungen stehen dem typischerweise entgegen, weil das Amt dann nicht mehr um der Ehre Willen, sondern wegen der Bezahlung übernommen wird. Entsprechendes gilt für die Anerkennung dieser Zeiten beispielsweise in der gesetzlichen Rentenversicherung; eine solche rentenrechtliche Berücksichtigung hat einen vergleichbaren Entgeltcharakter. Nicht jede unentgeltliche Tätigkeit stellt demgegenüber ein Ehrenamt dar.

Eine Beschäftigung zeichnet sich neben den oben genannten Merkmalen regelmäßig – wenn auch nicht notwendig – dadurch aus, dass für sie ein Entgelt gezahlt wird. Eine ehrenamtliche Tätigkeit, für die eine die tatsächlich entstandenen Kostenaufwendungen übersteigende pauschale Entschädigung gezahlt wird, ist daher regelmäßig ein Beschäftigungsverhältnis. Sofern für die geopferte Zeit eine Geldleistung erbracht wird, mit der mehr als eine „Mühewaltung" abgegolten wird, handelt es sich um Arbeitsentgelt mit der Folge, dass ein sozialversicherungsrechtliches Beschäftigungsverhältnis vorliegt.

78 Übungsleiter, die in Sport- und anderen Vereinen regelmäßig nebenamtlich tätig sind, werden steuerrechtlich nicht als Arbeitnehmer angesehen, wenn sie bis zu 6 Stunden wöchentlich übungsleitend tätig sind; sie gelten als selbständig Tätige. Übungsleiter sind sozialversicherungsrechtlich jedoch differenziert zu behandeln und können sowohl abhängig Beschäftigte als auch Selbständige sein. Sie sind nach einer Übereinkunft der Spitzenverbände der Sozialversicherung von 2001 in der Regel selbständig tätig, wenn sie das Training in eigener Verantwortung durchführen, also Dauer, Lage und Inhalte des Trainings selbst festlegen und sich wegen der Nutzung der Sportanlagen selbst mit den anderen für den Verein tätigen Übungsleitern abstimmen. Für die praktische Handhabung einer eindeutigen Zuordnung als selbständiger Tätigkeit hat der Deutsche Sportbund mit der Sozialversicherung, insbesondere der Deutschen Rentenversicherung Bund einen Mustervertrag entwickelt, der mit Übungsleitern abgeschlossen werden sollte, wenn eine selbständige Tätigkeit gewünscht wird. Auch bei Übungsleitern in Sportvereinen ist in jedem Fall eine Gesamtwürdigung aller Umstände, die für oder gegen eine Beschäftigung sprechen, erforderlich. Mit dem Gesetz zur weiteren Förderung des bürgerschaftlichen Engagements wurde zur Verstärkung des Anreizes für bürgerschaftliches Engagement und sowie des Abbaus bürokratischer Hemmnisse der sog. Übungsleiterfreibetrag deutlich von 1.848 Euro auf 2.100 Euro angehoben. Das bedeutet, sofern Übungsleiter beschäftigt sind und nur Einnahmen bis 2.100 Euro jährlich bzw. 175 Euro im Monat erzielen, sind diese nach § 3 Nr. 26 Einkommensteuergesetz steuerfrei. Insoweit liegt nach § 14 SGB IV kein beitragspflichtiges Arbeitsentgelt vor mit der Folge, dass diese Zahlungen auch beitragsfrei in der Sozialversicherung sind. Sofern eine Aufwandsentschädigung diese Pauschale von 175 Euro monatlich übersteigt, sind aus dem übersteigenden Teil auch Beiträge zur Sozialversicherung zu entrichten. Allerdings liegt kein Beschäftigungsverhältnis vor, soweit die Tätigkeiten im Rahmen der sich aus dem Vereinszweck ergebenden mitgliedschaftlichen

Pflichten verrichtet werden. Diese Konstruktion einer sozialversicherungsfreien Tätigkeit ohne Beschäftigungsverhältnis ist von der Rechtsprechung für bestimmte und atypische Fallgestaltungen entwickelt worden, bspw. für die Leitung einer Pfadfindergruppe in einem Zeltlager (Urteil des Bundessozialgerichts vom 24. März 1998).

79 Auch die sozialversicherungsrechtliche Beurteilung der Feuerwehrführungskräfte richtet sich nach den von der Rechtsprechung entwickelten Kriterien. Danach stehen diese Personen regelmäßig in einem Beschäftigungsverhältnis zu den Kommunen oder Landkreisen, da sie für diese weisungsgebunden tätig werden. Die Weisungsgebundenheit kommt darin zum Ausdruck, dass den Kommunen und Landkreisen die Einrichtung, der Unterhalt und der Betrieb des Feuerwehrwesens obliegen. Soweit die Aufwandsentschädigungen der Lohnsteuerpflicht unterliegen (vgl. § 3 Nr. 12 EStG) stellen sie Arbeitsentgelt im Sinne der Sozialversicherung dar.

Mit dem bereits erwähnten Gesetz zur weiteren Stärkung des bürgerschaftlichen Engagements wurde eine weitere deutliche Verbesserung der steuerlichen Verhältnisse im gemeinnützigen Bereich erreicht. So wurde u. a. ein allgemeiner steuerlicher Freibetrag in Höhe von jährlich 500 Euro für alle Personen eingeführt, die ehrenamtlich in Vereinen Verantwortung übernehmen. Die ihnen dafür gewährte Aufwandsentschädigung ist bis zu einer Höhe von 500 Euro steuerfrei, ohne dass dafür Einzelnachweise vorgelegt werden müssen. Die für den Gleichklang von Steuer- und Sozialversicherungsrecht notwendige Anpassung von § 14 SGB IV (Arbeitsentgelt) an die neue Vorschrift des § 3 Nr. 26a Einkommensteuergesetz ist am 1. Januar 2008 in Kraft getreten.

80 Sofern die Tätigkeit in der ehrenamtlichen Pflege die Voraussetzung einer Beschäftigung erfüllt und Aufwandsentschädigungen oberhalb des tatsächlich entstandenen Aufwands gezahlt werden, unterliegt dieser Teil der Aufwandsentschädigung der Beitragspflicht zur Sozialversicherung. Die besondere Schutzbedürftigkeit von Pflegepersonen kommt in einigen sozialrechtlichen Vorschriften zum Ausdruck. So ist im Rentenrecht (§ 5 SGB VI) geregelt, dass lediglich die geringfügige nicht erwerbsmäßige Pflegetätigkeit in der Rentenversicherung versicherungsfrei ist. Im Umkehrschluss folgt daraus, dass eine darüber hinaus gehende Pflegetätigkeit – selbst wenn sie nicht primär dem Erwerb dient – als in der Rentenversicherung schutzbedürftig angesehen wird. Die Pflegeversicherung sieht für nicht erwerbsmäßig tätige Pflegepersonen unter bestimmten Voraussetzungen vor, dass diese durch die Pflegekassen und durch private Versicherungsunternehmen in der gesetzlichen Rentenversicherung zu versichern sind. Zur weiteren Stärkung der pflegenden Tätigkeit gilt ein bis zu sechs Monate andauernder Freistellungsanspruch des Beschäftigten nach dem neuen Pflegezeitgesetz, wenn er in dieser Zeit einen pflegebedürftigen nahen Angehörigen, mit dem er in häuslicher Gemeinschaft lebt, zuhause pflegt. Derzeit gibt es Überlegungen, diese begrenzte Pflegzeit gesetzlich weiter auszubauen und mit einer an die Altersteilzeit angelehnten Regelung zeitlich erheblich auszudehnen.

81 Ein ehrenamtlich tätiger Bürgermeister, der im Wesentlichen nur Repräsentationsaufgaben wahrzunehmen hat, steht insoweit nicht in einem versicherungsrechtlich relevanten Beschäftigungsverhältnis; hat er dagegen in nicht unerheblichem Maße Verwaltungsaufgaben zu erfüllen, dann ist grundsätzlich von einem die Versicherungspflicht begründenden Beschäftigungsverhältnis auszugehen. Diese Unterscheidung beruht darauf, dass ein ehrenamtlicher Bürgermeister, der nicht nur Willensorgan ist, an der Spitze der kommunalen Selbstverwaltung steht, also eine dem allgemeinen Erwerbsleben zugängliche Tätigkeit ausübt.

82 Schwierigkeiten bereitet auch die Abgrenzung der abhängigen Beschäftigung von der Tätigkeit von Familienangehörigen, die sogenannte familienhafte Mithilfe. Auf der einen Seite kann auch zwischen Ehegatten und Angehörigen ein Beschäftigungsverhältnis bestehen. Auf der anderen Seite kann der Ehegatte oder der Angehörige aber auf Grund familienrechtlicher Regelungen zur Mitarbeit im Beruf oder Geschäft verpflichtet sein; dies gilt auch für Kinder bei der Mitarbeit im Geschäft ihrer Eltern. Vor allem die Zahlung verhältnismäßig nicht geringer laufender Bezüge in Höhe des ortsüblichen oder des tariflichen Entgelts kann ein Indiz für das Vorliegen einer Beschäftigung sein. Weiterhin liegt eine Beschäftigung meist dann vor, wenn die familienhafte Mithilfe die eigene Berufstätigkeit des Dienstleistenden ersetzt oder unmöglich macht und damit dessen soziale Eigensicherung gefährdet. Auch bei diesen Fällen ist es ratsam, den Status vor Beginn der Tätigkeit durch die Sozialversicherung klären zu lassen, sofern dies nicht ohnehin zwingend vorgeschrieben ist. Wird im Nachhinein festgestellt, dass keine versicherungspflichtige Beschäftigung vorgelegen hat, können keine Leistungen erbracht werden und die Beiträge werden höchstens für einen Zeitraum von vier Jahren zurückerstattet. Das seit 2004 installierte obligatorische Anfrageverfahren bei der Clearingstelle der Deutschen Rentenversicherung Bund für Familienangehörige und Lebenspartner sowie bei GmbH-Gesellschafter-Geschäftsführern hat hier zu einer Verbesserung der rechtlichen Einordnung von Zweifelsfällen für Neufälle geführt. Mit einer weiteren Änderung des § 28a wird seit Januar 2008 die vereinfachte Erfassung von im Unternehmen tätigen Kindern zur Feststellung ihres Versichertenstatus insbesondere in kleineren Betrieben, in denen eine Mitunternehmereigenschaft häufiger gegeben ist, ermöglicht. Dadurch wird automatisch die Überprüfung des Versichertenstatus durch die Einzugsstelle initiiert.

83 Beamte sind in ihrer Tätigkeit als Beamte sozialversicherungsfrei. Übt ein Beamter dagegen nebenberuflich eine Tätigkeit aus, die sozialversicherungsrechtlich als Beschäftigung zu werten ist, besteht grundsätzlich Sozialversicherungspflicht. Für einen geringfügig beschäftigten Beamten sind ebenfalls die derzeit geltenden 15 Prozent Beiträge zur Rentenversicherung (5 Prozent bei Beschäftigung im Privathaushalt) abzuführen, dagegen entfällt der Beitrag zur Krankenversicherung, wenn der Beamte privat krankenversichert ist. Ist der Beamte mehr als geringfügig nebenberuflich tätig, besteht grundsätzlich Sozialversicherungspflicht für diese Beschäftigung, allerdings mit Besonderheiten in der Kranken- und Arbeitslosenversicherung.

84 Die Sozialversicherungspflicht von Schülern, Praktikanten und Studenten hängt von der jeweiligen Situation ab, so dass die Tätigkeit im Einzelfall der Versicherungspflicht unterliegen kann oder nicht. Schüler und Studenten sind in ihrer Tätigkeit in der Schule oder der Universität sozialversicherungsfrei, da diese Arbeit keine Beschäftigung darstellt. Üben sie neben dem Schulbesuch oder dem Studium eine mehr als geringfügige Beschäftigung aus, so sind sie in dieser grundsätzlich versicherungspflichtig. Allerdings bestehen hier von der Rechtsprechung und der sozialversicherungsrechtlichen Praxis entwickelte Sonderregelungen. Komplizierter stellt sich die Regelung für Praktikanten dar: Generell lässt sich sagen, dass die Ableistung eines in einer Studien- oder Prüfungsordnung vorgesehenen Praktikums versicherungsfrei ist, andere Praktika dagegen als Beschäftigung und damit versicherungspflichtig zu bewerten sind. Mit Urteil vom 9. Dezember 2009 hat das Bundessozialgericht entgegen der zuvor gefundenen Praxis der Sozialversicherungsträger entschieden, dass Teilnehmer an praxisintegrierten dualen Studiengängen als Studenten anzusehen sind, da das Studium im Vordergrund der Ausbildung stehe. Diese Entscheidung überzeugt schon deshalb nicht, weil diese Teilnehmer während des Studiums weiterhin regelmäßig Gehalt von ihrem Arbeitgeber beziehen und die Studienzeiten auch demzufolge rentenrechtlich als Pflichtbeitragszeiten bewertet werden. Gleichwohl haben die Spitzenorganisationen der Sozialversicherung ihr zuvor anderslautendes Besprechungsergebnis mit Datum vom 5. Mai 2010 abgeändert und den Vorgaben der bundessozialgerichtlichen Entscheidung angepasst. Seit dem Wintersemester 2010 werden die Teilnehmer an diesen dualen Studiengängen deshalb als Studenten versichert. Diese Entscheidungsänderung hat zu erheblicher Unruhe sowohl bei den Gewerkschaften wie auch beim GKV-Spitzenverband geführt, die an die Politik die Bitte herangetragen haben, mit einer Beschäftigungsfiktion diese Fälle in der Praxis der Beschäftigung zuzuordnen und den bisherigen Rechtszustand wieder einzuführen. Im Einzelfall empfiehlt es sich bei diesen Fallgestaltungen daher, die für die Beurteilung zuständige Krankenkasse einzuschalten, die im Einzelfall gesetzlich auch zur Beratung und Information (vgl. §§ 13, 14 und 15 SGB I) verpflichtet ist.

85 Auch die Sozialversicherungspflicht von Unternehmern lässt sich nicht einheitlich beantworten. BGB-Gesellschafter, OHG-Gesellschafter und Komplementäre von Kommanditgesellschaften haften persönlich und sind deshalb in der Regel keine Beschäftigten. Allerdings kann zwischen Gesellschaftern und der Gesellschaft ein Beschäftigungsverhältnis bestehen. Der Geschäftsführer einer GmbH kann je nach Fallgestaltung sowohl Beschäftigter der Gesellschaft, als auch selbständiger Unternehmer sein, vor allem wenn er zugleich Gesellschafter mit einem mehrheitlichem Anteil am Gesellschaftsvermögen ist. Bei GmbH-Geschäftsführern ist seit 2004 das obligatorische Clearingstellenverfahren bei der Deutschen Rentenversicherung Bund durchzuführen. Nach der früheren Rechtslage waren Mitglieder des Vorstands einer Aktiengesellschaft keine Beschäftigten und damit auch nicht rentenversicherungspflichtig. Dieser Ausschluss der Rentenversicherungspflicht erstreckte sich bisher auch auf neben der Vorstandstätigkeit in der Aktiengesellschaft ausgeübte andere Beschäftigungen. Dies hat in Einzelfällen zur Gründung von

Aktiengesellschaften geführt, deren einziges Ziel in der Umgehung der Rentenversicherungspflicht bestand. Um einen Missbrauch dieser Regelung auszuschließen, sind nach der seit 2004 geltenden Fassung der Vorschrift Mitglieder des Vorstands einer Aktiengesellschaft nur noch in dem Unternehmen, dessen Vorstand sie angehören, rentenversicherungsfrei beschäftigt.

Arbeitsentgelt und Arbeitseinkommen, Leistungen und Beiträge

Arbeitsentgelt

86 Das Steuerrecht definiert als Arbeitslohn „alle Einnahmen, die dem Arbeitnehmer aus dem Dienstverhältnis zufließen". In der Sozialversicherung ist die Bedeutung des Lohns, Gehalts, Verdienstes ähnlich hoch, da nur die gegen Entgelt Beschäftigten in der Sozialversicherung versichert sind, und sich aus der Höhe des Entgelts zahlreiche Leistungen und vor allem die Beiträge berechnen. Der Begriff des Arbeitslohnes im Steuerrecht ist zwar nicht immer identisch mit dem des Arbeitsentgelts in der Sozialversicherung; es bestehen jedoch vielfältige Verknüpfungen und Übereinstimmungen zwischen beiden Rechtsgebieten.

87 Alle Einnahmen, laufende und einmalige, aus einer Beschäftigung sind Arbeitsentgelt. Gleichgültig ist, unter welcher Bezeichnung oder in welcher Form die Vergütung erfolgt, und grundsätzlich auch, ob auf diese ein Rechtsanspruch besteht. Es ist auch ausreichend, wenn das Entgelt nur im Zusammenhang mit der Beschäftigung, etwa durch einen Dritten, geleistet wird. Allerdings sind bestimmte Leistungen, die zusätzlich zum Lohn oder Gehalt gewährt werden, wie Zulagen, Zuschüsse, Zuschläge und andere, dann nicht zum Arbeitsentgelt hinzuzurechnen, wenn sie lohnsteuerfrei gewährt werden. Anknüpfungspunkt ist also die steuerrechtliche Zuordnung. Soweit solche Bestandteile des Entgelts lohnsteuerfrei gewährt werden, sind diese auch beitragsfrei in der Sozialversicherung. Durch diese Parallelität von Steuer- und Beitragsrecht, die in § 17 SGB IV ausdrücklich vorgesehen ist, werden sowohl Gesichtspunkte der Verwaltungsvereinfachung als auch sozialpolitische Überlegungen einbezogen. Beitragsfreiheit für bestimmte Entgeltbestandteile gilt auch für Beträge nach dem Entgeltfortzahlungsgesetz (§ 10), Zuschüsse zum Mutterschaftsgeld nach dem Mutterschutzgesetz, für Zuschüsse des Arbeitgebers zum Kurzarbeitergeld, die den Unterschiedsbetrag zwischen 80 Prozent des Soll- und des Ist-Entgelts ausgleichen sowie auch für steuerfrei gewährte Aufwandsentschädigungen und steuerfreie Einnahmen nach § 3 Nr. 26 sowie Nr. 26a Einkommensteuergesetz (sogenannte Übungsleiter-Pauschale).

88 In einem nicht unwichtigen Punkt besteht jedoch ein Unterschied zwischen Steuerrecht einerseits und dem Beitragsrecht der Sozialversicherung andererseits: Während Steuern auf Arbeitslohn erst fällig werden, wenn der Lohn dem Arbeitnehmer tatsächlich ausbezahlt wird oder zufließt (sogenanntes Zuflussprinzip), entstehen Ansprüche der Sozialversicherungsträger auf Beiträge bereits mit dem Entstehen des Lohnanspruchs (sogenanntes Entstehungsprinzip). Dies hat in der Praxis zur Folge, dass auch für Lohnbestandteile Sozialversicherungsbeiträge zu zahlen sind, die dem Arbeitnehmer möglicherweise gar nicht ausgezahlt worden sind. Weil dieses strikte Entstehungsprinzip in der Praxis immer wieder zu Problemen geführt hat, da bspw. geringfügig Beschäftigte durch Hinzurechnung eines tatsächlich nicht ausgezahlten Weihnachtsgeldes (sogenannter „Phantomlohn") nicht mehr versicherungsfrei zu bewerten waren und der Arbeitgeber daraufhin mit sehr hohen Lohnnachforderungen belastet wurde, ist bei Einmalzahlungen seit 2003 das Entstehungsprinzip zu Gunsten des Zuflussprinzips des Steuerrechts abgelöst worden. Seit 1. Januar 2009 gilt dieses Zuflussprinzip auch für Stundenentgelte, die sich aus Arbeitszeitguthaben ergeben, so dass ein Guthaben auf einem Arbeitszeit- oder Gleitzeitkonto erst dann beitragspflichtig wird, wenn dieses Arbeitszeitguthaben in Entgelt umgerechnet ausgezahlt wird.

Arbeitseinkommen

89 In der Sozialversicherung spricht man bei Beschäftigten von Arbeitsentgelt und bei selbständig Tätigen von Arbeitseinkommen. Das Arbeitseinkommen eines Selbständigen ist für den Bereich der Sozialversicherung der nach den allgemeinen Gewinnermittlungsvorschriften des Einkommensteuerrechts ermittelte Gewinn aus der selbständigen Tätigkeit. Damit entspricht seit 1995 das Arbeitseinkommen dem Betrag, der im Einkommensteuerbescheid als Summe der Einkünfte aus Land- und Forstwirtschaft, Gewerbebetrieb oder selbständiger Arbeit ausgewiesen ist. Einzelheiten zum Arbeitsentgelt und Arbeitseinkommen sind genauer in der Sozialversicherungsentgeltverordnung von 2006 geregelt, die die alte Arbeitsentgeltverordnung abgelöst hat.

Sachbezüge

90 Eine Entlohnung kann im Rahmen der vorgegebenen Grenzen (§ 107 Gewerbeordnung) teilweise in Naturalien oder durch sonstige Sachleistungen erfolgen. Dies sind bspw. Deputate, freie oder verbilligte Verpflegung, Unterkunft oder Wohnung, Personalrabatte beim Einkauf beim Arbeitgeber (PKW, Lebensmittel und andere), kostenlose oder verbilligte Bahnfahrten, Flüge und andere Leistungen. Werden derartige Leistungen erbracht, die im Zusammenhang mit einer Beschäftigung stehen, handelt es sich bei den hieraus resultierenden Einsparungen um Arbeitsentgelt, das grundsätzlich bei der Berechnung der Sozialversicherungsbeiträge, aber auch bei den Leistungen der Sozialversicherung zu berücksichtigen ist. Die Einzelheiten hierzu sind in der jährlich anzupassenden, die frühere Sachbezugsverordnung ablösenden Sozialversicherungsentgeltverordnung von 2006 erfasst. So werden Pauschalsätze (Werte für 2011) für freie Verpflegung (Frühstück (47 Euro), Mittagessen (85 Euro) und Abendessen (85 Euro) sowie für Unterkunft (206 Euro) und Wohnung festgesetzt. Für eine als Sachbezug zur Verfügung gestellte Wohnung ist als Wert der ortsübliche Mietpreis unter Berücksichtigung der sich aus der Lage der Wohnung zum Betrieb ergebenden Beeinträchtigungen anzusetzen. Ist im Einzelfall die Feststellung des ortsüblichen Mietpreises mit außergewöhnlichen Schwierigkeiten verbunden, kann die Wohnung mit 3,59 Euro/m² monatlich, bei einfacher Ausstattung (ohne Sammelheizung oder ohne Bad/Dusche) mit 2,91 Euro/m² monatlich bewertet werden. Bei sonstigen, nicht pauschalierungsfähigen Sachbezügen ist der Preis am Abgabeort, ggf. gemindert um übliche Preisnachlässe, als Wert anzusetzen. Bei Verbilligungen gilt der Unterschied zwischen vereinbartem Preis und Preis am Abgabeort als Wert des Sachbezugs. Die jeweils geltenden Werte des Sachbezugs können der Sozialversicherungsentgeltverordnung entnommen oder bei den Sozialversicherungsträgern erfragt werden. Der Text der Verordnung ist – wie auch zahlreiche andere Gesetze und Verordnungen – auf der Homepage des Bundesministeriums für Arbeit und Soziales im Internet abrufbar.

Einnahmen bei flexibler Arbeitszeitregelung

91 Die Fälligkeit von Sozialversicherungsbeiträgen ist grundsätzlich an die tatsächlich geleistete Arbeit gebunden. Für die im Rahmen des Gesetzes zur sozialrechtlichen Absicherung flexibler Arbeitszeitregelungen und des neuen Flexigesetzes II angesparten Wertguthaben wird die Fälligkeit der Beiträge auf die Freistellungszeiträume verschoben, die Beiträge werden gestundet. Die Beiträge werden also nicht bei der Erarbeitung des Freistellungsanspruchs abgeführt, sondern erst erhoben, wenn die Freistellung tatsächlich in Anspruch genommen wird und das hierfür vereinbarte Entgelt ausgezahlt wird. Problematisch für die Sozialversicherung sind dabei Wertguthaben, die im sogenannten Störfall nicht mehr bestimmungsgemäß verwendet werden können. Für diese Fälle, in denen das angesparte Wertguthaben nicht entsprechend der getroffenen Vereinbarung für eine Freistellung verwendet wird, bestimmt § 23 b SGB IV ein besonderes Verfahren für die Berechnung und Zuordnung der Beiträge zur Sozialversicherung sowie für das Meldeverfahren. Weil auch dieses gegenüber der früheren Regelung schon vereinfachte Verfahren in der Praxis als zu kompliziert erschien, wurde eine benutzerfreundlichere Regelung mit den Tarifpartnern diskutiert, die das Problem der eventuellen Beitragserhebung oberhalb der Beitragsbemessungsgrenze in den jeweiligen Versicherungszweigen lösen soll. Allerdings haben sich die Tarifpartner im Rahmen der Gesetzgebungsarbeiten zu „Flexi II" mit der Sozialversicherung hier nicht auf eine neue Regelung verständigen können, so dass die alten Regelungen mit geringfügigen Modifikationen weiter zur Anwendung gelangen.

Einmalzahlungen

92 Weihnachts- und Urlaubsgeld, Tantiemen, aber auch zusätzliche Gehälter und einmalige Leistungen ohne konkreten Bezug zu einem Lohnabrechnungszeitraum wie Jubiläumszuwendungen, gehören zum Arbeitsentgelt und sind beitragspflichtige Einmalzahlungen. Da dieses einmalig gezahlte Arbeitsentgelt nicht für die Arbeitsleistung in einem Lohnzahlungszeitraum erfolgt, sondern über längere Zeiträume erarbeitet wird, gilt für dieses Arbeitsentgelt auch nicht die monatliche Beitragsbemessungsgrenze, sondern die anteilige jährliche Beitragsbemessungsgrenze. Durch diese auf das Jahr verteilte Beitragsbemessung werden im jährlichen Durchschnitt die Einkommen weitgehend gleich verteilt belastet. Bei geringfügiger Beschäftigung sind Einmalzahlungen ebenfalls anteilig auf das durchschnittliche jährliche Arbeitsentgelt zu verteilen. Da Einmalzahlungen üblicherweise nicht unvorhergesehen gewährt werden, greift hier auch nicht die Vereinbarung der Spitzenorganisationen der Sozialversicherung in den so genannten Geringfügigkeits-Richtlinien, wonach ein bis zu zweimaliges unvorhergesehenes Überschreiten der Entgeltgrenze für den Status der versicherungsfreien Beschäftigung unschädlich bleibt.

Bezugsgröße

93 Die Bezugsgröße ist eine der sogenannten Rechengrößen der Sozialversicherung. Sie gibt einen Geldbetrag an, der jährlich an die Einkommensentwicklung aus dem durchschnittlichen Bruttoarbeitsentgelt im vorvergangenen Jahr aller in der gesetzlichen Rentenversicherung Versicherten angepasst wird. Die Bezugsgröße wird in zahlreichen Regelungen der Sozialversicherung als Rechenmaßstab zugrunde gelegt. Sie beträgt im Jahr 2011 für die alten Bundesländer 30.660 Euro (monatlich 2.555 Euro) und für die neuen Bundesländer 26.880 Euro (monatlich 2.240 Euro).

Einführung des Euro

94 Seit dem 1. Januar 1999 ist in Deutschland die DM durch den Euro abgelöst worden. Da es den Euro aber erst seit 1. Januar 2002 als gültiges Zahlungsmittel gibt, waren für eine Übergangszeit Zahlungen in Euro und DM möglich. Seit 1. Januar 2002 sind Zahlungen nur noch in Euro möglich.

Gesamtsozialversicherungsbeitrag

95 Der Gesamtsozialversicherungsbeitrag ist an die zuständige Krankenkasse als Einzugsstelle zu zahlen. Er umfasst die Beiträge für die kraft Gesetzes in der Kranken- und Pflegeversicherung und/oder der Rentenversicherung versicherten Beschäftigten oder Hausgewerbetreibenden sowie den Arbeitnehmer- und Arbeitgeberbeitrag zur Bundesagentur für Arbeit. Schuldner des Gesamtsozialversicherungsbeitrags ist der Arbeitgeber. Er haftet unabhängig davon, wer die Beiträge letztlich zu tragen hat; ihn treffen auch die ggf. erforderlichen Zwangsmaßnahmen der Einzugsstelle. Zahlungspflichtig ist auch derjenige, der die Arbeitgeberpflichten zu erfüllen hat oder als Arbeitgeber gilt. Bei Arbeitnehmerüberlassung (Leiharbeit) haften sowohl der Verleiher als auch der Entleiher; bei unerlaubter Arbeitnehmerüberlassung wird diese Haftung verschärft.

96 Der Arbeitgeber hat einen Anspruch gegen den Beschäftigten auf den von diesem zu tragenden Teil des Gesamtsozialversicherungsbeitrages. Diesen Anspruch kann er nur durch Abzug vom Arbeitsentgelt realisieren. Ein unterbliebener Abzug darf grundsätzlich nur bei den nächsten drei Lohn- oder Gehaltszahlungen nachgeholt werden. Dies gilt nicht, wenn der Beschäftigte seinen Auskunfts- und Vorlagepflichten vorsätzlich oder grob fahrlässig nicht nachgekommen ist.

97 Die Fälligkeit der laufenden Beiträge bzw. die Zahlung des Gesamtsozialversicherungsbeitrags durch den Arbeitgeber ist zum 1. Januar 2006 neu geregelt worden. Die Fälligkeit der laufenden Beiträge richtet sich nach der Satzung der zuständigen Kranken- und Pflegekasse und die Beiträge sind in voraussichtlicher Höhe der Beitragsschuld spätestens am drittletzten Bankarbeitstag des Monats fällig, in dem die Beschäftigung ausgeübt wird; ein verbleibender Restbetrag wird zum drittletzten Bankarbeitstag des Folgemonats fällig. Sonstige Beiträge werden spätestens am 15. des Monats fällig, der auf den Monat folgt, für den sie zu entrichten sind. Mit dieser Neuregelung wird die frühere großzügige Regelung abgelöst, nach der die Beiträge erst ca. zwei Wochen nach der Entgeltauszahlung fällig waren. Die Vorverlegung ist bei vielen Arbeitgebern auf Kritik gestoßen, vor allem die Regelung der Schätzung der voraussichtlichen Beitragsschuld. Deshalb hat der Gesetzgeber die Regelung im nachhinein dahingehend erweitert, dass bei Unternehmen mit schwankenden Entgelten oder Arbeitnehmerwechsel als Abschlagszahlung auch der Schätzwert des Vormonats eingesetzt werden kann, allerdings mit der Folge, dass im nächsten Monat eine konkrete Nachberechnung erforderlich wird, sofern die Schätzwerte den tatsächlichen Verhältnissen nicht entsprechen. Wird im Rahmen schriftlich vereinbarter flexibler Arbeitszeit Arbeitsentgelt in Zeiten der Freistellung fällig, so ergibt sich die Fälligkeit der Beiträge aus der Fälligkeit des Arbeitsentgelts. Der Arbeitgeber hat der Einzugsstelle monatlich einen Beitragsnachweis einzureichen, anderenfalls kann die Einzugsstelle das beitragspflichtige Arbeitsentgelt schätzen. Bei verspäteter Zahlung werden Säumniszuschläge in Höhe von 1 v. H. je Monat erhoben.

98 Der Beschäftigte hat dem Arbeitgeber die für die Durchführung der Sozialversicherung erforderlichen Angaben zu machen und Unterlagen vorzulegen. Der Arbeitgeber muss Lohnunterlagen in deutscher Sprache für alle Beschäftigten unabhängig davon führen, ob der einzelne Arbeitnehmer der Versicherungspflicht unterliegt oder versicherungsfrei ist. Diese Verpflichtung besteht für private Haushalte nicht. Landwirte können für mitarbeitende Familienangehörige von dieser Pflicht ausgenommen werden. Kommt der Arbeitgeber seinen Aufzeichnungspflichten nicht nach, können die Beiträge ggf. von der Gesamtsumme der gezahlten Arbeitsentgelte erhoben werden. Eine Besonderheit besteht hier für alte Unternehmen der DDR, die nach der Wiedervereinigung aufgelöst wurden. Die Rechtsnachfolger dieser Unternehmen müssen die Unterlagen nach einer Verlängerung der Frist im Jahr 2006 insgesamt bis zum Jahr 2011 aufbewahren.

Sozialversicherungsbeiträge

99 Zum Wesen der Sozialversicherung gehören der Risikoausgleich und die Deckung des Bedarfs durch die Beteiligten der solidarischen Versicherung. Die Mittel der Sozialversicherung werden durch Beiträge der Versicherten, der Arbeitgeber und Dritter, durch staatliche Zuschüsse und durch sonstige Einnahmen aufgebracht. Dabei sind die Beiträge die wichtigsten Einnahmen der Sozialversicherungsträger. Grundsatz ist, dass die versicherten Arbeitnehmer und aus Gründen der Fürsorge deren Arbeitgeber die Kosten des sozialversicherungsrechtlichen Sicherungssystems aufzubringen haben. Staatliche Zuschüsse haben im Wesentlichen nur eine haushaltsausgleichende Funktion bzw. dienen dem Ausgleich so genannter versicherungsfremder Leistungen. Dieser haushaltsdeckende Bundeszuschuss hat bspw. für 2011 in der gesetzlichen Rentenversicherung ein Finanzvolumen aller vom Bund zu tragenden Leistungen voraussichtlich in Höhe von 64,8 Mrd. Euro und soll daher durch zahlreiche ausgabendämpfende und Mehreinnahmen für die Sozialversicherung bewirkende Maßnahmen weiter deutlich reduziert werden.

100 Die Höhe der Beiträge bemisst sich nach dem Beitragssatz und der Bemessungsgrundlage. Die gesetzlich festgelegten Beitragssätze betragen für das Jahr 2011 z. Z.:

– in der Rentenversicherung 19,9 Prozent,
– in der Pflegeversicherung
  1,95 Prozent bzw. für Kinderlose 2,2 Prozent und
– zur Bundesagentur für Arbeit 3,0 Prozent.

101 Mit dem Inkrafttreten des Gesundheitsfonds zum 1. Januar 2009 wurde der Beitragssatz in der gesetzlichen Krankenversicherung nicht mehr von den Krankenkassen, sondern einheitlich von der Bundesregierung durch Rechtsverordnung festgelegt. Dies betrifft sowohl den allgemeinen als auch den ermäßigten Satz. Seit Januar 2010 beträgt der allgemeine Beitragssatz zur Krankenversicherung bundeseinheitlich 15,5 Prozent. In diesem ist der bisherige Sonderbeitrag in Höhe von 0,9 Prozent, der allein vom Versicherten zu zahlen ist, enthalten. Für die Berechnung der Arbeitgeberbeiträge zur Krankenversicherung ist demzufolge ein Beitragssatz von 14,6 Prozent maßgebend. Es ergibt sich somit eine Verteilung von 7,3 Prozent für den Arbeitgeber und 8,2 Prozent für den Beschäftigten. Neben dem allgemeinen wurde auch der ermäßigte Beitragssatz zum 1. Januar 2009 einheitlich festgelegt. Er gilt hauptsächlich für Versicherte, die keinen Anspruch auf Krankengeld haben. Er beträgt ab Januar 2011 einschließlich des Sonderbeitrags 14,6 Prozent; für die Berechnung der Arbeitgeberbeiträge ist ebenfalls der um 0,9 Prozentpunkte geminderte Beitragssatz in Höhe von 13,9 Prozent maßgebend. Der Arbeitgeber trägt damit 6,9 Prozent und der Versicherte 7,7 Prozent. Abweichend vom allgemeinen Beitragssatz der gesetzlichen Rentenversicherung beläuft sich der Beitragssatz in der knappschaftlichen Rentenversicherung auf 26,4 Prozent, von dem die Arbeitnehmer nur 9,95 Prozent und die Arbeitgeber 16,45 Prozent tragen. Die Beitragssätze der verschiedenen Zweige der Sozialversicherung werden dem jeweiligen Finanzbedarf der Versicherung angepasst.

102 Beitragsbemessungsgrundlage Versicherungspflichtiger sind die beitragspflichtigen Einnahmen. Dies sind regelmäßig das Arbeitsentgelt bzw. das Arbeitseinkommen. Für besondere Personengruppen, etwa bei den in geschützten Werkstätten beschäftigten behinderten Menschen, gelten ebenso wie für freiwillig Versicherte Ausnahmen hiervon. Beiträge zur Rentenversicherung und zur Bundesagentur für Arbeit werden höchstens bis zur Beitragsbemessungsgrenze erhoben. Diese Grenze setzt das Bundesministerium für Arbeit und Soziales jährlich entsprechend der Entwicklung der Bruttolohn- und gehaltssumme fest. Für die gesetzliche Kranken- und Pflegeversicherung gilt bundeseinheitlich die Jahresarbeitsentgeltgrenze, die 75 Prozent der Beitragsbemessungsgrenze der Rentenversicherung (West) beträgt. Entsprechend dem Zweck der gesetzlichen Sozialversicherung, dem Versicherten eine angemessene, aber in Höhe und Umfang nicht unbegrenzte soziale Absicherung zu gewährleisten, setzt die Beitragsbemessungsgrenze einen Rahmen für den Sicherungsumfang und beschränkt die solidarische Einstandspflicht aller Versicherten. Die Jahresarbeitsentgeltgrenze der Krankenversicherung ist für diese auch die Versicherungspflichtgrenze, ab der der Versicherte sich entweder freiwillig in der gesetzlichen Krankenversicherung oder privat krankenversichern kann.

Die Versicherungspflichtgrenze und die Beitragsbemessungsgrenze sind in der Krankenversicherung unterschiedlich hoch. Die Beitragsbemessungsgrenze beträgt für 2011 in der Krankenversicherung bundeseinheitlich 44.550 Euro (monatlich 3.712,50 Euro).

Die anderen Beitragsbemessungsgrenzen belaufen sich für das Jahr 2011 auf:

Rentenversicherung und Bundesagentur für Arbeit	
West	66.000 Euro (5.500 Euro monatlich)
Ost	57.600 Euro (4.800 Euro monatlich)
knappschaftliche Rentenversicherung	
West	81.000 Euro (6.750 Euro monatlich)
Ost	70.800 Euro (5.900 Euro monatlich)
Jahresarbeitsentgeltgrenze gesetzliche Kranken- und Pflegeversicherung, bundeseinheitlich	44.550 Euro (3.712,50 Euro monatlich)

103 Bei einem Arbeitsentgelt bis zur sogenannten Geringverdienergrenze – nicht zu verwechseln mit der Entgeltgrenze der geringfügigen Beschäftigung – trägt der Arbeitgeber im Rahmen der betrieblichen Berufsausbildung die Beiträge allein. Die Geringverdienergrenze wurde zum 1. April 2003 einheitlich auf 400 Euro monatlich festgelegt. Wird diese Grenze überschritten, tritt an die Stelle der arbeitgeberseitigen Beitragstragung die reguläre Beitragstragung von je der Hälfte. Da diese Anhebung auf zahlreichen Widerspruch, insbesondere bei Arbeitgebern von Auszubildenden in den neuen Bundesländern gestoßen war, wurde die Geringverdienergrenze mit Wirkung von 1. August 2003 wieder auf den alten Wert von 325 Euro abgesenkt und gleichzeitig die bis dahin in den Beitragstragungsvorschriften der einzelnen Zweige der Sozialversicherung geregelte Geringverdienergrenze „vor die Klammer gezogen" und im SGB IV eingestellt.

104 Die Arbeitsentgelte aus mehreren Beschäftigungsverhältnissen, auch geringfügigen, werden zusammengerechnet. Seit April 2003 darf neben einer nicht geringfügigen Beschäftigung eine geringfügige Beschäftigung ohne Zusammenrechnung ausgeübt werden, allerdings sind für die geringfügige Beschäftigung die Pauschalbeiträge zu zahlen. Das gesamte Arbeitsentgelt wird somit bis zur Beitragsbemessungsgrenze bzw. bis zur Jahresarbeitsentgeltgrenze der Beitragserhebung zu Grunde gelegt. Bei geringfügig Beschäftigten ist ein bis zu zweimal unvorhergesehenes Überschreiten der Entgeltgrenze unschädlich; allerdings sind gewährte Urlaubs- und Weihnachtsgelder nicht unvorgesehen, so dass es bei der auf das Jahr umzurechnenden Erhöhung des Entgelts zur Versicherungspflicht kommt, wenn das Entgelt im Monat 400 Euro übersteigt. Eine Erleichterung für Arbeitgeber ist hier der vollzogene Übergang zum sogenannten Zuflussprinzip bei Einmalzahlungen, d. h., diese werden erst bei tatsächlicher Auszahlung auf das Arbeitsentgelt angerechnet. Seit Januar 2009 gilt dieses Zuflussprinzip auch für Entgelte, die aus Arbeitszeitguthaben abgeleitet werden.

105 Für versicherungspflichtige Selbständige, Handwerker, Heimarbeiter, selbständige Künstler und Publizisten sowie für Landwirte bestehen ebenso wie für krankenversicherungspflichtige Studenten und Rentner besondere Bestimmungen. Für die Beiträge zur Rentenversicherung für Zeiten der Kindererziehung kommt der Bund auf. Besonderheiten hinsichtlich der Beitragstragung und der Beitragsentrichtung gibt es für Wehr- und Zivildienstleistende, Entwicklungshelfer, Absolventen vom freiwilligen sozialen und freiwilligen ökologischen Jahr, behinderte Menschen in geschützten Werkstätten und Mitglieder von Genossenschaften und Gemeinschaften. Sofern Träger der Sozialversicherung Ersatzleistungen für entfallenes Arbeitsentgelt erbringen, übernehmen sie – teilweise im Verbund mit den Arbeitgebern, etwa bei der Entgeltfortzahlung – die Beitragsleistungen. Freiwillig Versicherte in der Rentenversicherung und die pflichtversicherten Selbständigen – mit Ausnahme der selbständigen Künstler, bei denen die Verwerter einen Teil der Beiträge finanzieren – tragen ihre Beiträge in vollem Umfang selbst.

106 Die gesetzliche Unfallversicherung wird (bisher) nur durch Beiträge der Unternehmer finanziert. Allerdings haben hier einige Branchen und Berufsverbände, deren Beiträge besonders hoch sind, in der Vergangenheit eine Änderung dieser einseitigen Beitragstragung gefordert, bspw. die Bauwirtschaft. Die Höhe der Beiträge richtet sich grundsätzlich nach dem Arbeitsverdienst der Versicherten im jeweiligen Unternehmen und nach dem Grad der Unfallgefahr (Gefahrklassen), ferner natürlich auch nach dem Finanzbedarf des jeweiligen Unfallversicherungsträgers.

Beitragszuschüsse

107 Beschäftigte, die nur wegen Überschreitens der Jahresarbeitsentgeltgrenze in der gesetzlichen Krankenversicherung versicherungsfrei sind oder von der Versicherungspflicht Befreite erhalten von ihrem Arbeitgeber

- bei freiwilliger Mitgliedschaft in der gesetzlichen Krankenversicherung die Hälfte des Pflichtbeitrags, höchstens jedoch die Hälfte des zu zahlenden tatsächlichen Beitrags als Beitragszuschuss oder
- bei privater Krankenversicherung unter bestimmten Voraussetzungen als Zuschuss die Hälfte eines als durchschnittlich errechneten Höchstbeitrags zur gesetzlichen Krankenversicherung, höchstens jedoch die Hälfte des zu zahlenden tatsächlichen Versicherungsbeitrags.

Beitragseinzug und Prüfung

108 Der Gesamtsozialversicherungsbeitrag wird von der zuständigen Krankenkasse als Einzugsstelle eingezogen. Zuständig für den Beitragseinzug ist die Krankenkasse, bei der die Krankenversicherung des Beschäftigten durchgeführt wird. Der Arbeitgeber hat an diese die Beiträge zur Kranken-, Pflege- und Rentenversicherung sowie zur Bundesagentur für Arbeit zu zahlen. Die Einzugsstelle überwacht die Einreichung des Beitragsnachweises und den Eingang des Gesamtsozialversicherungsbeitrags. Sie leitet die Beiträge an die zuständigen Versicherungsträger bzw. für die Krankenversicherung an den Gesundheitsfonds weiter. Sie entscheidet über Versicherungspflicht und Beitragshöhe in den Versicherungszweigen, macht nicht rechtzeitig eingegangene Beitragsansprüche geltend, erhebt Säumniszuschläge und entscheidet im Widerspruchsverfahren. Kann die Einzugsstelle die Höhe des Arbeitsentgelts nicht oder nur mit unverhältnismäßig hohem Arbeitsaufwand ermitteln, schätzt sie diese unter Berücksichtigung des ortsüblichen Arbeitsentgelts. Die Einzugsstelle gleicht mindestens einmal jährlich die gezahlten mit den gemeldeten Beiträgen ab und teilt das Ergebnis dem Arbeitgeber mit. Bei geringfügigen Beschäftigungen ist seit April 2003 die zuständige Einzugsstelle die Bundesknappschaft als Träger der Rentenversicherung, hier die sogenannte Minijob-Zentrale. Seit 2005 zieht diese auch den für die Unfallversicherung zu zahlenden Beitrag vom Arbeitgeber ein. Durch das Gesundheitsreformgesetz ist der Beitragseinzug für die Krankenversicherungsbeiträge von den Krankenkassen auf den neu gebildeten Gesundheitsfond übergegangen, der den Kassen dann ihren jeweils für notwendig anerkannten Anteil zuweist. Da die Krankenkassen damit einen erheblichen Teil ihrer Finanzautonomie und letztlich auch ihrer Selbstverwaltungsrechte verloren haben, bleibt abzuwarten, ob diese gewaltige Umstrukturierung des Beitragseinzugs auch weiterhin den unverändert bestehenden verfassungsrechtlichen Bedenken standhält. Unabhängig davon wird sich zeigen müssen, ob diese grundlegende Umstrukturierung des Beitragseinzugs auch in der Zukunft ein gut funktionierendes Gefüge der Leitung von sehr großen Finanzströmen sein wird und ob das neue System aus der einheitlichen Gestaltung eine effizientere und straffere Organisation ableiten kann. Die im Koalitionsvertrag von 2009 vorgesehene Abkoppelung der Versicherungsbeiträge in der gesetzlichen Krankenversicherung von der paritätisch aufgeteilten Belastung von Arbeitgeber und Beschäftigtem ist durch das Gesetz zur nachhaltigen und sozial ausgewogenen Finanzierung der Gesetzlichen Krankenversicherung (GKV-Finanzierungsgesetz - GKV-FinG) umgesetzt worden. Leitgedanke dieser Neuordnung ist die Überlegung, dass bei einer Reform der Finanzierungsinstrumente nicht nur die Einnahmeseite betrachtet werden kann, sondern auch eine Verzahnung mit den notwendigen Maßnahmen auf der Ausgabenseite erfolgen muss. Dabei müssen die Leistungserbringer ebenso wie die Krankenkassen ihren Teil zur Konsolidierung beitragen. Dabei wurde der Arbeitgeberbeitrag auf einen Wert von 7,3 Prozent festgeschrieben, um den Automatismus zu durchbrechen, dass Ausgabensteigerungen automatisch zu einer Erhöhung der Lohnkosten führen. Dies führt allerdings zu einer völlig einseitigen und dem Grundgedanken der solidarischen Finanzierung wohl nicht mehr entsprechenden Belastung allein des Beschäftigten, da dieser absehbare Kostensteigerungen durch allein von ihm finanzierte und einkommensunabhängige Zusatzbeiträge auffangen muss. Ob das dabei installierte System des Härteausgleichs sowohl eine bürokratische Entlastung der Beteiligten ermöglicht und auch wie erhofft mehr Gerechtigkeit in das System der Finanzierung hereinträgt, bleibt abzuwarten und dürfte vorerst äußerst skeptisch zu beurteilen sein. Bemerkenswerterweise enthält die Begründung zum Gesetzentwurf allein die Aussage, dass der Sozialausgleich automatisch erfolgt. Dabei wird indes verschwiegen, dass hier allein der Arbeitgeber mit erheblichem zusätzlichen Rechen- und Prüfbedarf belastet wird, der wahrscheinlich im Endergebnis auch nicht zu einer wirklich gerechten Lastenverteilung führen wird. Ob die Krankenkassen tatsächlich mehr Finanzautonomie durch die Erhebung der Zusatzbeiträge erhalten können, wird ebenfalls an dem erheblichen Verwaltungsmehraufwand zu messen sein, der durch die Systemänderung zwangsweise eintritt.

109 Die Träger der Rentenversicherung prüfen mindestens alle vier Jahre insbesondere, ob die Beitragszahlungs- und Meldepflichten von den Arbeitgebern ordnungsgemäß erfüllt werden. Einzugsstelle und Arbeitgeber können eine vorzeitige Prüfung fordern. Die Prüfung erstreckt sich auch auf Lohnunterlagen der Beschäftigten, für die Beiträge nicht gezahlt wurden. Die Arbeitgeber sind zu einer angemessenen Prüfhilfe verpflichtet. So weit steuerberatende Stellen, Rechenzentren oder vergleichbare Institute für Arbeitgeber Löhne und Gehälter abrechnen oder Meldungen erstatten, werden diese ebenfalls geprüft. Eine Prüfung der Arbeitgeber erfolgt bei Beschäftigten in privaten Haushalten nicht. Ferner erfolgt auch eine Prüfung der Einzugsstellen durch die Träger der Rentenversicherung und die Bundesagentur für Arbeit.

110 Für die im Rahmen des Beitragseinzugs und der Meldeverfahren erbrachten Leistungen erhalten die Krankenkassen, die Träger der Rentenversicherung (auch die Minijob-Zentrale) und die Bundesagentur für Arbeit zur Abgeltung der Kosten eine Vergütung. Diese wird gegeneinander aufgerechnet, so dass die Krankenkassen als Einzugsstellen derzeit eine Vergütung von den anderen Trägern erhalten.

Haushaltsscheck

111 Zur Förderung von Beschäftigung in Privathaushalten wurde nach französischem Vorbild 1997 das Haushaltsscheckverfahren eingeführt. Bei der Neuordnung der geringfügigen Beschäftigung zum 1. April 2003 wurde das Haushaltsscheckverfahren für Beschäftigte in privaten Haushalten zwingend vorgeschrieben, wenn das Entgelt 400 Euro nicht übersteigt. Der Arbeitgeber erteilt der Minijob-Zentrale eine Ermächtigung zum Einzug des Beitrags. Der Haushaltsscheck ist vom Arbeitgeber und vom Beschäftigten zu unterschreiben. Beim Haushaltsscheckverfahren entfällt die ansonsten erforderliche Jahresmeldung des Arbeitgebers. Seit einiger Zeit kann bei schwankendem monatlichen Entgelt auf die Abgabe monatlicher Neumeldungen verzichtet werden und einmal halbjährlich die Gesamtlohnsumme der Minijobzentrale übermittelt werden, was einen nicht unerheblichen Bürokratieabbau bewirkt.

Meldepflichten, Prüfungen und Kontrollmechanismen

Meldepflichten des Arbeitgebers

112 Der dritte Abschnitt des SGB IV enthält eine einheitliche gesetzliche Regelung der Meldungen des Arbeitgebers und ihrer Weiterleitung in den Versicherungszweigen. Der 2. Titel befasst sich mit dem Verfahren und der Haftung bei der Zahlung des Gesamtsozialversicherungsbeitrags. Der 3. Titel enthält Vorschriften zur Auskunfts- und Vorlagepflicht der Beschäftigten, zur Überwachung und Prüfung der Beitragszahlung sowie zur Schadensersatz- und Verzinsungspflicht der Einzugsstelle bei schuldhafter Pflichtverletzung. Soweit der Arbeitgeber verpflichtet – und gegenüber dem Beschäftigten mit Ansprüchen ausgestattet – wird, handelt es sich bei dem Meldeverfahren um eine sogenannte Inpflichtnahme Privater. Meldepflichtig ist generell der Arbeitgeber. Der Beschäftigte hat ihm alle zur Durchführung der Meldungen erforderlichen Angaben zu machen. Für jeden in der Kranken- und Rentenversicherung kraft Gesetzes versicherten Beschäftigten oder nach dem 3. Buch Sozialgesetzbuch beitragspflichtigen Arbeitnehmer ist bei bestimmten, das Beschäftigungsverhältnis, die Mitgliedschaft oder die Versicherungspflicht sowie die persönlichen Daten betreffenden Anlässen eine Meldung per Datenübertragung an die zuständige Krankenkasse als Einzugsstelle abzugeben. Meldungen in Papierform sind – außer im Haushaltsscheckverfahren – seit 2006 nicht mehr zulässig. Am Jahresende hat der Arbeitgeber eine Jahresmeldung abzugeben.

113 Bereits 1983 wurde das Meldeverfahren in der Sozialversicherung vereinheitlicht und in zwei Verordnungen zusammengefasst, die vor allem die maschinelle Übertragung und Verarbeitung der millionenfach bei den Trägern eingehenden Meldungen ermöglichten. Seit 1998 gilt hier einheitlich die Datenerfassungs- und Übermittlungsverordnung (DEÜV). Bei den jeweils zu erstattenden Meldungen sind vor allem die persönlichen Daten des Beschäftigten und die Kerndaten seiner Beschäftigung anzugeben. Daneben sind auch die Betriebsnummer des Arbeitgebers und weitere Kenndaten der Betriebsstätte anzugeben.

114 Mit Abschluss des Gesetzgebungsverfahrens zum elektronischen Entgeltnachweis (ELENA) wurde das ELENA-Verfahren in das Vierte Buch Sozialgesetzbuch integriert (§§ 95 ff. SGB IV). Mit diesem Verfahren wurde seit 1. Januar 2010 schrittweise die Übermittlung von Arbeitnehmerdaten durch den Arbeitgeber an eine zentrale Speicherstelle des Bundes (ZSS bei der zentralen Datenstelle der DRV Bund in Würzburg) eingeführt. Ziel des ELENA-Verfahrens ist es, die Wirtschaft und die Verwaltung von dem tatsächlichen und finanziellen Aufwand zu entlasten, der im Fall der Inanspruchnahme von Sozialleistungen durch den Arbeitnehmer entsteht, wenn der Arbeitgeber hierfür Einkommens- und Beschäftigungsbescheinigungen in Papierform ausstellen muss, die der leistungsgewährenden Behörde auf dem Postweg übermittelt werden müssen. Das derzeit geschätzte Einsparpotenzial wird auf über 80 Mio. Euro angesetzt, wobei durch die Erweiterung des Verfahrens auf andere und weitere Leistungsbereiche zusätzliche Einsparungen erreicht werden sollen. Verfahrenstechnisch sind die Arbeitgeber zurzeit zur Abgabe der Meldungen verpflichtet, beginnend ab 2012 wird für drei Bereiche in der Anfangsphase (Arbeitslosengeld, Wohngeld und Elterngeld) der Abruf dieser Daten durch die Leistungsbehörde im Einvernehmen mit dem Antragsteller (durch Einwilligung mit einer elektronischen Signaturkarte) möglich sein. Im Idealfall, könnte so erreicht werden, dass der Antragsteller in einem einzigen Besuch bei der Behörde sämtliche Voraussetzungen und Vorlagen für die Leistungsgewährung erfüllt und der Antrag sofort abschließend bearbeitet werden kann. Durch die im Frühjahr 2010 vom Bundesrat beschlossene ELENA-Datensatzverordnung werden Form, Inhalt und Verfahren für die Übermittlung der Daten vom Arbeitgeber an die ZSS genauer festgelegt, wobei sich das Verfahren an das bereits in der Datenerfassungs- und -übermittlungsverordnung (DEÜV) orientiert, die im normalen Meldeverfahren gilt.

Die zwischenzeitlich wiederholt erhobenen Vorwürfe der mangelnden Datensicherheit und der unzulässigen Vorratsdatenspeicherung konnten ausgeräumt werden. So werden beispielsweise Angaben zu Streikzeiten nunmehr nur noch als pauschale Fehlzeiten gemeldet. Auf der anderen Seite sind allerdings etwa Kündigungsgründe und vorangehende Abmahnungen für die anlassbezogene Meldung bei Kündigung auch weiterhin erforderlich, um der Bundesagentur für Arbeit die Möglichkeit zu geben, die Voraussetzungen für den Anspruch auf Arbeitslosengeld umfassend prüfen zu können; hierbei sind für den Ausschluss einer möglichen Sperrzeit detaillierte Angaben zur Beendigung der Beschäftigung erforderlich. Allerdings werden die Ziele des ELENA-Verfahrens wohl nicht mit dem erforderlichen Engagement tatsächlich verfolgt. Dies hat dazu geführt, dass das bisher zuständige Bundeswirtschaftsministerium seine Zuständigkeit gerne auf das Sozialministerium übertragen würde, dieses aber die Zuständigkeit nicht übernehmen will. Einigkeit besteht allein bei der Frage, den Beginn des Abrufverfahrens um weitere zwei Jahre auf 2014 zu verschieben, wobei allerdings unverändert von allen Arbeitgebern monatlich die ELENA-Meldung zu erstatten ist. Damit wird den Arbeitgebern eine Doppelbelastung aufgebürdet, die sicherlich nicht die Akzeptanz des Verfahrens generell wird erhöhen helfen.

Die Daten werden verschlüsselt und sind weder für den Arbeitgeber noch für die einzelne Behörde zugänglich. Erst im Leistungsfall kann die Behörde mit der aktiven Einwilligung des Antragstellers auch nur die erforderlichen Daten einmalig von der Speicherstelle abrufen. Der Verschlüsselungscode für die Datenspeicherung wird dabei unmittelbar vom Bundesbeauftragten für den Datenschutz selbst verwahrt, so dass auch hierdurch eine umfassende Sicherung der Daten- und Informationswege gewährleistet wird.

115 Die bis Ende 2008 mit dem Sozialversicherungsausweis verbundene Mitführungspflicht in bestimmten Wirtschaftsbereichen, in denen vermehrt Beschäftigungsverhältnisse ohne Beachtung des Sozial-, Steuer- und Ausländerrechts festgestellt wurden, ist seit 1. Januar 2009 durch eine neue Sofortmeldung abgelöst worden. Die bis Ende der 90er Jahre bestehende Sofortmeldung hatte den Nachteil, dass die Meldung erst im Laufe des Tages der Beschäftigungsaufnahme abzugeben war und in Kontrollfällen vermehrt der Einwand erhoben wurde, die Meldung würde noch nachgeholt. Die neue und im Verfahren deutlich vereinfachte Sofortmeldung muss daher vor Beginn der Beschäftigungsaufnahme abgegeben werden, wobei ein Nachholen nicht mehr möglich ist. Die Meldung ist nicht an die Einzugsstelle, sondern an die Datenstelle der Träger der Rentenversicherung zu richten und ersetzt die „normale" Arbeitgebermeldung nicht, so dass diese selbstverständlich innerhalb der Fristen der Datenerfassungs- und Übermittlungsverordnung (DEÜV) weiterhin abzugeben ist. Sobald die Arbeitgebermeldung vorliegt, wird die Sofortmeldung gelöscht. Durch diese neue Sofortmeldung und dem damit verbundenen Wegfall der Mitführungspflicht des Sozialversicherungsausweises hat sich dessen Funktion deutlich reduziert. Ergänzend zu der Sofortmeldung ist der Beschäftigte seit Januar 2009 verpflichtet, Personaldokumente (Personalausweis, Reisepass) mitzuführen, damit bei Kontrollen eine Identitätsfeststellung erfolgen kann.

Sonstige Pflichten der Arbeitgeber und der Beschäftigten

116 Der Beschäftigte hat dem Arbeitgeber die zur Durchführung des Meldeverfahrens und der Beitragszahlung erforderlichen Angaben zu machen und soweit erforderlich, Unterlagen vorzulegen. Es versteht sich von selbst, dass diese Vorschrift nicht nur bei Beginn der Beschäftigung, sondern während der gesamten Dauer der Beschäftigung gilt. Die Auskunftspflicht des Beschäftigten gilt auch für geringfügig Beschäftigte und ist gegenüber dem Arbeitgeber privatrechtlicher Natur. Diese nur auf die Meldung und den Beitragsabzug beschränkten gemeinsamen Vorschriften werden durch öffentlich-rechtliche Auskunfts- und Mitwirkungspflichten des Beschäftigten in den einzelnen Zweigen der Sozialversicherung beim Leistungsbezug ergänzt. So hat der Beschäftigte nach den gemeinsamen Vorschriften auf Verlangen den zuständigen Versicherungsträgern unverzüglich Auskunft über die Art und Dauer seiner Beschäftigungen, die hierbei erzielten Arbeitsentgelte, seine Arbeitgeber und die für die Erhebung von Beiträgen notwendigen Tatsachen zu erteilen und alle für die Prüfung der Meldungen und der Beitragszahlung erforderlichen Unterlagen vorzulegen. Diese Verpflichtung besteht auch dann, wenn der Beschäftigte nicht mehr bei dem früheren Arbeitgeber beschäftigt ist. Diese Auskunftspflicht gilt auch für Hausgewerbetreibende. Für Arbeitgeber ist im SGB X geregelt, in welchem Umfang sie der zuständigen Einzugsstelle oder dem Versicherungsträger auskunfts- und vorlagepflichtig sind.

Sozialversicherungsausweis

117 Die Rentenversicherungsträger stellen für jeden Beschäftigten einen Sozialversicherungsausweis aus. Dieser enthält Name, Vorname, Geburtsname und die Versicherungsnummer der Rentenversicherung sowie den mehrsprachigen Aufdruck „Sozialversicherungsausweis". Ist der Sozialversicherungsausweis zerstört, abhanden gekommen oder unbrauchbar geworden, wird auf Antrag ein neuer Ausweis ausgestellt. Eine Neuausstellung wird von Amts wegen bei Änderungen der persönlichen Daten oder der Versicherungsnummer vorgenommen. Unbrauchbare und ggf. weitere Ausweise müssen vom Beschäftigten zurückgegeben werden. Jeder Beschäftigte darf nur einen, auf seinen Namen ausgestellten Ausweis besitzen.

118 Die frühere Funktion des Sozialversicherungsausweises, als Instrument zu dienen, bestimmte gemeinschaftsschädigende Erscheinungen im System sozialer Sicherung zu bekämpfen, vor allem die der illegalen Beschäftigung und der missbräuchlichen Inanspruchnahme von Sozialleistungen, ist durch den Wegfall der Mitführungspflicht und durch die dafür neu eingeführte elektronische Sofortmeldung weitgehend abgelöst worden. Als illegale Beschäftigung werden dabei nicht nur solche Arbeitsverhältnisse angesehen, die unter Verstoß gegen ein Beschäftigungsverbot eingegangen wurden, sondern auch solche, bei denen nur „einfache" Verstöße gegen Bestimmungen des Steuer- und Sozialversicherungsrechts vorliegen. Beim Sozialversicherungsausweis sind auch die Belange des Datenschutzes zu beachten, so dass eine beliebige Weitergabe der personenbezogenen Daten nicht zulässig ist; die Angaben auf dem Sozialversicherungsausweis fallen auch unter das Sozialgeheimnis. Da der Beschäftigte den Ausweis bei Beginn der Beschäftigung dem Arbeitgeber vorzulegen hat, ist sein Status als Beschäftigter sofort erkennbar. Der Sozialversicherungsausweis hat durch die neue Sofortmeldung und die erhebliche Reduzierung und Aufhebung früherer Funktionen eigentlich nur noch die Nachweisfunktion der Versicherungsnummer des Beschäftigten.

119 Da sich der Sozialversicherungsausweis in der Vergangenheit als nicht durchgängig missbrauchs- und fälschungssicher herausgestellt hat, ist seine Bedeutung in den vergangenen Jahren erkennbar zurückgegangen. Daher ist zum 1. Januar 2009 auch die mit ihm verbundene Mitführungspflicht entfallen und durch eine neue Sofortmeldung ersetzt worden. Weiterhin werden Überlegungen angestellt, den Sozialversicherungsausweis in einigen Jahren durch eine weitergehende und umfassende Jobcard zu ersetzen; allerdings sind die damit verbundenen Probleme nach wie vor sehr groß, so dass mit einer baldigen Einführung wohl nicht zu rechnen ist. Teile des Jobcard-Verfahrens sind in das ELENA-Verfahren aufgenommen und dort in einem eigenständigen Meldeverfahren zur Ersetzung bisheriger Papierbescheinigungen zusammengefasst. Bei den aktuell vor allem datenschutzrechtlich erheblichen Bedenken gegen die Überführung bisheriger Verfahren in elektronisch gestützte Systeme ist nicht zu erwarten, dass die konzeptionelle Neugestaltung der arbeitgeberseitigen Pflichten tatsächlich zügig umgesetzt werden kann. Es ist zu hoffen, dass das Bundesverfassungsgericht alsbald über die gegen das ELENA-Verfahren anhängigen Verfassungsbeschwerden entscheidet und für den Gesetzgeber und alle Beteiligten brauchbare Kriterien für die Zulässigkeit der Speicherung solcher Daten entwickelt und festschreibt.

Bußgeldvorschriften und Haftungsfragen

120 Die melderechtlichen Regelungen und die Regelungen über den Sozialversicherungsausweis normieren konkrete verfahrensrechtliche Pflichten, deren Verletzung in verschiedener Weise sanktioniert ist: Als Ordnungswidrigkeiten ist die Verletzung zahlreiche Pflichten bußgeldbewehrt, wobei die einzelne Geldbuße bis zu 5.000 Euro betragen kann, in Sonderfällen einer besonders hartnäckigen Verweigerung gegenüber der Sozialversicherung sogar bis zu 50.000 Euro. Daneben sind unter Umständen sogar strafrechtliche Schritte denkbar, etwa bei Beitragsvorenthaltung durch Betrug und Urkundenfälschung oder die spezielle Strafvorschrift des Vorenthaltens und Veruntreuen von Arbeitsentgelt (§ 266a StGB). Diese Strafandrohungen bei Pflichtverletzung haben ihren Grund in dem Umstand, dass die Beachtung von Meldepflichten und sonstigen Pflichten des Arbeitgebers Voraussetzungen sind für eine wirksame Bekämpfung illegaler Beschäftigung und unberechtigtem Leistungsbezug. Wer als Arbeitgeber seine Melde- und Beitragspflichten nicht ordnungsgemäß erfüllt, verweigert seine Mitwirkung bei der Durchführung dieser Regelungen und gefährdet die damit verfolgten Ziele eines geordneten und nicht wettbewerbsverzerrenden Arbeitsmarktes. Das Gleiche gilt für Beschäftigte, die mit dem Sozialversicherungsausweis missbräuchlich umgehen oder ihre Pflichten gegenüber dem Versicherungsträger verletzen. Diese Pflichtverletzungen werden durch den zuständigen Sozialversicherungsträger verfolgt, wobei deren Verfolgung und Ahndung in das pflichtgemäße Ermessen der Behörden gestellt ist. Der Straftatbestand des § 266a StGB wird allerdings immer und dann von der zuständigen Staatsanwaltschaft verfolgt.

121 Die melderechtlichen Regelungen sind darüber hinaus Schutzgesetze im Sinne des Privatrechts, deren Verletzung zu einer Haftung des Bürgers oder zu einer Amtspflichtverletzung führen kann; denkbar sind auch Pflichtverletzungen der Träger oder verschiedener Behörden untereinander.

Haushalts- und Rechnungswesen

Sozialbudget

122 Das Sozialbudget ist die Summe aller Ausgaben von Unternehmen, Organisationen, privaten Haushalten sowie der öffentlichen Hand für soziale Zwecke. Diese umfassen Beiträge von Arbeitnehmern und Arbeitgebern zur Sozialversicherung ebenso wie soziale Leistungen des Staates für Kinder- und Wohngeld, Sozialhilfe und anderes aus Steuermitteln Finanziertes. Die Sozialausgaben sind in den vergangenen Jahrzehnten stark angestiegen. Während 1960 in der Bundesrepublik Deutschland noch 32,6 Mrd. Euro für soziale Belange ausgegeben wurden, beliefen sich die Sozialausgaben 1980 bereits auf 228 Mrd. Euro. Nach der Wiedervereinigung erreichten sie einen Stand von 427,6 Mrd. Euro. Das Sozialbudget weist für 2009 an sozialen Leistungen einen geschätzten Umfang von rd. 754,0 Mrd. Euro aus, die Sozialleistungsquote – also das Verhältnis von Sozialleistungen zum Bruttoinlandsprodukt (für 2010 insgesamt 2.498 Mrd. Euro) – betrug 36,5 Prozent. Der weitaus größte Teil der gesamten sozialen Leistungen wird von Sozialversicherungsträgern, die selbstverwaltete Körperschaften des öffentlichen Rechts sind, aus Beiträgen der Arbeitnehmer und der Arbeitgeber, aus öffentlichen Mitteln und aus Vermögenserträgen erbracht.

Haushalte der Sozialversicherungsträger

123 Wegen des hohen finanziellen Volumens und auf Grund des sehr umfangreichen Einsatzes öffentlicher Mittel verdienen die Haushalte und Rechnungsergebnisse insbesondere der größeren Sozialversicherungsträger besonderes öffentliches Interesse. Bei Sozialversicherungsträgern stellt die Vertreterversammlung (bei der Bundesagentur für Arbeit und bei Krankenkassen der Verwaltungsrat) in öffentlicher Sitzung den Haushaltsplan fest. Dementsprechend wird auch die Jahresrechnung in öffentlicher Sitzung im Entlastungsverfahren der Vertreterversammlung bzw. des Verwaltungsrates erörtert.

124 Jeder Sozialversicherungsträger hat in eigener Verantwortung für jedes Haushaltsjahr einen Haushaltsplan aufzustellen, der der Feststellung des Finanzbedarfs und seiner Deckung dient. Außerdem muss er das zur Deckung von Einnahme- und Ausgabeschwankungen erforderliche Eigenkapital (Betriebsmittel Rücklage, Nachhaltigkeitsrücklage und das zur Durchführung seiner Verwaltungsgeschäfte erforderliche Verwaltungsvermögen) ansammeln, bereithalten, anlegen und verwalten. Der Haushaltsplan soll die Grundlage für die Haushalts- und Wirtschaftsführung sein und sicherstellen, dass insbesondere die gesetzlich vorgeschriebenen Ausgaben geleistet werden können.

125 Über die Ausführung des Haushaltsplans ist getrennt nach Haushaltsjahren Buch zu führen und Rechnung zu legen. Dazu gehört auch der Nachweis über das Vermögen und die Schulden. Darüber hinaus haben die Sozialversicherungsträger durch die Erstellung von Geschäfts- und Rechnungsergebnissen über ihre Tätigkeit zu berichten. Zusammenfassungen der Geschäfts- und Rechnungsergebnisse werden regelmäßig veröffentlicht; daneben werden vom Bundesministerium für Arbeit und Soziales und vom Bundesministerium für Gesundheit statistische und finanzielle Berichte über einzelne Versicherungszweige herausgegeben.

Haushalts- und Rechnungslegungsvorschriften für die Sozialversicherung

126 Für die Sozialversicherung gelten die Grundsätze des Haushaltsrechts des Bundes und der Länder, sofern gesetzlich nichts anderes bestimmt ist. Solche gesetzlichen Regelungen sind in den §§ 67 ff. SGB IV für alle Versicherungsträger geschaffen worden. Für das Haushaltsrecht der Bundesagentur für Arbeit gelten die Vorschriften der Bundeshaushaltsordnung sinngemäß, so weit nicht Sonderbestimmungen im SGB IV enthalten sind. Näheres zu den Regelungen des Haushaltsrechts der Sozialversicherung ist ferner durch Rechtsverordnungen geregelt.

Bislang war nur bei Maßnahmen von erheblicher finanzieller Bedeutung eine Nutzen-Kosten-Untersuchung vorgesehen. Seit 1. Januar 2001 wurde durch das Erste SGB IV-Änderungsgesetz die Wirtschaftlichkeitsprüfung auf alle finanzwirksamen Maßnahmen ausgeweitet. Ferner ist in geeigneten Bereichen eine Kosten- und Leistungsrechnung durchzuführen.

127 Die Haushalts- und Rechnungsvorschriften für die Sozialversicherung berücksichtigen, dass die soziale Sicherung als staatliche Aufgabe, auch wenn sie von selbstverwalteten Körperschaften erfüllt wird, nach den Grundsätzen staatlicher Haushalts- und Finanzwirtschaft durchzuführen ist. Allerdings sind die Besonderheiten der Sozialversicherungsträger zu beachten, insbesondere ihre traditionelle und gegliederte Struktur, ihre unterschiedliche Größe und ihre jeweils besonderen Aufgaben und Finanzierungsprinzipien. Es gelten für die Sozialversicherungsträger die Grundsätze ordnungsgemäßer Buchführung und Datenverarbeitung in vergleichbarer Weise, wie sie für die Privatwirtschaft entwickelt worden sind. Die Anwendung der doppelten Buchführung ist ebenso üblich. Die Vermögensgegenstände, die Forderungen und Schulden sowie das Eigenkapital werden nach ähnlichen Grundsätzen wie bei privaten Firmen bilanziert. Auch wenn es nicht gesetzlich vorgeschrieben ist, geben die meisten größeren Versicherungsträger jährlich einen Geschäftsbericht heraus.

Aufbau der Haushaltspläne

128 Die Haushaltspläne der Sozialversicherungsträger sind jeweils entsprechend dem gültigen Kontenrahmen zu gliedern; dabei sind Einnahmen und Ausgaben getrennt zu veranschlagen. Bei den Einnahmen sind alle erfolgswirksamen Einnahmen wie Beiträge der Versicherten, Zuschüsse des Staates, Erstattungen (z. B. von anderen Sozialversicherungsträgern oder von Haftpflichtversicherungen) und Zinsen aus Vermögensanlagen anzusetzen. Einnahmen, die im Auftrag anderer Träger erhoben werden, werden als durchlaufende Posten nicht veranschlagt, bspw. die von den Krankenkassen eingezogenen Anteile anderer Träger am Gesamtsozialversicherungsbeitrag. Als Ausgaben sind in Untergliederung die gesetzlichen oder satzungsmäßigen Leistungen, die Verwaltungskosten, die Investitionsausgaben sowie Zins- und sonstiger Aufwand zu veranschlagen.

129 Die Personalausgaben sind im Haushaltsplan besonders transparent zu machen. Die Stellen der Beamten und der Dienstordnungsangestellten sind nach Besoldungsgruppen getrennt darzustellen. Für die Angestellten und Arbeiter sind die Haushaltsansätze detailliert zu erläutern. Kosten für Baumaßnahmen (außer Planungskosten) müssen zur Veranschlagung nachgewiesen werden, sonst gelten sie als gesperrt. Vor Baubeginn ist, so weit erforderlich, die aufsichtsbehördliche Genehmigung einzuholen. Die Aufträge für Architekten, Baufirmen und Dienstleister sollen nach öffentlicher, ggf. europaweiter Ausschreibung vergeben werden.

Gestaltung des Haushaltsplans durch die Selbstverwaltung

130 Die Höhe und Zusammensetzung der Ausgaben für die gesetzlichen Leistungen sowie die Höhe der Beitragseinnahmen, so weit diese durch gesetzlich vorgeschriebene Beitragssätze bestimmt sind, kann die Selbstverwaltung praktisch kaum beeinflussen. Sie kann jedoch die satzungsbedingten Ausgaben im Rahmen ihrer Satzungsautonomie, die Verwaltungs- und Investitionsausgaben und – so weit Beiträge von der Selbstverwaltung zu bestimmen sind – auch die Beitragseinnahmen sowie die Zu- und Abnahme des Vermögens in gewissem Rahmen, z. B. durch zeitliche Verlagerungen steuern. Bei den Personalausgaben für ihre Beschäftigten finden die Gestaltungsmöglichkeiten der Selbstverwaltung ihre Grenzen im Beamtenrecht und in den von der staatlichen Aufsicht genehmigten Dienstordnungen und Stellenplänen. Die Bedeutung des Personalhaushalts der Sozialversicherungsträger ergibt sich schon auf Grund der Zahl von insgesamt rund 350.000 Beschäftigten.

131 Die Selbstverwaltung muss bei der Aufstellung und Ausführung der Haushaltspläne sicherstellen, dass die Aufgaben des Sozialversicherungsträgers unter Berücksichtigung der Grundsätze der Wirtschaftlichkeit und Sparsamkeit erfüllt werden. Vorrang haben dabei die gesetzlichen Leistungen, auf die der Bürger einen Anspruch hat. Sie können nicht etwa auf Grund von Haushaltsengpässen eingespart oder verzögert werden. Sollte ein Haushaltsplan zu Beginn des Haushaltsjahres noch nicht in Kraft getreten sein, findet eine vorläufige Haushaltsführung statt. Bei unvorhergesehenen Ausgaben, die nicht im Haushaltsplan berücksichtigt sind, dürfen die überplanmäßigen oder außerplanmäßigen Ausgaben nur mit Einwilligung des Vorstandes getätigt werden. Hierzu bedarf es bei größeren Änderungen des Haushaltsplans eines Nachtragshaushalts, insbesondere wenn durch Rechtsänderungen, die bei Aufstellung des Haushaltsplans noch nicht in Kraft waren, erhebliche zusätzliche Ausgaben zu leisten sind.

Staatliche Verantwortung für die Haushalte der Sozialversicherungsträger

132 Grundsätzlich stellen die Sozialversicherungsträger ihre Haushaltspläne in eigener Verantwortung auf. Wegen der Verantwortung des Staates für die soziale Sicherheit der Bürger beeinflusst der Staat jedoch in unterschiedlichem Maß die Haushaltspläne entsprechend der Größe des jeweiligen Trägers und dem Einsatz von öffentlichen Mitteln. Am geringsten ist die Einflussnahme auf die Haushalte bei den gewerblichen Berufsgenossenschaften. Hier gibt es kein besonderes haushaltsrechtliches Beanstandungsrecht des Staates. Der Haushaltsplan ist der Aufsichtsbehörde nur auf Verlangen vorzulegen. Die Haushaltspläne der Eisenbahn-Unfallkasse bedürfen der Genehmigung des Bundesministeriums für Verkehr, Bau- und Wohnungswesen, der Haushaltsplan der Unfallkasse Post und Telekom muss durch das Bundesfinanzministerium genehmigt werden; der Haushaltsplan der Unfallkasse des Bundes bedarf der Genehmigung des Bundesversicherungsamtes im Einvernehmen mit dem Bundesministerium für Arbeit und Soziales und dem Bundesministerium der Finanzen. Die Regionalträger der gesetzlichen Rentenversicherung müssen den Haushaltsplan der Aufsichtsbehörde vorlegen, die Haushaltspläne der landwirtschaftlichen Alterskassen, der landwirtschaftlichen Krankenkassen und der landwirtschaftlichen Berufsgenossenschaften bedürfen sogar der Genehmigung durch die Aufsichtsbehörde (§ 71d SGB IV). Für die Deutsche Rentenversicherung Bund gilt die für die Regionalträger genannte Vorlagepflicht mit der Maßgabe, dass an Stelle der Aufsichtsbehörde die Bundesregierung zuständig ist. Die Krankenkassen und die Pflegekassen haben den von ihrem Vorstand aufgestellten Haushaltsplan vor Beginn des Haushaltsjahres ihrer Aufsichtsbehörde vorzulegen. Sie kann ihn innerhalb eines Monats nach Vorlage ggf. beanstanden. Der Haushaltsplan der Künstlersozialkasse bedarf der Genehmigung des Bundesversicherungsamtes, da u. a. der Bund 20 Prozent der Ausgaben und die Verwaltung finanziert. Der Haushaltsplan der Bundesagentur für Arbeit und der der Deutschen Rentenversicherung Knappschaft-Bahn-See bedürfen der Genehmigung durch die Bundesregierung.

133 Neben der haushaltsrechtlichen Einflussnahme des Staates besteht für alle Sozialversicherungsträger die aufsichtsrechtliche Einflussnahme gemäß den §§ 87 ff. SGB IV, bei der Bundesagentur für Arbeit nach § 401 SGB III.

Ausführung des Haushaltsplans

134 Sozialversicherungsträger dürfen ihre Mittel nur für die gesetzlich vorgeschriebenen oder zugelassenen Aufgaben und ihre Verwaltungskosten verwenden und haben ihre Einnahmen rechtzeitig und vollständig zu erheben. Von säumigen Beitragszahlern müssen die Sozialversicherungsträger 1 Prozent des

Rückstands je Monat als Säumniszuschlag erheben. Dies entspricht dem Solidarprinzip in der Sozialversicherung. Von der rechtzeitigen und vollständigen Erhebung der der Sozialversicherung zustehenden Einnahmen kann nur abgesehen werden, wenn die gesetzlich festgelegten Voraussetzungen zur Stundung, Niederschlagung oder zum Erlass von Ansprüchen nach § 76 Abs. 2 SGB IV bestehen. Um die Interessen der Versichertengemeinschaft zu wahren, soll die Stundung nur gegen eine angemessene Verzinsung gewährt werden und, wenn der Anspruch durch die Stundung nicht gefährdet wird. Bei der Stundung von Gesamtsozialversicherungsbeiträgen wird von den Einzugsstellen ein Zins in Höhe von 2 Prozent über dem Leitzinssatz der Europäischen Zentralbank erhoben. Der Sozialversicherungsträger hat über die Stundung öffentlich-rechtlicher Ansprüche durch einen Verwaltungsakt zu entscheiden. Die Niederschlagung ist dagegen eine verwaltungsinterne Maßnahme. Eine unbefristete Niederschlagung kommt z. B. bei Kleinbeträgen in Betracht, wenn die Kosten der Einziehung außer Verhältnis zur Höhe des Anspruchs stehen. Die Spitzenorganisationen der Sozialversicherungsträger haben hierzu Richtlinien erlassen, die vom Bundesministerium für Arbeit und Soziales genehmigt worden sind. Eine Niederschlagung kommt auch in Betracht, wenn auf Grund der wirtschaftlichen Verhältnisse des Zahlungspflichtigen feststeht, dass die Einziehung keinen Erfolg haben würde. Der Erlass dagegen ist eine Maßnahme, mit der auf einen fälligen Anspruch – bei öffentlich-rechtlichem Anspruch durch einen Verwaltungsakt – verzichtet wird. Der Erlass ist nur dann möglich, wenn eine Stundung nicht in Betracht kommt, die Einziehung nach der Lage des einzelnen Falls für den Anspruchsgegner eine besondere Härte bedeuten würde und wenn bei Beitragsansprüchen die versicherungsrechtlichen Interessen der Versicherten gewahrt sind. Unter Umständen kommt, wenn die Einnahmeansprüche strittig sind, auch ein Vergleich in Betracht.

Rechnungsabschluss, Jahresrechnung und Entlastung

135 Für jedes Kalenderjahr stellen die Sozialversicherungsträger in ihrer Jahresrechnung die Haushaltsansätze den tatsächlichen Einnahmen und Ausgaben gegenüber. Die Jahresrechnung ist von sachverständigen Prüfern jährlich zu prüfen. Außerdem finden mindestens alle fünf Jahre nach § 274 SGB V bei den Krankenkassen, Pflegekassen und ihren Verbänden Prüfungen der Geschäfts-, Rechnungs- und Betriebsführung durch das Bundesversicherungsamt bzw. die dafür zuständigen Verwaltungsbehörden in den Ländern statt. Weitere Prüfungen kann die Aufsichtsbehörde vornehmen. Darüber hinaus kann der Bundesrechnungshof nach § 112 Bundeshaushaltsordnung die Sozialversicherungsträger prüfen, wenn diese auf Grund eines Bundesgesetzes vom Bund Zuschüsse erhalten oder eine Garantieverpflichtung des Bundes gesetzlich begründet ist. Dies gilt z. B. für die Träger der gesetzlichen Rentenversicherung, die Bundesagentur für Arbeit und die Künstlersozialkasse wegen der Bundeszuschüsse und der Bundesgarantie.

136 Die geprüfte Jahresrechnung ist zusammen mit dem Prüfbericht und ggf. einer Stellungnahme zu den Feststellungen im Prüfbericht der Vertreterversammlung bzw. dem Verwaltungsrat zur Entlastung von Vorstand und Geschäftsführung vorzulegen. Ein Termin hierfür ist gesetzlich nicht vorgeschrieben, so dass ausreichend Zeit für die Prüfungen und ggf. auch für die Bereinigung von Beanstandungen zur Verfügung steht. Der Entlastungsbeschluss der Vertreterversammlung bzw. des Verwaltungsrates soll der Verwaltung bescheinigen, dass für das betreffende Haushaltsjahr entsprechend dem Haushaltsplan die Geschäfte ordnungsgemäß erledigt und geführt worden sind. Unberührt davon bleibt die Haftung des Vorstands nach § 42 SGB IV, bei der Bundesagentur für Arbeit der Mitglieder der Selbstverwaltung nach § 389 SGB III, wegen vorsätzlich oder grob fahrlässiger Verletzung von Amtspflichten und die Haftung der Geschäftsführer – bei Krankenkassen des hauptamtlichen Vorstandes – und der sonstigen Bediensteten der Sozialversicherungsträger (Amtshaftung nach Artikel 34 Grundgesetz, § 839 BGB).

Vermögenswirtschaft der Sozialversicherungsträger

Verwaltung der Mittel

137 Die Mittel der Sozialversicherungsträger müssen, sofern sie nicht sofort ihren gesetzlichen Zwecken zugeführt werden, gemäß § 80 SGB IV so angelegt und verwaltet werden, dass

– ein Verlust ausgeschlossen erscheint,
– ein angemessener Ertrag erzielt wird und
– eine ausreichende Liquidität gewährleistet ist.

Außerdem sollen die Sozialversicherungsträger den Erfordernissen des gesamtwirtschaftlichen Gleichgewichts nach dem Gesetz zur Förderung der Stabilität und des Wachstums der Wirtschaft auch bei der Anlegung und Verwaltung ihrer Mittel Rechnung tragen.

138 In § 80 SGB IV ist der Grundsatz der Sicherheit für die Verwaltung und Anlegung aller Mittel und besonders auch für die Geldanlagen als der wichtigste Grundsatz an erster Stelle genannt. Eine absolute Sicherheit der Mittelanlage dürfte es in der Praxis kaum geben. Ein Verlust muss aber weitgehend ausgeschlossen werden. Risikoträchtige Vermögensanlagen wie etwa Spekulationspapiere oder riskante Aktien kommen auch dann nicht in Betracht, wenn sie einen sehr günstigen Ertrag versprechen. Diese Grundsätze hat das Bundessozialgericht in einem Fall gegenüber einer großen Betriebskrankenkasse in einer Entscheidung von 2006 erneut bestätigt und der Kasse daher die Vermögensanlage in Aktien wie zuvor der Bescheid des Bundesversicherungsamtes untersagt. Für Geldanlagen kommen die hergebrachten Sicherungsformen wie bspw. die dingliche Sicherung, Abtretung von hierfür geeigneten Forderungen und Bürgschaften in Frage. Außerdem gelten für die Einlagen der Sozialversicherungsträger auch die freiwilligen Sicherungssysteme der Deutschen Kreditwirtschaft, z. B. Sicherungsreserve der Landesbanken/Girozentralen, Sicherungseinrichtungen des Bundesverbandes der Deutschen Volksbanken und Raiffeisenbanken e.V. und Einlagensicherungsfonds des privaten Bankgewerbes. Vor allem größere Sozialversicherungsträger mit hohem Mittelanlagebedarf sollen im Hinblick auf das Gesetz zur Förderung von Stabilität und Wachstum in der Wirtschaft, im Interesse des gesamtwirtschaftlichen Gleichgewichts und im Interesse einer Wettbewerbsneutralität im Kreditgewerbe nicht nur bestimmte Anlageformen oder bestimmte Kreditinstitute bevorzugen.

139 Die Mittel Dritter, bspw. aus Auftragsgeschäften oder aus der Verwaltung von Sondervermögen, sind stets getrennt von den sonstigen Mitteln der Sozialversicherungsträger zu verwalten; dies hat beispielsweise bei dem 2008 neu eingeführten Altersvermögensanlagefond bei der Bundesagentur für Arbeit Bedeutung, der aufgrund seines Umfanges jedoch ohnehin getrennt und zwar von der Deutschen Bundesbank verwaltet wird.

140 Anlagen von Vermögen im Ausland außerhalb des Euro-Geltungsbereiches dürften schon wegen des Währungsrisikos und der eventuellen Möglichkeit restriktiver Devisenbewirtschaftungsmaßnahmen im Ausland regelmäßig ausfallen, sofern nicht besondere Sicherheiten gewährleistet sind. Das Vermögen kann auch in Forderungen gegenüber Schuldnern in der Europäischen Union angelegt werden. Dabei ist zu beachten, dass solche Forderungen ausreichend abgesichert sind.

Wenn das Erfordernis des Verlustausschlusses und eine ausreichende Liquidität gewährleistet sind, ist diejenige Vermögensanlage zu wählen, die unter diesen Bedingungen den günstigsten Ertrag erbringt. Dabei können u. U. zur Beurteilung der Angemessenheit des Ertrags auch die besonderen gesetzlichen Aufgaben des Sozialversicherungsträgers, soziale Zwecke der Vermögensanlage und übergeordnete wirtschafts- und sozialpolitische Ziele in Betracht gezogen werden. Die erforderliche Liquidität für eine Vermögensanlage ergibt sich aus den Aufgaben und der finanziellen Situation des Sozialversicherungsträgers. In jedem Fall muss seine jederzeitige Zahlungsbereitschaft gewährleistet sein.

Vermögensarten in der Sozialversicherung, Betriebsmittel

141 Alle Sozialversicherungsträger mit Ausnahme der landwirtschaftlichen Alterskassen müssen kurzfristig verfügbare Mittel zur Bestreitung ihrer laufenden Ausgaben sowie zum Ausgleich von Einnahme- und Ausgabeschwankungen bereithalten. Die Höhe der erforderlichen Betriebsmittel richtet sich nach dem jeweiligen Bedarf und ist durch gesetzliche Vorschriften begrenzt. So dürfen die Betriebsmittel der Berufsgenossenschaften das Eineinhalbfache der Aufwendungen des abgelaufenen Geschäftsjahres nicht übersteigen. Diesen Betrag kann die Satzung auf den zweifachen Jahresbetrag erhöhen. Bei der Rentenversicherung ist die Nachhaltigkeitsrücklage (Betriebsmittel und Rücklagen) liquide (Laufzeit bis 1 Jahr) anzulegen. Eine Mindestrücklage von 0,2 Monatsausgaben führt dazu, dass bei unterjährigen Einnahme- und Ausgabeschwankungen Bundesmittel in Anspruch genommen werden und birgt daher für die Akzeptanz der Rentenversicherung in der Bevölkerung gewisse Risiken: Regelmäßige vorgezogene Bundeszuschüsse und am Ende eines Jahres weitere Liquiditätshilfen können schnell erforderlich werden. Die Betriebsmittel der gesetzlichen Krankenkassen sollen im Durchschnitt des Haushaltsjahres monatlich das Eineinhalbfache einer durchschnittlichen Monatsausgabe nicht übersteigen. Für die Pflegekassen beträgt die Betriebsmittelobergrenze eine Monatsausgabe. Die landwirtschaftlichen Alterskassen dürfen seit 1995 keine Betriebsmittel mehr halten, da der Bund die Liquidität der Alterskassen gesetzlich sicherstellt. Entsprechend ihrer Funktion und ihrem Umfang können Betriebsmittel in der Regel nur kurzfristig angelegt werden. Dieser Umstand ist auch zu berücksichtigen, wenn Versicherungsträger Teile ihres Betriebsmittelbestandes durch Wertpapierspezialfonds verwalten lassen oder in Geldmarktfonds anlegen. Ihrer Bestimmung entsprechend können die Betriebsmittel der Versicherungsträger von Jahr zu Jahr erheblichen Schwankungen unterliegen. Die gesetzlichen Krankenkassen im Bundesgebiet West waren hiervon vor der Einführung des Gesundheitsfonds besonders betroffen. Die gewerblichen Berufsgenossenschaften hatten dagegen eine kontinuierliche Entwicklung ihrer Betriebsmittel. In der gesetzlichen Rentenversicherung sind die Betriebsmittel stets Teil der Nachhaltigkeitsrücklage und werden nicht gesondert ausgewiesen.

Rücklagen

142 Die Sozialversicherungsträger haben zur Sicherstellung ihrer finanziellen Leistungsfähigkeit zusätzlich zu den Betriebsmitteln auch eine Rücklage bereitzuhalten. Ihre Höhe ist je nach Sozialversicherungszweig gesetzlich besonders geregelt. Die Krankenkassen haben je nach Satzung zwischen 25 Prozent und 100 Prozent einer Monatsausgabe als Rücklage anzusammeln. Für die Pflegekassen beträgt das Rücklagesoll eine halbe Monatsausgabe. Die Rücklage der gewerblichen Berufsgenossenschaften ist seit 1. Januar 1997 bis zur Höhe der zweifachen Jahresrentenausgaben anzusammeln. Für die landwirtschaftlichen Berufsgenossenschaften gilt die Obergrenze von einer Jahresrentenausgabe.

143 Für die Träger der gesetzlichen Rentenversicherung ist die Rücklage in der Nachhaltigkeitsrücklage enthalten. Die Rücklage ist liquide anzulegen mit einer Laufzeit von bis zu 12 Monaten. Am Jahresende 2010 betrug die Nachhaltigkeitsrücklage nach dem von der Bundesregierung vorgelegten Rentenversicherungsbericht 2010 insgesamt ca. 18 Mrd. Euro, das entspricht dem 1,13fachen einer Monatsausgabe der Rentenversicherung (15,9 Mrd. Euro). Gegenüber dem Vorjahr bedeutet dies einen Zuwachs von fast 2 Mrd. Euro. Für die landwirtschaftlichen Alterskassen, deren Aufwendungen zu etwa drei Viertel durch Bundeszuschüsse gedeckt werden und deren dauernde Leistungsfähigkeit durch den Bund sichergestellt wird, ist keine Rücklage vorgeschrieben.

Für die Bundesagentur für Arbeit leistet der Bund Liquiditätshilfen als Darlehen, wenn die Mittel der Agentur nicht ausreichen (§ 364 SGB III). Überschüsse der Agentur sind zur jederzeitigen Zahlungsfähigkeit der Agentur als Rücklage anzulegen (§ 366 SGB III).

Verwaltungsvermögen

144 Zur Durchführung ihrer gesetzlichen und satzungsgemäßen Aufgaben benötigen die Sozialversicherungsträger als Verwaltungsvermögen Grundstücke, Gebäude und Einrichtungen. Bei den Berufsgenossenschaften ist das Verwaltungsvermögen kein besonderer Vermögensbestandteil. Grundstücke und Gebäude der Verwaltung sowie die Unfallkrankenhäuser der Berufsgenossenschaften werden innerhalb der Rücklage ausgewiesen. Für Pflegekassen ist im Gesetz kein Verwaltungsvermögen vorgesehen, da die Krankenkassen für die bei ihnen angesiedelten Pflegekassen die Verwaltungseinrichtungen vorhalten.

Anlegung des Vermögens

145 Im Unterschied zu den Betriebsmitteln, für deren Anlage lediglich die allgemeinen Grundsätze der Sicherheit, des angemessenen Ertrags und der ausreichenden Liquidität zu beachten sind, kann die Rücklage unter Beachtung dieser Grundsätze nur in besonderen Anlageformen angelegt werden, die in § 83 SGB IV katalogartig aufgeführt sind. Dabei sollen Anlagen für soziale Zwecke mit Vorrang berücksichtigt werden.

Innerhalb des Anlagekatalogs sind auch Anlegungen zu gemeinnützigen Zwecken möglich. Dabei gilt nicht der steuerrechtliche Gemeinnützigkeitsbegriff. Die hier angesprochene Gemeinnützigkeit in sozialversicherungsrechtlicher Hinsicht orientiert sich vielmehr an den besonderen Aufgaben der Sozialversicherungsträger und den Interessen ihrer jeweiligen Versichertengemeinschaft. Daher konnten aus Rücklagemitteln insbesondere der Berufsgenossenschaften, Unfallkrankenhäuser, Rehabilitationseinrichtungen und Schulungsstätten langfristig günstig finanziert werden. Neue langfristige Finanzierungen aus Rücklagemitteln der Rentenversicherung oder der Krankenversicherung sind außer der notwendigen Bildung von Verwaltungsvermögen gesetzlich nicht mehr zulässig. Einen Teil ihrer Rücklage haben die Sozialversicherungsträger in Wertpapierspezialfonds angelegt, die die besonderen gesetzlichen Anlagebedingungen erfüllen.

Genehmigungsbedürftige Vermögensanlagen

146 Der Genehmigung durch die Aufsichtsbehörde (§ 85 SGB IV) bedürfen bei den Sozialversicherungsträgern außer der Bundesagentur für Arbeit

- die Beteiligung an im sozialversicherungsrechtlichen Sinn gemeinnützigen Einrichtungen,
- Darlehen für in diesem Sinn gemeinnützige Zwecke und
- der Erwerb und das Leasing von Grundstücken und grundstücksgleichen Rechten sowie die Errichtung, die Erweiterung und der Umbau von Gebäuden, wenn bestimmte Grenzwerte überschritten werden.

Beteiligungen der Bundesagentur für Arbeit an Gesellschaften bedürfen der Genehmigung durch das Bundesfinanzministerium und das Bundesministerium für Arbeit und Soziales (§ 373 SGB III).

147 Die Mitwirkung des Staates durch die Aufsichtsbehörde soll der Mitverantwortung des Staates für die Funktionstüchtigkeit der Sozialversicherung, insbesondere der Sorge um die Sicherung der Finanz- und Liquiditätslage der Sozialversicherungsträger sowie dem Grundsatz der wirtschaftlichen Mittelverwendung gerecht werden.

Da es sich bei den genehmigungsbedürftigen Vermögensanlagen für die Sozialversicherungsträger um Maßnahmen handelt, die über die laufenden Verwaltungsgeschäfte hinausgehen, bietet sich im Rahmen dieser Mitwirkung auch die Inanspruchnahme von fachlichen und juristischen Beratungen durch die Aufsichtsbehörde an. Außerdem bringt die Mitwirkung der Aufsichtsbehörde einen gewissen Schutz der Mitglieder der Selbstverwaltungsorgane vor eventuellen Haftungsansprüchen gemäß § 42 SGB IV. Nicht genehmigungsbedürftig sind dagegen alle übrigen zulässigen Vermögensanlagen sowie die Veräußerung von Vermögen.

148 Hierfür ist allein die Selbstverwaltung verantwortlich. Da es sich bei der Anlegung und Veräußerung von Vermögen um kein laufendes Verwaltungsgeschäft handelt, ist in der Regel der Vorstand zuständig. Für häufig sich wiederholende Vermögensgeschäfte kann jedoch die Satzung abweichende Bestimmungen treffen oder der Vorstand die Geschäftsführung beauftragen, soweit nicht Kernbereiche der Vorstandsverantwortlichkeit berührt werden.

149 Bei den Krankenkassen ist stets der Verwaltungsrat gemäß § 197 Nr. 5 SGB V für Beschlüsse über den Erwerb, die Veräußerung oder die Belastung von Grundstücken sowie über die Errichtung von Gebäuden zuständig. Bei den übrigen Versicherungsträgern ergeben sich eventuelle Zuständigkeiten der Vertreterversammlung für Vermögensgeschäfte aus der Satzung.

Übergangsregelungen für die neuen Bundesländer

150 Das Vierte Buch Sozialgesetzbuch gilt seit dem 1. Januar 1991 auch im Beitrittsgebiet, den fünf neuen Bundesländern und im Ostteil von Berlin. Einige Vorschriften galten schon ab 3. Oktober 1990, andere Vorschriften erst ab 1. Januar 1992; dies hängt damit zusammen, dass im Bereich der Unfall- und Rentenversicherung bis zu diesem Zeitpunkt noch die DDR-Vorschriften weiter angewandt wurden. Das zum 1. Januar 1992 in Kraft getretene Rentenüberleitungsgesetz hat diese Rechtszersplitterung mit einigen Übergangsregelungen weitgehend beseitigt. Damit ist das im früheren Bundesgebiet geschaffene gegliederte Sozialversicherungssystem nahezu deckungsgleich auf die neuen Bundesländer übertragen worden. Die Arbeitslosenversicherung besteht auf dem Gebiet der DDR bereits seit dem 1. Juli 1990.

151 Auf Grund der Bestimmungen des Vertrages zur Schaffung einer Währungs-, Wirtschafts- und Sozialunion vom 18. Mai 1990 erließ die DDR am 28. Juni 1990 ein Sozialversicherungsgesetz, das ab 1. Juli 1990 in weiten Teilen in wörtlicher Deckung mit dem SGB IV die Grundlagen für ein gegliedertes Sozialversicherungssystem gelegt hat. Insbesondere waren darin inhaltlich mit den bundesdeutschen Bestimmungen identische Vorschriften über die Aus- und Einstrahlung enthalten. Mit dem Einigungsvertrag wurden die Vorschriften des SGB IV auf das Gebiet der DDR übertragen, wobei allerdings die für die Zeit vor dem Beitritt geschaffenen Ein- und Ausstrahlungsregelungen im Verhältnis der neuen Länder zu dem Gebiet der alten Bundesrepublik mit der Maßgabe für weiter anwendbar erklärt wurden, so lange unterschiedliche Bezugsgrößen bestehen. Da die ebenfalls im Vierten Buch geregelte Bezugsgröße auf das durchschnittliche Arbeitsentgelt aller Versicherten Bezug nimmt und das Durchschnittsentgelt im Beitrittsgebiet derzeit noch niedriger liegt als im übrigen Bundesgebiet, bestehen noch unterschiedliche Bezugsgrößen mit der Rechtsfolge, dass innerhalb der Bundesrepublik Deutschland noch weiter eine Entsendung von den alten Bundesländern in die neuen Bundesländer möglich ist. Allerdings hat sich die Bezugsgröße in den vergangenen Jahren dem Wert für die alten Bundesländer erheblich angenähert und beträgt für 2011 nunmehr 87,67 Prozent (30.660 gegenüber 26.880 in den neuen Bundesländern).

152 Im Übrigen besteht abweichend von § 28f SGB IV Abs. 1 eine Sonderregelung für die Aufbewahrung von Lohnunterlagen, die mindestens bis zum 31. Dezember 2006 vom Arbeitgeber aufzubewahren sind, es sei denn, er händigt sie dem Beschäftigten aus oder bescheinigt ihm die für die Rentenversicherung erforderlichen Daten nach einer bestimmten Frist nach Ablauf der letzten Prüfung der Lohnunterlagen (früher Artikel II § 15 b SGB IV, jetzt § 28 f Abs. 5 SGB IV). Die Frist zur Aufbewahrung ist im Jahr 2006 um weitere fünf Jahre bis zum 31. Dezember 2011 verlängert worden, was bei den die Unterlagen aufbewahrenden Stellen weitere Kosten der Aufbewahrung verursacht und nicht nur auf Zustimmung gestoßen ist. Da jedoch noch zahlreiche Rentenkonten der Beschäftigten in der früheren DDR noch nicht geklärt sind, war dieser Schritt unvermeidlich.

5 Sozialgesetzbuch - 5. Buch Krankenversicherung

Überblick

Das Recht der gesetzlichen Krankenversicherung ist Teil des Sozialversicherungsrechts. Mit der Schaffung der gesetzlichen Krankenversicherung durch das Gesetz betreffend die Krankenversicherung der Arbeiter vom 15. Juni 1883 wurde ein öffentliches System der Absicherung gegen das Krankheitsrisiko geschaffen. Die gesetzliche Krankenversicherung ist damit der älteste Zweig der Sozialversicherung. Maßgebliche Rechtsgrundlage ist das Fünfte Buch Sozialgesetzbuch (SGB V). Weitere wichtige Rechtsgrundlagen bilden daneben das Erste und das Zehnte Buch Sozialgesetzbuch, die für alle Teile des Sozialgesetzbuchs gelten (SGB I und SGB X), sowie das Vierte Buch Sozialgesetzbuch (SGB IV).

Eines der wesentlichen Strukturelemente der gesetzlichen Krankenversicherung ist das Prinzip des Versicherungszwangs. Das bedeutet, dass die Personen, die die gesetzlichen Voraussetzungen erfüllen, kraft Gesetzes der Versicherungspflicht unterliegen, von der eine Befreiung in der Regel nicht möglich ist. Versicherte der gesetzlichen Krankenversicherung haben insbesondere Anspruch auf Leistungen zur Verhütung von Krankheiten und von deren Verschlimmerung sowie zur Empfängnisverhütung, bei Sterilisation und bei Schwangerschaftsabbruch, zur Früherkennung von Krankheiten, zur Behandlung einer Krankheit, auf Leistungen zur medizinischen Rehabilitation sowie auf unterhaltssichernde und andere ergänzende Leistungen. Frauen haben Anspruch auf Leistungen bei Schwangerschaft und Mutterschaft Diese Leistungen werden von selbständigen Leistungserbringern (z. B. Ärzten, Krankenhäuser, Apothekern) erbracht. Die Einzelheiten der Leistungserbringung, insbesondere auch die Vergütung, werden in Verträgen geregelt, die von den Krankenkassen oder ihren Verbänden mit den Leistungserbringern bzw. deren Verbänden abgeschlossen werden.

Die Krankenkassen sind keine gewinnorientierten Unternehmen, sondern Körperschaften des öffentlichen Rechts. Sie stehen unter staatlicher Aufsicht, die sicherstellt, dass die Krankenkassen Recht und Gesetz beachten. Grundsätzlich kann jedes Mitglied selber entscheiden, welche Krankenkasse die Krankenversicherung durchführen soll.

Die Ausgaben der Krankenkassen werden weit überwiegend durch Beiträge finanziert. Die Beitragstragung erfolgt grundsätzlich paritätisch, d. h., dass die Beiträge je zur Hälfte von den Mitgliedern und den Arbeitgebern, Trägern der Rentenversicherung oder der Arbeitslosenversicherung getragen werden. Daneben beteiligt sich auch der Bund an den Aufwendungen der Krankenkassen. Nicht durch die Einnahmeentwicklung gedeckte Ausgabensteigerungen werden über einkommensunabhängige kassenindividuelle Zusatzbeiträge der Mitglieder finanziert. Übersteigt der durchschnittliche Zusatzbeitrag eine Belastungsgrenze von 2 Prozent der individuellen beitragspflichtigen Einnahmen des Mitglieds, greift ein Sozialausgleich.

Gesetzliche Krankenversicherung als Teil der Gesundheitspolitik

1 Die Gesundheit ist eines der höchsten Lebensgüter. Es ist das Ziel der Gesundheitspolitik, die Gesundheit der Bürger zu erhalten, zu fördern und im Krankheitsfall wieder herzustellen. Gesünder leben, länger leben und aktiver leben zu können, dies ist für jeden Bürger bestmöglich zu gewährleisten. Das Gesundheitswesen qualitativ auf hohem Stand und gleichzeitig finanzierbar zu halten, ist die Herausforderung, vor der die Gesundheitspolitik heute und auch in Zukunft steht. Der Zugang zu den Möglichkeiten, gesund zu bleiben oder gesund zu werden, muss für jeden Bürger ohne Rücksicht auf seine finanzielle Situation, auf seinen Platz in der Gesellschaft und unabhängig von seinem Wohnort gegeben sein. Dazu bedarf es eines umfassenden Systems gesundheitlicher Sicherung, das allen Bürgern wirksam und ohne Hindernisse zur Verfügung steht.

2 Die Bundesrepublik Deutschland verfügt über ein bewährtes, funktionsfähiges und international anerkanntes System gesundheitlicher Sicherung. Die gesetzliche Krankenversicherung (GKV) als ältester Zweig der Sozialversicherung hat entscheidenden Anteil an der Entstehung dieses leistungsfähigen Gesundheitswesens. Rund 88 Prozent der Bevölkerung, das sind knapp 70 Mio. Bürger, sind in der GKV versichert. Nach der aktuellsten Gesundheitsausgabenrechnung des Statistischen Bundesamtes (2008) wurden in Deutschland Gesamtausgaben von rd. 263,2 Mrd. Euro für das Gesundheitswesen verausgabt, davon ca. 151,5 Mrd. Euro oder 57,5 Prozent von der GKV (ohne Einkommensleistungen). Hinzu kommen ca. 7,4 Mrd. Euro für Einkommensleistungen (insbesondere Krankengeld), das sind ca. 11,3 Prozent aller Einkommensleistungen im Gesundheitswesen (Einkommensleistungen insgesamt 63,4 Mrd. Euro). Der Leistungskatalog der GKV bestimmt somit entscheidend das Angebot an medizinischen Leistungen in unserem Gesundheitssystem. Die Krankenversicherung wirkt durch ihre Preis-, Honorar- und Gebührenpolitik für Gesundheitsleistungen gestaltend und prägend auf die Strukturen, die Leistungen, den Standard und die Leistungsfähigkeit des medizinischen Angebots ein. Sie stellt damit aber auch wie das gesamte Gesundheitswesen einen erheblichen Wirtschafts- und Wachstumsfaktor in der Volkswirtschaft dar.

3 Jede Reform der GKV hat unmittelbare Aus- und Nebenwirkungen auf die Gesundheitspolitik und vor allem auf die Leistungsanbieter im Gesundheitswesen. Die teilweise drastischen Umsatzeinbußen in den Kurorten, bei Zahnärzten, Optikern, Hörgeräteakustikern, Taxi- und Beerdigungsunternehmen im Jahr 1989, dem ersten Jahr nach Inkrafttreten des Gesundheits-Reformgesetzes, oder bei Masseuren, Pharmaindustrie und Apothekern im Jahr 1993, nach Inkrafttreten des Gesundheitsstrukturgesetzes, machen diese Wechselwirkung besonders deutlich.

Andererseits beeinflussen Veränderungen im Gesundheitswesen, wie bspw. der medizinische und medizinisch-technische Fortschritt oder eine veränderte Morbidität, ständig die der Krankenversicherung gestellten Aufgaben. Dabei hat die Krankenversicherung wegen ihrer engen Beziehungen zu den Versicherten zugleich die Möglichkeit, das Gesundheitsbewusstsein, das Gesundheitsverhalten und die Inanspruchnahme von Gesundheitsleistungen ihrer Versicherten durch Rat und Information zu verändern.

4 Staatliches Handeln ist allein nicht in der Lage, Gesundheit zu garantieren. Gesundheit ist keine Ware, die man kaufen kann. Sie ist ein Zustand, um den man sich auch selbst bemühen, den man sich aber auch selbst erarbeiten muss.

Unserer föderalistischen Staatsordnung und unserem pluralistischen Gesellschaftssystem entsprechend, liegt die Gesundheitspolitik nicht allein in der Verantwortung des Staates oder gar der Bundesregierung. Es handelt sich vielmehr um eine gemeinsame Aufgabe einer Vielzahl von Beteiligten. Dazu gehören insbesondere die Länder und Kommunen, die gesetzliche Kranken-, Unfall- und Rentenversicherung und ihre Selbstverwaltung, die private Krankenversicherung, die Arbeitgeber, die Gewerkschaften, freigemeinnützige Organisationen, Selbsthilfegruppen und die im Gesundheitswesen Tätigen.

Das System der Gesundheitsversorgung ist im Wesentlichen durch das Prinzip der Selbstverwaltung geprägt. Nicht ein staatlicher Gesundheitsdienst, sondern ein Zusammenwirken von Krankenkassen, Heilberufen, Krankenhäusern und anderen Leistungserbringern sowie deren Vereinigungen auf Bundes- und Landesebene ist ihr Kennzeichen. Den Krankenkassen und ihren Verbänden ist ebenso wie den auf gesetzlicher Grundlage gebildeten kassenärztlichen und kassenzahnärztlichen Vereinigungen als Zusammenschlüssen der Vertragsärzte und Vertragszahnärzte, die Selbstverwaltungsautonomie verliehen. „Vorfahrt für die Selbstverwaltung" ist ein charakteristischer und tragender Grundsatz deutscher Sozial- und Gesundheitspolitik.

Aufgabe des Staates ist es, den notwendigen Ordnungs- und Leistungsrahmen zu schaffen als Grundlage für ein Zusammenwirken aller Verantwortlichen und Beteiligten in einem Gesundheitswesen, das durch die Vielfalt der Planungs-, Aufgaben- und Leistungsträger gekennzeichnet ist.

Unser freiheitliches Gesundheitswesen ist nicht zuletzt deswegen leistungsfähig und human und findet auch die Zustimmung der Bürger, weil es im Gegensatz zu zentralistisch-dirigistischen, meist staatlichen Systemen auf Föderalismus und Pluralismus und auf den Grundsätzen der Subsidiarität und Selbstverwaltung beruht. Ein solches Gesundheitswesen arbeitet humaner, wirksamer und kostengünstiger als ein bürokratisiertes, planwirtschaftlich organisiertes, sozialisiertes und verstaatlichtes Gesundheitswesen.

5 Das Gesundheitswesen steht nicht nur in der Bundesrepublik, sondern weltweit vor der schwierigen Aufgabe, die Finanzierbarkeit der Gesundheitsversorgung bei vertretbarem Aufwand dauerhaft zu gewährleisten. Gesundheit ist ein hohes Lebensgut, sie hat aber auch ihren Preis. Die Ausgaben dürfen deshalb die Grenzen der Leistungsfähigkeit unserer Volkswirtschaft und die Grenzen der Belastbarkeit des Einzelnen nicht übersteigen. Der Bürger muss sicher sein, dass er auch in Zukunft die erforderlichen und angemessenen Leistungen bei vertretbaren Kosten erhält.

Fragen der Leistungsfähigkeit des Gesundheitswesens und der Qualität der medizinischen Versorgung können deshalb nicht losgelöst von der Frage der Finanzierbarkeit medizinischer Leistungen beurteilt werden.

Der größte Teil der Ausgaben für die medizinische Versorgung wird heute über die GKV finanziert; deren Beiträge werden aus den Lohneinkommen der Versicherten und von den Arbeitgebern aufgebracht. Steigende Beitragssätze schmälern die Realeinkommen der Arbeitnehmer. Sie erhöhen die Lohnnebenkosten, schwächen die Investitionskraft der Unternehmen und hemmen das Wachstum der Wirtschaft; sie wirken damit beschäftigungspolitisch negativ. Sie verschärfen zugleich die Finanzierungsprobleme in der GKV, die ohnehin mit einer immer schmäler werdenden Einnahmenbasis auskommen muss. Diese gesamtwirtschaftlichen Zusammenhänge machen es notwendig, die Höhe und den Zuwachs der Gesundheitsausgaben ständig auf ihre medizinische Notwendigkeit, den Nutzen und die Wirtschaftlichkeit der Leistungserbringung hin zu überprüfen.

Zur Geschichte der gesetzlichen Krankenversicherung

Über 125 Jahre alt

6 Die GKV in Deutschland blickt auf eine Geschichte von mehr als 125 Jahren zurück. Sie ist der älteste Zweig der Sozialversicherung und der erste Schritt der Bismarckschen Sozialgesetzgebung. Zwar bestand schon vorher eine Vielfalt landesrechtlich geregelter gewerblicher Unterstützungskassen (Preußisches Gesetz von 1854) und Hilfskassen (Reichsgesetz von 1876), die als Vorläufer unserer Krankenkassen angesehen werden können. Das „Gesetz betreffend die Krankenversicherung der Arbeiter" vom 15. Juni 1883, das am 1. Dezember 1884 in Kraft trat, führte aber erstmals und einheitlich für das ganze Deutsche Reich eine allgemeine Versicherungspflicht für Industriearbeiter und Beschäftigte in Handwerks- und sonstigen Gewerbebetrieben ein.

7 Die Hauptaufgabe der GKV bestand zu jener Zeit in der wirtschaftlichen Sicherung bei krankheitsbedingter Arbeitsunfähigkeit, in der Gewährung freier ärztlicher Behandlung und in der Zahlung von Sterbegeld. Der Schutz im Krankheitsfall konnte durch Statut auf Familienangehörige ausgedehnt werden.

Die Beiträge wurden vom Arbeitgeber entrichtet; er zahlte ein Drittel, während auf den Arbeiter zwei Drittel entfielen. Durchgeführt wurde die Krankenversicherung von den Gemeinden in Form der Gemeinde-Krankenversicherung für die Personen, die nicht einer anderen Krankenkasse angehören mussten. Weitere Versicherungsträger waren die Orts-, Betriebs-, Bau- und Innungskrankenkassen sowie die Knappschaftskrankenkassen. Unter bestimmten Voraussetzungen konnten Versicherungspflichtige sich auch bei einer der „eingeschriebenen Hilfskassen" (Vorläufer der Ersatzkassen) versichern.

8 Leistungen und Personenkreis wurden in der Revisionsgesetzgebung zwischen 1886 und 1903 erweitert. 1908 waren mit 13,2 Mio. Menschen gerade 18 Prozent der Bevölkerung des Deutschen Reiches in 22 887 Krankenkassen versichert.

Weiterentwicklung durch die Reichsversicherungsordnung

9 1911 begann mit der Reichsversicherungsordnung (RVO) ein zweiter Abschnitt in der Entwicklung der GKV. In dem Gesetz vom 19. Juli 1911, das für die GKV am 1. Januar 1914 in Kraft trat, wurden Kranken-, Unfall- und Rentenversicherung in einem Gesetz zusammengefasst. Die Krankenversicherung wurde im Zweiten Buch geregelt; es blieb genau 75 Jahre die wichtigste Rechtsgrundlage für das Krankenversicherungsrecht. Die Reichsversicherungsordnung schaffte die Gemeinde-Krankenversicherung ab und übertrug ihre Aufgaben den Ortskrankenkassen und den neu geschaffenen Landkrankenkassen. Außerdem wurde die Versicherungspflicht auf 6 bis 7 Mio. land- und forstwirtschaftliche Arbeiter, Dienstboten, unständige Arbeiter, das Wandergewerbe und das Hausgewerbe ausgedehnt. Beschäftigte in Angestelltenberufen waren nur versicherungspflichtig, wenn ihr regelmäßiger Jahresarbeitsverdienst 2500 Mark nicht überstieg. Dieser Betrag wurde bis 1927 auf 3600 Mark angehoben.

Rechtsentwicklung in der Weimarer Republik

10 Der Zeitraum bis 1933 war geprägt durch die Ausnahmesituation des Ersten Weltkriegs, die ungünstige Nachkriegszeit, die Inflation und die Wirtschaftskrise der 30er Jahre. Sie erzwangen eine Reihe von Einschränkungen, brachten aber auch zahlreiche Leistungsverbesserungen. So wurden 1930 durch Notverordnungen der Vertrauensärztliche Dienst und eine Krankenscheingebühr von 50 Pfennig eingeführt, für das Krankengeld eine Obergrenze festgelegt und die Kassenleistung auf die Regelleistungen beschränkt. Andererseits wurde die Familienkrankenpflege, die sich als Mehrleistung der Kassen bereits weitgehend durchgesetzt hatte, zur Pflichtleistung ohne besonderen Zusatzbeitrag. Auch die Leistungen der Wochenhilfe (jetzt: Mutterschaftshilfe), die während des Ersten Weltkriegs mehrmals erweitert worden waren, wurden erneut verbessert und auf Familienangehörige ausgedehnt.

Beziehungen zu Kassenärzten

11 Die Regelungen der Vertragsbeziehungen insbesondere zu den Ärzten waren schon vor Geltung der Reichsversicherungsordnung als unbefriedigend empfunden worden, da jede Kasse selbst die Vergütung regelte und Verträge mit einzelnen Ärzten schließen konnte. Da die Reichsversicherungsordnung die bisherige Rechtslage im Wesentlichen aufrechterhielt, einigten sich Kassenverbände und Ärzte noch vor ihrem Inkrafttreten im sogenannten „Berliner Abkommen" auf eine gleichberechtigte Mitwirkung der Ärzte bei der Auswahl der Kassenärzte und der Festsetzung der mit ihnen zu vereinbarenden Bedingungen. Bei Streit sollte ein Schiedsamt entscheiden. Der wesentliche Inhalt dieser Vereinbarung wurde in den 20er Jahren durch mehrere Gesetze rechtlich verbindlich und damit die Grundlage des Kassenarztrechts in seiner heutigen Form.

Führerprinzip und Vereinheitlichung

12 Die Nationalsozialisten versuchten, auch die Krankenversicherung nach ihren politischen Staats- und Wirtschaftsideen umzugestalten. Mit dem Gesetz über den Aufbau der Sozialversicherung von 1934 sollte eine neue Reichsversicherungsordnung geschaffen werden. Zuerst wurde die von Arbeitgebern und Versicherten verantwortlich getragene Selbstverwaltung aufgelöst und durch das so genannte Führerprinzip ersetzt. Im weiteren Verlauf der sogenannten Aufbaugesetzgebung (14 Verordnungen von 1934 bis 1938) wurden zahlreiche Änderungen in Organisation, Finanzierung und Aufsicht über die Krankenkassen durchgesetzt. Die sogenannten „Gemeinschaftsaufgaben" der Krankenversicherung" (z. B. Vertrauensärztlicher Dienst, Prüfung der Geschäfts-, Rechnungs- und Betriebsführung der Krankenkassen) wurden auf die Landesversicherungsanstalten übertragen. Die Ersatzkassen wurden Körperschaften des öffentlichen Rechts und ihr Verhältnis zu den übrigen Krankenkassen neu geregelt.

13 Erst in den Kriegsjahren 1941 bis 1943 kam es zu wichtigen Leistungsverbesserungen. Die zeitliche Begrenzung der Krankenpflege wurde abgeschafft, die Leistungen an erwerbstätige Mütter und das Krankengeld wesentlich verbessert, die Krankenscheingebühr auf 25 Pfennig herabgesetzt und schließlich ganz aufgehoben. Außerdem wurde 1941 die Krankenversicherung der Rentner eingeführt. Die Verordnungen über die Vereinfachung des Lohnabzugs, mit denen Personal für Kriegszwecke eingespart werden sollte, übertrugen den Krankenkassen den Beitragseinzug für die Kranken- und Rentenversicherung.

Rechtszersplitterung nach 1945

14 Die Zeit nach dem Ende des Zweiten Weltkriegs stand zunächst im Zeichen der Überwindung der Rechtszersplitterung auch im Bereich der GKV. Die alten Stammgesetze der Sozialversicherung, insbesondere die Reichsversicherungsordnung, waren nämlich in den einzelnen Besatzungszonen unterschiedlich weitergeführt worden. Bestrebungen, eine einheitliche Sozialversicherung zu schaffen, konnten sich nur in der sowjetischen Zone durchsetzen, wo die Zweige der Sozialversicherung zu einer Einheitsversicherung zusammengefasst wurden. In Berlin entstand die Sozialversicherungsanstalt Berlin, die die gesamte Sozialversicherung in allen vier Sektoren durchführte; sie bestand bis 1952. Bereits 1948 spaltete sich die Sozialversicherung in Ost-Berlin von ihr ab und wurde in die in der sowjetischen Zone errichtete Einheitsversicherung eingegliedert. Im Saarland, das bis 1956 der französischen Verwaltung unterstand, wurde die schrittweise Einführung bundesrechtlicher Sozialversicherungsregelungen erst 1963 abgeschlossen.

Wiederherstellung und Neubeginn

15 Mit der Gründung der Bundesrepublik Deutschland begann auch für die GKV eine neue Entwicklung. Zuerst mussten ihr Aufbau und Leistungsgefüge vereinheitlicht und an die politischen, wirtschaftlichen und sozialen Veränderungen angepasst werden. Der Gesetzgeber beseitigte deshalb 1951 bis 1953 die selbstverwaltungsfeindlichen Teile der sogenannten Aufbaugesetzgebung von 1934 und übertrug den Versicherten und ihren Arbeitgebern wieder die Verwaltungsführung in eigener Verantwortung. Mit der Einführung einer gesonderten und von den Verwaltungsbehörden getrennten Sozialgerichtsbarkeit stellte er den Rechtsschutz auch im Bereich der Krankenversicherung auf eine neue und rechtsstaatliche Grundlage, die den Anforderungen des Grundgesetzes entsprach. Hinter diesen der neuen staatlichen Ordnung entsprechenden Gesetzen traten Rechtsänderungen zurück, mit denen die Krankenkassen zwischen 1950 und 1953 zur medizinischen Betreuung der Personengruppen verpflichtet wurden, die von den Kriegsfolgen besonders stark betroffen waren: Kriegsopfer, Heimkehrer, Vertriebene, Flüchtlinge und Schwerbeschädigte.

16 Das Gesetz über das Kassenarztrecht von 1955 regelte die Beziehungen zwischen Ärzten, Zahnärzten und Krankenkassen neu und vereinheitlichte sie. Es zog einen Schlussstrich unter die erbitterten Auseinandersetzungen während der Weimarer Republik. Ein weiteres Gesetz schuf im selben Jahr eine neue gesetzliche Grundlage für den organisatorischen Aufbau, die Rechtsstellung und die Aufgaben der Landes- und Bundesverbände der Krankenkassen. Flankiert wurden diese Organisationsnormen durch die Errichtung des Bundesversicherungsamtes im Jahr 1956. Mit dem Gesetz über die Krankenversicherung der Rentner von 1956 wurden die Rentner vollwertige Mitglieder der jeweiligen Krankenkasse und ihre Sicherung im Krankheitsfall eine originäre Aufgabe der Krankenversicherung. Die versicherungsmäßig berechneten Beiträge hatte der Rentenversicherungsträger in voller Höhe zu zahlen; der Rentner war insoweit nicht belastet.

Gescheiterte Krankenversicherungsreformen

17 Nach der Rentenreform von 1957 sollte die Krankenversicherung neu geordnet werden. Der auch für heutige Begriffe moderne Regierungsentwurf von 1959 (z. B. Selbstbeteiligung an den Kosten der ärztlichen Behandlung, Gleichstellung von Arbeitern und Angestellten bei der Versicherungspflicht, Wegfall der Zulassungsbegrenzung für Kassenärzte) scheiterte am Widerstand der Gewerkschaften gegen die Selbstbeteiligung und an den Befürchtungen der Ärzte, die die rechtzeitige und berechtigte Inanspruchnahme von Ärzten behindert sahen und sich gegen den Einzug der Selbstbeteiligung wehrten.

Auch ein zweiter Anlauf (1961) mit einem um Lohnfortzahlung und Kindergeld ergänzten „Sozialpaket" erreichte wegen des Widerstands der Betroffenen, zu denen diesmal auch Arbeitgeber aus Industrie und Handwerk gehörten, nicht das Ziel. Dieses zweifache Scheitern lähmte ein Vierteljahrhundert lang alle Bestrebungen, das immer reformbedürftiger werdende System der GKV von Grund auf zu erneuern.

Schwerpunktverlagerung durch Lohnfortzahlung

18 Eine entscheidende strukturelle Änderung der GKV brachte die Fortzahlung des Arbeitsentgelts im Krankheitsfall. Sie verlagerte das Risiko der krankheitsbedingten Arbeitsunfähigkeit von der Versichertengemeinschaft weitgehend auf die Arbeitgeber und entlastete damit die GKV von einer ihrer wichtigsten Hauptaufgaben. Arbeiter und Angestellte wurden bei der Fortzahlung des Arbeitsentgelts im Krankheitsfall gleich gestellt. Die Bedeutung der für die wirtschaftliche Sicherung kranker Arbeitnehmer wichtigen Geldleistungen trat völlig zurück; der Schwerpunkt verlagerte sich auf die medizinische Versorgung der Versicherten. Der für die weitere Entwicklung der GKV entscheidende Schritt vollzog sich in drei Stufen: 1957, 1961 und 1969 wurde die Beteiligung des Arbeitgebers bis zu ihrem heutigen Umfang ausgebaut. Auch die Umfinanzierung des Krankengeldes ab Mitte 2005 hat kaum etwas an dieser Weichenstellung geändert.

Lediglich für den Fall der Schwangerschaft und Mutterschaft blieb es bei einer gemischten Lösung, die eine Leistung der Krankenkasse und einen Zuschuss des Arbeitgebers vorsah.

Erweiterung des versicherten Personenkreises

19 Nach der Verbesserung der wirtschaftlichen Sicherung der Arbeiter im Krankheitsfall machten sich die Sozialpolitiker daran, möglichst weite Teile der Bevölkerung in den Schutz der GKV einzubeziehen oder ihr zumindest den Beitritt zu eröffnen. Schon 1968 waren alle Rentner ohne Rücksicht auf die 1956 eingeführten Vorversicherungszeiten in der GKV versicherungspflichtig geworden. 1971 erhöhte man die Versicherungspflicht- und Beitragsbemessungsgrenze in der GKV auf 75 Prozent der in der Rentenversicherung der Arbeiter geltenden Beitragsbemessungsgrenze und dynamisierte sie auf dieser Grundlage. Vorher waren die Einkommensgrenzen nur in unregelmäßigen Abständen (1952, 1957, 1965 und 1969) angehoben worden.

Damit wurden fast 60 Prozent der damals rd. 7,1 Mio. Angestellten versicherungspflichtig. Außerdem wurde die Krankenversicherung für bestimmte Gruppen von Nichtarbeitnehmern geöffnet.

20 Das Gesetz über die Krankenversicherung der Landwirte von 1972 führte für die selbständigen Landwirte, ihre mitarbeitenden Familienangehörigen und die Altenteiler die gesetzliche Versicherungspflicht in einer eigenständigen landwirtschaftlichen Krankenversicherung ein, die durch besondere Versicherungsträger durchgeführt wurde.

21 Mit dem Gesetz über die Sozialversicherung der Behinderten wurden 1975 rd. 45.000 Behinderte in die GKV einbezogen. Soweit sie nicht auf Grund einer Beschäftigung in einer behindertenspezifischen Einrichtung versicherungspflichtig wurden, sah das Gesetz ein Recht zum freiwilligen Beitritt vor, der für eine Übergangszeit sogar ohne einschränkende Bedingung erfolgen konnte. Dies führte zu einer erheblichen finanziellen Entlastung der Sozialhilfe, die bisher für viele dieser Behinderten die Aufwendungen im Krankheitsfall getragen hatte, und zu einer entsprechenden Belastung der GKV.

22 Das gleichfalls 1975 verabschiedete Gesetz über die Krankenversicherung der Studenten führte für eingeschriebene Studenten und für Praktikanten die Versicherungspflicht ein. Außerdem erhielten in Ausbildung befindliche Personen das Recht, sich in der GKV freiwillig zu versichern. Mit dem Gesetz über die Sozialversicherung der selbständigen Künstler und Publizisten (von 1981) wurde auch dieser Personenkreis in die GKV einbezogen.

23 Diese Entwicklung erfuhr ihren Abschluss durch das GKV-Wettbewerbsstärkungsgesetz (vgl. Rdnr. 132), das alle Einwohner verpflichtet, sich in der GKV bzw. in der privaten Krankenversicherung zu versichern.

Verbesserung des Leistungsrechtes

24 Der Erweiterung des versicherten Personenkreises folgte mit geringer zeitlicher Verzögerung der Ausbau des Leistungsrechts. Die finanziellen Spielräume dafür lieferten die Entlastung der Krankenkassen vom Krankengeld für die ersten sechs Wochen und die Erhöhung und Dynamisierung der Beitragsbemessungsgrenze.

1971 wurde die Prävention mit der Einführung von Maßnahmen zur Früherkennung von Krankheiten eine Pflichtaufgabe der Krankenkassen. Hinzu kamen ab 1974 ein Rechtsanspruch auf zeitlich unbegrenzte Krankenhauspflege, auf Haushaltshilfe, die Zahlung von Krankengeld bei Verdienstausfall wegen der Betreuung eines erkrankten Kindes und ein Anspruch auf Freistellung von der Arbeit in einem solchen Fall. Die 1970 eingeführte Krankenscheinprämie wurde abgeschafft, weil sie keine spürbar steuernden Wirkungen gezeigt und einen unverhältnismäßig hohen Verwaltungsaufwand verursacht hatte.

25 Das Gesetz über die Angleichung der Leistungen zur Rehabilitation von 1974 bezog die Krankenversicherung in den Kreis der Rehabilitationsträger ein und verpflichtete sie, ihren Versicherten alle medizinischen Leistungen zur Rehabilitation zu gewähren, soweit nicht ein anderer Träger zuständig war. Dieses Gesetz wurde 2001 abgelöst durch das SGB IX, das nunmehr umfassend das Recht der Rehabilitation und Teilhabe behinderter Menschen regelt (siehe Kap. 9).

26 1975 bürdete man der GKV als flankierende Maßnahme zur Reform der strafrechtlichen Vorschriften über den Schwangerschaftsabbruch die Aufwendungen für die Durchführung straffrei gestellter Sterilisationen und Schwangerschaftsabbrüche auf.

Kostendämpfungspolitik

27 Der forcierte Ausbau des Leistungsrechts, aber auch die Entwicklung der Rechtsprechung (z. B. Kassenarzturteil 1961, Zahnersatz und Kieferorthopädie 1974) machte sich in einer fast explosionsartigen Ausgabenentwicklung der Krankenkassen bemerkbar. Sie verstärkte sich durch die Reform der Krankenhausfinanzierung 1972, die die Aufwendungen der Krankenkassen allein für Krankenhauspflege um bis zu 25 Prozent jährlich ansteigen ließ.

Trotz Dynamisierung der Beitragsbemessungsgrenze erhöhte sich der Beitragssatz von 8,2 Prozent (1971) auf 11,3 Prozent (1976). Diese Entwicklung und die veränderten wirtschaftlichen Rahmenbedingungen beschleunigten einen Prozess des Umdenkens. In den Vordergrund der Überlegungen über die Zukunft des Krankenversicherungssystems traten zunehmend Fragen seiner Steuerbarkeit und Finanzierbarkeit, aber auch der finanziellen Belastbarkeit der Versicherten.

28 Mit den Kostendämpfungsgesetzen von 1977, 1979 und 1981 sowie mit einer weiteren Reform der Krankenhausfinanzierung (1984) sollte das politisch angestrebte Ziel der Beitragssatzstabilität durch eine Budgetierung der Ausgaben und eine einnahmenorientierte Ausgabenpolitik der GKV erreicht werden. Außerdem wurde die Finanzierung der Krankenversicherung der Rentner neu geregelt. Die sofort wirksam gewordenen Maßnahmen der Kostendämpfung verschärften die Voraussetzungen für Leistungen, deren Missbrauch und Überinanspruchnahme in der Öffentlichkeit zunehmend kritisiert worden war („Kurlaub", „Oma auf Krankenschein", Zahnersatz, Kieferorthopädie), und erhöhten die Zuzahlung bei Arznei-, Verband-, Heilmitteln und Brillen.

Die längerfristig wirksamen Maßnahmen berührten das Verhältnis der Krankenversicherungsträger zu den Leistungserbringern, vor allem zu den Kassenärzten und Kassenzahnärzten. Sie verstärkten die Position der Krankenkassen gegenüber den Leistungserbringern und gaben diesen verbesserte Möglichkeiten an die Hand, wirtschaftlich zu behandeln und zu verordnen. Wegen des Widerstands der Länder konnte der kostenträchtige stationäre Bereich damals noch nicht umfassend in das Kostendämpfungsprogramm einbezogen werden. Neu eingerichtet wurde die Konzertierte Aktion im Gesundheitswesen; sie wurde beauftragt, die Orientierungsdaten für die finanzielle Entwicklung der GKV zu entwickeln und strukturelle Fragen des Gesundheitswesens in regelmäßigen Abständen öffentlich zu erörtern. Sie wurde allerdings 2004 abgeschafft, da andere Gremien diese Aufgaben übernommen haben.

29 Von großer Bedeutung für die unterschiedliche Belastung der einzelnen Krankenkassen durch die Ausgaben für Rentner wurde der seit 1977 vorgeschriebene Finanzausgleich unter den Trägern der Krankenversicherung, der alle Krankenkassen, auch die Ersatzkassen, gleichmäßig an der Finanzierung der Aufwendungen für Rentner im Krankheitsfall beteiligte. Mit ihm wurden rd. 40 Prozent der Aufwendungen der GKV gemeinsam getragen.

30 Die Leistungseinschränkungen der Kostendämpfungsgesetze wurden ergänzt durch weitere Einschränkungen in den Haushaltsbegleitgesetzen 1983 und 1984, die wegen ungünstiger Haushaltslage und dadurch bedingter Entlastungen des Bundeshaushalts zu Lasten der GKV vorgenommen wurden. Das Kostendämpfungsprogramm führte zu einer vorübergehenden Stabilisierung der Beitragssätze, bis ein erneuter Kostenschub ab 1984 die Forderung nach einer grundlegenden Krankenversicherungsreform laut werden ließ.

Ausdehnung auf die neuen Länder

31 Am 3. Oktober 1990 traten die auf dem Gebiet der früheren DDR entstandenen fünf neuen Länder Brandenburg, Mecklenburg-Vorpommern, Sachsen, Sachsen-Anhalt und Thüringen der Bundesrepublik Deutschland bei; der Ostteil Berlins wurde in das Land Berlin einbezogen.

Am 1. Januar 1991 wurde in ihnen ein gegliedertes Krankenversicherungssystem mit denselben medizinischen Versorgungsstrukturen wie in den alten Ländern errichtet und das dort geltende Krankenversicherungsrecht, wenn auch mit gewissen Übergangsregelungen, eingeführt.

Tabelle 1: Entwicklung der Krankenversicherung 1908–2010

Jahr	Zahl der Mitglieder in Mio.[2]	Zahl der Krankenkassen[1]
1908	13,2	22 887
1914	16,0	13 500
1932	18,7	6 000
1938	23,2	4 600
1951	20,0	1 992
1955	22,7	2 070
1960	27,1	2 028
1965	28,7	1 967
1970	30,6	1 815
1975	33,5	1 479
1980	35,4	1 319
1985	36,0	1 215
1990	37,8	1 147
1991[3]	50,3	1 135
1992	50,8	1 123
1993	50,9	1 111
1994	50,8	1 020
1995	50,7	898
1996	50,8	637
1997	50,8	554
1998	50,7	482
1999	50,9	455
2000	51,0	414
2001	51,0	388
2002	50,9	343
2003	50,7	318
2004	50,6	288
2005	50,4	266
2006	50,5	257
2007	50,7	242
2008	51,0	184
2009	51,2	169
2010	51,6	158

1) Jeweils Stichtag 31. Dezember des Jahres.
2) Jeweils Jahresdurchschnitt.
3) Ab 1991 alte und neue Bundesländer.

Vorläufiger Endpunkt: Die Gesundheitsreform

32 Einen neuen Abschnitt in der Geschichte der GKV bildet die Gesundheitsreform. Sie wurde eingeleitet durch das Gesetz zur Strukturreform im Gesundheitswesen (Gesundheits-Reformgesetz), das am 1. Januar 1989 in Kraft trat. Es hat die krankenversicherungsrechtlichen Regelungen im Zweiten Buch der Reichsversicherungsordnung abgelöst und sie als Fünftes Buch des Sozialgesetzbuches kodifiziert.

Die Gesundheitsreform wurde weitergeführt durch das Gesetz zur Sicherung und Strukturverbesserung der gesetzlichen Krankenversicherung (Gesundheitsstrukturgesetz), das am 1. Januar 1993 in Kraft trat. Das Gesundheitsstrukturgesetz hatte das Ziel, durch kurz- und mittelfristige Maßnahmen, die zum Teil erst 1996 bzw. 1999 wirksam werden sollten, zur Sicherung der finanziellen Grundlagen der GKV beizutragen und Beitragssatzstabilität zu gewährleisten. 1993 hat der Bundesminister für Gesundheit den Sachverständigenrat für die Konzertierte Aktion im Gesundheitswesen beauftragt, ein Sondergutachten zur Weiterentwicklung der sozialen Krankenversicherung über das Jahr 2000 hinaus vorzulegen. Auf der Grundlage seiner Empfehlungen wurde eine weitere Phase der Gesundheitsreform in Gestalt der beiden Gesetze zur Neuordnung von Selbstverwaltung und Eigenverantwortung in der GKV am 1. Juli 1997 wirksam. Die im Herbst 1998 gewählte Koalition nahm eine Reihe von Regelungen dieser beiden Gesetze mit dem 1999 wirksam gewordenen GKV-Solidaritätsstärkungsgesetz zurück und beschloss ein Gesetz zur Reform der GKV ab dem Jahr 2000, das am 1. Januar 2000 in Kraft trat. Die mit ihm eingeleitete grundlegende Umorientierung im Gesundheitswesen sollte durch ein Gesetz zur Modernisierung des Gesundheitssystems weitergeführt werden, auf das sich die im Herbst 2002 wiedergewählte Koalition verständigt hatte. Es ist am 1. Januar 2004 als Gesetz zur Modernisierung der gesetzlichen Krankenversicherung (GKV-Modernisierungsgesetz – GMG) in Kraft getreten. Ein weiterer Reformschritt erfolgte mit dem Gesetz zur Stärkung des Wettbewerbs in der gesetzlichen Krankenversicherung (GKV-Wettbewerbsstärkungsgesetz), das am 1. April 2007 in Kraft getreten ist; zahlreiche wichtige Regelungen dieses Gesetzes wurden aber erst 2009 wirksam (vgl. Rdnr. 132). 2010 wurde das Reformprogramm mit dem GKV-FinG (vgl. Rdnr. 142) und dem Arzneimittel-Neuordnungsgesetz (vgl. Rdnr. 143) fortgesetzt.

Rechtsgrundlagen der gesetzlichen Krankenversicherung

33 Das Recht der GKV ist hauptsächlich im 5. Buch des Sozialgesetzbuchs geregelt, das 1989 das 2. Buch der RVO abgelöst hat. Noch in der RVO verblieben sind die Vorschriften über die Leistungen bei Schwangerschaft und Mutterschaft. Ferner enthält die RVO noch Vorschriften über Dienstordnungs-Angestellte.

34 Die Vorschriften über die Krankenversicherung der land- und forstwirtschaftlichen Unternehmer und ihrer mitarbeitenden Familienangehörigen enthält das Zweite Gesetz über die Krankenversicherung der Landwirte. Die Vorschriften über die Leistungen bei Schwangerschaft und Mutterschaft sind im Gesetz über die Krankenversicherung der Landwirte von 1972 verblieben.

35 Die Rechtsgrundlage für die Krankenversicherung der Künstler und Publizisten befindet sich im Künstlersozialversicherungsgesetz.

36 Im Übrigen gelten auch für die GKV das 1., 4., 9. und 10. Buch des Sozialgesetzbuchs (Allgemeiner Teil, Gemeinsame Vorschriften, Rehabilitation, Verwaltungsverfahren, Schutz der Sozialdaten, Zusammenarbeit der Leistungsträger und ihre Beziehungen zu Dritten).

Aufgaben und Grundzüge der Krankenversicherung

Krankenversicherungsschutz der Bevölkerung

37 Das System der Sicherung im Krankheitsfall in der Bundesrepublik Deutschland wird getragen durch

– die gesetzliche Krankenversicherung (GKV),
– die private Krankenversicherung und
– sonstige Sicherungssysteme (z. B. Unfall- und Rentenversicherung, Sozialhilfe, Kriegsopferversorgung, Beihilfe, Heilfürsorge von Polizei und Bundeswehr).

38 Der größte Teil der Bevölkerung des Bundesgebietes, rd. 88 Prozent oder knapp 70 Mio. Menschen gehören der GKV an. Die Zahl der bei den Trägern der GKV versicherten Personen ist seit Schaffung der GKV ständig gestiegen, Diese Expansion ist insbesondere auf rechtliche Änderungen zurückzuführen, die den Personenkreis der Versicherten im Laufe der Jahre von der ursprünglichen Beschränkung auf die Industriearbeiter ständig ausgedehnt haben. Seit Ende der 90er Jahre ist die Zahl der GKV-Versicherten kontinuierlich rückläufig.

39 Außerhalb der GKV haben rd. 12 Prozent der Bevölkerung vollen Versicherungsschutz, und zwar in der überwiegenden Zahl durch die private Krankenversicherung. Insgesamt sind rund 8,81 Mio. Personen privat versichert; der Rest ist durch staatliche Sondersysteme (z.B. freie Heilfürsorge für Soldaten, Polizei und Feuerwehr) geschützt oder hat Ansprüche auf Gesundheitsleistungen aus der Sozialhilfe

40 Die Gruppe der Nichtversicherten hat sich ständig verringert. Seit 1. Januar 2004 ist der GKV auch die Krankenbehandlung der meisten Sozialhilfeempfänger gegen Kostenerstattung durch die Sozialämter übertragen worden. Soweit dieser Personenkreis Arbeitslosengeld II nach dem SGB II bezieht, ist er seit 1. Januar 2005 pflichtversichert. Das GKV-Wettbewerbsstärkungsgesetz verpflichtet alle Einwohner Deutschlands, sich entsprechend ihrer letzten Versicherungsart seit 1. April 2007 in der GKV bzw. seit 1. Januar 2009 in der privaten Krankenversicherung zu versichern.

Aufgaben der Krankenversicherung

41 Mit der in der Vergangenheit vielfach üblichen Definition, „es sei Aufgabe der Krankenversicherung, dem geschützten Personenkreis im Falle der Krankheit die erforderlichen Leistungen zu gewähren", wird die heute sehr viel weitergehende Aufgabenstellung der Krankenversicherung nur unzureichend umschrieben. Unzureichend deshalb, weil die Funktion der GKV auf die Aufgaben einer „Primär-Krankenversicherung" eingeengt wird, die bei Krankheit Leistungen zu gewähren hat, wobei die schon 1883 eingeführten klassischen Leistungen wie Sicherung der medizinischen Behandlung, Zahlung von Krankengeld und Sterbegeld (letzteres weggefallen 2004, vgl. Rdnr. 126) im Vordergrund stehen.

42 Demgegenüber hat der Gesetzgeber des Gesundheits-Reformgesetzes eine moderne Auffassung von der GKV in § 1 SGB V unter die Überschrift „Solidarität und Eigenverantwortung" gestellt und wie folgt definiert:

„Die Krankenversicherung als Solidargemeinschaft hat die Aufgabe, die Gesundheit der Versicherten zu erhalten, wiederherzustellen oder ihren Gesundheitszustand zu bessern. Die Versicherten sind für ihre Gesundheit mit verantwortlich; sie sollen durch eine gesundheitsbewusste Lebensführung, durch frühzeitige Beteiligung an gesundheitlichen Vorsorgemaßnahmen sowie durch aktive Mitwirkung an Krankenbehandlung und Rehabilitation dazu beitragen, den Eintritt von Krankheit und Behinderung zu vermeiden oder ihre Folgen zu überwinden. Die Krankenkassen haben den Versicherten dabei durch Aufklärung, Beratung und Leistungen zu helfen und auf gesunde Lebensverhältnisse hinzuwirken."

Mit dieser neuen Aufgabenbeschreibung werden Krankheitsverhütung, Krankheitsbehandlung und Rehabilitation zu gleichrangigen Aufgabenfeldern der GKV; neben die Leistungsgewährung treten als gleichrangige Aufgaben die Aufklärung und Beratung der Versicherten.

43 Dieser modernen Auffassung von der Aufgabenstellung der GKV entspricht auch ihr heutiger Leistungskatalog, der in einer Übersicht im § 11 SGB V zusammengefasst ist. Danach hat die GKV folgende Leistungen zu gewähren:

– zur Verhütung von Krankheiten,
– zur Früherkennung von Krankheiten,
– zur Behandlung einer Krankheit,
– zur medizinischen Rehabilitation und
– Zahlung von Krankengeld.

44 Dieser umfassende Leistungskatalog dokumentiert die über 125-jährige Entwicklung der heutigen GKV von der Krankenversicherung der Arbeiter zur umfassenden, bundesweiten Institution der Gesundheitssicherung. Die Krankenkassen sind nicht mehr nur Einzugsstellen für Beiträge, Ausgabestellen für Vorsorgescheine und Krankenversichertenkarten oder Zahlstellen des Krankengeldes, sie sind heute ein wichtiger Faktor aktiver und gestaltender Gesundheitspolitik, eine unentbehrliche Koordinationsinstanz unseres Gesundheitswesens.

Krankheit und Gesundheit

45 Voraussetzung für den Anspruch auf Krankenbehandlung und Krankengeld ist nach §§ 27, 44 SGB V das Vorliegen einer Krankheit; sie stellt das Risiko dar, bei dessen Eintritt wesentliche Leistungen der GKV zu erbringen sind.

46 Obwohl also „Krankheit" der umfassende Grundbegriff des gesamten Krankenversicherungsrechts ist, wird „Krankheit" in den bisherigen Rechtsgrundlagen des Krankenversicherungsrechts nicht näher erläutert. Weder das Krankenversicherungsgesetz vom 15. Juni 1883 noch die Reichsversicherungsordnung vom 19. Juni 1911 und auch nicht das Gesundheitsreformgesetz vom 20. Dezember 1988 noch die späteren Reformgesetze enthalten eine Legaldefinition des Begriffs der „Krankheit". So blieb es der Rechtsprechung und der Verwaltungspraxis überlassen, Krankheit von anderen Gebrechen und Leidenszuständen abzugrenzen.

47 Im Anschluss an ein Urteil des Preußischen Oberverwaltungsgerichts aus dem Jahre 1898, die Rechtsprechung des Reichsversicherungsamts und des Bundessozialgerichts wird der Begriff der „Krankheit" für das Recht der Krankenversicherung heute allgemein wie folgt definiert: „Ein regelwidriger Körper- oder Geisteszustand, dessen Eintritt entweder allein die Notwendigkeit einer Heilbehandlung oder zugleich oder ausschließlich Arbeitsunfähigkeit zur Folge hat."

48 Es muss also ein objektiv fassbarer regelwidriger Zustand des Körpers oder des Geistes vorliegen, der von der Norm abweicht und der durch eine Heilbehandlung behoben, gebessert, gelindert oder zumindest vor einer drohenden Verschlimmerung bewahrt werden kann. Entscheidend kommt es auf die Möglichkeit und die Notwendigkeit einer Heilbehandlung an. Mit diesen flexiblen Merkmalen wird erreicht, dass der rechtliche Krankheitsbegriff den neueren Erkenntnissen der medizinischen Wissenschaft und den Auffassungen über die Notwendigkeit ärztlicher Behandlung jeweils angepasst werden kann. Während das Reichsversicherungsamt bei Gebrechen eine Heilbehandlung nur dann als erforderlich angesehen hat, wenn sich besondere Beschwerden oder Schmerzen einstellten, hat das Bundessozialgericht z. B. in seiner Entscheidung vom 28. Oktober 1960 bei einer angeborenen Hüftluxation eine Krankheit schon dann angenommen, wenn der gegenwärtige Zustand zwar noch keine Schmerzen oder Beschwerden bereitet, durch ärztliche Behandlung im Frühstadium aber eine wesentliche Besserung oder gar Beseitigung des Leidens erreicht werden kann.

49 Es war also eine weise Beschränkung des Gesetzgebers, auf eine gesetzliche Definition des Krankheitsbegriffs zu verzichten. Die Rechtsfortbildung im Wege der sozialgerichtlichen Rechtsprechung war damit in der Lage, eine ganze Reihe von Grenzfällen im Laufe der Jahre dem Krankheitsbegriff zuzuordnen, so bspw. Neurosen, Einschränkungen der Zeugungsfähigkeit, Trunksucht, verschiedene Formen körperlicher und geistiger Behinderungen, Zahnlosigkeit, hochgradiges Übergewicht, Schwächezustände oder verschiedene Formen von Pflegebedürftigkeit wegen Krankheit.

50 Nicht ganz so eindeutig ist die Situation beim Begriff „Gesundheit"; hier fehlt es an einer in jahrzehntelanger Rechtsprechung entwickelten und allgemein anerkannten Definition. Das hat seinen Grund sicher darin, dass erstmals durch das Gesundheits-Reformgesetz die Begriffe „Gesundheit" und „Gesundheitsförderung" mit der Aufgabenstellung der GKV in Verbindung gebracht worden sind; in der Reichsversicherungsordnung und im Krankenversicherungsgesetz war der Begriff „Gesundheit" nicht enthalten.

51 Gesundheit ist keine genau beschreibbare oder gar exakt messbare Größe. Von der Weltgesundheitsorganisation (WHO) wird Gesundheit als ein „Zustand völligen körperlichen, seelischen und sozialen Wohlbefindens und nicht nur als Freisein von Krankheit oder Gebrechen" definiert. Wenn auch diese Definition teilweise der Lebenswirklichkeit nicht gerecht wird und als konkret erreichbare, politische Zielsetzung nur begrenzt geeignet erscheint, so zeigt sie doch eine von allen Ländern und auch von der Bundesregierung akzeptierbare Zielrichtung auf.

An dieser Definition ist hilfreich, dass Gesundheit nie eindimensional biologisch gesehen wird, sondern soziale und psychische Befindlichkeiten eingeschlossen sind. Dennoch ist diese Vorstellung von Gesundheit utopisch und gefährlich: utopisch, weil sie unerfüllbare Erwartungen in menschliches Handeln setzt, gefährlich, weil diese Erwartungen in Anforderungen und Ansprüche umgesetzt werden. Die Folge ist eine Betreuungsmentalität in unserer Gesellschaft mit der Vorstellung, dass jede Störung des Befindens durch ärztliche Maßnahmen angegangen werden kann und angegangen werden muss.

52 Demgegenüber hat die Bundesärztekammer als Definition folgende Formulierung vorgeschlagen: „Gesundheit ist die aus der personalen Einheit von subjektivem Wohlbefinden und objektiver Belastbarkeit erwachsende körperliche und seelische, individuelle und soziale Leistungsfähigkeit des Menschen", wobei man noch ergänzen kann, dass Leistungsfähigkeit zu verstehen ist im Sinne des Vermögens des Einzelnen zur Erfüllung seiner Rollenfunktion in der Gesellschaft.

53 Gesundheit ist danach ein individueller Besitz und zugleich auch soziales Gut. Die Erhaltung der Gesundheit ist abhängig von gesundheitsgerechten Lebens- und Arbeitsbedingungen und der Stärkung der Eigenverantwortung des Einzelnen für seine Gesundheit. Gesundheit ist nicht statisch, sondern ein lebenslanger aktiver Prozess. Dabei spielen individuelle und gesellschaftliche Wertvorstellungen, persönliche Lebensführung und Wohlbefinden sowie die ökonomischen, ökologischen und sozialen Bedingungen eine Rolle.

Gesundheit kann deshalb nicht als Abwesenheit aller Störungen und völliges Wohlbefinden definiert werden. Gesundheit ist vielmehr die Kraft, mit Störungen, die einen gewissen Grad nicht überschreiten, zu leben.

Strukturprinzipien der gesetzlichen Krankenversicherung

54 Die deutsche GKV wird bestimmt durch eine Reihe von Strukturprinzipien, die teils nur historisch erklärt werden können, teils aber als bewusste und gewollte Grundentscheidungen vom Gesetzgeber der Bismarckzeit so gestaltet worden sind. In ihrer Kumulation verleihen die verschiedenen Prinzipien der deutschen Krankenversicherung eine in der Welt wohl einzigartige Ausprägung eines sozialen Sicherungssystems. Die wesentlichen Prinzipien der GKV sind folgende:

Das Sachleistungsprinzip

55 Eine Grundsatzentscheidung des Gesetzgebers bei Schaffung der GKV ging dahin, den Versicherten die im Krankheitsfall erforderlichen medizinischen Dienste und Leistungen als solche, also in Gestalt von Naturalleistungen, zur Verfügung zu stellen, und zwar grundsätzlich ohne besondere Zahlungsverpflichtungen. Zur Verwirklichung des Sachleistungsprinzips schließen die Krankenkassen mit den sogenannten Leistungserbringern wie Ärzten, Krankenhäusern, Apotheken usw. Verträge mit der Verpflichtung, die Versicherten im Krankheitsfall zu Lasten der Krankenkassen zu behandeln. Die aufgrund dieser Verträge in Natur zu erbringenden Leistungen sind zwangsläufig für alle Versicherten gleich.

56 Das Sachleistungsprinzip hat sich in den zentralen Versorgungsbereichen der GKV im Großen und Ganzen als leistungsfähig erwiesen. Es garantiert, dass derjenige, der krank ist, ohne Rücksicht auf sein Einkommen behandelt werden kann. Dem Sachleistungsprinzip fehlen allerdings wegen der mit ihm verbundenen Intransparenz über Preise und Kosten auch Anreize zu einer sparsamen Inanspruchnahme von Gesundheitsleistungen; davon können Gefahren für die finanzielle Stabilität der Krankenversicherung ausgehen.

57 Das Gegenstück zum Sachleistungsprinzip ist das Kostenerstattungsprinzip. Danach legt der Patient die entstehenden Arzt-, Apotheker- und Krankenhausrechnungen aus eigener Tasche vor und erhält sie nach Einreichung der quittierten Rechnungen von seiner Krankenkasse zurückerstattet, und zwar in voller Höhe oder in der Höhe, die die Krankenkasse bei Erbringung als Sachleistung hätte aufwenden müssen (GKV) oder eines vorher bestimmten Prozentsatzes (Private Krankenversicherung).

58 Nach dem Kostenerstattungsprinzip verfährt im Allgemeinen die private Krankenversicherung (PKV). Sie übernimmt also keinerlei Zahlungsverpflichtung gegenüber einem Arzt, sondern hat es allein mit ihrem Versicherten zu tun, dem sie seine Kosten erstattet. In der GKV können seit 1. Januar 2004 alle Versicherten Kostenerstattung in Anspruch nehmen. Damit ist die bereits vom 1. Juli 1997 bis 31. Dezember 1998 bestehende Rechtslage wieder hergestellt worden. Das GKV-Wettbewerbsstärkungsgesetz (vgl. Rdnr. 132) und das GKV-Finanzierungsgesetz (vgl. Rdnr. 142) haben die Kostenerstattung erheblich erweitert und erleichtert. Gleichwohl wählten im zweiten Halbjahr 2008 nur 132 000 Personen (0,19 Prozent aller gesetzlich Versicherten) Kostenerstattung.

Das Solidaritätsprinzip

59 Prägendes Kennzeichen der GKV ist das Solidaritätsprinzip. Die Beiträge, die der Versicherte für seinen Krankenversicherungsschutz zu entrichten hat, richten sich nach seiner finanziellen Leistungsfähigkeit; sie werden bemessen nach einem Vomhundertsatz des Arbeitsentgelts. Alter, Geschlecht und das gesundheitliche Risiko des Versicherten sind für die Beitragshöhe unerheblich. Der Anspruch auf die medizinischen Leistungen der Krankenkasse ist unabhängig von der Höhe der gezahlten Beiträge: Man bekommt nach dem Maße seiner Bedürfnisse und gibt nach dem Maße seiner Leistungskraft. Die durch das GKV-FinG (vgl. Rdnr. 142) neu gestalteten Zusatzbeiträge sind allerdings einkommensunabhängig. Ausdruck des Solidarprinzips ist auch die beitragsfreie Familienversicherung von Ehegatten und Kindern, sofern diese kein Einkommen über einer bestimmten Höhe haben.

60 Das Solidaritätsprinzip unterscheidet die GKV ebenso wie das Sachleistungsprinzip von der privaten Krankenversicherung. Dort bemisst sich der Beitrag des einzelnen Versicherten nach dem individuellen Risiko und dem Wert des Versicherungsschutzes; Leistung und Gegenleistung sind aufeinander bezogen; sie sind gleichwertig. Es gilt das Äquivalenz-, nicht das Solidaritätsprinzip.

Das Selbstverwaltungsprinzip

61 Der Gesetzgeber hat die Durchführung der Krankenversicherung nicht der unmittelbaren Staatsverwaltung übertragen, sondern sich für die Errichtung eigenständiger Verwaltungsträger in der Rechtsform von Körperschaften des öffentlichen Rechts entschieden und die Verwaltung dieser Körperschaften den betroffenen Arbeitnehmern und Arbeitgebern überantwortet. Die Gründe für diese Entscheidung liegen darin, dass es bei Einführung der GKV bereits Krankenkassen gab, die sich bewährt hatten, so dass der Gesetzgeber die „korporativen Genossenschaften unter staatlichem Schutz und staatlicher Förderung" für die Lösung der anstehenden schwierigen Aufgaben für besser geeignet hielt als die unmittelbare Staatsgewalt.

62 Das Prinzip der Selbstverwaltung hat sich in der Krankenversicherung bewährt. Es verschafft den Beteiligten unmittelbare Mitwirkungsmöglichkeiten an der Ausgestaltung der Gesundheitssicherung. Es trägt zur Sozialpartnerschaft und zum sozialen Frieden bei. Es stellt allerdings auch hohe Anforderungen an die Konsensbereitschaft der Beteiligten.

Das Prinzip der gegliederten Krankenversicherung

63 Organisatorisch ist die deutsche Krankenversicherung eine „gegliederte" Versicherung, d. h. es gibt keinen einheitlichen Versicherungsträger, sondern verschiedene Kassenarten, insgesamt 6, mit regionaler, berufsständischer oder branchenspezifischer Ausrichtung in aktuell (1. Januar 2011) insgesamt 156 rechtlich selbständigen Krankenkassen. Dabei zählen einzelne Krankenkassen knapp 1000 Mitglieder, andere wiederum mehrere Mio.

64 Im Einzelnen gliedert sich das System der GKV zum Stichtag 1. Januar 2011 in

  12 Ortskrankenkassen,
 121 Betriebskrankenkassen,
   7 Innungskrankenkassen,
   9 landwirtschaftliche Krankenkassen,
   6 Ersatzkassen,
   1 Knappschaft-Bahn-See.

Die Gliederung ist ein wichtiger Garant für ein freiheitliches Gesundheitswesen und für Versichertennähe. Gleichwohl kann die organisatorische Vielfalt des deutschen Krankenversicherungswesens, wie schon die Sozialenquête 1965 festgestellt hat, kaum rational begründet werden, sondern bildet das Ergebnis historisch gewachsener Strukturen. Diese sind durch den historischen Gesetzgeber im Krankenversicherungsgesetz von 1883 in Anknüpfung an schon vorhandene Krankenkassen angelegt und seither im Grundsatz trotz allen gesellschaftlichen, ökonomischen und staatlichen Wandels der letzten 125 Jahre erhalten geblieben.

Auch die durch das Gesundheitsstrukturgesetz herbeigeführte Organisationsreform und die durch das GKV-Modernisierungsgesetz und das GKV-Wettbewerbsstärkungsgesetz (vgl. Rdnr. 132) vorgenommenen Änderungen an der Organisationsstruktur haben an der Gliederung nicht gerüttelt. Allerdings werden sich die Konzentrationsprozesse innerhalb einzelner Kassenarten mit vielen Einzelkassen fortsetzen.

Die Gesundheitsreform

65 Alle anderen Zweige unseres Systems der sozialen Sicherheit haben in der Nachkriegszeit die erforderlichen Strukturveränderungen erfahren:

– die Rentenversicherung 1957,
– die Unfallversicherung 1962 und
– die Arbeitslosenversicherung 1969.

Allein die Krankenversicherung hatte sich bis dahin allen Reformbemühungen widersetzt. Der frühere Bundesarbeitsminister Theodor Blank ist in den Jahren 1959/60 und 1962/63 mit zwei Reformversuchen gescheitert. Die Kostendämpfungsgesetzgebung in der Zeit von 1977 bis 1982 blieb ohne dauerhafte Wirkungen. Der Versuch einer wirklichen Reform der Krankenversicherung, der insbesondere nach den Erfahrungen mit der „Kostenexplosion im Gesundheitswesen" zu Beginn der 70er Jahre unzweifelhaft erforderlich gewesen wäre, ist damals nicht unternommen worden, obwohl man die Notwendigkeit einer Strukturreform damals durchaus erkannt und 1971 sogar eine „Sachverständigenkommission für die Weiterentwicklung der sozialen Krankenversicherung" eingesetzt hatte.

66 Hier zeigen sich die Besonderheiten, mit denen wir es in der Krankenversicherung zu tun haben. Hier gibt es nicht nur das natürliche Spannungsfeld zwischen den Beitragszahlern auf der einen und den Leistungsempfängern auf der anderen Seite, das für alle Zweige der Sozialversicherung gilt. In der Krankenversicherung kommt hinzu, dass mit der Leistungsgestaltung, vor allem aber mit der Einschränkung von Leistungen, unmittelbare Einkommensinteressen der Anbieter dieser Gesundheitsleistungen berührt werden. Und es ist die Vielfalt dieser Interessengruppen, angefangen bei den Ärzten, Zahnärzten, Zahntechnikern über die Apotheker, die pharmazeutische Industrie, die Krankenhäuser und die Rehabilitationskliniken bis zu den Heilbädern, Transportunternehmen und den Optikern, Hörgeräteakustikern und Masseuren, deren Festhalten an erworbenen Besitzständen, die die Reform der Krankenversicherung so unsäglich schwierig macht.

Notwendige Kostendämpfung im Gesundheitswesen

67 Die Ausgabenentwicklung der GKV, die Kostensteigerungen im Gesundheitswesen, die Ergebnisse der bisherigen Kostendämpfungspolitik, die erneuten Defizite der Krankenkassen in den Jahren seit 1984 und 1991/1992 sowie die damit verbundenen Beitragssatzanhebungen der Krankenkassen machen deutlich: Kostendämpfung im Gesundheitswesen ist unverzichtbar.

Die Leistungsausgaben in der GKV haben sich seit 1991 wie folgt entwickelt:

Jahr	
1991	88,7 Mrd. Euro
1992	102,0 Mrd. Euro
1993	102,3 Mrd. Euro
1994	111,1 Mrd. Euro
1995	117,0 Mrd. Euro
1996	120,9 Mrd. Euro
1997	118,3 Mrd. Euro
1998	120,1 Mrd. Euro
1999	123,2 Mrd. Euro
2000	125,9 Mrd. Euro
2001	130,6 Mrd. Euro
2002	134,3 Mrd. Euro
2003	136,2 Mrd. Euro
2004	131,2 Mrd. Euro
2005	134,8 Mrd. Euro
2006	138,7 Mrd. Euro
2007	144,4 Mrd. Euro
2008	150,9 Mrd. Euro
2009	164,4 Mrd. Euro

68 Die Gesundheitsausgaben insgesamt sind in den letzten 30 Jahren insgesamt stärker gestiegen als das nominale Bruttoinlandprodukt oder die Bruttolohn- und –gehaltssumme. Auch die Leistungsausgaben wuchsen schneller als das Bruttosozialprodukt und schneller als die Löhne, sie waren nur mit ständig steigenden Beiträgen, mit steigender Bemessungsgrundlage und mit steigenden Beitragssätzen zu bezahlen. Die Entwicklung der Beitragsbelastung für die Versicherten und für die Arbeitgeber wird aus nachfolgender Tabelle deutlich (die Berechnungen gelten für das frühere Bundesgebiet):

Jahr	Allgemeiner Beitragssatz im Durchschnitt jährlich	Beitrags- bemessungs- grenze	Höchstbetrag jährlich (bei durchschnittli- chem Beitragssatz)
1960	8,40 %	7.920 DM	665 DM
1975	10,50 %	25.200 DM	2.646 DM
1980	11,38 %	37.800 DM	4.302 DM
1990	12,53 %	56.700 DM	7.105 DM
1995	13,24 %	70.200 DM	9.294 DM
1996	13,47 %	72.000 DM	9.698 DM
1997	13,50 %	73.800 DM	9.963 DM
1998	13,54 %	75.600 DM	10.236 DM
1999	13,54 %	76.500 DM	10.358 DM
2000	13,52 %	77.400 DM	10.464 DM
2001	13,58 %	40.034 Euro	5.429 Euro
2002	14,00 %	40.500 Euro	5.670 Euro
2003	14,35 %	41.400 Euro	5.941 Euro
2004	14,27 %	41.850 Euro	5.972 Euro
2005	13,77 %	42.300 Euro	6.015 Euro
2006	13,38 %	42.750 Euro	6.105 Euro
2007	13,97 %	42.750 Euro	6.357 Euro
2008	14,00 %	43.200 Euro	6.438 Euro
2009[1]	14,00 %	44.100 Euro	6.615 Euro
2010	14,00 %	45.000 Euro	6.705 Euro
2011	14,60 %	44.500 Euro	6.905 Euro

1) Im 1. Halbjahr 2009 galt in der gesetzlichen Krankenversicherung bundesweit ein einheitlicher Beitragssatz von 14,6 Prozent. Im Zuge des sogenannten Konjunkturpakets II (Gesetz zur Sicherung von Beschäftigung und Stabilität in Deutschland) wurde der Beitragssatz zum 1. Juli 2009 um 0,6 Beitragssatzpunkte abgesenkt und der pauschale Bundeszuschuss entsprechend erhöht.

In der jahresdurchschnittlichen Berechnung ab dem Jahr 2005 ist zu berücksichtigen, dass ab 1. Juli 2005 zusätzlich zu dem in der vorstehenden Tabelle paritätisch finanzierten allgemeinen Beitragssatz ein von den Mitgliedern zu finanzierender Zusatzbeitragssatz von 0,9 Prozent erhoben und der allgemeine Beitragssatz der Kassen zum gleichen Zeitpunkt entsprechend abgesenkt wurde. Seit dem 1. Januar 2009 gilt in der gesetzlichen Krankenversicherung bundesweit ein einheitlicher Beitragssatz. Mit der Absenkung des paritätisch finanzierten allgemeinen Beitragssatzes von 14,6 Prozent auf 14,0 Prozent und der Gegenfinanzierung durch einen höheren Bundeszuschuss wurde das Beitragssatzniveau wieder auf den durchschnittlichen Beitragsstand des Jahres 2008 gebracht. Zur Kompensation erwarteter Einnahmeausfälle in der

GKV hat der Bund mit dem Sozialversicherungs-Stabilisierungsgesetz (vgl. Rdnr. 139) für das Jahr 2010 einen Zuschuss von 3,9 Milliarden Euro und mit dem GKV-FinG (vgl. Rdnr. 142) zur Stärkung der Finanzierungsgrundlagen der GKV für 2011 einmalig weitere 2 Milliarden Euro zur Verfügung gestellt, die in die Liquiditätsreserve des Gesundheitsfonds fließen und für Zwecke des Sozialausgleichs in Verbindung mit dem Zusatzbeitrag ab dem Jahr 2012 zur Verfügung stehen. Allerdings beträgt der Beitragssatz ab 2011 wieder 14,6 Prozent zuzüglich des mitgliederbezogenen Anteils von 0,9 Prozent. Insgesamt stehen der gesetzlichen Krankenversicherung damit im Jahr 2011 Bundeszuschüsse in Höhe von 15,3 Mrd. Euro zur Verfügung.

69 Der überproportionale Ausgabenanstieg und die steigenden Beitragssätze sind Symptome tiefer liegender Ursachen. Über-, Unter- und Fehlversorgung sowie Unwirtschaftlichkeit als Folge von Steuerungsmängeln im System der GKV bilden neben den Leistungsausweitungen, den Auswirkungen des medizinischen und medizinisch-technischen Fortschritts und den Veränderungen im Altersaufbau der Bevölkerung einen entscheidenden Teil dieser Ursachen, die letztlich zu einer Verschwendung von Finanzmitteln der Solidargemeinschaft führen.

70 Die Konsequenz aus den vielfältigen Ursachen der Kostenexplosion im Gesundheitswesen ist eindeutig: Beitragssatzstabilität in der GKV ist ohne besondere Anstrengung aller Beteiligten nicht zu erreichen. Im Gegenteil: Die ausgabenwirksamen Faktoren würden in absehbarer Zeit zur Unfinanzierbarkeit der Krankenversicherung führen.

71 Die Politik der Kostendämpfung im Gesundheitswesen, wie sie seit 1976/1977 formuliert und praktiziert wurde, ist darauf ausgerichtet, die Ausgaben in der GKV im Gleichgewicht mit den Beitragseinnahmen zu halten, und zwar bei stabilen Beitragssätzen. Das bedeutet eine Orientierung des Wachstums der Ausgaben der Krankenversicherung an der Entwicklung der Grundlohnsumme – das sind die beitragspflichtigen Entgelte der Versicherten –, also an der Entwicklung der Einnahmen der Versichertengemeinschaft. Deshalb wird diese Politik als einnahmeorientierte Ausgabenpolitik oder als Politik der Beitragssatzstabilität bezeichnet.

72 Die Umsetzung dieser Politik geschah nicht ausschließlich durch gezielte dirigistische Eingriffe und Entscheidungen des Gesetzgebers, sondern auch durch eine Vielzahl von Maßnahmen der gemeinsamen Selbstverwaltung, die insgesamt darauf ausgerichtet waren, das System der GKV finanzierbar zu halten.

73 Stabile Beitragssätze in der GKV sind nicht nur wirtschaftspolitisch notwendig, sondern auch gesundheitspolitisch zu verantworten. Die einkommensbezogene Finanzierung in Verbindung mit der Dynamik der Beitragsbemessungsgrenze garantiert den Krankenkassen bei stabilen Beitragssätzen ein Wachstum der Einnahmen im Gleichschritt mit den Einkommen der Versicherten. In der Vergangenheit reichte dieser Einnahmenzuwachs aus, um das hohe Niveau unserer gesundheitlichen Versorgung sicherzustellen und die Versicherten am medizinischen Fortschritt teilhaben zu lassen. Angesichts veränderter gesellschaftlicher Rahmenbedingungen (z. B. veränderte Erwerbsbiografien, Zunahme der Zahl von Beitragszahlern mit geringen Beiträgen wie Rentner und Arbeitslose) wird dieser Einnahmenzuwachs aber immer geringer. Es stellt sich die Frage, ob es auf Dauer ausreicht, den steigenden Finanzbedarf dadurch zu decken, dass verstärkt Wirtschaftlichkeitsreserven ausgeschöpft und Überkapazitäten abgebaut werden. Stabile Beitragssätze, eine leistungsfähige gesundheitliche Versorgung und medizinischer Fortschritt ließen sich in einer Zeit normal wachsender Beiträge sehr wohl miteinander in Einklang bringen; allerdings bedarf es dazu erheblicher Anstrengungen. Schwierig wird es allerdings dann, wenn Beitragseinnahmen und notwendiger medizinischer Bedarf längerfristig auseinander laufen und auch durch Wirtschaftlichkeitsreserven nicht mehr gedeckt werden können. Die Gesundheitspolitik wird sich in Zukunft mit diesen Fragen verstärkt auseinander setzen müssen, wobei eine verlässliche Kofinanzierung der GKV aus Steuermitteln (vgl. Rdnr. 132) einen wichtigen Beitrag liefern wird. Einen neuartigen Ansatzpunkt bildet das Instrument der einkommensunabhängigen Zusatzbeiträge der Mitglieder, mit denen unabweisbare Mehraufwendungen der Krankenkassen z.B. aufgrund des medizinischen Fortschritts oder der demografischen Entwicklung gedeckt werden sollen (vgl. Rdnr. 142).

Notwendigkeit der Gesundheitsreform

74 Die Ergebnisse und die Erfahrungen mit der seit 1976 eingeleiteten Politik der globalen Kostendämpfung vermögen nicht zu überzeugen und nicht zu befriedigen. Die Mängel liegen darin, dass die Maßnahmen dieser Politik nicht zu den Wurzeln der

Ausgabenüberhänge vorgedrungen sind und die Ursachen der Fehlsteuerungen nicht beseitigt haben. Um es bildlich auszudrücken: Auf dem kochenden Topf der Ausgaben der Krankenversicherung wurde zwar der Deckel fester angezogen und damit ein Überkochen verhindert, das Feuer unter dem Topf aber wurde nicht zurückgenommen. Die Wirkung der Kostendämpfungsgesetze war deshalb jeweils nur von kurzer Dauer. Schon nach wenigen Jahren entstand ständig neuer Handlungsbedarf.

75 Ein weiterer Mangel der globalen Kostendämpfungspolitik liegt auch darin, dass die einzelnen Ausgabenblöcke der GKV in ihrer derzeitigen Relation zueinander weitgehend zementiert wurden, und zwar ohne Rücksicht auf sich wandelnde Bedürfnisse der gesundheitlichen Versorgung. Die Anteile der einzelnen Ausgabenblöcke sind im Wesentlichen ohne bewusste Orientierung an medizinischen Notwendigkeiten entstanden.

76 Den gemeinsamen Anstrengungen von Gesetzgeber und Selbstverwaltung ist es zwar gelungen, die explosionsartige Ausgaben- und Beitragssatzentwicklung aus der ersten Hälfte der 70er Jahre abzuschwächen und vorübergehend auch zu stoppen; eine dauerhafte Stabilisierung wurde jedoch nicht erreicht. Die vor 1989 eingeleiteten gesetzgeberischen Kostendämpfungsmaßnahmen haben die eigentlichen Ursachen der überproportionalen Ausgabenentwicklung in der GKV nicht beseitigt; sie haben sich darauf beschränkt, kurzfristig an den Symptomen dieser Entwicklung zu korrigieren. Eine solche Politik beschwört ständig neue Eingriffe des Gesetzgebers herauf. Eine Politik, die die Steuerungsmängel des Systems unverändert fortbestehen lässt, war gesundheits- und sozialpolitisch nicht vertretbar.

77 Die Bilanz der 10-jährigen Kostendämpfungsbemühungen von Gesetzgeber und Selbstverwaltung zwischen 1976 und 1986 macht deutlich, dass es zu einer breit angelegten Strukturreform, die an den Ursachen von Fehlentwicklungen ansetzt und Systemmängel beseitigt, keine vernünftige Alternative gab. Auch alle im Bundestag vertretenen politischen Parteien haben den gesetzgeberischen Handlungsbedarf für eine Strukturreform im Gesundheitswesen anerkannt.

Rechtspolitische Ziele

78 Ziel der Gesundheitsreform war eine solidarische Erneuerung, nicht aber eine völlige Neukonstruktion der GKV. Die tragenden Grundprinzipien der GKV – Solidarität, Subsidiarität, Selbstverwaltung, Gliederung und Sachleistung – standen nicht zur Disposition. Eine Abschaffung dieser Grundprinzipien hätte eine Abkehr von einer verlässlichen Sozialpolitik bedeutet. Das hätte nicht nur Unsicherheit geschaffen, sondern zu sozial- und gesundheitspolitisch unvertretbaren Konsequenzen geführt.

79 Die Bundesregierung lehnt damals wie heute die Einführung eines staatlichen Versorgungssystems im Gesundheitswesen ebenso ab wie eine Einheitsversicherung. Auf der anderen Seite hält die Bundesregierung auch reine Marktmodelle im Gesundheitswesen für unvertretbar, da sie die soziale Schutzfunktion der GKV aushöhlen. Der soziale Ausgleich zwischen Gesunden und Kranken, zwischen jungen und alten Menschen, Ledigen und Familien mit Kindern, Beziehern höherer und niedriger Einkommen ist elementarer Bestandteil der GKV. Diese Umverteilungsfunktionen können von einem reinen Marktsystem nicht geleistet werden.

80 Die Absage an reine Marktmodelle bedeutet allerdings keine Absage an den verstärkten Einbau von Elementen des Marktes und des Wettbewerbs in die GKV.

81 Auf dieser Grundlage einer grundsätzlichen Wertschätzung des historisch gewachsenen Systems der GKV und seiner Grundprinzipien und unter Beachtung der Zielvorgaben der Koalition stellte das Gesundheits-Reformgesetz ab 1989 die Weichen für eine Neuorientierung, für ein Umsteuern in der medizinischen Versorgung.

82 Leitgedanken waren:

– Fehlentwicklungen werden korrigiert, Überversorgungen abgebaut (z. B. beim Zahnersatz und bei Arzneimitteln),
– Unterversorgungen werden beseitigt (z. B. bei der Schwerpflegebedürftigkeit),
– die Verantwortung der Versicherten für ihre Gesundheit wird gestärkt und durch erhöhte Zuzahlungen auch spürbar gemacht,
– die Wirtschaftlichkeit der Leistungserbringung wird verbessert (z. B. durch die Verankerung des Grundsatzes der Beitragssatzstabilität und neuartige Wirtschaftlichkeitsprüfungen) und
– das Recht der GKV wird neu kodifiziert und als Teil V in das Sozialgesetzbuch eingestellt.

Die Krankenversicherung sollte durch die Reform neue Instrumente erhalten, um ihren Solidarauftrag besser erfüllen zu können.

Neukodifizierung des Rechts der Krankenversicherung

83 Das Gesundheits-Reformgesetz (GRG) bedeutete zwar nach 100 Jahren sozialer Krankenversicherung die erste tiefgreifende und umfassende Reform, allerdings ist das GRG sicher kein „Jahrhundertgesetz". Das gilt umso mehr, als der Gesetzgeber bewusst bedeutsame und schwierige Teile des Reformbedarfs ausgeklammert und sie weiteren Reformschritten vorbehalten hatte, bspw. die Kassenstrukturen, die Überkapazitäten im Gesundheitswesen, die steigenden Arztzahlen und eine umfassende Lösung der Pflegeproblematik (vgl. Kapitel 11). Gleichwohl ist nicht zu verkennen und auch nicht zu bestreiten, dass mit dem GRG in der Krankenversicherung ein neues Kapitel aufgeschlagen worden ist.

84 Die Krankenkassen mussten vom 1. Januar 1989 an ein für sie völlig neu gestaltetes Recht anwenden. Das altvertraute Zweite Buch der Reichsversicherungsordnung gibt es nur noch in Gestalt einiger Restvorschriften. Das Recht der Krankenversicherung ist systematisch neu geordnet und neu geschrieben worden, es findet sich jetzt im Fünften Buch des Sozialgesetzbuches. Mit dieser Neukodifizierung des Rechts der GKV hat die Gesundheitsreform der Idee zur Schaffung eines umfassenden Sozialgesetzbuchs einen entscheidenden Impuls gegeben. Mit dem Recht der Krankenversicherung ist erstmals das gesamte Recht eines wichtigen Zweiges der sozialen Sicherung in das SGB eingestellt worden.

Auswirkungen des Gesundheits-Reformgesetzes

85 Das GRG führte 1989 zu deutlichen Einspareffekten. Erstmals in der Geschichte der GKV war es gelungen, nicht nur die Ausgabenzuwächse der Krankenversicherung zu verringern, sondern einen Ausgabenrückgang unter das bisherige Niveau zu erreichen. Die gesamten Leistungsausgaben der Krankenkassen gingen von 128 Mrd. DM im Jahr 1988 auf 123 Mrd. DM im Jahr 1989 zurück. Deshalb konnte der durchschnittliche Beitragssatz der Krankenkassen zunächst stabil gehalten und sogar gesenkt werden, von 12,9 Prozent im Jahr 1989 auf 12,8 Prozent zum 1. Januar 1990 und auf 12,2 Prozent im weiteren Verlauf des Jahres 1990.

86 Doch bereits ab Mitte 1990 begannen die Einspareffekte zu verpuffen, nahmen die Ausgaben der Krankenkassen wieder stärker zu als die Einnahmen. 1991 stiegen die Ausgaben je Mitglied in den alten Ländern mit 10,7 Prozent mehr als doppelt so stark wie die beitragspflichtigen Einnahmen mit 5 Prozent. Auch 1992 setzte sich der Ausgabenanstieg mit 9,2 Prozent gegenüber einer Zunahme der beitragspflichtigen Einnahmen von 5,1 Prozent fort. Angesichts eines Defizits in den alten Ländern von 5,6 Mrd. DM in 1991 und 9,1 Mrd. DM in 1992 stieg der auf Grund der Gesundheitsreform auf 12,2 Prozent abgesunkene durchschnittliche Beitragssatz bis Ende 1992 auf die Rekordmarke von 13,4 Prozent an. Selbst die neuen Länder verzeichneten nach einem Überschuss von 2,8 Mrd. DM in 1991 ein Jahr später bereits ein Defizit von 300 Mio. DM.

87 Die Ursachen dafür sind vielfältig. Sicher mag eine Rolle gespielt haben, dass die Selbstverwaltung 1990/91 sehr stark mit dem Aufbau der gegliederten Krankenversicherung in den neuen Ländern beschäftigt war und ihre Anstrengungen auf diese Aufgabe konzentrierte. Ausschlaggebend war aber, dass wichtige Ansätze des GRG, die auf eine Umsteuerung des Gesundheitswesens in Richtung erhöhter Effizienz und verbesserter Qualität hinwirken sollten, einfach nicht umgesetzt wurden:

– Verzahnung der Versorgungsbereiche,
– Kündigungsrecht der Krankenkassen gegenüber unwirtschaftlichen Krankenhäusern,
– Einführung von Richtgrößen für die Arzneimittelverordnung der Ärzte,
– Einführung der Krankenversichertenkarte usw.

88 Die Masse der Einsparungen ergab sich aus Leistungsbegrenzungen und der Erhöhung von Zuzahlungen. Das Ziel des GRG, die finanziellen Lasten der Gesundheitsreform gleichmäßig auf die Schultern von Leistungserbringern und Versicherten zu verteilen, scheiterte an der Blockadeposition einzelner Beteiligter. Am Ende hatten im Wesentlichen nur die Versicherten ihren Beitrag erbracht.

Das Gesundheitsstrukturgesetz

89 Angesichts einer derart dramatischen Entwicklung musste die Gesundheitspolitik rasch handeln. Unter Führung des neuen Gesundheitsministers Seehofer erarbeitete die Regierungskoalition Vorschläge, die mit einem Gesundheitsstrukturgesetz strukturelle Erneuerungen im Gesundheitswesen anstrebten:

- Begrenzung der Arztzahlen über verschärfte Bedarfsplanungsrichtlinien und gesetzliche Restriktionen,
- Aufhebung des Selbstkostendeckungsprinzips und Einführung von leistungsorientierten Fallpauschalen in der Krankenhausfinanzierung,
- Lockerung der weitgehenden Trennung von ambulanter und stationärer Behandlung, z. B. durch ambulantes Operieren und vor-/nachstationäre Behandlung im Krankenhaus,
- stärkere Haftung des Arztes für veranlasste Leistungen und
- Stärkung der Qualitätsverantwortung bei allen Beteiligten.

90 Als Sofortbremse sollten die wichtigsten Ausgabenbereiche für eine bestimmte Zeit an die Einnahmenentwicklung angebunden sein (Budgetierung) und für bestimmte Leistungen (Zahnersatz, Arzneimittel) die Vergütung bzw. die Preise abgesenkt werden.

91 Da die SPD-regierten Länder im Bundesrat über eine deutliche Mehrheit verfügten, waren Konsensgespräche zwischen Regierung und Opposition, zwischen Bund und Ländern unausweichlich. In einer Klausurtagung in Lahnstein einigten sich beide Seiten auf eine von den meisten Beteiligten nicht erwartete umfassende Strukturreform im Gesundheitswesen. Sie wurde trotz massivster Widerstände im außerparlamentarischen Raum, insbesondere von Seiten der Leistungserbringer, weitgehend unverändert verabschiedet und trat am 1. Januar 1993 in ihren Hauptteilen in Kraft.

Sofortmaßnahme: Budgetierung der wichtigsten Leistungsbereiche

92 Von 1993 bis 1995 durften die Ausgaben der GKV nur noch im Gleichklang mit den beitragspflichtigen Einnahmen der Mitglieder steigen. Die Budgetierung der Ausgaben der GKV bezog sich nicht nur auf die wichtigsten Leistungsbereiche (Krankenhausbehandlung, ambulante ärztliche und zahnärztliche Versorgung, stationäre Kuren, d. h. rd. 70 Prozent der Leistungsausgaben), sondern galt auch für die Verwaltungsausgaben der Krankenkassen. Ausgangsbasis waren – bis auf den Krankenhausbereich – die um die Veränderung der beitragspflichtigen Einnahmen des Jahres 1992 erhöhten Rechnungsergebnisse des Jahres 1991. Für die neuen Länder galten Sonderregelungen.

93 Die vorübergehende Budgetierung bedeutete nicht, dass die Selbstverwaltung der Ärzte und Krankenkassen außer Funktion gesetzt wurde. Sie konnte auch weiterhin die Gesamtvergütung aushandeln, hatte allerdings als Obergrenze für Zuwächse den Anstieg der beitragspflichtigen Einnahmen der Mitglieder der GKV zu beachten.

94 Die Budgetierung war nicht als dauerhaftes Instrument gedacht. Bereits mittelfristig sollte das Zusammenwirken von Krankenkassen, Leistungserbringern, Versicherten und Gesetzgeber zu einer am Grundsatz der Beitragssatzstabilität orientierten Selbststeuerung der GKV führen. Diesem Ziel dienten die Strukturelemente des Gesundheitsstrukturgesetzes, insbesondere die Neuordnung des Vergütungssystems für Krankenhausleistungen, die Verzahnung von ambulanter und stationärer Versorgung, die wirksame Begrenzung der steigenden Arztzahlen in der GKV, die Neugestaltung des Arzneimittelsektors und die Organisationsreform des gegliederten Krankenkassensystems.

Strukturelle Veränderungen

95 Im Gegensatz zum GRG sah das Gesundheitsstrukturgesetz im Krankenhausbereich wichtige strukturelle Veränderungen vor. Dazu zählten vor allem:

- die Abschaffung des Selbstkostendeckungsprinzips zum 1. Januar 1993 und die Einführung von leistungsorientierten Vergütungen insbesondere in Form von Fallpauschalen und Sonderentgelten ab 1. Januar 1995,
- Zulassung der Krankenhäuser zur vor- und nachstationären Behandlung sowie zum ambulanten Operieren und
- ein Gemeinschaftsprogramm zur Finanzierung von Krankenhausinvestitionen in den neuen Ländern von 1995 bis 2004 unter Beteiligung von Bund, neuen Ländern und Krankenkassen.

96 Der Bereich der ambulanten ärztlichen/zahnärztlichen Versorgung erfuhr nachhaltige Veränderungen durch

- eine Begrenzung der Zahl der zugelassenen Vertragsärzte bis 1998 durch eine wirksamere Gestaltung der Bedarfsplanung und ab 1999 durch eine Zulassung nach Bedarf; die Zulassung endet mit Vollendung des 68. Lebensjahres,
- eine Förderung der hausärztlichen Versorgung unter qualitativen, finanziellen und organisatorischen Aspekten und

– eine Absenkung des Punktwerts für Zahnersatzleistungen und kieferorthopädische Behandlungen um 10 Prozent sowie der Vergütung für zahntechnische Leistungen um 5 Prozent, und die Einführung eines degressiven Punktwerts für alle zahnmedizinischen Bereiche bei Überschreiten einer bestimmten Punktwertmenge.

97 Besonders intensiv widmete sich das Gesundheitsstrukturgesetz dem Arzneimittelsektor, da die Ausgaben der Krankenkasse für Medikamente von 1990 bis 1992 in den alten Ländern um rd. 24,0 Prozent gestiegen waren:

– das Volumen der zu Lasten der GKV 1993 verordneten Arzneimittel wurde auf das bereinigte Volumen von 1991 begrenzt. Bei einer Überschreitung des Arzneimittelbudgets sollten 1993 Vertragsärzte und pharmazeutische Industrie (später nur die Vertragsärzte) für einen Ausgleich sorgen. Das für Arznei- und Heilmittel zustehende zeitlich nicht begrenzte Budget konnte aber durch Richtgrößen abgelöst werden,
– als Solidarbeitrag der pharmazeutischen Industrie wurden die Herstellerabgabepreise für Arzneimittel ohne Festbetrag 1993 und 1994 um 5 Prozent (nicht verschreibungspflichtige Arzneimittel: 2 Prozent) abgesenkt,
– zur Schaffung von mehr Transparenz und zur Qualitätssicherung auf dem Arzneimittelmarkt wurde beim Bundesausschuss der Ärzte und Krankenkassen ein Institut „Arzneimittel in der Krankenversicherung" gebildet, dessen unabhängige Sachverständige bis Mitte 1995 eine Liste von zu Lasten der GKV verordnungsfähigen Arzneimitteln (so genannte Positivliste) erarbeiten sollten (gestrichen mit Wirkung vom 1. Januar 1996) und
– die Zuzahlung zu Arzneimitteln wurde für 1993 nach Preisklassen gestaffelt. Ab 1994 wurde eine packungsgrößenabhängige Zuzahlung eingeführt, mit der der Verschwendung von Arzneimitteln („Arzneimittelmüll") vorgebeugt werden sollte.

98 Tiefgreifende Veränderungen betrafen die Organisation der GKV:

– ab 1996 hatten bis zu 95 Prozent aller Mitglieder die Möglichkeit, zwischen unterschiedlichen Krankenkassen zu wählen,
– ab 1994 wurde ein bundesweiter einnahmeorientierter Risikostrukturausgleich zwischen allen Kassen und Kassenarten eingeführt, der die Faktoren beitragspflichtige Einnahmen, familienversicherte Angehörige sowie alters- und geschlechtsbedingte Belastungsfaktoren der Versicherten umfasst. Er löste ab 1995 auch den Finanzausgleich in der Krankenversicherung der Rentner ab,
– für alle Kassenarten gelten die Regelungen des Kassenarztrechts einheitlich. Die Vereinbarungen müssen künftig auf der Ebene der kassenärztlichen Vereinigungen getroffen werden. Aus dem „Kassenarzt" wird für alle Kassenarten der „Vertragsarzt",
– die Selbstverwaltung der Krankenkassen wurde ab 1996 neu geregelt und
– der rechtliche Rahmen für freiwillige Zusammenschlüsse von Krankenkassen wurde erweitert und zugleich wurden die Möglichkeiten der Landesregierung verbessert, durch Rechtsverordnung Ortskrankenkassen und Innungskrankenkassen zu größeren Einheiten zusammenzuschließen.

99 Mit dem Gesundheitsstrukturgesetz wurden die Weichen in der Gesundheitspolitik neu gestellt. Anders als beim Gesundheits-Reformgesetz trugen diesmal die Leistungserbringer etwa drei Viertel, die Versicherten ein Viertel der vom Gesetz beabsichtigten Belastungen und Umschichtungen. Der Staat übernahm, wenn auch subsidiär, wieder eine stärkere Rolle in der globalen Ausgabenverantwortung im Gesundheitswesen. Im Übrigen blieben die Funktionen der gemeinsamen Selbstverwaltung in der GKV voll erhalten. Nur wenn innerhalb angemessener Fristen die gesetzlichen Aufträge nicht erfüllt wurden, waren Regelungen vorgesehen, die zu einer rechtswirksamen Umsetzung führen. Dies geschah über die Anrufung von Schiedsstellen durch die Aufsichtsbehörden oder durch Ersatzvornahmen im Verordnungsweg. Hier hat der Gesetzgeber ebenfalls aus negativen Erfahrungen bei der Umsetzung des Gesundheits-Reformgesetzes gelernt.

100 Kapazitäten sollten durch administrative Regelungsmechanismen und erweiterte Kompetenzen der Krankenkassen begrenzt und möglichst zurückgefahren werden. Die Honorierungs- und Finanzierungssysteme sollten stärkere Anreize für alle Beteiligten zur wirtschaftlichen Mittelverwendung und zur qualitätsbewussten Leistungserbringung geben. Schließlich setzte das Gesundheitsstrukturgesetz auf eine stärkere Konkurrenz zwischen den Krankenkassen und ging erste Schritte zur Einführung von Wettbewerb zwischen den Leistungserbringern.

Finanzielle Entwicklung der GKV seit den 90er Jahren

101 Die Finanzentwicklung der GKV war in den Jahren 1991 und 1992 durch eine sich stark beschleunigende Defizitentwicklung mit einem erheblichen Anstieg des Beitragssatzniveaus gekennzeichnet. Durch die Maßnahmen des Gesundheitsstrukturgesetzes kam es in den Jahren 1993 und 1994 wiederum zu hohen Überschüssen.

102 In vielen Bereichen hat das Gesundheitsstrukturgesetz zunächst zu beachtlichen Einsparungen geführt, insbesondere im Bereich der Arzneimittelversorgung. Die Finanzentwicklung der Jahre 1993 und 1994 erweckte zunächst den Eindruck, dass es mit Hilfe des Gesundheitsstrukturgesetzes insgesamt gelungen sein könnte, die Ausgabenentwicklung der GKV wirksam zu begrenzen und die Beitragssätze zu stabilisieren.

103 Die Finanzentwicklung der Jahre 1995 und 1996 hat jedoch gezeigt, dass mit zunehmendem Abstand zum Inkrafttreten des Gesundheitsstrukturgesetzes die Einsparerfolge in den verschiedenen Leistungsbereichen deutlich zurückgingen und die GKV wieder erhebliche Defizite und mit zeitlicher Verzögerung auch Beitragssatzsteigerungen hinnehmen musste.

Beitragsentlastungsgesetz und die beiden GKV-Neuordnungsgesetze

104 In den Jahren 1996 und 1997 wurde erneut versucht, mit dem Gesetz zur Entlastung der Beiträge der gesetzlichen Krankenversicherung (Beitragsentlastungsgesetz) sowie dem Ersten und Zweiten Gesetz zur Neuordnung von Selbstverwaltung und Eigenverantwortung in der gesetzlichen Krankenversicherung (1. und 2. GKV-Neuordnungsgesetz) eine sich erneut abzeichnende Beitragssatzexpansion zu stoppen und weitere Defizite in der GKV zu verhindern.

105 Das Beitragsentlastungsgesetz sowie das 1. und 2. GKV-Neuordnungsgesetz, die zum 1. Januar 1997 bzw. zum 1. Juli 1997 in Kraft traten, sahen vor allem Zuzahlungserhöhungen vor, der Leistungsumfang wurde reduziert und einzelne Elemente der privaten Krankenversicherung in die GKV eingeführt. Die Ursachen überproportionaler Ausgabensteigerungen konnten mit dem Beitragsentlastungsgesetz und den beiden GKV-Neuordnungsgesetzen jedoch nicht beseitigt und damit auch die Voraussetzungen für dauerhafte Beitragssatzstabilität in der GKV nicht geschaffen werden.

Das GKV-Solidaritätsstärkungsgesetz

106 Das am 1. Januar 1999 in Kraft getretene GKV-Solidaritätsstärkungsgesetz nahm wesentliche Regelungen der beiden GKV-Neuordnungsgesetze zurück oder schwächte sie ab:

– für die wichtigsten Leistungsbereiche der Krankenkassen werden im Jahr 1999 ausgabenbegrenzende Regelungen vorgesehen,
– die generelle Erhöhung von Zuzahlungen und ihre Dynamisierung werden zurückgenommen, die Zuzahlung für Arzneimittel wird gemildert; für chronisch Kranke wird bei der Härtefallregelung eine niedrigere Belastungsgrenze geschaffen. Der Koppelungsmechanismus von Beitragssatzerhöhung und Zuzahlungserhöhung wird abgeschafft. Das so genannte Krankenhausnotopfer wird für die Jahre 1998 und 1999 ausgesetzt,
– Zahnersatz wird wieder zur Sachleistung, die Festzuschüsse zum Zahnersatz werden abgeschafft; der Ausschluss der Zahnersatzleistung für nach 1978 Geborene wird rückgängig gemacht,
– Elemente der privaten Versicherungswirtschaft wie Beitragsrückgewährung, Kostenerstattung für Pflichtversicherte und Selbstbehalt sowie Gestaltungsrechte der Krankenkassen wie versichertenfinanzierte Satzungsleistungen und Erhöhung von Zuzahlungen werden zurückgenommen und
– die zeitliche Befristung im gesamtdeutschen Risikostrukturausgleich wird gestrichen.

Die GKV-Gesundheitsreform 2000 und das Gesetz zur Rechtsangleichung in der GKV

107 Schon im Entwurf eines GKV-Solidaritätsstärkungsgesetzes hatte die Koalition angekündigt, in der Gesundheitspolitik eine Kehrtwende einleiten zu wollen. Sie verständigte sich auf eine Strukturreform der GKV, die folgende Maßnahmen vorsehen sollte:

– Streichung medizinisch fragwürdiger Leistungen und Arzneimittel aus dem Leistungskatalog der Krankenkassen,
– Einführung eines Globalbudgets für die Ausgaben der Krankenkassen,
– Stärkung der hausärztlichen Versorgung unter Beachtung der freien Arztwahl,
– bessere Zusammenarbeit von Hausärzten, Fachärzten und Krankenhäusern, z. B. durch gemeinsame Nutzung teurer Medizintechnik,
– Neuordnung des Arzneimittelmarktes durch Einführung einer (1996 wieder gestrichen) Positivlis-

te und Verstärkung der Re-Importe von Arzneimitteln,
- Neuordnung der ambulanten und stationären Vergütungssysteme im Rahmen der Vertragsgebührenordnungen und Pflegesätze einschließlich monistischer Krankenhausfinanzierung,
- Vorrang von Rehabilitation vor Frühverrentung und Pflege,
- Reform der ärztlichen Ausbildung und Überprüfung der Berufsbilder der Medizinalfachberufe und
- Stärkung der Patientenrechte, des Patientenschutzes und der Qualitätssicherung sowie die Verbesserung der Gesundheitsberichterstattung.

Dabei sollten Gesundheitsvorsorge, Gesundheitsförderung und Rehabilitation einen hohen Rang erhalten sowie das Instrument der Selbsthilfe gestärkt werden.

108 Nach eingehender Vorbereitung legten Bundesregierung und Koalition am 23. Juni 1999 den umfangreichen Entwurf eines Gesetzes zur Reform der gesetzlichen Krankenversicherung ab dem Jahr 2000 (GKV-Gesundheitsreform 2000) vor. Sein Ziel war es, in der GKV eine gute Versorgung der Versicherten im Krankheitsfall auf qualitativ hohem Niveau zu zumutbaren Beiträgen sicherzustellen. Dazu setzte der Entwurf in 16 Themenkomplexen Anreize für alle Beteiligten, ressourcenverzehrende Defizite in der Versorgung zu beseitigen, die medizinische Orientierung des Gesundheitswesens in den Mittelpunkt zu rücken sowie Qualität und Effizienz der Versorgung über den Wettbewerb zwischen den Krankenkassen und zwischen den Leistungserbringern zu stärken.

109 Zentrale Reformelemente bildeten die stärkere Verzahnung von ambulanter und stationärer Versorgung, die Stärkung der hausärztlichen Versorgung, die Einführung einer monistischen Krankenhausfinanzierung, die Stärkung von Gesundheitsförderung und Selbsthilfe sowie die Erweiterung von Patientenrechten und des Patientenschutzes. Außerdem umfasste das Reformkonzept die Einführung einer umfassenden Qualitätssicherung im Gesundheitswesen sowie die Bewertung medizinischer Technologien und Verfahren nach den Grundsätzen der evidenzbasierten Medizin. Dem Medizinischen Dienst wurde die Aufgabe eines kompetenten Beraters der Krankenkassen in allen medizinischen Fragen zugewiesen. All dies sollte unter dem Dach eines Globalbudgets stattfinden, das einerseits die Einhaltung der Beitragssatzstabilität garantieren, aber andererseits eine Umschichtung zwischen den einzelnen Sektoren des Gesundheitswesens möglich machen sollte.

110 Stieß das Reformkonzept auf Grund dieser Zielsetzung anfangs durchaus auf positive Resonanz in der gesundheitspolitischen Szene – nicht nur Krankenkassen, Sozialpartner und Patientenorganisationen signalisierten Zustimmung, sondern auch Leistungserbringer reagierten verhalten positiv –, wuchs mit Vorlage der ersten Vorentwürfe die Ablehnungsfront. Vor allem die im Reformkonzept enthaltenen Budgetierungsregelungen stießen auf zunehmende Kritik bei den Leistungserbringern. Ebenso wurde den Vorschriften zu einer verbesserten Steuerung einzelner Ausgabenbereiche der Vorwurf der Bürokratisierung und der Auslieferung an die Macht der Krankenkassen gemacht. Bei den Krankenkassen mehrten sich die Zweifel, ob das vorgesehene Globalbudget praktikabel sei.

111 Noch schwieriger wurde es für das Reformprogramm der Bundesregierung, als nach den Landtagswahlen in Hessen und im Saarland die Koalition die Mehrheit im Bundesrat, mit der sie noch das GKV-Solidaritätsstärkungsgesetz problemlos hatte durchsetzen können, verlor. Da wesentliche Reformteile wie die Reform des stationären Sektors oder die Einführung eines Globalbudgets von der Zustimmung des Bundesrates abhängig waren, musste die Koalition zunehmend auf die Interessen aller Länder Rücksicht nehmen. Als zusätzliche Erschwernis stellten sich die Finanzprobleme der Krankenkassen in den neuen Ländern heraus.

112 Nachdem der Bundesrat den Gesetzentwurf am 26. November 1999 einhellig abgelehnt hatte, konzentrierte sich die Koalition auf ein zustimmungsfreies Gesetzespaket und koppelte das Finanzproblem der ostdeutschen Krankenkassen ab. Die Beschlussempfehlung des Vermittlungsausschusses, aus der alle zustimmungspflichtigen Teile des Gesetzes entfernt worden waren, passierte Bundestag und Bundesrat am 16. bzw. 17. Dezember 1999, sodass dieses Gesetz wie vorgesehen am 1. Januar 2000 in Kraft getreten ist.

113 Die geänderten Mehrheitsverhältnisse im Bundesrat haben dazu geführt, dass das mit hohen Erwartungen begleitete Reformpaket in wesentlichen Punkten ausgedünnt werden musste. Insbesondere scheiterte die Absicht der Koalition, eine durchgreifende Steuerung der verschiedenen Ausgabenbereiche zu erreichen. Insgesamt fehlte es weiterhin an wirksamen Instrumenten zur Eindämmung der Angebotskapazitäten.

114 An die Stelle des zustimmungspflichtigen Globalbudgets traten nun eine sektorale Budgetierung und die Verpflichtung zur Vertragspolitik auf die Einhaltung der Beitragssatzstabilität. Im stationären Sektor ist die Einführung der monistischen Krankenhausfinanzierung an den Ländern gescheitert. Von der Krankenhausreform blieb im Wesentlichen die allerdings enorm wichtige Einführung des neuen Entgeltsystems, das Fallpauschalen auf der Grundlage der Diagnosis Related Groups (DRG) vorsieht. Ebenso fielen alle Vorschriften zur Zusammenführung von Patienten- und Abrechnungsdaten sowie zur Weiterentwicklung des Medizinischen Dienstes weg. Im Arzneimittelbereich blieb es zwar bei der Positivliste für Arzneimittel; ihre Einführung hing aber von der Zustimmung des Bundesrates ab. Sie wurde durch das GMG (vgl. unten Rdnr. 123 ff.) erneut gestrichen.

115 Erhalten blieben im Gesetz die Vorschriften zur Einführung eines umfassenden Qualitätsmanagements im Gesundheitswesen. Vertragsärzteschaft, Krankenhäuser und die zugelassenen Vorsorge- und Rehabilitationseinrichtungen wurden zu einem internen Qualitätsmanagement verpflichtet. Gleichzeitig hatten sie sich an einrichtungsübergreifenden Maßnahmen der Qualitätssicherung zu beteiligen. Darüber hinaus wurden die Bundesausschüsse deutlich aufgewertet: Parallel zum Bundesausschuss Ärzte/Zahnärzte und Krankenkassen wurde ein Bundesausschuss „Krankenhaus" eingeführt. Künftig durften im stationären Sektor nur solche Methoden zu Lasten der GKV erbracht werden, deren Wirksamkeit und Nutzen nachgewiesen ist.

116 In der Endphase des Gesetzgebungsverfahrens ist zur Vernetzung der verschiedenen Bundesausschüsse noch ein Koordinierungsausschuss eingefügt worden. Dieser sollte neben der Abstimmung der Arbeit der verschiedenen Bundesausschüsse Empfehlungen in sektorübergreifenden Angelegenheiten abgeben. Darüber hinaus sollte er auf der Grundlage evidenzbasierter Leitlinien Kriterien für eine zweckmäßige und wirtschaftliche Leistungserbringung für mindestens zehn Krankheiten pro Jahr beschließen.

117 Prävention, Selbsthilfeförderung und Patientenberatung erhielten einen höheren Stellenwert. So können die Krankenkassen künftig wieder Leistungen der primären Prävention erbringen. Um wettbewerbsorientierte Auswüchse der Vergangenheit zu vermeiden, werden die Spitzenverbände der Krankenkassen prioritäre Handlungsfelder und Kriterien für die Leistungen der Prävention festlegen.

118 Neben dem zustimmungsfreien GKV-Gesundheitsreformgesetz 2000 ist am 1. Januar 2000 auch noch das von der Zustimmung des Bundesrates abhängige Gesetz zur Rechtsangleichung in der gesetzlichen Krankenversicherung in Kraft getreten. Es hob die meisten der in den neuen Ländern geltenden Sonderregelungen in der GKV (z. B. getrennte Haushaltsführung für in beiden Rechtskreisen tätige Krankenkassen, abweichende Rechengrößen) ab 1. Januar 2001 auf. Außerdem wurden die Krankenhausinvestitionen im Rechtskreis Ost als berücksichtigungsfähige Leistungsausgaben in den Risikostrukturausgleich einbezogen. Ab dem Jahr 2001 wurde – zusätzlich zum West-Ost-Transfer nach dem GKV-Finanzkraftstärkungsgesetz – schrittweise der vollständige gesamtdeutsche Risikostrukturausgleich eingeführt, indem die bislang nach Rechtskreisen getrennt ermittelten Risikoprofile stufenweise dem gesamtdeutschen Profil angepasst werden.

119 In den Jahren 2000 bis 2002 konzentrierte sich die krankenversicherungsrelevante Gesetzgebung auf die Einzelfragen, für die ein politischer Handlungsbedarf gesehen wurde. So regelte das Gesetz zur Einführung des diagnose-orientierten Fallpauschalensystems für Krankenhäuser die noch offene Einbindung der DRGs in die Krankenhausfinanzierung, insbesondere die Ein- und Überführungsphase bis zum 31. Dezember 2003. Besondere Beachtung schenkte die Politik dem Arzneimittelsektor. Die Budgetierung für Arznei- und Heilmittel wurde abgeschafft; an ihre Stelle traten Vereinbarungen der Selbstverwaltungspartner. Die Festsetzung von Festbeträgen wurde aus rechtlichen Gründen bis 2003 der Selbstverwaltung entzogen und dem Bundesministerium für Gesundheit und Soziale Sicherung übertragen, das eine entsprechende Rechtsverordnung zur Anpassung von Arzneimittelfestbeträgen erließ. Dem ungewöhnlich starken Anstieg der Ausgaben der Krankenkassen für Arzneimittel im Jahre 2001 trug ein Gesetz zur Begrenzung der Arzneimittelausgaben Rechnung, mit dem Leistungserbringer im Arzneimittelbereich kurzfristig einen Beitrag zur Stabilisierung der GKV-Arzneimittelkosten erbringen sollten.

120 Mit der Binnenstruktur der GKV befassten sich das Gesetz über die Neuregelung der Kassenwahlrechte und das Gesetz zur Reform des Risikostrukturausgleichs in der gesetzlichen Krankenversicherung. Letzteres verdient deshalb besondere Aufmerksamkeit, weil es das Ziel verfolgte, die wettbewerblichen Rahmenbedingungen der Krankenkassen durch Einführung eines Risikopools zum 1. Januar 2002, durch die finanzielle Förderung strukturierter Behandlungsprogramme für bestimmte chronisch Kranke und durch eine direkte Morbiditätserfassung im Risikostrukturausgleich ab 2007 zu verbessern.

Das am 1. Juli 2001 in Kraft getretene SGB IX brachte auch für die GKV eine Reihe materieller Änderungen, auf die an anderer Stelle eingegangen wird.

121 Da die wirtschaftliche Entwicklung in den Jahren 2001 und 2002 die Einnahmen der Krankenkasse wesentlich schwächer wachsen ließ als die Ausgaben, sah sich der Gesetzgeber genötigt, ein Beitragssatzsicherungsgesetz zu erlassen, das am 1. Januar 2003 in Kraft trat. Es sollte nicht nur das Beitragssatzniveau stabilisieren, sondern vor allem den Krankenkassen den finanziellen Spielraum für notwendige strukturelle Reformmaßnahmen verschaffen. Dass eine solche grundlegende Gesundheitsreform für die 15. Legislaturperiode angestrebt werde, haben alle im Deutschen Bundestag vertretenen Parteien angekündigt.

GKV-Modernisierungsgesetz

122 Die am 22. September 2002 wiedergewählte Koalition hatte sich in ihrer Koalitionsvereinbarung darauf verständigt, eine weitere umfangreiche Strukturreform vorzubereiten. Mit dieser sollten nicht nur die Maßnahmen zur Stabilisierung der Krankenversicherung fortgesetzt werden. Die Koalition wollte auch strukturelle Entwicklungen, die als Ursache nicht nur für Finanzierungs- sondern auch für Qualitäts- und Versorgungsprobleme gesehen wurden, angehen.

123 Der von der Regierungskoalition im Juni 2003 vorgelegte Gesetzentwurf für ein Gesundheitssystemmodernisierungsgesetz sah tiefe Einschnitte in die Versorgungsstrukturen vor, die die Rolle von Haus- und Fachärzten und ihre Beziehungen zu den Krankenkassen auf eine ganz neue Grundlage gestellt hätten. Er wurde im Bundestag nicht zu Ende beraten, weil sich Koalition und Opposition auf ein gemeinsames Reformkonzept verständigten, das in einer zweiwöchigen Klausurtagung in Berlin unter der Leitung des ehemaligen Gesundheitsministers Horst Seehofer und der Ministerin für Gesundheit und Soziale Sicherung Ulla Schmidt erarbeitet wurde. Dieses mündete in einem gemeinsamen Gesetzentwurf, das nun so genannte GKV-Modernisierungsgesetz, das im Bundestag von allen Fraktionen außer der FDP unterstützt wurde und den Bundesrat ohne wesentliche Änderungen sowie ohne Einschaltung des Vermittlungsausschusses passierte. Es trat in seinen wesentlichen Teilen am 1. Januar 2004 in Kraft. Eine Reihe von Regelungen ist aber erst später wirksam geworden.

124 Zentrales Ziel dieser Stufe der Gesundheitsreform war es, durch strukturelle Reformen Effektivität und Qualität der medizinischen Versorgung zu verbessern. Gleichzeitig sollten alle Beteiligten maßvoll in Sparmaßnahmen einbezogen werden. Hierzu gehörte nach den gemeinsamen Vorstellungen von Koalition und Opposition auch eine angemessene Beteiligung der Versicherten an ihren Krankheitskosten, bei der auf soziale Belange Rücksicht genommen wurde. Die Reform wollte damit einen Beitrag zu einem zielgerichteten Einsatz der Finanzmittel leisten, deutliche Beitragssatzsenkungen möglich machen und zugleich auch weiterhin eine qualitativ hochwertige medizinische Versorgung für alle Versicherten gewährleisten.

125 Nach den Vorstellungen des fraktionenübergreifenden Entwurfs sollte die GKV im Jahr 2004 bereits 9,8 Mrd. Euro einsparen, wovon man sich eine Absenkung des durchschnittlichen allgemeinen Beitragssatzes auf 13,6 Prozent in diesem Jahr versprach. Das finanzielle Entlastungsvolumen soll 2007 unter Berücksichtigung der Umfinanzierung bei Zahnersatz und Krankengeld auf ca. 23 Mrd. Euro ansteigen, was dann den Beitragssatz auf 12,15 Prozent hätte senken können.

126 Die wesentlichen Veränderungen des GMG wirkten sich in acht Bereichen aus:

– Zu den Maßnahmen zur Stärkung der Patientensouveränität zählten vor allem die Einrichtung eines sogenannten „Patientenbeauftragten" sowie die Einräumung von Mitberatungsrechten für Patienten- und Behindertenverbände bei Entscheidungen, die die Versorgung betreffen.
– Eine wichtige Rolle spielten Maßnahmen zur Verbesserung der Qualität der Patientenversorgung, insbesondere die Errichtung eines von der GKV-Selbstverwaltung getragenen, aber unabhängigen Instituts für Qualität und Wirtschaftlichkeit im Gesundheitswesen und die Einführung einer Fortbildungspflicht für alle Ärzte und sonstigen Gesundheitsberufe.

- Die Weiterentwicklung der Versorgungsstrukturen wollte vor allem die Grenzen der einzelnen Sektoren überwinden. Die integrierte Versorgung wurde erleichtert, Krankenhäuser wurden in einem bestimmten Umfang für die ambulante Versorgung geöffnet, medizinische Versorgungszentren wurden zugelassen, in denen eine interdisziplinäre Zusammenarbeit von ärztlichen und nichtärztlichen Heilberufen stattfinden sollte.
- Die bisher geltende Gesamtvergütung sollte ab 2007 durch sogenannte Regelleistungsvolumina ersetzt werden, die morbiditätsorientiert angepasst und verteilt werden sollten.
- Die Versorgung mit Arznei- und Hilfsmitteln wurde neu geordnet. Wichtigste Maßnahmen dabei waren die Modifikation der Festbetragsregelung, der Ausschluss nicht verschreibungspflichtiger Arzneimittel aus der Leistungspflicht der GKV und eine grundlegende Umgestaltung der Arzneimittelpreisverordnung.
- Außerdem wurden Veränderungen im Mitgliedschafts- und Organisationsrecht bei Krankenkassen und Kassenärztlichen Vereinigungen vorgesehen. Die Bundesausschüsse und der Koordinierungsausschuss wurden in einem Gemeinsamen Bundesausschuss zusammengefasst.
- Die besonders umstrittene Neuordnung der Versicherung für und der Versorgung mit Zahnersatz sah ab 2005 befundbezogene Festzuschüsse vor, die zu einem für alle Versicherten einheitlichen Beitrag als obligatorische Satzungsleistung von jeder Krankenkasse angeboten werden sollten.
- Die Finanzierung der GKV wurde durch spürbare Einschnitte im Leistungskatalog neu geordnet. Sie betreffen Sterbegeld, Entbindungsgeld und Leistungen bei Sterilisation, Sehhilfen, Maßnahmen zur künstlichen Befruchtung und Leistungen für Taxi- und Mietwagenfahrten. Seit 2006 wird das Krankengeld nur noch von den Mitgliedern durch einen zusätzlichen Beitrag finanziert. Bei allen Leistungen wird künftig eine prozentuale Zuzahlung von 10 Prozent erhoben. Die Härtefallregelungen bei Zuzahlungen wurden so geändert, dass es keine absolute Befreiung mehr gibt. Neuartig ist, dass die Tabaksteuer stufenweise erhöht wird und die daraus dem Bund zufließenden Mittel der GKV zugeführt werden.

127 Die Umsetzung des GMG im Jahr 2004 führte trotz beachtlicher Mehreinnahmen und Minderausgaben der GKV in Höhe von rd. 9,5 Mrd. Euro noch nicht zu der von der Politik erwarteten spürbaren Absenkung der Beitragssätze, da der Abbau der Verschuldung der Krankenkassen mehr Mittel in Anspruch nahm als vorgesehen. Die umstrittene Neuordnung der Versicherung für Zahnersatz wurde wegen enormer Umsetzungsprobleme modifiziert. Der obligatorische feste Zusatzbeitrag wurde durch einen entgeltbezogenen prozentualen Zusatzbeitrag ersetzt. Er wird zusammen mit dem ebenfalls vom Versicherten allein zu finanzierenden Zusatzbeitrag für das Krankengeld seit 1. Juli 2005 in Höhe von 0,9 Prozent erhoben. Außerdem wurde im Rahmen des 2. Fallpauschalengesetzes die Konvergenzphase zur Anpassung des bisher krankenhausindividuellen Preisniveaus an das neue landeseinheitliche DRG-Fallpauschalensystem von 2007 auf 2009 verlängert. Ferner wurden eine Reihe weiterer Regelungen getroffen, die den Krankenhäusern den Übergang in das neue Vergütungssystem erleichtern sollen. Das Gesetz zur Organisationsstruktur der Telematik im Gesundheitswesen konkretisierte Maßnahmen zu der im GMG beschlossenen Einführung einer elektronischen Gesundheitskarte und legte Näheres zur Finanzierung der Telematik-Infrastruktur fest.

128 Der erneute Anstieg der Arzneimittelausgaben in der GKV im Jahr 2005 um 16 Prozent veranlasste den Gesetzgeber, Maßnahmen zu einer sofortigen Senkung der Arzneimittelausgaben und zu einer nachhaltigen Stabilisierung der Arzneimittelversorgung zu ergreifen. Das Gesetz zur Verbesserung der Wirtschaftlichkeit in der Arzneimittelversorgung, das am 1. Mai 2006 wirksam wurde, hat die Naturalrabatte an Apotheken abgeschafft und die Herstellerabgabepreise für alle Arzneimittel einem zweijährigen Moratorium unterworfen. Außerdem wurde die individuelle Verantwortung des Vertragsarztes für seine Verordnungspraxis gestärkt und das Festbetragssystem verfeinert.

129 Das Gesetz zur Änderung des Vertragsarztrechts und anderer Gesetze, da am 1. Januar 2007 in Kraft getreten ist, transformierte die von der Ärzteschaft beschlossenen berufsrechtlichen Änderungen in das Vertragsarztrecht. Es enthielt zahlreiche Erleichterungen der vertragsärztlichen Leistungserbringung, erweiterte Kooperationsmöglichkeiten enorm, verschob die Einführung der direkten Morbiditätsorientierung im Risikostrukturausgleich auf den 1. Januar 2009 und verlängerte die Anschubfinanzierung bei der integrierten Versorgung.

GKV-Wettbewerbsstärkungsgesetz

130 Die nach der Bundestagswahl im Herbst 2005 gebildete Koalition aus CDU/CSU und SPD hat in ihrer Koalitionsvereinbarung vom 11. November 2005 deutlich gemacht, dass sie ein leistungsfähiges und demografiefestes Gesundheitswesen mit einer qualitativ hoch stehenden Versorgung für die Patientinnen und Patienten sichern sowie eine solidarische und bedarfsgerechte Finanzierung gewährleisten will. Die Koalition wollte zur Sicherung einer nachhaltigen und gerechten Finanzierung ein Konzept verwirklichen, das auf den unterschiedlichen Lösungsansätzen einer „Solidarischen Gesundheitsprämie" (CDU und CSU) und einer „Bürgerversicherung" (SPD) aufbaut. Außerdem wollte sie das Gesundheitswesen stärker wettbewerblich und freiheitlich ausrichten sowie strukturelle Reformen in einzelnen Leistungsbereichen durchführen, z. B. bei der Arzneimittelversorgung.

131 Dieses schon wegen der unterschiedlichen Lösungskonzepte konfliktträchtige Vorhaben wurde mit dem Gesetz zur Stärkung des Wettbewerbs in der gesetzlichen Krankenversicherung (GKV-Wettbewerbsstärkungsgesetz) umgesetzt, das am 24. Oktober 2006 in Deutschen Bundestag eingebracht wurde. Trotz massiver Proteste von nahezu allen Seiten ist es am 1. April 2007 in Kraft getreten. Wesentliche Strukturelemente wie der Gesundheitsfonds, die Festsetzung des allgemeinen Beitragssatzes durch die Bundesregierung, die Einführung des Zusatzbeitrags, die Änderung des Vergütungssystems für die ambulante Versorgung und tiefgreifende Änderungen in der privaten Krankenversicherung sind 2009 in Kraft getreten. Mit diesem ungewöhnlich umfangreichen und komplexen Gesetz sollen die Strukturen des deutschen Gesundheitswesens modernisiert und neu geordnet werden. Das GKV-Wettbewerbsstärkungsgesetz versteht sich als Fortführung des GKV-Modernisierungsgesetzes (vgl. oben Rdnr. 123 ff.) und will eine Reform der Finanzierungsstrukturen mit einer Reform auf der Ausgabenseite verbinden, die sicherstellt, dass die Mittel der GKV effizient und effektiv eingesetzt werden.

132 Die wichtigsten Regelungsbereiche des Gesetzes sind folgende:

– Die Institutionen des Gesundheitswesens werden neu geordnet, damit sie ihre Aufgaben und Funktionen in einem stärker wettbewerblich geprägten Ordnungsrahmen besser erfüllen können. Deshalb werden alle Krankenkassen (mit Ausnahme geschlossener Betriebskrankenkassen) zum 1. Januar 2009 geöffnet; schon seit 1. April 2007 sind kassenartenübergreifende Fusionen möglich. Alle Krankenkassen bilden einen Spitzenverband Bund der Krankenkassen, der ab 1. Juli 2008 alle bisher bestehenden Aufgaben der GKV-Spitzenverbände übernimmt; diese Spitzenverbände werden zum 1. Januar 2009 in Gesellschaften des bürgerlichen Rechts umgewandelt. Die wettbewerblichen Aufgaben werden von den Krankenkassen oder deren Verbänden auf Landesebene übernommen. Die Arbeit des Gemeinsamen Bundesausschusses wird vor allem durch eine stärker sektorübergreifend ausgerichtete Organisation der Gremien gestrafft und transparenter gestaltet.

– Für alle Einwohner ohne Absicherung im Krankheitsfall gibt es einen Versicherungsschutz in der GKV oder PKV. Nachdem die Versicherungspflicht für alle Personen, die der GKV zuzurechnen sind, bereits ab 1. April 2007 eingetreten ist, besteht für der PKV zuzuordnende Personen seit 1. Juli 2007 eine Versicherungsberechtigung im Standardtarif und ab dem 1. Januar 2009 eine allgemeine Pflicht zur Versicherung. Von diesen Möglichkeiten haben bis Ende 2009 in der GKV fast 149.000 Personen (einschließlich Familienversicherte) und in der PKV rund 14.000 Personen Gebrauch gemacht.

– Die Wahl- und Entscheidungsmöglichkeiten der Versicherten werden durch spezielle Tarife erweitert, die die Krankenkassen ihren Versicherten anbieten können bzw. müssen. Die Krankenkassen können stärker als bisher Einzelverträge abschließen und besondere Vereinbarungen mit Leistungserbringern treffen, z. B. im Rahmen besonderer Versorgungsaufträge oder der integrierten Versorgung, die ausgebaut wird.

– Der Wettbewerb wird auch bei der Versorgung mit Arznei-, Heil- und Hilfsmitteln verstärkt. So werden Höchsterstattungsgrenzen für nicht festbetragsgeregelte Arzneimittel eingeführt, eine nachgelagerte Kosten-Nutzen-Bewertung durch das Institut für Qualität und Wirtschaftlichkeit im Gesundheitswesen geschaffen und die Anreize für Rabattverträge erhöht.

– Da die mit dem GKV-Modernisierungsgesetz ab 2006 vorgesehene Neugestaltung der Vergütung im ambulanten Bereich von der Gemeinsamen Selbstverwaltung nicht umgesetzt worden ist, unternimmt das GKV-Wettbewerbsstärkungsgesetz einen neuen Anlauf: Ab 2009 wird ein neues Vergütungssystem eingeführt, das feste Euro-Vergütungen vorsieht und Budgets sowie floatende Punktwerte abschafft. Das Morbiditätsrisiko wird auf die Krankenkassen übertragen. Die Kosten- und Mengensteuerung erfolgt durch entsprechende vertragliche Vereinbarungen im künftigen Vergütungssystem.

– Trotz knapper GKV-Finanzen ist das Leistungsangebot erweitert worden. Vorsorgeimpfungen, die bisher durch Satzungsrecht geregelt wurden, werden Pflichtleistungen, ebenso die bisher als Ermessensleistungen ausgestalteten ambulanten und stationären Leistungen zur medizinischen Rehabilitation. Die palliativ-medizinische Versorgung wird ebenso verbessert wie die häusliche Krankenpflege.

– Die Finanzierungsstrukturen der GKV werden auf eine neue Grundlage gestellt. Kernpunkt dieses Maßnahmepakets ist die Einführung eines Gesundheitsfonds, in den ab 1. Januar 2009 alle GKV-Mittel fließen. Von ihm erhalten die Krankenkassen künftig für ihre Versicherten neben einer Grundpauschale einen alters- und risikoadjustierten Zuschlag. Der allgemeine Beitragssatz wird mit Wirkung zum 1. Januar 2009 durch Rechtsverordnung der Bundesregierung ohne Zustimmung des Bundesrates für alle Krankenkassen gleich festgelegt. Er beläuft sich unter Einbeziehung des allein von den Mitgliedern zu tragenden Anteils von 0,9 Prozent auf 15,5 Prozent. Krankenkassen, die mit den ihnen zugewiesenen Fondsmitteln nicht auskommen, müssen entsprechende Fehlbeträge durch einen Zusatzbeitrag ausgleichen, der allerdings aus sozialen Gründen 1 Prozent des beitragspflichtigen Einkommens des Mitglieds nicht überschreiten darf. In den Gesundheitsfonds fließen auch Bundesmittel, die der Gesetzgeber seit 2004 (vgl. oben Rdnr. 127) für die anteilige Finanzierung von gesamtgesellschaftlichen Aufgaben der GKV zur Verfügung stellt. Sie betragen in den Jahren 2007 und 2008 jeweils 5 Mrd. Euro und erhöhen sich in den Folgejahren jährlich um 1,5 Mrd. Euro bis zu einer jährlichen Gesamtsumme von 14 Mrd. Euro. Über die Finanzierung dieser künftigen Bundesmittel muss noch in der nächsten Legislaturperiode beraten werden.

– Die PKV bleibt zwar als Krankheitskostenvollversicherung erhalten, wird jedoch tiefgreifenden Änderungen unterworfen, die mit wenigen Ausnahmen erst 2009 wirksam werden. Sie sollen die Wahl- und Wechselmöglichkeiten der Versicherten verbessern. Dazu gehört insbesondere die Einführung eines am Leistungsumfang der GKV orientierten Basistarifs mit Kontrahierungszwang und Verbot der Risikoprüfung, den alle PKV-Unternehmen anbieten müssen. Der Beitrag für den Basistarif wird der Höhe nach begrenzt, die Altersrückstellung des Basistarifs wird beim Wechsel zwischen PKV-Unternehmen übertragen (Portabilität). Das BVerfG hat am 10. Juni 2009 die die PKV betreffenden Rechtsänderungen für verfassungsgemäß erklärt, dem Gesetzgeber jedoch für die weitere Entwicklung eine Beobachtungspflicht auferlegt. Der Basistarif hat sich entgegen den Befürchtungen der PKV bisher nicht zu einem „Renner" entwickelt. Ende 2010 hatten lediglich rund 21.000 von 8,86 Millionen Versicherten diesen Tarif gewählt.

133 Das Gesetz zur strukturellen Weiterentwicklung der Pflegeversicherung, das am 1. Juli 2008 in Kraft getreten ist, enthält neben den SGB XI-spezifischen Regelungen auch eine Reihe von Vorschriften, die die GKV betreffen. Sie beziehen sich u. a. auf die Delegation ärztlich verordneter Leistungen an medizinisches Assistenzpersonal, die ärztliche Versorgung in stationären Pflegeeinrichtungen, regionale Qualitätsvereinbarungen und eine Meldepflicht für Vertragsärzte bei Krankheiten infolge medizinisch nicht indizierter Maßnahmen.

Das Gesetz zur Weiterentwicklung der Organisationsstrukturen in der gesetzlichen Krankenversicherung (GKV-OrgWG)

134 Das GKV-WSG (vgl. Rdnr. 132) hat grundlegende organisationsrechtliche Änderungen vorgenommen, die den Zusammenhalt der Kassen innerhalb einer Kassenart im Verbänderecht deutlich gelockert haben. Sie machen es immer schwieriger, die nach dem bisher geltenden Haftungsrecht erforderliche Solidarität der Kassen sicherzustellen. Deshalb hat die Bundesregierung am 16. Juni 2008 einen Gesetzentwurf vorgelegt, der das Organisationsrecht der GKV auf den Strukturentscheidungen des GKV-WSG aufbauend weiterentwickeln sollte. Er ist mit umfangreichen Ergänzungen, die erst während der Beratungen eingefügt wurden, in seinem überwiegenden Teil am 1. Januar 2009 in Kraft getreten.

135 Das Gesetz umfasst drei Regelungsbereiche: Es stellt ab 2010 die Insolvenzfähigkeit für alle gesetzlichen Krankenkassen her und schafft damit für alle Krankenkassen gleiche gesetzliche Rahmenbedingungen. Die Haftung der Länder für Versorgungsansprüche und Ansprüche auf Insolvenzgeld nach dem SGB III entfällt bereits zum 1. Januar 2009. Des weiteren werden die Bestimmungen weiter entwickelt, die für eine erfolgreiche Umsetzung des Gesundheitsfonds zum 1. Januar 2009 erforderlich sind, insbesondere im Rahmen der Risikostruktur-Ausgleichsverordnung. Schließlich korrigiert das Gesetz unvorhersehbare Entwicklungen, die den Absichten des GKV-WSG zuwiderlaufen wie etwa die Ausschreibungen für Hilfsmittel und das Vergaberecht.

Gesetz zum ordnungspolitischen Rahmen der Krankenhausfinanzierung ab dem Jahr 2009 (KHRG)

136 Bereits bei dem Beschluss, ein DRG-Vergütungssystem für Deutschland einzuführen (vgl. oben Rdnr. 114, Rdnr. 119), hat der Gesetzgeber sich auf gesetzliche Regelungen bis zum Ende der Konvergenzphase (2009) beschränkt, während der die Krankenhausbudgets an landeseinheitliche Preise angeglichen werden sollten (vgl. Rdnr. 128). Vor dem Hintergrund der in der Einführungsphase (2003–2009) gewonnenen Erfahrungen sollten gesetzliche Vorgaben und Rahmenbedingungen für die Zeit danach in einem neuen Gesetzgebungsverfahren festgelegt werden. Dazu hat die Bundesregierung am 7. November 2008 einen Gesetzentwurf vorgelegt, der im März 2009 in Kraft getreten ist; zahlreiche Vorschriften sind allerdings bereits rückwirkend zum 1. Januar 2009 wirksam geworden.

137 Obwohl es der Bundesregierung nicht gelungen ist, ihre Vorstellungen zur Investitionsfinanzierung, zu einer wettbewerblich ausgestalteten Vertragsgestaltung und zu einem einheitlichen Bundesbasisfallwert gegenüber den Ländern durchzusetzen, enthält das KHRG eine Reihe von richtungsweisenden Neuregelungen. Sie werden zum Teil erst 2012 und 2014 wirksam, haben aber die finanzielle Situation der Krankenhäuser bereits im Jahr 2009 verbessert, z. B. durch die anteilige Übernahme von Tariflohnerhöhungen für Klinikbeschäftigte durch die Krankenkassen und den Wegfall des GKV-Rechnungsabschlags (0,5 Prozent) für GKV-Patienten. Den Krankenkassen entstehen durch die vorgesehen Maßnahmen Mehrausgaben in Höhe von rund 3,5 Milliarden Euro.

138 In der auslaufenden 16. Legislaturperiode sind im Gesetz zur Änderung arzneimittelrechtlicher und anderer Vorschriften eine Reihe von Regelungen getroffen worden, die das nationale Recht an europäisches Recht angleichen. Daneben wurde der Pharmagroßhandel in den öffentlichen Versorgungsauftrag einbezogen. Regelungen für selbständige freiwillig Versicherte und befristet Versicherte zum Krankengeldanspruch, die sich nicht bewährt hatten, wurden versichertenverträglich gestaltet.

Als Konsequenz einer Entscheidung des BVerfG von 2008 sieht das Gesetz zur verbesserten steuerlichen Berücksichtigung von Vorsorgeaufwendungen vor, dass ab 1. Januar 2010 alle tatsächlich geleisteten Beiträge zur privaten und gesetzlichen Kranken- und Pflegeversicherung auf sozialhilferechtlich gewährleistetem Leistungsniveau vollständig steuerlich berücksichtigt werden müssen.

Konjunkturpolitische Maßnahmen

139 Mit dem „Gesetz zur Sicherung von Beschäftigung und Stabilität in Deutschland", dem sog. „Konjunkturpaket II", hat der Gesetzgeber vor dem Hintergrund der Finanzmarktkrise zur Stützung des inländischen Konsums und zur Entlastung der Unternehmen eine Absenkung des paritätisch finanzierten allgemeinen Beitragssatzes von 14,6 Prozent auf 14,0 Prozent und des ermäßigten Beitragssatzes von 14,0 Prozent auf 13,4 Prozent mit Wirkung zum 1. Juli 2009 beschlossen. Zur Gegenfinanzierung wurde der Bundeszuschuss im Jahr 2009 von bislang 4,0 Mrd. Euro um 3,2 Mrd. Euro auf 7,2 Mrd. Euro und im Jahr 2010 von 5,5 Mrd. Euro auf 11,8 Mrd. Euro angehoben. Das Sozialversicherungs-Stabilisierungsgesetz sieht zur Kompensation krisenbedingter Mindereinnahmen vor, dass der Bund der GKV im Jahr 2010 einen weiteren Zuschuss in Höhe von 3,9 Milliarden Euro an den Gesundheitsfonds leistet. Es ist insoweit am 1. Januar 2010 in Kraft getreten. Damit erhöht sich der Gesamtbetrag, der dem Gesundheitsfonds im Jahr 2010 aus Steuermitteln zufließt, auf 15,7 Mrd. Euro.

Gesetzgebung in der 17. Legislaturperiode ab 2010

140 Die aus dem am 27. September 2009 gewählten Bundestag hervorgegangene Regierungskoalition von CDU/CSU und FDP hat in ihrem Koalitionsvertrag vom 26. Oktober 2009 festgelegt, dass sie das deutsche Gesundheitswesen innovationsfreundlich, leistungsgerecht und demografiefest ausgestalten will. Besonderes Interesse haben die Ausführungen zur Finanzierung des Krankenversicherungsschutzes gefunden : Dazu soll das bestehende Ausgleichssystem langfristig in eine Ordnung mit mehr Beitragsautonomie, regionalen Differenzierungsmöglichkeiten und einkommensunabhängigen Arbeitnehmerbeiträgen überführt werden, die sozial ausgeglichen werden. Der Arbeitgeberanteil soll festgeschrieben werden, um die Gesundheitskosten weitgehend von den Lohnzusatzkosten zu entkoppeln.

Die Koalition hat ihre gesundheitspolitischen Pläne im Laufe des Jahres 2010 nicht in einem umfassenden Reformgesetz sondern in mehreren Einzelgesetzen verwirklicht.

141 Das Gesetz zur Änderung krankenversicherungsrechtlicher und anderer Vorschriften, das am 1. August 2010 in Kraft getreten ist, enthält Regelungen, für die u. a. wegen eines Vertragsverletzungsverfahrens der Europäischen Kommission ein dringender Äderungsbedarf besteht. Dies gilt insbesondere für die Einbeziehung privater Abrechnungsstellen bei der Abrechnung von Leistungen, für Anpassungen und Klarstellungen im GKV-Organisationsrecht, Klarstellungen bestimmter Straf- und Bußgeldvorschriften und eine Änderung berufsrechtlicher Regelungen für bestimmte Heilberufe.

Neben diesen politisch weitgehend unumstrittenen Regelungen sieht das Gesetz als Konsequenz aus der Ausgabenentwicklung bei den nicht festbetragsgebundenen Arzneimitteln ein Preismoratorium für Medikamente bis 2013 und eine Anhebung des Arzneimittel-Herstellerrabatts von 6 auf 16 Prozent für alle verschreibungspflichtigen Arzneimittel (außer patentfreien und wirkstoffgleichen) für die Zeit von 1. August 2010 bis 31. Dezember 2013 vor. Dies soll die GKV jährlich um 1,15 Milliarden Euro entlasten.

142 Das in seinen wichtigsten Vorschriften zum 1. Januar 2011 in Kraft getretene Gesetz zur nachhaltigen und sozial ausgewogenen Finanzierung der Gesetzlichen Krankenversicherung – GKV-Finanzierungsgesetz (GKV-FinG) trägt zum einen dem unmittelbaren Handlungsbedarf Rechnung, der im Hinblick auf das für 2011 zu erwartende Defizit von bis zu 11 Milliarden Euro besteht. Zum anderen will das Gesetz die Finanzierung der GKV weiterentwickeln und deren geltendes Finanzierungssystem wettbewerbsfreundlicher ausgestalten.

Um dieses Ziel zu erreichen, enthält das GKV-FinG Reformmaßnahmen zur Begrenzung der Ausgaben, zur Stärkung der Finanzierungsgrundlagen und zu einem gerechten Sozialausgleich im Hinblick auf die Belastungen der Versicherten aus den neu geregelten Zusatzbeiträgen. Die Begrenzung der Ausgaben betrifft die Verwaltungskosten der Krankenkassen, Leistungen und Preise im stationären Bereich, sowie den Ausgabenzuwachs in der vertragsärztlichen Versorgung und der vertragszahnärztlichen Behandlung. Diese leistungserbringerbezogenen Maßnahmen sollen im Jahr 2011 zu Einsparungen in einer geschätzten Größenordnung von rund 3,5 Milliarden (2012 rund 4 Milliarden) Euro führen.

Das Schwergewicht der Reformmaßnahmen liegt auf der Stärkung der Finanzierungsgrundlagen. Der 2009 vorübergehend um 0,6 Prozentpunkte abgesenkte Beitragssatz der Krankenkassen wird ab 2011 wieder auf 14,6 Prozent angehoben und beträgt somit zuzüglich des mitgliederbezogenen Beitragsanteils von 0,9 Prozentpunkten 15,5 Prozent. Diese Maßnahme führt für die GKV ab 2011 zu Mehreinnahmen von rund 6, 3 Milliarden Euro jährlich. Sie wird flankiert durch einen weiteren im Haushaltsbegleitgesetz 2011 vorgesehenen Bundeszuschuss von 2 Milliarden Euro.

Gesundheitspolitisch bedeutsam ist in diesem Zusammenhang, dass der Arbeitgeberbeitrag von 7, 3 Prozent ab 2011 festgeschrieben wird. Damit will der Gesetzgeber die Einkommensabhängigkeit der Beiträge und die dadurch bedingten konjunkturellen Schwankungen der Einnahmenseite der GKV vermindern. Unvermeidbare, die Einnahmen der Krankenkassen übersteigenden Ausgabenzuwächse werden künftig durch einkommensunabhängige, kassenindividuell festzulegende Zusatzbeiträge der Mitglieder finanziert. Dies verschafft den Krankenkassen die für eine wettbewerbliche Ausrichtung unerlässliche Beitragsautonomie, bedeutet aber zugleich, dass Mehrausgaben der GKV z.B. auf Grund des medizinischen und medizinisch-technischen Fortschritts oder der demografischen Entwicklung künftig allein von den Mitgliedern zu tragen sind.

Damit die Beitragszahler vor einer unverhältnismäßigen Belastung geschützt sind – die Zusatzbeiträge sind in der Höhe nicht begrenzt –, wird ein Sozialausgleich eingeführt. Er erfolgt dann, wenn der GKV-durchschnittliche Zusatzbeitrag 2 Prozent des individuellen sozialversicherungspflichtigen Einkommens des Mitglieds übersteigt. Der Sozialausgleich wird durchgeführt, indem der monatliche einkommensabhängige Beitragssatzanteil des Mitglieds individuell verringert wird; die Aufwendungen für den Sozialausgleich werden aus Bundesmitteln gedeckt.

143 Ein wichtiges Anliegen der Koalitionsvereinbarung ist eine hochwertige und innovative Arzneimittelversorgung für Deutschland. Um dieses Vorhaben umzusetzen werden der patentgeschützte Arzneimittelmarkt sowie der Markt für Generika neu strukturiert. Dem dient das Gesetz zur Neuordnung des Arzneimittelmarktes in der gesetzlichen Krankenversicherung – Arzneimittelmarkt-Neuordnungsgesetz (AMNOG), das in seinen wichtigste Vorschriften am 1. Januar 2011 in Kraft getreten ist.

Das Ziel des Gesetzes ist die wirtschaftliche und kosteneffiziente Gestaltung der Arzneimittelpreise. Deutschland ist bisher neben Dänemark und Malta das einzige Land in Europa, in dem Pharmaunternehmen die Preise neu eingeführter Medikament frei festlegen können. Deshalb wird die pharmazeutische Industrie künftig den Nutzen neuer Medikamente nachweisen und die Erstattungspreise mit der GKV aushandeln. Bei Uneinigkeit soll eine Schiedsstelle entscheiden. Der freie Marktzugang bleibt allerdings erhalten und die Hersteller können im ersten Jahr den Preis des Medikaments selbst bestimmen. Das BMG wird ermächtigt, das Nähere zur Nutzenbewertung neuer Arzneimittel in einer Rechtsverordnung zu regeln, die am 1. Januar 2011 in Kraft getreten ist. Gleichzeitig werden zur Deregulierung und Verwaltungsvereinfachung die Wirtschaftlichkeitsprüfungen verschlankt und die Bonus-Malus-Regelung sowie die Zweitmeinungsregelung abgeschafft. Die Großhandels- und Rezepturzuschläge für parenterale Lösungen werden neu festgesetzt. Die Rabattverträge für Generika sollen wettbewerblicher sowie patientenfreundlicher gestaltet werden. Die Patientinnen und Patienten erhalten eine größere Wahlfreiheit bei Arzneimitteln. Als Konsequenz einer stärker wettbewerblichen Marktorganisation gilt jetzt das Kartellrecht für die Einzelvertragsbeziehungen zwischen Krankenkassen und Leistungserbringern entsprechend; die Zivilgerichte werden wieder für das Vergaberecht zuständig.

Neben diesen Kernregelungen für die Gestaltung der Arzneimittelpreise schaffen verschiedene Neuregelungen im Arzneimittelgesetz Rechtssicherheit und Rechtsklarheit sowie eine größere Transparenz für die Bürgerinnen und Bürger. Deshalb sollen klinische Arzneimittelstudien künftig veröffentlicht werden, damit sich Ärztinnen, Ärzte und Patienten besser informieren können. Das AMNOG wandelt schließlich die bisher vorgesehene Modellförderung unabhängiger Beratungsstellen für Versicherte und Verbraucher in eine Regelförderung um. Neuartig ist, dass die privaten Krankenversicherungsunternehmen an den Verhandlungen des GKV-Spitzenverbandes mit den Pharmaunternehmen über den Erstattungsbetrag für Arzneimittel und an dem Schiedsstellenverfahren beteiligt werden und ebenso wie die gesetzlichen Krankenkassen Abschläge auf Arzneimittel erhalten.

Finanzentwicklung seit Ende der 90er Jahre

144 In den Jahren 1999 bis 2000 kam es in der GKV zunächst noch nicht zu einer defizitären Finanzentwicklung. 1999 wurde ein Überschuss von 0,3 Mrd. Euro, 2000 ein ausgeglichenes Finanzergebnis erzielt. In den Jahren 2001 und 2002 gab es aufgrund überproportionaler Ausgabenzuwächse in einzelnen Leistungsbereichen insbesondere im Arzneimittelbereich, sowie vor allem aufgrund niedriger Zuwächse bei den beitragspflichtigen Einnahmen Defizite von jeweils ca. 3 Mrd. Euro. Im Jahr 2003 stieg das Defizit auf rd. 3,5 Mrd. Euro, zum Teil auch aufgrund von erheblichen Ausgabensteigerungen durch „Vorzieheffekte" bei Arzneimitteln, Brillen und anderen Hilfsmitteln kurz vor Inkrafttreten des GKV-Modernisierungsgesetzes. Die defizitäre Finanzentwicklung der Jahre 2001 bis 2003 führte dazu, dass der größte Teil der Krankenkassen eine zum Teil erhebliche Verschuldung aufgebaut hatte, während nur eine Minderheit der Kassen noch über Finanzreserven verfügte. Der saldierte Gesamtschuldenstand der GKV stieg bis zum 31. Dezember 2003 auf rd. 6 Mrd. Euro.

145 Der durchschnittliche Beitragssatz blieb in den Jahren 1998 bis 2001 bundesweit zunächst stabil bei einem Niveau von 13,6 Prozent Als Folge der Defizite der Jahre 2001 und 2002 gab es einen Anstieg des durchschnittlichen Beitragssatzes auf 14 Prozent in 2002 und 14,3 Prozent 2003.

Finanzentwicklung nach Inkrafttreten des GKV-Modernisierungsgesetzes

146 Im Jahr 2004 hat die GKV aufgrund der Einsparungen des GKV-Modernisierungsgesetzes (GMG) erstmals wieder einen deutlichen Überschuss von 4 Mrd. Euro erzielt. Damit konnte der saldierte Gesamtschuldenstand der GKV bis zum Jahresende 2004 bereits auf rd. 1,8 Mrd. Euro reduziert werden.

Die Leistungsausgaben der Krankenkassen gingen im Vergleich zum Vorjahr je Mitglied um rd. 3,3 Prozent zurück; gleichzeitig erhöhten sich die beitragspflichtigen Einnahmen um 1,3 Prozent.

147 Durch die Maßnahmen des GMG wurde die GKV im Jahr 2004 in einer Größenordnung von rd. 9 bis 10 Mrd.. Euro finanziell entlastet. In 2004 sind vor allem die Ausgaben für Arzneimittel, die in den Vorjahren deutlich überproportional angestiegen waren, in fast zweistelliger Größenordnung zurückgegangen. Deutliche Ausgabenrückgänge gab es auch bei weiteren ärztlich veranlassten Leistungen wie Heil- und Hilfsmitteln sowie bei ärztlicher und zahnärztlicher Behandlung, bei denen die Krankenkassen durch die erstmalige Erhebung einer Praxisgebühr von 10 Euro je Quartal finanziell entlastet wurden. Daneben gab es wie bereits in den Vorjahren erhebliche Rückgänge bei den Ausgaben für Krankengeld, die einhergingen mit dem niedrigsten Krankenstand seit Einführung der Lohnfortzahlung im Krankheitsfall.

148 Auf der Einnahmeseite wurden die Krankenkassen ab 2004 vor allem durch die Erhebung des vollen anstelle des hälftigen Beitragssatzes für Versorgungsbezüge finanziell in einer Größenordnung von rd. 2 Mrd. Euro entlastet. Ohne diesen Finanzierungseffekt hätte es auch in 2004 keinen Zuwachs bei den beitragspflichtigen Einnahmen der Krankenkassen gegeben. Auch durch den erstmalig gewährten pauschalen Bundeszuschuss zur Finanzierung versicherungsfremder Leistungen wurden die Finanzgrundlagen der GKV gestärkt. Der Zuschuss, der den Krankenkassen über den Risikostrukturausgleich jeweils in zwei Tranchen zum 1. Mai und zum 1. November zufloss, betrug in 2004 1 Mrd. Euro, in 2005 2,5 Mrd. Euro und in 2006 4,2 Mrd. Euro. Auch im Jahr 2005 erzielte die GKV erneut Überschüsse in einer Größenordnung von rd. 1,67 Mrd. Euro; die saldierte Verschuldung der GKV konnte damit weitestgehend bis auf einen Betrag von 0,4 Mrd. Euro abgebaut werden, auch wenn für eine Reihe von Krankenkassen noch erheblicher finanzieller Konsolidierungsbedarf bestand. Ende 2005 hatten 173 Krankenkassen keine Verschuldung aufzuweisen, während 81 Krankenkassen noch negative Betriebsmittel und Rücklagen aufwiesen. Der Überschuss des Jahres 2005 wäre noch deutlich höher ausgefallen, wären nicht die Arzneimittelausgaben der Krankenkassen um rd. 3 1/2 Mrd. Euro und damit in einer noch nie gekannten Größenordnung gestiegen; für den Gesetzgeber nach der Bundestagswahl ein Anlass mit kurzfristigen wirksamen Ausgaben begrenzenden Maßnahmen erneut steuernd in das System der Arzneimittelversorgung einzugreifen. Zu deutlichen Ausgabeneinbrüchen kam es 2005 bei den Ausgaben für Zahnersatz, die im Vorjahresvergleich um rd. 1/3 zurückgingen. Insgesamt stiegen die Leistungsausgaben der Krankenkassen im Jahr 2005 je Mitglied um 3,3 Prozent, während es bei den beitragspflichtigen Einnahmen je Mitglied einen Anstieg von 0,9 Prozent gab, wobei dieser Anstieg nahezu ausschließlich auf statistische Sondereffekte durch Umwandlung von Mitgliedschafts- in Familienmitversicherungsverhältnisse im Zusammenhang mit der Einführung von Arbeitslosengeld II zurückzuführen war und keinerlei konjunkturell bedingter Anstieg verzeichnet werden konnte.

149 Im Jahr 2006 verzeichnete die GKV erneut einen Überschuss von rd. 1,63 Mrd. Euro. Durch diese Entwicklung konnten sich weitere Krankenkassen vollständig entschulden oder ihre Verschuldung deutlich abbauen. Zum 31. Dezember 2006 waren noch 55 von seinerzeit 242 Krankenkassen verschuldet, während 187 Kassen bereits wieder über positive Finanzreserven verfügten. Insgesamt ergab sich in der GKV zum Jahresende 2006 wieder ein Vermögensstand von rd. 1,4 Mrd. Euro. Im Vergleich zu Ende 2003, als der Netto-Schuldenstand der GKV bei rd. 6 Mrd. Euro lag, bedeutet dies eine Verbesserung bei den Finanzreserven von mehr als 7 Mrd. Euro. Die Leistungsausgaben der Krankenkassen stiegen 2006 um 2,7 Prozent je Mitglied an, während die beitragspflichtigen Einnahmen je Mitglied einen Zuwachs von rd. 0,6 Prozent aufwiesen. Die Ausgabenzuwächse flachten sich im Laufe des Jahres 2006 deutlich ab, auch weil es mit dem „Gesetz zur Verbesserung der Wirtschaftlichkeit in der Arzneimittelversorgung" (AVWG), das zum 1. Mai 2006 in Kraft trat, gelang, die hohen Zuwächse bei den Arzneimittelausgaben deutlich zurückzuführen und in der zweiten Jahreshälfte im Vergleich zum Vorjahr sogar zu senken. Auf der Einnahmeseite gab es ebenfalls aufgrund einer seit Mitte 2006 verstärkt einsetzenden konjunkturellen Belebung mit rückläufigen Arbeitslosenzahlen und einer wieder steigenden Zahl an sozialversicherungspflichtigen Beschäftigungsverhältnissen eine positive Entwicklung im Jahresverlauf, auch wenn im Gesamtjahr 2006 der Anstieg bei den beitragspflichtigen Einnahmen noch unter 1 Prozent blieb.

150 Das Jahr 2007 konnte die GKV auf Basis der endgültigen Finanzergebnisse erneut mit einem deutlichen Überschuss von 1,74 Mrd. Euro abschließen. Belastungen der GKV entstanden in 2007 aufgrund der Konsolidierungsmaßnahmen des Bundeshaushalts. So wurde der für das Jahr 2007 ursprünglich gesetzlich festgelegte Bundeszuschuss für versicherungsfremde Leistungen von 4,2 auf 2,5 Mrd. Euro abgesenkt, und die Anhebung der Mehrwertsteuer zum 1. Januar 2007 schlug auf der Ausgabenseite bei Arznei- und Hilfsmitteln mit Belastungen in einer Größenordnung von rd. 0,8 Mrd. Euro negativ zu Buche. Trotz Entlastungen der Krankenkassen aus dem GKV-Wirtschaftlichkeitsstärkungsgesetz, die insbesondere aus verbesserten Rabattmöglichkeiten im Bereich der Arzneimittelversorgung und Rechnungsabschlägen bei Krankenhäusern resultierten, kam es zu Zuwächsen bei den Leistungsausgaben von rd. 3,6 Prozent je Mitglied. Zwar machte sich die verstärkende konjunkturelle Belebung, die seit Mitte 2006 wieder zu einer Monat für Monat steigenden Zahl von sozialversicherungspflichtig Beschäftigten und damit auch zu einer steigenden Zahl von beitragszahlenden GKV-Mitgliedern geführt hat, verbunden mit höheren Löhnen und Gehältern, im Jahr 2007 positiv auf der Einnahmeseite bemerkbar. Der Zuwachs bei den beitragspflichtigen Einnahmen der Krankenkassen in Höhe von 0,7 Prozent je Mitglied bzw. ein absoluter Zuwachs von 1,3 Prozent reichten allerdings nicht aus, die Ausgabenzuwächse zu kompensieren und den Einnahmenverlust beim Bundeszuschuss aufzufangen. Die Beitragssatzveränderungen im Jahr 2007 in einer Größenordnung von durchschnittlich 0,6 Prozent waren allerdings nicht nur zur Deckung der laufenden Ausgaben sondern auch zum Abbau der Verschuldung bei einem Teil der Kassen oder zum Aufbau von Finanzreserven erforderlich, für die die Überschüsse verwendet wurden. Durch die Überschussentwicklung und den damit verbundenen weiteren Abbau der Verschuldung wiesen Ende 2007 nur noch 47 von 196 Krankenkassen negative Betriebsmittel und Rücklagen aus.

151 Im Jahr 2008 erzielte die GKV zum fünften Mal in Folge ein positives Finanzergebnis. Nach den Jahresrechnungsergebnissen erzielte die GKV einen Überschuss von 1,43 Mrd. Euro. Vor dem Hintergrund der im Jahr 2008 insgesamt noch positiven Konjunkturentwicklung mit steigenden Beschäftigtenzahlen, sinkender Arbeitslosigkeit und einem deutlichen Anstieg der Bruttolöhne und -gehälter der GKV-Mitglieder gab es mit einem Anstieg von 2,3 Prozent je Mitglied signifikante Zuwächse bei den beitragspflichtigen Einnahmen, die höchsten seit Mitte der 90er Jahre. Dabei ist berücksichtigt, dass im Jahresdurchschnitt 2008 zu 2007 rd. 540 Tsd. mehr beitragszahlende Personen als erwerbstätige Pflicht- oder freiwillige Mitglieder mit sechswöchigem Entgeltfortzahlungsanspruch in der GKV registriert waren. Gleichzeitig ging die Zahl der beitragsfrei mitversicherten Personen um 450 Tsd. deutlich zurück. Die Beitragseinnahmen je Mitglied (inklusive der Mehreinnahmen aus geringfügigen Beitragssatzanhebungen) sind um 2,8 Prozent gestiegen.

152 Gleichwohl gab es im Jahr 2008 weiterhin eine deutliche Schere zwischen Ausgabenzuwachs von 4,6 Prozent und Grundlohnzuwachs von 2,3 Prozent, wobei die absoluten Zuwachsraten bei steigenden Mitgliederzahlen um rd. 0,7 Prozentpunkte höher ausfielen. Dabei ist auffällig, dass bei den großen Ausgabenbereichen neben den Arzneimitteln auch die Ausgaben für ambulante ärztliche Behandlung überproportionale Zuwächse erreichten und auch die Krankenhausausgaben im Vergleich zu den beiden Vorjahren wieder höhere Anstiege verbuchten.

153 Ende 2008 waren nahezu sämtliche Krankenkassen wieder entschuldet und verfügten über positive Finanzreserven. Lediglich eine geringe Zahl von 13 Kassen mit einem Mitgliederanteil von 1,3 Prozent hatten zu diesem Zeitpunkt noch Schulden aufzuweisen. Durch den erzielten Überschuss von rd. 1,43 Mrd. Euro verfügte die GKV Ende 2008 saldiert wieder über eine positive Finanzreserve von knapp 5 Mrd. Euro In der kassenartenbezogenen Betrachtung ergaben sich bei den Finanzergebnissen der vor allem bei den Ende 2007 noch verschuldeten Kassen im AOK-Bereich eine deutlich günstigere Finanzentwicklung. Aufgrund der entsprechenden Regelungen, die das GKV-WSG in § 265a SGB V vorsieht, konnte bei hoch verschuldeten Kassen die Entschuldung in Abstimmung mit dem jeweils zuständigen Spitzenverband bis Ende 2008 gestreckt werden. Auch bei diesen Kassen sollte durch Eigenanstrengungen und ggf. kassenarteninterne Finanzhilfen gewährleistet werden, dass eine vollständige Entschuldung vor Inkrafttreten des Gesundheitsfonds zum 1. Januar 2009 erfolgen konnte. Im Laufe des Jahres 2007 hatten sämtliche Bundesverbände entsprechende vom Bundesministerium für Gesundheit genehmigte Satzungsregelungen z. T. mit kassenarteninternen Finanzhilfen und Sanierungsplänen vorgelegt. Entgegen vielfach geäußerten Befürchtungen konnte die Entschuldung der GKV bis 31. Dezember 2008 erfolgreich abgeschlossen werden.

154 Der durchschnittliche allgemeine Beitragssatz wurde im Laufe des Jahres 2004 wieder von 14,3 auf 14,2 Prozent reduziert. Für Kassen mit rd. der Hälfte aller Versicherten gab es – wenn auch zum Teil nur in geringem Ausmaß – Beitragssatzsenkungen. Zum 1. Juli 2005 wurden zeitgleich mit der Erhebung eines mitgliederbezogenen Zusatzbeitragssatzes von 0,9 Prozent der allgemeine Beitragssatz und die übrigen Beitragsätze der Krankenkassen gesetzlich im gleichen Umfang abgesenkt. Hierdurch ergab sich für Arbeitgeber und Rentenversicherungsträger auf ein Gesamtjahr bezogen eine finanzielle Entlastung in einer Größenordnung von rd. 4,5 Mrd. Euro, dem eine entsprechende Belastung der Mitglieder der Krankenkassen (einschließlich der Rentner) gegenüberstand. Der durchschnittliche allgemeine Beitragssatz (ohne den mitgliederbezogenen Zusatzbeitrag) lag damit bis Ende 2006 bei 13,3 Prozent auch wenn es bei einem kleineren Teil der Kassen bereits seit dem Jahreswechsel 2005/2006 zu Beitragssatzanhebungen kam. Zur Jahreswende 2006/2007 kam es wieder zu einem deutlichen Anstieg des Beitragssatzniveaus auf rd. 13,9 Prozent Durch Beitragssatzanhebungen einer Reihe überwiegend kleinerer und mittlerer Krankenkassen zum Jahreswechsel 2007/2008 und im weiteren Verlauf des Jahres 2008 stieg der allgemeine Beitragssatz im Mittel auf 14,0 Prozent im Jahresdurchschnitt 2008 bzw. auf ca. 14,1 Prozent gegen Ende des Jahres 2008.

155 Ab dem 1. Januar 2009 wurde in der gesetzlichen Krankenversicherung für sämtliche Krankenkassen ein einheitlicher paritätisch von Arbeitnehmern und Arbeitgebern finanzierter allgemeiner Beitragssatz von 14,6 Prozent erhoben. Für Mitglieder ohne Anspruch auf Krankengeld galt ein ermäßigter Beitragssatz von 14,0 Prozent. Zusätzlich wird wie bislang ein vom Mitglied allein zu tragender Zusatzbeitragssatz von 0,9 Prozent erhoben. Die kassenindividuellen Beitragssätze, die Ende 2008 bei einem durchschnittlichen allgemeinen Beitragssatz von 14,1 Prozent bei einer Spanne von unter 12 bis über 16 Prozent lagen, gehören damit der Vergangenheit an.

156 Der einheitliche Beitragssatz wurde für das Jahr 2009 durch eine Rechtsverordnung der Bundesregierung nach Auswertung der Ergebnisse eines beim Bundesversicherungsamt gebildeten Schätzerkreis aus Experten von BVA, BMG und dem Spitzenverband der GKV so bemessen, dass die voraussichtlichen Einnahmen der Krankenkassen aus Mitgliederbeiträgen und einem seinerzeit festgelegten Bundeszuschuss in Höhe von 4 Mrd. Euro die voraussichtlichen Ausgaben der Krankenkassen in diesem Jahr zu 100 Prozent decken sollten. In die Beitragssatzkalkulation wurden auch in einem Umfang von 0,08 Beitragssatzpunkten Finanzmittel für den bis Ende 2012 vorgesehenen schrittweisen Aufbau einer Liquiditätsreserve des Gesundheitsfonds einbezogen. Aus diesen Mitteln sollen auch die Aufwendungen für höhere Ausgaben von Versicherten in einzelnen Bundesländern aufgrund der sog. Konvergenzregelung finanziert werden. Insgesamt wurden damit 2009 Zuweisungen an die Krankenkassen im Rahmen des Gesundheitsfonds in Höhe von rd. 167 Mrd. Euro zur Verfügung gestellt. Das waren rd. 11 Mrd. Euro mehr, als die Krankenkassen im Jahr 2008 für Leistungsausgaben und Verwaltungskosten verwendet haben. Dabei wurden insbesondere deutliche Mehrausgaben durch Verbesserungen im Bereich der Krankenhausfinanzierung, durch die Reform der vertragsärztlichen Vergütung sowie durch den medizinisch- und medizinisch-technischen Fortschritt berücksichtigt.

157 Einnahmerisiken aufgrund monatlicher oder konjunkturell bedingter Schwankungen der unterjährigen Beitragseinnahmen liegen im Unterschied zum bisherigen Finanzierungssystem nicht mehr bei den Krankenkassen, sondern beim Gesundheitsfonds. Bis zum Aufbau der Liquiditätsreserve stellt der Bund dem Gesundheitsfonds den Krankenkassen bis zum Jahresende zurückzahlbare Liquiditätsdarlehen zur Verfügung, falls die Beitragseinnahmen und die Einnahmen aus dem anteiligen Bundeszuschuss nicht ausreichen, die monatlichen Zuweisungen an die Krankenkassen zu decken. Zu diesem Zweck können auch die monatlichen Bundeszuschüsse vorgezogen werden. Für Liquiditätsdarlehen, die im Startjahr 2009 vom Bund übernommen werden, bestand eine Rückzahlungspflicht des Gesundheitsfonds an den Bund bis spätestens Ende 2011. Ursprünglich war hierfür Ende 2010 vorgesehen. Es kam im Laufe des Jahres 2009 zwar zu einer Darlehensinanspruchnahme; der Gesundheitsfonds konnte dieses Darlehen jedoch bereits Ende 2009 wieder zurückzahlen.

158 Der 2008 gebildete neue Schätzerkreis von Bundesversicherungsamt, Bundesgesundheitsministerium und GKV-Spitzenverband hat seit der erstmaligen Sitzung im Oktober 2008, bei dem die Schätzgrundlagen für die Ermittlung des einheitlichen Beitragssatz erarbeitet wurden, die Aufgabe, die Einnahmen- und Ausgabenentwicklung der GKV – unter Berücksichtigung der Quartalsergebnisse (Statistik KV 45) – für das laufende und das Folgejahr (erstmals im Herbst) zu analysieren und prognostizieren. Neben den für die Einnahmeentwicklung relevanten aktuellen gesamtwirtschaftlichen Eckdaten und der amtlichen GKV-Statistik zur Entwicklung in den einzelnen Einnahmen- und Ausgabenbereichen können dabei auch externe Experten beratend hinzugezogen werden.

159 Nachdem zum 1. Januar 2009 mit dem Gesundheitsfonds ein neues Finanzierungssystem in der GKV eingeführt wurde und die Kassen nach einer fünfjährigen Konsolidierungsphase wieder mit insgesamt soliden Finanzgrundlagen in das neue System starten konnte, liegen mittlerweile die Finanzergebnisse für das Jahr 2009 vor. Danach haben die gesetzlichen Krankenkassen auf Basis der Jahresrechnungsergebnisse 2009 einen Überschuss von rd.1,42 Mrd. Euro erzielt. Vergleicht man die Zuweisungen, die die Krankenkassen 2009 aus dem Gesundheitsfonds in Höhe von 166,83 Mrd. Euro erhielten, mit den zuweisungsrelevanten GKV-Ausgaben in Höhe von 166,16 Mrd. Euro, so resultiert bereits aus dieser Differenz eine Überdeckung von knapp 0,7 Mrd. Euro. Dies entspricht einer Deckungsquote von 100,4 Prozent. Darüber hinaus lässt sich der Kassenüberschuss aus der Differenz zwischen sonstigen Einnahmen der Kassen (z. B. aus Vermögenserträgen und Beitragseinnahmen aus Vorjahren) und sonstigen nicht zuweisungsrelevanten Ausgaben erklären.

160 Somit hat sich Finanzlage der Krankenkassen im Verlauf des Jahres 2009 weiter stabilisiert und wies Ende 2009 Finanzreserven von insgesamt knapp 6,3 Mrd. Euro aus. Dies entspricht ca. 44 Prozent einer durchschnittlichen Monatsausgabe. Dabei waren allerdings sowohl die Überschussentwicklung im Jahre 2009 als auch die Höhe der Finanzreserven bei den einzelnen Krankenkassen sehr unterschiedlich verteilt. Die Krankenkassen haben auf Basis der gesetzlichen Regelungen des SGB V eine gesetzlich vorgegebene Mindestreserve vorzuhalten, die 25 Prozent einer durchschnittlichen Monatsausgabe nicht unterschreiten und 1,5 Monatsausgaben nicht überschreiten darf und in der Summe mindestens rd. 3,8 Mrd. Euro betragen muss.

161 Die Leistungsausgaben der Kassen sind 2009 um 6,6 Prozent je Versicherten gestiegen. Sie liegen damit noch unterhalb der bisherigen Ausgabenprognose von 7,0 Prozent, die der Schätzerkreis für das Gesamtjahr 2009 angesetzt hatte. Der Zuwachs war insgesamt geprägt von den Veränderungsraten in den großen Leistungsbereichen, die aus den notwendigen Verbesserungen der finanziellen Situation von Ärzten und Krankenhäusern sowie weiterhin deutlichen Zuwächsen bei den Arzneimittelausgaben resultieren. In den größeren Leistungsbereichen ergab sich danach folgende Ausgabenentwicklung. Ein Zuwachs von 7,4 Prozent je Versicherten bei den Ausgaben für ambulante ärztliche Behandlung zeigt, dass sich die Honorarsituation für die Ärzte im Jahr 2009 mit der Vergütungsreform erheblich verbessert hat. Die Ausgaben für ärztliche Früherkennungsuntersuchungen, die einen auch mit Leistungsverbesserungen verbundenen und damit gesundheitspolitisch gewollten Anstieg von 12,1 Prozent ausweisen, steigern die ärztlichen Honorare zusätzlich. Insgesamt beträgt damit der Anteil aller Ausgaben der GKV, die der vertragsärztlichen Versorgung zugute kommen (einschließlich der von den Versicherten gezahlten Praxisgebühr) ca. 19 Prozent.

162 Der Anstieg bei den Ausgaben für die stationäre Versorgung lag 2009 je Versicherten bei 6,6 Prozent und spiegelt zu einem erheblichen Teil bereits die zusätzlichen Mittel von ca. 3,5 Mrd. Euro wieder, die den Krankenhäusern 2009 zur Verbesserung der Finanz- und Arbeitssituation zur Verfügung standen.. Der Anstieg der Arzneimittelausgaben (ohne Impfkosten) betrug 6,0 Prozent je Versicherten. Die Ausgabendynamik im Medikametenbereich war dabei insbesondere geprägt von der Entwicklung im Bereich patentgeschützter Arzneimittel. Die Krankengeldausgaben lagen mit einem Zuwachs von 9,7 Prozent – im Vergleich zu früheren konjunkturellen Krisenzeiten völlig untypisch – erheblich über den Ausgaben des Vorjahres. Entscheidende Ursachen dieser Entwicklung sind u.a. demographische Faktoren (Zunahme krankengeldberechtigter älterer Arbeitnehmer bei steigendem Renteneintrittsalter und Zunahme lang andauernder psychischer Erkrankungen). Die Netto-Verwaltungskosten der Krankenkassen sind nach längerer Stabilität in den Vorjahren mit 7,9 Prozent je Versicherten gestiegen, wenn auch unterschiedlich stark bei den einzelnen Kassenarten. Hier spielen neben gestiegenen Personalkosten auch rückläufige Erstattungen eine Rolle. So wurden etwa die DMP-Programmkosten für die Disease-Management-Programme mit Einführung des Gesundheitsfonds aus dem Erstattungsvolumen für Verwaltungskosten herausgenommen. Die Krankenkassen erhalten hierfür seit Anfang 2009 gesonderte Zuweisungen. Diese Umstellung führt automatisch zu höheren Netto-Verwaltungskosten.

163 Bei den Zuzahlungen der Versicherten einschließlich der Praxisgebühr, die unmittelbar an die Leistungserbringer abgeführt werden und zugleich die Ausgaben der Kassen in dem entsprechenden Umfang reduzieren, lag mit einem Gesamtvolumen von rund 4,8 Mrd. Euro über alle Leistungsbereiche leicht unter dem Niveau des Vorjahres.

164 Von der Einnahmen und Ausgabenentwicklung der Kassen zu unterscheiden sind die Einnahmen und Ausgaben des Gesundheitsfonds. Der Gesundheitsfonds stellte den Krankenkassen für 2009 Zuweisungen in Höhe von insgesamt rd. 167 Mrd. Euro zur Verfügung. Dem standen Einnahmen aus Beiträgen und Bundeszuschüssen (abzüglich Aufwendungen für Fondsverwaltung und Konvergenzzahlungen) von rd. 164,3 Mrd. Euro gegenüber, so dass der Fonds insbesondere aufgrund der krisenbedingten Ausfälle bei den Beitragseinnahmen das Jahr 2009 mit einem Defizit von rund 2,5 Mrd. Euro abschloss.

165 Für das Jahr 2010 liegen seit März 2011 die vorläufigen Finanzdaten des 1. bis 4. Quartals 2010 vor. Die Finanzentwicklung der gesetzlichen Krankenkassen ist mit einem Defizit von 445 Mio. Euro erwartungsgemäß ungünstiger verlaufen als im Jahr. 2009, als die Krankenkassen noch einen Überschuss von 1,42 Mrd. Euro verbuchten. 2010 standen Einnahmen der Kassen in Höhe von rd. 175,3 Mrd. Euro Ausgaben in Höhe von rd. 175,7 Mrd. Euro gegenüber. In den Einnahmen enthalten sind auch rd. 660 Mio. Euro an Zusatzbeiträgen, die von einer geringeren Zahl der Krankenkassen zum Teil ab dem 1. und zum Teil ab dem 2. Quartal 2010 erhoben wurden. Ohne diese Zusatzbeiträge hätte sich 2010 somit ein deutlich höheres Defizit ergeben. Ausgaben von Kassen, die nicht aus den Zuweisungen des Gesundheitsfonds oder aus den Zusatzbeiträgen gedeckt wurden, mussten 2010 zum Teil aus dort vorhandenen Finanzreserven kompensiert werden. Die Summe der Finanzreserven, die den Kassen Ende 2010 insgesamt zur Verfügung standen, belief sich damit unter Berücksichtigung der vorläufigen Finanzergebnisse auf rund 5,8 Mrd. Euro.

166 Die Leistungsausgaben der Krankenkassen sind im 1. bis 4.Quartal 2010 um 3,1 Prozent je Versicherten gestiegen. Dem Ausgabenanstieg stand ein Zuwachs der Kasseneinnahmen (überwiegend aus Zuweisungen des Gesundheitsfonds) von 2,0 Prozent gegenüber. Dieser Einnahmezuwachs resultierte vor allem aus einem höheren Bundeszuschuss. In den größeren Leistungsbereichen ist die Entwicklung der Ausgaben 2010 sehr unterschiedlich verlaufen: Der vorläufige Zuwachs von 2,6 Prozent je Versicherten bei den Ausgaben für ambulante ärztliche Behandlung nach einem Zuwachs von 7,4 Prozent im gesamten Jahr 2009 zeigt, dass sich die Honorarsituation für Ärzte auch 2010 verbessert hat. Der Anstieg bei den Ausgaben für die Krankenhausbehandlung lag je Versicherten bei 4,7 Prozent Auch dieser Zuwachs setzt bereits auf einen Anstieg von 6,6 Prozent im Jahr 2009 auf. Der Anstieg der Arzneimittelausgaben (ohne Impfkosten) lag bei 1,3 Prozent je Versicherten. Im 1. Halbjahr lag der Zuwachs noch bei 4,8 Prozent. Die deutliche Ausgabenabflachung nach den hohen Ausgabenanstiegen der letzten Jahre ist insbesondere darauf zurückzuführen, dass erste Maßnahmen zu Einsparungen bei Arzneimitteln bereits ab 1. August 2010 wirksam wurden. Durch die Anhebung des Pharmarabatts für Nicht-Festbetragsarzneimittel wurden die Kassen ab diesem Zeitpunkt monatlich um rd. 100 Mio. Euro entlastet. Außerdem erzielten die Kassen vertraglich mit der Pharmazeutischen Industrie vereinbarten Rabatte in Höhe von 1,1 Mrd. Euro. Der Ausgabenzuwachs beim Krankengeld hat sich mit einem erneuten Plus von 8,0 Prozent. nach den zweistelligen Zuwachsraten der Jahre 2008 und 2009 nahezu unverändert fortgesetzt. Die Verwaltungskosten der Krankenkassen sind im bisherigen Jahresverlauf nach längerer Stabilität deutlich gestiegen. Der Zuwachs lag im 1. bis 4. Quartal bei rd. 6,2 Prozent. Vor diesem Hintergrund erscheint die Begrenzung der Verwaltungskosten der Kassen in den Jahren 2011 und 2012 auf das Niveau des Jahres 2010 als unverzichtbarer Beitrag der Krankenkassen zur notwendigen Ausgabenbegrenzung.

167 Der Gesundheitsfonds zahlte für 2010 Zuweisungen in Höhe von insgesamt rd. 170,3 Mrd. Euro an die Krankenkassen aus. Die Einnahmen des Gesundheitsfonds aus Beiträgen und Bundeszuschüssen lagen bei 174,6 Mrd. Euro. Im Saldo weist der Gesundheitsfonds einen Überschuss von rd. 4,2 Mrd. Euro aus. Damit konnte er nicht nur jederzeit seiner Verpflichtung zur Auszahlung der im Herbst 2009 für 2010 festgelegten monatlichen Zahlungen an die Krankenkassen nachkommen. Der Gesundheitsfonds konnte – nach dem deutlichen Defizit von rd. 2,5 Mrd. Euro im Jahr 2009 – erstmalig den jetzt erzielten Überschuss seiner Liquiditätsreserve zuführen. Das Gesetz sieht einen Mindestbestand an Mitteln der Liquiditätsreserve in einer Größenordnung von 20 Prozent einer durchschnittlichen Monatsausgabe (derzeit ca. 3 Mrd. Euro) vor. Der Gesundheitsfonds ist gehalten, jederzeit seiner Verpflichtung zur Auszahlung der monatlichen Zahlungen an die Krankenkassen (in jedem Monat 1/12 des Jahresbedarfs) nachzukommen. Die Liquiditätsreserve dient dem Ausgleich unterjähriger Einnahmeschwankungen. Darüber hinaus sind die Mittel daraus auch einzusetzen, wenn unerwartete Einnahmeeinbrüche zu verzeichnen sind. Das positive Finanzergebnis des Jahres 2010 konnte der Gesundheitsfonds ähnlich wie die übrigen Sozialversicherungszweige dank der erfreulichen konjunkturellen Entwicklung erzielen.

168 Im Laufe des Jahres 2010 haben eine Reihe von Krankenkassen erstmalig von der Möglichkeit Gebrauch gemacht, von ihren Mitglieder Zusatzbeiträge zu erheben. Zum Stichtag 1. Dezember 2010 war dies bei 15 Krankenkassen mit rd. 8,2 Mio. Mitgliedern der Fall. Der Zusatzbeitrag lag dabei in der Regel bei 8 Euro je Mitglied und Monat. Im Durchschnitt hat sich die Mitgliederzahl dieser Kassen im Vergleich zum entsprechenden Vorjahreszeitraum um etwa .9 Prozent reduziert – wenn auch mit erheblichen Unterschieden bei den einzelnen Kassen. Drei Kassen mit rund 300.000 Mitgliedern zahlten im Jahr 2010 eine Prämie.

169 Die Zahl der Krankenkassen hat bis zum Jahreswechsel 2010/2011 durch kassenarteninterne und kassenartenübergreifende Fusionen weiter abgenommen. Während zum Jahresende 2009 noch 184 gesetzliche Krankenkassen registriert waren hat sich ihre Zahl im Laufe des Jahres 2010 auf 160 reduziert. Zu Beginn und im Laufe des Jahres 2011 ist mit weiteren Fusionen und einer entsprechenden Reduzierung der Zahl der Krankenkassen zu rechnen.

170 Die einvernehmliche Prognose des Schätzerkreises von Ende September 2010 zur Einnahmen- und Ausgabenentwicklung der Jahre 2010 und 2011 zeigt, dass die Einnahmen, die der Gesundheitsfonds aus den Beitragseinnahmen und den Bundeszuschüssen für versicherungsfremde Leistungen erhält, im Jahr 2011 ausreichen werden, um die voraussichtlichen Ausgaben der GKV über Zuweisungen im nächsten Jahr in vollem Umfang zu decken. Durch diese 100prozentige Ausgabendeckung konnte der durchschnittliche Zusatzbeitrag für das Jahr 2011 durch Bekanntmachung des Bundesministeriums für Gesundheit im Einvernehmen mit dem Bundesministerium der Finanzen nach Auswertung der Schätzerkreisergebnisse vorab auf Null Euro festgelegt werden. Das schließt nicht aus, dass eine Reihe von Krankenkassen – ähnlich wie 2010 – auch 2011 einen Zusatzbeitrag erheben.

Der zusätzliche Bundeszuschuss, den der Gesundheitsfonds im Jahr 2011 in Höhe von einmalig 2 Mrd. Euro erhält, kann in vollem Umfang in die Liquiditätsreserve fließen. Diese Mittel können in den Jahren 2012 bis 2014 – wenn es zu einem schrittweisen Aufbau von Zusatzbeiträgen kommen wird – für den vorgesehenen Sozialausgleich verwendet werden. Ab 2015 werden dann zusätzliche Bundesmittel zur Finanzierung des Sozialausgleichs bereitgestellt.

Versicherter Personenkreis

171 Die als reine Arbeiterversicherung gegründete GKV ist im Laufe ihres über 100-jährigen Bestehens auf immer weitere Personenkreise ausgedehnt worden, so dass ihr jetzt knapp 90 Prozent der Wohnbevölkerung in der Bundesrepublik Deutschland angehören. Sie ist damit zum wichtigsten Schutz bei Krankheit sowie bei Schwangerschaft und Mutterschaft geworden. Andere Sicherungsformen wie die private Krankenversicherung, die freie Heilfürsorge, die Kriegsopferversorgung oder die Krankenhilfe im Rahmen der Sozialhilfe treten demgegenüber in ihrer Bedeutung für die Absicherung im Krankheitsfall zurück. Auf Grund des Fehlens einer umfassenden Versicherungspflicht für alle Einwohner hatte die Zahl der Personen ohne Absicherung im Krankheitsfall in den letzten Jahren spürbar zugenommen. Dem wurde durch die Regelungen des GKV-Wettbewerbsstärkungsgesetzes, die im Wesentlichen zum 1. April 2007 in Kraft getreten sind, Rechnung getragen und das politische Ziel umgesetzt, dass in Deutschland niemand ohne Absicherung im Krankheitsfall sein soll. Mittlerweile haben über 160.000 Personen aufgrund dieser Regelung wieder Versicherungsschutz in der GKV erlangt (Stand: Dezember 2010).

172 Der GKV können Personen als pflichtversicherte oder als freiwillig versicherte Mitglieder oder als Familienversicherte angehören. Die Voraussetzungen für diese drei Versicherungsformen sind im Gesetz (§§ 5 bis 10 SGB V) festgelegt.

Versicherungspflicht

173 Kraft Gesetzes, also unabhängig vom Willen des Betroffenen versicherungspflichtig in der GKV sind

- Arbeitnehmer und zu ihrer Berufsausbildung Beschäftigte, die gegen Arbeitsentgelt beschäftigt sind,
- Bezieher von Arbeitslosengeld,
- Bezieher von Arbeitslosengeld II, die der gesetzlichen Krankenversicherung zuzuordnen sind,
- landwirtschaftliche Unternehmer und ihre mitarbeitenden Familienangehörigen,
- Künstler und Publizisten,
- Personen, die in Einrichtungen der Jugendhilfe für eine Erwerbstätigkeit befähigt werden sollen,
- Teilnehmer an Leistungen zur Teilhabe am Arbeitsleben,
- behinderte Menschen, die in Werkstätten für behinderte Menschen, Blindenwerkstätten, Anstalten, Heimen oder gleichartigen Einrichtungen tätig sind,
- Studierende, die an staatlichen oder staatlich anerkannten Hochschulen eingeschrieben sind,
- Praktikanten, zu ihrer Berufsausbildung ohne Arbeitsentgelt Beschäftigte und Auszubildende des zweiten Bildungsweges,
- Rentner und Rentenantragsteller,
- Personen, die keinen anderweitigen Anspruch auf Absicherung im Krankheitsfall haben und die zuletzt gesetzlich krankenversichert waren oder der gesetzlichen Krankenversicherung zuzuordnen sind (nachrangige Versicherungspflicht).

174 Wer hauptberuflich selbständig erwerbstätig ist (ausgenommen landwirtschaftliche Unternehmer sowie Künstler und Publizisten), wird auch bei der Erfüllung der an sich zur Versicherungspflicht führenden Voraussetzungen, z. B. in einer Nebenbeschäftigung, grundsätzlich nicht versicherungspflichtig. Hauptberuflich selbständig Erwerbstätige können aber der nachrangigen Versicherungspflicht unterliegen, wenn sie zuletzt gesetzlich krankenversichert waren.

175 Als gegen Arbeitsentgelt beschäftigte Arbeitnehmer gelten auch Bezieher von Vorruhestandsgeld, wenn sie unmittelbar vor Bezug des Vorruhestandsgeldes versicherungspflichtig waren und das Vorruhestandsgeld mindestens 65 Prozent des zuvor erzielten Bruttoarbeitsentgelts beträgt.

176 Arbeitslose sind in der Zeit pflichtversichert, für die sie Arbeitslosengeld beziehen. Bezieher von Arbeitslosengeld II sind grundsätzlich ebenfalls pflichtversichert. Von diesem Grundsatz gibt es jedoch zwei Ausnahmen: Seit dem 1. Januar 2009 müssen sich Bezieher von Arbeitslosengeld II privat krankenversichern, wenn sie unmittelbar vor dem Bezug der Leistung bereits privat krankenversichert waren. Gleiches gilt für Bezieher von Arbeitslosengeld II, die zuvor weder gesetzlich noch privat krankenversichert waren und zu dem Personenkreis gehören, der grundsätzlich der privaten Krankenversicherung (PKV) zuzuordnen ist (z. B. Selbständige). Die Versicherungspflicht als Bezieher von Arbeitslosengeld II tritt zurück, solange eine Familienversicherung besteht.

177 Studierende unterliegen der Versicherungspflicht nur bis zum Abschluss des 14. Fachsemesters, höchstens jedoch bis zur Vollendung des 30. Lebensjahres. Die Versicherungspflicht als Student (bzw. als Praktikant oder Auszubildender des zweiten Bildungsweges) tritt zurück, solange eine Familienversicherung besteht. Studierende bleiben über die Höchstgrenze hinaus versicherungspflichtig, wenn die Art der Ausbildung, persönliche oder familiäre Gründe diese Überschreitung rechtfertigen.

178 Wer eine Rente aus der gesetzlichen Rentenversicherung bezieht, ist krankenversicherungspflichtig, wenn er in der Zeit zwischen der erstmaligen Aufnahme einer Erwerbstätigkeit und dem Rentenantrag mindestens 90 Prozent der zweiten Hälfte dieses Zeitraums gesetzlich versichert war (Vorversicherungszeit). Für die Zeit vor 1989 wird die erforderliche Vorversicherungszeit auch durch die Zeit der Ehe mit einem Mitglied erfüllt. Bei Hinterbliebenen werden die Vorversicherungszeiten des verstorbenen Familienangehörigen berücksichtigt. Für Aus- und Übersiedler, die diese Voraussetzungen nicht erfüllen können, gilt eine günstigere Sonderregelung. Der Versicherungspflicht unterliegt auch, wer eine Rente noch nicht bezieht, aber beantragt hat.

179 Die Versicherungspflicht für Personen ohne anderweitigen Anspruch auf Absicherung im Krankheitsfall gilt vor allem für ehemals gesetzlich Krankenversicherte, die etwa wegen der Nichtzahlung von Beiträgen ihren Krankenversicherungsschutz verloren hatten. Sie tritt hinter alle anderen Absicherungen im Krankheitsfall zurück, wie etwa laufenden Leistungen nach dem Zwölften Buch Sozialgesetzbuch oder dem Asylbewerberleistungsgesetz, der Gesundheitsfürsorge nach den Strafvollzugsgesetzen der Länder oder einer sonstigen Gesundheitsfürsorge. Versicherungspflichtig sind auch Personen, die bisher weder gesetzlich noch privat krankenversichert waren, es sei denn, sie sind auf Grund ihres beruflichen Status der privaten Krankenversicherung zuzuordnen (z. B. hauptberuflich selbständig Erwerbstätige oder versicherungsfreie Personen).

180 Landwirtschaftliche Unternehmer sind nur dann krankenversicherungspflichtig, wenn ihr Unternehmen eine bestimmte Mindestgröße erreicht und die landwirtschaftliche Tätigkeit hauptberuflich ausgeübt wird. Mitarbeitende Familienangehörige unterliegen ab Vollendung des 15. Lebensjahres der Krankenversicherungspflicht, wenn sie hauptberuflich in dem landwirtschaftlichen Unternehmen beschäftigt sind. Ehemalige Landwirte bleiben auch im Ruhestand versicherungspflichtig, wenn sie eine Rente aus der Alterssicherung der Landwirte beziehen oder bestimmte Vorversicherungszeiten erfüllt haben.

Versicherungsfreiheit

181 Nicht der Versicherungspflicht unterliegen die Personen, die der Gesetzgeber nicht als schutzbedürftig ansieht und die bereits anderweitig für den Fall der Krankheit geschützt sind. Dazu gehören insbesondere

– alle Arbeitnehmer, deren regelmäßiges Jahresarbeitsentgelt die Jahresarbeitsentgeltgrenze übersteigt. Die Jahresarbeitsentgeltgrenze ist durch das Beitragssatzsicherungsgesetz mit Wirkung vom 1. Januar 2003 an über die Anpassung an die allgemeine Einkommensentwicklung hinaus angehoben worden. Sie beträgt im Jahr 2011 49.500 Euro. Lediglich für die Arbeitnehmer, die bereits am 31. Dezember 2002 wegen Überschreitens der Jahresarbeitsentgeltgrenze versicherungsfrei und privat krankenversichert waren, gilt aus Gründen des Vertrauensschutzes die frühere niedrigere Jahresarbeitsentgeltgrenze weiter; sie beträgt im Jahr 2011 44.550 Euro,
– Beamte, Richter, Soldaten, Geistliche, Lehrer an privaten Ersatzschulen sowie Pensionäre, wenn sie nach beamtenrechtlichen Vorschriften oder Grundsätzen bei Krankheit Anspruch auf Fortzahlung der Bezüge und auf Beihilfe oder auf freie Heilfürsorge haben,
– Personen, die während ihres Studiums gegen Arbeitsentgelt beschäftigt sind (sog. Werkstudentenprivileg),
– Mitglieder geistlicher Genossenschaften und
– Personen, die durch das Krankenfürsorgesystem der Europäischen Gemeinschaften geschützt sind.

182 Seit dem 31. Dezember 2010 sind Arbeitnehmer, deren regelmäßiges Jahresarbeitsentgelt die Jahresarbeitsentgeltgrenze übersteigt, wieder unmittelbar mit Beschäftigungsaufnahme versicherungsfrei; sie müssen keine dreijährige Wartefrist mehr erfüllen. Für Arbeitnehmer, deren Gehalt im Rahmen einer bestehenden Beschäftigung über die Jahresarbeitsentgeltgrenze steigt, endet die Versicherungspflicht mit Ablauf des Kalenderjahres, in dem die Grenze überschritten wird.

183 Die versicherungsfreien Personen bleiben seit dem 1. Januar 2009 auch dann versicherungsfrei in der GKV, wenn sie über keinen anderweitigen Anspruch auf Absicherung im Krankheitsfall verfügen und zuletzt gesetzlich krankenversichert waren. Gleichzeitig sind sie aber verpflichtet, sich privat krankenzuversichern (Beamte im Umfang des von der Beihilfe nicht erfassten Teils der Krankheitskosten). Der private Versicherungsschutz muss dabei mindestens ambulante und stationäre Heilbehandlung bei einem maximalen Selbstbehalt von betragsmäßig 5.000 Euro im Kalenderjahr umfassen.

184 Privat Krankenversicherte, die nach vollendetem 55. Lebensjahr versicherungspflichtig würden, bleiben seit dem 1. Juli 2000 versicherungsfrei, wenn sie in den letzten fünf Jahren zu keinem Zeitpunkt gesetzlich krankenversichert und in diesem Zeitraum mindestens zweieinhalb Jahre lang versicherungsfrei, von der Versicherungspflicht befreit oder hauptberuflich selbständig erwerbstätig waren. Von dieser Regelung werden auch die Ehegatten der Beamten, Selbständigen und versicherungsfreien Arbeitnehmer erfasst, wenn sie nach dem vollendeten 55. Lebensjahr versicherungspflichtig würden und in den letzten fünf Jahren nicht gesetzlich krankenversichert waren. Die Regelung verhindert, dass privat Versicherte durch Aufnahme einer versicherungspflichtigen Beschäftigung kurz vor Ende ihres Berufslebens Zugang zu der im Alter im Vergleich zur PKV günstigeren GKV bekommen, ohne sich zuvor selbst in ausreichender Weise an der solidarischen Finanzierung der GKV beteiligt zu haben. Diese Personen haben aber die Möglichkeit, ab dem vollendeten 55. Lebensjahr oder bei Bezug einer Rente bzw. Pension unter Anrechnung der Alterungsrückstellungen in den Basistarif des bisherigen Versicherers zu wechseln. Wenn der Versicherungsvertrag vor dem 1. Januar 2009 abgeschlossen wurde, können die Versicherten unter bestimmen Voraussetzungen außerdem in den Standardtarif des privaten Versicherers wechseln. In beiden Tarifen darf der Versicherungsbeitrag den Höchstbeitrag zur GKV nicht überschreiten, im Standardtarif dürfen für Ehepaare maximal 150 Prozent des Höchstbeitrags zur GKV verlangt werden. Im Basistarif ist im Falle finanzieller Hilfebedürftigkeit zudem eine Beitragshalbierung sowie ggf. ein Zuschuss des Grundsicherungsträgers zu den Versicherungsbeiträgen möglich.

185 Versicherungsfrei sind auch Personen, die ausschließlich eine geringfügige Beschäftigung ausüben, es sei denn, sie sind im Rahmen einer betrieblichen Berufsbildung oder eines freiwilligen sozialen oder ökologischen Jahres beschäftigt; in diesem Fall besteht ohne Rücksicht auf die Höhe der Vergütung immer Versicherungspflicht. Eine geringfügige Beschäftigung liegt vor, wenn das Arbeitsentgelt regelmäßig 400 Euro im Monat nicht übersteigt. Geringfügigkeit liegt auch vor, wenn die Beschäftigung innerhalb eines Kalenderjahres auf längstens zwei Monate oder 50 Arbeitstage üblicherweise oder im Voraus vertraglich begrenzt ist, sofern die Beschäftigung nicht berufsmäßig ausgeübt wird. Die Einnahmen aus mehreren geringfügigen Beschäftigungen werden zusammengerechnet, so dass die Geringfügigkeitsgrenze hierdurch überschritten werden kann. Geringfügige Beschäftigungen sind, wenn es sich um mehr als nur eine geringfügige Beschäftigung handelt, auch mit versicherungspflichtigen Hauptbeschäftigungen zusammenzurechnen. Diese zusammengerechneten Nebenbeschäftigungen werden dadurch in der Regel ebenfalls krankenversicherungspflichtig.

Befreiung von der Versicherungspflicht

186 Einige Personengruppen, die von der Versicherungspflicht erfasst werden, können sich von dieser auf Antrag befreien lassen. Das gilt vor allem für Bezieher von Arbeitslosengeld, Rentner und Rentenantragsteller, Studierende sowie Praktikanten. Arbeitnehmer, die versicherungspflichtig werden, haben ein Befreiungsrecht nur, wenn die Versicherungspflicht eintritt durch

– eine der Einkommensentwicklung folgenden Anhebung der Jahresarbeitsentgeltgrenze,
– die Aufnahme einer Teilzeitbeschäftigung während der Elternzeit oder Pflegezeit oder
– die Herabsetzung der vollschichtigen auf eine halbschichtige Beschäftigung; es muss aber seit mindestens fünf Jahren eine Versicherungsfreiheit wegen Überschreitens der Jahresarbeitsentgeltgrenze bestanden haben.

187 Seit dem 1. Januar 2011 können sich zudem Arbeitnehmer von der Versicherungspflicht befreien lassen, wenn sie im Anschluss an die Elternzeit oder Pflegezeit eine Teilzeitbeschäftigung aufnehmen. Auch diese Arbeitnehmer müssen grundsätzlich seit fünf Jahren versicherungsfrei wegen Überschreitens der Jahresarbeitsentgeltgrenze sein; die Zeiten der Inanspruchnahme von Elternzeit oder Pflegezeit werden allerdings angerechnet.

188 Der Antrag auf Befreiung von der Versicherungspflicht muss innerhalb von drei Monaten nach Beginn der Versicherungspflicht bei der Krankenkasse gestellt werden. Die Befreiung kann nicht widerrufen werden. Wer sich von der Versicherungspflicht in der GKV hat befreien lassen, bleibt also versicherungsfrei, solange er die zur Befreiung führenden Voraussetzungen erfüllt (beispielsweise für die Dauer des Studiums). Er kann weder familienversichert noch durch andere die Versicherungspflicht auslösende Tatbestände versicherungspflichtig in der GKV werden und sich auch nicht freiwillig gesetzlich versichern. Diese Personen unterliegen dann allerdings im Regelfall der Versicherungspflicht in der PKV. Für landwirtschaftliche Unternehmer sowie Künstler und Publizisten gelten Sondervorschriften.

Freiwillige Versicherung

189 Eine freiwillige Versicherung ist in der Regel nur für Personen möglich, die bereits vorher der GKV angehört haben. Wer aus der Versicherungspflicht oder der Familienversicherung ausscheidet, kann sich freiwillig versichern, wenn er unmittelbar vorher ununterbrochen mindestens zwölf Monate oder in den letzten fünf Jahren vor dem Ausscheiden mindestens 24 Monate versichert war.

Außerdem sind zur freiwilligen Versicherung insbesondere berechtigt

– schwerbehinderte Menschen, wenn sie, ein Elternteil oder ihr Ehegatte bzw. eingetragener Lebenspartner in den letzten fünf Jahren vor dem Beitritt mindestens drei Jahre versichert waren und
– Arbeitnehmer, die innerhalb von zwei Monaten nach Rückkehr aus dem Ausland wieder eine Beschäftigung oberhalb der Jahresarbeitsentgeltgrenze aufnehmen.

190 Arbeitnehmer mit einem Gehalt oberhalb der Jahresarbeitsentgeltgrenze unterliegen aufgrund des Wegfalls der dreijährigen Wartefrist mit Beschäftigungsaufnahme nicht mehr zunächst der Versicherungspflicht in der GKV, sondern sind unmittelbar versicherungsfrei. Diese Personen können der GKV seit dem 1. Januar 2011 aber bei erstmaliger Beschäftigungsaufnahme im Inland als freiwillige Mitglieder beitreten.

191 Der freiwillige Beitritt kann nur innerhalb von drei Monaten nach Eintritt des die Beitrittsberechtigung auslösenden Tatbestands erfolgen.

Familienversicherung

192 Beitragsfrei familienversichert sind der Ehegatte, der gleichgeschlechtliche eingetragene Lebenspartner und die Kinder eines Mitglieds, wenn sie ihren Wohnsitz oder gewöhnlichen Aufenthalt in der Bundesrepublik Deutschland haben und ihr Gesamteinkommen regelmäßig im Monat ein Siebtel der monatlichen Bezugsgröße (2011: 365 Euro) nicht überschreitet. Wer hauptberuflich selbständig erwerbstätig ist oder versicherungsfrei oder von der Versicherungspflicht auf Antrag befreit ist, kann nicht familienversichert werden. Eine Pflichtversicherung oder eine freiwillige Versicherung geht der Familienversicherung vor (außer bei Beziehern von Arbeitslosengeld II, Studierenden, Praktikanten und Auszubildenden des zweiten Bildungswegs).

193 Kinder sind bis zur Vollendung des 18. Lebensjahrs familienversichert. Die Altersgrenze erhöht sich auf das 23. Lebensjahr, wenn das Kind nicht erwerbstätig ist, und auf das 25. Lebensjahr, wenn es sich in Schul- oder Berufsausbildung befindet oder ein freiwilliges soziales oder ökologisches Jahr leistet. Wird die Schul- oder Berufsausbildung durch eine gesetzliche Dienstpflicht (z. B. Wehr- oder Zivildienst) verzögert oder unterbrochen, verlängert sich die Familienversicherung um den entsprechenden Zeitraum. Behinderte Kinder sind unter bestimmten Voraussetzungen ohne Altersgrenze familienversichert. Als Kinder gelten auch Stiefkinder und Enkel, die das Mitglied überwiegend unterhält, sowie Pflegekinder.

194 Ist ein Elternteil nicht in der GKV versichert und liegt sein Einkommen über der Jahresarbeitsentgeltgrenze, sind seine Kinder nicht familienversichert, solange er mehr verdient als der in der GKV versicherte Ehegatte.

Versicherung und Mitgliedschaft

195 Wer die Voraussetzungen für die Versicherungspflicht erfüllt oder wer der Krankenkasse freiwillig beitritt, wird grundsätzlich auch ihr Mitglied und genießt damit Versicherungsschutz. Wer eine Rente beantragt hat, aber die Voraussetzungen für den Bezug einer Rente nicht erfüllt, gilt als Mitglied bis zu dem Zeitpunkt, an dem der Antrag zurückgenommen oder die Ablehnung des Antrags unanfechtbar wird.

196 Die Mitgliedschaft Versicherungspflichtiger bleibt erhalten, solange

– das Beschäftigungsverhältnis ohne Entgeltzahlung fortbesteht, aber längstens für einen Monat (z. B. bei unbezahltem Urlaub); bei einem rechtmäßigen Arbeitskampf besteht die Mitgliedschaft bis zu dessen Ende,
– Krankengeld, Mutterschaftsgeld oder Elterngeld bezogen oder Elternzeit in Anspruch genommen wird,
– während einer medizinischen Rehabilitationsmaßnahme Verletztengeld, Versorgungskrankengeld oder Übergangsgeld gezahlt wird,
– Kurzarbeitergeld bezogen wird oder
– Grundwehrdienst oder Zivildienst geleistet wird.

197 Die Mitgliedschaft Versicherungspflichtiger endet mit dem Tod des Mitglieds oder dem Wegfall der die Versicherungspflicht auslösenden Voraussetzungen (z. B. Ende des Beschäftigungsverhältnisses). Bei Studierenden endet die Mitgliedschaft einen Monat nach Ablauf des Semesters, für das sie sich zuletzt eingeschrieben oder zurückgemeldet haben.

198 Wer wegen Überschreitens der Versicherungspflichtgrenze aus der Versicherungspflicht in der GKV ausscheidet, bleibt freiwilliges Mitglied, wenn er nicht innerhalb von zwei Wochen nach Hinweis der Krankenkasse ausdrücklich seinen Austritt aus der GKV erklärt. Außerdem ist Voraussetzung, dass diese Personen die für die Begründung einer freiwilligen Mitgliedschaft erforderlichen Vorversicherungszeiten erfüllen; dies gilt allerdings nicht für Personen, die zum 31. Dezember 2010 oder zum Ende des Kalenderjahrs, in dem sie erstmals eine Beschäftigung aufgenommen haben, wegen Überschreitens der Jahresarbeitsentgeltgrenze versicherungsfrei werden.

199 Die freiwillige Mitgliedschaft endet mit dem Tod des Mitglieds, mit Beginn einer Pflichtmitgliedschaft oder durch Kündigung. Eine Kündigung der Mitgliedschaft ist zum Ablauf des übernächsten Kalendermonats möglich. Seit dem 1. April 2007 kann ein freiwilliges Mitglied nur wirksam kündigen, wenn es das Bestehen einer anderweitigen Absicherung im Krankheitsfall (z. B. eine private Krankenversicherung) nachweist.

Finanzierung durch Krankenversicherungsbeiträge

Gesundheitsfonds

200 Der von der großen Koalition in der 16. Wahlperiode eingeführte Gesundheitsfonds ist seit dem 1. Januar 2009 das Kernstück des Finanzierungskonzeptes der gesetzlichen Krankenversicherung. Mit seiner Einführung und dem bundesweit einheitlichen Beitragssatz sollte die Beitragsgerechtigkeit verbessert werden; alle Krankenkassen sollen die zur Versorgung ihrer Versicherten notwendigen Mittel aus dem Gesundheitsfonds auf einer gerechten und transparenten Grundlage erhalten.

201 Die bisherige Verteilung der Beitragsgelder entsprach nicht immer diesen Grundsätzen. Viele Mitglieder zahlten nicht deswegen höhere Beiträge, weil ihre Krankenkasse unwirtschaftlich war, sondern weil sie eine ungünstige Versichertenstruktur hatte. Die Krankenkassen verfügen deshalb seit dem 1. Januar 2009 nicht mehr selbst über die eingezogenen Beitragsmittel; Beitragszahlungen der Mitglieder werden nach arbeitstäglich an den Gesundheitsfonds weitergeleitet (vgl. § 252 Abs. 2 Satz 3 SGB V). Die Zuschüsse des Bundes aus Steuermitteln sowie Krankenversicherungsbeiträge aus der Rente und aus Arbeitslosengeld fließen direkt an den Gesundheitsfonds. Der Gesundheitsfonds wurde als Sondervermögen beim Bundesversicherungsamt (BVA) gebildet, dem bereits bisher ein Großteil der Aufgabe (insbesondere die Durchführung des Risikostrukturausgleichs) zugeordnet war, die nunmehr im Rahmen des Gesundheitsfonds wahrgenommen werden.

202 Die Beitragssätze, über die bislang jede Krankenkasse einzeln entscheiden konnte, wurden seit dem 1. Januar 2009 nach § 241 und § 243 SGB V durch Rechtsverordnung der Bundesregierung auf Basis von Berechnungen eines beim Bundesversicherungsamt (BVA) angesiedelten Schätzerkreises festgelegt (vgl. Rdnr. 156 ff.). Dies erfolgte durch die GKV-Beitragssatzverordnung vom 29. Oktober 2008 mit Wirkung zum 1. Januar 2009. Bundesweit gibt es seitdem einen einheitlichen allgemeinen und einen einheitlichen ermäßigten Beitragssatz. Die GKV-Beitragssatzverordnung wurde mit dem sog. Konjunkturpaket II zum 1. Juli 2009 gesetzlich geändert. Mit dem Gesetz zur nachhaltigen und sozial ausgewogenen Finanzierung der Gesetzlichen Krankenversicherung (GKV-Finanzierungsgesetz – GKV-FinG) sind der allgemeine und der ermäßigte Beitragssatz zum 1. Januar 2011 im SGB V gesetzlich festgeschrieben worden; das Verfahren der Festlegung durch Rechtsverordnung der Bundesregierung ist damit entfallen.

203 Der Vereinheitlichung der Beitragssätze lag nicht zuletzt das Anliegen zugrunde, den Wettbewerb zwischen den Krankenkassen von einem Wettbewerb um die niedrigsten Beitragssätze hin zu einem Wettbewerb um die beste Qualität der Leistung zu verlagern. Im Vordergrund sollten der Wettbewerb Service, Betreuung und Versorgung der Versicherten stehen. Mit den durch das GKV-Finanzierungsgesetz weiterentwickelten kassenindividuellen und einkommensunabhängigen Zusatzbeiträgen wird auch der Preiswettbewerb wieder intensiviert.

Weiterentwicklung der Zusatzbeiträge

204 CDU, CSU und FDP vereinbarten in ihrem Koalitionsvertrag für die 17. Wahlperiode, dass das bestehende Ausgleichssystem in eine Ordnung mit mehr Beitragsautonomie, regionalen Differenzierungsmöglichkeiten und einkommensunabhängigen Arbeitnehmerbeiträgen, die sozial ausgeglichen werden, überführt werden soll. Im Hinblick auf das Ziel einer weitgehenden Entkoppelung der Gesundheitskosten von den Lohnzusatzkosten wurde die Festschreibung der Arbeitgeberbeiträge vereinbart. Ein wesentlicher Umsetzungsschritt erfolgte mit GKV-Finanzierungsgesetz vom 22. Dezember 2010 (BGBl. I S. 2309), welches am 1. Januar 2011 in Kraft getreten ist. (Zu den Inhalten des Gesetzes siehe Rdnr. 142 ff.)

Ausgleich von Einnahmen und Ausgaben

205 Die Mittel der gesetzlichen Krankenversicherung (GKV) werden durch Beiträge und sonstige Einnahmen aufgebracht. Im Gegensatz zu den Trägern der Rentenversicherung erhält die GKV vergleichsweise geringe Zuschüsse aus Steuermitteln des Bundes. Durch das GKV-Modernisierungsgesetz (GMG) ist zum 1. Januar 2004 § 221 SGB V eingeführt und seitdem mehrfach geändert worden. Der Bund hat nach dieser Vorschrift zur pauschalen Abgeltung der Aufwendungen der Krankenkassen für versicherungsfremde Leistungen für das Jahr 2009 7,2 Mrd. Euro und für das Jahr 2010 11,8 Mrd. Euro in monatlich zum 1. Bankarbeitstag zu überweisenden Teilbeträgen an den Gesundheitsfonds geleistet. In den Folgejahren erhöht sich der Zuschuss um jeweils 1,5 Mrd. Euro bis zu einer Gesamtsumme von 14 Mrd. Euro. Neben dieser pauschalen Abgeltung des Bundes für versicherungsfremde Leistungen werden Zuschüsse für die Altenteiler in der Landwirtschaft erbracht. So weit deren Leistungsaufwendungen nicht durch Beiträge der Altenteiler gedeckt werden, werden sie vom Bund getragen.. Ein weiterer zusätzlicher Bundeszuschuss von 3,9 Mrd. Euro diente 2010 dem Ausgleich konjunkturbedingter Einnahmeausfälle der gesetzlichen Krankenversicherung (vgl. § 221a SGB V in der Fassung des Sozialversicherungs-Stabilisierungsgesetzes vom 14. April 2010, BGBl. I. S. 410).. Schließlich ist mit dem Haushaltsbegleitgesetz 2011 zur finanziellen Konsolidierung der GKV für das Jahr 2011 ein zusätzlicher Bundeszuschuss in Höhe von 2 Mrd. Euro vorgesehen worden; dieser dient im Zusammenhang mit den Regelungen des GKV-Finanzierungsgesetzes über die Liquiditätsreserve des Gesundheitsfonds insbesondere der Finanzierung des Sozialausgleichs für die Jahre 2012 bis 2014 (§ 221a SGB V in der Fassung des Haushaltsbegleitgesetzes vom 9. Dezember 2010, BGBl. I S. 1885, das am 1. Januar 2011 in Kraft getreten ist).

Grundprinzipien des Beitragsrechts

206 Die Versichertengemeinschaft der GKV ist eine Solidargemeinschaft, bei der sich jedes Mitglied entsprechend seiner wirtschaftlichen Leistungsfähigkeit an der Finanzierung der Krankenversicherung beteiligt. Die Beiträge werden deshalb – unabhängig vom Versicherungsrisiko und der Zahl der mitversicherten Angehörigen – prozentual nach den beitragspflichtigen Einnahmen des Mitglieds erhoben. Dieser Grundsatz bewahrt Mitglieder, die wegen ihres gesundheitlichen Risikos oder ihrer Familiensituation hohe Leistungen in Anspruch nehmen müssen, davor, dass sie höhere Beiträge zahlen als Mitglieder, mit gleichen Einkünften und geringerem Versicherungsrisiko. Anders als in der privaten Krankenversicherung spielen deshalb die individuellen Krankheitsrisiken, das Geschlecht und die Zahl der mitversicherten Familienangehörigen für die Höhe des individuellen Beitrags keine Rolle.

Beitragsbemessungsgrenze

207 Der Beitragsbemessung werden die Bruttoeinnahmen des Mitglieds zugrunde gelegt, jedoch nur bis zu einer Beitragsbemessungsgrenze (§ 223 SGB V), die jährlich angepasst wird. Die Beitragsbemessungsgrenze in der GKV entspricht der Jahresarbeitsentgeltgrenze nach § 6 Abs. 7 SGB V (Versicherungspflichtgrenze). Die Jahresarbeitsentgeltgrenze wird jährlich in Abhängigkeit der für die gesetzliche Rentenversicherung geltenden Beitragsbemessungsgrenze, die nach § 160 des SGB VI von der Bundesregierung durch Rechtsverordnung mit Zustimmung des Bundesrates bestimmt wird, angepasst. Sie verändert sich entsprechend der Entwicklung der Bruttoarbeitsentgelte aller Versicherten der Rentenversicherung der Arbeiter und der Angestellten. Basis der Berechnung sind die Daten des Statistischen Bundesamtes. Bis zum 31. Dezember 2002 war die Versicherungspflichtgrenze der GKV zugleich auch die Beitragsbemessungsgrenze. Sie betrug 75 Prozent der Beitragsbemessungsgrenze der gesetzlichen Rentenversicherung. Durch das Zweite Gesetz für moderne Dienstleistungen am Arbeitsmarkt ist die Beitragsbemessungsgrenze der Rentenversicherung angehoben worden. Die Beitragsbemessungsgrenze der Krankenversicherung sollte hingegen nicht erhöht werden, so dass das Gesetz auch eine Folgeregelung für die GKV enthielt. Seit dem 1. Januar 2003 existiert neben der ebenfalls erhöhten Versicherungspflichtgrenze der GKV auch eine geringere Versicherungspflichtgrenze für bestimmte Altfälle. Dieser Wert ist zugleich die Beitragsbemessungsgrenze für alle Versicherten der GKV.

208 In den letzten fünf Jahren hat sich die Beitragsbemessungsgrenze der GKV wie folgt entwickelt:

Zeitraum	kalendertäglich	monatlich	jährlich
2006	118,75 Euro	3.562,50 Euro	42.750,00 Euro
2007	118,75 Euro	3.562,50 Euro	42.750,00 Euro
2008	120,00 Euro	3.600,00 Euro	43.200,00 Euro
2009	122,50 Euro	3.675,00 Euro	44.100,00 Euro
2010	125,00 Euro	3.750,00 Euro	45.000,00 Euro

209 Die Beitragsbemessungsgrenze sinkt im Jahr 2011 auf 123,75 Euro täglich, 3.712,50 Euro monatlich und 44.550 Euro jährlich. Maßgeblich hierfür ist die (negative) Lohnentwicklung im Jahr 2009.

Beitragspflichtige Einnahmen versicherungspflichtiger Beschäftigter

210 Die §§ 226-240 SGB V regeln, welche Einnahmen beitragspflichtig sind. Bei versicherungspflichtig Beschäftigten wird in erster Linie das Arbeitsentgelt aus einer versicherungspflichtigen Beschäftigung der Beitragsbemessung zugrunde gelegt. Zu den beitragspflichtigen Einnahmen zählen auch:

– der Zahlbetrag der Rente aus der gesetzlichen Rentenversicherung,

- der Zahlbetrag der der Rente vergleichbaren Einnahmen (Versorgungsbezüge),
- das Arbeitseinkommen aus selbständiger Tätigkeit, so weit es neben einer Rente der gesetzlichen Rentenversicherung oder Versorgungsbezügen erzielt wird.

Dem Arbeitsentgelt steht das Vorruhestandsgeld gleich.

Unter dem Zahlbetrag ist der unter Anwendung aller Versagens-, Kürzungs- oder Ruhensvorschriften zur Auszahlung gelangende Betrag zu verstehen.

211 Bei der Beitragsfestsetzung ist grundsätzlich – wie bereits auch mehrfach vom Bundessozialgericht entschieden – von den Bruttoeinnahmen des Mitglieds auszugehen. Von dem Bruttobetrag der Einnahmen können die gesetzlichen Abzüge sowie sonstige Verpflichtungen des Mitglieds, wie z. B. Mieten und Bauspar- oder Lebensversicherungsprämien nicht abgesetzt werden.

Beitragspflichtige Einnahmen versicherungspflichtiger Rentner

Rente und Arbeitsentgelt

212 In der GKV haben jede Rentnerin und jeder Rentner Beiträge zu zahlen, die ihrer wirtschaftlichen Leistungsfähigkeit entsprechen. Die wirtschaftliche Leistungsfähigkeit der Rentnerinnen und Rentner wird nicht nur durch ihre Rente, sondern auch durch ein im Rahmen eines versicherungspflichtigen Beschäftigungsverhältnisses erzieltes Arbeitsentgelt bestimmt. Deshalb wird bei der Beitragsberechnung nicht nur die Rente, sondern auch ein neben der Rente erzieltes Arbeitsentgelt berücksichtigt, wenn dieses die Geringfügigkeitsgrenze (seit dem 1. April 2003: 400 Euro) übersteigt und dadurch Versicherungspflicht ausgelöst wird. Die aus dem Arbeitsentgelt zu zahlenden Beiträge sind nicht auf die Beiträge aus der Rente anzurechnen, die Beitragsbemessungsgrenze gilt jeweils für beide Einnahmearten getrennt. Bei beschäftigten Rentnern, deren Arbeitsentgelt zusammen mit der Rente die Beitragsbemessungsgrenze übersteigt, führt die Beitragsberechnung aus Rente und Arbeitsentgelt zu einer höheren Belastung als bei den übrigen Versicherten der GKV. Deshalb haben diese Versicherten die Möglichkeit, einen Antrag auf Beitragserstattung bei ihrer Krankenkasse zu stellen. Es wird nur der Betrag erstattet, mit dem der Rentner über die Beitragsbemessungsgrenze hinaus tatsächlich selbst belastet worden ist.

Eigene Rente und Witwen- und Witwerrente

213 Die wirtschaftliche Leistungsfähigkeit wird nicht nur durch eine selbst erworbene Rente, sondern auch durch eine Witwen- bzw. Witwerrente bestimmt. Deswegen müssen aus beiden Rentenleistungen Beiträge gezahlt werden. Dabei handelt es sich nicht um eine „doppelte Heranziehung" zu einem Krankenkassenbeitrag. Vielmehr würde es dem Gebot der Beitragsgerechtigkeit widersprechen, z .B. eine Rentnerin, die nur eine selbst erworbene Rente von 700 Euro bezieht, mit einem Prozentsatz des Rentenzahlbetrages an der Finanzierung ihrer Krankenversicherung zu beteiligen, andererseits jedoch eine Rentnerin, die eine selbst erworbene Rente von 400 Euro und zusätzlich eine Witwenrente von 300 Euro erhält (also ebenfalls über 700 Euro verfügt), nur aus der selbst erworbenen Rente von 400 Euro an den Aufwendungen für ihre Krankenversicherung zu beteiligen. Dies gilt entsprechend für Witwerrenten und trifft auch auf Waisen- und Halbwaisenrenten zu.

Rente und Versorgungsbezüge

214 Neben den Beiträgen aus der Rente sind auch Beiträge aus Alterseinnahmen, die auf das frühere Beschäftigungsverhältnis zurückzuführen sind (Versorgungsbezüge), zu entrichten. Die Einbeziehung der Versorgungsbezüge in die Beitragsbemessung durch das Rentenanpassungsgesetz 1982 ab 1. Januar 1983 hat mehr Beitragsgerechtigkeit unter den Beziehern von Altersbezügen geschaffen. Es war nicht hinzunehmen, dass z. B. ein Rentner, der eine gesetzliche Rente in Höhe von 900 Euro bezieht, Beiträge aus dieser Rente zu zahlen hatte, während ein Rentner, der eine gesetzliche Rente in Höhe von 400 Euro und daneben eine Pension in Höhe von 500 Euro bezieht, Beiträge nur aus der gesetzlichen Rente in Höhe von 400 Euro zu leisten hatte. Die Einbeziehung der Versorgungsbezüge trägt damit der Tatsache Rechnung, dass aus dem Erwerbsleben ausgeschiedene Personen ihren Lebensunterhalt vielfach nicht nur aus der gesetzlichen Rente bestreiten.

215 Das Bundesverfassungsgericht hatte sich bereits im Jahr 1988 mit der Frage der Beitragspflicht von Versorgungsbezügen beschäftigt. Dabei hat es die Einbeziehung in die Beitragspflicht nicht nur gebilligt, sondern wegen des in der GKV geltenden Solidaritätsprinzips sogar für geboten erachtet (BVerfG-Beschluss vom 6. Dezember 1988 – 2BvL 18/84). Beiträge aus Versorgungsbezügen sind nach § 226 Abs. 2 SGB V nur zu zahlen, wenn der entsprechende Zahlbetrag der Versorgungsbezüge insgesamt ein Zwanzigstel der monatlichen Bezugsgröße nach § 18 SGB IV überschreitet. Mit der Kopplung an die monatliche Bezugsgröße wird für diese Beitragsfreigrenze eine Dynamisierung erreicht, die an die Entwicklung des Durchschnittsentgelts der gesetzlichen Rentenversicherung und damit an die wirtschaftliche Entwicklung gebunden ist. Die Beitragsfreigrenze beläuft sich im Jahr 2011 auf 127,75 Euro.

Beitragspflichtige Einnahmen freiwilliger Mitglieder

216 Für freiwillig Krankenversicherte fiel die Beitragsbemessung nach § 240 Abs. 1 SGB V bis zum Ende des Jahres 2008 in die Satzungskompetenz der einzelnen Krankenkasse. Seit dem 1. Januar 2009 wird die Beitragsbemessung freiwilliger Mitglieder einheitlich durch den Spitzenverband Bund der Krankenkassen geregelt. Diese Umstellung soll einer einheitlichen Verfahrensweise auf dem Gebiet der Beitragsbemessung in der GKV dienen, sowie für mehr Transparenz in den Abläufen der einzelnen Krankenkassen und letztendlich, mit der Einführung des Gesundheitsfonds, auch für mehr Beitragsgerechtigkeit innerhalb des Systems sorgen. Es ist allerdings bei einer Festlegung durch die Selbstverwaltung in Gestalt des Spitzenverbands Bund der Krankenkassen geblieben. Gesetzlich vorgeschrieben ist in diesem Zusammenhang, dass die Beitragsbelastung die gesamte wirtschaftliche Leistungsfähigkeit des freiwilligen Mitglieds berücksichtigen muss, wobei der Begriff der „gesamten wirtschaftlichen Leistungsfähigkeit" im Grunde alle Einnahmen umfasst, die zur Bestreitung des Lebensunterhalts bestimmt sind, und zwar ohne Rücksicht auf ihre steuerliche Behandlung.

217 Hierzu zählt das aus einer geringfügig entlohnten und nicht zur Versicherungspflicht führende Beschäftigung erzielte Arbeitsentgelt (monatlich bis zu 400 Euro) nicht. Das Bundessozialgericht hat am 16. Dezember 2003 entschieden, dass bei freiwillig Versicherten das Arbeitsentgelt aus einer geringfügigen Beschäftigung dann nicht in der Krankenversicherung beitragspflichtig ist, wenn der Arbeitgeber nach § 249b SGB V pauschale Beiträge entrichtet hat.

218 Dieser aus arbeitsmarktpolitischen Gründen vom Arbeitgeber zu zahlende pauschale Krankenversicherungsbeitrag beläuft sich seit dem 1. Juli 2006 auf 13 Prozent des Arbeitsentgeltes aus dieser Beschäftigung. Für ausschließlich in Privathaushalten geringfügig Beschäftigte ist seit dem 1. April 2003 nur noch ein Pauschalbeitrag in Höhe von 5 Prozent zu entrichten.

219 Zu den Einnahmen, die die gesamte wirtschaftliche Leistungsfähigkeit bestimmen, gehören auch Leistungen, die ein Mitglied als Unterhalt von dem geschiedenen Ehegatten erhält. Nach der Rechtsprechung des Bundessozialgerichts ist es ferner zulässig, bei der Einstufung eines freiwillig versicherten Mitgliedes die Einnahmen des bei einem privaten Krankenversicherungsunternehmen versicherten Ehegatten zu berücksichtigen. Bei Ehepaaren mit Kindern sind die Bruttoeinnahmen des Ehegatten je Kind ggf. um einen Freibetrag zu kürzen. Verfahrenstechnisch werden zunächst etwaige Freibeträge von den Einnahmen des privat versicherten Ehegatten abgezogen. Beitragsrechtlich berücksichtigt wird dann die Hälfte dieser Summe, maximal bis zur Hälfte der monatlichen Beitragsbemessungsgrenze (2011: 3.712,50 : 2 = 1.856,25 Euro).

220 Ein freiwilliges nicht erwerbstätiges Mitglied ohne eigenes Einkommen, das sich vor Bezug von Erziehungsgeld oder Elterngeld das Einkommen des nicht in der GKV versicherten Ehegatten bei der Beitragsberechnung anteilig hatte zurechnen lassen müssen, hat die Beiträge hieraus auch bei Bezug von Erziehungs- oder Elterngeld weiter zu entrichten. Das Einkommen des nicht gesetzlich krankenversicherten Ehegatten ist auch dann anteilig anzurechnen, wenn bei freiwillig Versicherten eigene beitragspflichtige Einnahmen während des Erziehungs- oder Elterngeldbezuges wegfallen.

Allgemeine Mindestbemessungsgrundlage

221 Die GKV gewährleistet für alle Versicherten unabhängig von der Höhe der gezahlten Beiträge den gleichen umfassenden Versicherungsschutz. Niedrige Beiträge können aber nicht kostendeckend sein; der Versicherungsschutz muss in solchen Fällen also immer von der Gemeinschaft aller Beitragszahler solidarisch mitgetragen werden. Auch freiwillig Versicherte haben für den umfassenden Versicherungsschutz angemessene Beiträge zu zahlen. Nach § 240 Abs. 4 SGB V ist deshalb die Erhebung eines Mindestbeitrages für Personen, die über kein oder nur ein geringes Einkommen verfügen, vorgeschrieben. Für die Ermittlung des Mindestbeitrags wird der 90. Teil der monatlichen Bezugsgröße als kalendertägliche beitragspflichtige Einnahme zu Grunde gelegt. Die Bezugsgröße beträgt im Jahr 2011 2.555,00 Euro; sie bleibt gegenüber dem Vorjahr unverändert. Ausgehend von der hieraus abgeleiteten Bemessungsgrundlage in Höhe von 851,67 Euro werden die Beiträge zur GKV und zur sozialen Pflegeversicherung berechnet.

Beitragspflichtige Einnahmen der Selbständigen

Grundsätze

222 Eine andere Mindestbemessungsgrundlage gilt für freiwillige Mitglieder, die hauptberuflich selbständig erwerbstätig sind. Bei diesem Personenkreis ist seit dem 1. Januar 1993 für den Kalendertag mindestens der 40. Teil der monatlichen Bezugsgröße der Beitragsbemessung zugrunde zu legen. Das bedeutet, dass als beitragspflichtige Einnahmen eines selbständig Tätigen mindestens ein Betrag von derzeit 1.916,25 Euro gilt. Die Einnahmen der Selbständigen werden ebenso wie die Einnahmen der anderen freiwillig Versicherten und der Pflichtversicherten nur bis zur Beitragsbemessungsgrenze herangezogen.

223 Die monatliche Bezugsgröße wird jährlich an die allgemeine Einkommensentwicklung angepasst. Die nach § 240 Abs. 4 Satz 1 SGB V mindestens der Beitragsbemessung zugrunde zu legenden Einnahmen bei freiwilligen Mitgliedern haben sich in den letzten fünf Jahren wie folgt entwickelt:

2006: kalendertäglich	27,22 Euro	oder	816,67 Euro	im Monat
2007: kalendertäglich	27,22 Euro	oder	816,67 Euro	im Monat
2008: kalendertäglich	27,61 Euro	oder	828,33 Euro	im Monat
2009: kalendertäglich	28,00 Euro	Oder	840,00 Euro	im Monat
2010: kalendertäglich	28,39 Euro	oder	851,67 Euro	im Monat

224 Die Mindestbemessungsgrundlage für freiwillige Mitglieder, die hauptberuflich selbständig erwerbstätig sind, hat sich im gleichen Zeitraum wie folgt entwickelt:

2006: kalendertäglich	61,25 Euro	oder	1.837,50 Euro	im Monat
2007: kalendertäglich	61,25 Euro	oder	1.837,50 Euro	im Monat
2008: kalendertäglich	62,13 Euro	oder	1.863,75 Euro	im Monat
2009: kalendertäglich	63,00 Euro	oder	1.890,00 Euro	im Monat
2010: kalendertäglich	63,88 Euro	oder	1.916,25 Euro	im Monat

225 Ausschlaggebend für die Festlegung eines Mindestbeitrags für hauptberuflich selbständig Erwerbstätige waren vor allem mehrere Entscheidungen des Bundessozialgerichts, nach denen die von vielen Krankenkassen in der Satzung festgelegte Mindesteinstufung der Selbständigen über den Mindestbeitrag nach § 240 Abs. 4 SGB V alte Fassung hinaus als unzulässig verworfen worden war. Deshalb hatte der Gesetzgeber die damaligen Satzungsregelungen gesetzlich verankert und damit auch gleiches Recht für alle Krankenkassenarten geschaffen.

226 Diese Rechtslage ist auch mehrfach vom Bundessozialgericht, u. a. mit Urteil vom 26. September 1996 (AZ: 12 RK 46/95), bestätigt worden. Das Bundesverfassungsgericht hat mit Beschluss vom 22. Mai 2001 die Mindestbemessungsgrenze für Beiträge hauptberuflich selbständig Erwerbstätiger, die freiwillige Mitglieder der GKV sind (§ 240 Abs. 4 Satz 2 Halbsatz 2 SGB V), für verfassungsgemäß erklärt.

227 Dennoch stellte sich insbesondere bei Arbeitnehmern, die durch die Aufnahme einer selbständigen, hauptberuflichen Tätigkeit die Arbeitslosigkeit beenden, die Frage, ob eine besondere Regelung geschaffen werden kann, um diesen speziellen Personenkreis beitragsmäßig zu entlasten. Durch das Zweite Gesetz für moderne Dienstleistungen am Arbeitsmarkt ist ein so genannter Existenzgründungszuschuss für diejenigen Arbeitnehmer eingeführt worden, die durch Aufnahme einer selbständigen Tätigkeit die Arbeitslosigkeit beenden (§ 421l SGB III). Der Existenzgründungszuschuss wurde bzw. wird bei Vorliegen der Voraussetzungen durch die Arbeitsverwaltung gezahlt. Für freiwillig versicherte Selbständige mit Anspruch auf diesen Existenzgründungszuschuss („Ich-AG") galt seit dem 1. Januar 2003 ein geringerer Mindestbeitrag. Ab dem 1. August 2006 wurden der Existenzgründungszuschuss sowie mit dem Überbrückungsgeld ein weiteres Förderinstrument durch die einheitliche Förderung „Gründungszuschuss" ersetzt. Freiwillig versicherte Mitglieder der GKV, die Anspruch auf diesen Gründungszuschuss haben, werden durch den ebenfalls durch das oben angeführte Gesetz geänderten § 240 Abs. 4 Satz 2 SGB V beitragsrechtlich entlastet. Nunmehr ist für diese Personen ein geringerer Mindestbeitrag zu erheben. Als beitragspflichtige Einnahmen wird bei diesen Versicherten für jeden Kalendertag der Mitgliedschaft mindestens der 60. Teil der monatlichen Bezugsgröße berücksichtigt. Daraus ergeben sich im Jahr 2011 für einen vollen Monat der Mitgliedschaft beitragspflichtige Mindesteinnahmen von 1.277,50 Euro.

228 Die Mindestbemessungsgrundlage hat sich für freiwillig versicherte Bezieher des Existenzgründungszuschusses in den letzten fünf Jahren wie folgt verändert:

2006: kalendertäglich	40,83 Euro	oder	1.225,00 Euro	im Monat
2007: kalendertäglich	40,83 Euro	oder	1.225,00 Euro	im Monat
2008: kalendertäglich	41,42 Euro	oder	1.242,50 Euro	im Monat
2009: kalendertäglich	42,00 Euro	oder	1.260,00 Euro	im Monat
2010: kalendertäglich	42,58 Euro	oder	1.277,50 Euro	im Monat

229 Mit dem GKV-Wettbewerbsstärkungsgesetz (GKV-WSG) wurde zum 1. April 2007 eine weitere Änderung bei der Beitragseinstufung für freiwillig in der GKV versicherte Selbständige vorgenommen: Freiwillig versicherte Selbständige, die nachweislich weniger als bisher in § 240 SGB V unterstellt (2010: 1.916,25 Euro) verdienen, zahlen nur noch den geringeren Mindestbeitrag ausgehend von beitragspflichtigen Einnahmen in Höhe von 1.277,50 Euro. Es ist insoweit eine Gleichstellung mit Empfängern des Gründungszuschusses erfolgt.

Voraussetzung ist, dass Bedürftigkeit vorliegt. So wird zum Beispiel das Einkommen von mit dem Selbständigen zusammenlebenden Personen (Bedarfsgemeinschaft) berücksichtigt, um eine sachlich ungerechtfertigte Privilegierung zu vermeiden. Eine Beitragsvergünstigung ist auch ausgeschlossen, wenn das Vermögen des Mitglieds oder seines Partners das Vierfache der monatlichen Bezugsgröße übersteigt (z. Zt. 10.220 Euro). Zudem berücksichtigen die Krankenkassen in Anlehnung an Regelungen des SGB II u. a. auch Altersvorsorgeleistungen, wobei ein Altersvorsorgevermögen bis zu einem Grenzwert von bis zu 16.750 Euro für diese Vermögensprüfung unschädlich ist. Die (weiteren) Kriterien für den geringeren Mindestbeitrag legen die Krankenkassen auf der Grundlage einheitlicher Beitragsverfahrensgrundsätze des Spitzenverbandes Bund der Krankenkassen in ihren Satzungen fest.

Wandergesellen

230 Unter dem Begriff der „Wandergesellen" sind Handwerksgesellen auf der Wanderschaft zu verstehen. Wandergesellen fallen während der Zeit ihrer Wanderschaft grundsätzlich nicht unter den versicherungspflichtigen Personenkreis der GKV. Lediglich in den Zeiten, in denen sie eine vorübergehende versicherungspflichtige Tätigkeit aufnehmen, werden sie in der GKV pflichtversichert.

231 Wandergesellen wechseln jedoch häufig die Beschäftigungsverhältnisse. Dies gehört zu den Tatbestandsvoraussetzungen der Wanderschaft. Dadurch ergeben sich Zeiträume zwischen den Beschäftigungsverhältnissen, während derer Wandergesellen in der Regel über keinerlei Einkünfte verfügen. Während dieser Zeit besteht die Möglichkeit der freiwilligen Mitgliedschaft in der GKV. Freiwillige Mitglieder haben jedoch einen Mindestbeitrag zu entrichten, auch wenn sie über keinerlei Einnahmen verfügen.

232 Durch das GKV-Modernisierungsgesetz (GMG) ist eine Änderung des § 240 SGB V vorgenommen worden. Mit der Neufassung des § 240 Abs. 4 Satz 4 SGB V wurden die oben angeführten Wandergesellen zum 1. Januar 2004 den Schülern einer Fachschule oder Berufsfachschule gleichgestellt. Für diese Personen gelten seitdem die Vorschriften über die Beitragsbemessung der Studenten und Praktikanten (§§ 236 und 245 Abs. 1 SGB V) einheitlich. Durch die Änderung werden Studenten, Praktikanten, Schüler einer Fachschule oder Berufsfachschule und Wandergesellen in Zeiten, in denen sie keine versicherungspflichtige Tätigkeit ausüben, beitragsrechtlich gleichgestellt. Für diesen Personenkreis gilt nunmehr einheitlich als beitragspflichtige Einnahmen für den Kalendertag 1/30 des monatlichen BAföG-Bedarfssatzes.

Anwartschaftsversicherung freiwillig Versicherter

233 Mit der Einführung einer Anwartschaftsversicherung haben die Krankenkassen die Möglichkeit erhalten, durch Satzungsbestimmung die Fortsetzung der Mitgliedschaft freiwillig Versicherter ohne Leistungsanspruch zu einem geringen Beitrag während ihres Auslandsaufenthalts zu ermöglichen. Diese Möglichkeit gilt für Zeiten eines Auslandsaufenthalts, der durch die Berufstätigkeit des Mitglieds, seines Ehegatten, seines Lebenspartners oder eines seiner Elternteile bedingt ist. Das GKV-Wettbewerbsstärkungsgesetz hat die Möglichkeit der Anwartschaftsversicherung, die bislang, wie erwähnt, nur für freiwillig Versicherte bestand, die während eines berufsbedingten Auslandaufenthalts keinen Anspruch auf Leistungen hatten, auf andere, vergleichbare Personengruppen ausgeweitet. Damit wurde exmatrikulierten Studenten, die einen Teil ihres Studiums in Ländern verbringen, mit denen kein Sozialversicherungsabkommen besteht und deren Leistungsansprüche länger als 3 Monate ruhen, sowie Strafgefangenen und Zivildienstleistenden die Rückkehr in die GKV erleichtert.

234 Die Anwartschaftsversicherung gilt auch für Zeiten, in denen der Leistungsanspruch für die Zeiten ruht, in denen nach dienstrechtlichen Vorschriften ein Heilfürsorgeanspruch besteht oder in denen Entwicklungsdienst als Entwicklungshelfer geleistet wird.

Als beitragspflichtige Einnahme zur Ermittlung des Anwartschaftsbeitrags sind 10 Prozent der monatlichen Bezugsgröße (2011: 10 Prozent = 255,50 Euro) zugrunde zu legen.

Beitragsfreie Einnahmen und Beitragsfreiheit

Bezug von Kranken-, Mutterschaftsgeld, Erziehungs- oder Elterngeld

235 Nach § 192 Abs. 1 Nr. 2 SGB V wird die Mitgliedschaft in der GKV während der Elternzeit oder des Bezugs von Erziehungsgeld oder Elterngeld, Mutterschaftsgeld oder Krankengeld aufrechterhalten. Die verbreitete Annahme, dass während dieser Zeit generell Beitragsfreiheit in der GKV bestehe, entspricht nicht der geltenden Rechtslage. Beitragsfreiheit besteht nur für die pflichtversicherten Mitglieder der GKV, die vor dem Bezug von Erziehungs- oder Elterngeld, Mutterschafts- und Krankengeld oder vor der Elternzeit beitragspflichtig waren.

236 In § 224 SGB V ist ausdrücklich festgelegt, dass sich die Beitragsfreiheit nur auf die genannten Bezüge erstreckt. Konkret bedeutet dies z. B., dass für das Erziehungsgeld oder Elterngeld keine Beiträge zu zahlen sind und es sich auch nicht erhöhend auf aus anderen Rechtsgründen bestehende Beitragspflichten auswirkt. Haben Pflichtversicherte während des Anspruchs auf Kranken- oder Mutterschaftsgeld oder während des Bezugs von Erziehungsgeld oder Elterngeld andere beitragspflichtige Einnahmen, sind hieraus Beiträge zu entrichten (Diese Systematik erstreckt sich insoweit auch auf die mit dem GKV-Finanzierungsgesetz weiterentwickelten Zusatzbeiträge: Bezieher bestimmter Entgeltersatzleistungen sind von der Erhebung der Zusatzbeiträge in § 242 Abs. 5 SGB V ausdrücklich ausgenommen. Dies gilt aber nur, soweit und solange sie über keine weiteren beitragspflichtigen Einnahmen verfügen). Diese Rechtslage gilt aber nur für Pflichtversicherte. Freiwillig Versicherte, die keine weiteren beitragspflichtigen Einnahmen haben, haben demnach auch während des Bezuges der genannten Leistungen Beiträge zu zahlen, ggf. den Mindestbeitrag nach § 240 Abs. 4 Satz 1 SGB V (vgl. Rdnr. 220).

237 Beitragsfreien Versicherungsschutz erhalten darüber hinaus alle erwerbslosen oder nur geringfügig beschäftigten Versicherten, deren Ehegatten in der GKV versichert sind und über deren Mitgliedschaft ein Anspruch auf beitragsfreie Familienversicherung besteht.

Beitragssatz

238 War die Beitragssatzkalkulation bis zum Ende des Jahres 2008 noch eigenverantwortliche Aufgabe der einzelnen Krankenkasse, gelten in der GKV seit dem 1. Januar 2009 bundesweit einheitliche Beitragssätze. Diese wurden aufgrund der Regelungen des GKV-Wettbewerbsstärkungsgesetzes von der Bundesregierung mit der GKV-Beitragssatzverordnung festgelegt. Von Januar bis Juni 2009 betrug der allgemeine Beitragssatz 15,5 Prozent, der ermäßigte Beitragssatz 14,9 Prozent. Im Zuge des sogenannten Konjunkturpakets II (Gesetz zur Sicherung von Beschäftigung und Stabilität in Deutschland) wurden die Beitragssätze der gesetzlichen Krankenversicherung unter Berücksichtigung einer Erhöhung des Bundeszuschusses zum 1. Juli 2009 um 0,6 Beitragssatzpunkte auf 14,9 Prozent bzw. 14,3 Prozent abgesenkt. Angesichts der angesprungenen Konjunktur konnte diese Beitragssatzabsenkung um 0,6 Prozentpunkte mit dem GKV-Finanzierungsgesetz zum Jahresende 2010 auslaufen. Damit betragen die Beitragssätze seit dem 1. Januar 2011 wieder 15,5 bzw. 14,9 Prozent.

239 Mit dem GKV-Finanzierungsgesetz wurde der allgemeine Beitragssatz zum 1. Januar 2011 gesetzlich festgeschrieben (§ 241 SGB V). Er wird folglich nicht mehr durch Rechtsverordnung der Bundesregierung festgelegt; die GKV-Beitragssatzverordnung wurde aufgehoben. Der Arbeitgeberbeitrag wurde auf der Höhe von 7,3 Prozent festgeschrieben, um insoweit die Arbeitskosten von den Gesundheitskosten abzukoppeln. Die Beitragssätze werden mit Ausnahme eines Beitragsanteils in Höhe von 0,9 Beitragssatzpunkten, der von den Mitgliedern der Krankenkassen zu tragen ist, grundsätzlich paritätisch finanziert.

240 § 220 Abs. 2 SGB V in der Fassung des GKV-Wettbewerbsstärkungsgesetzes sah vor, dass der Beitragssatz zu erhöhen war, wenn nach Auswertung der Prognosen des Schätzerkreises davon auszugehen war, dass die voraussichtlichen Einnahmen des Gesundheitsfonds die voraussichtlichen Ausgaben der Krankenkassen einschließlich der Mittel zum Aufbau der Liquiditätsreserve nach § 271 SGB V im laufenden und im Folgejahr nicht mehr zu mindestens 95 Prozent decken. Umgekehrt war der Beitragssatz zu ermäßigen, wenn eine Deckungsquote von 100 Prozent überschritten und bei einer Senkung des Beitragssatzes um mindestens 0,2 Prozentpunkte die Deckungsquote von 95 Prozent im Laufe des Haushaltsjahres voraussichtlich nicht unterschritten wurde. Dieser Regelungsmechanismus, der seit dem Inkrafttreten des GKV-Wettbewerbsstärkungsgesetzes nicht zur Anwendung kam, wurde im Hinblick auf die gesetzliche Festschreibung des allgemeinen Beitragssatzes und die Weiterentwicklung der Zusatzbeiträge mit dem GKV-Finanzierungsgesetz zum 1. Januar 2011 aufgehoben.

241 Die §§ 241 bis 248 SGB V legen Grundsätze zu den Beitragssätzen fest und bestimmen, für welche Personengruppen bzw. für welche Einnahmenarten sie jeweils gelten. Darüber hinaus beinhaltet die Vorschrift des § 242 SGB V Regelungen zu den einkommensunabhängigen Zusatzbeiträgen. Im Zusammenhang mit ihrer Weiterentwicklung durch das GKV-Finanzierungsgesetz wurden ein durchschnittlicher Zusatzbeitrag nach § 242a SGB V und ein Sozialausgleich nach § 242b SGB V eingeführt. Im Einzelnen beinhalten die Vorschriften Regelungen zum

– allgemeinen Beitragssatz (§ 241),
– ermäßigten Beitragssatz (§ 243),
– ermäßigten Beitragssatz für Wehr- oder Zivildienstleistende (§ 244),
– Beitragssatz für Studenten und Praktikanten (§ 245),
– Beitragssatz für Bezieher von Arbeitslosengeld II (§ 246),
– Beitragssatz aus der Rente (§ 247),
– Beitragssatz aus Versorgungsbezügen und Arbeitseinkommen (§ 248),
– kassenindividuellen Zusatzbeitrag (§ 242),
– durchschnittlichen Zusatzbeitrag (§ 242a) sowie zum
– Sozialausgleich (§ 242b).

Allgemeiner und ermäßigter Beitragssatz

242 Neben der Höhe der beitragspflichtigen Einnahmen ist die konkrete Beitragsbelastung des einzelnen Mitglieds abhängig von der Höhe des Beitragssatzes der GKV. In der GKV werden die Beiträge nach einem Beitragssatz erhoben, in einem Vomhundertsatz der beitragspflichtigen Einnahmen festgesetzt wurde. Steigende beitragspflichtige Einnahmen führen auch bei einem gesetzlich festgeschriebenen Beitragssatz zu Mehreinnahmen und fangen regelmäßig Kostensteigerungen auf, die größtenteils selbst Folge der allgemeinen Lohn- und Gehaltsentwicklung sind. Der allgemeine Beitragssatz gilt für alle Mitglieder (und zwar für pflichtversicherte und freiwillig versicherte Mitglieder) mit Anspruch auf Fortzahlung ihres Arbeitsentgelts bei Arbeitsunfähigkeit für mindestens sechs Wochen.

243 Der ermäßigte Beitragssatz gilt grundsätzlich für Versicherte, die keinen oder einen eingeschränkten Krankengeldanspruch haben, allerdings nicht für Rentner. Weil die Beiträge der pflichtversicherten Rentner die Leistungsausgaben für sie nur zu etwa 47 Prozent decken, muss der Rest dieser Ausgaben durch die Beiträge der aktiven Versicherten gedeckt werden. Damit diese Last nicht noch größer wird, gilt auf Grund einer Sonderregelung für pflichtversicherte Rentner nicht der ermäßigte, sondern der allgemeine Beitragssatz. Entsprechendes gilt seit dem 1. Januar 2004 auch für die Beitragsbemessung aus Rente, Versorgungsbezügen und Arbeitseinkommen bei freiwillig versicherten Rentnern.

Beitragssatz für Studenten und Praktikanten

244 Für versicherungspflichtige Studenten und Praktikanten sowie freiwillig versicherte Mitglieder, die Schüler einer Fachschule oder Berufsfachschule sind, sowie für Auszubildende des zweiten Bildungswegs, sofern sie sich in einem nach dem Bundesausbildungsförderungsgesetz förderungsfähigen Teil der Ausbildung befinden, gilt ein besonderer Beitragssatz. Er beträgt sieben Zehntel des allgemeinen Beitragssatzes der GKV, was einem Beitragssatz in Höhe von 10,85 Prozent entspricht. Als beitragspflichtige Einnahmen wird ein bestimmter Prozentsatz des Förderungsbetrags für auswärts wohnende Studenten nach dem Bundesausbildungsförderungsgesetz zu Grunde gelegt.

Beitragssatz für Bezieher von Arbeitslosengeld II

245 Seit der Einführung des Arbeitslosengeldes II zum 1. Januar 2005 gilt auch die Vorschrift des § 246 SGB V, die den anzuwendenden Beitragssatz für die Bezieher dieser Leistung vorgibt. Danach ist für Bezieher von Arbeitslosengeld II der ermäßigte Beitragssatz der GKV maßgebend. Der ermäßigte Beitragssatz nach § 243 SGB V beträgt seit dem 1. Januar 2011 14,9 Prozent.

Beitragssatz aus der Rente

246 Bei versicherungspflichtigen und freiwillig versicherten Rentnerinnen und Rentnern gilt für die Bemessung der Beiträge aus Renten der gesetzlichen Rentenversicherung der allgemeine Beitragssatz der GKV. Die Beiträge werden mit Ausnahme eines mitgliederbezogenen Beitragssatzanteils in Höhe von 0,9 Prozent hälftig vom Rentenversicherungsträger übernommen. Freiwillig versicherte Rentnerinnen und Rentner haben ihre Beiträge in vollem Umfang selbst zu tragen, erhalten aber vom Rentenversicherungsträger einen Zuschuss in Höhe des Betrages, der sich bei Anwendung des um 0,9 Beitragssatzpunkte verminderten Beitragssatzes auf den Zahlbetrag der Rente ergibt.

Beitragssatz aus Versorgungsbezügen und Arbeitseinkommen

247 Der Beitragssatz für Versorgungsbezüge und Arbeitseinkommen richtet sich ebenfalls nach dem allgemeinen Beitragssatz der GKV. Die Beiträge sind dabei in voller Höhe vom Mitglied zu tragen. Bis zum 31. Dezember 2003 galt für die Beitragsbemessung aus Versorgungsbezügen und aus Arbeitseinkommen von Pflichtversicherten nur der halbe allgemeine Beitragssatz. Durch das GKV-Modernisierungsgesetz (GMG) ist diese Rechtslage dahingehend geändert worden, dass mit Wirkung vom 1. Januar 2004 an sowohl für Pflichtversicherte als auch für freiwillig Versicherte für die Bemessung der Beiträge aus den oben angeführten Einnahmen der volle allgemeine Beitragssatz ihrer Krankenkasse Anwendung findet.

248 Die Anhebung des auf Versorgungsbezüge anzuwendenden Beitragssatzes war erforderlich, weil die Rentner im Jahr 2002 lediglich noch etwa 44 Prozent ihrer Leistungsaufwendungen mit den von ihnen gezahlten Beiträgen finanzierten (Im Jahre 1973 waren dies noch rund 72 Prozent). Diese „Finanzierungslücke" ist im Rahmen der Solidargemeinschaft der Versicherten auszugleichen. Da aber die Beiträge der Aktiven nach dem allgemeinen Beitragssatz mit Krankengeldanspruch bemessen werden (§ 241 SGB V), ist im Sinne des der GKV zu Grunde liegenden Solidaritätsprinzips die Beitragszahlung aus der Rente nach dem gleichen Beitragssatz wie für Arbeitnehmer zur Verringerung der Belastung der Aktiven gerechtfertigt.

249 Zwar haben auch die heutigen Rentner während ihres Arbeitslebens die damaligen Rentner mitfinanziert. Wegen der damals niedrigeren Beitragssätze und des erheblich geringeren Umfangs der Leistungsausgaben in der GKV war der von ihnen zu tragende Anteil an den Leistungsaufwendungen aber erheblich geringer als der, der heute aufgebracht werden muss. Um zu verhindern, dass der von den Aktiven zu tragende Anteil noch weiter steigt, waren die Neuregelungen unumgänglich. Sie entlasten vor allem diejenigen Alleinverdiener und jungen Familien, denen weniger Geld zur Verfügung steht als Rentnern mit hohen Zusatzeinnahmen.

250 Das Bundesverfassungsgericht hat eine gegen die Verdoppelung des Beitragssatzes aus Versorgungsbezügen eingereichte Verfassungsbeschwerde nicht zur Entscheidung angenommen (Beschluss des Bundesverfassungsgerichts vom 28. Februar 2008 – 1 BvR 2137/06). Als Teil eines Maßnahmekatalogs zur Erhaltung der Stabilität des Systems der GKV sei die Verdoppelung der Beitragslast verfassungsrechtlich nicht zu beanstanden. Das Bundesverfassungsgericht hat damit die Verfassungsmäßigkeit der Regelung bestätigt.

Kassenindividueller einkommensunabhängiger Zusatzbeitrag und Sozialausgleich

251 Der mit dem GKV-Wettbewerbsstärkungsgesetz eingeführte krankenkassenindividuelle Zusatzbeitrag stellt ein zusätzliches Wettbewerbsinstrument für die Krankenkassen dar. Seiner Einführung lag die Überlegung zugrunde, dass wirtschaftlich arbeitende Krankenkassen in der Lage sind, ihren Finanzbedarf aus den Mittelzuweisungen des Gesundheitsfonds zu decken oder sogar einen Überschuss zu erzielen und diesen in Form von Prämien an ihre Mitglieder auszuschütten. Wenn der Finanzbedarf nicht durch andere Instrumente (spezielle Tarife, wirtschaftlicheres Management) gedeckt werden kann, ist die Krankenkasse verpflichtet, den Zusatzbeitrag zu erheben. Die Aufnahme von Darlehen ist den Krankenkassen nach § 222 Abs. 5 Satz 2 SGB V ausdrücklich verboten. Die Vorschrift des § 242 SGB V sieht keine Zeitpunkte für etwaige Anpassungen des Zusatzbeitrags vor, so dass dieser unterjährig verändert werden kann. Der Zusatzbeitrag ist Teil des Sozialversicherungsbeitrags des Versicherten. Er wird in der Satzung der jeweiligen Krankenkasse geregelt und auf dem üblichen Weg bekannt gemacht (z. B. in der Mitgliederzeitschrift der Krankenkasse).

252 Erhebt eine Krankenkasse einen Zusatzbeitrag oder erhöht den Zusatzbeitrag, besteht ein Sonderkündigungsrecht. Der Versicherte kann kündigen und zu einer anderen Krankenkasse wechseln. Ab dem Zeitpunkt der Kündigung wird der Zusatzbeitrag nicht erhoben bzw. die Erhöhung nicht wirksam. Auf jeden Fall muss die Krankenkasse ihre Mitglieder auf die Möglichkeit des Krankenkassenwechsels hinweisen.

253 Um ihre Mitglieder nicht zu überfordern, galt darüber hinaus zunächst aufgrund der Regelungen des GKV-Wettbewerbsstärkungsgesetzes: Der monatliche Zusatzbeitrag durfte 1 Prozent des beitrags-

pflichtigen Einkommens nicht übersteigen. Dabei konnte eine Krankenkasse zwischen einem festen Zusatzbeitrag in Euro und einem prozentualen Zusatzbeitrag wählen. Verlangte eine Krankenkasse von ihren Mitgliedern einen festen Zusatzbeitrag bis zu acht Euro, fand keine Einkommensprüfung statt. Dies verminderte den Verwaltungsaufwand. Lag der Zusatzbeitrag einer Krankenkasse über acht Euro, erfolgte eine Einkommensprüfung, und das Mitglied zahlte in jedem Fall höchstens 1 Prozent der beitragspflichtigen Einnahmen.

254 Diese Regelungen wurden mit dem GKV-Finanzierungsgesetz wesentlich geändert: Seit dem 1. Januar 2011 werden Zusatzbeiträge nun einkommensunabhängig in festen Euro- und Cent-Beträgen von den Mitgliedern der GKV erhoben (§ 242 Abs. 1 SGB V). Die Begrenzung auf 1 Prozent der beitragspflichtigen Einnahmen bzw. auf 8 Euro ist entfallen. Zudem wurde ein Sozialausgleich eingeführt (§ 242b SGB V). Übersteigt der durchschnittliche Zusatzbeitrag nach § 242a SGB V eine Belastungsgrenze von 2 Prozent der individuellen beitragspflichtigen Einnahmen eines Mitglieds, so greift der Sozialausgleich. Er orientiert sich also am durchschnittlichen Zusatzbeitrag und nicht am jeweiligen tatsächlich erhobenen Zusatzbeitrag der gewählten Krankenkasse. Der durchschnittliche Zusatzbeitrag ist nicht das arithmetische Mittel der tatsächlich erhobenen Zusatzbeiträge, sondern ein prognostischer Wert für das Folgejahr, der sich im Wesentlichen aus der Differenz zwischen den voraussichtlichen jährlichen Ausgaben der Krankenkassen und den voraussichtlichen jährlichen Einnahmen des Gesundheitsfonds ergibt (§ 242a Abs. 1 SGB V).

Mitglieder, von denen kein Zusatzbeitrag erhoben wird, oder deren Zusatzbeitrag vollständig von Dritten getragen oder gezahlt wird (Beziehrinnen und Bezieher von Arbeitslosengeld II), sowie Beziehrinnen und Bezieher von Hilfe zum Lebensunterhalt bzw. Grundsicherung im Alter und bei Erwerbsminderung haben keinen Anspruch auf Sozialausgleich (§ 242b Abs. 6 SGB V).

Der durchschnittliche Zusatzbeitrag, den das Bundesministerium für Gesundheit im Einvernehmen mit dem Bundesministerium der Finanzen unter Berücksichtigung der Prognose des Schätzerkreises festlegt und bekanntgibt, beträgt für das Jahr 2011 0 Euro. Daher ist die Durchführung des Sozialausgleichs im Jahre 2011 nicht notwendig. Erforderlichenfalls wäre er von den Krankenkassen durchgeführt worden (§ 242b Abs. 8 SGB V).

Der Sozialausgleich wird grundsätzlich aus Steuermitteln finanziert, deren Höhe ab dem Jahr 2015 im Jahr 2014 gesetzlich festgelegt wird (§ 221b SGB V). In den Jahren 2012 bis 2014 wird der Sozialausgleich aus der Liquiditätsreserve des Gesundheitsfonds gedeckt (siehe § 271 Abs. 2 SGB V). Dazu dient der zusätzliche Bundeszuschuss für das Jahr 2011 in Höhe von 2 Mrd. Euro.

255 Mitglieder, die an einem Wahltarif nach § 53 SGB V teilnehmen, waren nach dessen Abs. 8 in der bis Ende 2010 geltenden Fassung für drei Jahre an ihre Krankenkasse gebunden (die Mindestbindungsfrist von drei Jahren galt aber nicht für Tarife, die sich auf besondere Versorgungsformen beziehen – z.B. hausarztzentrierte Versorgung). Während dieser 3-jährigen Bindungsfrist bestand das Sonderkündigungsrecht nicht.

Mit dem GKV-Finanzierungsgesetz ist dies in § 53 Abs. 8 SGB V Anfang 2011 geändert worden: Für bestimmte Tarife (Prämienzahlung, Kostenerstattung, Arzneimittel der besonderen Therapierichtungen) ist die Mindestbindungsfrist auf ein Jahr gesenkt worden. Bei den Wahltarifen zum Selbstbehalt und zum Krankengeld ist es hingegen bei der dreijährigen Mindestbindung geblieben; auch an der Ausnahme für besondere Versorgungsformen ist festgehalten worden. Eine wesentliche Änderung ist aber, dass das Sonderkündigungsrecht bei Erhebung oder Erhöhung eines Zusatzbeitrages seit Anfang 2011 auch dann ausgeübt werden kann, wenn ein Mitglied einen Wahltarif abgeschlossen hat. Vom Sonderkündigungsrecht ausgenommen sind aber weiterhin Mitglieder mit einem Krankengeld-Wahltarif.

256 Grundsätzlich zahlt jedes Mitglied der GKV den Zusatzbeitrag seiner Krankenkasse. Für seine Kinder oder den mitversicherten Ehepartner zahlt man keinen Zusatzbeitrag. Mit dem GKV-Finanzierungsgesetz hat der Gesetzgeber zudem bestimmte Personengruppen von der Erhebung des Zusatzbeitrags ausgenommen, soweit und solange sie keine weiteren beitragspflichtigen Einnahmen beziehen. Nach § 242 Abs. 5 SGB V gilt dies insbesondere für:

– Teilnehmer an Leistungen zur Teilhabe am Arbeitsleben,

– behinderte Menschen, die in anerkannten Werkstätten für behinderte Menschen oder in Blinden-

werkstätten oder für diese Einrichtungen in Heimarbeit tätig sind oder die in Anstalten, Heimen oder gleichartigen Einrichtungen in gewisser Regelmäßigkeit eine bestimmte Leistung erbringen,
- Auszubildende, die im Rahmen eines Berufsausbildungsvertrages nach dem BBiG in einer außerbetrieblichen Einrichtung ausgebildet werden oder deren Arbeitsentgelt im Monat 325 Euro nicht übersteigt,
- Bezieherinnen und Bezieher bestimmter Entgeltersatzleistungen (Krankengeld, Mutterschaftsgeld, Elterngeld, Verletztengeld, Versorgungskrankengeld, Übergangsgeld und vergleichbare Entgeltersatzleistungen),
- Wehr- und Zivildienstleistende, Wehr- bzw. Eignungsübende und Versicherte, die ein freiwilliges soziales oder ökologisches Jahr leisten,

257 Für Bezieherinnen und Bezieher von Arbeitslosengeld II gilt eine Sonderregelung: Seit dem 1. Januar 2011 wird der Zusatzbeitrag für diese Personen höchstens in Höhe des durchschnittlichen Zusatzbeitrags erhoben (§ 242 Abs. 4 SGB V). Allerdings müssen diese Personen diesen Zusatzbeitrag nicht mehr – anders als zuvor – selbst zahlen. Vielmehr werden deren Zusatzbeiträge nach § 251 Abs. 6 Satz 2 SGB V aus der Liquiditätsreserve des Gesundheitsfonds aufgebracht und nach § 252 Abs. 2a SGB V monatlich entsprechend der Anzahl dieser Mitglieder an die Krankenkasse gezahlt. Ab 2015 werden diese Zahlungen in voller Höhe aus den Bundesmitteln für den Sozialausgleich nach § 221b SGB V finanziert werden. Eine ähnliche Regelung besteht für solche Personen, die allein durch die Erhebung des Zusatzbeitrags hilfebedürftig würden. Außerdem gilt für Bezieherinnen und Bezieher von Arbeitslosengeld II folgende Regelung: Ist der kassenindividuelle Zusatzbeitrag höher als der durchschnittliche Zusatzbeitrag, kann die Krankenkasse in ihrer Satzung regeln, dass die Differenz von den Bezieherinnen und Beziehern von Arbeitslosengeld II zu zahlen ist.

Mitglieder, die Sozialhilfe erhalten oder Grundsicherung, weil ihre Rente gering ist, oder Heimbewohner, die ergänzende Sozialhilfe erhalten, tragen den Zusatzbeitrag nicht selbst. Wenn die Krankenkasse einen Zusatzbeitrag erhebt, übernimmt diesen der Sozialhilfeträger.

258 Im Hinblick auf die Weiterentwicklung der Zusatzbeiträge ist durch das GKV-Finanzierungsgesetz mit § 242 Abs. 6 SGB V eine besondere Sanktionsregelung für den Fall der Nichtzahlung eingeführt worden. Ist ein Mitglied mit der Zahlung des kassenindividuellen Zusatzbeitrags für jeweils sechs Kalendermonate säumig, so hat es der Krankenkasse zusätzlich einen sog. Verspätungszuschlag zu zahlen. Dieser ist in der Höhe auf die Summe der letzten drei fälligen Zusatzbeiträge begrenzt und beträgt mindestens 20 Euro. Die Regelung über den Säumniszuschlag nach § 24 SGB IV ist daneben nicht anzuwenden. Auch hat das Mitglied in diesen Fällen bis zur vollständigen Entrichtung der ausstehenden Zusatzbeiträge und Zahlung des Verspätungszuschlags keinen Anspruch auf Sozialausgleich. Dieser Anspruch besteht aber wieder, wenn eine wirksame Ratenzahlungsvereinbarung zu Stande gekommen ist und die Raten vertragsgemäß entrichtet werden.

259 Auszahlungen in Form von Prämien dürfen von den Krankenkassen zur Vermeidung von Wettbewerbsverzerrungen nicht durch eigene Defizite finanziert werden. Ausschüttungen dürfen auch nur von Krankenkassen vorgenommen werden, die gänzlich entschuldet sind und die erforderlichen Rücklagen zur Sicherstellung ihrer Leistungsfähigkeit gebildet haben. Auszahlungen dürfen zudem nicht an Mitglieder geleistet werden, die mit der Zahlung des allgemeinen Beitragssatzes oder des Zusatzbeitrags in Verzug befinden.

Zusätzlicher Beitragssatz nach § 241a SGB V a. F.

260 Der zusätzliche Beitragssatz nach § 241a SGB V a. F., eingeführt durch das GKV-Modernisierungsgesetz (GMG) mit Wirkung ab dem 1. Juli 2005 und durch das Gesetz zur Anpassung der Finanzierung von Zahnersatz geändert, ist seit dem 1. Januar 2009 Bestandteil des allgemeinen Beitragssatzes nach § 241 SGB V. Der entsprechende Beitragssatzanteil von 0,9 Prozentpunkten war bis zum 31. Dezember 2008 von den Mitgliedern allein zu tragen. Dies gilt auch nach dem seit dem 1. Januar 2009 geltenden Recht; die Verteilung der Beitragslast zum Beispiel zwischen Arbeitgebern und Arbeitnehmern entspricht damit der bis zum Ende des Jahres 2008 geltenden Relation.

261 Mit dem GMG war ursprünglich die Einführung eines von den Mitgliedern der GKV alleine zu tragenden Beitrags für Zahnersatz vorgesehen. Dieser Beitrag sollte in Form einer einkommensunabhängigen Pauschale ab dem 1. Januar 2005 von den Mitgliedern erhoben werden. Mit dem Gesetz zur Anpassung der Finanzierung von Zahnersatz wurde die

Einführung des festen Beitrags für Zahnersatz jedoch aufgehoben. Stattdessen wurde mit diesem Gesetz der durch das GMG eingeführte zusätzliche Beitragssatz von 0,5 Prozent, der ab dem 1. Januar 2006 erhoben werden sollte, auf 0,9 Prozent angehoben und seine Einführung auf den 1. Juli 2005 vorgezogen, damit die mit dem GMG angestrebten Beitragssatzsenkungen bezogen auf den allgemeinen Beitragssatz erreicht werden konnten. Die Erhöhung des zusätzlichen Beitragssatzes auf 0,9 Prozent entsprach in etwa dem Beitragsaufkommen, das den Krankenkassen durch den pauschalen Beitrag für Zahnersatz zugeflossen wäre. Mit der Änderung des § 241a SGB V im Rahmen des Gesetzes zur Anpassung der Finanzierung von Zahnersatz wurde zudem sichergestellt, dass mit der Erhebung des zusätzlichen Beitragssatzes die übrigen Beitragssätze durch Gesetz in der Höhe des zusätzlichen Beitragssatzes abgesenkt werden konnten.

262 In seiner Zielsetzung stellt der zusätzliche Beitrag eine Beteiligung aller Mitglieder der GKV an den gestiegenen Leistungsausgaben dar, wobei die Einnahmen aus dem zusätzlichen Beitragssatz in keinem Zusammenhang zur Finanzierung einzelner Leistungen standen. Als Folge des zusätzlichen Beitragssatzes wurden die übrigen Beitragssätze durch Gesetz einmalig entsprechend abgesenkt.

Tragung der Beiträge

263 Arbeitnehmer und Arbeitgeber tragen die Beiträge, mit Ausnahme derjenigen die sich aus der Anwendung des mitgliederbezogenen Beitragsanteils in Höhe von 0,9 Beitragssatzpunkten ergeben, grundsätzlich zu gleichen Teilen. Eine frühere Regelung, nach der der Arbeitgeber bei Arbeitnehmern mit sehr niedrigem Verdienst die Beiträge allein zu tragen hatte, ist mit dem Gesetz zur Neuregelung der geringfügigen Beschäftigungsverhältnisse weggefallen.

264 Durch das Zweite Gesetz für moderne Dienstleistungen am Arbeitsmarkt wurden die Vorschriften über die geringfügigen Beschäftigungsverhältnisse mit Wirkung zum 1. April 2003 geändert. Die Geringverdienergrenze beträgt seitdem einheitlich 400 Euro. Bei versicherungspflichtigen Arbeitnehmern wird das Arbeitsentgelt aus einem Beschäftigungsverhältnis von nicht mehr als 400 Euro grundsätzlich mit dem Arbeitsentgelt aus der anderen versicherungspflichtigen Beschäftigung zusammengerechnet, so dass alle Beiträge von Arbeitgeber und Arbeitnehmer je zur Hälfte zu tragen sind. Ausgenommen hiervon ist die erste geringfügig entlohnte Beschäftigung neben einer versicherungspflichtigen Hauptbeschäftigung. In diesen Fällen werden die Beiträge aus der versicherungspflichtigen Hauptbeschäftigung vom Arbeitgeber und Arbeitnehmer je zur Hälfte getragen; aus der geringfügig entlohnten Nebenbeschäftigung hat der Arbeitgeber den Pauschalbeitrag zu entrichten.

265 Für dauerhaft geringfügig Beschäftigte, die in der GKV versichert (auch familienversichert) sind, zahlte der Arbeitgeber bis zum 31. März 2003 Pauschalbeiträge in Höhe von 10 Prozent des Arbeitsentgelts an die Krankenversicherung. Aufgrund der Änderungen durch das Zweite Gesetz für moderne Dienstleistungen am Arbeitsmarkt galt seit dem 1. April 2003 ein Pauschalbeitragssatz von 11 Prozent. Ab dem 1. Juli 2006 wurde mit dem Haushaltsbegleitgesetz 2006 eine weitere Erhöhung des Pauschalbeitrags zur GKV auf 13 Prozent. beschlossen. Für ausschließlich in Privathaushalten geringfügig Beschäftigte ist lediglich ein Pauschalbeitrag in Höhe von 5 Prozent zu entrichten. Zusätzliche Ansprüche entstehen aus diesen Beiträgen nicht, weil diese Beschäftigten bereits vollen Krankenversicherungsschutz genießen (z. B. aus einer versicherungspflichtigen Hauptbeschäftigung).

Für einige Personengruppen gibt es Besonderheiten

266 Ebenfalls durch das Zweite Gesetz für moderne Dienstleistungen am Arbeitsmarkt ist zum 1. April 2003 auch eine so genannte Gleitzone geschaffen worden (§ 20 SGB IV). Eine solche liegt vor, wenn Versicherte in einem Beschäftigungsverhältnis ein Arbeitsentgelt zwischen 400,01 Euro und 800 Euro im Monat erzielen. Bei diesen Beschäftigten handelt es sich um „normale" versicherungspflichtige Personen, für die jedoch beitragsrechtliche Vergünstigungen bestehen. Der Arbeitnehmeranteil am Sozialversicherungsbeitrag ist innerhalb der Gleitzone durch die Neuregelung abgesenkt worden. Innerhalb der Gleitzone steigt dieser Arbeitnehmerbeitrag bei einem Arbeitsentgelt von 400,01 Euro und 800 Euro linear an. Bei einem Arbeitsentgelt von 400,01 Euro beträgt der vom Arbeitnehmer zu zahlende Beitrag zur Sozialversicherung insgesamt rd. 4 Prozent. Er steigt entsprechend innerhalb der Gleitzone bis zum vollen Arbeitnehmeranteil bei einem Arbeitsentgelt von 800 Euro an. Der innerhalb der Gleitzone zu zahlende verringerte Arbeitnehmeranteil zur GKV wird durch eine Absenkung der beitragspflichtigen Einnahmen gemäß § 226 Abs. 4 SGB V erreicht, wodurch der Gesamtbeitrag verringert wird. Der vom Arbeitgeber zu zahlende Beitragsanteil verändert sich innerhalb der Gleitzone nicht. Der Arbeitgeber hat für diesen Personenkreis einen Beitragsanteil zu entrichten, der demjenigen entspricht, den er zu zahlen hätte, wenn es die besonderen Regelungen über die Gleitzone nicht gäbe. D. h., der Arbeitgeber trägt seinen Arbeitgeberanteil in Höhe der Hälfte des Betrages, der sich aus dem an den Beschäftigten gezahlten beitragspflichtigen Arbeitsentgelt und dem Beitragssatz der Krankenkasse ergibt. Nur die Differenz zwischen dem Gesamtbeitrag zur Krankenversicherung abzüglich des Arbeitgeberanteils ist vom Arbeitnehmer zu tragen. Für die übrigen Bereiche der Sozialversicherung gelten entsprechende Vorschriften. Innerhalb der Gleitzone ist also die hälftige Beitragstragung aufgehoben.

267 Für Wehrdienst- und Zivildienstleistende werden die Beiträge vom Bund getragen. Für Bezieher von Arbeitslosengeld, Unterhaltsgeld und Eingliederungsgeld trägt die Bundesagentur für Arbeit die Beiträge. Sonderregelungen bestehen für Bezieher von Kurzarbeiter- und Winterausfallgeld. Die für Teilnehmer an berufsfördernden Maßnahmen zur Rehabilitation abzuführenden Beiträge werden von den Rehabilitationsträgern getragen. Pflichtversicherte Studenten und Praktikanten haben ihren Beitrag allein zu tragen.

268 Für Bezieher von Arbeitslosengeld II gilt ebenfalls eine Sonderregelung. Mit der Arbeitsmarktreform („Hartz-Gesetze") sind zum 1. Januar 2005 wesentliche Änderungen in den Sozialversicherungssystemen eingetreten. Erwerbsfähige Hilfebedürftige erhalten Arbeitslosengeld II. Die Beiträge zur GKV werden für die Bezieher dieser Leistung vom Bund getragen (§ 251 Abs. 4 SGB V) und von der Bundesagentur für Arbeit an die Krankenkassen gezahlt (§ 252 SGB V). Für die Berechnung der Beiträge wird nach § 232a Abs. 1 Nr. 2 SGB V als beitragspflichtige Einnahmen der dreißigste Teil des 0,3450fachen der monatlichen Bezugsgröße zu Grunde gelegt. Dies sind im Jahr 2011 881,48 Euro.

269 Beiträge, die aus der Rente zu zahlen sind, werden mit Ausnahme des mitgliederbezogenen Beitragsanteils von 0,9 Beitragssatzpunkten je zur Hälfte vom Rentenversicherungsträger und vom Rentner aufgebracht. Bezieht der pflichtversicherte Rentner zusätzlich noch beitragspflichtige Versorgungsbezüge oder Arbeitseinkommen aus selbständiger Tätigkeit, so hat er den sich daraus ergebenden Beitrag allein zu tragen. Für Versicherungspflichtige, die eine Rente der gesetzlichen Rentenversicherung beziehen, haben die Zahlstellen der Versorgungsbezüge die Beiträge aus Versorgungsbezügen einzubehalten und an die zuständige Krankenkasse zu zahlen.

270 Die Versicherten der landwirtschaftlichen Krankenversicherung tragen ihre Beiträge selbst, die nach Beitragsklassen in Anlehnung an den Flächenwert des landwirtschaftlichen Unternehmens festgesetzt werden. Für die im Unternehmen hauptberuflich mitarbeitenden Familienangehörigen hat der landwirtschaftliche Unternehmer die Beiträge zu zahlen. Wie die Rentner haben auch die Altenteiler in der landwirtschaftlichen Krankenversicherung aus allen Alterseinnahmen Beiträge zu zahlen, die jedoch zusammen mit dem Pauschalbeitrag nach § 249b SGB V nicht die Ausgaben für Altenteiler decken. Das Defizit wird hier jedoch nicht wie in der allgemeinen Krankenversicherung durch Beiträge der Aktiven finanziert, sondern vom Bund getragen.

Freiwillig Versicherte im Ruhestand

271 In der GKV gelten unterschiedliche Maßstäbe für die Beitragsbemessung von pflichtversicherten und freiwillig versicherten Rentnern. Freiwillig Versicherte tragen die Beiträge grundsätzlich allein in voller Höhe. Pflichtversicherte Rentner und der jeweilige Rentenversicherungsträger tragen die Beiträge aus der Rente mit Ausnahme des mitgliederbezogenen Beitragsanteils von 0,9 Beitragssatzpunkten zur Hälfte. Freiwillig versicherte Rentner erhalten ebenso wie privat versicherte Rentner zu ihrer Rente einen Beitragszuschuss vom zuständigen Rentenversicherungsträger in Höhe des halben Beitrages der sich aus der Anwendung des um 0,9 Beitragssatzpunkte verminderten allgemeinen Beitragssatzes auf den Zahlbetrag der Rente ergibt. Im Ergebnis sind freiwillig versicherte Rentner somit mit Pflichtversicherten gleich gestellt. Der Zuschuss ist auf die Hälfte der tatsächlich zu zahlenden Beiträge begrenzt.

272 Für freiwillig versicherte Rentner wird die Beitragsberechnung einheitlich durch den Spitzenverband Bund der Krankenkassen geregelt. Beitragspflichtig sind auch Miet- und Kapitaleinnahmen, unabhängig von ihrer steuerlichen Behandlung. Bei freiwillig Versicherten galt schon immer das Prinzip, dass die gesamte wirtschaftliche Leistungsfähigkeit der Beitragsbemessung zugrunde zu legen ist. Dies ist sozial gerecht und entspricht auch dem Solidaritätsgedanken der GKV.

273 Freiwillig versicherte Mitglieder der GKV, die eine Rente in der gesetzlichen Rentenversicherung beantragt haben und die Voraussetzungen für diese Rente erfüllen, haben seit dem 1. Januar 2000 nicht mehr wie früher bei Renten, die unterhalb der Mindestbemessungsgrundlage liegen, den oben genannten Mindestbeitrag zu leisten. Seither ist die Beitragsbemessung aus der Rente, wie bei pflichtversicherten Rentenbeziehern auch, vom Zahlbetrag der Rente abhängig. Voraussetzung dafür ist, dass der oder die Versicherte während der zweiten Hälfte des Zeitraumes zwischen der erstmaligen Aufnahme einer Beschäftigung und der Rentenantragstellung mindestens 9/10 dieser Zeit Mitglied der GKV gewesen ist oder im Rahmen der Familienversicherung mitversichert war.

Beiträge bei längerem Auslandsaufenthalt

274 Schon nach dem Krankenversicherungsrecht, das vor dem Gesundheitsreformgesetz von 1988 galt, hätten die Krankenkassen eigentlich Leistungen nur im Inland und bei Krankheit in solchen Ländern erbringen dürfen, mit denen vertragliche Abmachungen bestehen (vgl. Rdnr. 305 ff.). Zahlreiche Krankenkassen hatten diese Rechtslage aus Kulanz und Wettbewerbsgründen nicht beachtet und auch Leistungen bei Krankheit im vertragslosen Ausland erbracht. Der Gesetzgeber hat also lediglich das frühere Recht beibehalten, als er die Krankenkassen ausdrücklich verpflichtete, nur bei Behandlung im Inland und den sogenannte Vertragsstaaten zu leisten.

275 Eine Beitragsermäßigung für die Zeit eines Aufenthalts im vertragslosen Ausland wäre mit dem für die Krankenversicherung grundlegenden Prinzip der Solidargemeinschaft nicht vereinbar (vgl. Urteil des Bundessozialgerichts vom 23. Juni 1994 – AZ 12 RK 25/94). Denn für den Umfang der Beitragsbelastung ist nicht der Leistungsbedarf oder das gesundheitliche Risiko maßgeblich. Deshalb werden die Beiträge prozentual nach den beitragspflichtigen Einnahmen der Versicherten bemessen; Risikozuschläge oder ähnliches sind der GKV fremd. Eine Ausnahme gilt nur für Zeiten eines beruflich bedingten Auslandsaufenthalts (vgl. Rdnr. 233 zur Anwartschaftsversicherung).

276 Die Absicherung gegen Krankheit durch die gesetzlichen Krankenkassen erfolgt nicht nach Zeitabschnitten, sondern ist auf Dauer angelegt. Dies bedeutet, dass die Mitgliedschaft in der GKV auch während eines Aufenthalts im vertragslosen Ausland fortbesteht, so dass der Versicherte bei einer vorzeitigen Rückkehr - z. B. wegen einer Erkrankung - sofort Anspruch auf alle krankenversicherungsrechtlichen Leistungen hat, und zwar ohne Fristen und Wartezeiten. Auch der Krankenversicherungsschutz für familienversicherte Angehörige, die sich während der Abwesenheit des Mitglieds weiterhin im Inland aufhalten, bleibt bestehen.

277 Die Regelung dient auch der Stabilisierung der Beitragssätze der GKV, weil sie die Versichertengemeinschaft gegen finanzielle Überforderungen durch Missbräuche schützt. Der Gesetzgeber ist davon ausgegangen, dass Versicherten, die sich im vertragslosen Ausland aufhalten, der Abschluss einer privaten Auslandsreise-Krankenversicherung zumutbar ist.

278 Nach § 18 Abs. 3 SGB V können die Krankenkassen nur für längstens 6 Wochen im Kalenderjahr die Kosten für unverzüglich erforderliche Behandlungen bei privaten Auslandsreisen auch in Staaten übernehmen, mit denen keine Sozialversicherungsabkommen bestehen, wenn der Versicherte wegen einer Vorerkrankung oder aufgrund seines Lebensalters keine private Auslandsreise-Krankenversicherung abschließen kann. Dies muss vor Antritt der Reise gegenüber der Krankenkasse nachgewiesen werden. Ferner ist eine vorherige Zusage der Krankenkasse erforderlich. Diese Erweiterung der Kostenübernahmeverpflichtung bei Behandlung im Ausland, die der Gesetzgeber aufgrund zahlreicher Eingaben an den Petitionsausschuss beschlossen hat, gilt sowohl für Pflichtversicherte als auch für freiwillig in der GKV Versicherte.

279 Eine entsprechende Regelung gilt auch für Auslandsaufenthalte, die aus schulischen oder Studiengründen erforderlich sind - und zwar ohne die Beschränkung auf sechs Wochen, allerdings auch nicht auf unbegrenzte Zeit, sondern nur, solange die Gründe studienbedingter oder schulischer Notwendigkeit andauern (§ 18 Abs. 3 Satz 4 SGB V).

Beitragszuschüsse

Arbeitgeberzuschuss für Beschäftigte

280 Während bei pflichtversicherten Beschäftigten der Arbeitgeber die Hälfte des paritätisch finanzierten Beitrags zu tragen hat, tragen Beschäftigte, die freiwillig in der GKV oder in der privaten Krankenversicherung versichert sind, ihren Krankenversicherungsbeitrag allein. Unter den Voraussetzungen des § 257 SGB V haben sie gegenüber ihrem Arbeitgeber einen sozialrechtlichen Anspruch auf einen steuer- und beitragsfreien Zuschuss zum Krankenversicherungsbeitrag; von dieser Regelung darf nicht zum Nachteil des Versicherten durch Arbeitsvertrag oder Tarifvertrag abgewichen werden. Der Beitragszuschuss für freiwillig Versicherte beträgt die Hälfte des Beitrags, der bei Anwendung des um 0,9 Beitragssatzpunkte verminderten allgemeinen Beitragssatzes für einen versicherungspflichtig Beschäftigten zu zahlen wäre. Für privat krankenversicherte Beschäftigte wird der Berechnung des Beitragszuschusses ab 1. Januar 2009 der um 0,9 Prozentpunkte verminderte bundesweit einheitliche allgemeine Beitragssatz zu Grunde gelegt, ggf. begrenzt auf die Hälfte des tatsächlich zu leistenden Beitrags. Dieser beträgt ab 1. Januar 2011 15,5 Prozent minus 0,9 Prozent also 14,6 Prozent: Auch für die ebenfalls privat versicherten Angehörigen wird der Beitragszuschuss bis zur Höhe des Höchstzuschusses gezahlt, wenn diese bei unterstellter Versicherungspflicht des Beschäftigten in der Familienversicherung versichert wären.

Standardtarif

281 Der Standardtarif ist ein brancheneinheitlicher Tarif in der privaten Krankenversicherung (PKV) und erfüllt seit seiner Einführung 1994 eine soziale Schutzfunktion. Er richtet sich vorrangig an ältere Versicherte, die aus finanziellen Gründen einen preiswerten Tarif benötigen. Der Wechsel in den Standardtarif ist für privat Versicherte – wenn die gesetzlichen Voraussetzungen gegeben sind – nur innerhalb des jeweiligen Versicherungsunternehmens möglich. Der Leistungskatalog orientiert sich am Leistungskatalog der GKV ist aber mit diesem nicht identisch. Die Beitragshöhe ist abhängig von der Vorversicherungszeit und dem Alter der Versicherten, darf aber für Einzelpersonen den durchschnittlichen Höchstbetrag der GKV beziehungsweise für Ehepaare 150 Prozent des GKV-Höchstbeitrags nicht übersteigen. In den Standardtarif können nur Personen wechseln, die ihren privaten Krankenversicherungsvertrag vor dem 1. Januar 2009 abgeschlossen haben.

Basistarif

282 Zum 1. Januar 2009 wurde der neue Basistarif eingeführt. Dieser ist von allen privaten Krankenversicherungen anzubieten. Es dürfen weder Risikozuschläge noch Leistungsausschlüsse vereinbart werden. Die Leistungen im Basistarif entsprechen den Leistungen in der gesetzlichen Krankenversicherung. Der monatliche Höchstbeitrag (Prämie) darf den GKV – Höchstbeitrag (2011 rund 575 Euro/Monat) nicht überschreiten. für Beamte gelten anteilige Höchstbeiträge abhängig vom Beihilfeanspruch. Wie beim modifizierten Standardtarif bis Ende 2008 verringert sich die Prämie bei Hilfebedürftigkeit. Wer bereits privat krankenversichert war (in einem Volltarif) konnte vom 1. Januar 2009 bis zum 30. Juni 2009 in einen Basistarif einer Versicherung seiner Wahl wechseln. Wer 55 oder älter ist oder eine Rente oder Pension bezieht kann jederzeit in einen Basistarif wechseln. Gleiches gilt für versicherte, die nachweislich ihre Prämien nicht mehr selbst zahlen können. Wer seit 2009 eine private Krankenvollversicherung neu abschließt kann den Basistarif wählen aber auch später wechseln unter Mitnahme neu aufgebauter Alterungsrückstellungen.

Kein Zuschuss für Beamte

283 Die GKV ist derzeit dem Grunde nach auf Beamte, die grundsätzlich einen Beihilfeanspruch haben und somit des umfangreichen Sachleistungsangebotes der GKV nicht bedürfen, nicht ausgerichtet. Beamte erhalten den Krankenversicherungsschutz des eigenständigen beamtenrechtlichen Krankenfürsorgesystems in Form der Beihilfe. Im Rahmen dieses Systems ist bereits in der laufenden Besoldung bzw. in der Pension ein Anteil enthalten, der unter Berücksichtigung der ergänzenden Fürsorgeleistungen des Dienstherrn im Krankheitsfall (Beihilfe) ausreicht, eine zumutbare und angemessene ergänzende Krankenversicherung bei einem privaten Versicherungsunternehmen zur eigenverantwortlichen Vorsorge abzuschließen. Der in der GKV freiwillig versicherte Beamte bleibt im vollen Umfang mit seiner Beitragszahlung belastet, obwohl er die Beihilfe nicht oder nur geringfügig in Anspruch nehmen kann. Darüber hinaus sehen die einschlägigen Beihilfevorschriften vor, dass ein Beihilfeanspruch nicht gegeben ist, wenn für die beanspruchten Leistungen ein Sachleistungsanspruch gegen eine Krankenkasse besteht. Diese Regelung wird zwar von vielen Betroffenen kritisiert; allerdings besteht über den neuen Basistarif in der privaten Krankenversicherung ein beihilfekompatibles weiteres Versicherungsangebot.

Sonstige beitragsrechtliche Regelungen

Das Umlageverfahren nach dem Aufwendungsausgleichsgesetz

284 Am 1. Januar 2006 ist das Gesetz über den Ausgleich von Arbeitgeberaufwendungen und zur Änderung weiterer Gesetze vom 22. Dezember 2005

(Aufwendungsausgleichsgesetz) in Kraft getreten (BGBl. I S. 3686). Im bisherigen Lohnfortzahlungsgesetz war zuletzt nur noch das so genannte Umlageverfahren geregelt, nachdem die Vorschriften über die Lohnfortzahlung bereits vor Jahren in das Entgeltfortzahlungsgesetz (EFZG) überführt worden waren. Im Rahmen dieses Umlageverfahrens werden bestimmte Leistungen der Arbeitgeber an ihre Beschäftigten durch eine Umlage ausgeglichen. Das Aufwendungsausgleichsgesetz (AAG) regelt die zwei unterschiedlichen Umlageverfahren neu. Im U1-Verfahren werden den beteiligten Arbeitgebern die Aufwendungen für Entgeltfortzahlung im Krankheitsfall erstattet, im U2-Verfahren erfolgt der Ausgleich der Aufwendungen bei Mutterschaft. Die Arbeitgeber zahlen hierfür Umlagebeiträge und können sich die Aufwendungen von den Krankenkassen ganz (U2-Verfahren) oder teilweise (U1-Verfahren) erstatten lassen.

285 Die Reform des Umlageverfahrens U2 nach dem bisherigen Lohnfortzahlungsgesetz wurde infolge eines Beschlusses des Bundesverfassungsgerichts zum Arbeitgeberzuschuss zum Mutterschaftsgeld erforderlich. Arbeitnehmerinnen erhalten bei Mutterschaft von ihrem Arbeitgeber einen Zuschuss zum Mutterschaftsgeld. Er entspricht der Differenz zwischen dem Mutterschaftsgeld der Krankenkasse und dem letzten Nettoentgelt. Im Rahmen des Umlageverfahrens werden den Arbeitgebern unter anderem die Aufwendungen des Arbeitgeberzuschusses zum Mutterschaftsgeld von der Krankenkasse erstattet. Das Bundesverfassungsgericht hatte am 18. November 2003 entschieden, dass der Arbeitgeberzuschuss zum Mutterschaftsgeld nach § 14 des Mutterschutzgesetzes (MuSchG) verfassungswidrig ist. Dem Arbeitgeber wurden zwar die entsprechenden Zahlungen im Rahmen des Umlageverfahrens nach dem Lohnfortzahlungsgesetz erstattet. Da dieses Umlageverfahren aber nur für Kleinunternehmen galt, hatte das Bundesverfassungsgericht darin einen Verstoß gegen das Gleichberechtigungsgebot des Grundgesetzes gesehen, weil die bisherige Rechtslage die Gefahr einer faktischen Diskriminierung von Frauen verursachte, da Arbeitgeber, die nicht in das Umlageverfahren einbezogen waren, ein Interesse daran gehabt haben könnten, weniger oder keine Frauen zu beschäftigen.

286 Der Gesetzgeber wurde aufgefordert, bis zum 31. Dezember 2005 eine verfassungskonforme Neuregelung zu schaffen. Als einen der möglichen Lösungswege hatte das Gericht die Erstreckung des Ausgleichsverfahrens auf alle Arbeitgeber ausdrücklich genannt. Durch die Neuregelung zum 1. Januar 2006 ist der Gesetzgeber diesem Auftrag des Bundesverfassungsgerichts nachgekommen. Der Arbeitgeberzuschuss zum Mutterschaftsgeld wurde dadurch verfassungskonform ausgestaltet, dass sämtliche Arbeitgeber in das Umlageverfahren einbezogen wurden.

287 Neben den Änderungen des U2-Verfahrens beinhaltete die Neuregelung auch weitere Änderungen an beiden Umlageverfahren und insbesondere am U1-Verfahren. Seit dem 1. Januar 2006 führen alle Krankenkassen mit Ausnahme der landwirtschaftlichen Krankenkassen die beiden Umlageverfahren durch. Die zuvor geltenden Regelungen des Lohnfortzahlungsgesetzes waren auf die Bundesknappschaft, die See-Krankenkasse, die Allgemeinen Ortskrankenkassen und die Innungskrankenkassen beschränkt. Weiterhin sind nunmehr auch Angestellte in das U1-Verfahren einbezogen. Bisher wurden den Arbeitgeber im Rahmen dieser Umlage nur die Aufwendungen für Arbeiter und Auszubildende erstattet. Darüber hinaus gilt für das U1-Verfahren nun eine einheitliche Beschäftigtenhöchstgrenze von 30 Beschäftigten. Bislang waren Arbeitgeber umlagepflichtig, wenn sie nicht mehr als 20 Beschäftigte hatten, wobei die einzelnen Krankenkassen jedoch per Satzungsbeschluss diese Grenze auf bis zu 30 erhöhen konnten. Außerdem ist es den Krankenkassen seit dem 1. Januar 2006 gestattet, die Durchführung des Umlageverfahrens auf eine andere Kasse oder einen Landes- oder Bundesverband zu übertragen.

Verfahren U 1

288 In § 1 Abs. 1 AAG ist das U1-Verfahren geregelt. An diesem Verfahren nehmen nur Arbeitgeber teil, die ausschließlich der zu ihrer Berufsausbildung Beschäftigten nicht mehr als 30 Arbeitnehmerinnen und Arbeitnehmer beschäftigen (so genannte Kleinunternehmer). Auf Antrag des Arbeitgebers erstatten die Krankenkassen der jeweiligen Beschäftigten den Arbeitgebern diejenigen Aufwendungen, die aufgrund von Entgeltfortzahlung im Krankheitsfall nach dem Entgeltfortzahlungsgesetz (EFZG) entstanden sind. Hierzu gehört zum einen die eigentliche Entgeltfortzahlung an den Beschäftigten, zum anderen auch Arbeitgeberanteile an Beiträgen zur Sozialversicherung und Beitragszuschüsse des Arbeitgebers.

289 Die Höhe der Erstattung der Arbeitgeberaufwendungen beträgt im U1-Verfahren regelmäßig

80 Prozent. Nach § 9 Abs. 2 Nr. 1 AAG können die Krankenkassen diese Erstattungshöhe jedoch per Satzungsregelung einschränken. Diese Möglichkeit ist durch das GKV-Wettbewerbsstärkungsgesetz nochmals präzisiert worden; der Erstattungssatz darf künftig 40 Prozent nicht unterschreiten. In diesen Fällen ist auch die Höhe der Umlagesätze entsprechend abzusenken. Die Krankenkassen können auch verschiedene Erstattungssätze anbieten.

290 Am U1-Verfahren nehmen bestimmte in § 11 Abs. 1 AAG genannte Arbeitgeber nicht teil. Hierzu gehören zum Beispiel der Bund, die Länder und Gemeinden sowie sonstige Körperschaften, Anstalten und Stiftungen des öffentlichen Rechts. Auch die Spitzenverbände der freien Wohlfahrtspflege sind nicht in das U1-Verfahren einbezogen, es sei denn, dass sie dies ausdrücklich und unwiderruflich wünschen.

Verfahren U 2

291 § 1 Abs. 2 AAG regelt den Erstattungsanspruch der Arbeitgeber im Rahmen des U2-Verfahrens. In dieses Verfahren sind grundsätzlich alle Arbeitgeber einbezogen, unabhängig von der Anzahl ihrer Beschäftigten. Die Krankenkassen erstatten den Arbeitgebern die Aufwendungen bei Mutterschaft zu 100 Prozent. Hierzu gehören der Arbeitgeberzuschuss zum Mutterschaftsgeld nach § 14 MuSchG, die Entgeltfortzahlung bei Beschäftigungsverboten während der Schwangerschaft nach § 11 MuSchG und die auf diese Leistungen entfallenden Arbeitgeberanteile an Beiträgen zur Sozialversicherung sowie Beitragszuschüsse des Arbeitgebers.

Durchführung der Umlageverfahren U 1 und U 2

292 Die Krankenkassen erstatten den Arbeitgebern die entsprechenden Aufwendungen auf Antrag (§ 2 AAG). Die zuständige Krankenkasse oder eine gemeinsam bestimmte Stelle stellt jeweils zu Jahresbeginn fest, welche Arbeitgeber für die Dauer dieses Kalenderjahres an den Ausgleichsverfahren teilnehmen (§ 3 AAG). Die Mittel zur Durchführung der Umlageverfahren werden durch Umlagebeiträge der teilnehmenden Arbeitgeber aufgebracht. Die Umlagen sind jeweils in einem Prozentsatz des Entgelts festzusetzen, nach dem die Beiträge zur gesetzlichen Rentenversicherung für die im Betrieb beschäftigten Arbeitnehmerinnen und Arbeitnehmer und Auszubildenden bemessen werden (§ 7 AAG). Die Höhe dieser Umlagesätze wird von den Krankenkassen in der Satzung festgelegt (§ 9 Abs. 1 Nr.1 AAG). Dabei sind auch die angemessenen Verwaltungskosten zu berücksichtigen. Bei der Festlegung der Umlagesätze wirken in den Selbstverwaltungsorganen nur die Vertreter der Arbeitgeber mit (§ 9 Abs. 4 AAG). Da es in den Selbstverwaltungsorganen der Ersatzkassen im Gegensatz zu den paritätisch besetzten Organen der anderen Kassenarten keine Arbeitgebervertreter gibt, müssen die Ersatzkassen für ihre Satzungsregelungen das Einvernehmen mit den maßgeblichen Spitzenorganisationen der Arbeitgeber herstellen.

293 Die Beiträge werden mit dem Gesamtsozialversicherungsbeitrag an die Einzugsstellen (zuständige Krankenkasse) abgeführt. Nach § 8 Abs. 2 AAG haben die Krankenkassen die Möglichkeit, die Durchführung der Aufgaben nach dem Aufwendungsausgleichsgesetz auf eine andere Krankenkasse oder einen Landes- oder Bundesverband zu übertragen. Der Einzug der Umlagebeiträge verbleibt jedoch auch in diesen Fällen bei den jeweiligen Krankenkassen. Für Beschäftigte, die keiner gesetzlichen Krankenkasse angehören, kann der Arbeitgeber in entsprechender Anwendung der Kassenwahlrechte die Krankenkasse bestimmen, an deren Ausgleichsverfahren er teilnimmt.

294 Durch eine Änderung von § 2 Abs. 3 AAG durch das Gesetz zur Verbesserung der Rahmenbedingungen für die Absicherung flexibler Arbeitszeitregelungen vom 21. Dezember 2008 ist es den Arbeitgebern möglich, auch den Erstattungsantrag per Datenfernübertragung an die Krankenkasse zu übermitteln, so dass automatisierte Bearbeitung des Antrages möglich ist. Damit werden der Bearbeitungsaufwand gesenkt und Bürokratiekosten eingespart. Ab dem Jahr 2011 soll das elektronische Erstattungsverfahren verbindlich genutzt werden.

Das Leistungsrecht

Grundprinzipien

Wirtschaftlichkeitsgebot

295 Für sämtliche Leistungen gilt das Wirtschaftlichkeitsgebot (§ 12 SGB V). Danach müssen die Leistungen ausreichend, zweckmäßig und wirtschaftlich sein. Die Leistungen dürfen das Maß des Notwendigen nicht überschreiten. Das Wirtschaftlichkeitsgebot bringt so deutlich zum Ausdruck, dass die Krankenkassen die Beiträge der Versicherten in treuhänderischer Form verwalten und sie deshalb nur in strenger

Bindung an den Versicherungszweck ausgeben dürfen. Bewilligt eine Krankenkasse gleichwohl ohne Rechtsgrundlage oder entgegen geltendem Recht in Missachtung des Wirtschaftlichkeitsgebots Leistungen, muss ihr Vorstand bei Verschulden hierfür einstehen (§ 12 Abs. 3 SGB V).

Sachleistungen – Kostenerstattung

296 Der GKV liegt das Sachleistungsprinzip zugrunde. Dies bedeutet, dass die Krankenkassen ihren Versicherten die von diesen benötigten Leistungen in der Regel als Sach- oder Dienstleistungen zur Verfügung stellen und die Kosten unmittelbar mit den Leistungserbringern abrechnen. Hierzu schließen die Krankenkassen und ihre Verbände Verträge mit den Leistungserbringern (Ärzten, Krankenhäusern, Apotheken, etc.). Das Sachleistungsprinzip hat für die Versicherten Vorteile: Sie erhalten unabhängig von ihrer finanziellen Leistungsfähigkeit die erforderlichen Versicherungsleistungen ohne Vorauszahlung und Vorfinanzierung. Die Versicherten sind der Notwendigkeit enthoben, für die finanzielle Abwicklung ihrer Behandlung zu sorgen. Sie brauchen keine Rücklagen zu bilden oder Kredite aufzunehmen. Weiterhin entlastet das Sachleistungsprinzip die Versicherten von der Aufgabe, die Zweckmäßigkeit und Wirtschaftlichkeit der Behandlung zu beurteilen und die sachliche und rechnerische Richtigkeit der Abrechnung zu prüfen.

297 Kostenerstattung kennt die GKV nur in den Fällen, für die das Gesetz sie ausdrücklich zulässt oder vorsieht. Durch das GKV-Modernisierungsgesetz ist § 13 SGB V dahingehend geändert worden, dass alle Versicherten anstelle der Sach- oder Dienstleistung Kostenerstattung für Leistungen zugelassener oder ermächtigter Leistungserbringer wählen können. Die frühere Beschränkung dieses Wahlrechts auf freiwillige Mitglieder der GKV besteht damit seit dem 1. Januar 2004 nicht mehr. Viele pflichtversicherte Mitglieder sahen in der allein den freiwilligen Mitgliedern eingeräumten Möglichkeit, Kostenerstattung zu wählen, ein ungerechtfertigtes Privileg. Zudem soll mit der Aufhebung der Beschränkung das Prinzip der Eigenverantwortung der Versicherten gestärkt werden.

298 Die Versicherten können ihre Wahl der Kostenerstattung auf den Bereich der ambulanten Behandlung beschränken. Während in diesem Fall nach einer entsprechenden Wahlentscheidung für ambulante Leistungen das Kostenerstattungsprinzip gilt, bleibt es für stationäre Leistungen beim Sachleistungsprinzip. Nicht möglich ist es allerdings, die Wahl der Kostenerstattung auf bestimmte ambulante Leistungen zu beschränken. Vielmehr hat sich auch eine auf ambulante Leistungen beschränkte Wahl der Kostenerstattung auf sämtliche ambulante Leistungen zu erstrecken. Eine Ausnahme gilt aus Gründen des Vertrauensschutzes für diejenigen Versicherten, die vor dem 1. Januar 2004 aufgrund einer entsprechenden Satzungsregelung ihrer Krankenkasse, die Wahl der Kostenerstattung auf bestimmte ambulante Leistungen beschränkt hatten und gegebenenfalls eine entsprechende Zusatzversicherung bei einem privaten Krankenversicherungsunternehmen abgeschlossen haben. Diesen Versicherten wird eine auf den einzelnen Leistungsbereich begrenzte Kostenerstattung auch weiterhin ermöglicht. Grundsätzlich gilt, dass der Versicherte an seine Entscheidung zur Kostenerstattung mindestens ein Kalendervierteljahr Jahr gebunden ist.

299 In Ausnahmefällen ist es Versicherten seit dem 1. Januar 2004 auch möglich, nicht zugelassene Leistungserbringer gegen Kostenerstattung in Anspruch zu nehmen. Eine Inanspruchnahme solcher Leistungserbringer setzt allerdings eine vorherige Zustimmung der Krankenkasse voraus. Im Rahmen ihrer Ermessensentscheidung hat die Krankenkasse dabei medizinische und soziale Aspekte zu berücksichtigen. Denkbar ist hier z. B. der Fall, dass ein zugelassener Leistungserbringer mit entsprechender indikationsbezogener Qualifikation in angemessener Nähe nicht zur Verfügung steht. Voraussetzung einer Zustimmung durch die Krankenkasse ist im Übrigen, dass eine zumindest gleichwertige Qualität der Versorgung wie bei zugelassenen Leistungserbringern gewährleistet ist. Nicht im Vierten Kapitel des SGB V genannte Berufsgruppen, die nicht die dort aufgeführten Voraussetzungen zur Teilnahme an der Versorgung der Versicherten zu Lasten der Krankenkassen erfüllen, wie z. B. Heilpraktiker, können in keinem Fall in Anspruch genommen werden.

300 Damit den Krankenkassen durch die vom Versicherten gewählte Kostenerstattung keine zusätzlichen Kosten entstehen, ist der Umfang der Kostenerstattung auf höchstens die Vergütung beschränkt, die die Krankenkasse bei Erbringung als Sachleistung zu tragen hätte. Die Kostenerstattung kommt zudem nur für solche Leistungen in Betracht, die die Krankenkasse auch als Sach- oder Dienstleistung hätte zur Verfügung stellen müssen. Leistungen, die im Leistungskatalog der GKV nicht vorgesehen sind, scheiden aus.

301 Einzelheiten zum Verfahren, zur Höhe des Kostenerstattungsbetrages etc. hat die Krankenkasse ergänzend zum Gesetz in ihrer Satzung festzulegen. Abschläge vom Erstattungsbetrag für Verwaltungskosten dürfen höchstens in Höhe von 5 Prozent in Abzug gebracht werden. Die Möglichkeit, weitere Abschläge auf Grund fehlender Wirtschaftlichkeitsprüfungen vorzusehen, sind mit dem Gesetz zur nachhaltigen und sozial ausgewogenen Finanzierung der gesetzlichen Krankenversicherung (GKV-Finanzierungsgesetz) zum 1 Januar 2011 gestrichen worden.

302 Prinzipiell gilt: Ein Vertragsarzt bzw. Vertragszahnarzt ist verpflichtet, Versicherten im Rahmen der ärztlichen/zahnärztlichen Behandlung sämtliche Leistungen zukommen zu lassen, die notwendig sind und ausreichend sein müssen. Er handelt seinen vertragsärztlichen/vertragszahnärztlichen Verpflichtungen zuwider, wenn er den Eindruck erweckt, er würde Versicherte, die nach wie vor eine Behandlung und Sachleistung aufgrund der Krankenversichertenkarte wünschen, schlechter behandeln als Privatpatienten. Allerdings kündigen CDU, CSU und FDP im Koalitionsvertrag für die 17. Legislaturperiode eine Ausweitung der Regelungen zur Kostenerstattung vor. Dabei dürfen – so die Koalitionsvereinbarung – dem Versicherten durch die Wahl der Kostenerstattung keine zusätzlichen Kosten entstehen. Erste administrative Erleichterungen (Streichung der Abschläge vom Erstattungsbetrag wegen fehlender Wirtschaftlichkeitsprüfung, Begrenzung der Abschläge vom Erstattungsbetrag für Verwaltungskosten auf maximal 5 Prozent, Verkürzung der Bindungsfrist bei der Wahl der Kostenerstattung von einem auf ein viertel Jahr) sind im Rahmen des GKV-Finanzierungsgesetzes erfolgt. Es bleibt abzuwarten, wie weitere Erleichterungen umgesetzt werden.

Voraussetzung der Inanspruchnahme von Leistungen

303 „Eintrittskarte" in den Kreis der Leistungsberechtigten beim Bezug der Leistungen war früher der Krankenschein. Heute erhalten alle Versicherten von ihrer Krankenkasse unaufgefordert eine Krankenversichertenkarte zugesandt; mitversicherte Ehegatten und Kinder erhalten eigene Karten. Die Krankenversichertenkarte enthält – wie früher der Krankenschein – den Krankenversicherungsnachweis gegenüber dem behandelnden Arzt/Zahnarzt. Für die Inanspruchnahme anderer als ärztliche oder zahnärztliche Leistungen kann die Krankenkasse den Versicherten in den dazu geeigneten Fällen Berechtigungsscheine ausstellen. Auch bei Reisen im Inland ermöglicht die Krankenversichertenkarte unkompliziert einen Arztbesuch. Die Überweisungsscheine ersetzen sie allerdings nicht: Der behandelnde Arzt hat die Versicherten daher zu überweisen, wenn diese innerhalb eines Vierteljahres von einem anderen Arzt behandelt werden sollen.

Erlöschen des Leistungsanspruchs

304 Leistungen der Krankenkasse kann nur erhalten, wer ihr Mitglied ist oder durch die Mitgliedschaft eines Familienangehörigen im Rahmen der Familienversicherung in den Versicherungsschutz einbezogen wird. Der Anspruch endet mit der Mitgliedschaft, und zwar auch dann, wenn der Leistungsgrund vor dem Ende der Mitgliedschaft eingetreten ist. Für Versicherungspflichtige besteht insofern eine Ausnahme, als ihr Anspruch noch für einen Monat nach dem Ende ihrer Mitgliedschaft fortbesteht (nachgehender Leistungsanspruch).

Leistungen bei Selbstverschulden

305 Haben sich Versicherte eine Krankheit vorsätzlich oder bei einem von ihnen begangenen Verbrechen oder vorsätzlichen Vergehen zugezogen, kann die Krankenkasse diese Versicherten an den Kosten der Leistungen in angemessener Höhe beteiligen (§ 52 Abs. 1 SGB V). Das Krankengeld kann für die Dauer der Krankheit ganz oder teilweise versagt und zurückgefordert werden. Nach § 52 Abs. 2 SGB V werden Versicherte, die sich eine Krankheit durch eine medizinisch nicht indizierte ästhetische Operation, eine Tätowierung oder ein Piercing zugezogen haben, ebenfalls an Folgekosten beteiligt. Auch in solchen Fällen hat die Krankenkasse die Versicherten in angemessener Höhe an den Kosten zu beteiligen und das Krankengeld kann für die Dauer der Krankheit ganz oder teilweise versagt und zurückgefordert werden (§ 52 Abs. 2 SGB V). Allerdings spielt die Eigenbeteiligung der Versicherten wegen Selbstverschulden nur eine sehr geringe Rolle. Insgesamt haben die Krankenkassen im Jahr 2010 weniger als 100.000 Euro eingenommen.

Leistungen bei Behandlungen im Ausland

306 Früher bestand die Auffassung, dass die Durchsetzung des Krankenversicherungsrechts an den territorialen Grenzen endet. Richtig ist, dass das Sozialgesetzbuch außerhalb des Bundesgebiets nicht gilt. Im Ausland kann das Krankenversicherungsrecht nicht durch innerstaatliche Behörden ausgeführt und umgesetzt werden. Damit ist eine Inanspruchnahme von Leistungen im Ausland im Rahmen des Sachleistungsprinzips in der Regel nicht möglich, da die Rechtsbeziehungen im Sachleistungssystem zwischen Versicherten – Krankenkassen – Kassenärztlichen Vereinigungen – Ärztinnen und Ärzten weiterhin öffentlich-rechtlich und mit hoheitlichen Eingriffskompetenzen geregelt sind. Gegenüber den im Ausland tätigen Ärztinnen und Ärzten, Krankenhäusern und anderen Leistungserbringern sowie ihren Organisationen und Zusammenschlüssen kann das Sozialgesetzbuch infolgedessen unmittelbar keine Anwendung finden.

307 Der Europäische Gerichtshof (EuGH) hat in den vergangenen Jahren in verschiedenen Urteilen entschieden, dass die Grundsätze des freien Warenverkehrs nach Art. 28 EG-Vertrag und der Dienstleistungsfreiheit nach Art. 49 EG-Vertrag auch im Bereich der sozialen Sicherheit gelten und daher nationale Regelungen, die es den gesetzlich Krankenversicherten faktisch verwehren, Leistungserbringer in anderen Mitgliedstaaten der Europäischen Union (EU) sowie in anderen Vertragsstaaten des Abkommens über den Europäischen Wirtschaftsraum (EWR) zu Lasten ihrer Krankenkasse in Anspruch zu nehmen, unzulässig sind. Mit dem GKV-Modernisierungsgesetz sind diese Urteile in nationales Recht umgesetzt worden. Versicherte sind danach mit ihrer Nachfrage nach Versicherungsleistungen nicht mehr territorial auf das Inland beschränkt, sondern können auch Leistungserbringer in anderen Mitgliedsstaaten der EU oder des EWR unabhängig davon, ob sie Kostenerstattung gewählt haben, gegen Kostenerstattung in Anspruch nehmen. Ausgenommen hiervon sind lediglich so genannte Residenten, das heißt diejenigen Versicherten, die in einem anderen Mitgliedstaat wohnen und für die die inländischen Krankenkassen zur Abdeckung der notwendigen medizinischen Versorgung dem Krankenversicherungsträger des Gastlandes einen Pauschbetrag bezahlen oder ein gegenseitiger Erstattungsverzicht vereinbart wurde. Seit dem 1. Januar 2007 ist die Schweiz im Hinblick auf diese Möglichkeiten den Mitgliedstaaten der Europäischen Union (EU) gleichgestellt.

308 Für Krankenhausleistungen gilt die Besonderheit, dass diese nur nach vorheriger Zustimmung durch die Krankenkasse in Anspruch genommen werden können. Die erforderliche Zustimmung durch die Krankenkasse darf von dieser versagt werden, wenn die gleiche oder eine für den Versicherten ebenso wirksame, dem allgemein anerkannten Stand der medizinischen Erkenntnisse entsprechende Behandlung rechtzeitig bei einem Vertragspartner der Krankenkasse im Inland erlangt werden kann. Es besteht somit ein Vorrang zugunsten vertraglich an die Krankenkasse gebundener inländische Leistungserbringer, es sei denn, der Versicherte kann eine notwendige stationäre medizinische Behandlung im Inland nicht oder nicht rechtzeitig erhalten, oder er ist während eines Aufenthalts im EU- bzw. EWR-Ausland auf eine unverzügliche entsprechende Behandlung angewiesen.

309 Auch bei der Inanspruchnahme von Leistungserbringern im EU- oder EWR-Ausland oder in der Schweiz gilt, dass ein Kostenerstattungsanspruch höchstens in Höhe der Vergütung besteht, die die Krankenkasse bei Erbringung als Sach- oder Dienstleistungen im Inland zu tragen hätte, jedoch nur bis zur Höhe der tatsächlich entstandenen Kosten. Der Versicherte sollte sich deshalb ggf. vorher bei seiner Krankenkasse über die Voraussetzungen einer Inanspruchnahme von Leistungserbringern in anderen EU- bzw. EWR-Staaten informieren. Dabei wird es insbesondere um die Frage gehen, welche Leistungserbringer zu welchen Bedingungen in Anspruch genommen werden können.

310 Unabhängig von den vorgenannten Möglichkeiten erhalten Versicherte nach folgenden Maßgaben Leistungen im Ausland (vgl. auch Kap. 25):

– Für Mitglieder, die als Arbeitnehmer vorübergehend im Ausland beschäftigt sind und während dieser Beschäftigung erkranken, besteht eine Sonderregelung (§ 17 SGB V). Sie erhalten für sich und für ihre mitversicherten Familienangehörigen die Krankenversicherungsleistungen von ihrem Arbeitgeber. Die Krankenkasse ihrerseits erstattet dem Arbeitgeber die ihm entstandenen Kosten bis zu der Höhe, in der sie ihr im Inland entstanden wären.

– Innerhalb der Europäischen Union gibt es aufgrund von EU-Verordnungen über soziale Sicherheit die Möglichkeit der Krankenbehandlung im Wege der Sachleistungsaushilfe (vgl. hierzu im Einzelnen die Ausführungen im Kapitel 25). Im Rahmen des Abkommens über den Europäischen Wirtschaftsraum (EWR) gelten die einschlägigen EU-Verordnungen auch für die Länder Liechtenstein, Island und Norwegen. Gleiches gilt aufgrund eines Freizügigkeitsabkommens für die Schweiz. Darüber hinaus wurden u. a. mit den Ländern Kroatien, Türkei und Tunesien entsprechende Sozialversicherungsabkommen abgeschlossen. Für einen vorübergehenden Aufenthalt in all diesen Ländern – insbesondere während eines Urlaubs – mussten sich Versicherte früher einen „Auslandskrankenschein" von ihrer Krankenkasse ausstellen lassen. Seit dem 1. Juli 2004 wird innerhalb der EU die Europäische Gesundheitskarte (EHIC) eingeführt, die den Auslandskrankenschein ersetzt. Da es in Deutschland eine solche Karte bislang noch nicht gab, stellten die deutschen Krankenkassen eine provisorische Ersatzbescheinigung aus, die künftig durch die europäische Krankenversichertenkarte ersetzt wird. Im Krankheitsfall stellt dann der ausländische Krankenversicherungsträger die erforderlichen Versicherungsleistungen als Sachleistung zur Verfügung. Anders als bei der oben beschriebenen Inanspruchnahme gegen Kostenerstattung hat der Versicherte hier nicht in Vorleistung zu treten und läuft nicht Gefahr, einen Teil der Behandlungskosten selbst übernehmen zu müssen. Der Umfang des Versicherungsschutzes richtet sich bei der Sachleistungsaushilfe nach den Rechtsvorschriften des Gastlandes.

– In der Europäischen Union und in den weiteren Staaten (so weit die Sozialversicherungsabkommen dies vorsehen), gibt es den Krankenversicherungsschutz nicht nur im unvorhersehbaren Bedarfsfall, beispielsweise während des Urlaubs; vielmehr können Krankenkassen nach dem einschlägigen EU-Recht auch genehmigen, dass Versicherte planbare Leistungen im Ausland in Anspruch nehmen. Die Entscheidung der Krankenkasse ist eine Ermessensentscheidung. Ein unbedingter Anspruch der Versicherten auf sie besteht nicht. Weitere Voraussetzung ist, dass das Krankenversicherungsrecht des anderen EU- oder Vertragsstaates die gewünschte Leistung ebenfalls als Leistung der Krankenversicherung vorsieht. Auch in diesem Fall wird die Leistung als Sachleistungsaushilfe gewährt.

– Seit dem 1. Januar 2004 besteht für die Krankenkassen die Möglichkeit, zur Versorgung ihrer Versicherten mit Leistungserbringern in der EU und dem EWR (seit dem 1. Januar 2007 auch mit Leistungserbringern aus der Schweiz) Verträge zu schließen, in denen sich die Leistungserbringer verpflichten, die Versicherten zu Lasten der Krankenkasse zu behandeln (§ 140e SGB V). Die Versicherten können sich in diesem Fall von dem Vertragspartner der Krankenkasse behandeln lassen, der dann unmittelbar mit der Krankenkasse abrechnet (auf Vertrag gegründetes Sachleistungsprinzip). Es ist Aufgabe der Krankenkasse, ihre Versicherten darüber zu informieren, ob entsprechende Verträge geschlossen wurden.

– Die Erstattung der Kosten für Leistungen, die außerhalb der EU und des EWR bezogen werden, ist in der Regel nicht möglich. Die Versicherten sind – sofern entsprechende Sozialversicherungsabkommen abgeschlossen wurden – auf die Inanspruchnahme im Wege der Sachleistungsaushilfe verwiesen. Die Krankenkasse kann jedoch nach § 18 Abs. 1 SGB V ausnahmsweise die Kosten für eine erforderliche Behandlung im Ausland ganz oder teilweise übernehmen, wenn eine dem allgemein anerkannten Stand der medizinischen Erkenntnisse entsprechende Behandlung einer Krankheit nur im Ausland möglich ist (z. B. Klimatherapie im Hochgebirge). Die Krankenkasse kann in diesem Fall auch weitere Kosten für den Versicherten und für eine erforderliche Begleitperson ganz oder teilweise übernehmen.

– Des Weiteren können die Krankenkassen nach § 18 Abs. 3 SGB V für längstens 6 Wochen im Kalenderjahr die Kosten für unverzüglich erforderlich werdende Behandlungen bei privaten Auslandsreisen auch in Staaten übernehmen, mit denen keine Sozialversicherungsabkommen bestehen. Voraussetzung ist, dass Versicherte wegen einer Vorerkrankung oder aufgrund ihres Lebensalters keine private Auslandskrankenversicherung abschließen konnten und die Krankenkasse dies vor Beginn des Auslandsaufenthaltes festgestellt hatte. Die Kosten wiederum werden nur bis zu der Höhe übernommen, in der sie im Inland entstanden wären. Eine Kostenübernahme nach diesen Regelungen kommt allerdings nicht in Betracht, wenn sich Versicherte mit dem Ziel ins Ausland begeben, sich dort behandeln zu lassen.

Den Rücktransport aus dem Ausland bezahlt die Krankenkasse grundsätzlich nicht. Auch besteht kein Versicherungsschutz in europäischen Kleinstaaten wie z. B. Monaco, in denen das EU-Recht nicht anwendbar ist und mit denen auch kein entsprechendes Sozialversicherungsabkommen besteht.

Die Leistungen der Krankenversicherung im Einzelnen

311 Versicherte haben nach § 11 SGB V Anspruch auf Leistungen

- zur Verhütung von Krankheiten und von deren Verschlimmerung sowie zur Empfängnisverhütung, bei Sterilisation und bei Schwangerschaftsabbruch (§§ 20 bis 24 b),
- zur Früherkennung von Krankheiten (§§ 25 und 26) sowie
- zur Behandlung einer Krankheit (§§ 27 bis 52),
- zur medizinischen Rehabilitation und ergänzende Leistungen zur Rehabilitation,
- bei Schwangerschaft und Mutterschaft (§§195 bis 200 Reichsversicherungsordnung) sowie Anspruch
- auf Krankengeld (§§ 44 bis 51).

Die Versicherten erhalten die Leistungen als Sach- und Dienstleistungen. Auf Antrag können Leistungen auch durch ein Persönliches Budget ausgeführt werden (§ 11 Abs. 1 Nr. 5 i. V. m. § 17 Abs. 2 bis 4 SGB IX). Bei Selbstverschulden bestehen Leistungsbeschränkungen (§ 52).

Medizinische Vorsorgeleistungen (§§ 23, 24)

312 Auch die ärztliche Behandlung soll in den geeigneten Fällen möglichst früh einsetzen. Deshalb haben Versicherte Anspruch auf ärztliche Behandlung und die Versorgung mit Arznei-, Verband-, Heil- und Hilfsmitteln schon vor dem Eintritt der eigentlichen Krankheit, wenn die Behandlung notwendig ist, um

- eine Schwächung der Gesundheit, die in absehbarer Zeit voraussichtlich zu einer Krankheit führen würde, zu beseitigen oder
- einer Gefährdung der gesundheitlichen Entwicklung eines Kindes entgegenzuwirken oder
- Pflegebedürftigkeit zu vermeiden.

313 Art und Umfang der Leistungen sind abgestuft nach den medizinischen Erfordernissen. Nach wie vor gilt in der GKV der Grundsatz „ambulant vor stationär" und „Vorsorge/Rehabilitation vor Pflege". Das bedeutet, dass die ambulante Vorsorge/Rehabilitation auch künftig ihren Platz erhalten und angesichts der demographischen Entwicklung unter Zunahme chronisch-degenerativer Krankheiten an Bedeutung eher noch zunehmen wird.

314 Daher kommt zunächst die ambulante Behandlung durch einen niedergelassenen Arzt oder eine Ärztin in Betracht. Reichen diese Leistungen nicht aus, kann die Krankenkasse aus medizinischen Gründen erforderliche Maßnahmen in Form einer ambulanten Vorsorgeleistung erbringen; die Leistung kann erst nach Ablauf von drei Jahren wiederholt werden. Eine vorzeitige Leistung aus dringenden medizinischen Gründen ist aber möglich. Die Krankenkassenleistung umfasst die medizinischen Leistungen am Kurort sowie einen Zuschuss zu den übrigen Kosten (Übernachtung, Verpflegung, Fahrkosten, Kurtaxe etc.) bis zu 13 Euro täglich nach Satzungsrecht. Bei ambulanten Vorsorgeleistungen kann der Zuschuss für versicherte chronisch kranke Kleinkinder auf bis zu 21 Euro täglich erhöht werden.

315 Wenn auch eine ambulante Vorsorgeleistung nicht ausreicht, kann die Krankenkasse die Vorsorgeleistung in einer stationären Vorsorgeeinrichtung erbringen, mit der sie einen entsprechenden Vertrag geschlossen hat; in der Regel bis zu drei Wochen alle vier Jahre. Die Krankenkasse übernimmt die gesamten Kosten bis auf eine Zuzahlung von 10 Euro täglich für Versicherte, die das 18. Lebensjahr vollendet haben. Bei den Fahrkosten zur stationären Vorsorgemaßnahme trägt die Kasse die Kosten, abzüglich eines Betrages in Höhe von 10 Prozent der Kosten, mindestens 5 Euro und höchstens 10 Euro je Fahrt. Stationäre Vorsorgemaßnahmen kommen insbesondere bei Kindern und Jugendlichen in Betracht. Auch hier kann die Dauer der Maßnahme flexibel und individuell unter Berücksichtigung des Vorsorgebedarfs erbracht werden. Für Kinder, die das 14. Lebensjahr noch nicht vollendet haben, sollen die Maßnahmen in der Regel für 4 bis 6 Wochen erbracht werden.

316 Mütter können unter den oben genannten Voraussetzungen Vorsorgeleistungen in einer Einrichtung des Müttergenesungswerks oder einer gleichartigen Einrichtung erhalten. Die Leistungen sind Pflichtleistungen, die jede Krankenkasse zu erbringen hat. Die Versicherten haben eine Zuzahlung von 10 Euro je Kalendertag an die Einrichtung zu zahlen. Da diese Regelungen nur für Versicherte gelten, die das 18. Lebensjahr vollendet haben, ist für Kinder keine Zuzahlung zu leisten. Im Gesetz ist ausdrücklich klargestellt, dass Leistungen auch für Väter erbracht werden. Seit dem 1. April 2007 sind Mutter-/Vater-Kind-Maßnahmen Pflichtleistungen der Krankenkassen; zuvor war die Regelung als Ermessensleistung ausgestaltet. Die Änderung ist ein wichtiger Schritt zur Verstetigung des Leistungsgeschehens. Zugleich wurde gesetzlich festgelegt, dass ambulante Leistungen in diesem Bereich nicht vorrangig sind. Wie bei ambulanten und stationären Vorsorgemaßnahmen führen die Krankenkassen statistische Erhebungen über Leistungsanträge und deren Erledigung zur besseren Transparenz des Leistungsgeschehens durch.

Schutzimpfungen (§ 20d)

317 Versicherte haben Anspruch auf Schutzimpfungen, die von der Ständigen Impfkommission beim Robert-Koch-Institut empfohlen und vom Gemeinsamen Bundesausschuss auf der Grundlage dieser Empfehlung festgelegt werden. Bis zu der durch das GKV-WSG mit Wirkung zum 1. April 2007 erfolgten gesetzlichen Regelung waren Schutzimpfungen nur Kann-Leistungen der Krankenkasse. Dies hatte einen je nach Krankenkasse unterschiedlichen Leistungsumfang für die Versicherten zur Folge und verhinderte eine hohe Impfbeteiligung. Durch die Verankerung als Pflichtleistung durch das GKV-WSG wurde deshalb ein bundesweit einheitlicher Katalog der Impfleistungen geschaffen und der hohe Stellenwert von Impfungen betont.

318 Die Krankenkassen können in ihrer Satzung darüber hinaus die Übernahme von Impfungen vorsehen, die in dem vom Gemeinsamen Bundesausschuss festgelegten Katalog nicht enthalten sind. Dies ermöglicht unter anderem die Berücksichtigung regionaler Besonderheiten.

319 Die Krankenkassen dürfen Kosten für prophylaktische Vorbeugemaßnahmen vor privaten Auslandsreisen (z. B. Malariaprophylaxe, Schutzimpfungen gegen Cholera, Typhus) nicht tragen. Durch die Finanzierung dieser Vorbeugemaßnahmen würde die Gemeinschaft der Versicherten unnötig belastet. Alle Versicherten müssten mit ihren Beiträgen diese Kosten mitfinanzieren, obwohl es sich um Kosten handelt, die zu den normalen Aufwendungen für Auslandsreisen gehören und damit in den Eigenverantwortungsbereich des Einzelnen fallen. Die Krankenkasse kann daher in ihrer Satzung nur Schutzimpfungen mit Ausnahme von solchen aus Anlass eines nicht beruflich bedingten Auslandsaufenthaltes vorsehen.

Untersuchungen zur Früherkennung von Krankheiten (§§ 25, 26)

320 Auf bestimmte Krankheitsbilder ausgerichtete ärztliche Untersuchungen sollen zu einem möglichst frühzeitigen Einwirken auf das Krankheitsgeschehen führen. Deshalb haben Versicherte, die das 35. Lebensjahr vollendet haben, jedes zweite Jahr Anspruch auf eine ärztliche Gesundheitsuntersuchung zur Früherkennung von Krankheiten, insbesondere zur Früherkennung von Herz-, Kreislauf- und Nierenerkrankungen sowie der Zuckerkrankheit. Außerdem haben Frauen vom Beginn des 20. Lebensjahres und Männer vom Beginn des 45. Lebensjahres an einmal jährlich Anspruch auf eine Untersuchung zur Früherkennung von Krebserkrankungen. Es handelt sich um diejenigen Früherkennungsuntersuchungen, die nachweislich von Nutzen für die Versicherten sind. Für Frauen ab dem Alter von 20 Jahren besteht ein jährlicher Anspruch auf Untersuchungen zur Früherkennung von Krebserkrankungen der Geschlechtsorgane, ab dem Alter von 30 Jahren zur Früherkennung von Krebserkrankungen der Brust und der Haut, ab dem Alter von 50 Jahren zur Früherkennung von Krebserkrankungen des Dickdarms. Für Männer sind ab dem Alter von 45 Jahren Untersuchungen zur Früherkennung von Krebserkrankungen der Geschlechtsorgane und der Haut, ab dem Alter von 50 Jahren zur Früherkennung von Krebserkrankungen des Dickdarms vorgesehen. Der Gemeinsame Bundesausschuss, der in Richtlinien Näheres hierzu bestimmt, kann für geeignete Gruppen von Versicherten abweichende Altersgrenzen und Häufigkeiten der Untersuchungen festlegen.

321 Mit der Verknüpfung der Regelung über die Belastungsgrenze bei Zuzahlungen (§ 62 SGB V) mit der Inanspruchnahme von Beratungen über Früherkennungsuntersuchungen wird ein Anreiz für die Versicherten gesetzt, die angebotenen Vorsorgeleistungen verstärkt wahrzunehmen. Es sollen nur noch diejenigen chronisch kranken Versicherten von der für sie grundsätzlich ermäßigten Belastungsgrenze profitieren, wenn sie sich vor ihrer Erkrankung über die relevanten Vorsorgeuntersuchungen haben beraten lassen. Diese ab dem 1. Januar 2008 geltende Regelung ist zunächst auf die Untersuchungen zur Früherkennung des Darmkrebses, des Gebärmutterhalskrebses und des Brustkrebses beschränkt und gilt nur für Versicherte, die bei Inkrafttreten des GKV-Wettbewerbsstärkungsgesetzes erstmals Vorsorgeuntersuchungen in Anspruch nehmen können, also Frauen, die ab dem 1. April 1987, und Männer, die ab dem 1. April 1962 geboren wurden.

322 Von herausragender Bedeutung sind die Früherkennungsuntersuchungen für Kinder. Die Krankenkassen tragen für versicherte Kinder bis zur Vollendung des 6. Lebensjahres die Kosten für regelmäßige Untersuchungen sowie für eine Untersuchung nach Vollendung des 10. Lebensjahrs zur Früherkennung von Krankheiten, die eine körperliche und geistige Entwicklung der Kinder in nicht geringfügigem Maße gefährden. Auf diese Weise können schon frühzeitig Fehlentwicklungen bei Kindern erkannt und beeinflusst werden. Die Untersuchungsfrequenz ist dabei vor allem im ersten Lebensjahr hoch (insgesamt sechs Untersuchungen). 2008 hat der Gemeinsame Bundesausschuss durch Einführung einer Untersuchung kurz vor Vollendung des dritten Lebensjahres eine Lücke geschlossen. Nunmehr sind ab dem ersten Lebensjahr in jährlichem Abstand Früherkennungsuntersuchungen vorgesehen. Neu aufgenommen wurde 2008 eine Früherkennungsuntersuchung von Hörstörungen bei Neugeborenen (Neugeborenen-Hörscreening).

Krankenbehandlung

Überblick

323 Schwerpunkt der Krankenkassenaufgaben sind die Leistungen der Krankenbehandlung nach § 27 ff. SGB V. Hierzu zählen

– ärztliche Behandlung (§ 28 Abs. 1 SGB V),
– zahnärztliche Behandlung einschließlich der kieferorthopädischen Behandlung und der Versorgung mit Zahnersatz (§ 28 Abs. 2, §§ 29, 55 SGB V),
– psychotherapeutische Behandlung (§ 28 Abs. 3 SGB V),
– Versorgung mit Arznei-, Verband-, Heil- und Hilfsmitteln (§§ 31 bis 36 SGB V),
– häusliche Krankenpflege und Haushaltshilfe (§§ 37, 38 SGB V),
– Soziotherapie (§ 37a SGB V),
– Krankenhausbehandlung (§ 39 SGB V),
– Zuschuss zu ambulanten und stationären Hospizleistungen (§ 39a SGB V),
– Leistungen zur künstlichen Befruchtung (§ 27 SGB V) sowie
– medizinische und ergänzende Leistungen zur Rehabilitation und Belastungserprobung und Arbeitstherapie (§§ 40 bis 43 SGB V).

Ärztliche Behandlung (§ 28 Abs. 1 SGB V)

324 Die ärztliche Behandlung umfasst alle vertragsärztlichen Tätigkeiten, die zur Verhütung, Früherkennung und Behandlung von Krankheiten nach den Regeln der ärztlichen Kunst ausreichend und zweckmäßig sind. Die Versicherten haben freie Auswahl unter den Ärzten, die an der vertragsärztlichen Versorgung teilnehmen. Es besteht keine Verpflichtung, zunächst einen niedergelassenen Allgemeinarzt in Anspruch zu nehmen. Näheres zur Sicherstellung der Versorgung der Versicherten bestimmt der Gemeinsame Bundesausschuss in Richtlinien, die fortlaufend an die Entwicklung der Medizin angepasst werden. Die ärztliche Behandlung ist eine Sachleistung der gesetzlichen Krankenversicherung. Die Abrechnung des niedergelassenen Arztes mit der Krankenkasse erfolgt über die Kassenärztliche Vereinigung. Die Versicherten sind in das Abrechnungsverfahren nicht eingebunden.

325 Versicherte, die das 18. Lebensjahr vollendet haben, haben die so genannte Praxisgebühr in Höhe von 10 Euro zu zahlen. Diese Zuzahlung ist bei jeder ersten Inanspruchnahme eines Arztes, die ohne Überweisung erfolgt, je Quartal zu leisten.

326 Die Praxisgebühr ist nicht zu entrichten bei

– Behandlungen, die auf Überweisung aus demselben Quartal erfolgen,
– der Behandlung von Kindern und Jugendlichen,
– Gesundheitsuntersuchungen zur Früherkennung von Krankheiten,
– der Vorsorgeuntersuchung beim Zahnarzt in Zusammenhang mit der Bonusregelung bei Zahnersatz,
– Schutzimpfungen,
– Maßnahmen zur Schwangerenvorsorge sowie
– Quartalsübergreifenden Durchführungen von Probeuntersuchungen oder Befundungen von Untersuchungsergebnissen.

327 Sofern Patienten den vertragsärztlichen Notdienst ohne Überweisung in Anspruch nehmen und in demselben Kalendervierteljahr noch keine vertragsärztlichen Leistungen in Anspruch genommen worden sind, haben sie die Praxisgebühr zu entrichten. Dies gilt auch für ambulante Notfallbehandlungen im Krankenhaus.

328 Die Praxisgebühr soll im Wesentlichen als ein Finanzierungs- und Steuerungselement in der gesetzlichen Krankenversicherung dienen. Die Ausnahmen sind daher auf die beschriebenen Fälle beschränkt. Die Versicherten zahlen die Praxisgebühr direkt in der Arztpraxis. Der Vergütungsanspruch des Arztes gegenüber der Kassenärztlichen Vereinigung verringert sich um die einzubehaltende Praxisgebühr.

Versorgung mit Arznei-, Verband-, Heil- und Hilfsmitteln (§§ 31 bis 36 SGB V)

329 Versicherte haben Anspruch auf verschreibungspflichtige Arzneimittel, soweit diese nicht ausdrücklich durch Gesetz, Rechtsverordnung oder Richtlinien des Gemeinsamen Bundesausschusses von der Versorgung ausgeschlossen sind. Durch Gesetz sind ausgeschlossen:

- Arzneimittel zur Anwendung bei Erkältungskrankheiten und grippalen Infekten einschließlich der bei diesen Krankheiten anzuwendenden Schnupfenmittel, Schmerzmittel, hustendämpfenden und hustenlösenden Mittel,
- Mund- und Rachentherapeutika, ausgenommen bei Pilzinfektionen,
- Abführmittel,
- Arzneimittel gegen Reisekrankheiten sowie
- Arzneimittel, bei deren Anwendung eine Erhöhung der Lebensqualität im Vordergrund steht, insbesondere Arzneimittel, die überwiegend zur Behandlung der erektilen Dysfunktion, der Anreizung sowie Steigerung der sexuellen Potenz, zur Raucherentwöhnung, zur Abmagerung oder zur Zügelung des Appetits, zur Regulierung des Körpergewichts oder zur Verbesserung des Haarwuchses dienen.

330 Um für Ärzte und Patienten einen Anreiz zu schaffen, unnötige Verschreibungsmengen zu vermeiden und der Verschwendung von Arzneimitteln wirksam entgegenzutreten, haben Versicherte Zuzahlungen zu leisten, wenn Arznei- und Verbandmittel zu Lasten der gesetzlichen Krankenversicherung verordnet werden. Versicherte, die das 18. Lebensjahr vollendet haben, leisten als Zuzahlung zu jedem Mittel 10 Prozent des Abgabepreises, mindestens 5 Euro und höchstens 10 Euro, jedoch nicht mehr als die Kosten des Mittels. Auf den Quittungsbelegen sind daher nicht nur die Zuzahlungsbeträge, sondern auch die Kosten für solche Mittel, die unterhalb der Zuzahlungsbeträge liegen, zu bescheinigen.

331 Ist ein Arznei- und Verbandmittel teurer als der hierfür festgesetzte Festbetrag, hat der Versicherte den über den Festbetrag hinausgehenden Teil des Apothekenabgabepreises zu tragen. Daher sollten die Versicherten darauf achten, ein Arznei- bzw. Verbandmittel zu erhalten, das zum Festbetrag abgegeben wird. Der Arzt ist bei der Verordnung eines Arznei- und Verbandmittels, dessen Preis den Festbetrag überschreitet, verpflichtet, seinen Patienten auf die sich dadurch ergebende Übernahme der Mehrkosten hinzuweisen.

332 Heilmittel sind insbesondere ärztlich verordnete therapeutische Dienstleistungen wie Krankengymnastik, Massagen, Sprachtherapie, insgesamt alle Dienstleistungen und sächliche Mittel, die der Heilung dienen. Die Versicherten haben Anspruch auf alle medizinisch erforderlichen, ärztlich verordneten Heilmittel. Durch Rechtsverordnung können jedoch Heilmittel von geringem oder umstrittenem therapeutischen Nutzen oder geringem Abgabepreis bestimmt werden, deren Kosten die Krankenkasse nicht übernimmt. 10 Prozent der Kosten für ambulant erbrachte Heilmittel sowie 10 Euro je Verordnung, die mehrere Behandlungen umfassen kann, haben die Versicherten, die das 18. Lebensjahr vollendet haben, an die abgebende Stelle zu leisten. Abgebende Stelle kann auch die Arztpraxis sein.

333 Hilfsmittel dienen dem Zweck, den Erfolg der Krankenbehandlung zu sichern oder eine Behinderung auszugleichen. Zu ihnen zählen insbesondere Hörhilfen, Körperersatzstücke und orthopädische Hilfsmittel. Versicherte haben Anspruch auf die medizinisch erforderlichen, ärztlich verordneten Hilfsmittel, einschließlich notwendiger Änderung, Instandsetzung und Ersatzbeschaffung sowie auf Schulung für ihren Gebrauch. So weit Hilfsmittel als allgemeine Gebrauchsgegenstände des täglichen Lebens anzusehen sind, scheiden Ansprüche der Versicherten aus. Hilfsmittel von geringem oder umstrittenem therapeutischen Nutzen oder geringem Abgabepreis sind durch Rechtsverordnung als Krankenkassenleistung ausgeschlossen. Zum Brillengestell zahlt die Krankenkasse keinen Zuschuss. Brillengläser werden von den Krankenkassen nur für Kinder und Jugendliche bis zur Vollendung des 18. Lebensjahres sowie für erwachsene Versicherte, die eine schwere Sehbeeinträchtigung auf beiden Augen aufweisen, übernommen. Kontaktlinsen bezahlt die Krankenkasse nur in medizinisch zwingend erforderlichen Ausnahmefällen. Für alle Hilfsmittel sind Zuzahlungen zu leisten. Die Zuzahlung beträgt 10 Prozent des von der Krankenkasse zu übernehmenden Betrages, mindestens 5 Euro und höchstens 10 Euro und ist direkt an die abgebende Stelle zu zahlen. Bei zum Verbrauch bestimmten Hilfsmitteln ist die Zuzahlung auf 10 Euro für den Monatsbedarf begrenzt. Kinder bis zum 18. Lebensjahr haben keine Zuzahlungen zu Hilfsmitteln zu leisten.

Häusliche Krankenpflege (§ 37 SGB V)

334 Ein Versicherter erhält, wenn er bei einer Erkrankung im häuslichen Bereich versorgt wird, nicht nur ärztliche Behandlung. Er kann auch zur pflegerischen Betreuung häusliche Krankenpflege in Anspruch nehmen. Wenn Krankenhausbehandlung geboten, aber nicht ausführbar ist, oder wenn sie durch häusliche Krankenpflege vermieden oder verkürzt wird, leistet die Krankenkasse als gesetzliche Pflichtleistung Grund- und Behandlungspflege sowie hauswirtschaftliche Versorgung im erforderlichen Umfang bis zu 4 Wochen je Krankheitsfall. In begründeten Ausnahmefällen kann die Krankenkasse die häusliche Krankenpflege durch den Medizinischen Dienst der Krankenkassen für einen längeren Zeitraum bewilligen.

335 Häusliche Krankenpflege in Form von Behandlungspflege wird auch dann erbracht, wenn sie zur Sicherung des Ziels der ärztlichen Behandlung erforderlich ist. Die Kasse kann in ihrer Satzung zusätzlich zu leistende Grundpflege und hauswirtschaftliche Versorgung vorsehen und deren Umfang und Dauer bestimmen. Diese zusätzlichen Satzungsleistungen dürfen allerdings nach Eintritt von Pflegebedürftigkeit im Sinne des SGB XI nicht mehr von den Krankenkassen übernommen werden, da sie dann zum Aufgabenbereich der gesetzlichen Pflegeversicherung gehören (§ 37 Abs. 2 Satz 6 SGB V). Leistungen der aktivierenden Pflege dürfen nach Eintritt der Pflegebedürftigkeit nur von den Pflegekassen erbracht werden (§ 11 Abs. 2 Satz 2 SGB V).

336 Der Anspruch auf häusliche Krankenpflege besteht nur, soweit eine im Haushalt lebende Person den Kranken nicht im erforderlichen Umfang pflegen und versorgen kann. In jedem Einzelfall muss aber sorgfältig geprüft werden, ob und inwieweit der Versicherte selbst oder eine im Haushalt lebende Person technisch einfache Verrichtungen der Behandlungspflege selbst vornehmen kann. Kann die Krankenkasse keine Kraft für die häusliche Krankenpflege stellen oder besteht Grund, davon abzusehen, sind dem Versicherten die Kosten für eine selbstbeschaffte Kraft in angemessener Höhe zu erstatten. Der Anspruch besteht seit Inkrafttreten des GKV-WSG zum 1. April 2007 auch außerhalb des Haushalts und der Familie des Versicherten an anderen geeigneten Orten, beispielsweise in betreuten Wohnformen, Schulen, Kindergärten und bei besonders hohem Pflegebedarf auch in Werkstätten für behinderte Menschen. Insbesondere neue Wohnformen, Wohngemeinschaften und betreutes Wohnen sollen im Hinblick auf den Anspruch auf häusliche Krankenpflege gegenüber konventionellen Haushalten nicht benachteiligt werden. Betreute Wohnformen, deren Bewohner ambulante Leistungen der Pflegeversicherung erhalten, sollen verbesserte Angebote für ambulant Pflegebedürftige darstellen; dem wird durch die Änderung Rechnung getragen. Nach Beschlüssen des hierfür zuständigen Gemeinsamen Bundesausschusses können erforderliche Leistungen der häuslichen Krankenpflege für nicht pflegebedürftige Versicherte auch während ihres Aufenthalts in teilstationären Einrichtungen der Tages- und Nachtpflege sowie in Kurzzeitpflegeeinrichtungen erbracht werden.

337 Soweit der Versicherte Leistungen der Pflegeversicherung in stationären Pflegeeinrichtungen erhält, umfasst die Leistung der Pflegeversicherung auch den Bereich der medizinischen Behandlungspflege. Versicherte mit besonders hohem Pflegebedarf, insbesondere Wachkomapatienten und Dauerbeatmete, erhalten seit dem 1. April 2007 aber auch in Pflegeeinrichtungen häusliche Krankenpflege zu Lasten der GKV. Wohnungslose Versicherte erhalten Behandlungspflege zu Lasten der gesetzlichen Krankenversicherung, wenn sie zur Durchführung der Behandlungspflege vorübergehend in eine Einrichtung oder andere geeignete Unterkunft aufgenommen werden. Versicherte, die das 18. Lebensjahr vollendet haben, haben als Zuzahlung einen Betrag in Höhe von 10 Prozent der Kosten, begrenzt auf die für die ersten 28 Kalendertage der Leistungsinanspruchnahme je Kalenderjahr anfallenden Kosten, an die Krankenkasse zu leisten.

Soziotherapie (§ 37a SGB V)

338 Versicherte haben einen Anspruch auf Soziotherapie. Voraussetzung hierfür ist, dass sie wegen schwerer psychischer Erkrankung nicht in der Lage sind, ärztliche oder ärztlich verordnete Leistungen selbständig in Anspruch zu nehmen. Weitere Voraussetzung ist, dass durch diese Leistung Krankenhausbehandlung vermieden oder verkürzt wird, oder dass diese geboten, aber nicht ausführbar ist. Der Anspruch besteht für höchstens 120 Stunden innerhalb von drei Jahren je Krankheitsfall und umfasst die erforderliche Koordinierung der verordneten Leistungen sowie die Anleitung und Motivation zu deren Inanspruchnahme. Die näheren Einzelheiten werden in Richtlinien geregelt.

339 Durch diese Leistung sollen unnötige Krankenhausaufenthalte schwer psychisch kranker Versicherter vermieden und somit unnötige Kostenbelastungen von der gesetzlichen Krankenversicherung fern gehalten werden. Diese Personen sind häufig nicht in der Lage, Leistungen, auf die sie einen Anspruch haben, selbständig in Anspruch zu nehmen. Hierdurch kann es zu wiederholten Krankenhausaufenthalten kommen, die vermeidbar wären (sogenannter „Drehtüreffekt"). Versicherte, die das 18. Lebensjahr vollendet haben, haben als Zuzahlung je Kalendertag der Leistungsinanspruchnahme einen Betrag in Höhe von 10 Prozent der Kosten, mindestens 5 Euro und höchstens 10 Euro, an die Krankenkasse zu leisten.

Spezialisierte ambulante Palliativversorgung

340 Zur Verbesserung der ambulanten Versorgung erhalten Versicherte seit 1. April 2007 einen eigenständigen Anspruch auf eine „spezialisierte ambulante Palliativversorgung". Unter Palliativversorgung versteht man die Versorgung schwerstkranker und sterbender Menschen. Ambulante Pflegeteams (sogenannte Palliative-Care-Teams aus ärztlichem und pflegerischem Personal) können diesen Menschen ein würdevolles Sterben mit wenig Schmerzen ermöglichen. Der Ausbau der ambulanten Palliativversorgung kommt dem Wunsch vieler schwer kranker Menschen entgegen, in der häuslichen Umgebung zu bleiben.

Haushaltshilfe (§ 38 SGB V)

341 Versicherte erhalten Haushaltshilfe, wenn ihnen wegen einer Krankenhausbehandlung, einer ambulanten oder stationären Vorsorge- oder Rehabilitationsmaßnahme einschließlich einer Mutter-/Vater-Kind-Maßnahme eine Weiterführung des Haushalts nicht möglich ist. Im Haushalt muss bei Leistungsbeginn ein Kind leben, das das 12. Lebensjahr noch nicht vollendet hat oder das behindert und auf Hilfe angewiesen ist. Die Krankenkasse kann in ihrer Satzung auch in anderen Fällen Haushaltshilfe vorsehen und dabei Dauer und Umfang der Leistung bestimmen, wenn dem Versicherten wegen einer Krankheit die Weiterführung des Haushalts nicht möglich ist. In jedem Fall besteht der Anspruch nur, wenn keine andere im Haushalt lebende Person den Haushalt weiterführen kann.

342 Wie bei der häuslichen Krankenpflege kommt auch bei der Haushaltshilfe statt der Sachleistung eine Kostenerstattung in angemessener Höhe in Betracht. Für Verwandte und Verschwägerte bis zum 2. Grad werden keine Kosten erstattet. Unter Umständen kann eine Erstattung erforderlicher Fahrkosten und des Verdienstausfalls erfolgen. Versicherte, die das 18. Lebensjahr vollendet haben, haben als Zuzahlung je Kalendertag der Leistungsinanspruchnahme einen Betrag in Höhe von 10 Prozent der Kosten, mindestens 5 Euro und höchstens 10 Euro, an die Krankenkasse zu leisten.

Krankenhausbehandlung (§ 39 SGB V)

343 Kann im Krankheitsfall das Behandlungsziel nicht durch ambulante ärztliche Behandlung einschließlich häuslicher Krankenpflege erreicht werden, haben Versicherte Anspruch auf stationäre oder teilstationäre Krankenhausbehandlung. Dies ist die bei weitem kostenaufwändigste Leistung in der GKV.

344 Die Krankenhausbehandlung ist eine umfassende Leistung (insbesondere ärztliche Behandlung, Krankenpflege, Versorgung mit Arznei-, Verband-, Heil- und Hilfsmitteln, Unterkunft und Verpflegung). Versicherte nach Vollendung des 18. Lebensjahres haben für längstens 28 Tage im Jahr 10 Euro je Kalendertag an das Krankenhaus zuzuzahlen. Der einweisende Arzt hat die beiden nächst erreichbaren für die Behandlung geeigneten Krankenhäuser anzugeben. Wählen Versicherte ohne zwingenden Grund ein anderes Krankenhaus, können ihnen Mehrkosten ganz oder teilweise auferlegt werden.

Hospizversorgung (§ 39a SGB V)

345 In Deutschland gibt es eine wachsende Anzahl von Hospizdiensten. Ziel dieser Hospize ist es, unheilbar Kranken, besonders in der letzten Lebensphase, ein menschenwürdiges Leben bis zum Tod zu ermöglichen. Es ist daher zu begrüßen, wenn der Hospizgedanke auf verschiedenen Ebenen der Gesellschaft Verbreitung und Einfluss gewinnt. Es besteht eine Chance, durch ambulante Hospiztätigkeit langfristig einen Bewusstseinswandel herbeizuführen, der jedem einzelnen wieder den Zugang zu bislang verschütteten Fähigkeiten einer selbstverständlichen Sterbebegleitung gerade im häuslichen Bereich erlaubt. Daneben sind aber in beschränktem Umfang auch stationäre Hospize notwendig. Diese Hospize werden zurzeit im Wege einer Art Mischfinanzierung durch die Krankenkassen, die Pflegeversicherung, die Sozialhilfe, durch Spenden und durch Eigenleistungen finanziert.

346 Versicherte haben Anspruch auf einen Zuschuss ihrer Krankenkasse, falls ein Aufenthalt in einem Hospiz notwendig wird. Voraussetzung ist, dass eine Krankenhausbehandlung nicht erforderlich ist. Eine Krankenhausbehandlung ist nur dann erforderlich, wenn auf die spezifischen Einrichtungen eines Krankenhauses nicht verzichtet werden kann. Palliativ-medizinische Behandlungen erfordern aber nicht in jedem Fall die spezifischen Einrichtungen eines Krankenhauses, sondern können durchaus auch in einem stationären Hospiz erfolgen.

347 Eine Aussage darüber, welche Leistungen im Hospiz konkret erbracht werden, enthält das Gesetz nicht. In § 39a Abs. 1 SGB V wird lediglich ein Anspruch auf einen finanziellen Zuschuss festgeschrieben. Es handelt sich somit um einen Geldleistungsanspruch. Dies schließt aus, dass die gesetzlichen Krankenkassen Versorgung im Hospiz als Sachleistung erbringen.

348 Ebenso ist der Begriff Hospiz nicht gesetzlich definiert worden. Vielmehr ist es Aufgabe der Vertragspartner, im Rahmen der Verträge auf Bundesebene zwischen den Krankenkassen und den Hospizverbänden Art, Umfang und Inhalt der Versorgung im Hospiz zu regeln. Auch die Frage, welche Voraussetzungen der Versicherte über die in § 39a Abs. 1 SGB V hinaus festgelegten Kriterien im einzelnen erfüllen muss, um den Zuschuss in Anspruch nehmen zu können, ist im Rahmen dieser Verträge auf Bundesebene zu festzulegen. Das GKV-WSG verpflichtet die Vertragspartner, beim Abschluss der Rahmenvereinbarung den besonderen Belangen der Versorgung in Kinderhospizen, insbesondere durch besondere Finanzierungsregeln, ausreichend Rechnung zu tragen. Vorzusehen ist, dass der von Kinderhospizen zu tragende Eigenanteil höchstens fünf Prozent betragen darf. Die Erwachsenenhospize tragen weiterhin einen Kostenanteil von zehn Prozent (aufzubringen durch Spenden und ehrenamtliches Engagement). Durch diese Regelung sollen der Ausbau der Kinderhospizarbeit unterstützt und die höheren Infrastruktur- und Personalkosten der Kinderhospize berücksichtigt werden. Ein vollständiger Verzicht auf einen eigenen Kostenanteil würde dem besonders auf ehrenamtlichem Engagement beruhenden Hospizgedanken zuwiderlaufen. Außerdem wird den Vertragspartnern auferlegt, eine Schiedsperson zu benennen, die im Falle der Nichteinigung den Vertragsinhalt festlegt.

349 Voraussetzung für den Zuschuss ist der Aufenthalt in einem Hospiz, in dem palliativ-medizinische Behandlung erbracht wird, so dass sich in solchen Einrichtungen nur Personen aufhalten werden, bei denen eine solche palliativ-medizinische Behandlung im Einzelfall erforderlich ist. Vergütungsrechtliche Regelungen sind ebenfalls wegen der abzuschließenden Verträge nicht erforderlich. Auch eine Regelung der Investitionsförderung war weder beabsichtigt noch notwendig. Aufgabe der gesetzlichen Krankenversicherung ist es nicht, die Versorgung in den Hospizen sicherzustellen. Den gesetzlichen Krankenkassen wird vielmehr nur die Aufgabe zugewiesen, einen Zuschuss zu leisten. Die Herstellung und der Ausbau der Infrastruktur werden - wie schon bisher - bewusst anderen überlassen.

350 Da sich der Zuschuss der Krankenkasse nach Satzungsregelung der jeweiligen Krankenkasse richtete, mussten Versicherte teilweise in nicht unerheblichem Maß Eigenanteile für den Aufenthalt in stationären Hospizen leisten. Mit der Neuregelung des § 39a Abs. 1 SGB V durch das Gesetz zur Änderung arzneimittelrechtlicher und anderer Vorschriften (15. AMG-Novelle) wurde die Finanzierung der stationären Hospize zum 1. August 2009 deutlich verbessert. Mit der Regelung wurde der Eigenanteil der Versicherten abgeschafft. Künftig tragen die Krankenkassen 90 Prozent (bei Kinderhospizen 95 Prozent) der zuschussfähigen Kosten unter Berücksichtigung des Finanzierungsanteils der Pflegeversicherung. Den restlichen Anteil tragen die Hospize, insbesondere durch Spenden und Ehrenamt. Der kalendertägliche Mindestzuschuss der Krankenkassen bei stationärer Hospizversorgung ist zudem von 6 auf 7 Prozent der monatlichen Bezugsgröße nach § 18 Abs. 1 SGB IV (ab 1. Januar 2010 178,85 Euro) angehoben worden. Dies trägt dazu bei, dass stationäre Hospize einen auskömmlichen Tagesbedarfssatz aushandeln können.

351 Die Krankenkassen leisten auch eine Mitfinanzierung der qualifizierten ehrenamtlichen Sterbebegleitung im Rahmen ambulanter Hospizdienste. Ambulante Hospizdienste erbringen qualifizierte ehrenamtliche Sterbebegleitung im Haushalt oder der Familie der Versicherten. Seit dem 1. April 2007 fördern Krankenkassen auch die Tätigkeit von ambulanten Hospizdiensten in stationären Einrichtungen. Die Krankenkassen fördern ambulante Hospizdienste, wenn diese mit ambulanten Pflegediensten und mit einem Arzt oder einer Ärztin zusammenarbeiten, der oder die Erfahrung in der Palliativmedizin hat. Weitere Voraussetzung ist, dass der ambulante Hospizdienst unter der fachlichen Verantwortung einer Krankenschwester, eines Krankenpflegers oder einer anderen fachlich qualifizierten Person steht, die über mehrjährige Erfahrung in der palliativmedizinischen Pflege oder über eine entsprechende Weiterbildung verfügt und eine Weiterbildung als verantwortliche Pflegekraft oder in Leitungsfunktionen nachweisen kann. Der finanzielle Förderumfang sollte sich für jeden Versicherten im Jahr 2009 auf 0,42 Euro belaufen.

352 Dieser Fördermechanismus hat jedoch zu Fehlentwicklungen geführt. Teilweise wurden die von den Krankenkassen in einem Jahr zur Verfügung zu stellenden Mittel – insbesondere in Bundesländern mit geringer Hospizdichte – nicht ausgeschöpft. Der überschießende Betrag konnte nicht abgerufen werden und stand der Hospizversorgung nicht zur Verfügung. Um diesen Fehlentwicklungen entgegenzuwirken und eine gleichmäßige und gerechte Vergütung ambulanter Hospizleistungen zu erreichen, wurde die Finanzierung ambulanter Hospizdienste durch das Gesetz zur Änderung arzneimittelrechtlicher und anderer Vorschriften (15. AMG-Novelle) zum 1. August 2009 auf einen festen Zuschuss zu den Personalkosten umgestellt. Dieser beträgt 11 Prozent der monatlichen Bezugsgröße nach § 18 Abs. 1 SGB IV. Dabei ist weiterhin die Leistungseinheit – d.h. das Verhältnis der Sterbebegleitungen zu den ehrenamtlich Tätigen – maßgeblich für die Berechnung des Zuschusses. Die Festlegung einer Gesamtfördersumme entfällt. Durch diese Gesetzesänderung werden die Fehlentwicklungen in der Förderung der ambulanten Hospizdienste beseitigt. Es wird zum einen sichergestellt, dass in allen Bundesländern die gleiche Vergütung geleistet wird. Zum anderen wird erreicht, dass sich das Fördervolumen nach den tatsächlich erbrachten Leistungen richtet und nicht nach der Anzahl der Versicherten. Die Neuregelung schafft für alle Beteiligten Planungssicherheit und stellt eine leistungsgerechte Vergütung sicher. Die Hospizbewegung wird hierdurch in die Lage versetzt, den Einsatz und die Leistungen qualifizierter ehrenamtlich Tätigen auf einer gesicherten finanziellen Grundlage durch den Einsatz fachlich geschulter Kräfte zu koordinieren.

Medizinische Rehabilitationsmaßnahmen und sonstige Leistungen zur Rehabilitation (§§ 40-43 SGB V)

353 Reicht zur Krankenbehandlung oder zur medizinischen Rehabilitation die ambulante Behandlung durch niedergelassene Ärzte nicht aus, erbringt die Krankenkasse die erforderlichen Leistungen in Form einer ambulanten Rehabilitationsmaßnahme. Durch das GKV-WSG wurde die medizinische Rehabilitation mit Wirkung vom 1. April 2007 in eine Pflichtleistung umgewandelt. Die ambulante Rehabilitationsleistung wird in einer Reha-Einrichtung erbracht, mit der ein Versorgungsvertrag nach § 111 SGB V besteht. Soweit es für eine bedarfsgerechte, leistungsfähige und wirtschaftliche Versorgung der Versicherten erforderlich ist, kann die ambulante Reha-Leistung seit dem 1. April 2007 auch durch wohnortnahe Einrichtungen (so genannte mobile Rehabilitation) erbracht werden.

354 Wenn auch die ambulante Rehabilitationsmaßnahme nicht ausreicht, leistet die Krankenkasse stationäre Behandlung mit Unterkunft und Verpflegung in einer Rehabilitationseinrichtung, mit der sie einen entsprechenden Vertrag geschlossen hat. Hier übernimmt die Krankenkasse die gesamten Kosten bis auf eine Zuzahlung von 10 Euro täglich für Versicherte, die das 18. Lebensjahr vollendet haben. Wählt der Versicherte eine andere zertifizierte Einrichtung, mit der kein Versorgungsvertrag nach § 111 SGB V besteht, hat er die dadurch entstehenden Mehrkosten zu tragen. Diese mit dem GKV-WSG eingeführte Regelung erhöht die Wahlfreiheit der Versicherten.

355 Die Rehabilitationsleistungen sollen längstens für 3 Wochen erbracht werden. Das Wiederholungsintervall beträgt vier Jahre. In medizinisch erforderlichen Fällen ist sowohl eine Verlängerung der Maßnahme als auch eine frühere Wiederholung möglich. Ein Anspruch des Versicherten gegen die Krankenkasse besteht nach § 40 Abs. 4 SGB V allerdings nicht, wenn eine entsprechende Leistung von Rentenversicherungs- oder Unfallversicherungsträgern erbracht werden könnte. Deren Leistungen sind vorrangig.

356 Bei einer Anschlussrehabilitation ist die Zuzahlungspflicht (10 Euro) auf 28 Tage im Kalenderjahr begrenzt. In diesem Fall werden bereits geleistete Krankenhauszuzahlungen auf die 28-Tage-Begrenzung angerechnet. Unter Anschlussrehabilitation ist eine stationäre Rehabilitationsmaßnahme zu verstehen, deren unmittelbarer Anschluss an eine Krankenhausbehandlung medizinisch notwendig ist. Dies gilt auch, wenn die Maßnahme innerhalb von 14 Tagen nach Abschluss der Krankenhausbehandlung beginnt; ein späterer Beginn ist möglich, wenn diese Frist aus zwingenden tatsächlichen oder medizinischen Gründen nicht eingehalten werden kann. Bei den Fahrkosten zur stationären Rehamaßnahme übernimmt die Kasse die Kosten, abzüglich einer Zuzahlung in Höhe von 10 Prozent, mindestens 5 Euro und höchstens 10 Euro je Fahrt.

357 Die Spitzenverbände der Krankenkassen haben gemeinsam und einheitlich in einem Verzeichnis Indikationen festgelegt, bei denen die geringere und auf 28 Tage begrenzte Zuzahlung Anwendung findet, auch wenn es sich nicht um eine Anschlussrehabilitation im eigentlichen Sinne handelt (§ 40 Abs. 7 Satz 1 SGB V). Gerade im Bereich der chronischen Erkrankungen hat sich gezeigt, dass diese günstigeren Zuzahlungsregelungen auf der Grundlage des Indikationenkatalogs der Spitzenverbände der Krankenkassen in größerem Umfang als bisher Anwendung finden. Genannt sind hier insbesondere Alkohol-, Medikamenten- bzw. Drogenabhängigkeit oder auch psychische Erkrankungen. Verminderte Zuzahlungen gelten hiernach auch bei geriatrischen Rehabilitationsmaßnahmen sowie in speziellen Fällen, wenn wegen Schwere und Chronizität der Erkrankungen eine Rehabilitationsmaßnahme vor Ablauf der Vierjahresfrist dringend erforderlich ist. Für Änderungen dieses Verzeichnisses ist seit dem 1. Juli 2008 der GKV-Spitzenverband zuständig.

358 Durch das zum 1. Juli 2008 in Kraft getretene Pflege-Weiterentwicklungsgesetz ist die Regelung aufgehoben worden, nach der die jährlichen Ausgaben der Krankenkassen je Mitglied für Leistungen der stationären Vorsorge- und Reha-Maßnahmen zusammen sich nur im Rahmen der Veränderungsrate der beitragspflichtigen Einnahmen erhöhen dürfen. Es gibt damit kein vorgegebenes Budget in diesem Leistungsbereich. Da Rehabilitation ein wichtiger Schwerpunkt moderner Gesundheitspolitik ist, sind strikte Ausgabenbegrenzungen nicht sinnvoll.

359 Zuzahlungen sind auch bei der sogenannten wohnortnahen Rehabilitation sowie bei der Erbringung von ambulanten Rehabilitationsleistungen in Reha-Einrichtungen, mit denen ein Versorgungsvertrag nach § 111 SGB V besteht, zu zahlen.

360 Mütter erhalten unter den oben genannten Voraussetzungen Rehabilitationsmaßnahmen in einer Einrichtung des Müttergenesungswerks oder einer gleichartigen Einrichtung. Die Leistungen sind Pflichtleistungen, die jede Krankenkasse vorzusehen hat. Die Versicherten haben eine Zuzahlung von 10 Euro je Kalendertag an die Einrichtung zu zahlen. Da diese Regelung nur für Versicherte gilt, die das 18. Lebensjahr vollendet haben, ist für Kinder keine Zuzahlung zu leisten. Im Gesetz ist ausdrücklich klargestellt, dass Leistungen auch für Väter erbracht werden. Seit dem 1. April 2007 sind Mutter-/Vater-Kind-Maßnahmen Pflichtleistungen der Krankenkassen; zuvor war die Regelung als Ermessensleistung ausgestaltet. Die Änderung war ein wichtiger Schritt zur Verstetigung des Leistungsgeschehens. Zugleich wurde gesetzlich festgelegt, dass ambulante Leistungen in diesem Bereich nicht vorrangig sind. Wie bei ambulanten und stationären Rehabilitationsmaßnahmen führen die Krankenkassen statistische Erhebungen über Leistungsanträge und deren Erledigung zur besseren Transparenz des Leistungsgeschehens durch

361 Die Krankenkassen entscheiden nach den medizinischen Erfordernissen des Einzelfalls über die Leistungen zur medizinischen Rehabilitation auf der Grundlage der Anträge der Versicherten und der Verordnung der Vertragsärzte. Die Beratung und die Verordnung von Leistungen zur medizinischen Rehabilitation erfordern u. a. spezielle Kenntnisse der Vertragsärzte in der Anwendung der entsprechenden Klassifikation der Weltgesundheitsorganisation. Aus diesem Grunde sind nach der Rehabilitations-Richtlinie des Gemeinsamen Bundesausschusses nur solche Vertragsärzte verordnungsberechtigt, die über eine rehabilitationsmedizinische Qualifikation verfügen und eine entsprechende, von der Kassenärztlichen Vereinigung ausgestellte Genehmigung besitzen.

362 Die Notwendigkeit der Rehabilitationsmaßnahme haben die Krankenkassen in Stichproben durch den Medizinischen Dienst prüfen zu lassen; bei beantragter Verlängerung hat regelmäßig eine Prüfung durch den MDK zu erfolgen. Der Spitzenverband Bund der Krankenkassen hat in der Richtlinie MDK-Stichprobenprüfung vom 2. Juli 2008 den Umfang und die Auswahl der Stichproben geregelt. Hiernach hat die Krankenkasse jeden vierten Antrag in der Reihenfolge des Eingangs durch den MDK prüfen zu lassen. Von der Stichprobenprüfung kann insbesondere bei Anschlussrehabilitationen abgesehen werden.

363 Darüber hinaus haben Versicherte Anspruch auf Belastungserprobung und Arbeitstherapie, wenn nach den für andere Träger der Sozialversicherung geltenden Vorschriften solche Leistungen nicht erbracht werden können.

364 Zu den Krankenkassenleistungen gehören auch medizinische und ergänzende Leistungen zur Rehabilitation, die notwendig sind, um einer drohenden Behinderung oder Pflegebedürftigkeit vorzubeugen, sie zu beseitigen, zu bessern oder eine Verschlimmerung zu verhüten.

365 Als ergänzende Leistungen zur Rehabilitation erbringen die Krankenkassen Rehabilitationssport und Funktionstraining unter ärztlicher Betreuung und weitere Leistungen zur Rehabilitation, die nicht zu den berufsfördernden Leistungen oder den Leistungen zur allgemeinen sozialen Eingliederung gehören, wenn zuletzt die Krankenkasse Krankenbehandlung geleistet hat oder noch leistet. Zu den ergänzenden Rehabilitationsleistungen zählen auch Schulungsmaßnahmen für chronisch Kranke. Dabei können auch Angehörige einbezogen werden, wenn dies medizinisch erforderlich ist.

366 Voraussetzung für die Erbringung von Rehabilitationssport und Funktionstraining ist, dass diese ärztlich verordnet worden sind und in Gruppen unter ärztlicher Betreuung ausgeübt werden. Die Ausgestaltung dieser Leistungen im Einzelnen regelt die zum 1. Januar 2011 neu gefasste Rahmenvereinbarung über den Rehabilitationssport und das Funktionstraining. Die gesetzlichen Krankenkassen müssen im Rahmen dieser Rahmenvereinbarung das Wirtschaftlichkeitsgebot beachten.

367 Maßgeblich für eine angemessene Förderungsdauer sind die Verhältnisse des Einzelfalls. Rehabilitationssport und Funktionstraining sollen in erster Linie in der Akutphase der Erkrankung „Hilfe zur Selbsthilfe" bieten. Rehabilitationssport und Funktionstraining sind daher nicht als Dauerleistung angelegt, es sei denn, dies ist aus medizinischen Gründen im Einzelfall erforderlich. Nach einer Entscheidung des Bundessozialgerichts ist bei Vorliegen der medizinischen Voraussetzungen grundsätzlich ein zeitlich unbegrenzter Anspruch auf Funktionstraining gegeben. (Urteil vom 17. Juni 2008, Az. B 1 KR 31/07 R). Die Leistungen sind solange zu erbringen, wie sie im Einzelfall notwendig, geeignet und wirtschaftlich sind. Die Gesamtvereinbarung ist von den Vereinbarungspartnern (u. a. Verbände der Rehabilitationsträger, der Betroffenen sowie des Behindertensports) an die Rechtsprechung des Bundessozialgerichts angepasst worden.

368 Ein wichtiger Baustein bei der Betreuung und Unterstützung chronisch kranker oder schwerstkranker Kinder und ihrer Familien ist die professionelle Hilfe, wenn ein schwerstkrankes Kind aus dem Krankenhaus oder der stationären Rehabilitation entlassen und weiter ambulant versorgt werden muss. Seit 2009 besteht für Kinder und Jugendliche bis zum 14. Lebensjahr ein Rechtsanspruch auf sozialmedizinische Nachsorgemaßnahmen, die durch Koordinierung der verordneten Leistungen sowie Anleitung und Motivation zu deren Inanspruchnahme die ambulante ärztliche Behandlung sichern sollen.

Krankengeld (§§ 45 bis 51 SGB V)

369 Von erheblicher Bedeutung bleibt weiterhin der Anspruch auf Krankengeld. Diese Leistung erhalten Versicherte, wenn die Krankheit sie arbeitsunfähig macht oder sie auf Kosten der Krankenkassen stationär behandelt werden. Bei Arbeitsunfähigkeit wegen Krankheit entsteht der Anspruch auf Krankengeld erst von dem Tag an, der auf den Tag der ärztlichen Feststellung folgt. Damit sollen Manipulationsmöglichkeiten („rückwirkende Krankschreibung") ausgeschlossen werden. Dies gilt für jede einzelne Arbeitsunfähigkeitszeit, also auch bei erneuter Arbeitsunfähigkeit wegen derselben Krankheit. Der Anspruch auf Fortzahlung des Arbeitsentgelts bei Arbeitsunfähigkeit richtet sich nach arbeitsrechtlichen Vorschriften. So hat nach dem Entgeltfortzahlungsgesetz ein Arbeitnehmer bei Arbeitsunfähigkeit infolge Krankheit gegen seinen Arbeitgeber Anspruch auf Arbeitsentgelt bis zu 6 Wochen.

370 Für freiwillig Versicherte bestehen einige Sonderregelungen. Für freiwillig versicherte hauptberuflich selbständig Erwerbstätige gilt seit dem 1. August 2009 folgende Rechtslage: Gemäß § 44 Abs. 2 Nr. 2 SGB V hat diese Gruppe grundsätzlich keinen Anspruch auf Krankengeld, es sei denn, sie erklären gegenüber ihrer Krankenkasse, dass die Mitgliedschaft den Anspruch auf Krankengeld umfassen soll (Wahlerklärung). Die freiwillig versicherten selbständig Erwerbstätigen zahlen dann anstelle des ermäßigten Beitragssatzes den allgemeinen Beitragssatz. Für diese Versicherten entsteht – ebenso wie für Versicherte nach dem KSVG – der Anspruch auf Krankengeld von der 7. Woche der Arbeitsunfähigkeit an. Zunächst hatte diese Gruppe seit dem 1. Januar 2009 keinen Anspruch auf Krankengeld, wenn sie diesen Anspruch nicht über einen Wahltarif nach § 53 Abs. 6 SGB V abgesichert hatten. Da sich zeigte, dass die für das Krankengeld zu zahlende Prämie für ältere Mitglieder zu hoch wurde, wurde ab dem 1. August 2009 die oben erläuterte Möglichkeit des

gesetzlichen Krankengeldes durch Wahlerklärung eingeführt. Daneben können hauptberuflich selbständig Erwerbstätige aber weiterhin – wie mit der Gesetzesänderung zum 1. Januar 2009 vorgesehen – den Krankengeldanspruch über einen Wahltarif nach § 53 Abs. 6 SGB V absichern. Sofern sie sich dafür entscheiden, sind sie an ihre Wahl drei Jahre lang gebunden, auch wenn ihre Krankenkasse zwischenzeitlich ein Zusatzbeitrag einführt oder erhöht. Die mit dem GKV-FinG eingeführte Regelung für die anderen Wahltarife nach § 53 Abs. 8 Satz 2 SGB V, wonach das Sonderkündigungsrecht nach § 175 Abs. 4 Satz 5 SGB V Vorrang vor der Bindungsfrist der Wahltarife hat, gilt ausdrücklich für den Krankengeldwahltarif nicht.

Für freiwillig versicherte Arbeitnehmer besteht seit dem 1. Januar 2009 grundsätzlich ein Anspruch auf Krankengeld. Bis dahin konnten die Krankenkassen auch für diese Gruppe der freiwillig Versicherten den Anspruch auf Krankengeld ausschließen oder zu einem anderen Zeitpunkt entstehen lassen. Gegebenenfalls war der erhöhte oder der ermäßigte Beitragssatz zu zahlen abhängig davon, ob, bzw. ab wann der Krankengeldanspruch einsetzte. Nunmehr haben abhängig Beschäftigte wie alle anderen Pflichtversicherten einen Krankengeldanspruch gegen ihre Krankenkasse. Ferner haben seit dem 1. Januar 2009 unständig und kurzzeitig Beschäftigte, die keinen Entgeltfortzahlungsanspruch für mindestens 6 Wochen haben, keinen Anspruch mehr auf Krankengeld, können allerdings ein Krankengeld über den Abschluss eines Wahltarifs nach § 53 Abs. 6 SGB V absichern.. Diese Gruppe zahlt nur den ermäßigten Beitragssatz. Keine Einschränkungen bestehen für Heimarbeiter, die weiterhin ab Beginn einer Arbeitunfähigkeit einen Krankengeldanspruch haben. Diese zahlen statt des erhöhten Beitragssatzes nur noch den allgemeinen Beitragssatz.

371 Versicherte haben ferner Anspruch auf Krankengeld, wenn es nach ärztlichem Zeugnis erforderlich ist, dass sie zur Beaufsichtigung, Betreuung oder Pflege ihres erkrankten und versicherten Kindes der Arbeit fernbleiben und eine andere in ihrem Haushalt lebende Person das Kind nicht beaufsichtigen, betreuen oder pflegen kann. Die Leistung kann bspw. nicht erbracht werden, wenn der Ehepartner des Versicherten nicht berufstätig ist und im gemeinsamen Haushalt lebt, weil dann für die Betreuung des kranken Kindes gesorgt ist. Gleiches gilt, wenn etwa die Großeltern oder auch andere – nicht verwandte oder verschwägerte – Personen im Haushalt leben. Auf Betreuungspersonen außerhalb des gemeinsamen Haushaltes (Verwandte, Nachbarn usw.) kann jedoch nicht verwiesen werden. Der Anspruch auf Krankengeld bei Erkrankung eines Kindes besteht nur für versicherte Kinder und ist daher auf die Fälle beschränkt, in denen das erkrankte Kind – bspw. aufgrund der Beantragung oder des Bezuges einer Waisenrente, einer freiwilligen Versicherung oder einer Familienversicherung nach § 10 SGB V – gesetzlich krankenversichert ist. Die Bezugsdauer beim Kinderkrankengeld beträgt zehn Tage für jedes Kind, bei Alleinerziehenden 20 Arbeitstage. Mit dem doppelten Anspruch sollen Kinder alleinerziehender Versicherter gegenüber denen von Ehepaaren nicht schlechter gestellt werden. Für Versicherte mit mehr als zwei Kindern sind jedoch Grenzen gesetzt. Sie können sich maximal für 25 (Alleinerziehende 50) Arbeitstage im Kalenderjahr von der Arbeit freistellen lassen. Das Kinderpflege-Krankengeld wird gezahlt, wenn das Kind das zwölfte Lebensjahr noch nicht vollendet hat oder behindert und auf Hilfe angewiesen ist. Ansprüche des Versicherten gegen seinen Arbeitgeber auf bezahlte Freistellung von der Arbeit gehen dem Anspruch auf Kinderpflege-Krankengeld vor.

372 Für schwerstkranke Kinder, die nach ärztlichem Zeugnis nur noch eine Lebenserwartung von Wochen oder wenigen Monaten haben, gilt die zeitliche Begrenzung des Kinderkrankengeldes nicht. Neben den übrigen Voraussetzungen müssen für den zeitlich unbegrenzten Anspruch zusätzlich die Anspruchsvoraussetzungen für stationäre und ambulante Hospizleistungen (§ 39a SGB V) vorliegen. Der Anspruch besteht damit insbesondere, wenn das Kind stationär in einem Kinderhospiz versorgt wird oder ambulante Leistungen eines Hospizdienstes erhält. Erfasst sind aber auch Fälle einer palliativmedizinischen Behandlung in einem Krankenhaus. Mit dem zeitlich unbegrenzten Anspruch auf Kinderkrankengeld korrespondiert der zeitlich unbegrenzte Anspruch auf Freistellung von der Arbeitsleistung gegen den Arbeitgeber in diesen besonderen Fällen. Ergänzend hierzu ist geregelt, dass der Anspruch auf Freistellung gegen den Arbeitgeber – sowohl in den zeitlich begrenzten als auch in den unbegrenzten Fällen – ebenfalls für nicht in der gesetzlichen Krankenversicherung Versicherte besteht. Damit ist auch für diesen Personenkreis der arbeitsrechtliche Anspruch sichergestellt.

373 Das Krankengeld beträgt 70 Prozent des zuvor erzielten regelmäßigen Arbeitsentgelts und Arbeitseinkommens, so weit es der Beitragsberechnung unterliegt (hierunter fallen auch Einmalzahlungen wie Weihnachts- und Urlaubsgeld), es darf 90 Prozent des entsprechenden Nettoarbeitsentgeltes jedoch nicht übersteigen. Es wird für Kalendertage berechnet und ohne zeitliche Begrenzung gezahlt, für den Fall der Arbeitsunfähigkeit wegen derselben Krankheit jedoch für längstens 78 Wochen innerhalb von je 3 Jahren. In einem neuen 3-Jahres-Zeitraum besteht ein neuer Anspruch auf Krankengeld wegen derselben Krankheit nur, wenn die Betreffenden bei Eintritt der erneuten Arbeitsunfähigkeit mit Anspruch auf Krankengeld versichert sind und in der Zwischenzeit mindestens 6 Monate nicht wegen dieser Krankheit arbeitsunfähig und zudem erwerbstätig waren oder der Arbeitsvermittlung zur Verfügung standen. Das Krankengeld soll somit nicht die Funktion einer Dauerrente erfüllen.

374 Das Krankengeld ruht, soweit und solange beitragspflichtiges Arbeitsentgelt oder -einkommen oder Lohnersatzleistungen bezogen werden, sowie bei fehlender Meldung der Arbeitsunfähigkeit und während der Elternzeit.

375 Die Höhe und Berechnung des Krankengeldes bei Beziehern von Arbeitslosengeld, Unterhaltsgeld, Kurzarbeitergeld oder Winterausfallgeld, die bisher im Arbeitsförderungsgesetz geregelt war, ist nunmehr im SGB V geregelt. Bezieher von Arbeitslosengeld II erhalten im Falle einer Erkrankung weiter Arbeitslosengeld II solange von Erwerbsfähigkeit – in der Regel bis zu sechs Monaten – auszugehen ist. Deshalb ist der Anspruch auf Krankengeld für diesen Personenkreis ausgeschlossen.

376 Versicherten, deren Erwerbsfähigkeit nach ärztlichem Gutachten erheblich gefährdet oder gemindert ist, kann die Krankenkasse eine Frist von 10 Wochen setzen, innerhalb derer sie einen Antrag auf Maßnahmen zur Rehabilitation zu stellen haben. Diese Frist kann die Krankenkasse auch Versicherten, die die Voraussetzungen für den Bezug der Regelaltersrente oder des Altersgeldes bei Vollendung des 65. Lebensjahres erfüllen, zur Stellung eines Antrags auf diese Leistungen setzen. Stellen Versicherte innerhalb der Frist den Antrag nicht, entfällt der Anspruch auf Krankengeld mit Ablauf der Frist. Dadurch wird sichergestellt, dass rechtzeitig Rehabilitationsmaßnahmen und Rentenantragsverfahren eingeleitet werden.

Leistungen bei Schwangerschaft und Mutterschaft (§§ 195 bis 200 Reichsversicherungsordnung)

377 Die Leistungen bei Schwangerschaft und Mutterschaft umfassen

– ärztliche Betreuung und Hebammenhilfe,
– Versorgung mit Arznei-, Verband-, Heil- und Hilfsmitteln ohne Zuzahlungen,
– stationäre Entbindung (ohne Zuzahlung),
– häusliche Pflege, so weit eine im Haushalt lebende Person diese nicht im erforderlichen Umfang übernehmen kann sowie
– Haushaltshilfe, so weit der Versicherten die Weiterführung des Haushalts nicht möglich ist und eine andere im Haushalt lebende Person den Haushalt nicht weiterführen kann.

Das GKV-WSG hat zusätzlich mit Wirkung vom 1. April 2007 eine Rechtsgrundlage für die Übernahme von Betriebskosten von Geburtshäusern durch die Krankenkassen geschaffen und damit bestehende Rechtsunsicherheiten beseitigt.

378 Zu den Leistungen zählt auch das Mutterschaftsgeld für Versicherte, die bei Arbeitsunfähigkeit Anspruch auf Krankengeld haben oder denen wegen der Schutzfristen nach dem Mutterschutzgesetz kein Arbeitsentgelt gezahlt wird.

379 Für abhängig Beschäftigte wird als Mutterschaftsgeld das um die gesetzlichen Abzüge verminderte durchschnittliche kalendertägliche Arbeitsentgelt, höchstens jedoch 13 Euro für den Kalendertag, gezahlt. Übersteigt das Arbeitsentgelt 13 Euro kalendertäglich, wird der übersteigende Betrag vom Arbeitgeber oder von der für die Zahlung des Mutterschaftsgeldes zuständigen Stelle nach den Vorschriften des Mutterschutzgesetzes gezahlt. Andere Mitglieder (insbesondere selbständig erwerbstätige Frauen) erhalten Mutterschaftsgeld in Höhe des Krankengeldes.

380 Der Zeitraum für die Zahlung des Mutterschaftsgeldes beginnt 6 Wochen vor der Entbindung und endet 8 Wochen (bei Mehrlings- und Frühgeburten 12 Wochen) nach der Entbindung. Bei Frühgeburten verlängert sich der Zeitraum zusätzlich um den Zeitraum, der wegen der Frühgeburt nicht in Anspruch genommen werden konnte.

Sonstige Hilfen (§§ 24a und 24b SGB V)

381 Hierzu zählt die ärztliche Beratung über Fragen der Empfängnisregelung einschließlich der erforderlichen Untersuchung und der Verordnung von empfängnisregelnden Mitteln. Versicherte bis zum vollendeten 20. Lebensjahr haben Anspruch auf Versorgung mit empfängnisverhütenden Mitteln, so weit sie ärztlich verordnet werden.

382 Die Krankenkassen erbringen außerdem alle erforderlichen Leistungen bei einer nicht rechtswidrigen Sterilisation und bei einem nicht rechtswidrigen Schwangerschaftsabbruch. Nicht rechtswidrig ist ein Schwangerschaftsabbruch, der nicht gegen geltende Strafbestimmungen verstößt. Gesetzlich klargestellt ist, dass ein medikamentöser Abbruch einem operativen Abbruch gleich gestellt ist. Damit ist auch die Übernahme der Kosten für das Arzneimittel Mifegyne (vormals RU 486) geregelt.

Leistungen zur künstlichen Befruchtung (§ 27a SGB V)

383 Die Leistungen der Krankenbehandlung umfassen auch medizinische Maßnahmen zur Herbeiführung einer Schwangerschaft. Die Übernahme der Kosten einer künstlichen Befruchtung durch die gesetzlichen Krankenkassen ist jedoch beschränkt. Es werden drei Versuche zur Herbeiführung einer Schwangerschaft von den Krankenkassen anteilig übernommen. Die Kostenübernahme durch die Krankenkassen beträgt 50 Prozent der mit dem Behandlungsplan genehmigten Kosten. Die Eigenbeteiligung der Versicherten in Höhe der Hälfte der Kosten gilt nicht als Zuzahlung und bleibt bei der Berechnung der Belastungsgrenze für die Befreiung von Zuzahlungen unberücksichtigt. Zur künstlichen Befruchtung gehört auch die hormonelle Stimulationsbehandlung. Die hormonelle Stimulationsbehandlung beinhaltet u. a. die Verordnung der entsprechenden Arzneimittel und die Beratung der Frauen über die Anwendung dieser Arzneimittel. Die Kosten für Arzneimittel bei der Stimulationsbehandlung betragen ca. 30 Prozent der Gesamtkosten der künstlichen Befruchtung. Da die hormonelle Stimulationsbehandlung ein untrennbarer Teil der künstlichen Befruchtung ist, werden auch die Kosten für die zur Durchführung der hormonellen Stimulationsbehandlung verordneten Arzneimittel nur zu 50 Prozent von der Krankenkasse übernommen. Die Regelung des § 27a des SGB V sieht vor, dass der Krankenkasse vor Beginn der Behandlung ein Behandlungsplan zur Genehmigung vorzulegen ist. Die mit dem Behandlungsplan genehmigten Kosten der Maßnahmen, die bei ihrem Versicherten durchgeführt werden, übernimmt die Krankenkasse zu 50 Prozent. Im Übrigen ist der Anspruch auf Maßnahmen zur künstlichen Befruchtung beschränkt auf Eheleute; außerhalb der Ehe werden Leistungen für künstliche Befruchtung von den Krankenkassen nicht bezahlt. Die Maßnahmen der künstlichen Befruchtung müssen nach ärztlicher Feststellung erforderlich sein und eine hinreichende Aussicht auf Erfolg versprechen. Die Ehegatten müssen sich zuvor einer Beratung unterziehen. Außerdem dürfen nur Ei- und Samenzellen der Ehegatten verwendet werden (sogenannte homologe Insemination). Die Durchführung der künstlichen Befruchtung ist nach § 121 a SGB V nur durch bestimmte Ärzte und Einrichtungen zulässig, denen die zuständige Landesbehörde eine entsprechende Genehmigung erteilt hat.

Fahrkosten (§ 60 SGB V)

384 Die Krankenkasse übernimmt die Kosten für Fahrten, wenn sie im Zusammenhang mit einer Leistung der Krankenkasse aus zwingenden medizinischen Gründen notwendig sind,

– bei Leistungen, die stationär erbracht werden,
– bei Rettungsfahrten zum Krankenhaus auch ohne stationäre Behandlung,
– bei Krankentransporten mit aus medizinischen Gründen notwendiger fachlicher Betreuung oder in einem Krankenkraftwagen, d. h. in einem Fahrzeug, das für Krankentransport oder Notfallrettung besonders eingerichtet und hierfür zugelassen ist sowie
– bei Fahrten zu einer ambulanten Behandlung sowie bei Fahrten zu einer vor- oder nachstationären Behandlung oder einer ambulanten Operation im Krankenhaus, wenn dadurch eine an sich gebotene stationäre oder teilstationäre Krankenhausbehandlung vermieden oder verkürzt wird.

385 Welches Fahrzeug benutzt werden kann, richtet sich nach der medizinischen Notwendigkeit im Einzelfall. Als Fahrkosten werden bei öffentlichen Verkehrsmitteln der Fahrpreis anerkannt, im Übrigen die nach den Vorschriften über die Versorgung mit Krankentransportleistungen nach § 133 SGB V berechnungsfähigen Beträge, bei Benutzung eines privaten Kfz der jeweilige Höchstsatz nach dem Bundesreisekostengesetz, höchstens jedoch die Kosten für ein erforderliches Transportmittel. Für den Rücktransport aus dem Ausland übernimmt die Krankenkasse keine Kosten.

386 Fahrten zur ambulanten Behandlung bedürfen einer vorherigen Genehmigung durch die Krankenkasse und dürfen nur in ganz besonderen Ausnahmefällen von der Krankenkasse übernommen werden. Dem Gemeinsamen Bundesausschuss ist die Aufgabe zugewiesen, diese Ausnahmefälle in Richtlinien festzulegen. Nach den Richtlinien sind Krankenfahrten zur ambulanten Behandlung verordnungsfähig für Patienten, bei denen diese aufgrund der Krankheit oder der notwendigen Behandlung zwingend medizinisch notwendig sind. Dies gilt z. B. für Dialysebehandlung, onkologische Strahlentherapie oder onkologische Chemotherapie. Fahrten zur ambulanten Behandlung können auch übernommen werden für schwer in ihrer Mobilität eingeschränkte Patienten, wenn diese

– einen Schwerbehindertenausweis mit den Merkzeichen aG, BL und H besitzen, oder
– bei denen Pflegebedürftigkeit der Stufe II oder III vorliegt, oder
– wenn eine ärztliche Bescheinigung der vergleichbar schweren Beeinträchtigung der Mobilität vorliegt.

387 Versicherte haben für jede Leistung 10 Prozent. der Kosten, mindestens aber 5 Euro und maximal 10 Euro und nicht mehr als die tatsächlichen Fahrkosten zu tragen.

Zuzahlungen, Belastungsgrenze

388 Die Versicherten der gesetzlichen Krankenversicherung haben sich an den Kosten bestimmter Leistungen zu beteiligen. Dabei wird davon ausgegangen, dass der Versicherte durch seinen Kostenanteil zu einer kostenbewussten und verantwortungsvollen Inanspruchnahme von Leistungen angeregt wird. Die Eigenbeteiligung dient aber auch dazu, Finanzmittel für die Krankenkassen zu erschließen.

389 Die Zuzahlungsregelungen wurden zum 1. Januar 2004 grundlegend neu gestaltet. Grundsätzlich zahlen Versicherte seitdem Zuzahlungen in Höhe von 10 Prozent, mindestens jedoch 5 Euro und höchstens 10 Euro. Es ist jedoch nie mehr als die Kosten des jeweiligen Mittels zu entrichten.

390 Bei einigen Leistungen, die bislang zuzahlungsfrei von der GKV erbracht wurden, sind seit dem 1. Januar 2004 auch Zuzahlungen in der oben angeführten Höhe zu entrichten. Neu durch das GMG eingeführt wurde die Zuzahlung bei ärztlicher Behandlung, die sogenannte Praxisgebühr. Versicherte haben je Quartal bei jedem ersten Arztbesuch eine solche Zuzahlung in Höhe von 10 Euro zu entrichten. Besondere Zuzahlungsregelungen bestehen für die Bereiche der stationären Behandlung (stationäre Vorsorge- und Rehabilitationsleistungen sowie Krankenhausbehandlung einschließlich Anschlussheilbehandlung) und der Heilmittel, bei häuslicher Krankenpflege sowie bei den Fahrkosten. Zudem haben Versicherte je Quartal bei jedem ersten Arztbesuch eine Zuzahlung in Höhe von 10 Euro, die so genannte Praxisgebühr, zu entrichten. Belastungsgrenzen sorgen dafür, dass kranke und behinderte Menschen die medizinisch notwendige Versorgung in vollem Umfang erhalten und durch gesetzliche Zuzahlungen nicht unzumutbar belastet werden.

Zu den Befreiungsmöglichkeiten / Belastungsgrenzen (§ 62 SGB V) im Einzelnen:

391 Jeder Versicherte hat in jedem Kalenderjahr Zuzahlungen höchstens bis zur Belastungsgrenze in Höhe von 2 Prozent seiner jährlichen Bruttoeinnahmen zum Lebensunterhalt zu leisten. Der Gesetzgeber geht dabei von einem Familienbruttoeinkommen aus. Deshalb kommt es auch darauf an, wie viele Personen dem gemeinsamen Haushalt angehören und von dem Einkommen leben müssen – denn für jeden Familienangehörigen wird auch ein Freibetrag berücksichtigt. Für Kinder wird ein erhöhter Freibetrag berücksichtigt. Diese Freibeträge werden vom Familienbruttoeinkommen abgezogen. So macht der zumutbare Zuzahlungsanteil je nach Familiengröße einen anderen Betrag aus. Als Freibetrag wird für den ersten im gemeinsamen Haushalt lebenden Angehörigen ein Betrag in Höhe von 15 Prozent der jährlichen Bezugsgröße angerechnet. Dies sind im Jahr 2011 4.599 Euro, für jeden weiteren Angehörigen beträgt der Freibetrag 10 Prozent der jährlichen Bezugsgröße; im Jahr 2010 sind dies 3.066 Euro. Der Freibetrag für Kinder beträgt derzeit 7.008 Euro.

392 Das Bundessozialgericht hat den Freibetrag für Kinder mit seinem Urteil vom 30. Juni 2009 (Aktenzeichen: B 1 KR 17/08) anders bestimmt, als dies vom Gesetzgeber intendiert war. Maßgebend für die Anwendung des § 62 SGB V sollte der sich nach § 32 Abs. 6 Satz 1, 1. Alternative EStG ergebende Betrag für das sächliche Existenzminimum des Kindes sein, der nach § 32 Abs. 6 Satz 2 EStG zu verdoppeln ist.

Entsprechendes sieht auch die Gesetzesbegründung zu dieser Rechtsnorm vor (vgl. BT-Drs. 15/ 1525). Dem Gesetzgeber kam es auf den (verdoppelten) Freibetrag von jetzt 3.864 Euro an. Das Bundessozialgericht hat mit seinem vorgenannten Urteil entschieden, dass zur Berechnung des Kinderfreibetrages sowohl der Freibetrag in Höhe von derzeit 2.184 Euro für das sächliche Existenzminimum des Kindes als auch der Freibetrag in Höhe von derzeit 1.320 Euro für den Betreuungs- und Erziehungs- oder Ausbildungsbedarf des Kindes zu berücksichtigen ist. Da der Gesamtbetrag noch zu verdoppeln ist, beläuft sich der Kinderfreibetrag derzeit auf 7.008 Euro. Das Urteil des Bundessozialgerichts wird von den Krankenkassen in der Praxis umgesetzt.

Der Anwendungsbereich der 10-Prozent-Regelung für weitere Angehörige hat nur noch im Bereich der Krankenversicherung der Landwirte Bedeutung.

393 Die Versicherten und ihre berücksichtigungsfähigen Ehegatten/Lebenspartner und Kinder haben die ihnen im laufenden Kalenderjahr entstehenden Zuzahlungen zu dokumentieren. Die Krankenkassen sind verpflichtet, denjenigen, die die Belastungsgrenze während eines Kalenderjahres erreicht haben, einen Befreiungsbescheid für den Rest dieses Jahres auszustellen.

394 Die Belastungsgrenze gilt für sämtliche Zuzahlungen im Bereich der gesetzlichen Krankenversicherung, also z. B. auch für die Zuzahlungen bei Krankenhausbehandlung oder bei stationären Vorsorge- und Rehabilitationsleistungen.

Heranziehung des Familienbruttoeinkommens

395 Die Zugrundelegung des Familienbruttoeinkommens bei den Belastungsgrenzen spiegelt im Regelfall die wachsende finanzielle Belastbarkeit des Versicherten und seiner im gemeinsamen Haushalt lebenden Familienangehörigen wider und trägt zur finanziellen Entlastung der GKV bei; insbesondere dann, wenn die im gemeinsamen Haushalt lebenden Angehörigen über die Familienversicherung beitragsfrei mitversichert sind.

396 Zu den Familienangehörigen zählen neben den Kindern der Ehegatte oder der eingetragene Lebenspartner des Versicherten, nicht jedoch der Verlobte, der nicht eheliche Lebensgefährte oder der geschiedene Ehegatte. Eine Berücksichtigung des Einkommens des mit dem Versicherten in einem eheähnlichen Verhältnis lebenden Partners ist nicht vorgesehen, da dieses zu nicht praktikablen Ergebnissen führen und viele rechtliche Fragen im Hinblick auf den fehlenden Unterhaltsanspruch des nichtehelichen Lebensgefährten gegen seinen Partner aufwerfen würde.

397 Ehegatten sind einander gemäß § 1360 Bürgerliches Gesetzbuch (BGB) zur Unterhaltsleistung verpflichtet. Auf den Unterhaltsanspruch kann gemäß § 1614 Abs. 1 BGB für die Zukunft nicht verzichtet werden. Gleiches gilt für die Unterhaltsansprüche von Verwandten in gerader Linie (§ 1601 BGB). Daher gilt die Vermutung, dass diese Unterhaltspflicht unter Ehegatten und zwischen Verwandten in gerader Linie auch tatsächlich erfüllt wird. Für die Partner einer rechtlich nicht geregelten Lebensgemeinschaft bestehen keine Unterhaltspflichten. Angesichts dieses Unterschiedes zwischen Ehegatten und Partnern eheähnlicher Lebensgemeinschaften ist es nach Auffassung des Bundesverfassungsgerichts nicht von Verfassungs wegen geboten, eine generelle Gleichstellung von eheähnlichen Gemeinschaften und Ehen vorzunehmen.

398 Durch das Gesetz zur Beendigung der Diskriminierung gleichgeschlechtlicher Gemeinschaften: Lebenspartnerschaften sind Lebenspartner die in eingetragenen Partnerschaften leben den Ehegatten gleichgestellt worden.

399 Zu den „Einnahmen zum Lebensunterhalt" gehören grundsätzlich alle Einnahmen wie Arbeitsverdienst, Einnahmen aus selbständiger Tätigkeit, Renten, Mieten, Kapitalerträge usw.; also auch Einnahmen, von denen Pflichtversicherte keine Krankenversicherungsbeiträge zu zahlen haben. Unberücksichtigt bleiben jedoch Erziehungsgeld nach dem Bundeserziehungsgeldgesetz und bis zu einer bestimmten Höhe Grundrenten, die Beschädigte (nicht deren Hinterbliebene) nach dem Bundesversorgungsgesetz erhalten, sowie Renten oder Beihilfen, die nach dem Bundesentschädigungsgesetz für Schäden an Körper und Gesundheit gezahlt werden.

400 Maßgebend sind immer die Bruttoeinnahmen, da im Krankenversicherungsrecht regelmäßig das Bruttoeinkommen als Maßstab der wirtschaftlichen Leistungsfähigkeit herangezogen wird. So ist bei der Bemessung der Beiträge der Mitglieder die Höhe der Bruttoeinkünfte Grundlage für die Festlegung der Beitragshöhe. Für die Beurteilung, ob die Belastungsgrenze erreicht ist, wird daher nicht auf einen anderen Maßstab (Nettoeinkünfte) zurückgegriffen. Denn sonst würden Versicherte mit hohen Bruttoeinbezügen und geringen Nettoeinkünften einerseits zwar mit hohen Beiträgen belegt, andererseits aber bei den Zuzahlungen als weniger belastbar eingestuft. Der Gesetzgeber hat sich daher dafür entschieden, gleiche Kriterien anzuwenden; dies ist z. B. bei Selbständigen von Bedeutung, die nicht selten über hohe Bruttoeinkünfte verfügen, jedoch geringe Nettoeinkünfte nachweisen können. Steuerrechtliche Vergünstigungen bleiben außer Betracht. Renten werden aufgrund ausdrücklicher gesetzlicher Bestimmung mit dem Zahlbetrag und nicht nur mit dem Ertragsanteil berücksichtigt.

Besonderheiten bei chronisch Kranken

401 Der Gesetzgeber ist sich der besonderen Situation von chronisch Kranken bewusst und hat dementsprechend eine Sonderregelung für diesen Personenkreis geschaffen. Für Versicherte, die wegen derselben Krankheit in Dauerbehandlung sind, gilt regelmäßig eine geringere Belastungsgrenze von nur 1 Prozent der jährlichen Bruttoeinnahmen zum Lebensunterhalt. Das Gesetz sieht vor, dass der Gemeinsame Bundesausschuss in Richtlinien das Nähere zur Definition einer chronischen Krankheit bestimmt.

402 Nach diesen Richtlinien gilt eine Krankheit als schwerwiegend chronisch, wenn sie wenigstens ein Jahr lang mindestens einmal pro Quartal ärztlich behandelt wurde und eines der folgenden Kriterien erfüllt ist:

– Es liegt eine Pflegebedürftigkeit der Pflegestufe II oder III vor.
– Es liegt ein Grad der Behinderung nach Schwerbehindertenrecht/Versorgungsrecht von mindestens 60 vor oder eine Minderung der Erwerbsfähigkeit nach Unfallversicherungsrecht von mindestens 60 Prozent.
– Es ist eine kontinuierliche medizinische Versorgung (ärztliche oder psychotherapeutische Behandlung, Arzneimitteltherapie, Behandlungspflege, Versorgung mit Heil- und Hilfsmitteln) erforderlich, ohne die nach ärztlicher Einschätzung eine lebensbedrohliche Verschlimmerung der Erkrankung, eine Verminderung der Lebenserwartung oder eine dauerhafte Beeinträchtigung der Lebensqualität durch die aufgrund der Krankheit nach Satz 1 verursachte Gesundheitsstörung zu erwarten ist.

403 Die Feststellung, ob ein Versicherter an einer schwerwiegenden chronischen Erkrankung im Sinne der Richtlinien leidet, trifft die Krankenkasse. Die Fortdauer der Behandlung ist der Krankenkasse mindestens einmal jährlich nachzuweisen. Seit dem 1. April 2007 darf der Arzt die Bescheinigung hierüber nur ausstellen, wenn er ein therapiegerechtes Verhalten des Patienten feststellt. Ausnahmen gelten insoweit für Versicherte, denen – etwa aufgrund ihrer Behinderung oder Pflegebedürftigkeit – ein therapiegerechtes Verhalten nicht zumutbar ist.

404 Mit dem GKV-WSG wurde die Regelung über die verminderte Belastungsgrenze mit der Inanspruchnahme der Vorsorge- und Früherkennungsuntersuchungen nach § 25 Abs. 1 und 2 SGB V verknüpft. Seit dem 1. Januar 2008 profitieren grundsätzlich nur die Versicherten von der reduzierten Belastungsgrenze, die sich vor ihrer Erkrankung über die für sie relevanten, vom Gemeinsamen Bundesausschuss näher bestimmten Vorsorgeuntersuchungen haben beraten lassen. Diese seit dem 1. Januar 2008 geltende Regelung ist zunächst auf die Untersuchungen zur Früherkennung des Darmkrebses, des Gebärmutterhalskrebses und des Brustkrebses beschränkt. Für Versicherte, die nach ihrer Erkrankung an einem strukturierten Behandlungsprogramm teilnehmen, gilt ebenfalls die reduzierte Belastungsgrenze.

405 Die Verknüpfung kommt nur auf Versicherte zur Anwendung, die zum Stichtag 1. April 2007 die im Gesetz definierten Altersgrenzen nicht überschritten haben: Diese liegen bei 20 Jahren für Frauen und 45 Jahren für Männer. Für alle anderen Versicherten bleibt die Belastungsgrenze bei 1 Prozent; allerdings gilt auch für sie die Bedingung des therapiegerechten Verhaltens. Patienten verhalten sich therapiegerecht, wenn sie sich an eine mit dem Arzt oder der Ärztin getroffene Verständigung halten. Ärzte dürfen die Bescheinigung über die Fortdauer der chronischen Erkrankung nicht ausstellen, wenn Versicherte auf Nachfrage erklären, dass sie von der getroffenen Verständigung abweichen. Mit diesen Neuregelungen wird die Verpflichtung der Versicherten gegenüber der Versichertengemeinschaft zu gesundheitsbewusstem Verhalten betont und die Eigenverantwortung der Versicherten gestärkt.

406 Versicherte, die mit ihren Zuzahlungen im laufenden Kalenderjahr die Belastungsgrenze erreichen, können sich für die weitere Dauer des Jahres von ihrer Krankenkasse von sämtlichen Zuzahlungen befreien lassen. Die Befreiung gilt für die gesamte im gemeinsamen Haushalt lebende Familie.

Besonderheiten bei Sozialhilfeempfängern und anderen Personengruppen

407 Für Empfänger von Fürsorgeleistungen nach dem Bundessozialhilfegesetz der Kriegsopferfürsorge oder dem Grundsicherungsgesetz hat das GKV-Modernisierungsgesetz (GMG) eine im Vergleich zu den übrigen Versicherten günstigere Regelung getroffen. Bei diesen Personen wird für die Ermittlung der Belastungsgrenze als Bruttoeinnahmen zum Lebensunterhalt für die Bedarfsgemeinschaft lediglich der Regelsatz des Haushaltsvorstandes nach der Regelsatzverordnung berücksichtigt (§ 62 Abs. 2 SGB V).

408 Die Hilfeempfänger haben die jeweiligen Zuzahlungen aus dem Regelsatz selbst zu tragen. Eine Aufstockung des Regelsatzes erfolgt nicht. Der Regelsatz (bei einem derzeitigen monatlichen Regelsatz von zumeist 359 Euro ohne einmalige Leistungen) beträgt 4.308 Euro je Kalenderjahr. Auf dieser Grundlage haben Sozialhilfeempfänger für die Bedarfsgemeinschaft folgende Zuzahlungen je Kalenderjahr zu leisten:

bei 1 Prozent Zuzahlung (Chroniker)   43,08 Euro,
bei 2 Prozent Zuzahlung   86,16 Euro.

409 Diese Sonderregelung gilt auch für Personen, bei denen die Kosten der Unterbringung in einem Heim oder einer ähnlichen Einrichtung von einem Träger der Sozialhilfe oder der Kriegsopferfürsorge getragen werden, sowie für den in § 264 SGB V genannten Personenkreis (Sozialhilfeempfänger, bei denen die Gesundheitsversorgung durch die GKV übernommen wird und Empfänger von laufenden Leistungen nach § 2 des Asylbewerberleistungsgesetzes). D. h., dass als Bruttoeinnahmen zum Lebensunterhalt für die gesamte Bedarfsgemeinschaft nur der Regelsatz des Haushaltsvorstands nach der Regelsatzverordnung maßgeblich ist.

410 Die von der Regelung Betroffenen können mit den Sozialhilfeträgern eine darlehensweise Übernahme der Zuzahlung vereinbaren und so die Belastung über mehrere Monate verteilen. Für Personen, die zu Lasten der Sozialhilfe in einem Heim leben (sogenannte „Taschengeldempfänger") ist die darlehensweise Übernahme der Zuzahlungen durch den Sozialhilfeträger gesetzlich vorgegeben. Nach § 35 SGB XII gewährt der Träger der Sozialhilfe den Betroffenen ein Darlehen in Höhe der maximalen Zuzahlungen bis zur jeweiligen Belastungsgrenze (1 oder 2 Prozent) und zahlt diesen Betrag unmittelbar an die zuständige Krankenkasse aus. Im Gegenzug stellt die Krankenkasse jeweils zum 1. Januar eines Jahres den betroffenen Taschengeldempfängern eine Bescheinigung über die Befreiung von der Zuzahlungsverpflichtung aus. Die Rückzahlung des Darlehens durch den Taschengeldempfänger an den Sozialhilfeträger erfolgt in gleich hohen Teilbeträgen, verteilt über das gesamte Kalenderjahr.

411 Ausschließlich für den oben angeführten Personenkreis ist eine besondere Überforderungsregelung vorgesehen. Für alle anderen Versicherten wird der Schutz vor Überforderung durch die Belastungsgrenzen von 2 bzw. 1 Prozent der jährlichen Bruttoeinnahmen zum Lebensunterhalt sichergestellt.

Bonusregelung (§ 65a SGB V)

412 Krankenkassen können in ihren Satzungen besondere Bonusmodelle für gesundheitsbewusstes Verhalten vorsehen. Der Bonus wird zusätzlich zu der nach § 62 Abs. 1 S. 2 2. Halbsatz SGB V abgesenkten Belastungsgrenze gewährt. Die Vorschrift des § 65a SGB V enthält auch die Möglichkeit, dass die Krankenkassen Arbeitgebern und Versicherten bei Maßnahmen der betrieblichen Gesundheitsförderung einen Bonus anbieten können.

413 Damit haben Krankenkassen die Möglichkeit, Anreize für besonders gesundheitsbewusstes Verhalten der Versicherten zu schaffen. Maßnahmen der Vorsorge können helfen, die individuelle Gesundheit zu erhalten und zu bessern und damit dazu beitragen, die Ausgaben der gesetzlichen Krankenversicherung zu reduzieren.

Wahltarife (§ 53 SGB V)

414 Die Versicherten sollen von einem umfassenden Qualitätswettbewerb im Gesundheitswesen profitieren. Die Krankenkassen arbeiten immer professioneller, flexibler und kundenorientierter. Der zunehmende Wettbewerb soll insbesondere dazu dienen, dass die Krankenkassen ihren Versicherten überall höchste Qualität zum angemessenen Preis und gute Dienstleistungen anbieten. Im Zuge des GKV-Wettbewerbsstärkungsgesetzes (GKV-WSG) haben die Krankenkassen die Möglichkeit, ihren Versicherten Wahltarife anzubieten. Für die Versicherten bedeutet das: mehr Wahlmöglichkeiten und bessere Vergleichbarkeit der Angebote.

Zu beachten ist allerdings das Verbot der Quersubventionierung der Wahltarife durch den allgemeinen

Haushalt der Krankenkassen (§ 53 Abs. 9 SGB V). Dieses wird seit Einführung der Wahltarife von den Aufsichtsbehörden überwacht. Sie prüfen im Rahmen der Genehmigung eines Wahltarifs auch die Tragfähigkeit der von der Krankenkasse vorgenommenen Kalkulation. Mit dem GKV-Finanzierungsgesetz wurde Anfang 2011 eingeführt, dass die Einhaltung des Verbots der Quersubventionierung nach versicherungsmathematischen Grundsätzen überwacht wird. Die Krankenkassen müssen der zuständigen Aufsichtsbehörde mindestens alle drei Jahre ein versicherungsmathematisches Gutachten vorlegen.

415 **Hausarzttarif**: Alle gesetzlichen Krankenkassen müssen ihren Versicherten spezielle Hausarzttarife anbieten. Das heißt, wer sich in ein Hausarztmodell einschreibt und im Krankheitsfall immer zuerst zum Hausarzt geht, kann von Zuzahlungen oder Praxisgebühren befreit werden oder bekommt andere Boni. Dies regelt die Satzung der Krankenkasse. Es gibt keine Verpflichtung derartige Vergünstigungen anzubieten. Die Teilnahme an den Hausarztmodellen ist für Versicherte und Ärzte freiwillig.

416 Weiterhin hat die Krankenkasse in ihrer Satzung zu regeln, dass für Versicherte, die an besonderen Versorgungsformen in Modellversuchen, besonderen ambulanten ärztlichen Versorgungen, in strukturierten Behandlungsformen und in der integrierten Versorgung teilnehmen, Tarife angeboten werden. Hierfür kann die Krankenkasse eine Prämienzahlung oder Zuzahlungsermäßigungen vorsehen.

417 Krankenkassen können einen **Selbstbehalttarif** anbieten: Die Krankenkasse gewährt einen günstigeren Tarif, im Gegenzug verpflichtet sich der Versicherte, bei Inanspruchnahme gesundheitlicher Leistungen einen bestimmten Betrag aus eigener Tasche zu zahlen. In vergleichbarer Weise können Versicherte spezielle Tarife wählen, die Prämienzahlungen bei Nichtinanspruchnahme von Leistungen vorsehen.

418 Der **Kostenerstattungstarif** richtet sich an gesetzlich Versicherte, die Leistungen wie Privatversicherte in Anspruch nehmen möchten: Bei Inanspruchnahme erhält der Versicherte eine Rechnung, die er zunächst einmal selbst bezahlt. Ein weiterer Wahltarif wird ermöglicht für die Kostenübernahme von Arzneimitteln der besonderen Therapierichtungen. Die Leistungen werden bei Privatabrechnung in der Regel zu einem höheren Gebührensatz berechnet als für gesetzlich Krankenversicherte; möglich ist in der Regel ein um das 2,3-fache höherer Gebührensatz. Die Kosten bekommt der Versicherte von seiner Krankenkasse erstattet. Der Rahmen der Kostenerstattung ist im Tarif vertraglich vereinbart. Diese Prämie wird zusätzlich zum monatlichen Beitragssatz fällig.

419 Der Wahltarif **Krankengeld** wird seit dem 1. Januar 2009 von allen gesetzlichen Krankenkassen angeboten. Er richtet sich an hauptberuflich Selbstständige und sonstige Versicherte, die bei Arbeitsunfähigkeit nicht für mindestens 6 Wochen Anspruch auf Entgeltfortzahlung haben (z.B. unständig Beschäftigte). Prämienzahlungen werden unabhängig von Alter, Geschlecht und Krankheitsrisiko kalkuliert. Die Mitglieder entscheiden eigenständig über ihre finanzielle Absicherung im Krankheitsfall. Dementsprechend sah auch das alte Recht bis 2008 Krankengeld nicht als Pflichtleistung für freiwillig Versicherte vor. Die Krankenkassen können nunmehr in der Tarifgestaltung den besonderen Interessen gerade der Selbstständigen entsprechen. Allerdings wird den betroffenen Versicherten seit dem 1. August 2009 auch die Wahl des gesetzlichen Krankengeldes ab der 7. Woche der Arbeitsunfähigkeit gegen Zahlung des allgemeinen Beitragssatzes ermöglicht. Nach dem KSVG versicherte Künstler und Publizisten können ebenfalls über einen Wahltarif Krankengeld vor der 7. Woche der Arbeitsunfähigkeit absichern.

420 Alle genannten Tarifvereinbarungen – außer denen zur Teilnahme an besonderen Versorgungsformen – haben eine Bindungsfrist (§ 53 Abs. 8 SGB V). Sie betrug aufgrund des GKV-WSG zunächst einheitlich drei Jahre. Allerdings sind diese Bindungsfristen mit dem GKV-Finanzierungsgesetz Anfang 2011 im Hinblick auf die Wahlfreiheit der Versicherten differenziert worden: Für bestimmte Tarife (Prämienzahlung, Kostenerstattung, Arzneimittel der besonderen Therapierichtungen) beträgt die Mindestbindungsfrist seitdem nur noch ein Jahr. Bei den Wahltarifen zum Selbstbehalt und zum Krankengeld ist es hingegen bei der dreijährigen Mindestbindung geblieben; auch an der Ausnahme für besondere Versorgungsformen ist festgehalten worden. Eine wesentliche Änderung, die seit Anfang 2011 in Kraft ist, besteht aber darin, dass das Sonderkündigungsrecht bei Erhebung oder Erhöhung eines Zusatzbeitrages nun auch dann ausgeübt werden kann, wenn ein Mitglied einen Wahltarif abgeschlossen hat. Von diesem Sonderkündigungsrecht ausgenommen sind aber weiterhin Mitglieder mit einem Krankengeld-Wahltarif.

Die Krankenkassen haben außerdem die Verpflichtung, für Wahltarife in ihren Satzungen ein Sonderkündigungsrecht in besonderen Härtefällen zu verankern. Versicherte, die ihren Krankenkassenbeitrag nicht selbst zahlen, zum Beispiel Arbeitslosengeldbezieher, können nur Tarife zu besonderen Versorgungsformen wählen.

421 Die Höhe der Prämienzahlung an Versicherte wird begrenzt. Dies ist erforderlich, um Missbrauchmöglichkeiten – zum Beispiel für Versicherte, die nur geringe Beiträge zahlen – zu verhindern. Die Begrenzung bewirkt zugleich, dass Selbstbehalttarife und Tarife, die für Nichtinanspruchnahme von Leistungen Prämienzahlungen vorsehen, nur eingeschränkt möglich sind. Der Selbstbehalt muss damit im angemessenen Verhältnis zur Prämienrückzahlung stehen. Insgesamt wird eine Kappungsgrenze eingeführt, die verhindert, dass Prämienzahlungen in der Häufung in keinem Verhältnis zu den gezahlten Beiträgen stehen.

Ökonomische Steuerung im System der gesetzlichen Krankenversicherung

Grundsatzfragen der ökonomischen Steuerung

Gesundheitspolitische Prioritäten und effiziente Mittelverwendung

422 Der steile Anstieg der Ausgaben für die medizinische Versorgung, der nicht nur in Deutschland, sondern auch in anderen vergleichbaren Industrieländern die gesundheitspolitische Diskussion insbesondere seit den siebziger Jahren prägte, machte deutlich, dass es auch im Gesundheitswesen Grenzen der Finanzierbarkeit gibt. Die Gesundheitspolitik musste auf die damit insbesondere verbundenen grundlegenden Fragen Antworten geben:
- Wie viele finanziellen Mittel sollen im Rahmen eines durch Beiträge finanzierten sozialen Sicherungssystems, der GKV, für die medizinische Versorgung der Versicherten aufgewendet werden?
- Welche gesundheitspolitischen Prioritäten sollen für die Verwendung dieser Mittel gelten?
- Wie kann ein effizienter Einsatz der Mittel sichergestellt werden, um damit den größtmöglichen gesundheitlichen Effekt zu erzielen?

423 Mehrere Gesetzgebungsvorhaben hatten das Ziel, die Voraussetzungen zur Erfüllung dieser Steuerungsaufgaben durch Einführung neuer Instrumente zu verbessern:
- Durch den gesetzlich vorgegebenen Grundsatz der Beitragssatzstabilität wurde der Umfang der im Rahmen der GKV über Solidarbeiträge aufzubringenden Mittel für die medizinische Versorgung an der Entwicklung der beitragspflichtigen Einkommen der Mitglieder der Krankenversicherung orientiert.
- Durch den Ausbau des Instrumentariums der ökonomischen Steuerung wurden die Voraussetzungen für einen effizienten Einsatz der verfügbaren Mittel verbessert.

424 Nachdem diese Steuerungsinstrumente wesentlich dazu beigetragen haben, die Entwicklung der Ausgaben der GKV in volkswirtschaftlich vertretbaren Grenzen zu halten, rückte in den gesundheitspolitischen Diskussionen in den letzten Jahren immer mehr die Frage in den Vordergrund, wie verhindert werden kann, dass die Anwendung der Instrumente zu negativen Folgen für die Versorgung der Versicherten führt. Diesbezüglich hatten der Sachverständigenrat für die Konzertierte Aktion im Gesundheitswesen und andere Expertengruppen in Teilbereichen Fehl-, Unter- und Überversorgung festgestellt und dafür auch strukturelle Mängel in der medizinischen Versorgung verantwortlich gemacht. Darüber hinaus wurde erkannt, dass der medizinische Fortschritt und die zunehmende Zahl älterer Menschen in Zukunft zu einem Ausgabendruck führt, der die Entwicklung der Einnahmen der GKV in Zukunft übersteigt.

425 Da die meisten Bürgerinnen und Bürger sowie die Gesundheitspolitik eine Rationierung medizinischer Versorgungsleistungen ablehnt, muss – auch aus ethischen Gründen - an dem Prinzip einer effizienten Mittelverwendung festgehalten werden, um auch künftig im gesamtgesellschaftlichen Interesse die Frage zu beantworten, wie die für das Gesundheitswesen verfügbaren finanziellen Mittel zur Gewährleistung einer wirtschaftlichen und qualitativ hochwertigen medizinischen Versorgung ausgegeben werden. Allerdings sollten zur Vermeidung von negativen Folgen für die Versorgung der Versicherten auch gewisse Flexibilisierungen bei der Umsetzung der ökonomischen Steuerung möglich sein (siehe Rdnr. 424).

Ordnungspolitische Alternativen: Marktsteuerung und staatliche Regulierung

426 In der Diskussion über die Reform des Gesundheitswesens werden von Vertretern marktwirtschaftlicher Steuerungsmodelle auf der einen und Anhängern staatlicher Regulierung auf der anderen Seite grundsätzliche Alternativen zu dem im System der GKV historisch gewachsenen Konzept einer Steuerung durch die Selbstverwaltung der Krankenkassen und ihrer Verbände vertreten. Der Gesetzgeber hat sich jedoch für die Weiterentwicklung des im Grundsatz bewährten, am Selbstverwaltungsprinzip orientierten Steuerungskonzepts entschieden.

427 Die Erfahrungen mit staatlich organisierten Gesundheitssystemen zeigen, dass die gesundheitliche Versorgung dort erhebliche qualitative Mängel aufweist. Die Möglichkeiten des Patienten unterliegen ebenso wie die Ausübung der Gesundheitsberufe erheblichen Einschränkungen. Zentralisierte Budgetierungsverfahren bieten keine Gewähr für mehr Wirtschaftlichkeit. Vielmehr besteht die Gefahr, dass unwirtschaftliche Strukturen konserviert werden.

428 Auf der anderen Seite sind reine Markt- und Wettbewerbsmodelle mit der sozialen Schutzfunktion der GKV nicht vereinbar. Der Zugang zu und die Teilhabe an der notwendigen und qualitativ hochwertigen medizinischen Versorgung unabhängig vom gesundheitlichen Risiko, Alter, Einkommen und sozialen Status der Menschen ist die elementare Funktion der GKV. Diese Funktion kann von einem reinen Markt- und Wettbewerbssystem nicht geleistet werden. Rein markt- und wettbewerbswirtschaftliche Modelle verkennen zumeist die Besonderheiten des Gesundheitswesens. Konsumentensouveränität – eine elementare Voraussetzung für einen funktionierenden Marktmechanismus – ist in weiten Bereichen der gesundheitlichen Versorgung nicht voll erreichbar. Ein reines Markt- und Wettbewerbsmodell würde die Steuerungsfunktion der Selbstverwaltung außer Kraft setzen, die Qualität der medizinischen Versorgung gefährden und die Durchsetzung gesundheitspolitischer Prioritäten erschweren.

Steuerung der Gesundheitsausgaben

Zur Flexibilisierung der globalen Ausgabensteuerung

429 Die globale Ausgabensteuerung (Grundsatz der Beitragssatzstabilität / Budgetierung) ist Ausdruck einer politischen Entscheidung über den Umfang der Mittel, die im Rahmen der GKV für die medizinische Versorgung eingesetzt werden sollten. Der Gesetzgeber hat damit für die Vergütungsverträge zwischen den Partnern der Selbstverwaltung, also der Krankenkassen und den Leistungserbringern, eine finanzierungspolitische Vorgabe gesetzt, nach der die Ausgaben der Krankenkassen nicht stärker steigen sollten als die Einkommen der beitragszahlenden Versicherten.

430 Mit dieser Begrenzung der Krankenversicherungsausgaben sollte zum einen die Belastung der Beitragszahler – Versicherte und Arbeitgeber – in einem volkswirtschaftlich vertretbaren Ausmaß gehalten werden; zum anderen sollte ein ausreichender Finanzierungsspielraum eröffnet werden, um die Leistungsfähigkeit zu erhalten und die Umsetzung des medizinischen Fortschritts zu gewährleisten.

431 Zugleich sollte durch die Begrenzung des verfügbaren Finanzierungsspielraums ein verstärkter Anreiz geschaffen werden, die bestehenden Einsparungsmöglichkeiten und Rationalisierungsreserven im Gesundheitswesen auszuschöpfen und damit die Wirtschaftlichkeit der medizinischen Versorgung zu verbessern.

432 In den vergangenen Jahren ist diese Form der Budgetierung auf Grund von befürchteten negativen Auswirkungen auf die Versorgung aber verstärkt in Kritik geraten. Um negative Auswirkungen auf die Qualität und die Wirtschaftlichkeit der medizinischen Versorgung im System der GKV insbesondere auch angesichts der demographischen Herausforderungen zu vermeiden, sind vom Gesetzgeber im Zeitablauf eine Reihe von grundlegenden Anpassungen vorgenommen worden: So wurde mit dem Gesetz zur Modernisierung der GKV (GMG) zunächst die Finanzierung neuer diagnostischer oder therapeutischer Leistungen im ambulanten vertragsärztlichen Bereich erleichtert. Mit der im GKV-WSG enthaltenen grundlegenden Reform des vertragsärztlichen Vergütungssystems zum 1. Januar 2009 wurde der Grundsatz der Beitragssatzstabilität für den Bereich der vertragsärztlichen Leistungen sogar ganz aufgegeben (siehe Rdnr. 521.). Auch im Krankenhausbereich wird mit dem Krankenhausfinanzierungsreformgesetz (KHRG) perspektivisch die Ablösung des Grundsatzes der Beitragssatzstabilität in Angriff genommen. Für den Bereich der Zahnärzte finden sich im Koalitionsvertrag von CDU/CSU und FDP die Aussage, dass sich auch hier „die Ausgabensteuerung über die

Anbindung an die Grundlohnsummenentwicklung überholt" habe und nun neue Regelungen gefunden werden müssten.

Angebots- und nachfrageorientierte Steuerungs- und Wettbewerbsansätze

433 Vor dem Hintergrund der o. g. Kritik wird die finanzielle Globalsteuerung in der GKV zunehmend durch eine Reihe von alternativen Steuerungsansätzen ergänzt bzw. ersetzt, die sowohl die Nachfrager – die Versicherten – als auch die Anbieter von Gesundheitsleistungen, das heißt Ärzte, Zahnärzte, Krankenhäuser und andere, zu einem wirtschaftlichen Verhalten veranlassen sollen. Dabei wurde insbesondere mit dem GKV-WSG der bereits vorher eingeleitete Weg fortgesetzt, um den Wettbewerb um Qualität und Wirtschaftlichkeit sowohl zwischen den Kassen als auch den Leistungserbringern zu intensivieren. An der genauen Ausgestaltung des wettbewerblichen Regulierungsrahmens im Sinne einer sachgerechten Wettbewerbsordnung für die GKV, die eine außerordentlich komplexe Aufgabe darstellt, wird kontinuierlich gearbeitet.

434 Der weitestgehende Ansatz auf der Nachfrageseite ist der Ausschluss von Leistungen, die nicht von der Solidargemeinschaft zu finanzieren sind, weil sie eher Konsumcharakter haben und vom Versicherten selbst bezahlt werden sollen. Ein weiterer Ansatz ist die Selbstbeteiligung der Versicherten – differenziert für die unterschiedlichen Leistungsbereiche und verbunden mit flankierenden Maßnahmen wie Ausnahmeregelungen, Härtefall- und Überforderungsklauseln (z. B. Praxisgebühr; Zuzahlungen für Arzneimittel). Schließlich kann über die Zahlung von Boni oder Prämien Einfluss auf das Nachfrageverhalten der Versicherten genommen werden; gefördert werden kann so bspw. die Inanspruchnahme bestimmter (gewünschter) Leistungen (z. B. Vorsorgeuntersuchungen), die Teilnahme an bestimmten Versorgungsformen (z. B. Integrierte Versorgung, Hausarztzentrierte Versorgung) oder auch die Nicht-Inanspruchnahme von Leistungen zu Lasten der Krankenkassen in einem bestimmten Zeitraum (z. B. in Wahltarifen).

435 Eine Nachfragesteuerung ist jedoch nur sinnvoll in Verbindung mit einer angebotsorientierten Ausgabensteuerung, da entscheidende Impulse für die Ausgabenentwicklung in der GKV von der Angebotsseite ausgehen.

436 Die Steuerungsinstrumente auf der Angebotsseite zielen auf die verschiedenen Faktoren, die die Wirtschaftlichkeit, die Leistungsfähigkeit und die Qualität der medizinischen Versorgung bestimmen. Die geltenden gesetzlichen Regelungen einer angebotsorientierten Ausgabensteuerung in der GKV können in folgenden Kategorien zusammengefasst werden:

437 Die erste Kategorie umfasst Maßnahmen, die den Umfang der im medizinischen Versorgungssystem eingesetzten personellen und materiellen Ressourcen steuern, wie die Bedarfsplanung für Krankenhäuser und niedergelassene Ärzte. Der Zusammenhang zur Entwicklung der GKV-Ausgaben ergibt sich aus der Theorie der angebotsinduzierten Nachfrage, die davon ausgeht, dass eine Ausweitung der Leistungskapazität im Gesundheitswesen, insbesondere eine steigende Zahl von Ärzten, zu einem erhöhten Leistungsumfang und steigenden Ausgaben führt.

438 Der zweiten Kategorie können die Regelungen zugerechnet werden, die die Leistungsstrukturen des Versorgungssystems mit dem Ziel einer Effizienzsteigerung verändern und damit ebenfalls mittelbare Auswirkungen auf die Ausgabenentwicklung in der GKV haben. Zu nennen sind u. a. die Regelungen zur besseren Verzahnung von ambulanter und stationärer Versorgung, wie die vor- und nachstationäre Behandlung im Krankenhaus, die Öffnung der Krankenhäuser für ambulante Operationen und für bestimmte weitere ambulante Leistungen sowie die Struktur- und Selektivverträge zwischen den Krankenkassen und Leistungserbringern, wie z. B. zur hausarztzentrierten Versorgung oder zur integrierten Versorgung. Aber auch Regelungen wie die Einführung einer elektronischen Gesundheitskarte zielen letztlich darauf ab, die Angebotsstrukturen effizienter zu gestalten, indem z. B. Doppeluntersuchungen vermieden werden.

439 Eine dritte Kategorie von Maßnahmen und Mechanismen richtet sich auf eine direkte Ausgabensteuerung in der GKV. Diese Regelungen können nach ihrem Ansatzpunkt unterschieden werden: Sie beeinflussen einzelne oder mehrere Ausgabenkomponenten (Preis, Menge, Struktur). Zu dieser Kategorie gehören z. B. Vergütungsregelungen, die mit ökonomischen Anreizen für das Verhalten der Leistungserbringer verbunden sind, Rabattverträge für Arzneimittel, Regelungen zur Mengensteuerung der ärztlichen Leistungen oder Regelungen zur Wirtschaftlichkeits- und Abrechnungsprüfung der Ärzte, Zahnärzte und Krankenhäuser.

Kosten- und Leistungstransparenz, Datenschutz

Datentransparenz

440 Die Gesundheitspolitik und die Selbstverwaltung der GKV benötigen für ihre Entscheidungen verlässliche Daten. Die Regelungen zur Datentransparenz dienen dazu, auf der Basis des aktuellen Leistungsgeschehens unter Wahrung des Datenschutzes für die Versicherten eine solide Datengrundlage für gesundheitspolitische Entscheidungen zu schaffen. Mit dem GKV-Modernisierungsgesetz (GMG) wurden eine Reihe von Regelungen getroffen, um die Verfahren zur Erfassung, Übermittlung und Auswertung steuerungsrelevanter Leistungs- und Kostendaten unter strikter Beachtung datenschutzrechtlicher Anforderungen zu verbessern. Zur Umsetzung dieser Regelungen hatten die Spitzenverbände der Krankenkassen und die Kassenärztliche Bundesvereinigung eine Arbeitsgemeinschaft für Aufgaben der Datentransparenz gebildet, die vor allem die Voraussetzungen für eine pseudonymisierte kassenarten- und sektorenübergreifende Zusammenführung der Leistungs- und Abrechnungsdaten der GKV schaffen soll. Damit wurden erste Schritte zur Verbesserung der Transparenz des Leistungsgeschehens eingeleitet. Mit der Errichtung des Spitzenverbandes Bund der Krankenkassen sind diesem zum 1. Juli 2008 die Aufgaben der Datentransparenz auf der Seite der Kostenträger übertragen worden.

Krankenversichertenkarte

441 Alle Versicherten in der GKV – Mitglieder und Familienangehörige – erhalten von ihrer Krankenkasse eine Krankenversichertenkarte. Diese dient zum Nachweis der Berechtigung zur Leistungsinanspruchnahme sowie als Datenträger für die notwendigen Angaben zur Person des Versicherten (z. B. Name, Anschrift, Krankenversichertennummer). Die Krankenversichertenkarte ermöglicht eine rationale elektronische Übertragung dieser Angaben auf die verschiedenen von Ärzten, Zahnärzten, Apothekern, Krankenhäusern und anderen Leistungserbringern verwendeten Formulare, zum Beispiel Abrechnungsscheine und Verordnungsformulare. Eine Vielzahl von Verwaltungsvorgängen kann hierdurch vereinfacht werden, wobei die entsprechenden Verfahren gesetzlich geregelt und datenschutzrechtlich abgesichert sind. Um die eindeutige Zuordnung der Krankenversichertenkarte zum Karteninhaber zu verbessern und eine missbräuchliche Verwendung der Karte zu erschweren sieht das GKV-Modernisierungsgesetz (GMG) die Erweiterung der Krankenversichertenkarte um ein Lichtbild sowie die Angabe des Geschlechts vor. Wenngleich zur missbräuchlichen Verwendung der Krankenversichertenkarte durch unkontrollierte Mehrfachinanspruchnahme ärztlicher Leistungen („Doktor-hopping") oder die Nutzung der Karte durch mehrere Personen (Chipkartentourismus, -handel) keine bundesweiten Untersuchungen und Zahlen vorliegen, dürfte der dadurch den Krankenkassen entstehende Schaden nicht unbeträchtlich sein. Vor diesem Hintergrund wurden die Krankenkassen mit dem GKV-Wettbewerbsstärkungsgesetz ergänzend zu den bereits bestehenden Regelungen verpflichtet, durch weitere geeignete Maßnahmen einer missbräuchlichen Verwendung der Karte entgegenzuwirken. So können die Krankenkassen z.B. durch möglichst tagesaktuelle Bereitstellung von Informationen über den Verlust von Karten, die Beendigung des Versicherungsschutzes und Änderungen beim Zuzahlungsstatus in einem Versichertenstammdatendienst wesentlich dazu beitragen, dass die Aktualität der Karte bei der Inanspruchnahme von Leistungen überprüft werden kann.

442 Mit dem GKV-Modernisierungsgesetz (GMG) wurden zudem die Voraussetzungen dafür geschaffen, die Krankenversichertenkarte zu einer elektronischen Gesundheitskarte weiterzuentwickeln. Diese soll neben der Speicherung der Angaben zur Person des Versicherten u. a. auch ermöglichen, Daten ärztlicher Verordnungen elektronisch zu übermitteln (e-Rezept) sowie Notfalldaten des Versicherten auf dessen Wunsch zu speichern. Vor ihrer flächendeckenden Einführung wird die elektronische Gesundheitskarte zunächst in ausgewählten Regionen einem Praxistest unterzogen. Da die Einführung der elektronischen Gesundheitskarte durch die Krankenkassen bisher in nicht befriedigender Weise verlaufen ist, hat der Gesetzgeber im GKV-Finanzierungsgesetz Anreize zu einer beschleunigten Einführung geschaffen. So ist vorgesehen, dass die Verwaltungskosten der Krankenkassen, die die elektronische Gesundheitskarte bis zum 31. Dezember 2011 nicht an mindestens 10 Prozent ihrer Versicherten ausgegeben haben, im Jahr 2012 um 2 Prozent gekürzt werden.

Auskünfte an Versicherte

443 Da infolge des in der GKV geltenden Sachleistungsprinzips (vgl. Rdnr. 295) die Abrechnung in Anspruch genommener Leistungen in der Regel nicht mit den Versicherten, sondern entweder direkt mit den Krankenkassen oder in der ambulanten ärztlichen Versorgung über die Kassenärztlichen Vereinigungen erfolgt, erhalten die Versicherten nicht „automatisch" Kenntnis über die abgerechneten Leistungen und die damit verbundenen Kosten.

444 Die Versicherten können jedoch von ihrer Krankenkasse Auskunft über die von ihnen jeweils im letzten Geschäftsjahr in Anspruch genommenen Leistungen und deren Kosten verlangen (§ 305 Abs. 1 SGB V). Mit dem GKV-Modernisierungsgesetz (GMG) wurde zudem die sogenannte „Patientenquittung", eine für Laien verständliche Kosten- und Leistungsinformation, eingeführt (§ 305 Abs. 2 SGB V). Danach haben Ärzte und Zahnärzte die Versicherten auf deren Verlangen – entweder direkt im Anschluss an die Behandlung oder quartalsweise spätestens vier Wochen nach Ablauf des Quartals – schriftlich in verständlicher Form über die von ihnen zu Lasten der Krankenkassen in Anspruch genommenen Leistungen und deren Kosten zu unterrichten. Dabei hat der Arzt oder Zahnarzt die erbrachten Leistungen aufzulisten sowie die entstandenen Kosten anzugeben. Auch die Krankenhäuser sind verpflichtet, die Versicherten auf deren Verlangen spätestens 4 Wochen nach Abschluss der Krankenhausbehandlung schriftlich und in verständlicher Form über die während der Krankenhausbehandlung erbrachten und mit der Krankenkasse abgerechneten Leistungen zu informieren. Die Patientinnen und Patienten können im Zusammenhang mit ihrem Auskunftsrecht gegenüber den Krankenkassen nach § 305 Absatz 1 Fünftes Buch Sozialgesetzbuch (SGB V) die tatsächliche Abrechnung der ärztlichen Leistungen mit den erhaltenen Patientenquittungen abgleichen und nachvollziehen.

Datenschutz

445 Das Bundesverfassungsgericht hat in einer grundlegenden Entscheidung, dem sogenannten Volkszählungsurteil vom 15. Dezember 1983 (BVerfGE 65, S. 1 ff.), entschieden, dass der Bürger grundsätzlich selbst über die Verwendung seiner persönlichen Daten bestimmen soll. Das Bundesverfassungsgericht leitet dieses Recht aus dem allgemeinen Persönlichkeitsrecht des Art. 1 Abs. 1 GG ab. Ausnahmen von diesem Recht auf informationelle Selbstbestimmung bedürfen einer gesetzlichen Regelung und sind an enge Voraussetzungen gebunden.

446 In der GKV werden auch Gesundheitsdaten, also besonders sensible Daten der Versicherten, erhoben und verarbeitet. Zur Erfüllung ihrer gesetzlichen Verpflichtung, nur Leistungen zu erbringen, die ausreichend, zweckmäßig und wirtschaftlich sind sowie das Maß des Notwendigen nicht überschreiten, benötigen die Beteiligten Daten über die medizinische Versorgung der Versicherten. Auf der Grundlage des oben erwähnten Urteils des Bundesverfassungsgerichts sind im SGB V bereichsspezifische Regelungen über Voraussetzungen, Verfahren, Umfang sowie Grenzen der für die Aufgaben der GKV zulässigen Erhebung und Verarbeitung von Daten normiert. In diesen Regelungen werden Umfang und Zwecke der Datenverarbeitung bei Krankenkassen, Kassenärztlichen Vereinigungen und den Medizinischen Diensten der Krankenversicherung sowie die Verpflichtung und Befugnis der Leistungserbringer, zum Beispiel der Ärzte, Daten an die Krankenkassen und Kassenärztlichen Vereinigungen zu übermitteln, festgelegt. Mit der Einführung von strukturierten Behandlungsprogrammen für chronische Krankheiten erhalten die Krankenkassen mit Einwilligung des Versicherten zur Steuerung der Programme auch Behandlungsdaten vom behandelnden Arzt. Die Befugnis zur Erhebung, Verarbeitung und Nutzung dieser Daten wird auf den jeweils erforderlichen Umfang begrenzt und einer strengen Zweckbindung unterworfen. Alle Daten sind entsprechend den im Gesetz festgelegten Fristen zu löschen, sobald sie für den Zweck, für den sie erhoben oder verarbeitet wurden, nicht mehr benötigt werden.

Sachverständigenrat zur Begutachtung der Entwicklung im Gesundheitswesen

447 Seit 1986 wurde zur Begutachtung der Entwicklung im Bereich des Gesundheitswesens und insbesondere der GKV ein unabhängiger Sachverständigenrat eingerichtet, der zunächst die bis 2003 im SGB V vorgesehene Konzertierten Aktion im Gesundheitswesen bei der Erfüllung ihrer Aufgaben unterstützen sollte. Da die Konzertierte Aktion – ein Gremium aus den wesentlichen Entscheidungsträgern von Bund, Ländern sowie den maßgeblichen Organisationen des Gesundheitswesens – seit 1995 nicht mehr zusammengetreten war, wurde sie mit dem GKV-Modernisierungsgesetz (GMG) aufgelöst. Die Bezeichnung des Gremiums wurde in „Sachverständigenrat zur Begutachtung der Entwicklung im Gesundheitswesen" umgewandelt. Der Rat wird vom Bundesministerium für Gesundheit berufen. Ihm gehören Mediziner sowie Wirtschafts- und Sozialwissenschaftler an und er hat den Auftrag,

- die Entwicklung in der gesundheitlichen Versorgung mit ihren medizinischen und wirtschaftlichen Auswirkungen zu analysieren,
- unter Berücksichtigung der finanziellen Rahmenbedingungen und vorhandener Wirtschaftlichkeitsreserven Prioritäten für den Abbau von Versorgungsdefiziten und bestehenden Überversorgungen zu entwickeln,
- Vorschläge für medizinische und ökonomische Orientierungsdaten vorzulegen und
- Möglichkeiten und Wege zur Weiterentwicklung des Gesundheitswesens aufzuzeigen.

448 Der Sachverständigenrat umfasst 7 Mitglieder und hat eine eigene Geschäftsstelle. Die finanziellen Aufwendungen für den Rat und seine Geschäftsstelle werden aus dem Haushalt des Bundesministeriums für Gesundheit finanziert. Der Sachverständigenrat hat in den bisher vorgelegten 14 Gutachten eine Bestandsaufnahme des medizinischen Versorgungssystems in der Bundesrepublik Deutschland durchgeführt. Neben der Analyse der aktuellen Entwicklungen in den verschiedenen Leistungsbereichen (ambulante ärztliche und zahnärztliche Versorgung, Krankenhausversorgung, Versorgung mit Arznei-, Heil- und Hilfsmitteln) wurden die wesentlichen Bestimmungsfaktoren des Leistungsgeschehens – Altersentwicklung, Morbidität, Mortalität, Angebotsstruktur, Inanspruchnahme sowie wirtschaftliche und finanzielle Rahmenbedingungen – untersucht. Darüber hinaus hat der Rat Vorschläge zur Weiterentwicklung des gesundheitlichen Versorgungssystems vorgelegt, insbesondere zur allgemein- und fachärztlichen ambulanten Versorgung, zur Arzthonorierung und zur Krankenhausfinanzierung sowie zur Reform der Organisations- und Finanzierungsstrukturen der GKV. Auch der Aufbau des Gesundheitswesens im Beitrittsgebiet und die Auswirkungen der Europäischen Union auf das deutsche Gesundheitssystem wurden analysiert.

449 Anstelle der bis dahin üblichen Jahresgutachten hat der Bundesminister für Gesundheit dem Sachverständigenrat erstmals Anfang 1993 den Auftrag für ein Sondergutachten erteilt, das vor dem Hintergrund der demographischen, medizinischen und medizinisch-technischen Entwicklung Vorschläge für die langfristige Weiterentwicklung der GKV erarbeiten sollte. Dabei standen insbesondere Fragen der Prävention, der Beitragsgestaltung, der Vertragsbeziehungen sowie des Leistungskatalogs im Vordergrund. Ein weiteres Sondergutachten, das die Wachstums- und Beschäftigungswirkungen des Gesundheitswesens und seiner Finanzierung in der Bundesrepublik Deutschland näher untersuchte, wurde 1997 vorgelegt. Schwerpunktthema eines Sondergutachtens, das Mitte 2000 vorgelegt wurde, war die Leistungssteuerung im Gesundheitswesen unter den Aspekten der Qualitätssicherung und neuer Vergütungsformen. Im Jahr 2001 hat der Sachverständigenrat ein mehrere Teile umfassendes Gutachten zur Ermittlung von Über-, Unter- und Fehlversorgungen im deutschen Gesundheitswesen insbesondere im Bereich der Prävention sowie bei der Diagnose und Therapie wichtiger chronischer Erkrankungen vorgelegt und entsprechende Verbesserungsmöglichkeiten aufgezeigt. Zu den Aussagen dieses Gutachtens hat die Bundesregierung gegenüber dem Parlament ausführlich Stellung genommen. Außerdem wurden Wirtschaftlichkeitsreserven im Bereich der Arzneimittelversorgung analysiert und Vorschläge zur Ausschöpfung dieser Potentiale unterbreitet. In seinem im Frühjahr 2005 vorgelegten Gutachten mit dem Titel „Koordination und Qualität im Gesundheitswesen" hat sich der Sachverständigenrat schwerpunktmäßig mit Fragen der der korporativen Steuerung in der Selbstverwaltung der GKV, Verbesserungsmöglichkeiten im Bereich der Prävention, Rehabilitation und Pflege, der Versorgung mit Heil- und Hilfsmitteln sowie der Qualität der Arzneimittelversorgung beschäftigt. Das Gutachten des Rates, das im Frühjahr 2007 vorgelegt wurde befasste sich unter dem Titel „Kooperation und Verantwortung - Voraussetzungen einer zielorientierten Gesundheitsversorgung" u. a. mit Fragestellungen der Entwicklung der Zusammenarbeit der Gesundheitsberufe, der integrierten Versorgung in der GKV, der Planung und Finanzierung des Krankenhauswesens, der Angemessenheit und Verantwortlichkeit in der Gesundheitsversorgung unter den Aspekten der Qualität und Sicherheit sowie der Primärprävention vulnerabler Gruppen.

450 Ende 2007 erhielt der Sachverständigenrat vom Bundesministerium für Gesundheit den Auftrag für ein weiteres Gutachten, in dem Perspektiven einer altersgerechten Gesundheitsversorgung aufgezeigt werden sollen. Dieses Gutachten mit dem Titel „Koordination und Integration- Gesundheitsversorgung in einer Gesellschaft des längeren Lebens" ist im Mai 2009 vorgelegt worden. Das ca. 900 Seiten lange Gutachten enthält Vorschläge der sieben Professorinnen und Professoren, wie den Herausforderungen einer altersgerechten Gesundheitsversorgung in den

Bereichen Prävention, Krankenversorgung, Ausbildung, Finanzierung und Vertragsgestaltung entsprochen werden könnte. Ein Überblick über die bislang veröffentlichen Gutachten sowie über Aufgaben und Zusammensetzung des Rates findet sich auf der Homepage www.svr-gesundheit.de. Im Dezember 2010 wurde der von Bundesgesundheitsminister Dr. Rösler im Juli 2010 neu berufene Sachverständigenrat mit einem Sondergutachten zum Thema „Wettbewerb an den Schnittstellen der Gesundheitsversorgung" beauftragt. Das Gutachten wird voraussichtlich im Dezember 2011 vorgelegt werden.

Gemeinsamer Bundesausschuss

451 Der Gemeinsame Bundesausschuss (G-BA) ist das oberste Beschlussgremium der Gemeinsamen Selbstverwaltung von Vertragsärzten, Vertragszahnärzten, Psychotherapeuten, Krankenhäusern und Krankenkassen. Seine Organisation und Struktur ist in § 91 SGB V gesetzlich geregelt. Er ist eine rechtsfähige juristische Person des öffentlichen Rechts und wird durch den Vorsitzenden, Herrn Dr. Hess, gerichtlich und außergerichtlich vertreten.

452 Die Trägerorganisationen des G-BA sind die Kassenärztlichen Bundesvereinigungen, die Deutsche Krankenhausgesellschaft (DKG) und der Spitzenverband Bund der Krankenkassen (GKV-SV). Das Beschlussgremium des G-BA (Plenum) besteht aus dem Unparteiischen Vorsitzenden, zwei weiteren unparteiischen Mitgliedern, einem von der Kassenzahnärztlichen Bundesvereinigung (KZBV) benannten Mitglied, jeweils zwei von der Kassenärztlichen Bundesvereinigung (KBV) und der DKG sowie fünf vom GKV-SV benannten Mitgliedern.

453 Der gesetzliche Auftrag des G-BA ist im Wesentlichen in § 92 SGB V geregelt. Danach ist es die Aufgabe des G-BA, die zur Sicherung der ärztlichen Versorgung erforderlichen Richtlinien über die Gewähr für eine ausreichende, zweckmäßige und wirtschaftliche Versorgung der Versicherten zu beschließen. In diesen Richtlinien erfolgt insbesondere die nähere Konkretisierung des Leistungsanspruchs gesetzlich Krankenversicherter auf bestimmte Behandlungen oder Untersuchungen. D.h. der G-BA legt fest, welche Leistungen der medizinischen Versorgung von der GKV übernommen werden können. Die von ihm beschlossenen Richtlinien haben den Charakter untergesetzlicher Normen und sind für alle Akteure der gesetzlichen Krankenversicherung (GKV) bindend.

454 Die Arbeitsweise des G-BA, die Geschäftsführung und weitere organisatorische Fragen, wie die Einsetzung von Unterausschüssen sind in einer Geschäftsordnung geregelt, die der Genehmigung des Bundesministeriums für Gesundheit (BMG) unterliegt. Die methodischen Anforderungen an die wissenschaftliche Bewertung des Nutzens, der Notwendigkeit und der Wirtschaftlichkeit von Leistungen und Maßnahmen durch den G-BA und weitere Verfahrensfragen regelt die (ebenfalls vom BMG zu genehmigende) Verfahrensordnung.

455 Vertreter von Patientenorganisationen haben hinsichtlich aller Richtlinienbeschlüsse ein Mitberatungs- und Antragsrecht im G-BA. In der Patientenbeteiligungsverordnung sind die derzeit auf Bundesebene vier maßgeblichen Patientenorganisationen, die einvernehmlich sachkundige Personen in den G-BA entsenden, ausdrücklich benannt (Deutscher Behindertenrat, Deutsche Arbeitsgemeinschaft Selbsthilfegruppen, Verbraucherzentrale Bundesverband, Bundesarbeitsgemeinschaft der PatientInnenstellen). Die mit dem GMG im Jahr 2004 eingeführte Patientenbeteiligung im G-BA hat sich bewährt und wurde beibehalten bzw. verbessert. Mit dem zum 1. Januar 2007 in Kraft getretenen Vertragsarztrechtsänderungsgesetz wurde die Reichweite des Mitberatungsrechts auf Landesebene klargestellt und die für eine effektive Aufgabenwahrnehmung erforderliche finanzielle Absicherung verbessert. Außerdem wurde durch das GKV-WSG zum 1. April 2007 klargestellt, dass der G-BA die Patientenseite bei ihrer Aufgabenwahrnehmung organisatorisch und inhaltlich (z.B. Organisation von Fortbildung und Schulungen, Wahrnehmung der Antragsrechte nach § 140f Abs. 2 SGB V) durch eine Stabsstelle Patientenbeteiligung unterstützt.

456 Der G-BA wurde mit dem GKV-Modernisierungsgesetz (GMG 2004) aus vormals vier nebeneinander arbeitenden Ausschüssen der gemeinsamen Selbstverwaltung neu gebildet. Er hat sektorenübergreifend deren Aufgaben übernommen und zusätzliche Verantwortlichkeiten erhalten. Mit dem GKV-Wettbewerbsstärkungsgesetz (GKV-WSG) sind im Jahr 2007 noch eine Reihe weiterer Aufgaben hinzu gekommen und es wurde die Struktur des G-BA weiterentwickelt und professionalisiert. Seine Aufgaben wurden stärker sektorenübergreifend ausgerichtet und seine Entscheidungsabläufe transparenter gestaltet. Im Interesse der Straffung der Arbeitsprozesse wurde die Zahl der Gremien im G-BA deutlich vermindert, um einen effizienteren Einsatz personeller und sachlicher Mittel sowie eine zügigere Entscheidungsfindung zu erreichen.

457 Zu den Gremien des G-BA zählen derzeit neben dem (in öffentlicher Sitzung tagenden) Plenum noch insgesamt acht Unterausschüsse (für die Bereiche Arzneimittel, Qualitätssicherung, Sektorenübergreifende Versorgung, Methodenbewertung, Veranlasste Leistungen, Bedarfsplanung, Psychotherapie, Zahnärztliche Behandlung), denen derzeit insgesamt über 80 Arbeitsgruppen zuarbeiten. Im Rahmen seines gesetzlichen Auftrags fasst der G-BA, insbesondere zur Überarbeitung und Fortentwicklung einer jeden der (bisher über 40) Richtlinien fortlaufend weitere Beschlüsse. Der G-BA hat 2003/2004 damit begonnen, das Verfahren der medizinisch-wissenschaftlichen Nutzenbewertung auf der Grundlage einer umfassenden evidenzbasierten medizinischen Technologiebewertung (Health Technology Assessment, HTA) durchzuführen. Dieses ursprünglich für die Bewertung von Untersuchung- und Behandlungsmethoden in der ambulanten Versorgung konzipierte Verfahren wurde inzwischen auch auf alle relevanten Regelungsbereiche im G-BA, in denen medizinische Bewertungen durchgeführt werden, ausgedehnt und in der Verfahrensordnung verankert.

458 Das Bundesministerium für Gesundheit (BMG) führt gemäß § 91 Abs. 8 SGB V die Rechtsaufsicht über den G-BA. Nach § 94 SGB V sind die Richtlinienbeschlüsse dem BMG zur Prüfung vorzulegen. Das BMG kann diese Beschlüsse bei Vorliegen von Rechtsverstößen beanstanden und damit im Wege einer präventiven Kontrolle das Wirksamwerden dieser Beschlüsse verhindern. Erst bei einer Nichtbeanstandung durch das BMG werden sie im Bundesanzeiger veröffentlicht und damit rechtswirksam.

Medizinische Qualitätssicherung

Ziele und Merkmale

459 Der Gesetzgeber misst der Qualitätssicherung eine hohe Bedeutung zu, weswegen die Vorschriften zur Qualitätssicherung regelmäßig angepasst wurden. Das wesentliche Ziel dabei ist, die Qualitätssicherung so zu gestalten, dass eine gute Versorgung der Patientinnen und Patienten in allen Versorgungsbereichen nach dem aktuellen Stand der Wissenschaft gewährleistet werden kann. Das bedeutet vor allem, dass die notwendige Diagnostik und Therapie in guter Qualität erbracht wird. Darüber hinaus sind unnötige diagnostische und therapeutische Maßnahmen sowie Behandlungsfehler zu vermeiden. Hohe Qualität zeichnet sich insbesondere aus durch

- ein großes Maß an Professionalität bei der Diagnostik und Behandlung,
- ein medizinisch gutes Ergebnis,
- eine hohe Zufriedenheit der Patientinnen und Patienten und
- einen effizienten Ressourceneinsatz.

Maßnahmen der Qualitätssicherung sind neben der Einführung eines Prozesses der kontinuierlichen Qualitätsverbesserung (interne Qualitätssicherung/Qualitätsmanagement) gezielte Verfahren zum Vergleich, zur Bewertung und zur Kontrolle der diagnostischen und therapeutischen Behandlung, ihrer Ergebnisse und der damit verbundenen organisatorischen Abläufe (externe Qualitätssicherung).

Gesetzliche Regelungen

460 Seit dem Gesundheits-Reformgesetz von 1989 ist die Verpflichtung zur Qualitätssicherung gesetzlich verankert. Durch die GKV-Gesundheitsreform 2000 und das GKV-Modernisierungsgesetz (GMG) 2004 wurden die Qualitätssicherungsvorschriften grundlegend überarbeitet und zum Teil neu gefasst. Auch das GKV-Wettbewerbsstärkungsgesetz (GKV-WSG) 2007 hat Änderungen bei der Qualitätssicherung vorgenommen, die insbesondere eine Stärkung der sektorenübergreifenden Gestaltung der Qualitätssicherungsmaßnahmen zum Ziel hatten. Allen diesen Anforderungen liegt zugrunde, dass die gesetzlichen Vorschriften den Rahmen bilden, innerhalb dessen die jeweils zuständigen Vereinbarungspartner und auch die Leistungserbringer einen Gestaltungsspielraum haben.

461 Die wesentlichen gesetzlichen Regelungen zur Qualitätssicherung sind:

- Verpflichtung aller Leistungserbringer zur Sicherung und Weiterentwicklung der Qualität ihrer Leistungen, Einführung eines einrichtungsinternen Qualitätsmanagements bei Vertragsärzten, medizinischen Versorgungszentren, zugelassenen Krankenhäusern sowie stationären Vorsorge- oder Rehabilitationseinrichtungen (§ 135a SGB V). Die wichtigsten Elemente des einrichtungsinternen Qualitätsmanagements sind:
  - Qualitätsmanagement ist eine betriebliche, qualitätsorientierte Führungsmethode.

- Qualitätsmanagement ist ganzheitlich, fach- und berufsübergreifend angelegt.
- Qualitätsmanagement basiert auf Selbstkontrolle und fördert die Eigenverantwortlichkeit und berücksichtigt die Interessen der Mitarbeiter.
- Qualitätsmanagement stellt das Wohl des „Kunden" in den Mittelpunkt. „Kunden" sind vor allem die Patientinnen und Patienten, aber auch deren Angehörigen sowie die übrigen am Behandlungsprozess Beteiligten einschließlich bspw. der zuweisenden Ärzte. Dazu gehören auch Maßnahmen zum Erkennen und Vermeiden von Fehlern im medizinischen und pflegerischen Behandlungsprozess.
- Qualitätsmanagement ist ein dynamischer Prozess. Er ist gekennzeichnet durch das kontinuierliche Bemühen, die Leistungen und die Ergebnisse zu analysieren und sie stetig zu verbessern.

- Der Gemeinsame Bundesausschuss (Vertreter von Ärzten, Krankenhäusern und Krankenkassen) legt für die ambulanten und stationären medizinischen Einrichtungen die grundsätzlichen Anforderungen an das einrichtungsinterne Qualitätsmanagement fest.
- Der Gemeinsame Bundesausschuss bestimmt für die vertragsärztliche und stationäre Versorgung durch in der Regel sektorenübergreifende Richtlinien die verpflichtenden Maßnahmen der Qualitätssicherung sowie die Kriterien für die Notwendigkeit und Qualität der durchgeführten diagnostischen und therapeutischen Leistungen (§ 137 Abs. 2 SGB V).
- Prüfung der Qualität in der vertragsärztlichen Versorgung im Einzelfall durch die Kassenärztlichen Vereinigungen (§ 136 SGB V). Die dieser Prüfung zu Grunde liegenden Vorgaben entwickelt der Gemeinsame Bundesausschuss.
- Ergänzende Bestimmung von verbindlichen Maßnahmen der Qualitätssicherung für Krankenhäuser durch den Gemeinsamen Bundesausschuss (§ 137 Abs. 3 SGB V). Hierzu zählt auch die Verpflichtung der Krankenhäuser, im Abstand von zwei Jahren, über den Stand der Qualitätssicherung sowie über die Art, Menge und Qualität der Leistungserbringung öffentlich zu berichten (Qualitätsberichte z.B. unter: http://profi-gba.gkvnet.de). Ferner sind Mindestmengen für bestimmte Leistungen je Arzt oder Krankenhaus zu beschließen (www.g-ba.de).

Als verbindliche Maßnahme der externen Qualitätssicherung wird für bestimmte Leistungen eine regelhafte Dokumentation in den Krankenhäusern durchgeführt. Auf der Grundlage dieser Dokumentation werden die Daten über die Behandlungsqualität in den Krankenhäusern erfasst, ausgewertet und zurückgemeldet. Bei Auffälligkeiten eines Krankenhauses ist auch eine Überprüfung vor Ort vorgesehen. Das Institut für Angewandte Qualitätsförderung und Forschung im Gesundheitswesen (AQUA) betreut derzeit auf der Grundlage des § 137a SGB V das Verfahren, mit dem über 20 Prozent des Leistungsgeschehens im Krankenhaus erfasst und auch transparent gemacht wird (www.aqua-institut.de)

- Bundesweite Bestimmung von Maßnahmen der einrichtungsübergreifenden Qualitätssicherung und grundlegenden Anforderungen für die ambulante und stationäre Rehabilitation durch die Krankenkassen und die maßgeblichen Spitzenorganisationen der ambulanten und stationären Rehabilitationseinrichtungen auf der Grundlage der Empfehlungen nach § 20 Abs. 1 des SGB IX (§ 137d Abs. 1 SGB V). Die stationären Rehabilitationseinrichtungen sind außerdem seit 1. April 2007 verpflichtet, die erfolgreiche Umsetzung des Qualitätsmanagements mit einer in regelmäßigen Abständen durchzuführenden Zertifizierung prüfen zu lassen.
- Bundesweite Bestimmung von Maßnahmen der einrichtungsübergreifenden Qualitätssicherung und der Anforderungen an das einrichtungsinterne Qualitätsmanagement für Leistungserbringer in der stationären Vorsorge durch die Krankenkassen und Bundesverbände der Leistungserbringer (§ 137d Abs. 2 SGB V).
- Bundesweite Bestimmung von Anforderungen an das einrichtungsinterne Qualitätsmanagement für Leistungserbringer in der ambulanten Vorsorge durch die Krankenkassen und Bundesverbände der Leistungserbringer (§ 137d Abs. 3 SGB V).
- Der Gemeinsame Bundesausschuss hat darüber hinaus den Stand der Qualitätssicherung im Gesundheitswesen festzustellen, sich daraus ergebenden Weiterentwicklungsbedarf zu benennen sowie Empfehlungen für eine an einheitlichen Grundsätzen ausgerichtete sowie sektoren- und berufsgruppenübergreifende Qualitätssicherung zu erarbeiten (§ 137b SGB V).

– Das im Herbst 2004 vom Gemeinsamen Bundesausschuss gegründete Institut für Qualität und Wirtschaftlichkeit im Gesundheitswesen (www.iqwig.de) trägt ebenfalls dazu bei, die Qualität und Transparenz des Gesundheitswesens zu verbessern (www.iqwig.de). In diesem unabhängigen Institut werden u. a. medizinische Behandlungen und Operationsverfahren auf ihren Nutzen sowie Arzneimittel auf ihren Nutzen und ihre Kosten bewertet und - nach dem aktuellen Stand der Wissenschaft - geprüft. Die Ergebnisse werden als Empfehlungen dem Gemeinsamen Bundesausschuss zur Verfügung gestellt. Ferner hat das Institut die Aufgabe, evidenzbasierte Leitlinien für die epidemiologisch wichtigsten Krankheiten im Hinblick auf ihre Qualität zu bewerten. Außerdem stellt es für die Patientinnen und Patienten qualitativ hochwertige und verständliche Informationen zur Qualität und Effizienz in der Gesundheitsversorgung sowie zu Diagnostik und Therapie von Krankheiten mit erheblicher epidemiologischer Bedeutung zur Verfügung (www.gesundheitsinformation.de). Dadurch können sich diese selbständig informieren und somit beispielsweise besser die Entscheidungen im Arzt-Patienten-Verhältnis treffen und mittragen. (§§ 139a–c SGBV).

462 Die Bundesregierung hat ein „Modellprogramm zur Förderung der medizinischen Qualitätssicherung" aufgelegt, das eine Fülle von Anstößen gegeben hat mit dem Ziel, der Selbstverwaltung Hilfestellung bei der Einführung von Qualitätssicherungsmaßnahmen (auch bundesweiten) zu geben. Mit diesem Modellprogramm wurden bereits eine Vielzahl von Qualitätssicherungsmaßnahmen in einzelnen Fachgebieten gefördert, die zum Teil heute Gegenstand der Vorgaben des Gemeinsamen Bundesausschusses und so in die Regelversorgung eingeflossen sind. Beispielsweise wurden hier die Grundlagen für die oben genannte externe Qualitätssicherung und das einrichtungsinterne Qualitätsmanagement erprobt. Die zuletzt geförderten großen Projekte sind beispielsweise „Der Patient als Partner im medizinischen Entscheidungsprozess" und „Benchmarking in der Patientenversorgung".

463 Mit den Mitteln des Modellprogramms wird auch eine Initiative einer Vielzahl von Akteuren des Gesundheitswesens unterstützt deren Ziel es ist, Voraussetzungen für eine erhöhte Patientensicherheit in der medizinischen Versorgung zu schaffen. Zu den Aufgaben des im Jahre 2005 gegründeten Aktionsbündnis Patientensicherheit gehört es, Maßnahmen zu entwickeln, mit denen Fehler im medizinischen und pflegerischen Behandlungsprozess und sonstige Risiken für Patientinnen und Patienten erkannt und diese – so weit wie möglich – vermieden werden (www.aktionsbuendnis-patientensicherheit.de).

464 Durch die gesetzlichen Vorgaben und die sich daraus entwickelnden weit gefächerten Initiativen sowie durch das Modellprogramm der Bundesregierung, mit dem ganz unterschiedliche Entwicklungen angestoßen werden, wird der Stellenwert der Qualitätssicherung im deutschen Gesundheitswesen weiter gestärkt, was insbesondere für die Patientinnen und Patienten von Nutzen ist.

Strukturierte Behandlungsprogramme

465 Strukturierte Behandlungsprogramme bei chronischen Krankheiten, auch Disease-Management Programme (DMP) genannt, sind eine besondere Versorgungsform, die im Jahr 2002 in die gesetzliche Krankenversicherung eingeführt wurde. Ursprünglich wurde der Begriff „Disease Management" in den USA geprägt und beinhaltet den strukturierten Umgang mit der Erkrankung unter Einbeziehung aller an der Behandlung Beteiligten.

Gesetzliche Regelungen

466 Die strukturierten Behandlungsprogramme wurden im Jahr 2002 mit dem Gesetz zur Reform des Risikostrukturausgleichs in der gesetzlichen Krankenversicherung vom 10. Dezember 2001 in die Versorgung eingeführt. Damit wurde die Entwicklung solcher Behandlungsprogramme für ausgewählte Krankheiten bundesweit angestoßen. Die gesetzlichen Grundlagen für die strukturierten Behandlungsprogramme sind in den §§ 137f und 137g SGB V geregelt. Der Gesetzgeber hat den Gemeinsamen Bundesausschuss gemäß § 137f SGB V beauftragt, dem Bundesministerium für Gesundheit Empfehlungen zu den chronischen Krankheiten sowie zu den Anforderungen an die für diese Krankheiten zu entwickelnden strukturierten Behandlungsprogramme vorzulegen. Als geeignete chronische Krankheiten wurden inzwischen Diabetes mellitus Typ 1 und Typ 2, Brustkrebs, koronare Herzkrankheit (KHK), Asthma bronchiale und chronisch obstruktiven Lungenerkrankungen (COPD) empfohlen und die Anforderungen an strukturierte

Behandlungsprogramme für diese sechs Krankheiten festgelegt. Die Festlegung dieser Krankheiten sowie die Regelung der konkreten Anforderungen an die strukturierten Behandlungsprogramme erfolgt in der Risikostruktur-Ausgleichsverordnung (RSAV: Sechster Abschnitt sowie Anlagen). Auf dieser Grundlage können die Krankenkassen Behandlungsprogramme entwickeln, die zur Durchführung der Programme erforderlichen Verträge mit Ärzten, Krankenhäusern und anderen Leistungserbringern abschließen und die Zulassung der Programme (§ 137g SGB V) beim Bundesversicherungsamt erwirken.

Ziele und Merkmale

467 Hauptziel der Einführung der strukturierten Behandlungsprogramme ist die Verbesserung des Behandlungsablaufs und der Qualität der medizinischen Versorgung chronisch Kranker. Chronische Krankheiten erfordern eine besonders gut aufeinander abgestimmte kontinuierliche Behandlung und Betreuung der Patientinnen und Patienten. Daher beinhalten die strukturierten Behandlungsprogramme eine abgestimmte, koordinierte Versorgung über Sektorengrenzen hinweg auf Basis der besten verfügbaren wissenschaftlichen Evidenz.

468 Mit der Einführung der strukturierten Behandlungsprogramme reagierte der Gesetzgeber auf kaum erklärbare Varianzen und Mängel in der Versorgung. Der Sachverständigenrat für die Konzertierte Aktion im Gesundheitswesen hatte in seinem Gutachten 2000/2001 (heute: Sachverständigenrat zur Begutachtung der Entwicklung im Gesundheitswesen) insbesondere bei der Behandlung von chronischen Krankheiten erhebliche Defizite in Form von Unter- und Fehlversorgung festgestellt, wie die Dominanz der akutmedizinischen Versorgung, die unzureichende Partizipation der Patienten, einen Mangel an interdisziplinären Versorgungsstrukturen und ein Abweichen von den Grundsätzen der evidenzbasierten Medizin. Genau an diesen Defiziten sollten die strukturierten Behandlungsprogramme ansetzen.

469 Die Anforderungen, welche die strukturierten Behandlungsprogramme erfüllen müssen – und damit die Kernelemente dieser Versorgungsform – sind gesetzlich verankert worden (§ 137f SGB V). Dies sind:

– Behandlung nach dem aktuellen Stand der medizinischen Wissenschaft unter Berücksichtigung von evidenzbasierten Leitlinien oder nach der jeweils besten verfügbaren Evidenz sowie unter Berücksichtigung des jeweiligen Versorgungssektors,
– durchzuführende Qualitätssicherungsmaßnahmen,
– Voraussetzungen und Verfahren für die Einschreibung, einschließlich der Dauer der Teilnahme,
– Schulungen der Leistungserbringer und der Versicherten,
– Dokumentation und
– Bewertung der Wirksamkeit und der Kosten (Evaluation).

470 Inhaltlich werden in den Programmen insbesondere Behandlungsmethoden empfohlen, deren Wirksamkeit und Sicherheit in großen klinischen Studien nachgewiesen ist. In den einzelnen Programmen sind dabei die konkreten Therapieziele festgelegt, wie insbesondere Vermeidung von Begleiterkrankungen, Folgeschäden und Verschlechterung der Krankheit zur Verbesserung der Lebensqualität der Patientinnen und Patienten. Ein wesentliches Element der strukturierten Behandlungsprogramme ist die aktive Beteiligung der Patientinnen und Patienten im Programm. Sie werden von Anfang an mit in die Behandlung einbezogen, vereinbaren mit ihrer behandelnden Ärztin oder dem behandelnden Arzt individuelle – auf ihre gesundheitliche Situation zugeschnittene – Therapieziele. Grundlage der Behandlung ist ein differenzierter Therapieplan für jede Patientin und jeden Patienten auf der Basis einer individuellen Bewertung des Krankheitszustandes. Die Patientinnen und Patienten werden regelmäßig untersucht und die medizinischen Befunde systematisch dokumentiert. Sollten Komplikationen auftreten oder um eine Verschlechterung der Krankheit oder Folgeerkrankungen rechtzeitig zu erkennen, ist die Weiterleitung an besonders qualifizierte Ärztinnen und Ärzte vorgesehen. Besonders wichtig ist die Möglichkeit an evaluierten Schulungen teilzunehmen, um eigene Bewältigungskompetenzen zu entwickeln, Therapieadhärenz zu gewährleisten und so die Krankheit (z. B. den Typ 2-Diabetes mellitus) selbst durch positive Verhaltens- und Lebensstiländerung wirksam mit zu beeinflussen.

471 Seit ihrer Einführung haben sich die strukturierten Behandlungsprogramme heute in der Versorgung in Deutschland flächendeckend etabliert, mittlerweile sind insgesamt über 5,7 Millionen Patientinnen und Patienten in zugelassene Programme eingeschrieben. Die Zahl ist stetig gestiegen und steigt auch weiterhin an. Die meisten Patientinnen und Patienten (über 2,3 Millionen) nehmen am Programm für Typ 2-Diabetes mellitus teil. Auch am Programm für koronare Herzkrankheit nehmen bereits über 1,4 Millionen Versicherte teil. Die Teilnahme an einem strukturierten Behandlungsprogramm – sofern die Versicherten die medizinischen Einschreibekriterien erfüllen – ist freiwillig.

472 Erste Ergebnisse der gesetzlichen Evaluation der strukturierten Behandlungsprogramme für Typ-2-Diabetes zeigen, dass sich im Trend insbesondere eine Verbesserung der Blutdruckkontrolle und des Raucherstatus (Verzicht auf Tabakkonsum) beobachten lässt. Außerdem kann die Blutzucker-Einstellung (HbA1c) oftmals gehalten oder verbessert werden. Aus den vorliegenden Daten kann abgeleitet werden, dass die Patientinnen und Patienten von der Teilnahme an den Programmen zum Teil deutlich profitieren. Dafür sprechen auch die bereits publizierten zusätzlichen ergänzenden Auswertungen einzelner Krankenkassenarten.

473 Die strukturierten Behandlungsprogramme werden vom Gemeinsamen Bundesausschuss regelmäßig inhaltlich überarbeitet. Neben der Aktualisierung der krankheitsspezifischen medizinischen Empfehlungen konnte inzwischen auch eine wirksame Reduzierung des bürokratischen Verwaltungsaufwands zur Durchführung der Programme durch die vollständig elektronische Dokumentation erreicht werden. Zukünftig wird die Weiterentwicklung der strukturierten Behandlungsprogramme insbesondere auf die verstärkte Implementierung der Aspekte der Ko- bzw. Multimorbidität in die bestehenden Programme (z. B. durch Entwicklung von Modulen) zielen. So ist am 1. Juli 2009 zeitgleich mit der Aktualisierung der DMP Diabetes mellitus Typ 1 und Typ 2 sowie KHK erstmals in ein bestehendes DMP ein spezifischer Zusatzbaustein integriert worden. Das DMP KHK ist ergänzt worden durch ein zusätzliches Modul mit strukturierten Therapieempfehlungen zur besseren Versorgung von Patientinnen und Patienten mit koronarer Herzkrankheit, die gleichzeitig auch an einer chronischen Herzinsuffizienz leiden.

Die Versorgungsbereiche

Prävention und Gesundheitsförderung, Betriebliche Gesundheitsförderung, Selbsthilfeförderung

474 Unter Prävention versteht man Maßnahmen, die Krankheiten verhüten sollen. Zu unterscheiden sind Maßnahmen der Primärprävention und Gesundheitsförderung zur Vermeidung des Entstehens von Erkrankungen und zur Stärkung der Gesundheit, Maßnahmen der Sekundärprävention zur Krankheitsfrüherkennung sowie Maßnahmen der Tertiärprävention zur Verhütung einer Krankheitsverschlimmerung (Rehabilitation). Ursprünglich waren insbesondere die Leistungen der Primär- und Sekundärprävention ausschließlich Aufgaben des öffentlichen Gesundheitsdienstes.

475 Ziel aller Maßnahmen der Prävention ist nicht nur die Verlängerung des Lebens, sondern vor allem die Verbesserung der Gesundheit, die Steigerung der Lebensqualität und des Wohlbefindens, der Erhalt der Beschäftigungsfähigkeit und die Vermeidung von Pflegebedürftigkeit. Es geht nicht darum, Leben um jeden Preis zu verlängern, sondern die Menschen bis ins hohe Lebensalter gesund und selbstständig zu erhalten.

476 1967 wurde erstmalig als Präventionsleistung die Mutterschaftshilfe für alle werdenden Mütter in das Leistungsspektrum der GKV eingeführt; 1971 kamen dazu das Krankheitsfrüherkennungsprogramm für Säuglinge und Kleinkinder sowie das Krebsfrüherkennungsprogramm für Frauen und Männer. Das Gesundheits-Reformgesetz erweiterte 1989 das Untersuchungsprogramm um eine Untersuchung zur Früherkennung von Herz-Kreislauf-, Nierenerkrankungen und Diabetes. Gleichzeitig erhielten die Krankenkassen den gesetzlichen Auftrag, sich vermehrt in der Gesundheitsförderung und Krankheitsverhütung zu engagieren.

477 Mit dem Beitragsentlastungsgesetz wurde der Pflichtleistungskatalog der gesetzlichen Krankenversicherung mit Wirkung vom 1. Januar 1997 eingeschränkt. So wurde den Krankenkassen die Möglichkeit genommen, ihren Versicherten Leistungen der primären Prävention und Gesundheitsförderung als Satzungsleistung zu gewähren. Dies wurde bereits zum damaligen Zeitpunkt von vielen Fachleuten kritisiert. Lediglich die Möglichkeit der Zusammenarbeit mit den Trägern der gesetzlichen Unfallversicherung zur Verhütung arbeitsbedingter Gesundheitsgefahren blieb erhalten.

478 Mit der GKV-Gesundheitsreform 2000 wurde der Prävention wieder ein größerer Stellenwert eingeräumt. Die Förderung von Gesundheit und die Prävention von Krankheit wurden integraler Bestandteil des Leistungsspektrums der GKV. Die Krankenkassen können seither ihren Versicherten wieder Angebote

zur Gesundheitsförderung und Krankheitsverhütung machen. Mit diesen soll ein Beitrag zur Verminderung ungleicher Gesundheitschancen erbracht werden. Diese neue Zielsetzung ist die Konsequenz aus sozialepidemiologischen Erkenntnissen, nach denen sozial benachteiligte Bevölkerungsgruppen stärker von Krankheit betroffen sind. Die Krankenkassen sollen einen Betrag von 2,74 Euro pro Versicherten und Jahr (2007) aufwenden, der jährlich nach einer festen Formel anzupassen ist (im Jahr 2011 ist der Sollwert 2,85 Euro).

479 Seit dem Gesundheitsreformgesetz im Jahr 1989 können die Krankenkassen bei der Verhütung arbeitsbedingter Gesundheitsgefahren mitwirken. Dabei sollen sie eng mit den Trägern der Gesetzlichen Unfallversicherung zusammenarbeiten. Sie sind verpflichtet, diese über Erkenntnisse, die sie über Zusammenhänge zwischen Erkrankungen und Arbeitsbedingungen gewonnen haben, zu unterrichten. Mit der GKV-Gesundheitsreform 2000 haben sie darüber hinaus die Möglichkeit erhalten, den Arbeitsschutz ergänzende Maßnahmen der betrieblichen Gesundheitsförderung durchzuführen.

480 Mit dem GKV-Wettbewerbsstärkungsgesetz von 2006 wurden diese beiden Aufgaben neu gefasst und in zwei getrennten Vorschriften normiert. Die betriebliche Gesundheitsförderung wird als ein Prozess beschrieben, in dem alle Beschäftigten und Verantwortlichen des Betriebes gemeinsam die Gesundheitsrisiken und die daraus notwendigen Änderungen im betrieblichen Alltag einschließlich der Arbeitsverhältnisse analysieren und entsprechende Vorschläge entwickeln. Die Krankenkassen sollen diese Aufgabe möglichst gemeinsam wahrnehmen und müssen mit den Unfallversicherungsträgern zusammenarbeiten. Darüber hinaus haben sie weiterhin die Aufgabe, die Unfallversicherungsträger bei der Verhütung arbeitsbedingter Gesundheitsgefahren zu unterstützen. Dazu sollen regionale Arbeitsgemeinschaften gebildet werden.

481 Durch das Gesundheitsstrukturgesetz von 1992 wurde den Krankenkassen mit Wirkung vom 1. Januar 1993 die Möglichkeit eröffnete, Selbsthilfegruppen, -organisationen und -kontaktstellen mit gesundheitsfördernder oder rehabilitativer Zielsetzung durch Zuschüsse zu fördern. Mit der GKV-Gesundheitsreform 2000 wurde das bisherige Ermessen bei der Förderung, das von den Krankenkassen sehr unterschiedlich gehandhabt wurde, eingeschränkt und in eine weitergehende Sollverpflichtung umgewandelt. Mit dem GKV-Wettbewerbsstärkungsgesetz ging der Gesetzgeber im Jahr 2006 noch einen Schritt weiter, indem er eine unbedingte Förderverpflichtung der Krankenkassen schuf. Dazu fasste er die Selbsthilfeförderung in einer eigenen Vorschrift neu und entwickelte sie im Interesse einer effizienten, antragstellerfreundlichen Durchführung weiter. Unter anderem sind nun 50 Prozent der Fördermittel für eine kassenartenübergreifende Gemeinschaftsförderung vorgesehen. Das Ausgabenvolumen wurde auf einen jährlich anzupassenden Betrag von 0,55 Euro (im Jahr 2011 ist der Sollwert 0,57 Euro) pro Versicherten und Jahr festgelegt.

Mutterschaftshilfe

482 Versicherte haben während der Schwangerschaft und nach der Entbindung Anspruch auf ärztliche Betreuung und Hebammenhilfe. Während der Schwangerschaft gehören zur ärztlichen Betreuung insbesondere Untersuchungen zur Feststellung der Schwangerschaft und Vorsorgeuntersuchungen, die laborärztliche Untersuchungen einschließen. Damit sollen eventuell krankhafte Veränderungen, die die Gesundheit der Mutter und des Kindes beeinträchtigen können, rechtzeitig erkannt und behandelt werden. Die Schwangere erhält von ihrem Arzt einen sogenannten „Mutterpass", der einen genauen Terminplan für die derzeit zehn Schwangerschaftsuntersuchungen enthält und in den alle wichtigen Ergebnisse der Vorsorgeuntersuchung eingetragen werden sollen. Auf der Grundlage der dokumentierten Befunde lässt sich erkennen, ob bei der Schwangeren ein Risiko vorliegt, das besondere geburtshilfliche Maßnahmen erfordert. Es ist erwiesen, dass bei vollständiger Inanspruchnahme der Untersuchungen die Gefahren für Mutter und Kind während der Geburt und damit auch die Mütter- und Säuglingssterblichkeit verringert werden können.

Krankheitsfrüherkennung im Säuglings-, Kleinkind- und Jugendalter

483 Die Vorsorgeuntersuchungen für Kinder haben die Aufgabe, angeborene und erworbene Erkrankungen im Kindesalter zu einem möglichst frühen Zeitpunkt zu erkennen und die betroffenen Kinder rasch einer Behandlung zuzuführen. Zielsetzung ist es, neben der Krankheitsbehandlung die ungestörte Entwicklung des Kindes zu ermöglichen.

484 Das Früherkennungsprogramm umfasst 10 ärztliche Untersuchungen insgesamt von der Geburt an bis zum 6. Lebensjahr zu festgelegten Terminen. Es sollen neben Störungen und Krankheiten der Neugeborenen Stoffwechselkrankheiten, Entwicklungs- und Verhaltensstörungen, Krankheiten des Nervensystems und der Sinnesorgane sowie Fehlbildungen oder Krankheiten der übrigen Organe aufgedeckt werden. Die Befunde werden in einem Untersuchungsheft dokumentiert, das jede Mutter bei der Geburt ihres Kindes erhält. 1989 wurde erstmalig die neunte Früherkennungsuntersuchung zu Beginn des 6. Lebensjahrs eingeführt. Damit soll erreicht werden, noch vor Schulbeginn alle therapierbaren Gesundheitsstörungen zu beheben. Die Schwerpunkte der Untersuchungen liegen insbesondere in den Bereichen der Seh-, Hör- und Sprachstörungen sowie Verhaltensauffälligkeiten.

485 Seit 1997 ist eine auf Gesundheitsstörungen im Jugendalter ausgerichtete 10. Früherkennungsuntersuchung zwischen dem 10. und 14. Lebensjahres in das Programm aufgenommen worden. Neben dem frühzeitigen Erkennen von Krankheiten ermöglicht diese Untersuchung auch eine Verhaltensbeeinflussung im Hinblick auf eine gesunde Lebensweise in einem Alter, in dem eine Beeinflussung und Verhütung von Krankheiten besonders wirkungsvoll möglich ist. Seit 2008 besteht ein Anspruch auf die U7a mit drei Jahren, um die Lücke zwischen U7 kurz vor dem zweiten Geburtstag und U8 im Alter von vier Jahren zu schließen. Sie soll dazu beitragen, dass u. a. allergische Erkrankungen, Sozialisations- und Verhaltensstörungen, Übergewicht, Sprachentwicklungsstörungen, Zahn-, Mund- und Kieferanomalien früher erkannt und rechtzeitig behandelt werden.

Krebsfrüherkennungsuntersuchungen

486 Das Krebsfrüherkennungsprogramm für Männer und Frauen umfasst Krebse des Dickdarms, des Mastdarms, der Haut, des äußeren Genitales, bei Frauen des Gebärmutterhalses und der Brustdrüse und bei Männern die Vorsteherdrüse. Bisher sind nur bei diesen Lokalisationen die Voraussetzungen (d. h. wirksame Behandlung, eindeutig erfassbare Vor- und Frühstadien) für ein Screening erfüllt. Im Rahmen der Darmkrebsfrüherkennung besteht ab dem 55. Lebensjahr der Anspruch auf eine Darmspiegelung, die zweimal im Abstand von 10 Jahren durchgeführt werden kann.

487 Im Jahre 2008 wurde die Hautkrebsfrüherkennung eingeführt. Gesetzlich versicherte Frauen und Männer ab 35 Jahre haben alle zwei Jahre Anspruch auf ein Hautkrebsscreening. Ziel ist die frühzeitige Entdeckung der drei häufigsten Hautkrebsarten: das Maligne Melanom (schwarzer Hautkrebs), das Basalzellkarzinom und das Spinoelluläre Karzinom (weißer Hautkrebs). Das Screening wird entweder von Haus- oder von Hautärzten durchgeführt, die an einem zertifizierten Fortbildungsprogramm zur Qualitätssicherung der Untersuchung teilgenommen haben.

488 Als neuer Bestandteil der Krebsfrüherkennungsuntersuchungen wird das Mammographie-Screening auf Basis der „Europäischen Leitlinien für die Qualitätssicherung des Mammographie-Screenings" eingeführt. Die Einführung wird bis Ende 2010 abgeschlossen sein. Dann steht eine flächendeckende Versorgung für die Bundesrepublik Deutschland zur Verfügung. Ziel des Mammographie-Screenings ist eine deutliche Senkung der Brustkrebssterblichkeit (im Optimalfall bis zu 30 Prozent) unter Minimierung der Belastung für die Frau in der angesprochenen Bevölkerungsgruppe, d. h. aller Frauen zwischen 50 und 69 Jahren. Mit dem Mammographie-Screening auf Grundlage der Europäischen Leitlinien wird in Deutschland ein neuartiges, sehr komplex strukturiertes Früherkennungsprogramm eingeführt, das sowohl einen Bevölkerungsbezug herstellt als auch eine umfassende Kette von Qualitätssicherungs- und Qualitätsmanagementinstrumenten sowie eine kontinuierliche Evaluation beinhaltet.

489 Frauen haben ab 20 Jahre und Männer ab 45 Jahre jährlich einen Anspruch auf eine Krebsfrüherkennungsuntersuchung, deren Umfang jeweils an die Situation der jeweiligen Altersgruppe angepasst ist. Leider nehmen gerade die Personen, die ein erhöhtes Krebsrisiko besitzen, das heißt vor allem die älteren Frauen und auch die Angehörigen der unteren sozialen Schichten sowie Ausländer, nicht bzw. unzureichend das Programm wahr.

Gesundheitsuntersuchungen

490 Auch in der Bundesrepublik nimmt die Häufigkeit chronisch verlaufender Krankheiten wie in anderen Industrieländern zu. Diese Erkrankungen sind in der Regel charakterisiert durch einen unbemerkten und schleichenden Beginn, einen langsamen und oft schubweisen Verlauf sowie das Fehlen eines Leidensdrucks über lange Zeit der Krankheitsentwicklung. Durch gezielte Untersuchungen lassen sich Risikofaktoren, die bestimmte Erkrankungen begünstigen, oder auch Frühstadien einiger Erkrankungen zu einem Zeitpunkt erfassen, an dem noch keine Krankheitssymptomatik vorliegt.

491 Versicherte, die das 35. Lebensjahr vollendet haben, haben daher jedes 2. Jahr den Anspruch auf eine ärztliche Gesundheitsuntersuchung zur Früherkennung von Krankheiten, insbesondere von Herz-Kreislauf- und Nierenerkrankungen sowie der Zuckerkrankheit. Neben der klinischen Untersuchung und der Laboruntersuchung (Blutuntersuchung: Gesamtcholesterin, Glukose, Harnsäure und Kreatinin sowie ein Harnstreifentest) spielt in diesem Programm die ärztliche Beratung eine besondere Rolle. Bei der Beratung soll der Arzt insbesondere das individuelle Risikoprofil des Versicherten ansprechen und diesen auf Möglichkeiten und Hilfen zur Vermeidung und zum Abbau gesundheitsschädigender Verhaltensweisen hinweisen. Mit dem GKV-Modernisierungsgesetz (GMG) ist eine Qualitätssicherung, insbesondere für aufwendige Gesundheitsuntersuchungen, wie z. B. der Screening-Mammographie, gesetzlich festgeschrieben worden. Dadurch wird gewährleistet, dass den Versicherten diese Leistungen nur in entsprechend hoher Qualität angeboten werden.

492 Mit Inkrafttreten der Änderungen des § 62 SGB V des GKV-WSG am 1. Januar 2008 wird die Motivation der Versicherten die angebotenen Leistungen der Früherkennung wahrzunehmen gesteigert. § 62 SGB V regelt die Koppelung der abgesenkten Zuzahlungsgrenze von 1 Prozent an die Inanspruchnahme von Vorsorge- bzw. Check-Up-Leistungen. Für chronisch kranke Versicherte, die die in § 62 SGB V genannten Gesundheitsuntersuchungen nicht regelmäßig in Anspruch genommen haben, gilt weiterhin die 2-Prozent-Belastungsgrenze.

Die ambulante ärztliche Versorgung

Grundzüge des Vertragsarztrechts

493 Grafische Darstellung der Rechtsbeziehungen in der vertragsärztlichen Versorgung

Gewährung ärztlicher Versorgung

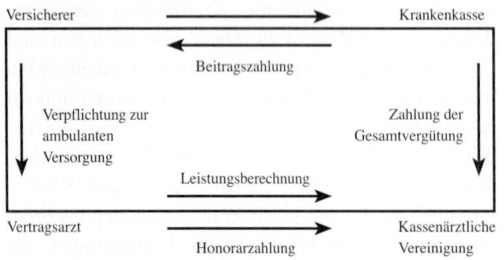

Das Verhältnis Versicherter / Krankenkasse

494 Aufgrund seiner Mitgliedschaft in der GKV hat der Versicherte u. a. einen Anspruch auf ambulante ärztliche Versorgung. Die Krankenkasse gewährt diese Leistung gegenüber dem Versicherten grundsätzlich als Sachleistung, sofern der Versicherte nicht anstelle der Sachleistung Kostenerstattung gewählt hat (vgl. Rdnr. 296)

Das Verhältnis Versicherter / Arzt

495 Versicherte, die ambulante ärztliche Behandlung in Anspruch nehmen, haben dem zur vertragsärztlichen Versorgung zugelassenen Arzt (Vertragsarzt) vor Beginn der Behandlung ihre Krankenversicherungskarte vorzulegen. Sie machen hierdurch ihren Anspruch auf ärztliche Behandlung als Sachleistung geltend. Der Vertragsarzt stellt dem Versicherten keine Rechnung aus, es sei denn, der Versicherte hat anstelle der Sachleistung Kostenerstattung gewählt. Der Vertragsarzt ist verpflichtet, alle notwendigen Maßnahmen, die zum Leistungsspektrum der vertragsärztlichen Versorgung gehören, durchzuführen oder zu verordnen.

Das Verhältnis Vertragsarzt / Kassenärztliche Vereinigung

496 Durch die Zulassung zur vertragsärztlichen Versorgung wird der Arzt ordentliches Mitglied der für seinen Arztsitz zuständigen Kassenärztlichen Vereinigung. Gleiches gilt für Ärzte, die bei einem Vertragsarzt oder in einem zugelassenen medizinischen Versorgungszentrum angestellt sind, sofern sie mindestens halbtags beschäftigt sind. Diese Mitgliedschaft begründet eine Reihe von Rechten und Pflichten. So ist der Vertragsarzt insbesondere verpflichtet, alle gesetzlich Krankenversicherten zu behandeln. Sein Honoraranspruch richtet sich – soweit es sich nicht um eine Behandlung im Rahmen von besonderen Versorgungsverträgen (z. B. Hausarztverträge) handelt – nicht gegen die Krankenkasse, sondern allein gegen seine Kassenärztliche Vereinigung (vgl. Rdnr. 529 ff.). Hat der Versicherte Kostenerstattung gewählt, richtet sich der Honoraranspruch des Arztes gegen den Versicherten.

Das Verhältnis Krankenkasse / Kassenärztliche Vereinigung

497 Die Kassenärztlichen Vereinigungen und die Kassenärztliche Bundesvereinigung haben den gesetzlichen Auftrag, die vertragsärztliche Versorgung sicherzustellen und gegenüber den Krankenkassen die Gewähr dafür zu übernehmen, dass die vertragsärztliche Versorgung den gesetzlichen und vertraglichen Anforderungen entspricht. Die wesentlichen Vereinbarungen über die vertragsärztliche Versorgung sind auf Bundesebene der zwischen dem Spitzenverband Bund der Krankenkassen und der Kassenärztlichen Bundesvereinigung abzuschließende Bundesmantelvertrag und auf der Landesebene die zwischen den Landesverbänden der Krankenkassen und den Ersatzkassen mit den Kassenärztlichen Vereinigungen abzuschließenden Gesamtverträge.

498 Der Bundesmantelvertrag enthält neben Regelungen zur Organisation der vertragsärztlichen Versorgung den so genannten Einheitlichen Bewertungsmaßstab (EBM) für die ärztlichen Leistungen, der den Inhalt der abrechnungsfähigen Leistungen und ihr wertmäßiges, in Punkten ausgedrücktes Verhältnis zueinander bestimmt (vgl. Rdnr. 524).

499 In den Gesamtverträgen wird die von den Krankenkassen an die jeweiligen Kassenärztlichen Vereinigungen zu zahlende morbiditätsbedingte Gesamtvergütung, d. h. die Vergütung für sämtliche vertragsärztliche Leistungen der Versicherten mit Wohnort im Bezirk der Kassenärztlichen Vereinigung vereinbart (vgl. zu den Einzelheiten der Vergütung Rdnr. 516 ff.).

Richtlinien des Gemeinsamen Bundesausschusses

500 Von besonderer Bedeutung für die ärztliche Behandlung der Versicherten sind die im Gesetz vorgeschriebenen und vom Gemeinsamen Bundesausschuss (siehe hierzu Rdnr. 451 ff.) zu erlassenden Richtlinien, die eine ausreichende, zweckmäßige und wirtschaftliche Versorgung der Versicherten gewährleisten sollen. Das Gesetz nennt u. a. die folgenden, für die Versorgung der Versicherten besonders wichtigen Richtlinienbereiche:

– Richtlinien über ärztliche Behandlung,
– Richtlinien über Maßnahmen zur Früherkennung von Krankheiten,
– Richtlinien über ärztliche Betreuung bei Schwangerschaft und Mutterschaft,
– Richtlinien über die Einführung neuer Untersuchungs- und Behandlungsmethoden,
– Richtlinien über die Verordnung von Arznei-, Verband-, Heil- und Hilfsmitteln, Krankenhausbehandlung und häuslicher Krankenpflege und Soziotherapie,
– Richtlinien über die Beurteilung der Arbeitsunfähigkeit und
– Richtlinien über die Verordnung von im Einzelfall gebotenen Leistungen zur medizinischen Rehabilitation und die Beratung über Leistungen zur medizinischen Rehabilitation, Leistungen zur Teilhabe am Arbeitsleben und ergänzende Leistungen zur Rehabilitation.

Die Auswirkungen der Richtlinien des Gemeinsamen Bundesausschusses auf die Versicherten der GKV sind deshalb besonders weit reichend, weil durch sie festgelegt wird, welche Leistungen der Vertragsarzt nach dem allgemein anerkannten Stand der medizinischen Erkenntnisse zu erbringen oder zu verordnen berechtigt und verpflichtet ist.

Zur ambulanten ärztlichen Behandlung berechtigte Leistungserbringer

501 Die ambulante ärztliche Behandlung gesetzlich Versicherter findet durch Vertragsärzte, zugelassene medizinische Versorgungszentren sowie durch zur Teilnahme an der vertragsärztlichen Versorgung ermächtigte Ärzte und ermächtigte Einrichtungen statt. Der Versicherte kann grundsätzlich jeden Arzt aufsuchen, der zur vertragsärztlichen Versorgung zugelassen oder ermächtigt ist (Recht der freien Arztwahl). Ärzte, die nicht an der vertragsärztlichen Versorgung teilnehmen (Privatärzte), kann der Versicherte nur in Ausnahmefällen in Anspruch nehmen. So gilt seit dem 1. Januar 2004, dass Versicherte, die Kostenerstattung gewählt haben, nach vorheriger Zustimmung der Krankenkasse auch nicht zugelassene Leistungserbringer in Anspruch nehmen können. Die Inanspruchnahme soll jedoch auf Ausnahmen beschränkt bleiben (vgl. Rdnr. 299). Darüber hinaus ist eine Inanspruchnahme von Privatärzten nur in Notfällen möglich. Dies hat seinen Grund darin, dass Privatärzte nicht an die für die vertragsärztliche Versorgung geltenden gesetzlichen und vertraglichen Regelungen gebunden sind. Die im SGB V enthaltenen Steuerungsinstrumente, wie z. B. Zulassungsbeschränkungen oder Wirtschaftlichkeitsprüfungen, könnten bei einer Behandlung durch Privatärzte nicht umgesetzt werden.

502 Seit dem 1. Januar 2004 können gleichberechtigt mit den Vertragsärzten auch medizinische Versorgungszentren an der Versorgung der Versicherten teilnehmen, die sich aller zulässigen Organisationsformen bedienen und deshalb auch in der Rechtsform einer juristischen Person des Privatrechts (z.B.

als GmbH) betrieben werden können. Es handelt sich dabei um fachübergreifende ärztlich geleitete Einrichtungen, in denen Ärzte als Angestellte oder Vertragsärzte tätig sind. Neben der in einem medizinischen Versorgungszentrum möglichen fachübergreifenden Versorgung „unter einem Dach" liegt eine weitere Besonderheit darin, dass nicht eine natürliche Person (Arzt), sondern das Zentrum selbst zur Versorgung zugelassen wird. Insbesondere jüngeren Ärzten wurde damit eine zusätzliche Beschäftigungsmöglichkeit eröffnet, weil sie hier auch als Angestellte an der vertragsärztlichen Versorgung teilnehmen können und nicht in jedem Fall das finanzielle Risiko einer Niederlassung eingehen müssen.

503 Mit dem zum 1. Januar 2007 in Kraft getretenen Vertragsarztrechtsänderungsgesetz wurden die Möglichkeiten, als angestellter Arzt tätig zu sein, noch einmal erweitert. So besteht seit diesem Zeitpunkt auch für Vertragsärzte die Möglichkeit, Ärzte – auch mit anderen Facharztbezeichnungen – ohne Leistungsbegrenzung anzustellen, sofern keine Zulassungsbeschränkungen entgegenstehen.

504 Auch die Möglichkeiten der Teilnahme von Krankenhäusern und anderen Einrichtungen an der ambulanten Versorgung der Versicherten wurden in den vergangenen Jahren erheblich erweitert. Dies gilt z. B. für die ambulante Erbringung hochspezialisierter Leistungen sowie zur Behandlung seltener Erkrankungen und Erkrankungen mit besonderen Behandlungsverläufen (z. B. die Diagnostik und Versorgung von Patienten mit onkologischen Erkrankungen oder HIV/Aids) durch hierfür zugelassene Krankenhäuser. Mit dieser Öffnung treten die Krankenhäuser in Bereichen der ambulanten fachärztlichen Spezialversorgung in Konkurrenz zu den niedergelassenen Vertragsärzten. Weitergehende Öffnungen der Krankenhäuser sind im Falle einer Unterversorgung sowie bei der Teilnahme von Krankenhäusern an besonderen strukturierten Behandlungsprogrammen möglich.

Hausärztliche Versorgung

505 Die gesetzlichen Regelungen sehen eine Gliederung der vertragsärztlichen Versorgung in eine hausärztliche und eine fachärztliche Versorgung vor. Diese Regelungen sollen dazu beitragen, die Steuerungsfunktion des Hausarztes zu intensivieren. Insbesondere soll der Koordination diagnostischer und therapeutischer Maßnahmen, der Dokumentation von Befunden und Berichten der weiterbehandelnden Ärzte und übrigen Leistungserbringer sowie der langfristigen Betreuung von Versicherten mehr Gewicht eingeräumt werden.

506 Als Hausärzte können insbesondere Allgemeinärzte, Kinderärzte und Internisten ohne Schwerpunktbezeichnung, die die Teilnahme an der hausärztlichen Versorgung gewählt haben, tätig werden. Kinderärzte mit Schwerpunktbezeichnung können auch an der fachärztlichen Versorgung teilnehmen. Seit 2006 sollen neben den Kinderärzten im Wesentlichen diejenigen Allgemeinmediziner, deren 5jährige Weiterbildung auf die besonderen Anforderungen der hausärztlichen Versorgung zugeschnitten ist, die hausärztliche Versorgung sicherstellen.

507 Seit dem 1. Januar 2004 sind die Krankenkassen verpflichtet, ihren Versicherten neben der normalen hausärztlichen Versorgung eine qualitativ besonders hoch stehende „hausarztzentrierte Versorgung" anzubieten. Für die Versicherten ist die Teilnahme an dieser besonderen Versorgungsform freiwillig. Im Falle der Teilnahme müssen sie sich gegenüber ihrer Krankenkasse verpflichten, den von ihnen selbst gewählten Hausarzt in Anspruch zu nehmen. Andere Ärzte dürfen nur auf Überweisung ihres Hausarztes in Anspruch genommen werden. Ausgenommen von diesem Überweisungsgebot sind Augen- und Frauenärzte sowie ggf. weitere von der Krankenkasse in ihrer Satzung bestimmte Fachärzte. Auch Kinderärzte können direkt in Anspruch genommen werden. Das Überweisungsgebot gewährleistet, dass der Hausarzt stets den Überblick über die gesamte Behandlung behält. Die Krankenkassen können in ihren Satzungen für teilnehmende Versicherte Prämienzahlungen oder Zuzahlungsermäßigungen vorsehen (vgl. § 53 Abs. 3 SGB V). Zur Sicherstellung der hausarztzentrierten Versorgung haben die Krankenkassen – ggf. in Kooperation mit anderen Krankenkassen – eine genügend große Anzahl von Hausärzten unter Vertrag zu nehmen, um ihren Versicherten ein wohnortnahes, hausärztliches Betreuungsnetz zur Verfügung stellen zu können. Hausärzte, die an einer hausarztzentrierten Versorgung teilnehmen wollen, müssen bestimmte Qualitätsanforderungen erfüllen.

Sorgfalt und Haftung des Arztes

508 Der vertragsärztliche Leistungserbringer haftet gegenüber dem Versicherten nach den allgemeinen Vorschriften des bürgerlichen Vertragsrechts. Kommt es zu einem Behandlungsfehler, können die Krankenkassen den Versicherten bei der Verfolgung von Schadenersatzansprüchen, die aus dem Behandlungsfehler entstanden sind, unterstützen (vgl. § 66 SGB V).

Fortbildungpflicht in der ambulanten ärztlichen Versorgung

509 Durch das GKV-Modernisierungsgesetz (GMG) wurde erstmals für Ärzte, Psychotherapeuten und Zahnärzte, die an der vertragsärztlichen Versorgung teilnehmen, eine Pflicht zur Fortbildung bundesgesetzlich eingeführt und ihre Nichterfüllung sanktioniert. Seit dem 1. Januar 2004 sind die genannten Leistungserbringer daher – unabhängig von den sich aus den Kammer- oder Heilberufsgesetzen der Länder ergebenden Fortbildungspflichten – verpflichtet, gegenüber der Kassenärztlichen Vereinigung alle fünf Jahre nachzuweisen, dass sie ihre Fortbildungsverpflichtung erfüllt haben. Ärzte, die dem nicht nachkommen, müssen Honorarkürzungen hinnehmen. Erbringt der Arzt die Fortbildung dauerhaft nicht, muss er mit der Entziehung der Zulassung rechnen.

Bedarfsplanung

Arztdichte

510 In der Vergangenheit hat die Zahl der Vertragsärzte insbesondere in Ballungsgebieten regelmäßig zugenommen. Diese Zunahme der Zahl von Vertragsärzten ist einer der Gründe für die Finanzentwicklung in der GKV. Dies wird deutlich, wenn man bedenkt, dass dem Arzt eine Schlüsselfunktion in der ambulanten Versorgung zukommt, da er nicht nur selbst Leistungen erbringt, sondern auch andere Leistungen veranlasst, deren Kosten etwa das Vierfache seines eigenen Honoraranspruchs betragen. Der durch die steigenden Arztzahlen ausgelöste Konkurrenzdruck führt nachweislich zu Mehrausgaben der Krankenkassen für die ambulante Versorgung. Die nur begrenzt verfügbaren Mittel würden nicht ausreichen, einer unbeschränkt steigenden Zahl von Ärzten eine den medizinischen Erfordernissen Rechnung tragende Ausstattung zu ermöglichen. Die regionale Begrenzung der Zahl der Vertragsärzte ist deshalb eine unverzichtbare Maßnahme zur Erhaltung von Qualität und Leistungsfähigkeit der ambulanten vertragsärztlichen Versorgung.

Zulassungsbeschränkungen

511 Mit dem Gesundheitsstrukturgesetz wurden zum 1. Januar 1993 erstmals Regelungen zur Begrenzung der Arztzahlen getroffen. Aufgrund der gesetzlichen Vorgaben hat der damalige Bundesausschuss der Ärzte und Krankenkassen die Einzelheiten des Verfahrens der Zulassungsbeschränkungen in der so genannten Bedarfsplanungsrichtlinie festgelegt. Wird ein bestimmtes Verhältnis von Arzt zu Einwohnern in einem Gebiet überschritten (Überversorgung), so wird das Gebiet für neue Zulassungen gesperrt. Die Richtlinie enthält auch Vorgaben für die ausnahmsweise Besetzung zusätzlicher Vertragsarztsitze, wenn dies zur Versorgung der Versicherten erforderlich ist (Sonderbedarfszulassung). Zudem ermöglichen die zum 1. Juli 1997 eingeführten Flexibilisierungen der Bedarfsplanung es, auch in überversorgten und damit an sich für Neuzulassungen gesperrten Gebieten einen weiteren Arzt in einer bereits bestehenden Praxis zuzulassen oder anzustellen, wenn sich die Beteiligten zu einer Leistungsbegrenzung verpflichten. Die Leistungsbegrenzung soll sicherstellen, dass der bisherige Praxisumfang nicht wesentlich überschritten wird.

Ärztemangel

512 Obwohl die Zahl der Vertragsärzte in Deutschland in den vergangenen Jahren insgesamt zugenommen hat und nach wie vor steigt, zeichnet sich immer deutlicher ab, dass insbesondere in ländlichen Regionen kurz- und mittelfristig die Gefahr regionaler Versorgungsprobleme besteht, weil ausscheidende Vertragsärzte teilweise keinen Nachfolger finden. Aus diesem Grund wurden in den vergangenen Jahren in verschiedenen Gesetzgebungsverfahren die bereits vorhandenen Instrumente, mit denen einer Unterversorgung entgegengewirkt werden kann, noch ergänzt. So wurde z.B. die Altersgrenze für Vertragsärzte aufgehoben (vgl. Rdnr. 516) und die Möglichkeiten, eine Niederlassung von Vertragsärzten in entsprechenden Regionen durch Preisanreize zu fördern, verbessert. Aber auch die im Vertragsarztrechtsänderungsgesetz zum 1. Januar 2007 vorgenommene Liberalisierung und Flexibilisierung der vertragsärztlichen Berufsausübung (z. B. die zusätzlichen Möglichkeiten zur Anstellung von Ärzten, die vereinfachte Möglichkeit der Gründung von Zweigpraxen und die Möglichkeit zur gleichzeitigen Tätigkeit in der ambulanten vertragsärztlichen Versorgung und im Krankenhaus) führen dazu, dass Versorgungslücken besser begegnet werden kann.

Praxisübergabe

513 Soll die Praxis eines Vertragsarztes, die in einem nicht überversorgten Gebiet liegt, an einen Nachfolger übergeben werden, so kann sie auf dem freien Markt verkauft werden oder natürlich auch unentgeltlich weitergegeben werden. Der Arzt, der die Praxis übernimmt, erhält eine Zulassung, da das Gebiet nicht gesperrt ist.

514 Soll eine Praxis, die in einem überversorgten Gebiet liegt, an einen Nachfolger übergeben werden, muss der freiwerdende Vertragsarztsitz zunächst ausgeschrieben werden. Der Zulassungsausschuss wählt unter den Bewerbern anhand der im Gesetz genannten Kriterien nach pflichtgemäßem Ermessen den Nachfolger aus, der die Zulassung erhält. Im Rahmen des Auswahlverfahrens darf dabei nicht berücksichtigt werden, ob ein Bewerber bereit ist, für die Praxis einen höheren Wert zu bezahlen, als es dem Verkehrswert der Praxis entspricht. Ein solches Ausschreibungsverfahren ist notwendig, weil im Fall der Übernahme der Praxis eines Vertragsarztes privatrechtliches Eigentum und öffentlich-rechtliche Zulassung zur vertragsärztlichen Versorgung nicht voneinander getrennt werden. Der Veräußerer kann jedoch nur über sein Eigentum an der Praxis und nicht über die Zulassung verfügen. Da in einem gesperrten Gebiet eine Zulassung nur im Zusammenhang mit der Übernahme einer bestehenden Praxis erteilt wird, muss es einem rechtsstaatlichen Verfahren vorbehalten sein, einen Nachfolger unter den Bewerbern auszuwählen.

515 Sonderregelungen bestehen für die medizinischen Versorgungszentren (vgl. Rdnr. 502). Um die Gründung medizinischer Versorgungszentren trotz Zulassungsbeschränkungen zu ermöglichen, kann ein Vertragsarzt in einer Region, in der Zulassungsbeschränkungen angeordnet sind, auf seine bestehende Zulassung verzichten und als angestellter Arzt in dem Zentrum tätig werden. Auch können medizinische Versorgungszentren bei endgültigem Ausscheiden eines niedergelassenen Arztes in gesperrten Regionen den Vertragsarztsitz übernehmen und die vertragsärztliche Tätigkeit durch einen angestellten Arzt des Zentrums weiterführen. Schließlich erhält ein Arzt, der 5 Jahre in einem medizinischen Versorgungszentrum tätig war, in der Region, in der das medizinische Versorgungszentrum tätig ist, eine Zulassung, auch wenn in dieser Region Zulassungsbeschränkungen wegen Überversorgung angeordnet sind. Diese Sonderregelung, die allerdings nur für Ärzte gilt, die bereits vor dem 1. Januar 2007 in einem medizinischen Versorgungszentrum beschäftigt waren, hat die Attraktivität der medizinischen Versorgungszentren für junge Ärzte, die im Angestelltenverhältnis Erfahrung für eine spätere Tätigkeit in der Freiberuflichkeit sammeln können, erhöht.

Altersgrenze für Vertragsärzte

516 Seit dem 30. September 2008 gilt für die an der vertragsärztlichen Versorgung teilnehmenden Ärzte keine Altersgrenze mehr. Bis zu diesem Zeitpunkt galt eine Altergrenze von 68 Jahren. Eine Ausnahme von dieser Altersgrenze galt allerdings für Ärzte, die vor dem 1. Januar 1993 bereits als Vertragsarzt zugelassen und zum Zeitpunkt der Vollendung des 68. Lebensjahres weniger als zwanzig Jahre als Vertragsarzt tätig waren. Eine weitere Ausnahme galt seit dem 1. Januar 2007 für Ärzte, die in einem unterversorgten Gebiet tätig waren. Begründet wurde die gänzliche Streichung der Altersgrenze insbesondere mit den positiven Erfahrungen mit denjenigen Leistungserbringern, die bereits über das 68. Lebensjahr hinaus tätig waren. Die Aufhebung der Altergrenze soll zudem den Ärzten mehr Planungssicherheit und mehr Gestaltungsspielraum bei der Organisation ihrer Nachfolge geben. Zugleich sollen mit dem Wegfall der Altersgrenze Versorgungsprobleme vermieden werden, wenn Ärzte über das 68. Lebensjahr hinaus tätig bleiben, weil sie keinen Nachfolger finden.

Integration der Psychotherapeuten

517 Durch das Psychotherapeutengesetz, das zum 1. Januar 1999 in Kraft getreten ist, wurden die Psychologischen Psychotherapeuten sowie die Kinder- und Jugendlichenpsychotherapeuten in die vertragsärztliche Versorgung integriert. D. h. sie nehmen, sofern sie eine Approbation erhalten und bestimmte zusätzliche, für die vertragsärztliche Versorgung relevante Qualitätskriterien erfüllen (so genannter Fachkundenachweis), mit den gleichen Rechten und Pflichten an der Versorgung teil wie die Vertragsärzte. Damit wurde nach über 20-jähriger „Gesetzgebungsgeschichte" die insbesondere von den Psychotherapeuten geforderte Gleichstellung von Ärzten und Psychotherapeuten in der GKV Wirklichkeit.

Ärztliche Vergütung

518 Im Folgenden werden Hintergrund, Systematik und Ergebnisse der Reform des vertragsärztlichen Vergütungssystems, die zum 1. Januar 2009 umgesetzt wurde, erläutert..Mit Wirkung für die Jahre 2011 und 2012 hat der Gesetzgeber angesichts eines ohne Reformmaßnahmen im Jahr 2011 zu erwartenden Defizits von rund 9 Milliarden Euro verschiedene Regelungen mit dem Gesetz zur nachhaltigen und sozial ausgewogenen Finanzierung der Gesetzlichen Krankenversicherung (GKV-FinG) getroffen, mit denen der Ausgabenzuwachs bei der ärztlichen Vergütung begrenzt wird (vgl. Rdnr. 536). Unter Einbeziehung des Koalitionsvertrags von CDU/CSU und FDP wird abschließend ein kurzer Ausblick zu den zu erwartenden weiteren Entwicklungen gegeben.

519 Das bis 2008 bestehende Vergütungssystem hat in den vergangenen Jahrzehnten wesentlich dazu beigetragen, die Entwicklung der Ausgaben der GKV für die ambulante ärztliche Versorgung der Versicherten und die damit verbundene Beitragsbelastung der Mitglieder und der Arbeitgeber in volkswirtschaftlich vertretbaren Grenzen zu halten. Dem standen jedoch Mängel und Defizite gegenüber, die negative Auswirkungen auf die Qualität und die Wirtschaftlichkeit der medizinischen Versorgung im System der GKV hatten. Nachteilig war, dass die zur Versorgung der Versicherten gezahlten Honorarsummen einiger Krankenkassen nicht mehr dem aktuellen Versorgungsbedarf der Versicherten entsprachen. Zudem kam es beim Wechsel von Mitgliedern zu einer anderen Krankenkasse in bestimmten Fällen zu einem Absinken der von den Kassen insgesamt an die Kassenärztlichen Vereinigungen gezahlten Honorarsummen, obwohl sich an der Zahl und dem Versorgungsbedarf der Versicherten nichts geändert hat.

520 Schon das GKV-Modernisierungsgesetz (GMG) hatte deshalb eine weitreichende Neugestaltung der vertragsärztlichen Vergütung vorgesehen, mit der das so genannte Morbiditätsrisiko – Ausgabensteigerungen aufgrund einer erhöhten Krankheitshäufigkeit oder einer veränderten Morbiditätsstruktur der Versicherten – ab dem Jahr 2007 auf die Krankenkassen verlagert und das Vergütungssystem für die Finanzierung bestimmter zusätzlicher Leistungen geöffnet werden sollte. Der für die Umsetzung eigenverantwortlich zuständigen Selbstverwaltung der Ärzte und Krankenkassen auf Bundesebene ist eine fristgerechte Einführung der Vergütungsreform aber nicht möglich gewesen. Deshalb wurden die Regelungen zur Vergütungsreform mit dem GKV-WSG grundlegend überarbeitet und um wesentliche neue Elemente ergänzt.

521 Zentrales Ziel der Vergütungsreform ist, dass die vertragsärztlichen Leistungen – zumindest im Rahmen bestimmter Leistungsmengen – mit den festen Preisen einer zum 1. Januar 2009 zu schaffenden Euro-Gebührenordnung vergütet werden. Für die Ärzte werden die Vergütungen dadurch kalkulierbarer und transparenter. Wie bereits im GMG vorgesehen, wurde das Morbiditätsrisiko auf die Krankenkassen übertragen. Dadurch müssen die Krankenkassen nun z. B. mehr Geld zur Vergütung der Ärzte bereitstellen, wenn diese mehr Leistungen erbringen, weil die Versicherten kränker werden. Die Honorarvolumen sind nicht mehr – wie bis 2008 – durch die Einnahmenentwicklung der Krankenkassen „budgetiert". Weiteres Ziel der Reform ist die stärkere Vereinheitlichung des Vergütungssystems. In der Vergangenheit wurde eine Leistung je nach Region, Arztgruppe, Krankenkassenart und Leistungsart stark unterschiedlich vergütet, zudem wurden in jeder Region unterschiedliche Verfahren zur Mengensteuerung angewendet. Insgesamt war das Vergütungssystem nur schwer zu durchschauen und wurde von vielen Ärzten als ungerecht empfunden. Zum 1. Januar 2009 wurden die Preise einander stärker angeglichen und auch die Regelungen zur Mengensteuerung einander angenähert.

522 Auf Bundesebene erfolgt die Umsetzung der Reform im Wesentlichen durch den von der Kassenärztlichen Bundesvereinigung (KBV) und dem Spitzenverband Bund der Krankenkassen gebildeten Bewertungsausschuss (BA), der dabei durch das neutrale Institut des Bewertungsausschusses (InBA) unterstützt wird. Die zuständigen Vertragspartner auf Landesebene sind die jeweilige Kassenärztliche Vereinigung (KV), welcher alle Vertragsärzte einer Region als Mitglieder angehören, die Landesverbände der Krankenkassen und die Ersatzkassen. Das Bundesministerium für Gesundheit (BMG) ist an der Umsetzung der Reform nicht direkt beteiligt. Ihm sind lediglich die Umsetzungsbeschlüsse, welche der BA trifft, vorzulegen. Das BMG überprüft, ob die Beschlüsse mit den gesetzlichen Vorgaben im Einklang stehen. Bei der Umsetzung hat der BA somit einen großen fachlichen Gestaltungsspielraum. Für die Überprüfung der Regelungen, die auf der regionalen Ebene zu treffen sind, ist das jeweilige Sozialministerium des Landes als Aufsichtsbehörde über die KV verantwortlich.

523 Der BA trifft insbesondere die Rahmenvorgaben für die Euro-Gebührenordnung. Die Vorgaben umfassen die fachlich eigenverantwortliche Erstellung des Einheitlichen Bewertungsmaßstabes (EBM) sowie Vorgaben zur Festlegung des Orientierungswertes zur Vergütung der Leistungen. Darüber hinaus trifft der BA auch Vorgaben zur erstmaligen Ermittlung der morbiditätsbedingten Gesamtvergütungen und zur Mengensteuerung über Regelleistungsvolumina (RLV).

524 Im EBM sind – wie bisher – alle vertragsärztlichen Leistungen, die von Ärzten zu Lasten der gesetzlichen Krankenkassen erbracht werden können, aufgeführt und hinsichtlich der Höhe der Vergütung mit Punktzahlen bewertet. Der BA ist verpflichtet, die im EBM enthaltenen Leistungsbeschreibungen und -bewertungen in bestimmten Zeitabständen zu überprüfen und ggf. zu verändern, um dem „Stand der medizinischen Wissenschaft und Technik sowie dem Erfordernis der Rationalisierung im Rahmen wirtschaftlicher Leistungserbringung" Rechnung zu tragen. Die Leistungsbewertungen sind dabei „auf der Grundlage von sachgerechten Stichproben bei vertragsärztlichen Leistungserbringern auf betriebswirtschaftlicher Basis zu ermitteln" (§ 87 Abs. 2 SGB V). Zuletzt wurde der EBM zum 1. Januar 2008 grundlegend überarbeitet. Damit wurden insbesondere die Vorgaben des GKV-WSG umgesetzt, wonach die überlicherweise im Rahmen der hausärztlichen Versorgung erbrachten Leistungen als Versichertenpauschalen und die Leistungen der fachärztlichen Versorgung als Grund- und Zusatzpauschalen abzubilden sind. Auf der Grundlage aktueller Kostenstrukturstatistiken und sonstiger Analysen werden die Bewertung und die Kalkulation der ärztlichen Leistungen des EBM überprüft und im BA über Anpassungen entschieden.

525 Zudem bestimmt der BA jährlich bis zum 31. August jeweils einen bundeseinheitlichen Punktwert in Eurocent, den sog. Orientierungswert, zur Vergütung der vertragsärztlichen Leistungen. Während die erstmalige Festlegung des Orientierungswertes nach einem gesetzlich vorgegebenen Berechnungsverfahren erfolgt, wird der Orientierungswert in den Folgejahren unter Berücksichtigung bestimmter gesetzlich vorgegebener Kriterien (u. a. Entwicklung der für die Arztpraxen relevanten Investitions- und Betriebskosten und Wirtschaftlichkeitsreserven) angepasst.

526 Auf Grundlage des vom BA bestimmten Orientierungswertes vereinbaren die regional zuständigen Vertragspartner gemeinsam und einheitlich dann jährlich bis zum 31. Oktober einen regionalen Punktwert, der zur Vergütung der vertragsärztlichen Leistungen im Folgejahr anzuwenden ist. Unter bestimmten Voraussetzungen können sie dabei vom Orientierungswert abweichen. Aus dem vereinbarten Punktwert und dem EBM ermitteln sie dann die regional geltende Euro-Gebührenordnung, in welcher alle Preise für die von Ärzten zu Lasten der GKV abrechenbaren Leistungen in Euro und Cent aufgeführt sind.

527 Gleichzeitig vereinbaren die regionalen Vertragspartner ebenfalls jährlich bis zum 31. Oktober für das Folgejahr gemeinsam und einheitlich mit Wirkung für die Krankenkassen die an die jeweilige KV zu zahlende morbiditätsbedingte Gesamtvergütung. Die morbiditätsbedingte Gesamtvergütung (früher: Gesamtvergütung) ist das Ausgabenvolumen für die gesamte vertragsärztliche Versorgung der Versicherten mit Wohnort im Bezirk der KV und zugleich Grundlage der Mengensteuerung.

528 Die morbiditätsbedingte Gesamtvergütung errechnet sich für jede Krankenkasse, indem der zu vereinbarende morbiditätsbedingte Behandlungsbedarf der Versicherten (Leistungsmenge in EBM-Punkten) mit dem regional vereinbarten Punktwert (vgl. Rdnr. 526) bewertet wird. Dieses Verfahren stellt eine völlige Abkehr von der vorher geltenden Systematik dar, nach der die Höhe der Gesamtvergütung i. d. R. mit Hilfe sogenannter Kopfpauschalen berechnet wurde. Das historisch gewachsene Kopfpauschalen-System wies insbesondere keinen Bezug zum aktuellen Versorgungsbedarf der Versicherten auf und führte zu Verwerfungen auf Grund von Mitgliederwanderungen zwischen den Krankenkassen. Diese Probleme wurden mit der Reform beseitigt.

529 Eine Krankenkasse leistet – auch nach der Vergütungsreform – keine direkten Zahlungen an die einzelnen Vertragsärzte, sondern sie entrichtet die morbiditätsbedingte Gesamtvergütung mit „befreiender Wirkung" an die KV, d. h. mit der Zahlung der Gesamtvergütung sind zunächst alle Honoraransprüche der Ärzte für die Versorgung der Versicherten der Krankenkasse abgegolten. Während nach altem Recht Nachzahlungen der Krankenkassen i. d. R. ausgeschlossen waren, gilt seit 2009, dass Leistungen, die sich aus einem zum Zeitpunkt der Vereinbarung nicht vorhersehbaren Anstieg der Morbidität (z. B. außergewöhnlich heftige Grippewelle) ergeben, von der Krankenkasse ebenfalls mit den vereinbarten Euro-Preisen vergütet werden. Zudem gibt es Leistungen, welche von den Krankenkassen generell außerhalb der morbiditätsbedingten Gesamtvergütung mit den Preisen der Euro-Gebührenordnung zu vergüten sind, d. h. für diese so genannten extrabudgetären Leistungen erhält die KV von den Krankenkassen immer den vollen Preis. Zwingend ist dies im Gesetz für die vertragsärztlichen Leistungen bei der Substitutionsbehandlung der Drogenabhängigkeit vorgegeben. Darüber hinaus können die Vertragspartner eine solche „Ausdeckelung" auch für weitere Leistungen vereinbaren, die besonders gefördert werden sollen oder für die dies medizinisch erforderlich ist.

530 Die morbiditätsbedingte Gesamtvergütung wird über eine Weiterentwicklung des Behandlungsbedarfs und des Punktwertes jährlich dynamisiert. Der Behandlungsbedarf richtet sich insbesondere nach Veränderungen bei Zahl und Morbiditätsstruktur der Versicherten, Veränderungen bei Art und Umfang der ärztlichen Leistungen (neue Leistungen), Veränderungen in Folge von Verlagerungseffekten zwischen dem Krankenhausbereich und dem ambulanten Bereich sowie Veränderungen durch das Ausschöpfen von Wirtschaftlichkeitsreserven. So wird sichergestellt, dass die Krankenkassen für die zusätzlichen Leistungen, die medizinisch erforderlich sind, auch zusätzliches Honorar zur Verfügung stellen. Das Morbiditätsrisiko geht somit auf die Krankenkassen über. Die Leistungsmengen sind dann mit dem für die Region vereinbarten Punkwert zu bewerten. Auch dieser wird jährlich – auf Grundlage des vom Bewertungsausschuss jährlich weiterentwickelten Orientierungswertes (vgl. Rdnr. 525) – angepasst. Die sich aus den Preis- und Mengeneffekten insgesamt ergebende Anpassung der morbiditätsbedingten Gesamtvergütung wird – anders als im alten Recht- nicht mehr durch den Grundsatz der Beitragssatzstabilität gekappt. Bis einschließlich 2008 durften die Gesamtvergütungen entsprechend diesem Grundsatz jedes Jahr höchstens um die Rate ansteigen, um die durchschnittlich der sogenannte Grundlohn (die beitragspflichtigen Einnahmen aller Mitglieder der Krankenkassen je Mitglied) im Vorjahr angestiegen ist. Diese Beschränkung gilt nun nicht mehr.

531 Der einzelne Arzt rechnet seine vertragsärztlichen Leistungen mit der jeweils zuständigen regionalen Kassenärztlichen Vereinigung ab. Dabei werden ihm seine Leistungen grundsätzlich mit den Preisen der regional geltenden Euro-Gebührenordnung vergütet. Hierdurch weiß ein Arzt bereits während der Behandlung eines Versicherten, wie viel seine Leistung grundsätzlich wert ist. Dies stellt eine wesentliche Änderung zum alten Vergütungssystem dar, in dem es solche festen Preise nicht gab. In der Regel wussten die Ärzte also vorab nicht, welche Vergütung sie für eine bestimmte Leistung erwarten konnten. Allerdings unterliegen die Ärzte auch im neuen Vergütungssystem für einen Teil ihrer Leistungen einer Mengensteuerung. Nach Erreichen einer bestimmten Obergrenze, dem sog. Regelleistungsvolumen (RLV), bekommt ein Arzt die der Mengensteuerung unterliegenden Leistungen nicht mehr mit den vollen Preisen der Euro-Gebührenordnung vergütet, sondern mit abgestaffelten Preisen. Diese Obergrenze ist ihm vorab bekannt zu machen. Die Mengensteuerung über RLV soll gewährleisten, dass die Krankenkassen keine medizinisch unnötigen Leistungen finanzieren müssen. Die RLV wurden nicht erst mit dem GKV-WSG eingeführt, sondern Regelleistungsvolumina „alter Art" waren schon seit 2004 zwingend von der KV anzuwenden.

532 Zu beachten ist, dass das Gesetz kein konkretes Berechnungsverfahren der RLV vorgibt, sondern dies der Gestaltungsverantwortung der Selbstverwaltung überträgt. Gesetzlich ist aber geregelt, dass es durch die Mengensteuerung nicht zu negativen Auswirkungen auf die Versorgung der Versicherten kommt. So sind die RLV bei einem unvorhergesehenen Anstieg der Morbidität zeitnah anzupassen. Zudem können Ärzte mit Praxisbesonderheiten höhere RLV erhalten und in bestimmten Fällen kann ganz auf eine Abstaffelung verzichtet werden. Darüber hinaus fallen genehmigungspflichtige psychotherapeutische Leistungen nicht unter die Mengensteuerung über RLV. Die Selbstverwaltung kann zudem weitere Leistungen bestimmen, die außerhalb der RLV vergütet werden, wenn sie besonders gefördert werden sollen oder soweit dies medizinisch oder auf Grund von Besonderheiten bei Veranlassung und Ausführung der Leistungserbringung erforderlich ist. Für die Leistungen, welche Krankenkassen außerhalb der morbiditätsbedingten Gesamtvergütungen vergüten (vgl. Rdnr. 528) erhält ein Arzt immer den vollen Preis der Euro-Gebührenordnung.

533 Der BA gibt ein Rechenschema für die Ermittlung der RLV vor, auf dessen Grundlage - unter Berücksichtigung der relevanten regionalen Daten - die regionalen Vertragspartner die konkret anzuwendende Berechnungsformel für die RLV jährlich jeweils bis zum 31. Oktober gemeinsam feststellen. Die Zuweisung der RLV an die jeweilige Arztpraxis ist Sache der zuständigen KV und hat regelmäßig bis 4 Wochen vor Beginn der Geltungsdauer des RLV zu erfolgen.

534 Der BA machte zur Umsetzung der Vergütungsreform in den Jahren 2009 und 2010 folgende Vorgaben:

– Für das Jahr 2009 wurde der Orientierungswert in Höhe von 3,5001 Eurocent festgelegt. Damit lag er um rd. 9 Prozent über dem bundesdurchschnittlichen Punktwert, der sich nach den Daten der KBV im Jahr 2008 für die Vergütung der Regelleistungen ergeben hat. Die Leistungsmengen im Bereich der „Regelversorgung" wuchsen im Vergleich zum Vorjahr um 5,1 Prozent an. Eine Sonderregelung für die neuen Länder führte dazu, dass sich der Anstieg der Leistungsmengen dort auf über 10 Prozent belief. Darüber hinaus wurde für eine Reihe von Leistungen, wie Präventionsleistungen, ambulante Operationen, belegärztliche Leistungen und neue Leistungen, vorgegeben, dass sie von den Krankenkassen außerhalb der morbiditätsbedingten Gesamtvergütungen – und damit ohne jegliche Begrenzungsregelung – jeweils zu den vollen Preisen der Euro-Gebührenordnung zu vergüten sind. Für eine Reihe von weiteren Leistungen (Notfallleistungen, dringende Besuche etc.) wurde bestimmt, dass sie zwar aus den morbiditätsbedingten Gesamtvergütungen zu finanzieren sind, sie allerdings nicht der Mengensteuerung durch RLV unterliegen. Aus Sicht des Arztes wurden diese Leistungen somit ebenfalls immer mit dem vollen Preis der Euro-Gebührenordnung vergütet. Eine Reihe von Leistungen wurden zudem im EBM höher bewertet, um das bisherige höhere Preisniveau für diese Leistungen zu erhalten. Zur Umsetzung der Mengensteuerung wurde ein Berechnungsverfahren gewählt, nach dem sich das RLV eines Arztes vereinfacht aus der Multiplikation des für die Arztgruppe relevanten Fallwerts und der Fallzahl des Arztes aus dem Vorjahr ergibt. Der Fallwert wird dabei auf Basis von regionalen Honorar- und Abrechnungsdaten der jeweiligen Arztgruppe ermittelt. Der KV wurde bei der Umsetzung der RLV eine Reihe von Spielräumen eingeräumt, um den Übergang zwischen dem alten und dem neuen Vergütungssystem flexibel gestalten und hier auch die regionalen Auswirkungen der alten Honorarverteilung ausreichend berücksichtigen zu können. Im Rahmen von sog. Konvergenzregelungen können sie dabei insbesondere auch einen Ausgleich zwischen „Gewinnern" und „Verlierern" der Honorarreform umsetzen.

– Für das Jahr 2010 wurde eine leichte Erhöhung des Orientierungswertes auf 3,5048 Eurocent beschlossen. Darüber hinaus wurden die Leistungsmengen im Regelbereich gegenüber dem Vorjahr noch einmal um 2 Prozent gesteigert. Die im Jahr 2009 komplett „ausgedeckelten" Leistungen werden auch im Jahr 2010 weiterhin außerhalb der morbiditätsbedingten Gesamtvergütungen vergütet; zusätzlich „ausgedeckelt" wurden die Dialyse-Sachkosten.

– Nach den vorliegenden Auswertungen der Abrechnungsdaten ergaben sich daraus im Vergleich der Jahre 2007 und 2009 bundesweit Mehrhonorare für die Ärzte und Psychotherapeuten in Höhe von rd. 3 Mrd. Euro bzw. rd. 11 Prozent, wobei es je nach Arztgruppen und Regionen zu sehr unterschiedlichen Ergebnissen kommt. Allerdings wurden in diesem Zeitraum in allen KVen Honorargewinne erzielt. Für das Jahr 2010 wird nach Simulationsberechnungen ein weiterer bundesweiter Honoraranstieg gegenüber dem Jahr 2009 in Höhe von rd. 1,17 Mrd. Euro bzw. 3,8 Prozent erwartet, der sich relativ gleichmäßig auf alle KV-Regionen verteilt. Die in diesen Jahren erzielten Honorarzuwächse gehen damit deutlich über die jährlichen Zuwächse hinaus, die vor der Vergütungsreform möglich waren.

535 Mit Wirkung zum 1. Juli 2010 hat der BA die Beschlüsse zur Ausgestaltung der Mengensteuerung über RLV in eigener Verantwortung grundlegend überarbeitet, um die wohnortnahe Basisversorgung zu stärken und den KVen zusätzliche regionale Spielräume in der Honorarverteilung gegeben. Entsprechend wurden die RLV-Systematik mit dem Ziel, die RLV-Werte zu stabilisieren, korrigiert und qualifikationsgebundene Zusatzvolumen (QZV) für „freie" Leistungen eingeführt. Die Berechnungsverfahren der Mengenbegrenzung können von jeder einzelnen KV entsprechend den regionalen Versorgungsaspekten ausgestaltet werden. Der einzelne Arzt bekommt eine hohe Flexibilität bei der Abrechnung, in dem er die verschiedenen QZV untereinander verrechnen, nicht ausgeschöpfte RLV mit QZV-Leistungen ausschöpfen kann und umgekehrt. Ferner werden die Honorare des haus- und fachärztlichen Versorgungsbereichs dauerhaft getrennt und stabil weiterentwickelt.

536 Das am 12. November 2010 vom Deutschen Bundestag verabschiedete GKV-Finanzierungsgesetz sieht im Bereich der ärztlichen Vergütung folgende Maßnahmen vor: Durch verschiedene Regelungen wird der Ausgabenzuwachs bei der Vergütung in der vertragsärztlichen Versorgung in den Jahren 2011 und 2012 begrenzt. In allen KVen steigt das für die Honorierung der vertragsärztlichen Regelleistungen zur Verfügung stehende Finanzvolumen in den Jahren 2011 und 2012 durch Vorgabe einer einheitlichen linearen Zuwachsrate für die morbiditätsbedingte Gesamtvergütung in Höhe von jeweils 1,25 Prozent. Durch zusätzliche asymmetrische Honorarzuwächse im Jahr 2011 wird zugleich die Vergütungsreform zwischen den KVen gerechter gestaltet. Kostenrisiken aus Preiserhöhungen und bestimmten Mengenzuwächsen werden für die Jahre 2011 und 2012 ausgeschlossen. Medizinisch nicht begründbare Ausgabenentwicklungen der sogenannten extrabudgetär zu vergütenden vertragsärztlichen Leistungen werden von den Vertragspartnern der gemeinsamen Selbstverwaltung auf regionaler Ebene in den Jahren 2011 und 2012 Begrenzungsregelungen unterzogen. Die hierbei anzuwendende Obergrenze für das Jahr 2011 ist die für das Jahr 2011 maßgebliche und um 0,25 Prozent verminderte Veränderungsrate der beitragspflichtigen Einnahmen der Mitglieder der Krankenkassen. Für das Jahr 2012 ist die für das Jahr 2012 maßgebliche und um 0,5 Prozent verminderte Veränderungsrate der beitragspflichtigen Einnahmen der Mitglieder der Krankenkassen anzuwenden. Zur Vermeidung von Versorgungseinschränkungen können Ausgabenentwicklungen auch über die vorgegebenen Begrenzungsraten hinaus von den Selbstverwaltungspartnern zugelassen werden. Nichtärztliche Dialyseleistungen, ärztliche Leistungen im Rahmen der Früherkennung sowie neue Leistungen werden aus dieser Ausgabenbegrenzung herausgenommen.

537 Vorgesehen ist zudem, die Vergütungsreform nach kritischer Überprüfung zusammen mit den Beteiligten den erforderlichen Kurskorrekturen zu unterziehen, die in ein Gesetzgebungsverfahren im Laufe des Jahres 2011 münden. Zielsetzung dabei ist, dass das Vergütungssystem den Ärztinnen und Ärzten einen gesicherten Rahmen für ihre Arbeit bietet. Es soll zudem einfach und verständlich sein, die Leistungen adäquat abbilden und regionale Besonderheiten berücksichtigen. Außerdem sollen die KVen mehr Flexibilität bei der Gestaltung der Vergütung erhalten, um dem Versorgungsauftrag vor Ort besser Rechnung tragen zu können. Derzeit wird die Vergütungsreform unter diesen Zielsetzungen im BMG kritisch überprüft.

Integrierte Versorgung

538 Die integrierte Versorgung, für die mit der GKV-Gesundheitsreform 2000 eine Rechtsgrundlage (§§ 140a bis 140d SGB V) geschaffen wurde, soll eine verschiedene Leistungssektoren übergreifende und integrierende Versorgung der Versicherten ermöglichen. Patientinnen und Patienten, die in Deutschland aus dem Krankenhaus entlassen werden, erleben es z. B. häufig, dass der Übergang zur nachfolgenden ambulanten Behandlung schlecht organisiert ist. Sie haben keinen Ansprechpartner, der sie darüber informiert, was jetzt nötig ist, und müssen oft viele vergebliche Wege gehen, bis sie schließlich selbst alles herausgefunden und geregelt haben. Sehr oft leiden gerade schwer chronisch kranke Menschen wie Rheuma- oder Krebspatienten unter diesen Bedingungen. Denn bei ihnen folgen auf stationäre Aufenthalte in der Regel längere Phasen ambulanter Behandlung. Insbesondere die bisherige starre Aufgabenteilung zwischen der ambulanten und der stationären Versorgung soll deshalb durch eine integrierte Versorgung gezielt durchbrochen werden, um die Voraussetzungen für eine stärker an den Versorgungsbedürfnissen der Patientinnen und Patienten orientierte Behandlung zu verbessern. Hierzu bedarf es integrierter Versorgungsformen zwischen Haus- und Fachärzten, zwischen ärztlichen und nichtärztlichen Leistungserbringern, zwischen dem ambulanten und stationären Bereich. Dabei muss auch darauf geachtet werden, dass medizinische Rehabilitationsmaßnahmen den ihnen zukommenden Stellenwert erhalten. Um die dafür notwendigen Rahmenbedingungen zu schaffen, haben die Krankenkassen die gesetzliche Möglichkeit, Verträge mit Leistungserbringern abzuschließen, die solche integrierte Versorgungsformen als einheitliche und gemeinsame Versorgung anbieten.

539 Die Umsetzung entsprechender Kooperationsformen blieb in den Jahren 2000 bis 2003 jedoch begrenzt und beschränkte sich weitgehend auf die Bildung von Praxisnetzen. Aus diesem Grund hat der Gesetzgeber die Vorschriften zur Integrationsversorgung mit dem GKV-Modernisierungsgesetz (GMG) zum 1. Januar 2004 weiterentwickelt und gestrafft. Bestehende Hemmnisse für die Umsetzung der integrierten Versorgung wurden abgebaut, entsprechende Vertragsabschlüsse erleichtert und gezielte finanzielle Anreize zur Verwirklichung sektorenübergreifender Kooperationsformen gesetzt.

540 Die gesetzlichen Vorschriften sehen vor, dass die Krankenkassen mit Leistungserbringern autonom Einzelverträge zur integrierten Versorgung abschließen können. Eine Anbindung der integrierten Versorgung an das Versorgungsgeschehen im Rahmen des Kollektivvertragssystems und insbesondere an den Sicherstellungsauftrag der Kassenärztlichen Vereinigungen besteht nicht. Eine Einflussnahme Dritter, etwa über die früher gesetzlich vorgesehenen Rahmenvereinbarungen, scheidet aus. Vielmehr liegt die Verantwortung für die Abfassung der vertraglichen Rechte und Pflichten allein bei den Vertragspartnern.

541 Als potentielle Vertragspartner eines Integrationsvertrages stehen alle zur Versorgung im System des SGB V zugelassenen Leistungserbringer und deren Gemeinschaften zur Verfügung. Im Gesetz zur Stärkung des Wettbewerbs in der gesetzlichen Krankenversicherung ist geregelt, dass ab 1. April 2007 auch die Pflegeversicherung (SGB XI) in Verträge über eine integrierte Versorgung einbezogen werden kann. Darüber hinaus werden Ärzte nicht mehr nur als Mitglieder einer Gemeinschaft als Vertragspartner zur integrierten Versorgung zugelassen. Die Krankenkassen können auch mit medizinischen Versorgungszentren und mit sogenannten Managementgesellschaften, das heißt mit Trägern, die eine Versorgung durch dazu berechtigte Leistungserbringer anbieten, selbst aber nicht Versorger sind, abschließen. Durch das „Gesetz zur Neuordnung des Arzneimittelmarktes in der gesetzlichen Krankenversicherung (AMNOG)" wurde zudem pharmazeutischen Unternehmern und Herstellern von Medizinprodukten die Möglichkeit eingeräumt, unmittelbare Vertragspartner einer integrierten Versorgung zu werden. Damit sollen die Möglichkeiten, insbesondere die Arzneimittelversorgung als integralen Bestandteil einer integrierten Versorgung zu etablieren, verbessert werden. Konkrete Regelungen wurden für die Teilnahme von Apotheken an Integrationsverträgen geschaffen (§ 129 Abs. 5b SGB V).

542 Um neue finanzielle Anreize zum Abschluss von Integrationsverträgen zu schaffen, hatte der Gesetzgeber vorgesehen, dass in den Jahren 2004 bis 2008 bis zu 1 Prozent der an die Kassenärztlichen Vereinigung zu entrichtenden Gesamtvergütungen sowie der Krankenhausvergütungen für die vertragsärztliche Versorgung zur Verfügung stehen sollen. Die Krankenkassen hatten entsprechende Mittel von den Gesamtvergütungen sowie von den Rechnungen der einzelnen Krankenhäuser einzubehalten, wenn die Mittel zur Umsetzung von zur integrierten Versorgung geschlossenen Verträgen erforderlich sind. Hierin liegt praktisch eine generell-abstrakte Bereinigung der Vergütungsvolumen, die für die Regelversorgung im Kollektivvertragssystem vorgesehen sind. Die Anschubfinanzierung wurde trotz verschiedentlich geäußerter Wünsche nicht über 2008 hinaus verlängert. Sie war als zeitlich begrenztes Instrument angelegt, da sich die Projekte auf Dauer selbst tragen sollen.

543 Das Prinzip der freien Arztwahl wird durch die integrierte Versorgung nicht angetastet. Eine Inanspruchnahme nicht an der integrierten Versorgung teilnehmender Leistungserbringer ist allerdings nur zulässig, wenn die Versicherten an diese Leistungserbringer überwiesen wurden oder der Vertrag zur integrierten Versorgung sie zur Inanspruchnahme nicht teilnehmender Leistungserbringer berechtigt. Daher kann die Teilnahme von Versicherten nur auf freiwilliger Basis erfolgen. Die Satzung der Krankenkasse regelt das Nähere. Da integrierte Versorgungsformen für die Versicherten transparent sein müssen, haben die Versicherten das Recht, von ihrer Krankenkasse umfassend über die Verträge zur integrierten Versorgung, die teilnehmenden Leistungserbringer, besondere Leistungen und vereinbarte Qualitätsstandards informiert zu werden.

544 Unbedingt notwendig ist eine qualitätsgesicherte, ausreichende, zweckmäßige und wirtschaftliche Versorgung der Versicherten auch im Integrationssektor. Die Versorgungsanbieter müssen die Erfüllung der Leistungsansprüche der Versicherten gewährleisten können. Die Verträge können Abweichendes von den Vorschriften des Vierten Kapitels des SGB V, des Krankenhausfinanzierungsgesetzes, des Krankenhausentgeltgesetzes sowie den nach diesen Vorschriften getroffenen Regelungen insoweit regeln, als die Besonderheiten der Integrationsversorgung dies erfordern. Ziel ist es, die Qualität, die Wirksamkeit und die Wirtschaftlichkeit der Versorgung zu verbessern. Hierzu sind möglichst offene Regelungen zu finden, um aus starren, verkrusteten Strukturen hin zu effizienteren Versorgungsformen zu kommen.

545 Von Bedeutung ist schließlich die den Krankenkassen gesetzlich eingeräumte Möglichkeit, denjenigen Versicherten, die an einer integrierten Versorgung teilnehmen, gesonderte Tarife anzubieten (§ 53 Abs. 3 SGB V). Sie erhält hierdurch ein wirksames Instrument, um Anreize zur Teilnahme an der integrierten Versorgung zu schaffen.

546 Infolge der mit dem GKV-Modernisierungsgesetz (GMG) erfolgten Gesetzesänderungen wurden zwischenzeitlich eine Vielzahl von integrierten Versorgungsverträgen geschlossen und bei einer hierfür eigens eingerichteten Registrierungsstelle gemeldet. Zum Ende des Jahres 2008 waren nahezu 7.000 Integrationsverträge bei der Registrierungsstelle gemeldet (aktuellere Zahlen liegen nicht vor, weil die Registrierungsstelle mit Auslaufen der Anschubfinanzierung keine Aktualisierung der Vertragzahlen mehr vornimmt). Auch wenn es sich bei den meisten dieser Verträge zunächst um kleinere indikationsbezogene Verträge handelt, die zudem regelmäßig regional beschränkt sind, kann festgestellt werden, dass die integrierte Versorgung dabei ist, sich neben der Regelversorgung zu etablieren

Strukturverträge/Modellvorhaben

547 Die Selbstverwaltung der Ärzte und Krankenkassen hat darüber hinaus Spielräume zur Erprobung und Realisierung neuer Versorgungsformen.

Strukturverträge

548 Im Rahmen so genannter Strukturverträge nach § 73a SGB V können die Krankenkassen und die jeweilige Kassenärztliche Vereinigung Hausärzten oder einem Verbund von haus- und fachärztlich tätigen Vertragsärzten („vernetzte Praxen") eine erweiterte Verantwortung für die Qualität und Wirtschaftlichkeit der Versorgung übertragen. Die erweiterte Verantwortung umfasst dabei neben dem eigentlichen Bereich der vertragsärztlichen Versorgung auch den der ärztlich verordneten bzw. veranlassten Leistungen. Diese Verantwortung kann auf bestimmte, inhaltlich definierte Bereiche – wie z. B. die Arznei- und Heilmittelverordnungen oder die Krankenhauseinweisungen – begrenzt werden. Für diese Leistungen kann ein Budget vereinbart werden. Damit ermöglicht der Gesetzgeber die für „Managed-Care-Strukturen" typische sektorenübergreifende Steuerung von Versorgungsleistungen. Allerdings gilt auch für diese Versorgungsformen der in § 71 SGB V geregelte Grundsatz der Beitragssatzstabilität. Neben der integrierten Versorgung besteht mit den Strukturverträgen ein weiteres Instrument, vernetzte Strukturen zu schaffen.

Modellvorhaben

549 Die Möglichkeit der Krankenkassen und ihrer Verbände, Modellvorhaben durchzuführen oder mit in der gesetzlichen Krankenversicherung zugelassenen Leistungserbringern oder Gruppen von Leistungserbringern Vereinbarungen über die Durchführung von Modellvorhaben zu schließen (§§ 63 bis 65 SGB V) sind mit dem 2. GKV-Neuordnungsgesetz erheblich erweitert worden:

– Die Krankenkassen können neue Formen der Organisation und Finanzierung der Leistungserbringung erproben (§ 63 Abs. 1 SGB V). Ziel solcher Modellvorhaben muss es sein, die Qualität und Wirtschaftlichkeit der Versorgung zu verbessern.
– Des Weiteren können die Krankenkassen neue Leistungen der Krankenbehandlung, Rehabilitation und Prävention erproben, sofern diese Leistungen zum Aufgabenbereich der GKV gehören (§ 63 Abs. 2 SGB V). Voraussetzung ist, dass bereits Erkenntnisse über den Nutzen (und gegebenenfalls die Risiken) dieser Leistungen vorliegen, die die Durchführung eines Modellvorhabens rechtfertigen. Diese Modellvorhaben sollen vor allem Informationen darüber liefern, ob die fraglichen Leistungen für eine ausreichende, zweckmäßige und wirtschaftliche Versorgung geeignet sein können und gegebenenfalls in die Regelversorgung übernommen werden sollten.
– Mit den durch das Pflege-Weiterentwicklungsgesetz zum 1. Juli 2008 eingeführten Modellklauseln (§ 63 Abs. 3b und Abs. 3c SGB V) soll erreicht werden, dass Tätigkeiten, die bisher den Ärzten vorbehalten waren, zunächst probeweise auch von Angehörigen qualifizierter nichtärztlicher Heilberufe ausgeführt werden können (Angehörige der im Kranken- und Altenpflegegesetz geregelten Berufe). Damit wird ein Beitrag zur Entlastung der Ärzte geleistet, die sich auf ihre ärztlichen Kernaufgaben konzentrieren können. Dies bedeutet zugleich einen Beitrag zur Verbesserung der Versorgungssituation in ärztlich unterversorgten Regionen. Nach Auswertung der Modelle ist zu entscheiden, ob diese Modelle in die Regelversorgung übernommen werden.

550 Die Krankenkassen oder ihre Verbände sind verpflichtet, eine wissenschaftliche Begleitung und Auswertung der Modelle im Hinblick auf die Erreichung der Ziele der Modellvorhaben nach allgemein anerkannten wissenschaftlichen Standards zu veranlassen (§ 65 SGB V).

Vermittlung von Zusatzversicherungen

551 Seit dem 1. Januar 2004 haben die gesetzlichen Krankenkassen die Möglichkeit, den Abschluss privater Zusatzversicherungsverträge zwischen ihren Versicherten und privaten Krankenversicherungsunternehmen zu vermitteln (§ 194 Abs.1a SGB V). Der Abschluss solcher Zusatzversicherungsverträge bleibt eine freiwillige Vereinbarung zwischen dem Versicherten und dem privaten Versicherungsunternehmen. Die gesetzlichen Krankenkassen sind auf eine Vermittlungstätigkeit beschränkt. Mit dieser Vermittlungsmöglichkeit wollte der Gesetzgeber dem Wunsch der Versicherten Rechnung tragen, bestimmte Versicherungen, die den Krankenversicherungsschutz ergänzen, über ihre gesetzliche Krankenkasse abschließen zu können. Genannt werden im Gesetz beispielhaft Ergänzungstarife zur Kostenerstattung, Wahlarztbehandlung im Krankenhaus, Ein- oder Zweibettzuschlag im Krankenhaus sowie eine Auslandskrankenversicherung. Die Versicherten können von einer solchen Vermittlung eines Versicherungsvertrages insbesondere dann profitieren, wenn die Krankenkasse für sie prämiengünstige Gruppentarife ausgehandelt hat.

552 Die Bedingungen für den Abschluss von privaten Zusatzversicherungen haben sich durch die den gesetzlichen Krankenkassen eingeräumte Vermittlungsmöglichkeit nicht geändert. Anders als in der GKV kann es daher vorkommen, dass private Versicherungsunternehmen den Abschluss von Versicherungsverträgen z. B. von Altersgrenzen, Risikoprüfungen oder auch erhöhten Prämien abhängig machen. Solche Bedingungen sind in der privaten Krankenversicherung durchaus üblich. Es gibt allerdings Hinweise darauf, dass private Versicherungsunternehmen von sich aus die Vertragsbedingungen für den in einer gesetzlichen Krankenkasse Versicherten günstig gestalten, wenn der Kooperationspartner, die gesetzliche Krankenkasse, geschickt und im Interesse ihrer Versicherten verhandelt hat. So gibt es weithin Gruppenverträge und auch Verträge über mehrere Versicherungsfelder, bei denen es offenbar gesetzlichen Krankenkassen gelungen ist, private Versicherungsunternehmen dazu zu bewegen, von zu rigorosen Altersbegrenzungen und anderen Eintrittshürden in eine private Zusatzversicherung Abstand zu nehmen.

Die zahnmedizinische Versorgung

Ausgaben für die zahnmedizinische Versorgung

553 Werden die Ausgaben für die zahnmedizinische Versorgung im internationalen Vergleich betrachtet zeigt sich, dass kein anderes Land so viel für die zahnmedizinische Versorgung seiner Bevölkerung ausgibt wie die Bundesrepublik Deutschland. Zwar sind seit den 80er Jahren die gesamtwirtschaftlichen Kosten für die zahnmedizinische Versorgung in Deutschland durch eine erhebliche Verbesserung der Mundgesundheit in allen Altersgruppen gesunken. Deutschland gibt allerdings im Jahr 2005 mit einem Anteil von 0,83 Prozent am Bruttoinlandsprodukt (BIP) – vor der Schweiz (0,70 Prozent) und Schweden (0,71 Prozent) – nach wie vor am meisten für die zahnmedizinische Versorgung aus. Deutlich niedriger liegt das Ausgabenniveau u. a. in Großbritannien (0,41 Prozent) und den Niederlanden (0,37 Prozent). Der DMF-T-Wert bei 12-Jährigen, der die Zahl der kariösen, fehlenden und gefüllten Zähne (D=decayed, M=missing, F=filled, T=teeth) erfasst und international als aussagefähiger Indikator für die Zahngesundheit Jugendlicher gilt, hat sich in Deutschland seit Anfang der 80er Jahre erheblich verbessert. Im Jahr 1983 wiesen 12-Jährige in Deutschland noch 6,8 kariöse, fehlende und gefüllte Zähne auf. Im Jahr 2005 lag der mittlere DMF-T mit 0,7 bei weniger als einem kariösen, fehlenden oder gefüllten Zahn. Deutschland nimmt damit im internationalen Vergleich eine führende Position bei der Mundgesundheit von Kindern und Jugendlichen ein. Auch die Mundgesundheit von Erwachsenen und Senioren verbessert sich in den letzten Jahren zunehmend. Dennoch erreichen einige Länder ähnlich gute Ergebnisse mit einem deutlich geringeren finanziellen Aufwand (z. B. Niederlande, Großbritannien, Dänemark und Schweden).

Tabelle 2: Gesamtausgaben der zahnmedizinischen Versorgung im internationalen Vergleich (1980, 2000 und 2005)

Land	Zahnmedizinische Ausgaben insgesamt[1] in Prozent des BIP		
	1980	2000	2005
D	1,13[2]	0,89	0,83
CH	0,67	0,70	0,70
S	0,76	0,64	0,71
USA	0,48	0,61	0,70
F	0,47	0,45	0,50
NL	0,40	0,33	0,37
DK	0,37	0,55	0,50
I	0,30	0,35	0,36
GB	0,26	0,37	0,41

1) Alle Kostenträger.
2) Alte Länder.
Quelle: BASYS; Bauer / Neumann / Saekel: Zahnmedizinische Versorgung in Deutschland, Bern 2009, S. 231.

554 Um das Verhältnis von Kosten und Nutzen in der zahnmedizinischen Versorgung der GKV zu verbessern, leitete der Gesetzgeber seit den 80er Jahren eine konsequente Umorientierung in der zahnmedizinischen Versorgung ein: Statt der Spätversorgung der Zähne mit Zahnersatz sollen Zahnerkrankungen vermieden bzw. so früh wie möglich behandelt werden. In diesem Zusammenhang wurden schrittweise die Grundlagen für den Aufbau eines umfassenden Prophylaxekonzeptes geschaffen.

Zahnmedizinisches Prophylaxesystem

555 Der Gesetzgeber hat mittlerweile durch mehrere Gesundheitsreformen die Grundlage für ein umfassendes zahnmedizinisches Prophylaxekonzept gelegt; vorhandene präventive Betreuungslücken bei Schwangeren und Kleinkindern wurden geschlossen. Zielsetzung dieser Leistungsausweitungen ist es, die Voraussetzungen für einen lebenslangen Erhalt der eigenen Zähne zu schaffen. Möglich ist dies durch eine konsequent präventive Betreuungsstrategie, die von Kindheit an auf die Vermeidung von Zahnschäden und auf substanzschonende Zahnerhaltungsmaßnahmen setzt. Karies und Parodontitis gehören zu den weitest verbreiteten Krankheiten in unserer Zivilisation. Dabei könnten sie zu einem großen Teil vermieden werden.

556 Die gesetzlichen Prophylaxeleistungen wurden durch den Gesetzgeber für die einzelnen Altersgruppen in folgenden Punkten erweitert:

– Die bewährten Vorsorgeleistungen bei Schwangeren wurden um Beratungen zur Bedeutung der Mundgesundheit für Mutter und Kind und zur Aufklärung über kariesauslösende Keime sowie um Maßnahmen zur Einschätzung und Bestimmung des Übertragungsrisikos von Karies auf das Kleinkind erweitert.
– Die ebenfalls seit langem bewährten Früherkennungsuntersuchungen bei Kleinkindern, die auch das Erkennen von Zahn-, Mund- und Kieferkrankheiten umfassen, wurden durch eine genauere Inspektion der Mundhöhle, die Bestimmung des Kariesrisikos durch Ernährungs- und Mundhygieneberatung sowie um Maßnahmen zur Schmelzhärtung der Zähne und zur gegebenenfalls notwendigen Keimzahlsenkung ergänzt.
– Der Anspruch auf gruppenprophylaktische Maßnahmen, die möglichst flächendeckend durchzuführen sind, wurde in Schulen und Behinderteneinrichtungen, in denen das Kariesrisiko überdurchschnittlich hoch ist, bis zum 16. Lebensjahr verlängert.

557 Nach § 196 Abs. 1 RVO i. V. m. Abschnitt A Nr. 1 Abs. 2 und 3 der Mutterschafts-Richtlinien soll der Arzt im letzten Drittel der Schwangerschaft bedarfsgerecht über die Bedeutung der Mundgesundheit für Mutter und Kind aufklären und auf den Zusammenhang zwischen Ernährung und Kariesrisiko hinweisen. Dieser Beratungsauftrag findet sich im neuen, durch den Gemeinsamen Bundesausschuss im Jahr 2009

Tabelle 3: Umfassendes zahnmedizinisches Prophylaxekonzept der gesetzlichen Krankenversicherung

Altersgruppe	Prophylaxebaustein	Maßnahmen
vor der Geburt	Schwangerenberatung (§ 196 Abs. 1 RVO)	Beratung über die Bedeutung der Mundgesundheit für Mutter und Kind inkl. Ernährungsberatung
Geburt bis unter 6	Kinderuntersuchung (§ 26 Abs. 1 SGB V)	Untersuchung der Mundhöhle; Ermittlung des Kariesrisikos; Ernährungs- und Mundhygieneberatung; Schmelzhärtung; Keimzahlsenkung
Geburt bis unter 12/16	Gruppenprophylaxe (§ 21 SGB V)	Untersuchung der Mundhöhle; Zahnstatus; Schmelzhärtung; Ernährungs- und Mundhygieneberatung
Geburt bis unter 12/16	Intensivprophylaxe (§ 21 Abs. 1 Satz 3 SGB V)	Entwicklung spezifischer Programme für Kinder mit besonders hohem Kariesrisiko
6 bis unter 18	Individualprophylaxe (§ 22 Abs. 1 bis 3 SGB V)	Befund des Zahnfleisches; Aufklärung über Krankheitsursachen und ihre Vermeidung; diagnostische Vergleiche; Motivation und Einweisung bei der Mundpflege; Schmelzhärtung; Fiessurenversiegelung der Molaren

überarbeiteten Mutterpass wieder. Der Mutterpass wird der schwangeren Frau nach der Feststellung der Schwangerschaft als wichtiges Dokument durch den behandelnden Arzt oder die Ärztin ausgehändigt. Im Rahmen der ärztlichen Beratung sollen schwangere Frauen angehalten werden, zahnärztliche Vorsorgeuntersuchungen in Anspruch nehmen. Damit können auch Risiken, die im Verdacht stehen, Frühgeburten zu begünstigen bzw. das Geburtsgewicht ungünstig zu beeinflussen (untergewichtige Kinder), verringert werden. Mit den Änderungen im Mutterpass trägt der Gemeinsame Bundesausschuss dem Sachverhalt Rechnung, dass es in der Schwangerschaft erforderlich ist, im verstärkten Maße auf die Mundgesundheit zu achten. Durch die im Leistungskatalog der gesetzlichen Krankenversicherung existierende zahnärztliche Vorsorgeuntersuchung können Zahn-, Mund und Kieferkrankheiten festgestellt und das davon ausgehende Risiko durch eine entsprechende Behandlung gemindert werden. Erkrankungen können durch die Inanspruchnahme dieser Vorsorgemaßnahme bzw. durch eine verbesserte Aufklärung auch vollständig verhindert werden.

558 Einen herausgehobenen Stellenwert hat die zahnmedizinische Gruppenprophylaxe, die nach übereinstimmender internationaler Erfahrung die

Grundlage für eine breitenwirksame und kostengünstige Prävention darstellt. Gruppenprophylaxe bedeutet im weitesten Sinne des Wortes die Durchführung von Maßnahmen durch Zahnärzte und zahnärztliches Fachpersonal zur Erhaltung, Förderung und Verbesserung der Mundgesundheit in Gruppen von Kindergärten, Schulen und Sondereinrichtungen in Kooperation mit anderen Sozialpartnern, insbesondere Erziehern, Lehrern und Eltern. Gemäß § 21 SGB V haben die Krankenkassen im Zusammenwirken mit den Zahnärzten und den für die Zahngesundheitspflege in den Ländern zuständigen Stellen unbeschadet der Aufgaben anderer gemeinsam und einheitlich Maßnahmen zur Erkennung und Verhütung von Zahnerkrankungen ihrer Versicherten, die das 12. Lebensjahr noch nicht vollendet haben, zu fördern und sich an den Kosten der Durchführung zu beteiligen. Sie haben auf flächendeckende Maßnahmen hinzuwirken und in Schulen und Behinderteneinrichtungen, in denen das durchschnittliche Kariesrisiko überproportional hoch ist, werden die Maßnahmen bis zum 16. Lebensjahr durchgeführt. Die Maßnahmen sollen vorrangig in Gruppen, insbesondere in Kindergärten und Schulen, durchgeführt werden; sie sollen sich insbesondere auf die Untersuchung der Mundhöhle, Erhebung des Zahnstatus, Zahnschmelzhärtung, Ernährungsberatung und Mundhygiene erstrecken. Für Kinder mit besonders hohem Kariesrisiko sind spezifische Programme zu entwickeln.

559 Die organisatorische Umsetzung und Durchführung der Gruppenprophylaxe erfolgt in den einzelnen Bundesländern entsprechend den jeweiligen landesrechtlichen Voraussetzungen bzw. den organisatorischen Strukturen und Zusammensetzungen der „zuständigen Stellen". Organisation und Durchführung der Gruppenprophylaxe obliegen den Landesarbeitsgemeinschaften. Die Landesarbeitsgemeinschaften werden entsprechend ihrer historischen Entwicklung und den bestehenden Möglichkeiten in unterschiedlichen Modellen auf Landesebene errichtet und organisieren die Betreuungen der Gruppen. Die zahnmedizinische Gruppenprophylaxe bei Kindern ist eine Gemeinschaftsaufgabe aller verantwortlichen Institutionen. Partner sind die niedergelassenen Zahnärzte, die Zahnärzte des öffentlichen Gesundheitsdienstes, die gesetzlichen Krankenkassen, sowie – der öffentlichen Bedeutung der Prophylaxe wegen – auch der Staat und die Einrichtungen der öffentlichen Hand. Die Gruppenprophylaxe ist eine gesamtgesellschaftliche Aufgabe, an deren Finanzierung der Gesetzgeber die Krankenkassen beteiligt hat. Die Kosten für die zahnmedizinische Gruppenprophylaxe werden überwiegend von den Krankenkassen getragen, unbeschadet der Verantwortung der öffentlichen Hand für die Finanzierung des öffentlichen Gesundheitswesens.

560 Zur sinnvollen Ergänzung der Gruppenprophylaxe wurde mit dem Gesundheitsstrukturgesetz darüber hinaus die Möglichkeit eröffnet, individualprophylaktische Maßnahmen bereits vom sechsten Lebensjahr an, d. h. vom Durchbruch der ersten bleibenden Zähne an, durchführen zu lassen (§ 22 SGB V). Dabei sollen die individualprophylaktischen Maßnahmen die zahnmedizinische Prophylaxe der nicht bzw. nicht hinreichend gruppenprophylaktisch betreuten Kinder mit hohem oder besonders hohem Kariesrisiko zielgerichtet ergänzen. Die zusätzlich eingeführten prophylaktischen Maßnahmen sollen die Zahngesundheit bei Kindern und Jugendlichen weiter verbessern und damit gleichzeitig die bereits für die Vergangenheit belegbaren Rückgänge bei den konservierend-chirurgischen Leistungen (z. B. Füllungen, Extraktionen) und bei prothetischen Maßnahmen (z. B. Brücken, Totalprothesen) deutlich vergrößern.

561 Der Gedanke der Krankheitsvermeidung bzw. Frühversorgung der Zähne schlägt sich auch in der im Rahmen der individualprophylaktischen Maßnahmen für Kinder und Jugendliche möglichen Fissurenversiegelung der bleibenden Backenzähne (§ 22 Abs. 3 SGB V) nieder. Da diese Zähne einerseits wegen der schlechteren Zugänglichkeit im Rahmen der Mundhygiene bzw. aufgrund tieferer Grübchen (Fissuren) auf der Kaufläche besonders kariesanfällig sind und andererseits ihre statische Bedeutung für eventuell später notwendige prothetische Versorgungen besonders hoch ist, ist es angezeigt, diese Zähne besonders zu schützen. Die Fissurenversiegelung stellt dazu eine wenig aufwändige und langfristig außerordentlich wirksame Präventivmethode dar.

562 Bereits mit dem Gesundheitsstrukturgesetz wurde durch Änderung des Gesetzes über die Ausübung der Zahnheilkunde Rechtsklarheit geschaffen, dass die Leistungen der Individualprophylaxe nicht ausschließlich von approbierten Zahnärzten durchgeführt werden müssen, sondern – kostengünstiger – auch durch prophylaktisch weitergebildetes Personal unter Aufsicht des Zahnarztes ausgeführt werden können.

563 Ein weiterer wichtiger Schritt in Richtung einer präventionsorientierten und zahnsubstanzschonenden Zahnmedizin wurde mit dem GKV-Gesundheitsreformgesetz 2000 gemacht, indem die Vertragspartner bzw. die Selbstverwaltung zur Umstrukturierung des Vergütungssystems vertragszahnärztlicher Leistungen sowie zur Modernisierung des Leistungskatalogs verpflichtet wurde. Damit die Anreizstrukturen in der Zahnheilkunde so gesetzt werden, dass zahnärztliche Behandlungsmaßnahmen nicht von wirtschaftlichen Überlegungen überlagert werden, hatten die Vertragspartner eine Neuordnung der Bewertungsrelationen aller vertragszahnärztlichen Leistungen vorzunehmen, die eine gleichgewichtige Bewertung der Vergütungen für zahnerhaltende und präventive Leistungen sowie für Zahnersatz und Kieferorthopädie sicherstellt (§ 87 Abs. 2d SGB V). Zudem wurde der damalige Bundesausschuss der Zahnärzte und Krankenkassen (seit 1. Januar 2004: Gemeinsamer Bundesausschuss) mit der Modernisierung des Leistungskatalogs der GKV beauftragt; er soll nach dem ausdrücklichen Willen des Gesetzgebers dem Leitbild einer ursachengerechten, zahnsubstanzschonenden und präventionsorientierten Zahnheilkunde entsprechen (§ 92 Abs. 1a SGB V). Der neu bewertete Bewertungsmaßstab für zahnärztliche Leistungen und die modernisierten Richtlinien für die vertragszahnärztliche Versorgung sind zum 1. Januar 2004 in Kraft getreten. Die Vorsorge und die Zahnerhaltung werden damit weiter gestärkt.

Herausforderungen bei der Prophylaxe und Vorsorge

564 Die Vorsorgeorientierung des zahnmedizinischen Versorgungssystems konnte deutlich ausgebaut werden. Allerdings ist die effektive und kostengünstige Gruppenprophylaxe bei Kindern und Jugendlichen noch ein Stück von flächendeckender Betreuung und inhaltlicher Konzentrierung auf Maßnahmen der Fluoridierung entfernt. 2007/2008 betrug die Flächendeckung im Rahmen der Gruppenprophylaxe in Kindergärten 70 Prozent, in Grundschulen 73 Prozent, in den Klassen 5 und 6 nur 32 Prozent sowie in Förderschulen und Behinderteneinrichtungen 49 Prozent. Von Fluoridierungsmaßnahmen profitierten in Kindergärten nur 4 Prozent der Kinder, in den Grundschulen 17 Prozent der Kinder, in den Klassen 5 und 6 5 Prozent der Schüler sowie in Förderschulen und Behinderteneinrichtungen 21 Prozent der Kinder und Jugendlichen.

565 Es ist eine Tatsache, dass Kinder aus sozial schwachen Familien oder Familien mit Migrationshintergrund eine größere Karieslast tragen als z. B. Kinder von Eltern mit höherer Schulbildung. Gerade die aufsuchende Gruppenprophylaxe ist wegen des unmittelbaren Zugangs des zahnmedizinischen Personals in Kindergärten, Schulen und Behinderteneinrichtungen der richtige Weg, um Kinder und Jugendliche aus sozialschwachen Familien und Familien mit Migrationshintergrund zu erreichen. Die an der Gruppenprophylaxe beteiligten Krankenkassen, Zahnärzte und für die Zahngesundheitspflege zuständigen Stellen in den Ländern stehen deshalb in der Pflicht zu prüfen, ob die Maßnahmen der Gruppenprophylaxe vollständig, flächendeckend und in der notwendigen Häufigkeit mit wirksamen lokalen Fluoridierungsmitteln zur Zahnschmelzhärtung (z. B. Fluoridlacke) in allen Altersstufen gleicher Maßen angewendet werden. Vor diesem Hintergrund haben die Beteiligten zu entscheiden, in welchen Bereichen vor Ort ein gezielter Ausbau der aufsuchenden Gruppenprophylaxe notwendig ist und mit welchen effektiven Maßnahmen (z. B. durch die Umsetzung spezifischer Programme für die risikoorientierte Intensivbetreuung) dies erreicht werden kann. Das Engagement der an der zahnmedizinischen Gruppenprophylaxe Beteiligten darf vor diesem Hintergrund nicht nachlassen. Die für die Gruppenprophylaxe von den Krankenkassen ausgegebenen Mittel in Höhe von jährlich ca. 40 Mio. Euro sind sinnvolle und notwendige Investitionen zur weiteren Verbesserung der Mundgesundheit in Deutschland.

566 Bei den Erwachsenen weist das objektiv feststellbare Mundhygieneniveau auf eine Diskrepanz zwischen subjektivem Vorsorgeverständnis und tatsächlich praktizierter Mundhygiene hin. Eine eher „gute" Mundhygiene betreiben tatsächlich nur 32 Prozent der Erwachsenen und rd. 23 Prozent der Senioren. Deutlich defizitär ist vor allem der Gebrauch von Zahnseide und Interdentalbürsten. Insgesamt besteht ein großes Potential zur Verbesserung der Mundhygiene. Um dieses Potential zugunsten einer weiteren Verbesserung der Mundgesundheit zu aktivieren ist es vordringlich, das Wissensdefizit der Bevölkerung über die Entstehung, Symptomatologie und Risiken vor allem von Parodontal-Erkrankungen zu beseitigen. Möglichkeiten für eine bessere Prävention liegen zudem in der Reduzierung des Anteils der rauchenden Bevölkerung. Verstärkte Anstrengungen müssen unternommen werden, um den Einstieg in das Rauchen zu verhindern.

Qualitätssicherung in der Zahnmedizin

567 Die gesetzliche Verpflichtung zur Beteiligung an Maßnahmen der Qualitätssicherung in der medizinischen Versorgung ist seit 1989 im SGB V verankert. Mit den Gesundheitsreformen der letzten Jahre wurden die Vorschriften der Qualitätssicherung so gestaltet, dass die Qualitätssicherung flächendeckend und effektiv zum Wohle der Patientinnen und Patienten durchgeführt werden kann. Wesentliches Ziel ist, dass eine hohe Qualität in der gesundheitlichen Versorgung erzielt werden kann und gleichzeitig ausreichende Transparenz über die geleistete Qualität für Patientinnen und Patienten sowie andere Nutzer und Interessierte besteht. Für alle Leistungserbringer in der ambulanten, stationären und rehabilitativen Versorgung besteht ein gesetzliches Gebot zur Qualitätssicherung, das ihnen die Verantwortung für die Qualität ihrer Leistungen ausdrücklich überträgt. Die Vertrags(zahn)ärzte, Krankenhäuser sowie ambulante und stationäre Vorsorge- und Rehabilitationseinrichtungen sind gesetzlich zur Einführung eines internen Qualitätsmanagements verpflichtet. Zu dieser internen Qualitätssicherung kommt eine externe Qualitätssicherung hinzu, um die Qualität auch im Vergleich mit anderen beurteilen und mögliche Qualitätsdefizite erkennen und abstellen zu können. Für die Ausgestaltung und Umsetzung der Qualitätssicherung medizinischer Versorgung sind die Selbstverwaltungsgremien der (Zahn)Ärztinnen und Ärzte, Krankenkassen und Krankenhäuser gemeinsam verantwortlich.

568 Qualitätssichernde Maßnahmen verbessern das Kosten-Nutzen-Verhältnis in der Zahnmedizin. Bereits seit 1993 wurde die Gewährleistung für prothetische Arbeiten auf mindestens zwei Jahre erhöht und gleichzeitig eine zweijährige Gewährleistung auf Füllungen eingeführt. Der Gesetzgeber hat der Selbstverwaltung von Krankenkassen und Zahnärzten die Möglichkeit eingeräumt, Ausnahmen von der zweijährigen Gewährleistung zu vereinbaren; dies ist auch geschehen. Einzelne Krankenkassenverbände und Krankenkassen haben mit Zahnärzten bzw. Zahnarztgruppen vertraglich längere Gewährleistungsfristen bei Füllungen und bei Zahnersatz vereinbart. Damit wird die vom Gesetzgeber geforderte Mindestgewährleistung von zwei Jahren in diesen Fällen überschritten.

569 Seit dem am 1. Januar 2004 in Kraft getretenen GKV-Modernisierungsgesetz (GMG) besteht für Vertragsärzte eine Pflicht zur fachlichen Fortbildung, die auch für Vertragszahnärzte gilt. Die Fortbildungspflicht ist eine notwendige Voraussetzung dafür, dass die Vertragszahnärzte die Versicherten entsprechend dem aktuellen Stand der medizinischen Erkenntnisse behandeln. Zum 1. Januar 2007 ist die vom Gemeinsamen Bundesausschuss beschlossene Qualitätsmanagement-Richtlinie für die vertragszahnärztliche Versorgung in Kraft getreten. Die Umsetzung der Richtlinie dient einer anhaltenden Qualitätsförderung und Verbesserung der Versorgung und damit einer Steigerung der Patientenzufriedenheit. Die Qualitätsmanagement-Richtlinie geht von der Erkenntnis aus, dass für die Umsetzung dieses Ziels insbesondere die Bereitschaft der an der Versorgung Beteiligten erforderlich ist, um Organisation, Arbeitsabläufe und Ergebnisse in den einzelnen Praxen zu überprüfen und ggf. zu ändern. Deshalb steckt die Richtlinie einen grundsätzlichen Rahmen ab, in welchem Vertragszahnärzte selbstmotiviert anerkannte Instrumente des einrichtungsinternen Qualitätsmanagements einsetzen und bereits bestehende Konzepte weiter ausbauen können. Richtlinien zur einrichtungsübergreifenden Qualitätssicherung stehen für den Bereich der vertragszahnärztlichen Versorgung noch aus. Dies ist bedauerlich, da Maßnahmen zur vergleichenden Qualitätssicherung auch im Bereich der zahnmedizinischen Versorgung zunehmend wichtiger werden. Auch im Bereich der Zahnheilkunde gilt es, vorhandene Mängel in der Prozess- und Ergebnisqualität festzustellen, zu analysieren und zu beheben. Dies funktioniert bereits gegenwärtig beispielsweise sehr vorbildlich im stationären Sektor.

Leistungsanspruch auf zahnärztliche Behandlung

570 Die vertragszahnärztliche Versorgung richtet sich nach § 27 Abs. 1 Nr. 2 in Verbindung mit § 28 Abs. 2 und § 73 Abs. 2 Nr. 2 SGB V und den entsprechenden Richtlinien zur vertragszahnärztlichen Behandlung und zum Zahnersatz. Die zahnärztliche Behandlung umfasst die Tätigkeit des Zahnarztes, die zur Verhütung, Früherkennung und Behandlung von Zahn-, Mund- und Kiefererkrankungen nach den Regeln der zahnärztlichen Kunst ausreichend und zweckmäßig ist. Der Anspruch der Versicherten auf vertragszahnärztliche Leistungen wird in Richtlinien des Gemeinsamen Bundesausschusses

– für eine ausreichende, zweckmäßige und wirtschaftliche vertragszahnärztliche Versorgung (Behandlungsrichtlinien),
– über Maßnahmen zur Verhütung von Zahnerkrankungen (Individualprophylaxe),
– über die Früherkennungsuntersuchungen auf Zahn-, Mund- und Kieferkrankheiten (zahnärzt-

liche Früherkennung gem. § 26 Abs. 1 Satz 2 SGB V),
– für eine ausreichende, zweckmäßige und wirtschaftliche vertragszahnärztliche Versorgung mit Zahnersatz und Zahnkronen,
– zur Bestimmung der Befunde und der Regelversorgungsleistungen, für die Festzuschüsse nach § 55, 56 SGB V zu gewähren sind (Festzuschuss-Richtlinien)

konkretisiert (siehe www.g-ba.de/informationen/). Die Abrechenbarkeit der in diesen Richtlinien beschriebenen Maßnahmen regelt der GKV-Spitzenverband mit der Kassenzahnärztlichen Bundesvereinigung im einheitlichen Bewertungsmaßstab für zahnärztliche Leistungen (BEMA). Der Vertragspartner des GKV-Spitzenverbands bei zahntechnischen Leistungen ist der Verband Deutscher Zahntechniker-Innungen.

571 Unabhängig von der Zugehörigkeit zu bestimmten Altersgruppen fällt u. a. die eingehende Untersuchung zur Feststellung von Zahn-, Mund- und Kieferkrankheiten zu Beginn einer zahnärztlichen Behandlung und die Entfernung von Zahnstein (harte Zahnbeläge) in die Leistungspflicht der gesetzlichen Krankenversicherung. Diese Leistungen sind nach den Festlegungen durch die Selbstverwaltung und Vertragspartner von Zahnärzten als Sachleistung (d. h. über die Krankenversichertenkarte) abzurechnen. Entsprechendes gilt für die Befunderhebung und Diagnose, die Röntgendiagnostik, die konservierende und chirurgische Behandlung (z. B. Füllungen bzw. Extraktionen) sowie im Hinblick auf die systematische Behandlung von Parodontopathien. Jeder Zahn, der erhaltungsfähig und -würdig ist, soll erhalten werden. Jeder kariöse Defekt an einem solchen Zahn soll behandelt werden. Dabei soll die gesunde natürliche Zahnhartsubstanz soweit wie möglich erhalten werden. Die Kosten für die Entfernung von weichen Zahnbelägen und insbesondere für die sog. professionelle Zahnreinigung fallen demgegenüber nach den Festlegungen der Selbstverwaltung bzw. Vertragspartner in den Bereich der Eigenverantwortung und sind von den Versicherten in voller Höhe selbst zu tragen.

Leistungsanspruch bei Füllungen

572 Soweit es sich um Zahnfüllungen handelt, haben Versicherte Anspruch auf notwendige Füllungsleistungen als Sachleistung gemäß den Richtlinien des Gemeinsamen Bundesausschusses. Die konservierende Behandlung soll ursachengerecht, zahnsubstanzschonend und präventionsorientiert erfolgen. Im Frontzahnbereich sind in der Regel adhäsiv befestigte Füllungen das Mittel der Wahl. Eine Festlegung auf die ausschließliche Verwendung von Amalgam im Seitenzahnbereich ist aus den Behandlungsrichtlinien nicht abzuleiten; Zahnärzte können hier auch andere plastische Füllungsmaterialien (z. B. Glasiomer-Zement, Kunststoff etc.) als zuzahlungsfreie Sachleistung abrechnen. Der Versicherte hat allerdings nur in Fällen einer absoluten Kontraindikation für Amalgam Anspruch auf adhäsiv befestigte (Komposit-)Füllungen im Seitenzahngebiet als zuzahlungsfreie Sachleistung. Nach den Festlegungen des G-BA sind Amalgamfüllungen absolut kontraindiziert, wenn der Nachweis einer Allergie gegenüber Amalgam bzw. dessen Bestandteilen gemäß den Kriterien der Kontaktallergiegruppe der Deutschen Gesellschaft für Dermatologie erbracht wurde bzw. wenn bei Patienten mit schwerer Niereninsuffizienz neue Füllungen gelegt werden müssen. Bei Verdacht auf eine Allergie gilt der Hauttest (Epikutantest) als anerkanntes Nachweisverfahren.

573 Mit dem am 1. November 1996 in Kraft getretenen 8. Änderungsgesetz zum SGB V ist auch im Bereich der Füllungstherapie eine Mehrkostenregelung eingeführt worden. Danach übernehmen die Kassen für Versicherte, die – aus welchen Gründen auch immer – eine Füllungstherapie wählen, die über die vertragszahnärztliche Versorgung hinausgeht (z. B. ein In- oder Onlay), die Kosten für die vergleichbare preisgünstige plastische Füllung. Zu der als Sachleistung gewährten Kassenleistung zählen auch die anfallenden Begleitleistungen (z. B. Anästhesie, Röntgen, besondere Maßnahmen beim Präparieren oder Füllen). Über die vertragszahnärztliche Versorgung hinausgehende Mehrkosten sind vom Versicherten selbst zu tragen. Der Zahlungsanspruch des Vertragszahnarztes gegenüber dem Versicherten richtet sich im Hinblick auf diese Mehrkosten nach der Gebührenordnung für Zahnärzte (GOZ).

Befundbezogene Festzuschüsse bei Zahnersatz

574 Seit dem 1. Januar 2005 haben gesetzlich Versicherte im Rahmen der vertragszahnärztlichen Versorgung mit Zahnersatz (Kronen, Brücken, Prothesen, implantatgestützter Zahnersatz) Anspruch auf befundbezogene Festzuschüsse. Der Leistungsanspruch richtet sich nach § 55 SGB V. An die Stelle des früheren prozentualen Anteils der gesetzlichen

Krankenkassen an den Kosten für Zahnersatz sind befundbezogene Festzuschüsse getreten. Befundbezogene Festzuschüsse stellen nicht auf die medizinisch notwendige Versorgung im Einzelfall, sondern auf prothetische Regelversorgungen bei bestimmten Befunden ab. Prothetische Regelversorgungen sind dabei die Versorgungen, die in der Mehrzahl der Fälle bei dem entsprechenden Befund zur Behandlung geeignet sind. Mit der Einführung befundbezogener Festzuschüsse wurde sichergestellt, dass sich Versicherte für jede medizinisch anerkannte Versorgungsform mit Zahnersatz entscheiden können, ohne den Anspruch auf den Festzuschuss zu verlieren. Dies gilt beispielsweise für die Versorgung mit implantatgestütztem Zahnersatz (Suprakonstruktionen).

575 Die Regelversorgung für den jeweiligen Befund eines Lückengebisses wird in Richtlinien durch den Gemeinsamen Bundesausschuss bestimmt, einem Gremium, an dem Vertreter der Krankenkassen, der Zahnärzteschaft und die Interessenvertreter der Patientinnen und Patienten beteiligt sind. Die Regelversorgung hat sich an zahnmedizinisch notwendigen zahnärztlichen und zahntechnischen Leistungen zu orientieren, die zu einer ausreichenden, zweckmäßigen und wirtschaftlichen Versorgung mit Zahnersatz einschließlich Zahnkronen und Suprakonstruktionen bei einem Befund nach dem allgemein anerkannten Stand der zahnmedizinischen Erkenntnisse gehören. Bei der Zuordnung der Regelversorgung zum Befund sind insbesondere die Funktionsdauer, die Stabilität und die Gegenbezahnung zu berücksichtigen. Nach den Festlegungen des Gemeinsamen Bundesausschusses haben Versicherte bei bestimmten Befunden Anspruch auf festsitzenden Zahnersatz (Kronen, Teilkronen, Brücken), herausnehmbaren Zahnersatz (Teil-/Totalprothesen, Interimsprothesen), kombinierten Zahnersatz (Kombination aus festsitzendem und herausnehmbarem Zahnersatz), implantatgestützten Zahnersatz (so genannte Suprakonstruktionen) sowie auf Wiederherstellungen (d. h. Reparaturen) und Erweiterungen an vorhandenem Zahnersatz.

576 Die Regelversorgung umfasst auch die notwendigen Metallkosten. Nach den vom Gemeinsamen Bundesausschuss gemäß § 92 Abs. 1 Nr. 2 SGB V beschlossenen Zahnersatz-Richtlinien soll beachtet werden, dass bei der Auswahl der Dentallegierungen im Rahmen der vertragszahnärztlichen Versorgung Nichtedelmetalle (NEM) und Nichtedelmetall-Legierungen (NEM-Legierungen) ausreichend, zweckmäßig und wirtschaftlich sein können. Demzufolge ist in die Regelversorgungen der Abrechnungsbetrag für NEM bzw. NEM-Legierungen in Höhe von 10,74 Euro (einschließlich 7 Prozent Mehrwertsteuer) je Einheit, d. h. zum Beispiel je Krone oder Brückenglied, eingeflossen. Die Höhe dieses zwischen der Kassenzahnärztlichen Bundesvereinigung und dem GKV-Spitzenverband vereinbarten Betrages orientiert sich an dem zahntechnischen Verarbeitungszuschlag für NEM bzw. NEM-Legierungen, der in allen Bundesländern unterhalb dieses Betrages liegt. Nichtedelmetalle und NEM-Legierungen stehen in großer Zahl zur Verfügung, so dass grundsätzlich auch bei nachgewiesener Allergie gegen bestimmte Bestandteile verträgliche metallische Werkstoffe ausreichend zur Verfügung stehen. Mit der Einbeziehung von Nichtedelmetallen bzw. NEM-Legierungen in die Regelversorgung ist somit eine Versorgung bei durch Verwendung einer dem Wirtschaftlichkeitsgebot nach § 12 SGB V entsprechenden Zahnersatzversorgung möglich, ohne dass Versicherte in Härtefällen nach § 55 Abs. 2 SGB V eine Zuzahlung erbringen müssen.

577 Der Gemeinsame Bundesausschuss hat in 8 Befundklassen insgesamt 52 Befunde definiert und diesen prothetische Regelversorgungen zugeordnet. Die zugeordneten Regelversorgungen entsprechen im Wesentlichen den Vertragsleistungen vor Inkrafttreten der Festzuschuss-Regelungen. Die geltenden Richtlinien sowie die aktuellen Festzuschussbeträge sind im Internet unter www.g-ba.de einsehbar. Die Höhe der befundbezogenen Festzuschüsse ist für die Versicherten aller Krankenkassen bundesweit gleich hoch. Die bundeseinheitlichen Festzuschüsse umfassen 50 Prozent der für die zahnärztliche Behandlung und zahntechnische Herstellung betrennt festgesetzten Beträgen für die jeweilige Regelversorgung. Dabei können die in den Bundesländern vereinbarten Höchstpreise für zahntechnische Leistungen die bei der Festlegung der Festzuschüsse zu Grunde gelegten bundeseinheitlichen durchschnittlichen Preise für Zahntechnik um 5 Prozent über- oder unterschreiten.

578 Die Bonusregelungen bleiben im früheren Umfang erhalten, sind allerdings an das Festzuschuss-System angepasst. Die in § 55 Abs. 1 SGB V vorgesehene Bonusregelung ermöglicht es, dass sich die Festzuschüsse für Versicherte ab Vollendung des 18. Lebensjahres bei eigenen Bemühungen zur Gesunderhaltung der Zähne um 20 Prozent erhöhen. Die Festzuschüsse erhöhen sich um weitere 10 Prozentpunkte, wenn Versicherte ihre Zähne regelmä-

ßig gepflegt und in den letzten zehn Kalenderjahren vor Beginn der Behandlung die erforderliche zahnärztliche Untersuchung mindestens einmal in jedem Kalenderjahr ohne Unterbrechung in Anspruch genommen haben. Daraus folgt, dass bei Vorliegen der Voraussetzungen 60 bzw. 65 Prozent der Beträge für die jeweilige Regelversorgung von der gesetzlichen Krankenkasse zu zahlen sind. Die Bonusregelung gilt auch für Versicherte, die Träger von Totalprothesen sind. Mit Totalprothesen versorgte ältere Versicherte unterliegen zum einen einem (z. B. hinsichtlich von Mundschleimhauterkrankungen und Präkanzerosen) höheren Erkrankungsrisiko als jüngere Versicherte. Zum anderen dient die regelmäßige zahnärztliche Untersuchung dem Erhalt der Funktionstüchtigkeit der vorhandenen Totalprothesen. Insofern sind künstliche Zähne den natürlichen Zähnen im Sinne der Vorschrift des § 55 Abs. 1 SGB V gleichzusetzen.

579 Mit den gesetzlichen Neuregelungen bestehen auch die früheren Härtefallregelungen für den Bereich Zahnersatz für die Versicherten der gesetzlichen Krankenkassen weiterhin fort. Versicherte haben in Fällen einer unzumutbaren Belastung Anspruch auf den doppelten Festzuschuss, angepasst an die Höhe der für die Regelversorgung tatsächlich entstandenen Kosten. Damit erhalten sie die Regelversorgung kostenfrei. Eine unzumutbare Belastung liegt bei Versicherten vor, deren monatliche Bruttoeinnahmen zum Lebensunterhalt im Jahr 2011 1.022 Euro nicht überschreiten. Für ein kinderloses Ehepaar oder eine kinderlose eingetragene Lebenspartnerschaft beträgt die Grenze 1.405,25 Euro, für ein Ehepaar mit Kind oder eine Lebenspartnerschaft mit einem Kind 1.660,75 Euro. Für jeden weiteren Angehörigen kommen 255,50 Euro hinzu. Darüber hinaus ermöglicht die sogenannte gleitende Härtefall-Regelung, dass Versicherte einen über den Festzuschuss hinausgehenden zusätzlichen Betrag erhalten, der bis zur Grenze des doppelten Festzuschusses reichen kann; die Höhe hängt von den konkreten Gegebenheiten im Einzelfall ab.

580 Der Zahnarzt hat vor Beginn der Behandlung einen kostenfreien Heil- und Kostenplan zu erstellen, der den Befund, die Regelversorgung und die tatsächlich geplante Versorgung mit Zahnersatz nach Art, Umfang und Kosten beinhaltet. Im Heil- und Kostenplan sind Angaben zum Herstellungsort des Zahnersatzes zu machen. Mit dieser Regelung wird gewährleistet, dass Versicherte und Krankenkassen über den Herstellungsort bzw. das Herstellungsland der abrechnungsfähigen zahntechnischen (Teil-)Leistungen informiert werden. Dadurch werden Abrechnungsmanipulationen mit z. B. im Ausland hergestelltem Zahnersatz zu Lasten Versicherter und Krankenkassen entgegengewirkt. Der Heil- und Kostenplan ist vor Beginn der Behandlung von der zuständigen Krankenkasse insgesamt zu prüfen. Bei bestehender Versorgungsnotwendigkeit bewilligt die Krankenkasse die Festzuschüsse entsprechend dem im Heil- und Kostenplan ausgewiesenen Befund.

581 Für Zahnersatz gibt es eine Mehrkostenregelung, die im Wesentlichen das bis zum 31. Dezember 2004 geltende Recht übernimmt. Wählen Versicherte einen über die Regelversorgung hinausgehenden gleichartigen Zahnersatz, haben sie die Mehrkosten der zusätzlichen über die Regelversorgung hinausgehenden Leistungen selbst in vollem Umfang zu tragen. Gleichartig ist Zahnersatz, wenn er die Regelversorgung umfasst, jedoch zusätzliche oder andersartige Verankerungs- bzw. Verbindungselemente aufweist (z. B. zusätzliche Brückenglieder, Verbindungselemente oder Verblendungen im hinteren Seitenzahngebiet). Mehrkosten sind nach der Gebührenordnung für Zahnärzte direkt gegenüber dem Versicherten abzurechnen.

582 In den Fällen, in denen Versicherte eine abweichende andersartige Versorgung mit Zahnersatz wählen, haben sie gegenüber der Krankenkasse einen Anspruch auf Erstattung der bewilligten Zuschüsse. Eine von der Regelversorgung abweichende, andersartige Versorgung liegt z. B. vor, wenn der Gemeinsame Bundesausschuss als Regelversorgung eine Modellgussprothese für einen bestimmten Befund (z. B. für eine große Lücke) festgelegt hat, jedoch eine Brückenversorgung vorgenommen wird. In diesem Fall sind alle zahnärztlichen Leistungen nach der Gebührenordnung für Zahnärzte abrechenbar. Die Rechnungslegung des Zahnarztes erfolgt gegenüber dem Versicherten.

Zahnersatz bzw. Zahntechnik aus dem Ausland

583 Soweit gesetzlich Versicherte medizinisch notwendigen Zahnersatz nach einer anerkannten Methode im europäischem Ausland anfertigen lassen, besteht gegenüber der gesetzlichen Krankenkasse Anspruch auf Erstattung des im Inland geltenden befundbezogenen Festzuschusses abzüglich zusätzlicher Verwaltungskosten und Abschlägen für fehlende Wirtschaftlichkeitsprüfungen sowie abzüglich der gesetzlichen Zuzahlungen einschließlich der Praxisgebühr. Voraussetzung für einen Kostenerstattungsanspruch ist, dass eine vorherige Genehmigung des Heil- und Kostenplans durch die zuständige Krankenkasse erfolgt ist. Die Rechtsprechung hat die diesbezüglichen Vorgaben des Gesetzgebers bestätigt (BSG, B1 KR 19/08 R vom 30. Juni 2009). Der Anspruch besteht jedoch höchstens in Höhe der tatsächlich entstandenen Kosten. Über die rechtlichen Rahmenbedingungen für eine Versorgung Versicherter mit Zahnersatz im europäischen Ausland informiert die zuständige gesetzliche Krankenkasse. Versicherte sollten bei ihrer Entscheidung u. a. berücksichtigen, dass kein Vertragszahnarzt in Deutschland verpflichtet ist, neuen Zahnersatz, der im Ausland eingegliedert worden ist, bei einem Mangel nachzubessern.

584 Grundsätzlich können Zahnärzte Zahnersatz auch von zahntechnischen Betrieben im Ausland beziehen. Voraussetzung ist, dass der gelieferte Zahnersatz den Anforderungen der europäischen Richtlinie 93/42/EWG über Medizinprodukte, die in Deutschland mit dem Medizinproduktegesetz (MPG) umgesetzt ist, entspricht. Danach muss der Hersteller vor dem erstmaligen Inverkehrbringen das in der Richtlinie vorgeschriebene Konformitätsbewertungsverfahren zum Nachweis der Erfüllung der maßgeblichen grundlegenden Anforderungen nach der Richtlinie durchgeführt haben. Soweit ein Zahnarzt zahntechnische Leistungen aus dem Ausland bezieht und der Krankenkasse bzw. dem Versicherten den Preis in Rechnung stellt, der unter den deutschen Höchstpreisen liegt, ist hiergegen nichts einzuwenden. Er handelt im Sinne des Wirtschaftlichkeitsgebotes. Wenn ein Zahnarzt allerdings zahntechnische Leistungen im Ausland bezieht und diese Leistungen als Eigenleistung deklariert, um die höheren deutschen Preise in Rechnung stellen zu können, ist dies rechtlich unzulässig. Über die Einhaltung der gesetzlichen Vorschriften wacht die jeweilige Kassenzahnärztliche Vereinigung bzw. im Bereich der privatzahnärztlichen Versorgung die Zahnärztekammer, die unter der Aufsicht der zuständigen Landesbehörde steht.

585 Versicherte sollten bei ihrer Entscheidung für Prothetik aus dem Ausland auch die Vorteile einer wohnortnahen Versorgung mit zahntechnischen Leistungen berücksichtigen. Dabei können insbesondere folgende Aspekte von Bedeutung sein:

- Die Qualität von Zahnersatz lässt sich nicht allein über den Preis definieren. Zahnersatz ist keine Massenware, sondern eine Einzelanfertigung, die die individuellen anatomischen Besonderheiten und kosmetischen Wünsche des Patienten berücksichtigt.
- Die Qualität von Zahnersatz hängt auch von einer guten und wohnortnahen Zusammenarbeit zwischen Zahnarzt, Zahntechniker und Versichertem ab. Wohnortnähe bedeutet Beratung, Behandlung und Detailanpassung des Zahnersatzes ohne Zeitnot.
- Mögliche prothetische Überversorgungen können wohnortnah durch Einholung einer Zweitmeinung kontrolliert und verhindert werden.
- Die Dauer der Gewährleistung für Zahnersatz beträgt in Deutschland mindestens zwei Jahre. Deutsche Gewerbebetriebe bieten vielfach längere Gewährleistungsfristen an. Im Ausland kommen die Gewährleistungsfristen des jeweiligen Landes zum Tragen.

Kieferorthopädische Behandlung

586 Gemäß § 29 Abs. 1 SGB V haben Versicherte der gesetzlichen Krankenversicherung Anspruch auf kieferorthopädische Versorgung in medizinisch begründeten Indikationsgruppen, bei denen eine Kiefer- oder Zahnfehlstellung vorliegt, die das Kauen, Beißen, Sprechen oder Atmen erheblich beeinträchtigt oder zu beeinträchtigen droht. Versicherte leisten zu der kieferorthopädischen Behandlung einen Anteil in Höhe von 20 Prozent der Kosten an den Vertragszahnarzt. Befinden sich mindestens zwei versicherte Kinder, die bei Beginn der Behandlung das 18. Lebensjahr noch nicht vollendet haben und mit ihren Erziehungsberechtigten in einem gemeinsamen Haushalt leben, in kieferorthopädischer Behandlung, beträgt der Anteil für das zweite und jedes weitere Kind 10 Prozent. Der Vertragszahnarzt rechnet die kieferorthopädische Behandlung abzüglich des Versichertenanteils mit der kassenzahnärztlichen Vereinigung ab. Wenn die Behandlung in dem durch den Behandlungsplan bestimmten medizinisch erforderlichen Umfang abgeschlossen ist, zahlt die Krankenkasse den von den Versicherten geleisteten Anteil an die Versicherten zurück.

587 Im Rahmen der Gesundheitsreform 2000 hat der Gesetzgeber vorgegeben, dass der damalige Bundesausschuss der Zahnärzte und Krankenkassen die Indikationsgruppen für kieferorthopädische Behandlung in den Richtlinien „befundbezogen" und nicht mehr wie bisher „therapiebezogen" abzugrenzen hat. Darüber hinaus sollen die Indikationsgruppen „ob-

jektiv überprüfbar" sein. Dadurch sollte erreicht werden, dass die Richtlinien für die kieferorthopädische Behandlung wesentlich trennschärfer als bisher und objektiv überprüfbar definiert werden. Der Bundesausschuss ist seinem Auftrag aus § 29 Abs. 4 SGB V nachgekommen. Die beschlossenen Änderungen der Richtlinien für die kieferorthopädische Behandlung enthalten die befundbezogenen Indikationsgruppen, bei denen Versicherte Anspruch auf kieferorthopädische Versorgung gemäß § 29 Abs. 1 SGB V haben. Die geänderten Richtlinien sind am 1. Januar 2002 in Kraft getreten.

588 Von Seiten des Gesetzgebers hat es keine Vorgabe zur Einschränkung bzw. Ausweitung der kieferorthopädischen Behandlung von Kindern und Jugendlichen gegeben. Versicherte haben – nach wie vor – Anspruch auf kieferorthopädische Versorgung, wenn eine Kiefer- oder Zahnfehlstellung vorliegt, die das Kauen, Beißen, Sprechen oder Atmen erheblich beeinträchtigt oder zu beeinträchtigen droht. Die vom Bundesausschuss vorgenommenen Änderungen der Richtlinien erfolgten vor diesem Hintergrund nach fachlichen Kriterien unter Einbeziehung der Wissenschaft (Deutsche Gesellschaft für Kieferorthopädie) und des Berufsverbands der Kieferorthopäden. Die Qualität und Wirtschaftlichkeit der kieferorthopädischen Versorgung wurden durch das neue befundorientierte System von Indikationsgruppen nachhaltig gestärkt.

589 Zur vertragszahnärztlichen Versorgung gehört die *gesamte* kieferorthopädische Behandlung. Sie umfasst u. a. die Befunderhebung, diagnostische Leistungen, Auswertungen der Erhebungen, Beratungen, Therapie- und Retentionsplanung einschließlich der Planung der erforderlichen Geräte sowie die Behandlung selbst einschließlich einer ausreichenden Retentionsphase. Soweit es in Einzelfällen zusätzliche Untersuchungen, Beratungen sowie gegebenenfalls weiterer diagnostischer Leistungen zur Überprüfung der Einstufung des Behandlungsbedarfs bedarf, ist in den Richtlinien für die kieferorthopädische Behandlung festgelegt, dass auch diese zur vertragszahnärztlichen Versorgung gehören. Die Krankenkassen stehen den Versicherten im Einzelfall bei entsprechenden Fragen zur Beratung und Information zur Verfügung.

590 Die kieferorthopädische Behandlung von Versicherten, die zu Beginn der Behandlung das 18. Lebensjahr vollendet haben, gehört seit Inkrafttreten des Gesundheitsstrukturgesetzes zum 1. Januar 1993 nicht mehr zur vertragszahnärztlichen Versorgung. Die Kosten für die kieferorthopädische Behandlung Erwachsener werden nur noch bei schweren Kieferanomalien, die eine kombinierte kieferchirurgische und kieferorthopädische Behandlungsmaßnahme erfordern, von den Krankenkassen erstattet (§ 28 Abs. 2 Satz 6 und 7 SGB V). Als Beispiel lassen sich angeborene Missbildungen des Gesichts und des Kiefers sowie verletzungsbedingte Kieferfehlstellungen nennen. Der Gemeinsame Bundesausschuss bestimmt die Indikationsgruppen für die Kassenleistung.

Implantate und implantatgetragener Zahnersatz

591 Nach den Festlegungen des Gesetzgebers gehören implantologische Leistungen sowie funktionsanalytische und -therapeutische Leistungen grundsätzlich nicht zum Leistungskatalog der gesetzlichen Krankenversicherung (§ 28 Abs. 2 SGB V). Hintergrund ist der Sachverhalt, dass es für implantologische Leistungen in der Regel alternative Behandlungsmöglichkeiten gibt, die wirtschaftlicher sind. Darüber hinaus sind implantologisch-prothetische Therapien keinesfalls immer als die für den Patienten komfortabelste, klinisch bestmögliche Behandlungsmethode – vor allem unter dem Aspekt der Behandlungsdauer, der operativen Risiken sowie der Funktionsdauer – anzusehen. Allerdings haben Versicherte nach den Regelungen des Gesetzgebers bzw. Gemeinsamen Bundesausschusses bei Ausnahmeindikationen in besonders schweren Fällen (z. B. nach einer Tumoroperation, bei Unfallverletzungen oder bei angeborenen Kieferfehlbildungen) einen Sachleistungsanspruch auf im Rahmen einer medizinischen Gesamtbehandlung erforderliche implantologische Leistungen und den dazugehörigen Zahnersatz (siehe www.g-ba.de). Bei Vorliegen dieser Ausnahmeindikationen besteht für Versicherte ein Anspruch auf implantologische Leistungen einschließlich Suprakonstruktionen nur dann, wenn eine konventionelle prothetische Versorgung ohne Implantate nicht möglich ist.

592 Mit dem Inkrafttreten von befundbezogenen Festzuschüssen wird der unbefriedigende Rechtszustand beseitigt, wonach Versicherte, die statt einer konventionellen Zahnersatzversorgung (z. B. Brücke) eine Versorgung mit Implantaten wählen, von ihrer Krankenkasse in nur wenigen Ausnahmefällen (Einzelzahnlücke mit kariesfreien Nachbarzähnen sowie bei atrophiertem zahnlosen Kiefer) die anteilige Kostentragung für die Suprakonstruktion, d. h. den implantatgestützten Zahnersatz, erhalten. Sämtliche Vorleistungen für implantatgestütztem Zahnersatz wie Implantate, Implantataufbauten und implantatbedingte Verbindungselemente etc. gehören allerdings nicht zur Suprakonstruktion und sind auch zukünftig vom Versicherten – bis auf die Ausnahmefälle nach § 28 Abs. 2 Satz 9 SGB V – selbst zu tragen. Die zahnärztliche Implantatprothetik hat ohne Zweifel die Therapiemöglichkeiten erweitert, jedoch die bewährten und dauerhaften konventionellen prothetischen Versorgungen keinesfalls ersetzt. Vor einer gewünschten Implantatversorgung sollten sich Patienten möglichst unabhängig über die Notwendigkeit, die Art und Weise sowie die gesundheitlichen Risiken dieser Therapie informieren. Als unabhängige und der Neutralität verpflichtete Institutionen sind z. B. die Verbraucherzentralen in den jeweiligen Bundesländern, die Unabhängige Patientenberatung Deutschland GmbH (www.unabhaengige-patientenberatung.de), die Bundesarbeitsgemeinschaft der PatientInnenstellen und –initiativen (www.patientenstellen.de) oder die Arbeitsgemeinschaft Zahngesundheit – Verbraucher- und Patientenberatung (www.zahnaerztliche-patientenberatung.de zu nennen. Darüber hinaus sollten Patienten auf die erforderliche Qualifikation des implantologisch tätigen (Zahn)Arztes achten.

Praxisgebühr

593 Seit dem 1. Januar 2004 haben Versicherte eine Zuzahlung in Höhe von 10 Euro für jede erste Inanspruchnahme eines an der vertragszahnärztlichen Versorgung teilnehmenden Leistungserbringers pro Kalendervierteljahr zu leisten. Diese „Praxisgebühr" ist beim Erstbesuch in der Zahnarztpraxis im jeweiligen Kalendervierteljahr zu entrichten. Nach Entscheidung des Bundesschiedsamtes für die vertragszahnärztliche Versorgung müssen Versicherte die Zuzahlung für zwei jährliche Kontrolluntersuchungen beim Zahnarzt nicht entrichten. Dies gilt auch, wenn anlässlich der Vorsorgeuntersuchung Röntgenbilder gefertigt werden und eine Zahnsteinentfernung oder Sensibilitätsprüfung durch den Zahnarzt vorgenommen wird. Nimmt der Zahnarzt hingegen kurative Maßnahmen am Patienten vor, so ist einmal im Kalendervierteljahr die Praxisgebühr durch den Versicherten zu entrichten. Zu den kurativen Maßnahmen zählen z. B. das Entfernen einer Karies und das anschließende Legen einer Zahnfüllung. Stellt der Zahnarzt anlässlich einer Vorsorgeuntersuchung die Notwendigkeit einer kurativen Maßnahme fest und führt diese sogleich durch, so hat der Versicherte auch die Zuzahlung in Höhe von 10 Euro für das betreffende Kalendervierteljahr beim Zahnarzt zu entrichten.

Versorgung durch Selektivverträge

594 Neben den kollektivvertraglichen Regelungen, die von den Gesamt- und Mantelvertragspartnern vereinbart werden und für die gesamte GKV gelten, hat der Gesetzgeber mit dem GKV-WSG erstmals auch die Möglichkeit eröffnet, Selektivverträge abzuschließen. Nach § 73c SGB V können Krankenkassen ihren Versicherten die Sicherstellung der vertragszahnärztlichen Versorgung durch Abschluss von Verträgen mit einzelnen Zahnärzten, Zahnärztegruppen oder Kassenzahnärztlichen Vereinigungen anbieten. Die Teilnahme ist für jeden Versicherten freiwillig. Gegenstand der Verträge dürfen (nur) Leistungen sein, über deren Eignung der Gemeinsame Bundesausschuss keine ablehnende Entscheidung getroffen hat. Damit eröffnet sich auch im Bereich der vertragszahnärztlichen Versorgung ein großes Spektrum von möglichen Selektivverträgen. Krankenkassen könnten ihren Versicherten beispielsweise im Rahmen des Sachleistungssystems erweiterte Prophylaxeleistungen anbieten, die eine Verbesserung der Mundgesundheit ihrer Versicherten und eine damit verbundene langfristig wirkende Kostensenkung zum Ziel hat. Zahnärzte könnten ggf. durch verbesserte Honorare profitieren. Zwischenzeitlich haben die Krankenkassen mit Leistungserbringern bzw. deren Verbänden oder Vereinigungen zahlreiche Selektivverträge vereinbart. Einige Verträge haben eine preisgünstige Versorgung mit Zahnersatz zum Gegenstand. Andere zielen z. B. auf eine optimierte Versorgung von Menschen mit Behinderungen durch individualprophylaktische Leistungen für Erwachsene ab.

Degressiver Punktwert

595 Seit dem 1. Januar 1999 wurde der zum 1. Juli 1997 zwischenzeitlich außer Kraft gesetzte degressive Punktwert wieder eingeführt. Ausgangspunkt für den degressiven Punktwert (§ 85 Abs. 4b SGB V) ist die Überlegung, dass in besonders umsatzstarken Praxen bei steigender Praxisauslastung die fixen Kosten (Mieten, Personal, technische Geräte) pro Behandlungsfall abnehmen. Diese Kostenvorteile führen dazu, dass mit steigendem Umsatz der Betriebskostenanteil sinkt. Damit, ähnlich wie im Wirtschaftsleben üblich, an diesen Kostenvorteilen auch die gesetzliche Krankenversicherung als Nachfrager von Leistungen teilhaben kann, wird die Vergütung für zahnärztliche Behandlung einschließlich Zahnersatz und Kieferorthopädie bei Überschreiten eines überdurchschnittlichen Leistungsvolumens (degressiver Punktwert in drei Stufen) abgesenkt. Die Punktmengengrenzen erhöhen sich um 100 Prozent für alle ganztägig angestellten Zahnärzte, die in der Bedarfsplanung berücksichtigt werden, und um 25 Prozent für einen Ausbildungsassistenten. Die durchschnittliche Praxis ist von dem degressiven Punktwert nicht betroffen.

596 Der degressive Punktwert wirkt sich nur auf solche Einzelpraxen aus, die ohne Entlastungs-, Weiterbildungs- und Vorbereitungsassistenten im Durchschnitt über 409.000 Euro Jahresumsatz erzielen. Werden Praxen innerhalb einer Berufsausübungsgemeinschaft von zwei Zahnärzten betrieben, verdoppeln sich die Umsatzgrenzen. Die Regelungen über den degressiven Punktwert sind so gestaltet, dass sie keine leistungsfeindlichen Anreize enthalten. Ab Überschreiten der Punktmengengrenzen wird der Vergütungsanspruch des Zahnarztes für die darüber hinausgehenden Leistungen nicht vollständig reduziert, sondern lediglich ab einer Punktmenge von 350.000 je Kalenderjahr um 20 Prozent, ab einer Punktmenge von 450.000 um 30 Prozent bzw. ab einer Punktmenge von mehr als 550.000 um 40 Prozent vermindert.

597 Seit dem 1. Januar 2004 wurden die Gesamtpunktmengen für die Degressionsgrenzen bei Kieferorthopäden um 20 Prozent abgesenkt. Diese Absenkung ist erforderlich geworden, um der zu diesem Zeitpunkt in Kraft getretenen Punktzahlreduzierung für kieferorthopädische Leistungen durch den Bewertungsausschuss Rechnung zu tragen. Eine Absenkung der Degressionsgrenzen für die sonstigen Zahnärzte erfolgte demgegenüber nicht, da bei diesen Zahnärzten die Punktzahlreduzierung beim Zahnersatz durch eine entsprechende Punktzahlanhebung bei den konservierend-chirurgischen Leistungen kompensiert wird.

598 Seit dem 1. Januar 2005 wurden die Gesamtpunktmengen für die Degressionsgrenzen bei allen Vertragszahnärzten mit Ausnahme der Kieferorthopäden entsprechend dem Anteil der auf den Zahnersatz entfallenden zahnärztlichen Leistungen in Höhe von 25 Prozent abgesenkt. Die Absenkung ist eine notwendige Folge der Umstellung auf befundbezogene Festzuschüsse. Die zahnärztlichen Leistungen beim Zahnersatz sind nicht mehr Bestandteil der Gesamtvergütung und können somit auch nicht mehr der Degression unterliegen. Bei den Kieferorthopäden bleiben die Punktmengengrenzen unberührt, da von diesen grundsätzlich keine zahnprothetischen Leistungen erbracht werden.

Neuregelungen des GKV-Finanzierungsgesetzes

599 Im Bereich der vertragszahnärztlichen Versorgung ergeben sich durch das am 1. Januar 2011 in Kraft getretene GKV-Finanzierungsgesetz (GKV-FinG) insbesondere folgende Neuregelungen:

– Die Punktwerte und Gesamtvergütungen für vertragszahnärztliche Leistungen (ohne Zahnersatz) dürfen sich im Jahr 2011 höchstens um die um 0,25 Prozentpunkte verminderte und im Jahr 2012 höchstens um die um 0,5 Prozentpunkte verminderte nach § 71 Abs. 3 SGB V festgestellte Grundlohnrate verändern. Die Regelungen begrenzen lediglich die Steigerungsmöglichkeiten der vertragszahnärztlichen Honorare. Absenkungen oder „Nullrunden" sind für die Vertragszahnärzte somit nicht vorgesehen. Zielsetzung ist vielmehr eine moderate Begrenzung der Vergütungserhöhungen. Dies gilt für die Vertragszahnärzteschaft in allen Ländern. Mit der Begrenzung der Steigerungsmöglichkeiten für Gesamtvergütungen und Punktwerte in den Jahren 2011 und 2012 fordert der Gesetzgeber von der Zahnärzteschaft – wie von anderen Leistungserbringern – einen Beitrag zur Stabilisierung der finanziellen Grundlagen der gesetzlichen Krankenversicherung. Dabei ist zu berücksichtigen, dass der Bereich Zahnersatz von dieser Begrenzung nicht erfasst ist und die Leistungen zur Früherkennung und Individualprophylaxe ausdrücklich ausgenommen sind.

– Die Steigerungen der Vergütungsvolumina und Punktwerte für Leistungen der Früherkennung und Individualprophylaxe sind gesetzlich nicht begrenzt worden. D. h. sowohl in Bezug auf die Veränderung der Menge als auch der Preise gibt das Gesetz keine Obergrenzen vor.

– Das Gesetz sieht für die neuen Länder und Berlin in den Jahren 2012 und 2013 zusätzliche Vergütungsanpassungen im Bereich der vertragszahnärztlichen Behandlung (ohne Zahnersatz) in Höhe von jeweils 2,5 Prozent (neue Länder) bzw. 2,0 Prozent (Berlin) vor. Damit leitet der Gesetzgeber die Angleichung der vertragszahnärztlichen Vergütung an das Niveau in den alten Ländern bereits vor Abschluss der mit dem Gesetz für die Jahre 2011 und 2012 vorgesehenen Konsolidierungsphase für die Finanzen der gesetzlichen Krankenversicherung ein. Dabei ist zu bedenken, dass die Erhöhung von den Krankenkassen und damit von den Versicherten auch in den neuen Ländern finanziert werden muss. Darüber hinausgehende Anpassungsschritte bleiben den Vertragsparteien vorbehalten. Die durch den Gesetzgeber vorgesehen zusätzlichen Vergütungsanpassungen entsprechen der Höhe nach nicht der von der Zahnärzteschaft geforderten Anpassung der Ost-Vergütungen in Höhe von +10,6 Prozent (neue Länder) bzw. +8,8 Prozent (Berlin). Anpassungen in der von der Zahnärzteschaft geforderten Größenordnung würden allerdings dazu führen, dass das Punktwerteniveau in den neuen Ländern bzw. Berlin das entsprechende Niveau in einigen alten Ländern teilweise deutlich übersteigen würde. Dies wäre kaum sachgerecht und angemessen.

— Weitere Regelungen zur strukturellen Fortentwicklung des vertragszahnärztlichen Vergütungssystems erfolgen im Laufe dieser Legislaturperiode.

Neuere Rechtsprechung zur Teilnahme von Zahnärzten an Preisvergleichsportalen

600 Nach dem Bundesgerichtshof (BGH – I ZR 55/088 vom 1. Dezember 2010) hat auch das Bundesverfassungsgericht (BVerfG – I BVR 1287/08 vom 8. Dezember 2010) entschieden, dass es keine rechtlichen Bedenken gegen die Teilnahme von Zahnärzten an einer dem Preisvergleich dienenden Internetplattform gebe. Nach der Entscheidung des BVerfG ist die Nutzung des Internets als solches nicht geeignet, Gemeinwohlbelange zu beeinträchtigen: „Die Internetplattform steht dem Patientenschutz nicht entgegen, sondern erleichtert letztendlich für den Nutzer nur den Preisvergleich und die Kontaktanbahnung." Die Richter betonen, dass es nicht mit der verfassungsrechtlich garantierten Berufsfreiheit vereinbar sei, eine im Internet abgegebene Kostenschätzung generell als berufsrechtswidrige Werbung zu qualifizieren. Es ist nicht ersichtlich, dass eine derartige Nutzung des Internets zu einer Verunsicherung der Patienten und einem allgemeinen Vertrauensverlust gegenüber dem Zahnarzt führen könnte. Mit diesem Urteil hat das BVerfG eine Entscheidung des Berufsgerichts für Zahnärzte aufgehoben, das wegen der Teilnahme an einem Internetportal einen Verweis ausgesprochen hatte.

Arzneimittel

601 Die gesetzliche Krankenversicherung übernimmt Kosten für Arzneimittel in der Regel nur, wenn sie nach den Bestimmungen des Arzneimittelgesetzes in Deutschland verkehrsfähig und ärztlich verordnet sind.

602 Arzneimittel, die Patientinnen und Patienten bei einem stationären Aufenthalt erhalten, werden mit den Krankenhausentgelten vergütet. Der Krankenhausarzt ordnet die Arzneimitteltherapie an, die Patienten erhalten die Arzneimittel direkt auf der Station entweder aus der Krankenhausapotheke oder aus der das Krankenhaus versorgenden Apotheke. Gesetzliche und private Krankenversicherungen zahlen an das Krankenhaus eine pauschalierte Vergütung je Krankenhausaufenthalt auf Basis des DRG-Fallpauschalenkatalogs, die sich weitestgehend nach Diagnosen bzw. medizinischen Leistungen unterscheidet. Die DRG-Vergütungspauschalen decken alle medizinisch notwendigen Leistungen der stationären Versorgung ab – einschließlich der Arzneimittelversorgung. Die Krankenhäuser entscheiden in eigener Verantwortung, welche Arzneimittel sie benötigen und einkaufen und vereinbaren dabei die Preise. Die finanzielle Verantwortung für seine Ausgaben hat damit grundsätzlich das Krankenhaus. Gesonderte Regelungen zur Kostenbegrenzung speziell für Arzneimittel im Krankenhaus sind somit nicht erforderlich.

603 In der ambulanten Versorgung verordnen die Ärzte die Arzneimittel auf Kassenrezept. Die Krankenkassen zahlen die Kosten direkt an die abgebenden Apotheken. Auch Krankenhäuser, die unter bestimmten Voraussetzungen Versicherte der gesetzlichen Krankenversicherung ambulant behandeln können, stellen Kassenrezepte aus, die von den Krankenkassen bezahlt werden. In der ambulanten Versorgung verordnen die Ärztinnen und Ärzte die Arzneimittel, jedoch haben sie anders als die Krankenhäuser bei stationärer Versorgung keine wirtschaftliche Verantwortung für die Arzneimittelkosten. Zur Begrenzung der Arzneimittelausgaben in der ambulanten Versorgung gelten drei Gruppen von Vorschriften: Festlegung der Leistungsansprüche der Versicherten, Begrenzung der erstattungsfähigen Preise und Vorschriften zur ärztlichen Verordnungsweise.

Leistungsansprüche der Versicherten

604 In der ambulanten Versorgung übernehmen die gesetzlichen Krankenkassen grundsätzlich die Kosten für alle in Deutschland verkehrsfähigen Arzneimittel, sofern diese apothekenpflichtig sind und vom Arzt auf einem Kassenrezept verordnet worden sind. Versicherte, die das 18. Lebensjahr vollendet haben, sind verpflichtet, in der Apotheke eine gesetzliche Zuzahlung zu leisten. Dabei gelten nach sozialen Gesichtspunkten Befreiungen von der Zuzahlung.

Zuzahlung zu Arzneimitteln

605 Seit dem 1. Januar 2004 beträgt die Arzneimittelzuzahlung 10 Prozent des Apothekenverkaufspreises, mindestens 5 Euro, jedoch nicht mehr als der Preis des Arzneimittels und höchstens 10 Euro je Packung. Zuvor war die Zuzahlung an die Packungsgröße des jeweils verordneten Arzneimittels gekoppelt. Die Packungsgrößenkennzeichen N1 (kurze Behandlungsdauer), N2 (mittlere Behandlungsdauer) und N3 (Dauerbehandlung) bleiben erhalten. Ärzte und Patienten erhalten also weiterhin in gewohnter Weise eine Information über die Packungsgrößen der Arzneimittel, um auf die angemessene Therapiedauer der verordneten Packungen zu achten und so Arzneimittelmüll zu vermeiden.

606 Folgende Arzneimittel dürfen nicht auf Kassenrezept verordnet werden:

– Arzneimittel, die in Deutschland nicht verkehrsfähig sind. Einzelimporte von nur im Ausland zugelassenen Arzneimitteln sind nur in besonderen Ausnahmefällen verordnungsfähig, wenn ein unabweisbarer Behandlungsbedarf vorliegt und es keine andere Therapie gibt.

– Arzneimittel, die nicht der Apothekenpflicht nach § 43 Arzneimittelgesetz unterliegen. Dies sind Arzneimittel, die z. B. auch in Supermärkten oder Drogerien erhältlich sind.

– Nicht rezeptpflichtige Arzneimittel, die jeder in der Apotheke ohne ärztliche Verordnung selbst kaufen kann, werden von den Krankenkassen seit 2004 nicht mehr übernommen. Ausnahmen gelten für Kinder unter 12 Jahren sowie Jugendliche mit Entwicklungsstörungen bis zum vollendeten 18. Lebensjahr. Darüber hinaus erhalten Menschen, die an einer schwerwiegenden Erkrankung leiden und zur Behandlung nicht verschreibungspflichtige Arzneimittel benötigen, rezeptfreie Medikamente auch künftig auf Kassenrezept, sofern diese Arzneimittel nach medizinischen Gesichtspunkten Therapiestandard sind. Der Gemeinsame Bundesausschuss, ein Gremium mit Vertretern von Verbänden der Krankenkassen und der Vertragsärzte, hat in Richtlinien festgelegt, welche Arzneimittel dies im Einzelnen sind. Die entsprechenden Richtlinien sehen insgesamt über 40 verschiedene Ausnahmefälle vor, darunter sind auch pflanzliche Arzneimittel. Liegt eine der in den Richtlinien aufgeführten schwerwiegenden Erkrankungen vor, können anstelle von allopathischen Arzneimitteln auch Arzneimittel der Anthroposophie und Homöopathie verordnet werden. Voraussetzung hierfür ist, dass das verordnete Mittel nach dem Erkenntnisstand der jeweiligen Therapierichtung Therapiestandard ist. Damit wird der Therapievielfalt Rechnung getragen. Die Richtlinien werden regelmäßig fortgeschrieben.

– Nicht verordnungsfähig sind auch Arzneimittel, wenn sie für Krankheiten angewendet werden sollen, für die sie keine Zulassung haben (sogenannte „Off-Label"-Anwendung). Seit dem 1. Januar 2004 ist hierzu gesetzlich geregelt, dass eine Verordnung auf Kassenrezept dann möglich ist, wenn eine vom Bundesministerium für Gesundheit und Soziale Sicherung berufene Expertengruppe festgestellt hat, dass die Anwendung des Arzneimittels nach dem anerkannten Stand der wissenschaftlichen Erkenntnis zweckmäßig ist und wenn der Gemeinsame Bundesausschuss eine entsprechende Verordnungsfähigkeit in den Richtlinien vorgesehen hat. Besteht keine Regelung in den Richtlinien, können Arzneimittel ausnahmsweise im Einzelfall auf Antrag bei der Krankenkasse erstattet werden. Das Bundessozialgericht hat dazu am 19. März 2002 die Voraussetzungen für eine Kostenübernahme durch die Krankenkassen festgelegt. Ein Leistungsanspruch besteht dann, wenn es sich um eine schwerwiegende (lebensbedrohliche oder die Lebensqualität auf Dauer nachhaltig beeinträchtigende) Erkrankung handelt, bei der keine andere Therapie verfügbar ist und auf Grund der Datenlage die begründete Aussicht besteht, dass mit dem betreffenden Präparat ein Behandlungserfolg (kurativ oder palliativ) zu erzielen ist. Es müssen hierzu Erkenntnisse veröffentlicht sein, die über Qualität und Wirksamkeit des Arzneimittels in dem neuen Anwendungsgebiet zuverlässige, wissenschaftlich nachprüfbare Aussagen zulassen und auf Grund deren in den einschlägigen Fachkreisen Konsens über einen voraussichtlichen Nutzen in dem vorgenannten Sinne besteht.

– Für Versicherte, die das 18. Lebensjahr vollendet haben, sind verschreibungspflichtige Arzneimittel

in folgenden Anwendungsgebieten von der Versorgung ausgeschlossen:
- Arzneimittel zur Anwendung bei Erkältungskrankheiten und grippalen Infekten einschließlich der bei diesen Krankheiten anzuwendenden Schnupfenmittel, Schmerzmittel, hustendämpfenden und hustenlösenden Mittel,
- Mund- und Rachentherapeutika, ausgenommen bei Pilzinfektionen,
- Abführmittel und
- Arzneimittel gegen Reisekrankheit.
- Ausgeschlossen sind auch Arzneimittel, welche durch Rechtsverordnung als „unwirtschaftliche Arzneimittel" von der Verordnung auf Kassenrezept ausgeschlossen sind (sogenannte Negativliste). Dies sind Arzneimittel, die für das Therapieziel oder zur Minderung von Risiken nicht erforderliche Bestandteile enthalten oder deren Wirkungen wegen der Vielzahl der enthaltenen Wirkstoffe nicht mit ausreichender Sicherheit beurteilt werden können oder deren therapeutischer Nutzen nicht nachgewiesen ist.

Patientinnen und Patienten haben Anspruch auf Übernahme der Kosten für Arzneimittel, die im Rahmen klinischer Studien angewendet werden. Voraussetzung ist, dass ihre schwere Erkrankung im Rahmen von ambulanten klinischen Studien behandelt wird. Entsprechende Anträge sind an den Gemeinsamen Bundesausschuss zu stellen. Widerspricht dieser innerhalb von acht Wochen nicht, gelten die Anträge als genehmigt. Anträge sind begründet, wenn eine schwerwiegende Erkrankung vorliegt, begründete Aussicht auf eine therapeutische Verbesserung im Vergleich zu bisherigen Behandlungsmöglichkeiten besteht und die Mehrkosten in angemessenem Verhältnis zum Zusatznutzen stehen, Die Regelung bedeutet Rechtssicherheit für die Betroffenen – für schwerkranke Menschen und für ihre Angehörigen.

Eine klinische Studie bzw. eine klinische Prüfung bei Menschen ist „jede am Menschen durchgeführte Untersuchung, die dazu bestimmt ist, klinische oder pharmakologische Wirkungen von Arzneimitteln zu erforschen oder nachzuweisen oder Nebenwirkungen festzustellen oder die Resorption, die Verteilung, den Stoffwechsel oder die Ausscheidung zu untersuchen, mit dem Ziel, sich von der Unbedenklichkeit oder Wirksamkeit der Arzneimittel zu überzeugen" (§ 4 Abs. 23 Arzneimittelgesetz). Klinische Studien bzw. klinischen Prüfungen dürfen nur im Rahmen der strengen Vorschriften des Arzneimittelgesetzes und ergänzender Rechtsvorschriften durchgeführt werden.

Begrenzung der erstattungsfähigen Preise

607 Für rezeptpflichtige Arzneimittel in öffentlichen Apotheken (Apotheken für den allgemeinen Publikumsverkehr im Unterschied z. B. zu Krankenhausapotheken) gilt eine Preisbindung. Eine bestimmte Packung eines rezeptpflichtigen Arzneimittels hat in jeder öffentlichen Apotheke den gleichen Apothekenverkaufspreis. Die Preisbindung setzt auf dem Verkaufspreis des pharmazeutischen Unternehmers auf (Abgabepreis des pharmazeutischen Unternehmers – ApU). Auf diesen Preis werden die Handelszuschläge des Großhandels und der Apotheken aufgeschlagen sowie die Mehrwertsteuer.

608 Die Preisbildung für Arzneimittel durch die Pharmazeutischen Unternehmer ist frei; die ApU werden also nicht staatlich festgesetzt oder kontrolliert. Pharmazeutische Unternehmer sind aber verpflichtet, für eine bestimmte Packung eines rezeptpflichtigen Arzneimittels „einen einheitlichen Abgabepreis sicherzustellen" (§ 78 Abs. 3 Arzneimittelgesetz). Sie müssen also eine bestimmte Packung an jeden Großhändler zum gleichen Preis (ApU) verkaufen. Auf diesen einheitlichen ApU werden die Handelszuschläge des Großhandels und der Apotheken erhoben, die in der Arzneimittelpreisverordnung verbindlich und abschließend vorgegeben sind .Die Preisbindung für rezeptpflichtige Arzneimittel ergibt sich somit als Preisbindung „der zweiten Hand" durch Vorgabe verbindlicher Handelszuschläge auf den ApU.

609 Die Apotheken erhalten für jedes rezeptpflichtige Arzneimittel einen Zuschlag von drei Prozent des Einkaufspreises zuzüglich eines Dienstleistungshonorars von 8,10 Euro je Packung. Der Zuschlag des Großhandels wird ab dem Jahr 2012 von einem preisabhängigen prozentualen Zuschlag umgestellt auf einen preisunabhängigen Zuschlag in Höhe von 70 Cent je Packung zuzüglich eines prozentualen Zuschlags auf den Abgabepreis des pharmazeutischen Unternehmers in Höhe von 3,15 Prozent. Die Aufschläge des Großhandels betragen insgesamt im Durchschnitt rund 1,55 Euro je Packung. Durch die Umstellung erbringt der Großhandel einen Einsparbeitrag von 190 Mio. Euro pro Jahr. Als Übergangsregelung für das Jahr 2011 gewährt der Großhandel einen Rabatt von 0,85 Prozent auf den Abgabepreis des pharmazeutischen Unternehmers.

Die Handelszuschläge von Großhandel und Apotheken sind im Apothekenverkaufspreis der Arzneimittel enthalten und werden nicht gesondert erhoben. Der Großhandel darf Teile seines Handelszuschlags als Rabatt an Apotheken abgeben. Dies ändert aber nichts an der Höhe des einheitlichen Apothekenverkaufspreises. Apotheken dürfen keine Rabatte für rezeptpflichtige Arzneimittel an ihre Privatkunden gewähren. Sie erhalten somit für die Arzneimittelversorgung ihrer Kunden mit rezeptpflichtigen Arzneimitteln eine festgeschriebene Vergütung je Packung. Apotheken sind durch Gesetz verpflichtet, jeder Krankenkasse einen Apothekenrabatt in Höhe von 2,30 Euro pro Packung zu gewähren.

Rezeptpflichtige Arzneimittel machen den größten Teil des Umsatzes der Apotheken aus. Seit dem 1. Januar 2009 sollen die Verbände der Apotheken und Krankenkassen auf Bundesebene den Apothekenrabatt durch Vertrag anpassen. „Der Abschlag (...) ist so anzupassen, dass die Summe der Vergütungen der Apotheken für die Abgabe verschreibungspflichtiger Arzneimittel leistungsgerecht ist unter Berücksichtigung von Art und Umfang der Leistungen und der Kosten der Apotheken bei wirtschaftlicher Betriebsführung." (§ 130 Abs. 1 SGB V) Bei Nichteinigung entscheidet eine Schiedsstelle. Der Apothekenrabatt ist erstmals für das Jahr 2009 durch Entscheidung einer gemeinsamen Schiedsstelle von Deutschem Apothekerband und Spitzenverband Bund der Krankenkassen auf 1,75 Euro abgesenkt worden. Hierdurch verbleiben den Apotheken 55 Cent mehr für jede abgegebene Packung eines rezeptpflichtigen Arzneimittels in der gesetzlichen Krankenversicherung. Für die Jahre 2011 und 2012 hat der Gesetzgeber den Apothekenrabatt wieder um 30 Cent auf 2,05 Euro angehoben. Damit erbringen die Apotheken einen Einsparbeitrag von rund 180 Mio. Euro pro Jahr. Ab dem Jahr 2013 haben der Deutsche Apothekerband und Spitzenverband Bund der Krankenkassen wieder die Möglichkeit, den Abschlag an eine veränderte Marktlage anzupassen. Gleichzeitig werden die Kriterien für eine Anpassung des Abschlags konkretisiert. Veränderungen der Leistungen der Apotheken sind auf Grundlage einer Beschreibung der Leistungen der Apotheken festzustellen. Veränderungen von Art und Umfang der Kosten bei wirtschaftlicher Betriebsführung sind durch Betriebsergebnisse ausgewählter Apotheken zu berücksichtigen.

Für die nicht rezeptpflichtigen Arzneimittel werden keine verbindlichen Zuschläge der Apotheken und des Großhandels vorgegeben. Die Preisbildung der Apotheken für die nicht rezeptpflichtigen Arzneimittel *ist* somit frei.

Festbeträge für Arzneimittel

610 In Deutschland zahlt die gesetzliche Krankenversicherung nicht jeden Preis. Nach der Markteinführung eines Arzneimittels werden Obergrenzen für die Erstattung von Preisen festgesetzt oder Erstattungsbeträge vereinbart.

611 Festbeträge sind Höchstbeträge für die Erstattung von Arzneimittelpreisen durch die gesetzlichen Krankenkassen, jedoch keine staatlich festgesetzten Preise. Die GKV übernimmt Kosten für verordnete Arzneimittel grundsätzlich nur bis zu dem Festbetrag für das jeweilige Arzneimittel. Für Gruppen vergleichbarer Arzneimittel gelten Festbeträge. Die Höhe der Festbeträge auf Höhe des unteren Preisdrittels von Arzneimitteln in einer Gruppe festgesetzt. Ist ein Arzneimittel teurer als der Festbetrag, zahlen die Versicherten entweder die Mehrkosten oder bekommen ein anderes Arzneimittel das therapeutisch gleichwertig ist. Meist wollen die Versicherten Arzneimittel ohne Aufzahlung, daher senken Pharmaunternehmen für ihre Arzneimittel die Preise auf den Festbetrag.

612 Die Regelung zu den Arzneimittelfestbeträgen wurde zum 1. Januar 1989 eingeführt. Die Festbeträge werden in einem zweistufigen Verfahren festgesetzt: Zunächst ist es Aufgabe des Gemeinsamen Bundesausschusses – ein Gremium der gemeinsamen Selbstverwaltung in der GKV – vergleichbare Arzneimittel in Festbetragsgruppen zusammenzufassen. Zuvor sind insbesondere die Arzneimittelhersteller und Sachverständige anzuhören. Der Gemeinsame Bundesausschuss hat die Beschlüsse über die Festbetragsgruppen dem Bundesministerium für Gesundheit vorzulegen, dieses kann rechtswidrige oder rechtsfehlerhafte Beschlüsse innerhalb von zwei Monaten beanstanden. Die Festbetragsgruppen sind im Bundesanzeiger zu veröffentlichen.

613 Das Gesetz erlaubt Festbeträge für folgende Arzneimittelgruppen und -kombinationen:

– Arzneimittel mit denselben Wirkstoffen (Stufe 1),

– Arzneimittel mit pharmakologisch-therapeutisch vergleichbaren Wirkstoffen (Stufe 2) und

– Arzneimittel mit therapeutisch vergleichbaren Wirkungen (Stufe 3).

614 In einer Gruppe dürfen nur vergleichbare Arzneimittel zusammengefasst werden, damit gewährleistet ist, dass die Therapiemöglichkeiten nicht eingeschränkt werden und dem Arzt die medizinisch notwendigen Verordnungsalternativen zur Verfügung stehen. Auch die Besonderheiten von Arzneimitteln der besonderen Therapierichtungen sind bei der Gruppenbildung zu berücksichtigen. Seit dem 1. Januar 2004 dürfen auch patentgeschützte Arzneimittel, wie bereits zuvor in den Jahren von 1989 bis 1995, in Festbetragsgruppen der Stufen 2 einbezogen werden. Ausgenommen sind Arzneimittel, die eine therapeutische Verbesserung, auch wegen geringerer Nebenwirkungen, bedeuten.

615 In Festbetragsgruppen der Stufe 1 sind patentfreie, wirkstoffgleiche Arzneimittel jeweils mit einem bestimmten Wirkstoff eingestuft (Generika und ihre patentfreien Referenzarzneimittel oder patentfreie Biotechnologische Arzneimittel mit ihren Biosimilars).

616 Die pharmakologisch-therapeutische Vergleichbarkeit von Wirkstoffen in Festbetragsgruppen der Stufe 2 entspricht in vielen Fällen der 4. Gliederungsebene der Anatomisch-Therapeutisch-Chemischen Klassifikation der Weltgesundheitsorganisation für Arzneimittel.

Beispiel: ATC Schlüssel-Nr. C10AA (HMG CoA Reductase Hemmer)

C10AA01 Simvastatin
C10AA02 Lovastatin
C10AA03 Pravastatin
C10AA04 Fluvastatin
C10AA05 Atorvastatin
C10AA06 Cerivastatin
C10AA07 Rosuvastatin
C10AA08 Pitavastatin

(Einige dieser Wirkstoffe sind in Deutschland nicht zugelassen und daher nicht in der Festbetragsgruppe.)

Festbetragsgruppen der Stufe 3 sind überwiegend gebildet für Arzneimittel mit festen Kombinationen aus zwei oder mehr Wirkstoffen.

617 Für die in einer Festbetragsgruppe enthaltenen Arzneimittel legt der Spitzenverband Bund der Krankenkassen die Höhe der Festbeträge fest. Der Spitzenverband Bund der Krankenkassen ist durch Gesetz verpflichtet, die Höhe der Festbeträge nach einem mathematisch festgelegten Verfahren aus den Preisen der Arzneimittel in der Festbetragsgruppe zu errechnen. Er kann die Höhe der Festbeträge somit nicht in eigenem Ermessen festlegen. Ebenso wenig ist eine Orientierung an Preisen in anderen Ländern vorgesehen. Maßgebend sind allein die Preise der Arzneimittel in der Festbetragsgruppe.

618 Zunächst stellt der Spitzenverband Bund der Krankenkassen fest, welche Arzneimittel-Packung in der Festbetragsgruppe die Standardpackung ist. Standardpackung ist die Packung eines bestimmten Wirkstoffes in einer bestimmten Wirkstärke, Darreichungsform und Packungsgröße, die am häufigsten innerhalb der Festbetragsgruppe verordnet wird. Die Höhe des Festbetrags für diese Standard-Packung ist durch Gesetz vorgegeben. Der Festbetrag für die Standardpackung ist die Obergrenze des unteren Preisdrittels der Preise aller Standard-Packungen in der Gruppe. Allerdings muss der Festbetrag mindestens so hoch sein, dass zum Festbetrag sowohl mindestens ein Fünftel der Verordnungen als auch ein Fünftel der Packungen der Festbetragsgruppe verfügbar ist. Es soll in der Regel zum Festbetrag eine ausreichende Auswahl von vergleichbaren Arzneimitteln zur Verfügung. Der Arzt soll regelmäßig zwischen therapeutisch gleichwertigen und qualitativ hochwertigen Arzneimitteln auswählen können.

619 Aus dem Festbetrag für die Standard-Packungen werden die Festbeträge aller anderen Packungen in der Festbetragsgruppe durch das mathematische Verfahren der Regressionsanalyse bzw. durch Regressionsgleichung berechnet. In den Festbetragsgruppen der Stufen 2 und 3 werden die mengenmäßigen Austauschverhältnisse von Wirkstoffen mit dem Wirkstoff der Standard-Packung durch sogenannte Vergleichgrößen bestimmt. Diese Vergleichgrößen werden errechnet aus den durchschnittlichen Wirkstoffmengen bzw. Wirkstärken je verordneter Packung für Versicherte der gesetzlichen Krankenversicherung. Die Vergleichsgrößen werden als Teil der Festbetragsgruppen vom Gemeinsamen Bundesausschuss beschlossen und regelmäßig aktualisiert.

620 Die Festbeträge sollen eine wirtschaftliche und in der Qualität gesicherte Arzneimitteltherapie gewährleisten. Es soll ein wirksamer Preiswettbewerb ausgelöst werden, daher wird der Festbetrag auf der Grundlage preisgünstiger Verordnungsmöglichkeiten berechnet. Verordnet der Arzt dem Patienten dennoch ein Arzneimittel, dessen Preis über dem Festbetrag liegt, so muss der Versicherte diesen Differenzbetrag zusätzlich zur gesetzlichen Zuzahlung entrichten; dies gilt auch für Versicherte, die von der Zuzahlung befreit sind. Der Arzt ist verpflichtet, den Versicherten in diesem Fall auf seine Verpflichtung zur Leistung einer Differenzzahlung hinzuweisen. Einzelne Krankenkassen können ihren Versicherten die Zahlung von Mehrkosten für Arzneimittel mit Preisen über Festbetrag erlassen, wenn sie für die Mehrkosten dieser Arzneimittel durch Rabattvereinbarungen mit den pharmazeutischen Unternehmen gegenfinanzieren.

621 Die Festbeträge werden regelmäßig, meist jährlich, an die veränderte Marktlage angepasst. Nach zuletzt verfügbaren Daten gibt es rund 440 Festbetragsgruppen. Der Anteil der Festbetragsarzneimittel an den Verordnungen in der GKV erreicht einen Anteil von 75 Prozent (Januar bis Mai 2010). Damit gelten für rund drei Viertel aller abgegebenen Arzneimittel in der GKV Festbeträge. Der Anteil der Festbetragsarzneimittel am Arzneimittelumsatz in der GKV ist mit rd. 39 Prozent deutlich niedriger. Grund dafür ist, dass Preise bei Festbetragsarzneimitteln im Durchschnitt niedriger sind als bei Arzneimitteln ohne Festbetrag.

622 Die Festbetragsregelung von 1989 ist ohne Einschränkung mit dem Grundgesetz und den europäischen Verträgen vereinbar. Dies haben das Bundesverfassungsgericht und der Europäische Gerichtshof letztinstanzlich bestätigt.

Erstattungsbeträge für Arzneimittel mit neuen Wirkstoffen

623 Durch das Gesetz zur Neuordnung des Arzneimittelmarktes in der Gesetzlichen Krankenversicherung für die Erstattung der Arzneimittelpreise für Arzneimittel mit neuen Wirkstoffen ab dem Jahre 2011 grundlegend neu geregelt. Für jedes Arzneimittel mit neuen Wirkstoffen, das ab dem 1. Januar 2011 in den Markt eingeführt wird, wird der Nutzen bewertet. Für Arzneimittel mit Zusatznutzen wird ein Erstattungsbetrag vereinbart. Arzneimittel ohne Zusatznutzen werden einer bestehenden Festbetraggruppe zugeordnet und ein Festbetrag festgesetzt. Kann das Arzneimittel ohne Zusatznutzen keiner Festbetragsgruppe zugeordnet werden, wird ein Erstattungsbetrag vereinbart, der zu Therapiekosten führt, die höchstens den Kosten der Vergleichstherapie entsprechen. Für Arzneimittel mit neuen Wirkstoffen, die vor dem 1. Januar 2011 in den Markt eingeführt sind, kann

der Gemeinsame Bundesausschuss die Durchführung einer Nutzenbewertung beschließen mit nachfolgender Erstattungsvereinbarung. Für Arzneimittel mit neuen Wirkstoffen, deren Nutzen bewertet worden ist, wird bei Zulassung weiterer Anwendungsgebiete eine neue Nutzenbewertung durchgeführt mit nachfolgender Erstattungsvereinbarung oder Festbetragsfestsetzung.

624 Das pharmazeutische Unternehmen legt bei Markteinführung eines Arzneimittels mit neuen Wirkstoffen ein Dossier vor. Dieses soll insbesondere folgende Angaben enthalten:

1. zugelassene Anwendungsgebiete,
2. medizinischer Nutzen,
3. medizinischer Zusatznutzen im Verhältnis zur zweckmäßigen Vergleichstherapie,
4. Anzahl der Patienten und Patientengruppen, für die ein therapeutisch bedeutsamer Zusatznutzen besteht,
5. Kosten der Therapie für die gesetzliche Krankenversicherung,
6. Anforderung an eine qualitätsgesicherte Anwendung.

Das Dossier wird vom Gemeinsamen Bundesausschuss oder in seinem Auftrag vom Institut für Qualität und Wirtschaftlichkeit im Gesundheitswesen oder Dritten überprüft. Daraus wird eine Nutzenbewertung erstellt. Der Gemeinsame Bundesausschuss veröffentlicht die Nutzenbewertung auf seiner Internet-Seite innerhalb von 3 Monaten nach Vorlage des Dossiers.

625 Der Gemeinsame Bundesausschuss fasst einen Beschluss über die Nutzenbewertung. Zur Vorbereitung dieses Beschusses führt er eine mündliche und schriftliche Anhörung durch. Er beschließt die wesentlichen Ergebnisse der Nutzenbewertung als Teil der Arzneimittelrichtlinien. Der Beschluss ist verbindliche Grundlage für die Erstattungsvereinbarung. Mit dem Beschluss wird insbesondere der Zusatznutzen des Arzneimittels festgestellt Der Gemeinsame Bundesausschuss beschließt innerhalb von 3 Monaten nach Veröffentlichung der Nutzenbewertung und veröffentlicht seinen Beschluss im Bundesanzeiger.

626 Das Bundesministerium für Gesundheit regelt durch Rechtsverordnung ohne Zustimmung des Bundesrats das Nähere zur Nutzenbewertung. Darin wird festgelegt, welche Grundsätze für die Bestimmung der zweckmäßigen Vergleichstherapie gelten, in welchen Fällen zusätzliche Nachweise erforderlich sind, unter welchen Voraussetzungen Studien welcher Evidenzstufe zu verlangen sind, sowie Übergangsregelungen für diejenigen Arzneimittel, für die bereits Studien begonnen oder abgeschlossen wurden. Der Gemeinsame Bundesausschuss regelt weitere Einzelheiten erstmals innerhalb eines Monats nach Inkrafttreten der Rechtsverordnung in seiner Verfahrensordnung. Damit kann er weitere Einzelheiten zum Verfahren und zur Bewertung regeln.

627 Der Beschluss des Gemeinsamen Bundesausschusses über die Nutzenbewertung für ein Arzneimittel mit neuen Wirkstoffen ist Grundlage für die Erstattungsvereinbarung. Die Erstattungsvereinbarung wird vom Spitzenverband Bund der Krankenkassen und dem pharmazeutischen Unternehmer geschlossen, der das Arzneimittel anbietet. Inhalt der Vereinbarung ist ein Erstattungsbetrag für das neue Arzneimittel.

628 Die Vereinbarung ist innerhalb von 12 Monaten nach Markteinführung abzuschließen. Bei Nichteinigung entscheidet eine paritätisch besetzte Schiedsstelle. Dabei soll sie die tatsächliche Höhe der Abgabepreise für das Arzneimittel in anderen europäischen Ländern berücksichtigen. Die Entscheidung der Schiedsstelle gilt rückwirkend mit dem Ablauf der Frist für den Vertragsabschluss. Nach einem Schiedsspruch kann jede Vertragspartei beim Gemeinsamen Bundesausschuss eine Kosten-Nutzen-Bewertung beantragen. Die Geltung des Schiedsspruchs bleibt hiervon unberührt. Der Erstattungsbetrag ist auf Grund des Beschlusses über die Kosten-Nutzen-Bewertung nach § 35b SGB V neu zu vereinbaren.

Das Bundesministerium für Gesundheit hat das Nähere zur Arbeit der Schiedsstelle in einer Rechtsverordnung geregelt.

629 Der Erstattungsbetrag wird vereinbart als Rabatt auf den Listenpreis des Unternehmens und wird vom pharmazeutischen Unternehmen beim Verkauf gewährt und von den Apotheken bei der Abgabe des Arzneimittels vom Listenpreis abgezogen. Somit erhalten alle Apothekenkunden den Rabatt. Bei Abrechnung mit der gesetzlichen Krankenversicherung ziehen die Apotheken den Rabatt bei der Direktabrechnung mit den Krankenkassen vom Listenpreis ab. Für Privatversicherte ziehen die Apotheken den Rabatt beim Verkauf des Arzneimittels vom Listenpreis ab. Die Kostenerstattung seitens der privaten Krankenversicherungen und gegebenenfalls der Beihilfestellen verringert sich entsprechend.

Die Vereinbarung soll auch Anforderungen an die Zweckmäßigkeit, Qualität und Wirtschaftlichkeit einer Verordnung vereinbart werden. Dabei sollen auch Regelungen zur automatischen Anerkennung von Verordnungen des Arzneimittels als Praxisbesonderheit bei Richtgrößenprüfungen vereinbart werden.

630 Einzelne Krankenkassen können mit pharmazeutischen Unternehmen dezentrale Einzelverträge über die Erstattung von Arzneimitteln mit neuen Wirkstoffen vereinbaren und dabei von der Erstattungsvereinbarung auf Bundesebene abweichen.

Preise für Impfstoffe

631 Für Impfstoffe gelten ab 2011 internationale Referenzpreise. Impfstoffanbieter dürfen somit künftig keine höheren Preise für Impfstoffe verlangen wie in den Nachbarstaaten Deutschlands. Der Spitzenverband Bund der Krankenkassen kann prüfen, ob die Anbieter sich daran halten. Ein effektiver Schutz gegen Infektionskrankheiten erfordert regelmäßig die Impfung eines größeren Teils der Bevölkerung. Dies ist eine zentrale Aufgabe staatlicher Gesundheitsfürsorge. Das Referenzpreissystem verringert die Kosten um rd. 300 Mio. Euro pro Jahr. Die Vereinbarungen der Krankenkassen mit Ärzten zur Durchführung von Impfungen können künftig nicht mehr hinausgezögert werden. Bei Nichteinigung bestimmt eine von den Vertragsparteien gemeinsam bestimmte Schiedsperson den Vertragsinhalt.

Gesetzliche Rabatte

632 Für Arzneimittel ohne Festbetrag erhalten die Krankenkassen einen Rabatt von 6 Prozent auf den Verkaufspreis des pharmazeutischen Unternehmers. Im Zeitraum vom 1. August 2010 bis zum 31. Dezember 2013 wird der Rabatt für verschreibungspflichtige Arzneimittel auf 16 Prozent erhöht. Im gleichen Zeitraum dürfen Preiserhöhungen gegenüber dem Stichtag 1. August 2009 nicht abgerechnet werden. Preissenkungen gegenüber dem Preis am Stichtag 1. August 2009 werden auf den erhöhten Rabatt angerechnet.

633 Für patentfreie, wirkstoffgleiche Arzneimittel (Generika) erhalten die Krankenkassen einen gesetzlichen Rabatt von 10 Prozent auf den Verkaufspreis des pharmazeutischen Unternehmers. Dieser Rabatt kann mit Preissenkungen verrechnet werden, sodass Generika-Anbieter einen Anreiz haben, ihre Verkaufspreise zu senken. Die Apotheke verrechnet den Rabatt bei der Abrechnung mit der Krankenkasse und zieht diesen beim pharmazeutischen Unternehmer ein. Diese Abrechung erfolgt in der Praxis durch Apothekenrechenzentren im Rahmen des gesetzlich vorgesehenen elektronischen Abrechnungsverfahrens nach § 300 des Fünften Buchs Sozialgesetzbuch.

634 Pharmazeutische Unternehmen zahlen ab 2011 die gesetzlichen Rabatte für Arzneimittel auch an die private Krankenversicherung und staatliche Stellen, die Kosten für Krankenbehandlung erstatten. Personen, die nicht in der gesetzlichen Krankenversicherung pflicht- oder freiwillig versichert sind, müssen sich seit dem 1. Januar 2009 bei einer privaten Krankenversicherung versichern. Das Bundesverfassungsgericht hat anerkannt, dass der Gesetzgeber damit auch dafür verantwortlich ist, dass die privat Krankenversicherten nicht in unzumutbarer Weise belastet werden. Die Privatversicherten werden durch die gesetzlichen Herstellerrabatte für Arzneimittel jährlich um rund 210 Mio. Euro entlastet.

Zuzahlungsfreistellung

635 Arzneimittel mit Preisen von mindestens 30 Prozent unter Festbetrag kann der Spitzenband Bund der Krankenkassen von der gesetzlichen Zuzahlung freistellen, wenn hierdurch Einsparungen zu erwarten sind. Der Spitzenband Bund der Krankenkassen setzt hierzu für bestimmte Wirkstoffe Zuzahlungsfreistellungsgrenzen fest. Arzneimittel, die nicht teurer sind, sind zuzahlungsfrei. Damit haben Generika-Anbieter einen weiteren Anreiz, ihre Preise zu senken. Einzelne Krankenkassen können entscheiden, für weitere Arzneimittel ihren Versicherten die Zuzahlung zu erlassen oder zu halbieren. Voraussetzung dafür ist, dass die Krankenkasse für die jeweiligen Arzneimittel eine Rabattvereinbarung abgeschlossen hat (siehe unten). Am 1. März 2009 waren 10.892 unterschiedliche Arzneimittel-Packungen zuzahlungsfrei. Damit ist etwa die Hälfte aller verschreibungspflichtigen Packungen in der GKV zuzahlungsfrei. In Folge dieser Regelungen sind die durchschnittlichen Preise für verschreibungspflichtige Generika seit dem Frühjahr 2006 um über 35 Prozent gesunken.

Rabattvereinbarungen zwischen Krankenkassen und pharmazeutischen Unternehmen

636 Die Krankenkassen können seit dem Jahre 2003 für die Arzneimittelversorgung ihrer Versicherten Preisnachlässe auf die Abgabepreise mit den pharmazeutischen Unternehmern vereinbaren, die sogenannten Rabattverträge. Prinzipiell kann für jedes Arzneimittel mit dem pharmazeutischen Unternehmer ein Preisnachlass vereinbart werden. Im Verhältnis zwischen Krankenkassen und Arzneimittelherstellern sind alle Preise Höchstpreise und können unterschritten werden. Damit wird Wettbewerb zwischen Kassen und pharmazeutischen Unternehmern in der Arzneimittelversorgung eingeführt. Seit dem Jahre 2007 wird die Wirksamkeit dieser Verträge für die Arzneimittelversorgung der Versicherten erhöht.

637 Bei patentfreien, wirkstoffgleichen Arzneimitteln (Generika) kann jede einzelne Krankenkasse durch Rabattverträge mit pharmazeutischen Unternehmen bestimmen, welche Anbieter die Arzneimittel für die Versicherten der Krankenkassen liefern. Sind solche Verträge abgeschlossen, dürfen die Apotheken auf Rezept nur Arzneimittel der Anbieter abgeben, mit denen die Krankenkasse einen Rabattvertrag abgeschlossen hat, auch wenn auf dem Rezept das Produkt eines anderen Anbieters mit gleichem Wirkstoff vorgesehen ist. Voraussetzungen ist, es sich um Arzneimittel mit gleicher Packungsgröße, gleicher Wirkstärke und vergleichbarer Darreichungsform handelt (aut-idem-Substitution). Die verordnenden Ärzte können diese aut-idem-Substitution durch Ankreuzen auf dem Rezeptblatt aus medizinischen Gründen ausschließen.

638 Im Jahre 2010 haben die Rabattverträge der Krankenkassen rd. 60 Prozent aller abgegebenen Packungen mit wirkstoffgleichen Arzneimitteln abgedeckt (Generika und ihre patentfreien Referenzarzneimittel – Quelle: IMS Health GmbH). Dabei wurde eine Vielzahl von Preisnachlässen auf die Listenpreise für unterschiedliche Packungen und Krankenkassen gewährt. Trotz dieser Rabatte sank auch der Preisindex für die Listenpreise im Festbetragsmarkt im gleichen Zeitraum um 3 Prozent (Quelle: Wissenschaftliches Institut der AOK). Dies lässt den Schluss zu, dass der Wettbewerb durch einzelne Rabattvereinbarungen den Krankenkassen zusätzliche Einsparungen erschließt, ohne die Wirksamkeit der Festbeträge zu beeinträchtigen.

639 Derzeit entfallen etwa 7 Prozent des GKV-Umsatzes mit Rabattarzneimitteln auf patentgeschützte Arzneimittel unter Rabattvertrag. Diese Rabattvereinbarungen werden nur wirksam, wenn die Ärztinnen und Ärzte die Vertrags-Präparate der Krankenkasse bevorzugt verordnen. Hierfür sind komplexere Vertragsgestaltungen erforderlich. Solche Vereinbarungen können bereits nach geltendem Recht bis hin zu einer vertraglichen Regelung der Arzneimittelversorgung ausgeweitet werden, die an die Stelle der gemeinsam und einheitlich geltenden Regelungen treten kann.

640 Seit dem Jahr 2007 kann jede einzelne Krankenkasse mit einzelnen Arztpraxen ergänzende Vereinbarungen zur Modifikation der Arzneimittelvereinbarung treffen. Darin kann z. B. vorgesehen werden, dass Ärztinnen und Ärzte bevorzugt die Präparate berücksichtigen, für welche die Krankenkasse Rabattvereinbarungen getroffen hat.

641 Seit dem 1. Januar 2009 gilt eine gesetzliche Regelung, die klarstellt, dass für den Abschluss von Rabattvereinbarungen das Vergaberecht aufgrund der Vorschriften des Gesetzes gegen Wettbewerbsbeschränkungen gilt. Sind die dort genannten Voraussetzungen erfüllt, haben Krankenkassen Rabattverträge europaweit auszuschreiben. Vor der Vergabe ist eine Überprüfung durch die Vergabekammern möglich. Gegen Entscheidungen der Vergabekammern ist der Rechtsweg zu den Sozialgerichten eröffnet.

Regelungen zur ärztlichen Verordnungsweise

642 Bei der Ausstellung eines Kassenrezepts hat der Arzt das Wirtschaftlichkeitsgebot des § 12 SGB V zu beachten. Danach müssen die Leistungen der Krankenkassen ausreichend, zweckmäßig und wirtschaftlich sein; sie dürfen das Maß des Notwendigen nicht überschreiten. Leistungen, die unwirtschaftlich oder medizinisch nicht notwendig sind, können die Versicherten nicht beanspruchen, dürfen die Krankenkassen nicht bewilligen und dürfen die Leistungserbringer nicht bewirken. Bezogen auf die ärztliche Verordnung gelten Arznei- und Heilmittelvereinbarungen, Arzneimittelrichtlinien und Richtgrößen. Die ärztlichen Verordnungen können von einem Prüfungsausschuss überprüft werden; bei festgestellten Unwirtschaftlichkeiten hat der Arzt den Mehraufwand an die Krankenkassen zurückzuzahlen.

Arznei- und Heilmittelvereinbarungen

643 Die Kassenärztlichen Vereinigungen und die Verbände der Krankenkassen sind seit 2002 gesetzlich verpflichtet, zur Verbesserung der Wirtschaftlichkeit und Qualität der Arzneimittelversorgung für das jeweils folgende Kalenderjahr eine Arzneimittelvereinbarung abzuschließen. In dieser Vereinbarung sind

– das insgesamt von den Vertragsärzten veranlasste Ausgabenvolumen für Arzneimittel,

– Versorgungs- und Wirtschaftlichkeitsziele und Maßnahmen zur Zieleinhaltung, insbesondere zur Information und Beratung der Vertragsärzte sowie
– Kriterien für Sofortmaßnahmen innerhalb des Kalenderjahres zur Zieleinhaltung zu vereinbaren.

644 Bei der jährlichen Fortschreibung des Ausgabenvolumens sollen die konkreten medizinischen Behandlungserfordernisse einbezogen werden. So sollen u. a. neben dem wirtschaftlichen und qualitätsgesicherten Einsatz innovativer Arzneimittel auch Veränderungen des Versorgungsbedarfs sowie Änderungen der Arbeitsteilung zwischen ambulanter und stationärer Versorgung berücksichtigen werden. Somit können die Vertragsparteien die unterschiedlichen Versorgungssituationen in der einzelnen Kassenärztlichen Vereinigung erfassen und fortentwickeln, wie z. B. Verbesserungen bei der Behandlung bestimmter chronischer Erkrankungen. Zugleich legen die Vertragsparteien auch Wirtschaftlichkeitsziele fest, die eine Ausschöpfung von Einsparmöglichkeiten in einem festgelegten Zeitraum vorgeben.

645 Die Vertragsparteien vereinbaren, welche Konsequenzen Über- und Unterschreitungen der Arzneimittelvereinbarung z. B. für die Fortschreibung der Honorare der Vertragsärzte haben. Zur Feststellung der tatsächlichen Arzneimittelausgaben werden alle Kassenrezepte im Auftrag der Krankenkassen erfasst und ausgewertet. Die Daten werden an die Kassenärztlichen Vereinigungen, auch als zeitnahe Schnellinformationen, weitergeleitet. Eine versichertenbezogene Auswertung darf dabei nicht erfolgen. Aufgrund dieser Datenaufbereitungen sind für Steuerungs- und Prüfzwecke die Angaben über die verordneten Arzneimittel aller Vertragsärzte verfügbar.

646 Die Selbstverwaltung auf Bundesebene – die Kassenärztliche Bundesvereinigung und die Spitzenverbände der Krankenkassen – unterstützt die Vertragsparteien auf Landesebene durch Rahmenvorgaben und Empfehlungen. Mit diesen Regelungen zur Arzneimittelvereinbarung wurden die in den Jahren von 1992 bis 2001 geltenden Vorgaben für ein verbindliches Arznei und Heilmittelbudget abgelöst. Diese Regelung hatte seinerzeit zur Folge, dass die Ärzteschaft für Budgetüberschreitungen gemeinschaftlich haftete. In diesem Zusammenhang waren Probleme bei der Umsetzung der Vorschrift aufgetreten. Als Konsequenz wurden diese Regelungen abgelöst.

647 Mit den Arznei- und Heilmittelvereinbarungen wird die gemeinschaftliche Verantwortung der Ärzte und ihrer Selbstverwaltungskörperschaften, der Kassenärztlichen Vereinigungen sowie der Krankenkassen für die Wirtschaftlichkeit der Arznei- und Heilmittelversorgung konkretisiert. Zusätzlich dazu besteht auch die Verpflichtung des einzelnen Arztes zu einer wirtschaftlichen Verordnungsweise. Die vom Arzt verordneten Arznei- und Heilmittel müssen dem Wirtschaftlichkeitsgebot entsprechen, d. h. sie müssen „ausreichend, zweckmäßig und wirtschaftlich" sein.

Arzneimittelrichtlinien

648 Die Arzneimittelrichtlinien können Regelungen treffen, unter denen die Verordnung einzelner Arzneimittel zweckmäßig und wirtschaftlich ist. Die Arzneimittelrichtlinien werden vom Gemeinsamen Bundesausschuss beschlossen. Darüber hinaus kann der Gemeinsame Bundesausschuss seit dem 1. Januar 2004 bestimmte Arzneimittel über die gesetzlichen Leistungsausschlüsse von der Verordnung ausschließen, wenn diese unzweckmäßig und unwirtschaftlich sind. Im Unterschied zu Arzneimittel, die durch Gesetz von der Leistungspflicht ausgeschlossen sind, können Arzneimittel, deren Verordnung durch Richtlinien ausgeschlossen ist, in medizinisch begründeten Einzelfällen verordnet werden.

Nutzenbewertung, Kosten-Nutzenbewertung

649 Der Gemeinsame Bundesausschuss kann zur Vorbereitung Beschlüssen über Arzneimittelrichtlinien Nutzenbewertungen für Arzneimittel erstellen oder beim Institut für Qualität und Wirtschaftlichkeit im Gesundheitswesen in Auftrag geben (§ 139a SGB V). Diese Nutzenbewertungen unterscheiden sich von der Nutzenbewertung für ein neues Arzneimittel nach § 35a SGB V, die Grundlage für Erstattungsvereinbarungen sind (vgl. Rdnr. 623 ff.). Bei der Nutzenbewertung nach § 139a SGB V wird Nutzen nicht begrenzt nur für ein neues Arzneimittel als Grundlage für die Vereinbarung eines Erstattungsbetrags bewertet. Vielmehr erfolgt ein umfassender Nutzenvergleich für eine Mehrzahl von Arzneimitteln, die in einem Anwendungsgebiet bedeutsam sind. Nur auf Grundlage dieser umfassenden Nutzenbewertung kann der Gemeinsame Bundesausschuss Therapiehinweise, Verordnungseinschränkungen und Verordnungsausschlüsse in den Richtlinien vorsehen.

Die Kosten-Nutzenbewertung (§ 35b SGB V) ist seit 2007 möglich. Bis Ende des Jahres 2010 wurde allerdings noch keine entsprechende Bewertung erstellt. Kosten-Nutzenbewertungen sind auch nach dem Gesetz zur Neuordnung des Arzneimittelmarktes in der gesetzlichen Krankenversicherung möglich. Damit soll ermittelt werden, welcher Preis durch den Nutzen der Arzneimittel gerechtfertigt ist. Liegt eine Kosten-Nutzenbewertung vor, muss die Erstattungsvereinbarung auf dieser Grundlage neu verhandelt werden.

650 Der Gemeinsame Bundesausschuss entscheidet über die Durchführung einer Kosten-Nutzenbewertung. Er legt in dem Auftrag insbesondere fest, für welche Vergleichstherapien und Patientengruppen die Bewertung erfolgen soll sowie welcher Zeitraum, welche Art von Nutzen und Kosten und welches Maß für den Gesamtnutzen bei der Bewertung zu berücksichtigen sind; das Nähere regelt der Gemeinsame Bundesausschuss in seiner Verfahrensordnung. Vor Auftragserteilung führt der Gemeinsame Bundesausschuss eine schriftliche und mündliche Anhörung durch. Die Vertragsparteien der Erstattungsvereinbarung können nach einem Schiedsspruch beim Gemeinsamen Bundesausschuss eine Kosten-Nutzen-Bewertung beantragen.

651 Seit dem 1. Juli 2008 müssen in der Arzt-Software alle Richtlinien, Rabatte der Krankenkassen sowie alle sonstigen Vorschriften für Arzneiverordnungen hinterlegt sein. Jede Software muss von der Kassenärztlichen Bundesvereinigung zertifiziert sein.

Wirtschaftlichkeitsprüfung, Richtgrößen

652 Für jede Arztgruppe (Allgemeinärzte, Internisten usw.) wird eine eigene Richtgröße mit Wirkung für ein Kalenderjahr vereinbart. Arztbezogene Richtgrößen sind Verordnungskosten in Euro je Behandlungsfall. Die Höhe der Richtgrößen wird von der Kassenärztlichen Vereinigung mit den Verbänden der Krankenkassen vereinbart. Sind die Verordnungskosten des Arztes höher als seine Richtgröße, muss er mit einer Überprüfung der Wirtschaftlichkeit durch den Prüfungsausschuss rechnen. Überschreiten die Verordnungskosten des Arztes sein Richtgrößenvolumen um mehr als 25 Prozent, hat er einen von dem Prüfungsausschuss festzustellenden Regressbetrag an die Krankenkassen zu zahlen.

Medizinisch notwendige und aufwändige Versorgungen von Patientinnen und Patienten sollen vom Prüfungsausschuss als Praxisbesonderheit anerkannt werden. Der Umfang der Richtgrößenprüfungen ist auf 5 Prozent der Ärzte begrenzt. Die Verjährungsfrist beträgt 2 Jahre. Arzneimittel mit Rabattvertrag können von der Richtgrößen- bzw. Wirtschaftlichkeitsprüfungen freigestellt werden, wenn die jeweilige Krankenkasse dem zustimmt. Eine Freistellung ist auch möglich, wenn dies im Rahmen von Arzneimittel-Vertragslisten einzelner Krankenkassen vereinbart ist. Richtgrößen kommen in den sogenannten Selektivverträgen (z. B. Verträge über hausarztzentrierte Versorgung) nicht zu Anwendung, es sei denn, dass dies ausdrücklich vereinbart wird.

Ärztinnen und Ärzte haben Anspruch auf kostenlose Beratungen zu ihren Arzneiverordnungen. Dabei können insbesondere Praxisbesonderheiten festgestellt werden. Grundsätzlich soll eine Information und Beratung dem Regress vorangehen. Der Nachweis einer wirtschaftlichen Gefährdung des Vertragsarztes kann zu einer Stundung oder zum Erlass des Regresses führen. Zudem kann jeder Vertragsarzt verlangen, dass der Prüfungsausschuss für seine Arztpraxis eine eigene Richtgröße festsetzt. Die Krankenkassen können Ärztinnen und Ärzte, die sich an Rabattverträgen beteiligen, von den Richtgrößenprüfungen freistellen.

Heil- und Hilfsmittel

Ausgaben für Heil- und Hilfsmittel

653 Bei den Heil- und Hilfsmitteln handelt es sich um einen heterogenen Versorgungsbereich der GKV. Heilmittel (z. B. Massagen, krankengymnastische Leistungen) sind persönliche Dienstleistungen. Hilfsmittel (z. B. Hörgeräte, Gehhilfen, Rollstühle) stellen sächliche Produkte dar, die in der Regel industriell hergestellt worden sind. Im langfristigen Rückblick haben die Ausgaben für Heil- und Hilfsmittel die durchschnittliche Wachstumsrate der gesamten Leistungsausgaben im Vergleich zu anderen Versorgungsbereichen am auffälligsten überschritten. Im Jahr 1970 wurden für Heil- und Hilfsmittel von der GKV 0,34 Mrd. Euro (0,67 Mrd. DM) bzw. 2,8 Prozent der gesamten Leistungsausgaben aufgewendet. Im Jahr 2007 beliefen sich die GKV-Ausgaben auf 8,6 Mrd. Euro bzw. 5,6 Prozent der GKV-Ausgaben.

654 Bezogen auf das Bruttoinlandsprodukt (BIP) gibt im Jahr 2005 kein vergleichbares Land so viel für die Versorgung mit Heil- und Hilfsmittel seiner Bevölkerung aus (0,79 Prozent) wie die Bundesrepublik Deutschland (siehe Tabelle). In Großbritannien liegt der Anteil der Heil- und Hilfsmittelausgaben am BIP mit 0,28 Prozent mit Abstand am niedrigsten. Auch Dänemark (0,52 Prozent), Schweden (0,57 Prozent), die Schweiz (0,58 Prozent) und die Vereinigten Staaten (0,62 Prozent) weisen ein deutlich geringeres Ausgabenniveau auf als Deutschland (0,79 Prozent), die Niederlande (0,76 Prozent) und Frankreich (0,75 Prozent). Seit den 80er Jahren haben sich die gesamtwirtschaftlichen Kosten für Heil- und Hilfsmittel in den meisten Vergleichsländern deutlich erhöht. In Deutschland konnte die Ausgabenentwicklung durch gesetzgeberische Regelungen zur Stärkung von Wirtschaftlichkeit und Qualität insbesondere seit dem Jahr 2000 positiv beeinflusst werden. Der Anteil am BIP ging demzufolge von fast 1 Prozent im Jahr 2000 auf 0,79 Prozent in 2005 zurück.

Tabelle 4: Ausgaben für Heil- und Hilfsmittel im internationalen Vergleich, 1980, 2000 und 2005[1]

Land	in % des BIP		
	1980	2000	2005
D	0,70[2]	0,97	0,79
CH	0,47	0,44	0,58
S	0,28	0,36	0,57
USA	0,37	0,59	0,62
F	0,34	0,92	0,75
NL	0,35	0,68	0,76
DK	0,43	0,49	0,52
I	0,37	0,57	0,51
GB	0,17	0,24	0,28

1) Alle Kostenträger.
2) Alte Länder.
Quelle: BASYS.

Heilmittel

655 Versicherte der GKV haben Anspruch auf die Verordnung von Heilmitteln, wenn diese erforderlich sind, um

– eine Krankheit zu heilen, ihre Verschlimmerung zu verhüten oder Krankheitsbeschwerden zu lindern,
– eine Schwächung der Gesundheit, die in absehbarer Zeit voraussichtlich zu einer Krankheit führen würde, zu beseitigen,
– einer Gefährdung der gesundheitlichen Entwicklung eines Kindes entgegenzuwirken oder
– Pflegebedürftigkeit zu vermeiden (§§ 23 und 32 SGB V).

Die Behandlung mit Heilmitteln bedarf einer Verordnung durch den Vertragsarzt. Die Verordnung von Heilmitteln muss ausreichend, zweckmäßig und wirtschaftlich sein, sie darf das Notwendige nicht überschreiten. Heilmittel sind Dienstleistungen, insbesondere Leistungen

– der physikalischen Therapie, wie z. B. Massagen und Krankengymnastik,
– der Stimm-, Sprech- und Sprachtherapie (Logopädie),

- der Ergotherapie (Beschäftigungs- und Arbeitstherapie) und
- der podologischen Therapie (medizinische Fußpflege bei Diabetikern),

die von zugelassenen Leistungserbringern persönlich erbracht werden.

656 Der Gemeinsame Bundesausschuss bestimmt in Richtlinien (Heilmittel-Richtlinien), welche Heilmittel im Rahmen der GKV verordnungsfähig sind. Die Vertragsärzte dürfen nur solche Heilmittel verordnen, deren therapeutischer Nutzen durch den Gemeinsamen Bundesausschuss (G-BA) anerkannt und dieser in Richtlinien bzw. Empfehlungen für die Sicherung der Qualität der Heilmittelerbringung abgegeben hat. Die Heilmittel-Richtlinien sind für die Vertragsärzte und die Krankenkassen verbindlich.

657 Die Heilmittel-Richtlinien dienen insbesondere der Sicherung einer nach den Regeln der ärztlichen Kunst und unter Berücksichtigung des allgemein anerkannten Standes der medizinischen Erkenntnisse ausreichenden, zweckmäßigen und wirtschaftlichen Versorgung der Versicherten mit Heilmitteln. Die Heilmittel-Richtlinien beinhalten einen sog. Heilmittelkatalog. Die Heilmittel-Richtlinien und der Heilmittelkatalog sind auf der Internetseite des G-BA unter www.g-ba.de (Pfad: > Informations-Archiv > Richtlinien > Heilmittel-Richtlinien) eingestellt.

658 Der Heilmittelkatalog fasst Einzeldiagnosen zu Diagnosegruppen zusammen und erhöht die Transparenz für die im Rahmen der gesetzlichen Krankenversicherung bestehenden Verordnungsmöglichkeiten. Er beschreibt

- die Indikationen, bei denen Heilmittel verordnungsfähig sind,
- die Art der verordnungsfähigen Heilmittel bei diesen Indikationen und
- die maximale Verordnungsmenge je Diagnose im Regelfall.

Vor jeder Verordnung hat der Vertragsarzt zu prüfen, ob das angestrebte Behandlungsziel entsprechend dem Gebot der Wirtschaftlichkeit auch

- durch eigenverantwortliche Maßnahmen des Patienten (z. B. nach Erlernen eines Eigenübungsprogrammes, durch allgemeine sportliche Betätigung oder Änderung der Lebensführung),
- durch eine Hilfsmittelversorgung oder
- durch Verordnung eines Arzneimittels

unter Abwägung der jeweiligen Therapierisiken qualitativ gleichwertig und kostengünstiger erreicht werden kann. Gegebenenfalls haben diese Maßnahmen Vorrang gegenüber einer Heilmittelverordnung. Der behandelnde Arzt muss unter Beachtung der Vorgaben in den Heilmittel-Richtlinien nach ärztlichem Ermessen in jedem Einzelfall entscheiden, ob und welches Heilmittel verordnet wird und wie viele Behandlungen notwendig sind. Die Verweigerung medizinisch notwendiger Heilmittelverordnungen ist mit den vertragsärztlichen Pflichten nicht vereinbar.

659 Der Heilmittelverordnung nach den Heilmittel-Richtlinien liegt ein definierter Regelfall zu Grunde. Für jeden Regelfall ist eine Gesamtverordnungsmenge festgelegt. Bei der Festlegung der Gesamtverordnungsmengen des Regelfalles wurde davon ausgegangen, dass damit das angestrebte Therapieziel grundsätzlich erreicht werden kann. Darüber hinaus legen die Heilmittel-Richtlinien auch für jede Verordnung eine Höchstmenge (maximale Zahl der Behandlungen je Verordnung) fest.

660 Heilmittel können verordnet werden als:

A: Vorrangiges Heilmittel
Dies ist das Heilmittel, welches vorrangig in Frage kommt.

B: Optionales Heilmittel
Dies ist ein Alternativvorschlag, wenn die Verordnung des vorrangigen Heilmittels aus in der Person des Patienten liegenden Gründen nicht möglich ist (z. B. wenn bei Hauterkrankungen keine klassischen Massagen möglich sind).

C: Ergänzendes Heilmittel
Dieses Heilmittel ist als mögliche Ergänzung zu einem Heilmittel nach A oder B gedacht.

D: Standardisierte Heilmittelkombinationen
Dies ist eine physiotherapeutische Intensivbehandlung, die an folgende Voraussetzungen geknüpft ist:
a. komplexes Schädigungsbild,
b. therapeutisch erforderliche Kombination von drei oder mehr Maßnahmen, die sich synergistisch sinnvoll ergänzen,
c. Erbringung von Einzelelementen der Kombination in direktem zeitlichen und örtlichen Zusammenhang,
d. Eignung des Patienten für solch intensive Maßnahmen.

661 Folgeverordnungen im Regelfall können bis zum Erreichen der vorgegebenen Gesamtverordnungsmengen ausgestellt werden. Die tatsächliche Verordnungsmenge richtet sich allerdings nach den medizinischen Erfordernissen des Einzelfalls; nicht jede Schädigung oder Funktionsstörung bedarf der Behandlung mit der in den Heilmittel-Richtlinien festgelegten Höchstmenge je Verordnung bzw. mit der Gesamtverordnungsmenge des Regelfalls. Wenn die in den Heilmittel-Richtlinien vorgegebene Gesamtverordnungsmenge nicht ausreicht, um das Therapieziel zu erreichen, können weitere Verordnungen außerhalb des Regelfalles – insbesondere längerfristige Verordnungen – erfolgen. Diese bedürfen aber einer besonderen Begründung mit prognostischer Einschätzung und müssen – soweit die Krankenkasse nicht hierauf verzichtet hat – von der Krankenkasse genehmigt werden. Außerdem hat der Arzt eine weiterführende Diagnostik durchzuführen, um die Therapiefähigkeit festzustellen und den Therapiebedarf und eventuell weitere Maßnahmen festzulegen.

662 Die am 1. Juli 2004 in Kraft getretene Neufassung der Heilmittel-Richtlinien sieht insbesondere Folgendes vor:

1. Längerfristige Verordnungen

    Lässt sich die Behandlung mit der nach Maßgabe des Heilmittel-Kataloges bestimmten Gesamtverordnungsmenge nicht abschließen, sind weitere Verordnungen möglich. Solche Verordnungen bedürfen einer besonderen prognostischen Begründung durch den behandelnden Arzt. Der Arzt ist in diesen Fällen nicht mehr an die im Übrigen geltenden maximalen Verordnungsmengen bei Erst- und Folgeverordnung (in der Regel sechs Einheiten bei physikalischer Therapie, zehn Einheiten bei Ergotherapie und Stimm-, Sprech- und Sprachtherapie) gebunden, sondern kann die Verordnungsmenge nach den medizinischen Erfordernissen des Einzelfalls selbst bestimmen. Es ist jedoch sicherzustellen, dass mindestens eine ärztliche Untersuchung innerhalb von 12 Wochen gewährleistet ist. Mit dieser Regelung wird eine längerfristige Behandlung insbesondere von Patienten mit schwerwiegenden chronischen Erkrankungen oder Behinderungen ermöglicht (z. B. halbseitig gelähmte Patienten nach Schlaganfall).

2. Therapiepause

    Im Falle der längerfristigen Verordnung (d. h. Verordnungen über die Gesamtverordnungsmenge hinaus, vgl. hierzu 1.) übernimmt die Krankenkasse nach Vorlage der Verordnung durch den Versicherten die Kosten des Heilmittels bis zum Zugang einer Entscheidung über die Ablehnung einer Genehmigung. Eine Rückforderung bereits erbrachter Leistungen ist unzulässig.

    Durch diese Regelung wird sichergestellt, dass die Patienten, die einer kontinuierlichen Heilmittelbehandlung bedürfen, diese erhalten, ohne dass wegen eines Genehmigungsverfahrens der Krankenkasse eine Therapiepause eintritt. Durch das Verbot der Rückforderung besteht für den Versicherten Rechtssicherheit, dass er die Kosten für bereits erbrachte, aber nicht genehmigungsfähige Leistungen nicht zu erstatten hat.

3. Behandlung von Kindern und Jugendlichen mit zentralen Bewegungsstörungen

    Versicherte mit zentralen Bewegungsstörungen erhalten längstens bis zum vollendeten 18. Lebensjahr eine spezielle auf Kinder ausgerichtete Krankengymnastik nach Bobath oder Vojta (KG-ZNS-Kinder). Nach Vollendung des 18. Lebensjahres erhalten die Versicherten die für Erwachsene vorgesehene Form der Krankengymnastik nach Bobath oder Vojta bzw. PNF (Propriozeptive Neuromuskuläre Fazilitation) (KG-ZNS).

    Die Krankengymnastik für Kinder unterscheidet sich von der Erwachsenenform durch längere Richtwerte für die Regelbehandlungszeit und eine höhere Qualifikation des Therapeuten.

    Durch die Hochsetzung der ursprünglich vom Bundesausschuss in seinem Beschluss vom 1. Dezember 2003 vorgesehenen Altersgrenze von 12 auf 18 Lebensjahre ist sichergestellt, dass Kinder und Jugendliche bis zum vollendeten 18. Lebensjahr eine altersgerechte Krankengymnastik nach Bobath oder Vojta erhalten. Da der Therapeut mit Qualifikation für die kindgerechte Form auch immer die Qualifikation für die Erwachsenenform der Krankengymnastik hat, kann ein Patient auch nach Vollendung des 18. Lebensjahres durch seinen bisherigen Therapeuten weiterbehandelt werden.

4. Verhältnis der Heilmittel zur Frühförderung

    Es wird klargestellt, dass der Anspruch auf Frühförderung nach § 30 SGB IX den Anspruch des Versicherten auf Versorgung mit Heilmitteln unberührt lässt.

663 Mit dem 2. GKV-Neuordnungsgesetz wurde seit dem 1. Juli 1997 die gesetzliche Zuzahlung zu Heilmitteln von 10 auf 15 Prozent der Kosten erhöht. Für Versicherte, die das 18. Lebensjahr noch nicht vollendet haben, entfällt die Zuzahlung. Die Zuzahlung wird direkt an die abgebende Stelle, also z. B. den Masseur, Krankengymnasten, Logopäden oder den Arzt, geleistet. Mit dem GKV-Modernisierungsgesetz (GMG) wurde die Zuzahlung auf 10 Prozent der Kosten des Heilmittels abgesenkt und eine zusätzliche Zuzahlung in Höhe von 10 Euro je Verordnungsblatt eingeführt.

664 Mit Inkrafttreten des Arzneimittelbudget-Ablösegesetzes zum 31. Dezember 2001 gilt die gesetzliche Regelung zur strikten Global-Haftung der Ärzteschaft einer Kassenärztlichen Vereinigung für die Einhaltung von Heilmittelbudgets nicht mehr. Im SGB V sind jedoch weiterhin verschiedene Instrumente zur Sicherung der Wirtschaftlichkeit bei der Verordnung von Heilmitteln vorgesehen. Hierzu zählen auch die zwischen der jeweiligen Kassenärztlichen Vereinigung und den Verbänden der Krankenkassen auf Landesebene zu vereinbarenden Richtgrößen. Die Heilmittel-Richtgrößen sind im Voraus berechnete arztgruppenspezifische Durchschnittswerte, die sich auf die insgesamt behandelten Patienten beziehen und mit denen das ebenfalls zwischen den oben genannten Vertragspartnern gemeinsam vereinbarte Ausgabenvolumen eines Jahres quasi auf die verschiedenen Arztgruppen aufgeteilt wird. Die Richtgrößen sollen den Vertragsarzt bei seinen Verordnungen in Bezug auf die Einhaltung des Wirtschaftlichkeitsgebots leiten und dabei helfen, das individuelle Verordnungsverhalten im Rahmen von Wirtschaftlichkeitsprüfungen zu kontrollieren.

665 Das Richtgrößenvolumen eines einzelnen Arztes errechnet sich aus den Richtgrößen und den Fallzahlen des Arztes, indem die jeweilige Richtgröße mit der zugehörigen Fallzahl multipliziert und die Produkte dann addiert werden. Bei Überschreitung des Richtgrößenvolumens erfolgt eine Wirtschaftlichkeitsprüfung nach Maßgabe der gesetzlichen Vorschriften. Das SGB V sieht insoweit eine abgestufte Vorgehensweise vor. Eine Überschreitung des Richtgrößenvolumens um bis zu 15 Prozent bleibt danach ohne weitere Folgen. Wenn das Verordnungsvolumen des Arztes innerhalb des Kalenderjahres das Richtgrößenvolumen um mehr als 15 Prozent überschreitet und aufgrund der vorliegenden Daten der Prüfungsausschuss nicht davon ausgeht, dass die Überschreitung in vollem Umfang durch Praxisbesonderheiten begründet ist (Vorab-Prüfung), erfolgt eine Beratung des Vertragsarztes bezüglich der Wirtschaftlichkeit und Qualität der Versorgung. Beträgt die Überschreitung mehr als 25 Prozent, hat der betreffende Arzt den Krankenkassen grundsätzlich den sich daraus ergebenden Mehraufwand zu erstatten (Regress), soweit dieser nicht durch Praxisbesonderheiten bedingt ist.

666 Die Sorge von Ärzten, die auf Grund von Praxisbesonderheiten überdurchschnittlich häufig notwendige Heilmittel verordnen, vor Wirtschaftlichkeitsprüfungen und drohenden Regressen ist nicht begründet. Bei dem Richtgrößenvolumen handelt es sich nicht um ein starres Budget. Im SGB V ist ausdrücklich geregelt, dass etwaige Praxisbesonderheiten – z. B. ein im Vergleich zum jeweiligen Arztgruppendurchschnitt besonders hoher Anteil an Patienten, die häufiger Heilmittel benötigen – berücksichtigt werden. Das bedeutet, dass die entsprechenden Verordnungen das Richtgrößenvolumen des betreffenden Arztes nicht belasten. Die Berücksichtigung von Praxisbesonderheiten setzt nicht voraus, dass entsprechende Festlegungen bereits vorab (z. B. in der Richtgrößen-Vereinbarung) erfolgt sind.

667 Bevor eine Richtgrößenprüfung stattfindet, erhält jede Ärztin und jeder Arzt die notwendige Unterstützung, um Regresse zu vermeiden. Ärztinnen und Ärzte erhalten regelmäßig und zeitnah Informationen über ihre Verordnungskosten. Gibt es Anzeichen für eine Richtgrößenüberschreitung, kann sich jede Arztpraxis beraten lassen, wie überflüssige Kosten vermieden werden können. Außerdem kann dabei frühzeitig festgestellt werden, ob Hinweise auf Praxisbesonderheiten vorliegen. Richtgrößenprüfungen müssen also keine Überraschung für die Arztpraxis sein. Auch wenn bereits ein Prüfverfahren eingeleitet ist, hat die Arztpraxis immer noch die Möglichkeit, gegenüber dem Prüfungsausschuss ihren besonderen praxisspezifischen Verordnungsbedarf als Praxisbesonderheit geltend zu machen. Es gilt der Grundsatz, dass kein Arzt für medizinisch notwendige und zweckmäßige Verordnungen in Regress genommen werden soll.

668 Durch die Festlegung von Richtgrößen wird der individuelle Anspruch der Versicherten auf Versorgung mit notwendigen Heilmitteln nicht eingeschränkt. Ob ein Heilmittel medizinisch notwendig und im konkreten Behandlungsfall zu verordnen ist, muss der Arzt nach Maßgabe der Heilmittel-Richtlinien des Gemeinsamen Bundesausschusses in jedem

Einzelfall nach pflichtgemäßem Ermessen entscheiden. Eine Verweigerung medizinisch notwendiger Heilmittelverordnungen ist mit den vertragsärztlichen Pflichten nicht vereinbar. Liegen Anhaltspunkte hierfür vor, kann das Verhalten der betreffenden Ärztin oder des betreffenden Arztes durch die zuständige Kassenärztliche Vereinigung überprüft werden. Die Aufsicht über die Kassenärztlichen Vereinigungen führen die für die Sozialversicherung zuständigen obersten Verwaltungsbehörden der Länder. Andererseits muss jede Ärztin und jeder Arzt im Rahmen des Möglichen dafür Sorge tragen, dass überflüssige Kosten in der Gesundheitsversorgung eingespart werden.

669 Zur Verbesserung der Wirtschaftlichkeit und der Qualität der Heilmittelversorgung wurde in das 2. GKV-Neuordnungsgesetz das mit den Partnern der Selbstverwaltung abgestimmte sog. Partnerschaftsmodell aufgenommen. Damit werden im Heilmittelbereich – ebenso wie in den Bereichen häusliche Krankenpflege, Kuren und Rehabilitation – die Verbände der nichtärztlichen Leistungserbringer partnerschaftlich bei der Ausgestaltung der Rahmenbedingungen der Versorgung eingebunden. Die Heilmittelverbände schließen dazu mit dem GKV-Spitzenverband einheitliche Rahmenempfehlungen und werden bei der Entscheidungsfindung im Gemeinsamen Bundesausschuss stärker beteiligt. Eine Hilfestellung für eine effiziente und effektive Heilmittelversorgung wird den verordnenden Vertragsärzten darüber hinaus mit den geltenden Heilmittel-Richtlinien gegeben.

670 Die Heilmittel dürfen zu Lasten der GKV gemäß § 124 Abs. 2 SGB V nur von zugelassenen Leistungserbringern erbracht werden. Die Zulassung wird von den Landesverbänden der Krankenkassen und den Ersatzkassen erteilt. Die Leistungserbringer müssen für die Zulassung eine erfolgreich abgeschlossene Berufsausbildung und eine sachgerechte Praxisausstattung vorweisen sowie die für die Versorgung der Versicherten geltenden Vereinbarungen anerkennen. In einer gemeinsamen Empfehlung des GKV-Spitzenverbands wird einheitlich für alle Kassenarten festgelegt, welche Berufe unter welchen Voraussetzungen zuzulassen sind. Zu den zugelassenen Leistungserbringern zählen insbesondere Masseure, Krankengymnasten, Logopäden sowie Beschäftigungs- und Arbeitstherapeuten.

671 Die Einzelheiten der Versorgung mit Heilmitteln, die Preise, deren Abrechnung sowie die Verpflichtung der Leistungserbringer zur Fortbildung werden in Verträgen zwischen den Krankenkassen oder ihren Landesverbänden bzw. Arbeitsgemeinschaften und den Leistungserbringern oder Verbänden der Leistungserbringer geregelt. Die Vereinbarung der Preise fällt somit in die Vertragsautonomie der Heilmittelerbringer und der Krankenkassen. Das Bundesministerium für Gesundheit kann hierauf grundsätzlich keinen Einfluss nehmen. Da auf der Grundlage der geltenden Vorschriften eine Einigung der Vertragspartner über angemessene Preise für Heilmittelbehandlungen nur schwer zu erreichen sei, wurde seitens der Leistungserbringer in der Vergangenheit immer wieder die Einführung einer Schiedsregelung gefordert. Der Gesetzgeber hat die Forderung inzwischen aufgegriffen und mit dem Gesetz zum ordnungspolitischen Rahmen der Krankenhausfinanzierung (Krankenhausfinanzierungsreformgesetz – KHRG) auch die Einführung eines Schiedsverfahrens für Vertragspreise im Heilmittelbereich beschlossen. Die Schiedsregelung ist am 25. März 2009 in Kraft getreten.

672 Neue Heilmittel dürfen nur dann im Rahmen der vertragsärztlichen Versorgung verordnet werden, wenn der G-BA zuvor ihren therapeutischen Nutzen anerkannt hat und außerdem in den Heilmittel-Richtlinien Empfehlungen für die Sicherung der Qualität bei der Leistungserbringung abgegeben hat.

673 Weitere Informationen über die Versorgung mit Heilmitteln legt das Wissenschaftliche Institut der AOK im Rahmen des sog. „Heilmittelberichts" regelmäßig vor. In diesem Bericht werden u.a. Verordnungsmengen nach Arztgruppen, regionale Unterschiede, Verordnungen nach Patienten, Alter und Geschlecht sowie Indikationen für Heilmittelverordnungen nach den verschiedenen Leistungsbereichen analysiert und transparent gemacht.

Hilfsmittel

674 Versicherte haben nach § 33 SGB V Anspruch auf Versorgung mit Hilfsmitteln, die im Einzelfall erforderlich sind, um den Erfolg der Krankenbehandlung zu sichern, einer drohenden Behinderung vorzubeugen oder eine Behinderung auszugleichen, soweit die Hilfsmittel nicht als allgemeine Gebrauchsgegenstände des täglichen Lebens anzusehen oder durch Rechtsverordnung ausgeschlossen sind. Der Anspruch umfasst auch die notwendige Änderung, Instandsetzung und Ersatzbeschaffung von Hilfsmitteln, die Ausbildung in ihrem Gebrauch sowie die zur Vermeidung unvertretbarer gesundheitlicher Risiken erforderlichen Wartungen und technischen Kontrol-

len. Es fehlt an der Erforderlichkeit eines Hilfsmittels, wenn betroffene Patientinnen und Patienten nicht in der Lage sind, die damit verbundenen Gebrauchsvorteile zu nutzen (BSG, B 3 KR 68/01 R (C-Leg-Prothese)). Zu den Voraussetzungen für die Verordnung eines Hilfsmittels gehört daher auch die Fähigkeit der Versicherten zur Nutzung desselben. Bei stationärer Pflege hängt der Anspruch auf Versorgung mit Hilfsmitteln zum Behinderungsausgleich nicht davon ab, in welchem Umfang mit dem Hilfsmittel eine Teilhabe am Leben der Gemeinschaft noch ermöglicht werden kann; die für den üblichen Pflegebetrieb jeweils erforderlichen Hilfs- und Pflegehilfsmittel sind jedoch von der Pflegeeinrichtung vorzuhalten. Nach § 23 SGB V besteht auch im Rahmen medizinischer Vorsorgeleistungen ein Anspruch auf Versorgung mit notwendigen Hilfsmitteln, z. B. um einer Gefährdung der gesundheitlichen Entwicklung eines Kindes entgegenzuwirken oder Pflegebedürftigkeit zu vermeiden.

675 Gebrauchsgegenstände des täglichen Lebens sind Gegenstände, die nicht für die speziellen Bedürfnisse kranker oder behinderter Menschen entwickelt oder hergestellt sind und nicht ausschließlich oder weit überwiegend von diesem Personenkreis benutzt werden. Die Krankenkassen dürfen für solche Produkte keine Kosten übernehmen. Sofern ein Hilfsmittel einen Gebrauchsgegenstand ersetzt, übernehmen die Krankenkassen nur die Kosten für den Hilfsmittelanteil, d. h. den medizinisch bedingten Mehraufwand. Den auf die Funktion als Gebrauchsgegenstand entfallenden Kostenanteil haben die Versicherten selbst zu tragen.

676 Durch die Verordnung über Hilfsmittel von geringem therapeutischen Nutzen oder geringem Abgabepreis in der gesetzlichen Krankenversicherung nach § 34 SGB V sind z. B. Augenklappen, Brillenetuis, Gummihandschuhe und Fingerlinge sowie die Energieversorgung bei Hörgeräten für Versicherte, die das 18. Lebensjahr vollendet haben, von der Versorgung ausgeschlossen worden.

677 Die Versorgung mit einem Hilfsmittel ist grundsätzlich vorher bei der Krankenkasse zu beantragen. Auch die Abgabe eines Hilfsmittels aufgrund der Verordnung eines Vertragsarztes bedarf noch der Genehmigung der Krankenkasse, soweit diese nicht darauf verzichtet hat. Die Krankenkasse hat im Genehmigungsverfahren zu prüfen, ob die leistungsrechtlichen Voraussetzungen im Einzelfall erfüllt sind. Eine leistungsrechtliche Prüfung ist insbesondere dann geboten, wenn es sich um teure Hilfsmittel handelt. Die Krankenkasse kann in geeigneten Fällen auch den Medizinischen Dienst mit der Prüfung beauftragen, ob ein Hilfsmittel notwendig ist. Der Medizinische Dienst kann ferner auch mit der Überprüfung und Bewertung durchgeführter Hilfsmittelversorgungen beauftragt werden. Die dabei gewonnenen Erkenntnisse sollen dazu beitragen, Unter-, Über- und Fehlversorgungen zu vermeiden.

678 Wenn die Versorgung mit einem Hilfsmittel nicht genehmigt wird, können die Versicherten gegen die Entscheidung ihrer Krankenkasse Widerspruch einlegen. Bleibt es bei einem ablehnenden Bescheid, kann dieser auch gerichtlich überprüft werden. Bei entsprechenden Zweifeln haben Versicherte zudem die Möglichkeit, die zuständige Aufsichtsbehörde um eine Überprüfung der Rechtmäßigkeit von Entscheidungen ihrer Krankenkasse zu bitten. Die zuständige Aufsichtsbehörde und deren Anschrift können bei der Krankenkasse erfragt werden.

679 Die Krankenkassen können den Versicherten benötigte Hilfsmittel auch leihweise überlassen. Von dieser Möglichkeit wird in geeigneten Fällen auch Gebrauch gemacht. Ein Wiedereinsatz von Hilfsmitteln kommt jedoch grundsätzlich nur dann in Betracht, wenn der Aufwand für die Rückführung und ordnungsgemäße Aufbereitung sowie eine etwa erforderliche Umrüstung der Hilfsmittel die Kosten der Neubeschaffung nicht übersteigt. Darüber hinaus müssen sich die Hilfsmittel auf Grund ihrer Auslegung für den Wiedereinsatz eignen. Sie müssen insbesondere robust sein und so aufbereitet werden können, dass sie dem nachfolgenden Nutzer sowohl in einem technisch als auch hygienisch einwandfreien Zustand zur Verfügung gestellt werden.

680 Der GKV-Spitzenverband hat ein systematisch strukturiertes Hilfsmittelverzeichnis zu erstellen und fortzuschreiben, in dem von der Leistungspflicht der gesetzlichen Krankenversicherung umfasste Hilfsmittel aufzuführen sind. Das Hilfsmittelverzeichnis wird im Bundesanzeiger bekannt gemacht. Es ist kein abschließender Leistungskatalog, sondern eine „Orientierungshilfe" für die verordnenden Vertragsärzte. Der Versorgungsanspruch der Versicherten hängt nicht davon ab, ob das benötigte Hilfsmittel im Hilfsmittelverzeichnis aufgeführt ist. Im Einzelfall kann auch ein Anspruch auf Versorgung mit einem Hilfsmittel bestehen, das nicht im Hilfsmittelverzeichnis enthalten ist. Im Übrigen dient das Hilfsmittelverzeichnis primär der Qualitätssicherung. Der GKV-Spitzenverband kann indikations- oder einsatzbezogen besondere Qualitätsanforderungen für Hilfsmittel festlegen, soweit dies zur Gewährleistung einer ausreichenden, zweckmäßigen und wirtschaftlichen Versorgung der Versicherten erforderlich ist. Darüber hinaus können im Hilfsmittelverzeichnis auch Anforderungen an die zusätzlich zur Bereitstellung des Hilfsmittels zu erbringenden Leistungen geregelt werden. Die Aufnahme eines neuen Hilfsmittels in das Hilfsmittelverzeichnis erfolgt auf Antrag des Herstellers und setzt voraus, dass der Hersteller die Funktionstauglichkeit und Sicherheit, die Erfüllung der Qualitätsanforderungen und – soweit erforderlich – den medizinischen Nutzen nachgewiesen hat und es mit den für eine ordnungsgemäße und sichere Handhabung erforderlichen Informationen in deutscher Sprache versehen ist. Die im Hilfsmittelverzeichnis festgelegten Anforderungen an die Qualität der Produkte und der Versorgung sind für die Verträge der Krankenkassen mit den Leistungserbringern maßgeblich.

681 Mit dem GKV-Modernisierungsgesetz (GMG) wurde seit dem 1. Januar 2004 für alle Hilfsmittel eine Zuzahlung der Versicherten in Höhe von 10 Prozent des Abgabepreises, mindestens 5 Euro, höchstens aber 10 Euro, eingeführt. Versicherte, die das 18. Lebensjahr noch nicht vollendet haben, sind von der 10-prozentigen Zuzahlung befreit. Für Hilfsmittel, die zum Verbrauch bestimmt sind (z. B. Windeln bei Inkontinenz), gilt eine Zuzahlung in Höhe von 10 Prozent je Verbrauchseinheit, jedoch höchstens 10 Euro für den gesamten Monatsbedarf. Die Zuzahlungen für Hilfsmittel werden von den Leistungserbringern eingezogen; ihr Vergütungsanspruch gegenüber den Krankenkassen verringert sich entsprechend.

682 Mit dem GKV-Modernisierungsgesetz (GMG) ist der Leistungsanspruch bei der Versorgung mit Sehhilfen seit dem 1. Januar 2004 auf Kinder und Jugendliche bis zur Vollendung des 18. Lebensjahres sowie auf schwer sehbeeinträchtigte Versicherte begrenzt worden. Nicht unter die Leistungsbegrenzung fallen therapeutische Sehhilfen, soweit sie der Behandlung von Augenverletzungen oder Augenerkrankungen dienen. Durch den unveränderten Leistungsanspruch bei Kindern und Jugendlichen sowie bei schwer sehbeeinträchtigten Versicherten wird deren besonderen Bedürfnissen Rechnung getragen. Bei Kindern und Jugendlichen besteht der Leistungsanspruch insbesondere deswegen, weil Sehfehler, die in der frühen Kindheit nicht korrigiert werden, später auch hinsichtlich der Folgekosten meist nur noch unvollständig behebbar sind. Ein normales Sehen ist für die Gesamtentwicklung im Kindes- und Jugendalter jedoch von großer Bedeutung. Bei Erwachsenen wird der Leistungsanspruch auf zwingend medizinisch notwendige Ausnahmefälle begrenzt. Derartige Ausnahmen liegen dann vor, wenn Versicherte aufgrund ihrer Sehschwäche oder Blindheit, entsprechend der von der WHO empfohlenen Klassifikation des Schweregrades der Sehbeeinträchtigung, auf beiden Augen eine schwere Sehbeeinträchtigung mindestens der Stufe 1 aufweisen. Diese ist gegeben, wenn die Sehschärfe (Visus) bei bestmöglicher Korrektur mit einer Brillen- oder möglichen Kontaktlinsenversorgung auf dem besseren Auge höchstens 0,3 (= 30 Prozent) oder das beidäugige Gesichtsfeld höchstens 10 Grad bei zentraler Fixation beträgt. Darüber hinaus besteht ein Anspruch auf therapeutische Sehhilfen. Hierbei handelt es sich um Speziallinsen und Brillengläser, die der Krankenbehandlung bei Augenverletzungen oder Augenerkrankungen dienen. Die weitgehende Einschränkung der Leistungspflicht für Sehhilfen hat – wie vom Gesetzgeber beabsichtigt – zu einer erheblichen Entlastung der Krankenkassen geführt und trägt damit wesentlich zur Erhaltung der Leistungsfähigkeit der GKV bei.

683 Für Hilfsmittel wurde den Krankenkassen mit dem Gesundheits-Reformgesetz von 1989 – ebenso wie bei Arzneimitteln – die Möglichkeit eröffnet, Festbeträge festzulegen. Festbeträge sollen im Allgemeinen eine ausreichende, zweckmäßige sowie in der Qualität gesicherte Versorgung ohne Zuzahlung gewährleisten. Gleichzeitig sollen sie Wirtschaftlichkeitsreserven ausschöpfen und einen wirksamen Preiswettbewerb zwischen den Anbietern auslösen.

684 Festbeträge für Hilfsmittel wurden bis zum Inkrafttreten des GKV-Modernisierungsgesetzes in einem zweistufigen Verfahren festgelegt. Zunächst hatten die Spitzenverbände der Krankenkassen Hilfsmittel in Gruppen zusammenzufassen, die in ihrer Funktion gleichartig und gleichwertig sind. In einer zweiten Stufe legten die Landesverbände der Krankenkassen und die Ersatzkassen gemeinsam für den Bereich eines Landes Festbeträge fest.

685 Die seit dem Jahr 1989 bestehende Festbetrags-Konzeption für Hilfsmittel ist durch das GKV-Modernisierungsgesetz (GMG) in zwei wesentlichen Punkten verändert worden:

- Die Festbetrags-Festsetzung erfolgt nicht mehr durch die Landesverbände der Krankenkassen, sondern gemeinsam und einheitlich durch die Spitzenverbände der Krankenkassen (jetzt: GKV-Spitzenverband) auf Bundesebene.
- Es erfolgt eine Modifizierung, die – ebenso wie bei den Arzneimitteln – vorsieht, dass die Festbeträge „mindestens einmal im Jahr zu überprüfen" sind. Damit soll gewährleistet werden, dass eine Anpassung der Festbeträge an eine veränderte Marktlage innerhalb eines angemessenen Zeitraumes zu erfolgen hat.

686 Vor der Festlegung der Festbeträge ist den Verbänden der betroffenen Leistungserbringer und den Interessenvertretungen der Patientinnen und Patienten Gelegenheit zur Stellungnahme zu geben; die Stellungnahmen sind in die Entscheidung einzubeziehen. Nach Auswertung der zu der durchgeführten Anhörung eingegangenen Stellungnahmen haben die Spitzenverbände der Krankenkassen am 1. Dezember 2004 Festbeträge für die Produktbereiche Einlagen, Hörhilfen, Inkontinenzhilfen, Hilfsmittel zur Kompressionstherapie, Sehhilfen und Stomaartikel beschlossen. Die Festbeträge gelten seit dem 1. Januar 2005 und haben die früheren landesweiten Festbeträge ersetzt.

687 Seit 2005 erhalten die Versicherten in ganz Deutschland den gleichen Betrag von ihrer Krankenkasse für diese Hilfsmittel. Die nicht gerechtfertigten Unterschiede zwischen den Bundesländern gibt es seitdem nicht mehr. Früher wurden für eine bestimmte Schuheinlage z. B. in Sachsen 41,41 Euro, in Nordrhein-Westfalen 44,48 Euro und im Saarland 53,17 Euro gezahlt. Die Regelung beseitigt die bestehende Intransparenz für alle Beteiligten, die durch die von Bundesland zu Bundesland in unterschiedlicher Höhe festgesetzten Festbeträge besteht. Durch die Festsetzung von einheitlichen Festbeträgen auf Bundesebene wird das Festsetzungsverfahren vereinfacht.

688 Sieht man von den gesetzlichen Zuzahlungen für Hilfsmittel ab, so soll den Versicherten bei Hilfsmitteln zum Festbetrag grundsätzlich eine Versorgung ohne Eigenanteil möglich sein. Dabei kommt es zum einen darauf an, dass Versicherte auch bereit sind, preisgünstige und qualitätsgesicherte Leistungen zum Festbetrag nachzufragen. Zum anderen sind die Krankenkassen im Rahmen ihrer Informations- und Aufklärungspflicht gefordert, ihren Versicherten Leistungserbringer zu benennen, die bereit sind, Hilfsmittel zum Festbetrag oder zu niedrigeren Preisen abzugeben. Der GKV-Spitzenverband hat zugesichert, dass die Versicherten im Regelfall nicht mit Eigenanteilen zu rechnen haben und die Krankenkassen ihre Versicherten über Leistungserbringer informieren, die zum Festbetrag liefern. Versicherte sollten sich daher vor der Versorgung mit Hilfsmitteln an ihre Krankenkasse wenden, um Eigenanteile zu vermeiden.

689 Im Hinblick auf Hörgeräte zum Ausgleich von Hörbehinderungen hat das BSG am 17. Dezember 2009 entschieden, dass die Krankenkassen grundsätzlich für die Versorgung mit solchen Hörgeräten aufzukommen haben, die nach dem Stand der Medizintechnik die bestmögliche Angleichung an das Hörvermögen Gesunder erlauben und gegenüber anderen Hörhilfen erhebliche Gebrauchsvorteile im Alltagsleben bieten. Daran müssen auch die Festbeträge in der Hilfsmittelversorgung ausgerichtet werden. Demzufolge begrenzt der für ein Hilfsmittel festgesetzte Festbetrag die Leistungspflicht der Krankenkasse dann nicht, wenn er für den Ausgleich der konkret vorliegenden Behinderung objektiv nicht ausreicht (BSG, B 3 KR 20/08 R).

690 Für die übrigen Bereiche der Hilfsmittelversorgung, für die vom GKV-Spitzenverband keine Festbeträge festgesetzt worden sind, gelten grundsätzlich Vertragspreise. Mit dem GKV-Wettbewerbsstärkungsgesetzes (GKV-WSG) wurden die diesbezüglich geltenden Regelungen weiterentwickelt, um den Vertrags- und Preiswettbewerb zu stärken und das Versorgungsmanagement der Krankenkassen zu verbessern. Die Zulassung der Leistungserbringer wurde abgeschafft, um den Vertragswettbewerb zu stärken. Die Versorgung erfolgt seit dem 1. Januar 2010 nur noch durch Vertragspartner der Krankenkassen. Dies gilt auch für Leistungserbringer, die bis zum 31. Dezember 2009 übergangsweise noch versorgungsberechtigt waren. Der Gesetzgeber gibt in diesem Zusammenhang vor, dass Vertragspartner der Kassen nur Leistungserbringer sein können, die die Voraussetzungen für eine ausreichende, zweckmäßige und funktionsgerechte Herstellung, Abgabe und Anpassung der Hilfsmittel erfüllen. Darüber hinaus bestimmt der Gesetzgeber, dass der GKV-Spitzenverband Empfehlungen für eine einheitliche Anwendung dieser Anforderungen abzugeben hat (§ 126 Abs. 1 SGB V).

691 Unter diesen Rahmenbedingungen können die Krankenkassen wirksamer als bisher verhindern, dass für medizinisch notwendige Leistungen von den Versicherten Aufzahlungen verlangt werden. Darüber hinaus soll insbesondere durch Ausschreibungen ein verstärkter Preiswettbewerb erreicht werden. Auch im Falle von Ausschreibungen müssen die Krankenkassen neben der Qualität des Hilfsmittels selbst auch notwendige Beratungs- und sonstige Dienstleistungen sowie eine wohnortnahe Versorgung der Versicherten sicherzustellen. Dem GKV-Spitzenverband und den Spitzenorganisationen der Leistungserbringer wurde aufgegeben, gemeinsame Empfehlungen zur Zweckmäßigkeit von Ausschreibungen abzugeben. Mit dieser zum 1. Januar 2009 in Kraft getretenen Regelung des GKV-OrgWG soll der Durchführung unzweckmäßiger Ausschreibungen entgegengewirkt werden. Die Empfehlungen sollen den Krankenkassen als Orientierungshilfe bei der Entscheidung über die Zweckmäßigkeit von Ausschreibungen dienen und insbesondere zur Klärung beitragen, welche Versorgungsleistungen entsprechend den gesetzlichen Vorgaben grundsätzlich nicht über Verträge nach § 127 sichergestellt werden sollen. Die Empfehlungspartner haben sich darauf verständigt, dass ein Verzicht auf Ausschreibungen insbesondere geboten sein kann, wenn das Aufwand-Nutzen-Verhältnis unangemessen ist, die Versorgungen mit einem hohen Dienstleistungsanteil verknüpft sind, der nicht standardisiert beschrieben werden kann, kein wirtschaftlicheres Ergebnis als bei Verhandlungen zu erwarten ist oder für den Versicherten ein sehr hohes gesundheitliches Risiko gegeben ist. Sofern keine Ausschreibungen durchgeführt werden, sollen die Krankenkassen (Rahmen-)Verträge mit Leistungserbringern abschließen.

692 Der individuelle Versorgungsanspruch der Versicherten wird durch die Neuregelungen nicht eingeschränkt. Maßgeblich bleibt weiterhin der im Einzelfall festgestellte Bedarf. Soweit für ein erforderliches Hilfsmittel weder Ausschreibungen durchgeführt wurden noch Rahmenverträge mit Leistungserbringern bestehen oder die Versicherten auf dieser Grundlage nicht in zumutbarer Weise versorgt werden können, muss die Versorgung auf der Grundlage einer Vereinbarung im Einzelfall erfolgen; die Krankenkasse kann dabei auch Preisangebote bei anderen Leistungserbringern einholen.

693 Aus dem Wegfall der Zulassung und der Umstellung auf eine Versorgung durch die Vertragspartner der Krankenkassen ergeben sich jedoch notwendige Änderungen bezüglich der Wahlmöglichkeiten der Versicherten zwischen verschiedenen Leistungserbringern. Die Versicherten können alle Leistungserbringer in Anspruch nehmen, die Vertragspartner ihrer Krankenkasse sind. Da die Krankenkassen Leistungserbringer nicht willkürlich von den im Verhandlungswege abgeschlossenen Verträgen ausschließen dürfen und ein Beitrittsrecht zu diesen Verträgen besteht, sind ausreichende Wahlmöglichkeiten auch weiterhin gewährleistet. Die Krankenkassen haben ihre Versicherten über die an der Versorgung beteiligten Vertragspartner und auf Nachfrage auch über die wesentlichen Inhalte der Verträge zu informieren.

694 Im Falle von Ausschreibungen muss die Versorgung allerdings grundsätzlich durch einen von der Krankenkasse zu benennenden Ausschreibungsgewinner erfolgen, damit das Instrument der Ausschreibung wirksam genutzt werden kann und vertragliche Abnahmeverpflichtungen erfüllt werden können. Die Versorgung muss jedoch in jedem Fall zumutbar sein. Ob dies anzunehmen ist, kann nur im Einzelfall unter Berücksichtigung der jeweiligen konkreten Umstände beurteilt werden. Die gesetzlichen Bestimmungen sehen darüber hinaus vor, dass Versicherte bei Ausschreibungen ausnahmsweise einen anderen Leistungserbringer in Anspruch nehmen können, wenn im Einzelfall ein berechtigtes Interesse besteht. Ein berechtigtes Interesse kann vorliegen, wenn Versicherte sich für eine Versorgung entscheiden, die über das Maß des Notwendigen hinausgeht. Mit dieser Regelung wurde dem Selbstbestimmungsrecht und den Interessen der Versicherten Rechnung getragen, ohne die Wirksamkeit des Instruments der Ausschreibung zur Verbesserung der Wirtschaftlichkeit der Hilfsmittelversorgung in Frage zu stellen. Die mit Ausschreibungen bezweckten Kosteneinsparungen dürfen nicht zu Lasten der Qualität der Versorgung gehen. Auch im Falle von Ausschreibungen haben die Krankenkassen neben der Qualität des Hilfsmittels selbst die notwendigen Beratungs- und sonstigen Dienstleistungen sowie eine wohnortnahe Versorgung der Versicherten sicherzustellen. Die im Hilfsmittelverzeichnis der gesetzlichen Krankenversicherung festgelegten Qualitätsanforderungen sind zu beachten; hinter diesen Standards darf nicht zurückgeblieben werden. Das Bundesministerium für Gesundheit geht davon aus, dass die Krankenkassen die Einhaltung der vereinbarten Qualitätsanforderungen auch in geeigneter Weise überprüfen.

695 Die Krankenkassen übernehmen die jeweils vertraglich vereinbarten Preise. Ist für ein erforderliches Hilfsmittel ein Festbetrag festgesetzt, bildet dieser die Obergrenze für die entsprechenden Vertragspreise. Dies schließt nicht aus, dass auf der Grundlage des Festbetrags in den Verträgen auch höhere Preise vereinbart werden, wenn eine ordnungsgemäße Versorgung zusätzliche Leistungen erfordert, die im Festbetrag nicht enthalten sind. Bei der Bildung der Hilfsmittelgruppen, für die Festbeträge festgesetzt werden sollen, müssen der hierfür zuständige Spitzenverband Bund der Krankenkassen auch die Einzelheiten der Versorgung festlegen. Die Leistungsinhalte und Rahmenbedingungen, die durch den Festbetrag abgedeckt sind, sollen klar ersichtlich sein.

696 Die Versicherten haben die Möglichkeit, sich gegen entsprechende Aufzahlung für eine aufwändigere Versorgung mit Hilfsmitteln, die über das medizinisch Notwendige hinausgeht, zu entscheiden. Durch das GKV-Wettbewerbsstärkungsgesetz ist hierfür eine generelle rechtliche Grundlage in Form einer Mehrkostenregelung geschaffen worden, wie sie analog für die Versorgung mit Hilfsmitteln im Rahmen der medizinischen Rehabilitation behinderter Menschen bereits bestand. In diesen Fällen sind nicht nur die zusätzlichen Anschaffungskosten, sondern auch etwaige höhere Folgekosten von den Versicherten zu tragen. Voraussetzung ist in jedem Fall aber, dass das ausgewählte Produkt grundsätzlich geeignet und damit eine ausreichende und zweckmäßige Versorgung gewährleistet ist. Versicherte müssen etwaige Mehrkosten auch dann tragen, wenn sie im Falle von Ausschreibungen sich aufgrund eines berechtigten Interesses von einem anderen Leistungserbringer versorgen lassen, obwohl durch den von der Krankenkasse benannten Ausschreibungsgewinner eine Versorgung in zumutbarer Weise grundsätzlich möglich wäre. Dem Anliegen der Versicherten steht in diesen Fällen das ebenso berechtigte Interesse der Solidargemeinschaft an einer möglichst wirtschaftlichen Erbringung notwendiger Leistungen gegenüber.

697 Aufzahlungen können ferner bei Versorgungen auf der Grundlage einer Vereinbarung im Einzelfall anfallen, wenn Krankenkassen günstigere Angebote bei anderen Leistungserbringern eingeholt haben, die Versicherten von diesen aber nicht versorgt werden wollen.

698 Zum 1. April 2009 in Kraft getretene Regelungen der GKV-OrgWG zielen darauf ab, unzulässige Praktiken in der Zusammenarbeit zwischen Ärzten und Hilfsmittelerbringern bei der Versorgung der Versicherten zu verhindern. So wird u. a. die Abgabe von Hilfsmitteln über Depots bei Vertragsärzten grundsätzlich untersagt, da solche Depots Leistungserbringern in besonderem Maße einen Anreiz bieten, sich gegen unzulässige Zuwendungen für die Einrichtung eines Depots ungerechtfertigter Wettbewerbsvorteile zu verschaffen. Das Wahlrecht der Versicherten unter den versorgungsberechtigten Leistungserbringern wird durch Hilfsmitteldepots bei Vertragsärzten faktisch eingeschränkt. Von diesem Verbot ausgenommen wird die Versorgung mit Hilfsmitteln, die von den Versicherten in Notfällen sofort benötigt werden, wie beispielsweise Gehstützen und bestimmte Bandagen (§ 128 Abs. 1 SGB V). Der GKV-Spitzenverband geht davon aus, dass eine Notfallversorgung mit Hilfsmitteln im Sinne des Gesetzes grundsätzlich dann anzunehmen ist, wenn

– aus medizinischen Gründen im Sinne des § 33 Abs. 1 SGB V eine umgehende Versorgung mit einem Hilfsmittel im Zusammenhang mit einer ärztlichen Tätigkeit in Anbetracht eines akuten Ereignisses in einer Arztpraxis oder einer Medizinischen Einrichtung notwendig ist und
– die im konkreten Falle benötigte Versorgung nicht im Vorfeld planbar ist und
– der Versicherte das Hilfsmittel nicht in der gebotenen Eile selbst besorgen kann und
– der Versicherte nach der Versorgung wieder nach Hause geht, also die Versorgung nicht im Rahmen eines stationären Aufenthalts erfolgt.

Dabei ist immer im Einzelfall zu prüfen, ob eine medizinisch notwendige Hilfsmittelversorgung im unmittelbaren Zusammenhang mit einer ärztlichen Tätigkeit direkt in einer Arztpraxis oder einer medizinischen Einrichtung keinen Aufschub duldet.

699 Darüber hinaus wird mit dem GKV-OrgWG geregelt, dass Leistungserbringer Vertragsärzte nicht gegen Entgelt oder Gewährung sonstiger wirtschaftlicher Vorteile an der Durchführung der Versorgung mit Hilfsmitteln beteiligen dürfen oder solche Zuwendungen im Zusammenhang mit der Verordnung von Hilfsmitteln gewähren (§ 128 Abs. 2 SGB V). Über die Verordnung von Hilfsmitteln sollen die Vertragsärzte grundsätzlich unbeeinflusst von eigenen finanziellen Interessen entscheiden und nicht von der Ausstellung einer Verordnung oder der Steuerung von Versicherten zu bestimmten Leistungserbringern profitieren können. Um entsprechende Konfliktsituationen zu verhindern, werden Leistungserbringern sämtliche Geldzahlungen und sonstige Zuwendungen an Vertragsärzte im Zusammenhang mit der Versorgung mit Hilfsmitten ausdrücklich untersagt.

700 Gleichzeitig wird in § 128 Abs. 4 SGB V klargestellt, dass eine Beteiligung von Vertragsärzten an der Durchführung und Versorgung mit Hilfsmitteln (z. B. im Rahmen eines „verkürzten Versorgungsweges") auf der Grundlage entsprechender vertraglicher Vereinbarungen mit den Krankenkassen auch zukünftig grundsätzlich möglich ist. Die Vergütung für eine über die ihnen im Rahmen der vertragsärztlichen Versorgung obliegenden Aufgaben hinausgehende Mitwirkung von Vertragsärzten muss dann aber von den Krankenkassen selbst gezahlt werden. Die Vorschrift schafft Transparenz und stellt sicher, dass nur eine der Leistung angemessene Vergütung erfolgt. Möglichen Interessenskonflikten der Vertragsärzte wird dadurch entgegengewirkt.

Heil- und Hilfsmittelerbringer

701 Als Organ der Gemeinsamen Selbstverwaltung von Krankenkassen, Vertragsärztinnen und -ärzten sowie Krankenhäusern ist der G-BA wichtiger Bestandteil des Normsetzungs- und -konkretisierungskonzepts im System der GKV. Für Verbände und Berufsgruppen von Leistungserbringern, die – wie die Verbände der Heil- und Hilfsmittelerbringer/Gesundheitshandwerke – institutionell nicht unmittelbar Teil dieses Systems der Gemeinsamen Selbstverwaltung sind, ist auf der Ebene des G-BA die Einräumung eines spezifischen Stellungnahmerechts die gesetzlich vorgesehene Form der Verfahrensteilhabe bei Entscheidungen über Richtlinien zu ärztlich veranlassten Leistungen. Demnach ist beispielsweise dem Verband Deutscher Zahntechniker-Innungen bei bestimmten Beschlüssen des G-BA im zahnärztlichen Bereich Gelegenheit zur Stellungnahme zu geben. Dies gilt etwa auch für die Bundesinnung der Hörgeräteakustiker, den Bundesinnungsverband für Orthopädie-Technik, den Zentralverband der Augenoptiker oder den Zentralverband Orthopädie-Schuhtechnik bei entsprechenden Beschlüssen des G-BA zur Hilfsmittel-Richtlinie. Es hat sich bewährt, dass im Rahmen dieses gesetzlichen Stellungnahmerechts die jeweiligen Interessenvertreter die Möglichkeit haben, ihre spezifische Sachkenntnis sowie ihre berufspolitische Interessenlage bei der Erarbeitung der Richtlinien einzubringen, und dass diese Stellungnahmen vom G-BA in seine Entscheidungen einzubeziehen

sind. Im Rahmen der rechtsaufsichtlichen Prüfung der Richtlinienbeschlüsse des G-BA nach § 94 SGB V achtet das Bundesministerium für Gesundheit insbesondere auch darauf, dass die gesetzlichen Beteiligungsvorschriften beachtet und die abgegebenen Stellungnahmen ernsthaft erörtert wurden.

702 Auf der Ebene der konkreten Ausgestaltung der Leistungserbringung durch die Heil- und Hilfsmittelerbringer werden, insbesondere auch was Preis und Qualität angeht, in der Regel wesentliche Entscheidungen nicht durch Vorgaben des G-BA determiniert, sondern vertraglich geregelt. Sie können somit von den jeweiligen Vertragspartnern der Krankenkassen, also auch von den entsprechenden Verbänden der Heil- und Hilfsmittelerbringer, maßgeblich mitbestimmt werden.

703 Mit dem Gesetz zur Neuordnung des Arzneimittelmarktes in der gesetzlichen Krankenversicherung (AMNOG) wurde § 69 Abs. 2 SGB V zum 1. Januar 2011 dahingehend geändert, dass alle Verträge, zu deren Abschluss die Krankenkassen oder ihre Verbände gesetzlich verpflichtet sind, vom Anwendungsbereich des Kartellrechts ausgenommen werden. Dies betrifft insbesondere auch Verträge im Bereich der Heil- und Hilfsmittel, die entweder die Krankenkassen oder die jeweiligen Verbände mit den Leistungserbringern oder deren Verbänden zur Sicherstellung der Versorgung der Versicherten nach § 125 Abs. 2 SGB V (Heilmittel) bzw. § 127 Abs. 2 SGB V (Hilfsmittel) abzuschließen haben. Die Ausnahme vom Kartellrecht trägt der Versorgungsrealität in der GKV Rechnung. So werden etwa in Teilbereichen der Hilfsmittelversorgung die Verträge nach § 127 Abs. 2 SGB V regelhaft auf Verbandsebene und damit kollektivvertraglich geschlossen. Die Vorschriften des Gesetzes gegen Wettbewerbsbeschränkungen gelten mit der Maßgabe, dass der Versorgungsauftrag der gesetzlichen Krankenkassen besondern zu berücksichtigen ist.

Krankenhäuser

Anspruch auf Krankenhausbehandlung

704 Die Krankenhausbehandlung wird vollstationär, teilstationär, vor- und nachstationär sowie ambulant erbracht (§ 39 Abs. 1 SGB V). Im Rahmen ihres Anspruchs auf Krankenbehandlung haben Versicherte Anspruch auf vollstationäre Behandlung in einem zugelassenen Krankenhaus, wenn die Aufnahme nach Prüfung durch das Krankenhaus erforderlich ist, weil das Behandlungsziel nicht durch teilstationäre, vor- und nachstationäre oder ambulante Behandlung einschließlich häuslicher Krankenpflege erreicht werden kann. Der Anspruch ist zeitlich auf die Dauer der stationären Behandlungsnotwendigkeit befristet. Die stationäre Krankenhausbehandlung umfasst im Rahmen des Versorgungsauftrags des Krankenhauses und unter Berücksichtigung seiner Leistungsfähigkeit alle Leistungen, die im Einzelfall nach Art und Schwere der Krankheit des Patienten für seine medizinische Versorgung im Krankenhaus notwendig sind, insbesondere ärztliche Behandlung, Krankenpflege, Versorgung mit Arznei-, Heil- und Hilfsmitteln sowie Unterkunft und Verpflegung. Die akutstationäre Behandlung umfasst auch die im Einzelfall erforderlichen und zum frühestmöglichen Zeitpunkt einsetzenden Leistungen zur Frührehabilitation. Versicherte, die das 18. Lebensjahr vollendet haben, zahlen vom Beginn der vollstationären Krankenhausbehandlung an je Kalendertag 10 Euro (Zuzahlung), jedoch für längstens 28 Tage innerhalb eines Kalenderjahres (§ 39 Abs. 4 in Verbindung mit § 61 Satz 2 SGB V). Anzurechnen sind hierbei Zuzahlungen, die innerhalb desselben Kalenderjahres bereits an einen Träger der gesetzlichen Rentenversicherung für stationäre Leistungen der medizinischen Rehabilitation nach § 32 Abs. 1 SGB VI oder die nach § 40 Abs. 6 Satz 1 SGB V für Leistungen der medizinischen Anschlussrehabilitation nach Krankenhausbehandlung geleistet wurden.

Behandlung in zugelassenen Krankenhäusern

705 Anspruch auf Krankenhausbehandlung besteht grundsätzlich nur in zugelassenen Krankenhäusern (§§ 108, 107 Abs. 1 SGB V). Dies sind

– Krankenhäuser, die nach den landesrechtlichen Vorschriften als Hochschulklinik anerkannt sind (§ 108 Nr. 1 SGB V),
– Krankenhäuser, die in den Krankenhausplan eines Landes aufgenommen sind (sog. Plankrankenhäuser, § 108 Nr. 2 SGB V), und
– Krankenhäuser, die einen Versorgungsvertrag mit den Landesverbänden der Krankenkassen und den Verbänden der Ersatzkassen abgeschlossen haben (sog. Vertragskrankenhäuser, § 108 Nr. 3 SGB V).

Die zugelassenen Krankenhäuser sind im Rahmen ihres Versorgungsauftrags zur stationären Behandlung der Versicherten verpflichtet. Nicht nur für Vertragskrankenhäuser, sondern für sämtliche zugelassenen Krankenhäuser bestehen Versorgungsverträge mit den Krankenkassen. Diese gelten bei Hochschulkliniken mit deren Anerkennung durch das Land und bei Plankrankenhäusern mit deren Aufnahme in den Krankenhausplan des Landes als abgeschlossen.

Wahl des Krankenhauses

706 Der versicherte Patient kann unter den zugelassenen Krankenhäusern grundsätzlich frei wählen. Wählt der Patient allerdings ohne zwingenden Grund ein anderes als ein in der ärztlichen Einweisung genanntes Krankenhaus, kann ihm seine Krankenkasse dadurch entstehende Mehrkosten ganz oder teilweise auferlegen (§ 39 Abs. 2 SGB V). Ein nicht zugelassenes Krankenhaus darf nur nach vorheriger Zustimmung der Krankenkasse in Anspruch genommen werden; die Zustimmung kann erteilt werden, wenn medizinische oder soziale Gründe eine Inanspruchnahme dieses Krankenhauses rechtfertigen und eine zumindest gleichwertige Versorgung gewährleistet ist (§ 13 Abs. 2 Satz 6 und 7 SGB V).

Kündigung von Versorgungsverträgen

707 Die Landesverbände der Krankenkassen und die Ersatzkassen können einen Versorgungsvertrag mit einem Krankenhaus nur gemeinsam und nur unter der Voraussetzung, dass das Krankenhaus auf Dauer nicht die Gewähr für eine leistungsfähige und wirtschaftliche Krankenhausbehandlung bietet oder für eine bedarfsgerechte Krankenhausbehandlung der Versicherten nicht mehr erforderlich ist, mit einer Frist von einem Jahr kündigen und dem Krankenhaus damit die Zulassung zur stationären Versorgung von Kassenpatienten entziehen (§ 110 Abs. 1 SGB V). Die Kündigung kann auf einzelne Abteilungen beschränkt werden. Bei Krankenhäusern, die in den Krankenhausplan eines Landes aufgenommen worden sind, ist die Kündigung mit dem Antrag an die zuständige Landesbehörde zu verbinden, das Krankenhaus ganz oder teilweise aus dem Krankenhausplan herauszunehmen. Im Hinblick auf die besondere Verantwortung der Länder für die Krankenhausplanung bedarf eine Kündigung der Genehmigung durch das betreffende Land (§ 110 Abs. 2 SGB V).

Vor- und nachstationäre Behandlung im Krankenhaus

708 Die Regelung zur vor- und nachstationären Behandlung nach § 115a SGB V erlaubt dem Krankenhaus, Versicherte in geeigneten Fällen ohne Unterkunft und Verpflegung zu behandeln, um entweder die Notwendigkeit einer vollstationären Behandlung zu klären oder diese vorzubereiten (vorstationäre Behandlung) oder um im Anschluss an eine vollstationäre Krankenhausbehandlung den Behandlungserfolg zu sichern oder zu festigen (nachstationäre Behandlung). Voraussetzung ist die Verordnung von Krankenhausbehandlung durch einen Vertragsarzt. Das Krankenhaus darf den Patienten innerhalb von fünf Tagen vor Beginn der stationären Behandlung an bis zu drei Tagen ambulant behandeln. Außerdem ist in einem Zeitraum von vierzehn Tagen (nach Organtransplantationen: drei Monate) nach Entlassung aus dem Krankenhaus an bis zu sieben Tagen eine ambulante Behandlung möglich. Allerdings kann die Frist von vierzehn Tagen (bzw. von drei Monaten bei Organtransplantationen) in medizinisch begründeten Einzelfällen im Einvernehmen mit dem einweisenden Arzt verlängert werden. Ziel der gesetzlichen Regelung ist es, die vollstationäre Krankenhausbehandlung auf das medizinisch notwendige Maß zu reduzieren. Die Vergütung erfolgt über eine fachabteilungsbezogene Pauschale, und zwar bei der vorstationären Behandlung pro Fall und bei der nachstationären Behandlung pro Behandlungstag.

Ambulantes Operieren durch Krankenhäuser

709 Die Krankenhäuser sind auch zur ambulanten Durchführung von Operationen und zu sonstigen stationsersetzenden Eingriffen zugelassen (§ 115b SGB V). Grundlage des ambulanten Operierens durch Krankenhäuser ist ein dreiseitiger Vertrag zwischen dem GKV-Spitzenverband, der Deutschen Krankenhausgesellschaft und der Kassenärztlichen Bundesvereinigung, der neben einem Katalog ambulant durchführbarer Operationen und sonstiger stationsersetzender Eingriffe (AOP-Katalog) auch Regelungen zur Konkretisierung der gesetzlich für ambulante Operationen und stationsersetzende Eingriffe vorgegebenen einheitlichen Vergütung für Krankenhäuser und Vertragsärzte beinhaltet. Ambulante Operationen, die stationär durchgeführte Eingriffe ersetzen, liegen nicht nur im Interesse der Patienten, sondern leisten auch einen Beitrag zur Kostendämpfung im Gesundheitswesen.

Ambulante Behandlung im Krankenhaus

710 Aufgrund des GKV-Modernisierungsgesetzes (GMG) konnten die Krankenkassen ab dem 1. Januar 2004 mit zur stationären Versorgung zugelassenen Krankenhäusern Einzelverträge über die ambulante Erbringung hochspezialisierter Leistungen sowie zur ambulanten Behandlung seltener Erkrankungen und Erkrankungen mit besonderen Krankheitsverläufen schließen. Ein gesetzlich vorgegebener Leistungs- und Krankheitenkatalog, den der Gemeinsame Bundesausschuss fortlaufend zu ergänzen und zu überprüfen hat, bildete hierzu die Grundlage. Da die Krankenkassen dieses Vertragsinstrument kaum genutzt haben, ist es im Interesse der Patienten durch das GKV-Wettbewerbsstärkungsgesetz mit Wirkung vom 1. April 2007 durch ein Zulassungsmodell ersetzt worden: Danach ist ein Krankenhaus nach § 116b Abs. 2 Satz 1 SGB V zur ambulanten Behandlung im Hinblick auf die in dem Katalog nach § 116b Abs. 3 Satz 1 SGB V genannten und durch den Gemeinsamen Bundesausschuss ergänzten hochspezialisierten Leistungen, seltenen Erkrankungen und Erkrankungen mit besonderen Krankheitsverläufen berechtigt, wenn und soweit es im jeweiligen Land auf Antrag des Krankenhausträgers unter Berücksichtigung der vertragsärztlichen Versorgungssituation dazu bestimmt worden ist. Eine Bestimmung darf nicht erfolgen, wenn und soweit das Krankenhaus nicht geeignet ist. Für die sächlichen und personellen Anforderungen an die ambulante Leistungserbringung des Krankenhauses gelten die Anforderungen für die vertragsärztliche Versorgung entsprechend.

711 Hintergrund der Regelung ist, dass Krankenhäuser aufgrund der besonderen Qualifikation der Krankenhausärzte, ihrer Erfahrung, der vorhandenen Kompetenzbündelung und der Möglichkeit, Risiken in der Behandlung besser beherrschen zu können, für die ambulante Leistungserbringung in den genannten Bereichen besonders geeignet sein können. Nachdem der Krankenhausträger einen Zulassungsantrag bei dem zuständigen Landesministerium eingereicht hat, erfolgt das weitere Verfahren wie bei der Aufnahme von Krankenhäusern in den Krankenhausplan eines Landes. Dabei hat das Land eine einvernehmliche Bestimmung mit den in der Krankenhausplanung im Land unmittelbar Beteiligten anzustreben. Wie die Zusammenarbeit und Abstimmung im Einzelnen erfolgt, ist Sache des Landes. Auch hat das Land – wie bei der herkömmlichen Krankenhausplanung – das Letztentscheidungsrecht, soweit Einvernehmen über die Bestimmung von Krankenhäusern zur ambulanten Leistungserbringung nicht erzielt wird.

712 Der Gemeinsame Bundesausschuss hat den gesetzlich vorgegebenen Katalog durch Richtlinien um weitere für die ambulante Behandlung durch Krankenhäuser geeignete seltene Erkrankungen,

Erkrankungen mit besonderen Krankheitsverläufen sowie hochspezialisierte Leistungen zu ergänzen (§ 116b Abs. 4 Satz 1 SGB V). Zudem obliegt es dem Gemeinsamen Bundesausschuss, die spezifischen Anforderungen an die ambulante Behandlung im Krankenhaus durch Richtlinien zu konkretisieren. Hierbei hat der Gemeinsame Bundesausschuss unter anderem zu bestimmen, ob und in welchen Fällen die ambulante Leistungserbringung durch das Krankenhaus die Überweisung durch den Hausarzt oder den Facharzt voraussetzt, sowie zusätzliche sächliche und personelle Anforderungen an die ambulante Leistungserbringung und die einrichtungsübergreifenden Maßnahmen der Qualitätssicherung zu regeln.

Leistungsorientierte und pauschalierte Vergütung / DRG-Vergütungssystem

713 An die Stelle des zum 1. Januar 1993 abgeschafften Selbstkostendeckungsprinzips bei der Vergütung akutstationärer Krankenhausleistungen ist ein zunehmend leistungsbezogenes Vergütungssystem getreten. Seit 1995 wurden in Teilbereichen schrittweise leistungsorientierte, pauschalierte Vergütungen (Sonderentgelte und Fallpauschalen) eingeführt. Während die Fallpauschalen die gesamte Krankenhausbehandlung des Patienten umfassen, beziehen sich Sonderentgelte nur auf die Operationsleistung; diese Entgelte sind unabhängig von den Kosten der einzelnen Krankenhäuser. Die Bestimmung von Fallpauschalen und Sonderentgelten war bis 1997 Aufgabe der Bundesregierung. Seit 1998 war es Aufgabe der Selbstverwaltungspartner auf der Bundesebene (Spitzenverbände der Krankenkassen bzw. seit 1. Juli 2008 GKV-Spitzenverband, Verband der privaten Krankenversicherung und Deutsche Krankenhausgesellschaft), für weitere Leistungen Fallpauschalen und Sonderentgelte zu entwickeln und zu vereinbaren sowie die Entgelte an die Entwicklung der medizinischen Wissenschaft und Technik sowie der Kosten anzupassen. Bis 2002 wurden etwa 25 Prozent der voll- und teilstationären Krankenhausleistungen über Fallpauschalen und Sonderentgelte abgerechnet, der Rest über tagesgleiche Pflegesätze (Abteilungspflegesätze als Entgelt für ärztliche und pflegerische Leistungen und ein für das Krankenhaus einheitlicher Basispflegesatz als Entgelt für nicht durch ärztliche oder pflegerische Tätigkeit veranlasste Leistungen).

714 Seit 2003 ist dieses gemischte System durch ein pauschalierendes Vergütungssystem für voll- und teilstationäre Leistungen ersetzt worden. Bereits im Rahmen des GKV-Gesundheitsreformgesetzes 2000 vom 22. Dezember 1999 wurden die Selbstverwaltungspartner auf der Bundesebene verpflichtet, ein leistungsorientiertes und pauschalierendes Vergütungssystem zu vereinbaren; ausgenommen hiervon blieb nur der Bereich Psychiatrie/Psychosomatik/Psychotherapeutische Medizin, der immer noch nach der Bundespflegesatzverordnung über tagesgleiche Pflegesätze vergütet wird (s. § 17b Krankenhausfinanzierungsgesetz). Mit dem Fallpauschalensystem hat der Gesetzgeber hohe Erwartungen verbunden: Transparenz über das Leistungsgeschehen, Abbau von Fehlanreizen (insbesondere Verkürzung der Verweildauer auf das medizinisch notwendige Maß) sowie Anreize für eine wirtschaftliche Leistungserbringung (vom Einkauf über den Materialverbrauch bis hin zur Prozessoptimierung). Mehrfacherkrankungen und komplizierte Verläufe müssen naturgemäß differenzierte Vergütungen zur Folge haben. Auch sind Zu- und Abschläge zum Ausgleich von Versorgungsbedingungen vorgesehen, die nicht in allen Krankenhäusern gleich sind. Das Fallpauschalengesetz vom 23. April 2002 regelt insbesondere im Rahmen des Krankenhausentgeltgesetzes die Einbindung der DRG-Fallpauschalen (DRG = Diagnosis Related Groups) in die Krankenhausfinanzierung. Zudem trifft es Regelungen zur Preisgestaltung, zur Mengenbegrenzung und zur Einbindung der Fallpauschalen in den Grundsatz der Beitragssatzstabilität nach § 71 SGB V. Während der ursprünglich bis Ende 2008 geplanten und aufgrund des Krankenhausfinanzierungsreformgesetzes vom 17. März 2009 bis Ende 2009 verlängerten sogenannten Konvergenzphase der DRG-Einführung wurden die bisherigen kostenorientierten Krankenhausbudgets sukzessive in ein Preissystem mit leistungsbezogenen Erlösbudgets (Konvergenz zu landeseinheitlichen Basisfallwerten) überführt (siehe insbesondere § 4 und § 10 Krankenhausentgeltgesetz i. d. F. des 2. Fallpauschalenänderungsgesetzes vom 15. Dezember 2004).

715 Auf der Grundlage des Fallpauschalengesetzes konnten Krankenhäuser seit dem 1. Januar 2003 ihre Leistungen mit DRG-Fallpauschalen abrechnen (Optionsmodell 2003). Seit 2004 ist das neue Vergütungssystem für alle Krankenhäuser verbindlich. Für das Optionsmodell 2003 wurde der australische DRG-Katalog verwendet, der Ausgangsbasis für die Entwicklung einer deutschen DRG-Klassifikation war. Für diesen Katalog wurden erstmals Preise (Bewertungsrelationen) auf der Basis der Verweildauer und der Kosten in deutschen Krankenhäusern kalkuliert. Für das Jahr 2011 ist ein von den Selbstverwaltungspartnern beschlossener Fallpauschalenkatalog in Kraft, der 1.194 DRG-Fallpauschalen umfasst (ferner ein Katalog mit ergänzenden 146 Zusatzentgelten für eng begrenzte Ausnahmefälle, z. B. für die Behandlung von Blutern mit Blutgerinnungsfaktoren). Mit den bisherigen Fallpauschalenkatalogen wurde von Jahr zu Jahr eine bessere Differenzierung der Bewertungsrelationen zwischen einfachen und teuren Leistungen erzielt. Insbesondere konnte eine sachgerechtere Vergütung der Hochleistungsmedizin erreicht werden. Auch mit dem DRG-Katalog 2011 wird die Leistungsorientierung der Vergütung weiter verbessert.

Krankenhausfinanzierungsreformgesetz

716 Mit dem am 25. März 2009 in Kraft getretenen Gesetz zum ordnungspolitischen Rahmen der Krankenhausfinanzierung ab dem Jahr 2000 (Krankenhausfinanzierungsreformgesetz – KHRG) vom 17. März 2009 wurden die Rahmenbedingungen der Krankenhausfinanzierung nach dem Auslaufen der Konvergenzphase der DRG-Einführung vorgegeben, die finanzielle Lage der Krankenhäuser verbessert sowie die Voraussetzungen für die Einführung einer effizienteren Investitionsfinanzierung der Krankenhäuser geschaffen. Den Krankenhäusern in Deutschland sind im Jahr 2009 infolge der gesetzlichen Regelungen des KHRG allein aus dem Bereich der GKV rd. 3,5 Mrd. Euro an Mehreinnahmen zugeflossen.

717 Zu den Regelungen des KHRG, die auf eine Verbesserung der wirtschaftlichen Situation der Krankenhäuser abzielen, gehören u.a. folgende Maßnahmen:

– Ab dem Jahr 2009 wurden die für die Jahre 2008 und 2009 für die Beschäftigten im Krankenhausbereich tarifvertraglich vereinbarten Lohn- und Gehaltssteigerungen, soweit diese die bislang als Obergrenze für die Entwicklung der Krankenhauspreise maßgebliche Veränderungsrate der beitragspflichtigen Einnahmen der Krankenkassen überschreiten, durch entsprechende Berücksichtigung bei der Vereinbarung des für das Preisniveau der Krankenhausleistungen maßgeblichen Basisfallwertes für das Jahr 2009 zu 50 Prozent durch die Krankenkassen refinanziert.
– Der im Zuge des GKV-Wettbewerbsstärkungsgesetzes zum 1. Januar 2007 zur finanziellen Entlastung der Krankenkassen eingeführte Abschlag in Höhe von 0,5 Prozent auf die Rechnung der Krankenhäuser für die stationäre Behandlung von GKV-Versicherten wurde rückwirkend zum Jahresbeginn 2009 wieder abgeschafft.
– Im Rahmen eines Förderprogramms zur Verbesserung der Situation des Pflegepersonals in Krankenhäusern können in den Jahren 2009 bis 2011 bis zu 16.500 zusätzliche Stellen im Pflegedienst der Krankenhäuser zu 90 Prozent durch die Krankenkassen finanziert werden, wobei die zusätzlichen Mittel auch zur Aufstockung von Teilzeitstellen genutzt werden können.
– Das Statistische Bundesamt wurde zur Vorbereitung einer Ablösung der seit dem Jahr 2005 strikten Begrenzung der Entwicklung der Krankenhauspreise für akutstationäre Leistungen an die Entwicklung der beitragspflichtigen Einnahmen der Mitglieder der Krankenkassen (Veränderungsrate nach § 71 SGB V) beauftragt, einen Orientierungswert für Krankenhäuser zu ermitteln, der deren Kostenstrukturen und -entwicklungen besser als die Veränderungsrate nach § 71 SGB V berücksichtigt. Es obliegt dem Bundesministerium für Gesundheit, durch Rechtverordnung das Jahr zu bestimmen, in dem die Veränderungsrate nach § 71 SGB V als Obergrenze für Preisanpassungen abgelöst wird, sowie den zu finanzierenden Anteil des Orientierungswerts festzulegen, der künftig maßgeblich für die Begrenzung der Preisentwicklung sein soll.

718 Die unterschiedlichen Landesbasisfallwerte sind nach Maßgabe des KHRG in einem Zeitraum von 5 Jahren, beginnend mit dem Jahr 2010, schrittweise an einen einheitlichen Basisfallwert anzunähern. Von dieser Konvergenz ist eine Bandbreite in Höhe von +2,5 Prozent bis –1,25 Prozent um einen rechnerisch ermittelten einheitlichen Basisfallwert (Basisfallwertkorridor) ausgenommen. Soweit die Annäherung eine Absenkung des Landesbasisfallwerts an den einheitlichen Basisfallwertkorridor erfordert, wird eine Obergrenze für die Absenkung vorgegeben, die die entstehende Belastung für die Krankenhäuser in den betroffenen Ländern begrenzt und zugleich den Konvergenzzeitraum entsprechend verlängert.

719 Für die Vergütung der Leistungen von psychiatrischen und psychosomatischen Einrichtungen ist ein durchgängig leistungsorientiertes und pauschalierendes Vergütungssystem auf der Grundlage von tagesbezogenen Entgelten zu entwickeln und einzuführen. Hierfür haben die Selbstverwaltungspartner auf Bundesebene die Grundstrukturen des Vergütungssystems sowie das Verfahren zur Ermittlung der Bewertungsrelationen vereinbart. Eine erstmalige budgetneutrale Abrechnung nach dem neuen Entgeltsystem ist für das Jahr 2013 vorgesehen. Zudem wird die Finanzierung der Personalstellen nach der Pychiatrie-Personalverordnung verbessert, um die Personalbesetzung in psychiatrischen Einrichtungen zu optimieren.

720 Mit einem Entwicklungsauftrag zur Reform der von den Ländern getragenen Investitionsfinanzierung stellt das KHRG zudem die Weichen für eine künftige Investitionsförderung der Krankenhäuser durch leistungsorientierte Investitionspauschalen, die sich aus einem auf Landesebene ermittelten Investitionsfallwert und bundeseinheitlichen Investitionsbewertungsrelationen errechnen. Die Umstellung der Investitionsförderung auf leistungsorientierte Investitionspauschalen soll für Akutkrankenhäuser ab 1. Januar 2012 und für psychiatrische und psychosomatische Einrichtungen ab 1. Januar 2014 ermöglicht werden. Gegenüber der für die Krankenhausinvestitionsfinanzierung typischen Praxis einer antragsbasierten Förderung von Einzelvorhaben bieten leistungsorientierte Investitionspauschalen den Krankenhäusern mehr Flexibilität und Kalkulationssicherheit bei Investitionsentscheidungen, weil sie über die ihnen durch Investitionspauschalen zufließenden Mittel im Rahmen der Zweckbindung frei und bedarfsgerecht verfügen können. Allerdings sind die Länder zur Umstellung ihrer Krankenhausinvestitionsförderung auf Investitionspauschalen nicht verpflichtet; ihnen steht es frei, auch weiterhin eigenständig zwischen der Förderung durch leistungsorientierte Investitionspauschalen und der Einzelförderung von Investitionen einschließlich der Pauschalförderung kurzfristiger Anlagegüter zu entscheiden.

721 Entsprechend dem gesetzlichen Entwicklungsauftrag zur Reform der Investitionsfinanzierung haben die Länder inzwischen unter Berücksichtigung der Investitionsfinanzierung der Hochschulkliniken die wesentlichen Grundsätze und Kriterien für die Ermittlung eines zur Berechnung künftiger Investitionspauschalen notwendigen Investitionsfallwertes auf Landesebene entwickelt. Zudem haben die Selbstverwaltungspartner auf Bundesebene im Rahmen des gesetzlichen Entwicklungsauftrags die Grundstrukturen für Investitionsbewertungsrelationen, die den Investitionsbedarf für die voll- und teilstationären Leistungen pauschaliert abbilden sollen, sowie das Verfahren zu ihrer Ermittlung vereinbart

und das DRG-Institut beauftragt, bis zum 31. Dezember 2010 für das DRG-Vergütungssystem und bis zum 31. Dezember 2012 für psychiatrische und psychosomatische Einrichtungen bundeseinheitliche Investitionsbewertungsrelationen zu entwickeln und zu kalkulieren. Aufgrund der sehr aufwändigen Entwicklungsarbeiten ist davon auszugehen, dass erste Kalkulationen von Investitionsbewertungsrelationen erst im Laufe des Jahres 2012 vorliegen werden.

722 Mit dem KHRG wurde auch das Inkassoverfahren für die Zuzahlung gesetzlich Versicherter im Falle eines stationären Krankenhausaufenthaltes neu geregelt (§ 43b Abs. 3 SGB V). Die Krankenhäuser wurden danach über den ihnen schon bisher obliegenden Zuzahlungseinzug hinaus zum generellen Inkasso auch in Fällen verpflichtet, in denen Versicherte trotz gesonderter schriftlicher Aufforderung durch das Krankenhaus nicht zahlen, notfalls bis hin zur Einleitung von Zwangsvollstreckungsmaßnahmen. Mit dem GKV-Finanzierungsgesetz ist diese umfassende Inkassozuständigkeit der Krankenhäuser für Krankenhauszuzahlungen seit 1. Januar 2011 wieder relativiert worden. Danach obliegt das Inkasso von Krankenhauszuzahlungen – auch im Verwaltungsverfahren – weiterhin den Krankenhäusern, für die Durchführung gegebenenfalls notwendiger Vollstreckungsmaßnahmen sind nunmehr aber wieder die Krankenkassen zuständig.

Weitere Auswirkungen des GKV-Finanzierungsgesetzes im Krankenhausbereich

723 Zur Begrenzung der Ausgabensteigerungen in der gesetzlichen Krankenversicherung enthält das zum 1. Januar 2011 in Kraft getretene GKV-Finanzierungsgesetz auch speziell den Krankenhausbereich betreffende Maßnahmen. Dazu gehören insbesondere folgende Regelungen:

– Für Leistungen, die Krankenhäuser im Vergleich zum jeweiligen Vorjahr zusätzlich vereinbaren (Mehrleistungen), wird ein Abschlag festgelegt, dessen Höhe im Jahr 2011 bei 30 Prozent liegt und der ab 2012 vertraglich zu vereinbaren ist. Ausgenommen vom Mehrleistungsabschlag sind Zuwächse bei Leistungen mit einem hohen Sachkostenanteil von mehr als zwei Dritteln und bei Kapazitätserweiterungen (z. B. Ansiedlung einer neuen Fachabteilung). Auch wenn ansonsten die Finanzierung einzelner Leistungsbereiche gefährdet wäre oder Versorgungsprobleme entstehen würden (z. B. bei Transplantationen oder der Ver-

sorgung Schwerbrandverletzter) sind Ausnahmen vom Mehrleistungsabschlag möglich.
- Die Preise für akutstationäre Krankenhausleistungen und die Krankenhausbudgets von psychiatrischen und psychosomatischen Einrichtungen dürfen im Jahr 2011 maximal um 0,9% und im Jahr 2012 maximal um die um 0,5 Prozentpunkte verminderte Grundlohnrate ansteigen.

724 Neben den spezifischen Maßnahmen zur Ausgabenbegrenzung sieht das GKV-Finanzierungsgesetz als weitere für den Krankenhausbereich relevante Regelung u. a. vor, die im Rahmen des Krankenhausfinanzierungsreformgesetzes vorgesehene Etablierung einer Konvergenz zu einem einheitlichen Bundesbasisfallwert aufzuheben. Damit bleibt ein gewisser Preiswettbewerb zwischen den Krankenhäusern in den verschiedenen Bundesländern aufrechterhalten.

Bewertung von Untersuchungs- und Behandlungsmethoden im Krankenhaus

725 Der Gemeinsame Bundesausschuss nach § 91 SGB V überprüft auf Antrag des GKV-Spitzenverbands, der Deutschen Krankenhausgesellschaft oder eines Bundesverbandes der Krankenhausträger Untersuchungs- und Behandlungsmethoden, die in Krankenhäusern bereits angewandt werden oder angewandt werden sollen, daraufhin, ob sie für eine ausreichende, zweckmäßige und wirtschaftliche Versorgung der GKV-Versicherten unter Berücksichtigung des allgemein anerkannten Standes der medizinischen Erkenntnisse erforderlich sind. Ergibt die Überprüfung, dass die Methode nicht den vorgenannten Kriterien entspricht, erlässt der Gemeinsame Bundesausschuss eine entsprechende Richtlinie (§ 137c SGB V). Das Bundesministerium für Gesundheit kann die Richtlinie innerhalb von zwei Monaten beanstanden oder deren Nichtbeanstandung mit Auflagen verbinden (§ 94 SGB V). Ein laufendes Prüfverfahren entfaltet noch keine Sperrwirkung; erst ein Inkrafttreten des Richtlinienbeschlusses nach § 137c SGB V schließt den Einsatz der Methode zu Lasten der GKV in den Krankenhäusern aus. Die Regelung gilt für alle zur Behandlung GKV-Versicherter zugelassenen Krankenhäuser, also auch für Universitätskliniken; die Durchführung klinischer Studien bleibt ohnehin unberührt. Ziel ist es, die Qualität der medizinischen Versorgung zu sichern und zu vermeiden, dass medizinisch fragwürdige Leistungen zu Lasten der gesetzlichen Krankenversicherung erbracht werden.

Stationäre Vorsorge- und Rehabilitationseinrichtungen

Medizinische Vorsorge und medizinische Rehabilitation

726 Die Krankenkasse kann die Behandlung mit Unterkunft und Verpflegung in einer stationären Vorsorgeeinrichtung für in der Regel längstens drei Wochen bewilligen, wenn ambulante medizinische Vorsorgeleistungen nicht ausreichen (§ 23 Abs. 4 SGB V). Entsprechendes gilt für die stationäre medizinische Rehabilitation in einer Rehabilitationseinrichtung (§ 40 Abs. 2 SGB V). Während die medizinische Vorsorge eine Schwächung der Gesundheit, die in absehbarer Zeit voraussichtlich zu einer Krankheit führen würde, beseitigen oder einer Gefährdung der gesundheitlichen Entwicklung eines Kindes entgegenwirken soll, zielt die medizinische Rehabilitation darauf ab, eine Krankheit zu heilen, ihre Verschlimmerung zu verhüten, Krankheitsbeschwerden zu lindern oder im Anschluss an eine Heilbehandlung den dabei erzielten Behandlungserfolg zu sichern oder zu festigen; insbesondere soll eine Behinderung oder Pflegebedürftigkeit möglichst vermieden werden. Ebenso wie im Akutkrankenhaus steht in einer Vorsorge- oder Rehabilitationseinrichtung die stationäre Versorgung unter ärztlicher Verantwortung und erfolgt nach einem gezielten ärztlichen Behandlungsplan. Während aber im Krankenhaus die intensive, aktive und fortdauernde ärztliche Behandlung im Vordergrund steht und die Pflege in aller Regel der ärztlichen Behandlung untergeordnet ist, ist in einer stationären Vorsorge- oder Rehabilitationseinrichtung die pflegerische Betreuung des Patienten der ärztlichen Behandlung eher nebengeordnet. Es geht in erster Linie darum, den Zustand des Patienten durch seelische und geistige Einwirkungen sowie durch die Anwendung von Heilmitteln zu beeinflussen und ihm bei der Entwicklung eigener Abwehr- und Heilungskräfte zu helfen (§ 107 Abs. 2 SGB V). Andererseits sollen auch bereits im Akutkrankenhaus notwendige frührehabilitative Maßnahmen durchgeführt werden, solange der Patient ohnehin akutstationär behandelt werden muss (§ 39 Abs. 1 Satz 3 SGB V).

Zulassung/Versorgungsauftrag

727 Anders als bei den Krankenhäusern erfolgt die Zulassung einer Vorsorge- oder Rehabilitationseinrichtung zur stationären Versorgung von GKV-Versicherten ausschließlich durch Versorgungsvertrag,

den die Landesverbände der Krankenkassen und die Ersatzkassen gemeinsam mit Wirkung für ihre Mitgliedskassen mit dem Träger der Einrichtung abschließen (§ 111 SGB V). Voraussetzung ist insbesondere, dass die Einrichtung für eine leistungsfähige und wirtschaftliche Versorgung der Versicherten notwendig ist. Besitzt eine Einrichtung keinen Versorgungsvertrag, können dort Patienten grundsätzlich nicht auf Kosten der GKV behandelt werden (§ 111 Abs. 4 in Verbindung mit § 23 Abs. 4 und § 40 Abs. 2 SGB V). Allerdings sind Versicherte auf der Grundlage des GKV-Wettbewerbsstärkungsgesetzes mit Wirkung vom 1. April 2007 berechtigt, auch solche zertifizierten Rehabilitationseinrichtungen in Anspruch zu nehmen, mit denen die Landesverbände der Krankenkassen und die Verbände der Ersatzkassen Versorgungsverträge nicht abgeschlossen haben. Fallen dabei Vergütungen an, die über die der entsprechenden Vertragseinrichtungen hinausgehen, sind diese Mehrkosten von den Versicherten zu tragen (§ 40 Abs. 2 Satz 2 SGB V).

Vergütung

728 Während Gesetz- und Verordnungsgeber die Vergütung für die akutstationäre Krankenhausbehandlung detailliert geregelt haben, werden die Vergütungen für die Leistungen von Vorsorge- und Rehabilitationseinrichtungen frei zwischen dem jeweiligen Träger der Einrichtung und den einzelnen Krankenkassen vereinbart. Eine Genehmigung der vereinbarten Vergütungen durch das Land ist – wiederum anders als im Krankenhaussektor – nicht vorgesehen. Die Vorsorge- und Rehabilitationseinrichtungen müssen sich allerdings – ebenso wie die Krankenhäuser – an Maßnahmen zur Qualitätssicherung beteiligen.

Die Krankenkassen als Träger der Krankenversicherung

Organisation

729 Die GKV wird von knapp 160 Krankenkassen (Stand 1. Januar 2011) durchgeführt, die nach regionalen, betrieblichen und berufsbezogenen Kriterien entstanden sind. Sie gliedern sich in Allgemeine Ortskrankenkassen, Betriebskrankenkassen, Innungskrankenkassen, landwirtschaftliche Krankenkassen, die Deutsche Rentenversicherung Knappschaft-Bahn-See als Träger der knappschaftlichen Krankenversicherung und die Ersatzkassen.

730 Die Krankenkassen sind finanziell und organisatorisch selbständig, unterliegen jedoch staatlicher Aufsicht. Bei allen Krankenkassen handelt es sich um Selbstverwaltungskörperschaften, deren Verwaltungsräte sich normalerweise paritätisch aus gewählten Vertretern der Versicherten und der Arbeitgeber zusammensetzen. Abweichend hiervon besteht – historisch bedingt – der Verwaltungsrat der Ersatzkassen nur aus Vertretern der Versicherten. Der Verwaltungsrat hat insbesondere die Satzung sowie deren Änderungen zu beschließen. Er entscheidet in diesem Rahmen auch über die seit dem Jahr 2009 mögliche Erhebung von Zusatzbeiträgen oder die Auszahlung von Prämien der Krankenkasse sowie über die Einführung von Wahltarifen.

731 Neue Krankenkassen können nur als Betriebs- oder Innungskrankenkasse errichtet werden; die Neuerrichtung anderer Kassenarten sieht das Krankenversicherungsrecht nicht vor. Voraussetzungen für die Errichtung einer Betriebskrankenkasse sind, dass in dem Betrieb regelmäßig mindestens 1000 Versicherungspflichtige beschäftigt werden, die Mehrheit der im Betrieb Beschäftigten dem Errichtungsantrag des Arbeitgebers zustimmt und die Leistungsfähigkeit der Betriebskrankenkasse auf Dauer gesichert ist. Für die Errichtung von Innungskrankenkassen müssen in den Handwerksbetrieben, die der antragstellenden Innung angehören, mindestens 1000 Versicherungspflichtige beschäftigt sein und die Mehrheit der in den Innungsbetrieben Beschäftigten der Errichtung zustimmen. Das Verfahren der Errichtung, Vereinigung, Auflösung oder Schließung von Krankenkassen wird grundsätzlich von den Aufsichtsbehörden durchgeführt.

732 Die Erfahrungen hatten gezeigt, dass die gesetzlichen Möglichkeiten zur Verbesserung der Wirtschaftlichkeit und Wettbewerbsfähigkeit durch Kassenzusammenschlüsse bis zum Beginn der 1990er Jahre nur selten genutzt worden waren. Mit dem Gesundheitsstrukturgesetz von 1992 sind deshalb die Vereinigungen von Ortskrankenkassen und von Innungskrankenkassen ab 1993, von Betriebskrankenkassen ab 1996 erheblich erleichtert worden. Unter bestimmten Voraussetzungen wurde die Landesregierung verpflichtet, Orts- oder Innungskrankenkassen auf Antrag des Landesverbandes zusammenzuschließen. Für Ersatzkassen bestehen erstmals seit 1995 Vereinigungsmöglichkeiten. Durch diese Neuregelungen ist die Zahl der Krankenkassen seit 1993 auf weniger als ein Fünftel gesunken.

733 Eine weitere Erleichterung der Vereinigungsmöglichkeiten wurde am 1. April 2007 wirksam. Von diesem Zeitpunkt an können sich die Krankenkassen mit Ausnahme der landwirtschaftlichen Krankenkassen sowie der Deutschen Rentenversicherung Knappschaft-Bahn-See als Träger der knappschaftlichen Krankenversicherung auch kassenartenübergreifend vereinigen. Der Prozess, dass sich die Krankenkassen zu dauerhaft wettbewerbs- und leistungsfähigen Einheiten zusammenschließen, wird hierdurch weiter gefördert.

Kassenwahlmöglichkeiten

734 Das Gesetz hatte bis Ende 1995 bestimmt, welche Krankenkasse für den einzelnen Versicherten zuständig war. Arbeiter und Angestellte hatten unterschiedliche Kassenwahlrechte, z. B. konnten Angestelltenkrankenkassen nur durch Angestellte gewählt werden. Diese verfassungsrechtlich und sozialpolitisch unvertretbare Ungleichbehandlung im Mitgliedschaftsrecht wurde ab 1996 durch die Einführung der Kassenwahlfreiheit für alle Versicherten beseitigt:

- Alle Mitglieder der GKV können Ortskrankenkassen am Wohnort oder Beschäftigungsort wählen.
- Alle Mitglieder der GKV haben Zugang zu allen Ersatzkassen, seit 1. April 2007 auch zur Deutschen Rentenversicherung Knappschaft-Bahn-See als Träger der knappschaftlichen Krankenversicherung.
- Betriebs- und Innungskrankenkassen sind für Mitglieder wählbar, wenn sie in einem Betrieb beschäftigt sind, für den eine Betriebs- oder Innungskrankenkasse besteht. Außerdem haben Betriebs- und Innungskrankenkassen seit 1996 die Möglichkeit, sich für alle übrigen Mitglieder der GKV in ihrem „Bezirk" durch Satzungsregelungen zu öffnen.
- Mitglieder der GKV haben außerdem Zugang zu Krankenkassen, die nur eingeschränkt wählbar sind, wenn sie der jeweiligen Krankenkasse zuletzt als Mitglied oder Familienversicherte angehört haben oder der Ehegatte dort versichert ist.

735 Sowohl Versicherungspflichtige als auch freiwillig Versicherte können seit dem 1. Januar 2002 die Mitgliedschaft bei ihrer Krankenkasse zum Ende des übernächsten Kalendermonats kündigen. An die Ausübung des Kassenwahlrechts sind sie anschließend 18 Monate gebunden, d. h., ein erneuter Kassenwechsel ist erst dann wieder möglich, wenn diese Bindungsfrist abgelaufen ist. Ein früherer Kassenwechsel ist nur möglich, wenn die Mitgliedschaft in der Krankenkasse kraft Gesetzes endet, weil die Voraussetzungen, die zur Versicherungspflicht geführt haben, entfallen sind. Darüber hinaus kann jedes Mitglied seine Mitgliedschaft bei einer Krankenkasse vorzeitig kündigen, wenn diese Krankenkasse einen Zusatzbeitrag erstmalig erhebt bzw. erhöht oder ihre bisherige Prämienzahlung verringert.

736 Eine Kündigung ist seit dem 1. April 2007 nur dann wirksam, wenn das Mitglied das Bestehen einer anderweitigen Absicherung im Krankheitsfall nachweist. Bei einem Kassenwechsel innerhalb der GKV geschieht dies durch Vorlage einer Mitgliedsbescheinigung, die von der neu gewählten Krankenkasse ausgestellt wird.

737 Die Kassenwahlmöglichkeiten gelten für Mitglieder der Landwirtschaftlichen Krankenversicherung aufgrund ihrer organisatorischen Besonderheiten und der Besonderheiten in Bezug auf die Finanzierung grundsätzlich nicht.

Risikostrukturausgleich

738 Durch die Neuregelung der Kassenwahlrechte ab 1996 ist der Wettbewerb zwischen den Krankenkassen verstärkt worden. Voraussetzung für die Ausweitung der Kassenwahlrechte war deshalb der Abbau von Wettbewerbsverzerrungen zwischen den Krankenkassen. Die bis 1993 geltenden Regelungen über Finanzausgleiche innerhalb der jeweiligen Kassenarten auf Landes- oder Bundesebene sind daher durch das Gesundheitsstrukturgesetz mit Wirkung zum 1. Januar 1994 durch den Risikostrukturausgleich (RSA) ersetzt worden. Seit 1995 ist auch die Krankenversicherung der Rentner in den Risikostrukturausgleich einbezogen und der bisherige Finanzausgleich in diesem Bereich abgeschafft.

739 Vor Einführung des Risikostrukturausgleichs gab es bei weitgehend gleichem Leistungsangebot starke Abweichungen zwischen den Beitragssätzen der Krankenkassen. Diese Abweichungen waren zu einem großen Teil auf die unterschiedlichen Versichertenstrukturen der Krankenkassen zurückzuführen. Vor Einführung des Gesundheitsfonds zum 1. Januar 2009 war es Ziel des Risikostrukturausgleichs, diese strukturell bedingten Beitragssatzunterschiede und damit die Wettbewerbsverzerrungen zwischen den Krankenkassen abzubauen und die Beitragsbelastung der Versicherten und Arbeitgeber gerechter zu gestalten. Mit dem Risikostrukturausgleich wurden die finanziellen Auswirkungen der von den Krankenkassen nicht beeinflussbaren Unterschiede in der Höhe der beitragspflichtigen Einnahmen der Mitglieder (Grundlöhne), der Zahl der beitragsfrei Familienversicherten, des Geschlechts und des Alters der Versicherten sowie der Versicherung von Beziehern einer Erwerbsminderungsrente ausgeglichen. Im Gegensatz zu den früheren Finanzausgleichen wurden im Risikostrukturausgleich nicht die tatsächlich entstandenen Ausgaben einer Krankenkasse, sondern standardisierte, d. h. am Ausgabendurchschnitt aller Krankenkassen orientierte Leistungsausgaben (ohne Verwaltungskosten) berücksichtigt. Dieses Verfahren gewährleistete, dass Ausgabenunterschiede zwischen den Krankenkassen, die nicht auf die unterschiedliche, im Ausgleich berücksichtigte Risikobelastung der Krankenkassen zurückzuführen waren, ausschließlich aus den Beitragseinnahmen der Krankenkassen finanziert wurden.

740 Am 1. Januar 2002 war das Gesetz zur Reform des Risikostrukturausgleichs (RSA-Reformgesetz) in Kraft getreten. Dieses Gesetz beinhaltete drei zentrale Bausteine:

– Die Förderung von strukturierter Behandlungsprogrammen bzw. Disease-Management-Programme (DMP) . Diese Programme haben das Ziel, den Gesundheitszustand der Betroffenen langfristig zu stabilisieren und schwerwiegende Folgeschäden zu vermeiden. Krankenkassen, die ihren Versicherten Behandlungsprogramme für ausgewählte chronische Krankheiten anbieten, wurden hierfür im Rahmen des Risikostrukturausgleichs gefördert, wenn diese Programme besonders hohen Qualitätsanforderungen entsprechen. Ab dem 1. Januar 2009 werden alle sog. DMP-Krankheiten im Rahmen des morbiditätsorientierten Risikostrukturausgleichs direkt berücksichtigt, so dass der erhöhte standardisierte Versorgungsbedarf für diese chronisch kranken Versicherten unabhängig von ihrer Einschreibung in ein Programm über den RSA ausgeglichen wird. Eine Förderung der DMP erfolgt jetzt über die Zuweisung einer gesonderten Programmkostenpauschale aus dem Gesundheitsfonds, welche die standardisierten Aufwendungen deckt, die den Krankenkassen auf Grund der Entwicklung und Förderung dieser Programme entstehen.

– Ab dem 1. Januar 2002 wurden außerdem überdurchschnittlich hohe Aufwendungen für Versicherte im Rahmen eines Risikopools teilweise ausgeglichen. Sofern die Aufwendungen für einen Versicherten im Jahr einen bestimmten Schwellenwert überschritten, trug die Solidargemeinschaft der Krankenkassen 60 Prozent des den Schwellenwert übersteigenden Betrags. Der Risikopool wurde letztmals für das Jahr 2008 durchgeführt und ab dem Jahr 2009 durch den morbiditätsorientierten Risikostrukturausgleich ersetzt.

– Schließlich sollte zum 1. Januar 2007 im Risikostrukturausgleich die bisher indirekte Erfassung von Morbiditätsunterschieden zwischen den Versicherten durch eine direkte Erfassung dieser Morbiditätsunterschiede abgelöst werden. Der Risikostrukturausgleich sollte dadurch zielgerichteter ausgestaltet werden, so dass die Krankenkassen künftig keine Beitrags- und Wettbewerbsvorteile mehr dadurch erzielen könnten, dass sie vor allem gesunde Versicherte an sich binden. Die Einführung der direkten Morbiditätsorientierung in den RSA wurde im Rahmen der Gesundheitsreform 2006/2007 durch das Vertragsarztrechtsänderungsgesetz auf das Jahr 2009 verschoben.

741 Die Einführung des morbiditätsorientierten Risikostrukturausgleichs (Morbi-RSA) erfolgte zeitgleich mit der Einführung des Gesundheitsfonds ab dem 1. Januar 2009. Die Vorgaben hierfür wurden durch das am 1. April 2007 in Kraft getretene GKV-Wettbewerbsstärkungsgesetz präzisiert: Das Klassifikationsmodell zur Erfassung der Morbiditätsunterschiede soll auf der Grundlage von Diagnosen und Arzneimittelwirkstoffen Risikozuschläge ermitteln, keine Anreize zu medizinisch nicht gerechtfertigter Leistungsausweitung setzen und 50 bis 80 insbesondere kostenintensive chronische Krankheiten sowie Krankheiten mit schwerwiegendem Verlauf berücksichtigen, bei denen die Leistungsausgaben je Versicherten weit überdurchschnittlich sind. Die konkreten Festlegungen wurden dem Bundesversicherungsamt (BVA) übertragen. Zur Erfüllung seiner Aufgaben wurde ihm ein wissenschaftlicher Beirat an die Seite gestellt. Der Beirat hatte zunächst ein Gutachten zur Auswahl der Krankheiten vorzulegen. Das BVA hatte auf der Grundlage der Empfehlungen des Beirats und nach Anhörung der Spitzenverbände der Krankenkassen bis zum 1. Juli 2008 die Einzelheiten des Versichertenklassifikationsmodells festzulegen: die zu berücksichtigenden Krankheiten und die entsprechenden Morbiditätsgruppen, den Algorithmus für die Zuordnung der Versicherten zu diesen Gruppen, das Regressionsverfahren zur Ermittlung der Gewichtungsfaktoren und das Berechnungsverfahren zur Ermittlung der Risikozuschläge. Die Festlegung wird jährlich überprüft und durch das BVA bis zum 30. September neu bestimmt. Der wissenschaftliche Beirat beim BVA wurde vom Bundesministerium für Gesundheit außerdem damit beauftragt, die Wirkungen des Morbi-RSA auf der Grundlage der Ergebnisse des ersten, im Herbst 2010 durchgeführten Jahresausgleichs für das Jahr 2009 zu evaluieren.

742 Mit der Einführung des Gesundheitsfonds wurde zugleich der bisherige Risikostrukturausgleich zwischen den Krankenkassen durch ein Verfahren der Zuweisungen aus dem Gesundheitsfonds ersetzt. Die Krankenkassen erhalten seitdem für jeden Versicherten Zuweisungen zur Deckung der jeweiligen standardisierten Leistungsausgaben nach Maßgabe des neuen Morbi-RSA. Diese Zuweisungen setzen sich zusammen aus einer Grundpauschale sowie alters-, geschlechts- und risikoadjustierten Zu- und Abschlägen zum Ausgleich der unterschiedlichen Risikostrukturen. Eine direkte Erfassung der Morbiditätsunterschiede zwischen den Versicherten erfolgt dabei für 80 vom BVA ausgewählte Krankheiten. Darüber hinaus erhalten die Krankenkassen für jeden Versicherten Zuweisungen zur Deckung der sonstigen standardisierten Ausgaben, das sind die satzungsgemäßen Mehr- und Erprobungsleistungen, die Verwaltungsausgaben sowie die DMP-Programmkostenpauschale für eingeschriebene Versicherte. Der Ausgleich der unterschiedlichen beitragspflichtigen Einnahmen findet hingegen nicht mehr über den RSA statt, sondern erfolgt bereits über die Erhebung eines einheitlichen Beitragssatzes und die Zusammenführung aller Einnahmen im Gesundheitsfonds. Das neue Verfahren stärkt die Anreize für die Krankenkassen, im Wettbewerb um Versicherte auf Qualität und Wirtschaftlichkeit zu setzen.

743 Der Risikostrukturausgleich war bis 1998 in den alten und neuen Ländern jeweils getrennt durchgeführt worden. Angesichts der schwierigen finanziellen Sondersituation der Krankenkassen in den neuen Ländern hat der Gesetzgeber dann verschiedene Maßnahmen zu einer stufenweisen Aufhebung der Rechtskreistrennung im Risikostrukturausgleich getroffen:

– Mit dem GKV-Finanzstärkungsgesetz wurde für die Jahre 1999 bis 2001 ein auf den Ausgleich der unterschiedlichen Finanzkraft der Krankenkassen zwischen den alten und neuen Ländern begrenzter gesamtdeutscher Risikostrukturausgleich vorgesehen (Finanzkraftausgleich). Im Jahre 1999 durfte dieser Ausgleich die gesetzlich vorgegebene Obergrenze von 1,2 Mrd. DM nicht überschreiten, vom Jahr 2000 ist diese Begrenzung entfallen. Außerdem wurde mit dem Gesetz eine rechtskreisübergreifende finanzielle Hilfe für Krankenkassen in besonderen Notlagen im Rahmen von Satzungsregelungen des jeweiligen Spitzenverbandes ermöglicht.
– Mit dem am 1. Januar 1999 in Kraft getretenen GKV-Solidaritätsstärkungsgesetz wurde die zeitliche Begrenzung des rechtskreisübergreifenden Finanzkraftausgleichs aufgehoben, um dauerhaft zu einer Angleichung der wirtschaftlichen Verhältnisse in West und Ost zu gelangen.
– Mit dem am 16. Dezember 1999 verabschiedeten Gesetz zur Rechtsangleichung in der gesetzlichen Krankenversicherung wurde seit dem Jahr 2001 die bislang für Ost und West getrennte Ermittlung und Berücksichtigung der standardisierten Leistungsausgaben im Zeitraum von sieben Jahren vollständig angeglichen. Dies bedeutete eine merkliche Steigerung des West-Ost-Transfers im Rahmen des Risikostrukturausgleichs. Die Angleichung war im Jahr 2007 abgeschlossen.

Aus der Gesamtheit dieser Maßnahmen ist den Krankenkassen in den neuen Ländern ein beträchtlicher Spielraum zur Stabilisierung bzw. Senkung der Beitragssätze erwachsen. Mit Altschulden belastete Krankenkassen konnten ihre Verschuldung nachhaltig abbauen.

744 In seinem grundlegenden Beschluss vom 18. Juli 2005 hat das Bundesverfassungsgericht die Verfassungsmäßigkeit des Risikostrukturausgleichs bestätigt (Az.: 2 BvF 2/01). Danach sind sowohl der zum 1. Januar 1994 in Kraft gesetzte Risikostrukturausgleich, als auch seine Weiterentwicklung durch das RSA-Reformgesetz von 2001 mit der Verfassung vereinbar, ebenso wie die vollständige Einbeziehung der neuen Länder in dieses Ausgleichsverfahren.

Schließung und Insolvenz von Krankenkassen

745 Eine Krankenkasse wird von der Aufsichtsbehörde geschlossen, wenn ihre Leistungsfähigkeit nicht mehr auf Dauer gesichert ist. Dies ist der Fall, wenn die Krankenkasse ihren gesetzlichen Leistungspflichten nicht mehr auf Dauer nachkommen

kann. Betriebs- und Innungskrankenkassen, die nicht für betriebs- bzw. innungsfremde Mitglieder wählbar sind (vgl. Rdnr. 734), werden auch dann geschlossen, wenn der Trägerbetrieb bzw. die Trägerinnung weggefallen ist. Betriebs- und Innungskrankenkassen, die erst gar nicht hätten errichtet werden dürfen, weil die Errichtungsvoraussetzungen nicht vorgelegen haben (vgl. Rdnr. 731), sind ebenfalls zu schließen. In der Vergangenheit sind Krankenkassen nur sehr selten von der Aufsichtsbehörde geschlossen worden. Dauerhafte finanzielle Schieflagen von Krankenkassen sind bisher durch Vereinigung der Not leidenden Krankenkasse mit einer leistungsfähigen Krankenkasse beseitigt worden.

746 Die Entscheidung über die Schließung einer Krankenkasse liegt ausschließlich in der Hand der Aufsichtsbehörde. Sie bestimmt den Zeitpunkt, zu dem die Schließung wirksam wird. Die Geschäfte der Krankenkasse werden sodann vom bisherigen Vorstand abgewickelt.

747 Bestehen nach der Abwicklung der Krankenkasse noch Verbindlichkeiten, die nicht aus dem Vermögen der geschlossenen Krankenkasse gedeckt werden konnten, haften hierfür die verbleibenden Krankenkassen der betroffenen Kassenart, solange sie hierzu in der Lage sind. Die übersteigenden Verbindlichkeiten werden von den Krankenkassen der anderen Kassenarten getragen. Konkret bedeutet das, dass die Krankenkassen der betroffenen Kassenart bis zu 2.5 Prozent der Zuweisungen, die sie aus dem Gesundheitsfonds erhalten (vgl. Rdnr. 200 ff.), aufbringen müssen, bevor die Krankenkassen der anderen Kassenarten zur Haftung herangezogen werden.

748 Seit dem 1. Januar 2010 kann über das Vermögen einer Krankenkasse auch das Insolvenzverfahren eröffnet werden, wenn ein Insolvenzgrund vorliegt. Bisher war dies nur bei den bundesunmittelbaren Krankenkassen möglich. Insolvenzgründe sind das Vorliegen von Zahlungsunfähigkeit, drohender Zahlungsunfähigkeit oder Überschuldung. Stellt der Vorstand einer Krankenkasse fest, dass ein Insolvenzgrund vorliegt, hat er dies unverzüglich der Aufsichtsbehörde anzuzeigen. Diese entscheidet darüber, ob sie einen Insolvenzantrag beim Insolvenzgericht stellt. Andere Personen, wie etwa der Vorstand der Krankenkasse oder ein Gläubiger, haben keine Möglichkeit, einen Insolvenzantrag zu stellen. Sind zugleich die Voraussetzungen für eine Schließung der Krankenkasse erfüllt, soll die Aufsichtsbehörde vorrangig das Schließungsverfahren betreiben, wenn nicht besondere Gründe des Einzelfalls dafür sprechen, einen Insolvenzantrag zu stellen.

749 Anders als bei Insolvenzverfahren in der Privatwirtschaft werden bei der Insolvenz einer Krankenkasse nicht alle Gläubiger nur mit der Insolvenzquote befriedigt. Dies wäre mit der besonderen Stellung der Krankenkassen als Träger der sozialen Sicherheit nicht vereinbar. Die besonders schützenswerten Gläubigergruppen, wie etwa die Versicherten, die Leistungserbringer und die Bezieher einer von der Krankenkasse zugesagten Altersversorgung können sich daher auch im Insolvenzfall darauf verlassen, dass ihre Ansprüche – ebenso wie bei der Schließung – in vollem Umfang befriedigt werden. Reicht das Vermögen der insolventen Krankenkasse hierfür nicht aus, haften für diese Verbindlichkeiten die verbleibenden Krankenkassen der betroffenen Kassenart, im Überforderungsfall auch die Krankenkassen der anderen Kassenarten. Nur die verbleibenden Verbindlichkeiten werden mit der Insolvenzquote befriedigt.

Die Selbstverwaltung

Das Prinzip der Selbstverwaltung

750 Die gesetzlichen Krankenkassen haben kraft Gesetzes das Recht zur Selbstverwaltung. Sie sind rechtsfähige Körperschaften des öffentlichen Rechts und erfüllen die ihnen gesetzlich zugewiesenen Aufgaben im Rahmen des Gesetzes und des sonstigen für sie maßgebenden Rechts in eigener Verantwortung (§ 29 Abs. 1 und 3 SGB IV). Sie stehen dabei zwar unter der Aufsicht, nicht jedoch unter der weisungsberechtigten Leitung des Staates.

751 Auch die Vertragsärzte und -zahnärzte sind durch Gesetz in Kassenärztlichen Vereinigungen und Kassenzahnärztlichen Vereinigungen als Körperschaften des öffentlichen Rechts mit Selbstverwaltung organisiert (§ 77 ff. SGB V). Auch sie unterliegen staatlicher Rechtsaufsicht.

Die Merkmale der Selbstverwaltung

752 Die Selbstverwaltung wird durch gewählte Vertreter der Versicherten und der Arbeitgeber, bei den Ersatzkassen nur durch die Vertreter der Versicherten, bei den Kassen(zahn)ärztlichen Vereinigungen nur durch Vertreter der Vertrags(zahn)ärzte, grundsätzlich ehrenamtlich ausgeübt. Damit wirken diejenigen bei der Wahrnehmung der öffentlichen Aufgabe einer staatlichen Krankenversicherung eigenverantwortlich mit, die zugleich als „Beteiligte" betroffen sind.

Die Formen der Selbstverwaltung

753 Neben der eigentlichen Selbstverwaltung der Krankenkassen kennt die Organisation der Krankenversicherung weitere Formen der Selbstverwaltung: die Selbstverwaltung der Verbände (1) sowie die gemeinsame Selbstverwaltung (2).

(1) Die Krankenkassen bilden auf der Landesebene Landesverbände und auf Bundesebene den Spitzenverband Bund der Krankenkassen (GKV-Spitzenverband). Die Verbände haben für die erforderliche Abstimmung und Zusammenarbeit der Krankenkassen untereinander zu sorgen und schließen darüber hinaus mit den „Verbänden" der Leistungserbringer (Vertrags(zahn)ärzten und sonstige Leistungserbringern) Verträge über die Versorgung der Versicherten und deren Vergütung. Die Kassenärztlichen und Kassenzahnärztlichen Vereinigungen bilden auf der Bundesebene die Kassenärztliche Bundesvereinigung und die Kassenzahnärztliche Bundesvereinigung (Kassenärztliche Bundesvereinigungen).

(2) Gemeinsame Selbstverwaltungsgremien, wie z. B. der Gemeinsame Bundesausschuss (G-BA) (§§ 91 ff. SGB V), fassen insbesondere unter Beteiligung der Vertreter des GKV-Spitzenverbands, der Vertragsärzte und auch der Krankenhäuser Beschlüsse, die von allen Beteiligten zu beachten sind. So werden in Richtlinien die Einzelheiten von Art und Umfang der vertragsärztlichen Versorgung festgelegt. Weitere Einrichtungen der gemeinsamen Selbstverwaltung sind u. a. das Institut für Qualität und Wirtschaftlichkeit im Gesundheitswesen (§ 139a SGB V), die Bewertungsausschüsse zur Festlegung der einheitlichen Bewertungsmaßstäbe (§ 87 SGB V), die Schiedsämter (§ 89 SGB V), die Zulassungsausschüsse (§ 96 SGB V) und die Prüfungsausschüsse (§ 106 SGB V).

Die Selbstverwaltungsorgane

754 Die Selbstverwaltungskörperschaften handeln durch ihre Organe. Die Organe der Krankenkassen und ihrer Verbände sind der Verwaltungsrat und der Vorstand.

755 Der ehrenamtlich tätige Verwaltungsrat setzt sich – in der Regel paritätisch – aus Vertretern der Arbeitgeber und der Versicherten zusammen. Er beschließt die Satzung und das sonstige autonome Recht. Dabei handelt er kraft der ihm gesetzlich verliehenen Autonomie, Recht zu setzen. Die Wirkung des von ihm gesetzten Rechts ist grundsätzlich auf den Personenkreis beschränkt, der der Krankenkasse als Mitglied oder Versicherter angehört. Inhalt der Satzung sind u. a. die satzungsrechtlich festzulegenden Leistungen.

756 Weitere Aufgaben des Verwaltungsrats listet das Gesetz im Einzelnen auf. U. a. hat er den Haushaltsplan festzustellen, die Krankenkasse gegenüber dem Vorstand zu vertreten und über die Auflösung der Krankenkasse oder die freiwillige Vereinigung mit anderen Krankenkassen zu beschließen. Zusätzlich sind ihm Aufsichts- und Kontrollfunktionen übertragen, die seine Einflussmöglichkeiten sichern und stärken. So überwacht er den Vorstand, verfügt über ein erweitertes Recht der Amtsenthebung von Vorstandsmitgliedern und hat generell alle Entscheidungen zu treffen, die von grundsätzlicher Bedeutung sind. Er kann sämtliche Geschäfts- und Verwaltungsunterlagen einsehen und prüfen. Zur Erfüllung seiner Aufgaben soll er Fachausschüsse bilden.

757 Der hauptamtliche Vorstand verwaltet die Krankenkasse und vertritt sie nach außen. Er hat wesentliche Leitungs- und Organisationsaufgaben zu erfüllen. Die Mitglieder des hauptamtlichen Vorstandes werden durch den Verwaltungsrat auf 6 Jahre gewählt. Die Anzahl der Vorstandsmitglieder ist bei Krankenkassen mit bis zu 500.000 Mitgliedern auf höchstens 2, darüber hinaus auf höchstens 3 Personen beschränkt. Die Vergütungen und Versorgungsregelungen der Vorstandsmitglieder sind regelmäßig zu veröffentlichen.

758 Die Organisationsstrukturen der Kassenärztlichen und Kassenzahnärztlichen Vereinigungen und ihrer Bundesvereinigungen sind an die Strukturen im Krankenkassenbereich angepasst, mit einem hauptamtlichen Vorstand und einer Vertreterversammlung in Analogie zum Verwaltungsrat. Im hauptamtlichen Vorstand tätige Ärzte können in begrenztem Umfang eine ärztliche Nebentätigkeit ausüben. Die Vergütungen und Versorgungsregelungen der Vorstandsmitglieder sind ebenfalls regelmäßig zu veröffentlichen.

Die Gestaltungsmöglichkeiten der Selbstverwaltung

759 Ungeachtet einer detaillierten Gesetzgebung vor allem im Leistungsbereich der Krankenversicherung haben die Krankenkassen zahlreiche breite Wirkungsfelder zur eigenverantwortlichen Erledigung, die mit Einführung der Wahlfreiheit in der gesetzlichen Krankenversicherung noch stärker besetzt und erweitert worden sind. Dies gilt für den Bereich der Selbstorganisation, der Finanzwirtschaft und der Personalhoheit. Auf Verbandsebene steht das weite Feld der Vertragsverhandlungen mit den ärztlichen und nichtärztlichen Leistungserbringern und ihren Verbänden offen.

760 Zur Bekämpfung von Fehlverhalten im Gesundheitswesen werden Krankenkassen, wenn angezeigt deren Landesverbände sowie der GKV-Spitzenverband und die Kassen(zahn)ärztlichen Vereinigungen und ihre Bundesvereinigungen verpflichtet, entsprechende Prüf- und Ermittlungseinheiten (Missbrauchsbekämpfungsstellen) einzurichten.

761 Krankenkassen müssen über die Verwendung der Mittel gegenüber ihren Mitgliedern Rechenschaft ablegen und ihre Verwaltungskosten gesondert als Beitragssatz bzw. Umlageanteil ausweisen. Entsprechendes gilt hinsichtlich der Mittelverwendung für die Kassenärztlichen und Kassenzahnärztlichen Vereinigungen.

Die Verbände der Krankenkassen

762 Die Krankenkassen bilden auf der Grundlage gesetzlicher Vorgaben auf der Landesebene Verbände und auf der Bundesebene eine gemeinsame kassenartenübergreifende Institution: den GKV-Spitzenverband. Außer in Landesverbänden können sich Orts-, Betriebs- und Innungskrankenkassen kassenartübergreifend zu einem regionalen Kassenverband vereinigen. Schließlich können Krankenkassen und deren Verbände – auch kassenartübergreifend – zur gegenseitigen Abstimmung, Unterrichtung, Koordinierung und Förderung der engen Zusammenarbeit Arbeitsgemeinschaften bilden. Die Rechtsform der Arbeitsgemeinschaft gibt das Gesetz nicht vor. Die Krankenkassen können z. B. als Arbeitsgemeinschaft einen rechtsfähigen Verein oder eine Gesellschaft bürgerlichen Rechts gründen.

Die Verbände auf Landesebene

763 Betriebs- und Innungskrankenkassen gehören in ihrer Kassenart jeweils dem Landesverband des Landes an, in dem sie ihren Sitz haben. Mitglied des jeweiligen Landesverbandes sind damit auch solche Betriebs- und Innungskrankenkassen, die wegen ihres die Landesgrenzen überschreitenden Wirkungskreises bundesunmittelbare Krankenkassen sind. Besteht in einem Land nur eine Krankenkasse derselben Kassenart, nimmt sie zugleich die Aufgaben eines Landesverbandes wahr. Dies ist bei den Ortskrankenkassen die Regel.

764 Die Ersatzkassen sind nicht zu Landesverbänden zusammengeschlossen. Der die Interessen der Ersatzkassen auf Bundesebene wahrnehmende Verband der Ersatzkassen (vdek e.V.) ist – historisch bedingt – ein auf freiwilliger Vereinigung gründender, eingetragener Verein des Privatrechts. Er hat zur Wahrnehmung der Interessen auf Landesebene sogenannte Landesvertretungen eingerichtet. Auch die landwirtschaftlichen Krankenkassen bilden keinen Landesverband; sie nehmen aber ebenso wie die Knappschaft für die knappschaftliche Krankenversicherung die Aufgaben eines Landesverbandes wahr.

Der Spitzenverband Bund der Krankenkassen (GKV-Spitzenverband)

765 Mit dem weitgehend zum 1. April 2007 in Kraft getretenen GKV-Wettbewerbsstärkungsgesetz wurden u. a. die Verbandsstrukturen der Krankenkassen auf Bundesebene neu geordnet und transparenter gestaltet, um vorhandene Handlungsblockaden abzubauen und Abstimmungsprozesse zu beschleunigen. Die Krankenkassen erhielten den gesetzlichen Auftrag, gemeinsam einen kassenartübergreifenden Spitzenverband auf der Bundesebene zu bilden, der künftig in alleiniger Vertretung diejenigen Aufgaben übernimmt, die den bisherigen Spitzenverbänden gesetzlich zugewiesen waren. Der Spitzenverband Bund der Krankenkassen (GKV-Spitzenverband), der zum 1. Juli 2007 gegründet wurde, hat seit dem 1. Juli 2008 alle gesetzlichen Aufgaben der bisherigen Spitzenverbände übernommen. Mit der Übertragung dieser Aufgaben auf einen einzigen Spitzenverband verblieben damit den Bundesverbänden der einzelnen Kassenarten nur noch die Aufgaben, die ihnen von ihren Mitgliedern übertragen werden. Aus diesem Grund wurden die Bundesverbände der Krankenkassen, soweit sie den Status einer Körperschaft des öffentlichen Rechts innehatten, kraft Gesetzes in Gesellschaften des bürgerlichen Rechts umgewandelt. Ob und welche Aufgaben diese Nachfolgegesellschaften zugunsten ihrer Mitglieder übernehmen können, bleibt in der Entscheidung der Selbstverwaltung der Krankenkassen.

766 Der GKV-Spitzenverband ist gleichzeitig auch der Spitzenverband Bund der Pflegekassen. Zudem wurde die Deutsche Verbindungsstelle Krankenversicherung – Ausland, die u. a. die Krankenkassen und deren Verbände in Fragen des über- und zwischenstaatlichen Krankenversicherungsrechts (Rechtsgrundlage und Verfahrensregelungen) unterstützt und von den früheren Spitzenverbänden als eine eigenständige Körperschaft getragen wurde, in die Organisationsstruktur des GKV-Spitzenverbands eingegliedert. Der GKV-Spitzenverband ist darüber hinaus Träger des Medizinischen Dienstes des Spitzenverbandes. Dieser berät den GKV-Spitzenverband in allen pflegefachlichen und medizinischen Grundsatzfragen.

767 Im Rahmen seiner Aufgabenwahrnehmung ist der GKV-Spitzenverband auch an der Gesellschaft für Telematikanwendungen der Gesundheitskarte mbH (gematik), am Institut des Bewertungsausschusses (InBA GbR) und am Institut für das Entgeltsystem im Krankenhaus (InEK GmbH) beteiligt.

Rechtsnatur, innere Struktur der Verbände

768 Der GKV-Spitzenverband und die Landesverbände sind wie die Krankenkassen selbst rechtsfähige Körperschaften des öffentlichen Rechts mit Selbstverwaltung.

769 Die Verwaltungsräte der Landesverbände sind paritätisch mit Vertretern der Versicherten und der Arbeitgeber besetzt. Im GKV-Spitzenverband ist der Verwaltungsrat mit 41 Versicherten- und Arbeitgebervertretern der Ersatzkassen, der AOK, der IKK, der BKK, der Landwirtschaftlichen Krankenkassen und der Knappschaft besetzt (Amtsperiode: 2007 bis 2011). Eine aus allen Krankenkassen bestehende Mitgliederversammlung hat die Aufgabe den Verwaltungsrat des GKV-Spitzenverbands zu wählen. Im Übrigen gelten für die Organe der Verbände weithin die für die Krankenkassen selbst einschlägigen Regeln.

Die Aufgaben der Verbände

770 Die Aufgaben der Verbände teilen sich auf in gesetzlich zugewiesene eigene Aufgaben und in unterstützende Aufgaben zugunsten ihrer Mitglieder. Die Landesverbände haben sich untereinander wie auch über die Kassenarten hinweg abzustimmen. Sie müssen mit Sozialleistungsträgern anderer Versicherungszweige und mit sonstigen Dritten, insbesondere den Verbänden der Leistungserbringer, zusammenarbeiten. Sie sollen sich auf eine einheitliche Rechtsanwendung verständigen und gemeinsame Probleme im Verbund kostengünstiger, einfacher und effektiver bewältigen. Entsprechendes gilt grundsätzlich auch für den GKV-Spitzenverband.

771 Als gesetzlich zugewiesene Aufgaben schließen z. B. die Landesverbände der Krankenkassen und die Ersatzkassen auf Landesebene mit den Vertragsärzten und sonstigen Leistungserbringern Verträge über die Versorgung der Versicherten und deren Vergütung (§§ 82 ff, §§ 124 ff. SGB V) ab und beteiligen sich u. a. an der Bildung von Schiedsämtern und Zulassungsausschüssen.

772 Der GKV-Spitzenverband erfüllt die ihm gesetzlich zugewiesenen Aufgaben als Verhandlungspartner für alle kollektivvertraglichen Entscheidungen auf Bundesebene. So ist er verantwortlich z B. für den Abschluss von Rahmenverträgen für die stationäre, ambulante und zahnärztliche Versorgung, und für die Festsetzung von Festbeträgen für Arznei- und Hilfsmittel.

Die Staatsaufsicht

Das Prinzip der Staatsaufsicht

773 Die gesetzlichen Krankenkassen und ihre Verbände stehen ebenso wie die Kassenärztlichen Vereinigungen und die Kassenärztlichen Bundesvereinigungen trotz ihrer Selbstverwaltung unter staatlicher Aufsicht. Die staatliche Exekutive bleibt insbesondere gegenüber den Parlamenten dafür verantwortlich, dass die gesetzliche Krankenversicherung ihre öffentlichen Aufgaben unter Beachtung des geltenden Rechts erfüllt.

Der Zweck der Staatsaufsicht

774 Die Aufsicht soll sicherstellen, dass die Körperschaften im Bereich der Krankenversicherung im Einklang mit dem Gesetz und sonstigem Recht verwaltet werden. Sie dient dem Schutz der Versicherten und der Körperschaft selbst vor einem Fehlverhalten der handelnden Organe. Darüber hinaus schützt sie die Rechtsordnung insgesamt und das Gemeinwohl.

Inhalt, Reichweite und Mittel der Staatsaufsicht

775 Da die Krankenkassen und die Verbände ihre Aufgaben aufgrund des Rechts zur Selbstverwaltung in eigener Verantwortung erfüllen, ist die Staatsaufsicht prinzipiell auf die Rechtskontrolle beschränkt (§ 87 Abs. 1 SGB IV). Maßstab der Rechtskontrolle ist die Vereinbarkeit des Verwaltungshandelns mit dem Gesetz und sonstigem Recht, das für die Krankenkassen und die Verbände maßgebend ist.

Dabei hat die Aufsicht zu prüfen, ob im Falle einer Rechtsverletzung die Grenzen von Beurteilungs- und Rechtsanwendungsspielräumen nicht überschritten, insbesondere unbestimmte Rechtsbegriffe „richtig" ausgelegt und keine Ermessensfehler begangen wurden. Mit Rücksicht auf das natürliche Spannungsverhältnis zwischen Selbstverwaltung und staatlicher Aufsicht dürfen die Aufsichtsbehörden jedoch ihr Ermessen nicht an die Stelle des Ermessens der Körperschaften setzen. Bei der Anwendung unbestimmter Rechtsbegriffe wie z. B. des Gebotes der Wirtschaftlichkeit und Sparsamkeit haben die Körperschaften einen durch das Selbstverwaltungsrecht verstärkten Bewertungs- und Einschätzungsspielraum.

776 Über die bloße Rechtskontrolle hinaus überwacht der Staat die Körperschaften in bestimmten Fällen durch gesetzlich eingeräumte Mitwirkungsrechte der Aufsichten. Von Bedeutung sind vor allem die Genehmigung von Satzungen der Krankenkassen und ihrer Verbände (beispielsweise die Erhebung eines Zusatzbeitrages, die Fusion von Krankenkassen und die Vereinigung und Erstreckung von Verbänden). Die Aufsichtsbehörden können die Haushaltspläne der Krankenkassen und ihrer Verbände beanstanden, wenn sie gegen Gesetz oder sonstiges Recht verstoßen.

777 Wenn das Gesetz nichts anderes bestimmt, prüfen die staatlichen Behörden bei der Ausübung der Mitwirkungsrechte vielfach neben der Rechtmäßigkeit auch die Zweckmäßigkeit und Wirtschaftlichkeit der Maßnahmen der Körperschaften. Die staatliche Behörde hat dabei die Gemeinwohlbelange mit dem Eigeninteresse des Verbandes und seiner Mitglieder abzuwägen und sich am Prinzip der Selbstverwaltung sowie am rechtspolitischen Ziel und dem Inhalt der jeweiligen staatlichen Mitwirkung zu orientieren.

778 In einem besonderen Verfahren haben die zuständigen Aufsichtsbehörden die Rechtmäßigkeit der Vergütungsvereinbarungen zu prüfen, welche die Verbände der Krankenkassen mit den Leistungserbringern und ihren Verbänden schließen (§ 71 SGB V).

779 Die Aufsicht erstreckt sich auf die gesamte Tätigkeit der Körperschaft, also sowohl auf die Durchführung der eigentlichen Sachaufgaben als auch auf das zugehörige Verwaltungshandeln. Den Aufsichtsbehörden steht ein umfassendes Recht zur Prüfung der Geschäfts- und Rechnungsführung der Krankenkassen und ihrer Verbände zu. Zudem sind sie berechtigt, von den ihrer Aufsicht unterliegenden Einrichtungen sich alle erforderlichen Unterlagen vorlegen zu lassen und umfassende Auskunft einzuholen.

780 Wurde eine Rechtsverletzung der Krankenkassen oder ihrer Verbände festgestellt, soll die Aufsicht zunächst beratend darauf hinwirken, dass diese selbst die Rechtsverletzung beheben. Diese „Beratung" kann durch sachbezogene Gespräche oder ein entsprechendes Beratungsschreiben erfolgen. Wenn ein Einvernehmen über die Beseitigung der Rechtsverletzung nicht erzielt werden kann, kann die Aufsichtsbehörde die Körperschaft mit einer Aufsichtsanordnung verpflichten, die Rechtsverletzung zu beheben. Gegen die Aufsichtsanordnung kann Klage vor den Sozialgerichten erhoben werden. Ist die Aufsichtsanordnung sofort vollziehbar oder unanfechtbar geworden, kann sie mit den Mitteln des Verwaltungsvollstreckungsrechts durchgesetzt werden.

781 Für die Kassen(zahn)ärztlichen Vereinigungen und deren Bundesvereinigungen gelten diese Vorgaben grundsätzlich entsprechend.

Die zuständigen Aufsichtsbehörden

782 Je nach Zugehörigkeit von Krankenkassen oder Verbänden zur Staatsverwaltung des Bundes oder der Länder gibt es eine unterschiedliche Zuständigkeit für die Aufsicht. Entsprechendes gilt für Kassen(zahn)ärztlichen Vereinigungen und deren Bundesvereinigungen.

783 Aufsichtsbehörden der Länder sind die für die Krankenversicherung zuständigen obersten Verwaltungsbehörden der Länder, also im Regelfall der Minister bzw. die Ministerin oder der Senator bzw. die Senatorin für Arbeit und Soziales, oder die durch landesrechtliche Rechtsverordnung bestimmten Behörden. Sie führen die Aufsicht

– über die Orts-, Innungs- und Betriebskrankenkassen, deren Zuständigkeitsbereich sich nicht über das Gebiet eines Landes hinaus erstreckt,
– über die Landesverbände der Krankenkassen,
– über den Medizinischen Dienst der Krankenversicherung,
– über die Kassen(zahn)ärztlichen Vereinigungen.

784 Erstreckt sich das Gebiet einer Krankenkasse über nicht mehr als drei Länder hinaus, führt ein Land die Aufsicht, wenn es durch die beteiligten Länder hierzu bestimmt ist.

785 Die Aufsicht über die bundesunmittelbaren Krankenkassen, den GKV-Spitzenverband und die Kassenärztlichen Bundesvereinigungen führt der Bund. Aufsichtsbehörden des Bundes sind das Bundesversicherungsamt (BVA) und das Bundesministerium für Gesundheit (BMG).

786 Das BVA beaufsichtigt im Bereich der GKV diejenigen Krankenkassen, deren Zuständigkeit sich über drei Länder hinaus erstreckt (vor allem die Ersatzkassen und bundesweit agierende Betriebs- und Innungskrankenkassen). Neben diesen sogenannten „bundesunmittelbaren" Krankenkassen beaufsichtigt das BVA auch die Deutsche Rentenversicherung Knappschaft-Bahn-See als Träger der knappschaftlichen Krankenversicherung sowie den Spitzenverband der landwirtschaftlichen Sozialversicherung, der die Verbandsaufgaben der landwirtschaftlichen Krankenkassen, wahrnimmt, soweit nicht der GKV-Spitzenverband zuständig ist.

787 Das BMG führt die Aufsicht über die Kassenärztlichen Bundesvereinigungen und seit 1. April 2007 über den Spitzenverband Bund der Krankenkassen, der ab 1. Juli 2008 die gesetzlichen Aufgaben der bisherigen Spitzenverbände übernommen hat. Seit der „Entkörperschaftung" der Bundesverbände der Krankenkassen zum 1. Januar 2009 unterstehen die Nachfolgegesellschaften nicht mehr der Aufsicht des BMG. Gleiches gilt auch bei dem Verband der Ersatzkassen.

788 Die Aufsichtsbehörden des Bundes und der Länder stimmen ihre aufsichtrechtlichen Einschätzungen und Vorgehensweisen in Angelegenheiten der GKV und der übrigen Sozialversicherung - insbesondere in zweimal jährlich stattfindenden Arbeitstagungen ab.

Prüfung nach § 274 SGB V

789 Mit dem Inkrafttreten des § 274 SGB V zum 01.01.1990 ist das Prüfwesen in der GKV neu gefasst und erweitert worden. An die Stelle der „Eigenprüfung" der Krankenkassen (§ 342 RVO) ist eine dem BMG, dem Bundesversicherungsamt (BVA) und den für die Sozialversicherung zuständigen obersten Verwaltungsbehörden der Länder obliegende Prüfung der Krankenkassen und ihrer Verbände getreten. Hierbei handelt es sich um eine von der Aufsichtsprüfung zu unterscheidende eigenständige Prüfung, die nach dem Willen des Gesetzgebers in erster Linie weiterführende Überlegungen fördern sowie Orientierungs- und Entscheidungshilfen geben soll (so genannte Beratungsprüfung). Dieses moderne Verständnis einer Prüfung ist nicht primär auf die Aufdeckung von Fehlern oder Mängeln gerichtet, sondern soll einen entscheidenden Beitrag zur rechtzeitigen Erkenntnis von Schwachstellen leisten und vor allem präventiv wirken (BR-Drucksache 200/88). Seit dem 1. Januar 1994 erstreckt sich die Prüfung nach § 274 SGB V auch auf die Kassenärztlichen Bundesvereinigungen und die Kassenärztlichen Vereinigungen (Art. 1 Nr. 146 GSG). Mit dem Gesetz zur Organisationsreform in der landwirtschaftlichen Sozialversicherung (LSVOrgG) vom 17. Juli 2001, das zum 1. August 2001 in Kraft getreten ist, ist die Prüfung nach § 274 SGB V auf die landwirtschaftlichen Alterskassen und die landwirtschaftlichen Berufsgenossenschaften sowie ihre Verbände ausgedehnt worden (Art. 4 Nr. 5 LSVOrgG).

790 Im Rahmen der Neuordnung der Wirtschaftlichkeitsprüfung in der vertragsärztlichen Versorgung (§ 106 SGB V) durch das GKV-Modernisierungsgesetz (GMG) zum 1. Januar 2004 sind auch die mit der Wahrnehmung dieser Aufgabe betrauten gemeinsamen Ausschüsse und deren Geschäftsstellen der Prüfung nach § 274 SGB V unterstellt worden (§ 274 Abs. 1 S. 2 SGB V). Mit dem GKV-Wettbewerbsstärkungsgesetz - GKV-WSG - ist der § 274 erneut geändert worden, wobei es sich aber im Wesentlichen um Folgeänderungen handelt. So unterliegen die Bundesverbände, die zum 1. Januar 2009 in Gesellschaften des bürgerlichen Rechts umgewandelt werden (§ 212 SGB V n. F.), nicht mehr der Prüfung nach § 274 SGB V, sondern an deren Stelle ist der neu zu bildende „Spitzenverband Bund der Krankenkassen" zu prüfen. Ähnlich verhält es sich mit den „Ausschüssen" und „Geschäftsstellen" nach § 106 SGB V, d. h., hinkünftig sind die „Prüfstellen" und die „Beschwerdeausschüsse" zu prüfen. Neu im Kreise der zu prüfenden Organisationen ist der „Medizinische Dienst des GKV-Spitzenverbands" – MDS - (§ 282 Abs. 3 SGB V n. F.). Darüber hinaus hat der Gesetzgeber mit dem GKV-WSG dem Bundesrechnungshof ein Prüfungsrecht (Haushalts- und Wirtschaftsführung) bei gesetzlichen Krankenkassen, ihren Verbänden und Arbeitsgemeinschaften eingeräumt (§ 274 Abs. 4 SGB V n. F.). Die Deutsche Verbindungsstelle Krankenversicherung – Ausland, deren Aufgaben auf den GKV-Spitzenverband als Rechtsnachfolger übergegangen sind (§ 219a Abs. 2 SGB V n. F.), ist hinkünftig nicht mehr nach § 274 SGB V zu prüfen.

791 Zuständig für die Prüfung der Kassenärztlichen Bundesvereinigungen, des GKV-Spitzenverbands und des MDS ist das Bundesministerium für Gesundheit, das allerdings mit Wirkung zum 1. Januar 2005 von der Möglichkeit Gebrauch gemacht hat (§ 274 Abs. 1 S. 3 SGB V), diese Aufgabe auf das Bundesversicherungsamt zu übertragen (Erlass vom 17. Dezember 2004), dem ohnehin die Prüfung der bundesunmittelbaren Krankenkassen obliegt. Die für die Sozialversicherung zuständigen obersten Verwaltungsbehörden der Länder führen die Prüfung nach § 274 SGB V bei den Landesverbänden der Orts-, Innungs- und Betriebskrankenkassen, den landesunmittelbaren Krankenkassen, den Kassenärztlichen Vereinigungen sowie regionalen Kassenverbänden durch. Zuständig für die Prüfung der bundesunmittelbaren landwirtschaftlichen Sozialversicherungsträger und der Verbände ist das BVA, während die Prüfung der landesunmittelbaren landwirtschaftlichen Sozialversicherungsträger den für die Sozialversicherung zuständigen obersten Verwaltungsbehörden der Länder obliegt (§ 88 Abs. 3 SGB IV).

792 Die Prüfungseinrichtungen müssen bei der Durchführung der Prüfung unabhängig sein und über ein hohes Maß an Sachkompetenz verfügen, um die Wirksamkeit des Prüfwesens sicherzustellen sowie das Vertrauen der Versicherten und der Allgemeinheit in eine ordnungsgemäße Erledigung der Aufgaben zu rechtfertigen.

793 Die Beratungsprüfung erstreckt sich auf den gesamten Geschäftsbetrieb der zu prüfenden Einrichtung. Sie umfasst sowohl unmittelbare als auch mittelbare Aufgaben, wie die Selbstverwaltung, Personal- und Vermögenswirtschaft. Einbezogen sind Handlungen im Innenbereich, Handlungen mit Außenwirkung, Ermessensentscheidungen, gesetzesgebundenes Verwaltungshandeln, privatrechtliche Handlungen, schlichtes Verwaltungshandeln und öffentlich rechtliche Handlungen (vgl. Urteil des LSG Niedersachsen vom 13. Dezember 1995 – L 5 KA 20/94).

794 Gegenstand der Prüfung sind die:
- Geschäftsführung,
- Rechtmäßigkeit des Handelns (gleichbedeutend mit Gesetz- und Satzungsmäßigkeit),
- Rechnungsführung,
- Ordnungsmäßigkeit der Buchführung, Richtigkeit der Rechnungslegung (Jahresrechnung, Haushaltsrechnung),
- Betriebsführung und
- Wirtschaftlichkeit und Zweckmäßigkeit der Aufgabenerfüllung (Einbeziehung des Managements).

795 Zu den zentralen Prüfthemen gehören u. a.:
- Führung und Leitung,
- die Definition der Unternehmensziele,
- die Strategien, Planungen und Entscheidungsprozesse,
- die Wahl der persönlichen, sächlichen und methodischen Mittel für die Zielerreichung,
- die Öffentlichkeitsarbeit und das Marketing,
- die Aufbauorganisation einschließlich der Festlegung der Anzahl der Geschäfts- und Beratungsstellen,
- die Ablauforganisation einschließlich des Personaleinsatzes,
- der Geschäftsverteilungsplan und die Dienstanweisungen,
- die verwaltungsinternen Kontrollen und das Qualitätsmanagement und
- die interne und externe Kommunikation.

796 Prüfungsmaßstab sind kraft ausdrücklicher Erwähnung im Gesetzeswortlaut „Gesetzmäßigkeit" und „Wirtschaftlichkeit".

797 Für die Prüfung der Gesetzmäßigkeit ist von Bedeutung, ob die zu prüfende Einrichtung das Gesetz und das sonstige für sie geltende Recht beachtet (§ 87 Abs. 1 Satz 2 SGB IV). Dazu gehört auch, dass sie nur Geschäfte zur Erfüllung ihrer gesetzlich vorgeschriebenen oder zugelassenen Aufgaben führt und ihre Mittel nur für diese Aufgaben sowie für die Verwaltungskosten verwendet (§ 30 Abs. 1 SGB IV). Dem unbestimmten Rechtsbegriff der Wirtschaftlichkeit liegt das Interesse des Staates zugrunde, dass die Sozialversicherungsträger und sonstigen Organisationen der Sozialversicherung ihren gesetzlichen Auftrag bürgernah, effizient und kostengünstig erfüllen (vgl. u. a. § 17 Abs. 1 SGB I und § 69 Abs. 2 SGB IV).

798 Wirtschaftlichkeit beschreibt eine Zweck-Mittel-Relation, die sich zum einen als Maximal-, zum anderen als Minimalprinzip definieren lässt. Unter dem Maximalprinzip ist ein Vorgehen zu verstehen, bei dem mit einem bestimmten Geldeinsatz der größtmögliche Nutzen erzielt wird. Das Minimalprinzip besteht darin, ein bestimmtes Ziel mit dem geringstmöglichen Aufwand zu realisieren. Nach der Rechtsprechung des Bundessozialgerichts haben die Sozialversicherungsträger ihr Handeln am Minimalprinzip auszurichten. Sie sind gehalten, ihre Verwaltungsaufgaben mit dem geringstmöglichen Mitteleinsatz zu erledigen (BSGE 55, 277; 56, 197; 61, 235).

799 Für alle Institutionen der Sozialversicherung gilt, die Ausgaben auf das Notwendige zu beschränken. Zwar steht ihnen ein Beurteilungsspielraum im Sinne einer Einschätzungsprärogative zu, dennoch dürfen sie nicht über das Maß des Notwendigen hinausgehen. Nach der Rechtsprechung ist für Verwaltungsausgaben als inhaltliches Kriterium die Erhaltung der Funktionsfähigkeit der Verwaltung anzusehen.

800 Im Hinblick auf die ordnungsgemäße Erfüllung des gesetzlichen Prüfauftrags haben die zu prüfenden Einrichtungen auf Verlangen alle Unterlagen vorzulegen und alle Auskünfte zu erteilen, die zur Durchführung der Prüfung erforderlich sind (§ 274 Abs. 1 S. 5 SGB V).

801 Die Kosten, die den mit der Prüfung befassten Stellen entstehen, sind von den zu prüfenden Einrichtungen zu tragen. Näheres zur Kostenerstattung einschließlich der zu zahlenden Vorschüsse ist in Erlassen oder anderen verwaltungsinternen Verlautbarungen des Bundesministeriums für Gesundheit bzw. der obersten Landesbehörden geregelt. Die Prüfgebühren sind nicht beitragsrelevant. Die Kosten werden durch einen Leistungsbescheid geltend gemacht (BSG v. 17. November 1999 – B 6 KA 61/98).

802 Von der Möglichkeit zum Erlass allgemeiner Verwaltungsvorschriften für die Durchführung der Prüfungen hat das BMG bisher keinen Gebrauch gemacht. Das hat seinen Grund u. a. auch darin, dass die Prüfdienste von Bund und Ländern konstruktiv auf allen Ebenen zusammenarbeiten.

803 Zur Umsetzung der Verordnungsermächtigung in § 266 Abs. 7 Satz 1 Nr. 11 und § 269 Abs. 4 Nr. 5 SGB V ist für den Bereich des Risikostrukturausgleichs die Prüfung nach § 274 SGB V konkretisiert worden. So enthält § 15a RSAV Bestimmungen zum Verfahren und zu den Inhalten der bei den Krankenkassen von den mit der Prüfung befassten Stellen durchzuführenden Prüfungen, soweit hiervon die von den Krankenkassen im Risikostrukturausgleich und im Risikopool gemeldeten Daten betroffen sind.

Medizinischer Dienst der Krankenversicherung

804 Versicherte der GKV haben gegenüber ihren Krankenkassen einen Anspruch auf medizinische Leistungen zur Verhütung, Früherkennung und Behandlung von Krankheiten. Die Krankenkassen haben den Versicherten die erforderlichen Leistungen unter Beachtung des Wirtschaftlichkeitsgebots (§§ 2, 12 SGB V), wonach die Leistungen ausreichend, zweckmäßig und wirtschaftlich sein müssen und das Maß des Notwendigen nicht überschreiten dürfen, zur Verfügung zu stellen.

805 Zur Erfüllung und Prüfung dieser gesetzlichen Voraussetzungen für die medizinische Versorgung der Versicherten benötigen die Krankenkassen häufig auch medizinische Beratung. Um zu vermeiden, dass jede Krankenkasse die dafür erforderliche medizinische Kompetenz selber vorhalten muss, hat der Gesetzgeber dem Medizinischen Dienst der Krankenversicherung medizinische Beratungs- und Begutachtungsaufgaben übertragen (§ 275 ff SGB V). Der Medizinische Dienst besteht in jedem Bundesland als kassenartenübergreifende Arbeitsgemeinschaft, die von den Landesverbänden der Krankenkassen, den landwirtschaftlichen Krankenkassen sowie den Ersatzkassen getragen wird.

806 Die Krankenkassen sind in den im Gesetz vorgesehenen Fällen (§ 275 Abs. 1 SGB V) verpflichtet, eine Stellungnahme des Medizinischen Dienstes einzuholen. Die Aufgaben des Medizinischen Dienstes sind daher vielfältig. Sie umfassen u. a. medizinische Beratungen und gutachterliche Stellungnahmen bei Fragen zur Erbringung von Leistungen, zur Einleitung und Notwendigkeit von Rehabilitationsmaßnahmen oder bei längerer Arbeitsunfähigkeit. In letzterem Fall kann eine umfassende sozialmedizinische Begutachtung erforderlich werden. Auch muss bei Zweifeln an der Notwendigkeit oder Dauer einer Krankenhausbehandlung eine medizinische Begutachtung erfolgen. Die Krankenkasse kann darüber hinaus den Medizinischen Dienst auch bei Auffälligkeiten mit der Prüfung der ordnungsgemäßen Abrechnung beauftragen.

807 Neben diesen Fällen haben die Krankenkassen auch Beratungsbedarf zu allgemeinen medizinischen Fragen der Gesundheitsversorgung und bei Beratung der Versicherten, in Fragen der Qualitätssicherung und bei Vertragsverhandlungen mit den Leistungserbringern wie Ärzten und Krankenhäusern, Heil- und Hilfsmittellieferanten. Sie sollen dabei in notwendigem Umfang den Medizinischen Dienst zu Rate ziehen. Nur wenn die Krankenkassen ebenso wie ihre Vertragspartner über den notwendigen medizinischen Sachverstand verfügen, also gleichberechtigte Partner sind, können diese Verhandlungen zu sachgerechten, auch medizinische Gesichtspunkte angemessen berücksichtigende Verträgen führen. Mit dem GKV-Wettbewerbsstärkungsgesetz wurde den

Krankenkassen und ihren Verbänden die Möglichkeit eingeräumt, für diesen Beratungsbedarf zu allgemeinen übergreifenden Fragen und damit gerade auch in wettbewerbsorientierten Themenfeldern auch andere Gutachterdienste als den Medizinischen Dienst zu Rate ziehen zu können.

808 Die Finanzierung des Medizinischen Dienstes der Krankenversicherung erfolgt zum einen durch eine Umlage der ihn tragenden Krankenkassen und zum anderen durch die Vergütung von Beratungsleistungen direkt durch den Auftraggeber. Die Aufgaben des Medizinischen Dienstes in dem Bereich der ihm zugewiesenen gutachtlichen Prüfaufgaben nach § 275 Abs. 1 bis 3a SGB V, die der Medizinische Dienst nicht nur für einzelne, sondern für alle Krankenkassen erledigt, werden weiterhin durch eine Umlage finanziert. Die Aufteilung dieser Umlage richtet sich nach der Mitgliederzahl der Krankenkassen unter Zugrundelegung des Wohnortprinzips. Dagegen ist nach dem GKV-Wettbewerbsstärkungsgesetz die Finanzierung der allgemeinen Beratungsaufgaben nach § 275 Abs. 4 SGB V – auch vor dem Hintergrund einer stärker wettbewerbsorientierten Ausrichtung der Medizinischen Dienste in diesen Themenfeldern und der Möglichkeit der Beauftragung anderer Gutachterdienste – nunmehr nur noch durch ausschließlich nutzerorientierte Vergütungen vorgesehen.

809 Die Unabhängigkeit der Ärzte des Medizinischen Dienstes im Rahmen der Beurteilung medizinischer Sachverhalte wird dadurch gewährleistet, dass sie bei der Wahrnehmung ihrer medizinischen Aufgaben nur ihrem ärztlichen Gewissen unterworfen sind. Sie sind nicht berechtigt, in die ärztliche Behandlung einzugreifen (§ 275 Abs. 5 SGB V).

810 Mit der Errichtung des GKV-Spitzenverbands zum 1. August 2008 hat dieser die Aufgabe übernommen, die wirksame Durchführung der Aufgaben sowie die Zusammenarbeit der Medizinischen Dienste zu koordinieren und zu fördern. Für diese Aufgabe hat er den „Medizinischen Dienst des Spitzenverbandes Bund der Krankenkassen" gebildet. Der GKV-Spitzenverband wird in allen medizinischen Fragen der ihm zugewiesenen Aufgaben vom Medizinischen Dienst des Spitzenverbandes Bund der Krankenkassen beraten und erlässt Richtlinien über die Zusammenarbeit der Krankenkassen mit dem Medizinischen Dienst, zur Sicherstellung einer einheitlichen Begutachtung sowie über Grundsätze zur Fort- und Weiterbildung. Über diese verbindlichen Richtlinien hinaus kann er auch Empfehlungen abgeben. Der Koordinierung und Förderung der Zusammenarbeit der Medizinischen Dienste dienen darüber hinaus zahlreiche überregionale Veranstaltungen und Gremien wie z. B. Tagungen der Geschäftsführer und der Leitenden Ärzte, Projekt- und Arbeitsgruppen sowie Kompetenz-Zentren für spezielle medizinische Fragen.

Der Rechtsschutz in der GKV

811 Rechtsschutz gewähren bei Streitigkeiten in allen Angelegenheiten der Sozialversicherung einschließlich der Krankenversicherung die Gerichte der Sozialgerichtsbarkeit (vgl. hierzu ausführlich Kapitel 26). Die entsprechenden Verfahrensregeln finden sich im Sozialgerichtsgesetz (SGG). Für Versicherte entstehen vor den Sozialgerichten in der Regel keine Gerichtskosten. Anwaltszwang besteht nicht.

812 Für öffentlich-rechtliche Streitigkeiten aus den Rechtsverhältnissen, die dem Bereich der GKV angehören, ergibt sich der Rechtsweg zu den Sozialgerichten aus § 51 Abs. 1 Nr. 2 SGG. Um eine solche Streitigkeit handelt es sich immer dann, wenn sich Voraussetzungen erhobener Ansprüche oder Rechtsfolgen aus dem Krankenversicherungsrecht ableiten lassen, die Streitigkeit ihre materiell-rechtliche Grundlage in Vorschriften der GKV hat oder solche Vorschriften die Natur des streitigen Rechtsverhältnisses entscheidend prägen. Danach entscheiden zum Beispiel die Sozialgerichte den Streit zwischen gesetzlich Krankenversicherten und Krankenkassen über die Versicherungspflicht, über Beitragspflichten und Leistungsansprüche, über Beitragserstattungen und die Rückforderung zu Unrecht erbrachter Leistungen ebenso wie in Selbstverwaltungs- und Aufsichtsangelegenheiten.

813 § 51 Abs. 2 SGG sieht als ergänzende Rechtswegzuweisung vor, dass die Sozialgerichte auch über privatrechtliche Streitigkeiten in Angelegenheiten der GKV entscheiden. Dies gilt auch, soweit durch diese Angelegenheiten Dritte betroffen sind. Streitig war lange Zeit, welcher Gerichtszweig für Wettbewerbsklagen zuständig sein sollte. Sowohl der Bundesgerichtshof als auch das Bundessozialgericht reklamierten in sich widersprechenden Beschlüssen die Zuständigkeit für den jeweiligen Rechtsweg. Zunächst wurde durch das „Gesetz zur Weiterentwicklung der Organisationsstrukturen in der gesetzlichen Krankenversicherung (GKV-OrgWG)" ausdrücklich die Zuständigkeit der Sozialgerichtsbarkeit sowohl für Streitigkeiten, die das Kartellrecht (hierzu Rdnr. 814) betreffen, als auch solche, die das Vergaberecht betreffen, geregelt. Durch das „Gesetz zur Neuordnung des Arzneimittelmarktes in der gesetzlichen Krankenversicherung (AMNOG)" ist diese gesetzgeberische Entscheidung jedoch zum 1. Januar 2011 wieder revidiert worden. Ausdrücklich von der Zuständigkeit der Sozialgerichte ausgenommen und damit den Zivilgerichten zugewiesen sind nach § 51 Abs. 3 SGG Streitigkeiten in Verfahren nach dem Gesetz gegen Wettbewerbsbeschränkungen (GWB), die Rechtsbeziehungen nach § 69 SGB V betreffen. Konkret bedeutet dies, dass Wettbewerbsstreitigkeiten (Kartellrecht und Vergaberecht), die die Rechtsbeziehungen zwischen Krankenkassen und den Leistungserbringern betreffen, künftig vor den Zivilgerichten verhandelt werden.

814 Im Rahmen des Gesetzes zur Stärkung des Wettbewerbs in der gesetzlichen Krankenversicherung wurde geregelt, dass auf die Einzelverträge zwischen Krankenkassen und Leistungserbringern das Kartellrecht in den §§ 19 bis 21 des Gesetzes gegen Wettbewerbsbeschränkungen, die insbesondere den Missbrauch einer marktbeherrschenden Stellung verbieten, entsprechend Anwendung (GWB) finden. Die Geltung des Kartellrechts ist durch das „Gesetz zur Neuordnung des Arzneimittelmarktes in der gesetzlichen Krankenversicherung (AMNOG)" zum 1. Januar 2011 weiter ausgeweitet und präzisiert worden (§ 69 SGB V). So gelten insbesondere die §§ 1 bis 3 GWB, die nicht nur den Missbrauch einer marktbeherrschenden Stellung, sondern bereits das vorgelagerte Bilden von Kartellen verbieten, künftig auch für Krankenkassen. Darüber hinaus sind auch die Verträge, auf die das Kartellrecht Anwendung findet, präzisiert worden. Es gilt insbesondere nicht für Verträge, zu deren Abschluss die Krankenkassen gesetzlich verpflichtet sind, also z.B. Versorgungsverträge in der Hilfsmittelversorgung nach § 127 Abs. 2 SGB V. Im Ergebnis fallen damit unter den Anwendungsbereich des Kartellrechts nur die Verträge, die Krankenkassen *freiwillig* abschließen können, z. B. Verträge zu integrierten Versorgung oder insbesondere die Rabattverträge in der Arzneimittelversorgung. Mit der beschriebenen Geltung des Kartellrechts ist zum einen sichergestellt, dass die Krankenkassen eine eventuell entstehende übergroße Marktmacht nicht wettbewerbswidrig zu Lasten der Leistungserbringer einsetzten. Zum anderen bietet die Regelung auch den Krankenkassen Schutz gegen Kartelle auf Anbieterseite.

815 Durch die Gesundheitsreformen der vergangenen Jahre haben die Krankenkassen eine Reihe neuer Handlungsinstrumente erhalten. Insbesondere Einzelverträge zwischen Krankenkassen und Leistungserbringern eröffnen die Möglichkeit, mehr wettbewerbliche Elemente in der gesetzlichen Krankenversicherung zu entwickeln. Zu erwähnen sind in diesem Zusammenhang insbesondere die Umstellung der Hilfsmittelversorgung von einem Zulassungssystem auf ein Vertragssystem (§ 126 ff. SGB V) und die Möglichkeit der Krankenkassen, mit Arzneimittelherstellern Rabattverträge abzuschließen (§ 130a Abs. 8 SGB V). Seit die GKV stärker auf den Abschluss von Direktverträgen ausgerichtet ist, gewinnt neben der Frage der Anwendbarkeit des Kartellrechts auch die Frage der Anwendbarkeit des Vergaberechts an Bedeutung. Insbesondere war umstritten, inwieweit die Vorschriften des europäischen Vergaberechts, die in den §§ 97 ff. des Gesetzes gegen Wettbewerbsbeschränkungen (GWB) in deutsches Recht umgesetzt worden sind, auf die Direktvertragsbeziehungen in der gesetzlichen Krankenversicherung anzuwenden sind. Konkret stellte sich in diesem Zusammenhang die Frage, ob und inwieweit die Krankenkassen verpflichtet sind, entsprechende Verträge europaweit auszuschreiben. Diese Frage ist durch das Gesetz zur Weiterentwicklung der Organisationsstrukturen in der gesetzlichen Krankenversicherung (GKV-OrgWG) beantwortet worden. In § 69 Abs. 2 SGB V ist ausdrücklich geregelt, dass die Vorschriften des vierten Teils des Gesetzes gegen Wettbewerbsbeschränkungen (§§ 97ff GWB) auf die Direktverträge der gesetzlichen Krankenkassen anzuwenden sind. Jedenfalls Rabattverträge in der Arzneimittelversorgung und die Versorgungsverträge in der Hilfsmittelversorgung nach § 127 Abs. 1 SGB V sind daher von den Krankenkassen nach den genannten Vorschriften europaweit auszuschreiben. Mit den unter Rdnr. 812 bis 814 beschriebenen Regelungen sind die wesentlichen Streitfragen im Zusammenhang mit der Anwendung des Wettbewerbsrechts geklärt. Die Krankenkassen können nun bei klaren Rahmenbedingungen die neuen Möglichkeiten, durch Einzelverträge die Versorgung zu verbessern und wirtschaftlicher zu gestalten, nutzen

Behandlungsfehler

816 Krankheitsverlauf und ärztliche Behandlung sind keine naturwissenschaftlich-mathematisch berechenbaren Ereignisse. Wenn sich Beschwerden und Leiden eines Patienten im Verlauf einer ärztlichen Behandlung verschlimmern, stellt sich daher die schwer zu beantwortende Frage, ob die Verschlechterung des Gesundheitszustandes trotz oder wegen der ärztlichen Maßnahmen eintrat. Die Gesundheit hängt von vielen Risiken ab; eines ist der ärztliche Behandlungsfehler. Da therapeutischer Nutzen der Heilbehandlung und die Möglichkeit einer zusätzlichen Gesundheitsbeeinträchtigung durch den Arzt oftmals unentwirrbar mit vom Arzt nicht beherrschbaren körpereigenen Entwicklungen einhergehen, ist die Schwierigkeit der Abgrenzung zwischen schuldhaftem Arztfehler und Krankheitsschicksal offenkundig.

Zu den Voraussetzungen des Behandlungsfehlers

817 Der Arzt begeht einen Behandlungsfehler, wenn er die nach den Erkenntnissen und anerkannten Regeln der medizinischen Wissenschaft sowie die nach den Umständen des Einzelfalls objektiv erforderliche Sorgfalt nicht wahrt. Der Umfang der Sorgfaltspflicht richtet sich danach, was von einem ordentlichen, pflichtgetreuen, verantwortungsbewussten und den durchschnittlichen Anforderungen seiner Facharztgruppe genügenden Arzt erwartet werden muss. Wurde die erforderliche Sorgfalt außer Acht gelassen, hat der Arzt für einen Gesundheitsschaden einzustehen, wenn die Sorgfaltspflichtverletzung ursächlich für den Schaden war und den Arzt ein Verschulden trifft.

818 Die pflichtwidrige Verursachung eines Schadens berechtigt in aller Regel zu einem zivilrechtlichen Schuldvorwurf. Das Maß des Verschuldens, der persönlichen Vorwerfbarkeit, ist nämlich für die zivilrechtliche Haftung durch einen „verobjektivierten" Fahrlässigkeitsmaßstab abgeschwächt. Danach haftet der Arzt immer schon dann, wenn ihm ein typisiertes Verschulden zur Last gelegt werden kann, weil er die durchschnittlichen typischen Kenntnisse und Fähigkeiten seiner Berufsgruppe und die nach ihnen zu bemessende Sorgfalt hat vermissen lassen.

Beweis der Ursächlichkeit

819 Grundsätzlich muss der Patient, der einen Schadensersatzanspruch geltend macht, den ursächlichen Zusammenhang zwischen Fehler und Misserfolg aufdecken. Die Beweisführung ist dem Patienten oft erschwert, weil ihm regelmäßig die erforderlichen medizinischen Fachkenntnisse fehlen. Krankheitsbedingt kann sich sein Handicap noch verstärken (zum Beispiel im Fall eines Eingriffs in Narkose). Die Rechtsprechung hilft daher in bestimmten Fällen der Beweisnot des Patienten ab: So lässt sie bei einem typischen Zusammenhang zwischen Fehler und Schaden den Beweis des ersten Anscheins zu, es sei denn, der Arzt entkräftet den Nachweis, indem er die ernsthafte Möglichkeit eines atypischen Geschehensablaufs plausibel macht. Weitergehende Beweiserleichterungen bis hin zur Beweislastumkehr gibt es, wenn auf einen groben Fehler oder eine vom Arzt leichtfertig herbeigeführte Gefahrensituation eine normalerweise damit verbundene Gesundheitsbeeinträchtigung folgt. Weitere Beweiserleichterungen sind möglich, wenn der Arzt dem Patienten Krankheitsunterlagen vorenthält oder wenn es auf den Arzt als ein von ihm zu verantwortendes Versäumnis zurückfällt, dass er Diagnose und Befunde nicht aufzeichnete. Schließlich kehrt sich die Beweislast um, wenn der Gesundheitsschaden auf Fehlerquellen beruht, die in der Einfluss- und Beherrschungssphäre des Arztes liegen.

Außergerichtliche Hilfe – gerichtlicher Rechtsschutz

820 Geschädigte Versicherte können ihre Krankenkasse bitten, sie bei der Verfolgung von Schadensersatzansprüchen zu unterstützen, die bei der Inanspruchnahme von Versicherungsleistungen aus Behandlungsfehlern entstanden sind (§ 66 SGB V). Zum Beispiel darf die Krankenkasse Informationen aus ihren Unterlagen zur Verfügung stellen.

821 Es gibt die Möglichkeit, von Schlichtungsstellen für ärztliche Behandlungsfehler ein kostenloses Gutachten einzuholen. Im Übrigen können Patienten ihren privatrechtlichen Haftungsanspruch, so weit er nicht auf die Krankenkasse übergegangen ist, insbesondere also einen Schmerzensgeldanspruch, vor den Zivilgerichten einklagen.

Tabelle 5: Die Aufwendungen der GKV nach Leistungsarten

Jahr	ärztliche Behandlung	zahnärztliche Behandlung inkl. Kfo	Zahnersatz	Apotheken	Heilmittel	Hilfsmittel	Krankenhausbehandlung insgesamt	Krankengeld	sonstige Leistungsausgaben	Leistungsausgaben insgesamt	sonstige Aufwendungen ohne RSA	Netto-Verwaltungskosten	Ausgaben insgesamt
1994	18,88	6,94	3,59	15,17	2,49	3,95	39,11	8,14	12,80	111,07	0,32	5,99	117,38
1995	19,67	7,05	3,79	16,38	2,76	4,31	40,75	9,41	12,87	116,99	0,87	6,14	124,00
1996	20,11	7,57	4,20	17,46	3,01	4,78	41,35	9,30	13,09	120,88	0,49	6,55	127,92
1997	20,49	7,61	4,31	16,81	2,75	4,50	42,34	7,38	12,09	118,29	0,55	6,45	125,29
1998	20,78	7,85	2,99	17,72	3,64	4,44	43,58	7,05	12,07	120,12	0,53	6,82	127,47
1999	21,19	7,70	3,27	19,21	3,08	4,61	43,74	7,15	13,27	123,21	0,54	7,17	130,92
2000	21,50	7,71	3,52	20,12	3,06	4,82	44,54	7,06	13,61	125,94	0,46	7,30	133,70
2001	21,90	7,93	3,66	22,33	3,23	4,93	44,98	7,72	13,95	130,63	0,53	7,64	138,81
2002	22,31	7,97	3,52	23,45	3,70	5,09	46,30	7,56	14,43	134,33	0,68	8,02	143,03
2003	22,86	8,03	3,79	24,22	3,88	5,42	46,80	6,97	14,26	136,22	0,67	8,21	145,09
2004	21,43	7,59	3,67	21,81	3,64	4,54	47,59	6,37	14,50	131,16	0,91	8,11	140,18
2005	21,55	7,49	2,43	25,36	3,73	4,46	48,96	5,87	14,99	134,85	0,81	8,16	143,81
2006	22,24	7,67	2,70	25,83	3,76	4,50	50,33	5,71	15,95	138,68	1,21	8,11	148,00
2007	23,05	7,85	2,83	27,79	3,91	4,74	50,85	6,02	17,38	144,43	1,26	8,18	153,93
2008	24,10	8,01	2,92	29,15	4,15	4,92	52,62	6,58	18,45	150,90	1,75	8,23	160,94
2009	25,88	8,19	3,03	30,70	4,34	5,20	55,98	7,26	19,82	160,40	1,17	8,91	170,78
Veränderungen absolut in Prozent													
1995	4,2	1,6	5,6	7,9	11,0	9,0	4,2	15,6	0,6	5,3	172,6	2,4	5,6
1996	2,2	7,4	10,7	6,6	9,0	11,0	1,5	-1,1	1,7	3,3	-43,7	6,7	3,2
1997	1,9	0,4	2,7	-3,7	-8,5	-6,0	2,4	-20,6	-7,6	-2,1	12,0	-1,4	-2,1
1998	1,4	3,2	-30,6	5,4	32,4	-1,4	2,9	-4,6	-0,2	1,5	-3,1	5,6	1,7
1999	2,0	-2,0	9,2	8,4	-15,5	3,9	0,4	1,4	9,9	2,6	1,0	5,2	2,7
2000	1,5	0,1	7,8	4,8	-0,4	4,6	1,8	-1,2	2,5	2,2	-15,2	1,7	2,1
2001	1,8	2,9	4,1	11,0	5,3	2,3	1,0	9,3	2,6	3,7	16,9	4,7	3,8
2002	1,9	0,4	-3,8	5,0	14,7	3,3	2,9	-2,0	3,4	2,8	27,2	4,9	3,0
2003	2,5	0,8	7,4	3,3	4,8	6,3	1,1	-7,8	-1,1	1,4	-2,0	2,3	1,4
2004	-6,3	-5,5	-3,0	-9,9	-6,0	-16,1	1,7	-8,7	1,7	-3,7	35,9	-1,1	-3,4
2005	0,5	-1,3	-33,7	16,3	2,4	-1,8	2,9	-7,8	3,3	2,8	-10,7	0,5	2,6
2006	3,2	2,3	10,8	1,9	0,9	0,7	2,8	-2,7	6,4	2,8	49,9	-0,5	2,9
2007	3,6	2,4	5,0	7,6	4,0	5,5	1,0	5,4	9,0	4,1	4,2	0,9	4,0
2008	4,6	2,0	3,1	4,9	6,0	3,7	3,5	9,4	6,1	4,5	38,6	0,6	4,6
2009	7,4	2,4	3,9	5,3	4,7	5,9	6,4	10,3	7,4	6,3	-33,1	8,3	6,1

Quelle: GKV-Statistik BMG, endgültige Jahresrechnungsergebnisse lt. Statistik KJ 1.

Tabelle 6: Ausgabenentwicklung in der GKV 2009-2010

Ausgaben der gesetzlichen Krankenversicherung	vorläufige Finanzergebnisse 2010		
	1. bis 4. Quartal 2009	1. bis 4. Quartal 2010	absolute Differenz in Mrd EUR
	in Mrd. Euro		1. bis 4. Qu. 2010 zu 1. bis 4. Qu. 2009
Ausgaben insgesamt	170,79	175,73	4,95
mit Zuzahlungen der Versicherten	175,63	180,74	5,11
Leistungen insgesamt	160,59	165,10	4,52
mit Zuzahlungen der Versicherten	165,43	170,11	4,68
darunter – jeweils mit Zuzahlungen –:			
Ausgaben, die der vertragsärztlichen Versorgung zugute kommen[1]	32,35	33,04	0,69
Zahnärztliche Behandlung ohne Zahnersatz	8,49	8,65	0,16
Zahnersatz	3,13	3,22	0,09
Zahnärztliche Behandlung insgesamt	11,62	11,87	0,26
Arzneimittel aus Apotheken und von Sonstigen	31,70	32,03	0,33
Hilfsmittel	6,25	6,32	0,08
Heilmittel	4,53	4,78	0,25
Krankenhausbehandlung	56,29	58,82	2,52
Krankengeld	7,24	7,80	0,56
Leistungen im Ausland	0,45	0,58	0,13
Fahrkosten	3,56	3,67	0,11
Vorsorge- und Reha-Maßnahmen	2,51	2,45	-0,06
Soziale Dienste / Prävention / Impfungen	2,50	1,63	-0,87
Schwangerschaft / Mutterschaft[2]	0,98	1,02	0,04
Behandlungspflege / Häusliche Krankenpflege	2,94	3,24	0,30
Sonstige Leistungsausgaben	2,52	2,86	0,34
Sonstige Aufwendungen	1,25	1,15	-0,10
Netto-Verwaltungskosten	8,95	9,48	0,53

1) In dieser Ausgabenposition sind enthalten: ärztliche Behandlung, Behandlung durch Belegärzte in Krankenhäusern, ärztliche Beratung und Behandlung bei Empfängnisverhütung, Sterilisation, Schwangerschaftsabbruch, Früherkennung, Mutterschaftsvorsorge, Dialyse-Sachkosten sowie von den Versicherten geleistete Zuzahlungen (Praxisgebühr).
2) Ohne stationäre Entbindung und ärztliche Leistungen.

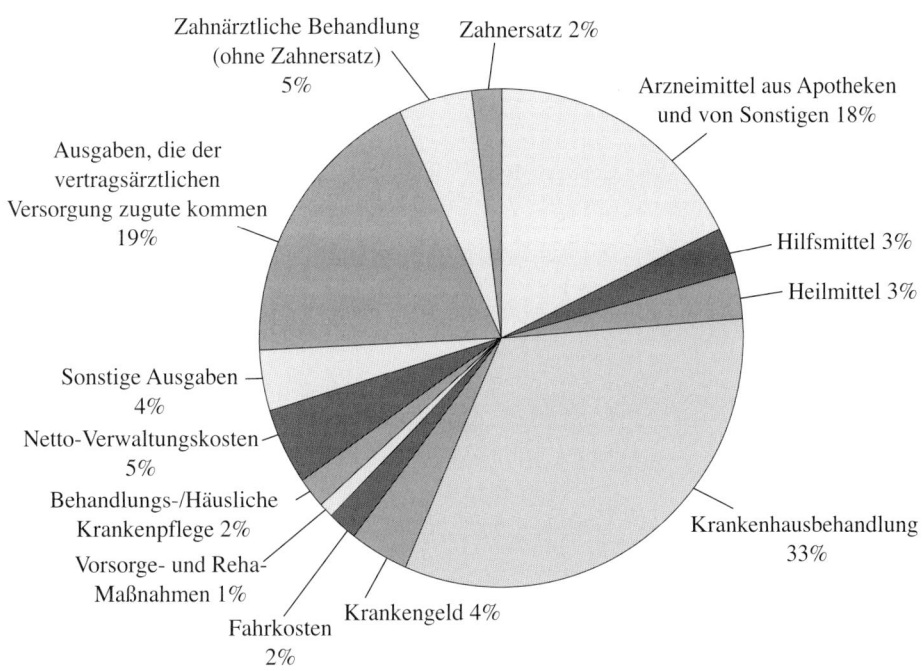

Ausgabenanteile 1. bis 4. Quartal 2010

5 Sozialgesetzbuch · 5. Buch · Krankenversicherung

Entwicklung des durchschnittlichen allgemeinen Beitragssatzes in der GKV (jeweils zum 01. Januar)

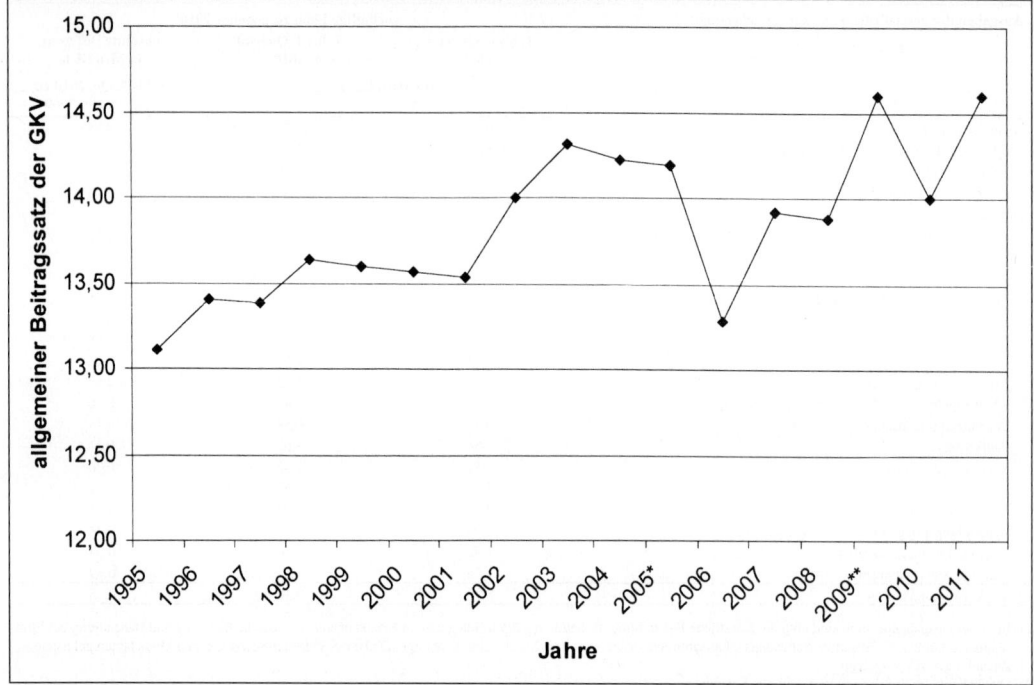

*   Ab dem Jahr 2005 ist zu berücksichtigen, dass ab 1. Juli 2005 zusätzlich zu den in der vorstehenden Tabelle paritätisch finanzierten allgemeinen Beitragssatz ein von den Mitgliedern zu finanzierender Zusatzbeitragssatz von 0,9 % erhoben und der allgemeine Beitragssatz der Kassen zum gleichen Zeitpunkt entsprechend abgesenkt wurde.
** Im 1. Halbjahr 2009 galt in der gesetzlichen Krankenversicherung bundesweit ein einheitlicher allgemeiner Beitragssatz von 14,6 Prozent. Im Zuge des sogenannten Konjunkturpakets II (Gesetz zur Sicherung von Beschäftigung und Stabilität in Deutschland) wurde der Beitragssatz zum 1. Juli 2009 um 0,6 Beitragssatzpunkte abgesenkt und der pauschale Bundeszuschuss entsprechend erhört. Ab dem 01. Januar 2011 gibt es wieder einen allgemeinen, paritätisch finanzierten Beitragssatz von 14,6 Prozent und einen mitgliederbezogenen Zusatzbeitrag von 0,9 Prozent.

Tabelle 7: Entwicklung der Anzahl der gesetzlichen Krankenkassen nach Kassenarten

Jahr	Kassen insgesamt	davon: AOK	BKK	IKK	LKK	Ersatzkassen
			Anzahl			
1992	1.223	271	741	173	21	15
1993	1.221	269	744	169	22	15
1994	1.152	235	719	160	21	15
1995	960	92	690	140	21	15
1996	642	20	532	53	20	15
1997	554	18	457	43	20	14
1998	482	18	386	43	20	13
1999	455	17	361	42	20	13
2000	420	17	337	32	20	12
2001	396	17	318	28	19	12
2002	355	17	287	24	13	12
2003	324	17	260	23	10	12
2004	280	17	222	19	9	11
2005	267	17	210	19	9	11
2006	254	17	199	17	9	11
2007	242	16	189	16	9	10
2008	219	15	170	15	9	9
2009	202	15	155	14	9	8
2010	169	14	132	7	9	6
2011	156	12	121	7	9	6

Bis 2007 inklusive je 1 See-Krankenkasse und 1 Bundesknappschaft in den einzelnen Jahren. Durch die Eingliederung der See-Krankenkasse in die Krankenversicherung Knappschaft-Bahn-See (KBS) zum 1. Januar 2008 nur noch 1 Träger.
Quelle: GKV Statistik BMG, Vordruck KM 1 jeweils Stand 1. Januar in den einzelnen Jahren.

5 Sozialgesetzbuch · 5. Buch · Krankenversicherung

Zahl der Mitglieder (einschl. Rentner) in der gesetzlichen Krankenversicherung nach Kassenarten in Mio.

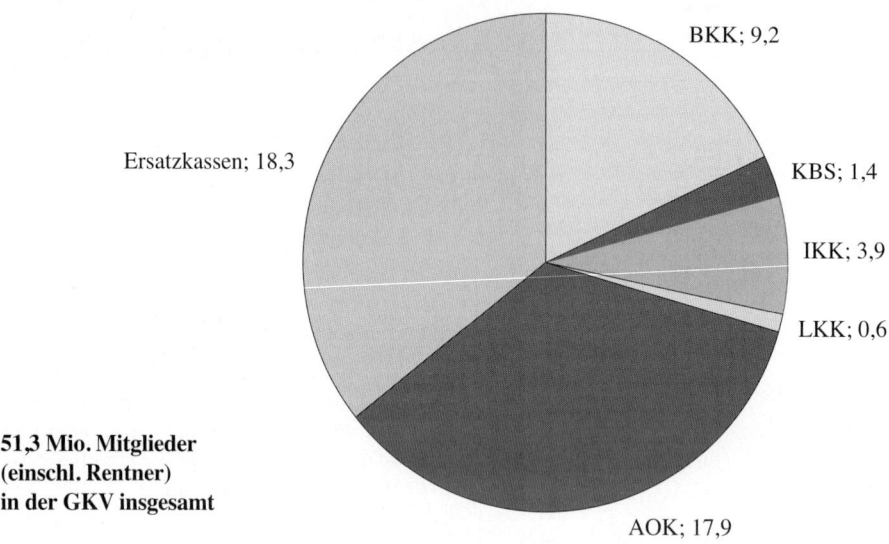

51,3 Mio. Mitglieder
(einschl. Rentner)
in der GKV insgesamt

Quelle: GKV Statistik BMG, Vordruck KM 1 jeweils Stand 1. Januar 2011.

Zahl der Versicherten in der gesetzlichen Krankenversicherung nach Kassenarten in Mio.

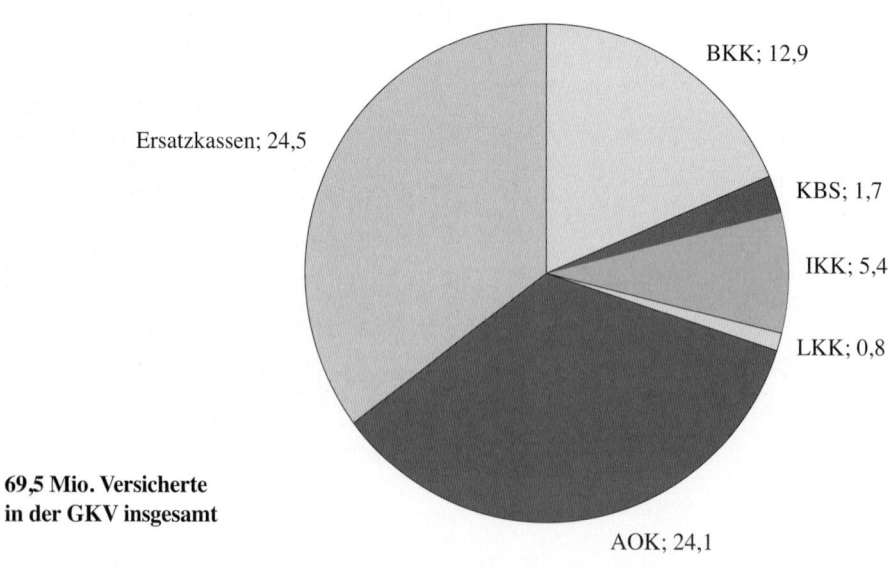

69,5 Mio. Versicherte
in der GKV insgesamt

Quelle: GKV Statistik BMG, Vordruck KM 1 jeweils Stand 1. Januar 2011.

6 Sozialgesetzbuch - 6. Buch Rentenversicherung

Überblick

Aufgabe der gesetzlichen Rentenversicherung ist die finanzielle Absicherung der hier Versicherten für den Fall, dass aus Altersgründen oder aufgrund von Invalidität eine Erwerbstätigkeit nicht mehr ausgeübt werden kann. Aus der gesetzlichen Rentenversicherung können insbesondere folgende Leistungen in Anspruch genommen werden:

- *Renten wegen Alters,*
- *Renten wegen verminderter Erwerbsfähigkeit,*
- *Renten an Witwen, Witwern und Waisen,*
- *Zuschüsse zu den Beiträgen zur Krankenversicherung.*

Außerdem gewährt die gesetzliche Rentenversicherung Heilbehandlung, Leistungen zur Teilhabe am Arbeitsleben und andere Leistungen zur Erhaltung, Besserung und Wiederherstellung der Erwerbsfähigkeit, um den drohenden Eintritt von Erwerbsminderung zu verhindern oder eine bereits eingetretene Erwerbsminderung wieder zu beheben.

Die gesetzliche Rentenversicherung ist insbesondere eine Versicherung für alle Arbeitnehmer und für die selbständig Tätigen, die sich nicht bereits kraft Gesetzes in einem eigenen berufsständischen Alterssicherungssystem zu versichern haben (zum Beispiel in einem Ärzteversorgungswerk oder in der Alterssicherung der Landwirte), und auch für Personen, die keiner Erwerbstätig nachgehen (zum Beispiel Hausfrauen). Bei den Versicherten wird unterschieden zwischen

- *Pflichtversicherten und*
- *freiwillig Versicherten.*

Pflichtversichert sind vor allem die gegen Arbeitsentgelt beschäftigten Arbeitnehmer sowie diejenigen Personen, die zu ihrer Berufsausbildung beschäftigt sind. Zum Teil sind auch selbständig Tätige (z. B. die selbständig tätigen Handwerksmeister) in der gesetzlichen Rentenversicherung gesetzlich pflichtversichert. Alle selbständig Tätigen, die nicht bereits kraft Gesetzes versicherungspflichtig sind, steht das Recht zu, die Pflichtversicherung in der gesetzlichen Rentenversicherung zu beantragen. Alle übrigen Personen, die nicht schon als Pflichtversicherte der gesetzlichen Rentenversicherung angehören (zum Beispiel Hausfrauen), haben die Möglichkeit der freiwilligen Versicherung.

Die Höhe der Rente ist von den Entgeltpunkten abhängig, die während der Versicherungszeit erworben wurden. Die Entgeltpunkte für die Beitragszeiten spiegeln das Arbeitsleben des Versicherten wider. Sie sind der Verhältniswert, in dem seine Arbeitsverdienste zu den durchschnittlichen Arbeitsverdiensten aller Arbeitnehmer stehen. Wer in einem Jahr genau den durchschnittlichen Arbeitsverdienst aller Arbeitnehmer in diesem Jahr hat, erwirbt einen Entgeltpunkt. War das 40 Jahre lang so, hat der Versicherte 40 Entgeltpunkte. Für einen Entgeltpunkt erhält der Versicherte nach dem ab dem 1. Juli 2011 geltenden Wert einen Betrag von 27,47 Euro monatlich, wenn das Arbeitsentgelt des Versicherten aufgrund einer Beschäftigung in den alten Bundesländern erzielt worden ist (Wert bis 30. Juni 2011: 27,20 Euro). Für 40 Entgeltpunkte erhält der Versicherte dementsprechend eine monatliche Rente in Höhe von 1.099 Euro (bis 30. Juni 2011: 1.088 Euro). Zum 1. Juli 2009 wurden an rd. 20,5 Mio. Rentner fast 25 Mio. Renten gezahlt. Gut 4 Millionen Rentnerinnen und Rentner erhielten somit mehr als eine Rente (eine eigene Versichertenrente und eine Hinterbliebenenrente).

Die Finanzierung der Rentenversicherung beruht auf zwei Grundlagen:

- *den Beiträgen, die bei den gegen Arbeitsentgelt beschäftigten Arbeitnehmern jeweils hälftig von*

Arbeitnehmern und Arbeitgebern getragen werden, und
- *den Bundeszuschüssen aus dem Staatshaushalt.*

Wesensmerkmal des Finanzierungssystems sind das Umlageverfahren und der Generationenvertrag. Unter dem Umlageverfahren ist zu verstehen: Was heute als Beitrag von den Versicherten und Arbeitgebern eingezahlt wird, wird sogleich an die Rentnerinnen und Rentner ausgezahlt („umgelegt"). Die Beiträge werden also nicht für den einzelnen als Rücklage gesammelt, sondern sofort wieder als Renten ausgegeben. Grundlage für ein solches Finanzierungssystem ist der Generationenvertrag. Er ist ein unausgesprochener und auch nicht schriftlich festgelegter Vertrag zwischen der beitragszahlenden und der rentenempfangenden Generation. Inhalt des Vertrages ist die Verpflichtung der jeweils erwerbstätigen Generation, durch ihre Beiträge die Renten der ihr vorausgehenden Generation zu sichern, in der Erwartung, dass die ihr folgende Generation die gleiche Verpflichtung übernimmt. Sollten die Beiträge und die Bundeszuschüsse einmal nicht ausreichen, um die Ausgaben der Versicherung zu decken, so müssen die zur Finanzierung der Ausgaben benötigten Mittel aus dem Bundeshaushalt bereit gestellt werden. Die gesamten Ausgaben der gesetzlichen Rentenversicherung (also für Renten, Rehabilitationsmaßnahmen, Beitragsanteil zur Krankenversicherung der Rentner, Verwaltungskosten usw.) beliefen sich im Jahr 2009 auf rd. 246 Mrd. Euro. Diese Ausgaben wurden zu rd. 75 Prozent aus Beiträgen und zu rd. 25 Prozent aus Steuermitteln des Bundes finanziert.

Die gesetzliche Rentenversicherung bildet zusammen mit der betrieblichen Altersversorgung und der privaten Altersvorsorge das klassische „Drei-Säulen-System" der Alterssicherung. Durch die Veränderung der Altersstruktur der Bevölkerung verschiebt sich in Zukunft das Verhältnis von Rentenbeziehern zu Beitragszahlern deutlich zu Lasten der Beitragszahler. Zukünftig werden weniger Beitragszahler mehr Rentner finanzieren müssen. Deshalb hat der Gesetzgeber Maßnahmen ergriffen, die das Rentenniveau senken, um so den Anstieg des Beitragssatzes zu begrenzen. Nach der im Gesetz festgelegten Vorgabe soll der Beitragssatz in der gesetzlichen Rentenversicherung bis zum Jahr 2020 nicht über die Marke von 20 Prozent und bis zum Jahr 2030 nicht über die Marke von 22 Prozent ansteigen. Um weiterhin im Alter ein den Lebensstandard sicherndes Versorgungsniveau erreichen zu können, wird seit dem Jahr 2002 parallel zur Absenkung des Niveaus bei den Renten der gesetzlichen Rentenversicherung der Aufbau einer privaten Altersvorsorge oder betrieblichen Altersversorgung in breitem Umfang durch steuerfinanzierte Zulagen und steuerliche Freibeträge gefördert. Bis Ende des Jahres 2010 sind fast 14 Millionen staatlich geförderte Altersvorsorgeverträge (Verträge mit so genannter Riesterförderung) abgeschlossen worden. Der gesetzlichen Rentenversicherung wird aber auch in Zukunft im „Drei-Säulen-System" der Alterssicherung eine besondere Bedeutung zu kommen. Immerhin erbringt die gesetzliche Rentenversicherung heute zwei Drittel der Ausgaben der gesamten Alterssicherung in Deutschland. Dennoch sind mit den Reformmaßnahmen der vergangenen Jahre wichtige Weichenstellungen für die langfristige Modernisierung der Alterssicherung vorgenommen worden. Die Modernisierung des Alterssicherungssystems erfolgte dabei mit der Zielsetzung, das System auf eine breitere Basis, das heißt stärker als bisher auf alle drei Säulen (gesetzliche Rentenversicherung, betriebliche Altersversorgung und private Altersvorsorge) zu stellen. Damit wird das Risiko negativer Entwicklungen gestreut und langfristig erheblich minimiert.

Das deutsche Alterssicherungssystem hat sich aufgrund dieses Reformansatzes vergleichsweise robust gegen die Finanz- und Wirtschaftskrise der Jahre 2008 und 2009 behauptet. Die OECD betont in ihrem im Juni 2009 erschienenen Bericht „Pensions at a Glance", dass die gesetzliche Rentenversicherung aufgrund der Umlagefinanzierung nicht von den Verwerfungen am Kapitalmarkt betroffen war. Das Prinzip der gesetzlichen Rente in Deutschland, die laufenden Renten aus den laufenden Einnahmen zu finanzieren, hat sich auch nach Auffassung des Sozialbeirats als in hohem Maße solide erwiesen. Der Sozialbeirat hat in seinem Gutachten zum Rentenversicherungsbericht 2009 hervorgehoben, dass die Nachhaltigkeitsrücklage der Rentenversicherung von der Krise am Kapitalmarkt unberührt geblieben ist. In allen Fällen hat die Rentenversicherung ihre Einlagen nebst Zinsen zurückerhalten. Aufgrund der guten Entwicklung der Rentenfinanzen auch im Jahr 2010 beläuft sich nach dem Rentenversicherungsbericht 2010 die Nachhaltigkeitsrücklage am Ende das Jahres 2010 auf 18 Mrd. Euro. Dies entspricht 1,07 Monatsausgaben der Rentenversicherung. Ende 2009 betrug die Nachhaltigkeitsrücklage noch 16,2 Mrd. Euro (0,97 Monatsausgaben der Rentenversicherung). Der Zuwachs ergibt sich insbesondere aus der konjunkturellen Erholung seit Jahresbeginn 2010 mit den damit verbundenen höheren Beitragseinnahmen. Nach den Modellrechnungen des Rentenversicherungsberichts 2010 kann der Beitragssatz von derzeit 19,9 Prozent bis 2013 stabil gehalten und im Jahr 2014 sogar auf 19,3 Prozent abgesenkt werden.

Aber auch die Systeme der kapitalgedeckten zusätzlichen Altersvorsorge, deren Auf- und Ausbau der Staat zielgerichtet fördert, also die betriebliche Altersversorgung und die private Altersvorsorge, sind aufgrund ihrer besonderen Ausgestaltung und wegen ihrer spezifischen Sicherungseinrichtungen gegen Verluste gut gesichert. Die Bundesregierung hält daher auch nach der Finanz- und Wirtschaftskrise der Jahre 2008 und 2009 an ihrer Einschätzung fest, dass mit den Reformmaßnahmen der vergangenen Jahre die richtigen Weichenstellungen für die langfristige Modernisierung des deutschen Alterssicherungssystems vorgenommen worden sind. Die Regierungskoalition von CDU/CSU und FDP bekennt sich daher in ihrem Koalitionsvertrag ausdrücklich zur Ergänzung der gesetzlichen Rentenversicherung durch die kapitalgedeckte, staatlich geförderte zusätzliche Altersvorsorge.

Zur Geschichte der Rentenversicherung

1 Der Beginn der Industrialisierung stellte auch völlig neue Herausforderungen an die soziale Sicherung. Zünfte und Gilden hatten an Bedeutung verloren, so dass sie hier keine Aufgaben mehr wahrnehmen konnten. Wer als Industriearbeiter wegen Invalidität oder Alter aus dem Erwerbsleben ausscheiden musste, konnte nicht mehr auf solidarische Hilfe anderer hoffen. Diese tiefgreifende Veränderung machte ein Eingreifen des Staates erforderlich. Das preußische Gesetz über die Vereinigung der Berg-, Hütten- und Salinenarbeiter in Knappschaften vom 10. April 1854 war die erste landesgesetzliche, öffentlich-rechtliche Arbeiterversicherung. Mit diesem Gesetz wurden die Knappschaftskassen einheitlich organisiert und obligatorisch eingeführt. Die Bergarbeiter wurden zur Beitragszahlung verpflichtet und die Mindestleistungen der Kassen festgelegt. Doch diese und andere landesgesetzliche Regelungen waren zur Lösung der sozialen Probleme noch unzureichend, insbesondere weil sie nur einen der Teil der Bevölkerung betraf. Durch eine Kaiserliche Botschaft Wilhelms I. vom 17. November 1881 wurde der Aufbau einer Arbeiterversicherung eingeleitet, in der Arbeiter gegen Krankheit, Unfall und materielle Not bei Invalidität oder im Alter versichert werden. Mit dem Gesetz über die Invaliditäts- und Altersversicherung vom 22. Juni 1889 wurde die Gewährung einer Altersrente vom 70. Lebensjahr an oder einer Invalidenrente bei Eintritt von Invalidität eingeführt. Schon kurze Zeit später setzten Bemühungen ein, die sozialen Versicherungen allseitig und umfassend zu ordnen. Dies geschah mit der Reichsversicherungsordnung vom 9. Juli 1911, in dessen Viertem Buch das Recht der Rentenversicherung der Arbeiter geregelt wurde. Das Invaliditäts- und Altersversicherungsgesetz hatte zwar auch schon die als Angestellte beschäftigten Arbeitnehmer in die Versicherungspflicht einbezogen. Der Berufsstand der Angestellten forderte aber eine selbständige und unabhängige Angestelltenversicherung mit eigenem Versicherungsträger. Mit dem Versicherungsgesetz für Angestellte, das am 1. Januar 1913 in Kraft trat, wurde diese Forderung schließlich gesetzgeberisch erfüllt.

2 Der durch den wirtschaftlichen Aufschwung nach 1945 erreichte Wohlstand ermöglichte auch Reformen im Bereich der Sozialen Sicherung. Die Neuordnung der Rentenversicherung im Jahr 1957 war der erste große Schritt in die Zukunft auf dem Gebiet der Sozialreform. Die Renten folgen seitdem der wirtschaftlichen Entwicklung; sie werden an sie angepasst. Das gesamte Sozialrecht ist heute im Sozialgesetzbuch, dem SGB, zusammengefasst. Mit dem Rentenreformgesetz 1992 vom 18. Dezember 1989 wurde das Recht der gesetzlichen Rentenversicherung mit Wirkung vom 1. Januar 1992 als Sechstes Buch in das SGB eingestellt. Die separaten Rentengesetze für die Rentenversicherung der Arbeiter (Viertes Buch der Reichsversicherungsordnung) und die Rentenversicherung der Angestellten (Angestelltenversicherungsgesetz) bestehen daher seit dieser Zeit nicht mehr. Organisatorisch wurde die Unterscheidung zwischen der Rentenversicherung der Arbeiter, die von den Landesversicherungsanstalten durchgeführt wurde, und der Rentenversicherung der Angestellten, die von der Bundesversicherungsanstalt für Angestellte durchgeführt wurde, erst mit dem zum 1. Januar 2005 in Kraft getretenen Gesetz zur Reform der Organisation in der gesetzlichen Rentenversicherung aufgehoben.

3 Insbesondere die Reform des Jahres 1957, mit der auch die Rentnerinnen und Rentner an der Wohlstandsentwicklung beteiligt wurden, hat bewirkt, dass Altersarmut in Deutschland heute eine Ausnahmeerscheinung ist. Nach den Daten des Statistischen Bundesamtes bezogen Ende 2009 nur rd. 2,4 Prozent der 65-Jährigen und älteren Personen – dies sind rund 0,4 Mio. von 16,7 Mio. Personen – Grundsicherungsleistungen im Alter. Ob zukünftig mehr alte Menschen als heute auf staatliche Unterstützung angewiesen sein werden, lässt sich heute nicht verlässlich vorhersagen. Dies ist vor allem abhängig von der künftigen Arbeitsmarktsituation, der Höhe des Erwerbseinkommens und insbesondere von der Verbreitung der freiwilligen zusätzlichen Altersvorsorge. Dennoch gibt es bereits heute erkennbare Entwicklungen, die sorgfältig beobachtet werden müssen. Vor dem Hintergrund veränderter Erwerbsbiografien und der Reformen in der Rentenversicherung der vergangenen Jahre könnte das Armutsrisiko im Alter zunehmen. Es wäre daher fahrlässig, dort nicht einzugreifen, wo erkennbar Handlungsbedarf besteht. Die Sorge, dass Rentnerinnen und Rentner künftig in stärkerem Maße einem Armutsrisiko ausgesetzt sein könnten, wird auch von der amtierenden Regierungskoalition aus CDU, CSU und FDP geteilt. In ihrem Koalitionsvertrag hat sie sich daher darauf verständigt, eine Regierungskommission einzusetzen, die geeignete Konzepte zur Bekämpfung von Altersarmut entwickeln soll. Zentrale Aufgabe der Regierungskommission soll die Entwicklung von Konzepten sein, mit denen erreicht wird, dass sich die private und betriebliche Altersvorsorge auch für Geringverdiener lohnt und dass diejenigen, die ein Leben lang gearbeitet und vorgesorgt haben, ein Alterseinkommen oberhalb der Grundsicherung erhalten.

Die Bedeutung der gesetzlichen Rentenversicherung

4 Die gesetzliche Rentenversicherung – also die allgemeine Rentenversicherung (bis zum 31. Dezember 2004 als Rentenversicherung der Arbeiter und Angestellten bezeichnet) und die knappschaftliche Rentenversicherung – ist das größte soziale Sicherungssystem in der Bundesrepublik Deutschland. Ihre gesamten Ausgaben erreichten im Jahr 2009 rd. 246 Mrd. Euro. Dies entspricht etwa 33 Prozent der gesamten direkten Sozialleistungen und rd. 10 Prozent des Bruttoinlandprodukts. Im Jahr 2009 beliefen sich allein die Rentenausgaben, also die Leistungen für die Alters-, Invaliden- und Hinterbliebenenversorgung sowie die auf dieses Rentenvolumen entfallende Beteiligung der Rentenversicherung an den Beiträgen zur Krankenversicherung der Rentner auf insgesamt rd. 236 Mrd. Euro.

Gemessen am Gesamtleistungsvolumen aller Alterssicherungssysteme spielt die gesetzliche Rentenversicherung mit einem Anteil von 77 Prozent aller Bruttoleistungen aus Alterssicherungssystemen die wichtigste Rolle. Den zweitgrößten Anteil hat die Beamtenversorgung mit 13 Prozent, gefolgt von der betrieblichen Altersversorgung mit 6 Prozent und der Zusatzversorgung des öffentlichen Dienstes mit 3 Prozent und der Alterssicherung der Landwirte sowie den berufsständischen Versorgungswerken mit jeweils 1 Prozent des Gesamtleistungsvolumens. Diese für Gesamtdeutschland ausgewiesene Rangfolge basiert jedoch auf unterschiedlichen Strukturen in den alten und neuen Bundesländern. So resultieren in den neuen Bundesländern mit insgesamt 98 Prozent fast sämtliche Alterssicherungsleistungen der 65-jährigen und Älteren aus der gesetzlichen Rentenversicherung, während in den alten Bundesländern der entsprechende Anteil bei 72 Prozent liegt. Aber nicht nur ihr Anteil am Gesamtleistungsvolumen, sondern auch ihre Verbreitung unter den 65-jährigen und Älteren machen die gesetzliche Rentenversicherung zu dem mit Abstand bedeutendsten Alterssicherungssystem. 89 Prozent aller 65-jährigen und Älteren erhalten eine eigene Rente aus der gesetzlichen Rentenversicherung. Dahinter steht eine Verbreitung von 86 Prozent in den alten und 99 Prozent in den neuen Bundesländern.

5 Seit den Anfängen vor mehr als 110 Jahren haben sich die Leistungen der Rentenversicherung von einem bloßen Zuschuss zum allgemeinen Lebensbedarf zu Leistungen entwickelt, die heute für die allermeisten Versicherten die wesentliche Grundlage für eine den Lebensstandard sichernden Altersversorgung bilden. Von grundlegender Bedeutung auf diesem Weg war die Rentenreform 1957, mit der die Rentenversicherung zu einem auf dem Gedanken des Generationenvertrages beruhenden lohn- und beitragsbezogen Versicherungssystem ausgebaut wurde. Kernstück der Reform war die Einführung der dynamischen Rente, wonach die Stellung des einzelnen Rentners im Gefüge der Gesamtheit der Rentner auf der Grundlage des Verhältnisses des individuellen versicherten Arbeitsentgelts zum Durchschnittsentgelt ermittelt und die Rentenanwartschaft und Renten entsprechend der Einkommensentwicklung jährlich angepasst wird. Rentenpolitisches Ziel der Reform des Jahres 1957 war, dass der nach einem erfüllten Arbeitsleben im Durchschnitt erreichte Lebensstandard im Alter aufrechterhalten werden kann. Insgesamt 49 Rentenanpassungen haben seit 1957 die

Sozialgesetzbuch · 6. Buch · Rentenversicherung

Tabelle 1: Die Anzahl der Rentner und der durchschnittliche Gesamtrentenzahlbetrag der laufenden Renten nach dem Personenkonzept[1] und dem Geschlecht in der gesetzlichen Rentenversicherung jeweils zum 1. Juli der Jahre 2007 bis 2009 in Deutschland sowie getrennt nach alten und neuen Ländern

Frauen

Art der Rentner	Anzahl der Rentner			Durchschnittlicher Gesamtrentenzahlbetrag in €/Monat		
	2007	2008	2009	2007	2008	2009
Deutschland						
Einzelrentnerinnen	8.157.885	8.161.504	8.189.571	533,16	537,65	552,08
mit Renten wegen						
verminderter Erwerbsfähigkeit	684.546	686.577	691.916	652,72	656,86	673,89
Alters	6.119.072	6.154.949	6.211.111	538,05	543,49	559,09
Todes[2]	1.354.267	1.319.978	1.286.544	450,59	448,37	452,72
Mehrfachrentnerinnen	3.571.023	3.579.462	3.583.792	1.052,76	1.063,62	1.094,92
Rentnerinnen insgesamt	11.728.908	11.740.966	11.773.363	691,36	698,00	717,32
Alte Länder						
Einzelrentnerinnen	6.523.835	6.533.355	6.566.716	499,47	503,69	516,34
mit Renten wegen						
verminderter Erwerbsfähigkeit	498.708	504.455	512.087	654,00	658,18	673,84
Alters	4.796.145	4.833.036	4.889.544	495,02	500,40	514,22
Todes[2]	1.228.982	1.195.862	1.165.085	454,12	451,80	456,00
Mehrfachrentnerinnen	2.749.740	2.761.790	2.768.399	1.006,79	1.016,86	1.044,64
Rentnerinnen insgesamt	9.273.575	9.295.145	9.335.115	649,90	656,16	673,01
Neue Länder						
Einzelrentnerinnen	1.634.050	1.628.149	1.622.855	667,64	673,91	696,73
mit Renten wegen						
verminderter Erwerbsfähigkeit	185.838	182.122	179.829	649,28	653,23	674,02
Alters	1.322.927	1.321.911	1.321.567	694,05	701,04	725,13
Todes[2]	125.285	124.116	121.459	415,97	415,28	421,24
Mehrfachrentnerinnen	821.283	817.672	817.672	1.206,67	1.221,54	1.265,65
Rentnerinnen insgesamt	2.456.333	2.445.821	2.438.248	847,94	856,99	886,99

1) Anzahl der Rentner; die je Rentner geleisteten Renten wurden zu einem Gesamtrentenzahlbetrag zusammengefasst. Gesamtrentenzahlbetrag nach Abzug des Eigenbetrags der Rentner zur KVdR und PVdR.

2) Ohne Waisenrenten.

Männer

Art der Rentner	Anzahl der Rentner			Durchschnittlicher Gesamtrentenzahlbetrag in €/Monat		
	2007	2008	2009	2007	2008	2009
Deutschland						
Einzelrentner	8.118.041	8.162.487	8.207.826	951,76	954,71	973,55
mit Renten wegen						
verminderter Erwerbsfähigkeit	839.734	825.773	814.591	739,87	733,09	738,48
Alters	7.188.134	7.245.979	7.301.778	984,96	988,45	1.008,41
Todes[2]	90.173	90.735	91.457	276,64	277,56	284,35
Mehrfachrentner	395.973	413.444	431.091	1.193,47	1.204,52	1.238,26
Rentner insgesamt	8.514.014	8.575.931	8.638.917	963,00	966,75	986,76
Alte Länder						
Einzelrentner	6.576.827	6.618.677	6.664.222	945,07	948,58	966,27
mit Renten wegen						
verminderter Erwerbsfähigkeit	634.827	623.728	614.839	769,69	762,99	767,52
Alters	5.877.481	5.929.488	5.982.867	971,59	975,74	994,51
Todes[2]	64.519	65.461	66.516	255,37	257,23	262,97
Mehrfachrentner	262.872	275.121	287.799	1.151,68	1.162,75	1.192,08
Rentner insgesamt	6.839.699	6.893.798	6.952.021	953,01	957,13	975,62
Neue Länder						
Einzelrentner	1.541.214	1.543.810	1.543.604	980,29	981,00	1.005,00
mit Renten wegen						
verminderter Erwerbsfähigkeit	204.907	202.045	199.752	647,50	640,79	649,09
Alters	1.310.653	1.316.491	1.318.911	1.045,04	1.045,70	1.071,46
Todes[2]	25.654	25.274	24.941	330,13	330,21	341,33
Mehrfachrentner	133.101	138.323	143.292	1.276,02	1.287,59	1.331,00
Rentner insgesamt	1.636.200	1.674.315	1.686.896	1.007,45	1.003,80	1.032,69

1) Anzahl der Rentner; die je Rentner geleisteten Renten wurden zu einem Gesamtrentenzahlbetrag zusammengefasst. Gesamtrentenzahlbetrag nach Abzug des Eigenbetrags der Rentner zur KVdR und PVdR.

2) Ohne Waisenrenten.

Männer und Frauen

Art der Rentner	Anzahl der Rentner			Durchschnittlicher Gesamtrentenzahlbetrag in €/Monat		
	2007	2008	2009	2007	2008	2009
Deutschland						
Einzelrentner	16.275.926	16.323.991	16.397.397	741,94	746,19	763,05
mit Renten wegen						
verminderter Erwerbsfähigkeit	1.524.280	1.512.350	1.506.507	700,73	698,49	708,81
Alters	13.307.206	13.400.928	13.512.889	779,47	784,08	801,88
Todes[2]	1.444.440	1.410.713	1.378.001	439,74	437,38	441,55
Mehrfachrentner	3.966.996	3.992.906	4.014.883	1.066,81	1.078,21	1.110,31
Rentner insgesamt	20.242.922	20.316.897	20.412.280	805,60	811,44	831,35
Alte Länder						
Einzelrentner	13.100.662	13.152.032	13.230.938	723,17	727,58	742,96
mit Renten wegen						
verminderter Erwerbsfähigkeit	1.133.535	1.128.183	1.126.926	718,79	716,13	724,95
Alters	10.673.626	10.762.526	10.872.411	757,45	762,28	778,51
Todes[2]	1.293.501	1.261.323	1.231.601	444,21	441,71	445,57
Mehrfachrentner	3.012.612	3.036.911	3.056.198	1.019,44	1.030,08	1.058,52
Rentner insgesamt	16.113.274	16.188.943	16.287.136	778,56	784,33	802,17
Neue Länder						
Einzelrentner	3.175.264	3.171.959	3.166.459	819,39	823,37	847,01
mit Renten wegen						
verminderter Erwerbsfähigkeit	390.745	384.167	379.581	648,35	646,69	660,90
Alters	2.633.580	2.638.402	2.640.478	868,73	873,02	898,12
Todes[2]	150.939	149.390	146.400	401,37	400,88	407,62
Mehrfachrentner	954.384	955.995	958.685	1.216,34	1.231,10	1.275,42
Rentner insgesamt	4.129.648	4.127.954	4.125.144	911,13	917,80	946,57

1) Anzahl der Rentner; die je Rentner geleisteten Renten wurden zu einem Gesamtrentenzahlbetrag zusammengefasst. Gesamtrentenzahlbetrag nach Abzug des Eigenbetrags der Rentner zur KVdR und PVdR.
2) Ohne Waisenrenten.

Quelle: Rentenbestandsaufnahme des BMAS aus dem Datensatz des Renten Service der Deutschen Post AG.

Renten in den alten Bundesländern auf das 10fache ihres Ausgangswerts ansteigen lassen. Die Renten sind seit 1957 auch erheblich stärker gestiegen als die Preise. Die Nettostandardrente (Bruttorente eines Durchschnittsverdieners mit 45 Arbeitsjahren, vermindert um die Beiträge zur Krankenversicherung und ab 1995 zur Pflegeversicherung) ist im Zeitraum von 1957 bis 2009 real – also nach Abzug der Preissteigerungen – um rund 111 Prozent gestiegen. Langfristig betrachtet hat sich damit eine Anbindung der Renten an die Löhne für die Rentenempfänger deutlich günstiger erwiesen als eine Preisindexierung der Renten. Denn bei einer Preisindexierung wäre die Nettostandardrente real – also unter Berücksichtigung der Preissteigerungen – auf dem Stand von 1957 geblieben.

6 Zentrales Ziel der im Hinblick auf die sich abzeichnende demografische Entwicklung seit den 1990er Jahren vorgenommenen Reformen im System der gesetzlichen Rentenversicherung war, dass die Renten auch für künftige Rentnergenerationen weiterhin die wichtigste Säule der Altersversorgung bilden. Jedoch wird nach diesen Reformen das Rentenniveau, also das Verhältnis der Rente zum versicherten Verdienst, künftig geringer ausfallen als bisher, um die künftige Generation der Erwerbstätigen nicht mit kaum mehr tragbaren Beiträgen zu überfordern. Daher werden künftige Rentnergenerationen eine den erreichten Lebensstandard sichernde Altersversorgung nur durch eine mit breiter staatlicher Förderung unterstützte zusätzliche Altersvorsorge erreichen können.

7 Ein weiterer Meilenstein in der Entwicklung unseres Rentenversicherungssystems war die Herstellung der Rechtseinheit im Zuge der Wiedervereinigung Deutschlands. Seit dem 1. Januar 1992 werden auch die Renten in den neuen Bundesländern grundsätzlich unter Zugrundelegung der individuellen Entgelte berechnet. Darüber hinaus werden sie – wie bereits seit Herstellung der Sozialunion zum 1. Juli 1990 – entsprechend der Entwicklung der dortigen Löhne und Gehälter angepasst. Aufgrund der Überleitung des lohn- und beitragsbezogenen sowie lohndynamischen Rentenversicherungssystems auf die neuen Bundesländer ist der durchschnittliche verfügbare Gesamtrentenzahlbetrag (Mehrfachrenten als Gesamtrentenzahlbetrag an Frauen und Männern zusammengefasst) dort in der Zeit von Juni 1990 bis zum Juli 2010 auf das 4fache gestiegen (Juni 1990: 475 Mark (Ost) / Juli 2010: 958 Euro, was rd. 1.877 DM entspricht).

8 Seit der Rentenreform des Jahres 1957 hat sich nicht nur die einzelne Rente erhöht; auch die Anzahl der Renten hat erheblich zugenommen. So stieg die Anzahl der Renten in der allgemeinen Rentenversicherung (bis zum 31. Dezember 2004 als Rentenversicherung der Arbeiter und der Angestellten bezeichnet) von rd. 7,2 Mio. im Jahre 1960 auf 23,9 Mio. im Jahre 2009 (19,1 Mio. in den alten Bundesländern und 4,8 Mio. in den neuen Bundesländern). Dies hat – über die Rentendynamik hinaus – zu einem Anstieg der Rentenausgaben in der allgemeinen Rentenversicherung von rd. 14,2 Mrd. DM (dies entspricht 7,3 Mrd. Euro) im Jahre 1960 auf rd. 208 Mrd. Euro im Jahre 2009 geführt (ohne Berücksichtigung der auf dieses Rentenvolumen entfallenden Beteiligung der Rentenversicherung an den Beiträgen zur Krankenversicherung der Rentner). Die Entwicklung der Anzahl der Renten und der Rentenausgaben ergibt sich im Einzelnen für die alten Bundesländer aus der Tabelle 2, für die neuen Bundesländer aus der Tabelle 3 und für Gesamtdeutschland (ab dem Jahr 2005) aus der Tabelle 4.

9 Die Versichertenrenten haben Lohnersatzfunktion, d. h. sie treten an die Stelle des aufgrund des Versicherungsfalles „Alter" oder „Invalidität" nicht mehr bezogenen versicherten Entgelts. Hinterbliebenenrenten haben dagegen Unterhaltsersatzfunktion, d. h. sie treten an die Stelle des vom Verstorbenen erbrachten Unterhalts. Diesen Ersatzfunktionen der Renten entspricht es, dass sich ihre Höhe nicht am Geldwert des gezahlten Beitrags, sondern an der Höhe der durch Beiträge versicherten Arbeitsentgelte bzw. -einkommen orientiert. Die Rente ist daher nicht nur „beitragsbezogen", sondern auch „lohnbezogen" im eigentlichen Sinne des Wortes, denn sie folgt sowohl bei ihrer Festsetzung als auch bei ihrer Anpassung der Entwicklung der Löhne.

10 Die Leistungen der Rentenversicherung finanzieren sich im Umlageverfahren, d. h. die Aufwendungen der gesetzlichen Rentenversicherung werden aus den aktuellen Einnahmen bestritten. Wie die Rentner in ihrem Arbeitsleben für die Renten ihrer Elterngeneration aufkamen, werden somit ihre Renten von den heute Erwerbstätigen finanziert. Dafür erhalten diese einen Anspruch auf ihre späteren Renten, die dann von der jetzt von ihnen unterhaltenen Generation finanziert werden, sobald diese im Erwerbsleben steht und Beiträge zahlt. Wie die junge Generation die ältere Generation finanziert, so hat sie Anspruch von der ihr nachfolgenden Generation behandelt zu

Sozialgesetzbuch · 6. Buch · Rentenversicherung **6**

Tabelle 2: Die Entwicklung der Anzahl der Renten und der Rentenausgaben in der Rentenversicherung der Arbeiter und der Angestellten – ArV/AnV – (ab 1. Januar 2005 als allgemeine Rentenversicherung bezeichnet) von 1949 bis 2004 in den alten Bundesländern

Jahr	insgesamt	Anzahl der Renten hiervon:			Rentenausgaben[1] in Mio. DM, ab 2002 in Mio. EUR		
		Versichertenrenten	Witwen-/Witwerrenten	Waisenrenten	ArV	AnV	ArV+AnV
1949	2 886 138	1 743 400	738 138	404 600	1 407	591	1 998
1950	3 906 959	2 213 522	988 269	705 168	1 995	780	2 775
1955	5 998 131	3 250 504	1 632 398	1 115 229	4 027	1 917	5 944
1960	7 213 815	4 067 244	2 488 042	658 529	9 366	4 839	14 205
1965	7 993 149	4 759 862	2 809 011	424 276	14 428	8 137	22 565
1970	9 275 799	5 724 081	3 115 885	435 833	24 414	13 979	38 393
1975	10 820 262	6 949 966	3 380 097	490 199	45 680	27 152	72 832
1980	12 262 194	8 039 710	3 693 621	528 863	65 821	43 551	109 372
1981	12 457 793	8 202 815	3 733 025	521 953	68 701	46 357	115 058
1982	12 639 592	8 367 417	3 764 105	508 070	72 675	50 052	122 727
1983	12 813 158	8 532 158	3 788 945	492 055	75 013	52 756	127 769
1984	12 997 414	8 716 165	3 805 295	475 954	78 655	56 663	135 318
1985	13 198 479	8 912 396	3 825 441	460 642	81 160	59 847	141 007
1986	13 298 505	9 026 642	3 838 588	433 278	83 492	62 745	146 237
1987	13 495 361	9 219 515	3 868 058	407 788	86 777	66 279	153 056
1988	13 692 884	9 415 685	3 894 704	382 495	90 394	69 951	160 345
1989	14 010 785	9 699 410	3 950 936	360 439	94 175	73 735	167 910
1990	14 228 107	9 883 893	3 989 185	355 029	98 235	77 639	175 874
1991	14 467 531	10 127 377	4 003 631	336 523	103 467	82 760	186 407
1992	14 631 511	10 317 156	3 994 280	320 075	109 221	87 696	196 917
1993	14 916 293	10 581 136	4 009 540	325 617	115 944	92 916	208 860
1994	15 138 821	10 756 348	4 062 242	320 231	123 304	98 697	222 001
1995	15 511 767	11 097 234	4 098 331	316 202	128 308	103 199	231 507
1996	15 845 509	11 431 377	4 105 263	308 869	131 880	106 814	238 694
1997	16 204 379	11 767 391	4 126 900	310 088	135 720	111 364	247 084
1998	16 503 684	12 071 480	4 126 763	305 441	139 554	116 619	256 173
1999	16 821 560	12 377 426	4 083 046	289 755	143 048	120 812	263 860
2000	17 092 629	12 681 712	4 085 892	288 730	146 723	126 191	272 914
2001	17 461 122	13 067 857	4 119 444	297 892	148 264	131 561	279 825
2002	17 791 740	13 368 579	4 114 071	297 809	78 705	70 444	149 149
2003	17 982 651	13 563 275	4 123 084	299 024	79 997	73 198	153 195
2004	18 235 685	13 809 910	4 114 290	304.749	81 089	74 194	155 283

1) Rentenausgaben ohne Anteil der Rentenversicherung am Krankenversicherungs- und Pflegeversicherungsbeitrag der Rentner

Tabelle 3: Die Entwicklung der Anzahl der Renten und der Rentenausgaben in der Rentenversicherung der Arbeiter und der Angestellten – ArV/AnV – (ab 1. Januar 2005 als allgemeine Rentenversicherung bezeichnet) von 1993 bis 2004 in den neuen Bundesländern

Jahr	insgesamt	Anzahl der Renten hiervon:			Rentenausgaben in Mio. DM (ab 2002 in Mio. EUR)		
		Versichertenrenten	Witwen-/Witwerrenten	Waisenrenten	ArV	AnV	ArV + AnV
1993	3 544 936	2 638 025	840 003	66 908	24 565	22 262	46 827
1994	3 736 451	2 777 298	885 145	74 008	28 932	26 098	55 030
1995	4 001 570	2 928 770	987 935	84 865	33 056	30 775	63 831
1996	4 220 836	3 127 081	1 002 443	91 312	35 448	32 933	68 381
1997	4 340 561	3 244 753	1 000 587	95 221	37 017	33 520	70 537
1998	4 445 396	3 343 710	1 003 803	97 881	38 535	34 524	73 059
1999	4 652 394	3 403 293	1 007 639	101 979	37 951	34 227	72 178
2000	4 558 428	3 457 064	1 008 077	99 909	39 388	35 444	74 832
2001	4 647 388	3 544 691	1 001 919	95 838	40 378	36 439	76 817
2002	4 681 529	3 582 071	999 488	93 541	21 296	19 257	40 556
2003	4 699 718	3 605 257	999 498	91 055	21 676	19 990	41 666
2004	4 719 458	3 631 248	996 398	87 990	21 995	20 278	42 273

1) Rentenausgaben ohne Anteil der Rentenversicherung am Krankenversicherungs- und Pflegeversicherungsbeitrag der Rentner

Tabelle 4: Anzahl der Renten und Rentenausgaben in der allgemeinen Rentenversicherung ab 2005 in Deutschland

Jahr	Anzahl der Renten						Rentenausgaben in Mio. EUR
	Versichertenrenten			Hinterbliebenenrenten			
	Alte Länder	Neue Länder	Deutschland	Alte Länder	Neue Länder	Deutschland	Deutschland
2005	14 246 132	3 701 642	17 947 774	4 437 200	1 062 566	5 499 766	198 812
2006	14 373 632	3 707 928	18 081 560	4 425 597	1 046 037	5 471 634	199 423
2007	14 534 265	3 695 386	18 229 651	4 414 821	1 030 738	5 445 559	200 658
2008	14 642 179	3 676 409	18 318 588	4 393 299	1 031 507	5 424 806	203 162
2009	14 767 476	3 706 571	18 474 047	4 371 586	1 026 557	5 398 143	207 642

Quelle: DRV Bund Rentenversicherung in Zeitreihen 2010

werden. So sind Alt und Jung im Generationenvertrag verbunden.

11 Der Generationenvertrag hat sich bewährt. Allerdings ist kein Alterssicherungssystem gefeit gegen eine ungünstige demografische Entwicklung. Die Alterung der Bevölkerung aufgrund anhaltend geringer Geburtenziffern und die – begrüßenswerte – Verlängerung der durchschnittlichen Lebenserwartung führen unvermeidlich zu einem Anstieg der Kosten eines Alterssicherungssystems.

12 Die Geburtenhäufigkeit ist seit Beginn der 70er Jahre so gesunken, dass ein Geburtsjahrgang weniger Mädchen zur Welt bringt, als zur Bestandserhaltung der Bevölkerung notwendig wäre. Diese sogenannte „Nettoreproduktionsrate", die zur Bestandserhaltung 1 betragen müsste, ist bis 1985 auf 0,604 zurückgegangen. Nach einem vorübergehenden leichten Anstieg der „Nettoreproduktionsrate" bis zum Jahr 1991 auf den Wert 0,638 ist sie danach wieder kontinuierlich gesunken, und zwar bis zum Jahr 1994 auf 0,594. Nach einem erneuten leichten Anstieg der Nettoreproduktionsrate in den Jahren 1995 und 1996 hat sie sich seit dieser Zeit auf einen Wert von rd. 0,650 eingependelt. Im Jahr 2009 betrug die Nettoreproduktionsrate 0,655.

Tabelle 5: Geburtenentwicklung der Gesamtbevölkerung

Jahr	Neugeborene in 1000	Nettoreproduktionsrate
1960	968,6	1,098
1965	1044,3	1,177
1970	810,8	0,948
1975	600,5	0,680
1980	620,7	0,679
1981	624,6	0,675
1982	621,2	0,661
1983	594,2	0,625
1984	584,2	0,606
1985	586,2	0,604
1986	626,0	0,632
1987	642,0	0,640
1988	677,3	0,664
1989	681,5	0,670
1990	727,2	0,694
1990[1]	905,7	0,696
1991	830,0	0,638
1992	809,1	0,620
1993	798,4	0,612
1994	769,6	0,594
1995	765,2	0,598
1996	796,0	0,629
1997	812,2	0,656
1998	785,0	0,649
1999	767,2	0,650
2000	763,9	0,660
2001	731,5	0,644
2002	716,6	0,642
2003	703,7	0,641
2004	702,7	0,653
2005	683,1	0,646
2006	670,1	0,640
2007	682,2	0,659
2008	680,1	0,664
2009	662,8	0,655

1) Ab 1990 Gesamtdeutschland.

13 Andererseits steigt die Lebenserwartung der Menschen in Europa kontinuierlich an. Seit 1960 ist die Lebenserwartung für männliche und weibliche Neugeborene von 66,5 bzw. rund 71,7 Jahre auf 77,2 bzw. 82,4 Jahre gestiegen. Dies bedeutet für beide Geschlechter eine Zunahme um etwa elf Jahre innerhalb von fast 50 Jahren. Gegenwärtig ist kein Abflachen im Anstieg in der durchschnittlichen Lebenserwartung zu erkennen. Neben der durchschnittlichen Lebenserwartung steigt aber vor allem die sogenannte fernere Lebenserwartung der Menschen im Alter von 65 Jahren an. Mit der ferneren Lebenserwartung werden jene Jahre beschrieben, die eine Person mit Erreichen des 65. Lebensjahres noch erwarten kann. In Deutschland ist seit Beginn der 1970er Jahre ein nahezu linearer Anstieg für Männer und Frauen zu beobachten. Im Vergleich zu 1960 leben 65-jährige Frauen heute mit 20,4 Jahren im Durchschnitt sechs Jahre länger, gleichaltrige Männer mit 17,1 Jahren gut fünf Jahre länger.

Tabelle 6: Die Entwicklung der Lebenserwartung in Deutschland (Durchschnittliche Lebenserwartung, alte Bundesländer)

Jahre	bei Geburt		mit 65 Jahren	
	m	w	m	w
1970/72	67,4	73,8	12,1	15,2
1971/73	67,4	74,0	12,1	15,3
1972/74	67,9	74,4	12,2	15,5
1973/75	68,0	74,5	12,2	15,5
1974/76	68,3	74,8	12,3	15,7
1975/77	68,6	75,2	12,4	15,9
1976/78	69,0	75,6	12,6	16,1
1977/79	69,3	76,0	12,8	16,4
1978/80	69,6	76,3	12,9	16,5
1979/81	69,9	76,6	13,0	16,6
1980/82	70,2	76,9	13,1	16,8
1981/83	70,5	77,1	13,2	16,9
1982/84	70,8	77,5	13,4	17,1
1983/85	71,2	77,8	13,5	17,3
1984/86	71,5	78,1	13,7	17,5
1985/87	71,8	78,4	13,8	17,6
1986/88	72,1	78,6	14,1	17,8
1987/89	72,4	78,9	14,1	18,0
1988/90	72,6	79,0	14,2	18,0
1989/91	72,7	79,1	14,3	18,1
1990/92	72,9	79,3	14,5	18,2
1991/93	73,1	79,5	14,6	18,3
1992/94	73,4	79,7	14,7	18,5
1993/95	73,5	79,8	14,7	18,6
1994/96	73,8	80,0	14,9	18,7
1995/97	74,1	80,2	15,1	18,9
1996/98	74,4	80,5	15,3	19,0
1997/99	74,8	80,7	15,5	19,2
1998/00	74,9	80,9	15,6	19,3
1999/01	75,1	81,1	15,8	19,4
2000/02	75,4	81,2	15,9	19,5
2001/03	75,6	81,3	16,1	19,6
2002/04	75,9	81,6	16,3	19,8
2003/05	76,2	81,9	16,5	20,0
2004/06	76,6	82,1	16,8	20,2
2005/07	76,9	82,3	16,9	20,3
2006/08	77,2	82,4	17,1	20,4
2007/09	77,3	82,5	17,2	20,5

14 Hinsichtlich der zukünftigen Entwicklung der ferneren Lebenserwartung kann davon ausgegangen werden, dass sich der Trend steigender Lebenserwartung fortsetzen wird. Im Jahr 2030 werden Männer und Frauen im Alter von 65 Jahren im Durchschnitt deutlich über 19 (Männer) bzw. fast 23 (Frauen) weitere Lebensjahre erwarten können. Im Vergleich zu heute entspricht dies einem Gewinn von gut zwei Jahren.

15 Die steigende Lebenserwartung einerseits und die sinkende Geburtenhäufigkeit andererseits führen langfristig zu gravierenden Änderungen im Altersaufbau der deutschen Bevölkerung. Im Jahr 2002 wurde für Deutschland der bisher höchste Bevölkerungsbestand mit 82,54 Millionen Menschen erreicht. Seither ist ein Rückgang zu beobachten. Im Jahr 2030 wird eine Einwohnerzahl von ca. 79 Millionen erwartet. Während im Jahr 1960 in Deutschland ca. 8,5 Millionen Menschen (zwölf Prozent der Bevölkerung) das 65. Lebensjahr erreicht oder überschritten hatten, trifft dies im Jahr 2010 mit 16,8 Millionen bereits auf nahezu 20 Prozent der Einwohner, d. h. auf jeden fünften zu. Im gleichen Zeitraum ist der Anteil der Menschen unterhalb von 20 Jahren von 28 Prozent auf 19 Prozent gesunken und der Anteil der Hochaltrigen (85 Jahre und älter) um über das Fünffache auf mittlerweile 2,2 Prozent an der Gesamtbevölkerung angestiegen. Im Jahr 2010 leben bereits mehr Personen über 65 Jahren in Deutschland als Jüngere im Alter bis unter 20 Jahren. Der demografische Wandel ist also kein Szenario, welches Deutschland erst in ferner Zukunft erwartet. Die Veränderung des Altersaufbaus der Bevölkerung ist bereits in vollem Gange und setzt sich künftig beschleunigt fort. Im Jahr 2030 werden bereits viele der geburtenstarken Jahrgänge der so genannten „Baby-Boomer-Generation" von der Erwerbstätigkeit in die Ruhestandsphase gewechselt sein. Die Zahl der 20- bis 64-Jährigen wird laut dieser Prognose bis zum Jahr 2030 um 6,3 Millionen sinken und die Zahl der über 64-Jährigen um 5,5 Millionen ansteigen. 30 Prozent der Bevölkerung sind dann 65 Jahre oder älter. In absoluten Zahlen entspricht dies 22,3 Millionen Bürgerinnen und Bürgern. Der Anteil der Hochaltrigen wird sich gegenüber heute mit über fünf Prozent noch einmal mehr als verdoppelt haben, während sich der Anteil der unter 20-Jährigen auf 16 Prozent reduzieren wird. Die Alterung der Bevölkerung wird sich noch etwa bis zum Jahr 2045 fortsetzen und dabei eine verhältnismäßig starke Dynamik aufweisen. Bis zum Jahr 2060 werden dann nur noch geringe Veränderungen in der relativen Gewichtung der jeweiligen Altersgruppen erwartet. Einzig der Anteil der Hochaltrigen wird sich weiter deutlich erhöhen. Die zukünftige Alterung der Bevölkerung ist damit zu großen Teilen bereits in der heutigen Altersstruktur angelegt. Die Entwicklung ist insoweit auch längerfristig nicht umkehrbar. Neben der Schrumpfung der Bevölkerung wird insbesondere ihre Alterung zur mittel- und langfristigen Herausforderung für die sozialen Sicherungssysteme.

16 Die demografische Entwicklung wird erhebliche Auswirkungen auf die umlagefinanzierte gesetzliche Rentenversicherung haben, weil sich das Verhältnis von Beitragszahlerinnen und Beitragszahlern zu Rentnerinnen und Rentnern in den kommenden Jahrzehnten deutlich verschieben wird. Die damit verbundenen Herausforderungen für die finanzielle Tragfähigkeit und die nachhaltige Leistungsfähigkeit der gesetzlichen Rentenversicherung sind jedoch nicht neu. Bereits seit den 1960er Jahren hat sich das Verhältnis von aktiv Versicherten zu Rentnerinnen und Rentnern massiv verschoben. Während im Jahr 1962 noch fast vier aktiv Versicherte auf eine Versichertenrente kamen, sank dieses Verhältnis bis Anfang der 1990er Jahre auf rd. 2,3 zu 1 ab. Auch nach der Wiedervereinigung ist das Verhältnis von aktiv Versicherten zu Versichertenrenten von 2,4 im Jahr 1992 bis auf 1,8 im Jahr 2008 weiter zurückgegangen (vgl. Tabelle 7).

Tabelle 7: Entwicklung der aktiv Versicherten und des Rentenbestands im Zeitverlauf

	aktiv Versicherte	Rentenbestand[1]	Relation Versicherte zu Renten
1962	18.612	4.722	3,9
1970	19.568	6.017	3,3
1980	21.570	8.038	2,7
1990	24.128	10.369	2,3
1992	32.495	13.695	2,3
2000	33.830	17.232	2,0
2008	35.009	18.957	1,8

1) Versichertenrenten
Quelle: Deutsche Rentenversicherung. Bis 1990 alte Bundesländer, danach Deutschland.

17 In der Vergangenheit hat die Anzahl der aktiv Versicherten zwar stetig zugenommen, dennoch ist die Anzahl der Versichertenrenten weitaus dynamischer angestiegen. Neben der gestiegenen Lebenserwartung hat hierzu die in der Vergangenheit zu beobachtende Tendenz zum vorgezogenen Rentenzugang beigetragen. Die durchschnittliche Rentenbezugsdauer hat sich in den letzten fünf Jahrzehnten von 9,9 Jahren im Jahr 1960 auf 18,2 Jahre im Jahr 2009 nahezu verdoppelt (vgl. Tabelle 8). Die Ausgaben der gesetzlichen Rentenversicherung sind daher nicht nur aufgrund des Anstiegs der absoluten Zahl der Renten gewachsen, sondern vor allem wegen der verlängerten Rentenbezugszeiten.

Tabelle 8: Entwicklung der durchschnittlichen Rentenbezugsdauer (in Jahren) von Versichertenrenten

	Insgesamt	Männer	Frauen
1960	9,9	9,6	10,6
1970	11,1	10,3	12,7
1980	12,1	11,0	13,8
1990	15,4	13,9	17,2
1995	15,8	13,6	18,2
2001	16,3	13,8	18,9
2009	18,2	15,8	20,6

Quelle: Deutsche Rentenversicherung. Bis 1990 alte Bundesländer, danach Deutschland. Die Rentenbezugsdauer ist jeweils als Querschnitt berechnet.

18 Bis Mitte der 1990er Jahre wurde dieser Entwicklung im Wesentlichen durch die Anhebung des Beitragssatzes zur Rentenversicherung begegnet. Der Beitragssatz stieg von 14 Prozent im Jahr 1958 bis auf über 20 Prozent im Jahr 1997 an. Seit Beginn der 1990er Jahre wurden tiefgreifende Strukturreformen eingeleitet, um den Beitragssatzanstieg zu begrenzen und die finanzielle Tragfähigkeit der Rentenversicherung nachhaltig zu sichern. Zentrale Aufgabe der Rentenpolitik ist es dabei, die aus den demografischen Entwicklungen resultierenden Belastungen sozial ausgewogen und generationengerecht zu verteilen. Gerechtigkeit zwischen den Generationen besteht darin, ein angemessenes Verhältnis von Beitrag zu Leistung im Rentenversicherungssystem auch für jüngere Jahrgänge und künftige Generationen zu sichern.

Die Rentenreform 1992

19 Um eine angemessene, automatische Verteilung der sich aus der demografischen Entwicklung ergebenden Belastungen auf Rentner, Beitragszahler und den Bund zu erreichen, wurden mit der Rentenreform 1992 Rentenanpassung, Beitragssatzfestsetzung und die Festsetzung des Bundeszuschusses in einen selbstregulierenden Mechanismus eingebunden, so dass auch bei sich ändernden ökonomischen, sozialen und demografischen Rahmenbedingungen ein angemessener Ausgleich von Einnahmen und Ausgaben erreicht wird. Dieser Selbstregulierungsmechanismus wird über die Festsetzung des Beitragssatzes gesteuert. Auch nach den in den vergangenen Jahren vorgenommenen gesetzlichen Änderungen an den mit der Rentenreform 1992 eingeführten Regelungen zur Bestimmung des Beitragssatzes und der Rentenanpassung funktioniert der Selbstregulierungsmechanismus auch weiterhin nach folgendem Prinzip:

– Der Beitragssatz ist für jedes Kalenderjahr im Voraus so festzusetzen, dass die Beitragseinnahmen und die Bundeszuschüsse die Ausgaben eines Kalenderjahres decken und dass für den Ausgleich von Einnahmeschwankungen zum Ende des Kalenderjahres, für das der Beitragssatz zu bestimmen ist, eine Rücklage vorhanden sein wird, die (in dieser Höhe seit dem Jahr 2004 bestimmt) mindestens 20 Prozent und höchstens 150 Prozent einer Monatsausgabe der allgemeinen Rentenversicherung beträgt.

– Der allgemeine Bundeszuschuss wird für jedes Kalenderjahr so fortgeschrieben, dass er sich nicht nur entsprechend der vorherigen Veränderung der Bruttolöhne, sondern auch entsprechend einer Änderung des Beitragssatzes in demselben Kalenderjahr verändert.

– Die Renten werden zum 1. Juli eines jeden Jahres so angepasst, wie sich im Vorjahr die Bruttolöhne und auch der Beitragssatz in der allgemeinen Rentenversicherung, die Aufwendungen der Arbeitnehmer für ihre steuerlich geförderte zusätzliche Altersversorgung („Riester-Rente") sowie das Verhältnis von Rentnern zu Beitragszahlern verändert haben.

Damit kann insgesamt bei einer eventuell erforderlich werdenden Beitragssatzerhöhung bereits berücksichtigt werden, dass auch der Bundeszuschuss entsprechend steigt und die Renten – je nach den Veränderungen beim Beitragssatz– im Folgejahr weniger hoch angepasst werden, so dass die Beitragssatzerhöhung nicht so hoch ausfallen muss, wie dies ohne diese Rückkoppelungseffekte der Fall wäre.

20 Mit dem Rentenreformgesetz 1992 war die Rentenanpassung in Abkehr von der bis dahin praktizierten Anpassung der Renten entsprechend der Bruttolohnentwicklung zunächst so ausgestaltet worden, dass für die Rentenanpassung nicht nur die Entwicklung der Bruttolöhne maßgebend war, sondern auch die Veränderung der Belastung für Arbeitnehmer bei Steuern und Sozialversicherungsbeiträgen. Dieser mit der Rentenreform 1992 eingeführte Anpassungsmechanismus hatte zur Folge, dass die Entwicklung der verfügbaren Arbeitnehmerverdienste und der verfügbaren Renten sich so vollzieht, dass das Verhältnis zueinander gleich bleibt und damit das im Jahr 1991 gegebene Nettorentenniveau von rd. 70 Prozent (Verhältnis einer Rente aus 45 Versicherungsjahren mit stets versichertem Durchschnittsverdienst nach Abzug des Beitragsanteils zur Krankenversicherung

zum aktuellen Nettoverdienst eines Arbeitnehmers mit Durchschnittsentgelt) nicht weiter steigt, sondern auf diesem Niveau beibehalten wird.

21 Mit der selbstregulierenden Verbindung von Beitragssatz, Bundeszuschuss und Rentenanpassung sollte ebenfalls erreicht werden, dass deren Werte sich Jahr für Jahr von selbst und nicht erst aufgrund neuer Abwägungs- und Entscheidungsprozesse des Gesetzgebers ergeben. Seit 1992 ist daher gesetzlich bestimmt, dass der Beitragssatz und die Anpassung der Renten nicht – wie bis 1991 noch geschehen – durch Gesetz, sondern durch Rechtsverordnung der Bundesregierung mit Zustimmung des Bundesrates bestimmt werden. Die jüngere Vergangenheit hat jedoch gezeigt, dass bei einer länger andauernden wirtschaftlichen Stagnation die selbstregulierende Verbindung von Beitragssatz, Bundeszuschuss und Rentenanpassung alleine jedoch nicht ausreicht, um eine wirksame Dämpfung des Beitragssatzanstiegs zu erreichen. In den vergangenen Jahren sah sich der Gesetzgeber daher immer wieder veranlasst, den Beitragssatz im Zusammenhang mit bereits kurzfristig beitragssatzdämpfend wirkenden Maßnahmen gesetzlich festzulegen und auch die Anpassung der Renten abweichend vom Mechanismus der gesetzlichen Anpassungsformel zu bestimmen.

22 Die Sorge um die Zukunft der sozialen Sicherungssysteme, insbesondere aber um die Zukunft der Rentenversicherung, haben in der Mitte der 1990er Jahre, also bereits wenige Jahre nach Inkrafttreten des Rentenreformgesetzes 1992, eine breite Diskussion darüber in Gang gesetzt, ob die Maßnahmen des Rentenreformgesetzes 1992 ausreichen, damit die aus der demografisch bedingten Verschiebung im Altersaufbau der deutschen Bevölkerung zu erwartenden Beitragslasten der fernen Zukunft für die heute jungen Beitragszahler tragbar sind. Am Ende dieser Diskussion hatte sich ein breiter politischer Konsens darüber gebildet, dass auch mit den Maßnahmen der Rentenreform 1992 eine Erhöhung des Beitragssatzes erforderlich werden würde, die die Leistungsfähigkeit und die Leistungswilligkeit der jüngeren Generation überfordern würde. Deshalb wurden Lösungen eingefordert, die den Anstieg beim Rentenversicherungsbeitragssatz langfristig, d. h. mindestens für die nächsten drei Jahrzehnte, stärker dämpfen als mit den Maßnahmen der Rentenreform 1992 vorgesehen. Darüber hinaus wurde auch im Interesse der Erhaltung der Wettbewerbsfähigkeit des Wirtschaftsstandorts Deutschland eine Senkung des Gesamtsozialversicherungsbeitrags für dringend erforderlich gehalten, so dass ebenfalls unter diesem Aspekt weitere Reformschritte als notwendig erachtet wurden, um den demografiebedingten Beitragssatzanstieg in der Rentenversicherung zu dämpfen.

Die weitere Reformgesetzgebung im Anschluss an die Rentenreform 1992 im Überblick

Die Rentenreform 1999

23 Mit dem vom Deutschen Bundestag im Dezember 1997 verabschiedeten Rentenreformgesetz 1999 wurde angestrebt, den mit der Rentenreform 1992 bereits deutlich abgeflachten Beitragssatzanstieg bis zum Jahr 2030 noch einmal zu halbieren. Anstelle des mit den Maßnahmen der Rentenreform 1992 angepeilten Anstiegs des Beitragssatzes von rd. 20 Prozent im Jahr 1997 auf rd. 26 Prozent bis zum Jahr 2030 sollte sich daher nur noch ein Anstieg des Beitragssatzes bis zum Jahr 2030 auf rd. 23 Prozent ergeben. Dieses Ziel sollte vor allem durch die Einführung eines demografischen Faktors in die Rentenanpassungsformel erreicht werden, mit dem der als Folge des Anstiegs der Lebenserwartung verlängerten Rentenbezugsdauer Rechnung getragen werden sollte. Der demografische Faktor hätte langfristig zu einer Senkung des Nettorentenniveaus von rd. 70 Prozent auf 64 Prozent geführt.

24 Mit dem Gesetz zu Korrekturen in der Sozialversicherung und zur Sicherung der Arbeitnehmerrechte vom Dezember 1998 wurde der demografische Faktor jedoch ausgesetzt. Maßgeblich hierfür war die Besorgnis des Gesetzgebers, dass die Absenkung des Rentenniveaus auf den Wert 64 Prozent ohne flankierende Fördermaßnahmen für den Aufbau einer privaten Altersvorsorge vor allem Versicherte mit unterdurchschnittlichem Einkommen auch nach vollem Erwerbsleben im Alter unter die Sozialhilfeschwelle hätte absinken lassen.

Die Rentenreform 2001

25 Nach Aufhebung des mit dem Rentenreformgesetz 1999 eingeführten Demografiefaktors wurde im Jahr 2000 erneut eine Rentenstrukturform in Angriff genommen. Zentrales Ziel dieser Reform war, dass die Renten der gesetzlichen Rentenversicherung auch in Zukunft auf einem ausreichend hohen Niveau erbracht werden, so dass sie weiterhin die wichtigste

Säule der Altersversorgung bilden, ohne dabei jedoch die jeweilige Generation der Erwerbstätigen mit nicht tragbaren Beiträgen zu belasten. Aus diesem Grund war neben der Sicherung eines angemessenen Gesamtniveaus aus gesetzlicher Rente und staatlich geförderter zusätzlicher Altersvorsorge die nachhaltige Dämpfung des Beitragssatzanstiegs vorrangiges Reformziel. Daher wurden die langfristigen Beitragssatzziele erstmals gesetzlich festgelegt. Seit dem Jahr 2001 ist gesetzlich vorgegeben, dass der Beitragssatz bis zum Jahr 2020 nicht die Marke von 20 Prozent und bis zum Jahr 2030 nicht die Marke von 22 Prozent überschreiten soll.

26 Um die gesetzten Ziele zu erreichen, wurden im Zuge der Rentenreform 2001 die folgenden Maßnahmen ergriffen:

- Langfristige Stabilisierung des Beitragssatzes durch
  - Verwendung des Aufkommens aus den Stufen der Ökosteuerreform zur sachgerechten Finanzierung der Leistungen der gesetzlichen Rentenversicherung (geregelt mit dem im Jahr 1998 verabschiedeten Gesetz zu Korrekturen in der Sozialversicherung und zur Sicherung der Arbeitnehmerrechte und dem im Jahr 1999 verabschiedeten Haushaltssanierungsgesetz),
  - Absenkung des Nettorentenniveaus, indem nach Anpassung der Renten im Jahr 2000 nur entsprechend dem Anstieg der Lebenshaltungskosten im Vorjahr ab dem Jahr 2001 eine modifizierte Form der Bruttolohnanpassung angewandt wird, nach der die Bruttolohnentwicklung um die Entwicklung bei den Aufwendungen der Arbeitnehmer für ihre Alterssicherung – Beitragssatz zur Rentenversicherung und zunehmender Aufwand für die staatlich geförderte private Altersvorsorge – verändert wird (geregelt mit dem im Jahr 2001 verabschiedeten Altersvermögens-Ergänzungsgesetz),
- Aufbau einer staatlich geförderten, freiwilligen, ergänzenden, kapitalgedeckten Altersvorsorge zur Erhöhung des Gesamtversorgungsniveaus im Alter für alle in der gesetzlichen Rentenversicherung Pflichtversicherten (geregelt mit dem im Jahr 2001 verabschiedeten Altersvermögensgesetz),
- Verbesserung der betrieblichen Altersversorgung (ebenfalls geregelt mit dem Altersvermögensgesetz),
- Neugestaltung des Rechts der Berufs- und Erwerbsunfähigkeitsrenten (geregelt mit dem im Jahr 2000 verabschiedeten Gesetz zur Reform der Renten wegen verminderter Erwerbsfähigkeit),
- Verbesserung der eigenständigen Alterssicherung der Frau und Reform des Rechts der Hinterbliebenenrenten (geregelt mit dem Altersvermögens-Ergänzungsgesetz),
- Einführung einer bedarfsorientierten und steuerfinanzierten Grundsicherung zur Vermeidung von Armut im Alter und bei dauerhafter voller Erwerbsminderung aus medizinischen Gründen (eingeführt mit dem Altersvermögensgesetz),
- Verbesserung der Transparenz durch jährliche Auskunft der Rentenversicherungsträger über den Stand der Rentenanwartschaften (ebenfalls geregelt mit dem Altersvermögensgesetz) sowie
- Verbesserung der rentenrechtlichen Absicherung jüngerer Versicherter mit lückenhaften Erwerbsverläufen im Fall der Invalidität (geregelt mit dem Altersvermögens-Ergänzungsgesetz).

Die Weiterentwicklung der Rentenreform 2001 im Jahr 2004 durch das RV-Nachhaltigkeitsgesetz

27 Mit der im Jahr 2002 eingeführten staatlich geförderten zusätzlichen Altersvorsorge wurde – insbesondere für die jüngeren Versicherten – ein wichtiger Schritt zur Stabilisierung der gesetzlichen Alterssicherung nach vorne getan. Untersuchungen zu den langfristigen Wirkungen der Rentenreform des Jahres 2001 (z. B. die Generationenanalyse der damaligen Bundesversicherungsanstalt für Angestellte und der Deutschen Bundesbank) kommen denn auch zu dem Ergebnis, dass sich die durch die staatlich geförderte zusätzliche Altersvorsorge erreichten Verteilungswirkungen zu Gunsten der heute jüngeren Versicherten auswirken. Für sie gewinnt die kapitalgedeckte zusätzliche Altersvorsorge, insbesondere die hieraus erzielte Rendite, zunehmend an Gewicht.

28 Auch wenn mit der Rentenreform des Jahres 2001 richtige Weichenstellungen getroffen worden sind, so bleibt die Rentenpolitik dennoch der Aufgabe verpflichtet, stetig zu prüfen, ob sich die angestrebten Beitragssatzziele ohne weitere nachjustierende Maßnahmen erreichen lassen. Im Vergleich zu den Annahmen, die der Rentenreform des Jahres 2001 zugrunde

gelegen haben, hat sich im Jahr 2003 gezeigt, dass angesichts neuer wissenschaftlicher Erkenntnisse insbesondere die Einschätzungen über das Ausmaß des demografischen Wandels teilweise zu revidieren waren. Nach dem im Sommer 2003 fertig gestellten Bericht der „Kommission für die Nachhaltigkeit in der Finanzierung der sozialen Sicherungssysteme" wurde aufgrund dieser revidierten Einschätzungen weiterer Handlungsbedarf gesehen.

29 Mit dem im Jahr 2004 beschlossenen Gesetz zur Sicherung der nachhaltigen Finanzierungsgrundlagen der gesetzlichen Rentenversicherung (RV-Nachhaltigkeitsgesetz) hat der Gesetzgeber die folgenden weiteren Reformschritte umgesetzt:

– Durch Einführung eines so genannten Nachhaltigkeitsfaktors in die Rentenanpassungsformel werden bei den Rentenanpassungen ab dem Jahr 2005 auch die Veränderung des Verhältnisses von Leistungsbeziehern und versicherungspflichtig Beschäftigten im jeweils vorausgegangenen Jahr berücksichtigt.

– Darüber hinaus wird die für die Rentenanpassung maßgebende Lohndynamik, die sich nach der Bruttolohn- und -gehaltsumme der volkswirtschaftlichen Gesamtrechnung bemisst, in der auch die Löhne und Gehälter von nicht in der Rentenversicherung versicherten Personengruppen (z. B. Beamte) und Entgeltbestandteile oberhalb der Beitragsbemessungsgrenze eingehen, um die Entwicklung der in der allgemeinen Rentenversicherung beitragspflichtigen Lohn- und Gehaltsumme korrigiert.

– Die Altersgrenzen für den frühestmöglichen Beginn der vorzeitigen Altersrente wegen Arbeitslosigkeit oder nach Altersteilzeitarbeit werden ab dem Jahr 2006 stufenweise vom 60. Lebensjahr auf das 63. Lebensjahr angehoben.

– Die rentenrechtlich bewerteten Anrechnungszeiten bei schulischer Ausbildung werden beginnend ab dem Jahr 2005 auf Ausbildungen an Fachschulen und berufsvorbereitenden Bildungsmaßnahmen konzentriert.

– Der obere Zielwert der bisher als Schwankungsreserve bezeichneten Rücklage der Rentenversicherung wird auf 1,5 Monatsausgaben angehoben und im Zuge dieser Maßnahme begrifflich in Nachhaltigkeitsrücklage umbenannt.

Das RV-Altersgrenzenanpassungsgesetz aus dem Jahr 2007

30 Mit dem am 9. März 2007 vom Deutschen Bundestag beschlossenen Gesetz zur Anpassung der Regelaltersgrenze an die demografische Entwicklung und zur Stärkung der Finanzierungsgrundlagen der gesetzlichen Rentenversicherung (RV-Altersgrenzenanpassungsgesetz) hat der Gesetzgeber schließlich festgelegt, dass zur nachhaltigen Sicherung der gesetzlich bestimmten Beitragssatz- und Rentenniveauziele (kein Übersteigen der Beitragssatzmarke von 20 Prozent bis zum Jahr 2020 und von 22 Prozent bis zum Jahr 2030 sowie kein Unterschreiten des Rentenniveaus vor Steuern von 46 Prozent bis zum Jahr 2020 sowie 43 Prozent bis zum Jahr 2030) die Regelaltersgrenze von heute 65 Jahre vom Jahr 2012 an in Abhängigkeit vom Geburtsjahrgang schrittweise auf 67 Jahre angehoben wird. In vollem Umfang soll die Anhebung auf das Alter 67 im Jahr 2029 abgeschlossen sein, so dass die ab 1964 geborenen Versicherten erst ab diesem Alter eine abschlagsfreie Rente beziehen können. Lediglich für Versicherte, die 45 Jahre mit Pflichtbeiträgen aufgrund versicherungspflichtiger Beschäftigung oder Pflege oder Zeiten der Kindererziehung bis zum 10. Lebensjahr des Kindes zurückgelegt haben, verbleibt es dabei, dass die Altersrente auch ab dem Jahr 2012 wie nach heute geltendem Recht weiterhin ab dem 65. Lebensjahr ohne Abschlag in Anspruch genommen werden kann.

31 Darüber hinaus ist mit dem RV-Altersgrenzenanpassungsgesetz das Verfahren für die Anpassung der Renten um einen weiteren Regelungsbestandteil ergänzt worden, mit dem sichergestellt wird, dass die zur Stabilisierung der Beitragssatzentwicklung notwendige Dämpfung der Rentenanpassung in langfristiger Sicht auch in vollem Umfang realisiert wird. Die geltende Rentenanpassungsformel sieht vor, dass die steigenden Aufwendungen der Arbeitnehmer für ihre Altersversorgung sowie die demografiebedingten Veränderungen beim Verhältnis von Rentenempfängern zu Beitragszahlern die der Lohnentwicklung folgenden Rentenanpassungen dämpfen. Die zur Vermeidung von Rentenkürzungen in die Rentenanpassungsformel aufgenommene Schutzklausel führt jedoch dazu, dass – wie in den Jahren 2005 und 2006 bereits geschehen – in Zeiten einer nur geringen positiven Lohnentwicklung oder gar einer negativen Lohnentwicklung die Dämpfungseffekte nicht bzw. nicht vollständig realisiert werden können. Mit dem

RV-Altersgrenzenanpassungsgesetz ist die Schutzklausel daher dahingehend modifiziert worden, dass die zur Vermeidung von Rentenkürzungen bei der Rentenanpassung ausgefallene Dämpfungswirkung ab dem Jahr 2011 solange durch eine Halbierung der sich nach der Rentenanpassungsformel ergebenden positiven Rentenanpassungen realisiert (nachgeholt) wird bis die ausgefallene Dämpfungswirkung ausgeglichen ist.

Aussagen im Koalitionsvertrag von CDU, CSU und FDP zu den rentenpolitischen Vorhaben in der 17. Legislaturperiode des Deutschen Bundestages

32 Der von CDU, CSU und FDP am 26. Oktober 2009 unterzeichnete Koalitionsvertrag für die 17. Legislaturperiode des Deutschen Bundestages enthält folgende Aussagen zur Weiterentwicklung der Systeme der Alterssicherung, insbesondere der gesetzlichen Rentenversicherung:

– Im Rahmen der finanziellen Möglichkeiten soll geprüft werden, wie die familienpolitische Komponente gestärkt werden kann und Erziehungsleistungen in der Alterssicherung noch bessere Berücksichtigung finden können.
– Das Rentensystem in Ost und West soll vereinheitlicht werden.
– Es soll geprüft werden, ob es notwendig und finanziell darstellbar ist, weiteren Personengruppen, insbesondere Selbständigen, den Zugang zur staatlich geförderten privaten Altersvorsorge zu ermöglichen. In diesem Zusammenhang soll auch der Frage nachgegangen werden, ob und wie die Absicherung gegen das Erwerbsminderungsrisiko in der staatlich geförderten Vorsorge kostenneutral verbessert werden kann.
– Schließlich sollen von einer Regierungskommission Vorschläge von Maßnahmen zur Bekämpfung von Altersarmut entwickelt werden. Insbesondere soll sich die private und betriebliche Altersvorsorge auch für Geringverdiener lohnen und diejenigen, die ein Leben lang Vollzeit gearbeitet und vorgesorgt haben, sollen ein Alterseinkommen oberhalb der Grundsicherung erhalten, das bedarfsabhängig und steuerfinanziert ist.

Versicherter Personenkreis

33 In der Rentenversicherung werden alle Personen kraft Gesetzes versichert, die als Arbeitnehmer gegen Entgelt beschäftigt sind. Bei zur Ausbildung Beschäftigten bedarf es zum Entstehen von Versicherungspflicht eines Entgeltanspruchs nicht. Die Versicherungspflicht besteht unabhängig von der Höhe des Einkommens. Die Beitragsbemessungsgrenze (2011: in der allgemeinen Rentenversicherung für Beschäftigungen in den alten Bundesländern 5.500 Euro / Monat oder 66.000 Euro / Jahr und für Beschäftigungen in den neuen Bundesländern 4.800 Euro / Monat oder 57.600 Euro / Jahr sowie in der knappschaftlichen Rentenversicherung für Beschäftigungen in den alten Bundesländern 6.750 Euro / Monat oder 81.000 Euro / Jahr und für Beschäftigungen in den neuen Bundesländern 5.900 Euro / Monat oder 70.800 Euro / Jahr) ist in der Rentenversicherung somit nicht gleichzeitig eine Versicherungspflichtgrenze wie z. B. in der gesetzlichen Krankenversicherung, sondern vielmehr eine Grenze für die Höhe des versicherten Entgelts. Die früher in der Rentenversicherung der Angestellten allgemein und in der knappschaftlichen Rentenversicherung für bestimmte leitende Angestellte bestehende Versicherungspflichtgrenze ist seit 1968 entfallen.

34 Selbständig Erwerbstätige, die nicht aufgrund ihrer Zugehörigkeit zu bestimmten Berufsgruppen kraft Gesetzes pflichtversichert sind, können auf Antrag die Versicherungspflicht für sich herbeiführen.

35 Von der Versicherungspflicht gibt es für Angehörige eines anderen Versorgungssystems Ausnahmen. Kraft Gesetzes versicherungsfrei sind insbesondere Beamte und andere öffentlich Bedienstete, die aber – falls sie ohne Anwartschaft auf Versorgung aus ihrem Dienstverhältnis ausscheiden – in der gesetzlichen Rentenversicherung nachversichert werden. Angehörige einer berufsständischen Versorgungseinrichtung (z. B. Ärzte, Rechtsanwälte) können sich von der Versicherungspflicht befreien lassen.

36 Personen, die nicht versicherungspflichtig sind, können sich für die Zeit von der Vollendung des 16. Lebensjahres an freiwillig versichern. Die Möglichkeit der freiwilligen Höherversicherung (zusätzliche Zahlung freiwilliger Beträge bei bestehender Pflichtversicherung) besteht seit 1998 nicht mehr.

37 Im Jahr 2008 waren 35 Mio. Personen (2007: ebenfalls 35 Mio. Personen) mit mindestens einem Pflichtbeitrag in der gesetzlichen Rentenversicherung pflichtversichert. Hiervon waren am Stichtag 31. Dezember 2008 rd. 31,6 Mio. Personen (2007: 31,5 Mio. Personen) pflichtversichert. Die größte

Fallgruppe unter den pflichtversicherten Personen bilden mit 26,5 Mio. Personen (2007: 26,1 Mio. Personen) die versicherungspflichtigen Beschäftigten. Von den pflichtversicherten Personen waren rd. 17,1 Mio. Männer und rd. 14,5 Mio. Frauen.

38 Bis zum 31. Dezember 2004 richtete sich die Zuständigkeit des Versicherungsträgers nach der Art der ausgeübten Tätigkeit. Im Allgemeinen gehörten nach herkömmlicher Auffassung die manuell Tätigen der von den Landesversicherungsanstalten durchgeführten Rentenversicherung der Arbeiter und die überwiegend geistig Tätigen der von der Bundesversicherungsanstalt für Angestellte durchgeführten Rentenversicherung der Angestellten an. Seit dem 1. Januar 2005 ist die organisatorisch Unterscheidung zwischen der Rentenversicherung der Arbeiter und der Rentenversicherung der Angestellten aufgehoben worden. Nach einem im Gesetz zur Reform der Organisation in der gesetzlichen Rentenversicherung festgelegten Ausgleichsverfahren werden die bisher als Arbeiter bei den Landesversicherungsanstalten Versicherten und die bisher als Angestellte bei der Bundesversicherungsanstalt für Angestellte Versicherten so auf die Regionalträger der Deutsche Rentenversicherung (bis zum 31. Dezember 2004: Landesversicherungsanstalten) und auf den neuen Bundesträger „Deutsche Rentenversicherung Bund" verteilt, dass 55 Prozent der Versicherten bei den Regionalträgern der Deutschen Rentenversicherung (Landesversicherungsanstalten) und 45 Prozent der Versicherten beim Bundesträger „Deutsche Rentenversicherung Bund" versichert sind. In der knappschaftlichen Rentenversicherung sind Personen versichert, die in knappschaftlichen Betrieben beschäftigt sind; das sind Betriebe, in denen Kohle, sonstige Mineralien und ähnliche Stoffe bergmännisch gewonnen werden. In der knappschaftlichen Rentenversicherung sind Beiträge und Leistungen um rd. ein Drittel höher als in der allgemeinen Rentenversicherung. Eine freiwillige Versicherung ist grundsätzlich bei dem Versicherungsträger durchzuführen, zu dem zuletzt Beiträge entrichtet worden sind.

Versicherungspflicht

39 Zum versicherungspflichtigen Personenkreis gehören alle gegen Arbeitsentgelt oder zu ihrer Berufsausbildung Beschäftigten, also alle Arbeitnehmer einschließlich der Auszubildenden. Zu den versicherungspflichtig Beschäftigten zählt das Gesetz außerdem unter bestimmten Voraussetzungen behinderte Menschen, Personen, die in besonderen Einrichtungen für eine Erwerbstätigkeit befähigt werden sollen, sowie Mitglieder geistlicher Genossenschaften, Diakonissen und Angehörige ähnlicher Gemeinschaften.

40 Zum Kreis der kraft Gesetzes versicherungspflichtigen Selbständigen gehören unter bestimmten Voraussetzungen auch die Angehörigen bestimmter Berufe, nämlich Lehrer und Erzieher, Pflegepersonen, Hebammen und Entbindungspfleger, Seelotsen, Künstler und Publizisten, Hausgewerbetreibende, Küstenschiffer und Küstenfischer, Handwerker sowie Personen, die bis zum 30. Juni 2006 mit einem Existenzgründungszuschuss der Bundesagentur für Arbeit den Betrieb einer sog. „Ich-AG" aufgenommen haben. Die Anzahl der kraft Gesetzes versicherungspflichtigen Selbständigen lag Ende 2008 bei insgesamt rd. 260.000 Personen (2007: 290.000 Personen). Davon waren rd. 152.200 versicherungspflichtige Künstler und Publizisten (2007: rd. 147.500), rd. 17.400 Betreiber einer „Ich-AG" (2007: 54.500), rd. 52.000 Handwerker (2007: 51.600) und rd. 27.300 sonstige kraft Gesetzes pflichtversicherte Selbständige (2007: rd. 25.700).

41 Seit dem 1. Januar 1999 gehören die so genannten arbeitnehmerähnlichen Selbständigen zum Kreis der versicherungspflichtigen Personen. Arbeitnehmerähnliche Selbständige sind Selbständige, die im Zusammenhang mit ihrer selbständigen Tätigkeit keinen versicherungspflichtigen Arbeitnehmer beschäftigen, dessen Arbeitsentgelt aus diesem Beschäftigungsverhältnis 400 Euro monatlich übersteigt, und die auf Dauer und im Wesentlichen nur für einen Auftraggeber tätig sind. Eine Tätigkeit nur für einen Auftraggeber liegt vor, wenn der selbständig Tätige wirtschaftlich im Wesentlichen von einem einzigen Auftraggeber abhängig ist. Hiervon wird ausgegangen, wenn mindestens 5/6 der gesamten Einkünfte aus den zu beurteilenden Tätigkeiten aus einer dieser Tätigkeiten erzielt werden. Bei der Feststellung der Versicherungspflicht von „beherrschenden GmbH-Gesellschafter-Geschäftsführern" als „arbeitnehmerähnliche Selbständige" ist die Regelung von den Rentenversicherungsträgern dahin gehend gehandhabt worden, dass hinsichtlich der Erfüllung der Tatbestandsvoraussetzungen für die Versicherungspflicht auf die Gesellschaft selbst, also die GmbH, abzustellen ist. Danach ist für die Entscheidung über die Rentenversicherungspflicht von „beherrschenden GmbH-Gesellschafter-Geschäftsführern" die Feststellung maßgebend, wie viele versicherungspflichtige Arbeitnehmer bei der GmbH beschäftigt sind und für wie viele Auftraggeber die GmbH tätig ist. Dem gegenüber hat der 12. Senat des Bundessozialgerichts in seiner Entscheidung vom 24. November 2005 (B 12 RA 1/04 R) die Auffassung vertreten, dass es hinsichtlich der Voraussetzungen für die Versicherungspflicht von „beherrschenden GmbH-Gesellschafter-Geschäftsführern" als „arbeitnehmerähnliche Selbständige" nicht auf die Situation der GmbH abzustellen ist, sondern auf den „beherrschenden GmbH-Gesellschafter-Geschäftsführer". Nach dieser Auffassung ist ein „beherrschender GmbH-Gesellschafter-Geschäftsführer" dann als arbeitnehmerähnlicher Selbständiger rentenversicherungspflichtig, wenn er nur für eine GmbH tätig ist. Als Auftraggeber wird vom 12. Senat die GmbH selbst und nicht deren Auftraggeber angesehen. Entsprechend hat der 12. Senat auch das Tatbestandsmerkmal der Nicht-Beschäftigung von Arbeitnehmern als erfüllt angesehen, wenn der „beherrschende GmbH-Gesellschafter-Geschäftsführer" selbst keine Arbeitnehmer hat. Entsprechend dem Sinn und Zweck der Regelung, nur solche Selbständigen (ohne Beschäftigte und mit nur einem Auftraggeber) versicherungspflichtig zu machen, die ähnlich schutzbedürftig wie Arbeitnehmer sind, ist vom Gesetzgeber mit einer Ergänzung der Vorschrift klargestellt worden, dass es für die Feststellung der Rentenversicherungspflicht von „beherrschenden GmbH-Gesellschafter-Geschäftsführern" darauf ankommt, wie viele versicherungspflichtige Arbeitnehmer bei der GmbH beschäftigt sind und für wie viele Auftraggeber die GmbH tätig ist.

42 Außerdem sind kraft Gesetzes versicherungspflichtig:

– Personen, für die eine Kindererziehungszeit anzurechnen ist,
– Personen, die (noch bis Juni 2011) Wehr- oder Zivildienst leisten,
– seit 1992 auch Bezieher von Lohnersatzleistungen, wie z. B. Krankengeld, Arbeitslosengeld,
– Bezieher von Vorruhestandsgeld sowie
– Pflegepersonen, die einen Pflegebedürftigen, der einen Anspruch auf Leistungen aus der sozialen oder privaten Pflegeversicherung hat, mindestens 14 Stunden wöchentlich in seiner häuslichen Umgebung pflegen.

Soweit für diese Personenkreise rentenrechtliche Sonderregelungen bestehen, wird hierauf im Anschluss an die Darstellung der Rentenversicherung der Beschäftigten (vgl. Rdnr. 691 ff.) eingegangen.

43 Bis Ende 2004 gehörten auch die Bezieher von Arbeitslosenhilfe und – mit der Zusammenlegung von Arbeitslosenhilfe und Sozialhilfe zum Arbeitslosengeld II – ab dem Jahr 2005 die Bezieher von Arbeitslosengeld II zum rentenversicherungspflichtigen Personenkreis. Der Bezug von Arbeitslosengeld II führte jedoch nur dann zur Rentenversicherungspflicht, wenn das Arbeitslosengeld II nicht als Darlehen für einmalige Anschaffungen gewährt wurde, und wenn nicht schon wegen einer Beschäftigung gegen Arbeitsentgelt oder wegen des Bezugs einer Lohnersatzleistung (z. B. Arbeitslosengeld) Rentenversicherungspflicht bestand. Im Zuge der notwendigen Konsolidierung des Bundeshaushalts ist mit dem Haushaltsbegleitgesetz 2011 die Rentenversicherungspflicht für Bezieher von Arbeitslosengeld II zum 31. Dezember 2010 aufgehoben worden. Ab dem 1. Januar 2011 sind Bezieher von Arbeitslosengeld II somit nicht mehr kraft Gesetzes in der gesetzlichen Rentenversicherung pflichtversichert. Für die nach bisherigem Recht versicherungspflichtigen Bezieher von Arbeitslosengeld II wird die Zeit des Leistungsbezugs ab Januar 2011 als Anrechnungszeit berücksichtigt. Für den Gesetzgeber war hierbei die Erwägung maßgebend, dass die Grundsicherung für erwerbsfähige Hilfebedürftige (Arbeitslosengeld II) eine aus Steuermitteln finanzierte Fürsorgeleistung ist, die darauf zielt, einer aktuell bestehenden Hilfebedürftigkeit abzuhelfen. Je nach Verlauf der Erwerbsbiografie ist es aber nicht zwangläufig, dass ein heutiger Bezug von Arbeitslosengeld II auch Hilfebedürftigkeit im Alter bedeutet. Aufgrund der für Bezieher von Arbeitslosengeld II zuletzt nur in sehr geringer Höhe gezahlten Beiträge erhöht sich die Rente aus den gezahlten Pflichtbeiträgen nur geringfügig (nach den im Jahr 2010 geltenden Rechengrößen: 2,09 Euro Monatsrente für ein Jahr des Bezugs von Arbeitslosengeld II). Bei Personen mit insgesamt gutem Versicherungsverlauf ist diese Rentensteigerung eher unbedeutend. Dagegen erwarben diejenigen, die in ihrem Erwerbsleben nur kurze Zeit in der Rentenversicherung versichert waren und lange Jahre Grundsicherungsleistungen bezogen haben, aufgrund der nur in geringer Höhe gezahlten Pflichtbeiträge keine Rentenansprüche, die den Fortbestand der Hilfebedürftigkeit im Alter zu verhindern vermochten, so dass ab Erreichen des Rentenalters ergänzend Leistungen der aus Steuermitteln finanzierten Grundsicherung im Alter in Anspruch genommen werden. Mit dem Wegfall der vom Bund zu tragenden Beiträge für Bezieher von

Arbeitslosengeld II wird der Bundeshaushalt jährlich um rd. 1,8 Mrd. Euro entlastet.

Versicherungspflicht auf Antrag

44 Alle selbständig erwerbstätigen Personen, die nicht bereits kraft Gesetzes versicherungspflichtig sind, können der gesetzlichen Rentenversicherung auf Antrag als Pflichtversicherte beitreten. Dadurch erwerben sie die gleichen Rechte (z. B. Anspruch auf Rente wegen verminderter Erwerbsfähigkeit) und unterliegen den gleichen Pflichten (z. B. monatliche Zahlung von Durchschnittsbeiträgen) wie die übrigen pflichtversicherten Selbständigen. Der Antrag ist innerhalb von fünf Jahren seit Aufnahme der selbständigen Tätigkeit zu stellen. Die Versicherungspflicht beginnt mit dem Tag, der dem Eingang des Antrags folgt, frühestens jedoch mit dem Tag, an dem die Voraussetzungen eingetreten sind. Im Unterschied zur freiwilligen Versicherung kann die Versicherungspflicht auf Antrag nicht durch freie Entscheidung des Versicherten wieder aufgegeben werden. Sie endet bei Aufgabe der selbständigen Tätigkeit oder mit Beginn der vollen Altersrente. Ende 2008 gab es rd. 10.400 auf Antrag pflichtversicherte Selbständige (2007: rd. 10.700).

45 Auf Antrag versicherungspflichtig sind auch:
– Entwicklungshelfer, die ggf. im Ausland Entwicklungsdienst oder Vorbereitungsdienst leisten sowie
– Deutsche, die für eine begrenzte Zeit außerhalb des Bundesgebiets beschäftigt sind.

Die Berechtigung zur Versicherungspflicht auf Antrag besteht grundsätzlich zwar nur bei Ausübung der Beschäftigung oder Tätigkeit im Inland. Entwicklungshelfer im Auslandsentwicklungsdienst und Deutsche, die für eine begrenzte Zeit im Ausland beschäftigt sind, werden jedoch dann auf Antrag rentenversicherungspflichtig, wenn die Versicherungspflicht von einer Stelle beantragt wird, die ihren Sitz im Inland hat.

46 Unter bestimmten Voraussetzungen können auf Antrag des Reeders auch deutsche Besatzungsmitglieder eines Schiffes, das unter ausländischer Flagge fährt, in die Versicherungspflicht einbezogen werden. Für deutsche Seeleute, die ihren Wohnsitz oder gewöhnlichen Aufenthalt im Inland haben, und auf einem Seeschiff beschäftigt sind, das im überwiegenden wirtschaftlichen Eigentum eines deutschen Reeders mit Sitz im Inland steht, ist der Reeder gesetzlich verpflichtet, den Antrag auf Einbeziehung in die Versicherungspflicht zu stellen.

47 Schließlich können auch Personen, die trotz Bezugs einer Lohnersatzleistung (z. B. Krankengeld, Arbeitslosengeld) nicht bereits kraft Gesetzes versicherungspflichtig sind, sowie Personen, die nur deshalb keinen Anspruch auf Krankengeld haben, weil sie nicht in der gesetzlichen Krankenversicherung entsprechend versichert sind, ansonsten aber im letzten Jahr vor Beginn der Arbeitsunfähigkeit oder Rehabilitation zuletzt rentenversicherungspflichtig waren, für die Zeit des Leistungsbezugs bzw. der Krankheit oder Rehabilitation auf Antrag Pflichtbeiträge zahlen und damit ggf. eine sich sonst ergebende Versicherungslücke schließen.

48 Personen, die in jeder Beschäftigung oder selbständigen Tätigkeit versicherungsfrei oder von der Versicherungspflicht befreit sind (z. B. befreite Angestellte und befreite selbständig Tätige in den neuen Bundesländern), sind von der Möglichkeit der Antragspflichtversicherung jedoch ausgeschlossen. Für Personen, die aufgrund ihrer Zugehörigkeit zu einem anderen Alterssicherungssystem (z. B. der berufsständischen Versorgung) und daher in Bezug auf eine bestimmte Beschäftigung (z. B. als Arzt oder Rechtsanwalt) versicherungsfrei oder von der Versicherungspflicht befreit sind, besteht die Möglichkeit der Antragspflichtversicherung nur dann, wenn sie für die betreffenden Zeiten, also z. B. Zeiten des Bezugs von Krankengeld oder Arbeitslosengeld, in dem anderweitigen Alterssicherungssystem nicht abgesichert sind oder sich dort auch nicht absichern können.

Versicherungsfreiheit kraft Gesetzes

49 Versicherungsfrei sind Personengruppen, deren Altersversorgung bereits anderweitig gesichert ist und die deshalb einer Sicherung durch die Rentenversicherung nicht bedürfen. Hierzu gehören insbesondere Beamte, Richter und Berufssoldaten sowie sonstige Beschäftigte von Körperschaften, Anstalten oder Stiftungen des öffentlichen Rechts (z. B. Dienstordnungsangestellte) mit Anspruch auf eine Versorgung nach beamtenrechtlichen Vorschriften oder Grundsätzen oder entsprechenden kirchenrechtlichen Regelungen. Außerdem zählen hierzu satzungsmäßige Mitglieder geistlicher Genossenschaften, Diakonissen und Angehörige ähnlicher Gemeinschaften, wenn ihnen nach den Regeln der Gemeinschaft Anwartschaft auf die in der Gemeinschaft übliche

Sozialgesetzbuch · 6. Buch · Rentenversicherung

lebenslängliche Versorgung zusteht. Damit wird dem Selbstbestimmungs- und Selbstverwaltungsrecht der Religionsgesellschaften Rechnung getragen, das sich auch auf die Daseinsvorsorge ihrer Mitglieder erstreckt.

50 Versicherungsfrei sind schließlich auch Personen, bei denen kein Sicherungsbedürfnis in der Rentenversicherung mehr besteht, weil entweder das Sicherungsziel bereits erreicht ist oder bei denen es unwahrscheinlich ist, dieses Ziel in der Rentenversicherung noch zu erreichen. Hierzu gehören Bezieher einer Vollrente wegen Alters bzw. einer Pension nach beamtenrechtlichen Vorschriften oder Grundsätzen bzw. aus einer berufsständischen Versorgungseinrichtung nach Erreichen einer Altersgrenze sowie Personen, die bis zum Erreichen der Regelaltersgrenze (für die bis 1946 geborenen Versicherten also bis zur Vollendung des 65. Lebensjahres) nicht versichert waren oder nach Erreichen der Regelaltersgrenze eine Beitragserstattung aus ihrer Versicherung erhalten haben.

51 Nur geringfügig beschäftigte oder selbständig tätige Personen sind ebenfalls versicherungsfrei. Eine geringfügige Beschäftigung liegt vor, wenn das Arbeitsentgelt regelmäßig im Monat 400 Euro nicht übersteigt. Dieser Betrag ist undynamisch und gilt sowohl für die alten als auch für die neuen Bundesländer. Eine Beschäftigung ist auch dann geringfügig, wenn die Beschäftigung innerhalb eines Kalenderjahres auf längstens zwei Monate oder 50 Arbeitstage nach ihrer Eigenart begrenzt zu sein pflegt oder im Voraus vertraglich auf diese Zeit begrenzt ist. Dies gilt jedoch nicht für kurzfristige Beschäftigungen, die berufsmäßig ausgeübt werden und deren Entgelt 400 Euro im Monat übersteigt. Mehrere nicht kurzzeitig ausgeübte geringfügige Beschäftigungen werden zusammengerechnet, so dass hierdurch die Arbeitsentgeltgrenze von 400 Euro überschritten werden kann. Seit dem 1. April 1999 sind geringfügige Nebenbeschäftigungen ebenfalls mit einer versicherungspflichtigen Hauptbeschäftigung zusammenzurechnen. Auch in diesem Fall ist eine geringfügige Beschäftigung rentenversicherungspflichtig. Ende 2009 gab es rund 7,3 Mio. geringfügig beschäftigte Personen, wovon rund 2,4 Mio. Personen in einer geringfügigen Nebenbeschäftigung rentenversicherungspflichtig beschäftigt waren.

52 Zum 1. April 2003 wurde die Zusammenrechnung von geringfügigen Nebenbeschäftigungen mit versicherungspflichtigen Hauptbeschäftigungen jedoch wieder gelockert. Seit dieser Zeit bleibt eine erste geringfügige Beschäftigung, die neben einer versicherungspflichtigen Hauptbeschäftigung ausgeübt wird, zusammenrechnungsfrei. Jede weitere geringfügige Nebenbeschäftigung wird jedoch – wie bereits nach den seit dem 1. April 1999 geltenden Regelungen – mit der versicherungspflichtigen Hauptbeschäftigung zusammengerechnet. Eine zusammenrechnungsfreie erste geringfügige Nebenbeschäftigung ist diejenige geringfügige Beschäftigung, die zeitlich als erste aufgenommen worden ist. Die nicht mit einer versicherungspflichtigen Hauptbeschäftigung zusammengerechnete erste geringfügige Beschäftigung wird auch nicht mit eventuell weiteren ausgeübten (zweiten oder dritten) geringfügigen Beschäftigungen zusammengerechnet. Eine Zusammenrechnung erfolgt für den Bereich der Rentenversicherung jedoch nur dann, wenn die Hauptbeschäftigung rentenversicherungspflichtig ist. Weiterhin versicherungsfrei bleiben deshalb Nebenbeschäftigte mit einem versicherungsfreien Hauptberuf als Beamte, Selbständige oder befreite Angestellte in freien Berufen.

53 Arbeitnehmer, die neben einer versicherungspflichtigen (Haupt-)Beschäftigung eine (erste) geringfügig entlohnte Beschäftigung ausüben, die nach den bis zum 31. März 2003 geltenden Zusammenrechnungsregelungen wegen Zusammenrechnung mit der (Haupt-)Beschäftigung versicherungspflichtig war, sind in der (ersten) geringfügigen Beschäftigung vom 1. April 2003 an in dieser Beschäftigung versicherungsfrei geworden. Dagegen sind diejenigen Arbeitnehmer weiterhin über den 31. März 2003 hinaus versicherungspflichtig geblieben, die bis zum 31. März 2003 versicherungspflichtig waren, weil sie gegen ein Arbeitsentgelt von 325,01 Euro (Entgeltgrenze für die geringfügige Beschäftigung bis 31. März 2003: 325 Euro) bis 400 Euro beschäftigt waren, aufgrund der Änderung der Regelungen zu den geringfügigen Beschäftigungsverhältnissen zum 1. April 2003 aber nunmehr als geringfügig Beschäftigte und somit als versicherungsfreie Arbeitnehmer anzusehen wären. Arbeitnehmer, die aufgrund dieser Bestandsschutzregelung versicherungspflichtig bleiben, können sich jedoch auf Antrag von der Versicherungspflicht befreien lassen. Der Antrag auf Befreiung von der Versicherungspflicht wirkte vom 1. April 2003 an, wenn er bis zum 30. Juni 2003 gestellt worden war. Der Antrag kann allerdings auch noch nach dem 30. Juni 2003 gestellt werden; in diesem

Fall wirkt die Befreiung vom Eingang des Antrags an. Im Übrigen ist die Befreiung von der Versicherungspflicht auf die geringfügige Beschäftigung beschränkt, für die sie beantragt worden ist. Sie verliert daher ihre Wirkung, wenn diese Beschäftigung aufgegeben wird oder z. B. das Arbeitsentgelt 400 Euro übersteigt und dadurch Versicherungspflicht eintritt.

54 Dem kraft Gesetzes versicherungsfreien geringfügig Beschäftigten steht seit dem 1. April 1999 das Recht zu, auf die Versicherungsfreiheit zu verzichten. Bei Aufnahme einer geringfügigen Beschäftigung hat der Arbeitgeber den Arbeitnehmer auf die Möglichkeit zum Verzicht auf die Versicherungsfreiheit hinzuweisen. Der Verzicht auf die Versicherungsfreiheit für geringfügig Beschäftigte ist schriftlich und einheitlich (bei mehreren geringfügigen Beschäftigungen) gegenüber dem jeweiligen Arbeitgeber zu erklären. Die Wahrnehmung des Verzichtrechts bewirkt, dass ein versicherungspflichtiges Beschäftigungsverhältnis entsteht, so dass in diesem Fall vollwertige Pflichtbeiträge zu zahlen sind und damit auch vollwertige Pflichtbeitragszeiten erworben werden. Der zusätzlich erworbene Rentenanspruch ist aufgrund des niedrigen versicherten Entgelts zwar nicht sehr hoch. Attraktiv ist das Recht zum Verzicht auf die Versicherungsfreiheit allerdings vor allem deshalb, weil hierdurch der Anspruch auf Renten wegen verminderter Erwerbsfähigkeit aufrechterhalten oder erworben werden kann. Auch werden diese Pflichtbeitragszeiten bei der Rentenberechnung nach Mindesteinkommen berücksichtigt. Mit der rentenversicherungspflichtigen geringfügigen Beschäftigung können ebenfalls die Anspruchsvoraussetzungen für Rehabilitationsmaßnahmen sowie für die vorgezogenen Altersrenten erfüllt werden.

55 Bis zum In-Kraft-Treten des Wachstums- und Beschäftigungsförderungsgesetzes am 1. Oktober 1996 gehörten Studienzeiten regelmäßig zu den beitragsfreien Anrechnungszeiten mit unmittelbar rentensteigernder Wirkung. Deshalb waren Studenten, die während der Dauer ihres Studiums gegen Arbeitsentgelt beschäftigt oder selbständig tätig waren, ebenfalls versicherungsfrei, wenn sie ausschließlich während der Semesterferien oder nicht mehr als 20 Stunden in der Woche beschäftigt gewesen sind. Da mit dem Wachstums- und Beschäftigungsförderungsgesetz die beitragsfreie Anrechnung von Zeiten der Schul-, Fachschul- oder Hochschulausbildung auf insgesamt 3 Jahre reduziert worden ist, haben Zeiten einer Hochschulausbildung in der Regel nicht mehr oder in nur noch sehr geringem Umfang unmittelbar rentensteigernde Wirkung. Daher wurde mit dem Wachstums- und Beschäftigungsförderungsgesetz ebenfalls die Versicherungsfreiheit für Studenten, die während der Dauer ihres Studiums gegen Arbeitsentgelt beschäftigt oder selbständig tätig sind, aufgehoben. Seit dem 1. Oktober 1996 sind alle Studenten, die eine mehr als geringfügige regelmäßige Beschäftigung ausüben, wie die übrigen Arbeitnehmer rentenversicherungspflichtig. Versicherungsfrei sind dagegen Studenten, die ein Praktikum ableisten, das in der Studien- oder Prüfungsordnung vorgeschrieben ist, oder ein Praktikum ohne Entgelt bzw. gegen ein Entgelt ableisten, dass die Geringfügigkeitsgrenze für versicherungsfreie Beschäftigungsverhältnisse nicht übersteigt.

56 Auch bei Ausübung einer nur geringfügigen Beschäftigung besteht allerdings für Personen, die im Rahmen betrieblicher Berufsbildung oder als behinderte Menschen in geschützten Werkstätten beschäftigt sind, sowie für Personen, die ein freiwilliges soziales oder ökologisches Jahr ableisten, keine Versicherungsfreiheit, da diese Personen in besonderem Maße sozial schutzbedürftig sind.

57 Für Mitglieder des Vorstandes einer Aktiengesellschaft besteht ebenfalls Versicherungsfreiheit. Nach der Rechtsprechung des Bundessozialgerichts erstreckte sich die Versicherungsfreiheit auch auf die neben der Tätigkeit für den Vorstand der Aktiengesellschaft ausgeübten Beschäftigungsverhältnisse. Im Jahre 2003 waren Missbrauchsfälle bekannt geworden, in denen Aktiengesellschaften nur zu dem Zweck gegründet worden sind, den Vorstandsmitgliedern dieser Aktiengesellschaften die Möglichkeit zu eröffnen, in weiteren – auch nicht konzernzugehörigen – Beschäftigungen bzw. selbständigen Tätigkeiten nicht der Versicherungspflicht in der gesetzlichen Rentenversicherung zu unterliegen. Mit diesem Missbrauch sollte der Versuch unternommen werden, die Verpflichtung zur Zahlung von Arbeitgeber- und Arbeitnehmerbeiträgen zu umgehen. Mit dem Zweiten Gesetz zur Änderung des Sechsten Buches Sozialgesetzbuch und anderer Gesetze hat der Gesetzgeber die besondere Regelung über die Versicherungsfreiheit der Vorstandsmitglieder von Aktiengesellschaften auf die Beschäftigung als Vorstandsmitglied beschränkt. Für Beschäftigungen, die neben der Vorstandstätigkeit ausgeübt werden, beurteilt sich daher die Versicherungspflicht nun nach den generellen Regelungen über die Versicherungspflicht.

Sozialgesetzbuch · 6. Buch · Rentenversicherung

Befreiung von der Versicherungspflicht

58 Bestimmte Personengruppen, bei denen eine anderweitige ausreichende Absicherung zwar in der Regel gegeben ist, diese aber nicht ohne weiteres unterstellt wird, können auf Antrag von der Versicherungspflicht befreit werden. Hierzu gehören insbesondere

- Personen, die aufgrund landesgesetzlicher Regelung Pflichtmitglied einer Berufskammer und hieraus folgend Pflichtmitglied einer berufsständischen Versorgungseinrichtung sind (z. B. Ärzte, Rechtsanwälte),
- Lehrer oder Erzieher privater Schulen, wenn ihnen nach beamtenrechtlichen Grundsätzen oder entsprechenden kirchenrechtlichen Regelungen Anwartschaften auf Versorgung zusteht, auf Antrag des Arbeitgebers,
- nicht deutsche Besatzungsmitglieder deutscher Seeschiffe mit Wohnsitz oder gewöhnlichem Aufenthalt außerhalb der Bundesrepublik Deutschland auf Antrag des Reeders sowie
- selbständig tätige Handwerker mit Ausnahme der Bezirksschornsteinfeger, wenn für sie mindestens 18 Jahre lang Pflichtbeiträge gezahlt worden sind.

59 Mit Wirkung zum 1. Januar 1999 wurden so genannte „arbeitnehmerähnliche Selbständige" in den Schutz der Rentenversicherung einbezogen. Hierbei handelt es sich in der Regel um Ein-Mann-Unternehmen, die lediglich für einen Auftraggeber tätig sind, und daher in ihrer sozialen Schutzbedürftigkeit einem Arbeitnehmer vergleichbar sind (vgl. Rdnr. 41). Die „arbeitnehmerähnlichen Selbständigen", die sich mit ihrem Unternehmen in der Existenzgründungsphase befinden, steht die Möglichkeit zu, sich für einen Zeitraum von maximal drei Jahren, der im Laufe eines Erwerbslebens zwei mal in Anspruch genommen werden kann, von der Rentenversicherungspflicht befreien zu lassen. Auf diese Weise werden die finanziellen Handlungsspielräume in der Existenzgründungsphase erweitert.

60 Eine weitere Befreiungsmöglichkeit besteht auch für die Personen, die die Kriterien des „arbeitnehmerähnlichen Selbständigen" erst nach Vollendung des 58. Lebensjahres erfüllen, weil sie gegen Ende ihres Erwerbslebens den Umfang ihrer selbständigen Tätigkeit reduziert haben. Diese Befreiung von der Rentenversicherungspflicht ist zeitlich nicht befristet.

Nachversicherung

61 Personen, die aufgrund einer Anwartschaft nach beamtenrechtlichen Vorschriften oder Grundsätzen oder entsprechenden kirchenrechtlichen Regelungen sowie als satzungsmäßige Mitglieder geistlicher Genossenschaften versicherungsfrei oder von der Versicherungspflicht befreit waren und vor Erreichen des Ruhestandes ohne Anspruch auf Anwartschaft auf Versorgung aus der Beschäftigung ausscheiden, werden in der gesetzlichen Rentenversicherung nachversichert. Durch die Nachversicherung werden sie so gestellt, als ob sie während ihres gesamten versicherungsfreien Beschäftigungsverhältnisses in der Rentenversicherung versicherungspflichtig waren.

62 Die Nachversicherung erfolgt durch Beitragszahlung des Arbeitgebers, der Genossenschaft oder der Gemeinschaft unmittelbar an den Träger der Rentenversicherung. Angehörige einer berufsständischen Versorgungseinrichtung oder Nachzuversichernde, die innerhalb eines Jahres nach dem Ausscheiden Pflichtmitglied einer solchen Versorgungseinrichtung werden, können verlangen, dass der ehemalige Arbeitgeber die Nachversicherungsbeiträge statt zur Rentenversicherung dorthin zahlt. Die Beiträge bemessen sich nach den Vorschriften, die im Zeitpunkt des Eintritts der Voraussetzungen für die Nachversicherung gelten.

63 Beitragsbemessungsgrundlage für die zu zahlenden Beiträge ist das aus der Beschäftigung im Nachversicherungszeitraum bezogene Einkommen bis zur Beitragsbemessungsgrenze. Die gezahlten Beiträge gelten als rechtzeitig gezahlte Pflichtbeiträge.

Freiwillige Versicherung

64 Alle Personen, die in der Bundesrepublik Deutschland ihren Wohnsitz oder gewöhnlichen Aufenthalt haben und nicht versicherungspflichtig sind, können sich für Zeiten von der Vollendung des 16. Lebensjahres an freiwillig versichern. Bei gewöhnlichem Aufenthalt außerhalb der Bundesrepublik Deutschland steht dieses Recht nur deutschen Staatsangehörigen zu, soweit Sozialversicherungsabkommen nicht etwas anderes vorsehen.

65 Beamte und ihnen gleich gestellte Personen sowie Angehörige einer berufsständischen Versorgungseinrichtung, die versicherungsfrei oder von der Versicherungspflicht befreit sind, konnten sich bis zum 10. August 2010 nur dann freiwillig versichern, wenn sie die allgemeine Wartezeit von fünf Beitragsjahren erfüllt hatten. Diese für Beamte und Angehörige einer berufsständischen Versorgungseinrichtung geltende Bedingung für die Berechtigung zur freiwilligen Versicherung ist seit dem 11. August 2010 entfallen. Auslöser für diese Rechtsänderung war die Forderung des Petitionsausschusses des Deutschen Bundestages, eine Erweiterung des Rechts zur freiwilligen Versicherung zu initiieren. In einem Petitionsverfahren hatte eine in der gesetzlichen Rentenversicherung versicherungsfreie Beamtin – trotz nicht erfüllter allgemeiner Wartezeit – keinen Anspruch auf Beitragserstattung, da die Beiträge in der ehemaligen DDR vor der Währungsunion am 1. Juli 1990 gezahlt worden waren (siehe Rdnr. 648). Infolge der nicht erfüllten allgemeinen Wartezeit hatte diese Beamtin aber auch nicht das Recht zur freiwilligen Versicherung. Der Petitionsausschuss forderte daher, dass dem betroffenen Personenkreis zumindest das Recht zur freiwilligen Beitragszahlung eingeräumt werde, damit dieser die Möglichkeit habe, die allgemeine Wartezeit für eine Regelaltersrente zu erfüllen und somit einen Gegenwert für die DDR-Beiträge erhalten zu können. Der Gesetzgeber hat diesem Anliegen Rechnung getragen und mit dem 3. Gesetz zur Änderung des Vierten Buches Sozialgesetzbuch und anderer Gesetze die Bedingung „Erfüllung der allgemeinen Wartezeit" als Voraussetzung für die Berechtigung zur freiwilligen Versicherung für versicherungsfreie Personen (zum Beispiel Beamte) sowie für von der Versicherungspflicht befreite Personen (zum Beispiel Angehörige von berufsständischen Versorgungseinrichtungen) mit Wirkung ab dem 11 August 2010 aufgehoben (Tag nach der Verkündung des 3. Gesetzes zur Änderung des Vierten Buches Sozialgesetzbuch und anderer Gesetze). Somit können nun auch insbesondere Beamte und von der Versicherungspflicht befreite Angehörige einer berufsständischen Versorgungseinrichtung laufend freiwillige Beiträge zur gesetzlichen Rentenversicherung zahlen, ohne dass es auf die Erfüllung der allgemeinen Wartezeit ankommt.

66 Freiwillige Beiträge können nach Erreichen der Altersgrenze nur noch gezahlt werden, solange der Versicherte noch keine volle Altersrente bezieht. Nach bindender Bewilligung einer Vollrente wegen Alters oder für Zeiten des Bezugs einer solchen Rente ist eine freiwillige Versicherung nicht mehr zulässig.

67 Freiwillige Beiträge haben nicht dieselben Rechtswirkungen wie Pflichtbeiträge. So kann z. B. allein durch freiwillige Beitragszahlung kein Anspruch auf Rente wegen verminderter Erwerbsfähigkeit erworben werden. Entsprechendes gilt für die Ansprüche auf vorgezogene Altersrente wegen Arbeitslosigkeit oder nach Altersteilzeitarbeit bzw. auf Altersrente für Frauen. Auch setzt die Anrechnung beitragsfreier Zeiten wegen Krankheit oder Arbeitslosigkeit die Unterbrechung eines Pflichtversicherungsverhältnisses voraus.

68 Die Anzahl der freiwillig Versicherten lag Ende 2008 bei rd. 366.300 (2006: rd. 411.600), von denen aber der überwiegende Teil lediglich den freiwilligen Mindestbeitrag zahlte.

Nachzahlung freiwilliger Beiträge

69 Freiwillige Beiträge können für das jeweilige Kalenderjahr grundsätzlich nur bis zum 31. März des Folgejahres wirksam gezahlt werden. In einigen Fällen wird aber eine Nachzahlung von Beiträgen zugelassen, um bestehende Versicherungslücken in der Vergangenheit wieder aufzufüllen.

70 Seit den mit dem Rentenreformgesetz 1992 vorgenommenen Rechtsänderungen sind folgende Personenkreise zur Nachzahlung von Beiträgen berechtigt:

– Deutsche, die aus den Diensten einer zwischenstaatlichen oder überstaatlichen Organisation ohne Anspruch oder Anwartschaft auf Versorgung ausscheiden, können innerhalb von sechs Monaten nach dem Ausscheiden für Zeiten dieses Dienstes freiwillige Beiträge nachzahlen.

– Versicherte, denen wegen unschuldig erlittener Strafverfolgungsmaßnahmen ein Entschädigungsanspruch eingeräumt worden ist, können ab 1992 für die Zeit der Untersuchungs- oder Strafhaft oder einer anderen Strafverfolgungsmaßnahme freiwillige Beiträge nachzahlen. Wurde durch die entschädigungspflichtige Strafverfolgungsmaßnahme eine versicherungspflichtige Beschäftigung oder Tätigkeit unterbrochen, gelten die nachgezahlten Beiträge als Pflichtbeiträge.

– Neu eröffnet hat das Rentenreformgesetz 1992 die Möglichkeit der Nachzahlung von freiwilligen Beiträgen für die Ausbildungszeiten, die deshalb nicht mehr als Anrechnungszeiten berücksichtigt werden können, weil die höchst mögliche Anzahl von beitragsfrei anrechenbaren Monaten an Ausbildungszeiten bereits ausgeschöpft ist, und die noch nicht mit Beiträgen belegt sind. Der Antrag kann nur bis zur Vollendung des 45. Lebensjahres gestellt werden; bis zum 31. Dezember 2004 konnte der Antrag zur Nachzahlung von freiwilligen Beiträgen allerdings auch noch nach dem 45. Lebensjahr gestellt werden. Personen, die zunächst, z. B. als Beamte, versicherungsfrei oder von der Versicherungspflicht befreit sind und infolge Ausscheidens aus der bisherigen Beschäftigung nachversichert werden, können ebenfalls noch nach dem 45. Lebensjahr den Antrag auf Nachzahlung von Beiträgen für Ausbildungszeiten stellen. Der Nachzahlungsantrag ist in diesen Fällen innerhalb von sechs Monaten nach Durchführung der Nachversicherung oder dem Wegfall der Befreiung von der Versicherungspflicht zu stellen. Die Träger der Rentenversicherung können Teilzahlungen bis zu einem Zeitraum von fünf Jahren zulassen.

– Personen, die durch eine Nachversicherung in der Rentenversicherung erstmals die allgemeine Wartezeit von 60 Kalendermonaten mit vor 1984 belegten Beitragszeiten erfüllt haben, können bestehende Lücken in ihrer Versicherung ab 1. Januar 1984 durch Nachzahlung von freiwilligen Beiträgen schließen. Der Antrag ist innerhalb von sechs Monaten nach Durchführung der Nachversicherung zu stellen. Diese durch das Rentenreformgesetz 1992 neu geschaffene Nachzahlungsregelung eröffnet diesen Personen die nachträgliche Absicherung für den Fall der verminderten Erwerbsfähigkeit.

– Eine Nachzahlungsmöglichkeit besteht ferner für Geistliche, Ordensangehörige, Diakonissen und vergleichbare Personen aus den ehemaligen deutschen Ostgebieten, die ihre Tätigkeit in den genannten Gebieten aufgegeben und keine gleichartige Beschäftigung im Bundesgebiet wieder aufgenommen haben. Diese können für Zeiten der Versicherungsfreiheit Beiträge nachzahlen, sofern diese Zeiten nicht bereits mit Beiträgen belegt sind und wenn diese Zeiten nicht schon bei einer Beamtenversorgung oder einer beamtenrechtsähnlichen Versorgung angerechnet werden.

– Personen, die versicherungsfrei oder von der Versicherungspflicht befreit sind, weil sie einem anderen Alterssicherungssystem (zum Beispiel einer berufsständischen Versorgung) angehören, und denen erst aufgrund des Urteils des Bundessozialgerichts vom 31. Januar 2008 (B 13 R 64/06 R) Kindererziehungszeiten in der gesetzlichen Rentenversicherung angerechnet worden sind (vgl. auch Rdnr. 517), können für die Erfüllung der allgemeinen Wartezeit von 60 Kalendermonaten freiwillige Beiträge nachzahlen, um die Regelaltersrente unter Berücksichtigung der angerechneten Kindererziehungszeiten beziehen zu können. Da seit dem 11. August 2010 auch versicherungsfreie und von der Versicherungspflicht befreite Personen, die die allgemeine Wartezeit von 60 Kalendermonaten noch nicht erfüllt haben, das Recht zur laufenden Zahlung von freiwilligen Beiträgen haben (siehe Rdnr. 65), ist es nicht mehr erforderlich, das Recht auf Beitragsnachzahlung für diesen Personenkreis zeitlich unbegrenzt einzuräumen. Mit dem 3. Gesetz zur Änderung des Vierten Buches Sozialgesetzbuch und anderer Gesetze ist daher die Nachzahlungsmöglichkeit unter Vertrauensschutzgesichtspunkten auf die Angehörigen der rentennahen Geburtsjahrgänge beschränkt worden. Die Beitragsnachzahlung kann nur noch von vor dem 1. Januar 1955 geborenen Versicherten beantragt werden. Nach dem 31. Dezember 1954 geborene Versicherte mit angerechneten Kindererziehungszeiten haben bis zum Erreichen der Regelaltersgrenze ausreichend Zeit, die allgemeine Wartezeit durch eine laufende freiwillige Beitragszahlung zu erfüllen.

– Den versicherungsfreien und von der Versicherungspflicht befreiten Versicherten, die bis zum Erreichen der Regelaltersgrenze die allgemeine Wartezeit nicht erfüllt haben und deshalb vor Inkrafttreten der Erweiterung des Rechts auf freiwillige Versicherung am 11. August 2010 vom Recht zur freiwilligen Versicherung ausgeschlossen waren (siehe Rdnr. 65), können bis zum Jahr 2015 für so viele Monate Beiträge nachzahlen wie zur Erfüllung der allgemeinen Wartezeit noch erforderlich sind. Das Nachzahlungsrecht besteht frühestens mit Erreichen der Regelaltersgrenze und ermöglicht damit lediglich die Inanspruchnahme einer Regelaltersrente. Ab dem Jahr 2016 bedarf es dieser gesonderten Nachzahlungsmöglichkeit nicht mehr. Denn spätestens ab diesem Zeitpunkt ist es dem ehemals vom Recht auf freiwillige Versicherung ausgeschlossene Personenkreis möglich, vor Erreichen der Regelaltersgrenze die allgemeine Wartezeit durch die laufende Zahlung freiwilliger Beiträge zu erfüllen.

– Ehemals selbstständig tätige Vertriebene, Flüchtlinge und Evakuierte können auf Antrag freiwillige Beiträge für Zeiten vor Vollendung des 65. Lebensjahres bis zur Vollendung des 16. Lebensjahres nachzahlen, wenn sie binnen drei Jahren nach der Vertreibung, der Flucht oder der Evakuierung einen Pflichtbeitrag gezahlt haben.

71 Seit 1992 sind nachgezahlte Beiträge nach den jeweils aktuellen geltenden Rechengrößen (z. B. Bemessungsgrundlage für den Mindestbeitrag, Beitragsbemessungsgrenze, Beitragssatz) im Zahlungszeitpunkt zu berechnen. Auch die Bewertung der Beiträge im Rentenfall erfolgt nach den Werten des Jahres, in dem die Beiträge gezahlt werden, so dass die Nachzahlung nicht mehr zu Vorteilen gegenüber einer laufenden Beitragszahlung führt („In-Prinzip"). Die Beiträge können jeweils bis zum Höchstbetrag, also bis zur Beitragsbemessungsgrenze, gezahlt werden.

Höherversicherung

72 Die Höherversicherung war eine besondere Form der freiwilligen Versicherung. Nach dem Rentenreformgesetz 1992 war die Möglichkeit hierzu zunächst noch übergangsweise aufrechterhalten worden. Mit dem Rentenreformgesetz 1999 wurde die Höherversicherung jedoch zum 31. Dezember 1997 beendet, weil sie mit den Prinzipien des Rentenversicherungsrechts nicht vereinbar war.

73 Beiträge zur Höherversicherung konnten in gleicher Höhe wie freiwillige Beiträge gezahlt werden. Sie setzten aber eine Grundversicherung (Pflichtversicherung oder freiwillige Versicherung) voraus, d. h. der Versicherte konnte nur zusätzlich neben Pflicht- oder freiwilligen Beiträgen Höherversicherungsbeiträge zahlen.

74 Leistungen aus der Höherversicherung sind Zusatzleistungen, d. h. sie werden nur neben einer Rente aus anderen Beiträgen erbracht. Die Leistungen errechnen sich aus Steigerungsbeträgen, die sich am Alter des Versicherten im Zeitpunkt der Beitragszahlung orientieren. Diese betragen bei Zahlungen des Beitrags im Alter

	im Monat	im Jahr
bis zu 30 Jahren	1,6667 Prozent	20 Prozent
von 31 bis 35 Jahren	1,5 Prozent	18 Prozent
von 36 bis 40 Jahren	1,3333 Prozent	16 Prozent
von 41 bis 45 Jahren	1,1667 Prozent	14 Prozent
von 46 bis 50 Jahren	1,0 Prozent	12 Prozent
von 51 bis 55 Jahren	0,9167 Prozent	11 Prozent
von 56 und mehr Jahren	0,8333 Prozent	10 Prozent

des Nennwerts des Beitrags, bei einer Hinterbliebenenrente vervielfältigt mit dem entsprechenden Rentenartfaktor.

75 Die Leistungen aus Beiträgen der Höherversicherung unterliegen nicht den Rentenanpassungen; sie bleiben andererseits aber auch bei der Anwendung der Zusammentreffens- und Anrechnungsregelungen weitgehend außer Betracht. Bei der Beitragsbemessung zur Krankenversicherung der Rentner hingegen werden sie berücksichtigt.

Leistungen der Rentenversicherung

76 § 23 Abs. 1 Nr. 1 des SGB I definiert den Leistungskatalog der gesetzlichen Rentenversicherung wie folgt:

– Heilbehandlung, Berufsförderung und andere Leistungen zur Erhaltung, Besserung und Wiederherstellung der Erwerbsfähigkeit einschließlich wirtschaftlicher Hilfen,
– Renten wegen Alters, Renten wegen verminderter Erwerbsfähigkeit und Knappschaftsausgleichsleistung,
– Renten wegen Todes,
– Witwen- und Witwerrentenabfindungen sowie Beitragserstattungen,
– Zuschüsse zu den Aufwendungen für die Krankenversicherung und
– Leistungen für Kindererziehung.

77 Die Ausgaben der Träger der Rentenversicherung beliefen sich im Jahre 2009 insgesamt auf rd. 246 Mrd. Euro. Nach dem finanziellen Aufwand machten die Rentenausgaben mit rd. 221 Mrd. Euro fast 90 Prozent der gesamten Ausgaben der gesetzlichen Rentenversicherung aus. Als zweitgrößter Ausgabeposten schlagen mit 15,3 Mrd. Euro die Beiträge und Zuschüsse der Rentenversicherung zu den Aufwendungen für die Krankenversicherung der Rentner – dies sind 6,2 Prozent der Gesamtausgaben – zu Buche. Es folgen mit 5,3 Mrd. Euro die Aufwendungen für Leistungen zur Rehabilitation (2,2 Prozent der Gesamtausgaben) und mit 3,6 Mrd. Euro (1,5 Prozent der Gesamtausgaben) die Verwaltungs- und Verfahrenskosten. Schließlich stellen die sonstigen Leistungen (u. a. Leistungen für Kindererziehung, Beitragserstattungen, Knappschaftsausgleichsleistungen) mit 0,8 Mrd. Euro einen Gesamtausgabenanteil von 0,3 Prozent.

Leistungen zur Rehabilitation

78 Die Rentenversicherung erbringt medizinische, berufsfördernde und ergänzende sowie sonstige Leistungen zur Rehabilitation. Aufgabe der Rehabilitation ist es, den Auswirkungen einer Krankheit oder einer körperlichen, geistigen oder seelischen Behinderung auf die Erwerbsfähigkeit des Versicherten entgegenzuwirken oder sie zu überwinden und dadurch Beeinträchtigungen der Erwerbsfähigkeit des Versicherten oder sein vorzeitiges Ausscheiden aus dem Erwerbsleben zu verhindern oder ihn möglichst dauerhaft in das Erwerbsleben wieder einzugliedern.

79 Die Leistungen zur Rehabilitation haben Vorrang vor den Rentenleistungen, denn eine gesundheitliche und berufliche Förderung ist sowohl für den einzelnen Versicherten als auch für die Volkswirtschaft sinnvoller und vorteilhafter als eine dauernde Rentenleistung. Dies bedeutet, dass die Rentenversicherungsträger vor der Entscheidung über einen Antrag auf Rente wegen verminderter Erwerbsfähigkeit prüfen müssen, ob nicht Leistungen zur Rehabilitation voraussichtlich erfolgreich sind. Umgekehrt gilt ein Antrag auf Leistungen zur Rehabilitation als Antrag auf Rente, wenn eine erfolgreiche Rehabilitation nicht zu erwarten ist oder Leistungen zur Rehabilitation sich als erfolglos erwiesen haben.

80 Die Leistungen zur Rehabilitation sind im Zuge der Rentenreform 1957 stark ausgebaut worden. Die Anzahl der durchgeführten Maßnahmen (ohne Tbc-Maßnahmen) ist seit 1955 von rd. 170.000 kontinuierlich auf über 800.000 im Jahre 1975 angestiegen. 1974 führte das Rehabilitationsangleichungsgesetz eine weitgehende Angleichung der Regelungen über die Rehabilitation bei den verschiedenen Sozialleistungsträgern sowie eine bessere Abstimmung der Leistungen der einzelnen Träger untereinander herbei. Mit dem am 1. Juli 2001 in Kraft getretenen Neunten Buch Sozialgesetzbuch (SGB IX) hat der Gesetzgeber schließlich für alle Träger, die Leistungen zur Rehabilitation erbringen, die bis dahin getrennt bestehenden Vorschriften einheitlich zusammengefasst. Damit wird vom Gesetzgeber das Ziel eines bürgernahen, übersichtlichen und einheitlichen Rehabilitationsrechts verfolgt. Insbesondere soll eine Angleichung bei der praktischen Umsetzung des Rehabilitationsrechts der verschiedenen Sozialleistungsträger und zugleich auch eine verbesserte Koordination der Leistungen und Kooperation der Leistungsträger erreicht werden. Im Jahr 2009 haben die Träger der gesetzlichen Rentenversicherung rd. 980.000 medizinische Rehabilitationsmaßnahmen durchgeführt (rd. 780.000 in den alten Bundesländern und rd. 200.000 in den neuen Bundesländern).

Tabelle 9: Leistungen zur medizinischen und beruflichen Rehabilitation (in 1000)

Jahr	Medizinische Leistungen (ohne Tbc)		Berufsfördernde Leistungen	
	Alte Bundesländer	Neue Bundesländer	Alte Bundesländer	Neue Bundesländer
1955	170			
1960	482			
1965	613		23	
1970	643		37	
1975	805		22	
1980	770		33	
1985	682		24	
1986	695		26	
1987	727		30	
1988	769		38	
1989	774		41	
1990	695		41	
1991	755		40	
1992	818		40	
1993	825		47	
1994	847	116	56	20
1995	839	146	59	20
1996	847	174	76	25
1997	500	129	75	26
1998	509	134	72	28
1999	570	147	76	29
2000	665	171	55	31
2001	716	177	63	36
2002	710	184	58	44
2003	668	178	73	27
2004	637	167	76	27
2005	639	165	79	31
2006	652	166	77	27
2007	722	181	82	28
2008	756	187	91	30
2009	783	196	101	31

81 Erhebliche Bedeutung kam früher auch der Bekämpfung der Tbc-Erkrankungen zu, die in der ersten Hälfte des 20. Jahrhunderts noch eine der häufigsten Invaliditätsursachen waren. Das Tuberkulose-Hilfegesetz hatte 1959 diese Aufgabe einheitlich den Trägern der Rentenversicherung übertragen, um sie als Volksseuche besser bekämpfen zu können. Nachdem sie aber diesen Charakter inzwischen weitgehend verloren hat, ist durch das Haushaltsbegleitgesetz 1984 die Zuständigkeit hierfür wieder den Trägern der Krankenversicherung zugewiesen worden.

82 Das 20. Rentenanpassungsgesetz brachte 1977 erste Konsolidierungsmaßnahmen (Ausschluss von Beamten, weitergehende Zuordnung der berufsfördernden Rehabilitation zur Arbeitsverwaltung), die durch weitere Einschränkungen infolge des 2. Haushaltsstrukturgesetzes ab 1982 noch ergänzt wurden. Seither sind Leistungen zur Rehabilitation nur noch bei „erheblicher" Gefährdung der Erwerbsfähigkeit vorgesehen; außerdem ist die bloße Möglichkeit, durch Leistungen zur Rehabilitation die Erwerbsfähigkeit „zu erhalten", als Leistungsvoraussetzung nicht mehr ausreichend.

83 Von den im Jahr 2009 erbrachten stationären medizinischen Leistungen zur Rehabilitation entfielen auf Krankheiten des Skeletts, der Muskeln und des Bindegewebes 33 Prozent bei Männern und 33,7 Prozent bei Frauen, auf Herz- und Kreislauferkrankungen 12,7 Prozent bei Männern und 4,7 Prozent bei Frauen, auf psychische Erkrankungen 18,1 Prozent bei Männern und 20,5 Prozent bei Frauen, auf Neubildungen (insbesondere Krebserkrankungen) 16,1 Prozent bei Männern und 22,1 Prozent bei Frauen sowie auf Krankheiten der Verdauungsorgane und des Stoffwechsels 4,3 Prozent bei Männern und 3,1 Prozent bei Frauen.

84 Die Aufwendungen der gesetzlichen Rentenversicherung für medizinische Rehabilitation waren von 6,5 Mrd. DM (3,3 Mrd. Euro) im Jahr 1991 auf rd. 10 Mrd. DM (5,1 Mrd. Euro) im Jahr 1995 gestiegen und bei den Fallzahlen für Rehabilitation war in dieser Zeit ein Anstieg von rd. 850.000 auf über 1 Mio. zu verzeichnen. Angesichts dieser massiven Kostensteigerungen und dem beträchtlichen Anstieg bei den Fallzahlen sind mit dem Wachstums- und Beschäftigungsförderungsgesetz aus dem Jahr 1996 im Bereich der Rehabilitation ein Bündel von Maßnahmen vorgesehen worden, um die Ausgaben für Rehabilitation im Jahr 1997 – wie gesetzlich vorgegeben – auf 7,5 Mrd. DM (3,8 Mrd. Euro) zu begrenzen, was ungefähr den um 600 Mio. DM verringerten Ausgaben für Rehabilitation im Jahr 1993 entsprochen hat. Mit dem Dritten Gesetz zur Änderung des Sechsten Buches Sozialgesetzbuch wurde der Ausgabendeckel für die Jahre 1998 und 1999 neu justiert. Danach durften für den Bereich der Rehabilitation im Jahr 1998 knapp 8 Mrd. DM (4,1 Mrd. Euro) und im Jahr 1999 knapp 8,9 Mrd. DM (4,6 Mrd. Euro) ausgegeben werden. Seit dem Jahr 2000 dürfen die Ausgaben für Rehabilitation nicht stärker steigen als die Löhne. Die steigenden Ausgaben für Rehabilitation sind mit den Maßnahmen des Wachstums- und Beschäftigungsförderungsgesetzes in erster Linie dadurch eingedämmt worden, dass die stationären Rehabilitationsleistungen auf das medizinisch notwendige Maß beschränkt werden. Mit den Maßnahmen dieses Gesetzes konnte der für die Jahre 1998 und 1999 bestimmte sowie der für die Folgejahre jeweils gemäß der Lohnentwicklung fortgeschriebene Ausgabendeckel eingehalten werden. Im Jahr 2009 wurden in allen Zweigen der gesetzlichen Rentenversicherung für Leistungen der Rehabilitation insgesamt 5,3 Mrd. Euro aufgewandt und damit auch für dieses Kalenderjahr vorgesehene Ausgabendeckel nicht überschritten.

85 Wenn mit dem Inkrafttreten des Neunten Buches Sozialgesetzbuch auch die Regelungen für die Erbringung von Leistungen zur Rehabilitation vereinheitlicht worden sind, so ist es jedoch dabei verblieben, dass die Voraussetzungen, unter denen Leistungen zur Rehabilitation von den Trägern der gesetzlichen Rentenversicherung erbracht werden, sich weiterhin aus den einschlägigen Vorschriften des Sechsten Buches Sozialgesetzbuch ergeben. Leistungen zur Rehabilitation können danach durch die Träger der gesetzlichen Rentenversicherung erbracht werden, wenn bestimmte persönliche und versicherungsrechtliche Voraussetzungen vorliegen. Als persönliche Voraussetzung nennt das Gesetz eine erhebliche Gefährdung oder Minderung der Erwerbsfähigkeit des Versicherten wegen Krankheit oder körperlicher, geistiger oder seelischer Behinderung sowie die Aussicht, dass durch die Leistungen zur Rehabilitation

– bei erheblicher Gefährdung der Erwerbsfähigkeit eine Minderung der Erwerbsfähigkeit abgewendet werden kann oder
– bei bereits geminderter Erwerbsfähigkeit diese wesentlich gebessert oder wiederhergestellt oder deren Verschlechterung abgewendet werden kann.

86 Als Folge der Ersetzung der Renten wegen Berufs- oder Erwerbsunfähigkeit durch die Renten wegen voller oder teilweiser Erwerbsminderung ist mit dem Gesetz zur Reform der Renten wegen verminderter Erwerbsfähigkeit vorgesehen worden, dass Leistungen zur Rehabilitation auch dann erbracht werden können, wenn bei leistungsgeminderten Versicherten, bei denen davon auszugehen ist, dass sie noch einer Teilzeitbeschäftigung nachgehen können, zwar eine die (Teil-)Rentenzahlung vermeidende wesentliche Besserung ihrer Erwerbsfähigkeit durch Leistungen zur Rehabilitation nicht mehr zu erwarten ist, durch Leistungen zur Rehabilitation aber der bisherige, ggf. zu einem Teilzeitarbeitsplatz umgestellte, Arbeitsplatz erhalten werden kann. Zu diesem Zweck sollen vorrangig mit Arbeitgebern und allen an der Arbeitsvermittlung Beteiligten die für die Eingliederung in das Erwerbsleben, insbesondere für eine Teilzeitbeschäftigung, notwendigen Leistungsmöglichkeiten festgestellt werden. Vor Leistungen zur Ausbildung und Weiterbildung sollen vorrangig Eingliederungshilfen geleistet werden.

87 Die versicherungsrechtlichen Voraussetzungen für Leistungen zur Rehabilitation haben Versicherte erfüllt, die bei Antragstellung die Wartezeit von 15 Jahren erfüllt haben oder eine Rente wegen verminderter Erwerbsfähigkeit beziehen. Die versicherungsrechtlichen Voraussetzungen für die medizinischen Leistungen zur Rehabilitation haben die Versicherten auch dann erfüllt, wenn sie in den letzten zwei Jahren vor der Antragstellung sechs Kalendermonate mit Pflichtbeiträgen für eine versicherte Beschäftigung oder Tätigkeit haben. Der Zeitraum von 2 Jahren verlängert sich um Anrechnungszeiten wegen des Bezugs von Arbeitslosengeld II. Hierdurch wird sichergestellt, dass mit der Aufhebung der Pflichtbeitragszahlung für die Zeit des Bezugs von Arbeitslosengeld II durch das Haushaltsbegleitgesetz 2011 die Bezieher von Arbeitslosengeld II auch künftig ihre bereits erworbenen rehabilitationsrechtlichen Ansprüche auf Leistungen zur medizinischen Rehabilitation aufrecht erhalten. Medizinische Leistungen zur Rehabilitation erhalten darüber hinaus die Versicherten, die

– innerhalb von zwei Jahren nach Beendigung ihrer Ausbildung eine versicherte Beschäftigung oder selbständige Tätigkeit aufgenommen und grundsätzlich bis zum Antrag ausgeübt haben oder
– vermindert erwerbsfähig sind oder bei denen dies in absehbarer Zeit zu erwarten ist, wenn sie die allgemeine Wartezeit erfüllt haben.

Die versicherungsrechtlichen Voraussetzungen für die medizinischen Leistungen zur Rehabilitation haben zudem überlebende Ehegatten erfüllt, die Anspruch auf große Witwenrente oder große Witwerrente wegen verminderter Erwerbsfähigkeit haben.

88 Die Rentenversicherungsträger erbringen keine Leistungen zur Rehabilitation, wenn – z. B. bei Arbeitsunfall, Berufskrankheit oder nach beamtenrechtlichen Vorschriften – ein anderer Leistungsträger vorrangig zuständig ist. Sie erbringen grundsätzlich auch keine medizinischen Leistungen in der Phase akuter Behandlungsbedürftigkeit oder anstelle einer sonst erforderlichen Krankenhausbehandlung, da hierfür vorrangig die Krankenversicherung zuständig ist. Aufgrund der mit dem Wachstums- und Beschäftigungsförderungsgesetz eingeführten Regelungen zur Begrenzung der Ausgaben im Bereich der Rehabilitation sind seit dem 1. Januar 1997 auch die Versicherten von Rehabilitationsleistungen ausgeschlossen, die eine Leistung beziehen, die regelmäßig bis zum Beginn einer Altersrente gezahlt wird. Zu diesen Leistungen zählen insbesondere: das Arbeitslosengeld an ältere Arbeitslose oder betriebliche Versorgungsleistungen, die – unabhängig von der Art der rechtlichen Konstruktion – auf die Altersrente hinführen. Denn für Versicherte, die solche Leistungen erhalten, kann das Rehabilitationsziel, möglichst dauerhaft (wieder) in das Erwerbsleben eingegliedert zu werden, nicht mehr erreicht werden. Sie können jedoch bei Vorliegen der jeweiligen Voraussetzungen von anderen Sozialleistungsträgern Rehabilitationsleistungen erhalten. Ebenfalls können – wie bisher schon – Bezieher einer Altersrente oder einer anderen Altersversorgung Leistungen zur Rehabilitation von einem Rentenversicherungsträger nicht mehr erhalten, weil auch für sie das Ziel, ein vorzeitiges Ausscheiden aus dem Erwerbsleben zu verhindern, nicht mehr erreichbar ist. Erforderliche Heilbehandlungen sind in diesen Fällen von den Trägern der gesetzlichen Krankenversicherung durchzuführen.

89 Die Leistungen zur Rehabilitation werden vor allem stationär einschließlich der erforderlichen Unterkunft und Verpflegung in Kur- und Spezialeinrichtungen erbracht. Für bestimmte Erkrankungen sind auch Leistungen im Ausland möglich, wenn dort ein besserer Rehabilitationserfolg zu erwarten ist. Aufgrund einer zum 1. Januar 2009 erfolgten Gesetzesänderung (Streichung des Wortes „stationär" in § 31 Sechstes Buch Sozialgesetzbuch) ist es den Rentenversicherungsträgern ermöglicht worden, die medizinischen Leistungen zur Sicherung der Erwerbsfähigkeit für Versicherte, die eine besonders gesundheitsgefährdende, ihre Erwerbsfähigkeit ungünstig beeinflussende Beschäftigung ausüben, nunmehr auch ambulant zu erbringen. Zudem soll durch eine möglichst frühzeitige Intervention das Grundprinzip des Vorrangs der Prävention im Sinne des Neunten Buchs Sozialgesetzbuch im Rahmen der Aufgabenstellung der gesetzlichen Rentenversicherung verwirklicht und so der Eintritt von Behinderungen einschließlich chronischer Erkrankungen vermieden werden. Mit Hilfe dieser Leistungen soll die Erwerbsfähigkeit der Versicherten erhalten bleiben und damit auch ein vorzeitiger Rentenbezug wegen verminderter Erwerbsfähigkeit vermieden werden.

90 Medizinische Leistungen zur Rehabilitation konnten bis Ende 1996 alle drei Jahre erbracht werden. Mit dem Wachstums- und Beschäftigungsförderungsgesetz wurde die Wiederholungsfrist um ein Jahr verlängert. Seit dem 1. Januar 1997 werden daher medizinische Leistungen zur Rehabilitation nicht vor Ablauf von vier Jahren nach Durchführung solcher oder ähnlicher Leistungen eines gesetzlichen Sozialleistungsträgers erbracht. Für die Einhaltung der Wiederholungsfrist von vier Jahren sind auch Rehabilitationsleistungen zu berücksichtigen, die z. B. von einem Träger der gesetzlichen Krankenversicherung erbracht wurden. Wenn es aus gesundheitlichen Gründen dringend erforderlich ist, können – wie schon vor Verlängerung der Wiederholungsfrist – Rehabilitationsleistungen auch in kürzeren zeitlichen Abständen erbracht werden.

91 Die medizinischen Leistungen zur Rehabilitation umfassen insbesondere die ärztliche Behandlung, Arznei- und Verbandsmittel einschließlich Krankengymnastik sowie Bewegungs-, Beschäftigungs- und Sprachtherapie, Belastungserprobung und Arbeitstherapie sowie die Ausstattung mit Körperersatzstücken, orthopädischen und anderen Hilfsmitteln.

92 Die berufsfördernden Leistungen zur Rehabilitation umfassen eine breite Palette von möglichen Maßnahmen, um den Versicherten möglichst dauerhaft in das Erwerbsleben und in die Gesellschaft (wieder) einzugliedern. Das Gesetz nennt insbesondere Leistungen zur Erhaltung oder Erlangung eines Arbeitsplatzes einschließlich der Leistungen zur Förderung der Arbeitsaufnahme (ggf. auch Zuschüsse an Arbeitgeber), Berufsvorbereitung, berufliche Anpassung, Fortbildung, Ausbildung und Umschulung sowie Arbeits- und Berufsförderung im Eingangsverfahren und im Arbeitstrainingsbereich einer anerkannten Werkstatt für behinderte Menschen. Diese Leistungen werden nur für die Zeit erbracht, die vorgeschrieben oder allgemein üblich ist, um das angestrebte Berufsziel zu erreichen. Sie sollen in der Regel nicht länger als zwei Jahre dauern.

93 Die wichtigste ergänzende Leistung ist das Übergangsgeld. Versicherte, die arbeitsunfähig sind oder wegen der Leistung zur Rehabilitation eine ganztägige Erwerbstätigkeit nicht ausüben können, haben für die Dauer der medizinischen oder berufsfördernden Leistung – in bestimmten Fällen auch darüber hinaus – hierauf grundsätzlich einen Anspruch. Berechnungsgrundlage für das Übergangsgeld ist 80 Prozent des zuletzt erzielten Bruttoentgelts, höchstens jedoch 100 Prozent des zuletzt erzielten Nettoarbeitsentgelts, ohne Berücksichtigung einmaliger Bezüge. Bei Selbständigen und bei freiwillig Versicherten, die Arbeitsentgelt erzielt haben, ist die Berechnungsgrundlage aus 80 Prozent des Einkommens zu ermitteln, das den für das letzte Kalenderjahr gezahlten Beiträgen zugrunde liegt.

94 Die Höhe des Übergangsgeldes ist nach den persönlichen Verhältnissen des Versicherten gestaffelt. Seit 1997 beträgt es für Versicherte, die ein Kind haben, selbst pflegebedürftig sind oder deren Ehegatte pflegebedürftig ist, ohne Anspruch auf Leistungen aus der Pflegeversicherung zu haben, sowohl bei medizinischen als auch bei berufsfördernden Rehabilitationsleistungen 75 Prozent der Berechnungsgrundlage und bei den übrigen Versicherten 68 Prozent der Berechnungsgrundlage. Das Übergangsgeld wird jeweils nach Ablauf eines Jahres entsprechend dem Prozentsatz, an die Entwicklung der Bruttoarbeitsentgelte angepasst, um den sich die Bruttolöhne und -gehälter je Arbeitnehmer vom vorvergangenen zum vergangenen Kalenderjahr verändert haben (vgl. hierzu auch Rdnr. 440 ff.). Gleichzeitig erzieltes anderweitiges Erwerbs- oder Erwerbsersatzeinkommen wird angerechnet.

95 Außer dem Übergangsgeld können als weitere ergänzende Leistungen ggf. auch Haushaltshilfe, Reisekosten, Rehabilitationssport oder die mit einer berufsfördernden Leistung in unmittelbarem Zusammenhang stehenden Kosten (z. B. Lehrgangskosten, Lernmittel) erbracht werden.

96 Bei den sonstigen Leistungen zur Rehabilitation handelt es sich um Ermessensleistungen, die aufgrund gemeinsamer, von den Trägern der Rentenversicherung im Benehmen mit dem Bundesministerium für Arbeit und Soziales erlassener Richtlinien erbracht werden. Hierbei handelt es sich um

– Leistungen zur Eingliederung von Versicherten in das Erwerbsleben, insbesondere nachgehende Leistungen zur Sicherung des Rehabilitationserfolges,
– stationäre medizinische Leistungen zur Sicherung der Erwerbsfähigkeit für Versicherte, die eine besonders gesundheitsgefährdende, ihre Erwerbsfähigkeit ungünstig beeinflussende Beschäftigung ausüben,
– Nach- und Festigungskuren wegen Geschwulsterkrankungen für Versicherte, Bezieher einer Rente sowie ihre Angehörigen,
– stationäre Heilbehandlung für Kinder von Versicherten oder Rentenbezieher, wenn hierdurch voraussichtlich eine erhebliche Gefährdung der Gesundheit beseitigt oder eine beeinträchtigte Gesundheit wesentlich gebessert oder wiederhergestellt werden kann sowie
– Zuwendungen für Einrichtungen, die auf dem Gebiet der Rehabilitation forschen oder die Rehabilitation fördern.

97 1983 ist durch das Haushaltsbegleitgesetz auch in das Rentenrecht der Grundsatz aufgenommen worden, dass Versicherte und Rentner, die das 18. Lebensjahr vollendet haben und eine medizinische oder eine sonstige stationäre Leistung zur Rehabilitation in Anspruch nehmen, eine Zuzahlung zu erbringen haben. Sie beträgt seit dem 1. Januar 2004 ohne Rücksicht auf die Schwere der Erkrankung für jeden Kalendertag 10 Euro sowohl für die alten Bundesländer als auch für die neuen Bundesländer. Die Zuzahlung hat maximal für 42 Tage zu erfolgen. Sie ist auf höchstens 14 Tage beschränkt, wenn der unmittelbare Anschluss der stationären Heilbehandlung an eine Krankenhausbehandlung medizinisch notwendig ist. Ein unmittelbarer Anschluss der stationären Heilbehandlung ist grundsätzlich gegeben, wenn sie innerhalb von 14 Tagen nach der Krankenhausbehandlung beginnt. Während des Bezugs von Übergangsgeld und bei Rehabilitanden unter 18 Jahren ist eine Zuzahlung nicht zu leisten. Würde die Zuzahlung den Versicherten oder den Rentner unzumutbar belasten, kann der Rentenversicherungsträger aufgrund so genannten „Härterichtlinien" von einer Zuzahlung ganz absehen. Seit dem 1. Juli 2004 sehen die „Härterichtlinien" vor, dass auch Versicherte, die Grundsicherung bei Erwerbsminderung nach dem Zwölften Buch Sozialgesetzbuch oder Leistungen zur Grundsicherung nach dem Zweiten Buch Sozialgesetzbuch beziehen, unabhängig von der Art und Höhe der Leistung von der Zuzahlung befreit sind. Im Jahr 2009 ist immerhin rd. die Hälfte aller Rehabilitanden von der Zuzahlung befreit gewesen.

Rentenarten und die Voraussetzungen für einen Rentenanspruch

98 Versicherte und ihre Hinterbliebenen erhalten Rente, wenn die für die jeweilige Rente erforderliche Mindestversicherungszeit (Wartezeit) erfüllt ist und die jeweiligen besonderen versicherungsrechtlichen und persönlichen Voraussetzungen vorliegen. Außerdem ist ein Rentenantrag erforderlich.

99 Renten werden geleistet wegen Alters, wegen verminderter Erwerbsfähigkeit und wegen Todes.

Im Jahr 2009 sind rd. 1,25 Mio. Renten zugegangen (1,03 Mio. in den alten Bundesländern und 220.000 in den neuen Bundesländern), von denen 697.000 (= 55,9 Prozent) auf Renten wegen Alters, 173.000 (= 13,9 Prozent) auf Renten wegen verminderter Erwerbsfähigkeit, 310.400 (= 24,9 Prozent auf Witwen- und Witwerrenten sowie 67.000 (= 5,3 Prozent) auf Waisenrenten entfallen.

100 Am 1. Juli 2009 erhielten von den 20,4 Mio. Rentnerinnen und Rentnern in der gesetzlichen Rentenversicherung 19,7 Prozent (4,0 Mio.) mehr als eine Rente. Rund 89 Prozent der Mehrfachrentenbezieher waren Frauen. Der geringe Anteil der Männer mit Mehrfachrentenbezug ist einerseits auf die Regelungen im Hinterbliebenenrecht zurückzuführen, wonach bis 1986 die Männer keinen unbedingten Anspruch auf eine Witwerrente hatten und seit 1986 der unbedingte Anspruch auf Witwerrente einer Einkommensanrechnung unterliegt, die bei Männern häufig zum vollständigen Ruhen der Rente führt. Andererseits dürfte es auch deshalb kaum Männer mit Mehrfachrentenbezug geben, weil im Regelfall die eigene Rente mit einer Rente wegen Todes kumuliert und in der Mehrzahl die Ehefrauen ihre Männer überleben. 30.4 Prozent der Rentnerinnen der gesetzlichen Rentenversicherung beziehen mehr als eine Rente. Dieser Anteil liegt in den alten Bundesländern mit 29,7 Prozent wegen der geringeren Erwerbsbeteiligung von Frauen unter dem entsprechenden Wert für die neuen Bundesländer (33,4 Prozent).

Bedeutung der Rente der gesetzlichen Rentenversicherung für die Altersversorgung der heutigen Rentnergeneration

101 Wegen der Möglichkeit zusätzlichen Einkommens aus anderen Quellen lassen die Statistiken über

Tabelle 10: Anzahl der Rentner und Rentnerinnen sowie durchschnittlicher Gesamtrentenzahlbetrag der laufenden Renten am 1. Juli 2009

Personengruppe	Rentner insgesamt	Einzelrentner	Mehrfachrentner
Insgesamt	20.412.280	16.397.397	4.014.883
Männer	8.638.917	8.207.826	431.091
Frauen	11.773.363	8.189.571	3.583.792
Gesamtrentenzahlbetrag in Euro je Monat:			
Insgesamt	831,35	763,05	1.110,31
Männer	986,76	973,55	1.238,26
Frauen	717,32	552,08	1.094,92

die durchschnittliche Höhe und die relative Verteilung der Renten aus der gesetzlichen Rentenversicherung noch keinen Schluss auf die tatsächliche Einkommensverteilung bei Rentnern zu. Oft werden Renten der gesetzlichen Rentenversicherung mit dem gesamten Alterseinkommen gleichgesetzt und aus der Höhe der durchschnittlichen Rentenbeträge bestimmter Gruppen auf ihren Wohlstand geschlossen. Dabei fließen die Einkommen älterer Menschen aus unterschiedlichen Quellen. Niedrigere Renten in der Statistik der Versicherungsträger sagen nur wenig über das Gesamteinkommen der Rentner aus. Bei der Kombination von Alterssicherungsleistungen lassen sich typische Zusammensetzungen erkennen. Zwar beziehen 68 Prozent der zuletzt als Arbeiter oder Angestellte Tätigen eine Rente der gesetzlichen Rentenversicherung als einzige Alterssicherungsleistung, jedoch 17 Prozent beziehen zusätzlich zur Rente der gesetzlichen Rentenversicherung eine Betriebsrente und 10 Prozent eine Rente aus der Zusatzversorgung des öffentlichen Dienstes. Von den zuletzt vor Eintritt in den Ruhestand als Beamte Tätigen beziehen immerhin 37 Prozent neben ihrer Beamtenversorgung auch eine Rente der gesetzlichen Rentenversicherung. Zudem ist die Betrachtung der Einkommen von Ehepartnern für viele Fragestellungen nur auf Haushaltsebene aussagekräftig. Ein zuverlässiges und differenziertes Mengengerüst der gesamten Einkommenssituation der älteren Bevölkerung ist deshalb zur Vor- und Nachbereitung gesetzlicher Maßnahmen unabdingbar. Die Datenbasis mit den differenziertesten Auswertungsmöglichkeiten im Hinblick auf diese Vielschichtigkeit der Alterseinkommen ist die repräsentative Studie „Alterssicherung in Deutschland (ASiD)". Sie wird seit 1986 in mehrjährigem Turnus – zuletzt für das Jahr 2007 – von TNS Infratest Sozialforschung im Auftrag des Bundesministeriums für Arbeit und Soziales durchgeführt. Die Ergebnisse dieser Studie finden auch Eingang in den Alterssicherungsbericht der Bundesregierung, den diese einmal in jeder Legislaturperiode in Ergänzung des Rentenversicherungsberichts (vgl. Rdnr. 585) an den Deutschen Bundestag und den Deutschen Bundesrat zu übersenden hat. Dieser Bericht umfasst eine Darstellung zu den Leistungen aller ganz oder teilweise öffentlich finanzierten Alterssicherungssysteme (neben der gesetzlichen Rentenversicherung die Beamtenversorgung, die Zusatzversorgung des öffentlichen Dienstes, die Alterssicherung der Landwirte und die Altersentschädigung an Bundestags- und Landtagsabgeordnete). Außerdem werden im Alterssicherungsbericht die Einkommen aus diesen Alterssicherungssystemen sowie auch das Gesamteinkommen im Seniorenalter unter Berücksichtigung aller Einkommensquellen untersucht. Nach den Alterssicherungsberichten 1997, 2001 und 2005 hat es im Jahr 2008 den vierten Alterssicherungsbericht gegeben.

102 Nach dem Alterssicherungsbericht 2008 betragen die Versichertenrenten der gesetzlichen Rentenversicherung an 65-jährige und ältere Rentner in den alten Bundesländern durchschnittlich 824 Euro brutto im Monat und 938 Euro in den neuen Bundesländern. Insgesamt ergeben sich Alterssicherungsleistungen aus öffentlich finanzierten Alterssicherungssystemen auf der Basis eigener Ansprüche oder abgeleiteter Ansprüche aus Hinterbliebenenversorgungen von durchschnittlich 1.247 Euro in den alten und 1.105 Euro in den neuen Bundesländern. Bezieht man alle Einkommensquellen – also zum Beispiel auch Einkommen aus Betriebsrenten, Vermietung sowie Vermögenserträgnisse – in die Betrachtung ein, stellt sich das Ergebnis wie folgt dar: Im Jahr 2007 verfügten in Deutschland Ehepaare (ein Partner oder beide Partner 65 Jahre und älter) über ein monatliches Haushaltsbruttoeinkommen von 2.588 Euro, alleinstehende Männer (65 Jahre und älter) von 1.660 Euro und alleinstehende Frauen (65 Jahre und älter) von 1.336 Euro. Die Bedeutung der einzelnen Systeme innerhalb des Gesamtgefüges der Alterssicherung wird an der Zusammensetzung des Volumens der Bruttoeinkommen deutlich. Danach stammen bei Ehepaaren 62 Prozent, bei alleinstehenden Männern 72 Prozent und bei alleinstehenden Frauen 77 Prozent aller zufließenden Einkommen aus der gesetzlichen Rentenversicherung.

103 Wie zu erwarten, ist der Anteil der gesetzlichen Rentenversicherung am gesamten Alterseinkommen in den neuen Bundesländern wesentlich höher als in den alten. Auch ergibt sich bei alleinstehenden Frauen ein höherer Anteil der gesetzlichen Rentenversicherung am gesamten Alterseinkommen als bei alleinstehenden Männern oder Ehepaaren. Einkommensbestandteile aus der dritten Säule der Alterssicherung spielen in den neuen Bundesländern im Vergleich zu den alten Bundesländern noch eine untergeordnete Rolle. Männer in den alten Bundesländern stellen sich mit durchschnittlich 1.650 Euro an Gesamtalterssicherungsleistungen besser als Männer in den neuen Bundesländern mit durchschnittlich 1.233 Euro. Frauen beziehen demgegenüber in den neuen Bundesländern trotz geringerer Systemvielfalt

Sozialgesetzbuch · 6. Buch · Rentenversicherung

mit durchschnittlich 1.016 Euro höhere Gesamtalterssicherungsleistungen als Seniorinnen in den alten Bundesländern, die im Durchschnitt 936 Euro aus eigenen und abgeleiteten Ansprüchen erhalten.

104 Für Rentner haben die Leistungen der gesetzlichen Rentenversicherung eine zentrale Funktion. In Deutschland bezogen 2007 rd. 14,7 Mio. 65-jährige und Ältere – davon 6,2 Mio. Männer und 8,5 Mio. Frauen – eigene Renten oder/und abgeleitete Hinterbliebenenrenten aus der gesetzlichen Rentenversicherung. Das sind rd. 92 Prozent aller Seniorinnen und Senioren. In den neuen Bundesländern sind es sogar 99 Prozent aller Seniorinnen und Senioren. Von den 65-jährigen und älteren Rentnerinnen bezogen in den neuen Bundesländern sogar alle eine Rente aus eigener Versicherung. In den alten Bundesländern verfügen dagegen nur 93 Prozent der Frauen über eine Rente aus eigener Versicherung. Die eigenen Brutto-Renten der Männer sind im Durchschnitt mit rd. 1.200 Euro monatlich in den alten und neuen Bundesländern ungefähr gleich hoch. Die Frauen in den neuen Bundesländern beziehen dagegen mit 765 Euro deutliche höhere Renten der gesetzlichen Rentenversicherung als Frauen in den alten Bundesländern (523 Euro). Gleichwohl gibt es eine nicht unerhebliche Anzahl von Kleinstrenten, die jedoch keinen Rückschluss auf die Einkommenssituation ihrer Bezieher erlauben. In Deutschland verfügten im Jahr 2007 Ehepaare mit Rentenansprüchen aus der gesetzlichen Rentenversicherung von unter 250 Euro über ein Haushaltsbruttoeinkommen von durchschnittlich 2.588 Euro. Alleinstehende Männer mit einer Rente der gesetzlichen Rentenversicherung von unter 250 Euro verfügten im Durchschnitt über ein Haushaltsbruttoeinkommen von 1.660 Euro im Monat und auch das Haushaltsbruttoeinkommen alleinstehender Frauen mit einer Rente der gesetzlichen Rentenversicherung von unter 250 Euro beläuft sich im Durchschnitt auf 1.336 Euro. Der Anteil der Rente der gesetzlichen Rentenversicherung am Haushaltsbruttoeinkommen bei Ehepaaren mit einem Renteneinkommen zwischen 500 Euro und 750 Euro beträgt im Durchschnitt nur 20 Prozent. Bei alleinstehenden Männern und Frauen mit Altersrenten in dieser Rentengrößenklasse machen die Renten der gesetzlichen Rentenversicherung jedoch 2/3 des Haushaltsbruttoeinkommens aus. Eine Vielzahl niedriger Renten sagt also nichts über die Höhe des Gesamteinkommens von Senioren aus. Unter den Beziehern von Kleinstrenten befinden sich frühere Selbstständige mit ausreichender privater Absicherung oder Beamte mit Pension sowie über den Ehepartner abgesicherte Personen.

Renten wegen Alters

105 Renten wegen Alters werden ab Vollendung eines bestimmten Lebensjahres (Altersgrenze) gezahlt. Für den Zeitpunkt des Beginns einer Rente wegen Alters ist die vom Versicherten gewählte Rentenart maßgebend. Ob die Rente wegen Alters in der gewählten Rentenart bewilligt wird, hängt dann davon ab, ob der Versicherte die Anspruchsvoraussetzungen für die jeweils gewählte Rentenart erfüllt. Ist ein Anspruch auf Altersrente in einer bestimmten Rentenart zuerkannt worden, so ist der spätere Wechsel in eine andere Rentenart, für die die Anspruchsvoraussetzungen ebenfalls erfüllt sind, ausgeschlossen.

Tabelle 11: Die wichtigsten Einkommensquellen der Bevölkerung ab 65 Jahren
(in Prozent des Bruttoeinkommensvolumens)

Einkommensquelle	Ehepaare		Alleinstehende Männer		Alleinstehende Frauen	
	West	Ost	West	Ost	West	Ost
Gesetzliche Rentenversicherung	53	86	58	93	67	95
Andere Alterssicherungssysteme	23	2	21	1	20	1
Private Vorsorge	14	4	12	3	7	2
Sonstiges Einkommen (z.B. aus Erwerbstätigkeit)	10	8	8	3	4	1
Transferleistungen (Wohngeld / Grundsicherung)	0	0	1	0	1	0
Summe	100	100	100	100	100	100

Quelle: Alterssicherungsbericht 2008

Tabelle 12: Anteil des Rentenzahlbetrags am Bruttoeinkommen nach Rentengrößenklassen im Alter ab 65 Jahren in Deutschland im Jahr 2007

Haushalte von in €/Monat	Anteil an den jeweiligen Rentenbeziehern in Prozent	Durchschnittliche Bruttorente der GRV [1] in €/Monat	Durchschnittliches Haushaltsbruttoeinkommen in €/Monat	Anteil des Rentenbetrages am Gesamteinkommen in Prozent
Ehepaaren				
unter 250	3	151	2.755	5
250 bis unter 500	4	382	3.346	11
500 bis unter 750	5	628	3.210	20
750 bis unter 1.000	6	879	2.412	36
Ab 1.000	82	1.816	2.517	72
Gesamt	100	1.593	2.588	62
alleinstehenden Männern				
unter 250	3	149	1.729	9
250 bis unter 500	6	388	1.483	26
500 bis unter 750	7	647	966	67
750 bis unter 1.000	15	889	1.252	71
ab 1.000	69	1.432	1.829	78
Gesamt	100	1.195	1.660	72
alleinstehenden Frauen				
unter 250	4	153	1.230	12
250 bis unter 500	7	378	1.188	32
500 bis unter 750	15	645	980	66
750 bis unter 1.000	23	881	1.098	80
ab 1.000	51	1.352	1.578	86
Gesamt	100	1.022	1.336	77

1) Eigene und/oder abgeleitete Bruttorente der gesetzlichen Rentenversicherung
Quelle: Alterssicherungsbericht 2008

Die Regelaltersrente

106 Anspruch auf Regelaltersrente haben Versicherte, die das 65. Lebensjahr vollendet und die allgemeine Wartezeit erfüllt haben. Diese beträgt grundsätzlich 5 Jahre; sie kann aber unter bestimmten Voraussetzungen auch vorzeitig erfüllt werden. Auf die allgemeine Wartezeit werden Beitragszeiten (Pflichtbeitragszeiten einschließlich Kindererziehungszeiten sowie Zeiten mit freiwilligen Beiträgen), Ersatzzeiten sowie Zeiten aus einem durchgeführten Versorgungsausgleich angerechnet. Die Regelaltersrente kann nicht vor Erreichen der Regelaltersgrenze – dies ist für die bis Ende 1946 geborenen Versicherten die Vollendung des 65. Lebensjahres – vorzeitig in Anspruch genommen werden.

107 Nach der mit dem RV-Altersgrenzenanpassungsgesetz ab dem Jahr 2012 vorgesehenen stufenweisen Anhebung der Altersgrenze für die Regelaltersrente von 65 auf 67 Jahre gilt die Altersgrenze von 65 Jahren nur noch für die bis Ende 1946 geborenen Versi-

cherten. Für die ab 1947 geborenen Versicherten wird die Altersgrenze von 65 Jahre wie folgt angehoben:

Tabelle 13: Anhebung der Altersgrenze für die Regelaltersrente

Versicherte Geburtsjahr	Anhebung um Monate	auf Alter Jahr	Monat
1947	1	65	1
1948	2	65	2
1949	3	65	3
1950	4	65	4
1951	5	65	5
1952	6	65	6
1953	7	65	7
1954	8	65	8
1955	9	65	9
1956	10	65	10
1957	11	65	11
1958	12	66	0
1959	14	66	2
1960	16	66	4
1961	18	66	6
1962	20	66	8
1963	22	66	10
ab 1964	24	67	0

108 Die Anhebung der Altersgrenze für die Regelaltersrente ist somit in zwei Phasen aufgeteilt. Für die

1947 bis 1958 geborenen Versicherten erfolgt die Anhebung der Altersgrenze mit je einem Monat pro Geburtsjahrgang und für die 1959 bis 1964 geborenen Versicherten mit je zwei Monaten pro Geburtsjahrgang. Für Versicherte, die vor 1955 geboren sind und bereits vor dem 1. Januar 2007 Altersteilzeitarbeit bis zum 65. Lebensjahr vereinbart haben, und für die Versicherten, die bereits vor dem Jahr 2007 Anpassungsgeld für entlassene Arbeitnehmer des Bergbaus bezogen haben, bleibt es aus Gründen des Vertrauensschutzes bei der Altersgrenze von 65 Jahren. Auch nach Anhebung der Altersgrenze bei der Regelaltersrente kann diese jedoch nicht vor Erreichen des jeweils maßgebenden Regelalters vorzeitig in Anspruch genommen werden.

Die Altersrente für besonders langjährig Versicherte

109 Mit Beginn der stufenweisen Anhebung der Regelaltersgrenze zum 1. Januar 2012 ist für besonders langjährig Versicherte eine neue Altersrente eingeführt worden. Anspruch auf diese Altersrente für besonders langjährig Versicherte besteht nach Vollendung des 65. Lebensjahres, wenn eine Wartezeit von 45 Jahren erfüllt ist. Versicherte, die mindestens 45 Jahre mit Pflichtbeiträgen für eine versicherte Beschäftigung, selbständige Tätigkeit oder Pflege sowie mit Zeiten der Kindererziehung bis zum 10. Lebensjahr des Kindes erreichen, können über diese Rentenart weiter ab Vollendung des 65. Lebensjahr eine abschlagsfreie Altersrente beanspruchen. Die Altersrente für besonders langjährig Versicherte ist somit eine privilegierende Regelaltersrente für Versicherte mit 45 Jahren an Pflichtbeiträgen. Sie kann daher ebenso wie die Regelaltersrente nicht vorzeitig (also vor Vollendung des 65. Lebensjahres) in Anspruch genommen werden. Das bedeutet, dass auch für die Versicherten, die die Wartezeit von 45 Jahren erfüllen, der Bezug einer Altersrente vor Vollendung des 65. Lebensjahrs nur durch die Inanspruchnahme der Altersrenten möglich ist, die vorzeitig beansprucht werden können (z. B. die Altersrente für langjährig Versicherte). Auch für sie ist dann als Referenzalter zur Berechnung des Abschlags wegen vorzeitiger Inanspruchnahme der Altersrente die heraufgesetzte Regelaltersgrenze maßgebend.

Die Altersrente für langjährig Versicherte

110 Anspruch auf Altersrente für langjährig Versicherte hat, wer das 63. Lebensjahr vollendet und die Wartezeit von 35 Jahren erfüllt hat. Auf diese Wartezeit von 35 Jahren werden alle rentenrechtlichen Zeiten angerechnet. Neben den auf die allgemeine Wartezeit anzurechnenden Zeiten sind dies auch beitragsfreie Zeiten sowie Berücksichtigungszeiten wegen Kindererziehung und Pflege. Nach den bis zum 31. Dezember 2007 geltenden rentenrechtlichen Bestimmungen war für die Versicherten der Geburtsjahrgänge ab 1948 die schrittweise Absenkung der Altersgrenze für den frühestmöglichen Beginn dieser Rente auf 62 Jahre vorgesehen. Mit dem RV-Altersgrenzenanpassungsgesetz ist die vorgesehene Absenkung der Altersgrenze auf 62 Jahre jedoch aufgehoben worden, so dass es nun auch für die ab 1948 geborenen Versicherten bei der Altersgrenze von 63 Jahren für den frühestmöglichen Beginn dieser Altersrente verbleibt.

111 Für die vor 1955 geborenen Versicherten, die bereits vor dem 1. Januar 2007 eine Altersteilzeitarbeitsvereinbarung abgeschlossen haben, die den Übergang aus Altersteilzeit in die Altersrente für langjährig Versicherte bereits vor dem 63. Lebensjahr vorsieht, und für die Versicherten, die bereits vor dem Jahr 2007 Anpassungsgeld für entlassene Arbeitnehmer des Bergbaus mit der Disposition bezogen haben, vor dem Alter 63 in die Altersrente für langjährig Versicherte überzugehen, bleibt es aus Gründen des Vertrauensschutzes bei den am 31. Dezember 2007 geltenden Regelungen für den frühestmöglichen Beginn der Altersrente für langjährig Versicherte. Für diese Versicherten ist daher die Altersgrenze für die vorzeitige Inanspruchnahme der Altersrente für langjährig Versicherte weiterhin wie folgt bestimmt:

Tabelle 14: Absenkung der Altersgrenze für die vorzeitige Inanspruchnahme der Altersrente für langjährig Versicherte für Versicherte mit Vertrauensschutz

Versicherte Geburtsjahr Geburtsmonat	vorzeitige Inanspruchnahme möglich ab Alter	
	Jahr	Monat
1948		
Januar - Februar	62	11
März - April	62	10
Mai - Juni	62	9
Juli - August	62	8
September - Oktober	62	7
November - Dezember	62	6
1949		
Januar - Februar	62	5
März - April	62	4
Mai - Juni	62	3
Juli - August	62	2
September - Oktober	62	1
November - Dezember	62	0
1950 - 1963	62	0

112 Parallel zur stufenweisen Anhebung der Altersgrenze für die Regelaltersrente von 65 auf 67 Jahre wird auch bei der Altersrente für langjährig Versicherte die Altersgrenze für die abschlagsfreie Inanspruchnahme dieser Rente von 65 auf 67 Jahre heraufgesetzt. Für Versicherte, die vor 1949 geboren sind – also noch vor dem Jahr 2012 die Altersgrenze von 63 Jahren für den vorzeitigen Bezug der Altersrente für langjährig Versicherte erreichen –, ist maßgebende Altersgrenze für die abschlagsfreie Inanspruchnahme der Altersrente für langjährig Versicherte auch weiterhin das vollendete 65. Lebensjahr. Für die Versicherte, die erst ab dem Jahr 2012 ihr 63. Lebensjahr vollenden – also nach dem 31. Dezember 1948 geboren sind – wird die Altersgrenze für die abschlagsfreie Inanspruchnahme der Altersrente für langjährig Versicherte in folgenden Schritten von 65 auf 67 Jahre wie angehoben:

Tabelle 15: Anhebung der Altersgrenze für die abschlagsfreie Inanspruchnahme der Altersrente für langjährig Versicherte von 65 auf 67

Versicherte Geburtsjahr Geburtsmonat	Anhebung um Monate	auf Alter Jahr	Monat
1949			
Januar	1	65	1
Februar	2	65	2
März - Dezember	3	65	3
1950	4	65	4
1951	5	65	5
1952	6	65	6
1953	7	65	7
1954	8	65	8
1955	9	65	9
1956	10	65	10
1957	11	65	11
1958	12	66	0
1959	14	66	2
1960	16	66	4
1961	18	66	6
1962	20	66	8
1963	22	66	10
ab 1964	24	67	0

113 Für die im Jahr 1949 geborenen Versicherten ist deshalb eine beschleunigte Heraufsetzung des Alters für die abschlagsfreie Inanspruchnahme der Altersrente für langjährig Versicherte um 3 Monate erforderlich, weil für diese Versicherten möglichst schnell der Einklang mit der für sie geltenden Regelaltersgrenze von 65 Jahren und 3 Monaten hergestellt werden soll. Für die ab 1950 geborenen Versicherten steigt dann die Altersgrenze für die abschlagsfreie Inanspruchnahme der Altersrente für langjährig Versicherte im Einklang mit der Altersgrenze für den Anspruch auf die Regelaltersrente.

114 Auch hinsichtlich der Altersgrenze für die abschlagsfreie Inanspruchnahme der Altersrente für langjährig Versicherte hat der Gesetzgeber eine parallele Vertrauensschutzregelung wie für die Regelaltersrente geschaffen. Dies bedeutet, dass für die vor 1955 geborenen Versicherten, die bereits vor dem 1. Januar 2007 eine Altersteilzeitarbeitvereinbarung abgeschlossen haben, die den Übergang aus Altersteilzeit in die Altersrente für langjährig Versicherte vorsieht, und für die Versicherten, die bereits vor dem Jahr 2007 Anpassungsgeld für entlassene Arbeitnehmer des Bergbaus mit der Disposition bezogen haben, zu einem bestimmten Zeitpunkt in die Altersrente für langjährig Versicherte zu wechseln, maßgebende Altersgrenze für die abschlagsfreie Inanspruchnahme der Altersrente für langjährig Versicherte weiterhin das vollendete 65. Lebensjahr ist.

Die Altersrente für schwerbehinderte Menschen

115 Anspruch auf Altersrente für schwerbehinderte Menschen haben Versicherte, die das 60. Lebensjahr vollendet haben, bei Rentenbeginn als schwerbehinderte Menschen mit einem Grad der Behinderung von wenigstens 50 Prozent anerkannt sind und die Wartezeit von 35 Jahren erfüllt haben. Mit dem Gesetz zur Reform der Renten wegen verminderter Erwerbsfähigkeit ist der Anspruch auf diese Altersrente ausschließlich auf schwerbehinderte Menschen begrenzt worden. Nach dem bis zum 31. Dezember 2000 geltenden Recht bestand auch dann ab dem 60. Lebensjahr Anspruch auf diese Altersrente, wenn bei Rentenbeginn nicht Schwerbehinderung, sondern Berufs- oder Erwerbsunfähigkeit vorlag. Aus Gründen des Vertrauensschutzes hat der Gesetzgeber den Versicherten, die bei Verabschiedung des Gesetzes zur Reform der Renten wegen verminderter Erwerbsfähigkeit im Dezember 2000 bereits den rentennahen Jahrgängen angehört haben, und bei denen bei Beginn der Altersrente zwar keine Schwerbehinderung sondern Berufs- oder Erwerbsunfähigkeit vorliegt, auch weiterhin den Anspruch auf diese Altersrente zugestanden. Einen Anspruch auf die Altersrente für schwerbehinderte Menschen ab vollendetem 60. Lebensjahr haben damit auch die Versicherten, die vor dem 1. Januar 1951 geboren sind, bei denen bei Beginn der Altersrente Berufs- oder Erwerbsunfähigkeit im Sinne der bis zum 31. Dezember 2000 geltenden Bestimmungen zur Berufs- und Erwerbsunfähigkeit vorliegt und die die Wartezeit von 35 Jahren erfüllen.

116 Mit dem Gesetz zur Reform der Renten wegen verminderter Erwerbsfähigkeit aus dem Jahr 2000 ist die Altersgrenze für die abschlagsfreie Inanspruchnahme der Altersrente für schwerbehinderte Menschen stufenweise auf das 63. Lebensjahr angehoben worden. Da mit der Anhebung der Altersgrenze für schwerbehinderte Menschen ab Januar 2001 begonnen wurde, waren von der Anhebung dieser Altersgrenze grundsätzlich die schwerbehinderten Versicherten der Geburtsjahrgänge ab 1941 betroffen. Für die nach dem 30. November 1943 geborenen Versicherten ist für den abschlagsfreien Bezug dieser Altersrente das 63. Lebensjahr maßgebend. Eine vorzeitige Inanspruchnahme der Altersrente für schwerbehinderte Menschen ist aber weiterhin ab dem 60. Lebensjahr möglich. Bei Inanspruchnahme der Altersrente vor dem 63. Lebensjahr ist jedoch für jeden Monat der Inanspruchnahme der Altersrente vor dem 63. Lebensjahr ein Abschlag von 0,3 Prozent in Kauf zu nehmen, bei Inanspruchnahme der Altersrente ab dem frühestmöglichen Zeitpunkt (Alter 60) also ein maximaler Abschlag von 10,8 Prozent. Eine flankierend zur Anhebung der Altersgrenze getroffene Vertrauensschutzregelung sieht jedoch vor, dass Versicherte, die bis zum 16. November 1950 geboren sind und am 16. November 2000 (dem Tag der 2. und 3. Lesung zum Gesetz zur Reform der Renten wegen verminderter Erwerbsfähigkeit im Deutschen Bundestag) bereits schwerbehindert, berufs- oder erwerbsunfähig waren, die Altersrente für schwerbehinderte Menschen weiterhin ohne Abschlag vom vollendeten 60. Lebensjahr an in Anspruch nehmen können.

117 Mit dem RV-Altersgrenzenanpassungsgesetz wurde im Zuge der Anhebung der Altersgrenze für die Regelaltersrente bestimmt, dass beginnend ab dem Jahr 2012 im Einklang mit der Anhebung der Regelaltersgrenze um 2 Jahre auch die Altersgrenze für den frühestmöglichen Beginn und die Altersgrenze für den abschlagsfreien Bezug der Altersrente für schwerbehinderte Menschen ebenfalls stufenweise um 2 Jahre angehoben wird. Für Versicherte, die vor 1952 geboren sind – also noch vor dem Jahr 2012 die derzeitige Altersgrenze von 60 Jahren für den vorzeitigen Anspruch auf die Altersrente für schwerbehinderte Menschen erreichen –, ist als Altersgrenze für die vorzeitige Inanspruchnahme der Altersrente auch weiterhin das 60. Lebensjahr und als Altersgrenze für die abschlagsfreie Inanspruchnahme der Altersrente auch weiterhin das 63. Lebensjahr maßgebend. Für die Versicherte, die ab dem Jahr 2012 ihr 60. Lebensjahr vollenden – also nach dem 31. Dezember 1951 geboren sind – werden sowohl die Altersgrenze für die vorzeitige Inanspruchnahme als auch die Altersgrenze für die abschlagsfreie Inanspruchnahme der Altersrente für schwerbehinderte Menschen wie folgt angehoben:

Tabelle 16: Die Anhebung der Altersgrenzen für die vorzeitige Inanspruchnahme und die abschlagsfreie Inanspruchnahme der Altersrente für schwerbehinderte Menschen

Versicherte Geburtsjahr Geburtsmonat	Anhebung um Monate	auf Alter		vorzeitige Inanspruchnahme möglich ab Alter	
		Jahr	Monat	Jahr	Monat
1952					
Januar	1	63	1	60	1
Februar	2	63	2	60	2
März	3	63	3	60	3
April	4	63	4	60	4
Mai	5	63	5	60	5
Juni - Dezember	6	63	6	60	6
1953	7	63	7	60	7
1954	8	63	8	60	8
1955	9	63	9	60	9
1956	10	63	10	60	10
1957	11	63	11	60	11
1958	12	64	0	61	0
1959	14	64	2	61	2
1960	16	64	4	61	4
1961	18	64	6	61	6
1962	20	64	8	61	8
1963	22	64	10	61	10
ab 1964	24	65	0	62	0

118 Bei der Anhebung der Altersgrenzen für die Altersrente für schwerbehinderte Menschen ist für den ersten Jahrgang, der von der Altersgrenzenanhebung durch das RV-Altersgrenzenanpassungsgesetz betroffen ist – also den Geburtsjahrgang 1952 –, die Heraufsetzung der Altersgrenzen um 6 Monate beschleunigt worden, um für diese Versicherten möglichst schnell den Einklang mit der für sie geltenden Regelaltersgrenze von 65 Jahren und 6 Monaten herzustellen. Für die ab 1953 geborenen Versicherten steigen dann sowohl die Altersgrenze für die vorzeitige Inanspruchnahme als auch die Altersgrenze für die abschlagsfreie Inanspruchnahme der Altersrente für schwerbehinderte Menschen im Einklang mit der Altersgrenze für den Anspruch auf die Regelaltersrente um jeweils einen Monat pro Geburtsjahrgang (für die bis 1958 Geborenen) bzw. um jeweils zwei weitere Monate pro Geburtsjahrgang (für die ab 1959 Geborenen).

119 Bei der Anhebung der Altersgrenzen für die Inanspruchnahme der Altersrente für schwerbehinderte Menschen hat der Gesetzgeber ebenfalls eine parallele Vertrauensschutzregelung wie bei der Regelaltersrente und bei der Altersrente für langjährig Versicherte geschaffen. Dies bedeutet, dass

– für vor dem 1. Januar 2007 als schwerbehinderte Menschen anerkannte Versicherte, die vor 1955

geboren sind und bereits vor dem 1. Januar 2007 eine Altersteilzeitarbeitvereinbarung abgeschlossen haben, die den Übergang aus Altersteilzeit in die Altersrente für schwerbehinderte Menschen vorsieht, oder
– für die vor dem 1. Januar 2007 als schwerbehinderte Menschen anerkannte Versicherten, die bereits vor dem Jahr 2007 Anpassungsgeld für entlassene Arbeitnehmer des Bergbaus bezogen haben,

die Altersgrenze von 60 Jahren für die vorzeitige Inanspruchnahme der Altersrente und die Altersgrenze von 63 Jahren für die abschlagsfreie Inanspruchnahme der Altersrente weitergelten.

Die Altersrente wegen Arbeitslosigkeit oder nach Altersteilzeitarbeit

120 Anspruch auf Altersrente wegen Arbeitslosigkeit oder nach Altersteilzeitarbeit haben vor dem 1. Januar 1952 geborene Versicherte, die

– das 63. Lebensjahr vollendet und die Wartezeit von 15 Jahren erfüllt haben,
– entweder bei Beginn der Rente arbeitslos sind und innerhalb der letzten 1 1/2 Jahre insgesamt 52 Wochen arbeitslos waren oder Anpassungsgeld für entlassene Arbeitnehmer des Bergbaus bezogen haben oder 24 Monate Altersteilzeitarbeit ausgeübt haben,
– in den letzten 10 Jahren vor Beginn der Rente für 8 Jahre Pflichtbeiträge für eine versicherte Beschäftigung oder selbständige Tätigkeit oder sonstige Beiträge, die Pflichtbeiträgen gleichstehen, gezahlt haben.

121 Für die vor dem 1. Januar 1946 geborenen Versicherten ist für den frühestmöglichen Anspruch auf diese Rentenart noch das Alter 60 maßgebend. Für die Versicherten ab dem Geburtsjahrgang 1946 ist die Altersgrenze für den frühestmöglichen Beginn der Altersrente wegen Arbeitslosigkeit und nach Altersteilzeitarbeit mit dem RV-Nachhaltigkeitsgesetz aus dem Jahr 2004 in monatlichen Schritten auf das 63. Lebensjahr angehoben worden. Versicherte, die im Januar 1946 geboren sind, steht der Anspruch auf diese Altersrente also erst mit 60 Jahren und 1 Monat zu, im Februar 1946 geborene Versicherte können diese Altersrente erst ab dem Alter von 60 Jahren und 2 Monaten beanspruchen und den nach November 1948 geborenen Versicherten steht diese Altersrente schließlich erst ab dem vollendeten 63. Lebensjahr zu. Nach der im RV-Nachhaltigkeitsgesetz vorgesehenen Vertrauensschutzregelung verbleibt es allerdings bei der Altersgrenze von 60 Jahren für den frühestmöglichen Beginn der Altersrente wegen Arbeitslosigkeit und nach Altersteilzeitarbeit, wenn bis zum 31. Dezember 2003 bereits Arbeitslosigkeit eingetreten war oder bis zu diesem Zeitpunkt bereits eine rechtsverbindliche Disposition zur Beendigung der Beschäftigung – sei es durch Kündigung oder eine Beendigungsvereinbarung – getroffen worden war.

Tabelle 17: Anhebung der Altersgrenze für die vorzeitige Inanspruchnahme der Altersrente wegen Arbeitslosigkeit oder nach Altersteilzeitarbeit vor vollendetem 65. Lebensjahr

Versicherte Geburtsjahr Geburtsmonat	vorzeitige Inanspruchnahme möglich ab Alter		
	Jahr	Monat	in Prozent
1946			
Januar	60	1	17,7
Februar	60	2	17,4
März	60	3	17,1
April	60	4	16,8
Mai	60	5	16,5
Juni	60	6	16,2
Juli	60	7	15,9
August	60	8	15,6
September	60	9	15,3
Oktober	60	10	15,0
November	60	11	14,7
Dezember	61	0	14,4
1947			
Januar	61	1	14,1
Februar	61	2	13,8
März	61	3	13,5
April	61	4	13,2
Mai	61	5	12,9
Juni	61	6	12,6
Juli	61	7	12,3
August	61	8	12,0
September	61	9	11,7
Oktober	61	10	11,4
November	61	11	11,1
Dezember	62	0	10,8
1948			
Januar	62	1	10,5
Februar	62	2	10,2
März	62	3	9,9
April	62	4	9,6
Mai	62	5	9,3
Juni	62	6	9,0
Juli	62	7	8,7
August	62	8	8,4
September	62	9	8,1
Oktober	62	10	7,8
November	62	11	7,5
Dezember	63	0	7,2
1949 bis 1951	63	0	7,2

122 Mit dem Gesetz zur Förderung eines gleitenden Übergangs in den Ruhestand aus dem Jahr 1996 ist die bereits nach dem Rentenreformgesetz 1992 vorgesehene Anhebung der Altersgrenze für den abschlagsfreien Bezug der Altersrente wegen Arbeitslosigkeit oder nach Altersteilzeitarbeit von Alter 60 auf das Alter 65 vorgezogen und beschleunigt worden. Die stufenweise Anhebung von 60 auf 65 Jahre begann daher bereits ab dem Jahr 1997 und erfolgte in Monatsschritten, so dass sie Ende des Jahres 2001 abgeschlossen wurde. Betroffen von der Anhebung der

Altersgrenze für die Altersrente wegen Arbeitslosigkeit und nach Altersteilzeitarbeit auf das 65. Lebensjahr waren damit die Versicherten der Geburtsjahrgänge ab 1937. Für die ab Dezember 1941 geborenen Versicherten war dann für den abschlagsfreien Bezug dieser Altersrente das 65. Lebensjahr maßgebend.

123 Die Altersgrenze von 65 Jahren für den abschlagsfreien Bezug der Altersrente wegen Arbeitslosigkeit oder nach Altersteilzeitarbeit ist mit dem RV-Altersgrenzenanpassungsgesetz aus Vereinfachungsgründen nicht weiter angehoben worden, da diese Altersrente nach den mit dem Rentenreformgesetz 1999 vorgenommenen Änderungen nur noch die vor 1952 geborenen Versicherten in Anspruch nehmen können. Daher können Versicherte der Geburtsjahrgänge 1947 bis 1951 über diese Altersrentenart weiterhin ab Vollendung des 65. Lebensjahres oder zu einem jeweils maßgebenden früheren Zeitpunkt die Altersrente beanspruchen, ohne nach Inkrafttreten des RV-Altersgrenzenanpassungsgesetzes höhere Abschläge in Kauf nehmen zu müssen, und dies obwohl für ihre Geburtsjahrgänge die Regelaltersgrenze bereits um bis zu fünf Monaten angehoben ist.

124 Altersteilzeitarbeit wird vom Versicherten ausgeübt, wenn dieser seine Arbeitszeit um mindestens die Hälfte reduziert, sein Altersteilzeitentgelt um 20 Prozent, mindestens jedoch auf 70 Prozent seines letzten Nettovollzeitentgelts, aufgestockt wird und der Arbeitgeber für ihn Beiträge zur Rentenversicherung für den Unterschiedsbetrag zwischen mindestens 90 Prozent des Vollzeitentgelts und dem Altersteilzeitentgelt zahlt. Nach dem im Dritten Gesetz für moderne Dienstleistungen am Arbeitsmarkt sind die Aufstockungsleistungen des Arbeitgebers für die in Altersteilzeitarbeit Beschäftigten, deren Altersteilzeitarbeit nach dem 30. Juni 2004 beginnt, vereinfacht zu ermitteln. Hierzu wird als Berechnungsbasis zur Ermittlung der Aufstockungsleistungen des Arbeitgebers ein Regelarbeitsentgelt eingeführt. Das Regelarbeitsentgelt ist das auf den Monat entfallende sozialversicherungspflichtige Arbeitsentgelt, das der Arbeitgeber im Rahmen des Altersteilzeitarbeitsverhältnisses regelmäßig zu erbringen hat. Das Abstellen auf das bisherige (Vollzeit)Arbeitsentgelt entfällt. Das Regelarbeitsentgelt für die Altersteilzeitarbeit ist auch weiterhin um 20 Prozent aufzustocken, allerdings entfällt das Korrektiv des Mindestnettobetrags.

125 Der 10-Jahreszeitraum, innerhalb dessen für 8 Jahre Pflichtbeiträge gezahlt sein müssen, reicht in der Regel bis zum 50. bzw. nach Anhebung der Altersgrenze für den frühestmöglichen Beginn der Altersrente wegen Arbeitslosigkeit auf das Alter 63 bis zum 53. Lebensjahr zurück. Der Zeitraum wird aber um darin liegende Anrechnungszeiten sowie Zeiten des Bezugs einer Rente wegen verminderter Erwerbsfähigkeit, in denen Pflichtbeiträge nicht gezahlt worden sind, erweitert.

126 Auf die für die Altersrente wegen Arbeitslosigkeit oder nach Altersteilzeitarbeit erforderliche Wartezeit von 15 Jahren werden wie bei der allgemeinen Wartezeit von 5 Jahren nur Beitragszeiten, Ersatzzeiten und Zeiten aus einem durchgeführten Versorgungsausgleich angerechnet.

Die Altersrente für Frauen

127 Anspruch auf Altersrente für Frauen haben vor dem 1. Januar 1952 geborene weibliche Versicherte, die

– das 60. Lebensjahr vollendet,
– die Wartezeit von 15 Jahren erfüllt und
– nach Vollendung des 40. Lebensjahres mehr als 10 Jahre an Pflichtbeitragszeiten zurückgelegt haben.

128 Auch auf die für die Altersrente für Frauen erforderliche Wartezeit von 15 Jahren werden nur Beitragszeiten, Ersatzzeiten und Zeiten aus einem durchgeführten Versorgungsausgleich angerechnet.

129 Mit dem Wachstums- und Beschäftigungsförderungsgesetz (WFG) aus dem Jahr 1996 wurde die Altersgrenze für den abschlagsfreien Bezug der Altersrente an Frauen vom 60. auf das 65. Lebensjahr angehoben und zwar ebenfalls bereits zu einem früheren Zeitpunkt und in einer schnelleren Art und Weise als dies zunächst in dem am 1. Januar 1992 in Kraft getretenen Rentenreformgesetz 1992 vorgesehen war. Nach den Regelungen des WFG war mit der Anhebung der Altersgrenze für den abschlagsfreien Bezug der Altersrente für Frauen ab dem Jahr 2000 begonnen worden. Von der Anhebung der Altersgrenze waren daher Frauen ab dem Geburtsjahrgang 1940 betroffen. Die Anhebung auf das 65. Lebensjahr erfolgte in Monatsschritten, so dass sie Ende 2004 abgeschlossen war. Damit ist für die ab Dezember 1944 geborenen Frauen der Bezug der Altersrente für Frauen vor Vollendung des 65. Lebensjahres ohne Abschlag nicht mehr möglich. Im Unterschied zur Altersrente wegen Arbeitslosigkeit und nach Altersteilzeitarbeit ist es bei der Altersrente für Frauen jedoch für die ab 1946 geborenen Versicherten dabei geblieben, dass diese Altersrente weiterhin bereits ab dem vollendeten 60. Lebensjahr, dann unter Inkaufnahme eines maximalen Abschlags in Höhe von 18 Prozent, möglich ist. Das Alter für den frühestmöglichen Beginn der Altersrente für Frauen ist also im Unterschied zur Altersrente wegen Arbeitslosigkeit oder nach Altersteilzeitarbeit nicht mit dem RV-Nachhaltigkeitsgesetz auf das 63. Lebensjahr heraufgesetzt worden.

Tabelle 18: Die für die Inanspruchnahme der Altersrente für Frauen maßgebenden Altersgrenzen

Versicherte Geburtsjahr Geburtsmonat	Anhebung um Monate	auf Altersgrenze		vorzeitige Inanspruchnahme möglich ab Alter		
		Jahr	Monat	Jahr	Monat	in Prozent
1940						
Januar	01	60	01	60	0	00,3
Februar	02	60	02	60	0	00,6
März	03	60	03	60	0	00,9
April	04	60	04	60	0	01,2
Mai	05	60	05	60	0	01,5
Juni	06	60	06	60	0	01,8
Juli	07	60	07	60	0	02,1
August	08	60	08	60	0	02,4
September	09	60	09	60	0	02,7
Oktober	10	60	10	60	0	03,0
November	11	60	11	60	0	03,3
Dezember	12	61	00	60	0	03,6
1941						
Januar	13	61	01	61	0	03,9
Februar	14	61	02	60	0	04,2
März	15	61	03	60	0	04,5
April	16	61	04	60	0	04,8
Mai	17	61	05	60	0	05,1
Juni	18	61	06	60	0	05,4
Juli	19	61	07	60	0	05,7
August	20	61	08	60	0	06,0
September	21	61	09	60	0	06,3
Oktober	22	61	10	60	0	06,6
November	23	61	11	60	0	06,9
Dezember	24	62	00	60	0	07,2
1942						
Januar	25	62	01	60	0	07,5
Februar	26	62	02	60	0	07,8
März	27	62	03	60	0	08,1
April	28	62	04	60	0	08,4
Mai	29	62	05	60	0	08,7
Juni	30	62	06	60	0	09,0
Juli	31	62	07	60	0	09,3
August	32	62	08	60	0	09,6
September	33	62	09	60	0	09,9
Oktober	34	62	10	60	0	10,2
November	35	62	11	60	0	10,5
Dezember	36	63	00	60	0	10,8
1943						
Januar	37	63	01	60	0	11,1
Februar	38	63	02	60	0	11,4
März	39	63	03	60	0	11,7
April	40	63	04	60	0	12,0
Mai	41	63	05	60	0	12,3
Juni	42	63	06	60	0	12,6
Juli	43	63	07	60	0	12,9
August	44	63	08	60	0	13,2
September	45	63	09	60	0	13,5
Oktober	46	63	10	60	0	13,8
November	47	63	11	60	0	14,1
Dezember	48	64	00	60	0	14,4
1944						
Januar	49	64	01	60	0	14,7
Februar	50	64	02	60	0	15,0
März	51	64	03	60	0	15,3
April	52	64	04	60	0	15,6
Mai	53	64	05	60	0	15,9
Juni	54	64	06	60	0	16,2
Juli	55	64	07	60	0	16,5
August	56	64	08	60	0	16,8
September	57	64	09	60	0	17,1
Oktober	58	64	10	60	0	17,4
November	59	64	11	60	0	17,7
Dezember	60	65	00	60	0	18,0
1945 - 1951	60	65	00	60	0	18,0

130 Die Altersgrenze von 65 Jahren für den abschlagsfreien Bezug der Altersrente für Frauen ist – wie bei der Altersrente wegen Arbeitslosigkeit und nach Altersteilzeitarbeit – nicht mit dem RV-Altersgrenzenanpassungsgesetz weiter angehoben worden, da auch diese Altersrente nur noch von den vor 1952 geborenen Versicherten in Anspruch genommen werden kann. Daher können Frauen der Geburtsjahrgänge 1947 bis 1951 über diese Altersrentenart auch ab dem Jahr 2012 weiterhin ab Vollendung des 65. Lebensjahres oder zu einem früheren Zeitpunkt die Altersrente beanspruchen, ohne höhere Abschläge in Kauf nehmen zu müssen, und dies obwohl nach Inkrafttreten des RV-Altersgrenzenanpassungsgesetzes für ihre Geburtsjahrgänge die Regelaltersgrenze bereits um bis zu fünf Monate angehoben ist.

Altersrente und Hinzuverdienst

131 Neben der Regelaltersrente darf unbeschränkt hinzuverdient werden. Dagegen sieht das Gesetz Beschränkungen beim Hinzuverdienst vor, solange eine Altersrente für langjährig Versicherte, eine Altersrente für schwerbehinderte Menschen, eine Altersrente wegen Arbeitslosigkeit oder nach Altersteilzeitarbeit oder eine Altersrente für Frauen vor dem vollendeten 65. Lebensjahr bezogen wird (vgl. Rdnr. 162 ff.).

132 Diese Beschränkungen hat der Gesetzgeber im Hinblick auf die Finanzierung der gesetzlichen Rentenversicherung im Umlageverfahren für erforderlich angesehen. Denn die vor der Regelaltersgrenze beginnenden Altersrenten sind von den Beitragszahlern zunächst „vorzufinanzieren". Hieran ändert auch der bei vorzeitigen Altersrenten vorgesehene Abschlag in Höhe von 0,3 Prozent für jeden Monat, für den die Altersrente vor Erreichen der Regelaltersgrenze bezogen wird (siehe hierzu Rdnr. 133 ff.), nichts. Denn erst nach Ablauf der für die Abschlagskalkulation zugrunde gelegten durchschnittlichen Rentenbezugszeit sind die durch den vorzeitigen Rentenbezug entstandenen Vorfinanzierungskosten ausgeglichen. Bei Beginn der „vorzeitigen" Altersrente fällt zunächst deren „vorzeitige" Finanzierung an. Daher hat der Gesetzgeber nicht den Versicherten, die bereits die allgemeine (5-jährige) Wartezeit erfüllen, das Recht eingeräumt, die Regelaltersrente vorzeitig in Anspruch nehmen zu können, sondern nur den Versicherten, die eine langjährige Versicherungszeit zurückgelegt haben. Der Gesetzgeber hat somit die Belastung der Solidargemeinschaft der

Beitragszahler mit Vorfinanzierungskosten nur unter der Voraussetzung als gerechtfertigt angesehen, dass Versicherte, die für lange Zeit erwerbstätig waren, im fortgeschrittenen Lebensalter die Option erhalten sollen, bereits vor Erreichen der Regelaltersgrenze aus dem Erwerbsleben ausscheiden und in die Altersrente wechseln zu können. Daher hat er die Zahlung einer vorzeitigen Altersrente an die weitere anspruchsbegründende Voraussetzung geknüpft, dass bestimmte Hinzuverdienstgrenzen eingehalten werden. Dabei sind die Hinzuverdienstgrenzen – in typisierender Weise – so ausgestaltet, dass die vorzeitige Altersrente und ein hinzutretendes Arbeitsentgelt oder Arbeitseinkommen den zuletzt vor Rentenbeginn erzielten Verdienst nicht überschreiten.

Rentenabschläge bei Inanspruchnahme einer Altersrente vor dem 65. Lebensjahr

133 Die Altersrente an langjährig Versicherte, die Altersrente wegen Arbeitslosigkeit und nach Altersteilzeitarbeit, die Altersrente für Frauen sowie die Altersrente für schwerbehinderte Menschen können auch nach Anhebung der Altersgrenzen für diese Altersrenten auf das 65. bzw. 63. Lebensjahr weiterhin vorzeitig – also frühestens ab dem 60. bzw. dem 63. Lebensjahr – in Anspruch genommen werden. Macht ein Versicherter von der Möglichkeit der vorgezogenen Altersrente Gebrauch, wird die sich hieraus ergebende längere Bezugsdauer über die gesamte Laufzeit der Altersrente ausgeglichen. Mit der Einführung des Rentenrechts nach dem Sechsten Buch Sozialgesetzbuch wurde deshalb der so genannte Zugangsfaktor als neues Formelelement in die Rentenberechnungsformel aufgenommen. Der Zugangsfaktor, der für eine nicht vorzeitig in Anspruch genommene Altersrente 1 beträgt, wird für jeden Monat der vorzeitigen Inanspruchnahme um 0,003 Punkte gemindert. Dies führt zu einer Minderung der Altersrente um 0,3 Prozent für jeden Monat der Inanspruchnahme vor der jeweils maßgebenden Altersgrenze. Maßgebende Altersgrenze ist bei der Altersrente an langjährig Versicherte, der Altersrente wegen Arbeitslosigkeit und nach Altersteilzeitarbeit und der Altersrente für Frauen aktuell (noch) das vollendete 65. Lebensjahr und bei der Altersrente für schwerbehinderte Menschen das vollendete 63. Lebensjahr. Mit dem RV-Altersgrenzenanpassungsgesetz werden die für die Berechnung des Abschlags maßgebenden Altersgrenzen beginnend ab dem Jahr 2012 schrittweise um 2 Jahre auf das 67. Lebensjahr bzw. bei der Altersrente für schwerbehinderte Menschen auf das 65. Lebensjahr angehoben. Der sich aus dem geminderten Zugangsfaktor ergebende Abschlag wirkt über die gesamte Laufzeit der Rente und auch für eine sich später anschließende Hinterbliebenenrente. Nach dem Beschluss des Bundesverfassungsgerichts vom 11. November 2008 (1 BvL 3/05) ist die Erhebung von Abschlägen bei vorzeitigem Bezug einer Altersrente mit dem Grundgesetz vereinbar.

134 Mit dem Gesetz zur Förderung eines gleitenden Übergangs in den Ruhestand wurde die Möglichkeit geschaffen, die sich aufgrund des geminderten Zugangsfaktors ergebende Minderung der monatlichen Rente durch zusätzliche Beitragszahlungen auszugleichen. Deshalb haben alle Versicherten, die eine Altersrente vorzeitig in Anspruch nehmen wollen, das Recht, zum Ausgleich der durch einen vorzeitigen Rentenbeginn eintretenden Rentenminderung ab Vollendung des 54. Lebensjahres zusätzliche Beiträge zu leisten.

Der Werdegang der Gesetzgebung zur Anhebung der Altersgrenzen im Überblick

Rentenreformgesetz 1992

135 Bis zum Inkrafttreten des Rentenreformgesetzes 1992 konnten die vor der Regelaltersgrenze beginnenden Altersrenten in Anspruch genommen werden, ohne dass dabei Abschläge für den vorzeitigen Bezug der Altersrente in Kauf zu nehmen waren. Erstmals mit dem Rentenreformgesetz 1992 schuf der Gesetzgeber Regelungen, nach denen der Bezug einer Altersrente vor dem gesetzlichen Regelalter 65 Auswirkungen auf die Höhe des Betrages der Monatsrente haben sollte. Nach dem Rentenreformgesetz 1992 war zunächst vorgesehen, vom Jahr 2001 an die Altersgrenzen von 60 und 63 Jahren bis zur Regelaltersgrenze von 65 Jahren anzuheben. Bis zum Jahr 2004 sollte die Anhebung in jährlichen Stufen von drei Monaten und anschließend in jährlichen Stufen von sechs Monaten erfolgen. Für Frauen und Arbeitslose wäre dann die Altersgrenze von 65 Jahren im Jahr 2012 und für langjährig versicherte Männer im Jahr 2006 erreicht worden. Auch nach Anhebung der Altersgrenzen für die vorzeitigen Altersrenten sollte eine Inanspruchnahme von Altersrenten vor Vollendung des 65. Lebensjahres weiterhin möglich sein, jedoch unter Inkaufnahme von Rentenminderungen, die in der Höhe vom jeweiligen Zeitpunkt des Beginns der Altersrente abhängen.

Sozialgesetzbuch · 6. Buch · Rentenversicherung

Gesetz zur Förderung eines gleitenden Übergangs in den Ruhestand

136 Um die bei den Beratungen zum Rentenreformgesetz 1992 in diesem Ausmaß nicht erwartete Belastung der Rentenversicherung durch die Inanspruchnahme der Altersrente wegen Arbeitslosigkeit zu begrenzen – die Anzahl jährlicher Rentenneuzugänge bei dieser Rentenart hatte sich von rd. 54.000 im Jahr 1992 auf rd. 295.000 im Jahr 1995 erhöht und ihr Anteil an allen neu zugehenden Renten war in dieser Zeit von 7,3 Prozent auf 24 Prozent gestiegen –, ist die nach dem Rentenreformgesetz 1992 bereits geltende Anhebung der Altersgrenze für diese Rentenart mit dem Gesetz zur Förderung eines gleitenden Übergangs in den Ruhestand aus dem Jahr 1996 vorgezogen und beschleunigt worden. Die stufenweise Anhebung von 60 auf 65 Jahre erfolgte nun bereits ab dem Jahr 1997 in Monatsschritten, so dass sie Ende des Jahres 2001 abgeschlossen wurde. Betroffen von der Anhebung der Altersgrenze für die Altersrente wegen Arbeitslosigkeit und nach Altersteilzeitarbeit waren damit die Versicherten der Geburtsjahrgänge ab 1937 und ab Dezember 1941 geborene Versicherte können diese Altersrente erst ab Vollendung des 65. Lebensjahres ohne Inkaufnahme eines Abschlags in Anspruch nehmen.

137 Durch Übergangsregelungen ist das Vertrauen der Versicherten der rentennahen Jahrgänge in die mit dem Rentenreformgesetz 1992 geschaffene Rechtslage geschützt worden. Ein berechtigtes Vertrauensschutzinteresse hat der Gesetzgeber den älteren Versicherten zugestanden, die bereits arbeitslos waren oder aber in der Aussicht auf eine Altersrente wegen Arbeitslosigkeit Vereinbarungen mit ihren Arbeitgebern getroffen hatten, die zur Arbeitslosigkeit geführt haben. Bei der Altersrente wegen Arbeitslosigkeit oder nach Altersteilzeitarbeit ist daher folgenden Versicherten Vertrauensschutz in die mit dem Rentenreformgesetz 1992 hinsichtlich der Anhebung der Altersgrenzen geschaffene Rechtslage zugebilligt worden:

– Versicherte, die vor dem 14. Februar 1996 – dem Tag der Beschlussfassung über den Entwurf eines Gesetzes zur Förderung eines gleitenden Übergangs in den Ruhestand durch die Bundesregierung – das 55. Lebensjahr vollendet haben (also Versicherte, die bis zum 14. Februar 1941 geboren sind) und die an diesem Tag bereits arbeitslos waren oder Anpassungsgeld für entlassene Arbeitnehmer des Bergbaus bezogen haben,

– Versicherte, die vor dem 14. Februar 1996 das 55. Lebensjahr vollendet haben, deren Arbeitsverhältnis aufgrund einer Kündigung oder Vereinbarung, die vor dem 14. Februar 1996 erfolgt ist, nach dem 13. Februar 1996 beendet worden ist bzw. beendet wird und die daran anschließend arbeitslos wurden oder werden oder Anpassungsgeld für entlassene Arbeitnehmer des Bergbaus beziehen,

– Versicherte, die vor dem 14. Februar 1996 das 55. Lebensjahr vollendet haben, deren Arbeitsverhältnis aufgrund einer vor dem 14. Februar 1996 vereinbarten Befristung oder einer vor dem 14. Februar 1996 befristeten arbeitsmarktpolitischen Maßnahme (z. B. Arbeitsbeschaffungsmaßnahme) nach dem 13. Februar 1996 beendet worden ist bzw. beendet wird, und die daran anschließend arbeitslos wurden oder werden, sowie

– Versicherte, die vor dem 14. Februar 1996 das 52. Lebensjahr vollendet haben und aus einem Betrieb der Montanindustrie ausgeschieden sind oder ausscheiden.

Ein bestehender Vertrauensschutz ist durch die spätere Aufnahme eines neuen Arbeitsverhältnisses oder den Eintritt in eine neue arbeitsmarktpolitische Maßnahme nicht berührt worden.

Wachstums- und Beschäftigungsförderungsgesetz (WFG)

138 Mit dem WFG aus dem Jahr 1996 wurde – wie bereits zuvor für die Altersrente wegen Arbeitslosigkeit oder nach Altersteilzeitarbeit mit dem Gesetz zur Förderung eines gleitenden Übergangs in den Ruhestand geregelt – ebenfalls die Anhebung der Altersgrenze für die Altersrente an Frauen vorgezogen und beschleunigt. Anstelle der im Rentenreformgesetz 1992 beschlossenen Anhebung der Altersgrenze bei der Altersrente für Frauen ab dem Jahr 2001 bis zum Jahr 2012 von 60 Jahren auf 65 Jahre begann die Anhebung der Altersgrenze für diese Rentenart nun schon ab dem Jahr 2000. Von der Anhebung der Altersgrenze waren daher Frauen ab dem Geburtsjahrgang 1940 betroffen. Die Anhebung auf das 65. Lebensjahr erfolgte wie bei der Altersrente wegen Arbeitslosigkeit oder nach Altersteilzeitarbeit in Monatsschritten, so dass sie Ende 2004 abgeschlossen war. Somit ist für die ab Dezember 1941 geborenen Frauen das Alter 65 für den abschlagsfreien Bezug der Altersrente für Frauen maßgebend. Im Unterschied zur Altersrente wegen Arbeitslosigkeit und nach Altersteilzeitarbeit ist bei der Altersrente für Frauen jedoch auch für die ab 1946 geborenen Versicherten weiterhin ein Beginn dieser Altersrente ab dem vollendeten 60. Lebensjahr möglich. Anders als bei der Altersrente wegen Arbeitslosigkeit und nach Altersteilzeitarbeit wurde der frühestmögliche Beginn der Altersrente für Frauen nicht mit dem RV-Nachhaltigkeitsgesetz für die ab 1946 geborenen Versicherten auf das 63. Lebensjahr heraufgesetzt.

139 Die Anhebung der Altersgrenze für die Altersrente an langjährig Versicherte von 63 Jahren auf 65 Jahre ist ebenfalls nicht – wie mit dem Rentenreformgesetz 1992 festgelegt – vom Jahr 2001 an erfolgt, sondern mit ihr wurde nach den im WFG hierzu enthaltenen Gesetzesänderungen – wie bei der Altersrente für Frauen – bereits im Jahr 2000 und damit ein Jahr früher begonnen als nach dem Rentenreformgesetz 1992 zunächst vorgesehen war. Die Anhebung der Altersgrenze für diese Altersrente betraf damit die Versicherten der Geburtsjahrgänge ab 1937. Da die Altersgrenze auch schneller als nach dem Rentenreformgesetz 1992 angehoben worden ist, nämlich in Monatsschritten, war ihre Anhebung nicht – wie zunächst vorgesehen – im Jahr 2006 abgeschlossen, sondern bereits Ende des Jahres 2001. Dies bedeutet, dass nun bereits für die ab Dezember 1938 geborenen Versicherten das Alter 65 für den abschlagsfreien Bezug der Altersrente an langjährig Versicherte maßgebend ist.

140 Das WFG hatte die vorgezogene und beschleunigte Anhebung der Altersgrenze bei der Altersrente für langjährig Versicherte und für Frauen ebenfalls mit einer Vertrauensschutzregelung flankiert wie dies im Gesetz zur Förderung eines gleitenden Übergangs in den Ruhestand im Rahmen der vorgezogenen und beschleunigten Anhebung der Altersgrenze bei der Altersrente wegen Arbeitslosigkeit oder nach Altersteilzeitarbeit vorgesehen war. Voraussetzung für den Vertrauensschutz war die Erfüllung der gleichen Vertrauensschutzbestände wie bei der Altersrente wegen Arbeitslosigkeit oder nach Altersteilzeitarbeit (siehe hierzu Rdnr. 137). Ein Unterschied zur Vertrauensschutzregelung bei der Anhebung der Altersgrenze für die Altersrente wegen Arbeitslosigkeit oder nach Altersteilzeitarbeit war nur insofern gegeben, als maßgebender Stichtag nicht der 14. Februar 1996, sondern der 7. Mai 1996 (der Tag der Beschlussfassung über das WFG durch die Bundesregierung) ist.

Rentenreformgesetz 1999

141 Mit dem im Jahr 1997 verabschiedete Rentenreformgesetz 1999 hat der Gesetzgeber die bislang gegebenen Unterschiede beim Zugang in eine Altersrente bei Frauen und Männern für die Zeit ab dem Jahr 2012 abgeschafft. Nach den derzeit noch geltenden Regelungen haben Frauen die Möglichkeit, eine Altersrente ab Vollendung des 60. Lebensjahres in Anspruch zu nehmen, langjährig Versicherte, also die Mehrzahl der Männer, dagegen können die Altersrente dagegen frühestens ab Vollendung des 63. Lebensjahres beziehen. Der Gesetzgeber hat dies auf Dauer nicht mit dem Gleichbehandlungsgebot des Grundgesetzes für vereinbar gehalten. Zudem ist auch fraglich, ob unterschiedliche Voraussetzungen bei Männern und Frauen für den Altersrentenbezug im Hinblick auf das Europäische Gemeinschaftsrecht auf Dauer aufrechterhalten werden können. Mit dem Rentenreformgesetz 1999 wurden daher auch die Zugangsvoraussetzungen zu den Altersrenten für Männer und Frauen vereinheitlicht. Für die Vereinheitlichung gilt allerdings eine lange Übergangsfrist. Erst vom Jahr 2012 an, damit also für die nach 1951 geborenen Versicherten, besteht die Möglichkeit der vorzeitigen Inanspruchnahme einer Altersrente nur noch für Versicherte, die 35 Jahre mit rentenrechtlich relevanten Zeiten haben. Die besondere Altersrente für Frauen und auch die besondere Altersrente wegen Arbeitslosigkeit und nach Altersteilzeitarbeit gibt es von diesem Zeitpunkt an für die nach 1951 geborenen Versicherten nicht mehr.

142 Das Rentenreformgesetz 1999 sah ebenfalls vor, die Altersgrenze an der Altersrente an schwerbehinderte Menschen – beginnend ab dem Jahr 2000 – in Monatsschritten vom 60. auf das 63. Lebensjahr anzuheben. Da die Anhebung der Altersgrenze bei der Altersrente an schwerbehinderte Menschen in engem Zusammenhang mit der im Rentenreformgesetz 1999 enthaltenen Neuordnung der Renten wegen Berufs- und Erwerbsunfähigkeit stand, ist sie mit dem Gesetz zu Korrekturen in der Sozialversicherung und zur Sicherung der Arbeitnehmerrechte für das Jahr 2000 zunächst ausgesetzt worden.

143 Nach einer mit dem Rentenreformgesetz 1999 geschaffenen weiteren Vertrauensschutzregelung sind die Versicherten, die vor 1942 geboren sind und 45 Jahre Pflichtbeitragszeiten zurückgelegt haben, in die flankierend zur vorgezogenen und beschleunigten Anhebung der Altersgrenzen für die vorzeitigen Altersrenten ergangenen Vertrauensschutzregelungen einbezogen worden. Um mit dieser den Vertrauensschutz erweiternden Regelung keine neuen Gestaltungsmöglichkeiten in Richtung von Frühverrentungen zu Lasten der Sozialversicherung zu eröffnen, waren bei der Feststellung der erforderlichen 45 Jahre an Pflichtbeitragszeiten die Pflichtbeitragszeiten wegen Bezugs von Arbeitslosengeld und Arbeitslosenhilfe nicht zu berücksichtigen. Diese Erweiterung der Vertrauensschutzregelungen wurde deshalb vorgenommen, weil die zuvor geschaffenen Vertrauensschutzregelungen insbesondere Arbeitnehmer in Großunternehmen erfasst hatten, die sich Sozialpläne leisten können, nicht jedoch Versicherte, die zwar zu den rentennahen Jahrgängen gehörten, aber bis zu den vorgesehenen Stichtagen noch nicht arbeitslos waren oder noch nicht über ihr Arbeitsverhältnis disponiert hatten. Dies wurde insbesondere von Versicherten als unbefriedigend empfunden, die besonders viele Jahre mit Pflichtbeiträgen zur Rentenversicherung haben. Wegen des Charakters dieser Regelung als Vertrauensschutzregelung wurde die Regelung ausschließlich auf Angehörige der (im Jahr 1997) rentennahen Geburtsjahrgänge, dies sind die vor 1942 geborenen Versicherten, begrenzt. Das Bundesverfassungsgericht hat am 11. November 2008 in fünf entschiedenen Fällen festgestellt, dass diese Begünstigung beim Bezug einer vorgezogenen Altersrente für die vor dem 1. Januar 1942 geborenen Versicherten mit 45 und mehr Pflichtbeitragsjahren mit dem allgemeinen Gleichheitssatz vereinbar ist.

Gesetz zur Reform der Renten wegen verminderter Erwerbsfähigkeit

144 Mit dem im Dezember 2000 verkündeten Gesetz zur Reform der Renten wegen verminderter Erwerbsfähigkeit ist dann schließlich auch die Altersgrenze bei der Altersrente für schwerbehinderte Menschen beginnend ab Januar 2001 angehoben worden. Im Unterschied zur Anhebung der anderen besonderen Altersgrenzen, die um bis zu 5 Jahre auf das 65. Lebensjahr angehoben worden sind, wurde die Altersgrenze bei der Altersrente für schwerbehinderte Menschen nur um 3 Jahre auf das 63. Lebensjahr angehoben. Da mit der Anhebung der Altersgrenze für schwerbehinderte Menschen ab Januar 2001 begonnen wurde, sind von der Anhebung dieser Altersgrenze grundsätzlich die schwerbehinderten Versicherten der Geburtsjahrgänge ab 1941 betroffen. Die Anhebung dieser Altersgrenze ist – wie die Anhebung auch der übrigen Altersgrenzen für die vorzeitigen Altersrenten – in Monatsschritten erfolgt. Sie ist daher seit Ende 2003 abgeschlossen. Dies bedeutet, dass für Berechtigte, die nach dem 30. November 1943 geboren sind, für den abschlagsfreien Bezug dieser Rente nun die Altersgrenze von 63 Jahren maßgebend ist. Die flankierend zur Anhebung der Altersgrenze getroffene Vertrauensschutzregelung sieht vor, dass für Versicherte, die bis zum 16. November 1950 geboren sind und am 16. November 2000 (dem Tag der 2. und 3. Lesung zum Gesetz zur Reform der Renten wegen verminderter Erwerbsfähigkeit im Deutschen Bundestag) bereits schwerbehindert, berufs- oder erwerbsunfähig waren, weiterhin die Altersgrenze von 60 Jahren für den abschlagsfreien Bezug dieser Rente maßgebend ist.

Gesetz zur Sicherung der nachhaltigen Finanzierungsgrundlagen der gesetzlichen Rentenversicherung (RV-Nachhaltigkeitsgesetz)

145 Da auch nach Anhebung der Altersgrenze bei der Altersrente wegen Arbeitslosigkeit und nach Altersteilzeitarbeit auf das 65. Lebensjahr für die Versicherten, die die Voraussetzungen für diese Rente erfüllen, ein Beginn dieser Rente ab Alter 60 möglich war, diente vor allem diese Rentenart – trotz der mit einem vorzeitigen Rentenbeginn verbundenen Rentenminderungen (vgl. Rdnr. 133) – weiterhin als Grundlage für betriebliche oder tarifvertragliche Frühverrentungsvereinbarungen, die vielen Arbeitnehmern ein Ausscheiden aus dem Erwerbsleben ab Alter 60 oder zum Teil sogar zu einem noch früheren Zeitpunkt möglich machte. Mit dem Gesetz zur Sicherung der nachhaltigen Finanzierungsgrundlagen der gesetzlichen Rentenversicherung (RV-Nachhaltigkeitsgesetz) aus dem Jahr 2004 wollte der Gesetzgeber nicht nur die Rentenfinanzen stabilisieren, sondern auch ein eindeutiges Signal zur Umkehr von dieser Frühverrentungspraxis und zur Förderung der Beschäftigung älterer Arbeitnehmer geben. Für die Versicherten ab dem Geburtsjahrgang 1946 ist daher mit diesem Gesetz die Altersgrenze für den frühestmöglichen Beginn der Altersrente wegen Arbeitslosigkeit und nach Altersteilzeitarbeit in monatlichen Schritten auf das 63. Lebensjahr angehoben worden. Versicherten, die zwischen Januar 1946 und November 1948 geboren sind, steht der Anspruch auf diese Altersrente daher in Abhängigkeit von Geburtsmonat und Geburtsjahr erst zwischen Alter 60 Jahre und 1 Monat und Alter 62 Jahre und 11 Monate zu. Den ab Dezember 1948 geborenen Versicherten steht diese Altersrente schließlich erst ab dem vollendeten 63. Lebensjahr zu. Nach der im Gesetz vorgesehenen Vertrauensschutzregelung verbleibt es allerdings für alle diejenigen Versicherten bei der Altersgrenze von 60 Jahren für den frühestmöglichen Beginn der

Tabelle 19: Die Entwicklung des durchschnittlichen Zugangsalters der Empfänger von Renten wegen Alters in der Rentenversicherung der Arbeiter und der Angestellten (seit Januar 2005 als allgemeine Rentenversicherung bezeichnet)

a) von 1960 bis 2009 in den alten Bundesländern

Jahr	Arbeiter (ArV)		Angestellte (AnV)		ArV/AnV	
	Männer	Frauen	Männer	Frauen	Männer	Frauen
1960	65,2	64,0	65,1	63,5	65,2	63,9
1965	65,4	64,1	65,4	63,3	65,4	63,9
1970	65,2	63,4	65,1	63,0	65,2	63,3
1975	64,0	63,2	64,2	62,7	64,1	63,0
1976	63,8	63,4	64,0	63,0	63,9	63,2
1977	63,8	63,4	63,8	62,9	63,8	63,2
1978	63,6	63,2	63,8	62,8	63,7	63,0
1979	63,4	62,8	63,3	62,3	63,4	62,6
1980	62,5	62,0	62,7	61,7	62,6	61,9
1981	62,5	61,6	62,5	61,4	62,5	61,5
1982	62,4	61,6	62,2	61,4	62,3	61,5
1983	62,3	61,6	62,5	61,6	62,4	61,6
1984	62,6	63,4	62,6	62,1	62,6	62,8
1985	62,6	63,6	62,9	62,2	62,7	62,9
1986	62,7	63,9	62,8	62,6	62,8	63,3
1987	62,8	64,2	62,9	62,8	62,8	63,6
1988	62,7	64,2	62,8	62,9	62,8	63,7
1989	62,6	64,1	62,9	63,0	62,7	63,6
1990	62,7	63,8	63,1	63,1	62,8	63,5
1991	62,7	63,7	63,0	62,9	62,8	63,4
1992	63,0	64,0	63,2	63,0	63,1	63,6
1993	62,9	64,0	63,1	62,9	63,0	63,7
1994	62,8	63,9	62,9	62,7	62,8	63,5
1995	62,7	63,9	62,6	62,3	62,6	63,3
1996	62,5	63,6	62,3	62,1	62,5	63,0
1997	62,4	63,4	62,2	61,9	62,4	62,8
1998	62,5	63,3	62,2	61,8	62,4	62,6
1999	62,5	63,3	62,3	61,9	62,4	62,6
2000	62,5	63,4	62,3	62,1	62,5	62,8
2001	62,7	63,5	62,4	62,3	62,6	62,9
2002	63,0	63,8	62,6	62,6	62,8	63,1
2003	63,3	64,0	62,8	62,7	63,1	63,3
2004	63,5	64,1	63,0	62,8	63,3	63,4

	allgemeine Rentenversicherung[1]	
	Männer	Frauen
2005	63,3	63,5
2006	63,4	63,4
2007	63,4	63,2
2008	63,5	63,2
2009	63,6	63,2

b) von 1993 bis 2009 in den neuen Bundesländern

Jahr	Arbeiter (ArV)		Angestellte (AnV)		ArV/AnV	
	Männer	Frauen	Männer	Frauen	Männer	Frauen
1993	63,5	60,8	64,3	60,4	63,8	60,6
1994	62,4	60,9	63,3	60,4	62,7	60,7
1995	61,7	60,6	62,0	60,3	61,8	60,4
1996	60,7	60,5	61,4	60,1	61,0	60,3
1997	60,6	60,6	61,4	60,3	60,9	60,4
1998	60,8	60,7	61,3	60,3	61,0	60,4
1999	60,8	60,5	61,4	60,3	61,0	60,4
2000	60,8	60,6	61,8	60,5	61,2	60,5
2001	61,2	60,6	62,1	60,7	61,5	60,6
2002	61,4	61,0	62,2	60,7	61,8	60,8
2003	61,8	61,2	62,4	60,8	62,0	61,0
2004	61,9	61,3	62,5	61,1	62,2	61,1

	allgemeine Rentenversicherung[1]	
	Männer	Frauen
2005	62,4	61,4
2006	62,9	61,7
2007	62,9	61,6
2008	63,0	61,7
2009	63,1	61,6

1) Nach Inkrafttreten des Gesetzes zur Organisationsreform in der gesetzlichen Rentenversicherung keine differenzierte Datenerfassung nach Arbeiter- und Angestelltenversicherung mehr.
Quelle: Rentenversicherung in Zeitreihen (Stand: Oktober 2010); Herausgeber: Deutsche Rentenversicherung Bund.

Altersrente wegen Arbeitslosigkeit und nach Altersteilzeitarbeit, bei denen bis zum 31. Dezember 2003 Arbeitslosigkeit bereits eingetreten ist oder die bis zu diesem Zeitpunkt eine rechtsverbindliche Disposition zur Beendigung der Beschäftigung – sei es durch Kündigung oder eine Beendigungsvereinbarung – getroffen haben.

Gesetz zur Anpassung der Regelaltersgrenze an die demografische Entwicklung und zur Stärkung der Finanzierungsgrundlagen der gesetzlichen Rentenversicherung (RV-Altersgrenzenanpassungsgesetz)

146 Auch wenn mit den grundlegenden Entscheidungen der Rentenreform 2001 und dem Gesetz zur Sicherung der nachhaltigen Finanzierungsgrundlagen der gesetzlichen Rentenversicherung (RV-Nachhaltigkeitsgesetz) von 2004 der Gesetzgeber bereits auf die sich wandelnden demografischen, ökonomischen und gesellschaftlichen Rahmenbedingungen reagiert hat und sich das durchschnittlich Zugangsalter bei den Renten wegen Alters in der Zeit von 1997 bis 2005 im Durchschnitt bereits um 1 Jahr von rund 62 Jahre auf jetzt 63 Jahre erhöht hat, hat es der Gesetzgeber vor dem Hintergrund der weiter steigenden Lebenserwartung und sinkender Geburtenzahlen als notwendig angesehen, die Altersgrenze für die Regelaltersrente stufenweise von bisher 65 Jahren auf das 67. Lebensjahr anzuheben, um die gesetzlichen Beitragssatz- und Niveausicherungsziele einhalten zu können. Der Beitragssatz soll bis zum Jahr 2020 20 Prozent und bis zum Jahr 2030 22 Prozent nicht überschreiten und das Rentenniveau (Sicherungsniveau vor Steuern) soll 46 Prozent bis zum Jahr 2020 und 43 Prozent bis zum Jahr 2030 nicht unterschreiten. Von dieser rentenpolitischen Maßnahme soll zudem der entscheidende Anstoß ausgehen, die Voraussetzungen dafür zu schaffen, dass die Beteiligung älterer Menschen am Erwerbsleben erhöht wird. Denn die Erwerbstätigenquote von Menschen zwischen 55 und 64 Jahren liegt immer noch deutlich unter der Erwerbstätigenquote für alle Personen im erwerbsfähigen Alter. In Zukunft wird aber die Zahl junger qualifizierter Erwerbspersonen zurückgehen. Damit die Wettbewerbsfähigkeit am Wirtschaftsstandort Deutschland erhalten bleibt, dürfen Erfahrung und Wissen älterer Arbeitnehmerinnen und Arbeitnehmer nicht verloren gehen. Der Bund unterstützt die Verbesserung der Arbeitsmarktsituation Älterer mit der „Initiative 50plus" und einer Reihe von Modellprojekten in den Regionen. Ebenso sind aber auch Wirtschaft und Gewerkschaften sowie die Betriebsparteien gefordert, mit Tarif- und Betriebsvereinbarungen die Bedingungen im Arbeitsleben zu gestalten, die die Beschäftigungsfähigkeit im Alter erhalten und die Beschäftigung Älterer erhöhen.

Änderungen bei der Regelaltersrente nach dem RV-Altersgrenzenanpassungsgesetz

147 Nach dem vom Deutschen Bundestag am 9. März 2007 in 2. und 3. Lesung beschlossenen RV-Altersgrenzenanpassungsgesetz wird beginnend mit dem Geburtsjahrgang 1947 ab dem Jahr 2012 das gesetzliche Regelalter für den Renteneintritt schrittweise um einen Monat pro Geburtsjahrgang angehoben, so dass das gesetzliche Regelalter für den Geburtsjahrgang 1958 dann 66 Jahre beträgt. Beginnend mit dem Geburtsjahrgang 1959 erhöht sich in einer zweiten Anhebungsphase das gesetzliche Regelalter für den Renteneintritt um jeweils zwei Monate pro Geburtsjahrgang. Damit gilt für alle nach 1963 Geborenen die Regelaltersgrenze von 67 Jahre.

148 Anspruch auf einen abschlagsfreien Renteneintritt nach Vollendung des 65. Lebensjahres haben weiterhin die Versicherten, die mindestens 45 Jahre mit Pflichtbeiträgen aus Beschäftigung, selbständiger Tätigkeit und Pflege sowie Zeiten der Kindererziehung bis zum 10. Lebensjahr des Kindes erreichen. Durch diese Regelung sollen die Versicherte begünstigt werden, die außerordentlich lange berufstätig gewesen sind und dementsprechend auch eine lange Zeit Beiträge zur gesetzlichen Rentenversicherung gezahlt haben. Dabei werden jedoch die Zeiten einer Pflichtversicherung bei Bezug von Arbeitslosengeld oder (bis Ende 2004) bei Bezug von Arbeitslosenhilfe sowie (von 2005 bis Ende 2010) bei Bezug von Arbeitslosengeld II nicht auf die 45jährige Pflichtbeitragszeit angerechnet. Dadurch soll verhindert werden, dass diese Rentenart erneut für einen Vorruhestand zu Lasten der Sozialkassen genutzt wird. Denn das Ende einer Beschäftigung könnte so gewählt werden, dass Versicherte anschließend durch Bezug von Leistungen der Arbeitsverwaltung die Voraussetzung der 45-jährigen Pflichtbeitragszeit erfüllen.

149 Die Anhebung der Regelaltersgrenze folgt dem schon bei den bisherigen Altersgrenzenanhebungen praktiziertem Prinzip, wonach sich die maßgebenden neuen Altersgrenzen nicht nach dem jeweiligen Jahr des Rentenbeginns, sondern nach dem Geburtsjahrgang richten. Wenn daher die Anhebung der Regelaltersgrenze für die Versicherten ab dem Geburtsjahrgang 1947 stufenweise wirksam wird und die angehobene neue Regelaltersgrenze ebenfalls das Referenzalter für die Berechnung des Abschlags bei einer vorzeitig in Anspruch genommen Altersrente bildet, so folgt hieraus, dass sich die Anhebung der Regelaltersgrenze ebenfalls auf die Altersgrenzen für die vorzeitigen Altersrenten auswirkt. Auch folgt aus diesem Anhebungsprinzip, dass es für die Geburtsjahrgänge, die noch vor Inkrafttreten der Neuregelungen im Jahr 2012 die Altersgrenze für eine bestimmte Rentenart erreicht haben, bei den bisherigen Altersgrenzen für diese Rentenart verbleibt, und zwar auch dann, wenn die Rente erst nach Inkrafttreten der Neuregelung beginnt.

Änderungen bei der Altersrente für langjährig Versicherte nach dem RV-Altersgrenzenanpassungsgesetz

150 Wie nach bisher geltendem Recht können langjährig Versicherte ab Vollendung des 63. Lebensjahres vorzeitig in Rente gehen, wenn sie 35 Jahre an rentenrechtlichen Zeiten haben. Die mit dem Rentenreformgesetz 1999 eingeführte stufenweise Absenkung der Altersgrenze für die frühestmögliche Inanspruchnahme auf 62 Jahre für die Jahrgänge ab 1948 wird dagegen aufgehoben. Da somit auch künftig eine frühestmögliche Inanspruchnahme der Altersrente für langjährig Versicherte erst ab Alter 63 möglich ist, erhöht sich der derzeitige Maximalabschlag in Abhängigkeit vom jeweiligen Geburtsjahrgang von 7,2 Prozent ($24 \times 0,3$ Prozent) stufenweise auf bis zu 14,4 Prozent ($48 \times 0,3$ Prozent). Die Anhebung beginnt für die Versicherten des Geburtsjahrgangs 1949. Da für diese Versicherten die Regelaltersgrenze bereits um 3 Monate angehoben ist, erhöht sich für sie auch das Referenzalter für die Berechnung des Abschlags vor vorzeitigem Beginn der Rente um bis zu 3 Monate, woraus sich eine Erhöhung des Abschlags gegenüber dem derzeitigen Recht von bis zu 0,9 Prozent ($3 \times 0,3$ Prozent) ergibt. Da für die Versicherten ab dem Geburtsjahrgang 1964 die Erhöhung der Regelaltersgrenze um 2 Jahre abgeschlossen ist, erhöht sich für diese Versicherten dann der Abschlag um 7,2 Prozent ($24 \times 0,3$ Prozent).

Änderungen bei der Altersrente für schwerbehinderte Menschen nach dem RV-Altersgrenzenanpassungsgesetz

151 Die Altersgrenze für eine abschlagsfreie Altersrente für schwerbehinderte Menschen wird stufenweise von 63 auf 65 Jahre angehoben. Die Altersgrenze für die frühestmögliche vorzeitige Inanspruchnahme dieser Rente wird parallel hierzu von 60 auf 62 Jahre angehoben, so dass es jeweils bei einem maximalen Abschlag in Höhe von 10,8 Prozent (36 x 0,3 Prozent) bei einer frühestmöglichen Inanspruchnahme drei Jahre vor dem abschlagfreien Bezug dieser Altersrente verbleibt. Die Anhebung der Altersgrenze bei der Altersrente für schwerbehinderte Menschen beginnt im Jahr 2012 für die 1952 Geborenen. Denn sie vollenden im Jahr 2012 das 60. Lebensjahr. Da für die 1952 Geborenen die Regelaltersgrenze bereits um 6 Monate angehoben ist, erhöht sich für sie sowohl das Alter für den frühestmöglichen Beginn der Altersrente als auch das Referenzalter für die Berechnung des Abschlags bei vorzeitigem Beginn der Rente um bis zu 6 Monate. Für die vor 1952 Geborenen verbleibt es bei der Altersrente für schwerbehinderte Menschen bei den derzeitigen Altersgrenzen, da sie noch vor dem Jahr 2012 das 60. Lebensjahr vollenden und daher noch vor dem Wirksamwerden der Altersgrenzenanhebung die Altersgrenze für die Altersrente für schwerbehinderte Menschen nach geltendem Recht erreichen. Da für die ab 1964 Geborenen die Erhöhung der Regelaltersgrenze um 2 Jahre abgeschlossen ist, erhöht sich für die Versicherten dieser Geburtsjahrgänge die Altersgrenze für den frühestmöglichen Beginn der Altersrente für schwerbehinderte Menschen und das Referenzalter für die Berechnung des Abschlags um jeweils 2 Jahre auf dann 62 beziehungsweise 65 Jahre.

Die Altersgrenzen bei der Altersrente wegen Arbeitslosigkeit und nach Altersteilzeitarbeit und bei der Altersrente für Frauen nach dem Inkrafttreten des RV-Altersgrenzenanpassungsgesetzes

152 Nur noch die vor 1952 Geborenen, also die im Jahr 2007 55-Jährigen oder Älteren, können bei Vorliegen der jeweiligen Voraussetzungen einen Anspruch auf die Altersrente wegen Arbeitslosigkeit oder nach Altersteilzeitarbeit sowie auf die Altersrente für Frauen erwerben. Im Hinblick darauf, dass das Auslaufen dieser Rentenarten bevorsteht, verbleibt es bei diesen Altersrenten auch nach dem Inkrafttreten des RV-Altersgrenzenanpassungsgesetzes bei den heute geltenden Altersgrenzen. Für die vor 1952 geborene Frauen folgt dies auch aus dem Regelungsprinzip, wonach bestehende Altersgrenzenregelungen dann weiter gelten, wenn Versicherte bereits nach geltendem Recht die Altersgrenze für eine bestimmte Rentenart erreicht haben. Vor 1952 geborene Frauen können somit die Altersrente für Frauen auch weiterhin vorzeitig und mit einem auf das Referenzalter 65 berechneten Abschlag beziehen, und zwar auch wenn sie den Anspruch auf diese Altersrente erst nach dem Jahr 2011 geltend machen.

153 Die Altersgrenze für die frühestmögliche Inanspruchnahme der Altersrente wegen Arbeitslosigkeit oder nach Altersteilzeitarbeit wird nach geltendem Recht für die Jahrgänge 1946 bis 1948 stufenweise von 60 auf 63 Jahre angehoben. Die Jahrgänge 1949 bis 1951 können diese Altersrente somit frühestens mit 63 Jahren und 7,2 Prozent Abschlag beziehen. Auch nach Inkrafttreten des RV-Altersgrenzenanpassungsgesetzes verbleibt es bei diesen Regelungen. Damit ist über diese Rentenart – ebenso wie über die Altersrente für Frauen – für die 1947 bis 1951 Geborenen auch ab dem Jahr 2012 noch der Bezug einer Altersrente ab dem 65. Lebensjahr ohne Abschlag möglich.

In folgender Übersicht sind die sich nach dem RV-Altersgrenzenanpassungsgesetz ergebenden Änderungen bei den Altersgrenzen nach Abschluss der stufenweisen Anhebung der *Regelaltersgrenze* auf 67 Jahre dargestellt:

Der nach dem RV-Altersgrenzenanpassungsgesetz vorgesehene Vertrauensschutz bei der Anhebung der Altersgrenzen

154 Dem gebotenen Vertrauensschutz wird schon dadurch Rechnung getragen, dass die Anhebung der Altersgrenzen erst im Jahre 2012 beginnt und in sehr moderaten Schritten erfolgt. Durch die Vorlaufzeit von fünf Jahren seit Verabschiedung des RV-Altersgrenzenanpassungsgesetzes im Deutschen Bundestag haben Arbeitnehmer und Arbeitgeber genügend Zeit, um ihre Planungen anzupassen. Vertrauensschutz ergibt sich für die Jahrgänge vor 1952 auch daraus, dass für sie die Zugangsbedingungen in die Altersrente wegen Arbeitslosigkeit oder nach Altersteilzeitarbeit und in die Altersrente für Frauen unverändert fortbestehen.

155 Besonderen Vertrauensschutz bei der Anhebung der Altersgrenzen für die Altersrenten haben Angehörige der Geburtsjahrgänge 1954 und älter, wenn sie bereits vor dem 1. Januar 2007 verbindlich Altersteilzeit vereinbart haben. Für die genannten Personen verbleibt es bei den heute geltenden Altersgrenzen. Damit wurde gewährleistet, dass Versicherte, die am Tag der Kabinettsentscheidung über den Entwurf

Tabelle 20: Die nach dem RV-Altersgrenzenanpassungsgesetz vorgesehenen Änderungen bei den rentenrechtlichen Altersgrenzen nach Abschluss der stufenweisen Anhebung der Regelaltersgrenze auf 67

Rentenarten	Geltendes Recht / zukünftiges Recht
Regelaltersrente	65 + 2 = 67
Altersrente für besonders langjährige Versicherte mit 45 Pflichtbeitragsjahre	abschlagsfrei = 65 (neue Rente)
Altersrente für langjährig Versicherte mit 35 Versicherungsjahren	mit Abschlag: 63 keine stufenweise Absenkung auf 62 Jahre für die Jahrgänge ab 1948 Abschlagshöhe: 7,2 Prozent + 7,2 Prozent = 14,4 Prozent abschlagsfrei: 65 + 2 = 67
Altersrente für schwerbehinderte Menschen mit 35 Versicherungsjahren	mit Abschlag: 60 + 2 = 62 Abschlagshöhe: 10,8 Prozent abschlagsfrei: 63 + 2 = 65
Altersrente für Frauen (für Versicherte der Jahrgänge bis 1951)	mit Abschlag: 60 = 60 (unverändert) Abschlagshöhe: 18 Prozent abschlagsfrei: 65 = 65 (unverändert)
Altersrente wegen Arbeitslosigkeit oder nach Altersteilzeitarbeit (für Versicherte der Jahrgänge bis 1951)	mit Abschlag: 63 = 63 (unverändert) Abschlagshöhe: 7,2 Prozent abschlagsfrei: 65 = 65 (unverändert)

des RV-Altersgrenzenanpassungsgesetzes (29. November 2006) unmittelbar vor Abschluss einer Vereinbarung über Altersteilzeitarbeit gestanden haben, auf der Grundlage des von der Bundesregierung beschlossenen Gesetzentwurfs ihre Absicht überprüfen und bis zum Jahresende 2006 noch eine Vereinbarung bezogen auf die derzeit geltenden Altersgrenzen abschließen konnten. Dies gilt insbesondere im Hinblick auf die mit dem Rentenreformgesetz 1999 für die ab 1948 Geborenen geschaffene Möglichkeit, die Altersrente für langjährig Versicherte bereits vor dem 63. Lebensjahr beziehen zu können.

156 Auch nach Anhebung der Altersgrenzen bleiben Altersteilzeitvereinbarungen möglich. Die Förderung der Altersteilzeitarbeit durch die Agentur für Arbeit kann weiterhin für Arbeitnehmer erbracht werden, die mit der Altersteilzeitarbeit vor dem 1. Januar 2010 begonnen haben. Vereinbarungen über Altersteilzeitarbeit, die ab dem 1. Januar 2007 abgeschlossen werden, müssen sich aber zumindest auf die Zeit erstrecken, bis künftig – je nach Rentenart, die die Arbeitnehmerin oder der Arbeitnehmer im Anschluss an die Altersteilzeitarbeit beziehen möchte – eine Altersrente beansprucht werden kann.

157 Viele Arbeitsverträge sehen eine Beendigung der Beschäftigung mit Vollendung des 65. Lebensjahres vor. Arbeitnehmer mit solchen Arbeitsverträgen sollen auch nach dem 65. Lebensjahr weiterarbeiten können. Das RV-Altersgrenzenanpassungsgesetz sieht daher einen arbeitsrechtlichen Anspruch vor, das Arbeitsverhältnis bis zu der je nach Geburtsjahrgang maßgebenden neuen Regelaltersgrenze zu verlängern. Wird dieser Anspruch geltend gemacht, erwerben Arbeitnehmerinnen und Arbeitnehmer aufgrund der Fortsetzung ihrer Beschäftigung bis zur Regelaltersgrenze weitere Rentenanwartschaften hinzu. Eine Anpassung der Befristungsregelungen an die neuen Regelaltersgrenzen in Tarifverträgen und Betriebsvereinbarungen haben die Tarifvertragsparteien beziehungsweise der Betriebspartner vorzunehmen. Daran dürften beide Vertragsseiten auch ein Interesse haben. Tarifvertragliche Befristungsregelungen auf eine Altersgrenze sind nämlich grundsätzlich nur rechtswirksam, wenn der Arbeitnehmer durch den Bezug der Regelaltersrente wirtschaftlich abgesichert ist. Bei Heraufsetzung der Regelaltersgrenze in der gesetzlichen Rentenversicherung würde diese wirtschaftliche Absicherung ohne Anpassung der Tarifverträge oder Betriebsvereinbarungen jedoch fehlen und damit eine nach der Rechtsprechung unabdingbare Wirksamkeitsvoraussetzung entfallen. Die Vereinbarung würde in diesem Fall unbefristet weiter gelten. Da die Anhebung der Regelaltersgrenze erst im Jahre 2012 einsetzen soll, bleibt für die Anpassung noch genügend Zeit.

Die nach dem RV-Altersgrenzenanpassungsgesetz vorgesehenen Auswirkungen der Altersgrenzenanhebung auf die Renten wegen Erwerbsminderung

158 Um ein Ausweichen in die Renten wegen Erwerbsminderung zu vermeiden, sieht das RV-Altersgrenzenanpassungsgesetz vor, das Referenzalter für die Berechnung von Abschlägen bei der Rente wegen verminderter Erwerbsfähigkeit von heute 63 Jahren in Stufen auf künftig 65 Jahre anzuheben (bei einem Beginn der Rente wegen Erwerbsminderung ab dem Jahr 2029). Dies bedeutet, dass eine Rente wegen verminderter Erwerbsfähigkeit künftig ohne Abschlag geleistet wird, wenn die Erwerbsminderungsrente nach dem 65. Lebensjahr (heute dem 63. Lebensjahr) beginnt. In Anlehnung an die 45-Jahresregelung bei der Altersrente bleibt es für erwerbsgeminderte Versicherte mit einer langen Erwerbsbiografie beim Alter von 63 Jahren für den Bezug der Erwerbsminderungsrente ohne Abschlag. Nach der im RV-Altersgrenzenanpassungsgesetz vorgesehenen Regelung können 63-jährige Versicherte mit 35 Pflichtbeitragsjahren weiter abschlagsfrei eine Erwerbsminderungsrente beziehen. Ab dem Jahr 2024 erhöht sich die hierfür erforderliche Anzahl an Pflichtbeitragsjahren dann auf 40 Jahre.

Die nach dem RV-Altersgrenzenanpassungsgesetz vorgesehenen Auswirkungen der Altersgrenzenanhebung auf die Witwen- und Witwerrenten

159 Die Altersgrenze für den Anspruch auf die große Witwen- und Witwerrente mit einem Versorgungssatz von 55 beziehungsweise 60 Prozent für Witwen und Witwer die Kinder nicht (mehr) erziehen, wird parallel zur Anhebung der Altersgrenze ebenfalls um zwei Jahre von heute 45 auf künftig 47 Jahre heraufgesetzt. Hinterbliebene, die Kinder erziehen oder Angehörige pflegen, erhalten nach wie vor unabhängig von ihrem Alter die große Witwen- bzw. Witwerrente. Die Heraufsetzung dieser Altersgrenze erfolgt in Abhängigkeit vom Todesjahr des Versicherten in den gleichen Stufen wie die Anhebung der Regelaltersgrenze. So steigt die Altersgrenze auf 45 Jahre und 1 Monat bei Eintritt des Todes im Jahr 2012, auf 46 Jahre bei Eintritt des Todes im Jahr 2023 und schließlich auf 47 Jahre bei Eintritt des Todes im Jahr 2029. Da sich die Witwen- und Witwerrenten aus einer Rente wegen Erwerbsminderung der verstorbenen Versicherten ableiten, sieht das RV-Altersgrenzenanpassungsgesetz ebenfalls die Anhebung des Referenzalters für die Berechnung von Abschlägen bei Witwen- und Witwerrenten vor, wenn der Tod vor einem bestimmten Alter des Versicherten eintritt. Dies bedeutet, dass eine Witwen- oder Witwerrente nach Anhebung der Altersgrenze um 2 Jahre ohne Abschlag geleistet wird, wenn der Versicherte (ab dem Jahr 2029) nach dem 65. Lebensjahr (heute dem 63. Lebensjahr) verstirbt.

Der Berichtsauftrag an die Bundesregierung über die Anhebung der Regelaltersgrenze nach dem RV-Altersgrenzenanpassungsgesetz vom 17. November 2010

160 Mit dem RV-Altersgrenzenanpassungsgesetz hat der Gesetzgeber die Bundesregierung verpflichtet, den gesetzgebenden Körperschaften (Deutscher Bundestag und Deutscher Bundesrat) vom Jahre 2010 an alle vier Jahre über die Entwicklung der Beschäftigung älterer Arbeitnehmer zu berichten und eine Einschätzung darüber abzugeben, ob die Anhebung der Regelaltersgrenze unter Berücksichtigung der Entwicklung der Arbeitsmarktlage sowie der wirtschaftlichen und sozialen Situation älterer Arbeitnehmer weiterhin vertretbar erscheint und die getroffenen gesetzlichen Regelungen bestehen bleiben können. In ihrem am 17. November 2010 beschlossenen Bericht ist die Bundesregierung zu dem Ergebnis gekommen, dass die Anhebung des gesetzlichen Renteneintrittsalters notwendig ist und auch weiterhin vertretbar bleibt. Daher ist nach Auffassung der Bundesregierung an der im Jahr 2007 vom Deutschen Bundestag beschlossenen Anhebung der Regelaltersgrenze festzuhalten. Für diese Einschätzung der Bundesregierung waren die folgenden Erwägungen maßgebend:

– Der Altersaufbau der Bevölkerung in Deutschland wird sich fundamental verändern. Bis zum Jahr

2030 werden viele Versicherten der geburtenstarken Jahrgänge – die so genannte „Baby-Boomer-Generation" – in den Ruhestand gehen. Die Zahl der 20- bis 64-Jährigen wird aus diesem Grund bis dahin um über 6 Millionen sinken, während die Zahl der 65-Jährigen und Älteren um rund 5,5 Millionen zunehmen wird. Das zahlenmäßige Verhältnis der über 64-Jährigen zu den 20- bis 64-Jährigen wird dann nur noch bei 1 : 2 Personen liegen. Heute beträgt es 1 : 3 Personen.

– Bis zum Jahr 2030 werden Männer im Alter von 65 Jahren im Durchschnitt deutlich über 19 und Frauen fast 23 weitere Lebensjahre erwarten können. Im Vergleich zu heute entspricht dies einer um gut 2 Jahre längeren Lebenserwartung. Neben der steigenden Lebenserwartung nimmt auch die Zahl der beschwerdefreien Lebensjahre zu. Ferner hat sich die soziale Integration und Teilhabe der Älteren in den letzten Jahren kontinuierlich erhöht.

– Aufgrund der demografischen Entwicklung droht ein Arbeitskräftemangel, der je nach Branche und Region unterschiedlich ausfallen wird. Älteren Arbeitnehmerinnen und Arbeitnehmer wird im Erwerbsleben deshalb eine wachsende Bedeutung zukommen.

– Auf das Potenzial der Älteren kann die deutsche Wirtschaft in Zukunft immer weniger verzichten. Die Unternehmen erkennen zunehmend den Handlungsbedarf und stellen sich auf den veränderten Altersaufbau der Belegschaften ein, indem sie zum Beispiel Maßnahmen der betrieblichen Gesundheitsförderung, Qualifizierung und Weiterbildung anbieten. Sie wissen, dass künftig nicht nur ihr Produktionspotenzial, und auch ihre Innovationsfähigkeit und Produktivität nur dann steigern können, wenn sie stärker als bisher auf die Bedürfnisse älterer Arbeitnehmerinnen und Arbeitnehmer Rücksicht nehmen.

– Daher lässt sich auch bereits bei der aktuellen Arbeitsmarktbeteiligung Älterer eine entsprechend positive Entwicklung feststellen. Die Zahl der Erwerbstätigen im Alter zwischen 55 und unter 65 Jahren ist in den letzten 5 Jahren um rund 1 Million Personen gestiegen. Die Erwerbstätigenquote der Personen im Alter zwischen 55 und unter 65 Jahren hat sich von rund 22 Prozent im Jahr 2000 bis zum Jahr 2009 nahezu verdoppelt und lag im 2. Quartal 2010 bereits bei über 41 Prozent.

– Damit sich alle von der Anhebung der Regelaltersgrenze Betroffenen auf die neuen Rahmenbedingungen einstellen können, wird auch an deren Anhebung in moderaten Stufen ab dem Jahr 2012 festgehalten. Erst im Jahr 2029 und damit für die heute 46-Jährigen und Jüngeren wird die Regelaltersgrenze von 67 Jahren gelten.

– Auch bei Anhebung der Regelaltersgrenze in moderaten Stufen wird hierdurch bewirkt, dass der Beitragssatz zur gesetzlichen Rentenversicherung um 0,5 Prozentpunkte geringer und das Sicherungsniveau vor Steuern um 0,6 Prozentpunkte höher ausfallen kann.

161 Die Verschiebung der Altersstruktur ist kein deutsches Phänomen, sondern in vielen Ländern zu beobachten. In ganz Europa stellt der demografische Wandel gesellschaftliche Strukturen und insbesondere die Alterssicherung vor einen beträchtlichen Handlungsbedarf. Ein Blick auf die Alterssicherungssysteme in der Europäischen Union (EU) zeigt, dass in vielen europäischen Ländern bereits in den letzten 10 bis 15 Jahren als Reaktion auf alternde Bevölkerungen weitreichende Reformen vorgenommen wurden. Der Reformdruck ist dabei in den einzelnen Mitgliedsstaaten ungleich ausgeprägt. Ursache hierfür ist die unterschiedliche Geschwindigkeit der Bevölkerungsalterung. Gemeinsamer Grundgedanke ist es, die Beschäftigung Älterer zu steigern und ein ausgewogenes Verhältnis zwischen Beitragszahlungen und Beitragsleistungen herzustellen. Als Ergebnis der Reformbemühungen ist das tatsächliche Renteneintrittsalter in jüngster Zeit europaweit gestiegen. Die Spanne der in der EU recht weit auseinander liegenden Altersgrenzen für eine Regelaltersrente hat sich deutlich verringert.

Angesichts der mittel- bis langfristig nicht zu verändernden demografischen Entwicklung und dem damit verbundenen Aspekt der Finanzierungsfähigkeit der Alterssicherungssysteme sowie einer möglichen Arbeitskräfteverknappung wird aktuell in mehreren Mitgliedstaaten eine weitere Anhebung der Altersgrenzen diskutiert. In Spanien sehen die Regierungspläne eine Anhebung der Regelaltersgrenze auf 67 Jahre vor. Auch in den Niederlanden wird über eine Erhöhung der Regelaltersgrenze diskutiert. Dort haben die Sozialpartner der Regierung empfohlen, die Regelaltersgrenze auf 66 Jahre im Jahr 2015 zu erhöhen und bei Bedarf im Jahr 2025 eine weitere Erhöhung vorzunehmen. Auch in Polen und Italien findet aktuell eine Debatte über eine Anhebung der allgemeinen

Altersgrenzen für das gesetzliche Renteneintrittsalter sowie ein Angleichen der Altersgrenzen für Männer und Frauen statt. Ebenso steht die Abschaffung verschiedener Sondersysteme zur Diskussion.

Im Vereinigten Königreich wird diskutiert, die bereits beschlossene Altersgrenzenanhebung auf 68 Jahre bis zum Jahr 2046 in einem ersten Schritt um zehn Jahre vorzuziehen und bereits bis 2016 ein gesetzliches Renteneintrittsalter von 66 Jahren zu erreichen. Dänemark und Irland haben bereits Altersgrenzen für die gesetzliche Regelaltersrente verabschiedet, die über der Grenze von 65 Jahren liegen. Weitere Länder, die aktuell Reformmaßnahmen diskutieren bzw. umsetzen, sind in der nachfolgenden Tabelle 21 aufgelistet.

Teilrente und Hinzuverdienst

162 Zur weiteren Flexibilisierung der Altersgrenzen wurde mit dem Rentenreformgesetz 1992 für Versicherte, die Anspruch auf eine Rente wegen Alters haben, die Wahlmöglichkeit eröffnet, entweder die ihnen zustehende Vollrente zu beantragen oder nur eine Teilrente in Höhe von einem Drittel, der Hälfte oder von zwei Dritteln der Vollrente zu beanspruchen. Durch dieses Gestaltungsrecht wird der gleitende Übergang von der Vollerwerbstätigkeit in den Ruhestand gefördert, indem Versicherte, die die Voraussetzungen für den Bezug einer vorzeitigen Altersrente erfüllen, ihre Erwerbstätigkeit im Rahmen bestimmter zulässiger Hinzuverdienstgrenzen bei gleichzeitigem Bezug eines bestimmten Teils ihrer Altersrente reduzieren können.

163 Hinzuverdienstgrenzen gelten, wenn eine Rente wegen Alters vor Erreichen der Regelaltersgrenze – für die bis Ende 1946 geborenen Versicherten also die Vollendung des 65. Lebensjahres – in Anspruch genommen wird. Ein zweimaliges Überschreiten der Hinzuverdienstgrenze innerhalb eines Jahres um je-

Tabelle 21: Derzeitige Regelaltersgrenze und bereits gesetzgeberisch umgesetzte bzw. diskutierte Veränderung der Regelaltersgrenze in ausgewählten europäischen Ländern (Angabe in Jahren)

Land	gesetzgeberische Regelaltersgrenze 2009		derzeitiges durchschnittliches Alter bei Rentenzugang	gesetzgeberische Regelaltersgrenze nach Umsetzung derzeitig bekannter bzw. diskutierter Reformmaßnahmen	
	Männer	Frauen	gesamt	Männer	Frauen
Dänemark	65	65	61,3*)	67#)	67#)
Deutschland	65	65	61,7*)	67	67
Estland	63	61	62,1	65	65
Finnland	63 – 68	63 – 68	61,8°)	65 – 68	65 – 68
Frankreich	60 – 65	60 – 65	61,6°)	62 – 65	62 – 65
Griechenland	65	60	61,4*)	65	65
Irland	65	65	64,1***)	68	68
Litauen	63	60	59,9**)	65	65
Malta	61	60	59,8*)	65	65
Niederlande	65	65	63,2*)	(67)	(67)
Österreich	65	60	60,9**)	65	65
Rumänien	64	59	55,5*)	65	65
Slowakische Republik	62	59	58,7**)	62	62
Slowenien	63	61	59,8***)	(65)	(63)
Spanien	65	65	63,7°)	(67)	(67)
Tschechische Republik	62	61	60,6*)	65	65[1)]
Ungarn	62	62		65	65
Vereinigtes Königreich	65	60	63,1	68	68

°) 2009, *) 2008, **) 2007, ***)2006.
#) Anhebung des Rentenalters wird darüber hinaus am Anstieg der durchschnittlichen Lebenserwartung eines Neugeborenen berechnet.
1) Für Frauen mit bis zu einem Kind.
Quelle: Europäische Kommission, Joint Report on Pensions (2010) und amtlichen Statistiken der jeweiligen Länder.
Angaben zum derzeitigen tatsächlichen Renteneintrittsalter beruhen auf nationalen Angaben.

weils einen Betrag bis zur Höhe der Hinzuverdienstgrenze z. B. durch Urlaubsgeld und Weihnachtsgeld ist zulässig. Die Hinzuverdienstgrenze, bis zu der eine Rente wegen Alters weiter als volle Rente gezahlt werden konnte, hat bis zum 31. Dezember 2007 ein Siebtel der monatlichen Bezugsgröße (im Jahr 2007: 350 Euro) betragen. Damit lag diese Hinzuverdienstgrenze unterhalb der Entgeltgrenze von 400 Euro für eine versicherungsfreie geringfügige Beschäftigung. Die Differenzierung zwischen der Entgeltgrenze für eine geringfügige Beschäftigung und der Hinzuverdienstgrenze für eine volle Altersrente von einem Siebtel der monatlichen Bezugsgröße war für viele Rentnerinnen und Rentner nicht nachvollziehbar. Sie gingen daher davon aus, dass sie stets ein Arbeitsentgelt in Höhe der Entgeltgrenze für eine geringfügige Beschäftigung hinzuverdienen durften, ohne dadurch ihre Altersrente zu schmälern. Aufgrund dieser Fehleinschätzung der tatsächlichen Rechtslage ist es in vielen Fällen zu Überzahlungen bei Bezug einer vorzeitigen Altersrente gekommen. Um Rentenkürzungen für die Rentnerinnen und Rentner und aufwändige Verwaltungsverfahren für die Rentenversicherungsträger zu vermeiden, ist die Hinzuverdienstgrenze für die volle Altersrente mit dem Siebten Gesetz zur Änderung des Dritten Buches Sozialgesetzbuch zum 1. Januar 2008 auf die Entgeltgrenze für eine geringfügige Beschäftigung angehoben worden. Sie beträgt daher seit dem 1. Januar 2008 ebenfalls 400 Euro. Diese Hinzuverdienstgrenze gilt einheitlich für die alten und neuen Bundesländer. Die Hinzuverdienstgrenzen bei Bezug einer Teilrente werden dagegen für die alten und neuen Bundesländer unterschiedlich ermittelt. Sie betragen in den alten Bundesländern bei einer Rente wegen Alters als Teilrente – je nach Höhe der Teilrente – entweder (bei einer 2/3-Teilrente) rd. 40 Prozent, (bei einer 1/2-Teilrente) rd. 60 Prozent oder (bei einer 1/3-Teilrente) rd. 80 Prozent des in den letzten drei Kalenderjahren vor Beginn der Rente versicherten Arbeitsentgelts (individuelle Hinzuverdienstgrenzen). Die individuellen Hinzuverdienstgrenzen werden ermittelt, indem die Entgeltpunkte aus den letzten drei Kalenderjahren vor Beginn der Rente mit der monatlichen Bezugsgröße (für das Jahr 2011: 2.555 Euro) vervielfältigt und dieser Betrag dann anschließend mit einem von der jeweiligen Teilrentenart abhängigen Faktor – 0,13 bei einer 2/3-Teilrente, 0,19 bei einer 1/2-Teilrente sowie 0,25 bei einer 1/3-Teilrente – vervielfältigt wird. Mindestens ist jedoch ein Hinzuverdienst in Höhe des 0,195fachen der monatlichen Bezugsgröße bei einer 2/3-Teilrente, in Höhe des 0,285fachen der monatlichen Bezugsgröße bei einer 1/2-Teilrente oder in Höhe des 0,375fachen der monatlichen Bezugsgröße bei einer 1/3-Teilrente (allgemeine Hinzuverdienstgrenzen) zulässig.

164 Bezogen auf den Stand 1. Januar 2011 ergeben sich somit bei einer ab diesem Zeitpunkt für die alten Bundesländer festgesetzten monatlichen Bezugsgröße von 2.555 Euro folgende allgemeine Hinzuverdienstgrenzen:

- bei einer 2/3-Teilrente 498,23 Euro,
- bei einer 1/2-Teilrente 728,18 Euro und
- bei einer 1/3-Teilrente 958,13 Euro.

165 Für die neuen Bundesländer errechnen sich die allgemeinen Hinzuverdienstgrenzen, in dem die Faktoren 0,375 (für die 1/3-Teilrente), 0,285 (für die 1/2-Teilrente) oder 0,195 (für die 2/3-Teilrente) mit der für die alten Bundesländer festgesetzten monatlichen Bezugsgröße (für 2011: 2.555 Euro) multipliziert werden und dieser Betrag dann mit dem jeweiligen Verhältnis aus aktuellem Rentenwert (Ost) zum aktuellen Rentenwert vervielfältigt wird. Hierdurch wird sichergestellt, dass der bisherige Abstand bei den Hinzuverdienstgrenzen in den alten und neuen Bundesländern gewahrt bleibt.

166 Nach den bis zum 31. Dezember 2007 geltenden Bestimmungen errechneten sich die Hinzuverdienstgrenzen aus mit den aktuellen Rentenwerten zu vervielfältigenden Faktoren. Mit der sich hieraus ergebenden Fortschreibung der Hinzuverdienstgrenzen entsprechend der Dynamisierung der aktuellen Rentenwerte, damit also entsprechend der Höhe der jeweiligen Rentenanpassung, sollte sichergestellt werden, dass die Hinzuverdienstgrenzen unmittelbar der Lohnentwicklung folgen. Die Rentenanpassungsformel orientiert sich zwar auch weiterhin an der Lohnentwicklung, sie berücksichtigt aber mittlerweile auch weitere Entwicklungen, wie insbesondere die Veränderungen des zahlenmäßigen Verhältnisses von Rentenbeziehern zu Beitragszahlern. Daher ist die Dynamisierung der Hinzuverdienstgrenzen mit dem RV-Altersgrenzenanpassungsgesetz insoweit zum 1. Januar 2008 umgestellt worden, als künftig die Hinzuverdienstgrenzen entsprechend der Veränderung der Bezugsgröße fortgeschrieben werden. Durch die Anknüpfung an die Bezugsgröße wird die Fortschreibung der Hinzuverdienstgrenzen wieder unmittelbar an die Lohnentwicklung gebunden.

167 Wird die Hinzuverdienstgrenze überschritten, so führt dies seit 1992 nicht mehr zu einem völligen Entzug der Rente wie dies nach dem bis Ende 1991 geltenden Recht vorgesehen war. Vielmehr ist die Rente in die jeweils niedrigere noch zulässige Teilrente umzuwandeln. Erst bei Überschreiten der höchsten Hinzuverdienstgrenze (für die 1/3-Teilrente) wird keine Rente mehr geleistet. Vom Erreichen der Regelaltersgrenze an – für die bis Ende 1946 geborenen Rentnerinnen und Rentner also von der Vollendung des 65. Lebensjahres an – ist ein Hinzuverdienst unbegrenzt möglich.

168 Einkünfte, die bei Überschreiten der jeweils maßgebenden Hinzuverdienstgrenze zur Änderung der Rentenhöhe oder zum Wegfall der Rente führen, sind das Arbeitsentgelt aus abhängiger Beschäftigung und das Arbeitseinkommen aus einer selbständigen Tätigkeit. Daher haben Renten der gesetzlichen Rentenversicherung (Witwen- bzw. Witwerrenten), Betriebsrenten, Beamtenpensionen, Einkünfte aus Vermietung und Verpachtung sowie Zinseinkünfte keine Auswirkungen auf die Höhe der vorzeitig gezahlten Altersrente.

169 Die Rentenversicherungsträger haben nach ihrer bis September 2010 praktizierten Rechtsanwendung Aufwandsentschädigungen für Ehrenbeamte (zum Beispiel für ehrenamtliche Bürgermeister) nur dann als Hinzuverdienst berücksichtigt, wenn sie einen konkreten Verdienstausfall ersetzten. Dies galt unabhängig davon, ob aus ihnen ein Arbeitsentgelt oder ein Arbeitseinkommen resultierte. Da in sehr vielen Fällen ein Verdienstausfall nicht ersetzt wurde, konnte häufig neben diesen Einkünften eine ungekürzte vorzeitige Altersrente bezogen werden. Nach der in den letzten Jahren zum Hinzuverdienstrecht und zum Vorliegen von versicherungspflichtigem Arbeitsentgelt bei ehrenamtlichen Bürgermeistern ergangenen Rechtsprechung des Bundessozialgerichts (Urteil vom 25. Januar 2006, Az.: B 12 KR 12/05 R) konnte diese Rechtsauffassung allerdings nicht mehr aufrechterhalten werden. Die Rentenversicherungsträger haben daher beschlossen, dass mit Wirkung ab September 2010 Einkünfte aus ehrenamtlichen Beschäftigungen oder Tätigkeiten ausnahmslos in der Höhe als Hinzuverdienst zu berücksichtigen sind, in der sie Arbeitsentgelt oder Arbeitseinkommen darstellen. Auf den Ersatz eines Verdienstausfalls kommt es nicht mehr an. Der Besonderheit, dass es sich um ein Ehrenamt handelt, wird durch steuerliche Vergünstigungen Rechnung getragen. Denn ein Teil der Aufwandsentschädigung ist steuerfrei (§ 3 Nr. 12 EStG). Da der steuerfreie Anteil einer Aufwandsentschädi-

gung weder Arbeitsentgelt noch Arbeitseinkommen ist, ist dieser auch nicht als Hinzuverdienst berücksichtigt. Dennoch sieht das Bundesministerium für Arbeit und Soziales die besondere Situation der betroffenen Ehrenbeamten, die sich auf die bisherige Rechtsanwendungspraxis der Rentenversicherungsträger eingestellt hatten und prüft daher, ob gesetzliche Übergangsregelungen in Betracht kommen, die dem Vertrauen der Betroffenen in die bisherige Rechtsanwendung Rechnung tragen.

Kündigungsschutz beim Übergang in den Ruhestand

170 Die durch das Rentenreformgesetz 1992 vorgesehene weitgehende Flexibilisierung der Altersgrenzen ist auch arbeitsrechtlich gesichert. So kann ein Arbeitnehmer Vorschläge über die Teilung seines Arbeitsbereichs machen, wenn er eine Teilrente in Anspruch nehmen will. Der Arbeitgeber ist verpflichtet, zu seinen Vorschlägen Stellung zu nehmen.

171 Darüber hinaus sind Kündigungen oder Aufhebungsverträge unwirksam, wenn sie darauf abstellen, dass der Arbeitnehmer von einem bestimmten Lebensalter an eine Altersrente in Anspruch nehmen kann. Aufhebungsverträge, nach denen ein Arbeitsverhältnis in einem Zeitpunkt enden soll, in dem der Arbeitnehmer Anspruch auf eine Altersrente hat, sind nur noch wirksam, wenn die Verträge innerhalb von drei Jahren vor diesem Zeitpunkt geschlossen oder bestätigt worden sind.

172 Nach einer Entscheidung des Bundesarbeitsgerichts vom 20. Oktober 1993 (7 AZR 13593) fanden die einschränkenden Bedingungen für die Wirksamkeit von Aufhebungsverträgen auch dann Anwendung, wenn im Aufhebungsvertrag als Altersgrenze das 65. Lebensjahr – die zu diesem Zeitpunkt maßgebende Regelaltersgrenze – vereinbart war. Durch diese Auslegung der Vorschrift wäre der – bereits seit In-Kraft-Treten des Rentenreformgesetzes 1992 vielfach beobachtete aber nicht beabsichtigte – missbräuchliche Nebeneffekt der Regelung verfestigt worden, dass bei Erreichen der Altersgrenze für die Regelaltersrente das Einverständnis für die Aufhebung des Arbeitsverhältnisses nur gegen eine angemessene Abfindungszahlung erteilt wird. Mit dem am 1. August 1994 in Kraft getretenen Gesetz zur Änderung des Sechsten Buches Sozialgesetzbuch gelten die einschränkenden Voraussetzungen für die Wirksamkeit von Aufhebungsverträgen nur für Aufhebungsverträge, die als Zeitpunkt für die Aufhebung des Arbeitsverhältnisses auf die Berechtigung zum Rentenbezug vor Vollendung des 65. Lebensjahres abstellen. Mit dem RV-Altersgrenzenanpassungsgesetz ist insoweit eine Erweiterung dieses arbeitsrechtlichen Anspruchs vorgesehen worden, als künftig eine Verlängerung des Arbeitsverhältnisses bis zu der je nach Geburtsjahrgang maßgebenden neuen Regelaltersgrenze verlangt werden kann (vgl. auch Rdnr. 157).

Renten wegen verminderter Erwerbsfähigkeit

173 Das Risiko der Invalidität vor Erreichen der Altersgrenze wird durch die Renten wegen verminderter Erwerbsfähigkeit abgedeckt. Sie haben die Aufgabe, Einkommen zu ersetzen, wenn die Erwerbsfähigkeit des Versicherten in einem bestimmten Maße eingeschränkt oder ganz weggefallen ist. Bei Verabschiedung des Rentenreformgesetz 1992 bestand in Fachkreisen und in der Wissenschaft, aber auch im politischen Raum weitgehende Einigkeit über die Notwendigkeit einer Reform der Renten wegen verminderter Erwerbsfähigkeit. Dennoch hat der Gesetzgeber diese Reform wiederholt zurückgestellt, weil die immer wieder aufflammenden Reformdiskussionen nicht zu konsensfähigen Konzeptionen geführt hatten. Erst mit dem im Dezember 2000 verkündeten Gesetz zur Reform der Renten wegen verminderter Erwerbsfähigkeit ist es gelungen, eine trag- und kompromissfähige Neuregelung zu den Renten wegen verminderter Erwerbsfähigkeit zu realisieren.

174 Ein Ansatzpunkt für die Reformnotwendigkeit war die bis zum 31. Dezember 2000 vorgesehene Aufteilung der Renten wegen verminderter Erwerbsfähigkeit in Renten wegen Berufsunfähigkeit und Erwerbsunfähigkeit. Dabei war insbesondere die Rente wegen Berufsunfähigkeit zunehmend in die Kritik geraten. Denn die Rente wegen Berufsunfähigkeit wirkte sich im Ergebnis als Privileg von Versicherten mit besonderer Ausbildung und in herausgehobenen Beschäftigungen aus. Der Grundsatz der Gleichbehandlung gebietet es aber, dass die Versicherten im Maße ihrer Beitragszahlung gleiche Möglichkeiten haben müssen, Leistungen der Versicherung in Anspruch zu nehmen. Mit dem Gesetz zur Reform der Renten wegen verminderter Erwerbsfähigkeit ist ab dem 1. Januar 2001 das Recht der Renten wegen verminderter Erwerbsfähigkeit daher mit dem Ziel neu geordnet worden, die sich aus der bisherigen Aufteilung der Renten wegen verminderter Erwerbsfähigkeit in Renten wegen Berufs- und Erwerbsfähigkeit ergebenden Ungleichbehandlungen zu beseitigen.

175 Als Renten wegen verminderter Erwerbsfähigkeit werden die Rente wegen voller Erwerbsminderung in Höhe einer Vollrente, die Rente wegen teilweiser Erwerbsminderung in Höhe einer halben Vollrente und – als Sonderleistung für Bergleute – die Rente für Bergleute bei verminderter Berufsfähigkeit im Bergbau gezahlt. Die Rente wegen voller Erwerbsminderung und die Rente wegen teilweiser Erwerbsminderung ersetzen damit die bisherigen Renten wegen Berufs- und Erwerbsunfähigkeit. Anspruch auf eine Rente wegen teilweiser Erwerbsminderung besteht, wenn der Versicherte aufgrund seiner gesundheitlichen Beeinträchtigung nur noch weniger als sechs Stunden täglich, jedoch mehr als drei Stunden täglich, erwerbstätig sein kann. Ist das Leistungsvermögen des Versicherten so stark beeinträchtigt, dass er nicht mehr in der Lage ist, mindestens drei Stunden täglich eine berufliche Tätigkeit auszuüben und verfügt er somit bei typischer Betrachtung nicht mehr über ein auf dem allgemeinen Arbeitsmarkt verwertbares Restleistungsvermögen, ist der Versicherte auf eine volle Einkommensersatzleistung angewiesen. In diesem Fall steht ihm der Anspruch auf eine Rente wegen voller Erwerbsminderung zu.

176 Erwerbsgemindert im Sinne des Rentenrechts ist dagegen nicht, wer unter den üblichen Bedingungen des allgemeinen Arbeitsmarktes mindestens sechs Stunden täglich erwerbstätig sein kann. Es wird unterstellt, dass es für jede Tätigkeit, wenn sie noch 6 Stunden und mehr täglich ausgeübt werden kann, in ausreichender Zahl Arbeitsplätze gibt. Damit fällt das Risiko, dass der Versicherte, der täglich 6 Stunden und mehr erwerbstätig sein kann, im Einzelfall einen Arbeitsplatz nicht findet, in die Zuständigkeit der Arbeitslosenversicherung.

177 Mit diesen Regelungen ist der anspruchsberechtigte Personenkreis insoweit gegenüber dem nach dem bisherigen Recht der Berufs- und Erwerbsunfähigkeitsrenten anspruchsberechtigten Personenkreis ausgeweitet worden, als das erforderliche Ausmaß der anspruchsbegründenden Erwerbsminderung im Vergleich zu den bis Ende 2000 maßgebenden gesetzlichen „Opfergrenzen", die bei einem Restleistungsvermögen von unter zwei Stunden (für das Vorliegen von Erwerbsunfähigkeit) bzw. unterhalbschichtig (für das Vorliegen von Berufsunfähigkeit) gelegen haben, nun mit unter drei bzw. unter sechs Stunden zugunsten der erwerbsgeminderten Versicherten verschoben worden sind.

178 Der anspruchsberechtigte Personenkreis ist aber auch noch unter einem weiteren Aspekt gegenüber dem bisherigen Recht erweitert worden. Anders als nach dem bis Ende 2000 geltenden Recht der Renten wegen Erwerbsunfähigkeit, das den Anspruch auf eine Rente wegen Erwerbsunfähigkeit bei Ausübung einer selbständigen Tätigkeit – auch wenn diese nur in geringfügigem Umfang ausgeübt wurde – gesetzlich ausgeschlossen hat, haben seit dem In-Kraft-Treten des Rechts der Renten wegen voller Erwerbsminderung am 1. Januar 2001 nun auch Selbständige einen Anspruch auf die volle Erwerbsminderungsrente. Nicht zuletzt im Hinblick darauf, dass mit der Einbeziehung arbeitnehmerähnlicher Selbständiger der Personenkreis der in der Rentenversicherung pflichtversicherten Selbständigen erweitert wurde, wird diesem Personenkreis jetzt die Möglichkeit gegeben, gleiche Leistungen wie abhängig Beschäftigte in Anspruch zu nehmen.

179 Maßstab für die Feststellung des Leistungsvermögens ist die Erwerbsfähigkeit des Versicherten auf dem allgemeinen Arbeitsmarkt, d. h. in jeder nur denkbaren Tätigkeit, die es auf dem Arbeitsmarkt gibt. Zur Feststellung des Leistungsvermögens hat der begutachtende Arzt Diagnosen zu stellen und die hieraus folgenden Funktionseinschränkungen sowie diejenigen Belastungen zu beschreiben, die dem Versicherten gesundheitlich noch zumutbar sind. Zusammenfassend gibt er eine Einschätzung zum Umfang des verbliebenen Leistungsvermögens ab. Allerdings kommen dabei nur Tätigkeiten in Betracht, die auf dem allgemeinen Arbeitsmarkt üblich sind. Damit wird sichergestellt, dass für die Feststellung des Leistungsvermögens solche Tätigkeiten, für die es für den zu beurteilenden Versicherten einen Arbeitsmarkt schlechthin nicht gibt, nicht in Betracht zu ziehen sind (Entscheidung des Bundessozialgerichts veröffentlicht in BSGE 80, S. 24, 34).

180 Nicht in Betracht zu ziehen sind damit Tätigkeiten, die auf dem Arbeitsmarkt unüblich, insbesondere auf die besonderen Bedürfnisse einzelner Versicherter zugeschnitten sind. Kann ein Versicherter z. B. nur dann eine Erwerbstätigkeit ausüben, wenn von Seiten des Arbeitgebers sichergestellt ist, dass der Versicherte völlig betriebsunübliche Pausen einhalten darf, so kann davon ausgegangen werden, dass solche Arbeitsplätze nicht dem allgemeinen Arbeitsmarkt angehören und deshalb der vom Arzt abzugebenden Einschätzung zum Leistungsvermögen nicht zugrunde zulegen sind.

181 Teilzeittätigkeiten sind hingegen – in einer Zeit fortschreitender Flexibilisierung der Arbeitszeiten – durchaus als üblich anzusehen, so dass sie dem allgemeinen Arbeitsmarkt zuzuschreiben sind. Im Übrigen werden auch die Entwicklungen der sich ständig ändernden Tätigkeitsbilder auf dem allgemeinen Arbeitsmarkt, wie z. B. Telekommunikationsarbeitsplätze, die bei freier Zeiteinteilung eine Tätigkeit von zu Hause aus ermöglichen, zu berücksichtigen sein.

182 Das Leistungsvermögen des Versicherten ist anhand seiner zeitlichen Einsatzfähigkeit zu beurteilen. Um einen einheitlichen, für alle Versicherten gleichen Maßstab zugrunde legen zu können, wird auf die Stundenzahl abgestellt. Bei der Beurteilung ist die Frage zugrunde zu legen, ob der Versicherte noch in der Lage ist, auf dem allgemeinen Arbeitsmarkt unter den dort üblichen Bedingungen regelmäßig im Rahmen einer 5-Tage-Woche mindestens sechs bzw. mindestens drei Stunden täglich zu arbeiten. Andere Anknüpfungspunkte als der Faktor Zeit stehen im Widerspruch zu dem Ziel, im Recht der Renten wegen verminderter Erwerbsfähigkeit keine Privilegien für bestimmte Gruppen von Versicherten und damit Ungleichbehandlungen innerhalb der Versichertengemeinschaft zuzulassen. So würde z. B. eine Orientierung an der Höhe des gesundheitsbedingt ausfallenden Einkommens in jedem Einzelfall eine Prognose darüber voraussetzen, welches Einkommen der Versicherte unter Berücksichtigung seiner gesundheitlichen Beeinträchtigungen noch erzielen könnte. Solche Prognosen erscheinen aber auch schon wegen der regionalen sowie branchen- und arbeitgeberspezifischen Unterschiede bei der Entlohnung vergleichbarer Tätigkeiten nahezu unmöglich. Die subjektive Zumutbarkeit einer Tätigkeit unter dem Gesichtspunkt der Ausbildung und des Status der bisherigen beruflichen Tätigkeit ist damit – im Unterschied zur Rente wegen Berufsunfähigkeit – ohne Bedeutung. Zu berücksichtigen sind allein die körperliche und geistige Leistungsfähigkeit des Versicherten sowie eventuelle zusätzliche Einschränkungen, die sich aus der ärztlichen Begutachtung ergeben können.

183 Im Recht der Renten wegen verminderter Erwerbsfähigkeit problematisch und politisch umstritten ist auch, inwieweit bei der Entscheidung darüber, ob ein Versicherter voll erwerbsgemindert ist, seine

Fähigkeit berücksichtigt werden muss, das noch verbliebene Restleistungsvermögen auf dem Arbeitsmarkt einzusetzen. Dabei ist zwischen Versicherten, die 6 Stunden und mehr täglich arbeitsfähig sind, und solchen Versicherten zu unterscheiden, die nur noch weniger als 6 Stunden täglich arbeitsfähig sind. Bei 6 Stunden und mehr täglich Arbeitsfähigen wird keine Rücksicht auf den Arbeitsmarkt genommen. Bei ihnen gilt die abstrakte Betrachtungsweise. Es wird unterstellt, dass es für jede Tätigkeit, wenn sie in diesem Umfang ausgeübt werden kann, in ausreichender Zahl Arbeitsplätze vorhanden sind. Dem Risiko, dass der Versicherte einen Arbeitsplatz nicht findet, ist in diesem Fall mit den Instrumentarien des Arbeitsförderungsrechts zu begegnen; der Versicherte fällt in die leistungsrechtliche Zuständigkeit der Bundesagentur für Arbeit.

184 Bei den nur noch weniger als 6 Stunden täglich Arbeitsfähigen (nach der bei der Rente wegen Erwerbsunfähigkeit maßgebenden Terminologie: untervollschichtig Arbeitsfähigen) haben zwei Entscheidungen des Großen Senats des Bundessozialgerichts vom 11. Dezember 1969 – G S 2/68 – und vom 10. Dezember 1976 – G S 2/75 – die Rentenversicherung auf die konkrete Betrachtungsweise festgelegt. Bei ihnen kommt es im Einzelfall darauf an, ob für die in Betracht kommenden Erwerbstätigkeiten Arbeitsplätze vorhanden sind, die der Versicherte mit seinen Kräften und Fähigkeiten noch ausfüllen kann. Er darf auf solche Teilzeitarbeiten nicht verwiesen werden, für die der Arbeitsmarkt praktisch verschlossen ist. Das ist dann der Fall, wenn weder der Rentenversicherungsträger noch die Agentur für Arbeit innerhalb eines Jahres dem Versicherten, nachdem er die Rente beantragt hat, einen für ihn in Betracht kommenden Arbeitsplatz anbieten kann.

185 Da die Erfahrung gezeigt hat, dass Versicherte, die 60 Jahre alt oder älter sind, nicht mehr vermittlungsfähig sind, wird bei ihnen in aller Regel unmittelbar, d.h. ohne Einschaltung der Agentur für Arbeit und ohne weitere Vermittlungsbemühungen, volle Erwerbsminderung unterstellt, es sei denn, der Betreffende hat tatsächlich einen Arbeitsplatz inne. Bei unter 60-jährigen Versicherten wird in aller Regel die Entscheidung über die volle Erwerbsminderung zurückgestellt und der Versicherte aufgefordert, sich bei der Agentur für Arbeit arbeitslos zu melden. Kann er innerhalb eines Jahres nicht an einen Teilzeitarbeitsplatz vermittelt werden, liegt rückwirkend volle Erwerbsminderung vor. Soweit während der Vermittlungsversuche Arbeitslosengeld gezahlt wurde, wird dieses auf den Rentenanspruch angerechnet.

186 Da Teilzeitarbeitsplätze für behinderte Menschen in unzulänglicher Zahl angeboten werden, hat die geschilderte Rechtsentwicklung dazu geführt, dass bei den nur noch weniger als 6 Stunden täglich Einsatzfähigen nahezu immer schon dann volle Erwerbsminderung vorliegt, wenn sie nicht eine Teilzeitarbeit tatsächlich ausüben. Diese Entwicklung spiegelt sich auch in der Rentenzugangsstatistik wider. Während 1960 der Zugang an Berufsunfähigkeitsrenten 50 Prozent aller Renten wegen verminderter Erwerbsfähigkeit in den alten Bundesländern ausmachte, ist ihr Anteil am Zugang aller Renten wegen verminderter Erwerbsfähigkeit in den alten Bundesländern bis zum Jahr 2000 aufgrund der von der Rechtsprechung entwickelten konkreten Betrachtungsweise auf rd. 11 Prozent gesunken.

187 Angesichts des Problems der Langzeitarbeitslosigkeit älterer Versicherter war in der Rechtsprechung sowie in der Fachliteratur die Frage aufgetreten, in welchem Umfang die jeweilige Arbeitsmarktlage auch für die Beurteilung der Erwerbsminderung vollschichtig (nach der bei der Rente wegen voller Erwerbsminderung maßgebenden Terminologie: 6 und mehr Stunden täglich) einsatzfähiger Versicherter zu berücksichtigen ist, insbesondere wenn sie zu der Gruppe der ungelernten oder nur angelernten Arbeiter gehören. Diese Frage ist für die künftige Rechtsanwendung von erheblicher Bedeutung gewesen. Eine Änderung der Rechtsprechung hätte im Ergebnis in vielen Fällen zu einem Anspruch auf Rente wegen verminderter Erwerbsfähigkeit geführt, der nach bisheriger Rechtsanwendung für vollschichtig einsatzfähige Versicherte nicht bestanden hätte. Dies hätte weit reichende Konsequenzen gehabt. Unter dem Druck der Arbeitsmarktlage hätten vor allem ältere erwerbsgeminderte Arbeitnehmer verstärkt die Rente wegen verminderter Erwerbsfähigkeit in Anspruch genommen. Dies hätte ein weiteres Absinken des Rentenzugangsalters und damit erhebliche Mehrkosten für die Rentenversicherung zur Folge gehabt. Mit dem Zweiten Gesetz zur Änderung des Sechsten Buches Sozialgesetzbuch wurde die Beibehaltung der auf der bisherigen höchstrichterlichen Rechtsprechung beruhenden Verwaltungspraxis sichergestellt. Bei dem Personenkreis der leistungsgeminderten, aber noch vollschichtig einsatzfähigen Versicherten ist damit auch weiterhin die konkrete Arbeitsmarktsituation nicht zu berücksichtigen.

188 Im Gesetz zur Reform der Renten wegen verminderter Erwerbsfähigkeit wurde mit der Einführung der Rente wegen voller Erwerbsminderung bestimmt, dass erwerbsgemindert nicht ist, wer unter den üblichen Bedingungen des allgemeinen Arbeitsmarktes und ohne Berücksichtigung der jeweiligen (konkreten) Arbeitsmarktlage mindestens sechs Stunden täglich erwerbstätig sein kann. Damit soll auch weiterhin einer ansonst erwarteten Entwicklung vorgebeugt werden, die dazu führen könnte, dass bereits eine recht geringe Einschränkung der Erwerbsfähigkeit, die zwischen 6 und 8 Stunden liegt, nach der konkreten Betrachtungsweise den Anspruch auf eine Rente wegen voller Erwerbsminderung begründet.

189 Aus der Gesetzesformulierung „erwerbsgemindert ist nicht, wer unter den üblichen Bedingungen des allgemeinen Arbeitsmarktes und ohne Berücksichtigung der jeweiligen (konkreten) Arbeitsmarktlage mindestens sechs Stunden täglich erwerbstätig sein kann" ergibt sich allerdings zugleich auch, dass wegen der ungünstigen Arbeitsmarktsituation auch innerhalb der neuen Rahmenbedingungen die konkrete Betrachtungsweise beibehalten wird. Versicherte, die noch mindestens drei, aber nicht mehr sechs Stunden täglich arbeiten können, das verbliebene Restleistungsvermögen wegen Arbeitslosigkeit aber nicht in Erwerbseinkommen umsetzen können, erhalten daher eine volle Erwerbsminderungsrente.

Sachgerechte Risikoverteilung zwischen Rentenversicherung und Bundesagentur für Arbeit

190 Die zunächst mit dem Rentenreformgesetz 1999 erfolgte Neuordnung der Renten wegen verminderter Erwerbsfähigkeit löste das Problem, die Risiken zwischen Rentenversicherung und Arbeitsförderung sachgerecht zu verteilen, in der Weise, dass die abstrakte Betrachtungsweise festgeschrieben werden sollte. Bei der Zuerkennung einer Erwerbsminderungsrente sollte also allein auf den Gesundheitszustand des Versicherten abgestellt werden und die Frage, ob der Versicherte noch in der Lage ist, bei der konkreten Situation des (Teilzeit-)Arbeitsmarktes die ihm verbliebene Erwerbsfähigkeit zur Erzielung eines Erwerbseinkommens einzusetzen, keinerlei Rolle spielen. Für viele Versicherte hätte dies dazu geführt, dass sie nach Auslaufen des Arbeitslosengeldanspruchs in die bedürftigkeitsabhängigen Leistungen der damaligen Arbeitslosenhilfe bzw. Sozialhilfe abgeglitten wären.

191 Um auch bei Beibehaltung der konkreten Betrachtungsweise eine sachgerechte Risikozuordnung zwischen Renten- und Arbeitslosenversicherung zu gewährleisten, ist mit dem Gesetz zur Reform der Renten wegen verminderter Erwerbsfähigkeit der notwendige Finanzausgleich für arbeitsmarktbedingte Erwerbsminderungsrenten geregelt worden. Danach erstattet die Bundesagentur für Arbeit der Rentenversicherung in pauschaler Weise die Hälfte der Aufwendungen für die aufgrund der konkreten Betrachtungsweise gewährten Renten wegen verminderter Erwerbsfähigkeit und die darauf entfallende Beteiligung der Rentenversicherung an den Beiträgen zur Krankenversicherung für den Zeitraum, für den der Rentenberechtigte ansonsten einen Anspruch auf Arbeitslosengeld gehabt hätte.

192 Im Zusammenhang mit der Erstattung der halben arbeitsmarktbedingten Erwerbsminderungsrente durch die Bundesagentur für Arbeit ist eine Ergänzung des Arbeitsförderungsrechts zu sehen, wonach ein Arbeitsloser, dem eine Rente wegen teilweiser Erwerbsminderung zuerkannt ist und wegen Krankheit oder Behinderung auf nicht absehbare Zeit außerstande ist, unter den üblichen Bedingungen des allgemeinen Arbeitsmarktes mindestens drei Stunden täglich erwerbstätig zu sein, durch die Agentur für Arbeit unverzüglich aufzufordern ist, innerhalb eines Monats einen Antrag auf eine Rente wegen voller Erwerbsminderung zu stellen. Stellt der Arbeitslose den Antrag nicht, ruht der Anspruch auf Arbeitslosengeld vom Tage des Ablaufs der Frist an bis zu dem Tage, an dem der Arbeitslose den Antrag stellt.

Vertrauensschutz bei Berufsunfähigkeit

193 Versicherte, die bei In-Kraft-Treten des Gesetzes zur Reform der Renten wegen verminderter Erwerbsfähigkeit am 1. Januar 2001 bereits das 40. Lebensjahr vollendet haben, können weiterhin eine Rente bei Berufsunfähigkeit in Anspruch nehmen. Dabei wird der Berufsschutz in das neue System der zweistufigen Erwerbsminderungsrente eingebunden, mit der Folge, dass nicht – wie nach dem bis zum 31. Dezember 2000 geltenden Recht der Renten wegen Berufsunfähigkeit – eine 2/3-Rente, sondern nur 1/2-Rente zu zahlen ist (Rente wegen teilweiser Erwerbsminderung bei Berufsunfähigkeit).

194 Die Vertrauensschutzregelung ist insbesondere vor dem Hintergrund zu sehen, dass nach dem Rentenreformgesetz 1999 vorgesehen war, die Rente wegen Berufsunfähigkeit ab dem Jahr 2000 ersatzlos wegfallen zu lassen. Die im Vergleich dazu sehr großzügige Übergangsregelung nach dem Gesetz zur Reform der Renten wegen verminderter Erwerbsfähigkeit berücksichtigt, dass für ältere Versicherte der Abschluss privater Berufsschutzversicherungen nicht mehr möglich ist. Die Regelung trägt allerdings auch der Tatsache Rechnung, dass der Versicherte noch in der Lage ist, die andere Hälfte seines Lebensunterhalts mit einer Teilzeitbeschäftigung in seinem bisherigen Beruf bzw. einer Vollzeitbeschäftigung in einer Tätigkeit des allgemeinen Arbeitsmarktes zu bestreiten.

195 Auch aus Gründen der Verwaltungsvereinfachung ist es sinnvoll, nicht über Jahrzehnte unterschiedliche Rentenarten mit unterschiedlichen Voraussetzungen und unterschiedlichen Rentenartfaktoren beizubehalten (Rente wegen teilweiser Erwerbsminderung bei einem Leistungsvermögen von unter 6 Stunden einerseits und Rente wegen Berufsunfähigkeit bei einem unterhalbschichtigen Leistungsvermögen). Dies hat zwar einerseits zur Folge, dass bei Berufsunfähigkeit nur noch eine halbe Rente statt – wie nach dem bis 31. Dezember 2000 geltendem Recht – eine Rente in Höhe von zwei Dritteln der vollen Rente zu zahlen ist; andererseits ist mit der Einbindung der Rente wegen Berufsunfähigkeit in die neuen Regelungen zur Rente wegen teilweiser Erwerbsminderung insoweit eine Ausdehnung des anspruchsberechtigten Personenkreises verbunden, als die bis zum 31. Dezember 2000 geltende gesetzliche „Opfergrenze", die bei einem Restleistungsvermögen von „unterhalbschichtig" lag, auf unter 6 Stunden zugunsten der erwerbsgeminderten Versicherten verschoben worden ist.

196 Berufsunfähig ist ein Versicherter, dessen Erwerbsfähigkeit wegen Krankheit oder Behinderung im Vergleich zur Erwerbsfähigkeit von gesunden Versicherten mit ähnlicher Ausbildung und gleichwertigen Kenntnissen und Fähigkeiten auf weniger als 6 Stunden herabgesunken ist, wobei Maßstab für die Erwerbsfähigkeit die Tätigkeiten sind, die ihm seinem Leistungsvermögen, seinen Fähigkeiten und seinem beruflichen Werdegang nach zumutbar sind. Das zu diesem Maßstab vom Bundessozialgericht für die Feststellung von Berufsunfähigkeit bei Arbeitern entwickelte Mehrstufenschema gilt ebenfalls für die Rente wegen teilweiser Erwerbsminderung bei Berufsunfähigkeit. Danach werden die Arbeiterberufe in folgende vier Gruppen eingeteilt:

– Erste Gruppe:
 Leitberuf des Vorarbeiters mit Vorgesetztenfunktion bzw. des besonders hochqualifizierten Facharbeiters.

– Zweite Gruppe:
 Leitberuf des Facharbeiters mit zwei- bis dreijähriger Lehre und Abschlussprüfung.

– Dritte Gruppe:
 Leitberuf des angelernten Arbeiters mit ein- bis zweijähriger Anlernzeit.

– Vierte Gruppe:
 ungelernter Arbeiter.

197 Ein Versicherter darf grundsätzlich nur auf eine Tätigkeit der Berufsgruppe verwiesen werden, die eine Stufe unter der Gruppe seines bisherigen Berufs liegt. Ein Facharbeiter kann z. B. auf angelernte, nicht aber auf ungelernte Tätigkeiten verwiesen werden. Angelernte Arbeiter sind auf alle anderen anlernbaren Tätigkeiten verweisbar, des Weiteren aber auch auf solche ungelernten Tätigkeiten, die ihrem Ansehen und ihrer tariflichen Eingruppierung nach herausgehoben sind. Ungelernte Arbeiter können auf den gesamten Arbeitsmarkt verwiesen werden. Da jeder Beruf, den sie gesundheitlich auszuführen in der Lage sind, ihnen zumutbar ist, scheiden für sie Berufsunfähigkeitsrenten praktisch aus. Facharbeiter hingegen können, wenn sie ungelernte, ihnen also unzumutbare Tätigkeiten ausüben, Berufsunfähigkeitsrenten erhalten, die zum Einkommen aus der Erwerbstätigkeit dann hinzutreten.

198 Das vom Bundessozialgericht entwickelte Mehrstufenschema gilt in dieser Form nur für Arbeiterberufe. Die Verweisbarkeit von Angestellten muss nach den Besonderheiten des Einzelfalls entschieden werden. Maßgebend für die Verweisung eines Angestellten ist aber ebenfalls der qualitative Wert des bisherigen Berufs und der in Betracht kommenden Verweisungstätigkeit.

Die versicherungsrechtlichen Voraussetzungen für die Renten wegen Erwerbsminderung

199 Liegt teilweise Erwerbsminderung bzw. teilweise Erwerbsminderung bei Berufsunfähigkeit oder volle Erwerbsminderung vor, besteht Anspruch auf eine entsprechende Rente wegen verminderter Erwerbsfähigkeit, wenn die allgemeine Wartezeit erfüllt ist und innerhalb der letzten fünf Jahre vor Eintritt der Erwerbsminderung mindestens drei Jahre mit

Pflichtbeiträgen belegt sind. Der Zeitraum von fünf Jahren verlängert sich um Anrechnungszeiten sowie Berücksichtigungszeiten wegen Kindererziehung. Eine Pflichtbeitragszeit von drei Jahren ist nicht erforderlich, wenn die Erwerbsminderung aufgrund eines Tatbestandes eingetreten ist, durch den die allgemeine Wartezeit als vorzeitig erfüllt gilt (z. B. einen Arbeitsunfall).

200 Für Versicherte, die die allgemeine Wartezeit bereits vor 1984 erfüllt hatten, besteht Anspruch auf Rente wegen Teilerwerbsminderung oder voller Erwerbsminderung auch ohne drei Pflichtbeitragsjahre in den letzten fünf Jahren vor Eintritt der Erwerbsminderung, wenn jeder Kalendermonat vom 1. Januar 1984 bis zum Kalendermonat vor Eintritt der teilweisen oder vollen Erwerbsminderung entweder mit Beitragszeiten, beitragsfreien Zeiten oder Berücksichtigungszeiten belegt ist, so dass ggf. auch durch kontinuierliche freiwillige Beitragszahlung eine bereits vor 1984 erworbene Anwartschaft auf Rente wegen verminderter Erwerbsfähigkeit aufrechterhalten werden kann.

201 Versicherte, bei denen bereits vor Erfüllung der allgemeinen Wartezeit die Erwerbsminderung eingetreten ist, wie z.B. bei von Geburt an behinderten Menschen, sind von dem Erfordernis der Wartezeiterfüllung sowie des Vorliegens einer mindestens dreijährigen Pflichtbeitragszeit in den letzten fünf Jahren vor Eintritt der vollen Erwerbsminderung ausgenommen. Sie haben Anspruch auf Rente wegen voller Erwerbsminderung, sobald sie die Wartezeit von 20 Jahren erfüllen, wenn die Erwerbsminderung bis zu diesem Zeitpunkt ununterbrochen fortbestanden hat.

Bezugsdauer bei Renten wegen Erwerbsminderung

202 Renten wegen teilweiser Erwerbsminderung oder voller Erwerbsminderung werden nur bis zum Erreichen der Regelaltersgrenze – also für die bis Ende 1946 geborenen Versicherten bis zur Vollendung des 65. Lebensjahres –geleistet, da anschließend Anspruch auf die Regelaltersrente besteht. Ist unmittelbar vor Beginn der Regelaltersrente eine Rente wegen voller Erwerbsminderung geleistet worden, wird die Regelaltersrente mindestens in gleicher Höhe wie die Rente wegen voller Erwerbsminderung gezahlt.

203 Im Unterschied zu dem bis zum 31. Dezember 2000 geltenden Recht, nach dem Berufs- und Erwerbsunfähigkeitsrenten nur dann als Zeitrenten geleistet wurden, wenn begründete Aussicht bestand, dass die Minderung der Erwerbsfähigkeit in absehbarer Zeit behoben sein könnte, werden Renten wegen verminderter Erwerbsfähigkeit künftig in der Regel befristet geleistet. Unbefristet werden sie nur dann erbracht, wenn eine Besserung des Gesundheitszustands „unwahrscheinlich" ist. Hiervon ist nach einer Gesamtdauer der Befristung von neun Jahren auszugehen. Mit dieser Umkehr des Regel-Ausnahme-Verhältnisses bei den Zeitrenten soll vor allem erreicht werden, dass der Gesundheitszustand und die weitere Rentenberechtigung in deutlich mehr Fällen als nach der bis Ende 2000 geltenden Befristungsregelung eingehend und genau überprüft wird. Eine bestimmte Altersgrenze, ab der Renten wegen verminderter Erwerbsfähigkeit auch ohne die Erfüllung dieser Voraussetzung unbefristet zu leisten wären, sieht das Gesetz nicht vor.

Höhe der Renten wegen verminderter Erwerbsfähigkeit

204 Die Höhe der nach dem 31. Dezember 2000 zugehenden Renten wegen verminderter Erwerbsfähigkeit sind an die Höhen der vorzeitig in Anspruch genommenen Altersrenten angeglichen worden. Der Zugangsfaktor (vgl. Rdnr 351 ff.) wird für jeden Monat des Rentenbeginns vor dem 63. Lebensjahr um 0,3 Prozent, höchstens jedoch um 10,8 Prozent, gemindert. Mit dieser Regelung sollen Ausweichreaktionen von den Altersrenten, die nur bei Inkaufnahme von Abschlägen vorzeitig in Anspruch genommen werden können, in die Renten wegen verminderter Erwerbsfähigkeit entgegengewirkt werden.

205 Die Auswirkungen der Abschlagsregelung sind dadurch abgemildert worden, dass die Zeit zwischen dem vollendeten 55. und 60. Lebensjahr (statt wie nach dem bis zum 31. Dezember 2000 geltenden Recht nur zu einem Drittel) nun in vollem Umfang als Zurechnungszeit angerechnet wird. Der Versicherte wird damit so gestellt, als ob er entsprechend der Bewertung seiner Zurechnungszeit bis zum 60. Lebensjahr weitergearbeitet hätte. Bei Inanspruchnahme einer Altersrente zu diesem Zeitpunkt müsste er einen Abschlag von 18 Prozent hinnehmen. Bei einer Rente wegen voller Erwerbsminderung, die zum Beispiel ab Alter 50 (dem nach der Rentenzugangsstatistik der Deutschen Rentenversicherung durchschnittlichen Zugangsalter in die Rente wegen Erwerbsminderung) geleistet wird, ergibt sich jedoch bei einem Standardrentner (Rentner mit 45 Beitragsjahren aus dem Durchschnittsverdienst) eine gegenüber dem bis zum 31. Dezember 2000 geltenden Recht nur um 3,3 Prozent niedrigere Rente. Die Rente wegen Erwerbsminderung verringert sich gegenüber dem bis zum 31. Dezember 2000 geltenden Recht nur dann um den maximalen Abschlag von 10,8 Prozent, wenn sie ab Alter 60 in Anspruch genommen wird, also einem Alter, bei dem eine vorgezogene Altersrente nur unter Inkaufnahme eines Abschlags von 18 Prozent geleistet wird.

206 Der 4. Senat des Bundessozialgerichts hatte am 16. Mai 2006 unter dem Aktenzeichen B 4 RA 22/05 R über eine Revision entschieden, bei der es um die Frage ging, ob ein Rentenabschlag auch bei Personen vorzunehmen ist, die Anspruch auf eine Rente wegen Erwerbsminderung haben und noch nicht 60 Jahre alt sind. In dem vom 4. Senat zu beurteilenden Fall bezog die im August 1960 geborene Klägerin von März 2003 bis Oktober 2004 eine befristete und anschließend eine unbefristete Rente wegen voller Erwerbsminderung. Der Rentenversicherungsträger hatte die Rente – unter Beachtung von Übergangsregelungen – mit einem Abschlag von 8,1 Prozent versehen. Der 4. Senat des Bundessozialgerichts hat in diesem Fall entschieden, dass die Deutsche Rentenversicherung Bund der Klägerin eine abschlagsfreie Rente zu zahlen hat, weil das Gesetz für Bezugszeiten einer Erwerbsminderungsrente vor Vollendung des 60. Lebensjahres einen Rentenabschlag ausschließt. Die Frage, wie der Rentenbezug ab dem 60. Lebensjahr zu beurteilen ist, ließ der Senat ausdrücklich offen. Die Begründung des Senats beruht im Wesentlichen auf einer abweichenden Auslegung des Gesetzestextes über die Bestimmung des anzuwendenden Zugangsfaktors. Der Gesetzestext lautet an dieser Stelle: *„Die Zeit des Bezugs einer Rente vor Vollendung des 60. Lebensjahres des Versicherten gilt nicht als Zeit einer vorzeitigen Inanspruchnahme."* Nach der Intention des Gesetzgebers sollte diese Regelung jedoch ausschließlich sicherstellen, dass in den Fällen, in denen eine Erwerbsminderungsrente vor Vollendung des 60. Lebensjahres weggefallen ist, dieser Rentenbezug für die Bestimmung des Abschlags bei einer späteren Rente keine negativen Wirkungen hat. Es sollte also erreicht werden, dass einem Versicherten, der zum Beispiel zwischen dem 50. und 55. Lebensjahr eine Erwerbsminderungsrente bezogen hat und ab dem 63. Lebensjahr eine Altersrente für schwerbehinderte Menschen in Anspruch nimmt, die Altersrente aufgrund des Bezugs der Erwerbsminderungsrente nicht gekürzt, sondern abschlagsfrei gezahlt wird.

207 Das Bundessozialgericht begründet die Entscheidung auch damit, dass sich weder im Gesetz noch in den Gesetzesmaterialien Erklärungen finden, dass Erwerbsminderungsrenten für Bezugszeiten vor Vollendung des 60. Lebensjahres gekürzt werden sollten. Diese Auffassung lässt sich jedoch kaum nachvollziehen. Denn die Absicht des Gesetzgebers, bei Bezug einer Erwerbsminderungsrente vor dem 60. Lebensjahr Abschläge wirken zu lassen, ergibt sich neben den Regelungen über den Zugangsfaktor auch aus der gleichzeitig vorgenommenen Verlängerung der Zurechnungszeit bis zum 60. Lebensjahr, die gerade bei jüngeren Versicherten die Auswirkungen der Abschläge abmildern sollte. In der Begründung zum Entwurf eines Gesetzes zur Reform der Renten wegen verminderter Erwerbsfähigkeit werden ausführlich die konkreten Auswirkungen der Abschläge auf die Rentenhöhe bei Personen dargestellt, die einen Rentenfall der verminderten Erwerbsfähigkeit vor Vollendung des 60. Lebensjahres haben.

208 Um die Widersprüche und Fehlinterpretationen in diesem Urteil aufzuklären, hat die Deutsche Rentenversicherung weitere Musterverfahren geführt. Daher hatte die Deutsche Rentenversicherung diesem Urteil des 4. Senats des Bundessozialgerichts keine Konsequenzen über den entschiedenen Einzelfall hinaus beigemessen und in diesem Urteil noch keine ständige höchstrichterliche Rechtsprechung gesehen, die für die Rentenversicherungsträger bei jeder Entscheidung über die Höhe einer vor dem 60. Lebensjahr zu bewilligenden Erwerbsminderungsrente verbindlich ist. Diese Einschätzung der Rentenversicherungsträger hat sich im Hinblick auf die in dieser Frage im Jahr 2008 ergangenen Urteilen des 5. Senats des Bundessozialgerichts als zutreffend erwiesen. Denn der 5. Senat gelangt in seinen Urteilen vom 14. August 2008 – B 5 R 32/07 R, B 5 R 88/07 R, B 5 R 98/07 R, B 5 R 140/07 R – entgegen der Rechtsauffassung des 4. Senats zu dem Ergebnis, dass eine ausreichende Ermächtigungsgrundlage für die Praxis der Rentenversicherungsträger gegeben ist, auch die bereits vor dem 60. Lebensjahr zugehenden Renten wegen Erwerbsminderung unter Berücksichtigung eines Rentenabschlags zu berechnen. Nach Auffassung des 5. Senats kommt der diesbezügliche gesetzgeberische Wille in den einschlägigen Vorschriften des Sechsten Buches Sozialgesetzbuch hinreichend deutlich zum Ausdruck. Im Hinblick auf diese Entscheidungen des Bundessozialgerichts haben der Deutsche Gewerkschaftsbund sowie die Sozialverbände VdK und SoVD eine gemeinsame Verfassungsbeschwerde

Sozialgesetzbuch · 6. Buch · Rentenversicherung

beim Bundesverfassungsgericht eingelegt. Die Bundesregierung hält die angegriffene Regelung jedoch für verfassungsgemäß und hat sich in ihrer Stellungnahme gegenüber dem Bundesverfassungsgericht der Auffassung des Bundessozialgerichts angeschlossen. Mit Beschluss vom 11. Januar 2011 hat das Bundesverfassungsgericht die Verfassungsbeschwerde zurückgewiesen (1 BvR 3588/08, 1 BvR 555/09). Auch nach seiner Auffassung ist es verfassungsgemäß, auch die bereits vor dem 60. Lebensjahr zugehenden Renten wegen Erwerbsminderung unter Berücksichtigung eines Rentenabschlags zu berechnen.

209 Zur Vermeidung von Ausweichreaktionen in die Renten wegen Erwerbsminderung sieht das RV-Altersgrenzenanpassungsgesetz auch die Anhebung des Referenzalters für die Berechnung von Abschlägen bei der Inanspruchnahme einer Rente wegen verminderter Erwerbsfähigkeit von heute 63 Jahren auf künftig 65 Jahre vor (bei Beginn der Rente wegen Erwerbsminderung ab dem Jahr 2024 – dem Jahr, in dem der erste von der Anhebung der Altersgrenze um 2 Jahre betroffene Jahrgang 1964 das 60. Lebensjahr vollendet). Dies bedeutet, dass eine Rente wegen verminderter Erwerbsfähigkeit ab dem Jahr 2024 erst dann ohne Abschlag geleistet wird, wenn die Erwerbsminderungsrente ab dem 65. Lebensjahr oder einem höheren Alter beginnt. Zugleich verschiebt sich die Altersgrenze, bis zu der der maximale Abschlag von 10,8 Prozent anzuwenden ist, ebenfalls um 2 Jahre von heute 60 Jahre auf 62 Jahre bei Beginn der Erwerbsminderung ab dem Jahr 2024.

210 Beginnt eine Rente wegen verminderter Erwerbsfähigkeit vor dem Jahr 2024 werden die Altersgrenzen für die Bestimmung des Abschlags bei den Erwerbsminderungsrenten in der gleichen Rhythmik angehoben wie die Altersgrenze bei der Altersrente für schwerbehinderte Menschen. Somit ist bei diesen Erwerbsminderungsrenten für die Ermittlung des Abschlags anstelle der Vollendung des 65. Lebensjahres (für den abschlagsfreien Bezug der Erwerbsminderungsrente) sowie des 62. Lebensjahres (für die Anwendung des maximalen Abschlags von 10,8 Prozent) jeweils das in Tabelle 22 aufgeführte Lebensalter maßgebend:

Bei Beginn der Erwerbsminderungsrente ab dem Jahr 2024 ist dann das 65. Lebensjahr für den abschlagsfreien Bezug der Erwerbsminderungsrente und das

Tabelle 22: Anhebung der Altersgrenzen für die Ermittlung des bei Erwerbsminderungsrenten anzuwendenden Abschlags bei Rentenbeginn vor dem Jahr 2024

Bei Beginn der Erwerbsminderungsrente im		tritt an die Stelle des Lebensalters			
		65 Jahre das Lebensalter		62 Jahre das Lebensalter	
Jahr	Monat	Jahre	Monate	Jahre	Monate
vor 2012		63	0	60	0
2012	Januar	63	1	60	1
2012	Februar	63	2	60	2
2012	März	63	3	60	3
2012	April	63	4	60	4
2012	Mai	63	5	60	5
2012	Juni bis Dezember	63	6	60	6
2013		63	7	60	7
2014		63	8	60	8
2015		63	9	60	9
2016		63	10	60	10
2017		63	11	60	11
2018		64	0	61	0
2019		64	2	61	2
2020		64	4	61	4
2021		64	6	61	6
2022		64	8	61	8
2023		64	10	61	10

62. Lebensjahr, bis zu dem die Anwendung des maximalen Abschlags von 10,8 Prozent vorgesehen ist, maßgebend.

211 In Anlehnung an die ab 2012 eingeführte abschlagsfreie Rente ab Alter 65 an besonders langjährig Versicherte mit 45 Jahren an Pflichtbeitragszeiten bleibt es für erwerbsgeminderte Versicherte mit einer langen Erwerbsbiografie ebenfalls bei den heute geltenden Regelungen für die Ermittlung des Abschlags bei Erwerbsminderungsrenten, also beim Alter von 63 Jahren für den Bezug der Erwerbsminderungsrente ohne Abschlag und bei Alter 60, bis zu dem der maximale Abschlag von 10,8 Prozent anzuwenden ist. Nach der im RV-Altersgrenzenanpassungsgesetz vorgesehenen Regelung gilt dies für Versicherte die bei Eintritt der Erwerbsminderung 35 Jahre an Pflichtbeitragszeiten zurückgelegt haben. Bei Eintritt der Erwerbsminderung ab dem Jahr 2024 erhöht sich die erforderliche Anzahl an Pflichtbeitragsjahren auf 40 Jahre. Auf die erforderliche 35 Jahre bzw. 40 Jahre an Pflichtbeitragszeiten werden wie bei der 45jährigen Wartezeit für die Altersrente für besonders langjährige Versicherte Zeiten mit Pflichtbeiträgen aus Beschäftigung, selbständiger Tätigkeit und Pflege sowie Zeiten der Kindererziehung bis zum 10. Lebensjahr des Kindes angerechnet. Durch diese Regelung sollen die Versicherte begünstigt werden, die lange berufstätig gewesen sind und dementsprechend auch eine lange Zeit Pflichtbeiträge zur gesetzlichen Rentenversicherung gezahlt haben. Zeiten einer Pflichtversicherung bei Bezug von Arbeitslosengeld oder (bis Ende 2004) bei Bezug von Arbeitslosenhilfe sowie (von 2005 bis Ende 2010) bei Bezug von Arbeitslosengeld II finden – wie bereits bei der Altersrente für besonders langjährige Versicherte – ebenfalls keine Berücksichtigung für die Anrechnung auf die 35jährige bzw. 40jährige Pflichtbeitragszeit.

Zusammentreffen von Renten wegen verminderter Erwerbsfähigkeit mit Einkommen

212 In Abhängigkeit vom erzielten Hinzuverdienst wird

– eine Rente wegen teilweiser Erwerbsminderung in voller Höhe oder in Höhe der Hälfte,
– eine Rente wegen voller Erwerbsminderung in voller Höhe, in Höhe von drei Vierteln, in Höhe der Hälfte oder in Höhe eines Viertels sowie
– eine Rente für Bergleute in voller Höhe, in Höhe von zwei Dritteln oder in Höhe von einem Drittel

geleistet.

213 Die Rente wegen teilweiser Erwerbsminderung wird

– in voller Höhe geleistet bei einem Hinzuverdienst von bis zu rd. 50 Prozent des in den letzten 3 Kalenderjahren vor Beginn der Rente wegen teilweiser Erwerbsminderung versicherten Arbeitsentgelts (individuelle Hinzuverdienstgrenze) oder bei einem Hinzuverdienst von bis zum 0,345fachen der monatlichen Bezugsgröße (allgemeine Hinzuverdienstgrenze) – dies ist in den alten Bundesländern ab dem 1. Januar 2011 ein Betrag in Höhe von 881,48 Euro –, wenn diese Hinzuverdienstgrenze höher sein sollte als die individuelle Hinzuverdienstgrenze oder
– in Höhe der Hälfte geleistet bei einem Hinzuverdienst von bis zu rd. 75 Prozent des in den letzten 3 Kalenderjahren vor Beginn der Rente wegen teilweiser Erwerbsminderung versicherten Arbeitsentgelts (individuelle Hinzuverdienstgrenze) oder bei einem Hinzuverdienst von bis zum 0,42fachen der monatlichen Bezugsgröße (allgemeine Hinzuverdienstgrenze) – dies ist in den alten Bundesländern ab dem 1. Januar 2011 ein Betrag in Höhe von 1.073,10 Euro –, wenn diese Hinzuverdienstgrenze höher sein sollte als die individuelle Hinzuverdienstgrenze.

214 Die Rente wegen voller Erwerbsminderung wird

– in voller Höhe geleistet bei einem Hinzuverdienst bis zur Höhe der Entgeltgrenze für die geringfügige Beschäftigung (400 Euro),
– in Höhe von drei Vierteln geleistet bei einem Hinzuverdienst von bis zu rd. 25 Prozent des in den letzten 3 Kalenderjahren vor Beginn der Rente wegen teilweiser Erwerbsminderung versicherten Arbeitsentgelts (individuelle Hinzuverdienstgrenze) oder bei einem Hinzuverdienst von bis zum 0,255fachen der monatlichen Bezugsgröße (allgemeine Hinzuverdienstgrenze) – dies ist in den alten Bundesländern ab dem 1. Januar 2011 ein Betrag in Höhe von 651,53 Euro –, wenn diese Hinzuverdienstgrenze höher sein sollte als die individuelle Hinzuverdienstgrenze,
– in Höhe der Hälfte geleistet bei einem Hinzuverdienst von bis zu rd. 50 Prozent des in den letzten 3 Kalenderjahren vor Beginn der Rente wegen teilweiser Erwerbsminderung versicherten Arbeitsentgelts (individuelle Hinzuverdienstgrenze) oder bei einem Hinzuverdienst

von bis zum 0,345fachen der monatlichen Bezugsgröße (allgemeine Hinzuverdienstgrenze) – dies ist in den alten Bundesländern ab dem 1. Januar 2011 ein Betrag in Höhe von 881,48 Euro –, wenn diese Hinzuverdienstgrenze höher sein sollte als die individuelle Hinzuverdienstgrenze oder
- in Höhe eines Viertels geleistet bei einem Hinzuverdienst von bis zu rd. 75 Prozent des in den letzten 3 Kalenderjahren vor Beginn der Rente wegen teilweiser Erwerbsminderung versicherten Arbeitsentgelts (individuelle Hinzuverdienstgrenze) oder bei einem Hinzuverdienst von bis zum 0,42fachen der monatlichen Bezugsgröße (allgemeine Hinzuverdienstgrenze) – dies ist in den alten Bundesländern ab dem 1. Januar 2011 ein Betrag in Höhe von 1.073,10 Euro –, wenn diese Hinzuverdienstgrenze höher sein sollte als die individuelle Hinzuverdienstgrenze.

215 Die Hinzuverdienstgrenze, bis zu der eine Rente wegen voller Erwerbsminderung weiter als volle Rente gezahlt werden konnte, hatte bis zum 31. Dezember 2007 wie bei den vorzeitigen Altersrenten ein Siebtel der monatlichen Bezugsgröße (im Jahr 2007: 350 Euro) betragen. Damit lag diese Hinzuverdienstgrenze ebenfalls für diese Rentenart unterhalb der Entgeltgrenze von 400 Euro für eine versicherungsfreie geringfügige Beschäftigung. Die Differenzierung zwischen der Entgeltgrenze für eine geringfügige Beschäftigung und der Hinzuverdienstgrenze für eine volle Rente wegen voller Erwerbsminderung von einem Siebtel der monatlichen Bezugsgröße war für viele Rentnerinnen und Rentner nicht nachvollziehbar. Sie gingen daher davon aus, dass sie stets ein Arbeitsentgelt in Höhe der Entgeltgrenze für eine geringfügige Beschäftigung hinzuverdienen durften, ohne dadurch ihre Rente wegen voller Erwerbsminderung zu schmälern. Aufgrund dieser Fehleinschätzung der tatsächlichen Rechtslage ist es in vielen Fällen zu Überzahlungen bei Bezug einer vollen Rente wegen voller Erwerbsminderung gekommen. Um Rentenkürzungen für die Rentnerinnen und Rentner und aufwändige Verwaltungsverfahren für die Rentenversicherungsträger zu vermeiden, ist die ebenfalls die Hinzuverdienstgrenze für die volle Rente wegen voller Erwerbsminderung mit dem Siebten Gesetz zur Änderung des Dritten Buches Sozialgesetzbuch zum 1. Januar 2008 auf die Entgeltgrenze für eine geringfügige Beschäftigung angehoben worden. Sie beträgt daher ab dem 1. Januar 2008 ebenfalls 400 Euro. Diese Hinzuverdienstgrenze gilt einheitlich für die alten und neuen Bundesländer.

216 Nach den bis zum 31. Dezember 2007 geltenden Bestimmungen errechneten sich die Hinzuverdienstgrenzen für die als Teilrenten gezahlten Renten wegen verminderter Erwerbsfähigkeit wie die Hinzuverdienstgrenzen für die vorgezogenen Altersrenten aus Faktoren, die mit den aktuellen Rentenwerten zu vervielfältigen waren. Damit die Dynamisierung der Hinzuverdienstgrenzen wieder unmittelbar der Lohnentwicklung folgt, ist deren Dynamisierung mit dem RV-Altersgrenzenanpassungsgesetz insoweit zum 1. Januar 2008 umgestellt worden, als künftig die Hinzuverdienstgrenzen entsprechend der Veränderung der Bezugsgröße fortgeschrieben werden. Durch die Anknüpfung an die Bezugsgröße wird die Fortschreibung der Hinzuverdienstgrenzen wieder unmittelbar an die Lohnentwicklung gebunden. Für die neuen Bundesländer errechnen sich die allgemeinen Hinzuverdienstgrenzen, in dem die Beträge, die sich aus der Multiplikation der jeweils maßgebenden Faktoren (siehe Rdnr. 213 f.) mit der für die alten Bundesländer festgesetzten monatlichen Bezugsgröße (für das Jahr 2011: 2.555 Euro) ergeben, mit dem jeweiligen Verhältnis aus aktuellem Rentenwert (Ost) zum aktuellen Rentenwert vervielfältigt werden.

217 Einkünfte, die bei Überschreiten der jeweils maßgebenden Hinzuverdienstgrenze zur Änderung der Rentenhöhe oder zum Wegfall der Rente wegen teilweiser oder voller Erwerbsminderung führen, sind das Arbeitsentgelt aus abhängiger Beschäftigung und das Arbeitseinkommen aus einer selbständigen Tätigkeit. Wie schon bei den bisherigen Renten wegen Berufs- oder Erwerbsunfähigkeit seit dem 1. Januar 1999 vorgesehen, stehen ebenfalls bei den Renten wegen teilweiser oder voller Erwerbsminderung dem Arbeitsentgelt oder Arbeitseinkommen auch die an die Stelle des Arbeitsentgelts oder Arbeitseinkommens tretenden Lohnersatzleistungen (zum Beispiel Arbeitslosengeld) gleich. Dabei ist als Hinzuverdienst das der Lohnersatzleistung zugrunde liegende Arbeitsentgelt oder Arbeitseinkommen zu berücksichtigen.

218 Die Rentenversicherungsträger haben nach ihrer bis September 2010 praktizierten Rechtsanwendung Aufwandsentschädigungen für Ehrenbeamte (zum Beispiel für ehrenamtliche Bürgermeister) nur dann als Hinzuverdienst berücksichtigt, wenn sie einen konkreten Verdienstausfall ersetzten. Dies galt unabhängig davon, ob aus ihnen ein Arbeitsentgelt oder ein Arbeitseinkommen resultierte. Da in sehr vielen Fällen ein Verdienstausfall nicht ersetzt wurde, konnte häufig neben diesen Einkünften eine ungekürzte Erwerbsminderungsrente bezogen werden. Nach der in den letzten Jahren zum Hinzuverdienstrecht und zum Vorliegen von versicherungspflichtigem Arbeitsentgelt bei ehrenamtlichen Bürgermeistern ergangenen Rechtsprechung des Bundessozialgerichts konnte diese Rechtsauffassung allerdings nicht mehr aufrechterhalten werden. Die Rentenversicherungsträger haben daher beschlossen, dass mit Wirkung ab September 2010 Einkünfte aus ehrenamtlichen Beschäftigungen oder Tätigkeiten ausnahmslos in der Höhe als Hinzuverdienst zu berücksichtigen sind, in der sie Arbeitsentgelt oder Arbeitseinkommen darstellen. Lediglich der steuerfreie Anteil einer Aufwandsentschädigung (§ 3 Nr. 12 EStG) bleibt von der Berücksichtigung als Hinzuverdienst ausgenommen, der dieser weder Arbeitsentgelt noch Arbeitseinkommen ist. Dennoch sieht das Bundesministerium für Arbeit und Soziales die besondere Situation der betroffenen Ehrenbeamten, die sich auf die bisherige Rechtsanwendungspraxis der Rentenversicherungsträger eingestellt hatten und prüft daher, ob gesetzliche Übergangsregelungen in Betracht kommen, die dem Vertrauen der Betroffenen in die bisherige Rechtsanwendung Rechnung tragen.

Übergangs- und Vertrauensschutzregelungen bei den Renten wegen Erwerbsminderung

219 Das Gesetz zur Reform der Renten wegen verminderter Erwerbsfähigkeit sieht einen umfassenden Bestandsschutz vor, wonach Ansprüche auf Renten wegen Berufsunfähigkeit oder Erwerbsunfähigkeit, deren Rentenbeginn vor dem 1. Januar 2001 lag, weiterhin nach dem bis zum 31. Dezember 2000 geltenden Recht zu beurteilen sind. Laufen befristete Renten erst nach dem In-Kraft-Treten der Neuordnung des Rechts der Renten wegen verminderter Erwerbsfähigkeit am 1. Januar 2001 aus, so ist auch ein etwaiger Weitergewährungsanspruch nach dem bis zum 31. Dezember 2000 geltenden Recht zu beurteilen.

220 Ist ein Versicherter auch nach dem Auslaufen der Frist für eine Rente wegen Erwerbsunfähigkeit weiterhin aus gesundheitlichen Gründen auf nicht absehbare Zeit außerstande, eine Erwerbstätigkeit in gewisser Regelmäßigkeit auszuüben oder Arbeitsentgelt oder Arbeitseinkommen zu erzielen, das die für Dezember 2000 maßgebende Geringfügigkeitsgrenze übersteigt (630 DM/325 Euro monatlich in den alten und neuen Bundesländern), wird die Rente wegen Erwerbsunfähigkeit weitergeleistet.

221 Entsprechend gilt für die Berufsunfähigkeitsrente, dass nach Ablauf der Frist, für die eine Rente wegen Berufsunfähigkeit zu leisten war, diese weiter zu gewähren ist, wenn wegen derselben Krankheit oder derselben Behinderung die Erwerbsfähigkeit des Versicherten - entsprechend dem bis zum 31. Dezember 2000 geltenden Recht - weiterhin auf weniger als die Hälfte derjenigen eines gesunden Versicherten mit ähnlicher Ausbildung und gleichwertigen Kenntnissen und Fähigkeiten herabgesunken ist.

222 Bei Überschreiten der Hinzuverdienstgrenze für eine Rente wegen Erwerbsunfähigkeit in Höhe der Entgeltgrenze von 400 Euro für eine versicherungsfreie geringfügige Beschäftigung besteht Anspruch auf die niedrigere Rente wegen Berufsunfähigkeit.

223 Die Hinzuverdienstgrenze für eine Rente wegen Berufsunfähigkeit ist dreistufig ausgestaltet, um so dem jeweiligen Einzelfall angemessen Rechnung tragen zu können. In Abhängigkeit von drei unterschiedlichen Hinzuverdienstgrenzwerten kann der Versicherte eine Rente wegen Berufsunfähigkeit in voller Höhe, in Höhe von zwei Dritteln oder in Höhe von einem Drittel in Anspruch nehmen. Je höher sein Hinzuverdienst ist, desto niedriger ist die Höhe der Rente wegen Berufsunfähigkeit.

224 Die Berufsunfähigkeitsrente wird

– in voller Höhe gezahlt bei einem Hinzuverdienst von bis zu rd. 55 Prozent des versicherten Arbeitsentgelts im letzten Kalenderjahr vor Beginn der Berufsunfähigkeitsrente (individuelle Hinzuverdienstgrenze) oder bei einem Hinzuverdienst von bis zum 0,285fachen der monatlichen Bezugsgröße (allgemeine Hinzuverdienstgrenze) – dies ist in den alten Bundesländern ab dem 1. Januar 2011 ein Betrag in Höhe von 728,18 Euro –, wenn diese Hinzuverdienstgrenze höher sein sollte als die individuelle Hinzuverdienstgrenze,

– in Höhe von zwei Dritteln gezahlt bei einem Hinzuverdienst von bis zu rd. 75 Prozent des versicherten Arbeitsentgelts im letzten Kalenderjahr vor Beginn der Berufsunfähigkeitsrente (individuelle Hinzuverdienstgrenze) oder bei einem Hinzuverdienst von bis zum 0,38fachen der monatlichen Bezugsgröße (allgemeine Hinzuverdienstgrenze)

– dies ist in den alten Bundesländern ab dem 1. Januar 2011 ein Betrag in Höhe von 970,90 Euro –, wenn diese Hinzuverdienstgrenze höher sein sollte als die individuelle Hinzuverdienstgrenze, oder
– in Höhe von einem Drittel gezahlt bei einem Hinzuverdienst von bis zu rd. 90 Prozent des versicherten Arbeitsentgelts im letzten Kalenderjahr vor Beginn der Berufsunfähigkeitsrente (individuelle Hinzuverdienstgrenze) oder bei einem Hinzuverdienst von bis zum 0,47fachen der monatlichen Bezugsgröße (allgemeine Hinzuverdienstgrenze) – dies ist in den alten Bundesländern ab dem 1. Januar 2011 ein Betrag in Höhe von 1.200,85 Euro –, wenn diese Hinzuverdienstgrenze höher sein sollte als die individuelle Hinzuverdienstgrenze. Wird die höchstmögliche Hinzuverdienstgrenze überschritten, ruht der Anspruch auf Berufsunfähigkeitsrente in voller Höhe.

Renten wegen Todes

225 Renten wegen Todes erhalten die Witwe, der Witwer, die Waisen und der frühere Ehegatte von verstorbenen oder verschollenen Versicherten. Den Renten wegen Todes kommt grundsätzlich die Funktion zu, den Unterhalt, zu dem der verstorbene Versicherte gegenüber seinen Hinterbliebenen zu leisten verpflichtet war, auch weiterhin für die berechtigten Hinterbliebenen sicherzustellen. Das Prinzip des Unterhaltsersatzes ist der konzeptionelle Leitgedanke für das Recht der Renten wegen Todes.

Witwen- und Witwerrenten

226 Bei den Hinterbliebenenrenten an Witwen oder Witwer unterscheidet das Gesetz zwischen der kleinen und der großen Witwen- bzw. Witwerrente. Die kleine Witwen-/Witwerrente (25 Prozent der Rente wegen voller Erwerbsminderung des Verstorbenen) erhält die Witwe bzw. der Witwer nach dem Tod des versicherten Ehegatten, wenn dieser die allgemeine Wartezeit (ggf. vorzeitig) erfüllt hat. Anspruch auf große Witwen-/Witwerrente (55 Prozent bzw. 60 Prozent der Rente wegen voller Erwerbsminderung des verstorbenen Ehegatten) besteht, wenn die Witwe oder der Witwer außerdem entweder ein noch minderjähriges oder behindertes Kind erzieht oder bereits das 45. Lebensjahr vollendet hat oder erwerbsgemindert ist.

227 Mit dem RV-Altersgrenzenanpassungsgesetz wurde die Altersgrenze für den Anspruch auf die große Witwen- und Witwerrente mit einem Versorgungssatz von 55 beziehungsweise 60 Prozent parallel zur stufenweisen Anhebung der Altersgrenze bei den Altersgrenzen ebenfalls in Stufen um zwei Jahre von jetzt 45 Jahre auf dann 47 Jahre ab dem Jahr 2029 heraufgesetzt. Die Heraufsetzung dieser Altersgrenze erfolgt in Abhängigkeit vom Todesjahr des Versicherten und in der vergleichbaren zweistufigen Rhythmik wie die Anhebung der Regelaltersgrenze (Anhebung um einen Monat pro Jahr bis zum Jahr 2023 sowie Anhebung um zwei Monate pro Jahr ab dem Jahr 2024 bis zum Jahr 2029). Die Altersgrenze von 45 Jahren für die große Witwenrente oder große Witwerrente wird somit bei Todesfällen ab dem Jahr 2012 wie folgt angehoben:

Tabelle 23: Anhebung der Altersgrenze von 45 Jahren für die große Witwen- oder Witwerrente bei Tod des/der Versicherten ab dem Jahr 2012

Todesjahr des Versicherten	Anhebung um Monate	auf Alter Jahr	Monat
2012	1	45	1
2013	2	45	2
2014	3	45	3
2015	4	45	4
2016	5	45	5
2017	6	45	6
2018	7	45	7
2019	8	45	8
2020	9	45	9
2021	10	45	10
2022	11	45	11
2023	12	46	0
2024	14	46	2
2025	16	46	4
2026	18	46	6
2027	20	46	8
2028	22	46	10
ab 2029	24	47	0

228 Bei Wiederheirat entfällt der Anspruch auf Witwenrente oder Witwerrente; er wird bei der ersten Wiederheirat mit dem 24fachen Monatsbetrag abgefunden. Der Anspruch lebt aber wieder auf (Witwenrente nach dem vorletzten Ehegatten), wenn die erneute Ehe aufgelöst oder für nichtig erklärt ist. Auf eine solche Witwenrente nach dem vorletzten Ehegatten werden eine bei Wiederheirat gezahlte Abfindung in angemessenen Teilbeträgen und die Ansprüche aus der letzten Ehe angerechnet.

229 Anspruch auf Witwenrente oder Witwerrente hat auch der frühere Ehegatte eines verstorbenen Versicherten, wenn die Ehe vor dem 1. Juli 1977 geschieden, für nichtig erklärt oder aufgehoben worden ist und der Versicherte zum Zeitpunkt seines Todes Unterhalt zu leisten hatte oder im letzten Jahr geleistet hat. Ist keine Witwe vorhanden, kann die frühere Ehefrau unter bestimmten Voraussetzungen auch Witwenrente erhalten, wenn keine Unterhaltsverpflichtung des Verstorbenen bestanden hat. Ein solcher Anspruch auf „Geschiedenenwitwenrente" kann aber nur bei Scheidungen vor dem 1. Juli 1977 bestehen, da bei späteren Scheidungen ein Versorgungsausgleich durchzuführen ist.

Erziehungsrenten

230 Bei Scheidungen ab dem 1. Juli 1977 besteht beim Tod des geschiedenen Ehegatten ein Anspruch auf Erziehungsrente, wenn der überlebende frühere Ehegatte ein minderjähriges Kind erzieht, nicht wieder geheiratet hat und bis zum Tode des geschiedenen Ehegatten – ggf. aufgrund des Versorgungsausgleichs – die allgemeine Wartezeit erfüllt hat.

231 Eigenes zusätzliches Einkommen (z. B. Arbeitseinkommen) wird auf die Erziehungsrente nach den gleichen Grundsätzen angerechnet wie auf eine Witwenrente (vgl. hierzu Rdnr. 385 ff.). Die Erziehungsrente ist aber dennoch keine Hinterbliebenenrente, sondern eine Rente aus eigener Versicherung, die sich sowohl aus den eigenen rentenrechtlichen Zeiten einschließlich einer Zurechnungszeit, als auch aus den im Wege des Versorgungsausgleichs übertragenen Rentenanwartschaften errechnet.

Waisenrenten

232 Kinder von verstorbenen Versicherten haben Anspruch auf Halbwaisenrente, wenn noch ein unterhaltspflichtiger Elternteil vorhanden ist; sonst besteht Anspruch auf Vollwaisenrente. Auch dieser Anspruch setzt die Erfüllung der allgemeinen Wartezeit durch den verstorbenen Versicherten voraus. Anspruch auf Waisenrente besteht ohne weitere Voraussetzungen bis zur Vollendung des 18. Lebensjahres; bei Schul- oder Berufsausbildung, während eines freiwilligen sozialen oder ökologischen Jahres und für behinderte Kinder verlängert sich dieser Anspruch bis zum vollendeten 27. Lebensjahr. Wird die Schul- oder Berufsausbildung durch den gesetzlichen Wehrdienst oder Zivildienst unterbrochen, verlängert sich die Zahlung der Waisenrente zusätzlich um einen entsprechenden Zeitraum auch über das 27. Lebensjahr hinaus.

Änderungen in der Hinterbliebenenversorgung durch das Altersvermögens-Ergänzungsgesetz aus dem Jahr 2001

233 Die heutige Alterssicherung von verwitweten Frauen besteht vielfach in einer kleinen eigenen Versichertenrente und einer betragsmäßig meist höheren Witwenrente. Die abgeleitete Sicherung von Frauen durch die Witwenrente entspricht jedoch nicht mehr dem Rollenverständnis von Frauen in der heutigen Gesellschaft. Das moderne Verständnis von Ehe und partnerschaftlicher Arbeitsteilung in der Familie verlangt, dass künftig vermehrt das Prinzip des Teilens statt des Prinzips des Unterhaltsersatzes gelten sollte. Außerdem wird als ungerecht empfunden, dass Geschiedene mit einem zu ihren Gunsten durchgeführten Versorgungsausgleich gegenüber Witwen- und Witwern insoweit besser gestellt sind, als ihnen auf die sich aus dem Versorgungsausgleich ergebende Rente Einkommen nicht angerechnet wird, während Witwen und Witwern sich auf ihre abgeleiteten Witwen- und Witwerrenten eigenes Einkommen anrechnen lassen müssen. Mit dem Altersvermögens-Ergänzungsgesetz wurden daher wichtige Schritte unternommen, die eigenständige Alterssicherung von Frauen in Verbindung mit einer Reform der Hinterbliebenenrenten zu verbessern.

234 Aber auch ein auf die eigenständige Alterssicherung von Frauen ausgerichtetes Rentenmodell kann auf eine Hinterbliebenenversorgung nicht verzichten. Daher ist das auf dem Prinzip des Unterhaltsersatzes beruhende Hinterbliebenenrentenrecht durch das Altersvermögens-Ergänzungsgesetz nicht in seiner Grundstruktur geändert worden. Als wesentliche Änderung im Recht der Hinterbliebenenversorgung ist mit diesem Gesetz eine Kinderkomponente bei den Witwen- und Witwerrenten eingeführt worden. Kindererziehung findet daher künftig auch bei der Berechnung einer Witwen- oder Witwerrente in besonderer Weise Berücksichtigung. Zum Ausbau der eigenständigen Alterssicherung der Frau können sich die Ehegatten aber auch dazu entscheiden, anstelle der Anwendung der Regelungen über eine aus der Versicherung des Verstorbenen abgeleitete Hinterbliebenenversorgung ihre in der Ehezeit erworbenen Rentenansprüche im Wege eines so genannten Rentensplittings partnerschaftlich aufzuteilen.

235 Für die große Witwen- oder Witwerrente ist der Rentenartfaktor, der das für die jeweilige Rentenart allgemein vorgesehene Sicherungsniveau steuert, von 0,6 auf 0,55 gesenkt worden. Damit beträgt der allgemeine Versorgungssatz für eine große Witwen- oder Witwerrente nicht mehr 60 Prozent, sondern nur noch 55 Prozent der Rente des verstorbenen Versicherten. Mit der Senkung des allgemeinen Versorgungssatzes geht jedoch die Erhöhung der großen Witwen- oder Witwerrente um Zuschläge für erzogene Kinder einher. Witwen bzw. Witwer erhalten für das erste Kind, für das ihnen in vollem Umfang die Kindererziehungszeiten angerechnet worden sind, einen monatlichen Zuschlag in Höhe von zwei Entgeltpunkten. Für jedes weitere Kind, für das der Witwe oder dem Witwer die Kindererziehungszeiten in vollem Umfang angerechnet worden sind, beträgt der Zuschlag einen Entgeltpunkt. Ein Entgeltpunkt entspricht der Rente für ein Jahr Erwerbstätigkeit mit versichertem Durchschnittsverdienst (Stand bis zum 30. Juni 2011: 27,20 Euro und ab dem 1. Juli 2011: 27,47 Euro in den alten Bundesländern sowie in den neuen Bundesländern bis zum 30. Juni 2011: 24,13 Euro und ab dem 1. Juli 2011: 24,37 Euro).

Beispiel für eine Witwenrente mit Kinderkomponente

Der Ehemann hat in (ab dem 1. Juli 2011 geltenden) Werten für die alten Bundesländer eine Rente in Höhe von 1.236 Euro (Standardrente). Das Ehepaar hat drei Kinder, die Ende 1990, Ende 1991 und Ende 1995 geboren wurden.

Im Falle des Todes des Ehemannes wird die Witwe nach neuem Hinterbliebenenrentenrecht 55 Prozent der Rente des Ehemannes (= 679,88 Euro zuzüglich eines Zuschlages von 4 Entgeltpunkten für 3 Kinder in Höhe von 109,88 Euro erhalten. Das sind insgesamt 789,76 Euro Witwenrente. Nach dem bisherigen Hinterbliebenenrecht würde die Witwe dagegen nur 60 Prozent der Rente des Ehemannes (= 741,69 Euro) erhalten.

236 Die am vorstehenden Beispiel deutlich werdende Umschichtung von Witwen bzw. Witwern, die keine Kinder erzogen haben, zu Gunsten von Witwen bzw. Witwern, die Kinder erzogen haben, rechtfertigt sich daraus, dass kindererziehende Personen regelmäßig wesentlich größere erziehungsbedingte Lücken in der Erwerbsbiografie aufweisen als diejenigen Personen, die Kinder nicht erzogen haben.

237 Je nach Höhe der Rente des verstorbenen Versicherten und der Anzahl der erzogenen Kinder kann sich sogar eine Witwen- oder Witwerrente in Höhe von 100 Prozent der Rente des verstorbenen Versicherten ergeben. Die Zahlung einer höheren Rente als die, die der Versicherte vor seinem Tod bezogen hat bzw. zum Zeitpunkt seines Todes als Rente wegen voller Erwerbsminderung bezogen hätte, ist allerdings ausgeschlossen. Der Zahlbetrag ist auf die jeweilige Höhe der Rente des verstorbenen Versicherten begrenzt.

238 Mit dem Altersvermögens-Ergänzungsgesetz wurde auch eine bereits seit längerer Zeit geforderte Regelung zum Ausschluss so genannter „Versorgungsehen" geschaffen. Nach dieser Regelung ist der Anspruch auf Witwen- oder Witwerrente ausgeschlossen, wenn die Ehe nicht mindestens ein Jahr gedauert hat. Verstirbt ein Versicherter bereits im ersten Ehejahr, kann eine Leistung nur dann gewährt werden, wenn nach den besonderen Umständen des Einzelfalls die Annahme, dass es der alleinige oder überwiegende Zweck der Heirat war, einen Anspruch auf Hinterbliebenenversorgung zu begründen, nicht gerechtfertigt ist.

239 Schließlich wurde mit dem Altersvermögens-Ergänzungsgesetz die Bezugsdauer der kleinen Witwen- bzw. Witwerrente (in Höhe von 25 Prozent der Rente des verstorbenen Versicherten) für nicht erwerbsgeminderte Witwen bzw. Witwer, die keine Kinder erziehen und jünger als 45 Jahren sind, auf eine Übergangszeit von 2 Jahren befristet.

Rentensplitting unter Ehegatten

240 Zum Ausbau der eigenständigen Alterssicherung der Frauen ist mit dem Altersvermögens-Ergänzungsgesetz den Ehegatten die Möglichkeit eingeräumt worden, ihre in der Ehezeit erworbenen Rentenansprüche partnerschaftlich aufzuteilen. Anstelle der Anwendung der Regelungen über eine aus der Versicherung des Verstorbenen abgeleitete Hinterbliebenenversorgung können sich die Ehegatten jetzt auch für ein Rentensplitting betreffend der gemeinsam in der Ehezeit erworbenen Rentenanwartschaften entscheiden. Das Rentensplitting ist zwar dem bei Ehescheidungen durchzuführenden Versorgungsausgleich nachgebildet, im Unterschied zum Versorgungsausgleich ist das Rentensplitting jedoch auf Anwartschaften aus der gesetzlichen Rentenversicherung beschränkt.

241 Das Angebot einer partnerschaftlichen Teilung der Rentenanwartschaften soll dem veränderten Partnerschaftsverständnis von Männern und Frauen Rechnung tragen, die die von beiden Ehepartnern in der Ehezeit erworbenen Anwartschaften als gemeinschaftliche Lebensleistung betrachten und deshalb erreichen wollen, dass die Summe der Rentenanwartschaften aus dieser Zeit beiden Partnern je zur Hälfte zufließt. Dabei stellt diese neue Möglichkeit der partnerschaftlichen Teilung von Rentenanwartschaften nicht auf eine bestimmte Arbeitsteilung in der Ehe ab, sondern trägt der Vielfalt der Lebensentwürfe in der Ehe durch eine individuelle Wahlmöglichkeit Rechnung.

242 Die Wirkung einer partnerschaftlichen Teilung der Rentenanwartschaften durch ein Rentensplitting tritt regelmäßig bereits zu Lebzeiten beider Ehegatten (nämlich bei der Gewährung einer Vollrente wegen Alters auch für den zweiten Ehegatten) ein. Im Unterschied zum Hinterbliebenenrentenrecht ist es das Ergebnis des Rentensplittings, dass die gemeinsamen Anwartschaften aus der Ehezeit partnerschaftlich auf die Ehegatten aufgeteilt werden. Männer und Frauen werden völlig gleich behandelt. Sie erhalten aus der Ehezeit gleich hohe Rentenansprüche und daran ändert sich auch im Todesfall eines Ehepartners für den überlebenden Ehepartner nichts. Der Vorteil einer eigenen zusätzlichen Rente aus der zugesplitteten Rentenanwartschaft gegenüber einer Witwen- bzw. Witwerrente besteht somit vor allem darin, dass auch nach dem Tod des anderen Ehegatten auf diesen Rentenanspruch eigenes Einkommen nicht angerechnet wird und der Rentenanspruch auch im Falle der Wiederheirat nicht entfällt.

243 Verstirbt der Ehegatte, zu dessen Gunsten sich das Rentensplitting ausgewirkt hat, bevor diesem zwei Jahresbeträge einer Vollrente wegen Alters aus dem durch Rentensplitting erworbenen Anrecht gezahlt worden sind, steht dem überlebenden Ehegatten im Ergebnis die Rückgängigmachung des Rentensplittings zu. Er kann in diesem Fall gegenüber seinem Rentenversicherungsträger den Anspruch geltend machen, dass die sich für ihn aus dem Rentensplitting ergebende Kürzung seiner Rente zurückgenommen wird.

244 Jedes Ehepaar hat die Möglichkeit, selbst zu entscheiden, wie die Altersversorgung beider Partner künftig gestaltet wird und kann auf diese Weise die individuellen Lebensverhältnisse und Planungen berücksichtigen. Daher kann ein Rentensplitting auch nur aufgrund einer übereinstimmenden Erklärung beider Ehegatten durchgeführt werden. Die übereinstimmende Erklärung auf Geltendmachung des Anspruchs auf das Rentensplitting kann erst zu dem Zeitpunkt gegenüber den zuständigen Rentenversicherungsträgern abgegeben werden, zu dem erstmalig beide Ehegatten Anspruch auf Leistung einer Vollrente wegen Alters aus der gesetzlichen Rentenversicherung haben oder erstmalig ein Ehegatte Anspruch auf Leistung einer Vollrente wegen Alters aus der gesetzlichen Rentenversicherung und der andere Ehegatte das 65. Lebensjahr vollendet hat. Zudem ist ein Anspruch auf Durchführung des Rentensplittings nur dann gegeben, wenn bei beiden Ehegatten jeweils 25 Jahre an rentenrechtlichen Zeiten vorhanden sind.

245 In dem Fall, dass ein Ehegatte vor Vollendung des 65. Lebensjahres oder vor dem Beginn einer Vollrente wegen Alters aus der gesetzlichen Rentenversicherung verstirbt, kann der überlebende Ehegatte den Anspruch auf das Rentensplitting alleine geltend machen. Voraussetzung ist allerdings auch hier, dass beim überlebenden Ehegatten 25 Jahre an rentenrechtlichen Zeiten vorhanden sind.

246 Mit dem RV-Altersgrenzenanpassungsgesetz sind für das Rentensplitting unter Ehegatten ergänzende Frist- und Verfahrensvorschriften vorgesehen worden, mit denen Rechtsklarheit bei der Durchführung des Rentensplittings geschaffen wird und unerwünschte Gestaltungsmöglichkeiten beseitigt werden. So kann die Erklärung der Ehegatten zum Rentensplitting nun frühestens sechs Monate vor der voraussichtlichen Erfüllung der Anspruchsvoraussetzungen für eine Rente abgegeben werden. In den Fällen, in denen bereits ein Ehegatte verstorben ist, muss die Erklärung zum Rentensplitting von dem überlebenden Ehegatten spätestens innerhalb von zwölf Kalendermonaten nach dem Tod des Ehegatten abgegeben werden. Dabei handelt es sich um eine Ausschlussfrist. Die Ausschlussfrist gilt jedoch erst für Todesfälle ab dem 1. Januar 2008. Zudem können Erklärungen zum Rentensplitting von einem oder von beiden Ehegatten nun nur noch solange widerrufen werden, wie das Rentensplitting noch nicht abschließend durchgeführt ist. Danach sind die Erklärungen unwiderruflich. Ferner ist mit dem RV-Altersgrenzenanpassungsgesetz vorgesehen worden, dass für die Durchführung des Rentensplittings stets der Rentenversicherungsträger des jüngeren Ehegatten zuständig ist. Nur in den Fällen, in denen ein Ehegatte keine eigenen Anwartschaften in der gesetzlichen Rentenversicherung erworben hat, ist der Rentenversicherungsträger des anderen (älteren) Ehegatten zuständig. Der am Verfahren über das Rentensplitting unter Ehegatten beteiligte, nicht zuständige Rentenversicherungsträger ist an die Entscheidung des zuständigen Rentenversicherungsträgers gebunden.

247 Den Anspruch auf Geltendmachung eines Rentensplittings hat der Gesetzgeber jedoch nur den Ehepaaren eingeräumt, die bei typischer Betrachtung ihre weitere Lebensplanung noch auf dieses Gestaltungsrecht hin ausrichten können. Daher können sich nur die Ehepaare für ein Rentensplitting entscheiden, die die Ehe nach dem 31. Dezember 2001 geschlossen haben, sowie die Ehepaare, deren Ehe bereits am 31. Dezember 2001 bestand, wenn beide Ehegatten am 1. Januar 2002 das 40. Lebensjahr noch nicht vollendet haben, also beide Ehegatten nach dem 1. Januar 1962 geboren sind.

Lange Übergangsfristen für die Anwendung des neuen Hinterbliebenenrentenrechts

248 Damit sich die Eheleute bei ihrer Lebensplanung auf die neuen Regelungen einstellen können, hat sich der Gesetzgeber auch generell für eine lange Übergangszeit bei der Anwendung der neuen hinterbliebenenrechtlichen Regelungen entschieden. Eine kurzfristige Änderung der Lebensplanung wäre vor allem im Hinblick auf die derzeitige Arbeitsmarktsituation – insbesondere für Frauen – auch nur schwer zu realisieren.

249 Für diejenigen, die bereits am 31. Dezember 2001 eine Witwen- oder Witwerrente bezogen haben, gilt uneingeschränkt das am 31. Dezember 2001 geltende Hinterbliebenenrentenrecht weiter. Für sie bleibt es bei der großen Witwen- bzw. Witwerrente in Höhe von 60 Prozent der Rente des verstorbenen Versicherten. Aus dem weiter anwendbaren – am 31. Dezember 2001 geltenden – Hinterbliebenenrentenrecht folgt zugleich aber auch, dass sich die im Dezember 2001 gezahlten Witwen- bzw. Witwerrenten nicht aufgrund der nach neuem Recht vorgesehenen Kinderkomponente erhöhen.

250 Der Gesetzgeber hat ebenfalls Rücksicht darauf genommen, dass auch die Ehepaare, die bei Inkrafttreten des neuen Hinterbliebenenrentenrechts am 1. Januar 2002 bereits verheiratet und zu diesem Zeitpunkt schon älter waren, ihre Lebensplanung in vielen Fällen nur noch schwer auf die neuen Regelungen hätten einstellen können. Das am 31. Dezember 2001 geltende Hinterbliebenenrentenrecht findet daher auch dann weiterhin uneingeschränkt Anwendung, wenn die Ehe bereits am 31. Dezember 2001 bestanden hat und einer der beiden Ehegatten zu diesem Zeitpunkt das 40. Lebensjahr bereits vollendet hat, also vor dem 1. Januar 1962 geboren ist. Auch für diese Ehepaare folgt aus der weiteren Anwendung des bisherigen Hinterbliebenenrentenrechts, dass sie an den Besserstellungen, die sich aus der Anwendung des neuen Rechts, z. B. aus der Kinderkomponente oder dem Rentensplitting, im Einzelfall ergeben könnten, nicht partizipieren.

251 Die Regelung zum Ausschluss der Witwen- bzw. Witwerrentenberechtigung bei offensichtlichem Eingehen einer sogenannten Versorgungsehe findet nur auf Ehegatten Anwendung, die die Ehe nach dem 31. Dezember 2001 geschlossen haben. Für alle vor dem 1. Januar 2002 bereits geschlossenen Ehen bleibt es dabei, dass der Anspruch auf Witwen- bzw. Witwerrente unabhängig von der Dauer der Ehe besteht.

Erstreckung des Rechts der Hinterbliebenenversorgung auf eingetragene Lebenspartnerschaften

252 Mit dem Gesetz zur Überarbeitung des Lebenspartnerschaftsrechts vom 15. Dezember 2004 sind die Partner einer eingetragenen Lebenspartnerschaft rentenrechtlich Ehegatten bzw. Witwen und Witwern gleichgestellt worden. Dies bedeutet, dass sie Ansprüche auf Witwen- und Witwerrenten unter den gleichen Voraussetzungen und in gleicher Höhe erwerben wie ein hinterbliebener Ehegatte. Anstelle der Anwendung des Rechts der Hinterbliebenenversorgung können sich Partner einer eingetragenen Lebenspartnerschaft wie Ehegatten auch für das Rentensplitting entscheiden. Die rentenrechtliche Gleichstellung erfolgte rückwirkend zum 1. August 2001, dem Tag der Einführung des Rechts der eingetragenen Lebenspartnerschaften, so dass das Recht der Renten wegen Todes für alle auch vor dem Verkündungstag dieses Gesetzes geschlossenen eingetragenen Lebenspartnerschaften Anwendung findet. In den Fällen, in denen ein Lebenspartner bereits vor dem Jahr 2004 verstorben sein sollte, werden Rentenzahlungen jedoch erst ab dem 1. Januar 2005 erbracht. Das jeweils anzuwendende Hinterbliebenenrentenrecht (also z. B. Renten ermittelt mit dem Versorgungssatz 55 Prozent oder dem Versorgungssatz 60 Prozent) ist – entsprechend der für Ehegatten geltenden Regelung – vom Zeitpunkt der Eintragung der Lebenspartnerschaft und vom Alter der Lebenspartner abhängig.

Wartezeit

253 Voraussetzung für die Rentengewährung ist die Erfüllung einer Mindestversicherungszeit (Wartezeit). Die allgemeine Wartezeit beträgt fünf Jahre; sie ist Voraussetzung für die Regelaltersrente, für die Renten wegen verminderter Erwerbsfähigkeit und für alle Renten wegen Todes. Die Erfüllung der allgemeinen Wartezeit wird unterstellt, wenn der Versicherte vor Bezug der Regelaltersrente eine Rente wegen verminderter Erwerbsfähigkeit oder eine Erziehungsrente bezogen hat oder – für den Anspruch auf Hinterbliebenenrente – der Verstorbene bis zu seinem Tode eine Rente bezogen hat.

254 Die allgemeine Wartezeit ist vorzeitig erfüllt, wenn der Versicherte wegen eines Arbeitsunfalls, einer Wehr- oder Zivildienstbeschädigung oder wegen eines Gewahrsams nach § 1 des Häftlingshilfegesetzes vermindert erwerbsfähig oder gestorben ist und im Zeitpunkt des Arbeitsunfalls entweder versicherungspflichtig war oder in den letzten zwei Jahren davor mindestens ein Jahr mit Pflichtbeiträgen zurückgelegt hat.

255 Seit 1992 ist die allgemeine Wartezeit generell auch dann vorzeitig erfüllt, wenn der Versicherte vor Ablauf von sechs Jahren nach Beendigung einer Ausbildung voll erwerbsgemindert wird oder stirbt und in den letzten zwei Jahren vorher mindestens ein Jahr mit Pflichtbeiträgen zurückgelegt hat. Der Zeitraum von zwei Jahren vor Eintritt der verminderten Erwerbsfähigkeit oder des Todes verlängert sich um Zeiten einer schulischen Ausbildung nach Vollendung des 17. Lebensjahres bis zu sieben Jahren.

256 Auf die allgemeine Wartezeit werden nur Beitragszeiten und Ersatzzeiten angerechnet; entsprechendes gilt für die 15-jährige Wartezeit als Voraussetzung für die Altersrente wegen Arbeitslosigkeit und nach Altersteilzeitarbeit bzw. die Altersrente für Frauen.

257 Auf die 35-jährige Wartezeit als Voraussetzung für die Altersrente für langjährig Versicherte bzw. für schwerbehinderte Menschen werden hingegen alle Kalendermonate mit rentenrechtlichen Zeiten, also auch beitragsfreie Zeiten und Berücksichtigungszeiten, angerechnet.

258 Auf die Wartezeit von 45 Jahren als Voraussetzung für den Anspruch auf die Altersrente für besonders langjährig Versicherte werden ausschließlich Pflichtbeitragszeiten für eine versicherte Beschäftigung, für eine versicherte selbständige Tätigkeit oder versicherte Pflegetätigkeit sowie Zeiten der Kindererziehung bis zum 10. Lebensjahr des Kindes angerechnet.

Rentenrechtliche Zeiten

259 Das Gesetz unterscheidet bei den rentenrechtlichen Zeiten zwischen Beitragszeiten, beitragsfreien Zeiten und Berücksichtigungszeiten.

Beitragszeiten

260 Beitragszeiten sind Zeiten, für die Pflichtbeiträge insbesondere aufgrund einer versicherungspflichtigen Beschäftigung oder Tätigkeit (Pflichtbeitragszeiten) oder freiwillige Beiträge gezahlt worden sind. Zu den Beitragszeiten gehören auch die Beitragszeiten nach dem Fremdrentengesetz einschließlich der Beschäftigungszeiten. Pflichtbeitragszeiten sind ebenfalls die Kindererziehungszeiten, also Zeiten der Erziehung eines Kindes in dessen ersten drei Lebensjahren – für Geburten vor 1992 in dessen erstem Lebensjahr –, wenn die Kindererziehungszeit dem einzelnen Versicherten angerechnet wurde.

261 Schließlich sind auch Zeiten ab dem 1. April 1995, in denen ein Pflegebedürftiger im Sinne von § 14 des Elften Buches Sozialgesetzbuch (SGB XI) wenigstens 14 Stunden wöchentlich in seiner häuslichen Umgebung gepflegt wird, Pflichtbeitragszeiten.

262 Beitragszeiten werden unterteilt in Zeiten mit vollwertigen Beiträgen und beitragsgeminderte Zeiten. Beitragsgeminderte Zeiten sind Kalendermonate, die sowohl mit Beitragszeiten als auch mit beitragsfreien Zeiten belegt sind. Beitragszeiten, bei denen ein solches Zusammentreffen nicht vorliegt, sind Zeiten mit vollwertigen Beiträgen.

Beitragsfreie Zeiten

263 Die rentenrechtliche Anerkennung beitragsfreier Zeiten (Anrechnungszeiten, die Zurechnungszeit sowie Ersatzzeiten) soll einen Ausgleich dafür schaffen, dass der Versicherte keine Beschäftigung gegen Entgelt ausüben konnte. Bewertet werden beitragsfreie Zeiten grundsätzlich entsprechend dem Durchschnittswert der erbrachten Gesamtbeitragsleistung (Gesamtleistungsbewertung). Einige beitragsfreie Zeiten, wie z. B. Zeiten einer allgemeinen Schulausbildung sowie einer Fachhochschul- oder Hochschulausbildung, werden zwar als beitragsfreie Zeiten angerechnet, ihnen wird jedoch nicht nach der Methodik der Gesamtleistungsbewertung ein bestimmter, unmittelbar rentensteigender Wert zugeordnet (beitragsfreie Zeiten ohne Bewertung).

Anrechnungszeiten

264 Zu den Anrechnungszeiten zählen insbesondere Zeiten, in denen der Versicherte

– wegen Krankheit arbeitsunfähig gewesen ist oder Leistungen zur Rehabilitation erhalten hat,

- wegen Schwangerschaft oder Mutterschaft während der Schutzfrist nach dem Mutterschutzgesetz eine versicherte Beschäftigung oder selbständige Tätigkeit nicht ausgeübt hat oder
- bei einer deutschen Agentur für Arbeit wegen Arbeitslosigkeit als Arbeitsuchender oder als Ausbildungsuchender gemeldet war, für ihn in dieser Zeit Versicherungspflicht wegen des Bezugs von Sozialleistungen nicht bestanden hat, die Bundesagentur für Arbeit für ihn auch keine Beiträge an eine sonstige Versicherung oder Versorgungseinrichtung gezahlt hat und ihm nach Vollendung des 25. Lebensjahres für diese Zeiten nicht bereits Anrechnungszeiten wegen des Bezugs von Arbeitslosengeld II berücksichtigt werden (vgl. Rdnr. 265),

soweit durch diese Anrechnungszeiten eine versicherte Beschäftigung oder selbständige Tätigkeit oder ein versicherter Wehrdienst oder Zivildienst unterbrochen worden ist.

265 Mit dem Wegfall der Versicherungspflicht für die nach dem bis zum 31. Dezember 2010 geltenden Recht versicherungspflichtigen Bezieher von Arbeitslosengeld II wird die Zeit des Leistungsbezugs von Arbeitslosengeld II ab dem 1. Januar 2011 als (unbewertete) Anrechnungszeit berücksichtigt. Die Berücksichtigung der Zeit des Bezugs von Arbeitslosengeld II als Anrechnungszeit ist deshalb rentensystematisch sachgerecht, weil für diese Leistungsbezieher Hilfebedürftigkeit im Sinne des Zweiten Buches Sozialgesetzbuch vorliegt und von erwerbsfähigen Hilfebedürftigen während des Leistungsbezugs erwartet wird, dass sie jede zumutbare Arbeit annehmen. Im Unterschied zur Anrechnungszeit wegen Arbeitslosigkeit ohne Leistungsbezug ist für die Berücksichtigung der Anrechnungszeit wegen des Bezugs von Arbeitslosengeld II nicht erforderlich, dass dadurch eine versicherte Beschäftigung oder selbständige Tätigkeit unterbrochen ist.

266 Bezieher von Arbeitslosengeld II, bei denen der Bezug von Arbeitslosengeld II nach dem bis zum 31. Dezember 2010 geltenden Recht keine Versicherungspflicht in der gesetzlichen Rentenversicherung begründet hat, erhalten die Zeit des Leistungsbezugs ab dem 1. Januar 2011 auch nicht als Anrechnungszeit wegen des Bezugs von Arbeitslosengeld II berücksichtigt. Dies betrifft vor allem Leistungsbezieher, bei denen das Arbeitslosengeld II nur als Darlehen für einmalige Anschaffungen gewährt wird, und Leistungsbezieher, bei denen bereits wegen einer Beschäftigung gegen Arbeitsentgelt oder wegen des Bezugs einer Lohnersatzleistung, wie z. B. Arbeitslosengeld, Rentenversicherungspflicht besteht.

267 Für über 25-Jährige Bezieher von Arbeitslosengeld II schließt die Berücksichtigung dieser Zeit als Anrechnungszeit wegen des Bezugs von Arbeitslosengeld II die gleichzeitige Berücksichtigung dieser Zeit auch als Anrechnungszeit wegen Arbeitslosigkeit aus. Diese Regelung wurde vom Gesetzgeber vor allem aus Gründen der Verwaltungsvereinfachung geschaffen. Die Träger der Grundsicherung für Arbeitsuchende müssen im Meldeverfahren an die Träger der Rentenversicherung für Versicherte mit Anrechnungszeiten wegen des Bezugs von Arbeitslosengeld II nach Vollendung des 25. Lebensjahres nun keine gesonderte Meldung über das Vorliegen von Arbeitslosigkeit mehr vornehmen.

268 Da für die jüngeren Versicherten die Anrechnungszeit wegen Arbeitslosigkeit nicht als unbewertete, sondern als bewertete Anrechnungszeit berücksichtigt wird (vgl. Rdnr. 341), wird für diese Versicherten neben der Anrechnungszeit wegen Bezugs von Arbeitslosengeld II auch eine Anrechnungszeit wegen Arbeitslosigkeit berücksichtigt. Für die Bezieher von Arbeitslosengeld II, die das 25. Lebensjahr noch nicht vollendet haben, müssen die Träger der Grundsicherung für Arbeitsuchende daher das Vorliegen von Arbeitslosigkeit an die Träger der Rentenversicherung melden.

269 Mit dem Altersvermögens-Ergänzungsgesetz ist die rentenrechtliche Absicherung jüngerer Versicherter mit lückenhaften Erwerbsverläufen erheblich verbessert worden. Wie bei Zeiten der schulischen Ausbildung, die in aller Regel vor Eintritt in das Erwerbsleben liegen, werden seit dem 1. Januar 2002 auch vor Aufnahme der ersten versicherungspflichtigen Beschäftigung liegende Zeiten der Krankheit und Ausbildungsplatzsuche angerechnet, wenn solche Zeiten nach dem vollendeten 17. und vor dem vollendeten 25. Lebensjahr zurückgelegt worden sind. Für die Anrechnung dieser Zeiten als rentenrechtliche Zeit ist nicht – wie bei Zeiten der Krankheit und Arbeitsplatzsuche nach dem vollendeten 25. Lebensjahr – Voraussetzung, dass durch sie eine versicherte Beschäftigung oder selbständige Tätigkeit unterbrochen worden sein muss. Durch ihre Anrechnung als beitragsfreie Anrechnungszeit können sich insbesondere im Falle von Frühinvalidität bzw. frühem Tod für den Versicherten selbst bzw. für seine Hinterbliebenen auch dadurch erhebliche Verbesserungen in der Rentenhöhe ergeben, dass andere beitragsfreie Zeiten – zum Beispiel die bei Renten wegen verminderter Erwerbsfähigkeit bzw. bei Hinterbliebenenrenten anzurechnende Zurechnungszeit – eine höhere Bewertung erhalten.

270 Nach einer Übergangsregelung sind auch die in der Zeit vom 1. Januar 1983 bis zum 31. Dezember 1997 zurückgelegten Zeiten der Arbeitslosigkeit oder Krankheit, in denen die Bundesagentur für Arbeit (damals als Bundesanstalt für Arbeit bezeichnet) oder ein Träger der gesetzlichen Krankenversicherung wegen des Bezugs von Sozialleistungen (z. B. Arbeitslosengeld, Arbeitslosenhilfe, Krankengeld) Pflichtbeiträge oder sonstige Beiträge für diese Zeiten zur gesetzlichen Rentenversicherung gezahlt hat, Anrechnungszeiten. Hierbei handelt es sich damit um so genannte beitragsgeminderte Zeiten (vgl. Rdnr. 262).

271 Anrechnungszeiten sind außerdem nach dem vollendeten 17. Lebensjahr liegende Zeiten des Besuchs einer Schule einschließlich der Teilnahme an berufsvorbereitenden Bildungsmaßnahmen der Bundesagentur für Arbeit und Zeiten einer abgeschlossenen Fachschul- oder Hochschulausbildung. Wird während der Zeit einer schulischen Ausbildung zugleich auch eine versicherte Beschäftigung oder Tätigkeit ausgeübt, wird die schulische Ausbildungszeit jedoch nur dann als Anrechnungszeit angerechnet, wenn der Zeitaufwand für die schulische Ausbildung im Vergleich zum Zeitaufwand für die versicherte Beschäftigung oder Tätigkeit überwiegt.

272 Die Anrechenbarkeit und Bewertung der Anrechnungszeit wegen schulischer Ausbildung ist durch den Gesetzgeber in den vergangenen Jahren immer wieder geändert worden. Bei einem Rentenbeginn vor 1992 konnten noch bis zu insgesamt 13 Jahre an Ausbildungszeiten, die nach dem 16. Lebensjahr zurückgelegt wurden (vier Jahre Schulbesuch, vier Jahre Fachschulausbildung, fünf Jahre Hochschulausbildung), angerechnet und rentensteigernd bewertet werden. Nach den Regelungen des Rentenreformgesetzes 1992 war zunächst nur noch eine Anrechnung und Bewertung von insgesamt sieben Jahren an Ausbildungszeiten nach dem 16. Lebensjahr vorgesehen.

273 Mit dem Wachstums- und Beschäftigungsförderungsgesetz aus dem Jahr 1996 wurde die Anrechnung rentensteigernder schulischer Ausbildungszeiten weiter eingeschränkt. Zum einen wurde die höchstzulässige Anzahl beitragsfrei anrechenbarer schulischer Ausbildungszeiten noch einmal reduziert, und zwar um weitere vier Jahre. Damit waren danach nur noch drei Jahre an nach dem Prinzip der Gesamtleistungsbewertung zu bewertende und damit unmittelbar rentensteigernd wirkende Ausbildungs-Anrechnungszeiten anzurechnen. Zum anderen wurde mit dem Wachstums- und Beschäftigungsförderungsgesetz die Anrechnung von schulischen Ausbildungszeiten aber auch dahingehend eingeschränkt, dass nur noch nach dem vollendeten 17. Lebensjahr zurückgelegte Ausbildungszeiten angerechnet werden.

274 Mit dem Altersvermögens-Ergänzungsgesetz wurde für ab dem Jahr 2002 zugehende Renten die Anzahl der anzurechnenden schulischen Ausbildungszeiten nach dem vollendeten 17. Lebensjahr zwar auf 8 Jahre erhöht. Allerdings war es im Zuge dieser Rechtsänderung dabei verblieben, dass weiterhin höchstens nur drei Jahre der schulischen Ausbildung nach dem Prinzip der Gesamtleistungsbewertung bewertet wurden und damit unmittelbar rentensteigernd wirken. Wenn auch die über drei Jahre hinaus anzurechnenden Zeiten schulischer Ausbildung nicht unmittelbar rentensteigernd wirken, können sie jedoch den Gesamtleistungswert für sonstige beitragsfreie Zeiten, insbesondere die Zurechnungszeit (vgl. Rdnr. 281 f.) positiv beeinflussen. Daher können sich im Falle von Frühinvalidität bzw. frühem Tod für den Versicherten selbst bzw. seine Hinterbliebenen erhebliche Verbesserungen in der Rentenhöhe ergeben.

275 Für Versicherte, die nur noch 3 Jahre an nach dem Prinzip der Gesamtleistungsbewertung zu bewertende Zeiten einer schulischen Ausbildung als beitragsfreie Anrechnungszeit angerechnet erhalten und Zeiten einer Hochschulausbildung zurückgelegt haben, werden Hochschulausbildungszeiten auch dann angerechnet, wenn die Hochschulausbildung nicht erfolgreich abgeschlossen worden ist. Für diese Versicherten hat der Gesetzgeber auf das bisher vorgesehene Erfordernis des erfolgreichen Ausbildungsabschlusses verzichtet. Versicherte, für die in der Übergangszeit bei Rentenbeginn bis Ende des Jahres 2000 noch mehr als 3 Jahre an mit dem Gesamtleistungswert zu bewertende Ausbildungszeiten beitragsfrei angerechnet werden konnten (vgl. Rdnr. 276), hatten jedoch für die Anrechenbarkeit ihrer Hochschulausbildungszeiten weiterhin den erfolgreichen Abschluss dieser Ausbildung nachzuweisen.

276 Eine im Wachstums- und Beschäftigungsförderungsgesetz enthaltene abgestufte Übergangsregelung sah vor, dass bei Rentenbeginn im Januar 1997 Ausbildungs-Anrechnungszeiten nach dem 17. Lebensjahr, die bereits vor dem 1. Januar 1992 zurückgelegt worden sind, noch bis zu 11 Jahren (= 132 Monaten) und Ausbildungs-Anrechnungszeiten nach dem 17. Lebensjahr, die ab dem 1. Januar 1992 zurückgelegt worden sind, noch bis zu 7 Jahren (= 84 Monaten) angerechnet wurden. Für jeden Monat, den die Rente nach Januar 1997 begonnen hat, wurden die über 3 Jahre hinausgehenden Monate an Ausbildungszeiten um 1/48 gemindert, so dass die volle Begrenzung auf 3 Jahre an zu bewertenden Ausbildungs-Anrechnungszeiten erst bei Renten wirksam geworden ist, die ab Januar 2001 begonnen haben bzw. beginnen.

277 Mit dem Gesetz zur Sicherung der nachhaltigen Finanzierungsgrundlagen der gesetzlichen Rentenversicherung hat der Gesetzgeber die rentenrechtliche Bewertung von Zeiten schulischer Ausbildung noch einmal eingeschränkt. Bei einem Rentenbeginn ab Januar 2005 hängt die Höhe der Bewertung von Zeiten schulischer Ausbildung davon ab, ob es sich bei den anzurechnenden schulischen Ausbildungszeiten um eine schulische Ausbildung mit beruflichem Bezug, also um eine Fachschulausbildung oder eine berufsvorbereitende Bildungsmaßnahme, oder eine allgemeine Schulausbildung sowie Fachhochschul- oder Hochschulausbildung handelt. Bei den schulischen Ausbildungszeiten mit beruflichem Bezug ist es dabei geblieben, dass bis zu 3 Jahren (= 36 Monate) dieser Ausbildungszeiten wie bisher nach den Regelungen der Gesamtleistungsbewertung rentensteigernd zu bewerten sind. Allerdings werden Monate an zu bewertenden schulischen Ausbildungszeiten mit beruflichem Bezug nur insoweit berücksichtigt, als diese zusammen mit den als beitragsgeminderte Zeiten ebenfalls höher zu bewertenden Zeiten einer Beschäftigung zur Berufsausbildung die Anzahl von 36 Monaten nicht übersteigen. Anzurechnende Zeiten einer allgemeinen Schulausbildung sowie einer Fachhochschul- oder Hochschulausbildung werden dagegen bei einem Rentenbeginn ab Januar 2009 nicht mehr rentensteigernd bewertet. Bei Renten, die in der Zeit zwischen Januar 2005 und Dezember 2008 begonnen haben, wurde der sich nach den bis Ende 2004 geltenden Regelungen ergebende rentensteigernde Wert für Zeiten einer allgemeinen Schulausbildung sowie einer Fachhochschul- oder Hochschulausbildung für jeden Monat, den die Rente nach Januar 2005 beginnt, um 1/48 verringert, sodass bei einem Rentenbeginn seit Januar 2009 eine rentensteigernde Bewertung dieser Zeiten entfällt. Sind bei den in der Übergangszeit zugehenden Renten sowohl Zeiten einer allgemeinen Schulausbildung sowie einer Fachhochschul- oder Hochschulausbildung und Zeiten einer Fachschulausbildung oder einer berufsvorbereitenden Bildungsmaßnahme anzurechnen, werden insgesamt jedoch nicht mehr als 3 Jahre (= 36 Monate) an Ausbildungs-Anrechnungszeiten rentensteigernd bewertet.

278 Bereits mit dem Rentenreformgesetz 1992 wurde im Hinblick auf die schon in diesem Gesetz vorgesehene Reduzierung der beitragsfrei anrechenbaren Ausbildungszeiten die Möglichkeit geschaffen, bis zur Vollendung des 45. Lebensjahres für nicht berücksichtigte Ausbildungszeiten freiwillige Beiträge nachzuzahlen.

279 Anrechnungszeiten sind schließlich auch Zeiten des Bezugs einer Rente, soweit diese Zeiten auch als Zurechnungszeit (vgl. Rdnr. 281 f.) in der Rente berücksichtigt waren (z. B. bei einer Rente wegen verminderter Erwerbsfähigkeit), und die Zurechnungszeit vor Rentenbeginn, z. B. bei Zeitrenten.

280 Die pauschale Anrechnungszeit beruht auf der Überlegung, dass die Anrechnung von Anrechnungszeiten – nach dem vor 1992 geltenden Recht noch Ausfallzeiten genannt – überwiegend erst im Zuge der Rentenreform 1957 eingeführt worden ist und deshalb für Zeiten davor in vielen Fällen ein Einzelnachweis nicht mehr möglich ist. Maßgebend für die Ermittlung der pauschalen Anrechnungszeit ist die Gesamtzeit vom 17. Lebensjahr bzw. vom Kalendermonat des ersten Pflichtbeitrags – wenn dieser vor dem 17. Lebensjahr liegt – bis zum Kalendermonat des letzten Pflichtbeitrags vor 1957. Die Gesamtzeit abzüglich der auf sie entfallenden Beitrags- und Ersatzzeiten ergibt die Gesamtlücke. Die pauschale Anrechnungszeit ergibt sich, wenn die Gesamtlücke, höchstens jedoch ein Viertel der auf die Gesamtzeit entfallenden Beitrags- und Ersatzzeiten, mit dem Verhältnis vervielfältigt wird, in dem die Summe der auf die Gesamtzeit entfallenden mit Beitrags- und Ersatzzeiten belegten Kalendermonate zu der Gesamtzeit steht. Das Ergebnis ist für die Ermittlung der pauschalen Anrechnungszeit auf volle Monate aufzurunden.

Zurechnungszeit

281 Die Zurechnungszeit ist die Zeit zwischen dem Eintritt des Versicherungsfalles bzw. dem Rentenbeginn und der Vollendung des 60. Lebensjahres des Versicherten. Sie wird bei einer Rente wegen Erwerbsminderung, einer Hinterbliebenenrente oder einer Erziehungsrente hinzugerechnet. Sie gewährleistet, dass bei Eintritt des Versicherungsfalles vor Vollendung des 60. Lebensjahres der Versicherte bzw. der Rentenberechtigte so gestellt wird, als hätte er während der Zurechnungszeit entsprechend der bisherigen durchschnittlichen Beitragszahlung Beiträge zur Rentenversicherung gezahlt. Die Zurechnungszeit wurde nach dem bis zum 31. Dezember 2000 geltenden Recht bis zur Vollendung des 55. Lebensjahres voll und anschließend bis zur Vollendung des 60. Lebensjahres lediglich zu einem Drittel angerechnet.

282 Mit dem Gesetz zur Reform der Renten wegen verminderter Erwerbsfähigkeit ist die Höhe der Renten wegen verminderter Erwerbsfähigkeit an die der vorzeitig in Anspruch genommenen Altersrente für schwerbehinderte Menschen angeglichen worden, weil der Gesetzgeber vor allem bei älteren Versicherten Umgehungstendenzen befürchtete, wenn Renten wegen Erwerbsminderung vor Vollendung des 63. Lebensjahres hätten weiterhin ohne Abschlag bezogen werden können. Versicherte, deren Rente wegen Erwerbsminderung nach dem 31. Dezember 2000 beginnt, haben daher für jeden Kalendermonat des Beginns einer Rente wegen teilweiser oder voller Erwerbsminderung vor Vollendung des 63. Lebensjahres einen Abschlag von 0,3 Prozent, höchstens von 10,8 Prozent, ihrer Rente hinzunehmen. Um zu verhindern, dass jüngere, insbesondere vorzeitig voll erwerbsgeminderte Versicherte unangemessen hart von der Abschlagswirkung getroffen werden, hat sich der Gesetzgeber dafür entschieden, parallel zu dieser Maßnahme die Zeit zwischen dem 55. und 60. Lebensjahr, die nach dem bis zum 31. Dezember 2000 geltenden Recht nur zu einem Drittel als Zurechnungszeit zu berücksichtigen war, künftig in vollem Umfang zu berücksichtigen. Hierdurch wird bewirkt, dass bei den jüngeren, insbesondere unter 55-jährigen Versicherten, die Wirkung des Abschlags von 10,8 Prozent abgefedert wird. Sie liegt bei saldierter Betrachtung nur bei rd. 3 Prozent.

283 Da die Abschläge bei den Renten wegen Erwerbsminderung ebenso wie beim vorzeitigen Bezug einer Altersrente für schwerbehinderte Menschen in der Zeit von Januar 2001 bis Dezember 2003 stufenweise – nämlich in Monatsschritten – eingeführt worden sind, ist auch die Verlängerung der Zurechnungszeit parallel zur stufenweisen Einführung der Abschläge ebenfalls stufenweise in Monatsschritten erfolgt. Bei einem Beginn der Rente wegen Erwerbsminderung im Januar 2001 hat sich die Zurechnungszeit zwischen dem 55. und 60. Lebensjahr um 1 Monat und bei Beginn der Rente wegen Erwerbsminderung im Februar 2001 um 2 Monate erhöht. Für jeden späteren Monat, in dem die Erwerbsminderungsrente begonnen hat, verlängerte sich die Zurechnungszeit entsprechend, bis bei einem Rentenbeginn ab Dezember 2003 die maximale Verlängerung der Zurechnungszeit um 40 Monate erreicht worden war.

Ersatzzeiten

284 Ersatzzeiten sind Zeiträume, in denen der Versicherte infolge des Krieges oder aus kriegsbedingten Gründen an der Entrichtung von Beiträgen gehindert war. Hierzu gehören folgende Zeiten, wenn keine Versicherungspflicht bestanden hat und der Versicherte das 14. Lebensjahr vollendet hat:

– der militärische oder militärähnliche Dienst, der aufgrund gesetzlicher Dienst- oder Wehrpflicht oder während eines Krieges geleistet worden ist,
– Zeiten des Minenräumdienstes nach dem 8. Mai 1945,
– Zeiten der Internierung oder Verschleppung, wenn der Versicherte Heimkehrer ist,
– Zeiten, in denen der Versicherte während eines Krieges, ohne Kriegsteilnehmer zu sein, durch feindliche Maßnahmen an der Rückkehr aus dem Ausland oder aus den ehemaligen deutschen Ostgebieten gehindert gewesen oder dort festgehalten worden ist,
– Zeiten der Freiheitsentziehung, wenn der Versicherte Verfolgter des Nationalsozialismus ist,
– Zeiten des Gewahrsams bei politischen Häftlingen aus der ehemaligen DDR sowie
– Zeiten der Vertreibung oder Flucht, mindestens aber bei Vertriebenen die Zeit vom 1. Januar 1945 bis 31. Dezember 1946.

Bei all diesen Zeiten – mit Ausnahme verhinderter Rückkehr aus dem Ausland oder den ehemaligen deutschen Ostgebieten – werden auch die Zeiten einer anschließenden Krankheit oder einer unverschuldeten Arbeitslosigkeit als Ersatzzeiten berücksichtigt.

285 Der Erwerb von Ersatzzeiten ist heute kaum noch denkbar. Deshalb ist durch das Rentenreformgesetz 1992 die Möglichkeit des Erwerbs von Ersatzzeiten auf Zeiten bis Ende 1991 beschränkt worden.

Beitragsgeminderte Zeiten

286 Zeiten, in denen Pflichtbeiträge wegen einer versicherungspflichtigen Beschäftigung gezahlt worden sind und in denen zugleich auch beitragsfreie Zeiten – z. B. wegen des Besuchs einer Fachschule – zur Anrechnung kommen, sind beitragsgeminderte Zeiten. Mit dem Rentenreformgesetz 1992 war eine gesetzliche Fiktion eingeführt worden, wonach die ersten 36 Kalendermonate mit Pflichtbeiträgen für Zeiten einer versicherten Beschäftigung oder selbständigen Tätigkeit bis zur Vollendung des 25. Lebensjahres generell als Zeiten einer beruflichen Ausbildung galten. Hieraus folgte, dass für die vor dem 25. Lebensjahr zurückgelegten Pflichtbeitragszeiten stets die Regelungen zu den beitragsgeminderten Zeiten zur Anwendung kamen, und zwar unabhängig davon, ob es sich bei diesen Zeiten tatsächlich um Zeiten einer beruflichen Ausbildung gehandelt hat. Nach der für beitragsgeminderte Zeiten vorgesehenen Rentenberechnungsregelung (vgl. Rdnr. 334 ff.) ist für diese Zeiten eine Vergleichsberechnung durchzuführen. Dies bedeutet, dass zunächst die Entgeltpunkte für die Beitragszeiten (mit den ggf. geringen Verdiensten) zu ermitteln sind. Anschließend werden für diese Zeiten Entgeltpunkte nach den Grundsätzen der Gesamtleistungsbewertung bestimmt (durchschnittlicher Gesamtwert aller für vollwertige Beitragszeiten erreichten Entgeltpunkte). Die zu bewertenden Berufsausbildungszeiten werden mit 75 Prozent dieses durchschnittlichen Gesamtwerts, höchstens jedoch mit 0,0625 Entgeltpunkten für jeden Monat an Berufsausbildungszeit bewertet, wenn dieser Wert den für die Beitragszeiten ermittelten Entgeltpunktwert übersteigt.

287 Die mit dem Rentenreformgesetz 1992 eingeführte gesetzliche Fiktion, wonach die ersten 36 Monate an Pflichtbeitragszeiten vor dem 25. Lebensjahr stets beitragsgeminderte Zeiten sind, ist jedoch mit dem Gesetz zur nachhaltigen Sicherung der Finanzierungsgrundlagen in der gesetzlichen Rentenversicherung aus dem Jahr 2004 für die ab dem 1. Januar 2009 zugehenden Renten wieder aufgehoben worden. Für die in der Zeit zwischen dem 1. Januar 2005 und dem 31. Dezember 2008 zugegangenen Renten wurden zwar weiterhin noch die ersten 36 Monate an Pflichtbeitragszeiten vor dem 25. Lebensjahr als beitragsgeminderte Zeiten behandelt, jedoch wurde der maximale Gesamtleistungswert sowie der Höchstwert für den Zuschlag an Entgeltpunkten für jeden Monat, den die Rente nach Januar 2005 begonnen hatte, um 1/48 reduziert. Somit waren bei einem Rentenbeginn im Dezember 2008 schließlich nicht mehr 75 Prozent, sondern nur noch 1,56 Prozent des Gesamtleistungswerts berücksichtigt worden und der Höchstwert für den Zuschlag an Entgeltpunkten für jeden Monat hatte nicht mehr 0,0625, sondern nur noch 0,0013 betragen. Für die seit Januar 2009 zugehenden Renten gibt es nun keine Zuschläge an Entgeltpunkten mehr für die ersten 36 Monate an Pflichtbeitragszeiten vor dem 25. Lebensjahr.

Berücksichtigungszeiten wegen Kindererziehung und wegen häuslicher Pflege

288 Das Rentenreformgesetz 1992 hat als dritte eigenständige Kategorie von rentenrechtlichen Zeiten die Berücksichtigungszeiten wegen Kindererziehung oder wegen Pflege eingeführt. Als Berücksichtigungszeit wegen Kindererziehung zählt die Zeit vom Geburtsmonat bis zum Monat der Vollendung des 10. Lebensjahres des Kindes.

289 Als Berücksichtigungszeit wegen Pflege wurde auf Antrag die in der Zeit vom 1. Januar 1992 bis zum 31. März 1995 erbrachte Zeit der nicht erwerbsmäßigen häuslichen Pflege eines erheblich Pflegebedürftigen angerechnet. Zeiten der Pflege ab dem 1. April 1995 sind mit Einführung der Pflegeversicherung bei Vorliegen aller Voraussetzungen Pflichtbeitragszeiten und damit nicht mehr Berücksichtigungszeiten.

290 Berücksichtigungszeiten wirken sich nur innerhalb bestimmter Regelungen aus: Sie bewirken zum Beispiel die Aufrechterhaltung einer Anwartschaft auf Rente wegen verminderter Erwerbsfähigkeit dadurch, dass der Fünfjahreszeitraum vor dem Versicherungsfall, in dem mindestens drei Jahre Pflichtbeiträge vorliegen müssen, um die Berücksichtigungszeit verlängert wird. Bei der Gesamtleistungsbewertung für beitragsfreie und beitragsgeminderte Zeiten werden Berücksichtigungszeiten wegen Kindererziehung bei der Ermittlung des Gesamtleistungswertes so behandelt, als ob in diesen Zeiten für 100 Prozent des Durchschnittsentgelts Beiträge gezahlt worden wären. Dadurch wird verhindert, dass diese Zeiten als versicherungsrechtliche Lücken den Gesamtleistungswert mindern, und außerdem wird erreicht, dass diese Zeiten sich auf die Gesamtleistungsbewertung erhöhend auswirken, soweit in dieser Zeit keine Beiträge oder nur Beiträge für ein geringeres Entgelt als das jeweilige Durchschnittsentgelt gezahlt worden sind. Außerdem werden die Berücksichtigungszeiten auf die Wartezeit von 35 Jahren angerechnet, deren

Erfüllung Voraussetzung für eine vorzeitige Altersrente an schwerbehinderte Menschen ab vollendetem 60. Lebensjahr sowie für eine Altersrente für sonstige langjährig Versicherte ab vollendetem 63. Lebensjahr und für die so genannte „Rente nach Mindesteinkommen" ist.

291 Die Voraussetzungen für die Anrechnung von Berücksichtigungszeiten wegen Kindererziehung und wegen häuslicher Pflege entsprechen den Voraussetzungen für die Anrechnung von Kindererziehungszeiten bzw. den Voraussetzungen, unter denen ehrenamtliche Pflegepersonen in der Zeit vom 1. Januar 1992 bis zum 31. März 1995 Pflichtbeiträge zahlen konnten.

Rentenberechnung

292 Die Höhe einer Rente richtet sich vor allem nach der Höhe der während des Versicherungslebens durch Beiträge versicherten Arbeitsentgelte und Arbeitseinkommen (Grundsatz der Lohn- und Beitragsbezogenheit der Rente). Für die Berechnung der Rente sind nach der durch das Rentenreformgesetz 1992 umgestellten Rentenformel folgende vier Faktoren maßgebend:

– die Entgeltpunkte,
– die für die jeweiligen Entgeltpunkte maßgebenden Zugangsfaktoren,
– der Rentenartfaktor und
– der aktuelle Rentenwert.

Die Rentenformel nach dem Rentenreformgesetz 1992 lässt sich wie folgt darstellen:

persönliche Entgeltpunkte × Rentenartfaktor × aktueller Rentenwert = Monatsrente.

293 Die Arbeitsleistung des Versicherten, gemessen an seinem versicherten Arbeitsentgelt und seiner Versicherungsdauer, wird durch die Anzahl der erreichten Entgeltpunkte bestimmt. Dadurch wird eine Bewertung erreicht, die unabhängig von der weiteren Lohn- und Preisentwicklung und der Höhe des Beitragssatzes ist.

294 Der Zugangsfaktor richtet sich nach dem Zeitpunkt des Beginns einer Altersrente; er soll die Vor- und Nachteile aufgrund einer längeren bzw. kürzeren durchschnittlichen Rentenbezugsdauer bei vorzeitiger Inanspruchnahme einer Altersrente bzw. bei Verzicht einer Altersrente nach Erreichen der Regelaltersgrenze ausgleichen. Die Vervielfältigung des Zugangsfaktors mit den Entgeltpunkten, aus denen eine Rente in Anspruch genommen wird, ergibt die persönlichen Entgeltpunkte.

295 Der nach den einzelnen Rentenarten unterschiedliche Rentenartfaktor bestimmt das Sicherungsziel der jeweiligen Rentenart im Verhältnis zu einer Altersrente.

296 Durch den aktuellen Rentenwert wirkt sich der jeweilige Stand der Lohn- und Gehaltsentwicklung in der Rentenhöhe aus; er wird jährlich durch die Rentenanpassung entsprechend der Lohn- und Gehaltsentwicklung unter Berücksichtigung der Belastungsveränderung bei den Aufwendungen der Erwerbstätigen für ihre Altersversorgung sowie unter Berücksichtigung der Veränderungen beim Verhältnis von Beitragszahlern und Rentenbeziehern angepasst.

Versicherungsnummer, Versicherungskonto, Rentenauskunft

297 Die Träger der Rentenversicherung vergeben für jeden Versicherten eine individuelle Versicherungsnummer, die z. B. wie folgt lauten kann:

13 060356 L 078.

Diese setzt sich zusammen aus

– der Bereichsnummer (13) des die Versicherungsnummer vergebenden Trägers der Rentenversicherung; hier Deutsche Rentenversicherung Rheinland (bis 30. September 2005: Landesversicherungsanstalt Rheinprovinz),
– dem Geburtsdatum des Versicherten: hier 6. März 1956,
– dem Anfangsbuchstaben des Familiennamens (Geburtsnamens): hier L,
– der Seriennummer: hier der 7. männliche Versicherte, der am 6. März 1956 geboren war und dessen Familienname den Anfangsbuchstaben L trägt, und
– der Prüfziffer (8), mit der automatisch fehlerhafte Eingaben der Versicherungsnummer festgestellt werden können.

298 Für jeden Versicherten wird ein Versicherungskonto geführt, das nach der Versicherungsnummer geordnet ist. Im Versicherungskonto sind die Daten, die für die Durchführung der Versicherung sowie die Feststellung und Erbringung von Leistungen erforderlich sind, gespeichert. Die Träger der Rentenversi-

cherung haben darauf hinzuwirken, dass die im Versicherungskonto gespeicherten Daten vollständig und geklärt sind. Die Daten sollen so gespeichert werden, dass sie jederzeit abgerufen und auf maschinell verwertbaren Datenträgern oder durch Datenübertragung übermittelt werden können. Die gespeicherten personenbezogenen Daten unterliegen dem Datenschutz, d. h. sie dürfen vom Träger der Rentenversicherung nur zur Erfüllung seiner gesetzlich vorgeschriebenen und zugelassenen Aufgaben verarbeitet, genutzt oder weitergegeben werden.

299 Die Versicherten sind verpflichtet, bei der Klärung des Versicherungskontos mitzuwirken. Sie erhalten vom Träger der Rentenversicherung regelmäßig eine Mitteilung über die in ihrem Versicherungskonto gespeicherten personenbezogenen Daten (Versicherungsverlauf). Hat der Versicherungsträger das Versicherungskonto geklärt oder hat der Versicherte innerhalb von sechs Kalendermonaten nach Versendung des Versicherungsverlaufs seinem Inhalt nicht widersprochen, stellt der Versicherungsträger die im Versicherungsverlauf enthaltenen und nicht bereits festgestellten Daten, die länger als sechs Kalenderjahre zurückliegen, durch Bescheid fest. Über die Anrechnung und Bewertung dieser Daten wird aber erst bei Feststellung einer Leistung entschieden.

300 Durch die Vergabe einer Versicherungsnummer an alle Versicherten und die Einrichtung der maschinell gespeicherten Versicherungskonten ist es möglich geworden, Versicherte jederzeit auch über die Höhe der ihnen zustehenden Rentenanwartschaft zu informieren. Versicherte, die das 55. Lebensjahr vollendet haben, erhalten hierüber von Amts wegen Auskunft. Jüngeren Versicherten kann diese Auskunft von Amts wegen oder auf Antrag erteilt werden.

301 Ab dem Jahr 2004 haben die Rentenversicherungsträger allen Versicherten, die das 27. Lebensjahr vollendet haben, sogar jährlich in schriftlicher Form Auskünfte über den Stand ihrer Rentenanwartschaften zu erteilen. Diese jährliche Renteninformation hat insbesondere Angaben über die Grundlage der Rentenberechnung sowie die Höhe einer Rente zu enthalten. Solche Rentenauskünfte sind jedoch nicht rechtsverbindlich.

Aufbau der Berechnung einer Versichertenrente

302 Zu den im Versicherungskonto gespeicherten Daten gehören insbesondere alle rentenrechtlichen Zeiten und die Höhe der versicherten Entgelte bzw. der gezahlten Beiträge. Hieraus werden die für die Höhe der Rente maßgebenden Entgeltpunkte ermittelt, indem die versicherten Entgelte jeweils durch das im entsprechenden Zeitraum maßgebende durchschnittliche Bruttojahresarbeitsentgelt aller Versicherten geteilt und das Ergebnis auf vier Stellen hinter dem Komma gerundet wird. Ein versichertes Entgelt in Höhe des Durchschnittsverdienstes aller Versicherten eines Kalenderjahres ergibt somit einen Entgeltpunkt. Die Entgeltpunkte für beitragsfreie Zeiten bestimmen sich nach dem durchschnittlichen Gesamtwert aller für Beitragszeiten erreichten Entgeltpunkte (Gesamtleistungsbewertung).

303 Hieraus wird deutlich, dass für die Berechnung der Rente nicht die absolute Höhe der gezahlten Beiträge bzw. der mit diesen Beiträgen versicherten Entgelte maßgebend ist, sondern vielmehr das Verhältnis der versicherten Entgelte zum jeweiligen Durchschnittsjahresentgelt. Entscheidend für den „Rentenwert" eines Beitrags zur Rentenversicherung ist daher jeweils auch das Jahr, in welchem bzw. für welches der Beitrag gezahlt worden ist. Zur Versicherung eines Durchschnittsentgelts für ein Jahr waren z. B. im Jahr 1950 Rentenversicherungsbeiträge in Höhe von rd. 316 DM erforderlich, im Jahre 2009 hingegen bereits fast das 38fache, nämlich 6.071 Euro (dies entspricht 11.874 DM). Dennoch führen beide Beitragsleistungen zur Anrechnung jeweils eines Entgeltpunkts und somit zu einer gleich hohen Rente.

304 Durch Vervielfältigung der Summe aller Entgeltpunkte mit dem Zugangsfaktor erhält man die Anzahl der persönlichen Entgeltpunkte. Der Zugangsfaktor erlangt erst eigentliche Bedeutung, wenn eine Altersrente vor der jeweils maßgebenden Altersgrenze bzw. erst nach Erreichen der Regelaltersgrenze in Anspruch genommen wird; in allen übrigen Fällen beträgt er 1.

305 Der Monatsbetrag der Rente ergibt sich, indem die persönlichen Entgeltpunkte mit dem Rentenartfaktor, der z. B. bei Altersrenten der allgemeinen Rentenversicherung ebenfalls 1 beträgt, und mit dem Jahr für Jahr entsprechend der allgemeinen Entgeltentwicklung ansteigenden aktuellen Rentenwert vervielfältigt werden.

306 Diese Formel kann an einem Beispiel folgendermaßen erläutert werden:

Sozialgesetzbuch · 6. Buch · Rentenversicherung

Beispiel

Eine Frau, die 20 Jahre lang Beiträge für ein halbes Durchschnittsentgelt oder 10 Jahre lang für ein volles Durchschnittsentgelt gezahlt hat, hat in beiden Fällen 10 Entgeltpunkte erworben. Für die Erziehung von 2 vor 1992 geborenen Kindern erhält sie 2 × 1,0 Entgeltpunkte = 2,0 Entgeltpunkte.

Nimmt sie eine Altersrente von der für sie maßgebenden Altersgrenze an in Anspruch, betragen der Zugangsfaktor und der Rentenartfaktor jeweils 1, so dass sie bei der Rentenberechnung den Wert der Rente nicht beeinflussen. Der aktuelle Rentenwert für einen Entgeltpunkt beträgt ab dem 1. Juli 2011 für die alten Bundesländer 27,47 Euro (bis zum 30. Juni 2011: 27,20 Euro) und für die neuen Bundesländer 27,47 Euro (bis zum 30. Juni 2011: 24,13 Euro). Die Rente aus 12 Entgeltpunkten (10 Entgeltpunkte aus Beitragszeiten + 2,0 Entgeltpunkte aus Kindererziehungszeiten) ergibt sich, indem diese mit dem aktuellen Rentenwert vervielfältigt werden. Hieraus ergibt sich in den alten Bundesländern ab dem 1. Juli 2011 eine Monatsrente von 329,64 Euro (12 × 27,47 Euro) und in den neuen Bundesländern eine Monatsrente von 292,44 Euro (12 × 24,37 Euro).

Ermittlung der Entgeltpunkte für Beitragszeiten

307 Die Entgeltpunkte für Beitragszeiten werden ermittelt, indem die der Beitragszahlung zugrunde liegende Beitragsbemessungsgrundlage (z. B. das Bruttoarbeitsentgelt) eines Kalenderjahres durch das für das gleiche Kalenderjahr ermittelte durchschnittliche Bruttoarbeitsentgelt aller Versicherten geteilt wird. Hat z. B. ein Versicherter im Jahre 2009 36.607 Euro (= 120 Prozent des Durchschnittsentgelts 2009 von 30.506 Euro) verdient, werden ihm 36.607 Euro: 30.506 Euro = 1,2 Entgeltpunkte für das Jahr 2009 angerechnet.

308 Zum 1. April 2003 ist die monatliche Beitragsbemessungsgrundlage für den freiwilligen Mindestbeitrag auf den Betrag von 400 Euro (Verdienstgrenze für die versicherungsfreie geringfügige Beschäftigung) festgesetzt worden. So sind mit der ganzjährigen Zahlung des freiwilligen Mindestbeitrags im Jahr 2009 0,1573 Entgeltpunkte (12 × 400 Euro = 4.800 Euro / 30.506 Euro) erworben worden.

309 Die Durchschnittsentgelte aller Versicherten werden Jahr für Jahr durch Rechtsverordnung entsprechend den Ermittlungen des Statistischen Bundesamtes festgesetzt und in Anlage 1 zum Sechsten Buch Sozialgesetzbuch ausgewiesen (vgl. untenstehende Übersicht). Da sich das Durchschnittsentgelt eines Kalenderjahres statistisch immer erst mit einer Verzögerung von mehreren Monaten feststellen lässt, kann durch Rechtsverordnung jeweils zum Jahresende immer erst das Durchschnittsentgelt des Vorjahres bestimmt werden. Deshalb ist vorgesehen, dass die Rechtsverordnung auch für das jeweils folgende Kalenderjahr ein vorläufiges Durchschnittsentgelt festsetzt, indem das Durchschnittsentgelt des vergangenen Kalenderjahres um das Doppelte des Prozentsatzes erhöht wird, um den das Durchschnittsentgelt

Tabelle 24: Durchschnittsentgelt (bis zum Jahr 2001 in DM/RM ab dem Jahr 2002 in Euro)

Jahr	Durchschnittsentgelt	Jahr	Durchschnittsentgelt
1891	700	1950	3.161
92	700	51	3.579
93	709	52	3.852
94	714	53	4.061
95	714	54	4.234
96	728	55	4.548
97	741	56	4.844
98	755	57	5.043
99	773	58	5.330
1900	796	59	5.602
01	814	1960	6.101
02	841	61	6.723
03	855	62	7.328
04	887	63	7.775
05	910	64	8.467
06	946	65	9.229
07	987	66	9.893
08	1.019	67	10.219
09	1.046	68	10.842
1910	1.078	69	11.839
11	1.119	1970	13.343
12	1.164	71	14.931
13	1.182	72	16.335
14	1.219	73	18.295
15	1.178	74	20.381
16	1.233	75	21.808
17	1.446	76	23.335
18	1.706	77	24.945
19	2.010	78	26.242
1920	3.729	79	27.685
21	9.974	1980	29.485
24	1.233	81	30.900
25	1.469	82	32.198
26	1.642	83	33.293
27	1.742	84	34.292
28	1.983	85	35.286
29	2.110	86	36.627
1930	2.074	87	37.726
31	1.924	88	38.896
32	1.615	89	40.063
33	1.583	1990	41.946
34	1.605	91	44.421
35	1.692	92	46.820
36	1.783	93	48.178
37	1.856	94	49.142
38	1.947	95	50.665
39	2.092	96	51.108
1940	2.156	97	52.143
41	2.297	98	52.925
42	2.310	99	53.507
43	2.324	2000	54.256
44	2.292	01	55.216 (28231 Euro)
45	1.778	02	28.626 (Euro)
46	1.778	03	28.938 (Euro)
47	1.833	04	29.060 (Euro)
48	2.219	05	29.202 (Euro)
49	2.838	06	29.494 (Euro)
		07	29.951 (Euro)
		08	30.625 (Euro)
		09	30.506 (Euro)
		2010	32.003 (Euro)
		11	30.268 (Euro)

des vergangenen Kalenderjahres höher ist als das Durchschnittsentgelt des vorvergangenen Kalenderjahres. Danach errechnete sich z. B. am Ende des Jahres 2010 ein vorläufiges Durchschnittsentgelt für 2011 von 30.268 Euro; 30.506 Euro (Durchschnittsentgelt für 2009) × 0,9922 (Doppel der Veränderung des Durchschnittsentgelts im Jahre 2009 in Höhe von -0,39 Prozent) = 30.268 Euro (vorläufiges Durchschnittsentgelt für 2011). Durch die Festsetzung eines solchen vorläufigen Durchschnittsentgelts wird vermieden, dass in den letzten zwei Kalenderjahren vor Rentenbeginn für die Ermittlung der Entgeltpunkte das zuletzt für das vorvergangene Kalenderjahr festgestellte und deshalb regelmäßig zu niedrige Durchschnittsentgelt zugrunde gelegt wird. Wegen der rückläufigen Entwicklung der Löhne im Jahr 2009 hat sich für das Jahr 2011 allerdings ein geringeres vorläufiges Durchschnittsentgelt ergeben als für das Jahr 2010 festzusetzen war.

310 Außerdem gibt es noch folgende Besonderheiten:

– Arbeitsentgelte, die vom Arbeitgeber im Voraus bescheinigt wurden, sind unabhängig vom tatsächlich erzielten Arbeitsentgelt der Rente zugrunde zulegen. Eine solche Vorausbescheinigung über das voraussichtliche Arbeitsentgelt bis zum Ende der Beschäftigung haben Arbeitgeber auf Verlangen bis zu drei Monate im Voraus zu erbringen, wenn von dem Versicherten für die Zeit danach eine Rente wegen Alters beantragt wird. Dadurch wird ein lückenloser Anschluss der Rentenzahlung an das Arbeitsentgelt erleichtert, da das voraus bescheinigte Arbeitsentgelt Grundlage der Rentenberechnung wird. Die Beitragsberechnung erfolgt aber unbeschadet der Vorausbescheinigung nach dem tatsächlich erzielten Arbeitsentgelt.
– Bei einer Doppelversicherung in verschiedenen Versicherungszweigen werden die vor 1957 gezahlten Beiträge zur Arbeiterrentenversicherung oder, wenn vor 1943 eine Doppelversicherung bei der Angestelltenversicherung und der knappschaftlichen Rentenversicherung vorlag, die Beiträge zur Angestelltenversicherung nicht berücksichtigt.
– Für Beiträge, die für Arbeiter und Angestellte in der Zeit von 1921 bis 1923 gezahlt worden sind, werden für jeden Kalendermonat 0, 0625 Entgeltpunkte der Rentenberechnung zugrunde gelegt.

311 Für bestimmte Beitragszeiten sind der Ermittlung der Entgeltpunkte die in den Anlagen zum Sechsten Buch Sozialgesetzbuch ausgewiesenen Tabellenwerte zugrunde zu legen:

– So werden z. B. erst seit 1942 Beiträge im Lohnabzugsverfahren gezahlt und dementsprechend Arbeitsentgelte in die Versicherungskarten eingetragen. Für Zeiten davor wurden die Beiträge durch das Einkleben von Marken in die Versicherungskarte nach Lohn-, Gehalts- oder Beitragsklassen entrichtet. Für diese Zeiten sind die Anzahl der entrichteten Beiträge jeder Klasse mit den Werten zu vervielfältigen, die in den Tabellen der Anlagen 3 und 4 im Sechsten Buch Sozialgesetzbuch für die einzelnen Zeiträume angegeben sind.
– Für Berliner Beiträge im Zeitraum vom 1. Juli 1945 bis 31. Dezember 1954 gelten nach Anlage 5 im Sechsten Buch Sozialgesetzbuch und für saarländische Beiträge im Zeitraum vom 20. November 1947 bis 31. August 1957 nach Anlage 7 im Sechsten Buch Sozialgesetzbuch besondere Tabellenwerte.
– Haben Versicherte vor 1957 während mindestens fünf Pflichtbeitragsjahren in wesentlichem Umfang Sachbezüge (Unterkunft, Verpflegung) erhalten, sind mindestens die Tabellenwerte nach Anlage 8 im Sechsten Buch Sozialgesetzbuch zugrunde zu legen.
– Auch für Fremdrentner werden für nachgewiesene Beitrags- und Beschäftigungszeiten nach Qualifikationsgruppen und Wirtschaftsbereichen differenzierte Tabellenwerte zugrunde gelegt (Anlagen 13 und 14 im Sechsten Buch Sozialgesetzbuch). Kann die Höhe der Beiträge bzw. der Umfang der Beitrags- und Beschäftigungszeiten nicht nachgewiesen, sondern lediglich glaubhaft gemacht werden, sind um ein Sechstel verringerte Entgelte zugrunde zu legen.
– Entsprechendes gilt, wenn Versicherungsunterlagen vernichtet oder verloren gegangen sind. Kann eine Beschäftigungszeit bzw. die Höhe der entrichteten Beträge nicht nachgewiesen, sondern (z. B. durch Zeugenaussagen) nur glaubhaft gemacht werden, sind für Beschäftigungszeiten vor dem 1. Januar 1950 im heutigen Bundesgebiet und für Beschäftigungszeiten vor dem 1. Januar 1991 im früheren Bundesgebiet die – um 1/6 reduzierten – Entgelte der Tabellen zum Fremdrentengesetz (Anlagen 1 bis 16) und für die übrigen Beschäftigungszeiten (vom 1. Januar 1950 bis zum 31. Dezember 1990 im Gebiet der neuen Bundesländer und ab dem 1. Januar 1991 im gesamten Bundesgebiet) die – um 1/6 reduzierten – Entgelte in den Tabellen der Anlagen 13 und 14 im Sechsten Buch Sozialgesetzbuch zugrunde zu legen.

312 Der Entgeltpunktwert für Kindererziehungszeiten ist gesetzlich festgelegt. Er beträgt seit dem 1. Juli 2000 für jeden Kalendermonat 0,0833 Entgeltpunkte, was einem versicherten Entgelt in Höhe von 100 Prozent des Durchschnittsentgelts entspricht. Kindererziehungszeiten werden seit dem 1. Juli 1998 zusätzlich („additiv") zu bereits vorhandenen zeitgleichen Beitragszeiten angerechnet, und zwar bis zur jeweiligen Beitragsbemessungsgrenze. Bis zum 30. Juni 1998 wurden Entgeltpunkte für Kindererziehungszeiten nur berücksichtigt, soweit sich aus zugleich gezahlten Beiträgen kein höherer Entgeltpunktwert ergab. Die additive Anrechnung von Kindererziehungszeiten erfolgte nachträglich auch für die bereits vor dem 1. Juli 1998 begonnenen Renten.

313 Für bestimmte Beitragszeiten ist unabhängig von der Höhe der Beitragszahlung für die Festsetzung der Entgeltpunkte ein Mindestwert bestimmt worden:

– So wurden bei den bis zum 31. Dezember 1996 zugegangenen Renten Pflichtbeitragszeiten für eine Berufsausbildung mit mindestens 0,075 Entgeltpunkten/Monat (= 90 Prozent des Durchschnittsentgelts) bewertet. Dies galt unabhängig von einer Berufsausbildung generell für die ersten 48 Kalendermonate einer versicherungspflichtigen Beschäftigung oder selbständigen Tätigkeit vor Vollendung des 25. Lebensjahres; darüber hinaus nur für die Zeiten, für die eine Berufsausbildung nachgewiesen werden konnte. Mit dem Wachstums- und Beschäftigungsförderungsgesetz wurde diese Regelung jedoch für die ab dem 1. Januar 1997 zugehenden Renten aufgehoben.

– Wehr- und Zivildienst, der in der Zeit vom 1. Mai 1961 bis zum 31. Dezember 1981 zurückgelegt wurde, wird pro Jahr mit 1,0 Entgeltpunkten (=100 Prozent des Durchschnittsentgelts), davor oder danach liegende Zeiten bis zum 31. Dezember 1991 grundsätzlich mit 0,75 Entgeltpunkten (= 75 Prozent des Durchschnittsentgelts) bewertet. Für die Zeit ab dem 1. Januar 1992 werden für Wehrdienst- oder Zivildienstleistende Beiträge auf der Grundlage eines bestimmten Prozentsatzes der Bezugsgröße gezahlt (bis zum 31. Dezember 1999 80 Prozent der Bezugsgröße; seit dem 1. Januar 2000 60 Prozent der Bezugsgröße). Im Jahr 2011 entspricht dies einer monatlichen Beitragsbemessungsgrundlage von 1.533 Euro in den alten Bundesländern und 1.344 Euro in den neuen Bundesländern.

– Zeiten, für die Pflichtbeiträge für behinderte Menschen in geschützten Einrichtungen gezahlt worden sind, werden mit 80 Prozent der Bezugsgröße im Jahr (dies entspricht rd. 75 Prozent des Durchschnittsentgelts) bewertet. Im Jahr 2011 entspricht dies einer monatlichen Beitragsbemessungsgrundlage von 2.044 Euro in den alten Bundesländern und 1.792 Euro in den neuen Bundesländern.

– Beiträge während der Inflationszeit vom 1. Oktober 1921 (bei Arbeitern) bzw. vom 1. August 1921 (bei Angestellten) bis zum 31. Dezember 1923 werden mit 0,0625 Entgeltpunkten / Monat (= 75 Prozent des Durchschnittsentgelts) bewertet.

– Von besonderer Bedeutung ist schließlich auch die so genannte „Rente nach Mindesteinkommen". Darunter versteht man die seit der Rentenreform 1972 bestehende Regelung, wonach niedrige Pflichtbeiträge unter bestimmten Voraussetzungen auf 75 Prozent des Beitragswerts für ein Durchschnittsentgelt angehoben werden. Von dieser Regelung profitieren insbesondere Frauen, deren Verdienste durchschnittlich geringer bemessen sind als die Verdienste von Männern. Durch das Rentenreformgesetz 1992 wurde diese Regelung, die bis dahin nur Pflichtbeitragszeiten vor 1973 erfasste, auf Pflichtbeitragszeiten bis Ende 1991 erweitert und modifiziert. Sind mindestens 35 Jahre mit rentenrechtlichen Zeiten einschließlich Berücksichtigungszeiten zurückgelegt worden und ergibt sich aus den Kalendermonaten mit vollwertigen Pflichtbeiträgen ein Durchschnittswert von weniger als 0,0625 Entgeltpunkten (= 75 Prozent des Durchschnittsentgelts), werden Pflichtbeitragszeiten bis einschließlich 1991 auf das 1,5fache, höchstens aber auf monatlich 0,0625 Entgeltpunkte erhöht. Die Anhebung auf das 1,5fache des erreichten Wertes bewirkt, dass lange Beitragszeiten mit sehr niedrigen Pflichtbeiträgen aufgrund einer Teilzeitbeschäftigung im Vergleich zu einer entsprechenden Vollzeitbeschäftigung nicht unverhältnismäßig angehoben werden. Auch bei den in der Zeit vor 1992 bereits zugegangenen Renten wurden in der Zeit von 1973 bis zum Rentenbeginn entrichtete niedrige Pflichtbeiträge in einem vereinfachten und automationsgerechten Verfahren angehoben und ab 1992 als Zuschlag zur Rente ausgezahlt. Voraussetzung für die Anhebung war, dass 35 Versicherungsjahre vorgelegen haben. Der Zuschlag zur Rente berechnet sich nach den gleichen Grundsätzen wie die Anhebung der niedrigen Pflichtbeiträge für Rentenzugänge ab 1992.

Kindbezogene Höherbewertung von Pflichtbeitragszeiten

314 Während es der Gesetzgeber bis zu der im Jahr 1997 verabschiedeten Rentenreform 1999 für vordringlich erachtete, durch Zuerkennung von Kindererziehungszeiten (bis zu drei Jahren) erziehungsbedingte Lücken in der Versicherungsbiographie von Frauen zu schließen, wurde mit dem Rentenreformgesetz 1999 das Lückenschließungsprinzip erstmals verlassen und entsprechend der Vorgabe durch das Bundesverfassungsgericht eine additive Bewertung für den Fall vorgesehen, dass Kindererziehungszeiten mit anderen Beitragszeiten zusammentreffen. Damit wurde erreicht, dass sich Kindererziehungszeiten neben einer oftmals wegen Kindererziehung reduzierten Beschäftigung in dieser Zeit bis zur Beitragsbemessungsgrenze rentenrechtlich auswirken konnten. Dies war der Einstieg, rentenrechtliche Anreize zur Wiederaufnahme einer Erwerbstätigkeit in der Kindererziehungsphase zu schaffen, und damit ein erster Schritt in die Richtung, die eigenständige Alterssicherung von Frauen zu verbessern. Denn die wichtigste Grundlage für eine eigenständige Alterssicherung ist auch bei Frauen die Ausübung einer regelmäßigen Erwerbstätigkeit.

315 Mit dem Altersvermögens-Ergänzungsgesetz hat der Gesetzgeber die eigenständige Alterssicherung insbesondere von Frauen unter dem Aspekt der Förderung der Vereinbarkeit von Familie und Beruf weiter verbessert. Ziel der mit diesem Gesetz unter diesem Aspekt eingeführten Regelungen ist,

- die geringere Entlohnung für Frauen, vor allem während der Zeit einer Teilzeitbeschäftigung in der Kindererziehungsphase, teilweise auszugleichen und gleichzeitig
- weitere Anreize für eine baldige (Wieder-)Aufnahme der Erwerbstätigkeit nach der Kindererziehungszeit zu geben sowie
- einen Ausgleich für Frauen zu schaffen, die wegen der Erziehung von mindestens zwei Kindern oftmals eine Teilzeitbeschäftigung nicht aufnehmen können.

316 Um die rentenrechtlichen Folgen geringer Entgelte abzumildern, werden die Rentenanwartschaften von Kindererziehenden, die während der ihnen anzurechnenden Berücksichtigungszeit wegen Kindererziehung (die ersten 10 Lebensjahre des Kindes) erwerbstätig sind, diese Tätigkeit aber wegen der Kindererziehung vor allem in Form von Teilzeitarbeit ausüben und deshalb regelmäßig unterdurchschnittlich verdienen, bei der Rentenberechnung nach den Grundsätzen der Rente nach Mindesteinkommen aufgewertet. Damit wird ein Anreiz geschaffen, kindererziehungsbedingte Lücken in der Versicherungsbiographie möglichst kurz zu halten und möglichst bald, z. B. wenn das Kind in den Kindergarten kommt, zumindest eine Teilzeitbeschäftigung aufzunehmen. Die Erhöhung der Rentenanwartschaft erfolgt, indem der bzw. dem Versicherten zusätzlich 50 Prozent der aufgrund der gezahlten Pflichtbeiträge erworbenen Entgeltpunkte zusätzlich gutgeschrieben werden.

317 Da dieser Höherbewertungsmechanismus im Grundsatz dem Prinzip der Rentenberechnung nach Mindesteinkommen (vgl. Rdnr. 313) nachgebildet ist, erfolgt auch bei dieser Form der Höherbewertung eine Begrenzung, wenn durch die Höherbewertung ein bestimmter Entgeltpunktwert überschritten wird. Im Unterschied zur Rentenberechnung nach Mindesteinkommen, bei der die Höherbewertung auf den Wert von 0,75 Entgeltpunkten für ein Jahr bzw. 0,0625 Entgeltpunkte für einen Monat (dies entspricht 75 Prozent des Durchschnittsentgelts) begrenzt ist, gilt für die kindbezogene Höherbewertung von Pflichtbeiträgen eine Begrenzung auf 1,0 Entgeltpunkte für ein Jahr bzw. 0,0833 Entgeltpunkte für einen Monat (dies entspricht 100 Prozent eines versicherten Durchschnittsentgelts). Aufgrund der Anhebung des Begrenzungswerts auf 1 vollen Entgeltpunkt haben nun auch vollzeiterwerbstätige Frauen, vor allem also die alleinerziehenden Mütter, die Chance, von der Höherbewertungsregelung zu profitieren. Denn das Durchschnittseinkommen von Frauen liegt auch heute noch bei nur 70 Prozent des Gesamtdurchschnittseinkommens.

Beispiel

Eine alleinerziehende Frau hat ein Kind, das Ende 1992 geboren ist. Sie ist ab 1996 vollzeiterwerbstätig mit einem Verdienst in Höhe von 70 Prozent des Durchschnittseinkommens. Die Neuregelung bringt für diese Frau eine Erhöhung ihrer monatlichen Rente um fast 58 Euro bei Zugrundelegung des für die alten Bundesländer ab dem 1. Juli 2011 geltenden aktuellen Rentenwerts und um über 51 Euro bei Zugrundelegung des für die neuen Bundesländer ab dem 1. Juli 2011 geltenden aktuellen Rentenwerts (Ost).

318 Wie bei der Rentenberechnung nach Mindesteinkommen (vgl. Rdnr. 313) kommen auch bei der kindbezogenen Höherbewertung von Pflichtbeiträgen nur diejenigen Versicherten in den Genuss der zusätzlichen Entgeltpunkt, die der Solidargemeinschaft der Rentenversicherten über eine längere Zeit hinweg angehört haben. Im Unterschied zur Rente nach Mindesteinkommen, für die die Erfüllung der Wartezeit von 35 Jahren erforderlich ist, findet die kindbezogene Höherbewertung von Pflichtbeiträgen bereits für diejenigen Versicherten Anwendung, die die Wartezeit von 25 Jahren erfüllen. Diese Voraussetzung dürfte wegen der Anrechnung der Kinderberücksichtigungszeit (Zeiten der Kindererziehung bis zum 10. Lebensjahr des Kindes) aber auch wegen der jetzt möglichen Anrechnung von Zeiten der Krankheit und Arbeitslosigkeit vor Eintritt in das Erwerbsleben von den meisten Versicherten (Frauen), die neben der Ausübung einer Beschäftigung Kinder erziehen, erfüllt werden.

319 Die kindbezogene Höherbewertung von Pflichtbeiträgen gilt für die Pflichtbeiträge ab dem Jahr 1992. Sie knüpft daher nahtlos an die Rentenberechnung nach Mindesteinkommen (vgl. Rdnr. 313) an, die auf die bis Ende 1991 zurückgelegten Beschäftigungszeiten Anwendung findet. Teilzeitbeschäftigte Versicherte (Frauen), die neben einer Beschäftigung Kinder erziehen, erwerben daher für die bis 1991 zurückgelegten Beschäftigungszeiten – bei Vorliegen der Voraussetzungen – zusätzliche Entgeltpunkte aufgrund der Rentenberechnung nach Mindesteinkommen und für die ab 1992 zurückgelegten Beschäftigungszeiten zusätzliche Entgeltpunkte aufgrund der kindbezogenen Höherbewertung von Beschäftigungszeiten. Von der kindbezogenen Höherbewertung profitieren somit auch die Versicherten (Frauen), die ab dem Jahre 1992 bereits eine Beschäftigung ausgeübt haben und deren Kinder während dieser Zeit das 10. Lebensjahr noch nicht vollendet haben.

> **Beispiel**
>
> Eine Frau hat 2 Kinder, die Ende 1987 und Ende 1990 geboren sind. Sie ist seit 1. Januar 1992 teilzeitbeschäftigt und erzielt einen versicherungspflichtigen Verdienst in Höhe von 50 Prozent des Durchschnittsentgelts. Die kindbezogene Höherbewertung von Pflichtbeiträgen führt für diese Frau zu einer Erhöhung ihrer monatlichen Rente um fast 62 Euro bei Zugrundelegung des für die alten Bundesländer ab dem 1. Juli 2011 geltenden aktuellen Rentenwerts und um fast 55 Euro bei Zugrundelegung des für die neuen Bundesländer ab dem 1. Juli 2011 geltenden aktuellen Rentenwerts (Ost).

320 Viele kindererziehende Versicherte (Frauen) können wegen der Erziehung mehrerer Kinder nicht erwerbstätig sein. Auch für diese Versicherten sind mit dem Altersvermögens-Ergänzungsgesetz Verbesserungen eingeführt worden, um Lücken in der Rentenanwartschaft zu schließen. Für diese Versicherten (Mütter oder Väter) wird bei gleichzeitiger Erziehung von zwei oder mehr Kindern unter zehn Jahren nach dem Auslaufen der Kindererziehungszeit, in der Regel ab dem 4. Lebensjahr des jüngsten Kindes, bis zur Vollendung des 10. Lebensjahres des vorletzten geborenen Kindes, für Zeiten ab 1992 eine rentenrechtliche Gutschrift von Entgeltpunkten gewährt. Diese Gutschrift entspricht der höchstmöglichen Anzahl zusätzlich zu erwerbender Entgeltpunkte aus der kindbezogenen Höherbewertung von Pflichtbeiträgen. Dies entspricht 0,33 Entgeltpunkten für ein Jahr bzw. 0,0278 Entgeltpunkten für einen Monat der Erziehung von mindestens zwei Kindern unter 10 Jahren.

> **Beispiel**
>
> Eine Frau hat 3 Kinder. Die Kinder sind Ende 1989, Ende 1991 und Ende 1995 geboren. Sie ist nicht erwerbstätig. Die Gutschrift von Entgeltpunkten wegen der Erziehung mehrerer Kinder unter 10 Jahren führt zu einer Erhöhung der monatlichen Rente um fast 82 Euro bei Zugrundelegung des für die alten Bundesländer ab 1. Juli 2011 geltenden aktuellen Rentenwerts und um über 72 Euro bei Zugrundelegung des für die neuen Bundesländer ab dem 1. Juli 2011 geltenden aktuellen Rentenwerts (Ost).

321 Wird auch neben der Erziehung von mindestens zwei Kindern unter 10 Jahren eine versicherungspflichtige Beschäftigung ausgeübt, werden die sich aus der kindbezogenen Höherbewertung dieser Pflichtbeiträge ergebenden zusätzlichen Entgeltpunkte auf die gut zu schreibenden Entgeltpunkte wegen der Erziehung mehrerer Kinder angerechnet.

322 Für Versicherte, die wegen der Betreuung eines pflegebedürftigen Kindes regelmäßig nicht erwerbstätig sein können, ist die kindbezogene Höherbewertung von Pflichtbeiträgen in besonderer Weise ausgestaltet worden. Hier ist vorgesehen, dass nach dem Auslaufen der anzurechnenden Kindererziehungszeiten zusätzlich zu den Entgeltpunkten, die sich aus den für die Pflegeperson von der Pflegekasse geleisteten Pflichtbeiträgen ergeben, 50 Prozent von diesen Entgeltpunkten gutgeschrieben werden. Auch in diesem Fall erfolgt die Gutschrift nur insoweit, als sich zusammen mit den aufgrund der gezahlten Pflichtbeiträge erworbenen Entgeltpunkten nicht mehr als 1 voller Entgeltpunkt für das jeweilige Jahr bzw. 0,0833 Entgeltpunkte für den jeweiligen Monat ergeben. Die Höherbewertung erfolgt hier grundsätzlich für Zeiten ab Inkrafttreten der Pflegeversicherung zum 1. April 1995. Im Unterschied zur kindbezogenen Höherbewertung bei nichtpflegebedürftigen Kindern erstreckt sie sich nicht nur auf Zeiten bis zur Vollendung des 10. Lebensjahres des Kindes, sondern bis zum vollendeten 18. Lebensjahr des pflegebedürftigen Kindes.

> **Beispiel**
>
> Eine Frau hat ein schwerpflegebedürftiges Kind erzogen und pflegerisch betreut. Das Kind wurde Ende 1995 geboren. Für die Betreuung des Kindes erhöht sich die monatliche Rente um 103 Euro bei Zugrundelegung des für die alten Bundesländer ab dem 1. Juli 2011 geltenden aktuellen Rentenwerts und um über 91 Euro bei Zugrundelegung des für die neuen Bundesländer ab dem 1. Juli 2011 geltenden aktuellen Rentenwerts (Ost).

Ermittlung der Entgeltpunkte aus einem durchgeführten Rentensplitting unter Ehegatten

323 Haben sich die Ehegatten anstelle der Anwendung des Witwen- bzw. Witwerrentenrechts für die Durchführung eines Rentensplittings entschieden, sind Zu- und Abschläge an Entgeltpunkten aus den in der Splittingzeit erworbenen Entgeltpunkten zu ermitteln. Splittingzeit ist dabei die Zeit vom Beginn des Monats, in dem die Ehe geschlossen worden ist, bis zum Ende des Monats, in dem der Anspruch auf Durchführung des Rentensplittings entstanden ist (dies ist entweder der Monat, in dem erstmals beide Ehegatten eine Vollrente wegen Alters beziehen, oder der Monat, in dem der eine Ehegatte eine Vollrente wegen Alters bezieht und der andere Ehegatte die Regelaltersgrenze erreicht).

324 Für die Ermittlung der Zu- und Abschläge an Entgeltpunkten aus dem Rentensplitting werden die von den Ehegatten in der Ehezeit erworbenen Entgeltpunkte nach den unterschiedlichen Rentenzahlbeträgen, die sich aus ihnen ergeben, aufgeteilt. Aus der Summe aller in der Ehezeit bezogenen Entgeltpunkte werden daher insgesamt vier Klassen von Entgeltpunkten gebildet:

– Entgeltpunkte (Vervielfältigung mit dem aktuellen Rentenwert) in der allgemeinen Rentenversicherung (Vervielfältigung mit dem Rentenartfaktor 1,0),
– Entgeltpunkte (Ost) (Vervielfältigung mit dem aktuellen Rentenwert (Ost)) in der allgemeinen Rentenversicherung (Vervielfältigung mit dem Rentenartfaktor 1,0),
– Entgeltpunkte (Vervielfältigung mit dem aktuellen Rentenwert) in der knappschaftlichen Rentenversicherung (Vervielfältigung mit dem Rentenartfaktor 1,3333) sowie
– Entgeltpunkte (Ost) (Vervielfältigung mit dem aktuellen Rentenwert (Ost)) in der knappschaftlichen Rentenversicherung (Vervielfältigung mit dem Rentenartfaktor 1,3333).

325 Der Ehegatte mit der niedrigeren Summe an Entgeltpunkten in der jeweiligen Entgeltpunktgruppe erhält die Hälfte des Unterschieds zwischen den gleichartigen Entgeltpunkten der Ehegatten zugeschlagen. Dementsprechend muss der Ehegatte mit der höheren Summe an Entgeltpunkten in der jeweiligen Entgeltpunktgruppe einen Abschlag an Entgeltpunkten in Höhe der Hälfte des Unterschieds zwischen den gleichartigen Entgeltpunkten hinnehmen.

326 Wie beim Versorgungsausgleich führt auch das Rentensplitting nicht nur zu höheren Rentenansprüchen, sondern auch zu einer Erhöhung der auf die Wartezeit anzurechnenden Monate mit rentenrechtlichen Zeiten. Je nach Lage des Einzelfalls kann daher ein Ehegatte mit der Durchführung des Rentensplittings eine zunächst nicht erfüllte Wartezeit für einen Anspruch auf Altersrente dann doch noch erfüllen. Hat einer der Ehegatten in der Ehezeit eine geringere Anzahl an Entgeltpunkten erworben als der andere Ehegatte, ergibt sich für den Ehegatten mit der geringeren Anzahl an Entgeltpunkten ein Splittingzuwachs an Entgeltpunkten in Höhe der Hälfte des Unterschieds zwischen der höheren und der geringeren Anzahl an Entgeltpunkten. Soweit die in die Ehezeit fallenden Kalendermonate nicht bereits auf die War-

tezeit anzurechnen sind, erhöht ein Splittingzuwachs an Entgeltpunkten die Wartezeit um die volle Anzahl an Monaten, die sich ergibt, wenn die Entgeltpunkte aus dem Splittingzuwachs durch den Wert 0,0313 geteilt werden. Ein Splittingzuwachs von 0,375 Entgeltpunkten erhöht somit die Wartezeit um ein Jahr. Dies bedeutet, dass z. B. eine Frau, die selbst nicht versichert war und deren Ehegatte lediglich Arbeitsentgelte in Höhe von 75 Prozent des Durchschnittsverdienstes erzielte, ebenso viele Monate auf die Wartezeit angerechnet erhält wie ihr Ehemann zurückgelegt hat. Für die von dieser Neuregelung Begünstigten – in der Regel sind es Frauen – wird sich durch sie ein wesentlich erleichterter Zugang zu Rentenleistungen ergeben.

Ermittlung der Entgeltpunkte aus den pauschalen Arbeitgeberbeiträgen für Entgelte aus geringfügiger Beschäftigung

327 Mit dem Gesetz zur Neuregelung der geringfügigen Beschäftigungsverhältnisse sollte insbesondere Frauen, die vor allem in diesen Beschäftigungsverhältnissen arbeiten, eine verbesserte Alterssicherung ermöglicht werden. Daher wurde in diesem Gesetz die Regelung getroffen, dass auch aus den 15-prozentigen (bis zum 30. Juni 2006 12-prozentigen) pauschalen Arbeitgeberbeiträgen für Entgelte aus geringfügigen Beschäftigungen Entgeltpunkte erworben werden. Für die pauschalen Arbeitgeberbeiträge wird ein Zuschlag an Entgeltpunkten ermittelt, indem das diesen Beiträgen zugrunde liegende Entgelt eines Kalenderjahres durch das Durchschnittsentgelt dieses Kalenderjahres nach Anlage 1 zum Sechsten Buch Sozialgesetzbuch geteilt und dieser Wert mit dem Verhältnis aus 15-prozentigem (bis zum 30. Juni 2006 12-prozentigen) pauschalen Arbeitgeberbeitrag und dem vollen Beitragssatz in der allgemeinen Rentenversicherung dieses Kalenderjahres vervielfältigt wird.

Beispiel

Arbeitsentgelt aus geringfügiger Beschäftigung im Jahr 2009:	4.800 Euro
Durchschnittsentgelt des Jahres 2009:	30.506 Euro
Beitragssatz des Jahres 2009:	19,9 Prozent

Zuschlag zu Entgeltpunkten:
4.800 Euro: 30.506 Euro × 15/19,9
= 0,1186 Entgeltpunkte

328 Ein Zuschlag an Entgeltpunkten aus dem Arbeitgeberpauschalbeitrag für eine geringfügige Beschäftigung wird für versicherungsfreie Renten- oder Versorgungsbezieher sowie Personen, die bis zum Erreichen der Regelaltersgrenze nicht versichert waren, nicht ermittelt, da für sie das Versicherungsleben bereits abgeschlossen ist.

329 Die Zuschläge an Entgeltpunkten aus Entgelten für eine geringfügige Beschäftigung haben auch Bedeutung für die Erfüllung der Wartezeit. Auf die Wartezeit wird die volle Anzahl an Monaten angerechnet, die sich ergibt, wenn die Zuschläge an Entgeltpunkten durch den Wert 0,0313 geteilt werden.

330 Mit dem Zweiten Gesetz für moderne Dienstleistungen am Arbeitsmarkt ist mit Wirkung ab dem 1. April 2003 für geringfügige Beschäftigungen in Privathaushalten der pauschale Arbeitgeberbeitrag zur Rentenversicherung auf 5 Prozent abgesenkt worden. Entgeltpunkte aus den pauschalen Arbeitgeberbeiträgen für geringfügige Beschäftigungen in Privathaushalten werden daher ermittelt, indem der Verhältniswert aus dem Entgelt und dem Durchschnittsentgelt des jeweiligen Kalenderjahres mit dem Verhältnis aus 5-prozentigem pauschalen Arbeitgeberbeitrag und dem vollen Beitragssatz in der allgemeinen Rentenversicherung dieses Kalenderjahres vervielfältigt wird.

Beispiel

Arbeitsentgelt aus geringfügiger Beschäftigung im Jahr 2009:	4.800 Euro
Durchschnittsentgelt des Jahres 2009:	30.506 Euro
Beitragssatz des Jahres 2009:	19,9 Prozent

Zuschlag zu Entgeltpunkten:
4.800 Euro: 30.506 Euro × 5/19,9
= 0,0395 Entgeltpunkte

Ermittlung der Entgeltpunkte für beitragsfreie und beitragsgeminderte Zeiten

331 Die Anrechnung beitragsfreier Zeiten erfolgte bis Ende 1991 nur unter bestimmten Voraussetzungen, wozu u. a. auch die Erfüllung der so genannten Halbbelegung gehört hat. Diese erforderte, dass die Zeit vom Versicherungseintritt bis zum Versicherungsfall unter Ausklammerung der Ausfallzeiten wenigstens zur Hälfte mit Pflichtbeiträgen belegt war.

332 Demgegenüber werden bei Rentenbeginn ab 1992 beitragsfreie Zeiten und beitragsgeminderte Zeiten (Zeiten, in denen sowohl Pflichtbeiträge wegen einer versicherungspflichtigen Beschäftigung gezahlt worden sind, und in denen zeitgleich auch beitragsfreie Zeiten – z. B. wegen des Besuchs einer Fachschule – zur Anrechnung kommen) ohne weitere Voraussetzungen angerechnet. Durch den Verzicht auf die Anrechnungsvoraussetzung der Halbbelegung bzw. einer bestimmten Beitragsdichte werden die damit verbundenen Zufallsergebnisse (Alles-oder-Nichts-Prinzip) vermieden. Bewertet werden die beitragsfreien Zeiten nach dem durchschnittlichen Gesamtwert der Beiträge einschließlich der freiwilligen Beiträge (Gesamtleistungsbewertung). Bei der Ermittlung des durchschnittlichen Gesamtwertes wird einheitlich für alle Versicherten auf das gesamte Versicherungsleben vom vollendeten 17. Lebensjahr bis zum Eintritt des Versicherungsfalls (belegungsfähiger Zeitraum) unter Abzug der beitragsfreien Zeiten abgestellt. Liegen also versicherungsrechtliche Lücken nicht vor, entspricht der Gesamtleistungswert dem durchschnittlichen Beitragswert. Liegen Lücken vor, verringert sich der Gesamtleistungswert entsprechend.

333 Bei Einführung des Prinzips der Gesamtleistungsbewertung war aus Gründen des Vertrauensschutzes auch vorgesehen worden, dass die Anzahl der vor dem 1. Januar 1992 liegenden Monate einer Lücke im Versicherungsleben um eine Pauschalzeit gekürzt wird, die bei Beginn der Rente im Jahr 1992 zunächst 36 Prozent der Beitragszeiten betragen hat. Für jedes Jahr, das die Rente später begann, ist dieser Prozentsatz um jeweils 3 Prozentpunkte gesenkt worden, so dass er bei Rentenbeginn im Januar 1997 noch 24 Prozent der Beitragszeiten betragen hat. Für jeden Monat, den die Rente nach Januar 1997 begonnen hat, hat sich dieser Prozentsatz jeweils um weitere 0,5 Prozentpunkte verringert, so dass die volle Versicherungslücke vor dem 1. Januar 1992 erst bei Renten zum Tragen kommt, die ab dem Jahr 2001 begonnen haben bzw. beginnen.

334 Die Gesamtleistungsbewertung erfolgt einmal unter Berücksichtigung der beitragsgeminderten Zeiten als Beitragszeit (Grundbewertung) und zum anderen unter Berücksichtigung dieser Zeiten als beitragsfreie Zeiten (Vergleichsbewertung). Dadurch wird erreicht, dass beitragsgeminderte Zeiten mindestens den Wert erhalten, den sie als beitragsfreie Zeiten hätten. Beitragsfreie Zeiten, die bereits bei einer Beamtenversorgung oder einer beamtenrechtsähnlichen Versorgung als ruhegehaltsfähig anerkannt worden sind, bleiben bei der Gesamtleistungsbewertung unberücksichtigt, d. h. diese Zeiten zählen als Versicherungslücke.

335 Bei der Grundbewertung wird die Summe der Entgeltpunkte für Beitragszeiten durch die Anzahl der belegungsfähigen Monate geteilt. Die Anzahl der belegungsfähigen Monate ergibt sich aus dem belegungsfähigen Gesamtzeitraum vom vollendeten 17. Lebensjahr bis zum Eintritt des Versicherungsfalls unter Abzug der beitragsfreien Zeiten und der Zeiten, in denen eine Rente aus eigener Versicherung bezogen worden ist. Berücksichtigungszeiten wegen Kindererziehung zählen im Rahmen der Gesamtleistungsbewertung als „Beitragszeiten" mit einem Wert von 0,0833 Entgeltpunkten/Monat, was 100 Prozent des Durchschnittsentgelts entspricht Die für Zeiten der Pflege vom 1. Januar 1992 bis zum 31. März 1995 anzurechnenden Berücksichtigungszeiten gehen mit einem Wert von 0,0625 Entgeltpunkten, was 75 Prozent eines Durchschnittsentgelts entspricht, in die Gesamtleistungsbewertung ein. Sie verbessern dadurch den Gesamtleistungswert. Die Grundbewertung erfolgt somit nach folgender Formel:

$$Glw = \frac{EP \text{ aus BeitragsZ} + \text{BerücksZ}}{Mon.bZ - Mon.bfZ - Mon.RbZ}$$

Glw	= Gesamtleistungswert je Monat
EP	= Entgeltpunkte
BeitragsZ	= Beitragszeiten
BerücksZ	= Berücksichtigungszeiten
Mon.bZ	= Monate an belegungsfähiger Zeit
Mon.bfvZ	= Monate an beitragsfreien Zeiten
Mon.RbZ	= Monate an Rentenbezugszeiten

336 Bei der Vergleichsbewertung werden im Zähler die Summe der Entgeltpunkte aus der Grundbewertung um die Entgeltpunkte für beitragsgeminderte Zeiten sowie für Berücksichtigungszeiten, die auch beitragsfreie Zeiten sind, und im Nenner die belegungsfähigen Monate zusätzlich um die beitragsgeminderten Zeiten gemindert. Die Formel für die Vergleichsbewertung ist daher:

$$Glw = \frac{EP \text{ Grundbew} - EP \text{ aus bgZ} - EP \text{ aus BerücksZ, die bfZ sind}}{Mon.bZ - Mon.bfZ - Mon.bgZ - RbZ}$$

Glw	= Gesamtleistungswert je Monat
EP Grundbew	= Entgeltpunkte nach Grundbewertung

bgZ	= beitragsgeminderte Zeiten
BerücksZ	= Berücksichtigungszeiten
bfZ	= beitragsfreie Zeiten
Mon.bZ	= Monate an belegungsfähiger Zeit
Mon.bfZ	= Monate an beitragsfreien Zeiten
Mon.bgZ	= Monate an beitragsgeminderten Zeiten
Mon.RbZ	= Monate an Rentenbezugszeiten

337 Bei beitragsgeminderten Zeiten ist der jeweils höchste Entgeltpunktwert für die Rentenberechnung maßgebend. Ergibt sich aus der Vergleichsbewertung eine höhere Anzahl von Entgeltpunkten als Entgeltpunkte für Beitragszeiten, erhalten beitragsgeminderte Zeiten einen Zuschlag an Entgeltpunkten, so dass mindestens der Entgeltpunktwert erreicht wird, den diese Zeiten als beitragsfreie Zeiten nach der Vergleichsbewertung hätten.

Begrenzte Gesamtleistungsbewertung

338 Die beitragsfreien (und ggf. beitragsgeminderten) Anrechnungszeiten für fachschulische und berufliche Ausbildung erhalten nicht den vollen Gesamtleistungswert (begrenzte Gesamtleistungsbewertung). Der für sie ermittelte Gesamtleistungswert wird auf 75 Prozent begrenzt. Zudem darf der begrenzte Gesamtleistungswert für die Ausbildungs-Anrechnungszeiten 75 Prozent des Durchschnittsentgelts, also 0,0625 Entgeltpunkte im Monat, nicht übersteigen.

339 Bei der Begrenzung des Gesamtleistungswerts für die Ausbildungs-Anrechnungszeiten haben sich allerdings in der Zeit von 1997 bis 2001 Besonderheiten ergeben. Für schulische und berufliche Ausbildungszeiten haben bei Rentenbeginn in der Zeit vom 1. Januar 1997 bis zum 31. Dezember 2000 höhere Begrenzungswerte für den Gesamtleistungswert als 75 Prozent bzw. höchstens 0,0625 Entgeltpunkte für jeden Monat gegolten. Bei Beginn der Rente im Januar 1997 wurden diese Zeiten noch mit einem nur auf 91 Prozent begrenztem Gesamtleistungswert bzw. höchstens 0,0758 Entgeltpunkte für jeden Monat bewertet. Mit jedem Monat, um den die Rente später begonnen hat, hat sich der Begrenzungssatz um 0,3333 Prozentpunkte bzw. der maximal berücksichtigungsfähige Entgeltpunktwert um 0,0002 bis 0,0003 Punkte verringert. Bei den Renten, die seit dem Jahr 2001 beginnen, gelten nun die Begrenzungswerte 75 Prozent bzw. höchstens 0,0625 Entgeltpunkte.

340 Für Zeiten der Arbeitslosigkeit, die vor dem 1. Juli 1978 mangels Beitragszahlung generell als Anrechnungszeiten gelten, sowie für die in der Zeit vom 1. Januar 1983 bis zum 31. Dezember 1997 zurückgelegten Zeiten der Arbeitslosigkeit oder Krankheit, die nach der hier vorgesehenen Übergangsregelung auch bei einer Zahlung von Pflichtbeiträgen wegen des Bezugs von Sozialleistungen (z. B. Arbeitslosengeld, Arbeitslosenhilfe, Krankengeld) Anrechnungszeiten sind, ist der Gesamtleistungswert auf 80 Prozent begrenzt.

341 Auch die Zeiten der Arbeitslosigkeit (mit und ohne Leistungsbezug) vor dem vollendeten 25. Lebensjahr werden als zu bewertende Anrechnungszeiten wegen Arbeitslosigkeit berücksichtigt. Mit der Berücksichtigung der Zeit der Arbeitslosigkeit vor Vollendung des 25. Lebensjahres als zu bewertende Anrechnungszeit verfolgt der Gesetzgeber das Ziel, dass Versicherten auch dann eine angemessene Lohnersatzleistung erreichen können, wenn bereits kurze Zeit nach Eintritt in das Erwerbsleben Invalidität eintritt. Sie erhalten aber – ebenso wie die Zeiten der Arbeitslosigkeit vor dem 1. Juli 1978 und in der Zeit vom 1. Januar 1983 bis zum 31. Dezember 1997 – nicht den vollen, sondern den auf 80 Prozent begrenzten Gesamtleistungswert.

Anrechnungszeiten ohne Bewertung

342 Nach den mit dem Wachstums- und Beschäftigungsförderungsgesetz im Bereich der Anrechnung und Bewertung von beitragsfreien Zeiten vorgenommenen Neuregelungen werden die beitragsfrei anzurechnenden Zeiten der Arbeitslosigkeit und Krankheit ohne Leistungsbezug (z. B. ohne Zahlung von Arbeitslosengeld, Arbeitslosengeld II oder Krankengeld) nicht mehr mit einem Gesamtleistungswert bewertet.

343 Mit dem Haushaltsbegleitgesetz 2011 ist zum 31. Dezember 2010 die Rentenversicherungspflicht für Bezieher von Arbeitslosengeld II aufgehoben worden. Ab dem 1. Januar 2011 werden auch die ab diesem Zeitpunkt zurückgelegten Zeiten mit Bezug von Arbeitslosengeld II als unbewertete Anrechnungszeit berücksichtigt. Die unbewerteten Anrechnungszeiten haben keine unmittelbar rentensteigernde Wirkung. Da durch diese Zeiten Lücken in der Versicherungsbiografie geschlossen werden, weil es sich hierbei – wenn auch ohne Bewertung – um anrechenbare Versicherungszeiten handelt, können sie mittelbar aber den Wert anderer – zu bewertender – beitragsfreien Zeiten (z. B. Zeiten der Schwangerschaft oder Mutterschaft während der Schutzfristen oder die Zurechnungszeit bei den Renten wegen verminderter Erwerbsfähigkeit) erhöhen.

344 Dieser Effekt der unbewerteten Anrechnungszeit hat auch zur Folge, dass der Wegfall der Rentenversicherungspflicht für die Bezieher von Arbeitslosengeld II ab dem Jahr 2011 und die künftige Berücksichtigung der Zeit des Bezugs von Arbeitslosengeld II als unbewertete Anrechnungszeit in der Regel zu einer besseren Bewertung der zu bewertenden beitragsfreien Zeit führt als die Berücksichtigung der Zeit des Bezugs von Arbeitslosengeld II als Pflichtbeitragszeit mit dem sehr geringen Beitragswert von 40,80 Euro monatlich (Bemessungsgrundlage für den monatlichen Beitrag = 205 Euro). Denn die künftige Bewertung dieser beitragsfreien Zeiten auf Grundlage des durchschnittlichen Werts der entrichteten Beiträge ohne Zeiten des Bezugs von Arbeitslosengeld II mit den sehr niedrigen Pflichtbeiträgen hebt die hierdurch eintretende Verzerrung bei dem aus allen Beiträgen zu bildenden Gesamtleistungswert auf. Dies macht Beispiel 1 deutlich.

345 Mit dem Gesetz zur Sicherung der nachhaltigen Finanzierungsgrundlagen der gesetzlichen Rentenversicherung aus dem Jahr 2004 ist ebenfalls die Bewertung der Zeiten allgemein schulischer Ausbildung (Zeiten der Schul- und Hochschulausbildung) für die ab dem 1. Januar 2009 zugehenden Renten aufgehoben worden. Bei den zwischen Januar 2005 und Dezember 2008 zugehenden Renten sind diese Zeiten aus Gründen des Vertrauensschutzes zwar noch bewertet werden, jedoch nicht mehr in der Höhe wie dies bei den bis Ende 2004 zugegangenen Renten der Fall gewesen ist. Der sich nach den bis Ende 2004 geltenden Regelungen ergebende Höchstwert aus der Gesamtleistungsbewertung (75 Prozent des Gesamtleistungswerts, höchsten 0,0625 Entgeltpunkte pro Monat) ist für jeden Monat, den die Rente nach Januar 2005 begann, um 1/48 verringert worden, sodass bei den Renten, die seit Januar 2009 beginnen, eine rentensteigernde Bewertung von Zeiten einer allgemeinen Schulausbildung sowie einer Fachhochschul- oder Hochschulausbildung entfällt. Keine Änderungen haben sich dagegen bei der Anrechnung von Ausbildungs-Anrechnungszeiten als Versicherungszeiten ergeben. Sie sind weiterhin in einem Umfang von bis zu 8 Jahren dem Grunde nach – also ohne unmittelbar rentensteigernde Wirkung – anrechenbar.

346 Auch die mit dem Wachstums- und Beschäftigungsförderungsgesetz aus dem Jahr 1996 vorgesehene Regelung, wonach die beitragsfrei anrechenbaren Zeiten der Arbeitslosigkeit und Krankheit ohne Leistungsbezug (Zeiten der Arbeitslosigkeit ohne Bezug von Arbeitslosenhilfe oder Arbeitslosengeld II oder Zeiten der krankheitsbedingten Arbeitsunfähigkeit ohne Bezug von Krankengeld) nicht mehr mit einem Gesamtleistungswert bewertet werden, hat im Ergebnis erst für die Renten Anwendung gefunden, die nach dem Jahr 2000 begonnen haben bzw. beginnen. Bei Beginn der Rente im Januar 1997 wurden diese Zeiten noch mit einem auf 84 Prozent begrenztem Gesamtleistungswert bewertet. Mit jedem Monat, den die Rente später begonnen hat, hat sich dieser Begrenzungsprozentsatz allerdings um 1,75 Prozentpunkte verringert, so dass für die Renten, die ab dem Jahr 2001 begonnen haben bzw. beginnen der Gesamtleistungswert auf „0" reduziert ist.

347 Der volle Gesamtleistungswert kommt somit lediglich bei der Zurechnungszeit, bei Ersatzzeiten, bei Anrechnungszeiten wegen Schwangerschaft bzw. Mutterschaft, Anrechnungszeiten wegen Bezugs einer Rente oder einer entsprechenden Leistung der knappschaftlichen Rentenversicherung und bei der pauschalen Anrechnungszeit (vgl. Rdnr. 280) zum Tragen.

Erhöhung des Gesamtleistungswerts durch Zeiten der Berufsausbildung

348 Seit dem 1. Januar 2002 kommen Zeiten der beruflichen Ausbildung insoweit rentensteigernde Bedeutung zu, als diese Zeiten die Bewertung der im Übrigen anzurechnenden beitragsfreien Zeiten (z. B. Zeiten des Besuchs einer Fachschule oder Zurechnungszeiten) verbessern können. Denn sie sind bei der Ermittlung des Gesamtleistungswerts für die im übrigen anzurechnenden und zu bewertenden beitragsfreien Zeiten generell mit dem Wert 0,0833/ Monat – dies entspricht dem Wert eines Beitragsmonats mit versichertem Durchschnittsverdienst – zu berücksichtigen. Das heißt, für die Bewertung anderer beitragsfreier oder beitragsgeminderter Zeiten wird unterstellt, dass in Zeiten der beruflichen Ausbildung jeweils der Durchschnittsverdienst versichert worden wäre, selbst wenn der tatsächliche erzielte Verdienst in dieser Zeit weit niedriger gewesen ist.

349 Wenn auch die ersten 36 Monate einer versicherungspflichtigen Beschäftigung vor dem vollendeten 25. Lebensjahr nicht mehr – wie es für die vor dem Jahr 2005 beginnenden Renten noch gesetzlich bestimmt war – generell als Zeiten einer beruflichen

Beispiel 1: Arbeitslosengeld II als unbewertete Anrechnungszeit

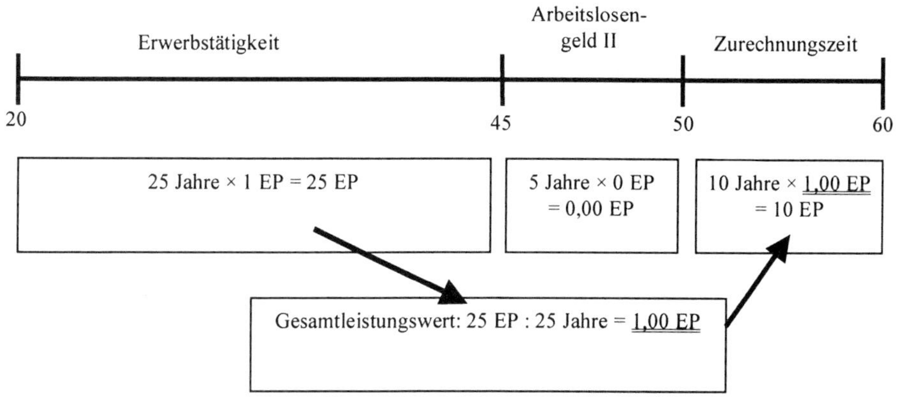

```
                         Arbeitslosen-
  Erwerbstätigkeit         geld II      Zurechnungszeit
|------------------------|------------|----------------|
20                       45           50              60
```

| 25 Jahre × 1 EP = 25 EP | 5 Jahre × 0 EP = 0,00 EP | 10 Jahre × <u>1,00 EP</u> = 10 EP |

Gesamtleistungswert: 25 EP : 25 Jahre = <u>1,00 EP</u>

Monatsrente: 25 Jahre × 1,00 EP   = 25,00 EP
              5 Jahre × 0,00 EP   = 0,00 EP
              10 Jahre × <u>1,00 EP</u>   = 10,00 EP
                                    = 35,00 EP

35,00 EP × 27,20 Euro aktueller Rentenwert × 0,892 Zugangsfaktor = **849 Euro Monatsrente**

Beispiel 2: Arbeitslosengeld II als bewertete Pflichtbeitragszeit
(Beitragsbemessungsgrundlage 205 Euro monatlich)

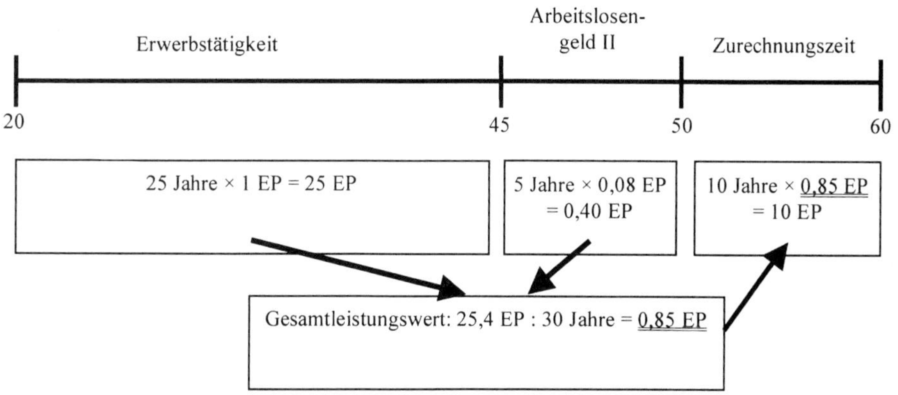

```
                         Arbeitslosen-
  Erwerbstätigkeit         geld II      Zurechnungszeit
|------------------------|------------|----------------|
20                       45           50              60
```

| 25 Jahre × 1 EP = 25 EP | 5 Jahre × 0,08 EP = 0,40 EP | 10 Jahre × <u>0,85 EP</u> = 10 EP |

Gesamtleistungswert: 25,4 EP : 30 Jahre = <u>0,85 EP</u>

Monatsrente: 25 Jahre × 1,00 EP   = 25,00 EP
              5 Jahre × 0,08 EP   = 0,40 EP
              10 Jahre × <u>0,85 EP</u>   = 8,50 EP
                                    = 33,90 EP

33,90 EP × 27,20 Euro aktueller Rentenwert × 0,892 Zugangsfaktor = **822 Euro Monatsrente**

Ausbildung gelten und diese Zeiten somit nicht mehr als sogenannte beitragsgeminderte Zeit nach der Vergleichsbewertung (vgl. Rdnr. 334 ff.) eine rentensteigernde Höherbewertung erfahren, so hat der Gesetzgeber jedoch die Regelung beibehalten, dass die ersten 36 Monate an Zeiten einer versicherungspflichtigen Beschäftigung vor dem vollendeten 25. Lebensjahr im Rahmen der Bewertung anderer beitragsfreier Zeiten stets als Zeiten einer beruflichen Ausbildung gelten und damit bei der Ermittlung des Gesamtleistungswerts mit dem Wert 0,0833/Monat, also dem Wert eines Beitragsmonats mit versichertem Durchschnittsverdienst, zu berücksichtigen sind.

350 Mit der Erhöhung des Gesamtleistungswerts durch Zeiten der beruflichen Ausbildung verfolgt der Gesetzgeber das Ziel, dass Versicherten auch dann eine angemessene Lohnersatzleistung erreichen können, wenn kurz nach Beendigung ihrer Ausbildung Invalidität eintritt.

Beispiel

Nach Vollendung des 17. Lebensjahres 12 Monate Besuch einer allgemeinbildenden Schule im Jahr 1994.

Nach Vollendung des 18. Lebensjahres 12monatige Krankheitszeit im Jahr 1995.

Nach Vollendung des 19. Lebensjahres 24 Monate Ausbildungsplatzsuche in den Jahren 1996 und 1997.

Nach Vollendung des 21. Lebensjahres 24 Monate versicherungspflichtige Beschäftigung mit einem Jahresverdienst von 10.000 DM in den Jahren 1998 und 1999.

Nach Vollendung des 23. Lebensjahres 36 Monate versicherungspflichtige Beschäftigung zur Berufsausbildung mit einer jährlichen Ausbildungsvergütung von 3.600 Euro in den Jahren 2000, 2001 und 2002.

Nach Vollendung des 26. Lebensjahres 24 Monate versicherungspflichtige Beschäftigung mit einem Jahresverdienst von 12.000 Euro in den Jahren 2003 und 2004.

Dezember 2004 schwerer Unfall.

Beginn der Rente wegen voller Erwerbsminderung ab Januar 2005.

Ermittlung der Entgeltpunkte

12 Monate Besuch einer allgemein bildenden Schule:

nicht zu bewertende Anrechnungszeit — 0 Entgeltpunkte

12monatige Krankheitszeit

nicht zu bewertende Anrechnungszeit — 0 Entgeltpunkte

24 Monate Ausbildungsplatzsuche

nicht zu bewertende Anrechnungszeit — 0 Entgeltpunkte

24 Monate versicherungspflichtige Beschäftigung mit einem Jahresverdienst von 10.000 DM in den Jahren 1998 und 1999 — 0,3758 Entgeltpunkte

36 Monate versicherungspflichtige Beschäftigung zur Berufsausbildung mit einer Ausbildungsvergütung 7.041 DM in den Jahren 2000 und 2001 sowie 3.600 Euro im Jahr 2002 — 0,3831 Entgeltpunkte

Zuschlag an Entgeltpunkten für 36 Monate beitragsgeminderte Zeiten wegen Beschäftigung zur Berufsausbildung — 1,4997 Entgeltpunkte

24 Monate versicherungspflichtige Beschäftigung mit einem Jahresverdienst von 12.000 Euro in den Jahren 2003 und 2004 — 0,8225 Entgeltpunkte

Zuschlag an Entgeltpunkten für 1 Monat beitragsgeminderte Zeiten wegen des Zusammentreffens von versicherungspflichtiger Beschäftigung und Zurechnungszeit im Monat Dezember 2004 — 0,0354 Entgeltpunkte

384 Monate Zurechnungszeit (384 × 0,0697) — 26,7648 Entgeltpunkte

Entgeltpunkte insgesamt — 29,8813 Entgeltpunkte

Betrag der Erwerbsminderungsrente =
29,8813 (Summe der Entgeltpunkte)
× 0,892 (Zugangsfaktor)
× 1 (Rentenartfaktor)
× 27,47 Euro (aktueller Rentenwert
ab 1. Juli 2011) =   732,19 Euro

Ohne die Regelung, dass Zeiten einer zur Berufsausbildung ausgeübten Beschäftigung sowie stets die ersten 36 Monate an Zeiten einer versicherungspflichtigen Beschäftigung vor dem vollendeten 25. Lebensjahr bei der Bewertung beitragsfreier Zeiten mit dem Durchschnittsverdienst (0,0833 Entgeltpunkte für jeden dieser Monate) zu berücksichtigen sind, würden sich im Beispielsfall

für die 36 Monate an beitragsgeminderten Zeiten wegen Beschäftigung zur Berufsausbildung nur ein Zuschlag von 0,1245 Entgeltpunkten, für den 1 Monat an beitragsgeminderter Zeit wegen des Zusammentreffens von versicherungspflichtiger Beschäftigung und Zurechnungszeit im Monat Dezember 2004 kein Zuschlag an Entgeltpunkten und für die 384 Monate an Zurechnungszeit nur 7,2192 Entgeltpunkte ergeben. Wegen der geringeren Zuschläge an Entgeltpunkten für beitragsgeminderte Zeiten und der geringeren Entgeltpunkte für die beitragsfreie Zurechnungszeit würde sich der monatliche Rentenbetrag dann nur auf 218,96 Euro (8,9251 Entgeltpunkte × 0,892 × 27,47 Euro) belaufen.

Zugangsfaktor (persönliche Entgeltpunkte)

351 Die persönlichen Entgeltpunkte ergeben sich durch Vervielfältigung der Entgeltpunkte mit dem jeweiligen Zugangsfaktor. Mit dem Zugangsfaktor werden Vorteile bzw. Nachteile, die sich durch die unterschiedliche Bezugsdauer bei früherem bzw. späterem Beginn einer Altersrente ergeben, ausgeglichen. Der Zugangsfaktor beträgt 1,0, wenn eine Rente mit Erreichen der jeweils maßgeblichen Altersgrenze erstmals beginnt. Dies ist bei der Regelaltersrente stets die Regelaltersgrenze (für die bis Ende 1946 geborenen Versicherten also das 65. Lebensjahr).

352 Bei den Altersrenten für Frauen, die vor dem 1. Januar 2000 begonnen haben – also für die vor 1940 geborenen Versicherten –, war noch das 60. Lebensjahr die maßgebliche Altersgrenze und bei den Altersrenten für langjährig Versicherte, die ebenfalls vor diesem Zeitpunkt begonnen haben – also für die vor 1937 geborenen Versicherten –, war noch das 63. Lebensjahr die maßgebliche Altersgrenze. Bei den Altersrenten für schwerbehinderte Menschen, die vor dem 1. Januar 2001 begonnen haben – also für die vor 1941 geborenen Versicherten –, war noch das 60. Lebensjahr die maßgebliche Altersgrenze. Beginnend ab dem Jahr 2000 bzw. bei der Altersrente für schwerbehinderte Menschen ab dem Jahr 2001 sind dann die maßgeblichen Altersgrenzen für diese Rentenarten angehoben worden, für die Altersrente für Frauen und für die Altersrente für langjährig Versicherte schrittweise auf das 65. Lebensjahr sowie für die Altersrente für schwerbehinderte Menschen schrittweise auf das 63. Lebensjahr.

353 Mit der schrittweisen Anhebung der Altersgrenze für die Altersrente wegen Arbeitslosigkeit oder nach Altersteilzeitarbeit wurde bereits ab dem Jahr 1997 begonnen, also für die Versicherten, die den Geburtsjahrgängen ab 1937 angehören. Die Anhebung der Altersgrenze für die Altersrente wegen Arbeitslosigkeit oder nach Altersteilzeitarbeit ist damit bereits seit Dezember 2001 abgeschlossen. Für die Versicherten, die im Dezember 1941 oder später geboren sind, beträgt bei dieser Rentenart der Zugangsfaktor grundsätzlich also nur dann 1,0, wenn die Rente erst ab Alter 65 in Anspruch genommen wird.

354 Verschiebt der Versicherte den Rentenbeginn über die Regelaltersgrenze (für die bis Ende 1946 geborenen Versicherten das 65. Lebensjahr) hinaus, erhöht sich der Zugangsfaktor für jeden Monat, in dem die Rente noch nicht in Anspruch genommen worden ist, um 0,5 Prozent. Ein Hinausschieben des Rentenbeginns um ein Jahr erhöht den Anspruch somit um 6 Prozent. Der Zugangsfaktor beträgt dann 1,06 und die Rente 106 Prozent des bei regulärem Beginn zustehenden Werts.

355 Für jeden Monat, für den eine Altersrente vor der maßgeblichen Altersgrenze in Anspruch genommen wird, mindert sich der Zugangsfaktor von 1,0 um 0,003 Punkte, also um 0,3 Prozent für jeden Monat und damit 3,6 Prozent für jedes Jahr der vorzeitigen Inanspruchnahme der Altersrente. Nimmt also bspw. eine Frau, die im Jahr 1951 geboren ist, die Altersrente für Frauen bereits mit dem 60. Lebensjahr (also im Jahr 2011) in Anspruch, obwohl die für sie maßgebliche Altersgrenze um 5 Jahre (60 Monate) auf das 65. Lebensjahr angehoben worden ist, beträgt für sie der Zugangsfaktor 0,82 (1 – 60 × 0,003).

356 Die Rentenminderung bezieht sich nur auf die tatsächlich in Anspruch genommene Rente. Wird nur eine Teilrente in Anspruch genommen, wird nur der Teil der Entgeltpunkte, die der vorzeitig in Anspruch genommenen Rente zugrunde liegen, mit dem entsprechend niedrigeren Zugangsfaktor vervielfältigt. Der niedrigere Zugangsfaktor gilt im Todesfall auch für eine aus der Rente des Verstorbenen abgeleitete Hinterbliebenenrente.

357 Der niedrigere Zugangsfaktor gilt darüber hinaus nur für die Zeit, für die die Altersrente tatsächlich vorzeitig in Anspruch genommen worden ist. Wird der vorzeitige Bezug der Altersrente unterbrochen, weil z. B. eine neue Beschäftigung aufgenommen wurde, erhöht sich der Zugangsfaktor für eine später beginnende Altersrente wieder, und zwar für jeden Monat, für den die erste Altersrente nicht mehr vorzeitig in Anspruch genommen worden ist, um 0,003. Auch wird für die Monate, um die der Todesfall vor Erreichen der maßgeblichen Altersgrenze eintrat, der für die Hinterbliebenenrente maßgebende Zugangsfaktor für jeden Monat, den die Altersrente nicht mehr bis zur maßgebenden Altersgrenze vorzeitig in Anspruch genommen worden ist, um 0,003 erhöht.

358 Mit dem Gesetz zur Reform der Renten wegen verminderter Erwerbsfähigkeit sind auch bei den Renten wegen Erwerbsminderung Abschläge eingeführt worden, wenn diese Renten vor dem 63. Lebensjahr, also der maßgeblichen Altersgrenze für die Rente für schwerbehinderte Menschen, beginnen. Bei einer vor Vollendung des 63. Lebensjahres beginnenden Rente wegen verminderter Erwerbsfähigkeit verringert sich der Zugangsfaktor für jeden Kalendermonat des Rentenbeginns vor dem Alter 63 um den Wert 0,003, höchstens jedoch um den Wert 0,108. Die Angleichung der Höhe der Renten wegen verminderter Erwerbsfähigkeit an die der vorzeitig in Anspruch genommenen Altersrente für schwerbehinderte Menschen hat der Gesetzgeber als notwendig erachtet, um Ausweichreaktionen von den Altersrenten, die nur bei Inkaufnahme von Abschlägen vorzeitig in Anspruch genommen werden können, in Renten wegen verminderter Erwerbsfähigkeit entgegenzuwirken. Die nach der konkreten Betrachtungsweise (vgl. Rdnr. 184 und Rdnr. 189) weiterhin gegebene Möglichkeit, bei verhältnismäßig geringfügigen gesundheitlichen Beeinträchtigungen eine Rente wegen verminderter Erwerbsfähigkeit zu beziehen, würde ohne eine Angleichung der Rentenhöhe zu den befürchteten Ausweichreaktionen führen, weil bereits durch eine nur kurzfristige Inanspruchnahme einer Rente wegen teilweiser Erwerbsminderung der Abschlag, mit dem eine vorzeitige Altersrente belegt ist, umgangen werden könnte. So könnte z. B. im Extremfall ein Versicherter im Alter von 59 Jahren und 11 Monaten – ergänzt durch Erwerbseinkommen oder auch durch Arbeitslosengeld – für einen Monat eine Rente wegen teilweiser Erwerbsminderung – abschlagsfrei – in Anspruch nehmen. Die danach ab Vollendung des 60. Lebensjahres in Anspruch genommene Altersrente müsste dann ebenfalls mit dem Zugangsfaktor 1,0 und damit abschlagsfrei geleistet werden. (Vgl. hierzu auch Rdnr. 206.)

359 Der einmal berechnete Abschlag auf die Entgeltpunkte, die der Rente wegen verminderter Erwerbsfähigkeit zugrunde liegen, wirkt bei ununterbrochenem Rentenbezug für diese Entgeltpunkte auch in einer sich anschließenden Altersrente fort. Insoweit ist es unerheblich, ob der Bezieher einer vollen Erwerbsminderungsrente bei Erreichen der für die Altersrente für schwerbehinderte Menschen maßgebenden Altersgrenze in diese Altersrente wechselt.

360 Eine Minderung der Abschlagswirkung in einer sich anschließenden Rente kann sich aber dann ergeben, wenn der Versicherte für Zeiten nach Vollendung des 60. Lebensjahres eine Rente – sei es nun eine Erwerbsminderungs-, eine Erziehungs- oder Altersrente – nicht bezieht. In diesem Fall erhöht sich der Zugangsfaktor für jeden Monat, für den die diese Renten nicht mehr vorzeitig in Anspruch genommen werden, um ebenfalls 0,003.

361 Legt der Versicherte nach Beginn einer Erwerbsminderungsrente noch rentenrechtliche Zeiten, insbesondere Beitragszeiten, zurück, die bei der Berechnung der Erwerbsminderungsrente noch nicht berücksichtigt wurden, werden diese Zeiten bei der Berechnung einer sich anschließenden Rente erstmals bewertet, d. h. für sie werden erstmals Entgeltpunkte ermittelt. Ob und in welcher Höhe sich für die in diesen Zeiten erworbenen Entgeltpunkte „Abschläge" ergeben, richtet sich ausschließlich nach der Rentenart und dem Alter des Versicherten bei Beginn der anderen Rente. Beginnt z. B. im Anschluss an eine (Teil-)Erwerbsminderungsrente eine Altersrente für schwerbehinderte Menschen nach Vollendung des 63. Lebensjahres des (vor 1951 geborenen) Versicherten, so sind die aus den erstmals zu berücksichtigenden rentenrechtlichen Zeiten zu ermittelnden Entgeltpunkte nicht mit einem „Abschlag" belegt. Für diese Entgeltpunkte beträgt der Zugangsfaktor 1,0. Bei dem verringerten Zugangsfaktor für die Entgeltpunkte, die der (Teil-) Erwerbsminderungsrente zugrunde gelegen haben, verbleibt es allerdings.

362 Witwen- und Witwerrenten sowie Waisenrenten werden aus der Versicherung des verstorbenen Ehegatten beziehungsweise Elternteils abgeleitet (vgl. Rdnr. 376). Verstirbt ein Versicherter vor Erreichen einer Altersgrenze für den Bezug einer Altersrente oder vor dem Bezug einer Altersrente, ist für die aus seiner Versicherung abzuleitenden Hinterbliebenenrenten der Zugangsfaktor maßgebend, der für den verstorbenen Versicherten maßgebend gewesen wäre, wenn zum Zeitpunkt seines Todes eine Rente wegen voller Erwerbsminderung begonnen hätte.

Rentenartfaktor

363 Der Rentenartfaktor bestimmt das Sicherungsziel der jeweiligen Rentenart im Verhältnis zu einer Altersrente. Der Rentenartfaktor beträgt für persönliche Entgeltpunkte bei

– Renten wegen Alters 1,0
– Renten wegen teilweiser Erwerbsminderung 0,5
– Renten wegen Berufsunfähigkeit 0,6667
– Renten wegen voller Erwerbsminderung sowie Renten wegen Erwerbsunfähigkeit 1,0
– Erziehungsrenten 1,0
– kleinen Witwenrenten und kleinen Witwerrenten während des sogenannten Sterbevierteljahrs, 1,0 anschließend 0,25
– großen Witwenrenten und großen Witwerrenten während des so genannten Sterbevierteljahrs, 1,0 anschließend 0,55
– und für großen Witwen- oder Witwerrenten, die vor dem 1. Januar 2002 begonnen haben, sowie große Witwen- oder Witwerrenten aus Ehen, die vor dem 1. Januar 2002 geschlossen worden sind, wenn einer der beiden Ehegatten vor dem 2. Januar 1962 geboren ist 0,6
– Halbwaisenrenten 0,1
– Vollwaisenrenten 0,2

Aktueller Rentenwert

364 Der aktuelle Rentenwert entspricht dem monatlichen Betrag der Altersrente, der ohne Berücksichtigung eines besonderen Zugangsfaktors in der allgemeinen Rentenversicherung durch Entrichtung eines jährlichen Durchschnittsbeitrags erreicht wird. Der aktuelle Rentenwert wird jährlich zum 1. Juli entsprechend dem Rentenanpassungssatz angehoben und bewirkt damit die weitere Dynamisierung der Renten und der Rentenanwartschaften in Anknüpfung an die allgemeine Lohnentwicklung.

Bestimmung des aktuellen Rentenwerts zum 1. Januar 1992

365 Der aktuelle Rentenwert, also der Wert einer monatlichen Altersrente für ein Versicherungsjahr mit Durchschnittsbeiträgen, für die Entgeltpunkte, die in den alten Bundesländern erworben worden sind, wurde zum 1. Januar 1992 auf der Grundlage der im alten Bundesgebiet im Dezember 1991 geltenden Rentenberechnungsformel der (bis Ende 2004 so bezeichneten) Rentenversicherung der Arbeiter und der Angestellten ermittelt. Danach ergab sich ein aktueller Rentenwert von 41,44 DM für die Zeit ab dem 1. Januar 1992.

Aktueller Rentenwert Januar 1992 = allgemeine Bemessungsgrundlage 1991 (33.149 DM) : 12 × 1,5 % = 41,44 DM

Das Ergebnis war auf die zweite Dezimalstelle zu runden.

Die Höhe der jeweils aus den in der Zeit 1957 bis 1991 geltenden allgemeinen Bemessungsgrundlagen ermittelten aktuellen Rentenwerte ergibt sich aus Tabelle 28.

Fortschreibung des aktuellen Rentenwerts seit dem 1. Januar 1992

366 Auf der Grundlage der ab 1. Januar 1992 geltenden Nettoanpassungsformel erfolgten in den alten Bundesländern Rentenanpassungen zum 1. Juli 1992, 1. Juli 1993, 1. Juli 1994, 1. Juli 1995, 1. Juli 1996, 1. Juli 1997, 1. Juli 1998 und 1. Juli 1999.

367 Zum 1. Juli 2000 wurde der aktuelle Rentenwert in Höhe der Veränderung der Preissteigerungsrate des Vorjahres und zum 1. Juli 2001, zum 1. Juli 2002 sowie zum 1. Juli 2003 auf der Grundlage der mit dem Altersvermögens-Ergänzungsgesetz geänderten Rentenanpassungsformel (vgl. Rdnr. 413) angepasst.

368 Die Anpassung zum 1. Juli 2004 wurde durch das 2. Gesetz zur Änderung des Sechsten Buches Sozialgesetzbuch und anderer Gesetze ausgesetzt, um angesichts der Konjunktur bedingt schwierigen

finanziellen Situation der Rentenversicherung den Beitragssatz von 19,5 Prozent ab dem Jahr 2004 beibehalten zu können.

369 Mit der Rentenwertbestimmungsverordnung 2005 wurde der aktuelle Rentenwert ab 1. Juli 2005 in gleicher Höhe wie der für Juni 2005 geltende aktuelle Rentenwert festgesetzt. Denn die Veränderung der Bruttolohn- und -gehaltsumme je durchschnittlich beschäftigten Arbeitnehmer betrug im Jahr 2004 für die alten Bundesländer lediglich 0,12 Prozent. Unter Berücksichtigung der vollen Wirkung der die Anpassung dämpfenden Faktoren (vgl. Rdnr. 412 ff. und Rdnr. 421 ff.) wäre der aktuelle Rentenwert zum 1. Juli 2005 sogar von 26,13 Euro auf 25,84 Euro gesunken. Aufgrund der im Gesetz vorgesehenen Schutzklausel war der ab Juli 2005 geltende aktuelle Rentenwert jedoch in gleicher Höhe festzusetzen wie der bis Juni 2005 geltende aktuelle Rentenwert.

370 Zu Beginn des Jahres 2006 konnte zum ersten Mal seit Einführung der lohndynamischen Rente sogar nicht ausgeschlossen werden, dass auf Basis der nach der geltenden Rentenanpassungsformel zugrunde zulegenden Lohnentwicklung die durch Rechtsverordnung zum 1. Juli 2006 zu bestimmenden aktuellen Rentenwerte hätten abgesenkt und damit die Bruttorenten hätten gekürzt werden müssen. Denn die im Jahr 2006 noch geltende Schutzklauselregelung hätte eine Verminderung der aktuellen Rentenwerte im Fall einer negativen Veränderungsrate bei der anpassungsrelevanten Lohnentwicklung nicht verhindert. Um eine Kürzung des aktuellen Rentenwerts zum 1. Juli 2006 auf jeden Fall zu vermeiden, hat der Gesetzgeber mit dem Gesetz zur Weitergeltung der aktuellen Rentenwerte ab 1. Juli 2006 vorbeugend die durch Rechtsverordnung durchzuführende formelmäßige Rentenanpassung zum 1. Juli 2006 ausgesetzt, so dass im Ergebnis für die Renten in den alten Bundesländern in der Zeit vom 1. Juli 2003 bis zum 30. Juni 2007 ein aktueller Rentenwert in unveränderter Höhe von 26,13 Euro und für die Renten in den neuen Bundesländern in dieser Zeit ein aktueller Rentenwert (Ost) in unveränderter Höhe von 22,97 Euro maßgebend gewesen ist.

371 Nach den für die Rentenanpassung zum 1. Juli 2007 zu ermittelnden Daten zur Lohnentwicklung des Jahres 2006 hat sich nach Maßgabe der im Jahr 2007 geltenden Rentenanpassungsformel zum 1. Juli 2007 dann erstmals seit dem 1. Juli 2003 wieder eine Erhöhung der aktuellen Rentenwerte um 0,54 Prozent ergeben. Ab dem 1. Juli 2007 hat der aktuelle Rentenwert damit 26,27 Euro und der aktuelle Rentenwert (Ost) 23,09 Euro betragen.

372 Bei der Festsetzung des aktuellen Rentenwerts und des aktuellen Rentenwerts (Ost) zum 1. Juli 2008 hat sich der Gesetzgeber erneut dafür entschieden, die aktuellen Rentenwerte nicht nach der zuletzt geltenden gesetzlichen Anpassungsregelung zu bestimmen. Aufgrund des nur geringen Anstiegs der Löhne und Gehälter im Jahr 2007 von 1,4 Prozent hätte die gesetzliche Anpassungsregelung zum 1. Juli 2008 lediglich eine geringe Rentenerhöhung in Höhe von 0,46 Prozent bewirkt. Eine Erhöhung des aktuellen Rentenwerts um 0,46 Prozent war vom Gesetzgeber aber als zu gering angesehen worden, um auch die Rentnerinnen und Rentner am Wirtschaftsaufschwung der vergangenen Jahre teilhaben zu lassen. Mit dem Gesetz zur Rentenanpassung 2008 hat sich der Gesetzgeber daher dazu entschlossen, die nach der im Jahr 2007 geltenden Anpassungsregelung (vgl. Rdnr. 412 ff. und Rdnr. 421 ff.) vorgesehene weitere Erhöhung des Altersvorsorgeanteils um je 0,5-Prozentpunkte in den Jahren 2008 und 2009 auf die Jahre 2011 und 2012 zu verschieben. Hierdurch wurde bewirkt, dass die Veränderung des aktuellen Rentenwerts im Jahr 2008 um 0,64 Prozentpunkte und im Jahr 2009 um 0,63 Prozentpunkte höher ausfallen konnte als nach der zuvor geltenden Anpassungsregelung. Auf der Grundlage der so geänderten Anpassungsformel hat der Gesetzgeber zum 1. Juli 2008 den aktuellen Rentenwert auf den Betrag von 26,56 Euro sowie den aktuellen Rentenwert (Ost) auf den Betrag von 23,34 Euro und damit beide Werte auf einen jeweils um 1,1 Prozent erhöhten Betrag festgesetzt.

373 Zum 1. Juli 2009 sind der aktuelle Rentenwert und der aktuelle Rentenwert (Ost) entsprechend der geltenden – zuletzt mit dem Gesetz zur Rentenanpassung 2008 geänderten – gesetzlichen Anpassungsformel fortgeschrieben worden. Auf der Grundlage der für die Rentenanpassung zum 1. Juli 2009 zu ermittelnden Daten zur Lohnentwicklung im Jahr 2008 ergab sich eine Erhöhung des aktuellen Rentenwerts um 2,41 Prozent sowie eine Erhöhung des aktuellen Rentenwerts (Ost) um 3,38 Prozent. Somit war mit der Rentenwertbestimmungsverordnung 2009 der ab dem 1. Juli 2009 geltende aktuelle Rentenwert auf den Betrag von 27,20 Euro und der ab dem 1. Juli 2009 geltende aktuelle Rentenwert (Ost) auf den Betrag von 24,13 Euro festzusetzen.

374 Mit der Rentenwertbestimmungsverordnung 2010 wurde der aktuelle Rentenwert ab 1. Juli 2010

– wie bereits zuvor im Jahr 2005 geschehen – in gleicher Höhe wie der im Juni 2010 geltende aktuelle Rentenwert festgesetzt. Denn die rentenanpassungsrelevante Lohnentwicklung des Jahres 2009 hat in den alten Bundesländern minus 0,96 Prozent betragen. Unter Berücksichtigung der Wirkung der die Anpassung dämpfenden Faktoren (vgl. Rdnr. 412 ff. und Rdnr. 421 ff.) wäre der aktuelle Rentenwert zum 1. Juli 2010 sogar um 2,1 Prozent von 27,20 Euro auf 26,63 Euro gesunken. Aufgrund der im Jahr 2009 eingeführten erweiterten Schutzklausel (vgl. Rdnr. 433 ff.), die eine Verringerung der aktuellen Rentenwerte auch im Fall der negativen Entwicklung der anpassungsrelevanten Löhne ausschließt, war der ab Juli 2010 geltende Rentenwert jedoch in gleicher Höhe festzusetzen wie der bis Juni 2010 geltende Rentenwert. Der aktuelle Rentenwert beträgt somit auch ab dem 1. Juli 2010 27,20 Euro. Die rentenanpassungsrelevante Lohnentwicklung im Jahr 2009 in den neuen Bundesländern hat zwar plus 0,61 Prozent betragen, unter Berücksichtigung der vollen Wirkung der die Anpassung dämpfenden Faktoren (1,15 Prozent) wäre der aktuelle Rentenwert (Ost) zum 1. Juli 2010 jedoch ebenfalls gesunken und zwar um 0,5 Prozent von 24,13 Euro auf 24,00 Euro. Aufgrund der anzuwendenden Schutzklausel hat der zum 1. Juli 2010 zu bestimmende aktuelle Rentenwert (Ost) jedoch ebenfalls wie der bis Juni 2010 geltende aktuelle Rentenwert (Ost) 24,13 Euro betragen.

375 Dank der konjunkturellen Erholung im Jahr 2010 sind auch die Löhne und Gehälter im Jahr 2010 deutlich gestiegen, so dass trotz des ab dem Jahr 2011 beginnenden Abbaus des so genannten Ausgleichsbedarfs durch Halbierung der sich nach der Rentenanpassungsformel ergebenden Erhöhung des aktuellen Rentenwerts (siehe hierzu Rdnr. 431 f.) der aktuelle Rentenwert mit der Rentenwertbestimmungsverordnung 2011 zum 1. Juli 2011 auf den Betrag von 27,47 Euro angehoben werden konnte. Dies entspricht einer Erhöhung des aktuellen Rentenwerts zum 1. Juli 2011 von rd. 1 Prozent. Der Erhöhungssatz für den aktuellen Rentenwert (Ost) wäre nach der Halbierung des Erhöhungssatzes aufgrund des im Jahr 2011 ebenfalls einsetzenden Abbaus des Ausgleichsbedarfs (Ost) geringer ausgefallen als der Erhöhungssatz für den aktuellen Rentenwert zum 1. Juli 2011. Daher war der aktuelle Rentenwert (Ost) in Anwendung der Schutzklausel (Ost) (siehe hierzu Rdnr. 883 f.) mit dem Prozentsatz zu erhöhen, um den sich der aktuelle Rentenwert zum 1. Juli 2011 erhöht. Danach war der aktuelle Rentenwert (Ost) mit der Rentenwertbestimmungsverordnung 2011 zum 1. Juli 2011 um 1 Prozent zu erhöhen und somit auf den Betrag von 24,37 Euro festzusetzen.

Berechnung der Witwen- und Witwerrenten

376 Witwen- und Witwerrenten werden aus den Rentenanwartschaften des verstorbenen Versicherten errechnet. Maßgebend sind die persönlichen Entgeltpunkte des verstorbenen Versicherten, so dass sich auch ein Zugangsfaktor, der höher oder niedriger als 1 ist, auf die Witwenrente auswirken kann. Der Zugangsfaktor erhöht sich aber um den Wert von 0,003 für jeden Monat, den der Versicherte wegen Todes eine vorgezogene Altersrente nicht mehr bezogen hat.

377 Die kleine Witwenrente beträgt 25 Prozent der vollen Versichertenrente des Verstorbenen (Rentenartfaktor 0,25) einschließlich einer Zurechnungszeit, die große Witwenrente 55 Prozent (Rentenartfaktor 0,55). Bei den großen Witwen- oder Witwerrenten, die vor dem 1. Januar 2002 begonnen haben, sowie bei den großen Witwen- oder Witwerrenten mit Rentenbeginn nach dem 31. Dezember 2001 an Witwen oder Witwern, deren Ehe vor dem 1. Januar 2002 geschlossen worden ist und von denen einer am 1. Januar 2002 bereits das 40. Lebensjahr vollendet hatte, also vor dem 2. Januar 1962 geboren ist, beträgt die Rente 60 Prozent der vollen Versichertenrente des Verstorbenen (Rentenartfaktor 0,6).

378 Diejenigen Witwen- und Witwerrenten, auf die nach dem neuen Hinterbliebenenrentenrecht der von 60 Prozent auf 55 Prozent abgesenkte Versorgungssatz anzuwenden ist, werden um Zuschläge an Entgeltpunkten erhöht, wenn die Witwe bzw. der Witwer Kinder erzogen hat und ihr bzw. ihm hierfür Kinderberücksichtigungszeiten angerechnet worden sind (Hinterbliebenenrente mit Kinderkomponente). Für die ersten 36 Kalendermonate an angerechneten Berücksichtigungszeiten wegen Kindererziehung beträgt der Zuschlag 0,1010 Entgeltpunkte für jeden Monat und 0,0505 Entgeltpunkte für jeden weiteren Monat an Kinderberücksichtigungszeit. Im Ergebnis bedeutet dies, dass Witwen und Witwer für die ersten 36 Monate (= 3 Jahre) an Kinderberücksichtigungszeiten einen Zuschlag an Rente erhalten, der dem Wert von 2 Entgeltpunkten entspricht. Für die jeweils nächsten 36 Monate (= 3 Jahre) an Kinderberücksichtigungszeiten entspricht der Zuschlag an Rente dann dem Wert von 1 Entgeltpunkt. Je Entgeltpunkt ergibt sich nach den ab dem 1. Juli 2011 geltenden aktuellen Rentenwerten ein monatlicher Rentenzahlbetrag von

Sozialgesetzbuch · 6. Buch · Rentenversicherung

27,47 Euro (bis 30. Juni 2011: 27,20 Euro) in den alten Bundesländern und 24,37 Euro (bis 30. Juni 2011: 24,23 Euro) in den neuen Bundesländern.

379 Die neue Regelung führt für kinderlose Witwen bzw. Witwer zwar zu einer geringeren Rente als nach bisherigem Recht. Für eine Witwe mit durchschnittlicher Witwenrente, der für mindestens 36 Monate Kinderberücksichtigungszeiten angerechnet worden sind, wird die Absenkung des Versorgungssatzes von 60 Prozent auf 55 Prozent durch den Zuschlag an Entgeltpunkten wegen Kindererziehung ausgeglichen. Je nach Höhe der Rente des Verstorbenen und nach der Anzahl der erzogenen Kinder kann sich nach neuem – ab dem Jahr 2002 geltenden – Hinterbliebenenrentenrecht auch eine höhere Witwen- bzw. Witwerrente als nach dem bis Ende 2001 geltenden Hinterbliebenenrentenrecht ergeben. Maximal kann es sogar zur Weiterzahlung der vollen Rente des Verstorbenen kommen.

380 Während des so genannten Sterbevierteljahrs, d. h. bis zum Ablauf des 3. Kalendermonats nach Ablauf des Monats, in dem der Ehegatte verstorben ist, wird sowohl die kleine als auch die große Witwenrente in Höhe der vollen Versichertenrente gezahlt (Rentenartfaktor 1). Für die Zeit, in der der Rentenartfaktor 1,0 beträgt, wird ein Zuschlag an Entgeltpunkten aus den bei der Witwe bzw. dem Witwer angerechneten Kinderberücksichtigungszeiten nicht gewährt. Einem früheren (geschiedenen) Ehegatten mit Anspruch auf Hinterbliebenenrente steht ein solches Sterbevierteljahr nicht zu.

381 Grundsätzlich werden bei Witwen- und Witwerrenten die der Versichertenrente des Verstorbenen zugrunde liegenden persönlichen Entgeltpunkte neu bestimmt, was nicht nur im Hinblick auf einen möglicher Weise abweichenden Zugangsfaktor, sondern auch im Hinblick auf zwischenzeitlich eingetretene Rechtsänderungen von Bedeutung sein kann. Eine Besitzschutzregelung stellt aber sicher, dass in den Fällen, in denen der verstorbene Versicherte bereits eine Versichertenrente bezogen hat und die Hinterbliebenenrente spätestens innerhalb von 24 Kalendermonaten nach Ende des Bezugs dieser Rente beginnt, ihr mindestens die bisherigen persönlichen Entgeltpunkte des verstorbenen Versicherten zugrunde zu legen sind.

382 Hat der verstorbene Ehegatte zum Zeitpunkt seines Todes noch keine Versichertenrente bezogen, leitet sich die Witwen- bzw. Witwerrente aus einer fiktiv auf den Todeszeitpunkt zu errechnenden Rente des verstorbenen Ehegatten wegen voller Erwerbsminderung ab. Hieraus folgt zum einen, dass bei Todesfällen vor dem 60. Lebensjahr die Zeit vom Todeszeitpunkt bis zu dem Zeitpunkt, in dem der verstorbene Ehegatte das 60. Lebensjahr vollendet hätte, als Zurechnungszeit zu berücksichtigen ist. Zum anderen finden auch die für Erwerbsminderungsrenten geltenden Regelungen für die Ermittlung des vorzunehmenden Abschlags parallele Anwendung. Dies bedeutet, dass bei Todesfällen vor dem 60. Lebensjahr der maximale Abschlag von 10,8 Prozent zugrunde zu legen ist. Denn wie bei den Renten wegen verminderter Erwerbsfähigkeit ist Referenzalter für die Errechnung des Abschlags der Zeitpunkt, in dem der verstorbene Ehegatte das 63. Lebensjahr vollendet hätte, und als Alter für die Bestimmung des maximalen Abschlags ist hier ebenfalls das 60. Lebensjahr maßgebend. Der mit dem maximalen Abschlag ermittelte Zugangsfaktor für die Witwen- bzw. Witwerrente beträgt dann 0,892 (1 – 36 Monate × 0,003).

383 Mit dem RV-Altersgrenzenanpassungsgesetz sind für Todesfälle ab dem Jahr 2012 die für die Bestimmung des Abschlags bei Witwen- und Witwerrenten maßgebenden Altersgrenzen für die Fälle, in denen der Versicherte vor dem Zeitpunkt verstirbt, zu dem er eine abschlagsfreie Erwerbsminderungsrente beziehen könnte, parallel zu den entsprechenden Altersgrenzen für die Ermittlung des Abschlags bei den Erwerbsminderungsrenten wie folgt angehoben worden:

Bei Todesfällen ab dem Jahr 2024 ist damit das Referenzalter für die Bestimmung des Abschlags um 2 Jahre vom 63. auf das 65. Lebensjahr und das Alter 60 für die Bestimmung des maximalen Abschlags um ebenfalls 2 Jahre auf das 62. Lebensjahr angehoben.

384 Hat ein Versicherter mehrmals geheiratet und deshalb aus einer früheren Ehe und einer anschließenden Ehe mehrere Witwen bzw. Witwer mit Anspruch auf Witwen-/Witwerrente hinterlassen, werden diese im Verhältnis der Dauer der jeweiligen Ehen aufgeteilt.

Anrechnung von Einkommen bei Witwen- und Witwerrenten

385 Das Hinterbliebenenrenten- und Erziehungszeiten-Gesetz hat mit Wirkung vom 1. Januar 1986 die vom Bundesverfassungsgericht mit Urteil vom 12. März 1975 geforderte Gleichstellung von Witwen und Witwern bei den Hinterbliebenenrenten geschaffen. Gleichzeitig wurde aus Gründen der Kostenneu-

Tabelle 25: Anhebung der Altersgrenzen für die Bestimmung des Abschlags bei Witwen- und Witwerrenten bei Todesfällen ab dem Jahr 2012

Bei Tod des Versicherten im		tritt an die Stelle des Lebensalters			
		63 Jahre das Lebensalter		60 Jahre das Lebensalter	
Jahr	Monat	Jahre	Monate	Jahre	Monate
2012	Januar	63	1	60	1
2012	Februar	63	2	60	2
2012	März	63	3	60	3
2012	April	63	4	60	4
2012	Mai	63	5	60	5
2012	Juni bis Dezember	63	6	60	6
2013		63	7	60	7
2014		63	8	60	8
2015		63	9	60	9
2016		63	10	60	10
2017		63	11	60	11
2018		64	0	61	0
2019		64	2	61	2
2020		64	4	61	4
2021		64	6	61	6
2022		64	8	61	8
2023		64	10	61	10
2024		65	0	62	0

tralität die Berücksichtigung eigenen Einkommens bei den Witwen- und Witwerrenten vorgesehen, sobald dieses einen bestimmten Freibetrag übersteigt. Diese Gleichstellung bzw. Einkommensanrechnung gilt aber nur, wenn der Todesfall nach Inkrafttreten des Gesetzes eingetreten ist bzw. die Hinterbliebenenrente nicht aufgrund einer von den Ehegatten bis Ende 1988 abgegebenen gemeinsamen Erklärung nach dem bis zum 31. Dezember 1985 geltenden Recht zu zahlen ist, wonach zusätzlich bezogenes Einkommen keine Auswirkung auf die Höhe der Hinterbliebenenrenten hatte, dafür aber regelmäßig nur die Witwe und nicht der Witwer rentenberechtigt war.

386 Angerechnet wird 40 Prozent des Einkommens, das einen bestimmten Freibetrag übersteigt. Dieser beträgt bei Witwen- bzw. Witwerrenten das 26,4fache des aktuellen Rentenwerts, damit also nach dem ab 1. Juli 2011 geltenden aktuellen Rentenwert 725,21 Euro/Monat (bis 30. Juni 2011: 718,08 Euro/Monat) in den alten Bundesländern und nach dem ab 1. Juli 2011 geltenden aktuellen Rentenwert (Ost) 643,37 Euro/Monat (bis 30. Juni 2011: 637,03 Euro/Monat) in den neuen Bundesländern, zuzüglich eines Betrages in Höhe des 5,6fachen des aktuellen Rentenwerts bzw. des aktuellen Rentenwerts (Ost) – ab dem 1. Juli 2011 = 153,83 Euro/Monat (bis 30. Juni 2011 = 152,32 Euro/Monat) in den alten Bundesländern und = 136,47 Euro/Monat (bis 30. Juni 2011 = 135,13 Euro/Monat) in den neuen Bundesländern – für jedes waisenrentenberechtigte Kind des Berechtigten. Durch die Anbindung der Freibeträge an den aktuellen Rentenwert bzw. aktuellen Rentenwert (Ost) ist sichergestellt, dass die Freibeträge zum 1. Juli eines Jahres mit dem gleichen Prozentsatz angepasst werden wie die Renten der gesetzlichen Rentenversicherung. Die im so genannten Sterbevierteljahr (vgl. Rdnr. 380) gezahlte Witwen- bzw. Witwerrente ist allerdings von der Einkommensanrechnung ausgenommen.

387 Nach dem bis zum 31. Dezember 2001 geltenden Hinterbliebenenrentenrecht wurden nur bestimmte Einkommensarten, nämlich Erwerbseinkommen und Erwerbsersatzeinkommen angerechnet. Nicht angerechnet wurden Zusatzleistungen (z. B. Steigerungsbeträge aus Beiträgen der Höherversicherung oder Leistungen der betrieblichen Altersversorgung),

Einkünfte aus Kapitalvermögen, Vermietung oder Verpachtung sowie aus privaten Unfall- oder Lebensversicherungen. Wohngeld, Arbeitslosenhilfe oder Sozialhilfe und ähnliche Leistungen wurden ebenfalls nicht berücksichtigt. Mit dem Altersvermögens-Ergänzungsgesetz sind die Ungerechtigkeiten hinsichtlich der Anrechnung von Einkünften auf die Hinterbliebenenrente beseitigt worden.

388 Seit dem 1. Januar 2002 sind grundsätzlich alle Einkunftsarten (auch Vermögenseinkünfte) anzurechnen. Vom Gesetzgeber wurden die bisherigen Beschränkungen auf Einkommen aus Erwerbstätigkeit sowie aus Versichertenrenten der Rentenversicherung und Versorgungsbezügen sozialpolitisch als sehr unbefriedigend und auch als mit der Unterhaltsersatzfunktion der Witwen- und Witwerrenten nicht vereinbar erachtet. Als einziges eigenes Einkommen sind Renten aus der geförderten, zusätzlichen Altersversorgung von der Einkommensanrechnung ausgenommen worden, die ja gerade dazu bestimmt sind, zusammen mit der gesetzlichen Rente ein gutes Auskommen im Alter zu sichern.

389 Wie schon bei den übrigen mit dem Altersvermögens-Ergänzungsgesetz vorgenommenen Änderungen im Hinterbliebenenrentenrecht ist vom Gesetzgeber auch hinsichtlich der Berücksichtigung weiterer Einkunftsarten bei den Hinterbliebenenrenten dem Vertrauensschutz Rechnung getragen worden. Die bis zum 31. Dezember 2001 geltende Regelung, nach der nur Erwerbseinkommen und Erwerbsersatzeinkommen zu den anzurechnenden Einkünften gehören, gilt weiterhin für alle Witwen- und Witwerrenten, die vor dem 1. Januar 2002 begonnen haben, sowie für alle Witwen- oder Witwerrenten mit Rentenbeginn nach dem 31. Dezember 2001 an Witwen oder Witwern, deren Ehe vor dem 1. Januar 2002 geschlossen worden ist und von denen einer am 1. Januar 2002 bereits das 40. Lebensjahr vollendet hat, also vor dem 2. Januar 1962 geboren ist.

390 Wie bereits nach den bis zum 31. Dezember 2001 geltenden Regelungen über die Einkommensanrechnung, gilt auch weiterhin, dass nur eigenes Einkommen, nicht also etwa eine „abgeleitete" Hinterbliebenenrente, angerechnet wird.

391 Für die Einkommensanrechnung maßgebend ist ein pauschalierter Nettobetrag des zu berücksichtigenden Einkommens, also der Bruttobetrag abzüglich eines bestimmten, entsprechend der durchschnittlichen Steuer- und Sozialabgabenbelastung festgesetzten Pauschalwerts, bzw. bei Erwerbsersatzeinkommen abzüglich des vom Empfänger selbst zu tragenden Beitragsanteils zur Kranken- und Pflegeversicherung. Anrechnungsfrei ist bei Unfallrenten auch der Betrag, der bei gleicher Erwerbsminderung als Grundrente nach dem Bundesversorgungsgesetz gezahlt würde. Das Bundesverfassungsgericht hat im Jahr 1998 zwar entschieden, dass die gesetzlichen Bestimmungen über die Einkommensanrechnung in der Hinterbliebenenversorgung mit dem Grundgesetz vereinbar sind, gleichzeitig hat es aber den Gesetzgeber aufgefordert, die Höhe des Pauschalabzugs zur Ermittlung des fiktiven Nettoeinkommens für die Zukunft zu überprüfen.

392 Dieser Aufforderung durch das Bundesverfassungsgericht ist der Gesetzgeber nachgekommen. Mit dem Altersvermögens-Ergänzungsgesetz sind die Pauschalabzüge mit Wirkung vom 1. Januar 2002 an die tatsächlichen Gegebenheiten angepasst worden. Welche Einkommen im Einzelnen auf die Hinterbliebenenrente angerechnet werden und in welchem Umfang diese Einkommen zu kürzen sind, können den Tabellen 26 und 27 entnommen werden:

Tabelle 26: Maßgebende Abzüge für am 31. Dezember 2001 bereits gezahlte Hinterbliebenenrenten sowie Witwen- bzw. Witwerrenten mit Rentenbeginn nach dem 31. Dezember 2001 bei vor dem 1. Januar 2002 erfolgten Eheschließungen, wenn mindestens ein Ehegatte vor dem 2. Januar 1962 geboren ist

Art des Einkommens	Abzüge
Erwerbseinkommen:	
Arbeitsentgelt	40 Prozent
Arbeitsentgelt bei Altersrentenbeziehern	30,5 Prozent
Bezüge von Beamten, Richtern, Berufssoldaten, Soldaten auf Zeit, DO-Angestellten	27,5 Prozent
Arbeitseinkommen aus selbständiger Tätigkeit	39,8 Prozent
Bezüge der Minister u. parlamentarische Staatssekretäre	27,5 Prozent
Entschädigungen der Abgeordneten	27,5 Prozent
Vorruhestandsgelder	40 Prozent
Überbrückungsgelder vom Arbeitgeber	40 Prozent
Kurzfristiges Erwerbsersatzeinkommen:	
Krankengeld	Beitragsanteil[1]
Verletztengeld	Beitragsanteil[1]
Versorgungskrankengeld	Beitragsanteil[1]
Mutterschaftsgeld	Beitragsanteil[1]
Übergangsgeld	Beitragsanteil[1]
Unterhaltsgeld, Arbeitslosengeld, Konkursausfallgeld	Beitragsanteil[1]
Kurzarbeitergeld, Schlechtwettergeld	Beitragsanteil[1]
Überbrückungsgeld der Seemannskasse	Beitragsanteil[1]
Übergangsleistung bei Maßnahmen gegen Berufskrankheiten	Beitragsanteil[1]
Dauerhaftes Erwerbsersatzeinkommen:	
Renten aus eigener Versicherung aus der allgemeinen RV	13 Prozent bei Leistungsbeginn vor 2011 und 14 Prozent bei Leistungsbeginn nach 2010

Renten aus eigener Versicherung aus der knappschaftlichen Rentenversicherung	13 Prozent und 25 Prozent bei Leistungsbeginn vor 2011 sowie 14 Prozent und 25 Prozent bei Leistungsbeginn nach 2010
Renten aus eigener Versicherung der landwirtschaftlichen Alterskasse	13 Prozent bei Leistungsbeginn vor 2011 und 14 Prozent bei Leistungsbeginn nach 2010
Verletztenrente aus der gesetzlichen Unfallversicherung	–
Ruhegehalt und vergleichbare Bezüge sowie Bezüge aus der Versorgung der Abgeordneten	42,7 Prozent bei Leistungsbeginn vor 2011 und 43,6 Prozent bei Leistungsbeginn nach 2010
Unfallruhegehalt und vergleichbare Bezüge sowie vergleichbare Bezüge aus der Versorgung der Abgeordneten	42,7 Prozent bei Leistungsbeginn vor 2011 und 43,6 Prozent bei Leistungsbeginn nach 2010
Renten der berufsständischen Versorgung	29 Prozent bei Leistungsbeginn vor 2011 und 31 Prozent bei Leistungsbeginn nach 2010
Berufsschadensausgleich nach dem Bundesversorgungsgesetz und anderen Gesetzen	Kein Abzug

Tabelle 27: Maßgebende Abzüge für ebenfalls zu berücksichtigendes Einkommen bei Witwen- bzw. Witwerrenten mit Rentenbeginn nach dem 31. Dezember 2001 aufgrund von nach dem 31. Dezember 2001 erfolgten Eheschließungen sowie aufgrund von vor dem 1. Januar 2002 erfolgten Eheschließungen, wenn beide Ehegatten nach dem 1. Januar 1962 geboren sind

Dauerhaftes Erwerbsersatzeinkommen:	**Abzüge**
Renten aus eigener Versicherung aus der knappschaftlichen Rentenversicherung	13 Prozent bei Leistungsbeginn vor 2011 und 14 Prozent bei Leistungsbeginn nach 2010
Ruhegehalt und vergleichbare Bezüge sowie Bezüge aus der Versorgung der Abgeordneten	nur 23,7 Prozent bei Leistungsbeginn vor 2011 und 25 Prozent bei Leistungsbeginn nach 2010
Unfallruhegehalt und vergleichbare Bezüge sowie vergleichbare Bezüge aus der Versorgung der Abgeordneten	nur 23,7 Prozent
Renten der berufsständischen Versorgung	nur 27,5 Prozent bei Leistungsbeginn vor 2011 und 29,6 Prozent bei Leistungsbeginn nach 2010
Vermögenseinkommen:	
Kapitalvermögen	25,0 Prozent
Vermietung und Verpachtung	25,0 Prozent
Private Veräußerungsgeschäfte	25,0 Prozent
Betriebliche Altersversorgung:	
Aus einer Direktzusage oder über eine Unterstützungskasse	21,2 Prozent bei Leistungsbeginn vor 2011 und 23 Prozent bei Leistungsbeginn nach 2010
Aus einer Direktversicherung oder von einer Pensionskasse	17,5 Prozent

1) Anteil der vom Berechtigten zu tragenden Beiträge zur BA und, soweit Beiträge zur sonstigen Sozialversicherung oder zu einem Krankenversicherungsunternehmen gezahlt werden, zusätzlich 10 Prozent.
2) Beitrag des Rentenberechtigten zur Kranken- und Pflegeversicherung abzüglich Zuschuss des RV-Trägers zu den Aufwendungen für die Krankenversicherung.

393 Als monatliches Einkommen gilt bei Erwerbseinkommen sowie beim kurzfristigen Erwerbsersatzeinkommen grundsätzlich das durchschnittliche Vorjahreseinkommen einschließlich etwaiger Sonderzahlungen wie z. B. Urlaubsgeld und Weihnachtsgeld. Ausnahmsweise wird anstelle des Vorjahreseinkommens das laufende Erwerbsersatzeinkommen oder kurzfristige Erwerbseinkommen zugrunde gelegt, wenn dieses um wenigstens 10 Prozent niedriger ist. Bei dem dauerhaften Erwerbsersatzeinkommen wie z. B. den Renten aus der gesetzlichen Rentenversicherung ist demgegenüber stets vom laufenden Einkommen auszugehen.

394 Einkommensänderungen sind grundsätzlich erst vom nächstfolgenden 1. Juli an zu berücksichtigen. Ausnahmsweise werden sie bereits vor dem nächstfolgenden 1. Juli berücksichtigt, wenn sie wenigstens 10 Prozent des bisher erzielten Einkommens ausmachen und nicht nur kurzfristig sind.

Berechnung der Waisenrenten

395 Die Waisenrenten setzen sich aus einem beitragsabhängigen Bestandteil (10 Prozent der Versichertenrente bei Halbwaisen, 20 Prozent bei Vollwaisen) und einem beitragsunabhängigen Zuschlag zusammen, dessen Bemessung mit dem Rentenreformgesetz 1992 stärker an der Versicherungsdauer des Verstorbenen orientiert worden ist.

396 Der Zuschlag an persönlichen Entgeltpunkten bei Waisenrenten richtet sich nach der Anzahl der Kalendermonate mit rentenrechtlichen Zeiten und dem Zugangsfaktor des verstorbenen Versicherten. Kalendermonate mit Beitragszeiten werden in vollem Umfang berücksichtigt; Kalendermonate mit sonstigen rentenrechtlichen Zeiten (beitragsfreie Zeiten und Berücksichtigungszeiten) in dem Verhältnis, in dem die Anzahl der Kalendermonate mit Beitragszeiten und Berücksichtigungszeiten zur Anzahl der belegungsfähigen Monate nach der Grundbewertung im Rahmen der Gesamtleistungsbewertung steht, also im Verhältnis (Beitrags- + Berücksichtigungszeiten) : (Gesamtzeit – beitragsfreie Zeiten).

397 Bei einer Halbwaisenrente sind der Ermittlung des Zuschlags für jeden zu berücksichtigenden Kalendermonat (siehe Rdnr. 396) 0,0833 Entgeltpunkte, also rd. 1 Entgeltpunkt pro Jahr zugrunde zu legen und bei einer Vollwaisenrente 0,075 Entgeltpunkte, also 0,9 Entgeltpunkte pro Jahr, wenn der maßgebliche Zugangsfaktor 1,0 beträgt. Der Zuschlag ist so bemessen, dass er nach einem Versicherungsleben von 43 Jahren, die ein lückenlos Versicherter durch die Zurechnungszeit auch im Todesfall vor Vollendung des 60. Lebensjahres derzeit erreicht, bei Halbwaisen nach dem ab dem 1. Juli 2011 geltenden aktuellen Rentenwert 118,12 Euro in den alten Bundesländern (nach dem ab 1. Juli 2011 geltenden aktuellen Rentenwert (Ost) 104,79 Euro in den neuen Bundesländern) und bei Vollwaisen 212,62 Euro in den alten Bundesländern (188,62 Euro in den neuen Bundesländern) beträgt.

398 Um bei der Vollwaisenrente auch das Versicherungsleben eines weiteren verstorbenen Versicherten (in der Regel der Mutter) zum Tragen zu bringen, wird der beitragsabhängige Bestandteil von 20 Prozent der Versichertenrente aus den Anwartschaften beider Elternteile ermittelt. Der Zuschlag an persönlichen Entgeltpunkten wird hingegen nur aus den rentenrechtlichen Zeiten des Versicherten mit der höchsten Rente ermittelt. Auf den Zuschlag werden zudem die persönlichen Entgeltpunkte des verstorbenen Versicherten mit der zweithöchsten Rente, also in der Regel der Mutter, angerechnet. Im Ergebnis wirkt sich also die Ermittlung der Vollwaisenrente aus den Anwartschaften beider Elternteile nur dann zusätzlich rentenerhöhend aus, wenn der auf den zweiten Elternteil entfallende Bestandteil höher ist als der Zuschlag. War der zweite Elternteil Beamter oder gehörte er einer berufsständischen Versorgungseinrichtung an, werden die von den jeweiligen Versorgungssystemen gezahlten Waisengelder ebenfalls auf den Zuschlag angerechnet.

Rentenanpassung

399 Die Stellung der Rentner im Einkommensgefüge im Verhältnis zu den Erwerbstätigen wäre nicht gesichert, wenn die Renten nicht laufend entsprechend der Entgeltentwicklung angepasst würden. Diese Anpassung nicht nur der laufenden Renten, sondern auch der Anwartschaften auf künftige Renten, bildet seit 1957 das Kernstück der dynamischen Rentenformel.

400 Maßstab für die Rentenanpassung war ursprünglich das Bruttojahresarbeitsentgelt aller Versicherten der allgemeinen Rentenversicherung (bis Ende 2004 als Rentenversicherung der Arbeiter und der Angestellten bezeichnet) ohne Lehrlinge und Anlernlinge, das jährlich entsprechend der Entwicklung der Bruttolohn- und -gehaltssumme je durchschnittlich beschäftigten Arbeitnehmer fortgeschrieben wurde. Dabei wurde anfangs auf den um zwei Kalenderjahre zurückliegenden Dreijahreszeitraum abgestellt, also z. B. bei der Anpassung der Bestandsrenten zum 1. Januar 1960 auf das Verhältnis des Dreijahreszeitraums 1955 bis 1957 zum Dreijahreszeitraum 1954 bis 1956.

401 Diese zeitliche Verzögerung hatte zur Folge, dass die Rentenerhöhungen in den 1960er und Anfang der 1970er Jahre den Lohnerhöhungen nicht unerheblich hinterherhinkten. Zum Ausgleich wurde deshalb im Rahmen der Rentenreform 1972 die Rentenanpassung um ein halbes Jahr auf den 1. Juli vorgezogen. Diese Maßnahme musste dann aber 1979 wieder rückgängig gemacht werden, weil sie bei zurückgehenden Lohnsteigerungsraten und immer noch hohen Rentenanpassungen zu wachsenden Defiziten führte.

402 Aus Konsolidierungsgründen wurde zudem durch das 21. Rentenanpassungsgesetz in den Jahren 1979, 1980 und 1981 die Rentenanpassung unabhängig von der Lohnentwicklung mit den festen Sätzen von 4,5 Prozent, 4 Prozent und 4 Prozent festgeschrieben. Schließlich musste 1983 die Rentenanpassung nochmals um ein halbes Jahr vom 1. Januar 1983 auf den 1. Juli 1983 verschoben werden.

403 Im Zuge der Rentenanpassung 1984 erfolgte dann die Aktualisierung der Rentenanpassung, d. h. die Rentenanpassung entspricht seither der Lohnentwicklung des Vorjahres, was stärkere Abweichungen zwischen Renten- und Lohnentwicklung vermeidet.

404 Mit dem Haushaltsbegleitgesetz 1984 wurde als weitere Maßnahme der Grundsatz der gleichgewichtigen Entwicklung von Renten und verfügbaren Arbeitnehmereinkommen verankert. Dies wurde für eine Übergangszeit dadurch erreicht, dass die Rentner in den Jahren 1983 bis 1987 stufenweise an den Beiträgen für ihre Krankenversicherung bis zum halben Beitragssatz beteiligt wurden, so dass der Anstieg der verfügbaren Rente nach Abzug des von den Rentnern zu tragenden Krankenversicherungsbeitrages niedriger ausfiel als der Anstieg der Bruttorente. Wie der Tabelle 29 entnommen werden kann, wurde durch diese Maßnahmen für die Zeit ab 1976 eine Stabilisierung des Nettorentenniveaus (Verhältnis einer Altersrente aus 45 Versicherungsjahren mit Durchschnittsverdienst mit einem Beginn ab der Regelaltersgrenze nach Abzug des Eigenanteils am Beitrag zur Krankenversicherung zum Nettoeinkommen eines Arbeitnehmers mit Durchschnittsverdienst) und damit im Ergebnis eine Anpassung der Renten entsprechend der Entwicklung der Nettolöhne erreicht, nachdem das Nettorentenniveau in den Jahren zuvor von 61,2 Prozent im Jahre 1971 auf 73,8 Prozent im Jahre 1977 angestiegen war. Ohne diese Maßnahme wäre das Nettorentenniveau im Zeitverlauf sogar auf über 90 Prozent angestiegen.

405 Um auch nach 1987 kein stetig ansteigendes Nettorentenniveau und zugleich eine Beteiligung der Rentner an den Belastungen aufgrund der demographischen Entwicklung zu erreichen, wurde mit dem Rentenreformgesetz 1992 zunächst zum Grundsatz der streng nettolohnbezogenen Rentenanpassung übergegangen.

406 Seit Inkrafttreten des Rentenreformgesetzes 1992 ist zudem vorgesehen, dass die Rentenanpassung nicht mehr durch ein besonderes Anpassungsgesetz erfolgt, sondern durch eine mit Zustimmung des Bundesrates zu erlassende Rechtsverordnung der Bundesregierung. Mit dieser Rechtsverordnung soll jeweils bis zum 31. März eines Jahres der vom Juli des laufenden bis zum Juni des Folgejahres maßgebende neue aktuelle Rentenwert bestimmt werden. Das seit 1992 praktizierte Rentenanpassungsverfahren hat jedoch gezeigt, dass der Gesetzgeber sich je nach konjunktureller Entwicklung und der hiervon abhängigen Finanzlage der allgemeinen Rentenversicherung veranlasst gesehen hat, in den gesetzlichen Anpassungsmechanismus einzugreifen und in Folge solcher Eingriffe den neuen aktuellen Rentenwert durch Gesetz zu bestimmen.

Fortschreibung des aktuellen Rentenwerts nach dem Rentenreformgesetz 1992

407 Die nach dem Rentenreformgesetz 1992 vorgesehene Fortschreibung des aktuellen Rentenwerts richtet sich – anders als vor 1992 die Fortschreibung der allgemeinen Bemessungsgrundlage – nicht mehr allein nach der Entwicklung der Bruttolohn- und -gehaltsumme je durchschnittlich beschäftigten Arbeitnehmer im Vorjahr. Bei den Rentenanpassungen in den Jahren von 1992 bis 1999 wurden vielmehr auch die Belastungsveränderungen bei Arbeitsentgelten und Renten berücksichtigt. Damit wurde gewährleistet, dass in dieser Zeit die Renten wie die verfügbaren Arbeitnehmereinkommen gestiegen sind. Die Formel für die Fortschreibung des aktuellen Rentenwerts in den Jahren 1992 bis 1999 lautete:

$$AR_t = AR_{t-1} \times (BE_{t-1} : BE_{t-2}) \times (NQ_{t-1} : NQ_{t-2}) \times (RQ_{t-2} : RQ_{t-1})$$

AR_t Aktueller Rentenwert ab 1. Juli des laufenden Kalenderjahres

AR_{t-1} Aktueller Rentenwert vom 1. Juli des Vorjahres zum 30. Juni des laufenden Kalenderjahres

BE_{t-1} Durchschnittliches Bruttoarbeitsentgelt des vergangenen Jahres

BE_{t-2} Durchschnittliches Bruttoarbeitsentgelt des vorvergangenen Jahres

NQ_{t-1} Nettoquote für Arbeitsentgelt nach der Volkswirtschaftlichen Gesamtrechnung des vergangenen Jahres

NQ_{t-2} Nettoquote für Arbeitsentgelt nach der Volkswirtschaftlichen Gesamtrechnung des vorvergangenen Jahres

RQ_{t-1} Rentennettoquote des vergangenen Jahres

RQ_{t-1} Rentennettoquote des vorvergangenen Jahres

408 Mit dieser Formel wurde bewirkt, dass der sich aus der Entwicklung des Bruttoarbeitsentgelts ergebende Wert ggf. durch zwei Faktoren korrigiert wurde, um das Nettorentenniveau zu stabilisieren. Eine höhere Abgabenbelastung der aktiven Arbeitnehmer – etwa durch einen Anstieg der Sozialversicherungsbeiträge oder der direkten Steuern – sollte den Anpassungssatz mindern. Bei der Berechnung der Nettoquote (Verhältnis von durchschnittlichem Nettoentgelt zu durchschnittlichem Bruttoentgelt) wurde von den Daten der Volkswirtschaftlichen Gesamtrechnung ausgegangen. Entsprechend der mit dieser Rentenanpassungsformel verfolgten Zielsetzung, das Nettorentenniveau auf dem Niveau des Jahres 1991 zu stabilisieren, hatte diese Rentenanpassungsformel auch den Belastungsveränderungen bei den Rentnern Rechnung zu tragen. Stieg der Beitrag zur Krankenversicherung der Rentner oder wurden die Rentner ebenfalls durch die Einführung des Pflegeversicherungsbeitrags für Rentner belastet, so mussten diese Effekte anpassungserhöhend berücksichtigt werden. Daher wurde in diese Anpassungsformel als Kehrwert der Korrekturfaktor „Rentennettoquote" (RQ_{t-2}/RQ_{t-1}) eingeführt.

Fortschreibung des aktuellen Rentenwerts nach dem Rentenreformgesetz 1999

409 Mit dem Rentenreformgesetz 1999 wurde die – mit dem Rentenreformgesetz 1992 eingeführte – Rentenanpassungsformel um einen demografischen

Tabelle 28: Rechengrößen der gesetzlichen Rentenversicherung in den alten Bundesländern

Jahr	Durchschnittliches Bruttoarbeitsentgelt[1]		Allgemeine Bemessungsgrundlage			Rentenanpassung[2] zum 1.1. des Jahres	1.7. des Jahres	Bezugsgröße der Sozialversicherung		Geringfügigkeitsgrenze[4,5]	Beitragsbemessungsgrenze				
			aktueller Rentenwert								allgemeine RV (bis 2004 ArV/AnV)		KnRV		
	Veränd. gegenüber Vorjahr in Prozent	DM/Jahr[6]	DM/Jahr[6]	bzw. Veränd. gegenüber Vorjahr in Prozent ArV/AnV	AR[3,6]	in Prozent	in Prozent	DM/Jahr[6]	DM/Monat[6]	DM/Monat[6]	DM/Jahr[6]	DM/Monat[6]	DM/Jahr[6]	DM/Monat[6]
1	2	3	4	5	6	7	8	9	10	11	12	13	14	15
1957	-	5 043	4 281	5,35	6,1	-	-	-	-	93,75	9 000	750	12 000	1 000
1958	5,7	5 330	4 542	5,68	5,94	-	-	-	-	93,75	9 000	750	12 000	1 000
1959	5,1	5 602	4 812	6,02	5,4	-	-	-	-	100,00	9 600	800	12 000	1 000
1960	8,9	6 101	5 072	6,34	4,99	-	-	-	-	106,25	10 200	850	12 000	1 000
1961	10,2	6 723	5 325	6,66	6,63	-	-	-	-	112,50	10 800	900	13 200	1 100
1962	9,0	7 328	5 678	7,10	6,63	-	-	-	-	118,75	11 400	950	13 200	1 100
1963	6,1	7 775	6 142	7,68	8,17	-	-	-	-	125,00	12 000	1 000	14 400	1 200
1964	8,9	8 467	6 717	8,40	9,36	8,2	-	-	-	137,50	13 200	1 100	16 800	1 400
1965	9,0	9 229	7 275	9,09	8,31	9,4	-	-	-	150,00	14 400	1 200	18 000	1 500
1966	7,2	9 893	7 857	9,83	8,0	8,3	-	-	-	162,50	15 600	1 300	19 200	1 600
1967	3,3	10 219	8 490	10,61	8,06	8,0	-	-	-	175,00	16 800	1 400	20 400	1 700
1968	6,1	10 842	9 196	11,50	8,32	8,1	-	-	-	200,00	19 200	1 600	22 800	1 900
1969	9,2	11 839	9 780	12,23	6,35	8,3	-	-	-	212,50	20 400	1 700	24 000	2 000
1970	12,7	13 343	10 318	12,90	5,5	6,35	-	-	-	225,00	21 600	1 800	25 200	2 100
1971	11,9	14 931	10 967	13,71	6,29	5,5	-	-	-	237,50	22 800	1 900	27 600	2 300
1972	9,4	16 335	12 008	15,01	9,49	6,3	9,5	-	-	262,50	25 200	2 100	30 000	2 500
1973	12,0	18 295	13 371	16,71	11,35	-	11,35	-	-	287,50	27 600	2 300	33 600	2 800
1974	11,4	20 381	14 870	18,59	11,21	-	11,2	-	-	312,50	30 000	2 500	37 200	3 100
1975	7,0	21 808	16 520	20,65	11,1	-	11,1	-	-	350,00	33 600	2 800	40 800	3 400
1976	7,0	23 335	18 337	22,92	11,0	-	11,0	-	-	387,50	37 200	3 100	45 600	3 800
1977	6,9	24 945	20 161	25,20	9,95	-	9,9	-	-	425,00	40 800	3 400	50 400	4 200
1978	5,2	26 242	21 608	27,01	4,5	4,5	-	22 000	1 850	390,00	44 400	3 700	55 200	4 600
1979	5,5	27 685	21 068	26,34	-	-	-	23 400	1 950	390,00	48 000	4 000	57 600	4 800
1980	6,5	29 485	21 911	27,39	4,0	4,0	-	25 200	2 100	390,00	50 400	4 200	61 200	5 100
1981	4,8	30 900	22 787	28,48	4,0	4,0	-	26 400	2 200	390,00	52 800	4 400	64 800	5 400
1982	4,2	32 198	24 099	30,12	5,76	5,76	-	28 080	2 340	390,00	56 400	4 700	69 600	5 800
1983	3,4	33 293	25 445	31,81	5,59	5,59	-	29 520	2 460	390,00	60 000	5 000	73 200	6 100
1984	3,0	34 292	26 310	32,89	3,4	3,4	-	30 960	2 580	400,00	62 400	5 200	76 800	6 400
1985	2,9	35 286	27 099	33,87	3,0	3,0	-	32 760	2 730	400,00	64 800	5 400	80 400	6 700
1986	3,8	36 627	27 885	34,86	2,9	2,9	-	33 600	2 800	400,00	64 800	5 400	82 800	6 900
1987	3,0	37 726	28 945	36,18	3,8	3,0	-	34 440	2 870	410,00	67 200	5 600	85 200	7 100
1988	3,1	38 896	29 814	37,27	3,0	3,0	-	36 120	3 010	430,00	68 400	5 700	87 600	7 300
1989	3,0	40 063	30 709	38,39	3,0	3,1	-	36 960	3 080	440,00	72 000	6 000	90 000	7 500
1990	4,7	41 946	31 661	39,58	3,1	4,7	-	37 800	3 150	450,00	75 600	6 300	93 600	7 800
1991	5,9	44 421	33 149	41,44	4,7	2,87	-	39 480	3 290	470,00	78 000	6 500	96 000	8 000
1992	5,4	46 820		42,63	2,87	4,36	-	40 320	3 360	480,00	81 600	6 800	100 800	8 400
1993	2,8	48 178		44,49	4,36	3,39	-	42 000	3 500	500,00	86 400	7 200	106 800	8 900
1994	1,6	49 142		46,00	3,39	0,5	-	44 520	3 710	530,00	91 200	7 600	112 800	9 400
1995	3,1	50 665		46,23	0,5	0,95	-	47 040	3 920	560,00	93 600	7 800	115 200	9 600
1996	2,0	51 678		46,67	0,95	1,65	-	48 720	4 060	580,00	96 000	8 000	117 600	9 800
1997	4,1	52 143		47,44	1,65	0,44	-	49 560	4 130	590,00	98 400	8 200	121 200	10 100
1998	1,5	52 925		47,65	0,44	0,5	-	51 240	4 270	610,00	100 800	8 400	123 600	10 300
1999	1,1	53 507		48,29	1,34	1,34	-	52 080	4 340	620,00	102 000	8 500	124 800	10 400
2000	1,4	54 256		48,58	0,6	0,6	-	52 920	4 410	630,00	103 200	8 600	127 200	10 600
2001	0,8	55 216		49,51	1,91	1,91	-	53 760	4 480	630,00	104 400	8 700	128 400	10 700
2002	1,4	28 626		25,86	2,17	2,17	-	28 140	2 345	325,00	54 000	4 500	66 600	5 550
2003	0,4	28 938		26,13	1,04	1,04	-	28 560	2 380	400,00	61 200	5 100	75 000	6 250
2004	0,5	29 060		26,13	-	-	-	28 980	2 415	400,00	61 800	5 150	76 200	6 350
2005	1,0	29 202		26,13	-	-	-	28 980	2 415	400,00	62 400	5 200	76 800	6 400
2006	-	29 494		26,13	-	-	-	29 400	2 450	400,00	63 000	5 250	77 400	6 450
2007	1,5	29 951		26,27	0,54	0,54	-	29 400	2 450	400,00	63 000	5 250	77 400	6 450
2008	2,3	30 625		26,56	1,1	1,1	-	29 820	2 485	400,00	63 600	5 300	78 600	6 550
2009	-0,4	30 506		27,20	2,4	2,4	-	30 240	2 520	400,00	64 800	5 400	79 800	6 650
2010	-	32 003 [7]		27,20	-	-	-	30 660	2 555	400,00	66 000	5 500	81 600	6 800
2011	-	30 268 [7]		27,20	-	-	-	30 600	2 555	400,00	66 000	5 500	81 000	6 750

1) Entgelte 2002 und 2003 geschätzt.
2) Die für das Jahr 1978 ausgewiesene allgemeine Bemessungsgrundlage galt nur für Versicherungsfälle, die im ersten Halbjahr eingetreten sind; für das zweite Halbjahr gilt die Bemessungsgrundlage des Jahres 1979. Spalte 8 gibt für das Jahr 1978 die Veränderung der Bemessungsgrundlage für das zweite Halbjahr 1978 gegenüber derjenigen für das Jahr 1977 an.
3) Der aktuelle Rentenwert von 1992 ergibt sich aus der Veränderung der allgemeinen Bemessungsgrundlage nach der Formel: allg. Bg. × 1,5 Prozent : 12.
4) Erstes Halbjahr 1977 425 DM; zweites Halbjahr 370 DM.
5) Vom 1.1.2003 bis 31.3.2003 325 EUR; vom 1.4.2003 bis 31.12.2003 400 EUR.

Faktor ergänzt. Mit ihm sollte die Verlängerung der durchschnittlichen Bezugsdauer der Renten in Folge des Anstiegs der Lebenserwartung berücksichtigt werden. Für die Bestimmung des demografischen Faktors war – ohne Differenzierung nach dem Geschlecht – die Veränderung der durchschnittlichen Lebenserwartung der 65-jährigen seit der Rentenreform 1992 maßgebend. Der demografische Faktor hätte bewirkt, dass die Renten jährlich stets geringer – nach den damaligen Annahmen zunächst um rd. 0,5 Prozentpunkte geringer – angepasst worden wären als die Nettolöhne tatsächlich gestiegen sind. Hieraus hätte sich eine kontinuierliche Absenkung des Nettorentenniveaus ergeben. Das Rentenreformgesetz 1999 hatte allerdings eine Niveausicherungsklausel vorgesehen, nach der das Rentenniveau aufgrund der Anwendung des demografischen Faktors nicht hätte unter 64 Prozent absinken dürfen.

410 Der demografische Faktor sollte erstmals bei der Rentenanpassung zum 1. Juli 1999 angewendet werden. Mit dem Gesetz zu Korrekturen in der Sozialversicherung und zur Sicherung der Arbeitnehmerrechte (Korrekturgesetz) vom Dezember 1998 hat der Gesetzgeber die Anwendung des demografischen Faktors jedoch ausgesetzt. Er befürchtete, dass bei einem künftigen Rentenniveau von 64 Prozent die gesetzliche Rentenversicherung ihre Legitimation als Pflichtversicherungssystem verlieren könnte, weil auch bei nicht unterbrochenem Erwerbsleben und kontinuierlichem Verlauf der Versicherungsbiografie im Alter Rentenleistungen nur noch auf oder geringfügig über dem Sozialhilfeniveau erbracht würden.

411 Der demografische Faktor ist daher im Ergebnis nie zur Anwendung gekommen. Denn das im Dezember 1999 verabschiedete Haushaltssanierungsgesetz sah zum 1. Juli 2000 die Veränderung des aktuellen Rentenwerts entsprechend der Veränderung der Teuerungsrate des Vorjahres vor und seit den Rentenanpassungen ab dem 1. Juli 2001 wurde der aktuelle Rentenwert nach der Rentenanpassungsformel verändert, die mit dem im Januar 2001 verabschiedeten Altersvermögens-Ergänzungsgesetz eingeführt worden war.

Fortschreibung des aktuellen Rentenwerts nach dem im Jahr 2001 beschlossenen Altersvermögens-Ergänzungsgesetz

412 Für die Neubestimmung des aktuellen Rentenwerts ist auch nach der für die Rentenanpassungen ab dem Jahr 2001 geltenden Rentenanpassungsformel weiterhin die Veränderung der Bruttolohn- und -gehaltssumme je durchschnittlich beschäftigten Arbeitnehmer maßgebend. Nach der bis 1999 angewandten Rentenanpassungsformel des Rentenreformgesetzes 1992 floss jedoch neben der Veränderung der Bruttolöhne jede Belastungsveränderung ein, die Arbeitnehmer und Rentner traf, somit also die Veränderung der Lohnsteuerbelastung sowie der Arbeitnehmerbeiträge zur Rentenversicherung, zur Krankenversicherung, zur Pflegeversicherung und zur Bundesagentur für Arbeit.

413 Nach der ab dem Jahr 2001 geltenden Rentenanpassungsformel wurden hingegen nur noch die Veränderung der Bruttolöhne und die Belastungsveränderungen berücksichtigt, die sich auf die Altersvorsorge beziehen. Dies sind neben Veränderungen des Beitragssatzes zur Rentenversicherung die Veränderung bei den staatlich geförderten Aufwendungen der Beitragszahler für die zusätzliche Altersvorsorge, ansteigend in jeweils gleichen Stufen und in Zwei-Jahres-Abständen von 1 Prozent des Bruttoverdienstes im Jahr 2002 bis auf 4 Prozent ab dem Jahr 2008. Diese steigenden Aufwendungen zur zusätzlichen Altersvorsorge sind – in 0,5 Prozent-Schritten – in die Rentenanpassungsformel integriert worden. Steueränderungen und Beitragssatzänderungen, die sich nicht auf die Altersvorsorge beziehen – also die Änderungen der Beitragssätze zur gesetzlichen Kranken- und Pflegeversicherung sowie zur Bundesagentur für Arbeit – werden bei der Ermittlung des neuen aktuellen Rentenwerts dagegen nicht mehr berücksichtigt. Die erstmals bei der Anpassung zum 1. Juli 2001 angewandte Anpassungsformel stellt sich damit wie folgt dar:

$$AR_t = AR_{t-1} \times \frac{BE_{t-1}}{BE_{t-2}} \times \frac{100\% - RVB_{t-1} - AVA_{t-1}}{100\% - RVB_{t-2} - AVA_{t-2}}$$

AR_t zu bestimmender aktueller Rentenwert

AR_{t-1} bisheriger aktueller Rentenwert

BE_{t-1} Bruttolohn- und -gehaltssumme je durchschnittlich beschäftigten Arbeitnehmer im vergangenen Kalenderjahr

BE_{t-2} Bruttolohn- und -gehaltssumme je durchschnittlich beschäftigten Arbeitnehmer im vorvergangenen Kalenderjahr

RVB_{t-1} durchschnittlicher Beitragssatz in der Rentenversicherung der Arbeiter und der Angestellten im vergangenen Kalenderjahr

RVB$_{t-2}$ durchschnittlicher Beitragssatz in der Rentenversicherung der Arbeiter und der Angestellten im vorvergangenen Kalenderjahr

AVA$_{t-1}$ Altersvorsorgeanteil im vergangenen Kalenderjahr

AVA$_{t-2}$ Altersvorsorgeanteil im vorvergangenen Kalenderjahr

Dabei sind die in die Rentenanpassungsformel jeweils für die Jahre bis 2009 einzusetzenden Altersvorsorgeanteile mit dem Altersvermögens-Ergänzungsgesetz für die Rentenanpassungen bis zum Jahr 2009 wie folgt gesetzlich bestimmt worden:

vor	2002	0,0 Prozent,
	2002	0,5 Prozent,
	2003	1,0 Prozent,
	2004	1,5 Prozent,
	2005	2,0 Prozent,
	2006	2,5 Prozent,
	2007	3,0 Prozent,
	2008	3,5 Prozent,
	2009	4,0 Prozent,

Die Ermittlung des zum 1. Juli 2001 geltenden aktuellen Rentenwerts nach der mit dem Altersvermögens-Ergänzungsgesetz eingeführten Anpassungsformel:

$$AR_{2000} = AR_{2000} \times \frac{BE_{2000}}{BE_{1999}} \times \frac{100\% - RVB_{t-1} - AVA_{t-1}}{100\% - RVB_{t-2} - AVA_{t-2}}$$

$$AR_{2000} = 48{,}58\ DM \times \frac{51{,}496\ DM}{50{,}797\ DM} \times \frac{100\% - 0 - 19{,}3\%}{100\% - 0 - 19{,}7\%^*}$$

* Durchschnittswert (Beitragssatz 1999: 1.1. - 31.3.: 20,3; 1.4. - 31.12.: 19,5)

$AR_{2000} = 48{,}58\ DM \times 1{,}014 \times 1{,}0050 = 49{,}51\ DM$

Dieser ab 1. Juli 2001 geltende aktuelle Rentenwert war damit um 1,91 Prozent höher als der bis zum 30. Juni 2001 geltende Rentenwert.

414 Die Veränderung des Beitragssatzes zur gesetzlichen Rentenversicherung – also insbesondere der langfristig nach 2020 zu erwartende Beitragssatzanstieg – sollte nach der mit dem Altersvermögens-Ergänzungsgesetz im Jahr 2001 eingeführten Rentenanpassungsformel bei den Rentenanpassungen ab dem Jahr 2011 in etwas stärkerem Ausmaß berücksichtigt werden als bei den Rentenanpassungen bis zum Jahr 2010. Dies sollte dadurch geschehen, dass die Basiszahl für die Ermittlung des Änderungswerts bei den Aufwendungen für die Altersversorgung von 100 Prozent auf 90 Prozent abgesenkt werden sollte.

Für die Rentenanpassungen ab dem Jahr 2011 war deshalb zunächst die folgende Rentenanpassungsformel ins Gesetz aufgenommen worden:

$$AR_t = AR_{t-1} \times \frac{BE_{t-1}}{BE_{t-2}} \times \frac{90\% - AVA_{2009} - RVB_{t-1}}{90\% - AVA_{2009} - RVB_{t-2}}$$

AR$_t$ zu bestimmender neuer aktueller Rentenwert

AR$_{t-1}$ bisheriger aktueller Rentenwert

BE$_{t-1}$ Durchschnittsbruttolohn im Vorjahr

BE$_{t-2}$ Durchschnittsbruttolohn im Vorvorjahr

RVB$_{t-1}$ durchschnittlicher Beitragssatz in der Rentenversicherung der Arbeiter und der Angestellten im vergangenen Kalenderjahr

RVB$_{t-2}$ durchschnittlicher Beitragssatz in der Rentenversicherung der Arbeiter und der Angestellten im vorvergangenen Kalenderjahr

AVA2009 Altersvorsorgeanteil des Jahres 2009 (= 4 Prozent)

415 Mit der Anfügung des Nachhaltigkeitsfaktors an die Rentenanpassungsformel und seiner Gewichtung mit dem auf den Wert 0,25 festgelegten Parameter α (vgl. Rdnr. 444) ist die anpassungsdämpfende Wirkung der auf 90 Prozent abgesenkten Basiszahl von dem im Jahr 2004 in die Rentenanpassungsformel eingefügten Nachhaltigkeitsfaktor mit umfasst worden. Mit dem Gesetz zur nachhaltigen Sicherung der Finanzierungsgrundlagen aus dem Jahr 2004 ist daher der Wert 90 Prozent, von dem bei den Rentenanpassungen ab dem Jahr 2011 der durchschnittliche Beitragssatz in der allgemeinen Rentenversicherung und der Höchstwert für den Altersvorsorgeanteil jeweils zu subtrahieren gewesen wäre, auf den Wert 100 Prozent erhöht worden.

Zeitliche Streckung des in 0,5-Prozentschritten steigenden Altersvorsorgeanteils bis zum Jahr 2012

416 Nach dem im Jahr 2001 beschlossenen Altersvermögens-Ergänzungsgesetz war zunächst vorgesehen, dass der letzte 0,5-Prozent-Schritt, mit dem die steigende Belastung der Arbeitnehmer mit Aufwendungen für die zusätzliche private Altersvorsorge bei der Rentenanpassung in abstrakter Weise berücksichtigt werden sollte, letztmalig die Rentenanpassung im Jahr 2009 gedämpft hätte. Die Aussetzung der

Rentenanpassung zum 1. Juli 2004 hatte jedoch zur Folge, dass die anpassungsdämpfende Wirkung des letzten 0,5-Prozent-Schritts nicht – wie ursprünglich vorgesehen – bei der Anpassung im Jahr 2009 zum Tragen gekommen wäre (vgl. Rdnr. 413), sondern erst bei der Anpassung im Jahr 2010. Mit dem Gesetz zur nachhaltigen Sicherung der Finanzierungsgrundlagen in der gesetzlichen Rentenversicherung wurde daher der schrittweise Anstieg des Altersvorsorgeanteils auf 4 Prozent bis zum Jahr 2010 erstreckt.

417 Mit dem Gesetz zur Rentenanpassung 2008 ist die für die Jahre 2008 und 2009 vorgesehene Erhöhung des Altersvorsorgeanteils um je 0,5-Prozentpunkte ausgesetzt und auf die Jahre 2011 und 2012 verschoben worden, um hierdurch den aktuellen Rentenwert im Jahr 2008 um 0,64 Prozentpunkte und im Jahr 2009 um 0,63 Prozentpunkte höher ausfallen zu lassen als nach der bis dahin geltenden Anpassungsformel. Der Zeitraum, in dem der Altersvorsorgeanteil schrittweise auf 4 Prozent angehoben wird, erstreckt sich deshalb nun bis zum Jahr 2012. Nach den mit diesem Gesetz bestimmten Verschiebungen der Erhöhungsstufen beim Altersvorsorgeanteil vollzieht sich seine Erhöhung nunmehr in folgenden Schritten:

vor 2002	0,0 Prozent,
2002	0,5 Prozent,
2003	0,5 Prozent,
2004	1,0 Prozent,
2005	1,5 Prozent,
2006	2,0 Prozent,
2007	2,0 Prozent,
2008	2,0 Prozent,
2009	2,5 Prozent,
2010	3,0 Prozent,
2011	3,5 Prozent,
2012	4,0 Prozent.

Auswirkung der mit dem Altersvermögensgesetz eingeführten Anpassungsformel auf das Nettorentenniveau

418 Auf lange Sicht hätte sich die mit dem Altersvermögens-Ergänzungsgesetz im Jahr 2001 eingeführte Rentenanpassungsformel moderat senkend auf das (Netto-)Rentenniveau – Verhältnis der (Netto-)Eck- oder Standardrente zum aktuellen (Netto-)Durchschnittseinkommen – ausgewirkt. Zur Berechnung des (Netto-)Rentenniveaus wird die Nettostandardrente (= Rente eines Versicherten, der 45 Jahre Beiträge vom jeweiligen Durchschnittsverdienst gezahlt hat, abzüglich der durchschnittlichen Beiträge zur Kranken- und Pflegeversicherung der Rentner) ins Verhältnis zum Nettolohn des Durchschnittsverdieners (= Bruttolohn abzüglich der Steuern vom Einkommen und der Sozialbeiträge) gesetzt. Das so errechnete (Netto-)Rentenniveau hat bei Inkrafttreten der Rentenanpassungsformel im Altersvermögens-Ergänzungsgesetz im Jahr 2001 bei etwa 70 Prozent gelegen. Als langfristiger Zielwert für das Nettorentenniveau war nach dieser Rentenanpassungsformel bis zum Jahr 2030 der Wert 67 Prozent vorgesehen. Auswirkungen auf das (Netto-)Rentenniveau hätten sich insbesondere im Falle eines Beitragssatzanstiegs in der gesetzlichen Rentenversicherung ergeben, da nach dieser Rentenanpassungsformel nicht nur die Veränderung des hälftigen Beitragssatzes, sondern die Veränderung des vollen Beitragssatzes maßgebend war. Senkend auf das (Netto-)Rentenniveau hätte sich aber auch ein sinkender Beitragssatz zur Arbeitslosenversicherung ausgewirkt, da die sich daraus ergebende Erhöhung der Nettoeinkommen der Arbeitnehmer im Unterschied zur bisherigen Anpassungsformel nicht mehr anpassungserhöhend zu berücksichtigen ist.

Tabelle 29: Das Nettorentenniveau nach der bis 2004 gültigen Definition

Jahr	Monatliche Rente[1] bei 45 anrechnungsfähigen Versicherungsjahren in DM / ab 2002 in EUR		Brutto-	Netto-
	brutto	netto	Rentenniveau[2] in Prozent	
1957	240,90	240,90	57,3	66,7
1958	240,90	240,90	54,2	63,8
1959	255,50	255,50	54,7	64,2
1960	270,70	270,70	53,2	63,2
1961	285,30	285,30	50,9	60,9
1962	299,60	299,60	49,1	59,0
1963	319,40	319,40	49,3	59,6
1964	345,50	345,50	49,0	59,5
1965	377,90	377,90	49,1	59,3
1966	409,30	409,30	49,6	60,7
1967	442,00	442,00	51,9	63,7
1968	477,60	468,00	52,9	64,5
1969	517,50	507,00	52,4	65,0
1970	550,20	550,20	49,5	63,9
1971	580,40	580,40	46,6	61,2
1972	616,90	616,90	47,5	64,2
1973	675,50	675,50	46,8	63,4
1974	752,20	752,20	46,8	64,1
1975	836,50	836,50	48,6	66,4
1976	929,30	929,30	50,4	70,7
1977	1031,50	1031,50	52,1	73,8
1978	1134,10	1134,10	51,9	72,7
1979	1185,10	1185,10	51,4	71,7
1980	1232,50	1232,50	50,2	71,1
1981	1281,80	1281,80	49,8	70,8
1982	1355,60	1355,60	50,5	72,7
1983	1431,30	1417,00	50,2	72,6
1984	1480,00	1435,60	50,9	73,4
1985	1524,40	1455,80	51,1	73,2
1986	1568,60	1487,04	50,7	71,6
1987	1628,20	1532,13	50,8	72,1
1988	1677,10	1578,15	51,0	71,8
1989	1727,40	1615,99	51,0	72,4

| Jahr | Monatliche Rente[1] bei 45 anrechnungsfähigen Versicherungsjahren in DM / ab 2002 in EUR | | Brutto- | Netto- |
	brutto	netto	Rentenniveau[2] in Prozent	
1990	1781,00	1667,01	50,2	67,6
1991	1864,70	1750,96	49,2	68,4
1992	1918,35	1798,46	48,5	68,2
1993	2002,05	1867,92	48,9	68,6
1994	2070,00	1931,31	49,7	71,0
1995	2080,35	1932,65	49,1	70,4
1996	2100,15	1941,59	49,2	70,6
1997	2134,80	1973,63	49,7	71,9
1998	2144,25	1980,22	49,6	71,6
1999	2173,05	2007,90	49,5	71,1
2000	2186,10	2019,96	49,2	70,4
2001	2227,55	2057,51	49,5	69,1
2002	1163,70	1072,35	48,3	68,9
2003	1175,85	1081,79	48,4	69,6
2004	1175,85	1074,25	48,6	67,9

1) Für Juli; brutto; bei Durchschnittsverdienst.
2) Im Kalenderjahr; Brutto- bzw. Nettorente gemessen am Brutto- bzw. Nettoarbeitsentgelt.

Fortschreibung des aktuellen Rentenwerts nach dem im Jahr 2004 beschlossenen Gesetz zur nachhaltigen Sicherung der Finanzierungsgrundlagen in der gesetzlichen Rentenversicherung

419 Die ökonomischen und demografischen Grundannahmen der Rentenreform 2001 sind im Jahr 2003 in der Kommission für die Nachhaltigkeit in der Finanzierung der Sozialen Sicherungssysteme eingehend diskutiert worden. Danach und auch nach Vorlage der Zehnten koordinierten Bevölkerungsvorausberechnung des Statistischen Bundesamtes war deutlich geworden, dass diese Grundannahmen im Lichte neuer wissenschaftlicher Erkenntnisse teilweise zu revidieren waren. Dies hatte zur Folge, dass die mit der Reform 2001 eingeleiteten Maßnahmen zur langfristigen Sicherung der Rentenfinanzen nicht mehr als ausreichend angesehen wurden. Modellrechnungen auf der Grundlage der zu aktualisierenden ökonomischen und demografischen Grundannahmen ergaben, dass ohne weitere Reformmaßnahmen bis zum Jahr 2030 mit einem Beitragssatzanstieg auf über 24 Prozent gerechnet werden musste. Damit wäre das mit der Rentenreform des Jahres 2001 gesetzlich vorgegeben Beitragssatzziel, wonach der Beitragssatz bis zum Jahr 2030 nicht über die Marke von 22 Prozent steigt, bei weitem verfehlt worden. Ein über diese Marke hinausgehender Beitragssatzanstieg war für den Gesetzgeber aber nach wie vor nicht akzeptabel, da verkraftbare Beiträge zur gesetzlichen Rentenversicherung unabdingbare Voraussetzung dafür sind, dass für die heutigen und künftigen Versicherten der Spielraum geschaffen wird, um eigenverantwortlich ergänzende Altersvorsorge betreiben zu können.

420 Ziel der Reform des Jahres 2004 war daher – wie schon bei der Reform des Jahres 2001 –, die Finanzierungsgrundlagen der gesetzlichen Rentenversicherung so an die sich verändernden demografischen Rahmenbedingungen anzupassen, dass der Beitragssatz bis zum Jahr 2020 nicht über 20 Prozent und bis zum Jahr 2030 nicht über 22 Prozent steigt.

421 Die auf dieses Ziel ausgerichtete Kernmaßnahme des im August 2004 verkündeten Gesetzes zur nachhaltigen Sicherung der Finanzierungsgrundlagen in der gesetzlichen Rentenversicherung war die Einfügung eines so genannten „Nachhaltigkeitsfaktors" in die Rentenanpassungsformel. Leitgedanke des „Nachhaltigkeitsfaktors" ist, die jeweilige Veränderung in der Relation von Rentenbeziehern zu Beitragszahlern bei der Rentenanpassung zu berücksichtigen. Die Veränderung dieses Verhältnisses wird durch mehrere Bedingungen beeinflusst. Dies sind sowohl die Entwicklung der Lebenserwartung und die der Geburten als auch die Entwicklung der Erwerbstätigkeit. Damit hebt sich der „Nachhaltigkeitsfaktor" ganz wesentlich vom demografischen Faktor der Rentenreform 1999 ab, der einseitig auf die Entwicklung der ferneren Lebenserwartung abstellte. Aufgrund seiner Ausgestaltung kann der Nachhaltigkeitsfaktor in unterschiedliche Richtungen wirken. Nehmen die Beitragszahler ab, so hat dies geringere Rentenerhöhungen zur Folge, steigt jedoch die Zahl der Beitragszahler, dann führt dies dazu, dass auch die Rentenerhöhung höher ausfällt. Daher werden mit dem „Nachhaltigkeitsfaktor" die aus dem veränderten Altersaufbau der Bevölkerung resultierenden finanziellen Belastungen sachgerecht auf Rentner und Beitragszahler aufgeteilt.

422 Der jeweilige Wert für den Nachhaltigkeitsfaktor wird aus der Veränderung des Rentnerquotienten und dem Parameter α bestimmt. Der Rentnerquotient spiegelt das Verhältnis von Rentenempfängern zu Beitragszahlern wider. Um zu vermeiden, dass geringfügige Beitrags- und Rentenzahlungen zu Verzerrungen führen, wird dabei auf die Anzahl der „Äquivalenzrentner" und der „Äquivalenzbeitragszahler" abgestellt. Die Anzahl der Äquivalenzrentner wird durch Division des Gesamtrentenvolumens durch eine Regelaltersrente mit 45 Entgeltpunkten bestimmt. Zur Ermittlung der Anzahl der Äquivalenzbeitragszahler werden die beitragspflichtigen Einnahmen aller versicherungspflichtigen Beschäftigten, der geringfügig Beschäftigten und – um die Situation auf dem Arbeitsmarkt abzubilden – der

Bezieher von Arbeitslosengeld durch das jeweilige Durchschnittsentgelt dividiert. Der Parameter α ist gesetzlich auf den Wert 0,25 festgelegt worden. Damit werden die Rentner zu ¼ an der Veränderung der Relation von Rentnern zu Beitragszahler beteiligt. Eine analytische Begründung für die gesetzliche Festlegung des Parameters α auf den Wert 0,25 gibt es nicht. Er wurde mit 0,25 so gesetzt, dass nach den von der Kommission für die Nachhaltigkeit in der Finanzierung der Sozialen Sicherungssysteme zugrunde gelegten ökonomischen und demografischen Annahmen mit dem Nachhaltigkeitsfaktor die Einhaltung die gesetzlich vorgegebenen Beitragssatzziele (Nichtübersteigen der 20 Prozentmarke bis zum Jahr 2020 und der 22 Prozentmarke bis zum Jahr 2030) erreicht werden kann.

423 Der jeweilige Wert für den Nachhaltigkeitsfaktor wird bestimmt, indem der Wert eins um den aus der Veränderung des Rentnerquotienten im vergangenen Kalenderjahr zum Rentnerquotienten im vorvergangenen Kalenderjahr gebildeten Faktor vermindert, dieser Wert mit dem Parameter α vervielfältigt und dieser Wert dann um den Wert eins erhöht wird. Mit der Verminderung des Wertes 1 um den Wert für die Veränderung des Rentnerquotienten und die anschließende Erhöhung dieses mit dem Parameter α gewichteten Werts um den Wert 1 wird mathematisch erreicht, dass der für den Nachhaltigkeitsfaktor bei einer Verschlechterung des Verhältnisses von Rentnern zu Beitragszahlern der Faktor kleiner als 1 ist und somit den Anpassungssatz senkt, hingegen bei einer Verbesserung des Verhältnisses von Rentnern zu Beitragszahlern der Faktor größer als 1 ausfällt und somit den Anpassungssatz anhebt.

Die mathematische Formel für den Nachhaltigkeitsfaktor lautet somit:

$$1 - \left(\frac{Rentnerquotient_{t-1}}{Rentnerquotient_{t-2}} \right) \times \alpha + 1$$

424 Der so gestaltete Nachhaltigkeitsfaktor ist an die mit dem Altersvermögens-Ergänzungsgesetz eingeführte Rentenanpassungsformel angefügt worden. Damit wird der jeweilige Wert für die Veränderung der Bruttolohn- und Gehaltsumme sowohl mit dem Nachhaltigkeitsfaktor als auch mit dem Faktor für die Veränderung bei den Aufwendungen der Arbeitnehmer für ihre Altersversorgung (vgl. Rdnr. 413) vervielfältigt.

Ermittlung des anpassungssenkenden Werts für den Nachhaltigkeitsfaktor bei Verschlechterung des Rentnerquotienten (am Beispiel seiner Ermittlung für das Jahr 2011)

Äquivalenzrentner im Jahr 2010:	14.748.000
Äquivalenzbeitragszahler im Jahr 2010:	26.634.000
Rentnerquotient des Jahres 2010:	0,5537
Äquivalenzrentner im Jahr 2009:	14.700.000
Äquivalenzbeitragszahler im Jahr 2009:	27.032.000
Rentnerquotient des Jahres 2009:	0,5438
Faktor für die Veränderung des Rentnerquotienten für das Jahr 2010 zum Rentnerquotienten für das Jahr 2009 (0,5537:0,5438):	1,0182
Wert des Nachhaltigkeitsfaktors für die Anpassung 2011: (1 − 1,0182) × 0,25 + 1 = 0,9954	

Ermittlung des anpassungserhöhenden Werts für den Nachhaltigkeitsfaktor bei Verbesserung des Rentnerquotienten (am Beispiel seiner Ermittlung für das Jahr 2009)

Äquivalenzrentner im Jahr 2008:	14.651.000
Äquivalenzbeitragszahler im Jahr 2008:	27.495.000
Rentnerquotient des Jahres 2008:	0,5329
Äquivalenzrentner im Jahr 2007:	14.592.000
Äquivalenzbeitragszahler im Jahr 2007:	27.037.000
Rentnerquotient des Jahres 2007:	0,5397
Faktor für die Veränderung des Rentnerquotienten für das Jahr 2008 zum Rentnerquotienten für das Jahr 2007 (0,5329:0,5397):	0,9874
Wert des Nachhaltigkeitsfaktors für die Anpassung 2009: (1 − 0,9874) × 0,25 + 1 = 1,0031	

Schutzklausel zur Vermeidung von Rentenkürzungen

Schutzklausel zur Vermeidung von Rentenkürzungen durch die Anwendung der Dämpfungsfaktoren

425 Im Hinblick auf die mit Einführung des Nachhaltigkeitsfaktors gegebene kumulative anpassungsdämpfende Wirkung zusammen mit dem Faktor für die Veränderung der Aufwendungen für die Altersversorgung hat der Gesetzgeber mit dem Gesetz zur nachhaltigen Sicherung der Finanzierungsgrundlagen in der gesetzlichen Rentenversicherung zunächst eine Schutzklausel eingeführt, die verhindert, dass sich bei einer positiven Veränderung der Bruttolohn- und Gehaltsumme (siehe hierzu Rdnr. 400) aufgrund der anpassungsdämpfenden Faktoren eine Verringerung des aktuellen Rentenwerts ergibt. In den Fällen, in denen der sich aus der Veränderung der Bruttolohn- und Gehaltsentwicklung ergebende Faktor für sich genommen zwar zu einer Erhöhung des aktuellen Rentenwerts führen würde, die übrigen Faktoren der Rentenanpassungsformel in der Summe ihrer Wirkungen diese Erhöhung überlagern und deshalb eine Absenkung des aktuellen Rentenwerts bewirken würde, stellt die Schutzklausel sicher, dass es nicht zu einer Absenkung, allerdings auch nicht zu einer Erhöhung des aktuellen Rentenwerts kommt. In den Fällen, in denen bereits der aus dem Faktor für die Veränderung der Bruttolohn- und Gehaltsentwicklung eine Absenkung des aktuellen Rentenwerts resultiert, hätte die im Jahr 2004 eingeführte Schutzklausel bewirkt, dass die anpassungsdämpfenden Faktoren zu keiner weiteren, zusätzlichen Minderung des aktuellen Rentenwerts geführt hätten, wenn diese Faktoren in der Summe ihrer Wirkungen die negative Lohnentwicklung noch verstärkt hätten. In dem Fall, dass der Faktor für die Veränderung der Aufwendungen für die Altersversorgung und der Nachhaltigkeitsfaktor in ihrer Summe positiv wirken, bleiben sie jedoch weiter anwendbar. Daher kann sich auch bei einer negativen Lohnentwicklung noch eine Erhöhung des aktuellen Rentenwerts ergeben, wenn die in der Summe positive Wirkung des Faktors für die Veränderung der Aufwendungen für die Altersversorgung und des Nachhaltigkeitsfaktors die anpassungsmindernde Wirkung der negativen Lohnentwicklung überlagert.

Modifizierung der Schutzklausel zur Vermeidung von Rentenkürzungen durch die Anwendung der Dämpfungsfaktoren

426 Bereits bei der erstmaligen Anwendung der mit dem Gesetz zur nachhaltigen Sicherung der Finanzierungsgrundlagen in der gesetzlichen Rentenversicherung im Jahr 2004 eingeführten Anpassungsformel zum Anpassungstermin 1. Juli 2005 kam die Schutzklausel zur Anwendung. Denn die Veränderung der Bruttolohn- und -gehaltsumme je durchschnittlich beschäftigten Arbeitnehmer im Jahr 2004 betrug in den alten Ländern lediglich 0,12 Prozent. Ohne die dämpfenden Faktoren in der Anpassungsformel wäre der aktuelle Rentenwert von 26,13 Euro auf 26,16 Euro anzuheben gewesen. Aufgrund der nach der Anpassungsformel zu berücksichtigenden Veränderung bei den Aufwendungen für eine geförderte private Altersvorsorge (Altersvorsorgeanteil) des Jahres 2004 gegenüber dem Jahr 2003 mit 0,5 Prozent und der im Nachhaltigkeitsfaktor mit dem Wert 0,9939 zum Ausdruck kommenden Veränderung beim Verhältnis von Rentnern zu Beitragszahlern im Jahr 2004 gegenüber dem Jahr 2003 hätte der prozentuale Veränderungswert von 0,12 Prozent um rd. 1,2 Prozentpunkte verringert werden müssen. Danach wäre der aktuelle Rentenwert zum 1. Juli 2005 auf 25,84 Euro und damit um 0,29 Euro niedriger festzusetzen gewesen als der am 30. Juni 2005 geltende aktuelle Rentenwert in Höhe von 26,13 Euro. Mit der gesetzlichen Schutzklausel waren jedoch die Voraussetzungen dafür geschaffen, dass die Bundesregierung mit der Rentenwertbestimmungsverordnung 2005 den ab 1. Juli 2005 maßgebenden aktuellen Rentenwert auf 26,13 Euro und damit in gleicher Höhe wie den für Juni 2005 geltenden Wert festsetzen konnte.

427 Im Hinblick auf die wirtschaftliche Entwicklung im Jahr 2005, die insbesondere durch hohe Arbeitslosigkeit, einen Rückgang der versicherungspflichtigen Beschäftigung und den Verzicht vieler Arbeitnehmer auf Lohnbestandteile gekennzeichnet ist, war zu Beginn des Jahres 2006 nicht auszuschließen, dass es bei Anwendung der gesetzlichen Rentenanpassungsformel und damit bei Festsetzung der zum 1. Juli 2006 geltenden aktuellen Rentenwerte durch Rechtsverordnung der Bundesregierung zu einer negativen Veränderung der aktuellen Rentenwerte hätte kommen können. Denn bei der Bestimmung der neuen, ab 1. Juli eines Jahres geltenden aktuellen Rentenwerte hat die Bundesregierung keinerlei Ermessensspielräume, von den vom Statistischen Bundesamt übermittelten Daten zur Lohnentwicklung abzuweichen. Auch die mit dem Gesetz zur nachhaltigen Sicherung der Finanzierungsgrundlagen in der gesetzlichen Rentenversicherung eingeführte Schutzklausel hätte die negative Veränderung der aktuellen Rentenwerte im Falle einer negativen Lohnentwicklung nicht verhindert. Denn sie schloss lediglich aus, dass es durch die anpassungsdämpfende Wirkung des Faktors für die Veränderung bei den Altersvorsorgeaufwendungen sowie des Nachhaltigkeitsfaktors zu einer Verringerung der aktuellen Rentenwerte kommt. Um das Risiko einer möglichen Verringerung der Bruttorenten zum 1. Juli 2006 von vornherein auszuschließen, hatte sich der Gesetzgeber zu Beginn des Jahres 2006 dazu entschlossen, mit dem Gesetz über die Weitergeltung der aktuellen Rentenwerte zum 1. Juli 2006 den ab 1. Juli 2006 geltenden aktuellen Rentenwert auf 26,13 Euro und damit in gleicher Höhe wie den bis Juni 2006 geltenden aktuellen Wert festzusetzen. Damit kam die anpassungsdämpfende Wirkung des Altersvorsorgeanteils und des Nachhaltigkeitsfaktors im Ergebnis auch bei der Bestimmung des ab 1. Juli 2006 geltenden aktuellen Rentenwerts nicht zum Tragen.

428 Die in die Rentenanpassungsformel aufgenommene Schutzklausel führt im Ergebnis dazu, dass die zur Stabilisierung der Beitragssatzentwicklung notwendige Dämpfung der Rentenanpassung in Zeiten einer nur geringen positiven Lohnentwicklung oder gar einer negativen Lohnentwicklung nicht realisiert werden können. Der Gesetzgeber ist im Jahr 2004 davon ausgegangen, dass die Dämpfungswirkung dieser Faktoren regelmäßig voll zum Tragen kommt und durch die Schutzklausel nicht wesentlich beeinträchtigt wird. Unter dieser Voraussetzung wurden in den Finanzberechnungen die gesetzlich festgelegten Beitragssatzziele eingehalten. Entgegen dieser Erwartung hat die Schutzklausel jedoch erhebliche Bedeutung erlangt. Es kann auch nicht ausgeschlossen werden, dass auf der Grundlage des geltenden Rechts ebenfalls in den kommenden Jahren an sich notwendige Anpassungsdämpfungen aufgrund der Schutzklausel nicht realisiert werden können. Nach den bis zum 1. Juli 2007 erfolgten Rentenanpassungen haben sich insgesamt nicht realisierte Negativanpassungen in den alten Bundesländern in Höhe von 1,75 Prozent und in den neuen Bundesländern in Höhe von 1,3 Prozent ergeben. Damit gehen Mehrausgaben in Höhe von jährlich über 3 Mrd. Euro einher, die von den Beitragszahlern getragen werden müssen. Der finanzielle Mehrbedarf würde dazu führen, dass die gesetzlichen Beitragssatzziele von höchstens 20 Prozent bis 2020 und 22 Prozent bis 2030 nicht eingehalten werden können.

429 Sinn und Zweck der Schutzklausel ist es, dass Rentnerinnen und Rentner keine Rentenkürzungen aufgrund der Dämpfungsfaktoren in der Anpassungsformel hinnehmen müssen. Eine dauerhafte Zusatzbelastung der Beitragszahler sollte mit der Schutzklausel jedoch nicht begründet werden. Daher hat der Gesetzgeber ein späteres Nachholen der nicht realisierten Dämpfungswirkung für notwendig erachtet. Das vom Deutschen Bundestag am 9. März 2007 beschlossene Gesetz zur Anpassung der Regelaltersgrenze an die demografische Entwicklung und zur Stärkung der Finanzierungsgrundlagen der gesetzlichen Rentenversicherung (RV-Altersgrenzenanpassungsgesetz) sieht deshalb eine Modifizierung der Schutzklausel dahingehend vor, dass die zur Vermeidung von Rentenkürzungen bei der Rentenanpassung ausgefallene Dämpfungswirkung zu einem späteren Zeitpunkt realisiert wird.

430 Dies wird dadurch erreicht, dass in den Jahren, in denen aufgrund einer entsprechenden vorangegangenen Lohnsteigerung wieder eine positive Rentenanpassung möglich ist, die unterbliebenen Anpassungsdämpfungen mit der Erhöhung des aktuellen Rentenwerts partiell verrechnet werden. Dabei soll auch den Interessen der Rentnerinnen und Rentner Rechnung getragen werden. Denn die Verrechnung mit den sich ab dem Jahr 2011 formelmäßig ergebenden Erhöhungen des aktuellen Rentenwerts wird nicht dazu führen, dass Rentenbezieher dann auf eine Erhöhung ihrer Rente zu verzichten hätten. Der durch die Anwendung der Schutzklausel entstandene Bedarf an zu realisierenden ausgefallenen Dämpfungswirkungen wird nicht durch eine vollständige Verrechnung mit möglichen Rentensteigerungen abgebaut. Entsprechend dem rentenpolitischen Grundsatz, Belastungen gleichmäßig auf Beitragszahler und Rentner zu verteilen, und auch mit Blick auf die Lohnorientierung der Rente soll lediglich eine Halbierung positiver Anpassungen ab dem Jahr 2011 erfolgen. In welchem Umfang ausgefallene Dämpfungswirkungen aufgelaufen und im Zuge von positiven Rentenanpassungen wieder abgebaut worden sind, wird Jahr für Jahr im Rahmen der Rentenanpassung ausgewiesen.

431 Die im RV-Altersgrenzenanpassungsgesetz enthaltene Regelung bezeichnet den Bedarf an zu realisierenden ausgefallenen Dämpfungswirkungen als so genannten Ausgleichsbedarf. Der Ausgleichsbedarf wird in den Jahren ermittelt, in denen die Schutzklausel eine Anpassungsdämpfung unterbindet oder beschränkt. In diesem Fall ist der nach der Rentenanpassungsformel rechnerisch ermittelte aktuelle Rentenwert kleiner als der unter Berücksichtigung der Schutzklausel bestimmte aktuelle Rentenwert. Der Ausgleichsbedarf errechnet sich, indem der rechnerisch ermittelte – kleinere – aktuelle Rentenwert durch den aufgrund der Anwendung der Schutzklausel – höheren – aktuellen Rentenwert geteilt wird. Da dieser Faktor die Veränderung des Ausgleichsbedarfs steuert, wird er als Ausgleichsfaktor bezeichnet. Der Ausgleichsbedarf verändert sich im Zeitverlauf, indem in den Jahren, in denen die Schutzklausel wirkt, der Wert des Vorjahres mit dem Ausgleichsfaktor des laufenden Jahres multipliziert wird. Da der aktuelle Rentenwert bereits in den Jahren 2005 und 2006 nicht in Höhe des nach der Rentenanpassungsformel rechnerisch ermittelten aktuellen Rentenwerts unterhalb seines bis zum 30. Juni 2007 geltenden Werts von 26,13 Euro festgesetzt worden ist, sondern mit dem Festhalten am Betrag von 26,13 Euro Kürzungen am Bruttobetrag der Rente (Betrag der Rente vor Abzug des Beitrags zur Kranken- und Pflegeversicherung) vermieden worden sind, konnte bereits die für die Jahre 2005 und 2006 vorgesehene Dämpfung der Rentenanpassung nicht realisiert werden. Der Faktor für den sich hieraus nach dem gesetzlich vorgesehenen Verfahren ergebenden Ausgleichsbedarf war zum 1. Juli 2006 auf den Wert 0,9825 für die alten Bundesländer und auf den Wert 0,987 für die neuen Bundesländer festzusetzen. Dies entspricht bis dahin nicht realisierten Anpassungsdämpfungen in Höhe von –1,75 Prozent bei den Renten in den alten Bundesländern und –1,3 Prozent bei den Renten in den neuen Bundesländern.

432 Der bis zum Jahr 2010 aufgelaufene Ausgleichsbedarf soll ab dem Jahr 2011 in den Jahren abgeschmolzen werden, in denen der nach der Rentenanpassungsformel rechnerisch ermittelte aktuelle Rentenwert größer ist als der bisherige aktuelle Rentenwert. Hierzu wird der rechnerisch ermittelte – höhere – aktuelle Rentenwert durch den – kleineren – bisherigen aktuellen Rentenwert geteilt. Dieser Faktor wird als Anpassungsfaktor bezeichnet. Der Anpassungsfaktor wird solange nur zur Hälfte an die Rentenbezieher weitergegeben, als noch ein Ausgleichsbedarf besteht. Ist der Ausgleichsbedarf so weit abgeschmolzen, dass eine Halbierung des Anpassungsfaktors nicht mehr erforderlich ist, wird die Anpassung nur soweit reduziert, wie es zum Abbau des verbliebenen Restes an nicht realisierter Dämpfungswirkung notwendig ist.

Erweiterung der Schutzklausel zur Vermeidung von Rentenkürzungen

433 Die mit dem RV-Nachhaltigkeitsgesetz eingeführte Schutzklausel schloss eine Verringerung des aktuellen Rentenwerts nur insoweit aus, als sich diese aus der Anwendung der die Anpassung dämpfenden Faktoren – dem Faktor für die Veränderung der Aufwendungen für die Altersversorgung und dem Nachhaltigkeitsfaktor – ergibt. Die sich im Falle einer negativen Lohnentwicklung nach der Anpassungsformel ergebende Verringerung des aktuellen Rentenwerts hätte diese Schutzklausel dagegen nicht ausgeschlossen.

434 Im April 2009 berichteten die Medien unter der Überschrift „Die Krise lässt die Renten sinken" von „negativen Erwartungen der Wirtschaftsinstitute zur Lohnentwicklung im Jahr 2009", in deren Folge eine „Kürzung der gesetzlichen Altersbezüge" bei der Rentenanpassung 2010 zu erwarten sei. Der Gesetzgeber sah hierin die Gefahr, dass bei anhaltender oder gar sich weiter verstärkenden öffentlichen Spekulation über „Rentenkürzungen" die Rentnerinnen und Rentner in der gegenwärtigen Wirtschaftskrise das für sie essentielle Vertrauen in die Sicherheit ihrer Rente verloren hätten. Daher sah er sich zu schnellem Handeln veranlasst und weitete die mit dem RV-Nachhaltigkeitsgesetz eingeführte Schutzklausel mit dem noch im Jahr 2009 verabschiedeten Dritten Gesetz zur Änderung des Vierten Buches Sozialgesetzbuch aus. Die Erweiterung der Schutzklausel stellt sicher, dass es auch bei einer negativen Lohnentwicklung nicht zu einer Verringerung der geltenden aktuellen Rentenwerte kommen kann. Auf diese Weise ist gewährleistet, dass kurzfristige negative Entwicklungen der Löhne der Beschäftigten nicht zu Rentenminderungen führen.

435 Die im Frühjahr 2009 von den Wirtschaftsinstituten vorhergesagte negative Entwicklung bei den rentenanpassungsrelevanten Löhnen für das Jahr 2009 ist für die alten Bundesländer tatsächlich eingetreten. Im Rahmen der Erstellung der Rentenwertbestimmungsverordnung 2010 errechnete sich für die alten Bundesländer eine negative Veränderung bei den rentenanpassungsrelevanten Löhnen von –0,96 Prozent. Somit war die erweiterte Schutzklausel bei der Bestimmung des ab dem 1. Juli 2010 festzusetzenden aktuellen Rentenwerts anzuwenden. Entsprechend der bestehenden Schutzklauselsystematik erhöhen auch die aus einer negativen Lohnentwicklung herrührenden unterbliebenen Minderungen der aktuellen

Rentenwerte den Ausgleichsbedarf (vgl. Rdnr. 431), der – wie bereits nach der bisherigen Schutzklausel vorgesehen – ab dem Jahr 2011 mit zukünftigen positiven Rentenanpassungen verrechnet wird. Die Verrechnung erfolgt, indem positive Rentenanpassungen ab dem Jahr 2011 solange halbiert werden bis der Ausgleichsbedarf abgebaut ist. Aufgrund der Anwendung der Schutzklausel bei der Rentenanpassung zum 1. Juli 2010 ist der Ausgleichsbedarf in den alten Bundesländern um 2,1 Prozentpunkte von 1,75 Prozent auf rd. 3,8 Prozent gestiegen. In den neuen Bundesländern ist der Ausgleichsbedarf zum 1. Juli 2010 um 0,5 Prozentpunkte von 1,3 Prozent auf jetzt 1,8 Prozent gestiegen. Der geringere Anstieg des Ausgleichsbedarfs für die neuen Bundesländern zum 1. Juli 2010 ist darauf zurückzuführen, dass hier im Unterschied zu den alten Bundesländern für das Jahr 2009 noch eine geringfügig positive Entwicklung bei den anpassungsrelevanten Löhnen und Gehältern festzustellen war. Allerdings war die positive Entwicklung bei den anpassungsrelevanten Löhnen und Gehältern in den neuen Bundesländern geringer als die anpassungsreduzierende Wirkung der Dämpfungsfaktoren in der Anpassungsformel.

436 Da der zum 1. Juli 2011 nach der Rentenanpassungsformel rechnerisch ermittelte aktuelle Rentenwert (27,74 Euro) höher ist als der bis zum 30. Juni 2011 geltende aktuelle Rentenwert (27,20 Euro), war der zum 1. Juli 2010 festgestellte Ausgleichsbedarf von rd. 3,8 Prozent um den hälftigen Erhöhungssatz des aktuellen Rentenwerts zum 1. Juli 2011 auf 2,85 Prozent zu verringern und dementsprechend der am 30. Juni 2011 geltende aktuelle Rentenwert nur mit dem halben Erhöhungssatz anzuheben (siehe hierzu Rdnr. 375). Zum Abbau des Ausgleichsbedarfs (Ost) zum 1. Juli 2011 wird auf die Ausführungen in Rdnr. 887 verwiesen.

Die seit dem Jahr 2004 vorgenommenen Änderungen bei der Bestimmung der für die Rentenanpassung maßgebenden Lohnentwicklung

Korrektur der Bruttolohn- und Gehaltsumme nach der volkswirtschaftlichen Gesamtrechnung durch die beitragspflichtige Bruttolohn- und Gehaltsumme

437 Für die Bestimmung des Werts für die Entwicklung der Bruttoentgelte wird auf die Bruttolohn- und Gehaltsumme aus der Volkswirtschaftlichen Gesamtrechnung (VGR) des Statistischen Bundesamtes zurückgegriffen. In diese Entgeltsumme fließen jedoch auch nicht versicherungs- und damit nicht beitragspflichtige Lohnbestandteile ein. Dies sind insbesondere Entgelte oberhalb der Beitragsbemessungsgrenze, Entgeltbestandteile, die in eine betriebliche Altersversorgung umgewandelt worden sind, und die Bezüge der Beamten. Die Bruttolohn- und Gehaltsumme aus der VGR weicht somit teilweise von dem für die gesetzliche Rentenversicherung als Beitragsbemessungsgrundlage maßgebenden Arbeitsentgelt ab. Die Veränderung der Bruttolohn- und Gehaltsumme aus der VGR ist damit nicht identisch mit der Entwicklung bei den Einnahmen aus den Pflichtbeiträgen für die versicherten Arbeitsentgelte. In der Annahme, dass sich die Abweichungen zwischen den Veränderungsraten der Bruttolohn- und Gehaltsumme aus der VGR und der versicherungspflichtigen Entgelte in einer tolerablen Spanne bewegen, hat sich der Gesetzgeber aus Gründen der Vereinfachung ursprünglich dazu entschlossen, für die Ermittlung der Lohndynamik auf die Bruttolohn- und Gehaltsumme aus der VGR abzustellen.

438 Da jedoch die durchschnittlichen Bruttoentgelte nach der VGR einer Reihe von Einflüssen unterliegen, die eine abweichende Entwicklung von der eigentlichen Beitragsbemessungsgrundlage in der gesetzlichen Rentenversicherung ermöglichen, ist es sachgerecht, die nach der Veränderung der Bruttolohn- und Gehaltsumme aus der VGR bemessene Veränderung der Bruttoentgelte entsprechend zu korrigieren und die Entwicklung der Beamtenbesoldung sowie der Lohnbestandteile oberhalb der Beitragsbemessungsgrenze oder der in eine betriebliche Altersversorgung umgewandelten versicherungsfreien Lohnbestandteile herauszurechnen. Da in die Berechnungen auch die Empfänger von Arbeitslosengeld einbezogen werden, für die Pflichtbeiträge auf der Grundlage von 80 Prozent ihres zuletzt erzielten Bruttoentgelts gezahlt werden, findet ebenfalls die aus der jeweiligen Entwicklung der Arbeitsmarktlage resultierenden Veränderungen bei den beitragspflichtigen Einnahmen der allgemeinen Rentenversicherung Berücksichtigung.

439 Die Korrektur der Bruttolohnentwicklung an die Entwicklung der versicherungspflichtigen Lohnbestandteile erfolgt, indem die Bruttolohn- und -gehaltsumme je durchschnittlich beschäftigten Arbeitnehmer für das jeweils vorvergangene Kalenderjahr mit dem Faktor vervielfältigt wird, der sich aus dem Verhältnis der Veränderung der Bruttolohn- und -gehaltsumme je durchschnittlich beschäftigten Arbeitnehmer im vorvergangenen Kalenderjahr gegenüber dem dritten zurückliegenden Kalenderjahr und der Veränderung der beitragspflichtigen Bruttolohn- und -gehaltssumme je durchschnittlich beschäftigten Arbeitnehmer ohne Beamte einschließlich der Bezieher von Arbeitslosengeld im vorvergangenen Kalenderjahr gegenüber dem dritten zurückliegenden Kalenderjahr ergibt. Die beitragspflichtige Bruttolohn- und -gehaltssumme wird ermittelt, indem die Pflichtbeiträge der in der allgemeinen Rentenversicherung versicherungspflichtigen Beschäftigten eines Kalenderjahres aus dem Lohnabzugsverfahren einschließlich der durch die Bundesagentur für Arbeit aufgrund des Bezugs von Arbeitslosengeld für dieses Kalenderjahr abgeführten Pflichtbeiträge durch den durchschnittlichen Beitragssatz in der allgemeinen Rentenversicherung des selben Kalenderjahres und die an die Bundesknappschaft abgeführten Beiträge für geringfügig Beschäftigte durch den Beitragssatz für den pauschalen Arbeitgeberbeitrag (15 Prozent bei gewerblichen Arbeitgebern und 5 Prozent bei privaten Arbeitgebern) dividiert werden. Der so ausgestaltete Faktor für die Korrektur der Entwicklung der Bruttoentgelte um die Entwicklung der versicherungspflichtigen Entgelte findet bei den ab Juli 2006 vorzunehmenden formelgemäßen Rentenanpassungen Anwendung.

Bereinigung der Lohnentwicklung nach der Volkswirtschaftlichen Gesamtrechnung um die Wirkung des Zusatzjobs gegen Mehraufwandsentschädigung („Ein-Euro-Jobber")

440 Grundlage der jährlich zum 1. Juli vorzunehmenden Rentenanpassung ist seit der Rentenreform 1992 die vorangegangene Entwicklung der Bruttolöhne (Bruttolohn- und -gehaltssumme je durchschnittlich beschäftigten Arbeitnehmer im vergangenen Kalenderjahr / Bruttolohn- und -gehaltssumme je durchschnittlich beschäftigten Arbeitnehmer im vorvergangenen Kalenderjahr). Dabei sind die dem Statistischen Bundesamt zu Beginn des Kalenderjahres vorliegenden Daten zur Bruttolohn- und -gehaltssumme je durchschnittlich beschäftigten Arbeitnehmer nach der Volkswirtschaftlichen Gesamtrechnung (VGR) zugrunde zu legen. Im Zuge der Revision der VGR im Jahr 2005 werden gemäß internationaler Vorschriften Personen in „Arbeitsgelegenheiten mit Entschädigungen für Mehraufwendungen nach dem Zweiten Buch Sozialgesetzbuch" – im Sprachgebrauch auch kurz als „Ein-Euro-Jobber" oder „Zusatzjobber" bezeichnet – vom Statistischen Bundesamt erstmals explizit in nennenswertem Umfang als Arbeitnehmer erfasst. Personen in „Zusatzjobs" sind nach der Systematik der VGR als Erwerbstätige zu zählen, da einer bezahlten Arbeit von mindestens einer Stunde pro Woche nachgegangen wird. Hinsichtlich der Entlohnung wird ausschließlich die Mehraufwandsentschädigung und nicht auch das gezahlte Arbeitslosengeld II angesetzt. Daher zeichnen sich diese „Beschäftigungsverhältnisse" durch sehr niedrige Entlohnungen aus. Wenn es in einem Jahr zu einer nennenswerten Zunahme der Zusatzjobs gegen Mehraufwandsentschädigung kommt, würde die statistisch nachgewiesene Steigerungsrate der Pro-Kopf-Löhne in diesem Jahr gedämpft, da die Zusatzjobs gegen Mehraufwandsentschädigung mit ihren sehr geringen „Entgelten" die Pro-Kopf-Löhne nach unten ziehen.

441 Aufgrund der starken Zunahme der Zusatzjobs gegen Mehraufwandsentschädigung im Jahr 2005 gegenüber dem Jahr 2004 zeichnete sich für die Rentenanpassung 2006 eine erhebliche Dämpfung der Steigerungsrate der Pro-Kopf-Löhne nach der VGR ab. Bei einer regulären Rentenanpassung zum 1. Juli 2006 wäre die anpassungsrelevante Lohnentwicklung durch die Berücksichtigung der Zusatzjobs gegen Mehraufwandsentschädigung in den alten Bundesländern um 0,28 Prozentpunkte und in den neuen Bundesländern sogar um 1,22 Prozentpunkte vermindert worden. Aber auch künftig würde eine Ausweitung der Zusatzjobs gegen Mehraufwandsentschädigung nach der gegebenen Anpassungsformel im jeweiligen Folgejahr anpassungsdämpfend wirken. Daher wurde mit dem Zweiten Gesetz zur Änderung des Betriebsrentengesetzes in der Anpassungsregelung der zur Bestimmung der Lohnentwicklung enthaltene Begriff „Bruttolohn- und -gehaltssumme je durchschnittlich beschäftigten Arbeitnehmer nach der Volkswirtschaftlichen Gesamtrechnung" durch den neuen Begriff „Bruttolöhne und -gehälter je Arbeitnehmer" ersetzt. Aus dem neuen Begriff folgt, dass für die Anpassung der Renten der gesetzlichen Rentenversicherung die um die Wirkung der Zusatzjobs gegen Mehraufwandsentschädigung bereinigte Lohnentwicklung gemäß VGR maßgebend ist.

442 Um innerhalb des Sechsten Buches Sozialgesetzbuch aber auch in den übrigen Sozialgesetzbüchern bei einem einheitlichen Lohnbegriff für die Fortschreibung der lohndynamischen Größen zu bleiben, ist der Begriff „Bruttolöhne und -gehälter je Arbeitnehmer" auch in die Vorschrift für die Bestimmung des Durchschnittsentgelts, der Bezugsgröße, der Beitragsbemessungsgrenze, des allgemeinen Bundeszuschusses, der Beiträge des Bundes für Kindererziehungszeiten, der Jahresarbeitsentgeltgrenze in der gesetzlichen Krankenversicherung sowie für die Anpassung der Lohnersatzleistungen Krankengeld, Versorgungskrankengeld, Verletztengeld und Übergangsgeld aufgenommen worden.

Die aktuell geltende Formel für die Fortschreibung des aktuellen Rentenwerts

443 Nach der mit dem Gesetz zur nachhaltigen Sicherung der Finanzierungsgrundlagen in der gesetzlichen Rentenversicherung ergänzten Rentenanpassungsformel ist für die Ermittlung des jeweils neuen aktuellen Rentenwerts nun folgende Formel maßgebend:

$$AR_t = AR_{t-1} \times \frac{BE_{t-1}}{BE_{t-2}} \times \frac{100 - AVA_{t-1} - RVB_{t-1}}{100 - AVA_{t-2} - RVB_{t-2}} \times \left(\left(1 - \frac{RQ_{t-1}}{RQ_{t-2}}\right) \times \alpha + 1\right)$$

AR_t zu bestimmender aktueller Rentenwert ab dem 1. Juli des Folgejahres,

AR_{t-1} bisheriger aktueller Rentenwert des laufenden Kalenderjahres,

BE_{t-1} Bruttolohn- und -gehaltssumme je durchschnittlich beschäftigten Arbeitnehmer im vergangenen Kalenderjahr,

BE_{t-2} Bruttolohn- und -gehaltssumme je durchschnittlich beschäftigten Arbeitnehmer im vorvergangenen Kalenderjahr vervielfältigt mit dem Faktor*, der sich aus dem Verhältnis der Veränderung der Bruttolohn- und -gehaltssumme je durchschnittlich beschäftigten Arbeitnehmer im vorvergangenen Kalenderjahr gegenüber dem dritten zurückliegenden Kalenderjahr und der Veränderung der beitragspflichtigen Bruttolohn- und -gehaltssumme je durchschnittlich beschäftigten Arbeitnehmer ohne Beamte einschließlich der Bezieher von Arbeitslosengeld Im vorvergangenen Kalenderjahr gegenüber dem dritten zurückliegenden Kalenderjahr ergibt,
*erstmalige Anwendung dieses Faktors bei der Rentenanpassung zum 1. Juli 2006

AVA_{t-1} Altersvorsorgeanteil im vergangenen Kalenderjahr,

AVA_{t-2} Altersvorsorgeanteil im vorvergangenen Kalenderjahr,

RVB_{t-1} durchschnittlicher Beitragssatz in der Rentenversicherung der Arbeiter und der Angestellten im vergangenen Kalenderjahr,

RVB_{t-2} durchschnittlicher Beitragssatz in der Rentenversicherung der Arbeiter und der Angestellten im vorvergangenen Kalenderjahr,

RQ_{t-1} Rentnerquotient im vergangenen Kalenderjahr,

RQ_{t-2} Rentnerquotient im vorvergangenen Kalenderjahr.

Die ab dem Jahr 2014 geltende Formel für die Fortschreibung des aktuellen Rentenwerts

444 Im Altersvermögens-Ergänzungsgesetz aus dem Jahr 2001 war vorgesehen, dass sich bei den nach dem Jahr 2009 erfolgenden Rentenanpassungen – also dem Zeitpunkt, nach dem ursprünglich die Endstufe für den Altersvorsorgeanteil erreicht werden sollte – zwar nur noch die Veränderung des Beitragssatzes zur gesetzlichen Rentenversicherung anpassungsdämpfend auswirken sollten, dies dann aber in verstärktem Maße. Daher wurde in dem Faktor für die Veränderung der Aufwendungen für die Altersversorgung die Basiszahl 100 Prozent auf 90 Prozent abgesenkt (vgl. Rdnr. 414). Durch die Gewichtung des Nachhaltigkeitsfaktors mit dem auf den Wert 0,25 festgelegten Parameter α ist die anpassungsdämpfende Wirkung der auf 90 Prozent abgesenkten Basiszahl vom Nachhaltigkeitsfaktor jedoch mit umfasst. Der bisherige Wert 90 Prozent, von dem der durchschnittliche Beitragssatz in der allgemeinen Rentenversicherung und der Höchstwert für den Altersvorsorgeanteil jeweils subtrahiert wurde, ist daher auch für die Anpassungen ab dem Erreichen der Endstufe für den Altersvorsorgeanteil wieder auf 100 Prozent erhöht worden. Damit ist nach Erreichen des Höchstwerts für den Altersvorsorgeanteil im Jahr 2012 für die dann ab dem Jahr 2014 ohne steigenden Altersvorsorgeanteil vorzunehmenden Rentenanpassungen der aktuelle Rentenwert nach folgender Formel neu festzusetzen:

$$AR_t = AR_{t-1} \times \frac{BE_{t-1}}{BE_{t-2}} \times \frac{100 - AVA_{2012} - RVB_{t-1}}{100 - AVA_{2012} - RVB_{t-2}} \times \left(\left(1 - \frac{RQ_{t-1}}{RQ_{t-2}}\right) \times \alpha + 1\right)$$

Rentenanpassung als Dynamisierungsverbund

445 Der Veränderungssatz für den aktuellen Rentenwert ist nicht nur für die Renten der gesetzlichen Rentenversicherung von Bedeutung, sondern letztlich auch für den Anstieg der laufenden Leistungen aller anderen Sozialversicherungen einschließlich der Kriegsopferversorgung. Auch diese Leistungen werden grundsätzlich unter Berücksichtigung des Anpassungsmechanismus der gesetzlichen Rentenversicherung angepasst. Bei der Anpassung kurzfristiger Lohnersatzleistungen (wie Krankengeld und Übergangsgeld) hat sich der Gesetzgeber allerdings für eine bundeseinheitliche Anpassung ausschließlich nach der Veränderung der Bruttolohn- und -gehaltssumme je durchschnittlich beschäftigten Arbeitnehmer entschieden. Der Anpassungswert wird jährlich im Bundesanzeiger bekannt gemacht.

Auswirkungen der um den Nachhaltigkeitsfaktor ergänzten Rentenanpassungsformel auf das Rentenniveau

446 Nach den Berechnungen der Kommission für die Nachhaltigkeit in der Finanzierung der Sozialen Sicherungssysteme wird der Rentenzahlbetrag aufgrund der Wirkung des Nachhaltigkeitsfaktors im Jahr 2030 im Vergleich zu seiner Fortschreibung nach der im Altersvermögens-Ergänzungsgesetz vorgesehenen Rentenanpassungsformel um 7,7 Prozent niedriger ausfallen.

447 Mit dem „Sicherungsniveau vor Steuern" wurde im RV-Nachhaltigkeitsgesetz auch ein neues Rentenniveaukonzept eingeführt. Dieses Rentenniveau ergibt sich, wenn man die Standardrente (Rente aus 45 Beitragsjahren bei stets versichertem Durchschnittsentgelt) um den von den Rentnerinnen und Rentner zu tragenden Beitrag zur Krankenversicherung und zur Pflegeversicherung vermindert und diesen Rentenbetrag durch das verfügbare Durchschnittsentgelt dividiert. Das verfügbare Durchschnittsentgelt ist das Durchschnittsentgelt (ohne Abzug von Steuern), gemindert um den zu entrichtenden Arbeitnehmersozialbeitrag (Beiträge zur Arbeitslosenversicherung, zur gesetzlichen Krankenversicherung, zur gesetzlichen Pflegeversicherung und zur gesetzlichen Rentenversicherung) zuzüglich des durchschnittlichen Aufwands zur zusätzlichen Altersvorsorge. Da die steuerliche Behandlung sowohl von Arbeitsentgelten als auch von Renten bei der Niveauberechnung keine Rolle spielt, ist dieses Niveaukonzept im Vergleich zum bisher verwendeten Messkonzept des Nettorentenniveaus (Verhältnis von Nettostandardrente zum durchschnittlichen Nettoentgelt – vgl. Rdnr. 408 und Rdnr. 418) bezüglich des Lebensstandards der Rentner weniger aussagekräftig. Mit der Änderung der Rentenbesteuerung ab dem Jahr 2005 durch das Alterseinkünftegesetz kann ein einheitliches Nettorentenniveau für alle Rentenzugangsjahre aber nicht mehr ausgewiesen werden, da die Höhe des zu versteuernden Anteils der Standardrente in Abhängigkeit vom Jahr des Rentenzugangs unterschiedlich ist. Daher wird das Rentenniveau seit dem Jahr 2005 als sogenanntes Sicherungsniveau vor Steuern ausgewiesen.

Das Sicherungsniveau vor Steuern

1994	55 Prozent,
1998	53,6 Prozent,
2004	53 Prozent,
2005	52,6 Prozent,
2006	52,4 Prozent,
2007	51,4 Prozent,
2008	50,5 Prozent
2009	52 Prozent
2010	51,7 Prozent.

448 Wenn auch die Reformen der Jahre 2001 und 2004 im Zeichen des Paradigmenwechsels in der gesetzlichen Rentenversicherung von der Niveauorientierung hin zur Beitragssatzorientierung stehen, so wurde dennoch auch mit dem Gesetz zur nachhaltigen Sicherung der Finanzierungsgrundlagen in der gesetzlichen Rentenversicherung eine so genannte Niveausicherungsklausel in das Gesetz aufgenommen. Danach muss die Bundesregierung dem Gesetzgeber geeignete Maßnahmen vorschlagen, wenn das Sicherungsniveau vor Steuern den Wert 46 Prozent bis zum Jahr 2020 oder 43 Prozent bis zum Jahr 2030 unterschreitet.

449 Neben diesen neuen Mindestsicherungsniveaus vor Steuern von 43 Prozent bzw. 46 Prozent wurden die seit dem Jahr 2001 gesetzlich festgelegten Beitragssatzziele (Nichtüberschreiten der 20-Prozentmarke bis zum Jahr 2020 und der 22-Prozentmarke bis zum Jahr 2030) mit dem Gesetz zur nachhaltigen Sicherung der Finanzierungsgrundlagen in der gesetzlichen Rentenversicherung nicht verändert. Da in einer umlagefinanzierten Rentenversicherung bei einem im Zeitverlauf sich verschlechternden Verhältnis von Rentnern zu Beitragszahlern entweder der Beitragssatz angehoben werden muss oder das Rentenniveau abgesenkt werden muss, also ein Zielkonflikt zwischen stabilem Beitragssatz und stabilem Rentenniveau besteht, erscheint die gesetzliche Festlegung sowohl von Beitragssatzhöchstwerten als auch von Sicherungsniveaumindestwerten auf den ersten Blick widersprüchlich. Nach den Berechnungen der Kommission für die Nachhaltigkeit in der Finanzierung der Sozialen Sicherungssysteme ist das Beitragssatzziel von 22 Prozent im Jahr 2030 jedoch in etwa mit dem im Gesetz festgelegten Mindestsicherungsniveau vor Steuern von 43 Prozent im Jahr 2030 konsistent. Dies bestätigen auch die Modellrechnungen der Bundesregierung zur Entwicklung der Rentenfinanzen im November 2010. Danach werden sowohl die gesetzlichen Beitragssatzobergrenzen als auch das Mindestsicherungsniveau trotz der Finanz- und Wirtschaftskrise im vergangenen Jahr eingehalten. Der Beitragssatz übersteigt die Obergrenze von 20 Prozent voraussichtlich erst im Jahr 2021 und liegt im Jahr 2030 mit 21,9 Prozent unter der dann geltenden Obergrenze. Das Sicherungsniveau vor Steuern, unterschreitet die Grenze von 46 Prozent erst im Jahr 2025 und bleibt mit 44,4 Prozent im Jahr 2030 deutlich über der Grenze von 43 Prozent.

450 Der Gesetzgeber hat die Bundesregierung verpflichtet, ab dem Jahr 2010 im Rahmen eines Berichts regelmäßig Maßnahmen zur Beibehaltung eines Sicherungsziels vor Steuern von 46 Prozent auch über das Jahr 2020 hinaus vorzuschlagen, allerdings unter Wahrung der gesetzlich vorgegebenen Beitragssatzziele. In ihrem Bericht des Jahres 2010 kommt die Bundesregierung zu dem Ergebnis, dass ein dauerhaftes Sicherungsniveau vor Steuern von 46 Prozent ab dem Jahr 2025 über das geltende Recht hinausgehende Rentenerhöhungen erfordern würde. Bereits im Jahr 2030 müssten die Rentenwerte dann gegenüber dem geltenden Anpassungsmechanismus um gut 3,5 Prozent höher ausfallen. In der gesetzlichen Rentenversicherung entstünde hierdurch ein erheblicher zusätzlicher Finanzbedarf, der sich - in Werten des Jahres 2010 bemessen - bis zum Jahr 2030 auf gut 8 Milliarden Euro jährlich belaufen würde. Dies entspricht einer Beitragssatzerhöhung um rd. 0,8 Prozentpunkte, die eine Verletzung der Beitragssatzobergrenze bedeuten würde. Auch eine anderweitige Aufbringung dieser Mittel ginge zu Lasten der Jüngeren und würde das Ziel einer gerechten Verteilung der Folgewirkungen der demografischen Entwicklung zwischen den Generationen gefährden.

Förderung der zusätzlichen kapitalgedeckten Altersvorsorge

451 Auch nach den mit den im Altersvermögens-Ergänzungsgesetz und dem Gesetz zur nachhaltigen Sicherung der Finanzierungsgrundlagen in der gesetzlichen Rentenversicherung ergriffenen Maßnahmen zur Stabilisierung des Beitragssatzes zur gesetzlichen Rentenversicherung bleibt die gesetzliche Rentenversicherung weiterhin die wichtigste Säule für die Alterssicherung. Der Rückgang des Sicherungsniveaus vor Steuern verdeutlicht allerdings, dass die gesetzliche Rente zukünftig alleine nicht mehr ausreichen wird, um den Lebensstandard des Erwerbslebens im Alter aufrecht zu erhalten. Der Gesetzgeber hat mit den Reformmaßnahmen der vergangenen Jahre jedoch die entsprechenden Weichenstellungen für die Modernisierung des Alterssicherungssystems als Ganzes vorgenommen. Seit dem Inkrafttreten des Altersvermögensgesetzes am 1. Januar 2002 wird insbesondere die zusätzliche betriebliche und private Altersvorsorge in ganz erheblichem Umfang staatlich gefördert. Die Alterssicherung soll sich künftig auf die durch Solidarität geprägte gesetzliche Rente und die auf Eigeninitiative basierende zusätzliche Altersvorsorge stützen. Die Vorteile beider Systeme besteht in ihrer Kombination: die im Umlageverfahren finanzierte Rente mit ihren Stärken bei den Leistungen des sozialen Ausgleichs auf der einen Seite und die auf Rendite ausgerichtete kapitalgedeckte private Altersvorsorge, die sich die Ergiebigkeit der Kapitalmärkte erschließen kann, auf der anderen Seite. Modellrechnungen der Bundesregierung in ihrem Bericht des Jahres 2010 zur Entwicklung des Mindestsicherungsniveaus bis zum Jahr 2030 ergeben, dass das Versorgungsniveau vor Steuern unter Berücksichtigung der Leistungen aus einer stattlich geförderten zusätzlichen Altersvorsorge (Riester-Rente) langfristig nahezu konstant bleibt. Die Lebensstandardsicherung im Alter ist daher auch künftig auf dem heutigen Niveau gewährleistet, wenn die Möglichkeiten zur geförderten zusätzlichen Altersvorsorge wahrgenommen werden.

452 Zur Förderung der auf Eigeninitiative beruhenden zusätzliche Altersvorsorge wird der Aufbau der privaten Altersvorsorge seit dem 1. Januar 2002 durch lukrative steuerliche Anreize flankiert, die insbesondere Bezieher kleiner Einkommen und Familien mit Kindern besonders unterstützen. Die gesetzlichen Regelungen hierzu sind – ähnlich wie bei der Kindergeldregelung – im Einkommensteuergesetz als kombinierte Zulagen-/Sonderausgabenregelung verankert.

Geförderter Personenkreis

453 Zum Kreis der Begünstigten gehören alle Personen, die Pflichtbeiträge zur gesetzlichen Renten-

Tabelle 30: Entwicklung des Sicherungsniveaus vor Steuern der gesetzlichen Rentenversicherung sowie des Versorgungsniveaus vor Steuern einschließlich Riester-Rente für Rentenzugänge

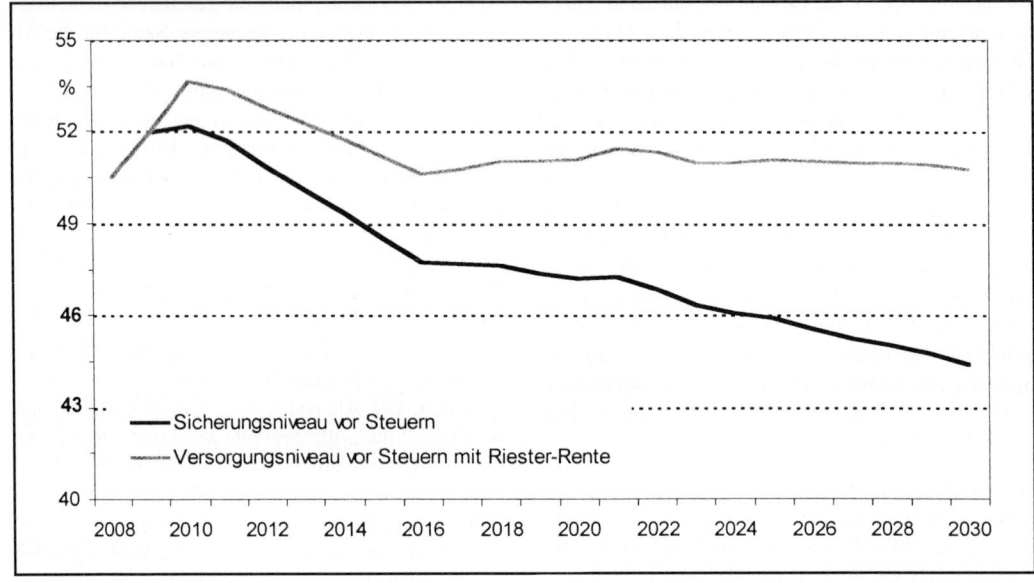

versicherung zahlen. Neben Arbeitnehmern sind daher insbesondere auch behinderte Menschen in Werkstätten, Versicherte während einer anzurechnenden Kindererziehungszeit, Pflegepersonen, Wehr- und Zivildienstleistende, geringfügig Beschäftigte, die auf die Versicherungsfreiheit verzichtet haben, Bezieher von Lohnersatzleistungen wie Arbeitslosen- oder Krankengeld sowie Kraft Gesetz oder auf Antrag versicherungspflichtige Selbständige förderberechtigt. Abweichend von dieser Grundregel sind arbeitslose Personen, die bei der Bundesagentur für Arbeit als arbeitsuchend gemeldet sind, auch dann eigenständig förderberechtigt, wenn der Anspruch auf Arbeitslosengeld II auf Grund der Anrechnung von Einkommen oder Vermögen ruht. Nach Aufhebung der Rentenversicherungspflicht für die Bezieher von Arbeitslosengeld II durch das Haushaltsbegleitgesetz 2011 und die hieraus resultierende Einstellung der Zahlung von Pflichtbeiträgen zum 1. Januar 2011 ist mit dem Jahressteuergesetz 2011 für die Bezieher von Arbeitslosengeld II eine weitere Ausnahme von der Grundregel für die unmittelbare Förderberechtigung geschaffen worden. Danach bleiben Bezieher von Arbeitslosengeld II auch nach Aufhebung der Rentenversicherungspflicht für die Zeit des Bezugs von Arbeitslosengeld II weiterhin unmittelbar förderberechtigt. Nicht zum Kreis der förderberechtigten Personen gehören im Wesentlichen freiwillig Versicherte und die versicherungsfreien geringfügig Beschäftigten. Mit dem Eigenheimrentengesetz aus dem Jahr 2008 ist der Kreis der Riester-Förderberechtigten um die Bezieher von Erwerbsminderungsrenten der gesetzlichen Rentenversicherung erweitert worden. Vor Inkrafttreten dieser Regelung endete die Riester-Förderung mit dem Eintritt der Erwerbsminderung.

454 Wenn nur ein Ehepartner zum förderfähigen Personenkreis gehört, erhält auch der selber nicht pflichtversicherte und damit förderfähige Ehepartner dann die Zulagenförderung, wenn für ihn ein eigener Vertrag abgeschlossen wird (mittelbare Förderberechtigung).

Grundsätze der Förderung

455 Altersvorsorgeverträge müssen Kriterien erfüllen, damit sie gefördert werden können. Diese sind im Altersvorsorgeverträge-Zertifizierungsgesetz geregelt. Durch Kriterien soll sichergestellt sein, dass der mit der staatlichen Förderung verfolgte Zweck, die Rente der gesetzlichen Rente durch eine zusätzliche monatliche und lebenslänglich laufende „Altersvorsorgerente" zu ergänzen, erreicht wird. Daher sollen nur solche Anlagen gefördert werden, die mindestens bis zum nach dem Gesetz möglichen Beginn einer Altersrente der gesetzlichen Rentenversicherung gebunden sind und nicht beliehen oder anderweitig verwendet werden können. Daher ist im Altersvorsorgeverträge-Zertifizierungsgesetz geregelt, dass die sogenannte Zertifizierungsstelle bei der Bundesanstalt für Finanzdienstleistungsaufsicht vorab prüft, ob angebotene Altersvorsorgeprodukte die vorgeschriebenen Förderkriterien erfüllen. Das von der Zertifizierungsstelle ausgestellte Zertifikat stellt somit kein staatliches Gütesiegel dar, das die Qualität des Produktes hinsichtlich Rentabilität und Sicherheit bestätigt. Es bescheinigt allein, dass die Muster- oder Einzelverträge, die ein Zertifikat erhalten haben, den staatlichen Förderkriterien entsprechen und damit steuerlich gefördert werden können.

456 Auch nachdem mit dem Alterseinkünftegesetz die Zertifizierungskriterien von elf auf fünf reduziert worden sind, müssen die Altersvorsorgeverträge weiterhin folgende Mindeststandards erfüllen:

– Gefördert werden wie bisher nur Altersvorsorgeverträge, die eine Rente frühestens ab Alter 60 oder dem Beginn einer Altersrente der gesetzlichen Rentenversicherung vorsehen. Die Altersvorsorgevereinbarung kann zusätzlich auch eine Rentenzahlung bei Erwerbsunfähigkeit sowie bei Tod an Hinterbliebene umfassen.
– Die Anlageformen müssen ab Auszahlungsbeginn eine lebenslange steigende oder gleich bleibende monatliche Leibrente zusichern; alternativ sind entsprechende Auszahlungen aus Fonds- oder Bankguthaben, die in der Leistungsphase ab Alter 85 mit einer Rentenversicherung verbunden sind, möglich. Dabei sind auch Einmalauszahlungen bzw. variable Teilraten bis zu insgesamt 30 Prozent des zu Beginn der Auszahlungsphase zur Verfügung stehenden Kapitals zulässig. Die während der Auszahlungsphase anfallenden Erträge können dagegen variabel ausgezahlt werden.
– Zu Beginn der Auszahlungsphase müssen mindestens die eingezahlten Beträge und während der Auszahlungsphase die laufenden monatlichen Zahlungen zugesagt sein. Da die Altersvorsorgeverträge bis zu einem Anteil von 15 Prozent am aufzuwendenden Vorsorgebeitrag förderunschädlich mit einer Erwerbsminderungsrente und/oder einer Hinterbliebenenrente verbunden werden können, verringern die hierfür gezahlten Versicherungsprämien insoweit das Volumen der auf den Altersvorsorgevertrag eingezahlten Beträge.
– Die Anlagen sind während der Ansparphase gesetzlich vor Pfändung sowie Anrechnung auf Sozial- und Arbeitslosenhilfe geschützt.
– In den Altersvorsorgeverträgen muss vorgesehen sein, dass sich die Abschluss- und Vertriebskosten auf 5 Jahre verteilen.
– Die Altersvorsorgeverträge müssen ferner einen Anspruch auf Wechsel, Ruhen sowie Kündigung des Vertrages sowie auf Entnahme von Mitteln für den Wohnungsbau zu lassen.

457 Aus Verbrauchersicht besonders zu begrüßen ist die mit dem Alterseinkünftegesetz vorgenommene Ausweitung der vorvertraglichen Informationspflichten. Der Anbieter muss nunmehr Angaben über die Anlagemöglichkeiten, die Struktur des Portfolios und das Risikopotenzial machen. Außerdem haben Standardberechnungen seitens der Anbieter den Verbrauchern einen besseren Produktvergleich zu ermöglichen. Für diese Berechnungen ist das jeweilige Guthaben nach zehn Jahren Laufzeit vor und nach Abzug der Wechselkosten unter Zugrundelegung alternativer Verzinsungen von 2 Prozent, 4 Prozent oder 6 Prozent auszuweisen. Im Jahr 2008 ist der Verbraucherschutz noch einmal verbessert worden. Alle Anbieter von Riester-Verträgen haben nun auch die Kosten für die Produkte in Euro auszuweisen.

458 Gleichwohl ist im Jahr 2009 erneut von verschiedenen Seiten, insbesondere des Bundesverbandes der Verbraucherzentralen, Kritik an der Kostenhöhe und Kostentransparenz von Riester-Verträgen vorgebracht worden. Diese Kritik wird von der Bundesregierung aufmerksam verfolgt. Sie war Anlass, dass das Bundesministerium der Finanzen ein Gutachten zum Thema „Transparenz von privaten Riester- und Basisrenten-Produkten" vergeben hat. Das im Juli 2010 fertig gestellte Gutachten kommt zu dem Ergebnis, dass Vorsorgesparer von Informationsschriften überflutet werden und für sie deshalb eine Vergleichbarkeit der einzelnen Produkte kaum möglich ist. Das Gutachten spricht sich daher für die Erstellung eines einfachen und verständlichen Produkt-Informationsblatts mit Angaben über Leistungen, Chancen und Risiken sowie über die mit dem Vorsorgeprodukt verbundenen Kosten aus. Aktuell wird daher von der Bundesregierung geprüft, wie die Produkttransparenz insbesondere bei den steuerlich geförderten Vorsorgeprodukten durch die Herausgabe eines einheitlichen Produkt-Informationsblatts erhöht werden kann.

459 Für Altersvorsorgeverträge, die ab dem 1. Januar 2006 abgeschlossen werden, sind geschlechtsneutrale Tarife, so genannte Unisex-Tarife, zwingend als Fördervoraussetzung vorgeschrieben. Aufgrund der Privatautonomie können bis dahin geschlossene Verträge nur auf Unisex-Tarife umgestellt werden, wenn beide Vertragsparteien dies freiwillig vereinbaren. Im Regelfall wird sich daher für Altverträge nichts ändern. Die Regelung zum Unisex-Tarif wird sich insbesondere auf geförderte private Rentenversicherungen auswirken. Für den Bereich der geförderten Investmentfonds und Banksparpläne werden die neuen Tarife voraussichtlich nicht wesentlich von den bisherigen Tarifen abweichen, da sich unterschiedliche Tarife bei Auszahlungsplänen durch die Restverrentung erst ab dem 85. Lebensjahr schon bisher nur geringfügig ausgewirkt haben.

460 Mit dem Alterseinkünftegesetz ist schließlich eine neue Kleinbetragsregelung eingeführt worden, wonach die Abfindung von Kleinbetragsrenten förderunschädlich möglich ist. Eine Kleinbetragsrente liegt vor, wenn die monatliche Rente 1 Prozent der monatlichen Bezugsgröße nicht übersteigt (im Jahr 2011 = 25,55 Euro).

Förderfähige Anlageformen

461 Förderfähig sind kapitalgedeckte, private Altersvorsorge-Rentenversicherungen sowie Fonds- und Banksparpläne. Fonds- und Banksparpläne müssen mit Auszahlungsplänen und einer Restverrentungspflicht für die oberste Altersphase (ab Alter 85) verbunden sein. Auch Altverträge können in die Förderung einbezogen werden, wenn die Voraussetzungen für die geförderten Anlagen damit erfüllt werden.

Einbeziehung von Wohneigentum

462 Zur Förderung von Wohneigentum sah das Gesetz zunächst nur vor, dass zur Herstellung oder zum Erwerb von selbst genutztem inländischem Wohneigentum ein Betrag zwischen 10.000 und 50.000 Euro aus dem Altersvorsorgevertrag förderunschädlich entnommen werden kann. Der entnommene Betrag muss jedoch – wenn auch ohne Zinsen – in monatlichen, gleich bleibenden Raten bis zur Vollendung des 65. Lebensjahres wieder in einen zertifizierten Altersvorsorgevertrag zurückgezahlt werden. Die Rückzahlung löst keine erneute Förderung aus. Der Anleger kann aber die Förderung für weitere Aufwendungen in Anspruch nehmen. Beim Verkauf oder sonstiger Aufgabe der Selbstnutzung hat der Anleger die Möglichkeit, den Restbetrag innerhalb einer bestimmten Frist entweder in ein Ersatzobjekt zu investieren oder in einen zertifizierten Altersvorsorgevertrag einzuzahlen. Geschieht dies nicht, liegt insoweit eine schädliche Verwendung vor. Eine solch schädliche Verwendung liegt auch vor, wenn der Geförderte mit seiner Rückzahlungsverpflichtung mit mehr als einem Jahresbetrag in Rückstand gerät. In diesen Fällen ist die auf den Restbetrag entfallende Förderung zurückzuzahlen. Zusätzlich ist der Restbetrag für Zwecke der Besteuerung ab dem Zeitpunkt der Entnahme mit 5 Prozent zu verzinsen.

463 Mit dem Eigenheimrentengesetz aus dem Jahr 2008 ist der Kreis der bislang staatlich geförderten Altersvorsorgeprodukte um Darlehensverträge für die Bildung selbstgenutzten Wohneigentums sowie um den Erwerb von weiteren Genossenschaftsanteilen für die Altersvorsorge erweitert worden. Das neue Eigenheimrentenmodell besteht dagegen aus mehreren Förderansätzen:

– Zum einen werden zur Darlehenstilgung eingesetzte Mittel als Altersvorsorgebeiträge steuerlich gefördert. Die für die Tilgungsbeiträge gewährten Zulagen werden zu 100 Prozent für die Tilgung verwandt. Künftig werden also für ab 2008 angeschaffte oder hergestellte selbst genutzte Objekte Darlehenstilgungen wie die bisherigen Sparbeiträge steuerlich gefördert.

– Zum anderen kann kumulativ zur Tilgungsförderung während der Ansparphase eine Kapitalentnahme des in einem Altersvorsorgevertrag angesparten steuerlich geförderten Altersvorsorgevermögens erfolgen. Wie die neue Tilgungsförderung so gilt auch die Entnahme während der Ansparphase nur für ab 2008 angeschaffte oder hergestellte selbst genutzte Objekte.

– Alternativ zu dieser Kapitalentnahme kann das angesparte geförderte Altersvorsorgekapital auch noch zu Beginn der Auszahlungsphase für die Entschuldung von selbstgenutztem Wohneigentum eingesetzt werden. Im Gegensatz zur Entnahme während der Ansparphase ist die Entnahme zu Beginn der Auszahlungsphase auch auf selbst genutzte Objekte anwendbar, die vor 2008 angeschafft oder hergestellt wurden.

Förderkonzept

464 Der Altersvorsorgeaufwand setzt sich aus Eigenbeiträgen und Zulagen zusammen. Zur Entlastung der Bürger zahlt der Berechtigte nur seine Eigenbeiträge, die staatliche Zulage wird auf Antrag des Berechtigten von der Deutschen Rentenversicherung Bund als zentraler Stelle unmittelbar auf den begünstigten Vertrag gutgeschrieben. Die Höhe der Zulage ist abhängig von Familienstand und Kinderzahl. Darüber hinaus kann der gesamte Altersvorsorgeaufwand im Rahmen des Sonderausgabenabzugs geltend gemacht werden. Ist die Steuerersparnis durch den Sonderausgabenabzug höher als die Zulage, wird die Differenz dem Steuerpflichtigen zusätzlich gutgeschrieben. Das Alterseinkünftegesetz hat das Antragsverfahren durch Einführung eines so genannten Dauerzulagenantrags erheblich vereinfach. Die Berechtigten müssen künftig nicht mehr jedes Jahr einen neuen Zulagenantrag stellen. Die schriftliche Bevollmächtigung kann bereits bei Vertragsabschluss oder im Rahmen des Zulagenantrags erteilt werden und gilt bis auf Widerruf.

465 Als Sonderausgabenabzug geltend gemacht werden können unabhängig vom individuellen Einkommen nachfolgende Altersvorsorgeaufwendungen (Eigenbeiträge + Zulage):

– in den Veranlagungszeiträumen 2002 und 2003 bis zu 525 Euro,
– in den Veranlagungszeiträumen 2004 und 2005 bis zu 1.050 Euro,
– in den Veranlagungszeiträumen 2006 und 2007 bis zu 1.575 Euro,
– ab dem Veranlagungszeitraum 2008 jährlich bis zu 2.100 Euro.

Höhe der Zulage

466 Die Zulage setzt sich zusammen aus einer Grundzulage und einer Kinderzulage. Die Grundzulage beträgt

– in den Veranlagungszeiträumen 2002 und 2003 38 Euro,
– in den Veranlagungszeiträumen 2004 und 2005 76 Euro,
– in den Veranlagungszeiträumen 2006 und 2007 114 Euro,
– ab dem Veranlagungszeitraum 2008 jährlich 154 Euro.

Im Falle der Zusammenveranlagung von Ehegatten steht die Grundzulage jedem gesondert zu, wenn beide Ehepartner eigenständige Altersversorgungsansprüche erwerben. Das gilt auch, wenn zwar nur ein Ehepartner steuer- und versicherungspflichtige Einnahmen hat, dieser aber seinen Mindesteigenbeitrag leistet.

467 Die Kinderzulage beträgt je Kind

– in den Veranlagungszeiträumen 2002 und 2003 46 Euro,
– in den Veranlagungszeiträumen 2004 und 2005 92 Euro,
– in den Veranlagungszeiträumen 2006 und 2007 138 Euro,
– ab dem Veranlagungszeitraum 2008 jährlich 185 Euro.

Mit dem Gesetz zur Förderung der betrieblichen Altersversorgung ist die Kinderzulage für die ab dem Jahr 2008 geborenen Kinder von 185 Euro auf 300 Euro angehoben worden.

468 Die vorstehenden Zulagen vermindern sich entsprechend, wenn nicht der nachfolgende Altersvorsorgeaufwand (dies sind die Eigenbeiträge + alle zustehenden Zulagen) als Mindesteigenbeitrag aufgebracht wird, der

– in den Veranlagungszeiträumen 2002 und 2003 1,0 Prozent,
– in den Veranlagungszeiträumen 2004 und 2005 2,0 Prozent,
– in den Veranlagungszeiträumen 2006 und 2007 3,0 Prozent, und
– ab dem Veranlagungszeitraum 2008 4,0 Prozent jährlich

des in der Rentenversicherung beitragspflichtigen Vorjahreseinkommens beträgt. Höchstens beläuft sich der Mindesteigenbeitrag jedoch auf die Beträge, bis zu denen die Möglichkeit des Sonderausgabenabzugs geltend gemacht werden kann. Die zentrale Zulagenstelle (ZfA) ist befugt, die beitragspflichtigen Einnahmen des Steuerpflichtigen beim Rentenversicherungsträger selbst zu erfragen, so dass in der Regel entsprechende Angaben des Steuerpflichtigen in seinem Zulagenantrag entbehrlich sind. Dadurch werden nicht nur Fehlerquellen im Zulageverfahren vermieden. Das papierlose Verfahren ist ebenfalls wesentlich unbürokratischer und damit bürgerfreundlicher. Um Fehlerquellen bei der Antragstellung weitgehend auszuschließen sind mit dem Alterseinkünftegesetz weitere Verfahrensvereinfachungen eingeführt worden. So braucht künftig nicht mehr jedes Jahr ein Antrag auf Zulage gestellt zu werden, sondern der erstmalige Antrag reicht für alle Folgejahre aus. Darüber hinaus erfolgt die jährliche Aktualisierung der Einkünfte in Zukunft durch einen Datenabgleich der Zulagenstelle mit der Rentenversicherung.

469 Auch für den Fall, dass bereits alleine die Zulagen den 4 Prozent Aufwendungen entsprechen oder sie sogar übersteigen, muss zur Erlangung der vollen

Zulage immer ein bestimmter Sockelbetrag als Mindesteigenbeitrag geleistet werden. Dieser beträgt seit dem Jahr 2005 für alle Zulagenberechtigte einheitlich 60 Euro jährlich.

470 Mit dem im Jahr 2008 eingeführten so genannten „Berufseinsteiger-Bonus" ist das bestehende Förderinstrumentarium zielgenau weiterentwickelt worden. Junge Riester-Sparer unter 25 Jahren erhalten bei Abschluss eines Riester-Vertrages einen einmaligen „Berufseinsteiger-Bonus" von 200 Euro. Denn private Vorsorge für das Alter sollte so früh wie möglich beginnen. Nur so entsteht ein größtmöglicher Zinseszins-Effekt.

Beispiele für Förderquoten und den Anteil eigener Aufwendungen

471 Die Tabellen 31 und 32 zeigen die Förderquote und den Anteil eigener Aufwendungen in Abhängigkeit von den finanziellen und persönlichen Verhältnissen der Rentenversicherungspflichtigen in der Endstufe der staatlichen Förderung der zusätzlichen Altersvorsorge. Aus der jeweils letzten Zeile der Tabellen ergibt sich, dass sich in den dargestellten Einkommensklassen der Eigenbeitrag für die zusätzliche Altersvorsorge mit sinkendem Einkommen und nach Anzahl der Kinder prozentual deutlich verringert.

472 Der Aufbau des Altersvorsorgevermögens erfolgt aus nicht versteuertem Einkommen. Daher unterliegen die späteren Auszahlungen aus dem Altersvorsorgevermögen der Steuerpflicht.

473 Den Trägern der gesetzlichen Rentenversicherung ist vom Gesetzgeber die Möglichkeit eingeräumt worden, Auskünfte zum Aufbau einer geförderten zusätzlichen Altersvorsorge zu erteilen.

474 Bis zum 30. September 2010 sind immerhin über 14 Millionen Altersvorsorgeverträge abgeschlossen worden. Davon entfallen rund 10.250.000 Verträge auf Lebensversicherungen, rund 680.000 Verträge auf Banksparpläne, rund 2.750.000 Verträge auf Investmentfondssparplänen sowie rund 400.000 sog. Eigenheimrenten.

Sicherheit der staatlich geförderten zusätzlichen Altersvorsorge in der Finanzkrise

Schutz durch Nominalwertzusage

475 Allen Produkten der staatlich geförderten zusätzlichen Altersvorsorge gemeinsam ist die verpflichtende Zusicherung der Anbieter, dass zu Beginn der Auszahlungsphase mindestens die vom Sparer eingezahlten Beträge und die staatlichen Zulagen für die Rente zur Verfügung stehen müssen (sog. Nominalwertzusage). Diese Zusage ist besonders im Rahmen der Fondssparpläne relevant, bei denen wegen der Anlage in Aktien zwar einerseits die Chance auf hohe Erträge, andererseits aber auch das Risiko hoher Verluste besteht. Der Wertverlust durch Inflation bleibt allerdings unberücksichtigt.

Schutz durch Finanzaufsicht

476 Die Sicherstellung der Nominalwertzusage wird durch die Aufsicht der Bundesanstalt für Finanzdienstleistungsaufsicht (BAFin) gewährleistet. Die BAFin trägt im Rahmen der regulären Aufsicht dafür Sorge, dass die Altersvorsorgeverträge dauerhaft erfüllt werden können. Einen aufsichtsrechtlichen Schwerpunkt bildet dabei die Prüfung der Unternehmenssolvabilität (Eigenmittelausstattung), die gesetzlich vorgeschriebenen Standards unterliegt.

Schutz der Sparer bei Konkurs

477 Sollte der Anbieter eines Riester-Finanzprodukts insolvent werden, sind auch Riestersparverträge durch ein umfassenden Netz von Sicherungseinrichtungen geschützt:

– Für Riester-Banksparpläne gilt genau dieselbe Sicherung wie für Tagesgeld und Sparbücher, da es sich um so genannte Bankeinlagen handelt. Jedes private Kreditinstitut oder Wertpapierhandelsunternehmen muss der gesetzlichen Einlagensicherung angehören.

– Anlagen in Investmentfonds sind insofern konkurssicher, als das Vermögen der Anleger in einem eigenständigen Sondervermögen verwahrt wird und nicht in die Konkursmasse fällt.

– Sollte die Insolvenz eines Lebensversicherers eintreten, werden die Ansprüche der Kunden durch eine gesetzliche Sicherungseinrichtung, die „Protektor Lebensversicherungs-AG", geschützt. Im Insolvenzfall werden die Versicherungsverträge auf diesen Sicherungsfonds übertragen. Die Rechte und Pflichten des übertragenden Unternehmens aus den Versicherungsverträgen gehen mit der Bestandsübertragung auch im Verhältnis zu den Versicherungsnehmern auf Protektor über, der die Vertragsbestände des insolventen Unternehmens weiterführt.

Sozialgesetzbuch · 6. Buch · Rentenversicherung

Tabelle 31: Förderquoten bei Geburten vor dem Jahr 2008

	Alleinerziehende(r) 2 Kinder	Alleinerziehende(r) 2 Kinder	Ehepaar Alleinverdiener 2 Kinder	Alleinlebende(r) kinderlos	Alleinlebende(r) kinderlos
Beitragspflichtiges Bruttoarbeitsentgelt	16.000 €[1]	32.000 €[2]	32.000 €[2]	16.000 €[1]	32.000 €[2]
Altersvorsorgeaufwendungen = 4 Prozent vom Bruttoarbeitsentgelt	640 €	1.280 €	1.280 €	640 €	1.280 €
Grundzulage	154 €	154 €	308 €	154 €	154
Kinderzulage	370 €	370 €	370 €	0	0
Eigenbeitrag im Jahr	116 €	756 €[4]	602 €	486 €[4]	1.126[4]
Eigenbeitrag im Monat	9,70 €	63 €	50,20 €	40,50 €	93,80 €
Sparleistung insgesamt (Eigenbeitrag + Zulage)	640 €	1.280 €	1.280 €	640 €	1.280 €
Förderquote in Prozent[3]	82	41	53	24	12

1) 50 Prozent des vorläufigen Durchschnittsentgelts nach Anlage 1 zum Sechsten Buch Sozialgesetzbuch für 2010.
2) 100 Prozent des vorläufigen Durchschnittsentgelts nach Anlage 1 zum Sechsten Buch Sozialgesetzbuch für 2010.
3) Zulagen im Verhältnis zu den Altersvorsorgeaufwendungen.
4) Ggf. zusätzlicher Steuervorteil durch den Sonderausgabenabzug in Höhe von 2.100 Euro.

Legt man den Beispielsfällen Geburten ab dem Jahr 2008 zugrunde, dann verbessern sich die Förderquoten für Förderberechtigte mit Kindern noch einmal deutlich.

Tabelle 32: Förderquoten bei Geburten ab dem Jahr 2008

	Alleinerziehende(r) 2 Kinder	Alleinerziehende(r) 2 Kinder	Ehepaar Alleinverdiener 2 Kinder	Alleinlebende(r) kinderlos	Alleinlebende(r) kinderlos
Beitragspflichtiges Bruttoarbeitsentgelt	16.000 €[1]	32.000 €[2]	32.000 €[2]	16.000 €[1]	32.000 €[2]
Altersvorsorgeaufwendungen = 4 Prozent vom Bruttoarbeitsentgelt	640 €	1.280 €	1.280 €	640 €	1.280 €
Grundzulage	154 €	154 €	308 €	154 €	154
Kinderzulage	600 €	600 €	600 €	0	0
Eigenbeitrag im Jahr	60 € (Sockelbetrag)	526 €[4]	372 €	486 €[4]	1.126[4]
Eigenbeitrag im Monat	5 €	43,80 €	31 €	40,50 €	93,80 €
Sparleistung insgesamt (Eigenbeitrag + Zulage)	814 €	1.280 €	1.280 €	640 €	1.280 €
Förderquote in Prozent[3]	93	59	71	24	12

1) 50 Prozent des vorläufigen Durchschnittsentgelts nach Anlage 1 zum Sechsten Buch Sozialgesetzbuch für 2010.
2) 100 Prozent des vorläufigen Durchschnittsentgelts nach Anlage 1 zum Sechsten Buch Sozialgesetzbuch für 2010.
3) Zulagen im Verhältnis zu den Altersvorsorgeaufwendungen.
4) Ggf. zusätzlicher Steuervorteil durch den Sonderausgabenabzug in Höhe von 2.100 Euro.

6 Sozialgesetzbuch · 6. Buch · Rentenversicherung

Stärkung der betrieblichen Altersversorgung

478 Auch die betriebliche Altersversorgung wird in Zukunft für den Erwerb einer Zusatzrente eine bedeutend größere Rolle spielen als bisher. Die steuerliche Förderung ist auch für die betriebliche Altersversorgung anwendbar mit dem wesentlichen Unterschied, dass für die betriebliche Altersversorgung das Altersvorsorge-Zertifizierungsgesetz grundsätzlich keine Anwendung findet.

479 Für die Einbeziehung der betrieblichen Altersversorgung in die Förderung des Aufbaus eines Altersvorsorgevermögens kommen die Durchführungswege Direktversicherung, Pensionskasse sowie der neu geschaffene Pensionsfonds in Betracht. Voraussetzung für die Einbeziehung der betrieblichen Altersversorgung in die steuerliche Förderung für die private Altersvorsorge ist, dass der Arbeitnehmer die Beiträge zu einer Direktversicherung, zu einer Pensionskasse oder zu einem Pensionsfonds aus individuell versteuerten und verbeitragten Arbeitsentgelten erbringt.

480 Mit der Einbeziehung der betrieblichen Altersversorgung in diese Förderung sind zugleich die Rahmenbedingungen für die betriebliche Altersvorsorge erheblich verbessert worden. Arbeitnehmer haben nun einen individuellen Anspruch auf betriebliche Altersversorgung aus ihrem Entgelt, indem sie auf bestimmte Teile des Entgelts verzichten (z. B. auf einen Teil des Weihnachts- oder Urlaubsgelds oder auf Entgelte aus geleisteten Überstunden) und diesen Teil für eine betriebliche Altersversorgung durch den Arbeitgeber einzahlen lassen (Entgeltumwandlung). Die Durchführung des Anspruchs auf betriebliche Altersvorsorge durch Entgeltumwandlung erfolgt durch Vereinbarung zwischen Arbeitnehmer und Arbeitgeber. Die Vereinbarung kann auf individueller, betrieblicher oder auf tariflicher Grundlage erfolgen. Besteht eine Pensionskasse oder wird ein Pensionsfonds eingerichtet, darf der Arbeitgeber diese Möglichkeit anbieten und den Anspruch hierauf beschränken. Im Übrigen kann der Arbeitnehmer den Abschluss einer Direktversicherung durch den Arbeitgeber verlangen.

481 Soweit Entgeltansprüche auf einem Tarifvertrag beruhen, können sie für eine Entgeltumwandlung nur genutzt werden, wenn ein Tarifvertrag dies vorsieht oder dies durch Tarifvertrag (im Wege der Betriebsvereinbarung oder durch individuelle Vereinbarung) zugelassen ist. Für tarifgebundene Arbeitnehmer und Arbeitgeber besteht ein Tarifvorrang für eine arbeitnehmerfinanzierte betriebliche Altersvorsorge durch Entgeltumwandlung. Der Gesetzgeber hat hierdurch die Tarifvertragsparteien in die Mitverantwortung für einen breitenwirksamen Aufbau von Altersvorsorgevermögen bei den Arbeitnehmern genommen.

482 Die entgeltumwandelnde betriebliche Altersversorgung erhalten Arbeitnehmer alternativ entweder wie bei einem zertifizierten Altersvorsorgevertrag durch den steuerlichen Sonderausgabenabzug und die steuerlichen Zulagen gefördert oder durch die Freistellung des in betriebliche Altersversorgung umgewandelten Lohnbestandteils (bis zu 4 Prozent der Beitragsbemessungsgrenze) von Steuern und Sozialversicherungsbeiträgen. Mit dem Altersvermögensgesetz ist die Befreiung des umgewandelten Lohnbestandteils von Sozialversicherungsbeiträgen zunächst bis zum Jahr 2008 befristet worden, weil diese Maßnahme lediglich als Anschubförderung für eine weitere Verbreitung der betrieblichen Altersversorgung gedacht war. Mit dem Gesetz zur Förderung der zusätzlichen Altersvorsorge und zur Änderung des Dritten Buches Sozialgesetzbuch ist die Befristung der Befreiung von Sozialversicherungsbeiträgen jedoch aufgehoben worden. Die Befreiung von den Sozialversicherungsbeiträgen besteht daher unbefristet fort.

Zusammentreffen von Renten und Leistungen aus der Unfallversicherung

483 Das Rentenrecht kennt einige Anrechnungsregelungen beim Zusammentreffen von Renten der Rentenversicherung und Arbeitsentgelt bzw. anderen Lohnersatzleistungen. Neben der bereits bei der Berechnung der Hinterbliebenenrenten dargestellten Regelung zur Einkommensanrechnung auf Renten wegen Todes kommt vor allem der Regelung über das Zusammentreffen von Renten der Rentenversicherung und Leistungen aus der Unfallversicherung noch größere praktische Bedeutung zu.

484 Ziel dieser Regelung ist es, angesichts der grundsätzlichen Lohnersatzfunktion beider Leistungen beim Zusammentreffen von Renten aus der Rentenversicherung und Leistungen aus der Unfallversicherung Überversorgungen zu vermeiden. Deshalb wird die Rente aus der gesetzlichen Rentenversicherung gekürzt, wenn beide Leistungen einen bestimmten

Grenzbetrag übersteigen. Dieser Grenzbetrag von 70 Prozent des Jahresarbeitsverdienstes der gesetzlichen Unfallversicherung ist so bemessen, dass er in typischen Fällen dem Nettoeinkommen eines vergleichbaren Versicherten ohne Arbeitsunfall entspricht. Er ist mit dem jeweiligen Rentenartfaktor zu vervielfältigen, so dass er z. B. beim Zusammentreffen von zwei großen Witwenrenten aus der Rentenversicherung und der Unfallversicherung 55 Prozent bzw. 60 Prozent (vgl. Rdnr. 235) des oben genannten Betrages entspricht. Mindestgrenzbetrag ist der Betrag der Rente aus der gesetzlichen Rentenversicherung.

485 Als Ersatz für den erlittenen immateriellen Schaden und den unfallbedingten Mehraufwand des Verletzten sind zudem Freibeträge bei der Unfallrente vorgesehen, die entsprechend dem Grad der Minderung der Erwerbsfähigkeit gestaffelt sind und sich in der Höhe an den Grundrentenbeträgen des Bundesversorgungsgesetzes orientieren. Sie reichen nach den am 1. Januar 2011 geltenden Beträgen je nach dem Grad der Schädigung (GdS) von 41 Euro in den alten Bundesländern und 36,33 Euro in den neuen Bundesländern bis zu 646 Euro in den alten Bundesländern und 573 Euro in den neuen Bundesländern bei einem Grad der Schädigung von 100 Prozent. Bei Schwerbeschädigten (GdS mindestens 50 Prozent) erhöht sich dieser Freibetrag ab Vollendung des 65. Lebensjahres nochmals um einen Alterserhöhungsbetrag zwischen 25 Euro und 38 Euro in den alten Bundesländern und 22 Euro und 34 Euro in den neuen Bundesländern. Außerdem gelten bei Knappschaftsrenten weitere Freibeträge (Leistungszuschlag, 15 Prozent-Pauschale, Silikose-Freibetrag).

486 Vor Inkrafttreten des Rentenreformgesetzes 1992 betrugen die Grenzbeträge beim Zusammentreffen von Versichertenrente aus der Rentenversicherung und Verletztenrente aus der Unfallversicherung 80 Prozent des Jahresarbeitsverdienstes in der Unfallversicherung und sogar 95 Prozent des Jahresarbeitsverdienstes bei Bezug einer Versichertenrente aus der knappschaftlichen Rentenversicherung. Für bereits vor 1992 zugegangene Renten gelten die höheren Grenzbeträge weiterhin, allerdings ohne die 1992 eingeführte Freibetragsregelung.

Beginn, Ende und Zahlung der Renten

487 Für Beginn und Ende von Renten gilt grundsätzlich das Monatsprinzip, d. h. Renten werden regelmäßig nicht für Teile eines Kalendermonats gezahlt. Eine Ausnahme gilt lediglich für Hinterbliebenenrenten, wenn an den Versicherten eine Rente im Sterbemonat nicht zu leisten war. Diese wird vom Todestag an geleistet.

488 Eine Rente aus eigener Versicherung oder eine Hinterbliebenenrente wird von dem Kalendermonat an geleistet, zu dessen Beginn die Anspruchsvoraussetzungen erfüllt sind. Liegt also z. B. der Geburtstag am 1. eines Kalendermonats, wird bei Erreichen der Altersgrenze die Rente bereits von diesem Monat an geleistet. Voraussetzung hierfür ist bei Renten aus eigener Versicherung, dass sie innerhalb von drei Monaten beantragt werden; bei verspäteter Antragstellung werden sie erst vom Antragsmonat an geleistet. Demgegenüber können Hinterbliebenenrenten auch rückwirkend bis zu zwölf Kalendermonate vor dem Antragsmonat geleistet werden. Eine Hinterbliebenenrente an frühere Ehegatten wird immer erst vom Antragsmonat an gezahlt.

489 Nach dem Zweiten Buch Sozialgesetzbuch sind Bezieher von Arbeitslosengeld II nach Vollendung ihres 63. Lebensjahres grundsätzlich zur Inanspruchnahme einer vorgezogene Altersrente verpflichtet, sofern sie die dafür erforderlichen rentenversicherungsrechtlichen Voraussetzungen erfüllen. Denn Leistungen der Grundsicherung für Arbeitsuchende erhalten nur Personen, die hilfebedürftig sind. Hilfebedürftig ist, wer seinen Lebensunterhalt nicht aus eigenen Kräften und Mitteln, vor allem nicht aus dem zur Verfügung stehenden Einkommen und Vermögen oder anderen Sozialleistungen sichern kann. Daher sind Leistungen zur Sicherung des Lebensunterhalts nicht zu gewähren, soweit die Hilfebedürftigkeit anderweitig beseitigt werden kann. Insofern gilt insbesondere der im Zweiten Buch Sozialgesetzbuch verankerte Nachranggrundsatz, wonach Hilfebedürftige vor den Leistungen der Grundsicherung für Arbeitsuchende andere vorrangige Leistungen in Anspruch zu nehmen haben. Die Träger der Grundsicherung für Arbeitsuchende haben nach derzeitiger Rechtslage zu prüfen, ob sie einen Bezieher von Arbeitslosengeld II, der das 63. Lebensjahr vollendet hat, im konkreten Einzelfall zur entsprechenden Rentenantragstellung auffordern. Kommt der Bezieher von Arbeitslosengeld II dieser Aufforderung nicht nach, kann der Träger der Grundsicherung für Arbeitsuchende für den Hilfebedürftigen den entsprechenden Rentenantrag stellen

490 Befristete Renten wegen verminderter Erwerbsfähigkeit (Zeitrenten) werden aus Gründen einer sachgerechten Risikoverteilung zwischen Kranken- und Rentenversicherung nicht vor Beginn des 7. Kalendermonats nach Eintritt des Versicherungsfalls geleistet. Eine Befristung von Renten erfolgt immer zum Ende des Kalendermonats, in dem voraussichtlich der Anspruch entfällt. Unbefristete Renten werden bis zum Ende des Kalendermonats geleistet, in dem der Berechtigte gestorben ist.

491 Wenn sich die Höhe einer Rente aufgrund des Zusammentreffens mit Einkommen ändert, ist die Rente tagegenau in geänderter Höhe zu leisten. Dadurch werden Versorgungslücken beim Wegfall von Einkommen und Überversorgung beim Hinzutritt von Einkommen innerhalb eines Monats verhindert.

492 Die Renten werden generell aufgrund eines Zahlungsauftrags des Versicherungsträgers vom Rentenservice der Deutschen Post AG durch Überweisung auf ein Konto des Versicherten monatlich ausgezahlt. Eine Zustellung der Rente, z. B. durch Briefträger, ist aber auch weiterhin möglich, wenn der Berechtigte wegen hohen Alters oder Gebrechlichkeit dies beantragt. Auch die jährlichen Anpassungen werden im Übrigen regelmäßig von der Deutschen Post AG durchgeführt, so weit sich nicht im Einzelfall Besonderheiten ergeben.

493 Die bis einschließlich März 2004 zugegangenen Renten werden im Voraus ausgezahlt, und zwar am letzten banküblichen Arbeitstag des Vormonats. Um im Jahr 2004 den Beitragssatz von 19,5 Prozent beibehalten zu können, wurde mit dem Dritten Gesetz zur Änderung des Sechsten Buches und anderer Gesetze die Auszahlung der Renten für die ab dem 1. April 2004 zugehenden Renten auf das Monatsende verlegt. Für alle Renten, die vor dem 1. April 2004 begonnen haben, verbleibt es allerdings wie bisher bei der Zahlung der Renten im Voraus, weil sich in diesen Fällen die Rentner auf die regelmäßige Auszahlung der Renten im Voraus eingestellt haben. Den Rentnerinnen und Rentnern, deren Renten erst ab dem 1. April 2004 beginnen, fließen in aller Regel noch zum Ende des Monats ihrer Erwerbstätigkeit Arbeitsentgelt bzw. Arbeitseinkommen zu, wenn sie unmittelbar aus einer Erwerbstätigkeit in den Ruhestand treten. In den Fällen, in denen unmittelbar vor Beginn der Rente der Lebensunterhalt durch andere Einkunftsquellen gedeckt wurde, dienen diese Einkunftsquellen bis zu dem nun maßgebenden Auszahlungstermin weiterhin als Grundlage für den Lebensunterhalt. Mit dem neuen Rentenauszahlverfahren gilt nun für die Renten, die nach dem 31. März 2004 begonnen haben oder beginnen, der gleiche Auszahlungszeitpunkt wie bei der Auszahlung von anderen Lohnersatzleistungen, z. B. dem Arbeitslosengeld.

494 Ein neuer Rentenbeginn kann nicht dadurch herbeigeführt werden, dass bei Bezug einer Altersrente (z. B. eine Altersrente nach Arbeitslosigkeit oder nach Altersteilzeitarbeit ab vollendetem 60. Lebensjahr) eine neue Altersrente (z. B. eine Altersrente an langjährig Versicherte ab vollendetem 63. Lebensjahr) beansprucht werden kann. Nach rechtlich verbindlicher Bewilligung einer Altersrente ist der Wechsel in eine Rente wegen verminderter Erwerbsfähigkeit oder in eine andere Altersrentenart ausgeschlossen.

Fremdrentenrecht

495 Die rentenrechtlichen Ansprüche der Flüchtlinge, Vertriebenen, Aussiedler sowie derjenigen, die noch bis zum Abschluss des Vertrages über die Schaffung einer Währungs-, Wirtschafts- und Sozialunion vom 18. Mai 1990 aus der DDR in das alte Bundesgebiet übergesiedelt sind und zum Zeitpunkt der Überleitung des Rentenrechts auf die neuen Bundesländer im Jahr 1992 bereits den rentennahen Jahrgängen angehört haben (vor 1937 geboren sind), ergeben sich aus dem Fremdrentengesetz (vgl. auch Rdnr. 812). Das Fremdrentenrecht ging ursprünglich vom Entschädigungsprinzip aus, d. h. die Rentenversicherung trat danach für den Verlust der im Herkunftsgebiet erworbenen Versorgungsanwartschaften grundsätzlich nur in dem Umfang und der Höhe der Leistungen ein, wie Ansprüche in der früheren Heimat erworben waren. 1959 wurde das Entschädigungsprinzip vom Eingliederungsprinzip abgelöst. Danach werden Zuwanderer so in das bundesdeutsche Rentenversicherungssystem einbezogen, als ob sie ihr bisheriges Berufsleben statt im Herkunftsland in der Bundesrepublik Deutschland zurückgelegt hätten.

496 Nach den zum Fremdrentenrecht im Vertrag vom 18. Mai 1990 über die Schaffung einer Währungs-, Wirtschafts- und Sozialunion getroffenen Vereinbarungen findet für Übersiedler aus der DDR, die nach dem 18. Mai 1990 – dem Tag der Unterzeichnung des Vertrages – ihren gewöhnlichen Aufenthalt im Gebiet der ehemaligen DDR aufgegeben und im früheren Bundesgebiet genommen haben, das Fremdrentengesetz keine Anwendung mehr. Gleiches gilt generell auch für alle rentenrechtlichen Zeiten, die nach diesem Stichtag bis zum Beitritt der DDR zur Bundesrepublik Deutschland am 3. Oktober 1990 im Gebiet der ehemaligen DDR zurückgelegt worden sind. An die Stelle der Zahlung einer nach dem Fremdrentenrecht ermittelten Rente für die im Gebiet der ehemaligen DDR zurückgelegten Zeiten tritt die nach Maßgabe der für die neuen Bundesländer geltenden besonderen Übergangsregelungen (vgl. Rdnr. 796 ff.) berechnete Rente. Für den Ausschluss des Fremdrentenrechts war maßgebend, dass seit der Sozialunion das Nettorentenniveau in den neuen Bundesländern mit dem Nettorentenniveau in den alten Bundesländern vergleichbar ist (siehe hierzu Rdnr. 862).

497 Fremdrentner sind nunmehr insbesondere die vertriebenen Arbeiter und Angestellten aus den Vertreibungsgebieten sowie die Deutschen, die aus dem Ausland zurückgekehrt sind und aus kriegsbedingten Gründen den zuständigen Versicherungsträger im Ausland nicht in Anspruch nehmen können. Auch die aus Osteuropa zuwandernden volksdeutschen Aussiedler werden generell Vertriebenen gleich gestellt und erwerben daher Ansprüche nach dem Fremdrentengesetz.

498 Anrechenbar sind nach dem Fremdrentengesetz alle Beitragszeiten, die ein Fremdrentner im Zusammenhang mit der Vertreibung bei einem ausländischen Träger der gesetzlichen Rentenversicherung zurückgelegt haben, oder – unter bestimmten Voraussetzungen – auch Beschäftigungszeiten, in denen Fremdrentner vor der Vertreibung in ausländischen Vertreibungsgebieten nach dem 17. Lebensjahr ohne Beitragsleistung zu einer Rentenversicherung beschäftigt waren. Anrechenbar sind außerdem im Herkunftsland zurückgelegte Ersatzzeiten, Anrechnungszeiten und ggf. Kindererziehungszeiten.

499 Da die Fremdrentner keine beitragspflichtigen Inlandsentgelte haben, werden ihren Beitrags- und Beschäftigungszeiten Tabellenwerte zugeordnet, die dem entsprechen, was vergleichbare Versicherte in der Bundesrepublik durchschnittlich verdienen. Die Tabellenwerte unterscheiden zwischen 5 Qualifikationsgruppen (Hochschulabsolvent, Fachschulabsolvent, Meister, Facharbeiter sowie angelernte und ungelernte Tätigkeiten) und 23 verschiedenen Wirtschaftsbereichen, um zu einer möglichst realitätsbezogenen Einkommensfeststellung zu gelangen. Grundsätzlich werden Beitrags- und Beschäftigungszeiten nach dem Fremdrentengesetz in vollem zeitlichen Umfang angerechnet. Ihr Wert wird auf fünf Sechstel gekürzt, wenn sie nicht nachgewiesen, jedoch – z. B. durch eidesstattliche Versicherung – glaubhaft gemacht sind.

500 Da sich auch in den anderen Herkunftsgebieten des Fremdrentenrechts tief greifende politische Veränderungen vollzogen haben, war es erforderlich, die Regelungen des Fremdrentengesetzes auch für Aussiedler diesen veränderten Gegebenheiten anzupassen. Für Aussiedler, die aufgrund ihrer besonderen Probleme zu uns kommen, verbleibt es zwar grundsätzlich beim Integrationsprinzip des Fremdrentengesetzes, d. h. die im Herkunftsgebiet ausgeübte Beschäftigung wird in das Einkommensgefüge der Bundesrepublik eingeordnet. Mit der Überleitung des Fremdrentenrechts auf die neuen Bundesländer wurde das Fremdrentenrecht aber insoweit fortentwickelt, dass es am jeweiligen Aufenthaltsort – sei es in den alten oder neuen Bundesländern – einen angemessenen Lebensstandard sichert.

501 Aussiedler, die Aufnahme in den neuen Bundesländern gefunden haben, sowie Aussiedler, die nach dem 31. Dezember 1990 in die alten Bundesländer gekommen sind und erstmalig nach dem 1. August 1991 rentenberechtigt geworden sind, erhalten Leistungen nach dem Fremdrentengesetz, die dem Einkommensniveau strukturschwacher Gebiete der Bundesrepublik entsprechen. Dies war insbesondere gegenüber den Versicherten in den alten und neuen Bundesländern geboten, die in strukturschwachen Gebieten leben. Auch sie erhalten Renten entsprechend den niedrigen Löhnen und Gehältern, die sie im Verlauf ihres Erwerbslebens hier erzielen. Renten für Aussiedler auf der Grundlage höherer Löhne und Gehälter wären ihnen gegenüber nicht vertretbar.

502 Die mit dem Renten-Überleitungsgesetz getroffene Neuregelung des Fremdrentenrechts hat sich für diejenigen, deren Rente bis zum 30. September 1996 begonnen hat, wie folgt ausgewirkt:

– Bei Zuzug vor dem 1. Januar 1991 aus einem Herkunftsgebiet des Fremdrentengesetzes in die alten Bundesländer oder erstmaligem Rentenbeginn vor dem 1. August 1991 werden Leistungen nach dem Fremdrentengesetz für Zeiten im Herkunftsgebiet in voller Höhe gewährt.

– Bei Zuzug nach dem 31. Dezember 1990 aus einem Herkunftsgebiet des Fremdrentengesetzes in die alten Bundesländer und erstmaligem Rentenbeginn ab dem 1. August 1991 werden Leistungen nach dem Fremdrentengesetz für Zeiten im Herkunftsgebiet auf einem Niveau gewährt, das dem Lohnniveau strukturschwacher Gebiete in den alten Bundesländern entspricht (70 Prozent der bisherigen Leistung).

503 Nach den mit dem Wachstums- und Beschäftigungsförderungsgesetz getroffenen Neuregelungen sind bei den ab dem 1. Oktober 1996 neu zugegangenen oder neu zugehenden Renten anstelle von bisher 70 Prozent bzw. 100 Prozent nur noch 60 Prozent der jeweils maßgeblichen Tabellenwerte zu berücksichtigen. Das Fremdrentenrecht sieht zwei Vertrauensschutzregelungen vor, nach denen der 40-prozentige Abschlag nicht zur Anwendung gelangt. Wie schon der bisherige Abschlag in Höhe von 30 Prozent findet auch der neue Abschlag von 40 Prozent keine Anwendung auf Zeiten, die nach dem deutsch-polnischen Rentenabkommen vom 9. Oktober 1975 festzustellen sind. Ferner gilt das bisherige Fremdrentenrecht für alle Berechtigten weiter, die vor dem Tag des Kabinettsbeschlusses zu den Neuregelungen des Fremdrentenrechts, dem 7. Mai 1996, in die Bundesrepublik zugezogen sind und deren Rente spätestens mit Ablauf des Verkündungsmonats des Wachstums- und Beschäftigungsförderungsgesetzes (September 1996) begonnen hat.

504 Das Bundesverfassungsgericht hat mit Beschluss vom 13. Juni 2006 entschieden, dass die durch das Wachstums- und Beschäftigungsförderungsgesetz (WFG) eingeführte Regelung, wonach nach dem Fremdrentengesetz erworbene Entgeltpunkte bei einem Rentenbeginn nach dem 30. September 1996 um 40 Prozent zu mindern sind, mit dem Grundgesetz vereinbar ist. Es hat jedoch das Fehlen einer Übergangsregelung für rentennahe Jahrgänge beanstandet, die ihren gewöhnlichen Aufenthalt in der Bundesrepublik Deutschland vor dem 1. Januar 1991 genommen haben und deshalb nach der bis zur Verkündung des WFG geltenden Rechtslage eine ungeschmälerte Rente aus Zeiten nach dem Fremdrentengesetz beanspruchen konnten. Für den genannten Personenkreis hätte der Gesetzgeber nach Auffassung des Bundesverfassungsgerichts eine Übergangszeit vorsehen müssen, die so hätte bemessen sein müssen, dass die Betroffenen in der Lage gewesen wären, ihre Lebensführung darauf einzustellen, dass der Kürzungsfaktor von 0,6 auf ihre Renten angewendet wird und ihnen daher auf Dauer deutlich niedrigere Renten zu Verfügung stehen

505 Unter Berücksichtigung der Vorgaben des Bundesverfassungsgerichts ist mit dem Gesetz zur Anpassung der Regelaltersgrenze an die demografische Entwicklung und zur Stärkung der Finanzgrundlagen der gesetzlichen Rentenversicherung eine Übergangsregelung geschaffen worden, nach der den Berechtigten, die ihren gewöhnlichen Aufenthalt in der Bundesrepublik Deutschland vor dem 1. Januar 1991 genommen haben, ein einmaliger Ausgleichsbetrag zur Kompensation der damals fehlenden Übergangsregelung nachgezahlt wird. Aus Gründen der Verwaltungsvereinfachung wird dieser Ausgleichsbetrag in Form eines Zuschlags an persönlichen Entgeltpunkten ermittelt. Hierfür wird einmalig zum Rentenbeginn eine Vergleichsberechnung ohne die Anwendung des Kürzungsfaktors 0,6 durchgeführt. Die sich aus dieser Vergleichsberechnung ergebenden persönlichen Entgeltpunkte sind mit den persönlichen Entgeltpunkten der mit dem Kürzungsfaktor 0,6 errechneten Rente zu vergleichen. Die Differenz ergibt den Zuschlag an persönlichen Entgeltpunkten. Dieser Zuschlag wird monatlich für die Zeit des Rentenbezuges vom 1. Oktober 1996 bis 30. Juni 1997 voll, vom 1. Juli 1997 bis 30. Juni 1998 zu drei Vierteln, vom 1. Juli 1998 bis 30. Juni 1999 zur Hälfte und vom 1. Juli 1999 bis 30. Juni 2000 zu einem Viertel gezahlt. Für die Zeit des Rentenbezuges ab 1. Juli 2000 wird der Zuschlag nicht mehr gezahlt. Die Übergangsregelung gilt für die Berechtigten, bei denen über die Rente am 30. Juni 2006 noch nicht rechtskräftig entschieden worden ist sowie die Berechtigten, die bis zum 31. Dezember 2004 einen Antrag auf Überprüfung ihrer Rente gestellt haben.

506 Darüber hinaus wurde mit dem Wachstums- und Beschäftigungsförderungsgesetz die weitere Einschränkung eingeführt, dass für diejenigen Aussiedler, die nach dem 6. Mai 1996 ihren gewöhnlichen Aufenthalt im Gebiet der Bundesrepublik Deutschland genommen haben, der Zahlbetrag aus den nach dem Fremdrentengesetz angerechneten rentenrechtlichen Zeiten auf das Niveau der Eingliederungshilfe begrenzt wird. Dies wird dadurch erreicht, dass die Summe der nach dem Fremdrentengesetz zu berücksichtigenden Entgeltpunkte für ledige Rentner auf 25 Entgeltpunkte (ab dem 1. Juli 2011 entspricht dies einem Betrag von 686,75 Euro – bis zum 30. Juni 2011: 680 Euro) und für Rentnerehepaare auf 40 Entgeltpunkte (ab dem 1. Juli 2011 entspricht dies einem Betrag von 1.098,80 Euro – bis zum 30. Juni 2011: 1.088 Euro) begrenzt wird. Mit dieser Neuregelung wird nach der Minderung der im Rahmen der „Eingliederung" ermittelten Werte durch einen pauschalen Abschlag von 40 Prozent eine weitere Minderung vorgenommen, die den Berechtigten praktisch nur noch die Existenz sichert. Die Neuregelung macht die Höhe der zustehenden Leistung nach dem Fremdrentenrecht erstmals vom Familienstand abhängig und unterscheidet zwischen Berechtigten, die allein leben, und Ehegatten sowie Berechtigten, die in einer eheähnlichen Gemeinschaft leben. Alle Berechtigten, die vor dem 7. Mai 1996 ihren gewöhnlichen Aufenthalt in der Bundesrepublik begründet hatten, bleiben von dieser weiteren Begrenzungsregelung verschont. Diese Berechtigten erhalten den Anteil ihrer Rente, der auf dem Fremdrentenrecht beruht, ohne Begrenzung auf den aus 25 bzw. 40 Entgeltpunkten abgeleiteten Wert.

Auslandsrentenrecht

507 Im Jahr 2009 wurden rd. 1,6 Mio. der insgesamt rd. 24,9 Mio. Renten von den Rentenversicherungsträgern ins Ausland gezahlt. Die ins Ausland zu zahlenden Renten unterliegen den Beschränkungen des Auslandsrentenrechts, so weit über- und zwischenstaatliches Recht nicht etwas anderes vorsieht. Etwas anderes kann sich insbesondere aufgrund entsprechender Verordnungen der Europäischen Gemeinschaft (EG) und des Europäischen Wirtschaftsraums (EWR) sowie bilateraler Sozialversicherungsabkommen ergeben (z. B. mit USA, Kanada, Israel, Marokko, Tunesien). In den Verordnungen und bilateralen Abkommen ist grundsätzlich eine Personen- und Gebietsgleichstellung vorgesehen.

508 Im Übrigen gilt: Bei vorübergehendem Aufenthalt außerhalb des Bundesgebiets wird die Rente in vollem Umfang gezahlt. Eine spezielle gesetzliche Definition des „nur" vorübergehenden Aufenthalts im Ausland gibt es in den auslandrechtlichen Vorschriften des Sechsten Buches Sozialgesetzbuch nicht. Daher haben Versicherte und Leistungsberechtigte der gesetzlichen Rentenversicherung nach allgemeiner Rechtsauffassung einen vorübergehenden Aufenthalt an dem Ort, an dem sie nicht ihren gewöhnlichen Aufenthalt haben. Der Ort des gewöhnlichen Aufenthalts ist nach der allgemeinen Begriffsbestimmung für den gewöhnlichen Aufenthalt im Ersten Buch Sozialgesetzbuch (SGB I) zu ermitteln. Die Begriffsbestimmung lautet: „Den gewöhnlichen Aufenthalt hat jemand dort, wo er sich unter Umständen aufhält, die erkennen lassen, dass er an diesem Ort oder in diesem Gebiet nicht nur vorübergehend verweilt." Nach den bis zum 31. Dezember 1991 geltenden auslandsrentenrechtlichen Bestimmungen galt ein Aufenthalt von bis zu einem Jahr als vorübergehender Aufenthalt. Diese spezielle „Jahresfristregelung" wurde jedoch nicht mehr in die seit 1992 geltenden auslandsrentenrechtlichen Regelungen des Sechsten Buches Sozialgesetzbuch aufgenommen. Ist ein gewöhnlicher Aufenthalt im Ausland gegeben, dann wird bei den ins Ausland zu zahlenden Renten zwischen Deutschen und Ausländern unterschieden.

509 Deutsche erhalten die Rente aus den im gesamten heutigen Bundesgebiet zurückgelegten Beitragszeiten (Bundesgebiets-Beitragszeiten) in vollem Umfang gezahlt. Zu den Bundesgebiets-Beitragszeiten gehören auch die Zeiten, für die vor dem 9. Mai 1945 nach den Reichsversicherungsgesetzen Pflichtbeiträge für eine Beschäftigung oder selbständige Tätigkeit im heutigen Bundesgebiet gezahlt wurden. Deutschen wird darüber hinaus grundsätzlich auch die Rente ins Ausland gezahlt, die aus den für beitragsfreie Zeiten ermittelten Entgeltpunkten berechnet worden ist.

510 Auf dem Fremdrentenrecht beruhende Zeiten und im jeweiligen Geltungsbereich der Reichsversicherungsgesetze außerhalb des heutigen Bundesgebiets zurückgelegte Beitragszeiten (Reichsgebiets-Beitragszeiten) finden bei der Berechnung der ins Ausland zu zahlenden Rente grundsätzlich keine Berücksichtigung. Diese Zeiten gelten als Lücken und finden daher auch keine Berücksichtigung bei der Bewertung der beitragsfreien Zeiten für die ins Ausland zu zahlende Rente. Lediglich für berechtigte Deutsche, die bis zum 18. Mai 1990 ihren gewöhnlichen Aufenthalt bereits ins Ausland verlegt und bis zu diesem Zeitpunkt das 40. Lebensjahr vollendet haben, gelten besondere auslandsrentenrechtliche Vorschriften, wonach bei der Berechnung der ins Ausland zu zahlende Rente auch Beitragszeiten nach dem Fremdrentengesetz und Reichsgebiets-Beitragszeiten außerhalb des heutigen Bundesgebiets Berücksichtigung finden. Bei der Berechnung der ins Ausland zu zahlende Rente werden aus diesen Zeiten aber nur so viele Entgeltpunkte berücksichtigt, wie Entgeltpunkte für Bundesgebiets-Beitragszeiten ermittelt worden sind.

511 Die an Ausländer ins Ausland gezahlte Rente wird nur aus Bundesgebiets-Beitragszeiten ermittelt und nur in Höhe von 70 Prozent ausgezahlt. Diese Beschränkungen gelten jedoch nicht für die Staatsangehörige der Mitgliedstaaten der Europäischen Gemeinschaft (EG) und des Europäischen Wirtschaftsraums (EWR).

512 Nach den Bestimmungen der EG-Verordnung 1408/71 fanden die Einschränkungen im Auslandsrentenrecht bezüglich der Berücksichtigung der auf dem Fremdrentenrecht beruhenden Versicherungszeiten und der im jeweiligen Geltungsbereich der Reichsversicherungsgesetze außerhalb des heutigen Bundesgebiets zurückgelegten Beitragszeiten (Reichsgebiets-Beitragszeiten) ebenfalls bei der Berechnung einer in ein Mitgliedstaat der EG zu zahlenden Rente Anwendung, und zwar sowohl für Rentnerinnen und Rentner mit deutscher Staatsangehörigkeit als auch für Rentnerinnen und Rentner mit der Staatsangehörigkeit eines Mitgliedstaates der EG. Der Europäische Gerichtshof hat in einer Entscheidung vom 18. Dezember 2007 (zu den verbundenen Rechtssachen C-396/05, C-419/05 und C-450/05) diese in der EG-Verordnung 1408/71 enthaltene Einschränkung für Rentnerinnen und Rentner mit einem gewöhnlichen Aufenthalt in einem Mitgliedstaates der EG als mit dem Freizügigkeitsgrundsatz unvereinbar und damit für europarechtswidrig erklärt. Da die Entscheidung des Europäischen Gerichtshofes für die Bundesrepublik Deutschland verbindlich ist, finden die einschränkenden Regelungen für die Berücksichtigung von Versicherungszeiten nach dem Fremdrentenrecht und von Reichsgebiets-Beitragszeiten bei einer ins EG-Ausland zu zahlenden Rente nun keine Anwendung mehr.

Leistungen für Kindererziehung

513 Es sind überwiegend Frauen, die wegen der Erziehung von Kleinkindern häufig nicht erwerbstätig sein und damit in dieser Zeit eigene Rentenansprüche nicht aufbauen können. Um einen Ausgleich für diesen Nachteil zu schaffen, ist durch das Hinterbliebenenrenten- und Erziehungszeiten-Gesetz ab 1986 erstmals die Anrechnung eines Versicherungsjahres für die Erziehung eines Kindes in der Rentenversicherung verwirklicht worden. Dies war ein entscheidender sozialpolitischer Durchbruch zur Gleichbewertung von Erziehungsarbeit in der Familie und außerhäuslicher Erwerbstätigkeit in der Rentenversicherung. Denn das Kindererziehungsjahr brachte erstmals eine rentenrechtliche Anrechnung der Tätigkeit der Frau in der Familie und bei der Kindererziehung unabhängig von der sozialen Sicherung des Ehemannes und unabhängig davon, ob die Frau erwerbstätig war und Beiträge gezahlt hat.

514 Auch das Rentenreformgesetz 1992 hat eine Vielzahl wichtiger familienpolitischer Verbesserungen gebracht. Hierzu gehört insbesondere die Anrechnung von zwei weiteren Kindererziehungsjahren für Geburten ab 1992. Damit werden Mütter – ggf. auch Väter – für die Zeiten der Kindererziehung gesetzlich rentenversichert, in denen eine Betreuung des Kindes in vorschulischen Einrichtungen im Allgemeinen noch nicht in Betracht kommt. Die Begünstigung der Geburten ab 1992 macht deutlich, dass es sich hierbei um eine in die Zukunft gerichtete Maßnahme handelt, durch die die Entscheidungsmöglichkeiten für die Familie und die Kindererziehung verstärkt werden sollen.

515 Kindererziehungszeiten werden regelmäßig zunächst der Mutter zugeordnet. Bei gemeinsamer Erziehung kann dies aber durch eine übereinstimmende Erklärung der Eltern auch zu Gunsten des Vaters geschehen. Seit 1992 können sich die Eltern die Kindererziehungszeiten auch in der Form teilen, dass z. B. die ersten Monate der Mutter und die anschließenden Monate dem Vater zugeordnet werden. Die übereinstimmende Erklärung ist mit Wirkung für die Zukunft abzugeben. Die Zuordnung kann rückwirkend für bis zu zwei Kalendermonate vor Abgabe der Erklärung erfolgen, so weit eine Leistung unter Berücksichtigung dieser Zeiten noch nicht bindend festgestellt worden ist. Waren an der Erziehung nicht nur die leiblichen Eltern bzw. Großeltern beteiligt, ist die Kindererziehungszeit ggf. den Adoptiv-, Stief- oder Pflegeeltern zuzuordnen, wenn diese das Kind in den ersten drei Lebensjahren überwiegend erzogen haben.

516 Die Erziehung muss grundsätzlich im Inland erfolgt sein. Dem steht es gleich, wenn der erziehende Elternteil sich mit seinem Kind gewöhnlich im Ausland aufgehalten hat und er bzw. sein Ehegatte während der Erziehung oder unmittelbar vor der Geburt des Kindes wegen einer dort ausgeübten Beschäftigung oder selbständigen Tätigkeit Pflichtbeitragszeiten zur deutschen Rentenversicherung geleistet hat.

517 Von der Anrechnung von Kindererziehungszeiten sind Personen ausgeschlossen, die anderweitig gesichert sind, also insbesondere Beamte und Angehörige einer berufsständischen Versorgungseinrichtung. Das Bundessozialgericht hat jedoch in einem Urteil vom 31. Januar 2008 in verfassungskonformer Auslegung der einschlägigen gesetzlichen Bestimmungen entschieden, dass auch wegen ihrer berufsständischen

Versorgung von der Versicherungspflicht Befreite Anspruch auf Anrechnung von Kindererziehungszeiten in der gesetzlichen Rentenversicherung haben, wenn diese Zeiten in der berufsständischen Versorgung nicht annähernd gleichwertig berücksichtigt werden. Da die Satzungen der Versorgungswerke keine Leistungen für Kindererziehung vorsehen, die den Leistungen der gesetzlichen Rentenversicherung entsprechen, führt diese Rechtsprechung im Ergebnis dazu, dass nun auch für diese Personen regelmäßig Kindererziehungszeiten in der gesetzlichen Rentenversicherung anzurechnen sind. Diese durch das Bundessozialgericht vorgenommene Auslegung zur Anrechnung von Kindererziehungszeiten für Angehörige von berufsständischen Versorgungseinrichtungen hat der Gesetzgeber im Jahr 2009 zum Anlass genommen, eine entsprechende Ergänzung in den gesetzlichen Bestimmungen vorzunehmen. Für Beamte ist für Geburten ab 1992 eine eigenständige Regelung im Beamtenversorgungsgesetz geschaffen worden. Ausgeschlossen von der Anrechnung von Kindererziehungszeiten in der gesetzlichen Rentenversicherung sind schließlich auch die Angehörigen der Geburtsjahrgänge vor 1921, also die Geburtsjahrgänge, die zum Zeitpunkt des Inkrafttretens des Hinterbliebenenrenten- und Erziehungszeiten- Gesetzes am 1. Januar 1986 bereits das 65. Lebensjahr vollendet hatten.

518 Die Kindererziehungszeit beginnt nach Ablauf des Monats der Geburt und endet für Geburten vor 1992 nach 12, für Geburten ab 1992 nach 36 Kalendermonaten. Wird während dieses Zeitraums ein weiteres Kind erzogen, verlängert sich die Kindererziehungszeit entsprechend.

519 Kindererziehungszeiten wirken rentenbegründend und werden als solche auch auf die Wartezeit angerechnet. Bis zum 31. Mai 1999 waren Kindererziehungszeiten rentenrechtlich den Pflichtbeitragszeiten gleich gestellt, obwohl während der Kindererziehungszeit dem Entgeltpunktwert entsprechende aktuelle Beiträge nicht gezahlt wurden. Stattdessen war im Regelbundeszuschuss ein pauschaler Betrag enthalten, mit dem der Rentenversicherung die Aufwendungen aus den anerkannten Kindererziehungszeiten erstattet wurden. Seit dem 1. Juni 1999 zahlt der Bund aktuelle Beiträge für die Kindererziehung. Damit sind Kindererziehungszeiten seit dieser Zeit qualitativ echte Pflichtbeitragszeiten.

520 Bis zum 30. Juni 1998 wurden Kindererziehungszeiten rentensteigernd so bewertet, als seien Beiträge auf der Basis von 75 Prozent des Durchschnittsverdienstes aller Versicherten gezahlt worden, also mit 0,75 Entgeltpunkten im Jahr. Mit dem Rentenreformgesetz 1999 wurde die rentensteigernde Wirkung der Kindererziehungszeit erheblich verbessert. Mit Wirkung vom 1. Juli 1998 erhöhte sich die rentensteigernde Wirkung auf 0,85 Entgeltpunkte im Jahr, was einem Beitragswert von 85 Prozent des Durchschnittsverdienstes entspricht, und mit Wirkung vom 1. Juli 1999 wurde ein Kindererziehungsjahr mit 0,9 Entgeltpunkten bewertet, was einem Beitragswert von 90 Prozent des Durchschnittsverdienstes entspricht. Seit dem 1. Juli 2000 ist der Entgeltpunktwert für ein Kindererziehungsjahr auf 1,0 angehoben worden, was einem Beitragswert von 100 Prozent des Durchschnittsverdienstes entspricht.

521 Nach den bis zum 30. Juni 1998 geltenden Bestimmungen über die Bewertung der Kindererziehungszeit erhielten diejenigen, die während der Kindererziehungszeit erwerbstätig waren und weniger als 75 Prozent des Durchschnittsverdienstes verdient hatten, den Entgeltpunktwert für die Beitragszeit entsprechend aufgestockt. Dies galt auch bei freiwilliger Beitragszahlung während der Kindererziehungszeit. In seinem Urteil vom 12. März 1996 hat das Bundesverfassungsgericht diese Aufstockungsregelung bei Ausübung einer versicherungspflichtigen Beschäftigung oder Tätigkeit während der Kindererziehungszeit, die letztlich dazu führte, dass Kindererziehungszeiten keine rentensteigernde Wirkung hatten, wenn aufgrund einer gleichzeitig ausgeübten Erwerbstätigkeit ein Entgelt in Höhe von 75 Prozent des Durchschnittsverdienstes oder ein höheres Entgelt versichert wurde, für verfassungswidrig erklärt. Dem Gesetzgeber wurde zur Schaffung einer verfassungskonformen Regelung eine Frist bis zum 30. Juni 1998 gesetzt.

522 Mit dem Rentenreformgesetz 1999 wurde deshalb mit Wirkung vom 1. Juli 1998 die so genannte „additive" Berücksichtigung der Kindererziehungszeit eingeführt. Seit dem 1. Juli 1998 werden – sowohl für die Rentenzugänge ab Juli 1998 als auch bei den bis Juni 1998 bereits zugegangenen Renten – Kindererziehungszeiten zusätzlich zu bereits vorhandenen zeitgleichen Beitragszeiten angerechnet, und zwar bis zur jeweiligen Beitragsbemessungsgrenze.

523 Eine wichtige familienpolitische Verbesserung durch das Rentenreformgesetz 1992 ist die Verlängerung und Funktionserweiterung von Kinderberücksichtigungszeiten. Diese Zeit reicht vom Geburtsmonat bis zum vollendeten 10. Lebensjahr des Kindes, d. h. es wird nicht wie bei der Kindererziehungszeit für jedes Kind eine gleiche Anzahl von Jahren angerechnet. Anders als Kindererziehungszeiten, die als Beitragszeiten unmittelbar rentenbegründende und rentenerhöhende Wirkung haben, wirken sich Berücksichtigungszeiten nur im Rahmen sonstiger rentenrechtlicher Regelungen aus, nämlich

- bei der *Aufrechterhaltung* der versicherungsrechtlichen Voraussetzungen für einen Anspruch auf Rente wegen verminderter Erwerbsfähigkeit,
- bei der Erfüllung der 35-jährigen Wartezeit für vorzeitige Altersrenten an schwerbehinderte Menschen und langjährig Versicherte,
- bei der Erfüllung der 45-jährigen Wartezeit für die abschlagsfreie Altersrente ab Alter 65 für besonders langjährig Versicherte (Rdnr. 109),
- bei der Rente nach Mindesteinkommen sowie
- bei der Gesamtleistungsbewertung beitragsfreier und beitragsgeminderter Zeiten.

524 Mütter der Geburtsjahrgänge vor 1921 sind von der Anrechnung von Kindererziehungszeiten und dementsprechend auch von der Anrechnung von Kinderberücksichtigungszeiten ausgeschlossen. Für diesen Personenkreis ist mit Rücksicht auf die große Zahl und das Alter der begünstigten Mütter eine stärker typisierende und pauschalierende Regelung getroffen worden. Sie erhalten eine Kindererziehungsleistung.

525 Die Kindererziehungsleistung wird unabhängig davon gezahlt, ob die Begünstigten eine Rente der gesetzlichen Rentenversicherung beziehen oder nicht. Die Leistung wird – anders als die Kindererziehungszeit – nicht in die Rentenberechnung einbezogen, sondern pauschal als Zuschlag gewährt. Sie betrug bis zum 30. Juni 1998 für jedes im „Inland" – in Ausnahmefällen auch im Ausland – lebend geborene Kind monatlich 75 Prozent des aktuellen Rentenwerts, was bei isolierter Betrachtungsweise auch dem bis dahin geltenden Wert für ein in der Rentenversicherung angerechnetes Kindererziehungsjahr entsprach.

526 Durch das Rentenreformgesetz 1999 wurde auch die Kindererziehungsleistung – entsprechend der Regelung bei den Kindererziehungszeiten für die nach 1920 geborenen Versicherten – stufenweise auf 100 Prozent des aktuellen Rentenwerts angehoben. Vom 1. Juli 1999 an betrug sie 90 Prozent des aktuellen Rentenwerts und seit dem 1. Juli 2000 beträgt sie für jedes geborene Kind 100 Prozent des aktuellen Rentenwerts (nach dem ab dem 1. Juli 2011 festgesetzten Wert: 27,47 Euro (bis zum 30. Juni 2011: 27,20 Euro) in den alten Bundesländern und 24,37 Euro (bis zum 30. Juni 2011: 24,13 Euro) in den neuen Bundesländern). Die Gesamtzahl der Bezieherinnen von Kindererziehungsleistungen aus der allgemeinen Rentenversicherung (Stand Ende 2009: rd. 381.000) umfasst neben 270.000 Altersrentnerinnen und 51.000 Witwenrentnerinnen auch 60.000 Mütter, die sonst keine Leistungen der gesetzlichen Rentenversicherung beziehen. (siehe Tabelle 33: „Kindererziehungszeiten")

527 Leistungen für Kindererziehung werden auf einkommensabhängige Sozialleistungen, also vor allem auf Wohngeld und Sozialhilfe, nicht angerechnet. Sie sind auch nicht steuerpflichtig.

528 Vor 1992 wurden den Trägern der Rentenversicherung die Aufwendungen für Kindererziehungszeiten bzw. die Kindererziehungsleistungen jeweils vom Bund erstattet. Im Rentenreformgesetz 1992 wurde dann vorgesehen, dass der Bundeszuschuss im Jahr 1992 um den Erstattungsbetrag des Jahres 1991 (4,8 Mrd. DM) zusätzlich erhöht und anschließend entsprechend der Entgelt- und Beitragssatzentwicklung fortgeschrieben wird. Damit ist ab 1992 die getrennte Erstattung dieser Leistung entfallen. Seit dem 1. Juni 1999 zahlt der Bund echte Beiträge für die Kindererziehung. Im Gegenzug wurde der Bundeszuschuss um den Betrag der in ihm enthaltenen Erstattungen für Kindererziehungszeit bedingte Aufwendungen (7,2 Mrd. DM) gemindert. Für Kindererziehungszeiten hat der Bund in pauschaler Form für 1999 13,6 Mrd. DM und für 2000 22,4 Mrd. DM gezahlt. Der Pauschalbetrag für das Jahr 2000 hat sich ab dem Jahr 2001 entsprechend der Entwicklung von durchschnittlichem Bruttoarbeitsentgelt, Beitragssatz und Zahl der Kinder unter 3 Jahren verändert. Nach dieser Berechnungsmethodik ergeben sich für das Jahr 2011 Beitragszahlungen des Bundes für Kindererziehungszeiten in Höhe von rd. 11,6 Mrd. Euro.

Versorgungsausgleich

529 Der für Ehescheidungen ab Juli 1977 geltende Versorgungsausgleich soll – ausgehend vom Leitbild einer gleichberechtigten Partnerschaft in der Ehe – entsprechend dem Grundgedanken des Zugewinnausgleichs eine gleichmäßige Aufteilung der in der

Tabelle 33: Die Anzahl der Renten mit Kindererziehungszeiten/-leistungen, die durchschnittliche Höhe der Leistungen sowie der durchschnittliche Auszahlungsbetrag[1] in Deutschland nach Versicherungszweigen am 31. Dezember 2009

Versicherungszweig Rentenart / Leistungen	Anzahl der Kindererziehungszeiten/ -leistungen	ø Höhe der Leistungen in €/Monat	Durchschnittlicher Auszahlbetrag in €/Monat	davon: Anzahl der Kindererziehungsleistungen	ø Höhe der Leistungen in €/Monat	Anzahl der Kindererziehungszeiten	ø Höhe der Leistungen in €/Monat
Allgemeine Rentenversicherung							
zu Versichertenrenten[2]	8.610.694	57,82	525,78	270.082	59,27	8.340.612	57,77
zu Renten wegen Todes	633.788	34,22	297,04	50.656	68,03	583.132	31,29
davon							
Erziehungsrenten	8.800	103,91	752,57	-	-	8.800	103,91
Witwen/Witwerrenten	528.215	37,56	313,65	50.656	68,03	477.559	34,33
Waisenrenten	96.773	9,67	164,96	-	-	96.773	9,67
ohne gleichzeitigen Rentenbezug	60.059	69,73	69,73	60.059	69,73	-	-
Leistungen insgesamt	**9.304.541**	**56,29**	**507,25**	**380.797**	**62,09**	**8.923.744**	**56,04**
Knappschaftliche Rentenversicherung							
zu Versichertenrenten[2]	101.060	52,39	356,39	1.426	62,63	99.634	52,24
zu Renten wegen Todes	19.541	43,56	559,95	7.962	62,28	11.579	30,69
davon							
Erziehungsrenten	92	95,74	370,53	-	-	92	95,74
Witwen/Witwerrenten	18.164	45,63	590,96	7.962	62,28	10.202	32,64
Waisenrenten	1.285	10,79	135,13	-	-	1.285	10,79
ohne gleichzeitigen Rentenbezug	-	-	-	-	-	-	-
Leistungen insgesamt	**120.601**	**50,96**	**389,38**	**9.388**	**62,33**	**111.213**	**50,00**
Gesetzliche Rentenversicherung							
zu Versichertenrenten[2]	8.711.754	57,76	528,86	271.508	59,30	8.440.246	57,71
zu Renten wegen Todes	653.329	34,50	307,11	58.618	67,25	594.711	31,27
davon							
Erziehungsrenten	8.892	103,83	754,05	-	-	8.892	103,83
Witwen/Witwerrenten	546.379	37,83	325,21	58.618	67,25	487.761	34,30
Waisenrenten	98.058	9,68	165,75	-	-	98.058	9,68
ohne gleichzeitigen Rentenbezug	60.059	69,73	69,73	60.059	69,73	-	-
Leistungen insgesamt	**9.425.142**	**56,22**	**510,56**	**390.185**	**62,10**	**9.034.957**	**55,97**

1) Rentenzahlbetrag in Euro nach Abzug des Eigenbeitrags der Rentner zur KVdR und PVdR zuzüglich der Kindererziehungsleistung.
2) Renten wegen verminderter Erwerbsfähigkeit und Renten wegen Alters.
Quelle: Rentenversicherungsbericht 2010

Ehezeit erworbenen Versorgungsanrechte auf beide Ehegatten bewirken. Er wird in der Weise vorgenommen, dass die Werte der in der Ehezeit von den Eheleuten erworbenen Versorgungsanwartschaften einander gegenübergestellt werden und der Ehegatte mit den höheren Anwartschaften die Hälfte des Unterschiedsbetrags an den geschiedenen Ehegatten abgeben muss. Statt der abgeleiteten Geschiedenenwitwenrente, worauf nur noch bei Ehescheidungen vor dem 1. Juli 1977 ein Anspruch bestehen kann und die grundsätzlich das Bestehen eines Unterhaltsanspruchs voraussetzt, erwirbt oder verbessert durch den Versorgungsausgleich der geschiedene Ehepartner einen eigenständigen Versorgungsanspruch.

530 Nach dem bis zum 30. August 2009 geltenden Versorgungsausgleichsrecht richtete sich die Durchführung des Versorgungsausgleichs nach der Art der Versorgung. Anwartschaften auf Renten aus der gesetzlichen Rentenversicherung wurden vom Versicherungskonto des Ausgleichsverpflichteten auf das Konto des Ausgleichsberechtigten übertragen (sog. Splitting). Hatte hingegen der ausgleichsverpflichtete Ehegatte aus einem öffentlich-rechtlichem Dienstverhältnis in der Ehezeit Versorgungsanrechte erworben (z. B. Beamtenversorgung) oder richtete sich das auszugleichende Anrecht gegen einen anderen öffentlich-rechtlichen Versorgungsträger (z. B. berufsständische Versorgungseinrichtung, Alterssicherung der Landwirte, Zusatzversorgungskasse des öffentlichen Dienstes), wurden für den ausgleichsberechtigten Ehegatten ebenfalls Anwartschaften in der gesetzlichen Rentenversicherung begründet (Quasi-Splitting). Die sich hieraus ergebenden Aufwendungen wurden den Rentenversicherungsträgern von den öffentlich-rechtlichen Versorgungsträgern erstattet.

531 Besonders kompliziert war der Versorgungsausgleich bei privaten Anrechten (z. B. Anrechten auf betriebliche Altersversorgung der Privatwirtschaft oder privaten Rentenversicherungen). Hier sah das bis zum 30. August 2009 geltende Versorgungsausgleichsrecht in bestimmtem Umfang ebenfalls die Möglichkeit vor, zum Ausgleich eines solchen Anrechts, Rentenanwartschaften in der gesetzlichen Rentenversicherung durch Beitragszahlung zu begründen.

532 Der Versorgungsausgleich erfolgte nach dem bis zum 31. August 2009 geltenden Recht grundsätzlich durch Übertragung oder Begründung von Anwartschaften in der gesetzlichen Rentenversicherung nach dem Prinzip des sogenannten „Einmalausgleichs" (öffentlich-rechtlicher Versorgungsausgleich). Nach dem „Einmalausgleichsprinzip" waren alle ehezeitanteiligen Rentenanrechte aus unterschiedlichen Versorgungssystemen miteinander zu verrechnen und dann der Saldo aus den verrechneten Rentenanwartschaften der Ehepartner im Wege des „Einmalausgleichs" in der Regel über die gesetzliche Rentenversicherung zugunsten des ausgleichsberechtigten Ehepartners auszugleichen. Um die Rentenanrechte aus den unterschiedlichen Versorgungssystemen verrechnen zu können, mussten sie miteinander vergleichbar gemacht werden, wobei allerdings nur Unterschiede bei der Dynamik des Rentenanrechts ausgeglichen werden konnten. Die Realteilung eines Versorgungsanrechts außerhalb der gesetzlichen Rentenversicherung war dagegen nur in den seltenen Fällen möglich, in denen die maßgebliche Versorgungsregelung dies vorsah.

533 Bereits seit längerer Zeit waren Bemühungen im Gange, das Recht des Versorgungsausgleichs zu reformieren. Die Reformnotwendigkeit resultierte vor allem daraus, dass mit der bisherigen Form der Durchführung des Versorgungsausgleichs, insbesondere bei Anrechten der betrieblichen Altersversorgung, das Ziel einer hälftigen Teilung der während der Ehezeit beidseitig erworbenen Anrechte nur unvollkommen erreicht wurde. Das bisherige Ausgleichsprinzip machte nämlich auf der Grundlage von Prognosen eine sehr fehleranfällige Vergleichbarmachung aller in der Ehezeit erworbenen Anrechte aus allen unterschiedlichen Versorgungen erforderlich, um sie für die Ermittlung der saldierten Wertdifferenz verrechnen und die Wertdifferenz dann über die gesetzliche Rentenversicherung ausgleichen zu können. Mittels der sog. Barwert-Verordnung geschah dies zwar in einem vergleichsweise verwaltungspraktikablen Verfahren, allerdings führte dieses Verfahren dazu, dass im Versorgungsfall die aus der Ehe stammenden Renten der Eheleute häufig mehr oder weniger voneinander abweichen konnten. Insbesondere bei der Umrechnung der Anrechte auf eine betriebliche Altersversorgung in ein vergleichbares Anrecht der gesetzlichen Rentenversicherung ergab sich in aller Regel eine erhebliche Unterbewertung der Anrechte der betrieblichen Altersversorgung. Zentrales Ziel der Versorgungsausgleichsreform war es daher, eine gerechtere und abschließende Aufteilung der während der Ehe erworbenen Anrechte auf Versorgung zu erreichen. Gleichzeitig sollte die Reform des Versorgungsausgleichs für mehr Anwenderfreundlichkeit sorgen und allen Verfahrensbeteiligten (Ehepartner, Familiengerichte, Versorgungsträger) größere Spielräume für individuelle Vereinbarungen eröffnen.

534 Eine Reform des Versorgungsausgleichs war bereits von früheren Bundesregierungen angekündigt worden. Zur Vorbereitung einer Reform des Versorgungsausgleichs hatte das Bundesjustizministerium im September 2003 eine unabhängige Kommission „Strukturreform des Versorgungsausgleichs" eingesetzt. Diese Kommission hatte im Oktober 2004 ihren Abschlussbericht mit Vorschlägen zu einer Neugestaltung des Versorgungsausgleichs vorgelegt, jedoch kam es in der 15. Legislaturperiode des Deutschen Bundestages nicht mehr zur Einleitung eines Gesetzgebungsverfahrens. Dieses wurde erst in der 16. Legislaturperiode des Deutschen Bundestages auf der Grundlage des vom Bundeskabinett am 21. Mai 2008 beschlossenen Entwurfs eines Gesetzes zur Strukturreform des Versorgungsausgleichs eingeleitet. Nach sehr zügiger Beratung des Reformvorhabens im Deutschen Bundestag und Bundesrat wurde das Gesetz zur Strukturreform des Versorgungsausgleichs am 3. April 2009 im Bundesgesetzblatt verkündet (BGBl. I 2009, S. 700), so dass die Neuregelungen wie nach dem Gesetzentwurf vorgesehen am 1. September 2009 in Kraft treten konnten.

535 Mit Gesetz zur Strukturreform des Versorgungsausgleichs ist das materielle Recht sowie das Verfahrensrecht des Versorgungsausgleichs grundlegend neu geregelt worden. Mit der Reform ist zwar weiterhin am Grundsatz der Teilung der in der Ehe erworbenen Versorgungen festgehalten worden; jedoch ist grundlegendes Teilungsprinzip nicht mehr das Prinzip des „Einmalausgleichs", sondern das Prinzip der „Realteilung". Das Realteilungsprinzip sieht vor, dass nun jede Versorgung, die ein Ehepartner in der Ehezeit erworben hat, im jeweiligen Versorgungssystem zwischen beiden Eheleuten geteilt wird. Der jeweils ausgleichsberechtigte Ehegatte soll also einen eigenen Anspruch auf eine Versorgung bei dem Versorgungsträger des jeweils ausgleichspflichtigen Ehegatten erhalten. Grundsätzlich wird damit nun jedes Anrecht auf eine Versorgung – also alle in der gesetzlichen Rentenversicherung, der Beamtenversorgung oder einer betrieblichen oder privaten Altersvorsorge erworbenen Anrechte – intern geteilt. Mit dem internen Ausgleich aller Versorgungen im jeweiligen Versorgungssystem wird eine gerechte Teilhabe an jedem in der Ehe erworbenen Anrecht und an dessen künftiger Wertentwicklung ermöglicht, da die nach dem bisherigen Ausgleichsprinzip auftretenden Wertverzerrungen vermieden werden. Ein weiterer Vorteil des internen Ausgleichs ist, dass die Anrechte der betrieblichen und privaten Altersvorsorge schon bei der Scheidung vollständig geteilt werden. Die Eheleute müssen sich daher in Zukunft nicht nach Jahren noch einmal über Fragen der Versorgung auseinandersetzen. Das entspricht ihrem Interesse an einer möglichst abschließenden Regelung bei der Scheidung.

536 Der Ausgleich der während der Ehezeit in der gesetzlichen Rentenversicherung erworbenen Anwartschaften nach dem neuen Ausgleichsprinzip der internen Teilung ist im Ergebnis dem bereits für das Rentensplitting unter Ehegatten vorgesehenen Prinzip nachgebildet (vgl. Rdnr. 323 ff.). Danach werden diese Anwartschaften getrennt nach den vier möglichen Gruppen ihrer Wertigkeit getrennt geteilt:

– Anwartschaften aus den mit dem aktuellen Rentenwert zu vervielfältigenden Entgeltpunkten in der allgemeinen Rentenversicherung (Vervielfältigung mit dem Rentenartfaktor 1,0),
– Anwartschaften aus den mit dem aktuellen Rentenwert (Ost) zu vervielfältigenden Entgeltpunkten (Ost) in der allgemeinen Rentenversicherung (Vervielfältigung mit dem Rentenartfaktor 1,0),
– Anwartschaften aus den mit dem aktuellen Rentenwert zu vervielfältigenden Entgeltpunkten in der knappschaftlichen Rentenversicherung (Vervielfältigung mit dem Rentenartfaktor 1,3333) sowie
– Anwartschaften aus den mit dem aktuellen Rentenwert (Ost) zu vervielfältigenden Entgeltpunkten (Ost) in der knappschaftlichen Rentenversicherung (Vervielfältigung mit dem Rentenartfaktor 1,3333).

537 Der geschiedene Ehegatte mit der niedrigeren Anwartschaft aus einer Entgeltpunktgruppe erhält eine Anwartschaft in Höhe der Hälfte des Wertunterschieds in dieser Entgeltpunktgruppe zugeschlagen. Dementsprechend muss der Ehegatte mit der höheren Anwartschaft aus einer Entgeltpunktgruppe eine Verringerung seiner Anwartschaft in Höhe der Hälfte des Wertunterschieds in dieser Entgeltpunktgruppe hinnehmen.

538 Um zu verhindern, dass die Rentenversicherungsträger und anderen Versorgungseinrichtungen mit unverhältnismäßigem Verwaltungsaufwand belastet werden, muss nicht immer ein Versorgungsausgleich zwingend durchgeführt werden. In den folgenden Fällen findet ein Versorgungsausgleich ganz oder teilweise nicht statt:

– Hat die Ehe nicht länger als drei Jahre bestanden, findet ein Versorgungsausgleich nur auf Antrag eines Ehegatten statt. Denn typischerweise werden in einer nur sehr kurze Zeit dauernden Ehe keine erheblichen Renten- beziehungsweise Versorgungsanrechte erworben.
– Seit 1. September 2009 können die Eheleute unter erleichterten Bedingungen Vereinbarungen abschließen, die den Versorgungsausgleich ganz oder teilweise ausschließen. So haben die Eheleute nun die Möglichkeit, im Vorfeld der Scheidung den Kapitalwert ihrer Renten- und Versorgungsansprüche zu erfragen, um eine Verrechnung dieser Kapitalwerte mit dem aus dem Zugewinn auszugleichenden Vermögen vereinbaren zu können.
– Sind in der Ehezeit Anrechte gleicher Art erworben worden, soll nach der seit dem 1. September 2009 geltenden Neuregelung ein Versorgungsausgleich nicht mehr stattfinden, wenn die Differenz ihrer Ausgleichswerte eine Bagatellgrenze nicht übersteigt. Diese Bagatellgrenze ist an die Bezugsgröße der Sozialversicherung angeknüpft und damit dynamisch ausgestaltet. Sie beträgt 1 Prozent der Bezugsgröße (im Jahr 2011: 25,55 Euro).
– Nach neuem Recht kann der Versorgungsausgleich auch partiell bezogen auf ein einzelnes Anrecht ausgeschlossen werden, wenn der Wert eines Anrechts die Bagatellgrenze von 1 Prozent der Bezugsgröße nicht übersteigt.
– Schließlich kann das Familiengericht den Versorgungsausgleich bei grober Unbilligkeit ausschließen. Ein Fall der groben Unbilligkeit dürfte zum Beispiel vorliegen, wenn der aus dem Versor-

gungsausgleich berechtigte Ehegatte in der Ehezeit einen Angriff auf Leib und Leben des zum Ausgleich verpflichteten Ehegatten verübt hatte.

539 Die Übertragung und Begründung von Rentenanwartschaften erfolgt durch Entscheidung des Familiengerichts. Rechtstechnisch geschieht dies in der gesetzlichen Rentenversicherung in der Weise, dass zu Lasten des Ausgleichsverpflichteten ein Abschlag an Entgeltpunkten in der jeweiligen Entgeltpunktkategorie (vgl. Rdnr. 536) vorgenommen wird und zugunsten des Ausgleichsberechtigten ein entsprechender Zuschlag. Der Ausgleichsverpflichtete kann durch den Versorgungsausgleich geminderte Rentenanwartschaften durch entsprechende Beitragszahlungen wieder auffüllen.

540 Nach dem bis zum 31. August 2009 geltenden Recht des Versorgungsausgleichs wurde ein Abschlag an Entgeltpunkten zunächst nicht vorgenommen, wenn der zum Ausgleich verpflichtete Ehegatte im Zeitpunkt der Ehescheidung bereits Rente bezog und ein Zuschlag beim Ausgleichsberechtigten noch nicht zur Auszahlung kam (sogenanntes Rentnerprivileg). Erst ab dem Zeitpunkt des Beginns der Rente an den ausgleichsberechtigten Ehegatten wurde der Betrag der Rente an den Verpflichteten um den bestimmten Abschlag an Entgeltpunkten gekürzt. Mit Inkrafttreten des neuen Versorgungsausgleichsrechts am 1. September 2009 ist das „Rentnerprivileg" aufgehoben worden. Bei den Ehescheidungen, auf die das neue Versorgungsausgleichsrecht Anwendung findet, wird auch bei den zum Ausgleich verpflichteten Ehegatten, die zum Zeitpunkt der Ehescheidung bereits eine Rente der gesetzlichen Rentenversicherung beziehen, der Abschlag an Entgeltpunkten und damit die Kürzung der Rente nicht erst zu dem Zeitpunkt vorgenommen, zu dem die Rente an den ausgleichsberechtigten Ehegatten beginnt, sondern bereits unmittelbar mit der Entscheidung über den Versorgungsausgleich.

541 Die Kürzung der Rentenanwartschaft beziehungsweise des Rentenanspruchs beim zum Ausgleich verpflichteten Ehegatten entfällt jedoch wieder, wenn der ausgleichsberechtigte Ehegatte vor seinem Tod keine Leistungen aus dem Versorgungsausgleich bezogen hat. Hat der ausgleichsberechtigte Ehegatte seine Rente insgesamt nicht mehr als 36 Kalendermonate bezogen, ist die Kürzung beim ausgleichverpflichteten Ehegatten ebenfalls aufzuheben, und zwar vom Zeitpunkt des Todes des ausgleichsberechtigten Ehegatten an. Auf die 36 Kalendermonate an Rentenbezugszeit wird die Zeit des Bezugs einer aus der Rente des verstorbenen ausgleichsberechtigten Ehegatten abgeleiteten Hinterbliebenenrente nicht angerechnet. Hat der verstorbene ausgleichsberechtigte Ehegatte seine Rente nicht länger als 36 Kalendermonate bezogen, wird die Kürzung der Rentenanwartschaft beziehungsweise des Rentenanspruchs beim ausgleichverpflichteten Ehegatten zurückgenommen, ohne dass die Hinterbliebenenrente im Umfang der aufgrund des Versorgungsausgleichs übertragenen Entgeltpunkte gekürzt wird.

542 Die Übertragung oder Begründung von Rentenanwartschaften durch den Versorgungsausgleich führt nicht nur zu höheren Rentenansprüchen, sondern auch zu einer höheren Wartezeit. Soweit die in die Ehezeit fallenden Kalendermonate nicht bereits auf die Wartezeit anzurechnen sind, erhöht ein Zuschlag an Entgeltpunkten die Wartezeit um die volle Anzahl an Monaten, die sich ergibt, wenn der Zuschlag an Entgeltpunkten durch den Wert 0,0313 geteilt werden. Ein Zuschlag von z. B. 0,75 Entgeltpunkten erhöht somit die auf die Wartezeit anzurechnende Versicherungszeit um zwei Jahre.

543 Nach der Vorstellung des Gesetzgebers soll der Versorgungsausgleich möglichst zusammen mit der Ehescheidung vorgenommen werden, um eine endgültige Trennung der Ehepartner zu ermöglichen. Da aber Versorgungsanrechte sich bspw. durch nachträgliche Rechtsänderungen in ihrem Wert noch erheblich ändern können, ergab sich insbesondere aufgrund des bis zum 31. August 2009 geltenden Einmalteilungsprinzips (vgl. Rdnr. 532) die Notwendigkeit einer nachträglichen Abänderung der Entscheidung über den Versorgungsausgleich. Zum Teil war sogar die Entscheidung über den Versorgungsausgleich bis zum Eintritt des Rentenfalls aufzuschieben. Dies war vor allem dann der Fall, wenn die Ehegatten sowohl in den alten als auch den neuen Bundesländern Anwartschaften in der gesetzlichen Rentenversicherung erworben hatten. Denn da Prognosen über den langfristigen Verlauf der Angleichung des aktuellen Rentenwerts (Ost) an den aktuellen Rentenwert nicht möglich sind, wurde nach dem bis zum 31. August 2009 geltenden Recht der Versorgungsausgleich in der Regel ausgesetzt, wenn die Eheleute sowohl in den alten als auch in den neuen Bundesländern Rentenansprüche in der gesetzlichen Rentenversicherung erworben hatten. Mit dem nun geltenden Teilungsprinzip nach der unterschiedlichen Wertigkeit der in der gesetzlichen Rentenversicherung erworbenen

Anrechte ist das bisher faktisch gegebene „Ost-West-Moratorium" beseitigt worden, da der Versorgungsausgleich nun auch dann bereits zum Zeitpunkt der Scheidung durchgeführt werden kann, wenn die Eheleute sowohl über „West-Anrechte" als auch über „Ost-Anrechte" in der gesetzlichen Rentenversicherung verfügen. Denn mit dem neuen Teilungsprinzip nach der unterschiedlichen Wertigkeit des Rentenanrechts ist nun eine abschließende Regelung des Versorgungsausgleichs schon zum Zeitpunkt der Scheidung möglich, weil Anrechte aus Entgeltpunkten und Entgeltpunkten (Ost) gesondert ausgeglichen bzw. verrechnet werden können.

544 Gleichwohl besteht bei den Regelversorgungssystemen – neben der Beamtenversorgung und der berufsständischen Versorgung also insbesondere der gesetzlichen Rentenversicherung – in Härtefällen die Möglichkeit, auch nach Rechtskraft der Entscheidung über den Versorgungsausgleich eine Abänderung des Versorgungsausgleichs herbeizuführen, wenn es zu nachträglichen rechtlichen oder tatsächlichen Veränderungen kommt, die auf den Wert der ausgeglichenen Rentenanwartschaften zurückwirken.

545 Im Zusammenhang mit der Einführung des Versorgungsausgleichs und dem Wegfall der Geschiedenen-Hinterbliebenenrente ist zur Ergänzung der sozialen Sicherung insbesondere der geschiedenen Frau die Erziehungsrente eingeführt worden (vgl. Rdnr. 230). Diese steht dem (der) Versicherten für den Fall des Todes des geschiedenen Ehegatten zu, wenn er (sie) nicht wieder geheiratet hat und ein noch minderjähriges Kind zu erziehen oder zu versorgen hat. Bei der Erziehungsrente handelt es sich um eine Rente aus eigener Versicherung, die ggf. unter Einschluss der durch den Versorgungsausgleich übertragenen oder begründeten Rentenanwartschaft und unter Einschluss einer Zurechnungszeit zu ermitteln ist.

Krankenversicherung der Rentner

546 Bezieher einer Rente der gesetzlichen Rentenversicherung sind dann in der gesetzlichen Krankenversicherung pflichtversichert, wenn sie in der Zeit zwischen der erstmaligen Aufnahme einer Erwerbstätigkeit und der Stellung des Rentenantrags mindestens neun Zehntel der zweiten Hälfte dieses Zeitraums aufgrund eigener Versicherung oder als Familienangehöriger eines Mitglieds der gesetzlichen Krankenversicherung dort versichert waren. Für Bezieher einer Rente, die diese Voraussetzung nicht erfüllen, besteht die Möglichkeit der freiwilligen Mitgliedschaft in der gesetzlichen Krankenversicherung. Eine Pflichtversicherung in der gesetzlichen Krankenversicherung aus anderen Gründen geht jedoch regelmäßig einer solchen als Rentner vor.

547 Nach den bis zum 31. März 2002 geltenden Regelungen waren nur die Personen von dem Zeitpunkt der Rentenantragstellung an in der Krankenversicherung der Rentner pflichtversichert, die in dem maßgebenden Neun-Zehntel-Zeitraum in der gesetzlichen Krankenversicherung selbst pflichtversichert waren oder beitragsfrei familienversichert waren und das beitragszahlende Familienmitglied Pflichtmitglied der gesetzlichen Krankenversicherung war. Zeiten einer freiwilligen Versicherung (z. B. wegen Überschreitens der Versicherungspflichtgrenze) wurden dagegen – nach einer im Jahr 1989 wirksam gewordenen Gesetzesänderung – nicht als Vorversicherungszeit angerechnet. Rentner, die aus diesem Grund die 9/10-Pflichtbelegung nicht erfüllten, hatten bis zum 31. März 2002 nur die Möglichkeit der freiwilligen Mitgliedschaft in der gesetzlichen Krankenversicherung.

548 Das Bestehen einer freiwilligen Mitgliedschaft in der gesetzlichen Krankenversicherung im Rentenalter führt dann gegenüber einer Pflichtversicherung im Rentenalter zu einer Beitragsmehrbelastungen, wenn die Betroffenen neben der Rente noch über Einnahmen aus Einkommensarten verfügen, die nur bei freiwillig Versicherten, nicht aber bei Pflichtversicherten der Beitragspflicht unterliegen (z. B. Einkünfte aus Vermietung, Verpachtung oder Kapitalvermögen). Das Bundesverfassungsgericht hat hierzu mit Beschluss vom 15. März 2000 entschieden, dass Rentner, die früher freiwillig krankenversichert waren, in der gesetzlichen Krankenversicherung nicht schlechter gestellt werden dürfen als Pflichtversicherte und bestimmt, dass ab 1. April 2002 auch Zeiten einer freiwilligen Mitgliedschaft und Zeiten der Familienversicherung bei einem freiwilligen Mitglied die Versicherungspflicht in der Krankenversicherung der Rentner begründen können.

549 Wäre diese Regelung für alle Rentner, die am 31. März 2002 bereits eine Rente bezogen haben, obligatorisch geworden, hätten sich Fälle ergeben können, in denen sich aufgrund dieser Regelung ein geringerer (Netto-) Zahlbetrag bei der gesetzlichen Rente eingestellt hätte. Dies wäre insbesondere der

Fall bei bis zum 31. März 2002 – beitragsfrei – familienversicherten Rentnern und Rentnerinnen gewesen, die ab dem 1. April 2002 die Voraussetzungen für die eigenständige Versicherungspflicht in der Krankenversicherung erfüllen und damit beitragspflichtig geworden wären. Rentenbeziehern, die auf Grund des Beschlusses des Bundesverfassungsgerichts vom 15. März 2000 vom 1. April 2002 an als Rentner versicherungspflichtig geworden sind, ist daher vom Gesetzgeber ein Anspruch darauf eingeräumt worden, die Versicherung als freiwilliges Mitglied für die Zeit ab dem 1. April 2002 fortzusetzen. Durch Geltendmachung dieses Anspruchs hatten sie die Möglichkeit erhalten, Beitragsmehrbelastungen auf Grund des Eintritts der Versicherungspflicht für sich und für ihren Ehegatten zu vermeiden, wenn dieser bis zum 31. März 2002 beitragsfrei familienversichert gewesen ist und ebenfalls ab dem 1. April 2002 als Rentner versicherungspflichtig geworden wäre.

550 Zum 1. Juli 1997 wurde die Regelung eingeführt, dass für die krankenversicherungspflichtigen Rentnerinnen und Rentner jeweils der allgemeine Beitragssatz der Krankenkasse gilt, deren Mitglied der Rentner ist. Seit der Einführung des Gesundheitsfonds zum 1. Januar 2009 gelten jedoch für alle Pflichtmitglieder der gesetzlichen Krankenversicherung – also auch für die krankenversicherungspflichtigen Rentner und Rentnerinnen – einheitliche Beitragssätze (allgemeiner und ermäßigter Beitragssatz; siehe hierzu auch Kapitel 5 Rdnr. 231). Die Beitragssätze, über die bis Ende 2008 jede Krankenkasse einzelnen entscheiden konnte, werden seit dem 1. Januar 2009 auf Basis von Berechnungen eines beim Bundesversicherungsamt angesiedelten Schätzerkreises durch Rechtsverordnung der Bundesregierung bundeseinheitlich festgelegt. Für die krankenversicherungspflichtigen Rentnerinnen und Rentner ist nicht der ermäßigte, sondern der allgemeine Beitragssatz maßgebend, weil die Beiträge der pflichtversicherten Rentnerinnen und Rentner nur rund 40 Prozent der auf sie entfallenden Leistungsausgaben decken. Der mit dem allgemeinen Beitragssatz ermittelte Krankenversicherungsbeitrag ist zur Hälfte von den krankenversicherungspflichtigen Rentnern zu tragen. Die andere Hälfte dieses Krankenversicherungsbeitrags wird von der Rentenversicherung übernommen.

551 Im Gesetz zur Modernisierung der gesetzlichen Krankenversicherung war vorgesehen, den Zahnersatz ab dem 1. Januar 2005 aus dem Leistungskatalog der gesetzlichen Krankenversicherung auszugliedern. Gleichzeitig sollten alle Krankenversicherten – somit auch die in der gesetzlichen Krankenversicherung versicherten Rentner – verpflichtet werden, sich mit einem pauschalen, einkommensunabhängigen Zusatzbeitrag eine Zahnersatzversicherung zu verschaffen. Darüber hinaus sollte ab dem 1. Januar 2006 ein Sonderbeitrag in Höhe von 0,5 Prozent des Einkommens erhoben werden, der von den Versicherten allein zu tragen gewesen wäre.

552 Bei dieser gesetzgeberisch verabschiedeten Regelung ist es jedoch nicht geblieben. Noch vor dem Wirksamwerden dieser Regelungen sind nach dem Gesetz zur Anpassung der Finanzierung von Zahnersatz alle gesetzlich Krankenversicherten – somit auch die gesetzlich krankenversicherten Rentnerinnen und Rentner – ab dem 1. Juli 2005 verpflichtet worden, einen nicht zweckgebundenen Sonderbeitrag zur Krankenversicherung in Höhe von 0,9 Prozent des versicherungspflichtigen Einkommens zu zahlen. Die im Gesetz zur Modernisierung der gesetzlichen Krankenversicherung vorgesehenen Zusatzbeitragsregelungen sind im gleichen Zug aufgehoben worden.

553 Der vom Rentner zu tragende hälftige Anteil an dem mit dem allgemeinen Beitragssatz ermittelten Krankenversicherungsbeitrag und der von den Rentnerinnen und Rentnern in voller Höhe – also ohne Beitragsanteil der Rentenversicherung – zu tragende Zusatzbeitrag wird von den Rentenversicherungsträgern einbehalten und zusammen mit dem vom Rentenversicherungsträger getragenen Beitragsanteil am allgemeinen Krankenversicherungsbeitrag an den Gesundheitsfonds abgeführt.

554 Mit dem am 1. Januar 2011 in Kraft getretenen Gesetz zur nachhaltigen und sozial ausgewogenen Finanzierung der gesetzlichen Krankenversicherung (GKVFinG) ist eine neue Struktur zur Finanzierung der gesetzlichen Krankenversicherung geschaffen worden, die auch für die in der gesetzlichen Krankenversicherung versicherten Rentnerinnen und Rentner gilt.

555 Zwar findet das bisherige Beitragsrecht grundsätzlich soweit wie möglich weiterhin Anwendung. Vorgesehen ist aber zum einen die Anhebung und Festschreibung des allgemeinen Beitragssatzes zur Ermittlung des einkommensabhängigen Beitrags auf 15,5 % der beitragspflichtigen Einnahmen zum 1. Januar 2011. Entsprechend dem bisherigen Aufteilungsverhältnis beim Krankenversicherungsbeitrag haben

Rentnerinnen und Rentner einen Beitrag in Höhe von 8,2% ihrer Rente und die Träger der gesetzlichen Rentenversicherung einen Beitragsanteil in Höhe von 7,3% der Rente zu tragen. Zum anderen ist dieser Beitragssatz gesetzlich festgeschrieben worden. Dies bedeutet, dass künftig auftretende Defizite in der gesetzlichen Krankenversicherung nicht mehr über eine Erhöhung des allgemeinen Beitragssatzes finanziert werden. Zur Finanzierung von auftretenden Defiziten in der gesetzlichen Krankenversicherung ist die bisher vorgesehene Begrenzung der von den Krankenkassen bei defizitärer Kassenlage zu erhebenden Zusatzbeiträge aufgehoben worden.

556 Ermittelt das Bundesversicherungsamt für ein Kalenderjahr ein voraussichtliches Defizit für die gesetzliche Krankenversicherung, bestimmt es den zur Deckung dieses Defizits von den Mitgliedern der gesetzlichen Krankenversicherung zu zahlenden durchschnittlichen Zusatzbeitrag. Mitglieder der gesetzlichen Krankenversicherung, die durch Zahlung des durchschnittlichen Zusatzbeitrags überfordert werden, erhalten einen Sozialausgleich. Der Sozialausgleich erfolgt auf Basis der gesamten beitragspflichtigen Einnahmen eines Mitglieds der gesetzlichen Krankenversicherung. Eine Überforderung mit dem durchschnittlichen Zusatzbeitrag ist dann gegeben, wenn dieser mehr als 2 Prozent der gesamten beitragspflichtigen Einnahmen des Mitglieds ausmacht. Diese Regelung gilt für alle Mitglieder der gesetzlichen Krankenversicherung, also auch für die hier versicherten Rentnerinnen und Rentner. Im Jahr 2011 kommt diese Regelung jedoch noch nicht zur Anwendung, da das Bundesversicherungsamt aufgrund der guten konjunkturellen Entwicklung für das Jahr 2011 keinen durchschnittlichen Zusatzbeitrag zu bestimmen hatte.

557 Der Sozialausgleich wird „automatisch", also ohne Antrag des Anspruchsberechtigten, und ohne direkte Kürzung des vom Mitglied an seine Krankenkasse zu zahlenden individuellen Zusatzbeitrags durchgeführt. Der Zusatzbeitrag soll auf diese Weise als transparentes Preissignal wirken und den Wettbewerb zwischen den Krankenkassen stärken. Realisiert wird der „automatische" Sozialausgleich durch eine Absenkung des vom Mitglied der Krankenversicherung zu tragenden einkommensabhängigen Beitrags; bei Rentnerinnen und Rentner also des von ihnen zu tragenden Anteils am einkommensabhängigen Krankenversicherungsbeitrag in Höhe von 8,2 Prozent ihrer Rente. Wenn alleinige beitragspflichtige Einnahme eines versicherungspflichtigen Rentners die Rente der gesetzlichen Rentenversicherung ist, wird der Anspruch auf Sozialausgleich automatisch durch den Rentenversicherungsträger ermittelt. Wenn Anspruch auf Sozialausgleich besteht, wird dieser vom Rentenversicherungsträger durch die Verringerung des vom Rentner zu tragenden Anteils am einkommensabhängigen Beitrag und entsprechende Erhöhung des Auszahlungsbetrags der Rente durchgeführt. Die der gesetzlichen Krankenversicherung durch den Sozialausgleich entstehenden Einnahmeausfälle werden dieser aus Steuermittel des Bundes erstattet.

Beispiel: Sozialausgleich für krankenversicherungspflichtigen Rentner ohne weitere beitragspflichtige Einnahmen

Rente der gesetzlichen
Rentenversicherung: 500 Euro/Monat

Durchschnittlicher Zusatzbeitrag: 15 Euro/Monat

Belastungsgrenze: 2 Prozent

Rechenformel für reduzierten einkommensabhängigen Beitrag

2 % × 500 Euro – 15 Euro
   = –5 Euro (Überforderung)

8,2 % × 500 Euro = 41 Euro – 5 Euro

   = 36 Euro (reduzierter Rentneranteil am
      einkommensabhängigen Beitrag
   = entsprechende Erhöhung des Zahlbetrags
      der Rente)

558 Wenn bei einem Rentner beitragspflichtige Einnahmen aus mehreren Quellen zusammentreffen, also zum Beispiel eine Rente der gesetzlichen Rentenversicherung und eine Betriebsrente, gilt für die krankenversicherungspflichtigen Rentnern zwar ebenfalls der Grundsatz, dass in diesem Fall der Anspruch auf Sozialausgleich durch die Krankenkasse ermittelt wird. Wie bei Rentnern, deren beitragspflichtige Einnahme ausschließlich die Rente der gesetzlichen Rentenversicherung ist, führt der Träger der gesetzlichen Rentenversicherung den Sozialausgleich jedoch stets bezogen auf den Bruttobetrag der gesetzlichen Rente durch. Die Zahlstellen der übrigen beitragspflichtigen Einnahmen des Rentners, zum Beispiel die Zahlstelle einer Einrichtung der betrieblichen Altersversorgung, werden dann tätig, wenn die Krankenkasse ihnen eine entsprechende Meldung gibt. Sie führen dann unter Anwendung des „allgemeinen Beitragsbemessungsverfahrens" aus dem von ihnen zu erbringenden Zahlbetrag einen Krankenversicherungsbeitrag ab, der mit dem um 2 Prozentpunkte erhöhten allgemeinen Beitragssatz ermittelt wird. Mit dieser Verfahrensweise wird der nur auf einen Teil der beitragspflichtigen Einnahmen (nämlich die Rente der gesetzlichen Rentenversicherung) bezogene und deshalb überhöht geleistete Sozialausgleich auf den Umfang des – nach Maßgabe der beitragspflichtigen Gesamteinnahmen – letztlich zustehenden Sozialausgleich reduziert.

Beispiel: Sozialausgleich für krankenversicherungspflichtigen Rentner mit weiterer beitragspflichtiger Einnahme (Betriebsrente)

Rente der gesetzlichen Rentenversicherung:	400 Euro/Monat
Betriebsrente:	100 Euro/Monat
Durchschnittlicher Zusatzbeitrag:	15 Euro/Monat
Belastungsgrenze:	2 Prozent

Rechenformel für reduzierten einkommensabhängigen Beitrag aus der Rente der gesetzlichen Rentenversicherung

2 % × 400 Euro − 15 Euro = −7 Euro

8,2 % × 400 Euro = 32,80 Euro − 7 Euro

= 25,80 Euro (reduzierter Rentneranteil am einkommensabhängigen Beitrag)
= entsprechende Erhöhung des Zahlbetrags der Rente)

Die Überforderung beträgt aber nur:

2 % × 500 Euro (400 Euro RV-Rente + 100 Euro Betriebsrente) − 15 Euro = 5 Euro

Daher: Die Zahlstelle der betrieblichen Altersversorgung erhebt zusätzlich 2% (also insgesamt 17,5 Prozent) einkommensabhängigen Beitrag aus der Betriebsrente.

Denn: 2 % × 100 Euro = 2 Euro

Ergebnis: Erhöhung des Zahlbetrags der Rente der gesetzlichen Rente um 7 Euro und Verringerung des Zahlbetrags der Betriebsrente um 2 Euro ergeben im Saldo 5 Euro Sozialausgleich.

---

559 Rentenbezieher, die freiwillig in der gesetzlichen Krankenversicherung oder bei einem Krankenversicherungsunternehmen, das der deutschen Aufsicht unterliegt, privat versichert sind, erhalten zu ihrer Rente einen Zuschuss zu den Aufwendungen für die Krankenversicherung ausgezahlt. Dieser Zuschuss wird in Höhe des Beitrags geleistet, den der Träger der Rentenversicherung als Krankenversicherungsbeitrag für pflichtversicherte Rentner zu tragen hat. Der Zuschuss ist auf die Hälfte der tatsächlichen Aufwendungen für die Krankenversicherung begrenzt. Freiwillig in der gesetzlichen Krankenversicherung versicherte Rentenbezieher erhalten im Unterschied zu den in der gesetzlichen Krankenversicherung pflichtversicherten Rentenbeziehern allerdings keinen Sozialausgleich, wenn zur Deckung eines voraussichtlichen Defizits in der gesetzlichen Krankenversicherung vom Bundesversicherungsamt ein durchschnittlicher Zusatzbeitrag bestimmt wird.

Pflegeversicherung der Rentner

560 In der Krankenversicherung versicherungspflichtige Rentner sind seit dem 1. Januar 1995 auch in der Pflegeversicherung versicherungspflichtig. Den Beitrag (ab dem 1. Juli 2008 1,95 Prozent der Rente) hatten die Rentnerinnen und Rentner bis zum 31. März 2004 nur zur Hälfte zu tragen; die andere Hälfte wurde von der Rentenversicherung übernommen. Aufgrund der äußerst angespannten finanziellen Situation der Rentenversicherung im Jahr 2004 ist diese Leistung mit dem Zweiten Gesetz zur Änderung des Sechsten Buches Sozialgesetzbuch und anderer Gesetze seit dem 1. April 2004 aufgehoben worden. Der Gesetzgeber hielt die Einstellung dieser Leistung als angemessenen Beitrag der Rentnerinnen und Rentner zur Stabilisierung des Beitragssatzes für gerechtfertigt, weil die Rentenversicherung sie gewährt hatte, obwohl die Rentnerinnen und Rentner, denen diese Leistungen ab dem Jahr 1995 zugute gekommen ist, während ihrer Erwerbsphase nur verhältnismäßig kurz durch eigene Beiträge oder überhaupt nicht zur Finanzierung dieser Leistung beigetragen haben.

561 Das Bundesverfassungsgericht hatte den Gesetzgeber mit einem Urteil aus dem Jahre 2001 aufgefordert, Kindererziehende in der sozialen Pflegeversicherung auf der Beitragsseite spätestens ab dem 1. Januar 2005 besser zu stellen als Versicherte, die keine Kinder erzogen haben. Mit dem Kinder-Berücksichtigungsgesetz hat der Gesetzgeber diese Vorgabe des Bundesverfassungsgerichts umgesetzt.

Nach diesem Gesetz ist mit Wirkung ab dem 1. Januar 2005 ein zusätzlicher Beitragssatz zur sozialen Pflegeversicherung in Höhe von 0,25 Prozentpunkte für alle kinderlosen Pflegeversicherten eingeführt worden, die 23 Jahre oder älter sind und nach dem 31. Dezember 1939 geboren wurden. Von dem Zuschlag ausgenommen sind alle leiblichen Eltern, Adoptiveltern, Stiefeltern und Pflegeeltern. Ein Kind befreit beide Eltern vom Beitragszuschlag. Beitragszuschlagspflichtig sind damit auch alle kinderlosen Rentnerinnen und Rentner, die am 31. Dezember 2004 die Regelaltersgrenze von 65 Jahren noch nicht erreicht hatten. Der von den Rentnerinnen und Rentner zu zahlende Zusatzbeitrag wird ebenfalls von den Rentenversicherungsträgern einbehalten und an die soziale Pflegeversicherung abgeführt.

562 Rentner, die freiwillig in der gesetzlichen Krankenversicherung versichert sind, oder Rentner, die verpflichtet sind, einen privaten Pflegeversicherungsvertrag abzuschließen, erhielten bis zum 31. März 2004 einen Zuschuss zur Pflegeversicherung. Der Zuschuss entsprach dem Betrag, den die Rentenversicherung bei Versicherungspflicht zu zahlen hätte, also dem hälftigen Beitrag zur Pflegeversicherung. Mit der Einstellung der hälftigen Beteiligung der Rentenversicherung am Beitrag zur sozialen Pflegeversicherung für die in der gesetzlichen Krankenversicherung pflichtversicherten Rentnerinnen und Rentner zum 1. April 2004 ist ebenfalls der Zuschuss zur Pflegeversicherung für die freiwillig in der gesetzlichen Krankenversicherung versicherten Rentnerinnen und Rentner zum 1. April 2004 weggefallen.

Besteuerung der Renten

563 Renten der gesetzlichen Rentenversicherung wurden nach den bis zum 31. Dezember 2004 geltenden Bestimmungen des Einkommensteuerrechts nur in Höhe des Ertragsanteils besteuert. Dem lag der Gedanke zugrunde, dass sich die einzelne Rentenzahlung aus einem Tilgungsanteil des bei Rentenbeginn vorhandenen Rentenstammrechts (vergleichbar einem angesammelten Kapitalstock) und aus einem Zinsanteil zusammensetzt. Nur der Zins- oder Ertragsanteil, der sich für die Zeit nach Rentenbeginn ergibt, sollte als erstmals zufließendes Einkommen der Besteuerung unterliegen, während der Tilgungsanteil steuersystematisch als Rückzahlung eines dem Rentenempfänger bereits gehörenden Vermögenswertes angesehen und deshalb einkommensteuerrechtlich nicht erfasst wurde. Der Ertragsanteil einer Rente war in Tabellenform pauschaliert festgelegt worden. Seine Höhe hing lediglich vom Alter des Rentenberechtigten bei Rentenbeginn ab und betrug z. B. bei Rentenbeginn nach vollendetem 65. Lebensjahr 27 Prozent der Jahresrente. Im Ergebnis waren vom Ertragsanteil dann Steuern zu entrichten, wenn dieser zusammen mit eventuell weiteren steuerpflichtigen Einkünften (aus betrieblichen Versorgungszusagen, Vermietung und Verpachtung oder Vermögensanlagen) die Summe aus steuerlichen Freibeträgen und Pauschalen überschritt.

564 Das Bundesverfassungsgericht hat mit seinem am 6. März 2002 verkündeten Urteil entschieden, dass die unterschiedliche Besteuerung von Renten der gesetzlichen Rentenversicherung (Besteuerung nur mit einem Ertragsanteil) und Beamtenpensionen (Besteuerung als Einkommen nach § 19 Einkommensteuergesetz in voller Höhe bis auf den damaligen Versorgungsfreibetrag von höchstens 6.000 DM) mit dem verfassungsrechtlichen Gleichheitsgrundsatz unvereinbar und damit verfassungswidrig ist. Es hatte dem Gesetzgeber aufgegeben, spätestens mit Wirkung zum 1. Januar 2005 eine Neuregelung zu treffen, und zugleich bestimmt, dass die bisherigen steuerlichen Regelungen nur noch bis zum Inkrafttreten einer Neuregelung, längstens jedoch mit Wirkung bis zum 31. Dezember 2004, anzuwenden sind.

565 Mit dem Alterseinkünftegesetz, das am 1. Januar 2005 in Kraft getreten ist, ist die steuerliche Behandlung von Altersbezügen und Altersvorsorgeaufwendungen mit Wirkung ab dem Jahr 2005 neugeordnet worden. Dieses Gesetz sieht für die Besteuerung der Alterseinkünfte den schrittweisen Übergang auf das Prinzip der sogenannten nachgelagerten Besteuerung (Steuerentlastung der Altersvorsorgebeiträge – Besteuerung der darauf beruhenden Renten) vor. Danach steigt im Startjahr der Neuregelung (2005) der Besteuerungsanteil der Rente aus der gesetzlichen Rentenversicherung von bisher bis zu 27 Prozent auf 50 Prozent der Rente. Dies gilt sowohl für alle Renten, die bereits vor dem 1. Januar 2005 begonnen haben, als auch für die Renten, die erstmals im Jahr 2005 begonnen haben. Der zu versteuernde Anteil der Rente steigt für jeden neu hinzukommenden Rentnerjahrgang bis zum Jahr 2020 in Schritten von zwei Prozentpunkten auf 80 Prozent der Rente und anschließend in Schritten von einem Prozentpunkt bis zum Jahr 2040 auf dann 100 Prozent der Rente. Bei Renten, die im Jahr 2011 beginnen, beträgt der Besteuerungsanteil der Rente somit 62 Prozent. Im

Gegenzug sind die geleisteten Altersvorsorgebeiträge (Arbeitnehmer- und Arbeitgeberbeitrag zur gesetzlichen Rentenversicherung) beginnend mit 60 Prozent der geleisteten Altersvorsorgebeiträge im Jahr 2005, dann bis zum Jahr 2025 in jeweils 2-Prozentpunktschritten pro Jahr auf 100 Prozent der geleisteten Altersvorsorgebeiträge ansteigend, steuerlich abziehbar. Der sich nach Maßgabe der Prozentsätze jeweils ergebende steuerfrei bleibende Teil der Jahresbruttorente wächst jedoch nicht entsprechend der Rentendynamik im Zeitverlauf an, sondern wird für jeden Rentner auf Dauer nominal festgeschrieben. Im Ergebnis bedeutet dies, dass Erhöhungen des Rentenzahlbetrages aus den jährlichen Rentenanpassungen nach dem Beginn der Rente in voller Höhe der Besteuerung unterliegen.

> **Beispiel**
>
> Rentenbeginn 2011
>
> Anteil, der der Besteuerung
> unterliegt: 62 Prozent
>
> Jahresrente 2011 20.000 Euro
>
> Steuerfreier Teil der Rente
> 20.000 – 62 Prozent davon = 7.600 Euro
>
> Jahresrente z.B. in 2020 infolge
> Rentenanpassungen 21.000 Euro
>
> Zu versteuern sind dann
> 21.000 Euro – 7.600 Euro = 13.400 Euro
>
> (und nicht 62 Prozent von 21.000 = 13.020 Euro)
>
> abzüglich Werbungskosten-Pauschbetrag

566 Verändert sich die Rentenhöhe, weil zum Beispiel statt der bisherigen halben Erwerbsminderungsrente eine volle Erwerbsminderungsrente zu zahlen ist, ist der steuerfreie Anteil der Rente in dem Verhältnis anzupassen, in dem der veränderte Jahresbetrag der Rente zum ursprünglichen Jahresbetrag steht. Endet eine Rente – zum Beispiel wegen Erwerbsminderung – und ist anschließend die Regelaltersrente zu zahlen oder stirbt der Bezieher einer Rente aus eigener Versicherung und ist eine Hinterbliebenenrente zu leisten, bleibt es grundsätzlich bei dem prozentualen Besteuerungsanteil der ersten Rente.

567 Die neuen steuerlichen Regelungen haben dazu geführt, dass von den Rentnerhaushalten, auf die sich die bis einschließlich 2005 zugegangenen Renten verteilen, 1,3 Mio. Rentnerhaushalte ab dem Jahr 2005 mehr Steuern als bisher und insgesamt 3,3 Mio. Rentnerhaushalte tatsächlich Steuern zu zahlen haben. Erstmals hatte es im Jahr 2005 auch (300.000) Rentner gegeben, die alleine aufgrund des Bezugs einer (sehr hohen) Rente aus der gesetzlichen Rentenversicherung Steuern zu zahlen hatten. Die Zahl der steuerbelasteten Rentner, die neben ihrer gesetzlichen Rente weitere Einkünfte beziehen, dürfte ab dem Jahr 2005 um 50 Prozent zugenommen haben. Von diesen Rentnern hatten im Jahr 2005 weitere 1 Mio. Rentner Steuern zu zahlen. Die Besteuerung der Renten wird durch jährliche Rentenbezugsmitteilungen der Rentenversicherungsträger an eine zentrale Stelle der Finanzverwaltung sichergestellt. Eingerichtet ist diese zentrale Stelle bei der Deutschen Rentenversicherung Bund. Hier werden die Daten zusammengeführt und an die jeweils zuständige Landesfinanzbehörde übermittelt. Dieses Mitteilungsverfahren ersetzt im Einzelfall jedoch nicht die Verpflichtung zur Abgabe einer Einkommensteuererklärung.

Vermeidung von Armut im Alter und bei voller Erwerbsminderung

568 Vor allem ältere Menschen haben Sozialhilfeansprüche oft nicht geltend gemacht, weil sie den Unterhaltsrückgriff auf ihre Kinder befürchteten. Diese Hauptursache für verschämte Altersarmut ist durch die mit dem Altersvermögensgesetz zum 1. Januar 2003 eingeführte Grundsicherung im Alter und bei Erwerbsminderung entfallen. Durch die Grundsicherung ist es für ältere Menschen leichter, ihre berechtigten Ansprüche geltend zu machen. Im Jahr 2009 haben 2,4 Prozent der 65-jährigen und älteren Personen (dies sind rd. 400.000 Personen) Grundsicherung im Alter bezogen. Dabei ist aus Sicht der gesetzlichen Rentenversicherung darauf hinzuweisen, dass nicht alle 65-jährigen und älteren Personen, die Grundsicherungsleistungen in Anspruch nehmen, Rentnerinnen und Rentner der gesetzlichen Rentenversicherung sind. Dies bedeutet, dass die Zahl derer, die mit ihrer Rente aus der gesetzlichen Rentenversicherung und etwaigen zusätzlichen Alterseinkünften nicht ihren Lebensunterhalt bestreiten können und deshalb neben dem Bezug einer Rente der gesetzlichen Rentenversicherung ergänzender Leistungen der Grundsicherung im Alter bedürfen, im Jahr 2009 geringer war als 400.000. Der durchschnittliche monatliche Bruttobedarf hat im Jahr 2009 für 65-jährige und ältere Bezieher von Grundsicherungsleistungen außerhalb von Einrichtungen rd. 658 Euro betragen und der durchschnittliche monatliche Auszahlungsbetrag (sogenannter Nettobedarf nach Einkommensanrechnung) lag im Jahr 2009 für diese Personengruppe bei rd. 424 Euro. Mit der Einführung der Grundsicherung ist aber auch die Lebenssituation erwerbsgeminderter Menschen, insbesondere derjenigen, die von Geburt oder früher Jugend an schwerstbehindert sind, deutlich verbessert worden. Die Grundsicherung im Alter und bei Erwerbsminderung ist in Kapitel 12 dieses Buches ausführlich dargestellt.

569 Die heutige Einkommenssituation der 65-Jährigen und Älteren deutet somit nicht darauf hin, dass Altersarmut ein aktuelles Problem ist. Künftig aber könnten veränderte Erwerbsbiografien und das sinkende Rentenniveau vor allem dann zu einem nur geringen Alterseinkommen führen, wenn keine oder nur unzureichend zusätzliche Vorsorge betrieben wird. Grundsätzlich aber gewährleistet die zum 1. Januar 2003 eingeführte Grundsicherung im Alter und bei Erwerbsminderung das soziokulturelle Existenzminimum. Die Grundsicherung im Alter und bei Erwerbsminderung ist daher das zentrale Element bei der Bekämpfung von Altersarmut. Durch den Verzicht auf den ansonsten für die Sozialhilfe kennzeichnenden Unterhaltsrückgriff wird die Inanspruchnahme von Sozialhilfeleistungen für ältere (65 Jahre und älter) und erwerbsgeminderte Personen erleichtert, da sie nicht mehr die Heranziehung ihrer Kinder befürchten müssen. Ob zukünftig mehr alte Menschen als heute auf staatliche Unterstützung angewiesen sein werden, kann nicht verlässlich vorhergesagt werden. Dies ist vor allem abhängig von der Wirtschafts- und Beschäftigungsentwicklung, der Höhe des zukünftigen Grundsicherungsbedarfs im Verhältnis zur Entwicklung der Alterseinkommen, dem Vorliegen von eigenem Vermögen und eigenen weiteren Einkünften sowie von Erwerbs- bzw. Alterseinkommen und Vermögen von Ehegatten und Lebenspartnern. Allerdings lassen sich Personengruppen identifizieren, für die das Risiko, im Alter auf Grundsicherungsleistungen angewiesen zu sein, künftig zunehmen könnte. Niedrige Alterseinkommen können vor allem aus kürzeren sozialversicherungspflichtigen Vollzeiterwerbsphasen resultieren, oft wegen längerer Zeiten der Arbeitslosigkeit oder der Haushaltsführung. Auch lange Zeiten einer nicht rentenversicherungspflichtigen selbständigen Tätigkeit, in der keine ausreichende Altersvorsorge betrieben wurde, können hier eine Rolle spielen. Vor diesem Hintergrund sieht der von CDU, CSU und FDP für die 17. Legislaturperiode des Deutschen Bundestages geschlossene Koalitionsvertrag die Errichtung einer Regierungskommission vor, die Vorschläge zur Bekämpfung von künftiger Altersarmut entwickeln soll. Insbesondere soll erreicht werden, dass sich die private und betriebliche Altersvorsorge auch für Geringverdiener lohnt und dass diejenigen, die ein Leben lang gearbeitet und vorgesorgt haben, ein Alterseinkommen oberhalb der Grundsicherung erhalten. Die Errichtung der Regierungskommission ist für das Frühjahr 2011 vorgesehen.

Organisation der gesetzlichen Rentenversicherung

570 Die gesetzliche Rentenversicherung war aufgrund der historischen Entwicklung bis zum 31. Dezember 2004 in die Rentenversicherung der Arbeiter, die Rentenversicherung der Angestellten und die knappschaftliche Rentenversicherung unterteilt. Obgleich das Leistungs- und Beitragsrecht der Rentenversicherung der Arbeiter und der Angestellten zwischenzeitlich vollständig angeglichen wurde und durch das Rentenreformgesetz 1992 auch das ursprünglich in verschiedenen Gesetzen geregelte Recht aller drei Versicherungszweige im Sechsten Buch Sozialgesetzbuch zusammengefasst wurde, bestand die organisatorische Trennung der einzelnen Versicherungszweige noch fort. Bemühungen, auch die organisatorische Trennung zwischen der Rentenversicherung der Arbeiter und der Angestellten durch eine Neuordnung der Organisation der Rentenversicherung aufzuheben, waren mangels einer hierzu erforderlichen politischen Verständigung zwischen den Ländern und dem Bund mehrmals gescheitert.

571 Nach der bis zum 31. Dezember 2004 bestehenden Organisation wurde die Rentenversicherung der Arbeiter von 23 Landesversicherungsanstalten durchgeführt, die Bundesbahnversicherungsanstalt war für die Arbeiter der Deutschen Bahn zuständig und die Seekasse führte für Seeleute, Küstenschiffer und Küstenfischer die Rentenversicherung der Arbeiter durch. Träger der Rentenversicherung der Angestellten war die Bundesversicherungsanstalt für Angestellte mit Sitz in Berlin. Träger der knappschaftlichen Rentenversicherung war die Bundesknappschaft mit Sitz in Bochum.

572 Die Träger der Rentenversicherung hatten sich (bis Ende 2004) im Verband Deutscher Rentenversi-

cherungsträger – einem eingetragenen Verein mit Sitz in Frankfurt – zusammengeschlossen. Der Verband Deutscher Rentenversicherungsträger war einerseits Koordinationsstelle hinsichtlich einer einheitlichen Interpretation des Rentenrechts, auf der anderen Seite nahm er die gemeinsamen Angelegenheiten der deutschen Rentenversicherungsträger gegenüber dem Bund und dem Gesetzgeber wahr.

573 Mit dem Gesetz zur Organisationsreform in der gesetzlichen Rentenversicherung ist die gesetzliche Rentenversicherung mit Wirkung vom 1. Januar 2005 neu organisiert worden. Sie besteht nun aus einer allgemeinen Rentenversicherung und aus der knappschaftlichen Rentenversicherung. In der allgemeinen Rentenversicherung wird nicht mehr nach der überkommenen Einordnung der Versicherten als Angestellter oder Arbeiter unterschieden. Damit ist die bisherige Trennung in Rentenversicherung der Arbeiter und Rentenversicherung der Angestellten beendet, die wegen des gleichen Rentenrechts für beide Beschäftigtengruppen schon seit Jahrzehnten nicht mehr zeitgemäß war. In der knappschaftlichen Rentenversicherung, die schon bisher nicht zwischen Arbeitern und Angestellten unterschied, werden weiterhin diejenigen versichert sein, die im Bereich des Bergbaus in knappschaftlichen Betrieben beschäftigt sind.

574 Seit dem 1. Oktober 2005 sind die bisherigen Träger der gesetzlichen Rentenversicherung unter der Bezeichnung Deutsche Rentenversicherung neu strukturiert. Die bisherigen Landesversicherungsanstalten werden als Regionalträger, die Bundesversicherungsanstalt für Angestellte und der Verband Deutscher Rentenversicherungsträger als Deutsche Rentenversicherung Bund und die Bundesknappschaft, die Bahnversicherungsanstalt sowie die Seekasse als Bundesträger Knappschaft-Bahn-See tätig. Die bis zum 30. September 2005 vom Verband Deutscher Rentenversicherungsträger wahrgenommenen Aufgaben hat ab dem 1. Oktober 2005 die Deutschen Rentenversicherung Bund in seiner Eigenschaft als sogenannter „Querschnittsträger" übernommen. Wichtigste Aufgabe des Verbandes Deutscher Rentenversicherungsträger war die Gewährleistung einer einheitlichen Rechtsanwendung durch alle Rentenversicherungsträger. Im Unterschied zum Verband Deutscher Rentenversicherungsträger, zu dem sich die Rentenversicherungsträger auf freiwilliger Basis zusammengeschlossen hatten und dessen Beschlüsse zur Anwendung eines einheitlichen Rentenrechts daher nur bei Zustimmung aller Rentenversicherungsträger bindend waren, sind die beim „Querschnittsträger" Deutsche Rentenversicherung Bund getroffenen Entscheidungen zur einheitlichen Rechtsanwendung für alle Rentenversicherungsträger kraft Gesetzes verbindlich.

575 Mit der Organisationsreform hat sich am Status der Rentenversicherungsträger nichts geändert. Die Träger der Rentenversicherung sind somit weiterhin Körperschaften des öffentlichen Rechts, die staatlicher Aufsicht unterstehen. Die Aufsicht erstreckt sich auf die Beachtung von Gesetz und Recht sowie auf die Prüfung der Geschäfts- und Rechnungsführung der Versicherungsträger. Versicherungsträger, deren Geschäftsbereich sich nicht auf das gesamte Bundesgebiet erstreckt, unterstehen der Aufsicht der obersten Arbeitsbehörde eines Bundeslandes. Versicherungsträger, deren Geschäftsbereich sich auf das gesamte Bundesgebiet erstreckt, unterstehen der Aufsicht des Bundes, der sich zur Durchführung dieser Aufgabe des Bundesversicherungsamtes, einer selbständigen Bundesoberbehörde mit Sitz in Bonn, bedient. Der Aufsicht des Bundesversicherungsamtes unterstehen die Deutsche Rentenversicherung Bund und der Bundesträger Knappschaft-Bahn-See.

576 Zielsetzung der Organisationsreform ist es, ab 2020 von allen Versicherten

- 55 Prozent durch die Regionalträger,
- 40 Prozent durch den Bundesträger Deutsche Rentenversicherung Bund und
- 5 Prozent durch den Bundesträger Knappschaft-Bahn-See

betreuen zu lassen.

577 Seit dem 1. Januar 2005 erfolgt die Zuordnung neuer Versicherter zu einem dieser Träger nur noch nach der Versicherungsnummer die bei Eintritt in die Rentenversicherung vergeben wird. Sie verändert sich im Laufe des Erwerbslebens bzw. während des Leistungsbezugs als Rentner grundsätzlich nicht mehr. Durch die Organisationsreform hat sich die Versicherungsnummer nicht geändert. Mit der erstmaligen Vergabe wird aber zugleich der für die Kontoführung zuständige Rentenversicherungsträger dauerhaft, also auch bei Wohnsitzwechsel, festgelegt.

578 Für Versicherte, für die bis 31. Dezember 2004 eine Versicherungsnummer vergeben wurde, ändert sich durch die Neuordnung nichts. Die überwiegende Anzahl dieser Versicherten bleibt bei dem Versi-

Sozialgesetzbuch · 6. Buch · Rentenversicherung **6**

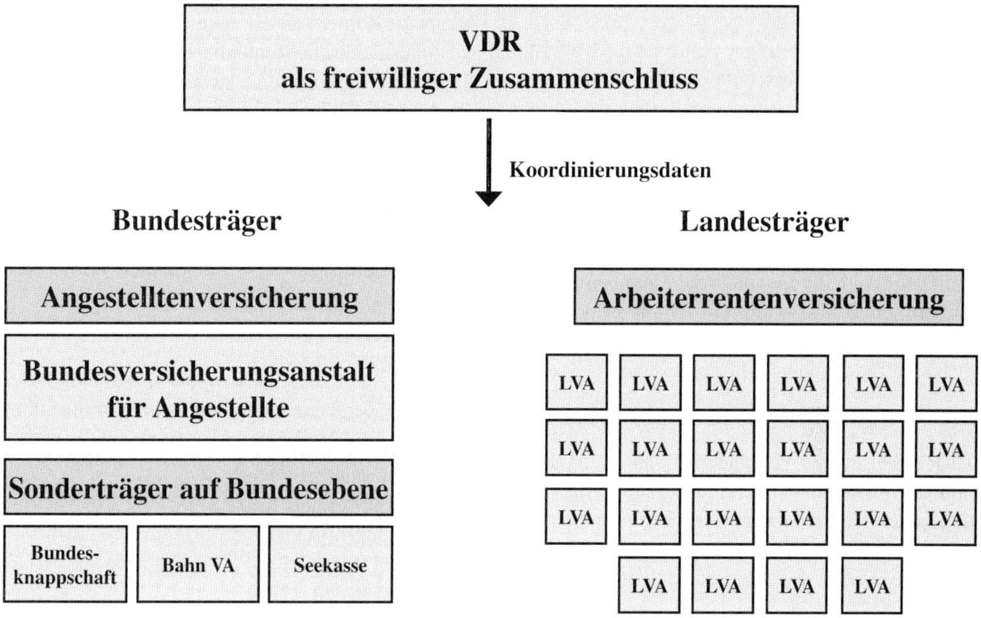

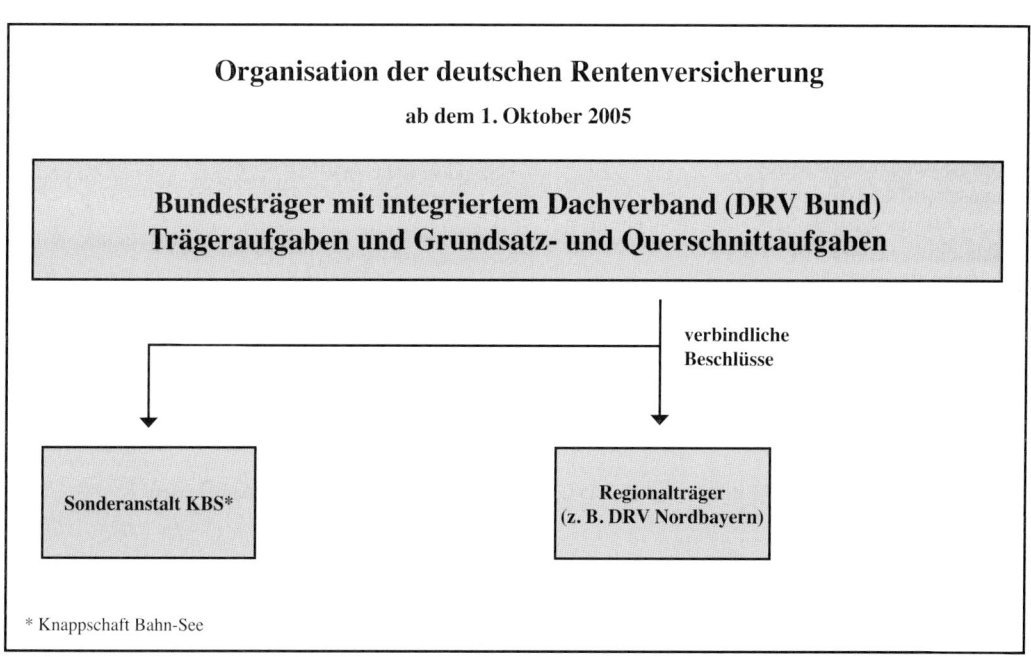

cherungsträger, bei dem sie am 31. Dezember 2004 versichert war. Lediglich etwa 5 Prozent dieses Personenkreises werden im Rahmen eines Ausgleichsverfahrens in einem Zeitraum von 15 Jahren einem anderen Versicherungsträger zugeordnet.

579 Alle Versicherungsträger sind auch weiterhin Selbstverwaltungskörperschaften. Die Vertreterversammlung sowie der Vorstand sind je zur Hälfte mit Vertretern der Versicherten und der Arbeitgeber besetzt. Sie werden in freien und geheimen Sozialversicherungswahlen gewählt, bei denen sich die Gewerkschaften und andere Arbeitnehmervereinigungen mit sozial- und berufspolitischer Zwecksetzung sowie – völlig getrennt hiervon – die Vereinigungen von Arbeitgebern zur Wahl stellen. Die Wahlen finden alle sechs Jahre statt. Die nächsten Sozialversicherungswahlen sind für das Jahr 2011 vorgesehen.

Träger der gesetzlichen Rentenversicherung

580 Nach den in den vergangenen Jahren erfolgten Fusionen von Rentenversicherungsträgern sind derzeit folgende Träger der gesetzlichen Rentenversicherung für die Ausführung des Rentenrechts nach dem Sechsten Buch Sozialgesetzbuch im Einzelnen zuständig:

als Bundesträger

Deutsche Rentenversicherung Bund
(ehemals BfA – Bundesversicherungsanstalt für Angestellte)
10704 Berlin
Telefon 030 865-0
Telefax 030 865-27240

Deutsche Rentenversicherung
Knappschaft-Bahn-See
(ehemals Bundesknappschaft, Bahnversicherungsanstalt und Seekasse)
Hauptverwaltung
Pieperstraße 14-28
44789 Bochum
Telefon 0234 304-0
Telefax 0234 304-66050

als Regionalträger

Deutsche Rentenversicherung Baden-Württemberg
(ehemals LVA Baden-Württemberg)

Standort Karlsruhe
76122 Karlsruhe
Telefon 0721 825-0
Telefax 0721 825-21229

Standort Stuttgart
70429 Stuttgart
Telefon: 0711 848-0
Telefax: 0711 848 21438

Deutsche Rentenversicherung Bayern Süd
(ehemals Deutsche Rentenversicherung Niederbayern-Oberpfalz und Deutsche Rentenversicherung Oberbayern)

Standort Landshut
84028 Landshut
Telefon 0871 81-0
Telefax 0871 81-2140

Standort München
81729 München
Telefon: 089 6781-0
Telefax: 089 6781-2345

Deutsche Rentenversicherung Berlin- Brandenburg
(ehemals LVA Berlin und LVA Brandenburg)

Standort Frankfurt (Oder)
Bertha-von-Suttner-Straße 1
15236 Frankfurt/Oder
Telefon 0335 551-0
Telefax 0335 551-1295

Standort Berlin
Knobelsdorffstraße 92
14059 Berlin
Telefon 030 3002-0
Telefax 030 3002-1009

Deutsche Rentenversicherung
Braunschweig-Hannover
(ehemals LVA Braunschweig und LVA Hannover)

Standort Laatzen
Lange Weihe 2
30880 Laatzen
Telefon 0511 829-0
Telefax 0511 829-2635

Standort Braunschweig
Kurt-Schumacher-Straße 20
38091 Braunschweig
Telefon 0531 7006-0
Telefax 0531 7006-425

Deutsche Rentenversicherung Hessen
(ehemals LVA Hessen)
Städelstraße 28
60596 Frankfurt/Main
Telefon 069 6052-0
Telefax 069 6052-1600

Sozialgesetzbuch · 6. Buch · Rentenversicherung

Deutsche Rentenversicherung Mitteldeutschland
(ehemals LVA Thüringen, LVA Sachsen-Anhalt
und LVA Sachsen)

Standort Leipzig
Georg-Schumann-Str. 146
04159 Leipzig
Telefon 0341 550-55
Telefax 0341 550-5900

Standort Erfurt
Kranichfelder Str. 3
99097 Erfurt
Telefon 0361 482-0
Telefax 0361 482-2299

Standort Halle
Paracelsusstraße 21
06114 Halle
Telefon 0345 213-0
Telefax 0345 202-3314

Deutsche Rentenversicherung Nord
(ehemals LVA Schleswig Holstein,
LVA Mecklenburg-Vorpommern und
LVA Freie und Hansestadt Hamburg)

Standort Lübeck
Ziegelstraße 150
23556 Lübeck
Telefon 0451 485-0
Telefax 0451 485-1777

Standort Neubrandenburg
Platanenstraße 43
17033 Neubrandenburg
Telefon 0395 370-0
Telefax 0395 370-4444

Standort Hamburg
Friedrich-Ebert-Damm 245
22159 Hamburg
Telefon 040 5300-0
Telefax 040 5300-2999

Deutsche Rentenversicherung Nordbayern
(ehemals LVA Ober-, Mittel- und Unterfranken)

Standort Bayreuth
95440 Bayreuth
Telefon 0921 607-0
Telefax 0921 607-398

Standort Würzburg
Friedenstraße 12/14
97072 Würzburg
Telefon 0931 802-0
Telefax 0931 802-243

Deutsche Rentenversicherung Oldenburg-Bremen
(ehemals LVA Oldenburg-Bremen)
Huntestraße 11
26135 Oldenburg
Telefon 0441 927-0
Telefax 0441 927-2563

Deutsche Rentenversicherung Rheinland
(ehemals LVA Rheinprovinz)
40194 Düsseldorf
Telefon 0211 937-0
Telefax 0211 937-3096

Deutsche Rentenversicherung Rheinland-Pfalz
(ehemals LVA Rheinland-Pfalz)
Eichendorffstraße 4-6
67346 Speyer
Telefon 06232 17-0
Telefax 06232 17-2589

Deutsche Rentenversicherung Saarland
(ehemals LVA für das Saarland)
Martin-Luther-Straße 2-4
66111 Saarbrücken
Telefon 0681 3093-0
Telefax 0681 3093-199

Deutsche Rentenversicherung Schwaben
(ehemals LVA Schwaben)
Dieselstraße 9
86154 Augsburg
Telefon 0821 500-0
Telefax 0821 500-1000

Deutsche Rentenversicherung Westfalen
(ehemals LVA Westfalen)
48125 Münster
Telefon 0251 238-0
Telefax 0251 238-2960

Finanzierung

Deckungsverfahren

581 Bis zum Jahr 1957 sahen die für die gesetzliche Rentenversicherung maßgebenden Finanzierungsvorschriften ein Anwartschaftsdeckungsverfahren mit einer großen Kapitalansammlung vor. Jedoch konnten diese Vorschriften nicht über lange Zeiträume hinweg eingehalten werden; die danach angesammelten Vermögen gingen bei der Inflation 1923 und bei der Währungsreform 1948 (in Höhe von rd. 16 Mrd. RM) weitgehend verloren. Im Rahmen der

Rentenreform 1957 setzte sich der Gedanke durch, dass die Ausgaben der Rentenversicherung mit Rücksicht auf die inzwischen erreichte Größenordnung nicht mehr durch eine Kapitalansammlung gesichert werden könnten. Es wären je nach dem Zinsfuß, den man seiner Berechnung zugrunde legt, heutzutage hierfür etwa fünf Billionen Euro erforderlich. Deswegen wurde 1957 ein Abschnittsdeckungsverfahren eingeführt; danach war der Beitragssatz so festzusetzen, dass die Beitragseinnahmen zusammen mit dem Bundeszuschuss und sonstigen Einnahmen ausreichten, alle in dem 1957 beginnenden 10-jährigen Deckungsabschnitt entstehenden Aufwendungen zu decken und darüber hinaus am Ende des Deckungsabschnitts über eine Rücklage in Höhe einer Jahresausgabe zu eigenen Lasten der Versicherungsträger zu verfügen. 1969 wurde ein neues Finanzierungsverfahren eingeführt, nämlich ein Umlageverfahren mit einer Liquiditätsreserve. Die Rücklage erhielt dadurch nur noch die Funktion einer Schwankungsreserve, die möglichst liquide angelegt werden musste, damit in Zeiten einer defizitären Entwicklung die Zahlungsfähigkeit der Versicherungsträger gewährleistet ist und der Gesetzgeber ausreichend Zeit hat, die zur Sicherung der Leistungsfähigkeit eventuell notwendigen Maßnahmen zu beschließen. Den 15-jährigen Vorausberechnungen, die an die Stelle der früheren versicherungstechnischen Bilanzen traten, kommt danach nur noch die Funktion eines Signals zu, mit dessen Hilfe abgeschätzt werden kann, ob und ggf. wann unter bestimmten Prämissen Handlungsbedarf zur Sicherstellung des Gleichgewichts von Einnahmen und Ausgaben besteht.

582 Die Schwankungsreserve, die Ende 1973 mit 9,4 Monatsausgaben einen relativen Höchststand erreicht hatte, sank in den anschließenden elf Jahren auf 0,9 Monatsausgaben ab. Dies hatte seine Ursache vor allem darin, dass auch die Schwankungsreserve im Rahmen der ab 1977 einsetzenden Konsolidierungsbemühungen zur Deckung von Defiziten eingesetzt wurde. Im Laufe dieser Jahre wurde auch deutlich, dass das alleinige Vorhalten einer Schwankungsreserve bei konjunkturellen Wechsellagen nur unzureichend geeignet ist, einem Ausgleich von Einnahmen- und Ausgabenschwankungen zu dienen.

583 Deshalb sind durch das Rentenreformgesetz 1992 die für die Ausgaben und Einnahmen maßgebenden Größen, nämlich Rentenanpassung, Beitragssatz und Bundeszuschuss, selbstregulierend miteinander verbunden worden. Dieser Selbstregulierungsmechanismus setzt ein, wenn die Nachhaltigkeitsrücklage (bis zur begrifflichen Neufassung durch das RV-Nachhaltigkeitsgesetz als Schwankungsreserve bezeichnet) zum Jahresende einen bestimmten Betrag (seit dem Jahr 2004 den Betrag in Höhe von 20 Prozent der Ausgaben der Rentenversicherungsträger für einen Monat) unterschreiten oder einen bestimmten Betrag (seit dem Jahr 2004 den Betrag in Höhe von 150 Prozent der Ausgaben der Rentenversicherungsträger für einen Monat) überschreiten wird. Durch diesen Selbstregulierungsmechanismus sowie durch die für den Notfall vorgesehene Liquiditätshilfe des Bundes ist das im Gesetz jetzt auch ausdrücklich verankerte Umlageverfahren um die notwendigen Mechanismen ergänzt worden, mit denen die unterjährige Periodik im Verlauf von Einnahmen und Ausgaben ausgeglichen werden kann.

Tabelle 34: Entwicklung der Rücklage[1] der allgemeinen RV

Beitragssatz seit 1957	zum Jahresende	in Mrd. DM (ab 2002 in Euro)	in Monatsausgaben
14 Prozent	1966	27,3	–
14 Prozent	1967	24,8	–
15 Prozent	1968	23,1	–
16 Prozent	1969	20,8	7,9
17 Prozent	1970	24,0	8,1
17 Prozent	1971	29,5	8,8
17 Prozent	1972	34,8	9,3
18 Prozent	1973	39,9	9,4
18 Prozent	1974	44,3	8,6
18 Prozent	1975	43,0	7,4
18 Prozent	1976	35,8	5,3
18 Prozent	1977	25,3	3,3
18 Prozent	1978	18,1	2,2
18 Prozent	1979	16,4	1,9
18 Prozent	1980	18,7	2,1
18,5 Prozent	1981	21,7	2,4
18 Prozent	1982	20,5	2,1
18,0 Prozent/18,5 Prozent ab 1.9.	1983	15,0	1,5
18,5 Prozent	1984	09,8	0,9
18,7 Prozent/19,2 Prozent ab 1.6.	1985	11,2	1,0
19,2 Prozent	1986	17,8	1,6
19,2 Prozent/18,7 Prozent ab 1.4.	1987	21,0	1,8
18,7 Prozent	1988	23,2	1,9
18,7 Prozent	1989	25,8	2,0
18,7 Prozent	1990	35	2,6
18,7 Prozent/17,7 Prozent ab 1.4.	1991	42,9	2,7
17,7 Prozent	1992	49,1	2,6
17,5 Prozent	1993	38,7	1,9
19,2 Prozent	1994	33,4	1,5
18,6 Prozent	1995	21,9	0,9
19,2 Prozent	1996	14,0	0,57
20,3 Prozent	1997	13,5	0,55
20,3 Prozent	1998	17,9	0,71
20,3 Prozent/19,5 Prozent ab 1.4.	1999	26,6	0,95
19,3 Prozent	2000	27,8	1,00
19,1 Prozent	2001	26,8	0,93
19,1 Prozent	2002	9,7	0,63
19,5 Prozent	2003	7,5	0,48
19,5 Prozent	2004	5,0	0,32
19,5 Prozent	2005	1,7	0,11
19,5 Prozent	2006	8,2	0,52
19,9 Prozent	2007	11,5	0,72
19,9 Prozent	2008	15,7	0,97
19,9 Prozent	2009	16,2	0,97
19,9 Prozent	2010	17,9[2]	1,07[2]
19,9 Prozent	2011	18,4[2]	1,08[2]

1) Bis 1968 Bar- und Anlagevermögen bis 1989 nur alte Bundesländer.
2) Nach den Annahmen im Rentenversicherungsbericht 2010.

Tabelle 35: Faustdaten zu den Rentenfinanzen der allgemeinen Rentenversicherung 2010

1 Prozent Lohnzuwachs	=	1,7 Mrd. EUR Beitragseinnahmen jährlich
Je 100 000 abhängig Beschäftigte	=	0,5 Mrd. EUR Beitragseinnahmen jährlich
Je 100 000 Empfänger von Arbeitslosengeld I	=	0,4 Mrd. EUR Rentenversicherungsbeiträge der Bundesagentur für Arbeit
100 000 Renten	=	0,9 Mrd. EUR Ausgaben jährlich
1 Prozent Rentenerhöhung (Jahresdurchschnitt)	=	2,2 Mrd. EUR Ausgaben jährlich
1 Prozent Erhöhung des allgemeinen Beitragssatzes zur KVdR	=	1,0 Mrd. EUR im Jahresdurchschnitt
1 Prozent Erhöhung des Beitragssatzes in der RV	=	11,0 Mrd. EUR davon : 9,2 Mrd. EUR Beitragseinnahmen jährlich und 1,8 Mrd. EUR allgemeiner Bundeszuschuss
1,0 Monatsausgabe der Nachhaltigkeitsrücklage in liquiden Mitteln (Bundesgebiet)	=	rd. 18 Mrd. EUR

Rentenversicherungsbericht und Sozialbeirat

584 Statt des früheren Rentenanpassungsberichts hat die Bundesregierung ab 1992 den gesetzgebenden Körperschaften zum 30. November eines jeden Jahres einen Rentenversicherungsbericht vorzulegen, der unabhängig von der durch Rechtsverordnung erfolgenden Rentenanpassung sowie ggf. Beitragssatzveränderung die gesetzgebenden Körperschaften und die Öffentlichkeit nicht nur über die künftige Entwicklung der Rentenversicherung, sondern ab 1997 auch über die Entwicklung der Alterssicherung insgesamt informiert. Dieser Bericht enthält auf der Grundlage der letzten Ermittlungen der Zahl der Versicherten und Rentner sowie der Einnahmen, der Ausgaben und der Nachhaltigkeitsrücklage in der allgemeinen Rentenversicherung zunächst Modellrechnungen zur Entwicklung von Einnahmen und Ausgaben, der Nachhaltigkeitsrücklage sowie des jeweils erforderlichen Beitragssatzes in den künftigen 15 Kalenderjahren. Außerdem enthält der Rentenversicherungsbericht eine Übersicht über die voraussichtliche finanzielle Entwicklung der Rentenversicherung in den nächsten fünf Jahren, wobei er von der jeweils aktuellen Einschätzung der mittelfristigen Wirtschaftsentwicklung durch die Bundesregierung ausgeht.

585 Im Jahre 1997 hatte der Bericht außerdem erstmals über die Leistungen der anderen ganz oder teilweise öffentlich finanzierten Alterssicherungssysteme sowie deren Finanzierung zu informiert (Alterssicherungsbericht 1997). Daneben enthielt der Alterssicherungsbericht 1997 auch Angaben über die Einkommenssituation der Leistungsbezieher sowie über Leistungskumulationen. Der Bericht bietet damit einen Überblick über die Alterssicherung in der Bundesrepublik Deutschland insgesamt und außerdem Gelegenheit, die Auswirkungen der seit 1992 eingetretenen Änderungen in allen ganz oder teilweise mit öffentlichen Mitteln finanzierten Alterssicherungssystemen darzustellen und zu bewerten. Der Gesetzgeber hat die Bundesregierung verpflichtet, diesen ergänzenden Bericht einmal in jeder Wahlperiode des Deutschen Bundestages in den Rentenversicherungsbericht aufzunehmen. Nach dem Alterssicherungsbericht 1997 hat es im Jahr 2001 den Alterssicherungsbericht 2001, Anfang des Jahres 2006 den Alterssicherungsbericht 2005 und zuletzt im Jahr 2008 den Alterssicherungsbericht 2008 gegeben. Seit dem Alterssicherungsbericht 2005 enthält der Alterssicherungsbericht fünf Berichtsteile, Teil A: Leistungen und Finanzierung der ganz oder teilweise öffentlich finanzierten Alterssicherungssysteme, Teil B: Die Einkommen aus Alterssicherungssystemen, Teil C: Die Gesamteinkommen im Seniorenalter, Teil D: Steuerliche Förderung und Grad der Verbreitung von betrieblicher und privater Altersvorsorge, Teil E: Das Gesamtversorgungsniveau für typische Rentner einzelner Zugangsjahrgänge.

586 Der Rentenversicherungsbericht ist jeweils zum 30. November eines Jahres den gesetzgebenden Körperschaften vorzulegen, weil er auch als Grundlage für die Beurteilung der notwendigen Beitragssatzanpassungen in einem dreijährigen Prognosezeitraum gedacht ist.

587 Dem Rentenversicherungsbericht ist jeweils eine gutachtliche Stellungnahme des Sozialbeirats beizufügen. Der Sozialbeirat setzt sich aus jeweils vier Vertretern der Versicherten und der Arbeitgeber, einem Vertreter der Deutschen Bundesbank und drei Vertretern der Wirtschafts- und Sozialwissenschaften zusammen. Die Mitglieder des Sozialbeirats werden von der Bundesregierung für die Dauer von vier Jahren berufen. Er dient ihr als unabhängiges Sachverständigengremium, das ggf. auch zu anderen Fragen der Rentenversicherung Stellungnahmen erarbeitet und diese den gesetzgebenden Körperschaften zuleitet.

Höhe der Beiträge

588 Für die Pflichtversicherten in der Rentenversicherung wird der Beitrag aus dem Beitragssatz und

den beitragspflichtigen Einnahmen, der so genannten Beitragsbemessungsgrundlage, ermittelt.

Festsetzung des Beitragssatzes

589 Der auf eine Dezimalstelle zu rundende Beitragssatz für das Folgejahr wird durch Rechtsverordnung so festgesetzt, dass die voraussichtlichen Ausgaben des folgenden Kalenderjahres gedeckt und die erforderliche finanzielle Reserve (seit 2005 als so genannte Nachhaltigkeitsrücklage bezeichnet) zum Jahresende sichergestellt ist. Diese Methodik der jährlichen Festsetzung des Beitragssatzes ist Bestandteil des durch das Rentenreformgesetz 1992 geschaffenen Regelmechanismus (vgl. Rdnr. 19 ff.).

590 Neben dem Erzielen der notwendigen Einnahmen für die Deckung der laufenden Ausgaben ist das Erreichen einer bestimmten finanziellen Mindestreserve zum Ende des Jahres maßgebende Stellgröße für die Höhe des Beitragssatzes. Funktion des Mindestwerts für die Nachhaltigkeitsrücklage ist es, kurzfristige im Jahresverlauf auftretende Schwankungen des Einnahmenstroms auszugleichen. In jedem Jahr erreichen die finanziellen Reserven der Rentenversicherung gegen Jahresende einen Höchststand, der bedingt ist durch beitragspflichtige Einmalzahlungen wie z. B. das Weihnachtsgeld. Im Verlaufe des Jahres schmelzen diese wieder ab, und etwa im Oktober erreichen sie gewöhnlich einen Tiefstand. Danach steigen sie wieder an.

591 Ein Blick in die Vergangenheit zeigt den Bedeutungswandel, den die Rücklage der Rentenversicherung im Zeitverlauf vollzogen hat. Als der Gesetzgeber 1957 eine Rücklage in Höhe einer Jahresausgabe am Ende des ersten zehnjährigen Deckungsabschnitts vorschrieb, war das Vertrauen in das Umlagesystem noch nicht sehr groß. Mit der Anpassung des Beitragssatzes an sich verändernde ökonomische Bedingungen hatte man noch keine Erfahrungen. Allerdings waren die Renten bis zu dieser Zeit auch noch viel zu gering, um eine lebensstandardsichernde Funktion zu erfüllen. Die Rücklage behielt zu diesem Zeitpunkt daher die Restfunktion eines Deckungsstockes. Im Laufe der Zeit setzte sich jedoch die Erkenntnis durch, dass eine Rücklage dieser Höhe zur Beitragssatzstabilisierung nicht erforderlich war. Es zeigte sich auch, dass ihre notwendig längerfristige Anlage es erschwerte, sie in Zeiten einer wirtschaftlichen Rezession zu nutzen. Der Verkauf von Vermögensanlagen führte insbesondere wegen der durch Angebotsüberdruck verursachten Wertminderung bei der Veräußerung von Vermögensanlagen zu Verlusten bei den aus Beiträgen und Steuern aufgebauten Rücklagen der Rentenversicherungsträger.

592 Mit der Einführung des reinen Umlageverfahrens im Jahre 1969 verlor das Vermögen der Rentenversicherung vollends die Funktion eines Deckungsstockes, sondern diente seitdem ausschließlich der Liquiditätsreserve. Hierzu wurde die Bildung einer Gesamtrücklage in Höhe von 3 Monatsausgaben als ausreichend angesehen. Zugleich wurden im Jahr 1969 erstmals die 15-jährigen Vorausberechnungen eingeführt, die – neben der mittelfristigen Prognose – die Grundlage für den heutigen Rentenversicherungsbericht bilden. Im Jahr 1977 wurde die Höhe der Mindestrücklage auf eine Monatsausgabe herabgesetzt.

593 Die jüngere Vergangenheit hat gezeigt, dass auch bei Unterschreiten des seit 1977 gesetzlich festgeschriebenen Mindestzielwerts für die finanzielle Reserve in Höhe einer Monatsausgabe die jederzeitige Zahlungsfähigkeit der Rentenversicherungsträger sichergestellt ist. Wie Tabelle 34 nach Rdnr. 583 ausweist, lagen die finanziellen Reserven der Rentenversicherung jeweils zum Jahresende bereits in den achtziger Jahren teilweise, mehr noch in den neunziger Jahren, unterhalb einer Monatsausgabe, ohne dass dadurch die Zahlungsfähigkeit der Rentenversicherung gefährdet gewesen wäre. Ausschlaggebend dafür war die gestiegene Liquidität der Reserve. Denn bereits seit 1977 war vorgeschrieben, dass die Reserve liquide, d. h. mit Laufzeiten, Kündigungsfristen oder Restlaufzeiten von maximal 12 Monaten, anzulegen ist.

594 Mit dem Gesetz zur Bestimmung der Schwankungsreserve in der Rentenversicherung der Arbeiter und Angestellten aus dem Jahr 2001 wurde bestimmt, dass mit den festzusetzenden Beitragssätzen zum Ende des jeweiligen Folgejahres nicht mehr wie bis dahin vorgesehen eine Reserve in Höhe von mindestens 100 Prozent einer Monatsausgabe, sondern nur noch mindestens in Höhe von 80 Prozent einer Monatsausgabe erreicht werden soll. Da für das Jahr 2003, konjunkturell bedingt, ein Anstieg des Beitragssatzes von 19,1 Prozent auf 19,9 Prozent drohte, entschloss sich der Gesetzgeber mit dem Beitragssatzsicherungsgesetz aus dem Jahr 2002 den Mindestwert für die Reserve erneut herabzusetzen, und zwar auf 50 Prozent einer Monatsausgabe. Hierdurch verringerte sich der notwendige Anstieg des Beitragssatzes für das Jahr 2003 um 0,3 Beitragssatzpunkte.

595 Die auch im Jahr 2003 weiter anhaltende konjunkturelle Schwäche hat dazu geführt, dass die Beitragseinnahmen der Rentenversicherung erneut schwächer gestiegen waren, als für die Festsetzung des Beitragssatzes 2003 kalkuliert worden war. Um den gesetzlich bestimmten unteren Zielwert für die damalige Schwankungsreserve von 50 Prozent einer Monatsausgabe zu Ende des Jahres 2004 zu erreichen, hätte der Beitragssatz für das Jahr 2004 um 0,8 Beitragssatzpunkte höher auf dann 20,3 Prozent festgesetzt werden müssen. Durch eine weitere Absenkung des unteren Zielwerts für die Reserve auf jetzt nur noch 20 Prozent einer Monatsausgabe konnte im Zusammenwirken mit weiteren ausgabemindernden Maßnahmen (z. B. das Aussetzen der Rentenanpassung im Jahr 2004) erreicht werden, dass der Beitragssatz im Jahr 2004 bei 19,5 Prozent gehalten werden konnte.

596 Selbst wenn eine hohe Reserve für die längerfristige Beitragssatzstabilität wünschenswert erscheint, ist diese jedoch nicht erforderlich, um die jederzeitige Zahlungsfähigkeit der Rentenversicherung im laufenden Kalenderjahr sicher zu stellen. In einnahmeschwachen Monaten greifen die Instrumente „Vorziehen der Monatsraten der Bundeszuschüsse" und „Liquiditätshilfe des Bundes" ein. Die Zahlung der Renten ist somit auch bei einer sehr niedrigen Reserve zu jedem Zeitpunkt sichergestellt.

Verstetigung der Beitragssatzfestsetzung

597 Die seit 1992 nach der Methodik der Selbstregulierung praktizierte jährliche Neufestlegung des Beitragssatzes hatte insbesondere in der zweiten Hälfte der neunziger Jahre zu kräftigen Beitragssatzsprüngen geführt. So musste der Beitragssatz für das Jahr 1995 herabgesetzt werden, obwohl zum Zeitpunkt der Festsetzung dieses Beitragssatzes bereits feststand, dass der Beitragssatz für das Jahr 1996 wieder angehoben werden musste. Dies hatte zu erheblichen Irritationen und Verunsicherungen geführt und Zweifel an einer soliden Finanzierung der Leistungen der Rentenversicherung aufkommen lassen. Deshalb wurde mit dem Rentenreformgesetz 1999 eine Regelung zur Verstetigung des Beitragssatzes geschaffen. Ab dem Jahr 2000 sollte der Beitragssatz nur noch dann verändert werden, wenn am Ende des jeweiligen Folgejahres die Reserve entweder den Betrag für den unteren Zielwert der Reserve (im Jahr 2000 1 Monatsausgabe) unterschreitet oder den Betrag für den oberen Zielwert der Reserve (im Jahr 2000 1 1/2 Monatsausgaben) überschreitet.

598 Um zu erreichen, dass die Lohnnebenkosten durch Zuwendung des Aufkommens aus der ökologischen Steuer- und Abgabenreform an die gesetzliche Rentenversicherung gesenkt werden können (vgl. Rdnr. 661 ff.), ist diese Methodik der verstetigten Beitragsfestsetzung bis zum Jahr 2003 jedoch ausgesetzt worden. Die verstetigte Beitragssatzfestsetzung erfolgt daher erst seit dem Jahr 2004.

599 Im Zuge der Absenkung des Mindestwerts der Schwankungsreserve ist auch der Höchstwert der Schwankungsreserve (die so genannte Höchstschwankungsreserve) herabgesetzt worden. Mit dem Gesetz zur Bestimmung der Schwankungsreserve in der Rentenversicherung der Arbeiter und Angestellten aus dem Jahr 2001 wurde er von 150 Prozent auf 120 Prozent einer Monatsausgabe und ein Jahr später mit dem Beitragssatzsicherungsgesetz aus dem Jahr 2002 noch einmal von 120 Prozent auf 70 Prozent einer Monatsausgabe abgesenkt.

600 Die anhaltende konjunkturelle Schwächeperiode in der ersten Hälfte dieses Jahrzehnts hatte deutlich gemacht, dass der finanziellen Reserve der Rentenversicherung nicht allein die Funktion zukommen sollte, unterjährig die Liquidität der gesetzlichen Rentenversicherung angesichts der Ungleichzeitigkeit von Einnahmeperiodik und Ausgabenperiodik im Verlauf eines Jahres zu gewährleisten. Die finanzielle Reserve kann vielmehr auch als Instrument zur Stabilisierung des Rentenversicherungsbeitragssatzes bei konjunkturellen Schwankungen nutzbar gemacht werden. Dazu gehört zum einen, dass in konjunkturellen Schwächephasen die Reserve bis an die äußerste Grenze aufgelöst werden kann, um den Beitragssatz stabil zu halten, wie dies mit der Absenkung der Mindestschwankungsreserve auf jetzt 20 Prozent einer Monatsausgabe vorgesehen ist. Um aber auch in künftigen konjunkturellen Schwächeperioden eine Stabilisierung des Beitragssatzes durch den Rückgriff auf eine finanzielle Reserve zu ermöglichen, ist es erforderlich, in Zeiten des Aufschwungs die Finanzreserve wieder aufwachsen zu lassen. Mit dem Gesetz zur nachhaltigen Sicherung der Finanzierungsgrundlagen der gesetzlichen Rentenversicherung ist daher die Schwankungsreserve in eine so genannte „Nachhaltigkeitsrücklage" umgewandelt worden, indem der Höchstwert für diese Reserve wieder auf 150 Prozent einer Monatsausgabe angehoben wurde.

601 Seit dem Jahr 2004 gilt daher, dass der jeweils aktuell geltende Beitragssatz für das folgende Kalenderjahr nur dann zu verändern ist, wenn bei Beibehaltung dieses Beitragssatzes am Ende des folgenden Kalenderjahres der untere Zielwert für die Nachhaltigkeitsrücklage in Höhe von 20 Prozent einer Monatsausgabe unterschritten oder der obere Zielwert für die Nachhaltigkeitsrücklage in Höhe von 150 Prozent einer Monatsausgabe überschritten wird. Würde die Nachhaltigkeitsrücklage bei Beibehaltung des bisherigen Beitragssatzes am Ende des folgenden Kalenderjahres weniger als 20 Prozent einer Monatsausgabe betragen, ist der Beitragssatz für das folgende Kalenderjahr so anzuheben, dass die Nachhaltigkeitsrücklage den gesetzlich geforderten Mindestwert voraussichtlich erreichen wird. In dem Fall, dass bei Beibehaltung des bisherigen Beitragssatzes die Nachhaltigkeitsrücklage am Ende des folgenden Kalenderjahres das Volumen von 150 Prozent einer Monatsausgabe voraussichtlich übersteigt, ist der Beitragssatz für das folgende Kalenderjahr so herabzusetzen, dass die Nachhaltigkeitsrücklage am Ende des folgenden Kalenderjahres voraussichtlich den gesetzlich geforderten Höchstwert erreichen wird.

Die Festsetzung des Beitragssatzes ab dem Jahr 2007

602 Der im Jahr 2006 geltende Beitragssatz in Höhe von 19,5 Prozent hätte nicht ausgereicht, um Ende des Jahres 2007 eine Nachhaltigkeitsrücklage in Höhe von mindestens 20 Prozent einer Monatsausgabe sicherzustellen. Nach den Vorausschätzungen zur finanziellen Entwicklung der allgemeinen Rentenversicherung Ende des Jahres 2006 wäre es ausreichend gewesen, den Beitragssatz für das Jahr 2007 von 19,5 Prozent auf 19,7 Prozent anzuheben, um den gesetzlich geforderten Mindestwert der Nachhaltigkeitsrücklage in Höhe von 20 Prozent einer Monatsausgabe zum Ende des Jahres 2007 voraussichtlich zu erreichen. Der Gesetzgeber hat sich mit dem Gesetz über die Senkung des Beitrags zur Arbeitsförderung, die Festsetzung der Beitragssätze in der gesetzlichen Rentenversicherung und der Beiträge und Beitragszuschüsse in der Alterssicherung der Landwirte für das Jahr 2007 jedoch entschlossen, in Abweichung vom gesetzlichen Regelmechanismus den Beitragssatz in der allgemeinen Rentenversicherung für das Jahr 2007 um 0,2 Beitragssatzpunkte höher auf 19,9 Prozent festzusetzen. Mit dieser Maßnahme soll eine ausreichende Finanzreserve geschaffen werden, um auch in den Folgejahren nach 2007 den Beitragssatz unterhalb der 20-Prozentmarke zu halten. Die Einschätzungen der finanziellen Entwicklung in der allgemeinen Rentenversicherung in den Jahren nach 2007 führte dazu, dass sich die Nachhaltigkeitsrücklage bei Beibehaltung des Beitragssatzes von 19,9 Prozent innerhalb des Korridors von mindestens 20 Prozent und höchstens 150 Prozent einer Monatsausgabe der allgemeinen Rentenversicherung bewegte. Die Bundesregierung konnte deshalb – wie nach den gesetzlichen Regelungen zur Festsetzung des Beitragssatzes vorgesehen – die Fortgeltung des Beitragssatzes von 19,9 Prozent für die Jahre 2008, 2009, 2010 und zuletzt 2011 im Bundesanzeiger verkünden.

Tabelle 36: Beitragssätze der allgemeinen Rentenversicherung (bis Ende 2004: Rentenversicherung der Arbeiter und der Angestellten) in Prozent der beitragspflichtigen Einnahmen

Zeitraum		Zeitraum	
1891/1911	1,7/–	ab 1.3.1957	14,0
1912	2,1/–	ab 1.1.1968	15,0
1913/1916	2,1/5,3	ab 1.1.1969	16,0
1917/1923	2,6/5,3	ab 1.1.1970	17,0
1924	2,7/3,0	ab 1.1.1973	18,0
1925/1926	4,1/4,0	ab 1.1.1981	18,5
1927/1942	5,0/4,0	ab 1.1.1982	18,0
ab 1.7.1942	5,6	ab 1.9.1983	18,5
ab 1.6.1949	10,0	ab 1.1.1985	18,7
ab 1.4.1955	11,0	ab 1.6.1985	19,2
		ab 1.4.1987	18,7
		ab 1.1.1991	17,7
		ab 1.1.1993	17,5
		ab 1.1.1994	19,2
		ab 1.1.1995	18,6
		ab 1.1.1996	19,2
		ab 1.1.1997	20,3
		ab 1.4.1999	19,5
		ab 1.1.2000	19,3
		ab 1.1.2001	19,1
		ab 1.1.2003	19,5
		ab 1.1.2007	19,9

Die Beitragssätze in der Arbeiterrentenversicherung (ArV) vor 1927 und in der Angestelltenversicherung (AnV) vor 1942 stellen Durchschnittswerte aus den Beitragssätzen für die einzelnen Lohn- und Gehaltsklassen dar.

Beitragsbemessungsgrundlagen

603 Beitragsbemessungsgrundlage sind die so genannten beitragspflichtigen Einnahmen. Dies ist bei den gegen Arbeitsentgelt versicherungspflichtig Beschäftigten in der Regel das gezahlte Arbeitsentgelt.

Höchstbeiträge

604 Für den höchsten Pflichtbeitrag ist eine Beitragsbemessungsgrundlage in Höhe der Beitragsbemessungsgrenze zugrunde zulegen. Die Beitragsbemessungsgrenze – ursprünglich das Doppelte der allgemeinen Bemessungsgrundlage, die Bestandteil der bis Ende 1991 geltenden Rentenberechnungsfor-

Sozialgesetzbuch · 6. Buch · Rentenversicherung

mel war – ist für das Jahr 1984 auf 62.400 DM festgesetzt und anschließend entsprechend der Bruttoentgeltentwicklung fortgeschrieben worden. Seit 1992 ist für die jährliche Fortschreibung der Beitragsbemessungsgrenze die Bruttolohnentwicklung des vergangenen zum vorvergangenen Kalenderjahr maßgebend; der sich hieraus ergebende Betrag ist auf den nächsten durch 600 teilbaren Betrag aufzurunden.

605 Im Jahr 2002 hat die Beitragsbemessungsgrenze in der Rentenversicherung der Arbeiter und Angestellten (ab dem 2005 als allgemeine Rentenversicherung bezeichnet) in den alten Bundesländern 54.000 Euro jährlich, bzw. 4.500 Euro monatlich, und in den neuen Bundesländern 45.000 Euro jährlich, bzw. 3.750 Euro monatlich betragen. Dies entsprach einem Arbeitsentgelt in Höhe von rd. dem 1,8fachen des Durchschnittsverdienstes des Jahres 2002. Zur Dämpfung des für das Jahr 2003 aus konjunkturellen Gründen unvermeidlichen Beitragssatzanstiegs wurde die Beitragsbemessungsgrenze der allgemeinen Rentenversicherung mit dem Beitragssatzsicherungsgesetz so festgesetzt, dass sie ab dem Jahr 2003 zur Versicherung eines Entgelts in Höhe des 2fachen des jeweiligen Durchschnittsverdienstes führt. Für das Jahr 2003 wurde daher die Beitragsbemessungsgrenze in der allgemeinen Rentenversicherung (bis 2004 als Rentenversicherung der Arbeiter und Angestellten bezeichnet) in den alten Bundesländern auf den Betrag von 61.200 Euro jährlich, bzw. 5.100 Euro monatlich, und in den neuen Bundesländern auf den Betrag von 51.000 Euro jährlich, bzw. 4.250 Euro monatlich, gesetzlich festgelegt. Für die Fortschreibung der Beitragsbemessungsgrenze vor Anwendung der Rundungsregelung wurde im Beitragssatzsicherungsgesetz auch der Ausgangswert zur Bestimmung der Beitragsbemessungsgrenze für das Jahr 2004 bestimmt. Er wurde auf den Betrag in Höhe von 60.792,06 Euro festgesetzt. Auf der Basis dieses Ausgangswerts ist die Beitragsbemessungsgrenze für das Jahr 2004 in der allgemeinen Rentenversicherung entsprechend der Veränderung der Bruttolöhne vom Jahr 2002 zum Jahr 2003 für die alten Bundesländer auf 61.800 Euro festgesetzt worden. Entsprechend der dann jährlich angewandten Dynamisierungsregel war die Beitragsbemessungsgrenze in der allgemeinen Rentenversicherung für das Jahr 2011 auf monatlich 5.500 Euro sowie jährlich 66.000 Euro für die alten Bundesländer und auf monatlich 4.800 Euro sowie jährlich 57.600 Euro für die neuen Bundesländer festzusetzen. Hieraus errechnet sich für das Jahr 2011 ein höchstmöglicher Pflichtbeitrag von monatlich 1.094,50 Euro in den alten Bundesländern und von monatlich 955,20 Euro in den neuen Bundesländern.

606 Übersteigt das Arbeitsentgelt aus mehreren Beschäftigungen die Beitragsbemessungsgrenze, wird der insgesamt als Beitrag zu zahlende höchstmögliche Pflichtbeitrag (im Jahr 2011 1.094,50 Euro in den alten Bundesländern und 955,20 Euro in den neuen Bundesländern) nach folgender Formel auf die jeweiligen Beschäftigungen verteilt:

$$AEb \times \frac{BBG}{AEg} = aBG$$

AEb Arbeitsentgelt aus der jeweiligen Beschäftigung

BBG Beitragsbemessungsgrenze

AEg Arbeitsentgelte insgesamt

aBG anteilige Beitragsbemessungsgrundlage

Beispiele

Beispiel 1

Monatlicher Verdienst aus
1. Beschäftigung =   4.500 EUR

Monatlicher Verdienst aus
2. Beschäftigung =   1.500 EUR

Monatliche Beitragsbemessungsgrenze
für das Jahr 2011
(alte Bundesländer) =   5.500 EUR

Beitrag für den Verdienst aus der 1. Beschäftigung:

$$4.500 \text{ EUR} \times \frac{5.500 \text{ EUR}}{4.500 \text{ EUR} + 1.500 \text{ EUR}} = 4.125{,}00 \text{ EUR}$$

4.125,00 EUR × 19,9 Prozent   = 820,88 EUR
(= Beitragsanteil für Verdienst aus 1. Beschäftigung)

Beitrag für den Verdienst aus der 2. Beschäftigung:

$$1.500 \text{ EUR} \times \frac{5.500 \text{ EUR}}{4.500 \text{ EUR} + 1.500 \text{ EUR}} = 1.375{,}00 \text{ EUR}$$

1.375,00 EUR × 19,9 Prozent   = 273,62 EUR
(= Beitragsanteil für Verdienst aus 2. Beschäftigung)

Sozialgesetzbuch · 6. Buch · Rentenversicherung

Beispiel 2

Monatlicher Verdienst aus
Hauptbeschäftigung = 5.700 EUR

Monatlicher Verdienst aus einer
zweiten Nebenbeschäftigung = 300 EUR

Monatliche Beitragsbemessungsgrenze
für das Jahr 2011
(alte Bundesländer) = 5.500 EUR

Beitrag für den Verdienst aus der
Hauptbeschäftigung:

$$5.700 \text{ EUR} \times \frac{5.500 \text{ EUR}}{5.700 \text{ EUR} + 300 \text{ EUR}} = 5.225,00 \text{ EUR}$$

5.225,00 EUR × 19,9 Prozent = 1.039,78 EUR
(= Beitragsanteil für Verdienst
aus der Hauptbeschäftigung)

Beitrag für den Verdienst aus der zweiten
Nebenbeschäftigung:

$$300 \text{ EUR} \times \frac{5.500 \text{ EUR}}{5.700 \text{ EUR} + 300 \text{ EUR}} = 275,00 \text{ EUR}$$

275,00 EUR × 19,9 Prozent = 54,72 EUR
(= Beitragsanteil für Verdienst
aus der Nebenbeschäftigung)

Mindestbeiträge

607 Bis zum 31. März 1999 war Bemessungsgrundlage für den niedrigsten Pflichtbeitrag ein Siebtel der monatlichen Bezugsgröße (630 DM in den alten Bundesländern und 530 DM in den neuen Bundesländern). Seit dem 1. April 1999 gilt aufgrund des Gesetzes zur Neuregelung der geringfügigen Beschäftigungsverhältnisse für den niedrigsten Pflichtbeitrag eine Bemessungsgrundlage von 300 DM monatlich. Nach der Umstellung auf Eurobeträge beträgt sie seit dem 1. Januar 2002 155 Euro monatlich. Diese Mindestbemessungsgrundlage gilt einheitlich für die alten und die neuen Bundesländer. Bei einem Beitragssatz in Höhe von 19,9 Prozent für das Jahr 2011 beläuft sich der monatliche Mindestpflichtbeitrag des Jahres 2011 somit auf 30,85 Euro.

608 Bis zum 31. März 1999 entsprach auch der geringste freiwillige Beitrag stets dem geringsten Pflichtbeitrag. Mit dem Gesetz zur Neuregelung der geringfügigen Beschäftigungsverhältnisse wurde die Entsprechung von geringstem Pflichtbeitrag und geringstem freiwilligen Beitrag jedoch aufgegeben und die Bemessungsgrundlage für den freiwilligen Mindestbeitrag für die alten und neuen Bundesländer statisch auf 630 DM (für die Zeit ab dem 1. Januar 2002 auf 325 Euro) festgesetzt. Mit der Heraufsetzung der Geringfügigkeitsgrenze von 325 Euro auf 400 Euro zum 1. April 2003 wurde auch die Bemessungsgrundlage für den freiwilligen Mindestbeitrag auf diesen Betrag angehoben. Der geringste freiwillige Beitrag für das Jahr 2011 beträgt damit einheitlich für die alten und neuen Bundesländer 79,60 Euro (19,9 Prozent × 400 Euro).

Pflichtbeitrag für versicherungspflichtig Beschäftigte

609 Beitragsbemessungsgrundlage (beitragspflichtige Einnahme) ist für versicherungspflichtig Beschäftigte das Arbeitsentgelt, wobei für einmalige Zuwendungen (z. B. Urlaubsgeld, Weihnachtsgeld) nicht die monatliche Beitragsbemessungsgrenze des Zahlungsmonats, sondern die bei der Zahlung erreichte anteilige Jahresbeitragsbemessungsgrenze maßgebend ist. Dadurch wird berücksichtigt, dass einmalige Zuwendungen in der Regel durch die Arbeit in mehreren Lohnabrechnungszeiträumen verdient werden. Für Auszubildende beträgt die Beitragsbemessungsgrundlage mindestens ein Prozent der Bezugsgröße (im Jahr 2011 25,55 Euro monatlich in den alten Bundesländern und 22,40 Euro monatlich in den neuen Bundesländern). Für bestimmte Personengruppen – z. B. Bezieher von Sozialleistungen, Selbständige, behinderte Menschen, Wehr- oder Zivildienstleistende – gelten für die Bestimmung der Beitragsbemessungsgrundlagen Sonderregelungen (vgl. Rdnr. 623 ff.).

Pflichtbeiträge aus Arbeitsentgelten bis 800 Euro

610 Mit dem Zweiten Gesetz für moderne Dienstleistungen am Arbeitsmarkt wurde im Zusammenhang mit der Anhebung der Arbeitsentgeltgrenze für geringfügige Beschäftigungen eine Gleitzonenregelung für den Niedriglohnbereich eingeführt. Während seit dem 1. April 2003 geringfügige Beschäftigungen mit einem Arbeitsentgelt bis zu 400 Euro im Monat versicherungsfrei bleiben, sind Beschäftigungen mit einem monatlichen Arbeitsentgelt in der sich anschließenden Gleitzone von 400,01 Euro bis 800,00 Euro seit dieser Zeit zwar nach wie vor versicherungspflichtig, allerdings hat der Arbeitnehmer nur einen reduzierten Beitragsanteil am Gesamtsozialversicherungsbeitrag zu tragen: von ca. 5 Prozent bei einem Arbeitsentgelt von 400,01 Euro und für jeden Euro mehr an Arbeitsentgelt, dann progressiv ansteigend auf den vollen Arbeitnehmerbeitragsanteil an dem paritätisch von Arbeitnehmer und Arbeitgeber zu tragenden Gesamtsozialversicherungsbeitrag von rd. 20 Prozent ab einem Arbeitsentgelt von 800,00 Euro. Der Arbeitgeberbeitrag aus Arbeitsentgelten in der Gleitzone am Gesamtsozialversicherungsbeitrag ist dagegen unverändert geblieben. Durch die Gleitzonenregelung soll die so genannte Niedriglohnschwelle beseitigt werden, die in Beschäftigungsverhältnissen mit Arbeitsentgelten knapp oberhalb der Geringfügigkeitsgrenze zu einem abrupten Anstieg der Sozialabgaben auf den vollen Sozialversicherungsbeitrag geführt hat, mit der Folge, dass das Nettoentgelt aus Bruttoentgelten oberhalb von 400 Euro geringer ausfiel als das Nettoentgelt aus einem Bruttoentgelt von 400 Euro.

611 Bei Arbeitnehmern, die gegen ein regelmäßiges monatliches Arbeitsentgelt innerhalb der Gleitzone beschäftigt sind, ist für die Berechnung des Arbeitnehmeranteils am Beitrag nicht das tatsächlich erzielte Arbeitsentgelt, sondern ein nach folgender Formel verringertes „beitragspflichtiges" Arbeitsentgelt zugrunde zulegen:

$$F \times 400 + (2 - F) \times (AE - 400) =$$
Beitragspflichtiger Anteil des Arbeitsentgelts

AE = Arbeitsentgelt

$$F = \frac{30\% \, (= \text{Gesamtabgabensatz für versicherungsfrei geringfügig Beschäftigte})}{\text{Durchschnittlicher Gesamtsozialversicherungsbeitragssatz}}$$

Aufgrund des für die gesetzliche Rentenversicherung maßgebenden Prinzips der Beitrags-/Leistungsäquivalenz sind dann auch die Entgeltpunkte auf der Grundlage des nach dieser Formel herabgesetzten beitragspflichtigen Arbeitsentgelts zu ermitteln.

612 Der Faktor F ergibt sich aus dem Verhältnis aus dem Gesamtabgabensatz für geringfügig Beschäftigte (ab dem 1. Juli 2006 30 Prozent) und dem durchschnittlichen Beitragssatz für den von Arbeitnehmer und Arbeitgeber zu tragenden Gesamtsozialversicherungsbeitrag. Der Berechnung des Faktors F wird der durchschnittliche Gesamtsozialversicherungsbeitragssatz des Kalenderjahres zugrunde gelegt, in dem der Anspruch auf das Arbeitsentgelt entstanden ist. Der Faktor ist auf vier Dezimalstellen zu runden. Der durchschnittliche Gesamtsozialversicherungsbeitragssatz eines Kalenderjahres ergibt sich aus der Summe der zum 1. Januar desselben Kalenderjahres geltenden Beitragssätze in der allgemeinen Rentenversicherung, in der gesetzlichen Pflegeversicherung sowie zur Arbeitsförderung und des allgemeinen Beitragssatzes in der gesetzlichen Krankenversicherung. Der für die Gleitzonenformel maßgebende durchschnittliche Gesamtsozialversicherungsbeitragssatz und der Faktor F werden vom Bundesministerium für Arbeit und Soziales bis zum 31. Dezember eines Jahres für das folgende Kalenderjahr im Bundesanzeiger bekannt gegeben. Für das Jahr 2011 betragen der durchschnittliche Beitragssatz für den von Arbeitgebern und Arbeitnehmern zu tragenden Gesamtsozialversicherungsbeitrag 40,35 Prozent (Rentenversicherung 19,9 Prozent, Pflegeversicherung 1,95 Prozent, Arbeitslosenversicherung 3,0 Prozent und Krankenversicherung 15,5 Prozent) und damit der Faktor F 0,7435. Demzufolge kann die für das Jahr 2011 anzuwendende Formel wie folgt vereinfacht werden:

$$0{,}7435 \times 400 + (2 - 0{,}7435) \times (AE - 400) = 1{,}2565 \times AE - 205{,}20$$

$$1{,}2565 \times AE - 205{,}20 =$$
Beitragspflichtiger Anteil des Arbeitsentgelts

613 Der zur Rentenversicherung zu zahlende Beitrag wird aus dem sich nach dieser Formel ergebenden – für die Beitragszahlung und Rentenberechnung maßgebenden – beitragspflichtigen Anteil am Arbeitsentgelt und dem jeweils geltenden Beitragssatz ermittelt. Der Arbeitgeber trägt an diesem Beitrag einen Arbeitgeberanteil in Höhe der Hälfte des Betrages, der sich ergibt, wenn der jeweilige Beitragssatz auf das der Beschäftigung zugrunde liegende tatsächliche Arbeitsentgelt angewendet wird. Der Beitragsanteil des Arbeitnehmers errechnet sich dann aus der Differenz zwischen dem aus dem beitragspflichtigen Anteil am Arbeitsentgelt zu zahlenden vollen Beitrag und dem vom Arbeitgeber zu tragenden „regulären" Beitragsanteil. Die Formel für die Verteilung der Beitragstragung lautet somit:

Arbeitnehmerbeitragsanteil	=	voller Beitrag auf Basis des beitragspflichtigen Anteils am Arbeitsentgelt	−	Arbeitgeberanteil auf Basis des tatsächlichen Arbeitsentgelts

Beispiel für eine Beitragsberechnung bei Arbeitsentgelten in der Gleitzone:	
Monatliches Arbeitsentgelt	= 550,00 EUR
Beitragspflichtiger Anteil am Arbeitsentgelt: 1,2565 × 550,00 − 205,20	= 485,88 EUR
Rentenversicherungsbeitrag: 485,88 × 19,9 Prozent	= 96,69 EUR
abzüglich Arbeitgeberbeitragsanteil auf Basis des tatsächlichen Arbeitsentgelts 550,00 × 9,95 Prozent	= 54,73 EUR
Arbeitnehmerbeitragsanteil (96,69 EUR − 54,73 EUR)	= 41,96 EUR

614 Aufgrund der Reduzierung des beitragspflichtigen Arbeitsentgelts und daraus folgend des Arbeitnehmerbeitragsanteils bei Beschäftigungen in der Gleitzone wird der späteren Rentenberechnung für diese Zeit auch nur der beitragspflichtige Anteil am tatsächlich erzielten Arbeitsentgelt zugrunde gelegt. D. h., aufgrund des reduzierten Arbeitnehmerbeitrags erwirbt der Beschäftigte reduzierte Rentenanwartschaften. Versicherungspflichtige Arbeitnehmer, die Beschäftigungen in der Gleitzone ausüben, ist daher die Möglichkeit eingeräumt worden, für den Bereich der gesetzlichen Rentenversicherung auf die Reduzierung des beitragspflichtigen Arbeitsentgelts zu verzichten und den vollen Arbeitnehmerbeitrag zu zahlen. Durch den Verzicht auf die Anwendung der Regelungen zur Gleitzone für die gesetzliche Rentenversicherung können die damit verbundenen rentenmindernden Auswirkungen vermieden werden. Hierzu muss der Arbeitnehmer gegenüber dem Arbeitgeber schriftlich erklären, dass der Beitragsberechnung als beitragspflichtige Einnahme das tatsächliche Arbeitsentgelt zugrunde gelegt werden soll. Die Erklärung kann nur für die Zukunft und bei mehreren Beschäftigungen nur einheitlich abgegeben werden. Geht die Verzichtserklärung innerhalb von zwei Wochen nach Aufnahme der Beschäftigung beim Arbeitgeber ein, wirkt sie auf den Beginn der Beschäftigung zurück, falls der Arbeitnehmer dies wünscht. Die Erklärung bleibt für die Dauer der Beschäftigungen bindend.

615 Werden durch Zusammenrechnung von zwei oder mehr ausgeübten geringfügigen Beschäftigungen oder durch Zusammenrechnung einer versicherungspflichtigen Hauptbeschäftigung mit einer zweiten oder dritten geringfügigen Nebenbeschäftigung mehrere versicherungspflichtige Beschäftigungen ausgeübt, deren Arbeitsentgelte jedoch in der Summe innerhalb der Gleitzone liegen, berechnen sich die beitragspflichtigen Anteile an den Arbeitsentgelten wie folgt:

[F × 400 + (2 − F) × (GAE − 400)] × EAE : GAE

oder nach der vereinfachten Formel für das Jahr 2011:

(1,2565 × GAE − 205,20) × EAE : GAE

EAE = Einzelarbeitsentgelt

GAE = Gesamtarbeitsentgelt

Beispiel für die Beitragsberechnung bei mehreren Beschäftigungen mit einem Gesamtarbeitsentgelt in der Gleitzone	
Beschäftigung A, monatliches Arbeitsentgelt	= 350,00 EUR
Beschäftigung B monatliches Arbeitsentgelt:	= 370,00 EUR
Gesamtarbeitsentgelt (Gleitzonenfall)	= 720,00 EUR
Beitragspflichtiges Arbeitsentgelt A (1,2565 × 720,00 − 205,20) × (350:720)	= 340,03 EUR
Beitragspflichtiges Arbeitsentgelt B (1,2565 × 720,00 − 205,20) × (370:720)	= 359,46 EUR
Rentenversicherungsbeitrag A 340,03 EUR × 19,9 Prozent	= 67,67 EUR
Rentenversicherungsbeitrag B 359,46 EUR × 19,9 Prozent	= 71,53 EUR
Arbeitgeberbeitragsanteil A 350,00 EUR × 9,95 Prozent	= 34,83 EUR
Arbeitnehmerbeitragsanteil A 67,67 EUR − 34,83 EUR	= 32,84 EUR
Arbeitgeberbeitragsanteil B 370,00 EUR × 9,95 Prozent	= 36,82 EUR
Arbeitnehmerbeitragsanteil B 71,53 EUR − 36,82 EUR	= 34,71 EUR

616 Die Regelung zur Gleitzone gilt nicht für:
- Personen, die zu ihrer Berufsausbildung (z. B. Auszubildende, Praktikanten) beschäftigt sind,
- Beschäftigungen, bei denen für die Beitragsberechnung fiktive Arbeitsentgelte zugrunde gelegt werden (z. B. bei der Beschäftigung behinderter Menschen in anerkannten Werkstätten für behinderte Menschen),
- Arbeitsentgelten aus Altersteilzeitarbeit oder Arbeitsentgelten bei sonstigen Vereinbarungen über flexible Arbeitszeiten, in denen lediglich das reduzierte Arbeitsentgelt in die Gleitzone fällt,
- versicherungspflichtige Arbeitnehmer, deren monatliches Arbeitsentgelt regelmäßig mehr als 800 Euro beträgt und nur – z. B. wegen Kurzarbeit – so weit gemindert ist, dass das tatsächlich erzielte Arbeitsentgelt die obere Gleitzonengrenze von 800 Euro unterschreitet,
- geringfügig entlohnte Beschäftigungen, die nur in der gesetzlichen Rentenversicherung aufgrund des Verzichts auf die Rentenversicherungsfreiheit versicherungspflichtig sind und
- geringfügige Beschäftigungen mit einem Arbeitsentgelt von 325,01 Euro bis 400 Euro, die nach dem am 31. März 2003 geltenden Recht versicherungspflichtig waren, aufgrund der Änderung der Regelungen zu den geringfügigen Beschäftigungsverhältnissen seit dem 1. April 2003 zwar geringfügig und somit versicherungsfrei wären, jedoch nach dem Übergangsrecht versicherungspflichtig bleiben (vgl. Rdnr. 53).

Pauschalbeitrag bei geringfügiger Beschäftigung

617 Seit dem 1. April 1999 sind auch Arbeitnehmer, die eine dauerhafte geringfügige Beschäftigung ausüben, in der gesetzlichen Rentenversicherung beitragspflichtig. Seit dieser Zeit hat der Arbeitgeber für geringfügig beschäftigte Arbeitnehmer einen Pauschalbeitrag als Arbeitgeberanteil zu zahlen. Die Verpflichtung zur Zahlung des Pauschalbeitrags besteht für den Arbeitgeber auch dann, wenn der Arbeitnehmer in einem Hauptberuf z. B. als Beamter, Selbständiger oder befreiter Angestellter in einem freien Beruf nicht versicherungspflichtig ist. Der vom Arbeitgeber zu zahlende Pauschalbeitrag betrug zunächst 12 Prozent des Bruttoarbeitsentgelts. Mit dem Haushaltsgesetz 2006 ist der Satz für diesen Pauschalbeitrag des Arbeitgebers für die Zeit ab dem 1. Juli 2006 auf 15 Prozent angehoben worden. Diese Anhebung erfolgte im Zuge der Anhebung der Pauschalabgaben für die geringfügige Beschäftigung von zunächst 25 Prozent auf 30 Prozent ab dem 1. Juli 2006 (Pauschalbeitrag zur Rentenversicherung 15 Prozent, Pauschalbeitrag zur Krankenversicherung 13 Prozent und Pauschalsteuer unverändert 2 Prozent). Insgesamt sind damit die Pauschalbeiträge zur Sozialversicherung von 23 Prozent auf nun 28 Prozent angehoben worden. Durch die Anhebung des Pauschalbeitragssatzes für die Kranken- und Rentenversicherung für geringfügig Beschäftigte soll der Beitrag dieser Beschäftigtengruppe an der Gesamtfinanzierung der Sozialsysteme gestärkt werden. Durch die sich aus der Anhebung des Pauschalbeitrags zur Rentenversicherung ab dem 1. Juli 2006 ergebenden Mehreinnahmen ließ sich ab dem Jahr 2006 auch eine Entlastung des Bundeshaushalts erreichen. Denn das Haushaltsgesetz 2006 sieht vor, dass der Bundeszuschuss zur allgemeinen Rentenversicherung um die aus der 3-prozentigen Erhöhung des Pauschalbeitrags zur Rentenversicherung resultierenden Beitragsmehreinnahmen abgesenkt wird.

618 Macht der dauerhaft geringfügig Beschäftigte von der seit dem 1. April 1999 bestehenden Möglichkeit Gebrauch, auf die gesetzlich vorgesehene Versicherungsfreiheit zu verzichten, entsteht ein reguläres versicherungspflichtiges Beschäftigungsverhältnis mit der Verpflichtung zur Zahlung voller lohnbezogener Pflichtbeiträge. Im Falle des Verzichts auf die Versicherungsfreiheit hat der Beschäftigte als Beitrag die Differenz zwischen dem vollen Pflichtbeitrag und dem 15-prozentigen Pauschalbeitrag zu tragen. Auch für die pflichtversicherten geringfügig Beschäftigten ist Beitragsbemessungsgrundlage für die zu zahlenden Pflichtbeiträge das erzielte Arbeitsentgelt. Geringfügig Beschäftigte, deren Arbeitsentgelt 155 Euro im Monat nicht übersteigt, haben jedoch einen Mindestpflichtbeitrag auf der Bemessungsgrundlage eines monatlichen Bruttoarbeitsentgelts in Höhe von 155 Euro zu zahlen (im Jahr 2011: 155 Euro × 19,9 Prozent = 30,85 Euro).

619 Mit dem Zweiten Gesetz für moderne Dienstleistungen am Arbeitsmarkt wurde der Pauschalbeitrag für dauerhafte geringfügige Beschäftigungen mit Wirkung vom 1. April 2003 auf 5 Prozent gesenkt, wenn es sich um eine geringfügige Beschäftigung im Privathaushalt handelt. Für die Entstehung der Beitragspflicht gelten die gleichen Voraussetzungen wie für den 15-prozentigen Pauschalbeitrag. Der 5-prozentige Pauschalbeitrag für geringfügige Beschäftigungen im Privathaushalt ist nicht mit dem Haushaltsgesetz 2006 parallel zur Anhebung des Pauschalbeitrags für gewerbliche Arbeitgeber angehoben worden. Dieser Satz beträgt damit auch ab dem 1. Juli 2006 weiterhin 5 Prozent. Auch bei Ausübung einer dauerhaften geringfügigen Beschäftigung im Privathaushalt kann der geringfügig Beschäftigte auf die Versicherungsfreiheit verzichten. Im Falle des Verzichts auf die Versicherungsfreiheit hat der Beschäftigte als Beitrag die Differenz zwischen dem vollen Pflichtbeitrag (ermittelt aus dem erzielten Arbeitsentgelt – mindestens 155 Euro – und dem vollen Beitragssatz) und dem 5-prozentigen Pauschalbeitrag zu tragen.

Beitragsbemessungsgrundlage bei Altersteilzeitarbeit

620 Für Arbeitnehmer, die mit ihrem Arbeitgeber Altersteilzeitarbeit nach dem Altersteilzeitgesetz vereinbaren, ist Beitragsbemessungsgrundlage auch der Unterschiedsbetrag zwischen mindestens 90 Prozent des Vollzeitarbeitsentgelts, höchstens jedoch 90 Prozent der Beitragsbemessungsgrenze, und dem Altersteilzeitentgelt.

621 Mit dem Dritten Gesetz für moderne Dienstleistungen am Arbeitsmarkt ist als Berechnungsbasis zur Ermittlung der Aufstockungsleistungen des Arbeitgebers ein Regelarbeitsentgelt bestimmt worden. Das Regelarbeitsentgelt ist das auf den Monat entfallende sozialversicherungspflichtige Arbeitsentgelt, das der Arbeitgeber im Rahmen des Altersteilzeitarbeitsverhältnisses regelmäßig zu erbringen hat. Das Abstellen auf das bisherige (Vollzeit-)Arbeitsentgelt entfällt damit. Dies soll den bisher von Arbeitgebern und Agenturen für Arbeit zu leistenden hohen Arbeitsaufwand bei der Ermittlung der zu zahlenden Aufstockungsleistungen vermeiden. Beitragsbemessungsgrundlage für die zusätzlich durch den Arbeitgeber zu entrichtenden Beiträge zur gesetzlichen Rentenversicherung ist somit mindestens ein Betrag in Höhe von 80 Prozent des Regelarbeitsentgelts.

> **Beispiel für die Berechnung der Bemessungsgrundlage für den Aufstockungsbeitrag des Arbeitgebers**
>
> Monatliches (Vollzeit)Arbeitsentgelt
> vor Beginn der Altersteilzeitarbeit: 2.000 Euro
>
> Monatliches (Teilzeit)Arbeitsentgelt
> ab Beginn der Altersteilzeitarbeit: 1.000 Euro
>
> Bemessungsgrundlage für den
> (Arbeitgeber)Aufstockungsbeitrag: 800 Euro
> (80 Prozent von 1.000 Euro)
>
> Bemessungsgrundlage für den
> Monatsbeitrag insgesamt: 1.800 Euro

622 Die Bemessungsgrundlage für den Aufstockungsbeitrag des Arbeitgebers darf aber nicht höher sein als der Unterschiedsbetrag zwischen 90 Prozent der monatlichen Beitragsbemessungsgrenze und dem Regelarbeitsentgelt. Die Begrenzung soll sicherstellen, dass vom Arbeitgeber nicht höhere Rentenbeiträge gezahlt werden müssen als nach der (bis Juni 2004) bestehenden Rechtslage. Diese Neuregelung gilt für alle Altersteilzeitbeschäftigungen, die nach dem 30. Juni 2004 begonnen haben. Wie bereits bisher kann der Arbeitgeber weiterhin auf freiwilliger Basis höhere Beiträge zur gesetzlichen Rentenversicherung unter Beachtung der jeweils gültigen Beitragsbemessungsgrenze entrichten.

Sonderregelungen zu den Beitragsbemessungsgrundlagen für bestimmte Personengruppen

Beitragsbemessungsgrundlage bei Wehr-/Zivildienstleistenden

623 Für bestimmte Personengruppen gelten für die Beitragsbemessungsgrundlage Sonderregelungen. So werden für Personen, die als Wehrdienst- oder Zivildienstleistende versichert sind, Beiträge auf der Grundlage eines bestimmten Prozentsatzes der monatlichen Bezugsgröße gezahlt. Bis zum 31. Dezember 1999 errechnete sich die für Wehrdienst- oder Zivildienstleistende maßgebliche Beitragsbemessungsgrundlage aus 80 Prozent der monatlichen Bezugsgröße. Mit dem im Dezember 1999 verabschiedeten Haushaltssanierungsgesetz wurde sie für die Zeit ab dem 1. Januar 2000 auf 60 Prozent der monatlichen Bezugsgröße herabgesetzt, so dass für diejenigen, die im ersten Halbjahr 2011 noch Wehrdienst- oder Zivildienst leisten, für diese Zeit in den alten Bundesländern Beiträge aus einer monatlichen Bemessungsgrundlage von 1.533 Euro (2.555 Euro × 60 Prozent) und in den neuen Bundesländern aus einer monatlichen Bemessungsgrundlage von 1.344 Euro (2.240 Euro × 60 Prozent) gezahlt werden. Ob die für die alten Bundesländer oder für die neuen Bundesländer geltenden Beitragsbemessungsgrundlagen maßgebend ist, richtet sich nach dem Dienstort des Wehr- oder Zivildienstleistenden.

Beitragsbemessungsgrundlage bei Beziehern von Lohnersatzleistungen

624 Für Bezieher von Lohnersatzleistungen, wie z. B. Arbeitslosengeld, Krankengeld oder Verletztengeld, beträgt die Beitragsbemessungsgrundlage 80 Prozent des jeweils dieser Lohnersatzleistung zugrunde liegenden Arbeitsentgelts.

625 Bei Beziehern von Arbeitslosenhilfe (ab dem 1. Januar 2005 ersetzt durch das Arbeitslosengeld II) hatte sich bis Ende 2004 die Beitragsbemessungsgrundlage mehrfach geändert. Zunächst galt auch für sie 80 Prozent des der Berechnung der Arbeitslosenhilfe zugrunde zu legenden Arbeitsentgelts als Beitragsbemessungsgrundlage. Mit dem Wachstums- und Beschäftigungsförderungsgesetz wurde die Beitragsbemessungsgrundlage zunächst für diejenigen Bezieher von Arbeitslosenhilfe gekürzt, die wegen der Berücksichtigung von anderweitigem Einkommen oder Vermögen nur einen gekürzten Anspruch auf Arbeitslosenhilfe hatten. Bei diesen Personen sind von der Bundesanstalt für Arbeit in der Zeit von 1997 bis 1999 Beiträge nur noch auf der Grundlage der im Verhältnis von gekürztem zu ungekürztem Arbeitslosenhilfeanspruch reduzierten Beitragsbemessungsgrundlage an die Rentenversicherung gezahlt worden.

626 Durch das im Dezember 1999 verabschiedete Haushaltssanierungsgesetz ist dann die für Bezieher von Arbeitslosenhilfe maßgebliche Beitragsbemessungsgrundlage erneut geändert worden. Für die Zeit vom 1. Januar 2000 bis zum 31. Dezember 2004 war für Bezieher von Arbeitslosenhilfe dann nur noch der jeweilige Zahlbetrag der Arbeitslosenhilfe Beitragsbemessungsgrundlage für den Rentenversicherungsbeitrag.

627 Mit dem Vierten Gesetz für moderne Dienstleistungen am Arbeitsmarkt ist mit Wirkung vom 1. Januar 2005 die Arbeitslosenhilfe und die Sozialhilfe zu der neuen Leistung Arbeitslosengeld II zusammengelegt worden. Im Unterschied zur Arbeitslosenhilfe ist Berechnungsgrundlage für das Arbeitslosengeld II nicht mehr ein Bemessungsentgelt, sondern wie bei der bisherigen Sozialhilfe ausschließlich der Bedarf des Leistungsberechtigten. Daher war Bemessungsgrundlage für den Rentenversicherungsbeitrag der Bezieher von Arbeitslosengeld II nicht – wie zuvor bei Bezug von Arbeitslosenhilfe – der Zahlbetrag der Leistung, sondern - vom Zahlbetrag völlig unabhängig - ein gesetzlich bestimmter Betrag.

Im Vierten Gesetz für moderne Dienstleistungen am Arbeitsmarkt war dieser Betrag zunächst auf monatlich 400 Euro festgelegt worden. Damit konnten für die Zeit der Pflichtversicherung wegen des Bezugs von Arbeitslosengeld II Rentenanwartschaften auf der Grundlage des Mindestbeitrags für die freiwillige Versicherung erworben werden. Mit dem Gesetz zur Änderung des Zweiten Buches Sozialgesetzbuch ist zur Konsolidierung des Bundeshaushalts die einheitliche Bemessungsgrundlage für den Rentenversicherungsbeitrag für Bezieher von Arbeitslosengeld II mit Wirkung ab dem 1. Januar 2007 von 400 Euro auf 205 Euro herabgesetzt worden. Danach zahlte die Bundesagentur für Arbeit ab dem Jahr 2007 bei einem Beitragssatz von 19,9 Prozent für jeden Bezieher von Arbeitslosengeld II nur noch einen Beitrag in Höhe von 40,80 Euro monatlich. Diese für den Bezug von Arbeitslosengeld II bestimmte Bemessungsgrundlage für den Rentenversicherungsbeitrag galt ebenfalls für die Zeit des Bezugs von Übergangsgeld, Krankengeld, Verletztengeld oder Versorgungskrankengeld im Anschluss an den Bezug von Arbeitslosengeld II.

628 Schließlich ist mit dem Haushaltsbegleitgesetz 2011 die Rentenversicherungspflicht für Bezieher von Arbeitslosengeld II zum 31. Dezember 2010 aufgehoben worden, so dass ab dem 1. Januar 2011 Bezieher von Arbeitslosengeld II nicht mehr kraft Gesetzes in der gesetzlichen Rentenversicherung pflichtversichert sind und dementsprechend auch keine Pflichtbeiträge mehr von der Bundesagentur für Arbeit gezahlt werden. Ab dem 1. Januar 2011 werden Zeiten des Bezugs von Arbeitslosengeld II als unbewertete Anrechnungszeit berücksichtigt (vgl. Rdnr. 343).

629 Mit Einführung des Arbeitslosengelds II zum 1. Januar 2005 war zunächst geregelt worden, dass bei Bezug von Arbeitslosengeld und zusätzlichem Arbeitslosengeld II dann auch ein Beitrag zur gesetzlichen Rentenversicherung für den Bezug von Arbeitslosengeld II gezahlt wird, wenn die Beitragsbemessungsgrundlage für das Arbeitslosengeld (80 Prozent des dem Arbeitslosengeld zugrunde liegenden Arbeitsentgelts) den Betrag von 400 Euro unterschreitet. In diesem Fall war Beitragsbemessungsgrundlage für den Beitrag wegen des Bezugs von Arbeitslosengeld II die Differenz von 400 Euro und der Beitragsbemessungsgrundlage für das Arbeitslosengeld. Diese Regelung hat jedoch nur bis zum 31. Dezember 2006 gegolten. Mit dem Zweiten Gesetz zur Änderung des Zweiten Buches Sozialgesetzbuch wurde für Bezieher von Arbeitslosengeld II, die schon deswegen rentenversicherungspflichtig waren, weil sie gegen Arbeitsentgelt beschäftigt waren oder eine Lohnersatzleistung, wie z. B. Arbeitslosengeld, bezogen haben, ab dem 1. Januar 2007 die Rentenversicherungspflicht aufgrund des Bezugs von Arbeitslosengeld II aufgehoben. Damit war für diese Personengruppe die Beitragszahlung durch die Bundesagentur für Arbeit bereits seit dem 1. Januar 2007 vollständig entfallen.

Beitragsbemessungsgrundlage bei selbständig Tätigen

630 Bei versicherungspflichtigen selbständig Tätigen wird als Beitragsbemessungsgrundlage die monatliche Bezugsgröße zugrunde gelegt: im Jahr 2011 monatlich 2.555 Euro in den alten Bundesländern und monatlich 2.240 Euro in den neuen Bundesländern. Der auf dieser Grundlage gezahlte Beitrag wird als Regelbeitrag bezeichnet. Er beträgt im Jahr 2011 in den alten Bundesländern 508,45 Euro monatlich und 445,76 Euro monatlich in den neuen Bundesländern. In den ersten drei Jahren nach der Aufnahme der selbständigen Tätigkeit gilt als Beitragsbemessungsgrundlage 50 Prozent der monatlichen Bezugsgröße, so dass in dieser Zeit nur der halbe Regelbeitrag (im Jahr 2011 254,22 Euro monatlich in den alten Bundesländern und 222,88 Euro monatlich in den neuen Bundesländern) zu zahlen ist. Nur wenn der selbständig Tätige ein niedrigeres oder höheres tatsächliches Arbeitseinkommen nachweisen kann, ist dieses Einkommen Grundlage der Beitragszahlung.

Tragung der Beiträge

631 Die Beiträge werden bei pflichtversicherten Arbeitnehmern von dem Versicherten und dem Arbeitgeber je zur Hälfte getragen. Bei dauerhaft geringfügig beschäftigten Arbeitnehmern, die aufgrund ihres Verzichts auf die Versicherungsfreiheit versicherungspflichtig sind, hat der Arbeitgeber stets einen Beitragsanteil in Höhe von 15 Prozent, bei Beschäftigung im Privathaushalt 5 Prozent, des Arbeitsentgelts zu tragen.

632 Die Regelung, wonach die Arbeitgeber die Beiträge allein zu tragen hatten, wenn das monatliche Bruttoarbeitsentgelt des Versicherten die sogenannte Geringverdienergrenze von ehemals 610 DM (in den neuen Bundesländern 520 DM) nicht überstieg, ist seit 1997 ohne Bedeutung, da die für die Versicherungspflicht von Arbeitnehmern maßgebende Geringfügigkeitsgrenze seit diesem Jahr die 610 DM- bzw. 520 DM-Grenze erreicht bzw. überschritten hatte. Mit Einführung der Verpflichtung zur Zahlung eines pauschalen Arbeitgeberanteils für geringfügig Beschäftigte mit dem Gesetz zur Neuregelung der geringfügigen Beschäftigungsverhältnisse ist die Geringverdienergrenze für versicherungspflichtige Arbeitnehmer ganz aufgehoben worden. Für Auszubildende mit einer Ausbildungsvergütung unterhalb der Geringfügigkeitsgrenze (seit dem 1. April 2003: 400 Euro) hat der Arbeitgeber jedoch auch weiterhin den Rentenversicherungsbeitrag in vollem Umfang zu tragen. Freiwillig Versicherte tragen ihren Beitrag stets allein.

Abführung der Beiträge

633 Die Beiträge der pflichtversicherten Arbeitnehmer werden bei der Lohnauszahlung vom Arbeitgeber einbehalten und zusammen mit dem Eigenbeitragsanteil und den Beiträgen zur Kranken- und Pflegeversicherung sowie zur Bundesagentur für Arbeit als Gesamtsozialversicherungsbeitrag an die Einzugsstelle, die zuständige Krankenkasse, abgeführt. Diese überweist ihrerseits die den einzelnen Sozialversicherungszweigen zustehenden Beitragsanteile. Der Arbeitgeber haftet gegenüber der Einzugsstelle auch für den Beitragsanteil des Arbeitnehmers. Er darf seinen Anspruch gegenüber dem Arbeitnehmer grundsätzlich nur durch Abzug vom Arbeitsentgelt geltend machen. Er darf zudem einen unterbliebenen Abzug nur bei den drei nächsten Lohn- und Gehaltszahlungen nachholen, danach nur dann, wenn der Abzug ohne sein Verschulden unterblieben ist.

634 Durch das Beitragsentlastungsgesetz aus dem Jahr 2005 ist zum 1. Januar 2006 eine neue Fälligkeitsregelung für die Zahlung der Gesamtsozialversicherungsbeiträge in Kraft getreten. Die Gesamtsozialversicherungsbeiträge der pflichtversicherten Beschäftigten sind danach in voraussichtlicher Höhe der Beitragsschuld spätestens am drittletzten Bankarbeitstag des Monats fällig, in dem die Beschäftigung, mit der das Arbeitsentgelt erzielt wird, ausgeübt worden ist. Ein etwa verbleibender Restbetrag wird dann zum drittletzten Bankarbeitstag des nächsten Monats fällig. Mit der neuen Fälligkeitsregelung wird damit ausschließlich auf die voraussichtliche Höhe der Beiträge aus der für den noch laufenden Monat erbrachten Arbeitsleistung abgestellt. Bei Zahlung monatlich gleich bleibender Arbeitsentgelte steht jedoch die Höhe der Beiträge auch bereits am drittletzten Bankarbeitstag des Monats endgültig fest. Die neue Fälligkeitsregelung hat bewirkt, dass die gesetzliche Rentenversicherung sowie auch die übrigen Sozialversicherungszweige im Jahr 2006 Beiträge für dreizehn Monate eingenommen haben. Denn der Gesamtsozialversicherungsbeitrag für den Monat Dezember 2005 war von den Arbeitgebern noch nach der bis Ende 2005 geltenden Fälligkeitsregelung am 15. Januar 2006 und der Gesamtsozialversicherungsbeitrag für den Monat Januar 2006 bereits nach der neuen Fälligkeitsregelung am 27. Januar 2006 zu zahlen.

635 Der Arbeitgeber ist auch in den Fällen, in denen der Arbeitnehmer durch Verzicht auf die Versicherungsfreiheit rentenversicherungspflichtig geworden ist, Beitragsschuldner des gesamten Pflichtbeitrags, also auch des Arbeitnehmeranteils in Höhe des Unterschiedsbetrags aus dem mit dem jeweils geltenden Beitragssatz (19,9 Prozent im Jahr 2011) ermittelten Beitrag und 15 Prozent (bei Beschäftigung in einem Privathaushalt 5 Prozent) des erzielten Arbeitsentgelts als Arbeitgeberanteil. Der Arbeitgeber kann auch gegenüber dem versicherungspflichtig geringfügig Beschäftigten den Anspruch auf Erstattung des abzuführenden Arbeitnehmeranteils grundsätzlich nur durch Abzug dieses Beitragsanteils vom Arbeitsentgelt geltend machen.

636 Arbeitgeber, die eine geringfügige Beschäftigung mit einem Arbeitsentgelt unterhalb des Mindestpflichtbeitrags zur Rentenversicherung (im Jahr 2011: 19,9 Prozent × 155 Euro = 30,85 Euro) eingehen, können ihren Anspruch auf Erstattung des Arbeitnehmeranteils gegenüber dem Arbeitnehmer nicht durch Lohnabzug vollständig realisieren. Aus diesem Umstand dürfte sich faktisch eine Bagatellentgeltgrenze für rentenversicherungspflichtig geringfügig Beschäftigte in Höhe des jeweiligen Pflichtbeitrags aus der Mindestbemessungsgrundlage von 155 Euro ergeben.

637 Freiwillig Versicherte der Rentenversicherung zahlen ihren Beitrag selbst. Sie können ihn auf Antrag von ihrem Konto auf das Konto ihres Versicherungsträgers überweisen oder durch diesen von ihrem Konto abbuchen lassen. Freiwillige Beiträge für ein Kalenderjahr sind nur wirksam, wenn sie bis spätestens zum 31. März des Folgejahres gezahlt werden.

638 Pflichtbeiträge sind wirksam, wenn sie gezahlt werden, solange der Anspruch auf ihre Zahlung noch nicht verjährt ist; die Verjährungsfrist beträgt grundsätzlich vier Jahre. Danach ist eine Zahlung nur noch unter bestimmten Voraussetzungen in besonderen Härtefällen zulässig.

Zahlung zusätzlicher Beiträge zum Ausgleich von Rentenminderungen bei vorzeitiger Inanspruchnahme einer Altersrente

639 Die Rentenminderungen, die sich bei vorzeitiger Inanspruchnahme der Altersrente aufgrund des verringerten Zugangsfaktors ergeben, mit dem die längere Rentenbezugszeit bezogen auf die gesamte Rentenbezugsdauer ausgeglichen wird, kann durch Zahlung zusätzlicher Beiträge ausgeglichen werden. Die Berechtigung zur Zahlung solcher Beiträge hängt von der Erklärung des Versicherten ab, eine Altersrente vorzeitig zu beanspruchen. Die Erklärung verpflichtet jedoch nicht zur tatsächlichen Inanspruchnahme der Altersrente zum angegebenen Zeitpunkt.

640 Damit sich Versicherte, die von der Möglichkeit der Altersteilzeitarbeit Gebrauch machen wollen, Klarheit darüber verschaffen können, wie sich dies auf ihre Altersrente auswirken wird und mit welchen zusätzlichen Beiträgen die Rentenminderung beim vorzeitigen Beginn der Altersrente ausgeglichen werden kann, haben sie ab Vollendung des 54. Lebensjahres gegenüber dem Rentenversicherungsträger Anspruch auf Auskunft über die Höhe der sich bei vorzeitiger Inanspruchnahme für sie ergebenden Altersrente und über die Höhe der zum Ausgleich der Rentenminderung erforderlichen Beitragszahlung. Kein Auskunftsanspruch besteht, wenn die Anspruchsvoraussetzungen für eine vorzeitige Altersrente offensichtlich nicht erfüllt werden können.

641 Für die Auskunft hat der Arbeitgeber das gegenwärtige, aufgrund der bisherigen Beschäftigung gezahlte Arbeitsentgelt (bis zur Beitragsbemessungsgrenze) zu bescheinigen, soweit künftige rentenrechtliche Zeiten noch nicht bescheinigt sind. Dabei ist auch eine Einmalzahlung einzubeziehen, so weit mit hinreichender Sicherheit zu erwarten ist (z. B. aufgrund tarifvertraglicher Regelung), dass sie im entsprechenden Jahreszeitraum anfällt. Liegt eine Bescheinigung des Arbeitgebers nicht vor, werden die durchschnittlichen monatlichen Entgeltpunkte der Beitragszeiten des Kalenderjahrs zugrunde gelegt, für das zuletzt Entgeltpunkte ermittelt werden können.

642 Für die Ermittlung der durch den vorzeitigen Beginn der Altersrente bedingten Rentenminderung ist in einem ersten Schritt die Minderung des Zugangsfaktors und dann in einem zweiten Schritt die sich durch den niedrigeren Zugangsfaktor ergebende Minderung der persönlichen Entgeltpunkte zu ermitteln. Im Jahr 2011 ist für den Ausgleich eines persönlichen Entgeltpunkts 30.268 Euro × 19,9 Prozent = 6.023,33 Euro zu zahlen, wenn der sich aus diesem „gekauften" Entgeltpunkt ergebende Rentenbetrag vom Zeitpunkt der jeweils maßgebenden Altersgrenze gezahlt werden soll. Ist absehbar, dass auch der Rentenbetrag für diesen Entgeltpunkt bereits vor der maßgebenden Altersgrenze gezahlt werden soll, erhöht sich der für diesen Entgeltpunkt erforderliche Beitrag um 0,3 Prozent für jeden Monat der vorzeitigen Inanspruchnahme der Rente, wenn eine entsprechende Minderung des Rentenbetrags vermieden werden soll.

643 Die zusätzlichen Beiträge sind vom Versicherten zu tragen. Die Zahlung des Beitrags kann aber auch von einem Dritten, wie z. B. dem Arbeitgeber im Rahmen von Altersteilzeitvereinbarungen, übernommen werden.

Beitragserstattung

644 Wirksam gezahlte Beiträge können nur unter sehr engen Voraussetzungen wieder erstattet werden. Anspruch auf Beitragserstattung haben grundsätzlich nur Versicherte, die weder versicherungspflichtig sind, noch das Recht zur freiwilligen Versicherung haben. Da das Recht auf freiwillige Versicherung aber im Prinzip allen Deutschen und darüber hinaus denjenigen Ausländern zusteht, die entweder in der Bundesrepublik Deutschland oder in einem Land wohnen, mit dem ein entsprechendes Sozialversicherungsabkommen besteht, ergibt sich ein Recht auf Beitragserstattung praktisch nur für Ausländer im vertragslosen Ausland oder für Beamte, die nicht bereits vor ihrer Verbeamtung die allgemeine Wartezeit erfüllt hatten. Außerdem müssen seit dem Ausscheiden aus der Versicherungspflicht 2 Jahre (24 Kalendermonate) abgelaufen sein.

645 Wenn auch versicherungsfreie Personen (zum Beispiel Beamte) sowie von der Versicherungspflicht befreite Personen (zum Beispiel Angehörige von berufsständischen Versorgungseinrichtungen) seit dem 11 August 2010 das Recht zur freiwilligen Versicherung ohne die Bedingung „Erfüllungen der allgemeinen Wartezeit" haben (siehe Rdnr. 65), so ist es dennoch dabei verblieben, dass diesem Personenkreis bei nicht Erfüllung der allgemeinen Wartezeit, auch weiterhin das Recht auf Beitragserstattung zusteht. Etwas anderes gilt für diesen Personenkreis nur dann, sie von dem seit dem 11. August 2010 auch für sie bestehenden Recht zur freiwilligen Versicherung Gebrauch gemacht haben, also mindestens ein freiwilliger Beitrag nach dem neuen Recht wirksam gezahlt worden ist. In diesem Fall ist eine Beitragserstattung nur noch möglich, wenn die Regelaltersgrenze erreicht ist und – trotz freiwilliger Beitragszahlung – die allgemeine Wartezeit nicht erfüllt ist.

646 Dagegen wurde – ebenfalls mit Wirkung ab dem 11. August 2010 – das Recht auf Beitragserstattung für Personen ausgeschlossen, die nur für eine begrenzte Zeit von der Versicherungspflicht befreit sind (zum Beispiel Beamte oder Richter auf Zeit oder auf Probe, Soldaten auf Zeit oder Beamte auf Widerruf im Vorbereitungsdienst). Im Unterschied zu Beamten und Richtern auf Lebenszeit sowie zu Berufssoldaten ist es bei den zeitlich befristeten Dienstverhältnissen sehr wahrscheinlich, dass nach dem Ausscheiden aus dem versicherungsfreien Dienstverhältnis erneut Versicherungspflicht in der gesetzlichen Rentenversicherung eintritt, nämlich durch Aufnahme einer versicherungspflichtigen Beschäftigung. Der Ausschluss von der (vorzeitigen) Beitragserstattung verhindert in diesen Fällen, dass vorschnell Dispositionen getroffen werden, die zu einer Lücke bei der Alterssicherung führen.

647 Mit dem Rentenreformgesetz 1992 ist auch den Versicherten ein Recht auf Beitragserstattung eingeräumt worden, die das 65. Lebensjahr vollendet (also die Regelaltersgrenze erreicht haben) und die allgemeine Wartezeit von fünf Jahren nicht erfüllt haben, sowie generell Witwen, Witwern und Waisen, wenn ein Anspruch auf Rente von Todes wegen nicht besteht.

648 Die Beiträge werden nur in der Höhe erstattet, in der die Versicherten sie getragen haben. Beiträge aufgrund einer selbständigen Tätigkeit oder freiwillige Beiträge werden zur Hälfte erstattet; Beiträge der Höherversicherung werden in voller Höhe erstattet. Erstattet werden die Beiträge, die für Zeiten nach der Währungsreform im Juni 1948 oder nach Einführung der Deutschen Mark im Gebiet der ehemaligen DDR gezahlt worden sind. Versicherten, die eine Sach- oder Geldleistung – z. B. eine Leistung auf Rehabilitation – bereits in Anspruch genommen haben, werden nur die später gezahlten Beiträge erstattet. Mit der Beitragserstattung wird das bisherige Versicherungsverhältnis aufgelöst.

649 Nach den bis Ende 2007 geltenden Regelungen waren auch nach Ablauf der Verjährungsfrist von vier Jahren zu Unrecht gezahlte Beiträge zur gesetzlichen Rentenversicherung (z.B. weil nach den tatsächlichen Gegebenheiten kein rentenversicherungspflichtiges Beschäftigungsverhältnis, sondern eine versicherungsfreie selbständige Tätigkeit oder Aushilfstätigkeit im Rahmen einer familiären Zusammenarbeit vorgelegen hat) vollständig bis zum Zeitpunkt der festgestellten fehlerhaften Festlegung der Versicherungspflicht zurückzuerstatten. Zum 1. Januar 2008 wurde die Rechtslage dahingehend geändert, dass nun nur noch die innerhalb der Verjährungsfrist von vier Jahren zu Unrecht gezahlten Rentenversicherungsbeiträge erstattet werden. Die außerhalb der Verjährungsfrist von vier Jahren zu Unrecht gezahlten Beiträge gelten nun als rechtmäßig gezahlte Pflichtbeiträge und generieren damit die entsprechenden Ansprüche auf Leistungen der gesetzlichen Rentenversicherung. Hierdurch ist für den Personenkreis, dem ansonsten nur Beitragserstattungsansprüche zugestanden hätten, ein umfassender Sozialversicherungsschutz durch Rentenzahlungen und Rehabilitationsleistungen sichergestellt.

Beteiligung des Bundes an der Finanzierung der Rentenversicherung

Allgemeiner Bundeszuschuss

650 Der Staatszuschuss stellt seit jeher eine Finanzierungsart dar, die für die gesetzliche Rentenversicherung typisch ist. Diese Zuschüsse zur Rentenversicherung werden seit Einführung der Invalidenversicherung im Jahre 1891 ununterbrochen gezahlt, und zwar ursprünglich allein an die Rentenversicherung der Arbeiter, seit 1946 aber auch an die Angestelltenversicherung.

651 Durch die Rentenreform des Jahres 1957 wurde der Bundeszuschuss auf eine neue Grundlage gestellt und so festgesetzt, dass bei einem Beitragssatz von 14 Prozent für den ersten bis 1966 reichenden 10-jährigen Deckungsabschnitt die im Gesetz geforderte Rücklage in Höhe einer Jahresausgabe zu erreichen war. Außerdem wurde festgelegt, dass der Bundeszuschuss nur für die Ausgaben der Rentenversicherung bestimmt war, die nicht Leistungen der Alterssicherung sind.

652 Von 1957 bis 2011 ist der Bundeszuschuss von 3,4 Mrd. DM auf rd. 59 Mrd. Euro (dies entspricht rd. 115 Mrd. DM) – allgemeiner und zusätzlicher Bundeszuschuss – angestiegen. Der Bundeszuschuss deckte 1957 31,8 Prozent der Rentenausgaben ab. Bis 1989 war sein Anteil dann auf 17,1 Prozent abgesunken. Im Jahr des Inkrafttretens des Rentenreformgesetzes 1992 belief sich der Anteil auf 19,6 Prozent und im letzten Jahr vor Einführung eines zusätzlichen Bundeszuschusses (1997) auf 21,7 Prozent. Nach Einführung eines zusätzlichen Bundeszuschusses im Jahr 1998 und der Erhöhungsbeträge zum zusätzlichen Bundeszuschuss ab dem Jahr 2000 sowie unter Berücksichtigung der vom Bund an die Rentenversicherung gezahlten Beiträge für Kindererziehung (im Jahr 2011: 11,5 Mrd. Euro) ist der Anteil des Bundes an den Rentenausgaben einschließlich der auf die Rentenzahlbeträge entfallenden Zuschüsse zu den Krankenversicherungsbeiträgen der Rentner weiter angestiegen. Im Jahr 2011 wird dieser Anteil voraussichtlich 31 Prozent. ausmachen. Im Verhältnis zu den Ausgaben des Bundes blieb sein Anteil bis zum Jahr 1993 relativ konstant bei rd. 11 Prozent. Vom Jahr 1994 an ist der Anteil des Bundeszuschusses am Gesamthaushalt des Bundes jedoch stetig gestiegen. Er betrug 1997 vor Einführung des zusätzlichen Bundeszuschusses rd. 15 Prozent. Nach der Einführung des zusätzlichen Bundeszuschusses ist sein Anteil an den Gesamtausgaben des Bundes bis zum Jahr 2011 auf rd. 20 Prozent – unter Berücksichtigung der vom Bund an die Rentenversicherung gezahlten Beiträge für Kindererziehung sogar auf über 23 Prozent – angestiegen.

653 In die Zahlungsweise des Bundeszuschusses hat der Gesetzgeber in den Jahren seit 1957 vielfältig eingegriffen. In den Jahren 1964 bis 1967 ist es anstelle von Barzahlungen teilweise zur Zuteilung von Schuldbuchforderungen gekommen; 1972 haben die Rentenversicherungsträger Bundesschatzbriefe für einen Teilbetrag übernommen. In den Jahren 1973 bis 1975 wurde die Zahlung des Bundeszuschusses teilweise aufgeschoben, und zwar zum Teil verzinslich und zum Teil unverzinslich. Gekürzt wurde der Bundeszuschuss in den Jahren 1968 bis 1971 (um insgesamt rd. 4 Mrd. DM) sowie in den Jahren 1981 (um 3,5 Mrd. DM) und 1983 (um 0,9 Mrd. DM). Im Jahre 1985 wurde ein zusätzlicher Zuschuss des Bundes in Höhe von 238 Mio. DM gezahlt, um die damalige Schwankungsreserve in Höhe einer Monatsausgabe zu gewährleisten. Die Einzelheiten über die Entwicklung des Bundeszuschusses seit 1957 ergeben sich aus der nachfolgenden Übersicht.

Tabelle 37: Bundeszuschuss zu den Ausgaben der allgemeinen Rentenversicherung (bis Ende 2004 als Rentenversicherung der Arbeiter [ArV] und der Angestellten [AnV] bezeichnet)

im Jahr	tatsächl. gezahlt in Mrd. DM / ab 2002 Mrd. Euro	Rentenausgaben Allgemeine RV in Mrd. DM / ab 2002 Mrd. Euro	Bundeszuschuss in Prozent der Rentenausgaben	Ausgaben des Bundes in Mrd. DM / ab 2002 Mrd. Euro	Bundeszuschuss in Prozent der Ausgaben des Bundes
1957	3,4	10,7	31,8	31,6	10,8
1958	3,6	12,2	29,5	33,8	10,7
1959	3,8	13,2	28,8	36,9	10,3
1960	4,1	14,3	28,7	30,3[1]	13,5
1961	4,3	15,5	27,7	43,1	10,0
1962	4,6	16,8	27,4	49,8	9,2
1963	5,0	18,1	27,6	54,8	9,1
1964	5,4	20,1	26,9	58,2	9,3
1965	5,9	22,5	26,2	64,2	9,2
1966	6,4	25,3	25,3	66,9	9,6
1967	6,9	28,5	24,2	74,6	9,2
1968	6,7	31,6	21,2	75,8	8,8
1969	7,0	35,3	19,8	82,3	8,5
1970	7,2	38,4	18,8	88,0	8,2
1971	7,7	41,5	18,6	98,5	7,8
1972	9,7	47,2	20,6	111,1	8,7
1973	8,3	55,3	15,0	122,6	6,8
1974	11,4	64,3	17,7	134,0	8,5
1975	10,9	72,8	15,0	156,9	6,9
1976	14,8	83,0	17,8	162,5	9,1
1977	16,3	93,2	17,5	172,0	9,5
1978	19,2	99,0	19,4	189,1	0,2
1979	20,3	103,8	19,6	203,4	0,0
1980	21,3	109,4	19,5	215,7	9,9
1981	18,8	115,1	16,3	233,0	8,1
1982	22,2	122,7	18,1	246,6	9,0
1983	22,4	127,8	17,5	246,7	9,1
1984	24,2	135,3	17,9	251,8	9,6
1985	25,1	141,0	17,8	257,1	9,8
1986	25,9	146,1[2]	17,7	261,5	9,9
1987	26,7	152,6[2]	17,5	268,5	9,9
1988	27,6	159,6[2]	17,3	275,4	10,0
1989	28,5	166,9[2]	17,1	289,8	9,8
1990	29,7	175,9[2]	16,9	380,2	7,8
1991[3]	98,4	214,9	17,8	401,8	9,6
1992	46,5	236,8	19,6	427,2	10,9
1993	49,6	255,7	19,4	457,5	10,8
1994	58,4	279,7	20,9	471,2	12,4
1995	59,6	295,3	20,2	464,7	12,8
1996	63,1	308,4	20,5	451,3	14,0
1997	68,9	317,5	21,7	459,6	15,0
1998[4]	82,3	328,5	25,1	456,9	18,0
1999	83,2	335,9	24,8	482,8	17,2
2000	82,9	347,6	23,9	478,0	17,3
2001	89,9	359,0	25,0	475,9	18,9
2002	49,3	189,8	26,0	252,5	19,5
2003	53,9	195,4	27,6	247,9	21,7
2004	54,3	197,6	27,5	251,2	21,6
2005	54,8	198,8	27,5	254,3	21,5
2006	54,9	199,4	27,5	261,0	21,0
2007	55,9	200,7	27,4	270,5	20,7
2008	56,4	203,1	27,8	283,2	19,9
2009	57,3	207,6	27,6	290,0	19,7
2010	59,0	211,1	28,0	325,4	18,1
2011	59,0	213,1	27,7	305,4	19,3

1) Rumpfhaushaltsjahr 1. April bis 31. Dezember 1960.
2) Rentenausgaben ohne Ausgaben für Kindererziehungszeiten.
3) Ab 1991 einschließlich neue Bundesländer.
4) Ab 1998 einschließlich des zusätzlichen Bundeszuschusses.

654 Abgesehen von diesen Eingriffen ist der Bundeszuschuss aber grundsätzlich – wie im Gesetz festgelegt – gezahlt und entsprechend der Entwicklung der Bruttoarbeitsentgelte fortgeschrieben worden. Der relative Rückgang des Bundeszuschusses im Vergleich zu den Rentenausgaben bis zum Inkrafttreten der Rentenreform 1992 ist daher weniger auf die beschriebenen Eingriffe als vielmehr darauf zurückzuführen, dass die Rentenausgaben seit 1957 stärker anstiegen als die Arbeitsentgelte. Die Gründe für diesen stärkeren Anstieg lagen insbesondere in der Einbeziehung neuer Personenkreise in die gesetzliche Rentenversicherung, in der zunehmenden Erwerbstätigkeit von Frauen, dem stärkeren Versicherungsgrad der deutschen Bevölkerung, der gestiegenen Lebenserwartung sowie auch in zahlreichen Verbesserungen des Leistungsrechts begründet.

655 Um sicherzustellen, dass sich der Bund künftig an der wachsenden Altersbelastung beteiligt, wurde durch das Rentenreformgesetz 1992 der allgemeine Bundeszuschuss für das Jahr 1990 um 300 Mio. DM und für das Jahr 1991 um 2,3 Mrd. DM und zusätzlich um den Betrag erhöht, den der Bund der Rentenversicherung im Jahre 1991 für die Anrechnung von Kindererziehungszeiten erstattet hat; das waren rd. 4,8 Mrd. DM. Von dieser Basis ausgehend wird der allgemeine Bundeszuschuss seit 1992 nicht nur – wie schon bis Ende 1991 – entsprechend der Entwicklung der Arbeitsverdienste, sondern zusätzlich entsprechend der Veränderung des Beitragssatzes fortgeschrieben. Der Fortschreibung ist jeweils der Beitragssatz zugrunde zu legen, der sich ergäbe, wenn ein zusätzlicher Bundeszuschuss sowie ein Erhöhungsbetrag zum zusätzlichen Bundeszuschuss (vgl. Rdnr. 659 ff.) nicht gezahlt werden würde. Hierdurch ist sichergestellt, dass die aus der Mehrwertsteuer sowie aus der ökologischen Steuerreform resultierenden Einnahmen nicht den allgemeinen Bundeszuschuss mindern und sich somit in vollem Umfang beitragssatzsenkend auswirken können.

656 Der im Jahr 1991 in den allgemeinen Bundeszuschuss eingestellte pauschale Erstattungsbetrag für die Aufwendungen aus anzurechnenden Kindererziehungszeiten in Höhe von 4,8 Mrd. DM hatte sich aufgrund der jeweiligen Veränderungsraten für den allgemeinen Bundeszuschuss bis zum Jahr 1998 auf den Betrag von rd. 7,2 Mrd. DM fortgeschrieben. Mit der Aufnahme der Zahlung von Beiträgen für Kindererziehungszeiten durch den Bund mit Wirkung ab dem 1. Juni 1999 (vgl. Rdnr. 662) wurde dieser Betrag in zwei Teilbeträgen und zwar vom Bundeszuschuss für das Jahr 1999 in Höhe von 4,75 Mrd. DM und vom Bundeszuschuss für das Jahr 2000 in Höhe von 2,45 Mrd. DM wieder abgezogen.

657 Die gesetzliche Rentenversicherung erhält ab dem 1. Juli 2006 zusätzliche Einnahmen aus der ab diesem Zeitpunkt wirksam gewordenen Erhöhung der Pauschalabgaben für geringfügig Beschäftigte im gewerblichen Bereich von 12 Prozent auf 15 Prozent sowie der Begrenzung der Sozialversicherungsfreiheit für Sonn-, Feiertags- und Nachtzuschläge auf einen Stundenlohn von bis zu 25 Euro. Diese zusätzlichen Einnahmen sollten im Ergebnis jedoch nicht die Einnahmebasis der Rentenversicherung erhöhen, sondern in erster Linie den Bundeshaushalt entlasten. Das Haushaltsgesetz 2006 sieht daher vor, dass der allgemeine Bundeszuschuss in der allgemeinen Rentenversicherung jedes Jahr um die tatsächlichen zusätzlichen Einnahmen aufgrund dieser Rechtsänderungen vermindert wird. Zur Umsetzung dieser Regelung ist bestimmt worden, dass der allgemeine Bundeszuschuss für das Jahr 2006 um 170 Mio. Euro und ab dem Jahr 2007 jeweils um 340 Mio. Euro im Kalenderjahr pauschal vermindert wird. Nachträglich ermittelte Abweichungen dieses pauschalierten Minderungsbetrags von den tatsächlichen zusätzlichen Einnahmen eines Kalenderjahres sind mit dem jeweils laufenden Bundeszuschuss eines Kalenderjahres zu verrechnen.

658 Der allgemeine Bundeszuschuss ist weder auf die Finanzierung „versicherungsfremder" Leistungen noch – wie es der Gesetzeswortlaut bis Ende 1991 nahe gelegt hat – auf einen Ausgleich nicht alterssicherungsspezifischer Risiken beschränkt. Ihm kommt vielmehr einerseits eine Entlastungs- und Ausgleichsfunktion zu, soweit die Rentenversicherung Leistungen für die Allgemeinheit erbringt, und andererseits auch eine allgemeine Sicherungsfunktion, soweit er Ausfluss der sozialstaatlichen Verpflichtung des Bundes ist, die Funktionsfähigkeit der gesetzlichen Rentenversicherung auch unter sich ändernden ökonomischen und demographischen Rahmenbedingungen aufrechtzuerhalten.

Zusätzlicher Bundeszuschuss

659 Aufgrund des Gesetzes zur Finanzierung eines zusätzlichen Bundeszuschusses zur gesetzlichen Rentenversicherung erhält die Rentenversicherung seit dem 1. April 1998 einen zusätzlichen Bundeszuschuss finanziert aus einem Prozentpunkt der Mehrwertsteuer. Dieser belief sich im Jahr 1998 auf 9,6 Mrd. DM und hat im Jahr 1999 15,6 Mrd. DM betragen. Seit dem Jahr 2000 wird der zusätzliche Bundeszuschuss jährlich entsprechend dem Anstieg der Mehrwertsteuereinnahmen angepasst. Mit dem zusätzlichen Bundeszuschuss wird der Tatsache Rechnung getragen, dass die Rentenversicherung auch in erheblichem Umfang gesamtgesellschaftliche Aufgaben wahrnimmt. Darüber hinaus dient er auch der pauschalen Abgeltung nicht beitragsgedeckter Leistungen der Rentenversicherung. In ihm ist zum Beispiel die Erstattung für Aufwendungen der Rentenversicherung nach dem Fremdrentenrecht enthalten.

660 Mit dem Haushaltssanierungsgesetz 1999 wurde vorgesehen, dass auch die gesetzliche Rentenversicherung ihren Beitrag zur Entlastung des Bundeshaushalts zu leisten hat. Daher wurde hier bestimmt, dass der zusätzliche Bundeszuschuss im Jahr 2000 um 1,1 Mrd. DM, im Jahr 2001 um 1,1 Mrd. DM, im Jahr 2002 um 664,679 Mio. Euro (1,3 Mrd. DM) und im Jahr 2003 um 102,258 Mio. Euro (200 Mio. DM) zu vermindern ist.

Senkung der Lohnnebenkosten durch die ökologische Steuer- und Abgabenreform

661 Ein Schwerpunkt des sozialversicherungsrechtlichen Teils des Gesetzes zu Korrekturen in der Sozialversicherung und zur Sicherung der Arbeitnehmerrechte vom 19. Dezember 1998 war der Einstieg in die Senkung der Lohnnebenkosten im Zusammenhang mit der ökologischen Steuer- und Abgabenreform. Zu diesem Zweck wurde das Aufkommen aus der ersten Stufe der ökologischen Steuerreform, die zum 1. April 1999 in Kraft getreten ist, in vollem Umfang zur Senkung des Beitragssatzes zur Rentenversicherung eingesetzt. Hierdurch konnte der Beitragssatz zur Rentenversicherung der Arbeiter und Angestellten zum 1. April 1999 von 20,3 Prozent auf 19,5 Prozent gesenkt werden. Die Senkung des Beitragssatzes um 0,8 Prozentpunkte wurde durch die Zahlung von Beiträgen zur Rentenversicherung für Kindererziehung und die Übernahme von Kosten der deutschen Einheit durch den Bund erreicht.

662 Der Bund zahlt ab 1. Juni 1999 in pauschaler Form Beiträge für die anzurechnenden Kindererziehungszeiten. Im Gegenzug wurde der allgemeine Bundeszuschuss um die Erstattungen für die Leistungen aus anerkannten Kindererziehungszeiten um 7,2 Mrd. DM gemindert (vgl. Rdnr. 656). Für Kindererziehungszeiten hat der Bund für das Jahr 1999 den im Gesetz festgelegten Betrag von 13,6 Mrd. DM und für das Jahr 2000 den Betrag von 22,4 Mrd. DM als Pauschalbeitrag gezahlt. Der pauschale Beitrag des Bundes für die Folgejahre ab dem Jahr 2001 wird ermittelt, indem der jeweilige Basisbetrag (für das Jahr 2001 war der Basisbetrag des Jahres 2000 in Höhe von 22,4 Mrd. DM maßgebend) entsprechend der Entwicklung von durchschnittlichem Bruttoarbeitsentgelt, Beitragssatz und Zahl der Kinder unter 3 Jahren verändert wird. Für das Jahr 2011 wurde der pauschale Beitrag nach diesem Verfahren auf rd. 11,6 Mrd. Euro festgesetzt.

663 Der Bund erstattete der Rentenversicherung in der Zeit vom 1. Januar 1999 bis zum 31 Dezember 2010 die Aufwendungen für die Auffüllbeträge, die zu den Renten in den neuen Bundesländern gezahlt werden (vgl. Rdnr. 842). Hierbei handelt es sich um Bestandsschutzzahlungen, die im Zusammenhang mit der Überleitung des Rentenrechts nach dem Sechsten Buch Sozialbuch auf die neuen Bundesländer eingeführt worden sind. Auch die Aufwendungen nach dem 2. SED-Unrechtsbereinigungsgesetz für den Ausgleich erlittener Rentennachteile aufgrund politischer Verfolgungsmaßnahmen durch das DDR-Regime wurden in dieser Zeit vom Bund übernommen. Im Jahr 2010 machten die Aufwendungen der Rentenversicherung für diese so genannten „einigungsbedingten Leistungen" rd. 400 Mio. Euro aus.

664 Zur Entlastung des Bundeshalts ist die Erstattung dieser Aufwendungen durch den Bund ab dem Jahr 2011 jedoch aufgehoben worden. Wenn der Rentenversicherung die einigungsbedingten Leistungen auch nicht mehr erstattet werden, so werden sie unverändert nach Maßgabe der bestehenden Rechtsgrundlagen und Berechnungskriterien an die Berechtigten gezahlt.

Der Erhöhungsbetrag zum zusätzlichen Bundeszuschuss

665 Mit dem Haushaltssanierungsgesetz 1999 wurde vorgesehen, dass die Steuerzahler einen weiteren Beitrag zur Dämpfung des Beitragssatzes in der gesetzlichen Rentenversicherung leisten, indem der Rentenversicherung das Aufkommen aus den weiteren Stufen der ökologischen Steuerreform zur Senkung des Beitragssatzes zugute kommt. Mit dem Gesetz zur Fortführung der ökologischen Steuerreform wurde die Mineralölsteuer in den Jahren 2000 bis 2003 jährlich um jeweils 6 Pfennige (3 Euro-Cent) je Liter erhöht. Die hieraus gewonnenen Mittel werden seit dieser Zeit zur Finanzierung der gesetzlichen Rentenversicherung eingesetzt, indem der zusätzliche Bundeszuschuss um einen so genannten Erhöhungsbetrag ergänzt worden ist.

666 Für die Jahre 2000 bis 2003 ist der Erhöhungsbetrag zum zusätzlichen Bundeszuschuss durch gesetzlich bestimmte Abschlagszahlungen betragsmäßig so präzisiert worden, dass das tatsächliche Aufkommen aus den vier weiteren Stufen der ökologischen Steuerreform der gesetzlichen Rentenversicherung zugekommen ist. Der Erhöhungsbetrag wurde mit dem Haushaltssanierungsgesetz 1999 für das Jahr 2000 auf 2,6 Mrd. DM, für das Jahr 2001 auf 8,6 Mrd. DM, für das Jahr 2002 auf 7,10696 Mrd. Euro (13,9 Mrd. DM) und für das Jahr 2003 auf 9,86793 Mrd. Euro (19,3 Mrd. DM) festgesetzt.

667 Die Erhöhungsbeträge sollten zunächst den Charakter vorläufiger Abschlagszahlungen haben und bis zum 30. Juni des übernächsten Kalenderjahres anhand des tatsächlichen Aufkommens der ökologischen Steuerreform abgerechnet werden. Der Basisbetrag des Jahres 2003 sollte sodann mit der Veränderungsrate des Aufkommens aus der ökologischen Steuerreform fortgeschrieben werden.

668 Die zunächst eng mit den Einnahmen aus der ökologischen Steuerreform verbundene Fortschreibung des Erhöhungsbetrags zum zusätzlichen Bundeszuschuss wurde jedoch mit dem Gesetz zur Reform der Renten wegen verminderter Erwerbsfähigkeit aufgegeben. Die Erhöhungsbeträge wurden zunächst unter Berücksichtigung der Verminderung der Einnahmen aus dem Mineralölsteueraufkommen durch die Steuerentlastungsregelung zu Gunsten der Landwirtschaft, die das für die Jahre 2000 bis 2003 der Rentenversicherung der Arbeiter und Angestellten zugeordnete Aufkommen aus der ökologischen Steuerreform reduziert hat, endgültig für das Jahr 2000 auf 2,6 Mrd. DM, für das Jahr 2001 auf 8,14 Mrd. DM, für das Jahr 2002 auf 6,8104 Mrd. Euro (13,3 Mrd. DM) und für das Jahr 2003 auf 9,51002 Mrd. Euro (18,6 Mrd. DM) ohne Revisionsklausel und ohne Abhängigkeit vom jeweils tatsächlichen Aufkommen der ökologischen Steuerreform festgesetzt. Die Abzüge von den mit dem Haushaltssanierungsgesetz für die Jahre 2001 bis 2003 zunächst festgesetzten Erhöhungsbeträgen haben damit 460 Mio. DM für das Jahr 2001, 296,55 Mio. Euro (580 Mio. DM) für das Jahr 2002 und 357,90 Mio. Euro (700 Mio. DM) für das Jahr 2003 betragen. Seit dem Jahr 2004 verändern sich die Erhöhungsbeträge jedoch nicht mehr entsprechend der Entwicklung der Einnahmen aus der ökologischen Steuerreform der Jahre 1999 bis 2003, sondern entsprechend der Veränderung der Bruttolohn- und -gehaltssumme des jeweils vergan-

genen Kalenderjahres zur Bruttolohn- und -gehaltssumme des jeweils vorvergangenen Kalenderjahres. Mit dieser Fortschreibungssystematik wird sichergestellt, dass die mit dem Ansatz der ökologischen Steuerreform verbundene Beitragssatzstabilisierung auch künftig erreicht wird.

669 Mit dem Altersvermögensgesetz wurde der Erhöhungsbetrag für den zusätzlichen Bundeszuschuss mit Wirkung ab dem Jahr 2003 noch einmal um 409 Mio. Euro abgesenkt, um den Finanzierungsanteil des Bundes an den Maßnahmen der sozialen Grundsicherung im Alter sowie für die aus medizinischen Gründen dauerhaft voll erwerbsgeminderten Personen refinanzieren zu können. Unter Berücksichtigung aller vorgenommenen Änderungen am Erhöhungsbetrag zahlt der Bund im Jahr 2011 einen zusätzlichen Bundeszuschuss in Höhe von rd. 19,2 Mrd. Euro.

Erstattungen des Bundes

670 Der größte Teil der den Trägern der Rentenversicherung vom Bund zu erstattenden Leistungen entfällt auf deren Aufwendungen für Leistungen aus der Überleitung der Ansprüche aus den Zusatz- und Sonderversorgungssystemen der ehemaligen DDR in die gesetzliche Rentenversicherung aufgrund des Anspruchs- und Anwartschaftsüberführungsgesetzes (im Jahr 2011: rd. 4 Mrd. Euro). Darüber hinaus erhalten sie die Aufwendungen für die aus Besitzschutzgründen weiterhin zu leistenden Invalidenrenten nach dem Rentenrecht der ehemaligen DDR für behinderte Menschen (vgl. Rdnr. 774 f.) sowie die Aufwendungen für die Bestandteile von Erwerbsminderungsrenten erstattet, die auf Zeiten des gewöhnlichen Aufenthalts im Gebiet der neuen Bundesländer in der Zeit vom 1. Januar 1975 bis zum 31. Dezember 1991 beruhen (vgl. Rdnr. 778 f.). Die Erstattungen für diese Leistungen belaufen sich im Jahr 2011 auf rd. 110 Mio. Euro.

Liquiditätshilfe des Bundes

671 Zusätzlich zu den Bundeszuschüssen leistet der Bund, wenn dies zum Ausgleich nicht vorhergesehener Konjunkturschwankungen erforderlich werden sollte, im Rahmen der Bundesgarantie eine Liquiditätshilfe, wenn die Nachhaltigkeitsrücklage in der allgemeinen Rentenversicherung nicht ausreicht, die Zahlungsverpflichtungen zu erfüllen. Dabei handelt es sich aber nur um ein unverzinsliches Darlehen, das zurückzuzahlen ist, sobald es nicht mehr benötigt wird. Bevor es jedoch zur Inanspruchnahme der Liquiditätshilfe durch den Bund kommt, wird zur Überbrückung von Liquiditätsengpässen die Zahlung einer Monatsrate des in insgesamt 12 Monatsraten zu zahlenden Bundeszuschusses vorgezogen. Aufgrund der schwachen konjunkturellen Entwicklung im Jahr 2005 hatte die allgemeine Rentenversicherung Ende November 2005 die Liquiditätshilfe des Bundes mit rd. 900 Mio. Euro in Anspruch genommen, um die Rentenzahlungen für Dezember 2005 sicherzustellen. Die erhaltene Liquiditätshilfe wurde noch im Dezember 2005 in voller Höhe an den Bund zurückgezahlt.

Finanzausgleich

672 Bis zum 31. Dezember 2004 waren Arbeiter und Angestellte in der Rentenversicherung zu gleichen Beiträgen und Leistungen, aber bei verschiedenen Versicherungsträgern versichert. Da die Zahl der Angestellten seit Jahrzehnten zugenommen hatte, während die der Arbeiter zurückging, konnte schon aus diesem Grund allein die Angestelltenversicherung auf Dauer mit zunehmenden Beitragseinnahmen rechnen. Um diese zwangsläufige, durch die wirtschaftlichen Verhältnisse bedingte unterschiedliche Entwicklung der beiden Versicherungszweige auszugleichen, wurde ein Finanzausgleich vorgesehen. Dieser Finanzausgleich wurde von der Angestelltenrentenversicherung an die Arbeiterrentenversicherung erbracht, wenn die Schwankungsreserve (Nachhaltigkeitsrücklage) der Träger der Rentenversicherung der Arbeiter insgesamt am Ende eines Jahres das 0,1fache der durchschnittlichen Aufwendungen für einen Kalendermonat unter- und in der Angestelltenrentenversicherung das 0,25fache der durchschnittlichen Aufwendungen für einen Kalendermonat überstieg. Reichten die liquiden Mittel nicht aus, haben sich die Träger der Arbeiterrentenversicherung und der Angestelltenrentenversicherung die erforderlichen Mittel gegenseitig zur Verfügung gestellt. Mit diesen Maßnahmen sollte auch ohne eine einheitliche Organisation und ohne Belastung des Kapitalmarkts möglichst jederzeit die Zahlungsfähigkeit der Rentenversicherungsträger untereinander sichergestellt werden.

673 Innerhalb der Arbeiterrentenversicherung bestand zudem ein Finanzverbund in der Form, dass Renten, Beitragserstattungen, Beiträge zur Kranken- und Pflegeversicherung der Rentner und sonstige Geldleistungen mit Ausnahme der Leistungen zur Rehabilitation von den Trägern der Rentenversicherung der Arbeiter gemeinsam getragen und für ein Kalenderjahr im Verhältnis der Beitragseinnahmen verteilt wurden.

674 Mit der Aufhebung der organisatorischen Unterscheidung zwischen der Rentenversicherung der Arbeiter und Angestellten war mit dem Gesetz zur Organisationsreform der gesetzlichen Rentenversicherung auch der Finanzausgleich zwischen den Trägern der Rentenversicherung neu zu regeln. Mit Wirkung vom 1. Januar 2006 ist in der allgemeinen Rentenversicherung ein einheitlicher Finanzverbund eingeführt worden. Danach werden die Ausgaben für Renten, Beitragserstattungen sowie die von der allgemeinen Rentenversicherung zu tragenden Beiträge zur Krankenversicherung der Rentner von den Trägern der allgemeinen Rentenversicherung nach dem Verhältnis ihrer Beitragsnahmen gemeinsam getragen. Darüber hinaus werden auch die Bundeszuschüsse sowie die Beitragszahlung des Bundes für Kindererziehung den Trägern der allgemeinen Rentenversicherung nach dem Verhältnis ihrer Beitragseinnahmen zugeordnet. Nach diesem Verhältnis erfolgt zugleich auch die Zuordnung der Nachhaltigkeitsrücklage zu den Rentenversicherungsträgern einschließlich der Erträge.

675 Sollte ein Regionalträger (bis 30. September 2005 als Landesversicherungsanstalt bezeichnet) über keine ausreichenden Mittel verfügen, um seine Zahlungsverpflichtungen zu erfüllen, füllt die Deutsche Rentenversicherung Bund (bis 30. September 2005 als Bundesversicherungsanstalt für Angestellte bezeichnet) die für die jeweiligen Zahlungsverpflichtungen fehlenden Mittel auf. Reichen die verfügbaren Mittel aller Träger der allgemeinen Rentenversicherung nicht aus, die jeweiligen Zahlungsverpflichtungen zu erfüllen, beantragt die Deutsche Rentenversicherung Bund Liquiditätshilfe des Bundes.

Besonderheiten für bestimmte Personengruppen

Sonderregelungen für Bergleute

676 Die von der Deutschen Rentenversicherung Knappschaft-Bahn-See (bis zum 30. September 2005 als Bundesknappschaft bezeichnet) durchgeführte knappschaftliche Rentenversicherung nimmt im Recht der gesetzlichen Rentenversicherung eine Sonderstellung ein. Bei ihr steht das berufsständische Prinzip im Vordergrund, weshalb sowohl Arbeiter als auch Angestellte in der knappschaftlichen Rentenversicherung versichert sind. Entscheidend ist die Tätigkeit in einem knappschaftlichen Betrieb, d. h. einem Betrieb, in dem Mineralien oder ähnliche Stoffe bergmännisch gewonnen werden.

677 Abgesehen von den Regelungen des Bochumer Verbandes für knappschaftliche Führungskräfte bieten die knappschaftlichen Betriebe ihren Arbeitnehmern keine zusätzliche Altersversorgung an, wie sie bei anderen Großbetrieben üblich ist. Dafür liegt aber das Beitrags- und Leistungsniveau in der knappschaftlichen Rentenversicherung um ein Drittel über dem Niveau der allgemeinen Rentenversicherung. Es wird deshalb auch von der Bifunktionalität der knappschaftlichen Rentenversicherung gesprochen, die Regelsicherung und zusätzliche betriebliche Altersversorgung in einem System einschließt.

678 Wegen der besonderen Risiken des Bergbaus und der strukturellen Anpassungsprozesse in diesem Wirtschaftsbereich enthält die knappschaftliche Rentenversicherung zusätzlich zu den sonst bei Arbeitern und Angestellten üblichen Leistungen für die unter Tage Beschäftigten folgende Sonderleistungen:

– Langjährig unter Tage beschäftigte Bergleute erhalten bereits ab Vollendung des 60. Lebensjahres die Altersrente, wenn die Wartezeit von 25 Jahren mit Beitragszeiten aufgrund einer Beschäftigung mit ständigen Arbeiten unter Tage oder diesen gleich gestellten Zeiten erfüllt ist. Diese Rente errechnet sich nicht nur aus Knappschaftszeiten, sondern auch aus ggf. in der allgemeinen Rentenversicherung zurückgelegten rentenrechtlichen Zeiten. Ein Hinzuverdienst ist – wie bei anderen vorgezogenen Altersrenten auch – nur eingeschränkt möglich. Von der Anhebung der Altersgrenzen ist diese Rentenart bislang nicht betroffen gewesen. Als Folgeänderung zur stufenweisen Anhebung der Regelaltersgrenze ist mit dem RV-Altersgrenzenanpassungsgesetz auch die Altersgrenze für den Anspruch auf die Altersrente für langjährig unter Tage beschäftigte Bergleute stufenweise von 60 auf 62 Jahre angehoben worden. Allerdings verbleibt es für alle vor 1952 geborenen Bergleute bei der Altersgrenze 60, weil sie bereits vor dem Jahr 2012 das 60. Lebensjahr vollenden. Für Versicherte, die nach dem 31. Dezember 1951 geboren sind, wird dann die Altersgrenze von 60 Jahren wie folgt angehoben:

Versicherte Geburtsjahr Geburtsmonat	Anhebung um Monate	auf Alter	
		Jahr	Monat
1952			
Januar	1	60	1
Februar	2	60	2
März	3	60	3
April	4	60	4
Mai	5	60	5
Juni - Dezember	6	60	6

1953	7	60	7
1954	8	60	8
1955	9	60	9
1956	10	60	10
1957	11	60	11
1958	12	61	0
1959	14	61	2
1960	16	61	4
1961	18	61	6
1962	20	61	8
1963	22	61	10
1964	24	62	0

Für die Bergleute, die über das Anpassungsgeld (vgl. Rdnr. 681) in die Altersrente für langjährig unter Tage beschäftigte Bergleute wechseln, verbleibt es jedoch bei der Altersgrenze 60.

– Im Bergbau verminderte Berufsfähigkeit ist Voraussetzung für die Rente für Bergleute. Im Bergbau vermindert berufsfähig ist ein Versicherter, der aus gesundheitlichen Gründen nicht mehr im Stande ist, die von ihm bisher ausgeübte knappschaftliche Beschäftigung oder eine andere wirtschaftlich im Wesentlichen gleichwertige knappschaftliche Beschäftigung auszuüben und tatsächlich auch nicht außerhalb des Bergbaus eine solche Beschäftigung ausübt. Weitere Voraussetzung ist, dass er in den letzten fünf Jahren vor Eintritt des Versicherungsfalles drei Jahre mit knappschaftlichen Pflichtbeitragszeiten zurückgelegt sowie die allgemeine Wartezeit in der knappschaftlichen Rentenversicherung erfüllt hat. Verminderte bergmännische Berufsfähigkeit wird unterstellt, wenn der Bergmann das 50. Lebensjahr vollendet hat, im Vergleich zu der bisher ausgeübten knappschaftlichen Beschäftigung eine wirtschaftlich gleichwertige Beschäftigung nicht mehr ausübt und die Wartezeit von 25 Jahren mit Beitragszeiten aufgrund einer Beschäftigung mit ständigen Arbeiten unter Tage erfüllt hat. Die Rente für Bergleute wird nur aus Entgeltpunkten errechnet, die auf die knappschaftliche Rentenversicherung entfallen. Sie wird – wie auch die anderen Renten wegen verminderter Erwerbsfähigkeit – nur bis zum Erreichen der Regelaltersgrenze (damit also für die bis Ende 1946 geborenen Bergleute bis zur Vollendung des 65. Lebensjahres) gezahlt.

679 Zur Stärkung der Lohnersatzleistungsfunktion der Renten wegen verminderter Erwerbsfähigkeit wurde auch für die Rente für Bergleute mit Wirkung ab dem 1. Januar 1996 eine Hinzuverdienstgrenze entsprechend der Regelung für die Berufsunfähigkeitsrente aus der allgemeinen Rentenversicherung eingeführt. Ziel dieser Hinzuverdienstgrenzenregelung ist es ebenfalls, zu verhindern, dass der Rentner durch Rente und Hinzuverdienst ein höheres Gesamteinkommen erzielt als vor dem Rentenbezug. Die nach dem 31. Dezember 2000 beginnenden Renten für Bergleute werden bei einem Hinzuverdienst von

– bis zum 0,25fachen der monatlichen Bezugsgröße, vervielfältigt mit den Entgeltpunkten der letzten 3 Kalenderjahre vor Beginn der Rente der Bergleute (individuelle Hinzuverdienstgrenze) oder bis zum 0,375fachen der monatlichen Bezugsgröße (dies entspricht ab dem 1. Januar 2011 einem Betrag von 958,13 Euro in den alten Bundesländern) – wenn dieser Betrag höher ist als die individuelle Hinzuverdienstgrenze – in voller Höhe,

– bis zum 0,34fachen der monatlichen Bezugsgröße vervielfältigt mit den Entgeltpunkten der letzten 3 Kalenderjahre vor Beginn der Rente für Bergleute (individuelle Hinzuverdienstgrenze) oder bis zum 0,51fachen der monatlichen Bezugsgröße (dies entspricht ab dem 1. Januar 2011 einem Betrag von 1.303,05 Euro in den alten Bundesländern) – wenn dieser Betrag höher ist als die individuelle Hinzuverdienstgrenze – in Höhe von zwei Dritteln und

– bis zum 0,42fachen der monatlichen Bezugsgröße vervielfältigt mit den Entgeltpunkten der letzten 3 Kalenderjahre vor Beginn der Rente für Bergleute (individuelle Hinzuverdienstgrenze) oder bis zum 0,63fachen der monatlichen Bezugsgröße (dies entspricht ab dem 1. Januar 2011 einem Betrag von 1.609,65 Euro in den alten Bundesländern) – wenn dieser Betrag höher ist als die individuelle Hinzuverdienstgrenze – in Höhe von einem Drittel

gezahlt. Für die neuen Bundesländer betragen die Mindesthinzuverdienstgrenzen ab dem 1. Januar 2011 850 Euro für die volle Rente für Bergleute, 1,156 Euro für die Rente in Höhe von zwei Dritteln und 1.428 Euro für die Rente in Höhe von einem Drittel. Wird die höchstmögliche Hinzuverdienstgrenze überschritten, ruht der Anspruch auf Rente für Bergleute in voller Höhe.

680 Keine Rente, sondern eine besondere, aus Gründen des strukturellen Anpassungsprozesses im Bergbau seit Juni 1963 erbrachte Leistung ist die Knappschaftsausgleichsleistung ab Vollendung des 55. Lebensjahres, die ebenfalls grundsätzlich eine Wartezeit von 25 Jahren mit Beitragszeiten aufgrund einer Beschäftigung mit ständigen Arbeiten unter Tage voraussetzt. Außerdem ist regelmäßig erforderlich, dass der Versicherte seine Tätigkeit im Bergbau aufgibt. Die Knappschaftsausgleichsleistung soll langjährig im Bergbau Tätigen einen Berufswechsel ersparen oder zumindest erleichtern, der wegen des seit Jahren stattfindenden strukturellen Anpassungsprozesses im Bergbau vielfach durch Rationalisierungsmaßnahmen ausgelöst wird. Die Knappschaftsausgleichsleistung wird wie eine Rente wegen voller Erwerbsminderung errechnet, allerdings ohne Zurechnungszeit und allein aus Entgeltpunkten der knappschaftlichen Rentenversicherung.

681 Arbeitnehmer des Steinkohlen- und Braunkohlentiefbaues, die in der knappschaftlichen Rentenversicherung versichert sind und nach Vollendung des 55. Lebensjahres infolge von Stilllegungs- und Rationalisierungsmaßnahmen entlassen werden, erhalten, wenn sie ohne die Entlassung bei Fortbestand des bisherigen Beschäftigungsverhältnisses die Knappschaftsausgleichsleistung oder eine Altersrente der Knappschaft in längstens fünf Jahren hätten beanspruchen können, ein Anpassungsgeld. Die Höhe dieses seit 1972 eingeführten Anpassungsgeldes richtet sich nach der Rentenanwartschaft des Versicherten in der knappschaftlichen Rentenversicherung; zusätzliche Leistungen wie z. B. eine Rente für Bergleute werden hierauf angerechnet. Beim Anpassungsgeld handelt es sich nicht um eine Leistung der Deutschen Rentenversicherung Knappschaft-Bahn-See, sondern um eine aus Bundesmitteln bzw. Haushaltsmitteln der Länder Nordrhein-Westfalen, Saarland und Hessen finanzierte staatliche Sonderleistung für Bergleute. Die Deutsche Rentenversicherung Knappschaft-Bahn-See führt lediglich die Berechnung und einen Teil der Anspruchsprüfung im Auftrag des Bundesamtes für Wirtschaft durch. Um einen nahtlosen Übergang zu den sonstigen Leistungen der knappschaftlichen Rentenversicherung sicherzustellen, werden Bezugszeiten des Anpassungsgeldes auf die Wartezeit für knappschaftliche Leistungen angerechnet. Außerdem werden diese Zeiten ebenso wie Zeiten des Bezugs der Knappschaftsausgleichsleistung als Anrechnungszeiten gewertet, d. h. sie wirken sich auch ohne Beitragszahlung auf die jeweils nachfolgende Leistung noch rentenerhöhend aus.

682 Die Renten der knappschaftlichen Rentenversicherung erhöhen sich ggf. um einen Leistungszuschlag. Dieser wurde 1943 eingeführt, um dem Bergmann im Hinblick auf die Verantwortung, Schwierigkeit und die besonders ungünstigen Bedingungen der Untertagearbeit einen Ausgleich zu bieten. Der Leistungszuschlag wird zusätzlich zu einer Rente der knappschaftlichen Rentenversicherung (also nicht zur Knappschaftsausgleichsleistung) nach sechs Jahren ständiger Arbeit unter Tage gezahlt. Er beträgt für jedes volle Jahr

vom 6. bis zum 10. Jahr	0,125
vom 11. bis zum 20. Jahr	0,25
für jedes weitere Jahr	0,375

zusätzliche Entgeltpunkte. Diese Entgeltpunkte sind bei allen Renten aus eigener Versicherung einheitlich mit dem Rentenartfaktor 1,3333, bei Witwen- und Witwerrenten einheitlich mit dem Rentenartfaktor 0,7333/0,8 (bzw. 1,3333 während des so genannten Sterbevierteljahrs) zu vervielfältigen; bei Halbwaisenrenten gilt der entsprechende Rentenartfaktor 0,1333 und bei Vollwaisenrenten 0,2667. Hieraus ergibt sich, dass zum 1. Juli 2011 bei einer Rente aus eigener Versicherung ein Leistungszuschlag zwischen 4,58 Euro und 13,73 Euro in den alten Bundesländern und zwischen 4,06 Euro und 12,18 Euro in den neuen Bundesländern pro Jahr Untertagetätigkeit gezahlt wird.

683 Bergleute erhalten für jede unter Tage gefahrene Schicht eine Bergmannsprämie. Diese gilt zwar nicht als sozialversicherungspflichtiges Entgelt, sie wird aber dennoch bei der Ermittlung der Entgeltpunkte (Ausnahme: Berechnung einer Rente für Bergleute) berücksichtigt.

684 Die Bifunktionalität der knappschaftlichen Rentenversicherung drückt sich in einem entsprechend höheren Rentenartfaktor aus. Dieser beträgt bei:

– Renten wegen Alters	1,3333
– Renten wegen teilweiser Erwerbsminderung	
– solange eine in der knappschaftlichen Rentenversicherung versicherte Beschäftigung ausgeübt wird	0,6
– in den übrigen Fällen	0,9
– Renten wegen voller Erwerbsminderung	1,3333
– Renten für Bergleute	0,5333
– Erziehungsrenten	1,3333
– kleinen Witwenrenten und kleinen Witwerrenten bis zum Ablauf des dritten Kalendermonats nach Ablauf des Monats, in dem der Ehegatte verstorben ist,	1,3333
anschließend	0,3333

– großen Witwenrenten und großen Witwerrenten während des so genannten Sterbevierteljahrs, 1,3333

anschließend 0,7333

– und für große Witwen- oder Witwerrenten, die vor dem 1. Januar 2002 begonnen haben, aus vor dem 1. Januar 2002 ausgeschlossenen Ehen, wenn einer der beiden Ehegatten vor dem 2. Januar 1962 geboren worden ist 0,8

– Halbwaisenrenten 0,1333

– Vollwaisenrenten 0,2667

685 Bestand eine Versicherung sowohl in der knappschaftlichen Rentenversicherung als auch in der allgemeinen Rentenversicherung (bis Ende 2004 als Rentenversicherung der Arbeiter oder Angestellten bezeichnet), sind aus den persönlichen Entgeltpunkten der jeweiligen Rentenversicherungszweige Teilbeträge zu ermitteln, deren Summe den Rentenbetrag ergibt.

686 Beitragsfreie Zeiten werden der knappschaftlichen Rentenversicherung zugeordnet, wenn vor dieser Zeit der letzte Pflichtbeitrag zur knappschaftlichen Rentenversicherung gezahlt worden ist; Ausbildungs-Anrechnungszeiten und Ersatzzeiten auch dann, wenn nach dieser Zeit die Versicherung beginnt und der erste Pflichtbeitrag zur knappschaftlichen Rentenversicherung gezahlt ist. Anrechnungszeiten wegen des Bezugs von Anpassungsgeld oder für Knappschaftsausgleichsleistungen sind immer Zeiten der knappschaftlichen Rentenversicherung.

687 Das höhere Leistungsniveau der knappschaftlichen Rentenversicherung bedingt einen entsprechend höheren Beitragssatz. Dieser beträgt seit dem 1. Januar 2007 26,4 Prozent; er ist vom Versicherten in gleicher Höhe wie in der allgemeinen Rentenversicherung (9,95 Prozent) und im Übrigen vom Arbeitgeber (16,45 Prozent) zu tragen. Der Beitragssatz verändert sich jährlich im gleichen Verhältnis wie in der allgemeinen Rentenversicherung.

Tabelle 38: Beitragssätze in der knappschaftlichen Rentenversicherung in Prozent der beitragspflichtigen Einnahmen

Zeitraum	Arbeiter	Angestellte
1924	11,6	10,0
1925	10,7	6,5
1926	11,0	9,3
1927/1928	10,6	12,3
1929/1930	8,5	10,3
1931/1937	9,8	10,9
1938/1941	9,0	16,0
1942/1948	18,5	21,5

Zeitraum	Arbeiter und Angestellte
ab 1.6.1949	22,5
ab 1.6.1957	23,5
ab 1.1.1981	24,0
ab 1.1.1982	23,5
ab 1.9.1983	24,0
ab 1.1.1984	24,25
ab 1.1.1985	24,45
ab 1.7.1985	24,95
ab 1.1.1987	24,45
ab 1.4.1991	23,45
ab 1.1.1993	23,25
ab 1.1.1994	25,5
ab 1.1.1995	24,7
ab 1.1.1996	25,5
ab 1.1.1997	26,9
ab 1.4.1999	25,9
ab 1.1.2000	25,6
ab 1.1.2001	25,4
ab 1.1.2003	25,9
seit 1.1.2007	26,4

Die Beitragssätze vor 1938 stellen Durchschnittswerte aus den Beitragssätzen für die einzelnen Lohn- und Gehaltsgruppen dar.

688 Die Regelung zur Geringverdienergrenze, bis zu der der Arbeitgeber den Beitrag in vollem Umfang zu tragen hat, wurde auch für die knappschaftliche Rentenversicherung durch das Gesetz zur Neuregelung der geringfügigen Beschäftigungsverhältnisse abgeschafft. Die Beitragsbemessungsgrenze in der knappschaftlichen Rentenversicherung beträgt im Jahr 2011 81.000 Euro/Jahr bzw. 6.750 Euro/Monat in den alten Bundesländern und 70.800 Euro/Jahr bzw. 5.900 Euro/Monat in den neuen Bundesländern. Die jährliche Fortschreibung der Beitragsbemessungsgrenze erfolgt – wie bei der Fortschreibung des Beitragssatzes – jeweils in demselben Verhältnis wie sich die entsprechende Rechengröße in der allgemeinen Rentenversicherung verändert hat. Eine freiwillige Versicherung ist in der knappschaftlichen Rentenversicherung grundsätzlich nicht mehr möglich, es sei denn, vor 1968 wäre bereits ein freiwilliger Beitrag gezahlt worden.

689 Die knappschaftliche Rentenversicherung ist nicht in den Finanzverbund der allgemeinen Rentenversicherung einbezogen. Vielmehr trägt der Bund jeweils den Unterschiedsbetrag zwischen den Einnahmen und den Ausgaben (Defizithaftung) und stellt damit zugleich die dauernde Leistungsfähigkeit sicher. Ohne diese Defizithaftung des Bundes, die sich im Jahr 2011 auf 5,9 Mrd. Euro (5 Mrd. Euro in den alten Bundesländern und 0,9 Mrd. Euro in den neuen Bundesländern) beläuft und damit im Jahr 2011 immerhin rund 67 Prozent der Ausgaben zu Lasten der knappschaftlichen Rentenversicherung ausgemacht hat, wäre die Finanzierung dieses Versicherungszweiges angesichts der äußerst ungünstigen Versichertenstruktur kaum sicherzustellen. Bedingt durch den Strukturwandel und die Rationalisierung im Bergbau steht im Jahr 2011 in der knappschaft-

lichen Rentenversicherung einem Rentenausgabevolumen von 8,4 Mrd. Euro (Renten und hierauf entfallende Zuschüsse zum Krankenversicherungsbeitrag) nur noch ein Volumen an Beitragseinnahmen von rd. 850 Mio. Euro gegenüber.

690 Im Verhältnis zur knappschaftlichen Rentenversicherung erstattet bzw. erhält die allgemeine Rentenversicherung die Anteile an Renten, die auf einer früheren Versicherung im jeweils anderen Versicherungszweig beruhen (Wanderversicherungsausgleich). Per Saldo erhält die knappschaftliche Rentenversicherung im Zuge dieses Wanderversicherungsausgleichs im Jahr 2011 von der allgemeinen Rentenversicherung rd. 6 Mrd. Euro.

Sonderregelungen für selbständig Tätige

691 Die gesetzliche Rentenversicherung ist an sich als Regelsicherung der abhängig beschäftigten Arbeiter und Angestellten konzipiert. Bestimmte Gruppen von selbständig Erwerbstätigen sind aber in die Pflichtversicherungen zur gesetzlichen Rentenversicherung einbezogen worden. Hierzu gehören insbesondere Handwerker, die in die Handwerksrolle eingetragen sind. Außerdem sind versicherungspflichtig

– Lehrer und Erzieher sowie Pflegepersonen, wenn sie im Zusammenhang mit ihrer selbständigen Tätigkeit keinen versicherungspflichtigen Arbeitnehmer beschäftigen,
– Hebammen und Entbindungspfleger,
– Seelotsen,
– Künstler und Publizisten nach näherer Bestimmung des Künstlersozialversicherungsgesetzes,
– Hausgewerbetreibende sowie
– Küstenschiffer und Küstenfischer, die zur Besatzung ihres Fahrzeuges gehören oder als Küstenfischer ohne Fahrzeug fischen und regelmäßig nicht mehr als vier versicherungspflichtige Arbeitnehmer beschäftigen.

692 1972 wurde allen Selbständigen die Möglichkeit eröffnet, der gesetzlichen Rentenversicherung auf Antrag als Pflichtversicherte beizutreten. Voraussetzung hierfür ist, dass sie den Antrag innerhalb von fünf Jahren nach der Aufnahme der selbständigen Tätigkeit oder dem Ende einer Versicherungspflicht aufgrund dieser Tätigkeit stellen.

Arbeitnehmerähnliche Selbständige

693 Eine selbständige Tätigkeit wird heute zum Teil in prekärer Form aufgenommen und ist daher mit hohen Risiken behaftet. Charakteristisch für diese Form der selbständigen Tätigkeit ist, dass der Selbständige keine Arbeitnehmer beschäftigt und in der Regel nur für einen Auftraggeber tätig ist. Im Hinblick darauf, dass bei dieser neuen Form der selbständigen Erwerbstätigkeit der materielle Wert des im Betrieb investierten Kapitals häufig gering ist und daher keine ausreichende Sicherung mehr für das Alter bieten kann, sah der Gesetzgeber es als erforderlich an, auf einer Vorsorgepflicht zu bestehen, um Armut und Grundsicherungsbedürftigkeit im Alter vorbeugend zu vermeiden. Seit dem 1. Januar 1999 sind daher Ein-Mann-Unternehmer als so genannte arbeitnehmerähnliche Selbständige kraft Gesetzes rentenversicherungspflichtig.

694 Als arbeitnehmerähnliche Selbständige sind diejenigen Selbständigen tätig, die im Zusammenhang mit ihrer selbständigen Tätigkeit keinen versicherungspflichtigen Arbeitnehmer beschäftigen, dessen Arbeitsentgelt aus diesem Beschäftigungsverhältnis 400 Euro monatlich übersteigt, und auf Dauer und im Wesentlichen nur für einen Auftraggeber tätig sind. Die Versicherungspflicht als arbeitnehmerähnlicher Selbständiger setzt voraus, dass der Selbständige nicht bereits aufgrund einer der anderen Regelungstatbestände (z. B. Handwerker, Künstler oder Publizist, Lehrer oder Erzieher) rentenversicherungspflichtig ist.

695 Für Personen, die am 31. Dezember 1998 eine selbständige Tätigkeit bereits ausgeübt hatten, in der sie nicht rentenversicherungspflichtig waren, besteht bei Erfüllung bestimmter Voraussetzungen die Möglichkeit, sich von der Versicherungspflicht befreien zu lassen. Wer beim In-Kraft-Treten der Neuregelung am 1. Januar 1999 bereits das 50. Lebensjahr vollendet hatte, konnte sich auch ohne weitere Vorbedingung von der Rentenversicherungspflicht befreien lassen.

696 Jüngere Selbständige, die am 31. Dezember 1998 eine selbständige Tätigkeit bereits ausgeübt hatten, mussten hingegen eine äquivalente Lebensversicherung oder eine vergleichbare betriebliche Versorgung nachweisen, um sich von der Rentenversicherungspflicht befreien zu lassen. Äquivalent ist ein Versicherungsschutz bzw. eine Versorgungszusage, wenn das Risiko der Invalidität, des Alters (ab dem 60. Lebensjahr) und des Todesfalls für die Hinterbliebenen abgedeckt ist und die Aufwendungen für die Versicherung dem Rentenversicherungsbeitrag entsprechen. Die Lebensversicherung bzw. die Versorgungszusage muss bereits vor dem 10. Dezember 1998 (dem Tag der zweiten und dritten Lesung des Gesetzes zu Korrekturen in der Sozialversicherung und zur Sicherung der Arbeitnehmerrechte im Deutschen Bundestag) bestanden haben. Jedoch hatte der Gesetzgeber eine Frist bis zum 30. Juni 2000 eingeräumt, um ggf. Leistungsspektrum und Beitragsaufwand auf das Niveau aufzustocken, dass der gesetzlichen Rentenversicherung äquivalent ist.

697 Mit dem Ende 1999 verabschiedeten Gesetz zur Förderung der Selbstständigkeit wurde für die am 31. Dezember 1998 versicherungsfreien Selbständigen, die zu diesem Stichtag noch nicht das 50. Lebensjahr vollendet hatten, die Möglichkeit zur Befreiung von der Rentenversicherungspflicht rückwirkend zum 1. Januar 1999 erweitert. Diese Selbständigen konnten sich auch dann von der Rentenversicherungspflicht befreien lassen, wenn sie vor dem 10. Dezember 1998 eine vergleichbare Form der Vorsorge betrieben haben oder nach diesem Zeitpunkt bis zum 30. Juni 2000 oder binnen eines Jahres nach Eintritt der Versicherungspflicht entsprechend ausgestalten. Eine vergleichbare Vorsorge liegt vor, wenn vorhandenes Vermögen oder Vermögen, das aufgrund einer auf Dauer angelegten vertraglichen Verpflichtung angespart wird, insgesamt gewährleistet, dass eine Sicherung für den Fall der Invalidität und des Erreichens des 60. oder eines höheren Lebensjahres sowie im Todesfall für Hinterbliebene vorhanden ist, deren wirtschaftlicher Wert nicht hinter dem einer äquivalenten Lebens- oder Rentenversicherung zurückbleibt. Darüber hinaus wurde mit dem Gesetz zur Förderung der Selbstständigkeit Existenzgründern und den Selbständigen, die im fortgeschrittenen Alter im Zuge der Verkleinerung ihres Betriebs, die Kriterien eines arbeitnehmerähnlichen Selbständigen erfüllen, ebenfalls das Recht zur Befreiung von der Versicherungspflicht eingeräumt (vgl. hierzu auch Rdnr. 59 f.).

698 Angehörige der freien Berufe (z. B. Rechtsanwälte oder Architekten) können im Einzelfall unter die Kategorie der arbeitnehmerähnlichen Selbständigen fallen und dadurch rentenversicherungspflichtig werden. Jedoch können sie sich nach den bereits bestehenden Regelungen von der Rentenversicherungspflicht befreien lassen, wenn sie Pflichtmitglieder eines berufsständischen Versorgungswerks sind.

Selbständig tätige Lehrer

699 Selbständig tätige Lehrer, die im Zusammenhang mit ihrer selbständigen Tätigkeit keinen versicherungspflichtigen Arbeitnehmer beschäftigen, unterliegen der Rentenversicherungspflicht. Die Versicherungspflicht für selbständige Lehrer besteht bereits seit 1922. Die Bundesversicherungsanstalt für Angestellte (ab dem 1. Oktober 2005 als Deutsche Rentenversicherung Bund bezeichnet) hatte in den Jahren 1999 und 2000 bei zahlreichen selbständigen Dozenten die Rentenversicherungspflicht festgestellt und zum Teil erhebliche Beitragsnachforderungen erhoben. Grund hierfür war, dass im Zusammenhang mit den Neuregelungen zur Bekämpfung der Scheinselbständigkeit und zur Einführung der Rentenversicherungspflicht für die arbeitnehmerähnlichen Selbständigen die Ausübung einer selbständigen Lehrtätigkeit und die daraus resultierende Rentenversicherungspflicht erst bekannt geworden sind. Für so betroffene versicherungspflichtige selbständige Lehrer, insbesondere VHS-Kursleiter/Kursleiterinnen, sowie Pflegepersonen, Hebammen und Entbindungspfleger, die gutgläubig davon ausgegangen waren, nicht der Rentenversicherungspflicht zu unterliegen, und deshalb privat für das Alter vorgesorgt hatten, wurde eine – bis zum 30. September 2001 befristete – Befreiungsregelung geschaffen. Hiernach wurde diesen Selbständigen ein befristetes Befreiungsrecht von der gesetzlichen Rentenversicherungspflicht eingeräumt, soweit sie glaubhaft darlegen konnten, dass sie bis zur Einführung der Rentenversicherungspflicht für so genannte arbeitnehmerähnliche Selbständige ihre Rentenversicherungspflicht nicht kannten und im fortgeschrittenen Alter sind oder anderweitig rentenversicherungsäquivalent für ihr Alter vorgesorgt haben.

Selbständig tätige Handwerker

700 Für versicherungspflichtige Handwerker gelten einige zusätzliche Besonderheiten: Dieser Personenkreis ist bereits 1938 in die Rentenversicherung der Angestellten und von 1962 bis 1991 durch das Handwerkerversicherungsgesetz in die Rentenversicherung der Arbeiter einbezogen worden. Das Handwerkerversicherungsgesetz hatte die Dauer der Versicherungspflicht für alle Handwerker auf 18 Jahre begrenzt, gleichzeitig aber auch die Möglichkeit der Befreiung aufgrund eines Lebensversicherungsvertrages beseitigt. Nach dem Rentenreformgesetz 1992 endet die Versicherungspflicht für Handwerker nach einer 18-jährigen Pflichtversicherungszeit jedoch nicht mehr automatisch, sondern nur noch auf Antrag. So weit die Versicherungspflicht für Handwerker bereits vor 1992 geendet hatte, ist es hierbei geblieben. Die Pflichtversicherung der Handwerker stellt sich somit als bloße Grundsicherung dar, die ggf. durch zusätzliche private Vorsorgemaßnahmen des Handwerkers zu ergänzen ist.

Bezirksschornsteinfegermeister

701 Bezirksschornsteinfegermeister sind demgegenüber ohne zeitliche Beschränkung versicherungspflichtig. Dies ist darin begründet, dass Bezirksschornsteinfegermeister in der Versorgungsanstalt der deutschen Bezirksschornsteinfegermeister zusätzlich pflichtversichert sind, einer bundesunmittelbaren Körperschaft des öffentlichen Rechts mit Selbstverwaltung, die Alters-, Hinterbliebenen- und Invaliditätsleistungen erbringt. Dabei handelt es sich nach den bis Ende des Jahres 2012 maßgebenden Regelungen um eine Gesamtversorgung, wie sie auch für die Angestellten im öffentlichen Dienst bis zum 31. Dezember 2000 üblich gewesen ist, d. h. die Rente aus der Rentenversicherung wird auf die sich ergebende Gesamtversorgung angerechnet. Zurzeit finanzieren ca. 8.000 aktive Bezirksschornsteinfegermeister mit einem Einheitsbeitrag von monatlich 600 Euro im Umlageverfahren ohne staatliche Zuschüsse ca. 6.000 Rentenempfänger. Diese erhalten auf der Grundlage des derzeit noch geltenden Leistungsrechts nach 30 Jahren Mitgliedschaft eine Gesamtversorgung von ca. 2.000 Euro unter Anrechnung der Rente aus der gesetzlichen Rentenversicherung. Die Geschäftsführung der Versorgungsanstalt obliegt der Bayerischen Versorgungskammer.

702 Mit dem Gesetz zur Neuregelung des Schornsteinfegerwesens ist das deutsche Schornsteinfegerwesen auf eine neue Grundlage gestellt worden. Hintergrund für dieses Reformvorhaben war das Vertragsverletzungsverfahren, das die EU-Kommission wegen des deutschen Schornsteinfegermonopols eingeleitet hatte. Dieses besteht darin, dass selbständige Bezirksschornsteinfegermeister feste Kehrbezirke zugeteilt bekommen, in denen sie lebenslang das alleinige Überprüfungs- und Reinigungsrecht für Feuerungsanlagen haben. Nach Ablauf der von der EU-Kommission zugestandenen Übergangsfrist werden ab dem Jahr 2013 die bisher den Bezirksschornsteinfegermeistern vorbehaltenen hoheitlichen Aufgaben bei der Feuersicherheit und im Umweltschutz auf ein Minimum reduziert. Für die nicht hoheitlichen Kehr- und Messarbeiten, zu denen die Eigentümer der Anlagen weiterhin verpflichtet sind, besteht dann freier Wettbewerb mit anderen qualifizierten Anbietern des Schornsteinfegerhandwerks. Zugleich wird das bisherige Nebenerwerbsverbot für Bezirksschornsteinfegermeister aufgehoben. Für die Zusatzversorgung folgt hieraus, dass sie ab 2013 von der bisherigen Gesamtversorgung auf ein beitragsäquivalentes Umlageverfahren umgestellt. Das bedeutet, dass die Bezirksbevollmächtigten für jedes Jahr der Mitgliedschaft in der Zusatzversorgung eine linear anwachsende Anwartschaft erwerben. Die bestehenden Versorgungsanwartschaften werden in dieses neue System integriert. Bei den laufenden Renten ändert sich jedoch nichts. Ebenfalls ist auf der Beitragsseite am Einheitsbeitrag festgehalten ne worden. Wegen der Nähe zur Sozialversicherung führt die Aufsicht über die Versorgungsanstalt der deutschen Bezirksschornsteinfegermeister das Bundesversicherungsamt.

Hausgewerbetreibende

703 Eine besondere Gruppe unter den versicherungspflichtigen Selbständigen sind die Hausgewerbetreibenden. Sie sind zwar hinsichtlich Art, Ort, Umfang und Reihenfolge ihrer Arbeit keinen Weisungen unterworfen und deshalb formal selbständig. Andererseits sind sie jedoch in starkem Maße wirtschaftlich von ihren Auftraggebern abhängig, da sie im Auftrag und für Rechnung eines anderen arbeiten, der das unternehmerische Risiko trägt und dem der Unternehmergewinn zufließt. Deshalb werden sie rentenrechtlich wie Arbeitnehmer behandelt, d. h. die Beiträge sind vom Versicherten und vom Arbeitgeber (Auftraggeber) je zur Hälfte zu tragen. Außerdem ist bei ihnen als beitragspflichtige Einnahme immer vom Arbeitseinkommen auszugehen.

Beitragsbemessungsgrundlage bei selbständig Tätigen

704 Versicherungspflichtige Selbständige haben seit 1992 einen Regelbeitrag auf der Basis der monatlichen Bezugsgröße zu zahlen (im Jahr 2011 19,9 Prozent aus 2.555 Euro in den alten Bundesländern = 508,45 Euro monatlich und 19,9 Prozent aus 2.240 Euro in den neuen Bundesländern = 445,76 Euro monatlich). Bis zum Ablauf von 3 Kalenderjahren nach dem Jahr der Aufnahme der selbständigen Tätigkeit gilt als beitragspflichtige Einnahme ein Betrag von 50 Prozent der monatlichen Bezugsgröße, so dass in dieser Zeit nur der halbe Regelbeitrag (im Jahr 2011 254,22 Euro monatlich in den alten Bundesländern und 222,88 Euro monatlich in den neuen Bundesländern) zu zahlen ist. Die Zahlung des Regelbeitrags bzw. des halben Regelbeitrags entbindet den selbständig Tätigen vom Nachweis seines Arbeitseinkommens. Bei Nachweis eines niedrigeren oder höheren Arbeitseinkommens können die Beiträge auch auf der Grundlage des tatsächlichen Arbeitseinkommens gezahlt werden. Grundsätzlich ist der Nachweis eines niedrigeren oder höheren Arbeitseinkommens als die Bezugsgröße durch die Vorlage des letzten Einkommensteuerbescheides nachzuweisen. Da Einkommensteuerbescheide im Regelfall aber nur mit erheblicher zeitlicher Verzögerung vorgelegt werden können und damit nicht geeignet sind, einen Nachweis über die Höhe des aktuellen Arbeitseinkommens zu erbringen, wird das sich aus dem vorgelegten Einkommensteuerbescheid ergebende Arbeitseinkommen um den Vomhundertsatz erhöht, um den das Durchschnittsentgelt aller Versicherten in dem Jahr, in dem die Beiträge gezahlt werden, das Durchschnittsentgelt aller Versicherten des Jahres übersteigt, für das das Arbeitseinkommen durch Steuerbescheid nachgewiesen ist. Monatliche Mindestbemessungsgrundlage ist ein Arbeitseinkommen von 400 Euro. Diese Mindestbemessungsgrundlage gilt für die alten und neuen Bundesländer. Liegt allerdings Versicherungsfreiheit wegen einer nur geringfügig ausgeübten selbständigen Tätigkeit vor, besteht keine Beitragspflicht. In diesem Fall ist auch nicht der Mindestbeitrag zu zahlen.

Leistungsrechtliche Besonderheiten bei selbständig Tätigen

705 Für selbständig Tätige gelten auch im Leistungsrecht einige Besonderheiten: So liegen Anrechnungszeiten wegen Krankheit, Schwangerschaft oder Arbeitslosigkeit nur vor, wenn dadurch eine versicherte Beschäftigung oder selbständige Tätigkeit unterbrochen ist; eine selbständige Tätigkeit ist nur dann unterbrochen, wenn sie ohne die Mitarbeit des Versicherten nicht weiter ausgeübt werden kann. Eine solche Unterbrechung liegt daher z. B. nicht vor, wenn der Betrieb durch andere Arbeitnehmer aufrechterhalten wird.

Versicherungs- und Beitragspflicht für Empfänger von Lohnersatz- und Sozialleistungen

706 Personen, die von einem Leistungsträger als Lohnersatzleistung Krankengeld, Verletztengeld, Versorgungskrankengeld, Übergangsgeld, Unterhaltsgeld, oder Arbeitslosengeld beziehen, sind seit 1992 versicherungspflichtig, wenn sie im letzten Jahr vor Beginn der Leistung versicherungspflichtig waren. Für diese Versicherten sind bis Ende 1994 Pflichtbeiträge auf der Basis der Lohnersatzleistung gezahlt worden. Seit 1995 werden die Beiträge auf der Grundlage von 80 Prozent des der Lohnersatzleistung zugrunde liegenden Bruttoarbeitsentgelts oder Arbeitseinkommens berechnet.

707 Die Beiträge sind bei Beziehern von Versorgungskrankengeld, Übergangsgeld, Unterhaltsgeld und Arbeitslosengeld von den Leistungsträgern zu tragen. Bezieher von Krankengeld oder Verletztengeld tragen demgegenüber grundsätzlich den Beitragsanteil, an dem Beitrag, der sich auf der Basis der Lohnersatzleistung ergibt, zur Hälfte; die andere Hälfte an diesem Beitragsanteil sowie der Anteil am Beitrag, der auf den Unterschiedsbetrag zwischen der Leistung selbst und der seit 1995 geltenden Bemessungsgrundlage von 80 Prozent des zugrunde liegenden Arbeitsentgelts entfällt, wird von der Krankenversicherung bzw. der Unfallversicherung getragen.

708 Personen, die Lohnersatzleistungen beziehen, jedoch im letzten Jahr vor dem Beginn dieser Leistungen nicht rentenversicherungspflichtig waren, und deshalb die Lohnersatzleistungen beziehen, ohne versicherungspflichtig zu sein, können die Versicherungspflicht auf Antrag herbeiführen. Dasselbe gilt für Personen, die nur deshalb keinen Anspruch auf Krankengeld haben, weil sie nicht in der gesetzlichen Krankenversicherung versichert sind oder in der gesetzlichen Krankenversicherung ohne Anspruch auf Krankengeld versichert sind, für die Zeit der Arbeitsunfähigkeit oder Rehabilitation, wenn sie im letzten Jahr vor Beginn der Arbeitsunfähigkeit oder Rehabilitation zuletzt versicherungspflichtig waren. Für diese Personen ist die Dauer der Versicherungspflicht allerdings für die Zeit von 18 Monaten begrenzt. Unter diese Regelung fallen insbesondere Selbständige und von der Versicherungspflicht befreite Angestellte. Diese Personen hatten bereits seit 1984 die Möglichkeit, durch freiwillige Beitragszahlung in Höhe von 70 Prozent des zuletzt für einen vollen Kalendermonat versicherten Arbeitsentgelts oder Arbeitseinkommens auf Antrag Zeiten der Arbeitsunfähigkeit bzw. der Rehabilitation als Anrechnungszeiten werten zu lassen. Personen, die in jeder Beschäftigung oder selbständigen Tätigkeit versicherungsfrei oder von der Versicherungspflicht befreit sind (z. B. befreite

Angestellte und befreite selbständig Tätige in den neuen Bundesländern) sind jedoch seit dem 1. Januar 1996 von dieser Möglichkeit der Antragspflichtversicherung ausgeschlossen.

709 Mit der Zusammenlegung von Arbeitslosenhilfe und Sozialhilfe zum Arbeitslosengeld II zum 1. Januar 2005 waren zunächst auch die Bezieher von Arbeitslosengeld II in der Rentenversicherung pflichtversichert. Für sie war unabhängig von der Höhe des Arbeitslosengelds II bis zum 31. Dezember 2006 ein Beitrag in Höhe des freiwilligen Mindestbeitrags gezahlt worden. Mit Wirkung zum 1. Januar 2007 wurde die Bemessungsgrundlage für den Beitrag der Bezieher von Arbeitslosengeld II von 400 Euro auf 205 Euro reduziert, so dass seit dieser Zeit nur noch ein Beitrag in ungefähr halber Höhe des freiwilligen Mindestbeitrags gezahlt wurde. Mit dem Haushaltsbegleitgesetz 2011 ist die Rentenversicherungspflicht für Bezieher von Arbeitslosengeld II schließlich zum 31. Dezember 2010 aufgehoben worden. Seit dem 1. Januar 2011 sind Bezieher von Arbeitslosengeld II nicht mehr kraft Gesetzes in der gesetzlichen Rentenversicherung pflichtversichert. Zeiten des Bezugs von Arbeitslosengeld II ab Januar 2011 werden als sogenannte unbewertete Anrechnungszeiten (vgl. Rdnr. 342) berücksichtigt.

710 Für Personen, die aufgrund ihrer Zugehörigkeit zu einem anderweitigen Alterssicherungssystem (z. B. der berufsständischen Versorgung) nur in Bezug auf eine bestimmte Beschäftigung (z. B. als Arzt oder Rechtsanwalt) versicherungsfrei oder von der Versicherungspflicht befreit sind, haben grundsätzlich die Möglichkeit für die Zeit des Bezugs von Lohnersatzleistungen die Versicherungspflicht in der gesetzlichen Rentenversicherung zu beantragen. Die Möglichkeit der Antragspflichtversicherung besteht seit dem 1. Januar 1996 jedoch nur noch, soweit sie für die betreffenden Zeiten, also z. B. Zeiten des Bezugs von Krankengeld oder Arbeitslosengeld, in dem anderweitigen Alterssicherungssystem nicht abgesichert sind oder sich dort auch nicht absichern können.

711 Seit 1995 haben – wie bei den anderen Lohnersatzleistungsempfängern – auch die Lohnersatzleistungsbezieher, die die Versicherungspflicht auf Antrag herbeigeführt haben, eine Beitragszahlung in Höhe von 80 Prozent der Bemessungsgrundlage für die Lohnersatzleistung zu leisten. Wer von der Möglichkeit der Versicherungspflicht auf Antrag Gebrauch macht, erhält ab 1992 diese Zeiten nicht nur als Pflichtbeitragszeiten bzw. bis einschließlich 1997 als beitragsgeminderte Zeiten angerechnet, sondern er schafft sich durch die Antragspflichtversicherung auch die Voraussetzungen für die Anrechnung einer ggf. anschließenden Anrechnungszeit wegen Arbeitsunfähigkeit oder Rehabilitation.

Anrechnung und Bewertung von Zeiten des Bezugs von Lohnersatzleistungen

712 Der Gesetzgeber hat die Anrechnung und Bewertung von Zeiten des Bezugs von Lohnersatzleistungen wiederholt umgestalt, so dass sich im Zeitablauf folgendes komplizierte Bild ergibt:

713 Zeiten der Arbeitslosigkeit vor dem 1. Juli 1978 gelten mangels Beitragszahlung generell als Anrechnungszeiten. Für Zeiten von Juli 1978 bis einschließlich 1982 sind von der Bundesanstalt für Arbeit bei Bezug von Arbeitslosengeld, Arbeitslosenhilfe oder Unterhaltsgeld Pflichtbeiträge auf der Basis des der Leistung zugrunde liegenden Arbeitsentgelts gezahlt worden. Diese Zeiten gelten daher als Pflichtbeitragszeiten. Von 1983 bis einschließlich 1994 zahlte die Bundesanstalt für Arbeit Beträge bzw. Beiträge auf der Basis der Lohnersatzleistung. Seit 1995 zahlt sie Beiträge auf der Grundlage von 80 Prozent des der Leistung zugrunde liegenden Arbeitsentgelts. Diese Zeiten gelten aber dennoch von 1983 bis einschließlich 1991 als reine Anrechnungszeiten, weil die für diesen Zeitraum von der Bundesanstalt gezahlten Beträge in den einzelnen Versichertenkonten nicht gespeichert sind. Anschließend von 1992 bis einschließlich 1997 erfolgte eine dem Leistungsbezieher individuell zugeordnete Beitragszahlung, so dass diese Zeiten als beitragsgeminderte Zeiten behandelt werden. Dies bedeutet, dass für die Berücksichtigung dieser Zeit als Anrechnungszeit ein Zuschlag an Entgeltpunkten gewährt wird, wenn die nach der Methode der Gesamtleistungsbewertung ermittelte Entgeltpunktwert für die Anrechnungszeit größer ist als der Entgeltpunktwert für die Beitragszeit. Seit 1998 gelten Zeiten des Bezugs von Lohnersatzleistungen als reine (vollwertige) Pflichtbeitragszeiten.

714 Für Bezieher von Arbeitslosenhilfe hat es in der Zeit vom 1. Januar 1997 bis zum 31. Dezember 2004 zwei Änderungen bei der Bemessungsgrundlage für den Rentenversicherungsbeitrag gegeben. In den Fällen, in denen Arbeitslosenhilfe unter Anrechnung eigenen Einkommens bezogen worden ist, erfolgte in den Jahren 1997 bis 1999 die Beitragszahlung zwar weiterhin auf der Basis von 80 Prozent des der Leistung zugrunde liegenden Arbeitsentgelts, jedoch herabgesetzt im Verhältnis vom wegen Anrechnung eigenen Einkommens verminderten Anspruch auf Arbeitslosenhilfe zum ungeminderten Anspruch auf Arbeitslosenhilfe. Vom 1. Januar 2000 bis zum 31. Dezember 2004 hat die Bundesanstalt (Bundesagentur) für Arbeit sowohl bei vollem als auch bei einem wegen Anrechnung eigenen Einkommens verminderten Anspruchs auf Arbeitslosenhilfe Beiträge nur noch auf der Basis des Zahlbetrags der Arbeitslosenhilfe gezahlt.

715 Nach dem Vierten Gesetz für moderne Dienstleistungen am Arbeitsmarkt sind seit dem 1. Januar 2005 Arbeitslosenhilfe und die Leistungen zum Regelunterhalt nach dem Bundessozialhilfegesetz zu der neuen Leistung Arbeitslosengeld II zusammengefasst worden. Im Unterschied zur Arbeitslosenhilfe wird für die Bemessung dieser Leistung nicht mehr auf ein Bemessungsentgelt, sondern – wie bei den bisherigen Leistungen zum Regelunterhalt nach dem Bundessozialhilfegesetz – ausschließlich auf die individuelle Bedürftigkeit des Leistungsberechtigten abgestellt. Erwerbsfähige Hilfebedürftige, die Arbeitslosengeld II beziehen, wurden ab dem 1. Januar 2005 dennoch in der gesetzlichen Rentenversicherung pflichtversichert. Mit dem Haushaltsbegleitgesetz 2011 ist die Rentenversicherungspflicht für Bezieher von Arbeitslosengeld II zum 31. Dezember 2010 aufgehoben worden. Zeiten des Bezugs von Arbeitslosengeld II ab Januar 2011 werden als unbewertete Anrechnungszeiten berücksichtigt (vgl. Rdnr. 342)

716 Für Zeiten eines Leistungsbezugs während einer Arbeitsunfähigkeit oder einer Rehabilitationsmaßnahme hatte das Rehabilitationsangleichungsgesetz eine Versicherungspflicht ab dem 13. Monat des Leistungsbezugs eingeführt; die Beiträge waren vom Leistungsträger zu tragen. Dementsprechend sind solche Zeiten ab Oktober 1974 bis einschließlich 1983 insofern Pflichtbeitragszeiten, als ab dem 13. Monat des Leistungsbezugs Beiträge zur Rentenversicherung zu zahlen waren. Vor Oktober 1974 zurückgelegte Zeiten eines Leistungsbezugs während einer Arbeitsunfähigkeit oder einer Rehabilitationsmaßnahme sind dagegen generell Anrechnungszeiten. 1984 wurde durch das Haushaltsbegleitgesetz 1984 die generelle Beitragspflicht auf der Basis der Lohnersatzleistung eingeführt. Seit 1985 gilt daher auch für diese Zeiten eine Beitragspflicht auf der Basis von 80 Prozent des der Lohnersatzleistung zugrunde liegenden Arbeitsentgelts.

Überblick über die Besonderheiten bei der rentenrechtliche Behandlung und Bewertung von Zeiten der Arbeitslosigkeit seit 1957

717 Seit der Rentenreform des Jahres 1957 hat die rentenrechtliche Behandlung und Bewertung von Zeiten der Arbeitslosigkeit vielfache Änderungen erfahren. Zur besseren Übersichtlichkeit werden in der folgenden Übersicht die jeweils geltenden Regelungen in ihrer zeitlichen Abfolge zusammengefasst:

1957 bis Juni 1978

Zeiten der Arbeitslosigkeit sind so genannte Ausfallzeiten. Sie werden mit dem Durchschnittswert der bis zum Vorjahr zurückgelegten rentenrechtlichen Zeiten bewertet. Voraussetzung ist, dass Arbeitslosengeld oder Arbeitslosenhilfe gezahlt wurde bzw. nur deswegen nicht gezahlt wurde, weil Einkommen anzurechnen war. Es müssen außerdem Pflichtbeiträge in einer bestimmten Regelmäßigkeit entrichtet worden sein (Halbbelegung). Zeiten des Bezugs von Sozialhilfe ohne Vorliegen von Arbeitslosigkeit wurden dagegen nicht als rentenrelevante Zeit berücksichtigt.

1957 bis 2004

Für Personen, die Sozialhilfe bezogen haben, hat der Bezug von Sozialhilfe weder dazu geführt, dass deswegen Rentenversicherungspflicht eingetreten ist oder (bis 1991) Ausfallzeiten wegen Arbeitslosigkeit beziehungsweise (ab 1992) Anrechnungszeiten wegen Arbeitslosigkeit anzurechnen waren.

Juli 1978 bis 1982

Bei Bezug von Arbeitslosengeld oder –hilfe wurden von der damaligen Bundesanstalt für Arbeit Pflichtbeiträge an die Rentenversicherung gezahlt. Bemessungsgrundlage für die Rentenberechnung ist das dem Arbeitslosengeld oder der Arbeitslosenhilfe zugrunde liegende Bruttoarbeitsentgelt zu 100 Prozent. Diese Zeiten werden daher als Pflichtbeitragszeiten berücksichtigt.

1983 bis 1991

Bei Bezug von Arbeitslosengeld oder Arbeitslosenhilfe zahlte die damalige Bundesanstalt für Arbeit pauschal Beiträge an die Rentenversicherung. Wie bereits für die Zeit von 1957 bis 1978 werden sie mit dem Durchschnittswert der bis zum Vorjahr zurückgelegten rentenrechtlichen Zeiten bewertet.

1992 bis 1994

Bei Zahlung von Arbeitslosengeld oder –hilfe trat Versicherungspflicht ein. Bemessungsgrundlage für den Rentenversicherungsbeitrag war die gezahlte Leistung.

1995 bis 1997

Weiterhin galt: Bei Zahlung von Arbeitslosengeld oder –hilfe tritt Versicherungspflicht ein. Bei Zahlung von Arbeitslosengeld oder –hilfe war in dieser Zeit Bemessungsgrundlage für den Rentenversicherungsbeitrag nun jedoch 80 Prozent des der Berechnung der Leistung zugrunde liegenden Arbeitsentgelts.

1992 bis 1997

Zeiten der Arbeitslosigkeit gelten ebenfalls als so genannte „beitragsgeminderte" Zeiten, weil sie nicht nur als Beitragszeit, sondern auch als Anrechnungszeit berücksichtigt werden. Der Wert der Beitragszeit wird auf 80 Prozent des Gesamtleistungswerts angehoben, wenn der sich aus der Beitragszeit ergebende Wert geringer ist.

Seit 1997

Zeiten der Arbeitslosigkeit, in denen Arbeitslosengeld oder Arbeitslosenhilfe bezogen wird, werden nur als Beitragszeit berücksichtigt und nicht mehr zusätzlich auch als Anrechnungszeit. Sie werden damit nicht mehr als „beitragsgeminderte" Zeit behandelt.

Seit 1997

Zeiten der Arbeitslosigkeit, für die Arbeitslosengeld oder Arbeitslosenhilfe nicht gezahlt worden ist (Zeiten der Arbeitslosigkeit ohne Leistungsbezug), werden als Anrechnungszeit berücksichtigt, aber nicht mehr mit dem Durchschnittswert der vorhandenen Beitragszeiten (Gesamtleistungswert) bewertet („Anrechnungszeit Null").

1998 bis 1999

Weiterhin gilt: Bei Zahlung von Arbeitslosengeld oder –hilfe tritt Rentenversicherungspflicht ein. Maßgebende Bemessungsgrundlage für den Rentenversicherungsbeitrag ist 80 Prozent des der Berechnung der Leistung zugrunde liegenden Arbeitsentgelts.

1997 bis 1999

In den Fällen, in denen Arbeitslosenhilfe unter Anrechnung eigenen Einkommens bezogen worden ist, erfolgte die Beitragszahlung zwar ebenfalls auf der Basis von 80 Prozent des der Leistung zugrunde liegenden Arbeitsentgelts, jedoch herabgesetzt im Verhältnis vom wegen Anrechnung eigenen Einkommens verminderten Anspruch auf Arbeitslosenhilfe zum ungeminderten Anspruch auf Arbeitslosenhilfe.

2000 bis 2004

Für Arbeitslose mit Anspruch auf Arbeitslosengeld gilt weiterhin:

– Bemessungsgrundlage für den Rentenversicherungsbeitrag ist 80 % des der Berechnung der Leistung zugrunde liegenden Arbeitsentgelts.

Für Arbeitslose mit Anspruch auf Arbeitslosenhilfe gilt:

– Bemessungsgrundlage für den Rentenversicherungsbeitrag ist die gezahlte Leistung.

Seit 2002

Zeiten der Arbeitslosigkeit (mit und ohne Leistungsbezug) vor dem vollendeten 25. Lebensjahr. werden als zu bewertende Anrechnungszeiten wegen Arbeitslosigkeit berücksichtigt. Der für sie ermittelte Gesamtleistungswert wird auf 80 Prozent begrenzt.

2005 bis 2010

Für Arbeitslose mit Anspruch auf Arbeitslosengeld gilt weiterhin:

– Es tritt Rentenversicherungspflicht ein.
– Bemessungsgrundlage für den Rentenversicherungsbeitrag ist 80 Prozent des der Berechnung der Leistung zugrunde liegenden Arbeitsentgelts,

Für erwerbsfähige Personen (Personen, die vor 2005 Arbeitslosenhilfe oder Sozialhilfe bezogen haben), die Arbeitslosengeld II beziehen, gilt:

– Es tritt Rentenversicherungspflicht ein.

2005 bis 2006

Bemessungsgrundlage für den Rentenversicherungsbeitrag ist für Bezieher von Arbeitslosengelds II 400 Euro monatlich beziehungsweise 4.800 Euro jährlich.

2007 bis 2010

Weiterhin gilt: Bei Zahlung von Arbeitslosengeld II tritt Rentenversicherungspflicht ein.

Bemessungsgrundlage für den Rentenversicherungsbeitrag ist jedoch nur noch 205 Euro monatlich beziehungsweise 2.460 Euro jährlich (2 Euro Rente für ein Jahr Bezug von Arbeitslosengeld II).

2005 bis 2010

Arbeitslose, die weder Arbeitslosengeld noch Arbeitslosengeld II beziehen (Zeiten der Arbeitslosigkeit ohne Leistungsbezug), erhalten die Zeiten der Arbeitslosigkeit – wie bereits vor 2005 – als nicht mehr mit dem Durchschnittswert der vorhandenen Beitragszeiten (Gesamtleistungswert) bewertete Anrechnungszeiten berücksichtigt („Anrechnungszeit Null" wegen Arbeitslosigkeit).

Seit 2011

Bei Bezug von Arbeitslosengeld II tritt nicht mehr Rentenversicherungspflicht ein, so dass die Zeit des Bezugs von Arbeitslosengeld II nicht mehr als Pflichtbeitragszeit berücksichtigt wird.

Die Zeit des Bezugs von Arbeitslosengeld II wird als nicht mit dem Durchschnittswert der vorhandenen Beitragszeiten (Gesamtleistungswert) bewertete Anrechnungszeiten berücksichtigt („Anrechnungszeit Null" wegen des Bezugs von Arbeitslosengeld II).

Behinderte Menschen

718 Als versicherungspflichtig Beschäftigte gelten auch behinderte Menschen, die

– in nach dem Neunten Buch Sozialgesetzbuch anerkannten Werkstätten für behinderte Menschen oder in nach dem Neunten Buch Sozialgesetzbuch anerkannten Blindenwerkstätten oder für diese Einrichtungen in Heimarbeit tätig sind, oder
– in Anstalten, Heimen oder gleichartigen Einrichtungen in gewisser Regelmäßigkeit eine Leistung erbringen, die einem Fünftel der Leistung eines vollerwerbsfähigen Beschäftigten in gleichartiger Beschäftigung entspricht.

Bei diesem Personenkreis handelt es sich vor allem um behinderte Menschen mit Geburts- und Frühschäden, die durch das Gesetz über die Sozialversicherung Behinderter mit Wirkung vom 1. Juli 1975 erstmals in die Sozialversicherung einbezogen worden sind, um auch ihnen insbesondere den Aufbau einer eigenen Alters- und Invaliditätssicherung zu eröffnen.

719 Für die Beitragszahlung ist ein fiktives Mindestgehalt von 80 Prozent der Bezugsgröße zugrunde zu legen, was in etwa 75 Prozent des aktuellen Durchschnittsentgelts entspricht. Dies gilt auch bei einem tatsächlich gezahlten Arbeitsentgelt unterhalb der Geringfügigkeitsgrenze. Die Beiträge sind vom Träger der Einrichtung in voller Höhe zu tragen, wenn ein Arbeitsentgelt nicht gezahlt wird oder das Arbeitsentgelt 20 Prozent der Bezugsgröße nicht übersteigt. Dies gilt sowohl für den aus dem tatsächlichen Arbeitsentgelt gezahlten Beitrag als auch für den Beitrag aus dem Unterschiedsbetrag zwischen tatsächlichem Arbeitsentgelt und der Mindestbemessungsgrundlage von 80 Prozent der Bezugsgröße. Übersteigt das Arbeitsentgelt 20 Prozent der Bezugsgröße, so ist der Beitrag aus dem Arbeitsentgelt vom Träger der Einrichtung und vom behinderten Versicherten je zur Hälfte zu tragen. Soweit vor 1992 für behinderte Menschen in geschützten Einrichtungen niedrigere Beiträge gezahlt worden sind, ist auf Antrag für jedes Kalenderjahr ein Wert von mindestens 0,75 Entgeltpunkten zugrunde zu legen. Die Beiträge, die auf den Unterschiedsbetrag zwischen dem tatsächlichen Arbeitsentgelt und 80 Prozent der Bezugsgröße entfallen, werden bei behinderten Menschen in anerkannten Werkstätten vom Bund erstattet.

720 Für behinderte Menschen, die im Anschluss an eine Beschäftigung in einer anerkannten Werkstatt für behinderte Menschen in einem Integrationsprojekt beschäftigt sind, ist Bemessungsgrundlage für die Beitragszahlung nicht nur das Arbeitsentgelt, sondern auch der Unterschiedsbetrag zwischen 80 Prozent der Bezugsgröße und dem Arbeitsentgelt, falls das Arbeitsentgelt diesen Betrag unterschreitet. Der Beitrag für das Arbeitsentgelt ist vom Träger des Integrationsprojekts und dem Versicherten je zur Hälfte und für einen Unterschiedsbetrag zwischen 80 Prozent der Bezugsgröße und dem Arbeitsentgelt vom Träger des Integrationsprojekts in voller Höhe zu tragen.

721 Entgegen dem versicherungsrechtlichen Grundsatz, dass ein bereits vor Erfüllung der versicherungsrechtlichen Voraussetzungen für eine Erwerbsminderungsrente (vgl. Rdnr. 199 ff) eingetretener Versicherungsfall nicht mehr nachträglich noch versichert werden kann, ist durch das Gesetz über die Sozialversicherung behinderten Menschen die Möglichkeit eröffnet worden, nach 20-jähriger Beitragszahlung einen Anspruch auf Rente wegen voller Erwerbsminderung auch dann erwerben zu können, wenn volle Erwerbsminderung schon vor Beginn der Versicherung in der gesetzlichen Rentenversicherung vorlag oder nur kurze Zeit danach eingetreten ist. Diese erwerbsgeminderten Personen haben Anspruch auf Rente wegen voller Erwerbsminderung, sobald sie die Wartezeit von 20 Jahren erfüllt haben und die Erwerbsminderung bis zu diesem Zeitpunkt ununterbrochen fortbestanden hat. Zur Erfüllung der Wartezeit von 20 Jahren genügt auch eine 20-jährige freiwillige Beitragszahlung.

Jugendliche, die für eine Erwerbstätigkeit befähigt werden sollen

722 Durch das Gesetz über die Sozialversicherung Behinderter sind ebenfalls Jugendliche, die in Einrichtungen der Jugendhilfe oder in Berufsbildungswerken oder ähnlichen Einrichtungen für behinderte Menschen für eine Erwerbstätigkeit befähigt werden sollen, in die Sozialversicherungspflicht einbezogen worden. Dies gilt auch dann, wenn tatsächlich kein Arbeitsentgelt gezahlt wird. Beitragsbemessungsgrundlage ist in diesem Fall der festgesetzte Wert für freie Kost und Wohnung. Die Beiträge sind allein vom Träger der Einrichtung zu tragen; er kann hierfür vom Träger der berufsfördernden Leistung Erstattung verlangen.

Ordensleute

723 Mitglieder geistlicher Genossenschaften, Diakonissen und Angehörige ähnlicher Gemeinschaften sind während ihres Dienstes für die Gemeinschaft und während der Zeit ihrer außerschulischen Ausbildung unabhängig von der Höhe ihres Arbeitsentgelts versicherungspflichtig, so weit ihnen nicht als satzungsmäßige Mitglieder nach den Regeln der Gemeinschaft eine Anwartschaft auf die in der Gemeinschaft übliche Versorgung zusteht. Bei ihnen ermitteln sich die beitragspflichtigen Einnahmen aus den Geld- und Sachbezügen, die sie persönlich erhalten. Jedoch gilt für Mitglieder, denen nach Beendigung ihrer Ausbildung eine Anwartschaft auf die in der Gemeinschaft übliche Versorgung nicht zusteht, eine Mindestbemessungsgrundlage von 40 Prozent der Bezugsgröße. Bis zu diesem Arbeitsentgelt tragen die Genossenschaften oder Gemeinschaften den Beitrag allein, bei einem höheren Arbeitsentgelt jedoch Versicherter und Arbeitgeber jeweils zur Hälfte. Geistliche und Ordensleute, die aus osteuropäischen Ländern als Vertriebene zugewandert sind und hier eine andere Tätigkeit ausüben, haben unter bestimmten Voraussetzungen ein Recht auf Beitragsnachzahlung.

Pflegepersonen

724 Weil neben einer häuslichen Pflegetätigkeit häufig eine Erwerbstätigkeit nicht oder nur noch eingeschränkt möglich ist, konnten sich bis Ende 1991 hieraus auch rentenrechtliche Nachteile ergeben. Um dem entgegenzuwirken, wurde nicht erwerbsmäßig tätigen Pflegepersonen ab 1992 zunächst die Möglichkeit eröffnet, auf Antrag freiwillige Beiträge für die Zeit einer von ihnen ausgeübten häuslichen Pflege als Pflichtbeiträge gelten zu lassen. Dadurch können seit dieser Zeit auch Pflegepersonen die Voraussetzungen für einen Anspruch auf Renten wegen verminderter Erwerbsfähigkeit sowie für Altersrenten an Frauen oder an Arbeitslose erfüllen. Pflegepersonen, die wegen der Pflege ihre Erwerbstätigkeit einschränken müssen, konnten ab 1992 zusätzliche Pflichtbeiträge so zahlen, dass das gleiche Entgelt wie vorher versichert wurde. Voraussetzung für einen entsprechenden Antrag war, dass der Pflegebedürftige nicht nur vorübergehend so hilflos ist, dass er für die gewöhnlichen und regelmäßig wiederkehrenden Verrichtungen im Ablauf des täglichen Lebens in erheblichem Umfang fremder Hilfe dauernd bedarf. Außerdem mussten für die Pflege mindestens 10 Stunden wöchentlich aufgewendet werden. Dies war durch amtliche Bescheinigungen u. a. des Medizinischen Dienstes nachzuweisen.

725 Auch ohne Beitragszahlung werden Zeiten einer nicht erwerbsmäßigen Pflegetätigkeit in der Zeit vom 1. Januar 1992 bis zum 31. März 1995 als Berücksichtigungszeiten anerkannt, mit der Folge, dass auch diese Zeiten

– den Anspruch auf Rente wegen verminderter Erwerbsfähigkeit auch dann erhalten, wenn während der Pflegetätigkeit eine versicherungspflichtige Beschäftigung oder Tätigkeit nicht ausgeübt worden ist,

– sich positiv auf die Bewertung beitragsfreier und beitragsgeminderter Zeiten auswirken und

– auf die 35-jährige Wartezeit für vorzeitige Altersrenten sowie für die Rente nach Mindesteinkommen angerechnet werden.

726 Mit dem Einsetzen der Leistungen aus der Sozialen Pflegeversicherung am 1. April 1995 ist auch eine Neuregelung über die rentenrechtliche Absicherung der Pflegepersonen in Kraft getreten. Danach sind seit dem 1. April 1995 Pflegepersonen kraft Gesetzes in der Rentenversicherung pflichtversichert, wenn sie

– einen Pflegebedürftigen pflegen, der Anspruch auf Leistungen aus der sozialen oder einer privaten Pflegeversicherung hat,

- die Pflegetätigkeit nicht erwerbsmäßig wenigstens 14 Stunden wöchentlich in der häuslichen Umgebung des Pflegebedürftigen ausüben,
- nicht Bezieher von Vollrenten wegen Alters oder Bezieher von Beamtenpensionen nach Erreichen einer Altersgrenze sind und
- regelmäßig nicht mehr als 30 Stunden wöchentlich erwerbstätig sind.

Zeiten der Pflege sind damit seit dem 1. April 1995 originäre Pflichtbeitragszeiten mit allen sich hieraus ergebenden Vorteilen für die Pflegeperson, z. B. den Erhalt, aber auch den Erwerb eines Anspruchs auf Renten wegen verminderter Erwerbsfähigkeit. Sie haben sowohl rentenbegründende als auch rentensteigernde Wirkung.

727 Als Folge der seit dem 1. April 1995 geltenden Versicherungspflicht für Pflegepersonen haben die Pflegekassen bzw. die privaten Pflegeversicherungen für die Pflegeperson Beiträge zur Rentenversicherung zu entrichten. In Abhängigkeit von der Pflegebedürftigkeit und vom Umfang der Pflegetätigkeit sind als Beitragsbemessungsgrundlage unterschiedlich hohe Vomhundertsätze (von 26,6667 Prozent für die unterste Pflegestufe bis 80 Prozent für die höchste Pflegestufe) der monatlichen Bezugsgröße (im Jahr 2011 2.555 Euro in den alten Bundesländern und 2.240 Euro in den neuen Bundesländern) gesetzlich festgelegt worden. Bei Pflege eines Schwerstpflegebedürftigen im gesamten Jahr 2011 entspricht der Beitrag zur Rentenversicherung im Jahr 2011 desjenigen eines Arbeitnehmers mit einem Jahresgehalt von 24.528 Euro in den alten Bundesländern und 21.504 Euro in den neuen Bundesländern. Aus der Versicherung dieser Entgelte ergibt sich ein monatlicher Rentenanspruch von über 22 Euro für die alten Bundesländer und über 20 Euro für die neuen Bundesländer (jeweils bezogen auf den ab dem 1. Juli 2011 geltenden aktuellen Rentenwert bzw. aktuellen Rentenwert (Ost)).

Pflegestufe des Pflegebedürftigen	Wöchentlicher Pflegeaufwand in Stunden	Vomhundertsatz der mtl. Bezugsgröße	Monatliche Beitragshöhe 2011 in EUR	
			West	Ost
III	28 und mehr	80	406,76	356,61
	21–27	60	303,07	267,46
	14–20	40	203,38	178,30
II	2 und mehr	53,3333	271,17	237,74
	14–20	35,5555	180,78	158,49
I	14 und mehr	26,6667	135,59	118,87

728 Wenn sich mehrere Pflegepersonen die Pflegetätigkeit teilen, ist der Beitrag entsprechend dem Umfang der einzelnen Pflegetätigkeit auf die Pflegeperson zu verteilen. Bei der Teilung muss aber darauf geachtet werden, dass die 14-Stunden-Grenze nicht unterschritten wird, da ansonsten Versicherungspflicht nicht eintritt.

729 Die mit dem Rentenreformgesetz 1992 eingeführte rentenrechtliche Pflegezeitenregelung (Pflegeberücksichtigungszeiten, Umwandlung von Zeiten der freiwilligen Beitragszahlung in Pflichtbeitragszeiten und Aufstockung von Pflichtbeitragszeiten) ist zum 31. März 1995 aufgehoben worden. Sie hat damit nur Bedeutung für die rentenrechtliche Bewertung von Zeiten einer Pflegetätigkeit vom 1. Januar 1992 bis zum 31. März 1995. Für Zeiten einer Pflegetätigkeit ab dem 1. April 1995 gelten ausnahmslos die mit dem Pflegeversicherungsgesetz eingeführten Regelungen.

Wehr- und Zivildienstleistende

730 Wehr- oder Zivildienstleistende, die bis zum 30. Juni 2011 aufgrund gesetzlicher Pflicht mehr als drei Tage Wehrdienst oder Zivildienst zu leisten hatten, waren in der Rentenversicherung pflichtversichert. Für sie hat der Bund die Beiträge zur Rentenversicherung getragen. Als beitragspflichtige Einnahme galt vom 1. Januar 1992 bis zum 31. Dezember 1999 ein Wert von 80 Prozent der Bezugsgröße. Vom 1. Januar 2000 bis zum 30. Juni 2011 wurden für Wehr- oder Zivildienstleistende Beiträge aus einer Bemessungsgrundlage von 60 Prozent der Bezugsgröße gezahlt (im Jahr 2011 also aus einer Bemessungsgrundlage von 1.533 Euro monatlich in den alten Bundesländern und von 1.344 Euro monatlich in den neuen Bundesländern). Welche der beiden Beitragsbemessungsgrundlagen maßgebend war, richtete sich nach dem Dienstort des Wehr- oder Zivildienstleistenden. Für Zeiten vor 1992 hatte der Bund Beiträge in unterschiedlicher Höhe entrichtet, weshalb bei der Rentenberechnung für Zeiten vor Mai 1961 auf Antrag 0,75 Entgeltpunkte, für Zeiten von Mai 1961 bis Ende 1981 1,0 Entgeltpunkte und für die Jahre 1982 bis 1991 0,75 Entgeltpunkte für Zeiten des gesetzlichen Wehr- oder Zivildienstes zugrunde zu legen sind.

731 Bei Wehrübungen gilt Folgendes: Erhielten Wehrübende für ihre Dienstzeit Arbeitsentgelt, was z. B. für Wehrübende aus dem öffentlichen Dienst der Fall war, oder Leistungen für Selbständige nach dem Unterhaltssicherungsgesetz, gilt ihr bisheriges Beschäftigungsverhältnis bzw. ihre bisherige selbständige Tätigkeit als nicht unterbrochen. Versicherungspflicht aufgrund der Wehrübung trat also nicht ein; vielmehr blieben diese Wehrübenden z. B. als Arbeitnehmer oder als selbständige Handwerker versicherungspflichtig. Ab 1991 erhielten auch Wehrübende aus der privaten Wirtschaft eine volle Verdienstausfallentschädigung nach dem Unterhaltssicherungsgesetz. Bei ihnen gilt als beitragspflichtige Einnahme während der Wehrübung das Arbeitsentgelt, das der Berechnung dieser Leistung zugrunde liegt. Dadurch ist im Ergebnis gewährleistet, dass die Wehrübenden in der Rentenversicherung nicht schlechter gestellt sind als während ihrer vorherigen Beschäftigung.

732 Die faktische Aussetzung der Wehrpflicht ab dem 1. Juli 2011 hat auch Konsequenzen für den Zivildienst als Wehrersatzdienst nach Artikel 12a des Grundgesetzes. Solange die Wehrpflicht bestand und durchgesetzt wurde, war es seine Aufgabe, sicherzustellen, dass diejenigen Wehrpflichtigen, die vom Grundrecht der Kriegsdienstverweigerung nach Artikel 4 des Grundgesetzes Gebrauch gemacht und den Dienst an der Waffe aus Gewissensgründen verweigert hatten, ihre Wehrpflicht in einem belastungsgleichen Ersatzdienst erfüllen konnten. Mit der Aussetzung der Wehrpflicht war damit zum 1. Juli 2011 auch der Zivildienst als gesetzlicher Wehrersatzdienst auszusetzen. Um Anreize zu schaffen, dass sich junge Männer auch weiterhin in sozialen Diensten engagieren können und auch künftig möglichst viele junge Menschen durch soziales Engagement positive Erfahrungen sammeln können, hat die Bundesregierung beschlossen, einen Bundesfreiwilligendienst einzuführen (Gesetzentwurf der Bundesregierung zur Einführung eines Bundesfreiwilligendienstes). Ein freiwilliger Dienst liegt nach diesem Gesetzentwurf nur dann vor, wenn für den Dienst neben unentgeltlicher Unterkunft und Verpflegung nur ein angemessenes Taschengeld geleistet wird. Nach dem Gesetzentwurf ist ein Taschengeld dann angemessen, wenn es 6 Prozent der monatlichen Beitragsbemessungsgrenze in der allgemeinen Rentenversicherung (im Jahr 2011: 6 Prozent von 5.500 Euro = 330 Euro monatlich) nicht übersteigt. Der Gesetzentwurf sieht deshalb vor, dass für Personen, die einen freiwilligen Bundesdienst leisten, die Geringfügigkeitsgrenze von 400 Euro keine Anwendung findet. Sie sind damit in der gesetzlichen Rentenversicherung pflichtversichert. Bemessungsgrundlage für den Pflichtbeitrag ist das gezahlte Taschengeld. Der Beitrag ist in voller Höhe von der Einsatzstelle zu tragen.

Entwicklungshelfer und andere im Ausland beschäftigte Deutsche

733 Grundsätzlich gelten die Vorschriften des Rentenrechts nur für Personen, die im Inland beschäftigt oder selbständig tätig sind. Aufgrund der so genannten Ausstrahlung bleiben aber auch Personen, die im Rahmen eines inländischen Beschäftigungsverhältnisses für begrenzte Zeit ins Ausland entsandt werden, versicherungspflichtig bzw. zur freiwilligen Versicherung berechtigt. Darüber hinaus können aber auch Entwicklungshelfer und im Ausland beschäftigte Deutsche, die z. B. bei einem ausländischen Tochterunternehmen für eine begrenzte Zeit im Ausland beschäftigt sind, der Versicherungspflicht in der deutschen Rentenversicherung unterstellt werden, wenn dies von einer Stelle mit Sitz im Inland beantragt wird. Als beitragspflichtige Einnahme gilt in diesem Fall das Arbeitsentgelt, mindestens aber ein Wert in Höhe von zwei Dritteln der Beitragsbemessungsgrenze. Die Beiträge sind von der Stelle zu tragen, die die Versicherungspflicht beantragt hat; dies muss nicht unbedingt auch der Arbeitgeber sein.

Seeleute

734 Eine Reihe von Sonderregelungen gilt auch für Seeleute. Für diese wird die Versicherung von der Deutschen Rentenversicherung Knappschaft-Bahn-See (bis zum 30. September als Seekasse bezeichnet) durchgeführt. Der Versicherungspflicht unterliegt grundsätzlich nur die Besatzung eines Schiffes, das berechtigt ist, die deutsche Bundesflagge zu führen. Die deutsche Besatzung eines ausgeflaggten Seeschiffes kann aber auf Antrag des Reeders ebenfalls der Sozialversicherungspflicht bei der Seekasse unterstellt werden. Für deutsche Seeleute, die ihren Wohnsitz oder gewöhnlichen Aufenthalt im Inland haben, und auf einem Seeschiff beschäftigt sind, das im überwiegenden wirtschaftlichen Eigentum eines deutschen Reeders mit Sitz im Inland steht, ist mit dem Altersvermögens-Ergänzungsgesetz diesen Reeder die gesetzliche Verpflichtung auferlegt worden, den Antrag auf Einbeziehung dieser Seeleute in die Versicherungspflicht zu stellen. Deutsche Seeleute, die danach rentenversicherungspflichtig werden bzw. geworden sind, können sich jedoch von der Rentenversicherungspflicht befreien lassen, wenn sie in den letzten zwei Jahren vor Aufnahme der Beschäftigung auf dem Seeschiff weder rentenversicherungspflichtig noch freiwillig in der Rentenversicherung versichert waren und vor dem 1. Januar 2002 bereits eine anderweitige rentenversicherungsäquivalente Vorsorge für den Fall der Invalidität, des Erlebens des 60. oder eines höheren Lebensjahres sowie im Todesfall für Hinterbliebene getroffen haben. Der Antrag auf Befreiung von der Rentenversicherungspflicht deutscher Seeleute war bis zum 30. Juni 2002 zu stellen. Nicht deutsche Besatzungsmitglieder deutscher Seeschiffe mit Wohnsitz oder gewöhnlichem Aufenthalt im Ausland können dagegen, ohne bestimmte Voraussetzungen erfüllen zu müssen, auf Antrag des Arbeitgebers von der Versicherungspflicht befreit werden. Dieses Befreiungsrecht ist zeitlich nicht befristet. Als beitragspflichtige Einnahme ist bei Seeleuten von amtlich festgesetzten Durchschnittsentgelten auszugehen. Entsprechendes gilt für selbständig tätige Seelotsen, Küstenschiffer und Küstenfischer, soweit sie der Versicherungspflicht unterliegen.

Ehrenamtlich Tätige

735 Arbeitnehmer, die ehrenamtlich tätig sind und deren Arbeitsentgelt infolge der ehrenamtlichen Tätigkeit gemindert wird, können auf Antrag Rentenminderungen dadurch vermeiden, dass sie auch für den Unterschiedsbetrag Beiträge entrichten. Entsprechendes gilt für Versicherte, die eine versicherungspflichtige ehrenamtliche Tätigkeit aufnehmen und für das vergangene Kalenderjahr freiwillige Beiträge gezahlt haben. Die Beiträge sind vom ehrenamtlich Tätigen selbst zu tragen; sie werden vom Arbeitgeber einbehalten und zusammen mit den anderen Pflichtbeiträgen an die Rentenversicherung abgeführt.

Verfolgte des Nationalsozialismus

736 Die Wiedergutmachung verfolgungsbedingter Schäden in der Sozialversicherung ist seit 1949 wiederholt Gegenstand gesetzgeberischer Maßnahmen gewesen; die maßgebenden Regelungen finden sich jetzt im „Gesetz zur Regelung der Wiedergutmachung nationalsozialistischen Unrechts in der Sozialversicherung". Insbesondere folgende Maßnahmen dienen diesem Ziel:

– Zeiten einer verfolgungsbedingten Freiheitsentziehung oder Freiheitsbeschränkung (z. B. wenn der Verfolgte den Judenstern tragen oder in der Illegalität leben musste) sowie Zeiten einer anschließenden Arbeitslosigkeit bis Ende 1946 oder eines Auslandsaufenthalts bis 1949 (Verfolgungszeiten) gelten bei der Rentenberechnung als Ersatzzeiten.
– Ist eine pflichtversicherte Beschäftigung oder Tätigkeit aus Verfolgungsgründen unterbrochen worden, werden – wenn dies günstiger ist – den Verfolgungszeiten die Tabellenwerte nach dem Fremdrentengesetz zugrunde gelegt. Entsprechendes gilt, wenn während einer rentenversicherungspflichtigen Beschäftigung oder Tätigkeit aus Verfolgungsgründen keine oder niedrigere Beiträge gezahlt wurden.
– Aus Verfolgungsgründen abgebrochene Ausbildungszeiten gelten als abgeschlossen; sie werden, wenn eine Ausbildung später abgeschlossen wurde, ggf. bis zum Doppelten der allgemein geltenden Höchstdauer anerkannt.
– Aufgrund früherer Vorschriften nachgezahlte Beiträge haben dieselbe Wirkung wie rechtzeitig gezahlte Pflichtbeiträge.
– Verfolgte im Ausland, die in der Zeit zwischen dem 30. Januar 1933 und Ende 1949 das Gebiet des Deutschen Reiches oder der Freien Stadt Danzig verlassen haben, sind Verfolgten im Inland grundsätzlich gleich gestellt, d. h. die Wertbegrenzungen nach dem Auslandsrentenrecht gelten für sie nicht. Außerdem haben sie auch bei Auslandsgeburt Anspruch auf Kindererziehungsleistung.

737 Das Bundessozialgericht hatte in zwei Urteilen entschieden, dass eine in einem Betrieb im Ghetto Lodz aufgenommene Tätigkeit die Voraussetzungen einer Beschäftigung erfüllen kann und damit als Beitragszeit in der deutschen Rentenversicherung (entweder als Beitragszeit nach dem Fremdrentenrecht oder als Beitragszeit nach deutschem Reichsversicherungsrecht) anzuerkennen ist. Da es sich bei diesen Beitragszeiten nicht um Bundesgebiets-Beitragszeiten handelt und die von dieser Rechtsprechung begünstigten ehemaligen Ghettobewohner sich gewöhnlich im Ausland aufhalten, konnte diesen in den Fällen, in denen Bundesgebiets-Beitragszeiten nicht vorliegen, aufgrund der anzuwendenden auslandsrentenrechtlichen Regelungen (vgl. Rdnr. 509 ff.) bislang eine Rente aus diesen Zeiten nicht gezahlt werden.

738 Mit dem Gesetz zur Zahlbarmachung von Renten aus Beschäftigungen in einem Ghetto und zur Änderung des Sechsten Buches Sozialgesetzbuch ist für Verfolgte mit Beitragszeiten aufgrund einer Beschäftigung in einem Ghetto bestimmt worden, dass diese Zeiten für die Erbringung von Leistungen ins Ausland als Beitragszeiten für eine Beschäftigung im heutigen Bundesgebiet anzusehen sind, so dass die sich bei Anwendung der maßgebenden Rentenberechnungsvorschriften ergebende Rente ohne weitere Voraussetzung auch ins Ausland gezahlt werden kann.

739 Die Einbettung des Gesetzes zur Zahlbarmachung von Renten aus Beschäftigungen in einem Ghetto in das Rentenrecht bedingt zwingend das Vorliegen von Freiwilligkeit und Entgeltlichkeit einer Beschäftigung in einem Ghetto als Abgrenzung zur Zwangsarbeit. Denn ohne diese Voraussetzungen ist keine Beschäftigung im Sinne der Sozialversicherung gegeben. Soweit im Unterschied zu entgeltlicher Beschäftigung von Zwangsarbeit auszugehen ist, entsteht kein Anspruch auf eine Rente der gesetzlichen Rentenversicherung. Vielmehr wurden Entschädigungen für Zwangsarbeit nach dem Gesetz zur Errichtung einer Stiftung „Erinnerung, Verantwortung und Zukunft" erbracht. Die Ablehnungsquote der von den Betroffenen gestellten Anträge auf eine Rente der gesetzlichen Rentenversicherung war bis zu der im Juni 2009 ergangenen Rechtsprechung des Bundessozialgerichts zum Gesetz zur Zahlbarmachung von Renten aus Beschäftigungen in einem Ghetto sehr hoch, da im Hinblick auf die unmenschlichen Lebensbedingungen in den Ghettos Freiwilligkeit und Entgeltlichkeit einer Beschäftigung von den Antragstellern nur selten glaubhaft gemacht werden kann. Die Bundesregierung hat daher im Jahr 2007 die „Richtlinie über eine Anerkennungsleistung an Verfolgte für Arbeit in einem Ghetto, die keine Zwangsarbeit war und bisher ohne sozialversicherungsrechtliche Berücksichtigung geblieben ist", beschlossen. Die Richtlinie richtet sich an Verfolgte, deren Tätigkeit in einem Ghetto nicht alle Merkmale eines rentenrechtlichen Beschäftigungsverhältnisses erfüllt. In diesen Fällen kann eine einmalige humanitäre Anerkennungsleistung in Höhe von 2.000 Euro gezahlt werden. Das Bundessozialgericht hat unter Aufgabe seiner früheren Rechtsprechung im Juni 2009 in mehreren Revisionsverfahren neue Leitlinien zur Handhabung des Gesetzes zur Zahlbarmachung von Renten aus Beschäftigungen in einem Ghetto aufgestellt, nach denen es nun in weitaus mehr Fällen zur Bewilligung der Rente kommen kann als dies vor diesen Entscheidungen der Fall war. So hat das Bundessozialgericht entschieden, dass eine Beschäftigung auch dann aus eigenem Willensentschluss zustande gekommen sein kann, wenn für die Ghetto-Bewohner Arbeitspflicht bestand und als Entlohnung lediglich freier Unterhalt gewährt wurde.

Verfolgte des DDR-Regimes

740 Nach dem Zweiten SED-Unrechtsbereinigungsgesetz erhalten Personen, die aufgrund von Maßnahmen politischer Verfolgung durch das DDR-Regime einen beruflichen Abstieg oder gar die Aufgabe ihres Berufes hinzunehmen hatten, einen Ausgleich der hierdurch bedingten Nachteile in der Rentenversicherung. Insbesondere sind in Ergänzung der allgemeinen Regelungen folgende rentenrechtlichen Ausgleichsregelungen vorgesehen:

– Verfolgungszeiten, in denen eine versicherungspflichtige Beschäftigung oder Tätigkeit verfolgungsbedingt nicht ausgeübt werden konnte, gelten stets als Pflichtbeitragszeiten für eine Beschäftigung oder Tätigkeit im Beitrittsgebiet.
– Die Bewertung der als Pflichtbeitragszeiten geltenden Verfolgungszeiten erfolgt auf der Grundlage der sich aus dem Fremdrentengesetz ergebenden Tabellenwerte, so weit es sich um Verfolgungszeiten vor dem 1. Januar 1950 handelt, und auf der Grundlage der um 20 Prozent erhöhten Tabellenwerte des Sechsten Buches Sozialgesetzbuch für glaubhaft gemachte Beitragszeiten (Anlagen 13 und 14), soweit es sich um Verfolgungszeiten nach dem 31. Dezember 1949 handelt.
– Ergibt sich unter Zugrundelegung des monatlichen Durchschnitts der Entgeltpunkte für Pflichtbeiträge aus einer versicherten Beschäftigung oder versicherten selbständigen Tätigkeit im letzten Kalenderjahr oder – wenn dies günstiger ist – in den letzten drei Kalenderjahren vor Beginn der politischen Verfolgung ein höherer Rentenanspruch als bei Zugrundelegung der um 20 Prozent erhöhten Tabellenwerte des Sechsten Buches Sozialgesetzbuch für glaubhaft gemachte Beitragszeiten (Anlagen 13 und 14), ist der monatliche Durchschnitt dieser Entgeltpunkte für die Rentenberechnung maßgebend.
– Darüber hinaus gelten Zeiten der Verfolgung als beitragsgeminderte Zeiten; d. h. sie werden bei der Rentenberechnung nicht nur als Beitragszeit, sondern auch als beitragsfreie Zeit behandelt. Ergibt sich daher für die Verfolgungszeit aus der für beitragsfreie Zeiten maßgebenden Gesamtleistungsbewertung eine größere Anzahl von Entgeltpunkten als auf der Grundlage der den Tabellen zu entnehmenden Entgelten oder den Entgelten unmittelbar vor Beginn der Verfolgung, wird die Verfolgungszeit als beitragsfreie Zeit berücksichtigt.
– Für Verfolgungszeiten, in denen ohne die Verfolgung die Fachschul- oder Hochschulausbildung bis zum regelmäßigen Abschluss fortgesetzt worden wäre, werden für jeden Kalendermonat die sich aus der Gesamtleistungsbewertung für An-

rechnungszeiten wegen des Besuchs einer Fachschule oder Hochschule ergebenden Entgeltpunkte zugrunde gelegt.
- Hat der Verfolgte wegen einer Verfolgungsmaßnahme seine Fachschul- oder Hochschulausbildung nicht abschließen können, gilt die Ausbildung für die Anerkennung dieser Zeiten als Anrechnungszeit als abgeschlossen.
- Ist wegen einer Verfolgungsmaßnahme eine Schulausbildung, Fachschul- oder Hochschulausbildung unterbrochen, jedoch später wieder aufgenommen und abgeschlossen oder eine neue Ausbildung begonnen und abgeschlossen worden, sind die Ausbildungszeiten als Anrechnungszeiten bis zum Doppelten der allgemein geltenden Höchstdauer anzuerkennen.

741 Von den Betroffenen kann der Antrag auf Feststellung einer Verfolgungszeit nach den zwischenzeitlich vorgenommenen Fristverlängerungen noch bis zum 31. Dezember 2019 bei den Rehabilitierungsbehörden gestellt werden.

Beratung und Auskunft

742 Den Trägern der Rentenversicherung obliegt die allgemeine Aufklärung der versicherten Bevölkerung und der Rentner über ihre Rechte und Pflichten. Versicherte, die das 55. Lebensjahr vollendet haben, erhalten von Amts wegen Auskunft über die Höhe der ihnen zustehenden Rentenanwartschaft; jüngeren Versicherten kann diese Auskunft von Amts wegen oder auf Antrag erteilt werden.

Verbesserter Auskunftsservice durch die Rentenversicherungsträger

743 Mit dem Altersvermögensgesetz ist der Auskunftsservice durch die Rentenversicherungsträger ganz erheblich verbessert worden. Ab dem Jahr 2004 haben die Rentenversicherungsträger allen Versicherten, die das 27. Lebensjahr vollendet haben, jährlich in schriftlicher Form Auskünfte über den Stand ihrer Rentenanwartschaften zu erteilen. Die jährliche Renteninformation enthält insbesondere:

- Angaben über die Grundlage der Rentenberechnung
- Angaben über die Höhe einer Rente wegen verminderter Erwerbsfähigkeit, die zu zahlen wäre, würde der Fall der vollen Erwerbsminderung vorliegen,
- eine Prognose über die zu erwartende Regelaltersrente,
- Informationen über die Auswirkungen künftiger Rentenanpassungen sowie
- eine Übersicht über die Höhe der Beiträge, die für Beitragszeiten vom Versicherten, dem Arbeitgeber oder von öffentlichen Kassen gezahlt worden sind.

744 Durch die jährliche Renteninformation wird allen Versicherten die Möglichkeit gegeben, ihre jeweiligen Entscheidungen im Rahmen des Aufbaus der kapitalgedeckten Altersvorsorge zu überprüfen und ggf. die weitere Anlagestrategie im Hinblick auf das für das Alter gewünschte Versorgungsniveau zu optimieren. Zudem ist den Rentenversicherungsträgern das Recht eingeräumt worden, Auskünfte im Sinne einer Wegweiserfunktion zum Aufbau einer kapitalgedeckten Altersvorsorge zu geben.

745 Zur allgemeinen Aufklärung der Bevölkerung geben die Rentenversicherungsträger ebenfalls kostenlos Merkblätter und Zeitschriften heraus.

Auskunfts- und Beratungsstellen

746 Die Rentenversicherungsträger haben in ihren Dienstgebäuden sowie in fast allen größeren Städten Auskunfts- und Beratungsstellen eingerichtet. Daneben gibt es in sehr vielen Städten auch örtliche Beratungsstellen. Über eine Internet-Such-Maske der Deutschen Rentenversicherung Bund (http://www.deutsche-rentenversicherung-bund.de) besteht die Möglichkeit, eine Beratungsstelle in der Nähe des jeweiligen Wohnorts zu finden. Kooperationsvereinbarungen zwischen den Rentenversicherungsträgern machen es auch möglich, die Suche nach einer Beratungsstelle des zuständigen Rentenversicherungsträgers entfallen zu lassen. Die Kooperationsvereinbarungen umfassen auch den Datenaustausch. Jeder Versicherte kann daher individuelle Auskünfte aus seinem Versicherungskonto von allen Stellen erhalten. Insbesondere in ländlichen Gebieten werden auch Informationsbusse eingesetzt, die mit Fachleuten besetzt sind und ebenfalls mit dem Computersystem der Rentenversicherungsträger verbunden sind. Vielfach werden in den Städten und Gemeinden auch Sprechtage von Fachleuten vorgenommen, die vorher öffentlich angekündigt werden.

747 Für alle Landkreise und kreisfreie Städte sind nach dem Neunten Buch Sozialgesetzbuch Gemeinsame Servicestellen für Rehabilitation von den Rehabilitationsträgern eingerichtet worden. Wer nach einem Unfall oder einer Krankheit in einer Rehabilitationsklinik wieder fürs Berufsleben fit gemacht werden möchte oder wer aus gesundheitlichen Gründen einen anderen Beruf erlernen muss, kann sich an eine dieser Servicestellen wenden. Die Gemeinsamen Servicestellen für Rehabilitation beraten und unterstützen ratsuchende Bürgerinnen und Bürger in allen Fragen der Rehabilitation. Sie klären Anliegen, nehmen Anträge auf Rehabilitationsmaßnahmen auf und ermitteln den zuständigen Rehabilitationsträger. Von den Servicestellen wird bei Bedarf auch der weitere Kontakt zum zuständigen Rehabilitationsträger hergestellt und der Antrag auf Rehabilitationsmaßnahmen unverzüglich dorthin weitergeleitet. Somit kann das Rehabilitationsmanagement schnell und ohne Reibungsverluste vom zuständigen Rehabilitationsträger übernommen werden. Auch im laufenden Rehabilitationsverfahren können sich Ratsuchende bei Bedarf erneut an diese Servicestelle wenden. Die Gemeinsamen Servicestellen für Rehabilitation sollen vor allem behinderten Menschen das Leben leichter machen. Denn für alle Fragen oder Anträge zur medizinischen oder beruflichen Rehabilitation ist die Gemeinsame Servicestelle für Rehabilitation ein zusätzlicher Ansprechpartner. Ein Verzeichnis der bisher im gesamten Bundesgebiet eröffneten Gemeinsamen Servicestellen für Rehabilitation gliedert sich nach Postleitzahlen oder Ort und ist im Internetangebot unter www.reha-servicestellen.de abrufbar.

748 Sehr wichtig sind schließlich die Versichertenältesten der Rentenversicherungsträger. Diese sind ehrenamtlich tätig und helfen in allen Fragen der Rentenversicherung, insbesondere beim Ausfüllen des Rentenantrags. Die Anschriften können bei den Auskunfts- und Beratungsstellen, den Gemeinde- und Stadtverwaltungen, den Versicherungsämtern, den Krankenkassen und den Gewerkschaften erfragt werden. Für die Deutsche Rentenversicherung Bund sind über 1.800 Versichertenälteste ehrenamtlich tätig, bei den Regionalträgern sind es vermutlich ebenso viele. In der knappschaftlichen Rentenversicherung nehmen über 1400 Knappschaftsälteste die Interessen der Versicherten wahr.

Übergangsregelungen für die neuen Bundesländer

Grundsätze der Rentenüberleitung auf die neuen Bundesländer

749 Artikel 30 Abs. 5 des Einigungsvertrages bestimmt, dass das Sechste Buch Sozialgesetzbuch – Gesetzliche Rentenversicherung – durch ein besonderes Bundesgesetz zum 1. Januar 1992 auf das Beitrittsgebiet überzuleiten ist. Diese Vorgabe des Einigungsvertrages ist mit dem Renten-Überleitungsgesetz vom 25. Juli 1991 umgesetzt worden. Elementare Zielsetzung des Renten-Überleitungsgesetzes war die einheitliche Geltung des Rentenrechts nach der Regelungssystematik des Sechsten Buches Sozialgesetzbuch für alle Rentenansprüche, die aus in den im Gebiet der neuen Bundesländer vor Inkrafttreten des Sechsten Buches Sozialgesetzbuch zurückgelegten rentenrechtlichen Zeiten entstanden sind oder ab dem 1. Januar 1992 entstehen. Kernziel der Vereinheitlichung des Rentenrechts ist, dass grundsätzlich für alle Versicherten bei der Rentenberechnung die versicherten Entgelte zugrunde gelegt werden sollen. In einem vereinigten Deutschland sollte es langfristig nicht zu einer unterschiedlichen Behandlung der in den neuen und alten Bundesländern zurückgelegten rentenrechtlichen Zeiten kommen Mit dem Renten-Überleitungsgesetz wurde daher das Rentenrecht in der Fassung des Rentenreformgesetzes 1992, das am 1. Januar 1992 in den alten Bundesländern in Kraft getreten ist, zum gleichen Zeitpunkt auf die neuen Bundesländer übergeleitet. Damit ist am 1. Januar 1992 das im Sechsten Buch Sozialgesetzbuch geregelte Rentenrecht gleichzeitig in den alten und neuen Bundesländern in Kraft getreten. In das Sechste Buch Sozialgesetzbuch wurden jedoch für die neuen Bundesländer dort spezielle Übergangsregelungen aufgenommen, wo rentenrelevante Lebenssachverhalte in die Regelungssystematik des Gesetzes einzubinden waren, die im Rentensystem der ehemaligen DDR eine völlig andere Einordnung erfahren hatten. Auch machte die unterschiedliche Einkommenssituation in den neuen und den alten Bundesländern unterschiedliche Regelungen im Beitrags- und Leistungsrecht des Sechsten Buches Sozialgesetzbuch erforderlich, um in den neuen und alten Bundesländern ein gleich hohes Rentenniveau (Verhältnis einer Standardrente aus 45 Beitragsjahren mit Durchschnittsverdienst zum jeweiligen Durchschnittsverdienst) herzustellen.

750 Durch Artikel 30 Abs. 5 des Einigungsvertrages war aber auch vorgegeben, dass Angehörige rentennaher Jahrgänge Renten nach dem Recht der ehemaligen DDR weiterhin erhalten sollen, wenn sich nach diesem Recht eine höhere Rente als die nach dem Sechsten Buch Sozialgesetzbuch berechnete Rente ergibt oder wenn ein Rentenanspruch nur nach diesem Recht, nicht aber nach dem Recht des Sechsten Buches Sozialgesetzbuch bestanden hätte. Mit Artikel 2 des Renten-Überleitungsgesetzes wurde diese Vorgabe des Einigungsvertrages umgesetzt, indem dort umfassend die Regelungen des Rentenrechts der ehemaligen DDR aufgenommen wurden.

751 Artikel 3 des Renten-Überleitungsgesetzes enthält das Anspruchs- und Anwartschaftsüberführungsgesetz – AAÜG. Dieses Gesetz regelt die Überführung der in den Zusatz- und Sonderversorgungssystemen der ehemaligen DDR erworbenen Ansprüche und Anwartschaften in die gesetzliche Rentenversicherung (siehe hierzu Rdnr. 818 ff.).

Versicherter Personenkreis

752 Im Hinblick darauf, dass sowohl nach den versicherungsrechtlichen Bestimmungen der neuen Bundesländer als auch nach den versicherungsrechtlichen Bestimmungen der alten Bundesländer alle gegen Arbeitsentgelt Beschäftigte der Versicherungspflicht in der Rentenversicherung unterliegen, haben sich für Arbeitnehmer insoweit keine besonderen Regelungen ergeben.

753 Ganz anders verhält es sich demgegenüber bei den selbständig und freiberuflich Tätigen. Während dieser Personenkreis grundsätzlich bis zum 31. Dezember 1991 generell der Versicherungspflicht unterlag, sehen die entsprechenden Regelungen im Sechsten Buch Sozialgesetzbuch nur für besondere Gruppen von Selbständigen die Versicherungspflicht kraft Gesetzes vor. Kraft Gesetzes versicherungspflichtig sind z. B. Lehrer, Erzieher und Pflegepersonen, die in ihrem Betrieb keine versicherungspflichtigen Arbeitnehmer beschäftigen, selbständig tätige Hebammen und Entbindungspfleger, Künstler, Publizisten, Hausgewerbetreibende, Küstenfischer und -schiffer sowie in der Handwerksrolle eingetragene Handwerker. Für die übrigen Selbständigen besteht keine gesetzliche Versicherungspflicht.

754 Nur dann, wenn in den neuen Bundesländern eine selbständige Erwerbstätigkeit erstmalig nach dem 31. Juli 1991 – dem Tag der Verkündung des Renten-Überleitungsgesetzes – aufgenommen worden ist, unterlag der Selbständige auch schon vor dem 1. Januar 1992 nicht mehr der generellen Versicherungspflicht nach den Bestimmungen des ehemaligen DDR-Rechts. In diesem Fall trat Versicherungspflicht nur dann ein, wenn der Selbständige zu dem Personenkreis gehört hat, für den auch nach dem Sechsten Buch Sozialgesetzbuch Versicherungspflicht in der gesetzlichen Rentenversicherung bestand.

755 Ohne ergänzende Regelungen zur gesetzlichen Versicherungspflicht von Selbständigen und deren mitarbeitenden Ehegatten hätte für diejenigen, die vor 1992 eine versicherungspflichtige, selbständige Erwerbstätigkeit aufgenommen hatten, für die nach den Regelungen zum versicherungspflichtigen Personenkreis im Sechsten Buch Sozialgesetzbuch Versicherungspflicht nicht mehr bestanden hätte, die Versicherungspflicht am 31. Dezember 1991 enden müssen. Da dies einen nicht hinzunehmenden Eingriff in die bisherige Lebensplanung der Betroffenen bedeutet hätte, besteht für diejenigen Selbständigen, die nicht zu dem nach dem Sechsten Buch Sozialgesetzbuch versicherungspflichtigen Personenkreis gehört haben, aber vor 1992 aufgrund ihrer selbständigen Tätigkeit versicherungspflichtig waren, die gesetzliche Versicherungspflicht in der jeweiligen Tätigkeit über 1991 hinaus fort. Die Betroffenen hatten jedoch die Möglichkeit, bis zum 31. Dezember 1994 die Befreiung von der Versicherungspflicht zu beantragen. Die Befreiung war nicht an die Erfüllung bestimmter Bedingungen, wie z. B. den Nachweis einer anderweitigen gleichwertigen Sicherung, geknüpft. Die Befreiung von der Versicherungspflicht ist allerdings an die jeweilige Tätigkeit gebunden.

756 Das Sozialversicherungsgesetz der ehemaligen DDR hatte selbständig Erwerbstätigen für die Zeit ab dem 1. Juli 1990 die Möglichkeit der Befreiung von der Versicherungspflicht eingeräumt, wenn die selbständige Erwerbstätigkeit innerhalb der letzten fünf Jahre aufgenommen wurde und der Selbständige für sich und seine Familienangehörigen eine gleichwertige, private Versicherung abgeschlossen hatte. Selbständig Erwerbstätige, die aufgrund eines solchen Versicherungsvertrages von der Versicherungspflicht befreit worden sind, sind auch über den 31. Dezember 1991 hinaus in jeder Beschäftigung als Arbeitnehmer und in jeder selbständigen Erwerbstätigkeit versicherungsfrei.

757 Bis zur Überleitung des Rechts der Alterssicherung der Landwirte auf die neuen Bundesländer zum 1. Januar 1995 waren landwirtschaftliche Unternehmer in den neuen Bundesländern in der gesetzlichen Rentenversicherung versicherungspflichtig. Seit dem 1. Januar 1995 sind jedoch nur noch diejenigen landwirtschaftlichen Unternehmer versicherungspflichtig geblieben, die

– bereits im Dezember 1994 versicherungspflichtig waren und

– am 1. Januar 1995 das 50. Lebensjahr vollendet oder die versicherungsrechtlichen Voraussetzungen für eine Rente wegen verminderter Erwerbsfähigkeit erfüllt hatten.

Diese landwirtschaftlichen Unternehmer konnten jedoch bis zum 31. Dezember 1995 die Befreiung von der Versicherungspflicht beantragen. In diesem Fall endete die Versicherungspflicht zum 31. Dezember 1994.

758 Für diejenigen landwirtschaftlichen Unternehmer, die die vorgenannten Voraussetzungen nicht erfüllt hatten, endete die Versicherungspflicht in der gesetzlichen Rentenversicherung zum 31. Dezember 1994. Für sie trat am 1. Januar 1995 an die Stelle der Versicherungspflicht in der gesetzlichen Rentenversicherung die Versicherungspflicht in der Alterssicherung der Landwirte.

759 Unabhängig von diesen besonderen Bestimmungen zur Versicherungspflicht für selbständig Erwerbstätige in den neuen Bundesländern hatten alle Selbständige, die am 31. Dezember 1991 aus welchem Grund auch immer nicht versicherungspflichtig waren, die Möglichkeit, innerhalb von 5 Jahren nach Aufnahme der Tätigkeit die Versicherungspflicht zu beantragen.

Befreiung von der Versicherungspflicht

760 Der Grundsatz der umfassenden Versicherungspflicht galt auch für alle freiberuflich Tätigen in der ehemaligen DDR (Ärzte, Rechtsanwälte, Apotheker, Architekten). Bereits seit dem 3. Oktober 1990 konnten angestellte und selbständig tätige Freiberufler die Befreiung von der Versicherungspflicht beantragen, wenn sie Mitglied einer berufsständischen Versorgungseinrichtung geworden sind, zu dieser Einrichtung einkommensbezogene Beiträge zahlen und hierdurch Anwartschaften auf dynamische Rentenleistungen wegen Alters, Invalidität und Tod erwerben.

Versicherungsfreiheit kraft Gesetzes

761 Versicherungsfreiheit besteht – wie in den alten Bundesländern – für Arbeitnehmer, die nur eine geringfügige Beschäftigung ausüben. Eine geringfügige Beschäftigung liegt insbesondere dann vor, wenn das Arbeitsentgelt einen bestimmten Entgeltgrenzbetrag nicht übersteigt. Bis zum 31. März 1999 war der Entgeltgrenzbetrag dynamisch ausgestaltet, weil er an den Wert ein Siebtel der monatlichen Bezugsgröße angeknüpft war (in den neuen Bundesländern im Jahr 1999 530 DM). Seit dem 1. April 1999 ist der Entgeltgrenzbetrag undynamisch und in der Höhe dem Betrag in den alten Bundesländern angeglichen worden. Er hat bis zum 31. März 2003 für die neuen Bundesländer ebenso wie für die alten Bundesländer 325 Euro im Monat betragen. Mit dem Zweiten Gesetz für moderne Dienstleistungen am Arbeitsmarkt ist der Entgeltgrenzbetrag für die neuen sowie für die alten Bundesländer zum 1. April 2003 auf 400 Euro im Monat angehoben worden. Seit dieser Zeit hat sich der Entgeltgrenzbetrag nicht mehr verändert.

Nachversicherung

762 Personen, die vor dem 1. Januar 1992 in den neuen Bundesländern aus einer Beschäftigung ausgeschieden sind, in der sie nach dem Recht der ehemaligen DDR aufgrund eines Sachverhalts nicht versicherungspflichtig waren, der auch nach dem Recht der alten Bundesländer zur Versicherungsfreiheit geführt hätte (z. B. Gewährleistung einer Versorgung durch eine öffentliche Einrichtung), werden in der gesetzlichen Rentenversicherung nachversichert.

763 Pfarrer, Pastoren, Prediger, Vikare und andere Mitarbeiter von Religionsgesellschaften in den neuen Bundesländern, für die aufgrund von Vereinbarungen zwischen den Religionsgesellschaften und der DDR Beiträge zur Sozialversicherung für Zeiten im Dienst der Religionsgesellschaften nachgezahlt wurden, gelten für die Zeiträume, für die Beiträge nachgezahlt worden sind, als nachversichert.

764 Diakonissen, für die aufgrund von Vereinbarungen zwischen dem Bund der Evangelischen Kirchen und der DDR Zeiten einer Tätigkeit in den Evangelischen Diakonissenmutterhäusern und Diakoniewerken vor dem 1. Januar 1985 bei der Gewährung und Berechnung von Renten aus der Sozialversicherung zu berücksichtigen waren, werden für diese Zeiträume nachversichert. Das gleiche gilt für Mitglieder geistlicher Genossenschaften, die vor dem 1. Januar 1985 im Gebiet der neuen Bundesländer eine vergleichbare Tätigkeit ausgeübt haben.

765 Die Nachversicherung setzt des Weiteren voraus, dass die vor stehend genannten Personen

– ohne einen Anspruch oder ohne eine Anwartschaft auf Versorgung aus der Beschäftigung ausgeschieden sind und

– einen Anspruch auf eine Rente nach den Vorschriften des Sechsten Buches Sozialgesetzbuch haben oder aufgrund der Nachversicherung erwerben.

766 Die Nachversicherung erfolgt durch Beitragszahlungen des Arbeitgebers bzw. der jeweiligen Einrichtung, der bzw. die den Betreffenden beschäftigt hat. Die Beiträge werden unmittelbar an den Träger der gesetzlichen Rentenversicherung gezahlt. Beitragsbemessungsgrundlage ist das aus der Beschäftigung im Nachentrichtungszeitraum bezogene Einkommen. Bei der Ermittlung der maßgebenden Beitragsbemessungsgrundlage wird den besonderen Einkommensverhältnissen in der ehemaligen DDR Rechnung getragen.

Leistungen der Rentenversicherung

767 Seit dem 1. Januar 1992 sind für die rentenrechtlichen Ansprüche der Versicherten in den neuen Bundesländern die leistungsrechtlichen Bestimmungen des Sechsten Buch Sozialgesetzbuch maßgebend. Seit dieser Zeit werden daher auch in den neuen Bundesländern Leistungen der Rehabilitation, Renten wegen Alters und Renten wegen verminderter Erwerbsfähigkeit unter den gleichen Voraussetzungen erbracht wie in den alten Bundesländern.

Renten wegen Alters

768 Seit dem 1. Januar 1992 können auch von den Versicherten in den neuen Bundesländern die gleichen Arten von Renten wegen Alters in Anspruch genommen werden wie von den Versicherten in den alten Bundesländern. Bei Erfüllung der jeweiligen Voraussetzungen können sie die Regelaltersrente oder – als vorgezogene Rente wegen Alters – die Altersrente an langjährig Versicherte, die Altersrente für schwerbehinderte Menschen, die Altersrente wegen Arbeitslosigkeit oder nach Altersteilzeitarbeit sowie die Altersrente für Frauen in Anspruch nehmen. Im Hinblick auf die besonders schwierige Arbeitsmarktlage in den neuen Bundesländern kam der Altersrente wegen Arbeitslosigkeit oder nach Altersteilzeitarbeit für die Versicherten in den neuen Bundesländern besondere Bedeutung zu. Denn auf die für den Anspruch bei dieser Rentenart erforderliche 8-jährige Pflichtbeitragszeit in den letzten 10 Jahren vor Rentenbeginn sind für Versicherte in den neuen Bundesländern auch Zeiten des Bezugs von Arbeitslosengeld seit dem 1. Juli 1990 sowie Zeiten des Bezugs von Vorruhestandsgeld oder Altersübergangsgeld anzurechnen. In der Zeit von 1992 bis 1997 gab es in den neuen Bundesländern bei dieser Rentenart rd. 460.000 Rentenneuzugänge. Sie machten damit rd. 46 Prozent der gesamten Neuzugänge der Jahre 1992 bis 1997 an den vor dem 65. Lebensjahr in den neuen Bundesländern in Anspruch genommenen Altersrenten (rd. 1 Mio.) aus.

769 Ab dem Jahr 1998 gewann jedoch im Hinblick auf die in der Regel sehr geschlossenen Versicherungsbiografien der Frauen in den neuen Bundesländern die Altersrente für Frauen immer mehr an Bedeutung, so dass sie nun die meist in Anspruch genommene Rentenart bezogen auf alle Rentenneuzugänge in den neuen Bundesländern der Jahre 1992 bis 2009 ist. In der Zeit von 1992 bis 2009 hat es einen Zugang von über 1 Mio. Altersrenten für Frauen gegeben. Damit beläuft sich ihr Anteil an allen vor Erreichen des Regelalters von 65 Jahren in Anspruch genommenen Altersrenten auf fast 50 Prozent. Demgegenüber beläuft sich der Anteil der Altersrenten wegen Arbeitslosigkeit oder nach Altersteilzeitarbeit an den vor Erreichen des Regelalters von 65 Jahren in Anspruch genommenen Altersrenten auf rd. 37 Prozent. Insgesamt machen die in der Zeit von 1993 bis Ende 2009 in den neuen Bundesländern vor der Regelaltersgrenze zugegangenen Altersrenten einen Anteil von 87 Prozent der in dieser Zeit insgesamt zugegangenen Altersrenten aus. In den alten Bundesländern beläuft sich dieser Anteil dagegen nur auf rd. 57 Prozent. Auch die Anteile der jeweiligen Rentenarten an den dort im gleichen Zeitraum vor Erreichen des Regelalters von 65 Jahren in Anspruch genommenen Altersrenten unterscheiden sich deutlich von denen in den neuen Bundesländern. Auf die Altersrenten für Frauen entfällt hier lediglich ein Anteil von 36 Prozent an diesen Renten und auf die Altersrenten wegen Arbeitslosigkeit oder nach Altersteilzeitarbeit ein Anteil von rd. 29 Prozent.

Teilrente und Hinzuverdienst bei Renten wegen Alters

770 Mit dem Rentenreformgesetz 1992 wurde auch für die Versicherte in den neuen Bundesländern, die Anspruch auf eine Rente wegen Alters haben, die Wahlmöglichkeit eröffnet, entweder die ihnen zustehende Vollrente zu beantragen oder nur eine Teilrente in Höhe von einem Drittel, der Hälfte oder von zwei Dritteln der Vollrente zu beanspruchen. Damit können auch die Versicherten in den neuen Bundesländern, die die Voraussetzungen für den Bezug einer vorzeitigen Altersrente erfüllen, ihre Erwerbstätigkeit im Rahmen bestimmter zulässiger Hinzuverdienstgrenzen bei gleichzeitigem Bezug eines bestimmten Teils ihrer Altersrente reduzieren. Bei Bezug einer Altersrente ab Erreichen der Regelaltersgrenze (für die bis Ende 1946 geborenen Versicherten also ab Vollendung des 65. Lebensjahres) ist die Höhe eines Hinzuverdienstes zur bezogenen Altersrente unbeachtlich.

771 Hinzuverdienstgrenzen gelten somit, wenn eine Rente wegen Alters vor Erreichen der Regelaltersgrenze – für die bis Ende 1946 geborenen Versicherten also die Vollendung des 65. Lebensjahres – in Anspruch genommen wird. Ein zweimaliges Überschreiten der Hinzuverdienstgrenze innerhalb eines Jahres um jeweils einen Betrag bis zur Höhe der Hinzuverdienstgrenze, z. B. durch Urlaubsgeld und Weihnachtsgeld, ist zulässig. Die Hinzuverdienstgrenze, bis zu der eine vor der Regelaltersgrenze geleistete Rente wegen Alters weiter als volle Rente gezahlt werden kann, hat bis zum 31. Dezember 2007 ein Siebtel der monatlichen Bezugsgröße (im Jahr 2007: 300 Euro) betragen. Damit lag diese Hinzuverdienstgrenze unterhalb der Entgeltgrenze von 400 Euro für eine versicherungsfreie geringfügige Beschäftigung. Mit dem Siebten Gesetz zur Änderung des Dritten Buches Sozialgesetzbuch ist die Hinzuverdienstgrenze für die volle Altersrente auch für die Rentnerinnen und Rentner in den neuen Bundesländern zum 1. Januar 2008 auf die Entgeltgrenze für eine geringfügige Beschäftigung angehoben worden. Sie beträgt daher ab dem 1. Januar 2008 ebenfalls für sie 400 Euro.

772 Die Hinzuverdienstgrenzen bei Bezug einer Teilrente wegen Alters betragen für Rentnerinnen und Rentner in den neuen Bundesländern bei einer 2/3-Teilrente rd. 40 Prozent, bei einer 1/2-Teilrente rd. 60 Prozent oder bei einer 1/3-Teilrente rd. 80 Prozent des in den letzten drei Kalenderjahren vor Beginn der Rente versicherten Arbeitsentgelts (individuelle Hinzuverdienstgrenzen). Die individuellen Hinzuverdienstgrenzen werden zunächst – wie die individuellen Hinzuverdienstgrenzen für die Rentnerinnen und Rentner in den alten Bundesländern – ermittelt, indem die Entgeltpunkte aus den letzten drei Kalenderjahren vor Beginn der Rente mit der für die alten Bundesländer festgesetzten monatlichen Bezugsgröße (für das Jahr 2011: 2.555 Euro) vervielfältigt und dieser Betrag dann anschließend mit einem von der jeweiligen Teilrentenart abhängigen Faktor – 0,13 bei einer 2/3-Teilrente, 0,19 bei einer 1/2-Teilrente sowie 0,25 bei einer 1/3-Teilrente – vervielfältigt wird. Damit sich jedoch bei den Hinzuverdienstgrenzen in den alten und neuen Bundesländern ein Abstand ergibt, der dem Abstand von aktuellem Rentenwert (Ost) zum aktuellen Rentenwert entspricht, werden die Beträge der jeweiligen individuellen Hinzuverdienstgrenzen mit dem Verhältnis aus aktuellem Rentenwert (Ost) zum aktuellen Rentenwert vervielfältigt.

773 Mindestens ist jedoch ein Hinzuverdienst in Höhe des 0,195fachen der monatlichen Bezugsgröße bei einer 2/3-Teilrente, in Höhe des 0,285fachen der monatlichen Bezugsgröße bei einer 1/2-Teilrente sowie in Höhe des 0,375fachen der monatlichen Bezugsgröße bei einer 1/3-Teilrente jeweils vervielfältigt mit dem Verhältnis aus aktuellem Rentenwert (Ost) zum aktuellen Rentenwert (allgemeine Hinzuverdienstgrenzen) zulässig. Bezogen auf den Stand 1. Juli 2011 ergeben sich somit bei einer für das Jahr 2011 für die alten Bundesländer festgesetzten monatlichen Bezugsgröße von 2.555 Euro sowie einem aktuellen Rentenwert (Ost) von 24,37 Euro und einem aktuellen Rentenwert von 27,20 Euro folgende allgemeine Hinzuverdienstgrenzen für Rentnerinnen und Rentner in den neuen Bundesländern:

– bei einer 2/3-Teilrente 442 Euro,
– bei einer 1/2-Teilrente 646 Euro und
– bei einer 1/3-Teilrente 850 Euro.

Renten wegen verminderter Erwerbsfähigkeit

774 Nach dem Rentenrecht der ehemaligen DDR bestand ein Anspruch auf eine Invalidenrente dann, wenn das Leistungsvermögen und der Verdienst um mindestens 2/3 gemindert waren. Eine Arbeit lag im Rahmen dieses so genannten Lohndrittels, wenn

– der Verdienst 1/3 des vor Eintritt der Invalidität tatsächlich erzielten Verdienstes nicht überschritt,
– der Verdienst 1/3 des Verdienstes nicht überschritt, der von einem gesunden Arbeitnehmer in einem Beruf erzielt werden konnte, den der Invalide vor Eintritt der Invalidität ausgeübt hatte, oder
– der Verdienst den Betrag von 400 Mark monatlich nicht überschritt.

775 Invalidenrenten, die im Dezember 1991 bezogen wurden, sind zum 1. Januar 1992 als Renten wegen Erwerbsunfähigkeit geleistet worden, wenn die Hinzuverdienstgrenze von ein Siebtel der Bezugsgröße, mindestens 400 DM monatlich, nicht überschritten wurde. Bei Überschreiten dieser Hinzuverdienstgrenze wurde die Invalidenrente als Berufsunfähigkeitsrente weitergezahlt. Gleichzeitig wurde durch die Zahlung von Auffüllbeträgen (vgl. Rdnr. 842) sichergestellt, dass der bisherige Zahlbetrag der Rente auch bei der zum 1. Januar 1992 vorzunehmenden

Umwertung (vgl. Rdnr. 840 f.) in eine gegenüber der Erwerbsunfähigkeitsrente niedrigere Berufsunfähigkeitsrente nicht unterschritten wurde. Aus der rentenrechtlichen Einordnung der Invalidenrenten in das Schema der Berufs- und Erwerbsunfähigkeitsrenten hat sich damit für erwerbstätige Invalidenrentner zum 1. Januar 1992 keine Verschlechterung ihrer Einkommenssituation ergeben. Ab dem 1. Januar 2001 sind allerdings auch auf die Invalidenrenten, die ab dem 1. Januar 1992 als Renten wegen Erwerbsunfähigkeit geleistet worden sind, die zum 1. Januar 1996 eingeführten Hinzuverdienstregelungen anzuwenden (vgl. Rdnr. 222 ff.). Ausgenommen von der rentenrelevanten Berücksichtigung von Hinzuverdienst sind jedoch die Rentenbezieher, die bereits am 31. Dezember 1991 eine nach den Vorschriften des Beitrittsgebiets berechnete Invalidenrente bezogenen haben und die Voraussetzungen für den Bezug von Blindengeld oder Sonderpflegegeld nach den am 31. Dezember 1991 geltenden Vorschriften des Beitrittsgebiets erfüllen.

776 Die in Erwerbsunfähigkeitsrenten umgewandelten Invalidenrenten nach ehemaligem DDR-Rentenrecht werden bis zu einem Hinzuverdienst bis zur Entgeltgrenze von 400 Euro für eine versicherungsfreie geringfügige Beschäftigung in vollem Umfang weitergezahlt. Überschreitet der Hinzuverdienst diese Entgeltgrenze besteht Anspruch auf die niedrigere Rente wegen Berufsunfähigkeit. Die Hinzuverdienstgrenzen für eine Rente wegen Berufsunfähigkeit sind dreistufig ausgestaltet. In Abhängigkeit von drei unterschiedlichen Hinzuverdienstgrenzwerten kann der Versicherte eine Rente wegen Berufsunfähigkeit in voller Höhe, in Höhe von zwei Dritteln oder in Höhe von einem Drittel in Anspruch nehmen. Je höher sein Hinzuverdienst ist, desto niedriger ist die Höhe der Rente wegen Berufsunfähigkeit. Die Berufsunfähigkeitsrente wird bei einem Hinzuverdienst von

– bis zu rd. 55 Prozent des versicherten Arbeitsentgelts im letzten Kalenderjahr vor Beginn der Berufsunfähigkeitsrente, mindestens aber bis zu dem Betrag, der sich aus dem 0,285fachen der monatlichen Bezugsgröße vervielfältigt mit dem Verhältnis von aktuellem Rentenwert (Ost) zum aktuellen Rentenwert errechnet (allgemeine Hinzuverdienstgrenze) – dies ist ab dem 1. Juli 2011 ein Betrag von 646 Euro –, in voller Höhe,

– bis zu rd. 75 Prozent des versicherten Arbeitsentgelts im letzten Kalenderjahr vor Beginn der Berufsunfähigkeitsrente, mindestens aber bis zu dem Betrag, der sich aus dem 0,38fachen der monatlichen Bezugsgröße vervielfältigt mit dem Verhältnis von aktuellem Rentenwert (Ost) zum aktuellen Rentenwert errechnet (allgemeine Hinzuverdienstgrenze) – dies ist ab dem 1. Juli 2011 ein Betrag von 861,33 Euro –, in Höhe von zwei Drittel und

– bis zu rd. 90 Prozent des versicherten Arbeitsentgelts im letzten Kalenderjahr vor Beginn der Berufsunfähigkeitsrente, mindestens aber bis zu dem Betrag, der sich aus dem 0,47fachen der monatlichen Bezugsgröße vervielfältigt mit dem Verhältnis von aktuellem Rentenwert (Ost) zum aktuellen Rentenwert errechnet (allgemeine Hinzuverdienstgrenze) – dies ist ab dem 1. Juli 2011 ein Betrag von 1.065,33 Euro –, in Höhe von einem Drittel

gezahlt. Wird die höchstmögliche Hinzuverdienstgrenze überschritten, ruht der Anspruch auf Berufsunfähigkeitsrente in voller Höhe.

777 Die als Berufs- und Erwerbsunfähigkeitsrenten weitergezahlten Invalidenrenten werden längstens bis zum Erreichen der Regelaltersgrenze (für die bis Ende 1946 geborenen Rentnerinnen und Rentner also bis zur Vollendung des 65. Lebensjahres) und ansonsten solange gezahlt, wie der Tatbestand der Berufs- bzw. Erwerbsunfähigkeit nach den bis zum 31. Dezember 2000 geltenden Bestimmungen des Sechsten Buches Sozialgesetzbuch vorliegt. Aus Gründen der Verwaltungsvereinfachung haben die Träger der Rentenversicherung dagegen nicht zu prüfen, ob auch weiterhin Invalidität nach dem am 31. Dezember 1991 geltenden (DDR-) Rentenrecht besteht.

778 Für die Versicherten in den neuen Bundesländern bedurfte es bei der Überleitung des Rechts der Renten wegen verminderter Erwerbsfähigkeit insbesondere einer Übergangsregelung zu der für diesen Anspruch erforderlichen besonderen Anspruchsvoraussetzung der Belegung von drei Jahren mit Pflichtbeitragszeiten innerhalb eines Zeitraumes von 5 Jahren vor Eintritt der Erwerbsminderung. Diese besondere Anspruchsvoraussetzung war in den alten Bundesländern zum 1. Januar 1984 eingeführt worden. Für die Versicherten in den alten Bundesländern, die diese Voraussetzung für eine Rente wegen Berufs- oder Erwerbsunfähigkeit am 1. Januar 1984 nicht erfüllt haben (z. B. nicht erwerbstätige Hausfrauen), aber am 31. Dezember 1983 die Wartezeit für eine Rente wegen verminderter Erwerbsfähigkeit von 60 Monaten bereits erfüllt und deshalb nach dem früheren Recht Versicherungsschutz bei Minderung der Erwerbsfähigkeit hatten, wurde eine Übergangsregelung geschaffen. Sie konnten und können den Versicherungsschutz für den Fall der Invalidität durch regelmäßige Zahlung von freiwilligen Beiträgen aufrechterhalten; dazu reicht bereits die Zahlung der Mindestbeiträge aus. Seit dem 1. Januar 1992 gilt diese Übergangsregelung ebenfalls für die Versicherten in den neuen Bundesländern. Das Renten-Überleitungsgesetz sieht aber aus Gründen der Gleichbehandlung vor, dass auch Zeiten des gewöhnlichen Aufenthalts im Gebiet der neuen Bundesländer vor 1992 eine rentenrechtlich relevante Zeit sind. Damit hatten auch alle Versicherten in den neuen Bundesländern, die am 1. Januar 1992 nicht versicherungspflichtig beschäftigt oder selbständig tätig waren und am 31. Dezember 1983 bereits 60 Kalendermonate mit Beiträgen zurückgelegt hatten, die Möglichkeit, ihren Invaliditätsschutz durch die monatliche Zahlung des freiwilligen Mindestbeitrags aufrechtzuerhalten.

Zusammentreffen von Renten wegen verminderter Erwerbsfähigkeit mit in den neuen Bundesländern erzieltem Einkommen

779 Wird zu einer Rente wegen teilweiser oder voller Erwerbsminderung Arbeitsentgelt oder Arbeitseinkommen aus einer Beschäftigung oder selbständigen Tätigkeit in den neuen Bundesländern hinzuverdient, so gelten auch hier Hinzuverdienstgrenzen. Diese sind jedoch an das gegenüber dem Lohnniveau in den alten Bundesländern niedrigere Lohnniveau der neuen Bundesländer angepasst. Die Rente wegen teilweiser Erwerbsminderung wird

– bei einem Hinzuverdienst von bis zum 0,345fachen der monatlichen Bezugsgröße vervielfältigt mit dem Verhältnis von aktuellem Rentenwert (Ost) zum aktuellen Rentenwert (allgemeine Hinzuverdienstgrenze) – dies ist ab dem 1. Juli 2011 ein Betrag in Höhe von 782 Euro – stets in voller Höhe oder

– bei einem Hinzuverdienst von bis zum 0,42fachen der monatlichen Bezugsgröße vervielfältigt mit dem Verhältnis von aktuellem Rentenwert (Ost) zum aktuellen Rentenwert (allgemeine Hinzuverdienstgrenze) – dies ist ab dem 1. Juli 2011 ein Betrag in Höhe von 952 Euro – stets in Höhe der Hälfte

und die Rente wegen voller Erwerbsminderung

– bei einem Hinzuverdienst bis zur Höhe der Entgeltgrenze für die geringfügige Beschäftigung (400 Euro) stets in voller Höhe,

– bei einem Hinzuverdienst von bis zum 0,255fachen der monatlichen Bezugsgröße vervielfältigt mit dem Verhältnis von aktuellem Rentenwert (Ost) zum aktuellen Rentenwert (allgemeine Hinzuverdienstgrenze) – dies ist ab dem 1. Juli 2011 ein Betrag in Höhe von 578 Euro – stets in Höhe von drei Vierteln,

– bei einem Hinzuverdienst von bis zum 0,345fachen der monatlichen Bezugsgröße vervielfältigt mit dem Verhältnis von aktuellem Rentenwert (Ost) zum aktuellen Rentenwert (allgemeine Hinzuverdienstgrenze) – dies ist ab dem 1. Juli 2011 ein Betrag in Höhe von 782 Euro– stets in Höhe der Hälfte und

– bei einem Hinzuverdienst von bis zum 0,42fachen der monatlichen Bezugsgröße vervielfältigt mit dem Verhältnis von aktuellem Rentenwert (Ost) zum aktuellen Rentenwert (allgemeine Hinzuverdienstgrenze) – dies ist ab dem 1. Juli 2011 ein Betrag in Höhe von 952 Euro – stets in Höhe eines Viertels

geleistet (allgemeine Hinzuverdienstgrenzen). Wie für die Rentnerinnen und Rentner in den alten Bundesländern ist jedoch bis zu der für die jeweilige Teilrentenart maßgebenden individuellen Hinzuverdienstgrenze (vgl. Rdnr. 212 ff.) ein die allgemeine Hinzuverdienstgrenze übersteigender Hinzuverdienst zulässig. Übersteigt der Hinzuverdienst ab Juli 2011 den Betrag von 952 Euro oder die höchste individuelle Hinzuverdienstgrenze – dies ist das 0,28fache der monatlichen Bezugsgröße vervielfältigt mit der Summe der Entgeltpunkte aus den letzten drei Kalenderjahren vor Rentenbeginn sowie vervielfältigt mit dem Verhältnis von aktuellem Rentenwert (Ost) zum aktuellen Rentenwert – wird eine Rente wegen Erwerbsminderung nicht mehr gezahlt.

Renten wegen Todes

780 Nach dem bis zum 31. Dezember 1991 in den neuen Bundesländern geltenden Recht wurden Hinterbliebenenrenten in den neuen Bundesländern nur unter sehr eingeschränkten Voraussetzungen gewährt. So bestand ein zeitlich unbegrenzter Anspruch auf eine Hinterbliebenenrente nur dann, wenn die Witwe bzw. der Witwer das 60. Lebensjahr vollendet hatte oder aber erwerbsunfähig war.

781 Seit dem 1. Januar 1992 besitzen alle Witwen bzw. Witwer, die das 45. Lebensjahr vollendet haben, ein Kind unter 18 Jahren erziehen oder erwerbsgemindert sind, Anspruch auf die große Witwen- bzw.

Witwerrente (60 Prozent/55 Prozent der Versicherentenrente). Hat die Witwe bzw. der Witwer das 45. Lebensjahr noch nicht vollendet und erzieht sie bzw. er kein Kind unter 18 Jahren, besteht Anspruch auf die kleine Witwen- bzw. Witwerrente (25 Prozent der Versichertenrente). Diese Neuregelungen gelten auch für alle Todesfälle vor 1992.

782 Nach dem bis zum 31. Dezember 1991 geltenden Recht bestand in den neuen Bundesländern ein Anspruch auf Hinterbliebenenrente nur dann, wenn der oder die Verstorbene den Unterhalt der Familie überwiegend bestritten hatte. Seit dem 1. Januar 1992 sind Witwen und Witwer in den neuen Bundesländern jedoch auch hinterbliebenenrentenberechtigt, wenn der verstorbene Ehegatte den Unterhalt der Familie nicht überwiegend bestritten hat. Für Witwer gilt dies jedoch nur unter der Voraussetzung, dass die Ehefrau nach 1985 gestorben ist. Starb sie vor 1986, besteht Anspruch auf Witwerrente nur, wenn die Ehefrau den Unterhalt der Familie zuletzt überwiegend bestritten hatte. Dieser Stichtag ergibt sich aus der zum 1. Januar 1986 in Kraft gesetzten Neuregelung des Hinterbliebenenrentenrechts in den alten Bundesländern. Bei Todesfällen bis zum 31. Dezember 1985 haben auch in den alten Bundesländern Witwer nur dann einen Anspruch auf Witwerrente, wenn die verstorbene Frau den überwiegenden Familienunterhalt bestritten hatte.

783 Wird neben einer niedrigeren Hinterbliebenenrente eine Rente aus eigener Versicherung bezogen, so war nach dem bis zum 31. Dezember 1991 geltenden Hinterbliebenenrentenrecht der ehemaligen DDR die Hinterbliebenenrente pauschal auf 25 Prozent der errechneten Hinterbliebenenrente, also im Ergebnis auf 15 Prozent der Rente des verstorbenen Versicherten zu kürzen. Diese pauschale Kürzungsregelung ist ab dem 1. Januar 1992 entfallen. Das System der pauschalen Kürzung ist seit 1992 durch die Regelung über die Anrechnung eigener Erwerbsbzw. Erwerbsersatzeinkommens ersetzt worden. Auf die Hinterbliebenenrente wird dann das eigene Nettoeinkommen – das bei Rentnern dem (nach Abzug des Krankenversicherungsbeitrags sowie des Beitrags zur Pflegeversicherung) zur Auszahlung kommenden Rentenbetrag entspricht – in Höhe von 40 Prozent des Betrags angerechnet, um den das eigene Einkommen einen Freibetrag übersteigt, der ab dem 1. Juli 2011 643,37 Euro – (26,4 × aktueller Rentenwert (Ost)) – beträgt. Dieser Freibetrag erhöht sich für jedes unterhaltsberechtigte Kind um 136,47 Euro (5,6 × aktueller Rentenwert (Ost)). Der Freibetrag ist dynamisch, d. h. er wird entsprechend den für die Renten in den neuen Bundesländern maßgebenden Anpassungssätzen angehoben.

Erziehungsrente

784 Im Falle einer Ehescheidung besteht nach dem Tod des geschiedenen Ehegatten grundsätzlich kein Anspruch auf Witwen- bzw. Witwerrente. Ein Anspruch auf Geschiedenenwitwenrente – wie er übergangsweise noch in den alten Bundesländern für Ehescheidungen vor Einführung des Versorgungsausgleichs zum 1. Juli 1977 bestanden hatte – wurde nicht für geschiedene Ehegatten in den neuen Bundesländern eingeführt, weil diesen bereits zu Lebzeiten des anderen geschiedenen Ehegatten nach dem Unterhaltsrecht der DDR grundsätzlich kein Unterhaltsanspruch zugestanden hatte. Hinterbliebenenrenten haben aber gerade die Funktion, den durch den Tod des unterhaltsverpflichteten Ehegatten bzw. geschiedenen Ehegatten nicht mehr gewährleisteten Unterhalt zu ersetzen.

785 Erziehen jedoch Versicherte, die in den neuen Bundesländern geschieden worden sind, ein eigenes Kind oder ein Kind des Verstorbenen, haben sie – unabhängig vom Datum der Scheidung – Anspruch auf die Erziehungsrente, wenn

– der geschiedene Ehegatte gestorben ist,
– ein eigenes Kind oder ein Kind des geschiedenen Ehemannes, das das 18. Lebensjahr noch nicht vollendet hat, erzogen wird,
– der oder die Versicherte nicht wieder geheiratet hat und
– die fünfjährige Wartezeit aus eigener Versicherung vor dem Tode des früheren Ehegatten bereits erfüllt gewesen ist.

786 Im Unterschied zu den neuen Bundesländern besteht in den alten Bundesländern ein Anspruch auf Erziehungsrente dagegen nur im Falle der Ehescheidung nach dem 30. Juni 1977. Denn zum 1. Juli 1977 ist dort anstelle der Geschiedenenwitwenrente der Versorgungsausgleich eingeführt worden. Dieser sieht vor, dass vom Versicherungskonto desjenigen geschiedenen Ehegatten, der während der Ehezeit mehr Rentenanwartschaften erworben hat als der andere geschiedene Ehegatte, Teile der Rentenanwartschaft auf das Versicherungskonto des anderen geschiedenen Ehegatten übertragen werden. Bei Ehescheidungen vor dem 1. Juli 1977 – also vor

Einführung des Versorgungsausgleichs in den alten Bundesländern – besteht für den in den alten Bundesländern geschiedenen Ehegatten ein Anspruch auf Geschiedenenwitwenrente. Der Anspruch auf die Geschiedenenwitwenrente setzt aber voraus, dass der verstorbene geschiedene Ehegatte im Jahr vor seinem Tod unterhaltsverpflichtet gewesen ist.

Waisenrenten

787 Die Waisenrenten werden seit dem 1. Januar 1992 in den neuen Bundesländern unter den gleichen Voraussetzungen und aufgrund der gleichen Berechnungsgrundlagen wie in den alten Bundesländern gezahlt. Die Waisenrenten setzen sich – wie in den alten Bundesländern – aus einem beitragsabhängigem Bestandteil (10 Prozent der Versichertenrente bei Halbwaisen, 20 Prozent bei Vollwaisen) und einem beitragsunabhängigen Zuschlag zusammen. Der Zuschlag an persönlichen Entgeltpunkten richtet sich nach der Anzahl der Kalendermonate mit rentenrechtlichen Zeiten und dem Zugangsfaktor des verstorbenen Versicherten (Vgl. Rdnr. 396 f.). Der Zuschlag bei Waisenrenten besteht aus persönlichen Entgeltpunkten (Ost), wenn der Rente des verstorbenen Versicherten ausschließlich Entgeltpunkte (Ost) zugrunde liegen. Sind dagegen in der Rente des Verstorbenen auch Entgeltpunkte (West) enthalten, so besteht der Zuschlag insgesamt aus Entgeltpunkten (West).

Rentenrechtliche Zeiten

788 Nach dem Rentenrecht des Sechsten Buches Sozialgesetzbuch sind folgende rentenrechtliche Zeiten vorgesehen: Beitragszeiten, Anrechnungszeiten, Ersatzzeiten, Zurechnungszeiten sowie Berücksichtigungszeiten.

Beitragszeiten

789 Beitragszeiten werden für versicherungspflichtige Beschäftigungen und Tätigkeiten anerkannt, wenn nach den rentenrechtlichen Bestimmungen der DDR vom erzielten Verdienst Pflichtbeiträge zur Rentenversicherung abgeführt worden sind. Insoweit ist kein wesentlicher Unterschied zwischen Pflichtbeitragszeiten nach früherem DDR-Recht und den Pflichtbeitragszeiten nach dem Recht des Sechsten Buches Sozialgesetzbuch gegeben.

790 Nach dem Recht der DDR waren für behinderte Menschen Pflichtbeitragszeiten anzuerkennen. Daher ist im Renten-Überleitungsgesetz für behinderte Menschen die Übergangsregelung vorgesehen worden, dass als Pflichtbeitragszeiten auch Zeiten des gewöhnlichen Aufenthalts im Gebiet der neuen Bundesländer nach Vollendung des 16. Lebensjahres und nach Eintritt der Erwerbsunfähigkeit in der Zeit vom 1. Juli 1975 bis zum 31. Dezember 1991 für Versicherte gelten, die bereits vor der Erfüllung der allgemeinen Wartezeit erwerbsunfähig waren und seitdem ununterbrochen erwerbsunfähig bzw. voll erwerbsgemindert sind. Mit dieser Übergangsregelung wurde für behinderte Menschen in den neuen Bundesländern insbesondere die Erfüllung der 20-jährigen Wartezeit für eine Rente wegen Erwerbsunfähigkeit bzw. (ab Januar 2001) wegen voller Erwerbsminderung an Versicherte erleichtert, die bereits vor Erfüllung der allgemeinen Wartezeit von 5 Jahren erwerbsunfähig waren. Die Erfüllung der 20-jährigen Wartezeit kann seit dem 1. Januar 1992 vor allem durch die Aufnahme einer rentenversicherungspflichtigen Beschäftigung in einer Werkstätte für behinderte Menschen, aber auch durch die Zahlung freiwilliger Beiträge erreicht werden.

791 Darüber hinaus gab es nach dem Rentenrecht der DDR eine Reihe von Tätigkeiten, die ebenfalls als versicherungspflichtige Tätigkeiten gegolten haben (z. B. Zeiten des Schulbesuchs oder des Studiums an einer Universität, Hoch- oder Fachschule, die eine Berufstätigkeit nicht zuließen, Zeiten des Bezugs von Geldleistungen der Sozialversicherung wegen Arbeitsunfähigkeit, Zeiten des Militärdienstes und der sich anschließenden Kriegsgefangenschaft). Diese Zeiten können nach dem Recht des Sechsten Buches Sozialgesetzbuch zwar nicht als Beitragszeiten, jedoch in der Regel als Anrechnungszeiten (z. B. Ausbildungszeiten, Krankheitszeiten) oder als Ersatzzeiten angerechnet werden.

Kindererziehungszeiten

792 Auch für jedes vor 1992 in den neuen Bundesländern geborene Kind wird ein Jahr Kindererziehungszeit angerechnet. Haben Eltern in den neuen Bundesländern ihr Kind vor dem 1. Januar 1992 in dessen 1. Lebensjahr gemeinsam erzogen, so konnten sie bis zum 31. Dezember 1996 übereinstimmend erklären, dass der Vater das Kind überwiegend erzogen hat. Wurde eine übereinstimmende Erklärung nicht abgegeben, wird die Kindererziehungszeit der Mutter angerechnet. War ein Elternteil vor dem 1. Januar 1995 gestorben, konnte der überlebende Elternteil die Erklärung bis zum 31. März 1997 alleine abgeben.

Anrechnungszeiten

793 Neben den nach den allgemeinen Regelungen des Sechsten Buches Sozialgesetzbuch anzuerkennenden Anrechnungszeiten (vgl. Rdnr. 264 ff.) hat das Renten-Überleitungsgesetz für Versicherte in den neuen Bundesländern vor allem den Katalog der Tatbestände ergänzt, die Voraussetzung dafür sind, dass Zeiten der Arbeitslosigkeit als Anrechnungszeiten berücksichtigt werden können. Danach sind für Versicherte in den neuen Bundesländern insbesondere auch die folgenden Zeiten als Anrechnungszeiten zu berücksichtigen:

– Zeiten des Bezugs von Lohnersatzleistungen nach dem Arbeitsförderungsgesetz nach dem 1. Juli 1990 (z. B. Arbeitslosengeld, Altersübergangsgeld),
– Zeiten des Bezugs von Vorruhestandsgeld nach der Vorruhestandsverordnung vom 8. Februar 1990,
– Zeiten des Bezugs von Unterstützung während der Zeit der Arbeitsvermittlung nach der Verordnung vom 8. Februar 1990 sowie
– alle Zeiten der Arbeitslosigkeit vor dem 1. März 1990.

794 Darüber hinaus werden für Versicherte in den neuen Bundesländern ebenfalls

– Zeiten, in denen die Versicherte wegen Schwangerschaft oder Mutterschaft während der jeweiligen Schutzfristen eine versicherte Beschäftigung unterbrochen oder nicht ausgeübt haben, und
– Zeiten, in denen vor dem 55. Lebensjahr z. B. Invalidenrente, Bergmannsinvalidenrente, Versorgung wegen voller Berufsunfähigkeit oder Teilberufsunfähigkeit oder Unfallrente wegen eines Körperschadens von 66 2/3 Prozent bezogen worden ist,

als Anrechnungszeiten anerkannt.

Ersatzzeiten

795 Ersatzzeiten sind Zeiten, in denen der Versicherte infolge des Krieges oder aus kriegsbedingten Gründen an der Entrichtung von Beiträgen gehindert war. Für Versicherte in den neuen Bundesländern gehören hierzu insbesondere Zeiten des Freiheitsentzugs aus politischen Gründen in der ehemaligen DDR in der Zeit vom 8. Mai 1945 bis 30. Juni 1990, wenn eine auf Rehabilitation oder Kassation (Aufhebung des Urteils) erkennende Entscheidung ergangen ist. In Durchbrechung des rentenrechtlichen Grundsatzes, dass neu eingeführte rentenrechtliche Zeiten nicht zur Neuberechnung laufender Renten führen, können Zeiten des Freiheitsentzugs bei politischen Häftlingen in der ehemaligen DDR sowohl in den alten wie auch in den neuen Bundesländern auch dann noch rentenerhöhend berücksichtigt werden, wenn bereits eine Rente ohne Berücksichtigung dieser Zeiten bezogen wird. Bezieher von Renten, deren Zeiten einer politischen Haft noch nicht in die Versicherungsbiographie eingegangen ist, sollten sich daher mit den notwendigen Unterlagen, wie z. B. Urteilen, Kassationsbescheiden, Haftbescheinigungen, an ihren zuständigen Rentenversicherungsträger wenden.

Rentenberechnung

796 Ziel der Rentenüberleitung war die einheitliche Geltung des Rentenrechts nach der Regelungssystematik des Sechsten Buches Sozialgesetzbuch für alle Rentenansprüche, die aus den im Gebiet der neuen Bundesländer zurückgelegten rentenrechtlichen Zeiten entstanden sind oder ab dem 1. Januar 1992 entstehen. Kernziel der Vereinheitlichung des Rentenrechts ist, dass grundsätzlich für alle Versicherten bei der Rentenberechnung die versicherten Entgelte zugrunde gelegt werden und dass sich in den neuen Bundesländern jeweils ein gleich hohes Rentenniveau (Verhältnis einer Standardrente aus 45 Beitragsjahren mit Durchschnittsverdienst nach Abzug der von den Rentnerinnen und Rentnern zu tragenden Sozialbeiträge zum jeweiligen Durchschnittsverdienst eines Kalenderjahres nach Abzug der von den Arbeitnehmerinnen und Arbeitnehmern zu tragenden Sozialbeiträge) ergibt. In einem vereinigten Deutschland sollte es längerfristig nicht zu einer unterschiedlichen Behandlung der in den neuen und alten Bundesländern zurückgelegten rentenrechtlichen Zeiten kommen. Seit dem 1. Januar 1992 richtet sich daher auch in den neuen Bundesländern die Höhe einer Rente vor allem nach der Höhe der während des Versicherungslebens durch Beiträge versicherten Arbeitsentgelte und Arbeitseinkommen. Daher erfolgt seit dieser Zeit die Berechnung der Renten für die Versicherten in den neuen Bundesländern nach der Berechnungsformel des Sechsten Buches Sozialgesetzbuch. Die Monatsrente errechnet sich danach – wie in den alten Bundesländern – aus dem Produkt der folgenden vier Faktoren:

– den Entgeltpunkten (EP-Ost),
– dem Zugangsfaktor (ZF),
– dem Rentenartfaktor (RAF) und
– dem aktuellen Rentenwert (Ost) (AR-Ost).

Monatsrente = EP (Ost) × ZF × RAF × AR (Ost)

797 Wird die Rente als Vollrente und nicht vor Erreichen der Regelaltersgrenze gezahlt, haben ZF und RAF den Wert 1, so dass sich die Rente für die im Gebiet der neuen Bundesländer zurückgelegten rentenrechtlichen Zeiten aus folgender vereinfachten Rechenformel ergibt:

Monatsrente = EP (Ost) × AR (Ost)

Ermittlung der Entgeltpunkte für Beitragszeiten

798 Wie in den alten Bundesländern werden Entgeltpunkte auch für die im Gebiet der ehemaligen DDR bzw. ab dem 3. Oktober 1990 im Gebiet der neuen Bundesländer zurückgelegten Beitragszeiten aus dem Verhältnis des individuell versicherten Arbeitsentgelts zum Durchschnittsentgelt aller Versicherten ermittelt. Würden jedoch die in der früheren DDR erzielten Arbeitsverdienste, die in der Vergangenheit um ein Vielfaches niedriger gewesen sind als die Verdienste in den alten Bundesländern, an den Durchschnittsentgelten in den alten Bundesländern gemessen, so würden sich aus den in der früheren DDR erzielten Arbeitsentgelten weitaus niedrigere Renten ergeben als bei vergleichbaren Verdiensten in den alten Bundesländern. Um diesen Effekt zu vermeiden, werden die im Gebiet der neuen Bundesländer erzielten Entgelte in das Einkommensgefüge der alten Bundesländer eingeordnet. Entgelte, denen eine Beschäftigung im Gebiet der neuen Bundesländer zugrunde liegt, werden anhand von Umrechnungsfaktoren in jeweils vergleichbare, auf dem höheren Entgeltniveau der alten Bundesländer liegende Entgelte umgerechnet. Die Umrechnungsfaktoren ergeben sich jeweils aus dem Verhältnis der Durchschnittsverdienste aller Versicherten in den alten Bundesländern zu den Durchschnittsverdiensten aller Versicherten in den neuen Bundesländern in einem Kalenderjahr. Hierdurch ist sichergestellt, dass sich die niedrigeren Verdienste in den neuen Bundesländern nicht rentenmindernd auswirken.

Beispiel	
Durchschnittsentgelt (Ost) im Jahre 1980:	9.448 M
Durchschnittsentgelt (West) im Jahre 1980:	29.485 DM
Umrechnungsfaktor 1980:	
29.485 DM/9.448M = 3,1208	

799 Für einen Versicherten, der im Jahr 1980 9.448 M verdient und den 7.200 M übersteigenden Verdienst auch in der Freiwilligen Zusatzrentenversicherung (FZR) versichert hat (vgl. hierzu Rdnr. 803 ff), werden für die Ermittlung der Entgeltpunkte also nicht der tatsächlich erzielte DDR-Durchschnittsverdienst in Höhe von 9.448 M, sondern der Durchschnittsverdienst in der alten Bundesrepublik im Jahr 1980 in Höhe von 29.485 DM zugrunde gelegt. Hierdurch ist sichergestellt, dass sich die niedrigeren Verdienste in den neuen Ländern nicht rentenmindernd auswirken und bei angeglichenen Durchschnittsverdiensten in Ost und West aus dem in der DDR versicherten Verdienst von 9.448 M die gleiche Rente gezahlt wird wie aus dem Durchschnittsverdienst der alten Bundesrepublik in Höhe von 29.485 DM. Denn ohne die Hochwertung würden sich für den DDR-Durchschnittsverdiener des Jahres 1980 nur 0,3204 Entgeltpunkte (9.448 M : 29.485 DM) ergeben, die sich auch im Zeitablauf nicht mehr verändert hätten. Würde man dem DDR-Durchschnittsverdiener des Jahres 1980 anstelle der Hochwertung seines Arbeitsentgelts den höheren aktuellen Rentenwert (West) – ab dem 1. Juli 2011: 27,47 Euro – anstelle des niedrigeren aktuellen Rentenwerts (Ost) zuordnen – ab dem 1. Juli 2011: 24,37 Euro – ergäbe sich für ihn aus dem im Jahr 1980 versicherten Arbeitsentgelt nur eine Monatsrente von 8,80 Euro (0,3204 Entgeltpunkte × 27,47 Euro). Mit Hochwertung seines im Jahr 1980 versicherten Arbeitsentgelts und der Zuordnung des aktuellen Rentenwerts (Ost) erhält dieser Versicherte jedoch aus diesem Arbeitsentgelt heute eine Rente von 24,37 Euro (1,0000 Entgeltpunkte × 24,37 Euro).

800 Die Einordnung der im Gebiet der neuen Bundesländer erzielten Verdienst in das Einkommensgefüge der alten Bundesländer erfolgt nicht nur für die bis zum 3. Oktober 1990 in der DDR zurückgelegten Beschäftigungszeiten, sondern für alle Beschäftigungszeiten ab 1950 in dem am 3. Oktober 1990 der Bundesrepublik Deutschland beigetretenen Gebiet. Den mit Umrechnung der Entgelte auf Westniveau ermittelten Entgeltpunkten wird jedoch nicht auch bereits der für die alten Bundesländer geltende aktuelle Rentenwert zugeordnet, sondern der diesem gegenüber niedrigere aktuelle Rentenwert (Ost), der auf Basis der Lohnentwicklung in den neuen Bundesländern dynamisiert wird (vgl. Rdnr. 865 ff.). Hierdurch wird erreicht, dass das Verhältnis der Rentenzahlbeträge aus Durchschnittsverdiensten zum jeweils aktuellen Durchschnittsverdienst in den neuen und alten

Bundesländern ungefähr gleich hoch ist. Nach dieser Überleitungsmethodik kann es daher erst dann auch zu nominal gleich hohen Rentenzahlbeträgen aus Durchschnittsverdiensten Ost und Durchschnittsverdiensten West kommen, wenn sich der Durchschnittsverdienst Ost tatsächlich an den Durchschnittsverdienst West angleicht.

Tabelle 39: Durchschnittsentgelte West – Ost (bis 2001 in DM und ab 2002 in EUR) und Umrechnungsfaktor

Kalenderjahr	West	Ost	Unrechnungsfaktor
1950	03.161	03.183	0,9931
1951	03.579	03.408	1,0502
1952	03.852	03.628	1,0617
1953	04.061	03.883	1,0458
1954	04.234	04.157	1,0185
1955	04.548	04.268	1,0656
1956	04.844	04.392	1,1029
1957	05.043	04.551	1,1081
1958	05.330	04.849	1,0992
1959	05.602	05.169	1,0838
1960	06.101	05.328	1,1451
1961	06.723	05.443	1,2374
1962	07.328	05.570	1,3156
1963	07.775	05.689	1,3667
1964	08.467	05.812	1,4568
1965	09.229	05.969	1,5462
1966	09.893	06.176	1,6018
1967	10.219	06.416	1,5927
1968	10.842	06.609	1,6405
1969	11.839	06.835	1,7321
1970	13.343	07.069	1,8875
1971	14.931	07.287	2,0490
1972	16.335	07.526	2,1705
1973	18.295	07.740	2,3637
1974	20.381	08.008	2,545
1975	21.808	08.301	2,6272
1976	23.335	08.534	2,7344
1977	24.945	08.801	2,8343
1978	26.242	09.073	2,8923
1979	27.685	09.311	2,9734
1980	29.485	09.448	3,1208
1981	30.900	09.768	3,1634
1982	32.198	10.016	3,2147
1983	33.293	10.204	3,2627
1984	34.292	10.428	3,2885
1985	35.286	10.651	3,3129
1986	36.627	11.110	3,2968
1987	37.726	11.591	3,2548
1988	38.896	12.012	3,2381
1989	40.063	12.392	3,2330
1990	41.946	17.870	2,3473
1991	44.421	25.770	1,7235
1992	46.820	32.530	1,4393
1993	48.161	35.032	1,3739
1994	49.142	38.734	1,2687
1995	50.665	41.134	1,2317
1996	51.678	42.328	1,2209
1997	52.143	43.133	1,2089
1998	53.745	44.784	1,2001
1999	53.082	44.768	1,1857
2000	54.256	44.618	1,2160
2001	55.216	46.002	1,2003
2002	28.626	23.799	1,1972
2003	29.230	24.462	1,1949
2004	29.060	24.355	1,1932
2005	29.202	24.691	1,1827
2006	29.494	24.938	1,1827
2007	29.951	25.294	1,1841
2008	30.625	25.829	1,1857
2009	30.506	26.047	1,1712
2010	32.003	26.918	1,1889
2011	30.268	26.484	1,1429

Die für die Rentenberechnung zu berücksichtigenden Entgelte

801 Seit 1992 werden auch in den neuen Bundesländern bei der Ermittlung der Entgeltpunkte grundsätzlich nur die tatsächlich versicherten Entgelte zugrunde gelegt. Hierbei musste jedoch für die vor 1990 zurückgelegten Beitragsjahre den Besonderheiten des Versicherungsrechts der ehemaligen DDR Rechnung getragen werden. Denn in der ehemaligen DDR galt bis zum 30. Juni 1990 eine monatliche Beitragsbemessungsgrenze von 600 Mark. Darüber liegende Entgelte waren nicht zu versichern und wurden daher auch nicht in die Sozialversicherungsausweise eingetragen. Wäre konsequent der Grundsatz zugrunde gelegt worden, nur versicherte Entgelte bei der Rentenberechnung zu berücksichtigen, so wären Entgelte oberhalb der monatlichen Beitragsbemessungsgrenze von 600 Mark unberücksichtigt geblieben. Für die im Gebiet der neuen Bundesländer bis zum 1. März 1971 zurückgelegten Zeiten einer versicherungspflichtigen Beschäftigung wird aber insoweit vom Grundsatz der Berücksichtigung nur versicherter Entgelte abgewichen, als für diese Zeiten nicht nur das bis 600 Mark versicherte monatliche Entgelt, sondern das tatsächlich erzielte, also auch das über der monatlichen Beitragsbemessungsgrenze von 600 Mark liegende Entgelt, bei der Berechnung der Rente zu berücksichtigen ist. Derjenige, der mehr als 600 Mark im Monat (7.200 Mark im Jahr) verdient hat, kann dies gegenüber dem Rentenversicherungsträger durch Lohnstreifen, Gehaltsbescheinigungen oder sonstige Lohnunterlagen nachweisen.

802 Sind keine Lohnunterlagen mehr vorhanden, kann im Wege der Glaubhaftmachung ein höheres als das bis 600 Mark versicherte Entgelt der Rentenberechnung zugrunde gelegt werden. Als Mittel der Glaubhaftmachung kommen z. B. nachträgliche Arbeitgeberbescheinigungen, Zeugenaussagen Dritter oder aber auch die eidesstattliche Versicherung durch den Versicherten selbst in Betracht. Glaubhaft gemachte Entgelte oberhalb von 600 Mark können allerdings nur zu 5/6 in die Rentenberechnung einfließen.

803 Zum 1. März 1971 wurde für die Versicherten der ehemaligen DDR die Möglichkeit eröffnet, der Freiwilligen Zusatzrentenversicherung (FZR) beizutreten und dort Entgelte oberhalb der Beitragsbemessungsgrenze von 600 Mark zu versichern. Daher werden für die vom 1. März 1971 bis zum 30. Juni 1990 zurückgelegten Zeiten einer Beschäftigung in den neuen Bundesländern Entgelte oberhalb der Beitragsbemessungsgrenze von 600 Mark nur berücksichtigt, wenn im Rahmen der rechtlichen Möglichkeiten Beiträge zur Freiwilligen Zusatzrentenversicherung (FZR) gezahlt worden sind.

804 In der Zeit vom 1. März 1971 bis 31. Dezember 1976 konnten allerdings nur Entgelte bis 1.200 Mark im Monat (14.400 Mark im Jahr) in der Freiwilligen Zusatzrentenversicherung (FZR) versichert werden. Dies ist aber im Ergebnis nicht von Bedeutung, da Entgelte, die 1.200 Mark im Monat übersteigen, bis einschließlich 1977 die jeweiligen für die neuen Bundesländer maßgebenden Beitragsbemessungsgrenzen nach dem Sechsten Buches Sozialgesetzbuch in der allgemeinen Rentenversicherung (bis zum 30. September 2005 als Rentenversicherung der Arbeiter und Angestellten bezeichnet) übersteigen. Damit wirkt sich ein 1.200 Mark übersteigendes Entgelt in einer nach dem Sechsten Buch Sozialgesetzbuch berechneten Rente ohnehin nicht rentenerhöhend aus. Lediglich für Zeiten einer knappschaftlichen Beschäftigung wird auch ein Entgelt berücksichtigt, das das bis 1.200 Mark in der Freiwilligen Zusatzrentenversicherung (FZR) versicherte Entgelt übersteigt, da die für die neuen Bundesländer maßgebende Beitragsbemessungsgrenze in der knappschaftlichen Rentenversicherung ab 1974 den Betrag von 1.200 Mark im Monat überstieg.

805 Für die Zeit ab 1977 wird für die meisten Versicherten das tatsächlich erzielte Entgelt bis zur jeweiligen – für die neuen Bundesländer maßgebenden – Beitragsbemessungsgrenze nach dem Sechsten Buches Sozialgesetzbuch nur berücksichtigt, wenn das 600 Mark übersteigende Entgelt in vollem Umfang in der Freiwilligen Zusatzrentenversicherung (FZR) versichert worden ist. Denn für die meisten Versicherten war ab 1977 die Beschränkung bei der Versicherung des 600 Mark übersteigenden Arbeitsentgelts in der Freiwilligen Zusatzrentenversicherung (FZR) aufgehoben. Lediglich für bestimmte Personengruppen war die Versicherungsmöglichkeit in der Freiwilligen Zusatzrentenversicherung (FZR) bis zum 30. November 1989 weiterhin auf 1.200 Mark im Monat (14.400 Mark im Jahr) – ab dem 1. Dezember 1989 bis zum 30. Juni 1990 auf 2.400 Mark im Monat (28.800 Mark im Jahr) – begrenzt. Diese Begrenzung der Versicherungsmöglichkeit galt für folgende Personen:

– Mitglieder von Kollegien der Rechtsanwälte,
– in eigener Praxis tätige Ärzte, Zahnärzte und Tierärzte,
– freiberuflich tätige Kultur- und Kunstschaffende,
– Inhaber von Handwerks- und Gewerbebetrieben und
– freiberuflich Tätige und andere selbständig Tätige sowie deren ständig mitarbeitende Ehegatten.

806 Für diesen Personenkreis ist bei der Rentenberechnung dann das tatsächlich erzielte Arbeitseinkommen zugrunde zu legen, wenn im Rahmen der rechtlichen Möglichkeiten von der Absicherung des Einkommens in der Freiwilligen Zusatzrentenversicherung (FZR) (also Versicherung des Einkommens bis 1.200 Mark bzw. 2.400 Mark im Monat) Gebrauch gemacht worden ist und das die vorgenannten Beträge übersteigende Einkommen nachgewiesen werden kann. Gelingt der Nachweis, dass 1.200 Mark bzw. 2.400 Mark übersteigendes Einkommen erzielt worden ist, nicht, so bleibt jedoch die Möglichkeit bestehen, dieses Einkommen – z. B. durch Zeugenaussagen Dritter bzw. eine eidesstattliche Versicherung – glaubhaft zu machen. In diesem Fall wird das 1.200 Mark bzw. 2.400 Mark übersteigende Einkommen nur zu 5/6 berücksichtigt.

Beispiel

Versichertes Einkommen im Jahr 1988:	14.400 Mark
erzieltes Einkommen im Jahr 1988 (glaubhaft gemacht):	22.000 Mark
Zu berücksichtigendes Einkommen: 14.400 + 5/6 × (22.000 – 14.400) =	20.733 Mark

Zu berücksichtigende Entgelte für Beschäftigte der Deutschen Reichsbahn und der Deutschen Post

807 Aufgrund der Entscheidungen des Bundessozialgerichts vom 10. November 1998 über die Berücksichtigung des Arbeitsverdienstes oberhalb von 600 Mark für Beschäftigungszeiten bei der Deutschen Reichsbahn und der Deutschen Post bei der Rentenberechnung sind mit dem Zweiten Gesetz zur Änderung und Ergänzung des Anspruchs- und Anwartschaftsüberführungsgesetzes für Versicherte mit solchen Beschäftigungszeiten rechtliche Klarstellungen vorgenommen worden. Zwar gilt grundsätzlich auch für Beschäftigungszeiten bei der Deutschen Reichsbahn und bei der Deutschen Post, dass hierfür Entgeltpunkte nur aufgrund der in diesen Beschäftigungszeiten erzielten Arbeitsverdienst ermittelt werden, für die tatsächlich Beiträge gezahlt worden sind. Das Bundessozialgericht verweist in seinen Entscheidungen jedoch auf eine Ähnlichkeit der so genannten „Alten Versorgung" der Deutschen Reichsbahn und der Deutschen Post mit den Zusatz- und Sonderversorgungssystemen der DDR, bei denen die Rente in

Bestand und Wert nicht von den Beiträgen zur Freiwilligen Zusatzrentenversicherung (FZR) abhängig war. Nach Auffassung des Bundessozialgerichts war die „Alte Versorgung" ab 1. Januar 1974 als Teil der Anwartschaft auf eine Sozialversicherungsrente ausgestaltet.

808 Dieser rechtlichen Bewertung folgend werden bei der Ermittlung der Entgeltpunkte für Beschäftigungszeiten in den Bereichen Reichsbahn und Post vom 1. März 1971 bis 31. Dezember 1974 generell die tatsächlich erzielten, 600 Mark übersteigenden Arbeitsentgelte auch dann zugrunde gelegt, wenn eine Beitragszahlung zur Freiwilligen Zusatzrentenversicherung (FZR) nicht erfolgt ist. Für Versicherte, die am 31. Dezember 1973 bereits 10 Jahre bei der Deutschen Reichsbahn oder bei der Deutschen Post beschäftigt gewesen sind, werden für Beschäftigungszeiten vom 1. Januar 1974 bis 30. Juni 1990 Entgeltpunkte auch aus Arbeitsverdiensten bis zu 1.250 Mark monatlich ermittelt, wenn ein Arbeitsverdienst in dieser Höhe tatsächlich erzielt worden ist, eine Beitragszahlung zur Freiwilligen Zusatzrentenversicherung (FZR) für den 600 Mark übersteigenden Verdienstbestandteil jedoch unterblieben ist.

Berücksichtigung der neben dem Bezug von Invalidenrenten erzielten Entgelte

809 Zeiten, in denen Bezieher von Invalidenrente oder Blinden- und Sonderpflegegeld nach dem bis Dezember 1991 geltenden DDR-Rentenrecht neben dem Bezug von Rente oder Blinden- und Sonderpflegegeld eine Beschäftigung ausgeübt haben, wurden bei der Berechnung der ab dem 65. Lebensjahr folgenden Altersrente zunächst nicht als rentenerhöhende Beitragszeiten berücksichtigt. Dies folgte daraus, dass nach DDR-Recht für die Zeit des Rentenbezugs für den Beschäftigten Beitragsfreiheit bestanden hat und nur der Beitragsanteil des Arbeitgebers zur Sozialpflichtversicherung zu zahlen war. Besonders nachteilig hat sich dies bei Personen ausgewirkt, die – vor Einführung des einheitlichen Beitragsrechts in den neuen Bundesländern ab 1. Januar 1992 – eine Beschäftigung noch nach Vollendung des 55. Lebensjahres ausgeübt haben, weil diese Zeit auch nicht als Anrechnungszeit wegen Rentenbezugs in die Berechnung der Altersrente Eingang gefunden hatte.

810 Mit dem Gesetz zur Zahlbarmachung von Renten aus Beschäftigungen in einem Ghetto und zur Änderung des Sechsten Buches Sozialgesetzbuch ist dieser rentenrechtliche Nachteil für die ehemaligen Bezieher von Invalidenrenten oder Blinden- und Sonderpflegegeld nach dem Recht der ehemaligen DDR beseitigt worden. Beschäftigungszeiten neben dem Bezug einer Invalidenrente oder von Blinden- und Sonderpflegegeld nach DDR-Recht vor Erreichen der Altersgrenze werden nun als Beitragszeiten anerkannt. Damit bestehen die Nachteile, die sich aus der besonderen Beitragsfreiheit nach dem Recht der DDR bei der Berechnung der Altersrente ergeben hatten, nicht mehr. Die Regelung fand auch Anwendung auf die Fälle, in denen bei Verkündung des Gesetzes die Altersrente bereits bezogen wurde. Diese Rentner konnten eine Neufeststellung ihrer Altersrente bei dem für sie zuständigen Rentenversicherungsträger beantragen.

Berücksichtigung von Entgelten, die nicht nachgewiesen werden können

811 Wenn der Versicherte nicht nur den über die bestehenden Versicherungsmöglichkeiten hinausgehenden Verdienst, sondern den insgesamt erzielten Verdienst nicht nachweisen kann, z. B. weil er seinen Sozialversicherungsausweis verloren hat, so ist ihm auch hier die Möglichkeit der Glaubhaftmachung eröffnet. In diesem Fall wird der Rentenberechnung allerdings nicht das vom Versicherten angegebene Arbeitsentgelt, sondern ein Entgelt zugrunde gelegt, dass einem umfangreichen Tabellenwerk entnommen wird. Das Tabellenwerk ordnet Entgelte für jedes Kalenderjahr ab 1950 nach fünf Qualifikationsgruppen und in jeweils 23 Wirtschaftsbereiche unterteilend zu. Die Tabellenwerte geben dabei die tatsächliche Entgeltsituation in einer typisierenden Betrachtung wieder. Das für die Rentenberechnung maßgebende Entgelt wird ermittelt, indem die vom Versicherten ausgeübte Beschäftigung einem der 23 Wirtschaftsbereiche und der Versicherte einer der fünf Qualifikationsgruppen zugeordnet wird.

Die fünf Qualifikationsgruppen

– Qualifikationsgruppe 1:
  Hochschulabsolventen

– Qualifikationsgruppe 2:
  Fachschulabsolventen

– Qualifikationsgruppe 3:
  Meister

– Qualifikationsgruppe 4:
  Facharbeiter

– Qualifikationsgruppe 5:
  Angelernte und ungelernte Tätigkeiten

Wirtschaftsbereiche

- Energie- und Brennstoffindustrie
- Chemische Industrie
- Metallurgie
- Baumaterialienindustrie
- Wasserwirtschaft
- Maschinen- und Fahrzeugbau
- Elektrotechnik/Elektronik/Gerätebau
- Leichtindustrie (ohne Textilindustrie)
- Textilindustrie
- Lebensmittelindustrie
- Bauwirtschaft
- Sonstige produzierende Bereiche
- Produzierendes Handwerk
- Land- und Forstwirtschaft
- Verkehr
- Post- und Fernmeldewesen
- Handel
- Bildung, Gesundheitswesen, Kultur und Sozialwesen
- Wissenschaft, Hoch- und Fachschulwesen
- Staatliche Verwaltung und Gesellschaftliche Organisationen
- Sonstige nicht produzierende Bereiche
- Landwirtschaftliche Produktionsgenossenschaften
- Produktionsgenossenschaften des Handwerks

Vertrauensschutz für Übersiedler

812 Für Versicherte, die ihren gewöhnlichen Aufenthalt am 18. Mai 1990 – dem Tag der Unterzeichnung des Staatsvertrages zwischen der Bundesrepublik Deutschland und der DDR zur Herstellung einer Währungs-, Wirtschafts- und Sozialunion – im Gebiet der alten Bundesrepublik hatten und vor dem 1. Januar 1937 geboren sind, wird bei der Ermittlung der Entgeltpunkte aus Beschäftigungszeiten in den neuen Bundesländern nicht das tatsächlich erzielte Arbeitsentgelt für die in der ehemaligen DDR bis zum 18. Mai 1990 zurückgelegten Zeiten, sondern die sich bei Anwendung des Fremdrentenrechts ergebenden Entgelte berücksichtigt. Das Fremdrentenrecht ordnet den in der ehemaligen DDR zurückgelegten Beschäftigungszeiten mit Hilfe von Tabellenwerten Entgelte zu, die Versicherte in vergleichbaren Beschäftigungen in der alten Bundesrepublik durchschnittlich verdient haben. Bei dieser Regelung handelt es sich um eine Vertrauensschutzregelung für Versicherte, die vor Beginn des Einigungsprozesses aus der DDR in die Bundesrepublik übergesiedelt sind und die zum Zeitpunkt der Rentenüberleitung bereits den rentennahen Geburtsjahrgängen angehört haben. Für diesen Personenkreis soll es bei der bis zum Inkrafttreten des Renten-Überleitungsgesetzes geltenden Rechtslage verbleiben. Für die Übersiedler, die in der ehemaligen DDR einem Zusatz- oder Sonderversorgungssystem angehört haben, findet diese Regelung jedoch keine Anwendung. Für sie sind für die Ermittlung der Entgeltpunkte für Zeiten der Zugehörigkeit zu einem Zusatz- oder Sonderversorgungssystem der DDR nicht die maßgebenden Tabellenentgelte des Fremdrentenrechts, sondern die unter Berücksichtigung der Regelungen des Anspruchs- und Anwartschaftsüberführungsgesetzes (AAÜG) zugrunde zu legenden tatsächlich erzielten Arbeitsverdienste maßgebend (siehe hierzu Rdnr. 818 ff.).

813 Für die nach dem 31. Dezember 1936 geborenen Versicherten mit gewöhnlichem Aufenthalt am 18. Mai 1990 im Gebiet der alten Bundesrepublik sind die Entgeltpunkte wie für die Versicherten, die am 18. Mai 1990 ihren gewöhnlichen Aufenthalt im Gebiet der DDR hatten, nach den Regelungen des mit dem Renten-Überleitungsgesetz auf die neuen Bundesländer übergeleiteten Sechsten Buch Sozialgesetzbuch zu ermitteln. Denn Kernziel der Vereinheitlichung des Rentenrechts war, dass grundsätzlich für alle Versicherte bei der Rentenberechnung die versicherten Entgelte zugrunde gelegt werden sollen. In einem vereinigten Deutschland sollte es langfristig nicht zu einer unterschiedlichen Behandlung der in den neuen Bundesländern zurückgelegten rentenrechtlichen Zeiten kommen. Haben zwei Versicherte unter den gleichen Bedingungen – zum Beispiel in Rostock – gearbeitet und die gleichen Verdienste erzielt und diese Verdienste auch in gleichem Umfang versichert, so sollen beide auch gleich hohe Entgeltpunkte erhalten und zwar unabhängig davon, ob und ggf. wann sie ihren gewöhnlichen Aufenthalt in die alten Bundesländer verlegt haben. Hätte der Gesetzgeber bei der Vertrauensschutzregelung ausschließlich auf den Zeitpunkt des gewöhnlichen Aufenthalts in den alten Bundesländern abgestellt (z. B. den 18. Mai 1990), so hätte das die Anwendung unterschiedlichen Rechts noch über Jahrzehnte hinweg zur Folge gehabt. Gleichwohl ist für die nach dem 31. Dezember 1936 geborenen Versicherten mit gewöhnlichem Aufenthalt am 18. Mai 1990 im Gebiet der alten Bundesrepublik dieser Stichtag von Bedeutung. Denn aus Gründen des Vertrauensschutzes wird Versicherten, die am 18. Mai 1990 ihren gewöhnlichen Aufenthalt bereits im Gebiet der alten Bundesrepublik hatten, den aus Beschäftigungszeiten im Gebiet der ehemaligen DDR auf der Grundlage des Renten-Überleitungsgesetzes ermittelten Entgeltpunkten nicht der niedrigere aktuelle Rentenwert (Ost), sondern der höhere aktuelle Rentenwert (West) zugeordnet (siehe hierzu auch Rdnr. 837). Sie erhalten damit sowohl den Vorteil der Hochwertung ihres versicherten Arbeitsverdienstes in ein vergleichbar hohes Westarbeitsentgelt (vgl. hierzu Rdnr. 798 ff.) als auch den Vorteil, dass dem mit Umwertung erworbenen Entgeltpunkten (Ost) der höhere aktuelle Rentenwert (West) zugeordnet wird.

Freiwillige Beiträge nach der Verordnung vom 28. Januar 1947

814 Nach der Verordnung über die freiwillige und zusätzliche Versicherung in der Sozialversicherung in der früheren DDR bestand ab dem 1. Februar 1947 die Möglichkeit, freiwillige Beiträge zu zahlen. Den nach dieser Verordnung gezahlten Beiträgen sind für die Ermittlung von Entgeltpunkten in einer Tabelle (Anlage 11 zum Sechsten Buch Sozialgesetzbuch) jeweils Entgelte zugeordnet. Für die Zeit ab dem 1. Januar 1962 muss jedoch mindestens ein Beitrag in Höhe von 15 Mark/Monat gezahlt worden sein, um ein entsprechendes Entgelt zuordnen zu können. Denn Beiträge unter 15 Mark/Monat stellen ab dieser Zeit einen Beitragswert dar, der geringer ist als ein entsprechend den Regelungen des Sechsten Buches Sozialgesetzbuch ermittelter Mindestbeitrag. Beiträge unter 15 Mark ab 1962 sind damit jedoch nicht verfallen; sie werden als Höherversicherungsbeiträge behandelt. Dies bedeutet, dass sie je nach Alter des Versicherten im Zeitpunkt der Beitragszahlung die Rente um einen bestimmten Betrag erhöhen, der allerdings nicht der Rentenanpassung unterliegt.

Tabelle 40: Verdienst für freiwillige Beiträge nach der Verordnung vom 28. Januar 1947

Monatsbeitrag in Mark	entsprechender Verdienst im Zeitraum	
	1. Februar 1947 bis 31. Dezember 1961	1. Januar 1962 bis 31. Dezember 1990
03	015	keine Beitragszeit, sondern Beiträge zur Höherversicherung
06	030	
09	045	
12	060	
15	075	075
18	090	090
21	105	105
24	120	120
27	135	135
30	150	150
36	180	180
42	210	210
48	240	240
54	270	270
60	300	300

Freiwillige Beiträge nach der Verordnung vom 15. März 1968

815 Auch aus den Beiträgen, die aufgrund der Verordnung vom 15. März 1968 über die freiwillige Versicherung auf Zusatzrente bei der Sozialversicherung gezahlt worden sind, werden Entgeltpunkte ermittelt. Als versichertes Entgelt wird das Zehnfache der gezahlten Beiträge zugrunde gelegt.

Entgeltpunkte bei verminderter Erwerbsfähigkeit vor Erfüllung der Voraussetzungen für einen Anspruch auf voller Erwerbsminderungsrente

816 Bei voll Erwerbsgeminderten, bei denen die volle Erwerbsminderung bereits vor Erfüllung der versicherungsrechtlichen Voraussetzungen für einen Anspruch auf Rente wegen voller Erwerbsminderung eingetreten war und die seither ununterbrochen voll erwerbsgemindert sind, wird die Zeit des gewöhnlichen Aufenthalts in den neuen Bundesländern in der Zeit vom 1. Januar 1975 bis zum 31. Dezember 1991 nach dem vollendeten 16. Lebensjahr als Pflichtbeitragszeit anerkannt. Sie wird mit 75 Prozent des jeweiligen Durchschnittsverdienstes bewertet. Damit werden voll Erwerbsgeminderte in den neuen Bundesländern den behinderten Menschen in den alten Bundesländern gleich gestellt, die in der Zeit vom 1. Januar 1975 bis zum 31. Dezember 1991 in einer Werkstätte für behinderte Menschen beschäftigt gewesen sind.

817 Diese Regelung ist vor allem im Hinblick auf den Anspruch für eine Rente wegen voller Erwerbsminderung von Bedeutung. Denn ein Anspruch auf diese Rente besteht auch für Versicherte, bei denen die Invalidität bereits vor Erfüllung der allgemeinen Wartezeit (60 Beitragsmonate) eingetreten ist und die 20-jährige Wartezeit (240 Beitragsmonate) erfüllt haben (vgl. Rdnr. 201). Für einen im Jahr 1959 geborenen Behinderten, der aufgrund dieser Regelung (16 Jahre) und aufgrund einer Beschäftigung in einer Werkstatt für behinderte Menschen (für vier Jahre) insgesamt 20 Beitragsjahre zurückgelegt hat, ergibt sich (einschließlich der anzurechnenden Zurechnungszeiten) auf der Grundlage des derzeit für die neuen Bundesländer maßgebenden aktuellen Rentenwerts eine monatliche Rente von fast 720 Euro.

Entgeltpunkte für Zeiten der Zugehörigkeit zu einem Zusatz- bzw. Sonderversorgungssystem der ehemaligen DDR

818 In der ehemaligen DDR existierte eine Vielzahl so genannter Zusatz- und Sonderversorgungssysteme, die an die dort Versicherten zusätzliche Leistungen zur Rente aus der Sozialpflichtversicherung bzw. Leistungen anstelle von Renten aus der Sozialversicherung erbrachten. Nach den Vorgaben des Einigungsvertrages waren die in diesen Systemen erworbenen Ansprüche und Anwartschaften in die gesetzliche Rentenversicherung zu überführen. Dies ist durch das Anspruchs- und Anwartschaftsüberführungsgesetz (AAÜG) geschehen.

Zusatzversorgungssysteme der ehemaligen DDR

1. Zusätzliche Altersversorgung der technischen Intelligenz, eingeführt mit Wirkung vom 17. August 1950.

2. Zusätzliche Altersversorgung der Generaldirektoren der zentral geleiteten Kombinate und ihnen gleich gestellte Leiter zentral geleiteter Wirtschaftsorganisationen, eingeführt mit Wirkung vom 1. Januar 1986.

3. Zusätzliche Altersversorgung für verdienstvolle Vorsitzende von Produktionsgenossenschaften und Leiter kooperativer Einrichtungen der Landwirtschaft, eingeführt mit Wirkung vom 1. Januar 1988.

4. Altersversorgung der Intelligenz an wissenschaftlichen, künstlerischen, pädagogischen und medizinischen Einrichtungen, eingeführt mit Wirkung vom 12. Juli 1951.

5. Altersversorgung der wissenschaftlichen Mitarbeiter der Akademie der Wissenschaften zu Berlin und der Deutschen Akademie der Landwirtschaftswissenschaften zu Berlin, eingeführt mit Wirkung vom 1. August 1951 bzw. 1. Januar 1952.

6. Altersversorgung der Ärzte, Zahnärzte, Apotheker und anderer Hochschulkader in konfessionellen Einrichtungen des Gesundheits- und Sozialwesens, eingeführt mit Wirkung vom 1. Januar 1979.

7. Freiwillige zusätzliche Versorgung für Ärzte, Zahnärzte, Apotheker und andere Hochschulkader in konfessionellen Einrichtungen des Gesundheits- und Sozialwesens, eingeführt mit Wirkung vom 1. Juli 1988.

8. Freiwillige zusätzliche Versorgung für Ärzte, Zahnärzte, Apotheker und andere Hochschulkader in staatlichen Einrichtungen des Gesundheits- und Sozialwesens einschließlich der Apotheker in privaten Apotheken, eingeführt mit Wirkung vom 1. Juli 1988.

9. Altersversorgung der Ärzte und Zahnärzte in eigener Praxis, eingeführt mit Wirkung vom 1. Januar 1959.

10. Altersversorgung der Ärzte und Zahnärzte in privaten Einrichtungen des Gesundheitswesens, eingeführt mit Wirkung vom 1. Januar 1959.

11. Freiwillige zusätzliche Versorgung für Tierärzte und andere Hochschulkader in Einrichtungen des staatlichen Veterinärwesens, eingeführt mit Wirkung vom 1. Juli 1988.

12. Altersversorgung der Tierärzte in eigener Praxis, eingeführt mit Wirkung vom 1. Januar 1959.

13. Zusätzliche Versorgung der künstlerisch Beschäftigten des Rundfunks, Fernsehens, Filmwesens sowie des Staatszirkusses der DDR und des VEB Deutsche Schallplatte, eingeführt mit Wirkung vom 1. Januar 1986.

14. Zusätzliche Versorgung der künstlerisch Beschäftigten in Theatern, Orchestern und staatlichen Ensembles, eingeführt mit Wirkung vom 1. Januar 1986.

15. Zusätzliche Versorgung für freiberuflich tätige Mitglieder des Schriftstellerverbandes der DDR, eingeführt mit Wirkung vom 1. Januar 1988.

16. Zusätzliche Altersversorgung für freischaffende bildende Künstler, eingeführt mit Wirkung vom 1. Januar 1989.

17. Zusätzliche Altersversorgung der Ballettmitglieder in staatlichen Einrichtungen, eingeführt mit Wirkung vom 1. September 1976.

18. Zusätzliche Versorgung der Pädagogen in Einrichtungen der Volks- und Berufsbildung, eingeführt mit Wirkung vom 1. September 1976.

19. Freiwillige zusätzliche Altersversorgung für hauptamtliche Mitarbeiter des Staatsapparates, eingeführt mit Wirkung vom 1. März 1971.

20. Freiwillige zusätzliche Altersversorgung für hauptamtliche Mitarbeiter der Gesellschaft für Sport und Technik, eingeführt mit Wirkung vom 1. August 1973.

21. Freiwillige zusätzliche Altersversorgung für hauptamtliche Mitarbeiter gesellschaftlicher Organisationen, eingeführt mit Wirkung vom 1. Januar 1976, für hauptamtliche Mitarbeiter der Nationalen Front ab 1. Januar 1972.

22. Freiwillige zusätzliche Funktionärsunterstützung für hauptamtliche Mitarbeiter der Gewerkschaft FDGB, eingeführt mit Wirkung vom 1. April 1971.
23. Freiwillige zusätzliche Altersversorgung für hauptamtliche Mitarbeiter der LDPD, eingeführt mit Wirkung vom 1. Oktober 1971.
24. Freiwillige zusätzliche Altersversorgung für hauptamtliche Mitarbeiter der CDU, eingeführt mit Wirkung vom 1. Oktober 1971.
25. Freiwillige zusätzliche Altersversorgung für hauptamtliche Mitarbeiter der DBD, eingeführt mit Wirkung vom 1. Oktober 1971.
26. Freiwillige zusätzliche Altersversorgung für hauptamtliche Mitarbeiter der NDPD, eingeführt mit Wirkung vom 1. Oktober 1971.
27. Freiwillige zusätzliche Altersversorgung für hauptamtliche Mitarbeiter der SED/PDS, eingeführt mit Wirkung vom 1. Oktober 1971.

Sonderversorgungssysteme der ehemaligen DDR

1. Sonderversorgung der Angehörigen der Nationalen Volksarmee, eingeführt mit Wirkung vom 1. Juli 1957.
2. Sonderversorgung der Angehörigen der Deutschen Volkspolizei, der Organe der Feuerwehr und des Strafvollzugs, eingeführt mit Wirkung vom 1. Juli 1954.
3. Sonderversorgung der Angehörigen der Zollverwaltung der DDR, eingeführt mit Wirkung vom 1. November 1970.
4. Sonderversorgung der Angehörigen des ehemaligen Ministeriums für Staatssicherheit/Amtes für Nationale Sicherheit, eingeführt mit Wirkung vom 1. März 1953.

819 Die Zeiten, die in einem Zusatz- bzw. Sonderversorgungssystem der ehemaligen DDR zurückgelegt worden sind, gelten als Pflichtbeitragszeiten der Rentenversicherung. Dabei ist unwesentlich, ob nach dem Recht der ehemaligen DDR bei Eintritt des Rentenfalles ein Versorgungsanspruch bestanden hätte oder ob diese Zeiten in der Rentenversicherung hätten berücksichtigt werden können. Als in einem Zusatz- oder Sonderversorgungssystem zurückgelegte Zeiten gelten auch in der Sozialpflichtversicherung und in der FZR zurückgelegte Zeiten, wenn in diesen Zeiten eine Tätigkeit ausgeübt wurde, die bei früherer Schaffung eines Versorgungssystems in diesem System zurückgelegt worden wäre.

820 Nach der Rechtsprechung des Bundessozialgerichts sind sogar die Zeiten einer Beschäftigung als in einem Zusatz- bzw. Sonderversorgungssystem der ehemaligen DDR zurückgelegte Zeiten zu behandeln, in denen eine Einbeziehung in einem Zusatz- bzw. Sonderversorgungssystem tatsächlich zwar nicht erfolgt ist, die jeweils ausgeübte Beschäftigung jedoch von solcher Art und Weise war, dass die Voraussetzungen für eine Einbeziehung in das jeweilige Zusatz- bzw. Sonderversorgungssystem generell erfüllt waren. Sofern eine urkundliche Versorgungszusage tatsächlich nicht gegeben worden war, kommt es nach der Rechtsprechung des Bundessozialgerichts darauf an, ob der Beschäftigte nach „den abstrakt generellen Vorgaben der Versorgungsverordnung" sowie nach „deren Durchführungsbestimmung" die an DDR-Tatbeständen zu bestimmenden Voraussetzungen für eine Einbeziehung erfüllt.

821 So kommt nach dieser Rechtsprechung zum Beispiel unter Anknüpfung an die Tatbestände der einschlägigen Versorgungsordnung für die technische Intelligenz (Zusatzversorgungssystem Nr.1 in Rdnr. 818) für bestimmte Berufsgruppen (z. B. Ingenieure) bei Ausübung einer der Ausbildung entsprechenden Tätigkeit in bestimmten Betriebsformen (z. B. volkseigenen Produktionsbetrieben) auch bei Fehlen einer ausdrücklichen Versorgungszusage eine nachträgliche Feststellung der Zugehörigkeit zum versorgungsberechtigten Personenkreis in Betracht.

822 Eine weitere Voraussetzung für die Anwendung des AAÜG in diesen Fällen ist, dass das Beschäftigungsverhältnis, das den potentiellen Zugang zur Zusatzversorgung eröffnet hat, zum Zeitpunkt der Schließung der Zusatzversorgungssysteme am 30. Juni 1990 bestanden haben muss (Stichtagserfordernis). Dieser Stichtag ist Bestandteil der vom Bundessozialgericht entwickelten Anwendung des AAÜG auf Personen ohne Versorgungszusage.

823 Das Bundessozialgericht begründet die im Wege der Auslegung des AAÜG entwickelte Möglichkeit der Anwendbarkeit dieses Gesetzes trotz fehlender urkundlicher Versorgungszusage damit, dass ansonsten eine in der ehemaligen DDR im Wege einer Instrumentalisierung von Versorgungszusagen zu politischen Zwecken praktizierte willkürliche Verzögerung der Zusage über die Wiedervereinigung hinaus

Bestand hätte. Die verzögerte Erteilung von Versorgungszusagen würde bei der Berechnung der Rente nach den Vorschriften des Sechsten Buches Sozialgesetzbuch zu Nachteilen führen, die es im Versorgungsrecht der DDR nicht gegeben hätte, weil es danach für die Höhe der Versorgung regelmäßig nur auf die Versorgungszusage, nicht aber auf den Zeitpunkt der Erteilung oder die Dauer der Zugehörigkeit zu einem Versorgungssystem ankam. Das Bundessozialgericht heilt damit für einen eng umgrenzten Personenkreis den Umstand, dass Versicherte quasi von der Wende überholt worden sind, weil sie wegen der Schließung der Versorgungssysteme zum 30. Juni 1990 keine Versorgungsurkunde mehr erhalten konnten. Nach dem ursprünglichen Willen des Gesetzgebers wäre dieser Personenkreis jedoch mangels ausdrücklich erteilter Versorgungszusage von der Anwendung des AAÜG ausgeschlossen gewesen.

824 Die grundsätzliche Anwendung der Vorschriften des Sechsten Buches Sozialgesetzbuch für die nach dem AAÜG und nach der Rechtsprechung des Bundessozialgerichts anzuerkennenden Zeiten der Zugehörigkeit zu einem Zusatz- bzw. Sonderversorgungssystem stellt sowohl die anspruchsbegründende als auch die rentensteigernde Wirkung dieser Zeiten sicher.

825 Bei der Ermittlung der Entgeltpunkte für Zeiten der Zugehörigkeit zu einem Zusatz- oder Sonderversorgungssystem ist grundsätzlich das tatsächlich erzielte Arbeitsentgelt bis zur jeweiligen Beitragsbemessungsgrenze zu berücksichtigen, und zwar unabhängig davon, ob und in welchem Umfang von dem erzielten Arbeitsentgelt Beiträge zur Sozialpflichtversicherung oder freiwilligen Zusatzrentenversicherung gezahlt worden sind. Welche Verdienstbestandteile bei den ehemals Zusatz- und Sonderversorgten bei der Rentenberechnung als Bemessungsgrundlage im einzelnen zu berücksichtigen sind, beurteilt sich nach der allgemeinen Vorschrift des Vierten Buches Sozialgesetzbuch, wonach alle laufenden oder einmaligen Einnahmen aus einer Beschäftigung Entgelt im Sinne der Sozialversicherung sind. Ausgenommen hiervon sind nach der Arbeitsentgeltverordnung jedoch u. a. „zusätzlich" zu Löhnen und Gehältern gewährte einmalige Einnahmen oder laufende Zulagen, sowie die steuerfreien Einnahmen. Das Bundessozialgericht hat mit seinem Urteil vom 23. August 2007 (B 4 RS 4/00) klargestellt, dass es sich bei den so genannten Jahresendprämien nicht um „zusätzliche" einmalige Einnahmen im Sinne der Ausnahmeregelung der Arbeitsentgeltverordnung, sondern um einen unmittelbar leistungsbezogenen Lohnbestandteil handelt, auf den der Arbeitnehmer nach dem Arbeitsgesetzbuch der DDR auch einen Anspruch hatte. Dass es sich hierbei um nach DDR-Recht steuerfreie und auch nicht sozialversicherungspflichtige Zahlungen handelte, war für das Bundessozialgericht in diesem Zusammenhang nicht ausschlaggebend.

Einkommensbegrenzungen im AAÜG für die Ermittlung von Entgeltpunkten

826 Entsprechend der Regelung im Einigungsvertrag, wonach überhöhte Leistungen zu begrenzen und ungerechtfertigte Ansprüche zu beseitigen sind, enthielt das Anspruchs- und Anwartschaftsüberführungsgesetz zunächst für zahlreiche Personengruppen Regelungen zur Einkommensbegrenzung, nach denen für die Ermittlung der Entgeltpunkte das tatsächlich erzielte Arbeitsentgelt nicht bis zur Beitragsbemessungsgrenze, sondern nur in geringerem Umfang zu berücksichtigen war.

827 Für Angehörige der nachfolgend aufgezählten Zusatz- und Sonderversorgungssysteme waren die Entgelte, die während der Zeit der Zugehörigkeit zu diesen Versorgungssystemen erzielt worden sind und bestimmte Grenzbeträge überschritten hatten, nur in begrenztem Umfang bei der Ermittlung der Entgeltpunkte zu berücksichtigen:

– Zusätzliche Altersversorgung der Generaldirektoren der zentral geleiteten Kombinate und ihnen gleich gestellte Leiter zentral geleiteter Wirtschaftsorganisationen,
– Zusätzliche Altersversorgung für verdienstvolle Vorsitzende von Produktionsgenossenschaften und Leiter kooperativer Einrichtungen der Landwirtschaft,
– Freiwillige zusätzliche Altersversorgung für hauptamtliche Mitarbeiter des Staatsapparates,
– Freiwillige zusätzliche Altersversorgung für hauptamtliche Mitarbeiter der Gesellschaft für Sport und Technik,
– Freiwillige zusätzliche Altersversorgung für hauptamtliche Mitarbeiter gesellschaftlicher Organisationen,
– Freiwillige zusätzliche Funktionärsunterstützung für hauptamtliche Mitarbeiter der Gewerkschaft FDGB,
– Freiwillige zusätzliche Altersversorgung für hauptamtliche Mitarbeiter der LDPD,

- Freiwillige zusätzliche Altersversorgung für hauptamtliche Mitarbeiter der CDU,
- Freiwillige zusätzliche Altersversorgung für hauptamtliche Mitarbeiter der DBD,
- Freiwillige zusätzliche Altersversorgung für hauptamtliche Mitarbeiter der NDPD,
- Freiwillige zusätzliche Altersversorgung für hauptamtliche Mitarbeiter der SED/PDS,
- Sonderversorgung der Angehörigen der Nationalen Volksarmee,
- Sonderversorgung der Angehörigen der Deutschen Volkspolizei, der Organe der Feuerwehr und des Strafvollzugs,
- Sonderversorgung der Angehörigen der Zollverwaltung der DDR und
- Sonderversorgung der Angehörigen des ehemaligen Ministeriums für Staatssicherheit.

828 Mit Ausnahme für Zeiten der Zugehörigkeit zum Sonderversorgungssystem der Angehörigen des ehemaligen Ministeriums für Staatssicherheit, für die das Gesetz eine besondere Einkommensbegrenzung vorsieht, war bis zum 31. Dezember 1996 eine Begrenzung des für die Ermittlung der Entgeltpunkte zu berücksichtigenden Arbeitsverdienste vorgesehen, wenn der tatsächlich erzielte Verdienst das 1,4fache des jeweiligen Durchschnittsverdienstes eines Kalenderjahres überstieg. Nach der bis zum 31. Dezember 1996 geltenden Regelung war das für die Ermittlung der Entgeltpunkte zu berücksichtigende Entgelt, um so geringer je höher der tatsächlich erzielte Arbeitsverdienst oberhalb der Einkommensgrenze des 1,4fachen des Durchschnittsverdienstes lag. Für Personen, deren Arbeitsverdienst an oder gar über der Beitragsbemessungsgrenze lag, war mit der Berücksichtigung nur des Durchschnittsentgelts die größtmögliche Einkommensbegrenzung vorgesehen.

829 Das Bundesverfassungsgericht hat diese Regelung der Begrenzung der für die Ermittlung der Entgeltpunkte zu berücksichtigenden Arbeitsverdienste für verfassungswidrig erklärt, weil sie nicht mit dem Gleichheitsgrundsatz nach Artikel 3 Abs. 1 Grundgesetz vereinbar ist (1 BvL 22/95 und 1 BvL 34/95). Zwar stellt es nach Auffassung des Bundesverfassungsgerichts ein legitimes Regelungsziel dar, in der DDR erzielte Entgelte von Angehörigen bestimmter Versorgungssysteme und von Inhabern bestimmter Funktionen bei der Berechnung der Rente unberücksichtigt zu lassen, soweit sie nicht auf Arbeit und Leistung beruhten und deshalb überhöht waren. Allerdings verfehlte die bis zum 31. Dezember 1996 geltende Regelung zur Einkommensbegrenzung dieses Ziel, da für Angehörige der bestimmten Versorgungssysteme nicht gerechtfertigte Einkommensvorteile gegenüber den übrigen volkswirtschaftlichen Bereichen anhand von Arbeitsbewertungen nicht festgestellt werden konnten. Mit den Urteilen des Bundesverfassungsgerichts vom 28. April 1999 wurde die bis zum 31. Dezember 1996 geltende Regelung zur Einkommensbegrenzung mit Ausnahme der besonderen Einkommensbegrenzung für die Angehörigen des Sonderversorgungssystems des ehemaligen Ministeriums für Staatssicherheit und des Amtes für Nationale Sicherheit für unwirksam erklärt.

830 Im Zweiten Gesetz zur Änderung und Ergänzung des Anspruchs- und Anwartschaftsüberführungsgesetzes hat der Gesetzgeber insoweit aber von seiner Gestaltungskompetenz Gebrauch gemacht, als er für die Bestandsrenten, die unter Anwendung dieser Regelung zur Einkommensbegrenzung ermittelt worden sind, bestimmt hat, dass Nachzahlungen für die Zeit vor dem 1. Mai 1999 nur in den Fällen erfolgen, in denen der Renten- bzw. Überführungsbescheid aufgrund der Einlegung von Rechtsmitteln bzw. -behelfen noch nicht bestandskräftig geworden war.

831 Mit dem (ersten) Gesetz zur Änderung und Ergänzung des Anspruchs- und Anwartschaftsüberführungsgesetzes und zur Änderung anderer Gesetzes wurden die – vom Bundesverfassungsgericht später durch die Urteile vom 28. April 1999 für unwirksam erklärte Regelung zur Einkommensbegrenzung – mit Wirkung vom 1. Januar 1997 an neugefasst. Die Regelung zur Einkommensbegrenzung wurde mit Wirkung ab dem 1. Januar 1997 auf Einkommen von ehemaligen hauptberuflichen Mitarbeitern des Staatssicherheitsdienstes sowie von Personen konzentriert, die in Wahrnehmung besonderer politischer Verantwortung und Mitverantwortung für das politische System der ehemaligen DDR ein hohes Einkommen erzielt haben. Das Änderungsgesetz zog die Grenze, von der an in der ehemaligen DDR von einer politischen, gesellschaftlichen oder einkommensmäßigen Privilegierung ausgegangen wurde, bei der Funktion eines Hauptabteilungsleiters im Staatsapparat der ehemaligen DDR. Bei Ausübung einer solchen Funktion oder von Funktionen in bestimmten anderen Bereichen (z. B. bei der NVA, dem Zoll, bei den Parteien und der Volkspolizei der ehemaligen DDR) mit dem Einkommen eines Hauptabteilungsleiters in einem Ministerium hatte sich an der sich auch aus der vor 1997 geltenden Begrenzungsregelung erge-

benden Einkommensbegrenzung auf das jeweilige Durchschnittsentgelt eines Kalenderjahres nichts geändert. Der Rentenberechnung war damit nach dieser Begrenzungsregelung für Zeiten einer solchen Beschäftigung weiterhin ein Einkommen nur in Höhe des jeweiligen Durchschnittsverdienstes für die Rentenberechnung zugrunde zu legen.

832 Der tatsächlich erzielte Arbeitsverdienst war nach der ab dem 1. Januar 1997 geltenden Regelung auch für die Zeiten auf das jeweilige Durchschnittsentgelt eines Kalenderjahres begrenzt worden, in denen ein Entgelt mindestens in Höhe des Gehalts eines Hauptabteilungsleiters bezogen und eine der folgenden Positionen bekleidet wurde:

– Betriebsdirektoren, so weit diese Funktion nicht in einem Betrieb ausgeübt wurde, der vor 1972 im Eigentum des Betroffenen stand,
– Fachdirektoren eines Kombinats auf Leistungsebene oder einer staatlich geleiteten Wirtschaftsorganisation,
– Direktoren oder Leiter auf dem Gebiet der Kaderarbeit,
– Sicherheitsbeauftragte oder Inhaber einer entsprechenden Funktion, sofern sich die Tätigkeit nicht auf die technische Überwachung oder die Einhaltung von Vorschriften des Arbeitsschutzes in Betrieben und Einrichtungen der ehemaligen DDR bezog,
– hauptamtliche Parteisekretäre,
– Professoren oder Dozenten in Bildungseinrichtungen der Parteien oder der Gewerkschaft FDGB,
– Richter oder Staatsanwalt.

833 Das Bundesverfassungsgericht hat mit Urteil vom 23. Juni 2004 aber auch diese – mit dem (ersten) Gesetz zur Änderung und Ergänzung des Anspruchs- und Anwartschaftsüberführungsgesetzes zum 1. Januar 1997 eingeführte – Einkommensbegrenzung für die Personen, die in Wahrnehmung besonderer politischer Verantwortung und Mitverantwortung für das politische System der ehemaligen DDR ein besonders hohes Einkommen erzielt haben, für verfassungswidrig erklärt, weil auch diese Einkommensbegrenzung nicht mit dem Gleichheitsgrundsatz nach Artikel 3 Abs. 1 Grundgesetz vereinbar ist. Dem Gesetzgeber war vom Bundesverfassungsgericht aufgegeben worden, bis zum 30. Juni 2005 eine mit dem Gleichheitsgebot des Artikels 3 Grundgesetz vereinbare Einkommensbegrenzungsregelung zu schaffen. Für den Fall, dass der Gesetzgeber innerhalb dieser Frist keine Neuregelung trifft, hat das Bundesverfassungsgericht entschieden, dass die mit dem (ersten) Gesetz zur Änderung und Ergänzung des Anspruchs- und Anwartschaftsüberführungsgesetzes eingeführten Regelungen zur Einkommensbegrenzung nichtig werden und damit keine Anwendung mehr finden dürfen. Wäre die Nichtigkeit dieser Einkommensbegrenzungsregelung eingetreten, so hätte dies bedeutet, dass mit Ausnahme der für Angehörige der ehemaligen Sonderversorgung des ehemaligen Ministeriums für Staatssicherheit und des Amtes für Nationale Sicherheit weiterhin bestehenden – vom Bundesverfassungsgericht als zulässig erachteten – Begrenzung des für die Rentenberechnung maßgebenden Entgelts auf die Höhe des jeweiligen Durchschnittsverdienstes eines Kalenderjahres alle übrigen Einkommensbegrenzungen aufgehoben gewesen wären.

834 Die Nichtigkeit der vom Bundesverfassungsgericht aufgehobenen Einkommensbegrenzungsregelung wäre somit auch mit deutlichen Rentensteigerungen für solche Personen in leitenden Funktionen der ehemaligen DDR verbunden gewesen, die in ihrer herausgehobenen Funktion im Partei- und Staatsapparat gegenüber dem Ministerium für Staatssicherheit sowie dem Amt für Nationale Sicherheit Weisungen erteilen konnten. Dies hätte im Hinblick auf die vom Bundesverfassungsgericht als verfassungsgemäß bestätigte Entgeltbegrenzung für Mitarbeiter des Ministeriums für Staatssicherheit und des Amtes für Nationale Sicherheit zu einem rechtlichen sowie sozialpolitischen Widerspruch geführt. Nach dem Willen des Gesetzgebers sollte die Begrenzung des für die Rentenberechnung maßgebenden Entgelts auf das Durchschnittsentgelt weiterhin für diejenigen Personen Fortbestand haben, die in ihrer herausgehobenen Funktion dem Ministerium für Staatssicherheit sowie dem Amt für Nationale Sicherheit gegenüber rechtlich oder faktisch weisungsbefugt waren bzw. auf den höchsten Ebenen des sogenannten Kadernomenklatursystems der ehemaligen DDR Teil eines Gesamtkonzepts der Selbstprivilegierung innerhalb des Staates waren. Nach dem Ersten Gesetz zur Änderung des Anspruchs- und Anwartschaftsüberführungsgesetzes vom 21. Juni 2005 gilt die Begrenzung des für die Rentenberechnung maßgebenden Entgelts auf das jeweilige Durchschnittsentgelt eines Kalenderjahres z. B. weiterhin für Zeiten, in denen Personen Mitglied im Politbüro der SED, Generalsekretär oder Abteilungsleiter im Zentralkomitee der SED, Minister oder stellvertretender Minister, Vorsitzender des Staatsrates oder Ministerrates oder Staatsanwalt in den vom Ministerium für Staatssicherheit sowie dem Amt für Nationale Sicherheit durchzuführenden Ermittlungsverfahren waren. Für die übrigen bisher unter die Begrenzungsregelung fallenden Personengruppen ist die vom Bundesverfassungsgericht aufgehobene Begrenzungsregelung entfallen. Für sie werden nun die erzielten Entgelte bis zur jeweiligen Beitragsbemessungsgrenze bei der Rentenberechnung berücksichtigt.

835 Mit Beschluss vom 6. Juli 2010 in den Verfahren 1 BvL 9/06 und 1 BvL 2/08 hat das Bundesverfassungsgericht entschieden, dass die Begrenzung des für die Rentenberechnung maßgebenden Entgelts auf das jeweilige Durchschnittsentgelt eines Kalenderjahres für Zeiten der Tätigkeit als Minister, Staatssekretär oder Stellvertreter des Ministers der ehemaligen DDR mit dem Grundgesetz vereinbar ist. Nach Auffassung des Bundesverfassungsgerichts handelt es sich bei der Begrenzungsregelung für diesen Personenkreis um eine zulässige Ausgestaltung des Renteneigentums im Rahmen von Artikel 14 Grundgesetz.

836 Auch nach In-Kraft-Treten des (ersten) Gesetzes zur Änderung und Ergänzung des Anspruchs- und Anwartschaftsüberführungsgesetzes und zur Änderung anderer Gesetzes am 1. Januar 1997 war es zunächst dabei geblieben, dass für Zeiten der Zugehörigkeit zum Sonderversorgungssystem der Angehörigen des ehemaligen Ministeriums für Staatssicherheit bzw. des Amtes für Nationale Sicherheit – wie schon nach der bis zum 31. Dezember 1996 geltenden Regelung – höchstens ein Entgelt in Höhe von 70 Prozent des Durchschnittsverdienstes eines Kalenderjahres bei der Rentenberechnung zugrunde gelegt werden sollte. In den am 28. April 1999 verkündeten Entscheidungen (1 BvL 11/94, 1 BvL 33/95, 1 BvR 1560/97) hat das Bundesverfassungsgericht diese für die Angehörigen des Sonderversorgungssystems des ehemaligen Ministeriums für Staatssicherheit bzw. des Amtes für Nationale Sicherheit vorgesehene Begrenzung der berücksichtigungsfähigen Entgelte wegen Verstoßes gegen den Gleichbehandlungsgrundsatz in Artikel 3 Abs. 1 GG für nichtig erklärt. Da nach Auffassung des Bundesverfassungsgerichts für diesen Personenkreis eine Begrenzung der berücksichtigungsfähigen Entgelte auf 100 Prozent des Durchschnittsverdienstes eines Kalenderjahres mit Artikel 3 Abs. 1 GG jedoch vereinbart werden kann, ist aufgrund der vorgenannten Entscheidungen seit dem 28. April 1999 diese Einkommensbegrenzung maßgebend.

Getrennte Ermittlung der Entgeltpunkte für Versicherungszeiten in den alten und neuen Bundesländern

837 Da bis zur Herstellung einheitlicher Einkommensverhältnisse oder der Einführung eines einheitlichen aktuellen Rentenwerts durch den Gesetzgeber für die alten und die neuen Bundesländer unterschiedliche aktuelle Rentenwerte (aktueller Rentenwert – West – und aktueller Rentenwert (Ost)) zu ermitteln sind, ist auch eine nach Beschäftigungszeiten in den alten und neuen Bundesländern getrennte Ermittlung von Entgeltpunkten erforderlich. Die auf rentenrechtlichen Zeiten in den neuen Bundesländern beruhenden Entgeltpunkte werden grundsätzlich als Entgeltpunkte (Ost) gekennzeichnet. Den bis zum 18. Mai 1990 in den neuen Bundesländern zurückgelegten Beschäftigungszeiten werden jedoch dann Entgeltpunkte (West) zugeordnet, wenn der Versicherte am 18. Mai 1990 bereits seinen gewöhnlichen Aufenthalt in den alten Bundesländern gehabt hat. Auch hierbei handelt es sich um eine Vertrauensschutzregelung für diejenigen, die zu einem Zeitpunkt in die alten Bundesländer übergesiedelt sind, als die in der ehemaligen DDR zurückgelegten Beitragszeiten rentenrechtlich noch dem Fremdrentenrecht zuzurechnen waren.

838 Sind Beitragszeiten sowohl in den alten als auch in den neuen Bundesländern zurückgelegt worden, werden die für beitragsfreie Zeiten nach der Gesamtleistungsbewertung ermittelten Entgeltpunkte sowie der für beitragsgeminderte Zeiten ermittelte Zuschlag an Entgeltpunkten in dem Verhältnis als Entgeltpunkte (Ost) berücksichtigt, in dem die für die Ermittlung des Gesamtleistungswertes zugrunde gelegten Entgeltpunkte (Ost) – also alle Entgeltpunkte aus den in den neuen Bundesländern zurückgelegten Beitrags- und Berücksichtigungszeiten – zu allen zugrunde gelegten Entgeltpunkten stehen. Die Entgeltpunkte (Ost) werden mit dem aktuellen Rentenwert (Ost) und die Entgeltpunkte (West) werden mit dem aktuellen Rentenwert (West) vervielfältigt. Die Summe beider Teilmonatsbeträge (West und Ost) ergibt den monatlichen Rentenbetrag.

839 Wird im gleichen Kalendermonat eine Beschäftigung oder versicherte selbständigen Tätigkeit sowohl in den neuen als auch in den alten Bundesländern ausgeübt, waren nach der bis zum 31. Dezember 2009 geltenden Zuordnungsregelung auch die aus der Beschäftigung oder versicherten selbständigen

Tätigkeit in den neuen Bundesländern erworbenen Entgeltpunkte als Entgeltpunkte (West) zu behandeln. Der Gesetzgeber hat eine Besserstellung einer Beschäftigung in den neuen Bundesländern, insbesondere wenn es sich hierbei um die Hauptbeschäftigung handelt, wegen einer gleichzeitig in den alten Bundesländern ausgeübten versicherungspflichtigen (Neben)Beschäftigung nicht mehr als gerechtfertigt angesehen. Mit dem RV-Altersgrenzenanpassungsgesetz ist diese Regelung daher zum 1. Januar 2010 aufgehoben worden. Bei den seit dem 1. Januar 2010 zugehenden Renten werden auch bei innerhalb eines Kalendermonats sowohl in den neuen als auch in den alten Bundesländern ausgeübten Beschäftigung die hierfür zu bestimmenden Entgeltpunkte in Abhängigkeit vom Beschäftigungsort getrennt als Entgeltpunkte (West) bzw. Entgeltpunkte (Ost) ermittelt.

Die Umwertung der am 31. Dezember 1991 in den neuen Bundesländern gezahlten Renten

840 Die am 31. Dezember 1991 gezahlten Renten sind nicht nach dem am 1. Januar 1992 geltenden Rentenrecht des Sechsten Buch Sozialgesetzbuch neu berechnet worden. Dies war bei fast 4 Mio. am 31. Dezember 1991 gezahlten Renten nicht möglich. Darüber hinaus befanden sich die hierfür erforderlichen Daten nicht bei den Rentenunterlagen. Selbst bei Nachforschungen wären sie häufig nicht mehr aufzufinden gewesen. Daher hätte ein Neufeststellungsverfahren Jahre gedauert und zu unvertretbaren Verzögerungen bei der Feststellung und Bewilligung der ab Januar 1992 zugehenden Renten geführt.

841 In einem Verfahren, das den bei den Rentenversicherungsträgern vorhandenen Unterlagen Rechnung getragen hat, ist aus den Daten über Arbeitsjahre und Durchschnittseinkommen ein den Grundsätzen des Sechsten Buches Sozialgesetzbuch entsprechender anpassungsfähiger Rentenbetrag ermittelt worden, der in vollem Umfang den Rentenanpassungen unterliegt. Zunächst wurde festgestellt, wie viele Versicherungsjahre der Rente zugrunde gelegen haben; dabei wurden überhöhte Zurechnungszeiten, wie z. B. über das 55. Lebensjahr hinaus berücksichtigte Zurechnungszeiten wegen Invalidität, gekürzt. In einem zweiten Schritt wurde das individuelle Durchschnittseinkommen in den letzten 20 Jahren vor Rentenbeginn ermittelt, das nach Maßgabe des (DDR-) Rentenrechts der jeweiligen Rentenberechnung zugrunde gelegen hat. Dabei wurde auch das in der Freiwilligen Zusatzrentenversicherung über 600 Mark versicherte Arbeitseinkommen berücksichtigt. Das individuell versicherte Durchschnittseinkommen des Rentners im jeweils maßgebenden 20-Jahreszeitraum wurde in das Verhältnis zum allgemeinen Durchschnittseinkommen gesetzt, das für diesen 20-Jahreszeitraum ermittelt worden ist. Aus dem so gebildeten Verhältnis von individuellem Durchschnittseinkommen und allgemeinem Durchschnittseinkommen im jeweils maßgebenden 20-Jahreszeitraum sind die für jedes Arbeitsjahr zugrunde zu legenden Entgeltpunkte ermittelt worden.

Besitzschutz für Rentner in den neuen Bundesländern, die bereits am 31. Dezember 1991 eine Rente bezogen haben

842 Wenn sich nach der Umwertung der für Dezember 1991 bezogenen Rente in eine anpassungsfähige Rente nach dem Sechsten Buch Sozialgesetzbuch eine Differenz zwischen der ermittelten anpassungsfähigen Rente nach dem Sechsten Buch Sozialgesetzbuch und dem bisherigen Zahlbetrag ergeben hat, ist dieser Differenzbetrag als so genannter Auffüllbetrag weitergezahlt worden. Der Auffüllbetrag wird seit dem 1. Januar 1996 an bei jeder Rentenanpassung um ein Fünftel des Auffüllbetrages, mindestens jedoch um 20 DM (ab dem Jahr 2002 um 10,23 Euro) vermindert. Die Verminderung darf jedoch nicht zu einem Unterschreiten des bisherigen Zahlbetrags der Rente führen. Sollte nach fünf Rentenanpassungen noch ein restlicher Auffüllbetrag verblieben sein, wird dieser bei den folgenden Rentenanpassungen abgeschmolzen. Maßgeblich für die Entscheidung, mit der Abschmelzung des Auffüllbetrages erst ab dem Jahr 1996 zu beginnen, war, möglichst vielen Rentnern in der schwierigen Phase der Umstellung eine Dynamisierung ihrer Rente zugute kommen zu lassen. Eine zeitlich unbegrenzte Fortzahlung der vollen Auffüllbeträge wäre jedoch mit dem Gleichbehandlungsgebot nicht zu vereinbaren gewesen. Am 1. Juli 2009 wurden noch in rd. 204.000 Fällen zusätzlich zur dynamischen Rente nach dem Sechsten Buch Sozialgesetzbuch Auffüllbeträge gezahlt. Ihre durchschnittliche Höhe belief sich bei Männern auf 157,01 Euro bei Bezug einer Rente aus eigener Versicherung und auf 25,77 Euro bei Bezug einer Witwerrente sowie bei Frauen auf 95,18 Euro bei Bezug einer Rente aus eigener Versicherung und auf 49,94 Euro bei Bezug einer Witwenrente. Damit betrug das Gesamtvolumen an Auffüllbeträgen im Juli 2009 rd. 20,5 Mio. Euro.

Neufeststellung der am 31. Dezember 1991 gezahlten Renten von ehemaligen Angehörigen der Zusatz- und Sonderversorgungssysteme der DDR

843 Die Neufeststellung der am 31. Dezember 1991 an ehemalige Angehörige der Zusatz- und Sonderversorgungssysteme gezahlten Renten ist zunächst nicht in dem vorstehend beschriebenen pauschalen Umwertungsverfahren erfolgt. Diese Renten sind auf der Grundlage der besonderen Regelungen des Anspruchs- und Anwartschaftsüberführungsgesetzes nach Durchführung eines Kontenklärungsverfahrens individuell neu berechnet worden. In seinen Entscheidungen vom 28. April 1999 hatte das Bundesverfassungsgericht dem Gesetzgeber jedoch vorgegeben, dass den Rentnern, die einem Zusatz- oder Sonderversorgungssystem der ehemaligen DDR angehört haben und am 31. Dezember 1991 bereits eine Rente bezogen haben, die im Regelfall günstige Ermittlung des Rentenzahlbetrags auf der Grundlage der letzten 20 (besten) Versicherungsjahre – wie sie für die nicht ehemals zusatz- oder sonderversorgten Rentner vorgesehen ist – nicht vorenthalten werden darf. Mit dem Zweiten Gesetz zur Änderung und Ergänzung des Anspruchs- und Anwartschaftsüberführungsgesetzes wurde daher bestimmt, dass die Renten von ehemals zusatz- oder sonderversorgten Personen, die bereits im Dezember 1991 gezahlt worden sind, sowohl – wie schon bisher vorgesehen – auf der Grundlage der während der gesamten Versicherungszeit erzielten Verdienste, als auch auf der Grundlage der Verdienste der letzten 20 Jahre des Arbeitslebens berechnet werden. Die jeweils höhere Rente wird gezahlt. Für die Erstellung der Rentenfeststellung auf der Grundlage der Verdienste der letzten 20 Jahre des Arbeitslebens haben die Rentenversicherungsträger den bereits im Rahmen der Kontenklärung und der zum 1. Januar 1992 vorgenommenen Neuberechnung der Rente erstellten Datenbestand genutzt.

Besitzschutz für Rentner, die ehemals Zusatz- oder Sonderversorgungssystemen der DDR angehört haben und am 31. Dezember 1991 bereits Renten bezogen haben

844 Hatte die nach den Vorschriften des Sechsten Buch Sozialgesetzbuch vorgenommene Neuberechnung der Rente bzw. die auf der Grundlage der Verdienste der letzten 20 Jahre des Arbeitslebens vorgenommene Neufeststellung des anpassungsfähigen Rentenzahlbetrags einen geringeren Zahlbetrag als den vor der Rentenüberleitung im Dezember 1991 gezahlten (Gesamt-) Zahlbetrag ergeben, wird der Unterschiedsbetrag zwischen dem im Dezember 1991 gezahlten Gesamtbetrag und der nach dem Sechsten Buch Sozialgesetzbuch berechneten Rente bzw. auf der Grundlage der 20-Jahreszeitraumberechnung neu festgestellten Rente aus Besitzschutzgründen weitergezahlt. Die auf die anpassungsfähige Rente nach dem Sechsten Buch Sozialgesetzbuch entfallenden Anpassungsbeträge werden auf die besitzgeschützte Leistung angerechnet.

845 In den am 28. April 1999 verkündeten Entscheidungen (1 BvR 1926/96, 1 BvR 485/97) hat das Bundesverfassungsgericht aus Gründen des verfassungsrechtlich gebotenen Eigentumsschutzes darüber hinaus bestimmt, dass der nach dem Einigungsvertrag garantierte Zahlbetrag für Rentner, die Zusatz- oder Sonderversorgungssystemen angehört haben, ab dem 1. Januar 1992 an die Lohn- und Einkommensentwicklung anzupassen ist. Diese Vorgabe hat das Bundessozialgericht in einer Entscheidung vom 3. August 1999 dahingehend umgesetzt, dass die zusätzlich zum anpassungsfähigen Rentenzahlbetrag gezahlte besitzgeschützte Leistung im Unterschied zum anpassungsfähigen Rentenzahlbetrag nicht nach der jeweiligen für den aktuellen Rentenwert (Ost) maßgebenden Veränderungsrate, sondern entsprechend der – bei langfristiger Betrachtung – niedrigeren Veränderungsrate für den aktuellen Rentenwert (West) zu dynamisieren ist. Diese Rechtsprechung des Bundessozialgerichts ist vom Gesetzgeber mit dem Zweitem Gesetz zur Änderung und Ergänzung des Anspruchs- und Anwartschaftsüberführungsgesetzes auch formell in das Gesetz aufgenommen worden.

Begrenzung der Zahlbeträge bei Zugehörigkeit zu einem Zusatz- oder Sonderversorgungssystem

846 Für Personen, die aus Besitzschutzgründen neben der nach dem Sechsten Buch Sozialgesetzbuch berechneten Rente zusätzliche Leistungen aufgrund ihrer früheren Zugehörigkeit zu einem Zusatz- oder Sonderversorgungssystem erhalten (vgl. Rdnr. 844), ist eine Begrenzung des (Gesamt-) Zahlbetrages vorgesehen. Seit dem 1. August 1991 gelten für Bezieher von zusätzlichen Besitzschutzleistungen wegen früherer Zugehörigkeit zu einem Sonderversorgungssystem (Ausnahme: Zugehörigkeit zum Sonderversorgungssystem für ehemalige Angehörige des Ministeriums für Staatssicherheit) bzw. wegen früherer Zugehörigkeit zu den Zusatzversorgungssystemen

Nummern 2 und 3 sowie Nummern 19 bis 27 (vgl. Rdnr. 818) folgende Begrenzungen der Zahlbeträge:

- für Versichertenrenten 2.010 DM
  (ab Januar 2002: 1027,70 Euro)*,

- für Witwen- und Witwerrenten 1.206 DM
  (ab Januar 2002: 616,62 Euro)*,

- für Vollwaisenrenten 804 DM*,
  (ab Januar 2002: 411,08 Euro)*,

- für Halbwaisenrenten 603 DM*
  (ab Januar 2002: 308,31 Euro)*.

* Jeweils unter Berücksichtigung der sich nach dem Sechsten Buch Sozialgesetzbuch ergebenden dynamischen Rente.

847 Das Anspruchs- und Anwartschaftsüberführungsgesetz hatte in seiner ursprünglichen Fassung nicht nur für die Besitzschutzleistungen der vorstehend genannten Zusatz- und Sonderversorgungssysteme, sondern auch für die Besitzschutzleistungen aufgrund einer früheren Zugehörigkeit zu den übrigen Zusatzversorgungssystemen die gleichen Zahlbetragsbegrenzungen vorgesehen. Nach der Rechtsprechung des Bundessozialgerichts war die einheitliche Behandlung aller ehemaligen Angehörigen von Zusatz- und Sonderversorgungssystemen bei der Zahlbetragsbegrenzung jedoch unzulässig. Vielmehr war nach Auffassung des Bundessozialgerichts eine Differenzierung danach vorzunehmen, ob bereits nach dem noch von der DDR-Volkskammer mit dem Rentenangleichungsgesetz modifizierten (DDR-) Rentenrecht eine Zahlungsbegrenzung wegen früherer Zugehörigkeit zu einem Zusatz- oder Sonderversorgungssystem vorgesehen war. Durch das Rentenüberleitungs-Ergänzungsgesetz wurden daher für die Besitzschutzleistungen wegen früherer Zugehörigkeit zu den Zusatzversorgungssystemen Nr. 1 bzw. Nummern 4 bis 18 (vgl. Rdnr. 818), für die nach dem (DDR-) Rentenrecht eine Zahlbetragsbegrenzung noch nicht vorgesehen war, folgende – zum Teil höhere – Zahlbetragsbegrenzungen rückwirkend zum 1. August 1991 eingeführt:

- für Versichertenrenten 2.700 DM*,

- für Witwen- und Witwerrenten 1.620 DM*,

- für Vollwaisenrenten 804 DM*,

- für Halbwaisenrenten 603 DM*.

* Jeweils unter Berücksichtigung der sich nach dem Sechsten Buches Sozialgesetzbuch ergebenden dynamischen Rente.

848 In den am 28. April 1999 verkündeten Entscheidungen (1 BvL 32/95, 1 BvR 2105/97) hat das Bundesverfassungsgericht diese – erstmals durch den bundesdeutschen Gesetzgeber vorgenommenen – Zahlbetragsbegrenzungen für ehemalige Angehörige der Zusatzversorgungssysteme Nummer 1 bzw. Nummern 4 bis 18 (vgl. Rdnr. 818) jedoch für nichtig erklärt, da sie gegen die auf den Besitzschutzbetrag anzuwendende grundgesetzliche Eigentumsgarantie verstoßen. Seit dem 28. April 1999 darf somit eine Begrenzung des Gesamtzahlbetrags auf die in Rdnr. 847 aufgeführten Begrenzungsbeträge nicht mehr vorgenommen werden. Dagegen kann nach Auffassung des Bundesverfassungsgerichts die noch von der DDR-Volkskammer bestimmte Begrenzung des Gesamtzahlbetrags für Rentner, die einem Sonderversorgungssystem oder den Zusatzversorgungssystemen Nummern 2 und 3 sowie Nummern 19 bis 27 (vgl. Rdnr. 818) angehört haben, nicht als verfassungswidrig angesehen werden, so dass diese Zahlbetragsbegrenzungen auch nach dem 28. April 1999 gültig geblieben sind.

849 Für Bezieher von Renten, die dem Sonderversorgungssystem für ehemalige Angehörige des Ministeriums für Staatssicherheit / Amtes für nationale Sicherheit angehört haben, waren mit dem Renten-Überleitungsgesetz folgende besondere Begrenzungen für den Besitzgeschützten (Gesamt-)Zahlbetrag festgelegt worden:

- für Versichertenrenten 802 DM*,

- für Witwen- und Witwerrenten 481 DM*,

- für Vollwaisenrenten 321 DM*,

- für Halbwaisenrenten 241 DM*.

* Jeweils unter Berücksichtigung der sich nach dem Sechsten Buch Sozialgesetzbuch ergebenden dynamischen Rente.

850 Diese Zahlbetragsbegrenzungen waren nach Auffassung des Bundesverfassungsgerichts jedoch nichtig. Dagegen ist die noch von der DDR-Volkskammer für diesen Personenkreis bestimmte Begrenzung des Gesamtzahlbetrags (auf 990 Mark für Versichertenrenten, 594 Mark für Witwen- und Witwerrenten) nicht vom Bundesverfassungsgericht aufgehoben worden und daher wirksam geblieben, so dass diese Zahlbetragsbegrenzungen auch heute noch gültig sind. Seit Januar 2002 beträgt damit die Zahlbetragsbegrenzung für Bezieher von Renten mit Besitzschutzzahlbeträgen, die dem Sonderversorgungssystem für ehemalige Angehörige des Ministeriums für Staatssicherheit / Amtes für nationale Sicherheit angehört haben, 506,18 Euro bei Versichertenrenten bzw. 303,71 Euro bei Witwen- oder Witwerrenten.

Vertrauensschutzregelungen

851 Für Versicherte in den neuen Bundesländern besteht Anspruch auf eine Vergleichsrente nach dem am 31. Dezember 1991 in den neuen Bundesländern geltenden Rentenrecht, wenn sie

– die Anspruchsvoraussetzungen nach diesem Recht bis zum 31. Dezember 1996 erfüllt haben,
– am 18. Mai 1990 ihren gewöhnlichen Aufenthalt in der ehemaligen DDR einschließlich Berlin (Ost) hatten und
– ihren gewöhnlichen Aufenthalt im Inland haben.

852 Für alle Versicherten, die diese Voraussetzungen erfüllen und deren Rente bis zum 31. Dezember 1996 begonnen hatte, haben die Rentenversicherungsträger zwei Renten berechnet; zunächst die Rente nach den Bestimmungen des Sechsten Buches Sozialgesetzbuch unter Berücksichtigung aller hier vorgesehen, besonderen Übergangsregelungen für Versicherte in den neuen Bundesländern und anschließend in einem zweiten Rentenberechnungsvorgang die Rente, die sich nach Anwendung des am 31. Dezember 1991 in den neuen Bundesländern geltenden Rentenrechts ergeben hätte. Das ehemalige Rentenrecht der DDR in seiner am 31. Dezember 1991 geltenden Fassung ist zu diesem Zweck in einem eigenständigen Artikel des Renten-Überleitungsgesetzes (Artikel 2 Übergangsrecht für Renten nach den Vorschriften des Beitrittsgebiets) zusammengefasst worden.

853 War die nach dem Sechsten Buch Sozialgesetzbuch berechnete Rente niedriger als die nach dem Übergangsrecht für Renten nach den Vorschriften des Beitrittsgebiets ermittelte Rente, wurde bei Rentenbeginn in den Jahren 1992 und 1993 ein Rentenzuschlag in Höhe der Differenz der nach dem Sechsten Buch Sozialgesetzbuch berechneten Rente und der nach dem Übergangsrecht für Renten nach den Vorschriften des Beitrittsgebiets ermittelten Rente geleistet. Dieser Rentenzuschlag wird seit dem 1. Januar 1996 stufenweise mit den Rentenerhöhungen verrechnet, die auf die nach dem Sechsten Buch Sozialgesetzbuch berechnete anpassungsfähige Rente entfallen. Bis zum 31. Dezember 1995 hatte sich somit bei Rentenanpassungen das Gesamtrenteneinkommen stets erhöht.

854 Bei Rentenbeginn in den Jahren 1994, 1995 und 1996 wird ein festgestellter Unterschiedsbetrag zwischen der höheren Rente nach dem Übergangsrecht für Renten nach den Vorschriften des Beitrittsgebiets und der nach dem Sechsten Buch Sozialgesetzbuch berechneten Rente solange als Übergangszuschlag gezahlt, wie die nach dem Sechsten Buch Sozialgesetzbuch errechnete Rente niedriger ist. Rentenanpassungen haben sich hier also im Ergebnis erst dann in einem höheren Zahlbetrag niedergeschlagen, wenn sie dazu führen, dass die nach dem Sechsten Buch Sozialgesetzbuch berechnete Rente den Zahlbetrag der Rente nach dem Übergangsrecht für Renten nach den Vorschriften des Beitrittsgebiets überstieg.

855 Im Hinblick darauf, dass das Rentenrecht der früheren DDR eine lohndynamische Anpassung der Renten nicht vorsah, werden weder der Renten- noch der Übergangszuschlag angepasst.

Vertrauensschutzregelung bei Zugehörigkeit zu einem ehemaligen Zusatz- oder Sonderversorgungssystem der DDR

856 Das Anspruchs- und Anwartschaftsüberführungsgesetz hat für diejenigen Versicherten, die in der ehemaligen DDR einem Zusatz- oder Sonderversorgungssystem angehört haben und deren Rente in den Jahren 1992 und 1993 begonnen hat, Anspruch auf eine Vertrauensschutzleistung vorgesehen. Hinterbliebene dieser Rentner erhalten dann eine Vertrauensschutzleistung, wenn der vertrauensschutzberechtigte Rentner vor dem 1. Januar 1997 verstorben ist.

857 Ein Anspruch auf Vertrauensschutzleistung besteht, wenn die nach dem Sechsten Buch Sozialgesetzbuch ermittelte Rente die (Gesamt-) Versorgungsleistung unterschreitet, die sich nach den zum 1. Juli 1990 maßgebenden leistungsrechtlichen Regelungen des jeweiligen Zusatz- oder Sonderversorgungssystems ergeben hätte. Liegt diese Voraussetzung vor, wird als Vertrauensschutzleistung der Unterschiedsbetrag zwischen der (höheren) Versorgungsleistung nach den zum 1. Juli 1990 maßgebenden Regelungen und der dynamischen, nach dem Sechsten Buch Sozialgesetzbuch ermittelten Rente gezahlt. Die auf die dynamische Rente entfallenden Anpassungsbeträge werden auf die Vertrauensschutzleistung angerechnet. Damit sollte die Vertrauensschutzleistung im Ergebnis nur solange gezahlt werden, bis die nach dem Sechsten Buch Sozialgesetzbuch zu leistende Rente die vertrauensgeschützte (Gesamt-)Versorgungsleistung aufgrund der erfolgten Rentenanpassungen erreicht hatte oder überstieg.

858 Auch für die Vertrauensschutzleistung waren – bis zu den Entscheidungen des Bundesverfassungsgerichts vom 28. April 1999 – zunächst die im Anspruchs- und Anwartschaftsüberführungsgesetz festgesetzten Zahlbetragsbegrenzungen im Falle der Zahlung von Besitzschutzleistungen anzuwenden (2.700 DM bzw. 2.010 DM für Versichertenrenten, 1.620 DM bzw. 1.206 DM für Witwen- und Witwerrenten, 804 DM für Vollwaisenrenten und 603 DM für Halbwaisenrenten). Überstieg der (Gesamt-)Zahlbetrag die vorgenannten Beträge, war er auf die jeweiligen Grenzbeträge zu beschränken.

859 In den am 28. April 1999 verkündeten Entscheidungen zum Anspruchs- und Anwartschaftsüberführungsgesetz hat das Bundesverfassungsgericht die Zahlbetragsbegrenzungen bei Renten mit Vertrauensschutzleistungen für ehemalige Angehörige der Zusatzversorgungssysteme Nummer 1 bzw. Nummern 4 bis 18 (vgl. Rdnr. 818), die erstmals vom gesamtdeutschen Gesetzgeber vorgenommen waren (2.700 DM für Versichertenrenten, 1.620 DM für Witwen- und Witwerrenten) für nichtig erklärt, da sie seiner Auffassung nach gegen die grundgesetzliche Eigentumsgarantie verstießen. Seit dem 28. April 1999 sind die vorgenannten Zahlbetragsbegrenzungen daher auch nicht mehr für Bezieher von Vertrauensschutzleistungen anzuwenden, die den Zusatzversorgungssystemen Nummer 1 bzw. Nummern 4 bis 18 angehört haben. Dagegen sind die Zahlbetragsbegrenzungen für Bezieher von Vertrauensschutzleistungen, die den Zusatzversorgungssystemen Nummern 2 und 3 sowie Nummern 19 bis 27 (vgl. Rdnr. 818) angehört haben, wirksam geblieben.

860 Ebenso wie für die ehemals zusatz- und sonderversorgten Bestandsrentner mit Anspruch auf Besitzschutzleistungen (vgl. Rdnr. 844 ff.) hat das Bundesverfassungsgericht auch für Bezieher von Vertrauensschutzleistungen die Anpassung des vertrauensgeschützten (Gesamt-)Zahlbetrages an die Lohn- und Einkommensentwicklung für die Zeit ab dem 1. Januar 1992 aus Gründen des verfassungsrechtlich gebotenen Eigentumsschutzes für notwendig erachtet. Wie bei den Zusatzleistungen zur Gewährleistung des Besitzschutzes (bei Rentenbeginn bis Dezember 1991) ist daher mit dem Zweiten Gesetz zur Änderung und Ergänzung des Anspruchs- und Anwartschaftsüberführungsgesetzes vorgesehen worden, dass ebenfalls die zusätzlichen Leistungen zur Gewährleistung des Vertrauensschutzes entsprechend den Veränderungsraten für den aktuellen Rentenwert (West) dynamisiert werden.

861 Schließlich hat das Bundesverfassungsgericht, gestützt auf die Bestimmungen im Einigungsvertrag – und damit über die Regelung im Anspruchs- und Anwartschaftsüberführungsgesetz hinausgehend –, ebenfalls den Angehörigen der ehemaligen Zusatz- und Sonderversorgungssysteme einen Anspruch auf die Vertrauensschutzleistung zuerkannt, deren Rente in der Zeit vom 1. Januar 1994 bis zum 30. Juni 1995 begonnen hat. Mit dem Zweiten Gesetz zur Änderung und Ergänzung des Anspruchs- und Anwartschaftsüberführungsgesetzes hat der Gesetzgeber auch diese Vorgabe des Bundesverfassungsgerichts umgesetzt.

Herstellung eines gleich hohen Rentenniveaus in den neuen und alten Bundesländern

862 Vor Herstellung der Sozialunion war das Nettorentenniveau in der DDR allgemein niedriger und wegen der nicht vorgesehenen jährlichen Anpassung der Renten entsprechend der Lohnentwicklung sank dort das Nettorentenniveau im Laufe der Zeit auch weiter ab. In dem zwischen der Bundesrepublik Deutschland und der DDR am 18. Mai 1990 geschlossenen Vertrag zur Herstellung einer Währungs-, Wirtschafts- und Sozialunion wurde daher vereinbart, dass im Zuge eines ersten Angleichungsschritts die Renten nach dem Recht der DDR auf ein vergleichbares Nettorentenniveau wie die Renten nach dem Rentenrecht der Bundesrepublik Deutschland (Nettorentenniveau hier: 70 Prozent) angehoben werden. Ausgangspunkt für die Angleichung des Nettorentenniveaus, die mit dem noch von der Volkskammer der DDR beschlossenen Rentenangleichungsgesetz vom 28. Juni 1990 erfolgte, war ein durchschnittliches DDR-Nettoarbeitsentgelt im 2. Halbjahr 1990 in Höhe von 960 DM. Danach war für einen Rentner mit 45 Versicherungsjahren und einem in diesen Jahren stets versicherten Durchschnittsentgelt ein Rentenbetrag von 672 DM (70 Prozent von 960 DM) festzusetzen, damit am 1. Juli 1990 auch in der DDR ein Nettorentenniveau von 70 Prozent gegeben war. Um diesen Zielwert für das Nettorentenniveau für alle vor dem 1. Januar 1992 begonnenen Renten zu erreichen, war die Erstellung einer Tabelle mit unterschiedlichen Erhöhungssätzen, abhängig vom Jahr des Beginns der Rente und der Anzahl an Versicherungsjahren (z. B., ob der Rente nur 40 oder sogar 49 Versicherungsjahre zugrunde liegen), erforderlich. Aufgrund der Niveauangleichung hatte sich die monatliche Rente zum 1. Juli 1990 an Männer durchschnittlich um rd. 174 DM und an Frauen um durchschnittlich 105 DM erhöht. Noch vor der Überleitung des Sechsten Buches Sozialgesetzbuch auf die neuen Bundesländer zum 1. Januar 1992 wurden die nach DDR-Recht und dem Rentenangleichungsgesetz ermittelten Renten durch die 1. und 2. Rentenanpassungsverordnung zum 1. Januar 1991 und 1. Juli 1991 jeweils um 15 Prozent erhöht.

Die Bestimmung des aktuellen Rentenwerts (Ost)

863 Mit In-Kraft-Treten des Rentenrechts nach dem Sechsten Buches Sozialgesetzbuch werden auch die Renten in den neuen Bundesländer nach der jeweils maßgebenden Anpassungsformel angepasst, allerdings nicht entsprechend der Entwicklung Löhne und Gehälter in den alten Bundesländern, sondern entsprechend der gesondert ermittelten Entwicklung der Löhne und Gehälter in den neuen Bundesländern. Die Erhöhung der Renten bzw. Rentenbestandteile, die aus den in den neuen Bundesländern zurückgelegten Versicherungszeiten beruhen, wird zunächst dadurch erreicht, dass die für Versicherungszeiten in den neuen Bundesländern ermittelten Entgeltpunkte als Entgeltpunkte (Ost) (vgl. hierzu Rdnr. 837) gekennzeichnet und ausgewiesen werden. Der jeweilige Rentenzahlbetrag aus den Entgeltpunkten (Ost) ergibt sich dann, indem diese mit dem aktuellen Rentenwert (Ost) vervielfältigt werden.

864 Da durch die zum 1. Juli 1990 vorgenommene Rentenangleichung und die beiden darauf folgenden 15-prozentigen Rentenanpassungen für die Renten in den neuen Bundesländern am 31. Dezember 1991 ein gleich hohes Nettorentenniveau wie für die Renten in den alten Bundesländern erreicht worden war, konnte der mit Inkrafttreten des Sechsten Buches Sozialgesetzbuch in den neuen Bundesländern zum 1. Januar 1992 zu bestimmende aktuelle Rentenwert (Ost) ermittelt werden, indem zunächst der Betrag einer Rente aus 45 Beitragsjahren mit Durchschnittsverdienst nach dem im Dezember 1991 in den neuen Bundesländern (noch) geltenden Rentenrecht ermittelt wurde. Dieser wurde um den ab 1. Januar 1992 auch von den Rentnern in den neuen Bundesländern zu tragenden Eigenanteil am Beitrag zur Krankenversicherung in Höhe von 6,84 Prozent erhöht. Diese Rechnung ergab einen Rentenbetrag von 950 DM. Dieser Rentenbetrag wurde dann durch 45 (Beitragsjahre) geteilt. Zum 31. Dezember 1991 ergab sich somit ein aktueller Rentenwert (Ost) in Höhe von 21,11 DM (= 950 DM : 45). Mit Einführung des Rentenrechts nach dem Sechsten Buch Sozialgesetzbuch in den neuen Bundesländern zum 1. Januar 1992 ist

seit dieser Zeit auch der aktuelle Rentenwert (Ost) entsprechend der Methodik der Rentenanpassungsmechanismen nach dem Sechsten Buch Sozialgesetzbuch zu verändern. Da der zum 31. Dezember 1991 bestimmte aktuelle Rentenwert (Ost) bereits mit Inkrafttreten des Sechsten Buches Sozialgesetzbuch nach der Rentenanpassungsformel (Ost) zum 1. Januar 1992 entsprechend der Nettolohnentwicklung in den neuen Bundesländern um 11,65 Prozent zu erhöhen war, wurde er zum 1. Januar 1992 auf 23.57 DM festgesetzt.

Anpassung der Renten in den neuen Bundesländern

Rentenanpassungen in den Jahren 1992 bis 1999

865 So wie für die Dynamisierung der Renten in den alten Bundesländern bis zur Anpassung am 1. Juli 1999 die Entwicklung der Nettolöhne in den alten Bundesländern maßgebend war, war für die Dynamisierung der Renten in den neuen Bundesländern die Entwicklung der Nettolöhne (also der Anstieg der Löhne unter Berücksichtigung der Lohnabzugsquote) in den neuen Bundesländern maßgebend.

866 Im Rahmen der Rentenüberleitung war die Anpassungsformel für die neuen Bundesländer zunächst dahingehend ergänzt worden, dass der aktuelle Rentenwert (Ost) stets auch in dem Maße zu verändern war, dass sich in den alten und neuen Bundesländern zeitnah ein gleich hohes Nettorentenniveau (Verhältnis der Rente aus 45 Beitragsjahren mit Durchschnittsverdienst nach Abzug des Beitrags zur Krankenversicherung und zur Pflegeversicherung zum jeweiligen Nettolohn des Durchschnittsverdieners) ergab. Um das Ziel, ein gleich hohes Nettorentenniveau auch zeitnah zu erreichen, sah das Gesetz vor, die Renten in den neuen Bundesländern zweimal in einem Kalenderjahr (zum 1. Januar und zum 1. Juli) anzupassen. Mit der Umstellung des Rentenanpassungsverfahrens für die Renten in den neuen Bundesländern auf die auch bei der Rentenanpassung in den alten Bundesländern maßgebende „ex-post-Betrachtung" (Entwicklung der Bruttolöhne vom jeweils vorvergangenen zum jeweils vergangenen Kalenderjahr) zum 1. Juli 1996 ist diese Besonderheit bei der Anpassung der Renten in den neuen Bundesländern jedoch ab diesem Zeitpunkt entfallen. Damit werden die Renten in den neuen Bundesländern seit dieser Zeit ebenso wie die Renten in den alten Bundesländern einmal jährlich (zum 1. Juli) angepasst.

867 Das bis zum 1. Januar 1996 von dem Anpassungsverfahren in den alten Bundesländern abweichende Anpassungsverfahren in den neuen Bundesländern war für eine Übergangszeit erforderlich, um der in den neuen Bundesländern erwarteten starken Dynamik der Löhne Rechnung zu tragen und diese Dynamik schnellstmöglich an die Rentner weitergeben zu können. Aber auch nach der Umstellung des Rentenanpassungsverfahrens in den neuen Bundesländern auf dasjenige in den alten Bundesländern hat sich nichts daran geändert, dass die lohndynamische Rentenangleichung fortgesetzt wird, indem als Maßstab für die Anpassung der Renten in den neuen Bundesländern weiterhin die dortige Lohnentwicklung (Entgeltentwicklung im vergangenen Jahr gegenüber dem vorvergangenen Jahr) maßgebend bleibt.

Rentenanpassung im Jahr 2000

868 Auch die Rentner in den neuen Bundesländern haben einen Beitrag zur langfristigen Stabilisierung des Beitragssatzes zur Rentenversicherung geleistet, indem ebenfalls ihre Renten im Jahr 2000 nur entsprechend dem Anstieg der bundeseinheitlichen Lebenshaltungskosten im Vorjahr angepasst worden sind.

Rentenanpassungen ab dem Jahr 2001

869 Die Anpassungen am 1. Juli der Jahre 2001, 2002, 2003, 2007, 2008, 2009, 2010 und 2011 erfolgten dann wieder auf der Grundlage der Lohnentwicklung in den neuen Bundesländern nach Maßgabe der mit dem Altersvermögens-Ergänzungsgesetz, dem RV-Nachhaltigkeitsgesetz sowie dem Gesetz zur Rentenanpassung 2008 jeweils geänderten Anpassungsformel (vgl. Rdnr. 412 ff. und Rdnr. 419 ff.). Bei der Anpassung zum 1. Juli 2011 war der aktuelle Rentenwert (Ost) erstmals durch Verrechnung des Erhöhungsbetrags mit dem beginnenden Abbau des Ausgleichsbedarfs (Ost) zu ermitteln (siehe hierzu Rdnr. 885). Der Erhöhungssatz für den aktuellen Rentenwert (Ost) wäre jedoch nach der formelmäßig vorgesehenen Halbierung des Erhöhungsbetrags geringer ausgefallen als der Erhöhungssatz für den aktuellen Rentenwert zum 1. Juli 2011. Daher war der aktuelle Rentenwert (Ost) in Anwendung der Schutzklausel (Ost) (siehe hierzu Rdnr. 883 f) mit dem Prozentsatz zu erhöhen, um den sich der aktuelle Rentenwert zum 1. Juli 2011 erhöht. Danach war der aktuelle Rentenwert (Ost) mit der Rentenwertbestimmungsverordnung 2011 zum 1. Juli 2011 um 1 Prozent zu erhöhen und somit auf den Betrag von 24,37 Euro festzusetzen.

870 Im Zuge der Lohnangleichung haben sich in den neuen Bundesländern insbesondere bis zu Beginn des vergangenen Jahrzehnts stärkere Lohnsteigerungen als in den alten Bundesländern ergeben. Daher sind in den Jahren von 1992 bis zum Jahr 2003 die Renten in den neuen Bundesländern stets stärker gestiegen als die Renten in den alten Bundesländern. Dies wird bei einem Vergleich der Rentenanpassungen in den alten und neuen Bundesländern in dieser Zeit deutlich. Mit Einsetzen des konjunkturellen Abschwungs in den Jahren 2002 bis 2004 hat auch der Lohnangleichungsprozess keinen Fortgang genommen mit der Folge, dass sich für die Renten in den neuen Bundesländern keine höheren Anpassungen als für die Renten in den neuen Bundesländern ergeben haben. Die Rentenanpassung zum 1. Juli 2009 hat jedoch gezeigt, dass der Lohnangleichungsprozess dennoch nicht generell als abgeschlossen angesehen werden kann. Denn bei der Rentenanpassung 2009 wurden die Renten in den neuen Bundesländern auf der Grundlage eines Anstiegs der anpassungsrelevanten Löhne um rund 3,1 Prozent und die Renten in den alten Bundesländern nur auf der Grundlage eines Anstiegs der anpassungsrelevanten Löhne um rund 2,1 Prozent erhöht. In welchem zeitlichen Rahmen sich der Angleichungsprozess der Löhne zukünftig vollziehen wird, kann jedoch nach wie vor nicht valide bestimmt werden. Er hängt im Wesentlichen von der wirtschaftlichen Entwicklung in den neuen und alten Bundesländern ab.

Tabelle 41: Rentenanpassungen

a) in den neuen Bundesländern

zum 1. 1. 1991	15 Prozent	–
zum 1. 7. 1991	15 Prozent	
zum 1. 1. 1992	11,65 Prozent	23,57 DM
zum 1. 7. 1992	12,73 Prozent	26,57 DM
zum 1. 1. 1993	6,10 Prozent	28,19 DM
zum 1. 7. 1993	14,12 Prozent	32,17 DM
zum 1. 1. 1994	3,64 Prozent	33,34 DM
zum 1. 7. 1994	3,45 Prozent	34,49 DM
zum 1. 1. 1995	2,78 Prozent	35,45 DM
zum 1. 7. 1995	2,48 Prozent	36,33 DM
zum 1. 1. 1996	4,38 Prozent	37,92 DM
zum 1. 7. 1996	1,21 Prozent	38,38 DM
zum 1. 7. 1997	5,55 Prozent	40,51 DM
zum 1. 7. 1998	0,89 Prozent	40,87 DM
zum 1. 7. 1999	2,79 Prozent	42,01 DM
zum 1. 7. 2000	0,60 Prozent	42,26 DM
zum 1. 7. 2001	2,11 Prozent	43,15 DM
zum 1. 7. 2002	2,89 Prozent	22,70 EUR
zum 1. 7. 2003	1,19 Prozent	22,97 EUR
zum 1. 7. 2004	0 Prozent	22,97 EUR
zum 1. 7. 2005	0 Prozent	22,97 EUR
zum 1. 7. 2006	0 Prozent	22,97 EUR
zum 1. 7. 2007	0,54 Prozent*	23,09 EUR
zum 1. 7. 2008	1,1 Prozent*	23,34 EUR
zum 1. 7. 2009	3,38 Prozent	24,13 EUR
zum 1. 7. 2010	0 Prozent	24,13 EUR
zum 1. 7. 2011	0,99 Prozent	24,37 EUR

* Anwendung der Schutzklausel Ost (mindestens gleich hohe Anpassung wie beim aktuellen Rentenwert, siehe hierzu Rdnr. 883 ff.)

b) in den alten Bundesländern

zum 1. 7. 1991	4,70 Prozent	–
zum 1. 7. 1992	2,87 Prozent	42,63 DM
zum 1. 7. 1993	4,36 Prozent	44,49 DM
zum 1. 7. 1994	3,39 Prozent	46,00 DM
zum 1. 7. 1995	0,50 Prozent	46,23 DM
zum 1. 7. 1996	0,95 Prozent	46,67 DM
zum 1. 7. 1997	1,65 Prozent	47,44 DM
zum 1. 7. 1998	0,44 Prozent	47,65 DM
zum 1. 7. 1999	1,34 Prozent	48,29 DM
zum 1. 7. 2000	0,60 Prozent	48,58 DM
zum 1. 7. 2001	1,91 Prozent	49,51 DM
zum 1. 7. 2002	2,16 Prozent	25,86 EUR
zum 1. 7. 2003	1,04 Prozent	26,13 EUR
zum 1. 7. 2004	0 Prozent	26,13 EUR
zum 1. 7. 2005	0 Prozent	26,13 EUR
zum 1. 7. 2006	0 Prozent	26,13 EUR
zum 1. 7. 2007	0,54 Prozent	26,27 EUR
zum 1. 7. 2008	1,1 Prozent	26,56 EUR
zum 1. 7. 2009	2,41 Prozent	27,20 EUR
zum 1. 7. 2010	0 Prozent	27,20 EUR
zum 1. 7. 2011	0,99 Prozent	27,47 EUR

Tabelle 42: Eckrente monatlich (45 Versicherungsjahre, netto)[1]

Stichtag	verfügbare Eckrente		Verhältniswert der verfügbaren Eckrente in den neuen zu den in den alten Bundesländern (Prozent)
	Alte Bundesländer (DM, ab 2002 EUR)	Neue Bundesländer (DM, ab 2002 EUR)	
30.06.90	1615,99	470–602 Mark	29,1–37,3
01.07.90	1667,01	672,00	40,3
01.01.91	1667,01	773,00	46,4
01.07.91	1750,96	889,00	50,8
01.01.92	1750,96	992,77	56,7
01.07.92	1798,46	1119,73	62,3
01.01.93	1798,46	1188,00	66,1
01.07.93	1867,92	1357,17	72,7
01.01.94	1867,92	1406,53	75,3
01.07.94	1931,31	1451,17	75,1
01.01.95	1920,96	1483,59	77,2
01.07.95	1932,65	1522,05	78,8
01.01.96	1932,65	1588,66	82,2
01.07.96	1941,59	1597,57	82,3
01.07.97	1973,62	1680,76	85,2
01.07.98	1980,21	1693,86	85,5
01.07.99	2006,81	1741,10	86,8
01.07.00	2019,96	1752,42	86,8
01.07.01	2057,51	1791,27	87,1
01.07.02	1072,35	941,32	87,8
01.07.03	1081,79	950,97	87,9
01.07.04	1071,79	944,24	88,1
01.07.05	1066,06	939,20	88,1
01.07.06	1065,76	939,46	88,1
01.07.07	1068,52	941,77	88,1
01.07.08	1075,83	947,51	88,1
01.07.09	1100,84	976,59	88,7
01.07.10	1102,67	978,22	88,7

1) Altersrente eines Versicherten mit durchschnittlichem Bruttoarbeitsentgelt und nach 45 anrechnungsfähigen Versicherungsjahren, nach Abzug der Eigenbeteiligung an der KVdR und des vollen PVdR (Eigenbeteiligung des Rentners an der KVdR im Beitrittsgebiet erst ab 1. Januar 1992, nachdem die Zahlbeträge zum gleichen Zeitpunkt im gleichen betragsmäßigem Umfang erhöht wurden)

871 Während die monatliche verfügbare Eckrente (45 Versicherungsjahre mit Durchschnittsverdienst abzüglich des Eigenanteils zur Krankenversicherung und des vollen Beitrags zur Pflegeversicherung) in den neuen Bundesländern zum 1. Juli 2010 mit 978,22 Euro 88,7 Prozent der monatlichen Nettostandardrente in den alten Bundesländern (1.102,67 Euro) erreicht hat, lag der durchschnittliche verfügbare Gesamtrentenzahlbetrag (Gesamtrentenzahlbetrag = Berücksichtigung des Zusammentreffens mehrerer Renten bei einer Person, z.B. Rente aus eigener Versicherung und eine Witwe- bzw. Witwerrente) zum 1. Juli 2010 für Männer bei 105,6 Prozent des vergleichbaren durchschnittlichen Gesamtrentenzahlbetrags für Männer in den alten Bundesländern (1.029,35 Euro in den neuen Bundesländern / 974,96 Euro in den alten Bundesländern) und für Frauen bei 131,4 Prozent des vergleichbaren durchschnittlichen Gesamtrentenzahlbetrags für Frauen in den alten Bundesländern (883,58 Euro in den neuen Bundesländern / 672,51 Euro in den alten Bundesländern).

872 Der Grund für die höheren Rentenleistungen an Versicherte in den neuen Bundesländern ist insbesondere in den geschlossenen Versicherungsbiografien der heutigen Rentnergeneration zu sehen. So lagen den Versichertenrenten an Männer zum 31. Dezember 2009 in den alten Bundesländern durchschnittlich 40,2 Jahre an rentenrechtlichen Zeiten zugrunde, in den neuen Bundesländern hingegen 44,9 Jahre. Bei den Frauen ist dieser Unterschied mit 26,6 Jahren in den alten Bundesländern gegenüber 38,3 Jahren in den neuen Bundesländern sogar noch ausgeprägter. Die durchschnittlich unterschiedliche Anzahl von Versicherungsjahren verdeutlicht die Unterschiede bei den Versicherungsbiografien von den Versicherten in Ost und West. Sie sind der Hauptgrund für die höheren durchschnittlichen Rentenleistungen an Rentnerinnen und Rentner im Gebiet der neuen Bundesländer. Gerade bei den Frauen trägt die größere Anzahl an Versicherungsjahren zu den höheren Renten an Frauen in den neuen Bundesländern bei.

873 Hinzu kommt, dass in den Renten aus Beschäftigungszeiten in den neuen Bundesländern auch Rentenbestandteile enthalten sind, die aus der Überführung von Ansprüchen und Anwartschaften aus den Zusatz- und Sonderversorgungssystemen der ehemaligen DDR in die gesetzliche Rentenversicherung resultieren. Damit erhalten auch Berufsgruppen mit im Verhältnis zum Durchschnittsverdienst höheren Verdiensten, die in den alten Bundesländern berufsständischen Versorgungswerken oder der Beamtenversorgung angehören, Renten aus der gesetzlichen Rentenversicherung. Demgegenüber liegt der Anteil der Rentnerinnen und Rentner in den alten Bundesländern, die im Laufe ihres Erwerbslebens selbständig tätig oder verbeamtet worden sind, über dem in den neuen Bundesländern. Diese Rentnerinnen und Rentner haben aus diesem Grund nur relativ geringe

Anwartschaften in der gesetzlichen Rentenversicherung aufgebaut, in der Regel aber neben ihren Anwartschaften in der gesetzlichen Rentenversicherung als Beamte Pensionsansprüche erworben bzw. private Altersvorsorge betrieben. Diese strukturellen Spezifika der Erwerbsbiografien in den neuen und alten Bundesländer dürfen bei der Betrachtung der statistisch ermittelbaren Unterschiede bei den Rentenbeträgen in den neuen und alten Bundesländern nicht außer Acht bleiben.

Die Angleichung des aktuellen Rentenwerts (Ost) an den aktuellen Rentenwert

874 Den Forderungen nach einer sofortigen Anhebung des aktuellen Rentenwerts (Ost) – Stand ab dem 1. Juli 2011: 24,37 Euro – auf die Höhe des aktuellen Rentenwerts – Stand ab dem 1. Juli 2011: 27,47 Euro – würde die Abkehr von der in Artikel 30 Absatz 5 des Einigungsvertrages getroffenen Bestimmung bedeuten, nach der die Angleichung der aktuellen Rentenwerte mit der Angleichung der Löhne und Gehälter in den neuen Bundesländer an das Lohn- und Gehaltsniveau in den alten Bundesländern zu verwirklichen ist. Die Angleichung des aktuellen Rentenwerts (Ost) an den aktuellen Rentenwert kann sich somit nach geltendem Rentenüberleitungsrecht nur im Einklang mit der Angleichung des Einkommensniveaus in Ostdeutschland an das in Westdeutschland ergeben. Bei einer schnelleren und damit über die Entgeltentwicklung hinausgehenden Angleichung der aktuellen Rentenwerte würden die Renten in den neuen Ländern schneller an das Niveau der alten Länder angeglichen als die Entgelte der Versicherten in den neuen Ländern, die mit ihren Beiträgen die Renten in den neuen Bundesländern mitfinanzieren.

875 Bei einer sofortigen von der Lohnentwicklung unabhängigen Angleichung des aktuellen Rentenwerts (Ost) an den aktuellen Rentenwert (West) müsste auch das bestehende System der Rentenberechnung aufgegeben werden, mit dem das unterschiedliche Lohnniveau in Ost und West bei der Ermittlung der Entgeltpunkte ausgeglichen wird. Denn damit ein Arbeitnehmer mit Durchschnittsverdienst in den neuen Bundesländern für ein Jahr ebenso einen Entgeltpunkt erhält wie der Arbeitnehmer mit Durchschnittsverdienst in den alten Bundesländern wird der in den neuen Bundesländern erzielte Arbeitsverdienst mit Umrechnungsfaktoren auf das Niveau eines vergleichbaren Westverdienstes hochgerechnet (vgl. Rdnr. 798 ff.).

876 Würde der aktuelle Rentenwert (Ost) gesetzlich auf den Wert des aktuellen Rentenwerts (West) heraufgesetzt, so ergäbe sich hieraus zwar eine Erhöhung des für einen Entgeltpunkt gezahlten Rentenbetrags, in Folge der Abschaffung der Hochwertung der in den neuen Bundesländern erzielten Arbeitsverdienste würden die Beschäftigten in den neuen Bundesländern jedoch wegen der dort niedrigeren Löhne künftig weniger Entgeltpunkte als bisher erwerben. Von einer sofortigen gesetzlichen Anhebung des aktuellen Rentenwerts (Ost) auf den Betrag des Westwerts würde die jetzige Rentnergeneration profitieren, die ihre mit Hochwertung der Arbeitsverdienste auf Westniveau erworbenen Entgeltpunkte mit dem aktuellen Rentenwert (West) vervielfältigt erhielten. Dagegen würde für die Versicherten in den neuen Bundesländern mit der Abschaffung der Hochwertung die Anhebung ihrer Entgeltpunkte auf Westniveau genommen. Der sich aus dem Wegfall der Hochwertung ergebende Nachteil für die heutigen Versicherten machen die folgenden Beispiele deutlich:

877 In der vergangenen (16.) Legislaturperiode des Deutschen Bundestages wurde verstärkt die Forderung an den Gesetzgeber gerichtet, die Trennung zwischen aktuellem Rentenwert (Ost) und aktuellem Rentenwert (West) aufzugeben und einen vereinheitlichten – für die alten und neuen Bundesländer gleich hohen – aktuellen Rentenwert einzuführen. Während die Sozialverbände, die Gewerkschaft ver.di sowie die Bundestagsfraktion der Partei DIE LINKE eine stufenweise Anhebung des aktuellen Rentenwerts (Ost) von derzeit 89 Prozent des aktuellen Rentenwerts (West) auf 100 Prozent des aktuellen Rentenwerts (West) unter Beibehaltung der Hochwertung der in den neuen Bundesländern erzielten Arbeitsverdienste fordern, schlägt der Sachverständigenrat der fünf Wirtschaftsweisen eine besitzstandswahrende, zusätzliche Kosten vermeidende Umbasierung der für die neuen und alten Bundesländer maßgebenden rentenrechtlich relevanten Rechengrößen (aktuelle Rentenwerte, Durchschnittsentgelte, Beitragsbemessungsgrenzen, Bezugsgrößen) auf neue, gesamtdeutsche rentenrechtliche Rechengrößen bei Wegfall der Hochwertung der in den neuen Bundesländern erzielten Arbeitsverdienste vor. Nach dem Vorschlag des Sachverständigenrats der fünf Wirtschaftsweisen wären sämtliche rentenrechtlichen Rechengrößen (Ost wie West) auf neue gesamtdeutsche Rechengrößen umzustellen, die größer wären als die derzeitigen Rechengrößen (Ost) und geringer wären als die

Beispiel 1: Gleich hoher Rentenertrag bei niedrigerem Ost- als Westlohn (2009) mit Hochwertung und aktuellem Rentenwert (Ost)

	Versicherter in Kiel: Rente ohne Hochwertung und Anwendung aktueller Rentenwert (West)	Versicherter in Rostock: Rente mit Hochwertung und Anwendung aktueller Rentenwert (Ost)
Arbeitsverdienst 2009	27.063 Euro	26.047 Euro
Durchschnittsentgelt für das Jahr 2009	30.506 Euro	26.047 Euro
Hochwertungsfaktor für 2009	entfällt	1,1712
Aktuelle Rentenwerte 2011	27,47 Euro	24,37 Euro
Entgeltpunkte	27.063 : 30.506 = 0,8871 Entgeltpunkte	26.047 × 1,1712 : 30.506 = 1,0000 Entgeltpunkte (Ost)
Rentenertrag	0,8871 Entgeltpunkte × 27,47 Euro= **24,37 Euro**	1,0000 Entgeltpunkte × 24,37 Euro= **24,37 Euro**

Beispiel 2: Geringerer Rentenertrag bei niedrigerem Ost- als Westlohn (2009) bei Wegfall der Hochwertung und aktuellem Rentenwert (West)

	Versicherter in Kiel: Rente ohne Hochwertung und Anwendung aktueller Rentenwert (West)	Versicherter in Rostock: Rente ohne Hochwertung und Anwendung aktueller Rentenwert (West)
Arbeitsverdienst 2009	27.063 Euro	26.047 Euro
Durchschnittsentgelt für das Jahr 2009	30.506 Euro	30.506 Euro
Hochwertungsfaktor für 2009	entfällt	entfällt
Aktueller Rentenwert 2011	27,47 Euro	27,47 Euro
Entgeltpunkte	27.063 : 30.506 = 0,8871 Entgeltpunkte	26.047 : 30.506 = 0,8538 Entgeltpunkte
Rentenertrag	0,8871 Entgeltpunkte × 27,47 Euro= **24,37 Euro**	0,8538 Entgeltpunkte × 27,47 Euro= **23,45 Euro**

derzeitigen Rechengrößen (West). Die Renten aus erworbenen Entgeltpunkten wären einmalig auf den gesamtdeutschen aktuellen Rentenwert umzustellen, so dass ihr Wert in Euro und Cent gleich bliebe. Neue Rentenanwartschaften würden dann nur noch nach gesamtdeutschen Rechengrößen – ohne Hochwertung der in den neuen Bundesländern erzielten Arbeitsverdienste – berechnet.

878 Im Koalitionsvertrag von CDU, CSU und FDP für die 17. Legislaturperiode wurde zwar vereinbart, die Vereinheitlichung des Rentensystems in Ost und West in dieser Legislaturperiode anzugehen. Im Hinblick auf die Komplexität des Vorhabens dürfte seine politische Realisierung jedoch einige Zeit in Anspruch nehmen. Eine sofortige, von der Lohnentwicklung in den neuen Bundesländern abgekoppelte Anhebung des aktuellen Rentenwerts (Ost) auf den Betrag des aktuellen Rentenwerts (West) hätte Mehrausgaben in Höhe von rd. 6 Mrd. Euro jährlich mit einer entsprechenden Mehrbelastung für die Versicherten in den neuen und alten Bundesländern und den Bundeshaushalt zur Folge. Bei einer schrittweisen Anhebung des aktuellen Rentenwerts (Ost) würden sich die Mehrausgaben proportional mit den Anhebungsschritten bis auf diesen Betrag aufbauen. Nach dem Vorschlag des Sachverständigenrats der fünf Wirtschaftsweisen würden Mehraufwendungen für Versicherte und Steuerzahler zwar nicht entstehen, jedoch wären hier die Auswirkungen aus dem Wegfall der Hochwertung der Arbeitsverdienste in den neuen Bundesländern sowie die Auswirkungen aus der Abschaffung der unterschiedlichen Beitragsbemessungsgrenzen für die neuen und alten Bundesländer zu beachten. Das Vorhaben der Vereinheitlichung der aktuellen Rentenwerte betrifft damit nicht nur die Rentnerinnen und Rentner in den neuen Bundesländern, sondern – je nach Ausgestaltung – auch die Versicherten und Steuerzahler in den neuen und alten Bundesländern. Deshalb ist es erforderlich, die Diskussion hierüber so sachlich wie möglich zu führen, damit am Ende des Vereinheitlichungsprozesses eine Lösung gefunden werden kann, die in Ost und West und damit in Gesamtdeutschland in der Zukunft Bestand hat.

Besonderheiten bei der Anpassung der Renten

Ausgestaltung des Nachhaltigkeitsfaktors

879 Auch der aktuelle Rentenwert (Ost) ist ab dem 1. Juli 2005 nach Maßgabe der mit dem Gesetz zur nachhaltigen Sicherung der Finanzierungsgrundlagen in der gesetzlichen Rentenversicherung um die mit dem Nachhaltigkeitsfaktor ergänzte Rentenanpassungsformel anzupassen (vgl. Rdnr. 421 ff.). Bei der Ausgestaltung des Nachhaltigkeitsfaktors, der die Veränderung im Verhältnis von Rentnern zu Beitragszahlern abbildet, hat der Gesetzgeber berücksichtigt, dass bis zur Herstellung einheitlicher Einkommensverhältnisse im Gebiet der Bundesrepublik Deutschland die Werte, die für die Bestimmung des Verhältnisses von Äquivalenzbeitragszahlern zu Äquivalenzrentnern maßgebend sind, in den neuen Bundesländern von den entsprechenden Werten für die alten Bundesländer abweichen.

880 Die Anzahl der Äquivalenzrentner wird ermittelt, indem das Gesamtvolumen an Rentenausgaben für ein Kalenderjahr durch den Betrag der Standardrente (45 Entgeltpunkte vervielfältigt mit dem aktuellen Rentenwert) geteilt wird. Die Anzahl der Äquivalenzbeitragszahler wird ermittelt, indem das Gesamtvolumen an Pflichtbeiträgen für ein Kalenderjahr durch das Durchschnittsentgelt nach Anlage 1 des Sechsten Buches Sozialgesetzbuch geteilt wird. Im Hinblick auf die Unterschiede beim aktuellen Rentenwert und dem Durchschnittsentgelt in den alten und neuen Bundesländern wird die Anzahl von Äquivalenzrentnern sowie Äquivalenzbeitragszahler getrennt nach alten und neuen Bundesländern ermittelt.

881 Die Anzahl der Äquivalenzrentner wird in den alten Bundesländern mit der Standardrente – West – (45 Entgeltpunkte vervielfältigt mit dem aktuellen Rentenwert – West –) und die Anzahl der Äquivalenzrentner in den neuen Bundesländern mit der Standardrente – Ost –(45 Entgeltpunkte vervielfältigt mit dem aktuellen Rentenwert – Ost –) bestimmt. Für die Ermittlung der Anzahl der Äquivalenzbeitragszahler wird in den alten Bundesländern das Gesamtvolumen an Pflichtbeiträgen (West) durch das Durchschnittsentgelt nach Anlage 1 des Sechsten Buches Sozialgesetzbuch geteilt und für die Ermittlung der Anzahl der Äquivalenzbeitragszahler in den neuen Bundesländern wird das Gesamtvolumen an Pflichtbeiträgen (Ost) durch ein an die dortigen Verhältnisse angepasstes Durchschnittsentgelt (Durchschnittsentgelt nach Anlage 1 des Sechsten Buches Sozialgesetzbuch dividiert durch den Höherwertungsfaktor für Entgelte (Ost) des gleichen Kalenderjahres) geteilt.

882 Der Rentnerquotient wird dann mit den jeweils summierten Werten der Anzahl der Äquivalenzrentner und der Anzahl der Äquivalenzbeitragszahler für das Gebiet der Bundesrepublik Deutschland einheitlich berechnet.

Die Schutzklauseln bei der Anpassung des aktuellen Rentenwerts (Ost)

883 Bei der Anpassung des aktuellen Rentenwerts (Ost) findet ebenso wie bei der Anpassung des aktuellen Rentenwerts die in die Rentenanpassungsformel aufgenommene Schutzklausel Anwendung, wonach weder die zur Stabilisierung der Beitragssatzentwicklung in die Anpassungsformel aufgenommenen Faktoren zur Dämpfung der Rentenanpassung (Nachhaltigkeitsfaktor und Faktor für die Veränderung bei den Aufwendungen für die Altersversorgung) noch eine negative Lohnentwicklung nicht zu einer Verringerung des aktuellen Rentenwerts (Ost) führen dürfen (vgl. Rdnr. 425 ff.). Mit dem Gesetz zur nachhaltigen Sicherung der Finanzierungsgrundlagen in der ge-

setzlichen Rentenversicherung ist in diesem Zusammenhang die zusätzliche Schutzklausel ins Gesetz aufgenommen worden, die auch eine Verschlechterung im Verhältnis von aktuellem Rentenwert (Ost) und aktuellem Rentenwert (West) ausschließt. Daher wurde die Regelung zur Anpassung des aktuellen Rentenwerts (Ost) um die Bestimmung ergänzt, dass der aktuelle Rentenwert (Ost) mindestens mit der für den aktuellen Rentenwert (West) maßgebenden Veränderungsrate anzupassen ist, wenn sich nach Anwendung der Rentenanpassungsformel für den aktuellen Rentenwert (Ost) eine geringere Veränderungsrate als für den aktuellen Rentenwert (West) ergibt.

884 Mit dem vom Deutschen Bundestag am 9. März 2007 beschlossenen Gesetz zur Anpassung der Regelaltersgrenze an die demografische Entwicklung und zur Stärkung der Finanzierungsgrundlagen der gesetzlichen Rentenversicherung (RV-Altersgrenzenanpassungsgesetz) ist die Schutzklausel dahingehend modifiziert worden, dass die zur Vermeidung von Rentenkürzungen ausgefallene Dämpfung der Rentenanpassung im Rahmen einer Ausgleichsregelung zu einem späteren Zeitpunkt realisiert wird. Korrespondierend zu der für die Veränderung des aktuellen Rentenwerts vorgesehenen Ausgleichsregelung (siehe hierzu die Rdnr. 425 ff.) ist auch eine parallele Ausgleichsregelung für die Fortschreibung des aktuellen Rentenwerts (Ost) geschaffen worden.

885 Der Ausgleichsbedarf – so bezeichnet das Gesetz das Volumen an nicht realisierter Anpassungsdämpfung durch die Anwendung der Schutzklausel – wird auch bei den Renten in den neuen Bundesländern in den Jahren festgestellt, in denen durch die Anwendung der Schutzklausel eine sich ansonsten aus der Wirkung der Dämpfungsfaktoren in der Anpassungsformel sowie einer negativen Lohnentwicklung in den neuen Bundesländern ergebende Kürzung des aktuellen Rentenwerts (Ost) verhindert wird. In diesen Jahren ist der nach der Rentenanpassungsformel rechnerisch ermittelte aktuelle Rentenwert (Ost) kleiner als der unter Berücksichtigung der Schutzklausel bestimmte aktuelle Rentenwert (Ost). Der Ausgleichsbedarf errechnet sich, indem der rechnerisch ermittelte – kleinere – aktuelle Rentenwert (Ost) durch den aufgrund der Anwendung der Schutzklausel – höheren – aktuellen Rentenwert (Ost) geteilt wird. Da der aktuelle Rentenwert (Ost) bereits in den Jahren 2005 und 2006 nicht in Höhe des nach der Rentenanpassungsformel rechnerisch ermittelten aktuellen Rentenwerts (Ost) unterhalb seines bis zum 30. Juni 2007 geltenden Werts von 22,97 Euro festgesetzt worden ist, sondern mit dem Festhalten am Betrag von 22,97 Euro Kürzungen am Bruttobetrag der Rente (Betrag der Rente vor Abzug des Beitrags zur Kranken- und Pflegeversicherung) vermieden worden sind, konnte bereits die für die Jahre 2005 und 2006 vorgesehene Dämpfung der Rentenanpassung nicht realisiert werden. Der Faktor für den sich hieraus nach dem gesetzlich vorgesehenen Verfahren ergebenden Ausgleichsbedarf hatte daher bis zum 30. Juni 2010 für die neuen Bundesländer den Wert 0,987. Dies entspricht nicht realisierten Anpassungsdämpfungen in Höhe von −1,3 Prozent. Nach Maßgabe der für die neuen Bundesländer anzuwendenden Rentenanpassungsformel (Ost) wäre der aktuelle Rentenwert (Ost) zum 1. Juli 2010 um 0,5 Prozent von 24,13 Euro auf 24,00 Euro zu verringern gewesen. Aufgrund der anzuwendenden Schutzklausel war der für die Zeit ab dem 1. Juli 2010 geltende aktuelle Rentenwert (Ost) jedoch ebenfalls auf den Betrag von 24,13 Euro festzusetzen. Dies bedeutet, dass der Ausgleichsbedarf für die neuen Bundesländer zum 1. Juli 2010 um weitere 0,5 Prozentpunkte auf jetzt 1,8 Prozent des auf die neuen Bundesländer entfallenden Rentenvolumens angestiegen ist. Der Faktor für den Ausgleichsbedarf (Ost) beträgt somit zum 1. Juli 2010 0,9817. Dieser Ausgleichsbedarf wird bei den Erhöhungen des aktuellen Rentenwerts (Ost) ab dem Jahr 2011 abgebaut, indem sich ein nach der Rentenanpassungsformel für den aktuellen Rentenwert (Ost) ergebender positiver Anpassungssatz solange halbiert wird, bis der Ausgleichsbedarf abgebaut ist.

886 Die für die Renten in den neuen Bundesländern getroffene Ausgleichsregelung beachtet auch die besondere „Schutzklausel (Ost)", nach der der aktuelle Rentenwert (Ost) mindestens so anzupassen ist wie der aktuelle Rentenwert. Eine durch Anwendung dieser besonderen „Schutzklausel (Ost)" ausgefallene Dämpfung der Rentenanpassung (Ost) durch die Wirkung des Faktors für die Veränderung bei den Aufwendungen für die Altersversorgung sowie des Nachhaltigkeitsfaktors wird nicht bei den positiven Rentenanpassungen nachgeholt, die ab dem Jahr 2011 erfolgen. Denn mit der besonderen „Schutzklausel (Ost)" soll gerade sichergestellt werden, dass der einmal erreichte Angleichungsgrad des aktuellen Rentenwerts (Ost) an den aktuellen Rentenwert auf Dauer erhalten bleibt. Die Anwendung der Schutzklausel (Ost) bei der Rentenanpassung zum 1. Juli

2007, aufgrund dessen der aktuelle Rentenwert (Ost) nicht – wie sich nach der Anpassungsformel (Ost) ergeben hätte – nur um 0,04 Prozent angehoben wurde, sondern mit dem Anpassungssatz für den aktuellen Rentenwert in Höhe von 0,54 Prozent fortgeschrieben wurde, sowie die Anwendung der Schutzklausel (Ost) bei der Rentenanpassung zum 1. Juli 2008, aufgrund dessen der aktuelle Rentenwert (Ost) nicht – wie sich nach der Anpassungsformel (Ost) ergeben hätte – nur um 0,26 Prozent angehoben wurde, sondern ebenfalls mit dem Anpassungssatz für den aktuellen Rentenwert in Höhe von 1,1 Prozent fortgeschrieben wurde, hat somit den Ausgleichsbedarf bei den Renten in den neuen Bundesländern nicht erhöht.

887 So wie der Ausgleichsbedarf war auch der Ausgleichsbedarf (Ost) bei der Rentenanpassung zum 1. Juli 2011 erstmals durch eine Verrechnung mit der positiven Rentenanpassung zu verringern. Hierbei war die bei der Rentenanpassung zum 1. Juli 2011 anzuwendende Schutzklausel (Ost) zu berücksichtigen. Denn in diesem Fall erfolgt der Abbau des Ausgleichsbedarfs (Ost) nur, wenn der Wert des aktuellen Rentenwerts (Ost) vor Halbierung der Erhöhung und vor Anwendung der Schutzklausel (Ost) den nach Anwendung der Schutzklausel (Ost) ermittelten Wert übersteigt. Da diese Voraussetzung bei der Rentenanpassung zum 1. Juli 2011 vorgelegen hat, war der Faktor für den Ausgleichsbedarf (Ost) zum 1. Juli 2011 zu verringern. Der bisherige Faktor für den Ausgleichsbedarf (Ost) veränderte sich zum 1. Juli 2011 von 0,9817 auf 0,9857. Dies entspricht einer Verringerung des Ausgleichsbedarfs (Ost) von 1,8 Prozent auf rd. 1,4 Prozent. Der Ausgleichsbedarf (Ost) konnte somit um 0,4 Prozentpunkte abgebaut werden. Der verbleibende Ausgleichsbedarf (Ost) wird im Zuge der Erhöhungen des aktuellen Rentenwerts (Ost) ab dem Jahr 2012 weiter abgebaut.

Zusammentreffen von Renten und Leistungen aus der Unfallversicherung

888 Auch bei den Renten in den neuen Bundesländern kommt die Regelung zur Anwendung, die beim Zusammentreffen von Renten aus der Rentenversicherung und Leistungen aus der Unfallversicherung angesichts der grundsätzlichen Lohnersatzfunktion beider Leistungen Überversorgungen vermeidet (vgl. Rdnr. 483 ff.). Deshalb wird die Rente aus der gesetzlichen Rentenversicherung gekürzt, wenn beide Leistungen den Grenzbetrag von 70 Prozent des Jahresarbeitsverdienstes der gesetzlichen Unfallversicherung übersteigen. Der Grenzbetrag ist so bemessen, dass er in typischen Fällen dem Nettoeinkommen eines vergleichbaren Versicherten ohne erlittenen Arbeitsunfall entspricht.

889 Als Ersatz für den erlittenen immateriellen Schaden und den unfallbedingten Mehraufwand des Verletzten sind Freibeträge bei der Unfallrente vorgesehen, die entsprechend dem Grad der Schädigung (GdS) gestaffelt sind und sich in der Höhe an den für die neuen Bundesländern maßgebenden Grundrentenbeträgen des Bundesversorgungsgesetzes orientieren. Zum 1. Januar 2011 reichen sie je nach dem Grad der Schädigung von 36,33 Euro bis zu 573 Euro bei einem Grad der Schädigung von 100 Prozent. In den alten Bundesländern beläuft sich die Spanne der Freibeträge auf Beträge von 41 Euro bis 633 Euro. Bei Schwerbeschädigten (GdS mindestens 50 Prozent) erhöht sich dieser Freibetrag ab Vollendung des 65. Lebensjahres nochmals um einen Alterserhöhungsbetrag zwischen 22 Euro und 34 Euro. In den alten Bundesländern belaufen sich die Alterserhöhungsbeträge auf Beträge zwischen 25 Euro und 38 Euro.

890 Das Bundesverfassungsgericht hat im Jahr 2000 entschieden, dass es zwar grundsätzlich zulässig ist, bei den Grundrenten nach dem Bundesversorgungsgesetz der Höhe nach entsprechend den Einkommensunterschieden zwischen Ost und West zu differenzieren. Jedoch sei dies insoweit nicht vertretbar, als auch Kriegsopfer des 2. Weltkriegs, die typischerweise heute ein sehr hohes Alter erreicht haben, auf die künftige Angleichung der Einkommen verwiesen werden. Der Gesetzgeber hat auf diese Verfassungsrechtsprechung reagiert und im Bundesversorgungsgesetz klargestellt, dass für Kriegsopfer in den neuen Bundesländern die Grundrente in Höhe der Grundrente (West) zu leisten ist, es in den übrigen Anwendungsbereichen aber, bei denen die Grundrente nach dem Bundesversorgungsgesetz von Bedeutung ist, bei der Anwendung der Grundrente in Höhe des für die neuen Bundesländer maßgebenden Betrages verbleibt. Gerade im Falle des Zusammentreffens einer Rente aus der Rentenversicherung und einer Rente aus der Unfallversicherung wird deutlich, dass die Anwendung eines Freibetrages in Höhe der Grundrente (Ost) sachgerecht ist. Denn wie das nachfolgende Beispiel (nach den Werten des Jahres 1992, dem Zeitpunkt des Inkrafttretens des Renten-Überleitungsgesetzes) zeigt, bleibt hierdurch das bestehende Verhältnis von Rentenleistungen Ost zu Rentenleistungen West gewahrt.

Tabelle 43: Zahlbeträge für Rentner mit Durchschnittsverdienst bei einem Freibetrag in Höhe der Grundrente

a) Verhältnis der Gesamtleistung aus RV- und UV-Rente Ost zu West bei einem Freibetrag in Höhe der Grundrente (Ost)

	West	Ost	Ost zu West
Rente RV	1864,80 DM	1060,65 DM	= 57 Prozent
Rente UV	2467,83 DM	1431,89 DM	= 58 Prozent
Freibetrag nach Bundesversorgungsgesetz bei 100 Prozent Erwerbsminderung	998,00 DM	566,00 DM	= 57 Prozent
Gesamtleistung aus Rente RV + Rente UV nach Anrechnung	3589,23 DM	2069,47 DM	= 58 Prozent

b) Verhältnis der Gesamtleistung aus RV- und UV-Rente Ost zu West bei einem Freibetrag in Höhe der Grundrente (West)

	West	Ost	Ost zu West
Rente RV	1864,80 DM	1060,65 DM	= 57 Prozent
Rente UV	2467,83 DM	1431,89 DM	= 58 Prozent
Freibetrag nach Bundesversorgungsgesetz bei 100 Prozent Erwerbsminderung	998,00 DM	998,00 DM	= 100 Prozent
Gesamtleistung aus Rente RV + Rente UV nach Anrechnung	3589,23 DM	2492,54 DM	= 69 Prozent

An diesen Beispielen wird deutlich, dass es zur Wahrung des Verhältnisses der Rentenzahlbeträge Ost zu West sachgerecht ist, für Rentner in den neuen Bundesländern beim Zusammentreffen von Renten aus der Renten- und Unfallversicherung weiterhin einen Freibetrag in Höhe der Grundrente (Ost) vorzusehen.

891 Der 4. Senat des Bundessozialgerichts hat jedoch in mehreren Fällen entschieden, dass bei der Anrechnung der Unfallrente auf eine Rente der Rentenversicherung in Ost und West die gleichen West-Freibeträge gelten sollen. Ob diese Urteile über die vom Gericht entschiedenen Fälle hinaus Auswirkungen haben werden, haben die Rentenversicherungsträger in eigener Zuständigkeit zu entscheiden. Die Rentenversicherungsträger sind schon früheren Urteilen dieses Senats – über die vom Gericht entschiedenen Einzelfälle hinaus – wegen weiter bestehender rechtlicher Bedenken an dieser Rechtsprechung nicht gefolgt. Zur Klärung der unterschiedlichen Rechtsauffassungen hat der Gesetzgeber im Rentenversicherungs-Nachhaltigkeitsgesetz auch ausdrücklich noch einmal klargestellt, dass nach seinem Willen in den neuen Bundesländern sowohl in der Vergangenheit als auch künftig ein Freibetrag in Höhe der Grundrente (Ost) gilt. Sollte sich der Gesetzgeber - zum Beispiel im Hinblick auf die Rechtsprechung des Europäischen Gerichtshofs zur Gleichbehandlung von Berechtigten nach dem Bundesversorgungsgesetz bei Aufenthalt in einem anderen Mitgliedstaat der Europäischen Union - veranlasst sehen, die Unterschiede zwischen Ost und West beim Zahlbetrag der Grundrente nach dem Bundesversorgungsgesetz generell aufzugeben, hätte dies ebenfalls Auswirkungen auf die Höhe des Freibetrags bei der Anrechnung der Unfallrente auf eine Rente der Rentenversicherung an Rentenbezieher in den neuen Bundesländern.

Fremdrentenrecht

892 Seit dem 1. Januar 1992 gilt das Fremdrentengesetz im Gebiet der neuen Bundesländer. Daher erwerben auch die vertriebenen Arbeiter und Angestellten aus den Vertreibungsgebieten, die ihren gewöhnlichen Aufenthalt in den neuen Bundesländern haben, seit dieser Zeit Ansprüche nach dem Fremdrentengesetz.

893 Seit dem 1. August 1991 sah das Fremdrentenrecht für diejenigen Vertriebenen, die ihren gewöhnlichen Aufenthalt in den alten Bundesländern genommen hatten, eine Minderung der nach dem Fremdrentengesetz zu berücksichtigenden Entgeltpunkte durch einen pauschalen Abschlag (Faktor 0,7) vor. Für vertriebene Arbeiter und Angestellten, die ab 1991 ihren gewöhnlichen Aufenthalt in den neuen Bundesländern haben, war in dem auf die neuen Bundesländer übergeleiteten Fremdrentenrecht – wie für die Vertriebenen, die bereits vor 1991 ihren gewöhnlichen Aufenthalt in den neuen Bundesländern genommen hatten – zunächst geregelt, dass die aus den Tabellenentgelten des Fremdrentengesetzes ermittelten Entgeltpunkte als Entgeltpunkte (Ost) zu behandeln sind, die dementsprechend auch mit dem aktuellen Rentenwert (Ost) zu vervielfältigen sind. Seitdem die Standardrente (Ost) – Rente aus 45 Versicherungsjahren mit Durchschnittsverdienst – mehr als 70 Prozent der vergleichbaren Rente in den alten Bundesländern entsprach (dies ist seit dem 1. Juli 1993 der Fall), wurden für die Aussiedler, die ihren gewöhnlichen Aufenthalt ab dem Jahr 1991 in den neuen Bundesländern genommen haben, aus den nach dem Fremdrentengesetz anerkannten Versicherungszeiten Entgeltpunkte (West) ermittelt, allerdings dann – wie für Aussiedler mit gewöhnlichem Aufenthalt in den alten Bundesländern – auf der Grundlage der mit dem Faktor 0,7 vervielfältigten Entgelte der Tabellen des Fremdrentengesetzes. Damit sollte erreicht werden, dass die im Rahmen des Eingliederungsprinzips ermittelten Entgeltwerte auf das Lohnniveau in strukturschwachen Gebieten der alten Bundesländer abgesenkt werden.

894 Mit der Neufassung des Fremdrentenrechts durch das Wachstums- und Beschäftigungsförderungsgesetz wurde der pauschale Abschlagsfaktor auch für die Aussiedler mit gewöhnlichem Aufenthalt in den neuen Bundesländern mit Wirkung ab dem 1. Oktober 1996 von 0,7 auf 0,6 gesenkt. Darüber hinaus wurde mit dem Wachstums- und Beschäftigungsförderungsgesetz bestimmt, dass auch für Aussiedler, die ab dem Jahr 1991 ihren gewöhnlichen Aufenthalt in den neuen Bundesländern genommen haben, die mit den Tabellenentgelten des Fremdrentengesetzes ermittelten Entgeltpunkte ab dem 1. Oktober 1996 nicht mehr als Entgeltpunkte (West), sondern als Entgeltpunkte (Ost) zu behandeln sind.

895 Mit Inkrafttreten des Wachstums- und Beschäftigungsförderungsgesetzes sind somit Entgeltpunkte (Ost) für folgende nach dem Fremdenrentengesetz berechtigte Aussiedler zu ermitteln:

– Personen mit gewöhnlichem Aufenthalt im Gebiet der neuen Bundesländer – unabhängig vom Zeitpunkt des Zuzugs – und Anspruch auf eine Rente nach dem Fremdrentengesetz ab dem 1. Januar 1992,
– Personen, die nach dem 31. Dezember 1990 aus den neuen in die alten Bundesländer zugezogen sind und in den alten Bundesländern ab 1. Januar 1992 einen Anspruch auf eine Rente nach dem Fremdrentengesetz besitzen,
– Personen, die als Rentenbezieher nach dem 31. Dezember 1991 aus den alten in die neuen Bundesländer umgezogen sind oder umziehen, es sei denn, am 31. Dezember 1991 hat bereits ein Anspruch auf Zahlung einer Rente bestanden.

Bei der Verlegung des Wohnsitzes in die alten Bundesländer verbleibt es bei den ermittelten Entgeltpunkten (Ost).

896 Für diejenigen Aussiedler, die vor dem 7. Mai 1996 ihren Wohnsitz in den neuen Bundesländern genommen haben und deren Rente vor dem 1. Oktober 1996 begonnen hat (Rentenbeginn bis zu dem Monat, in dem das Wachstums- und Beschäftigungsförderungsgesetz verkündet wurde), ist es allerdings bei den bisherigen günstigeren Regelungen des Fremdrentenrechts verblieben.

897 Für Berechtigte nach dem Fremdrentenrecht, die erst nach dem 6. Mai 1996 in die Bundesrepublik zugezogen sind oder noch zuziehen, wird der auf das Fremdrentenrecht entfallende Anteil der Rente bei Ledigen auf höchstens 25 Entgeltpunkte und bei Verheirateten auf 40 Entgeltpunkte begrenzt. Für Aussiedler, bei denen für Zeiten nach dem Fremdrentengesetz Entgeltpunkte (Ost) zuzuordnen sind, ist der Höchstwert von 25 bzw. 40 Entgeltpunkten (Ost) maßgebend. Eine „Aufstockung" des Höchstwertes im Verhältnis von aktuellem Rentenwert (West) zu aktuellem Rentenwert (Ost) ist nicht vorgesehen.

898 Wie für die nach dem Fremdrentengesetz Berechtigten mit gewöhnlichem Aufenthalt in den alten Bundesländern findet für die nach dem Fremdrentengesetz Berechtigten, die bereits vor dem 7. Mai 1996 ihren gewöhnlichen Aufenthalt in den neuen Bundesländern begründet hatten, diese weitere Begrenzungsregelung keine Anwendung. Diese Berechtigten erhalten den Anteil ihrer Rente, der auf dem Fremdrentenrecht beruht, ohne Begrenzung dieses Rentenbetrags auf den aus 25 bzw. 40 Entgeltpunkten (Ost) abgeleiteten Wert.

Leistungen für Kindererziehung

899 Mütter der Geburtsjahrgänge vor 1921 erhalten in den alten Bundesländern zusätzlich zu ihrer Rente eine Kindererziehungsleistung. Hintergrund dieser Regelung war der Umstand, dass den Müttern dieser Geburtsjahrgänge keine Kindererziehungszeiten bei der Berechnung ihrer Rente aus der gesetzlichen Rentenversicherung anerkannt werden.

900 Bei den Müttern in den neuen Bundesländern, bei denen eine eigene Rente vor dem 1. Januar 1992 begonnen hat, ist nach dem Recht der ehemaligen DDR in dieser Rente die Kindererziehung bereits berücksichtigt. In Anlehnung an die Funktion der Kindererziehungsleistung in den alten Bundesländern wurde daher der Anspruch auf Kindererziehungsleistung in den neuen Bundesländern auf diejenigen Mütter beschränkt, denen ein Anspruch auf eine eigene Rente nicht zusteht. Der Bezug einer Witwenrente steht dagegen einem Anspruch auf die Kindererziehungsleistung nicht entgegen.

901 Anspruch auf Kindererziehungsleistung steht darüber hinaus auch nur den Müttern der Geburtsjahrgänge vor 1927 zu, da nur sie zum Zeitpunkt des In-Kraft-Tretens des Sechsten Buches Sozialgesetzbuch in den neuen Bundesländern bereits das 65. Lebensjahr vollendet hatten, bei ihnen also das Versicherungsleben bereits abgeschlossen war.

902 Bis zum 30. Juni 1998 entsprach die Kindererziehungsleistung für ein geborenes Kind dem Rentenertrag aus einem Jahresentgelt in Höhe von 75 Prozent des Durchschnittsverdienstes. Mit dem Rentenreformgesetz 1999 wurde auch für die Mütter in den neuen Bundesländern die Kindererziehungsleistung verbessert. Für die Zeit vom 1. Juli 1998 bis zum 30. Juni 1999 entsprach der Rentenertrag für ein geborenes Kind einer Rente aus einem versicherten Jahresentgelt in Höhe von 85 Prozent des Durchschnittsverdienstes und in der Zeit vom 1. Juli 1999 bis zum 30. Juni 2000 wurde eine Kindererziehungsleistung gezahlt, die einer Rente aus einem versicherten Jahresentgelt in Höhe von 90 Prozent des Durchschnittsverdienstes entsprach. Seit dem 1. Juli 2000 hat sich der Rentenertrag für ein geborenes Kind schließlich auf eine Rente erhöht, die sich aus einem versicherten Jahresentgelt in Höhe von 100 Prozent des Durchschnittsverdienstes ergibt. Seit dem 1. Juli 2011 beträgt damit die monatliche Kindererziehungsleistung an Mütter in den neuen Bundesländern für ein geborenes Kind 24,37 Euro.

903 Den nach 1926 geborenen Müttern wird für die Erziehung eines Kindes ein Versicherungsjahr – bei Geburten ab 1992 drei Versicherungsjahre – für die nach den Vorschriften des Sechsten Buches Sozialgesetzbuch zu leistende Rente angerechnet.

Versorgungsausgleich

904 Bei einer Ehescheidung ab dem 1. Januar 1992 findet auch in den neuen Bundesländern ein Versorgungsausgleich statt. Mit dem Versorgungsausgleich wird die gleichmäßige Aufteilung der in der Ehezeit erworbenen Versorgungsanrechte auf beide Ehegatten bezweckt. Vom Versicherungskonto desjenigen Ehegatten, der während der Ehezeit mehr Rentenanwartschaften erworben hat als der andere Ehegatte, werden Teile der Rentenanwartschaft auf das Versicherungskonto des anderen Ehegatten übertragen. Seit Inkrafttreten der Reform des Versorgungsausgleichs am 1. September 2009 erfolgt die Aufteilung der Versorgungsanrechte nach dem Realteilungsprinzip (vgl. Rdnr. 535 ff.). Für die in der gesetzlichen Rentenversicherung erworbenen Rentenanwartschaften folgt aus diesem Prinzip, dass die Rentenanwartschaften getrennt nach den folgenden vier möglichen Entgeltpunktegruppen aufgeteilt werden:

– Anwartschaften aus den mit dem aktuellen Rentenwert zu vervielfältigenden Entgeltpunkten in der allgemeinen Rentenversicherung (Vervielfältigung mit dem Rentenartfaktor 1,0),
– Anwartschaften aus den mit dem aktuellen Rentenwert (Ost) zu vervielfältigenden Entgeltpunkten (Ost) in der allgemeinen Rentenversicherung (Vervielfältigung mit dem Rentenartfaktor 1,0),
– Anrechte aus den mit dem aktuellen Rentenwert zu vervielfältigenden Entgeltpunkten in der knappschaftlichen Rentenversicherung (Vervielfältigung mit dem Rentenartfaktor 1,3333) sowie
– Anrechte aus den mit dem aktuellen Rentenwert (Ost) zu vervielfältigenden Entgeltpunkten (Ost) in der knappschaftlichen Rentenversicherung (Vervielfältigung mit dem Rentenartfaktor 1,3333).

Der geschiedene Ehegatte mit der niedrigeren Anwartschaft aus einer Entgeltpunktgruppe erhält eine Anwartschaft in Höhe der Hälfte des Wertunterschieds in dieser Entgeltpunktgruppe zugeschlagen. Dementsprechend muss der Ehegatte mit dem höheren Anrecht aus einer Entgeltpunktgruppe eine Verringerung seines Anrechts in Höhe der Hälfte des Wertunterschieds in dieser Entgeltpunktgruppe hinnehmen.

905 Da Prognosen über den langfristigen Verlauf der Angleichung des aktuellen Rentenwerts (Ost) an den aktuellen Rentenwert nicht möglich sind, wurde nach dem bis zum 31. August 2009 geltenden Recht die Durchführung des Versorgungsausgleichs in der Regel ausgesetzt, wenn die Eheleute sowohl in den alten als auch in den neuen Bundesländern Rentenanwartschaften in der gesetzlichen Rentenversicherung erworben hatten. Mit dem nun geltenden Teilungsprinzip getrennt nach Entgeltpunktgruppen ist das bisher bei der Durchführung des Versorgungsausgleichs faktisch gegebene „Ost-West-Moratorium" beseitigt worden, da der Versorgungsausgleich nun auch dann bereits zum Zeitpunkt der Scheidung durchgeführt werden kann, wenn die Eheleute sowohl über „West-Anwartschaften" als auch über „Ost-Anwartschaften" in der gesetzlichen Rentenversicherung verfügen. Denn mit dem neuen Teilungsprinzip nach der unterschiedlichen Wertigkeit des Rentenanrechts ist nun eine abschließende Regelung des Versorgungsausgleichs schon zum Zeitpunkt der Scheidung möglich, weil Anwartschaften aus Entgeltpunkten und Entgeltpunkten (Ost) gesondert ausgeglichen bzw. verrechnet werden können.

906 Der Versorgungsausgleich findet auf Scheidungen in den neuen Bundesländern nur Anwendung, die nach seinem Inkrafttreten in den neuen Bundesländern am 1. Januar 1992 erfolgt sind. Im Rahmen der Überleitung des Rentenrechts des Sechsten Buches Sozialgesetzbuch auf die neuen Bundesländer wurde auch eingehend die Frage geprüft, ob der Versorgungsausgleich ebenfalls auf die vor 1992 erfolgten Ehescheidungen erstreckt werden kann. Nicht zuletzt aus verfassungsrechtlichen Gründen kann eine solche Lösung jedoch nicht in Betracht kommen. Der Versorgungsausgleich bewirkt stets eine Verteilung des Altersvorsorgevermögens zwischen den Ehegatten. Der Versorgungserhöhung des einen früheren Ehegatten steht immer eine Versorgungsminderung des anderen früheren Ehegatten gegenüber, die diesem aber nicht in unzumutbarer Weise auferlegt werden darf. Die Erstreckung des Versorgungsausgleichs auf die vor 1992 erfolgten Scheidungsfälle hätte für den ausgleichspflichtigen früheren Ehegatten eine nachträgliche Kürzung bei seiner Altersversorgung zur Folge. Eine solche Konsequenz ist aber mit dem verfassungsrechtlichen Rückwirkungsverbot nicht vereinbar.

907 Der Gesetzgeber hat ebenfalls davon abgesehen, denjenigen, die vor Einführung des Versorgungsausgleichs in den neuen Bundesländern zum 1. Januar 1992 geschieden worden sind, einen Anspruch auf Geschiedenenwitwenrente einzuräumen. Geschiedene in den alten Bundesländern, die vor Einführung des Versorgungsausgleichs in den alten Bundesländern zum 1. Juli 1977 geschieden worden sind, stand zwar bei Erfüllung der Voraussetzungen (vgl. Rdnr. 229) der Anspruch auf Geschiedenenwitwenrente zu. Dennoch hat sich der Gesetzgeber nicht dazu entschließen können, diesen Anspruch auch für die vor Einführung des Versorgungsausgleichs in den neuen Bundesländern Geschiedenen einzuführen, weil diesen bereits zu Lebzeiten des anderen geschiedenen Ehegatten nach dem Unterhaltsrecht der DDR grundsätzlich kein Unterhaltsanspruch zugestanden hatte. Geschiedenenwitwenrenten haben aber gerade die Funktion, den durch den Tod des unterhaltsverpflichteten geschiedenen Ehegatten nicht mehr gewährleisteten Unterhalt zu ersetzen.

Krankenversicherung der Rentner

908 Seit dem 1. Juli 1990 unterliegt jeder Rentner in den neuen Bundesländern den Regelungen über die Krankenversicherungspflicht. Im Einigungsvertrag wurde vorgesehen, dass ab dem 1. Januar 1991 das Recht der Krankenversicherung in der Fassung des Fünften Buches Sozialgesetzbuch auch in den neuen Bundesländern gilt. Deshalb besteht ab dem 1. Januar 1991 eine Versicherungspflicht in der Krankenversicherung der Rentner nur bei Erfüllung der dort bestimmten Voraussetzungen.

909 Voraussetzung für die Versicherungspflicht ist, dass der Rentner in der 2. Hälfte seines Erwerbslebens zu 9/10 Mitglied der gesetzlichen Krankenversicherung gewesen sein muss. Dabei waren bis zum 31. März 2002 nur die Personen von dem Zeitpunkt der Rentenantragstellung an in der Krankenversicherung der Rentner pflichtversichert, die in dem maßgebenden Neun-Zehntel-Zeitraum in der gesetzlichen Krankenversicherung selbst pflichtversichert waren oder beitragsfrei familienversichert waren und das beitragszahlende Familienmitglied Pflichtmitglied der gesetzlichen Krankenversicherung war. Zeiten einer freiwilligen Versicherung wurden dagegen nicht als Vorversicherungszeit angerechnet. Rentner, die aus diesem Grund die 9/10-Pflichtbelegung nicht erfüllten, hatten bis zum 31. März 2002 nur die Möglichkeit der freiwilligen Mitgliedschaft in der gesetzlichen Krankenversicherung.

910 Entsprechend den vom Bundesverfassungsgericht gemachten Vorgaben richtet sich seit dem 1. April 2002 auch für die Rentnerinnen und Rentner in den neuen Bundesländern der Zugang zur Pflichtversicherung der Rentner nach den Regelungen über den Zugang zur Krankenversicherung der Rentner, die im Jahr 1988 in den alten Bundesländern gegolten haben. Danach begründen auch Zeiten einer freiwilligen Mitgliedschaft und Zeiten der Familienversicherung bei einem freiwilligen Mitglied die Versicherungspflicht in der Krankenversicherung der Rentner. Allen Rentenbeziehern, die auf Grund des Beschlusses des Bundesverfassungsgerichts vom 15. März 2000 vom 1. April 2002 an als Rentner versicherungspflichtig geworden sind, ist vom Gesetzgeber jedoch ein Anspruch darauf eingeräumt worden, die Versicherung als freiwilliges Mitglied für die Zeit ab dem 1. April 2002 fortzuführen. Durch Geltendmachung dieses Anspruchs erhalten diese die Möglichkeit, Beitragsmehrbelastungen auf Grund des Eintritts der Versicherungspflicht für sich und für ihren Ehegatten zu vermeiden, wenn dieser bis zum 31. März 2002 beitragsfrei familienversichert gewesen ist und ebenfalls ab dem 1. April 2002 als Rentner versicherungspflichtig geworden wäre.

911 Für Rentenanträge, die bis zum 31. Dezember 1993 gestellt worden sind, ist als Voraussetzung für die Pflichtversicherung in der gesetzlichen Krankenversicherung jedoch die Erfüllung der so genannten Halbbelegung ausreichend gewesen. Die Halbbelegung ist erfüllt, wenn während der Hälfte der Zeit vom 1. Januar 1950 bis zur Stellung des Rentenantrags eine Mitgliedschaft bei einer gesetzlichen Krankenkasse bestanden hatte.

912 Seit 1992 haben sich auch die Rentnerinnen und Rentner in den neuen Bundesländern zur Hälfte am Beitrag zur Krankenversicherung zu beteiligen. Um jedoch Kürzungen im Zahlbetrag der Renten ab 1992 zu vermeiden, wurden die bereits vor 1992 gezahlten Renten zum 1. Januar 1992 rechnerisch mit einem bestimmten Faktor (1,0684) vervielfältigt und damit um die Hälfte des Beitrags zur Krankenversicherung erhöht. Bei den ab dem 1. Januar 1992 zugehenden Renten ergibt sich diese Erhöhung aus der Methodik der erstmaligen Festsetzung des aktuellen Rentenwerts (Ost) zum 1. Januar 1992 (vgl. hierzu Rdnr. 864).

913 Vom 1. Juli 1997 bis zur Einführung des Gesundheitsfonds zum 1. Januar 2009 galt auch für die in der Krankenversicherung pflichtversicherten Rentnerinnen und Rentner der neuen Bundesländer der jeweilige allgemeine Beitragssatz der Krankenkasse, deren Mitglied sie sind. Seit der Einführung des Gesundheitsfonds zum 1. Januar 2009 gelten jedoch ebenfalls für die krankenversicherungspflichtigen Rentnerinnen und Rentner einheitliche Beitragssätze (allgemeiner und ermäßigter Beitragssatz; siehe hierzu auch Kapitel 5 Rdnr. 241). Der allgemeine Beitragssatz beträgt seit dem 1. Januar 2011 14,6 Prozent. Der mit diesem Beitragssatz ermittelte Krankenversicherungsbeitrag ist zur Hälfte (7,3 Prozent der Rente) von den krankenversicherungspflichtigen Rentnerinnen und Rentnern zu tragen. Die andere Hälfte dieses Krankenversicherungsbeitrags wird von der Rentenversicherung übernommen. Hinzukommt der Sonderbeitrag zur Krankenversicherung in Höhe von 0,9 Prozent der Rente, der von den Rentnerinnen und Rentner in voller Höhe zu tragen ist. Mit dem Gesetz zur nachhaltigen und sozial ausgewogenen Finanzierung der gesetzlichen Krankenversicherung ist der Beitragssatz für den einkommensabhängigen Beitrag auf 15,5 Prozent des Arbeitsentgelts/der Rente zum 1. Januar 2011 angehoben – 14,6 Prozent vom Versicherten und dem Arbeitgeber bzw. der Rentenversicherung hälftig zu tragen und 0,9 Prozent vom Versicherten in voller Höhe zu tragen – und auf diesen Prozentsatz gesetzlich festgeschrieben worden. Zur Finanzierung von künftig auftretenden Defiziten in der gesetzlichen Krankenversicherung ist die bis zum 31. Dezember 2010 geltende Begrenzung für die Erhebung von allein vom Versicherten zu tragenden Zusatzbeiträge durch die Krankenkassen aufgehoben worden. Zur Vermeidung von finanziellen Überforderungen der Versicherten ist mit dem Gesetz zur nachhaltigen und sozial ausgewogenen Finanzierung der gesetzlichen Krankenversicherung an Stelle der generellen Begrenzung für die Erhebung von kassenspezifischen Zusatzbeiträgen ein von der Höhe des krankenversicherungspflichtigen Einkommens abhängiger individueller Sozialausgleich getreten, der aus Steuermitteln finanziert wird (vgl. Rdnr. 555 ff.).

Besondere Regelungen für bestimmte Personengruppen

Verfolgte des DDR-Regimes

914 Nach dem Zweiten SED-Unrechtsbereinigungsgesetz erhalten Personen, die aufgrund politischer Verfolgung durch das DDR-Regime einen beruflichen Abstieg oder gar die Aufgabe ihres Berufes hinzunehmen hatten, einen Ausgleich der hierdurch bedingten Nachteile in der Rentenversicherung.

915 Das Gesetz sieht vor, dass Verfolgungszeiten, in denen eine versicherungspflichtige Beschäftigung oder Tätigkeit verfolgungsbedingt nicht ausgeübt werden konnte, stets als Pflichtbeitragszeiten für eine Beschäftigung oder Tätigkeit im Beitrittsgebiet gelten. Die Bewertung der als Pflichtbeitragszeiten geltenden Verfolgungszeiten erfolgt auf der Grundlage der sich aus dem Fremdrentengesetz ergebenden Tabellenwerten, so weit es sich um Verfolgungszeiten vor dem 1. Januar 1950 handelt, und auf der Grundlage der um 20 Prozent erhöhten Tabellenwerte des Sechsten Buches Sozialgesetzbuch für glaubhaft gemachte Beitragszeiten (Anlagen 13 und 14 zum Sechsten Buch Sozialgesetzbuch), soweit es sich um Verfolgungszeiten nach dem 31. Dezember 1949 handelt.

916 Hat der Verfolgte während der Verfolgungszeit eine versicherungspflichtige Beschäftigung oder Tätigkeit ausgeübt, werden der Rentenberechnung die tatsächlich versicherten Entgelte zugrunde gelegt, wenn diese höher sind als die den Tabellen entnommenen Entgelte. Sind die tatsächlich versicherten Entgelte niedriger als die den Tabellen entnommenen Entgelte, sind grundsätzlich die Tabellenwerte für die Rentenberechnung maßgebend. Eine in der Verfolgungszeit ausgeübte Beschäftigung oder Tätigkeit in der Zeit vom 1. Januar 1977 bis zum 30. Juni 1990 hat stets dann die Reduzierung des Tabellenwerts auf die Höhe des tatsächlich versicherten Entgelts zur Folge, wenn das tatsächlich erzielte Entgelt die – relativ niedrige – Beitragsbemessungsgrenze der Sozialpflichtversicherung überschritten hat und das die Beitragsbemessungsgrenze überschreitende Entgelt nicht in der Freiwilligen Zusatzrentenversicherung (FZR) versichert worden ist, obwohl die Versicherung des insgesamt erzielten Entgelts in der freiwilligen Zusatzrentenversicherung möglich und auch zumutbar gewesen wäre. Eine Versicherung in der freiwilligen Zusatzrentenversicherung wird dann als nicht zumutbar angesehen, wenn der Verfolgte zu Beginn der Verfolgung

– wegen einer Fachschul- oder Hochschulausbildung noch nicht erwerbstätig war,
– der FZR nicht angehören konnte oder
– nicht mindestens 2 Jahre lang die Möglichkeit gehabt hat, sich über eine Versicherung zur freiwilligen Zusatzrentenversicherung zu erklären.

917 Ergibt sich unter Zugrundelegung des monatlichen Durchschnitts der Entgeltpunkte für Pflichtbeiträge aus einer versicherten Beschäftigung oder versicherten selbständigen Tätigkeit im letzten Kalenderjahr oder – wenn dies günstiger ist – in den letzten drei Kalenderjahren vor Beginn der politischen Verfolgung ein höherer Rentenanspruch als bei Zugrundelegung der maßgebenden Tabellenwerte, ist der monatliche Durchschnitt dieser Entgeltpunkte für die Rentenberechnung maßgebend.

918 Für Verfolgte, die in der Verfolgungszeit einem Zusatz- oder Sonderversorgungssystem angehört haben, oder wegen der Verfolgung aus einem Zusatz- oder Sonderversorgungssystem ausgeschieden sind, finden die besonderen Regelungen des Anspruchs- und Anwartschaftsüberführungsgesetzes Anwendung.

919 Darüber hinaus gelten Zeiten der Verfolgung als beitragsgeminderte Zeiten; d. h. sie werden bei der Rentenversicherung nicht nur als Beitragszeit, sondern auch als beitragsfreie Zeit behandelt. Ergibt sich daher für die Verfolgungszeit aus der für beitragsfreie Zeiten maßgebenden Gesamtleistungsbewertung eine größere Anzahl von Entgeltpunkten als auf der Grundlage der den Tabellen zu entnehmenden Entgelte bzw. des monatlichen Durchschnitts der Entgeltpunkte für Pflichtbeiträge aus einer versicherten Beschäftigung oder versicherten selbständigen Tätigkeit im letzten oder den letzten drei Kalenderjahren vor Beginn der politischen Verfolgung, wird die Verfolgungszeit als beitragsfreie Zeit berücksichtigt.

920 Für Verfolgungszeiten, in denen ohne die Verfolgung die Fachschul- oder Hochschulausbildung bis zum regelmäßigen Abschluss fortgesetzt worden wäre, werden für jeden Kalendermonat die sich aus der Gesamtleistungsbewertung für Anrechnungszeiten wegen des Besuchs einer Fachschule oder Hochschule ergebenden Entgeltpunkte zugrunde gelegt. Die Anrechenbarkeit und Bewertung der Anrechnungszeit wegen schulischer Ausbildung ist durch den Gesetzgeber in den vergangenen Jahren allerdings immer wieder geändert worden mit der Folge, dass auch die im Rahmen des rentenrechtlichen Nachteilsausgleichs als Ausbildungs-Anrechnungszeit anzuerkennenden Verfolgungszeiten – abhängig vom jeweiligen Beginn der Rente – nur noch in sehr eingeschränktem Umfang rentensteigernd berücksichtigt werden können. So wurde zunächst mit dem Wachstums- und Beschäftigungsförderungsgesetz aus dem Jahr 1996 die Anrechnung rentensteigernder schulischer Ausbildungszeiten auf nur noch drei Jahre an nach dem Prinzip der Gesamtleistungsbewertung zu bewertende und damit unmittelbar rentensteigernd wirkende Ausbildungs-Anrechnungszeiten beschränkt. Im Jahr 2004 hat der Gesetzgeber schließlich mit dem Gesetz zur Sicherung der nachhaltigen Finanzierungsgrundlagen der gesetzlichen Rentenversicherung die rentenrechtliche Bewertung von Zeiten schulischer Ausbildung noch einmal eingeschränkt. Bei einem Rentenbeginn ab Januar 2005 hängt die Höhe der Bewertung von Zeiten schulischer Ausbildung davon ab, ob es sich bei den anzurechnenden schulischen Ausbildungszeiten um eine schulische Ausbildung mit beruflichem Bezug, also um eine Fachschulausbildung oder eine berufsvorbereitende Bildungsmaßnahme, oder eine allgemeine Schulausbildung sowie Fachhochschul- oder Hochschulausbildung handelt. Bei den schulischen Ausbildungszeiten mit beruflichem Bezug ist es dabei geblieben, dass diese Ausbildungszeiten wie bisher nach den Regelungen der Gesamtleistungsbewertung rentensteigernd zu bewerten sind. Anzurechnende Zeiten einer allgemeinen Schulausbildung sowie einer Fachhochschul- oder Hochschulausbildung werden bei einem Rentenbeginn ab Januar 2009 dagegen nicht mehr rentensteigernd bewertet.

921 Hat der Verfolgte wegen einer Verfolgungsmaßnahme seine Fachschulausbildung nicht abschließen können, gilt die Ausbildung für die Anerkennung dieser Zeiten als Anrechnungszeit als abgeschlossen.

922 Ist wegen einer Verfolgungsmaßnahme eine Schulausbildung, Fachschulausbildung oder Hochschulausbildung unterbrochen, jedoch später wieder aufgenommen und abgeschlossen oder eine neue Ausbildung begonnen und abgeschlossen worden, sind die Ausbildungszeiten bis zum Doppelten der allgemein geltenden Höchstdauer als lückenschließende Versicherungszeit anzuerkennen.

923 Schließlich werden Verfolgungszeiten auch als Zeiten einer versicherungspflichtigen Tätigkeit und als Beitragszeiten zur freiwilligen Zusatzrentenversicherung angesehen, soweit eine Rente nach dem Recht der ehemaligen DDR zu ermitteln ist, z. B. für die aus Vertrauensschutzgründen zu gewährende Rente nach Artikel 2 des Renten-Überleitungsgesetzes (Übergangsrecht für Renten aus dem Beitrittsgebiet). Bei der für die Berechnung dieser Renten notwendigen Ermittlung eines versicherten Durchschnittseinkommens sind die den Tabellen entnommenen Entgelte bzw. der monatliche Durchschnitt der Entgelte oder des Einkommens aus einer versicherten Beschäftigung oder versicherten selbständigen Tätigkeit vor Beginn der politischen Verfolgung zu berücksichtigen, wenn diese höher als die tatsächlich erzielten Entgelte sind.

924 Die für die Durchführung des rentenrechtlichen Nachteilsausgleichs notwendige Bescheinigung, mit der die Dauer der politischen Verfolgung und die für die Verfolgungszeit festzustellenden rentenrechtlichen Zeiten sowie Tabellenwerte nach dem Zweiten SED-Unrechtsbereinigungsgesetz gegenüber den Rentenversicherungsträgern verbindlich belegt werden, kann von den Betroffenen nach zwischenzeitlich mehrfach vorgenommenen Fristverlängerungen nun noch bis zum 31. Dezember 2019 bei der zuständigen Landesrehabilitationsbehörde beantragt werden.

Berechtigte nach dem Pensionsstatut Carl-Zeiss Jena

925 Das Pensionsstatut der Carl-Zeiss-Jena-Stiftung sicherte den im ehemaligen VEB Zeiss Jena beschäftigten Arbeitnehmern bei Eintritt des Rentenfalls beitragsfreie Pensionsansprüche aus betrieblichen Mitteln zu, die bei längerer Betriebszugehörigkeit zusammen mit der Rente aus der Sozialversicherung etwa die Höhe des letzten Nettoentgelts erreichten. Die Mehrzahl der Zeiss-Beschäftigten hat deshalb die Möglichkeit der Beitragszahlung zur Freiwilligen Zusatzrentenversicherung (FZR) nicht genutzt, weil ihre Versorgungslage vergleichbar war mit der Versorgungslage der Angehörigen staatlicher Zusatzversorgungssysteme.

926 Die Schließung des Pensionsstatus zum März 1991 hatte zur Folge, dass die ehemaligen Beschäftigten mit Anwartschaften nach dem Pensionsstatut, die nach dem 31. Dezember 1992 rentenberechtigt wurden bzw. werden, Rentenzahlungen nicht mehr erhalten. Stattdessen wurden ihnen aufgrund von Sozialplänen Abfindungen für den Verlust der Versorgungsanwartschaft gezahlt. Damit ergab sich für diesen Personenkreis eine völlig unzureichende soziale Absicherung, da sie aufgrund der sehr niedrigen Beitragsbemessungsgrenzen und der unterlassenen Versicherung in der Freiwilligen Zusatzrentenversicherung (FZR) regelmäßig nur sehr geringe Renten aus der gesetzlichen Rentenversicherung erhielten.

927 Mit dem Zusatzversorgungssystem-Gleichstellungsgesetz wurde dieser sozialpolitisch unbefriedigende Zustand beseitigt, indem Ansprüche und Anwartschaften nach dem Pensionsstatut den Ansprüchen und Anwartschaften aus den Zusatzversorgungssystemen der ehemaligen DDR gleich gestellt worden sind. Damit wird die Berechnung der Rente auch für die ehemaligen Zeiss-Beschäftigten auf der Grundlage des erzielten Entgelts bis zur Beitragsbemessungsgrenze der gesetzlichen Rentenversicherung ermöglicht, wobei eine Beitragszahlung zur Freiwilligen Zusatzrentenversicherung (FZR) unmaßgeblich ist. Die Gleichstellung der Ansprüche und Anwartschaften nach dem Pensionsstatut mit den Ansprüchen und Anwartschaften aus den Zusatzversorgungssystemen der ehemaligen DDR erfolgte nur auf Antrag, der bis zum 31. Dezember 1993 zu stellen war. Zur Vermeidung von Doppelbegünstigungen war nach erfolgter Gleichstellung die aufgrund des Sozialplans gewährte Abfindung an den Bund abzutreten.

Finanzierung

Beiträge

928 Für Versicherte in den neuen Bundesländern gelten die gleichen beitragsrechtlichen Grundsätze wie für die Versicherten in den alten Bundesländern. Insbesondere gilt in den alten wie in den neuen Bundesländern der gleiche Beitragssatz. Allein aufgrund des gegenüber den alten Bundesländern geringeren Lohnniveaus und damit der geringeren Beitragsbemessungsgrundlagen ergeben sich für die Versicherten in den neuen Bundesländern – absolut gesehen – jedoch geringere Beitragsbelastungen.

929 Mit dem Gesetz zur Neuregelung der geringfügigen Beschäftigungsverhältnisse wurden die Mindestbemessungsgrundlagen für die Beiträge zur Rentenversicherung für das gesamte Bundesgebiet vereinheitlicht. In den alten und in den neuen Bundesländern haben sie in der Zeit vom 1. April 1999 bis zum 31. Dezember 2001 für den Pflichtbeitrag 300 DM und für den freiwilligen Beitrag 630 DM betragen. Seit dem 1. Januar 2002 beträgt die Mindestbemessungsgrundlage für den Pflichtbeitrag 155 Euro. Diese Mindestbemessungsgrundlage gilt sowohl für die alten als auch für die neuen Bundesländer. Somit beträgt im Jahr 2011 bei einem Beitragssatz von 19,9 Prozent der Mindestpflichtbeitrag für eine versicherungspflichtige Beschäftigung 30,85 Euro im gesamten Bundesgebiet.

930 Mindestbemessungsgrundlage für den freiwilligen Beitrag war in der Zeit vom 1. Januar 2002 bis zum 31. März 2003 325 Euro. Mit der Heraufsetzung der Entgeltgrenze für versicherungsfreie geringfügige Beschäftigungen auf 400 Euro zum 1. April 2003 bildet seit dieser Zeit dieser Betrag auch die Mindestbemessungsgrundlage für den freiwilligen Beitrag. Seit Festsetzung des Beitragssatzes zum 1. Januar 2007 auf 19,9 Prozent beträgt somit der niedrigste freiwillige Beitrag für die neuen sowie die alten Bundesländer 79,60 Euro. Für die freiwillige Versicherung gilt seit dem 1. April 1999 auch ein einheitlicher, aus der Beitragsbemessungsgrenze (West) abgeleiteter Höchstbeitrag. Er beträgt im Jahr 2011 1.094,50 Euro monatlich. Da in den alten und neuen Bundesländern die gleich hohen Beitragsbemessungsgrundlagen für den geringsten und den höchsten freiwilligen Beitrag gelten, werden aus den von den Versicherten in den neuen Bundesländern gezahlten freiwilligen Beiträgen Entgeltpunkte (West) ermittelt, so dass diesen Entgeltpunkten auch der aktuelle Rentenwert (West) zugeordnet wird.

931 Im Hinblick auf die weiterhin unterschiedlichen Beitragsbemessungsgrenzen in den alten und neuen Bundesländern sind auch nach dem 1. April 1999 die jeweiligen höchsten Pflichtbeiträge weiterhin unterschiedlich hoch. In der allgemeinen Rentenversicherung (bis Ende 2004 als Rentenversicherung der Arbeiter und Angestellten bezeichnet) beträgt der höchste monatliche Pflichtbeitrag im Jahr 2011 in den alten Bundesländern 1.094,50 Euro und in den neuen Bundesländern 955,20 Euro.

Die Beitragsbemessungsgrenzen in den neuen Bundesländern

932 Die Beitragsbemessungsgrenzen in der allgemeinen Rentenversicherung (bis Ende 2004 als Rentenversicherung der Arbeiter und Angestellten bezeichnet) sowie in der knappschaftlichen Rentenversicherung werden für die neuen Bundesländer ermittelt, indem die jeweils für die alten Bundesländer ermittelten Beträge im Verhältnis der jeweiligen Durchschnittsentgelte Ost und West herabgesetzt werden. Nach der Heraufsetzung der Beitragsbemessungsgrenze für die allgemeine Rentenversicherung auf das 2fache des jeweiligen Durchschnittsverdienstes durch das Beitragssatzsicherungsgesetz zum 1. Januar 2003 betragen die monatlichen Beitragsbemessungsgrenzen im Jahr 2011:

– in der allgemeinen Rentenversicherung:
  – in den neuen Bundesländern: 4.800 Euro
  – in den alten Bundesländern: 5.500 Euro,

– in der knappschaftlichen Rentenversicherung:
  – in den neuen Bundesländern: 5.900 Euro
  – in den alten Bundesländern: 6.750 Euro

Tabelle 44: Beitragsbemessungsgrenzen (Ost) ab 1.7.1990

Jahr	allgemeine RV (bis 2004 ArV/AnV)		KnRV	
	jährlich	monatlich	jährlich	monatlich
1.7.1990-31.12.1990	32.400 DM	2.700 DM	32.400 DM	2.700 DM
1.1.1991-30.06.1991	36.000 DM	3.000 DM	36.000 DM	3.000 DM
1.7.1991-31.12.1991	40.800 DM	3.400 DM	40.800 DM	3.400 DM
1992	57.600 DM	4.800 DM	70.800 DM	5.900 DM
1993	63.600 DM	5.300 DM	78.000 DM	6.500 DM
1994	70.800 DM	5.900 DM	87.600 DM	7.300 DM
1995	76.800 DM	6.400 DM	93.600 DM	7.800 DM
1996	81.600 DM	6.800 DM	100.800 DM	8.400 DM
1997	85.200 DM	7.100 DM	104.400 DM	8.700 DM
1998	84.000 DM	7.000 DM	103.200 DM	8.600 DM
1999	86.400 DM	7.200 DM	105.600 DM	8.800 DM
2000	85.200 DM	7.100 DM	104.400 DM	8.700 DM
2001	87.600 DM	7.300 DM	108.000 DM	9.000 DM
2002	45.000 Euro	3.750 Euro	55.800 Euro	4.650 Euro
2003	51.000 Euro	4.250 Euro	63.000 Euro	5.250 Euro
2004	52.200 Euro	4.350 Euro	64.200 Euro	5.350 Euro
2005	52.800 Euro	4.400 Euro	64.800 Euro	5.400 Euro
2006	52.800 Euro	4.400 Euro	64.800 Euro	5.400 Euro
2007	54.600 Euro	4.550 Euro	66.600 Euro	5.550 Euro
2008	54.000 Euro	4.500 Euro	66.600 Euro	5.550 Euro
2009	54.600 Euro	4.550 Euro	67.200 Euro	5.600 Euro
2010	55.800 Euro	4.650 Euro	68.400 Euro	5.700 Euro
2011	57.600 Euro	4.800 Euro	70.800 Euro	5.900 Euro

Finanzverbund

933 Mit dem In-Kraft-Treten der Finanzierungsvorschriften des Sechsten Buches Sozialgesetzbuch in den neuen Bundesländern war die Fortsetzung der bis 1991 durchgeführten getrennten Finanzierung der Rentenversicherung der Arbeiter und der Angestellten in den alten und neuen Bundesländern nicht vereinbar. Daher wurde zur Schaffung einer leistungsfähigen Rentenversicherung im vereinten Deutschland zum 1. Januar 1992 der Finanzverbund zwischen den Trägern der Rentenversicherung der Arbeiter und der Angestellten (ab Januar 2005 als allgemeine Rentenversicherung bezeichnet) in den neuen und alten Bundesländern hergestellt. Für Versicherte und Rentner in den neuen Bundesländern bedeutet dies, dass ihren Ansprüchen und Anwartschaften seit dieser Zeit dieselbe Sicherheit zuteil geworden ist, wie für die Ansprüche und Anwartschaften der Versicherten und Rentner in den alten Bundesländern. Denn die Beitragseinnahmen in den neuen Bundesländern reichen gegenwärtig nicht aus, um die Rentenausgaben aus in den neuen Bundesländern erworbenen Rentenansprüchen zu finanzieren. Der Finanztransfer von West nach Ost in der allgemeinen Rentenversicherung lag 2004 bei rd. 13 Mrd. Euro. Wegen der Organisationsreform in der Rentenversicherung kann er für die Folgejahre nicht mehr exakt ausgewiesen werden. Im Jahr 2011 dürfte er aber rd. 14 Mrd. Euro betragen.

Bundeszuschüsse

934 Der allgemeine Zuschuss des Bundes zu den Ausgaben der allgemeinen Rentenversicherung in den neuen Bundesländern (Bundeszuschuss-Beitrittsgebiet) wird jeweils für ein Kalenderjahr in der Höhe geleistet, die sich ergibt, wenn die Rentenausgaben in den neuen Bundesländern für dieses Jahr mit dem Verhältnis vervielfältigt werden, in dem der allgemeine Bundeszuschuss in den alten Bundesländern zu den Rentenausgaben in den alten Bundesländern für dieses Kalenderjahr steht. Hierdurch wird sichergestellt, dass trotz unterschiedlicher Einkommensverhältnisse in den alten und neuen Bundesländern der Anteil des allgemeinen Bundeszuschusses an den Rentenausgaben in den alten und neuen Bundesländern gleich hoch ist. Insgesamt beläuft sich der Bundeszuschuss für die allgemeine Rentenversicherung in den neuen Bundesländern (allgemeiner und zusätzlicher Bundeszuschuss) im Jahr 2011 auf rd. 12,3 Mrd. Euro (allgemeiner und zusätzlicher Bundeszuschuss für die allgemeine Rentenversicherung in den alten Bundesländern im Jahr 2011: rd. 46,5 Mrd. Euro).

935 Bei der Ermittlung des Bundeszuschusses zu den Ausgaben der allgemeinen Rentenversicherung in den neuen Bundesländern bleiben die Aufwendungen für Renten oder Bestandteile von Renten in den neuen Bundesländern außer Betracht, die der allgemeinen Rentenversicherung vom Bund erstattet worden sind. Zu den der allgemeinen Rentenversicherung vom Bund erstatteten Aufwendungen gehören insbesondere die Ausgaben für Renten bzw. Bestandteile von Renten für Zeiten der Zugehörigkeit zu einem Zusatz- oder Sonderversorgungssystem der ehemaligen DDR. Das Erstattungsvolumen für diese Leistungen beläuft sich im Jahr 2011 auf rd. 4 Mrd. Euro.

936 Die Aufwendungen der Rentenversicherungsträger für die so genannten einigungsbedingten Leistungen wurden diesen bis 31. Dezember 2010 ebenfalls vom Bund erstattet. Bei den einigungsbedingten Leistungen handelt es sich um Leistungsteile des 1992 abgelösten DDR-Rentenrechts, die bei der Überleitung des lohn- und beitragsbezogenen Rentenrechts auf die neuen Länder nicht in das gesamtdeutsche Rentenrecht übernommen, sondern lediglich im Rahmen von Besitz- und Vertrauensschutzregelungen für den damaligen Rentenbestand und die seinerzeit rentennahen Jahrgänge weitergeleitet wurden (zum Beispiel in Form von Auffüllbeträgen). Mit dem Haushaltsbegleitgesetz 2011 ist die Erstattung der Aufwendungen der Rentenversicherung für diese Leistungen jedoch aufgehoben worden. Die Erstattung entfällt damit ab dem Jahr 2011. Der Wegfall der Erstattung berührt die Erbringung der einigungsbedingten Leistungen nicht. Diese werden nach Maßgabe der geltenden Rechtsgrundlagen weiterhin geleistet.

Rechtsschutz

937 Bei den Entscheidungen des Rentenversicherungsträgers über das Vorliegen der Anspruchsvoraussetzungen für Leistungen nach dem Recht der gesetzlichen Rentenversicherung, über die Anerkennung von rentenrechtlichen Zeiten sowie die Höhe des Zahlbetrags von Renten handelt es sich um verwaltungsrechtliche Entscheidungen im Sinne des Sozialverwaltungsrechts nach dem Zehnten Buch Sozialgesetzbuch. Gegen die Entscheidungen des Rentenversicherungsträgers besteht das Rechtsmittel

des Widerspruchs. In seinem Bescheid hat der Rentenversicherungsträger auf diesen Rechtsbehelf hinzuweisen und dem Adressaten des Bescheides mitzuteilen, bei welcher Stelle und innerhalb welcher Frist der Widerspruch einzulegen ist.

938 Weist der Rentenversicherungsträger den Widerspruch zurück, ist gegen die Entscheidung des Rentenversicherungsträgers der Rechtsweg zu den Sozialgerichten eröffnet. Insoweit gelten die allgemeinen Regelungen des Sozialgerichtsgesetzes.

7 Sozialgesetzbuch - 7. Buch Unfallversicherung

Überblick

Wesentliche Aufgabe der gesetzlichen Unfallversicherung ist es, mit allen geeigneten Mitteln

- *Arbeitsunfälle, Berufskrankheiten und arbeitsbedingte Gesundheitsgefahren zu verhüten,*
- *nach Eintritt eines Arbeitsunfalls oder einer Berufskrankheit die Gesundheit der Versicherten wiederherzustellen und sie beruflich wiedereinzugliedern sowie*
- *die Versicherten oder ihre Hinterbliebenen durch Geldleistungen zu entschädigen.*

Die Unfallversicherung beruht auf dem Kausalitätsprinzip. Sie tritt nur für Unfälle und Krankheiten ein, die Versicherte im ursächlichen Zusammenhang mit ihrer beruflichen oder einer sonstigen versicherten Tätigkeit erleiden. Außerdem ist der Weg zu oder von der Arbeitsstätte versichert. In anderen Fällen von Unfall oder Krankheit sind die Kranken- und die Rentenversicherung leistungspflichtig.

Die Unfallversicherung beruht auf dem Grundsatz der gesetzlichen Versicherungspflicht. Pflichtversichert sind insbesondere

- *Arbeitnehmer in einem Beschäftigungsverhältnis einschließlich Auszubildende,*
- *Kinder während des Kindergartenbesuchs, Schülerinnen und Schüler sowie Studierende während des Schul- bzw. Hochschulbesuchs,*
- *Unternehmer in der Landwirtschaft, der Schifffahrt und der Fischerei,*
- *Personen, die im Interesse des Gemeinwohls tätig sind (z. B. in der Wohlfahrtspflege, Nothelfer, Blutspender),*
- *weitere ehrenamtlich tätige Personen im Auftrag von öffentlichen Einrichtungen oder Religionsgemeinschaften.*

Unternehmer außerhalb der Landwirtschaft, der Schifffahrt und der Fischerei und bestimmte ehrenamtlich Tätige für Vereine können sich freiwillig versichern.

Die Leistungen der Unfallversicherung umfassen insbesondere

- *Heilbehandlung und Leistungen zur medizinischen Rehabilitation,*
- *Leistungen zur Teilhabe am Arbeitsleben (berufliche Rehabilitation),*
- *Leistungen zur Teilhabe am Leben in der Gemeinschaft (soziale Rehabilitation),*
- *Lohnersatzleistungen während Heilbehandlung und Rehabilitation und*
- *Entschädigungsleistungen (Renten).*

Die Heilbehandlung umfasst die ärztliche Behandlung einschließlich der Behandlung im Krankenhaus sowie die Versorgung mit Arzneimitteln und mit Hilfsmitteln (Brillen, Prothesen etc.); außerdem werden medizinische Rehabilitationsmaßnahmen wie z. B. Krankengymnastik erbracht. Die Leistungen zur Teilhabe am Arbeitsleben dienen der beruflichen Wiedereingliederung Verletzter, die ihre bisherige berufliche Tätigkeit nicht oder nicht ohne Änderung wieder aufnehmen können. Die Unfallversicherung erbringt hier Leistungen zum Erhalt des bisherigen Arbeitsplatzes oder zur Fortbildung, Ausbildung oder Umschulung in einen neuen Beruf. Die Leistungen zur Teilhabe am Leben in der Gemeinschaft umfassen Hilfen im täglichen Leben wie z. B. den behindertengerechten Umbau der Wohnung. Während der Heilbehandlung und der beruflichen Rehabilitation erhalten die Versicherten Geldleistungen als Lohnersatz.

Sofern bei den Versicherten nach Abschluss der Rehabilitationsmaßnahmen dauerhafte Gesundheitsbeeinträchtigungen verbleiben, erhalten sie als Entschädigung eine Rente. Voraussetzung ist, dass ihre Erwerbsfähigkeit um mindestens 20 Prozent gemindert ist. Die Höhe der Rente richtet sich dabei nach dem Grad der Erwerbsminderung und dem vorheri-

7 Sozialgesetzbuch · 7. Buch · Unfallversicherung

gen Verdienst der Versicherten. In Todesfällen erhalten Ehegatten, eingetragene Lebenspartner und Kinder eine Hinterbliebenenrente.

Die gesetzliche Unfallversicherung wird ausschließlich durch öffentliche Versicherungsträger durchgeführt. Es bestehen drei große Bereiche (gewerbliche Wirtschaft, Landwirtschaft, öffentlicher Bereich). In jedem dieser Bereiche bestehen selbständige Versicherungsträger, die entweder nach Wirtschaftsbranchen gegliedert sind (gewerblicher Bereich) oder nach regionaler Zugehörigkeit (Landwirtschaft, öffentlicher Bereich). Die Versicherungsträger verwalten sich selbst und unterliegen einer rechtlichen Aufsicht durch den Staat.

Die Finanzierung der Unfallversicherung erfolgt im Umlageverfahren, d.h. die Höhe der Beiträge richtet sich nach den Ausgaben des vergangenen Jahres. Beitragspflichtig sind allein die Arbeitgeber, im öffentlichen Bereich der Staat. Im gewerblichen Bereich richten sich die Beiträge überwiegend nach den Arbeitsverdiensten der Versicherten und dem Unfallrisiko der einzelnen Wirtschaftsbranchen, in den übrigen Bereichen gelten andere Maßstäbe.

Aufgabe der Unfallversicherung

Allgemeines

1 Erleidet ein Arbeitnehmer bei seiner Beschäftigung in einem Unternehmen einen Unfall, so würde er vom Arbeitgeber Schadensersatz verlangen können, wenn der Arbeitgeber den Schaden schuldhaft verursacht hat. Diese zivilrechtliche Haftpflicht des Arbeitgebers wird durch die Unfallversicherung abgelöst. Die Unfallversicherung ist insofern eine Haftpflichtversicherung der Unternehmer. Sie ist aber ebenso eine Versicherung zugunsten der Arbeitnehmer; diese haben auch dann Ansprüche auf Leistungen, wenn den Unternehmer kein Verschulden trifft, der Unfall auf dem Weg zur oder von der Arbeit eingetreten oder eine Berufskrankheit entstanden ist.

2 Die Unfallversicherungsträger haben die gesetzliche Aufgabe, Arbeitsunfälle und Berufskrankheiten sowie arbeitsbedingte Gesundheitsgefahren zu verhüten. Ist ein Versicherungsfall (also ein Arbeitsunfall oder eine Berufskrankheit) eingetreten, so gilt es, dessen Folgen zu begrenzen und den Versicherten möglichst wieder in den bisherigen Beruf und Betrieb einzugliedern sowie den Versicherten oder seine Hinterbliebenen durch Geldleistungen zu entschädigen.

Entwicklung der Unfallversicherung

3 Die Unfallversicherung ist seit ihrer Gründung (1884) weniger stark verändert worden als andere Zweige der Sozialversicherung. Insbesondere in den Jahren seit 1949 sind jedoch eine Reihe von Verbesserungen der Leistungen vorgenommen worden. 1963 erfolgte eine Neuregelung der Unfallversicherung. Sie hat u. a. vorgeschrieben, dass in Unternehmen mit mehr als 20 Beschäftigten unter Berücksichtigung der im Unternehmen bestehenden Unfallgefahren und der Zahl der Arbeitnehmer ein oder mehrere Sicherheitsbeauftragte bestellt werden, die Bundesregierung jährlich einen Unfallverhütungsbericht vorzulegen hat und Berufskrankheiten im Einzelfall vom Träger der Unfallversicherung auch außerhalb des Rahmens der Berufskrankheiten-Verordnung anerkannt werden können, wenn sie nach neuesten Erkenntnissen der medizinischen Wissenschaft durch besondere Einwirkungen bei der Arbeit entstehen. Die Renten werden seit 1964 an die Lohn- und Gehaltsentwicklung angepasst. Seit April 1971 sind auch Schülerinnen und Schüler an allgemeinbildenden Schulen, Studierende an wissenschaftlichen Hochschulen und Kinder in Kindergärten und seit Oktober 1974 bei Erfüllung bestimmter Voraussetzungen auch Rehabilitanden dem Schutz der gesetzlichen Unfallversicherung unterstellt.

Durch das Unfallversicherungseinordnungsgesetz vom 7. August 1996 ist das Recht der gesetzlichen Unfallversicherung in das Sozialgesetzbuch als Siebtes Buch Sozialgesetzbuch (SGB VII) eingeordnet worden. Neben einer rechtssystematischen Überarbeitung wurde dabei das Unfallversicherungsrecht in einigen Punkten auch inhaltlich weiterentwickelt. So ist z. B. der Versicherungsschutz von Kindergartenkindern auf den Besuch aller Tageseinrichtungen mit kindergartenähnlichem Charakter erweitert worden. Mit der Einordnung des Rechts der gesetzlichen Unfallversicherung in das Sozialgesetzbuch wurde die Reichsversicherungsordnung für alle Sozialversicherungszweige als Rechtsgrundlage abgelöst. Auch im SGB VII sind die weiterhin erforderlichen Sonderregelungen für Versicherungsfälle im Beitrittsgebiet enthalten.

Die Unfallrenten aus der Sozialversicherung der ehemaligen DDR sind in das Siebte Buch Sozialgesetzbuch übernommen worden. Von dieser Übernahme der Versicherungsfälle in das Recht der gesetzlichen Unfallversicherung ausgenommen sind Versicherungsfälle aus der Sozialversicherung der ehemaligen

DDR, die als Versicherungsfälle nach dem Fremdrentengesetz anerkannt worden sind. Die Anpassungsfaktoren für die vom Jahresarbeitsverdienst abhängigen Geldleistungen und das Pflegegeld werden für Versicherungsfälle aus dem Beitrittsgebiet weiterhin gesondert durch Rechtsverordnung festgesetzt. Die Höhe der Anpassungen weicht von den Festsetzungen für die alten Bundesländer ab, solange noch ein unterschiedliches Einkommensniveau besteht.

Durch das Gesetz zur Modernisierung der gesetzlichen Unfallversicherung (Unfallversicherungsmodernisierungsgesetz – UVMG) vom 30. Oktober 2008, das in seinen wesentlichen Teilen am 5. November 2008 in Kraft getreten ist, ist eine umfassende Organisationsreform vorgenommen worden. Reformbedarf hatte sich insbesondere durch den wirtschaftlichen Strukturwandel ergeben. Ein wesentliches Ziel des Gesetzes war es daher, die gesetzliche Unfallversicherung neu auszurichten und zu modernisieren. Dabei galt es, die Zahl der Unfallversicherungsträger zu reduzieren und die Organisation zu straffen und an die heutigen wirtschaftlichen Strukturen anzupassen. Zugleich ist eine Neugestaltung des solidarischen Lastenausgleichs zwischen den gewerblichen Berufsgenossenschaften vorgenommen worden. Des Weiteren ist mit dem Gesetz die Zusammenarbeit von Bund, Ländern und Unfallversicherungsträgern im Bereich der Prävention weiter gestärkt worden.

Die Aufgaben im Einzelnen

4 Die Unfallversicherung soll mit allen geeigneten Mitteln Arbeitsunfälle und Berufskrankheiten sowie arbeitsbedingte Gesundheitsgefahren verhüten. Dies schließt sicherheitstechnische und arbeitsmedizinische Maßnahmen ebenso ein wie den Gesundheitsschutz.

Nach dem Eintritt von Arbeitsunfällen und Berufskrankheiten ist es Aufgabe der Unfallversicherung

– die Gesundheit und die Leistungsfähigkeit der Versicherten mit allen geeigneten Mitteln wiederherzustellen und
– die Versicherten oder ihre Hinterbliebenen durch Geldleistungen zu entschädigen.

Unfallverhütung

Bedeutung der Unfallverhütung

5 Um die Bedeutung der Unfallverhütung immer wieder der Öffentlichkeit vor Augen zu führen, ist die Bundesregierung verpflichtet, alljährlich einen Bericht über den Stand von Sicherheit und Gesundheit bei der Arbeit und über das Unfall- und Berufskrankheitengeschehen in der Bundesrepublik Deutschland vorzulegen. Er fasst die Berichte der Unfallversicherungsträger und die Jahresberichte der für den staatlichen Arbeitsschutz zuständigen Länderbehörden zusammen. Alle vier Jahre enthält der Bericht einen umfassenden Überblick über die Entwicklung der Arbeitsunfälle und Berufskrankheiten, ihre Kosten und die Maßnahmen zur Sicherheit und Gesundheit bei der Arbeit. Der Bericht über Sicherheit und Gesundheit bei der Arbeit enthält jeweils auch Angaben über das Unfallgeschehen für Schülerinnen und Schüler, Studierende und Kinder in Tageseinrichtungen.

Bei der Entwicklung der meldepflichtigen Unfälle setzte sich auch 2009 die langjährig rückläufige Entwicklung fort (–8,4 Prozent, auf nunmehr 974.642 meldepflichtige Arbeitsunfälle). Damit sank in dieser Zeit parallel die Unfallquote je 1.000 Vollarbeiter (25,8 Arbeitsunfälle pro 1.000 Beschäftigte). Auch die Zahl der Arbeitsunfälle mit tödlichem Ausgang folgte weiterhin einem langjährig rückläufigen Trend und erreichte 2009 mit 622 Fällen ihren bisher tiefsten Stand. Sie liegt damit nur noch bei zwei Dritteln der Zahl von 2006 (941 Todesfälle). Bei den Berufskrankheiten hingegen stieg die Zahl der Verdachtsanzeigen erheblich an (+9,9 Prozent, auf nunmehr 70.100 Anzeigen). Die Ursachen dafür liegen vor allem in neu anerkannten Berufskrankheiten, Änderungen der Anerkennungszeiten und langen Latenzzeiten. Wie auch in den vergangenen Jahren spielen Meldungen zu lärmbedingten Erkrankungen, Lendenwirbelsäulenerkrankungen (durch Heben und Tragen), asbestbedingten Erkrankungen und Hauterkrankungen eine besondere Rolle.

6 Trotz der langjährig positiven Entwicklung des Unfall- und Berufskrankheitengeschehens müssen die Anstrengungen zur Gewährleistung des Arbeitsschutzes auf allen Ebenen – in den Betrieben und den Verwaltungen, bei den Aufsichtsbehörden und den Unfallversicherungsträgern – unvermindert fortgesetzt werden, um dem umfassenden Präventionsauftrag des Arbeitsschutzgesetzes und des SGB VII gerecht zu werden. Arbeitsschutz ist nicht nur eine soziale und ethische Verpflichtung, sondern auch ein Gebot der wirtschaftlichen Vernunft. Durch die Verringerung von Unfällen und arbeitsbedingten Gesundheitsgefahren können den Betrieben und der Sozialversicherung erhebliche Kosten erspart werden.

7 Sozialgesetzbuch · 7. Buch · Unfallversicherung

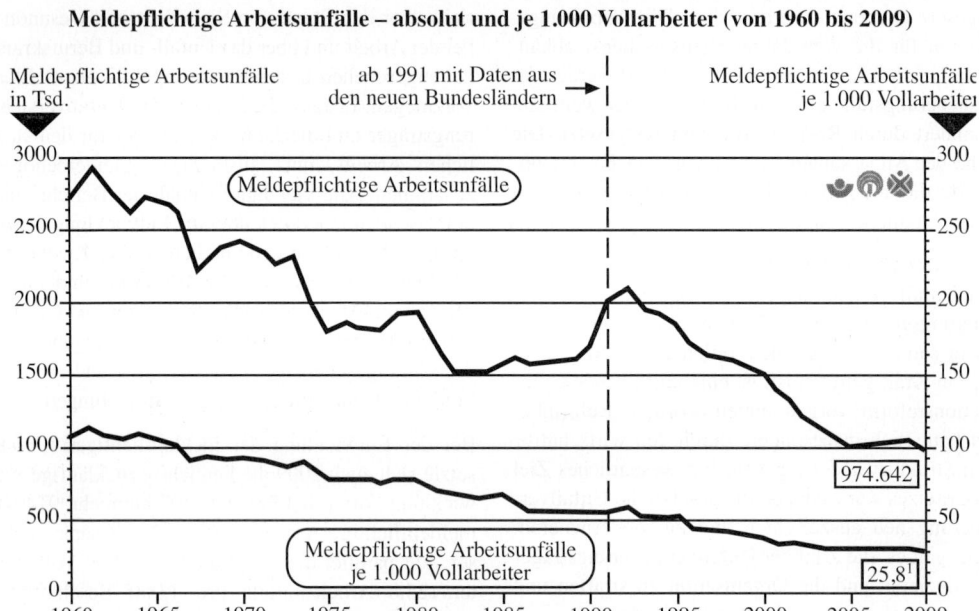

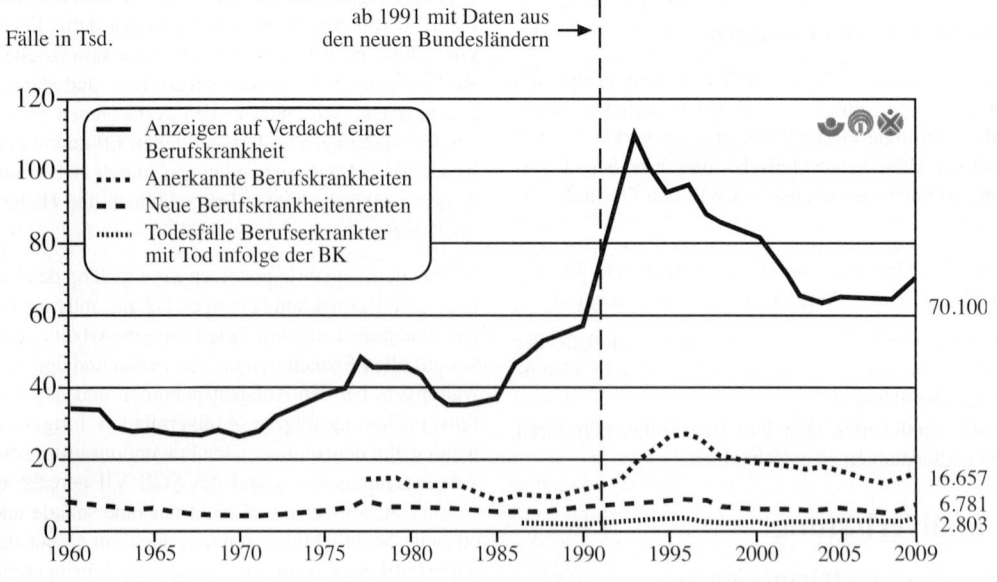

Quelle: Bundesministerium für Arbeit und Soziales (Herausgeber): Sicherheit und Gesundheit bei der Arbeit 2009, Bericht der Bundesregierung über den Stand von Sicherheit und Gesundheit bei der Arbeit und über das Unfall- und Berufskrankheitengeschehen in der Bundesrepublik Deutschland im Jahre 2009, S. 67 und 70.

Überbetrieblicher Arbeitsschutz

7 Der überbetriebliche Arbeitsschutz besteht organisatorisch aus zwei Säulen (so genannter „Dualismus im Arbeitsschutz"):

- den Aufsichts- und Beratungsdiensten der Unfallversicherungsträger und
- den Arbeitsschutzbehörden der Länder, d. h. regelmäßig den Staatlichen Ämtern für Arbeitsschutz bzw. den staatlichen Gewerbeaufsichtsämtern.

Die berufsgenossenschaftlichen und die staatlichen Aufsichtsdienste haben die Aufgabe, die Betriebe zu besichtigen und dabei die Einhaltung der Vorschriften und Regeln durch den Arbeitgeber zu kontrollieren und durch geeignete Maßnahmen sicherzustellen. Da die Aufgabengebiete dieser beiden Dienste zu einem großen Teil gleich sind, wirken die Unfallversicherungsträger und die für den Arbeitsschutz zuständigen Länderbehörden bei der Überwachung der Unternehmen eng zusammen und fördern den Erfahrungsaustausch.

Gemeinsame Deutsche Arbeitsschutzstrategie (GDA)

8 Um die Zusammenarbeit effektiver und effizienter zu gestalten, haben der Bund, die Länder und die Träger der gesetzlichen Unfallversicherung auf der Grundlage internationaler und europäischer Vorgaben eine gemeinsame, bundesweit geltende Arbeitsschutzstrategie entwickelt, die sogenannte „Gemeinsame Deutsche Arbeitsschutzstrategie" (GDA).

Durch das Unfallversicherungsmodernisierungsgesetz (UVMG) ist die GDA gesetzlich verankert. Zentrales Ziel ist es, die Sicherheit und Gesundheit der Beschäftigten durch einen präventiv ausgerichteten und systematisch wahrgenommenen Arbeitsschutz, ergänzt durch Maßnahmen der betrieblichen Gesundheitsförderung, zu erhalten, zu verbessern und zu fördern. Bund, Länder und Unfallversicherungsträger handeln im Bereich der Prävention nunmehr in noch engerer Abstimmung und auf der Grundlage gemeinsam festgelegter Arbeitsschutzziele, die auf der Ebene von gemeinsamen Handlungsfeldern konkretisiert werden. Für den Zeitraum 2008 bis 2012 sind folgende Arbeitsschutzziele bestimmt worden: die Verringerung der Häufigkeit und Schwere von Arbeitsunfällen, von Muskel-Skelett-Belastungen und -Erkrankungen sowie von Hautkrankheiten. Weitere Elemente sind eine verbesserte Zusammenarbeit der Aufsichtsdienste bei der Beratung und Überwachung der Betriebe sowie eine Optimierung des Vorschriften- und Regelwerks. Die GDA wird von der Nationalen Arbeitsschutzkonferenz (NAK) entwickelt, gesteuert und fortgeschrieben. Auch die NAK ist durch das Unfallversicherungsmodernisierungsgesetz gesetzlich geregelt worden.

Der Aufsichtsdienst der Unfallversicherungsträger

9 Die Träger der Unfallversicherung haben mit allen geeigneten Mitteln für die Verhütung von Arbeitsunfällen, Wegeunfällen und Berufskrankheiten und arbeitsbedingten Gesundheitsgefahren und für eine wirksame Erste Hilfe zu sorgen.

Sie haben durch entsprechend ausgebildetes Fachpersonal die Durchführung der Unfallverhütungsmaßnahmen in den Betrieben und Verwaltungen zu überwachen und die Unternehmer und die Versicherten zu beraten. Sie sollen auch den Ursachen von arbeitsbedingten Gefahren für Leben und Gesundheit nachgehen. Bei der Verhütung arbeitsbedingter Gesundheitsgefahren arbeiten die Unfallversicherungsträger mit den Krankenkassen zusammen.

10 Unfallverhütungsvorschriften werden nur erlassen, soweit dies zur Konkretisierung oder Ergänzung staatlicher Arbeitsschutzvorschriften notwendig ist. Doppelregelungen von staatlichem Recht und Unfallverhütungsvorschriften sollen vermieden werden. Voraussetzung für den Erlass von Unfallverhütungsvorschriften durch die Unfallversicherungsträger ist daher, dass dies zum Zweck der Prävention geeignet und erforderlich ist und staatliche Arbeitsschutzvorschriften hierüber keine Regelung treffen. Sind diese Voraussetzungen erfüllt, können die Träger der Unfallversicherung unter Mitwirkung der Deutschen Gesetzlichen Unfallversicherung e. V. als Spitzenverband Vorschriften darüber erlassen, welche Einrichtungen, Anordnungen und Maßnahmen die Unternehmer zur Verhütung von Arbeitsunfällen und Berufskrankheiten zu treffen und welches Verhalten die Versicherten zur Verhütung von Arbeitsunfällen zu beachten haben. Diese Vorschriften können bestimmen, inwieweit ärztliche Untersuchungen von Versicherten vor, während und nach ihrer Beschäftigung mit Arbeiten, deren Verrichtung mit außergewöhnlichen Unfall- oder Gesundheitsgefahren für sie oder Dritte verbunden sind, durchzuführen sind. Die Träger der Unfallversicherung können unter den genannten Voraussetzungen außerdem regeln, dass die Unternehmer in ihren Unternehmen eine wirksame Erste Hilfe bei Arbeitsunfällen sicherzustellen haben. 2.903 besonders vorgebildete Aufsichtspersonen

Sozialgesetzbuch · 7. Buch · Unfallversicherung

Dualismus im Arbeitsschutz

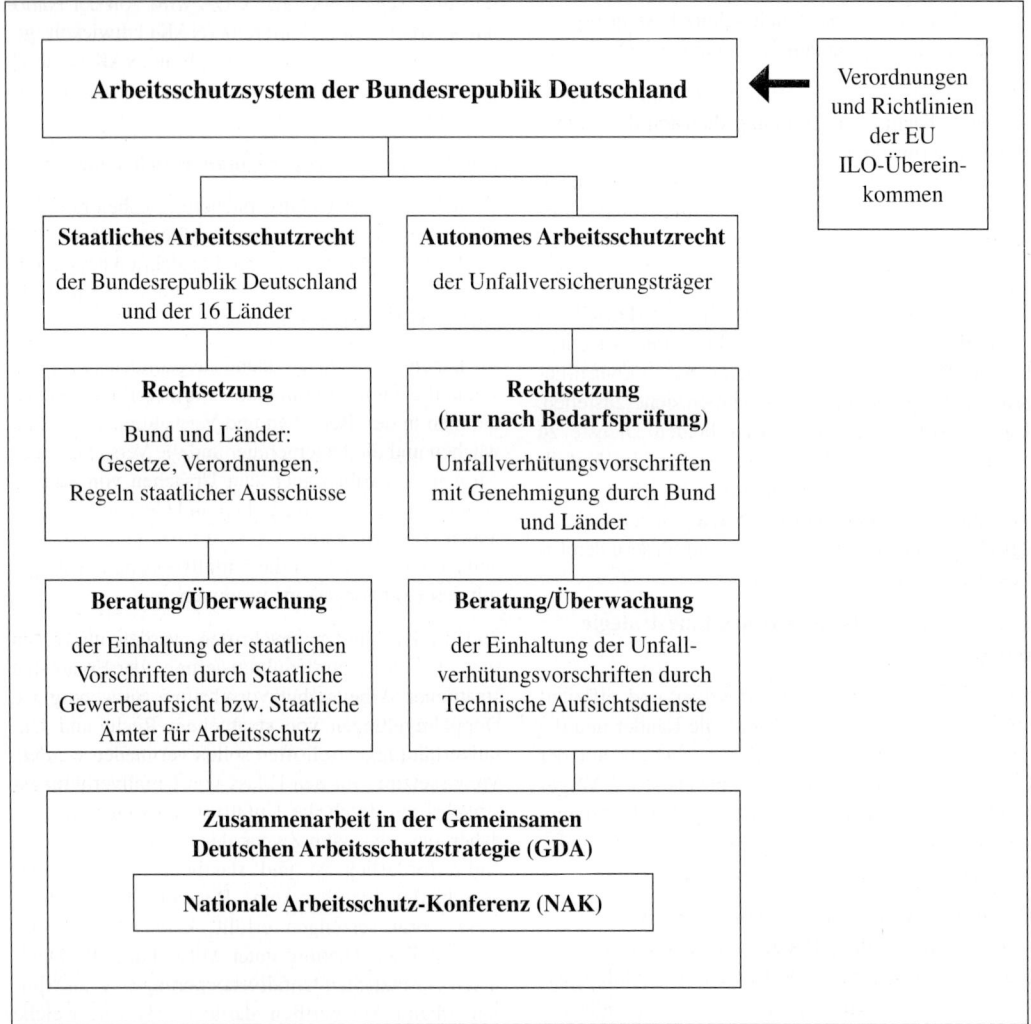

Quelle: Bericht der Bundesregierung über den Stand von Sicherheit und Gesundheit bei der Arbeit und das Unfall- und Berufskrankheitengeschehen in der Bundesrepublik Deutschland im Jahr 2008, S. 18.

überwachen die Durchführung der Unfallverhütung und beraten die Unternehmer über die wirksamsten Maßnahmen. Sie sind befugt, Anordnungen zur Beseitigung von Unfallgefahren zu treffen. Insgesamt sind in den Aufsichts- und Beratungsdiensten 5.342 Dienstkräfte für die Unfallverhütung und die Sicherheit am Arbeitsplatz tätig.

11 Die Aufsichts- und Beratungsdienste der Unfallversicherungsträger sind für ca. 3,2 Mio. Betriebe zuständig. Jährlich werden rd. 650.000 Betriebsbesichtigungen durchgeführt und dabei ca. 380.000 Betriebe besichtigt. Rund 1,12 Mio. Beanstandungen waren 2009 zu verzeichnen.

Unternehmer und Versicherte, die vorsätzlich oder fahrlässig gegen Vorschriften der Unfallversicherung verstoßen, handeln ordnungswidrig; Ordnungswidrigkeiten können mit einer Geldbuße bis 10.000 Euro geahndet werden.

Staatliche Gewerbeaufsicht

12 Die staatliche Arbeitsschutzüberwachung ist zweistufig organisiert. Auf der regionalen Ebene sind

Staatliche Ämter für Arbeitsschutz oder Gewerbeaufsichtsämter (mit teilweise unterschiedlichen Bezeichnungen) eingerichtet, deren Größe und Organisation von der Größe und Wirtschaftsstruktur des jeweiligen Landes abhängen. Einige Länder haben die Arbeitsschutzbehörden als eigenständige Verwaltungen aufgelöst und den Arbeitsschutz in die jeweilige Mittelinstanz der Verwaltung eingegliedert (zumeist in die Regierungspräsidien). Auf der zweiten, übergeordneten Ebene gibt es überwiegend in den Ministerien für Arbeit und Soziales angebundene Abteilungen für Sicherheit und Gesundheitsschutz, die die Fachaufsicht über die Ämter für Arbeitsschutz ausüben und die Arbeit der regionalen Ämter koordinieren.

Die Länderbehörden für Arbeitsschutz wachen darüber, dass die staatlichen Arbeitsschutzbestimmungen eingehalten werden. Wenn notwendig, werden Verwarnungen ausgesprochen sowie Betriebe mit einem Bußgeld belegt. Bei schweren Verstößen gegen Vorschriften über den Unfall-, Gesundheits- und Nachbarschutz wird Strafanzeige erstattet.

13 Früher waren die Gewerbeaufsichtsämter ausschließlich oder zumindest vorwiegend auf dem Gebiet des Arbeitsschutzes tätig. Mit dem Umweltschutz und dem Technischen Verbraucherschutz wurden der Gewerbeaufsicht bzw. den Staatlichen Ämtern für Arbeitsschutz in den meisten Bundesländern neue Aufgaben übertragen.

14 Die Zahl der Gewerbeaufsichtsbeamten liegt bei 3.101. Die Zahl der staatlichen Gewerbeärzte liegt bei 95.

15 Die Gewerbeaufsicht führte 2009 mehr als 315.000 Betriebsbesichtigungen durch und besichtigte etwa 125.000 Betriebe. Dabei wurden ca. 580.000 Beanstandungen festgestellt.

Innerbetrieblicher Arbeitsschutz

16 Für die Verhütung von Unfall- und Gesundheitsgefahren im Betrieb sowie für eine wirksame Erste Hilfe trägt der Arbeitgeber die Verantwortung. Er wird dabei von verschiedenen Personen unterstützt.

Das Arbeitsschutzgesetz verpflichtet den Arbeitgeber, die erforderlichen Maßnahmen zu treffen, um die Sicherheit und den Gesundheitsschutz der Beschäftigten bei der Arbeit zu gewährleisten und zu verbessern. Eine zentrale Aufgabe ist dabei die Beurteilung der am Arbeitsplatz bestehenden Gesundheitsgefährdungen, da dies die Grundvoraussetzung für die Durchführung zielgerichteter, wirksamer und kostengünstiger Arbeitsschutzmaßnahmen bildet. Ferner hat der Arbeitgeber die Beschäftigten über Gesundheitsgefährdungen und Schutzmaßnahmen zu unterweisen.

Des Weiteren sind die Arbeitgeber verpflichtet, Betriebsärzte und Fachkräfte für Arbeitssicherheit zu bestellen. Durch die Bestellung sollen die sachverständige Anwendung technischer und medizinischer Vorschriften sowie moderner sicherheitstechnischer und arbeitsmedizinischer Erkenntnisse und ein größtmöglicher Wirkungsgrad der vorhandenen Mittel für den Arbeitsschutz und die Unfallverhütung erreicht werden. Betriebsärzte und Sicherheitsfachkräfte haben den Arbeitgeber bei der Verwirklichung dieser Ziele zu unterstützen. Der Umfang der Aufgaben von Arzt und Sicherheitsfachkraft bestimmt sich nach dem Ausmaß der Unfall- und Gesundheitsgefahren, der Zahl der Arbeitnehmer und ihrer Zusammensetzung sowie der Betriebsorganisation. Besonders wichtig ist, dass bereits bei der Planung von Betriebsanlagen und sozialen Einrichtungen, bei der Einführung von technischen Arbeitsmitteln und -verfahren sowie bei der Beurteilung der Arbeitsbedingungen die Betriebsärzte und Sicherheitsfachkräfte zu beteiligen sind. Auch die Beratung und Belehrung der Beschäftigten über den Arbeits- und Gesundheitsschutz im Betrieb gehört zu ihren Aufgaben. Daneben ergeben sich weitere, jeweils fachspezifische Aufgaben.

Die Beschäftigten selbst haben die Arbeitsschutzanweisungen zu beachten und dafür Sorge zu tragen, dass durch ihre Tätigkeit andere Personen nicht gefährdet werden. Des Weiteren sind sie verpflichtet, festgestellte Mängel, die Auswirkungen auf Sicherheit und Gesundheit haben können, dem Arbeitgeber zu melden.

17 Bei der Bekämpfung von Unfall- und Gesundheitsgefahren im Betrieb kommt auch den Betriebsräten eine besondere Bedeutung zu. Nach dem Betriebsverfassungsgesetz hat der Betriebsrat im Arbeitsschutz einen Überwachungs- und Gestaltungsauftrag, ein Mitbestimmungsrecht, einen Unterstützungsauftrag gegenüber den Arbeitsschutzbehörden und ein Informations- und Beteiligungsrecht.

18 Neben den Betriebsärzten und Fachkräften für Arbeitssicherheit sind in Betrieben, in denen mehr als 20 Arbeitnehmer beschäftigt werden, Sicherheitsbeauftragte tätig. Der Unfallversicherungsträger kann die Bestellung von Sicherheitsbeauftragten bei besonderen Gefahren für Leben und Gesundheit auch bei einer geringeren Anzahl von Beschäftigten anordnen, ebenso kann er bei geringen Gefahren die Zahl 20 in seiner Unfallverhütungsvorschrift erhöhen. Die Zahl der gesetzlich bestellten Sicherheitsbeauftragten in den Betrieben belief sich 2009 auf 598.665. Sie haben die Unternehmen bei der Durchführung des Unfallschutzes zu unterstützen, insbesondere sich vom Vorhandensein und der ordnungsgemäßen Benutzung der vorgeschriebenen Schutzvorrichtungen laufend zu überzeugen.

Personenkreis

19 In der Unfallversicherung sind ca. 61,5 Mio. Personen (ohne Schülerunfallversicherung) versichert. Die Zahl der so genannten Vollarbeiter beträgt 37,8 Mio. Personen. „Vollarbeiter" ist eine Rechengröße, die im Allgemeinen als Grundlage für statistische Erhebungen, insbesondere zur Berechnung der Unfallhäufigkeit, dient. Die verschiedenen zeitlichen Beschäftigungsverhältnisse (z. B. Teilzeit- und Nebenbeschäftigungen, Überstunden) werden zur Ermittlung der Zahl der Vollarbeiter auf Beschäftigungsverhältnisse mit normaler ganztägiger Arbeitszeit umgerechnet. Außerdem sind in der Unfallversicherung rd. 17,1 Mio. Schülerinnen und Schüler, Studierende und Kinder in Tageseinrichtungen versichert (Zahlen für 2009).

Versicherungspflicht

Versicherung kraft Gesetzes

20 Der gesetzliche Unfallversicherungsschutz erstreckt sich auf verschiedene Personengruppen. Die weitaus größte Gruppe bilden die Arbeitnehmer und die ihnen gleich gestellten Personen. Kraft Gesetzes sind versichert alle Beschäftigten (einschließlich der Heimarbeiter) unabhängig von der Höhe ihres Arbeitsentgelts, außerdem Zwischenmeister und Hausgewerbetreibende sowie ihre mitarbeitenden Ehegatten oder Lebenspartner. Versichert sind auch Personen, die ihrer allgemeinen Meldepflicht nach den Vorschriften des Arbeitsförderungsrechts (Drittes Buch Sozialgesetzbuch – SGB III) nachkommen. Dies betrifft Arbeitslose, die Anspruch auf Arbeitslosengeld erheben und sich nach Aufforderung der Agentur für Arbeit (bzw. eines entsprechenden kommunalen Trägers) bei dieser oder einer anderen in der Meldeaufforderung bezeichneten Stelle persönlich melden oder zu einem ärztlichen oder psychologischen Untersuchungstermin erscheinen. Die Vorschriften über die allgemeine Meldepflicht gelten entsprechend für Personen, die Leistungen der Grundsicherung für Arbeitsuchende nach dem Zweiten Buch Sozialgesetzbuch (SGB II) beziehen.

21 Zu den versicherten Personen gehören die landwirtschaftlichen Unternehmer, ihre im Unternehmen mitarbeitenden Ehegatten oder Lebenspartner sowie die - nicht nur vorübergehend im landwirtschaftlichen Unternehmen mitarbeitenden - Familienangehörigen. Kraft Gesetzes sind außerdem die Unternehmer gewerblicher Kleinbetriebe der Küstenschifffahrt und Küstenfischerei und ihre mitarbeitenden Ehegatten oder Lebenspartner versichert.

22 Die Unfallversicherung schützt auch Personen, die im Interesse des Gemeinwohls tätig werden. Hierzu gehören die im Gesundheitswesen, in der Wohlfahrtspflege, in einem Unternehmen zur Hilfe bei Unglücksfällen sowie im Zivilschutz unentgeltlich, insbesondere ehrenamtlich Tätigen. Auch die so genannten Nothelfer, nämlich Lebensretter und Personen, die von einer Körperschaft, Anstalt oder Stiftung des öffentlichen Rechts zur Unterstützung bei einer Diensthandlung zugezogen werden, gehören zum versicherten Personenkreis, ebenso wie Personen, die sich bei Verfolgung oder Festnahme einer Person, die einer strafbaren Handlung verdächtig ist, oder zum Schutz eines widerrechtlich Angegriffenen persönlich einsetzen. Versichert sind ferner Blutspender und Organspender. Personen, die sich Untersuchungen, Prüfungen oder ähnlichen Maßnahmen unterziehen, die aufgrund von Rechtsvorschriften zur Aufnahme einer versicherten Tätigkeit oder infolge einer abgeschlossenen versicherten Tätigkeit erforderlich sind, soweit diese Maßnahmen vom Unternehmen oder einer Behörde veranlasst worden sind (z. B. Untersuchungen aufgrund von Unfallverhütungsvorschriften), sind ebenfalls kraft Gesetzes versichert. Schließlich sind alle Personen versichert, die für Körperschaften, Anstalten oder Stiftungen des öffentlichen Rechts oder deren Verbände und Arbeitsgemeinschaften, für öffentlich-rechtliche Religionsgemeinschaften oder im Bildungswesen ehrenamtlich tätig werden oder an Ausbildungsveranstaltungen für diese Tätigkeit teilnehmen. Dies gilt ebenso für Personen, die in Vereinen oder Verbänden im Auftrag oder mit Zustimmung von Gebietskörperschaften oder öffentlich-rechtlichen Religionsgemeinschaften ehrenamtlich tätig werden oder an Ausbildungsveranstaltungen für diese Tätigkeiten teilnehmen. Öffentlich-rechtliche Weltanschauungsgemeinschaften sind den öffentlich-rechtlichen Religionsgemeinschaften auch insoweit gleichgestellt. Versichert sind auch die von einem Gericht, einem Staatsanwalt oder einer sonst dazu berechtigten Stelle zur Beweiserhebung herangezogenen Zeugen. In den Schutz der Unfallversicherung sind ebenfalls Entwicklungshelfer einbezogen, wenn sie im Ausland für eine begrenzte Zeit beschäftigt sind oder für eine solche Beschäftigung im Bundesgebiet vorbereitet werden. Geschützt sind weiterhin Beschäftigungen von Deutschen im Ausland bei einer amtlichen Vertretung des Bundes oder der Länder, sowie unter bestimmten Voraussetzungen auch Tätigkeiten von Personen bei zwischenstaatlichen oder überstaatlichen Organisationen oder als vom Auswärtigen Amt vermittelte Lehrkräfte im Ausland.

23 Die Unfallversicherung schützt Lernende während der beruflichen Aus- und Fortbildung in Betriebsstätten, Lehrwerkstätten, Schulungskursen und ähnlichen Einrichtungen. Auch Kinder während des Besuchs von bestimmten Tageseinrichtungen (z. B. Kindergärten, Kinderhorte, Betreuung durch geeignete Tagespflegepersonen) sowie Schülerinnen und Schüler während des Besuchs allgemein- oder berufsbildender Schulen sind versichert. Geschützt sind diese ebenfalls während der Teilnahme an unmittelbar vor oder nach dem Unterricht von der Schule oder im Zusammenwirken mit der Schule durchgeführten Betreuungsmaßnahmen. Studierende während der Aus- und Fortbildung an Hochschulen unterliegen ebenfalls dem Schutz der gesetzlichen Unfallversicherung. Unter Versicherungsschutz stehen auch Kinder, Schülerinnen und Schüler sowie Studierende, wenn sie an einer auf einer Rechtsvorschrift beruhenden Maßnahme für die Aufnahme in Kindertageseinrichtungen, allgemein- oder berufsbildenden Schulen und Hochschulen teilnehmen.

24 Weiter sind Personen versichert, die im Rahmen der Selbsthilfe beim Hausbau einschließlich der Aufschließung und Kultivierung des Geländes, der Herrichtung von Wirtschaftsanlagen und der Herstellung von Gemeinschaftsanlagen mitwirken, wenn durch das Bauvorhaben öffentlich geförderte Wohnungen geschaffen werden sollen.

25 Versichert in der Unfallversicherung sind daneben Personen während der Durchführung von medizinischen Rehabilitationsmaßnahmen oder einer auf Kosten eines Unfallversicherungsträgers durchgeführten vorbeugenden Maßnahme nach der Berufskrankheiten-Verordnung. Auch Personen, die zur Vorbereitung von Leistungen zur Teilhabe am Arbeitsleben auf Aufforderung eines Rehabilitationsträgers diesen oder eine andere Stelle aufsuchen, sind gegen Unfall versichert.

26 Versicherungsschutz in der Unfallversicherung haben auch Pflegepersonen bei der Pflege von Pflegebedürftigen, die diese nicht erwerbsmäßig in häuslicher Umgebung pflegen. Zur versicherten Pflegetätigkeit gehören die Bereiche der Körperpflege, Ernährung, Mobilität und der hauswirtschaftlichen Versorgung. Voraussetzung ist, dass sich um Tätigkeiten handelt, die zumindest überwiegend dem Pflegebedürftigen zugute kommen.

27 Personen, die als Leibesfrucht (nasciturus) durch einen Arbeitsunfall oder eine Berufskrankheit während der Schwangerschaft ihrer Mutter geschädigt worden sind, sind in den Schutz der Unfallversicherung einbezogen. Sie werden wie Versicherte entschädigt. Es ist ausreichend, wenn das Kind durch Einwirkungen geschädigt ist, die bei der Mutter eine Berufskrankheit hätten hervorrufen können. Vor der Zeugung des Kindes liegende versicherte Erkrankungen oder Schädigungen begründen dagegen keinen Versicherungsschutz.

28 Gegen Arbeitsunfall und Berufskrankheiten sind auch Personen versichert, die wie Beschäftigte tätig werden. Das setzt voraus, dass ihr Verhalten einem bestimmten Unternehmen zu dienen bestimmt ist, d. h. sie werden arbeitnehmerähnlich tätig. Dazu gehört unter anderem, dass die Tätigkeit ihrer Art nach sonst von Beschäftigten verrichtet werden könnte und dem wirklichen oder mutmaßlichen Willen des Unternehmers entspricht.

29 Versichert sind auch Personen, die während einer aufgrund eines Gesetzes angeordneten Freiheitsentziehung oder aufgrund strafrichterlicher, staatsanwaltlicher oder jugendbehördlicher Anordnung wie Beschäftigte tätig werden.

Versicherung kraft Satzung

30 Durch ihre Satzung können die Träger der Unfallversicherung die Versicherungspflicht auf weitere Personen, insbesondere Unternehmer, die oben nicht genannt sind, und deren im Unternehmen mitarbeitenden Ehegatten oder Lebenspartner erstrecken. Ausgenommen von der Erweiterungsmöglichkeit sind Haushaltsführende, Fischerei- oder Jagdgäste, Unternehmer von nicht gewerbsmäßig betriebenen

Binnenfischereien und Imkereien sowie ihre im Unternehmen mitarbeitenden Ehegatten oder Lebenspartner und Reeder, die nicht zur Besatzung des Fahrzeugs gehören, sowie ihre im Unternehmen mitarbeitenden Ehegatten oder Lebenspartner.

31 Ferner kann die Satzung bestimmen, dass und unter welchen Bedingungen Personen, die sich vorübergehend auf der Stätte des Unternehmens aufhalten, versichert sind, soweit sie nicht bereits nach anderen Vorschriften der Versicherung unterliegen. Zudem haben die Unfallkassen der Länder die Möglichkeit, durch entsprechende Regelungen in ihren Satzungen weitere Personengruppen ehrenamtlich Tätiger und bürgerschaftlich Engagierter in den Versicherungsschutz der gesetzlichen Unfallversicherung aufzunehmen. Auch Beschäftigungen bei einer staatlichen deutschen Einrichtung im Ausland können kraft Satzung in den Versicherungsschutz aufgenommen werden.

Versicherungsfreiheit

32 In der Unfallversicherung ist grundsätzlich nur eine Versicherungsfreiheit kraft Gesetzes vorgesehen; eine Versicherungsbefreiung auf Antrag besteht nur bei landwirtschaftlichen Unternehmern und deren Ehegatten oder Lebenspartnern, sofern sie ein landwirtschaftliches Unternehmen bis zu einer Größe von 0,25 ha bewirtschaften; dies gilt nicht für Spezialkulturen (z. B. Tabak). Versicherungsfrei kraft Gesetzes sind insbesondere Beamte und ihnen gleich gestellte Personen hinsichtlich der Unfälle im Rahmen eines Dienst- oder Arbeitsverhältnisses, soweit für sie beamtenrechtliche Unfallfürsorgevorschriften oder entsprechende Grundsätze gelten. Versicherungsfrei sind ferner Personen, die bei Arbeitsunfällen Versorgung nach dem Bundesversorgungsgesetz oder Gesetzen, die das Bundesversorgungsgesetz für entsprechend anwendbar erklären (z. B. das Zivildienstgesetz), erhalten.

Versicherungsfrei sind auch Mitglieder geistlicher Genossenschaften, Diakonissen und Angehörige ähnlicher Gemeinschaften, wenn ihnen nach den Regeln der Gemeinschaft Anwartschaft auf die dort übliche Versorgung gewährleistet und die Erfüllung gesichert ist. Versicherungsfrei sind ferner selbständig tätige Ärzte, Zahnärzte, Tierärzte, Psychologische Psychotherapeuten, Kinder- und Jugendlichenpsychotherapeuten, Heilpraktiker und Apotheker sowie Verwandte, Verschwägerte und Pflegekinder des Haushaltsführenden oder der Ehegatten oder Lebenspartner bei unentgeltlicher Beschäftigung im Haushalt mit Ausnahme landwirtschaftlicher Haushalte.

33 Versicherungsfrei sind außerdem Unternehmer von nicht gewerbsmäßig betriebenen Binnenfischereien und Imkereien und landwirtschaftlichen Unternehmen, die Tierhaltung ohne Bodenbewirtschaftung betreiben, wenn diese Unternehmen nicht gewerbsmäßig betrieben werden und nicht Neben- oder Hilfsbetrieb eines anderen landwirtschaftlichen Unternehmens sind. Gleiches gilt für deren mitarbeitende Ehegatten oder Lebenspartner, Verwandte, Verschwägerte und Pflegekinder, die im Unternehmen unentgeltlich tätig sind. Versicherungsfrei sind auch Fischerei- oder Jagdgäste.

Die Ausführungen zur Versicherungsfreiheit beziehen sich grundsätzlich auf die beruflichen Tätigkeiten der jeweiligen Personengruppen. Gesetzlicher Unfallversicherungsschutz kann aber auch für die genannten Personen dann bestehen, wenn sich beispielsweise Beamte in ihrer Freizeit ehrenamtlich engagieren und es sich beim ausgeübten Ehrenamt um eine versicherte Tätigkeit handelt.

Freiwillige Versicherung

34 Auf schriftlichen Antrag können sich Unternehmer und deren im Unternehmen mitarbeitende Ehegatten oder Lebenspartner freiwillig gegen die Folgen von Arbeitsunfällen versichern. Ausgenommen von dieser Möglichkeit sind Haushaltsführende, Unternehmer von nicht gewerbsmäßig betriebenen Binnenfischereien und Imkereien, landwirtschaftliche Unternehmer, die Tierhaltung ohne Bodenbewirtschaftung betreiben und ihre Ehegatten oder Lebenspartner sowie Fischerei- und Jagdgäste. Außerdem können sich Personen, die in Kapital- oder Personenhandelsgesellschaften regelmäßig wie Unternehmer selbständig tätig sind, freiwillig versichern. Zudem können sich gewählte oder beauftragte Ehrenamtsträger in gemeinnützigen Organisationen freiwillig versichern. Eine freiwillige Versicherung begründen können des Weiteren auch Personen, die sich in Gremien von Arbeitgeber- oder Arbeitnehmerorganisationen ehrenamtlich engagieren. Die Möglichkeit zur freiwilligen Versicherung haben auch Personen, die sich ehrenamtlich für politische Parteien engagieren.

Versicherungsfall und Versicherungsumfang

35 Nach dem Recht der gesetzlichen Unfallversicherung haben Versicherte, die durch einen Arbeitsunfall verletzt worden oder an einer Berufskrankheit erkrankt sind, Ansprüche auf Heilbehandlung, auf Leistungen zur Teilhabe am Arbeitsleben und zur Teilnahme am Leben in der Gemeinschaft und ergänzende Leistungen sowie auf Geldleistungen während der Heilbehandlung und der Durchführung der Leistungen zur Teilhabe am Arbeitsleben und gegebenenfalls auf Verletztenrente. Voraussetzung ist der Eintritt des Versicherungsfalls, also eines Arbeitsunfalls oder einer Berufskrankheit.

36 Ein Arbeitsunfall ist ein Unfall infolge einer versicherten Tätigkeit. Ein Unfall ist ein zeitlich begrenztes, von außen auf den Körper einwirkendes Ereignis, das zum Gesundheitsschaden oder zum Tod führt und sich längstens innerhalb einer Arbeitsschicht zugetragen hat. Zwischen der versicherten Tätigkeit und dem Unfallgeschehen sowie zwischen dem Unfallgeschehen und dem Körperschaden muss jeweils ein ursächlicher Zusammenhang bestehen.

Der Versicherungsumfang bestimmt sich nach der versicherten Arbeitstätigkeit. Eine versicherte Tätigkeit liegt vor, wenn sie den Interessen des Unternehmens zu dienen bestimmt ist.

Auch der Besuch einer Kindertageseinrichtung (z. B. Kindergarten oder -hort), einer Schule, einer Ausbildungsstätte oder einer Hochschule ist eine unter den Schutz der gesetzlichen Unfallversicherung fallende Tätigkeit; ein Unfall bei einer solchen Tätigkeit ist ein Arbeitsunfall. Dies gilt auch bei der Betreuung durch eine geeignete Tagespflegeperson.

Als Arbeitsunfälle gelten des Weiteren Unfälle bei einer mit der versicherten Tätigkeit zusammenhängenden Verwahrung, Beförderung, Instandhaltung und Erneuerung des Arbeitsgeräts (auch wenn es vom Versicherten gestellt wird) oder einer Schutzausrüstung sowie deren Erstbeschaffung, wenn diese auf Veranlassung der Unternehmer erfolgt.

37 Der Gesetzgeber hat den Schutz der Unfallversicherung auf die so genannten Wegeunfälle ausgedehnt. Zu den Arbeitsunfällen gehören daher auch Unfälle auf einem mit der versicherten Tätigkeit zusammenhängenden Weg nach und von dem Ort der Tätigkeit. Umwege, die der Versicherte macht, weil sein Kind wegen seiner oder seines Ehegatten oder Lebenspartners beruflicher Tätigkeit fremder Obhut anvertraut wird, oder die gemacht werden, weil der Versicherte für den Weg nach und vom Ort der Tätigkeit mit anderen Personen eine Fahrgemeinschaft bildet, schließen die Versicherung nicht aus.

Hat der Versicherte am Ort der Tätigkeit lediglich eine Unterkunft, nicht aber seine Familienwohnung, wird dadurch die Versicherung auf dem Weg von und nach der Familienwohnung nicht ausgeschlossen.

38 Neben Arbeitsunfällen sind auch Berufskrankheiten Versicherungsfälle der Unfallversicherung. Eine Berufskrankheit ist eine Krankheit, welche die Bundesregierung in einer Rechtsverordnung bezeichnet und die ein Versicherter infolge einer versicherten Tätigkeit erleidet. Der Verordnungsgeber muss dabei prüfen, ob die Erkrankungen nach den Erkenntnissen der medizinischen Wissenschaft durch besondere Einwirkungen verursacht sind, denen bestimmte Personengruppen durch ihre Tätigkeiten in bestimmten Gefährdungsbereichen in erheblich höherem Grade als die übrige Bevölkerung ausgesetzt sind.

Voraussetzung für die Anerkennung des Versicherungsschutzes ist zum einen, dass die Gefährdung des Versicherten durch schädigende Einwirkungen auf seine versicherte Tätigkeit zurückzuführen ist. Ein Leistungsanspruch aufgrund einer Berufskrankheit besteht zum anderen nur dann, wenn außerdem zwischen schädigender Einwirkung und Erkrankung ein rechtlich wesentlicher Zusammenhang mit Wahrscheinlichkeit gegeben ist. Das bedeutet, es muss mehr für als gegen den Zusammenhang sprechen; die bloße „Möglichkeit" reicht nicht aus.

Im Rahmen der Öffnungsklausel sind die Unfallversicherungsträger verpflichtet, durch die versicherte Tätigkeit verursachte Krankheiten wie eine Berufskrankheit zu entschädigen, die nur deshalb nicht in die Liste der Berufskrankheiten aufgenommen worden sind, weil die Erkenntnisse der medizinischen Wissenschaft über die besondere Gefährdung bestimmter Personengruppen in ihrer Arbeit bei der letzten Fassung der Berufskrankheiten-Verordnung noch nicht vorhanden waren. Gleiches gilt, wenn diese dem Verordnungsgeber nicht bekannt waren oder trotz Nachprüfung noch nicht ausreichten.

Im Berufskrankheitenrecht gilt der Anscheinsbeweis. Das bedeutet, dass zwischen den besonderen Bedingungen einer versicherten Tätigkeit und einer Berufskrankheit in der Berufskrankheitenliste dann ein ursächlicher Zusammenhang anzunehmen ist, wenn Versicherte dieser Gefahr der Erkrankung in erhöhtem Maße ausgesetzt waren und keine Anhaltspunkte für eine Verursachung außerhalb der versicherten Tätigkeit vorliegen.

39 Die Leistungen der Unfallversicherung werden grundsätzlich von Amts wegen festgestellt; es bedarf keines Antrags der Versicherten oder ihrer Angehörigen. Der Unternehmer ist verpflichtet, Unfälle von Versicherten in seinem Unternehmen dem Unfallversicherungsträger anzuzeigen, wenn Versicherte getötet oder so verletzt werden, dass sie mehr als drei Tage arbeitsunfähig werden.

Verbotswidriges Handeln und fahrlässiges Verhalten des Versicherten mindern die Leistungen nicht. Ein Versicherungsfall liegt aber nicht vor, wenn ein Versicherter einen Arbeitsunfall, einen Wegeunfall oder eine Berufskrankheit absichtlich herbeigeführt hat. Personen, die den Tod des Versicherten vorsätzlich herbeigeführt haben, haben keinen Anspruch auf Leistungen.

Hat der Versicherte den Arbeitsunfall beim Begehen eines Verbrechens oder vorsätzlichen Vergehens erlitten, so können die Leistungen der Unfallversicherung ganz oder teilweise versagt werden. Hierzu muss ein rechtskräftiges strafgerichtliches Urteil vorliegen.

40 Als Folge eines Versicherungsfalls gilt auch ein Unfall, den der Versicherte bei der Durchführung der Heilbehandlung oder der Leistungen zur Teilhabe am Arbeitsleben, bei der Wiederherstellung oder Erneuerung eines Hilfsmittels, bei einer zur Aufklärung des Sachverhalts eines Versicherungsfalls angeordneten Untersuchung oder auf einem dazu notwendigen Wege erleidet.

Das gilt auch, wenn der Versicherte nach Aufforderung des Unfallversicherungsträgers diesen oder andere Stellen zur Vorbereitung von Maßnahmen der Heilbehandlung oder der Leistungen zur Teilhabe am Arbeitsleben aufsucht.

Leistungen der Unfallversicherung

Allgemeines

41 Nach Eintritt des Versicherungsfalls (Arbeitsunfall, Wegeunfall, Berufskrankheit) haben die Versicherten Anspruch auf die verschiedenen Leistungen der Unfallversicherung.

Die Unfallversicherung ersetzt durch Sach- und Geldleistungen den durch den Versicherungsfall verursachten Erwerbs- und Gesundheitsschaden. Sachschäden, wie z. B. ein bei einem Wegeunfall beschä-

digtes Auto oder eine zerrissene Hose, werden im Regelfall nicht ersetzt.

Neben den Leistungen aus der Unfallversicherung besteht kein zusätzlicher Anspruch auf Schadenersatz gegen dritte Personen, die den Versicherungsfall verursacht haben. So können z. B. Versicherte kein Schmerzensgeld von Arbeitskollegen verlangen, die den Arbeitsunfall durch fahrlässige Nichtbeachtung von Unfallverhütungsvorschriften verschuldet haben. Nur bei vorsätzlichem Handeln und bei Wegeunfällen besteht dieser Haftungsausschluss nicht.

Heilbehandlung, Teilhabe, Pflege und Geldleistungen

42 Die Leistungen der Unfallversicherung umfassen vor allem

– Heilbehandlung einschließlich Leistungen der medizinischen Rehabilitation,
– Leistungen zur Teilhabe am Arbeitsleben und am Leben in der Gemeinschaft sowie ergänzende Leistungen,
– Leistungen bei Pflegebedürftigkeit und
– Geldleistungen.

43 Ziel der gesamten Rehabilitation ist es, die Versicherten möglichst so zu stellen, als wäre der Unfall nie eingetreten. Die Unfallversicherungsträger sind deshalb verpflichtet, mit allen geeigneten Mitteln möglichst frühzeitig den eingetretenen Gesundheitsschaden zu beseitigen oder zu bessern, seine Verschlimmerung zu verhüten und die Folgen zu mildern. Darüber hinaus sind die Versicherten möglichst auf Dauer beruflich wieder einzugliedern. Ihnen sind Hilfen zur Bewältigung der Anforderungen des täglichen Lebens und zur Teilnahme am Leben in der Gemeinschaft bereitzustellen sowie Leistungen bei Pflegebedürftigkeit zu erbringen. Im Hinblick auf das Rehabilitationsziel sind die einzelnen Verfahrensschritte möglichst eng miteinander zu verzahnen.

44 Leistungen zur Heilbehandlung und zur medizinischen Rehabilitation haben Vorrang vor Rentenleistungen. Dies stärkt die Motivation aller Beteiligten an einer möglichst wirksamen und nachhaltigen medizinischen Behandlung.

45 Das gesamte Rehabilitationsrecht ist im Neunten Buch Sozialgesetzbuch geregelt. Dort sind die Vorschriften für alle Sozialleistungsbereiche zusammengefasst und zu Teilhaberechten der Betroffenen ausgestaltet. Die Leistungen sind weitgehend einheitlich, unabhängig davon, aus welchem Leistungssystem (Krankenversicherung, Rentenversicherung, Unfallversicherung etc.) sie zu erbringen sind. Die wesentlichen Ziele und Inhalte sind in Kapitel 9 dargestellt. Die für die Unfallversicherung bedeutsamen Bereiche werden im Folgenden ergänzend erläutert.

Medizinische Leistungen

Heilbehandlung

46 Die Unfallversicherungsträger haben alle Maßnahmen zu treffen, durch die eine schnelle und sachgemäße Heilbehandlung und – soweit erforderlich – besondere unfallmedizinische Behandlung gewährleistet wird.

47 Die Heilbehandlung wird grundsätzlich vom Tag des Versicherungsfalls an erbracht. Sie wird solange fortgesetzt, wie entweder eine Beseitigung oder Besserung des Gesundheitsschadens zu erwarten ist, oder besondere Maßnahmen erforderlich sind, um eine Verschlimmerung zu verhüten oder seine Folgen zu mildern. Dies gilt unabhängig davon, ob eine Minderung der Erwerbsfähigkeit eingetreten ist.

48 Die Heilbehandlung umfasst insbesondere die Erstversorgung, die ärztliche und zahnärztliche Behandlung einschließlich der Versorgung mit Zahnersatz sowie die Versorgung mit Arznei-, Verband- und Heilmitteln (einschließlich Krankengymnastik, Bewegungs-, Sprach- und Beschäftigungstherapie). Soweit erforderlich erhalten die Versicherten Hilfsmittel wie z. B. Brillen, Hörgeräte oder Prothesen einschließlich der notwendigen Änderung, Instandsetzung und Ersatzbeschaffung sowie der Ausbildung im Gebrauch. Darüber hinaus werden ggf. häusliche Krankenpflege und Leistungen zur medizinischen Rehabilitation einschließlich der Belastungserprobung und Arbeitstherapie erbracht. Bestehen für Arznei-, Verband- und Hilfsmittel nach dem Krankenversicherungsrecht bestimmte Festbeträge, gelten sie in der Unfallversicherung nur, wenn das Ziel der Heilbehandlung mit diesen Mitteln erreicht werden kann.

Zur Durchführung der Heilbehandlung sollen die Verletzten zunächst einen sogenannten Durchgangsarzt aufsuchen. Dieser ist auf die Diagnose von Unfallverletzungen spezialisiert und entscheidet darüber, ob eine fachärztliche oder besondere unfallmedizinische Behandlung erforderlich ist. Im Jahr 2010 gab es in Deutschland rd. 3.500 Durchgangsärzte. Die Arbeitgeber sind verpflichtet, ihre Beschäftigten über Name und Adresse der örtlichen Durchgangsärzte in allgemeiner Form (Aushang im Betrieb, Information in hauseigener EDV etc.) zu informieren. Bei geringfügigen Verletzungen wird die sogenannte allgemeine Heilbehandlung durchgeführt; hierzu erfolgt im Regelfall eine Überweisung an den Hausarzt der Versicherten oder einen anderen Arzt ihrer Wahl zur weiteren Behandlung. Nur wenn Art und Schwere des Gesundheitsschadens eine besondere medizinische Behandlung erfordern, ist die Freiheit der Arztwahl eingeschränkt (besondere Heilbehandlung). Dies ist insbesondere der Fall, wenn die Versicherten aufgrund der Verletzung arbeitsunfähig sind oder die Behandlung voraussichtlich mehr als eine Woche andauern wird. Der Durchgangsarzt entscheidet dann über die weitere Art der Heilbehandlung z. B. durch Überweisung an einen bestimmten Facharzt oder ein bestimmtes Krankenhaus. Soweit die Zwecke der besonderen Heilbehandlung das zulassen, können Wünsche der Versicherten auf Untersuchung oder Behandlung durch bestimmte Ärzte oder Krankenhäuser dabei berücksichtigt werden.

Die Unfallversicherungsträger haben daneben für bestimmte Erkrankungen und Verletzungen (z. B. bei Augen- und bei Hals-Nasen-Ohren-Verletzungen) spezielle Behandlungsverfahren entwickelt, die durch besonders qualifizierte Ärzte, berufsgenossenschaftliche Unfallkrankenhäuser und durch von Berufsgenossenschaften finanzierte oder finanziell unterstützte Sonderstationen in allgemeinen Krankenhäusern durchgeführt werden.

Insgesamt haben die Unfallversicherungsträger zur Durchführung der stationären Heilbehandlung ein Netzwerk aus neun eigenen Unfallkrankenhäusern, zwei Kliniken für Berufskrankheiten sowie 600 Vertragskrankenhäusern aufgebaut.

Die in der gesetzlichen Krankenversicherung geltende Praxisgebühr wird in der Unfallversicherung nicht erhoben.

49 Wird bei einem Versicherungsfall ein Hilfsmittel (z. B. eine Brille oder eine Prothese) beschädigt oder geht verloren, wird es auf Kosten der Unfallversicherung wiederhergestellt oder ersetzt. Brillengläser werden in Höhe der tatsächlichen Wiederherstellungskosten erstattet; die Festbeträge der gesetzlichen Krankenversicherung gelten hier nicht. Brillengestelle werden nach den gemeinsamen Richtlinien der Unfallversicherungsträger bis zu 100 Euro ohne Kostennachweis, bei Vorlage eines Kostennachweises bis zu 250 Euro erstattet. Der Wertverlust des bisherigen Brillengestells durch den Gebrauch bleibt dabei unberücksichtigt.

Leistungen zur Teilhabe am Arbeitsleben

50 Durch die Leistungen zur Teilhabe am Arbeitsleben sollen Verletzte oder an einer Berufskrankheit Erkrankte möglichst auf Dauer in das Berufsleben wieder eingegliedert werden. Für die Auswahl der geeigneten Maßnahmen kommt es entscheidend auf die künftige Leistungsfähigkeit der Versicherten unter Berücksichtigung ihrer Neigungen und Fähigkeiten an. Daneben sind auch ihre Eignung, ihre bisherigen Tätigkeiten sowie die Lage und Entwicklung auf dem Arbeitsmarkt angemessen zu berücksichtigen.

Erstes Ziel berufsfördernder Leistungen ist die Erhaltung des bisherigen Arbeitsplatzes. Ist dies nicht möglich, sind Leistungen zur Erlangung eines neuen Arbeitsplatzes zu erbringen. In beiden Fällen kann die Arbeitsaufnahme durch Beratung, Trainingsmaßnahmen und Mobilitätshilfen gefördert werden. Auch Zuschüsse an Arbeitgeber gehören zum Leistungsumfang, sofern sie erforderlich sind, insbesondere für eine dauerhafte Eingliederung, die Aufnahme einer befristeten Probebeschäftigung oder eine Ausbildung oder Umschulung im Betrieb. Es können auch die Kosten für Berufsfindung und Arbeitserprobung sowie für die Berufsvorbereitung einschließlich einer wegen des Gesundheitsschadens erforderlichen Grundausbildung übernommen werden. Von besonderer Bedeutung für einen neuen Arbeitsplatz ist die berufliche Anpassung, Fortbildung, Ausbildung und Umschulung. Die dabei entstehenden Kosten werden einschließlich der Kosten für einen schulischen Abschluss, der für die Teilnahme an einer der Maßnahmen erforderlich ist, getragen. Die Leistungen umfassen weiterhin Hilfen zu einer angemessenen Schulbildung einschließlich der Vorbereitung hierzu sowie Arbeits- und Berufsförderung in einer Werkstatt für behinderte Menschen. Zu den berufsfördernden Leistungen gehört auch die Übernahme von Kosten für Unterkunft und Verpflegung bei auswärtiger Unterbringung der Versicherten. Berufsfördernde Leistungen können auch zum beruflichen Aufstieg erbracht werden, soweit dies unter Berücksichtigung von Leistungsfähigkeit, Eignung und Neigung der Versicherten angemessen ist.

51 Berufsfördernde Leistungen in Einrichtungen (Berufsbildungswerke, Berufsförderungswerke) werden erbracht, wenn dies nach Art und Schwere der Behinderung oder zur Sicherung des Rehabilitationserfolgs erforderlich ist. Die Förderung setzt insbesondere voraus, dass die Einrichtung eine erfolgreiche berufliche Rehabilitation erwarten lässt, angemessene Teilnahmebedingungen bietet, behinderungsgerecht ist und die Grundsätze der Wirtschaftlichkeit und Sparsamkeit beachtet werden.

52 Berufsfördernde Leistungen allgemein sollen für die Zeit erbracht werden, die vorgeschrieben oder allgemein üblich ist, um das angestrebte Teilhabeziel zu erreichen; bei besonderen Umständen kann auch eine längere Förderung erfolgen. Leistungen zur beruflichen Bildung (Umschulung, Aus- und Weiterbildung) sollen in der Regel nur erbracht werden, wenn sie bei ganztägigem Unterricht nicht länger als zwei Jahre dauern, es sei denn, die Versicherten können nur über eine länger dauernde Maßnahme eingegliedert werden.

Leistungen zur Teilhabe am Leben in der Gemeinschaft

53 Die „dritte Säule" der Rehabilitation bilden Leistungen zur Teilhabe am Leben in der Gemeinschaft. Sie stehen gleichwertig neben Heilbehandlung und Leistungen zur Teilhabe am Arbeitsleben und können somit auch unabhängig von diesen erbracht werden. Hierzu gehören insbesondere Hilfen

– zum Erwerb praktischer Kenntnisse und Fähigkeiten,
– zur Verständigung mit der Umwelt,
– bei Beschaffung, Erhalt und Ausstattung einer behindertengerechten Wohnung,
– zum selbstbestimmten Leben in betreuten Wohnmöglichkeiten sowie
– zur Teilhabe am kulturellen und gemeinschaftlichen Leben.

Ergänzende Leistungen

54 Heilbehandlung und Teilhabeleistungen werden durch weitere Leistungen ergänzt. Hierzu gehören

– ärztlich verordneter Rehabilitationssport in Gruppen unter ärztlicher Aufsicht,
– Reisekosten (auch für Familienheimfahrten) zur Durchführung der Leistungen,
– Betriebs- oder Haushaltshilfe sowie
– Kinderbetreuungskosten.

Reisekosten sind erforderliche Fahr- und Transportkosten, Kosten des Gepäcktransports sowie Verpflegungs- und Übernachtungskosten, die im Zusammenhang mit einer Rehabilitations- oder Teilhabemaßnahme oder einer vom Unfallversicherungsträger veranlassten Begutachtung entstehen. Hierzu gehören auch die Kosten für eine notwendige Begleitperson. Entgangener Arbeitsverdienst der Begleitperson wird ersetzt, wenn dies in einem angemessenen Verhältnis zu den sonst für eine fremde Pflegeperson entstehenden Kosten steht. Bei auswärtiger Unterbringung werden Reisekosten im Regelfall für zwei Familienheimfahrten im Monat übernommen; statt der Kosten für die Familienheimfahrten können auch zwei Fahrten eines Angehörigen zum Aufenthaltsort der Versicherten ersetzt werden. Für Fahrten mit dem eigenen Kraftfahrzeug werden 0,20 Euro je Kilometer höchstens aber 130 Euro erstattet. Bei Benutzung öffentlicher Verkehrsmittel werden die vollen Kosten der niedrigsten Klasse erstattet. Der Fahrpreis der 1. Klasse wird nur erstattet, wenn wegen Art und Schwere der Behinderung die Benutzung der 2. Klasse nach ärztlicher Bescheinigung nicht zumutbar ist. Ein Vorrang zur Benutzung öffentlicher Verkehrsmittel besteht aber nicht. Um besondere Härten zu vermeiden, kann zugunsten der Versicherten oder ihrer Angehörigen von diesen Regelungen abgewichen werden.

55 Darüber hinaus können zur Teilhabe am Arbeitsleben u. a. auch folgende ergänzende Leistungen erbracht werden:

– medizinische, psychologische und pädagogische Hilfen,
– Übernahme der Kosten, die mit der beruflichen Rehabilitation in unmittelbarem Zusammenhang stehen (insbesondere Lehrgangskosten, Kosten für Prüfungsgebühren, Lernmittel, Arbeitskleidung usw.),
– Überbrückungsgeld zur Förderung der Aufnahme einer selbstständigen Tätigkeit
– Kraftfahrzeughilfe,
– Wohnungshilfe oder
– sonstige Leistungen zur Erreichung und zur Sicherstellung des Erfolges der Leistungen zur medizinischen Rehabilitation und zur Teilhabe.

Kraftfahrzeughilfe wird erbracht, wenn Versicherte infolge der Art oder Schwere des Gesundheitsschadens nicht nur vorübergehend auf die Benutzung eines Kraftfahrzeugs angewiesen sind, um ihnen die Teilhabe am Arbeitsleben oder am Leben in der Gemeinschaft zu ermöglichen. Die Kraftfahrzeughilfe umfasst einen Zuschuss zur Beschaffung eines Kraftfahrzeugs (Höhe des Zuschusses einkommensabhängig bis zu 9.500 Euro), die Kostenübernahme für eine behinderungsbedingte Zusatzausstattung und ggf. auch einen Zuschuss zur Erlangung einer Fahrerlaubnis.

Wohnungshilfe wird erbracht, wenn Versicherte infolge Art oder Schwere ihres Gesundheitsschadens nicht nur vorübergehend auf die behinderungsgerechte Anpassung vorhandenen oder die Bereitstellung behindertengerechten Wohnraums angewiesen sind. Wohnungshilfe wird – soweit erforderlich – auch zur beruflichen Eingliederung erbracht; das Vorliegen einer Behinderung wird dabei nicht vorausgesetzt. Die Wohnungshilfe umfasst auch Umzugskosten sowie Kosten für die Bereitstellung von Wohnraum für eine Pflegekraft. Die näheren Einzelheiten zur Durchführung der Kraftfahrzeug- und Wohnungshilfe sind in gemeinsamen Richtlinien der Verbände der Unfallversicherungsträger geregelt.

Leistungen bei Pflegebedürftigkeit

56 Sind Versicherte infolge des Versicherungsfalls so hilflos, dass sie für die gewöhnlichen und regelmäßigen Verrichtungen des täglichen Lebens in erheblichem Umfang fremder Hilfe bedürfen, haben sie Anspruch auf Leistungen wegen Pflegebedürftigkeit. Die Leistungen der Unfallversicherung gehen den Leistungen der Pflegeversicherung vor, d. h. die Leistungen der Pflegeversicherung ruhen, soweit die Unfallversicherung eintritt. Als Regelleistung wird Pflegegeld gezahlt; dies sichert in besonderem Maße die eigene Gestaltungsfreiheit der Pflegebedürftigen bei der Durchführung der Pflege. Auf Antrag kann statt des Pflegegeldes auch eine Pflegekraft gestellt (Hauspflege) oder Unterhalt und Pflege in einer geeigneten Einrichtung erbracht werden (Heimpflege).

Für das Pflegegeld sind Mindest- und Höchstbeträge festgesetzt (Beträge seit 1. Juli 2010 zwischen 307 und 1.228 Euro in den alten Bundesländern und zwischen 269 und 1.075 Euro in den neuen Bundesländern). Innerhalb dieser Grenzen hat der Träger der Unfallversicherung das Pflegegeld individuell unter Berücksichtigung der Art und Schwere des Gesundheitsschadens sowie des Umfangs der erforderlichen Hilfe festzusetzen. Die Einstufungen der Pflegeversicherung in die Pflegestufen nach dem SGB XI gelten hier nicht. In Einzelfällen kann Pflegegeld auch über den Höchstbetrag hinaus gewährt werden. Das Pflegegeld wird entsprechend der Anpassung der übrigen Geldleistungen in der Unfallversicherung erhöht (vgl. Rdnr. 98).

Tabelle 1: Höhe des Pflegegeldes

Jahr	DM/Monat West	DM/Monat Ost
1949	25 bis 100	
1961	100 bis 350	
1970	133 bis 534	
1975	225 bis 900	
1980	326 bis 1.300	
1985[1]	394 bis 1.573	
1990	450 bis 1.802	
1991	473 bis 1.893	238 bis 953
1995	527 bis 2.106	410 bis 1.642
2000	548 bis 2.193	471 bis 1.882
2001	558 bis 2.235	481 bis 1.922
	Euro/Monat West	Euro/Monat Ost
2002	292 bis 1.168	253 bis 1.011
2003	295 bis 1.180	256 bis 1.023
2004	295 bis 1.180	256 bis 1.023
2005	295 bis 1.180	256 bis 1.023
2006	295 bis 1.180	256 bis 1.023
2007	297 bis 1.186	257 bis 1.029
2008	300 bis 1.199	260 bis 1.040
2009	307 bis 1.228	269 bis 1.075
2010	307 bis 1.228	269 bis 1.075

1) Neue Werte ab 1985 jeweils ab 1. Juli des Jahres.

Geldleistungen während der Heilbehandlung und der beruflichen Rehabilitation

Verletztengeld

57 Während der Heilbehandlung erhalten Versicherte Verletztengeld, solange sie infolge des Versicherungsfalls arbeitsunfähig sind oder wegen der Heilbehandlung eine ganztägige Erwerbstätigkeit nicht ausüben können. Das Verletztengeld soll das in diesem Zeitraum ausfallende Entgelt ersetzen. Voraussetzung ist, dass die Versicherten unmittelbar vor Beginn der Arbeitsunfähigkeit oder Heilbehandlung Anspruch auf Arbeitsentgelt, Arbeitseinkommen oder Lohnersatzleistungen (z. B. Krankengeld oder Arbeitslosengeld) hatten. Auch im Fall einer Wiedererkrankung an den Folgen eines Versicherungsfalls besteht Anspruch auf Verletztengeld.

58 Für die ersten sechs Wochen der Arbeitsunfähigkeit haben Arbeitnehmer regelmäßig gegen den Arbeitgeber einen Anspruch auf Lohnfortzahlung. Dies gilt auch bei einem Arbeitsunfall oder einer Berufskrankheit. In diesem Zeitraum wird daher kein Verletztengeld gezahlt, es sei denn, der Arbeitgeber kommt seiner Zahlungspflicht nicht nach. Ist vor der Heilbehandlung kein Arbeitsentgelt erzielt worden, wird Verletztengeld ebenfalls nicht gezahlt. Daher erhalten Schüler und Studenten auch nur dann Verletztengeld, wenn sie vor dem Versicherungsfall Entgelt erzielt hatten. Bei Schülern kommt dies nur gelegentlich, bei Studenten jedoch relativ häufig vor. Des Weiteren hat ein berufstätiger Elternteil Anspruch auf Verletztengeld in Fällen, in denen er wegen der Betreuung seines bei einem Versicherungsfall (z. B. ein Schulunfall) verletzten Kindes seine Tätigkeit vorübergehend unterbricht.

59 Das Verletztengeld wird von dem Tag an gezahlt, ab dem die Arbeitsunfähigkeit ärztlich festgestellt wird oder mit dem Tag des Beginns der Heilbehandlung. Der Anspruch auf Verletztengeld endet regelmäßig mit dem letzten Tag der Arbeitsunfähigkeit oder dem letzten Tag, an dem die Versicherten an einer ganztägigen Erwerbstätigkeit durch eine Heilbehandlungsmaßnahme gehindert waren. Er endet außerdem mit dem letzten Tag vor einem Anspruch auf Übergangsgeld. Erhalten die Versicherten Leistungen zur Teilhabe am Arbeitsleben wie z. B. eine Umschulung, schließen solche Maßnahmen nicht immer unmittelbar an das Ende der Heilbehandlung an. In diesen Fällen wird das Verletztengeld bis zum Beginn der Teilhabeleistung weiter gezahlt. Voraussetzung ist, dass die Versicherten in dem Übergangszeitraum ihre bisherige oder eine andere zumutbare Tätigkeit nicht wieder aufnehmen oder sie aus wichtigem Grund nicht ausüben können. Der Anspruch auf Verletztengeld ist grundsätzlich unbefristet; ist mit dem Wiedereintritt der Arbeitsfähigkeit nicht zu rechnen und sind Leistungen zur Teilhabe am Arbeitsleben nicht zu erbringen, ist die Dauer des Anspruchs aber auf 78 Wochen begrenzt.

60 Die Höhe des Verletztengeldes berechnet sich bei Arbeitnehmern grundsätzlich wie das Krankengeld; beträgt jedoch 80 Prozent des erzielten regelmäßigen Arbeitsentgelts vor dem Versicherungsfall, darf aber das bisherige Nettoarbeitsentgelt nicht übersteigen. Versicherte Unternehmer oder diesen gleichgestellte Personen erhalten Verletztengeld je Kalendertag in Höhe des 450. Teils ihres Jahresarbeitsverdienstes; dies entspricht dem auf den Kalendertag entfallenden Verletztengeld für Arbeitnehmer.

61 Tritt bei einer Wiedererkrankung an Unfallfolgen oder einer Berufskrankheit Arbeitsunfähigkeit ein, berechnet sich das Verletztengeld nicht nach dem früheren Entgelt, sondern nach dem Entgelt, das die Versicherten vor Beginn der Wiedererkrankung erzielt haben.

62 Landwirtschaftliche Unternehmer haben anstelle von Verletztengeld Anspruch auf Betriebshilfe oder Haushaltshilfe. Hierdurch soll die Weiterführung des landwirtschaftlichen Betriebes bzw. Haushaltes sichergestellt werden, um auf diese Weise Einkommenseinbußen zu vermeiden. Voraussetzung ist deshalb, dass sich die landwirtschaftlichen Unternehmer in stationärer Behandlung befinden und ihnen deswegen die Weiterführung des Unternehmens bzw. des Haushalts nicht möglich ist und in dem Unternehmen Arbeitnehmer und mitarbeitende Familienangehörige nicht ständig beschäftigt werden (Betriebshilfe) bzw. die Weiterführung des Haushalts nicht auf andere Weise sicherzustellen ist (Haushaltshilfe). Die Leistungen werden für längstens drei Monate erbracht. Die Betriebs- und Haushaltshilfe wird durch die Gestellung einer Ersatzkraft oder durch Erstattung der Kosten für eine selbst beschaffte betriebsfremde Ersatzkraft erbracht. Die Versicherten haben sich angemessen an den entstehenden Aufwendungen zu beteiligen (Selbstbeteiligung); mindestens in Höhe von 10 Euro für jeden Tag der Leistung. Näheres hinsichtlich Dauer, Umfang und Art der Leistungen bestimmt das Satzungsrecht der landwirtschaftlichen Berufsgenossenschaften.

Übergangsgeld

63 Erhalten Versicherte Leistungen zur Teilhabe am Arbeitsleben wie z. B. eine Umschulung, haben sie Anspruch auf Übergangsgeld . Es wird während der gesamten Dauer der Teilhabeleistungen gezahlt, d. h. ist zeitlich nicht begrenzt. Daneben können Versicherte schon während des Übergangsgeldbezugs eine Rente aus der Unfallversicherung erhalten; hierdurch wird eine Benachteiligung von schwerer verletzten Versicherten mit langen Rehabilitationszeiten vermieden. Die Rente wird auf das Übergangsgeld nicht angerechnet.

64 In bestimmten Fällen wird das Übergangsgeld auch nach dem Ende der Teilhabeleistungen weitergezahlt:

– wenn nach Abschluss der Leistungen weitere berufsfördernde Maßnahmen erforderlich sind und diese nicht unmittelbar im Anschluss durchgeführt werden können, ohne dass die Versicherten dies zu vertreten haben (Wartezeitüberbrückung),
– wenn Versicherte Leistungen zur Teilhabe am Arbeitsleben aus gesundheitlichen Gründen abbrechen, voraussichtlich später aber wieder in Anspruch nehmen können (Unterbrechungsüberbrückung); Leistungsdauer bis zu sechs Wochen,
– wenn Versicherte im Anschluss an eine abgeschlossene Leistung zur Teilhabe am Arbeitsleben arbeitslos sind, sich bei der Agentur für Arbeit arbeitslos gemeldet haben und keinen Anspruch auf Arbeitslosengeld von mindestens drei Monaten haben (Anschlussübergangsgeld); Leistungsdauer bis zu drei Monate.

65 Nach dem Neunten Buch Sozialgesetzbuch gelten für alle Sozialversicherungszweige einheitliche Regelungen über Höhe und Berechnung des Übergangsgeldes. Die Einzelheiten sind in Kapitel 9 dargestellt. Allgemein gilt Folgendes:

Der Berechnung des Übergangsgeldes werden 80 Prozent des regelmäßigen Arbeitsentgelts und -einkommens vor dem Versicherungsfall zugrunde gelegt, höchstens aber das bisherige Nettoentgelt.

Das Übergangsgeld ist nach den persönlichen Verhältnissen der Versicherten gestaffelt. Es beträgt für Versicherte, die mindestens ein Kind bis zum 18. Lebensjahr (unter bestimmten Voraussetzungen bis zum 25. Lebensjahr) haben, 75 Prozent dieses Betrags. Dasselbe gilt im Fall der Pflegebedürftigkeit der Versicherten oder ihrer Ehegatten, mit dem sie in häuslicher Gemeinschaft leben, wenn kein Anspruch auf Leistungen aus der Pflegeversicherung besteht.

Für die übrigen Versicherten beträgt das Übergangsgeld 68 Prozent des Betrags.

Einkommensanrechnung, Erhöhung

66 Auf das Verletzten- und Übergangsgeld wird anderes Entgelt oder Einkommen angerechnet. Bei Arbeitnehmern ist dies insbesondere Arbeitsentgelt, das sie als Lohnfortzahlung erhalten; Steuer und die anteiligen Sozialversicherungsbeiträge werden für die Anrechnung abgezogen. Bei sonstigen Versicherten wie etwa Unternehmern wird das anzurechnende Einkommen pauschal um 20 Prozent vermindert. Angerechnet werden auch Entgeltersatzleistungen, wie Mutterschaftsgeld, Kurzarbeitergeld, Unterhaltsgeld sowie Leistungen nach dem Zweiten und Dritten Buch Sozialgesetzbuch (z. B. Arbeitslosengeld oder Arbeitslosengeld II), auch wenn die Leistungen wegen einer Sperrzeit ruhen.

67 Verletztengeld und Übergangsgeld werden jeweils nach Ablauf eines Jahres entsprechend der Entwicklung der Bruttolöhne erhöht; die Versicherten nehmen damit an der allgemeinen Entwicklung von Löhnen und Gehältern teil. Darüber hinaus zahlen die Träger der Unfallversicherung für Rehabilitanden unter bestimmten Voraussetzungen Beiträge zur Sozialversicherung (gesetzliche Kranken- und Rentenversicherung, soziale Pflegeversicherung und Bundesagentur für Arbeit). Damit ist auch für eine umfassende soziale Sicherung der Rehabilitanden gesorgt.

7 Sozialgesetzbuch · 7. Buch · Unfallversicherung

Renten, Beihilfen, Abfindungen

Renten an Versicherte

68 Die wichtigste Form der finanziellen Entschädigungsleistungen ist die Rente. Die Rente soll die durch den Versicherungsfall bedingte dauerhafte Beeinträchtigung der Erwerbsfähigkeit sowie die immateriellen Schäden der Versicherten ausgleichen. Sie hat damit eine Doppelfunktion als Entschädigung für Einkommensverluste und als Schmerzensgeld. Dabei gilt eine abstrakte Schadensbemessung: Es kommt nicht darauf an, ob und in welchem Ausmaß tatsächlich Einkommensverluste im Vergleich zu der vor dem Versicherungsfall ausgeübten Tätigkeit eintreten; entscheidend ist vielmehr die abstrakte Minderung der Erwerbsfähigkeit auf dem allgemeinen Arbeitsmarkt. Neben der Rente erzieltes Arbeitsentgelt und Arbeitseinkommen wird daher nicht auf die Rente angerechnet.

69 Voraussetzung für einen Rentenanspruch ist, dass die Erwerbsfähigkeit der Versicherten dauerhaft, d. h. über die 26. Woche nach dem Versicherungsfall hinaus, um mindestens 20 Prozent gemindert ist; für landwirtschaftliche Unternehmer und ihre mitarbeitenden Ehegatten/Lebenspartner liegt die Untergrenze bei 30 Prozent. Besteht eine Vorschädigung, z. B. aufgrund eines früheren Arbeitsunfalls, wird Rente auch gezahlt, wenn die einzelnen Erwerbsminderungen unter 20 Prozent bzw. 30 Prozent liegen, zusammen aber mindestens diesen Wert erreichen. Erwerbsminderungen unter 10 Prozent bleiben dabei unberücksichtigt.

Erwerbsfähigkeit ist die Fähigkeit der Versicherten, sich unter Ausnutzung der Arbeitsgelegenheiten, die sich ihnen nach ihren gesamten Kenntnissen, körperlichen und geistigen Fähigkeiten im ganzen Bereich des wirtschaftlichen Lebens bieten, einen Erwerb zu verschaffen. Im Allgemeinen ist die Erwerbsfähigkeit der Versicherten vor dem Unfall mit 100 Prozent zu bewerten. Bereits vor dem Versicherungsfall bestehende Beeinträchtigungen der Erwerbsfähigkeit z. B. aufgrund einer angeborenen körperlichen Behinderung werden dabei regelmäßig nicht zum Nachteil der Versicherten berücksichtigt. „Der Versicherte ist versichert, wie er ist".

Der Vergleich mit der nach dem Versicherungsfall verbliebenen Erwerbsfähigkeit auf dem allgemeinen Arbeitsmarkt ergibt die durch die Rente zu entschädigende Erwerbsminderung. Dabei gilt der Grundsatz der abstrakten Schadensbemessung. Der Verlust individueller beruflicher Kenntnisse und Erfahrungen wird deshalb nur in besonderen Ausnahmefällen berücksichtigt (Beispiel: Fingerverlust eines Pianisten). Es handelt sich um eine Härtefallregelung, für die der allgemeine Verlust, einen erlernten Beruf nicht mehr ausüben zu können, nicht ausreicht.

70 Diese Grundsätze gelten sinngemäß auch für unfallverletzte Kinder und Jugendliche. Für sie ist die Rente aber weniger ein Ausgleich für aktuell entfallende Erwerbsmöglichkeiten, sondern eine Entschädigung für die Beeinträchtigung ihrer künftigen wirtschaftlichen Existenzsicherung.

71 Die in der Öffentlichkeit aus der Privatversicherung bekannte „Gliedertaxe", die für bestimmte Schädigungen verbindliche feste Prozentsätze nennt, gibt es in der gesetzlichen Unfallversicherung nicht. Zwar existieren auch hier Tabellen; diese spiegeln aber nur langjährige Erfahrungswerte wider, die bei der Bemessung der Erwerbsminderung unter Berücksichtigung der individuellen Verhältnisse der Versicherten herangezogen werden.

Berechnungsgrundlage für die Renten

Jahresarbeitsverdienst

72 Die Renten der Unfallversicherung werden überwiegend nach dem Jahresarbeitsverdienst der Versicherten berechnet. Der Jahresarbeitsverdienst ist der Gesamtbetrag der Arbeitsentgelte und -einkommen vor Abzug von Steuern und Sozialversicherungsbeiträgen in den vollen zwölf Kalendermonaten vor dem Versicherungsfall. Bei Berufskrankheiten gilt für die Berechnung des Jahresarbeitsverdienstes, wenn es für die Berechtigten günstiger ist, als Zeitpunkt des Versicherungsfalls der letzte Tag, an dem sie bei ihrer Arbeit den schädigenden Einwirkungen ausgesetzt waren.

73 Für den Jahresarbeitsverdienst sind Mindest- und Höchstgrenzen bestimmt. Mindestjahresarbeitsverdienst ist für Personen, die das 18. Lebensjahr vollendet haben, 60 Prozent, für Personen, die das 15., aber noch nicht das 18. Lebensjahr vollendet haben, 40 Prozent der zum Zeitpunkt des Versicherungsfalls maßgebenden Bezugsgröße für die Sozialversicherung. Für Kinder beträgt der Jahresarbeitsverdienst bis zur Vollendung des 6. Lebensjahres 25 Prozent, ab Vollendung des 6. bis zur Vollendung des 15. Lebensjahres 33 1/3 Prozent der Bezugsgröße. Die Bezugsgröße ist das durchschnittliche Arbeitsentgelt aller Versicherten der Rentenversicherung der Arbeiter und Angestellten ohne Auszubildende im vorvergangenen Kalenderjahr; das Bundesministerium für Arbeit und Soziales gibt die Bezugsgröße jährlich bekannt (Werte 2011: 30.660 Euro in den alten Bundesländern, 26.880 Euro in den neuen Bundesländern).

74 Die gesetzliche Höchstgrenze beträgt das Zweifache der im Zeitpunkt des Versicherungsfalls maßgebenden Bezugsgröße (Werte 2011: 61.320 Euro in den alten Bundesländern, 53.760 Euro in den neuen Bundesländern). Die Unfallversicherungsträger können in der Satzung eine höhere Obergrenze bestimmen; bei den gewerblichen Berufsgenossenschaften beträgt der Satzungs-Höchstjahresarbeitsverdienst im Jahr 2011 je nach Berufsgenossenschaft zwischen 62.400 Euro und 84.000 Euro.

75 Im Bereich der See-Unfallversicherung gelten als Jahresarbeitsverdienst im Regelfall Durchschnittsheuern. In der landwirtschaftlichen Unfallversicherung gilt für die Unternehmer und ihre versicherten mitarbeitenden Ehegatten ein fester Betrag, der nach dem Grad der Erwerbsminderung abgestuft ist und an die allgemeine Einkommensentwicklung angepasst wird (Werte 2011: Bei unter 50 Prozent MdE 11.092,00 Euro; bei 50 bis 70 Prozent MdE 13.865,00 Euro, bei 75 bis 100 Prozent MdE 16.638,00 Euro). Weitere Abweichungen tragen den besonderen Verhältnissen bestimmter Personengruppen Rechnung. So kann für Versicherte, die sich zur Zeit des Versicherungsfalls noch vor Beginn der Schul- oder Berufsausbildung oder in dieser Ausbildungszeit befunden haben oder noch nicht 30 Jahre alt waren, der Jahresarbeitsverdienst für die Zeit nach der Ausbildung neu berechnet bzw. dem Arbeitsentgelt eines höchstens 30jährigen angepasst werden, wenn es für den Berechtigten günstiger ist. Zugrunde zu legen ist das Entgelt, das für Personen gleichen Alters und gleicher Ausbildung und Tätigkeit durch Tarif festgelegt oder sonst ortsüblich ist.

76 Der errechnete Jahresarbeitsverdienst kann im Rahmen der Mindest- und Höchstgrenzen erhöht oder gemindert werden, wenn er gegenüber dem tatsächlich erzielten in erheblichem Maße unbillig ist. Dies ist z. B. der Fall, wenn in dem maßgeblichen Jahreszeitraum ein vorübergehend außergewöhnlich niedriges oder hohes Arbeitsentgelt erzielt worden ist.

77 Dient der Jahresarbeitsverdienst zur Berechnung des Verletztengeldes im Fall der Wiedererkrankung, so sind die Verhältnisse des Jahres vor dem Beginn der erneuten Arbeitsunfähigkeit zugrunde zu legen.

78 Der Jahresarbeitsverdienst gilt grundsätzlich auch für die Berechnung von Geldleistungen an Hinterbliebene. War der letzte Jahresarbeitsverdienst infolge eines früheren Versicherungsfalls des Verstorbenen geringer als sein vorheriges Arbeitsentgelt und Arbeitseinkommen, wird dem Jahresarbeitsverdienst die Rente des Verstorbenen hinzugerechnet.

Höhe der Rente

79 Die Rente beträgt zwei Drittel des Jahresarbeitsverdienstes, wenn Versicherte ihre Erwerbsfähigkeit vollständig verloren haben (Vollrente). Die Rente ist steuerfrei; Beiträge zur Sozialversicherung sind aus ihr nicht zu zahlen. Ist die Erwerbsfähigkeit durch die Folgen des Versicherungsfalls nicht vollständig verloren, sondern eingeschränkt, beträgt die Rente den Teil der Vollrente, der dem Grad der Erwerbsminderung entspricht (Teilrente).

> **Beispiel für die Rentenberechnung**
>
> Bruttojahresarbeitsverdienst vor dem Unfall: 36.000 Euro
>
> Vollrente
> = 2/3 des Jahresarbeitsverdienstes:
> 24.000 Euro jährlich / 2.000 Euro monatlich
>
> Teilrente bei 30 Prozent Erwerbsminderung
> = 30 Prozent der Vollrente:
> 7.200 Euro jährlich / 600 Euro monatlich.

80 In bestimmten Fällen werden zur Rente besondere Zulagen gezahlt. So erhöht sich die Rente von Schwerverletzten (Minderung der Erwerbsfähigkeit 50 Prozent oder mehr) um 10 Prozent, wenn sie infolge des Versicherungsfalls einer Erwerbstätigkeit nicht mehr nachgehen können und keinen Anspruch auf Rente aus der gesetzlichen Rentenversicherung haben. Sind Versicherte infolge des Versicherungsfalls ohne Arbeitsentgelt und Arbeitseinkommen und erreicht die Rente zusammen mit dem Arbeitslosengeld oder dem Arbeitslosengeld II nicht die Höhe des Übergangsgeldes, so wird die Rente längstens für zwei Jahre nach ihrem Beginn um den Unterschiedsbetrag erhöht.

Beginn, Änderung und Ende von Renten

81 Renten an Versicherte werden von dem Tag an gezahlt, nach dem der Anspruch auf Verletztengeld geendet hat. Wenn kein Anspruch auf Verletztengeld bestand, beginnt die Rente am Tag nach dem Unfall; dies wird in der Regel auf Kinder und Schüler, teilweise auch auf Studenten oder ehrenamtlich Tätige zutreffen. Für landwirtschaftliche Unternehmer und ihre mitarbeitenden Ehegatten/Lebenspartner gilt grundsätzlich eine Wartezeit; die Rente beginnt nach Ablauf von 26 Wochen nach Eintritt der Arbeitsunfähigkeit.

Ändern sich die tatsächlichen oder rechtlichen Voraussetzungen, die zur Rentenzahlung geführt haben (z. B. eine höhere Erwerbsminderung infolge Verschlimmerung der Verletzungsfolgen), ist die Rente neu zu berechnen. Eine Änderung des Grades der Erwerbsminderung muss aber mehr als 5 Prozent betragen, um zu einer Rentenänderung zu führen. In den ersten ein oder zwei Jahren wird die Rente regelmäßig als vorläufige Rente geleistet, da sich die gesundheitlichen Beeinträchtigungen und damit der Grad der Erwerbsminderung durch weiter fortschreitende Heilungs- und Anpassungseffekte sowie spezielle Rehabilitationsmaßnahmen oftmals noch verändern. Eine Dauerrente (sog. Rente auf unbestimmte Zeit) wird erst bei einer gewissen Stabilisierung der Verletzungsfolgen festgesetzt.

Abfindung von Renten

82 Unter bestimmten Voraussetzungen können Versicherte anstelle der Rente einen einmaligen Betrag als Abfindung erhalten.

83 Ist zu erwarten, dass die Erwerbsminderung nur für längstens drei Jahre besteht, können Versicherte durch eine Gesamtvergütung in Höhe des voraussichtlichen Rentenbetrags abgefunden werden.

84 Die weiteren Abfindungsmöglichkeiten richten sich im Wesentlichen nach dem Grad der Erwerbsminderung. Voraussetzung ist, dass in den Verletzungs- bzw. Erkrankungsfolgen ein gewisser Dauerzustand eingetreten ist. Dann können Versicherte auf ihren Antrag mit einem dem Kapitalwert der Rente entsprechenden Betrag abgefunden werden, wenn die Minderung der Erwerbsfähigkeit weniger als 40 Prozent beträgt. Der Rentenanspruch erlischt in diesen Fällen grundsätzlich auf Lebenszeit. Bei nachträglicher Verschlimmerung (Erhöhung um mehr als 5 Prozent) lebt der Rentenanspruch für diesen Teil wieder auf. Beträgt die Minderung der Erwerbsfähigkeit 40 Prozent oder mehr, kann Versicherten eine auf längstens 10 Jahre beschränkte Abfindung bewilligt werden; Voraussetzung ist, dass sie das 18. Lebensjahr vollendet haben und bei ihnen nicht zu erwarten ist, dass innerhalb des Abfindungszeitraums die Erwerbsminderung wesentlich sinkt. Die Abfindung kann in diesen Fällen die Rente bis zur Hälfte umfassen. Als Abfindung wird das Neunfache des der Abfindung zugrunde liegenden Jahresbetrags der Rente gezahlt. Der Anspruch auf den abgefundenen Teil der Rente erlischt für 10 Jahre.

85 Werden Versicherte nach einer Abfindung zu Schwerverletzten, lebt auf Antrag der Anspruch auf Rente in vollem Umfang wieder auf. Die gezahlte Abfindungssumme wird auf die Rente angerechnet.

Weitere Leistungen

86 Besteht für Versicherte die Gefahr der Entstehung, Wiederentstehung oder Verschlimmerung einer Berufskrankheit, so hat der Träger der Unfallversicherung mit allen geeigneten Mitteln (z. B. durch besondere Schutzmaßnahmen am Arbeitsplatz) dieser Gefahr entgegenzuwirken. Ist die Gefahr nicht zu beseitigen, sind die Versicherten aufzufordern, die gefährdende Tätigkeit zu unterlassen. Stellen Versicherte die Tätigkeit ein, weil die Gefahr nicht zu beseitigen ist, wird ihnen zum Ausgleich einer dadurch verursachten Verdienstminderung oder sonstiger wirtschaftlicher Nachteile eine Übergangsleistung gezahlt. Das ist ein einmaliger Betrag bis zur Höhe der Jahresvollrente oder eine monatlich wiederkehrende Zahlung bis zur Höhe der Vollrente, längstens für die Dauer von fünf Jahren. Diese Übergangsleistungen werden neben einer Rente gezahlt.

Leistungen an Hinterbliebene

Sterbegeld und Überführungskosten

87 Ist der Tod von Versicherten durch einen Versicherungsfall eingetreten, wird an die Hinterbliebenen (Witwen/Witwer, Kinder und Enkel, Geschwister, Eltern) ein pauschales Sterbegeld in Höhe von einem Siebtel der im Zeitpunkt des Todes geltenden Bezugsgröße gezahlt (Höhe 2011: 4.380 Euro in den alten Bundesländern, 3.840 Euro in den neuen Bundesländern). Ist der Tod nicht am Ort der ständigen Familienwohnung der Versicherten eingetreten, werden außerdem die Überführungskosten erstattet. Voraussetzung ist, dass die Versicherten sich dort aus Gründen aufgehalten haben, die im Zusammenhang mit ihrer versicherten Tätigkeit oder mit den Folgen des Versicherungsfalls stehen. Das Sterbegeld sowie

Tabelle 2: Bestand der Renten in 1000 am Jahresende

Jahr	insgesamt	Verletzte und Erkrankte	Witwen und Witwer	Waisen
Gewerbliche Berufsgenossenschaften				
1950	376,6	265,5	74,8	34,7
1955	515,1	384,4	92,8	36,3
1960	598,5	457,1	105,5	34,7
1965	684,7	520,8	119,2	43,3
1970	704,4	534,1	124,7	44,9
1975	721,1	547,4	126,0	47,0
1980	725,9	560,6	122,1	42,6
1985	710,3	564,5	113,8	31,5
1990	682,5	557,9	103,3	20,7
1991[1]	902,9	762,6	119,5	20,5
1995	896,5	758,9	117,5	20,0
2000	873,0	742,8	112,0	18,2
2005	827,8	705,6	105,7	16,5
2006	819,7	698,5	105,2	16,0
2007	806,1	687,8	103,4	14,9
2008	795,3	678,8	102,6	13,9
2009	786,7	671,7	101,6	13,4
Unfallversicherungsträger der öffentlichen Hand				
1950	66,4	47,2	14,6	9,1
1955	81,2	60,6	16,0	8,1
1960	84,3	66,5	15,9	5,5
1965	87,2	68,8	16,5	4,9
1970	86,1	56,9	15,7	4,5
1975	84,0	51,1	14,7	4,8
1980	81,3	63,2	13,7	4,4
1985	75,9	60,5	12,2	3,3
1990	76,7	63,7	10,9	2,1
1991[1]	95,8	81,6	11,6	2,6
1995	108,7	93,5	12,7	2,5
2000	105,5	91,7	11,7	2,1
2005	96,9	85,0	10,2	1,7
2006	95,6	83,9	10,0	1,7
2007	93,8	82,5	9,7	1,6
2008	92,0	81,0	9,5	1,5
2009	90,4	79,8	9,3	1,3
Landwirtschaftliche Berufsgenossenschaften				
1950	193,3	163,9	20,2	9,0
1955	233,4	203,9	21,0	8,3
1960	233,1	204,7	21,2	7,1
1965	239,0	209,0	21,7	8,2
1970	227,7	199,0	20,7	7,9
1975	213,0	187,0	19,4	6,6
1980	197,4	174,5	17,5	5,4
1985	180,6	161,7	15,3	3,6
1990	187,1	169,7	15,2	2,2
1991[1]	188,2	170,9	15,1	2,2
1995	179,2	162,8	14,2	2,2
2000	164,7	150,3	12,5	1,9
2005	152,5	139,5	11,2	1,8
2006	149,5	136,8	11,0	1,7
2007	146,4	133,9	10,8	1,7
2008[2]	109,8	97,7	10,5	1,6
2009	107,0	95,2	10,2	1,6
Unfallversicherungsträger insgesamt				
1950	636,3	471,6	109,6	52,7
1955	829,7	645,0	129,9	52,6
1960	916,0	724,4	142,7	47,2
1965	1.010,9	795,5	157,4	56,4
1970	1.018,2	798,8	161,1	57,3
1975	1.018,1	798,7	160,0	58,5
1980	1.004,5	798,3	153,3	52,3
1985	966,9	786,7	141,3	38,4
1990	946,3	791,3	129,6	25,0
1991[1]	1.186,8	1.015,1	146,2	25,2
1995	1.184,4	1.015,2	144,4	24,7
2000	1.143,0	984,8	136,0	22,2
2005	1.087,2	930,1	127,1	20,0
2006	1.064,8	919,2	126,2	19,4
2007	1.057,1	904,2	123,9	18,2
2008[2]	997,2	857,5	122,7	17,0
2009	984,1	846,7	121,1	16,3

Tabelle 3: Bestand an Renten bei Kindergartenkindern, Schülern und Studenten

Jahr	insgesamt	Verletzte und Erkrankte	Witwen/Witwer und Eltern	Waisen/Sonstige
1971	10	10	-	-
1972	344	337	2	3
1975	1.708	1.681	9	18
1980	4.461	4.391	19	48
1985	6.725	6.653	19	49
1990	9.061	8.993	27	41
1991	9.393	9.316	31	46
1995	11.127	11.032	42	50
2000	13.590	13.495	47	46
2005	15.697	15.604	48	45
2006	16.078	15.972	56	50
2007	16.402	16.291	54	57
2008	16.562	16.448	53	61
2009	16.981	16.872	55	54

1) Ab 1991 einschl. Beitrittsgebiet.
2) Der außergewöhnliche Rückgang im Bestand der Versichertenrenten resultiert aus einer im Jahr 2008 durchgeführten besonderen Abfindungsaktion der landwirtschaftlichen Berufsgenossenschaften.

die Überführungskosten werden an denjenigen gezahlt, der die Kosten der Bestattung und Überführung trägt. Haben außenstehende Dritte die Bestattung veranlasst, werden ihnen die tatsächlich entstandenen Kosten bis zur Höhe des Sterbegeldes erstattet.

Hinterbliebenenrenten

88 Anspruch auf Hinterbliebenenrente haben Ehegatten und Kinder der Versicherten, unter bestimmten Voraussetzungen auch frühere Ehegatten, Eltern und Großeltern. Voraussetzung ist, dass die Versicherten infolge eines Arbeitsunfalls oder einer Berufskrankheit verstorben sind. Die Hinterbliebenenrenten werden vom Todestag an gezahlt.

Witwen- und Witwerrente

89 Die Witwen- oder Witwerrente beträgt jährlich 30 Prozent des Jahresarbeitsverdienstes der Verstorbenen (kleine Witwen-/Witwerrente).

Sie beträgt 40 Prozent des Jahresarbeitsverdienstes (große Witwen-/Witwerrente), wenn die Berechtigten

– das 47. Lebensjahr vollendet haben oder
– solange sie erwerbsgemindert im Sinne der Rentenversicherung sind oder
– ein waisenrentenberechtigtes Kind erziehen oder
– für ein Kind sorgen, das wegen körperlicher, geistiger oder seelischer Behinderung Anspruch auf Waisenrente hat.

Die kleine Witwen-/Witwerrente wird längstens für 24 Kalendermonate nach Ablauf des Monats, in dem der Ehegatte verstorben ist, oder bis zu einer vorherigen Wiederverheiratung gezahlt. Wurde die Ehe vor dem 1. Januar 2002 geschlossen und ist mindestens einer der beiden Ehegatten vor dem 2. Januar 1962 geboren, wird die kleine Witwen- oder Witwerrente über 24 Kalendermonate hinaus zeitlich unbegrenzt gezahlt.

Die große Witwen-/Witwerrente wird ohne zeitliche Begrenzung gezahlt, solange ihre besonderen Voraussetzungen vorliegen. Die Altersgrenze für die große Witwen-/Witwerrente ist zum 1. Januar 2008 vom 45. auf das 47. Lebensjahr angehoben worden. Es gelten allerdings großzügige Übergangsfristen. Für Versicherungsfälle bis zum 31. Dezember 2011 gilt die bisherige Altersgrenze des 45. Lebensjahres weiter. Ab dem Jahr 2012 erfolgt dann bis zum Jahr 2029 eine stufenweise Anhebung auf das 47. Lebensjahr.

Eigenes Einkommen der Berechtigten wird auf die Witwen- oder Witwerrente teilweise angerechnet. Es besteht ein monatlicher Freibetrag; dieser beträgt im Jahr 2011: 718,08 Euro in den alten Bundesländern und 637,03 Euro in den neuen Bundesländern. Er erhöht sich für jedes waisenrentenberechtigtes Kind der Berechtigten um 152,32 Euro bzw. um 135,13 Euro. Liegt das Einkommen über dem Freibetrag, werden von dem übersteigenden Betrag 40 Prozent auf die Rente angerechnet. Was als Einkommen angerechnet wird, wie es ermittelt wird und in welcher Weise Einkommensänderungen zu berücksichtigen sind, wird in den Erläuterungen zur Einkommensanrechnung in der Rentenversicherung (siehe Kapitel 6 Rdnr. 384 ff.) dargestellt.

90 Früheren Ehegatten von Verstorbenen wird auf Antrag Rente gezahlt, wenn die Verstorbenen ihnen gegenüber zur Zeit des Todes unterhaltspflichtig waren oder während des letzten Jahres vor dem Tod Unterhalt geleistet haben. Auch für diese Renten gelten beim Zusammentreffen mit Einkommen die beschriebenen Anrechnungsregelungen. Sind mehrere frühere Ehegatten vorhanden, so erhält jeder nur den Teil der Rente, der im Verhältnis zu den anderen Berechtigten der Dauer seiner Ehe mit dem Versicherten entspricht.

Beispiel für die Berechnung einer Witwenrente

(30jährige Witwe mit eigenem Arbeitseinkommen aus einer Teilzeittätigkeit von monatlich 1.500 Euro brutto und einem minderjährigen Kind)

Bruttojahresarbeitsverdienst des Ehegatten vor dem tödlichen Unfall
36.000 Euro

Witwenrente
= 40 Prozent des Jahresarbeitsverdienstes:
14.400 Euro jährlich / 1.200 Euro monatlich

Einkommensanrechnung:
1.500 Euro brutto = 900 Euro netto (pauschaliert)
900 Euro – 718,08 Euro (Freibetrag)
– 156,32 Euro (zusätzl. Freibetrag wegen Kindererziehung)
= 25,60 Euro anrechenbares Einkommen, davon 40 Prozent
= 10,24 Euro anzurechnendes Einkommen

Monatlicher Rentenzahlbetrag:
1.200 Euro Witwenrente
– 10,24 Euro anzurechnendes Einkommen
= 1.189,76 Euro

Das Berechnungsbeispiel verdeutlicht die großzügigen Anrechnungsvorschriften in der Unfallversicherung durch die Kombination aus Freibeträgen und nur teilweiser Berücksichtigung des verbleibenden Hinzuverdienstes.

91 Für die ersten drei Monate nach dem Tode von Versicherten erhalten Witwen oder Witwer eine Rente in Höhe der Vollrente der Versicherten. Die Anrechnungsregelungen beim Zusammentreffen mit Einkommen gelten nicht.

Abfindung der Witwenrente und der Witwerrente

92 Witwen oder Witwer erhalten bei der ersten Wiederheirat eine Abfindung in Höhe der 24fachen durchschnittlichen Monatsrente der letzten zwölf Kalendermonate. Bei der kleinen Witwen-/Witwerrente vermindert sich der Abfindungsbetrag um die Zahl der Kalendermonate, für die bereits Rente gezahlt wurde. Grund ist, dass diese Rente auf längstens 24 Monate befristet ist. Unter bestimmten Voraussetzungen lebt die Witwen- oder Witwerrente bei Auflösung der neuen Ehe unter Anrechnung der bei Wiederheirat gezahlten Abfindungssumme wieder auf. Ein von der Witwe oder dem Witwer infolge Auflösung oder Nichtigerklärung der neuen Ehe erworbener Unterhalts-, Renten- oder Versorgungsanspruch ist auf die Witwen- oder Witwerrente anzurechnen.

Sozialgesetzbuch · 7. Buch · Unfallversicherung

Waisenrente

93 Kinder von Verstorbenen haben einen selbstständigen Anspruch auf Waisenrente. Auch Stiefkinder, Pflegekinder sowie Enkel und Geschwister, die in den Haushalt der Versicherten aufgenommen oder von ihnen überwiegend unterhalten wurden, sind rentenberechtigt. Waisenrente wird bis zum 18. Lebensjahr gezahlt, darüber hinaus bis zum 27. Lebensjahr, wenn die Waise sich in Schul- oder Berufsausbildung befindet oder ein freiwilliges soziales oder ökologisches Jahr leistet oder wegen körperlicher, geistiger oder seelischer Behinderung außerstande ist, sich selbst zu unterhalten. Die Waisenrente beträgt bei Halbwaisen jährlich 20 Prozent, bei Vollwaisen 30 Prozent des Jahresarbeitsverdienstes der Verstorbenen.

94 Haben Waisen eigenes Einkommen, wird dieses auf die Rente angerechnet. Es gelten insoweit dieselben Regelungen, wie bei der Witwen- und Witwerrente. Der monatliche Freibetrag beträgt im Jahr 2011: 478,72 Euro in den alten Bundesländern und 424,69 Euro in den neuen Bundesländern.

Elternrente

95 Hinterlassen Verstorbene Eltern oder Großeltern, die sie wesentlich aus ihrem Arbeitsverdienst unterhalten haben oder ohne den Versicherungsfall wesentlich unterhalten hätten, so erhalten diese eine Rente von 20 Prozent des Jahresarbeitsverdienstes für ein Elternteil (30 Prozent für ein Elternpaar), solange sie ohne den Versicherungsfall gegen die Verstorbenen einen Unterhaltsanspruch wegen Unterhaltsbedürftigkeit hätten geltend machen können; hierbei haben Eltern vor Großeltern den Vorrang.

Gemeinsame Vorschriften

96 Alle Regelungen über Hinterbliebenenleistungen an Witwen/Witwer gelten auch für eingetragene Lebenspartner. Die Renten aller Hinterbliebenen dürfen zusammen 80 Prozent des Jahresarbeitsverdienstes der Verstorbenen nicht übersteigen; ist dies der Fall, werden sie anteilig gekürzt.

97 War der Tod von Schwerverletzten (mindestens 50 Prozent Erwerbsminderung) nicht Folge des Versicherungsfalls, so erhalten Witwen oder Witwer – unter bestimmten Voraussetzungen auch Waisen – eine einmalige Beihilfe von 40 Prozent des Jahresarbeitsverdienstes. In besonders gelagerten Härtefällen ist die Zahlung einer laufenden Beihilfe möglich.

Anpassung der Geldleistungen

98 Die Anpassung der Renten aus der Unfallversicherung orientiert sich an der Rentenanpassung in der gesetzlichen Rentenversicherung. Jeweils vom 1. Juli eines Jahres an werden die Unfall- und die Hinterbliebenenrenten für Versicherungsfälle, die im vorausgegangenen Kalenderjahr oder früher eingetreten sind, und das Pflegegeld entsprechend dem Vomhundertsatz angepasst, um den sich die Renten aus der gesetzlichen Rentenversicherung verändern. Der jeweilige Anpassungsfaktor wird durch Rechtsverordnung von der Bundesregierung festgesetzt. Damit nehmen die Rentner der gesetzlichen Unfallversicherung in gleicher Weise an der wirtschaftlichen Entwicklung teil wie die Rentner der Rentenversicherung.

Tabelle 4: Rentenanpassungen

Jahr	v. H.	Jahr	v. H. West	v. H. Ost
1964	9,0	1.1.1991		15,0
1965	6,1	1.7.1991	5,04	15,0
1966	8,9	1.1.1992		11,65
1967	9,0	1.7.1992	3,05	12,73
1968	7,2	1.1.1993		6,10
1969	3,3	1.7.1993	4,45	14,12
1970	6,1	1.1.1994		3,64
1971	9,3	1.7.1994	3,05	3,45
1972	12,7	1.1.1995		2,78
1973	11,9	1.7.1995	0,27	2,58
1974	9,4	1.1.1996		4,34
1975	11,9	1.7.1996	0,47	0,64
1976	11,7	1.7.1997	1,47	5,27
1977	7,0	1.7.1998	0,23	0,47
1978	7,4	1.7.1999	1,30	2,58
1979	6,9	1.7.2000	0,60	0,60
1980	5,2	1.7.2001	1,91	2,11
1981	5,5	1.7.2002	2,16	2,89
1982	6,5	1.7.2003	1,04	1,19
1983	4,8	1.7.2004	0	0
1984	1,31	1.7.2005	0	0
1985	1,41	1.7.2006	0	0
1986	2,15	1.7.2007	0,54	0,54
1987	3,03	1.7.2008	1,10	1,10
1988	3,0	1.7.2009	2,41	3,38
1989	2,4	1.7.2010	0	0
1990	3,16			

Organisation

Allgemeines

99 Die Unfallversicherung wird von nunmehr neun gewerblichen Berufsgenossenschaften, neun landwirtschaftlichen Berufsgenossenschaften und den Unfallversicherungsträgern der öffentlichen Hand (Unfallkasse des Bundes, Unfallkassen der Länder, Gemeindeunfallversicherungsverbänden, Eisenbahn-Unfallkasse, Unfallkasse Post und Telekom sowie Feuerwehr-Unfallkassen) durchgeführt. Die Zahl der Unfallversicherungsträger ist in den vergangenen Jahren erheblich verringert worden, nachdem sich gezeigt hatte, dass insoweit Reformbedarf bestand. Seit der Entstehung der gesetzlichen Unfallversicherung hat sich ein gravierender Wandel von der Industrie- zur Dienstleistungsgesellschaft vollzogen. Die branchengegliederte Organisation der gewerblichen Unfallversicherung hatte diesen Wandel lange nicht nachvollzogen. Das führte dazu, dass in den Branchen, die vom Beschäftigungsrückgang betroffen sind, wenige Unternehmen die hohen Rentenlasten aus zum Teil Jahrzehnte zurückliegenden Versicherungsfällen trugen. Das Unfallversicherungsmodernisierungsgesetz (UVMG) forderte daher eine Anpassung der Organisationsstrukturen an die veränderten Wirtschaftsstrukturen. Zugleich enthielt es Vorgaben zur Lösung der Altlastenproblematik sowie eine Modernisierung der Verwaltungsstrukturen. Die Selbstverwaltung der Unfallversicherungsträger ist ihrem gesetzlichen Auftrag, im Bereich der gewerblichen Berufsgenossenschaften durch Fusionen nachhaltig leistungsfähige Träger zu schaffen, bereits nachgekommen. Das dabei vorgegebene Ziel, die Zahl der gewerblichen Berufsgenossenschaften auf neun zu reduzieren, ist seit dem 1. Januar 2011 erreicht. Damit ist die Zahl der gewerblichen Berufsgenossenschaften seit dem Jahr 2006 um nahezu zwei Drittel verringert worden (2006: 26 Berufsgenossenschaften). Auch im Bereich der öffentlichen Hand wird die Möglichkeit geprüft, die Zahl der Unfallversicherungsträger weiter zu reduzieren. Ebenso gibt es in der landwirtschaftlichen Sozialversicherung weitere Reformüberlegungen. So wird dort die Errichtung eines Bundesträgers diskutiert.

100 Die gewerblichen Berufsgenossenschaften führen die Unfallversicherung in den Unternehmen durch, die zu den ihnen zugeteilten Gewerbezweigen gehören. Damit wird dem Grundsatz der branchenspezifischen Risikotragung entsprochen. Zusätzlich besteht eine Zuständigkeit auch für bestimmte ehrenamtliche Tätigkeiten (z. B. im Bereich der Kirchen, der Wohlfahrtspflege sowie für bestimmte Vereinstätigkeiten, insbesondere im Bereich des Sports). Den Unfallversicherungsträgern der öffentlichen Hand ist die Durchführung der Unfallversicherung für die Arbeitnehmer der unmittelbaren Staatsverwaltung, aber auch für bestimmte weitere Personengruppen gesetzlich übertragen. Dazu gehören regelmäßig Kinder in Tagesbetreuungen, Schülerinnen und Schüler sowie Studierende. Ebenso besteht eine Zuständigkeit für Personen, die im öffentlichen Interesse tätig werden oder Aufgaben des Gemeinwohls übernehmen. Dies sind insbesondere bestimmte ehrenamtliche Aufgaben wie z. B. Tätigkeiten im Bereich der Freiwilligen Feuerwehr, als Schülerlotse sowie als Lebensretter oder als Nothelfer, Schöffentätigkeit oder auch Ehrenamtstätigkeiten für Kommunen. Die Zuständigkeit der landwirtschaftlichen Berufsgenossenschaften erstreckt sich insbesondere auf die Bereiche der Land- und Forstwirtschaft, landwirtschaftliche Viehhaltung, Park- und Gartenpflege, Jagden sowie damit zusammenhängenden Einrichtungen und Unternehmen. Hierzu gehören beispielsweise Tätigkeiten in Landwirtschaftskammern, Berufsverbänden, landwirtschaftlichen Förderverbänden, Unternehmen zum Schutz und zur Förderung der Landwirtschaft sowie in land- und forstwirtschaftliche Lohnunternehmen.

101 Die Zuständigkeit der Unfallversicherungsträger für Rehabilitanden richtet sich danach, welcher Rehabilitationsträger die Rehabilitationsmaßnahmen durchführt. Führt ein Unfallversicherungsträger die Maßnahmen durch, so gewährt dieser auch den Unfallversicherungsschutz während der Maßnahmen. Erbringt ein anderer Rehabilitationsträger die Maßnahmen, ist der für ihn zuständige Unfallversicherungsträger zugleich auch für diesen Rehabilitanden zuständig.

102 Die Versicherten müssen darüber unterrichtet werden, welcher Versicherungsträger für sie zuständig ist.

103 Die Berufsgenossenschaften, die Unfallkassen und die Gemeindeunfallversicherungsverbände sind Körperschaften des öffentlichen Rechts mit dem Recht auf Selbstverwaltung. Die Träger der Unfallversicherung stehen unter staatlicher Aufsicht. Aufsichtsbehörde über Unfallversicherungsträger, deren Zuständigkeit sich über das Gebiet eines Landes erstreckt (bundesunmittelbare Unfallversicherungsträger), ist das Bundesversicherungsamt, auf den Gebieten der Prävention i. d. R. das Bundesministerium für Arbeit und Soziales. Erstreckt sich die Zuständigkeit eines Unfallversicherungsträgers nicht über das Gebiet eines Landes hinaus (landesunmittelbare Unfallversicherungsträger), obliegt die Aufsicht der jeweils zuständigen Behörde im Landesbereich.

104 Spitzenverband der gewerblichen Berufsgenossenschaften und der Unfallversicherungsträger der öffentlichen Hand ist seit dem Jahr 2007 die Deutsche Gesetzliche Unfallversicherung e.V. (DGUV), die aus einem Zusammenschluss des Hauptverbandes der gewerblichen Berufsgenossenschaften (HVBG) und des Bundesverbandes der Unfallkassen (BUK) entstanden ist. Im Bereich der landwirtschaftlichen Sozialversicherung besteht seit dem Jahr 2009 ein gemeinsamer Spitzenverband für die landwirtschaftlichen Berufsgenossenschaften, die landwirtschaftlichen Alterskassen und die landwirtschaftlichen Krankenkassen: der Spitzenverband der landwirtschaftlichen Sozialversicherung (LSV-SpV).

Die Unfallversicherungsträger

Gewerbliche Berufsgenossenschaften

Berufsgenossenschaft Rohstoffe und Chemische Industrie (BG RCI)	Heidelberg
Berufsgenossenschaft Holz und Metall (BGHM)	Mainz
Berufsgenossenschaft Energie Textil Elektro Medienerzeugnisse (BG ETEM)	Köln
Berufsgenossenschaft Nahrungsmittel und Gastgewerbe (BGN)	Mannheim
Berufsgenossenschaft der Bauwirtschaft (BG BAU)	Berlin
Berufsgenossenschaft Handel und Warendistribution (BG HW)	Mannheim
Verwaltungs-Berufsgenossenschaft (VBG)	Hamburg
Berufsgenossenschaft für Transport und Verkehrswirtschaft (BG Verkehr)	Hamburg
BG für Gesundheitsdienst und Wohlfahrtspflege (BGW)	Hamburg

Landwirtschaftliche Berufsgenossenschaften

LBG Schleswig-Holstein und Hamburg	Kiel
LBG Niedersachsen-Bremen	Hannover
LBG Nordrhein-Westfalen	Münster
LBG Hessen, Rheinland-Pfalz und Saarland	Kassel
LBG Niederbayern/Oberpfalz und Schwaben	Landshut
LBG Franken und Oberbayern	München
LBG Baden-Württemberg	Karlsruhe
LBG Mittel- und Ostdeutschland	Hönow
Gartenbau-BG	Kassel

Unfallversicherungsträger der öffentlichen Hand

Bundesbereich

Unfallkasse des Bundes	Wilhelmshaven
Eisenbahn-Unfallkasse	Frankfurt
Unfallkasse Post und Telekom	Tübingen

Landesbereich (z. T. gleichzeitig zuständig für den kommunalen Bereich)

Land Baden-Württemberg Unfallkasse Baden-Württemberg	Stuttgart
Land Bayern Bayerische Landesunfallkasse	München
Land Berlin Unfallkasse Berlin	Berlin
Land Brandenburg Unfallkasse Brandenburg	Frankfurt (Oder)
Land Bremen Unfallkasse Freie Hansestadt Bremen	Bremen
Land Hamburg, Land Schleswig-Holstein Unfallkasse Nord	Kiel
Land Hessen Unfallkasse Hessen	Frankfurt am Main
Land Mecklenburg-Vorpommern Unfallkasse Mecklenburg-Vorpommern	Schwerin
Land Niedersachsen Landesunfallkasse Niedersachsen	Hannover
Land Nordrhein-Westfalen Unfallkasse Nordrhein-Westfalen	Düsseldorf
Land Rheinland-Pfalz Unfallkasse Rheinland-Pfalz	Andernach
Land Saarland Unfallkasse Saarland	Saarbrücken
Land Sachsen Unfallkasse Sachsen	Meißen

Land Sachsen-Anhalt Unfallkasse Sachsen-Anhalt	Zerbst
Land Thüringen Unfallkasse Thüringen	Gotha

Kommunaler Bereich

Bayerischer Gemeindeunfallversicherungsverband	München
Braunschweigischer Gemeinde-Unfallversicherungsverband	Braunschweig
Gemeinde-Unfallversicherungsverband Hannover	Hannover
Gemeinde-Unfallversicherungsverband Oldenburg	Oldenburg
Unfallkasse München	München

Feuerwehr-Unfallkassen

Feuerwehr-Unfallkasse Brandenburg	Frankfurt (Oder)
Feuerwehr-Unfallkasse Niedersachsen	Hannover
Feuerwehr-Unfallkasse Mitte der Länder Sachsen-Anhalt und Thüringen	Magdeburg
Hanseatische Feuerwehr-Unfallkasse Nord	Kiel

Finanzierung

Beiträge

105 Bei der Finanzierung der Unfallversicherung ist zu unterscheiden: Die gewerblichen Berufsgenossenschaften erheben Beiträge, die – entsprechend dem Zweck der Unfallversicherung als Haftpflichtversicherung der Arbeitgeber – allein von den Unternehmern zu zahlen sind. Die Beiträge werden so bemessen, dass sie die Ausgaben des letzten Jahres decken (Umlageverfahren). Zur Finanzierung der laufenden Ausgaben werden von den Berufsgenossenschaften Vorschüsse erhoben.

106 Die Beiträge werden nach den Arbeitsentgelten der Versicherten bemessen, jedoch abgestuft nach Gefahrklassen, in die die einzelnen Unternehmen eingeordnet sind. Die Gefahrklassen bestimmen sich nach Zahl und Schwere der in den einzelnen Gewerbezweigen eingetretenen Versicherungsfälle; Die Gefahrklassen spiegeln also nicht das Unfallrisiko des einzelnen Unternehmens, sondern das branchentypische Risiko aller in der jeweiligen Gefahrklasse zusammengefassten Unternehmen wider. Die Gefahrklassen werden von den Berufsgenossenschaften festgesetzt und sind mindestens alle sechs Jahre unter Berücksichtigung der tatsächlichen Entwicklung der gezahlten Leistungen und der Arbeitsentgelte zu überprüfen und neu festzusetzen.

107 Als Anreiz zur Unfallverhütung haben die gewerblichen Berufsgenossenschaften den einzelnen Unternehmen unter Berücksichtigung der eingetretenen Versicherungsfälle Beitragszuschläge aufzuerlegen oder Beitragsnachlässe zu bewilligen. Wegeunfälle bleiben dabei außer Betracht. Auch Berufskrankheiten und Arbeitsunfälle, die durch höhere Gewalt oder alleiniges Verschulden nicht zum Unternehmen gehörender Personen eintreten, sowie Versicherungsfälle auf Betriebswegen können ausgenommen werden. Die Höhe der Zuschläge und Nachlässe richtet sich nach der Zahl, der Schwere oder der Kosten der Arbeitsunfälle oder nach mehreren dieser Merkmale. Im Jahr 2009 wurden rd. 373 Mio. Euro Beitragsnachlässe gewährt und rd. 94 Mio. Euro Beitragszuschläge erhoben.

108 Aufgrund der branchenspezifischen Gliederung der Berufsgenossenschaften und der individuellen Gefahrklassenzuordnungen der einzelnen Unternehmen gibt es in der gewerblichen Unfallversicherung – anders als in den anderen Sozialversicherungszweigen – keinen einheitlichen Beitragssatz. Die Beitragsbelastung der einzelnen Unternehmen ist vielmehr sehr unterschiedlich. In der langjährigen Entwicklung sind die Beiträge aber deutlich gesunken, allein in den letzten 15 Jahren um mehr als 10 Prozent. Die durchschnittliche Beitragsbelastung bei den gewerblichen Berufsgenossenschaften lag im Jahr 2009 bei rd. 1,31 Prozent. Sie ist aufgrund der negativen wirtschaftlichen Gesamtentwicklung in diesem Jahr zwar geringfügig angestiegen, lag aber immer noch annähernd auf einem historischen Tiefstand.

109 In der landwirtschaftlichen Unfallversicherung werden die Beiträge nach dem Umlagesoll, der Fläche, dem Wirtschaftswert, dem Arbeitsbedarf, dem Arbeitswert oder einem anderen vergleichbaren Maßstab bemessen. Näheres bestimmt die Satzung der landwirtschaftlichen Berufsgenossenschaften. Der

Sozialgesetzbuch · 7. Buch · Unfallversicherung

Bund leistet jährlich Bundesmittel zur Senkung der Beitragsbelastung der landwirtschaftlichen Unternehmen. Im Jahr 2010 betrugen diese Bundesmittel 200 Mio. Euro.

110 Die Unfallversicherungsträger der öffentlichen Hand finanzieren ihre Aufwendungen überwiegend aus Haushaltsmitteln. Sie können kraft Satzung zur Erhebung risikobezogener Beiträge aber auch Gefahrengemeinschaften bilden sowie ein Zuschuss-/Nachlassverfahren einführen.

Für geringfügig Beschäftigte in privaten Haushalten gilt seit dem Jahr 2006 ein einheitlicher Beitragssatz von 1,6 Prozent. Der Beitrag ist zur Vereinfachung nicht an den zuständigen Unfallversicherungsträger, sondern zusammen mit den Beiträgen zu den anderen Sozialversicherungszweigen an die Minijobzentrale der Bundesknappschaft zu zahlen.

Lastenverteilung

111 Die gewerblichen Berufsgenossenschaften sind aufgrund ihrer Branchengliederung von Auswirkungen des wirtschaftlichen Strukturwandels besonders stark betroffen. Rückgänge oder Zuwächse bei der Zahl der Beschäftigten und den Lohnsummen in den einzelnen Gewerbezweigen wirken sich unmittelbar auf die Beiträge aus. Denn aus den laufenden Beiträgen sind neben den Aufwendungen für die aktuellen Versicherungsfälle auch die Aufwendungen für die noch laufenden Renten aus früheren, zum Teil Jahrzehnte zurückliegenden Versicherungsfällen zu finanzieren. Aus diesen Gründen wurde bereits vor mehr als 40 Jahren zwischen den Berufsgenossenschaften ein Lastenausgleich eingeführt, der in den folgenden Jahrzehnten insbesondere die Bergbau-Berufsgenossenschaft entlastet hat.

112 Aufgrund der tiefgreifenden Veränderungen durch die zunehmende Globalisierung und die stetig fortschreitende Entwicklung von der Industrie- zur Dienstleistungswirtschaft reichte der bisherige Ausgleich nicht mehr aus. Seit dem Umlagejahr 2008 gilt deshalb ein neues Lastenverteilungsverfahren zwischen den gewerblichen Berufsgenossenschaften. Unter Beibehaltung des Branchenprinzips und der primären Verantwortlichkeit der einzelnen Gewerbe-

Tabelle 5: Einnahmen und Ausgaben in Mio. Euro (alle Unfallversicherungsträger)[1]

Jahr	Einnahmen	Ausgaben insgesamt	darunter insbesondere für				
			Renten	Heilbehandlung[2]	Berufliche Rehabilitation	Unfallverhütung	Verwaltungs- u. Verfahrenskosten
1950	656	599	425	82	0,8	13	52
1955	1.103	1.065	682	202	2,5	25	105
1960	1.871	1.789	1.221	317	5,4	37	156
1965	3.535	3.302	1.872	941	13	70	247
1970	4.918	4.881	2.566	1.012	26	116	399
1975	8.320	8.197	4.331	1.454	173	227	641
1980	11.494	11.355	5.999	2.178	137	355	839
1985	13.129	12.895	6.867	2.748	152	497	1.111
1990	15.814	15.956	7.497	3.393	311	704	1.443
1991[3]	19.088	19.156	8.487	3.934	365	876	1.756
1995	24.128	24.370	10.861	4.363	597	1.257	2.349
2000	13.881	14.088	5.728	3.371	266	759	1.307
2001	14.469	14.713	5.787	3.379	262	778	1.324
2002	15.399	15.645	5.874	3.489	286	816	1.384
2003	15.221	15.515	5.913	3.461	302	854	1.443
2004	14.542	14.964	5.891	3.433	281	862	1.385
2005	14.448	14.803	5.848	3.397	238	864	1.383
2006	14.068	14.407	5.789	3.444	196	870	1.359
2007	13.903	14.234	5.719	3.426	166	882	1.323
2008	14.723	15.082	5.649	3.579	158	948	1.384
2009	13.924	14.453	5.767	3.764	165	973	1.442

1) Werte vor 2000 in DM.
2) Ab 1965 einschließlich Aufwendungen für Verletztengeld
3) Werte ab 1991 einschließlich Beitrittsgebiet.

zweige für die von ihnen verursachten Arbeitsunfälle und Berufskrankheiten stellt das neue Verfahren eine gerechte und solidarische Lastenverteilung unter Berücksichtigung des in den vergangenen Jahrzehnten eingetretenen grundlegenden Strukturwandels sicher. Jede Berufsgenossenschaft trägt eigene Rentenlasten entsprechend ihrer aktuellen Wirtschafts- und Risikostruktur. Alte Lasten, die hierzu nicht mehr in einem angemessenen Verhältnis stehen, werden von allen Berufsgenossenschaften solidarisch getragen. Sie umfassen rund 30 Prozent der gesamten Rentenlasten. Das neue Verfahren wird in einem stufenweisen Übergang bis zum Jahr 2013 eingeführt und entlastet in stärkerem Maß als bisher traditionelle Gewerbezweige wie Bau, Stahl, Seeschifffahrt oder Bergbau; höher belastet werden demgegenüber etwa die Dienstleistungsbranchen oder die Bereiche der Maschinenbau- und Elektroindustrie. Der bisherige Lastenausgleich wird parallel dazu bis Ende 2013 stufenweise abgebaut. Für das Umlagejahr 2009 betrug das gesamte Umverteilungsvolumen rund 744 Mio. Euro, wobei auf das neuen Verfahren rund 290 Mio. Euro und auf das alte Verfahren rund 454 Mio. Euro entfielen.

Beratungsstellen, Auskunft

Allgemeines

113 Die Versicherungsträger sind verpflichtet, aufzuklären, zu beraten und Auskunft zu erteilen. Hierbei handelt es sich nicht um eine Nebenleistung; diese Verpflichtung ist eine wichtige Dienstleistung für die Bevölkerung.

114 Aufklärung ist die allgemeine Unterrichtung der Bevölkerung über soziale Rechte und Pflichten. Verpflichtet sind die Leistungsträger, ihre Verbände und die sonstigen öffentlich-rechtlichen Vereinigungen nach dem Sozialgesetzbuch. Beratung ist das individuelle Gespräch mit dem Einzelnen zur gezielten und umfassenden Unterrichtung über seine Rechte und Pflichten. Verpflichtet ist der Leistungsträger demjenigen, demgegenüber Rechte geltend zu machen oder Pflichten zu erfüllen sind.

Auskunft ist die individuelle und gezielte Beantwortung von Fragen des Einzelnen in erster Linie durch den Leistungsträger, der für die Erfüllung seines Leistungsbegehrens zuständig ist. Dieser erteilt subsidiär auch über andere Sach- und Rechtsfragen des Sozialleistungsbereichs Auskunft. In jedem Fall muss der zuständige Leistungsträger genannt werden. Die Auskunft hat Wegweiserfunktion. Auskunftsstellen sind alle Kranken- und Pflegekassen und die nach Landesrecht zuständigen Stellen, meist die Versicherungsämter, die in der Regel bei jeder unteren Verwaltungsbehörde errichtet sind.

Beratung und Auskunft in der Unfallversicherung

115 Vorrangige Aufgabe der Träger der Unfallversicherung ist es, Unfälle und Berufskrankheiten sowie arbeitsbedingte Gesundheitsgefahren zu verhüten. Um den Gedanken der Unfallverhütung in alle Bevölkerungsschichten zu tragen, betreiben die Träger eine sehr umfangreiche Informationstätigkeit. Es werden z. B. Präventionskampagnen, Veranstaltungen sowie Projekte zu speziellen Themen im Bereich Arbeitssicherheit und Gesundheitsschutz durchgeführt, umfangreiches Informationsmaterial wird herausgegeben. Auch Schulungen, Workshops, Konferenzen, Ausstellungen, Medienaktivitäten sowie andere Veranstaltungen und Maßnahmen tragen dazu bei, das Wissen um Unfallverhütung zu stärken. Dies erfolgt auch in Zusammenarbeit mit anderen Behörden und Institutionen, die sich mit Fragen der Unfallverhütung befassen (Staatliche Ämter für Arbeitsschutz oder Gewerbeaufsichtsämter, Polizei, Verkehrswacht, Automobilclubs, Sozialpartner). Jeder Unfallversicherungsträger steht in enger Verbindung mit seinen Mitgliedsbetrieben. Die Aufsichtspersonen der Unfallversicherungsträger haben die Durchführung der Maßnahmen zur Verhütung von Arbeitsunfällen, Berufskrankheiten und arbeitsbedingten Gesundheitsgefahren in den Unternehmen zu überwachen sowie die Unternehmer und die Versicherten zu beraten.

116 Die Unfallversicherungsträger einschließlich ihrer Bezirksverwaltungen und Präventionsdienste beraten in allen Fragen der gesetzlichen Unfallversicherung. Insbesondere die Berufshelfer werden beratend tätig, häufig bereits kurz nach dem Unfall und am Aufenthaltsort der Verletzten.

117 Sonstige Beratungsmöglichkeiten bestehen bei den Gewerkschaften, bei selbständigen Vereinigungen von Arbeitnehmern mit sozial- oder berufspolitischer Zwecksetzung sowie bei den Arbeitgebervereinigungen. Auch private Rentenberater sind in Fragen der Unfallversicherung beratend tätig.

Rechtsschutz

118 Für öffentlich-rechtliche Streitigkeiten auf dem Gebiet der Unfallversicherung sind die Sozialgerichte, im Bereich der Unfallverhütung die Verwaltungsgerichte zuständig. Es gelten die Vorschriften des Sozialgerichtsgesetzes bzw. der Verwaltungsgerichtsordnung.

Rechtsquellen

119 Siebtes Buch Sozialgesetzbuch (SGB VII - Gesetzliche Unfallversicherung) und die anderen Bücher des Sozialgesetzbuchs (insbesondere SGB I, SGB IV, SGB IX und SGB X), Fremdrentengesetz, Berufskrankheiten-Verordnung, Arbeitsschutzgesetz.

8 Sozialgesetzbuch - 8. Buch Kinder- und Jugendhilfe

Überblick

Aufgabe der Kinder- und Jugendhilfe ist es, die Entwicklung junger Menschen zu fördern und ihre Erziehung zu einer eigenverantwortlichen und gemeinschaftsfähigen Persönlichkeit zu unterstützen und zu ergänzen. Da nach Artikel 6 Abs. 2 Satz 1 GG die Eltern die primäre Erziehungsverantwortung tragen, verwirklicht die Kinder- und Jugendhilfe dieses Ziel in erster Linie dadurch, dass sie die elterliche Erziehungsverantwortung stärkt, unterstützt und ergänzt. Andererseits hat der Staat nach Art. 6 Abs. 2 Satz 2 GG auch die Aufgabe, über die Wahrnehmung der elterlichen Erziehungsverantwortung zu wachen und Kinder und Jugendliche vor Gefahren für ihr Wohl zu schützen. Durch diesen Schutzauftrag, der primär von und mit den Eltern, im Einzelfall aber im Interesse des Kindes oder Jugendlichen auch von Amts wegen ohne Einverständnis der Eltern erfüllt werden muss, unterscheidet sich die öffentliche Kinder- und Jugendhilfe von allen anderen Sozialleistungsträgern.

Adressaten der Kinder- und Jugendhilfe sind entsprechend ihrer Zielsetzung junge Menschen. Dazu zählen in erster Linie Kinder und Jugendliche, die als Minderjährige unter elterlicher Sorge stehen. Im Hinblick auf die vorrangige elterliche Erziehungsverantwortung hat die Kinder- und Jugendhilfe daher primär die Aufgabe, die Entwicklung des Kindes oder Jugendlichen dadurch zu fördern und dessen Wohl vor Gefahren zu schützen, dass sie den für die Erziehung verantwortlichen Eltern Leistungen anbietet. Die Hilfe und Unterstützung kommt deshalb nicht einer einzelnen Person, sondern der Lebensgemeinschaft von Eltern bzw. Elternteilen und Kindern oder Jugendlichen zugute. Leistungen der Kinder- und Jugendhilfe richten sich darüber hinaus auch an junge Volljährige bis zur Vollendung des 27. Lebensjahres.

Zu den Strukturprinzipien der Kinder- und Jugendhilfe in Deutschland gehören der Nachrang gegenüber den Leistungen anderer Sozialleistungsträger und die partnerschaftliche Zusammenarbeit zwischen den Trägern der öffentlichen und den Trägern der freien Jugendhilfe, zu denen freigemeinnützige Organisationen und privatgewerbliche Träger zählen.

Dem Ziel des Gesetzes entsprechend, die Entwicklung von jungen Menschen zu fördern und die Eltern bei ihrer Erziehungsaufgabe zu unterstützen und zu ergänzen, enthält das Gesetz ein breites Spektrum von Leistungen für junge Menschen und ihre Familien in unterschiedlichen Lebenslagen und Erziehungssituationen. Dazu zählt neben individuellen ambulanten, teilstationären und stationären Hilfen vor allem auch die Förderung von Kindern in Tageseinrichtungen und in Tagespflege. Ansatzpunkt für die einzelnen Leistungen ist nicht die materielle Bedürftigkeit, sondern die Deckung eines strukturellen oder individuellen Defizits an familialen Erziehungs-, Bildungs- und Betreuungsleistungen. Die Sicherung des Lebensunterhalts junger Menschen gehört primär zu den Aufgaben der Sozialhilfe nach dem Zwölften Buch Sozialgesetzbuch bzw. der Grundsicherung nach dem Zweiten Buch Sozialgesetzbuch. Im Fall einer Kindeswohlgefährdung ist das Jugendamt befugt, das Kind oder den Jugendlichen (vorläufig) in Obhut zunehmen. Sind die Eltern nicht bereit oder in der Lage, an der Abwendung der Gefährdung mitzuwirken, so muss das Familiengericht Anordnungen zum Schutz des Kindes oder Jugendlichen treffen.

Wirksamkeit und Erfolg pädagogischer Leistungen hängen in hohem Maße von der Interaktion mit den (sozialpädagogischen) Fachkräften und der Akzeptanz und Mitwirkungsbereitschaft der beteiligten Personen (Eltern und Kinder und Jugendliche bzw. junge Volljährige) ab. Deshalb sieht das Achte Buch Sozialgesetzbuch für alle Hilfen, die einen individuellen Bedarf decken, ein spezifisches Hilfeplanverfah-

ren vor, das diese Personen sowohl an der Klärung und Bewertung ihrer Lebenssituation als auch an der Entscheidung über die angezeigte Hilfe, deren konkrete Ausgestaltung und deren Weiterentwicklung aufgrund eines sich verändernden Bedarfs beteiligt.

Neben der Gewährung von (Sozial)Leistungen obliegt den Trägern der öffentlichen Jugendhilfe auch die Erfüllung anderer Aufgaben, zu denen neben der Mitwirkung in Verfahren vor den Familien- und den Jugendgerichten insbesondere die Tätigkeit als Beistand, (Amts-)Vormund oder (Amts-)Pfleger gehört.

Die Aufgaben der Kinder- und Jugendhilfe werden im weit überwiegenden Umfang von den Jugendämtern der kommunalen Gebietskörperschaften (Kreisen und Städten) im Rahmen kommunaler Selbstverwaltung wahrgenommen und finanziert. Dabei arbeiten sie mit einem breiten Spektrum von Leistungserbringern (freien Trägern) zusammen.

Aufgabe und Bedeutung der Kinder- und Jugendhilfe

Allgemeines

1 Aufgabe der Kinder- und Jugendhilfe ist es, die Entwicklung junger Menschen zu fördern und ihre Erziehung zu einer eigenverantwortlichen und gemeinschaftsfähigen Persönlichkeit zu unterstützen und zu ergänzen. Da nach Artikel 6 Abs. 2 Satz 1 GG die Eltern die primäre Erziehungsverantwortung tragen, verwirklicht die Kinder- und Jugendhilfe dieses Ziel in erster Linie dadurch, dass sie die elterliche Erziehungsverantwortung stärkt, unterstützt und ergänzt. Andererseits hat der Staat nach Art. 6 Abs. 2 Satz 2 GG auch die Aufgabe, über die Wahrnehmung der elterlichen Erziehungsverantwortung zu wachen und Kinder und Jugendliche vor Gefahren für ihr Wohl zu schützen. Ist das Wohl des Kindes oder Jugendlichen gefährdet und sind Eltern nicht bereit oder in der Lage, zur Abwendung der Gefährdung geeignete und notwendige Leistungen der Kinder- und Jugendhilfe in Anspruch zu nehmen, so erhält das Kind oder der Jugendliche die Leistung nach Maßgabe einer Entscheidung des Familiengerichts, in akuten Notfällen auch unmittelbar durch das Jugendamt oder eine beauftragte Stelle.

Durch diesen Schutzauftrag, der primär von und mit den Eltern, im Einzelfall aber im Interesse des Kindes oder Jugendlichen auch von Amts wegen ohne Einverständnis der Eltern erfüllt werden muss, unterscheidet sich die öffentliche Kinder- und Jugendhilfe von allen anderen Sozialleistungsträgern.

2 Die Kinder- und Jugendhilfe hat deshalb einen komplexen Auftrag, dessen Zielrichtung im Einzelfall von der Erziehungsfähigkeit und den Ressourcen der Eltern und der Lebenssituation des Kindes oder Jugendlichen abhängt. Sie soll

– junge Menschen in ihrer individuellen und sozialen Entwicklung fördern und dazu beitragen, Benachteiligungen zu vermeiden oder abzubauen,
– Eltern und andere Erziehungsberechtigte bei der Erziehung beraten und unterstützen,
– Kinder und Jugendliche vor Gefahren für ihr Wohl schützen sowie
– dazu beitragen, positive Lebensbedingungen für junge Menschen und ihre Familien sowie eine kinder- und familienfreundliche Umwelt zu erhalten oder zu schaffen (§ 1 Abs. 3 SGB VIII).

Geschichte der Kinder- und Jugendhilfe

3 Historisch gesehen hat die Kinder- und Jugendhilfe ihre Wurzeln in der staatlichen Armenfürsorge (Vorläufer der Sozialhilfe bzw. der Grundsicherung) und der staatlichen Zwangserziehung (Vorläufer des Jugendgerichtsgesetzes). Sie wurde über Jahrhunderte hinweg ausschließlich von Kirchen, Wohltätigkeitsorganisationen und Stiftungen geleistet. Zum Ende des Mittelalters nahmen sich die Städte der öffentlichen Fürsorge an, verstanden diese aber in erster Linie als Aufgabe zur Aufrechterhaltung der öffentlichen Sicherheit und Ordnung.

4 Mit dem Reichsjugendwohlfahrtsgesetz von 1922 wurden erstmals für das gesamte Deutsche Reich Strukturen einer öffentlichen Jugendhilfe gesetzlich festgeschrieben. Gleichzeitig wurde einem immer noch stark ordnungs- und eingriffsrechtlichen Verständnis von Jugendhilfe das Recht jedes Kindes auf Erziehung zur leiblichen, seelischen und gesellschaftlichen Tüchtigkeit gegenübergestellt. Ansatzpunkte für die Jugendhilfe waren aber weiterhin in erster Linie die Sorge für Waisenkinder und die staatliche Zwangserziehung bei (drohender) Verwahrlosung. Aufgrund des zunehmenden Einflusses der Pädagogik als wissenschaftlicher Disziplin rückte in den folgenden Jahrzehnten das Wohl des einzelnen Kindes und Jugendlichen stärker in den Vordergrund. Aufgrund gesellschaftlicher Veränderungen und steigender Anforderungen an Familien wurden Hilfebedarfe für

Tabelle 1: Entwicklung der öffentlichen Ausgaben für Kinder- und Jugendliche in den Jahren 1992-2009 (in Mio. Euro)

Jahr	Ausgaben insgesamt[1] alte Bundesländer[2]	neue Bundesländer	darunter Heimerziehung alte Bundesländer	neue Bundesländer	darunter Tageseinrichtungen für Kinder alte Bundesländer	neue Bundesländer
1992	10.057	4.117	1.427	239	5.218	3.273
1993	11.802	4.374	1.619	301	6.619	3.391
1994	12.304	4.217	1.717	338	6.822	3.156
1995	12.200	4.109	1.824	384	6.931	2.864
1996	13.365	4.053	1.792	404	7.265	2.771
1997	13.718	3.703	1.881	397	7.454	2.417
1998	14.151	3.474	1.874	386	7.652	2.238
1999	14.529	3.456	1.875	383	7.747	2.204
2000	14.936	3.417	1.949	387	7.842	2.188
2001	15.606	3.485	2.014	389	8.202	2.220
2002	16.477	3.564	2.145	396	8.670	2.275
2003	16.895	3.579	2.202	385	8.986	2.299
2004	16.989	3.538	2.218	373	9.142	2.283
2005	17.135	3.573	2.216	361	9.183	2.348
2006	17.127	3.643	2.084	353	9.219	2.412
2007	18.813	3.757	2.184	356	10.579	2.500
2008	20.370	3.975	2.312	370	11.586	2.634
2009	22.264	4.399	2.493	380	12.861	2.998

1) Zur Berechnung der Gesamtausgaben für Deutschland sind noch die Ausgaben der obersten Bundesjugendbehörde zu berücksichtigen; diese beliefen sich 2002 auf 136 Mio. Euro, 2003 auf 138 Mio. Euro, 2004 auf 145 Mio. Euro, 2005 auf 158 Mio. Euro, 2006 auf 154 Mio. Euro, 2007 auf 223 Mio. Euro, 2008 auf 248 Mio. Euro und 2009 auf 233 Mio. Euro.
2) Einschließlich der Ausgaben in gesamt Berlin.
Quelle: Statistisches Bundesamt: Statistiken der Kinder- und Jugendhilfe – Ausgaben und Einnahmen, versch. Jahrgänge; Berechnungen der Dortmunder Arbeitsstelle Kinder- und Jugendhilfestatistik

Kinder und Jugendliche nicht erst bei drohender Verwahrlosung oder mit dem Tod der Eltern anerkannt, sondern die staatliche Mitverantwortung für die Entwicklung von Kindern wurde bereits bei struktureller oder individueller Überlastung oder Überforderung der Eltern mit den Erziehungsaufgaben eingefordert. Das eingriffsrechtliche Instrumentarium des Reichsjugendwohlfahrtsgesetzes wurde deshalb in der kommunalen Praxis immer mehr durch präventive, familienunterstützende Ansätze ergänzt.

5 Seit den 60er Jahren gab es Bestrebungen, das Reichsjugendwohlfahrtsgesetz durch ein modernes Gesetz zur Förderung der Jugend abzulösen. Neben der Frage der Finanzierung eines neuen Gesetzes waren vor allem gesellschaftspolitische Auseinandersetzungen der Grund dafür, dass die Reform erst nach fast 30 Jahren im Jahre 1990 parlamentarisch abgeschlossen werden konnte. Im Mittelpunkt der Diskussion stand vor allem die Abgrenzung der Aufgaben des Staates und der kommunalen Gebietskörperschaften als Trägern der öffentlichen Jugendhilfe zu denen der Eltern sowie die Ausgestaltung des Verhältnisses zwischen öffentlicher Jugendhilfe und gesellschaftlichem Engagement in den Jugend- und Wohlfahrtsverbänden. Im Zusammenhang mit der Diskussion um eine bessere Vereinbarkeit von Erwerbstätigkeit und Familie, dem Bildungsanspruch von Kindern und der Verbesserung von Chancen für Kinder aus bildungsfernen Schichten trat in den letzten beiden Jahrzehnten die Forderung nach der Schaffung eines bedarfsgerechten Angebotes an Tageseinrichtungen und Tagespflege („Tagesmütter") für Kinder als Aufgabe der Jugendhilfe hinzu, die auch in der Begriffserweiterung „Kinder- und Jugendhilfe" ihren Niederschlag fand.

6 Mit dem Gesetz zur Neuordnung des Kinder- und Jugendhilferechts (KJHG) vom 26. Juni 1990 (BGBl. I S. 1163) hat diese Reformdiskussion ihre positiv-rechtliche Umsetzung erfahren. Gleichzeitig wurde die Materie „Kinder- und Jugendhilfe" als Achtes Buch in das Sozialgesetzbuch eingeordnet (Art. 1 KJHG).

7 Zentrales Anliegen der Reform des Kinder- und Jugendhilferechts war die rechtliche Fixierung eines neuen Verständnisses von Kinder – und Jugendhilfe sowie eines differenzierten, an den unterschiedlichen Lebens- und Erziehungssituationen von Kindern, Jugendlichen und Eltern orientierten Leistungs- und Aufgabenspektrums. Kinder- und Jugendhilfe wird nicht mehr in erster Linie als Kontroll- und Eingriffsinstanz verstanden, die der Aufrechterhaltung

der öffentlichen Sicherheit und Ordnung und der Gefahrenabwehr verpflichtet ist, sondern, soweit dies im Einzelfall möglich ist, als eine präventiv angelegte, von Kindern und Jugendlichen und ihren Eltern sowie jungen Volljährigen mitgestaltete soziale Dienstleistung. An die Stelle der familienersetzenden Funktionen traten weithin familienunterstützende und -ergänzende Hilfen. Die im Jugendwohlfahrtsgesetz angelegte Dominanz der Fremdplazierung von Kindern und Jugendlichen in Heimen und Pflegestellen wurde abgebaut zugunsten eines breit gefächerten Leistungskatalogs. Er umfasst neben der allgemeinen Jugend- und Familienförderung, die Förderung von Kindern in Tageseinrichtungen und in Tagespflege sowie ambulante, teilstationäre und stationäre Hilfeformen, deren Inanspruchnahme einen spezifischen erzieherischen Bedarf voraussetzt. Das Gesetz begreift die Gewährung pädagogischer und therapeutischer Leistungen als zielbezogenen Prozess, der gemeinsam von den Leistungsadressaten und den Fachkräften zu gestalten und in einem Hilfeplan zu dokumentieren und regelmäßig fortzuschreiben ist.

Entwicklung des SGB VIII seit 1990

8 Das SGB VIII, das als Artikel 1 des Kinder- und Jugendhilfegesetzes (KJHG) in den östlichen Bundesländern im Zusammenhang mit der Herstellung der Deutschen Einheit am 3. Oktober 1990, in den westlichen Bundesländern am 1. Januar 1991 in Kraft getreten ist, hat in der Folgezeit vielfache Änderungen erfahren. Eine erste bedeutsame Änderung erfolgte im Rahmen des Schwangeren- und Familienhilfegesetzes vom 27. Juli 1992 (BGBl I S. 1398, 1400). Als Schwerpunkt der sozialen Begleitmaßnahmen zur Neuregelung der strafrechtlichen Vorschriften des Schwangerschaftsabbruchs wurde der Rechtsanspruch auf einen Kindergartenplatz eingeführt, der zum 1. Januar 1996 in Kraft getreten ist (Art. 5 des Schwangeren- und Familienhilfegesetzes). Kurz vor diesem Zeitpunkt wurde der Rechtsanspruch im Rahmen des 2. SGB VIII-Änderungsgesetzes durch eine Übergangsregelung modifiziert – mit der Folge, dass er in seiner ursprünglichen Fassung erst am 1. Januar 1999 in Kraft getreten ist.

9 Umfangreiche Änderungen hat das SGB VIII durch die verschiedenen Gesetze erfahren, die im Winter 1997/98 als Teile der Kindschaftsrechtsreform verabschiedet worden und zum 1. Juli 1998 in Kraft getreten sind: Durch das Beistandschaftsgesetz vom 4. Dezember 1997 (BGBl I S. 2846) wurde die Amtspflegschaft für nichteheliche Kinder durch eine Beistandschaft des Jugendamtes ersetzt, die auf Antrag eines alleinsorgeberechtigten Elternteils eintritt (§§ 1713 ff. BGB; §§ 53 ff. SGB VIII). Das Jugendamt wurde verpflichtet, die Mutter eines nichtehelichen Kindes nach der Geburt von Amtswegen über die Möglichkeit der Inanspruchnahme von Beratung und Unterstützung zur Feststellung der Vaterschaft und zur Geltendmachung von Unterhaltsansprüchen zu informieren (§ 52a SGB VIII). Durch das Kindschaftsrechtsreformgesetz vom 16. Dezember 1997 (BGBl I S. 2942) wurden die Beratungsleistungen nach § 17 (Trennung und Scheidung) und § 18 (Elterliche Sorge, Umgangsrecht) verstärkt und erweitert sowie mit familiengerichtlichen Verfahren verzahnt (§ 17 Abs. 3 SGB VIII; §§ 622, 613 ZPO; § 52 FGG). Dem Jugendamt wurde die Aufgabe übertragen, der Mutter eines nichtehelichen Kindes auf Wunsch eine Auskunft über die Nichtabgabe von Sorgeerklärungen zu erteilen (§ 58a SGB VIII). Durch das Kindesunterhaltsgesetz vom 6. April 1998 (BGBl I S. 666) wurde das Unterhaltsrecht für eheliche und nichteheliche Kinder vereinheitlicht. Dies führte zu Folgeänderungen in den §§ 18, 59 und 60 SGB VIII. Durch das Eheschließungsrechtsgesetz vom 4. Mai 1998 (BGBl I S. 833) wurde dem Jugendamt die Beurkundung der Zustimmung des Scheinvaters zur Anerkennung der Vaterschaft für ein Kind, das während des Scheidungsverfahrens geboren ist, ermöglicht (§ 59 Abs. 1 Satz 1 Nr. 1 SGB VIII).

10 Im Rahmen des 2. SGB-XI-Änderungsgesetzes vom 29. Mai 1998 (BGBl I S. 1188) wurden die Vorschriften über die Entgeltfinanzierung für Leistungen der Kinder- und Jugendhilfe nach dem Vorbild der §§ 93 ff. BSHG neu gestaltet (§§ 77, 78a–g). Darüber hinaus wurde die Pflicht zur Erstattung von Kosten für Leistungen nach der Einreise (§ 89d) angesichts erheblicher Vollzugsprobleme in einzelnen Bundesländern von den überörtlichen Trägern unmittelbar auf die Länder verlagert. Die Änderungen zu §§ 77 und 78a–g traten am 1. Januar 1999, diejenigen zu § 89d bereits am 1. Juli 1998 in Kraft. Mit der Neuordnung des Rehabilitationsrechts im Rahmen des SGB IX (Gesetz vom 19. Juni 2001, BGBl. I S. 1046) wurde die Kinder- und Jugendhilfe in den Kreis der Reha-Träger einbezogen und § 35a an die Struktur des SGB IX angepasst. Der in § 2 SGB IX neu gefasste Begriff der Behinderung wurde im Hinblick auf die (drohende) seelische Behinderung in § 35a übernommen.

11 Im Rahmen des Tagesbetreuungsausbaugesetzes (TAG) vom 27. Dezember 2004 (BGBl. I S. 3852) wurden die zentralen Elemente der Förderung von Kindern in Tageseinrichtungen und in Tagespflege konkreter geregelt (§§ 22-23), der Begriff „bedarfsgerechte Versorgung" im Hinblick auf Kinder unter drei Jahren durch objektive Kriterien konkretisiert (§ 24), eine verbindliche Ausbauplanung vorgeschrieben (§ 24a) und den Ländern eine stärkere Beteiligung der Gemeinden an der Förderung von Kindern in Tageseinrichtungen und in Tagespflege ermöglicht (§ 69) sowie die Regelung der Finanzierungsvoraussetzungen für Tageseinrichtungen dem Landesrecht vorbehalten (§ 74a). Im Rahmen des Kinder- und Jugendhilfeweiterentwicklungsgesetzes vom 8. September 2005 (BGBl. I S. 2729) wurden die Heranziehung zu den Kosten neu geordnet (§§ 90 ff.) und die Rechtsgrundlagen der Kinder- und Jugendhilfestatistik (§§ 98 ff.) verbessert. Darüber hinaus wurden der Schutzauftrag des Jugendamtes bei Kindeswohlgefährdung konkretisiert (§ 8a), die Steuerungsverantwortung des Jugendamtes und die Grenzen der Selbstbeschaffung geregelt (§ 36a), die Inobhutnahme neu geordnet (§ 42) und Hilfen zur Erziehung im Ausland von strengeren Anforderungen abhängig gemacht (§§ 27, 78b).

12 Nur vier Jahre nach dem Tagesbetreuungsausbaugesetz stand das Thema „Ausbau der Tagesbetreuung für Kinder im Alter unter drei Jahren" erneut auf der politischen Agenda. Aufbauend auf den Zielvorgaben des TAG und noch während des Umsetzungsprozesses gibt das Kinderförderungsgesetz vom 10. Dezember 2008 (BGBl. I S. 2403) nun eine höhere Zielmarke vor, verlängert aber den Umsetzungszeitraum bis zum 31. Juli 2013 (Stufe 1). Schließlich hat der Gesetzgeber bereits für die Zeit nach dem 1.August 2013 – zweite Stufe – die bis dahin bestehende öffentlich-rechtliche Verpflichtung zum Nachweis eine Betreuungsplatzes im Hinblick auf alle Kinder, die das erste Lebensjahr vollendet haben, in einen Rechtsanspruch auf frühkindliche Förderung „umgewandelt" (§ 24 Abs. 2). Zu diesem Zweck enthält Art. 1 KiföG hintereinander zwei Befehle zur Änderung von § 24 (Art. 1 Nr. 6 und Nr. 7).

13 Weitere Änderungen des SGB VIII sind im Rahmen des Gesetzes zur Reform des Verfahrens in Familiensachen und in den Angelegenheiten der freiwilligen Gerichtsbarkeit (FGG-Reformgesetz) erfolgt, das bereits im Jahre 2008 parlamentarisch verabschiedet worden ist (Gesetz vom 28. Dezember 2008, BGBl. I S. 2586), aber erst am 1. September 2009 in Kraft getreten ist. Dieses Gesetz beinhaltet eine umfassende Reform des familiengerichtlichen Verfahrens. Bei den Kindschaftssachen stehen die Beschleunigung des Verfahrens sowie die Kooperation aller Verfahrensbeteiligten zur Stärkung der Konfliktlösungskompetenz der Eltern und zur Förderung einvernehmlicher, am Interesse des Kindes orientierter Entscheidungen im Mittelpunkt. Die Mitwirkung des Jugendamtes in Verfahren vor den Familiengerichten erhält damit eine neue Ausrichtung (§ 50).

14 Nachdem ein im Frühjahr 2009 vorgelegter Entwurf eines Kinderschutzgesetzes, der u. a. eine Verschärfung des staatlichen Schutzauftrags durch die Regelpflicht zur Vornahme eines Hausbesuchs bei Anhaltspunkten für die Gefährdung eines Kindes vorsah, im Sommer 2009 im Deutschen Bundestag gescheitert ist, hat das Bundeskabinett am 16. März 2011 einen neuen Gesetzentwurf verabschiedet und in das parlamentarische Verfahren eingebracht. Er greift sowohl die Themen des gescheiterten Gesetzentwurfs von 2009 als auch die auf das Kinder- und Jugendhilferecht bezogenen Forderungen aus der Diskussion am Runden Tisch zur Bekämpfung des sexuellen Missbrauchs auf und bezieht im Rahmen eines Bundesmodellprojekts Familienhebammen in den Ausbau Früher Hilfen ein. Der erste Durchgang im Bundesrat ist für den 27. Mai 2011, die parlamentarische Verabschiedung des Gesetzes bis zum Ende des Jahres 2011 geplant. Es soll am 1. Januar 2012 in Kraft treten. Die im Referatsentwurf vorgesehenen Änderungen der Vorschriften zur örtlichen Zuständigkeit und zur Kostenerstattung sind abgekoppelt worden und sollen in einer Bund-Länder-AG überarbeitet werden. .

Das SGB VIII ist seit seinem Inkrafttreten mehrfach neu bekannt gemacht worden, zuletzt am 14. Dezember 2006 (BGBl. I S. 3134).

Personenkreis

15 Adressaten der Kinder- und Jugendhilfe sind entsprechend ihrer Zielsetzung junge Menschen. Dazu zählen in erster Linie Kinder und Jugendliche, die als Minderjährige unter elterlicher Sorge stehen. Im Hinblick auf die vorrangige elterliche Erziehungsverantwortung hat die Kinder- und Jugendhilfe daher primär die Aufgabe, die Entwicklung des Kindes oder Jugendlichen dadurch zu fördern und dessen Wohl vor Gefahren zu schützen, dass sie den für die

Erziehung verantwortlichen Eltern Leistungen anbietet. Die Hilfe und Unterstützung kommt deshalb nicht einer einzelnen Person, sondern der Lebensgemeinschaft von Eltern bzw. Elternteilen und Kindern oder Jugendlichen zugute. Je nach der individuellen Erziehungssituation zielen ihre Leistungen stärker darauf, die Eltern zur Wahrnehmung ihrer Erziehungsaufgaben zu befähigen (z. B. Elternbildung, Elternberatung), sie dabei zu entlasten (z. B. Tagesbetreuung von Kindern), sie bei der Wahrnehmung ihrer Erziehungsaufgaben zu unterstützen (durch Formen ambulanter Erziehungshilfe) oder dem Kind oder Jugendlichen zeitweise oder auf Dauer außerhalb des Elternhauses förderliche Bedingungen für ihre Erziehung zu sichern (in Pflegestellen, Heimen oder anderen Formen betreuten Wohnens). Aber auch in diesem Fall richtet sich die Hilfe nicht nur an die Kinder oder Jugendlichen, sondern in Form von begleitender „Elternarbeit" gleichzeitig auch an die Eltern bzw. Elternteile mit dem Ziel, die Erziehungsbedingungen in der Herkunftsfamilie zu verbessern und damit die Chancen für eine Rückkehr des Kindes oder Jugendlichen in die Herkunftsfamilie zu vergrößern.

Kinder und Jugendliche haben das Recht, sich in allen Angelegenheiten der Erziehung und Entwicklung an das Jugendamt zu wenden. Sie können ohne Kenntnis des Personensorgeberechtigten beraten werden, wenn die Beratung aufgrund einer Not- und Konfliktlage erforderlich ist und solange durch die Mitteilung an den Personensorgeberechtigten der Beratungszweck vereitelt würde (§ 8).

16 Leistungen der Kinder- und Jugendhilfe richten sich darüber hinaus auch an junge Volljährige bis zur Vollendung des 27. Lebensjahres. Die aus öffentlichen Mitteln finanzierte Arbeit der Jugendverbände sowie die Angebote der kommunalen Jugendarbeit schließen traditionell diese Altersgruppe ein. Junge Volljährige sind aber auch Adressaten individueller Förderung. Vielfach ist die individuelle Persönlichkeitsentwicklung zum Zeitpunkt der abstrakt juristisch bestimmten Volljährigkeit nicht abgeschlossen. Insbesondere aufgrund verlängerter Schul- und Ausbildungszeiten werden junge Menschen zunehmend später selbständig. Der Ablösungsprozess aus dem Elternhaus und die Eingliederung in die Arbeitswelt sind häufig mit besonderen sozialen Schwierigkeiten verbunden.

17 Leistungen der Kinder- und Jugendhilfe kommen nicht nur für deutsche Kinder und Jugendliche sowie junge Volljährige in Betracht. Auch junge Menschen anderer Staatsangehörigkeit können Leistungen der Kinder- und Jugendhilfe beanspruchen, wenn sie rechtmäßig oder aufgrund einer ausländerrechtlichen Duldung ihren gewöhnlichen Aufenthalt im Inland haben. Unter diesen Voraussetzungen sind ausländische junge Menschen deutschen gleich gestellt. Regelungen des über- und zwischenstaatlichen Rechts, die ausdrücklich unberührt bleiben, wie z. B. das Haager Minderjährigenschutzabkommen und das Europäische Fürsorgeabkommen, gehen über diese Grundregelung zum Teil hinaus und verbessern die Leistungsberechtigung ausländischer Kinder und Jugendlicher. Deshalb können z. B. auch unbegleitete Flüchtlingskinder – unabhängig davon, ob ein Asylantrag gestellt wird – in der Kinder- und Jugendhilfe leistungsberechtigt sein (§ 6).

Nachrang

18 Wie für die Sozialhilfe, so gilt auch für die Jugendhilfe der Grundsatz des Nachrangs gegenüber den Leistungen anderer Sozialleistungsträger. Dieser erfährt jedoch verschiedene Ausnahmen und Modifikationen. Im Verhältnis zu den Leistungen zur Grundsicherung nach dem SGB II sind die Leistungen der Kinder- und Jugendhilfe als spezielle Leistungen für die Altersgruppe junger Menschen vorrangig. Dies gilt aber nicht für die Leistungen zur Eingliederung in Arbeit nach den §§ 14-16g SGB II, die allen erwerbsfähigen Hilfebedürftigen zugute kommen sollen und deshalb den Leistungen nach dem SGB VIII vorgehen. Gegenüber den Trägern der Sozialhilfe gilt ebenfalls der spezielle Vorrang der Kinder- und Jugendhilfe (§ 10 Abs. 4 Satz 1 SGB VIII). Etwas anderes gilt für Maßnahmen der Eingliederungshilfe nach dem SGB XII für junge Menschen, die körperlich oder geistig behindert sind oder von einer solchen Behinderung bedroht sind. Diese Leistungen gehen als spezielle Rehabilitationsleistungen den Leistungen nach dem SGB VIII vor (§ 10 Abs. 4 Satz 2 SGB VIII). Diese Regelung des Vor- bzw. Nachrangs zwischen Leistungen der Jugendhilfe und der Sozialhilfe kommt (nur) zur Anwendung, wenn sowohl ein Anspruch auf Jugendhilfe als auch ein Anspruch auf Sozialhilfe besteht und beide Leistungen gleich, gleichartig, einander entsprechend, kongruent, einander überschneidend oder deckungsgleich sind. Dabei stellt § 10 Abs. 4 SGB VIII nicht auf den Schwerpunkt in Bezug auf eine der beiden Hilfeleistungen, sondern die Art der miteinander konkurrierenden

Leistungen ab. Konkurrieren demnach Jugendhilfeleistungen wie z. B. die Heimerziehung nach dem SGB VIII mit Maßnahmen der Eingliederungshilfe wegen geistiger Behinderung in einem Heim nach dem Sozialhilferecht, so ist nach § 10 Abs. 4 Satz 2 SGB VIII die Sozialhilfe vorrangig.

19 Leistungen der Jugendhilfe dienen dem Ausgleich eines strukturellen oder individuellen Erziehungsdefizits und kommen deshalb jungen Menschen unabhängig von ihrem Einkommen und Vermögen zugute. Deshalb besteht keine Kongruenz zwischen Unterhaltsleistungen und Leistungen der Jugendhilfe. Unterhaltpflichtige Personen werden nach Maßgabe der §§ 90 bis 97b an den Kosten für Leistungen und vorläufige Maßnahmen nach diesem Buch beteiligt. Soweit die Zahlung des Kostenbeitrags die Leistungsfähigkeit des Unterhaltspflichtigen mindert oder der Bedarf des jungen Menschen durch Leistungen und vorläufige Maßnahmen nach diesem Buch gedeckt ist, ist dies bei der Berechnung des Unterhalts zu berücksichtigen (§ 10 Abs. 2).

Zusammenarbeit mit der freien Jugendhilfe

20 Zu den Strukturprinzipien der Kinder- und Jugendhilfe in Deutschland gehört die partnerschaftliche Zusammenarbeit zwischen den Trägern der öffentlichen und den Trägern der freien Jugendhilfe. Die autonome Tätigkeit nichtstaatlicher Organisationen und Verbände im Bereich der Kinder- und Jugendhilfe hat nicht nur eine große historische Bedeutung, sie ist vor allem die Voraussetzung für ein plurales Angebot und die Ausübung des Wunsch und Wahlrechts im Einzelfall (§ 5). Im Hinblick auf den spezifischen Charakter der einzelnen Leistungen als Erziehungs- und Bildungsleistungen kann die Neutralität des Staates im Bereich der Erziehung nur durch ein vielfältiges Angebot unterschiedlicher Träger mit verschiedenen Wertorientierungen sichergestellt werden. In den letzten Jahrzehnten hat sich die Rolle der freien Träger gewandelt. Durch die stärkere Verrechtlichung der Kinder- und Jugendhilfe sind sie zunehmend zu Leistungserbringern im Rahmen des so genannten sozialrechtlichen Dreiecksverhältnisses geworden. Hinzu kommt die zunehmende Entwicklung eines Marktes der Jugendhilfe mit Wettbewerbselementen aufgrund der (grundgesetzlich und europarechtlich geschützten) Dienstleistungsfreiheit. Zu den freien Trägern zählen neben einer Vielzahl nichtstaatlicher gemeinnütziger Organisationen auch privat-gewerbliche Leistungserbringer.

Spezifische Pflichten zum Schutz von Kindern und Jugendlichen vor Gefahren für ihr Wohl

21 Die eingangs bereits erwähnte Aufgabe der Kinder- und Jugendhilfe, Kinder und Jugendliche vor Gefahren für ihr Wohl zu schützen (§ 1 Abs. 3 Nr. 3), legt Jugendämtern als den Behörden der örtlichen Träger der Jugendhilfe (Rdnr. 50 f.) spezifische Pflichten auf, die im Rahmen des Kinder- und Jugendhilfeweiterentwicklungsgesetzes (KICK), das am 1. Oktober 2005 in Kraft getreten ist, konkretisiert worden sind (§ 8a). Werden dem Jugendamt gewichtige Anhaltspunkte für die Gefährdung des Wohls eines Kindes oder Jugendlichen bekannt, so hat es Art und Ausmaß der Gefährdung im Zusammenwirken mehrerer Fachkräfte abzuschätzen. Dabei sind die Personensorgeberechtigten sowie das Kind oder der Jugendliche einzubeziehen, soweit hierdurch der wirksame Schutz des Kindes oder Jugendlichen nicht in Frage gestellt wird. Die Gefährdungseinschätzung dient der Entscheidung über das weitere Vorgehen zur Abwehr der Kindeswohlgefährdung, das den Grundsätzen der Verhältnismäßigkeit und des geringstmöglichen Eingriffs (in das Elternrecht) zu entsprechen hat. Je nach Einschätzung der Gefährdung und der Prognose hinsichtlich der weiteren Entwicklung sowie der Kooperationsbereitschaft bzw. -fähigkeit der Eltern hat das Jugendamt den Eltern Hilfe anzubieten oder das Familiengericht anzurufen, um dem Kind oder Jugendlichen Hilfe gegen den Willen der Eltern leisten zu können. Bei unmittelbarer Gefahr hat das Jugendamt das Kind oder den Jugendlichen in Obhut zu nehmen. Durch vertragliche Vereinbarungen mit den Leistungserbringern (Trägern von Einrichtungen und Diensten wie z. B. Kindertagesstätten) soll das Jugendamt sicherstellen, dass auch diese bei gewichtigen Anhaltspunkten für eine Kindeswohlgefährdung eine Gefährdungsabschätzung unter Hinzuziehung von Fachkräften, die über spezifische Kompetenzen im Kinderschutz verfügen, vornehmen und den Eltern die Inanspruchnahme von Hilfe nahe legen. Sind diese dazu nicht bereit oder reichen in Anspruch genommene Hilfen nicht aus, so ist das Jugendamt zu informieren.

22 Die Träger der öffentlichen Jugendhilfe sollen sicherstellen, dass sie keine Personen hauptamtlich beschäftigen oder Personen vermitteln, die rechtskräftig wegen einer Straftat, die sich gegen das Leben oder die körperliche oder seelische Gesundheit von Kindern oder Jugendlichen richtet, verurteilt worden sind. Zu diesem Zweck sollen sie sich bei der Einstellung und in regelmäßigen Abständen ein Führungszeugnis nach § 30 Abs. 5 des Bundeszentralregistergesetzes (sogenanntes Behördenführungszeugnis) vorlegen lassen. Eine Verpflichtung zur Vorlage eines (durch Änderung des Bundeszentralregistergesetzes inzwischen entwickelten) erweitertes Führungszeugnisses (§ 30a BZRG) war im Entwurf eines Kinderschutzgesetzes vorgesehen, der im Sommer 2009 im Bundestag gescheitert ist. Nun soll diese Lücke im Rahmen inzwischen vorgelegten neuen Gesetzentwurfs geschlossen werden (Rdnr. 14). Durch Vereinbarungen mit den Trägern von Einrichtungen und Diensten sollen die Träger der öffentlichen Jugendhilfe auch sicherstellen, dass diese keine entsprechend vorbestraften Personen beschäftigen (§ 72a).

Die einzelnen Aufgaben der Kinder- und Jugendhilfe

23 Die Aufgaben der Kinder- und Jugendhilfe erschöpfen sich nicht in der Gewährung von Sozialleistungen im Sinne des § 11 SGB I. Hinzu kommen verschiedene „andere" Aufgaben, die aber nicht Sozialleistungen im eigentlichen Sinne sind. Auch ihre Erfüllung dient letztlich dem Wohl junger Menschen und ihrer Familien. Sie haben aber zum Teil ordnungsrechtlichen Charakter, zum Teil sind sie eine Art sachverständiger Amtshilfe gegenüber verschiedenen Gerichtszweigen. Zu den anderen Aufgaben gehören schließlich auch die Aufgaben des Jugendamtes als Beistand, Amtspfleger oder Amtsvormund, deren Befugnisse sich in erster Linie aus dem Familienrecht des BGB ergeben.

24 Das Gesetz unterscheidet deshalb zwischen Leistungen und anderen Aufgaben der Jugendhilfe (§ 2). Diese Unterscheidung hat praktische Bedeutung insbesondere im Hinblick auf die Mitwirkung freier Träger an der Aufgabenerfüllung (§ 76) sowie die Ausübung des Wunsch- und Wahlrechts der Leistungsberechtigten (§ 5), aber – insbesondere bei der Beistandschaft, Amtsvormundschaft und Amtspflegschaft – auch auf die Anwendung materiellen Rechts, des Verfahrensrechts und den Rechtsweg.

Leistungen der Kinder- und Jugendhilfe

25 Dem Ziel des Gesetzes entsprechend, die Entwicklung von jungen Menschen zu fördern und die Eltern bei ihrer Erziehungsaufgabe zu unterstützen und zu ergänzen, enthält das Gesetz ein breites Spektrum von Leistungen für junge Menschen und ihre Familien in unterschiedlichen Lebenslagen und Erziehungssituationen. Ansatzpunkt für die einzelnen Leistungen ist nicht die materielle Bedürftigkeit, sondern die Deckung eines strukturellen oder individuellen Defizits an familialen Erziehungs-, Bildungs- und Betreuungsleistungen. Die Sicherung des Lebensunterhalts junger Menschen gehört primär zu den Aufgaben der Sozialhilfe nach dem SGB XII bzw. der Grundsicherung nach dem SGB II. Gewährt die Kinder- und Jugendhilfe individuelle pädagogische Leistungen, die mit einer Unterbringung des jungen Menschen außerhalb des Elternhauses (in Einrichtungen, Pflegestellen und anderen Wohnformen) verbunden sind, so stellt sie auch den Unterhalt sicher und leistet Krankenhilfe (§§ 39, 40).

Allgemeine Leistungen zur Förderung junger Menschen

26 Die Träger der öffentlichen Jugendhilfe sind verpflichtet, jungen Menschen die zur Förderung ihrer Entwicklung erforderlichen Angebote der Jugendarbeit zur Verfügung zu stellen. Sie sollen an den Interessen junger Menschen anknüpfen und von ihnen mitbestimmt und mitgestaltet werden, sie zur Selbstbestimmung befähigen und zu gesellschaftlicher Mitverantwortung und zu sozialem Engagement anregen und hinführen (§ 11). Das Gesetz enthält insoweit einen Gestaltungsauftrag an die (örtlichen) Träger der Jugendhilfe, die gesetzliche Verpflichtung zu konkretisieren und umzusetzen (z. B. Bereitstellung bzw. finanzielle Förderung von Einrichtungen wie Jugendfreizeitstätten, Bewilligung von Maßnahmen der Stadtranderholung, Programme des Jugendaustausches etc.), jedoch keine Rechtsansprüche auf gesetzlich definierte Leistungen wie etwa Nachhilfeunterricht oder .die Teilnahme an Sport- bzw. Freizeitveranstaltungen, wie sie im sog. Bildungspaket nach dem SGB II vorgesehen sind.

27 Jungen Menschen, die zum Ausgleich sozialer Benachteiligungen oder zur Überwindung individueller Beeinträchtigungen in erhöhtem Maße auf Unterstützung angewiesen sind, sollen im Rahmen der Jugendhilfe (Jugendsozialarbeit) sozialpädagogische Hilfen angeboten werden, die ihre schulische und berufliche Ausbildung, Eingliederung in die Arbeitswelt und ihre soziale Integration fördern (§ 13). Dem Ziel der sozialen Integration dient ein breites Spektrum schul-, berufs- und arbeitsweltbezogener Hilfen. Leistungen zur Eingliederung in Arbeit nach dem SGB II sowie

Maßnahmen nach dem SGB III – Arbeitsförderung – gehen diesen Leistungen vor (§ 10 Abs. 3 Satz 3).

28 Jungen Menschen und Erziehungsberechtigten sollen Angebote des erzieherischen Kinder- und Jugendschutzes gemacht werden. Sie sollen junge Menschen befähigen, sich vor gefährdenden Einflüssen zu schützen und sie zu Kritikfähigkeit, Entscheidungsfähigkeit und Eigenverantwortlichkeit sowie zur Verantwortung gegenüber ihren Mitmenschen führen. Sie sollen Eltern und andere Erziehungsberechtigte besser befähigen, Kinder und Jugendliche vor gefährdenden Einflüssen zu schützen (§ 14). Erzieherischer Kinder- und Jugendschutz dient daher vor allem der Kompetenzvermittlung und hat eine hohe präventive Bedeutung (Medienerziehung, Information über Drogen und andere gesundheitliche Risiken).

Allgemeine Leistungen zur Förderung der Familie

29 Müttern, Vätern, anderen Erziehungsberechtigten und jungen Menschen sollen Leistungen der allgemeinen Förderung der Erziehung in der Familie angeboten werden. Sie sollen dazu beitragen, dass Mütter, Väter und andere Erziehungsberechtigte ihre Erziehungsverantwortung besser wahrnehmen können. Dabei spielt die Verbesserung der Erziehungskompetenz durch verschiedene Konzepte des Elterntrainings eine wichtige Rolle. Die Leistungen sollen auch Wege aufzeigen, wie Konfliktsituationen in der Familie gewaltfrei gelöst werden können. Dazu zählen insbesondere Angebote der Familienbildung, der Beratung in allgemeinen Fragen der Erziehung und Entwicklung junger Menschen sowie der Familienfreizeit und der Familienerholung (§ 16). Auch hier beschränkt sich der Bundesgesetzgeber auf einen allgemeinen Gestaltungsauftrag, der durch landesgesetzliche Regelungen und kommunalpolitische Entscheidungen vor Ort weiter zu konkretisieren ist.

Beratung in Fragen der Partnerschaft sowie zur Ausübung der elterlichen Sorge nach Trennung und Scheidung (§ 17)

30 Mütter und Väter haben Anspruch auf Beratung in Fragen der Partnerschaft, wenn sie für ein Kind oder einen Jugendlichen zu sorgen haben oder tatsächlich sorgen. Die Beratung soll helfen,

– ein partnerschaftliches Zusammenleben in der Familie aufzubauen (präventive Partnerschaftsberatung),

– Konflikte und Krisen in der Familie zu bewältigen (Partnerschaftskonfliktberatung) und

– im Falle der Trennung oder Scheidung die Bedingungen für eine dem Wohl des Kindes oder Jugendlichen förderliche Wahrnehmung der Elternverantwortung zu schaffen (Beratung zur Wahrnehmung der Elternverantwortung nach Trennung und Scheidung).

31 Flankierend dazu haben alle umgangsberechtigten Personen, also sowohl das Kind oder Jugendliche selbst, als auch seine Eltern und andere nahe stehende Personen Anspruch auf Beratung und Unterstützung bei der Ausübung des Umgangsrechts (§ 18). Dazu zählt in geeigneten Fällen auch die Hilfe bei der Ausführung gerichtlicher oder vereinbarter Umgangsregelungen (so genannter Betreuter Umgang).

32 Diese vor allem im Rahmen des Kindschaftsrechtsreformgesetzes erweiterten und verbesserten Leistungen dienen dem Ziel, Partner auf die Aufgaben der Elternschaft vorzubereiten, sie in Konflikten und Krisen zu unterstützen und in Trennungs- und Scheidungssituationen die Grundlage dafür zu schaffen, dass Eltern trotz der räumlichen Trennung und der Aufhebung ihrer Lebensgemeinschaft mit den Kindern ihrer fortbestehenden Elternverantwortung bestmöglich gerecht werden können. Die Bedeutung der Beratungsangebote wird durch verschiedene richterliche Informationspflichten unterstrichen: Das Familiengericht ist verpflichtet, getrennt lebende Eltern anlässlich eines Verfahrens auf Zuweisung der Alleinsorge oder zur näheren Regelung bzw. Einschränkung des Umgangsrechts auf Beratungsangebote der Kinder- und Jugendhilfe hinzuweisen. Im Scheidungsverfahren ist das Jugendamt (nach Information durch das Familiengericht über die Stellung des Scheidungsantrags – § 17 Abs. 3 SGB VIII) verpflichtet, Eltern auf die Beratungsangebote der Kinder- und Jugendhilfe hinzuweisen. Der Gesetzgeber hat im Rahmen der Kindschaftsrechtsreform im Jahre 1998 die Fortsetzung der gemeinsamen Sorge in modifizierter Form (§ 1687 BGB) nach der Scheidung verfügt, sofern nicht ein Elternteil einen Antrag auf Alleinsorge stellt (Antragsprinzip – § 1671 BGB). Die Inanspruchnahme von Beratung soll Eltern dabei helfen, eine bewusste Entscheidung für die künftige Gestaltung des Sorgerechts zu treffen. Kinder und Jugendliche sind angemessen zu beteiligen (§ 17 Abs. 2 SGB VIII).

33 Der Ansatz, eine einvernehmliche Konfliktlösung zwischen den Beteiligten zu fördern, wird im Rah-

men der FGG-Reform, die am 1. 9. 2009 in Kraft getreten ist, weitergeführt und verstärkt. Im Rahmen des Gesetzes über das Verfahren in Familiensachen und in den Angelegenheiten der Freiwilligen Gerichtsbarkeit (FamFG – Art. 1 des FGG-Reformgesetzes) erhält das Familiengericht nicht nur die explizite Verpflichtung, in jeder Lage des Verfahrens auf ein Einvernehmen der Beteiligten hinzuwirken. Es soll darüber hinaus in geeigneten Fällen auf die Möglichkeiten der Mediation oder der sonstigen außergerichtlichen Streitbeilegung hinweisen. Schließlich kann es künftig anordnen, dass die Eltern eine Beratung durch eine Beratungsstelle der Kinder- und Jugendhilfe in Anspruch nehmen (§ 156 FamFG). Damit ändert sich die Art und Weise der Aufnahme des Beratungskontakts, der bis dahin durch den Grundsatz der Freiwilligkeit geprägt war. Darüber hinaus müssen die Beratungskapazitäten in den Beratungsstellen entsprechend erweitert werden.

Gemeinsame Wohnformen für Mütter, Väter und Kinder (§ 19)

34 Mütter oder Väter, die allein für ein Kind unter sechs Jahren zu sorgen haben, sollen gemeinsam mit dem Kind in einer geeigneten Wohnform betreut werden, wenn und solange sie aufgrund ihrer Persönlichkeitsentwicklung dieser Form der Unterstützung bei der Pflege und Erziehung des Kindes bedürfen. Die Betreuung schließt auch ältere Geschwister ein, sofern die Mutter oder der Vater für sie allein zu sorgen hat. Eine schwangere Frau kann auch vor der Geburt des Kindes in der Wohnform betreut werden. Während dieser Zeit soll darauf hingewirkt werden, dass die Mutter oder der Vater eine schulische oder berufliche Ausbildung beginnt oder fortführt und eine Berufstätigkeit aufnimmt. In diesem Fall setzen Leistungen bereits vor der Geburt eines Kindes ein. Sie sind von besonderer Bedeutung für junge Mütter, die selbst noch wegen ihrer persönlichen Entwicklung und beruflichen Integration der Hilfe bedürfen. Damit erlangt die Hilfe auch Bedeutung im Kontext der aktuellen Diskussion um den Ausbau früher Hilfen zur frühzeitigen Erkennung von Risiken für die Entwicklung des Kindes und zur Abwehr einer sonst drohenden Gefährdung des Kindeswohls.

Förderung von Kindern in Tageseinrichtungen und in Tagespflege

35 Die Förderung von Kindern in Tageseinrichtungen und in Tagespflege hat in den letzten Jahrzehnten aus verschiedenen Gründen an Bedeutung gewonnen. Immer mehr Kinder wachsen ohne Geschwister und gleichaltrige Spielkameraden auf und haben keine Gelegenheit, Sozialverhalten unter Gleichaltrigen einzuüben. Aufgrund unserer Lebensweise und der Verstädterung des Wohnumfelds schwindet der natürliche „Spielraum" für Kinder. Zugleich unterstreicht die Hirnforschung die Bedeutung der frühkindlichen Bildung für die Persönlichkeitsentwicklung des Kindes. Die Betreuung von Kindern und Jugendlichen in Tageseinrichtungen und in Tagespflege ist darüber hinaus auch eine wichtige Bedingung für die bessere Vereinbarkeit von Erwerbstätigkeit und Familie und hat damit eine zentrale Bedeutung für die Gleichstellung von Frauen. Im europäischen Vergleich rangiert Deutschland mit seinem Betreuungsangebot auf einem der letzten Plätze. Untersuchungen in anderen Ländern zeigen zudem, dass die Zahl der Geburten in den Ländern hoch ist, in denen die Tagesbetreuung für Kinder gut ausgebaut ist.

36 Seit dem 1. Januar 1996 hat jedes Kind vom vollendeten dritten Lebensjahr bis zum Schuleintritt Anspruch auf den Besuch eines Kindergartens. Die nähere Ausgestaltung des Anspruchs auf einen Kindergartenplatz erfolgt durch landesrechtliche Vorschriften (Kindertagesstättengesetze der Länder). Während die Kindertagesstättengesetze in den alten Bundesländern in der Regel nur einen Halbtagsplatz garantieren, stehen Kindern in den neuen Bundesländern im Bedarfsfall Ganztagsplätze zur Verfügung. Für die anderen Altersgruppen (Kinder unter 3 Jahren und Kinder im Grundschulalter) verpflichtet das SGB VIII die Träger der Jugendhilfe, Plätze in Tageseinrichtungen nach Bedarf vorzuhalten. Die Kindertagesstättengesetze in den neuen Ländern gehen darüber hinaus und sehen auch für diese Kinder ein nachfragegerechtes Angebot vor. Im Rahmen des Tagesbetreuungsausbaugesetzes (TAG), das am 1. Januar 2005 in Kraft getreten ist, hat der Gesetzgeber Mindestkriterien für eine bedarfsgerechte Versorgung von Kindern im Alter unter drei Jahren in Tageseinrichtungen und in Tagespflege festgelegt (§ 24) und dabei auch Rahmenvorgaben für die Qualität der Angebote gemacht, die von den Ländern weiter auszugestalten sind (§§ 22-22a). Dies gilt insbesondere für die Tagespflege, die schrittweise zu einem gleichrangigen Betreuungsangebot ausgebaut werden soll (§ 23).

37 Den kommunalen Gebietskörperschaften in den westlichen Ländern wurde zum Ausbau des Angebots auf das zur Erfüllung der mit dem TAG eingeführten Bedarfskriterien (Mindest)Versorgungsniveau eine Übergangsfrist bis zum 1. Oktober 2010 eingeräumt (§ 24a). Dafür sollen 230 000 Plätze in Einrichtungen und in öffentlich finanzierter Kindertagespflege geschaffen werden, was einer Versorgungsquote von 17 Prozent im Durchschnitt der westlichen Bundesländer entspricht. Die Bundesregierung wurde verpflichtet, dem Deutschen Bundestag jährlich einen Bericht über den Stand des Ausbaus vorzulegen. Nach dem zuletzt vorgelegten fünften Bericht, der zugleich den Ersten Zwischenbericht zur Evaluation des Kinderförderungsgesetzes darstellt (Bundestags-Drucksache 17/2621) standen im März 2009 in Westdeutschland 242.000 Plätze für Kinder im Alter unter drei Jahren zur Verfügung. Die Platz-Kind-Relation betrug dort 14,6 Prozent. (siehe auch Tabelle 2).

38 Mit dem Kinderförderungsgesetz (KiföG), das am 16. Dezember 2008 in Kraft getreten ist, wird – noch vor dem Ende des Ausbauzeitraums nach dem TAG – ein höheres Ausbauniveau angestrebt und gleichzeitig der Ausbauzeitraum gegenüber den Planzielen des TAG verlängert. Auf der Grundlage der DJI-Kinderbetreuungsstudie und mit Blick auf die europäischen Nachbarländer soll für Kinder im Alter bis zu drei Jahren bis zum Jahre 2013 ein durchschnittliches Versorgungsniveau von 35 Prozent erreicht werden. Die Verpflichtung der Kommunen zur Bereitstellung einer entsprechenden Infrastruktur wird durch eine Erweiterung der mit dem TAG eingeführten (Mindest-) Bedarfskriterien erreicht. So ist jetzt ein Betreuungsplatz auch Eltern bzw. allein erziehenden Elternteilen nachzuweisen, die Arbeit suchend sind (§ 24 Abs. 3 Nr. 2 Buchst. a). Auch die erzieherische Indikation wurde erweitert. So ist ein Platz (auch) nachzuweisen, wenn die Förderung für die Entwicklung des Kindes zu einer eigenverantwortlichen und gemeinschaftsfähigen Persönlichkeit geboten ist (§ 24 Abs. 3 Nr. 1). Die im Rahmen des TAG eingeführte Übergangsregelung zum stufenweisen Ausbau des Angebots (§ 24a) wurde im Hinblick auf die neuen Ausbauziele über das Jahr 2010 hinaus bis zum 31. Juli 2013 ausgedehnt, bezieht sich aber auf das neue, höhere Versorgungsniveau (§ 24a). Der Gesetzgeber hat darüber hinaus bereits die Weichen für die Zeit nach dem Ende der Ausbauphase gestellt. So gilt ab dem 1. August 2013 für jedes Kind, das das erste Lebensjahr vollendet hat, ein Rechtsanspruch auf frühkindliche Förderung. Flankiert wird die verbesserte Leistungsverpflichtung durch Vorschriften über die Beteiligung des Bundes an den Kosten. Auf der Grundlage der Verwaltungsvereinbarung „Investitionsprogramm Kinderbetreuungsfinanzierung" beteiligt sich der Bund durch Finanzhilfen in Höhe von 2,15 Mrd. Euro an den investiven Kosten (Art. 3 KiföG). Weitere 1,85 Mrd. Euro stellt er für die Betriebskosten in der Ausbauphase durch Verzicht auf Anteile an der Umsatzsteuer zur Verfügung. Schließlich beteiligt er sich auch nach Ende der Ausbauphase dauerhaft jährlich in Höhe von 770 Mio. Euro an den laufenden Betriebskosten durch Verzicht auf Anteile an der Umsatzsteuer (Art. 6 KiföG).

39 Bereits im Rahmen des TAG war die Kindertagespflege als alternative Förderungsform insbesondere für Kinder im Alter unter drei Jahren aufgewertet worden. So werden aus öffentlichen Mitteln nur (noch) solche Tagespflegepersonen finanziert, die sich durch ihre Persönlichkeit, Sachkompetenz und Kooperationsbereitschaft mit den Erziehungsberechtigten auszeichnen, über kindgerechte Räume verfügen und vertiefte Kenntnisse hinsichtlich der Anforderungen der Kindertagespflege besitzen, die sie in qualifizierten Lehrgängen erworben oder in andere Weise nachgewiesen haben (§ 23 Abs. 3). Im Rahmen des KiföG wurden die Rechtsgrundlagen für die Kindertagespflege weiter verbessert. Im Hinblick auf die seit dem 1. Januar 2009 bestehende Einkommensteuerpflicht und die stärkere Belastung durch Beiträge zur Sozialversicherung wurde das Niveau des aus öffentlichen Kassen gezahlten Pflegegelds entsprechend angehoben. Dazu bestimmt § 23 Abs. 2a, dass der Betrag zur Anerkennung der Förderungsleistung der Tagespflegeperson als Teil der monatlichen Zahlung leistungsgerecht auszugestalten ist. Im Rahmen des Aktionsprogramms Kindertagespflege wird anhand einheitlicher Kriterien (160 Stunden Curriculum des DJI) die bundesweite Qualifizierung von Tagesmüttern und Tagesvätern finanziert.

Hilfen zur Erziehung (§§ 27-35)

40 Dieser Begriff bezeichnet eine Hilfeart, die ein breites Spektrum individueller pädagogischer und therapeutischer Maßnahmen zusammenfasst. Anspruch auf Hilfe zur Erziehung hat der Personensorgeberechtigte (also in der Regel die Eltern, sonst der Vormund bzw. Pfleger), wenn eine dem Wohl des Kindes oder des Jugendlichen entsprechende Erziehung nicht gewährleistet und die Hilfe für seine Entwicklung geeignet und notwendig ist (§ 27). Voraussetzung ist also ein erzieherischer Bedarf des Kindes

Tabelle 2: Kinder im Alter von unter drei Jahren in Kindertagesbetreuung (Tageseinrichtungen und Kindertagespflege) sowie Quote der Inanspruchnahme nach Art der Betreuung in Bundesländern (1. März 2010)

Bundesländer	Anzahl der Kinder				Quote der Inanspruchnahme		
	in der Bevölkerung	in Kindertagesbetreuung	in Tageseinrichtungen	in Kindertagespflege	in Kindertagesbetreuung	in Tageseinrichtungen	in Kindertagespflege
	Absolut				in Prozent		
Baden-Württemberg	276.619	50.957	43.711	7.246	18,4	15,8	2,6
Bayern	320.612	59.623	53.260	6.363	18,6	16,6	2,0
Berlin	94.885	39.953	36.408	3.545	42,1	38,4	3,7
Brandenburg	57.404	29.286	25.171	4.115	51,0	43,8	7,2
Bremen	16.352	2.652	2.125	527	16,2	13,0	3,2
Hamburg	49.295	14.133	11.673	2.460	28,7	23,7	5,0
Hessen	155.588	30.224	24.602	5.622	19,4	15,8	3,6
Mecklenburg-Vorp.	38.903	19.745	15.050	4.695	50,8	38,7	12,1
Niedersachsen	193.819	30.824	23.330	7.494	15,9	12,0	3,9
Nordrhein-Westfalen	446.736	62.699	46.140	16.559	14,0	10,3	3,7
Rheinland-Pfalz	96.201	19.534	17.702	1.832	20,3	18,4	1,9
Saarland	21.318	3.794	3.444	350	17,8	16,2	1,6
Sachsen	102.364	43.836	38.593	5.243	42,8	37,7	5,1
Sachsen-Anhalt	52.149	29.178	28.815	363	56,0	55,3	0,7
Schleswig-Holstein	68.814	12.542	7.997	4.545	18,2	11,6	6,6
Thüringen	51.398	23.177	22.315	862	45,1	43,4	1,7
Ostdeutschland (ohne Berlin)	302.218	145.222	129.944	15.278	48,1	43,0	5,1
Westdeutschland (ohne Berlin)	1.645.354	286.982	233.984	52.998	17,4	14,2	3,2
Deutschland (mit Berlin)	2.042.457	472.157	400.336	71.821	23,1	19,6	3,5

Quelle: Statistisches Bundesamt: Statistiken der Kinder und Jugendhilfe – Kinder und tätige Personen in Tageseinrichtungen und in öffentlich geförderter Kindertagespflege 2010, Wiesbaden 2010 (www.destatis.de Publikationsservice)

Hinweis: Als Kinder in Kindertagespflege werden nur diejenigen erfasst, deren Förderung auf der Grundlage der §§ 23 f. SGB VIII erfolgt:

oder Jugendlichen, der durch die Erziehungsleistung der Eltern nicht gedeckt werden kann. Auf die Ursache bzw. ein Verschulden der Eltern kommt es dabei nicht an. Dieser Bedarf setzt aber keine Gefährdung des Kindeswohles voraus, wie sie in § 1666 BGB für Maßnahmen des Familiengerichts zugrunde gelegt wird, ist es doch ein wichtiges Ziel, mit Hilfen möglichst so rechtzeitig einzusetzen, dass die Herausnahme des Kindes oder Jugendlichen aus der Familie vermieden werden kann. Art und Umfang der Hilfe richten sich nach dem erzieherischen Bedarf im Einzelfall; dabei soll das engere soziale Umfeld des Kindes oder des Jugendlichen einbezogen werden. Die Feststellung des Bedarfs sowie die Entscheidung über die geeigneten und notwendigen pädagogischen und therapeutischen Leistungen werden vom Jugendamt gemeinsam mit den Eltern sowie dem Kind oder Jugendlichen getroffen. Bei Hilfen, die auf längere Zeit angelegt sind, sind die Entscheidungsgrundlagen, die einzelnen Leistungen sowie die angestrebten Hilfeziele in einem Hilfeplan zu dokumentieren, der regelmäßig zu überprüfen und fortzuschreiben ist (§ 36, siehe dazu Rdnr. 44).

41 Das Gesetz enthält keinen abschließenden Katalog der im Einzelfall geeigneten Maßnahmen, sondern zählt nur Beispiele typischer Formen ambulanter, teilstationärer und stationärer Hilfe zur Erziehung auf. Dazu zählen:

– Erziehungsberatung (§ 28): Sie soll Kinder, Jugendliche, Eltern und andere Erziehungsberechtigte bei der Klärung individueller und familienbezogener Probleme und der zugrunde liegenden Faktoren, bei der Lösung von Erziehungsfragen sowie bei Trennung und Scheidung unterstützen. Dabei sollen Fachkräfte verschiedener Fachrichtungen zusammenwirken, die mit unterschiedlichen methodischen Ansätzen vertraut sind.

– Soziale Gruppenarbeit (§ 29): Die Teilnahme an sozialer Gruppenarbeit soll älteren Kindern und Jugendlichen bei der Überwindung von Entwicklungsschwierigkeiten und Verhaltensproblemen helfen. Soziale Gruppenarbeit soll auf der Grundlage eines gruppenpädagogischen Konzepts die Entwicklung älterer Kinder und Jugendlicher durch soziales Lernen in der Gruppe fördern.

- Erziehungsbeistandschaft (§ 30): Sie soll das Kind oder den Jugendlichen bei der Bewältigung von Erziehungsproblemen möglichst unter Einbeziehung des sozialen Umfelds unterstützen und unter Erhaltung des Lebensbezugs zur Familie seine Verselbständigung fördern.
- Sozialpädagogische Familienhilfe (§ 31): Sie soll durch intensive Betreuung und Begleitung Familien in ihren Erziehungsaufgaben, bei der Bewältigung von Alltagsproblemen, bei der Lösung von Konflikten und Krisen sowie in Kontakt mit Ämtern und Institutionen unterstützen und Hilfe zur Selbsthilfe geben. Sie ist in der Regel auf längere Dauer angelegt und erfordert die Mitarbeit der Familie.
- Erziehung in einer Tagesgruppe (§ 32): Sie soll die Entwicklung des Kindes oder Jugendlichen durch soziales Lernen in der Gruppe, Begleitung der schulischen Förderung und Elternarbeit unterstützen und dadurch den Verbleib des Kindes oder des Jugendlichen in seiner Familie sichern. Die Hilfe kann auch in geeigneten Formen der Familienpflege geleistet werden.
- Vollzeitpflege (§ 33): Hilfe zur Erziehung in Vollzeitpflege soll entsprechend dem Alter und Entwicklungsstand des Kindes oder des Jugendlichen und seinen persönlichen Bindungen sowie den Möglichkeiten der Verbesserung der Erziehungsbedingungen in der Herkunftsfamilie Kindern und Jugendlichen in einer anderen Familie eine zeitlich befristete Erziehungshilfe oder eine auf Dauer angelegte Lebensform bieten. Für besonders entwicklungsbeeinträchtigte Kinder und Jugendliche sind geeignete Formen der Familienpflege zu schaffen und auszubauen. Wird Hilfe zur Erziehung in Vollzeitpflege gewährt, so übernimmt das Jugendamt auch die Kosten für den angemessenen Unterhalt des Kindes durch Zahlung eines monatlichen Pflegegelds, das auch einen Betrag für die Erziehungsleistung der Pflegeperson enthält. Die Höhe des Pflegegeldes wird nicht bundesgesetzlich bestimmt, sondern von den Jugendämtern festgesetzt (§ 39 Abs. 4).
- Heimerziehung (§ 34): Hilfe zur Erziehung in einer Einrichtung über Tag und Nacht oder in einer sonstigen betreuten Wohnform soll Kinder und Jugendliche durch eine Verbindung von Alltagserleben mit pädagogischen und therapeutischen Angeboten in ihrer Entwicklung fördern. Sie soll entsprechend dem Alter und Entwicklungsstand sowie den Möglichkeiten der Verbesserung der Erziehungsbedingungen und der Herkunftsfamilie
  - eine Rückkehr in die Familie zu erreichen versuchen oder
  - die Erziehung in einer anderen Familie vorbereiten oder
  - eine auf längere Zeit angelegte Lebensform bieten und auf ein selbständiges Leben vorbereiten.

  Jugendliche sollen in Fragen der Ausbildung und Beschäftigung sowie der allgemeinen Lebensführung beraten und unterstützt werden. Ihrem Auftrag, die Persönlichkeitsentwicklung zu fördern entsprechend, wird Heimerziehung in aller Regel ohne Einschränkung der Freiheit des Kindes oder Jugendlichen gewährt. Eine Heimerziehung, die mit Freiheitsentziehung verbunden ist, kommt im Rahmen der Kinder- und Jugendhilfe nur in Betracht, wenn sie für das Wohl des Kindes oder Jugendlichen erforderlich ist. Sie setzt eine Genehmigung des Familiengerichts voraus (§ 1631b BGB). Wie bei der Unterbringung in Vollzeitpflege umfasst die Hilfe nicht nur die erzieherischen Leistungen sondern auch den Unterhalt.
- Intensive sozialpädagogische Einzelbetreuung (§ 35): Sie soll Jugendlichen gewährt werden, die einer intensiven Unterstützung zur sozialen Integration und zu einer eigenverantwortlichen Lebensführung bedürfen. Die Hilfe ist in der Regel auf längere Zeit angelegt und soll den individuellen Bedürfnissen des Jugendlichen Rechnung tragen.

Eingliederungshilfe für seelisch behinderte Kinder und Jugendliche (§ 35 a)

42 Kinder und Jugendliche, die seelisch behindert oder von einer solchen Behinderung bedroht sind, haben Anspruch auf Eingliederungshilfe. Ein Kind oder ein Jugendlicher ist seelisch behindert, wenn seine seelische Gesundheit mit hoher Wahrscheinlichkeit länger als sechs Monate von dem für das Lebensalter typischen Zustand abweicht und daher seine Teilhabe in der Gesellschaft beeinträchtigt ist. Die Feststellung der abweichenden seelischen Gesundheit erfolgt mit Hilfe der Internationalen Klassifikation der Krankheiten (ICD-10) durch einen Arzt oder Psychotherapeuten. Über die Beeinträchtigung der Teilhabe und die geeigneten und notwendigen Hilfen entscheidet das Jugendamt. Die Hilfe wird nach dem Bedarf im Einzelfall

8 Sozialgesetzbuch · 8. Buch · Kinder- und Jugendhilfe

Tabelle 3: Kinder und Jugendliche mit Hilfe zur Erziehung außerhalb des Elternhauses (§§ 33-35) sowie mit einer Eingliederungshilfe für seelisch behinderte Kinder- und Jugendliche (§ 35a) am 31. Dezember 2009 nach Art und Unterbringungsform der Hilfe pro 10.000 der unter 18jährigen – geordnet nach Bundesländern

Land	Insgesamt	Hilfen zur Erziehung (§§ 33-35)							Intensive sozialpä. Einzelbetreuung (§ 35)[2]	Eingliederungshilfen (§ 35a)
		Vollzeitpflege (§ 33)			Heimerziehung (§ 34)[2]				
		zusammen	davon Unterbringung		zusammen	davon Unterbringung[3]				
			bei Großeltern, Verw.	in einer Pflegefamilie		in einer Einrichtung	in der Whg. des jungen Menschen		
					Fallzahlen absolut				
BW	14.258	5.645	1.280	4.365	4.072	3.982	90	335	4.206
BY	18.182	6.226	1.309	4.917	4.966	4.903	63	225	6.765
BE	5.807	1.284	169	1.115	3.325	3.245	80	37	1.161
BB	5.343	1.724	272	1.452	2.233	2.226	7	35	1.351
HB	963	331	70	261	536	506	30	31	65
HH	3.089	1.107	414	693	1.782	1.777	5	75	125
HE	9.893	3.283	568	2.715	4.004	3.963	41	213	2.393
MV	3.088	1.349	271	1.078	1.464	1.456	8	49	226
NI	12.971	5.417	1.030	4.387	4.471	4.427	44	206	2.877
NW	36.634	15.699	4.169	11.530	13.695	13.514	181	557	6.683
RP	8.137	3.194	724	2.470	2.810	2.767	43	63	2.070
SL	2.243	869	231	638	994	978	16	27	353
SN	5.357	2.156	378	1.778	2.332	2.316	16	27	842
ST	4.023	1.731	183	1.548	1.850	1.842	8	11	431
SH	5.442	2.822	598	2.224	1.480	1.457	23	50	1.090
TH	2.944	1.227	177	1.050	1.282	1.282	0	15	420
BRD	138.374	54.064	11.843	42.221	51.296	50.641	655	1.956	31.058
West-D.[1]	117.619	45.877	10.562	35.315	42.135	41.519	616	1.819	27.788
Ost-D.[1]	20.755	8.187	1.281	6.906	9.161	9.122	39	137	3.270
					Pro 10.000 der unter 18-jährigen Bevölkerung				
BW	74,8	29,6	6,7	22,9	21,4	20,9	0,5	1,8	22,1
BY	83,8	28,7	6,0	22,6	22,9	22,6	0,3	1,0	31,2
BE	117,3	25,9	3,4	22,5	67,2	65,5	1,6	0,7	23,5
BB	160,2	51,7	8,2	43,5	66,9	66,7	0,2	1,0	40,5
HB	95,2	32,7	6,9	25,8	53,0	50,0	3,0	3,1	6,4
HH	113,5	40,7	15,2	25,5	65,5	65,3	0,2	2,8	4,6
HE	96,4	32,0	5,5	26,5	39,0	38,6	0,4	2,1	23,3
MV	144,2	63,0	12,7	50,3	68,4	68,0	0,4	2,3	10,6
NI	92,2	38,5	7,3	31,2	31,8	31,5	0,3	1,5	20,4
NW	117,9	50,5	13,4	37,1	44,1	43,5	0,6	1,8	21,5
RP	119,0	46,7	10,6	36,1	41,1	40,5	0,6	0,9	30,3
SL	142,9	55,4	14,7	40,7	63,3	62,3	1,0	1,7	22,5
SN	99,9	40,2	7,0	33,1	43,5	43,2	0,3	0,5	15,7
ST	137,5	59,2	6,3	52,9	63,2	62,9	0,3	0,4	14,7
SH	110,4	57,2	12,1	45,1	30,0	29,6	0,5	1,0	22,1
TH	103,0	42,9	6,2	36,7	44,9	44,9	0,0	0,5	14,7
BRD	102,6	40,1	8,8	31,3	38,0	37,6	0,5	1,5	23,0
West-D.[1]	99,5	38,8	8,9	29,9	35,6	35,1	0,5	1,5	23,5
Ost-D.[1]	124,8	49,2	7,7	41,5	55,1	54,9	0,2	0,8	19,7

1) Westdeutschland einschl. Berlin; Ostdeutschland ohne Berlin.
2) Ohne Maßnahmen außerhalb von Deutschland. Insgesamt werden zum 31.12.2009 bei Maßnahmen gem. §§ 34 und 35 429 Fälle bei Minderjährigen gezählt, die außerhalb von Deutschland durchgeführt werden.
3) „Unterbringung in einer Einrichtung" meint in einer Ein- oder Mehrgruppeneinrichtung. Davon zu unterscheiden ist die Durchführung einer Hilfe in der Wohnung des jungen Menschen.

Quelle: Statistisches Bundesamt: Statistiken der Kinder- und Jugendhilfe – Teil I: Erzieherische Hilfen, Eingliederungshilfen für seelisch behinderte junge Menschen, Hilfen für junge Volljährige – Hilfen am 31. 12. 2009, Wiesbaden 2010 (www.destatis.de > Publikationsservice).

- in ambulanter Form,
- in Tageseinrichtungen für Kinder oder in teilstationären Einrichtungen,
- durch geeignete Pflegepersonen,
- in Einrichtungen über Tag und Nacht sowie
- in sonstigen Wohnformen

geleistet.

43 Im Hinblick auf den spezifischen Hilfebedarf behinderter Kinder und Jugendlicher und die im Einzelfall schwierige Abgrenzung zwischen einer (drohenden) seelischen Behinderung einerseits und einem Erziehungsdefizit andererseits wurde die Eingliederungshilfe für seelisch behinderte Kinder und Jugendliche vorrangig der Kinder- und Jugendhilfe zugeordnet, während die Eingliederungshilfe für körperlich und geistig behinderte Kinder und Jugendliche Aufgabe der Sozialhilfe im Rahmen der Eingliederungshilfe nach §§ 53 ff. SGB XII bleibt. Im Rahmen ihrer Zuständigkeit für die Eingliederungshilfe für seelisch behinderte Kinder und Jugendliche sind die Träger der öffentlichen Jugendhilfe auch Rehabilitationsträger im Sinne des SGB IX. Die unterschiedliche Behandlung seelisch behinderter Kinder und Jugendlicher einerseits und körperlich und geistig behinderter Kinder andererseits führt in der Praxis immer wieder zu Zuständigkeitsstreitigkeiten. Mittelfristig wird deshalb eine Lösung angestrebt, die diese Probleme überwindet. Inzwischen besteht ein breiter Konsens, dass die Abgrenzung zwischen der altersunabhängigen Eingliederungshilfe nach dem SGB XII und der altersspezifischen Eingliederungshilfe nach dem SGB VIII nicht nach der Art der Behinderung, sondern nach dem Lebensalter erfolgen soll. Eine solche Konzeption wird auch der UN-Behindertenrechtskonvention am besten gerecht, die das Prinzip der Inklusion in den Vordergrund rückt, und löst die fortbestehenden Abgrenzungsschwierigkeiten, da in den meisten Fällen eine enge Wechselwirkung zwischen erzieherischem und behinderungsbedingtem Bedarf besteht.

Hilfe für junge Volljährige (§ 41)

44 Einem jungen Volljährigen soll Hilfe für die Persönlichkeitsentwicklung und zu einer eigenverantwortlichen Lebensführung gewährt werden, wenn und solange die Hilfe aufgrund der individuellen Situation des jungen Menschen notwendig ist. Die Hilfe wird in der Regel nur bis zur Vollendung des 21. Lebensjahres gewährt; in begründeten Einzelfällen soll sie für einen begrenzten Zeitraum darüber hinaus – längstens bis zur Vollendung des 27. Lebensjahres – fortgesetzt werden. Je nach dem individuellen Bedarf wird Hilfe für junge Volljährige in ambulanter und in stationärer Form gewährt.

Steuerung des Hilfeprozesses durch das Hilfeplanverfahren (§ 36)

45 Anders als Geldleistungen erschöpfen sich personenbezogene soziale Dienstleistungen, zu denen insbesondere die Hilfe zur Erziehung, die Eingliederungshilfe für seelisch behinderte Kinder und Jugendliche sowie die Hilfe für junge Volljährige gehören, nicht in neutralen Handlungen, wie der Überweisung bzw. Entgegennahme von Geldbeträgen. Wirksamkeit und Erfolg pädagogischer Leistungen hängen in hohem Maße von der Interaktion mit den (sozialpädagogischen) Fachkräften und der Akzeptanz und Mitwirkungsbereitschaft der beteiligten Personen (Eltern und Kinder und Jugendliche bzw. junge Volljährige) ab. Deshalb sieht das SGB VIII für alle Hilfen, die einen individuellen Bedarf decken, ein spezifisches Hilfeplanverfahren vor, das diese Personen sowohl an der Klärung und Bewertung ihrer Lebenssituation als auch an der Entscheidung über die angezeigte Hilfe, deren konkrete Ausgestaltung und deren Weiterentwicklung aufgrund eines sich verändernden Bedarfs beteiligt.

46 Bei allen erzieherischen Hilfen für Kinder und Jugendliche werden die Eltern aktiv in den Hilfeprozess einbezogen. Bei stationären Hilfeformen ist die Arbeit mit den Eltern die Voraussetzung dafür, dass eine Rückkehrperspektive für das Kind in die Herkunftsfamilie überhaupt realisiert werden kann oder aber (falls das nicht möglich ist) die Eltern-Kind-Beziehung neu gestaltet werden kann. Das Ziel der Hilfe (Rückkehr oder Verbleib in einem Heim oder einer Pflegestelle) kann im Hinblick auf das Bindungsbedürfnis des Kindes nicht auf Dauer in der Schwebe gehalten werden. Im Hinblick auf die Bindungsdynamik und das kindliche Zeitempfinden wird zu Beginn des Hilfeprozesses zusammen mit den Eltern ein Konzept über das Ziel der Unterbringung des Kindes außerhalb der eigenen Familie erarbeitet. Dabei sind insbesondere die Ressourcen der Familie bzw. deren Veränderungsbereitschaft gemeinsam zu ermitteln und zu bewerten. Während der Hilfedauer hat das Jugendamt im Interesse des Kindes zwischen Herkunftsfamilie und Pflegefamilie bzw. den Erziehern im Heim zu vermitteln, um eine Zusammenarbeit aller am Erziehungsprozess beteiligten Personen zu erreichen (§ 37). Das Jugendamt verfügt dabei über keinen eigenständigen Erziehungsauftrag, sondern kann nur im Konsens mit den (personensorgeberechtigten) Eltern tätig werden. Gefährden deren Entscheidungen das Kindeswohl, so hat das Jugendamt das Familiengericht einzuschalten, damit es die notwendigen Maßnahmen zur Gefahrenabwehr (Beschränkung oder Entzug der elterlichen Sorge und/oder des Umgangsrechts) trifft (§ 8a Abs. 3).

Andere Aufgaben

47 Über diese Leistungen hinaus, die als Sozialleistungen im Sinne des SGB anzusehen sind, obliegen der Kinder- und Jugendhilfe folgende sogenannte „andere" Aufgaben:

- Vorläufige Maßnahmen zum Schutz von Kindern und Jugendlichen (Inobhutnahme von Kindern und Jugendlichen). Das Jugendamt hat Kinder und Jugendliche entweder auf eigenen Wunsch oder bei dringender Gefahr für deren Wohl in Obhut zu nehmen und zu diesem Zweck von einer anderen Person wegzunehmen. Das Jugendamt ist befugt, ein Kind oder einen Jugendlichen bei einer geeigneten Person, in einer geeigneten Einrichtung oder in einer sonstigen Wohnform unterzubringen. Im Hinblick auf die primäre Erziehungsverantwortung der Eltern hat es nach Klärung der akuten Konfliktsituation entweder die Eltern über die Inobhutnahme zu unterrichten oder eine Entscheidung des Familiengerichts über die Einschränkung bzw. den Entzug der elterlichen Sorge herbeizuführen. Die Inobhutnahme ist daher von besonderer Bedeutung in akuten Konfliktsituationen, in denen die Eltern nicht unmittelbar erreichbar sind oder die Gefahr für das Kindeswohl von ihnen unmittelbar ausgeht oder nicht beseitigt wird (§ 42). Die Pflicht zur Inobhutnahme erfasst auch Kinder und Jugendliche, die unbegleitet nach Deutschland kommen, sofern sich weder Personensorgeberechtigte noch Erziehungsberechtigte im Inland aufhalten

- Schutz von Kindern und Jugendlichen in Familienpflege und in Einrichtungen. Diesem Ziel dient
    - der Erlaubnisvorbehalt für die Aufnahme von Kindern in Tagespflege (§ 43) oder in Vollzeitpflege (§ 44). Er hat heute im Bereich der Vollzeitpflege keine praktische Bedeutung mehr, da die Vermittlung von Pflegekindern heute fast ausnahmslos vom Jugendamt selbst im Rahmen der von ihm gewährten Hilfe zur Erziehung vorgenommen und dabei die Eignung der Pflegefamilie von Amts wegen geprüft wird. Demgegenüber erfolgt die Vermittlung und Finanzierung der Tagespflege (trotz der angestrebten Ausweitung des Segments der öffentlich finanzierten Tagespflege) weiterhin auch auf privater Basis. Zur Sicherung einer Mindestqualität hat der Gesetzgeber den Erlaubnisvorbehalt im Rahmen des Kinder- und Jugendhilfeweiterentwicklungsgesetzes mit Wirkung ab dem 1. Oktober 2005 auf alle Pflegepersonen ausgedehnt, die ein oder mehrere Kinder außerhalb ihrer Wohnung in anderen Räumen mehr als 15 Stunden wöchentlich gegen Entgelt länger als drei Monate betreuen wollen. Sie sollen dazu über vertiefte Kenntnisse hinsichtlich der Anforderungen der Tagespflege verfügen, die sie in qualifizierten Lehrgängen erworben oder in anderer Weise nachgewiesen haben.

    - Der Erlaubnisvorbehalt für den Betrieb von Einrichtungen (§ 45) soll gewährleisten, dass nur solche Einrichtungen (z. B. Heime, Kindertagesstätten) betrieben werden, die aufgrund ihrer personellen, räumlichen und konzeptionellen Voraussetzungen das Wohl der dort untergebrachten Kinder und Jugendlichen gewährleisten. Der Erlaubnisvorbehalt wird flankiert durch die Pflicht zur Vorlage der Konzeption der Einrichtung zusammen mit dem Antrag, durch die Befugnis zur örtlichen Prüfung der Einrichtung, durch Meldepflichten des Trägers der Einrichtung sowie die Möglichkeit der Tätigkeitsuntersagung für einzelne Mitarbeiterinnen und Mitarbeiter.

- Mitwirkung in gerichtlichen Verfahren (§§ 50 und 8a Abs. 3). Das Jugendamt unterstützt das Familiengericht bei allen Maßnahmen, die die Sorge für die Person von Kindern und Jugendlichen betreffen. Es hat in Verfahren vor dem Familiengericht mitzuwirken, die die Interessen bzw. die Lebenssituation von Kindern und Jugendlichen betreffen. In Fällen der Kindeswohlgefährdung ist es verpflichtet, das Familiengericht anzurufen, wenn die Eltern nicht bereit oder in der Lage sind, die Gefährdung abzuwenden (§ 8a Abs. 3).

- Darüber hinaus hat das Jugendamt auch in Verfahren nach dem Jugendgerichtsgesetz mitzuwirken (§ 52). In diesen Verfahren werden gegen strafrechtlich verantwortliche Jugendliche und Heranwachsende entsprechend der Schwere der Tat und des Unrechtsgehalts vom Jugendrichter unterschiedliche Maßnahmen ausgesprochen (Weisungen, Zuchtmittel, Arrest, Jugendstrafe), sofern nicht bei Bagatelldelikten der Staatsanwalt oder das Gericht das Verfahren einstellt. Das Jugendamt hat die Verpflichtung, den jugendlichen Delinquenten während des Verfahrens zu begleiten und erzieherische Hilfen anzubieten, sofern die Straftat Ausdruck eines Erziehungsdefizits ist.

– Beistandschaft, Amtspflegschaft, Amtsvormundschaft (§§ 52a ff.): Während das Jugendamt im Rahmen der Beistandschaft ausschließlich die Aufgabe hat, einen Elternteil auf Antrag bei der Feststellung der Vaterschaft und der Geltendmachung von Unterhaltsansprüchen des Kindes zu unterstützen, übernimmt es als (vom Gericht eingesetzter) Amtspfleger teilweise und als Amtsvormund in vollem Umfang Aufgaben der elterlichen Sorge an Stelle der Eltern. Hauptanwendungsfall ist heute die Beschränkung bzw. der Entzug der elterlichen Sorge aufgrund einer Gefährdung des Kindeswohls und die Übertragung der Aufgaben durch das Familiengericht auf das Jugendamt.

Nach der Abschaffung der gesetzlichen Amtspflegschaft für nichteheliche Kinder verbleiben dem Jugendamt daneben die Aufgaben der gesetzlichen Amtsvormundschaft für nichteheliche Kinder, deren Mütter minderjährig sind.

– Beurkundung (§ 59). Zu den Aufgaben der Jugendhilfe gehört darüber hinaus die Beurkundung bestimmter Erklärungen (Anerkennung der Vaterschaft, Verpflichtung zur Erfüllung von Unterhaltsansprüchen, Sorgeerklärungen), wie sie im Übrigen den Notaren bzw. den Standesbeamten obliegt.

Datenschutz

48 Der Schutz sozialer Daten spielt in der Kinder- und Jugendhilfe eine zentrale Rolle, da sensible Daten aus der Privatsphäre des Familiensystems erhoben und verarbeitet werden und die Wahrung von Vertraulichkeit, ähnlich wie im Gesundheitssystem, eine zentrale Bedingung fachlichen Handelns ist. Andererseits verlangt die Wahrnehmung des staatlichen Wächteramts im Fall einer Kindeswohlgefährdung auch die Befugnis zur Weitergabe anvertrauter Daten

Tabelle 4: Entwicklung der Inobhutnahme von Kindern und Jugendlichen (§ 42 SGB VIII) in den Jahren 1995-2009 nach Altersgruppen; Angaben absolut und pro 10.000 der jeweils altersentsprechenden Bevölkerung

	Unter 3 Jahre	3 bis unter 6 Jahre	6 bis unter 9 Jahre	9 bis unter 12 Jahre	12 bis unter 14 Jahre	14 bis unter 16 Jahre	16 bis unter 18 Jahre	Insgesamt (unter 18 Jahre)
				Fallzahlen absolut				
1995	1.280	1.380	1.298	1.817	4.129	8.082	5.446	23.432
1997	1.514	1.434	1.506	2.419	5.110	11.451	8.373	31.807
1999	1.747	1.425	1.469	2.416	5.147	10.956	8.485	31.645
2001	1.781	1.347	1.399	2.309	4.901	11.381	8.320	31.438
2003	1.852	1.329	1.259	1.964	4.378	9.230	7.366	27.378
2005	1.811	1.343	1.277	1.831	3.665	8.694	7.043	25.664
2007	2.630	1.813	1.667	2.113	3.500	8.326	8.143	28.192
2008	3.233	2.310	2.152	2.346	3.950	9.351	8.911	32.253
2009	3.334	2.241	1.883	2.414	4.031	9.824	9.983	33.710
				Pro 10.000 der altersentsprechenden Bevölkerung				
1995	5,4	5,2	4,6	6,7	22,8	44,0	31,3	14,7
1997	6,4	5,9	5,5	8,5	28,5	62,6	45,0	20,0
1999	7,4	6,0	5,8	8,4	27,3	60,0	46,0	20,2
2001	7,8	5,6	5,9	8,7	25,5	60,0	45,7	20,4
2003	8,5	5,7	5,2	8,0	23,8	47,7	38,5	18,2
2005	8,6	6,0	5,3	7,7	22,0	47,2	36,3	17,6
2007	12,8	8,5	7,3	8,8	22,3	50,0	44,1	20,2
2008	15,8	11,0	9,6	9,8	25,0	58,0	51,7	23,6
2009	16,3	10,8	8,7	10,3	24,9	62,6	59,8	25,0

Quelle: Statistisches Bundesamt: Statistiken der Kinder- und Jugendhilfe – Vorläufige Schutzmaßnahmen, versch. Jahrgänge; eigene Berechnungen.

an Gerichte oder andere zuständige Behörden zur Gefahrenabwehr. Basierend auf den Vorschriften des SGB I (§ 35) und des SGB X (§§ 67 ff.) enthält das SGB VIII bereichsspezifische Datenschutzregelungen (§§ 61 ff.). Zunächst gelten auch für die Kinder- und Jugendhilfe der allgemeine Grundsatz des Vorrangs der Datenerhebung bei den Betroffenen, der Erforderlichkeits- und der Zweckbindungsgrundssatz (§§ 62, 64). Zum Aspekt der Erforderlichkeit kommt aber die Relevanz einer Datenweitergabe für den Erfolg der Leistung hinzu. So dürfen Daten zur Erfüllung von Aufgaben nach § 69 SGB X nur übermittelt werden, wenn dadurch der Erfolg einer zu erbringenden Leistung nicht in Frage gestellt wird (§ 64 Abs. 2). Bei Sozialdaten, die einem Mitarbeiter zum Zweck persönlicher und erzieherischer Hilfe anvertraut worden sind, ist bereits die Weitergabe innerhalb der Stelle untersagt (§ 65). Damit soll das Vertrauensverhältnis als Voraussetzung für die Inanspruchnahme von Hilfe geschützt werden. Eine Weitergabe ist hier nur zulässig, wenn eine Einwilligung vorliegt, wenn es um die Abwendung einer Gefährdung des Wohls des Kindes geht oder unter den Voraussetzungen des § 203 StGB, also wenn eine (grundsätzlich strafbedrohte) Informationsweitergabe (wegen eines rechtfertigenden Notstandes) nicht strafbar wäre.

49 Für die Aufgaben des Jugendamtes im Rahmen der Beistandschaft, Amtspflegschaft und Amtsvormundschaft gelten weniger hohe Anforderungen. Ausschließliches Kriterium für die Erhebung, Verarbeitung und Nutzung von Sozialdaten ist die Erforderlichkeit für die Erfüllung der Aufgaben. Wer unter Beistandschaft, Amtspflegschaft oder Amtsvormundschaft gestanden hat, hat nach Vollendung des 18. Lebensjahres ein Recht auf Kenntnis der zu seiner Person gespeicherten Informationen, soweit nicht berechtigte Interessen Dritter entgegenstehen. Vor Vollendung des 18.Lebensjahres können ihm die gespeicherten Informationen bekannt gegeben werden, soweit er die erforderliche Einsichts- und Urteilsfähigkeit besitzt und keine berechtigten Interessen Dritter entgegenstehen. Nach Beendigung einer Beistandschaft hat darüber hinaus der Elternteil, der die Beistandschaft beantragt hat, einen Anspruch auf Kenntnis der gespeicherten Daten, solange der junge Mensch minderjährig ist und der Elternteil antragsberechtigt ist (§ 68).

Die Datenschutzregelungen des SGB gelten für Leistungserbringer (freie Träger) nicht unmittelbar. Deshalb werden die Träger der öffentliche Jugendhilfe verpflichtet, mit ihnen vertragliche Regelungen zu treffen, die einen entsprechenden Schutz sozialer Daten gewährleisten (§ 61 Abs. 4).

Einsatz des Einkommens und Vermögens

50 Als Aufgabe der öffentlichen Fürsorge ist die Gewährung von Leistungen der Kinder- und Jugendhilfe – wie die der Sozialhilfe – nachrangig. Der Nachrang ist jedoch sehr begrenzt. So ist die Gewährung von Leistungen nicht vom Einsatz des Einkommens und Vermögens abhängig. Der Nachrang wird durch die (nachträgliche) Heranziehung zu den Kosten hergestellt.

Bei der Inanspruchnahme von Tageseinrichtungen für Kinder und von Kindertagespflege können pauschalierte Kostenbeiträge erhoben werden; diese sind nach sozialen Kriterien zu staffeln. Bei unzumutbarer Belastung werden die Beiträge erlassen bzw., wenn sie gegenüber einem freien Träger zu entrichten sind, vom Jugendamt übernommen (§ 90).

Die Inanspruchnahme von individuellen Hilfen zur Erziehung, von Eingliederungshilfe für seelisch behinderte Kinder und Jugendliche sowie von Hilfe für junge Volljährige ist kostenfrei, sofern die Leistungen in ambulanter Form gewährt werden. Damit sollen Eltern, Kinder, Jugendliche und junge Volljährige motiviert werden, möglichst frühzeitig solche Leistungen in Anspruch zu nehmen, damit sich Probleme nicht verfestigen und dann kostenintensivere (stationäre) Hilfen geleistet werden müssen. Bei teilstationären und stationären Maßnahmen werden Kinder und Jugendliche und junge Volljährige sowie ihre Eltern sowie bei Volljährigen auch deren Ehegatten und Lebenspartner zu Kosten herangezogen. Die Heranziehung ist im Rahmen des Kinder- und Jugendhilfeweiterentwicklungsgesetzes mit Wirkung ab dem 1. Oktober 2005 neu gestaltet und im Rahmen der Kostenbeitragsverordnung näher geregelt worden. Sie erfolgt nur noch über die Erhebung von Kostenbeiträgen. Grundlage für die Heranziehung aus dem Einkommen ist das um pauschale Abzüge geminderte Nettoeinkommen (§ 93 Abs. 2 und 3). Während junge Menschen ihr gesamtes bereinigtes Einkommen einzusetzen haben, ist die Höhe des Kostenbeitrages der Eltern aus einer nach Einkommensgruppen gestaffelten Tabelle abzulesen. Diese sieht für jede Einkommensgruppe zwei Beitragsstufen für teilstationäre und drei Beitragsstufen für vollstationäre Leistungen vor. Zur Sicherung gleich- oder vorrangiger Unterhaltsansprüche werden Abstufungen bzw. Reduzierungen vorgenommen (§ 4 KostenbeitragsV). Mit der Neuregelung wurde die Beitragsberechnung vereinfacht und eine proportionale Belastung auch höherer Einkommen sichergestellt. Bei besonders hohen Einkommen kann auch ein überproportionaler Anteil des Einkommens als Kostenbeitrag verlangt werden. Eine Heranziehung aus dem Vermögen erfolgt nur bei jungen Volljährigen und bei volljährigen Müttern oder Vätern, die zusammen mit ihrem Kind stationär untergebracht sind (§ 92 Abs. 1a).

Organisation

Träger der öffentlichen Jugendhilfe (§§ 69, 85)

51 Das Gesetz weist die Aufgaben der Kinder- und Jugendhilfe den örtlichen sowie den überörtlichen Trägern zu (§ 85). Unterstützende und flankierende Funktionen haben daneben die obersten Landesbehörden (§ 82) und die oberste Bundesbehörde (§ 83). Im Rahmen der Reform des Kinder- und Jugendhilferechts im Jahre 1990 war die Zuständigkeit für alle Leistungen der Kinder- und Jugendhilfe den örtlichen Trägern zugeordnet worden. Diese sind damit – anders als in der Sozialhilfe – ausnahmslos auch für alle teilstationären und stationären Leistungen zuständig (§ 85 Abs. 1). Den überörtlichen Trägern verbleiben vor allem die Aufgaben zum Schutz von Kindern und Jugendlichen in Einrichtungen (sogenannte Heimaufsicht) sowie beratende und qualitätssichernde Funktionen (§ 85 Abs. 2). Die Zuweisung der Aufgaben der örtlichen Träger zu den Kreisen und kreisfreien Städten (§ 69 Abs. 1 Satz 2) wurde zusammen mit den Regelungen zur Einbeziehung kreisangehöriger Gemeinden (§ 69 Abs. 2, 5, 6) auf Grund des durch die Föderalismusreform eingeführten Art. 84 Abs. 7 GG im Rahmen des KiföG vom 10. Dezember 2008 gestrichen (Art. 1 Nr. 13 KiföG). Nach Art. 84 Abs. 1 Satz 7 GG darf der Bund den Gemeinden oder Gemeindeverbänden keine Aufgaben (mehr) übertragen. Seit der Änderung des § 69 durch das KiföG bestimmen die Länder nicht nur – wie bis dahin – die überörtlichen Träger, sondern auch die örtlichen Träger. Als Folge der Aufgabenzuweisung obliegt den Ländern künftig auch die Mehrkostenausgleichspflicht im Hinblick auf die bundesrechtlich geregelten Aufgaben der örtlichen Träger nach Maßgabe des jeweiligen Kommunalverfassungsrechts.

52 Das Gesetz gibt nicht nur die beiden Ebenen vor, sondern verpflichtet die örtlichen und überörtlichen Träger auch dazu, besondere Behörden zur Wahrnehmung der Aufgaben nach dem SGB VIII einzurichten. Dies sind auf der örtlichen Ebene die Jugendämter, auf der überörtlichen Ebene die Landesjugendämter (§ 69 Abs. 3). Es legt darüber hinaus fest, dass Jugendämter und Landesjugendämter zweigliedrig zu organisieren sind. Sie bestehen deshalb aus der Verwaltung des Jugendamtes bzw. des Landesjugendamtes und dem Jugendhilfeausschuss bzw. Landesjugendhilfeausschuss. Für den Jugendhilfeausschuss, der der Verwaltung des Jugendamtes rechtlich vorgeordnet ist und die Grundsatzfragen der örtlichen Kinder- und Jugendhilfe bestimmt, legt das Gesetz außerdem fest, dass zwei Fünftel der stimmberechtigten Mitglieder von der Vertretungskörperschaft auf Vorschlag der anerkannten Träger der freien Jugendhilfe zu wählen sind (§ 71). Im Jugendamt ist auf diese Weise eine unmittelbare Bürgerbeteiligung gesichert.

53 Im Rahmen der Föderalismusreform, die am 1. September 2006 in Kraft getreten ist, wurde den Ländern auch das Recht zugestanden, von den bundesrechtlichen Vorgaben zur Behördenorganisation und den Vorschriften über das Verwaltungsverfahren abzuweichen (Art. 84 Abs. 1 GG). Damit wird den Ländern die Möglichkeit eröffnet, nicht nur die Organisation des Jugendamtes abweichend vom Bundesrecht zu regeln, sondern auch vom Gesetzesbefehl, Jugendämter einzurichten, abzuweichen oder die Entscheidung über die Organisation der Aufgabenwahrnehmung in der Kinder- und Jugendhilfe der kommunalen Organisationshoheit zu überlassen. Sie können auch die Aufgaben der überörtlichen Träger anderen Trägern zuweisen.

Verfahren

54 Das SGB VIII enthält keine ausdrückliche Regelung zu der Frage, ob die Gewährung von Leistungen der Kinder- und Jugendhilfe einen Antrag voraussetzt. Das Bundesverwaltungsgericht leitet in seiner Entscheidung vom 28. September 2000 (BVerwG 5 C 29.99) für die Gewährung von Hilfe zur Erziehung ein Antragserfordernis bzw. eine vorangehende Information über den Hilfebedarf aus der Struktur des Gesetzes ab. Der vom Gesetz vorgesehene kooperative Entscheidungsprozess im Rahmen des Hilfeplanverfahrens (§ 36) kann seine Wirkung nur entfalten, wenn die Leistungsberechtigten den zuständigen Träger der öffentlichen Jugendhilfe von Anfang an in ihre Überlegungen einbeziehen. Damit hat das Gericht auch klargestellt, dass eine sogenannte Selbstbeschaffung der Leistung durch den Leistungsberechtigten den Träger der öffentlichen Jugendhilfe grundsätzlich nicht zur (nachträglichen) Übernahme der Kosten verpflichtet. Etwas Anderes gilt nur in den von der Rechtsprechung entwickelten Ausnahmefällen (unaufschiebbarer Bedarf, rechtswidrige Ablehnung durch die Behörde). Im Rahmen des Kinder- und Jugendhilfeweiterentwicklungsgesetzes, das am 1. Oktober 2005 in Kraft getreten ist, wurden das grundsätzliche Verbot der Selbstbeschaffung und die zugelassenen Ausnahmen auch gesetzlich verankert (§ 36a). So soll das Jugendamt die niederschwellige unmittelbare Inanspruchnahme von ambulanten Hilfen, insbesondere der Erziehungsberatung zulassen und zu diesem Zweck Vereinbarungen mit den Leistungserbringern schließen (§ 36a Abs.2).

55 Die örtliche Zuständigkeit für die Gewährung von Leistungen der Jugendhilfe richtet sich nach dem gewöhnlichen Aufenthalt der Eltern bzw. des sorgeberechtigten Elternteils (§ 86). Bleiben beide Eltern nach der Trennung sorgeberechtigt, so ist der Aufenthaltsort des Kindes oder Jugendlichen zu Beginn der Leistung maßgeblich. Für junge Volljährige richtet sie sich nach ihrem gewöhnlichen, hilfsweise dem tatsächlichen Aufenthalt vor Beginn der Leistung. Bei Pflegekindern wechselt die Zuständigkeit nach zweijähriger Hilfedauer vom Ort des gewöhnlichen Aufenthalts der Eltern zum Ort des gewöhnlichen Aufenthalts der Pflegeeltern, wenn ein Verbleib des Pflegekindes bei den Pflegeeltern auf Dauer zu erwarten ist.. Im Rahmen des Ende 2010 vorgelegten neuen Entwurfs für ein Kinderschutzgesetz (Rdnr. 14) ist auch vorgesehen, die Ergebnisse des Modellprojekts „Reform der örtlichen Zuständigkeit" umzusetzen und die §§ 86 ff. mit dem Ziel neu zu fassen, die Leistungsgewährung und -erbringung weiter zu verbessern sowie die Zahl der Kostenerstattungsfälle deutlich zu reduzieren.

Finanzierungsformen

56 Die Finanzierung nichtstaatlicher Organisationen (freier Träger), die Leistungen der Jugendhilfe erbringen, erfolgt über Zuwendungen (§ 74) sowie – mit steigender Tendenz – durch die Übernahme der Kosten im Einzelfall. Voraussetzung dafür ist bei teilstationären und stationären Leistungen der Abschluss von Leistungs-, Entgelt- und Qualitätsentwicklungsvereinbarungen (§§ 78a ff.) zwischen dem örtlichen Träger der Jugendhilfe und der in Anspruch genommenen Einrichtung. Die Vereinbarungen werden für die Zukunft abgeschlossen, müssen aber sicherstellen, dass der im Einzelfall festgestellte Bedarf auch tatsächlich gedeckt werden kann. Vereinbarungen sind nicht nur mit freigemeinnützigen Trägern von Einrichtungen, sondern auch mit privatgewerblichen Trägern sowie öffentlichen Trägern von Einrichtungen (z. B. Gemeinden) zu schließen. Für die Schlichtung von Streitigkeiten sind nach dem Vorbild in der Sozialhilfe Schiedsstellen zuständig (§ 78g).

57 Für junge Menschen, die von Pflegepersonen in Vollzeitpflege betreut werden, gewährt das Jugendamt laufende Leistungen zum Unterhalt. Sie sollen auf der Grundlage der tatsächlichen Kosten gewährt werden, die in der Pflegefamilie entstehen, sofern sie einen angemessenen Umfang nicht übersteigen. Die laufenden Leistungen umfassen neben einem Beitrag zur Anerkennung der Erziehungsleistung auch die Erstattung nachgewiesener Aufwendungen für Beiträge zu einer Unfallversicherung sowie die hälftige Erstattung nachgewiesener Aufwendungen zu einer angemessenen Alterssicherung. Sie werden in monatlichen Pauschalbeträgen gewährt, die z. T. von den Ländern selbst, in den meisten Ländern von den Kreisen und Städten festgesetzt werden (§ 39 Abs. 4, 5).

58 Tagespflegepersonen gewährt das Jugendamt laufende Geldleistungen, wenn ein Förderbedarf nach § 24 (insbesondere Ausbildung oder Erwerbstätigkeit beider oder des alleinerziehenden Elternteiles) besteht und die Person die Eignungsvoraussetzungen (insbes. vertiefte Kenntnisse hinsichtlich der Anforderungen der Kindertagespflege, die in qualifizierten Lehrgängen erworben worden oder in anderer Weise nachgewiesen werden) erfüllt. Die Leistungen umfassen den Sachaufwand, einen leistungsgerechten Betrag zur Anerkennung der Erziehungsleistung sowie die Erstattung nachgewiesener Aufwendungen für Beiträge zu einer Unfallversicherung sowie die hälftige Erstattung nachgewiesener Aufwendungen zu einer angemessenen Kranken- und Pflegeversicherung sowie einer angemessenen Alterssicherung der Tagespflegeperson. Die Höhe der laufenden Geldleistung wird von den Kreisen und Städten festgelegt, soweit Landesrecht nicht etwas anderes bestimmt (§ 23 Abs. 1 bis 3).

Finanzierungslast

59 Nach der Kompetenzordnung des Grundgesetzes obliegt die Ausführung des Achten Buches Sozial-

gesetzbuch – Kinder und Jugendhilfe – und damit auch die Finanzierungslast den Ländern. Diese haben die Kinder- und Jugendhilfe wie die Sozialhilfe als Aufgabe kommunaler Selbstverwaltung bestimmt. Dies bedeutet, dass die Aufgaben der Kinder- und Jugendhilfe im weit überwiegenden Umfang von den örtlichen Trägern der Jugendhilfe (Kreise, kreisfreie Städte, kreisangehörige Gemeinden mit eigenem Jugendamt) zu finanzieren sind. Finanzierungsquellen sind dabei insbesondere kommunale Steuern, aber auch allgemeine oder zweckgebundene Zuwendungen von Seiten des Landes. Schließlich kommen die landesverfassungsrechtlich geregelten Mehrbelastungsausgleichsverpflichtungen der Länder gegenüber den Kommunen seit der Föderalismusreform I auch bei den durch Bundesrecht verursachten Belastungen zur Anwendung. Durch Kostenbeiträge (der Eltern) bzw. die Geltendmachung von Unterhaltsansprüchen junger Menschen werden nur 5 Prozent der Kosten gedeckt.

Statistik

60 Die Vorschriften über die Statistik der Kinder- und Jugendhilfe sind im Neunten Kapitel (§§ 98-103) zusammengefasst. Die Kinder- und Jugendhilfestatistik wird – wird wie die Sozialhilfestatistik – vom Statistischen Bundesamt als Bundesstatistik durchgeführt und soll der Beurteilung der Auswirkungen der Bestimmungen des SGB VIII und zu ihrer Fortentwicklung dienen. Das Erhebungsprogramm erfasst seit 1982 die vier Teile Erzieherische Hilfen, Maßnahmen der Jugendarbeit, Einrichtungen und Personal sowie Ausgaben und Einnahmen. Die Erhebungen zu den Teilen I und IV erfolgen jährlich, die zu den Teilen II und III alle vier Jahre. Statistisch erfasst werden die Daten von den öffentlichen Trägern der Jugendhilfe sowie im Hinblick auf Beratungsleistungen, Maßnahmen der Jugendarbeit und Kinder in Tageseinrichtungen auch von Trägern der freien Jugendhilfe. Deren Ergebnisse werden von den statistischen Landesämtern auf Landesebene zusammengefasst und vom Statistischen Bundesamt auf Bundesebene zusammengeführt und veröffentlicht. Die fehleranfällige jährliche Fortschreibung der Daten zu den erzieherischen Hilfen mit fünfjähriger Bestandserhebung wurde ab 2007 zugunsten einer jährlichen Bestandserhebung aufgegeben.

Beratung und Auskunft in der Kinder- und Jugendhilfe

61 Jeder hat Anspruch auf Beratung über seine Rechte und Pflichten nach dem SGB VIII. Zuständig für die Beratung sind die örtlichen Träger der Jugendhilfe, also die Jugendämter in den Städten und Kreisen sowie – sofern landesrechtlich zugelassen – in kreisangehörigen Gemeinden.

Rechtsschutz

62 Für öffentlich-rechtliche Streitigkeiten auf dem Gebiet des Kinder- und Jugendhilferechts, insbesondere für Klagen gegen die Versagung von Leistungen sind die Verwaltungsgerichte zuständig, da die Streitigkeiten durch Bundesgesetz keinem anderen Gericht ausdrücklich zugewiesen worden sind. Es gelten die Vorschriften der Verwaltungsgerichtsordnung (VwGO).

Die Tätigkeit des Jugendamts als Vormund oder Pfleger steht unter der Aufsicht des Familiengerichts. Es hat gegen Pflichtwidrigkeiten des Jugendamts als Amtsvormund oder Amtspfleger durch geeignete Gebote und Verbote einzuschreiten (§ 1837 BGB).

Rechtsquellen

Sozialgesetzbuch

Erstes Buch	Allgemeiner Teil
Achtes Buch	Kinder- und Jugendhilfe
Neuntes Buch	Rehabilitation und Teilhabe behinderter Menschen
Zehntes Buch	Verwaltungsverfahren, Schutz der Sozialdaten, Zusammenarbeit der Leistungsträger und ihre Beziehungen zu Dritten
Zwölftes Buch	Sozialhilfe

Bürgerliches Gesetzbuch

Viertes Buch	Familienrecht
2. Abschnitt	5. Titel: Elterliche Sorge
3. Abschnitt	1. Titel: Vormundschaft und 3. Titel: Pflegschaft

9 Sozialgesetzbuch - 9. Buch Rehabilitation und Teilhabe behinderter Menschen

Überblick

Die sozialrechtlichen Regelungen für behinderte und von Behinderung bedrohte Menschen wurden mit dem am 1. Juli 2001 in Kraft getretenen SGB IX weiterentwickelt und zusammengefasst. Ziel des Gesetzes ist es, behinderungsbedingte Nachteile auszugleichen und die Selbstbestimmung behinderter und von Behinderung bedrohter Menschen sowie ihre gleichberechtigte Teilhabe am Leben in der Gesellschaft durch besondere Sozialleistungen (Leistungen zur Teilhabe) zu fördern.

Von Behinderung im Sinne dieses Gesetzes spricht man, wenn körperliche Funktionen, geistige Fähigkeiten oder die seelische Gesundheit eingeschränkt sind und dadurch die Teilhabe am Leben in der Gesellschaft nicht nur vorübergehend beeinträchtigt wird. Um als behinderter Mensch die wegen der Behinderung notwendige Hilfe und Unterstützung in Anspruch nehmen zu können, ist es grundsätzlich nicht erforderlich, dass ein bestimmter Grad der Behinderung festgestellt wird. Schwerbehindert sind dagegen nur Menschen, bei denen ein Grad der Behinderung von wenigstens 50 vorliegt. Die besonderen Regelungen zur Teilhabe schwerbehinderter und diesen gleichgestellten Menschen sind im 2. Teil des Gesetzes beschrieben.

Das SGB IX stellt den behinderten Menschen in den Mittelpunkt. Anstelle von Fürsorge und Versorgung tritt die selbstbestimmte Teilhabe am Leben in der Gesellschaft in den Vordergrund. Es gibt zahlreiche Regelungen, die Mitwirkung oder Beteiligung von behinderten Menschen und ihrer Organisationen vorsehen. So ist z. B. das Wunsch- und Wahlrecht der Berechtigten bei Leistungen zur Teilhabe ausdrücklich geregelt.

Darum geht es auch beim Persönlichen Budget. Anstelle von Sach- oder Dienstleistungen können Leistungsberechtigte die benötigten Leistungen auch in Form von Geldbeträgen oder Gutscheinen bekommen. Als Experten in eigener Sache kaufen sie sich ihre Leistung damit selbst ein. Dies ist ein weiterer Schritt für behinderte Menschen zu mehr Selbstbestimmung, mehr Selbständigkeit und mehr Selbstbewusstsein.

Das SGB IX umfasst ein weites Spektrum an Leistungen zur Teilhabe, für die im deutschen gegliederten System der Sozialleistungsträger jeweils unterschiedliche Träger zuständig sind. Diese Leistungen lassen sich in folgende Gruppen einteilen:

- *Leistungen zur medizinischen Rehabilitation,*
- *Leistungen zur Teilhabe am Arbeitsleben,*
- *unterhaltssichernde und andere ergänzende Leistungen,*
- *Leistungen zur Teilhabe am Leben in der Gemeinschaft.*

Leistungen nach den Regelungen des SGB IX werden von den verschiedenen Rehabilitationsträgern erbracht, soweit sich aus deren eigenen Leistungsgesetzen nichts Abweichendes ergibt. Viele Regelungen der einzelnen Leistungsgesetze wurden im Rahmen des SGB IX verändert, angepasst und vereinheitlicht. Darüber hinaus wurde eine Reihe von verfahrenskoordinierenden und trägerübergreifenden Vorschriften geschaffen, die für alle Rehabilitationsträger verbindlich sind und insbesondere auch ihre Zusammenarbeit untereinander und mit den betroffenen behinderten Menschen regeln. Trotz dieser Regelung gibt es nach wie vor Schnittstellen zwischen den Trägern und den verschiedenen Leistungen. Die Koordinierung muss weiter verbessert werden.

Allgemeines

1 Behinderte und von Behinderung bedrohte Menschen können selbstverständlich zunächst die gleichen Sozialleistungen und sonstigen Hilfen wie andere Bürger in Anspruch nehmen; die einschlägigen

Vorschriften gelten in gleicher Weise für diesen Personenkreis. Dieser Grundsatz wird durch Artikel 3 Abs. 3 Satz 2 des Grundgesetzes bekräftigt, wonach niemand wegen seiner Behinderung benachteiligt werden darf. Die Vorschrift bindet als individuelles Grundrecht Gesetzgebung, vollziehende Gewalt und Rechtsprechung unmittelbar, nicht nur auf Bundesebene, sondern auch in Ländern und Gemeinden sowie sonstigen Institutionen und Organisationen der „öffentlichen Gewalt". Auf Rechtsbeziehungen zwischen Privaten wirkt das Benachteiligungsverbot mittelbar, indem es bei der Auslegung und Anwendung bürgerlichen Rechts berücksichtigt werden muss.

2 Die folgenden Ausführungen befassen sich mit den darüber hinausgehenden, besonderen Regelungen des Sozialrechts, die zugunsten behinderter und von Behinderung bedrohter Menschen gezielt auf deren Selbstbestimmung und gleichberechtigte Teilhabe am Leben in der Gesellschaft ausgerichtet sind. Wird z. B. die Umschulung in einen anderen Beruf nötig, weil der bisherige auf dem Arbeitsmarkt nicht mehr gefragt ist, erhalten behinderte Menschen nach dem Dritten oder dem Zweiten Buch des Sozialgesetzbuchs hierzu grundsätzlich die gleichen Leistungen unter den gleichen Voraussetzungen wie nicht behinderte. Ist die Umschulung jedoch wegen der Behinderung erforderlich, gehört diese Umschulung zu den Leistungen zur Teilhabe am Arbeitsleben mit im Bedarfsfalle besonderen Fördermodalitäten.

3 Die besonderen sozialrechtlichen Regelungen zugunsten behinderter und von Behinderung bedrohter Menschen sind mit Wirkung seit dem 1. Juli 2001 durch das Neunte Buch des Sozialgesetzbuchs (SGB IX) – Rehabilitation und Teilhabe behinderter Menschen – kodifiziert und fortentwickelt worden. Nach seinem § 1 erhalten behinderte oder von Behinderung bedrohte Menschen Leistungen nach diesem Buch und den für die Rehabilitationsträger geltenden Leistungsgesetzen, um ihre Selbstbestimmung und gleichberechtigte Teilhabe am Leben in der Gesellschaft zu fördern sowie Benachteiligungen zu vermeiden oder ihnen entgegenzuwirken. Dabei wird den besonderen Bedürfnissen behinderter und von Behinderung bedrohter Frauen und Kinder Rechnung getragen.

4 Nicht zum Sozialrecht im engeren Sinn gehören die Regelungen des Behindertengleichstellungsgesetzes (BGG), die am 1. Mai 2002 in Kraft getreten sind. Sie sollen das Benachteiligungsverbot auch über das Sozialrecht hinaus umsetzen sowie dazu dienen, die Gleichberechtigung behinderter Menschen in vielen Bereichen des öffentlichen und privaten Lebens zu sichern und im Alltag Geltung zu verschaffen. Hierzu enthält das Gesetz allgemeine Bestimmungen zu

– Benachteiligungsverbot für Träger öffentlicher Gewalt,
– Berücksichtigung besonderer Belange behinderter Frauen / Gender Mainstreaming,
– Definition von Behinderung und Barrierefreiheit,
– Zielvereinbarungen zur Herstellung von Barrierefreiheit,
– Verpflichtung des Bundes zum barrierefreien Bauen,
– Gebärdensprache und behinderungsgerechte Gestaltung von Bescheiden im Verwaltungsverfahren,
– barrierefreie Informationstechnik,
– Verbandsklagerecht

sowie die gesetzliche Verankerung der/des Beauftragten der Bundesregierung für die Belange behinderter Menschen, außerdem Regelungen zur Umsetzung der Gleichstellung und zur Herstellung von Barrierefreiheit in den Bereichen

– Bundestags- und Europawahlen,
– Personenbeförderung im öffentlichen Nahverkehr, mit der Eisenbahn und im Luftverkehr, auch über Finanzhilfen des Bundes nur für barrierefreie Verkehrsvorhaben,
– Zugänglichkeit und Nutzbarkeit von Gaststätten,
– gleiche Chancen beim Hochschulstudium und
– diskriminierungsfreie Formulierung berufsrechtlicher Vorschriften.

Einzelheiten regeln die Kommunikationshilfeverordnung, die Verordnung über barrierefreie Dokumente in der Bundesverwaltung und die Barrierefreie Informationstechnik-Verordnung, alle vom 17. Juli 2002.

5 Neben dem Behindertengleichstellungsgesetz muss auch das „Allgemeine Gleichstellungsgesetz" (AGG) genannt werden. Am 18. August 2006 ist das Allgemeine Gleichbehandlungsgesetz, das zunächst lange als „Antidiskriminierungsgesetz" bekannt war, in Kraft getreten. Damit hat die Bundesregierung nicht nur insgesamt vier europäische Richtlinien zum Verbot von Benachteiligungen wegen der Rasse, ethnischen Herkunft sowie des Geschlechts durch ein einheitliches Gesetz in deutsches Recht umgesetzt. Auch behinderte Menschen sind seitdem vor Benachteiligungen wegen ihrer Behinderung in wesentlichen Bereichen ihres Alltags sowie im Arbeitsleben geschützt.

Menschen mit Behinderungen schützt dieses Gesetz auch bei so genannten Alltagsgeschäften vor Benachteiligung. Dazu gehören beispielsweise die üblichen Kaufverträge, Hotelbuchungen und Versicherungsabschlüsse. Durch das Gesetz müssen z.B. private Versicherungen im Streitfall nachweisen, dass sie den Prämien und Leistungen nach den anerkannten Prinzipien der Versicherungsmathematik auch eine dem Risiko angemessene Kalkulation zugrunde gelegt haben und behinderte Menschen nicht willkürlich benachteiligt werden.

Der Schutz des Allgemeinen Gleichbehandlungsgesetzes für behinderte Menschen umfasst zugleich auch sämtliche Bereiche des Arbeitslebens, und zwar von der Berufsausbildung über die Stellenbewerbung bis hin zu den Regelungen für die Beendigung von Beschäftigungsverhältnissen. So dürfen nach den Regelungen des AGG behinderte Menschen weder bei den Auswahlkriterien und Einstellungsvoraussetzungen noch beim Zugang zur beruflichen Bildung und dem beruflichen Aufstieg wegen ihrer Behinderung benachteiligt werden. Das bislang nur für schwerbehinderte Menschen geltende arbeitsrechtliche Benachteiligungsverbot, das im SGB IX geregelt war, ist damit auf alle behinderten Menschen ausgedehnt worden.

Damit gibt es in Deutschland zum ersten Mal ein Gesetz zum umfassenden Schutz vor Diskriminierung, auch dies ist eine wesentliche rechtliche Voraussetzung für den Zugang zu gleichberechtigter Teilhabe.

6 Daneben gilt seit dem 26. März 2009 das „Übereinkommen der Vereinten Nationen über die Rechte von Menschen mit Behinderungen" in Deutschland. Das UN-Übereinkommen greift auf die Allgemeine Erklärung der Menschenrechte sowie auf die wichtigsten Menschenrechtsverträge der Vereinten Nationen zurück und formuliert zentrale Bestimmungen dieser Dokumente für die Lebenssituation von Menschen mit Behinderungen. Ziel des Übereinkommens ist es, den gleichberechtigten Genuss der Menschenrechte durch Menschen mit Behinderungen zu fördern, zu schützen und zu gewährleisten. Somit schafft es keine Sonderrechte, sondern konkretisiert und spezifiziert die universellen Menschenrechte aus der Perspektive der Menschen mit Behinderungen und vor dem Hintergrund ihrer Lebenslagen, die im Menschenrechtsschutz Beachtung finden müssen. Es würdigt Behinderung als Teil der Vielfalt menschlichen Lebens und überwindet damit das noch in vielen Ländern vorhandene, nicht mehr zeitgemäße Prinzip der Fürsorge. Im Einzelnen konkretisiert das Übereinkommen z. B. das Recht auf Zugang zu Bildung, das Recht auf Zugang zur Arbeitswelt oder das Recht auf Teilhabe am kulturellen Leben. Dabei wird der abstrakte Teilhabebegriff in den jeweiligen Artikeln auf einzelne Lebensbereiche heruntergebrochen, für die jeweils konkrete Maßnahmen und Ziele zur Umsetzung von Chancengleichheit beschrieben werden.

Der Paradigmenwechsel, der in der Behindertenpolitik in Deutschland insbesondere mit dem SGB IX und dem BGG bereits eingeleitet wurde, findet mit dem UN-Übereinkommen seine Entsprechung und Weiterentwicklung auf internationaler Ebene. Die Bundesregierung hat in Übereinstimmung mit dem gemeinsamen Vertragsausschuss der Länder festgestellt, dass die innerstaatliche Rechtslage grundsätzlich den Anforderungen des Übereinkommens entspricht. Dennoch wird es in Zukunft ein wichtiges Referenzdokument sein, auf dessen Grundlage neue Entwicklungen in der Behindertenpolitik angestoßen und beurteilt werden. Alle künftigen behindertenpolitische Maßnahmen müssen mit den Zielen der Konvention in Einklang stehen und ein so genanntes „disability mainstreaming" muss bei allen politischen Vorhaben und Gesetzesinitiativen verstärkt beachtet werden. In vielen Bereichen werden die Lücken zwischen theoretischer Gesetzeslage und praktischer Umsetzung geschlossen werden müssen. Zur weiteren Umsetzung der Konvention im Rahmen einer langfristigen Gesamtstrategie entwickelt die Bundesregierung derzeit einen Nationalen Aktionsplan, in den laufende behindertenpolitische Projekte einfließen. Außerdem soll der Aktionsplan der Bundesregierung durch weitere Aktionspläne der Länder, Kommunen, Behinderten- und Sozialverbände sowie von Dienstleistern für behinderte Menschen und Unternehmen der Privatwirtschaft ergänzt werden.

Behinderte Menschen

7 „Behindert" sind nach § 2 Abs. 1 SGB IX Menschen, wenn ihre körperliche Funktion, geistige Fähigkeit oder seelische Gesundheit mit hoher Wahrscheinlichkeit länger als sechs Monate von dem für das Lebensalter typischen Zustand abweichen und daher ihre Teilhabe am Leben in der Gesellschaft beeinträchtigt ist. Diese an Vorschläge der Weltgesundheitsorganisation angelehnte grundlegende Begriffsbestimmung orientiert sich nicht an wirklichen oder vermeintlichen Defiziten; im Vordergrund steht das Ziel der Teilhabe (participation) an den verschiedenen Lebensbereichen. Als

Abweichung vom „typischen Zustand" ist der Verlust oder die Beeinträchtigung von – im jeweiligen Lebensalter – normalerweise vorhandenen körperlichen, geistigen oder seelischen Strukturen zu verstehen. Folgt aus dieser Schädigung eine Teilhabebeeinträchtigung, die sich in einem oder mehreren Lebensbereichen auswirkt, liegt eine Behinderung vor. Das Erfordernis einer voraussichtlichen Dauer der Beeinträchtigung von sechs Monaten schließt zwar vorübergehende Störungen aus, nicht jedoch Interventionen so früh wie im Einzelfall geboten; dies gilt insbesondere, wenn bei Kindern Behinderungen eingetreten oder zu erwarten sind.

8 Die gleiche Abweichung vom alterstypischen Zustand und die gleiche Funktionsbeeinträchtigung können zu sehr unterschiedlichen Teilhabebeeinträchtigungen führen; so behindert der Verlust des linken Mittelfingers einen Verwaltungsbeamten bei seiner Berufsausübung kaum, einen Geiger dagegen sehr. Auch schwere Schädigungen und Einschränkungen wirken sich meist nicht auf alle Lebensbereiche gleichermaßen aus; ein Mensch mit gesundheitlichen Schädigungen ist jeweils nur in bestimmten Funktionen beeinträchtigt und damit nur in Bezug auf bestimmte Tätigkeiten und Teilhabebereiche „behindert", während seine Leistungs- und Teilhabefähigkeit in anderen Lebensbereichen unvermindert oder sogar ungewöhnlich hoch sein kann. Dementsprechend ist zunächst immer auf die individuellen Fähigkeiten zu achten, und der Hilfebedarf behinderter Menschen kann selbst bei gleicher Beeinträchtigung individuell sehr verschieden sein.

9 Diese Unterscheidung nach der individuellen Teilhabebeeinträchtigung wird künftig noch zunehmen. Denn 2001 hat die WHO-Vollversammlung unter Beteiligung Deutschlands die Internationale Klassifikation der Funktionsfähigkeit, Behinderung und Gesundheit (ICF) beschlossen und ihren Mitgliedern die Umsetzung empfohlen. Die ICF ist ein neues Instrument der Klassifikation der funktionalen Gesundheit und berücksichtigt zusätzlich zur Erkrankung den persönlichen und allgemeinen Kontext (Förderfaktoren und Barrieren). Sie macht die funktionale Gesundheit als jeweils persönliche Wechselwirkung zwischen den gesundheitlichen Störungen (z. B. starke Fehlsichtigkeit, – 9 Dioptrien) und den „Kontextfaktoren" (Versorgung mit Brille) fest. Mit der ICF besteht die Möglichkeit, Krankheitsfolgen und Behinderung nicht nur unter dem Aspekt der damit verbundenen Defizite (fast blind) zu beschreiben, sondern auch die (noch) vorhandenen Ressourcen einer Person einzubeziehen (mit Brille: volle Teilhabe möglich). Die Kontextfaktoren können positiv oder negativ wirken und Einfluss auf eine mehr oder weniger erfolgreiche Rehabilitation haben. Die personzentrierte Planung von Rehabilitationsprozessen, sowie die passgenaue Gestaltung und Entwicklung von Hilfen und Angeboten werde durch die Anwendung der ICF unterstützt. Die Anwendung der ICF verbreitet sich nur langsam und oft nur in Auszügen, jedoch stehen wir hier am Anfang einer Entwicklung. Langfristig wird der Begriff „Behinderung" differenzierter zu betrachten sein.

10 Als schwerbehinderte Menschen anerkannt sind behinderte Menschen, bei denen festgestellt wurde, dass der Grad der Behinderung mindestens 50 beträgt und die in Deutschland rechtmäßig wohnen, ihren gewöhnlichen Aufenthalt haben oder hier beschäftigt sind (§ 2 Abs. 2 SGB IX). Ende 2007 waren in Deutschland 6,918 Mio. Menschen schwerbehindert; dies entspricht einem Bevölkerungsanteil von rd. 8,3 Prozent, wobei der Anteil schwerbehinderter Menschen an den über 60-Jährigen deutlich über und deren Anteil an den jungen Menschen deutlich unter dem angegebenen Gesamtwert liegen.

Alter und Geschlecht schwerbehinderter Menschen am 31. Dezember 2007

Alter von bis	männlich	weiblich	insgesamt
unter 15	70.526	49.701	120.227
15–25	91.521	65.554	157.075
25–35	112.836	87.674	200.510
35–45	237.688	209.582	447.270
45–55	433.010	393.254	826.264
55–65	788.558	622.198	1.410.756
65 und mehr	1.853.111	1.902.959	3.756.070
Insgesamt	3.587.250	3.330.922	6.918.172

Anteil schwerbehinderter Menschen nach Altersgruppen

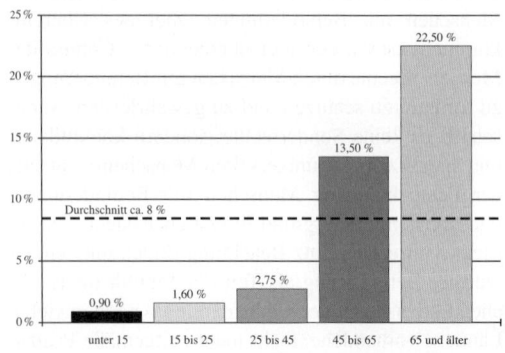

11 Die besonderen, nach Art oder Schwere der Behinderung sehr unterschiedlichen Hilfen, die behinderte Menschen zu ihrer Teilhabe am Arbeitsleben und am Leben in der Gesellschaft insgesamt brauchen, sind in der Regel nicht davon abhängig, dass zuvor eine (Schwer)Behinderung förmlich festgestellt wurde. Das Vorliegen der Behinderung ist vielmehr eine Leistungsvoraussetzung wie andere Voraussetzungen auch und wird vom zuständigen Rehabilitationsträger bei seiner Entscheidung über die Sozialleistung geprüft. Eine Feststellung des Grades der Behinderung in einem förmlichen Verfahren nach dem Schwerbehindertenrecht (Teil 2 des SGB IX) ist nur für die dort vorgesehenen besonderen Hilfen und Rechte (Rdnr. 99 ff.) sowie für steuerliche und sonstige Nachteilsausgleiche von Bedeutung.

12 Wichtig ist, dass begriffliche Abgrenzungen in Bezug auf behinderte Menschen einer gedanklichen und sozialen Ausgrenzung dieser Menschen nicht Vorschub leisten dürfen, sondern als Hinweis auf ihre individuellen Probleme und Chancen zu verstehen sind sowie darauf, wie jeder von ihnen Zugang zu den Hilfen erhält, die er zu seiner Teilhabe am Leben in der Gesellschaft benötigt. Ziel ist darüber hinaus, die für einzelne Gruppen behinderter Menschen erreichten Fortschritte und Standards auch für andere Gruppen zu verwirklichen und für alle behinderten Menschen und ihre Angehörigen ein Leben „so normal wie möglich" anzustreben.

Leistungen zur Teilhabe

13 Leistungen zur Teilhabe umfassen nach § 4 Abs. 1 SGB IX die notwendigen Sozialleistungen, um unabhängig von der Ursache der Behinderung

- die Behinderung abzuwenden, zu beseitigen, zu mindern, ihre Verschlimmerung zu verhüten oder ihre Folgen zu mildern,
- Einschränkungen der Erwerbsfähigkeit oder Pflegebedürftigkeit zu vermeiden, zu überwinden, zu mindern oder eine Verschlimmerung zu verhüten sowie den vorzeitigen Bezug anderer Sozialleistungen zu vermeiden oder laufende Sozialleistungen zu mindern,
- die Teilhabe am Arbeitsleben entsprechend den Neigungen und Fähigkeiten dauerhaft zu sichern oder
- die persönliche Entwicklung ganzheitlich zu fördern und die Teilhabe am Leben in der Gesellschaft sowie eine möglichst selbständige und selbstbestimmte Lebensführung zu ermöglichen oder zu erleichtern.

Eine entsprechende Vorschrift enthält § 10 des SGB I als „generelles Teilhaberecht", das in allen Sozialleistungsbereichen zu beachten ist.

14 Diese Vorgaben dienen nicht nur der Auslegung und Anwendung des Sozialrechts, sondern sind darüber hinaus als Leitlinie der Politik für behinderte Menschen in der Bundesrepublik Deutschland allgemein anerkannt. Unter den Grundsätzen, die aus ihnen abzuleiten sind, sind hervorzuheben

- das Ziel der selbstbestimmten und eigenverantwortlichen Teilhabe behinderter Menschen am Leben in der Gesellschaft,
- der Grundsatz der Finalität, nach dem die notwendigen Hilfen jedem behinderten und von Behinderung bedrohten Menschen unabhängig von der Ursache der Behinderung geleistet werden müssen, auch wenn für diese Hilfen unterschiedliche Träger und Institutionen mit unterschiedlichen Leistungsvoraussetzungen zuständig sind,
- der Grundsatz einer möglichst frühzeitigen Intervention, nach dem entsprechend den im Einzelfall gegebenen Möglichkeiten und Notwendigkeiten Ausmaß und Auswirkungen der Behinderung möglichst gering zu halten und nicht vermeidbare Auswirkungen so gut wie möglich auszugleichen sind, und
- der Grundsatz der individuellen Hilfe, die auf die konkrete Bedarfssituation jedes einzelnen behinderten und von Behinderung bedrohten Menschen zugeschnitten und dieser Bedarfssituation mit geeigneten Mitteln gerecht werden muss.

15 Berücksichtigt man den in den Vorgaben des § 4 SGB IX enthaltenen Grundsatz einer möglichst frühzeitigen Intervention, muss der sachgerechte Ansatzpunkt im Einzelfall stets zunächst auf einer möglichst frühen Stufe gesucht werden.

Behinderung und Intervention

(Prävention so weitgehend wie möglich)
↓
körperlicher, geistiger oder seelischer Zustand weicht von alterstypischem Zustand ab
↓
(Intervention so weitgehend wie möglich)
↓
Aktivitätseinschränkungen nicht nur vorübergehender Art
↓
(Intervention so weitgehend wie möglich)
↓
Einschränkungen der Teilhabe am Leben in der Gesellschaft
↓
(Kompensation durch Pflege/Rente/andere Hilfen so weitgehend wie nötig)

Die Übernahme des dreistufig aufgebauten Behindertenbegriffs der Weltgesundheitsorganisation in das deutsche Recht verdeutlicht die unterschiedlichen Ansatzpunkte für Hilfen:

– im Bereich der drohenden oder vorliegenden Schädigungen durch Prävention wie z. B. gesundheitsgerechtes Verhalten, Unfallverhütung und andere Formen der Vermeidung oder Senkung von Risiken, durch Vorsorgemaßnahmen, durch Rettungsdienste oder durch Maßnahmen der medizinischen Behandlung und Rehabilitation,
– im Bereich der Aktivitätseinschränkungen durch Hilfen zur Kompensation der funktionalen Beeinträchtigungen, z. B. orthopädische Hilfsmittel, Funktionstraining oder technische Hilfen zur Arbeitsplatzausstattung,
– im Bereich der Einschränkungen der Teilhabe etwa dadurch, dass Barrieren vermieden oder abgebaut werden oder dass ein Beruf gewählt wird, der trotz Funktionseinschränkungen die Berufsausübung ermöglicht oder erleichtert.

Ein wichtiger Anwendungsfall des Grundsatzes der möglichst frühen Intervention ist, dass Leistungen zur medizinischen Rehabilitation und zur Teilhabe am Arbeitsleben Vorrang vor Rentenleistungen haben, soweit bei erfolgreichen Leistungen zur Teilhabe Rente nicht oder voraussichtlich erst zu einem späteren Zeitpunkt zu erbringen ist (§ 8 Abs. 2 SGB IX, § 9 Abs. 1 SGB VI). Der Grundsatz heißt hier: „Leistungen zur Teilhabe vor Rente". Gleiches gilt, wenn durch die Leistungen zur Teilhabe Pflegebedürftigkeit vermieden, überwunden, gemindert oder eine Verschlimmerung verhütet wird, nach dem Grundsatz „Leistungen zur Teilhabe vor Pflege" (§ 8 Abs. 3 SGB IX, § 5 SGB XI).

16 Leistungen zur Teilhabe mit den in § 4 SGB IX genannten Zielen werden in folgenden Leistungsgruppen erbracht:

– Leistungen zur medizinischen Rehabilitation,
– Leistungen zur Teilhabe am Arbeitsleben und
– Leistungen zur Teilhabe am Leben in der Gemeinschaft.

Die Leistungen zur medizinischen Rehabilitation und zur Teilhabe am Arbeitsleben werden - außer bei Jugend- und Sozialhilfe - durch eine weitere Leistungsgruppe „Unterhaltssichernde und andere ergänzende Leistungen" ergänzt.

17 Die Leistungen zur Teilhabe oder auch einzelne ihrer Leistungsgruppen sind nicht einem eigenständigen Sozialleistungsbereich übertragen, sondern eingebettet in die sonstigen Aufgaben einer Reihe von Leistungsträgern, die bei den Leistungen zur Teilhabe zusammenfassend als Rehabilitationsträger bezeichnet werden. Es werden erbracht (§ 6 SGB IX):

– Leistungen zur medizinischen Rehabilitation durch die Träger der Kranken-, der Renten- und der Unfallversicherung sowie der sozialen Entschädigung bei Gesundheitsschäden,
– Leistungen zur Teilhabe am Arbeitsleben durch die Bundesagentur für Arbeit sowie die Träger der Grundsicherung für Arbeitsuchende, der Renten- und der Unfallversicherung sowie der sozialen Entschädigung bei Gesundheitsschäden,
– Leistungen zur Teilhabe am Leben in der Gemeinschaft durch die Träger der Unfallversicherung und der sozialen Entschädigung bei Gesundheitsschäden.
– Die Bundesagentur für Arbeit erbringt Leistungen zur Teilhabe am Arbeitsleben sowohl als Leistungsträger nach dem SGB III als auch als Träger der Grundsicherung für Arbeitsuchende nach dem SGB II, hier neben den zugelassenen kommunalen Trägern.

Die Träger der öffentlichen Jugendhilfe und der Sozialhilfe treten - aufgrund ihrer umfassenden Aufgabenstellung - nachrangig bei allen Leistungen zur Teilhabe ein, wenn benötigte Leistungen von vorrangigen Trägern nicht in Anspruch genommen werden können, weil deren Leistungsvoraussetzungen im Einzelfall nicht gegeben sind. Insgesamt werden Leistungen zur Teilhabe durch acht Gruppen von Trägern erbracht (siehe Grafik).

18 Welcher Rehabilitationsträger unter welchen Vorraussetzungen welche Leistungen zur Teilhabe erbringt, richtet sich nach den für die einzelnen Rehabilitationsträger geltenden Leistungsgesetzen (§ 7 Satz 2 SGB IX); dies trägt dem gewachsenen gegliederten System Rechnung. So kann bspw. Leistungen der Rentenversicherung grundsätzlich nur erwarten, wer dort versichert ist, und Leistungen der Sozialhilfe, wer deren Voraussetzungen erfüllt; die einschlägigen Regelungen finden sich in den jeweiligen Büchern des Sozialgesetzbuchs und in anderen Leistungsgesetzen. Regelungen zu Inhalt und Zielsetzung der Leistungen zur Teilhabe, die für mehrere Sozialleistungsbereiche einheitlich sein können, sind demgegenüber nur an einer Stelle – im SGB IX – getrof-

Sozialgesetzbuch · 9. Buch · Rehabilitation und Teilhabe behinderter Menschen

Leistungen zur	Unfallversicherung	Soziale Entschädigung	Krankenversicherung	Rentenversicherung	Bundesagentur für Arbeit	Grundsicherung für Arbeitsuchende	Jugendhilfe	Sozialhilfe
medizinischen Rehabilitation	X	X	X	X			X	X
Teilhabe am Arbeitsleben	X	X		X	X	X	X	X
Teilhabe am Leben in der Gemeinschaft	X	X					X	X

fen, auch um zu verdeutlichen, dass das gemeinsame Ziel – möglichst weitgehende Teilhabe behinderter und von Behinderung bedrohter Menschen am Leben der Gesellschaft – von allen jeweils zuständigen Rehabilitationsträgern in grundsätzlich gleicher Weise verfolgt wird. Durch die Zusammenfassung der für mehrere Sozialleistungsbereiche einheitlich geltenden Vorschriften ist das SGB IX in ähnlicher Weise bereichsübergreifend wirksam wie bereits zuvor die Regelungen des Ersten, des Vierten und des Zehnten Buches des Sozialgesetzbuchs. Wegen der Besonderheiten des gegliederten Systems kann dies nur gelten, soweit in den Leistungsgesetzen für die einzelnen Rehabilitationsträger nichts Abweichendes bestimmt ist; viele früher geltende besondere Regelungen der einzelnen Leistungsgesetze wurden im Zuge des SGB IX jedoch aufgehoben, durch Bezugnahmen auf das SGB IX ersetzt oder inhaltlich angepasst.

19 Die Rehabilitationsträger sind zur Zusammenarbeit verpflichtet. Abgrenzungsfragen zwischen den verschiedenen Rehabilitationsträgern sollen nach § 13 SGB IX möglichst in Form von gemeinsamen Empfehlungen (im Rahmen der Bundesarbeitsgemeinschaft für Rehabilitation) einvernehmlich geklärt werden. Die Verbände behinderter Menschen einschließlich der Verbände der Freien Wohlfahrtspflege, der Selbsthilfegruppen und der Interessenvertretungen behinderter Frauen sowie die für die Wahrnehmung der Interessen der ambulanten und stationären Rehabilitationseinrichtungen maßgeblichen Spitzenverbände werden an der Vorbereitung der gemeinsamen Empfehlungen beteiligt. Ihren Anliegen wird bei der Ausgestaltung der Empfehlungen nach Möglichkeit Rechnung getragen. Die Empfehlungen haben auch die besonderen Bedürfnisse behinderter oder von Behinderung bedrohter Frauen und Kinder zu berücksichtigen.

Gemeinsame Empfehlungen zur Zusammenarbeit der Rehabilitationsträger, z. B. bei der Qualitätssicherung und der Durchführung von Begutachtungen oder zu Integrationsfachdiensten, sind in Kraft, weitere in Vorbereitung; der aktuelle Stand findet sich unter http://www.bar-frankfurt.de/Gemeinsame_Empfehlungen.bar.

20 Inwieweit und wie die in § 4 SGB IX, § 10 SGB I genannten Ziele für behinderte und von Behinderung bedrohte Menschen im Einzelfall verwirklicht werden können, also das Teilhabepotenzial, ist individuell zu ermitteln, und zwar mit einer Prognose der Entwicklung, die bei bestmöglicher Förderung erreichbar wäre. Möglichkeiten und Probleme behinderter und von Behinderung bedrohter Menschen betreffen nie nur einzelne Bereiche, etwa den medizinischen oder beruflichen; vielmehr müssen die einzelnen Leistungen den konkreten Lebensumständen in ihrer Gesamtheit Rechnung tragen, in deren Rahmen sich Rehabilitation und Teilhabe vollziehen sollen und mit denen sich behinderte Menschen aufgrund ihrer „Funktionsbeeinträchtigung" in anderer Weise als nicht behinderte auseinandersetzen. Das sich aus § 4 ergebende umfassende Verständnis von Teilhabe und ganzheitlicher Förderung wird durch einige weitere grundsätzliche Regelungen ergänzt, insbesondere

– den Vorrang der Prävention (§ 3 SGB IX),
– das Wunsch- und Wahlrecht der Leistungsberechtigten (§ 9 SGB IX),
– den zügigen, wirksamen und wirtschaftlichen Einsatz sowie die Koordinierung der Leistungen zur Teilhabe (§ 10 SGB IX) und

– das Zusammenwirken von Leistungen bzw. die Zusammenarbeit der Rehabilitationsträger (§§ 11 und 12 SGB IX).

21 Die Leistungen zur Teilhabe müssen zur Umsetzung der Zielsetzungen notwendig sein. Notwendig sind Leistungen zur Teilhabe nur, wenn sie zum Erreichen der in § 4 SGB IX genannten Ziele geeignet sind. Hinzu muss kommen, dass kein anderer, sinnvoller Weg, diese Ziele zu erreichen, gegeben ist. Beispiele für alternative Wege, die Leistungen zur Teilhabe entbehrlich machen, sind

– das Erreichen der Ziele über die in Rdnr. 2 angesprochenen anderen Leistungen,
– die behinderungsgerechte, insbesondere barrierefreie Gestaltung von Lebensumständen oder
– die Bereitschaft von Arbeitgebern, z. B. eine notwendige Ausbildung eines behinderten Menschen in eigener Verantwortung und auf eigene Kosten zu übernehmen.

Solche alternativen Wege der Zielerreichung müssen konkret gangbar und tragfähig sein. Hält ein Rehabilitationsträger im Hinblick auf solche Alternativen eigene Leistungen nicht für notwendig, muss er die Leistungsberechtigten bei der Ermittlung und Umsetzung der geeignetsten Alternativen unterstützen und bei Bedarf selbst initiativ werden. Beim Misslingen alternativer Wege bleiben die Leistungen zur Teilhabe im Rechtssinn notwendig. Ergibt die Prognose, dass die genannten Ziele über mehrere unterschiedliche Wege gleich gut und gleich schnell erreicht werden können, ist zunächst das Wunsch- und Wahlrecht der Betroffenen nach § 9 SGB IX zu beachten. Innerhalb eines danach verbleibenden Entscheidungsspielraums gelten die allgemeinen Grundsätze der Wirtschaftlichkeit und Sparsamkeit. Die für die Unfallversicherung nach § 26 Abs. 2 SGB VII geltende Vorgabe, die dort genannten Ziele „mit allen geeigneten Mitteln" zu erreichen, sagt in der Sache nichts Abweichendes. Im Bereich der Sozialhilfe ist § 13 SGB XII zu beachten, der Wunsch- und Wahlrechte behinderter Menschen unter bestimmten Voraussetzungen einschränkt. Ähnliches gilt in der öffentlichen Jugendhilfe nach § 5 SGB VIII.

22 Soweit Leistungen verschiedener Leistungsgruppen oder mehrerer Rehabilitationsträger erforderlich sind, haben nach § 10 Abs. 1 SGB IX die beteiligten Rehabilitationsträger im Benehmen miteinander und in Abstimmung mit den Leistungsberechtigten die nach dem individuellen Bedarf voraussichtlich erforderlichen Leistungen funktionsbezogen so zusammenzustellen, dass sie nahtlos ineinander greifen. Die Feststellung der Leistungen unter Bezug auf ihre Funktion verbietet pauschale Leistungsumschreibungen; sie gebietet Leistungen entsprechend dem individuellen Bedarf und entsprechend den individuellen, mit den Leistungen umzusetzenden Teilhabezielen. Die Leistungen sind entsprechend dem Verlauf der Rehabilitation anzupassen und darauf auszurichten, den Leistungsberechtigten unter Berücksichtigung der Besonderheiten des Einzelfalls die den Zielen der §§ 1 und 4 Abs. 1 SGB IX entsprechende umfassende Teilhabe am Leben in der Gesellschaft zügig, wirksam, wirtschaftlich und auf Dauer zu ermöglichen. Dabei haben die Rehabilitationsträger durchgehend das Verfahren entsprechend dem jeweiligen Bedarf zu sichern (Teilhabemanagement).

23 Dem bereits beschriebenen Paradigmenwechsel, kranke, behinderte und pflegebedürftige Menschen stärker als bisher dabei zu unterstützen, ein möglichst selbstständiges und selbstbestimmtes Leben zu führen, dienen insbesondere auch Persönliche Budgets, auch trägerübergreifend als Gesamtbudget aller in Betracht kommenden Leistungen. Dabei werden behinderten und pflegebedürftigen Menschen auf Antrag anstelle von Sachleistungen regelmäßige oder einmalige Geldzahlungen zur Verfügung gestellt, mit denen sie benötigte Leistungen selbst organisieren und bezahlen können. Mit dieser Leistungsform wird das klassische Leistungsdreieck zwischen Leistungsträger, Leistungsempfänger und Leistungserbringer aufgelöst; Sachleistungen werden durch Geldleistungen oder Gutscheine ersetzt. Ergänzend zu § 17 SGB IX und den flankierenden Bestimmungen für die einzelnen Leistungsbereiche regelt die Budgetverordnung Einzelheiten des Verfahrens. In Zielvereinbarungen, die gemeinsam mit dem Antragsteller festgelegt werden, werden Einzelheiten der Budgetverwendung genau festgelegt. So wird u. a. die Qualität der Leistung gesichert. Während einer Erprobungsphase entschieden die Leistungsträger über Persönliche Budgets im Rahmen ihres Ermessens. Seit 1. Januar 2008 besteht ein Rechtsanspruch auf diese Form der Leistungserbringung, d. h. alle Rehabilitationsträger müssen auf Antrag prüfen, ob erforderliche Leistungen in Form eines Persönlichen Budgets erbracht werden können. Die Erprobungsphase wurde durch wissenschaftliche Begleitforschung unterstützt. Die Ergebnisse der wissenschaftlichen Begleitforschung haben gezeigt, dass das Persönliche Budget entscheidend dazu beiträgt, die eigenverantwortliche Gestaltung der Lebensumstände und die Selbstbestimmung zu fördern. Es zeigte sich auch, dass Persönliche Budgets bisher überwiegend für Leistungen der Eingliederungshilfe beantragt wurden (vgl. Kapitel 12, Rdnr. 189 ff). Durch den Rechtsanspruch sowie Aufklärung und Werbung für die neue Leistungsform ist jedoch zu erwarten, dass das Persönliche Budget künftig für Leistungen aller Rehabilitationsträger genutzt wird. Vor allem wenn Leistungen mehrerer Rehabilitationsträger in Anspruch genommen werden müssen, wird das trägerübergreifende Persönliche Budget das geeignetste Instrument sein, um Schnittstellen und Lücken zu vermeiden.

24 Soweit es im Einzelfall geboten ist, prüft der zuständige Rehabilitationsträger nach § 11 SGB IX gleichzeitig mit der Einleitung einer Leistung zur medizinischen Rehabilitation, während ihrer Ausführung und nach ihrem Abschluss, ob durch geeignete Leistungen zur Teilhabe am Arbeitsleben die Erwerbsfähigkeit des behinderten oder von Behinderung bedrohten Menschen erhalten, gebessert oder wiederhergestellt werden kann. Wird während einer Leistung zur medizinischen Rehabilitation erkennbar, dass der bisherige Arbeitsplatz gefährdet ist, muss mit den Betroffenen sowie dem zuständigen Rehabilitationsträger unverzüglich geklärt werden, ob Leistungen zur Teilhabe am Arbeitsleben erforderlich sind.

25 Schwerbehinderte Menschen können – neben den Leistungen zur Teilhabe am Arbeitsleben, wenn deren Voraussetzungen gegeben sind – mit dieser Zielsetzung auch besondere Leistungen und sonstige Hilfen nach Teil 2 des SGB IX erhalten (Einzelheiten hierzu unter Rdnr. 98 ff.). Diese Leistungen werden aus der Ausgleichsabgabe bestritten, die Arbeitgeber abführen, wenn sie ihrer Pflicht zur Beschäftigung schwerbehinderter Menschen nicht oder nur unzureichend nachkommen. Die Leistungen der Pflegeversicherung, deren Träger nicht zu den Rehabilitationsträgern zählen, werden gesondert dargestellt.

26 Insgesamt verfügt die Bundesrepublik Deutschland – auch im internationalen Vergleich und trotz noch bestehender Verbesserungsnotwendigkeiten – über ein umfassendes, in sich differenziertes, aber im Ergebnis durchgängiges Sozialleistungssystem auch und gerade für behinderte Menschen. Die Bedeutung der Sozialleistungen zur Teilhabe behinderter und von Behinderung bedrohter Menschen am Leben in der Gesellschaft zeigt auch deren finanzielles Gewicht:

Ausgaben für Leistungen zur Teilhabe in 2009

Rehabilitationsträger	Krankenversicherung	Rentenversicherung	Unfallversicherung	Bundesagentur für Arbeit	Sozialhilfe
in Mio. Euro	2.588	5.435	3.453	2.392	13.287

27 Neben dem Abbau vorhandener und dem Vermeiden neuer Benachteiligungen bilden nach deutschem Verständnis die Leistungen zur Teilhabe – als Sozialleistungen – den Kern der Bemühungen um Teilhabe behinderter oder von Behinderung bedrohter Menschen am Arbeitsleben und am Leben in der Gesellschaft insgesamt. Eine möglichst weitgehende, wirkungsvolle Teilhabe am Leben in der Gesellschaft erfordert jedoch, dass diese Leistungen ergänzt werden durch

– vorrangiges Augenmerk auf die individuellen Fähigkeiten und Entwicklungspotenziale der behinderten Menschen (weg von der Defizitbetrachtung und hin zur Ressourcenorientierung),

– eine behinderungsgerechte Gestaltung der Lebensumstände, denen behinderte Menschen ausgesetzt sind und mit denen sie sich auseinandersetzen müssen (z. B. im Verkehr oder bei der Kommunikation mit anderen),

– eine ausreichende Bereitschaft einerseits der behinderten Menschen, andererseits der Gesellschaft, das ihnen jeweils Mögliche zu voller Teilhabe zu tun, sowie

– ein „teilhabefreundliches Klima" in der Gesellschaft insgesamt.

28 Zur Ausfüllung der differenzierten Rechtsgrundlagen und zu ihrer praktischen Umsetzung dient ein ebenso differenziertes System an Einrichtungen und Diensten. Dies ermöglicht es, die notwendige Hilfe entsprechend der individuellen Bedarfssituation mit den geeigneten, auf sie zugeschnittenen Mitteln und Maßnahmen zu leisten. Wichtig ist dabei, die zur Teilhabe am Leben in der Gesellschaft notwendige Förderung möglichst mit einer Erhaltung und sachgerechten Fortentwicklung der bisherigen sozialen Bezüge in Einklang zu bringen. Daher ist dort, wo eine wirkungsvolle Förderung durch ambulante Hilfen möglich ist, diesen der Vorzug zu geben, zumal sie dem Betroffenen mehr Möglichkeiten zu eigenverantwortlicher Gestaltung seiner Lebensumstände belassen. Auch haben Fördermaßnahmen Vorrang, die eine Gemeinsamkeit mit nichtbehinderten Menschen ermöglichen; die Hilfen in besonderen, gezielt auf behinderte Menschen ausgerichteten Einrichtungen sind auf das unbedingt Notwendige zu beschränken. Es gilt der Grundsatz „ambulant vor stationär". Allerdings muss in jedem Einzelfall die konkret benötigte Förderung gewährleistet sein.

29 Die Aufgabe, Menschen mit Behinderungen „so normal wie möglich" am Leben in der Gesellschaft teilhaben zu lassen, ist nicht allein Verpflichtung des Staates, sondern Aufgabe aller. Sozialleistungen und sonstige Hilfen können die Teilhabe behinderter und von Behinderung bedrohter Menschen am Leben in der Gesellschaft nicht gewährleisten, sondern nur erleichtern und fördern; wo sie durch persönliches und gesellschaftliches Engagement entbehrlich gemacht werden, wird nicht nur die Teilhabe unmittelbar vollzogen, sondern mindert sich zugleich der Umfang der „erforderlichen Hilfen".

30 Rechtsvorschriften, Einrichtungen und Dienste können nicht mehr sein als Angebote und Chancen zur Teilhabe; erreichbar sind die in § 4 SGB IX genannten Ziele nur bei einer entsprechenden Motivation der behinderten oder von Behinderung bedrohten Menschen. Rat und Hilfe zur Teilhabe müssen deshalb an konkret vorhandene Motivationen der Betroffenen anknüpfen und diese unter Berücksichtigung der im Einzelfall gegebenen Rehabilitationsmöglichkeiten fortentwickeln. Die Einleitung von Leistungen zur Teilhabe bedarf daher der Zustimmung der behinderten Menschen (§ 9 Abs. 4 SGB IX); an der Durchführung haben sie mitzuwirken, und berechtigten Wünschen bei der Ausgestaltung wird entsprochen (§ 9 Abs. 1 Satz 1 SGB IX). Weil behinderten Menschen die Entfaltung ihrer Persönlichkeit in vielerlei Hinsicht erschwert ist, kommt es darauf an, dass die Leistungen, Dienste und Einrichtungen den Leistungsberechtigten möglichst viel Raum zu eigenverantwortlicher Gestaltung ihrer Lebensumstände lassen und ihre Selbstbestimmung fördern.

Prävention, Früherkennung und Frühförderung

31 Entsprechend der in § 3 SGB IX enthaltenen Zielsetzung wird zunächst angestrebt, für alle Altersgruppen und Lebensbereiche durch gezielte Prävention das Entstehen von Behinderungen und chronischen Krankheiten so weit wie möglich zu vermeiden. Wichtige Felder hierbei sind Arbeitsschutz und Unfallverhütung, betriebliches Eingliederungsmanagement, Umweltschutz und Gesundheitsvorsorge, vor allem auch bei chronisch-degenerativen Erkrankungen. Die Bemühungen, Behinderungen zu vermeiden, können allerdings nach derzeitigem Kenntnis- und Entwicklungsstand nur teilweise Erfolg haben. Einerseits wirkt eine Vielzahl von Gefährdungspotentialen auf die Menschen und ihre Entwicklung ein, deren krankheits- und behinderungsbedingende Faktoren weder für sich allein noch in ihrem Zusammenwirken voll erkennbar sind. Zum anderen erschwert der ständige Wandel der Lebensbedingungen die Erkenntnis und die Beseitigung insbesondere der Einflussfaktoren, die erst längerfristig wirksam werden. Durch die Veränderung der Altersstruktur, d. h. weniger Nachwuchs und mehr Ältere, die auch länger arbeiten werden, wird auch die Zahl chronisch kranker und behinderter Beschäftigter steigen. Zudem verändern sich Krankheiten und Behinderungen und deren Auswirkungen. Schon jetzt steigt der Anteil der Langzeiterkrankten aufgrund von Stress, Burnout und Depressionen stetig an. Hier müssen neue Präventionsmechanismen entwickelt werden.

32 Prävention von Anfang an ist wichtig. Insbesondere Frauen und Männer, deren Belastung mit vererbbaren Risikofaktoren bekannt ist, haben die Möglichkeit zur genetischen Beratung, um die Risiken einer Schwangerschaft abwägen und gewichten zu können. Auch ärztliche Betreuung während der Schwangerschaft einschließlich regelmäßiger Vorsorgeuntersuchungen zum Erkennen und zum Ausschluss von Risikofaktoren gehört zu den Leistungen der Krankenversicherung und der Sozialhilfe; ihre Inanspruchnahme ist mehr und mehr zur Selbstverständlichkeit geworden.

33 Je früher in der kindlichen Entwicklung eine Auffälligkeit oder Beeinträchtigung erkannt wird, desto besser kann vorgebeugt oder erfolgreich behandelt werden; gerade frühkindliche Entwicklungsphasen können in vielen Fällen wirkungsvoll beeinflusst werden. Vorsorgeuntersuchungen für Säuglinge und Kleinkinder bis zum 6. Lebensjahr sowie eine weitere nach Vollendung des 10. Lebensjahres sind Pflichtleistungen der gesetzlichen Krankenversicherung und der Sozialhilfe. Die insgesamt 10 ärztlichen Untersuchungsreihen dienen der Feststellung von Auffälligkeiten, die den Verdacht auf bestehende oder drohende Behinderungen nahe legen, und geben damit Ansatzpunkte für weitere Maßnahmen mit dem Ziel, eine drohende Behinderung abzuwenden, eine schon erkennbare Behinderung zu beseitigen oder zumindest die Folgen der Behinderung zu mildern. Die Untersuchungen werden vorzugsweise von Kinderärzten und qualifizierten Allgemeinmedizinern durchgeführt. Die Ergebnisse werden in einem Untersuchungsheft festgehalten, das bei den Eltern verbleibt. Jede der Untersuchungen ist wesentlicher Teil eines ganzheitlichen Vorsorgekonzepts zur Früherkennung von Behinderungen, wobei die letzten Untersuchungen auch dann unverzichtbar sind, wenn bis zu diesem Zeitpunkt bei einem Kind keine gesundheitlichen Auffälligkeiten registriert werden konnten. Auch der besondere Wert landesweiter Schutzimpfungen (z. B. gegen Polio) als wirksames Mittel zur Vorsorge vor Behinderungen ist unumstritten, wobei die Impfung von Säuglingen und Kleinkindern in aller Regel anlässlich einer der Vorsorgeuntersuchungen durchgeführt wird. Bei Heranwachsenden übernimmt der schulärztliche Dienst die wichtigen Aufgaben der Früherkennung und Prophylaxe.

34 Zur bestmöglichen Versorgung und Betreuung behinderter und von Behinderung bedrohter Kinder dient ein differenziertes Versorgungsangebot. Die erforderlichen Hilfen leisten

– niedergelassene Kinder- und andere Ärzte sowie Therapeuten,
– ambulante interdisziplinäre Frühförderstellen und
– überregionale sozialpädiatrische Zentren.

Medizinische Erstberatung und -behandlung obliegen in der Regel den niedergelassenen Kinderärzten, die bei ihrer Arbeit von Fachkräften der Gesundheitsämter und den Landesärzten für Behinderte unterstützt werden. Vielfach erfordern Frühbehandlung und Frühförderung wohnort- und familiennah ein interdisziplinäres Angebot medizinischer, heilpädagogischer, psychologischer, pädagogischer und sozialer Dienste. In diesem Bereich des Versorgungssystems ergänzen sich die Netze regionaler Frühförderstellen und überregionaler sozialpädiatrischer Einrichtungen. Diese sehr verschiedenartigen Einrichtungen und Fachdienste in teils privater, teils öffentlicher Trägerschaft weisen sowohl hinsichtlich ihrer Dichte und Ausstattung als auch hinsichtlich ihrer Organisation und Arbeitsweise örtlich und regional erhebliche Unterschiede auf. Stehen bei den sozialpädiatrischen Einrichtungen vorzugsweise breit gefächerte diagnostische und medizinisch-therapeutische Angebote für Fälle besonders schwieriger Problematik im Vordergrund, so leisten Frühförderstellen vor allem heilpädagogische, psychologische, pädagogische und soziale Hilfe für Eltern und Kinder. In ihnen und mit Teams mobiler Hausfrühförderung werden neben medizinischen auch nichtmedizinische Leistungen erbracht, insbesondere pädagogische Förderung und psychologische Hilfen, und zugleich die Erziehungs- und Förderungskompetenz der betroffenen Familien gestärkt.

35 Zur Früherkennung und Frühförderung behinderter und von Behinderung bedrohter Kinder werden die notwendigen medizinischen und heilpädagogischen Leistungen von den zuständigen Rehabilitationsträgern, in der Regel den Krankenkassen und den örtlichen Sozialhilfeträgern, gemeinsam als einheitliche Komplexleistungen erbracht (§§ 30 und 56 SGB IX in Verbindung mit der Frühförderungsverordnung). Sie umfassen therapeutische, psychologische, heilpädagogische, sonderpädagogische sowie psychosoziale Leistungen und die Beratung der Erziehungsberechtigten, in der Regel durch interdisziplinäre Frühförderstellen oder sozialpädiatrische Zentren. Die 2003 in Kraft getretene Verordnung enthält die erforderlichen Bestimmungen zur Abgrenzung der Leistungen und zur Kostenteilung zwischen den Rehabilitationsträgern. Da die Umsetzung vor Ort weiterhin nicht überall zufrieden stellend ist, haben das Bundesministerium für Arbeit und Soziales und das Bundesgesundheitsministerium im Sommer 2009 ein gemeinsames klarstellendes Rundschreiben verfasst. Die Auswirkungen auf die Praxis werden derzeit geprüft.

36 Zu den Aufgaben der gesetzlichen Krankenversicherung gehört nach § 20 SGB V auch, bei der Verhütung arbeitsbedingter Gesundheitsgefahren mit der gesetzlichen Unfallversicherung zusammenzuarbeiten. Versicherte der gesetzlichen Krankenversicherung haben außerdem ab dem 35. Lebensjahr Anspruch auf eine regelmäßige Gesundheitsuntersuchung zur Früherkennung von Krankheiten, insbesondere von Herz-, Kreislauf- und Nierenerkrankungen sowie der Zuckerkrankheit; hinzu kommen jährliche Krebsvorsorgeuntersuchungen für Frauen ab dem 20. Lebensjahr und Männer ab dem 45. Lebensjahr (§ 25 SGB V).

37 Nach § 23 SGB V haben Versicherte der gesetzlichen Krankenversicherung Anspruch auf medizinische Vorsorgeleistungen, wenn diese notwendig sind, um

– eine Schwächung der Gesundheit, die in absehbarer Zeit voraussichtlich zu einer Krankheit führen würde, zu beseitigen,

- einer Gefährdung der gesundheitlichen Entwicklung eines Kindes entgegenzuwirken,
- Krankheiten zu verhüten oder deren Verschlimmerung zu vermeiden oder
- Pflegebedürftigkeit zu vermeiden.

Bei Bedarf werden diese Leistungen in Form einer ambulanten Vorsorgekur erbracht.

38 Bedeutsam für die Prävention sind ferner die Regelungen über die Verhütung von Arbeitsunfällen und Berufskrankheiten (§§ 14 ff. SGB VII sowie die Unfallverhütungsvorschriften der Unfallversicherung) und zahlreiche Bestimmungen im Bereich des gesetzlichen und tariflichen Arbeitsschutzes, wobei die steigende Zahl der gesundheitsschädlichen Arbeitsstoffe zu immer neuen Aktivitäten zwingt. Ansätze betrieblicher Prävention enthält auch § 84 SGB IX. Nach Absatz 1 hat der Arbeitgeber bei Schwierigkeiten im Beschäftigungsverhältnis, die zur Gefährdung dieses Verhältnisses führen können, möglichst frühzeitig die Schwerbehindertenvertretung, die Mitarbeitervertretungen sowie das Integrationsamt einzuschalten, um mit ihnen alle Möglichkeiten und Hilfen zu erörtern, mit denen die Schwierigkeiten beseitigt werden können und das Beschäftigungsverhältnis möglichst dauerhaft fortgesetzt werden kann.

§ 84 Abs. 2 SGB IX verpflichtet alle Arbeitgeber zu betrieblichem Eingliederungsmanagement, d. h. zu gezielter Hilfestellung und Unterstützungsangeboten für erkrankte Beschäftigte. Mit gezielter frühzeitiger Intervention werden die Ziele von Prävention und Rehabilitation zum Erhalt der Beschäftigungsfähigkeit statt Entlassung oder Rente verfolgt. Sind Beschäftigte innerhalb eines Jahres länger als 6 Wochen ununterbrochen oder wiederholt arbeitsunfähig krank, klärt der Arbeitgeber unter Einschaltung der Mitarbeiter- und gegebenenfalls auch Schwerbehindertenvertretung mit Zustimmung und Beteiligung betroffener Personen, welche Möglichkeiten zur Überwindung der Arbeitsunfähigkeit und welche zielführenden Leistungen oder Hilfen unter Einschaltung auch externer Stellen in Betracht kommen. Arbeitgeber, die betriebliches Eingliederungsmanagement einführen, können von Rehabilitationsträgern und Integrationsämtern durch Prämien und Boni gefördert werden. Zwar ist die Unterlassung eines Angebotes des Arbeitgebers auf betriebliches Eingliederungsmanagement nicht sanktionsbewährt, Arbeitgebern, die sich dieser Verpflichtung entziehen, wird eine krankheitsbedingte Kündigung gegen den Willen der betroffenen Beschäftigten jedoch wesentlich erschwert.

Leistungen zur medizinischen Rehabilitation

39 Nach § 26 SGB IX werden die erforderlichen Leistungen zur medizinischen Rehabilitation erbracht, um eine Behinderung abzuwenden, zu beseitigen, zu mindern, auszugleichen, eine Verschlimmerung zu verhüten oder Einschränkungen der Erwerbsfähigkeit und Pflegebedürftigkeit zu vermeiden, zu überwinden, zu mindern, eine Verschlimmerung zu verhüten sowie den vorzeitigen Bezug von Sozialleistungen zu vermeiden oder laufende Sozialleistungen zu mindern. Sie umfassen – neben Leistungen zur Früherkennung und Frühförderung behinderter und von Behinderung bedrohter Kinder – insbesondere

- Behandlung durch Ärzte, Zahnärzte und Angehörige anderer Heilberufe, soweit deren Leistungen unter ärztlicher Aufsicht oder auf ärztliche Anordnung ausgeführt werden, einschließlich der Anleitung, eigene Heilungskräfte zu entwickeln,
- Arznei- und Verbandmittel,
- Heilmittel einschließlich physikalischer, Sprach- und Beschäftigungstherapie,
- Psychotherapie als ärztliche und psychotherapeutische Behandlung,
- Hilfsmittel sowie
- Belastungserprobung und Arbeitstherapie.

40 Von diesen Leistungen sind nur wenige rehabilitationsspezifisch; da Prävention, Akutbehandlung und medizinische Rehabilitation sowohl in ihren Zielsetzungen als auch in den konkreten ärztlichen oder ärztlich verordneten Maßnahmen ineinander übergehen, sind die meisten Leistungen weitgehend deckungsgleich mit den Leistungen zur Behandlung einer Krankheit z. B. in der Krankenversicherung. Einerseits zielen sowohl Präventions- wie Teilhabeleistungen darauf ab, spätere Akutbehandlungen entbehrlich zu machen; andererseits muss jede Akutbehandlung so ausgestaltet werden, dass nach ihrem Abschluss keine oder nur eine möglichst geringfügige Behinderung zurückbleibt, und sollte, wo eine Funktionsbeeinträchtigung bleibt, auf das Leben mit dieser Beeinträchtigung und ihren Auswirkungen vorbereiten, bspw. durch Training mit Hilfsmitteln. Daher stellt § 11 SGB V für die gesetzliche Krankenversicherung klar, dass Leistungen zur medizinischen

Rehabilitation auch mit der Zielsetzung zu erbringen sind, Behinderung oder Pflegebedürftigkeit abzuwenden, zu beseitigen, zu mindern, auszugleichen, ihre Verschlimmerung zu verhüten oder ihre Folgen zu mildern; auch eine Akutbehandlung hat sich nach § 27 SGB IX stets an den Zielen der Rehabilitation zu orientieren, wie sie in §§ 26 und 10 SGB IX festgelegt sind.

41 Besonderes Gewicht hat im Rahmen der Leistungen zur medizinischen Rehabilitation die Versorgung mit Hilfsmitteln nach § 31 SGB IX. Danach besteht Anspruch auf die im Einzelfall erforderlichen Hilfsmittel, wenn diese von den Leistungsempfängern getragen oder mitgeführt oder bei einem Wohnungswechsel mitgenommen werden können, z. B. ein Rollstuhl mit bestimmter Ausstattung. Der Anspruch umfasst auch die notwendige Änderung, Instandhaltung, Ersatzbeschaffung sowie die Ausbildung im Gebrauch der Hilfsmittel. Die spezielle Beratung durch den Medizinischen Dienst der gesetzlichen Krankenkassen in Zusammenarbeit mit den Orthopädischen Versorgungsstellen (§ 275 Abs. 3 SGB V) ist ebenfalls darauf gerichtet, die Hilfsmittelversorgung auf den individuellen Bedarf abzustimmen. Einzelheiten zur Hilfsmittelversorgung sind in Richtlinien der jeweiligen Spitzenverbände der Träger geregelt. Für den Bereich der Unfallversicherung ist auf die Verordnung über die orthopädische Versorgung Unfallverletzter hinzuweisen, für den Bereich der sozialen Entschädigung auf die Orthopädieverordnung.

42 Zu den Leistungen zur medizinischen Rehabilitation treten gemäß §§ 44 ff. SGB IX und ergänzenden Vorschriften in den einzelnen Leistungsgesetzen unterhaltssichernde und andere ergänzende Leistungen, insbesondere Geldleistungen zur Sicherung des Lebensunterhalts (Krankengeld, Übergangsgeld, Verletztengeld und Versorgungskrankengeld), Haushaltshilfe (§ 54 SGB IX) sowie Reisekosten (§ 53 SGB IX). Zu den Reisekosten zählen insbesondere die erforderlichen Fahr-, Verpflegungs- und Übernachtungskosten.

43 Die Rehabilitationsträger, die medizinische Leistungen erbringen, sind umfassend von der Akutbehandlung bis zur medizinischen Rehabilitation zuständig. Die Rentenversicherung erbringt (neben Renten) Leistungen zur medizinischen Rehabilitation und zur Teilhabe nach pflichtgemäßem Ermessen, während auf die Leistungen der anderen Träger durchweg Rechtsansprüche bestehen.

44 In der gesetzlichen Krankenversicherung
– sind behinderte Kinder zeitlich unbegrenzt (mit-) versichert, wenn ein Elternteil versichert ist und das Kind außerstande ist, sich selbst zu unterhalten, und
– haben schwerbehinderte Menschen unter bestimmten Voraussetzungen ein eigenständiges Beitrittsrecht (§ 9 Abs. 1 Nr. 4 SGB V).

45 Wirkungsvolle Leistungen zur medizinischen Rehabilitation setzen ein ausreichendes Angebot an geeigneten Einrichtungen voraus. Die Rehabilitationsträger haben Gemeinsame Empfehlungen zur Sicherung und Weiterentwicklung der Qualität der von den Einrichtungen erbrachten Rehabilitationsleistungen beschlossen (§ 20 Abs. 1 SGB IX). Um die Qualität der Leistungen zur medizinischen Rehabilitation weiter zu verbessern, werden stationäre Rehabilitationseinrichtungen zukünftig verpflichtet, sich einer unabhängigen Zertifizierung zu unterziehen, mit der die erfolgreiche Umsetzung des von ihnen durchgeführten Qualitätsmanagementverfahrens in regelmäßigen Abständen nachgewiesen wird. Die von den Rehabilitationsträgern hierzu abgeschlossene Vereinbarung ist am 1. Oktober 2009 in Kraft getreten. Nach Ablauf einer Übergangsfrist von drei Jahren dürfen die Rehabilitationsträger Verträge nur noch mit zertifizierten Rehabilitationseinrichtungen abschließen. Dies gilt für die Kranken-; die Renten- und die Unfallversicherung.

Für die Krankenversicherung legt § 107 Abs. 2 SGB V die Anforderungen, die für eine stationäre Rehabilitationseinrichtung maßgebend sind, fest. Auch die dort beschriebenen Einrichtungen haben sich ebenfalls zukünftig einer Zertifizierung zu unterziehen.

46 Ambulante Leistungen sind stationären grundsätzlich vorzuziehen, wenn die erforderliche Hilfe auch auf diese Weise mit der gleichen Wirksamkeit erbracht werden kann. Die Betroffenen sind auch während der ambulanten Rehabilitation finanziell und sozialversicherungsrechtlich abgesichert. Arbeitnehmer haben gegenüber dem Arbeitgeber regelmäßig einen Anspruch auf Entgeltfortzahlung, wenn sie infolge einer Leistung zur medizinischen Rehabilitation an ihrer Arbeit verhindert sind, und zwar unabhängig davon, ob die Leistung stationär oder ambulant erbracht wird. Daran anschließen kann sich – je nach zuständigem Leistungsträger – ein Anspruch auf Krankengeld, Versorgungskrankengeld, Verletztengeld oder Übergangsgeld; dies führt dann auch zur Sozialversicherungspflicht mit Beitragszahlung durch die Rehabilitationsträger.

47 Der Grundsatz „ambulant vor stationär" gilt dagegen nach § 41 SGB V nicht für Rehabilitationsleistungen, die für Mütter in Einrichtungen des Müttergenesungswerks oder einer gleichartigen Einrichtung erbracht werden. Denn eine stationäre Unterbringung von Müttern mit behinderten Kindern bedeutet für diese eine erhebliche Entlastung.

48 Die stufenweise Wiedereingliederung ins Arbeitsleben nach § 28 SGB IX, § 74 SGB V kommt vor allem Langzeitkranken und Rehabilitanden zugute, die trotz bestehender Arbeitsunfähigkeit nach ärztlicher Feststellung ihre bisherige Tätigkeit teilweise verrichten können. Dabei beginnt die wöchentliche Arbeitszeit - je nach Krankheitsbild und therapeutischer Notwendigkeit - mit zunächst wenigen Stunden und mündet dann allmählich in die betriebsübliche Arbeitszeit ein; diese Anpassungsphase kann bis zu einigen Monaten betragen. Die stufenweise Wideraufnahme der Tätigkeit ist nicht darauf gerichtet, schon vor dem Ende der Arbeitsunfähigkeit Arbeitskraft abzufordern, und darf schon gar nicht den Genesungsprozess stören, sondern hat sich ausschließlich an rehabilitativen Zielsetzungen zu orientieren.

49 Auch bei chronischen Erkrankungen ist es oft ausreichend und zweckmäßig, anstelle einer stationären Behandlung und Rehabilitation wohnortnah die notwendigen Leistungen durchzuführen. Vorteile dabei sind z. B., Arbeitsunfähigkeit zu vermeiden und das soziale Umfeld einzubeziehen, sowie die gegenüber einer stationären Versorgung in der Regel geringeren Kosten. Die Möglichkeiten zur Rehabilitation sind jedoch im Rahmen der ambulanten Versorgung bei weitem noch nicht ausgeschöpft und müssen daher mit Nachdruck von der bisher vorherrschenden „Intervalltherapie" zu einer kontinuierlichen Langzeitrehabilitation fortentwickelt werden. Der von der Bundesarbeitsgemeinschaft für Rehabilitation zusammen mit den Trägergruppen erarbeitete „Wegweiser für Ärzte und andere Fachkräfte der Rehabilitation" trägt dazu bei, die notwendigen Kenntnisse über gegebene Rehabilitationsmöglichkeiten zu verbessern.

50 Immer wichtiger für die Leistungen zur medizinischen Rehabilitation ist die Arbeit von (z. T. ehrenamtlichen) Betreuungsdiensten, Organisationen behinderter Menschen und Selbsthilfegruppen, die mit den Rehabilitationsträgern eng zusammenarbeiten und – bspw. bei der Bewältigung chronisch-degenerativer Erkrankungen – wichtige Ergänzungen zum professionellen System der Gesundheitssicherung leisten (§ 20 Abs. 4 SGB V, § 29 SGB IX).

Grundsatz „Rehabilitation vor Pflege"

51 Zur Vermeidung von Pflegebedürftigkeit bei älteren Menschen ist meist eine qualifizierte geriatrisch-rehabilitative Behandlung notwendig. Durch intensive therapeutische Maßnahmen (auch Krankengymnastik, Bewegungs-, Sprach- und Beschäftigungstherapie) gelingt es häufig, alte Menschen vor chronischem Siechtum zu bewahren und so weit zu rehabilitieren, dass sie entweder wieder mit ihren Angehörigen oder bei weitgehender Selbständigkeit in einem Seniorenheim leben können oder sogar in den Stand versetzt werden, ihren eigenen Haushalt zu führen und damit ganz oder teilweise unabhängig von Fremdleistungen zu werden. Auch dabei gilt die Regel: ambulant geht vor stationär. Vorläufige Leistungen zur medizinischen Rehabilitation, um einer (drohenden) Pflegebedürftigkeit entgegen zu wirken, sind von den Pflegekassen zu erbringen. Befindet sich ein Antragsteller für Leistungen zur Pflegeversicherung im Krankenhaus oder in einer stationären Rehabilitationseinrichtung und liegen Hinweise vor, dass zur Sicherung der ambulanten oder stationären Weiterversorgung eine Begutachtung durch den medizinischen Dienst der Krankenversicherung erforderlich ist, so ist diese spätestens innerhalb einer Woche durchzuführen.

52 Zur Realisierung des Grundsatzes „Leistungen zur Teilhabe vor Pflege", der in § 8 Abs. 3 SGB IX sowie in §§ 11, 23 SGB V und § 5 SGB XI gesetzlich verankert ist, wurde – neben einer stärker rehabilitationsorientierten Gestaltung der allgemeinen ambulanten und stationären medizinischen Versorgung und der stationären Altenhilfe – ein dreigliedriges System rehabilitativer Einrichtungen aufgebaut:

– geriatrische Ambulanzen der Krankenhäuser und Sozialstationen mit mobilen – insbesondere krankengymnastischen und ergotherapeutischen – Diensten, auch zur intensiven rehabilitativen Weiterbehandlung im Anschluss an einen Aufenthalt in einer stationären Einrichtung,

– für Patienten, für die eine ambulante rehabilitative Betreuung nicht ausreicht, andererseits eine stationäre Durchführung nicht oder nicht mehr erforder-

lich ist, Tageskliniken als teilstationäre Einrichtungen,
– für eine adäquate stationäre Versorgung von Alters- und Langzeitkranken-Einrichtungen, die u. a. Hautpflege, Blasentraining, Krankengymnastik, Ergotherapie mit Selbsthilfetrainingsprogrammen, psychologische Betreuung und Sprachtherapie anbieten.

53 Die Bereitschaft der Ärzte, das Teilhabepotenzial bei alten Patienten weitgehend zu nutzen, setzt vor allem ein Wissen um das Vorhandensein eines solchen Potenzials voraus und die Überzeugung, dass auch ein alter Mensch Anspruch hat, ein menschenwürdiges Dasein so weitgehend wie möglich unabhängig von fremder Hilfe zu führen. Selbst wenn in schweren Fällen Pflegebedürftige nur wieder dazu befähigt werden können, selbständig zu schlucken und zu essen, statt über eine Sonde ernährt zu werden oder selbständig die Toilette zu benutzen, ist damit ein wichtiges Rehabilitationsziel erreicht.

Rehabilitationssport und Versehrtenleibesübungen

54 Der Rehabilitationssport, der auf ärztliche Verordnung als ergänzende Leistung erbracht wird, wurde früher vorwiegend unter dem Gesichtspunkt der verbesserten Leistungsfähigkeit und Belastbarkeit des behinderten Menschen gesehen; heute dient er darüber hinaus als Beitrag zur sozialen und psychischen Stabilisierung sowie zur Teilhabe am Leben in der Gesellschaft insgesamt. Im Rahmen des Rehabilitationssports können behinderte Frauen und Mädchen auch an Übungen zur Stärkung des Selbstbewusstseins teilnehmen (§ 44 Abs. 1 Nr. 3 SGB IX). In einer Rahmenvereinbarung haben die Leistungsträger der Kranken-, der Renten- und der Unfallversicherung sowie der sozialen Entschädigung zusammen mit dem Deutschen Behindertensportverband, der Deutschen Gesellschaft für Prävention und Rehabilitation von Herz-Kreislauferkrankungen, der Deutschen Rheumaliga und unter Beteiligung der Interessenvertretung behinderter Frauen „Weibernetz" und der Kassenärztlichen Bundesvereinigung Richtlinien über die Durchführung des Rehabilitationssports und des Funktionstrainings aufgestellt.

55 Nach dem Bundesversorgungsgesetz haben Beschädigte Anspruch auf Teilnahme an Versehrtenleibesübungen zur Wiedergewinnung und Erhaltung der körperlichen Leistungsfähigkeit; entsprechendes gilt für diejenigen, die nach Gesetzen versorgt werden, die das Bundesversorgungsgesetz für anwendbar erklären. Versehrtenleibesübungen werden – wie der Rehabilitationssport – in Übungsgruppen unter ärztlicher Betreuung und fachkundiger Leitung im Rahmen regelmäßiger örtlicher Übungsveranstaltungen geeigneter Sportgemeinschaften durchgeführt. Rehabilitationssport gehört auch zu den Leistungen der Eingliederungshilfe für behinderte Menschen im Rahmen der Sozialhilfe.

Bildung für behinderte Menschen

56 Für Kinder, Jugendliche und Erwachsene mit Behinderungen hat Bildung eine besondere Bedeutung; einerseits gibt sie ihnen – wie nichtbehinderten Menschen – die Möglichkeit zur Entwicklung einer eigenverantwortlichen Persönlichkeit, andererseits sind die Berufs- und Lebenschancen behinderter Menschen von der Qualität der Ausbildung in noch höherem Maße abhängig als die nichtbehinderter Menschen.

57 Es ist vorrangig Aufgabe des Bildungswesens, die Lern- und Bildungsfähigkeit des einzelnen Menschen unter Berücksichtigung seiner speziellen Behinderung so gut wie möglich zu fördern, soweit nötig mit behinderungsspezifischen Hilfen. Außerdem müssen die Betroffenen lernen, in einer durchweg nicht auf ihre Behinderung zugeschnittenen Welt zurechtzukommen, ihre Behinderung zu akzeptieren und mit ihr zu leben. Über die Vermittlung von Bildungsqualifikationen hinaus hat damit das Bildungswesen lebenspraktische individuelle und sozial-integrative Hilfen zu geben, und zwar sowohl in der vorschulischen Erziehung, im Schulwesen, in der beruflichen Bildung und im Hochschulbereich als auch in der Weiterbildung. Um der Gefahr unnötiger Schonräume und isolierender Sonderbedingungen entgegenzuwirken, gilt das Prinzip „so viel besondere Förderung wie nötig, so viel gemeinsames Lernen mit nicht behinderten Menschen wie möglich". Auch das Übereinkommen der Vereinten Nationen über die Rechte von Menschen mit Behinderungen sieht in Artikel 24 das gemeinsame Lernen als Regelfall vor. Einen individuellen Rechtsanspruch für behinderte Kinder und deren Eltern enthält das Übereinkommen jedoch nicht.

58 In den ersten Lebensjahren eines Kindes werden grundlegende Dispositionen, etwa in Bezug auf Sprache, Sozialverhalten und den Zugang zur Welt, gelegt. Gerade für Kinder mit Behinderung ist es besonders wichtig, die Entwicklungschancen dieser frühen Lebensphase bis zur Einschulung in einer Kindertageseinrichtung bestmöglich zu nutzen. Behinderte Kinder sollen soweit möglich gemeinsam mit nichtbehinderten Kindern in Kindertageseinrichtungen gefördert werden (§ 22a Abs. 4 SGB VIII).

Viele Kindergärten bieten für die gemeinsame Erziehung behinderter und nichtbehinderter Kinder eine günstige Ausgangslage, da dort flexible Formen der individuellen Förderung praktiziert und soziales Miteinander eingeübt werden können, während - anders als in der Schule - das Problem der Leistungsnormierung keine Rolle spielt. Mit dem Ziel gemeinsamer Erziehung von Kindern mit und ohne Behinderung im Vorschulalter haben sich als Organisationsformen entwickelt:

– Einzelintegration behinderter Kinder in Nachbarschaftskindergärten,
– integrative Gruppen in Regelkindergärten (neben Regelgruppen),
– integrative Gruppen in Sonderkindergärten (neben Sondergruppen),
– integrative Kindergärten mit durchgängigem Prinzip gemeinsamer Erziehung in allen Gruppen,
– Sonder- und Regelkindergarten als getrennte Organisationsformen, auch mit getrennter Trägerschaft „unter einem Dach" (additive Form).

59 Die schulische Bildung ist in den Schulgesetzen der Bundesländer, dazu ergangenen Durchführungsverordnungen sowie Erlassen (in Einzelheiten unterschiedlich) geregelt. Gemeinsam ist den schulgesetzlichen Regelungen in allen Ländern, dass die allgemeine Schulpflicht auch für junge Menschen mit (auch schwersten) Behinderungen gilt. Behinderte Kinder und Jugendliche sollen schulisch möglichst so gefördert werden, dass sie die Bildungsziele der allgemeinen Schulen erreichen können. Darüber hinaus wird angestrebt, möglichst viele behinderte Kinder und Jugendliche in allgemeinen Schulen zu fördern und dort, falls erforderlich, zusätzliche sonderpädagogische Hilfen und sonstige angemessene Betreuung zur Verfügung zu stellen. Ein Rechtsanspruch hierauf besteht allerdings bisher nicht.

60 Sofern behinderte Kinder und Jugendliche in anderen Schulformen nicht oder nicht hinreichend gefördert werden können, sind sie in Förderschulen zu den schulischen Zielen zu führen, die für sie erreichbar sind; auch dort wird, soweit die Fähigkeiten des behinderten Kindes ausreichen, die Vermittlung von allgemeinen Abschlüssen angestrebt. In jedem Land gibt es für die verschiedenen Arten von Behinderungen auch unterschiedliche Förderschulen.

61 In Deutschland gibt es ein differenziertes und gut ausgebautes Förderschulwesen. Es gibt Förderschulen mit den Förderschwerpunkten:

– Lernen,
– Sehen,
– Hören,
– Sprache,
– Körperliche und motorische Entwicklung,
– Geistige Entwicklung,
– Emotionale und soziale Entwicklung und
– Kranke.

Im Schuljahr 2009/2010 wurden in Deutschland gut 485.500 Schülerinnen und Schüler mit sonderpädagogischem Förderbedarf in allgemeinen Schulen und Förderschulen unterrichtet. Den größten Verbreitungsgrad haben Schulen mit dem Förderschwerpunkt „Lernen", die 2009/2010 von rd. 207.000 Schülerinnen und Schülern besucht wurden. Für den Unterricht in den einzelnen Förderschultypen hat die Ständige Konferenz der Kultusminister der Länder im Laufe der Jahre eine Reihe von Empfehlungen erarbeitet.

62 Die Förderschulen sind gesetzlich verpflichtet, bis zum Ende eines jeden Schuljahres zu überprüfen, ob der Besuch der Förderschule in Zukunft noch erforderlich ist. Sie sollen in enger Zusammenarbeit mit anderen Schulen nach Möglichkeit auf eine Teilhabe ihrer Schüler am Unterricht nicht behinderter Schüler hinwirken oder nach anderen Formen der Kooperation mit Regeleinrichtungen suchen.

63 Schon bisher wurde im Schulbereich ein Ausbau der integrativen Förderung angestrebt, um die Betreuung behinderter und von Behinderung bedrohter Kinder und Jugendlicher in Gemeinschaft mit nichtbehinderten Kindern und Jugendlichen über den Kindergarten hinaus fortsetzen zu können. Viele behinderte Kinder können sehr gut in allgemeinen Schulen gefördert werden, wenn sie dort zusätzliche sonderpädagogische Hilfe durch ausgebildete Fachkräfte erhalten, eine angemessene zusätzliche Betreuung sowie eine behinderungsgerechte Ausstattung gewährleistet sind; in vielen Bundesländern wurden bereits entsprechende Modelle erfolgreich erprobt.

64 Die landesrechtlichen Regelungen enthalten Bestimmungen über die – häufig verlängerte – Dauer der Schulpflicht bei den einzelnen Behinderungsarten, über besondere Formen des schulisch durchgeführten ersten Jahres der Berufsausbildung (Berufsbildungsjahr in Sonderformen) sowie über Erfüllung der Berufsschulpflicht. So wird die Berufsschulpflicht von geistig behinderten Jugendlichen in der Werkstufe der Förderschule erfüllt; diese Stufe bereitet auf den - sich in der Regel anschließenden - Übergang in die Werkstatt für behinderte Menschen vor. Allgemein haben die Förderschulen die Aufgabe, in den Abschlussklassen besonders auf die Berufswahl vorzubereiten; hierbei arbeiten sie eng mit den Berufsberatern der Agenturen für Arbeit zusammen.

65 Soweit die zum Besuch der allgemeinen Schule erforderliche, behinderungsspezifische Hilfe nicht von der Schule bereitgestellt werden kann, tritt die Sozialhilfe im Rahmen der Eingliederungshilfe für behinderte Menschen ohne Rücksicht auf Einkommen und Vermögen der Eltern ein (§ 54 Abs. 1 Nr. 1, § 92 Abs. 2 Satz 1 Nr. 2 SGB XII).

66 Die von der Sozialhilfe im Rahmen der Eingliederungshilfe für behinderte Menschen zu leistende Hilfe zu einer angemessenen Schulbildung und zur Ausbildung für einen angemessenen Beruf reicht über die Hilfe zum Besuch einer weiterführenden Schule bis zur Ausbildung an einer Hochschule (§ 54 SGB XII, §§ 12, 13 der Eingliederungshilfe-Verordnung). Die Sozialhilfe übernimmt auch zusätzliche therapeutische Leistungen während der Schulbildung, sofern sie nicht von vorrangig verpflichteten Trägern, z. B. den Krankenkassen, getragen werden, sowie für behinderte junge Menschen, die auch in der Förderschule nicht gefördert werden können, die Ausbildung in lebenspraktischen Fertigkeiten und zur Bewältigung des Alltags.

67 Eine besondere Förderung behinderter Menschen ist oft auch im Hochschulbereich erforderlich. Niemand darf auf Grund seiner Behinderung oder chronischen Krankheit vom Studium an der Hochschule seiner Wahl ausgeschlossen werden. § 2 Abs. 5 des Hochschulrahmengesetzes macht es daher den Hochschulen zur Pflicht, die besonderen Bedürfnisse behinderter Studenten zu berücksichtigen. Die Hochschulen haben dafür Sorge zu tragen, dass behinderte Studierende in ihrem Studium nicht benachteiligt werden und die Angebote der Hochschule möglichst ohne fremde Hilfe in Anspruch nehmen können. Dazu haben die Hochschulen viel in barrierefreie Strukturen investiert.

Zur Verbesserung der Studienmöglichkeiten wurde vom Deutschen Studentenwerk eine zentrale Beratungsstelle für behinderte Studienbewerber und Studenten aufgebaut, die Studienmöglichkeiten für behinderte Menschen bundesweit dokumentiert und darüber Information und Beratung gibt.

68 Hinzuweisen ist noch darauf, dass ein Fernstudium ein erhöhtes Maß an Selbstbestimmung im Hinblick auf Lernort, Lernziel und Lerngeschwindigkeit und damit besonders für behinderte Studenten erhebliche Vorteile bietet. Andererseits kann ein Fernstudium selbstverständlich nicht in gleicher Weise zur Persönlichkeitsbildung und zur sozialen Integration behinderter Menschen beitragen wie ein Studium unter den üblichen Bedingungen.

69 Behinderte und nicht behinderte Studenten haben in gleicher Weise Zugang zur Studienförderung nach dem Bundesausbildungsförderungsgesetz. Zum Ausgleich behinderungsbedingter Probleme enthält das Gesetz bestimmte Sonderregelungen. So erhalten behinderte Studierende für den Zeitraum, um den sich das Studium behinderungsbedingt verlängert, über die Förderungshöchstdauer hinaus Förderungsleistungen. Die wegen einer Behinderung über die Förderungshöchstdauer hinaus geleistete Ausbildungsförderung wird in voller Höhe als Zuschuss und nicht - wie normalerweise - zur Hälfte als Darlehen geleistet. Bei der Anrechnung des Einkommens der Eltern oder des Ehegatten auf den Bedarf können auf Antrag Aufwendungen für behinderte Personen über die pauschal festgesetzten Freibeträge hinaus berücksichtigt werden, um unbillige Härten zu vermeiden.

70 Bildungsbedarf besteht in der Regel für behinderte wie für nicht behinderte Menschen ein Leben lang. Um behinderte Menschen in die Weiterbildung einzubeziehen, werden Konzepte zur Verbesserung der spezifischen Fortbildung für Dozenten in der Weiterbildung entwickelt und erprobt sowie die Modellentwicklung geeigneter Weiterbildungsangebote gefördert.

Berufsberatung

71 Für behinderte Menschen ist wichtig, dass sie Zugang zum Arbeitsleben möglichst nach den gleichen Grundsätzen und Kriterien sowie an den gleichen Lernorten haben wie nicht behinderte Menschen. Grundsätzlich stehen behinderten Menschen alle beruflichen Wege und Möglichkeiten offen, die auch von nicht behinderten Menschen gewählt werden

können. In der Berufsausbildung und -ausübung behinderter Menschen hat der Grundsatz der Integration daher seit jeher einen besonders hohen Stellenwert.

72 Der Wechsel von der Schule auf einen Ausbildungs- oder Arbeitsplatz ist Weichenstellung für die weitere Teilhabe und damit für behinderte Jugendliche ein besonders wichtiger Schritt. Die Berufswahl bedarf einer gründlichen und möglichst frühzeitigen Vorbereitung; Schule, Berufsberatung, Eltern und die Betroffenen selbst müssen dabei eng zusammenarbeiten. Vorbereitende Maßnahmen beginnen bereits in den letzten Klassen der Schule (allgemeine Schule oder Förderschule für die verschiedenen Behinderungsarten), indem spezielle Unterrichtsfächer (z. B. „Arbeitslehre", „Technik/Werken", „Wirtschaftskunde") Grundkenntnisse von der Arbeits- und Berufswelt vermitteln. Die Einzelheiten sind in den hierfür zuständigen Bundesländern unterschiedlich geregelt. Die Schulen nutzen das umfangreiche Schriftenmaterial, das von der Bundesagentur für Arbeit zur Verfügung gestellt wird.

73 Die Verpflichtung der Bundesagentur für Arbeit, bei der Berufsberatung u. a. mit den Schulen zusammenzuarbeiten, ist gesetzlich festgelegt (§§ 29 ff. SGB III). Einzelheiten regeln die „Rahmenvereinbarung über die Zusammenarbeit von Schule und Berufsberatung" der Kultusministerkonferenz und der Bundesagentur für Arbeit vom 15. Oktober 2004 sowie entsprechende Festlegungen in den einzelnen Ländern. Auf Bundes- und auf Landesebene finden regelmäßig Kontakte zwischen den Kultusbehörden und der Bundesagentur für Arbeit statt.

74 Die Bundesagentur für Arbeit hat eine qualifizierte Berufsberatung nach den Grundsätzen der §§ 29 ff. SGB III anzubieten. Im Einzelnen obliegen den bei allen Agenturen für Arbeit gemäß § 104 Abs. 4 SGB IX eingerichteten besonderen Berufsberatungsstellen für behinderte Menschen

– Erteilung von Rat und Auskunft in Fragen der Berufswahl einschließlich des Berufswechsels,
– Berufsaufklärung (Berufsorientierung),
– Unterrichtung über Förderung der beruflichen Bildung im Einzelfall sowie
– Vermittlung in berufliche Ausbildungsstellen.

Daneben informiert die Berufsberatung auch über finanzielle Leistungen zur Teilhabe behinderter Menschen am Arbeitsleben.

75 Die Inanspruchnahme der Berufsberatung bei den Agenturen für Arbeit ist freiwillig und kostenlos. Die Berufsberater für behinderte Menschen ziehen, falls erforderlich, zur Beurteilung von Eignung und Neigung der Jugendlichen und zur Prognose der möglichen beruflichen Förderung die ärztlichen und psychologischen Fachdienste der Agenturen für Arbeit hinzu. Für blinde Jugendliche hält die Bundesagentur für Arbeit ein besonderes Berufswahl-Informationspaket bereit. Berufsberatung und Vermittlung in Ausbildungsstellen kann auch von Dritten wahrgenommen werden, wenn dies im Interesse der Betroffenen liegt.

76 Wachsende Diskrepanz zwischen den persönlichen Voraussetzungen der Bewerber und den an sie gestellten beruflichen Anforderungen lässt die Probleme des Berufseintritts vielschichtiger und die Berufswahl schwieriger werden. Behinderungsbedingte Einschränkungen der Ausbildungs- und Berufsmöglichkeiten erfordern eine besonders systematische und zielgerichtete Berufswahlvorbereitung. Vor allem für lernbehinderte Jugendliche hat sich die in manchen Regionen bereits durchgehend eingeführte Praxis bewährt, dass (Förder-)Schule und Berufsberatung ihre Einschätzung über die Möglichkeiten der Teilhabe am Arbeitsleben und die hierzu nötigen Bildungsmaßnahmen in einem gemeinsamen Gutachten festhalten; dies gibt nicht nur den Betroffenen und ihren Familien Klarheit, sondern dokumentiert zugleich den regionalen Bedarf an Förderung.

77 In Zweifelsfällen hat es sich als sinnvoll erwiesen, Eignung und Neigung behinderter junger Menschen für einen bestimmten Berufsbereich vor einer endgültigen Entscheidung über Art und Umfang einer Bildungsmaßnahme nochmals zu überprüfen. In vielen Fällen ist auch erforderlich, behinderte Menschen durch eine gezielte Vorförderung auf die geplante Bildungsmaßnahme vorzubereiten. Im Einzelfall kommen neben den Bildungsmaßnahmen im engeren Sinn in Betracht:

– Leistungen der Berufsfindung und Arbeitserprobung,
– berufsvorbereitende Bildungsmaßnahmen zur Vorbereitung auf eine berufliche Ausbildung oder eine Arbeitnehmertätigkeit,
– blindentechnische und vergleichbare spezielle Grundausbildungen sowie
– Vorbereitungsmaßnahmen, an die sich eine berufliche Weiterbildung anschließt.

Leistungen zur Teilhabe am Arbeitsleben

78 Berufliche Bildung kann eine dauerhafte Teilhabe am Arbeitsleben nicht garantieren; sie ist dennoch unverzichtbar, da behinderte Menschen nur bei möglichst guter beruflicher Qualifizierung den Wettbewerb mit nicht behinderten Menschen im Arbeitsleben bestehen können. Vorrangige Aufgabe im Zusammenwirken von Bildungs- und Sozialpolitik ist es daher auch und gerade bei Problemen auf dem Arbeitsmarkt, durch umfassende Bildungsangebote für behinderte Menschen möglichst weitgehende Chancengleichheit mit nicht behinderten Menschen im Wettbewerb um einen dauerhaften Arbeitsplatz herzustellen.

79 Nach § 33 SGB IX sollen Leistungen zur Teilhabe am Arbeitsleben alle Leistungen umfassen, die erforderlich sind, um die Erwerbsfähigkeit behinderter oder von Behinderung bedrohter Menschen entsprechend ihrer Leistungsfähigkeit zu erhalten, zu verbessern, herzustellen oder wiederherzustellen und ihre Teilhabe am Arbeitsleben möglichst auf Dauer zu sichern. Bei der Auswahl der Leistungen zur Teilhabe am Arbeitsleben sind Eignung, Neigung und bisherige Tätigkeit der behinderten Menschen sowie die Lage und die Entwicklung auf dem Arbeitsmarkt angemessen zu berücksichtigen. Behinderten Frauen werden gleiche Chancen im Erwerbsleben gesichert.

80 Leistungen zur Teilhabe am Arbeitsleben sind neben den unter Rdnr. 71-77 genannten Leistungen insbesondere

– Hilfen zur Erhaltung oder Erlangung eines Arbeitsplatzes einschließlich Leistungen zur Beratung und Vermittlung, Trainingsmaßnahmen und Mobilitätshilfen;
– Berufsvorbereitung einschließlich einer wegen der Behinderung erforderlichen Grundausbildung;
– individuelle betriebliche Qualifizierung im Rahmen Unterstützter Beschäftigung;
– berufliche Anpassung und Weiterbildung, auch soweit die Leistungen einen zur Teilnahme erforderlichen schulischen Abschluss einschließen;
– berufliche Ausbildung, auch soweit die Leistungen in einem zeitlich nicht überwiegenden Abschnitt schulisch durchgeführt werden;
– Gründungszuschuss entsprechend § 57 SGB III durch die Rehabilitationsträger nach § 6 Abs. 1 Nr. 2 bis 5 SGB IX;
– sonstige Hilfen zur Förderung der Teilhabe am Arbeitsleben, um behinderten Menschen eine angemessene und geeignete Beschäftigung oder eine selbständige Tätigkeit zu ermöglichen und zu erhalten.

Auf die zur Teilhabe am Arbeitsleben im Einzelfall erforderlichen Leistungen besteht teilweise ein Rechtsanspruch; teilweise sind die Leistungen nach pflichtgemäßem Ermessen zu erbringen.

81 In zahlreichen Fällen genügen Leistungen wie z. B. arbeitsplatzbezogene technische Arbeitshilfen, Hilfen zur behinderungsgerechten Ausstattung oder zum Erwerb eines Kraftfahrzeugs - Einzelheiten legt die Kraftfahrzeughilfe-Verordnung fest -, Ausbildungszuschüsse und Eingliederungshilfen an Arbeitgeber, um das Ziel der Rehabilitation zu erreichen; den Kernbereich der Leistungen zur Teilhabe am Arbeitsleben bilden jedoch berufliche Bildungsmaßnahmen.

82 Vorrangiges Ziel der Berufsausbildung für behinderte Menschen ist die Ausbildung in einem anerkannten Ausbildungsberuf nach § 65 des Berufsbildungsgesetzes oder § 42l der Handwerksordnung. Sie soll möglichst in einem Betrieb oder einer Verwaltung zusammen mit nicht behinderten Menschen erfolgen; begleitend wird nach den Schulgesetzen der Länder die Berufsschule besucht (duale Ausbildung). Die betriebliche Ausbildung wird in zahlreichen Fällen durch Ausbildungszuschüsse an Arbeitgeber ermöglicht.

83 Soweit nötig, werden bei der Ausbildung für einen anerkannten Ausbildungsberuf die besonderen Verhältnisse behinderter Menschen berücksichtigt; die entsprechende Möglichkeit ist in § 65 Abs. 1 Berufsbildungsgesetz und § 42l Abs. 1 Handwerksordnung vorgesehen. Empfehlungen des Hauptausschusses beim Bundesinstitut für Berufsbildung enthalten Hinweise, wie die besonderen Belange behinderter Menschen bei Zwischen-, Abschluss- und Gesellenprüfungen berücksichtigt werden können. So kann bspw. auf einzelne Ausbildungsabschnitte verzichtet werden, wenn diese für die spätere Berufstätigkeit von nachrangiger Bedeutung sind. Wenn aufgrund der Behinderung die Prüfungsanforderungen qualitativ verändert werden müssen, wird dies im Zeugnis vermerkt.

84 Für Jugendliche, für die wegen Art oder Schwere ihrer Behinderung eine Ausbildung in anerkannten

Ausbildungsberufen nicht in Betracht kommt (trotz zusätzlicher Förderung und der Möglichkeit, von den Ausbildungsordnungen abzuweichen), verpflichten § 66 Berufsbildungsgesetz und § 42m Handwerksordnung die zuständigen regionalen Stellen, Ausbildungsregelungen außerhalb anerkannter Ausbildungsberufe zu schaffen, die die besonderen Verhältnisse behinderter Menschen berücksichtigen. Die Sonderausbildungsgänge sollen zu einer Abschlussqualifikation führen, die eine auf dem Arbeitsmarkt verwertbare eigenständige Berufstätigkeit ermöglicht und die Durchlässigkeit zu anerkannten Ausbildungsberufen gewährleistet. Ein großer Teil der Sonderausbildungen entfällt auf Metallberufe, danach folgen Berufe der Hauswirtschaft sowie Bau- und Baunebenberufe.

85 Die genannten Grundsätze zur beruflichen Ausbildung behinderter Menschen gelten auch bei der behinderungsbedingt gebotenen beruflichen Weiterbildung Erwachsener; allerdings können Erwachsene auch in andere Berufe als die anerkannten Ausbildungsberufe umgeschult werden. § 37 SGB IX regelt zur Dauer von Leistungen zur beruflichen Weiterbildung, dass diese in der Regel nicht länger als zwei Jahre betragen soll.

86 Soweit die Voraussetzungen dafür gegeben sind, sollen behinderte wie nichtbehinderte Menschen in Betrieben und Verwaltungen ausgebildet werden; entsprechendes gilt für Weiterbildung behinderter oder von Behinderung bedrohter Erwachsener. Derartige Ausbildungen bieten nach vorliegenden Erfahrungen besonders gute Chancen einer dauerhaften Teilhabe am Arbeitsleben, da sich die Auszubildenden dort schon während ihrer Ausbildung an die Situation und die üblichen Anforderungen des beruflichen Alltags gewöhnen können und meist unmittelbar in ein Beschäftigungsverhältnis übernommen werden. Wenn Betrieb und Berufsschule bereit und in der Lage sind, die Ausbildung unter angemessener Berücksichtigung der Behinderung durchzuführen, wird deshalb auch für behinderte Menschen vorrangig eine solche Ausbildung angestrebt.

Ende Dezember 2010 befanden sich 114.421 von der Bundesagentur für Arbeit im Rahmen der Leistungen zur Teilhabe am Arbeitsleben geförderte behinderte Menschen in einer berufsvorbereitenden oder berufsfördernden Bildungsmaßnahme. Davon absolvierten 48.410 eine Berufsausbildung, 14.595 eine berufliche Weiterbildung, 16.793 nahmen an berufsvorbereitenden Bildungsmaßnahmen und 26.841 an Leistungen in Eingangsverfahren und Berufsbildungsbereich einer Werkstatt für behinderte Menschen teil (Daten Stand: Februar 2011).

87 Wenn bei betrieblich durchgeführten Bildungsmaßnahmen wegen Art oder Schwere der Behinderung oder zur Sicherung des Erfolges der Teilhabe eine Unterbringung außerhalb des eigenen oder des elterlichen Haushalts erforderlich ist, werden Kosten für Unterkunft und Verpflegung übernommen (§ 33 Abs. 7 Nr. 1 SGB IX).

88 Sofern es Art und Schwere der Behinderung oder die Sicherung des Erfolges der Teilhabe erfordern, werden die beruflichen Bildungsmaßnahmen in besonderen Einrichtungen der beruflichen Rehabilitation durchgeführt (§ 35 SGB IX). Diese Einrichtungen zur Erstausbildung behinderter junger Menschen (52 Berufsbildungswerke mit rd. 15.000 Plätzen) sowie zur Weiterbildung behinderter Erwachsener (28 Berufsförderungswerke mit rd. 13.000 Plätzen) sind mit den notwendigen (medizinischen, psychologischen, pädagogischen und sozialen) Fachdiensten ausgestattet. Bei diesen außerbetrieblichen Maßnahmen übernimmt der zuständige Rehabilitationsträger die vollen Kosten der Leistung einschließlich der Kosten für Unterkunft und Verpflegung. Die Bildungsangebote sollen unter Berücksichtigung der Neigungen und Fähigkeiten der Rehabilitanden auf die sich fortentwickelnden Anforderungen des Arbeitsmarktes abstellen und sich der technologischen Entwicklung anpassen. Dass die Arbeit der Berufsförderungs- und der Berufsbildungswerke erfolgreich ist, zeigen z. B. die guten Vermittlungsergebnisse der Absolventen dieser Einrichtungen: sie liegen bei Nachbefragungen der Absolventen ein Jahr nach Beendigung der Leistungen bei rd. 70 Prozent (mit starker Streuung zwischen Regionen und Berufen). Die Erfolge bei der Teilhabe am Arbeitsleben sind nicht zuletzt darauf zurückzuführen, dass die Teilnehmer der Leistungen kontinuierlich an moderne Technologien z. B. der Datenverarbeitung und der Mikroelektronik herangeführt werden und hierdurch Chancen für die Arbeit auf modernen, zukunftsträchtigen Arbeitsplätzen haben.

89 Um die Erfolge weiter zu erhöhen und den Anschluss an eine außerbetriebliche Ausbildung zu verbessern, wird häufig das Instrument der „verzahnten Ausbildung" genutzt. Dazu wurde in § 35 Abs. 2 SGB IX die Möglichkeit geschaffen, betriebliche und außerbetriebliche Berufsausbildung so miteinander zu verzahnen, dass behinderte Jugendliche, die in einem Berufsbildungswerk oder einer anderen außerbetrieblichen Bildungseinrichtung ausgebildet werden, Abschnitte dieser Berufsausbildung auch in Unternehmen oder in der Verwaltung durchführen können. Bei dieser verzahnten Ausbildung bleiben die Jugendlichen während der betrieblichen Phasen Rehabilitanden der Einrichtungen, die weiterhin verantwortlich die Berufsausbildung als Leistung zur beruflichen Ausbildung ausführen und verpflichtet sind, die Arbeitgeber bei der Ausbildung und der Betreuung der Auszubildenden zu unterstützen. Damit tragen die Rehabilitationsträger auch in dieser Zeit die Kosten der Berufsausbildung, was sowohl für die Einrichtungen als auch für die Betriebe von hoher Bedeutung ist, denn dem ausbildenden Betrieb entstehen keine Kosten für die Ausbildung der behinderten Jugendlichen. Zudem werden die behinderten Jugendlichen während der Ausbildung in Betrieben und Dienststellen doppelt auf die Pflichtarbeitsplätze (vgl. Rdnr. 100) angerechnet.

90 Neben den Berufsförderungs- und den Berufsbildungswerken kommt den Einrichtungen der medizinisch-beruflichen Rehabilitation (23 mit rund 1.400 Plätzen) besondere Bedeutung zu, in denen bei bestimmten (z. B. neurologischen) Erkrankungen schon während und in Verbindung mit den Leistungen zur medizinischen Rehabilitation erste Schritte beruflicher Förderung (z. B. Abklärung der beruflichen Eignung und Arbeitserprobung, Leistungen zur Weiterbildung) eingeleitet werden. Diese Einrichtungen bilden die Brücke zwischen den rein medizinisch orientierten Einrichtungen der Akutbehandlung und Erstversorgung einerseits und den Einrichtungen der beruflichen Rehabilitation andererseits, die der Ausbildung und Weiterbildung dienen.

91 Am 30. Dezember 2008 ist das Gesetz zur Einführung Unterstützter Beschäftigung in Kraft getreten. Unterstützte Beschäftigung ist die individuelle betriebliche Qualifizierung, Einarbeitung und Berufsbegleitung behinderter Menschen mit besonderem Unterstützungsbedarf auf Arbeitsplätzen in Betrieben des allgemeinen Arbeitsmarktes. Ziel der Unterstützten Beschäftigung ist der Abschluss eines Arbeitsvertrages und damit die Integration des behinderten Menschen in ein sozialversicherungspflichtiges Arbeitsverhältnis. Wesentlich bei der Unterstützten Beschäftigung ist der Grundsatz „Erst platzieren, dann qualifizieren". Damit kann die Unterstützte Beschäftigung auch in Abgrenzung zu bestehenden Einrichtungen definiert werden: indem die Qualifizierung nicht in Werkstätten für behinderte Menschen erfolgt, sondern in Betrieben des allgemeinen Arbeitsmarktes, ist die Unterstützte Beschäftigung ein wesentlicher Beitrag zur Integration behinderter Menschen mit einem besonderen Unterstützungsbedarf in eine gemeinsame Arbeitswelt mit nicht behinderten Menschen.

92 Während der Leistungen zur Teilhabe am Arbeitsleben erbringt der zuständige Rehabilitationsträger in der Regel, d. h. wenn die je nach Träger unterschiedlichen Leistungsvoraussetzungen gegeben sind, Geldleistungen (Ausbildungsgeld bei Erstausbildung, Übergangsgeld zur Sicherung des Lebensunterhalts) und trägt die Beiträge zur Sozialversicherung (§ 44 Abs. 1 Nr. 2 SGB IX). Das Übergangsgeld beträgt in der Regel 68 Prozent des Regelentgelts (80 Prozent des letzten Arbeitsentgelts, jedoch höchstens das letzte Nettoentgelt) und erhöht sich auf 75 Prozent, wenn Leistungsempfänger mindestens ein Kind im Sinne des § 32 Abs. 1, 3 bis 5 des Einkommensteuergesetzes haben oder deren Ehegatten, mit denen sie in häuslicher Gemeinschaft leben, eine Erwerbstätigkeit nicht ausüben können, weil sie die Leistungsempfänger pflegen oder selbst der Pflege bedürfen und keinen Anspruch auf Leistungen aus der Pflegeversicherung haben. Hinzu können weitere unterhaltssichernde und ergänzende Leistungen kommen wie

– Rehabilitationssport oder Funktionstraining aufgrund ärztlicher Verordnung (§ 44 Abs. 1 Nr. 3 SGB IX),
– Reisekosten (§ 53 SGB IX),
– Haushalts- oder Betriebshilfe (§ 54 Abs. 1, 2 und 4 SGB IX) sowie
– Kinderbetreuungskosten (§ 54 Abs. 3 SGB IX).

93 In aller Regel kommt für das Studium behinderter Menschen an einer Fachhochschule, Hochschule oder ähnlichen Ausbildungsstätte nur eine Förderung nach dem Bundesausbildungsförderungsgesetz in Betracht; in vielen Fällen muss aber zusätzlich die Sozialhilfe eintreten, für die auch eine derartige Ausbildung als Berufsbildung behinderter Menschen gilt (§ 13 Eingliederungshilfe-Verordnung).

94 Um – z. B. im Anschluss an eine erfolgreich beendete berufliche Bildungsmaßnahme – die Teilhabe am Arbeitsleben zu ermöglichen, sind häufig weitere Hilfen erforderlich. Zur Erleichterung der Arbeitsaufnahme kommen nach § 33 SGB IX Leistungen an behinderte Menschen selbst oder ihre Arbeitgeber in Frage. Zu den Leistungen an die Betroffenen zählen

- die Übernahme von Lehrgangskosten, Prüfungsgebühren, Lernmittel, Arbeitskleidung und Arbeitsgerät,
- Kraftfahrzeughilfe nach der Kraftfahrzeughilfe-Verordnung,
- der Ausgleich unvermeidbaren Verdienstausfalls des behinderten Menschen oder einer erforderlichen Begleitperson wegen Fahrten der An- und Abreise zu einer Bildungsmaßnahme und zur Vorstellung bei einem Arbeitgeber,
- die Kosten einer notwendigen Arbeitsassistenz für schwerbehinderte Menschen als Hilfe zur Erlangung eines Arbeitsplatzes,
- Kosten für Hilfsmittel, die wegen Art oder Schwere der Behinderung zur Berufsausübung, zur Teilnahme an einer Leistung zur Teilhabe am Arbeitsleben oder zur Erhöhung der Sicherheit auf dem Weg vom und zum Arbeitsplatz und am Arbeitsplatz erforderlich sind, es sei denn, dass eine Verpflichtung des Arbeitgebers besteht oder solche Leistungen als medizinische Leistung erbracht werden können,
- Kosten technischer Arbeitshilfen, die wegen Art oder Schwere der Behinderung zur Berufsausübung erforderlich sind, und
- Kosten der Beschaffung, der Ausstattung und der Erhaltung einer behinderungsgerechten Wohnung in angemessenem Umfang.

95 Unter den Rehabilitationsträgern, die Leistungen zur Teilhabe am Arbeitsleben erbringen, ist in erster Linie die Bundesagentur für Arbeit zu nennen, die entsprechende Leistungen sowohl nach dem SGB III als auch nach dem am 1. Januar 2005 in Kraft getretenen SGB II (hier als Träger der Grundsicherung für Arbeitsuchende im Rahmen von Arbeitsgemeinschaften) erbringt. Weitere Träger der Grundsicherung für Arbeitsuchende sind die 69 zugelassenen kommunalen Stellen (Optionskommunen), die ebenfalls nach dem SGB II Leistungen zur Teilhabe am Arbeitsleben für erwerbsfähige behinderte Hilfebedürftige erbringen. Die Unfallversicherung und die Träger des sozialen Entschädigungsrechts betreuen aufgrund ihrer Aufgabenstellung einen fest umgrenzten Personenkreis. Die Rentenversicherung erbringt nach ihrem Ermessen die Leistungen zur Teilhabe am Arbeitsleben insbesondere dann, wenn die Erwerbsfähigkeit eines Versicherten nach 15 Beitragsjahren wegen einer drohenden Behinderung erheblich gefährdet ist, wenn Rente wegen verminderter Erwerbsfähigkeit gezahlt wird oder ohne die Leistungen zu zahlen wäre oder wenn solche Leistungen im Anschluss an Leistungen zur medizinischen Rehabilitation der Rentenversicherung zu erbringen sind.

96 Wegen der durchweg umfassenden Leistungen anderer Träger zur Teilhabe am Arbeitsleben kommen berufsfördernde Leistungen der Sozialhilfe im Rahmen der Eingliederungshilfe für behinderte Menschen nur in Einzelfällen zum Zuge. Deren Leistungen haben jedoch große Bedeutung für den Arbeitsbereich der Werkstätten für behinderte Menschen (siehe dazu Rdnr. 114 ff.). Als Hilfe zur Ausübung einer der Behinderung entsprechenden Tätigkeit wird im Rahmen der Eingliederungshilfe auch Hilfe zu einer Tätigkeit in der Wohnung geleistet; im Übrigen gelten für die Heimarbeit behinderter Menschen die allgemeinen Vorschriften im Heimarbeitsgesetz.

97 Für den gesamten Bereich der Leistungen zur Teilhabe am Arbeitsleben hat die Bundesagentur für Arbeit über ihre Funktion als Rehabilitationsträger hinaus als besondere Aufgabe, dass sie auf Anforderung eines anderen Rehabilitationsträgers zu Notwendigkeit, Art und Umfang von Leistungen unter Berücksichtigung arbeitsmarktlicher Zweckmäßigkeit gutachterlich Stellung nimmt (§ 38 SGB IX).

Besondere Hilfen für schwerbehinderte Menschen zur Teilhabe am Arbeitsleben

98 Zur Verbesserung der Chancen schwerbehinderter Menschen im Arbeitsleben dienen neben den Leistungen der Teilhabe am Arbeitsleben, die selbstverständlich auch schwerbehinderte Menschen in Anspruch nehmen können, die besonderen Hilfen nach Teil 2 des SGB IX. Um den von diesen Regelungen erfassten behinderten Menschen eine Beschäftigung zu sichern und gleichzeitig die individuellen Voraussetzungen zu verbessern, sind insbesondere vorgesehen

- die Pflicht öffentlicher und privater Arbeitgeber, 5 vom Hundert der Arbeitsplätze mit schwerbehinderten Menschen zu besetzen, und eine Ausgleichsabgabe für nicht besetzte Pflichtplätze (§§ 71 ff. SGB IX),
- ein Benachteiligungsverbot und andere besondere Pflichten von Arbeitgebern gegenüber schwerbehinderten Beschäftigten (§§ 81 ff. SGB IX),
- ein besonderer Kündigungsschutz für schwerbehinderte Beschäftigte nach Ablauf von sechs Monaten (§§ 85 ff. SGB IX),

- die Vertretung der Interessen der schwerbehinderten Beschäftigten im Betrieb durch eine Schwerbehindertenvertretung (§§ 93 ff. SGB IX) sowie
- zusätzliche Leistungen der Bundesagentur für Arbeit und der Integrationsämter für schwerbehinderte Menschen zu ihrer Teilhabe am Arbeitsleben (§§ 101 ff. SGB IX).

99 Die Feststellung, wer als schwerbehinderter Mensch anzusehen ist, nimmt das Versorgungsamt auf der Grundlage der Versorgungsmedizinverordnung vor. Ausgedrückt wird die Schwere der Einschränkung als „Grad der Behinderung", und zwar in Zehnergraden von 10 bis 100. Dass diese Feststellung generell und nicht bezogen auf einen konkreten Arbeitsplatz vorgenommen wird, bewirkt den Schutz von schwerbehinderten Menschen auch und gerade auf Arbeitsplätzen, bei denen sich ihre Behinderung (möglichst) wenig auswirkt. Schwerbehinderte Menschen erhalten auf Antrag einen Ausweis, der den festgestellten Grad der Behinderung belegt und die Wahrnehmung von Rechten und Nachteilsausgleichen erleichtert. Wenn behinderte Menschen mit einem Grad der Behinderung von weniger als 50, aber wenigstens 30 infolge ihrer Behinderung keinen geeigneten Arbeitsplatz erhalten oder behalten können, werden sie von der Agentur für Arbeit auf Antrag schwerbehinderten Menschen gleichgestellt.

100 § 81 Abs. 1 des SGB IX verpflichtet alle Arbeitgeber, bei der Besetzung freier Stellen zu prüfen, ob sie schwerbehinderte oder ihnen gleichgestellte Menschen darauf beschäftigen können. Außerdem schreibt das Gesetz vor, dass die Arbeit der Behinderung angepasst wird durch

- Ausstattung der Arbeitsplätze mit den notwendigen technischen Arbeitshilfen,
- Gestaltung und Unterhaltung von Arbeitsräumen, Einrichtungen, Maschinen und Geräten mit dem Ziel, dass eine möglichst große Zahl von schwerbehinderten Menschen beschäftigt werden kann,
- Beschäftigung von schwerbehinderten Menschen so, dass sie ihre Kenntnisse und Fertigkeiten voll verwerten können, und
- Förderung beruflichen Fortkommens und Erleichterung der Teilnahme an ständiger beruflicher Weiterbildung.

Auch die besonderen Vorschriften und Grundsätze für die Besetzung der Beamten- und Richterstellen sind so zu gestalten, dass die Einstellung und Beschäftigung schwerbehinderter Menschen gefördert und ein angemessener Anteil schwerbehinderter Menschen unter den Beamten und Richtern erreicht wird.

101 Von besonderer Bedeutung für die Sicherung der Teilhabe schwerbehinderter Menschen an Arbeits- oder Ausbildungsstellen ist die Beschäftigungspflicht. Arbeitgeber, die über mindestens 20 Arbeitsplätze verfügen, haben wenigstens 5 Prozent davon mit schwerbehinderten Menschen zu besetzen. Diese Verpflichtung gilt nicht nur für private, sondern auch für öffentliche Arbeitgeber. Bei der Anrechnung auf Pflichtplätze kann die Agentur für Arbeit einen schwerbehinderten Menschen auf mehr als einen – höchstens drei – Pflichtplätze anrechnen, wenn seine Teilhabe am Arbeitsleben besonders schwierig ist.

102 Die Erfüllung der Beschäftigungspflicht ist nicht immer einfach, wenn für einen vorhandenen Arbeitsplatz kein geeigneter schwerbehinderter Mensch zur Verfügung steht. Mit gutem Willen und unter Ausschöpfung der möglichen Hilfen lassen sich gleichwohl oft Lösungen finden. Dennoch verweigern sich immer noch viele beschäftigungspflichtige Arbeitgeber und entrichten stattdessen die Ausgleichsabgabe.

103 Von den rd. 136.000 Arbeitgebern, die 2008 beschäftigungspflichtig waren, hatten rd. 38.000 keinen schwerbehinderten Menschen beschäftigt (2002 waren es noch rd. 58.000). Die Beschäftigungsquote im Bundesgebiet betrug 2007 4,2 Prozent.

104 Die Ausgleichsabgabe, die monatlich von den Arbeitgebern für jeden nicht besetzten Pflichtplatz zu zahlen ist, beträgt

- 105 Euro bei einer jahresdurchschnittlichen Beschäftigungsquote von 3 Prozent bis weniger als 5 Prozent,
- 180 Euro bei einer jahresdurchschnittlichen Beschäftigungsquote von 2 Prozent bis weniger als 3 Prozent,
- 260 Euro bei einer jahresdurchschnittlichen Beschäftigungsquote von weniger als 2 Prozent.

Mittel der Ausgleichsabgabe dürfen nur für Zwecke der Teilhabe schwerbehinderter Menschen am Arbeitsleben verwandt werden; Einzelheiten regelt die Schwerbehinderten-Ausgleichsabgabeverordnung.

105 Das Aufkommen aus der Ausgleichsabgabe beträgt rd. ½ Mrd. Euro jährlich. Davon erhalten die Integrationsämter der Länder 80 Prozent, die Bundesagentur für Arbeit 16 Prozent und der Ausgleichsfonds beim Bundesministerium für Arbeit und Soziales 4 Prozent.

106 Bei der besonderen Förderung der Einstellung und Beschäftigung schwerbehinderter Menschen geht es um Gruppen schwerbehinderter Menschen, die infolge ihrer Behinderung, wegen fortgeschrittenen Alters oder aus anderen Gründen besondere Schwierigkeiten auf dem Arbeits- oder Ausbildungsstellenmarkt haben. Dazu zählen insbesondere schwerbehinderte Menschen,

– die zur Ausübung der Beschäftigung einer besonderen Hilfskraft oder sonstiger außergewöhnlicher Aufwendungen bedürfen,
– deren Beschäftigung infolge ihrer Behinderung nicht nur vorübergehend mit außergewöhnlichen Aufwendungen für den Arbeitgeber verbunden ist,
– die infolge ihrer Behinderung nicht nur vorübergehend offensichtlich nur eine wesentlich verminderte Arbeitsleistung erbringen können,
– bei denen ein Grad der Behinderung von wenigstens 50 allein infolge geistiger oder seelischer Behinderung oder eines Anfallsleidens vorliegt,
– die wegen Art oder Schwere der Behinderung keine abgeschlossene Berufsbildung im Sinne des Berufsbildungsgesetzes haben oder
– schwerbehinderte Menschen, die 50 Jahre und älter sind (§ 72 Abs. 2 SGB IX).

Für die Einstellung dieser schwerbehinderten Menschen können Arbeitgeber, die die Beschäftigungspflicht erfüllen oder nicht beschäftigungspflichtig sind, von der Bundesagentur für Arbeit nach § 219 SGB III Lohnkostenzuschüsse bis zu 70 Prozent des Arbeitslohns bis zu 3 Jahren, bei älteren schwerbehinderten Menschen bis zu 8 Jahren erhalten.

107 Die begleitende Hilfe im Arbeitsleben führen die Integrationsämter oder – in ihrem Auftrag – örtliche Fürsorgestellen in enger Zusammenarbeit mit der Bundesagentur für Arbeit durch. Sie soll dahin wirken, dass schwerbehinderte Menschen in ihrer sozialen Stellung nicht absinken, auf Arbeitsplätzen beschäftigt werden, auf denen sie ihre Fähigkeiten und Kenntnisse voll verwerten und weiterentwickeln können sowie befähigt werden, sich am Arbeitsplatz und im Wettbewerb mit nichtbehinderten Menschen zu behaupten.

108 Außer den finanziellen Leistungen der Integrationsämter insbesondere zur Einrichtung behinderungsgerechter Ausbildungs- und Arbeitsplätze und zum Ausgleich außergewöhnlicher betrieblicher Belastungen durch die Beschäftigung besonders betroffener schwerbehinderter Menschen sind auch ihre sonstigen Hilfen wichtig, insbesondere die Beratungen schwerbehinderter Menschen, überwiegend am Arbeitsplatz, und die Betriebsbesuche. An der psychosozialen Betreuung als Teil der begleitenden Hilfe im Arbeitsleben können die Integrationsämter auch freie Träger beteiligen; sie ist von Bedeutung nicht nur für psychisch behinderte Menschen, sondern für alle schwerbehinderten und ihnen gleichgestellten Menschen, bei denen eine solche Betreuung nach den Umständen des Einzelfalles nötig ist.

109 Auf der Grundlage von Erfahrungen und Erkenntnissen, die im Rahmen von Modellprojekten gesammelt wurden, und unter Einbeziehung anderer vorhandener Dienste wurde flächendeckend ein ortsnahes Angebot von Integrationsfachdiensten aufgebaut. Diese Dienste sollen die Agenturen für Arbeit, die übrigen Rehabilitationsträger und die Integrationsämter bei der Erfüllung ihrer Aufgaben, insbesondere bei der Beratung schwerbehinderter Menschen im Vorfeld der Arbeitsaufnahme, bei der Arbeitsplatzsuche, im Bewerbungsverfahren, nach der Arbeitsaufnahme sowie bei der seelischen und sozialen Festigung unterstützen; außerdem können sie den Betrieben und Verwaltungen mit Information, Beratung und Hilfestellung zur Seite stehen. Die Fachdienste sollen außer für arbeitslose und von Arbeitslosigkeit bedrohte schwerbehinderte Menschen auch beim Übergang schwerbehinderter Menschen aus Werkstätten für behinderte Menschen in den allgemeinen Arbeitsmarkt tätig werden, desgleichen beim Übergang aus den Schulen in ein Beschäftigungsverhältnis unter den Bedingungen des allgemeinen Arbeitsmarkts, wenn anderenfalls nur eine Beschäftigung in einer Werkstatt für behinderte Menschen in Betracht kommt.

110 Ein weiteres wichtiges Instrument zur Sicherung und Erhaltung des Arbeitsplatzes für schwerbehinderte Menschen ist der besondere Kündigungsschutz; er setzt sechs Monate nach Beschäftigungsbeginn ein. Die Pflicht des Arbeitgebers, vor einer Kündigung die Zustimmung des Integrationsamtes einzuholen, zielt insbesondere auf die Prüfung aller Hilfen, die den Fortbestand der Beschäftigung sichern, und auf die Abwägung der beiderseitigen Interessen; führen diese Schritte zu dem Ergebnis, dass eine Weiterbeschäftigung des schwerbehinderten Menschen nach den Umständen des Einzelfalles unzumutbar ist, wird die Zustimmung zur Kündigung erteilt. Dies ist in der Mehrzahl der eingeleiteten Kündigungsschutzverfahren der Fall; dieser Kündigungsschutz ist daher kein

Einstellhemmnis, für das viele Arbeitgeber ihn trotz verstärkter Aufklärung nach wie vor halten.

111 In Betrieben und Verwaltungen werden die besonderen Interessen schwerbehinderter Menschen von den Betriebs- und Personalräten gewahrt. Werden ständig mehr als fünf schwerbehinderte Menschen beschäftigt, ist zusätzlich noch eine Vertrauensperson als Schwerbehindertenvertretung zu wählen. Sie hat vor allem die Einhaltung aller zugunsten behinderter Menschen geltenden Vorschriften zu überwachen und diesen Menschen mit Rat und Hilfe zur Seite zu stehen. Die Schwerbehindertenvertretungen können aufgrund ihrer Fachkenntnisse und ihrer Erfahrungen über die Abläufe in Betrieben und Verwaltungen einen wertvollen Beitrag zu einer verstärkten Teilhabe schwerbehinderter Menschen am Arbeitsleben leisten.

- Bei der Prüfung, ob freie Arbeits- oder Ausbildungsplätze mit schwerbehinderten Menschen, insbesondere bei der Agentur für Arbeit arbeitslos oder arbeitsuchend gemeldeten schwerbehinderten Menschen besetzt werden können, sind sie vom Arbeitgeber in der Regel zu beteiligen.
- Sie haben ein umfassendes Informations- und Anhörungsrecht. Ist eine Maßnahme ohne ihre Beteiligung getroffen worden, ist die Durchführung oder Vollziehung auszusetzen, bis die vorgeschriebene Beteiligung nachgeholt ist.
- Sie sind zu allen Monatsbesprechungen zwischen Arbeitgeber und der kollektiven Interessenvertretung der Beschäftigten hinzuzuziehen, weil es immer auch um Angelegenheiten gehen kann, die schwerbehinderte Menschen berühren können.
- Sie haben ständig Verbindung zur örtlichen Agentur für Arbeit und zum Integrationsamt zu halten und mit diesen Behörden eng zusammenzuarbeiten (§ 99 Abs. 2 Satz 2 SGB IX).

Einzelheiten der Wahl der Vertrauensleute sind in der „Wahlordnung Schwerbehindertenvertretungen" (SchwbVWO) festgelegt.

112 Der Bundesagentur für Arbeit obliegt nach § 104 SGB IX die Berufsberatung, Ausbildungs- und Arbeitsvermittlung schwerbehinderter Menschen sowie die Beratung der Arbeitgeber bei der Besetzung von Ausbildungs- und Arbeitsplätzen mit schwerbehinderten Menschen. Für die Arbeits- und Berufsförderung behinderter Menschen sind bei den Agenturen für Arbeit besondere Beratungs- und Vermittlungsstellen eingerichtet.

113 Zu den Nachteilsausgleichen für schwerbehinderte Menschen gehört der Anspruch auf in der Regel fünf Tage pro Jahr bezahlten Zusatzurlaub (§ 125 SGB IX). Außerdem sind schwerbehinderte Menschen auf ihr Verlangen von Mehrarbeit freizustellen (§ 124 SGB IX).

Werkstätten für behinderte Menschen

114 Für behinderte Menschen, die trotz aller Hilfen wegen Art oder Schwere ihrer Behinderung nicht oder noch nicht (wieder) auf dem allgemeinen Arbeitsmarkt tätig sein können, bieten Werkstätten für behinderte Menschen eine angemessene berufliche Bildung und eine Beschäftigung zu einem ihrer Leistung angemessenen Arbeitsentgelt (§ 136 SGB IX). Nach dieser Vorschrift sollen die Werkstätten allen behinderten Menschen - unabhängig von Art und Schwere der Behinderung - offen stehen, die spätestens nach Teilnahme an Maßnahmen im Berufsbildungsbereich ein Mindestmaß an wirtschaftlich verwertbarer Arbeitsleistung erbringen können; die Werkstätten müssen es den behinderten Beschäftigten ermöglichen, ihre Leistungs- oder Erwerbsfähigkeit zu erhalten, zu entwickeln, zu erhöhen oder wiederzugewinnen und dabei ihre Persönlichkeit weiterzuentwickeln. Die fachlichen Anforderungen an die Werkstatt für behinderte Menschen sowie das Anerkennungsverfahren sind in der Werkstättenverordnung geregelt. Es gibt rd. 700 anerkannten Werkstätten in denen rd. 280.000 behinderte Menschen beschäftigt sind.

115 Auch für Menschen, für deren Betreuung und individuelle Förderung aufgrund der Behinderung eine besondere personelle Ausstattung erforderlich ist und deren Betreuung und Förderung daher in besonderen Fördergruppen erfolgt, sind die Werkstätten für behinderte Menschen vorgesehen. Soweit behinderte Menschen die Voraussetzungen für eine Beschäftigung in einer Werkstatt für behinderte Menschen nicht oder noch nicht erfüllen, können sie in Einrichtungen, die der Werkstatt angegliedert sind, unter deren „verlängertem Dach" aufgenommen werden.

116 Zur Vorbereitung auf eine Beschäftigung im Arbeitsbereich der Werkstätten werden nach § 40 SGB IX Leistungen zur Teilnahme an Maßnahmen im Eingangsverfahren anerkannter Werkstätten für behinderte Menschen bis zu drei Monaten und in deren Berufsbildungsbereich bis zu zwei Jahren erbracht, und zwar überwiegend durch die Bundesagentur für Arbeit. Aufgabe der Werkstätten ist es, behinderte Menschen so zu fördern, dass sie bis zum

Abschluss der Maßnahmen im Berufsbildungsbereich in die Lage versetzt werden, zunächst überhaupt ein Mindestmaß an wirtschaftlich verwertbarer Arbeitsleistung zu erbringen, darüber hinaus jeden einzelnen so weit zu fördern, dass er das Optimum seiner Leistungsfähigkeit erreicht. Zur Erfüllung dieser Aufgaben haben die Werkstätten für behinderte Menschen ein möglichst breites Angebot an Berufsbildungs- und Arbeitsplätzen zur Verfügung zu stellen.

117 Die Förderung im Arbeitsbereich gehört nach §§ 54, 56 SGB XII i. V. m. § 41 SGB IX in der Regel zu den Aufgaben der Eingliederungshilfe für behinderte Menschen. Zuständig sind gemäß § 97 SGB XII die überörtlichen Träger der Sozialhilfe, sowie Landesrecht keine andere Regelung trifft. Für Leistungen im Arbeitsbereich anerkannter Werkstätten für behinderte Menschen haben die Träger der Sozialhilfe im Jahr 2008 rd. 3,4 Mrd. Euro aufgebracht. Das Arbeitsentgelt für die in den Werkstätten tätigen behinderten Menschen beträgt im Durchschnitt monatlich 168 Euro. Zusätzlich bekommen die in den Werkstätten Beschäftigten bis zu einem Gesamtarbeitsentgelt in Höhe von 325 Euro ein Arbeitsförderungsgeld in Höhe von monatlich 26 Euro. Die Mitwirkung der behinderten Beschäftigten in Werkstätten für behinderte Menschen ist in der Werkstätten-Mitwirkungsverordnung geregelt.

118 Die im Arbeitsbereich der Werkstätten beschäftigten behinderten Menschen stehen nach § 138 SGB IX in der Regel in einem arbeitnehmerähnlichen Rechtsverhältnis. Sie sind in der Kranken-, Pflege-, Renten- und Unfallversicherung pflichtversichert. Bei Vorliegen der Voraussetzungen erhalten sie Leistungen der Grundsicherung im Alter und bei Erwerbsminderung nach dem Vierten Kapitel des SGB XII. Nach einer Beschäftigungszeit von wenigstens 20 Jahren erhalten die Werkstattbeschäftigten eine Rente wegen voller Erwerbsminderung aus der gesetzlichen Rentenversicherung.

Leistungen zur Teilhabe am Leben in der Gemeinschaft

119 Entsprechend den Grundvorschriften in §§ 1 und 4 SGB IX sowie § 10 SGB I ist die umfassende Teilhabe behinderter und von Behinderung bedrohter Menschen am Leben in der Gesellschaft das eigentliche Ziel aller einschlägigen Leistungen und Bemühungen. Gezielte Hilfen zur Teilhabe am Leben in der Gemeinschaft, die ebenso wie die medizinischen und beruflichen Leistungen zur Teilhabe diesem Ziel dienen, werden - außer von den Trägern der Unfallversicherung und der Kriegopferfürsorge im Rahmen des sozialen Entschädigungsrecht für den jeweils von ihnen betreuten Personenkreis - von den Trägern der öffentlichen Jugend- und der Sozialhilfe als den Rehabilitationsträgern mit der umfassendsten Aufgabenstellung erbracht.

120 Während die Sozialhilfe im Rahmen der Eingliederungshilfe für behinderte Menschen nach §§ 53 ff. SGB XII in Verbindung mit der nach § 60 SGB XII erlassenen Eingliederungshilfe-Verordnung einen grundsätzlich alle Gruppen behinderter Menschen umfassenden Leistungsauftrag hat, erbringen die Träger der öffentlichen Jugendhilfe ihre Teilhabeleistungen nur für seelisch behinderte oder von einer solchen Behinderung bedrohte Kinder und Jugendliche nach § 35a SGB VIII.

121 Die Leistungen zur Teilhabe am Leben in der Gemeinschaft umfassen insbesondere die

– Versorgung mit nicht medizinischen und nicht beruflichen Hilfsmitteln,
– heilpädagogische Leistungen für Kinder, die noch nicht eingeschult sind,
– Hilfen zum Erwerb praktischer Kenntnisse und Fähigkeiten, die erforderlich und geeignet sind, behinderten Menschen die für sie erreichbare Teilnahme am Leben in der Gemeinschaft zu ermöglichen,
– Hilfen zur Förderung der Verständigung mit der Umwelt,
– Hilfen bei der Beschaffung, dem Umbau, der Ausstattung und der Erhaltung einer Wohnung, die den besonderen Bedürfnissen der behinderten Menschen entspricht,
– Hilfen zu selbstbestimmtem Leben in betreuten Wohnmöglichkeiten,
– Hilfen zur Teilhabe am gemeinschaftlichen und kulturellen Leben.

In diesem Zusammenhang ist auch auf die in Verordnungen der Bundesländer geregelte Befreiung von den Rundfunk- und Fernsehgebühren für besonders betroffene oder finanziell bedürftige behinderte Menschen hinzuweisen.

122 Der angestrebten möglichst weitgehenden individuellen Selbständigkeit und Unabhängigkeit dient die Versorgung mit Hilfsmitteln und technischen Hilfen im weitesten Sinne. Dies sind insbesondere Kommunikations- und Mobilitätshilfen für hör-, seh- und sprachbehinderte Menschen, aber auch Gebrauchsgegenstände des täglichen Lebens. Hinzu kommen die Hilfen und Erleichterungen im Bereich des Post- und Fernmeldewesens (insbesondere Gebührenermäßigungen, Angebote besonderer Fernsprecheinrichtungen u. a.).

123 Wesentliche Voraussetzung für die Teilhaben behinderter Menschen insgesamt ist eine behindertenfreundliche Gestaltung der Umwelt. Hierzu zählt die Schaffung von behinderungsgerechten Wohnungen, die nicht nur eine möglichst weitgehende eigenständige Lebensführung ermöglichen, sondern auch den Kontakt mit nichtbehinderten Menschen erleichtern und in denen bei Bedarf die nötige Betreuung sichergestellt werden kann. Nach dem Zweiten Wohnungsbaugesetz werden Wohnungen für schwerbehinderte Menschen besonders gefördert. Auch das Wohngeldgesetz enthält besondere Vergünstigungen. Das Mietrechtsreformgesetz hat die Nutzung von Mietobjekten durch behinderte Menschen und die hierfür notwendigen baulichen Veränderungen erleichtert.

124 Für behinderte Menschen, die in Heimen leben, sichern die Heimgesetze der Länder und die auf ihrer Grundlage erlassenen Verordnungen rechtliche, bauliche und pflegerische Mindestanforderungen sowie die Mitwirkung der Heimbewohner.

125 Die Teilhabe am Leben in der Gemeinschaft wird weiter durch den Abbau von Mobilitätshemmnissen gefördert. Rechtsvorschriften wie insbesondere das Gesetz des Bundes zur Gleichstellung behinderter Menschen (BGG) und die entsprechenden Gesetze der meisten Länder, DIN-Normen und Förderbestimmungen ermöglichen, die Belange behinderter Menschen in den Lebensbereichen „Bauen", „Wohnen" und „Verkehr" angemessen zu berücksichtigen. Ziel ist, eine barriere- und gefährdungsfreie Umwelt für behinderte Menschen zu schaffen und diesen Menschen hierdurch ein Leben in weitgehender Unabhängigkeit von fremder Hilfe zu ermöglichen. So wurden bspw. bereits viele Straßen, Wege und Plätze behindertengerecht gestaltet und die baulichen Voraussetzungen dafür geschaffen, dass die meisten öffentlichen Gebäude für behinderte Menschen frei zugänglich sind. Durch die Berücksichtigung der Belange dieser Menschen bei Neu- und Umbauten von Bahnhofsanlagen (z. B. durch den Einbau von Rampen und Aufzügen) sowie den Einsatz von Service-Wagen, die bedarfsgerechte Plätze für Rollstuhlfahrer bieten, wird auch schwer körperbehinderten Menschen die Eisenbahnbenutzung ermöglicht oder erleichtert.

126 Der Verbesserung der Mobilität von schwerbehinderten Menschen, die infolge ihrer Behinderung in ihrer Bewegungsfähigkeit im Straßenverkehr erheblich beeinträchtigt sind, dienen die Regelungen über die unentgeltliche Beförderung schwerbehinderter Menschen im öffentlichen Personenverkehr nach §§ 145 ff. SGB IX. Voraussetzung für die „Freifahrt" im Nahverkehr ist neben der Feststellung der einschlägigen Behinderungen durch das Versorgungsamt eine Eigenbeteiligung von Euro 60 jährlich in Form einer Jahreswertmarke; Blinde, Hilflose sowie finanziell besonders bedürftige schwerbehinderte Menschen erhalten die Wertmarke kostenlos. Ist eine ständige Begleitung notwendig, fährt die Begleitperson immer kostenlos, auch im Fernverkehr der Eisenbahn. Die Verkehrsunternehmen sind verpflichtet, freifahrtberechtigte schwerbehinderte Menschen kostenfrei zu befördern. Die Einnahmeausfälle, die ihnen dadurch entstehen, werden ihnen erstattet. Bund und Länder wenden hierfür jährlich rd. 500 Mio. Euro auf.

127 Für behinderte Menschen, die wegen ihrer Behinderung weder öffentliche Verkehrsmittel noch ein Taxi benutzen können, werden von kommunalen Einrichtungen, Hilfsorganisationen und Wohlfahrtsverbänden Sonderfahrdienste angeboten. Die von den Städten und Kreisen als maßgebliche Träger der Benutzerkosten erlassenen Benutzungsregelungen sind nicht einheitlich.

128 Schließlich können behinderte Menschen, die wegen Art und Schwere ihrer Behinderung zum Zweck ihrer Teilhabe auf die regelmäßige Benutzung eines Kraftfahrzeugs angewiesen sind, im Rahmen der Eingliederungshilfe für behinderte Menschen in angemessenem Umfang Hilfe zur Beschaffung eines Kraftfahrzeuges sowie zur Erlangung der Fahrerlaubnis und zum Betrieb und zur Unterhaltung des Fahrzeuges erhalten (§§ 8, 10 der Eingliederungshilfe-Verordnung). Derartige Kraftfahrzeughilfen kommen - neben den zur Teilhabe am Arbeitsleben geleisteten Hilfen nach der Kraftfahrzeughilfe-Verordnung - unter besonderen Voraussetzungen in Frage, um eine Teilhabe am Leben in der Gemeinschaft zu ermöglichen.

129 Freizeit und Urlaub haben für behinderte Menschen als Ausgleich für den Verlust von sozialen Kontakten in anderen Lebensbereichen besonderes Gewicht. Vor allem Angebote für Freizeit und Urlaub zusammen mit nichtbehinderten Menschen tragen zur gesellschaftlichen Teilhabe bei. Zur gezielten

Unterrichtung behinderter Menschen und ihrer Angehörigen über Freizeit- und Urlaubsmöglichkeiten werden öffentliche Mittel eingesetzt. Ferner werden Bau und Einrichtung von gemeinnützigen Familienferienstätten mit Bundes- und Landesmitteln gefördert. Der weit gespannte Leistungsrahmen der Eingliederungshilfe für behinderte Menschen ermöglicht es, im Einzelfall die mit Freizeitaktivitäten und Urlaub verbundenen behinderungsspezifischen Kosten zu übernehmen.

130 Der Begegnung mit nichtbehinderten Menschen und damit der Teilhabe am Leben in der Gemeinschaft dient in besonderem Maße der Behindertensport, soweit er als Freizeit-, Breiten- oder Leistungssport betrieben wird. Bund und Länder bemühen sich gemeinsam, die erforderliche Entwicklung des Behindertensports einschließlich seiner Finanzierung fortzuführen.

Aufklärung, Auskunft und Beratung

131 Als Mittel zur Information sind zunächst Aufklärung, Auskunft und Beratung durch die Sozialleistungsträger zu nennen. Hierzu finden sich in §§ 13, 14 und 15 SGB I ausdrückliche allgemeine Regelungen. Nach §§ 22 ff. SGB IX ist es die Aufgabe gemeinsamer Servicestellen der Rehabilitationsträger in allen Landkreisen und kreisfreien Städten

– über Leistungsvoraussetzungen, Leistungen der Rehabilitationsträger, besondere Hilfen im Arbeitsleben sowie über die Verwaltungsabläufe zu informieren,
– bei der Klärung des Rehabilitationsbedarfs, bei der Inanspruchnahme von Leistungen zur Teilhabe, bei der Inanspruchnahme eines Persönlichen Budgets und der besonderen Hilfen im Arbeitsleben sowie bei der Erfüllung von Mitwirkungspflichten zu helfen,
– zu klären, welcher Rehabilitationsträger zuständig ist, auf klare und sachdienliche Anträge hinzuwirken und sie an den zuständigen Rehabilitationsträger weiterzuleiten,
– bei einem Rehabilitationsbedarf, der voraussichtlich ein Gutachten erfordert, den zuständigen Rehabilitationsträger darüber zu informieren,
– die Entscheidung des zuständigen Rehabilitationsträgers in Fällen, in denen die Notwendigkeit von Leistungen zur Teilhabe offenkundig ist, so umfassend vorzubereiten, dass dieser unverzüglich entscheiden kann,
– bis zur Entscheidung oder Leistung des Rehabilitationsträgers den behinderten oder von Behinderung bedrohten Menschen unterstützend zu begleiten,
– bei den Rehabilitationsträgern auf zeitnahe Entscheidungen und Leistungen hinzuwirken und
– zwischen mehreren Rehabilitationsträgern und Beteiligten auch während der Leistungserbringung zu koordinieren und zu vermitteln.

132 Besondere Beratungspflichten gegenüber behinderten Menschen haben darüber hinaus

– Ärzte und Landesärzte nach §§ 61 und 62 SGB IX sowie § 92 Abs. 1 Nr. 8, § 112 Abs. 2 Nr. 4 SGB V sowie
– Sozialämter gemäß § 10 SGB XII.

133 Angesichts der vielen unterschiedlichen Leistungen und sonstigen Hilfen, die zur Teilhabe behinderter und von Behinderung bedrohter Menschen in Betracht kommen, ist ferner auf § 16 SGB I hinzuweisen. Danach sind die Leistungsträger verpflichtet, darauf hinzuwirken, dass unverzüglich klare und sachdienliche Anträge gestellt und unvollständige Angaben ergänzt werden. Für Leistungen zur Teilhabe sichert § 14 SGB IX mit einem besonderen Zuständigkeitsklärungsverfahren rasche Entscheidungen.

134 Informationen bietet zudem auch das Internetportal „einfach-teilhaben.de". Bei diesem Webportal des Bundesministeriums für Arbeit und Soziales handelt es sich um ein Informationsangebot speziell für Menschen mit Behinderungen, ihre Angehörigen und Arbeitgeber. Da Leistungen für behinderte Menschen, deren Angehörige und Arbeitgeber von unterschiedlichen Trägern auf allen staatlichen Ebenen erbracht werden, soll dieses Portal zunächst alle Informationen zum Thema Behinderung bündeln und auf einer zentralen Plattform zur Verfügung stellen. Die Informationen stehen in Alltagssprache, so genannter „leichter Sprache" und Gebärdensprache zur Verfügung und sind nach Lebensbereichen, wie zum Beispiel „Kindheit und Familie", „Schule und Studium", „Alter", „Bauen und Wohnen" geordnet.

Geschichtliche Entwicklung

135 Als am Ende des 19. Jahrhunderts in Deutschland die ersten einheitlichen Rechtsgrundlagen im

Sozialrecht geschaffen wurden, war die Zeit für umfassende und „runde" Regelungen, wie sie jetzt insbesondere mit § 4 SGB IX und § 10 SGB I bestehen, noch nicht gekommen; vielmehr schuf man Regelungen für einzelne Gruppen von Betroffenen und ihre spezifischen Probleme. So begannen auf der Grundlage des Unfallversicherungsgesetzes aus dem Jahr 1884 die zuständigen Träger bald damit, die Heilfürsorge möglichst früh einzusetzen - seit 1890 auch in eigenen Unfallkrankenhäusern -, um die Auswirkungen von Arbeitsunfällen wirkungsvoll zu begrenzen und zugleich die sonst notwendigen Rentenzahlungen zu mindern. Auch in der Rentenversicherung ermöglichte schon im Jahr 1889 das Gesetz den Trägern, Heilverfahren zu übernehmen, wenn Erwerbsunfähigkeit und Invalidenrente drohten, und ging damit von Anfang an vom Grundsatz „Rehabilitation vor Rente" aus. Die reichseinheitlichen Regelungen zur Kriegsbeschädigtenfürsorge - zuerst 1919 - zielten ebenfalls darauf ab, die Kriegsbeschädigten nach Möglichkeit wieder in das Wirtschaftsleben zurückzuführen. Sie wurden – ebenfalls zuerst 1919 – ergänzt durch Vorschriften, die die Arbeitgeber zur Beschäftigung Schwerbeschädigter – zunächst der Kriegs- und Unfallopfer – verpflichteten. Für die Eingliederung behinderter Menschen, die den schon genannten Gruppen nicht angehörten, gab es die ersten speziellen reichseinheitlichen Regelungen in den Fürsorgegrundsätzen von 1924, in denen behinderte Menschen als „heilbare Arme" betrachtet wurden. Auch zu den Aufgaben der 1927 gesetzlich geregelten Arbeitsvermittlung und Arbeitslosenversicherung gehörte von Anfang an die Beratung und Vermittlung Beschädigter, die 1969 – im Zeichen einer „aktiven Arbeitsmarktpolitik" – ergänzt wurden durch eine weit reichende Zuständigkeit für Aufgaben der beruflichen Rehabilitation.

136 In den folgenden Jahrzehnten wurden

– die Zielsetzung der Integration behinderter und von Behinderung bedrohter Menschen ins Arbeitsleben und in die Gesellschaft insgesamt vor und nach der Zeit des Nationalsozialismus immer zielstrebiger und umfassender verfolgt,
– daher auch der Grundsatz möglichst frühzeitiger Intervention immer konsequenter beachtet und nicht zuletzt
– positive Ansätze, Erfahrungen und Beispiele aus einzelnen Sozialleistungsbereichen mehr und mehr auch in andere Bereiche übertragen.

137 Anfang der 70er Jahre wurden die unterschiedlichen Ansätze und Traditionen zusammengeführt und - entsprechend dem Grundsatz der Finalität - die Sozialleistungen zur Eingliederung (jetzt: Teilhabe) möglichst aller behinderten Menschen möglichst weitgehend einander angeglichen. Dies geschah

– durch das Gesetz zur Weiterentwicklung des Schwerbehindertenrechts von 1974, mit dem –
    neben zahlreichen sonstigen Verbesserungen
    – der geschützte Personenkreis auf alle schwerbehinderten Menschen weitgehend unabhängig von Art oder Ursache der Behinderung ausgedehnt und
    – einheitliche Grundvorgaben für Werkstätten für Behinderte festgelegt wurden, die wegen Art oder Schwere ihrer Behinderung nicht auf dem allgemeinen Arbeitsmarkt tätig sein können; weiter
– durch das Gesetz über die Angleichung der Leistungen zur Rehabilitation, ebenfalls von 1974, mit dem
    – jetzt auch die Krankenversicherung in den Kreis der Rehabilitationsträger einbezogen,
    – für alle Träger der Sozialversicherung und der Kriegsopferversorgung sowie die Bundesanstalt für Arbeit die Sachleistungen zur medizinischen und beruflichen Rehabilitation sowie die während der Rehabilitationsmaßnahmen zu zahlenden Lohnersatzleistungen weitgehend vereinheitlicht - und auch inhaltlich weiterentwickelt -, ferner
    – für alle erfassten Sozialleistungsbereiche und Träger einheitlich eine Reihe von Grundsätzen festgelegt wurden mit dem Ziel, die möglichst dauerhafte Eingliederung behinderter und von Behinderung bedrohter Menschen wirkungsvoll zu erreichen; schließlich
– durch Aufnahme des „sozialen Rechts" zur Eingliederung behinderter Menschen im Allgemeinen Teil des Sozialgesetzbuchs 1975.

138 Mit dem Einigungsvertrag vom 3. Oktober 1990 wurde das in der Bundesrepublik Deutschland geltende Recht auch in den beigetretenen Bundesländern wirksam; das Recht, das vorher in der DDR galt, trat – mit Ausnahmen und Übergangsregelungen – außer Kraft.

139 Schon während der Gesetzgebungsverfahren zu den genannten Gesetzen, vor allem aber nach ihrem In-Kraft-Treten und bei ihrer Anwendung wurde deutlich, dass die Aufgabe, die Rechtsgrundlagen der wegen einer Behinderung erbrachten Sozialleistungen einander anzugleichen und zum besseren Zusammenwirken im Interesse behinderter Menschen aufeinander abzustimmen, nur teilweise vollbracht war. Neben vielen kleineren Unstimmigkeiten, die in der Rechtsentwicklung der folgenden Jahre eher vermehrt als abgebaut wurden, bedurfte vor allem der Korrektur, dass

- die Regelungen der vom Rehabilitations-Angleichungsgesetz erfassten Leistungsbereiche nicht voll untereinander und gar nicht mit denen der Sozialhilfe und
- die Regelungen des Schwerbehindertengesetzes nicht auf die zur Rehabilitation abgestimmt waren.

140 Der Deutsche Bundestag hatte daher mehrfach gefordert, die Rechtsvorschriften zur Eingliederung behinderter Menschen so bald wie möglich in einheitlicher und übersichtlicher Form zusammengefasst in das Sozialgesetzbuch einzufügen. Zudem hatte in der Politik für behinderte Menschen ein Paradigmenwechsel stattgefunden. Eine tiefgreifende Wandlung des Selbstverständnisses von behinderten Menschen und der Grundlagen der Behindertenpolitik zeigte sich auch im interfraktionellen Entschließungsantrag „Die Integration von Menschen mit Behinderungen ist eine dringliche politische und gesellschaftliche Aufgabe", den der Deutsche Bundestag am 19. Mai 2000 einstimmig annahm (Bundestags-Drucksache 14/2913). „Im Mittelpunkt der politischen Anstrengungen stehen nicht mehr die Fürsorge und die Versorgung von behinderten Menschen, sondern ihre selbstbestimmte Teilhabe am gesellschaftlichen Leben und die Beseitigung der Hindernisse, die ihrer Chancengleichheit entgegenstehen." Durch die Ergänzung des Artikel 3 Abs. 3 Grundgesetz um den Satz 2 im Jahr 1994 habe der Deutsche Bundestag „auch eine Verpflichtung für Politik und Gesellschaft geschaffen, sich aktiv um die Integration von Menschen mit Behinderungen in die Familie, in den Beruf und in das tägliche Leben zu bemühen. Diese Verpflichtung einzulösen, ist eine dringliche politische und gesetzgeberische Aufgabe, nicht zuletzt vor dem ethischen Hintergrund der historischen Erfahrungen in Deutschland." Die Entschließung sah einen Bedarf an einer „Gesetzgebung, die den Anspruch von Menschen mit Behinderung auf Unterstützung und Solidarität als Teil selbstverständlicher und universeller Bürgerrechte erfüllt" als Voraussetzung für das Ziel, „Menschen mit Behinderung ein selbstbestimmtes Leben zu ermöglichen". Mit einem Sozialgesetzbuch IX sollte „anstelle von Divergenz und Unübersichtlichkeit im bestehenden Rehabilitationsrecht Bürgernähe und verbesserte Effizienz auf der Basis eines gemeinsamen Rechts und einer einheitlichen Praxis der Rehabilitation und der Behindertenpolitik gesetzt werden."

141 Das SGB IX, das seit 1. Juli 2001 in Kraft ist, entspricht diesen Vorgaben; es wurde vom Bundestag mit Billigung des Bundesrates ohne Gegenstimmen verabschiedet. Das Gesetz zeichnet sich durch seine Betroffenen- und Selbsthilfeorientierung aus. Es stellt den behinderten Menschen in den Mittelpunkt; Teilhabe und Selbstbestimmung treten nach vorn. Behinderten und von Behinderung bedrohten Menschen wird es ermöglicht, ihre eigenen Belange so weitgehend wie möglich selbst und eigenverantwortlich zu bestimmen. Dabei erhalten sie durch die besonderen Leistungen zur medizinischen Rehabilitation sowie zur Teilhabe am Arbeitsleben und am Leben in der Gemeinschaft die Unterstützung und Solidarität, die sie benötigen, Behinderungen zu vermeiden, auszugleichen oder zu überwinden, um zu einer gleichberechtigten gesellschaftlichen Teilhabe zu kommen. Dazu hat das SGB IX die individuellen Rechtspositionen zur Rehabilitation und Teilhabe gestärkt.

10 Sozialgesetzbuch - 10. Buch Verwaltungsverfahren

Überblick

Das Verfahren der Sozialverwaltung war bis zum In-Kraft-Treten des Sozialgesetzbuchs – Verwaltungsverfahren – in einer Vielzahl von Einzelgesetzen geregelt. Im Interesse der Rechtssicherheit und Verfahrensvereinfachung wurde es als sinnvoll erachtet, das Verfahrensrecht in der Sozialverwaltung zusammenfassend in einem Gesetz zu behandeln. Entsprechend der schon seit langem vorliegenden Konzeption eines alle Bereiche des Sozialrechts umfassenden Sozialgesetzbuchs wurde das Verwaltungsverfahren in dem – nach dem damals vorgesehenen Gliederungsschema des Sozialgesetzbuchs – letzten, dem Zehnten Buch des Sozialgesetzbuchs angesiedelt.

Das Zehnte Buch gliedert sich in drei Kapitel: Das erste Kapitel regelt das Verwaltungsverfahren und lehnt sich stark an die Verwaltungsverfahrensgesetze des Bundes und der Länder an, die das Handeln der übrigen öffentlichen Verwaltung regeln. Hier sind z. B. der Anwendungsbereich des Sozialgesetzbuchs und die Verfahrensgrundsätze geregelt. Bereichsspezifische Verfahrensvorschriften, die sich nicht vereinheitlichen ließen, blieben den die einzelnen Sozialleistungsbereiche regelnden gesetzlichen Vorschriften vorbehalten.

Das zweite Kapital befasst sich mit dem Schutz von personenbezogenen Daten und den diesen gleich gestellten Betriebs- und Geschäftsgeheimnissen. Die beiden ersten Kapitel wurden am 1. Januar 1981 geltendes Recht. Durch eine grundlegende Überarbeitung des 2. Kapitels, die am 1. Juli 1994 in Kraft getreten ist, wurde der Schutz der Sozialdaten, unter Berücksichtigung des Volkszählungsurteils des Bundesverfassungsgerichts erheblich verbessert. Der bereichsspezifische Schutz von Sozialdaten in diesem Kapitel ist darüber hinaus mit Wirkung zum 23. Mai 2001 durch das Gesetz zur Änderung des Bundesdatenschutzgesetzes und anderer Gesetze (BGBl. I S. 904 ff.) an die europarechtlichen Vorgaben der Richtlinie 95/46/EG vom 24. Oktober 1995 zum Schutz natürlicher Personen bei der Verarbeitung personenbezogener Daten und zum freien Datenverkehr (EG-Datenschutzrichtlinie) angepasst worden. Durch die europarechtlichen Vorgaben sind die Anforderungen an den Datenschutz u. a. im Hinblick auf den Umgang mit den in § 67 Abs. 12 SGB X genannten besonderen Arten personenbezogener Daten über Gesundheit, Sexualleben etc. und die notwendigen technisch-organisatorischen Vorkehrungen etwa zur Datenvermeidung und Datensparsamkeit (§ 78b SGB X) und zum Datenschutzaudit (§ 78c SGB X) erweitert und präzisiert worden. Die Erhebung, Verarbeitung oder Nutzung von oftmals hochsensiblen Daten der Betroffenen, zum Beispiel über ihren Gesundheitszustand, ist grundsätzlich als Eingriff in das verfassungsrechtlich garantierte Recht des Einzelnen auf informationelle Selbstbestimmung zu bewerten, der zur Rechtfertigung einer gesetzlichen Grundlage bedarf, die dem rechtsstaatlichen Gebot der Normenklarheit und dem Grundsatz der Verhältnismäßigkeit entsprechen muss (Verbot mit Erlaubnisvorbehalt). Dies regelt das zweite Kapitel im Hinblick auf den Sozialdatenschutz.

Das dritte Kapitel enthält Regelungen über die Zusammenarbeit der Leistungsträger untereinander und ihre Beziehungen zu Dritten; geregelt sind hier hauptsächlich Erstattungsansprüche der Leistungsträger untereinander sowie Erstattungs- und Ersatzansprüche der Leistungsträger gegen Dritte. Dieses Kapitel wurde dem SGB X erst später angefügt und trat am 1. Juli 1983 in Kraft.

Allgemeine Vorschriften über das Verwaltungsverfahren

1 Das SGB X schreibt für das Verwaltungsverfahren grundsätzlich keine besondere Form vor. Durch diesen Verzicht auf Förmlichkeiten und der Regelung, dass das Verfahren einfach und zweckmäßig durchzuführen ist, soll der Zugang zu den Sozialleistungen erleichtert werden.

2 Die einzelnen Sozialleistungsgesetze schreiben in der Regel für die Einleitung eines Verwaltungsverfahrens die Antragstellung vor, die zuweilen von bestimmten Fristen abhängig gemacht wird.

3 Zwar sollen Leistungsanträge nur an den zuständigen Leistungsträger gerichtet werden. Bei der unzuständigen Behörde gestellte Anträge hat diese aber unverzüglich an den zuständigen Leistungsträger weiterzuleiten; ihre Annahme darf nicht mit dem Hinweis auf die Unzuständigkeit verweigert werden.

4 Dem am Verwaltungsverfahren Beteiligten räumt das Gesetz die Möglichkeit ein, sich durch einen Bevollmächtigten vertreten zu lassen. Zu Verhandlungen und Besprechungen darf man aber auch eine Person seines Vertrauens als Beistand mitbringen. Diese hat im Gegensatz zum Bevollmächtigten lediglich eine unterstützende Funktion und wird nicht anstatt, sondern neben dem Beteiligten tätig. Wurde für ein Verwaltungsverfahren ein Bevollmächtigter bestellt, so muss sich die Behörde grundsätzlich an diesen wenden.

5 Das SGB X schreibt als Amtssprache deutsch vor. Wird ein fremdsprachiges Schriftstück vorgelegt – sei es ein Antrag, eine Urkunde oder sonstiges – so darf die Behörde dieses jedoch nicht unbeachtet lassen. Sofern sie nicht in der Lage ist, das Schriftstück zu verstehen, soll sie unverzüglich unter Setzen einer angemessenen Frist die Vorlage einer Übersetzung verlangen. Wird die verlangte Übersetzung nicht innerhalb der gesetzten Frist vorgelegt, so kann die Behörde sich selbst eine Übersetzung beschaffen und hierfür vom Beteiligten eine angemessene Kostenerstattung verlangen.

Für die Wahrung von Fristen ist es wichtig, Schriftstücke in deutscher Sprache vorzulegen oder fremdsprachigen Schriftstücken eine Übersetzung beizufügen. Denn eine fremdsprachige Anzeige oder ein solcher Antrag gelten grundsätzlich solange nicht als eingegangen, solange nicht eine Übersetzung vorliegt.

6 Für die Aufklärung des Sachverhalts, der für das Verwaltungsverfahren von Bedeutung ist, gilt der „Untersuchungsgrundsatz". Er besagt, dass die Behörde von Amts wegen – d. h. von sich aus – alle Tatsachen zu ermitteln hat, die für ihre Entscheidung von Bedeutung sind. Sie bestimmt nach ihrem pflichtgemäßen Ermessen die Art und den Umfang der Ermittlungen, ohne an das Vorbringen und die Beweisanträge der Beteiligten gebunden zu sein. Die Beteiligten sollen aber bei der Ermittlung des Sachverhalts mitwirken, insbesondere sollen sie ihnen bekannte Tatsachen und Beweismittel angeben. Eine fehlende Mitwirkung kann unter bestimmten Voraussetzungen zum Leistungsentzug führen. Zeugen und Sachverständige sind zur Aussage oder zur Erstattung von Gutachten verpflichtet, wenn dies eine besondere Rechtsvorschrift vorsieht. Eine solche Pflicht besteht auch dann, wenn die Aussage oder Erstattung des Gutachtens zur Entscheidung über einen Sozialleistungsanspruch unabweisbar ist. Gesetzliche Auskunftpflichten sieht das Gesetz z. B. für die Finanzbehörden vor, so weit bestimmte Einkommens- oder Vermögensverhältnisse für das Verwaltungsverfahren von Bedeutung sind.

7 Bevor die Behörde einen Verwaltungsakt erlassen kann, der in die Rechte eines Beteiligten eingreift, hat sie diesem Gelegenheit zu geben, sich zu den für die Entscheidung erheblichen Tatsachen zu äußern. Um den Beteiligten eine sachgerechte Stellungnahme zu ermöglichen, ist es notwendig, die entscheidungserheblichen Tatsachen den Beteiligten so zu unterbreiten, dass diese ihre Bedeutung für die Entscheidung erkennen können. Die Anhörung muss für den Beteiligten ersichtlich machen, ob er sich zur Ausschöpfung seines Rechts auf rechtliches Gehör noch weitere Tatsachenkenntnis verschaffen kann oder soll. Von einer Anhörung kann in einigen Ausnahmefällen abgesehen werden, so z. B. wenn die Verwaltung bei ihrer Entscheidung von den tatsächlichen Angaben des Beteiligten nicht zu dessen Ungunsten abweichen will oder die Behörde gegen Ansprüche oder mit Ansprüchen von weniger als 70 Euro aufrechnen oder verrechnen will.

8 Zu den tragenden Prinzipien des rechtsstaatlichen Verwaltungsverfahrens gehört neben dem Anspruch auf rechtliches Gehör das Recht, Einsicht in die Verfahrensakten zu nehmen, so weit deren Kenntnis zur Geltendmachung oder Verteidigung rechtlicher Interessen erforderlich ist. Enthalten die Akten Angaben über den Gesundheitszustand eines Beteiligten, kann die Behörde diesem den Akteninhalt durch einen Arzt vermitteln lassen. Dies soll sie tun, wenn zu befürchten ist, dass sich die Akteneinsicht für den Beteiligten nachteilig auswirken könnte, z. B. dann, wenn der Beteiligte erst durch Einsicht in die Akten Kenntnis von einer unheilbaren Krankheit erhielte. Die Mitteilung durch einen Arzt könnte hier die Schockwirkung erheblich mildern. Die Beteiligten können sich von den Akten, in die sie Einsicht nehmen dürfen, selbst Auszüge oder Abschriften herstellen. Sie können sich aber auch gegen eine angemessene Aufwandsentschädigung Ablichtungen durch die Behörde anfertigen lassen. Die Behörde darf die Akteneinsicht nicht gestatten, so weit es sich um Vorgänge handelt, die wegen der berechtigten Interessen anderer Beteiligter oder dritter Personen geheim gehalten werden müssen.

9 Demjenigen, der ohne Verschulden verhindert war, eine gesetzliche Frist einzuhalten, ist auf seinen Antrag hin Wiedereinsetzung in den vorigen Stand zu gewähren. Bei einer Wiedereinsetzung in den vorigen Stand werden versäumte oder verspätet nachgeholte Verfahrenshandlungen als noch rechtzeitig vorgenommen fingiert. Der Antrag auf Wiedereinsetzung muss innerhalb von zwei Wochen nach Wegfall des Grundes gestellt werden, der für das Fristversäumnis verantwortlich war. Innerhalb dieser Frist ist auch die versäumte Handlung nachzuholen. Der Antrag auf Wiedereinsetzung und die Nachholung der versäumten Handlung ist nur innerhalb eines Jahres nach Ende der versäumten Frist zulässig. Eine Wiedereinsetzung ist in den Fällen unzulässig, in denen dies durch Gesetz ausdrücklich ausgeschlossen wurde (Ausschlussfristen).

10 Hat jemand von der Stellung eines Antrags auf eine Sozialleistung abgesehen, weil er einen Anspruch auf eine andere Sozialleistung geltend gemacht hat, die ihm aber schließlich versagt wurde, so kann er den Antrag auf die ursprünglich gewollte Leistung mit Wirkung für die Vergangenheit nachholen. Der nachgeholte Antrag wirkt bis zu einem Jahr zurück, wenn er innerhalb von sechs Monaten nach Ablauf des Monats gestellt wird, in dem die Ablehnung der zunächst beantragten Leistung bindend geworden ist.

11 Den Abschluss eines Verwaltungsverfahrens bildet im Regelfall ein „Verwaltungsakt", der sich regelmäßig in einem gewährenden, feststellenden oder ablehnenden Bescheid ausdrückt (z. B. die Bewilligung oder Ablehnung von Arbeitslosengeld oder Rente oder die Feststellung der Versicherungspflicht in der Rentenversicherung). Ein Verwaltungsakt kann schriftlich, elektronisch, mündlich oder in anderer Weise erlassen werden. Diese grundsätzlich bestehende Formfreiheit wird durch die für die einzelnen Sozialleistungsbereiche bestehenden spezielleren Rechtsvorschriften, die in der Regel Schriftlichkeit vorsehen, außer Kraft gesetzt.

Ein schriftlicher oder elektronischer Verwaltungsakt muss die erlassende Behörde erkennen lassen sowie die Unterschrift oder die Namenswiedergabe des Behördenleiters, seines Vertreters oder seines Beauftragten. Eine Ausnahme gilt für die Bescheide, die mit Hilfe der automatischen Datenverarbeitung erstellt werden. Die inhaltliche Ausgestaltung solcher Bescheide kann mit Hilfe von Schlüsselzeichen erfolgen, die allerdings anhand beigegebener Erläuterungen eindeutig zu entziffern sein müssen; auf eine Unterschrift und eine Namenswiedergabe kann bei diesen Bescheiden verzichtet werden.

12 Ein schriftlicher oder elektronischer Verwaltungsakt bedarf der Begründung. In der Begründung muss die Behörde die wesentlichen tatsächlichen und rechtlichen Gründe mitteilen, die sie zu ihrer Entscheidung bewogen habe. Die Begründung von Ermessensentscheidungen – d. h. von Entscheidungen, bei denen das Gesetz den Behörden einen gewissen Entscheidungsspielraum zugesteht – muss auch die Gesichtspunkte erkennen lassen, von denen die Behörde bei der Ausübung ihres Ermessens ausgegangen ist.

Die Begründungspflicht dient der Sicherstellung eines rechtsstaatlichen Verfahrens. Der Bürger soll durch die Begründung in die Lage versetzt werden, die behördliche Entscheidung zu akzeptieren oder sie unter Ausschöpfung der ihm zur Verfügung stehenden Rechtsbehelfe nachprüfen zu lassen. Die prüfende Instanz wird durch die Begründung in die Lage versetzt, den Verwaltungsakt nachvollziehen zu können. Nicht zuletzt kommt der Begründungspflicht auch eine gewisse Kontrollfunktion für die erlassende Behörde zu, indem sie diese zwingt, sorgfältig zu ermitteln und sich mit dem Vorbringen des Beteiligten auseinander zu setzen. Aus Gründen der Verwaltungsvereinfachung gibt es einige Fälle, in denen das Gesetz von einer Begründungspflicht absieht, z. B. wenn die Behörde einem Antrag entspricht.

13 Erlässt die Behörde einen schriftlichen Verwaltungsakt oder bestätigt sie schriftlich einen Verwaltungsakt, so ist sie verpflichtet, den Beteiligten, der durch die Entscheidung nachteilig berührt wird, über den gegen den Bescheid möglichen Rechtsbehelf schriftlich zu informieren.

Die Rechtsbehelfsbelehrung muss auf die Behörde oder das Gericht hinweisen, bei denen der Rechtsbehelf anzubringen ist, deren Sitz, die einzuhaltende Frist und die Form.

Fehlt eine ordnungsgemäße Rechtsbehelfsbelehrung, so wird die Rechtsbehelfsfrist nicht in Gang gesetzt. Der Rechtsbehelf muss dann grundsätzlich innerhalb eines Jahres seit Zustellung, Eröffnung oder Verkündung des Verwaltungsakts eingelegt werden.

Bestandskraft von Verwaltungsakten

14 Ein Verwaltungsakt wird gegenüber demjenigen, für den er bestimmt ist oder der von ihm betroffen wird, in dem Zeitpunkt wirksam, in dem er ihm bekannt gegeben wird. Er bleibt wirksam, solange und so weit er nicht aufgehoben wird oder sich erledigt, unabhängig davon, ob er fehlerhaft ist oder nicht.

15 Von Anfang an unwirksam ist nur der nichtige Verwaltungsakt. Dies ist ein Verwaltungsakt, der an einem besonders schwer wiegenden Fehler leidet und dieser Fehler offenkundig ist. Das Gesetz zählt darüber hinaus eine Reihe von Fehlern auf, die auch ohne Offenkundigkeit zur Nichtigkeit des Verwaltungsaktes führen, so z. B. ist ein schriftlich erlassener Verwaltungsakt nichtig, der die erlassende Behörde nicht erkennen lässt oder ein Verwaltungsakt, den aus tatsächlichen Gründen niemand ausführen kann. In einigen Fällen offenkundiger Fehlerhaftigkeit ist dagegen die Nichtigkeit ausdrücklich ausgeschlossen, z. B. wenn Vorschriften über die örtliche Zuständigkeit nicht eingehalten worden sind.

16 Bei einer Reihe von Verfahrens- und Formfehlern ermöglicht das Gesetz eine nachträgliche Heilung, d. h. der Betroffene kann nach Korrektur der Fehler nicht mehr wegen des Verstoßes gegen diese Verfahrens- und Formvorschriften eine Aufhebung der Verwaltungsentscheidung verlangen.

So ist es z. B. unbeachtlich, wenn der für den Erlass des Verwaltungsaktes erforderliche Antrag nachträglich gestellt wird, die erforderliche Begründung nachträglich gegeben wird oder die erforderliche Anhörung des Beteiligten nachgeholt wird. Die Korrektur der Fehler – mit Ausnahme der nachträglichen Antragstellung – kann allerdings nur bis zum Abschluss eines Vorverfahrens, in dem die Rechtmäßigkeit des Verwaltungsaktes verwaltungsintern überprüft wird, vorgenommen werden. Falls ein Vorverfahren nicht stattfindet, muss die Korrektur bis zur Klageerhebung erfolgt sein.

17 Die Verletzung von Verfahrens- und Formvorschriften gibt dann keinen Anspruch auf Aufhebung des Verwaltungsaktes, wenn in der Sache keine andere Entscheidung hätte getroffen werden können. Mit dieser Regelung bringt der Gesetzgeber zum Ausdruck, dass dem Verfahrensrecht letztlich nur eine dienende Funktion gegenüber dem materiellen Recht zukommen kann; Verfahrens- und Formfehler sollen nur dann Rechtsfolgen nach sich ziehen, wenn die Fehler die getroffene Entscheidung tatsächlich beeinflusst haben. Bei Ermessensentscheidungen – bei denen der Behörde ein gewisser Entscheidungsspielraum eingeräumt ist – ist dies in der Regel der Fall.

Es gibt allerdings eine Ausnahme von diesem Grundsatz: das Unterbleiben der erforderlichen Anhörung ist auch bei fehlender Entscheidungsalternative erheblich. Mit dieser Regelung wird der Bedeutung des Anhörungsrechts im Verwaltungsverfahren Rechnung getragen.

18 Das SGB X enthält eine Reihe von Vorschriften, die die Aufhebung bereits ergangener Verwaltungsakte außerhalb des Rechtsbehelfsverfahrens regeln. Der Gesetzgeber sah sich bei der Normierung der Aufhebungsvorschriften zu einem Abwägen gezwungen zwischen dem Interesse an Rechtssicherheit, das ein Festhalten an einmal getroffenen Entscheidungen verlangt, und dem Interesse an materieller Gerechtigkeit, das auf Beseitigung nicht rechtmäßiger Zustände drängt.

So weit von einer Aufhebung rechtmäßige Verwaltungsakte betroffen sind, spricht das Gesetz von Widerruf, die Aufhebung rechtswidriger Verwaltungsakte wird mit Rücknahme bezeichnet.

Ob und in welchem Umfang ein nicht mehr anfechtbarer Bescheid aufgehoben werden kann, hängt von seinem Inhalt ab, genauer gesagt davon, ob er den Adressaten begünstigt oder nicht.

Unter einem begünstigenden Verwaltungsakt versteht das Gesetz einen Verwaltungsakt, der für den Adressaten ein Recht oder einen rechtlich erheblichen Vorteil begründet oder bestätigt, z. B. die Bewilligung einer Rente. Die Aufhebung eines begünstigenden Verwaltungsaktes unterliegt mit Rücksicht auf das Vertrauen der Begünstigten auf ein Fortbestehen der zu ihren Gunsten getroffenen behördlichen Entscheidungen strengeren Regeln als die eines nicht begünstigenden.

19 Die Aufhebung eines nicht begünstigenden und rechtswidrigen Verwaltungsaktes macht das SGB X nicht von besonderen Voraussetzungen abhängig. Es verpflichtet die Behörde sogar, einen solchen Verwaltungsakt, auch nachdem er unanfechtbar geworden ist, jederzeit ganz oder teilweise mit Wirkung für die Zukunft zurückzunehmen. Die Rücknahme für die Vergangenheit liegt grundsätzlich im Ermessen der Verwaltung, es sei denn, Sozialleistungen sind zu Unrecht versagt oder Beiträge sind zu Unrecht erhoben worden. In diesen Fällen ist die Verwaltung verpflichtet, den belastenden Bescheid auch mit Wirkung für die Vergangenheit zurückzunehmen. Dies gilt nicht, wenn der Bescheid auf Angaben beruht, die der Betroffene vorsätzlich unrichtig oder unvollständig gemacht hat. Ist ein Verwaltungsakt mit Wirkung für die Vergangenheit zurückgenommen worden, werden die zu Unrecht versagten Sozialleistungen längstens für einen Zeitraum bis zu vier Jahren vor der Rücknahme erbracht. Eine Ausnahme gilt für Leistungen des Arbeitslosengeldes II und der Sozialhilfe, hier werden die Leistungen maximal für ein Jahr rückwirkend erbracht. Erfolgt die Rücknahme auf einen Antrag hin, so tritt bei der Berechnung der Vier-Jahres-Frist der Antrag an die Stelle der Rücknahme. Mit der Begrenzung des Leistungszeitraums auf vier Jahre strebt der Gesetzgeber einen Ausgleich an zwischen den Interessen des einzelnen an einer vollständigen Erbringung der ihm zu Unrecht vorenthaltenen Sozialleistungen und den Interessen der Solidargemeinschaft an der Erhaltung der Leistungsfähigkeit des in Anspruch genommenen Leistungsträgers und damit einhergehend an einer möglichst geringen Belastung mit Ausgaben für Leistungen für zurückliegende Zeiträume.

20 Die Rücknahme eines rechtswidrigen begünstigenden Verwaltungsaktes ist nicht so ohne weiteres möglich. Auch wenn der Begünstigte keinen Anspruch auf die Begünstigung hat, wird sein Vertrauen auf den Bestand der Begünstigung grundsätzlich geschützt.

Ein rechtswidriger begünstigender Verwaltungsakt darf nach den Vorschriften des SGB X nicht zurückgenommen werden, so weit der Begünstigte auf den Bestand des Verwaltungsaktes vertraut hat und dieses Vertrauen unter Abwägung mit dem öffentlichen Interesse an der Rücknahme des rechtswidrigen Verwaltungsaktes schutzwürdig ist. Die Schutzwürdigkeit des Vertrauens wird in der Regel dann angenommen, wenn die fälschlich erbrachten Leistungen bereits verbraucht sind oder mit ihnen so disponiert wurde, dass eine Rücknahme nicht oder nur unter unzumutbaren Nachteilen möglich ist. In einigen Fällen ist allerdings ein Vertrauensschutz ausgeschlossen, so z. B. wenn die Begünstigung durch arglistige Täuschung erwirkt wurde oder der Begünstigte vorsätzlich oder grob fahrlässig falsche Angaben gemacht hat.

21 Rechtswidrige begünstigende Verwaltungsakte mit Dauerwirkung – d. h. Verwaltungsakte, die über den Zeitpunkt ihrer Bekanntgabe hinaus bestimmte Wirkungen entfalten, wie z. B. die Bewilligung einer Rente, können bei Vorliegen der Rücknahmevoraussetzungen grundsätzlich nur bis zum Ablauf von zwei Jahren nach ihrer Bekanntgabe zurückgenommen werden. So weit ein begünstigender Bescheid aufhebbar ist, wird er mit Wirkung für die Zukunft zurückgenommen. Nur in den Fällen, in denen z. B. wegen arglistiger Täuschung ein Vertrauensschutz ausgeschlossen ist, wird auch mit Wirkung für die Vergangenheit zurückgenommen.

22 So weit nicht ausdrücklich ausgeschlossen, kann ein rechtmäßiger nicht begünstigender Verwaltungsakt jederzeit mit Wirkung für die Zukunft widerrufen werden, so dass es dem Verwaltungsträger möglich ist, den Bürger auch von einer rechtmäßigen Belastung freizustellen. Der Widerruf eines rechtmäßigen begünstigenden Verwaltungsaktes ist zulässig, wenn einer der im SBG X abschließend aufgeführten Widerrufsgründe vorliegt, z. B. dann, wenn der Widerruf im Verwaltungsakt vorbehalten ist.

Außerdem kann ein rechtmäßiger begünstigender Verwaltungsakt widerrufen werden, wenn im Verwaltungsakt eine Zweckbestimmung zur Verwendung einer Sach- oder Geldleistung vorgesehen war und diese vom Begünstigten nicht entsprechend verwendet wird.

23 Viele Sozialleistungen werden für eine gewisse Dauer gewährt. Um den im Lauf der Zeit eintretenden Änderungen der tatsächlichen oder rechtlichen Verhältnisse, die diesen Verwaltungsakten zugrunde liegen, Rechnung tragen zu können, sieht das SGB X die Möglichkeit vor, die einmal getroffenen Entscheidungen im Hinblick auf die eingetretenen Änderungen zu revidieren. Es verpflichtet die Verwaltung, den Verwaltungsakt mit Wirkung für die Zukunft aufzuheben, wenn die Änderung der rechtlichen und tatsächlichen Verhältnisse von wesentlicher Bedeutung ist, der Verwaltungsakt also, wie er ursprünglich der wahren Sach- und Rechtslage entsprach, mit gleichem Inhalt nicht mehr nach der neuen Sach- und Rechtslage ergehen könnte.

Die Aufhebung mit Wirkung für die Vergangenheit ab Änderung der Verhältnisse ist nur in einigen Fällen zulässig, so insbesondere dann, wenn die Änderung zugunsten des Betroffenen erfolgt oder wenn der Betroffene einer gesetzlichen Mitteilungspflicht vorsätzlich oder grob fahrlässig nicht nachgekommen ist oder wenn nach Antragstellung oder Erlass des Verwaltungsaktes Einkommen erzielt wurde, das zum Wegfall oder zur Minderung des Anspruchs geführt hat.

Als wesentliche Änderung erwähnt das Gesetz ausdrücklich die Herausbildung einer ständigen Rechtsprechung des jeweils zuständigen obersten Gerichtshofs des Bundes, der das Recht zugunsten des Berechtigten nachträglich anders auslegt als die Verwaltung bei Erlass des Verwaltungsaktes und sich dies zugunsten des Berechtigten auswirkt.

24 Sozialleistungen, die aufgrund eines aufgehobenen Verwaltungsaktes oder ohne Verwaltungsakt zu Unrecht erbracht worden sind, sind zu erstatten. Der Erstattungsanspruch verjährt in vier Jahren nach Ablauf des Kalenderjahres, in dem der Verwaltungsakt, der die zu erstattende Leistung festgestellt hat, unanfechtbar geworden ist.

25 Hinsichtlich der Rechtsbehelfe gegen Entscheidungen der Behörden verweist das SGB X auf die Vorschriften des Sozialgerichtsgesetzes bzw. der Verwaltungsgerichtsordnung.

Jemand, der erfolgreich gegen einen Verwaltungsakt Widerspruch eingelegt hat, kann von der Behörde, die den Verwaltungsakt erlassen hat, die Erstattung der ihm hierbei entstandenen Kosten verlangen. Die Gebühren und Auslagen eines Rechtsanwalts oder sonstigen Bevollmächtigten sind erstattungsfähig, wenn die Zuziehung des Bevollmächtigten notwendig war; dies wird im Regelfall bejaht werden müssen.

26 Das SGB X normiert die dem Wesen und Ziel des Sozialrechts adäquate Kostenfreiheit des Verwaltungsverfahrens. Sie bedeutet, dass für das Verfahren bei den Behörden nach dem SGB keine Gebühren und Auslagen erhoben werden. Dies gilt auch, wenn im Rahmen des Verwaltungsverfahrens andere Behörden beteiligt werden müssen. Durch die Kostenfreiheit soll sichergestellt werden, dass niemand aus Kostengründen auf die Stellung eines Antrags auf Sozialleistungen oder die sonstige Inanspruchnahme der Sozialverwaltung – z. B. für eine Auskunft oder Beratung – verzichtet.

Zusammenarbeit der Leistungsträger und ihre Beziehungen zu Dritten

27 An den Anfang des dritten und letzten Kapitels des SGBX setzte der Gesetzgeber das Gebot für die Leistungsträger, ihre Verbände und die im SGB genannten öffentlich-rechtlichen Vereinigungen, bei der Erfüllung ihrer gesetzlichen Aufgaben eng zusammenzuarbeiten. Entsprechend dieser grundsätzlichen Verpflichtung enthält das Gesetz eine Reihe von Regelungen, die die reibungslose Zusammenarbeit gewährleisten sollen.

28 Um festzustellen, ob die Voraussetzungen für eine Sozialleistung vorliegen, sind oftmals ärztliche Untersuchungsmaßnahmen notwendig. Zur Vermeidung überflüssiger Mehrfachuntersuchungen verpflichtet das Gesetz einen Leistungsträger, der ärztliche Untersuchungsmaßnahmen veranlasst, diese in einer Art und Weise vorzunehmen und deren Ergebnisse so festzuhalten, dass sie auch bei der Prüfung der Voraussetzungen anderer Sozialleistungen verwendet werden können. Durch Vereinbarungen haben die Leistungsträger sicherzustellen, dass Untersuchungen unterbleiben, so weit bereits verwertbare Untersuchungsergebnisse vorliegen.

29 Damit die Behörden die ihnen obliegenden Aufgaben erfüllen können, sieht das SGB X für eine Reihe von Personen bestimmte Auskunftspflichten vor:

So hat der Arbeitgeber auf Verlangen den Leistungsträger oder die Krankenversicherung als Einzugsstelle für den Beitragseinzug über die Art und Dauer der Beschäftigung, den Beschäftigungsort und das Arbeitsentgelt zu unterrichten, so weit dies im Einzelfall für die Erbringung von Sozialleistungen erforderlich ist.

Eine Auskunftspflicht in den Grenzen der gesetzlich normierten Mitwirkungspflicht besteht auch für Angehörige, Unterhaltspflichtige oder sonstige Personen, wenn für die Sozialleistungen oder ihre Erstattung das Einkommen oder das Vermögen des Leistungsempfängers oder dieser Personen oder ein Unterhaltsanspruch von Bedeutung ist.

Der Arzt ist dem Leistungsträger im Einzelfall zur Auskunft verpflichtet, wenn eine solche Auskunft gesetzlich zugelassen ist oder der Betroffene eingewilligt hat.

30 Das SGB X enthält verschiedene Vorschriften, die die Erstattungsansprüche der Leistungsträger untereinander regeln für den Fall, dass anstelle des letztlich verpflichteten Leistungsträgers ein anderer Leistungsträger Sozialleistungen erbracht hat. Des Weiteren finden sich im dritten Kapitel Regelungen zu den Ansprüchen der Leistungsträger gegen den Arbeitgeber und gegen Personen, die sich gegenüber einem Sozialleistungsempfänger schadenersatzpflichtig gemacht haben.

31 Hat ein Leistungsträger Sozialleistungen erbracht, weil ein Arbeitgeber seiner Verpflichtung zur Zahlung von Arbeitsentgelt nicht nachgekommen ist, so geht der Entgeltanspruch des Arbeitnehmers bis zur Höhe der erbrachten Sozialleistung auf den Leistungsträger über.

32 Einen gesetzlichen Anspruchsübergang sieht das Gesetz auch für Schadenersatzansprüche eines Leistungsempfängers vor, so weit ein Sozialversicherungs- oder Sozialhilfeträger aufgrund eines schädigenden Ereignisses Sozialleistungen zu erbringen hat, z. B. Krankenbehandlung oder Krankengeld anlässlich eines Verkehrsunfalls. Ausgeschlossen ist jedoch der Übergang von Schadenersatzansprüchen, die sich gegen Familienangehörige richten, die mit dem Geschädigten in häuslicher Gemeinschaft leben, es sei denn, der Schaden wurde vorsätzlich herbeigeführt.

In den Fällen, in denen der Schadenersatzanspruch aus Rechtsgründen zur Deckung des Gesamtschadens nicht ausreicht, z. B. bei einer Haftungsbegrenzung auf bestimmte Höchstsummen nach dem Straßenverkehrsgesetz, findet ein Forderungsübergang nur insoweit statt, als der Schadenersatzanspruch nicht zum Ausgleich des Schadens des Geschädigten oder seiner Hinterbliebenen erforderlich ist. Der Geschädigte darf also zuerst seine noch offenen Schadenersatzansprüche befriedigen; so weit dann noch ein Restanspruch verbleibt, geht dieser auf den Sozialleistungsträger über (so genanntes Quotenvorrecht des Geschädigten). Bei einer Anspruchsminderung wegen Mitverschuldens oder Mitverantwortlichkeit des Geschädigten findet jedoch nur ein anteiliger Forderungsübergang entsprechend der Haftungsquote des Schädigers statt. Der Restbetrag verbleibt beim Geschädigten, es sei denn die Sozialleistungen decken den Schaden voll ab.

Vorrang haben die Ansprüche des Geschädigten und seiner Hinterbliebenen gegenüber den übergegangenen Ansprüchen auch in den Fällen, in denen der Durchsetzung des Anspruchs gegen den Schädiger tatsächliche Hindernisse, z. B. Zahlungsunfähigkeit des Schädigers, entgegenstehen.

Datenschutz

Prinzipien des Sozialdatenschutzes

33 Die Gewährleistung sozialer Rechte durch die sozialen Sicherungssysteme ist ohne den Umgang mit personenbezogenen Daten (Sozialdaten) der betroffenen Bürger nicht denkbar. Die Erhebung, Verarbeitung oder Nutzung von oftmals hochsensiblen Daten der Betroffenen, beispielsweise über ihren Gesundheitszustand, ist allerdings grundsätzlich als Eingriff in das verfassungsrechtlich garantierte Recht des Einzelnen auf informationelle Selbstbestimmung zu bewerten, der zur Rechtfertigung einer gesetzlichen Grundlage bedarf, die dem rechtsstaatlichen Gebot der Normenklarheit und dem Grundsatz der Verhältnismäßigkeit entsprechen muss (Verbot mit Erlaubnisvorbehalt). Der Schutz personenbezogener Daten ist außerdem von zwei zentralen Prinzipien geprägt, die durchgehend ihren Niederschlag in der Vielzahl datenschutzrechtlicher Vorschriften gefunden haben: Daten über Personen dürfen grundsätzlich nur erhoben, verarbeitet oder genutzt werden, wenn dies zur Erfüllung der Aufgaben der verantwortlichen Stelle erforderlich ist. Diese strengen Anforderungen gelten prinzipiell dann nicht, wenn der Betroffene vorher in den Umgang mit seinen Daten im Einzelnen eingewilligt hat. Dabei ist aber umgekehrt zu berücksichtigen, dass Sozialleistungen ein Gesamtleistungsgefüge darstellen und einzelne Träger zu ihrer Aufgabenerfüllung auf Sozialdaten, die bei anderen Trägern gespeichert sind, angewiesen sind. Der Föderalismus bzw. die Infrastruktur im Hinblick auf die Sozialleistungsträger darf nicht zu Informationsdefiziten führen. Dieser Gedanke der informationellen Einheit der sozialen Sicherung kommt in § 67c Abs. 2 Nr. 1 und § 69 Abs. 1 Nr. 1 SGB X zum Ausdruck. Diesen Gedanken hat das Bundesverfassungsgericht in seinem bekannten Volkszählungsurteil folgendermaßen beschrieben: „Grundsätzlich muss der Einzelne Einschränkungen seines Rechts auf informationelle Selbstbestimmung im überwiegenden Allgemeininteresse hinnehmen." (BVerfGE 65, 1, 43 ff.)

34 Mit den Vorschriften über das Sozialgeheimnis in § 35 SGB I, über den Sozialdatenschutz im 2. Kapitel des SGB X (§§ 67 bis 85a) sowie den ergänzenden datenschutzrechtlichen Sondervorschriften in den einzelnen Büchern des SGB ist der Gesetzgeber der verfassungsrechtlichen Vorgabe nachgekommen, gesetzliche Regelungen über den Schutz von Sozialdaten, als besonders schutzwürdige personenbezogene Daten, aufzustellen, die ein hohes Schutzniveau gewährleisten. Sie gelten für die automatisierte und nicht automatisierte Erhebung, Verarbeitung und Nutzung von Sozialdaten gleichermaßen, es sei denn das Gesetz sieht, wie beispielsweise in der Anlage zu § 78a SGB X geschehen, Ausnahmen von diesem Grundsatz vor. Die Vorschriften über den Sozialdatenschutz im SGB lassen für Sozialdaten den Rückgriff auf Vorschriften anderer Gesetze zum Datenschutz, insbesondere des Bundesdatenschutzgesetzes (BDSG), nur zu, wenn sie auf diese verweisen. In Anbetracht der inhaltlichen Überschneidungen mit dem allgemeinen Datenschutzrecht hat sich der Gesetzgeber aus Gründen der Übersichtlichkeit und Lesbarkeit für ein eigenständiges und in sich abgeschlossenes Sozialdatenschutzrecht entschieden.

35 Nach § 35 SGB I hat jeder Anspruch darauf, dass die ihn betreffenden Sozialdaten (§ 67 Abs. 1 SGB X) von den Leistungsträgern nicht unbefugt erhoben, verarbeitet oder genutzt werden (Sozialgeheimnis). Die Vorschriften über das Sozialgeheimnis und den Sozialdatenschutz gelten unabhängig davon, ob das SGB von Bundes- oder Landesbehörden angewandt wird.

36 Sozialdaten sind Einzelangaben über persönliche oder sachliche Verhältnisse einer bestimmten oder bestimmbaren natürlichen Person, die von einer in § 35 Abs. 1 SGB I genannten Stelle im Hinblick auf ihre Aufgaben nach dem SGB erhoben, verarbeitet oder genutzt werden (§ 67 Abs. 1 SGB X). Betriebs- und Geschäftsgeheimnisse stehen von Gesetzes wegen Sozialdaten gleich (§ 35 Abs. 4 SGB I).

37 Grundlegend ist daher die Feststellung, wann und unter welchen Voraussetzungen Angaben über sachliche oder persönliche Verhältnisse einer bestimmten oder bestimmbaren Person zu Sozialdaten werden. Erstens fallen in den Schutzbereich der Regelungen über Sozialdaten nur solche Daten, die eine Stelle erhebt, verarbeitet oder nutzt, die in § 35 Abs. 1 SGB I benannt ist (Leistungsträger, Verbände der Leistungsträger, Arbeitsgemeinschaften der Leistungsträger und ihrer Verbände, Künstlersozialkasse, Deutsche Post AG, Behörden der Zollverwaltung und andere). Zweitens muss es sich um Daten handeln, die zur Erfüllung von Aufgaben nach dem SGB dienen. Deshalb sind Daten der Beschäftigten der Sozialleistungsträger, der für die Leistungsträger ehrenamtlich Tätigen, der Vertragspartner der Leistungsträger und der Leistungserbringer (z. B. Kassenärzte) keine Sozialdaten, da sie nur zu eigenen verwaltungsinternen Zwecken verwendet werden und nicht der Aufgabenerfüllung nach dem SGB im Verhältnis zum Bürger dienen. Für solche personenbezogenen Daten gilt das Bundesdatenschutzgesetz. Daten verlieren ihren Charakter als Sozialdaten, wenn sie anonymisiert oder pseudonymisiert werden und damit einer bestimmten oder bestimmbaren Person nicht mehr oder nur noch mit erheblichem Aufwand zugeordnet werden können (vgl. im Einzelnen §§ 67 Abs. 8 und 8a, 78a SGB X zum Begriff und zur Bedeutung der Anonymisierung und Pseudonymisierung von Sozialdaten).

38 Der bereichsspezifische Schutz von Sozialdaten im SGB I und SGB X ist mit Wirkung zum 23. Mai 2001 durch das Gesetz zur Änderung des Bundesdatenschutzgesetzes und anderer Gesetze (BGBl. I S. 904 ff.) an die europarechtlichen Vorgaben der Richtlinie 95/46/EG vom 24. Oktober 1995 zum Schutz natürlicher Personen bei der Verarbeitung personenbezogener Daten und zum freien Datenverkehr (EG-Datenschutzrichtlinie) angepasst worden. Durch die europarechtlichen Vorgaben sind die Anforderungen an den Datenschutz u. a. im Hinblick auf den Umgang mit den in § 67 Abs. 12 SGB X genannten besonderen Arten personenbezogener Daten über Gesundheit, Sexualleben, etc. und die notwendigen technisch- organisatorischen Vorkehrungen etwa zur Datenvermeidung und Datensparsamkeit (§ 78b SGB X) und zum Datenschutzaudit (§ 78c SGB X) erweitert und präzisiert worden (vgl. hierzu Steinbach, Die Umsetzung der EG-Richtlinie Datenschutz im Sozialgesetzbuch, NZS 2002, 15 ff.).

39 Im Mittelpunkt des Sozialdatenschutzrechts stehen die §§ 67 bis 85a SGB X, die sich strukturell wie folgt gliedern: Den Begriffsbestimmungen in § 67 SGB X folgen in den §§ 67a und 67b SGB X grundsätzliche Regelungen zur Erhebung von Sozialdaten (§ 67a SGB X) und zur Zulässigkeit der Datenverarbeitung oder -nutzung (§ 67b SGB X). Danach ist die Verarbeitung von Sozialdaten oder deren Nutzung nur zulässig, soweit die nachfolgenden Vorschriften der §§ 67c ff. SGB X oder eine andere Rechtsvorschrift im SGB es erlauben oder anordnen oder soweit der Betroffene eingewilligt hat. Von herausgehobener praktischer Bedeutung sind vor allem die §§ 67d bis 78 SGB X: Sie regeln die Übermittlung von Sozialdaten nicht nur zwischen den in § 35 Abs. 1 SGB X genannten Stellen, sondern auch zu sonstigen Stellen wie beispielsweise Forschungseinrichtungen. Die §§ 78 bis 80 SGB X treffen Vorgaben zu technisch-organisatorischen Maßnahmen des Schutzes von Sozialdaten, u. a. im Rahmen von automatisierten Abrufverfahren und der Auftragsdatenverarbeitung. Die §§ 81 bis 85a SGB X regeln die Aufsicht über den Sozialdatenschutz, Rechte des einzelnen Betroffenen sowie Bußgeld- und Straftatbestände bei datenschutzrechtlichen Verstößen.

Datenerhebung

40 Die Erhebung von Sozialdaten ist nur zulässig, wenn ihre Kenntnis zur Erfüllung einer Aufgabe der erhebenden Stelle nach dem SGB erforderlich ist (§ 67a Abs. 1 SGB X). Die Sozialdaten sind grundsätzlich beim Betroffenen zu erheben (§ 67a Abs. 2 SGB X). Es gibt jedoch wichtige Ausnahmen: So ist beispielsweise eine Erhebung bei anderen in § 35 SGB I oder in § 69 Abs. 2 SGB X genannten Stellen zulässig, wenn diese Stelle zur Übermittlung dieser Daten befugt ist, die Erhebung unmittelbar beim Betroffenen einen unverhältnismäßigen Aufwand erfordern würde und für die Verletzung schutzwürdiger Belange des Betroffenen durch die Erhebung bei den anderen Stellen keine Anhaltspunkte bestehen (§ 67a Abs. 2 Nr. 1 SGB X).

Datenspeicherung, -veränderung oder -nutzung

41 Die Speicherung, Veränderung oder Nutzung von Sozialdaten durch die in § 35 Abs. 1 SGB I genannten Stellen ist zulässig, wenn es zur Erfüllung der in der Zuständigkeit der verantwortlichen Stelle liegenden gesetzlichen Aufgaben nach dem SGB erforderlich ist und für die Zwecke erfolgt, für die die Daten erhoben worden sind (§ 67c Abs. 1 SGB X). Auf die enge Bindung an den Erhebungszweck wird jedoch verzichtet, wenn die Daten für die Erfüllung von Aufgaben nach anderen Vorschriften des SGB als denjenigen, für die sie erhoben wurden, erforderlich ist (§ 67c Abs. 2 Nr. 1 SGB X).

Datenübermittlung

42 Die Übermittlung von Sozialdaten ist nur zulässig, wenn der Betroffene eingewilligt hat (§ 67b Abs. 1 SGB X) oder wenn eine gesetzliche Übermittlungsbefugnis nach den §§ 68 bis 77 SGB X oder nach einer anderen Rechtsvorschrift des Sozialgesetzbuchs vorliegt (§ 67d Abs. 1 SGB X). Übermitteln ist das Bekanntgeben gespeicherter oder durch Datenverarbeitung gewonnener Sozialdaten an einen Dritten in der Weise, dass die Daten an den Dritten weitergegeben werden oder der Dritte zur Einsicht oder zum Abruf bereitgehaltene Daten einsieht oder abruft (§ 67 Abs. 6 Nr. 3 SGB X). Dritter ist jede Person oder Stelle außerhalb der verantwortlichen Stelle (§ 67 Abs. 10 SGB X). Verantwortliche Stelle ist jede Person oder Stelle, die Sozialdaten für sich selbst erhebt, verarbeitet oder nutzt oder dies durch andere im Auftrag vornehmen lässt (§ 67 Abs. 1 SGB X). Werden Sozialdaten von einem Leistungsträger im Sinne des § 12 SGB I erhoben, verarbeitet oder genutzt, ist verantwortliche Stelle der Leistungsträger.

43 Deshalb liegt keine Übermittlung, sondern Nutzung von Sozialdaten im Rechtssinne vor, wenn mit diesen innerhalb der Verwaltung eines Leistungsträgers umgegangen wird. Denn Nutzen ist jede Verwendung von Sozialdaten, soweit es sich nicht um Verarbeitung handelt, auch die Weitergabe innerhalb der verantwortlichen Stelle (§ 67 Abs. 7 SGB X). Allerdings ist auch innerhalb eines Leistungsträgers sicherzustellen, dass Sozialdaten nur Befugten zugänglich sind und nur an diese weitergegeben werden (§ 35 Abs. 1 Satz 2 SGB I). Es handelt sich hierbei um den so genannten internen Sozialdatenschutz.

44 Aus § 78 Abs. 1 Satz 2 SGB X kann der Grundsatz abgeleitet werden, dass Sozialdaten ihren besonders schutzwürdigen Charakter nicht dadurch verlieren, dass sie an Dritte übermittelt werden: Selbst wenn der Dritte keine Stelle im Sinne des § 35 Abs. 1 SGB I ist, hat er die Daten in demselben Umfang und mit denselben Vorkehrungen geheim zu halten, wie die in § 35 Abs. 1 SGB I genannten Stellen. Schließlich ist als Prinzip der Übermittlung von Sozialdaten festzuhalten, dass Datenübermittlungen, die nach den §§ 68 bis 75 SGB X an sich zulässig wären, rechtlichen Beschränkungen unterliegen, wenn es sich um Gesundheitsdaten (vgl. nur § 76 SGB X) handelt oder die Übermittlungen in das außereuropäische Ausland (§ 77 SGB X) erfolgen sollen. Bei der Übermittlung ins außereuropäische Ausland spielt die Bewertung des Datenschutzniveaus des Empfängerstaates eine zentrale und zugleich schwierige Rolle.

45 Die §§ 68 bis 77 SGB X sehen folgende Regelungen für die Datenübermittlung vor:

– Übermittlung bestimmter enumerativ genannter Angaben wie z. B. Name oder Anschrift für Aufgaben der Polizeibehörden, der Staatsanwaltschaften und andere (§ 68 SGB X),

- Übermittlung für die Erfüllung sozialer Aufgaben (§ 69 SGB X),
- Übermittlung für die Durchführung des Arbeitsschutzes (§ 70 SGB X),
- Übermittlung für die Erfüllung besonderer gesetzlicher Aufgaben und Mitteilungsbefugnisse (§ 71 SGB X),
- Übermittlung bestimmter enumerativ genannter Angaben wie z. B. Name oder Anschrift für den Schutz der inneren und äußeren Sicherheit (§ 72 SGB X),
- Übermittlung für die Durchführung eines Strafverfahrens (§ 73 SGB X),
- Übermittlung bei Verletzung der Unterhaltspflicht und beim Versorgungsausgleich (§ 74 SGB X),
- Übermittlung von Sozialdaten für die Forschung und Planung (§ 75 SGB X) sowie
- Übermittlung ins Ausland und an über- oder zwischenstaatliche Stellen (§ 77 SGB X).

46 Eine Rechtsvorschrift außerhalb des SGB rechtfertigt dagegen die Übermittlung nicht. Nach § 67d Abs. 1 SGB X ist eine Übermittlung von Sozialdaten nur zulässig, soweit eine gesetzliche Übermittlungsbefugnis nach den §§ 68 bis 77 SGB X oder nach einer anderen Rechtsvorschrift im Sozialgesetzbuch vorliegt. Die Befugnis zur Übermittlung von Sozialdaten bedeutet allerdings nicht automatisch, dass der Leistungsträger verpflichtet wäre, die Daten zu übermitteln. Eine Übermittlungspflicht ergibt sich nicht aus den §§ 68 ff. SGB X, sondern muss sich aus anderen Rechtsvorschriften, wie beispielsweise über die Amtshilfe gemäß §§ 3 ff. SGB X, ergeben.

47 Besondere praktische Bedeutung kommt der Übermittlung für die Erfüllung sozialer Aufgaben nach § 69 SGB X zu. Der häufigste Fall ist die Übermittlung von Daten im Zusammenhang mit der gesetzlichen Aufgabenerfüllung der Leistungsträger und der Durchführung von Verfahren nach dem SGB. § 69 SGB X lässt nicht nur die Übermittlung im Einzelfall, sondern auch regelmäßige Datenübermittlungen zu, ohne dass eine besondere gesetzliche Ermächtigungsgrundlage erforderlich wäre. Im Einzelnen werden folgende Voraussetzungen für die Übermittlung nach § 69 Abs. 1 SGB X aufgestellt:

- Die Übermittlung von Sozialdaten ist erforderlich für die Erfüllung der Zwecke, für die sie erhoben worden sind, oder für die Erfüllung einer gesetzlichen Aufgabe der übermittelnden Stelle nach dem SGB (§ 69 Abs. 1 Nr. 1 Alt. 1 und 2, Abs. 2 SGB X), unabhängig davon, welche Stelle Empfänger der Daten ist.

> **Beispiele:**
>
> (1) Holt ein Leistungsträger notwendige Auskünfte bei einem anderen Leistungsträger ein, darf er zu diesem Zweck die Daten übermitteln, die die ersuchte Stelle zur sachgemäßen Erteilung der Auskunft benötigt.
>
> (2) Will ein Leistungsträger die Strafverfolgung etwa wegen Betrugs zu Lasten der Sozialversicherung oder wegen Vorenthaltung und Veruntreuung von Arbeitsentgelten einleiten, rechtfertigt dies die Übermittlung der Sozialdaten an die Strafverfolgungsbehörden.

- Die Übermittlung ist erforderlich für die Erfüllung einer gesetzlichen Aufgabe des Empfängers (§ 69 Abs. 1 Nr. 1 Alt. 3 SGB X), der eine in § 35 SGB I genannte Stelle ist. Die Übermittlung dient zwar nicht der Aufgabenerfüllung der übermittelnden Stelle, dafür muss der Empfänger aber zwingend eine Stelle sein, die ihrerseits an das Sozialgeheimnis gebunden ist.

> **Beispiel:**
>
> Eine Berufsgenossenschaft teilt einem Rentenversicherungsträger Angaben zu einer Verletztenrente mit, damit dieser prüfen kann, ob und ggf. in welcher Höhe Leistungen der Rentenversicherung nach § 93 SGB VI angerechnet werden dürfen.

- Die Übermittlung ist für die Richtigstellung unwahrer Tatsachenbehauptungen des Betroffenen im Zusammenhang mit einem Verfahren über die Erbringung von Sozialleistungen erforderlich (§ 69 Abs. 1 Nr. 3 SGB X). In diesem Fall bedarf die Übermittlung der Genehmigung durch die zuständige oberste Bundes- oder Landesbehörde.

48 § 69 Abs. 2 SGB X stellt der Datenübermittlung an die in § 35 SGB I genannten Stellen die Übermittlung an drei weitere Adressatenkreise gleich:

- Bestimmte staatliche Stellen, die außerhalb des SGB sozialorientierte Leistungen (z. B. nach dem Beamtenversorgungsgesetz) zu erbringen haben,
- Gemeinsame Einrichtungen der Tarifvertragsparteien, die Zusatzversorgungseinrichtungen des öffentlichen Dienstes und die öffentlich-rechtlichen Zusatzversorgungseinrichtungen und

– Bezügestellen des öffentlichen Dienstes, soweit sie kindergeldabhängige Leistungen festzusetzen haben.

49 Von Gewicht ist ferner die Übermittlung von Sozialdaten zur Erfüllung gesetzlicher Mitteilungspflichten (§ 71 SGB X). Geregelt ist die Datenübermittlung zur Erfüllung von Mitteilungspflichten

– zur Abwendung geplanter schwerer Straftaten,
– zum Schutz vor bestimmten übertragbaren Krankheiten und Geschlechtskrankheiten,
– gegenüber der Finanzverwaltung aus bestimmten abgabenrechtlichen Gründen,
– zur Wehrüberwachung,
– zur Überprüfung von bestimmten Voraussetzungen nach dem Wohngeldgesetz,
– zur Verfolgung von Ordnungswidrigkeiten nach dem Gesetz zur Bekämpfung der Schwarzarbeit und illegalen Beschäftigung,
– zur Mitteilung einzutragender Tatsachen an das Gewerbezentralregister,
– zur Erfüllung der Aufgaben der statistischen Ämter der Länder und des Statistischen Bundesamtes zum Aufbau und zur Führung des Statistikregisters,
– zur Aktualisierung des Betriebsregisters nach dem Agrarstatistikgesetz,
– zur Erfüllung der Aufgaben der Deutschen Rentenversicherung Bund, soweit sie als zentrale Stelle Aufgaben nach dem Einkommensteuergesetz wahrnimmt und
– zur Erfüllung der Aufgaben der Deutschen Rentenversicherung Knappschaft-Bahn-See/Verwaltungsstelle Cottbus, soweit sie bei geringfügig Beschäftigten Aufgaben nach dem Einkommensteuergesetz durchführt.

50 Mitteilungen der in § 35 Abs. 1 SGB I genannten Stellen sind ferner nach § 71 Abs. 1 Satz 2, Abs. 2, 2a und Abs. 3 SGB X zulässig, sofern sie erforderlich sind,

– zur Erfüllung der gesetzlichen Pflichten zur Sicherung und Nutzung von Archivgut,
– zur Korrektur des Melderegisters bei den Meldebehörden,
– zur Erfüllung gesetzlicher Vorgaben des Aufenthaltsgesetzes,
– zur Erfüllung gesetzlicher Vorgaben des Asylbewerberleistungsgesetzes und
– zum Erlass von Maßnahmen in Betreuungssachen durch das Vormundschaftsgericht.

51 Die Übermittlung von Sozialdaten für die Forschung und Planung an Dritte bedarf der Genehmigung durch die oberste Bundes- oder Landesbehörde, die für den Bereich, aus dem die Daten herrühren, zuständig ist (§ 75 Abs. 2 SGB X). Wegen der vom Gesetzgeber getroffenen Abwägung zwischen der Wahrung des Sozialdatenschutzes einerseits und der Förderung der Wissenschafts- und Forschungsfreiheit andererseits darf eine Genehmigung nur aus den in § 75 Abs. 1 SGB X genannten Gründen versagt werden. Die Genehmigung ist u. a. zu versagen, wenn schutzwürdige Interessen des Betroffenen beeinträchtigt würden oder das öffentliche Interesse an der Forschung oder Planung das Geheimhaltungsinteresse des Betroffenen nicht erheblich überwiegen würde.

52 Weitere wichtige Übermittlungstatbestände beinhalten wegen steigender Kriminalitätsraten und der Bedrohung durch den internationalen Terrorismus schließlich die §§ 68, 72 und 73 SGB X, die unter eng begrenzten Voraussetzungen die Übermittlung von Sozialdaten an Sicherheitsbehörden, Staatsanwaltschaften und Gerichte zulassen. § 68 Abs. 3 SGB X lässt nunmehr auch eine Übermittlung von bestimmten Sozialdaten zur Durchführung einer nach Landes- oder Bundesrecht zulässigen Rasterfahndung zu. Die Übermittlung von Sozialdaten muss jedoch zu diesem Zweck erforderlich sein.

Nutzungsbeschränkung beim Datenempfänger

53 Das hohe Schutzniveau zur Gewährleistung des Sozialgeheimnisses bei der Übermittlung von Sozialdaten wird nicht nur durch Regelungen in den §§ 67d bis 77 SGB X zur Zulässigkeit der Übermittlung, sondern auch zur Zweckbindung und Geheimhaltungspflicht des Dritten, an den die Daten übermittelt worden sind, sichergestellt (§ 78 SGB X). Der Datenempfänger darf die Daten nur zu dem Zweck verwenden oder weiter übermitteln, zu dem sie ihm selbst befugt übermittelt worden sind. Werden Daten an eine nicht-öffentliche Stelle übermittelt, so sind die dort beschäftigten Personen, welche diese Daten verarbeiten, von dieser Stelle vor, spätestens bei der Übermittlung auf die Einhaltung der Pflichten zur Wahrung des Sozialgeheimnisses hinzuweisen. Die Datenempfänger haben ihre Beschäftigten auf diese Beschränkungen hinzuweisen. § 78 Abs. 1 und 3 SGB X sieht zugunsten bestimmter öffentlicher Stellen, die Aufgaben der Gefahrenabwehr und der Strafverfolgung zu erfüllen haben, Lockerungen der ansonsten strikten Zweckbindung und Geheimhaltungspflicht auf Seiten des Datenempfängers vor.

Technisch-organisatorische Vorkehrungen zum Schutz von Sozialdaten

54 Technisch-organisatorische Vorkehrungen zum Schutz von Sozialdaten spielen angesichts immer komplexerer Datenverarbeitungsprozesse unter Einsatz neuer Formen des Datenaustauschs und der Telekommunikation eine zentrale Rolle. Die in § 35 SGB I genannten Stellen, die selbst oder im Auftrag Sozialdaten erheben, verarbeiten oder nutzen, haben die technisch-organisatorischen Vorkehrungen einschließlich der Dienstanweisungen zu treffen, die erforderlich sind, um die Umsetzung der datenschutzrechtlichen Vorschriften des SGB, insbesondere die in der Anlage zu § 78a SGB X genannten Anforderungen an den Sozialdatenschutz (Zutrittskontrolle, Zugangskontrolle, Zugriffskontrolle, Weitergabekontrolle, Eingabekontrolle, Auftragskontrolle, Verfügbarkeitskontrolle und Trennungsgebot), praxisgerecht zu gewährleisten. Die Vorgaben des § 78a SGB X gelten nicht nur im Hinblick auf den Umgang mit automatisierten Daten, sondern auch für manuell verarbeitete Daten beispielsweise in Akten. Dagegen sind die Vorgaben in der Anlage zu § 78a SGB X ausdrücklich nur für die automatisierte Datenverarbeitung zu beachten. Ausgehend von der EG-Datenschutzrichtlinie 95/46/EG hat der Gesetzgeber dem technisch-organisatorischen Datenschutz außerdem durch die neuen Bestimmungen zum Gebot der Datenvermeidung und Datensparsamkeit sowie zum Datenschutzaudit (§§ 78b und 78c SGB X) einen weiteren Impuls verliehen.

55 Die automatisierte Verarbeitung von Sozialdaten birgt besondere Gefahren des Datenmissbrauchs in sich, insbesondere wenn ein Dritter ohne weitere Beschränkungen durch Abruf auf größere Datensammlungen zugreifen kann. Diese prinzipielle Gefahr hat schon das Bundesverfassungsgericht in seinem Volkszählungsurteil gesehen (BVerfGE 65, 1 42 ff.). Deshalb ist die Einrichtung eines automatisierten Verfahrens, das die Übermittlung von Sozialdaten an Dritte durch Abruf ermöglicht, zwischen den in § 35 Abs. 1 SGB X genannten Stellen nur zulässig, soweit dieses Verfahren unter Berücksichtigung der schutzwürdigen Interessen der Betroffenen wegen der Vielzahl der Übermittlungen oder wegen ihrer besonderen Eilbedürftigkeit angemessen ist und wenn die jeweiligen Aufsichtsbehörden die Teilnahme der unter ihrer Aufsicht stehenden Stellen genehmigt haben.

> **Beispiel:**
> Abrufverfahren gem. § 150 Abs. 5 SGB VI im Hinblick auf Dateien der Datenstelle der Rentenversicherung. Die allgemeinen Voraussetzungen solcher Abrufe sind in § 79 SGB X geregelt. Ein automatisiertes Datenabgleichsverfahren, wonach die Bundesagentur für Arbeit Personen, die Leistungen nach dem SGB II beziehen, regelmäßig überprüfen darf, ist in § 52 SGB II geregelt. Für Leistungen nach dem SGB III ist ein entsprechendes Verfahren in § 397 SGB III geregelt.

56 Die Optimierung der sozialen Sicherungssysteme verlangt angesichts zunehmender Aufgaben und gestiegener Ansprüche der Bürger und des Staates auf effektive Verwaltungsleistungen nach einer arbeitsteiligen Verwaltungswirtschaft sowie der Vergabe von Leistungen an die Privatwirtschaft auch auf dem Gebiet der Datenverarbeitung. § 80 SGB X legt fest, unter welchen Voraussetzungen die Erhebung, Verarbeitung oder Nutzung von Sozialdaten im Auftrag zulässig ist. Datenverarbeitung im Auftrag ist von besonderen Zulässigkeitsvoraussetzungen abhängig, weil von ihr grundsätzliche Gefahren für die Wahrung des Sozialgeheimnisses wegen der Einschaltung Dritter ausgehen, und löst strenge Überwachungspflichten des Auftraggebers aus (§ 80 Abs. 2 SGB X). § 80 Abs. 5 SGB X lässt darüber hinaus die Verarbeitung von Sozialdaten im Auftrag durch nicht-öffentliche Stellen nur im Ausnahmefall zu, wenn beim Auftraggeber sonst Störungen im Betriebsablauf auftreten würden oder die übertragenen Arbeiten beim Auftragnehmer erheblich kostengünstiger besorgt werden können und der Auftrag nicht zur Verlagerung des überwiegenden Teils des Datenbestandes auf den nicht-öffentlichen Auftragnehmer führt. Eine Ausnahme hierzu ist in § 51 SGB II geregelt, wonach Träger der Leistungen nach dem SGB II zur Erfüllung ihrer Aufgaben abweichend von § 80 Abs. 5 SGB X auch dann nichtöffentliche Stellen mit der Erhebung, Verarbeitung und Nutzung von Sozialdaten beauftragen dürfen, soweit die Speicherung der Daten den **gesamten** Datenbestand umfasst.

Datenschutzaufsicht und Rechte des Betroffenen

57 Die Datenschutzaufsicht über die in § 35 Abs. 1 SGB I genannten Stellen obliegt dem Bundesbeauftragten für den Datenschutz, soweit es sich um Stellen des Bundes handelt, im Übrigen den Landesbeauftragten für den Datenschutz (§ 81 Abs. 2 SGB X).

Außerdem haben die in § 35 SGB I genannten Stellen interne Beauftragte für den Datenschutz zu bestellen (§ 81 Abs. 4 SGB X in Verbindung mit §§ 4f, 4g BDSG).

58 Aus dem Recht auf informationelle Selbstbestimmung folgt, dass dem betroffenen Bürger weit reichende Rechte gegenüber den Stellen einzuräumen sind, die über seine Daten verfügen. Die datenschutzrechtlichen Kontroll-, Sanktions-, und Teilhaberechte des Betroffenen erstrecken sich auf

— das Recht, sich an den Datenschutzbeauftragten zu wenden (§ 81 Abs. 1 SGB X),
— Ansprüche auf Schadensersatz geltend zu machen (§ 82 SGB X),
— Auskunft über die zu seiner Person verarbeiteten Sozialdaten zu fordern (§ 83 SGB X),
— Berichtigung, Löschung und Sperrung unrichtiger oder unbefugt erhobener Sozialdaten zu verlangen (§ 84 SGB X) und
— unter bestimmten Voraussetzungen Widerspruch gegen die automatisierte Verarbeitung seiner Sozialdaten zu erheben (§ 84 Abs. 1a SGB X in Verbindung mit § 20 Abs. 5 BDSG).

Sozialdatenschutzrechtliche Sondervorschriften

59 Ergänzend zu den Vorschriften über das Sozialgeheimnis (§ 35 SGB I) und den allgemeinen Vorschriften zum Schutz von Sozialdaten (§§ 67 – 85a SGB X) gibt es bereichsspezifische sozialdatenschutzrechtliche Sondervorschriften in den einzelnen Büchern des SGB, zu denen insbesondere die folgenden zählen:

— §§ 50 bis 52a SGB II (Grundsicherung für Arbeitssuchende),
— §§ 42, 282, 282a, 289, 298, 394 bis 397 SGB III (Arbeitsförderung),
— §§ 18f, 18g, 28p, 28q SGB IV (Gemeinsame Vorschriften für die Sozialversicherung),
— §§ 275 bis 277, 284 bis 306 SGB V, sowie den besonderen Vorschriften über elektronische Gesundheitskarte (§ 291a SGBV) und Datentransparenz (§§ 303a ff. SGBV) (Gesetzliche Krankenversicherung),
— §§ 145 bis 152 SGB VI (Gesetzliche Rentenversicherung),
— §§ 199 bis 208 SGB VII (Gesetzliche Unfallversicherung),
— §§ 61 bis 68 SGB VIII (Kinder- und Jugendhilfe),
— §§ 10, 13, 21 und 130 SGB IX (Rehabilitation und Teilhabe behinderter Menschen),
— §§ 93 bis 108 SGB XI (Gesetzliche Pflegeversicherung) und
— §§ 118 SGB XII (Datenabgleiche zwischen Sozialhilfeträgern und gegenüber den verschiedenen Sozialversicherungsträgern).

60 Seit dem 1. Januar 2006 gilt das Informationsfreiheitsgesetz (IFG). Danach hat jeder Bürger gegenüber Bundesbehörden nunmehr grundsätzlich einen voraussetzungsfreien Anspruch auf Zugang zu vorhandenen amtlichen Informationen. Eine wesentliche Schranke stellt dabei das Sozialgeheimnis als „besonderes Amtsgeheimnis" dar (§ 3 Nr. 4 IFG). Dadurch spielt der Anspruch auf Informationszugang im Zuständigkeitsbereich bundesunmittelbarer Sozialleistungsträger keine allzu große Rolle (vgl. im Einzelnen Steinbach/Hochheim NZS 2006, 517, 524).

11 Sozialgesetzbuch - 11. Buch Pflegeversicherung

Überblick

Das Jahr 1994 ist in die deutsche Sozialgeschichte eingegangen. In diesem Jahr wurde die 5. Säule im System der Sozialversicherung geschaffen: Die soziale Pflegeversicherung als Elftes Buch des Sozialgesetzbuches (SGB XI). Damit wurde eine Entwicklung zu einem vorläufigen Abschluss gebracht, die vor mehr als hundert Jahren (1883) mit der Schaffung der gesetzlichen Krankenversicherung ihren Anfang genommen hat. Dieses mehr als hundert Jahre bewährte System hat entscheidend zum sozialen Frieden in unserem Land beigetragen. Das System der sozialen Sicherung hat die Marktwirtschaft zur sozialen Marktwirtschaft weiterentwickelt. Es ist zu einem konstitutiven Element unserer heutigen Gesellschaft geworden. Die Antwort der Gesellschaft auf Pflegebedürftigkeit bestand bis zur Einführung der Pflegeversicherung in der Regel in der Gewährung von Sozialhilfeleistungen. Dies gilt jedenfalls für die stationäre Versorgung. Abgesehen von einigen Spezialgesetzen war Pflegebedürftigkeit vor Einführung der Pflegeversicherung nicht oder nur unzureichend als sozialversicherungsrechtlicher Leistungstatbestand anerkannt. So sah beispielsweise die gesetzliche Krankenversicherung eine pauschale Leistung bei Schwerpflegebedürftigkeit vor. Das bedeutete, dass die große Zahl der Pflegebedürftigen und ihre Familien weitgehend auf sich allein angewiesen waren. Sie mussten für die Folgen und die Kosten der Pflegebedürftigkeit fast vollständig selbst einstehen. Nur so weit die finanziellen Kräfte der Betroffenen überfordert waren, trat die Sozialhilfe ein. Die regelmäßige Inanspruchnahme von Sozialhilfeleistungen – insbesondere bei stationärer Pflege – wurde von den Pflegebedürftigen, die häufig auf ein volles Berufsleben zurückblicken konnten, als demütigend empfunden, vor allem wegen der Heranziehung der Kinder zu den Kosten der stationären Pflege. Die Renten verloren hier ihre übliche Sicherungsfunktion.

Die Rentner wurden im Pflegefall in wirtschaftlicher Hinsicht denjenigen gleich gestellt, die niemals Beiträge gezahlt haben. Vor diesem Hintergrund bestand in Deutschland eine breite politische Übereinstimmung darin, dass die Situation der Pflegebedürftigen und ihrer Familien unbefriedigend war und dass hier eine grundlegende Änderung eintreten und eine Gesamtlösung des Problems gefunden werden musste. Mit der Pflegeversicherung wurde ein Weg gefunden, durch den die Absicherung des Pflegerisikos auf eine neue verlässliche Grundlage gestellt werden konnte. Nicht länger nur die Sozialhilfe, sondern eine neue Säule der Sozialversicherung steht seit 1995 den Pflegebedürftigen und ihren Familien mit solidarischen Hilfen zur Seite.

Die Pflegeversicherung hat bei Versicherten wie Pflegebedürftigen ein hohes Maß an Akzeptanz erreicht. Ihre Leistungen tragen dazu bei, dass viele Pflegebedürftige entsprechend ihrem persönlichen Wunsch zu Hause versorgt werden können, und sie helfen den Pflegebedürftigen und ihren Familien, die finanziellen Aufwendungen, die mit der Pflegebedürftigkeit zusammenhängen, zu tragen. Dennoch bestand nach über einem Jahrzehnt Weiterentwicklungsbedarf in der Pflegeversicherung. So bedurfte es etwa einer Antwort auf die Frage, wie der allgemeine Betreuungs- und Beaufsichtigungsbedarf von Menschen mit demenzbedingten Fähigkeitsstörungen, mit geistigen Behinderungen oder psychischen Erkrankungen besser Berücksichtigung finden kann, ohne die Pflegeversicherung finanziell zu überfordern. Darüber hinaus bestand eine der Hauptfragen bei der Fortentwicklung der Pflegeversicherung darin, wie eine Anpassung der seit Einführung unverändert gebliebenen Leistungen erfolgen soll. Schließlich war es erforderlich, die Qualität der pflegerischen Versorgung weiter zu verbessern und die Instrumente der Qualitätssicherung und Qualitätsentwicklung zu stärken. Vor diesem Hintergrund hat die Bun-

desregierung zunächst im Rahmen des Gesetzes zur Stärkung des Wettbewerbs in der gesetzlichen Krankenversicherung (GKV-Wettbewerbsstärkungsgesetzes), das am 1 April 2007 in Kraft getreten ist, erste Reformmaßnahmen sowohl im Fünften als auch im Elften Buch Sozialgesetzbuch verankert, die für die pflegerische Versorgung besonders bedeutsam sind. Das Gesetz beinhaltet mehrere wichtige Verbesserungen gerade für pflegebedürftige Personen. Die Reform der Pflegeversicherung baute hierauf auf. Dabei galt es, die Pflegeversicherung noch besser auf die Bedürfnisse und Wünsche der Pflegebedürftigen sowie ihrer Angehörigen auszurichten. Daher wurden mit dem Pflege-Weiterentwicklungsgesetz, das zum 1. Juli 2008 in Kraft getreten ist, strukturelle Änderungen in der Pflegeversicherung vorgenommen, die dem Grundsatz „ambulant vor stationär" stärker als bisher Rechnung tragen. Hervorzuheben sind insbesondere die Anhebung der Leistungsbeträge, vor allem im Bereich der häuslichen Pflege, die Leistungsdynamisierung sowie die Einführung eines Anspruchs auf Pflegeberatung (Fallmanagement) und die Bereitstellung von Fördermitteln im Rahmen der Schaffung der gesetzlichen Voraussetzungen zum Aufbau von Pflegestützpunkten. Diese Maßnahmen stärken den Auf- und Ausbau wohnortnaher Versorgungsstrukturen, die eine quartiersbezogene und an den Bedürfnissen der hilfebedürftigen Menschen ausgerichtete Versorgung und Betreuung ermöglichen.

Historische Bedeutung

1 Das Jahr 1994 ist in die deutsche Sozialgeschichte eingegangen. In diesem Jahr wurde die 5. Säule im System der Sozialversicherung geschaffen: Die gesetzliche Pflegeversicherung als Elftes Buch des Sozialgesetzbuches. Damit wurde eine Entwicklung zu einem vorläufigen Abschluss gebracht, die vor mehr als hundert Jahren mit der Schaffung der gesetzlichen Krankenversicherung ihren Anfang genommen hat:

1883 – die gesetzliche Krankenversicherung,

1884 – die gesetzliche Unfallversicherung,

1889 – die Invaliditäts- und Altersversicherung (heute Rentenversicherung),

1927 – die Arbeitslosenversicherung.

Das waren bisher die Meilensteine für die Entwicklung des Sozialstaates Deutschland. Dieses mehr als hundert Jahre bewährte System hat entscheidend zum sozialen Frieden in unserem Land beigetragen. Das System der sozialen Sicherung hat die Marktwirtschaft zur sozialen Marktwirtschaft weiterentwickelt. Es ist zu einem konstitutiven Element unserer heutigen Gesellschaft geworden.

Umbau des Sozialstaates

2 Neben ihrer Bedeutung als fünfte Säule der Sozialversicherung hat die Pflegeversicherung mit einer weiteren Neuerung aufzuwarten. Erstmals wurde hier der Grundsatz vom Umbau des Sozialstaates praktiziert. Es herrschte Einigkeit darüber, dass bei den Lohnzusatzkosten die Belastungsgrenze erreicht sei, sollte nicht die Wettbewerbsfähigkeit der Wirtschaft gefährdet werden und Arbeitsplätze verloren gehen. Deshalb wurde es als notwendig angesehen, für die aus den Arbeitgeberbeiträgen zur Pflegeversicherung entstehenden Belastungen der Wirtschaft einen Ausgleich zu schaffen. Das Schlagwort von der Kompensation hat die Diskussion um die Pflegeversicherung von Anfang an begleitet und sie zeitweise sogar in den Schatten gestellt. Am Ende aber war der Grundsatz allgemein akzeptiert und in der Abschaffung eines Feiertages eine Lösung gefunden.

Absicherung des Lebensrisikos Pflegebedürftigkeit vor Einführung der Pflegeversicherung

3 Pflegebedürftig im Sinne der Pflegeversicherung sind Personen, die wegen einer Krankheit oder Behinderung für die gewöhnlichen und regelmäßig wiederkehrenden Verrichtungen des täglichen Lebens auf Dauer in erheblichem Maße der Hilfe bedürfen. Pflegebedürftigkeit ist danach zu unterscheiden von Krankheit und Behinderung. Nicht jeder Kranke oder jeder Behinderte ist pflegebedürftig; aber jeder Pflegebedürftige ist entweder krank oder behindert.

Derzeit erhalten rd. 2,38 Mio. Menschen Leistungen der sozialen und privaten Pflegeversicherung. Der größte Teil dieses Personenkreises, nämlich rd. 1,97 Mio. ist über 60 Jahre alt. Pflegebedürftigkeit ist aber nicht nur eine Frage des Alters. Auch junge Menschen können pflegebedürftig werden:

– ca. 206.000 Pflegebedürftige sind zwischen 40 und 60 Jahre alt,

– ca. 202.000 Pflegebedürftige sind jünger als 40 Jahre.

Rd. 1,64 Mio. Pflegebedürftige werden zu Hause in den Familien von Angehörigen, Nachbarn oder durch ambulante Pflegedienste betreut; etwa 740.000 pflegebedürftige Personen werden stationär in Pflegeheimen oder in Einrichtungen der Behindertenhilfe versorgt (jeweils Soziale und Private Pflegeversicherung zusammen).

Obwohl Pflegebedürftigkeit ebenso wie Krankheit und Behinderung seit alters her bekannt war, ist dieses soziale Risiko erst aufgrund steigender Lebenserwartung breiter Bevölkerungsschichten und gleichzeitig sich ändernder Familienstrukturen auch quantitativ bedeutsam und damit als soziales Problem erkannt worden.

Durch den weiteren Anstieg der Lebenserwartung, die weiterhin unzureichende Geburtenzahl, steigende Berufstätigkeit der Frauen, den anhaltenden Trend zur Kleinfamilie und durch die im Erwerbsleben notwendige Mobilität wird sich die Pflegeproblematik künftig weiter verschärfen. Einer steigenden Zahl von Pflegebedürftigen wird eine abnehmende Pflegebereitschaft und Pflegefähigkeit in den Familien gegenüberstehen. Die Zahl älterer Personen (65 Jahre und älter) wird vom Jahr 2008 bis zum Jahr 2050 um 6,7 Mio. Menschen von 16,7 Mio. auf 23,4 Mio. Menschen ansteigen. Damit steigt der Anteil dieser Personengruppe an der Gesamtbevölkerung von rd. 20 Prozent auf rund 32 Prozent. Dem entspricht ein Anstieg der Zahl der Pflegebedürftigen in der sozialen Pflegeversicherung von 2,24 Mio. Menschen auf rd. 4,35 Mio. Menschen.

4 Die Antwort der Gesellschaft auf Pflegebedürftigkeit bestand in der Regel in der Gewährung von Sozialhilfeleistungen. Dies gilt jedenfalls für die stationäre Versorgung. Abgesehen von einigen Spezialgesetzen, bspw. dem Recht der gesetzlichen Unfallversicherung und der Kriegsopferversorgung, war Pflegebedürftigkeit vor Einführung der Pflegeversicherung nicht oder nur unzureichend als sozialversicherungsrechtlicher Leistungstatbestand anerkannt. Das bedeutete, dass die große Zahl der Pflegebedürftigen und ihre Familien zunächst einmal auf sich allein angewiesen waren. Sie mussten für die Folgen und die Kosten der Pflegebedürftigkeit selbst einstehen. Nur so weit die finanziellen Kräfte der Betroffenen überfordert waren, trat die Sozialhilfe ein.

Die regelmäßige Inanspruchnahme von Sozialhilfeleistungen insbesondere bei stationärer Pflege wurde von den Pflegebedürftigen, die häufig auf ein volles Berufsleben zurückblicken konnten, 45 Jahre lang Steuern gezahlt und Beiträge entrichtet hatten, als demütigend empfunden, vor allem wegen der Heranziehung der Kinder zu den Kosten der stationären Pflege. Die Renten verloren hier ihre übliche Sicherungsfunktion. Die Rentner wurden im Pflegefall denjenigen gleich gestellt, die niemals Beiträge gezahlt haben.

5 Vor diesem Hintergrund bestand in Deutschland eine breite politische Übereinstimmung darin, dass die Situation der Pflegebedürftigen und ihrer Familien unbefriedigend war und dass hier eine grundlegende Änderung eintreten und eine Gesamtlösung des Problems gefunden werden musste. 20 Jahre lang wurde über eine solche Lösung diskutiert. Insgesamt 17 Gesetzentwürfe und Gesetzesanträge sind von den Parteien, den Ländern und von Verbänden vorgelegt und in Bundestag oder Bundesrat eingebracht worden.

Mit der Pflegeversicherung wurde eine Lösung gefunden, durch die die Absicherung des Pflegerisikos auf eine neue verlässliche Grundlage gestellt werden konnte. Nicht länger die Sozialhilfe, sondern eine neue Säule der Sozialversicherung steht seit 1995 den Pflegebedürftigen und ihren Familien mit solidarischen Hilfen zur Seite.

Grundzüge der gesetzlichen Pflegeversicherung

6 Das Konzept der damaligen Regierungskoalition aus CDU/CSU und FDP für eine gesetzliche Pflegeversicherung hat auf dem langen Weg von der Ankündigung in der Regierungserklärung am 30. Januar 1991 bis zur Einigung zwischen Koalition, Opposition und Bundesrat im Vermittlungsausschuss am 10. März 1994 wesentliche Änderungen erfahren. Die Grundzüge der am 29. April 1994 vom Gesetzgeber verabschiedeten Pflegeversicherung stellen sich wie folgt dar:

Stufenweises In-Kraft-Treten

7 Die Pflegeversicherung ist stufenweise in Kraft getreten:

– die Beitragszahlung begann am 1. Januar 1995,
– die Leistungen zur häuslichen Pflege haben am 1. April 1995 (1. Stufe) begonnen und
– die Leistungen zur stationären Pflege am 1. Juli 1996 (2. Stufe).

11 Sozialgesetzbuch · 11. Buch · Pflegeversicherung

Umfassende Versicherungspflicht für die gesamte Bevölkerung

8 Die gesetzliche Pflegeversicherung umfasst annähernd die gesamte Bevölkerung, und zwar nach dem Grundsatz „die Pflegeversicherung folgt der Krankenversicherung" (§§ 20 ff. SGB XI). Danach gibt es nebeneinander die soziale und die private Pflegeversicherung, beide als selbständige Teile der gesetzlichen Pflegeversicherung, beide als Pflichtversicherungen.

In seiner Entscheidung vom 3. April 2001, 1 BvR 2014/95, hat das Bundesverfassungsgericht bestätigt, dass der Gesetzgeber mit der Einbeziehung der gesamten Bevölkerung in die Versicherungspflicht einen sachgerechten und verfassungsrechtlich zulässigen Weg gegangen ist.

Der sozialen Pflegeversicherung gehören alle diejenigen an, die in der gesetzlichen Krankenversicherung (GKV) versichert sind (knapp 90 Prozent der Bevölkerung). Das gilt sowohl für die Pflichtversicherten als auch für die freiwillig Versicherten; allerdings haben die freiwillig Versicherten ein Wahlrecht zur privaten Pflegeversicherung.

Der privaten Pflegeversicherung gehören diejenigen an, die bei einem privaten Krankenversicherungsunternehmen (PKV) versichert sind (rd. 9 Prozent der Bevölkerung); entscheidend ist eine vollwertige private Krankenversicherung mit Anspruch auf Krankenhausleistungen.

Beamte erhalten im Pflegefall Leistungen der Beihilfe. Sie müssen sich im Hinblick auf den durch die Beihilfe nicht gedeckten Teil der Pflegekosten dort pflegeversichern, wo sie auch krankenversichert sind – überwiegend in der PKV, zum kleineren Teil als freiwillig Versicherte in der GKV.

Wer weder der gesetzlichen noch der privaten Krankenversicherung angehört, weil er über Sondersysteme gegen das Krankheitsrisiko abgesichert ist, wird der privaten Pflegeversicherung zugewiesen. Dabei geht es um die Mitglieder der Post- und Bahnbeamtenkrankenkasse und um die so genannten Heilfürsorge-Berechtigten (Angehörige von Grenzschutz, Polizei, Bundeswehr und Feuerwehr).

Wer überhaupt nicht gegen Krankheit versichert ist, braucht sich auch nicht gegen Pflegebedürftigkeit zu versichern. Die zwangsweise Erfassung dieses Personenkreises und die Überwachung der Beitragszahlung wären mit einem unverhältnismäßig großen Verwaltungsaufwand verbunden.

Die soziale Pflegeversicherung

9 Die soziale Pflegeversicherung wurde als fünfte Säule der Sozialversicherung unter dem Dach der gesetzlichen Krankenversicherung errichtet. D. h.: keine neue Bürokratie, kein eigener Verwaltungsapparat, vielmehr führen die Krankenkassen auch die Geschäfte der Pflegekassen durch. Die Pflegekassen erstatten den Verwaltungsaufwand (§§ 46 ff. SGB XI). Die Pflegeversicherung wird im Umlageverfahren über Beiträge finanziert (§§ 54 ff. SGB XI); die Versicherten und die Arbeitgeber tragen die Beiträge je zur Hälfte (Ausnahme Sachsen). Der Beitragssatz betrug zunächst 1 Prozent, ab 1. Juli 1996 1,7 Prozent. Seit dem 1. Juli 2008 gilt ein Beitragssatz von 1,95 Prozent. Es gilt die Beitragsbemessungsgrenze der gesetzlichen Krankenversicherung (2011 liegt die Grenze bei 3.712,50 Euro monatlich). Die Kinder und der Ehegatte sind beitragsfrei mitversichert. Pflegebedürftige und Rentner sind ebenfalls verpflichtet, Beiträge zu zahlen.

Ab dem 1. Januar 2005 gilt das Gesetz zur Berücksichtigung der Kindererziehung im Beitragsrecht der sozialen Pflegeversicherung. Damit wurde ein Urteil des Bundesverfassungsgerichts umgesetzt. Dieses hat den Gesetzgeber verpflichtet, die Kindererziehung im Beitragsrecht der sozialen Pflegeversicherung zu berücksichtigen. Kinderlose Mitglieder der Sozialen Pflegeversicherung zahlen seit dem 1. Januar 2005 einen Beitragszuschlag von 0,25 Beitragssatzpunkten. Mitglieder, die Kinder haben oder gehabt haben, werden also in der Sozialen Pflegeversicherung auf der Beitragsseite relativ besser gestellt als solche ohne Kinder. Kinderlose Mitglieder, die vor dem Stichtag 1. Januar 1940 geboren sind (also die im Jahre 2005 über 65-Jährigen), sind von der Zuschlagspflicht ausgenommen. Ausgenommen sind u. a. Kinder und Jugendliche bis zur Vollendung des 23. Lebensjahres.

Die private Pflegeversicherung

10 Die private Pflegeversicherung wird von den privaten Krankenversicherungsunternehmen durchgeführt. Die Leistungen entsprechen den Leistungen der sozialen Pflegeversicherung. Für die Beitragsgestaltung gelten im Interesse der Versicherten besondere Bedingungen, vor allem zum Höchstbeitrag, zu Risikozuschlägen und zur Mitversicherung von Angehörigen, aber auch zum Ausschluss von Vorerkrankungen (§§ 110, 111 SGB XI).

Das bedeutet, dass die sonst üblichen Bedingungen einer privaten Krankenversicherung kraft Gesetzes wesentlich verändert worden sind, und zwar im Sinne einer Annäherung an die Prinzipien der sozialen Pflegeversicherung. So sind Kinder kostenlos bei den Eltern mitversichert und der nicht erwerbstätige Ehegatte braucht nicht den vollen Beitrag zu entrichten, sondern nur den halben. Der Höchstbeitrag darf den Höchstbeitrag der sozialen Pflegeversicherung nicht übersteigen.

Diese besonderen Bedingungen waren notwendig, weil der Gesetzgeber zum 1. Januar 1995 an die freiwillige private Krankenversicherung die zwingende Pflicht zur privaten Pflegeversicherung geknüpft hat; es lag also insoweit ein besonderes Schutzbedürfnis für die Versicherten vor.

Für alle später der privaten Pflegeversicherung zuwachsenden Mitglieder gelten deshalb die Vorzugsbedingungen nicht mehr in vollem Umfange; denn dieser Personenkreis weiß, auf welche Bedingungen der privaten Pflegeversicherung er sich einlassen muss, wenn er sich zum Eintritt in eine private Krankenversicherung entschließt.

11 Die Prämienhöhe richtet sich nach dem Eintrittsalter der Versicherten und ist unabhängig vom Einkommen. Arbeitnehmer, die Mitglieder einer privaten Pflegeversicherung sind, erhalten einen Beitragszuschuss ihres Arbeitgebers, und zwar in der Höhe, in der ein Arbeitgeberanteil in der sozialen Pflegeversicherung zu zahlen wäre.

Die beihilfeberechtigten Beamten haben nur einen reduzierten Beitrag zu zahlen, weil sie aus der Versicherung nur verminderte Leistungen erhalten; allerdings tragen die Beamten den Beitrag allein, Zuschüsse des Arbeitgebers gibt es nicht.

Reform der Pflegeversicherung

12 Seit ihrer Einführung ist die Pflegeversicherung in ihren Grundzügen unverändert geblieben. Nach allgemeiner Auffassung in der Fachwelt bedurfte es ihrer Fortentwicklung. Die Pflegeversicherung sollte noch besser auf die Bedürfnisse und Wünsche der Pflegebedürftigen sowie ihrer Angehörigen ausgerichtet werden. Daher wurden mit dem Gesetz zur strukturellen Weiterentwicklung der Pflegeversicherung vom 28. Mai 2008 (Pflege-Weiterentwicklungsgesetz, BGBl. I 2008, S. 874) Anpassungen in der Pflegeversicherung vorgenommen, die dem Grundsatz „ambulant vor stationär" stärker Rechnung tragen als die bis dahin geltenden Regelungen. Hervorzuheben sind insbesondere die Anhebung der Leistungsbeträge, vor allem im Bereich der häuslichen Pflege, die Dynamisierung der Leistungen sowie die Einführung eines Anspruchs auf Pflegeberatung (Fallmanagement) und die Schaffung von Pflegestützpunkten. Diese Maßnahmen stärken den Auf- und Ausbau wohnortnaher Versorgungsstrukturen, die eine quartiersbezogene und an den Bedürfnissen der hilfebedürftigen Menschen ausgerichtete Versorgung und Betreuung in Zukunft ermöglichen sollen. Schwerpunktmäßig sieht das Gesetz folgende Maßnahmen vor:

- Schaffung von Pflegestützpunkten;
- Individualanspruch auf umfassende Pflegeberatung (Fallmanagement);
- Verbesserung der Rahmenbedingungen insbesondere für neue Wohnformen durch gemeinsame Inanspruchnahme von Leistungen (Poolen von Leistungen);
- Erweiterte Einsatzmöglichkeiten für Einzelpflegekräfte;
- Schrittweise Anhebung der ambulanten und stationären Leistungen;
- Ausweitung der Leistungen für Menschen mit eingeschränkter Alltagskompetenz und Einbeziehung von Menschen der so genannten Pflegestufe 0;
- Verbesserung der Leistungen zur Tages- und Nachtpflege;
- Leistungsdynamisierung;
- Erhöhung der Fördermittel zum weiteren Ausbau niedrigschwelliger Betreuungsangebote sowie für ehrenamtliche Strukturen und die Selbsthilfe im Pflegebereich;
- Einführung einer Pflegezeit für Beschäftigte;
- Stärkung von Prävention und Rehabilitation in der Pflege;
- Ausbau der Qualitätssicherung und Weiterentwicklung der Transparenz;
- Unterstützung des generationsübergreifenden bürgerschaftlichen Engagements;
- Abbau von Schnittstellenproblemen, Förderung der Wirtschaftlichkeit und Entbürokratisierung;
- Stärkung der Eigenvorsorge;
- Anhebung des Beitragssatzes um 0,25 Prozentpunkte;
- Portabilität der Alterungsrückstellungen auch im Bereich der privaten Pflege-Pflichtversicherung.

13 Mit Blick auf die künftige Entwicklung des Versorgungsangebots sind die Neuregelungen zu den Pflegestützpunkten und der Pflegeberatung besonders bedeutsam.

Die Pflegereform sieht die Errichtung von Pflegestützpunkten vor sowie einen Individualanspruch auf Pflegeberatung, der auf das Case-Management ausgerichtet ist. In den Pflegestützpunkten werden die Beratung über alle pflegerischen, medizinischen und sozialen Leistungen sowie deren Vernetzung unter einem Dach gebündelt, unter dem das Personal der Pflege- und Krankenkassen, der Altenhilfe und der Sozialhilfeträger sich abstimmt und den Rat und Hilfe suchenden Betroffenen die einschlägigen Sozialleistungen erläutert und vermittelt sowie die Inanspruchnahme begleitet. Alle Angebote rund um die Pflege sollen erfasst sein, also zum Beispiel die örtliche Altenhilfe und die Hilfe zur Pflege nach dem Recht der Sozialhilfe. Auch ehrenamtlich Tätige sollen in die Arbeit der Pflegestützpunkte einbezogen werden. Pflege- und Krankenkassen haben Pflegestützpunkte in einem Bundesland aufzubauen, wenn sich dieses Bundesland für Pflegestützpunkte entscheidet. Seit dem 1. Januar 2009 hat jeder Pflegebedürftige einen einklagbaren Rechtsanspruch auf Hilfe und Unterstützung durch eine Pflegeberaterin oder einen Pflegeberater. Deren Aufgabe ist es insbesondere,

- den Hilfebedarf unter Berücksichtigung der Feststellungen der Begutachtung durch den Medizinischen Dienst der Krankenversicherung systematisch zu erfassen und zu analysieren,
- einen individuellen Versorgungsplan mit den im Einzelfall erforderlichen Sozialleistungen und gesundheitsfördernden, präventiven, kurativen, rehabilitativen oder sonstigen medizinischen sowie pflegerischen und sozialen Hilfen zu erstellen,
- auf die für die Durchführung des Versorgungsplans erforderlichen Maßnahmen einschließlich deren Genehmigung durch den jeweiligen Leistungsträger hinzuwirken,
- die Durchführung des Versorgungsplans zu überwachen und erforderlichenfalls einer veränderten Bedarfslage anzupassen sowie
- bei besonders komplexen Fallgestaltungen den Hilfeprozess auszuwerten und zu dokumentieren.

Sofern Pflegestützpunkte eingerichtet sind, müssen die Pflegeberaterinnen und -berater dort angesiedelt werden. Die Pflegeberaterinnen und Pflegeberater werden in aller Regel Mitarbeiterinnen und Mitarbeiter der Pflegekassen sein. Aber auch die Übertragung der Beratungsaufgabe auf Dritte ist möglich. Wichtig ist auch bei der Pflegeberatung, dass vorhandene und funktionierende Beratungsstrukturen weder ersetzt noch durch überflüssige Parallelstrukturen verdoppelt werden sollen. Die Pflegeberatung hat zudem alle an der pflegerischen Versorgung Beteiligten einzubinden. Die komplexe Tätigkeit der Pflegeberatung setzt entsprechend qualifiziertes Personal mit Erfahrung in dem erlernten Beruf voraus. Als Erstausbildungen kommen, neben einer Ausbildung als Sozialversicherungsfachangestellte, vor allem Ausbildungen nach dem Altenpflegegesetz oder nach dem Gesetz über die Berufe in der Krankenpflege in Betracht sowie eine Ausbildung als Sozialarbeiterin oder Sozialarbeiter nebst den jeweiligen Zusatzqualifikationen. Der Spitzenverband Bund der Pflegekassen hat am 29. August 2008 entsprechende Empfehlungen sowohl zur Anzahl als auch zur Qualifikation der Pflegeberaterinnen und Pflegeberater abgegeben.

Begriff der Pflegebedürftigkeit

14 Pflegebedürftig ist, wer wegen einer körperlichen, geistigen oder seelischen Krankheit oder Behinderung für die gewöhnlichen und regelmäßig wiederkehrenden Verrichtungen des täglichen Lebens auf Dauer der Hilfe bedarf, und zwar in den Bereichen der Körperpflege, der Ernährung, der Mobilität und der hauswirtschaftlichen Versorgung (§§ 14, 15 SGB XI). Je nach Schweregrad der Pflegebedürftigkeit und dem dadurch bedingten Umfang des Hilfebedarfs werden drei Stufen der Pflegebedürftigkeit unterschieden (Näheres siehe unter „Begriff und Stufen der Pflegebedürftigkeit").

Antragstellung, Entscheidung durch die Pflegekasse, Begutachtung durch den Medizinischen Dienst

15 Die Leistungen der Pflegeversicherung werden von der Pflegekasse auf Antrag gewährt. Die erforderlichen medizinischen Feststellungen zum Vorliegen von Pflegebedürftigkeit und zum Schweregrad treffen die Fachkräfte des Medizinischen Dienstes der Krankenkassen, in erster Linie Ärzte und Pflegekräfte. Gegen ablehnende Entscheidungen der Pflegekasse ist zunächst der Widerspruch und danach die Klage vor den Sozialgerichten zulässig (§ 18 SGB XI).

Die wichtigsten Leistungen der Pflegeversicherung

16 Es ist in der Hauptsache zu unterscheiden zwischen Leistungen bei häuslicher und stationärer Pflege, ferner zwischen Sachleistungen und Geldleistungen, sowie zwischen Leistungen an den Pflegebedürftigen selbst und Leistungen an Pflegepersonen.

17 Die Leistungen der Pflegeversicherung waren seit 1995 unverändert und unterlagen daher einem schleichenden Wertverfall. Zunehmend mussten deshalb Pflegebedürftige von der Sozialhilfe unterstützt werden. Das Pflege-Weiterentwicklungsgesetz sieht daher vor, dass die Leistungen der Pflegeversicherung vor diesem Hintergrund künftig in einem dreijährigen Rhythmus angepasst werden. Da die Leistungsbeträge zunächst stufenweise bis 2012 angehoben werden, beginnt die Dynamisierung erstmals 2015, drei Jahre nach Abschluss der Anhebung der Sachleistungsbeträge. Ob und inwieweit eine Anpassung geboten ist, wird erstmals im Jahr 2014 für das Jahr 2015 und danach alle drei Jahre geprüft.

Leistungen bei häuslicher Pflege (§ 36 ff SGB XI)

18 Die Leistungen in der häuslichen Pflege werden nach dem Grad der Pflegebedürftigkeit gestaffelt (Pflegestufen I bis III). Ende 2009 waren in der sozialen und privaten Pflegeversicherung

- rd. 936.000 Pflegebedürftige der Pflegestufe I
- rd. 467.000 Pflegebedürftige der Pflegestufe II
- rd. 138.000 Pflegebedürftige der Pflegestufe III

zugeordnet. Die Anspruchsberechtigten können Sachleistungen in Anspruch nehmen. Unter „Sachleistung" ist die Inanspruchnahme von Pflegeleistungen einer Pflegeeinrichtung z. B. einer Sozialstation auf Kosten der Pflegeversicherung zu verstehen. Allerdings trägt die Pflegekasse die Kosten nur bis zu den im Gesetz genannten Höchstbeträgen; darüber hinausgehende Kosten muss der Pflegebedürftige selbst tragen. Durch das Pflege-Weiterentwicklungsgesetz werden die Leistungsbeträge bis zum Jahr 2012 stufenweise angehoben und danach dynamisiert:

Pflegestufe	1. Juli 2008	1. Januar 2010	1. Januar 2012
Stufe I	420	440	450
Stufe II	980	1.040	1.100
Stufe III[1]	1.470	1.510	1.550

1) Die Stufe III für Härtefälle im ambulanten Bereich in Höhe von 1.918 Euro monatlich bleibt unberührt.

19 Darüber hinaus wurde durch das Pflege-Weiterentwicklungsgesetz der Sachleistungsanspruch flexibilisiert. Wohn- und Betreuungsangebote für Pflegebedürftige gewinnen zunehmend an Bedeutung, da die überwiegende Mehrheit pflegebedürftiger Menschen so lange wie möglich zu Hause oder zumindest ambulant und nicht in einem Pflegeheim versorgt werden möchte. Parallel dazu nimmt die Tragfähigkeit familiärer Netze immer mehr ab. Vor diesem Hintergrund wurden die Rahmenbedingungen für die Inanspruchnahme von Leistungen der Pflegeversicherung, insbesondere in neuen Wohnformen wie zum Beispiel Wohngemeinschaften oder im betreuten Wohnen, verbessert. Pflegebedürftige sollen die dort erbrachten Leistungen möglichst flexibel in Anspruch nehmen können. So wurde das „Poolen" von Leistungsansprüchen ermöglicht, indem Ansprüche auf Pflege- und Betreuungsleistungen sowie auf hauswirtschaftliche Versorgung gemeinsam mit weiteren Leistungsberechtigten in Anspruch genommen werden können. Ferner wurden in den Fällen der gemeinsamen Inanspruchnahme Betreuungsleistungen der Grundpflege und hauswirtschaftlichen Versorgung bei häuslicher Pflege gleichgestellt, indem sie als Sachleistungen erbracht werden können. Voraussetzung ist allerdings, dass die Grundpflege und die hauswirtschaftliche Versorgung sichergestellt sind.

Der Flexibilisierung dient ferner die Neuregelung über Verträge mit Einzelpflegekräften. Wenn die Versorgung durch Pflegedienste nicht sichergestellt werden kann, können diese Verträge auch dann geschlossen werden, wenn dadurch den Wünschen der Pflegebedürftigen zur Gestaltung der Hilfe und damit ihrem Selbstbestimmungsrecht besser Rechnung getragen werden kann oder wenn diese Art der Versorgung besonders wirksam und wirtschaftlich ist.

20 Anstelle der Sachleistung kann der Pflegebedürftige im Rahmen der häuslichen Versorgung als Geldleistung das Pflegegeld in Anspruch nehmen. Unter „Geldleistung" ist die Zahlung des Pflegegeldes von der Pflegekasse an den Pflegebedürftigen zu verstehen; er ist anspruchsberechtigt, nicht der pflegende Angehörige. Es ist Sache des Pflegebedürftigen, das Pflegegeld als Belohnung oder als Entgelt an die Pflegeperson weiterzugeben. Pflegegeld und Pflegesachleistungen können auch kombiniert in Anspruch genommen werden. Das Pflegegeld wird bis 2012 wie folgt angehoben und danach dynamisiert:

Pflegestufe	1. Juli 2008	1. Januar 2010	1. Januar 2012
Stufe I	215	225	235
Stufe II	420	430	440
Stufe III	675	685	700

Die Aufwendungen der Pflegekassen können sich nach den Neuregelungen des Pflege-Weiterentwicklungsgesetzes bei Verhinderung der Pflegeperson im Kalenderjahr auf bis zu 1.510 Euro seit 1. Januar 2010 und auf bis zu 1.550 Euro ab 1. Januar 2012 belaufen.

Die Pflegekasse übernimmt ferner die Kosten für Pflegehilfsmittel (bspw. Pflegebett, Hebevorrichtung), zahlt Zuschüsse zum pflegebedingten Umbau der Wohnung bis zu 2.557 Euro je Maßnahme und bietet unentgeltliche Pflegekurse zur Schulung von Angehörigen und ehrenamtlichen Pflegepersonen an.

Pflegebedürftige mit erheblichen allgemeinen Betreuungsbedarf in häuslicher Pflege erhalten einen zusätzlichen Betreuungsbetrag (§§ 45a, 45b SGB XI). Der Betreuungsbetrag, den nach dem Pflege-Weiterentwicklungsgesetz auch Personen der so genannten Pflegestufe 0 erhalten können, beträgt seit dem 1. Juli 2008 bis zu 100 Euro monatlich (Grundbetrag) bzw. 200 Euro monatlich (erhöhter Betrag), also bis zu 1.200 Euro bzw. 2.400 Euro jährlich. Für die Höhe des jeweils im Einzelfall zu gewährenden Betrages wurden Maßstäbe festgelegt.

Leistungen zur sozialen Sicherung der Pflegepersonen (§ 44 SGB XI)

21 Pflegepersonen sind diejenigen, die einen Pflegebedürftigen in seiner häuslichen Umgebung nicht erwerbsmäßig pflegen, also in erster Linie Angehörige oder Nachbarn. Diese Pflegepersonen geben nicht selten wegen der Übernahme der Pflegetätigkeit eine bisher ausgeübte Berufstätigkeit auf, schränken sie ein oder können erst gar nicht berufstätig werden; sie verzichten damit nicht nur auf ein Erwerbseinkommen, sie verlieren auch den Schutz der Rentenversicherung. Für diesen Personenkreis übernimmt die Pflegeversicherung die Zahlung von Beiträgen zur Rentenversicherung. Etwa 430.000 Pflegepersonen (Stand: 2007) kommen in den Genuss dieser Leistung.

Außerdem wird die Pflegetätigkeit dieser Personen in den Schutz der gesetzlichen Unfallversicherung einbezogen.

Kurzzeitpflege und teilstationäre Pflege (§§ 41, 42 SGB XI)

22 Bis zur Pflegereform 2008 betrugen die Leistungen bei Kurzzeitpflege bis zu 1.432 Euro, bei Tages- und Nachtpflege bis zu 384 Euro in Stufe I, bis zu 921 Euro in Stufe II und bis zu 1.432 Euro in Stufe III monatlich.

Die Leistungen für die Kurzzeitpflege wurden ebenso schrittweise angehoben wie dies bei den Leistungen für vollstationäre Pflege der Pflegestufe III (§ 43) geschehen ist. Zudem wurde ein Anspruch auf Kurzzeitpflege in begründeten Einzelfällen bei zu Hause gepflegten Kindern bis zur Vollendung des 18. Lebensjahres auch in geeigneten Einrichtungen der Hilfe für behinderte Menschen und anderen geeigneten Einrichtungen geschaffen, wenn die Pflege in einer von den Pflegekassen zur Kurzzeitpflege zugelassenen Pflegeeinrichtung nicht möglich ist oder nicht zumutbar erscheint.

Der Anspruch auf Tages- und Nachtpflege (teilstationäre Pflege) wurde durch das Pflegeweiterentwicklungsgesetz ausgebaut. Neben dem Anspruch auf Tages- und Nachtpflege besteht noch ein hälftiger Anspruch auf die jeweilige ambulante Pflegesachleistung oder das Pflegegeld für die weiterhin zu Hause notwendige Pflege. Ebenso besteht umgekehrt neben dem vollen Anspruch auf Geld- oder Sachleistung ein hälftiger Anspruch auf Tages- und Nachtpflege. Außerdem werden die Leistungen für die Tages- und Nachtpflege ebenso schrittweise angehoben wie die ambulanten Pflegesachleistungen.

Stationäre Pflege (§ 43 ff SGB XI)

23 Ende 2009 waren in der sozialen Pflegeversicherung

- rd. 287.000 Pflegebedürftige der Pflegestufe I,
- rd. 277.500 Pflegebedürftige der Pflegestufe II,
- rd. 138.000 Pflegebedürftige der Pflegestufe III

zugeordnet, die vollstationäre Leistungen in Anspruch nahmen. Hinzu kommen rd. 40.000 Pflegebedürftige, die stationäre Leistungen aus der privaten Pflegepflichtversicherung erhalten haben.

24 In der stationären Pflege übernimmt die Pflegeversicherung die pflegebedingten Aufwendungen, die Aufwendungen der sozialen Betreuung sowie Aufwendungen für Leistungen der medizinischen Behandlungspflege als Sachleistung. Für Schwerstpflegebedürftige steht zur Vermeidung von Härtefällen ein höherer Betrag zur Verfügung.

Die von der Pflegeversicherung zu tragenden monatlichen Leistungen sind pauschal festgelegt. Die Pflegeversicherung übernimmt im Monat für

- Pflegebedürftige der Stufe I 1.023 Euro,
- Pflegebedürftige der Stufe II 1.279 Euro,
- Pflegebedürftige der Stufe III 1.470 Euro, in Härtefällen der Stufe III 1.750 Euro.

Die stationären Sachleistungsbeträge der Stufen I und II bleiben nach dem Pflege-Weiterentwicklungsgesetz bis zum Beginn der Dynamisierung unverändert. Die Stufe III und Stufe III in Härtefällen werden bis 2012 stufenweise wie folgt verändert:

Pflegestufe	1. Juli 2008	1. Januar 2010	1. Januar 2012
Stufe III	1.470	1.510	1.550
Stufe III Härtefall	1.750	1.825	1.918

Die Kosten für Unterkunft und Verpflegung trägt der Pflegebedürftige. Dies gilt auch für die Investitionskostenaufwendungen, soweit diese nicht von der öffentlichen Hand gefördert sind (§ 82 SGB XI).

Qualitätssicherung

25 Die Vorgaben zur Qualitätssicherung in der Pflege wurden bereits mit dem Pflege-Qualitätssicherungsgesetz aus dem Jahre 2001 ausgebaut. Das Pflege-Weiterentwicklungsgesetz sieht ebenfalls erhebliche Neuerungen vor. Hervorzuheben ist insbesondere, dass die Vertragsparteien auf Bundesebene (also insbesondere die Spitzenverbände der Einrichtungsträger und Kostenträger) die Aufgabe erhalten, wissenschaftlich fundierte und fachlich abgestimmte Expertenstandards zur Sicherung und Weiterentwicklung der Qualität in der Pflege zu entwickeln und zu beschließen. Außerdem sind Qualitätsberichte der Öffentlichkeit und damit den Pflegebedürftigen und ihren Angehörigen zugänglich zu machen. Außerdem soll ab 2011 ein einjähriger Prüfturnus des Medizinischen Dienstes der Krankenversicherung (MDK) eingeführt werden. Dabei liegt der Schwerpunkt auf der Ergebnisqualität. Qualitätsprüfungen werden grundsätzlich unangemeldet durchgeführt.

Sicherstellungsauftrag der Pflegekassen (§ 69 SGB XI)

26 Die Pflegekassen haben den Sicherstellungsauftrag für eine bedarfsgerechte und gleichmäßige, dem allgemein anerkannten Stand medizinisch-wissenschaftlicher Erkenntnisse entsprechenden Pflege. Sie schließen zu diesem Zweck Versorgungsverträge und Vergütungsvereinbarungen mit den Trägern von ambulanten und stationären Pflegeeinrichtungen. Die Sicherung der fachlichen und menschlichen Qualität der Pflegeleistungen ist eine ständige Aufgabe der Pflegekassen.

Finanzierung der Investitionskosten (§ 82 SGB XI)

27 Die Finanzierung der Investitionskosten für die Pflegeeinrichtungen obliegt den Ländern (duales Finanzierungssystem); die Einzelheiten hierzu, insbesondere zu Art und Umfang der Finanzierung, werden in Landesgesetzen geregelt. Eine zwingende rechtliche Verpflichtung der Länder zur Übernahme der Investitionskosten konnte im Pflege-Versicherungsgesetz gegen den Widerstand des Bundesrates nicht durchgesetzt werden. Erreicht wurde eine politische Einigung, nach der die Länder die Investitionskosten aus den bei der Sozialhilfe eintretenden Einsparungen finanzieren (vgl. § 9 SGB XI). Die Kosten des laufenden Betriebes der Pflegeeinrichtungen tragen die Pflegekassen; sie vereinbaren dazu mit den Trägern der Pflegeeinrichtungen die Vergütung in Gestalt von Pflegesätzen.

Pflegezeit

28 Bei Pflege durch Angehörige in der häuslichen Umgebung wurde ein Anspruch auf unbezahlte Freistellung von der Arbeit für die Dauer von bis zu sechs Monaten mit Rückkehrmöglichkeit (Pflegezeit) eingeführt. Der Anspruch besteht nicht gegenüber Arbeitgebern mit fünfzehn oder weniger Beschäftigten.

Die notwendige soziale Absicherung in der Rentenversicherung ist nach Maßgabe des geltenden Rechts gewährleistet. Wo keine anderweitige Absicherung (insbesondere Familienmitversicherung) besteht, gewährt die Pflegeversicherung einen Beitragszuschuss in Höhe des Mindestbeitrages zur Kranken- und Pflegeversicherung. In der Arbeitslosenversicherung gilt für die Pflegezeit eine vergleichbare Rechtslage wie bei der Inanspruchnahme von Elternzeit. Bei Pflegezeit zahlt die Pflegeversicherung Beiträge zur Fortführung der Versicherung.

Da Pflegebedürftigkeit auch sehr kurzfristig auftreten kann, wurde für nahe Angehörige die Möglichkeit geschaffen, bis zu zehn Arbeitstage der Arbeit fernzubleiben.

SGB-XI-Änderungsgesetze

29 Das Gesetz zum In-Kraft-Setzen der 2. Stufe (BGBl. I 1996, S. 718) enthält ausschließlich die notwendigen Regelungen, um die 2. Stufe der Pflegeversicherung in Kraft zu setzen. Weitere Bestimmungen, die für eine möglichst reibungslose Umsetzung der 2. Stufe notwendig waren, enthält das 1. SGB-XI-Änderungsgesetz (BGBl. I 1996, S. 830). Mit diesem Gesetz wurden gleichzeitig Konsequenzen aus den Erfahrungen mit der Umsetzung der 1. Stufe gezogen und klarstellende Regelungen in das Gesetz aufgenommen.

1998 sind das 2. und das 3. SGB-XI-Änderungsgesetz in Kraft getreten. Das 2. SGB-XI-Änderungsgesetz (BGBl. I 1996, S. 830) enthält Regelungen zur Pflegesatzfähigkeit von Kosten der Ausbildungsvergütung in der Altenpflegeausbildung. Das 3. SGB-XI-ÄndG (BGBl. I 1998, S. 1229) enthielt die Übergangsregelung zu den Leistungspauschalen in der stationären Pflege.

Am 1. August 1999 ist das 4. SGB-XI-Änderungsgesetz (BGBl. I 1999, S. 1656) mit leistungsrechtlichen Änderungen in Kraft getreten.

Am 1. Januar 2002 wurden die Leistungsbeträge der Pflegeversicherung auf Euro umgestellt (BGBl. I 2001, S. 2702). Zu diesem Termin traten auch das Pflege-Qualitätssicherungsgesetz (BGBl. I 2001, S. 2320) und das Pflegeleistungs-Ergänzungsgesetz (BGBl. I 2001, S. 3728) in Kraft.

Am 1. Januar 2005 trat das Gesetz zur Berücksichtigung der Kindererziehung im Beitragsrecht der sozialen Pflegeversicherung (BGBl. I 2004, S. 3448) in Kraft.

Am 1. April 2007 trat das Gesetz zur Stärkung des Wettbewerbs in der gesetzlichen Krankenversicherung (GKV-Wettbewerbsstärkungsgesetz – GKV-WSG) mit seinen wesentlichen Regelungen in Kraft (BGBl. I 2007, S. 378). Dieses Gesetz sieht neben grundlegenden Änderungen im Bereich der gesetzlichen Krankenversicherung auch einige Anpassungen im Bereich der Pflegeversicherung vor. Zu nennen ist hier beispielsweise die Einbindung von Pflegediensten, Pflegeheimen und auch Pflegekassen in die Integrierte Versorgung nach den §§ 140a ff. SGB V. Pflegeeinrichtungen und Pflegekassen können sich danach an den Verträgen zur Integrierten Versorgung beteiligen. Für die Pflege ist weiter von Bedeutung, dass der Anspruch auf ambulante und stationäre Rehabilitation von einer Ermessens- in eine Pflichtleistung umgewandelt wurde und die Leistung auch in Pflegeheimen erbracht werden kann. Zur Verbesserung des Übergangs zwischen Akutversorgung im Krankenhaus, Rehabilitation und (Dauer-)Pflege wurde insbesondere im Zusammenhang mit der Entlassung aus dem Krankenhaus ein Anspruch der Versicherten auf ein Versorgungsmanagement eingeführt. Dadurch wird vor allem der Übergang vom Krankenhaus in eine sachgerechte Anschlussversorgung (einschließlich Pflege) verbessert. Von besonderer Wichtigkeit für die pflegerische Versorgung sind die im Zusammenhang mit der häuslichen Krankenpflege geschaffenen Regelungen. Die GKV-Reform hat darüber hinaus Anpassungsbedarf auch im SGB XI ausgelöst. Dies beruht darauf, dass in der Pflegeversicherung für viele Regelungsbereiche der Grundsatz „Pflegeversicherung folgt Krankenversicherung" gilt. Dieser Grundsatz spielt eine besondere Rolle für das Mitgliedschaftsrecht, das Beitragsrecht oder das Organisationsrecht der Pflegeversicherung.

Am 1. Juli 2008 trat das Gesetz zur strukturellen Weiterentwicklung der Pflegeversicherung (Pflege-Weiterentwicklungsgesetz, BGBl I 2008, S. 874) in Kraft.

Versicherter Personenkreis

Allgemeines

30 Die Versicherungspflicht in der Pflegeversicherung ist an dem Grundsatz „Pflegeversicherung folgt Krankenversicherung" ausgerichtet worden. Dies bedeutet: Wer in der gesetzlichen Krankenversicherung Mitglied ist, wird versicherungspflichtig in der sozialen Pflegeversicherung, und zwar bei der Pflegekasse, die bei seiner Krankenkasse errichtet ist. Wer bei einem privaten Versicherungsunternehmen krankenversichert ist, wird in der privaten Pflegeversicherung versicherungspflichtig. Dies hat den Vorteil, dass ein einheitlicher Träger für Pflege- und Krankenversicherung zuständig ist und der mit der Erfassung des versicherungspflichtigen Personenkreises verbundene Melde- und Kontrollaufwand auf ein Minimum reduziert wird. Nachdem das Gesetz zur Stärkung des Wettbewerbs in der gesetzlichen Krankenversicherung (GKV- Wettbewerbsstärkungsgesetz – GKV-WSG) zum 1. April 2007 eine Versicherungspflicht für in der gesetzlichen Krankenversicherung bisher nicht Versicherte eingeführt hat und

seit 1. Januar 2009 auch eine Versicherungspflicht in der privaten Krankenversicherung gilt, sind nahezu alle Menschen in Deutschland auch in der sozialen oder privaten Pflegeversicherung erfasst. Das SGB XI regelt die Versicherungspflicht nicht in einer einzigen einfachen Vorschrift („alle mit Wohnsitz oder Beschäftigung in Deutschland sind versicherungspflichtig"), sondern folgt der Systematik der gesetzlichen Krankenversicherung und listet deshalb die versicherungspflichtigen Personengruppen im Einzelnen auf.

Versicherungspflicht für Pflichtmitglieder der gesetzlichen Krankenversicherung (§ 20 Abs. 1 SGB XI)

31 Versicherungspflicht in der sozialen Pflegeversicherung besteht grundsätzlich für alle Personen, die in der gesetzlichen Krankenversicherung pflichtversichert sind.

Die Versicherungspflichttatbestände des SGB V, des Gesetzes über die Krankenversicherung der Landwirte, des Künstlersozialversicherungsgesetzes sowie des Gesetzes zur Förderung der Einstellung der landwirtschaftlichen Tätigkeit werden vollständig für die soziale Pflegeversicherung übernommen. Allerdings führen die Versicherungspflichttatbestände nur dann auch tatsächlich zu einer Versicherung in der sozialen Pflegeversicherung, wenn im Einzelfall gleichzeitig auch eine Mitgliedschaft in der gesetzlichen Krankenversicherung besteht. Wer z. B. einen Versicherungspflichttatbestand der gesetzlichen Krankenversicherung und damit gleichzeitig auch der sozialen Pflegeversicherung erfüllt, jedoch von einem in der Krankenversicherung eingeräumten Befreiungsrecht Gebrauch macht und zur privaten Krankenversicherung überwechselt, wird nicht versicherungspflichtig in der sozialen Pflegeversicherung, sondern in der privaten Pflegeversicherung.

Für Empfänger laufender Hilfe zum Lebensunterhalt nach dem SGB XII tritt eine Versicherungspflicht in der sozialen Pflegeversicherung nur ein, sofern sie in der gesetzlichen Krankenversicherung pflichtversichert oder freiwillig versichert sind. Bezieher von Arbeitslosengeld II sind versicherungspflichtig. Bisher Nichtversicherte, die auf Grund des GKV-Wettbewerbsstärkungsgesetz (GKV-WSG), das zum 1. April 2007 in Kraft getreten ist, in der gesetzlichen Krankenversicherung versicherungspflichtig sind, sind auch in der sozialen Pflegeversicherung versicherungspflichtig.

Versicherungspflicht für freiwillige Mitglieder der gesetzlichen Krankenversicherung (§ 20 Abs. 3 SGB XI)

32 Entsprechend dem Grundsatz „Pflegeversicherung folgt Krankenversicherung" werden auch die in der gesetzlichen Krankenversicherung freiwillig Versicherten in die Versicherungspflicht der sozialen Pflegeversicherung einbezogen. Ihnen wird aber die Möglichkeit gegeben, zur privaten Pflegeversicherung überzuwechseln.

Die Versicherungspflicht in der sozialen Pflegeversicherung gilt damit auch für

– Beamte, und zwar aktive Beamte wie Ruhestandsbeamte, die freiwilliges Mitglied einer gesetzlichen Krankenkasse sind. Mit Rücksicht darauf, dass sie im Fall der Pflegebedürftigkeit Leistungen der Beihilfe beanspruchen können, gilt für sie in der sozialen Pflegeversicherung ein Teilkostentarif. Danach erhalten sie Leistungen der sozialen Pflegeversicherung nur zur Hälfte, und zwar sowohl die Geld- als auch die Sachleistungen. Wegen des verringerten Leistungsanspruchs ermäßigt sich der Beitragssatz auf die Hälfte des gesetzlich festgesetzten Beitragssatzes. Der Dienstherr hat sich nicht an diesem halben Beitrag zu beteiligen, denn statt eines „Arbeitgeberzuschusses" leistet er die Beihilfe,
– Abgeordnete, d. h. Mitglieder des Deutschen Bundestages, des Europäischen Parlaments und der Parlamente der Länder sowie Bezieher von Versorgungsleistungen nach den jeweiligen Abgeordnetengesetzen des Bundes und der Länder, soweit sie in der gesetzlichen Krankenversicherung freiwillig versichert sind. Abgeordnete, die privat krankenversichert sind, werden in der privaten Pflegeversicherung versicherungspflichtig. Das Bestehen des Pflegeversicherungsschutzes ist gegenüber dem jeweiligen Parlamentspräsidenten nachzuweisen.

Versicherungspflicht von Personen, die weder Mitglied einer gesetzlichen Krankenkasse noch privat krankenversichert sind (§ 21 SGB XI)

33 In Ergänzung des Grundsatzes „Pflegeversicherung folgt Krankenversicherung" werden auch folgende Personengruppen in die Versicherungspflicht der sozialen Pflegeversicherung einbezogen, sofern sie ihren Wohnsitz oder gewöhnlichen Aufenthalt im Inland haben und nicht bei einem privaten Krankenversicherungsunternehmen versichert sind:

- Personen, die unmittelbar nach dem Bundesversorgungsgesetz oder in entsprechender Anwendung des Bundesversorgungsgesetzes Anspruch auf Heil- oder Krankenbehandlung haben,
- Bezieher einer Kriegsschadenrente oder vergleichbarer Leistungen nach dem Lastenausgleichsgesetz, dem Reparationsschädengesetz oder dem Flüchtlingshilfegesetz, sowie Bezieher von ergänzender Hilfe zum Lebensunterhalt im Rahmen der Kriegsopferfürsorge nach dem Bundesversorgungsgesetz oder nach Gesetzen, die eine entsprechende Anwendung des Bundesversorgungsgesetzes vorsehen,
- Bezieher laufender Leistungen zum Unterhalt und von Leistungen der Krankenhilfe nach dem SGB VIII und
- Krankenversorgungsberechtigte nach dem Bundesentschädigungsgesetz.

Für diese Personengruppen ist die Pflegekasse zuständig, die bei der Krankenkasse errichtet ist, die von den Sozialleistungsträgern mit der Leistungserbringung im Krankheitsfall beauftragt ist. Ist keine Krankenkasse beauftragt, kann der Einzelne die Pflegekasse nach Maßgabe des § 48 Abs. 3 SGB XI auswählen.

Nachdem das GKV-WSG zum 1. April 2007 eine Versicherungspflicht für in der gesetzlichen Krankenversicherung bisher nicht Versicherte eingeführt hat und seit 1. Januar 2009 auch eine Versicherungspflicht in der privaten Krankenversicherung gilt, wird diese Vorschrift nach § 21 über die Versicherungspflicht von Personen, die weder Mitglied einer gesetzlichen Krankenversicherung noch privat krankenversichert sind, an Bedeutung verlieren. Ebenso haben die unten dargestellten Regelungen über die freiwillige Versicherung und über das Beitrittsrecht (§§ 26 und 26a) dadurch an Bedeutung verlieren.

34 In die Versicherungspflicht zur sozialen Pflegeversicherung werden ferner Soldaten in einem Dienstverhältnis auf Zeit einbezogen, die nicht privat krankenversichert sind. Da die Zeitsoldaten während ihrer Dienstzeit heilfürsorgeberechtigt sind, gilt auch für sie in der sozialen Pflegeversicherung ein Teilkostentarif, d. h. sie haben einen Anspruch auf die Hälfte der jeweils aus der Pflegeversicherung zu gewährenden Leistung und zahlen Beiträge nach dem halben gesetzlich festgelegten Beitragssatz. Zeitsoldaten können nach § 48 Abs. 3 SGB XI wählen, bei welcher Pflegekasse sie Mitglied werden wollen.

Soldaten auf Zeit mit einer privaten Anwartschaftsversicherung werden dagegen der privaten Pflegeversicherung zugeordnet, denn mit dieser Anwartschaftsversicherung haben sie bereits einen engen Bezug zur Privatversicherung. Die private Anwartschaftsversicherung wird in diesem Fall wie eine private Krankenversicherung behandelt, die eine Versicherungspflicht in der sozialen Pflegeversicherung ausschließt. Dasselbe gilt, wenn der Soldat auf Zeit anstelle einer Anwartschaftsversicherung eine private Ruhensversicherung hat, bei der ursprüngliche Rechte und Pflichten eines bereits vor der Dienstzeit bestehenden Versicherungsvertrages ruhen.

Familienversicherung (§ 25 SGB XI)

35 Für den unterhaltsberechtigten Ehepartner sowie den eingetragenen Lebenspartner und die Kinder eines Mitglieds besteht unter den gleichen Voraussetzungen ein Anspruch auf beitragsfreie Familienversicherung, wie dies in der gesetzlichen Krankenversicherung (§ 10 SGB V) der Fall ist. Im Ergebnis wird also derjenige, der bei einer gesetzlichen Krankenkasse Anspruch auf Familienversicherung hat, gleichfalls in der sozialen Pflegeversicherung beitragsfrei familienversichert sein. Konkret setzt der Anspruch auf Familienversicherung u. a. voraus, dass der Ehepartner oder der eingetragene Lebenspartner sowie die Kinder des Mitglieds ihren Wohnsitz oder gewöhnlichen Aufenthalt im Inland haben und über kein höheres Gesamteinkommen als 1/7 der monatlichen Bezugsgröße verfügen (Wert 2011: 365 Euro). Bei Renten wird der Zahlbetrag ohne den auf Entgeltpunkte für Kindererziehungszeiten entfallenden Teil berücksichtigt. Für Familienangehörige mit geringfügiger Beschäftigung beträgt das zulässige Gesamteinkommen 400 Euro monatlich.

36 Kinder sind, sofern sie nicht z. B. aufgrund einer Beschäftigung oder des Bezuges einer Rente selbst versicherungspflichtig werden, grundsätzlich bis zur Vollendung des 18. Lebensjahres beitragsfrei mitversichert. Die Familienversicherung verlängert sich bei nicht erwerbstätigen Kindern bis zur Vollendung des 23. Lebensjahres und bis zur Vollendung des 25. Lebensjahres, wenn das Kind sich in Schul- oder Berufsausbildung befindet oder ein freiwilliges soziales Jahr oder freiwilliges ökologisches Jahr leistet. Wird die Schul- oder Berufsausbildung durch die Erfüllung der gesetzlichen Dienstpflicht des Kindes unterbrochen oder verzögert, so verlängert sich der Anspruch auf Familienversicherung um die Dauer der gesetzlichen Dienstpflicht über das 25. Lebensjahr hinaus.

Für Kinder, die wegen körperlicher, geistiger oder seelischer Behinderung sich nicht selbst unterhalten können, besteht ein zeitlich unbegrenzter Anspruch auf Familienversicherung.

37 Die Familienversicherung in der Pflegeversicherung bleibt während der Dauer der Ableistung des gesetzlichen Wehr- oder Zivildienstes erhalten.

Ebenso wie in der gesetzlichen Krankenversicherung besteht kein Anspruch auf Familienversicherung für Kinder, wenn der höherverdienende Elternteil in der privaten Pflegeversicherung versichert ist und sein Gesamteinkommen regelmäßig im Monat 1/12 der Jahresarbeitsentgeltgrenze nach dem SGB V übersteigt; für die Versicherung des Kindes sind in diesen Fällen Beiträge zu entrichten.

Befreiung von der Versicherungspflicht in der sozialen Pflegeversicherung bei Abschluss einer privaten Pflegeversicherung (§ 22 SGB XI)

38 Im Interesse der Einheitlichkeit des Trägers von Kranken- und Pflegeversicherung sind die Befreiungsmöglichkeiten von der Versicherungspflicht in der sozialen Pflegeversicherung sehr stark eingeschränkt. Das Recht zur Befreiung von der Versicherungspflicht steht Personen zu, die in der gesetzlichen Krankenversicherung freiwillig versichert sind (§ 22 SGB XI).

Die Befreiung muss bei der zuständigen Pflegekasse beantragt werden, das ist die Pflegekasse, die bei der Krankenkasse errichtet ist, bei der die Krankenversicherung besteht. Dabei muss der Befreiungsberechtigte nachweisen, dass für ihn und seine unterhaltsberechtigten Angehörigen, für die in der sozialen Pflegeversicherung ein Anspruch auf beitragsfreie Familienversicherung nach § 25 SGB XI bestünde, ein privater Pflegeversicherungsschutz besteht. Dieser muss Vertragsleistungen beinhalten, die den Leistungen der sozialen Pflegeversicherung gleichwertig sind, wobei an die Stelle der Sachleistung die Kostenerstattung tritt. Zur Gleichwertigkeit des Versicherungsschutzes gehört ausdrücklich auch die Verpflichtung des privaten Versicherungsunternehmens, zur Alterssicherung der unentgeltlich tätigen Pflegepersonen Beiträge an die zuständigen Träger der gesetzlichen Rentenversicherung abzuführen. Bei Beamten sind bei der Prüfung der Gleichwertigkeit des privaten Versicherungsschutzes Leistungen der Beihilfe in die Bewertung mit einzubeziehen. Es reicht hier also ein Versicherungsvertrag, der die Differenz zwischen sozialer Pflegeversicherung und Beihilfe abdeckt (Restkostentarif).

Der Antrag auf Befreiung von der Versicherungspflicht kann nur innerhalb von 3 Monaten nach Beginn der Versicherungspflicht gestellt werden. Es handelt sich um eine Ausschlussfrist, die nicht verlängert werden kann. Die Befreiung kann nur einheitlich für das Mitglied und die mitversicherten Familienangehörigen erfolgen.

Wer sich befreien lässt, ist verpflichtet, den privaten Pflegeversicherungsvertrag auf Dauer aufrecht zu erhalten, es sei denn, es tritt ein Versicherungspflichttatbestand in der sozialen Pflegeversicherung ein. Ein Zuwiderhandeln ist bußgeldbewehrt (§ 121 SGB XI).

Die Befreiung wirkt vom Beginn der Versicherungspflicht an und kann nicht widerrufen werden.

Schutz vor Missbrauch der Solidargemeinschaft (§ 20 Abs. 4 SGB XI)

39 Um die Solidargemeinschaft der Pflegeversicherung vor einer Überforderung zu schützen, wird in den Fällen, in denen Personen, die in den letzten 10 Jahren weder in der sozialen Pflegeversicherung noch in der gesetzlichen Krankenversicherung versichert waren, eine versicherungspflichtige Beschäftigung oder selbständige Tätigkeit von untergeordneter wirtschaftlicher Bedeutung aufnehmen, zunächst der Eintritt der Versicherungspflicht in Frage gestellt. In diesen Fällen muss genauestens geprüft werden, ob und in welchem Umfang die die Versicherungspflicht begründende Beschäftigung oder selbständige Tätigkeit tatsächlich ausgeübt wird. Vor allem bei einer Beschäftigung bei Familienangehörigen ist eine untergeordnete wirtschaftliche Bedeutung dann anzunehmen, wenn die Höhe des Arbeitsentgelts nicht in einem angemessenen Verhältnis zur Arbeitsleistung steht oder die Hälfte der monatlichen Bezugsgröße (2011: 1.277,50 Euro) nicht übersteigt. Damit wird ein von dem Versicherten manipulierter Wechsel von der privaten Versicherung zur sozialen Pflegeversicherung verhindert.

Freiwillige Versicherung (§ 26 SGB XI)

40 Da die Pflegeversicherung im Wesentlichen als ein Pflichtversicherungssystem konzipiert ist, sind die Möglichkeiten einer freiwilligen Versicherung auf ein Minimum beschränkt. Im Hinblick auf die oben angesprochenen erweiterten Versicherungspflichten in der (gesetzlichen und privaten) Krankenversicherung durch das GKV-WSG und der damit verbundenen gleichzeitigen Einbeziehung in die Pflegeversicherung hat die Regelung über die freiwillige Versicherung an Bedeutung verloren, weil die Pflichtversicherung einer freiwilligen Versicherung vorgeht.

Möglich ist die freiwillige Versicherung zum einen in Form der freiwilligen Weiterversicherung für Personen, die aus der Versicherungspflicht ausscheiden (§ 26 Abs. 1 SGB XI). Die Weiterversicherung bietet neben der Kontinuität des Versicherungsschutzes auch den Vorteil, die ab 1. Januar 1996 geltenden Vorversicherungszeiten zu erfüllen. Um Missbrauch zu vermeiden, wird das Recht auf Weiterversicherung – wie in der gesetzlichen Krankenversicherung – nur demjenigen eingeräumt, der vor dem Ausscheiden aus der Versicherungspflicht in den letzten fünf Jahren mindestens 24 Monate oder unmittelbar vor dem Ausscheiden mindestens 12 Monate versichert war. Wer sich privat krankenversichert und damit auch privat pflegeversicherungspflichtig wird, kann sich allerdings nicht in der sozialen Pflegeversicherung weiterversichern. Das Recht zur Weiterversicherung steht auch Familienangehörigen zu, deren Anspruch auf Familienversicherung erlischt oder die als Kind nur deswegen keinen Anspruch auf Familienversicherung haben, weil der höherverdienende Elternteil in der privaten Pflegeversicherung pflichtversichert ist.

Die Weiterversicherung ist innerhalb von 3 Monaten nach Beendigung der Mitgliedschaft, bei Familienangehörigen innerhalb von 3 Monaten nach Beendigung der Familienversicherung oder nach der Geburt des Kindes, bei dem die Voraussetzungen einer Familienversicherung nicht gegeben sind, bei der zuständigen Pflegekasse zu beantragen.

41 Eine Weiterversicherung ist zum anderen für Personen vorgesehen, die wegen der Verlegung ihres Wohnsitzes oder gewöhnlichen Aufenthaltes ins Ausland aus der Versicherungspflicht ausscheiden (§ 26 Abs. 2 SGB XI). Sie können sich mit der Weiterversicherung für den Fall einer späteren Rückkehr nach Deutschland den sofortigen Leistungsanspruch bei Pflegebedürftigkeit erhalten. Der Antrag auf diese Weiterversicherung ist spätestens einen Monat nach dem Ausscheiden aus der Versicherungspflicht bei der Pflegekasse zu stellen. Die Weiterversicherung während des Auslandsaufenthaltes ist letztlich eine „ruhende Mitgliedschaft", es bestehen während des Aufenthaltes des Mitglieds im Ausland keinerlei Leistungsansprüche, auch nicht für im Inland verbliebene Familienangehörige. Für diese endet vielmehr der Anspruch auf Familienversicherung mit dem Tag, an dem das Mitglied seinen Wohnsitz ins Ausland verlegt. Sie können sich aber selbst innerhalb von 3 Monaten nach dem Erlöschen des Anspruchs auf Familienversicherung bei ihrer Pflegekasse weiterversichern und so ihren Pflegeversicherungsschutz erhalten.

Für Familienangehörige, die mit dem Mitglied ihren Wohnsitz in das Ausland verlegen, ist eine eigene Weiterversicherung nicht erforderlich. In diesem Fall ist während der Weiterversicherung des Mitglieds eine ruhende Familienversicherung gegeben. Die Zeiten der Familienversicherung werden bei der Ermittlung der für Leistungsansprüche erforderlichen Vorversicherungszeiten berücksichtigt. Entfallen die Voraussetzungen für einen Anspruch auf Familienversicherung während des Auslandsaufenthaltes, z. B. bei Kindern wegen Erreichens der Altersgrenze, so können diese Familienangehörigen eine eigene Weiterversicherung innerhalb von 3 Monaten nach Erlöschen des Anspruchs auf Familienversicherung beantragen.

Wegen des Ruhens der Leistungen gilt für die Weiterversicherung bei Verlegung des Wohnsitzes in das Ausland nur ein Mindestbeitrag (pro Kalendertag der 180. Teil der monatlichen Bezugsgröße nach § 18 SGB IV, das ergibt einen Beitrag von 8,30 Euro monatlich – Wert 2011).

Beitrittsrecht (§ 26a SGB XI)

42 Zum 1. Januar 2002 ist als Folge einer Entscheidung des Bundesverfassungsgerichts vom 3. April 2001 ein befristetes Beitrittsrecht zur Pflegeversicherung vorgesehen worden (§ 26a SGB XI). Eingeführt wurde ein dreigestuftes Beitrittsrecht, das danach differenziert, ab welchem Zeitpunkt der Betroffene zu den Nichtversicherten gehört, bzw. ab wann sich die Frage eines Beitritts gestellt hat oder stellen wird. Neben einem Beitrittsrecht für die zum Zeitpunkt der Einführung der Pflegeversicherung am

1. Januar 1995 Nichtversicherten einerseits (§ 26a Abs. 1 SGB XI) und für die nach dem 1. Januar 1995 bis zum 1. Januar 2002 hinzugekommenen Nichtversicherten andererseits (§ 26a Abs. 2 SGB XI) ist unter engen Voraussetzungen auch ein befristetes Beitrittsrecht für künftige Sachverhalte, insbesondere für Auslandsrückkehrer, vorgesehen (§ 26a Abs. 3 SGB XI). Die Beitrittsrechte sind so ausgestaltet, dass möglichst Missbräuche zu Lasten der Solidargemeinschaft der Versicherten ausgeschlossen werden. Nicht einbezogen in die Beitrittsrechte sind Personen, die nicht selbst in der Lage sind, einen Pflegeversicherungsbeitrag zu zahlen, dies sind z. B. Empfänger von Hilfe zum Lebensunterhalt nach dem Sozialhilferecht (SGB XII). Die Beitrittswilligen müssen zum Zeitpunkt der Beitrittserklärung ihren Wohnsitz im Inland haben. Sie können sich entscheiden, ob sie einer der nach § 48 Abs. 3 SGB XI wählbaren sozialen Pflegekassen beitreten oder die Versicherung in der privaten Pflegeversicherung bevorzugen wollen.

Das Beitrittsrecht nach § 26a Abs. 1 und 2 SGB XI war nur befristet bis zum 30. Juni 2002 auszuüben. Ab dem 1. Juli 2002 besteht nur noch das Beitrittsrecht nach § 26a Abs. 3 SGB XI. Es gilt nur für nicht pflegeversicherte Personen, die als Zuwanderer oder Auslandsrückkehrer bei Wohnsitznahme im Inland keinen Tatbestand der Versicherungspflicht in der sozialen oder privaten Pflegeversicherung erfüllen und das 65. Lebensjahr noch nicht vollendet haben, sowie für nicht versicherungspflichtige Personen mit Wohnsitz im Inland, bei denen Gründe entfallen sind, die einen früheren Beitritt gesetzlich ausgeschlossen haben (z. B. Bezug von Hilfe zum Lebensunterhalt). Der Beitritt ist schriftlich innerhalb von 3 Monaten nach Wohnsitznahme im Inland oder nach Wegfall der gesetzlichen Ausschlussgründe mit Wirkung vom 1. des Monats zu erklären, der auf die Beitrittserklärung folgt. Die gewählte Pflegekasse ist zur Annahme der Beitrittserklärung, das gewählte private Versicherungsunternehmen ist zum Abschluss des Versicherungsvertrages verpflichtet. Der Beitritt ist ausgeschlossen, wenn ohne zwingenden Grund eine frühere Beitrittsmöglichkeit nicht wahrgenommen wurde.

Im Hinblick auf die oben angesprochenen erweiterten Versicherungspflichten in der (gesetzlichen und privaten) Krankenversicherung durch das GKV-WSG und der damit verbundenen Einbeziehung in die Pflegeversicherung hat die Regelung über das Beitrittsrecht an Bedeutung verloren.

Kündigung eines privaten Pflegeversicherungsvertrages (§ 27 SGB XI)

43 Solange Versicherungspflicht besteht kann der private Pflegeversicherungsvertrag von dem Versicherten nicht gekündigt werden, es sei denn er setzt den Versicherungsschutz nahtlos bei einem anderen Versicherungsunternehmen fort. Die Versicherungspflicht entfällt insbesondere, wenn der Versicherte dauerhaft ins Ausland verzieht.

Tritt für einen privat Versicherten durch eine Veränderung in der Lebenssituation ein Sachverhalt ein, der zur Versicherungspflicht in der sozialen Pflegeversicherung führt (z. B. ein privat versichertes Kind, das eine sozialversicherungspflichtige Erwerbstätigkeit aufnimmt), kann er den privaten Versicherungsvertrag mit Wirkung vom Eintritt der Versicherungspflicht an kündigen. Das besondere Kündigungsrecht wird gleichzeitig auch den Familienangehörigen eingeräumt, wenn für ihn mit Eintritt der Versicherungspflicht des Elternteils oder Ehepartners gleichzeitig eine Familienversicherung nach § 25 SGB XI eintritt.

Die Leistungen der Pflegeversicherung

Allgemeines

44 Für die meisten Pflegebedürftigen ist es wichtig, so lange wie möglich zu Hause, in der gewohnten familiären und sozialen Umgebung bleiben zu können. Den Bedürfnissen und Wünschen der Pflegebedürftigen entsprechend wird daher im SGB XI der häuslichen Pflege Vorrang vor der stationären Pflege eingeräumt. Ein ganzes Bündel von Maßnahmen ist darauf gerichtet, die Bedingungen der häuslichen Pflege entscheidend zu verbessern und damit auch die Bereitschaft der Familien, Angehörige zu Hause zu pflegen, nachhaltig zu stützen und zu fördern. Die Leistungen der häuslichen Pflege bilden den Schwerpunkt der Pflegeversicherung. Sie werden seit dem 1. April 1995 gewährt. Die Leistungen bei stationärer Pflege wurden zum 1. Juli 1996 eingeführt. Die Leistungen der Pflegeversicherung werden einkommens- und vermögensunabhängig gewährt (nur ausnahmsweise spielt das Einkommen eine Rolle bei der Leistungsbewilligung, nämlich bei den Zuzahlungen zu Pflegehilfsmitteln und den Zuschüssen zu Umbaumaßnahmen, siehe dazu unten). Im Gegensatz dazu werden ergänzende (Pflege-)Leistungen der Sozialhilfe nur bei finanzieller Bedürftigkeit erbracht. Von den Pflegebedürftigen in Pflegeheimen erhält etwa jeder Vierte zusätzlich zu den Leistungen der Pflegeversicherung Leistungen der Sozialhilfe (nach einer entsprechenden Bedürftigkeitsprüfung).

45 Die Leistungen gehen von dem Grundsatz „Prävention und Rehabilitation vor Pflege" aus. Damit Pflegebedürftigkeit vermieden, überwunden oder gemindert werden kann, bedarf es verstärkter Maßnahmen der Prävention und Rehabilitation auch nach Eintritt der Pflegebedürftigkeit. Nur so können die Fähigkeiten für eine selbst bestimmte Lebensführung erhalten oder zurückgewonnen werden.

Rehabilitationsmaßnahmen werden auch künftig von den im Einzelfall zuständigen Leistungsträgern, in der Regel der Kranken- oder Rentenversicherung, zu erbringen sein. Bereits seit dem Gesundheitsreformgesetz 1988 sehen § 11 Abs. 2 sowie § 23 Abs. 1 Ziffer 3 SGB V ausdrücklich vor, dass medizinische Rehabilitationsleistungen und Vorsorgeleistungen von den Krankenkassen auch mit dem Ziel zu erbringen sind, Pflegebedürftigkeit zu vermeiden oder zu mindern. Mit dem SGB XI ist der Grundsatz „Rehabilitation vor Pflege" noch einmal verstärkt worden. So schreibt § 5 SGB XI vor, dass alle Möglichkeiten der medizinischen Rehabilitation genutzt werden müssen, um Pflegebedürftigkeit zu vermeiden, und in § 11 Abs. 2 SGB V wird noch einmal betont, dass die Krankenkassen auch nach Eintritt von Pflegebedürftigkeit Leistungen zur medizinischen Rehabilitation zu erbringen haben. Im GKV-Wettbewerbsstärkungsgesetz (GKV-WSG) wurde der Anspruch auf ambulante und stationäre Rehabilitation mit Wirkung zum 1.April 2007 von einer Ermessens- in eine Pflichtleistung umgewandelt. Zudem sollen seither ambulante Rehabilitationsleistungen auch in Pflegeheimen erbracht werden.

Die Pflegekassen haben die Aufgabe, den Pflegebedürftigen im Zusammenhang mit durchzuführenden Rehabilitationsmaßnahmen zu unterstützen und in Ausnahmefällen sogar ambulante Rehabilitationsmaßnahmen zu Lasten des zuständigen Rehabilitationsträgers vorläufig zu erbringen, wenn andernfalls die sofortige Einleitung der Leistungen gefährdet und damit ein für den Rehabilitationserfolg schädlicher Zeitverlust eintreten würde (§ 32 SGB XI). Zudem verpflichtet das Gesetz die Pflegekassen, bei der Einleitung und Ausführung der Leistungen zur Pflege sowie bei Beratung, Auskunft und Aufklärung mit den Trägern der Rehabilitation eng zusammenzuarbeiten, um Pflegebedürftigkeit zu vermeiden, zu überwinden, zu mindern oder ihre Verschlimmerung zu verhüten (§ 31 SGB XI).

Die aktivierende Pflege nach Eintritt der Pflegebedürftigkeit ist Aufgabe der Pflegeversicherung (§ 28 Abs. 4 SGB XI). Sie ist allerdings keine eigenständige Leistung, sondern integraler Bestandteil aller Pflegeleistungen. Die aktive Einbeziehung des Pflegebedürftigen ist eine wesentliche Voraussetzung, Pflegebedürftigkeit zu überwinden, den Pflegezustand zu verbessern oder einer Verschlimmerung vorzubeugen. Dazu gehört z. B. die Ermunterung und Hilfestellung bei bettlägerigen Pflegebedürftigen zum Aufstehen und Umhergehen, die Anleitung zum selbständigen Essen statt passiver Nahrungsaufnahme, aber auch die geistige Anregung insbesondere bei alleinstehenden, vereinsamten Menschen. Es gilt, erhaltene Fähigkeiten des Pflegebedürftigen zu trainieren und verlorene möglichst wiederzugewinnen. Der Pflegebedürftige ist zur Mithilfe bei der Ausführung aller Pflegeleistungen anzuleiten, seine Selbständigkeit und Selbsthilfefähigkeit sind zu unterstützen. Aktivierende Maßnahmen sollen alle körpernahen Verrichtungen einbeziehen, aber auch die hauswirtschaftliche Versorgung, die Organisation des Tagesablaufs und die Gestaltung der Wohnung oder des Zimmers im Pflegeheim. Die Angehörigen der Pflegebedürftigen sollen sich an der aktivierenden Pflege beteiligen.

Einführung eines Anspruchs auf Pflegeberatung (Fallmanagement) zum 1. Januar 2009

46 Die Pflegekassen sind verpflichtet, für pflegebedürftige Versicherte und für Personen, die einen Antrag auf Leistungen gestellt haben, Pflegeberater und Pflegeberaterinnen vorzuhalten. Dies gilt auch für die private Pflegeversicherung.

Die Pflegeberatung umfasst nicht nur Beratung sondern zielt auf die Verbesserung der Versorgung im konkreten Einzelfall ab und dient der umfassenden und zielgerichteten Unterstützung des Einzelnen im Sinne eines Fallmanagements. Zu den wesentlichen Aufgaben der Pflegeberatung zählen die Ermittlung und Feststellung des gesundheitlichen, pflegerischen und sozialbetreuerischen Hilfebedarfs, die Zusammenstellung des Hilfebedarfs in einem Versorgungsplan, das Aufzeigen von Pflege-, Betreuungs- und Versorgungsangeboten, das Hinwirken auf die Umsetzung des Versorgungsplans einschließlich der Unterstützung bei der Inanspruchnahme der erforderlichen Leistungen. Bei besonders komplexen Fallgestaltungen soll die Pflegeberatung den Hilfeprozess auswerten und dokumentieren. Pflegeberater und Pflegeberaterinnen sind zu enger und einvernehmlicher Zusammenarbeit mit allen an der Pflege Beteiligten verpflichtet.

Leistungen bei häuslicher Pflege

47 Die Leistungen bei häuslicher Pflege umfassen

- Häusliche Pflegehilfe – Pflegesachleistung (§ 36 SGB XI),
- Pflegegeld für selbst beschaffte Pflegehilfen (§ 37 SGB XI),
- Kombination von Geldleistung und Sachleistung – Kombinationsleistung – (§ 38 SGB XI),
- häusliche Pflege bei Verhinderung der Pflegeperson (§ 39 SGB XI),
- Tagespflege und Nachtpflege (§ 41 SGB XI),
- Kurzzeitpflege (§ 42 SGB XI),
- Zusätzliche Betreuungsleistung bei erheblich eingeschränkter Alltagskompetenz (§ 45b SGB XI),
- Pflegehilfsmittel, technische Hilfen und Zuschüsse zu pflegebedingtem Umbau der Wohnung (§ 40 SGB XI),
- Leistungen zur sozialen Sicherung der Pflegepersonen (§§ 44, 44a SGB XI): für Pflegepersonen werden von der Pflegeversicherung Beiträge zur Rentenversicherung entrichtet, sie werden bei der Pflegetätigkeit in den Schutz der gesetzlichen Unfallversicherung einbezogen und seit 1. Juli 2008 werden für Pflegepersonen, die sich in der bis zu sechsmonatigen Pflegezeit befinden, Beiträge zur Arbeitslosenversicherung entrichtet und Zuschüsse für den Kranken- und Pflegeversicherungsschutz gezahlt,
- Pflegekurse für Angehörige und ehrenamtliche Pflegepersonen (§ 45 SGB XI).

Häusliche Pflege setzt nicht voraus, dass der Pflegebedürftige in seinem eigenen Haushalt gepflegt wird, dies kann vielmehr auch ein anderer Haushalt sein, in den der Pflegebedürftige aufgenommen worden ist, oder ein Altenwohnheim, Altenheim oder eine vergleichbare Einrichtung. Leistungen bei häuslicher Pflege sind nur dann ausgeschlossen, wenn es sich bei der Einrichtung, in der der Pflegebedürftige betreut wird,

- um ein Pflegeheim im Sinne des § 71 SGB XI handelt – in diesem Fall besteht ein Anspruch auf stationäre Pflegeleistungen nach § 43 SGB XI –,
- um eine stationäre Einrichtung handelt, in der die medizinische Vorsorge oder Rehabilitation, die berufliche oder soziale Eingliederung, die schulische Ausbildung oder die Erziehung Kranker oder Behinderter im Vordergrund des Zweckes der Einrichtung stehen; in diesem Fall besteht ein Anspruch auf die Pflegeleistungen nach § 43a SGB XI.

Die Verhinderungspflege nach § 39 SGB XI ist allerdings auch in den vorgenannten stationären Einrichtungen möglich.

Pflegesachleistung (§ 36 SGB XI)

48 Pflegebedürftige, die im häuslichen Bereich Pflege und Betreuung durch professionelle Pflegekräfte benötigen, z. B. durch Mitarbeiter von Sozialstationen, erhalten Grundpflege und hauswirtschaftliche Versorgung (häusliche Pflegehilfe) als Sachleistung. Da mit zunehmendem Grad der Pflegebedürftigkeit auch der Umfang des Pflegebedarfs steigt, ist die Höhe des Gesamtwertes, bis zu dem die Kosten der Pflegeeinsätze durch die Pflegeversicherung übernommen werden, nach dem Grad der Pflegebedürftigkeit gestaffelt. Die Pflegekassen finanzieren Pflegeeinsätze

- bei Pflegebedürftigen der Pflegestufe I bis zu einem Gesamtwert von 440 Euro monatlich,
- bei Pflegebedürftigen der Pflegestufe II bis zu einem Gesamtwert von 1.040 Euro monatlich,
- bei Pflegebedürftigen der Pflegestufe III bis zu einem Gesamtwert von 1.510 Euro monatlich.

Die ambulanten Sachleistungsbeträge werden bis 2012 stufenweise wie folgt angehoben:

Pflegestufe	seit 1.7.2008	seit 1.1.2010	ab 1.1.2012
Stufe I	420	440	450
Stufe II	980	1.040	1.100
Stufe III	1.470	1.510	1.550

Zur Vermeidung von Härten können die Pflegekassen Pflegebedürftigen der Pflegestufe III weitere Pflegeeinsätze bis zu einem Gesamtwert von 1.918 Euro monatlich gewähren, wenn es sich um einen Fall besonders schwerer Pflege handelt und ein außergewöhnlich hoher und intensiver Pflegeaufwand vorliegt, der das übliche Maß der Pflegestufe III übersteigt, z. B. bei Krebserkrankungen im Endstadium sowie bei der Pflege von Apallikern. Diese Ausnahmeregelung soll insgesamt nicht mehr als 3 Prozent der häuslich gepflegten Pflegebedürftigen der

Pflegestufe III zugute kommen. Eine Erhöhung des Betrages in Höhe von 1.918 Euro monatlich ist bis zum Jahr 2012 nicht vorgesehen.

Wie der jeweilige Pflegeeinsatz auf die einzelnen Leistungen der Grundpflege und hauswirtschaftlichen Versorgung aufzuteilen ist, richtet sich nach den konkreten Erfordernissen in der Versorgungssituation des einzelnen Pflegebedürftigen. Die Pflegeeinsätze können flexibel abgerufen werden. Eine Begrenzung auf eine bestimmte Anzahl von Pflegeeinsätzen pro Kalendermonat ist nicht vorgesehen. Fahrkosten, die anlässlich der Einsätze der Pflegekräfte entstehen, werden nicht gesondert erstattet, sondern können im Rahmen der genannten Leistungsbeträge übernommen werden. Die Pflegekassen und die Leistungserbringer vereinbaren die Höhe der Vergütungen für die Pflegeeinsätze und die Fahrkosten.

49 Die Grundpflege und hauswirtschaftliche Versorgung als Pflegesachleistung umfassen nur Hilfeleistungen bei den Verrichtungen, die bei der Feststellung der Pflegebedürftigkeit im Sinne des § 14 Abs. 4 SGB XI zu berücksichtigen sind. Die im Rahmen einer ärztlichen Behandlung erforderliche medizinische Behandlungspflege, wie z. B. die Wundversorgung, Spritzensetzen usw., gehört nicht zur Pflegesachleistung, sie zählt zur häuslichen Krankenpflege, die von der Krankenkasse zu finanzieren ist.

Der Anspruch auf die Pflegesachleistung setzt voraus, dass die Pflegekraft in einem Vertragsverhältnis zur Pflegekasse steht, sei es mittelbar, indem sie bei einer ambulanten Pflegeeinrichtung (z. B. bei einer Sozialstation) angestellt ist, mit der die Pflegekasse einen Versorgungsvertrag und eine Vergütungsvereinbarung getroffen hat, sei es unmittelbar, indem sie bei der Pflegekasse angestellt ist oder als Einzelperson mit der Pflegekasse einen Vertrag nach § 77 SGB XI geschlossen hat, durch den Inhalt, Umfang, Vergütung sowie die Prüfung der Wirtschaftlichkeit und Qualität der vereinbarten Leistungen festgelegt worden sind. Pflegebedürftige, die eine Pflegekraft beschäftigen, die nur mit ihnen, nicht jedoch mit der Pflegekasse einen Vertrag hat, haben keinen Anspruch auf die Pflegesachleistung, sondern auf das Pflegegeld.

Pflegegeld für selbst beschaffte Pflegehilfen (§ 37 SGB XI)

50 Pflegebedürftige können Pflegegeld beanspruchen, wenn sie damit die erforderliche Grundpflege und hauswirtschaftliche Versorgung in geeigneter Weise selbst sicherstellen können. Ob dies der Fall ist, hat der Medizinische Dienst im Rahmen seiner Begutachtung im Wohnbereich des Pflegebedürftigen zu überprüfen, und zwar nicht nur bei der Erstbegutachtung, sondern auch bei den Wiederholungsuntersuchungen. Unerheblich ist, ob die Pflege durch Angehörige, sonstige ehrenamtliche Pflegepersonen oder durch erwerbsmäßige Pflegekräfte erbracht wird.

Das Pflegegeld ist ebenfalls nach dem Schweregrad der Pflegebedürftigkeit gestaffelt. Es beträgt in der

– Pflegestufe I monatlich 225 Euro,
– Pflegestufe II monatlich 430 Euro,
– Pflegestufe III monatlich 685 Euro.

Das Pflegegeld wird bis 2012 wie folgt angehoben:

Pflegestufe	seit 1.7.2008	seit 1.1.2010	ab 1.1.2012
Stufe I	215	225	235
Stufe II	420	430	440
Stufe III	675	685	700

Das Pflegegeld stellt kein Entgelt für die von der Pflegeperson erbrachten Pflegeleistungen dar, es soll vielmehr die Eigenverantwortlichkeit und Selbstbestimmung des Pflegebedürftigen stärken und ihm die Möglichkeit geben, seine Pflegehilfen selbst zu gestalten. Mit der Geldleistung erhält er die Möglichkeit, denjenigen eine materielle Anerkennung zukommen zu lassen, die ihn im häuslichen Bereich unentgeltlich pflegen. Sie bietet damit einen Anreiz zur Erhaltung der häuslichen Pflegebereitschaft und hilft so den Pflegebedürftigen, möglichst lange in der ihnen vertrauten Umgebung bleiben zu können.

Das Pflegegeld darf bei der Gewährung anderer einkommensabhängiger Sozialleistungen sowie bei der Ermittlung von Unterhaltsansprüchen und Unterhaltsverpflichtungen nicht als Einkommen des Pflegebedürftigen berücksichtigt werden (§ 13 Abs. 5 und 6 SGB XI). Dies gilt im Regelfall auch in Bezug auf die Pflegeperson, wenn der Pflegebedürftige das Pflegegeld teilweise oder auch ganz an sie weiterleitet. Die Pflegeperson verliert dadurch also z. B. nicht den Anspruch auf die beitragsfreie Familienversicherung. Wenn der Pflegebedürftige das Pflegegeld jedoch im Rahmen eines zwischen ihm und der Pflegeperson bestehenden Beschäftigungsverhältnisses an die Pflegeperson weiterleitet, stellt das Pflegegeld Einkommen der Pflegeperson dar.

51 Damit die Qualität der häuslichen Pflege bei Bezug von Pflegegeld gesichert bleibt, Defizite frühzeitig erkannt und ihnen entgegengewirkt werden kann, haben Pflegebedürftige, die ausschließlich die Geldleistung beziehen, in regelmäßigen Abständen einen Pflegeeinsatz durch eine Pflegeeinrichtung abzurufen, mit der die Pflegekasse einen Versorgungsvertrag geschlossen hat. Die Einsätze dienen gleichzeitig auch dem Schutz der Pflegeperson. Die Pflegefachkraft, die bspw. frühzeitig eine gesundheitliche Überforderung der Pflegeperson feststellt, kann durch Beratung und Hilfestellung, durch Hinweise auf Pflegekurse, Tagespflege usw. auf eine Entlastung der Pflegeperson hinwirken und damit im Einzelfall weiterhin häusliche Pflege ermöglichen.

Bei Pflegestufe I und II ist dieser beratende Pflegeeinsatz mindestens einmal halbjährlich, bei Pflegestufe III mindestens einmal vierteljährlich abzurufen (§ 37 Abs. 3 SGB XI). Eine Ausnahme von dieser Verpflichtung lässt das Gesetz nicht zu. Die Pflegeeinsätze sind seit dem 1. August 1999 nicht mehr von den Pflegebedürftigen, sondern von den Pflegekassen zu finanzieren. Die Vergütung für den Pflegeeinsatz in den Pflegestufen I und II darf 21 Euro und in der Pflegestufe III 31 Euro nicht übersteigen. Mit der Durchführung des Pflegeeinsatzes können Pflegebedürftige einen zugelassenen Pflegedienst ihrer Wahl beauftragen. Pflegebedürftige, bei denen der Medizinische Dienst der Krankenversicherung eine erheblich eingeschränkte Alltagskompetenz festgestellt hat, können den beratenden Pflegeeinsatz je nach Pflegestufe zweimal halb- oder vierteljährlich in Anspruch nehmen.

Kombination von Geldleistung und Sachleistung – Kombinationsleistung – (§ 38 SGB XI)

52 Wird die Sachleistung nicht in voller Höhe in Anspruch genommen, kann gleichzeitig ein entsprechend gemindertes Pflegegeld beansprucht werden. Das Pflegegeld wird um den Vomhundertsatz vermindert, in dem Sachleistungen in Anspruch genommen werden. Nimmt z. B. ein Pflegebedürftiger der Pflegestufe III, dem Pflegesachleistungen im Gesamtwert bis zu 1.510 Euro monatlich zustehen, Sachleistungen im Wert von 755 Euro in Anspruch, also 50 Prozent des ihm zustehenden Sachleistungshöchstwertes, kann er daneben 50 Prozent des ihm zustehenden Pflegegeldes von 685 Euro, also 342,50 Euro beanspruchen.

Der Pflegebedürftige hat sich zu entscheiden, in welchem Verhältnis er Geld- und Sachleistung in Anspruch nehmen will. An seine Entscheidung ist er 6 Monate gebunden, um bei den Pflegekassen unvertretbaren Verwaltungsaufwand verursacht durch zu häufigen Wechsel zwischen Sach- und Geldleistung zu vermeiden. Dies schließt jedoch nicht aus, dass die Pflegekassen dem Pflegebedürftigen eine vorzeitige Änderung seiner Entscheidung zugestehen können, wenn in den Verhältnissen, die bei der Entscheidung vorgelegen haben, eine wesentliche Veränderung eingetreten ist, so z. B., wenn ohne eine höhere Anzahl von Pflegeeinsätzen durch ambulante Pflegedienste die häusliche Pflege nicht mehr ausreichend sichergestellt wäre.

Häusliche Pflege bei Verhinderung der Pflegeperson (§ 39 SGB XI)

53 Um die Pflegebereitschaft und die Pflegefähigkeit im häuslichen Bereich zu erhalten und zu fördern, sind auch Hilfen für die Fälle vorgesehen, in denen vorübergehend die häusliche Pflege nicht oder nicht in ausreichendem Umfang sichergestellt werden kann.

Bei Urlaub oder anderweitiger Verhinderung der Pflegeperson haben Pflegebedürftige Anspruch auf eine Ersatzpflegekraft für die Dauer bis zu vier Wochen und bis zu einem Gesamtwert von 1.510 Euro je Kalenderjahr.

Dieser Leistungsbetrag wird bis 2012 stufenweise wie folgt angehoben:

seit 1.7.2008	seit 1.1.2010	ab 1.1.2012
1.470 Euro	1.510 Euro	1.550 Euro

Der Anspruch nach § 39 SGB XI setzt nicht voraus, dass die Verhinderungspflege in der Wohnung des Pflegebedürftigen selbst erbracht wird, sie ist z. B. auch in einem Wohnheim für Behinderte oder in einer anderen Einrichtung für Behinderte möglich. Wird sie in einem Heim oder einer vergleichbaren Einrichtung erbracht, dürfen die Pflegekassen allerdings im Rahmen des § 39 nur die pflegebedingten Aufwendungen übernehmen, nicht jedoch z. B. die Kosten für Unterkunft und Verpflegung sowie Investitionskosten, denn die Übernahme dieser Kosten ist den Pflegekassen auch bei einer Betreuung in einer zugelassenen Kurzzeitpflegeeinrichtung nicht möglich.

Die Verhinderungspflege muss nicht durch eine Pflegefachkraft erbracht werden, es muss sich auch nicht um einen von der Pflegekasse zugelassenen Pflegedienst handeln. Der Pflegebedürftige kann vielmehr selbst entscheiden, ob die Ersatzpflege durch eine professionelle Pflegekraft oder durch nicht erwerbsmäßige Pflegepersonen, wie z. B. Angehörige, Freunde oder Nachbarn, sichergestellt werden soll. Entscheidend für die Ausschöpfung des Höchstbetrages von 1.510 Euro ist allein, dass die Pflege nicht durch einen nahen Angehörigen ausgeübt wird. Bei Ersatzpflege durch Pflegepersonen, die mit dem Pflegebedürftigen bis zum 2. Grade verwandt oder verschwägert sind oder mit ihm in häuslicher Gemeinschaft leben, ist der Anspruch gegenüber der Pflegekasse grundsätzlich auf den Betrag des Pflegegeldes der festgestellten Pflegestufe beschränkt. Zusätzlich haben die Pflegekassen diesen nicht erwerbsmäßigen Pflegepersonen die ihnen im Zusammenhang mit der Verhinderungspflege entstandenen notwendigen Kosten, wie z. B. Fahrkosten, Verdienstausfall usw., auf Nachweis zu erstatten. Insgesamt dürfen allerdings die Aufwendungen der Pflegekasse die oben genannten jährlichen Leistungsbeträge nicht übersteigen.

Der Anspruch auf Verhinderungspflege setzt voraus, dass die Pflegeperson den Pflegebedürftigen vor der erstmaligen Verhinderung mindestens 6 Monate in seiner häuslichen Umgebung gepflegt hat. Nicht erforderlich ist, dass die Pflegeperson vor jeder neuen Unterbrechung der Pflegetätigkeit wiederum 6 Monate gepflegt haben muss.

Der Anspruch auf Verhinderungspflege ist nur gegeben in Fällen der Verhinderung der unentgeltlich tätigen Pflegeperson, nicht jedoch bei Verhinderung der professionellen Pflegekraft, die im Rahmen der Sachleistung tätig wird. Für sie ist vielmehr von der Pflegeeinrichtung oder der Pflegekasse ein entsprechender Ersatz zu stellen.

Tages- und Nachtpflege (§ 41 SGB XI)

54 Pflegebedürftige haben einen zeitlich unbegrenzten Anspruch auf Pflege und Betreuung in einer zugelassenen Einrichtung der Tages- oder Nachtpflege, wenn häusliche Pflege nicht in ausreichendem Umfang sichergestellt werden kann oder wenn dies zur Ergänzung der häuslichen Pflege erforderlich ist, z. B. bei einer kurzfristigen Verschlimmerung der Pflegebedürftigkeit oder zur Ermöglichung einer (Teil-) Erwerbstätigkeit der Pflegeperson.

Die Leistungshöhe ist nach dem Grad der Pflegebedürftigkeit gestaffelt. Die Pflegekasse übernimmt die pflegebedingten Aufwendungen der teilstationären Pflege, die Aufwendungen der sozialen Betreuung sowie die Aufwendungen der in der Einrichtung notwendigen Leistungen der medizinischen Behandlungspflege

– für Pflegebedürftige der Pflegestufe I im Wert bis zu 440 Euro,
– für Pflegebedürftige der Pflegestufe II im Wert bis zu 1.040 Euro und
– für Pflegebedürftige der Pflegestufe III im Wert bis zu 1.510 Euro monatlich.

Diese Leistungsbeträge werden bis 2012 stufenweise wie folgt angehoben:

Pflegestufe	seit 1.7.2008	seit 1.1.2010	ab 1.1.2012
Stufe I	420	440	450
Stufe II	980	1.040	1.100
Stufe III	1.470	1.510	1.550

Die Leistungen sind auch neben der Pflegesachleistung und dem Pflegegeld möglich, wenn der in § 36 SGB XI für die jeweilige Pflegestufe vorgesehene Sachleistungshöchstwert nicht voll ausgeschöpft wird. Neben dem vollen Anspruch auf Tages- und Nachtpflege besteht seit 1. Juli 2008 noch ein hälftiger Anspruch auf die jeweilige ambulante Pflegesachleistung für die weiterhin zu Hause notwendige Pflege. Ebenso wird es auch umgekehrt ermöglicht, neben der halben Ausschöpfung des Anspruchs auf Tages- und Nachtpflege noch den Anspruch auf Pflegesachleistungen in vollem Umfang zu nutzen. Der Gesamtanspruch bei Kombination von Tages- und Nachtpflege sowie Pflegesachleistung beläuft sich damit auf 150 vom Hundert der Werte, die jeweils bei Tages- und Nachtpflege und der Pflegesachleistung (ohne Kombination nach § 38) vorgesehen sind.

Tages- und Nachtpflege und Pflegegeld können jeweils anteilig nebeneinander bezogen werden. Nimmt der Pflegebedürftige neben der Tages- und Nachtpflege das Pflegegeld in Anspruch, besteht seit 1. Juli 2008 neben dem vollen Anspruch auf Tages- und Nachtpflege noch ein hälftiger Anspruch auf Pflegegeld für die weiterhin zu Hause notwendige und selbst sichergestellte Pflege. Ebenso wird es umgekehrt ermöglicht, neben der halben Ausschöpfung des Anspruchs auf Tages- und Nachtpflege ein ungekürztes Pflegegeld zu erhalten.

Die teilstationären Einrichtungen müssen die tägliche Hin- und Rückfahrt des Pflegebedürftigen sicherstellen, soweit dies der Pflegeperson nicht möglich ist.

Kurzzeitpflege (§ 42 SGB XI)

55 Pflegebedürftige können vorübergehend zur Kurzzeitpflege in eine vollstationäre Einrichtung aufgenommen werden und dort gepflegt werden, wenn weder häusliche Pflege in ausreichendem Umfang noch teilstationäre Pflege möglich ist, wie z. B. bei Ausfall der Pflegeperson oder kurzfristiger erheblicher Verschlimmerung der Pflegebedürftigkeit. Grundsätzlich kann die Leistung Kurzzeitpflege – wie dies auch bei allen anderen Pflegesachleistungen der Fall ist – nur in von den Pflegekassen zugelassenen Einrichtungen in Anspruch genommen werden, seit 1. Juli 2008 können aber pflegebedürftige Kinder unter 18 Jahren auch andere geeignete Einrichtungen für eine Kurzzeitpflege nutzen.

Der Anspruch auf Kurzzeitpflege ist auf vier Wochen je Kalenderjahr bis zum Wert von 1.510 Euro begrenzt. Der Betrag gilt für die Pflegestufen I bis III (einheitlich).

Dieser Leistungsbetrag wird bis 2012 stufenweise wie folgt angehoben:

seit 1.7.2008	seit 1.1.2010	ab 1.1.2012
1.470 Euro	1.510 Euro	1.550 Euro

Zusätzliche Betreuungsleistung für Pflegebedürftige mit erheblich eingeschränkter Alltagskompetenz (§ 45b SGB XI)

56 Seit dem 1. April 2002 haben Pflegebedürftige, bei denen nach Feststellung des Medizinischen Dienstes der Krankenversicherung (MDK) neben dem in der Pflegeversicherung bereits zu berücksichtigenden verrichtungsbezogenen Hilfebedarf (§§ 14 und 15 SGB XI) noch ein erheblicher Bedarf an allgemeiner Beaufsichtigung und Betreuung besteht, einen Anspruch auf einen zusätzlichen Betreuungsbetrag. Seit 1. Juli 2008 wurde der Betreuungsbetrag, der zunächst 460 Euro jährlich betrug, auf 100 Euro (Grundbetrag) bzw. 200 Euro (erhöhter Betrag) je nach Ausmaß der Einschränkungen der Alltagskompetenz, also auf 1200 bzw. 2400 Euro jährlich, angehoben. Der MDK stellt bei jeder Begutachtung der Pflegebedürftigkeit fest, ob eine „eingeschränkte Alltagskompetenz" mit einem erheblichen Betreuungsbedarf besteht und ob der Grundbetrag oder der erhöhte Betrag in Anspruch genommen werden kann. Zu dem begünstigten Personenkreis gehören im Wesentlichen altersverwirrte pflegebedürftige Menschen sowie Menschen mit psychischer Erkrankung oder geistiger Behinderung. Auch Personen mit erheblich „eingeschränkte Alltagskompetenz" und daraus folgend einem entsprechendem Betreuungsbedarf, die nicht als Pflegebedürftige der Pflegestufe I oder einer höheren Pflegestufe anerkannt sind, haben einen Anspruch auf den Grundbetrag oder erhöhten Betrag je nach Ausmaß der Einschränkungen der Alltagskompetenz. Insoweit erhalten auch Personen, die nicht oder noch nicht pflegebedürftig sind, Leistungen der Pflegeversicherung.

Der Betreuungsbetrag ist zweckgebunden einzusetzen für die Inanspruchnahme von Tages- oder Nachtpflege, Kurzzeitpflege, für besondere Leistungen der allgemeinen Beaufsichtigung und Betreuung von zugelassenen Pflegediensten sowie für so genannte niedrigschwellige Betreuungsangebote (von bürgerschaftlichem Engagement getragene Betreuungsangebote, in denen Helfer und Helferinnen unter pflegefachlicher Anleitung die Betreuung von Pflegebedürftigen zu Hause oder in Gruppen zeitweise übernehmen). Die Pflegebedürftigen erhalten die zusätzlichen Finanzmittel von ihrer Pflegekasse gegen Vorlage entsprechender Belege über Eigenbelastungen, die ihnen im Zusammenhang mit der Inanspruchnahme der gesetzlich aufgeführten Betreuungsleistungen entstanden sind. Pflegekassen und Bundesländer fördern auch gemeinsam niedrigschwellige Betreuungsangebote mit Zuschüssen (§ 45c SGB XI).

Pflegehilfsmittel und technische Hilfen (§ 40 SGB XI)

57 Die Leistungen bei häuslicher Pflege werden ergänzt um die Versorgung mit Pflegehilfsmitteln, soweit sie nicht von der Krankenversicherung oder anderen Leistungsträgern zu finanzieren sind, sowie um technische Hilfen im Haushalt, die der Erleichterung der Pflege dienen oder eine selbständigere Lebensführung des Pflegebedürftigen ermöglichen. Zu den Hilfsmitteln gehören die zum Verbrauch bestimmten Pflegehilfsmittel (z. B. Desinfektionsmittel, Unterlagen) und technische Hilfsmittel wie z. B. Pflegebetten, Polster für die Lagerung usw. Eine ärztliche Verordnung der Hilfsmittel ist nicht vorgesehen, die Pflegekassen überprüfen jedoch die Notwendigkeit der beantragten Pflegehilfsmittel unter Beteiligung einer Pflegefachkraft oder des Medizinischen Dienstes. Bei den zum Verbrauch bestimmten Pflegehilfsmitteln ist die Übernahme der Kosten durch die Pflegekassen auf monatlich 31 Euro begrenzt.

Die Hilfsmittel sollen, so weit dies möglich ist, den Pflegebedürftigen leihweise überlassen werden. Lehnen Versicherte die leihweise Überlassung von Hilfsmitteln ohne zwingenden Grund ab, haben sie die Kosten des Hilfsmittels in vollem Umfang selbst zu tragen. Kann ein Hilfsmittel nur nach vorhergehender Einweisung ordnungsgemäß bedient werden, kann die Pflegekasse die Bewilligung dieses Hilfsmittels von der Bereitschaft des Pflegebedürftigen bzw. dessen Pflegekräften abhängig machen, sich einer entsprechenden Schulung zu unterziehen. Daneben soll durch eine Eigenbeteiligung in Höhe von 10 Prozent, höchstens jedoch 25 Euro, den Versicherten ein Anreiz gegeben werden, auf größtmögliche Wirtschaftlichkeit zu achten. Zur Vermeidung von Härten können die Versicherten entsprechend den Regelungen in der gesetzlichen Krankenversicherung (§ 62 SGB V) von der Zuzahlung befreit werden. Die Belastungsgrenze in der Pflegeversicherung beträgt wie in der Krankenversicherung 2 Prozent der jährlichen Bruttoeinnahmen, wobei die Ausgaben für den Bereich Pflege und Krankheitsversorgung zusammen genommen werden. Erreicht ein Versicherter die Belastungsgrenze durch Zuzahlungen im Bereich der Krankenversicherung ist er von Zuzahlungen im Rahmen der Pflegeversicherung befreit. Bei chronisch Kranken, die wegen derselben schwerwiegenden Krankheit in Dauerbehandlung sind, liegt die Belastungsgrenze bei 1 Prozent der jährlichen Bruttoeinnahmen. Keine Zuzahlung fällt an, wenn ein Pflegehilfsmittel, z.B. ein Pflegebett, dem Pflegebedürftigen leihweise überlassen wird.

Der Spitzenverband Bund der Pflegekassen hat als Anlage zu dem Hilfsmittelverzeichnis, das für die gesetzliche Krankenversicherung gilt, ein Verzeichnis der Pflegehilfsmittel erstellt, die von den Pflegekassen bei häuslicher Pflege finanziert werden (§ 78 Abs. 2 SGB XI).

Zuschüsse zu pflegebedingtem Umbau der Wohnung (§ 44 Abs. 4 SGB XI)

58 Mängel der Wohnung sind oftmals ausschlaggebend dafür, dass Pflegebedürftige nicht in ihrer Wohnung verbleiben können. Dabei könnte oft ohne großen technischen oder baulichen Aufwand das Wohnumfeld so verändert werden, dass ein Verbleib im häuslichen Bereich möglich würde. Daher ist den Pflegekassen subsidiär die Möglichkeit eingeräumt, Zuschüsse bis zu einem Betrag von 2.557 Euro je Maßnahme zur Verbesserung des Wohnumfeldes zu gewähren, wenn dadurch eine häusliche Pflege erst möglich oder erleichtert wird oder eine selbständi-

gere Lebensführung des Pflegebedürftigen sichergestellt werden kann. In Betracht kommen hier z. B. die Verbreiterung von Türen, der Austausch der Badewanne durch eine Dusche, der Einbau eines Treppenliftes, aber auch kleinere Maßnahmen wie die Installation von Haltegriffen oder mit dem Rollstuhl unterfahrbare Einrichtungsgegenstände. Der Medizinische Dienst sowie allgemein die Pflegekräfte, die den Pflegebedürftigen in seinem häuslichen Bereich aufsuchen, sollten ihn in Fragen der Wohnraumanpassung beraten können, um Unfallgefahren zu mindern und die häusliche Pflege zu erleichtern.

Die Höhe des Zuschusses richtet sich nach den Kosten der jeweiligen Verbesserungsmaßnahme und der Einkommenssituation des Pflegebedürftigen. Um eine einheitliche Entscheidungspraxis der Pflegekassen zu gewährleisten, werden von dem Spitzenverband Bund der Pflegekassen Regelungen erlassen (§ 78 Abs. 2 SGB XI).

Pflegekurse für Angehörige und ehrenamtliche Pflegepersonen (§ 45 SGB XI)

59 Zur Unterstützung der ehrenamtlich Pflegenden und zur Verbesserung der Qualität der häuslichen Pflege bieten die Pflegekassen Pflegekurse an, in denen die Kenntnisse vermittelt werden, die zur Pflegetätigkeit in der häuslichen Umgebung notwendig oder hilfreich sind. Neben den praktischen Hilfen sollen die Kurse aber auch Unterstützung bei seelischen und körperlichen Belastungen bieten, dem Abbau von Versagungsängsten, dem Erfahrungsaustausch der Pflegepersonen untereinander, der Beratung über Hilfsmittel und Rehabilitationsmaßnahmen sowie der Gewinnung neuer ehrenamtlicher Pflegepersonen dienen.

Die Pflegekassen können die Kurse selbst oder in Zusammenarbeit mit anderen Pflegekassen durchführen, aber auch andere Einrichtungen, wie z. B. Verbände der freien Wohlfahrtspflege, mit der Durchführung beauftragen. Die Schulungen sollen, wenn dies von den Pflegebedürftigen oder deren pflegenden Angehörigen gewünscht wird, auch in der häuslichen Umgebung des Pflegebedürftigen durchgeführt werden. Die unentgeltliche Inanspruchnahme von Pflegekursen ist nicht von einer Mitgliedschaft in der sozialen Pflegeversicherung abhängig.

Leistungen zur sozialen Sicherung der Pflegeperson (§ 44 SGB XI)

60 Von entscheidender Bedeutung für die Verbesserung der Situation der häuslichen Pflege ist der

Ausbau der sozialen Sicherung der ehrenamtlichen Pflegepersonen. Die Pflegekassen entrichten seit dem 1. April 1995 für Pflegepersonen, die nicht erwerbsmäßig einen Pflegebedürftigen wenigstens 14 Stunden wöchentlich in seiner häuslichen Umgebung pflegen (§ 19 SGB XI) und die wegen der Pflege nicht oder zumindest nicht mehr als 30 Stunden wöchentlich erwerbstätig sind, Beiträge zur gesetzlichen Rentenversicherung. Dabei richtet sich die Höhe der Beiträge nach dem Schweregrad der Pflegebedürftigkeit und dem sich daraus ergebenden Umfang notwendiger Pflegetätigkeit (siehe Übersicht „Beitragszahlungen der Pflegekassen"). Die Pflegetätigkeit dieser ehrenamtlichen Pflegeperson wirkt sich rentenversicherungsrechtlich sowohl rentenbegründend als auch rentensteigernd aus.

Das Gesetz schreibt nicht vor, dass die pflegerischen Leistungen der Pflegeperson sowohl im Bereich der Grundpflege als auch in der hauswirtschaftlichen Versorgung anfallen müssen. Es ist also durchaus möglich, dass im konkreten Einzelfall die 14-Stunden-Pflege nur mit Hilfeleistungen im Bereich der Grundpflege oder nur im Bereich der hauswirtschaftlichen Versorgung ausgefüllt wird. Erforderlich ist jedoch, dass in dem Bereich, in dem die Pflegeperson einen Pflegeaufwand von mindestens 14 Stunden wöchentlich geltend macht, nach Feststellungen des Medizinischen Dienstes der Krankenversicherung auch tatsächlich dieser Hilfebedarf von mindestens 14 Stunden wöchentlich besteht.

Teilen sich zwei (oder mehrere) Pflegepersonen die Pflege von Pflegebedürftigen, können beide sozial abgesichert werden, sofern wegen der Schwere der Pflegebedürftigkeit jede der Pflegepersonen mindestens 14 Stunden wöchentlich pflegt. Die vorgesehenen Beiträge der Pflegeversicherung an die Rentenversicherung werden in diesem Fall gesplittet. Der Mindestumfang von 14 Stunden wöchentlich kann auch bei Inanspruchnahme der Pflegesachleistungen nach § 36 SGB XI und § 38 SGB XI sowie bei Tages- und Nachtpflege (§ 41 SGB XI) gegeben sein. Allerdings wird in diesen Fällen – um Mitnahmeeffekte zu vermeiden – genauer zu prüfen sein, ob die Pflegetätigkeit tatsächlich dem angegebenen Umfang entspricht. Auch Berufstätige können Pflegepersonen im Sinne des § 19 SGB XI sein, wenn eine angemessene Versorgung und Betreuung des Pflegebedürftigen trotz der Berufstätigkeit sichergestellt werden kann. Die Notwendigkeit einer Verbesserung der Alterssicherung einer Pflegeperson besteht allerdings nur, wenn wegen der Pflege keine oder zumindest keine Erwerbstätigkeit von mehr als 30 Stunden wöchentlich ausgeübt wird (§ 44 Abs. 1 SGB XI). Näheres zur Rentenversicherung der Pflegepersonen ist im Recht der gesetzlichen Rentenversicherung geregelt (§§ 3, 141, 166 und 170 SGB VI).

Darüber hinaus werden die Pflegepersonen während der pflegerischen Tätigkeit für sie beitragsfrei in den Schutz der gesetzlichen Unfallversicherung einbezogen (§§ 2, 4, 105, 106, 129, 185 SGB VII).

Leistungen zur sozialen Sicherung bei Pflegezeit (§ 44a SGB XI)

61 Zum 1. Juli 2008 ist das Pflegezeitgesetz in Kraft getreten, mit dem für Beschäftigte die „Pflegezeit" (§ 3) und die „kurzeitige Arbeitsverhinderung" (§ 2) eingeführt wurde.

Beitragszahlungen der Pflegekassen an die gesetzliche Rentenversicherung für die Alterssicherung von Pflegepersonen im Jahre 2011

(vorausgesetzt, dass die Pflegepersonen neben der Pflege regelmäßig nicht mehr als 30 Stunden wöchentlich erwerbstätig sind)

Pflegestufe des Pflegebedürftigen	wöchentlicher Pflegeaufwand von mindestens ... Stunden	Beitragsabführung auf der Basis von ...% der Bezugsgröße der Rentenversicherung		mtl. Beitragshöhe in Euro[1]		Die über ein Jahr ausgeübte Pflegetätigkeit ergibt eine monatliche Rente in Höhe von ... Euro[2]	
		West	Ost	West	Ost	West	Ost
III	28	80	2.044,00	1.792,00	406,76	356,61	22,04	19,59
	21	60	1.533,00	1.344,00	305,07	267,46	16,53	14,70
	14	40	1.022,00	896,00	203,38	178,30	11,02	9,80
II	21	53,3333	1.362,67	1.194,67	271,17	237,74	14,69	13,06
	14	35,5555	908,44	796,44	180,78	158,49	9,80	8,71
I	14	26,6667	681,33	597,33	135,59	118,87	7,35	6,53

1) Der Beitragssatz zur gesetzlichen Rentenversicherung beträgt 2011 19,9 Prozent. Die monatliche Bezugsgröße beträgt in der gesetzlichen Rentenversicherung 2.555 Euro (West) bzw. 2.240 Euro (Ost).
2) Stand: Juli 2010 aktueller Rentenwert: 27,20 Euro (West) bzw. 24,13 Euro (Ost).

Bei Pflege durch Angehörige in der häuslichen Umgebung wird für die Dauer von bis zu sechs Monaten ein Anspruch auf unbezahlte Freistellung von der Arbeit mit Rückkehrmöglichkeit (Pflegezeit) eingeführt. Der Anspruch besteht nicht gegenüber Arbeitgebern mit fünfzehn oder weniger Beschäftigten.

Diese arbeitsrechtliche Regelung wird durch Leistungen der Pflegeversicherung und sozialversicherungsrechtliche Regelungen flankiert:

- Nach § 44a Abs. 1 können die freigestellten Beschäftigten in Pflegezeit Zuschüsse zu Beiträgen zur Kranken- und Pflegeversicherung erhalten, sofern sie in dieser Zeit nicht beitragsfrei familienversichert sind. Die Zuschüsse werden in Höhe der Mindestbeiträge gewährt, denn freigestellte Beschäftigte ohne sonstige beitragspflichtige Einnahmen müssen für die Fortsetzung ihres Versicherungsschutzes in der gesetzlichen Kranken- und sozialen Pflegeversicherung Mindestbeiträge entrichten.
- Zusätzlich ist im SGB III geregelt, dass die Pflegeversicherung für pflegende Angehörige während der Pflegezeit Beiträge zur Arbeitslosenversicherung entrichtet.

Daneben erhalten freigestellte Beschäftigte in Pflegezeit ebenso wie andere Pflegepersonen die oben dargestellten Leistungen zur sozialen Sicherung (Beitragszahlungen der Pflegeversicherung zur gesetzlichen Rentenversicherung und Unfallversicherungsschutz).

Da Pflegebedürftigkeit auch sehr kurzfristig auftreten kann, wird für nahe Angehörige im Pflegezeitgesetz auch das Recht geregelt, bis zu zehn Arbeitstage der Arbeit fernzubleiben („kurzeitige Arbeitsverhinderung"). Dieses Recht auf Arbeitsverweigerung besteht auch gegenüber Arbeitgebern mit fünfzehn und weniger Beschäftigten. Für den Zeitraum der kurzeitigen Arbeitsverhinderung bleiben die freigestellten Beschäftigten sozialversichert.

Leistungen bei stationärer Pflege

Vollstationäre Pflege nach § 43 SGB XI

62 Bei vollstationärer Pflege übernehmen die Pflegekassen seit dem 1. Juli 1996 die pflegebedingten Aufwendungen, die Aufwendungen für die soziale Betreuung und die Aufwendungen für die medizinische Behandlungspflege im Heim bis zu gesetzlich festgelegten Höchstbeträgen. Die Kosten für Unterkunft und Verpflegung haben Pflegebedürftige – wie bei der häuslichen Pflege auch – selbst zu tragen.

Die Pflegekassen leisten nach Pflegestufen gestaffelte Beträge, und zwar

- 1.023 Euro monatlich in der Pflegestufe I,
- 1.279 Euro monatlich in der Pflegestufe II,
- 1.510 Euro monatlich in der Pflegestufe III, in Härtefällen 1.825 Euro monatlich,

maximal jedoch nicht mehr als 75 Prozent des Gesamtheimentgelts.

Die stationären Sachleistungsbeträge der Pflegestufen I und II bleiben bis zum Beginn der Dynamisierung im Jahre 2015 unverändert. Die Leistungen für die Pflegestufe III und für Härtefälle werden bis 2012 stufenweise wie folgt verändert:

Pflegestufe	seit 1.7.2008	seit 1.1.2010	ab 1.1.2012
Stufe III	1.470	1.510	1.550
Stufe III Härtefall	1.750	1.825	1.918

Es handelt sich hier um Pauschalbeträge, die auch dann gezahlt werden, wenn im Einzelfall die pflegebedingten Aufwendungen einschließlich der Aufwendungen für die medizinische Behandlungspflege und die soziale Betreuung unter diesen festgesetzten Pauschalbeträgen liegen. Mit der Begrenzung auf 75 Prozent des Gesamtheimentgelts wird dem Grundsatz Rechnung getragen, dass der einzelne stationär Pflegebedürftige für die Kosten der Unterkunft und Verpflegung selbst aufzukommen hat.

Zur Vermeidung von Härten können die Pflegekassen Pflegebedürftigen der Pflegestufe III für die vollstationäre Pflege 1.825 Euro monatlich gewähren, wenn ein außergewöhnlich hoher und intensiver Pflegeaufwand erforderlich ist, der das übliche Maß der Pflegestufe III weit übersteigt, z. B. bei Apallikern, schwerer Demenz oder im Endstadium von Krebserkrankungen. Diese Ausnahmeregelung soll insgesamt nicht mehr als 5 Prozent der vollstationär gepflegten Pflegebedürftigen der Pflegestufe III zugute kommen.

Zur Verbesserung der Betreuung von Pflegebedürftigen mit eingeschränkter Alltagskompetenz, also insbesondere von demenziell erkrankten Menschen, werden seit 1. Juli 2008 gesonderte Angebote in Pflegeheimen ermöglicht. Eingeführt wurde ein Anspruch der Pflegeheime (auch der Kurzzeitpflegeeinrichtungen) auf entsprechende Vergütungszuschläge zur Finanzierung von zusätzlichem Betreuungspersonal. Eine Betreuungskraft soll für je rund 25 Pflegebedürftigen mit eingeschränkter Alltagskompetenz vorgesehen sein. Das zusätzliche Betreuungspersonal (Betreuungsassistenz) ist von den sozialen Pflegekassen und den privaten Versicherungsunternehmen zu finanzieren, den Pflegebedürftigen werden dafür keine Kosten in Rechnung gestellt.

Die Finanzierung der Investitionskosten obliegt den Ländern. Die geförderte Einrichtung darf nach § 82 Abs. 2 SGB XI die Kosten, die dem Investitionsbereich zuzuordnen sind, weder in der Pflegevergütung noch in den Entgelten für Unterkunft und Verpflegung berücksichtigen. Näheres zur Abgrenzung der allgemeinen Pflegeleistungen und den Leistungen bei Unterkunft und Verpflegung sowie deren Abgrenzung von den Investitionsaufwendungen nach § 82 Abs. 1 Nr. 2 SGB XI kann durch Rechtsverordnung der Bundesregierung geregelt werden (von dieser Ermächtigung hat die Bundesregierung keinen Gebrauch gemacht).

63 Pflegebedürftige sollen in Ausübung ihres Selbstbestimmungsrechts grundsätzlich frei zwischen häuslicher und stationärer Pflege wählen können. Dies kann jedoch nur so weit gelten, als die Solidargemeinschaft durch die Ausübung des Wahlrechts nicht in ungerechtfertigter Weise belastet wird. Ist eine vollstationäre Pflege nach Feststellung der Pflegekasse nicht erforderlich, wird sie aber vom Pflegebedürftigen gewünscht, ist diesem Wunsch zwar zu entsprechen, jedoch ist in diesen Fällen der Leistungsanspruch auf den Gesamtwert der Sachleistung begrenzt, die der Pflegebedürftige unter Berücksichtigung seiner Pflegestufe bei häuslicher Pflege beanspruchen könnte. Diese Regelung soll ungerechtfertigte Mehraufwendungen für die Pflegeversicherung verhindern.

Bei Pflegebedürftigen der Pflegestufe III wird die Erforderlichkeit der stationären Pflege unterstellt; ansonsten sind für die Erforderlichkeit der stationären Pflege von den Pflegekassen folgende Kriterien festgelegt:

– Fehlen einer Pflegeperson,
– fehlende Pflegebereitschaft möglicher Pflegepersonen,
– drohende oder bereits eingetretene Überforderung der Pflegepersonen,
– drohende oder bereits eingetretene Verwahrlosung des Pflegebedürftigen,

– Eigen- und Fremdgefährdungstendenzen des Pflegebedürftigen sowie
– räumliche Gegebenheiten im häuslichen Bereich, die keine häusliche Pflege ermöglichen und durch Maßnahmen zur Verbesserung des individuellen Wohnumfeldes (§ 40 Abs. 4 SGB XI) nicht verbessert werden können.

Pflege in vollstationären Einrichtungen der Behindertenhilfe (§ 43a SGB XI)

64 Einrichtungen der Behindertenhilfe (Werkstatt für behinderte Menschen, Sonderkindergarten, Sonderschule usw.) dienen von ihrer Grundausrichtung her einem anderen Zweck als der Pflege. In ihnen werden zwar auch Hilfen bei den täglichen Verrichtungen zur Verfügung gestellt, im Vordergrund steht jedoch die Eingliederungshilfe, d. h. die umfassende Förderung des behinderten Menschen mit dem Ziel der Eingliederung des behinderten Menschen in die Gesellschaft, die Pflege hat nur untergeordnete Bedeutung.

Deshalb beteiligt sich die Pflegeversicherung bei einer Betreuung in vollstationären Einrichtungen der Hilfe für behinderte Menschen, wie z. B. in einem Wohnheim für Behinderte, pauschal in Höhe von 10 Prozent des Heimentgelts, höchstens jedoch 256 Euro monatlich, an den Heimkosten. Damit werden die Pflegeleistungen in der Einrichtung abgegolten. Wird der Behinderte nicht die gesamte Woche über in der vollstationären Einrichtung der Behindertenhilfe betreut, wie dies z. B. beim 5-Tage-Internat der Fall ist, können für die Tage der Betreuung zu Hause ein anteiliges Pflegegeld oder Pflegesachleistungen beansprucht werden. Dabei werden An- und Abreisetag als volle Tage der häuslichen Pflege bewertet, d. h. wenn der Pflegebedürftige von Freitagabend bis Montagfrüh zuhause ist, erhält er für vier Tage Pflegegeld.

Allgemeine Leistungsgrundsätze

Antragserfordernis (§ 33 Abs. 1 SGB XI)

65 Wie die meisten Leistungen der einzelnen Sozialversicherungszweige werden auch die Leistungen der sozialen Pflegeversicherung auf Antrag gewährt. Antragsberechtigt ist der Pflegebedürftige sowie die Pflegeperson, wenn es um die Leistungen zur sozialen Sicherung der Pflegeperson oder um Pflegekurse geht, darüber hinaus kann auch ein von diesen Personen Bevollmächtigter die Leistungen beantragen.

Vorversicherungszeit (§ 33 Abs. 2 SGB XI)

66 Um die Solidargemeinschaft der Versicherten nicht zu überfordern, können nicht ab dem ersten Tag nach Aufnahme die Versicherung bereits Leistungen in Anspruch genommen werden. Daher ist seit 1. Januar 1996 stufenweise eine Vorversicherungszeit eingeführt worden. Sie betrug zunächst ein Jahr und wurde jährlich zum 1. Januar um ein weiteres Jahr verlängert. Seit dem 1. Januar 2000 erhielt nur noch derjenige Leistungen, der innerhalb einer Rahmenfrist von 10 Jahren eine Vorversicherungszeit von 5 Jahren nachweisen kann, seit 1. Juli 2008 wurde die Vorversicherungszeit auf nur noch 2 Jahre innerhalb der Rahmenfrist von 10 Jahren verkürzt. Dabei werden Zeiten der Familienversicherung oder der Weiterversicherung mit berücksichtigt. Wer also für bis zu 8 Jahre Deutschland verlässt, hat somit auch ohne eine Weiterversicherung einen sofortigen Leistungsanspruch nach seiner Rückkehr, wenn er pflegebedürftig ist. Wer zum Zeitpunkt der Antragstellung die vorgesehene Vorversicherungszeit nicht erfüllt, bleibt nicht auf Dauer vom Leistungsbezug ausgeschlossen. Vielmehr hat er die Möglichkeit, nach Erfüllen der Vorversicherungszeit erneut einen Antrag zu stellen und Leistungen zu erhalten.

Damit Personen, die infolge des Eintritts von Versicherungspflicht in der sozialen Pflegeversicherung aus der privaten Pflegeversicherung ausscheiden, keine Nachteile entstehen, werden die bis zu diesem Zeitpunkt ununterbrochen bei den privaten Versicherungsunternehmen zurückgelegten Versicherungszeiten auf die Vorversicherungszeit angerechnet. Ebenso werden Vorversicherungszeiten bei einem umgekehrten Wechsel von der sozialen zur privaten Pflegeversicherung angerechnet.

Ruhen von Leistungsansprüchen (§ 34 SGB XI)

Ruhen bei Auslandsaufenthalt

67 Grundsätzlich werden die Leistungen der Pflegeversicherung nur im Inland erbracht. Nur während eines vorübergehenden Auslandsaufenthalts von bis zu 6 Wochen im Kalenderjahr wird das Pflegegeld weitergezahlt. Ggf. kann in diesem Zeitraum auch die Pflegesachleistung beansprucht werden, wenn die bisher pflegende Pflegekraft den Pflegebedürftigen ins Ausland begleitet.

Abweichendes gilt bei Aufenthalt in Ländern der EU, des Europäischen Wirtschaftsraumes (also auch Norwegen, Island, Liechtenstein) und in der Schweiz, denn der Europäische Gerichtshof (EuGH) hat entschieden, dass pflegebedürftige Versicherte der deutschen Pflegeversicherung auch bei Wohnsitznahme oder längerem Aufenthalt in einem Land der EU (bzw. des EWR und in der Schweiz) das Pflegegeld zeitlich unbegrenzt erhalten können, da es sich bei dem Pflegegeld EU-rechtlich um eine „Geldleistung bei Krankheit" handele. Auch die Beiträge zur Verbesserung der Alterssicherung, die die Pflegeversicherung für Pflegepersonen an die gesetzliche Rentenversicherung entrichtet, sind bei Pflege in anderen EU-Ländern (sowie EWR, Schweiz) ebenso wie bei Pflege in Deutschland zu zahlen. Nach der Verordnung (EG) Nr. 883/04 sind Geldleistungen von dem Staat, in dem man versichert ist, in andere Staaten der EU zu exportieren, Sachleistungen werden grundsätzlich nicht exportiert. Daher sind auch Sachleistungen der deutschen Pflegeversicherung nicht ins EU-Ausland zu exportieren. Versicherte der deutschen Pflegeversicherung, die sich im EU-Ausland aufhalten, haben vielmehr im Rahmen der so genannten Sachleistungsaushilfe, Anspruch auf diejenigen Pflegesachleistungen, die nach dem Recht des Aufenthaltsstaates vorgesehen sind. Auf diese Weise wird ein einheitliches Leistungsniveau für die Wohnbevölkerung eines Staates sichergestellt.

Ruhen bei Entschädigungsleistungen wegen Pflegebedürftigkeit

68 Die Leistungen der sozialen Pflegeversicherung sind grundsätzlich nachrangig gegenüber Entschädigungsleistungen, die wegen Pflegebedürftigkeit gewährt werden.

Bezieht ein Pflegebedürftiger Leistungen nach dem Bundesversorgungsgesetz, wie z. B. die Pflegezulage nach § 35 Abs. 1 BVG oder die Kostenübernahme bei stationärer Pflege nach § 35 Abs. 6 BVG, kann er insoweit keine Pflegeleistungen der sozialen Pflegeversicherung beanspruchen. Das gleiche gilt, wenn Pflegeleistungen der gesetzlichen Unfallversicherung oder Leistungen aus der Unfallversorgung nach öffentlichem Dienstrecht bezogen werden. Ausnahmen bilden die so genannten Fürsorgeleistungen, wie die Hilfe zur Pflege nach § 26 c BVG, die im Rahmen der Kriegsopferfürsorge geleistet wird. Da diese Leistungen nur bei Bedürftigkeit des Pflegebedürftigen und seiner nahen Angehörigen gewährt werden, sind sie nachrangig gegenüber den Leistungen der sozialen Pflegeversicherung.

Von den Ruhensvorschriften unberührt bleibt der Rechtsanspruch der Pflegepersonen auf die Entrichtung von Beiträgen zur gesetzlichen Rentenversicherung und auf Unfallversicherungsschutz in der gesetzlichen Unfallversicherung.

Ruhen bei häuslicher Krankenpflege, Krankenhausbehandlung und stationärer Rehabilitationsmaßnahme

69 Der Anspruch auf Leistungen der Pflegeversicherung bei häuslicher Pflege ruht darüber hinaus, soweit im Rahmen der häuslichen Krankenpflege auch Anspruch auf Grundpflege und hauswirtschaftliche Versorgung besteht, sowie für die Dauer einer vollstationären Krankenhausbehandlung oder einer stationären medizinischen Rehabilitationsmaßnahme, da der Pflegebedürftige in dieser Zeit Leistungen der Grundpflege, hauswirtschaftlichen Versorgung durch den jeweils zuständigen Leistungsträger erhält. Insofern werden die Leistungen der sozialen Pflegeversicherung nicht benötigt. Das Pflegegeld wird in diesen Fällen aber in den ersten vier Wochen weiter gezahlt.

In diesen Fällen besteht der Anspruch der Pflegeperson auf die Entrichtung von Beiträgen zur gesetzlichen Rentenversicherung für vier Wochen weiter, bei der häuslichen Krankenpflege mit Anspruch auf Grundpflege und hauswirtschaftliche Versorgung für die Dauer der häuslichen Krankenpflege.

Auch bei einem bis zu 6-wöchigen Urlaub der Pflegeperson oder einem bis zu 6-wöchigen Auslandsaufenthalt des Versicherten werden für die Pflegeperson die Beiträge zur gesetzlichen Rentenversicherung weiter entrichtet.

Erlöschen der Leistungsansprüche (§ 35 SGB XI)

70 Ein Anspruch auf Leistungen der sozialen Pflegeversicherung besteht grundsätzlich nur für die Dauer der Mitgliedschaft oder Familienversicherung in der sozialen Pflegeversicherung. Ein Ausscheiden aus der Versicherung gibt es im Hinblick auf die ausgeweiteten Versicherungspflichten nicht mehr, es sei denn der Versicherte verlässt die Bundesrepublik Deutschland oder wechselt zur privaten Kranken- und damit auch Pflegeversicherung.

Wirtschaftlichkeitsgebot (§ 29 SGB XI)

71 In der sozialen Pflegeversicherung gilt – wie dies auch aus dem Krankenversicherungsrecht bekannt ist – das Wirtschaftlichkeitsgebot, d. h. die Leistungen der Pflegeversicherung müssen wirksam und wirtschaftlich sein und dürfen das Maß des Notwendigen nicht übersteigen. Das Wirtschaftlichkeitsgebot setzt voraus, dass die Leistungen nach allgemein anerkanntem Stand medizinisch-pflegerischer Erkenntnisse erbracht werden müssen und dass sie nur bei Leistungserbringern in Anspruch genommen werden dürfen, mit denen die Pflegekassen oder die für sie tätigen Verbände Verträge abgeschlossen haben oder mit denen ein Versorgungsvertrag nach § 73 Abs. 3 SGB XI als abgeschlossen gilt.

Nimmt ein Versicherter Leistungen bei einem nicht zugelassenen Leistungserbringer in Anspruch, handelt es sich um einen Fall der selbst sichergestellten Pflege, für den der Pflegegeldanspruch vorgesehen ist. Werden Leistungen von Pflegeeinrichtungen in Anspruch genommen, die zwar zugelassen sind, mit denen aber keine vertragliche Regelung über die Pflegevergütung nach den §§ 85 und 89 SGB XI besteht, ist der Leistungsanspruch nicht ausgeschlossen, jedoch wird den Pflegebedürftigen der Preis, den sie in diesen Fällen unmittelbar mit der Pflegeeinrichtung vereinbart haben, nur bis zu 80 Prozent des Betrages erstattet, den die Pflegekasse nach Art und Schwere ihrer Pflegebedürftigkeit nach §§ 36 bis 43 SGB XI zu leisten hat. Eine weitergehende Kostenerstattung durch einen Träger der Sozialhilfe ist unzulässig. Pflegekasse und Pflegeeinrichtung müssen den Pflegebedürftigen rechtzeitig auf diese Rechtsfolgen hinweisen.

Anpassung der Leistungen (§ 30 SGB XI)

72 Das Gesetz sieht eine Dynamisierung der Leistungen vor. Die Anpassung der Leistungen erfolgt allerdings nicht automatisch und in regelmäßigen Zeitabständen. Die Leistungshöhe wird vielmehr unter Beachtung des Grundsatzes der Beitragsstabilität durch Rechtsverordnung angepasst, soweit durch steigendes Einkommen der Versicherten und die dynamische Beitragsbemessungsgrenze sich in der Pflegeversicherung Finanzspielraum für eine Dynamisierung der Leistungen ergibt. Seit Einführung der Pflegeversicherung 1995 gab es keine entsprechende Dynamisierung der Leistungen durch Rechtsverordnung. Zum 1. Juli 2008 sowie zum 1. Januar 2010 und 1. Januar 2012 werden die Leistungen schrittweise angehoben. Die danach geltenden Leistungsbeträge wurden oben bei den einzelnen Leistungsarten genannt. Ab dem Jahr 2015 werden die Leistungen

in einem dreijährigen Rhythmus in Anlehnung an die Preisentwicklung in den letzten drei Jahren durch Rechtsverordnung angepasst. Dabei soll der Anstieg nicht höher sein als die Bruttolohnentwicklung im selben Zeitraum. Bei der Prüfung der Notwendigkeit und der Höhe einer Anpassung können auch gesamtwirtschaftliche Rahmenbedingungen berücksichtigt werden. Die Bundesregierung hat alle drei Jahre, erstmals im Jahre 2014, den gesetzgebenden Körperschaften des Bundes einen Bericht über das Ergebnis ihrer Prüfung der Notwendigkeit und Höhe einer Anpassung der Leistungen der Pflegeversicherung vorzulegen.

Begriff und Stufen der Pflegebedürftigkeit

Begriff der Pflegebedürftigkeit (§ 14 SGB XI)

Grundsätzliche Definition

73 Pflegebedürftig im Sinne des Elften Buches Sozialgesetzbuch (SGB XI) sind Personen, die wegen einer körperlichen, geistigen oder seelischen Krankheit oder Behinderung für die gewöhnlichen und regelmäßig wiederkehrenden Verrichtungen im Ablauf des täglichen Lebens auf Dauer, voraussichtlich für mindestens 6 Monate, in erheblichem oder höherem Maße der Hilfe bedürfen. Im Mittelpunkt des Begriffs der Pflegebedürftigkeit im Sinne der Pflegeversicherung steht der tägliche Hilfebedarf im Einzelfall bei den im Gesetz genannten Verrichtungen aus den Bereichen der Körperpflege, der Ernährung oder der Mobilität sowie ergänzend der hauswirtschaftlichen Versorgung.

Leistungsvoraussetzung – Hilfebedarf auf Dauer

74 Pflegebedürftigkeit im Sinne des Pflege-Versicherungsgesetzes ist dadurch gekennzeichnet, dass Hilfebedürftigkeit auf Dauer besteht. Der Einschub „voraussichtlich für mindestens sechs Monate" in § 14 Abs. 1 SGB XI präzisiert den Begriff „auf Dauer" in mehrfacher Hinsicht.

Zum einen wird festgelegt, dass nur Zeiträume von mehr als sechs Monaten die Voraussetzung „auf Dauer" erfüllen. Zum anderen wird verdeutlicht, dass bereits vor Ablauf von sechs Monaten eine Entscheidung über das Vorliegen von Pflegebedürftigkeit getroffen werden kann, wenn vorhersehbar ist, dass der Zustand der Hilfebedürftigkeit länger als sechs Monate andauern wird. Beispiele für solche Krankheitsbilder sind die dauernde Hilfebedürftigkeit bei einer schweren Krebserkrankung oder bei einer Rückenmarkverletzung mit Lähmung der Arme und Beine. Pflegebedürftigkeit auf Dauer ist auch dann gegeben, wenn die verbleibende Lebensspanne möglicherweise weniger als sechs Monate beträgt.

75 Vor Ablauf von sechs Monaten ist auch dann die Anerkennung von Pflegebedürftigkeit möglich, wenn vorhersehbar ist, dass das Ausmaß der Hilfebedürftigkeit zwar vermindert werden kann, Hilfebedürftigkeit in erheblichem oder höherem Maße aber über den Zeitraum von sechs Monaten hinaus andauern wird. Für die Feststellung der konkreten Pflegestufe (§ 15 SGB XI) ist in diesen Fällen von dem nach sechs Monaten voraussichtlich noch bestehenden Hilfebedarf auszugehen. Ist eine weitere Verbesserung des Zustandes des Pflegebedürftigen zu erwarten, hat der Medizinische Dienst durch Nachuntersuchungen in geeigneten Zeitabständen zu prüfen, ob die zuerkannte Pflegestufe noch vorliegt.

Ursachen der Pflegebedürftigkeit

76 Pflegebedürftigkeit kann als Folge einer körperlichen oder geistigen bzw. seelischen Krankheit bzw. Behinderung entstehen. Organische Erkrankungen einerseits und psychische Erkrankungen andererseits werden gleichberechtigt nebeneinander gestellt.

Die Hilfen im Sinne des Pflege-Versicherungsgesetzes

77 Die Hilfeleistung im Sinne der Pflegeversicherung ist in zweifacher Weise möglich: Besteht Pflegebedürftigkeit als Folge organischer Erkrankungen oder Behinderungen, hat die Pflegeperson für den Pflegebedürftigen die Verrichtungen des täglichen Lebens unmittelbar zu erledigen. Dazu gehören z. B. die Hilfen beim Aufstehen und zu Bett gehen oder das Kochen für den Pflegebedürftigen. Menschen mit demenzbedingten Fähigkeitsstörungen, mit geistigen Behinderungen oder psychischen Erkrankungen sind häufig in der Lage, diese Verrichtungen selbst auszuführen. Es fehlt ihnen jedoch die Fähigkeit, die Notwendigkeit der genannten Verrichtungen zu erkennen oder sie in sinnvolles Handeln umzusetzen. Für diesen Personenkreis ist die Anleitung (anregen, lenken oder demonstrieren der einzelnen Handlungsschritte oder des ganzen Handlungsablaufs) und Beaufsichtigung (Überwachung und/oder Erledigungskontrolle)

bei den täglich wiederkehrenden Verrichtungen durch den Pflegenden im Sinne einer ressourcenorientierten Selbstpflege des Pflegebedürftigen sicherzustellen. Durch die Beaufsichtigung wird verhindert, dass sich der Pflegebedürftige gefährdet (z. B. beim Rasieren).

Auch bei Pflegebedürftigkeit als Folge einer organischen Erkrankung kann die Hilfeleistung „Anleitung" infrage kommen, wenn z. B. im Rahmen der aktivierenden Pflege neue Fertigkeiten erlernt werden müssen.

Allerdings kommt es bei der Feststellung der Pflegebedürftigkeit und der Zuordnung zu einer Pflegestufe nur auf die erforderliche Anleitung und Beaufsichtigung an, die für die in § 14 Abs. 4 SGB XI genannten gewöhnlichen und regelmäßig wiederkehrenden Verrichtungen im Ablauf des täglichen Lebens benötigt werden. Eine darüber hinausgehende Betreuung und allgemeine Beaufsichtigung gehört nicht zu den maßgeblichen Hilfeleistungen.

Hilfe bei den Verrichtungen des täglichen Lebens

78 Die Verrichtungen sind in vier Bereiche unterteilt: Körperpflege, Ernährung, Mobilität und hauswirtschaftliche Versorgung.

a) Körperpflege

Die zu berücksichtigenden Verrichtungen bei der Körperpflege sind: Waschen, Duschen, Baden, die Zahnpflege, das Kämmen, Rasieren, die Darm- oder die Blasenentleerung.

b) Ernährung

Bei der Ernährung werden gewertet: das mundgerechte Zubereiten und / oder die Aufnahme der Nahrung.

Zur Zubereitung zählen z. B. das mundgerechte Zubereiten belegter Brote, das Zerkleinern der Nahrungsmittel, das Einweichen harter Nahrung bei Kau- und Schluckbeschwerden und das Einfüllen von Getränken in Trinkgefäße. Zur Nahrungszufuhr gehören die Nahrungsaufnahme in jeder Form (fest, flüssig) wie auch die Verabreichung von Sondennahrung mit ausschließlich flüssigen Nahrungsmitteln, z. B. bei Erkrankungen des Magens oder Darms oder die Verabreichung der Nahrung und die Verwendung von Besteck oder anderer geeigneter Geräte (gegebenenfalls das Bereitstellen behindertengerechten Geschirrs oder Essbestecks).

c) Mobilität

Bei der Mobilität werden berücksichtigt: das selbständige Aufstehen und Zubettgehen, das An- und Auskleiden, das Gehen und das Stehen, das Treppensteigen innerhalb der Wohnung, das Verlassen und Wiederaufsuchen der Wohnung.

Bei der Begutachtung der Mobilität sind insbesondere solche Hilfeleistungen zu prüfen, die zur Aktivierung des Pflegebedürftigen beitragen. Das Leben des Pflegebedürftigen soll nicht auf die Wohnung beschränkt bleiben. Es sollen allerdings nur solche Verrichtungen außerhalb der Wohnung in die Begutachtung einbezogen werden, die für die Aufrechterhaltung der Lebensführung zu Hause unumgänglich sind und das persönliche Erscheinen des Pflegebedürftigen notwendig machen. Weitere Hilfen – z. B. bei Spaziergängen oder Besuchen von kulturellen Veranstaltungen – sind zwar wünschenswert, können aber durch die Pflegeversicherung nicht finanziert werden.

d) Hauswirtschaftliche Versorgung

Bei der hauswirtschaftlichen Versorgung werden berücksichtigt: das Einkaufen, das Kochen, das Reinigen der Wohnung, das Spülen, das Wechseln und Waschen der Wäsche und der Kleidung, das Beheizen der Wohnung.

Hilfebedarf allein bei der hauswirtschaftlichen Versorgung führt jedoch nicht zur Anerkennung der erheblichen Pflegebedürftigkeit. Vielmehr ist es erforderlich, dass Hilfebedarf in den einzelnen Bereichen der Körperpflege, Ernährung oder Mobilität und zusätzlicher Hilfebedarf bei der hauswirtschaftlichen Versorgung besteht.

Stufen der Pflegebedürftigkeit (§ 15 SGB XI)

79 Für die Zwecke der Leistungsgewährung sind die Erscheinungsformen der Pflegebedürftigkeit in drei Pflegestufen einzuteilen. Maßgeblich sind die Art, die Häufigkeit und der Zeitaufwand für die benötigten Hilfen bei der Körperpflege, der Ernährung oder der Mobilität. Zusätzlich wird in allen Pflegestufen Hilfebedarf für die hauswirtschaftliche Versorgung vorausgesetzt.

Pflegestufe I (erhebliche Pflegebedürftigkeit)

80 Pflegebedürftige der Pflegestufe I (erhebliche Pflegebedürftigkeit) haben mindestens einmal täglich Hilfebedarf bei wenigstens zwei der aufgeführten Verrichtungen aus den Bereichen der Körperpflege,

der Ernährung oder der Mobilität. Zusätzlich werden mehrfach in der Woche Hilfen bei der hauswirtschaftlichen Versorgung benötigt.

Bei Menschen mit demenzbedingten Fähigkeitsstörungen, mit geistigen Behinderungen oder psychischen Erkrankungen ist mindestens einmal täglich die Notwendigkeit der Beaufsichtigung oder Anleitung bei zwei oder mehr Verrichtungen des täglichen Lebens Voraussetzung für die Anerkennung der Pflegestufe I.

Zur Pflegestufe I gehört auch der Personenkreis, der zweimal täglich – z. B. am Morgen und am Abend – Hilfebedarf hat.

Pflegestufe II (Schwerpflegebedürftige)

81 Pflegebedürftige der Pflegestufe II (Schwerpflegebedürftige) haben mindestens dreimal täglich zu verschiedenen Tageszeiten Hilfebedarf bei der Körperpflege, der Ernährung oder der Mobilität. In der Regel wird dies am Morgen, am Mittag und am Abend der Fall sein. Zusätzlich werden mehrfach in der Woche Hilfen bei der hauswirtschaftlichen Versorgung benötigt.

Menschen mit demenzbedingten Fähigkeitsstörungen, mit geistigen Behinderungen oder psychischen Erkrankungen werden dieser Pflegestufe zugeordnet, wenn sie mindestens dreimal täglich, insbesondere am Morgen, am Mittag und am Abend der Beaufsichtigung und Anleitung bei den regelmäßig wiederkehrenden Verrichtungen des täglichen Lebens bedürfen.

Pflegestufe III (Schwerstpflegebedürftige)

82 Pflegebedürftige der Pflegestufe III (Schwerstpflegebedürftige) sind rund um die Uhr bei der Körperpflege, der Ernährung oder der Mobilität hilfebedürftig. Der Hilfebedarf besteht regelmäßig auch in der Nacht. Zusätzlich werden mehrfach in der Woche Hilfen bei der hauswirtschaftlichen Versorgung benötigt.

Bei Menschen mit demenzbedingten Fähigkeitsstörungen, mit geistigen Behinderungen oder psychischen Erkrankungen sind die Voraussetzungen dann erfüllt, wenn der Bedarf an Beaufsichtigung oder Anleitung so groß ist, dass der Pflegebedürftige rund um die Uhr, d. h. auch in der Nacht, beaufsichtigt oder angeleitet werden muss.

Für Pflegebedürftige in vollstationären Einrichtungen der Behindertenhilfe nach § 43a SGB XI reicht die Feststellung, dass die Voraussetzungen der Pflegestufe I erfüllt werden. Eine weitergehende Differenzierung nach Pflegestufen erfolgt für diesen Personenkreis nicht.

Pflegebedürftige Kinder

83 Pflegebedürftige Kinder sind zur Feststellung des Hilfebedarfs mit einem gesunden Kind gleichen Alters zu vergleichen. Maßgebend für die Begutachtung eines Antrages auf Pflegeleistungen bei einem Säugling oder Kleinkind ist nicht der natürliche, altersbedingte Pflegeaufwand, sondern nur der darüber hinausgehende Hilfebedarf bei der Ernährung, der Körperpflege und – bei Kindern jenseits des Säuglingsalters – der Mobilität.

Der Hilfebedarf bei Kindern in der Hauswirtschaft ist individuell festzustellen. Hierbei kann es sich um die hauswirtschaftlichen Leistungen handeln, die unmittelbar aus der Krankheit/Behinderung resultieren (häufigeres Waschen der Kleidung). Es kann sich auch um Leistungen handeln, die üblicherweise ein gesundes Kind im Haushalt leisten könnte, durch das kranke oder behinderte Kind aber nicht erbracht werden können (z. B. Abtrocknen des Geschirrs, Müllentsorgung).

Im Allgemeinen ist davon auszugehen, dass gesunde Kinder bis zur Vollendung des 8. Lebensjahres keine nennenswerten hauswirtschaftlichen Leistungen erbringen. Dennoch zeigen die Erfahrungen bei der Begutachtung, dass ein Mehrbedarf in der Hauswirtschaft in aller Regel erfüllt ist. Dies rechtfertigt es, bei bestehendem Mehrbedarf mit Hinweis auf das Alter des Kindes (unter 8 Jahre) nicht im Einzelnen den Mehrbedarf im Gutachten zu dokumentieren. In diesem Fall kann bei bestehendem Grundpflegemehrbedarf, der die Kriterien der Pflegestufe I erfüllt, ein hauswirtschaftlicher Mehrbedarf von wenigstens 45 Minuten zugrunde gelegt werden. Bei einem Grundpflegemehrbedarf, der die Kriterien der Pflegestufen II oder III erfüllt, kann ein hauswirtschaftlicher Mehrbedarf von wenigstens 60 Minuten zugrunde gelegt werden.

Bei Kindern nach vollendetem 8. Lebensjahr ist dem gegenüber der hauswirtschaftliche Mehrbedarf spezifiziert zu dokumentieren. Ist der bestehende Mehrbedarf jedoch nicht quantitativ spezifiziert darstellbar, ist dies zu begründen. In diesen Fällen kann im Hinblick auf die Erfahrungswerte bei bestehendem Grundpflegemehrbedarf, der die Kriterien der Pflegestufe I erfüllt, ein hauswirtschaftlicher Mehrbedarf von wenigstens 45 Minuten zugrunde gelegt werden. Bei einem Grundpflegemehrbedarf, der die Kriterien der Pflegestufen II oder III erfüllt, kann ein hauswirtschaftlicher Mehrbedarf von wenigstens 60 Minuten zugrunde gelegt werden.

Zeitaufwand für die Pflege

84 Mit dem Ersten SGB-XI-Änderungsgesetz wurde § 15 Abs. 3 SGB XI neu gefasst. Die erstmals in den Pflegebedürftigkeits-Richtlinien der Spitzenverbände der Pflegekassen genannten Zeitaufwände für die Pflegestufen I, II und III wurden in das Gesetz selbst aufgenommen.

Der Zeitaufwand, den ein Familienangehöriger oder eine andere nicht als Pflegekraft ausgebildete Pflegeperson für die erforderlichen Leistungen der Grundpflege und hauswirtschaftlichen Versorgung benötigt, muss wöchentlich im Tagesdurchschnitt

- in der Pflegestufe I mindestens 90 Minuten betragen; hierbei müssen auf die Grundpflege mehr als 45 Minuten entfallen,
- in der Pflegestufe II mindestens drei Stunden betragen; hierbei müssen auf die Grundpflege mindestens zwei Stunden entfallen,
- in der Pflegestufe III mindestens fünf Stunden betragen; hierbei müssen auf die Grundpflege mindestens vier Stunden entfallen.

Bei der Feststellung des Zeitaufwandes ist ein Zeitaufwand für erforderliche verrichtungsbezogene krankheitsspezifische Pflegemaßnahmen zu berücksichtigen; dies gilt auch dann, wenn der Hilfebedarf zu Leistungen nach dem SGB V führt. Verrichtungsbezogene krankheitsspezifische Pflegemaßnahmen sind Maßnahmen der Behandlungspflege, bei denen der behandlungspflegerische Hilfebedarf untrennbarer Bestandteil einer Verrichtung nach § 14 Abs. 4 ist oder mit einer solchen Verrichtung notwendig in einem unmittelbaren zeitlichen und sachlichen Zusammenhang steht (z. B. An- und Ausziehen von Kompressionsstrümpfen ab Klasse 2, oro/tracheale Sekretabsaugung, Wechseln einer Sprechkanüle gegen eine Dauerkanüle bei einem Tracheostomapatienten zur Ermöglichung des Schluckens).

Feststellung der Pflegebedürftigkeit (§ 18 SGB XI)

Antragsverfahren und Entscheid

85 Das Verfahren zur Feststellung der Pflegebedürftigkeit wird durch einen Antrag des Pflegebedürftigen auf eine Leistung eingeleitet (§ 33 SGB XI, § 16 SGB I). Die Anspruchsvoraussetzungen sind durch die Pflegekasse von Amts wegen zu prüfen (§§ 20 und 21 SGB X). Auch ohne Antrag hat die Pflegekasse schon dann tätig zu werden, wenn sie von dritter Seite erfährt, dass Pflegebedürftigkeit droht oder eingetreten ist (vgl. § 7 Abs. 2 SGB XI). Die Feststellung der Pflegebedürftigkeit und der Stufe der Pflegebedürftigkeit ist ebenso wie die Prüfung des Vorliegens der sonstigen Anspruchsvoraussetzungen Aufgabe der Pflegekassen.

Begutachtung durch den Medizinischen Dienst der Krankenversicherung

86 § 18 Abs. 1 SGB XI schreibt die Einschaltung des Medizinischen Dienstes der Krankenversicherung in das Verfahren zur Prüfung der Pflegebedürftigkeit zwingend vor. Entsprechend dem Grundsatz, dass Rehabilitation Vorrang vor Leistungen der Pflegeversicherung hat, prüft der Medizinische Dienst gleichzeitig Rehabilitationsmöglichkeiten (§ 18 Abs. 6 SGB XI) und auch die Notwendigkeit der Versorgung mit Pflegehilfsmitteln und wohnumfeldverbessernde Maßnahmen (§ 40 SGB XI).

Die Erstuntersuchung, aber auch die Wiederholungsuntersuchungen, hat der Medizinische Dienst im Wohnbereich des Pflegebedürftigen vorzunehmen.

Die Pflegekasse leitet die Anträge zur Feststellung von Pflegebedürftigkeit unverzüglich an den Medizinischen Dienst der Krankenversicherung weiter. Dem Antragsteller soll spätestens fünf Wochen nach Eingang des Antrages bei der zuständigen Pflegekasse die Entscheidung der Pflegekasse schriftlich mitgeteilt werden. Befindet sich der Antragsteller im Krankenhaus oder einer stationären Rehabilitationseinrichtung und liegen Hinweise vor, dass zur Sicherstellung der ambulanten und stationären Weiterversorgung und Betreuung eine Begutachtung in der Einrichtung erforderlich ist, ist die Begutachtung dort unverzüglich, spätestens innerhalb einer Woche nach Eingang des Antrags bei der zuständigen Pflegekasse durchzuführen; die Frist kann durch regionale Vereinbarungen verkürzt werden. Die verkürzte Begutachtungsfrist gilt auch dann, wenn der Antragsteller sich in einem Hospiz befindet oder ambulant palliativ versorgt wird. Befindet sich der Antragsteller in häuslicher Umgebung, ohne palliativ versorgt zu werden, und wurde die Inanspruchnahme von Pflegezeit nach dem Pflegezeitgesetz gegenüber dem Arbeitgeber der pflegenden Person angekündigt, ist eine Begutachtung durch den Medizinischen Dienst der Krankenversicherung spätestens innerhalb von zwei Wochen nach Eingang des Antrags bei der zuständigen Pflegekasse durchzuführen und der Antragsteller seitens des Medizinischen Dienstes unverzüglich schriftlich darüber zu informieren, welche Empfehlung der Medizinische Dienst an die Pflegekasse weiterleitet.

Bei der Untersuchung im Wohnbereich des Pflegebedürftigen sind neben den medizinischen Aspekten auch Feststellungen zur häuslichen Pflege- und Versorgungssituation und zum sozialen Umfeld des Pflegebedürftigen zu treffen. Es ist auf besondere Belastungen bei der Pflegetätigkeit aufgrund der Gesamtsituation zu achten.

Im Rahmen der Feststellungen von Rehabilitationsmöglichkeiten ist auch zu prüfen, ob durch rehabilitative Maßnahmen die Pflege für die Pflegeperson erleichtert werden kann.

Zu den Aufgaben des Medizinischen Dienstes gehört auch die Erstellung eines Pflegeplanes. Der Pflegeplan soll Auskunft über die im Bereich der Grundpflege und hauswirtschaftlichen Versorgung im Einzelfall erforderlichen Hilfen über notwendige Pflegehilfsmittel und wohnumfeldverbessernde Maßnahmen (§ 40 SGB XI) geben, Vorschläge über Maßnahmen zur Rehabilitation, eine Prognose über die weitere Entwicklung der Pflegebedürftigkeit sowie Aussagen über die sich daraus ergebende Notwendigkeit von Wiederholungsuntersuchungen enthalten.

Fachkräfte im Medizinischen Dienst der Krankenversicherung

87 Nach § 18 Abs. 7 SGB XI werden die Aufgaben des Medizinischen Dienstes durch Ärzte in enger Zusammenarbeit mit Pflegefachkräften und anderen geeigneten Fachkräften wahrgenommen. Die Prüfung der Pflegebedürftigkeit von Kindern ist in der Regel durch besonders geschulte Gutachter mit einer Qualifikation als Gesundheits- und Kinderkrankenpflegerin oder Gesundheits- und Kinderkrankenpfleger oder als Kinderärztin oder Kinderarzt vorzunehmen.

Organisation der sozialen Pflegeversicherung

88 Die soziale Pflegeversicherung wurde als eigenständige fünfte Säule der Sozialversicherung eingeführt (§ 1 Abs. 1 SGB XI) und trat damit neben die Kranken-, Renten-, Arbeitslosen- und Unfallversicherung. Träger der Pflegeversicherung sind die Pflegekassen (§ 1 Abs. 3, 46 Abs. 1 SGB XI). Sie sind selbständige Körperschaften des öffentlichen Rechts mit Selbstverwaltung (§ 46 Abs. 2 SGB XI) und unterliegen der staatlichen Aufsicht.

Die Pflegekassen wurden unter dem Dach der Krankenkassen errichtet. Bei jeder Krankenkasse wurde eine Pflegekasse errichtet, d. h. bei jeder allgemeinen Ortskrankenkasse, Betriebskrankenkasse, Innungskrankenkasse, den landwirtschaftlichen Krankenkassen, der Deutschen Rentenversicherung Knappschaft-Bahn-See als Träger der Krankenversicherung sowie bei jeder Ersatzkasse. Die Pflegekassen haben kein eigenes Verwaltungspersonal, vielmehr handeln die Krankenkassen mit ihrem Personal zugleich für die Pflegekassen.

89 Die Pflegekassen sind zwar rechtlich selbständige Körperschaften des öffentlichen Rechts. Die Krankenkassen stellen jedoch ihre räumliche, sächliche und personelle Infrastruktur für die bei ihnen errichteten Pflegekassen zur Verfügung. Die Geschäftsstellen der Krankenkassen wurden für die Aufgaben der Pflegekassen ggf. durch Einstellung neuen Verwaltungspersonals bei der Krankenkasse erweitert. Aus Sicht der Versicherten gibt es praktisch nur eine Kasse für die Kranken- und Pflegeversicherung.

90 Die Ansiedlung der Pflegekassen unter dem Dach der Krankenkassen vermeidet nicht nur einen zusätzlichen kostenintensiven Verwaltungsaufbau, sondern ist auch wegen des fließenden Überganges zwischen Pflegebedürftigkeit und Krankheit sinnvoll. Pflegebedürftige benötigen häufig auch die Leistungen der gesetzlichen Krankenversicherung, insbesondere medizinische Behandlungspflege (§ 37 SGB V) und Maßnahmen zur Rehabilitation. Eine Absicherung von Pflege und Krankheit unter einem Dach ermöglicht eine Verzahnung beider Bereiche.

Die Selbständigkeit der jeweiligen Pflegekasse gegenüber der Krankenkasse, bei der sie errichtet ist, zeigt sich insbesondere bei folgenden Punkten:

– Die Pflegekassen sind selbst Träger von Rechten und Pflichten (Rechtsfähigkeit).
– Sie treten nach außen unter eigenem Namen und in eigener Verantwortung auf.
– Sie haben eine eigene Satzung.
– Sie haben eine gesonderte Haushaltsführung und Rechnungsprüfung und sind finanziell selbständig, gerade auch gegenüber der Krankenkasse, bei der sie errichtet sind.
– Sie legen eigene Geschäftsübersichten und Statistiken vor.

– Die Mitgliederbestände beider Versicherungsbereiche sind nicht hundertprozentig deckungsgleich. In der sozialen Pflegeversicherung sind zusätzlich die in § 21 SGB XI aufgeführten Personenkreise und die nach § 26 SGB XI freiwillig Weiterversicherten einbezogen und es gibt Versicherte, die von dem Recht zum freiwilligen Beitritt zur sozialen Pflegeversicherung Gebrauch gemacht haben (§ 26a SGB XI). Andererseits können sich die in der gesetzlichen Krankenversicherung freiwillig Versicherten von der Versicherungspflicht in der sozialen Pflegeversicherung befreien lassen und zur privaten Pflegeversicherung überwechseln (§ 22 SGB XI sowie Art. 41 Abs. 1 PflegeVG).

Die organisatorische Anbindung der Pflegekassen unter dem Dach der Krankenkassen vollzieht sich insbesondere in folgenden Bereichen:

– Die Organe der Krankenkasse (Verwaltungsrat, Vorstand) sind gleichzeitig die Organe der Pflegekasse (§ 46 Abs. 2 SGB XI).
– Die Pflegekassen haben kein eigenes Verwaltungspersonal und keinen gesonderten Medizinischen Dienst (§ 18 Abs. 1 SGB XI).
– Sie haben kein eigenes Verwaltungsvermögen (§ 62 SGB XI, § 259 SGB V).
– Die Pflegekassen haben keine eigenen Landes- und Bundesverbände (§§ 52, 53 SGB XI). Die Aufgaben auf Landesebene werden vielmehr von den Landesverbänden der Krankenkassen und den Verbänden der Ersatzkassen, wahrgenommen. Die Aufgaben auf Bundesebene im Bereich der Pflegeversicherung nimmt der Spitzenverband Bund der Krankenkassen – unter der Bezeichnung Spitzenverband Bund der Pflegekassen – wahr.
– Krankenkassen und Pflegekassen gehören zusammen, sie können nur gemeinsam gegründet, aufgelöst, geschlossen und mit anderen Kranken- und Pflegekassen vereinigt werden (§ 46 Abs. 5 SGB XI).
– Die staatliche Aufsicht über die Kranken- und Pflegekasse erfolgt durch dieselbe Stelle (§ 46 Abs. 6 SGB XI).
– Die Pflegekasse verwendet für jeden Versicherten eine Versichertennummer, die mit der Krankenversichertennummer ganz oder teilweise übereinstimmen darf (§ 101 SGB XI).
– Krankenkassen und Pflegekassen verarbeiten Daten in gemeinsamen Angelegenheiten, z. B. Feststellung der Versicherungspflicht und der Familienversicherung, gemeinsam (§ 96 SGB XI).

91 Für die durch die Mitbenutzung der räumlichen, sächlichen und personellen Infrastruktur entstehenden Mehrkosten zahlen die Pflegekassen den Krankenkassen eine Verwaltungskostenpauschale. Die Aufbringung und Verteilung der Verwaltungskosten vollzieht sich in drei Stufen:

– Die Gesamtheit der Pflegekassen erstattet an die Gesamtheit der Krankenkassen 3,5 Prozent des Mittelwertes von Leistungsaufwendungen und Beitragseinnahmen der Pflegekassen als Verwaltungskostenpauschale (Gesamtpauschale für alle Krankenkassen; § 46 Abs. 3 SGB XI).
– Die Mittel für die Gesamtpauschale werden im Rahmen des Finanzausgleichs von allen Pflegekassen im Verhältnis ihrer Beitragseinnahmen aufgebracht (§ 66 SGB XI).
– Die Verteilung der Gesamtpauschale auf die einzelnen Krankenkassen erfolgt nach näherer Bestimmung durch den Spitzenverband Bund der Pflegekassen nach dem tatsächlich entstehenden Aufwand (Beitragseinzug/Leistungsgewährung). Als Maßstab für die Verteilung der Gesamtpauschale auf die einzelnen Krankenkassen wird überwiegend das Volumen der bei der Pflegekasse anfallenden Leistungsausgaben (zu 70 Prozent) und daneben die Höhe der von der Pflegekasse erzielten Beitragseinnahmen (zu 30 Prozent) zugrunde gelegt.

Neben der Verwaltungskostenpauschale übernehmen die Pflegekassen 50 Prozent der Kosten des Medizinischen Dienstes der Krankenversicherung.

92 Zur Erfassung aller Versicherungspflichtigen sind bußgeldbewehrte Meldepflichten vorgesehen (§§ 50, 51, 121 SGB XI). Für die in der gesetzlichen Krankenversicherung Versicherten erübrigt sich eine zusätzliche Meldung zur Pflegekasse, die Meldung zur Krankenkasse gilt als Meldung zur Pflegekasse.

Im Hinblick auf den allgemeinen Grundsatz „Pflegeversicherung folgt Krankenversicherung" werden sich eventuelle künftige Organisationsreformen der Krankenkassen auch auf die Pflegekassen auswirken.

Finanzierung der Pflegeversicherung

Umlageverfahren

93 Die Mittel der sozialen Pflegeversicherung werden durch Beiträge sowie sonstige Einnahmen gedeckt

(§ 54 Abs. 1 SGB XI). Die Finanzierung erfolgt im sogenannten Umlageverfahren, d. h., die benötigten Mittel werden jeweils durch die laufenden Einnahmen aufgebracht. Von der Höhe des Beitragssatzes und dem Beitragszuschlag für Kinderlose abgesehen entspricht das Beitragsrecht der sozialen Pflegeversicherung weitgehend dem Beitragsrecht der gesetzlichen Krankenversicherung. Zuschüsse zur Pflegeversicherung durch den Bund aus Steuermitteln gibt es nicht.

Beitragssatz und Beitragsbemessungsgrenze

94 Der Beitragssatz der sozialen Pflegeversicherung betrug bei Einführung der Pflegeversicherung zum 1. Januar 1995 zunächst 1,0 Prozent und seit 1. Juli 1996 bei In-Kraft-Treten auch der stationären Pflegeleistungen 1,7 Prozent der beitragspflichtigen Einnahmen (§ 55 Abs. 1 SGB XI). Der Beitragssatz erhöhte sich seit 1. Juli 2008 um 0,25 Prozent auf 1,95 Prozent.

Beihilfeberechtigte Mitglieder der Pflegekassen (z. B. Beamte) erhalten für sich und die familienversicherten Angehörigen, die nach den Beihilfevorschriften als berücksichtigungsfähige Angehörige gelten, die Leistungen der Pflegeversicherung zur Hälfte und zahlen dementsprechend auch nur den halben Beitrag (§§ 28 Abs. 2, 55 Abs. 1, Satz 2 SGB XI).

Da die landwirtschaftliche Krankenversicherung bisher keine Beitragssätze kennt, wird hier ein dem Beitragssatz der Pflegeversicherung entsprechender Zuschlag zum Krankenversicherungsbeitrag erhoben (§ 57 Abs. 3 SGB XI).

Während die Höhe der Leistungen der Pflegeversicherung im Rahmen der Beitragsentwicklung durch Verordnung der Bundesregierung mit Zustimmung des Bundesrates angepasst werden kann (§ 30 SGB XI), kann der Beitragssatz nur durch Gesetz geändert werden.

Weil Kinder die Beitragszahler der Zukunft sind und mit Kindererziehung eine Grundlage für die künftige Funktionsfähigkeit der im Umlageverfahren finanzierten sozialen Pflegeversicherung geschaffen wird, wird Kindererziehung im Beitragsrecht der sozialen Pflegeversicherung seit 1. Januar 2005 besonders berücksichtigt. Kinderlose haben einen Zuschlag in Höhe von 0,25 Prozent zu tragen, der von Arbeitnehmern allein – ohne Beteiligung des Arbeitgebers – zu tragen ist. Damit wurde der vom Bundesverfassungsgericht mit Urteil vom 3. April 2001 geforderte Beitragsabstand zwischen Versicherten mit und ohne Kinder hergestellt. Von der Zuschlagspflicht ausgenommen sind kinderlose Mitglieder, die vor dem Stichtag 1. Januar 1940 geboren sind, sowie Kinder und Jugendliche bis zur Vollendung des 23. Lebensjahres. Weiterhin ausgenommen sind auch Bezieher von Arbeitslosengeld II sowie Wehr- und Zivildienstleistende. Für Bezieher von Arbeitslosengeld I werden Beitragszuschläge pauschal in Höhe von 20 Mio. Euro pro Jahr von der Bundesagentur für Arbeit an den vom Bundesversicherungsamt verwalteten Ausgleichsfonds der sozialen Pflegeversicherung gezahlt (Verwaltungsvereinfachung). Der einzelne Bezieher von Arbeitslosengeld I hat keinen Beitragszuschlag zu entrichten, aber der Bundesagentur für Arbeit ist die Möglichkeit eingeräumt worden, die Belastung an die Bezieher von Arbeitslosengeld I abzuwälzen.

95 Es gilt in der sozialen Pflegeversicherung dieselbe Beitragsbemessungsgrenze wie in der gesetzlichen Krankenversicherung, sie beträgt einheitlich in den alten und neuen Bundesländern 3.712,50 Euro monatlich (Wert: 2011).

Bemessungsgrundlage

96 Die Beitragsbemessungsgrundlagen, d. h. die Einnahmen, die beitragsmäßig berücksichtigt werden, stimmen in der sozialen Pflegeversicherung und der gesetzlichen Krankenversicherung weitestgehend überein (§ 57 Abs. 1 und 4 SGB XI). Dies liegt im Interesse der Verwaltungsvereinfachung sowohl bei den beitragseinziehenden als auch bei den beitragsabführenden Stellen.

Die beitragsrechtliche Unterscheidung zwischen Pflichtversicherten und freiwilligen Versicherten der gesetzlichen Krankenversicherung wurde für das Beitragsrecht der Pflegeversicherung übernommen, obwohl die freiwillig in der gesetzlichen Krankenversicherung Versicherten in der sozialen Pflegeversicherung versicherungspflichtig sind.

Ebenso wie in der gesetzlichen Krankenversicherung sind beim Bezug von Lohnersatzleistungen wie Verletztengeld, Übergangsgeld und Versorgungskrankengeld 80 Prozent des der Berechnung der jeweiligen Lohnersatzleistung zugrunde liegenden Arbeitsentgelts beitragspflichtig. In der sozialen Pflegeversicherung ist daneben auch das diesen Leistungen vergleichbare Krankengeld mit 80 Prozent des der Bemessung des Krankengeldes zugrunde liegenden Arbeitsentgelts beitragspflichtig (§ 57 Abs. 2 SGB XI).

Beitragstragung und Beitragszahlung

97 Auch die Beitragstragung und Beitragszahlung ist in der Krankenversicherung und Pflegeversicherung weitgehend identisch ausgestaltet (§§ 58 Abs. 1, 59, 60 SGB XI). Die Beiträge werden in allen Bundesländern (außer Sachsen) von den Versicherten und den Arbeitgebern je zur Hälfte aufgebracht, d. h. die Arbeitnehmer und die Arbeitgeber tragen seit 1. Juli 2008 (bei einem Beitragssatz von 1,95 Prozent) jeweils 0,975 Prozent. Die Beiträge für Arbeitslose trägt die Bundesagentur für Arbeit. Die Beiträge werden durch den Arbeitgeber bzw. Leistungsträger abgeführt. In Sachsen, wo bei Einführung der Pflegeversicherung kein Feiertag abgeschafft wurde, tragen seit 1. Juli 2008 die Arbeitnehmer 1,475 und die Arbeitgeber 0,475. Der Arbeitgeber behält den Beitragsanteil des Arbeitnehmers vom Lohn ein und überweist den Beitrag an die zuständige Krankenkasse als Einzugsstelle. Seit 1. April 2004 müssen Rentner den Beitrag zur Pflegeversicherung aus der Rente allein tragen, bis zu diesem Zeitpunkt haben die Rentner und die Rentenversicherungsträger die Beiträge je zur Hälfte getragen.

98 Bei Krankengeldbeziehern tragen die Mitglieder und die Krankenkassen den Beitrag je zur Hälfte und die Beitragsabführung erfolgt durch die Krankenkassen. Für die nicht in der gesetzlichen Krankenversicherung versicherten Personengruppen, die in die soziale Pflegeversicherung einbezogen sind (§ 21 Nr. 1 bis 5 SGB XI), tragen und zahlen die jeweiligen Leistungsträger die Beiträge.

Beitragszuschüsse

99 Freiwillig Versicherte der gesetzlichen Krankenversicherung zahlen ihre Beiträge zur sozialen Pflegeversicherung (ebenso wie die Beiträge zur gesetzlichen Krankenversicherung) selbst. Sie erhalten aber z. B. als Beschäftigte oder Vorruhestandsgeldempfänger von ihrem Arbeitgeber einen Beitragszuschuss. Beamte erhalten keinen Beitragszuschuss von ihrem Dienstherrn, sondern stattdessen im Falle von Pflegebedürftigkeit hälftige Leistungen der Beihilfe (§§ 28 Abs. 2, 55 Abs. 1 Satz 2 SGB XI) und müssen daher zur sozialen Pflegeversicherung auch nur hälftige Beiträge entrichten.

Beitragsfreiheit

100 Ehepartner, Lebenspartner und Kinder, deren monatliches Einkommen die Geringfügigkeitsgrenze nicht übersteigt, sind als Familienversicherte beitragsfrei abgesichert (§§ 25, 56 Abs. 1 SGB XI). Diese Geringfügigkeitsgrenze beläuft sich seit 1. Januar 2010 auf 365 Euro monatlich. Personen, die einer geringfügigen Beschäftigung nachgehen, können bis zu einem Verdienst von 400 Euro monatlich beitragsfrei familienversichert sein (gilt seit 1. April 2003). Beitragsfreiheit besteht auch bei Bezug von Mutterschafts-, Erziehungs- und Elterngeld (§ 56 Abs. 3 SGB XI). Die beitragsfrei versicherten Familienangehörigen erhalten jedoch uneingeschränkte Leistungen der sozialen Pflegeversicherung. Ehegatten, die wegen der Kindererziehung ihre Erwerbstätigkeit aufgeben oder einschränken, erleiden keinerlei Einbußen in ihrer Pflegeabsicherung.

Personen, die sich auf nicht absehbare Dauer in stationärer Pflege befinden und Leistungen nach anderen Rechtsgrundlagen, z. B. nach dem Recht der gesetzlichen Unfallversicherung hierfür erhalten, sind auf Antrag beitragsfrei versichert, wenn sie die Pflegeversicherung auch nicht in Ansehung von mitversicherten Familienangehörigen benötigen (§ 56 Abs. 4 SGB XI).

Im Übrigen haben die Versicherten auch nach Eintritt von Pflegebedürftigkeit Beiträge zur Pflegeversicherung nach den allgemeinen Regeln zu entrichten. Es besteht also keine Beitragsfreiheit für Pflegebedürftige.

Finanzausgleich

101 Um einen bundesweit einheitlichen Beitragssatz in der sozialen Pflegeversicherung zu ermöglichen, ist ein kassenartenübergreifender Finanzausgleich vorgesehen, den das Bundesversicherungsamt durchführt (§§ 65 ff SGB XI). Der Ausgleich wird als Liquiditätsausgleich monatlich durchgeführt und um einen Jahresausgleich ergänzt. In der Praxis ist der laufende monatliche Ausgleich umfassend, so dass dem Jahresausgleich kaum eine Bedeutung zukommt. Der Finanzausgleich führt nicht dazu, dass sich einzelne Pflegekassen auf Kosten der anderen unwirtschaftlich verhalten können, denn:

– der Leistungsumfang ist im Einzelnen gesetzlich vorgegeben,
– bei der Feststellung der Pflegebedürftigkeit ist die Einschaltung des Medizinischen Dienstes vorgeschrieben,
– die Verwaltungskosten werden pauschal erstattet.

Die Pflegekassen dürfen als Betriebsmittel nur eine Monatsausgabe und als Rücklage eine halbe Monatsausgabe vorhalten (§§ 63, 64 SGB XI). Darüber hinausgehende Überschüsse der sozialen Pflegeversicherung werden vom Bundesversicherungsamt verwaltet.

Neben dem Finanzausgleich in der sozialen Pflegeversicherung kann es auf Grund entsprechender gesetzlicher Vorgaben auch einen Ausgleich zwischen den privaten Pflegeversicherungsunternehmen geben (§ 111 SGB XI), es gibt aber keinen Ausgleich zwischen der sozialen Pflegeversicherung einerseits und der privaten Pflegeversicherung andererseits.

Die private Pflegepflichtversicherung

102 Personen, die ihr Krankheitsrisiko bei einem Unternehmen der privaten Krankenversicherung abgesichert haben, sind seit dem 1. Januar 1995 verpflichtet, auch das Pflegerisiko bei einem privaten Versicherungsunternehmen abzusichern. Den Versicherungsunternehmen sind Rahmenbedingungen für die Durchführung der privaten Pflegepflichtversicherung vorgegeben worden, die zwingend einzuhalten sind, um sicherzustellen, dass die der privaten Pflegeversicherung zugewiesenen Personen dort den Versicherungsschutz zu sozialverträglichen Bedingungen erhalten können. Diese Rahmenbedingungen weichen von den sonst in der privaten Versicherungswirtschaft üblichen Versicherungsbedingungen, insbesondere auch von den üblichen Prämienkalkulationsprinzipien erheblich ab, sie schränken die Vertragsfreiheit der Unternehmen stark ein.

Der versicherte Personenkreis

103 Derzeit sind 9,3 Mio. Personen in der privaten Pflegeversicherung versichert. Versicherungspflicht in der privaten Pflegeversicherung besteht für:

– alle privat Krankenversicherten mit Anspruch auf allgemeine Krankenhausleistungen. Eine private Zusatz- oder Reisekrankenversicherung löst keine Pflicht zum Abschluss eines privaten Pflegeversicherungsvertrages aus (§ 23 Abs. 1 SGB XI).
– Beamte und Personen, die nach beamtenrechtlichen Vorschriften oder Grundsätzen bei Pflegebedürftigkeit Anspruch auf Beihilfe haben und privat krankenversichert sind oder keine Krankenversicherung haben (§ 23 Abs. 3 SGB XI).
– Heilfürsorgeberechtigte, die weder privat noch gesetzlich krankenversichert sind, weil sie über ihren Anspruch auf freie Heilfürsorge ausreichend für den Krankheitsfall abgesichert sind (§ 23 Abs. 4 SGB XI). Dazu zählen z. B. Berufssoldaten, Polizeibeamte, Polizeivollzugsbeamte im Bundesgrenzschutz und Feuerwehrleute. Die Zuordnung dieses Personenkreises zur privaten Pflegeversicherung ist sachgerecht, weil dieser Personenkreis nach seinem Ausscheiden aus dem aktiven Dienst Anspruch auf Beihilfeleistungen hat wie Beamte bzw. Versorgungsempfänger, die ebenfalls der privaten Pflegeversicherung zugewiesen sind.
– Mitglieder der Postbeamtenkrankenkasse und der Krankenversorgung der Bundesbahn, einschließlich Familienangehörige.

Zum versicherten Personenkreis der privaten Pflegeversicherung gehören auch die in der gesetzlichen Krankenversicherung freiwillig Versicherten, die von ihrem Recht zur Befreiung von der Versicherungspflicht in der sozialen Pflegeversicherung Gebrauch gemacht haben (§ 22 Abs. 1 SGB XI und Artikel 42 PflegeVG).

Familienversicherung

104 Kinder sind unter denselben Voraussetzungen beitragsfrei mitversichert wie in der sozialen Pflegeversicherung (§ 110 Abs. 1 Nr. 2 Buchstabe f SGB XI), in der Regel also bis zur Vollendung des 18. Lebensjahres, wenn sie nicht erwerbstätig sind bis zur Vollendung des 23. Lebensjahres, bei Schul- und Berufsausbildung sowie bei Ableistung eines freiwilligen sozialen Jahres oder eines freiwilligen ökologischen Jahres bis zur Vollendung des 25. Lebensjahres und im Falle einer Behinderung, die es dem Kind unmöglich macht, sich selbst zu unterhalten, ohne zeitliche Beschränkung. Vorausgesetzt wird jedoch, dass das Kind kein monatliches Gesamteinkommen hat, das die Geringfügigkeitsgrenze übersteigt, das sind 365 Euro (Wert: 2011). Für Kinder mit geringfügiger Beschäftigung beträgt das zulässige Gesamteinkommen 400 Euro monatlich. Für Ehepartner und eingetragene Lebenspartner ohne eigenes Einkommen oder einem Einkommen unterhalb der Geringfügigkeitsgrenze gibt es – anders als in der sozialen Pflegeversicherung – keine beitragsfreie Mitversicherung, sondern eine Beitragsermäßigung auf die Hälfte (§ 110 Abs. 1 Nr. 2 Buchstabe g SGB XI).

Versicherungsfreiheit und Befreiungsrechte

105 Versicherungsfreiheit in der privaten Pflegeversicherung besteht für diejenigen privat krankenversicherten Personen, die sich auf nicht absehbare Dauer in stationärer Pflege befinden und bereits Pflegeleistungen nach § 35 Abs. 6 des Bundesversorgungsgesetzes, nach § 44 des SGB VII, nach § 34 des Beamtenversorgungsgesetzes oder nach den Gesetzen erhalten, die eine entsprechende Anwendung des Bundesversorgungsgesetzes vorsehen (§ 23 Abs. 5 SGB XI). Wer diese Entschädigungsleistungen bei stationärer Pflege erhält, würde aufgrund der Ruhensregelung des § 34 SGB XI in der Regel ohnehin keine Leistungen aus der privaten Pflegepflichtversicherung erwarten können. Die Regelung entspricht der Beitragsfreiheitsregelung für entsprechende Entschädigungsleistungsempfänger, die in der sozialen Pflegeversicherung versichert sind. Die Versicherungsfreiheit gilt allerdings nur für den Leistungsempfänger selbst, nicht für seine Angehörigen.

106 Befreiungsmöglichkeiten von der Versicherungspflicht in der privaten Pflegeversicherung sieht das Gesetz nicht vor. Diese hätten nur bei gleichzeitiger Verpflichtung, sich in der sozialen Pflegeversicherung zu versichern, eingeräumt werden können. Dies hätte jedoch zu der Gefahr der „Rosinenpickerei" zu Lasten der sozialen Pflegeversicherung geführt. Den privaten Versicherungsunternehmen wäre es durch entsprechende Annahmepolitik möglich geworden, sogenannten schlechten Risiken ihres Krankenversicherungsbereichs die Pflegeversicherung in der sozialen Pflegeversicherung nahe zu legen. Befreiungsrechte wären zudem sozialpolitisch nicht sinnvoll, weil auf diese Weise ohne zwingenden Grund der im Interesse des einzelnen liegende Grundsatz der Einheitlichkeit des Trägers von Pflege- und Krankenversicherung durchbrochen worden wäre.

Kontrolle der Einhaltung der Versicherungspflicht

107 Um die Einhaltung der Versicherungspflicht zu kontrollieren, werden die privaten Versicherungsunternehmen verpflichtet, diejenigen bei ihnen krankenversicherten Personen unverzüglich dem Bundesversicherungsamt zu melden, die es trotz Aufforderung unterlassen haben, innerhalb von 6 Monaten nach In-Kraft-Treten des Pflegeversicherungsgesetzes, bei Neuabschlüssen von Krankenversicherungsverträgen innerhalb von 3 Monaten nach Vertragsabschluss, einen Versicherungsvertrag in der privaten Pflegeversicherung abzuschließen. Das gleiche gilt für die Fälle, in denen eine bestehende private Pflegepflichtversicherung von dem Versicherungsnehmer gekündigt und der Abschluss eines neuen Vertrags bei einem anderen Versicherungsunternehmen nicht nachgewiesen wird (§ 51 Abs. 3 SGB XI).

Eine Meldepflicht obliegt auch dem Dienstherrn für Heilfürsorgeberechtigte, die nach § 23 Abs. 4 SGB XI in der privaten Pflegeversicherung versicherungspflichtig werden. Ebenso hatten die Postbeamtenkrankenkasse und die Krankenversorgung der Bundesbahn die zum Zeitpunkt des In-Kraft-Tretens des Gesetzes (1. Januar 1995) bei ihnen Versicherten an das Bundesversicherungsamt zu melden. Die Nichterfüllung der Verpflichtung zum Abschluss sowie zur Aufrechterhaltung eines privaten Pflegepflichtversicherungsvertrages stellt nach § 121 SGB XI eine Ordnungswidrigkeit dar, die mit einer Geldbuße bis zu 2.500 Euro geahndet werden kann.

Beitrittsrecht

108 Zum 1. Januar 2002 ist als Folge einer Entscheidung des Bundesverfassungsgerichts vom 3. April 2001 für Nichtkrankenversicherte ein befristetes Beitrittsrecht zur Pflegeversicherung vorgesehen worden (§ 26a SGB XI). Eingeführt wurde ein dreigestuftes Beitrittsrecht, das danach differenziert, ab welchem Zeitpunkt der Betroffene zu den Nichtversicherten gehört, bzw. ab wann sich die Frage eines Beitritts gestellt hat oder stellen wird. Neben einem Beitrittsrecht für die zum Zeitpunkt der Einführung der Pflegeversicherung am 1. Januar 1995 Nichtversicherten einerseits (§ 26a Abs. 1) und für die nach dem 1. Januar 1995 bis zum 1. Januar 2002 hinzugekommenen Nichtversicherten andererseits (§ 26a Abs. 2) ist unter engen Voraussetzungen auch ein befristetes Beitrittsrecht für künftige Sachverhalte, insbesondere für Auslandsrückkehrer, vorgesehen (§ 26a Abs. 3). Die Beitrittswilligen, die zum Zeitpunkt der Beitrittserklärung ihren Wohnsitz im Inland haben müssen, können sich entscheiden, ob sie einer der nach § 48 Abs. 3 SGB XI wählbaren sozialen Pflegekassen beitreten oder die Versicherung in der privaten Pflegeversicherung bevorzugen wollen. Das gewählte private Versicherungsunternehmen ist zum Abschluss des Versicherungsvertrages verpflichtet. (Nähere Ausführungen zum Beitrittsrecht vgl. Rdnr. 43).

Leistungen

109 Der private Pflegepflichtversicherungsvertrag muss Leistungen vorsehen, die denen der sozialen Pflegeversicherung gleichwertig sind, und zwar nicht nur für das Mitglied selbst, sondern auch für die Familienangehörigen und Lebenspartner, für die bei einer Versicherung in der sozialen Pflegeversicherung Anspruch auf Familienversicherung bestünde (§ 23 Abs. 1 SGB XI). Die Gleichwertigkeit des Versicherungsschutzes setzt voraus, dass der Einzelne sowohl bei ambulanter als auch bei stationärer Pflege entweder Geldleistungen in der Höhe erhält, wie sie in der sozialen Pflegeversicherung für die jeweilige Stufe der Pflegebedürftigkeit vorgesehen sind, oder aber Kostenerstattung in Höhe der für die jeweilige Pflegestufe vorgesehenen Sachleistung. Dies bedeutet auch, dass die Leistungen in dem Rahmen anzupassen sind, in dem die Leistungen der sozialen Pflegeversicherung nach § 30 SGB XI angepasst werden.

Die erforderliche Gleichwertigkeit des Versicherungsschutzes schließt insbesondere mit ein, dass die privaten Versicherungsunternehmen an die gesetzliche Rentenversicherung Beiträge zur Alterssicherung der Pflegepersonen in gleichem Umfang zu entrichten haben, wie dies den Pflegekassen vorgeschrieben ist. Außerdem müssen für die Feststellung der Pflegebedürftigkeit sowie für die Zuordnung zu einer Pflegestufe dieselben Maßstäbe wie in der sozialen Pflegeversicherung angelegt werden (§ 23 Abs. 6 SGB XI).

Bei Personen, die Anspruch auf Beihilfe haben, sind bei der Prüfung der Gleichwertigkeit des privaten Versicherungsschutzes die Leistungen der Beihilfe in die Bewertung mit einzubeziehen. Es reicht in diesen Fällen ein beihilfeergänzender Teilkostentarif.

Sozialverträgliche Rahmenbedingungen für die Durchführung der privaten Pflegepflichtversicherung

110 Für die Durchführung der privaten Pflegepflichtversicherung wird den Versicherungsunternehmen Folgendes vorgeschrieben (§ 110 SGB XI):

- Kontrahierungszwang, d. h. die Unternehmen sind zum Vertragsabschluss verpflichtet,
- keinen Ausschluss von Vorerkrankungen des Versicherten,
- keine Risikozuschläge,
- keinen Ausschluss bereits pflegebedürftiger Personen,
- keine längeren Wartezeiten als in der sozialen Pflegeversicherung,
- keine Staffelung der Prämien nach Geschlecht und Gesundheitszustand der Versicherten,

- keine Prämienhöhe, die den Höchstbeitrag der sozialen Pflegeversicherung übersteigt; dies sind bei einem Beitragssatz von 1,95 Prozent 72,40 Euro (Wert ausgehend von der Beitragsbemessungsgrenze2011: 3712,50 Euro monatlich). Bei Beihilfeberechtigten mit Teilkostentarif darf die Höchstprämie nach dem Gesetz 50 Prozent des Höchstbeitrages der sozialen Pflegeversicherung nicht übersteigen, in der Praxis liegt die Höchstprämie aber etwas unterhalb dieser 50-Prozent-Grenze,
- die beitragsfreie Mitversicherung der nicht erwerbstätigen Kinder des Versicherungsnehmers unter den gleichen Voraussetzungen wie in der sozialen Pflegeversicherung sowie
- Prämienvergünstigung für den nicht erwerbstätigen Ehepartner oder den eingetragenen Lebenspartner des Mitglieds; d. h.: für beide zusammen keine Prämie von mehr als 150 Prozent des Höchstbeitrages der sozialen Pflegeversicherung, wenn ein Ehepartner oder eingetragener Lebenspartner kein Gesamteinkommen hat, das regelmäßig 1/7 der monatlichen Bezugsgröße nach § 18 des Vierten Buches überschreitet (Wert 2011: 365 Euro monatlich). Bei einem geringfügig beschäftigten Ehepartner beträgt das zulässige Gesamteinkommen 400 Euro monatlich.

111 Diese Bedingungen gelten für alle Versicherungsverträge, die geschlossen wurden mit

- Personen, die bereits bei Einführung der Pflegeversicherung zum 1. Januar 1995 Mitglied bei einem Krankenversicherungsunternehmen mit Anspruch auf allgemeine Krankenhausleistungen gewesen sind,
- freiwillig in der gesetzlichen Krankenversicherung Versicherten, die innerhalb von 6 Monaten nach Einführung der Pflegeversicherung, also bis zum 30. Juni 1995, von ihrem Recht auf Befreiung von der Versicherungspflicht in der sozialen Pflegeversicherung Gebrauch gemacht haben und zur privaten Pflegeversicherung übergewechselt sind,
- Heilfürsorgeberechtigten sowie Mitgliedern der Postbeamtenkrankenkasse und der Krankenversorgung der Bundesbahn, die nach § 23 Abs. 4 zum 1. Januar 1995 als Versicherungspflichtige der privaten Pflegeversicherung zugewiesen worden sind und
- Personen, die zum Zeitpunkt der Einführung der Pflegeversicherung am 1. Januar 1995 kraft Gesetzes von der Versicherungspflicht in der Pflegever-

sicherung ausgeschlossen waren und aufgrund des zum 1. Januar 2002 neu geschaffenen Beitrittsrechts nach § 26a Abs.1 SGB XI bis zum 30. Juni 2002 den Abschluss eines privaten Pflegeversicherungsvertrages beantragt haben,
– Personen, die im Basistarif der privaten Krankenversicherung versichert sind (mit der Einschränkung, dass es hier keine Ehegattenermäßigung gibt). Für diesen Personenkreis wurden soziale Regelungen zur Tragung der Beiträge bei niedrigen Einkommen (analog zu den entsprechenden Regelungen beim Basistarif in der privaten Krankenversicherung) geschaffen.

112 Für das so genannte Neugeschäft, also für Personen, die sich erst nach In-Kraft-Treten des Pflegeversicherungsgesetzes zum 1. Januar 1995 privat krankenversichert haben und damit in der privaten Pflegeversicherung versicherungspflichtig geworden sind, oder die von der zum 1. Januar 2002 neu geschaffenen Beitrittsmöglichkeit nach § 26a Abs. 2 und 3 SGB XI Gebrauch gemacht haben, gelten die gleichen Versicherungsbedingungen mit folgenden Abweichungen:
– bereits pflegebedürftige Personen müssen nicht aufgenommen werden,
– eine Staffelung der Prämien nach dem Gesundheitszustand ist möglich, Risikozuschläge sind jedoch nur möglich, so weit der Höchstbeitrag der sozialen Pflegeversicherung noch nicht erreicht ist,
– die Begrenzung auf den Höchstbeitrag der sozialen Pflegeversicherung gilt erst, wenn der Versicherungsnehmer eine Vorversicherungszeit von mindestens 5 Jahren in der privaten Pflegeversicherung oder der privaten Krankenversicherung nachweisen kann und
– eine Beitragsermäßigung für Ehepartner und eingetragene Lebenspartner ist nicht vorgesehen.

Die Rahmenbedingungen für die Durchführung der Pflegeversicherung bei den so genannten Neuzugängen sind gelockert, weil der Personenkreis, der sich zu einem späteren Zeitpunkt für die private Krankenversicherung entscheidet, damit gleichzeitig auch eine Entscheidung im Hinblick auf die private Pflegeversicherung trifft, er weiß also, auf welche Bedingungen er sich einlässt.

113 Die privaten Versicherungsunternehmen beachten auch die Vorgaben, die sich daraus ergeben, dass Arbeitnehmer nur unter bestimmten Voraussetzungen einen Zuschuss von ihrem Arbeitgeber für ihre private Pflegeversicherung erhalten (§ 61 Abs. 5 SGB XI). Dazu zählt der Zwang zum Betrieb der Pflegeversicherung nach Art der Lebensversicherung, zur Beitragserhebung auf versicherungsmathematischer Grundlage und zur Vornahme versicherungstechnischer Rückstellungen, mit denen die ausreichende Vorsorge für ältere Versicherte erreicht werden soll, sowie die Verpflichtung zur Verwendung der Überschüsse zugunsten der Versicherungsnehmer. Zur gebotenen Gleichwertigkeit der Leistungen der privaten mit den Leistungen der sozialen Pflegeversicherung gehört die in § 23 Abs. 6 SGB XI vorgeschriebene Anerkennung von Vorversicherungszeiten beim Wechsel eines Versicherten von der sozialen Pflegeversicherung zur privaten Pflegeversicherung sowie die Vorgabe, dass der Versicherungsschutz bei Vertragsverletzungen des Versicherungsnehmers aufrechterhalten bleibt. Zu diesem Zweck sind die Kündigungs- und Rücktrittsrechte der Versicherungsunternehmen eingeschränkt worden (§ 110 Abs. 4 SGB XI). So ist für sie unter anderem kein Kündigungsrecht in Fällen gegeben, in denen der Versicherungsnehmer mit seiner Versicherungsprämie in Verzug ist. Damit wird gleichzeitig auch verhindert, dass der Versicherungspflichtige durch vertragswidriges Verhalten seine Versicherungspflicht unterlaufen kann. Allerdings bleiben Leistungsverweigerungsrechte der Versicherungsunternehmen für den Zeitraum erhalten, in dem der Versicherungsnehmer keine Prämien entrichtet. Durch die Bußgeldvorschrift des § 121 Abs. 1 Nr. 6 SBG XI besteht die Möglichkeit, den Versicherungsnehmer zur Erfüllung seiner Vertragspflichten und damit zur Aufrechterhaltung seines Versicherungsschutzes anzuhalten.

114 Alle dargestellten Rahmenbedingungen, die die privaten Versicherungsunternehmen zwingend zu beachten haben, gelten nur für die private Pflegepflichtversicherung, d. h. nur für Verträge, die in Erfüllung der Vorsorgepflicht nach § 23 SGB XI und Artikel 42 PflegeVG geschlossen werden. Sie gelten nicht für freiwillig abgeschlossene zusätzliche Pflegeversicherungsverträge.

Beiträge

115 Die Prämien werden grundsätzlich nach dem Kapitaldeckungsprinzip kalkuliert, sie enthalten demzufolge auch einen Sparanteil. Wegen der im Interesse der Versicherungsnehmer erforderlichen sozialverträglichen gesetzlichen Rahmenbedingungen ist es nicht möglich, Prämien ausschließlich risikoäquivalent zu kalkulieren, es sind in großem Umfang Umlageelemente in die Prämienkalkulation mit einzubeziehen. Insbesondere bei älteren oder vorerkrankten oder bereits pflegebedürftigen Personen muss wegen der Begrenzung auf den Höchstbeitrag der sozialen Pflegeversicherung ein hoher Beitragsanteil von den jüngeren Versicherten mitfinanziert werden.

Da privat versicherte Beamte und Versorgungsempfänger bei Pflegebedürftigkeit die Pflegeleistungen anteilig von der Beihilfe und der privaten Pflegeversicherung erhalten, sind sie nur anteilig versichert. Für sie gilt ein Tarif, in dem die Beitragshöhe unabhängig davon kalkuliert ist, wie hoch der jeweilige aktuelle Beihilfebemessungssatz ist. aber in dem sich die Höhe der Leistungen nach dem jeweils zutreffenden Beihilfebemessungssatz richtet. In der Regel sind pflegebedürftige Beamte bereits im Ruhestand und erhalten 70 Prozent von der Beihilfe und 30 Prozent von der privaten Pflegeversicherung, ein pflegebedürftiges Kind des Beamten 80 Prozent von der Beihilfe und 20 Prozent von der privaten Pflegeversicherung.

Für Studenten, die wegen Erreichen der Altersgrenze aus der Familienversicherung ausscheiden und eigenständig pflegeversicherungspflichtig werden, gilt in der privaten Pflegepflichtversicherung bis zur Vollendung des 34. Lebensjahres ein Sondertarif. Der Beitrag in diesem Tarif beträgt 16,80 Euro monatlich (Wert: 2011). Nach Vollendung des 34. Lebensjahres werden die Beiträge der Studenten entsprechend ihrem Eintrittsalter bemessen.

Beitragszuschüsse

116 Arbeitnehmer, die Mitglied in einer privaten Pflegepflichtversicherung sind, erhalten einen Beitragszuschuss ihres Arbeitgebers in der Höhe, der als Arbeitgeberanteil bei Versicherungspflicht in der sozialen Pflegeversicherung als Beitragsanteil zu zahlen wäre, höchstens jedoch die Hälfte des Betrages, den der Beschäftigte für die private Pflegepflichtversicherung zu zahlen hat. Bei der Bemessung des Zuschusses hat der Arbeitgeber auch Aufwendungen für anspruchsberechtigte Familienangehörige zu berücksichtigen, so weit die Hälfte des Arbeitgeberanteils zur sozialen Pflegeversicherung noch nicht erreicht ist.

Der Anspruch auf den Beitragszuschuss setzt voraus, dass

– der Versicherungsvertrag Vertragsleistungen für den Beschäftigten und seinen Angehörigen vorsieht, die denen der sozialen Pflegeversicherung gleichwertig sind,
– das Versicherungsunternehmen die Pflegeversicherung nach Art der Lebensversicherung betreibt, sich verpflichtet, den überwiegenden Teil der Zuschüsse, die sich aus dem selbst abgeschlossenen Versicherungsgeschäft ergeben, zugunsten der Versicherten zu verwenden, und die Pflegeversicherung nur zusammen mit der Krankenversicherung, nicht zusammen mit anderen Versicherungssparten, betreibt und
– der Beschäftigte dem Arbeitgeber jeweils nach Ablauf von 3 Jahren eine Bescheinigung des Krankenversicherungsunternehmens darüber vorlegt, dass die Aufsichtsbehörde ihm bestätigt hat, dass es die Versicherung nach den oben genannten Voraussetzungen betreibt.

Liegt der Beschäftigungsort in Sachsen, also in dem Bundesland, das keinen Feiertag abgeschafft hat, beträgt der Arbeitgeberanteil 0,35 Prozent (ab 1. Juli 2008 0,475 Prozent) des Arbeitsentgelts, das bei einer Versicherung des Beschäftigten in der sozialen Pflegeversicherung der Beitragsbemessung zugrunde gelegt würde. Der Zuschuss des Arbeitgebers ist jedoch begrenzt auf die Hälfte der tatsächlich zu zahlenden Prämie.

117 Beitragszuschüsse können auch privat versicherte Bezieher von Vorruhestandsgeld und privat versicherte Teilnehmer an berufsfördernden Maßnahmen sowie an Berufsfindung oder Arbeitsprobung erhalten (§ 61 Abs. 4 und 5 SGB XI). Beitragszuschüsse sind zudem für privat pflegeversicherte Studenten, Wehrpflichtige, Künstler usw. in § 13a des Bundesausbildungsförderungsgesetzes, § 23a des Arbeitssicherstellungsgesetzes, § 8a des Eignungsübungsgesetzes, § 7 des Unterhaltssicherungsgesetzes, § 53 des Bundesversorgungsgesetzes sowie in § 10a des Künstlersozialversicherungsgesetzes vorgesehen. Für privat versicherte Bezieher von Arbeitslosengeld I übernimmt die Bundesagentur für Arbeit nach § 207a SGB III die Beiträge in der Höhe, die sie bei einer Versicherungspflicht des Leistungsbeziehers in der sozialen Pflegeversicherung zu tragen hätte; für Bezieher von Arbeitslosengeld II ergibt sich der Anspruch auf den Zuschuss der Bundesagentur zum Pflegeversicherungsbeitrag aus § 26 SGB II.

118 Beamte erhalten von ihren Dienstherren keinen Beitragszuschuss, sondern stattdessen die Leistungen der Beihilfe zu Aufwendungen aus Anlass der Pflege.

Zuständiges Unternehmen

119 Entsprechend dem Grundsatz „Pflege folgt Krankenversicherung" ist der Pflegeversicherungsvertrag grundsätzlich bei dem Versicherungsunternehmen abzuschließen, bei dem auch der Krankenversicherungsschutz besteht. Es liegt im wohlverstandenen Interesse des Versicherten nur einen Versicherungsträger für Pflege- und Krankenversicherung zu haben. Aus EU-rechtlichen Gründen ist jedoch den privat Krankenversicherten die Möglichkeit eingeräumt, auch ein anderes privates Versicherungsunternehmen zur Absicherung des Pflegerisikos zu wählen. Das Wahlrecht ist innerhalb von 6 Monaten nach Eintritt der Versicherungspflicht auszuüben. Für das gewählte andere Unternehmen gelten ebenfalls der Kontrahierungszwang sowie alle anderen oben dargestellten Rahmenbedingungen für die Durchführung der privaten Pflegeversicherung.

Heilfürsorgeberechtigte und Beamte, die über Sondersysteme gegen das Krankheitsrisiko abgesichert und daher nicht bei einem privaten Versicherungsunternehmen krankenversichert sind, sowie Beitrittsberechtigte nach § 26a SGB XI können von vornherein die Pflegeversicherung bei einem Unternehmen ihrer Wahl abschließen.

Finanzausgleichssystem innerhalb der privaten Pflegepflichtversicherung

120 Wegen der in § 110 SGB XI festgelegten Rahmenbedingungen zur sozialverträglichen Ausgestaltung der privaten Pflegepflichtversicherung, die eine risikogerechte Prämienkalkulation nur eingeschränkt zulassen, musste ein Finanzausgleich zwischen allen Versicherungsunternehmen vorgesehen werden, die die private Pflegepflichtversicherung betreiben. Die Versicherungsunternehmen müssen nach § 111 SGB XI ein Ausgleichssystem schaffen und erhalten, mit dem dauerhaft und wirksam die unterschiedlichen Belastungen aus dem privaten Pflegeversicherungsgeschäft ausgeglichen werden können. Die Versicherungsunternehmen haben den Ausgleich selbst zu organisieren und sich auf die dazu erforderlichen vertraglichen oder gesellschaftsrechtlichen Rechtsbeziehungen zu verständigen. Für den Ausgleich sind zwei inhaltliche Vorgaben aufgestellt: Der Ausgleich muss Dauerhaftigkeit und Wirksamkeit gewährleisten; zusätzlich muss deutschen oder ausländischen Unternehmen, die zu einem späteren Zeitpunkt Pflegeversicherungen anbieten, ein Marktzugang zu gleichen Bedingungen offen gehalten werden. Es ist eine gemeinsame Kalkulation der Beiträge vorgeschrieben; dabei muss jedoch aus kartellrechtlichen Gründen Wettbewerb im Bereich der Bruttoprämien erhalten bleiben, d. h., es darf keine Einheitsprämie geben, bei der der Wettbewerb weitestgehend entfallen würde. Der Gesetzgeber erlaubt den Versicherungsunternehmen nur die Wettbewerbsbeschränkung, die mit dem Finanzausgleich notwendigerweise verbunden ist. Zulässig ist daher lediglich eine einheitliche Nettoprämie, bei der die Kosten und die veranschlagten Gewinne nicht einkalkuliert sind. Auf diese Weise werden gleichzeitig Wirtschaftlichkeitsanreize der Unternehmen im Bereich der Verwaltungskosten gegeben.

Der Bundesanstalt für Finanzdienstleistungsaufsicht ist die Aufsicht über das Ausgleichssystem der privaten Pflegeversicherung übertragen. Die Versicherungsaufsicht erstreckt sich sowohl auf die Ausgestaltung als auch auf die Durchführung des Ausgleichs.

Zuständige Gerichtsbarkeit bei Streitigkeiten in Angelegenheiten der privaten Pflegepflichtversicherung

121 Mit Artikel 33 des Pflegeversicherungsgesetzes wurden durch eine Änderung des § 51 Abs. 2 Satz 2 des Sozialgerichtsgesetzes alle Streitigkeiten, die in Angelegenheiten nach dem SGB XI entstehen, damit also auch die Streitigkeiten in Fragen der privaten Pflegepflichtversicherung, den Gerichten der Sozialgerichtsbarkeit zugewiesen.

Vertrags- und Vergütungsrecht

122 Die Pflegekassen haben im Rahmen ihrer Leistungsverpflichtung eine bedarfsgerechte und gleichmäßige, dem allgemein anerkannten Stand medizinisch-pflegerischer Erkenntnisse entsprechende pflegerische Versorgung der Versicherten zu gewährleisten (§ 69 SGB XI Sicherstellungsauftrag). Da die Pflegekassen in der Regel keine eigenen Einrichtungen und Dienste vorhalten, mit denen sie ihren Sicherstellungsauftrag erfüllen können, sind sie auf die Hilfe Dritter angewiesen (eine Ausnahme ist die häusliche Pflege durch von den Pflegekassen angestellte Einzelpersonen nach § 77 Abs. 2 SGB XI, der aber keine praktische Bedeutung zukommt). Sie schließen zu diesem Zweck Versorgungsverträge und

Vergütungsvereinbarungen mit den Trägern von ambulanten und stationären Pflegeeinrichtungen, Verträge mit einzelnen geeigneten selbständigen Pflegekräften nach § 77 Abs. 1 SGB XI, Verträge über die Versorgung der Versicherten mit Pflegehilfsmitteln nach § 78 SGB XI, Verträge über die integrierte Versorgung nach § 92b SGB XI und Pflegestützpunktverträge nach § 92c SGB XI.

Beziehungen der Pflegekassen zu den Pflegeeinrichtungen

123 Die Pflegekassen dürfen als Leistungsträger Pflegesachleistungen grundsätzlich nur durch zugelassene Leistungserbringer – also durch Pflegeeinrichtungen, mit denen ein Versorgungsvertrag (§ 72 Abs. 1 Satz 1 SGB XI) besteht – sowie durch Einzelpersonen für die häusliche Pflege (§ 77 SGB XI) gewähren.

Das Pflegeversicherungsrecht unterscheidet bei den Pflegeeinrichtungen zwischen ambulanten und stationären Einrichtungen. Beide Begriffe werden in § 71 SGB XI definiert und voneinander abgegrenzt:

- Ambulante Pflegeeinrichtungen (Pflegedienste) sind selbständig wirtschaftende Einrichtungen, die unter ständiger Verantwortung einer ausgebildeten Pflegefachkraft Pflegebedürftige in ihrer Wohnung pflegen, betreuen und hauswirtschaftlich versorgen (§ 71 Abs. 1 SGB XI).
- Stationäre Pflegeeinrichtungen (Pflegeheime) sind selbständig wirtschaftende Einrichtungen, in denen Pflegebedürftige unter der ständigen Verantwortung einer ausgebildeten Pflegefachkraft gepflegt und betreut werden und in denen sie ganztägig (vollstationär) oder nur tagsüber bzw. nachts (teilstationär) untergebracht und verpflegt werden (§ 71 Abs. 2 SGB XI).

124 Bei der ambulanten bzw. „häuslichen" Pflege werden die Pflegebedürftigen durch Mitarbeiter der Pflegedienste in ihrer Wohnung versorgt. Wohnung in diesem Sinn kann neben dem eigenen Haushalt auch ein fremder Haushalt, u. U. auch ein Altersheim, ein Altenwohnheim oder eine Seniorenresidenz sein, in den oder in dem „ambulant" pflegebedürftige Personen aufgenommen sind (§ 36 Abs. 1 Satz 2 SGB XI), nicht dagegen eine stationäre Pflegeeinrichtung oder eine Einrichtung nach § 71 Abs. 4 SGB XI, wie z. B. ein Krankenhaus, eine medizinische Vorsorge- oder eine Rehabilitationseinrichtung. Der Begriff der ambulanten Pflegeeinrichtung umfasst sowohl Sozialstationen und Pflegedienste in freigemeinnütziger oder öffentlicher, insbesondere kommunaler Trägerschaft, als auch private Pflegedienste.

125 Bei vollstationärer Pflege werden Pflegebedürftige für die Dauer der Pflege in ein Pflegeheim aufgenommen, das die Pflegebedürftigen bei Tag und Nacht versorgt. Auch bei teilstationärer Pflege begibt sich die pflegebedürftige Person in eine Pflegeeinrichtung, um dort tagsüber (im Rahmen eines „strukturierten Tagesablaufs") oder nachts gepflegt zu werden oder aktivierende Hilfe in Anspruch zu nehmen.

126 Für alle Arten von Pflegeeinrichtungen stellt der Gesetzgeber in § 11 Abs. 1 SGB XI zwei zwingende Anforderungen auf:

- Die Einrichtung muss die Pflegebedürftigen, die ihre Leistungen in Anspruch nehmen, entsprechend dem allgemein anerkannten Stand medizinisch-pflegerischer Erkenntnisse pflegen und betreuen.
- Inhalt und Organisation der Leistungen haben eine humane und aktivierende Pflege unter Achtung der Menschenwürde zu gewährleisten.

127 Das setzt grundsätzlich voraus, dass die von der Einrichtung angebotene Pflege und Betreuung unter ständiger Verantwortung einer ausgebildeten Pflegefachkraft ausgeführt wird (§ 71 Abs. 1 und 2 SGB XI).

- Durch das im Jahr 1996 in Kraft getretene Erste SGB-XI-Änderungsgesetz wurde bestimmt, dass verantwortliche Pflegefachkräfte in diesem Sinn nur in der Krankenpflege, der Kinderkrankenpflege oder in der Altenpflege ausgebildete Pflegekräfte sein können. Das am 1. Juli 2008 in Kraft getretene Pflege-Weiterentwicklungsgesetz hat klargestellt, dass an Stelle der „Krankenpflege" die „Gesundheits- und Krankenpflege" und an Stelle der „Kinderkrankenpflege" die „Gesundheits- und Kinderkrankenpflege" sowie an Stelle der Altenpflege nach Landesrecht die Altenpflege nach Bundesrecht tritt. Bei ambulanten Pflegeeinrichtungen, die überwiegend behinderte Menschen pflegen und betreuen, gelten auch nach Landesrecht ausgebildete Heilerziehungspflegerinnen und Heilerziehungspfleger sowie Heilerzieherinnen und Heilerzieher als ausgebildete Pflegekräfte.(§ 71 Abs. 3 Satz 2 SGB XI).
- Das Pflege-Weiterentwicklungsgesetz sieht vor, dass für die Anerkennung als verantwortliche Pflegefachkraft eine Weiterbildungsmaßnahme für leitende Funktionen mit einer Mindeststundenzahl,

die 460 Stunden nicht unterschreiten darf, erforderlich ist. Diese Regelung ist erforderlich geworden aufgrund einer Entscheidung des Bundessozialgerichts vom 24. September 2002 (B 3 P 14/01 R), wonach Zulassungsvoraussetzungen für die Anerkennung als Pflegefachkraft einer ausdrücklichen gesetzlichen Grundlage bedürfen; eine Vereinbarung in den Grundsätzen und Maßstäben zur Sicherung und Weiterentwicklung der Pflegequalität reicht nicht aus.

Außerdem ist eine praktische Berufserfahrung in dem erlernten Pflegeberuf von zwei Jahren innerhalb der sogenannten Rahmenfrist, d. h. innerhalb der letzten fünf Jahre, erforderlich (§ 71 Abs. 3 Satz 1 SGB XI). Das am 1. Januar 2002 in Kraft getretene Pflege-Qualitätssicherungsgesetz hat diese Rahmenfrist für bestimmte Fälle der Kinderbetreuung bzw. -erziehung, der Tätigkeit als Pflegeperson oder eines abgeschlossenen Studiums bzw. Pflegeweiterbildungslehrgangs auf höchstens acht Jahre verlängert.

128 Die Pflegeeinrichtung muss „selbständig wirtschaftend" sein. Das ist sie dann, wenn sie entweder ausschließlich Pflegebedürftige versorgt, die Leistungen der Pflegeversicherung erhalten, oder – bei gemischten Einrichtungen – die Pflege finanziell und wirtschaftlich getrennt von ihrem übrigen Leistungsangebot führt, so dass eine klare Trennung der Verantwortlichkeiten und der Finanzierung der unterschiedlichen Teilbereiche komplexer Einrichtungen möglich ist.

129 Wirtschaftliche Selbständigkeit in diesem Sinne ist zum einen deswegen erforderlich, um die unterschiedlichen Finanzierungsverantwortlichkeiten und Vergütungssysteme der Pflegeversicherung für die Pflegeeinrichtungen einerseits und z. B. der Krankenversicherung für die Krankenhäuser andererseits eindeutig voneinander zu trennen. Sie soll zum anderen die wirtschaftliche und finanzielle Eigenverantwortung des Trägers der Pflegeeinrichtung unterstreichen, auf deren Grundlage er zur pflegerischen Versorgung der Versicherten im Rahmen des öffentlich-rechtlichen Leistungssystems der Pflegeversicherung zugelassen wird. Leistungsanbieter, die diese Voraussetzungen nicht erfüllen, können nicht als Leistungserbringer der Pflegekassen durch Versorgungsvertrag zugelassen sein.

130 Im Jahr 1996 wurde durch das Erste Gesetz zur Änderung des SGB XI ausdrücklich klargestellt, dass Krankenhäuser und stationäre Einrichtungen, in denen die medizinische Vorsorge oder Rehabilitation, die berufliche oder soziale Eingliederung, die schulische Ausbildung oder die Erziehung Kranker oder Behinderter im Vordergrund des Zweckes der Einrichtung stehen, keine Pflegeeinrichtungen sind (§ 71 Abs. 4 SGB XI).

Sicherstellungsauftrag der Pflegekassen

131 Mit der Definition der Pflegedienste und Pflegeheime sowie der Einzelpersonen (Einzelpflegekräfte für die häusliche Pflege nach § 77 SGB XI) ist der Kreis der Leistungserbringer für die allgemeinen Pflegeleistungen abgegrenzt, auf den die Pflegekassen zur Erfüllung ihres Sicherstellungsauftrags zurückgreifen können (§ 69 Satz 1 SGB XI).

Bei der Verwirklichung des Sicherstellungsauftrags stehen sich die Pflegekassen als Leistungsträger und die Pflegeeinrichtungen als Leistungserbringer als gleichberechtigte Vertragspartner gegenüber. Die Pflegekassen haben die Vielfalt, die Unabhängigkeit und Selbständigkeit sowie das Selbstverständnis der Träger von Pflegeeinrichtungen in der Zielsetzung und Durchführung ihrer Aufgaben zu achten (§ 69 Satz 3 SGB XI).

Versorgungsverträge

132 Die Pflegekassen dürfen zur Sicherstellung der häuslichen, der teilstationären und der vollstationären Pflege nur solche ambulanten und stationären Pflegeeinrichtungen in Anspruch nehmen, mit denen ihre Landesverbände einen Versorgungsvertrag geschlossen haben (§ 72 Abs. 1 Satz 1 SGB XI).

Der Versorgungsvertrag ist das Bindeglied zwischen den Leistungsansprüchen der Versicherten gegenüber ihrer Pflegekasse auf häusliche oder stationäre Pflege und dem Sicherstellungsauftrag der Pflegekassen für die pflegerische Versorgung der Versicherten.

133 Der Versorgungsvertrag legt Art, Inhalt und Umfang der so genannten allgemeinen Pflegeleistungen (§ 84 Abs. 4 SGB XI) und damit den Versorgungsauftrag fest, den die Pflegeeinrichtung während der Dauer der Vertragsbeziehung zu erfüllen hat (§ 72 Abs. 1 SGB XI). Auf dieser Grundlage sind alle für die Versorgung der Pflegebedürftigen nach Art und Schwere ihrer Pflegebedürftigkeit erforderlichen Pflegeleistungen zu erbringen.

Gegenstand des Versorgungsvertrages und damit des Versorgungsauftrags können nur Sach- oder Dienstleistungen sein, auf die der Versicherte oder die

Pflegeeinrichtung (vgl. § 87b SGB XI) einen gesetzlichen Anspruch hat. Das sind bei häuslicher Pflege die Grundpflege und die hauswirtschaftliche Versorgung sowie die Betreuungsleistungen. Bei stationärer Pflege (also bei voll- oder teilstationärer Versorgung und bei der Kurzzeitpflege nach den §§ 41 bis 43 SGB XI) sind dies darüber hinaus die medizinische Behandlungspflege und die soziale Betreuung.

Parteien des Versorgungsvertrages

134 Parteien des Versorgungsvertrages sind gemäß § 72 Abs. 2 Satz 1 SGB XI auf Seiten der Leistungserbringer die Träger der ambulanten oder stationären Pflegeeinrichtungen und auf Seiten der Pflegeversicherung die Landesverbände der Pflegekassen.

135 Das Pflege-Weiterentwicklungsgesetz erlaubt seit dem 1. Juli 2008, dass die Parteien des Versorgungsvertrags für mehrere oder für alle selbständig wirtschaftenden Pflegeeinrichtungen eines Einrichtungsträgers, die örtlich und organisatorisch miteinander verbunden sind, einen einheitlichen Versorgungsvertrag in Form eines „Gesamtversorgungsvertrages" schließen dürfen. Damit wird eine erhebliche organisatorische Vereinfachung für die Einrichtungsträger und die Landesverbände der Pflegekassen ermöglicht. In der Gesetzesbegründung heißt es hierzu, dass für die verschiedenen Pflegeeinrichtungen, die vom Gesamtversorgungsvertrag umfasst werden, nur eine einzige verantwortliche Pflegefachkraft vorgesehen werden kann. Darüber hinaus kann das Personal flexibel in den unterschiedlichen Einrichtungen eingesetzt werden, wenn eine rechnungsmäßig richtige Verteilung der Einsatzzeiten und Personalaufwendungen auf die verschiedenen Einrichtungsteile erfolgt.

136 Die Landesverbände der Pflegekassen können den Versorgungsvertrag nur gemeinsam und im Einvernehmen mit dem nach Landesrecht zuständigen überörtlichen oder örtlichen Träger der Sozialhilfe schließen. Mit der Beteiligung der Sozialhilfeträger soll nicht nur deren Finanzverantwortung berücksichtigt, sondern auch deren Sachverstand mit in das Zulassungsverfahren einbezogen werden.

Zulassungsvoraussetzungen

137 Die Landesverbände der Pflegekassen dürfen Versorgungsverträge nur mit solchen Pflegeeinrichtungen schließen, die zum einen unter ständiger Verantwortung einer ausgebildeten Pflegefachkraft stehen, die sich weiterhin verpflichten, ein internes Qualitätsmanagement einzuführen und kontinuierlich weiterzuentwickeln, und die außerdem die Gewähr für eine leistungsfähige und wirtschaftliche pflegerische Versorgung bieten (§ 72 Abs. 3 Satz 1 SGB XI). Das Pflege-Weiterentwicklungsgesetz bestimmt darüber hinaus, das ab dem 1. Juli 2008 Pflegeeinrichtungen nur noch durch Versorgungsvertrag zugelassen werden dürfen, wenn sie

– mindestens die in Pflegeeinrichtungen ortsübliche Arbeitsvergütung an ihre Beschäftigten zahlen und
– sich verpflichten, alle verbindlichen Expertenstandards (§ 113a Abs. 3 SGB XI) zur Sicherung und Weiterentwicklung der Pflegequalität anzuwenden.

Das Pflege-Weiterentwicklungsgesetz schreibt vor, dass in den Versorgungsverträgen der ambulanten Pflegedienste der Einzugsbereich festzulegen ist, in dem die Leistungen zu erbringen sind (§ 72 Abs. 3 Satz 3 SGB XI). Diese Regelung geht auf die Rechtsprechung des Bundessozialgerichts vom 24. Juni 2006 (B 3 P 1/05 R) zurück, nach der zugelassene Pflegedienste über den im Versorgungsvertrag festgelegten Einzugsbereich hinaus tätig werden können, ohne einer weiteren Zulassung zu bedürfen.

138 Soweit und solange die Pflegeeinrichtung diese Voraussetzungen erfüllt, besteht ein gesetzlicher Anspruch auf Abschluss eines Versorgungsvertrages. Bei notwendiger Auswahl zwischen mehreren geeigneten Pflegeeinrichtungen sollen die Versorgungsverträge nach dem Gesetzeswortlaut zwar vorrangig mit freigemeinnützigen und privaten Trägern abgeschlossen werden (§ 72 Abs. 3 Satz 2 SGB XI), da bei Erfüllung der Zulassungsvoraussetzungen aber ein gesetzlicher Zulassungsanspruch besteht und dementsprechend eine Bedarfszulassung nicht vorgesehen ist, hat diese Regelung keine praktische Bedeutung. Eine nur bedarfsdeckende Zulassung von Pflegeeinrichtungen wäre mit dem gesetzlichen Anspruch auf Zulassung nicht vereinbar.

139 Die formale Bevorzugung der freigemeinnützigen und privaten gegenüber den öffentlichen Einrichtungen, insbesondere gegenüber den kommunalen Pflegeheimen und Pflegediensten, ist Ausdruck des Subsidiaritätsprinzips. Die Regelung konkretisiert den Grundsatz der Trägervielfalt in Übereinstimmung mit der in den meisten Ländern geübten Rechtspraxis, wonach soziale Einrichtungen wie z. B. Krankenhäuser oder Pflegeeinrichtungen von der öffentlichen Hand nur vorgehalten werden sollen, wenn und so weit die Versorgung nicht durch freigemeinnützige und private Träger sichergestellt ist.

140 Der Versorgungsvertrag ist für die Pflegeeinrichtung und für die Pflegekassen unmittelbar verbindlich (§ 72 Abs. 2 Satz 2 SGB XI). Mit seinem Abschluss wird die Pflegeeinrichtung für die Dauer des Vertrages zur pflegerischen Versorgung der Versicherten zugelassen. Hierdurch werden das Pflegeheim oder der Pflegedienst in ein öffentlich-rechtliches Sozialleistungssystem einbezogen, das gesetzliche Rechte und Pflichten beinhaltet:

– Die zugelassene Pflegeeinrichtung ist im Rahmen ihres Versorgungsauftrags zur pflegerischen Versorgung der Versicherten verpflichtet. Bei ambulanten Pflegediensten gehört zu diesen Pflichten auch die Durchführung von Pflege-Pflichteinsätzen (§ 37 Abs. 3 SGB XI), die jeder Pflegebedürftige, der Pflegegeld bezieht, in den Pflegestufen I und II einmal halbjährlich, in der Pflegestufe III einmal vierteljährlich abrufen muss.

– Zu den Rechten gehört, dass die Vergütung der ambulanten oder stationären Pflegeleistungen leistungsgerecht sein muss (§§ 84 Abs. 2 Satz 1, 89 Abs. 1 Satz 2 SGB XI). Die Pflegekassen werden verpflichtet, die Leistungen der Pflegeeinrichtungen nach Maßgabe der gesetzlichen Vorschriften zu vergüten. Dabei ist zu beachten, dass das Vereinbarungs- bzw. Vertragsprinzip nicht nur für die Zulassung durch Versorgungsvertrag sondern auch für die Vergütung gilt. Hierbei ist zu beachten, dass die Entlohnung der Pflegekräfte die ortsübliche Arbeitsvergütung nicht unterschreiten darf (seit 1. August 2010 gelten für die Pflegebranche Lohnuntergrenzen von 8,50 Euro im Westen und 7,50 Euro im Osten. Ab 2012 sollen die Mindestlöhne dann schrittweise ansteigen).

141 Mit der Zulassung zur pflegerischen Versorgung der Versicherten wird ein Kontrahierungszwang der Pflegeeinrichtung mit den Pflegebedürftigen ausgelöst (§ 72 Abs. 4 Satz 2 SGB XI). Die Pflegebedürftigen können zwischen den zugelassenen Einrichtungen und Diensten verschiedener Träger wählen (§ 2 Abs. 2 SGB XI).

142 Gegen die Ablehnung eines Versorgungsvertrages durch die Landesverbände der Pflegekassen ist der Rechtsweg zu den Sozialgerichten gegeben. Ein Widerspruchsverfahren ist nicht vorgesehen; der Klage kommt keine aufschiebende Wirkung zu (§ 73 Abs. 2 SGB XI).

Kündigung von Versorgungsverträgen

143 Der Versorgungsvertrag kann von jeder Vertragspartei mit einer Frist von einem Jahr ganz oder teilweise gekündigt werden (§ 74 Abs. 1 SGB XI). Der Träger der Pflegeeinrichtung kann auch ohne Angabe von Gründen kündigen. Die Landesverbände der Pflegekassen können dagegen nur mit der ausdrücklichen Begründung kündigen, die Pflegeeinrichtung biete nicht oder nicht mehr die Gewähr für eine wirksame oder wirtschaftliche pflegerische Versorgung der Versicherten. An dieser Stelle ist die Gleichberechtigung der Vertragspartner zu Gunsten der in der Regel wirtschaftlich schwächeren Leistungserbringer durchbrochen. Das Pflege-Weiterentwicklungsgesetz regelt, dass dies auch dann gilt, wenn die Pflegeeinrichtung ihre Pflicht wiederholt gröblich verletzt, Pflegebedürftigen ein möglichst selbständiges und selbstbestimmtes Leben zu bieten, die Hilfen darauf auszurichten, die körperlichen, geistigen und seelischen Kräfte der Pflegebedürftigen wiederzugewinnen oder zu erhalten und angemessenen Wünschen der Pflegebedürftigen zur Gestaltung der Hilfe zu entsprechen.

144 Die Landesverbände der Pflegekassen können im Einvernehmen mit den Sozialhilfeträgern seit 1. Juli 2008 zur Vermeidung der Kündigung mit den Einrichtungsträgern insbesondere vereinbaren, dass die verantwortlichen Pflegefachkräfte sowie weitere Leitungskräfte zeitnah geeignete Fort- und Weiterbildungsmaßnahmen absolvieren, oder die Pflege, Versorgung und Betreuung weiterer Pflegebedürftiger bis zur Beseitigung der Kündigungsgründe ganz oder teilweise ausgeschlossen ist. Faktisch ist dies ein vorübergehender Belegungsstopp.

145 Bei gröblicher Pflichtverletzung der Pflegeeinrichtung können die Landesverbände der Pflegekassen den Versorgungsvertrag auch fristlos kündigen, wenn ihnen das Festhalten am Vertrag nicht mehr zumutbar ist. Als Beispiel für eine gröbliche Pflichtverletzung gegenüber den Kostenträgern nennt das Gesetz die Abrechnung nicht erbrachter Leistungen. Eine gröbliche Pflichtverletzung gegenüber einem Pflegebedürftigen wird insbesondere dann angenommen, wenn dieser durch das pflichtwidrige Verhalten der Pflegeeinrichtung zu Schaden kommt (§ 74 Abs. 2 Satz 2 SGB XI).

Bei Pflegeheimen ist eine fristlose Kündigung des Versorgungsvertrages auch dann zulässig, wenn dem Träger nach heimrechtlichen Vorschriften die Betriebserlaubnis entzogen oder der Betrieb des Heims untersagt wird (§ 74 Abs. 2 Satz 3 SGB XI).

146 Gegen die Kündigung des Versorgungsvertrages ist ebenso wie gegen seine Ablehnung der Rechtsweg zu den Sozialgerichten eröffnet (§ 74 Abs. 3 SGB XI).

Leistungs- und Preisvergleichsliste

147 Zur Unterstützung der Pflegebedürftigen bei der Ausübung ihres Wahlrechts sowie zur Förderung des Wettbewerbs und der Transparenz des vorhandenen Angebots hat die zuständige Pflegekasse den Pflegebedürftigen unverzüglich nach Eingang des Leistungsantrags eine Vergleichsliste über die Leistungen und Vergütungen der zugelassenen Pflegeeinrichtungen zu übermitteln, in deren Einzugsbereich die pflegerische Versorgung gewährleistet werden soll (§ 7 Abs. 3 SGB XI). Gleichzeitig sind die Pflegebedürftigen über den nächstgelegenen Pflegestützpunkt (§ 92c SGB XI) und die Pflegeberatung (§ 7a SGB XI) sowie darüber zu unterrichten, dass die Inanspruchnahme des Pflegestützpunktes und der Pflegeberatung unentgeltlich sind. Die Leistungs- und Preisvergleichsliste ist der Pflegekasse vom Landesverband der Pflegekassen zur Verfügung zu stellen und zeitnah fortzuschreiben. Zugleich ist dem Pflegebedürftigen eine Beratung darüber anzubieten, welche Pflegeleistungen für ihn in seiner persönlichen Situation in Betracht kommen. Ferner ist der Pflegebedürftige auf die Veröffentlichung der Ergebnisse von Qualitätsprüfungen hinzuweisen. Versicherte mit erheblichem allgemeinem Betreuungsbedarf sind in gleicher Weise, insbesondere über anerkannte niedrigschwellige Betreuungsangebote, zu unterrichten und zu beraten.

148 Die Pflegekassen können sich zur Wahrnehmung ihrer Beratungsaufgaben an der Organisation und – aus ihren Verwaltungsmitteln – an der Finanzierung von Beratungsangeboten anderer Träger beteiligen. Hierbei muss die Neutralität und Unabhängigkeit der Beratung gewährleistet sein (§ 7 Abs. 4 SGB XI).

Rahmenverträge, Bundesempfehlungen und Bundesvereinbarungen

149 Die soziale Pflegeversicherung ist – wie auch die gesetzliche Krankenversicherung – vom Wirtschaftlichkeitsgebot geprägt (§ 4 Abs. 3 i. V. m. § 29 Abs. 1 SGB XI). Die Leistungen müssen wirksam und wirtschaftlich erbracht und dürfen nur in notwendigem Umfang in Anspruch genommen werden.

Das Pflegeversicherungsrecht überlässt die inhaltliche Ausfüllung und Umsetzung dieses Gebots weitgehend der Selbstverwaltung der Pflegekassen und Pflegeeinrichtungen. Diese werden vom Gesetzgeber verpflichtet, im Einvernehmen mit den zuständigen Trägern der Sozialhilfe auf Landesebene Rahmenverträge abzuschließen und auf Bundesebene Empfehlungen (Bundesempfehlungen) abzugeben sowie Bundesvereinbarungen zu schließen, um eine wirksame und wirtschaftliche pflegerische Versorgung der Versicherten sicherzustellen.

150 Vertragspartner der Landesrahmenverträge sind die Landesverbände der Pflegekassen und die Landesvereinigungen der ambulanten und stationären Pflegeeinrichtungsträger. Die Vertragsbeteiligten können grundsätzlich nur gemeinsam und einheitlich handeln (§ 75 Abs. 1 SGB XI). Die Landesrahmenverträge sind für die Pflegekassen und die zugelassenen Pflegeeinrichtungen unmittelbar verbindlich. Für Pflegeeinrichtungen, die (unabhängig von ihrer Rechtsform) einer Kirche oder Religionsgemeinschaft oder einem freigemeinnützigen Träger zuzuordnen sind, können die Rahmenverträge auch von der betreffenden Kirche oder Religionsgemeinschaft oder vom jeweiligen Wohlfahrtsverband abgeschlossen werden, der bzw. dem die Einrichtung angehört. Die Pflegeversicherung respektiert damit in besonderer Weise das Selbstverständnis und die Unabhängigkeit der kirchlichen und freigemeinnützigen Träger und trägt auch damit ihrem Auftrag Rechnung, kranke, gebrechliche und pflegebedürftige Menschen zu pflegen, zu betreuen, zu trösten und sie im Sterben zu begleiten (§ 11 Abs. 2 SGB XI).

151 Zwingend vorgeschriebene Regelungsbereiche der Landesrahmenverträge (§ 75 Abs. 2 Satz 1 SGB XI) sind in erster Linie:

– der Inhalt der Pflegeleistungen sowie bei stationärer Pflege die Abgrenzung zwischen den allgemeinen Pflegeleistungen, den Leistungen bei Unterkunft und Verpflegung und den Zusatzleistungen (Nr. 1),
– die allgemeinen Bedingungen der Pflege einschließlich der Kostenübernahme, der Abrechnung der Entgelte und der hierzu erforderlichen Bescheinigungen und Berichte (Nr. 2),
– die Überprüfung der Notwendigkeit und Dauer der Pflege (Nr. 4),
– Abschläge von der Pflegevergütung bei vorübergehender Abwesenheit (Krankenhausaufenthalt,

Beurlaubung) des Pflegebedürftigen aus dem Pflegeheim (Nr. 5),
– der Zugang des Medizinischen Dienstes und sonstiger von den Pflegekassen beauftragter Prüfer zu den Pflegeeinrichtungen (Nr. 6),
– die Verfahrens- und Prüfungsgrundsätze für Wirtschaftlichkeitsprüfungen (Nr. 7) sowie
– die Grundsätze zur Festlegung der örtlichen und regionalen Einzugsbereiche der Pflegeeinrichtungen, damit Pflegeleistungen ohne lange Wege möglichst orts- und bürgernah angeboten werden (Nr. 8).

152 Mit dem Pflege-Weiterentwicklungsgesetz ist die Pflicht, Maßstäbe und Grundsätze für eine wirtschaftliche und leistungsbezogene, am Versorgungsauftrag orientierte personelle Ausstattung der Pflegeeinrichtungen zu vereinbaren, um die Pflicht zur Regelung der Grundsätze der sächlichen Ausstattung der Pflegeeinrichtungen erweitert worden (§ 75 Abs. 2 Satz 1 Nr. 3 SGB XI). Zugleich wurde klargestellt, dass durch diese Erweiterung der individuelle Hilfsmittelanspruch der Pflegeheimbewohner gegenüber ihrer Krankenkasse nach § 33 SGB V weder aufgehoben noch eingeschränkt wird (§ 75 Abs. 2 Satz 2 SGB XI).

Seit 1. Juli 2008 sind die Partner der Landesrahmenverträge verpflichtet, die Möglichkeiten zu regeln, unter denen sich Mitglieder von Selbsthilfegruppen, ehrenamtliche Pflegepersonen und sonstige zum bürgerschaftlichen Engagement bereite Personen und Organisationen an der Betreuung Pflegebedürftiger beteiligen können (§ 75 Abs. 2 Satz 1 Nr. 9 SGB XI). Dies ändert selbstverständlich nichts an der Freiwilligkeit des Ehrenamtes und des bürgerschaftlichen Engagements.

153 Der Spitzenverband Bund der Pflegekassen, dies ist der GKV-Spitzenverband mit Sitz in Berlin, soll mit den weiteren Beteiligten auf Bundesebene Empfehlungen zum Inhalt der Landesrahmenverträge abgeben (§ 75 Abs. 6 SGB XI). Dieser Sollvorschrift haben die Beteiligten bislang nur in sehr begrenztem Umfang entsprochen.

154 Das Pflege-Weiterentwicklungsgesetz bestimmt in § 75 Abs. 7 SGB XI, dass der Spitzenverband Bund der Pflegekassen und die weiteren Partner der Pflegeselbstverwaltung gemeinsam und einheitlich Grundsätze ordnungsgemäßer Pflegebuchführung für die ambulanten und stationären Pflegeeinrichtungen vereinbaren. Die vereinbarten Grundsätze treten unmittelbar nach der Aufhebung der gem. § 83 Abs. 1 Satz 1 Nr. 3 SGB XI durch die Bundesregierung erlassenen Pflege-Buchführungsverordnung in Kraft. Die Grundsätze ordnungsgemäßer Pflegebuchführung sind nach ihrem Inkrafttreten für alle zugelassenen Pflegeeinrichtungen sowie für die Pflegekassen und ihre Verbände unmittelbar verbindlich. Derzeit ist noch nicht absehbar, wann die Vereinbarungspartner von dieser Möglichkeit Gebrauch machen werden. Auf eine Fristbestimmung hat der Gesetzgeber bewusst verzichtet, um den Beteiligten ausreichend Zeit für die Entscheidung zu lassen, ob sie eine Selbstverwaltungsregelung der staatlichen Regelung vorziehen wollen.

Personalrichtwerte

155 Als Teil der Landesrahmenverträge sind entweder landesweite Verfahren zur Ermittlung des Personalbedarfs bzw. zur Bemessung der Pflegezeiten oder landesweite Personalrichtwerte zu vereinbaren. Dabei ist der besondere Pflege- und Betreuungsbedarf von Pflegebedürftigen mit geistigen Behinderungen, psychischen Erkrankungen, demenzbedingten Fähigkeitsstörungen und anderen Leiden des Nervensystems zu beachten. Bewährte und im Inland erprobte internationale Erfahrungen sind hierbei zu berücksichtigen. Die Anwendbarkeit heimpersonalrechtlicher Vorschriften des Bundes oder der Länder bleiben von diesen Regelungen unberührt (§ 75 Abs. 3 SGB XI).

Schiedsstelle

156 Kommt ein Landesrahmenvertrag innerhalb von 6 Monaten, nachdem eine Vertragspartei schriftlich zu Vertragsverhandlungen aufgefordert hat, ganz oder teilweise nicht zustande, wird sein Inhalt auf Antrag einer Vertragspartei von der Schiedsstelle festgesetzt (§ 75 Abs. 4 SGB XI). Dies gilt auch für Verträge, mit denen bestehende Rahmenverträge geändert oder durch neue Verträge abgelöst werden sollen. Die Schiedsstelle wird von den Verbänden der Beteiligten im Land gemeinsam gebildet und paritätisch besetzt. Der Stichentscheid liegt bei dem unabhängigen Vorsitzenden, den beide Seiten gemeinsam bestellen.

Das Pflege-Weiterentwicklungsgesetz sieht in § 76 Abs. 2 SGB XI vor, dass

– für den Vorsitzenden und die unparteiischen Mitglieder Stellvertreter bestellt werden können und
– der überörtliche durch einen örtlichen Sozialhilfeträger ersetzt wird, sofern das jeweilige Landesrecht dies bestimmt.

Darüber hinaus räumt das Pflege-Weiterentwicklungsgesetz den Parteien einer Pflegesatzvereinbarung die Möglichkeit ein, an Stelle der Anrufung der Schiedsstelle gemeinsam eine unabhängige Schiedsperson zu bestellen. Diese hat spätestens bis zum Ablauf von 28 Kalendertagen nach ihrer Bestellung für die betroffene Pflegeeinrichtung die Pflegesätze und den Zeitpunkt ihres Inkrafttretens festzusetzen. Gegen die Entscheidung der unabhängigen Schiedsperson kann ein Antrag auf gerichtliche Aufhebung nur gestellt werden, wenn die Festsetzung der öffentlichen Ordnung widerspricht. Dies ist dann der Fall, wenn die Entscheidung an elementaren Verfahrensmängeln leidet oder die Entscheidung der Schiedsperson die Grenzen des Regelungstatbestandes überschreitet. Diese Rechtsschutzmöglichkeit wurde auf Wunsch des Bundesrates in das Pflege-Weiterentwicklungsgesetz eingefügt. Die Kosten des Schiedsverfahrens tragen die Parteien der Pflegesatzvereinbarung zu gleichen Teilen (§ 76 Abs. 6 SGB XI). Eine ähnliche Regelung findet sich in § 132a Abs. 2 SGB V (Versorgung mit häuslicher Krankenpflege), der die Regelung im SGB XI nachgebildet ist.

Häusliche Pflege durch Einzelpersonen

157 Das Gesetz gibt den Pflegekassen nach § 77 SGB XI die Möglichkeit, neben den Pflegediensten auch Einzelpersonen in die häusliche Versorgung der Versicherten einzubeziehen. Statt einer förmlichen Zulassung durch einen Versorgungsvertrag mit den Landesverbänden der Pflegekassen genügt nach Absatz 1 dieser Vorschrift ein Vertrag der selbständigen Einzelperson mit einer Pflegekasse, durch den Inhalt, Umfang, Qualität, Qualitätssicherung, Vergütung sowie die Prüfung der Wirtschaftlichkeit und Qualität der vereinbarten Leistungen festgelegt werden. Die häusliche pflegerische Versorgung durch einzelne bei den Pflegekassen angestellte Einzelpersonen nach Absatz 2 dieser Vorschrift hat keine praktische Bedeutung.

158 Der Abschluss eines individuellen Vertrags mit einer selbständigen Einzelperson liegt im pflichtgemäßen Ermessen der Pflegekasse. Die Regelung diente vor dem Inkrafttreten des Pflege-Weiterentwicklungsgesetzes nur dazu, die häusliche Pflege und hauswirtschaftliche Versorgung auch dann sicherzustellen, wenn die pflegerische Versorgung ohne den Einsatz von Einzelpersonen im Einzelfall nicht ermöglicht werden konnte. Das Pflege-Weiterentwicklungsgesetz erlaubt darüber hinaus den Einsatz von selbständigen Pflegepersonen, soweit

– die pflegerische Versorgung durch den Einsatz von Einzelpersonen besonders wirksam und wirtschaftlich (§ 29 SGB XI) ist,
– dies den Pflegebedürftigen in besonderem Maße hilft, ein möglichst selbständiges und selbstbestimmtes Leben zu führen (§ 2 Abs. 1 SGB XI), oder
– dies dem besonderen Wunsch der Pflegebedürftigen zur Gestaltung der Hilfe entspricht (§ 2 Abs. 2 SGB XI).

Die Pflegekassen können Verträge mit selbständigen Einzelpersonen im Übrigen nur schließen, wenn dies erforderlich ist

– zur Sicherstellung der häuslichen Pflege und Betreuung unter Berücksichtigung des in der Region vorhandenen ambulanten Leistungsangebots oder
– um den Wünschen der Pflegebedürftigen zu entsprechen.

In der Praxis dürfte der besondere Wunsch der pflegebedürftigen Person der entscheidende Grund für den Vertragsschluss einer Pflegekasse mit einer Einzelperson im Sinne von § 77 Abs. 1 SGB XI sein, da diese Art der Versorgung gegen den Willen des Pflegebedürftigen nicht sinnvoll ist.

159 Mit dem Ersten SGB-XI-Änderungsgesetz wurde klargestellt, dass die Pflegekassen keine Betreuungsverträge mit Angehörigen des Pflegebedürftigen schließen dürfen. Dadurch soll die Umgehung des Anspruchs auf Pflegegeld bei der selbst sichergestellten Pflege durch Angehörige und damit eine Überschreitung des Finanzrahmens der Pflegeversicherung verhindert werden. Diese Beschränkung gilt auch für die mit dem Pflege-Weiterentwicklungsgesetz vorgenommenen Erweiterungen der Einsatzmöglichkeiten von selbständigen Einzelpflegern.

Arbeitgebermodell

160 Den von Pflegekassen unter Vertrag genommenen Einzelpersonen ist es ausdrücklich untersagt, ein Beschäftigungsverhältnis mit den von ihnen betreuten Pflegebedürftigen einzugehen (§ 77 Abs. 1 Satz 3 SGB XI). Mit dieser grundsätzlichen Absage an das so genannte Arbeitgebermodell wird erreicht, dass bei selbst sichergestellter Pflege ausschließlich Pflegegeld und nicht die höhere Pflegesachleistung bezogen werden kann. Eine Ausnahme macht das Gesetz nur, wenn das Beschäftigungsverhältnis bereits vor dem 1. Mai 1996 bestanden hat und die vor diesem Stichtag erbrachten Pflegeleistungen von der zuständigen Pflegekasse aufgrund eines von ihr mit der Einzelperson abgeschlossenen Vertrages vergütet worden sind (§ 77 Abs. 1 Satz 4 SGB XI).

Wirtschaftlichkeitsprüfungen

161 Ein wichtiges Instrument im Rahmen des Zulassungs- und Vergütungsrecht ist die Durchführung von Wirksamkeits- und Wirtschaftlichkeitsprüfungen nach § 79 SGB XI.

Die Landesverbände der Pflegekassen sind ermächtigt, die Prüfungen der Wirksamkeit und Wirtschaftlichkeit der Pflegeleistungen durch einseitig von ihnen bestellte Sachverständige – ggf. auch gegen den Willen des Trägers einer Pflegeeinrichtung – durchführen zu lassen. Vor der Bestellung der Sachverständigen ist der Einrichtungsträger zu hören. Das Pflege-Weiterentwicklungsgesetz lässt eine Wirksamkeits- und Wirtschaftlichkeitsprüfung nur noch zu, wenn tatsächliche Anhaltspunkte dafür bestehen, dass die Pflegeeinrichtung die Zulassungsanforderungen ganz oder teilweise nicht oder nicht mehr erfüllt. Die Anhaltspunkte sind der Pflegeeinrichtung rechtzeitig vor der Anhörung mitzuteilen. Personenbezogene Daten sind zu anonymisieren. Reine Ermessensprüfungen ohne hinreichenden Grund sind seit dem 1. Juli 2008 nicht mehr zulässig. Entgegen der Rechtslage bis Ende Juni 2008 besteht für die Landesverbände der Pflegekassen keine Prüfungspflicht mehr sondern nur noch eine Pflicht zur fehlerfreien Ermessensentscheidung, wobei das Ermessen im Einzelfall auch auf Null reduziert sein kann.

162 Die Wirksamkeits- und Wirtschaftlichkeitsprüfung hat eine doppelte Zielrichtung:

– Nachweisliche Unwirtschaftlichkeit kann, so weit sie nicht nur vorübergehend ist, Grundlage für eine Kündigung des Versorgungsvertrages durch die Landesverbände der Pflegekassen sein (§ 79 Abs. 3 in Verbindung mit § 74 Abs. 1 SGB XI).
– Unabhängig hiervon ist das Prüfungsergebnis in der nächstmöglichen Vergütungsvereinbarung mit Wirkung für die Zukunft zu berücksichtigen (§ 79 Abs. 3 SGB XI).

Leistungs- und Qualitätsvereinbarung

163 Das Anfang 2002 in Kraft getretene Pflege-Qualitätssicherungsgesetz (PQsG) sah in § 80a SGB XI den Abschluss von Leistungs- und Qualitätsvereinbarungen (LQV) vor. Mit diesem Vertragsinstrument sollte ein flexibler Weg angeboten werden, um vor oder zusammen mit den Vergütungsvereinbarungen eine vertragliche Vereinbarungen über die Belegungs- und Leistungsstruktur der Pflegeeinrichtung zu treffen und sich über den prospektiv erforderlichen Personal- und Sachmittelaufwand zu einigen. Der vom Bundesgesundheitsministerium (BMG) gemeinsam mit dem Bundesfamilienministerium (BMFSFJ) ins Leben gerufene „Runde Tisch Pflege" hatte im Jahr 2005 die Abschaffung der LQV mit dem Hinweis gefordert, durch dieses Vertragsinstrument komme es zu einer übermäßigen bürokratischen Belastung der Pflegeeinrichtungen. Das Pflege-Weiterentwicklungsgesetz hat diese Forderung des Runden Tischs Pflege aufgegriffen und die LQV als gesondertes Vertragsinstrument abgeschafft.

164 Die Festlegung der Leistungs- und Qualitätsmerkmale hat aufgrund des Pflege-Weiterentwicklungsgesetzes nun nicht mehr in einem besonderen Vertrag (LQV) sondern unmittelbar in der Pflegesatzvereinbarung zu erfolgen § 84 Abs. 5 SGB XI.

165 Der Träger der Pflegeeinrichtung ist verpflichtet, mit dem in der Vergütungsvereinbarung als notwendig vereinbarten Personal die Versorgung der Pflegeheimbewohner jederzeit sicherzustellen. Er hat bei Personalengpässen oder -ausfällen durch geeignete Maßnahmen sicherzustellen, dass die Versorgung der Pflegeheimbewohner nicht beeinträchtigt wird. Es kann jederzeit nachgeprüft werden, ob ein Pflegeheim tatsächlich das vereinbarte Personal bereitstellt und einsetzt, das für eine leistungs- und qualitätsgerechte Versorgung der Heimbewohner erforderlich ist. Auf Verlangen einer Vertragspartei hat der Träger dies in einem Personalabgleich nachzuweisen (§ 84 Abs. 6 SGB XI). Der Personalabgleich bietet damit einen effektiven Schutz gegen einen hinter der Vergütungsvereinbarung zurückbleibenden Personaleinsatz.

Pflegevergütung

166 Die gesetzliche Grundlage für die Vergütung der ambulanten und stationären Pflege umfasst sowohl das materielle Vergütungsrecht als auch das Vergütungsverfahren.

Duales Finanzierungssystem

167 Das SGB XI enthält in § 82 eine Gesamtübersicht über die Finanzierung der Pflegeeinrichtungen. Es geht dabei vom „dualen" Finanzierungssystem aus. Danach sind die Länder für die Vorhaltung und Investitionsförderung der Pflegeeinrichtungen verantwortlich; die laufenden Betriebs- und Versorgungskosten sind dagegen von den Pflegebedürftigen oder deren Kosten- und Leistungsträgern zu zahlen.

Monistisches Finanzierungssystem

168 Ursprünglich hatte die Bundesregierung in ihrem Entwurf eines Pflegeversicherungsgesetzes vom 23. Juni 1993 (BR-Drucksache 505/93) ein „monistisches" Finanzierungssystem vorgeschlagen, mit dem sowohl die Investitionskosten als auch die laufenden Betriebskosten „aus einer Hand" über den Preis, also über den Pflegesatz, finanziert werden sollten. Dieser Vorschlag scheiterte jedoch am Widerstand der Länder.

Finanzierung der Investitionskosten

169 Die Pflegeversicherung kann ihre Aufgabe nur erfüllen, wenn sie auf ein ausreichendes und möglichst flächendeckendes Angebot leistungsfähiger, sparsamer und eigenverantwortlich wirtschaftender Pflegeeinrichtungen (Sozialstationen, ambulante „häusliche" Pflegedienste, Pflegeheime, teilstationäre Einrichtungen, Kurzzeitpflegeeinrichtungen) in freigemeinnütziger, privater und öffentlicher Trägerschaft zurückgreifen kann. Dies wirft die Frage nach der Finanzierung der erforderlichen Pflegeinfrastruktur auf. Die aus den Pflegevergütungen und den Entgelten für Unterkunft und Verpflegung auszugliedernden Aufwendungen für die Finanzierung der Investitionen können den Pflegebedürftigen grundsätzlich gesondert berechnet werden, wenn die Länder ihrer Verpflichtung zum Aufbau und zur Aufrechterhaltung einer hinreichenden Pflegeinfrastruktur nicht oder nicht vollständig nachkommen. Für die gesonderte Berechnung investiver Aufwendungen ist zwischen Pflegeeinrichtungen, die öffentliche Investitionsfördermittel erhalten, und nicht öffentlich geförderten Pflegeeinrichtungen zu differenzieren.

Öffentlich geförderte Pflegeeinrichtungen

170 Nach der Grundsatzvorschrift des § 9 SGB XI sind die Länder für die Vorhaltung einer leistungsfähigen, zahlenmäßig ausreichenden und wirtschaftlichen pflegerischen Versorgungsstruktur verantwortlich. Zur Finanzierung der Investitionskosten sollen die Länder die jährlichen Einsparungen einsetzen, die sich bei den Trägern der Sozialhilfe durch die Einführung der Pflegeversicherung ergeben. Das Nähere zur Planung und Förderung der Pflegeeinrichtungen ist durch Landesrecht zu bestimmen. Allerdings gewährt die Pflegeversicherung den Pflegeeinrichtungen keinen gesetzlichen Anspruch auf Investitionsförderung.

171 Soweit die Investitionsaufwendungen nicht durch öffentliche Mittel gedeckt sind, kann die Pflegeeinrichtung den nicht gedeckten Teil der betriebsnotwendigen Investitionsaufwendungen den Pflegebedürftigen gesondert in Rechnung stellen. Das nicht durch öffentliche Mittel geförderte Pflegeheim kann die gesonderte Berechnung der Investitionsaufwendungen gegenüber den Pflegebedürftigen grundsätzlich einseitig vornehmen, gegenüber der zuständigen Landesstelle besteht lediglich eine Informationspflicht. Teilweise aus Landesmitteln geförderte Pflegeeinrichtungen bedürfen hierzu allerdings der Zustimmung der zuständigen Landesbehörde.

Die nicht durch Landesmittel gedeckten Investitionsaufwendungen dürfen weder in die Pflegevergütungen für die allgemeinen Pflegeleistungen (Pflegesätze) noch in die Entgelte für Unterkunft und Verpflegung eingerechnet werden; sie sind vielmehr gesondert zu berechnen (§ 82 Abs. 3 Satz 1 SGB XI). Damit soll Transparenz hergestellt und die Verantwortung der Länder für die Finanzierung der Investitionsaufwendungen unterstrichen werden.

Das Gesetz nennt in § 82 Abs. 2 SGB XI ausdrücklich die fehlende Umlagefähigkeit der Aufwendungen für folgende Bereiche:

– Maßnahmen, die dazu bestimmt sind, die für den Betrieb der Pflegeeinrichtung notwendigen Gebäude und sonstigen abschreibungsfähigen Anlagegüter herzustellen, anzuschaffen, wiederzubeschaffen, zu ergänzen, in Stand zu halten oder in Stand zu setzen,
– der Erwerb und die Erschließung von Grundstücken,
– die Miete, Pacht, Nutzung oder Mitbenutzung von Grundstücken, Gebäuden oder sonstigen Anlagegütern,
– der Anlauf oder die innerbetriebliche Umstellung von Pflegeeinrichtungen sowie
– die Schließung von Pflegeeinrichtungen oder ihre Umstellung auf andere Aufgaben.

Mit dieser Ausgrenzung sind zugleich die Fördertatbestände bestimmt, die der Finanzierungsverantwortung der Länder obliegen.

172 Grundstücke waren nach althergebrachter Tradition von den Trägern selbst einzubringen und damit nach Ansicht der Väter des Pflegeversicherungs nicht im Rahmen der Investitionskostenumlagen refinanzierbar. Abweichend hiervon hat das Bundessozialgericht keine Einwendungen gegen die Einbeziehung der im Rahmen der Miete oder Pacht einer Pflegeeinrichtung nicht getrennt ausgewiesenen Miet- oder Pachtkosten für den Grundstücksanteil erhoben. Dies gilt demnach nur, wenn der Pflegeeinrichtungsbetreiber nicht Grundstückseigentümer ist. Manche Pflegeeinrichtungsbetreiber, die zugleich Grundstückseigentümer sind, nehmen eine Aufspaltung des Gesamtbetriebs in eine Grundstücks- und eine Betreibergesellschaft vor und erreichen über diesen Weg eine Berücksichtigungsfähigkeit der nicht getrennt von der Gebäudemiete oder -pacht ausgewiesenen Grundstückskosten.

173 In einigen Ländern werden die Belastungen der Pflegebedürftigen aus den gesondert berechenbaren Investitionsaufwendungen für die Gebäude und die abschreibungsfähigen Wirtschaftsgüter durch ein so genanntes Pflegewohngeld – als eine neben oder an Stelle der Objektförderung für den Bau der Pflegeeinrichtung bestehende besondere Form der Subjektförderung – abgemildert. Das Pflege-Weiterentwicklungsgesetz gibt den Ländern nunmehr die Möglichkeit, durch Landesrecht zu bestimmen, ob und in welchem Umfang eine im Landesrecht vorgesehene und an der wirtschaftlichen Leistungsfähigkeit der Pflegebedürftigen orientierte finanzielle Unterstützung

– der Pflegebedürftigen bei der Tragung der ihnen von den Pflegeeinrichtungen berechneten betriebsnotwendigen Investitionsaufwendungen oder
– der Pflegeeinrichtungen bei der Tragung ihrer betriebsnotwendigen Investitionsaufwendungen

als öffentliche Förderung der Pflegeeinrichtungen – mit der Folge der staatlichen Genehmigungspflicht der den Pflegebedürftigen gesondert in Rechnung gestellten Investitionsaufwendungen – zu gelten hat (§ 9 Satz 2 Halbsatz 2 SGB XI).

Nicht geförderte Pflegeeinrichtungen

174 Pflegeeinrichtungen, die keine staatlichen Fördermittel erhalten oder in Anspruch nehmen wollen, können ihre betriebsnotwendigen Investitionsaufwendungen den Pflegebedürftigen gleichfalls gesondert in Rechnung stellen. Die Gefahr einer Doppelfinanzierung durch öffentliche Förderung und durch eine Investitionskostenumlage besteht hier nicht. Eine staatliche Genehmigung der gesonderten Berechnung ist daher nicht erforderlich. Allerdings kann sich aus den soeben dargestellten landesrechtlichen Regelungen nach § 9 SGB XI ergeben, dass Einrichtungen nunmehr zum Kreis derjenigen zählen, die aufgrund einer teilweisen Förderung aus öffentlichen Mitteln eine Genehmigung zur Umlageerhebung einholen müssen.

Voraussetzung für die gesonderte Berechnung der Investitionsaufwendungen ist bei nicht geförderten Pflegeeinrichtungen lediglich eine Mitteilung an die zuständige Landesbehörde (§ 82 Abs. 4 SGB XI). Durch die Mitteilung erhalten die Länder einen Überblick über die den Pflegebedürftigen gesondert berechneten Investitionskostenumlagen bei nicht geförderten Pflegeeinrichtungen. Anhand dieser Informationen können sie entscheiden, ob eine nicht geförderte Pflegeeinrichtung in die Förderung aufgenommen werden soll, um die Höhe der Investitionskostenumlage zu begrenzen.

Soweit Pflegebedürftige auf Sozialhilfe angewiesen sind, ist der Sozialhilfeträger zur Übernahme gesondert berechneter Investitionsaufwendungen nach § 82 Abs. 4 SGB XI nur verpflichtet, wenn hierüber entsprechende Vereinbarungen nach Sozialhilferecht (SGB XII) getroffen worden sind; für teilweise geförderte Pflegeheime (§ 82 Abs. 3 SGB XI) gilt dies nicht. An den sozialhilferechtlichen Vereinbarungen nach dem SGB XII zwischen den Trägern der Pflegeheime und den Sozialhilfeträgern sind die Pflegekassen nicht beteiligt.

Leistungsgerechte Pflegevergütung

175 Die zugelassenen ambulanten und stationären Pflegeeinrichtungen haben Anspruch auf eine leistungsgerechte Vergütung für die allgemeinen Pflegeleistungen (vgl. hierzu § 84 Abs. 2 Satz 1 und § 89 Abs. 1 Satz 2 SGB XI).

176 Bei stationärer Pflege umfasst die Pflegevergütung grundsätzlich auch die medizinische Behandlungspflege und die soziale Betreuung (§ 82 Abs. 1 SGB XI). Das GKV-Wettbewerbsstärkungsgesetz (GKV-WSG) hat festgelegt, dass die Krankenkassen bei besonders hohen Kosten die Aufwendungen für die medizinische Behandlungspflege der Pflegeheimbewohner zu tragen haben. Dies führt zu einer Reduzierung der Pflegesätze in Pflegeheimen mit z. B. dauerbeatmeten Pflegeheimbewohnern oder Wachkomapatienten, bei denen besonders hohe behandlungspflegerische Kosten entstehen.

177 Das Pflege-Weiterentwicklungsgesetz hat in einem neu eingeführten § 82b SGB XI klargestellt, dass bei den Pflegevergütungen der zugelassenen Pflegeeinrichtungen auch die Aufwendungen für die Qualifizierung (vorbereitende und begleitende Schulungen) sowie die Planung und Organisation des Einsatzes einschließlich der Zahlung eines angemessenen Aufwandsersatzes an die Mitglieder von Selbsthilfegruppen sowie an die ehrenamtlichen und sonstigen zum bürgerschaftlichen Engagement bereiten und tätigen Personen und Organisationen berücksichtigungsfähig sind.

178 Durch das Pflege-Weiterentwicklungsgesetz wird außerdem in § 87b SGB XI bestimmt, dass vollstationäre Pflegeeinrichtungen für die zusätzliche Betreuung und Aktivierung der pflegebedürftigen Heimbewohner mit erheblichem Bedarf an allgemeiner Beaufsichtigung und Betreuung einen Anspruch auf Vereinbarung leistungsgerechter Zuschläge zur Pflegevergütung haben. Voraussetzung hierfür ist, dass die Pflegeeinrichtung zusätzliches sozialversicherungspflichtig beschäftigtes Personal einstellt. Die Vergütungszuschläge werden auf der Grundlage vereinbart, dass in der Regel für je 25 Heimbewohner mit erheblichem allgemeinem Bedarf an Beaufsichtigung und Betreuung die Personalaufwendungen für eine zusätzliche Vollzeitkraft finanziert werden. Die gesamten Personalaufwendungen des Arbeitgebers einschließlich der Lohnnebenkosten für die zusätzlichen Betreuungskräfte können bis an diejenigen für die Pflegehelfer heranreichen und damit bis zu rund 30.000 Euro im Jahr betragen. Die Vergütungszuschläge sind von den Pflegekassen der Versicherten zu tragen oder von den privaten Pflegeversicherungsunternehmen im Rahmen des vereinbarten Versicherungsschutzes zu erstatten. Die Pflegeheimbewohner und die Träger der Sozialhilfe dürfen mit den Vergütungszuschlägen weder ganz noch teilweise belastet werden. Der Spitzenverband Bund der Pflegekassen hat im August 2008 die im Pflege-Weiterentwicklungsgesetz vorgesehenen Richtlinien zur Qualifikation und zu den Aufgaben der zusätzlichen Betreuungskräfte beschlossen. Für nichtpflegeversicherte Heimbewohner muss der jeweilige Sozialhilfeträger entscheiden, ob er die zusätzliche Betreuungsleistung, die in diesen Fällen nicht zum Aufgabenbereich der Pflegeversicherung zählt, finanzieren will bzw. kann. Die Sozialhilfeträger entscheiden hier offenbar nicht einheitlich.

Im ersten Quartal 2010 kamen bereits rund 250.000 dementiell erkrankte Heimbewohner in den Genuss der Neuregelung. Damit konnten zugleich rund 10.000 neue Vollzeitarbeitsplätze für die zusätzlichen Betreuungspersonen geschaffen werden. Aufgrund der häufigen Teilzeittätigkeit in diesem neuen Arbeitsbereich konnten rund 15.000 Arbeitsuchende eine Beschäftigung finden. Hierfür ist mit Mehrausgaben der Pflegeversicherung von bis zu 300 Millionen Euro jährlich zu rechnen.

Mit Ausnahme der Kostentragungsregelung für die zusätzliche Betreuung nach § 87b SGB XI ist die Pflegevergütung von den Pflegebedürftigen und den Kostenträgern – also von den Pflegekassen und den Sozialhilfeträgern – zu tragen (§ 82 Abs. 1 Satz 2 SGB XI). Sowohl die ambulante als auch die stationäre Pflegesachleistung sind durch leistungsrechtliche Höchstbeträge begrenzt (§§ 36, 41, 42 und 43 SGB XI). Öffentliche Betriebskostenzuschüsse sind von den Pflegevergütungen abzuziehen (§ 82 Abs. 5 SGB XI).

So weit die vereinbarten Pflegesätze die den Pflegekassen vorgegebenen leistungsrechtlichen Obergrenzen überschreiten, sind sie von den Pflegebedürftigen selbst zu zahlen. Bei Bedürftigkeit der Pflegebedürftigen kann eine Zahlungsverpflichtung der Sozialhilfeträger bestehen. Die Sozialhilfeträger können ggfls. die zivilrechtlich unterhaltsverpflichteten Angehörigen der Pflegebedürftigen in Regress nehmen.

Unterkunft und Verpflegung

179 Für Unterkunft und Verpflegung bei stationärer Pflege haben die Pflegebedürftigen selbst aufzukommen (§ 82 Abs. 1 Satz 3 SGB XI). Sie werden insoweit den Pflegebedürftigen gleichgestellt, die zu Hause gepflegt werden, und die dort ebenfalls für ihre Lebenshaltungskosten selbst aufkommen müssen. Eine Übernahme der vollen Heimkosten durch die Pflegekassen (ohne Eigenleistung des Betroffenen) würde die im Heim untergebrachten Pflegebedürftigen im Verhältnis zu den zu Hause Gepflegten nicht nur finanziell besser stellen; sie würde auch Anreize dafür schaffen, nur leicht Pflegebedürftige oder gar rüstige ältere Menschen, die kein Heim benötigen, weil sie noch in ihrer Familie versorgt werden können, in den Status „vollstationärer" Pflegebedürftigkeit zu drängen. Dies widerspräche dem Grundsatz „ambulant vor stationär".

Seit dem Inkrafttreten des Pflege-Weiterentwicklungsgesetzes müssen die Entgelte für Unterkunft und Verpflegung getrennt ausgewiesen werden. Die Neuregelung trägt zur Harmonisierung mit heimrechtlichen Vorschriften bei, dort ist die Aufgliederung dieser beiden Leistungsbestandteile ebenfalls vorgesehen (vgl. hierzu § 5 Abs. 3 Satz 3 des bisherigen Heimgesetzes des Bundes).

Vereinbarungsprinzip und Schiedsperson

180 Die Ansprüche auf eine leistungsgerechte Pflegevergütung und auf ein angemessenes Entgelt für Unterkunft und Verpflegung stehen unter dem Vorbehalt, dass sie nur „nach Maßgabe" des Achten Kapitels gewährt werden. Demnach gilt auch hier das Vereinbarungsprinzip (§§ 85, 87 SGB XI). Im Konfliktfall entscheidet die unabhängige Schiedsstelle (§ 85 Abs. 5 SGB XI). Dies gilt auch für den Bereich der Vergütung der ambulanten Pflege (§ 89 Abs. 3 SGB XI). Zur Beschleunigung des Vergütungsverfahrens räumt das Pflege-Weiterentwicklungsgesetz den Parteien der Vergütungsvereinbarung die Möglichkeit ein, anstatt die Schiedsstelle anzurufen, gemeinsam eine unabhängige Schiedsperson zu bestellen, die innerhalb von 28 Kalendertagen die Pflegesätze verbindlich festlegt (§ 76 Abs. 6 SGB XI). Die Kosten dieses Schiedsverfahrens tragen die Vertragspartner je zur Hälfte. Die Entscheidung der Schiedsperson ist grundsätzlich nicht rechtsmittelfähig. Gegen die Festsetzungsentscheidung kann ein Antrag auf gerichtliche Aufhebung nur gestellt werden, wenn die Festsetzung der öffentlichen Ordnung widerspricht.

Pflegesätze

181 Das Pflegesatzrecht des SGB XI gilt nur für Pflegeheime, die einen Versorgungsvertrag mit den Landesverbänden der Pflegekassen geschlossen haben.

Pflegesätze sind nach der Definition des Gesetzes die Entgelte der Heimbewohner für die voll- oder teilstationären Pflegeleistungen des Pflegeheimes sowie für die medizinische Behandlungspflege und die soziale Betreuung. Die Pflegesätze dürfen weder Aufwendungen für Unterkunft und Verpflegung noch Investitionskostenumlagen umfassen.

Seit dem Inkrafttreten des GKV-WSG umfassen die Pflegesätze nicht mehr die auf besonders schwere Fälle entfallenden Kosten der medizinischen Behandlungspflege (vgl. § 82 Abs. 1 Satz 3 und § 84 Abs. 1 Satz 1 SGB XI). Mit dem Inkrafttreten des Pflege-Weiterentwicklungsgesetzes sind die Kosten für zusätzliche Betreuungskräfte und damit einer Verbesserung der Versorgung der Pflegeversicherten über das Notwendige hinaus ausschließlich von den Pflegekassen – ohne Beteiligung der Pflegebedürftigen und der Sozialhilfeträger – zu tragen. Für die zusätzliche Betreuung der nichtpflegeversicherten Heimbewohner sind die Sozialhilfeträger zuständig, die derzeit in Bayern und in den Stadtstaaten Berlin, Bremen und Hamburg auch die Kosten der zusätzlichen Betreuungskräfte übernehmen.

Bemessungsgrundsätze für die Pflegevergütung

182 In der zwingenden gesetzlichen Regel, dass die Pflegesätze leistungsgerecht sein müssen (§ 82 Abs. 1 Satz 1 SGB XI), liegt für die Pflegeversicherung eine klare Absage an jegliche Form der nachträglichen Kostenerstattung. Eine Selbstkostendeckungsgarantie für die nicht durch die Pflegevergütung gedeckten Teile der Kosten für die Erbringung der allgemeinen Pflegeleistungen ist somit nicht vorgesehen.

183 Keine Pflegeeinrichtung kann aber prospektiv gezwungen werden, ihre Leistungen unterhalb ihrer voraussichtlichen „Gestehungskosten" anzubieten bzw. zu erbringen. Durch die höchstrichterliche Rechtsprechung, insbesondere durch die BSG-Entscheidung vom 14. Dezember 2000 zum so genannten externen Pflegesatzvergleich, wurde dieser Grundsatz allerdings in Frage gestellt. Das Pflege-Weiterentwicklungsgesetz hat deshalb in § 84 Abs. 2 SGB XI vorgesehen, dass die Pflegesätze derjenigen Einrichtungen, die im Hinblick auf Art und Größe sowie hinsichtlich der Leistungs- und Qualitätsmerkmale im wesentlichen gleichartig sind, bei der Bemessung der Pflegesätze einer Einrichtung berücksichtigt werden „können". Aus dem Wortlaut der Neuregelung und aus der Begründung des Gesetzes ergibt sich, dass der sog. externe Pflegesatzvergleich nicht gegen den Willen eines Vereinbarungspartners und damit nicht gegen den Willen der Pflegeeinrichtung durchgeführt werden darf. Damit wird verhindert, dass sich tarifgebundene Pflegeeinrichtungen an den Vergütungshöhen nicht gebundener Einrichtungen orientieren und damit möglicherweise Verluste erwirtschaften müssen. Das Bundessozialgericht hat im Jahr 2009 unter Hinweis auf die neue Rechtslage seine bisherige Rechtsprechung zum sogenannten externen Vergleich weiterentwickelt und sieht es dementsprechend nunmehr als wirtschaftlich an, dass eine tarifgebundene Pflegeeinrichtung höhere Pflegesätze als eine nicht tarifgebundene Einrichtung erheben darf.

184 Maßstab für die Bemessung der Pflegesätze sind neben den gesetzlichen Regelungen auch die

Empfehlungen der Selbstverwaltung der Beteiligten auf Bundesebene zur teil- und vollstationären Pflege sowie zur Kurzzeitpflege (§ 75 Abs. 6 SGB XI). Verbindlich werden diese Empfehlungen für die Pflegekassen und die Pflegeeinrichtungen aber erst mit ihrer Umsetzung in den Rahmenverträgen der Selbstverwaltung auf Landesebene (§ 75 Abs. 1 Satz 4 SGB XI).

185 Die wichtigsten gesetzlichen Bemessungsgrundsätze (§ 84 SGB XI) sind:
– Die Pflegesätze müssen leistungsgerecht sein.
– Sie müssen dem Pflegeheim bei wirtschaftlicher Betriebsführung ermöglichen, seinen Versorgungsauftrag zu erfüllen.
– Die Pflegesätze sind in drei Pflegeklassen einzuteilen. Bei der Zuordnung der Pflegebedürftigen zu den Pflegeklassen sind die drei Pflegestufen zugrunde zu legen.
– Bei der Bemessung der Pflegesätze ist der Grundsatz der Beitragssatzstabilität (§ 70 SGB XI) zu beachten. Da die Leistungsbeträge der Pflegekassen nach oben begrenzt sind, kommt diesem Grundsatz nur eine eingeschränkte Bedeutung zu. Allerdings vergrößern steigende Pflegesätze den Abstand zu den – niedrigeren – Sachleistungsbeträgen der Pflegekassen und erhöhen damit den politischen Druck zur Anhebung oder Dynamisierung der Höchstbeträge.
– Die Pflegesätze sind für alle Heimbewohner nach einheitlichen Grundsätzen zu bemessen. Eine Differenzierung nach Kostenträgern ist unzulässig. Dies gilt auch für Selbstzahler. Auch ihnen darf kein höherer Pflegesatz berechnet werden als den Pflegeversicherten.

186 Das Pflege-Weiterentwicklungsgesetz erlaubt in § 84 Abs. 2 Satz 2 SGB XI, dass für Pflegebedürftige, die als Härtefall anerkannt sind, Zuschläge zum Pflegesatz der Pflegeklasse 3 bis zur Höhe des kalendertäglichen Unterschiedsbetrags zwischen den Sachleistungshöchstbeträgen der Pflegeklasse 3 und den höheren Sachleistungsbeträgen für Härtefälle vereinbart werden. Damit wurde eine zum Teil bereits geübte praktische Vorgehensweise legalisiert.

187 Das Elfte Buch Sozialgesetzbuch unterstreicht die Ausrichtung der Pflegesätze an einer leistungsgerechten und – zumindest in prospektiver Sicht – auch aufwandsgerechten Preisgestaltung dadurch, dass es für das Pflegeheim die Möglichkeit eröffnet, Gewinne zu behalten, verbunden allerdings mit dem Risiko, Verluste selbst zu tragen (§ 84 Abs. 2 Satz 5 SGB XI). Durch diese Regelung wird ein Anreiz zu einer wirtschaftlichen Betriebsführung geschaffen.

188 Schließlich wird klargestellt, dass mit den nach Pflegeklassen abgestuften Pflegesätzen alle für die stationäre Versorgung der Pflegebedürftigen erforderlichen allgemeinen Pflegeleistungen des Pflegeheims abgegolten sind (§ 84 Abs. 4 Satz 1 SGB XI). Die Regelung geht davon aus, dass Pflegeheime, die eine Pflegesatzvereinbarung treffen, in der Lage sind, mit der von ihnen vereinbarten Pflegevergütung auszukommen.

Eine Ausnahme gilt für die Fälle mit besonders hohen Kosten für die medizinische Behandlungspflege, bei denen das GKV-WSG mit Wirkung ab dem 1. April 2007 insoweit die Pflicht der Krankenkassen zur Kostentragung bestimmt hat. Eine weitere Ausnahme wurde mit dem Pflege-Weiterentwicklungsgesetz für die zusätzliche Betreuung im Sinne von § 87b SGB XI eingeführt, deren Kosten von den Pflegekassen allein getragen werden.

Pflegesatzverfahren

189 Kernpunkte des Pflegesatzverfahrens sind das Vereinbarungsprinzip, die prospektive Ausrichtung der Pflegesätze auf die nächste Pflegesatzperiode sowie – im Falle der Nichteinigung – die Konfliktlösung durch eine unabhängige Schiedsstelle oder durch die von den Pflegesatzparteien gemeinsam bestellte unabhängige Schiedsperson nach § 76 Abs. 6 SGB XI.

Art, Höhe und Laufzeit der Pflegesätze werden zwischen dem Träger des einzelnen Pflegeheims und den vor Ort als Kosten- bzw. Leistungsträger beteiligten Pflegekassen und Sozialhilfeträgern vereinbart (§ 85 Abs. 2 SGB XI). Das schließt nicht aus, dass der einzelne Träger sich bei den Pflegesatzverhandlungen und beim Abschluss der Pflegesatzvereinbarung durch Dritte (z. B. seinen Verband) vertreten lässt oder von der Möglichkeit Gebrauch macht, seine Pflegesätze durch die Pflegesatzkommission nach § 86 SGB XI vereinbaren zu lassen.

190 Die Pflegesatzvereinbarung ist grundsätzlich für jedes zugelassene Pflegeheim gesondert abzuschließen. Das gilt auch für Einrichtungsträger, die auf der Grundlage eines Gesamtversorgungsvertrages mehrere örtlich und organisatorisch miteinander verbundene Pflegeeinrichtungen betreiben. Dadurch soll einerseits der Wettbewerb unter den Einrichtungen gefördert werden, andererseits wird dem legitimen Interesse der Pflegeheime Rechnung getragen, ihren Anspruch auf eine leistungsgerechte, am konkreten Versorgungsauftrag bemessene Vergütung in den Pflegesatzverhandlungen geltend zu machen. Die Aushandlung von einheitlichen Pflegesätzen für mehrere Pflegeheime ist als Ausnahme von diesen Grundsätzen der Pflegesatzkommission nach § 86 Abs. 2 SGB XI vorbehalten.

191 Das Pflegeheim hat auf Verlangen einer Vertragspartei Art, Inhalt und Umfang sowie die Kosten der Leistungen, für die es eine Vergütung beansprucht, durch Pflegedokumentationen und andere geeignete Nachweise rechtzeitig vor Beginn der Vergütungsverhandlungen vorzulegen. Soweit dies zur Beurteilung seiner Wirtschaftlichkeit und Leistungsfähigkeit im Einzelfall erforderlich ist, hat das Pflegeheim auf Verlangen einer Vertragspartei weitergehende Auskünfte zu erteilen und auf Verlangen zusätzliche Unterlagen vorzulegen. Dazu gehören die pflegesatzerheblichen Angaben zum Jahresabschluss nach der Pflege-Buchführungsverordnung bzw. nach den durch das Pflege-Weiterentwicklungsgesetz vorgesehenen Grundsätzen ordnungsgemäßer Pflegebuchführung, sowie zur personellen und sächlichen Ausstattung des Pflegeheimes und zur tatsächlichen Stellenbesetzung und zur Eingruppierung des Pflegepersonals (§ 85 Abs. 3 SGB XI).

192 Für den Fall, dass die Vertragsparteien sich nicht auf eine neue Pflegesatzvereinbarung einigen können, entscheidet auf Antrag einer Partei die nach Landesrecht gebildete Schiedsstelle mit einem neutralen Vorsitzenden, dessen Stimme bei Stimmengleichheit den Ausschlag gibt (§ 85 Abs. 5 SGB XI). Die Schiedsstelle muss auch dann entscheiden, wenn der als Vertragspartei betroffene Träger der Sozialhilfe der Pflegesatzvereinbarung innerhalb von zwei Wochen nach Vertragsschluss widerspricht. Der Sozialhilfeträger kann im Voraus verlangen, dass an Stelle der gesamten Schiedsstelle nur der Vorsitzende und die beiden weiteren unparteiischen Mitglieder entscheiden oder nur der Vorsitzende allein entscheidet.

Von der Schiedsstelle wird erwartet, dass sie zügig entscheidet, um den prospektiven Charakter der Pflegesätze auch im Konfliktfall zu wahren.

193 Pflegesatzvereinbarungen dürfen nur prospektiv, vor Beginn der jeweiligen Wirtschaftsperiode des Pflegeheims, für einen künftigen Pflegesatzzeitraum getroffen werden (§ 85 Abs. 3 SGB XI). Ein rückwirkendes Inkrafttreten von Pflegesätzen ist grundsätzlich unzulässig. Dadurch soll die prospektive Ausrichtung der Pflegesätze gesichert und von vornherein dem Entstehen einer Kostenerstattungsmentalität entgegen gewirkt werden. Um einen nahtlosen zeitlichen Übergang von einer Pflegesatzvereinbarung zur anderen zu gewährleisten, gelten die vereinbarten oder festgesetzten Pflegesätze nach Ablauf des Vereinbarungszeitraums bis zum Inkrafttreten neuer Pflegesätze weiter (§ 85 Abs. 6 Satz 3 SGB XI).

Das Pflege-Weiterentwicklungsgesetz bestimmt, das der Zeitpunkt für das Inkrafttreten der Pflegesatzvereinbarung unter angemessener Berücksichtigung der Interessen der Pflegeheimbewohner zu erfolgen hat (§ 85 Abs. 6 Satz 1 SGB XI). Mit dieser Regelung wird ein Ausgleich zwischen den Interessen der Pflegeeinrichtungsträger nach einem baldigen Wirksamwerden der neu vereinbarten Pflegesätze und den in heimrechtlichen Vorschriften normierten Verbraucherschutzinteressen der Pflegeheimbewohner erreicht.

194 Bei unvorhersehbaren wesentlichen Änderungen der Geschäftsgrundlage für die Pflegesatzvereinbarung sind die Pflegesätze auf Verlangen einer Vertragspartei für den laufenden Pflegesatzzeitraum neu zu verhandeln (§ 85 Abs. 7 SGB XI). Zu einer Neufestsetzung der Vergütungshöhe kommt es dann, wenn alle Vertragsparteien sich darauf verständigen. Erzielen sie keine Einigung, entscheidet auf Antrag einer Vertragspartei die Schiedsstelle.

Pflegesatzkommission

195 Das SGB XI erlaubt anstatt der „individuellen" auch „kollektive" Pflegesatzverhandlungen in Pflegesatzkommissionen (§ 86 SGB XI).

Verhandlungspartner sind hier nicht der einzelne Heimträger und die örtlich zuständigen Kostenträger, sondern deren Vereinigungen im Land. Da die Landesvereinigungen der Pflegeheimträger in der Regel nicht befugt sind, für ihre Mitglieder verbindliche Rechtsgeschäfte einzugehen, können in der Pflegesatzkommission die Pflegesätze nur für solche Heimträger ausgehandelt werden, die diesem Verfahren vorher ausdrücklich zugestimmt haben. Im Übrigen finden die Grundregeln des Pflegesatzverfahrens entsprechende Anwendung, darunter die prospektive Ausrichtung der Pflegesätze und die Konfliktlösung durch die unabhängige Schiedsstelle (§ 86 Abs. 1 SGB XI).

196 Für Pflegeheime, die in derselben kreisfreien Gemeinde oder im selben Landkreis liegen, kann die Pflegesatzkommission mit Zustimmung der betroffenen Pflegeheimträger für die gleichen Leistungen einheitliche Pflegesätze vereinbaren. Die beteiligten Pflegeheime sind befugt, ihre Leistungen unterhalb der vereinbarten Pflegesätze anzubieten. Die Vereinbarung einheitlicher Preise für mehrere Pflegeheime darf nicht über den örtlichen Zuständigkeitsbereich eines Landkreises oder eine kreisfreie Stadt hinausgehen. Der Verhandlungsbezirk kann auch kleiner sein und z. B. nur aus einer kreisangehörigen Gemeinde oder einem Stadtbezirk bestehen. Solche Gruppenpflegesätze sind nicht nur geeignet, innerhalb der Gruppe und im Verhältnis zu anderen Pflegeheimen als Maßstab für eine wirtschaftliche und leistungsfähige Versorgung der Pflegebedürftigen zu dienen; sie bieten darüber hinaus den einzelnen Pflegeheimen erhöhte Chancen und Anreize, durch eine besonders wirtschaftliche Betriebsführung oder eine besonders effiziente Kostenstruktur Gewinne oder Belegungszuwächse zu erzielen.

Unterkunft und Verpflegung

197 Für Unterkunft und Verpflegung in der stationären Pflegeeinrichtung hat der Pflegebedürftige grundsätzlich selbst aufzukommen. Aber auch insoweit ist er nicht schutzlos. Die Pflegekassen und Sozialhilfeträger haben als Pflegesatzparteien vielmehr den gesetzlichen Auftrag, neben den Pflegesätzen auch angemessene Entgelte für Unterkunft und Verpflegung mit den Pflegeheimträgern zu vereinbaren. Sie handeln insoweit als Sachwalter der Interessen der pflegebedürftigen Heimbewohner. Damit soll sichergestellt werden, dass die von den Pflegeheimen angebotene Unterkunft und Verpflegung in einem angemessenen Verhältnis zu den geforderten Entgelten stehen (§ 87 SGB XI).

Mit den vereinbarten Entgelten sind alle Leistungen abgegolten, die für die Unterbringung und Verpflegung der Pflegebedürftigen erforderlich sind. Diese Begrenzung auf das Erforderliche wird in § 88 SGB XI (Zusatzleistungen) abgesichert. Danach können die Pflegeheime bei Unterkunft und Verpflegung zwar gesondert berechenbare Zusatzleistungen anbieten; diese sind aber auf solche Leistungen beschränkt, die über das Maß des Notwendigen hinausgehen. Für notwendige Leistungen dürfen selbst dann keine Zuschläge gefordert werden, wenn sie, wie z. B. bei besonders anspruchsvollen Pflegebedürftigen oder bei Diätverpflegung, das Maß des Üblichen überschreiten.

198 Für die Preisverhandlungen bei Unterkunft und Verpflegung gelten die Regeln des Pflegesatzverfahrens (Vereinbarungsprinzip, Konfliktlösung durch eine unabhängige Schiedsstelle) entsprechend. Das Pflege-Weiterentwicklungsgesetz hat bestimmt, dass die Entgelte für Unterkunft und Verpflegung seit dem 1. Juli 2008 nicht mehr in einer Summe zusammengefasst werden dürfen sondern jeweils getrennt zu vereinbaren und auszuweisen sind. Diese Regelung trägt zur Harmonisierung der Pflegeversicherung mit heimrechtlichen Vorschriften bei, bei denen der gesonderte Ausweis der Leistungs- bzw. Entgeltbestandteile für Unterkunft und Verpflegung ebenfalls vorgesehen ist.

199 Der wesentliche Unterschied zur Rechtslage vor der Einführung der Pflegeversicherung besteht darin, dass Unterkunft und Verpflegung separat von den mit dem Pflegesatz vergüteten allgemeinen Pflegeleistungen (Grundpflege, soziale Betreuung und medizinische Behandlungspflege) vereinbart und ausgewiesen werden müssen.

Zusatzleistungen

200 Neben den Pflegesätzen und den Entgelten für Unterkunft und Verpflegung dürfen die Pflegeeinrichtungen auf der Grundlage des § 88 SGB XI mit den Pflegeheimbewohnern Zusatzleistungen vereinbaren, die über die im Versorgungsvertrag vereinbarten notwendigen Leistungen hinausgehen. Hierzu zählen besondere Komfortleistungen bei Unterkunft und Verpflegung und zusätzliche pflegerisch-betreuende Leistungen, die das Maß des Notwendigen überschreiten, allerdings mit Ausnahme der zusätzlichen Betreuungsleistungen nach § 87b SGB XI. Die vereinbarten Zusatzleistungen sind nach Art, Umfang, Dauer und Zeitabfolge ebenso wie die Höhe der Zuschläge und die Zahlungsbedingungen schriftlich zwischen dem Pflegeheim und dem pflegebedürftigen Heimbewohner festzulegen. Die Pflegeheimträger haben den Landesverbänden der Pflegekassen und den Sozialhilfeträgern im Land vor Leistungsbeginn das zusätzliche Leistungsangebot und die Leistungsbedingungen schriftlich mitzuteilen.

Leistungen, die für die Versorgung der Pflegebedürftigen nach Art, Umfang und Schwere ihrer Pflegebedürftigkeit erforderlich sind, können nicht Gegenstand von Vereinbarungen über Zusatzleistungen sein. Als gesondert berechenbare Zusatzleistungen bei Unterkunft und Verpflegung kann vor diesem Hintergrund etwa ein besonders großes oder im Vergleich zu den übrigen Unterkünften des Pflegeheimes luxuriös ausgestattetes Zimmer oder die Inanspruchnahme von sogenannter „Gourmetkost" in Betracht kommen.

Auch bei der pflegerischen Betreuung sind „Wahlleistungen" grundsätzlich zulässig. Als Beispiele für zusätzliche Betreuung – soweit es sich nicht um die zusätzliche Betreuung nach § 87b SGB XI für dementiell beeinträchtigte Pflegebedürftige handelt – hat die Bundesregierung in der amtlichen Begründung des Regierungsentwurfs u. a. eine zeitintensive „Schönheitspflege" wie Maniküren oder Pediküren, die über die notwendige „Nagelpflege" hinausgehen, genannt. Zu denken sei auch an eine über das Übliche hinausgehende geistige oder „schöngeistige" Betreuung z. B. durch Vorlesen oder eine individuelle Auswahl von Musikprogrammen (BR-Drucksache 505/93, S. 147).

Im Interesse der notwendigen Transparenz müssen die von den Pflegeeinrichtungen nach § 88 SGB XI berechneten Zuschläge von den übrigen Leistungen getrennt und gesondert ausgewiesen werden. Die Abgrenzung der Zusatzleistungen von den notwendigen Leistungen ist den Rahmenverträgen der Selbstverwaltung auf Landesebene nach § 75 Abs. 2 Satz 1 Nr. 1 SGB XI vorbehalten.

Vergütung der ambulanten Pflege

201 Auch für die Vergütung der ambulanten Pflegeleistungen und der hauswirtschaftlichen Versorgung gilt das Vereinbarungsprinzip. Vertragspartner sind der Träger des einzelnen Pflegedienstes und die betroffenen Kostenträger, in erster Linie also die Pflegekassen. Die Vergütungen müssen leistungsgerecht sein (§ 89 SGB XI). Bei Nichteinigung entscheidet auch hier die unabhängige Schiedsstelle oder die gemeinsam bestimmte Schiedsperson (§ 76 SGB XI).

Gebührenordnung

202 Das Bundesministerium für Gesundheit wird in § 90 SGB XI ermächtigt, im Einvernehmen mit dem Bundesfamilien- und dem Bundesarbeitsministerium (BMFSFJ und BMAS) sowie mit Zustimmung des Bundesrates eine Gebührenordnung für ambulante Pflegeleistungen zu erlassen. Von dieser Ermächtigung ist bislang noch kein Gebrauch gemacht worden.

Grundsätze der ambulanten Vergütungsregelung

203 Das SGB XI beschränkt sich in seinem § 89 auf Bemessungsgrundsätze und Grundregeln für das Verfahren zur Vergütung der ambulanten Pflegeleistungen.

Es übernimmt dabei im Wesentlichen die Grundsätze für den stationären Bereich. Dies gilt insbesondere für das Gebot der leistungsgerechten Vergütung, die Bemessung der Vergütung nach einheitlichen Grundsätzen, das Vereinbarungsprinzip mit der Wahlmöglichkeit für den Träger des Pflegedienstes, die Pflegevergütung entweder selbst auszuhandeln oder (auf Verbandsebene) durch die Pflegesatzkommission aushandeln zu lassen, die Konfliktlösung durch eine unabhängige Schiedsstelle sowie die prospektive Ausrichtung der Pflegesätze.

Mit dem Pflege-Weiterentwicklungsgesetz wurde in § 89 Abs. 3 Satz 2 SGB XI die Bestimmung aufgenommen, in der Vergütungsvereinbarung zu berücksichtigen, dass Leistungen von mehreren Personen gemeinsam abgerufen und in Anspruch genommen werden können. Durch die gemeinsame Leistungsinanspruchnahme können (z. B. durch die in einer Wohngruppe zusammenlebenden Pflegebedürftigen) Zeitersparnisse erzielt und damit Wirtschaftlichkeitsreserven erschlossen werden. Die sich aus einer gemeinsamen Leistungsinanspruchnahme ergebenden Zeit- und Kostenersparnisse müssen den Pflegebedürftigen zugute kommen und dürfen nicht durch die Pflegeeinrichtungen abgeschöpft werden. Mit dieser Regelung soll erreicht werden, dass Pflegebedürftige die Leistungen flexibler in Anspruch nehmen können, indem sie ihre Leistungsansprüche gemeinsam mit anderen Pflegedürftigen „poolen".

204 Gegenüber dem Pflegesatzverfahren im stationären Bereich sind zwei Unterschiede hervorzuheben. Zum einen wird bei der Definition der Vertragsparteien auf Seiten der Kosten- und Leistungsträger nicht wie in § 85 Abs. 2 Satz 1 SGB XI auf den Anteil an der Zahl der Pflegetage abgestellt, sondern auf den Anteil an der Zahl der Pflegebedürftigen. Zum anderen wird den Vertragsparteien ein höheres Maß an Flexibilität bei der Gestaltung der Vergütung eingeräumt. Ausdrücklich genannt werden die Möglichkeiten einer Vergütung nach Zeitaufwand, nach Leistungsinhalt, nach Komplexleistungen (im Ausnahmefall auch nach Einzelleistungen) sowie nach

Pauschalen bei Leistungen wie hauswirtschaftlicher Versorgung, Behördengängen oder Fahrkosten.

Vergütungsempfehlung der Spitzenverbände der Pflegekassen

205 Das Vergütungssystem muss sich am Wahlrecht der Pflegebedürftigen orientieren. Die ehemaligen Spitzenverbände der Pflegekassen (seit dem Inkrafttreten des GKV-Wettbewerbsstärkungsgesetzes am 1. April 2007 werden deren Aufgaben vom Spitzenverband Bund der Pflegekassen wahrgenommen) hatten im Jahr 1995 eine erste Bundesempfehlung zur Vergütung von ambulanten Pflegeleistungen abgegeben. In diesem sogenannten Leistungskomplexsystem wurden typischerweise zusammengehörende pflegerische und hauswirtschaftliche Verrichtungen zu 18 Leistungspaketen zusammengefasst.

206 Nach den ersten Erfahrungen mit dem neuen Vergütungssystem wurden Anpassungen vorgenommen, um unerwünschte Preisentwicklungen zu korrigieren. Neben strukturbedingten Mängeln des ersten Leistungskomplexsystems wirkte sich nachteilig aus, dass nicht individuell mit jedem Pflegedienst, sondern weitgehend auf Landesebene verhandelt wurde. Damit kam der vom Gesetzgeber gewünschte Leistungswettbewerb zwischen den örtlichen Pflegediensten nicht zum Tragen.

Im Jahr 1996 veröffentlichten die damaligen Spitzenverbände der Pflegekassen ihre überarbeiteten Empfehlungen für ein System zur Vergütung von Leistungen der häuslichen Pflege nach dem SGB XI, die den Pflegekassen helfen, in Vereinbarungen mit den Pflegediensten die Vergütungssysteme zu überarbeiten und weiterzuentwickeln.

Die wichtigsten Eckpunkte des überarbeiteten Vergütungssystems sind die Wahlfreiheit des Pflegebedürftigen und die Komplex- anstatt der Einzelleistungsvergütung. Das System zur Vergütung von ambulanten Pflegeleistungen muss insbesondere folgende Voraussetzungen erfüllen:

– Die Grundanforderung des Pflegeversicherungssystems besteht in der Wahlfreiheit der Pflegebedürftigen. Die Entscheidung, welche Hilfen bei den Verrichtungen des täglichen Lebens von einer Pflegeeinrichtung erbracht werden sollen, obliegt allein dem Pflegebedürftigen, der sich sein individuelles „Leistungsprogramm" aus dem Hilfeangebot selbst zusammenstellen kann.

– Das Vergütungssystem muss sowohl für die Pflegebedürftigen als auch für die Pflegepersonen transparent und für die Vertragspartner gut handhabbar sein.
– Es soll kein Einzelleistungsvergütungssystem errichtet werden, da eine Aufteilung der pflegerischen Tätigkeiten in Einzelleistungen nicht dem Prinzip der Ganzheitlichkeit der Pflege entspricht.
– Die vereinbarte Vergütung muss in prospektiver Betrachtung aufwandsgerecht sein. Sie muss einem Pflegedienst ermöglichen, seinen Versorgungsauftrag bei wirtschaftlicher Betriebsführung zu erfüllen.
– Die Pflegekassen sind an den Grundsatz der Beitragssatzstabilität gebunden.
– Die Leistungen der Pflegeeinrichtung müssen wirksam und wirtschaftlich erbracht werden, sie dürfen das Maß des Notwendigen nicht übersteigen.
– Eine Differenzierung der Pflegevergütungen nach Kostenträgern ist unzulässig.
– Zuzahlungen zu den Vertragsleistungen darf der Pflegedienst von den Pflegebedürftigen weder fordern noch annehmen.

Leistungskomplexe

207 Die Leistungskomplexe sind so gestaltet, dass bei der Kombination mehrerer Komplexe keine Leistungsüberschneidungen und damit keine Doppelrechnungen entstehen. Die Pflege wird als aktivierende Pflege erbracht. Die zu erbringende Hilfeleistung besteht in der Unterstützung, in der teilweisen oder vollständigen Übernahme der Verrichtungen des täglichen Lebens oder – besser – in der Beaufsichtigung oder Anleitung mit dem Ziel der eigenständigen Übernahme dieser Verrichtung (§ 14 Abs. 3 SGB XI) durch die pflegebedürftige Person. Prophylaxen zur Vorbeugung vor Sekundärerkrankungen sind im Sinne der aktivierenden Pflege im Rahmen der einzelnen Verrichtungen zu erbringen und deshalb nicht gesondert vergütungsfähig. Jeder Leistungskomplex beinhaltet eine Phase der Vor- und der Nachbereitung des Pflegevorgangs einschließlich der Bereitstellung der benötigten Materialien sowie der Säuberung des Pflegebereichs, ohne dass diese Vorgänge gesondert vergütungsfähig sind. Jede Leistungserbringung beinhaltet auch immer die Dokumentation unter Berücksichtigung der Pflegeplanung. Der Pflegedienst erbringt die Leistungen bezogen auf den individuellen Bedarf des Pflegebedürftigen. Die zu einem Leistungskomplex zusammengefassten Verrichtungen stellen keine abschließende Aufzählung dar. Vielmehr sind im Rahmen eines Leistungskomplexes alle Tätigkeiten, die unter Berücksichtigung der individuellen Pflegesituation erforderlich sind, durchzuführen.

208 Der Pflegebedürftige wählt im Rahmen seines Hilfebedarfs die Leistungskomplexe aus, die seine Pflegeeinrichtung für ihn erbringen soll. Der vom Pflegebedürftigen ausgewählte Pflegedienst erstellt für die von ihm regelmäßig zu erbringenden Leistungen eine Kostenübersicht, aus der die von der Pflegekasse getragenen Aufwendungen und die Eigenanteile des Pflegebedürftigen zu entnehmen sind. Will der Pflegebedürftige in der individuellen Pflegesituation weitere Leistungen in Anspruch nehmen, ist er über die zusätzlich anfallenden Kosten zu informieren.

Vergütung der Leistungskomplexe

209 Die Leistungskomplexe werden mit Punktzahlen bewertet. Diese sind ein Maßstab, der das Verhältnis für den durchschnittlich notwendigen Aufwand zur Erbringung der einzelnen Leistungskomplexe sowie das Verhältnis der Leistungskomplexe zueinander darstellt. Der Leistungsaufwand kann in der individuellen Pflegesituation unterschiedlich sein, er ist jedoch mit der pauschalen Bewertung abgedeckt. Grundsätzlich sind alle Verrichtungen, die in einem Leistungskomplex zusammengefasst werden, zu erbringen. Lediglich in Einzelfällen kann – abhängig vom individuellen Hilfebedarf des Pflegebedürftigen – hiervon abgewichen und ein Leistungskomplex auch dann abgerechnet werden, wenn eine einzelne Verrichtung nicht erbracht worden ist. Grundlage für die Abrechnung der Leistungen ist die Gesamtpunktzahl für den jeweiligen Komplex. In den Vergütungsverhandlungen wird die Bewertung der Punktzahl ausgehandelt. Dabei sind für die Verrichtungen der Grundpflege und der hauswirtschaftlichen Versorgung einheitliche Punktwerte anzustreben.

210 In Einrichtungen des betreuten Wohnens werden Pflegebedürftige häufig von einem hauseigenen Pflegedienst betreut. Da für diese Pflegedienste grundsätzlich keine Wegekosten anfallen, kann keine gesonderte Wegegebühr vereinbart werden. Aufgrund der gegenüber anderen Pflegediensten geringeren Betriebskosten sind die Punktzahlen abzusenken. Sofern eine Wegegebühr vereinbart wurde und bei Pflegebedürftigen gleichzeitig innerhalb eines Einsatzes Leistungen der häuslichen Pflege (SGB XI) und Leistungen der häuslichen Krankenpflege (SGB V) erbracht werden, ist die Wegegebühr von beiden Kostenträgern jeweils zur Hälfte zu tragen.

Vergütungsfähige Pflegeleistungen und „Poolen" von Leistungen

211 Grundsätzlich werden nur Leistungen der Grundpflege und der hauswirtschaftlichen Versorgung gemäß § 36 SGB XI sowie Pflegeeinsätze von Pflegediensten gemäß § 37 Abs. 3 SGB XI vergütet. Darüber hinaus sind seit dem Inkrafttreten des Pflege-Weiterentwicklungsgesetzes auch Vergütungen für Betreuungsleistungen nach § 36 Abs. 1 SGB XI zu vereinbaren; hierbei ist zu berücksichtigen, dass Leistungen von mehreren Pflegebedürftigen gemeinsam abgerufen und in Anspruch genommen werden können („Poolen" von Leistungen). Die sich aus einer gemeinsamen Leistungsinanspruchnahme ergebenden Zeit- und Kostenersparnisse kommen den Pflegebedürftigen und nicht den Pflegeeinrichtungen zugute (§ 89 Abs. 3 SGB XI).

Weitere vergütungsrechtliche Regelungen

212 Aufwendungen für Investitionen dürfen nicht in der Pflegevergütung berücksichtigt werden. Betriebskostenzuschüsse der öffentlichen Hand zu den laufenden Aufwendungen eines Pflegedienstes sind von der Pflegevergütung abzuziehen (§ 82 Abs. 5 SGB XI). So weit die Pflegeeinrichtung über die vergütungsfähigen Pflegeleistungen hinaus weitere Leistungen anbietet, werden diese von den Pflegekassen nicht vergütet.

Pflegeeinrichtungsvergleich

213 Das am 1. Januar 2002 in Kraft getretene Pflege-Qualitätssicherungsgesetz hatte mit der Einfügung des § 92a SGB XI das Instrument des Pflegeeinrichtungsvergleichs in Form des Pflegeheimvergleichs (Absätze 1 bis 7) und des Pflegedienstvergleichs (Absatz 8) geschaffen. Pflegeeinrichtungsvergleiche dürfen nur auf der Basis von Rechtsverordnungen der Bundesregierung, für die die Zustimmung des Bundesrates erforderlich ist, durchgeführt werden.

214 Der Pflegeheimvergleich soll als Hilfe und Vergleichsmaßstab bei der Bemessung der Vergütungen und Heimentgelte sowie bei der Prüfung der Wirtschaftlichkeit und Qualität der Pflegeheime dienen. Gleichzeitig kann er als Grundlage für aktuelle Leistungs- und Preisvergleichslisten genutzt werden, die die Pflegekassen nach § 7 Abs. 3 SGB XI an pflegebedürftige Versicherte auszuhändigen haben.

Die Pflegeheime sind anhand der individuellen Leistungs- und Belegungsstrukturen, der Pflegesätze und Entgelte sowie der gesondert berechenbaren Investitionskosten miteinander zu vergleichen. Mit dem Pflegeheimvergleich werden Daten gebündelt, die häufig – allerdings meist unstrukturiert – für einzelne Bereiche bereits vorliegen und für den jeweiligen Bedarf ansonsten erst zeitaufwendig zusammengestellt und ggf. aktualisiert werden müssten.

§ 92a Abs. 2 SGB XI schreibt vor, dass der Pflegeheimvergleich durch von den Verbänden der Pflegekassen gemeinsam beauftragte Stellen durchzuführen ist. Die Finanzierung des Pflegeheimvergleichs muss aus den Verwaltungsmittel der Pflegekassen erfolgen. In der Verordnung sind Regelungen über die Erhebung und Verarbeitung der vergleichsnotwendigen Daten vorzusehen.

215 Nachdem der Bundesrat der Verordnung der Bundesregierung zur Beratung und Prüfung von Pflegeeinrichtungen nach § 118 SGB XI die erforderliche Zustimmung verweigert hatte, hat die Bundesregierung die Ermächtigungsgrundlage zum Erlass der Rechtsverordnungen zum Pflegeheim- bzw. Pflegeeinrichtungsvergleich weder in Anspruch genommen, noch ist dies für die nähere Zukunft beabsichtigt.

Pflegestützpunkte

216 Zur wohnortnahen Beratung, Versorgung und Betreuung der Versicherten haben die Pflege- und Krankenkassen gemeinsam Pflegestützpunkte einzurichten, sofern die jeweils zuständige oberste Landesbehörde dies bestimmt (§ 92c SGB XI). Die Einrichtung muss innerhalb von sechs Monaten nach der Bestimmung durch die oberste Landesbehörde erfolgen. Zu den Aufgaben der Pflegestützpunkte zählen insbesondere die umfassende und unabhängige Auskunft und Beratung, die Koordinierung aller erforderlichen Hilfs- und Unterstützungsangebote sowie die Vernetzung aufeinander abgestimmter pflegerischer und sozialer Versorgungs- und Betreuungsangebote. Hierbei ist auf im jeweiligen Land bereits vorhandene vernetzte Beratungsstrukturen zurück zu greifen. Die für die kommunale Altenhilfe und für die Hilfe zur Pflege nach dem Zwölften Buch Sozialgesetzbuch (SGB XII) zuständigen Stellen sollen sich ebenso an den Pflegestützpunkten beteiligen wie die Leistungserbringer und die privaten Pflege- und Krankenkassen. Die Träger der Pflegestützpunkte dürfen unter entsprechender Anwendung der Regelung zur integrierten Versorgung nach § 92b SGB XI mit den Leistungserbringern eine wohnortnahe integrierte Versorgung für das Einzugsgebiet der Pflegestützpunkte vereinbaren.

Der Aufbau der Pflegestützpunkte wird im Rahmen der verfügbaren Mittel, das sind 60 Millionen Euro bis Mitte 2011, entsprechend dem jeweiligen Bedarf im Einzelfall bis zu einem Betrag von 45.000 Euro gefördert. Die Förderung wird im Gesetz als Zuschuss bezeichnet wird, um zu verdeutlichen, dass es sich hier um eine nicht rückzahlbare Förderung handelt. Dieser Förderbetrag ist dem Bedarf entsprechend um weitere 5.000 Euro zu erhöhen, wenn ehrenamtlich tätige Personen und Organisationen nachhaltig in die Tätigkeit des Pflegestützpunkts eingebunden werden. Die bereitgestellten Mittel reichen zur Förderung von rund 1.200 Pflegestützpunkten.

Im Rahmen des Modellprogramms zur Verbesserung der Versorgung Pflegebedürftiger hat das Bundesministerium für Gesundheit bereits vor dem Inkrafttreten des Pflege-Weiterentwicklungsgesetzes in 15 Ländern insgesamt 16 Pilot-Pflegestützpunkte mit je 30.000 Euro gefördert, um die flächendeckende Umsetzung der Regelung zu den Pflegestützpunkten vorzubereiten. Mit der Projektorganisation und der wissenschaftlichen Begleitung dieses Modellprogramms ist das Kuratorium Deutsche Altershilfe (KDA) in Köln beauftragt worden.

Weitere Regelungen des Pflege-Weiterentwicklungsgesetzes

217 Vollstationäre Pflegeeinrichtungen erhalten von der Pflegekasse einen Betrag von 1.536 Euro, wenn die pflegebedürftige Person nach der Durchführung aktivierender oder rehabilitativer Maßnahmen in eine niedrigere Pflegestufe oder von erheblicher zu nicht erheblicher Pflegebedürftigkeit – sog. Pflegestufe „Null" – zurückgestuft wird. Demnach ist nur erforderlich, dass die Herabstufung „nach" und keinesfalls „durch" die genannten Maßnahmen erfolgen muss. Es genügt also ein zeitlicher Zusammenhang, eine Kausalitätsbeziehung ist nicht erforderlich. Der Betrag wird künftig dynamisiert. Der von der Pflegekasse gezahlte Betrag ist von der Pflegeeinrichtung zurück zu zahlen, wenn der Pflegebedürftige innerhalb von sechs Monaten in eine höhere Pflegestufe oder von nicht erheblicher zu erheblicher Pflegebedürftigkeit hoch gestuft wird (§ 87a Abs. 4 SGB XI). Aus der auf sechs Monate begrenzten Rückzahlungsverpflichtung ergibt sich, dass die Pflegekassen nicht zunächst den Zeitablauf von sechs Monaten abwarten dürfen, um den Betrag von 1.536 Euro auszuzahlen.

218 Auf Wunsch des Bundesrates ist die Regelung über die Landespflegeausschüsse (§ 92 SGB XI) erheblich vereinfacht und gestrafft worden. Die Landesregierungen sind ermächtigt, durch Rechtsverordnung das Nähere zu den Landespflegeausschüssen zu bestimmen; insbesondere können sie die den Landespflegeausschüssen angehörenden Organisationen unter Berücksichtigung der Interessen aller an der Pflege im Land Beteiligten in den Ausschuss berufen.

Der Regelungsbereich des Heimrechts

219 Das Heimgesetz (HeimG) des Bundes ist 1974 als „Gesetz über Altenheime, Altenwohnheime und Pflegeheime für Volljährige (Heimgesetz)" verabschiedet und in Kraft gesetzt worden. Es soll die Interessen und Bedürfnisse der Heimbewohner vor Beeinträchtigungen schützen, insbesondere die Selbständigkeit und Selbstverantwortung der Bewohner im Heim wahren sowie die Beratung in Heimangelegenheiten fördern.

220 Die am 1. Januar 2002 gemeinsam mit dem Pflege-Qualitätssicherungsgesetz in Kraft getretene Heimrechtsnovelle hatte aus Sicht der Pflegeversicherung folgende Regelungsschwerpunkte:

– Neben stationären Pflegeeinrichtungen (einschließlich Kurzzeitpflegeeinrichtungen) und den teilstationären Einrichtungen umfasst der Anwendungsbereich des Heimgesetzes auch Hospize.
– Eine Einrichtung des Betreuten Wohnens ist nur dann als Heim anzusehen, wenn eine „heimmäßige" Betreuung und Versorgung angeboten und für den Bewohner eine Lebenssituation „wie im Heim" geschaffen wird.
– Die Transparenz wurde dadurch verbessert, dass im Heimvertrag nicht nur die Leistungen des Trägers (Unterkunft, Verpflegung, Betreuung und weitere Leistungen) sondern auch die Entgeltbestandteile für diese Leistungen gesondert aufgeführt werden. Entgelterhöhungen müssen im Einzelnen erläutert und begründet werden.
– Erstmals erfolgte eine umfassende Verzahnung der heimvertraglichen Vorschriften mit den sozialhilfe- und den pflegeversicherungsrechtlichen Regelungen.
– Die Zusammenarbeit der Heimaufsichtsbehörden mit den Pflegekassen, dem Medizinischen Dienst der Krankenversicherung (MDK) und den Trägern der Sozialhilfe wird durch die Bildung von Arbeitsgemeinschaften verbessert.

221 Mit der ersten Föderalismusreform im Jahr 2006 wurde die Gesetzgebungskompetenz für das Heimrecht vom Bund auf die Länder übertragen. Dies gilt allerdings nur für die ordnungsrechtlichen Vorschriften des Heimrechts. Für die im Heimgesetz enthaltenen vertragsrechtlichen Regelungsmaterien blieb die Gesetzgebungskompetenz des Bundes bestehen. Zur Neuregelung dieser Vertragsrechtsmaterie hat das Bundesfamilienministerium (BMFSFJ) das Wohn- und Betreuungsvertragsgesetzes (WBVG) erarbeitet, das am 1. Oktober 2009 in Kraft getreten ist.

Bis zum Inkrafttreten der einzelnen Landesheimgesetze bleibt bzw. blieb das Heimgesetz des Bundes im jeweiligen Land vorübergehend noch in Kraft. Das Pflege-Weiterentwicklungsgesetz hat die Hinweise auf Vorschriften des Heimgesetzes des Bundes vorsorglich durch eine allgemeine Bezugnahme auf heimrechtliche Vorschriften ersetzt.

Modellprogramm zur Verbesserung der Versorgung Pflegebedürftiger

222 Das Modellprogramm zur Verbesserung der Versorgung Pflegebedürftiger hat die Aufgabe, die praktische Umsetzung der Rechtsgrundlagen der Pflegeversicherung und ihre Weiterentwicklung durch geeignete Projekte zu begleiten und zu unterstützen. Es trägt auch dazu bei, zukunftsweisende Versorgungsansätze zu verwirklichen und vorhandene Pflegeangebote modernisieren.

Schwerpunkte der Förderung

223 Gemäß den im Bundesanzeiger veröffentlichten Richtlinien vom 14. Dezember 1994 werden durch das Programm Modellvorhaben in allen Ländern gefördert. Ziel war und ist die Umsetzung des Pflegeversicherungsrechts unter den unterschiedlichen landesspezifischen Rahmenbedingungen. Die Förderung deckt insbesondere folgende Schwerpunkte ab:

Aufbau und Verbesserung der Pflegeinfrastruktur

224 Ein Schwerpunkt des Modellprogramms lag zunächst im Aufbau einer teilstationären Pflegeinfrastruktur in Form von Tagespflegeeinrichtungen. Hinzu kam die Förderung von Kurzzeitpflegeeinrichtungen und qualifizierter Sozialstationen, um den Vorrang der ambulanten vor der stationären Pflege zu verwirklichen.

11 Sozialgesetzbuch · 11. Buch · Pflegeversicherung

Verbesserung der regionalen Zusammenarbeit

225 Zur Erschließung neuer Leistungsfelder für die Pflegeversicherung wurde in modellhaft ausgewählten Gebietskörperschaften die regionale Zusammenarbeit zwischen Anbietern von Pflegeleistungen in unterschiedlicher Trägerschaft, d. h. Krankenhäusern und niedergelassenen Ärzten auf der einen Seite, und den Leistungsträgern – vor allem Pflege- und Krankenkassen sowie den Trägern der örtlichen und überörtlichen Sozialhilfe – auf der anderen Seite, intensiviert und verbessert. Hinzu kamen Modelle für die ambulante Versorgung und die pflegerische Betreuung von Rehabilitationspatienten (z. B. nach Schlaganfall), verwirrten und dementiell erkrankten Menschen. Gleichzeitig dienten die Modellvorhaben der Sicherung der Zusammenarbeit vor Ort zwischen den Anbietern von Pflegeleistungen und den Pflegebedürftigen sowie deren Angehörigen. Diese Modelle konnten in der Vergangenheit in erheblichem Umfang in Regelangebote überführt werden.

Qualifizierung von Pflegepersonal und Ärzten

226 Im Rahmen von Aus-, Fort- und Weiterbildungen des Pflegepersonals und der beteiligten Ärzte wurden neue Wege erforscht und aufgezeigt, durch die sich die Qualität des gesamten Spektrums der Pflegeleistungen, vor allem an der Nahtstelle zwischen Krankenhaus und häuslicher Pflege, deutlich verbessern lässt.

Pflegeeinrichtungen für besondere Gruppen von Pflegebedürftigen

227 In Spezialeinrichtungen werden Pflegebedürftige versorgt, die nicht primär aus Altersgründen pflegebedürftig sind. Das können z. B. Pflegebedürftige sein, die aufgrund von Unfällen (z. B. Apalliker), wegen chronischer Erkrankungen (Multiple Sklerose, Alzheimer-Erkrankte u. a.) oder aufgrund ihrer Behinderungen (z. B. Tetraplegiker) auf tägliche Hilfe angewiesen sind.

Förderung von modernen, wohnortnah gelegenen Pflegeeinrichtungen

228 Es wurden komplexe Einrichtungen mit sinnvoll aufeinander abgestimmten Pflegeangeboten gefördert, die unter einem Dach die verschiedenen Pflegeformen vereinen und so jedem Pflegebedürftigen die aktuellen und individuell angepassten Hilfen zukommen lassen können. Diese Verbundeinrichtungen waren mitursächlich für die Einführung des Gesamtversorgungsvertrages durch das Pflege-Weiterentwicklungsgesetz.

Hospizeinrichtungen

229 Zur Verbesserung der Pflege von Schwerstkranken mit erheblich begrenzter Lebenserwartung wurden stationäre Hospizeinrichtungen sowie die ambulante Hospizversorgung gefördert. Durch die Regelungen im 2. Gesetz zur Neuordnung der gesetzlichen Krankenversicherung (2. GKV-NOG) vom 23. Juni 1997 wurde in § 39a Abs. 1 SGB V eine krankenversicherungsrechtliche Lösung für die Regelfinanzierung der als Pflegeeinrichtung zugelassenen Hospizeinrichtungen gefunden, auf deren Grundlage ein Ausbau dieser Versorgungsform möglich wurde.

Ergebnisse der Modellmaßnahmen

230 In allen Bundesländern wurden mit den geförderten Modellprojekten die von Fachleuten seit der Einführung der Pflegeversicherung geforderten Standards im Pflegeheimbau unter unterschiedlichen sozialen, demographischen und wirtschaftlichen Rahmenbedingungen verwirklicht. Die dabei erzielten Erkenntnisse über Verbesserungen im Bau von Pflegeeinrichtungen wurden den zuständigen Landesministerien als praktisch umsetzbares Entwicklungsergebnis vorgestellt. Aufgrund dieser Ergebnisse wurde die Idee des wohnortnahen Pflegezentrums mit allen Leistungsangeboten unter einem Dach aufgegriffen und in die Praxis umgesetzt. Mit der Zulassung von Gesamtversorgungsverträgen durch das Pflege-Weiterentwicklungsgesetz haben diese Modellmaßnahmen nunmehr auch Eingang in die Gesetzgebung gefunden. Daneben wurden erste Modelle zum Aufbau einer gerontopsychiatrischen Versorgung und von ambulanten und stationären Hospizen zur Pflege Schwerstpflegebedürftiger in ihrer letzten Lebensphase gefördert.

231 Die ambulanten sowie die teil- und vollstationären Modelleinrichtungen konnten aufgrund verbesserter Beratung der Träger bei der Antragstellung und der nachfolgenden wissenschaftlichen Begleitung architektonisch und konzeptionell optimal auf die örtliche Bedarfssituation zugeschnitten werden. Die Qualität der Investitionsmaßnahmen konnte kontinuierlich gesteigert und die durchschnittlichen Baukosten pro Pflegeplatz um fast 25 Prozent von früher umgerechnet etwa 100.000 Euro auf rund 75.000 Euro reduziert werden. Die Frage der Anschlussfinanzierung konnte in fast allen – wenn auch leider nicht in allen – Fällen rechtzeitig vor Beendigung des Modellvorhabens gelöst werden.

Wissenschaftliche Begleitung

232 Zur fortlaufenden Verbesserung der Ergebnisse der Modellförderung wurden die Antragsteller durch das Kuratorium Deutsche Altershilfe (KDA) in Köln zur architektonischen Planung ihrer Einrichtungen sowie durch das ISO-Institut in Saarbrücken zur Umsetzung ihrer in den Anträgen vorgestellten Betreiber- und Pflegekonzepte beraten. Gleichzeitig wurden die Modellvorhaben durch beide Institute fortlaufend ausgewertet und während der gesamten Modellphase wissenschaftlich begleitet. Die dabei gesammelten Erfahrungen und Informationen wurden und werden anderen Betreibern von Pflegeeinrichtungen, Architekten, Prüfbehörden und Entscheidungsträgern in den Ländern als Planungs- und Entscheidungshilfe zur Verfügung gestellt.

Vorbildfunktion des Modellprogramms

233 Dem Modellprogramm kommt weiterhin eine bundesweite Vorbildfunktion beim Aufbau einer gegliederten Pflegeinfrastruktur im Sinne der Pflegeversicherung zu. Die Modellprojekte prägen inzwischen den Standard für moderne, in der Angebotsstruktur offene und vernetzte Pflegeeinrichtungen. Damit hilft das Modellprogramm nicht nur den Menschen in den geförderten Einrichtungen, sondern über die Anhebung von Qualitätsstandards auch den Bewohnern und Bediensteten in anderen Einrichtungen. Es ist damit Wegbereiter für eine moderne, wirtschaftlich gesunde und zukunftsweisende Pflegeinfrastruktur.

Impulse für den Arbeitsmarkt

234 Die Modelleinrichtungen bieten Beschäftigungsmöglichkeiten sowohl für qualifizierte als auch für weniger qualifizierte Arbeitskräfte. Damit es sich hierbei nicht nur um ein „Strohfeuer" während der Modellphase handelt, wird vom Träger verlangt, dass er einen Nachweis darüber führt, dass die Einrichtung auch nach dem Ablauf der Modellphase eine wirtschaftliche Zukunft hat. Auch die sekundären Beschäftigungseffekte sind nicht zu vernachlässigen. Sowohl die Einrichtung selbst als auch die Bewohner treten als Konsumenten auf und tragen somit zur Schaffung oder Erhaltung von Arbeitsplätzen in der jeweiligen Region bei.

Ausblick

235 Das Modellprogramm hat beispielhaft den Aufbau einer zukunftsorientierten Pflegeinfrastruktur unterstützt. Ziel war und ist es, die Interessen der betroffenen Pflegebedürftigen und ihren Angehörigen stärker als bisher zu berücksichtigen, um den im SGB XI geforderten nachfrageorientierten Pflegemarkt zu entwickeln, in dem der Pflegebedürftige der Kunde ist, um den viele Anbieter mit der Qualität und dem Preis ihres Pflegeangebotes konkurrieren müssen. In der Versorgung von Pflegebedürftigen konnte so ein zeitgerechtes und zukunftsweisendes Angebot an Einrichtungen der modernen Altenhilfe geschaffen werden.

236 Der Aufbau einer zukunftsorientierten Pflege und Pflegeinfrastruktur hätte von den Trägern kaum aus eigener Kraft geleistet werden können. Hier hat das Modellprogramm eine wichtige ergänzende Funktion als Motor und Katalysator für die Entwicklung und Umsetzung neuer Ideen in der Pflege sowie als Förderer für die Schaffung neuer baulicher und pflegerischer Strukturen auf einem hohen Qualitätsniveau übernommen. Damit kommt dem Modellprogramm eine bundesweite Vorbildfunktion beim Aufbau einer gegliederten Pflegeinfrastruktur zu. In den letzten Jahren konzentriert sich das Modellprogramm im Kern auf die Verbesserung der pflegerischen Versorgungskonzepte. Eine Förderung von Baumaßnahmen ist aufgrund eines mittlerweile deutlich geringeren Mittelumfangs grundsätzlich nicht mehr möglich. Auch bei den pflegerischen Versorgungskonzepten kommen nur noch ausgewählte Einzelförderungen, wie z. B. Expertenstandards, in Betracht. Darüber hinaus konzentriert sich das Modellprogramm nunmehr auf Gebiete, die während der Phase der Einführung und des Aufbaus der Pflegeversicherung nicht ausreichend im Fokus standen. Hierzu zählt z.B. das Programm „Jeder Fehler zählt" des Kuratoriums Deutsche Altershilfe. Hier können in einer für andere einsehbaren Datenbank die in der Pflege tätigen Personen eigene Fehler dokumentieren, um andere Personen von der gleichen Fehleinschätzung abzuhalten, zu warnen und zu sensibilisieren. Mit dem Programm „Werkstatt Pflegestützpunkte" des KDA konnten im Hinblick auf die länderbezogene Einführung von Pflegestützpunkten durch das Pflege-Weiterentwicklungsgesetz in fast allen Ländern Pilot-Pflegestützpunkte aufgebaut und gefördert werden.

Anschubfinanzierung Ost

237 Mit Inkrafttreten der in Artikel 1 Pflegeversicherungsgesetz (PflegeVG) verkündeten Sozialen Pflegeversicherung (SGB XI) im Jahre 1995 wurde den Bundesländern die Aufgabe der Vorhaltung einer leistungsfähigen, zahlenmäßig ausreichenden und wirtschaftlichen pflegerischen Versorgungsstruktur übertragen. Insbesondere in den neuen Bundesländern und auch im Ostteil Berlins bestand zu diesem Zeitpunkt bereits akuter Handlungsbedarf, da praktisch der gesamte Bestand der ca. 85.000 Pflegeplätze auf Grundlage der Bedarfszahlen entweder neu gebaut oder von Grund auf saniert werden musste. In beiden Fällen lagen die Kosten bei ca. 75.000 Euro pro Pflegeplatz. Die Heime in Plattenbauweise waren aufgrund ihrer veralteten Sanitär-, Heizungs- und Elektroanlagen nur zu Kosten zu sanieren, die denen eines Neubaus gleichkamen und bei den übrigen sanierungsfähigen Gebäuden bestanden meist planerische und denkmalpflegerische Auflagen, so dass dort ebenfalls mit neubaugleichen Kosten zu rechnen war. Dies war auch der Tatsache geschuldet, dass viele Gebäude, darunter Schlösser und Herrenhäuser, ursprünglich für andere Zwecke errichtet worden waren und für die Zwecke der stationären Altenhilfe völlig ungeeignet waren.

Ein Aufschub dieser notwendigen Investitionen war nicht möglich, denn der Bestand an Pflegeplätzen erfüllte in den wenigsten Fällen die Kriterien der Heimmindestbauverordnung. Viele Klein- und Kleinsteinrichtungen mit Kapazitäten von 10 bis 30 Plätzen erforderten im Betrieb einen solch hohen Personalaufwand, dass diese Einrichtungen aufgrund ihrer eingeschränkten Wettbewerbsfähigkeit keinen langfristigen Bestand haben konnten und ein Neubau schon aus wirtschaftlichen Überlegungen erforderlich war.

Diesen Nachholbedarf über die bestehende Regelfinanzierung hinaus erkannte auch der Gesetzgeber bei der Verabschiedung des Pflegeversicherungsgesetzes an: Da die neuen Bundesländer und das Land Berlin finanziell nicht in der Lage waren, diese Aufgabe alleine und aus eigenen Kräften zu bewältigen, gewährte der Bund zur zügigen und nachhaltigen Verbesserung der Qualität der ambulanten, teil- und vollstationären Versorgung der Bevölkerung und zur Anpassung an das Versorgungsniveau im übrigen Bundesgebiet den Ländern Berlin, Brandenburg, Mecklenburg-Vorpommern, Sachsen, Sachsen-Anhalt und Thüringen zeitlich befristet in den Jahren 1995 bis 2002 Finanzhilfen in Höhe von jährlich rd. 409 Mio. Euro, insgesamt also rd. 3,3 Mrd. Euro, zur Förderung von Investitionen in Pflegeeinrichtungen; im Land Berlin durften die Finanzhilfen nur für Maßnahmen im östlichen Teil eingesetzt werden (Art. 52 PflegeVG). Das zunächst nur bis zum Jahr 2002 vorgesehene Programm wurde im Rahmen der Konsolidierung der Bundeshaushalte 2000 bis 2002 gestreckt und bis ins Jahr 2004 verlängert. Eine Kürzung des Gesamtvolumens war damit nicht verbunden; die in den Jahren 2000 bis 2002 eingesparten 208 Mio. Euro wurden den neuen Bundesländern im Jahre 2004 dann wieder zur Verfügung gestellt.

238 Die Finanzhilfen wurden den Bundesländern vom Bundesministerium für Gesundheit (das Bundesministerium für Gesundheit ist aufgrund einer Änderung der Zuständigkeit in die Rechtsposition des Bundesministeriums für Arbeit und Sozialordnung bzw. des Bundesministeriums für Gesundheit und Soziale Sicherung getreten) nach ihrer Einwohnerzahl zugewiesen.

Die Finanzhilfen für Investitionen verteilten sich wie folgt:

Bundesland	Betrag in Euro
Berlin (Ost)	33.745.206,00
Brandenburg	66.263.313,60
Mecklenburg-Vorpommern	48.674.903,20
Sachsen	121.022.579,70
Sachsen-Anhalt	72.961.225,70
Thüringen	66.365.571,80
Gesamt	**409.032.800,00**

Die Finanzhilfen durften ausschließlich zur Finanzierung von Investitionsmaßnahmen im Sinne von Art. 52 PflegeVG verwandt werden; d. h. zur Herstellung, Anschaffung, Wiederbeschaffung, Ergänzung, Instandhaltung oder Instandsetzung der für den Betrieb von Pflegeeinrichtungen notwendigen Gebäude und sonstigen abschreibungsfähigen Anlagegüter. Auch die Erstausstattung der Pflegeeinrichtungen mit den betriebsnotwendigen Wirtschaftsgütern war möglich. Die Zuwendungsempfänger waren verpflichtet, das erschlossene, lastenfreie Grundstück mit in die Förderung einzubringen.

Die Finanzhilfen betrugen bis zu 80 Prozent der öffentlichen Förderung eines Vorhabens; die neuen Bundesländer stellten sicher, dass wenigstens 20 Prozent der öffentlichen Investitionsmittel aus Mitteln des Landes oder der Gemeinden bzw. Gemeindeverbände aufgebracht wurden. Von einem Bundesland in einem Jahr nicht abgerufene Bundesmittel konnten bei Bedarf in den Folgejahren abgerufen werden.

239 Der Bund richtete bei der Bundeskasse gemäß Art. 52a PflegeVG Verwahrkonten ein, auf die er die Jahrestranchen zur eigenen Bewirtschaftung durch die neuen Bundesländer übertrug. Die neuen Bundesländer waren ermächtigt, die Bundeskasse zur Auszahlung der benötigten Finanzhilfen anzuweisen, sobald die Bundesmittel zur anteiligen Begleichung fälliger Zahlungen benötigt wurden. Die neuen Bundesländer leiteten die Finanzhilfen unverzüglich, spätestens innerhalb von 30 Tagen, an die Zuwendungsempfänger weiter.

Die Verwahrkonten wurden zum 31. Dezember 2008 geschlossen. Die insgesamt abgebuchten Summen je Land betrugen:

Bundesland	Betrag in Euro
Berlin	268.831.439,14
Brandenburg	497.848.717,05
Mecklenburg-Vorpommern	385.436.264,34
Sachsen	966.256.570,75
Sachsen-Anhalt	583.690.811,57
Thüringen	530.755.247,15
Gesamt	**3.232.819.050,00**

Die Mittel zur Finanzierung der Investitionshilfen brachten Bund (2.617.809.920 Euro) und alle 16 Bundesländer (654.452.480 Euro) gemeinsam auf, wobei die Bundesländer ihren Anteil aus Einsparungen, die durch Einführung der Pflegeversicherung bei der Kriegsopferfürsorge und der Kriegsopferversorgung entstanden sind, finanzierten.

Die Mittelaufbringung im Einzelnen

Jahr	vom Bund	von den Ländern
1996	204.516.400 Euro	51.129.100 Euro
1997	409.032.800 Euro	102.258.200 Euro
1998	409.032.800 Euro	102.258.200 Euro
1999	409.032.800 Euro	102.258.200 Euro
2000	409.032.800 Euro	102.258.200 Euro
2001	409.032.800 Euro	102.258.200 Euro
2002	368.129.520 Euro	92.032.380 Euro
Gesamt	**2.617.809.920 Euro**	**654.452.480 Euro**

240 Die Aufteilung der auf die Bundesländer entfallenden Beträge ist in einer Verwaltungsvereinbarung über die Kürzungen der Erstattungen des Bundes an die Bundesländer für die Kriegsopferfürsorge gemäß Art. 52 Abs. 3 Nr. 2 Pflege-Versicherungsgesetz geregelt und verteilt sich wie folgt:

Baden-Württemberg	82.554.949,92 Euro
Bayern	95.866.638,20 Euro
Berlin	27.788.342,55 Euro
Brandenburg	20.335.316,47 Euro
Bremen	5.540.424,78 Euro
Hamburg	13.672.183,67 Euro
Hessen	48.059.087,45 Euro
Mecklenburg-Vorpommern	14.620.356,06 Euro
Niedersachsen	62.156.421,06 Euro
Nordrhein-Westfalen	143.045.024,88 Euro
Rheinland-Pfalz	31.788.113,99 Euro
Saarland	8.677.776,61 Euro
Sachsen	36.596.325,53 Euro
Sachsen-Anhalt	21.938.278,24 Euro
Schleswig-Holstein	21.797.961,99 Euro
Thüringen	20.071.107,41 Euro

Weil diese Einsparungen jedoch erst ab 1996, d. h. erst mit Beginn der vollstationären Leistungen der Pflegeversicherung in voller Höhe wirksam wurden, stellten die Pflegekassen dem Bund im Jahre 1995 eine Überbrückungshilfe von 562.420.100,00 Euro aus dem von ihrem Ausgleichsfonds verwalteten Beitragsüberschuss zur Verfügung. Diese Überbrückungshilfe wurde den Pflegekassen im Jahre 2002 vom Bund und allen Bundesländern in voller Höhe erstattet.

241 Zur Umsetzung des Investitionsprogramms wurde zwischen dem Bund und den neuen Bundesländern eine Verwaltungsvereinbarung (VV) nach Art. 104a Grundgesetz geschlossen, in der die wesentlichen Eckpunkte des Sonderinvestitionsprogramms enthalten sind. In einer Protokollerklärung war zunächst ein striktes Verbot der Belastung der Pflegebedürftigen mit den Kosten der Erstinvestitionen vereinbart worden. Kosten für Folgeinvestitionen, wie z. B. Ergänzungsinvestitionen, die später als ein Jahr nach Fertigstellung der Pflegeeinrichtungen entstehen, durften hingegen auf die Pflegebedürftigen umgelegt werden.

Das Belastungsverbot für Erstinvestitionskosten wurde im Jahre 1996 gelockert. In einer Änderungsvereinbarung zur VV wurde die Umlagefähigkeit von bis zu 20 Prozent der nicht öffentlich geförderten Erstinvestitionskosten gestattet. Neben Sachsen haben

Tabelle: Investitionsprogramm nach Artikel 52 PflegeVG

	Berlin	Brandenburg	Mecklenburg-Vorpommern	Sachsen	Sachsen-Anhalt	Thüringen	Gesamt
Gesamtsumme	406.974.253,37	691.579.041,62	530.176.352,16	1.448.931.114,92	728.679.434,86	729.601.117,51	4.535.941.314,43
davon							
Fördermittel Bund	268.831.439,15	497.791.142,16	384.993.833,47	966.386.205,60	582.900.476,76	529.359.067,15	3.230.262.164,28
Fördermittel Land	67.207.859,78	124.467.260,77	113.347.916,29	124.931.281,11	102.579.526,65	72.109.223,04	604.643.067,63
Fördermittel Kommunen	entfällt	entfällt	26.825.661,20	116.671.223,38	43.199.431,38	60.230.544,46	246.926.860,42
Eigen- oder Fremdmittel des Trägers	70.934.954,37	69.320.638,66	5.008.941,19	240.942.402,47	0,00	67.902.283,23	454.109.219,93
vollstationäre Pflegeplätze	5.976	9.056	7.331	20.422	9.520	10.157	62.462
teilstationäre Pflegeplätze	84	748	263	1.023	414	165	2.697
Kurzzeitpflegeplätze	80	482	25	626	146	65	1.424
Sozialstationen	0	0	4	0	29	2	35
Projekte insgesamt	53	180	127	332	173	160	1.025

sich Berlin, Brandenburg und Thüringen für eine nicht vollständige öffentliche Förderung und damit anteilige Belastung der Pflegebedürftigen mit Erstinvestitionskosten entschieden.

Die neuen Bundesländer stellten ihre Investitionsprogramme erstmals zum 1. Oktober 1994 auf, in denen neben den Investitionsvorhaben nach Art und Zahl auch die Höhe der Finanzhilfen des Bundes und des jeweiligen Landes sowie eventuelle Eigen- und Fremdmittel der geförderten Pflegeeinrichtungen selbst aufgeführt waren. Die Sicherstellung der zweckentsprechenden Verwendung der Finanzhilfen war durch das Einvernehmen mit dem Bundesministerium für Gesundheit herzustellen. Um den neuen Ländern einen sofortigen Baubeginn zu ermöglichen, konnten die zum 1. Oktober 1994 aufgestellten Investitionsprogramme auch Maßnahmen enthalten, die bereits nach dem 1. Juni 1994 begonnen wurden.

242 Die Investitionsprogramme der neuen Bundesländer enthalten insgesamt 1.025 Einzelprojekte, die alle bereits fertig gestellt und in Betrieb genommen wurden. Für 972 Projekte liegen bereits geprüfte Verwendungsnachweise vor. Mit der Umsetzung des Programms wurde insgesamt eine leistungsfähige und wirtschaftliche Struktur aufgebaut, die sowohl hinsichtlich der baulichen Gegebenheiten als auch hinsichtlich ihrer Ausstattung gute Rahmenbedingungen für die Pflege und Betreuung bietet und damit wesentlich zur Lebensqualität der Bewohnerinnen und Bewohner beiträgt.

Damit wurde der Zielsetzung des Artikels 52 PflegeVG, die Qualität der pflegerischen Versorgung der Bevölkerung im Beitrittsgebiet nachhaltig zu verbessern und an das Versorgungsniveau im übrigen Bundesgebiet anzupassen, vollständig entsprochen.

Insgesamt hat das Programm einen wesentlichen Beitrag zur Verbesserung der pflegerischen Versorgungsstruktur in den neuen Bundesländern geleistet. Es handelt sich um ein herausragendes Beispiel für das effektive und kooperative Zusammenwirken von Bund und Ländern und ist damit Ausdruck der föderalen Solidargemeinschaft der Bundesrepublik Deutschland.

Übersicht über die Investitionsprogramme nach Art. 52 PflegeVG

(Tabellen mit detaillierten Angaben zu den aus den Investitionsprogrammen geförderten Vorhaben finden sich auf der CD-ROM.)

Berlin

243 Auf Berlin (Ost) entfallen 53 Einzelprojekte mit einem Investitionsvolumen von rd. 406 Mio. Euro, womit insgesamt 5.976 vollstationäre Pflegeplätze,

84 teilstationäre Pflegeplätze und 80 Kurzzeitpflegeplätze errichtet wurden. Alle 53 Projekte sind bauseitig fertig gestellt und in Betrieb, für 51 Projekte liegen geprüfte Verwendungsnachweise vor.

Auf der Grundlage von § 1 der VV zu Art. 52 PflegeVG erhielt Berlin für den östlichen Teil während des gesamten Förderzeitraumes von 1995 bis 2002 (gestreckt bis 2004) Finanzhilfen des Bundes in Höhe von insgesamt von 269.962.113,27 Euro über das Verwahrkonto zur Verfügung gestellt.

Mit Schreiben vom 13. Mai 2009 wurden von Berlin Bundesmitteln in Höhe von 268.831.439,18 Euro abgerechnet. Der überschüssige Betrag in Höhe von 1.130.674,13 Euro wurde bereits im März 2009 erstattet.

Bei der Umsetzung des Programms wurde dem Umbau und der Modernisierung bestehender Einrichtungen Vorrang vor neu zu errichtenden Pflegeeinrichtungen eingeräumt, denn anders als in den Flächenländern war die Frage geeigneter, verfügbarer und lastenfreier Grundstücke für Neubauten im Land Berlin wesentlich schwieriger zu lösen.

Neben der geringen Verfügbarkeit geeigneter Grundstücke für Neubauten im Land Berlin waren die Kosten für eine Sanierung vorhandener Einrichtungen deutlich geringer als für Neubauten, so dass für mehr pflegebedürftige Bewohner bezahlbare, auch den Sozialhilfeträger entlastende Plätze eingerichtet werden konnten. Die Stabilisierung der zwischenzeitlich erreichten Trägervielfalt im Land Berlin war ein weiterer Grund, vorrangig den Bestand der Pflegeeinrichtungen zu erhalten und zu entwickeln.

Die Nachfrage der nach Artikel 52 PflegeVG geförderten Einrichtungen ist im Durchschnitt deutlich besser als bei allen anderen Pflegeeinrichtungen in Berlin. Dies wird deutlich am Anteil der Artikel 52 PflegeVG-Einrichtungen, der am Stichtag 15. Dezember 2005 eine Auslastung von 100 Prozent erreichte.

Während im Landesdurchschnitt 20 Prozent aller Einrichtungen eine Vollbelegung von 100 Prozent am Erfassungsstichtag erreichen, sind es bei den Artikel-52-PflegeVG-Einrichtungen doppelt so viele, nämlich rd. 40 Prozent.

Damit wurde der Zielsetzung des Artikels 52 PflegeVG, die Qualität der pflegerischen Versorgung der Bevölkerung im Ostteil Berlins nachhaltig zu verbessern und an das Versorgungsniveau im übrigen Bundesgebiet anzupassen, vollständig entsprochen. Für über 6.000 Pflegebedürftige ist zudem eine deutliche Verbesserung ihres Wohnumfeldes erreicht worden. Auch die Pflegekräfte in Berlin erfahren damit eine erhebliche Verbesserung ihrer räumlichen Arbeitsbedingungen.

Brandenburg

244 Auf Brandenburg entfallen 180 Einzelprojekte mit einem Gesamtinvestitionsvolumen von rd. 679,6 Mio. Euro, womit 9.033 vollstationäre Pflegeplätze, 732 teilstationäre Pflegeplätze und 484 Kurzzeitpflegeplätze errichtet wurden. Alle 180 Projekte sind bauseitig fertig gestellt und in Betrieb. Zum 19. Februar 2009 hat Brandenburg die Verwendungsnachweisprüfung für alle Projekte abgeschlossen. Auf der Grundlage von § 1 der VV zu Art. 52 PflegeVG erhielt Brandenburg während des gesamten Förderzeitraumes von 1995 bis 2002 (gestreckt bis 2004) Finanzhilfen des Bundes in Höhe von 530.107.422,42 Euro über das Verwahrkonto zur Verfügung gestellt.

Mit Schreiben vom 13. Mai 2009 wurden von Brandenburg Bundesmitteln in Höhe von 497.848.717,05 Euro abgerechnet. Der überschüssige Betrag in Höhe von 32.258.705,37 Euro wurde bereits im März 2009 erstattet.

Damit wurde der Zielsetzung des Artikels 52 PflegeVG, die Qualität der pflegerischen Versorgung der Bevölkerung in Brandenburg nachhaltig zu verbessern und an das Versorgungsniveau im übrigen Bundesgebiet anzupassen, vollständig entsprochen. Für über 10.000 Pflegebedürftige ist eine deutliche Verbesserung ihres Wohnumfeldes erreicht worden. Auch die Pflegekräfte in Brandenburg erfahren damit eine erhebliche Verbesserung ihrer räumlichen Arbeitsbedingungen.

In Brandenburg wurde die Zielstellung auf die teilstationäre und vollstationäre Versorgung der Bevölkerung beschränkt. Wesentliche landesspezifische Zielstellungen der Förderung waren:

– Bereitstellung eines bedarfsgerechten Angebots an teil- und vollstationären Pflegeeinrichtungen unter Berücksichtigung des Vorrangs der ambulanten Pflege,
– Schaffung einer ortsnahen und wirtschaftlichen Versorgungsstruktur,

- Trägervielfalt und ein ausgewogenes Verhältnis von gemeinnützigen und privaten Trägern,
- Schaffung vernetzter Betreuungsangebote durch eine zusätzliche Landesförderung von betreutem Wohnen im Heim.

Aufgrund gemachter Erfahrungen wurde darauf geachtet, dass zu fördernde Einrichtungen ihren Standort in der Ortsmitte haben sollen statt in einer Randlage „auf der grünen Wiese". Festgelegt wurde, dass Einrichtungen in der Regel 60 bis 120 Pflegeplätze vorhalten sollen und kleinere Heime nur im Verbundsystem eines Trägers förderbar sind.

Des Weiteren wurden die über die Heimmindestbauverordnung hinausgehende Standards zum Neu- und Umbau von Pflegeheimen im Land Brandenburg angewendet:

- Fläche von Einbettzimmern 16 qm, von Zweibettzimmern 26 qm,
- Ausstattung der Bewohnerzimmer mit Sanitärzelle,
- Gemeinschaftsräume ca. 3,2 qm pro Bewohnerin und Bewohner,
- Einbettzimmer für mindestens 50 Prozent der Bewohnerinnen und Bewohner,
- Keine Mehrbettzimmer ab 3 Personen.

Mecklenburg-Vorpommern

245 Auf Mecklenburg-Vorpommern entfallen 127 Einzelprojekte mit einem Investitionsvolumen von rd. 530 Mio. Euro, womit 7.331 vollstationäre Pflegeplätze, 261 teilstationäre Pflegeplätze und 25 Kurzzeitpflegeplätze errichtet wurden. Alle 127 bewilligten Projekte sind in Betrieb, für 121 Projekte liegen geprüfte Verwendungsnachweise vor. Insgesamt sind von Mecklenburg-Vorpommern Bundesmittel in Höhe von 389.399.896,73 Euro abgerufen worden. Mit Schreiben vom 6. Dezember 2010 wurden Bundesmittel in Höhe von 385.436.284,34 Euro abgerechnet. Der überschüssige Betrag in Höhe von 3.963.612,38 Euro wurde im April 2009 erstattet.

Für über 7.500 Pflegebedürftige in Mecklenburg-Vorpommern ist so eine deutliche Verbesserung ihres Wohnumfeldes erreicht worden. Auch die Pflegekräfte haben eine erhebliche Verbesserung ihrer räumlichen Arbeitsbedingungen erfahren. Damit wurde der Zielsetzung des Artikels 52 PflegeVG, die Qualität der pflegerischen Versorgung der Bevölkerung in Mecklenburg-Vorpommern nachhaltig zu verbessern und an das Versorgungsniveau im übrigen Bundesgebiet anzupassen, vollständig entsprochen.

Für Mecklenburg-Vorpommern wurde in der Richtlinie zur Vergabe von Landesmitteln für die Sanierung sowie Neu-, Um- und Erweiterungsbauten von Einrichtungen der Altenhilfe festgelegt, dass mindestens 75 Prozent der zuwendungsfähigen Ausgaben aus Bundesmitteln und 20 Prozent aus Landesmitteln als öffentliche Förderung gewährt werden. 5 Prozent waren durch die Gemeinden bzw. Gemeindeverbände bereit zu stellen.

Bei der Erstellung des Investitionsprogramms gemäß Artikel 52 PflegeVG für Mecklenburg-Vorpommern fanden u. a. folgende allgemeine Vorgaben des SGB XI vorrangig Beachtung:

- Pflegeeinrichtungen sollen die Pflegebedürftigen entsprechend dem allgemeinen anerkannten Stand medizinisch-pflegerischer Erkenntnis pflegen, versorgen und betreuen (§ 11 Abs. 1 SGB XI).
- Der Vielfalt der Träger von Pflegeeinrichtungen ist Rechnung zu tragen, auf deren Selbständigkeit, Selbstverständnis und Unabhängigkeit ist zu achten. Freigemeinnützige und private Träger haben Vorrang gegenüber öffentlichen Trägern (§ 11 Abs. 2 SGB XI).

Weiterhin wurde bei der Pflegeplanung verstärkt Wert gelegt auf:

- die Schaffung einer gemeindenahen, ortsnahen Versorgungsstruktur,
- die Schaffung vernetzter Betreuungsangebote (betreutes Wohnen, ambulante Dienste, teilstationäre und stationäre Pflege),
- kleinere Einrichtungen unter Beachtung des Wohngruppenprinzips,

Freistaat Sachsen

246 Auf den Freistaat Sachsen entfallen 332 Einzelprojekte mit einem Investitionsvolumen von rd. 1.450 Mio. Euro, womit 20.418 vollstationäre Pflegeplätze, 1.022 teilstationäre Pflegeplätze und 626 Kurzzeitpflegeplätze errichtet wurden. Alle 332 bewilligten Projekte sind in Betrieb, für 305 Projekte liegen geprüfte Verwendungs-nachweise vor. Auf der Grundlage von § 1 der Verwaltungsvereinbarung zu Art. 52 PflegeVG wurden dem Freistaat Sachsen während des gesamten Förderzeitraumes von 1995 bis 2002 (gestreckt bis 2004) Finanzhilfen des Bundes in Höhe von insgesamt von 968.182.306,22 Euro über das Verwahrkonto des Bundes zur Verfügung gestellt. Vom Freistaat Sachsen wurden Bundesmittel

in Höhe von 966.256.570,75 Euro abgerechnet. Der überschüssige Betrag in Höhe von 1.925.735,47 Euro wurde vom Freistaat Sachsen im März 2009 erstattet.

So ist für über 22.000 Pflegebedürftige im Freistaat Sachsen eine deutliche Verbesserung ihres Wohnumfeldes erreicht worden. Auch die Pflegekräfte erfahren damit eine erhebliche Verbesserung ihrer räumlichen Arbeitsbedingungen. Damit wurde der Zielsetzung des Artikels 52 PflegeVG, die Qualität der pflegerischen Versorgung der Bevölkerung im Freistaat Sachsen nachhaltig zu verbessern und an das Versorgungsniveau im übrigen Bundesgebiet anzupassen, vollständig entsprochen.

Damit möglichst viele pflegebedürftige Menschen in den Genuss geförderter Pflege- und Betreuungsangebote kommen konnten, hat der Freistaat Sachsen die Träger an den Investitionskosten beteiligt. Die Pflegebedürftigen der geförderten Einrichtungen werden mit bis zu 20 Prozent der Kosten der geförderten Investitionsmaßnahme belastet. Damit war es im Freistaat Sachsen möglich, eine deutlich größere Anzahl von Fördervorhaben zu realisieren als dies bei einer Vollfinanzierung aus öffentlichen Mitteln möglich gewesen wäre.

Im Freistaat Sachsen betrug die öffentliche Förderung einschließlich des kommunalen Finanzierungsanteils bei

– vollstationären Pflegeeinrichtungen   80 Prozent,
– teilstationären Pflegeeinrichtungen und Einrichtungen der Kurzzeitpflege 90 Prozent,
– Einrichtungen der Behindertenhilfe   100 Prozent

der als zuwendungsfähig anerkannten Aufwendungen.

Im Rahmen des Förderprogramms entstanden Einrichtungen in ganz unterschiedlicher Größe. In den Bewertungskriterien wurde die Empfehlung ausgesprochen, dass Altenpflegeheime eine Größe von 60 bis 80 Plätzen aufweisen sollten, da in dieser Größenordnung eine wirtschaftlich selbständige Betreibung gewährleistet werden kann.

Altenpflegeheime mit eine Kapazität von mehr als 80 Plätzen wurden unter der Maßgabe akzeptiert, dass ein entsprechend größerer örtlicher Bedarf gegeben war, der Standort der Einrichtung von seinem Bebauungsumfeld (mehrgeschossige Bebauung) dies zuließ und das Ziel einer wohnortnahen Versorgung in pluraler Trägerschaft nicht in Frage gestellt wurde.

Für den Betrieb von Kurzzeit- und Tagespflegeeinrichtungen waren im Juli bzw. September 1996 in einer Bekanntmachung des Landespflegeausschusses bereits Kriterien für eine leistungsfähige Einrichtungsgröße vorgelegt worden. So wurde empfohlen, dass Kurzzeitpflegeeinrichtungen mit einer Anbindung an Pflegeeinrichtungen gemäß § 71 SGB XI eine Größe von 10 bis 12 Plätzen aufweisen sollten, bei Solitäreinrichtungen wurde eine Einrichtungsgröße von 20 bis 24 Plätzen angeregt. Tagespflegeeinrichtungen sollten eine Platzzahl von 12 in der Regel nicht unterschreiten. Im Einzelfall wurden jedoch auch abweichende Konzeptionen zugelassen.

Sachsen-Anhalt

247 Auf Sachsen-Anhalt entfallen 173 Einzelprojekte mit einem Investitionsvolumen von rd. 729 Mio. Euro, womit 9.546 vollstationäre Pflegeplätze, 441 teilstationäre Pflegeplätze und 134 Kurzzeitpflegeplätze errichtet wurden. Alle 173 bewilligten Projekte sind in Betrieb, für alle Projekte liegen geprüfte Verwendungsnachweise vor. Insgesamt sind von Sachsen-Anhalt Bundesmittel in Höhe von 583.690.811,57 Euro abgerufen worden.

So ist für über 10.000 Pflegebedürftige in Sachsen-Anhalt eine deutliche Verbesserung ihres Wohnumfeldes erreicht worden. Auch die Pflegekräfte in Sachsen-Anhalt haben damit eine erhebliche Verbesserung ihrer räumlichen Arbeitsbedingungen erfahren. Damit wurde der Zielsetzung des Artikels 52 PflegeVG, die Qualität der pflegerischen Versorgung der Bevölkerung in Sachsen - Anhalt nachhaltig zu verbessern und an das Versorgungsniveau im übrigen Bundesgebiet anzupassen, vollständig entsprochen.

Für die Auswahl der Projekte wurden in Sachsen-Anhalt folgende Schwerpunkte vorgegeben:

– Schaffung einer gemeindenahen, ortsnahen Versorgungsstruktur,
– Trägervielfalt,
– Kapazitäten zwischen 50 und maximal 80 Plätzen, bei größeren Einrichtungen schrittweiser Abbau der Kapazitäten,
– Schaffung vernetzter Betreuungsangebote (Pflege und Wohnungen),
– Ausbau und Modernisierung vorhandener Standorte,

– Schaffung von Kurzzeit- und Tagespflegeeinrichtungen in Abhängigkeit vom Nachfrageverhalten in Verbindung mit ambulantem Dienst entsprechend dem Grundsatz ambulant vor stationär,
– Ausbau des Betreuungsangebotes für spezielle Zielgruppen, z. B. demenziell erkrankte Menschen.

Um neue Entwurfsideen zu erhalten, die den veränderten Bedürfnissen an eine moderne Pflegeeinrichtung gerecht werden, sind auf Initiative der Bauverwaltung des Landes Sachsen-Anhalt 17 Projekte einem Architektenwettbewerb unterstellt worden. Dadurch ergab sich die Chance, die besten Ideen für die vorgesehene Bauaufgabe am jeweiligen Ort auszuwählen. An verschiedensten Standorten im ländlichen und städtischen Umfeld konnte auf diesem Wege auch der Stellenwert, den das Land Pflegeeinrichtungen als Wohnstätten beimisst, verdeutlicht werden. Neben der Entwicklung individueller Wohnformen für das Alter konnte zugleich ein wichtiger Beitrag zur Baukultur geleistet werden. Das Ministerium für Bau und Verkehr des Landes Sachsen-Anhalt hat diese 17 Projekte in einer gesonderten Broschüre vom April 2006 vorgestellt.

Freistaat Thüringen

248 Auf den Freistaat Thüringen entfallen 160 Einzelprojekte mit einem Investitionsvolumen von rd. 728 Mio. Euro, womit 10.156 vollstationäre Pflegeplätze, 177 teilstationäre Pflegeplätze und 65 Kurzzeitpflegeplätze errichtet wurden. Alle 160 bewilligten Projekte sind in Betrieb und für 144 Projekte liegen geprüfte Verwendungsnachweise vor. Auf der Grundlage von § 1 der Verwaltungsvereinbarung zu Art. 52 PflegeVG wurden dem Freistaat Thüringen während des gesamten Förderzeitraumes von 1995 bis 2002 (gestreckt bis 2004) Finanzhilfen des Bundes in Höhe von insgesamt von 530.925.489,43 Euro über das Verwahrkonto des Bundes zur Verfügung gestellt.

Mit Schreiben vom 20.12.2010 wurden Bundesmittel in Höhe von 530.755.247,15 Euro abgerechnet. Der überschüssige Betrag in Höhe von 170.242,28 Euro wurde vom Freistaat Thüringen im Mai 2009 erstattet.

So ist für über 10.000 Pflegebedürftige im Freistaat Thüringen eine deutliche Verbesserung ihres Wohnumfeldes erreicht worden. Auch die Pflegekräfte erfahren damit eine erhebliche Verbesserung ihrer räumlichen Arbeitsbedingungen. Damit wurde der Zielsetzung des Artikels 52 PflegeVG, die Qualität der pflegerischen Versorgung der Bevölkerung im Freistaat Thüringen nachhaltig zu verbessern und an das Versorgungsniveau im übrigen Bundesgebiet anzupassen, vollständig entsprochen.

Zur Umsetzung des Investitionsprogramms erstellte der Freistaat Thüringen insgesamt vier Landespflegepläne. Diese wurden jeweils im Einvernehmen mit den Landkreisen und kreisfreien Städten, den Landesverbänden der Pflegekassen, dem Verband der privaten Krankenversicherung e. V. und nach Anhörung des Landespflegeausschusses erstellt.

Aus baulicher Sicht sollten Einrichtungen der Tages- und Nachtpflege über mindestens 12 Pflegeplätze verfügen und vollstationäre Einrichtungen mindestens 60 bis 120 Pflegeplätze aufweisen.

Der Anteil der Pflegeplätze in Einzelzimmern an der Gesamtplatzzahl der Einrichtung sollte 80 Prozent nicht unterschreiten. Die Größe der Einzelzimmer sollte ohne Einbeziehung des Sanitärraums 16 m^2, die Größe der Doppelzimmer ohne Einbeziehung des Sanitärraums 22 m^2 nicht unterschreiten.

Die Plätze verfügen über einen modernen Standard in Bau und Ausstattung, der den heutigen Anforderungen gerecht wird. Gleichzeitig werden die Pflegebedürftigen auf diesen Plätzen nur mit geringen Investitionsaufwendungen belastet.

12 Sozialgesetzbuch - 12. Buch Sozialhilfe

Überblick

Die Sozialhilfe nach dem Zwölften Buch Sozialgesetzbuch (SGB XII) stellt als „unterstes soziales Netz" ein Kernelement des Gesamtsystems der sozialen Sicherung in der Bundesrepublik Deutschland dar. Deshalb ist die Sozialhilfe den übrigen sozialen Sicherungssystemen nachrangig. Dies bedeutet, dass alle anderen Sozialleistungssysteme der Sozialhilfe vorrangig, d. h. vorgelagert sind. Vorrangige Sozialleistungssysteme erfassen jeweils abgegrenzte Personenkreise und sichern diese bei Eintritt definierter Risiken durch Erbringung von Versicherungsleistungen ab, beziehungsweise sehen Versorgungsleistungen bei Eintritt eines definierten Versorgungsfalles vor. Damit lassen Sozialversicherung, Arbeitsförderung und Sozialversorgung Lücken in der Absicherung offen, weil sie Leistungen zur Beseitigung bestimmter Notlagen nicht vorsehen, bestimmte Personenkreise nicht erfassen oder im Einzelfall keine ausreichenden Leistungen erbringen. Die Sozialhilfe hingegen hat einzugreifen, wenn – unabhängig von den hierfür verantwortlichen Ursachen – keine Ansprüche gegen ein anderes soziales Sicherungssystem bestehen. Voraussetzung dafür ist allerdings, dass sich eine Person nicht aus eigenen Kräften und Mitteln, dazu zählen grundsätzlich auch Unterhaltsansprüche, aus einer Notlage ganz oder teilweise befreien kann. Die Sozialhilfe greift also als unterstes soziales Netz erst dann ein, wenn keine andere Abhilfe möglich ist. Dieses Subsidiaritäts- oder Nachrangprinzip ist in § 2 SGB XII festgeschrieben. Auf Grund dieser Sonderstellung im sozialen Sicherungssystem enthält das Sozialhilferecht im SGB XII ein breit gefächertes Leistungssystem, um für durch unterschiedliche Lebenslagen verursachte Bedarfssituationen in Art und Umfang angepasste Hilfen bereit zu stellen.

In der Übersicht über soziale Rechte im Allgemeinen Teil des Sozialgesetzbuches (SGB I) ist das Recht auf Leistungen der Sozialhilfe in § 9 SGB I enthalten, einen Überblick über die Leistungen gibt § 28 SGB I. Die Vorschriften des Sozialhilferechts sind seit dem 1. Januar 2005 im Zwölften Buch Sozialgesetzbuch (SGB XII) enthalten.

Ausgeführt wird das SGB XII von den Behörden der Länder, zu denen verfassungsrechtlich auch die Kommunen (kreisfreie Städte, Landkreise bzw. Kreise) zählen, als eigene Angelegenheit (Artikel 84 des Grundgesetzes). Dies bedeutet, dass die Länder die Einrichtung von Behörden und das Verwaltungsverfahren regeln. Die Länder bestimmen deshalb, welche Behörden in ihrem Land als regionale bzw. überregionale Träger die Sozialhilfe ausführen.

Die Ausführung als eigene Angelegenheit bedeutet, dass die in den Ländern die Leistungen der Sozialhilfe ausführenden Behörden der Rechtsaufsicht des jeweiligen Landes unterstehen, nicht aber der Aufsicht durch das für die Sozialhilfe innerhalb der Bundesregierung zuständigen Bundesministerium für Arbeit und Soziales.

Finanziert werden Sozialhilfeleistungen mit Ausnahme eines ergänzenden Bundesanteils an den Ausgaben der Grundsicherung im Alter und bei Erwerbsminderung aus Steuermitteln der ausführenden Behörden. Die Finanzierungsverantwortung liegt damit bei den Ländern und nicht beim Bund.

Allgemeines

1 Die Sozialhilfe stellt als „unterstes soziales Netz" ein Kernelement des Gesamtsystems der sozialen Sicherung in der Bundesrepublik Deutschland dar. In der Übersicht über soziale Rechte im Allgemeinen Teil des Sozialgesetzbuches (SGB I) ist das Recht auf Leistungen der Sozialhilfe in § 9 SGB I enthalten, einen Überblick über die Leistungen gibt § 28 SGB I. Die Vorschriften des Sozialhilferechts sind seit dem 1. Januar 2005 im Zwölften Buch Sozialgesetzbuch (SGB XII) enthalten.

2 Die Gesetzgebungszuständigkeit für das Sozialhilferecht weist das Grundgesetz unter dem Begriff „öffentliche Fürsorge" (zum Herkunft des Begriffs Rdnr. 7) dem Bereich der konkurrierenden Gesetzgebung zu (Artikel 73 Abs. 2 und Artikel 74 Abs. 1 Nr. 7 Grundgesetz). Danach hat der Bund anstelle der Länder dann ein Gesetzgebungsrecht, wenn und soweit eine bundesgesetzliche und damit bundesweit geltende gesetzliche Regelung zur Herstellung gleichwertiger Lebensverhältnisse im Bundesgebiet oder zur Wahrung der Rechts- oder Wirtschaftseinheit im gesamtstaatlichen Interesse erforderlich ist. Die Erforderlichkeit ist für jedes Gesetz, durch das das SGB XII geändert wird, nachprüfbar zu begründen. Die Zustimmung des Bundesrates zu Gesetzen zur Änderung des Leistungsrechts im SGB XII ist im Unterschied zum Rechtsstand vor September 2006, also vor Inkrafttreten der sogenannten Föderalismusreform (Gesetz zur Änderung des Grundgesetzes vom 28. August 2006), nicht generell erforderlich.

3 Ausgeführt wird das SGB XII von den Behörden der Länder, zu denen verfassungsrechtlich auch die Kommunen (kreisfreie Städte, Landkreise bzw. Kreise) zählen, als eigene Angelegenheit (Artikel 83 Grundgesetz). Dies bedeutet, dass die Länder die Einrichtung von Behörden und das Verwaltungsverfahren regeln. Die Länder bestimmen deshalb, welche Behörden in ihrem Land als regionale bzw. überregionale Träger die Sozialhilfe ausführen. Den Ländern wird durch die Föderalismusreform die Möglichkeit eingeräumt, von Regelungen des Verwaltungsverfahrens in Bundesgesetzen abweichende Regelungen zu treffen. Für das SGB XII bedeutet dies, dass die Länder von darin enthaltenen Verwaltungsvorschriften abweichen können. Zum Verwaltungsverfahren zählt insbesondere die Art und Weise, wie ein Sozialhilfeträger zu prüfen hat, ob eine Person die im Gesetz geforderten Voraussetzungen für einen Leistungsanspruch erfüllt. Das Leistungsrecht (sogenanntes materielles Recht), also die Voraussetzungen für einen Leistungsanspruch und Höhe beziehungsweise Umfang der Leistungen, fällt nicht unter das Abweichungsrecht der Länder. Damit können die Länder nicht mehr nur dort durch Landesgesetz von Verwaltungsvorschriften im SGB XII abweichen, wo dies schon bisher ausdrücklich in sogenannten „Länderöffnungsklauseln" in einzelnen Vorschriften des SGB XII vorgesehen ist. Bislang haben die Länder hiervon keinen Gebrauch gemacht. Auch der Bundesgesetzgeber hat bisher die Möglichkeit nicht genutzt, in besonders zu begründenden Ausnahmefällen das Abweichungsrecht der Länder für bestimmte Verwaltungsvorschriften im SGB XII auszuschließen, was nur mit Zustimmung des Bundesrates erfolgen könnte.

4 Die Ausführung als eigene Angelegenheit bedeutet ferner, dass die in den Ländern die Leistungen der Sozialhilfe ausführenden Behörden der Rechtsaufsicht des jeweiligen Landes unterstehen, nicht aber der Aufsicht durch das für die Sozialhilfe innerhalb der Bundesregierung zuständigen Bundesministeriums für Arbeit und Soziales (Rdnr. 23).

5 Finanziert werden Sozialhilfeleistungen mit Ausnahme eines ergänzenden Bundesanteils an den Ausgaben der Grundsicherung im Alter und bei Erwerbsminderung aus Steuermitteln der ausführenden Behörden. Die Finanzierungsverantwortung liegt damit bei den Ländern und nicht beim Bund.

Aufgabe und Ziele

6 Wegen ihrer Aufgabe, das unterste soziale Netz zu bilden, ist die Sozialhilfe den übrigen sozialen Sicherungssysteme nachrangig. Dies bedeutet, dass alle anderen Sozialleistungssysteme der Sozialhilfe vorrangig, d. h. vorgelagert sind. Vorrangige Sozialleistungssysteme erfassen jeweils abgegrenzte Personenkreise und sichern diese bei Eintritt definierter Risiken durch Erbringung von Versicherungsleistungen ab beziehungsweise sehen Versorgungsleistungen bei Einritt eines definierten Versorgungsfalles vor. Damit lassen Sozialversicherung, Arbeitsförderung und Sozialversorgung Lücken in der Absicherung offen, weil sie Leistungen zur Beseitigung bestimmter Notlagen nicht vorsehen, bestimmte Personenkreise nicht erfassen oder im Einzelfall keine ausreichenden Leistungen erbringen. Die Sozialhilfe hingegen hat einzugreifen, wenn – unabhängig von den hierfür verantwortlichen Ursachen – keine Ansprüche gegen ein anderes soziales Sicherungssystem bestehen. Voraussetzung dafür ist allerdings, dass sich eine Person nicht aus eigenen Kräften und Mitteln, dazu zählen grundsätzlich auch Unterhaltsansprüche, aus einer Notlage ganz oder teilweise befreien kann. Die Sozialhilfe greift also als unterstes soziales Netz erst dann ein, wenn keine andere Abhilfe möglich ist. Dieses Subsidiaritäts- oder Nachrangprinzip ist in § 2 SGB XII festgeschrieben. Auf Grund dieser Sonderstellung im sozialen Sicherungssystem beinhaltet das Sozialhilferecht im SGB XII ein breit gefächertes Leistungssystem, um für durch unterschiedliche Lebenslagen verursachte Bedarfssituationen in Art und Umfang angepasste Hilfen bereit zu stellen. Im Jahr 2005 beliefen sich die Sozialhilfeausgaben auf 2,7 Prozent aller Sozialausgaben nach dem Sozialbudget.

Geschichte der Sozialhilfe – von der Armenpflege zur Sozialhilfe

Vorläufer der Sozialhilfe – Armenpflege und öffentliche Fürsorge

7 Der Ursprung der heutigen Sozialhilfe liegt im mittelalterlichen kommunalen Armenwesen, nach der die Hilfe für in Not geratene Menschen neben kirchlicher und privater Mildtätigkeit der Wohnortgemeinde oblag. Im Zusammenhang mit der Industrialisierung und ihren sozialen Folgen im 19. Jahrhundert wurden als Selbsthilfeorganisationen auch Vereinigungen der Arbeiterbewegung tätig. Staatliche Hilfe beschränkte sich jedoch auf das von den Gemeinden getragene Armenwesen und diese setzte voraus, dass der Notleidende dort auch das Heimatrecht besaß. Erst Anfang des 20. Jahrhunderts waren in den meisten Ländern des damaligen Kaiserreichs Elemente einer neuzeitlichen Wohlfahrtspflege erkennbar, was im Wesentlichen bedeutete, dass auf Grund staatlichen Zwangs und überkommunaler finanzieller Unterstützung auch Ortsfremden Hilfe zu gewähren war.

8 Vorherrschend war jedoch noch immer die Sichtweise, dass Arme ihr Los mehr oder weniger selbst verschuldet hatten und ihnen deshalb kaum das zum Leben Notwendige gegeben wurde. Diese Auffassung konnte erst in Folge der wirtschaftlichen und sozialen Auswirkungen des Ersten Weltkriegs überwunden werden. Die weit verbreitete Not Anfang der zwanziger Jahre des letzten Jahrhunderts zeigte unmissverständlich deutlich, dass sozialer Notstand auch andere Ursachen als eigenes Verschulden haben kann. Die gemeindliche und nichtstaatliche Hilfe – letzteres durch die sich zu sogenannten Wohlfahrtsverbänden zusammenschließenden Organisationen (Rdnr. 30 f.) – erwies sich zunehmend als unzureichend. Daraus zog die Sozialpolitik der Weimarer Republik die Konsequenz, das bisherige Armenrecht zu überwinden. Dazu wurden die rechtlichen Grundlagen der nunmehr als öffentliche Fürsorge bezeichneten Armenpflege von Landesrecht in Reichsrecht überführt. Durch die 1924 verabschiedete Verordnung über die Fürsorgepflicht und die „Grundsätze über Voraussetzung, Art und Maß öffentlicher Fürsorgeleistungen" wurde erstmals ein für ganz Deutschland einheitliches Fürsorgerecht eingeführt, das Vorläufer des heutigen Sozialhilferechts war.

Einführung der Sozialhilfe – das Bundessozialhilfegesetz

9 Eingeführt wurde die Sozialhilfe durch das nach mehrjähriger Vorarbeit 1961 verabschiedete und am 1. Juni 1962 in Kraft getretene Bundessozialhilfegesetz (BSHG). Durch diese Reform wurde das Recht der öffentlichen Fürsorge modernen rechts- und sozialstaatlichen Anschauungen sowie den geänderten sozialen Verhältnissen angepasst. Die auf die Gewährung des notwendigen Lebensunterhalts gerichtete Fürsorge wurde zur Sozialhilfe weiterentwickelt, die die Führung eines der Würde des Menschen entsprechenden Lebens zum Ziel hat.

10 Das Bundessozialhilfegesetz galt bis Jahresende 2004 und wurde in diesen fast 42 Jahren seiner Geltung zum Gegenstand von etwa 70 gesetzlichen Änderungen. Zu unterscheiden waren dabei sowohl Änderungen, die unmittelbar auf Weiterentwicklungen oder Korrekturen im Sozialhilferecht abzielten, aber auch Auswirkungen von Reformen in anderen Sozialrechtsbereichen, die zu Folgeänderungen im Sozialhilferecht führten.

11 Besonders erwähnenswert sind zwei Entwicklungen aus den letzten eineinhalb Jahrzehnten der Geltungsdauer des BSHG:

– In der ehemaligen DDR begann der Aufbau eines Sozialhilfesystems nach dem Vorbild der Bundesrepublik auf der Grundlage eines noch von der frei gewählten Volkskammer 1990 verabschiedeten Gesetzes. Die anfänglich im Vergleich zu Westdeutschland geringe Inanspruchnahme der Sozialhilfe, ermöglicht durch eine Vielzahl an Maßnahmen zur sozialen Abfederung des wirtschaftlichen Strukturumbruchs in Ostdeutschland, erleichterte diese Aufbauphase. Ab 1. Januar 1991 galt das BSHG auch in den neuen Ländern.

– Erstmals seit Inkrafttreten des BSGH kam es 1993 zu einer Ausgliederung von leistungsberechtigten Personenkreisen durch Einführung eines eigenen Leistungsgesetzes: Asylbewerber erhielten seit 1. November 1993 keine Leistungen mehr nach dem BSHG, sondern nach dem Asylbewerberleistungsgesetz (vgl. Kapitel 21). Darauf folgte im

Jahr 2001 das Gesetz über eine bedarfsorientierte Grundsicherung im Alter und bei Erwerbsminderung (GSiG), durch das zum 1. Januar 2003 die Grundsicherung im Alter und bei Erwerbsminderung eingeführt wurde. Diese neue Leistung ersetzte für Personen, die das 65. Lebensjahr vollendet oder das 18. Lebensjahr vollendet haben und dauerhaft voll erwerbsgemindert sind, die Hilfe zum Lebensunterhalt nach dem BSHG.

12 Als Ergebnis der Entwicklung des BSHG über vier Jahrzehnte hinweg kann festgestellt werden, dass die Kaufkraft der Leistungen erhalten und somit gewährleistet werden konnte, dass die Sozialhilfe ihre Funktion als unterstes soziales Netz dauerhaft erfüllen konnte. Die Entwicklung des BSHG und auch des GSiG endet mit der Aufhebung beider Gesetze zum Jahresende 2004; sie wurden zum 1. Januar 2005 durch das neue SGB XII abgelöst.

Das Sozialhilferecht im SGB XII

Gründe für die Sozialhilfereform

13 Die Gründe, die zur Reform des BSHG geführt haben, waren vielfältig. Das BSHG war bei seinem Inkrafttreten darauf ausgerichtet, Hilfe in Einzelfällen und damit für eine begrenzte Personenzahl zu leisten. Seither haben jedoch gesellschaftliche, wirtschaftliche und politische Veränderungen dazu geführt, dass immer mehr Personenkreise in die Sozialhilfe „hineingeraten" sind. Folge war ein erheblicher Anstieg der Zahl der Sozialhilfebezieher. Dies hatte auch einen entsprechenden Anstieg der Sozialhilfeausgaben zur Folge (Rdnr. 405). Die Sozialhilfe nahm entgegen ihrer ursprünglichen Konzeption für eine steigende Anzahl an Betroffenen in bestimmten Lebenslagen immer mehr den Charakter einer Regelsicherung an.

14 Zu den Ursachen dieser Entwicklung hatten die Bundesregierungen in der 14. und 15. Wahlperiode mit dem 2001 vorgelegten ersten und dem 2005 folgenden zweiten Armuts- und Reichtumsbericht (Bundestagsdrucksachen 14/5990, 15/5015) festgestellt, dass das Armutsrisiko in erheblichem Umfang mit Arbeitslosigkeit in Zusammenhang steht. Mit steigender Arbeitslosigkeit waren immer mehr Menschen zumindest auf ergänzende Leistungen der Sozialhilfe angewiesen. Hierin lag eine der Hauptursachen für den festzustellenden Anstieg bei den Beziehern von Hilfe zum Lebensunterhalt (Rdnr. 174 f.).

15 Als Reaktion auf diese Entwicklung kamen zunehmend Forderungen nach einer grundlegenden Reform der Sozialhilfe auf, um den veränderten sozialen Bedingungen Rechnung zu tragen.

– Der Deutsche Bundestag nahm am 14. März 2002 einen Entschließungsantrag („Fördern und Fordern – Sozialhilfe modern gestalten", Bundestagsdrucksache 14/7293) an, in dem eine Reform des Sozialhilferechts auf der Grundlage einer umfassenden Konzepts gefordert und die seinerzeitige Bundesregierung aufgefordert wurde, die erforderlichen Vorarbeiten aufzunehmen, um eine solche Reform in der folgenden Legislaturperiode durchführen zu können. Konkret forderte der Deutsche Bundestag u. a., die Hilfe zum Lebensunterhalt zu einem einfachen, transparenten und in sich konsistenten System der Gewährung der materiellen Hilfeleistungen für den Lebensunterhaltsbedarf weiterzuentwickeln. Ferner sollte die Reform dazu führen, durch mehr individuelle Unterstützung Sozialhilfebedürftigkeit zu vermeiden beziehungsweise zu überwinden.

– Die Länder forderten in Beschlüssen der Arbeits- und Sozialministerkonferenzen 2000 und 2001 Vereinfachungen für die Verwaltung, insbesondere in Form von pauschalierten Leistungen, wovon sie sich zugleich eine Stärkung der Selbstverantwortung der Betroffenen versprachen. Generell sollten nach Ansicht der Länder die aktivierenden gegenüber den passiven Leistungen in den Vordergrund gestellt werden („Fördern") und die Hilfeberechtigten aktiv in den Hilfeprozess einbezogen werden und dadurch auch Verantwortung für den Erfolg der Hilfe mit übernehmen („Fordern").

16 Große Auswirkungen auf die Sozialhilfereform hatte das Gesamtkonzept zur Modernisierung der Arbeitsmarktpolitik, das die von der seinerzeitigen Bundesregierung im Jahr 2002 als Reaktion auf die anhaltend hohe Arbeitslosigkeit eingesetzte Kommission „Moderne Dienstleistungen am Arbeitsmarkt" im 16. August 2002 vorgelegt hatte. Einer der Kernpunkte dieses Konzepts war der Vorschlag, die Arbeitslosenhilfe und die Hilfe zum Lebensunterhalt der Sozialhilfe für alle erwerbsfähigen Bezieher beider Leistungen zu einer vom Bund finanzierten Leistung zusammenzufassen (vgl. Kapitel 2).

17 Das Ziel einer Gesamtreform der Sozialhilfereform wurde in der Koalitionsvereinbarung vom 16. Oktober 2002 für die beginnende 15. Wahlperiode als Vorhaben der Regierungskoalition bekräftigt.

Die Reform sollte bewährten Grundsätzen ebenso Rechnung tragen, wie der Verbesserung aktivierender Instrumente zur Stärkung der Hilfe zur Selbsthilfe.

Gesetzgebungsverfahren

18 Der im Jahr 2003 zur Umsetzung der Sozialhilfereform vorgelegte Entwurf eines Gesetzes zur Einordnung des Sozialhilferechts in das Sozialgesetzbuch durchlief das Gesetzgebungsverfahren parallel mit dem Entwurf für das Vierte Gesetz für moderne Dienstleistungen am Arbeitsmarkt, durch das die Grundsicherung für Arbeitsuchende im neuen Sozialgesetzbuch II (SGB II) eingeführt wurde (vgl. Kapitel 2). Dieser zeitliche Zusammenhang beider Gesetzgebungsverfahren war wegen der inhaltlichen Zusammenhänge erforderlich:

– Mit dem SGB II erhalten Hilfebedürftige seit dem 1. Januar 2005 unter folgenden Voraussetzungen einen Anspruch auf Arbeitslosengeld II an Stelle der bisherigen Arbeitslosenhilfe und der Hilfe zum Lebensunterhalt: Sie sind 15 Jahre und älter, haben ein der Regelaltersgrenze in der gesetzlichen Rentenversicherung entsprechendes Alter aber noch nicht erreicht (bis Jahresende 2011: 65 Jahre), und sind aus arbeitsmedizinischer Sicht erwerbsfähig (zur Definition von Erwerbsfähigkeit vgl. Rdnr. 173). Sofern Angehörige in ihrem Haushalt leben, erhalten diese, wenn sie selbst nicht die Anspruchsvoraussetzungen für Arbeitslosengeld II erfüllen, einen Anspruch auf Sozialgeld nach dem SGB II.
– Alle übrigen, nicht erwerbsfähigen hilfebedürftigen Personen erhalten seit 1. Januar 2005 Leistungen der Sozialhilfe nach dem SGB XII zur Bestreitung des Lebensunterhalts.
– Die Leistungshöhe der Hilfe zum Lebensunterhalt wird im SGB II für die Höhe von Arbeitslosengeld II und Sozialgeld übernommen; die Sozialhilfe nach dem SGB XII ist damit für die Leistungshöhe das Referenzsystem für das SGB II.

19 Die beiden erst vom Vermittlungsausschuss zum Abschluss gebrachten Gesetzgebungsverfahren führten für das Sozialhilferecht zu einer weiteren Neuerung: Das bislang im GSiG enthaltene Recht der Grundsicherung im Alter und bei Erwerbsminderung wurde in das SGB XII integriert.

Konzeption des SGB XII

20 Grundlage des Gesetzentwurfs war die Einordnung des bisher im BSGH enthaltenen Sozialhilferechts als neues Zwölftes Buch in das Sozialgesetzbuch. Mit der Entscheidung, die bisherige Arbeitslosenhilfe und die Hilfe zum Lebensunterhalt für erwerbsfähige hilfebedürftige Personen zu einem neuen Leistungssystem im SGB II zusammen zu fassen, stand bereits vorab fest, dass der Bund Kostenträger dieser neuen Leistung ist. Ziel war es dabei auch, die Sozialhilfe von den finanziellen Folgen der Arbeitslosigkeit zu entlasten, die damit verbundenen Kosten von den Kommunen auf den Bund zu verlagern. Diese Kostenentlastung der Kommunen sollte jedoch nicht durch Leistungsausweitungen unterlaufen werden. Stattdessen war es das Ziel, die Kostenentwicklung der Sozialhilfe auf dieser abgesenkten Ausgangsbasis längerfristig zu stabilisieren.

21 Die Reform des Sozialhilferechts war verbunden mit einer systematischen Neuordnung nach dem Gliederungsschema des Sozialgesetzbuchs. So wurden insbesondere bislang im BSHG verteilte, aber inhaltlich zusammengehörige Regelungsinhalte neu geordnet und zusammengefasst. Dabei werden die Hilfearten für die unterschiedlichen Lebenslagen jeweils in einem eigenen Kapitel zusammenfasst. Daraus ergibt sich folgende Kapiteleinteilung:

– Erstes Kapitel: Allgemeine Vorschriften
– Zweites Kapitel : Leistungen der Sozialhilfe
– Drittes Kapitel bis Neuntes Kapitel: Leistungen der Sozialhilfe (vgl. Rdnr. 37)
– Zehntes Kapitel: Einrichtungen
– Elftes Kapitel: Einsatz des Einkommens und Vermögens
– Zwölftes Kapitel: Zuständigkeit der Träger der Sozialhilfe
– Dreizehntes Kapitel: Kosten
– Vierzehntes Kapitel: Verfahrensbestimmungen
– Fünfzehntes Kapitel: Statistik
– Sechzehntes Kapitel: Übergangs- und Schlussbestimmungen

Ergänzt wird die Neukodifikation durch eine sprachliche Modernisierung der Vorschriften, um die Verständlichkeit und damit die Benutzerfreundlichkeit des Gesetzes zu verbessern.

Entwicklung des SGB XII seit 2004

22 Wie schon beim BSHG, so war auch mit der Einführung des SGB XII die Entwicklung des Sozialhilferechts nicht abgeschlossen. Bereits vor Inkrafttreten des SGB XII wurden Vorschriften geändert, wobei es sich um die nach einem langen und umfangreichen Gesetzgebungsverfahren unausweichlichen Korrekturen und punktuelle Ergänzungen handelte. Diese Änderungen waren im Gesetz zur Änderung des Gesetzes zur Einordnung des Sozialhilferechts in das Sozialgesetzbuch vom 9. Dezember 2004 enthalten. Weitere Ergänzungen und Klarstellungen im SGB XII enthielt das Gesetz zur Vereinfachung der Verwaltungsverfahren im Sozialrecht (Verwaltungsvereinfachungsgesetz) vom 29. März 2005. Die inhaltliche Weiterentwicklung erfolgte im Jahr 2006 durch das Gesetz zur Änderung des Zweiten Buches Sozialgesetzbuch und anderer Gesetze vom 24. März 2006 und das Gesetz zur Fortentwicklung der Grundsicherung für Arbeitsuchende vom 20. Juli 2006. Dabei wurden erste Erfahrungen mit der Anwendung des SGB XII und, wegen der Gemeinsamkeiten in der Ausgestaltung der Leistungen zur Bestreitung des Lebensunterhalt, auch des SGB II berücksichtigt. Hinzu kam das Gesetz zur Änderung des Zwölften Buches Sozialgesetzbuch und anderer Gesetze vom 2. Dezember 2006, das eine Vielzahl von Detailänderungen und inhaltliche Weiterentwicklungen des Sozialhilferechts zusammenfasst. Dieses Gesetz enthielt zusammen mit der parallel dazu verabschiedeten Ersten Verordnung zur Änderung der Regelsatzverordnung vom 20. November 2006 eine Weiterentwicklung der Bemessung der Leistungen für den Lebensunterhalt. Durch das Zweiundzwanzigste Gesetz zur Änderung des Bundesausbildungsförderungsgesetzes (22. BAföGÄndG) vom 23. Dezember 2007 wurde eine Änderung in der Abgrenzung zwischen vorrangigen Ansprüchen nach dem Bundesausbildungsförderungsgesetz und Ansprüchen nach dem SGB XII vorgenommen.

Im Jahr 2008 wurde durch eine Ergänzung des SGB XII ab dem Jahr 2009 eine Bundesbeteiligung an den Nettoausgaben der Grundsicherung im Alter und bei Erwerbsminderung mit dem Gesetz zur Neuregelung des Wohngeldrechts und zur Änderung des Sozialgesetzbuches vom 24. September 2008 eingeführt. Ebenfalls zum 1. Januar 2009 trat eine Weiterentwicklung des Leistungsrechts in Kraft: Die Einführung einer speziellen und zusätzlichen Leistungen für Schülerinnen und Schüler durch das Gesetz zur Förderung von Familien und haushaltsnahen Dienstleistungen (Familienleistungsgesetz) vom 12. Dezember 2008. Die in diesem Gesetz enthaltene Beschränkung des Kreises der begünstigten Schülerinnen und Schüler wurde durch das Gesetz zur verbesserten Berücksichtigung von Vorsorgeaufwendungen (Bürgerentlastungsgesetz Krankenversicherung) vom 16. Juli 2009 ausgeweitet. Ebenfalls im Jahr 2009 wurde das Regelsatzsystem durch das Gesetz zur Sicherung von Beschäftigung und Stabilität in Deutschland vom 2. März 2009 (das sogenannte „Konjunkturpaket II") weiterentwickelt. Dadurch erhalten seit 1. Juli 2009 6- bis 13-jährige Kinder einen höheren Regelsatz. Ferner wurde im Jahr 2009 durch das Gesetz zur Regelung des Assistenzpflegebedarfs im Krankenhaus vom 30. Juli 2009 die Aufnahme von Pflegekindern in einer Pflegefamilie im Leistungsrecht ebenso erstmals berücksichtigt wie die Aufwendungen für sogenannte Assistenzpflegekräfte bei einem Krankenhausaufenthalt. Beim Vertragsrecht zwischen Trägern der Sozialhilfe und Einrichtungen kam es durch das Gesetz zur Änderung des Vierten Buches Sozialgesetzbuch, zur Errichtung einer Versorgungsausgleichskasse und anderer Gesetze vom 15. Juli 2009 zu einer punktuellen Änderung. Durch das Gesetz zur Weiterentwicklung der Organisation der Grundsicherung für Arbeitsuchende vom 3. August 2010 ergeben sich Änderungen für die Grundsicherung im Alter und bei Erwerbsminderung. Weitere Änderungen für die Hilfe zum Lebensunterhalt sowie die Grundsicherung im Alter und bei Erwerbsminderung enthält das Haushaltsbegleitgesetz 2011 vom 9. Dezember 2010.

Zu einer bedeutsamen Weiterentwicklung des Sozialhilferechts, konkret der Leistungen der Hilfe zum Lebensunterhalt und der Grundsicherung im Alter und bei Erwerbsminderung, führt das Urteil des Bundesverfassungsgericht vom 9. Februar 2010 zur Höhe der Regelleistungen im SGB II vom 24. März 2011. Die Umsetzung des Urteils erfolgt durch das Gesetz zur Ermittlung von Regelbedarfen und zur Änderung des Zweiten und Zwölften Buches Sozialgesetzbuch. Dieses Gesetz führt zu weitreichenden Änderungen für die Höhe Ermittlung der Höhe der Leistungen in der Hilfe zum Lebensunterhalt und der Grundsicherung im Alter und bei Erwerbsminderung sowie zu einer Vielzahl an weiteren Änderungen in beiden Kapiteln des SGB XII.

Neben originären Weiterentwicklungen des Sozialhilferechts sind auch Anpassungen an Änderungen in anderen Rechtsbereichen erforderlich. Dies gilt auch für Änderungen des Grundgesetzes. So machte die durch die sogenannte Föderalismusreform (vgl.

Rdnr. 2) bewirkte Neuaufteilung der Gesetzgebungszuständigkeiten auf Bund und Länder auch Anpassungen im SGB XII erforderlich, die im Gesetz zur Neuregelung der zivilrechtlichen Vorschriften des Heimgesetzes nach der Föderalismusreform vom 29. Juli 2009 enthalten sind.

Häufiger sind jedoch Anpassungen an Änderungen in anderen Rechtsbereichen, insbesondere im Recht vorgelagerter Sozialleistungssysteme, erforderlich. So wurde die im Gesetz zur Anpassung der Regelaltersgrenze an die demografische Entwicklung und zur Stärkung der Finanzgrundlagen der gesetzlichen Rentenversicherung (RV-Altersgrenzenanpassungsgesetz) vom 30. April 2007 enthaltene Anhebung der Regelaltersgrenze im Rentenrecht auch für die Grundsicherung im Alter und bei Erwerbsminderung übernommen. Die Gesundheitsreform im Jahr 2007, führte zu einer Anpassung der Vorschrift zur Übernahme von Krankenversicherungsbeiträgen. Die Einbeziehung von Beziehern einer Rente wegen voller Erwerbsminderung in die steuerliche Förderung des Aufbaus einer zusätzlichen kapitalgedeckten Altersvorsorge führte zu einer entsprechenden Angleichung der die Beitragsübernahme regelnden Vorschrift im SGB XII (Zweites Gesetz zur Änderung des Vierten Buches Sozialgesetzbuch und anderer Gesetze vom 21. Dezember 2008). Die Änderungen im Recht der sozialen Pflegeversicherung durch das Gesetz zur strukturellen Weiterentwicklung der Pflegeversicherung (Pflege-Versicherungsweiterentwicklungsgesetz) vom 28. Mai 2008 erforderte ebenfalls punktuelle Anpassungen im SGB XII. Das Haushaltsbegleitgesetz 2011 vom 8. Dezember 2010 führte zu einer Folgeänderung im SGB XII aufgrund der Streichung des befristeten Arbeitslosengeld-II-Zuschlages.

23 Neben inhaltlichen Änderungen gab es auch Folgeänderungen in Form begrifflicher Anpassungen im SGB XII an Entwicklungen außerhalb des Sozialhilferechts. So beispielsweise durch das Gesetz zur Organisationsreform in der gesetzlichen Rentenversicherung vom 9. Dezember 2004 an die neue Organisation der Rentenversicherungsträger. Hinzu kam in der Vergangenheit mehrfach die Anpassung der Bezeichnung von Bundesministerien im SGB XII, die in der Regel in sogenannten Zuständigkeitsanpassungsverordnungen des Bundesministeriums der Justiz gesetzesübergreifend zusammengefasst werden.

Allgemeine Grundsätze der Sozialhilfe

24 Die im Ersten Kapitel des SGB XII mit den §§ 1 bis 7 SGB XII enthaltenen allgemeinen Grundsätze der Sozialhilfe, nämlich die Grundsätze der Bedarfsdeckung, der Individualisierung und des Nachrangs der Sozialhilfe wurden im Wesentlichen inhaltlich unverändert aus dem BSHG übernommen.

25 Aufgabe der Sozialhilfe ist es nach § 1 SGB XII, den Leistungsberechtigten, also Personen in materiellen Notlagen, die Führung eines Lebens zu ermöglichen, das der Würde des Menschen entspricht. Dadurch wird die Sicherstellung eines soziokulturellen Mindestniveaus in der Bundesrepublik Deutschland garantiert und Armut sowie durch Armut verursachte soziale Ausgrenzung verhindert. Armut bedeutet nach dem umfassenden Verständnis, das der Armuts- und Reichtumsberichterstattung der Bundesregierung (Rdnr. 14) zu Grunde liegt, die Ungleichheit von Lebensbedingungen und die Ausgrenzung von einem gesellschaftlich akzeptierten Lebensstandard. Die durch die Sozialhilfe zu ermöglichende menschenwürdige Lebensführung beschränkt sich deshalb nicht allein auf die Behebung materieller Mängel, sondern bezieht auch fehlende kulturelle und soziale Mittel ein. Nur mit diesem umfassenden Ansatz kann die Ausgrenzung von einem gesellschaftlich akzeptierten Lebensstandard verhindert werden. Bei der Sozialhilfegewährung ist deshalb auf die jeweils herrschenden Lebensgewohnheiten und Erfahrungen insbesondere von Menschen mit geringem Einkommen Rücksicht zu nehmen. Damit wird es Leistungsberechtigten in der Sozialhilfe ermöglicht, ähnlich wie Personen mit unterdurchschnittlichem Einkommen, die keine Sozialhilfeleistungen beziehen, zu leben und damit nicht als Sozialhilfebezieher erkennbar zu sein. Der Grundsatz, dass durch die Leistungen der Sozialhilfe für die Bestreitung des Lebensunterhalts – ebenso im SGB II – ein menschenwürdiges Existenzminimum zu gewährleisten ist, bildet den Kernpunkt des Urteils des Bundesverfassungsgerichts zur Höhe der Regelleistungen nach dem SGB II.

26 Aus diesen Grundsätzen leitet sich der Bedarfsdeckungsgrundsatz ab. Dieser besagt, dass mit den Leistungen der Sozialhilfe ein Bedarf zu definieren und zu decken ist, ohne den ein menschenwürdiges Leben nicht geführt werden kann. Der mit diesen Leistungen verfolgte Zweck muss tatsächlich erreicht

werden. Dies bedeutet aber auch, dass ein darüber hinaus gehender Bedarf nicht zu decken ist. Aus dem Bedarfsdeckungsgrundsatz ergibt sicher ferner, dass die Sozialhilfeleistungen für einen konkreten Zweck geleistet werden und aus diesem Grund für den Leistungsberechtigten nicht verzichtbar sind (Rdnr. 51).

27 Dabei darf allerdings nicht das Ziel der Sozialhilfe außer Acht gelassen werden: Den Leistungsberechtigten soweit wie möglich zu befähigen, unabhängig von Hilfeleistungen als selbständig handelnder und wirtschaftender Mensch am Leben in der Gemeinschaft teilzunehmen; hierbei muss er nach seinen Kräften mitwirken. Dieser in § 1 SGB XII enthaltene Grundsatz wird als Hilfe zur Selbsthilfe bezeichnet.

28 In § 2 SGB XII ist der Grundsatz des Nachrangs der Sozialhilfe (Nachrangprinzip) verankert. Dieser bedeutet, dass nur Hilfe erhält, wer sich selbst nicht helfen kann oder die erforderliche Hilfe nicht von anderen erhält. Verpflichtungen Unterhaltspflichtiger oder anderer Sozialleistungsträger gehen den Verpflichtungen der Träger der Sozialhilfe vor. Daraus folgt, dass auf Rechtsvorschriften beruhende Leistungen anderer, auf die jedoch kein Anspruch besteht, nicht deshalb versagt werden dürfen, weil die Sozialhilfe entsprechende Leistungen vorsieht. Vom Grundsatz des Nachrangs gibt es Ausnahmen, wenn bspw. in anderen Leistungsgesetzen eine Anrechnung dieser Leistungen auf die Leistungen der Sozialhilfe ausgeschlossen wird (Rdnr. 311).

29 Bei den im allgemeinen Sprachgebrauch als „Sozialamt" bezeichneten Trägern der Sozialhilfe legt § 3 SGB XII die Unterscheidung zwischen den örtlichen und den überörtlichen Trägern fest (Rdnr. 378 ff.). Die Träger der Sozialhilfe haben zur Erfüllung ihrer Aufgaben nach § 6 SGB XII entsprechend ausgebildete Fachkräfte zu beschäftigen. Von Seiten der Länder sind die Sozialhilfeträger bei der Durchführung ihrer Aufgaben zu unterstützen, so bspw. durch Förderung des Erfahrungsaustausches auf Landesebene (§ 7 SGB XII).

30 Hilfe in Notlagen leistet allerdings nicht nur die Sozialhilfe, sondern auch die Organisationen der freien Wohlfahrtspflege als nichtstaatliche Träger. Zur freien Wohlfahrtspflege gehören die auf weltanschaulicher oder humanitärer Grundlage tätigen freien Organisationen und Vereinigungen. Dies sind neben den Kirchen und Religionsgemeinschaften des öffentlichen Rechts die auf Bundesebene in fünf Spitzenverbände der freien Wohlfahrtspflege zusammengeschlossenen Organisationen: Die Arbeiterwohlfahrt, der Deutsche Caritasverband, das Deutsche Rote Kreuz, das Diakonische Werk der evangelischen Kirche (Innere Mission), der deutsche paritätische Wohlfahrtsverband und die Zentralwohlfahrtsstelle der Juden in Deutschland. Daneben gibt es auch Wohlfahrtsverbände, die nicht bundesweit tätig sind, so insbesondere die Volkssolidarität, die ihren Tätigkeitsbereich auf Ostdeutschland konzentriert.

31 Selbstgestellte Aufgabe der freien Wohlfahrtspflege ist insbesondere die Hilfe für Menschen, die von materiellen Notlagen und sozialer Ausgrenzung bedroht sind. Hierfür haben die Wohlfahrtsverbände zahlreiche Einrichtungen wie Tagesstätten, Heime, Sonderschulen, Krankenhäuser, Werkstätten für behinderte Menschen, Beratungsstellen, Sozialstationen usw. geschaffen.

32 Für das Verhältnis von Trägern der Sozialhilfe und Wohlfahrtsorganisationen ist in § 5 SGB XII bestimmt, dass die staatliche Sozialhilfe nicht in Konkurrenz zur Tätigkeit der Wohlfahrtsverbände treten darf und diese weder in ihrer Stellung noch in ihrer sozialen Tätigkeit einschränken darf. Diese Vorgabe ist einerseits Konsequenz der Tatsache, dass diese bereits vor Einführung der gesamtstaatlichen Fürsorge beziehungsweise Sozialhilfe tätig waren (Rdnr. 7), andererseits aber auch aus der Erkenntnis heraus, dass die durch bürgerschaftliches und ehrenamtliches sowie karitatives und konfessionelles Engagement und darüber hinaus durch Solidarität und Subsidiarität getragenen Wohlfahrtsverbände andere Wirkungsmöglichkeiten haben als die staatliche Sozialpolitik. Die Wertgebundenheit der Wohlfahrtsverbände schlägt sich nicht nur in einer Vielzahl an Einrichtungen und Diensten nieder, sondern auch in der Pluralität der Ansätze und Methoden sozialer Arbeit.

33 Der Gesetzgeber hat daraus die Schlussfolgerung gezogen, dass die Träger der Sozialhilfe mit den Wohlfahrtsverbänden partnerschaftlich zum Wohl von Hilfesuchenden zusammen zu arbeiten haben, um sich gegenseitig wirksam zu ergänzen. Dies beinhaltet auch, dass die Träger der Sozialhilfe die Wohlfahrtsverbände in ihrer Tätigkeit auf dem Gebiet der Sozialhilfe angemessen unterstützen. Grundgedanke ist dabei die Achtung der Eigenständigkeit und Unabhängigkeit der Wohlfahrtsverbände bei der Durchführung ihrer selbst gestellten Aufgaben. Die Sozialhilfeträger können die freie Wohlfahrtspflege auch allgemein an der Durchführung ihrer Aufgaben beteiligen oder ihnen Aufgaben übertragen, wenn die

Verbände mit der Beteiligung oder Übertragung einverstanden sind. Eine Verschiebung von Verantwortlichkeiten ist damit nicht verbunden, denn auch im Falle eine Beteiligung oder Übertragung bleibt der Träger der Sozialhilfe gegenüber dem Leistungsberechtigten verantwortlich.

34 Aus den Gegebenheiten eines gegliederten Sozialleistungssystems ergibt sich die Notwendigkeit der Zusammenarbeit von Trägern der Sozialhilfe mit anderen Sozialleistungsträgern, deren gesetzliche Aufgaben dem gleichen Ziel dienen. Deshalb haben die Sozialhilfeträger nach § 4 SGB XII mit anderen Sozialleistungsträgern, insbesondere mit Trägern nach dem SGB II, nach dem Achten Buch Sozialgesetzbuch (SGB VIII: Kinder- und Jugendhilfe) und nach dem Neunten Buch Sozialgesetzbuch (SGB IX: Rehabilitation) sowie auch mit Trägern nach dem Elften Buch Sozialgesetzbuch (SGB XI: Soziale Pflegeversicherung), die an Leistungen beteiligt sind oder beteiligt werden sollen, zusammen zu arbeiten. Gemeinsam sollen die Sozialhilfeträger auch mit den Beteiligten der durch das Pflege-Versicherungsweiterentwicklungsgesetz eingeführten Pflegestützpunkte die für eine wohnortnahe Versorgung und Betreuung in Frage kommenden Hilfe- und Unterstützungsangebote koordinieren.

Leistungen der Sozialhilfe

35 Das Zweite Kapitel des SGB XII fasst in §§ 8 bis 26 SGB XII allgemeine Vorschriften über Leistungen zusammen, die für alle Leistungen in den folgenden Kapiteln gelten.

Grundsätze für Leistungen

36 Im Ersten Abschnitt des Zweiten Kapitels des SGB XII sind die für Leistungen geltenden Grundsätze zusammengefasst.

37 Als Leistungen der Sozialhilfe werden in § 8 SGB XII bestimmt:

– Hilfe zum Lebensunterhalt nach dem Dritten Kapitel (§§ 27 bis 40 SGB XII),
– Grundsicherung im Alter und bei Erwerbsminderung nach dem Vierten Kapitel (§§ 41 bis 46a SGB XII),
– Hilfe zur Gesundheit nach dem Fünften Kapitel (§§ 47 bis 52 SGB XII),
– Eingliederungshilfe für behinderte Menschen nach dem Sechsten Kapitel (§§ 53 bis 60 SGB XII),
– Hilfe zur Pflege nach dem Siebten Kapitel (§§ 61 bis 66 SGB XII),
– Hilfen zur Überwindung besonderer sozialer Schwierigkeiten nach dem Achten Kapitel (§§ 67 bis 69 SGB XII) und
– Hilfen in anderen Lebenslagen nach dem Neunten Kapitel (§§ 70 bis 74 SGB XII).

Hinzu kommen zu diesen Leistungen die jeweils erforderliche Beratung und Unterstützung.

38 Für die Leistungsgewährung gilt der in § 9 SGB XII enthaltene Grundsatz „Sozialhilfe nach der Besonderheit des Einzelfalles", auch als Grundsatz der Individualisierung zu bezeichnen. Dies bedeutet, dass sich Art, Form und Maß der Leistungen nach der Person des Leistungsberechtigten, seinem Bedarf und den örtlichen Verhältnissen zu richten hat. Nachhaltig wirkende Hilfe zur Selbsthilfe in Notfällen ist nur eingeschränkt typisierbar und lässt sich deshalb nicht durch schematische Leistungen erreichen. Dem Individuum soll deshalb so geholfen werden, wie es seine besondere Lage erfordert. Wünschen des Leistungsberechtigten hinsichtlich der Gestaltung der Leistung soll dabei entsprochen werden, soweit dies angemessen ist. Die gilt allerdings nicht für Wünsche, deren Berücksichtigung zu unverhältnismäßigen Mehrkosten führen würde.

39 Die Leistungen der Sozialhilfe werden entweder in Form von Dienstleistungen, Geld- oder Sachleistungen erbracht (§ 10 SGB XII). Im Rahmen der Reform der Regelsätze durch das Gesetz zur Ermittlung der Regelbedarfe und zur Änderung des Zweiten und Zwölften Buches Sozialgesetzbuch wird ab 2011 die Leistungsgewährung in Form von Gutscheinen zur gleichwertigen Alternative. Bislang waren Gutscheine in der Sozialhilfe eine Unterform der Sachleistungen. Für das Verhältnis von Geldleistungen zu Gutscheinen und Sachleistungen gilt der Vorrang von Geldleistungen, was insbesondere bedeutet, dass Geldleistungen nicht durch Gutscheine oder ähnliche unbare Leistungsformen ersetzt werden können. Gutscheine und Sachleistungen sind folglich nur dann möglich, wenn das SGB XII dies ausdrücklich festlegt oder damit das Ziel der Sozialhilfe erheblich besser oder wirtschaftlicher erreicht werden kann. Möglich ist aber die Gewährung von Gutscheinen oder Sachleistung auch dann, wenn Leistungsberechtigte dies wünschen.

40 Die Dienstleistungen werden in § 11 SGB XII konkretisiert. Es handelt sich dabei in erster Linie um Beratung und Unterstützung durch den Sozialhilfeträger in allen zur Überwindung von Notlagen relevanten Angelegenheiten. Im Mittelpunkt der Beratung haben die persönliche Situation eines Leistungsberechtigten, dessen Bedarf sowie seine eigenen Kräfte und Mittel zu stehen. Ziel der Beratung ist die persönliche Stärkung der Selbsthilfe. Dies schließt ein, dass ein Leistungsberechtigter aktiv am gesellschaftlichen Leben teilhaben kann, was auch ein gesellschaftliches Engagement einschließt, aber auch, dass er darin gestärkt wird, seine Notlage und damit die Sozialhilfebedürftigkeit zu überwinden. Zur Beratung zählt ferner, auf andere Sozialleistungen hinzuweisen und zu deren Inanspruchnahme zu befähigen. Die Beratung kann auch eine Budgetberatung umfassen, um das Persönliche Budget (vgl. Rdnr. 277 ff.) nutzen zu können. Durch eine mit dem Gesetz zur Ermittlung der Regelbedarfe und zur Änderung des Zweiten und Zwölften Buches Sozialgesetzbuch vorgenommenen Ergänzung von § 11 SGB XII wird zudem ausdrücklich klargestellt, dass die Budgetberatung für Leistungsberechtigte nach dem Dritten Kapitel (Hilfe zum Lebensunterhalt) sowie nach dem Vierten Kapitel (Grundsicherung im Alter und bei Erwerbsminderung) auch eine Beratung für den Umgang mit dem über den pauschalierten Regelsatz zur Verfügung gestellten monatlichen Budget für den laufenden Lebensunterhalt beinhaltet. Die Beratung umfasst ferner, soweit erforderlich, auch den Hinweis auf rechtsberatende Berufe.

41 Beratung und Unterstützung ist jedoch nicht allein Aufgabe der Träger der Sozialhilfe, sondern vor allem auch die der freien Wohlfahrtspflege. Leistungsberechtigte sind deshalb auf deren Angebote hinzuweisen. Ist es geboten, so haben die Träger der Sozialhilfe auf die Nutzung von Beratungsangeboten der Schuldnerberatungsstellen oder anderen Fachberatungsstellen hinzuwirken. Daraus entstehende Beratungskosten soll der Sozialhilfeträger übernehmen, wenn zu erwarten ist, dass dadurch die Inanspruchnahme von Hilfe zum Lebensunterhalt vermieden oder überwunden werden kann. In anderen Fällen können die Kosten übernommen werden.

42 Bei den in § 11 Abs. 3 SGB XII enthaltenen Maßnahmen zur Unterstützung handelt es sich im Wesentlichen um die sogenannten aktivierenden Maßnahmen, auch kurz als Aktivierung bezeichnet. Hierin kommt das mit der Sozialhilfereform neben dem „Fördern" angestrebte „Fordern" zum Ausdruck (vgl. Rdnr. 16). Sofern es Leistungsberechtigten zumutbar ist, eine Tätigkeit auszuüben, sollen sie hierzu in die Lage versetzt werden. Aufgabe des Trägers der Sozialhilfe ist es deshalb, einen Leistungsberechtigten auf die Ausübung einer Tätigkeit vorzubereiten und während er diese ausübt, ihn zu begleiten. Andererseits soll das Sozialamt aber auch darauf hinwirken, dass solche Unterstützungsangebote tatsächlich wahrgenommen werden.

43 Die aktivierenden Maßnahmen stellen eine abgewandelte Form der sogenannten „Hilfen zur Arbeit" im BSHG dar. Diese Leistungen des BSHG waren allerdings vorwiegend auf die Integration von erwerbsfähigen Hilfeempfängern in den allgemeinen Arbeitsmarkt ausgerichtet. Die im Zuge der Zusammenlegung von bisheriger Arbeitslosenhilfe und bisheriger Hilfe zum Lebensunterhalt nach dem BSHG für erwerbsfähige Hilfebedürftige zur Grundsicherung für Arbeitsuchende im SGB II (vgl. Rdnr. 22) machte deshalb eine Neuausrichtung dieser Maßnahmen in der Sozialhilfe erforderlich. Da auch die Leistungsberechtigten in der Hilfe zum Lebensunterhalt noch in sehr eingeschränktem Umfang erwerbsfähig sind und damit noch einer Tätigkeit nachgehen können, wird auf das Instrumentarium der „Hilfe zur Arbeit" nicht gänzlich verzichtet. Eine solche Tätigkeit zielt nicht vorwiegend oder ausschließlich auf die Erzielung von Einkommen ab, sondern beinhaltet auch unbezahlte oder mit einer Aufwandsentschädigung verbundene Aktivitäten, die der sozialen Integration dienen. Aktivierende Maßnahmen können aber auch einen ersten Schritt auf dem Weg ins oder zurück ins Erwerbsleben unterstützen und in der Konsequenz auch darauf abzielen, die Erwerbsfähigkeit zu verbessern. Dies wiederum kann zu einem Anspruch in der Grundsicherung für Arbeitsuchende nach dem SGB II und damit zum Zugang zu Leistungen der Arbeitsförderung führen. Angesichts der dabei im Vergleich zum BSHG zu berücksichtigenden veränderten individuellen Voraussetzungen und Bedürfnisse wird allerdings auf eine konkrete Ausgestaltung der aktivierenden Maßnahmen verzichtet.

44 Allerdings wird wegen der Besonderheiten der für die aktivierenden Maßnahmen in Frage kommenden Personen die Zumutbarkeit einer Tätigkeit in § 11 Abs. 4 SGB XII detaillierter geregelt. So ist die Tätigkeit Leistungsberechtigten nicht zumutbar,

- wenn sie wegen Erwerbsminderung, Krankheit, Behinderung oder Pflegebedürftigkeit hierzu nicht in der Lage sind oder

– ein der Regelaltersgrenze der gesetzlichen Rentenversicherung entsprechendes Lebensalter erreicht oder überschritten haben (bis Jahresende 2011 Vollendung des 65 Jahres, ab 2012 schrittweise Erhöhung auf das 67. Lebensjahr) oder
– ein sonstiger wichtiger Grund entgegensteht, insbesondere die geordnete Erziehung eines Kindes.

Hinsichtlich der Erziehung eines Kindes wird nach dessen Lebensalter differenziert – ist das Kind drei Jahre und älter, so ist dessen Erziehung im Regelfall nicht gefährdet, wenn die Betreuung in einer Tagesstätte oder Tagespflege im Sinne des SGB VIII (vgl. Kapitel 8) sichergestellt ist. Die Träger der Sozialhilfe sollen bei allein Erziehenden darauf hinwirken, dass ihnen vorrangig eine Tagesbetreuung für das Kind beziehungsweise die Kinder angeboten wird. Daneben sind weitere Pflichten eines Leistungsberechtigten zu berücksichtigen, etwas die Führung eines Haushalts oder die Pflege eines Angehörigen.

45 Das Instrument der Leistungsabsprache nach § 12 SGB XII soll eine kooperative Vorgehensweise, also ein Zusammenwirken von Leistungsberechtigten und Sozialhilfeträgern verstärken. Die erfolgreiche Überwindung einer Notlage sowie die Stärkung der Selbsthilfe zur aktiven Teilnahme am Leben in der Gemeinschaft sind in hohem Maße von der aktiven Mitwirkung des Leistungsberechtigten abhängig. In der schriftlichen Leistungsabsprache sind nach Beginn einer laufenden Leistung die Situation des Leistungsberechtigten und Möglichkeiten der Überwindung der Notlage schriftlich festzulegen. Falls erforderlich ist auch ein Förderplan in die Leistungsabsprache einzubeziehen. Deren Inhalt ist regelmäßig zu überprüfen und fortzuschreiben.

46 Sind Leistungen zu gewähren, beispielsweise bei der Eingliederungshilfe nach dem Sechsten oder der Hilfe zur Pflege nach dem Siebten Kapitel, besteht die Alternative, die erforderliche Leistung ambulant, stationär oder teilstationär zu erbringen. Ambulant heißt, dass Leistungen nicht mit einem zeitweiligen oder längerfristigen Aufenthalt in einer Einrichtung verbunden sind. Das SGB XII verzichtet angesichts der Vielschichtigkeit des Einrichtungsbegriffs auf eine Definition von stationären oder teilstationären Einrichtungen. Stattdessen wird der Einrichtungsbegriffs in § 13 Abs. 2 SGB XII umschrieben. Danach sind alle Einrichtungen umfasst sind, die der Pflege, der Behandlung oder sonstiger nach dem SGB XII zu deckender Bedarfe oder der Erziehung dienen.

47 Bei der Entscheidung, wie die Leistung zu erbringen ist, gilt nach § 13 Abs. 1 SGB XII der Vorrang der ambulanten Leistung. Ist diese nicht möglich oder nicht zumutbar, so hat die teilstationäre Vorrang vor der stationären Leistungsform. Bei der Frage der Zumutbarkeit sind die persönlichen, familiären und örtlichen Umstände sowie die Wünsche des Leistungsberechtigten in die Entscheidung einzubeziehen (vgl. Rdnr. 38). Ist eine stationäre Unterbringung erforderlich, so soll das Sozialamt Wünsche von Leistungsberechtigten nach einer konfessionellen Betreuung bei der Entscheidung über die Einrichtung berücksichtigen.

48 Kommen Leistungen der Hilfe zur Pflege nach dem Sechsten Kapitel in Betracht, so gilt nach § 14 SGB XII der Vorrang für Prävention und Rehabilitation. Damit gilt auch für die Sozialhilfe dieses wesentliche Ziel der Gesundheitspolitik, durch Anwendung der im SGB IX enthaltenen Leistungen der Prävention und der Rehabilitation den Eintritt von Pflegebedürftigkeit oder Behinderung zu verhindern oder zumindest hinauszuschieben und in ihren Auswirkungen zu mindern. Dieser Grundsatz ist nicht nur für die Betroffenen von großer Bedeutung, er hat darüber hinaus auch für die Leistungsträger wirtschaftliche Bedeutung. Erzielbar ist die Vermeidung oder Begrenzung von Pflegekosten jedoch nur durch frühzeitige Zusammenarbeit aller Präventions- und Rehabilitationsträger, woraus sich die Verpflichtung der Träger der Sozialhilfe ableitet, die zuständigen Träger zu unterrichten, wenn solche Maßnahmen als geeignet erscheinen.

49 Den Grundsatz, dass die Sozialhilfe nur zur Behebung von aktuell bestehenden Notlagen Leistungen erbringen kann, erweitert § 15 SGB XII. So sollen auch Sozialhilfeleistungen erbracht werden, wenn dadurch vorbeugend eine drohende Notlage ganz oder teilweise abgewendet werden kann. Ebenso soll in Ausnahmefällen auch zur Sicherung der Wirksamkeit von bereits zuvor erbrachter Sozialhilfe weitere Leistungen erbracht werden, wenn dies geboten ist, um die Wirksamkeit der früheren Hilfen zu sichern.

50 Als weitere Vorgabe für die Träger der Sozialhilfe legt § 16 SGB XII fest, dass bei der Leistungsgewährung die besonderen Verhältnisse in der Familie des Leistungsberechtigten berücksichtigt werden sollen. Dabei soll die Sozialhilfe die Kräfte der Familie zur Selbsthilfe anregen und deren Zusammenhalt festigen.

Anspruch auf Leistungen

51 Den Anspruch auf Leistungen der Sozialhilfe regelt der Zweite Abschnitt des Zweiten Kapitels. Dabei gilt der Grundsatz, dass Hilfesuchende auf die Mehrzahl der Leistungen nach dem SGB XII einen Rechtsanspruch haben (sogenannte „Muss-Leistungen"). Der Anspruch auf Sozialhilfeleistungen ist nach § 17 Abs. 1 SGB XII (Rdnr. 26, Rdnr. 90) weder übertragbar, noch kann er gepfändet oder verpfändet werden. Der Ausschluss einer Pfändung bedeutet, dass ein Gläubiger die Sozialhilfeleistung nicht beim Sozialamt pfänden kann, Kontenpfändungen bei Leistungsberechtigten sind dadurch jedoch nicht ausgeschlossen. Für Sozialhilfeleistungen gilt jedoch, dass in den ersten sieben Tagen nach Zahlungseingang keine Kontenpfändung möglich ist.

Art und Maß der konkret zu leistenden Hilfen liegen aber im Ermessen des Sozialhilfeträgers (§ 17 Abs. 2 SGB XII). Der Rechtsanspruch ist in der Regel ein Anspruch dem Grunde nach, über Form und Maß der Hilfe entscheidet das Sozialamt nach pflichtgemäßem Ermessen. Dies bedeutet, dass das Ermessen nicht willkürlich ausgeübt werden darf; stattdessen sind alle Grundsätze des Sozialhilferechts, des SGB I und des Verwaltungsverfahrens nach dem Zehnten Buch Sozialgesetzbuch (SGB X) sowie des Verfassungsrechts (insbesondere den Gleichheitsgrundsatz) zu beachten. Ferner muss ein schriftlicher Verwaltungsakt die das Ermessen prägenden Gründe und Ziele erkennen lassen. Die Ausübung des Ermessens unterliegt einer – auch gerichtlichen – Überprüfung (Rdnr. 406).

Das SGB XII sieht neben dem Rechtsanspruch auf Leistungen auch sogenannte „Soll-Leistungen" und „Kann-Leistungen" vor. Hier ist der Träger nicht zur Leistungsgewährung verpflichtet, sein Ermessen beginnt also bereits bei der Frage, ob eine Leistung zu gewähren ist. Dabei ist der Ermessensspielraum des Sozialhilfeträgers bei einer Kann-Leistung größer als bei einer Soll-Leistung.

52 Die Leistungen der Sozialhilfe, mit Ausnahme der Grundsicherung im Alter und bei Erwerbsminderung nach dem Vierten Kapitel, haben nach § 18 SGB XII unverzüglich einzutreten, d. h. sobald einem Träger der Sozialhilfe das Vorliegen der Voraussetzungen für eine Leistung bekannt wird. Ein förmlich ausgestaltetes Antragsverfahren ist hierfür ebenso wenig erforderlich wie ein Herantreten an den zuständigen Träger der Sozialhilfe. Die Bedürftigkeit ist ferner vom Sozialhilfeträger selbst zu ermitteln, dieser hat damit von sich aus tätig zu werden, wenn ihm Anhaltspunkte für Hilfebedürftigkeit vorliegen (sogenannter Amtsermittlungsgrundsatz). Damit geht das Sozialhilferecht über den allgemeinen Grundsatz der rechtzeitigen und zügigen Ausführung von Sozialleistungen in § 17 SGB I hinaus. Allerdings kann der Hilfebedürftige nicht gezwungen werden, Sozialhilfe anzunehmen, da damit gegen das Grundrecht der Freiheit der Person (Art. 2 Abs. 2 GG) verstoßen würde.

53 Nur der Bezug von Leistungen der Grundsicherung im Alter und bei Erwerbsminderung setzt voraus, dass ein Antrag gestellt wird.

Abgrenzung der Leistungsberechtigung

54 In den §§ 19 bis 26 SGB XII sind Vorschriften für die Abgrenzung des in der Sozialhilfe leistungsberechtigten Personenkreises zusammengefasst. Darüber hinaus sind allgemeine Vorschriften zum Umfang der Leistungen enthalten. Angesichts des Nachrangprinzips der Sozialhilfe kann es nur in Ausnahmefällen einen Ausschluss von bestimmten Sozialhilfeleistungen für einzelne Personengruppen geben, allerdings sind in einem gegliederten Sozialleistungssystem Sonderregelungen für bestimmte Personenkreise erforderlich.

Leistungsberechtigte Personen

55 Die zentrale Vorschrift für die Bestimmung, wer Leistungsberechtigter in der Sozialhilfe ist, enthält § 19 SGB XII. Hier sind die persönlichen Voraussetzungen für die einzelnen Leistungen des SGB XII zusammenfasst und damit zugleich die allgemeinen Grundsätze der Hilfebedürftigkeit als Anspruchsvoraussetzung definiert; für die einzelnen Leistungsart erfolgt die weitergehende Konkretisierung der Hilfebedürftigkeit in den nachfolgenden Kapiteln.

56 Hilfe zum Lebensunterhalt nach dem Dritten Kapitel ist nach § 19 Abs. 1 SGB XII Personen zu leisten, die ihren notwendigen Lebensunterhalt nicht oder nicht ausreichend aus eigenen Kräften oder Mitteln bestreiten können. Als Folge der Neustrukturierung des Dritten Kapitels durch das Gesetz zur Ermittlung von Regelbedarfen und zur Änderung des Zweiten und Zwölften Buches Sozialgesetzbuch werden die bislang in § 19 Abs. 1 SGB XII enthaltenen einzelnen

Voraussetzungen der Leistungsberechtigung – wie dies bereits seit Einführung des SGB XII für die übrigen Kapitel der Fall ist – in die entsprechende Vorschrift des Dritten Kapitels, also in den neugefassten § 27 SGB XII, übernommen (vergleiche Rdnr. 169).

57 Grundsicherung im Alter und bei Erwerbsminderung ist nach § 19 Abs. 2 SGB XII unter den besonderen Voraussetzungen des Vierten Kapitels an Personen zu leisten, die ein der Regelaltersgrenze in der gesetzlichen Rentenversicherung entsprechendes Lebensalter erreicht beziehungsweise überschritten haben, oder das 18. Lebensjahr vollendet haben und dauerhaft voll erwerbsgemindert sind – und wie bei der Hilfe zum Lebensunterhalt – ihren notwendigen Lebensunterhalt nicht oder nicht ausreichend aus eigenem Einkommen oder Vermögen bestreiten können. Die Leistungsberechtigung nach dem Vierten Kapitel geht einer Leistungsberechtigung nach dem Dritten Kapitel vor (Rdnr. 235).

58 Leistungen nach dem Fünften bis Neunten Kapitel, dies sind Hilfen zur Gesundheit (Rdnr. 262 ff.), Eingliederungshilfe für behinderte Menschen (Rdnr. 267 ff), Hilfe zur Pflege (Rdnr. 282 ff.), Hilfen zur Überwindung besonderer sozialer Schwierigkeiten (Rdnr. 296 ff.) und Hilfen in anderen Lebenslagen (Rdnr. 301 ff.), werden unter den Voraussetzungen des § 19 Abs. 3 SGB XII geleistet. Leistungen nach dem Fünften bis Neunten Kapitel setzen voraus, dass den Leistungsberechtigten und ihren nicht getrennt lebenden Ehepartnern und Lebenspartnern sowie, sofern sie minderjährig und unverheiratet sind, auch ihren Eltern beziehungsweise einem Elternteil die Aufbringung der Mittel aus eigenem Einkommen und Vermögen nach den Vorschriften über die Berücksichtigung von Einkommen und Vermögen im Elften Kapitel des SGB XII nicht oder zumindest nicht in vollem Umfang zuzumuten ist (Rdnr. 322 ff., Rdnr. 333 ff, Rdnr. 342 ff.). Damit wird im Vergleich zur Hilfe zum Lebensunterhalt und zur Grundsicherung im Alter und bei Erwerbsminderung vom Grundsatz des strikten Einsatzes von Einkommen und Vermögen abgewichen.

59 Eine besondere Leistungsvoraussetzung wird Schwangeren und Alleinerziehenden in § 19 Abs. 4 SGB XII eingeräumt: Im Unterschied zum allgemeinen Grundsatz der Heranziehung von Einkommen und Vermögen wird hier bei Personen, die im Haushalt ihrer Eltern oder eines Elternteils leben, sofern sie schwanger sind oder ihr leibliches Kind bis zur Vollendung des 6. Lebensjahres betreuen, das Einkommen und Vermögen der Eltern oder des Elternteils nicht berücksichtigt.

60 Stellt sich nachträglich heraus, dass Personen die Aufbringung der Mittel aus Einkommen und Vermögen für bezogene Leistungen der Hilfe zum Lebensunterhalt oder der Grundsicherung im Alter und bei Erwerbsminderung möglich oder für erhaltene Leistungen nach dem Fünften bis Neunten Kapitel zumutbar war, so haben sie nach § 19 Abs. 5 SGB XII dem Träger der Sozialhilfe die Aufwendungen in dem möglichen oder zumutbaren Umfang zu ersetzen (Rdnr. 355). Den Sozialhilfeträgern wird es dadurch ermöglicht, Leistungen im Bedarfsfall in vollem Umfang und unmittelbar zu erbringen und nicht deren Einsetzen vom Ausgang einer Prüfung der wirtschaftlichen Leistungsfähigkeit abhängig machen zu müssen. Diese Vorleistung der Sozialhilfe wird auch als „Bruttoprinzip" bezeichnet und vor allem für die Leistungen nach dem Fünften bis Neunten Kapitel Bedeutung.

61 Ferner können nach dem Tod einer leistungsberechtigten Person nach § 19 Abs. 6 SGB XII in gewissem Umfang auch Leistungsansprüche „vererbt" werden. Dies ist dann der Fall, wenn Dritte Leistungen erbracht oder Pflege geleistet haben und der Träger der Sozialhilfe erst nach dem Tod der berechtigten Person leistet. Dann geht der Leistungsanspruch auf die in Vorleistung getretene Person über.

62 Bei der Berücksichtigung von Einkommen und Vermögen dürfen nach § 20 SGB XII zusammenlebende Personen gegenüber Ehegatten nicht besser gestellt werden. Die für Ehepaare geltende Verpflichtung zur gegenseitigen Gewährung von Unterhalt wird deshalb auch auf eheähnliche Gemeinschaften („Ehe ohne Trauschein") und auch für lebenspartnerschaftsähnliche Gemeinschaften (gleichgeschlechtliche Lebensgemeinschaft) unterstellt.

Einschränkungen der Leistungsberechtigung für im Inland lebende Personen

63 Die Trennung der der Bestreitung des Existenzminimums dienenden Leistungssysteme nach SGB XII und SGB II (Grundsicherung für Arbeitsuchende) erfordert vor dem Hintergrund eines gleichen Umfangs beider Systeme für Leistungen zur Bestreitung des laufenden Lebensunterhalts eine Abgrenzung der Leistungsberechtigung. Deshalb ist in § 21 SGB XII eine Sonderregelung für Leistungsberechtigte nach dem SGB II enthalten, durch die erwerbsfähige Personen, weil sie die Anspruchsvoraussetzungen für das SGB II erfüllen, von Leistungen der Hilfe zum Lebensunterhalt nach dem Dritten Kapitel SGB XII ausgeschlossen werden (Rdnr. 173). Einzige Ausnahme für eine Leistungsgewährung für erwerbsfähige Personen ist die Möglichkeit einer Übernahme von Miet- und Energieschulden durch die Hilfe zum Lebensunterhalt (§ 36 SGB XII, Rdnr. 221 ff.), sofern diese nicht leistungsberechtigt nach dem SGB II sind, also ausschließlich durch das Vorhandensein von Miet- und Energieschulden hilfebedürftig werden.

§ 21 SGB XII enthält darüber hinaus eine Regelung für den Fall, dass bei Trägern nach dem SGB II und dem SGB XII unterschiedliche Auffassungen darüber bestehen, ob eine Person erwerbsfähig und damit leistungsberechtigt nach dem SGB II oder aber voll bzw. dauerhaft voll erwerbsgemindert und damit leistungsberechtigt nach dem SGB XII ist. In diesem Fall sieht eine im Gesetz zur Weiterentwicklung der Organisation der Grundsicherung für Arbeitssuchende enthaltene und ab 2011 geltende Änderung von § 21 SGB XII, die mit § 44a SGB II korrespondiert, Folgendes vor: In diesem Fall entscheidet eine gemeinsame Einigungsstelle, der neben dem SGB-II- und SGB-XII-Träger auch die von Fragen der Erwerbsfähigkeit betroffenen Krankenkasse angehören. Die Einigungsstelle entscheidet abschließend, in der Regel nach einer gutachterlichen Stellungnahme eines Trägers der gesetzlichen Rentenversicherung. Das Verfahren entspricht damit dem bei der Feststellung einer dauerhaften vollen Erwerbsminderung im Zusammenhang mit der Prüfung einer Leistungsberechtigung in der Grundsicherung im Alter und bei Erwerbsminderung (vergleiche Rdnr. 255). Bis zur Entscheidung der Einigungsstelle übernimmt der SGB-II-Träger die Leistung.

Für die Leistungsberechtigung in der Grundsicherung im Alter und bei Erwerbsminderung nach dem Vierten Kapitel ist eine solche Abgrenzungen der Leistungsberechtigung im SGB XII nicht erforderlich, da die Anspruchsvoraussetzung der dauerhaften vollen Erwerbsminderung die Anspruchsvoraussetzung der Erwerbsfähigkeit in der Grundsicherung für Arbeitsuchende ausschließt. Ferner ist im SGB II geregelt, dass bei Vorliegen einer dauerhaften vollen Erwerbsminderung der Anspruch auf Grundsicherung im Alter und bei Erwerbsminderung nach SGB XII einem Anspruch auf Sozialgeld nach SGB II vorrangig ist. Auf Leistungen nach anderen Kapiteln des SGB XII, für die es im SGB II keine Entsprechung gibt, ist ein ergänzender Anspruch von Leistungsberechtigen nach dem SGB II bei Erfüllung der persönlichen Anspruchsvoraussetzungen möglich.

64 Eine weitere Ausnahmeregelung ist in § 22 SGB XII für Auszubildende enthalten. Diese haben, sofern ihre Ausbildung dem Grunde nach förderfähig nach dem Bundesausbildungsförderungsgesetz (BAföG) oder dem SGB III (Arbeitsförderung) ist (vgl. Kapitel 19 und 3), keinen Anspruch auf Leistungen nach dem Dritten und Vierten Kapitel, also auf Hilfe zum Lebensunterhalt und Grundsicherung im Alter und bei Erwerbsminderung.

Förderung von Ausbildung ist Aufgabe der hierfür bestehenden speziellen und damit vorrangigen Gesetze und nicht der Sozialhilfe. Durch die Abgrenzung der Leistungsberechtigung wird verhindert, dass im Einzelfall eine Art von Wahlrecht zwischen den auf die Lebensverhältnisse während einer Ausbildung zugeschnittenen Leistungsvoraussetzungen nach BAföG oder SGB III einerseits und den in Einzelfällen weitergehenden Hilfen der Sozialhilfe andererseits besteht. Allerdings können in besonderen Härtefällen auch Leistungen der Hilfe zum Lebensunterhalt oder der Grundsicherung im Alter und bei Erwerbsminderung gezahlt werden, entweder als Darlehen oder als nicht rückzahlbare Beihilfe. Solche besonderen Härtefälle können jedoch nur dann vorliegen, wenn während einer nach BAföG oder SGB III förderfähigen Ausbildung ein Bedarf besteht, der nicht in unmittelbarem Zusammenhang mit der Ausbildung steht beziehungsweise nicht unmittelbar von dieser verursacht wird.

65 Wer jedoch für seine Ausbildung keinen Anspruch auf Leistungen nach dem BAföG oder dem SGB III hat, kann Leistungen der Hilfe zum Lebensunterhalt oder der Grundsicherung im Alter und bei Erwerbsminderung erhalten. Dies gilt für Schüler, die aus anderen als ausbildungsbezogenen Gründen nicht bei den Eltern leben oder die eine Berufsfachschule und Fachschulklasse besuchen, die keine abgeschlossene Berufsausbildung voraussetzen. Eine weitere Ausnahme gilt für Abendschüler. Durch den Besuch einer Abendschule, einer Abendrealschule oder eines Abendgymnasiums werden allgemeinschulische Qualifikationen in fortgeschrittenem Alter erworben. Dabei überschreiten viele Abendschüler die im Bundesausbildungsförderungsgesetz enthaltene Altersgrenze von 30 Jahren und haben deshalb keinen

Anspruch mehr auf Ausbildungsförderung. Weil die Erhöhung der schulischen Qualifikation dazu beitragen kann, die Erwerbschancen zu erhöhen, zählt eine Schulausbildung zu den Eigenanstrengungen, die Hilfebedürftigkeit zu überwinden. Dadurch wird verhindert, dass Abendschüler altersbedingt ihre Ausbildung abbrechen müssen, um ihren Lebensunterhalt bestreiten zu können.

66 Für in Deutschland lebende Ausländer enthält § 23 SGB XII eine weitere Spezialvorschrift. So erhalten Ausländer, die unter § 1 des Asylbewerberleistungsgesetzes fallen (vgl. Kapitel 21), keine Sozialhilfe. Gleiches gilt für Ausländer, die eingereist sind, um Sozialhilfe zu erhalten. Ein weiterer Ausschlussgrund ist durch das Gesetz zur Änderung des SGB XII und anderer Gesetze hinzugekommen: Wenn sich das Aufenthaltsrecht allein aus dem Zweck der Arbeitssuche ergibt; der Leistungsausschluss gilt dann auch für Familienangehörige. Hierbei handelt es sich um eine Anpassung an einen entsprechenden Leistungsausschluss im SGB II, durch den eine europäische Richtlinie umgesetzt wird.

Ist medizinische Behandlung der Grund für die Einreise nach Deutschland, so soll die Hilfe bei Krankheit auf die notwendigen Leistungen beschränkt werden, also auf die Behebung eines akut lebensbedrohlichen Zustandes oder auf eine unaufschiebbare und unabweisbar gebotene Behandlung einer schweren oder ansteckenden Erkrankung. Bei allen übrigen Ausländern wird die Leistungsberechtigung nach dem durch das Zuwanderungsgesetz neu geregelten ausländerrechtlichen Status differenziert.

67 Danach können Ausländer, die sich in Deutschland tatsächlich aufhalten, Hilfe zum Lebensunterhalt nach dem Dritten Kapitel sowie Hilfe zur Pflege nach dem Sechsten Kapitel erhalten, die Hilfen zur Gesundheit nach dem Fünften Kapitel sind auf Hilfe bei Krankheit sowie auf Hilfe bei Schwangerschaft und Mutterschaft begrenzt. Alle übrigen Sozialhilfeleistungen können gewährt werden, die Ermessensentscheidung im Einzelfall liegt bei den Sozialhilfeträgern. Für die Grundsicherung im Alter und bei Erwerbsminderung (Rdnr. 235 f.) gelten spezielle Vorschriften. Die Zahl ausländischer Bezieher von Sozialhilfeleistungen ist seit Inkrafttreten des SGB XII drastisch zurückgegangen (Rdnr. 175).

68 Diese Einschränkungen in der Leistungsberechtigung gelten nicht für Ausländer, die sich auf Grund einer Niederlassungserlaubnis dauerhaft in Deutschland aufhalten oder die sich mit einem befristeten Aufenthaltstitel voraussichtlich dauerhaft hier aufhalten.

69 Ausländer, die Sozialhilfe erhalten, sind auf die für sie zutreffenden Rückführungs- und Weiterwanderungsprogramme hinzuweisen und in geeigneten Fällen vor allem durch Beratung oder Unterstützung bei Abwicklungsfragen auf ihre Inanspruchnahme hinzuwirken. Für Ausländer, die sich nicht in einem Bezirk aufhalten, der ihnen als Aufenthaltsort innerhalb der Bundesrepublik Deutschland ausländerrechtlich zugewiesen ist, gelten spezielle Regelungen.

70 Die Vorschrift des § 23 SGB XII gilt jedoch nur für Ausländer aus Staaten, mit denen keine zur Gleichstellung mit Inländern (Inländergleichbehandlung) führenden zwischen- oder überstaatlichen Abkommen bestehen.

Einschränkungen der Leistungsberechtigung für im Ausland lebende Deutsche

71 Sozialhilfeansprüche für Deutsche, die ihren gewöhnlichen Aufenthalt im Ausland haben, regeln § 24 SGB XII sowie die dazu gehörigen Übergangsregelungen in den §§ 132 und 133 SGB XII.

72 Grundsätzlich wird Sozialhilfe nur bei einem Aufenthalt in Deutschland gezahlt. Von diesem Grundsatz kann bei Deutschen, die ihren gewöhnlichen Aufenthalt im Ausland haben, nur dann abgewichen werden, wenn dies wegen einer außergewöhnlichen Notlage unabweisbar ist und zugleich nachgewiesen wird, dass eine Rückkehr nach Deutschland aus einem der drei in § 24 Abs. 1 SGB XII aufgezählten Gründen nicht möglich ist:

– Die Pflege und Erziehung eines Kindes, das aus rechtlichen Gründen im Ausland bleiben muss, ist für Mütter oder Väter ein solcher Hinderungsgrund.
– Ebenfalls keine Rückkehr wird bei Personen erwartet, die stationär behandelt beziehungsweise gepflegt werden müssen.
– Für Menschen, die inhaftiert sind, ist eine Rückkehr nicht möglich. Da in manchen Ländern zum Teil unvorstellbare Haftbedingungen herrschen und Haftgründe nicht immer rechtsstaatlichen Maßstäben entsprechen, können im Einzelfall Sozialhilfeleistungen gerechtfertigt sein.

73 Auch wenn diese drei Bedingungen erfüllt sind, liegt es im pflichtgemäßen Ermessen des zuständigen

Sozialhilfeträgers, ob eine außergewöhnliche Notlage vorliegt und Sozialhilfe ins Ausland zahlt wird („Kann-Leistung"). Die mit einem im Ausland lebenden deutschen Sozialhilfebezieher zusammenlebenden Familienangehörigen können nur dann Sozialhilfe erhalten, wenn sie selbst Deutsche sind und eine der drei oben genannten Voraussetzungen erfüllen.

74 Das Nachrangprinzip der Sozialhilfe gilt auch für Zahlungen ins Ausland. Leistungen werden nicht erbracht, wenn und soweit sie vom hierzu verpflichteten Aufenthaltsstaat oder von anderen erbracht werden oder zu erwarten sind. Die Höhe der Leistungen bemisst sich nicht nach den für das Inland geltenden Maßstäben, sondern nach den Verhältnissen im Aufenthaltsland. Zuständig ist der überörtliche Träger, in dessen Bereich ein Antragsteller geboren ist (Rdnr. 378). Im Unterschied zur Hilfe zum Lebensunterhalt muss Sozialhilfe im Ausland beantragt werden. Dabei arbeiten die Sozialhilfeträger mit den diplomatischen Vertretungen im Ausland (Botschaften und Konsulate) zusammen.

75 Deutsche, die unmittelbar vor Inkrafttreten von § 24 SGB XII am 1. Januar 2004 bereits mindestens 24 Kalendermonate ohne Unterbrechung Sozialhilfe erhalten hatten und in dem Aufenthaltsstaat über eine dauerhafte Aufenthaltsgenehmigung verfügen, wird nach § 132 SGB XII bei fortdauernder Bedürftigkeit weiterhin Sozialhilfe gezahlt.

Darüber hinaus wird, solange Bedürftigkeit vorliegt, Sozialhilfe für Deutsche im Ausland weiter gezahlt, die am 31. Dezember 2003 Sozialhilfe nach einer im BSHG enthaltenen Übergangsregelung anlässlich der Einschränkung der Sozialhilfezahlung an Deutsche im Ausland aus dem Jahr 1993 erhalten. Während der Nazi-Zeit politisch Verfolgte und ins Ausland geflohene Deutsche können auch weiterhin in außergewöhnlichen Notlagen Sozialhilfe erhalten, wenn sie im Aufenthaltsstaat über ein dauerhaftes Aufenthaltsrecht verfügen. Die gilt auch, wenn sie bisher keine Sozialhilfe erhalten haben und auch keine der drei Voraussetzungen des § 24 SGB XII erfüllen.

76 Eine weitere Spezialvorschrift enthält § 133 SGB XII für Deutsche, deren Geburtsort nicht in der heutigen Bundesrepublik Deutschland, aber innerhalb der Grenzen des Deutschen Reiches nach dem Stand vom 31. Dezember 1937 liegt (Deutsche nach Artikel 116 Abs. 1 des Grundgesetzes) und die dort weiterhin ihren gewöhnlichen Aufenthalt haben. Es handelt sich dabei um Deutsche, die in den seit 1945 zu Polen gehörenden ehemaligen deutschen Ostgebieten leben. Sozialhilfe kann hier in besonderen Notlagen ohne das Erfordernis einer Rückkehr nach Deutschland geleistet werden. Die Hilfebedürftigkeit als Anspruchsvoraussetzung für diese besonderen Hilfen richtet sich nach dem in Polen geltenden, also nach polnischem Recht ergebenden Existenzminimum. Im Jahr 2009 wurden insgesamt 1.654 Personen, meist in fortgeschrittenem Lebensalter, betreut, wobei die Personenzahl seit Jahren kontinuierlich sinkt. Dabei wurden 2.686 Leistungen erbracht, überwiegend in Form von Geldleistungen, in Einzelfällen auch in Form von Lebensmittel- oder Diätpaketen. Die durchschnittliche Höhe der Jahresleistung belief sich 2009 auf 134 Euro, auch hier ist im langjährigen Vergleich ein Rückgang zu verzeichnen. Die Durchführung der Hilfeleistungen erfolgt durch das Deutsche Rote Kreuz (Suchdienst Hamburg) in Zusammenarbeit mit den Sozialhilfeträgern und unter Übernahme der Kosten durch den Bund. Im Jahr 2009 beliefen sich die vom Bund zu übernehmenden Kosten auf etwa 197.000 Euro.

77 Angaben über die Anzahl der deutschen Sozialhilfebezieher im Ausland nach §§ 24 und 132 SGB XII, also ausgenommen Deutsche in Polen, liefert die Sozialhilfestatistik nicht. Das Auswärtige Amt erstellt für diese Leistungen jedoch eine entsprechende Erhebung auf der Grundlage von Anträgen und Bescheiden, die von den Auslandsvertretungen an die zuständigen Träger der Sozialhilfe beziehungsweise von dort an die Antragsteller übermittelt werden. Danach bezogen 513 Deutsche im zweiten Halbjahr 2009, dem aktuellsten Stand der Statistik, im Ausland Sozialhilfe. Leistungen nach § 24 SGB XII erhielten 236 Personen, darunter 175 Personen in Haft, sowie 275 Personen nach der Übergangsregelung in § 132 SGB XII. Im mehrjährigen Vergleich vermindert sich die Zahl der Deutschen kontinuierlich, die im Ausland Sozialhilfe beziehen. Dabei sinkt die Anzahl der Personen, die Sozialhilfe im Ausland aufgrund der Übergangsregelung beziehen schneller als die Gesamtzahl. Bei der Zahl der Bezieherinnen und Bezieher nach § 24 SGB XII ist hingegen ein leichter Anstieg feststellbar, verursacht durch Häftlinge.

Erstattung von Aufwendungen, Beschränkung der Leistungshöhe und Aufrechnung

78 Können wegen der Umstände (sogenannter „Eilfall") Leistungen der Sozialhilfe nicht rechtzeitig einsetzen und sind deshalb andere Personen oder Institutionen in Vorleistung getreten, so sind deren

Aufwendungen nach § 25 SGB XII vom Träger der Sozialhilfe im gebotenen Umfang zu erstatten. Voraussetzung hierfür ist allerdings, dass die die Kosten tragenden Personen oder Institutionen nicht bereits durch rechtliche oder sittliche Pflicht zur Leistung verpflichtet waren.

79 Obwohl das Sozialhilferecht Hilfen ohne Rücksicht auf die Ursachen der Hilfebedürftigkeit leistet und der Bedarfsdeckungsgrundsatz (Rdnr. 26) Kürzungen der Leistungshöhe enge Grenzen setzt, so sieht § 26 SGB XII doch Instrumente für Leistungseinschränkungen vor. Bei den sogenannten „Einschränkungen" kann die Leistung vermindert werden, wenn trotz entsprechender Belehrung unwirtschaftliches Verhalten fortgesetzt wird oder volljährige Leistungsberechtigte vorhandenes Einkommen oder Vermögen verschleudert haben, um dadurch die Gewährung oder eine Erhöhung von Hilfeleistungen zu erreichen. Die Leistungen können dann auf das Unausweichliche beschränkt werden. Dies bedeutet, dass das existenzielle beziehungsweise materielle Existenzminimum aufrechterhalten, aber nicht mehr das soziokulturelle Existenzminimum gewährleistet wird. Dann können zwar die persönlichen Bedürfnisse, aber nicht mehr die Teilnahme am kulturellen Leben und Beziehungen zur Umwelt aus der Leistung finanziert werden. Allerdings sollen mit dem Leistungsberechtigten zusammenlebende Unterhaltsberechtigte von einer Einschränkung nach Möglichkeit nicht mit betroffen werden. Ferner dürfen der Gesundheit dienende Leistungen durch die Einschränkung nicht gefährdet werden.

80 Zu einer Beschränkung der Leistung auf das Unerlässliche kann es auch als Folge einer sogenannten Aufrechnung kommen. Dabei wird ein Teil der Leistung – das Unausweichliche muss allerdings weiterhin ausbezahlt werden – einbehalten, weil zuvor Sozialhilfeleistungen zu Unrecht bezogen wurden und deshalb zurückgezahlt werden müssen. Voraussetzung hierfür ist allerdings, dass die Leistungen der Sozialhilfe nur deshalb erbracht worden sind. Dies wiederum setzt voraus, dass die leistungsberechtigte Person oder ihr Vertreter bei der Antragstellung beziehungsweise im weiteren Verfahren vorsätzlich oder grob fahrlässig unrichtige oder unvollständige Angaben gemacht oder durch pflichtwidriges Unterlassen verursacht hat oder wenn ein Anspruch auf Kostenersatz des Sozialhilfeträgers (Rdnr. 385) vorliegt. Aufrechnung ist ferner möglich, wenn eine Doppelleistung der Sozialhilfe vorliegt, also für einen Bedarf, der durch eine zuvor erbrachte Sozialhilfeleistung bereits gedeckt ist, erneut eine Leistung erbracht wird.

Regelbedarfsstufen und Regelsätze für ein menschenwürdiges Existenzminimum

81 Ein zentraler Bestandteil der Vorschriften für die Hilfe zum Lebensunterhalt im Dritten Kapitel des SGB XII sind die Vorgaben, wie die Regelbedarfe beziehungsweise die Regelbedarfsstufen zu ermitteln sind. Die Regelbedarfsstufen sind die Grundlage für die an Leistungsberechtigte in der Hilfe zum Lebensunterhalt sowie der Grundsicherung im Alter und bei Erwerbsminderung zu zahlenden Regelsätze. Ferner bestimmen sie die Höhe des Arbeitslosengeldes II sowie des Sozialgeldes in der Grundsicherung für Arbeitsuchende. Damit bestimmen die Regelbedarfe die Leistungshöhe in den zentralen Existenzsicherungssysteme des Sozialleistungssystems und in der Folge auch der steuerlichen Freibeträge als nicht der Einkommensteuer unterliegendes sogenanntes steuerliches Existenzminimum.

Urteil des Bundesverfassungsgerichts vom 9. Februar 2010 zur Verfassungsmäßigkeit von Regelleistungen nach dem SGB II und den Regelsätzen nach dem SGB XII

82 Das Bundesverfassungsgericht hat in seinem Urteil vom 9. Februar 2010 in einem sogenannten Normenkontrollverfahren über drei aus Sozialgerichtsklagen hervorgegangene Verfassungsbeschwerden zur Höhe von Regelleistungen nach dem SGB II entschieden. Die zentrale Neuerung, die das Urteil enthält, liegt in der Einräumung eines Grundrechts auf die Wahrung eines menschenwürdigen Existenzminimums. Darin erklärte das Bundesverfassungsgericht die Vorschriften über die Regelleistungen für Erwachsene und insbesondere für Kinder als mit dem Grundrecht auf Gewährleistung eines menschenwürdigen Existenzminimums nach Artikel 1 Abs. 1 Grundgesetz in Verbindung mit dem Sozialstaatsprinzip nach Artikel 20 Abs. 1 Grundgesetz für unvereinbar. Dieses Grundrecht steht jedem Hilfebedürftigen zu, es sichert ihm diejenigen materiellen Voraussetzungen, die für seine physische Existenz und für ein Mindestmaß an Teilhabe am gesellschaftlichen, kulturellen und politischen Leben unerlässlich sind. Nach der Urteilsbegründung stellt das Grundrecht auf Wahrung eines menschenwürdigen Existenzminimums ein zu gewährleistendes Recht dar, das eigenständig neben dem absolut wirkenden Anspruch aus Artikel 1 Abs. 1 Grundgesetz auf Achtung der Würde jedes Einzelnen eine eigenständige Bedeutung hat.

83 Als Konsequenz verpflichtete das Bundesverfassungsgericht den Gesetzgeber, eine verfassungskonforme Regelung zu schaffen, die zum 1. Januar 2011 in Kraft zu treten hat. Für den Fall einer späteren Verabschiedung des Änderungsgesetzes ordnete das Bundesverfassungsgericht eine rückwirkende Inkraftsetzung zum 1. Januar 2011 an.

Das Verfassungsgericht kam in seinem Urteil ausdrücklich nicht zu dem Ergebnis, dass die Höhe der Regelleistungen für Erwachsene und Kinder offensichtlich zu niedrig sei, und forderte deshalb auch keine generelle Erhöhung der Regelleistungen. Auch die Ermittlung der sozialhilferechtlichen Bedarfe nach den in einer Sonderauswertung der Einkommens- und Verbrauchsstichprobe ermittelten Verbrauchsausgaben einkommensschwacher Haushalte wurde nicht in Frage gestellt. Das Bundesverfassungsgericht bestätigte zudem, dass dem Gesetzgeber unter Einhaltung der im Urteil enthaltenen Vorgaben ein Gestaltungsspielraum bei der Bestimmung der Regelleistungen zusteht.

84 Die Unvereinbarkeit mit dem Grundgesetz begründete das Verfassungsgericht mit Mängeln bei der Ermittlung der Höhe der Regelleistungen nach dem SGB II. Da die Höhe der dem Urteil zugrundeliegenden Regelleistungen auf der seinerzeit geltenden Regelsatzbemessung nach dem SGB XII beruhte, sind – obwohl nicht Gegenstand des Urteils – auch die betreffenden Vorschriften im SGB XII sowie die Regelsatzverordnung mit dem Grundgesetz unvereinbar. Ferner stellte das Urteil klar, dass die Höhe der Leistungen zur Sicherstellung eines menschenwürdigen Existenzminimums durch den Gesetzgeber – und damit durch Gesetz – bestimmt werden muss. Daraus ergibt sich, dass im Sozialhilferecht die Höhe der Regelsätze nicht mehr durch die Regelsatzverordnung festgesetzt werden kann. Daraus ergab sich die Notwendigkeit, auch im SGB XII zum 1. Januar 2011 eine verfassungskonforme Neuregelung in Kraft zu setzen.

85 Im Wesentlichen begründete das Bundesverfassungsgericht die Unvereinbarkeit der Vorschriften über die Höhe der Regelleistungen nach dem SGB II mit drei Argumenten:

– Der fehlenden eigenständigen Ermittlung der Regelleistungen für Kinder und Jugendliche. Im Urteil wird zwar grundsätzlich anerkannt, dass mit der Einführung einer zusätzlichen Altersstufe für Kinder zwischen 6 und 13 Jahren zum 1. Juli 2009 bereits eine Annäherung an dieses Erfordernis erfolgt ist. Nach Ansicht der Verfassungsrichter ist der Gesetzgeber allerdings verpflichtet, bei Kindern und Jugendlichen zusätzlich Bildungsbedarfe zu berücksichtigen. In der bis Jahresende 2010 geltenden Regelsatzbemessung waren Bildungsausgaben mit Verweis auf die Zuständigkeit der Länder für Bildung unberücksichtigt geblieben.

– Die unzureichende oder fehlende Begründungen bei der Ermittlung der Regelleistungen und damit auch der Regelsätze. Bemängelt werden vom Bundesverfassungsgericht vor allem die nicht ausreichenden Begründungen dafür, weshalb einzelne Verbrauchsausgaben der Einkommens- und Verbrauchsstichprobe nicht oder nur teilweise berücksichtigt worden sind und wie die Höhe der sogenannten „Abschläge" (Verbrauchsausgaben werden zu weniger als 100 Prozent berücksichtigt) ermittelt worden ist. Generell verlangt das Urteil eine realitätsnahe Ermittlung von Bedarfen in einem transparenten und sachgerechten sowie widerspruchsfreien Verfahren.

– Die Fortschreibung von Regelleistungen und Regelsätzen in Jahren, für die keine Neubemessung auf der Grundlage einer ausgewerteten Einkommens- und Verbrauchsstichprobe vorzunehmen ist, mit der Veränderung des aktuellen Rentenwerts. Deshalb hat die zum 1. Januar 2011 in Kraft zu setzende Neuregelung auch einen neuen Fortschreibungsmechanismus für Regelleistungen und Regelsätze zu umfassen.

Umsetzung des Urteils des Bundesverfassungsgerichts vom 9. Februar 2010

86 Zur Umsetzung des Urteils hatte die Bundesregierung im September 2010 den Entwurf für ein Gesetz zur Ermittlung von Regelbedarfen und zur Änderung des Zweiten und Zwölften Buches Sozialgesetzbuch vorgelegt. Schwerpunkt der im Gesetzentwurf enthaltenen Änderungen im SGB XII war eine Neukonzeption der Ermittlung der für die Hilfe zum Lebensunterhalt und die Grundsicherung im Alter und bei Erwerbsminderung geltenden Regelsätze sowie in der Folge der Regelleistungen im SGB II. Für die Ermittlung von Regelbedarfen als Grundlage für die zu zahlenden Regelsätze im SGB XII beziehungsweise der Regelleistungen im SGB II enthält das Gesetz – wie im Gesetzentwurf vorgesehen - als Artikel 1 ein separates Gesetz, das Regelbedarf-Ermittlungsgesetz (RBEG). Eine wichtige sich aus dem Urteil ergebende Erweiterung des Leistungsumfangs in der Hilfe zum Lebensunterhalt und auch in der Grundsicherung im Alter und bei Erwerbsminderung (Artikel 3 des Gesetzes: Änderung SGB XII) wie auch in der Grundsicherung für Arbeitsuchende (Artikel 2: Änderung SGB II) stellt die Einführung von Leistungen für Bildung und Teilhabe dar, wodurch für hilfebedürftige Kinder und Jugendliche beziehungsweise für Schülerinnen und Schüler neue Ansprüche zur Unterstützung des Schulbesuchs sowie zur Förderung gesellschaftlicher Teilhabe geschaffen werden.

87 Für das vom Bundesverfassungsgericht geforderte fristgemäße Inkrafttreten der Neuregelungen zum 1. Januar 2011 wäre eine Zustimmung des Bundesrates zu dem bereits vom Deutschen Bundestag verabschiedeten Gesetzentwurf am 17. Dezember 2010 erforderlich gewesen. Der Bundesrat verweigerte jedoch die Zustimmung. Die Mehrheit der Länder im Bundesrat hatte die Ablehnung des Gesetzentwurfs damit begründet, dass die Ermittlung der Regelbedarfe nicht den Vorgaben des Bundesverfassungsgerichts entsprechen würde und zudem die Leistungen für Bildung und Teilhabe nicht ausreichend seien sowie die Kommunen bei deren Erbringung eine deutliche stärkere Rolle zukommen müsste. Daraufhin rief die Bundesregierung den Vermittlungsausschuss an. In den sich anschließenden Verhandlungen konnte keine Einigung erzielt werden, weshalb der Bundesrat trotz erneuter Zustimmung des Deutschen Bundestages in seiner Sitzung am 11. Februar 2011 erneut die Zustimmung verweigerte und seinerseits den Vermittlungsausschuss anrief. Erst in dieser darauf hin folgenden zweiten Verhandlungsrunde konnte eine Einigung erzielt werden. Auf dieser Grundlage stimmten der Deutsche Bundestag und der Bundesrat schließlich am 25. Februar 2011 dem Gesetz zu.

88 Die zur Umsetzung des Umsetzung des Urteils des Bundesverfassungsgerichts erforderliche Reform machte neben den für eine verfassungsmäßige Ausgestaltung der Ermittlung der Regelbedarfe erforderlichen Neuregelungen auch weitergehende Änderungen im Dritten Kapitel sowie damit im Zusammenhang stehende inhaltliche Änderungen im Vierten Kapitel (Grundsicherung im Alter und bei Erwerbsminderung) erforderlich. Die Integration konkreter Vorgaben, wie die Regelsätze – konkret: die sie ergebenden Regelbedarfe – zu ermitteln sind hat eine Neustrukturierung des Dritten Kapitels zur Folge. Die Vorschriften über den notwendigen Lebensunterhalt, die Regelbedarfe und Regelbedarfsstufen sowie die Regelsätze bilden den Ersten Abschnitt des Dritten Kapitels. Mit umfasst vom Ersten Abschnitt ist daneben auch die Definition der Leistungsberechtigung (vergleiche Rdnr. 169 ff.).

89 Sämtliche in der Umsetzung des Urteils des Bundesverfassungsgerichts unmittelbar in Zusammenhang stehenden Änderungen im SGB XII sowie das Regelbedarfsermittlungsgesetz traten, wie im Urteil vorgegeben, rückwirkend zum 1. Januar 2011 in Kraft; alle anderen Änderungen traten zum 1. April 2011 in Kraft.

Notwendiger Lebensunterhalt, Regelbedarfe und Regelsätze für Leistungsberechtigte außerhalb von Einrichtungen

90 Durch die Neustrukturierung der Vorschriften des die Vorschriften für die Hilfe zum Lebensunterhalt enthaltenden Dritten Kapitels im Rahmen der Reform zur Umsetzung des Urteils des Bundesverfassungsgerichts werden inhaltlich zusammengehörige Vorschriften zu Abschnitten zusammengefasst. Neben den persönlichen Voraussetzungen für eine Leistungsberechtigung enthält der erste Abschnitt die zentralen Vorschriften für die Leistungshöhe. Umfasst sind damit die Definition des notwendigen Lebensunterhalts, der das von der Hilfe zum Lebensunterhalt abzusichernde Leistungsniveau umschreibt, sowie die Regelbedarfe und auf deren Grundlage zu zahlenden Regelsätze, durch die wesentliche Teile des notwendigen Lebensunterhalts abzudecken sind (§§ 27a bis 29 SGB XII).

Für den im Zuge der Reform zur Umsetzung des Urteils des Bundesverfassungsgerichts zum 1. Januar 2011 eingefügten § 27a SGB XII wird in Absatz 1 der notwendige Lebensunterhalt und damit das Existenzminimum definiert. Dabei werden Inhalte der Absätze 1 und 2 des bisherigen § 27 SGB XII in überarbeiteter Form übernommen. Danach umfasst der notwendige Lebensunterhalt Ernährung, Kleidung, Körperpflege, Hausrat, Haushaltsenergie – ohne den auf Heizung und Warmwasser entfallenden Energieverbrauch -, persönliche Bedürfnisse des täglichen Lebens sowie Unterkunft und Heizung. In Umsetzung des Urteils wird dabei klargestellt, dass zu den persönlichen Bedürfnissen des täglichen Lebens eine Teilhabe am sozialen und kulturellen Leben gehört und dies in besonderem Maße für Kinder und Jugendliche gilt. Dass zum notwendigen Lebensunterhalt erstmals bei Schülerinnen und Schülern die erforderlichen Hilfen für den Schulbesuch zählen, stellt eine auf das Urteil des Bundesverfassungsgerichts zurückgehende Erweiterung des Leistungsumfangs dar. Die für Kinder und Jugendliche beziehungsweise Schülerinnen und Schüler vorgenommenen Präzisierungen hinsichtlich des Umfangs des notwendigen Lebensunterhalts ersetzen den im bisherigen Recht enthaltenen unpräzisen Hinweis auf die Berücksichtigung von Bedarfen, die durch Entwicklung und Heranwachsen verursacht werden. Eine weitere Änderung im Vergleich zu dem bis Jahresende 2010 geltenden § 27 SGB XII stellt die Vorgabe dar, dass Kosten für die Warmwasserversorgung nicht mehr in der Haushaltsenergie mit enthalten sind.

91 Nach § 27a Abs. 2 SGB XII ergibt der gesamte notwendige Lebensunterhalt nach der in Absatz 1 enthaltenen Umschreibung den monatlichen Regelbedarf. Davon ausgenommen sind jedoch die zusätzliche Bedarfe (Zweiter Abschnitt des Dritten Kapitels) sowie die Bedarfe für Bildung und Teilhabe (Dritter Abschnitt) und für Unterkunft und Heizung (Vierter Abschnitt). Der Regelbedarf, dieser Begriff wird durch die Reform zur Umsetzung des Urteils des Bundesverfassungsgerichts neu eingeführt, ist in Regelbedarfsstufen zu unterteilen. Diese Regelbedarfsstufen übernehmen die Funktion des bisherigen Eckregelsatzes und der daraus abgeleiteten prozentualen Regelsatzanteile. Die Einteilung in Regelbedarfsstufen hat bei Kindern und Jugendlichen – wie bereits bei den für diese geltenden Regelsatzanteilen von 60, 70 und 80 Prozent - altersbedingte Unterschiede zu berücksichtigen und bei Erwachsenen deren Stellung im Haushalt sowie die Führung eines Haushalts (vergleiche Rdnr. 143 f.).

92 Zur Deckung der Regelbedarfe in den unterschiedlichen Regelbedarfsstufen sind nach § 27a Abs. 3 SGB XII monatliche Regelsätze zu zahlen. Dies entspricht inhaltlich dem bisherigen Recht, war aber bislang im SGB XII nicht explizit geregelt gewesen. Neu ist ferner, dass die zugrunde liegenden Regelbedarfsstufen als Beträge in Euro im SGB XII enthalten sind, nämlich in der Anlage zu § 28 SGB XII. Damit ergibt sich erstmals die konkrete Leistungshöhe unmittelbar aus dem SGB XII, bislang konnte diese nur der Regelsatzverordnung entnommen werden. Ferner wird erstmals seit Einführung des SGB XII in Absatz 3 explizit auf das zentrale Element des Regel-

satzsystems hingewiesen: Der Regelsatz stellt einen monatlichen Pauschalbetrag dar, über dessen Verwendung die Leistungsberechtigten eigenverantwortlich zu entscheiden haben. Dies bedeutet insbesondere, dass sie das Eintreten unregelmäßig anfallender Bedarfe zu berücksichtigen haben. Der monatliche Regelsatz kann also nicht ausschließlich für die regelmäßig anfallenden Ausgaben verwendet werden, sondern es müssen auch Rücklagen für unvorhersehbare beziehungsweise unregelmäßig auftretende Anschaffungen gebildet werden. Durch die ebenfalls in der Reform zur Umsetzung des Urteils des Bundesverfassungsgerichts vorgenommenen Ergänzung in § 11 Abs. 3 SGB XII wird ergänzend klargestellt, dass sich die Beratungspflichten der Sozialhilfeträger, sofern erforderlich, auch auf eine Beratung für den Umgang mit dem Regelsatz erstrecken (vergleiche Rdnr. 40).

93 In § 27a Abs. 4 SGB XII wird der Bedarfsdeckungsgrundsatzes im Regelsatzsystem weiter konkretisiert. Dazu werden die Abweichungen vom Grundsatz der Zahlung pauschalierter Regelsätze zusammengefasst. Wie bereits im bisherigen Recht besteht die Möglichkeit einer abweichenden Regelsatzfestsetzung (bis Jahresende 2010: § 28 Abs. 1 Satz 2 SGB XII). Wird im Einzelfall ein Bedarf ganz oder teilweise anderweitig gedeckt, dann ist der zu zahlende Regelsatz entsprechend zu vermindern. Andererseits ist er zu erhöhen, wenn ein unabweisbarer, also zwingend zu deckender Bedarf erheblich von durchschnittlichen Bedarfen abweicht, wie sie der Regelbedarfsermittlung zugrunde liegen. Damit besteht die im pauschalierten Regelsatzsystem erforderliche „Öffnungsklausel" für die nach § 9 SGB XII vorgegebene Orientierung am Einzelfall. Ferner wird, was im SGB XII bislang nicht geregelt war, in Absatz 4 klargestellt, dass in Fällen einer Hilfebedürftigkeit, die nicht für einen gesamten Kalendermonat besteht, der Regelsatz anteilig zu zahlen ist. Liegt Hilfebedürftigkeit also beispielsweise nur für den halben Monat vor, weil sie erst zum 15. eines Monats eintritt, dann ist der halbe Regelsatz für diesen Monat zu zahlen. Aus dem bisherigen Recht (bis Jahresende 2010: § 28 Abs. 5 SGB XII) wird eine Ausnahme von der Leistungsgewährung in Form von Regelsätzen für Kinder übernommen, die nicht bei ihren Eltern oder einem Elternteil, sondern in einer anderen Familie, in einer Pflegefamilie oder bei anderen Personen untergebracht sind. Für diese Kinder wird der individuelle Bedarf im Regelfall nicht in Form von Regelsätze abgedeckt, sondern in Höhe der tatsächlichen Kosten der Unterkunft, sofern diese einen angemessenen Umfang nicht überschreiten.

Notwendiger Lebensunterhalt für Leistungsberechtigte in Einrichtungen

94 Die Neustrukturierung des Dritten Kapitels hat zur Folge, dass die bis Jahresende 2010 als § 35 SGB XII eingeordnete Vorschrift über den notwendigen Lebensunterhalt in Einrichtungen ab dem 1. Januar 2011 in den Ersten Abschnitt als § 27b SGB XII integriert ist. Damit werden die Vorschriften über den notwendigen Lebensunterhalt zusammengefasst.

95 Der notwendige Lebensunterhalts von Leistungsberechtigten in stationären Einrichtungen entspricht nach § 27b Abs. 1 SGB XII - wie bereits im bisherigen § 35 SGB XII - dem notwendigen Lebensunterhalt, der für Leistungsberechtigte in häuslicher Umgebung im Rahmen der Grundsicherung im Alter und bei Erwerbsminderung nach § 42 SGB XII bestehen würde. Dies sind:

– die sich nach § 42 Nummer 1 SGB XII für die leistungsberechtigte Person nach der Anlage zu § 28 SGB XII ergebende Regelbedarfsstufe,
– nach § 42 Nummer 2 SGB XII die zusätzlichen Bedarfe nach dem Vierten Abschnitt des Dritten Kapitels sowie
– die nach § 42 Nummer 4 SGB XII bei stationärer Unterbringung zu berücksichtigenden pauschalierten Unterkunftskosten.

Bei dem sich daraus ergebenden Betrag handelt es sich nicht um eine auszuzahlende Leistung, sondern um einen Rechenbetrag zur Bestimmung der Höhe der nach den Vorschriften des Elften Kapitels vorrangig für den Lebensunterhalt einzusetzenden eigenen Mittel. Bei eigenem Einkommen ist dieses - ebenso wie bei Leistungsberechtigten außerhalb stationärer Einrichtungen - vorrangig für den notwendigen Lebensunterhaltsbedarf einzusetzen. Ein Anspruch auf Leistungen der Grundsicherung im Alter und bei Erwerbsminderung ist mit dem notwendigen Lebensunterhalt in Einrichtungen zu verrechnen.

96 Zusätzlich dazu wird bei Aufenthalt in einer stationären Einrichtung der weitere notwendige Lebensunterhalt als Leistung der Hilfe zum Lebensunterhalt erbracht. Zur näheren Bestimmung des Begriffs nennt § 27b Abs. 2 SGB XII in einer beispielhaften Aufzählung Kleidung und angemessenen Barbetrag. Hiermit wird allerdings keine abschließende Abgrenzung vorgenommen, die Berücksichtigung weiterer Bedarfe ist möglich. Allerdings besteht kein Anspruch auf einmalige Bedarfe nach § 31 SGB XII (vergleiche Rdnr. 187). Der genannte Barbetrag steht als „Taschengeld" für persönliche Bedürfnisse zur Verfügung und beläuft sich für volljährige Leistungsberechtigten auf mindestens 27 Prozent der Regelbedarfsstufe 1 nach der Anlage zu § 28 SGB XII. Damit beträgt der Barbetrag im Jahr 2011 mindestens 98,28 Euro. Für nicht volljährige Leistungsberechtigte in stationären Einrichtungen wird die Höhe des Barbetrags nicht durch § 27b SGB XII geregelt, sondern von den Ländern für die in ihrem Bereich bestehenden Einrichtungen festgesetzt.

97 Der nach dem BSHG zu gewährende zusätzliche Barbetrag – der sogenannte Zusatzbarbetrag – für Leistungsberechtigte, die einen Teil der Kosten des Aufenthalts in der Einrichtung selbst tragen, gilt als Übergangsregelung weiter (§ 133a SGB XII). Danach erhalten Personen, die bei Außerkrafttreten des BSHG, also am 31. Dezember 2004, Anspruch auf einen Zusatzbarbetrag hatten, diesen in der für Dezember 2004 festgestellten Höhe weiter.

Gesetzliche Vorgaben für die Ermittlung von Regelbedarfen

98 Der neu gefasste § 28 SGB XII im Ersten Abschnitt des Dritten Kapitels beinhaltet die Vorgaben für die Ermittlung der Regelbedarfe. Die neue Vorschrift übernimmt sowohl Inhalte des bis Jahresende 2010 geltenden § 28 SGB XII als auch aus der durch das Gesetz zur Ermittlung von Regelbedarfen und zur Änderung des Zweiten und Zwölften Buches aufgehobenen Regelsatzverordnung (Artikel 12: Weitere Folgeänderungen) aufgehoben. Angesichts der im Urteil des Bundesverfassungsgerichts enthaltenen Anforderungen für die Ermittlung der Höhe des Existenzminimums sind die Vorgaben für die Ermittlung der Regelbedarfe jedoch weitergehender als es in den Vorgängervorschriften der Fall war.

99 Nach § 28 Abs. 1 SGB XII ist die Höhe der Regelbedarfe durch ein Bundesgesetz neu zu ermitteln, wenn die Ergebnisse einer neuen bundesweiten Einkommens- und Verbrauchsstichprobe (EVS) vorliegen. Die EVS wird in fünfjährigen Abständen vom Statistischen Bundesamt durchgeführt und stellt die größte Befragung privater Haushalte über deren Einkommen sowie Höhe und Zusammensetzung der Konsumausgaben in Europa dar. Um eine ausrei-

chend große Stichprobe zu erhalten nehmen jeweils 0,2 Prozent aller privaten Haushalte in Deutschland auf freiwilliger Basis teil, bei der aktuellsten EVS, der EVS 2008, waren dies 55.110 Haushalte. Die teilnehmenden Haushalte werden für jedes Bundesland nach Haushaltstyp, sozialer Stellung des Haupteinkommensbeziehers und Haushaltsnettoeinkommen strukturiert. Zur Ermittlung der Verbrauchsausgaben registrieren die befragten Haushalte drei Monate lang ihre Einnahmen und Ausgaben in einem Haushaltsbuch. Ergänzt werden diese Angaben bei einem Fünftel der teilnehmenden Haushalte um eine zusätzliche Erhebung, durch die detaillierte Angaben über Nahrungsmittel, Getränke und Tabakwaren nach Mengen und Preisen über einen Monat hinweg erfasst werden.

100 Mit der Heranziehung der EVS zur Ermittlung der Regelbedarfe wird der tragende Grundsatz aus dem geltenden Recht übernommen. Allerdings wird die konkrete Ermittlung einem Bundesgesetz vorbehalten und nicht mehr einer Verordnung.

Die Unterschiede zu dem bis Jahresende 2010 geltenden Recht gehen jedoch weiter. Nach dem früheren § 28 Abs. 3 SGB XII hatte der Verordnungsgeber bei Vorliegen der Ergebnisse einer neuen EVS einen Ermessensspielraum: Die Regelsatzbemessung musste „überprüft und gegebenenfalls weiterentwickelt" werden. Nach § 28 Abs. 1 SGB XII in der seit 1. Januar 2011 geltenden Fassung gibt es einen solchen Entscheidungsspielraum nicht. Mit Vorliegen einer neuen EVS ist generell ein entsprechendes Gesetz vorzulegen. Der Gesetzgeber hat also auch dann tätig zu werden, wenn sich keine Änderungen in der Höhe der Regelbedarfe ergeben. Aus dem Urteil des Bundesverfassungsgerichts vom 9. Februar 2010 ist eine Begründungspflicht des Gesetzgebers abzuleiten, die unabhängig von der konkreten und materiellen Auswirkung einer Neuermittlung der Regelbedarfe gilt.

101 Für die Ermittlung der nach § 27a Abs. 2 SGB XII zu bestimmenden Regelbedarfsstufen wird durch § 28 Abs. 2 SGB XII vorgegeben, dass sie nach den durch die aktuelle EVS nachgewiesenen tatsächlichen Verbrauchsausgaben zu ermitteln sind. Da die Ermittlung von Regelbedarfen der Konkretisierung des menschenwürdigen Existenzminimums dient, sind nicht die durchschnittlichen Verbrauchsausgaben einer EVS heranzuziehen, sondern die der Haushalte mit geringem Einkommen. Auch dies entspricht grundsätzlich dem bisherigen Recht.

102 Für die Ermittlung der Regelbedarfsstufen hat das Bundesministerium für Arbeit und Soziales nach § 28 Abs. 3 SGB XII das Statistische Bundesamt mit Sonderauswertungen einer vorliegenden aktuellen EVS zu beauftragen. Auch dies war bereits im früheren Recht enthalten gewesen (§ 28 Abs. 3 SGB XII in der bis Jahresende 2010 geltenden Fassung). Für die Vorgaben, wie diese Sonderauswertungen vorzunehmen sind, gibt es allerdings keine Vorläuferregelungen im früheren Recht. So wird vorgegeben, dass die Sonderauswertungen zumindest für Haushalte – sogenannte Referenzhaushalte – vorzunehmen sind, in denen eine erwachsene Person lebt (Einpersonenhaushalte) sowie für Haushalte, in denen Paare mit einem Kind leben (Familienhaushalte). Die frühere Regelsatzbemessung basierte hingegen auf den Verbrauchsausgaben von Einpersonenhaushalten. Der sich daraus ergebende Eckregelsatz wurde mittels prozentualer Anteile für alle übrigen Leistungsberechtigten „abgeleitet". Allein die Ermittlungen, die zum 1. Juli 2009 zur Einführung einer zusätzlichen Altersstufe für 6- bis 13-jährige Kinder geführt haben, war bereits auf der Grundlage der Verbrauchsausgaben von Familienhaushalten vorgenommen worden. Insbesondere die Ableitung von Regelsätzen beziehungsweise Regelleistungen nach SGB II für Kinder und Jugendlichen aus den Verbrauchsausgaben von Einpersonenhaushalten war einer der zentralen Kritikpunkte im Urteil des Bundesverfassungsgerichts vom 9. Januar 2010 (dem Urteil lagen Bezugszeiten von Sozialgeld nach SGB II für Kinder und Jugendliche im Jahr 2005 zugrunde).

103 Die Vorgaben für die Bestimmung der Referenzhaushalte wird vervollständigt durch die Festlegung, dass der Gesetzgeber auch zu bestimmen hat, welche Haushalte, die Leistungen nach dem SGB XII und dem SGB II beziehen, nicht als Referenzhaushalte zu berücksichtigen sind. Hierbei geht es um die sogenannte „Zirkelschlussproblematik". Wenn die Verbrauchsausgaben von Haushalten, für die Regelbedarfe ermittelt werden, ungeprüft in die Regelbedarfsermittlung eingehen, dann haben die Verbrauchsausgaben dieser Haushalte einen Einfluss auf die zu ermittelnden regelbedarfsrelevanten Verbrauchsausgaben. Folge wäre ein statistischer Zirkelschluss. Das Ziel der Sozialhilfe und der Grundsicherung für Arbeitsuchende, den Leistungsberechtigten ein Leben zu ermöglichen, wie es auch andere einkommensschwache Personen führen, die nicht hilfebedürftig sind, könnte nicht erreicht werden. Beziehrer von Hilfe zum Lebensunterhalt, von Grundsicherung im Alter und bei Erwerbsminderung sowie Arbeitslosengeld II und Sozialgeld sind nur dann in der Öffentlichkeit nicht als solche erkennbar, wenn sie hinsichtlich des sich nach SGB XII und SGB II ergebenden Bedarfs so gestellt werden, wie einkommensschwache Haushalte, die nicht von diesen Leistungen leben.

104 Der sich ergebende Anteil der Referenzhaushalte an den jeweiligen Referenzgruppen, also insbesondere an den Einpersonenhaushalten und Familienhaushalten in den Sonderauswertungen der EVS, muss so abgegrenzt werden, dass ein für die statistische Auswertung ausreichend großer Stichprobenumfang gewährleistet ist. Dadurch soll verhindert werden, dass sich aufgrund zu geringer Anteile für verlässliche Auswertungen zu wenige Referenzhaushalte in den Sonderauswertungen vertreten sind. Einen konkreten Anteil gibt § 28 Abs. 3 SGB XII jedoch nicht vor.

105 Nach § 28 Abs. 4 SGB XII sind von den durch Sonderauswertungen ermittelten Verbrauchsausgaben der Referenzhaushalte für die Regelbedarfsermittlung nur diejenigen als regelbedarfsrelevant zu berücksichtigen, die auch zur Sicherung des Existenzminimums notwendig sind. Haushalte die aus ihrem eigenen - wenn auch geringen - Einkommen leben, konsumieren nicht ausschließlich Güter und Dienstleistungen, die zur Existenzsicherung erforderlich sind. Zugleich müssen die zu berücksichtigenden Verbrauchsausgaben erforderlich sein, um eine einfache Lebensweise zu ermöglichen, wie die einkommensschwache Haushalte aufweisen, die ihren Lebensunterhalt nicht ausschließlich aus Leistungen nach dem SGB XII oder dem SGB II bestreiten. Dabei sind Verbrauchsausgaben nicht als regelbedarfsrelevant zu berücksichtigen, wenn sie bei Leistungsberechtigten nach dem SGB XII und SGB II anderweitig verlässlich gedeckt werden. Dies bedeutet, dass einzelne Verbrauchspositionen der EVS nicht zu berücksichtigen sind, wenn sie durch bundesgesetzliche Leistungsansprüche außerhalb SGB XII beziehungsweise SGB II oder durch landesgesetzliche Leistungsansprüche abgedeckt werden und diese Ansprüche nicht als anrechenbares Einkommen zu einer Verminderung der SGB XII- und SGB II-Leistungen führen. Nicht zu berücksichtigen sind ferner Verbrauchsausgaben, die bei Leistungsberechtigten nach dem SGB XII oder SGB II nicht anfallen, weil für diesen Personenkreis bundesweit Vergünstigungen in einheitlicher Höhe gelten. Dies ist bei den Rundfunkgebühren der Fall, von denen SGB-XII- und SGB-II-Bezieher befreit sind (GEZ-Gebührenbefreiung).

106 Die Summen die sich danach für die regelbedarfsrelevanten Verbrauchsausgaben der Referenzhaushalte ergeben, sind Grundlage für die Prüfung der Regelbedarfsstufen. Dazu zählen insbesondere die Altersabgrenzungen bei Kindern und Jugendlichen.

Den letzten Schritt der Regelbedarfsermittlung stellt die Fortschreibung der Summen der regelbedarfsrelevanten Verbrauchsausgaben dar. Die regelbedarfsrelevanten Verbrauchsausgaben werden für das Jahr ermittelt, für das die EVS erhoben worden ist. Bis zur Inkraftsetzung der daraus ermittelten Regelbedarfsstufen liegen jedoch etwa zwei Jahre. Dieser zeitliche Abstand muss durch eine Fortschreibung ausgeglichen werden. Dazu wird die Fortschreibung der Regelbedarfsstufen mit dem Mischindex nach § 28a SGB XII (vergleiche Rdnr. 156) herangezogen. Die fortgeschriebenen Summen der Verbrauchsausgaben sind schließlich auf ganze Eurobeträge zu runden (bis unter 0,50 Euro Abrundung, ab 0,50 Euro Aufrundung) und ergeben die Regelbedarfsstufen.

107 Im Unterschied zu dem bis Jahresende 2010 geltenden Recht gibt es allerdings kein sogenanntes Lohnabstandsgebot mehr. Die Vorgabe eines Lohnabstands wäre nicht vereinbar mit dem Urteil des Bundesverfassungsgerichts, da die Höhe eines nach den darin enthaltenen Vorgaben auf statistischer Grundlage ermittelten menschenwürdigen Existenzminimums nicht nachträglich durch die Einhaltung eines Lohnabstands vermindert werden kann. Dies ändert nichts daran, dass zwischen dem maßgeblich durch die Regelbedarfsermittlung ergebenden Bedarfen nach SGB XII und SGB II einerseits und unteren Arbeitnehmereinkommen andererseits ein Abstand bestehen soll. Dies ist erforderlich, damit ein Anreiz zur Aufnahme oder Weiterführung einer Erwerbstätigkeit erhalten bleibt. Ein solcher Abstand kann jedoch nach dem Urteil nicht mehr als Ergebnis einer schematischen Vergleichsrechnung vorgegeben werden.

Sonderauswertungen der EVS 2008

108 Aus dem Urteil des Bundesverfassungsgerichts vom 9. Februar 2010 ergibt sich die Verpflichtung für den Gesetzgeber, bei der Bestimmung der Höhe des menschenwürdigen Existenzminimums die soziale Wirklichkeit zeit- und realitätsgerecht zu erfassen und daraus Bedarfe abzuleiten. Dies setzt voraus, gesellschaftliche und wirtschaftliche Veränderungen zu berücksichtigen. Gleiches gilt für technische Veränderungen, so insbesondere im Zusammenhang mit der Entwicklung hin zu einer Informations- und Wissensgesellschaft. Hier sind die Auswirkungen auf einzelne Bedarfe zu prüfen, also beispielsweise der Frage, welche Auswirkungen Internet und Computer auf das Existenzminimum haben. Im Ergebnis bedeutet dies, dass der Gesetzgeber auf der Grundlage der gesellschaftlichen Anschauungen über das menschenwürdige Existenzminimum über die dafür erforderlichen Bedarfe und damit die hierfür erforderlichen Verbrauchsausgaben zu entscheiden hat. Er hat dabei nach den Vorgaben des Urteils die eingesetzten Methoden und Berechnungsschritte für Ermittlung von zu berücksichtigenden Verbrauchsausgaben nachvollziehbar offenzulegen.

109 Für die Ermittlung von Verbrauchsausgaben als Grundlage der Regelbedarfe ist ferner zu beachten, dass der Gesetzgeber mit dem – vom Urteil ausdrücklich abgedeckten – Festhalten am Statistikmodell auch gebunden ist. So darf der Gesetzgeber nicht ohne sachliche Rechtfertigung von der damit gewählten Methode abweichen, sofern er dann nicht andere erkennbare oder tragfähige Kriterien verwendet.

110 Der nach § 28 Abs. 3 SGB XII vom Bundesministerium für Arbeit und Soziales an das Statistische Bundesamt zu erteilende Auftrag für Sonderauswertungen der EVS 2008 umfasste neben der Einteilung in Sonderauswertungen für Einpersonen- und Familienhaushalte weitere Spezifizierungen zur Umsetzung der in den §§ 27a und 28 SGB XII enthaltenen Vorgaben.

111 Für die Ermittlung von Regelbedarfsstufen für Kinder und Jugendliche, die nach § 27a Abs. 2 SGB XII altersbedingte Unterschiede zu berücksichtigen haben, wurden vom Statistischen Bundesamt insgesamt 18 Zusatzsonderauswertungen mit unterschiedlichen Altersabgrenzungen für Familienhaushalte durchgeführt. Aufgrund dieser statistischen Daten und der Expertise von Experten wurde entschieden, an der in dem bis Jahresende 2010 geltenden Regelsatzstufung für Kinder und Jugendliche festzuhalten, da sich weder aus den Einschätzungen der Fachleute noch aus den 18 Zusatzsonderauswertungen bei anderen Altersabgrenzungen nennenswerten Unterschiede ergaben. Daraus ergibt sich, dass regelbedarfsrelevante Verbrauchsausgaben für

– Kinder unter 6 Jahren,
– Kinder von 6 bis unter 14 Jahren sowie
– Jugendliche von 14 bis unter 18 Jahre

zu ermitteln sind und die Grundlage für drei Regelbedarfsstufen bilden.

112 Für die Ermittlung der Regelbedarfsstufen für Erwachsene ist nach § 27a Abs. 2 SGB XII deren Anzahl im Haushalt sowie die Führung eines Haushalts zu berücksichtigen. Die Verbrauchsausgaben der Einpersonenhaushalte werden – wie schon in dem bis Jahresende 2010 geltenden Recht - für Einpersonenhaushalte sowie für Haushalte von Alleinerziehenden herangezogen. Daraus ergibt sich eine Regelbedarfsstufe für Alleinlebende und Alleinerziehende. Auf Sonderauswertungen für Haushalte Alleinerziehender wurde nach den Erfahrungen der im Jahr 2008 durchgeführten Sonderauswertung auf der Grundlage der EVS 2003 verzichtet. Dabei hatte sich gezeigt, dass sich für Haushalte von Alleinerziehenden mit einem Kind im Vergleich zu Paarhaushalten mit einem Kind geringere Verbrauchsausgaben ergeben und damit auch geringere Regelbedarfe.

113 Nach § 28 Abs. 3 SGB XII ist die Heranziehung der Verbrauchsausgaben weiterer Typen von Referenzhaushalten für die Ermittlung von Regelbedarfsstufen möglich. Ebenso wie für Haushalte von Alleinerziehenden wurden auch für Konstellationen von mehreren in einem Haushalt lebende Erwachsene keine Sonderauswertungen beim Statistischen Bundesamt in Auftrag gegeben. Damit stehen für Paare, also Ehepaare, Lebenspartner und sonstige in einer Paarbeziehung lebende Erwachsene sowie für weitere in einem Haushalt lebende erwachsene Personen keine statistisch ermittelten Verbrauchsausgaben zur Verfügung.

Da die EVS Verbrauchsausgaben nur für Haushalte, nicht aber für einzelne in einem Haushalt lebende Personen erfasst, hätte eine statistische Ermittlung von Verbrauchsausgaben für mehrere Erwachsene eine Aufteilung der Haushaltsausgaben für diese Personen erforderlich gemacht. Anders als für Kinder und Jugendliche im Familienhaushalt (vergleiche Rdnr. 145) liegt hierfür jedoch keine Konzeption vor. In der Kürze des zur Verfügung stehenden Zeitraums konnte eine solche Konzeption nicht entwickelt werden.

Für die für Ehepaare, Lebenspartner und sonstige in einer Paarbeziehung lebenden Erwachsenen im Rahmen der Regelbedarfsermittlung zum 1. Januar 2011 zu bestimmende Regelbedarfsstufe enthält das Urteil des Bundesverfassungsgerichts vom 9. Februar 2010 jedoch eine Bestätigung des in dem bis Jahresende

2010 geltenden Rechts enthaltenen Partnerregelsatzes von jeweils 90 Prozent des Eckregelsatzes für beide Partner. So wird dort die Annahme ausdrücklich als vertretbar bezeichnet, dass der Bedarf von zwei Partnern nicht 200 Prozent eines Alleinstehenden, sondern nur 180 Prozent beträgt (woraus sich zweimal 90 Prozent ergibt). Dies, so die Verfassungsrichter, stütze sich auf eine ausreichende empirische Grundlage. Der Ansatz von 180 Prozent, auch dies wird im Urteil erwähnt, ergibt sich aus dem ursprünglichen Sozialhilferecht, nachdem bei Ehepaaren ein Ehegatte als Haushaltsvorstand den Eckregelsatz erhielt und der andere als erwachsener Haushaltsangehöriger den Regelsatzanteil von 80 Prozent, was in der Summe 180 Prozent ergibt.

Ebenso konnte für Erwachsene, die weder einen eigenen Haushalt noch mit einem Partner einen eigenen Haushalt führen, weil sie im Haushalt anderer Personen leben, zum 1. Januar 2011 keine Regelbedarfsstufe auf statistischer Grundlage festgesetzt werden. In dem bis Jahressende 2010 geltenden Regelsatzsystem erhielten diese Erwachsenen als Haushaltsangehörige einen Regelsatzanteil von 80 Prozent, der auch in die Festsetzung des Partnerregelsatzes eingegangen ist.

114 Damit mussten für alle erwachsenen Leistungsberechtigten in der Regelbedarfsermittlung die Verbrauchsausgaben des Einpersonenhaushaltes für die Festsetzung von Regelbedarfsstufen herangezogen werden. Hier ergibt sich folglich kein Unterschied zu dem bis Jahresende 2010 geltenden Regelsatzsystem. Die Regelbedarfsstufe für Ehepaare, Lebenspartner und sonstige in einer Paarbeziehung lebenden Erwachsenen wird deshalb in Höhe von 90 Prozent der Regelbedarfsstufe für Alleinlebende und Alleinerziehende festgesetzt, die für weitere Erwachsene im Haushalt auf 80 Prozent dieser Regelbedarfsstufe.

115 Ausgehend von dieser Grundsatzentscheidung wurden für die Höhe der Anteile der Referenzgruppen an den Referenzhaushalten Einpersonen- und Familienhaushalte jeweils Sonderauswertungen mit Anteilen von 20, 15 und 10 Prozent durchgeführt. Dadurch sollte es ermöglicht werden, die Auswirkungen unterschiedlich abgegrenzter Referenzhaushalte auf die Zahl der Referenzhaushalte sowie die Höhe der sich ergebenden Verbrauchsausgaben und damit der Regelbedarfe zu beurteilen.

116 Angesichts der im Urteil des Bundesverfassungsgerichts enthaltenen Vorgabe, dass sogenannte „Abschläge", also die Verminderung der über Sonderauswertungen ermittelten Verbrauchsausgaben, nur möglich sind, wenn für die Höhe der Abschläge zumindest Schätzungen auf empirischer Grundlage verfügbar sind, wurden eine weitere Zusatzsonderauswertung für Einpersonen- und Familienhaushalte durchgeführt. Bei den Sonderauswertungen der EVS 2003 und 1998 wurden bei den Verbrauchausgaben für Haushaltsenergie (Abteilung 4 der EVS: Wohnen, Energie und Wohnungsinstandhaltung) pauschale Abschläge vorgenommen, weil in den erfassten Stromkosten auch der Stromverbrauch von Stromheizungen enthalten war. Da Heizkosten aber separat im Rahmen der Unterkunftskosten zu übernehmen sind, können sie bei den in den Regelbedarf eingehenden Verbrauchsausgaben nicht berücksichtigt werden. Deshalb wurden in diesen Zusatzsonderauswertungen die Verbrauchsausgaben für Haushaltsenergie nur von denjenigen Haushalten in den Referenzgruppen ausgewertet, die über keine Stromheizung verfügten. Da das Merkmal Art der Heizung in der EVS erfasst wird, war diese Differenzierung möglich.

117 Um der Kritik im Urteil des Bundesverfassungsgerichts bei der Ermittlung der Höhe von Verkehrsausgaben (Abteilung 7 der EVS: Verkehr) Rechnung zu tragen, wurde eine weitere Zusatzsonderauswertung für die Referenzgruppen der Einpersonen- und Familienhaushalte durchgeführt. Wegen der Nichtberücksichtigung von Verbrauchsausgaben für die Anschaffung beziehungsweise Nutzung eines Autos oder Motorrads, so die Verfassungsrichter, setze die erforderliche Mobilität eine weitergehende Nutzung von öffentlichen Verkehrsmitteln voraus als bei Haushalten, die ein Auto oder Motorrad nutzen. Die durchschnittlichen Verbrauchsausgaben für Verkehr auf Basis aller Haushalte zu ermitteln, also einschließlich der motorisierten Haushalte, führe deshalb zu einer Untererfassung der Ausgaben für öffentliche Verkehrsmittel. Vor diesem Hintergrund wurde eine weitere Zusatzsonderauswertung für die Einpersonen- und Familienhaushalte in den Referenzgruppen durchgeführt, durch die nur Verkehrsausgaben von Haushalten, die kein Auto oder Motorrad nutzen. Dazu blieben Haushalte unberücksichtigt, die Verbrauchsausgaben für Auto oder Motorrad sowie für Kraftstoffe hatten.

118 Angesichts der Entwicklungen im Kommunikationssektor, also der zunehmenden Bedeutung der Nutzung von Mobiltelefonen alternativ oder kombiniert mit Festnetztelefonen sowie Internet und der damit hierfür angebotenen Tarife („Flatrates") wurde eine

Zusatzsonderauswertung für die Referenzgruppen der Einpersonen- und Familienhaushalte für Kommunikationsausgaben (Abteilung 8 der EVS: Nachrichtenübermittlung) durchgeführt. Diese Sonderauswertung konzentrierte sich auf Haushalte, die Ausgaben für Festnetzanschluss beziehungsweise Internetzugang hatten, also auch sogenannte Kombipakete für beide Kommunikationsarten mit Flatrates. Zusätzliche Ausgaben für Mobiltelefone wurden dabei nicht berücksichtigt. Damit wird für hilfebedürftige Personen unterstellt, dass nicht Festnetz- und Mobiltelefon nebeneinander genutzt werden, sondern nur eine von beiden Kommunikationsarten. Die Entscheidung für Festnetztelefone begründet sich daraus, dass diese weiterhin verbreiteter sind als Mobiltelefone.

119 Die Ergebnisse der Zusatzsonderauswertungen, die nur auf Verbrauchsausgaben eines Teils der in den Referenzgruppen enthaltenen Haushalte ermittelt wurden, werden auf alle Haushalte der Referenzgruppe übertragen.

Bestimmung der Referenzhaushalte für die Regelbedarfsermittlung

120 Die Ermittlung der ab 1. Januar 2011 geltenden Regelbedarfsstufen erfolgt durch das als Artikel 1 im Gesetz zur Ermittlung von Regelbedarfen und zur Änderung des Zweiten und Zwölften Buches Sozialgesetzbuch enthaltene Gesetz zur Ermittlung der Regelbedarfe nach § 28 SGB XII (Regelbedarfs-Ermittlungsgesetz).

121 In § 1 RBEG ist der Grundsatz und damit die Verbindung zum SGB XII enthalten. Danach werden durch das Gesetz auf der Grundlage von Sonderauswertungen zur Einkommens- und Verbrauchsstichprobe 2008 entsprechend den Vorgaben in § 28 SGB XII die Regelbedarfsstufen ermittelt. Entsprechend der Festlegung in § 28 Abs. 3 SGB XII definiert § 2 RBEG als Referenzhaushalte für die Sonderauswertungen Haushalte, in denen eine Person allein lebt (Einpersonenhaushalte) sowie Haushalte, in denen ein Paar, also zwei Erwachsene mit einem Kind leben (Familienhaushalte).

122 Die erste für die Regelbedarfsermittlung zentrale Weichenstellung liegt in der Abgrenzung der Referenzhaushalte, die durch § 3 RBEG bestimmt wird. Durch diese Abgrenzung wird festgelegt, welche der Einpersonen- und Familienhaushalte der EVS nicht für die Sonderauswertungen herangezogen werden, um Zirkelschlüsse zu vermeiden. Nach § 3 Abs. 1 RBEG sind Haushalte nicht als Referenzhaushalte zu berücksichtigen, wenn sie im Erhebungszeitraum, also für den Dreimonatszeitraum, in dem sie Haushaltsbuch geführt haben, folgende Leistungen bezogen haben:

– Hilfe zum Lebensunterhalt nach dem Dritten Kapitel SGB XII,
– Grundsicherung im Alter und bei Erwerbsminderung nach dem Vierten Kapitel SGB XII oder
– Arbeitslosengeld II oder Sozialgeld nach dem SGB II.

Allerdings wird der vollständige Ausschluss von Einpersonen- und Familienhaushalte aus den Referenzhaushalten, sofern sie die in § 3 Abs. 1 RBEG genannten Leistungen nach dem SGB XII und SGB II beziehen, durch § 3 Abs. 2 RBEG mit einer zusätzlichen Bedingung versehen. Diese Haushalte sind aber dann zu berücksichtigen, wenn sie über zusätzliche Einkünfte verfügen, die nicht oder nicht in vollem Umfang auf die Leistungsansprüche nach SGB XII und SGB II anrechenbar sind. Dies sind nach der Aufzählung in § 3 Abs. 2 RBEG Haushalte, die

– über zusätzliches und nicht in vollem Umfang anspruchsmindernd anzurechnendes Erwerbseinkommen verfügten,
– einen im Jahr 2008 bestehenden Anspruch auf den zeitlich befristeten Arbeitslosengeld-II-Zuschlag nach § 24 SGB II (vergleiche Rdnr. 324) hatten,
– einen Anspruch nach der im Jahr 2008 geltenden Fassung des Bundeselterngeld- und Elternzeitgesetzes auf Elterngeld in Höhe des Grundbetrags von 300 Euro monatlich hatten oder
– einen Anspruch auf eine Eigenheimzulage nach dem Eigenheimzulagengesetz hatten.

Einpersonen- und Familienhaushalte, die diese Bedingungen erfüllten, haben ihren Lebensunterhalt nicht ausschließlich durch SGB-XII- und SGB-II-Leistungen bestritten und verfügten deshalb über ein höheres monatliches Einkommen, als dies bei ausschließlichem Bezug dieser Leistungen der Fall gewesen wäre. Diese Einkünfte, insbesondere Erwerbseinkommen, spielten bei Leistungsberechtigten nach dem SGB XII keine nennenswerte Rolle, anders allerdings bei Beziehern im SGB II, da es sich bei den Beziehern von Arbeitslosengeld II um erwerbsfähige Personen handelt.

123 Die Berücksichtigung von Leistungsberechtigten nach SGB XII und SGB II mit zusätzlichem Einkommen (oftmals vereinfachend als „Aufstocker" bezeichnet) hat vielfach, auch im Zusammenhang mit den Verhandlungen während des Vermittlungsverfahrens, zu Kritik geführt. Es ist jedoch bei der bereits im Gesetzentwurf enthaltenen Abgrenzung geblieben. Dies hatte im Wesentlichen folgenden Grund: Als einzige Alternative hätte sich eine „Einkommensgrenze" angeboten, also ein Grenzbetrag. Danach hätten alle Leistungsberechtigte mit den genannten zusätzlichen Einkünften, sofern diese unterhalb des Grenzbetrags lagen, aus den Referenzhaushalten ausgeschlossen werden müssen. Die Höhe eines Grenzbetrags hätte jedoch nicht nach objektiven Kriterien bestimmt werden können. Die deshalb vorzunehmende Setzung wäre deshalb willkürlich und folglich mit dem Urteil des Bundesverfassungsgerichts nicht vereinbar gewesen. Hinzu kam, dass sich gezeigt hatte, dass bei Haushalten, die über zusätzliche Einkünfte verfügten, deren Höhe fast durchgängig oberhalb von 100 Euro monatlich lag. Die Einführung eines Grenzbetrags bis zu dieser Höhe war diskutiert worden. Er hätte sich vor diesem Hintergrund aber als weitestgehend wirkungslos erwiesen.

124 Der Bezug von sonstigen Sozialleistungen wurde bei der Abgrenzung der Referenzhaushalte nicht berücksichtigt. Auf alle übrigen Sozialleistungen besteht entweder nur dann ein Anspruch, wenn durch deren Bezug Hilfebedürftigkeit vermieden werden kann (so zum Beispiel Wohngeld nach dem Wohngeldgesetz) oder es besteht im Falle eines unterhalb des Bedarfs nach SGB XII oder SGB II liegenden Anspruchs ein aufstockender Bedarf auf Leistungen nach dem SGB XII und dem SGB II. In diesem Fall wird der Haushalt nicht als Referenzhaushalt berücksichtigt. Ferner nehmen Sozialleistungsbezieher nur dann an einer EVS teil, wenn sie einen eigenen Haushalt haben. So können beispielsweise die Verbrauchsaugaben von Studenten nur dann in die EVS eingehen, wenn sie einen eigenen Haushalt führen. Haben sie zugleich einen Anspruch auf Leistungen nach dem Bundesausbildungsförderungsgesetz (BAföG), dann lässt dessen Bezug keinen Rückschluss auf die Einkommenshöhe zu. Die BAföG-Leistungen decken nur die unmittelbar im Zusammenhang mit einem Studium auftretenden Bedarfe ab. Können solche Bedarfe daraus nicht gedeckt werden, sind zusätzliche Einkünfte aus anderen Quellen, insbesondere aus Erwerbstätigkeit erforderlich. Ist dies nicht oder nicht in ausreichendem Umfang möglich, dann kann für nicht ausbildungsbedingte Bedarfe ein Anspruch auf Leistungen nach SGB XII oder SGB II bestehen, mit der Folge dass solche Studentenhaushalte als Leistungsbezieherhaushalt aus der Referenzgruppe auszuschließen sind.

125 Eine zusätzliche Bereinigung der Referenzhaushalte um sogenannte „verschämt arme" Haushalte wurde weder für Einpersonenhaushalte noch für Familienhaushalte vorgenommen. Als „verschämt" oder „verdeckt" arm werden Personen beziehungsweise Haushalte bezeichnet, deren gesamten Einkünfte und sonstigen Mittel geringer sind, als der ihnen nach dem SGB XII oder SGB II zustehende Bedarf, die aber ihren Leistungsanspruch aus unbekannten Gründen nicht realisieren. Auf diese Problematik ging auch das Bundesverfassungsgericht in seinem Urteil vom 9. Februar 2010 ein. Für die Regelsatzbemessung nach der Sonderauswertung der EVS 1998, auf der die dem Urteil zugrundeliegenden Zeiträume des Bezugs von Leistungen nach dem SGB II beruhte, kamen die Richter zu dem Ergebnis, dass die ausgewählte Referenzgruppe keine verschämt armen Haushalte enthalten hatte. Auch seien keine konkreten Angaben zum Ausmaß verschämt armer Haushalte verfügbar. Deshalb wäre seinerzeit nur eine Schätzung auf unsicherer statistischer Grundlage möglich gewesen. Allerdings hat das Bundesverfassungsgericht den Gesetzgeber verpflichtet, bei Sonderauswertungen künftiger EVS darauf zu achten, dass Haushalte mit einem Nettoeinkommen, das unterhalb dem Niveau der Leistungen nach dem SGB XII und SGB II, also der Summe von Regelsätzen, Unterkunftskosten und sonstigen Bedarfen liegt, nicht als Referenzhaushalte berücksichtigt werden.

Die für die Abgrenzung der Referenzhaushalte in den Sonderauswertungen auf der Grundlage der EVS 2008 zur Verfügung stehenden Verfahren haben eine Identifizierung von verdeckt armen Haushalten auf empirisch gesicherter oder einer anderweitig belastbaren Grundlage nicht ermöglicht. Die alternative Vorgehensweise einer Einzelfallbetrachtung unter zusätzlicher Berücksichtigung der individuellen Vermögenssituation von möglicherweise verdeckt armen Haushalten unter den Referenzhaushalten war schon aus Zeitgründen nicht möglich gewesen. Eine Erfassung von verschämt armen Haushalten in der EVS würde auch voraussetzen, dass solche Haushalte in dem zu unterstellend vorhandenen Bewusstsein, in prekären materiellen Verhältnissen zu leben, sich bereit erklären ein Haushaltsbuch zu führen. Für eine solche Einschätzung spricht wenig.

Vor diesem Hintergrund ist mit der Abgrenzung der als Referenzhaushalte zu berücksichtigenden Einpersonen- und Familienhaushalte der EVS 2008 im Ergebnis sichergestellt, dass sich darunter keine Haushalte befinden, die über ein Einkommen verfügten, das unterhalb der durch Leistungen nach dem SGB XII und SGB II im Jahr 2008 bestimmten Existenzminimum lag.

126 Für diese Einschätzung spricht auch ein Vergleich mit der Abgrenzung in der Sonderauswertung der EVS 2003, die Grundlage für die bis Jahresende 2010 geltende Regelsatzbemessung war. Seinerzeit wurden bei den Einpersonenhaushalten, auf die sich die Sonderauswertung beschränkte, nur diejenigen Haushalte nicht als Referenzhaushalte berücksichtigt, die Hilfe zum Lebensunterhalt bezogen hatten. Dies entsprach dem bei der EVS 2003 geltenden Rechtsstand, also dem Bundessozialhilfegesetz (BSHG). Die Hilfe zum Lebensunterhalt nach dem BSHG war seinerzeit das einzige große und bedarfsabhängige Existenzsicherungssystem. Haushalte, die Arbeitslosenhilfe bezogen, wurden hingegen als Referenzhaushalte berücksichtigt, obwohl diese Leistung nicht durchgängig existenzsichernd war. In den Sonderauswertungen der EVS 2008 wurden hingegen alle Haushalte, die Leistungen nach dem SGB II bezogen, nicht als Referenzhaushalt berücksichtigt.

Zu berücksichtigen ist ferner, dass bei der Sonderauswertung EVS 2003 nur diejenigen Haushalte mit Bezug von Hilfe zum Lebensunterhalt nicht als Referenzhaushalt berücksichtigt wurden, wenn sie im Dreimonatszeitraum, für den sie Haushaltsbuch geführt hatten, ihren Lebensunterhalt überwiegend aus dieser Leistung bestritten hatten. Nach dem BSHG gab es neben dem Anspruch auf laufende Leistungen (im Wesentlichen: Regelsatzleistungen und Unterkunftskosten) auch umfangreiche Ansprüche auf einmalige Leistungen. Haushalte, die im Zeitraum, für den sie im Rahmen der EVS 2003 ein Haushaltsbuch führten und einmalige Leistungen bezogen hatten, bestritten ihren Lebensunterhalt nicht überwiegend durch Sozialhilfeleistungen und wurden als Referenzhaushalt berücksichtigt. Gleiches galt, wenn während den drei Monaten der Führung eines Haushaltsbuchs nur ein Monat laufende Leistungen der Hilfe zum Lebensunterhalt bezogen worden sind. Nicht eindeutig war bei der Abgrenzung nach dem überwiegenden Bezug ferner, welchen Anteil die Sozialhilfeleistung am Gesamteinkommen innerhalb des Dreimonatszeitraums erreichen durfte.

Im Jahr 2008, also auf der Grundlage von SGB XII und SGB II haben einmalige Leistungen nur eine begrenzte ergänzende Funktion. Sie eigenen sich deshalb nicht als Abgrenzungskriterium. Ferner wurden im Sinne einer eindeutigen Abgrenzung alle Haushalte mit Bezug von SGB-XII- und SGB-II-Leistungen nicht als Referenzhaushalte berücksichtigt, unabhängig von der Dauer des Leistungsbezugs im Zeitraum der Führung des Haushaltsbuchs.

127 Diese Änderung bei der Abgrenzung hat, wie der Vergleich der Sonderauswertung der EVS 2003 mit der Sonderauswertung Einpersonenhaushalte der EVS 2008 zeigt, erhebliche quantitative Auswirkungen (siehe Tabelle 1).

Damit wurde bei der Sonderauswertung für Einpersonenhaushalte der EVS 2008 das 17,6-Fache an Haushalten zur Vermeidung von Zirkelschlüssen für die Auswertung der Verbrauchsausgaben und damit für die Regelbedarfsermittlung nicht berücksichtigt. Alles spricht dafür, dass dies nicht allein Folge der Entwicklung der Anzahl der Leistungsberechtigten von 2003 bis 2008 ist, sondern vor allem auch auf die größere Zielgenauigkeit der Abgrenzung zurückzuführen ist.

128 Für die Familienhaushalte ist ein Vergleich zwischen der Sonderauswertung für Familienhaushalte der EVS 2008 mit der im Jahr 2008 vorgenommenen Sonderauswertung der EVS 2003, die zur Einführung der dritten Altersstufe bei den Regelsätzen für Kinder zum 1. Juli 2009 geführt hatte, möglich. Auch hier zeigt sich, dass die Zahl der herauszurechnenden Haushalte deutlich höher liegt (siehe Tabelle 2).

Hier zeigt sich im Vergleich zu den Sonderauswertungen der EVS 2003 und 2008 für Einpersonenhaushalte die deutlich geringere Ausgangszahl der Familienhaushalte und darüber hinaus den erheblich geringeren Anteil der Haushalte, die bei der Sonderauswertung EVS 2008 auszuschließen sind. Letzteres zeigt, dass Hilfebedürftigkeit und damit der Bezug von SGB-XII- und SGB-II-Leistungen bei Familienhaushalten von deutlich geringerer Bedeutung ist als bei Einpersonenhaushalten. Die relative materielle Situation von Paarhaushalten mit einem Kind ist also besser als die von Einpersonenhaushalten.

Abgrenzung der Referenzgruppen für die Regelbedarfsermittlung

129 Der zweite Schritt zur Abgrenzung der Referenzhaushalte liegt in der Bestimmung, welche von den

Tabelle 1: Vergleich der Referenzgruppenbildung in Sonderauswertungen Einpersonenhaushalte 2008 und 2003

	2008	2003
Haushalte in Deutschland insgesamt (hochgerechnet)	15,537 Mio.	14,050 Mio.
als Bezieherhaushalte ausgeschlossene Haushalte (hochgerechnet)	1,337 Mio.	76.000
Anteil der ausgeschlossenen Haushalte an allen Haushalten	8,6 Prozent	0,5 Prozent
Verbleibende Haushalte (Basis für Referenzgruppenbildung	14,200 Mio.	13,974 Mio.

Tabelle 2: Vergleich der Referenzgruppenbildung in Sonderauswertungen Familienhaushalte 2008 und 2003

	2008	2003
Haushalte in Deutschland insgesamt (hochgerechnet)	2,45 Mio.	2,589 Mio.
als Bezieherhaushalte ausgeschlossene Haushalte (hochgerechnet)	57.000	4.000
Anteil der ausgeschlossenen Haushalte an allen Haushalten	2,3 Prozent	0,2 Prozent
Verbleibende Haushalte (Basis für Referenzgruppenbildung	2,393 Mio.	2,585 Mio.

Referenzhaushalten, die nach der zur Vermeidung von Zirkelschlüssen auszuschließenden Haushalte übrig bleiben, zu den nach § 28 Abs. 3 SGB XII für die Sonderauswertungen heranzuziehenden „unteren Einkommensgruppen" zählen und somit die Referenzgruppen bilden.

130 Ebenso wie bei den bisherigen Sonderauswertungen nach der früheren Regelsatzverordnung ist nach § 4 RBEG von den nach den Nettoeinkommen geschichteten Haushalten auszugehen. Dies bedeutet, dass die Einpersonen- und Familienhaushalte der EVS 2008 nach der Höhe Ihrer Nettoeinkommen sortiert werden, ausgehend von den niedrigsten Einkommen. Ebenso wird die in der früheren Regelsatzverordnung praktizierte Methodik weitergeführt, die Größe der Referenzgruppen über einen prozentualen Anteil der unteren Einkommensgruppen der Referenzhaushalte zu bestimmen. Dies bedeutet, dass ein bestimmter Prozentsatz der verbliebenen Referenzhaushalte herangezogen wird, wobei dieser Prozentsatz auf die Haushalte mit den geringsten Einkommen angewendet wird. Der Prozentsatz wird durch § 4 RBEG für die Einpersonenhaushalte auf 15 Prozent festgesetzt und für die Familienhaushalte auf 20 Prozent.

131 Für die Abgrenzung und damit auch für den Umfang der Referenzgruppen gibt es keine objektiven Kriterien, abgesehen von der in § 28 SGB XII enthaltenen Vorgabe, dass sie für statistische Auswertungen ausreichend groß sein muss. Es liegt deshalb in der vom Bundesverfassungsgericht ausdrücklich anerkannten Gestaltungsfreiheit des Gesetzgebers, hier eine sachgerechte und begründete Entscheidung zu treffen. Folglich stellt die in der vorangegangenen Sonderauswertung der EVS 2003 nach der früheren Regelsatzverordnung anzuwendenden Anteile von 20 Prozent für die Einpersonenhaushalte und für die im Jahr 2008 vorgenommene Sonderauswertung der EVS 2003 für Familienhaushalte, die zur Einführung einer dritten Altersstufe für Kinder zum 1. Juli 2009 geführt hatte, keine Vorgabe dar. Trotzdem führte der Anteil von 15 Prozent bei der Sonderauswertung für die Einpersonenhaushalte und die Festlegung auf einen Anteil von 20 Prozent bei den Familienhaushalten zu einer breiten Diskussion während des gesamten Gesetzgebungsverfahrens. Die Gegenforderung lautete, dass der Anteil generell 20 Prozent betragen müsse, nicht zuletzt, weil dieser Anteilswert auch in der Vergangenheit verwendet worden ist. Dahinter stand der Vorwurf, dass die Verkleinerung des Anteils der Referenzgruppe bei den Einpersonenhaushalten dazu dient, die Höhe des oberen Grenzeinkommens der Referenzgruppe zu vermindern und somit die Höhe der Regelbedarfsstufen möglichst gering zu halten.

132 Hintergrund für die von einander abweichende Festsetzung der Prozentanteile für die Referenzgruppen Einpersonen- und Familienhaushalte in § 4 RBEG sind die Unterschiede in den Höhen der jeweils aus den Referenzhaushalten auszuschließenden Haushalte. Die Vorgabe, nur die Verbrauchsausgaben von Referenzhaushalten mit geringen Einkommen für die Sonderauswertungen und damit für die Bestimmung des menschenwürdigen Existenzminimums heranzuziehen, erfordert es, dass die Referenzgruppe nicht bis in mittlere Einkommensbereiche hinein reicht. Dies bedeutet, dass die Haushalte mit den höchsten Einkommen in der Referenzgruppe nicht bereits ein Nettoeinkommensniveau erreichen, wie es für die untere Mittelschicht typisch ist.

133 Bei den Einpersonenhaushalten für die Bestimmung des prozentualen Anteils der Referenzgruppe zu berücksichtigten, dass von den unteren Einkommensgruppen bei den 8,6 Prozent aller Haushalte nicht zu berücksichtigen sind. Für die Referenzgruppenbildung stehen also nur 91,4 Prozent der Einpersonenhaushalte zur Verfügung. Bei der Referenzgruppenbildung für die Sonderauswertung Einpersonenhaushalt der EVS 2003 waren es 99,5 Prozent aller Einpersonenhaushalte. Da die Haushalte von den niedrigsten hin zu den höchsten Nettoeinkommen geschichtet sind, gehen mit den nicht zu berücksichtigenden Haushalten diejenigen mit den geringsten Nettoeinkommen nicht in die Referenzgruppenbildung ein. Da dies absolut und anteilig bei der Referenzgruppe Einpersonenhaushalte 2008 deutlich mehr Haushalte sind als bei den Einpersonenhaushalten 2003 würde das durchschnittliche Nettoeinkommen bei einem gleichen Anteil von 20 Prozent an den verbleibenden Einpersonenhaushalte bei der Referenzgruppe Einpersonenhaushalt 2008 deutlich höher liegen als bei der Referenzgruppe Einpersonenhaushalt 2003. Und dies unabhängig von der tatsächlichen Nettoeinkommensentwicklung zwischen 2003 und 2008. Dieser Effekt wird dadurch teilweise korrigiert, dass der in § 5 RBEG bestimmten Anteil für die Referenzgruppe Einpersonenhaushalte 15 Prozent beträgt. Damit lagen die durchschnittlichen Verbrauchsausgaben der Referenzgruppe im Jahr 2008 bei 843 Euro und damit um 8,8 Prozent höher als im Jahr 2003.

Bei der Sonderauswertung Einpersonenhaushalt der EVS 2008 (Sonderauswertung Einpersonenhaushalt 2008) liegen der Referenzgruppe mit einem Anteil von 15 Prozent trotz des hohen Anteils der nicht zu berücksichtigenden Haushalte auf die Bundesrepublik Deutschland hochgerechnet 14,2 Millionen Haushalte zugrunde. Zusammen mit den nicht zu berück-sichtigenden Einpersonenhaushalten ergibt sich ein Anteil von 22,3 Prozent aller Einpersonenhaushalten (3,463 Millionen von insgesamt 15,537 Millionen Haushalten). Bei der Sonderauswertung Einpersonenhaushalte der EVS 2003 verblieben nach Abzug der nicht zu berücksichtigenden Einpersonenhaushalte hochgerechnet auf Deutschland knapp 14 Millionen Haushalte, also weniger als bei der Sonderauswertung Einpersonenhaushalte 2008. Die Differenz hätte sich bei einem Anteil von 20 Prozent sogar noch deutlich vergrößert. Wird bei den Einpersonenhaushalten 2003 die Summe der bei einem Anteil von 20 Prozent sich ergebenden zu berücksichtigenden und nicht zu berücksichtigenden Einpersonenhaushalte der Zahl aller Einpersonenhaushalten in der EVS 2003 gegenüber gestellt, dann ergibt sich ein Anteil von 20,4 Prozent. Dies stellt einen deutlichen Unterschied zu den Einpersonenhaushalten 2008 dar. Der verminderte Anteil für die Referenzgruppenbildung hat also nicht dazu geführt, dass sich die absolute Zahl der Haushalte in der Referenzgruppe vermindert hat. Deshalb ist auch das einzige objektive Kriterium für die Referenzgruppenbildung erfüllt, nämlich die für statistische Auswertungen erforderliche Mindestzahl an Haushalten. Hierfür ist die Referenzgruppe mit 1.678 Haushalten ausreichend groß.

134 Für die Familienhaushalte wird durch § 5 RBEG der Anteil von 20 Prozent für die Referenzgruppenbildung bestimmt. Damit wird der gleiche Anteil wie bei den Einpersonenhaushalten 2003 und bei der im Jahr 2008 durchgeführten Sonderauswertung für Familienhaushalte auf der Grundlage der EVS 2003 beibehalten. Aus der im Vergleich zu den Einpersonenhaushalten deutlich geringeren Gesamtzahl aller Familienhaushalte mit knapp 2,6 Millionen ist für eine für statistische Auswertungen ausreichend große Referenzgruppe ein höherer prozentualer Anteil erforderlich. Ferner bleiben mit 57.000 Familienhaushalten nur 2,3 Prozent aller Familienhaushalte bei der Referenzgruppenbildung unberücksichtigt, so dass 97,7 Prozent aller Haushalte für die Referenzgruppenbildung zur Verfügung stehen. Bei der Sonderauswertung Familienhaushalte 2003 wurden nur 4.000 Haushalte für die Referenzgruppenbildung nicht berücksichtigt, dies waren 0,2 Prozent aller Familienhaushalte. Die Unterschiede zwischen der Sonderauswertung Familienhaushalte 2008 gegenüber der Sonderauswertung Familienhaushalte 2003 sind damit erheblich geringer als bei der Sonderauswertung Einpersonenhaushalte 2008 gegenüber der Sonderauswertung Einpersonenhaushalte 2003.

Regelbedarfsrelevante Verbrauchsausgaben im Jahr 2008 und Fortschreibung bis zum 1. Januar 2011

135 Die zweite Entscheidung nach der Abgrenzung der Referenzgruppen hatte der Gesetzgeber bei den anzurechnenden Verbrauchsausgaben der Referenzhaushalte zu treffen. Auch hier steht dem Gesetzgeber nach dem Urteil des Bundesverfassungsgerichts vom 9. Februar 2010 ein Gestaltungsspielraum zu. Dieser ist nach dem Urteil bei Verbrauchsausgaben eng, wenn sie für die Aufrechterhaltung des physischen Existenzminimums erforderlich sind, und weiter, sofern die Verbrauchsausgaben der sozialen Teilhabe dienen.

Die vom Gesetzgeber zu treffenden Entscheidungen müssen nach dem Urteil folgerichtig sein, müssen also der Systementscheidung für eine auf der EVS basierenden statistischen Ermittlung entsprechen, und sie müssen ausreichend begründet werden, damit die Entscheidungen transparent und in der Konsequenz auch gerichtlich überprüfbar sind. Der Gesetzentwurf der Bundesregierung (BT-Drs. 17/3404) enthält in seinem Begründungsteil eine umfangreiche Erläuterung der Ermittlung der regelbedarfsrelevanten Verbrauchsausgaben, die einen ebenso umfangreichen Tabellenteil mit einschließt. Aus diesen Tabellen geht hervor, welche Ausgaben je berücksichtigter Abteilung der EVS 2008 als regelbedarfsrelevant berücksichtigt werden.

136 Für die Ermittlung von regelbedarfsrelevanten Verbrauchsausgaben von beziehungsweise für Kinder und Jugendliche stehen nur die Verbrauchsausgaben der Familienhaushalte zur Verfügung. Um die auf Kinder und Jugendliche entfallenden Verbrauchsausgaben aus den Haushaltsausgaben zu ermitteln, stehen sogenannte Verteilungsschlüssel zur Verfügung. Diese wurden bereits bei der im Jahr 2008 durchgeführten Sonderauswertung der EVS 2003 verwendet, die zur Einführung einer dritten Altersstufe für Kinder und Jugendliche geführt hatte. Diese von Wissenschaftlern entwickelten Verteilungsschlüssel verwenden in Abhängigkeit von den jeweiligen Verbrauchsausgaben sehr unterschiedliche Ansätze. Diese reichen von einer ausschließlichen Zuordnung zu Kindern und Jugendlichen oder zu Erwachsenen, über die pro-Kopf-Verteilung bis zu auf wissenschaftlichen Gutachten beruhenden Anteilsermittlungen. Letzteres wird für die Aufteilung der Ausgaben für Ernährung verwendet.

137 Da auch einkommensschwache Haushalte nicht ausschließlich existenznotwendige Güter und Dienstleistungen verbrauchen können nicht alle Verbrauchsausgaben berücksichtigt werden. Ferner sind bestimmte Ausgaben, vor allem für Wohnungsmiete und Heizung, nicht zu berücksichtigen, da sie bei Leistungsberechtigten nach dem SGB XII und SGB II nicht über den Regelbedarf, sondern über zusätzliche Bedarfe abzudecken sind. Andere Verbrauchsausgaben fallen bei Leistungsberechtigten nicht an, weil sie anderweitig abgedeckt werden oder Befreiungen von Zahlungsverpflichtungen bestehen (Rundfunkgebührenbefreiung). Für die Regelbedarfe sind deshalb Verbrauchsausgaben nur dann als regelbedarfsrelevant zu berücksichtigen, wenn sie den in § 28 Abs. 4 SGB XII enthaltenen Vorgaben entsprechen (vergleiche Rdnr. 105).

138 Auf Abschläge (vergleiche Rdnr. 116) wird vollständig verzichtet. Entweder werden Verbrauchsausgaben trotz begründeter Argumente für eine nur teilweise Berücksichtigung in vollem Umfang als regelbedarfsrelevant anerkannt, nicht anerkannt oder der nicht zu berücksichtigende Anteil wird auf empirischer Grundlage ermittelt beziehungsweise abgeschätzt. Für solche Schätzungen können, da die Verbrauchsausgaben in Einzelpositionen statistisch erfasst werden, die darin enthaltene Waren und Dienstleistungen über das vom Statistischen Bundesamt für die Berechnung von Verbraucherpreisindizes verwendeten sogenannten „Wägungsschemen" für die Ermittlung von Anteilen verwendet werden. So bei den Verbrauchsausgaben für Uhren und Schmuck in Abteilung 12, wobei nur die Verbrauchsausgaben für Uhren als regelbedarfsrelevant berücksichtigt werden. Für die Abteilung 11 (Beherbergungs- und Gaststättendienstleistungen) enthaltenen Verbrauchsausgaben für Gaststättenbesuche und damit für außerhäusliche Verpflegung werden nur die dabei konsumierten Lebensmittel als regelbedarfsrelevant berücksichtigt, da Gaststätten- und Restaurantbesuche nicht als Bestandteil eines menschenwürdigen Existenzminimums aufgefasst werden. Allerdings ersetzt die außerhäusliche die häusliche Verpflegung, die in Gaststätten verzehrten Nahrungsmittel sind folglich existenznotwendig. Deshalb wird der Anteil der Lebensmittel in den Ausgaben für außerhäusliche Verpflegung über den Warenwert ermittelt. Statistische Grundlage ist die vom Statistischen Bundesamt erstellte Kostenstrukturstatistik, aus der sich die Wareneinsatzquote, also der Anteil des Warenwerts am Umsatz, ergibt.

139 Eine Entscheidung des Gesetzgebers, Verbrauchsausgaben nicht zu berücksichtigen, stellt die Ermittlung von regelbedarfsrelevanten Verbrauchsausgaben der Abteilung 1 (Nahrungsmittel und Getränke) sowie der Abteilung 2 (alkoholische Getränke) dar. Bei Nahrungsmitteln und Getränken wurden die Verbrauchsausgaben der Einpersonenhaushalte und die auf Kinder und Jugendliche entfallenden Verbrauchsausgaben der Familienhaushalte in vollem Umfang berücksichtigt. Hinzu gerechnet wurde jedoch ein Ausgleichsbetrag, weil die Verbrauchsausgaben für alkoholische Getränke der Abteilung 2 nicht als regelbedarfsrelevant anerkannt werden, also nicht berücksichtigt werden. Allerdings wird als Ausgleich für den Flüssigkeitsbedarf, der auch durch alkoholische Getränke gedeckt wird, ein über eine Plausibilitätsrechnung ermittelter Ausgleichsbetrag für die erforderliche Flüssigkeitsmenge eingesetzt (8,11 Euro für alkoholische Getränke, davon nach Wägungsschema Statistisches Bundesamt ein Abzug von 11,35 Prozent für Spirituosen, die nicht der Flüssigkeitsaufnahme dienen; damit verbleiben 7,19 Euro, die durch nicht alkoholische Getränke zu ersetzen sind). Der sich ergebende Ausgleichsbetrag ist, da alkoholfreie Getränke wie Mineralwasser preisgünstiger sind als alkoholische Getränke wie zum Beispiel Bier, geringer und wird mit 2,99 Euro angesetzt. Um diesen Ausgleichsbetrag werden die in Abteilung 1 enthaltenen Verbrauchsausgaben für alkoholfreie Getränke erhöht.

Ebenfalls nicht berücksichtigt werden die Verbrauchsausgaben der Abteilung 2 für Tabakwaren in Höhe von 11,08 Euro. Hierfür wird, da es sich um keinen existenznotwendigen Bedarf handelt, auch keine Substituierung vorgenommen.

140 Die regelbedarfsrelevanten Verbrauchsausgaben werden jeweils für die berücksichtigten Abteilungen der EVS aufsummiert und sind jeweils für Einpersonenhaushalte und Familienhaushalte in den Tabellen in § 5 Abs. 1 RBEG beziehungsweise § 6 Abs. 1 RBEG enthalten. Wobei für Familienhaushalte die auf Kinder und Jugendliche in den drei Altersstufen entfallenden Verbrauchsausgaben aufgelistet werden. Die sich daraus ergebenden Summen der regelbedarfsrelevanten Verbrauchsausgaben für Einpersonenhaushalte und die in auf Kinder und Jugendliche in den drei Altersstufen entfallenden regelbedarfsrelevanten Verbrauchsausgaben der Familienhaushalte sind in § 5 Abs. 2 RBEG sowie in § 6 Abs. 2 RBEG enthalten.

141 Die sich für Einpersonenhaushalte sowie für die auf Kinder und Jugendliche in den drei Altersstufen ergebenden Summen der regelbedarfsrelevanten Verbrauchsausgaben werden nach § 7 RBEG fortgeschrieben. Diese Fortschreibung ist erforderlich, da die Verbrauchsausgaben für das Jahr 2008 ermittelt worden sind. Für die Zeitspanne bis zu dem vom Bundesverfassungsgericht vorgegebenen Inkrafttreten liegen folglich die Kalenderjahre 2009 und 2010.

Für die Fortschreibung der Summen der regelbedarfsrelevanten Verbrauchsausgaben bis zum 1. Januar 2011 wird kein eigener Fortschreibungsmechanismus verwendet, sondern nach der in § 28 Abs. 4 SGB XII enthaltenen Vorgabe die für die Fortschreibung der Regelbedarfsstufen ab dem Jahr 2012 anzuwendende Veränderungsrate des Mischindexes nach § 28a SGB XII (vergleiche Rdnr. 156). Die Berechnung der Veränderungsrate des Mischindexes ist allerdings abweichend von § 28a SGB XII zu berechnen. Nach § 7 Abs. 1 RBEG errechnet sich die Veränderungsrate aus der Veränderung von Preisen und Nettoentgelten im Kalenderjahr 2009 gegenüber dem Kalenderjahr 2008. Damit bleibt das Kalenderjahr 2010 unberücksichtigt. Dies erklärt sich aus der bei Vorlage des Gesetzentwurfs verfügbaren Datenlage, da im Herbst 2010 keine Daten für das Kalenderjahr 2010 vorlagen. Die sich ergebende Veränderungsrate beläuft sich nach § 7 Abs. 2 RBEG auf 0,55 Prozent.

Dies bedeutet, dass sich die Summen der regelbedarfsrelevanten Verbrauchsausgaben des Jahres 2008 bis zum 1. Januar 2011 um 0,55 Prozent erhöhen. Nach Anwendung der Regelung für die Rundung auf volle Euro-Beträge nach § 28 Abs. 4 SGB XII ergeben sich die regelbedarfsrelevanten Verbrauchsausgaben, die den Regelbedarfsstufen zugrunde zu legen sind (Tabelle 3).

Regelbedarfsstufen zum 1. Januar 2011

142 Die sich nach der Fortschreibung und Rundung ergebenden Regelbedarfsstufen sind in § 8 Abs. 1 RBEG enthalten. Im Vergleich zu dem bis Jahresende 2010 geltenden Regelsatzsystem aus Eckregelsatz und prozentual daraus abgeleiteten Regelsätzen ergeben sich in den für erwachsene Leistungsberechtigte geltenden Regelbedarfsstufen 1 bis 3 Erhöhungen, in den für Kinder und Jugendliche geltenden Regelbedarfsstufen 4 bis 6 hingegen Verminderungen, da die Regelbedarfsermittlung zu Beträgen führt, die geringer als die bis Jahresende 2010 gelten Beträge sind. Deshalb enthält § 8 Abs. 2 RBEG eine Besitzschutzregelung für Kinder und Jugendliche. Dazu werden die für die Regelbedarfsstufen 4 bis 6 ermittelten Beträge nach § 8 Abs. 1 RBEG durch die bis Jahresende 2010 geltenden Beträge für die Regelsatzanteile 80 Prozent, 70 Prozent und 60 Prozent des Eckregelsatzes ersetzt.

Die sich danach ab 1. Januar 2011 ergebenden monatlichen Euro-Beträge für die Regelbedarfsstufen 1 bis 6 werden in die Anlage zu § 28 SGB XII übernommen (Tabelle 4).

Tabelle 3: Regelbedarfsrelevante Verbrauchsausgaben nach Abteilungen der EVS 2008 in Euro

Abteilungs-Nummer	Titel der Abteilung	Einpersonenhaushalt	Kinder bis unter 6 Jahre	Kinder 6 bis unter 14 Jahre	Jugendliche 14 bis unter 18 Jahre
1	Nahrungsmittel, alkoholfreie Getränke	128,46	78,67	96,55	124,02
3	Bekleidung und Schuhe	30,40	31,18	33,32	37,21
4	Wohnen, Energie und Wohnungsinstandhaltung	30,24	7,04	11,07	15,34
5	Innenausstattung, Haushaltsgeräte und -gegenstände	27,41	13,64	11,77	14,72
6	Gesundheitspflege	15,55	6,09	4,95	6,56
7	Verkehr	22,78	11,79	14,00	12,62
8	Nachrichtenübermittlung	31,96	15,75	15,35	15,79
9	Freizeit, Unterhaltung, Kultur	39,96	35,93	41,33	31,41
10	Bildung	1,39	0,98	1,16	0,29
11	Beherbergungs- und Gaststättendienstleistungen	7,16	1,44	3,51	4,75
12	Andere Waren und Dienstleistungen	26,50	9,18	7,31	10,88
	Summe der regelbedarfsrelevanten Verbrauchsausgaben	361,81	211,69	240,32	273,62
	Summe nach Fortschreibung und Rundung	364	213	242	275

Tabelle 4: Regelbedarfsstufen 1 bis 6 ab 1. Januar 2011

	Ermittlungsgrundlage in Regelbedarfsermittlung	Beträge nach Regelbedarfsermittlung	Regelsätze bis 31.12.2010	Unterschiedsbetrag	Regelbedarfsstufen ab 1. 1. 2011 nach der Anlage zu § 28 SGB XII
Einpersonenhaushalt, Alleinerziehende	Verbrauchsausgaben Einpersonenhaushalte	364 Euro	359 Euro	+ 5 Euro	Regelbedarfsstufe 1: 364 Euro
Partner (Ehepaare usw.)	Verbrauchsausgaben Einpersonenhaushalte, Anteil 90 Prozent	328 Euro	323 Euro	+ 5 Euro	Regelbedarfsstufe 2: 328 Euro
Erwachsene Haushaltsangehörige	Verbrauchsausgaben Einpersonenhaushalte, Anteil 80 Prozent	291 Euro	287 Euro	+ 4 Euro	Regelbedarfsstufe 3: 291 Euro
Jugendliche von 14 bis unter 18 Jahre	Verbrauchsausgaben Familienhaushalte	275 Euro	287 Euro	- 12 Euro	Regelbedarfsstufe 4: 287 Euro
Kinder von 6 bis unter 14 Jahre	Verbrauchsausgaben Familienhaushalte	242 Euro	251 Euro	- 9 Euro	Regelbedarfsstufe 5: 251 Euro
Kinder unter 6 Jahre	Verbrauchsausgaben Familienhaushalte	213 Euro	215 Euro	- 2 Euro	Regelbedarfsstufe 6: 215 Euro

143 Die Anlage zu § 28 SGB XII enthält ferner die Definition der Regelbedarfsstufen:

- Regelbedarfsstufe 1:
  Gilt für eine erwachsene leistungsberechtigte Person, die als alleinstehende oder alleinerziehende Person einen eigenen Haushalt führt; dies gilt auch dann, wenn in diesem Haushalt eine oder mehrere weitere erwachsene Personen leben, die der Regelbedarfsstufe 3 zuzuordnen sind.

- Regelbedarfsstufe 2:
  Gilt für jeweils zwei erwachsene Leistungsberechtigte, die als Ehegatten, Lebenspartner oder in eheähnlicher oder lebenspartnerschaftsähnlicher Gemeinschaft einen gemeinsamen Haushalt führen.

- Regelbedarfsstufe 3:
  Gilt für eine erwachsene leistungsberechtigte Person, die weder einen eigenen Haushalt führt, noch als Ehegatte, Lebenspartner oder in eheähnlicher oder lebenspartnerschaftsähnlicher Gemeinschaft einen gemeinsamen Haushalt führt.

- Regelbedarfsstufe 4:
  Gilt für eine leistungsberechtigte Jugendliche oder einen leistungsberechtigten Jugendlichen vom Beginn des 15. bis zur Vollendung des 18. Lebensjahres.

- Regelbedarfsstufe 5:
  Gilt für ein leistungsberechtigtes Kind vom Beginn des 7. bis zur Vollendung des 14. Lebensjahres.

- Regelbedarfsstufe 6:
  Gilt für ein leistungsberechtigtes Kind bis zur Vollendung des 6. Lebensjahres.

144 Wegen der Besitzschutzregelung werden bei den künftigen Fortschreibungen der Regelbedarfe bei den Regelbedarfsstufen 4 bis 6 nicht die in der Anlage zu § 28 SGB XII enthaltenen Beträge fortgeschrieben, sondern die sich aus der Regelbedarfsermittlung ergebenden und in § 8 Abs. 1 RBEG enthaltenen Beträge (vergleiche Rdnr. 142). Erst wenn die Fortschreibung der statistisch ermittelten Beträge zu einem höheren Betrag für die einzelnen Regelbedarfsstufen führt, ergibt sich eine Erhöhung.

Weiterentwicklung Regelbedarfsermittlung

145 Die Regelbedarfsermittlung im RBEG stand unter der Vorgabe, das Urteil des Bundesverfassungsgerichts vom 9. Februar 2010 umzusetzen. Dies bedeutete, das bisherige System der Regelsatzbemessung zu einer Regelbedarfsermittlung weiterzuentwickeln, die den Vorgaben des Urteils entspricht, die erforderlichen Sonderauswertungen beim Statistischen Bundesamt in Auftrag zu geben, sie nach Fertigstellung auszuwerten und in die Regelbedarfsstufen zu ermitteln. Angesichts der zusätzlichen Vorgabe im Urteil, dass die neu ermittelten Regelbedarfe zum 1. Januar 2011 in Kraft zu setzen sind, bestand erheblicher Zeitdruck. Deshalb waren die Möglichkeiten für eine Weiterentwicklung der Konzeption für die Regelbedarfsermittlung Grenzen gesetzt. Dies zeigt sich insbesondere in der fehlenden statistischen Ermittlung der Regelbedarfsstufen 2 und 3. Vor diesem Hintergrund wurde das RBEG durch den Vermittlungsausschuss um einen § 10 ergänzt, der den Rahmen für die erforderliche Weiterentwicklung der Regelbedarfsermittlung absteckt.

146 Durch § 10 Abs. 1 RBEG wird das Bundesministerium für Arbeit und Soziales verpflichtet, dem Deutschen Bundestag bis zum 1. Juli 2013 einen Bericht über die Weiterentwicklung der für die Ermittlung von Regelbedarfen anzuwendenden Methodik vorzulegen. Damit sollen die Vorschläge für eine Weiterentwicklung der Regelbedarfsermittlung in dem unter Mitwirkung des Statistischen Bundesamtes sowie von Sachverständigen zu erstellenden Bericht rechtzeitig vor der nächsten Regelbedarfsermittlung auf der Grundlage von Sonderauswertungen der EVS 2013 vorliegen.

147 Nach § 10 Abs. 2 RBEG sind Vorschläge in folgenden Teilbereichen vorzulegen:

- für die Abgrenzung der Referenzhaushalte Haushalte zu identifizieren, die als „verdeckt" oder „verschämt arm" anzusehen sind und damit sicherzustellen, dass solche zu Zirkelschlüssen führende Haushalte nicht in die die Referenzgruppe eingehen (vergleiche Rdnr. 124);

- für die Überprüfung und Weiterentwicklung der Verteilungsschlüssel zur Zuordnung der Verbrauchsausgaben der Familienhaushalte auf Kinder und Jugendliche und damit als Grundlage für die Ermittlung der Regelbedarfsstufen 4 bis 6, da diese Schlüssel auf Grundlage der EVS 1998 ermittelt und mangels ausreichender Zeit nur auf der Grundlage der EVS 2003, nicht aber der EVS 2008 überprüft werden konnten;

- für die Ermittlung von regelbedarfsrelevanten Verbrauchsausgaben von Erwachsenen, die in einem Mehrpersonenhaushalt leben, als Grundlage für die Ermittlung der Regelbedarfsstufen 2, also für Ehepartner, Lebenspartner und in sonstiger Paarbeziehung lebende Erwachsene, und der Regelbedarfsstufe 3, also für Erwachsene, die keinen eigenen Haushalt und keinen gemeinsamen Haushalt mit einem Partner führen.

Übergangsregelung zur Regelbedarfsstufe 3

148 In der Grundsicherung im Alter und bei Erwerbsminderung sind wegen der Aufhebung der Unterhaltsverpflichtung von Eltern gegenüber volljährigen Kindern und des Verzichts auf die Unterhaltsvermutung (vergleiche Rdnr. 248) junge Erwachsene mit einer Behinderung, sofern sie dauerhaft voll erwerbsgemindert sind, leistungsberechtigt. Für sie gilt die Regelbedarfsstufe 3, ebenso wie beispielsweise für ältere Menschen, die im Haushalt eines Kindes leben.

149 Die Regelbedarfsstufe 3 konnte im Rahmen der Regelbedarfsermittlung – ebenso wie die Regelbedarfsstufe 2 - zum 1. Januar 2011 nicht auf der Grundlage von Verbrauchsausgaben statistisch unmittelbar ermittelt werden. Deshalb wurde der Regelsatzanteil von 80 Prozent aus dem bis Jahresende 2010 geltenden Recht übernommen (vergleiche Rdnr. 113). Im Unterschied zur Festsetzung der Höhe der Regelbedarfsstufe 2 führte die Festsetzung für die Regelbedarfsstufe 3 während des Gesetzgebungsverfahrens zu Kritik und war auch während des Vermittlungsverfahrens strittig. Für diese unterschiedliche Wahrnehmung bei beiden Regelbedarfsstufen gibt es im Wesentlichen zwei Ursachen:

– Erstens, weil sich aus dem Urteil des Bundesverfassungsgerichts vom 9. Februar 2010 eine Bestätigung für die Aufteilung auf zweimal 90 Prozent des Eckregelsatzes und damit auch für die Regelbedarfsstufe 2 ergibt.
– Zweitens, weil die Auffassung vertreten wird, mit der Regelbedarfsstufe 3 würde für erwachsene Leistungsberechtigte mit einer Behinderung, die im Haushalt ihrer Eltern leben, eine Leistungskürzung vorgenommen.

150 Die Auffassung einer Leistungskürzung wird mit einem Urteil des Bundessozialgerichts aus dem März 2010 begründet. In diesem Urteil hatte das Bundessozialgericht in einer Einzelfallentscheidung einem jungen behinderten Erwachsenen mit Leistungsberechtigung in der Grundsicherung im Alter und bei Erwerbsminderung, der im Haushalt seiner Mutter lebt, anstelle des Regelsatzanteils von 80 Prozent den Eckregelsatz zugesprochen. Begründet wurde dies mit der Gleichbehandlung gegenüber 25-jährigen und älteren Beziehern von Arbeitslosengeld II, die ebenfalls im Haushalt der Eltern oder eines Elternteils leben, und als Erwerbsfähige Arbeitslosengeld II bis Jahresende 2010 in Höhe des Eckregelsatzes und mit Inkrafttreten der Reform zur Umsetzung des Urteils des Bundesverfassungsgericht in Höhe der Regelbedarfsstufe 1 erhalten. Viele Sozialhilfeträger haben aufgrund des Urteils des Bundessozialgerichts damit begonnen, für Leistungsberechtigte in der Grundsicherung im Alter und bei Erwerbsminderung, die als dauerhaft voll erwerbsgeminderte Personen im Haushalt der Eltern leben, den Regelsatz auf den Eckregelsatz anzuheben.

151 Mit dem Gesetz zur Ermittlung von Regelbedarfen und zur Änderung des Zweiten und Zwölften Buches Sozialgesetzbuch hat der Gesetzgeber jedoch die Entscheidung getroffen, das bisherige Recht zu bestätigen und damit das Urteil des Bundessozialgerichts zu korrigieren. Dazu wurde auch die Abgrenzungen der Regelbedarfsstufen genauer definiert und diese deutlicher voneinander abgegrenzt, als dies bei den früheren Regelsatzanteilen der Fall war. Die unzureichende Abgrenzung der Regelsatzanteile war neben der Gleichbehandlungsargumentation einer der Begründungen des Bundessozialgerichts. Mit dem Inkrafttreten der Reform ergibt sich damit für einen Teil der erwähnten Leistungsberechtigten, dass der für einige Monate gezahlte Eckregelsatz durch die Regelbedarfsstufe 3 ersetzt wird. Für Leistungsberechtigte, für die die Regelbedarfsstufe 3 gilt, die aber nach dem Urteil des Bundessozialgerichts für einige Monate den Eckregelsatz erhalten hatten, ergibt sich eine monatliche Leistungsverminderung um 73 Euro.

152 Aufgrund der wegen des Vermittlungsverfahrens von Jahresende 2010 bis Ende März 2011 verzögerten Verkündung des Gesetzes im Bundesgesetzblatt hätte es in den genannten Fällen dazu kommen können, dass Sozialhilfeträger aufgrund der rückwirkend zum 1. Januar 2011 in Kraft getretenen Regelbedarfsstufe 3 bei auf den Eckregelsatz angehobenem Regelsatz eine Rückforderungen beziehungsweise Aufrechnungen vornehmen, also die sich für die Monate Januar bis März 2011 daraus ergebenden Überzahlungen zurückfordern beziehungsweise mit den Regelsatzzahlungen ab April 2011 verrechnen. Um dies zu verhindern, enthält eine als § 137 SGB XII in das Übergangsrecht eingeordnete Vorschrift, dass es bei den für Monate Januar bis März 2011 gezahlten Regelsätzen verbleibt und keine Rückforderung oder Verrechnung erfolgt.

153 Darüber hinaus hat sich der Vermittlungsausschuss darauf verständigt, seiner die Änderungen des Gesetzentwurfs beinhaltende Beschlussempfehlung eine sogenannte Protokollerklärung zur Regelbedarfsstufe 3 beizufügen. Mit dieser Protokollerklärung wird gefordert, die Regelbedarfsstufe 3 mit dem Ziel zu überprüfen, für Menschen mit einer Behinderung ab dem 25. Lebensjahr den vollen Regelsatz nach der Regelbedarfsstufe 3 zu ermöglichen. Die Einführung einer besonderen Regelung, die behinderten Menschen, die im Haushalt der Eltern leben, hätte weitreichende Folgen für die Regelbedarfsstufen für erwachsene Leistungsberechtigte und sie steht zudem – sofern sie unmittelbar umgesetzt werden soll - im Widerspruch zu der Vorgabe einer Weiterentwicklung der Konzeption für die Regelbedarfsermittlung nach § 10 RBEG für die auf der Grundlage der EVS 2013 vorzunehmenden Sonderauswertungen (vergleiche Rdnr. 147).

Jährliche Fortschreibung der Regelbedarfsstufen per Verordnung

154 Für Jahre, in denen keine Regelbedarfsermittlung auf der Grundlage einer aktuellen EVS durchzuführen ist, sind die Regelbedarfsstufen fortzuschreiben. Die Fortschreibung ist in den durch die Reform zur Umsetzung des Urteils des Bundesverfassungsgerichts vom 9. Februar 2010 neugefassten und zum Ersten Abschnitt des Dritten Kapitels zusammengefassten Vorschriften als § 28a SGB XII eingeordnet.

155 Bereits das bis Jahresende 2010 geltende Recht enthielt die Vorgabe, dass in Jahren, für die keine Neubemessung der Regelsätze zu erfolgen hatte, diese fortzuschreiben waren. Die Fortschreibung war allerdings nicht im SGB XII geregelt, sondern in der Regelsatzverordnung. Fortschreibungsmaßstab war die Veränderung des aktuellen Rentenwerts in der gesetzlichen Rentenversicherung nach dem SGB VI (vergleiche Kapitel 6). Nach dem Urteil des Bundesverfassungsgerichts ist dieser Fortschreibungsmaßstab jedoch unvereinbar mit dem Grundgesetz. Die Verfassungsrichter sahen in der Verwendung der sich aus der Entwicklung des aktuellen Rentenwerts ergebenden Veränderungsrate einen unzulässigen Maßstabswechsel. Bei der früheren Regelsatzbemessung werde - ebenso wie das bei der neuen Regelbedarfsermittlung der Fall ist - auf die verfügbaren Einkommen (Nettoeinkommen), das Verbraucherverhalten und die Lebenshaltungskosten abgestellt. Im Urteil wird deshalb kritisiert, dass sich die Fortschreibung nach der Veränderung des aktuellen Rentenwerts an der Entwicklung der Bruttoentgelte orientiert, wobei zusätzlich Faktoren zur Beeinflussung der Beitragssatzentwicklung in der gesetzlichen Rentenversicherung einwirken. Damit so die Verfassungsrichter, habe die Veränderungsrate des aktuellen Rentenwertes keinen Bezug zur Bestimmung der Höhe des menschenwürdigen Existenzminimums. Bemängelt wird im Urteil ferner, dass die Preisentwicklung völlig unberücksichtigt bleibt, obwohl die Abdeckung des Existenzminimums bei steigenden Preisen zu höheren Aufwendungen führt. Aus dem Urteil ist auch zu entnehmen, dass auch die Entwicklung der Nettoeinkommen und damit der verfügbaren Einkommen von Bedeutung ist, da hiervon das Konsumniveau abhängig ist und das Existenzminimum auch eine Teilhabe an der allgemeinen Wohlstandsentwicklung beinhaltet. Die Höhe des menschenwürdigen Existenzminimums kann deshalb nicht unabhängig von der allgemeinen Wohlstandsentwicklung bestimmt werden.

156 Einen der Kernpunkte der Reform zur Umsetzung des Urteils des Bundesverfassungsgerichts stellt deshalb die Einführung eines neuen Fortschreibungsmechanismus dar. Dieser ist in § 28a Abs. 2 SGB XII enthalten. Danach ergibt sich die Höhe der jährlichen Fortschreibung der Regelbedarfsstufen aus der Veränderung eines sogenannten Mischindexes. Dieser setzt sich aus der Berücksichtigung von zwei Größen zusammen:

– Der bundesdurchschnittlichen Entwicklung der Preise für regelbedarfsrelevante Güter und Dienstleistungen. Folglich wird nicht die Entwicklung der Verbraucherpreise insgesamt zugrundegelegt, sondern ein spezieller Preisindex gebildet, der nur die Preisentwicklung der regelbedarfsrelevanten Güter und Dienstleistungen berücksichtigt. Damit entspricht die Zusammensetzung der für die Preisentwicklung maßgeblichen Produkte und Dienstleistungen der Zusammensetzung der Regelbedarfe. Dies bedeutet unter Anderem, dass Ausgaben für Ernährung im Regelbedarf und damit auch bei der Preisentwicklung einen deutlich größeren Anteil haben, als dies beim allgemeinen Verbraucherpreisindex der Fall ist. Wegen der Bedeutung der Realwerterhaltung der Regelbedarfe als Leis-

tungen zur physischen Existenzsicherung geht die Preisentwicklung mit einem Anteil von 70 Prozent in die Veränderungsrate des Mischindexes ein.
- Der bundesdurchschnittlichen Entwicklung der Nettolöhne und -gehälter je beschäftigten Arbeitnehmer nach der Volkswirtschaftlichen Gesamtrechnung. Dadurch wird eine Berücksichtigung und damit auch eine Beteiligung der Leistungsberechtigten nach SGB XII und SGB II an der gesellschaftlichen Wohlstandsentwicklung ermöglicht. Da es keine Entgeltstatistik gibt, die zeitnah und ausschließlich niedrige Nettoeinkommen erfasst, muss auf die durchschnittlichen Nettoentgelte abgestellt werden. Die Nettoentgeltentwicklung geht mit einem Anteil von 30 Prozent in den Mischindex ein und hat damit ein deutlich geringeres Gewicht als die Preisentwicklung für die Fortschreibung der Regelbedarfsstufen.

157 Die Fortschreibung hat nach § 28a Abs. 1 SGB XII im Unterschied zu dem bis Jahresende 2010 geltenden Recht nicht mehr zum 1. Juli, sondern zum 1. Januar eines Jahres zu erfolgen. Durch den Fortschreibungstermin am Jahresanfang wird ein Zwölfmonatsrhythmus bei den Veränderungen der Regelbedarfsstufen gewährleistet. Im bis Jahresende 2010 geltenden Recht kam es dazu, dass die Neubemessung der Regelsätze zum 1. Januar vorgenommen wurde, die letzte Fortschreibung erst sechs Monate zurücklag und die nächste Fortschreibung bereits nach weiteren sechs Monaten erfolgte und erst in dem auf die Neubemessung folgenden Kalenderjahr wieder zum Zwölfmonatsrhythmus zurückgekehrt wurde.

158 Die Veränderungsrate des Mischindexes zum 1. Januar eines Jahres ergibt sich nach § 28a Abs. 2 SGB XII aus dem Vergleich der Entwicklung eines Zwölfmonatszeitraums, der sich jeweils aus dem zweiten Halbjahr des Vorvorjahres und dem ersten Halbjahr des Vorjahres zusammensetzt, gegenüber dem gleich abgegrenzten davorliegenden Zwölfmonatszeitraum. Bei der erstmaligen Anwendung der Fortschreibungsregelung zum 1. Januar 2012 bedeutet dies, dass der aktuelle Vergleichszeitraum mit dem 1. Juli 2009 beginnt und mit dem 30. Juni 2011 endet. Der davor liegende Vergleichszeitraum beginnt mit dem 1. Juli 2008 und endet mit dem 30. Juni 2010.

159 Nach § 28a Abs. 3 SGB XII hat das Bundesministerium für Arbeit und Soziales das Statistische Bundesamt zu beauftragen, die jährlichen Veränderungsraten für die Preisentwicklung und die Nettoentgeltentwicklung für die sich nach Absatz 2 ergebenden Zeiträume zu ermitteln.

160 Die Fortschreibung, konkret die Ermittlung der Veränderungsrate des Mischindexes, erfolgt durch eine Verordnung, ebenso wie dies in dem bis Jahresende 2010 geltenden Recht für die Feststellung der Veränderungsrate des aktuellen Rentenwertes der Fall war. Die Verordnungsermächtigung ist weiterhin in § 40 SGB XII enthalten, der den Siebten Abschnitt des Dritten Kapitels bildet.

Die Verordnungsermächtigung nach § 40 SGB XII wird durch eine Neufassung an den geänderte Aufgabe der Verordnung angepasst. Die Verordnung hat künftig ausschließlich die Fortschreibung der Regelbedarfsstufen zum Inhalt, nicht mehr jedoch wie in dem bis Jahresende 2010 geltenden Recht auch die Regelsatzbemessung (frühere Regelsatzverordnung). Danach hat das Bundesministerium für Arbeit und Soziales im Einvernehmen mit dem Bundesministerium der Finanzen durch Rechtsverordnung mit Zustimmung des Bundesrates den Prozentsatz der Veränderung des Mischindexes zu bestimmen. Der Prozentsatz ist auf Zweinachkommastellen zu runden. Ferner sind durch die Verordnung die in der Anlage zu § 28 SGB XII (vergleiche Rdnr. 142) enthaltenen Euro-Beträge für die Regelbedarfsstufen um die zum 1. Januar des Folgejahres geltenden fortgeschriebenen Beträge zu ergänzen.

Aus den Fortschreibungszeiträumen nach § 28a Abs. 2 SGB XII ergibt sich damit, dass zwischen dem Ende des aktuellen Vergleichszeitraums und dem Fortschreibungstermin nur ein halbes Jahr liegt. Es handelt sich dabei um den kürzesten Zeitraum, in dem sowohl die erforderlichen statistischen Daten ermittelt werden können und ein darauf gestütztes Verordnungsverfahren zum Abschluss gebracht werden kann. Die Rechtsverordnung soll bis zum 31. Oktober eines Jahres vom Bundesrat verabschiedet werden, wodurch sich ein ausreichender zeitlicher Vorlauf für die Umsetzung der Fortschreibung zum 1. Januar des Folgejahres ergibt.

Fortschreibung der Regelbedarfsstufen 4 bis 6

161 Durch eine Übergangsregelung im neu gefassten § 134 SGB XII wird eine besondere Regelung für die Fortschreibung der für Kinder und Jugendliche geltenden Regelbedarfsstufen 4, 5 und 6 eingeführt. Da sich nach § 8 Abs. 1 RBEG (vergleiche Rdnr. 142) als Ergebnis der Regelbedarfsermittlung für Kinder und Jugendliche zum 1. Januar 2011 Regelbedarfsstufen ergeben, deren Euro-Beträge unterhalb der bis Jahresende 2010 geltenden Regelsätzen liegen, werden durch § 8 Abs. 2 RBEG die bis Jahresende 2010 geltenden Euro-Beträge der Regelsätze für die Regelbedarfsstufen 4, 5 und 6 eingesetzt. Diese Beträge werden in die Anlage zu § 28 SGB XII übernommen. Damit erhalten Kinder und Jugendliche einen Besitzschutz.

Diese besitzgeschützten Beträge unterliegen nach § 134 SGB XII solange nicht der Fortschreibung nach § 28a SGB XII, bis sich, ausgehend von den rechnerisch zum 1. Januar 2011 ermittelten Werten (§ 8 Abs. 1 RBEG), durch die Fortschreibungen höhere Euro-Beträge als die in der Anlage zu § 28 SGB XII enthaltenen Euro-Beträge ergeben. Dies bedeutet, dass die auf den Besitzschutz entfallenden Differenzbeträge mit den künftigen Fortschreibungen verrechnet werden.

Fortschreibung der Regelbedarfsstufen zum 1. Januar 2012

162 Die erstmalige Fortschreibung der Regelbedarfsstufe zum 1. Januar 2012 wird nicht nach § 28a SGB XII vorgenommen, sondern nach einem besonderen Verfahren, das in der Übergangsregelung des neu eingefügten § 138 SGB XII enthalten ist. Daraus ergibt sich eine Fortschreibung in zwei Stufen.

In einer ersten Stufe werden die Regelbedarfsstufen abweichend von § 28a Abs. 2 SGB XII und unmittelbar durch Gesetz, also nicht durch eine Verordnung nach § 40 SGB XII, fortgeschrieben. Die Veränderungsrate ist in § 138 SGB XII enthalten. Die Abweichung in der Berechnung der Veränderung des Mischindexes beschränkt sich auf die zugrundezulegenden Vergleichszeiträume. Nach § 28a Abs. 2 SGB XII ergibt sich die Veränderungsrate des Mischindexes für die Fortschreibung zum 1. Januar 2012 aus dem Vergleich der Entwicklung von zwei Zwölfmonatszeiträumen, von denen der aktuelle Vergleichszeitraum mit dem 30. Juni 2011 endet, woraus sich ein zeitlicher Abstand zum Fortschreibungstermin von einem halben Jahr ergibt. Die auf der Grundlage der EVS 2008 und damit für das Kalenderjahr 2008 ermittelten Regelbedarfe werden nach § 7 RBEG mit der Veränderungsrate des Mischindexes fortgeschrieben, die sich aus der Veränderung von Löhnen und Preisen im Kalenderjahr 2009 gegenüber dem Kalenderjahr 2008 ergibt. Damit liegt ein volles Kalenderjahr zwischen dem Stand der Fortschreibung der Regelbedarfe und deren Inkrafttreten. Dieser Abstand ergibt aus der Heranziehung von Kalenderjahren als Vergleichszeiträume. Hinzu kommt, dass sich aus der Fortschreibung nach § 7 RBEG und der Fortschreibung nach § 28a SGB XII keine durchgehende Reihe der Vergleichszeiträumen und damit auch keine ununterbrochene Berücksichtigung der Veränderungsraten bei der Preis- und Lohnentwicklung ergibt, da das erste Halbjahr 2010 als aktueller Vergleichszeitraum unberücksichtigt bleibt. Deshalb wird mit der zusätzlichen Fortschreibung der Übergang von Kalenderjahren auf Zwölfmonatszeiträume als Vergleichszeiträume vorgenommen. Den aktuellen Vergleichszeitraum für die Ermittlung der Veränderungsrate bildet bei der zusätzlichen Fortschreibung – wie bei der regulären Fortschreibung zum 1. Januar 2012 – ein Zwölfmonatszeitraum, der das zweite Halbjahr 2009 und das erste Halbjahr 2010 (1. Juli 2009 bis 30. Juni 2010) umfasst. Den zurückliegenden Zeitraum bildet das Kalenderjahr 2009, das bei der Fortschreibung der regelbedarfsrelevanten Verbrauchsausgaben von 2008 auf 2009 den aktuellen Zeitraum bildet. Daraus ergibt sich für die Vergleichszeiträume eine durchgehende zeitliche Reihe, denn der aktuelle Zwölfmonatszeitraum zweites Halbjahr 2009 und erstes Halbjahr 2010 bildet bei der Fortschreibung zum 1. Januar 2012 den zurückliegenden Vergleichszeitraum. Ergebnis ist eine Veränderungsrate der Preise von 0,3 Prozent und der Nettoentgelte von 1,8 Prozent, die Veränderungsrate des Mischindexes beträgt damit 0,75 Prozent. Daraus ergeben sich folgende rechnerischen Regelbedarfsstufen (Beträge in Euro):

Für die Regelbedarfsstufen 4 bis 6 gilt die Übergangsregelung nach § 134 SGB XII (vergleiche Rdnr. 161). Da sich für die Regelbedarfsstufe 6 bereits der Betrag aus der Anlage zu § 28 SGB XII ergibt, wird sich für diese Regelbedarfsstufe bei der zweiten Fortschreibung zum 1. Januar 2012 bereits in vollem Umfang zu einer Erhöhung führen.

Die sich nach der ersten Stufe der Fortschreibung rechnerisch ergebenden und auf volle Euro-Beträge gerundeten Regelbedarfsstufen werden in einem zweiten Schritt entsprechend der sich nach § 28a Abs. 2 SGB XII ergebenden Fortschreibung fortgeschrieben (vergleiche Rdnr. 158). Die Veränderungsrate des Mischindexes und die sich aus beiden Fortschreibungen ergebenden Regelbedarfsstufen werden durch die Verordnung nach § 40 SGB XII festgesetzt.

	Regelbedarfsstufen 1. Januar 2011	Berechnungsgrundlage in Regelbedarfsstufen 4 bis 6	Ergebnis für 1. Januar 2012 (erste Stufe Fortschreibung), ungerundet	gerundet auf volle Euro-Beträge
Regelbedarfsstufe 1	364		366,73	367
Regelbedarfsstufe 2	328		330,46	330
Regelbedarfsstufe 3	291		293,18	293
Regelbedarfsstufe 4	287	275	277,06	277
Regelbedarfsstufe 5	251	242	243,81	244
Regelbedarfsstufe 6	215	213	214,60	215

Festsetzung und Fortschreibung der Regelsätze

163 Der Erste Abschnitt des Dritten Kapitels wird durch den neugefassten § 29 SGB XII abgeschlossen. Er regelt die Festsetzung der auf der Grundlage der Regelbedarfsstufen von den Sozialhilfeträgern zu zahlenden Regelsätze.

164 Nach § 29 Abs. 1 SGB XII gelten Regelbedarfe, die nach § 28 SGB XII neu ermittelt worden sind, als neu festgesetzte Regelsätze. Dies bedeutet, dass die zu zahlenden Regelsätze sich aus den Regelbedarfsstufen ergeben. Dies gilt auch nach einer Fortschreibung der Regelbedarfsstufen nach § 28a SGB XII sowie nach den §§ 134 und 138 SGB XII. Eine Ausnahme von der bundesweiten Geltung der Regelbedarfsstufen als Regelsätze ergibt sich nur, wenn die Länder eine abweichende Festsetzung der Höhe der Regelsätze vornehmen beziehungsweise eine abweichende Regelsatzfestsetzung durch die Sozialhilfeträger zulassen. Diese Ausnahmen sind in den Absätzen 2 bis 5 des § 29 SGB XII geregelt.

Im Unterschied dazu hatten die Länder nach dem bis Jahresende 2010 geltenden Recht bei jeder Änderung der Regelsatzverordnung aus Anlass einer Neubemessung oder einer Fortschreibung der Regelsätze die sich ergebenden neuen Regelsätze durch Landesverordnungen festzusetzen. Die Neuregelung hat damit zur Folge, dass die bundesgesetzlichen Regelbedarfsstufen bundesweit und unmittelbar gelten, es sei denn die Länder setzen die Höhe der Regelsätze davon abweichend fest. Bislang haben die Länder von dieser Möglichkeit keinen Gebrauch gemacht.

165 Setzen Länder die Regelsätze künftig abweichend von den Regelbedarfsstufen fest, dann haben sie nach § 29 Abs. 2 SGB XII die Höhe der monatlichen Regelsätze entsprechend der Abstufung der Regelbedarfsstufen durch Landesrechtsverordnungen neu festzusetzen. Danach können die Länder Regelsätze entsprechend der bundesgesetzlichen Regelbedarfsstufen festsetzen, also beispielsweise keine abweichende Altersstufung für Kinder und Jugendliche vornehmen. Für die Länder besteht die Möglichkeit, die Ermächtigung für die Festsetzung auf die zuständigen Landesministerien zu übertragen, was bereits in dem bis Jahresende 2010 vorgesehen war.

Für eine von der bundesweiten und auf bundesdurchschnittlichen Verbrauchsausgaben beruhenden Regelbedarfsermittlung abweichende Festsetzung von Regelsätzen durch die Länder ist nach § 29 Abs. 2 SGB XII Voraussetzung, dass regionale Sonderauswertungen durchgeführt werden. Dies bedeutet, dass auf der Grundlage der aktuellen bundesweiten EVS für die Sonderauswertungen nur Referenzhaushalte herangezogen werden, die im jeweiligen Land oder in anderweitig regional abgegrenzten Regionen leben. Dabei ist von der Abgrenzung der regelbedarfsrelevanten Verbrauchsausgaben in der jeweiligen bundesweiten Regelbedarfsermittlung auszugehen. Folglich können die Länder keine neue Regelbedarfsermittlung vornehmen, sondern regional unterschiedlich hohe Verbrauchsausgaben berücksichtigen. Dies bedeutet unter Anderem, dass sie regionale Besonderheiten, die die Deckung des Regelbedarfs betreffen, berücksichtigen können. Hierfür kommen zum Beispiel landesrechtliche Vergünstigungen für Leistungsberechtigte nach SGB XII und SGB II in Frage. Für die Fortschreibung der ermittelten Summen der Verbrauchsausgaben vom Erhebungsjahr bis zum Tag der Neufestsetzung der Regelsätze sowie die Rundungsregelung, die zu ganzen Euro-Beträgen führt, gelten die Vorgaben für die Regelbedarfsermittlung (§ 28 Abs. 4 Satz 4 und 5 SGB XII).

166 In § 29 Abs. 2 SGB XII, ebenso wie in dem bis Jahresende 2010 geltenden Recht, die Möglichkeit enthalten, dass die Länder die bundesweiten Regelbedarfsstufen oder die nach den obigen Vorgaben die festgesetzten Regelsätze als Mindestregelsätze neu festsetzen. Darauf aufbauend wird durch § 29 Abs. 3 SGB XII geregelt, dass die Träger der Sozialhilfe auf der Grundlage der landesweiten Mindestregelsätze lokale Regelsätze festsetzen können. Auch dies entspricht bereits dem bis Jahresende 2010 geltenden Recht, allerdings sind die Vorgaben hierfür präziser ausgestaltet. Voraussetzung für die Festsetzung von lokalen Regelsätzen ist, dass – ebenso wie bei der Neufestsetzung von Regelsätzen durch die Länder - regionale Besonderheiten sowie statistisch nachweisbare Abweichungen in den regelbedarfsrelevanten Verbrauchsausgaben berücksichtigt werden. Die Vorgaben für die Fortschreibung vom Jahr der Ermittlung bis zur Festsetzung sowie die Rundungsregelung gelten auch für die lokale Neufestsetzung von Regelsätzen. Lokale Regelsätze wurden nach dem bis Jahresende 2010 geltenden Rechts nur auf der Grundlage der in Bayern als Mindestregelsätze geltenden bundesdurchschnittlichen Regelsätzen für die Stadt München und den Landkreis München vorgenommen.

167 Wenn Regelsätze auf Landesebene oder lokaler Ebene abweichend von den Regelbedarfsstufen festgesetzt sind, dann sind diese Regelsätze nach § 29 Abs. 4 SGB XII ebenso wie die bundesweiten Regelbedarfsstufen in Jahren, für die keine Neuermittlung nach § 28 SGB XII erfolgt, jeweils durch Rechtsverordnung der Länder fortzuschreiben. Die Veränderungsrate ergibt sich aus der Verordnung nach § 40 SGB XII. Die von Ländern oder Trägern der Sozialhilfe neu festgesetzten und fortgeschriebenen Regelsätze gelten nach § 29 Abs. 5 SGB XII als Regelbedarfsstufen nach der Anlage zu § 28 SGB XII. Dies bedeutet, im regionalen Geltungsbereich dieser Regelsätze ersetzen sie die bundesweiten Regelbedarfsstufen.

Hilfe zum Lebensunterhalt

168 Im Dritten Kapitel des SGB XII sind die Vorschriften über die Hilfe zum Lebensunterhalt zusammengefasst. Diese Vorschriften wurden im Zusammenhang mit der Umsetzung des Urteil des Bundesverfassungsgerichts (vergleiche Rdnr. 82) überarbeitet und neu strukturiert. Letzteres bedeutet, dass neben dem Inhalt von einzelnen Vorschriften des Dritten Kapitels auch deren Reihenfolge und Stellung zu einander neu geordnet wurden. Im Mittelpunkt steht dabei, einzelne Regelungen – wie bereits in der anderen Kapiteln des SGB XII der Fall - nach inhaltlichen Gemeinsamkeiten zu Abschnitten zusammenzufassen. Das Dritte Kapitel umfasst danach sieben Abschnitte. Diese Änderungen sind zum 1. Januar 2011 beziehungsweise zum 1. April 2011 in Kraft getreten.

Leistungsberechtigter Personenkreis

169 Durch die Neustrukturierung des Dritten Kapitels bilden die Vorschriften über Leistungsberechtigte sowie über den notwendigen Lebensunterhalt, Regelbedarfe und Regelsätze (vergleiche Rdnr. 98 ff.) nunmehr den ersten Abschnitt. Damit enthält dieser einleitende Abschnitt die Kernvorschriften des Dritten Kapitels, so auch die persönlichen Anspruchsvoraussetzungen.

Der neu gefasste § 27 SGB XII umfasst die Voraussetzungen für die Leistungsberechtigung in der Hilfe zum Lebensunterhalt. Dazu wurden die bislang in den allgemeinen Vorschriften des Zweiten Kapitels in § 19 Abs. 1 SGB XII enthaltenen Anspruchsvoraussetzungen in das Dritte Kapitel übernommen. Daraus ergeben sich keine inhaltlichen Änderungen. In Absatz 1 ist der Grundsatz enthalten, dass leistungsberechtigt ist, wer seinen notwendigen Lebensunterhalb nicht oder nicht ausreichend aus eigenen Kräften und Mitteln bestreiten kann.

170 Nach Absatz 2 zählen zu den eigenen Mitteln – auch dies war bereits im bisherigen § 19 Abs. 1 SGB XII so enthalten gewesen - neben (Arbeits-) Einkommen und Vermögen auch alle Geldzuflüsse aus Unterhaltsansprüchen. Bei nicht getrennt lebenden Ehegatten und Lebenspartnern sind die Einkommen und Vermögen beider Personen gemeinsam zu berücksichtigen.

Dies bedeutet, dass nur Personen in der Hilfe zum Lebensunterhalt leistungsberechtigt sind, die kein ausreichendes (Arbeits-) Einkommen und Vermögen verfügen und auch nicht über (ausreichende) Ansprüche auf vorrangige Sozialleistungen. Bei der Prüfung der Hilfebedürftigkeit ist aber nach den allgemeinem Vorschriften im Zweiten Kapitel SGB XII zusätzlich auch das gemeinsame Einkommen und Vermögen von nicht getrennt lebenden Ehepartnern oder Lebenspartnern nach dem Lebenspartnerschaftsgesetz mit zu berücksichtigen. Gleiches gilt auch für Hilfebedürftige, die in eheähnlicher oder lebenspartnerschaftsähnlicher Gemeinschaft mit einer anderen Person zusammenleben (§ 20 SGB XII) und damit eine Haushaltsgemeinschaft (auch Bedarfsgemeinschaft genannt) bilden. Eine solche Haushaltsgemeinschaft kann auch nach der sogenannten Unterhaltsvermutung auch für nicht miteinander verwandte Personen oder in einer Partnerschaft zusammenlebende Personen nach dem neugefassten § 39 SGB XII (vergleiche Rdnr. 230).

171 Gehören minderjährige unverheiratete Kinder dem Haushalt ihrer Eltern oder eines Elternteils an und können sie ihren Lebensunterhalt nicht aus eigenem Einkommen und Vermögen bestreiten, so sind auch sie leistungsberechtigt, sofern unter Berücksichtigung des Einkommens und Vermögens der Eltern oder des Elternteils Hilfebedürftigkeit besteht. Daraus ergibt sich, dass für die Familie die Leistungsberechnung in der Regel gemeinsam durchzuführen ist. Nur für den Fall, dass für einzelne Familienmitglieder beispielsweise für Kinder, ausreichend eigenes Einkommen oder Vermögen zur Verfügung steht, wird die Leistungsberechnung für einzelne Familienmitglieder durchgeführt.

172 Aus dem bisherigen § 27 wird – ebenfalls als Absatz 3 – die Regelung übernommen, dass Hilfe zum Lebensunterhalt auch Personen geleistet werden kann, die zwar ihren notwendigen Lebensunterhalt aus eigenen Mitteln und Kräften bestreiten können, aber einzelne erforderliche Tätigkeiten nicht verrichten können. Dies bezieht sich insbesondere auf die Unterstützung für einzelne Tätigkeiten, wie zum Beispiel Einkaufen oder bestimmte Reinigungsarbeiten in der Wohnung. Da abgesehen von diesen Tätigkeiten keine Hilfebedürftigkeit vorliegt, kann vom Sozialhilfeträger im Wege einer Ermessensentscheidung ein angemessener Kostenbeitrag verlangt werden.

173 Zusammen mit den allgemeinem Vorschriften nach dem Zweiten Kapitel ergibt sich danach innerhalb des SGB XII folgende Abgrenzung der Leistungsberechtigung: So ist die Leistungsberechtigung in der Grundsicherung im Alter und bei Erwerbsminderung nach dem Vierten Kapitel der Hilfe zum Lebensunterhalt vorrangig (§ 19 Abs. 2 SGB XII). Für Auszubildende geltenden die Sonderregelungen nach § 22 SGB XII, für Ausländerinnen und Ausländer in Deutschland nach § 23 SGB XII sowie für Deutsche im Ausland nach § 24 SGB XII. Der Ausschluss von der Leistungsberechtigung wegen Ansprüchen in anderen Sozialleistungssystemen bezieht sich vor allem auf Hilfebedürftige, die dem Grunde nach Anspruch in der Grundsicherung für Arbeitsuchende nach dem SGB II haben (§ 21 SGB XII, vgl. Rdnr. 63). Dem Grunde nach leistungsberechtigt in der Grundsicherung für Arbeitsuchende ist, wer erwerbsfähig nach § 8 Abs. 1 SGB II ist. Dies sind alle Personen, die das 15. Lebensjahr vollendet und ein de Regelaltersgrenze in der gesetzlichen Rentenversicherung entsprechendes Lebensalter noch nicht erreicht haben (bis Jahresende 2011 Vollendung des 65. Lebensjahres) und nicht wegen Krankheit oder Behinderung auf absehbare Zeit – hier wird von sechs Monaten ausgegangen – außerstande sind, unter den üblichen Bedingungen des allgemeinen Arbeitsmarktes mindestens drei Stunden täglich erwerbstätig zu sein.

174 Die Entwicklung der Zahl der Leistungsberechtigten in der Hilfe zum Lebensunterhalt war bis 2004, also vor dem Inkrafttreten von SGB XII und SGB II, von zwei Faktoren geprägt: Einerseits von einem hohen Anteil von Leistungsberechtigten im erwerbsfähigen Alter sowie von Kindern und Alleinerziehenden. So waren 2004 gut 64 Prozent aller Bezieherinnen und Bezieher von Hilfe zum Lebensunterhalt im erwerbsfähigen Alter, d. h. zwischen 15 bis unter 65 Jahre alt.

175 Das Inkrafttretens von SGB XII und SGB II zum 1. Januar 2005 hatte deshalb erhebliche Auswirkungen auf die Zahl der leistungsberechtigten Personen in der Hilfe zum Lebensunterhalt. Im Jahr 2004 hatten noch 2,9 Millionen Personen außerhalb von Einrichtungen Hilfe zum Lebensunterhalt bezogen. In den Jahren 2005 und 2006 waren es nur noch zwischen 81.000 und 82.000 Personen, dies entspricht einem Rückgang um etwa 97 Prozent. Bis zum Jahresende 2009 war die Zahl der Bezieherinnen und Bezieher auf 92.750 angestiegen, gegenüber dem Jahresende 2008 entspricht dies einem geringfügigen Anstieg um 0,5 Prozent. Damit hat sich die Zahl der Leistungsberechtigten auf niedrigem Niveau weitgehend stabilisiert.

Unter den 92.750 Beziehern von Hilfe zum Lebensunterhalt außerhalb von Einrichtungen am Jahresende 2009 waren Männer leicht in der Überzahl (49.167 oder 53 Prozent). Unter den Leistungsberechtigten waren 17.013 Kinder und Jugendliche, dies entsprach einem Anteil von 18,3 Prozent aller Bezieher. Mit 73.615 Personen war die weit überwiegende Mehrzahl der Bezieherinnen und Bezieher im Erwerbsalter, also 18 und 64 Jahre alt, was einem Anteil von fast 80 Prozent entspricht. Nur 2,3 Prozent der Leistungsberechtigten waren über 65 Jahre alt, dies waren 2.122 Personen. Bei den Anteilen der Altersgruppen haben sich im Vergleich zum Jahr 2008 nur geringe Veränderungen ergeben: Der Anteil von Kinder und Jugendlichen hat sich um 0,6 Prozentpunkte erhöht, der der über 65-Jährigen um 0,9 Prozentpunkte vermindert, bei Personen im erwerbsfähigen Alter hingegen eine Erhöhung um 0,4 Prozentpunkte.

Hinsichtlich der Nationalität ergibt sich aus der Statistik für das Jahresende 2009, dass unter den Beziehern von Hilfe zum Lebensunterhalt 80.960 Deutsche waren, dies entsprach 87,3 Prozent aller Bezieher, im Vergleich zum Vorjahr ein Rückgang um 0,3 Prozentpunkte. Entsprechend gering ist die Veränderung bei Personen mit einer anderen Staatsbürgerschaft: 11.454 Bezieherinnen und Bezieher, was einem Anteil von 14,7 Prozent entspricht.

Die weit überwiegende Mehrheit der Bezieherinnen und Bezieher von Hilfe zum Lebensunterhalt außerhalb von Einrichtungen lebte auch am Jahresende 2009 in den alten Ländern und Berlin: 79.118 Personen, dies sind 85,3 Prozent aller Bezieher; auch hier keine nennenswerte Veränderung zum Vorjahr. Bezogen auf 1.000 Einwohner (sogenannte Bezieherquote) zeigten sich deutliche regionale Unterschiede. Die höchste Bezieherquote weisen – wie schon in den Vorjahren – die Stadtstaaten auf: Bremen auf mit 2,4 je 1.000 Einwohner, gefolgt von Berlin mit 2,3. Allerdings haben sich für die übrigen Länder am Jahresende 2009 Vergleich zum Jahresende 2008 Verschiebungen ergeben: So lag die Bezieherquote des Flächenlandes mit der höchsten Bezieherquote, nämlich Schleswig-Holstein mit 2,0 bereits über der Bezieherquote des dritten Stadtstaates, nämlich Hamburg, das mit 1,8 den Wert von Hessen erreichte. Unter den ostdeutschen Ländern wies Mecklenburg-Vorpommern mit einer Bezieherquote von 1,5 den höchsten Wert auf. Wie bereits in den Vorjahren waren in Baden-Württemberg mit 0,5, Bayern und Rheinland-Pfalz mit jeweils 0,8, und Sachsen mit 0,9 die niedrigsten Bezieherquoten zu verzeichnen. In allen übrigen Ländern lagen die Bezieherquoten zwischen 1,0 (Brandenburg) und 1,3 (Thüringen mit 1,1, Niedersachsen, Nordrhein-Westfalen, Saarland mit jeweils 1,2 und Sachsen-Anhalt mit 1,3).

Neben der Betrachtung nach Personen ist auch eine Analyse der Hilfe zum Lebensunterhalt beziehenden Personen danach möglich, ob sie mit anderen Personen in einer Bedarfs- beziehungsweise Haushaltsgemeinschaft zusammenleben. Eine solche Gemeinschaft liegt vor, wenn mehrere Personen in einem gemeinsamen Haushalt leben. Dabei dominierten zum Stand Jahresende 2009, wie schon in den Vorjahren, die Einpersonenhaushalte. Von den insgesamt 85.027 Bedarfsgemeinschaften, dies war 1 Prozent mehr als Vorjahr, lebten 63.141 in Einpersonenhaushalten, dies entspricht einem Anteil von 74,3 Prozent, dies waren 2 Prozentpunkte weniger als im Vorjahr. Weitere 12.534 Personen oder 14,7 Prozent aller Bedarfsgemeinschaften lebten am Jahresende 2009 in Zweipersonenhaushalten, dies waren 0,5 Prozentpunkte mehr als am Jahresende 2008. Davon bezogen aber nur zu etwas mehr als einem Drittel, nämlich in 3.461 Haushalten, beide Personen Hilfe zum Lebensunterhalt, was einem Anteil von 4,1 Prozent aller Bedarfsgemeinschaften entsprach. Der Anteil lag damit 0,2 Prozentpunkte niedriger als im Vorjahr. Nur 1.320 Bedarfsgemeinschaften waren am Jahresende 2009 Ehepaare ohne Kinder unter 18 Jahren, dies stellt einen Rückgang gegenüber dem Vorjahr um 0,2 Prozentpunkte dar. Ehepaare mit Kindern unter 18 Jahren stellten am Jahresende 2009 die absolute Ausnahme unter den Bedarfsgemeinschaften dar: 167 Bedarfsgemeinschaften, dies entspricht, wie schon im Vorjahr, einem Anteil von 0,2 Prozent. Bei alleinerziehenden Müttern ergibt sich jedoch ein anderes Bild – sie bildeten mit ihren Kindern 2.566 Bedarfsgemeinschaften, was 3 Prozent aller Bedarfsgemeinschaften entspricht und einem Anstieg gegenüber Jahresende 2008 um 0,3 Prozentpunkte.

176 Aus den bei Bedarfsgemeinschaften angerechneten Einkommensquellen lassen sich folgende Rückschlüsse auf die Ursachen des Leistungsbezugs ziehen: 41,7 Prozent aller Bedarfsgemeinschaften verfügten am Jahresende 2009 über kein anrechenbares Einkommen, damit lag der Anteil um 2,7 Prozentpunkte niedriger als vor Jahresfrist. Entsprechend stieg der Anteil von Bedarfsgemeinschaften, die über Einkommen verfügten, auf 58,3 Prozent an. Wichtigstes anrechenbares Einkommen stellten Renten wegen voller Erwerbsminderung dar, das bei 26,4 Prozent aller Bedarfsgemeinschaften angerechnet wurde, ein deutlicher Anstieg gegenüber dem Jahresende 2008 um 4,8 Prozentpunkte. Dabei dürfte es sich generell um befristete volle Erwerbsminderungsrenten handeln, da bei einer unbefristeten vollen Erwerbsminderung Anspruch auf Grundsicherung im Alter und bei Erwerbsminderung besteht. Zurück gegangen ist hingegen der Anteil von Bedarfsgemeinschaften mit Altersrenten als anrechenbarem Einkommen: Am Jahresende 2008 waren es noch 10,3 Prozent gewesen, am Jahresende 2009 nur noch 9,1 Prozent. Dabei dürfte es sich um den es sich um den Bezug einer Altersrente vor Erreichen der Regelaltersgrenze handeln, da in der Regel ab diesem Alter ein Anspruch auf Grundsicherung im Alter und bei Erwerbsminderung besteht. Hinterbliebenenrenten hatten hingegen, wie bereits im Vorjahr, nur 2,7 Prozent aller Bedarfsgemeinschaften als anrechenbares Einkommen. Eine weitere bedeutsame öffentlich-rechtliche Leistung stellen Leistungen für Kinder dar, also vor allem Kindergeld nach dem Bundeskindergeldgesetz (vgl. Kapitel 18). Solche Leistungen hatten 16,5 Prozent aller Bedarfsgemeinschaften als anrechenbares Einkommen bezogen, dies war ein um 1,1 Prozentpunkte höherer Anteil als am Jahresende 2008. Anrechenbares Erwerbseinkommen erzielten hingegen nur 3,1 Prozent aller Bedarfsgemeinschaften, was gegenüber dem Vorjahr einen um nur 0,1 Prozentpunkte angestiegenen Anteil darstellt.

177 Eine andere Entwicklung ist bei Beziehern von Hilfe zum Lebensunterhalt in Einrichtungen, also beispielsweise in Wohn-, Alten- und Pflegeheimen feststellbar. Diese Personen erhalten seit Inkrafttreten des SGB XII einen separaten Anspruch auf Hilfe zum Lebensunterhalt in Höhe des Lebensunterhaltsbedarfs (vgl. Rdnr. 94 ff.), wenn sie ihren Lebensunterhalt nicht aus eigenem Einkommen bestreiten können. Am Jahresende 2009 galt dies für 221.162 Personen, was erstmals seit langem einen Rückgang gegenüber dem Vorjahr darstellt: um 11.479 Personen oder 4,9 Prozent. Damit kamen auf jeden Bezieher von Hilfe zum Lebensunterhalt außerhalb von Einrichtungen 2,4 Bezieher in Einrichtungen. Von den Bezieherinnen und Beziehern waren 64 Prozent im erwerbsfähigen Alter, also zwischen 18 und unter 65 Jahre alt. Über 65 Jahre alt waren 31,8 Prozent, nur 4,2 Prozent waren unter 18 Jahre alt. Dies stellt gegenüber dem Jahresende 2008 eine Verschiebung dar hin zu Personen ab 65 Jahren, der Anteil erhöhte sich um 2,6 Prozentpunkte, und hin zu Kindern und Jugendlichen, deren Anteil stieg um 0,4 Prozentpunkte an. Entsprechend sank der Anteil von Personen im erwerbsfähigen Alter um 2,9 Prozentpunkte. Männer waren am Jahresende 2009 bei den Beziehern von Hilfe zum Lebensunterhalt in Einrichtungen mit 51,9 Prozent (114.756 Personen) in der Überzahl. Ferner ist feststellbar, dass in Einrichtungen fast ausnahmslos Deutsche Hilfe zum Lebensunterhalt bezogen haben, ohne deutsche Staatsbürgerschaft waren nur 3,2 Prozent aller Bezieher (7.153 Personen), allerdings erhöhte sich dieser Anteil gegenüber dem Jahresende 2008 um 0,5 Prozentpunkte. Am Jahresende 2009 erhielten in Deutschland 2,8 Personen je 1.000 Einwohner Hilfe zum Lebensunterhalt in Einrichtungen, zwölf Monate zuvor waren es noch 2,9 Personen je 1.000 Einwohner gewesen.

Vergleicht man die Zahl der Bezieher je 1.000 Einwohner (Bezieherquote) in den Ländern, dann zeigt sich, dass diese Werte deutlich stärker streuen als bei den Beziehern außerhalb von Einrichtungen und die Bezieherquoten in den Stadtstaaten nicht durchgängig und deutlich über denen in den Flächenländern liegen. Den niedrigsten Wert mit 0,9 je 1.000 Einwohner war, wie bereits im Vorjahr, in Baden-Württemberg zu verzeichnen. Bei den höchsten Werten haben sich jedoch Veränderungen ergeben. Den höchsten Wert erreichte am Jahresende 2009 Sachsen-Anhalt mit einer Bezieherquote von 4,8, gefolgt mit 4,1 in Mecklenburg-Vorpommern und Berlin.

178 Insgesamt, also die „originären" Bezieher außerhalb von Einrichtungen und die Bezieher in Einrichtungen zusammengezählt, bezogen 313.912 Personen am Jahresende 2009 Hilfe zum Lebensunterhalt, dies stellt einen Rückgang um 11.045 Personen oder 3,4 Prozent gegenüber dem Jahresende 2008 dar. Damit kamen, wie am Jahresende 2008, bundesweit 4 Bezieherinnen und Bezieher je 1.000 Einwohner.

Mehrbedarfe als ergänzende Bedarfe

179 Die Mehrbedarfe nach § 30 SGB XII ergänzen die Regelsatzleistungen bei Vorliegen von besonderen Bedarfssituationen, die im Regelbedarf nicht berücksichtigt sind. Die Regelbedarfe beruhen auf Durchschnittswerten, wie sie durch Sonderauswertungen einer EVS ermittelt werden. Sie können deshalb keine besonderen Bedarfskonstellationen im Einzelfall berücksichtigen. Bei den in den Absätzen 1 bis 5 und 7 des § 30 SGB XII geregelten sechs Mehrbedarfen handelt es sich um eine abschließende Aufzählung.

Ihre Höhe wird seit 1. Januar 2011 in Form von Prozentanteilen entweder der maßgeblichen Regelbedarfsstufe – dies ist die Regelbedarfsstufe nach der sich der Regelsatz einer leistungsberechtigten Person ergibt - oder nach der Regelbedarfsstufe 1 nach der Anlage zu § 28 SGB XII bestimmt. Dies ist eine in der Reform zur Umsetzung des Urteils des Bundesverfassungsgerichts enthaltene Folgeänderung. Damit ersetzen die Regelbedarfsstufen die bisherigen Regelsatzanteile beziehungsweise den Eckregelsatz. Die Koppelung zwischen gezahltem Regelsatz und Mehrbedarf bleibt damit unverändert erhalten.

180 Personen, die das 65. Lebensjahr vollendet haben oder unter 65 Jahre alt und voll erwerbsgemindert im Sinne des Rentenrechts (SGB VI) sind, erhalten nach § 30 Abs. 1 SGB XII einen Mehrbedarf, wenn sie zugleich wegen einer Gehbehinderung schwerbehindert sind (vgl. Kapitel 9). Der Mehrbedarf beläuft sich auf 17 Prozent der maßgebenden Regelbedarfsstufe und dient dem Ausgleich erhöhter Aufwendungen wegen der eingeschränkten Mobilität.

Der Nachweis der Schwerbehinderteneigenschaft kann entweder durch einen Schwerbehindertenausweis nach § 69 Abs. 5 SGB IX mit dem Merkzeichen G für Gehbehinderung oder durch den von der nach § 69 Abs. 4 SGB IX zuständige Behörde ausgestellten Feststellungsbescheid erfolgen. Der Feststellungsbescheid belegt die Schwerbehinderteneigenschaft, die Ausstellung eines Schwerbehindertenausweises ausschließlich zum Nachweis der Anspruchsvoraussetzung für den Mehrbedarf ist damit nicht erforderlich.

181 Schwangere erhalten von der 13. Schwangerschaftswoche bis zum Ablauf des Monats der Entbindung einen Mehrbedarf durch § 30 Abs. 2 SGB XII als Ausgleich für erhöhte Aufwendungen beispielsweise für Ernährung, Schwangerschaftsliteratur und Geburtsvorbereitung, Fahrtkosten oder Änderungen der Kleidung. Der Mehrbedarf beläuft sich auf 17 Prozent der maßgebenden Regelbedarfsstufe, sofern nicht ein abweichender Bedarf einen höheren oder niedrigen Prozentsatz rechtfertigt.

182 Für Alleinerziehende wird nach § 30 Abs. 3 SGB XII ein Mehrbedarf gezahlt. Danach erhalten alle Personen, die mit einem oder mehreren Kindern zusammenleben und allein, also ohne Unterstützung eines Partners, für deren Pflege und Erziehung sorgen, einen finanziellen Ausgleich für Mehraufwendungen. Diese können aus Mehrkosten für die Kinderbetreuung, aus zeitlichen Einschränkungen resultierenden Hindernissen bei der Organisation günstiger Einkäufe und Ähnlichem führen. Die Höhe des Mehrbedarfs hängt von Anzahl und Alter der Kinder ab. Der Mehrbedarfe beläuft sich für Alleinerziehende

– mit einem Kind unter 7 Jahren auf 36 Prozent oder
– mit zwei oder drei Kindern unter 16 Jahren auf 36 Prozent,
– ansonsten je Kind auf 12 Prozent, insgesamt jedoch höchstens auf 60 Prozent

der Regelbedarfsstufe 1 nach der Anlage zu § 28 SGB XII.

183 Für behinderte Menschen, die das 15. Lebensjahr vollendet haben, und denen im Rahmen der Eingliederungshilfe Hilfen zur Schulausbildung, schulischen Ausbildung für einen angemessenen Beruf einschließlich Hochschulbesuch oder zur Ausbildung für eine sonstige angemessene Tätigkeit geleistet wird (Rdnr. 273), erhalten nach § 30 Abs. 4 SGB XII einen Mehrbedarf. Er stellt einen Ausgleich für ausbildungsbedingte zusätzliche Bedarfe dar und wird in Höhe von 35 Prozent der maßgebenden Regelbedarfsstufe gezahlt. Die Höhe des Mehrbedarfs ist bei einem abweichenden Bedarf entsprechend anzupassen. Der Mehrbedarf kann auch über die Ausbildungszeit hinaus für eine angemessene Übergangszeit gewährt werden. Ein Mehrbedarf für voll erwerbsgeminderte unter 65-Jährige in Höhe von 17 Prozent kann daneben nicht gewährt werden.

184 Mit dem ernährungsbedingten Mehrbedarf nach § 30 Abs. 5 SGB XII können Kranke, Genesende, behinderte Menschen oder von einer Krankheit oder von einer Behinderung bedrohte Menschen einen finanziellen Ausgleich für eine spezielle und deshalb kostenaufwändige Ernährung erhalten. Diese besondere Ernährung (Diät) muss nach ernährungswissenschaftlichen Kriterien erforderlich sein und zu höheren Ausgaben für Ernährung führen, als die nach der EVS in die Regelbedarfe eingehenden durchschnittlichen Verbrauchsausausgaben für Ernährung. Angesichts der unterschiedlichen Bedürfnisse von Erkrankungen wird in § 30 Abs. 5 SGB XII auf die Benennung von Erkrankungen und die Festsetzung von Prozentsätzen der maßgebenden Regelbedarfsstufe verzichtet. Wird der Mehrbedarf ärztlich bescheinigt, was meist auch vom zuständigen Gesundheitsamt zu bestätigen ist, dann ist der Mehrbedarf in „angemessener Höhe" zu zahlen. Erkrankungen, die zu einem ernährungsbedingten Mehrbedarf führen können, und die Höhe des jeweiligen ernährungsbedingten Bedarfs sind in einer Empfehlung des Deutschen Vereins für öffentliche und private Fürsorge enthalten. Beim Deutschen Verein handelt es sich um einen Zusammenschluss öffentlicher und privater Träger sozialer Arbeit. Die Arbeit des Deutschen Vereins zielt auf eine Koordinierung und damit auf eine möglichst bundesweit einheitliche Anwendung des SGB XII ab. Die Sozialhilfeträger greifen gerade dort, wo das SGB XII keine abschließenden Festlegungen trifft, meist auf die – nicht rechtsverbindlichen – Empfehlungen des Deutschen Vereins zurück.

Die Notwendigkeit einer speziellen und kostenaufwändigen diätischen Ernährung wird heute von der Wissenschaft erheblich zurückhaltender bewertet als in der Vergangenheit. Bei vielen Krankheiten, für die früher eine Diät für erforderlich gehalten wurde, so beispielsweise bei Diabetes, geht die Ernährungswissenschaft heute davon aus, dass eine vollwertige und ausgewogene Ernährung ausreichend oder gar vorzuziehen ist. Diesem wissenschaftlichen Erkenntnisstand trägt die aktuelle Fassung der Empfehlungen des Deutschen Vereins für ernährungsbedingte Mehrbedarfen Rechnung. Deshalb sind, im Unterschied zu früheren Fassungen der Empfehlungen, nur noch bei wenigen Erkrankungen eine spezielle kostenaufwändige Ernährung und damit ein ernährungsbedingter Mehrbedarf erforderlich. Die Empfehlungen gelten nur für erwachsende Personen, nicht jedoch für Kinder und Jugendliche. Ferner ist im begründeten Einzelfall eine von den Empfehlungen abweichende Entscheidung des Sozialhilfeträgers möglich.

185 Besteht Anspruch auf mehrere Mehrbedarfe nach den Absätzen 1 bis 5, so beschränkt § 30 Abs. 6 SGB XII die Summe aller anzuerkennenden Mehrbedarfe auf die Höhe der maßgebenden Regelbedarfsstufe.

186 Durch die Reform zur Umsetzung des Urteils des Bundesverfassungsgerichts vom 9. Februar 2010 wird mit dem an § 30 SGB XII angefügten Absatz 7 zum 1. Januar 2011 ein zusätzlicher Mehrbedarf eingeführt. Auf diesen nicht der Begrenzungsregelung des Absatzes 6 unterliegende Mehrbedarf erhalten Haushalte, die dezentral Warmwasser erzeugen, also über in der Wohnung installierte Boiler oder Durchlauferhitzer, einen zusätzlichen Anspruch. Dessen Einführung steht in unmittelbarem Zusammenhang mit der ebenfalls zum 1. Januar 2011 in Kraft getretenen Regelbedarfsermittlung. Die neuen Regelbedarfe umfassen im Unterschied zu den bis Jahresende 2010 geltenden Regelsätzen in der enthaltenen Haushaltsenergie keine Energie mehr für Warmwassererzeugung (§ 27a Abs. 1 SGB XII, vergleiche Rdnr. 90). Die darauf entfallenden Kosten werden deshalb bei dezentraler Warmwassererzeugung durch den Mehrbedarf ausgeglichen. Dieser wird für jedes leistungsberechtigtes Haushaltsmitglied aus der jeweiligen Regelbedarfsstufe berechnet, wodurch die Zusammensetzung eines Haushalts und die dadurch verursachten Unterschiede in den Verbrauchsmengen von Warmwasser berücksichtigt werden können. Die Warmwassermehrbedarfe berechnen sich wie folgt:

– In der Regelbedarfsstufen 1 bis 3 jeweils 2,3 Prozent, dies ergibt im Jahr 2011 einen Betrag von 8,44 Euro in der Regelbedarfsstufe 1, von 7,59 Euro in der Regelbedarfsstufe 2 und von 6,75 Euro in der Regelbedarfsstufe 3,

– in der Regelbedarfsstufe 4 ein Anteil von 1,4 Prozent, was für 2011 einen Betrag von 3,97 Euro ergibt,

– in der Regelbedarfsstufe 5 beträgt der Anteil 1,2 Prozent, woraus sich 2011 ein Betrag von 3,05 Euro ergibt,

– in der Regelbedarfsstufe 6 ist der Anteil 0,8 Prozent, als monatlicher Betrag ergeben sich 1,74 Euro.

Die Energiekosten, in erster Linie Stromkosten, die für den Betrieb von Boilern und Durchlauferhitzern anfallen, können im Rahmen der EVS nicht konkret ermittelt werden, da für diese Geräte keine separaten Energieverbrauchszähler vorhanden sind. Der darauf entfallende Energieverbrauch ist folglich in der Haushaltsenergie mit enthalten, kann aber nicht quantifiziert werden. Die Höhe Mehrbedarfs wird deshalb in Anlehnung an das bis Jahresende 2010 geltenden Recht festgesetzt. Für den früheren Regelsatz wurde unterstellt, dass das in den eingerechneten Verbrauchsausgaben für Haushaltsenergie ein Anteil von 30 Prozent für Warmwassererzeugung enthalten war. Die Höhe dieses Anteils beruht auf einer Empfehlung des Deutschen Vereins für öffentliche und private Fürsorge aus dem Jahr 1991 und wurde ermittelt auf Basis von durchschnittlichen Stromverbräuchen von Haushalten unterschiedlicher Größe und Ausstattung. Das Bundessozialgericht hat die Ermittlung des Anteils elektrischer Energie am Stromverbrauch von Haushalten in einem Urteil aus dem Jahr 2008 bestätigt.

Dieser aus dem Vergleich von durchschnittlichen Stromverbräuchen ermittelte Anteil von 30 Prozent lässt sich durch aktuelle Daten bestätigen. Nach der Stromverbrauchsstatistik des Bundesverbands der

Energie- und Wasserwirtschaft e.V. (BDEW) verbraucht ein Einpersonenhaushalt mit einfacher Ausstattung (elektrischer Kochherd, Kühl-/Gefriergerät, Waschmaschine) und elektrischer Warmwassererzeugung jährlich rund 2.050 Kilowattstunden Strom. Nach allen verfügbaren Informationen (Angaben zu durchschnittlichen Stromverbrauchsmengen nach Haushaltsgröße von Stromversorgern und Beratungsdienstleistern im Internet) beläuft sich der Stromverbrauch eines vergleichbaren Einpersonenhaushalts ohne elektrische Warmwassererzeugung auf jährlich rund 1.550 Kilowattstunden. Danach erhöht sich der durchschnittliche Stromverbrauch im Einpersonenhaushalt durch die elektrische Warmwassererzeugung um rund 500 Kilowattstunden jährlich oder etwa ein Drittel.

Einmalige Bedarfe als ergänzende Bedarfe

187 Weil sich nicht alle der bisherigen einmaligen Leistungen auf sinnvolle beziehungsweise auf eine im Einzelfall vertretbare Weise pauschalieren lassen, verbleiben trotz der Pauschalierung noch die drei in § 31 SGB XII genannten einmaligen Bedarfe:

- Erstausstattung für die Wohnung einschließlich Haushaltsgeräten;
- Erstausstattung für Bekleidung und die Erstausstattung bei Schwangerschaft und Geburt; dabei ist zum Beispiel auch die Übernahme von Kosten für einen Kinderwagen inbegriffen;
- seit 1. Januar 2011 durch die Reform zur Umsetzung des Urteils des Bundesverfassungsgerichts zusätzlich die Anschaffung und Reparatur von orthopädischen Schuhen, Reparaturen von therapeutischen Geräten und Ausrüstungen sowie Miete von therapeutischen Geräten.

Die in der bis Jahresende 2010 geltenden Fassung von § 31 SGB XII mit umfassten einmaligen Bedarfe für mehrtägige Klassenfahrten im Rahmen schulrechtlicher Bestimmungen sind seit 1. Januar 2011 Bestandteil des sogenannten Bildungs- und Teilhabepakets und deshalb im neugefassten § 34 SGB XII enthalten.

Ein Anspruch auf diese drei einmaligen Bedarfe kann auch bestehen, wenn ansonsten keine Regelsatzleistungen benötigt werden. Dies bedeutet, wenn einer der drei einmaligen Bedarfe nicht aus eigenen Mitteln gedeckt werden kann, besteht hierauf ein Anspruch. Weitergehende Ansprüche nach dem Dritten Kapitel ergeben sich hieraus nicht.

Übernahme von Beiträgen für Kranken- und Pflegeversicherung sowie für weitere Versicherungen

188 Durch § 32 SGB XII wird die Übernahme von Beiträgen zur gesetzlichen Krankenversicherung und zur sozialen Pflegeversicherung sowie der Aufwendungen für eine private Kranken- und Pflegeversicherung geregelt. Diese Vorschrift wurde im Rahmen der Reform zur Umsetzung des Urteils des Bundesverfassungsgerichts nicht inhaltlich verändert, sondern nur die darin enthaltenen Verweisungen an die Neustrukturierung des Dritten Kapitels angeglichen.

189 Die durch § 32 SGB XII ermöglichte unmittelbare Übernahme von Beiträgen durch den Sozialhilfeträger kommt nur dann zur Anwendung, wenn diese Aufwendungen der Leistungsberechtigten nicht bereits vom anzurechnenden Einkommen in Form von Absetzbeträgen nach § 82 Abs. 2 SGB XII abgezogen werden (Rdnr. 329). Die Bedeutung der unmittelbaren Beitragsübernahme ist durch die Einführung eines Krankenversicherungsschutzes für alle Personen in Deutschland, die keinen Anspruch auf Absicherung im Krankheitsfall haben, erheblich angestiegen (GKV-Wettbewerbsstärkungsgesetz – GKV-WSG, vergleiche Kapitel 5).

190 Die entsprechende Versicherungspflicht enthält § 5 Abs. 1 Nr. 13 des Fünften Buches Sozialgesetzbuch (SGB V) sowie die Parallelvorschrift in der Krankenversicherung der Landwirte. Danach sind Personen, die ihren Versicherungsschutz in der gesetzlichen Krankenversicherung in der Vergangenheit verloren haben oder niemals versichert waren und auch nicht zu dem der privaten Krankenversicherung zuzuordnenden Personenkreis zählen, in der gesetzlichen Krankenversicherung versicherungspflichtig. Wer hingegen seinen Versicherungsschutz in der privaten Krankenversicherung in der Vergangenheit verloren hat oder bei fehlender Vorversicherung diesem Versicherungssystem zuzuordnen ist, unterliegt einer Absicherungspflicht in der privaten Krankenversicherung. Die Absicherungspflicht ist mit einem Kontrahierungszwang verbunden, also mit einer Verpflichtung der Versicherungsunternehmen zum Vertragsabschluss ohne die ansonsten übliche Risikoprüfung. Hierfür muss die private Krankenversicherung einen sogenannten Basistarif anbieten, der einheitlich für die gesamte private Krankenversicherung gilt und einen der gesetzlichen Krankenversicherung vergleichbaren Leistungsumfang aufweist.

191 Solange Leistungen der Hilfe zum Lebensunterhalt (Drittes Kapitel SGB XII), der Grundsicherung im Alter und bei Erwerbsminderung (Viertes Kapitel SGB XII), der Eingliederungshilfe (Sechstes Kapitel SGB XII) und der Hilfe zur Pflege (Siebtes Kapitel SGB XII) bezogen werden, besteht allerdings keine Versicherungspflicht in der gesetzlichen Krankenversicherung und kein Zugang zum Basistarif der privaten Krankenversicherung. Besteht die Pflichtversicherung in der gesetzlichen Krankenversicherung oder eine Versicherung im Basistarif bereits, dann bleibt dieser Krankenversicherungsschutz auch bei Beginn eines Bezugs der oben genannten Sozialhilfeleistungen erhalten. Die Versicherungspflicht oder der Zugang zum Basistarif setzt auch dann ein, wenn der Bezug dieser Sozialhilfeleistungen um mehr als einen Monat unterbrochen wird.

192 Damit ist sichergestellt, dass Personen, die ihren Lebensunterhalt aus eigenen Mitteln bestreiten, bislang aber wegen einer fehlenden Absicherung im Krankheitsfall fallweise auf Hilfen zur Gesundheit nach dem Fünften Kapitel SGB XII (Rdnr. 262 ff.) angewiesen waren, versicherungspflichtig in der gesetzlichen Krankenversicherung werden oder sich im Basistarif der privaten Krankenversicherung versichern müssen.

Deshalb werden nach § 32 Abs. 1 SGB XII Pflichtbeiträge zur gesetzlichen Krankenversicherung unter folgenden Voraussetzungen übernommen:

– Es besteht eine Pflichtversicherung in der gesetzlichen Krankenversicherung für bisher nicht krankenversicherte Personen nach dem neuen § 5 Abs. 1 Nr. 13 SGB V. Dazu gehören auch Personen, die unter die ebenfalls neu eingeführte Pflichtversicherung in der Krankenversicherung für Landwirte nach § 2 Abs. 1 Nr. 7 des Zweiten Gesetzes über die Krankenversicherung der Landwirte fallen.

– Die von den Pflichtversicherten allein zu zahlenden Pflichtbeiträge werden von der Sozialhilfe übernommen, soweit die Voraussetzungen des § 19 Abs. 1 SGB XII erfüllt sind, also in dem Umfang, wie durch die Beitragszahlung Einkommen zur Bestreitung des notwendigen Lebensunterhalts fehlt. Für Pflichtversicherte, die bereits ohne die Zahlung von Pflichtbeiträgen zur Krankenversicherung hilfebedürftig sind, bedeutet dies stets die volle Übernahme der Pflichtbeiträge.

– Bei Pflichtversicherten nach § 5 Abs. 1 Nr. 13 SGB V und § 2 Abs. 1 Nr. 7 des Zweiten Gesetzes über die Krankenversicherung der Landwirte, die nur wegen der Verpflichtung zur Zahlung von Pflichtbeiträge hilfebedürftig sind, werden die Pflichtbeiträge auf Anforderung der Krankenkasse vom Träger der Sozialhilfe unmittelbar und in voller Höhe an diese gezahlt. Dies setzt voraus, dass die Krankenkasse einen Nachweis über die unzureichende Beitragszahlung des Versicherten erbringt und damit ein erfolgloses Mahnverfahren belegt. Der Sozialhilfeträger hat den Leistungsberechtigten von der Übernahme des vollen Beitrags und dessen unmittelbare Zahlung an die Krankenkasse zu unterrichten, ebenso von seiner daraus resultierenden Verpflichtung, einen von ihm selbst nach § 19 Abs. 5 SGB XII (Rdnr. 60) zu tragenden Anteil dem Sozialhilfeträger zu erstatten.

193 An Stelle von Pflichtbeiträgen können von der Sozialhilfe auch freiwillige Beiträge zur gesetzlichen Krankenversicherung nach § 32 Abs. 2 SGB XII übernommen werden. Es handelt sich im Unterschied zur Übernahme von Pflichtbeiträgen allerdings um eine „Kann-Regelung", das Sozialamt hat hier einen Ermessensspielraum. Danach ist die Übernahme von Beiträgen für Weiterversicherte in der gesetzlichen Krankenversicherung (§ 9 Abs. 1 Nr. 1 SGB V und § 6 Abs. 1 Nr. 1 des Zweiten Gesetzes über die Krankenversicherung der Landwirte) möglich. Berechtigt zur Weiterversicherung ist, wer aus der Versicherungspflicht in der gesetzlichen Krankenversicherung ausgeschieden ist und in den vorausgegangenen fünf Jahren mindestens vierundzwanzig Monate oder unmittelbar vor dem Ausscheiden ununterbrochen mindestens zwölf Monate versichert war. Die Voraussetzungen für die Übernahme freiwilliger Beiträge zur gesetzlichen Krankenversicherung, also das Vorliegen von Hilfebedürftigkeit, entspricht denen bei Pflichtbeiträgen nach § 32 Abs. 1 SGB XII. Werden Leistungen der Hilfe zum Lebensunterhalt oder der Grundsicherung im Alter und bei Erwerbsminderung voraussichtlich nur für kurze Dauer bezogen, dann müssen Beiträge für eine freiwillige Krankenversicherung übernommen werden. Damit wird sichergestellt, dass ein vorhandener Krankenversicherungsschutz nicht wegen eines absehbar kurzzeitigen Sozialhilfebezugs zur Überbrückung einer Notlage unterbrochen wird.

194 Werden Pflichtbeiträge oder freiwillige Beiträge zur gesetzlichen Krankenversicherung übernommen, dann schließt dies ab 2009 auch einen Zusatzbeitrag nach § 242 SGB V mit ein. Damit müssen Leistungsberechtigte nach SGB XII für den Fall, dass ihre Krankenkasse zusätzlich zum normalen Beitrag einen Zusatzbeitrag erhebt, diesen im Unterschied zu allen übrigen Versicherten nicht selbst tragen. Damit ist auch kein Kassenwechsel erforderlich, um die Zahlung eines Zusatzbeitrags zu vermeiden. Für die ab 1. Januar 2012 geltenden Zusatzbeiträge gibt es für Leistungsberechtigte nach dem Dritten und Vierten Kapitel SGB XII keinen Sozialausgleich, der Sozialhilfeträger hat deshalb den vollen Zusatzbeitrag zu übernehmen.

195 Eine Übernahme von Pflichtbeiträgen und von freiwilligen Beiträgen zur gesetzlichen Krankenversicherung führt nach § 32 Abs. 3 SGB XII auch zur Übernahme der damit zusammenhängenden Beiträge zur sozialen Pflegeversicherung. Die entsprechende Beitragsvorschrift im Pflegeversicherungsrecht (Elftes Buch Sozialgesetzbuch – SGB XI) wurde der durch das GKV-Wettbewerbsstärkungsgesetz geschaffenen neuen Rechtslage bei der Höhe der Beiträge im Falle von Hilfebedürftigkeit angepasst (vgl. Kapitel 11).

196 Die Übernahme von Aufwendungen für eine private Kranken- und Pflegeversicherung erfolgt nach § 32 Abs. 5 SGB XII. Diese Versicherungsprämien werden unter der Voraussetzung der Hilfebedürftigkeit, die für Beiträge zur gesetzlichen Krankenversicherung gelten, übernommen, wenn sie angemessen sind. Die Höhe des Beitrags im Basistarif ist nach § 12 Abs. 1c des Versicherungsaufsichtsgesetzes für jede versicherte Person auf 100 Prozent des Höchstbeitrags zur Krankenversicherung begrenzt. Dieser Höchstbetrag beläuft sich im Jahr 2010 auf 575,43 Euro (Beitragsbemessungsgrenze im Jahr 2011 in der gesetzlichen Krankenversicherung von monatlich 3.712,50 Euro, Beitragssatz 15,5 Prozent). Werden privat Krankenversicherte im Basistarif nur durch die Beitragszahlung hilfebedürftig, dann halbiert sich der Beitrag. Der zu zahlende Monatsbeitrag beläuft sich dann auf 287,72 Euro. Besteht dann immer noch Hilfebedürftigkeit, übernimmt der Sozialhilfeträger so viel vom halbierten Beitrag, wie es zur Verhinderung von Hilfebedürftigkeit erforderlich ist. Für im Basistarif Versicherte, die bereits ohne die Beitragszahlung hilfebedürftig sind, begrenzt § 12 Abs. 1c des Versicherungsaufsichtsgesetzes den vom Träger der Sozialhilfe zu übernehmenden Beitrag auf den Betrag, der für einen in der gesetzlichen Krankenversicherung versicherten Bezieher von Arbeitslosengeld II als Krankenversicherungsbeitrag zu zahlen ist. Dies sind etwa 130 Euro im Monat und damit weniger als der halbierte Beitrag im Basistarif. Allerdings sieht § 32 Abs. 5 SGB XII vor, dass die angemessenen Beiträge zu übernehmen sind. Die Begrenzung der Beiträge bei Hilfebedürftigkeit und die gesetzliche Verpflichtung zum Abschluss einer Krankenversicherung im Basistarif sprechen jedoch dafür, dass der sich daraus ergebende Monatsbeitrag von etwa 280 Euro als angemessen anzusehen ist, womit die sozialhilferechtliche Voraussetzung für eine Übernahme gegeben sind. Da nicht alle Träger der Sozialhilfe diese Auffassung teilen und deshalb nur einen Beitrag von rund 130 Euro zu übernehmen bereit sind, entstehen in diesen Fällen monatlich anwachsende Beitragsschulden, die jedoch weder zur Kündigung noch zur Einschränkung des Versicherungsschutzes beziehungsweise zum Ruhen der Krankenversicherung führen können. Um diese sogenannte „Beitragslücke" zu verhindern, entscheiden die Sozialgerichte zunehmend, dass der Sozialhilfeträger den halbierten Beitrag im Basistarif zu übernehmen hat. Eine gesetzliche Klarstellung in diesem Sinne steht jedoch aus. Das Bundessozialgericht hat allerdings die Klage eines Arbeitslosengeld-II-Beziehers entschieden, dass die tatsächlich entstehenden Beiträge für eine private Krankenversicherung im Basistarif zu übernehmen sind. Da die Beitragsvorschriften für Leistungsberechtigten nach dem SGB II denen für Leistungsberechtigte nach dem SGB XII entsprechen, bedeutet dies, dass die sogenannte Beitragslücke zumindest für laufende Beiträge nicht mehr besteht.

Vergleichbar mit der Übernahme von freiwilligen Beiträgen zur gesetzlichen Krankenversicherung können bei einem voraussichtlich nur kurzfristigen Bezug von Sozialhilfeleistungen auch höhere Beiträge übernommen werden, um damit zu ermöglichen, dass bei Überbrückung einer kurzfristigen Notlage nicht zwangsläufig der Leistungsumfang einer bestehenden Krankenversicherung durch Änderung des Versicherungsvertrages in einen Basistarif reduziert werden muss. Solche Vertragsänderungen können in der Regel nach Überwindung einer Notlage nicht mehr rückgängig gemacht werden.

197 Neben Beiträgen zur Kranken- und Pflegeversicherung können nach § 33 SGB XII auch freiwillige Vorsorgebeiträge übernommen werden. Es handelt sich um eine Kann-Regelung, die Übernahme steht folglich im Ermessen der Sozialhilfeträger. In Absatz 1 der Vorschrift ist die Übernahme von Beiträgen für die Altersvorsorge enthalten. Die Beitragszahlung hat zum Ziel, Altersvorsorgeansprüche von Leistungsberechtigten zu begründen oder vorhandene Ansprüche zu erhöhen, um so im Alter Hilfebedürftigkeit zu vermeiden oder zu vermindern. Um zu veranschaulichen, dass die Altersvorsorge heute neben den gesetzlichen Alterssicherungssystemen auch die zusätzliche Altersvorsorge umfasst, enthält Absatz 1 eine nicht abschließenden Aufzählung von Altersvorsorgeformen, für die Beiträge übernommen werden können. Dies sind insbesondere:

- gesetzliche Rentenversicherung,
- landwirtschaftliche Alterskassen,
- berufsständische Versorgungseinrichtungen, sofern sie der gesetzlichen Rentenversicherung vergleichbare Leistungen erbringen,
- kapitalgedeckte Altersvorsorge in Form einer lebenslangen Leibrente, wenn der Vertrag nur die Zahlung einer monatlichen auf das Leben des Steuerpflichtigen bezogenen lebenslangen Leibrente nicht vor Vollendung des 60. Lebensjahres vorsieht (sogenannte „Rürup-Rente") sowie
- steuerlich geförderte Altersvorsorge nach § 82 des Einkommensteuergesetzes, soweit sie den Mindesteigenbeitrag nach § 86 des Einkommensteuergesetzes nicht überschreiten (sogenannte „Riester-Rente").

198 Ferner können nach § 33 Abs. 2 SGB XII Beiträge für eine Sterbegeldversicherung übernommen werden. Damit soll Leistungsberechtigten der Anspruch auf ein angemessenes Sterbegeld ermöglichen werden. Dessen Höhe hat sich an den angemessenen Kosten für eine Bestattung zu orientieren, die nach § 74 SGB XII (Rdnr. 311) zu übernehmen sind. Wird diese Voraussetzung erfüllt, sollte der Vermögenswert der Sterbeversicherung als Schonvermögen nach § 90 SGB XII (Rdnr. 347) anerkannt werden und damit einer Leistungsberechtigung in der Hilfe zum Lebensunterhalt – und auch der Grundsicherung im Alter und bei Erwerbsminderung – nicht entgegenstehen.

199 Alternativ besteht, wie bei Krankenversicherungsbeiträgen nach § 32 SGB XII, bei eigenem Einkommen die Möglichkeit, dass die Vorsorgebeiträge nicht vom Sozialamt übernommen, sondern vom anzurechnenden Einkommen (§ 82 Abs. 2 Nr. 3 SGB XII) abgezogen werden. Die Höhe des Leistungsanspruchs erhöht sich dann entsprechend.

Leistungen für Bildung und Teilhabe für Schüler sowie Kinder und Jugendliche

200 Die Begründung für die bisherige Nichtberücksichtigung von Bildungsausgaben in der EVS, nämlich die grundgesetzliche Zuständigkeit der Länder für Bildung, wurde vom Bundesverfassungsgericht verworfen. Der Bundesgesetzgeber, so die Verfassungsrichter, hat mit der Einführung der Grundsicherung für Arbeitsuchende nach dem SGB II - ebenso wie mit dem SGB XII - von der konkurrierender Gesetzgebungskompetenz (Artikel 74 Abs. 1 Nr. 7 Grundgesetz) abschließend Gebrauch gemacht. Daraus ergibt sich die Verantwortung des Bundes für die Sicherstellung des gesamten menschenwürdigen Existenzminimums. Auf Leistungen außerhalb des SGB II und des SGB XII kann deshalb nur verwiesen werden, sofern auf die verwiesenen Leistungen ein Rechtsanspruch besteht. Ohne solche bundesweit bestehenden Rechtsansprüche auf ausreichende staatliche Leistungen für Schülerinnen und Schüler aus hilfebedürftigen Familien, so die Verfassungsrichter weiter, besteht die Gefahr, dass deren Möglichkeiten für einen erfolgreichen Schulbesuch eingeschränkt werden. Ein erfolgreicher Schulabschluss ist jedoch eine Voraussetzung dafür, später den Lebensunterhalt durch Ausübung einer Erwerbstätigkeit selbst bestreiten zu können. Auch wenn dies im Urteil nicht ausgesprochen wird, das Bundesverfassungsgericht zielt damit auf die Problematik der „Erblichkeit" von Hilfebedürftigkeit. Ferner sehen die Verfassungsrichter auch die Notwendigkeit, ein Mindestmaß an sozialer Teilhabe von Kindern und Jugendlichen sicherzustellen.

201 Der Gesetzgeber hat daraus die Konsequenz gezogen und ein sogenanntes Bildungs- und Teilhabepaket als zusätzlichen Bestandteil in das Dritte Kapitel eingefügt. Die Vorschriften werden als neuer Dritter Abschnitt mit der Überschrift „Bildung und Teilhabe" zusammengefasst und enthält den neugefassten § 34 SGB XII sowie den eingefügten § 34a SGB XII; beide Vorschriften sind zum 1. Januar 2011 in Kraft getreten. Wobei § 34 SGB XII die Bedarfe definiert und damit die Anspruchsgrundlage darstellt, während in § 34a SGB XII die Einzelheiten der Leistungsgewährung geregelt sind.

Generell gilt nach § 34a Abs. 1 SGB XII für alle Leistungen des Bildungs- und Teilhabepakets, dass sie auf Antrag zu erbringen sind. Die Leistungen werden also nicht automatisch vom Sozialhilfeträger erbracht. Die Leistungen sind auch dann zu gewähren, wenn Kinder und Jugendliche beziehungsweise Schülerinnen und Schüler ansonsten keine Leistungen nach dem Dritten Kapitel SGB XII beziehen. Sie sind also anspruchsauslösend. Dies stellt auch eine Reaktion auf das Urteil des Bundesverfassungsgerichts dar, denn dort wurde am bis Jahresende 2010 geltenden Schulbedarfspaket nach dem damaligen § 28a SGB XII kritisiert, dass es nur Schülerinnen und Schülern zusteht, die bereits im Leistungsbezug sind.

Die § 34 und 34a SGB XII entsprechen inhaltlich den §§ 28 und 29 SGB II (vergleiche Kapitel 2). Folglich gibt es für die Definition von Ansprüchen und Leistungen keine Unterschiede zwischen SGB XII und SGB II. Dies hat zwei Gründe: Erstens ergibt sich aus dem Urteil vom 9. Februar 2010 keinerlei Handhabe für eine Differenzierung der Ansprüche danach, ob ein Kind leistungsberechtigt nach SGB II der SGB XII ist. Zweitens soll es bei Art und Form der Leistungserbringung keine Unterschiede geben angesichts der geringen Zahl von Kindern und Jugendlichen beziehungsweise von Schülerinnen und Schüler im Vergleich zum SGB II. Den Kommunen als Träger der Bildungs- und Teilhabeleistungen nach beiden Gesetzen wird es damit ermöglicht, bei der Leistungserbringung nicht nach der Anspruchsgrundlage differenzieren zu müssen.

202 Mit der Einführung der Bildungs- und Teilhabeleistungen ist die Grundsatzentscheidung verbunden, bei der Leistungserbringung den Schwerpunkt auf Sach- und Dienstleistungen zu legen. Das Bundesverfassungsgericht hat dem Gesetzgeber in seinem Urteil vom 9. Februar 2010 ausdrücklich zugebilligt, über die Form der Leistungserbringung zu entscheiden. Ziel des Vorrangs von Sach- und Dienstleistungen ist, dass die Leistungen tatsächlich und in vollem Umfang „beim Kind ankommen" sollen und gleichzeitig deren Erbringung dazu beiträgt, dass die erforderliche und vielfach fehlende oder unzureichende Infrastruktur für Bildung und Teilhabe ausgebaut wird, so beispielsweise Ganztagsschulen, die ein Mittagessen anbieten.

Für Sach- und Dienstleistung sieht § 34a Abs. 1 SGB XII vor, dass sie insbesondere in Form von personalisierten Gutscheinen oder Direktzahlungen an die Anbieter zu leisten sind. Letzteres bedeutet, dass die Kommune als Leistungsträger die Kosten direkt mit dem Anbieter einer Leistung abrechnet.

Die zuständigen Träger der Sozialhilfe bestimmen darüber, in welcher Form sie die Sach- und Dienstleistungen erbringen. Werden Leistungen über personalisierte Gutscheine erbracht, dann gelten sie mit Ausgabe des Gutscheins als erbracht. Die Gutscheine können über den gesamten Bewilligungszeitraum im Voraus ausgegeben werden, sind allerdings in ihrer Gültigkeitsdauer zu befristen. Vergleichbares gilt auch für Vereinbarungen über Direktzahlungen. Im Falle des Verlustes eines Gutscheins ist dieser in dem Umfang neu auszustellen, in dem er noch nicht in Anspruch genommen worden ist. Der Sozialhilfeträger hat dabei auch dafür Sorge zu tragen, dass ausreichend Möglichkeiten für die Einlösung der Gutscheine bestehen.

203 Anspruch auf Bedarfe für Bildung haben nach § 34 Abs. 1 Schülerinnen und Schüler, die eine allgemein- oder berufsbildende Schule besuchen. Anspruch auf Bedarfe für Teilhabe am sozialen und kulturellen Leben in der Gemeinschaft haben Kinder und Jugendliche. Die für die Abdeckung dieser Bedarfe zu gewährenden Leistungen sind in § 34a SGB XII enthalten; dabei wird ausdrücklich klargestellt, dass diese Bedarfe und die darauf beruhenden Leistungen nicht in den Regelbedarfen enthalten, sondern gesondert zu erbringen sind.

204 Nach § 34 Abs. 2 SGB XII werden für Schülerinnen und Schüler Aufwendungen für einen Schulausflug und mehrtägige Klassenfahrten in der tatsächlich entstehenden Höhe erbracht. Die gilt auch für Ausflüge von Kindern, die eine Kindertageseinrichtung besuchen. Beide Bedarfe stehen im Zusammenhang mit dem Schulbesuch, können also dem Bereich Bildung zugeordnet werden. Wenn nach SGB XII leistungsberechtigte Kinder an solchen gemeinsamen Aktionen der Schulklasse teilnehmen können, wird dadurch auch Ausgrenzung verhindert und damit Teilhabe ermöglicht. Die Leistung ist Form von personalisierten Gutscheinen oder Direktzahlungen an die Leistungsanbieter zu erbringen.

Die Kostenübernahme für Schulausflüge gab es in dem bis Jahresende 2010 geltenden Recht nicht, die mehrtägigen Klassenfahrten waren als einmaligen Bedarf in § 31 SGB XII eingeordnet gewesen.

205 Das bisherige Schulbedarfspaket aus dem bis Jahresende 2010 geltenden § 28a SGB XII wird leicht verändert als § 34 Abs. 3 SGB XII als Schulbasispaket in das Bildungs- und Teilhabepaket integriert. Unverändert bleibt es dabei, dass Schülerinnen und Schüler in jedem Schuljahr für die Ausstattung mit persönlichem Schulbedarf eine Geldleistung in Höhe von 100 Euro erhalten. Allerdings wird dieser Betrag nicht mehr insgesamt zum Schuljahresbeginn ausgezahlt, sondern in zwei Teilbeträgen: 70 Euro zum Schuljahresbeginn und 30 Euro zum Beginn des zweiten Schulhalbjahres. Dadurch soll es erleichtert werden, dass auch für Anschaffungen im Verlauf des Schuljahres Geld zur Verfügung steht. Der Anspruch besteht nach der Übergangsregelung in § 131 Abs. 1 SGB XII erstmals ab dem Schuljahr 2011/12, da das bisherige Schulbedarfspaket für das gesamte Schuljahr 2010/11 zum Schuljahresbeginn im Sommer beziehungsweise Herbst 2010 ausgezahlt worden ist.

Wie bereits im früheren Schulbedarfspaket sind mit der Schulbasispaket zum Beispiel der Kauf von Schulranzen oder Schulrucksack sowie Schreib-, Rechen- und Zeichenmaterial (z. B. Stifte und Füller, Lineale, Zirkel) oder Taschenrechner abgedeckt. Da die Mehrzahl der darauf entfallenden Verbrauchsausgaben in der EVS erfasst wird, aber aus den jeweiligen Verbrauchspositionen nur mit – nach dem Urteil des Bundesverfassungsgerichts nicht zulässigen Schätzungen – herausgerechnet werden könnte, wird auf solche Korrekturen verzichtet. Damit wird das Schulbasispaket größtenteils zusätzlich geleistet, d. h. es stellt eine Aufstockung der Regelbedarfsstufen für Schülerinnen und Schüler dar.

206 Die Einführung von Schulbeförderungskosten als neuer Bedarf in § 34 Abs. 4 stellt eine Neuerung im Sozialhilferecht dar. Danach sind die tatsächlichen Kosten für Fahrten zur nächstgelegenen Schule des gewählten Bildungsgangs übernommen, wenn die Schüler auf die Schülerbeförderung angewiesen sind. Die Kostenübernahme wird als Geldleistung gezahlt.

Nach dem bis Jahresende 2010 geltenden Recht war eine Übernahme solcher Kosten nur in absoluten Ausnahmefällen durch eine abweichende Regelsatzfestsetzung möglich. Hintergrund hierfür war, dass mit Verweis auf die Zuständigkeit der Länder für Bildung die Sozialhilfe nicht leistungsverpflichtet war. Die Länder übernehmen bislang nur für die Sekundarstufe 1, also bis zur 10. Schulklasse, nach Landesrecht unter unterschiedlichen Voraussetzungen und in unterschiedlichem Umfang Kosten der Schülerbeförderung. Damit wirkt der neue SGB-XII-Anspruch zunächst nur für Schüler der Sekundarstufe 2. Allerdings kann nicht ausgeschlossen werden, dass die Länder auf den neuen Sozialhilfeanspruch – der entsprechend auch in das SGB II aufgenommen wird – durch Einschränkung ihrer Leistungen reagieren. Wegen der in § 34 Abs. 4 enthaltenen Voraussetzung, dass der Anspruch nur besteht, soweit sie nicht von Dritten übernommen werden, kann diese Entwicklung nicht ausgeschlossen werden. Zusätzliche Voraussetzung für die Kostenübernahme ist, dass es leistungsberechtigten Schülerinnen und Schülern nicht zugemutet werden kann, dass Schulbeförderungskosten aus den im Regelbedarf enthaltenen Verkehrsausgaben bestritten werden können. Dies bedeutet zumindest, dass Schülerbeförderungskosten nicht vollständig aus dem Regelsatz zu tragen sind.

207 Durch § 34 Abs. 5 SGB XII wird ein Anspruch auf eine schulische Angebote ergänzende Lernförderung eingeräumt. Damit ist Nachhilfeunterricht gemeint, sofern er von der Schule nicht oder nicht im benötigten Umfang angeboten wird und zudem geeignet und erforderlich, um die nach schulrechtlichen Bestimmungen festgelegten Lernziele zu erreichen. Dies bedeutet im Regelfall, die es für Schüler, die das Klassenziel absehbar nicht erreichen werden, dies mit zusätzlicher Nachhilfe wahrscheinlich ermöglicht wird, das Schuljahr zu bestehen. Damit wird einem Kernanliegen des Urteils des Bundesverfassungsgerichts Rechnung getragen, nachdem der Bildungserfolg und damit auch ein erfolgreicher Schulabschluss nicht daran scheitern darf, dass die Eltern hilfebedürftiger Schülerinnen und Schüler nicht über die erforderlichen Mittel zur Bezahlung von Nachhilfeunterricht verfügen. Die Leistung ist Form von personalisierten Gutscheinen oder Direktzahlungen an die Leistungsanbieter zu erbringen.

208 Weniger dem Ziel der unmittelbaren Förderung von Bildung als der Förderung von sozialer Teilhabe im Rahmen der Schulbildung dient die Einführung eines Anspruchs auf Übernahme der Mehraufwendungen für die gemeinschaftliche Mittagessenverpflegung in der Schule und der Kindertageseinrichtung nach § 34 Abs. 6 SGB XII. Hilfebedürftige Schüler sollen nicht ausgegrenzt werden, weil ihre Eltern die Kosten für das gemeinsame Schulmittagessen nicht aufbringen können oder wollen. Voraussetzung ist, dass die Mittagsverpflegung in schulischer Verantwortung beziehungsweise in Verantwortung der Kindertagesstätte angeboten wird. Die zu übernehmenden Mehraufwendungen ergeben sich aus dem Preis je Mittagessen, von denen die im Regelbedarf enthaltenen Verbrauchsausgaben für Nahrungsmittel und Getränke abzuziehen sind. Der hierfür anzusetzende

Betrag wird durch § 9 RBEG pauschal pro Schultag auf einen Euro festgesetzt. Ebenso pauschal ist zur Verwaltungsvereinfachung die Abrechnung zwischen Schule beziehungsweise Kindertagesstätte und Kostenträger, also der Kommune, ausgestaltet: Für die Höhe des monatlichen Bedarfs wird die Anzahl der Schultage in dem Land zugrundegelegt, in dem die leistungsberechtigten Schülerinnen und Schüler die Schule besuchen. Es findet also keine Einzelabrechnung statt. Auch hier gilt, dass die Leistung in Form von personalisierten Gutscheinen oder Direktzahlungen an die Leistungsanbieter zu erbringen ist.

Durch die Übergangsregelung in § 131 Abs. 4 SGB XII wird das in den Jahren 2011 bis 2013 auch nach den für das Schulmittagessen geltenden Regelungen auch die Mehraufwendungen für das Mittagessen in Horten (Einrichtungen nach § 22 SGB VIII) übernommen.

209 Die eigentliche Leistung zur Förderung der Teilhabe von hilfebedürftigen Kindern und Jugendlichen am sozialen und kulturellen Leben in der Gemeinschaft ist das sogenannte Teilhabepaket in § 34 Abs. 7 SGB XII. Der Anspruch besteht bis zur Vollendung des 18. Lebensjahres, ist also unabhängig vom Schulbesuch. Die Anspruch beläuft sich auf 10 Euro monatlich und ist in Form von personalisierten Gutscheinen oder Direktzahlungen an die Leistungsanbieter zu erbringen. Für Kinder und Jugendliche können damit

- Mitgliedsbeiträge in Sportvereinen, sowie für Beiträge für Vereine und Vereinigungen im Bereich Spiel, Kultur und Gesellschaft,
- Gebühren, Kostenbeiträge und Ähnliches für den Unterricht in künstlerischen Fächern wie Musikunterricht und vergleichbare Aktivitäten der kulturellen Bildung, sofern sie angeleitet sind, also eine Betreuung beziehungsweise Anleitung vorhanden ist,
- Kostenbeiträge für die Teilnahme an Freizeiten

übernommen werden.

Ergänzend wird durch § 34a Abs. 1 klargestellt, dass die Teilhabeleistungen keine Leistungen der Eingliederungshilfe nach dem Sechsten Kapitel SGB XII ersetzen.

210 Die Träger der Sozialhilfe können im begründeten Einzelfall nach § 34a Abs. 5 SGB XII einen Nachweis über die zweckentsprechende Verwendung der Leistung verlangen, also für die Verwendung von Geldleistungen und Gutscheinen oder über die Inanspruchnahme von Leistungen, für die Direktzahlungen geleistet werden. Wird der Nachweis nicht oder nicht vollständig erbracht, soll die Bewilligungsentscheidung widerrufen werden. Es handelt sich folglich um eine „Soll-Regelung", der Träger hat einen Ermessensspielraum.

211 Eine Ergänzung für die Leistungserbringung ergibt sich aus der Übergangsregelung in § 131 SGB XII. Wegen der durch das Vermittlungsverfahren verzögerten Verkündung des Gesetzes Ende März 2011 und dem vom Bundesverfassungsgericht angeordneten Inkrafttreten zum 1. Januar 2011 ist für die Monate Januar bis März 2011 zu regeln, wie für die in diesen Monaten bereits bestehenden Ansprüchen zu verfahren ist. Deshalb gelten Anträge, für Leistungen die bis Ende März 2011 gestellt worden sind, als zum 1. Januar 2011 gestellt. Damit kann der Anspruch auf die als Sach- oder Dienstleistung zu erbringenden Leistungen für das Schulausflüge und Klassenfahrten, Schülerbeförderung, Lernförderung, Mittagsverpflegung und das Teilhabepaket auch für die Monate Januar bis März 2011 in Anspruch genommen werden. Sind für Ausflüge in der Schule oder der Kindertagesstätte in den ersten drei Monaten des Jahres 2011 noch keine von den Familien selbst übernommenen Aufwendungen entstanden, sind hierfür keine Geldleistungen zu erbringen, sondern als Ausnahmeregelung Direktzahlungen an die Anbieter. Wird nachgewiesen, dass hierfür bereits Aufwendungen entstanden sind, werden diese den Familien erstattet. Für das gemeinsame Mittagessen in Schule oder Kindertagesstätte werden die Mehraufwendungen für die Monate Januar bis März 2011 monatlich 26 Euro als Geldleistung ausgezahlt.

Kosten für Unterkunft und Heizung

212 Die Bedarfe für Unterkunft und Heizung werden im Rahmen der Neustrukturierung des Dritten Kapitels als Vierter Abschnitt eingeordnet und dabei auch inhaltlich überarbeitet. So umfasst dieser Abschnitt den bis Jahresende 2010 geltenden § 29 SGB XII als neugefassten § 35 SGB XII, hinzu kommt die neu eingeführte Regelung über kommunale Satzungen für Unterkunftskosten als eingefügten § 35a SGB XII sowie die bis Jahresende 2010 als § 34 SGB XII eingeordnete Vorschrift über die Mietschuldenübernahme als neu gefassten § 36 SGB XII.

213 Nach § 35 SGB XII werden die Kosten für die Unterkunft, also im Regelfall die monatliche Miete, zusätzlich zum Regelbedarf übernommen. Nach Absatz 1 werden diese Kosten in Höhe der tatsächlichen Aufwendungen übernommen. Die Leistungen für Unterkunftskosten sind im Regelfall an die Leistungsberechtigten auszuzahlen. Abweichend von dem bis zum Jahresende 2010 geltenden Recht wird der Ausnahmefall, nämlich die unmittelbare Zahlung an den Vermieter oder sonstige Empfangsberechtigte detaillierter geregelt. Durch die in die Regelung aufgenommene exemplarische Auflistung der Voraussetzungen für die Direktzahlung an den Vermieter sollen die Voraussetzungen transparenter gemacht werden. Entsprechend den auch in der Parallelvorschrift des § 22 SGB II vorgenommenen Änderungen werden folgende Voraussetzungen genannt:

– Es bestehen Mietrückstände, die zur Kündigung des Mietverhältnisses berechtigen,
– es bestehen Energiekostenrückstände, die zu einer Unterbrechung der Energieversorgung berechtigen,
– es liegen konkrete Anhaltspunkte für krankheits- oder suchtbedingtes Unvermögen vor, die für Unterkunftskosten gezahlten Mittel zweckentsprechend zu verwenden, oder
– es bestehen konkrete Anhaltspunkte dafür, dass eine im Schuldnerverzeichnis eingetragene leistungsberechtigte Person die Mittel nicht zweckentsprechend verwendet.

Im Falle einer Direktzahlung der Miete hat der Sozialhilfeträger die leistungsberechtigte Person davon schriftlich zu unterrichten.

214 Sofern die Höhe der Miete den nach der Besonderheit des Einzelfalles angemessenen Umfang überschreitet, ist sie nach § 35 Abs. 2 SGB XII vorübergehend als Bedarf eines Leistungsberechtigten beziehungsweise von Ehegatten, Lebenspartnern sowie ihren Kindern anzuerkennen. Dies gilt solange, wie es den Leistungsberechtigten nicht möglich oder nicht zuzumuten ist, durch Wohnungswechsel, Vermieten oder auf andere Weise – wozu auch eine Vereinbarung mit dem Vermieter über eine Mietsenkung zählen kann – die Miete zu vermindern. In der Regel gilt diese Übergangsphase längstens für sechs Monate. Von der Notwendigkeit, die Miete zu senken, kann jedoch im Einzelfall auch abgesehen werden. So wird ein Umzug in der Regel als nicht zumutbar angesehen, wenn ein Leistungsberechtigter z. B. schwer erkrankt oder behindert ist oder bei über 65-Jährigen auch nach langer Wohndauer in einer Wohnung.

Vor Abschluss eines neuen Mietvertrags haben die Leistungsberechtigten den Sozialhilfeträger über die Höhe der neuen Miete und weitere Umstände zu unterrichten. Ist die Miete für eine neue Wohnung unangemessen hoch, ist der Sozialhilfeträger nur zur Übernahme der angemessenen Kosten verpflichtet, es sei denn, er hat im Voraus der Übernahme auch des darüber liegenden Mietanteils zugestimmt. Bei einem Umzug können Wohnungsbeschaffungskosten wie zum Beispiel Gebühren für Zeitungsanzeigen oder Maklergebühren bei vorheriger Zustimmung des Sozialhilfeträgers übernommen werden, dies gilt auch für zu stellende Mietkautionen und Umzugskosten. Da eine Mietkaution darauf angelegt ist, dass ein Mieter sie nach dem Auszug zurückerhält, kann durch eine darlehensweise Gewährung sichergestellt werden, dass sie nach Freigabe durch den Vermieter an den Sozialhilfeträger zurückgezahlt wird. Diese Kosten sollen sogar übernommen werden, wenn der Umzug vom Sozialamt veranlasst wurde oder anders keine neue angemessene Wohnung gefunden werden kann, oder wenn dies aus anderen Gründen notwendig ist. Dies kann beispielsweise bei eine unverschuldeten Kündigung durch den Vermieter der Fall sein oder wenn ohne eine Übernahme eine neue Wohnung in angemessener Zeit nicht gefunden werden kann. Dies gilt insbesondere für Städte mit einem angespannten Wohnungsmarkt.

215 Möglich ist auch, dass im Falle von selbstgenutztem Wohneigentum, sofern dieses als Schonvermögen anerkannt wird (Rdnr. 347), die üblichen Betriebskosten übernommen werden, die bei Mietwohnungen regelmäßig als Nebenkosten anfallen. Ferner können die Kapitalkosten in Form der anfallenden Zinsen übernommen werden. Nicht übernommen werden jedoch Tilgungszahlungen, denn Vermögensbildung und Entschuldung ist nicht Aufgabe der Sozialhilfe (Rdnr. 221). Hinzukommen können im Einzelfall auch die zur Erhaltung der Immobilie erforderlichen Kosten (Erhaltungsaufwand). Kosten von selbstgenutzten Wohneigentum können jedoch nur insoweit übernommen werden, wie sie angemessen sind. Die Angemessenheit wird im Regelfall aus einem Vergleich mit den Kosten einer vergleichbaren Mietwohnung ermittelt. Die Vergleichbarkeit kann aber – insbesondere bei einem selbstbewohnten Hausgrundstück – nicht durch eine einfache Gegenüberstellung von Wohnfläche und Wohnkosten beurteilt werden, sondern erfordert – auch nach der Rechtsprechung der Sozialgerichtsbarkeit - eine differenzierte Gesamtbetrachtung.

216 Für die Bestimmung der Angemessenheit der Kosten einer Wohnung hat der Träger der Sozialhilfe die besonderen Lebensumstände, zum Beispiel die Zahl der Haushaltsangehörigen, das Alter der Kinder oder einen besonderen Wohnbedarf wegen Krankheit oder Behinderung zu berücksichtigen. Vor diesem Hintergrund sind die Zahl der vorhandenen Räume, das örtliche Mietniveau und die Möglichkeiten des örtlichen Wohnungsmarktes zu prüfen. Für die Größe einer Wohnung werden im Allgemeinen von 45 bis 50 Quadratmeter für eine alleinstehende Person und zusätzlich 10 bis 15 Quadratmeter für jede weitere Person zu Grunde gelegt. Die sich daraus ergebende angemessene Miethöhe richtet sich meist nach der Wohngeldobergrenze nach § 8 Wohngeldgesetz (vgl. Kapitel 20), ergänzt – soweit vorhanden – um den örtlichen Mietspiegel. Bei Fehlen eines Mietspiegels ist der Preisspiegel des Verbands Deutscher Makler (VDM) ein wichtiger Anhaltspunkt.

217 Der Träger der Sozialhilfe kann in seinem Zuständigkeitsbereich die Unterkunftskosten nach § 35 Abs. 3 SGB XII auch in Form einer monatlichen Pauschale abgelten, sofern der örtliche Wohnungsmarkt dies wegen eines ausreichenden Wohnungsangebots zulässt und es im Einzelfall nicht unzumutbar ist.

218 Für die Heizungskosten gilt nach § 35 Abs. 4 SGB XII das Selbe wie für die Unterkunftskosten: Sie werden in tatsächlicher Höhe übernommen, soweit sie angemessen sind. Ebenso ist eine Übernahme in Form von Pauschalen möglich.

219 Neu im Vergleich zu dem bis Jahresende 2010 geltenden Recht ist, dass § 35 Abs. 4 SGB XII neben der Übernahme der Kosten für Heizung auch die Übernahme der angemessenen Kosten für eine zentrale Warmwasserversorgung enthält. Dies ist eine unmittelbare Folge des seit 1. Januar 2011 geltenden neuen Regelbedarfssystems. Nach § 27a Abs. 1 SGB XII (vergleiche Rdnr. 90) enthalten die in den Regelbedarf eingerechneten Verbrauchsausgaben für Haushaltsenergie keine Anteile mehr für die Warmwassererzeugung. Haushalte mit einer dezentralen Warmwasserversorgung erhalten deshalb nach § 30 Abs. 7 SGB XII als Ausgleich einen Mehrbedarf (vergleiche Rdnr. 186). Für Haushalte hingegen, die über die Heizungsanlage über Fernwärme mit Warmwasser versorgt werden, dies ist die Mehrzahl der Haushalte, werden die in den Nebenkosten der Wohnung enthaltenen Warmwasserkosten nun mit übernommen. Der bis Jahresende 2010 vorgenommene Abzug bei den Nebenkosten als Ausgleich dafür, dass für Warmwasser im Regelsatz ein Anteil enthalten war, entfällt deshalb ab 1. Januar 2011.

220 Keine Vorläuferregelung gibt es im SGB XII für die ab 1. Januar 2011 mit dem § 35a SGB XII neu eingeführte sogenannte Satzungslösung. Es handelt sich dabei um eine Parallelvorschrift zur Einführung der den Kommunen als Träger der Unterkunftskosten nach dem SGB II (§§ 22a bis 22c SGB II) ermöglichten Einführung von kommunalen Satzungen zur Bestimmung der Höhe der als angemessen zu übernehmenden Unterkunftskosten (vergleiche Kapitel 2). Durch die Übertragung der Satzungslösung auf das SGB XII soll es den Kommunen ermöglicht werden, für Leistungsberechtigte nach SGB II und SGB XII nach den gleichen Kriterien die Höhe der Unterkunftskosten festsetzen zu können. Voraussetzung für die Anwendbarkeit einer nach dem SGB II erlassenen Satzung ist jedoch, dass diese Sonderregelungen für Personen mit einem besonderen Bedarf für Unterkunft und Heizung enthält, wozu auch Menschen mit einer Behinderung zählen, und dabei zusätzlich auch die Bedarfe älterer Menschen berücksichtigt werden. Vergleichbares gilt für die Bestimmung der Angemessenheit der Heizkosten. Gilt eine kommunale Satzung auch für das SGB XII und enthält diese Pauschalierungen, dann ersetzt diese die Regelungen über die Pauschalierung von Unterkunfts- und Heizkosten in § 35 Abs. 3 und 4.

221 Die bis Jahresende 2010 in § 34 SGB XII unter den Überschrift „Hilfe zum Lebensunterhalt in Sonderfällen" geregelten Leistungen sind seit 1. Januar 2011 als § 36 SGB XII mit der den Inhalt treffender wiedergebenden Überschrift „Sonstige Hilfen zur Sicherung der Unterkunft" eingeordnet. Damit sind jedoch keine inhaltlichen Änderungen verbunden. Damit stellt die Vorschrift unverändert eine Ausnahmeregelung dar, denn Entschuldung zählt nicht zu den Aufgaben der Sozialhilfe. Angesichts der Notwendigkeit, eine Räumungsklage wegen Mietschulden zu verhindern, stellt die Übernahme von Mietschulden eine solche Ausnahme dar. Der Träger der Sozialhilfe soll Mietschulden übernehmen, wenn dies gerechtfertigt und nötig ist, um Wohnungslosigkeit zu verhindern. Grund für diese Ausnahme ist die Einsicht, dass die Überwindung einer Notlage ohne gesicherte Unterkunft nicht erwartet werden kann. Ansonsten ist die Schuldenübernahme nur in vergleichbaren Notlagen möglich. Eine solche vergleichbare Notlage kann entstehen, wenn wegen Schulden bei Energieversorgungsunternehmen die Gefahr einer Sperrung der Energieversorgung unmittelbar bevorsteht.

222 Zur vorbeugenden Vermeidung von Wohnungslosigkeit sind Gerichte verpflichtet, im Falle einer Räumungsklage dem zuständigen örtlichen Träger der Sozialhilfe oder der von ihm bestimmten Stelle vom Eingang der Klage und der Höhe der Mietschulden Mitteilung zu machen. Diese Mitteilung ist allerdings nicht erforderlich, wenn die Nichtzahlung der Miete offensichtlich nicht auf die Zahlungsunfähigkeit des Mieters zurückzuführen ist.

223 Die Übernahme der Mietschulden stellt nach § 21 SGB XII die einzige Leistung der Hilfe zum Lebensunterhalt dar, die auch erwerbsfähige Personen erhalten können. Voraussetzung dafür ist, dass Erwerbsfähige nicht hilfebedürftig nach § 9 SGB II sind, also keine Leistungen der Grundsicherung für Arbeitsuchende und damit auch keine Übernahme von Mietschulden nach SGB II erhalten können.

Darlehen als ergänzende Leistungen

224 Die Vorschriften über die Gewährung von Darlehen werden durch die Neustrukturierung des Dritten Kapitels SGB XII zum Fünften Abschnitt zusammengefasst.

225 Dazu wird § 37 SGB XII inhaltlich erweitert. Absatz 1 wird unverändert aus dem bis Jahresende 2011 geltenden Recht übernommen, abgesehen von der begrifflichen Anpassung an das neue Regelbedarfssystem. Darlehen sollen vom Sozialhilfeträger gewährt werden, wenn ein vom Regelbedarf – anstelle des bisherigen Begriffs Regelsatz – abgedeckter und nach den Umständen unabweisbar gebotener Bedarf nicht gedeckt werden, soll das Sozialamt auf Antrag die erforderlichen Mittel als ergänzendes Darlehen gewähren. Erforderlich ist hierfür ein entsprechender Antrag einer leistungsberechtigten Person.

226 In § 37 SGB XII wird ab dem 1. Januar 2011 auch die Darlehensgewährung für Leistungsberechtigte in Einrichtungen als neu eingefügte Absätze 2 und 3 aus dem den Lebensunterhalt in Einrichtungen regelnden § 35 SGB XII in der bis Jahresende 2010 geltenden Fassung übernommen. Hierbei geht es um die darlehensweise Übernahme von Zuzahlungen nach dem SGB V für Personen, die einen Barbetrag erhalten. Die Zuzahlungen sind nicht nur von Versicherten der gesetzlichen Krankenversicherung (vgl. Kapitel 5) zu leisten, sondern auch von Beziehern von Hilfen zur Gesundheit nach dem Fünften Kapitel SGB XII (Rdnr. 265 ff.). Der Sozialhilfeträger übernimmt, falls die leistungsberechtigte Person dem nicht widerspricht, die in einem Kalenderjahr zu leistenden Zuzahlungen bereits zum 1. Januar oder bei Aufnahme in die stationäre Einrichtung. Hierfür wird nach § 37 Abs. 2 SGB XII ein Darlehen gewährt. Der Barbetragsbezieher erhält § 37 Abs. 3 SGB XII eine Freistellungsbescheinigung und ist für das gesamte Kalenderjahr von Zuzahlungen befreit.

227 Die Rückzahlung der generell zinslosen Darlehen nach den Absätzen 1 und 2 ist in Absatz 4 zusammengefasst. Für die Rückzahlung von ergänzenden Darlehen nach Absatz 1 können von den monatlichen Regelsätzen Teilbeträge von bis zu 5 Prozent der Regelbedarfsstufe 1 nach der Anlage 1 zu § 28 SGB XII einbehalten werden. Für die Darlehen an Leistungsberechtigte in Einrichtungen nach Absatz 2 erfolgt die Rückzahlung im Verlauf des Kalenderjahres in gleichen monatlichen Raten, die aus dem Barbetrag aufzubringen sind. Die Abwicklung wird von dem zuständigen Sozialhilfeträger und der Krankenkasse vorgenommen,

228 Der Fünfte Abschnitt des Dritten Kapitels umfasst zudem die Gewährung von Darlehen bei einer vorübergehenden Notlage, geregelt in § 38 SGB XII, der ohne Änderungen aus dem bis Jahresende 2010 übernommen worden ist.

Liegt Hilfebedürftigkeit voraussichtlich nur für kurze Zeit vor, weil mindestens bedarfsdeckende Einnahmen absehbar sind – zum Beispiel der Beginn einer Rente aus der gesetzlichen Rentenversicherung –, können alle laufend zu zahlenden Leistungen der Hilfe zum Lebensunterhalt, also beispielsweise auch der Barbetrag bei stationärer Unterbringung als Darlehen geleistet werden. Nicht als Darlehen, sondern als Zuschuss sind im Bedarfsfall einmalige Bedarfe nach § 31 SGB XII zu leisten. Das Darlehen muss in zwischen Darlehensnehmer und Träger der Sozialhilfe zu vereinbarenden Raten zurückgezahlt werden, wenn der Lebensunterhalt wieder aus eigenen Mitteln bestritten werden kann.

Einschränkung der Leistung und Leistungsumfang

229 In dem durch die Neustrukturierung des Dritten Kapitels neu eingeführten Sechsten Abschnitt werden zwei Vorschriften zur Einschränkung der Leistungsberechtigung und des Leistungsumfangs zusammengefasst.

230 Im neugefassten § 39 SGB XII wird der Inhalt der bis Jahresende 2010 in § 36 SGB XII geregelten sogenannten Vermutung der Bedarfsdeckung, auch als Unterhaltsvermutung bezeichnet, geregelt. Durch diese Verschiebung der Vorschrift ergeben sich keine inhaltlichen Änderungen, Unterschiede beschränken sich auf sprachliche Überarbeitungen.

Stellen Personen, sogenannte nachfragende Personen, einen Antrag auf Leistungen der Hilfe zum Lebensunterhalt, ist vom Sozialhilfeträger zu prüfen, ob sie mit anderen Personen in einer Wohnung zusammen leben. Ist dies der Fall, so wird vermutet, dass sie gemeinsam wirtschaften, also eine Haushaltsgemeinschaft (im SGB II als Bedarfsgemeinschaft bezeichnet) bilden und sich gegenseitig Leistungen zum Lebensunterhalt zur Verfügung stellen, soweit dies nach deren Einkommen und Vermögen erwartet werden kann. Zur Klärung der Frage, ob gemeinsam gewirtschaftet wird, besteht eine Auskunftspflicht der Bewohner einer gemeinsamen Wohnung (Rdnr. 391). Wird nicht gemeinsam gewirtschaftet, so gilt auch die Unterhaltsvermutung nicht. In diesem Fall besteht ebenso Anspruch auf Hilfe zum Lebensunterhalt wie im Falle von Unterhaltsleistungen, die zur Bestreitung des notwendigen Lebensunterhalts nicht ausreichen.

Die Unterhaltsvermutung gilt generell nicht für nachfragende Personen, die schwanger sind oder ihr leibliches Kind bis zur Vollendung von dessen 6. Lebensjahr betreuen und mit ihren Eltern oder einem Elternteil zusammenleben, sowie für behinderte oder pflegebedürftige Personen, die von Mitbewohnern in der gemeinsamen Wohnung betreut werden. Dabei ist es unerheblich, ob dabei tatsächlich auch eine Sicherstellung der wirtschaftlichen Versorgung erfolgt.

231 Bei der zweiten in den Sechsten Abschnitt eingeordneten Vorschrift handelt es sich um § 39a SGB XII. Diese neu eingefügte Vorschrift übernimmt den Inhalt über die Einschränkung der Leistung, die in dem bis Jahresende 2010 geltenden Recht in § 39 SGB XII enthalten war. Danach besteht in der Hilfe zum Lebensunterhalt die Möglichkeit, Leistungen einzuschränken, wenn ein Leistungsberechtigter seine Verpflichtungen im Rahmen aktivierender Maßnahmen (§ 11 Abs. 3 und 4 SGB XII) nicht einhält. Nimmt ein Leistungsberechtigter eine angebotene Tätigkeit nicht an oder nimmt er an einer erforderlichen Vorbereitung nicht teil und wurde er zuvor über die Konsequenzen belehrt, dann wird die Leistung in einem ersten Schritt um 25 Prozent der maßgebenden Regelbedarfsstufe vermindert, bei wiederholter Ablehnung jeweils zusätzlich um bis zu 25 Prozent.

Pauschalierung und Bedarfsdeckung

232 Zusammenfassend kann festgestellt werden, dass die Reform zur Umsetzung des Urteils des Bundesverfassungsgerichts vom 9. Februar 2010 zu erheblichen Veränderungen in der Struktur des Dritten Kapitels und zu einer grundsätzlichen Neuregelung der Ermittlung der pauschalierten Leistung in Form der Regelbedarfe geführt hat. Es ist allerdings bei der Grundsatzentscheidung geblieben, die der Gesetzgeber mit der Einführung des SGB XII im Jahr 2005 getroffen hat. So wird an dem System aus pauschalierten Leistungen Form der Regelsätze und ergänzenden zusätzlichen Bedarfen festgehalten, es gibt keine Verschiebung hin zu den einzelfallorientierten Bedarfen. Abgesehen von den neu eingeführten Bedarfen für Bildung und Teilhabe führt die Reform nur zu begrenzten Weiterentwicklungen bei den Bedarfen, die den zu zahlenden Regelsatz ergänzen. So bei den Mehrbedarfen nach § 30 SGB XII durch Einführung eines zusätzlichen Mehrbedarfs für Aufwendungen bei dezentraler Warmwasserversorgung und der damit korrespondierenden Übernahme der angemessenen Warmwasserkosten bei zentraler Warmwasserversorgung im Rahmen der Heizkosten in § 35 Abs. 4 SGB XII sowie dem zusätzlichen einmaligen Bedarf für Anschaffung und Reparatur von orthopädischen Schuhen, therapeutischen Geräten und Ausrüstungen sowie deren Miete in § 31 Abs. 1 SGB XII. Damit bleibt es bei der Abkehr von der das bis zum Jahresende 2004 geltende BSHG kennzeichnenden Trennung zwischen laufenden Leistungen in Form der Regelsatzleistungen und sogenannten einmaligen Leistungen. Die einmaligen Leistungen nach dem BSGH stellten einen umfangreichen Katalog von Ansprüchen auf besondere Anschaffungen wie Küchengeräte und Möbel bis zu Kleidungsstücken dar, wobei stets ein Antrag zu stellen war und bei der Leistungsgewährung oftmals auf Gebrauchtwaren (zum Beispiel kommunale Kleider- oder Möbelkammer) verwiesen wurde. Stattdessen wird den Leistungsberechtigten im SGB XII eine große wirtschaftliche Selbständigkeit eingeräumt, damit gleichzeitig aber auch eine große Verantwortung für die Verwendung des zur Verfügung gestellten monatlichen Budgets. Kann im Einzelfall in einem Monat ein unabweisbarer Bedarf nicht gedeckt werden, kann beim Sozialamt ein Antrag auf ein Darlehen gestellt werden.

Die Regelbedarfe hingegen stellen die auf der Grundlage von Durchschnittswerten ermittelten und damit auch pauschalierbaren Bedarfe dar. Dadurch nicht erfasste Bedarfslagen sind durch Leistungen zur Deckung von ergänzenden und zusätzlichen Bedarfen nach dem Zweiten bis Vierten Abschnitt des Dritten Kapitels SGB XII abzudecken. Dies gilt zum Beispiel für die Bedarfe im Zusammenhang mit Wohnen und Heizen nach dem Vierten Abschnitt und durch die Reform zur Umsetzung des Urteils des Bundesverfassungsgerichts zusätzlich auch für die Bedarfe für Bildung und Teilhabe nach dem Dritten Abschnitt SGB XII. Mit diesen ergänzenden Leistungen können also nicht oder nicht mit zufriedenstellenden Ergebnissen pauschalierbare Bedarfe berücksichtigt werden. Die Kombinierung von pauschalierten Bedarfen und der Berücksichtigung von konkreten und individuellen Bedarfslagen kann sowohl dem Grundsatz der Sozialhilfeleistungen „nach der Besonderheit des Einzelfalls" in § 9 SGB XII Rechnung getragen als auch eine aus verwaltungstechnischen Gründen unvermeidliche Pauschalierung ermöglicht werden.

Ferner haben die Träger der Sozialhilfe eine zusätzliche Möglichkeit der Ermessensausübung, um notwendige Bedarfe in Einzelfällen, die durch das Gesamtsystem der Leistungen nach dem Dritten Kapitel nicht oder nicht in ausreichendem Umfang abgedeckt werden können: Sie können nach § 27a Abs. 4 SGB XII von nach den Regelbedarfsstufen zu zahlenden Regelsätzen durch die abweichende Regelsatzfestsetzung abzuweichen und entsprechend dem konkreten Bedarf festgesetzte Regelsätze zahlen.

Grundsicherung im Alter und bei Erwerbsminderung

Vom eigenständigen Gesetz zum Vierten Kapitel SGB XII

233 Die Grundsicherung im Alter und bei Erwerbsminderung war durch das Gesetz über eine bedarfsorientierte Grundsicherung im Alter und bei Erwerbsminderung (Grundsicherungsgesetz – GSiG im Rahmen des Gesetzes zur Reform der gesetzlichen Rentenversicherung und zur Förderung eines kapitalgedeckten Altersvorsorgevermögens (Altersvermögensgesetz) vom 26. Juni 2001 eingeführt worden und trat zum 1. Januar 2003 in Kraft. Hauptziel der Einführung der Grundsicherung war die Bekämpfung verschämter Altersarmut. Verschämt deshalb, weil ältere Menschen trotz Hilfebedürftigkeit die Hilfe zum Lebensunterhalt oftmals nicht in Anspruch genommen hatten. Einer der Hauptgründe hierfür war, dass gerade ältere Menschen einen in der Hilfe zum Lebensunterhalt möglichen Unterhaltsrückgriff der Sozialämter auf ihre Kinder vermeiden wollten. Weiteres Ziel war es, mit der Grundsicherung dauerhaft voll erwerbsgeminderten Menschen, besonders den von Geburt oder früher Jugend an Schwerstbehinderten, erstmals zu einer elternunabhängigen Absicherung eines menschenwürdigen Existenzminimums zu verhelfen und ihnen damit mehr materielle Eigenständigkeit zu ermöglichen.

234 Durch das Gesetz zur Einordnung des Sozialhilferechts in das Sozialgesetzbuch wurde das GSiG zum Jahresende 2004 aufgehoben und dessen inhaltlich weitestgehend unveränderter Inhalt als Viertes Kapitel zum 1. Januar 2005 in das SGB XII integriert. Dieses Kapitel umfasst die §§ 41 bis 46a SGB XII, unterteilt in drei Abschnitte. SGB XIISGB XIISGB II

Leistungsberechtigter Personenkreis

235 Der erste Abschnitt mit den §§ 41 bis 43 SGB XII ist mit „Grundsätze" überschrieben und beinhaltet die leitungsrechtlichen Vorschriften.

236 Leistungsberechtigt sind in der Grundsicherung im Alter und bei Erwerbsminderung nach § 41 Abs. 1 und 2 SGB XII Personen, die ihren gewöhnlichen Aufenthalt in der Bundesrepublik Deutschland haben, sofern sie

– ein der Regelaltersgrenze in der gesetzlichen Rentenversicherung entsprechendes Lebensalter erreicht haben oder
– das 18. Lebensjahr vollendet haben und unabhängig von der jeweiligen Arbeitsmarktlage voll erwerbsgemindert im Sinne des § 41 Abs. 2 SGB VI sind, sofern es unwahrscheinlich ist, dass die volle Erwerbsminderung behoben werden kann, und
– hilfebedürftig sind.

237 Hilfebedürftigkeit bedeutet nach § 41 Abs. 1 SGB XII, dass – ebenso wie in der Hilfe zum Lebensunterhalt nach dem Dritten Kapitel – der Lebensunterhalt nicht aus eigenem Einkommen oder Vermögen bestritten werden kann. Bereits in den allgemeinen Vorschriften des Zweiten Kapitels wird durch § 19 Abs. 2 SGB XII bestimmt, dass eine Leistungsberechtigung nach dem Vierten Kapitel einer Leistungsberechtigung nach dem Vierten Kapitel vorgeht. Im

Falle eines vorhandenen Vermögens, dessen Veräußerung und Einsatz für den Lebensunterhalt zu persönlichen Härten führen würde und deshalb nach § 90 Abs. 3 SGB XII nicht zumutbar ist (Rdnr. 347), kann Grundsicherung nach § 91 SGB XII als Darlehen geleistet werden (Rdnr. 350). Wenn die Auflösung des vorläufig geschützten Vermögens zumutbar ist, ist das Darlehen aus dem Veräußerungserlös zurückzuzahlen; auch dies entspricht Regelungen in der Hilfe zum Lebensunterhalt.

238 Keinen Anspruch auf Leistungen der Grundsicherung im Alter und bei Erwerbsminderung haben:

– Personen, die leistungsberechtigt nach § 1 des Asylbewerberleistungsgesetzes sind. Dies ergibt sich aus der Vorschrift über Sozialhilfe für Ausländer in § 23 Abs. 2 SGB XII (Rdnr. 66).
– Personen, die in den letzten 10 Jahren ihre Bedürftigkeit vorsätzlich oder grob fahrlässig herbeigeführt haben, indem sie z. B. ihr Vermögen verschleudert oder dieses ohne Rücksicht auf die Notwendigkeit der Bildung von Rücklagen im Alter verschenkt haben. Durch diese in § 41 Abs. 4 SGB XII enthaltene Regelung soll eine missbräuchliche Inanspruchnahme der Grundsicherungsleistungen als Folge einer vorsätzlichen „Entreicherung" verhindert werden.
– Leistungsberechtigte, deren unterhaltsverpflichtete Eltern oder Kinder ein Jahreseinkommen vom mindestens 100.000 Euro haben (Rdnr. 250).

239 Aus der Definition der Leistungsberechtigung ergibt sich, dass der Bezug einer Rente der gesetzlichen Rentenversicherung oder das Bestehen einer Rentenberechtigung keine Anspruchsvoraussetzung darstellt. Die Grundsicherung im Alter und bei Erwerbsminderung ist keine Rentenleistung im Sinne einer „Ersatz-" oder einer „Mindestrente", sondern eine Leistung der Sozialhilfe und setzt deshalb Hilfebedürftigkeit voraus. Allerdings orientieren sich die persönlichen Anspruchsvoraussetzungen, also Erreichen eines der Regelaltersgrenze in der gesetzlichen Rentenversicherung entsprechenden Lebensalters und medizinisch bedingte dauerhafte volle Erwerbsminderung, am Rentenrecht. Dieser Abgrenzung der Leistungsberechtigung liegt die pauschalierende, also vom konkreten Einzelfall absehende Annahme zu Grunde, dass ältere und dauerhaft voll erwerbsgeminderte Personen eine bereits eingetretene Hilfebedürftigkeit nicht aus eigenen Kräften, insbesondere durch Aufnahme einer Erwerbstätigkeit, überwinden können. Sie sind deshalb dauerhaft auf die Hilfe der Gemeinschaft angewiesen. Bei der Hilfe zum Lebensunterhalt wird hingegen nicht von einer dauerhaften Notlage ausgegangen.

240 Die Leistungsvoraussetzung „Alter" wird an der Regelaltersgrenze in der gesetzlichen Rentenversicherung festgemacht, weil in den gesetzlichen Alterssicherungssystemen mit Erreichen dieser Altersgrenze der späteste Zeitpunkt für ein altersbedingt dauerhaftes Ausscheiden aus dem Erwerbsleben unterstellt wird. So besteht bei Erfüllung der versicherungsrechtlichen Voraussetzungen ab Erreichen der Regelaltersgrenze in der gesetzlichen Rentenversicherung der Anspruch auf eine abschlagsfreie Regelaltersrente (vgl. Kapitel 6). Damit kann die Regelaltersgrenze nach allgemeiner Auffassung mit dem Endzeitpunkt der Erwerbsphase gleichgesetzt werden. Auch Erwerbsfähigkeit wird in generalisierender Betrachtungsweise an der Regelaltersgrenze festgemacht. So ist insbesondere nach dem SGB II erwerbsfähig, wer ein der Regelaltersgrenze entsprechendes Lebensalter noch nicht erreicht hat. Zusammengefasst bedeutet dies, dass für ältere Menschen – ohne Rücksicht auf den individuellen Einzelfall – mit Erreichen der Regelaltersgrenze die Ausübung einer Erwerbstätigkeit zur Bestreitung des Lebensunterhalts nicht mehr unterstellt und auch nicht mehr erwartet wird.

241 Als Folge des Anstiegs der durchschnittlichen Lebenserwartung, der bei konstanter Regelaltersgrenze zu einer Verlängerung der Bezugsdauer aller wegen Alters gewährter Sozialleistungen führt, wird die Regelaltersgrenze der gesetzlichen Rentenversicherung durch das RV-Altersgrenzenanpassungsgesetz schrittweise vom vollendeten 65. auf das vollendete 67. Lebensjahr angehoben. Diese Altersgrenzenanhebung wird auf alle bundesgesetzlichen Sozialleistungssysteme, die zur Bestimmung von Leistungsvoraussetzungen auf die Regelaltersgrenze abstellen, übertragen. Für die Grundsicherung im Alter und bei Erwerbsminderung bedeutet dies, dass für die Leistungsberechtigung wegen Alters in § 41 SGB XII in den gleichen Zeiträumen und mit den gleichen Anhebungsschritten vom vollendeten 65. auf das vollendete 67. Lebensjahr angehoben wird, wie dies bei der Regelaltersgrenze der gesetzlichen Rentenversicherung erfolgt. Bis zum Jahresende 2011 bleibt es bei der seit der seit Einführung der Grundsicherung im Jahr 2003 geltenden Leistungsberechtigung mit Vollendung des 65. Lebensjahres. Die schrittweise Anhebung beginnt im Jahr 2012 mit dem Geburtsjahrgang 1947 mit jeweils einem Monat je Geburtsjahrgang. Für die Jahrgänge 1959 bis 1964 wird das für die Leistungsberechtigung maßgebliche Lebensalter jeweils um 2 Monate erhöht, so dass sich ab dem Jahr 2031 eine Leistungsberechtigung wegen Alters in der Grundsicherung ab dem vollendeten 67. Lebensjahr ergibt (siehe Tabelle 5).

242 Eine dauerhafte volle Erwerbsminderung aus medizinischen Gründen liegt vor, wenn wegen des durch Krankheit oder Behinderung verminderten Leistungsvermögens unter den üblichen Bedingungen des allgemeinen Arbeitsmarkts nur eine regelmäßige Erwerbstätigkeit von weniger als drei Stunden am Tag möglich ist. Damit kann nicht mehr davon ausgegangen werden, dass die Möglichkeit besteht, durch Erwerbstätigkeit den Lebensunterhalt zu bestreiten. Eine dauerhafte volle Erwerbsminderung liegt vor, wenn auf nicht absehbare Zeit aller Voraussicht keine Wiederherstellung der Erwerbsfähigkeit, also der Wiedererlangung einer gesundheitlichen Leistungsfähigkeit zu erwarten ist, die unter den üblichen Bedingungen des Arbeitsmarktes eine regelmäßige tägliche Arbeitszeit von mindestens drei Stunden täglich zulassen würde.

Solange allerdings die Wiederherstellung der Erwerbsfähigkeit nicht ausgeschlossen ist – vor allem nach einer erfolgreichen beruflichen Rehabilitations- oder Eingliederungsmaßnahme – besteht nur eine zeitlich befristete volle Erwerbsminderung und damit kein Anspruch auf Grundsicherung. Gegebenenfalls kann dann ein Anspruch auf Hilfe zum Lebensunterhalt bestehen. Im Falle der wiederholten Befristung nach einem ununterbrochenen Bezug von neun Jahren wird jedoch eine unbefristete Rente wegen voller Erwerbsminderung gewährt. Dann kann auch ein Anspruch auf Grundsicherung bestehen.

Tabelle 5: Altersgrenzenanhebung für die Leistungsberechtigung wegen Alters

Für den Geburtsjahrgang	erfolgt eine Anhebung um … Monate	auf Vollendung eines Lebensalters von	daraus ergibt sich für den Beginn der Leistungsberechtigung
1946 und früher	0	65 Jahren	Leistungsberechtigung bis 12/2011: Vollendung des 65. Lebensjahres
1947	1	65 Jahren und 1 Monat	65. Geburtstag ab 1.1.2012 + 1 Monat Anhebung = Anspruch ab 1.2.2012
1948	2	65 Jahren und 2 Monaten	65. Geburtstag ab 1.1.2013 + 2 Monat Anhebung = Anspruch ab 1.3.2013
1949	3	65 Jahren und 3 Monaten	65. Geburtstag ab 1.1.2014 + 3 Monat Anhebung = Anspruch ab 1.4.2014
1950	4	65 Jahren und 4 Monaten	65. Geburtstag ab 1.1.2015 + 4 Monat Anhebung = Anspruch ab 1.5.2015
1951	5	65 Jahren und 5 Monaten	65. Geburtstag ab 1.1.2016 + 5 Monat Anhebung = Anspruch ab 1.6.2016
1952	6	65 Jahren und 6 Monaten	65. Geburtstag ab 1.1.2017 + 6 Monat Anhebung = Anspruch ab 1.7.2017
1953	7	65 Jahren und 7 Monaten	65. Geburtstag ab 1.1.2018 + 7 Monat Anhebung = Anspruch ab 1.8.2018
1954	8	65 Jahren und 8 Monaten	65. Geburtstag ab 1.1.2019 + 8 Monat Anhebung = Anspruch ab 1.9.2019
1955	9	65 Jahren und 9 Monaten	65. Geburtstag ab 1.1.2020 + 9 Monat Anhebung = Anspruch ab 1.10.2020
1956	10	65 Jahren und 10 Monaten	65. Geburtstag ab 1.1.2021 + 10 Monat Anhebung = Anspruch ab 1.11.2021
1957	11	65 Jahren und 11 Monaten	65. Geburtstag ab 1.1.2022 + 11 Monat Anhebung = Anspruch ab 1.12.2022
1958	12	66 Jahren	65. Geburtstag ab 1.1.2023 + 12 Monate Anhebung = Anspruch ab 1.1.2024
1959	14	66 Jahren und 2 Monaten	65. Geburtstag ab 1.1.2024 + 14 Monate Anhebung = Anspruch ab 1.3.2025
1960	16	66 Jahren und 4 Monaten	65. Geburtstag ab 1.1.2025 + 16 Monate Anhebung = Anspruch ab 1.5.2026
1961	18	66 Jahren und 6 Monaten	65. Geburtstag ab 1.1.2026 + 18 Monate Anhebung = Anspruch ab 1.7.2027
1962	20	66 Jahren und 8 Monaten	65. Geburtstag ab 1.1.2027 + 20 Monate Anhebung = Anspruch ab 1.9.2028
1963	22	66 Jahren und 10 Monaten	65. Geburtstag ab 1.1.2028 + 22 Monate Anhebung = Anspruch ab 1.11.2029
ab 1964	24	67 Jahren.	65. Geburtstag ab 1.1.2029 + 24 Monate Anhebung = Anspruch ab 1.1.2031

243 Der Bezug einer Rente wegen teilweiser Erwerbsminderung oder einer aus Arbeitsmarktgründen zeitlich befristet gewährten Rente wegen voller Erwerbsminderung begründet keinen Grundsicherungsanspruch. In beiden Fällen ist noch eine Tätigkeiten von drei bis unter sechs Stunden täglich möglich (Definition der teilweisen Erwerbsminderung nach dem SGB VI bzw. der Erwerbsfähigkeit nach dem SGB II). Eine sogenannte arbeitsmarktbedingte und deshalb zeitlich befristete Rente wegen voller Erwerbsminderung wird nur dann gewährt, wenn kein leistungsgerechter Teilzeitarbeitsplatz zur Verfügung steht und nur deshalb keine Erwerbstätigkeit in einem Umfang möglich ist, die zu einem ausreichenden Erwerbseinkommen führt.

244 Am Jahresende 2009 haben insgesamt 763.900 Personen Leistungen der Grundsicherung im Alter und bei Erwerbsminderung bezogen, dies waren 3.800 Personen oder 0,5 Prozent weniger als im Vorjahr. Damit ist es erstmals seit Einführung der Grundsicherung im Jahr 2003 zu einem Rückgang der Zahl leistungsberechtigter Personen gekommen. Bereits in den Vorjahren hatte sich der hohe Anstieg der Bezieherzahlen in den Jahren 2003 bis 2005 deutlich verlangsamt. Der Rückgang im Jahr 2009 dürfte hauptsächlich auf die zum 1. Januar diesen Jahres erfolgte Erhöhung des Wohngeldes zurückzuführen sein (vergleiche Kapitel 20). Leistungsberechtige nach dem Vierten Kapitel SGB XII mit einem geringen aufstockenden Grundsicherungsanspruch konnten durch das erhöhte Wohngeld die Hilfebedürftigkeit überwinden und waren deshalb nicht mehr leistungsberechtigt.

Nach der Zahl der Leistungsbezieher handelt es sich bei der Grundsicherung um die bedeutsamste Leistung der Sozialhilfe. Etwas weniger als die Hälfte der Leistungsbezieher (47,7 Prozent beziehungsweise 364.000 Personen) waren dauerhaft voll erwerbsgemindert, also im Alter von 18 bis unter 65 Jahre, dies entsprach 0,7 Prozent der Bevölkerung in dieser Altersgruppe. 65 Jahre und älter waren 399.800 Personen, dies entsprach einem Anteil von 52,3 Prozent an allen Beziehern oder etwa 2,4 Prozent der Bevölkerung in dieser Altersgruppe. Damit setzt sich der in den davor liegenden Jahren zu beobachtende Trend fort, dass die Anzahl dauerhaft voll erwerbsgeminderter Leistungsberechtigter schneller steigt als die der wegen Alters Leistungsberechtigten. 2003 lag der Anteil der dauerhaft voll erwerbsgeminderten Leistungsberechtigten noch bei 41 Prozent. Wie seit Einführung der Grundsicherung feststellbar, war die Grundsicherung auch am Jahresende vorwiegend eine Leistung für Personen, die in einem Haushalt leben – auf 584.000 Personen oder gut 76 Prozent aller Leistungsberechtigten traf dies zu. In stationären Einrichtungen lebten hingegen nur 180.000 Personen oder knapp 24 Prozent aller Leistungsberechtigten. Von diesen wiederum waren 120.600 und damit zu zwei Dritteln dauerhaft voll erwerbsgemindert, 65 Jahre und älter waren 59.180 Personen.

Leistungen der Grundsicherung im Alter und bei Erwerbsminderung bezogen am Jahresende 2009, wie bereits in den Vorjahren, mehr Frauen als Männer: 419.380 Frauen, was einem Anteil von fast 55 Prozent entsprach, und 344.500 Männer. Dabei ergaben sich zwischen den Geschlechtern auch deutliche Unterschiede bei den voll Erwerbsgeminderten und den 65-Jährigen und älteren. Der Anteil von Männern an den 65-Jährigen und älteren Leistungsberechtigten belief sich auf 45 Prozent aller Leistungsberechtigten, bei den dauerhaft voll erwerbsgeminderten Leistungsberechtigten jedoch auf 56 Prozent. Frauen machten demnach 65 Prozent aller Leistungsberechtigten ab 65 Jahre aus, aber nur 44 Prozent aller voll erwerbsgeminderten Leistungsberechtigten. Ein weiterer Unterschied liegt im höheren Durchschnittsalter von Frauen bei den über 65-Jährigen und älteren Leistungsberechtigten: Sie waren am Jahresende 2009 im Durchschnitt 74,8 Jahre alt, Männer hingegen 71,9 Jahre. Maßgeblich verantwortlich für diese Unterschiede sind zwei Ursachen: Erstens gibt es in Deutschland mehr schwerbehinderte Männer als schwerbehinderte Frauen. Zweitens ist die durchschnittliche Lebenserwartung von Frauen höher als die von Männern und letztere verfügen im Durchschnitt über höhere Alterseinkünfte. Dies wiederum ist Konsequenz der unterschiedlichen Erwerbsbiografien von Männern und Frauen. Zumindest in den vergangenen Jahrzehnten waren der Umfang der Erwerbstätigkeit von Frauen und damit auch die daraus resultierenden Alterssicherungsansprüche deutlich geringer als bei Männern.

Ebenfalls deutliche Unterschiede zeigen sich zwischen in Deutschland lebenden Ausländern und Deutschen hinsichtlich der Häufigkeit des Bezugs von Grundsicherungsleistungen. Der Anteil von in Deutschland lebenden Ausländern an den Leistungsberechtigten war am Jahresende 2009 mit 14,7 Prozent (dies entspricht 112.500 Personen) angesichts des Anteils der nicht-deutschen Wohnbevölkerung an allen in Deutschland lebenden Personen nicht bemerkenswert. Anders jedoch deren Aufteilung auf Leistungsberechtigte wegen dauerhafter voller Erwerbsminderung und wegen Alters: Nur ein Viertel war wegen voller Erwerbsminderung leistungsberechtigt, drei Viertel hingegen wegen Alters. Dies übertrifft auch die Verteilung bei Frauen auf volle Erwerbsminderung und Alter erheblich. Der hohe Anteil der Leistungsberechtigten wegen Alters lässt auf immigrationsbedingte Lücken in der Altersvorsorge schließen.

Für die Häufigkeit des Bezugs von Grundsicherungsleistungen in den Bundesländern ist für das Jahr 2009 eine Abschwächung der bislang deutlicher ausgeprägten Unterschiede zwischen West- und Ostdeutschland feststellbar. Für Deutschland insgesamt liegt die sogenannte Bezieherquote (Anteil der Leistungsberechtigten an der Bevölkerung ab 18 Jahre) bei 1,1 Prozent (1,1 Prozent der Bevölkerung sind Leistungsberechtigte). Unter dem Bundesdurchschnitt liegt diese Quote in sieben Ländern, nämlich in Sachsen mit 0,6 Prozent, Thüringen mit 0,7 Prozent, Baden-Württemberg mit 0,8 Prozent, Brandenburg, Bayern und Sachsen-Anhalt jeweils mit 0,9 Prozent und Rheinland-Pfalz mit 1,03 Prozent. In Mecklenburg-Vorpommern entspricht die Bezieherquote mit 1,1 Prozent (der höchste Wert unter den neuen Ländern) dem Bundesdurchschnitt. In den übrigen neun Bundesländern liegt die Quote über dem Bundesdurchschnitt. Unter den Flächenländern sind dies, Hessen mit 1,2 Prozent, Niedersachsen, Saarland, Schleswig-Holstein und Nordrhein-Westfalen jeweils mit 1,3 Prozent. Für die drei Stadtstaaten ergeben sich – wie schon in den Vorjahren – die höchsten Werte: Hamburg mit 1,8 Prozent, Berlin mit 1,9 Prozent und Bremen mit 2 Prozent.

Leistungsumfang

245 Den Umfang der Leistungen regelt § 42 SGB XII, er entspricht dem notwendigen Lebensunterhalt der Hilfe zum Lebensunterhalt nach dem Dritten Kapitel SGB XII für Leistungsberechtigte, die in häuslicher Umgebung, also nicht in einer stationären Einrichtung leben. Nach der zur Angleichung an die Veränderungen im Leistungsrecht des Dritten Kapitels vorgenommenen Neufassung des § 42 SGB XII durch das Gesetz zur Ermittlung von Regelbedarfen und zur Änderung des Zweiten und Zwölften Buches Sozialgesetzbuch sind seit dem 1. Januar 2011 folgende Leistungen umfasst:

− Die sich nach der Anlage zu § 28 SGB XII für eine leistungsberechtigte Person ergebende Regelbedarfsstufe, dies sind die Regelbedarfsstufen 1 bis 3 (Rdnr. 142 f.). Dies entspricht hinsichtlich der Leistungshöhe dem bisherigen Recht. Dabei ist zu berücksichtigen, dass durch einen redaktionellen Fehler der Wortlaut der Vorschrift nicht vollständig ist, da der beabsichtigte Verweis auf die Möglichkeit der abweichenden Regelsatzfestsetzung nach § 27a Abs. 4 SGB XII unterblieben ist.

− Die zusätzlichen Bedarfe nach dem Zweiten Abschnitt des Dritten Kapitels SGB XII, dies sind die Mehrbedarfe nach § 30 SGB XII (Rdnr. 179 ff.) unter den dort genannten Bedingungen und Voraussetzungen, sowie die drei ergänzenden einmaligen Bedarfe des § 31 SGB XII (Rdnr. 187). Hinzu kommen

− die Übernahme von Kranken- und Pflegeversicherungsbeiträgen, wie sie in § 32 SGB XII für Leistungsberechtigte in der Hilfe zum Lebensunterhalt vorgesehen ist (Rdnr. 188 ff.). Schließlich zählt

− die Übernahme von Vorsorgebeiträgen nach den Vorgaben in § 33 SGB XII (Rdnr. 197 ff.). Neben Beiträgen für eine Sterbegeldversicherung (§ 33 Abs. 2 SGB XII) handelt es sich dabei um Altersvorsorgebeiträge (§ 33 Abs. 1 SGB XII). Hier ergibt sich gegenüber dem bis Jahresende 2010 geltenden Recht nur eine Veränderung bei den einmaligen Bedarfen nach § 31 SGB XII: Zusätzlich besteht Anspruch auf einen einmaligen Bedarf für die Anschaffung und Reparatur von orthopädischen Schuhen und orthopädischen Geräten und Ausrüstungen sowie deren Miete.

− Die im Dritten Kapitel SGB XII durch das Gesetz zur Ermittlung von Regelbedarfen und zur Änderung des Zweiten und Zwölften Buches Sozialgesetzbuch neu eingeführten Leistungen für Bildung und Teilhabe nach dem Dritten Abschnitt des Dritten Kapitels mit den §§ 34 und 34a SGB XII gelten ebenfalls für Leistungsberechtigte nach dem Vierten Kapitel des SGB XII (Rdnr. 200 ff.) Davon ausgenommen sind nur die in § 34 Abs. 6 SGB XII enthaltenen Teilhabebedarfe. Anspruch auf diese Bedarfe haben nur Leistungsberechtigte unter 18 Jahren, leistungsberechtigt nach dem Vierten Kapitel sind jedoch nur volljährige Personen.

− Die im Vierten Abschnitt des Dritten Kapitels enthaltenen Leistungen für Unterkunft und Heizung nach den §§ 35 bis 36 SGB XII (vergleiche

Rdnr. 212 ff.). Damit sind die angemessenen Aufwendungen für Unterkunft und Heizung nach den durch das Gesetz zur Ermittlung von Regelbedarfen und zur Änderung des Zweiten und Zwölften Buches Sozialgesetzbuch neu gefassten §§ 35 und 35a SGB XII zu übernehmen. Unterschiede bestehen, wie in dem bis Jahresende 2010 geltenden Recht, für Leistungsberechtigte in der Grundsicherung im Alter und bei Erwerbsminderung im Falle einer stationären Unterbringung, wenn also keine Wohnung (mehr) vorhanden ist. Dann sind die pauschalierten Kosten für Unterkunft und Heizung in Höhe der durchschnittlichen angemessenen tatsächlichen Aufwendungen für die Warmmiete eines Einpersonenhaushaltes im örtlichen Zuständigkeitsbereich des Sozialhilfeträgers zugrunde zu legen. Eine nach den §§ 22a bis 22c SGB II erlassene Satzung ist nach § 35a SGB XII auch für Leistungsberechtigte nach dem Vierten Kapitel anwendbar. Dies setzt jedoch voraus, dass die Satzung Sonderregelungen für einen besonderen Bedarf von dauerhaft voll erwerbsgeminderte und ältere Leistungsberechtigten vorsieht.
– Die im Vierten Abschnitt des Dritten Kapitels mit umfasste Übernahme von Miet- und Energieschulden nach dem durch das Gesetz zur Ermittlung von Regelbedarfen und zur Änderung des Zweiten und Zwölften Buches Sozialgesetzbuch neu gefassten § 36 SGB XII (Rdnr. 221 ff.) gilt ebenfalls für Leistungsberechtigte nach dem Vierten Kapitel.
– Die Gewährung von ergänzenden Darlehen nach § 37 Absatz 1 SGB XII (Rdnr. 224 ff.). Danach können die Sozialhilfeträger Darlehen für einen im Regelbedarf enthaltener und unabweisbarer Bedarf gewähren, wenn dieser auf andere Weise nicht gedeckt werden kann. Für die Rückzahlung des Darlehens sind monatliche Einbehaltungen aus dem Regelsatz von bis zu jeweils 5 Prozent der Regelsatzstufe 1 möglich (§ 37 Absatz 4 SGB XII).

246 Nach § 42 SGB XII ergibt sich folglich nur ein Unterschiede im Leistungsumfang im Vergleich zur Hilfe zum Lebensunterhalt für Leistungsberechtigte, die nicht in einer stationären Einrichtung leben: Bei einer vorübergehenden Notlage kann kein Darlehen nach § 37 SGB XII gewährt werden (Rdnr. 226). Da es sich bei der Grundsicherung angesichts der Anspruchsvoraussetzungen im Unterschied zur Hilfe zum Lebensunterhalt um eine „Dauerleistung" handelt, ist die Überbrückung von vorübergehenden Notlagen Aufgabe der Hilfe zum Lebensunterhalt.

247 Für Leistungsberechtigte, die in einer stationären Einrichtung leben, gibt es darüber hinausgehende Abweichungen zwischen dem Leistungsumfang der Grundsicherung im Alter und bei Erwerbsminderung gegenüber dem bei der der Hilfe zum Lebensunterhalt. Der Lebensunterhaltsbedarf ergibt sich in diesem Fall nach dem durch das Gesetz zur Ermittlung von Regelbedarfen und zur Änderung des Zweiten und Zwölften Buches Sozialgesetzbuch § SGB XII neu gefassten § 27b SGB XII (Rdnr. 95 ff.). Der in dieser Vorschrift geregelte Lebensunterhalt in Einrichtungen und speziell der Barbetrag zählen damit nicht zum Leistungsumfang des Vierten Kapitels. Dies bedeutet, dass im Falle einer stationären Unterbringung die Leistungen der Grundsicherung im Alter und bei Erwerbsminderung nur den Lebensunterhalt abdecken, der auch bei einem Leben in häuslicher Umgebung anfallen würde. Für die Bestreitung des darüber hinausgehenden weiteren notwendigen Lebensunterhalts in der stationären Einrichtung ist eine ergänzende Inanspruchnahme von Hilfe zum Lebensunterhalt erforderlich. Es handelt sich um die einzige Fallkonstellation, in der neben Grundsicherungsleistungen generell auch Leistungen der Hilfe zum Lebensunterhalt gewährt werden müssen. Dies muss jedoch vor dem Hintergrund gesehen werden, dass es sich bei der Grundsicherung im Alter und bei Erwerbsminderung nach ihrer Konzeption um eine Leistung für hilfebedürftige Personen, die in einer häuslichen Umgebung leben, nicht aber in einer stationären Einrichtung.

Besonderheiten bei Vermögenseinsatz und Unterhaltsansprüchen

248 Der Anspruch auf Grundsicherung beziehungsweise die Höhe des Grundsicherungsbedarfs ist nach § 43 Abs. 1 SGB XII nicht allein vom Einkommen und Vermögen des Antragstellers abhängig. Durch die im Gesetz zur Ermittlung von Regelbedarfen und zur Änderung des Zweiten und Zwölften Buches Sozialgesetzbuch mit Wirkung vom 1. Januar 2011 vorgenommene Neufassung von Absatz 1 wird die Vorschrift redaktionell überarbeitet. Dadurch wird klargestellt, dass für die Feststellung, ob eine Leistungsberechtigung vorliegt, neben dem Einkommen und Vermögen des nicht getrennt lebenden Ehegatten, Lebenspartners oder Partners einer eheähnlichen Gemeinschaft auch Einkommen und Vermögen eines Partners in einer lebenspartnerschaftsähnlichen Gemeinschaft zu berücksichtigen ist. Dies hat sich bereits bislang schon aus § 20 SGB XII ergeben. Im

Unterschied zur Hilfe zum Lebensunterhalt gibt es zwar keine Bedarfsgemeinschaften in der Grundsicherung, bei Partnern, die in einem gemeinsamen Haushalte leben wird jedoch das Einkommen und Vermögen, das über deren sozialhilferechtlichem Bedarf liegt, wie er sich nach dem durch das Gesetz zur Ermittlung von Regelbedarfen und zur Änderung des Zweiten und Zwölften Buches Sozialgesetzbuch neu eingefügten § 27a SGB XII ergibt. Dies bedeutet zugleich, dass die Anrechnung dadurch begrenzt wird, dass Ehegatten, Lebenspartnern oder Partner einer ehe- oder lebenspartnerschaftsähnlichen Gemeinschaft zumindest ebenfalls verfügbare finanzielle Mittel in Höhe ihres eigenen sozialhilferechtlichen Bedarfs verbleiben muss.

Dabei ist die sogenannte Unterhaltsvermutung nach dem ebenfalls durch das Gesetz zur Ermittlung von Regelbedarfen und zur Änderung des Zweiten und Zwölften Buches Sozialgesetzbuch neugefassten § 39 Satz 1 (Rdnr. 230) weiterhin nicht anwendbar. Die Heranziehung anderer Personen in einer gemeinsamen Wohnung ist folglich auf Partner beschränkt. In der Hilfe zum Lebensunterhalt wird hingegen unterstellt, dass in einer gemeinsamen Wohnung lebende Personen, die nicht Ehegatten, Lebenspartner oder Partner in einer ehe- oder lebenspartnerschaftsähnlichen Gemeinschaft sind, gemeinsam wirtschaften und sich gegenseitig finanziell unterstützen. Dieser Unterschied zwischen Dritten und Vierten Kapitel ist insbesondere für erwachsene Behinderte, die im Haushalt ihrer Eltern leben, sowie für ältere Menschen, die im Haushalt des Sohnes oder der Tochter leben, von Bedeutung. Wäre die Unterhaltsvermutung anwendbar, würde in diesen Fallkonstellationen in der Regel kein Grundsicherungsanspruch bestehen.

249 Bei der Frage, welches Einkommen bei der Bestimmung der Hilfebedürftigkeit maßgeblich ist, sind grundsätzlich alle zufließenden finanziellen Mittel zu berücksichtigen. Dies schließt auch tatsächlich gezahlten Unterhalt, zum Beispiel in Form von Barunterhalt oder kostenloser Unterkunft und Verpflegung mit ein. Dabei spielt es keine Rolle, ob diese Zahlungen auf einer Leistungspflicht beruhen oder von unterhaltspflichtigen Eltern beziehungsweise Kindern freiwillig geleistet werden.

250 In der Heranziehung von unterhaltspflichtigen Eltern oder Kindern, also der Einforderung verpflichtender Unterhaltszahlung durch den Träger der Sozialhilfe in Form des Unterhaltsrückgriffs, liegt der zentrale Unterschied zur Hilfe zum Lebensunterhalt. In der Grundsicherung im Alter und bei Erwerbsminderung werden Eltern oder Kinder nicht zum Unterhaltsrückgriff herangezogen. Der Anspruch auf Grundsicherung und damit der Verzicht auf den Unterhaltsrückgriff ist nach § 43 Abs. 2 SGB XII allerdings davon abhängig, dass Eltern oder Kinder ein jährliches Gesamteinkommen von unter 100.000 Euro haben. Für das hierbei zu berücksichtigende Einkommen wird auf die Definition in § 16 des Vierten Buches Sozialgesetzbuch (SGB IV) zurückgegriffen. Es handelt sich demnach um die Summe der Einkünfte im Sinne des Einkommensteuergesetzes (Rdnr. 323). Bei mehreren unterhaltspflichtigen Kindern gilt die Grenze von 100.000 Euro für jedes Kind, bei nicht dauernd getrennt lebenden unterhaltspflichtigen Eltern für beide Ehepartner gemeinsam. Solange kein höheres Jahreseinkommen von unterhaltspflichtigen Eltern oder Kindern nachgewiesen werden kann, besteht bei Erfüllung der sonstigen Voraussetzungen Anspruch auf Grundsicherung. Fällt die Leistungsberechtigung wegen dieses Nachweises weg, dann besteht grundsätzlich ein Anspruch auf Hilfe zum Lebensunterhalt. Allerdings kann das Sozialamt dann auf unterhaltspflichtige Kinder oder Eltern im Rahmen des Unterhaltsrückgriffs heranziehen. Ferner ist zu prüfen, ob die Unterhaltsvermutung nach § 36 SGB XII anzuwenden ist.

251 Ein weiterer Unterschied zur Hilfe zum Lebensunterhalt besteht darin, dass in der Grundsicherung im Alter und bei Erwerbsminderung die sogenannte Erbenhaftung nach § 102 Abs. 5 SGB XII (Rdnr. 382 ff.) ausgeschlossen ist, das heißt nach dem Tod eines Grundsicherungsberechtigten müssen die Erben bezogene Grundsicherungsleistungen nicht aus einem Erbe in Höhe des Schonvermögens zurückzahlen.

Besondere Verfahrensbestimmungen in der Grundsicherung

252 Wegen der Abweichungen zwischen der Grundsicherung im Alter und bei Erwerbsminderung gegenüber der Hilfe zum Lebensunterhalt gibt es im Vierten Kapitel mit dem Zweiten Abschnitt eigenständige Verwaltungsbestimmungen, der die §§ 44 bis 46 SGB XII umfasst.

253 Nach § 44 SGB XII gilt in der Grundsicherung im Unterschied zur Hilfe zum Lebensunterhalt das

Antragsprinzip. Der Leistungsbezug setzt also die Stellung eines entsprechenden Antrags voraus, der nicht nur beim Sozialamt, sondern insbesondere auch bei einem Rentenversicherungsträger gestellt werden kann. Die Grundsicherung wird regelmäßig für zwölf Kalendermonate bewilligt, allerdings hat der zuständige Träger einen Ermessensspielraum bezüglich der Dauer des Bewilligungszeitraums. In Ausnahmefällen ist es auch möglich, die Grundsicherung auf Dauer zu bewilligen, etwa wenn davon auszugehen ist, dass es zu künftig zu keinen Einkommensänderungen kommt, beispielsweise weil aus gesundheitlichen Gründen kein eigenes Einkommen erzielt werden kann.

254 Die Verfahrensvorschriften in § 44 SGB XII werden durch eine im Gesetz zur Ermittlung von Regelbedarfen und zur Änderung des Zweiten und Zwölften Buches Sozialgesetzbuch enthaltene Änderung von Absatz 1 ergänzt. Es handelt sich dabei um eine spezielle Regelung für den Beginn der Grundsicherungsleistung bei Personen, deren Bezug von Arbeitslosengeld II mit Erreichen der Altersgrenze endet und die danach weiterhin hilfebedürftig sind. Der Bezug von Arbeitslosengeld II endet nach § 7a SGB II altersbedingt mit Erreichen eines Alters, das der Regelaltersgrenze der gesetzlichen Rentenversicherung entspricht. Bis zum 31. März 2011 bedeutete dies, dass der Bezug mit der Vollendung dieses Lebensjahres endete, also bis Jahresende 2011 mit dem 65. Geburtstag. Ab 1. April 2011 wird das Arbeitslosengeld II durch eine Änderung in § 7a SGB II für den gesamten Monat gezahlt, in dem der 65. Geburtstag liegt (vergleiche Kapitel 2). Der Bezug von Arbeitslosengeld II endet folglich mit dem letzten Tag des Monats, in dem der 65. Geburtstag liegt, der Bezug von Grundsicherung im Alter und bei Erwerbsminderung beginnt durch die Änderung in § 44 Absatz 1 SGB XII mit dem ersten Tag des Folgemonats. Damit ist im Unterschied zu dem bis Ende März 2011 geltenden Recht für den Geburtsmonat keine Anrechnung des bis zum Geburtstag gezahlten Arbeitslosengeldes II auf den für den gesamten Geburtsmonat bestehenden Anspruch auf Grundsicherung mehr erforderlich.

255 Die Feststellung der dauerhaften vollen Erwerbsminderung erfolgt nach dem durch das Gesetz zur Weiterentwicklung der Organisation der Grundsicherung für Arbeitsuchende zum 1. Januar 2011 neu gefassten § 45 SGB XII auf Ersuchen des Trägers der Sozialhilfe durch einen Träger der gesetzlichen Rentenversicherung. Die Neufassung ist Konsequenz der in dem genannten Gesetz enthaltenen Grundsatzentscheidung, ein einheitliches Verfahren für die Feststellung von Erwerbsfähigkeit und voller Erwerbsminderung für alle betroffenen Sozialleistungsträger zu schaffen. Dies führt neben der Neufassung von § 45 SGB XII auch zu Änderungen in der betreffenden Vorschrift im Rentenrecht, in § 109a des Sechsten Buches Sozialgesetzbuch (SGB VI), sowie zu einer Neufassung betreffenden Vorschriften im SGB II, nämlich von § 44a SGB II. Dementsprechend sind seit 2011 neben den Trägern der Sozialhilfe und der Rentenversicherung auch die Träger der Grundsicherung für Arbeitsuchende nach dem SGB II und die gesetzlichen Krankenkassen nach dem SGB V einbezogen. Die Begutachtung wird in allen zu entscheidenden Fällen zentral von den Trägern der gesetzlichen Rentenversicherung vorgenommen. Damit wird das bisher nur für die Frage, ob eine Leistungsberechtigung nach dem Vierten Kapitel SGB XII vorliegt, anzuwendende Verfahren für alle vergleichbaren Fragestellungen übernommen.

Die mit der Neufassung von § 45 SGB XII verbundenen Veränderungen für die Grundsicherung im Alter und bei Erwerbsminderung sind geringfügig. Sie beschränken sich auf Folgeänderungen, die die zentrale Zuständigkeit der Rentenversicherung für die Begutachtung zur Feststellung einer dauerhaften vollen Erwerbsminderung zur Folge hat. So bleibt es dabei, dass die Entscheidung des Rentenversicherungsträgers für den Sozialhilfeträger bindend ist. Damit wird sichergestellt, dass die aus dem Rentenrecht übernommene Bestimmung hinsichtlich der arbeitsmedizinischen Voraussetzungen für das Vorliegen einer dauerhaften vollen Erwerbsminderung für alle Grundsicherungsberechtigen – unabhängig davon, ob sie einen entsprechenden Rentenanspruch in der gesetzlichen Rentenversicherung haben oder nicht – nach gleichen Maßstäben erfolgt. Ein solches Ersuchen ist durch den Sozialhilfeträger dann an den Rentenversicherungsträger zu richten, wenn aus einem Grundsicherungsantrag beigefügten Angaben und Nachweisen hervorgeht, dass das Vorliegen einer dauerhaften vollen Erwerbsminderung wahrscheinlich ist. Daneben muss die Prüfung von Einkommen und Vermögen ergeben, dass Hilfebedürftigkeit vorliegt. Eine Folgeänderung stellt auch die Erweiterung der Gründe, wegen der keine gutachterliche Feststellung erforderlich ist. So ist eine Begutachtung nicht erforderlich, wenn die dauerhafte volle Erwerbsminderung bereits im Rahmen eines Rentenantragsverfahrens festgestellt worden ist. Neu hinzukommt, dass die Begutachtung unterbleibt, wenn der Träger der Rentenversicherung bereits in einer Begutachtung für andere Träger nach § 109a SGB VI eine gutachterliche Stellungnahme abgegeben hat. Der dritte Grund dafür, dass eine Begutachtung nicht erfolgt, ist wieder aus dem bis Jahresende 2010 geltenden Recht übernommen, nämlich wenn Leistungsberechtigte in einer Werkstatt für behinderte Menschen tätig sind; sie gelten dann nach § 43 Abs. 2 SGB VI als dauerhaft voll erwerbsgemindert. Die Kosten der Untersuchung werden den Trägern der Rentenversicherung ab dem Jahr 2009 nicht mehr vom ersuchenden Träger der Sozialhilfe, sondern vom Bund erstattet. Diese Änderung steht im Zusammenhang mit der Ersetzung der bisherigen Erstattung grundsicherungsbedingter Mehrkosten durch eine Bundesbeteiligung an den Nettoausgaben der Grundsicherung im Alter und bei Erwerbsminderung (Rdnr. 261 ff.). Dieses Erstattungsverfahren erstreckt sich ab dem Jahr 2011 auf alle Sozialleistungsträger, für die ein Träger der Rentenversicherung eine Begutachtung vornimmt.

256 Wegen des mit der Einführung der Grundsicherung im Alter und bei Erwerbsminderung verbundenen Anliegens, im Falle von Hilfebedürftigkeit den Bezug einer Sozialhilfeleistung zu erleichtern, informieren die Träger der Rentenversicherung über Leistungen der Grundsicherung. Den entsprechenden Vorschriften für die Rentenversicherung in § 109a Abs. 1 SGB VI (siehe Kapitel 6) entspricht der Inhalt von § 46 SGB XII. So haben die Träger der Rentenversicherung Rentenberechtigte über Leistungsvoraussetzungen und Verfahren nach dem Vierten Kapitel des SGB XII zu informieren. Gleiches gilt für nicht rentenberechtigte Personen auf Antrag. Anträge auf Grundsicherung können auch bei einem Träger der Rentenversicherung abgegeben werden, sie werden dann von diesem an den zuständigen Träger der Sozialhilfe weitergeleitet. Ferner haben die Rentenversicherungsträger nach § 46 Satz 3 SGB XII beziehungsweise § 109a Abs. 1 SGB VI bei jeder neu festgestellten Regelaltersrente oder unbefristeten Rente wegen voller Erwerbsminderung, deren Zahlbetrag unterhalb des 27fachen des aktuellen Rentenwerts liegt (dies entspricht im ersten Halbjahr Jahr 2011 einem Betrag von 734,40 Euro), eine Information und einen Antrag auf Grundsicherung beizufügen. Diese Verpflichtung gilt nicht, wenn der Rentenzahlbetrag zusammen mit weiteren im Rentenverfahren ermittelten Einkommen einen höheren Betrag ergibt. Die zum 1. Januar 2011 in Kraft tretende Neufassung von § 46 Satz 3 SGB XII durch das Gesetz zur Ermittlung von Regelbedarfen und zur Änderung des Zweiten und Zwölften Buches Sozialgesetzbuch bewirkt eine Korrektur der gesetzlichen Verweisung auf die Vorschriften des SGB VI, nach denen sich die Höhe des aktuellen Rentenwertes bestimmt.

Beteiligung des Bundes an den Nettoausgaben der Grundsicherung im Alter und bei Erwerbsminderung

257 Eine weitere Besonderheit der Grundsicherung im Alter und bei Erwerbsminderung, nicht nur im Vergleich zur Hilfe zum Lebensunterhalt, sondern gegenüber allen übrigen Sozialhilfeleistungen, liegt in einer Finanzierungsvorschrift, die im Dritten und letzten Abschnitt des Vierten Kapitels enthalten ist.

Die Sozialhilfeleistungen werden von den Trägern der Sozialhilfe finanziert. Dies gilt zwar auch für die Grundsicherung, der Bund beteiligt sich jedoch seit dem Jahr 2009 über eine Bundesbeteiligung an den bundesweit anfallenden Ausgaben, konkret an den Nettoausgaben. Dies sind die gesamten (Brutto-) Ausgaben, abzüglich Einnahmen (insbesondere Erstattungen von gezahlten Leistungen durch Träger von vorgelagerten sozialen Sicherungssystemen). Die Bundesbeteiligung ist § 46a SGB XII geregelt. Sie ersetzt den so genannten Festbetrag nach § 34 Abs. 2 Wohngeldgesetz. Mit diesem Festbetrag wurden in den Jahren 2003 bis 2008 durch den Bund Kosten erstattet, die auf Abweichungen im Leistungsrecht der Grundsicherung im Vergleich zur Hilfe zum Lebensunterhalt entstehen. Der Festbetrag belief sich auf jährlich 409 Millionen Euro.

258 Nach § 46a Abs. 1 SGB XII übernimmt der Bund jährlich einen prozentualen Anteil der bundesweiten Nettoausgaben. Weil die statistischen Daten für die bundesweiten Nettoausgaben eines Kalenderjahres erst mit zeitlicher Verzögerung vorliegen, errechnet sich die für ein Jahr zu zahlende Bundesbeteiligung aus den Nettoausgaben des Vorvorjahres und der geltenden Beteiligungsquote.

Die Höhe der Beteiligungsquote steigt in den ersten vier Jahren stufenweise an. Danach übernimmt der Bund die in Tabelle 6 genannten Anteile an den Nettoausgaben in der Grundsicherung im Alter und bei Erwerbsminderung.

Tabelle 6: Beteiligungsquote des Bundes an den Nettoausgaben der Grundsicherung im Alter und bei Erwerbsminderung

Kalenderjahr	Berechnungsgrundlage		Betrag in Millionen Euro
2003	Festbetrag		409
2004	Festbetrag		409
2005	Festbetrag		409
2006	Festbetrag		409
2007	Festbetrag		409
2008	Festbetrag		409
2009	13 Prozent der Nettoausgaben des Jahres 2007		450,9
2010	14 Prozent der Nettoausgaben des Jahres 2008		517,5
2011	15 Prozent der Nettoausgaben des Jahres 2009		rd. 587
2012	geltendes Recht:	16 Prozent der Nettoausgaben des Jahres 2010	
	Vermittlungsausschuss:*	45 Prozent der Nettoausgaben des Jahres 2010	
2013	geltendes Recht:	16 Prozent der Nettoausgaben des Jahres 2011	
	Vermittlungsausschuss:*	75 Prozent der Nettoausgaben des Jahres 2010	
2014	geltendes Recht:	16 Prozent der Nettoausgaben des Jahres 2011	
	Vermittlungsausschuss:*	100 Prozent der Nettoausgaben des Jahres 2010	

* Vorschlag Vermittlungsausschuss

259 Der Bund übernimmt mit der prozentualen Bundesbeteiligung jedoch nicht unmittelbar einen Anteil an den Nettoausgaben einzelner Träger der Sozialhilfe. Dies ist aus verfassungsrechtlichen Gründen nicht möglich, da es keine direkten Finanzbeziehungen zwischen Bund und Kommunen gibt. Wie bereits bei der bis 2008 geltenden Festbetragserstattung zahlt der Bund an die Länder. Der Anteil jedes Landes an dem jährlich vom Bund zu zahlenden Betrag ergibt sich aus § 46a Abs. 2 SGB XII. Danach entsprechen die Länderanteile dem Anteil jeden Landes an den bundesweiten Nettoausgaben des Vorvorjahres. Die sich daraus ergebenden Teilbeträge sind nach § 46a Abs. 3 SGB XII vom Bund zum 1. Juli eines Jahres zu zahlen. Die Verteilung dieser Teilbeträge auf die Träger der Sozialhilfe eines Landes liegt in der Zuständigkeit der Länder.

260 In Ergänzung seiner Beschlussempfehlung zum Gesetz zur Ermittlung von Regelbedarfen und zur Änderung des Zweiten und Zwölften Buches Sozialgesetzbuch hat der Vermittlungsausschusses eine Protokollerklärung abgegeben, nach der die Einigung auch eine schrittweise Erhöhung der Beteiligung des Bundes an den Nettoausgaben der Grundsicherung im Alter und bei Erwerbsminderung umfasst. Die Beteiligungsquote wird danach in den Jahren 2012 bis 2014 schrittweise von 16 auf 100 Prozent erhöht. Die Umsetzung dieser Maßnahme erfolgt im Zusammenhang mit den sich aus den Beratungen der Gemeindefinanzkommission ergebenden Beschlüsse. Eine Einigung der Kommission auf weitere Maßnahmen ist dabei ausdrücklich keine Voraussetzung für die verabredete Erhöhung der Bundesbeteiligung.

261 Die Kosten für Gutachten, die bei den Rentenversicherungsträgern entstehen, wenn sie auf Ersuchen der Sozialhilfeträger das Vorliegen einer dauerhaften vollen Erwerbsminderung feststellen, werden diesen nach § 224b SGB VI seit 2009 unmittelbar von Bund erstattet. Bis zum Jahr 2008 hatten die Träger der Sozialhilfe diese Kosten den Trägern der Rentenversicherung zu erstatten; diese Kosten galten als grundsicherungsbedingte Mehrkosten und wurden deshalb über den Festbetrag durch den Bund pauschal abgegolten.

Hilfen zur Gesundheit

Leistungsgewährung durch die Träger der Sozialhilfe

262 Für alle Leistungsberechtigten, für die nicht bereits in der Hilfe zum Lebensunterhalt oder in der Grundsicherung im Alter und bei Erwerbsminderung Beiträge für die gesetzliche Krankenversicherung oder die private Krankenversicherung übernommen werden (§ 32 SGB XII, Rdnr. 188 ff.) oder bei denen diese Beiträge durch einen Abzug vom anzurechnenden Einkommen berücksichtigt werden (§ 82 Abs. 2 Nr. 2 und 3 SGB XII, Rdnr. 329), wird die medizinische Versorgung durch die Hilfen zur Gesundheit nach dem Fünften Kapitel des SGB XII (§§ 47 bis 52 SGB XII) sichergestellt. Gesundheitsleistungen der Sozialhilfe können ferner Personen erhalten, die ihren Lebensunterhalt aus eigenen Mitteln bestreiten können, aber über keine Absicherung im Krankheitsfall verfügen. Eine Leistungsberechtigung für diese Personen besteht dann, wenn sie die Behandlungskosten nicht zumutbar nach den Vorschriften des Zweiten Abschnitts des Elften Kapitels des SGB XII aus eigenen Mitteln tragen können. Mit der Einführung der Versicherungspflicht in der gesetzlichen Krankenversicherung beziehungsweise der Absicherungspflicht in der privaten Krankenversicherung durch das GKV-Wettbewerbsstärkungsgesetz (vgl. Rdnr. 195) wird es künftig Personen ohne Absicherung im Krankheitsfall nur noch in wenigen Ausnahmefällen geben. Da auch Personen, die vor dem Beginn des Sozialhilfebezugs versicherungspflichtig in der gesetzlichen Krankenversicherung sind, beziehungsweise der Absicherungspflicht im Basistarif der privaten Krankenversicherung unterliegen, auch während des Sozialhilfebezugs krankenversichert bleiben, werden die Gesundheitsleistungen nach dem Fünften Kapitel SGB XII mittel- bis langfristig ihre heutige Bedeutung weitestgehend verlieren.

Folgende Gesundheitsleistungen umfasst das Fünfte Kapitel:

– Nach § 47 SGB XII werden im Rahmen der vorbeugenden Gesundheitshilfe zur Verhütung und Früherkennung von Krankheiten medizinische Vorsorgeleistungen und Untersuchungen zur Früherkennung von Krankheiten geleistet. Am Jahresende 2009 erhielten 801 Personen Leistungen der vorbeugenden Gesundheitshilfe, davon 740 außerhalb und 61 Personen innerhalb von Einrichtungen.
– Die klassische medizinische Hilfeleistung der Sozialhilfe ist die Hilfe bei Krankheit nach § 48 SGB XII, die alle Leistungen zur Erkennung, Heilung und Verhütung von Krankheiten umfasst, die von den Krankenkassen nach dem SGB V als Krankenbehandlung für ihre Mitglieder erbracht werden (vgl. Kapitel 5). Dies sind vor allem ärztliche und zahnärztliche Behandlung sowie Krankenhausbehandlung nach dem Leistungskatalog der gesetzlichen Krankenversicherung einschließlich der Arznei-, Verbands-, Heil- und Hilfsmittel. Insgesamt erhielten 14.145 Personen am Jahresende 2009 Leistungen der Hilfe bei Krankheit, davon 10.386 Personen oder 73 Prozent außerhalb und 3.759 Personen oder 27 Prozent in Einrichtungen.
– Die Hilfe zur Familienplanung nach § 49 SGB XII hat zur Aufgabe, Leistungen zur Familienplanung zur Verfügung zu stellen, also ärztliche Beratung und empfängnisverhütende Mittel, sowie die Kosten für empfängnisverhütende Mittel, wenn diese ärztlich verordnet werden. Entsprechende Leistungen erhielten 550 Personen am Jahresende 2009, davon lebten 317 Personen außerhalb von Einrichtungen, 233 Personen lebten in Einrichtungen.
– Die Hilfen bei Schwangerschaft und Mutterschaft in § 50 SGB XII umfassen ärztliche Behandlung und Betreuung sowie Hebammenhilfe, Versorgung mit Arznei-, Verbands- und Heilmitteln, Pflege in einer stationären Einrichtung und häusliche Pflegeleistungen. Diese Hilfen werden nur noch für wenige Frauen geleistet, am Jahresende 2009 waren es 5 Frauen.
– Durch die Hilfe bei Sterilisation nach § 51 SGB XII wird bei einer durch Krankheit erforderlichen Sterilisation Hilfe geleistet, wenn der Eingriff von einem Arzt vorgenommen wird. Auch die Hilfen bei Sterilisation haben Ausnahmecharakter, sie wurden am Jahresende 2009 für 3 Frauen erbracht.

Die Gesamtzahl der Personen, die am Jahresende 2008 unmittelbar vom Sozialamt erbrachte Hilfen zur Gesundheit erhalten hat, geht kontinuierlich zurück: Am Jahresende 2009 waren es noch 15.369 Personen, im Vergleich zu 17.255 Personen Ende 2008. Dies entspricht einem Rückgang um 11 Prozent. Ende 2007 waren es noch 25.348 Personen gewesen, 32 Prozent mehr als Ende 2008. Von der Leistungsbezieherinnen und Leistungsbeziehern am Jahresende 2009 lebten mit 11.352 drei Viertel aller Personen außerhalb von Einrichtungen, ein Viertel, dies entsprach 4.018 Personen, lebten in Einrichtungen.

263 Der Inhalt der Vorschriften für Hilfen zur Gesundheit soll nur den Umfang der Hilfen zur Gesundheit umschreiben. Durch § 52 SGB XII wird bestimmt, dass der konkrete Leistungsumfang den Leistungen der gesetzlichen Krankenversicherung entspricht. Folglich räumt auch das Fünfte Kapitel des SGB XII die freie Wahl von Ärzten, Zahnärzten und Krankenhäusern nach den Vorschriften des SGB V ein. Auch das Verhältnis von Leistungserbringern und Trägern der Sozialhilfe entspricht den im SGB V enthaltenen Regelungen. Ferner richtet sich die Höhe der Vergütungen für Leistungserbringer nach den Vorschriften des SGB V.

Leistungsgewährung durch die Krankenkassen gegen Kostenerstattung

264 Die Sozialhilfeträger haben neben der Gewährung von Gesundheitsleistungen nach den §§ 47 bis 52 SGB XII auch die Möglichkeit, die medizinischen Leistungen für alle nicht krankenversicherten Leistungsberechtigten nach dem Dritten bis Neunten Kapitel SGB XII von den gesetzlichen Krankenkassen durchführen zu lassen. Dann übernimmt nach § 264 Abs. 2 bis 7 SGB V eine Krankenkasse die Krankenbehandlung von Sozialhilfebeziehern für den Sozialhilfeträger gegen Kostenerstattung. Voraussetzung ist, dass die Sozialhilfeleistungen für mindestens einen Monat bezogen werden. Die Leistungsberechtigten nach SGB XII werden dadurch jedoch nicht zu gesetzlich Versicherten nach SGB V, haben aber abgesehen von der Beitragszahlung alle Rechte und Pflichten von Versicherten (vgl. Kapitel 5). Sie erhalten von der von ihnen gewählten Krankenkasse eine Versichertenkarte.

Die Träger der Sozialhilfe bezahlen nach § 264 SGB V keine Beiträge, sondern erstatten den Krankenkassen die von diesen für den genannten Personenkreis in Rechnung gestellten Kosten für medizinische Behandlungen, Medikamente und so weiter.

Am Jahresende 2009 haben 89.509 Personen Leistungen der Krankenkassen gegen Kostenerstattung nach § 264 SGB V erhalten; dies entsprach einer Zunahme um 6.839 Personen oder fast 7 Prozent gegenüber dem Vorjahr. Damit erhielten gut 6-mal so viele Personen Gesundheitsleistungen über die Krankenkassen gegen Kostenerstattung als unmittelbar von den Sozialhilfeträgern. Damit ist der am Jahresende 2009 gegenüber dem Jahresende 2008 feststellbare Rückgang der Personen, für die die Sozialhilfeträger Gesundheitsleistungen unmittelbar erbracht haben, durch den Anstieg der Zahl an Personen, für die Krankenkassen die Gesundheitsleistungen erbrachten, mehr als ausgeglichen worden. Die Personenzahl, für die Sozialhilfe die Absicherung im Krankheitsfall übernommen hat, ist mit 111.717 Personen am Jahresende 2009 gegenüber 103.603 Personen am Vorjahresende um 8.114 Personen oder 7,8 Prozent angestiegen.

Zuzahlungen für Gesundheitsleistungen

265 Die leistungsrechtliche Gleichstellung von Leistungsberechtigten bei den Hilfen zur Gesundheit mit Versicherten in der gesetzlichen Krankenversicherung bedeutet zugleich, dass Leistungsberechtigte nach SGB XII ebenso wie die gesetzlich Krankenversicherten die Praxisgebühr zu zahlen haben und auch Zuzahlungen für Medikamente und stationäre Maßnahmen zu leisten haben. Für die innerhalb eines Jahres zu leistenden Zuzahlungen gilt allerdings eine Belastungsobergrenze. Nach § 62 SGB V müssen Zuzahlungen nur bis zur Höhe von 2 Prozent der jährlichen Bruttoeinnahmen zum Lebensunterhalt – bei chronisch Kranken in Höhe von 1 Prozent – geleistet werden. Um eine finanzielle Überforderung von Leistungsberechtigten in der Hilfe zum Lebensunterhalt und der Grundsicherung im Alter und bei Erwerbsminderung zu vermeiden, wird bei der Ermittlung der Belastungsgrenze der Regelsatz des Haushaltsvorstands (Eckregelsatz) zugrunde gelegt und zwar gemeinsam für alle Mitglieder einer Bedarfsgemeinschaft. Die Aufwendungen für Zuzahlungen und nicht im Leistungsumfang der Hilfen zur Gesundheit beziehungsweise dem Leistungsumfang nach dem SGB V abgedeckte Gesundheitsleistungen sind in dem vom Regelbedarf abgedeckten notwendigen Lebensunterhalt mit umfasst.

266 Für Leistungsberechtigte nach dem SGB XII in Einrichtungen, die einen Barbetrag zur persönlichen Verfügung nach § 27b SGB XII („Taschengeld") erhalten, gilt eine Darlehensregelung zur Vorfinanzierung der in einem Kalenderjahr anfallenden maximalen Zuzahlungen (Rdnr. 96).

Eingliederungshilfe für behinderte Menschen

267 Das Sechste Kapitel des SGB XII umfasst mit den §§ 53 bis 60 SGB XII die Vorschriften zur Eingliederungshilfe für behinderte Menschen. Die Eingliederungshilfe sind auf die im Neunten Buch Sozialgesetzbuch (SGB IX) – Rehabilitation und Teilhabe behinderter Menschen – (vgl. Kapitel 9) verankerten Grundsätzen für Leistungen an behinderte und von Behinderung bedrohte Menschen abgestimmt. Die Eingliederungshilfe macht die Sozialhilfe zu einem gleichberechtigten Rehabilitationsträger nach dem SGB IX.

268 Ungeachtet der durch das SGB IX erreichten Vereinheitlichung und wechselseitigen Abstimmungen der einzelnen Leistungsgesetze, die Leistungen zur Rehabilitation und Teilhabe behinderter Menschen vorsehen, bleibt jedoch die Eingliederungshilfe eine eigenständige Leistung der Sozialhilfe.

Leistungsberechtigte und Aufgaben

269 Die Leistungsberechtigung in der Eingliederungshilfe nach § 53 SGB XII knüpft an der umfassenden Definition von Behinderung in § 2 Abs. 1 Satz 1 SGB IX an. Eine Behinderung liegt bei Menschen vor, deren körperliche Funktion, geistige Fähigkeit oder seelische Gesundheit mit hoher Wahrscheinlichkeit länger als sechs Monate von dem für das Lebensalter typischen Zustand abweicht und daher ihre Teilhabe am Leben in der Gesellschaft beeinträchtigt ist. Sie erhalten Leistungen der Eingliederungshilfe, wenn und solange nach der Besonderheit des Einzelfalles, insbesondere nach Art und Schwere der Behinderung, die Aussicht besteht, dass die Aufgabe der Eingliederungshilfe erfüllt werden kann. Personen mit anderen körperlichen, geistigen oder seelischen und möglicherweise weniger schweren Behinderungen können ebenfalls Leistungen der Eingliederungshilfe erhalten. Den behinderten Menschen stehen von einer Behinderung bedrohte Menschen gleich. Von einer Behinderung bedroht ist, wenn nach fachlicher Erkenntnis mit hoher Wahrscheinlichkeit der Eintritt der Behinderung zu erwarten ist. Für Personen, die Hilfen zur Gesundheit nach dem Fünften Kapitel beziehen, gilt dies nur, wenn auch bei Durchführung dieser Leistungen eine Behinderung einzutreten droht.

270 Besondere Aufgabe der Eingliederungshilfe ist demnach die Verhütung einer drohenden Behinderung sowie die Beseitigung oder Milderung der Folgen einer bestehenden Behinderung. Darüber hinaus ist behinderten Menschen die Teilhabe am gesellschaftlichen Leben zu ermöglichen oder zu erleichtern. Zur Eingliederung in die Gesellschaft gehört auch, dem behinderten Menschen die Ausübung eines angemessenen Berufes oder einer angemessenen Tätigkeit zu ermöglichen oder ihn soweit wie möglich unabhängig von Pflege zu machen. Damit hat die Eingliederungshilfe nicht nur den Zweck, die Erwerbs- oder Berufsfähigkeit eines behinderten Menschen herzustellen, sie geht damit zum Teil über den Leistungsrahmen der anderen Rehabilitationsträger nach dem SGB IX hinaus.

271 Wegen der sich aus diesen Aufgaben ergebenden Bedeutung der Eingliederungshilfe für die Lebenssituation behinderter Menschen einerseits und den oftmals hohen Kosten, die mit Leistungen der Eingliederungshilfe verbunden sind, wird hier erheblich vom Nachrangprinzip der Sozialhilfe abgewichen. Für die Heranziehung von Einkommen und Vermögen der Leistungsberechtigten und ihrer Unterhaltspflichtigen wie insbesondere Eltern, Ehegatten oder Lebenspartner gelten deshalb Ausnahmeregelungen, damit erforderliche Leistungen nicht aus finanziellen Gründen unterbleiben (Rdnr. 333 ff., Rdnr. 352 ff.).

272 Zum Verhältnis Rehabilitationsrecht (nach SGB IX) und Eingliederungshilfe (nach SGB XII) gilt Folgendes: Für die Leistungen der Eingliederungshilfe gelten die Regelungen des SGB IX, soweit sich nichts Abweichendes aus dem SGB XII ergibt. Für die Zuständigkeit und die Leistungsvoraussetzungen gelten in jedem Fall die Bestimmungen des SGB XII.

Leistungen der Eingliederungshilfe

273 Die Leistungen der Eingliederungshilfe sind in § 54 SGB XII zusammengefasst:

– Leistungen der medizinischen Rehabilitation (§ 26 SGB IX), diese entsprechen den Rehabilitationsleistungen der gesetzlichen Krankenversicherung und der Bundesagentur für Arbeit. Am Jahresende 2009 haben diese Leistungen 4.461 Personen erhalten, was einem deutlichen Rückgang um mehr als ein Drittel (38,4 Prozent gegenüber dem Vorjahr) entspricht. Diese Personen bezogen nur in sehr geringem Umfang (7,4 Prozent) zugleich Leistungen der Grundsicherung im Alter und bei Erwerbsminderung. Medizinische Rehabilitation wurde zu fast zwei Dritteln an Personen geleistet, die nicht in Einrichtungen lebten (3.399 Personen).

– Leistungen zur Teilhabe am Arbeitsleben (§ 33 SGB IX), die im Umfang den entsprechenden Leistungen der gesetzlichen Krankenversicherung und der Bundesagentur für Arbeit entsprechen. Insgesamt wurden am Jahresende 2009 Leistungen zur Teilhabe am Arbeitsleben 5.893 Personen erbracht, davon 967 Personen außerhalb von Einrichtungen und 4.926 Personen in Einrichtungen. Bei der Gesamtzahl der Personen ist gegenüber dem Vorjahr ein deutlicher Rückgang um fast 20 Prozent zu verzeichnen. Mit 2.240 Personen bezogen fast 39 Prozent gleichzeitig Leistungen der Grundsicherung im Alter und bei Erwerbsminderung.

- Leistungen im Arbeitsbereich einer anerkannten Werkstätte für behinderte Menschen (§ 41 SGB IX) erhielten 236.532 Personen am Jahresende 2009, was gegenüber dem Vorjahr eine Erhöhung um 3,6 Prozent entspricht. Leistungen der Grundsicherung im Alter und bei Erwerbsminderung bezogen zugleich 236.532 Personen, dies entsprach einem Anteil von 32 Prozent.
- Leistungen zur Teilhabe am Leben in der Gemeinschaft (§ 55 SGB IX) stellten gemessen an den Leistungsbeziehern am Jahresende 2009 die gewichtigste Leistung der Eingliederungshilfe dar: 386.649 Personen insgesamt, was gegenüber dem Vorjahr einer Erhöhung um 7,4 Prozent bedeutet. Zu fast 36 Prozent dieser Leistungsberechtigten bezog zugleich auch Leistungen der Grundsicherung im Alter und bei Erwerbsminderung. Leistungen zur Teilhabe am Leben in der Gemeinschaft wurden für 230.819 Personen und damit überwiegend in Einrichtungen lebenden Personen erbracht. Außerhalb von Einrichtungen lebten 165.357 Personen. Bei den Leistungen zur Teilhabe am Leben in der Gemeinschaft dominieren die Hilfen zum selbstbestimmten Leben in betreuten Wohnmöglichkeiten; sie wurden am Jahresende 2009 für 273.351 Personen geleistet. Sie umfassen sowohl die ambulante Betreuung in einer eigenen Wohnung (84.056 Personen), als auch betreute Wohnmöglichkeiten in Wohneinrichtungen (177.259 Personen).
- Hilfen zu einer angemessenen Schulbildung, insbesondere im Rahmen der allgemeinen Schulpflicht und zum Besuch weiterführender Schulen einschließlich der Vorbereitung hierzu, insgesamt am Jahresende 2009 erbracht für 46.744 Personen, dies waren 1,8 Prozent mehr als im Vorjahr. Es handelte sich dabei vorwiegend um Jungen und Mädchen im schulpflichtigen Alter. 14.334 Schülerinnen und Schüler lebten außerhalb von Einrichtungen, 34.455 in Einrichtungen.
- Hilfe zur schulischen Ausbildung in einem angemessenen Beruf einschließlich des Hochschulbesuchs wurden am Jahresende 2009 für 4.972 Schülerinnen und Schüler sowie Studentinnen und Studenten geleistet, was gegenüber dem Vorjahr einem erheblichen Anstieg der Personenzahl um 166 Prozent entspricht. Diesen Zuwachs verursachten – wie bereits im Vorjahr - die außerhalb von Einrichtungen lebenden Personen, dies war 4.716 Schülerinnen und Schüler sowie Studentinnen und Studenten. In Einrichtungen lebten nur 256 Personen.
- Hilfe zur Ausbildung für eine sonstige angemessene Tätigkeit erhielten 123 Personen am Jahresende 2009, davon 45 Personen außerhalb von Einrichtungen und 78 Personen in Einrichtungen. Gegenüber dem Jahresende 2009 ist mit fast 22 Prozent – wie bereits im Vorjahr – ein deutlicher Rückgang feststellbar.
- Hilfe in vergleichbaren sonstigen – d. h. anerkannten Werkstätten für behinderte Menschen vergleichbare – Beschäftigungsstätten nach § 56 SGB XII wurden am Jahresende 2009 für 3.201 Personen erbracht. Ebenso wie bei Personen in Werkstätten für behinderte Menschen bezog ein Drittel (1.068 Personen) zugleich Leistungen der Grundsicherung im Alter und bei Erwerbsminderung.
- Nachgehende Hilfe zur Sicherung der Wirksamkeit der ärztlichen und ärztlich verordneten Leistungen und zur Sicherung der Teilhabe der behinderten Menschen am Arbeitsleben erhielten 2.670 Personen am Jahresende 2009, die mehrheitlich außerhalb von Einrichtungen (1.884 Personen) lebten. Hier kam es im Vergleich zum Vorjahr zu einer Erhöhung um 12 Prozent, womit sich die Entwicklung im Vorjahr, wenn auch verlangsamt fortsetzte, dass die Zahl der nicht in Einrichtungen lebenden Personen deutlich zunahm (um 15 Prozent).
- Sonstige Leistungen der Eingliederungshilfe, dies sind unter anderem Beihilfen für behinderte oder von einer Behinderung bedrohte Menschen, die in stationären Einrichtung Leistungen der Eingliederungshilfe erhalten, sowie ihre Angehörige zum gegenseitigen Besuch, soweit dies im Einzelfall erforderlich ist. Sonstige Leistungen wurden am Jahresende 2009 für 35.268 Personen erbracht, die überwiegend in Einrichtungen lebten (25.561 Personen).
- Seit August 2009 ermöglicht eine im Assistenzpflegebedarfsgesetz vom 30. Juli 2009 enthaltene Ergänzung des § 54 SGB XII die Erbringung von Leistungen der Eingliederungshilfe, wenn Kinder oder Jugendliche in eine Pflegefamilie aufgenommen werden. Voraussetzung ist, dass die Pflegekinder im Haushalt der Pflegefamilie vollständig versorgt werden und dadurch ein Aufenthalt in einer vollstationären Einrichtung der Behindertenhilfe vermieden oder beendet werden kann. Daten über die Zahl der Leistungsberechtigten liegen noch nicht vor.

Mit insgesamt 589.718 Leistungsbeziehern am Jahresende 2009 hat sich die Zahl der Leistungsberechtigten gegenüber dem Vorjahr um 4,4 Prozent oder 24.690 Personen erhöht. Damit stellt die Eingliederungshilfe, gemessen an der Zahl der Leitungsbezieher, nach der Grundsicherung im Alter und bei Erwerbsminderung die zweitwichtigste Leistung der Sozialhilfe dar. Leistungen der Eingliederungshilfe erhielten mit 435.259 Leistungsbeziehern vorwiegend Personen in Einrichtungen; nicht in Einrichtungen lebten 196.313 Leistungsbezieher. Die Gesamtzahlen zu den Leistungsbeziehern enthalten allerdings auch Doppelzählungen, da Personen mehr als eine Eingliederungsleistung erhalten können. Rund 60 Prozent der Leistungsbeziehenden waren männlich. Vorwiegend handelte es sich um junge Menschen. Das Durchschnittsalter lag bei fast 35 Jahren; es ergaben sich nur geringe Abweichungen zwischen Männern und Frauen: 34 gegenüber 36 Jahren. Von den 589.718 Personen, die Leistungen der Eingliederungshilfe am Jahresende 2009 bezogen, hatten 155.784 Personen einen Anspruch auf Leistungen der Grundsicherung im Alter und bei Erwerbsminderung, dies entsprach einem Anteil von gut 26 Prozent, was dem Niveau am Jahresende 2008 entspricht.

274 Leistungen der Eingliederungshilfe werden vorwiegend von überörtlichen Trägern erbracht. Für die Durchführung der einzelnen Leistungen ist vom Träger der Sozialhilfe nach § 58 SGB XII so frühzeitig wie möglich ein Gesamtplan aufzustellen. Dabei hat der Sozialhilfeträger mit dem behinderten Menschen und den weiteren im Einzelfall Beteiligten, also vor allem Ärzten, Gesundheitsamt, Jugendamt und sonstigen Dienststellen, zusammenzuwirken.

275 Weitergehende Konkretisierungen sind in der Eingliederungshilfe-Verordnung (Verordnung nach § 60 SGB XII) vom 27. Mai 2005 enthalten.

Besondere Regelungen für behinderte Menschen in Einrichtungen

276 Für behinderte Menschen, die Leistungen der Eingliederungshilfe in einer vollstationären Einrichtung der Hilfe für behinderte Menschen im Sinne der Pflegeversicherung (§ 43a SGB XI) erhalten, gilt nach § 55 SGB XII eine Sonderregelung: Hier umfasst die Leistung auch die Pflegeleistungen in der Einrichtung. Dies gilt solange, wie die Pflege in der Einrichtung sichergestellt werden kann. Bei Einrichtungen nach § 43a SGB XI stehen die Teilhabe am Arbeitsleben und am Leben in der Gemeinschaft, die schulische Ausbildung oder die Erziehung behinderter Menschen im Vordergrund des Einrichtungszwecks. Die Pflegekasse übernimmt zur Abgeltung der Aufwendungen 10 Prozent des zwischen Einrichtungsträger und Träger der Sozialhilfe vereinbarten Heimentgelts, je Kalendermonat aber höchstens 256 Euro.

Trägerübergreifendes Persönliches Budget

277 Beim trägerübergreifenden Persönlichen Budget nach § 57 SGB XII handelt es sich um eine Neuerung im Leistungsrecht für behinderte Menschen, also nicht nur im Sozialhilferecht. Deshalb ist die zentrale Norm für alle Rehabilitationsträger in § 17 SGB IX enthalten (vgl. Kapitel 9). Danach können auch Leistungsberechtigte in der Eingliederungshilfe der Sozialhilfe auf Antrag Leistungen der Eingliederungshilfe als Teil eines trägerübergreifenden Persönlichen Budgets erhalten. Darin können bspw. Leistungen der Eingliederungshilfe, der Pflegeversicherung und der gesetzlichen Krankenversicherung zusammengefasst werden.

278 Mit der Einführung des trägerübergreifenden Persönlichen Budgets sollen kranke, behinderte und pflegebedürftige Menschen dabei unterstützt werden, ein möglichst selbständiges und selbstbestimmtes Leben zu führen. Mit dem trägerübergreifenden Persönlichen Budget können behinderte Menschen die von ihnen benötigten Leistungen nach ihren Wünschen organisieren und damit über ihre Lebensumstände selbst entscheiden. Dies bedeutet, dass sie an Stelle der in der sozialen Sicherung üblichen Sachleistungen die von ihnen benötigen Leistungen selbst „einkaufen" und bezahlen. Hinzu kommt, dass mit dem Persönlichen Budget oftmals eine kostenintensivere stationäre Unterbringung vermieden werden kann.

279 Die Einzelheiten, insbesondere die Zusammenarbeit zwischen den beteiligten Rehabilitationsträgern, ist in der Budgetverordnung (Verordnung zur Durchführung des § 17 Abs. 2 bis 4 des SGB IX vom 27. Mai 2004) enthalten.

Aufgaben des Gesundheitsamts

280 Eine zentrale Funktion in der Eingliederungshilfe haben die Gesundheitsämter beziehungsweise die nach Landesrecht diese Funktion ausübenden Stellen. Hierzu zählt nach § 59 SGB XII insbesondere die Beratung behinderter Menschen oder der Personensorgeberechtigten. Ferner hat das Gesundheitsamt mit Zustimmung des behinderten Menschen oder des Personensorgeberechtigten mit der gemeinsamen Servicestelle den Rehabilitationsbedarf abzuklären und notwendige Vorbereitungen abzustimmen.

Gemeinsame Servicestellen

281 Von besonderer Bedeutung sind im Rahmen der Eingliederungshilfe die im SGB IX verpflichtend geregelten gemeinsamen Servicestellen der Rehabilitationsträger. Die Aufgabe der bundesweit etwa 570 Servicestellen ist es, behinderten und von Behinderung bedrohten Menschen sowie ihren Vertrauenspersonen und Personensorgeberechtigten einen einfachen, frühen und unbürokratischen Zugang zu einer trägerübergreifenden und anbieterneutralen Beratung und Unterstützung anzubieten. Dabei geht es insbesondere um die Klärung des Rehabilitationsbedarfs, die Zuständigkeiten der Rehabilitationsträger und die Antragsstellung.

Hilfe zur Pflege

282 Die Vorschriften über die Hilfe zur Pflege bilden mit den §§ 61 bis 66 SGB XII das Siebte Kapitel. Der Eintritt von Pflegebedürftigkeit ist wegen der erforderlichen Pflegeleistungen mit hohen Kosten verbunden, vor allem dann, wenn die Pflege in einer stationären Einrichtung erfolgt. Vor Einführung der sozialen Pflegeversicherung führte Pflegebedürftigkeit deshalb meist zu Sozialhilfebedürftigkeit. Sozialhilfe war deshalb die „Regelsicherung" bei Pflegebedürftigkeit. Dies änderte sich erst seit Einführung der sozialen Pflegeversicherung durch das Gesetz zur sozialen Absicherung des Risikos der Pflegebedürftigkeit (Pflege-Versicherungsgesetz) vom 26. Mai 1994. Rechtsgrundlage der Pflegeversicherung ist das SGB XI (vgl. Kapitel 11). Die erstmalige und stufenweise Erhöhung der Leistungen der Pflegeversicherung (Pflegegeld für häusliche Pflege und Pflegesachleistungen für stationäre Pflege) durch das Pflege-Versicherungsweiterentwicklungsgesetz (ab 1. Juli 2008, ab 1. Januar 2010 und ab 1. Januar 2012) entlastet die Sozialhilfe. Mit steigenden Leistungen der Pflegeversicherung vermindert sich die Zahl der Pflegebedürftigen, die auf ergänzende Leistungen der Hilfe zur Pflege angewiesen sind.

283 Beiträge zur Pflegeversicherung werden für den Fall, dass auch Pflichtbeiträge für die gesetzliche Krankenversicherung übernommen werden, für Leistungsberechtigte in der Hilfe zum Lebensunterhalt und in der Grundsicherung im Alter und bei Erwerbsminderung übernommen (§ 32 SGB XII, Rdnr. 188 ff., Rdnr. 245; § 82 Abs. 2 SGB XII, Rdnr. 330).

Leistungsberechtigte und Leistungen

284 Die Leistungen der Hilfe zur Pflege nach SGB XII sind an die der Pflegeversicherung nach SGB XI angeglichen. Pflegebedürftig und damit leistungsberechtigt sind nach § 61 SGB XII Personen, die wegen einer körperlichen, geistigen oder seelischen Krankheit oder Behinderung für die gewöhnlichen und regelmäßig wiederkehrenden Verrichtungen im Ablauf des täglichen Lebens auf Dauer, voraussichtlich für mindestens sechs Monate, in erheblichem oder höherem Maße der Hilfe bedürfen. Ferner sind Kranke und behinderte Menschen leistungsberechtigt, auch wenn sie die Pflege für weniger als sechs Monate und einem geringeren Umfang benötigen, hier aber in der Regel nicht bei Aufenthalt in einer stationären oder teilstationären Einrichtung.

285 Zur Pflegebedürftigkeit und damit auch zur Leistungsberechtigung in der Hilfe zum Pflege führende Krankheiten und Behinderungen werden in § 61 SGB XII ebenso zusammenfassend beschrieben wie der daraus entstehende Pflegebedarf. Zur Deckung des Pflegebedarfs beinhaltet die Hilfe zur Pflege folgende Leistungen: Häusliche Pflege, Hilfsmittel, teilstationäre Pflege, Kurzzeitpflege und stationäre Pflege. Der Inhalt dieser Leistungen entspricht denjenigen der Pflegeversicherung nach dem SGB XI. Ebenso sind die Verordnungen nach § 16 SGB XI und nach § 30 SGB XI, die Richtlinien nach § 17 SGB XI, die Rahmenverträge und Bundesempfehlungen sowie die Vereinbarungen über Qualitätssicherung auch für die Hilfe zur Pflege verbindlich (vgl. Kapitel 11). Die Anlehnung der Sozialhilfe an die Pflegeversicherung zeigt sich auch darin, dass nach § 62 SGB XII die Entscheidungen der Pflegekassen über das Ausmaß der Pflegebedürftigkeit nach dem SGB XI auch für die Hilfe zur Pflege bindend sind.

286 Leistungen der Hilfe zur Pflege können auf Antrag auch als Teil des neuen Instruments eines trägerübergreifenden Persönlichen Budgets nach dem SGB IX erbracht werden (Rdnr. 277 ff.).

Häusliche Pflege

287 Bei häuslicher Pflege ist es nicht Voraussetzung, dass die Pflege im eigenen Haushalt erfolgt. Pflegbedürftige können auch in einem anderen Haushalt aufgenommen und dort gepflegt werden. Der Träger der Sozialhilfe hat nach § 63 SGB XII allerdings darauf hinzuwirken, dass die Pflege einschließlich der hauswirtschaftlichen Versorgung durch nahestehende Personen oder im Rahmen der Nachbarschaftshilfe und nicht durch professionelle Pflegekräfte übernommen wird. Der bisherige Ausschluss von Leistungen der häuslichen Pflege bei pflegebedürftigen Personen, die sich in einer teil- oder vollstationären Einrichtung aufhalten, gilt durch eine im Assistenzpflegebedarfsgesetz vom 30. Juli 2009 enthaltene Änderung von § 63 SGB XII seit August 2009 nicht mehr während eines vorübergehenden Krankenhausaufenthalts. Seither können Pflegebedürftige mit besonders hohem Pflegebedarf, die ihre Pflege nach § 66 Abs. 4 SGB XII (vgl. Rdnr. 293) durch von ihnen beschäftigte Pflegekräfte sicherstellen, diese Leistungen der häuslichen Pflege auch während des Krankenhausaufenthalts weiterhin erhalten. Vorrangige Leistungen des Pflegegeldes für selbst beschaffte Pflegekräfte aus der Pflegeversicherung sind dabei anzurechnen.

288 Bei häuslicher Pflege können Pflegebedürftige sich nach § 64 SGB XII für ein Pflegegeld entscheiden, wenn sie die erforderlichen Pflegeleistungen selbst beschaffen und organisieren. Durch das Pflegegeld werden sie in die Lage versetzt, den sie pflegenden Personen (Pflegepersonen), oftmals Angehörige, eine materielle Anerkennung für Einsatz und Opferbereitschaft zukommen zu lassen. Für die Höhe des Pflegegeldes wird auf das Recht der Pflegeversicherung (§ 37 Abs. 1 SGB IX) verwiesen, womit die Hilfe zur Pflege entsprechend der drei Pflegestufen der Pflegeversicherung das gleiche Pflegegeld wie die Pflegeversicherung zahlt:

– Das Pflegegeld bei erheblicher Pflegebedürftigkeit entspricht Pflegestufe I nach SGB XI und beträgt seit 1. Januar 2010 monatlich 225 Euro. 15.996 Personen erhielten diese Leistung am Jahresende 2009, bei 3.379 Personen wurden dadurch Leistungen der sozialen Pflegeversicherung aufgestockt. Im Vergleich zum Vorjahr ergeben sich nur geringe Veränderungen: Die Gesamtzahl der Personen nahm um 2,6 Prozent, beim Anteil der Pflegebedürftigen mit Leistungsanspruch in der sozialen Pflegeversicherung ergab sich hingegen ein deutlicher Anstieg um 21 Prozent.
– Das Pflegegeld bei schwerer Pflegebedürftigkeit entspricht Pflegestufe II nach SGB XI und beträgt seit 1. Januar 2010 monatlich 430 Euro. Diese Leistung bezogen 9.355 Personen am Jahresende 2009, was gegenüber dem Vorjahr einem geringen Rückgang um 1,8 Prozent entsprach. Darunter waren 2.424 Personen, die Leistungen der Pflegeversicherung erhielten. Der sich daraus ergebende Anteil an allen Pflegegeldbeziehern bei schwerer Pflegebedürftigkeit lag bei 25,9 Prozent und damit deutlich höher als im Vorjahr (125 Prozent).
– Das Pflegegeld bei schwerster Pflegebedürftigkeit entspricht Pflegestufe III nach SGB XI und beträgt seit 1. Januar 2010 monatlich 685 Euro, 4.285 Personen bezogen diese Leistung am Jahresende 2009, dies waren 2,7 Prozent mehr Leistungsbezieher als im Vorjahr. Der Anteil der Personen, die zugleich einen Leistungsanspruch in der sozialen Pflegeversicherung hatten, erhöhte sich auf 28,5 Prozent.

Das Durchschnittsalter der Leistungsbezieherinnen und Leistungsbezieher mit Pflegegeld bei erheblicher Pflegebedürftigkeit sowie bei schwerer Pflegebedürftigkeit lag bei 70 Jahren, mit Pflegegeld bei schwerster Pflegebedürftigkeit bezogen, hingegen bei 57 Jahren.

289 Darüber hinaus werden im Rahmen der Hilfe zur Pflege nach § 65 Abs. 1 SGB XII auch angemessene Aufwendungen der Pflegeperson erstattet (dies geschah am Jahresende 2009 in 8.765 Fällen) sowie angemessene Beihilfen geleistet werden (dies waren 11.881 Fälle am Jahresende 2009). Gleichzeitige Ansprüche auf Leistungen der sozialen Pflegeversicherung bestanden in rund 65 Prozent dieser Fälle. Hinzu kommen kann die Übernahme von Beiträgen für eine angemessene Alterssicherung der Pflegeperson, sofern diese nicht anderweitig sichergestellt ist. Dies war am Jahresende 2009 bei 561 Personen der Fall.

Ist neben oder anstelle der häuslichen Pflege nach § 61 Abs. 1 SGB XII die Heranziehung einer besonderen Pflegeperson erforderlich oder eine Beratung oder zeitliche Entlastung der Pflegeperson geboten, so sind die angemessen Kosten zu übernehmen. Pflegebedürftige, die Pflegegeld erhalten, sind zusätzlich die Beiträge einer Pflegeperson oder einer besonderen Pflegekraft für eine angemessene Altersversorgung nach § 65 Abs. 2 SGB XII zu erstatten, sofern die Finanzierung dieser Beiträge nicht anderweitig sichergestellt ist (vgl. Rdnr. 293). Zum Jahresende 2009 wurde hiervon in 39.188 Fällen Gebrauch gemacht, was gegenüber dem Vorjahr einer Erhöhung um fast 27 Prozent entspricht, womit sich die deutliche Erhöhung im Vorjahr fortsetzte.

Insgesamt haben 76.801 Personen am Jahresende 2009 Leistungen zur häuslichen Pflege erhalten, dies entspricht einer Erhöhung um 13,7 Prozent gegenüber dem Vorjahr. Fast 62 Prozent aller häuslichen Pflegeleistungen erhielten Frauen, deren Durchschnittsalter bei 71,4 Jahren lag. Bei Männern hingegen lag das Durchschnittsalter bei 61,7 Jahren, insgesamt ergab sich ein Durchschnittsalter von fast 68 Jahren. Leistungen der sozialen Pflegeversicherung erhielten insgesamt 9.600 Personen, was einem Anteil von 12,5 Prozent entsprach.

Teil- und vollstationäre Leistungen der Hilfe zur Pflege

290 Neben Leistungen der häuslichen Pflege werden in der Hilfe zur Pflege vor allem Pflegeleistungen in stationären Einrichtungen nach § 61 SGB XII gewährt. Im Vergleich zur häuslichen Pflege liegt die Zahl der leistungsberechtigen Personen in der stationären Pflege um das Dreifache höher: 223.600 Personen am Jahresende 2009, was gegenüber dem Vorjahr einer Zunahme um 2,4 Prozent entspricht. Dabei dominierten die Leistungen für vollstationär Pflegebedürftige, die 221.392 Personen am Jahresende 2009 geleistet wurde, 2,5 Prozent mehr Personen als im Vorjahr. Auf die sogenannte Pflegestufe 0 entfielen 18.000 Pflegebedürftige, davon hatten knapp 10 Prozent auch einen Leistungsanspruch in der sozialen Pflegeversicherung. Erhebliche Pflegebedürftigkeit (Pflegestufe I) lag bei 64.662 Personen vor, was einer Erhöhung um 10,7 Prozent gegenüber dem Vorjahr entspricht. Fast 92 Prozent der erheblich Pflegebedürftigen hatten auch Anspruch in der sozialen Pflegeversicherung. Schwere Pflegebedürftigkeit (Pflegestufe II) führte bei 81.543 Personen zum Leistungsbezug, dies entsprach gegenüber dem Vorjahr einem Anstieg um fast 8 Prozent, ein gleichzeitiger Leistungsanspruch in der sozialen Pflegeversicherung lag bei 93,5 Prozent vor. Wegen schwerster Pflegebedürftigkeit (Pflegestufe III) waren 53.654 Personen leistungsberechtigt, ein Anstieg gegenüber dem Vorjahr um fast 8,6 Prozent. Auch hier hatten rund 94 Prozent der Leistungsbezieherinnen und Leistungsbezieher gleichzeitig einen Pflegeversicherungsanspruch. Über alle Pflegestufen hinweg lag das Durchschnittsalter mit 77,2 Jahren bei stationärer Pflege deutlich über dem Durchschnittsalter bei häuslicher Pflege. Da die Wahrscheinlichkeit des Eintritts von Pflegebedürftigkeit mit dem Lebensalter zunimmt und Frauen eine höhere durchschnittliche Lebenserwartung als Männer haben, bezogen – wie auch bei der häuslichen Pflege - am Jahresende 2009 Frauen deutlich häufiger stationäre Leistungen der Hilfe zur Pflege als Männer: Unter den 223.600 Leistungsberechtigten waren 154.615 Frauen, was fast 70 Prozent aller vollstationären Pflegebedürftigen entsprach. Das Durchschnittsalter lag bei Frauen bei 81 Jahren, bei Männern hingegen nur bei knapp 68 Jahren.

291 Teilstationäre Pflege und Kurzzeitpflege in Einrichtungen stellen im Vergleich zur vollstationären Pflege eine Ausnahme dar. Leistungen der teilstationären Pflege erhielten 1.777 Personen am Jahresende 2009, was einer Verminderung gegenüber dem Vorjahr um 10,2 Prozent entspricht. Leistungen der Kurzzeitpflege wurde 431 Personen geleistet, eine Erhöhung gegenüber dem Vorjahr um 12,8 Prozent. Beide Leistungen zusammen bezogen nur rund 1 Prozent aller Leistungsberechtigten in der stationären Pflege.

Verhältnis der Hilfe zur Pflege zu anderen Leistungen bei Pflegebedürftigkeit

292 Unter der Überschrift „Leistungskonkurrenz" enthält § 66 SGB XII Vorschriften zur Abgrenzung der Leistungsberechtigung nach dem SGB XII gegenüber gleichartigen Leistungen nach anderen Rechtsvorschriften. Danach werden Pflegegeld und damit verbundene Erstattung von Aufwendungen von Pflegepersonen einschließlich Aufwendungen für eine angemessene Alterssicherung nicht erbracht, wenn gleichartige Leistungen nach anderen Gesetzen zu leisten sind; dies gilt insbesondere für Leistungen der Pflegeversicherung nach dem SGB XI. Leistungen der Blindenhilfe (Rdnr. 305 ff.) und gleichartige Leistungen nach anderen Rechtsgrundlagen sind auf das Pflegegeld zu 70 Prozent anzurechnen. Ebenso kann das Pflegegeld um bis zu zwei Drittel gekürzt werden, wenn daneben der pflegebedürftigen Person angemessene Aufwendungen für Pflegepersonen nach § 65 Abs. 1 SGB XII oder gleichartige Leistungen nach anderen Rechtsgrundlagen erstattet werden. Ferner kann das Pflegegeld angemessen gekürzt werden bei einer teilstationären Betreuung oder einer vergleichbaren, nicht nach dem SGB XII durchgeführten Maßnahme.

293 Die Leistungen für Pflegepersonen nach § 65 Abs. 1 SGB XII werden insoweit nicht erbracht, als es Pflegebedürftigen möglich ist, zweckentsprechende Leistungen nach anderen Rechtsvorschriften in Anspruch zu nehmen. Allerdings können Pflegebedürftige, die ihre Pflege durch von ihnen beschäftigte besondere Pflegekräfte sicherstellen, nicht auf die Inanspruchnahme von Sachleistungen nach dem SGB XI verwiesen werden. Dabei ist jedoch das von der Pflegeversicherung geleistetes Pflegegeld vorrangig auf die Leistung nach § 65 Abs. 1 SGB XII anzurechnen.

294 Trotz dieser Vorschriften zur „Leistungskonkurrenz" und der weitgehenden Identität von Leistungsvoraussetzungen und Leistungen zwischen der Hilfe zur Pflege einerseits und der Pflegeversicherung andererseits hat die Sozialhilfe auch in Zukunft einen nicht unerheblichen Teil zu der bei Pflegebedürftigen notwendigen Versorgung durch die Hilfe zur Pflege beizutragen. Dies hat folgende Gründe:

– Hilfe zur Pflege in vollem Umfang ist zu leisten an Personen, die nicht Mitglieder der sozialen Pflegeversicherung oder bei einem privaten Pflegeversicherungsunternehmen versichert sind.
– Gleiches gilt für Pflegebedürftige, deren Grad der Pflegebedürftigkeit unterhalb der Stufe I liegt, weshalb die Pflegeversicherung trotz notwendigem Pflegeaufwand keine Leistungen erbringt (sogenannte „Pflegestufe 0").
– Häufiger sind jedoch die Fälle, in denen ergänzende Hilfe zur Pflege zu leisten ist, weil die anerkannten Pflegesätze in Einrichtungen durch die in ihrer Höhe begrenzten Leistungen der Pflegeversicherung nicht gedeckt sind und die Pflegebedürftigen die überschießenden Kosten nicht selbst decken können. Gleiches gilt, wenn über die ambulanten Leistungen des SGB XI hinaus ein Bedarf an ambulanter Hilfe zur Pflege besteht und dieser nicht aus eigenen Mitteln finanziert werden kann.
– Ein weiterer Grund für ergänzende Hilfe zur Pflege liegt darin, dass die Pflegeversicherung die sogenannten „Hotel-Kosten", also die Kosten für Unterkunft und Verpflegung nicht abdeckt, sondern ausschließlich die Vergütung für die Pflegeleistung trägt.
– Bei Personen, die Hilfe zur Pflege vor Inkrafttreten der Pflegeversicherung erhalten haben, sind bis auf weiteres ergänzende Leistungen der Hilfe zu Pflege zu erbringen, wenn sie nach dem Recht der Pflegeversicherung weniger Leistung als vorher erhalten und die in ihrer Person liegenden Voraussetzungen sich nicht geändert haben (in den Übergangs- und Schlussbestimmen des Sechzehnten Kapitels in § 130 SGB XII geregelt).

295 Insgesamt bezogen 299.321 Personen am Jahresende 2009 Leistungen der Hilfe zur Pflege, dies entspricht einer Erhöhung um 5,1 Prozent gegenüber dem Vorjahr. Damit stellt die Hilfe zur Pflege, gemessen an der Zahl der Leistungsberechtigten nach der Grundsicherung im Alter und bei Erwerbsminderung und der Eingliederungshilfe die drittwichtigste Leistung der Sozialhilfe dar.

Hilfe in besonderen sozialen Schwierigkeiten

296 Das Achte Kapitel des SGB XII enthält in den §§ 67 bis 69 Hilfeleistungen für Personen, deren besonderen Lebensverhältnisse mit sozialen Schwierigkeiten verbunden sind. Allerdings enthalten die Vorschriften nur allgemeine Grundsätze. Anspruchsvoraussetzungen und Hilfeleistungen werden angesichts der Vielzahl an Ausprägungen sozialer Schwierigkeiten und deren Ursachen nur umschrieben. Eine weitergehende Konkretisierung, die aber zu keinen abschließenden Festlegungen führt, enthält die Verordnung zur Durchführung der Hilfe zur Überwindung besonderer sozialer Schwierigkeiten.

297 Mit sozialen Schwierigkeiten werden Lebensumstände umschrieben, die durch ausgrenzendes Verhalten der hilfebedürftigen Person oder von Dritten geprägt sind. Diese außerordentlichen Schwierigkeiten müssen zur Folge haben, dass ein Leben in der Gemeinschaft nicht nur vorübergehend in erheblichem Maße eingeschränkt ist. Diese Situation wiederum muss mit besonderen Lebensverhältnissen einhergehen, die derart mit sozialen Schwierigkeiten verbunden sind, dass die Überwindung dieser Lebensverhältnisse auch die Überwindung der sozialen Schwierigkeiten erfordert und davon Betroffene dies nicht aus eigenen Kräften bewerkstelligen können. Solche besonderen Lebensverhältnisse müssen erheblich von allgemein üblichen Ausprägungen abweichen und zeigen sich beispielsweise bei Wohnungslosigkeit oder einer nicht ausreichenden Wohnung, in einer ungesicherten wirtschaftlichen Lebensgrundlage oder in von Gewalterfahrung sowie Gewaltbedrohung geprägten Lebensumständen. Hinzu kommen Lebensumstände nach der Entlassung aus einer geschlossenen Anstalt, bspw. einer Haftanstalt. Die Ursachen der besonderen Lebensverhältnisse müssen nicht ausschließlich in nachteiligen äußeren Umständen liegen, sie können auch in der Persönlichkeit des Leistungsberechtigten liegen.

298 Die Hilfen in besonderen sozialen Schwierigkeiten unterliegen einem „doppelten" Nachrangprinzip. Neben dem allgemeinen Nachrang der Sozialhilfe unterliegen die Leistungen auch einem Nachrang gegenüber allen übrigen Leistungen der Sozialhilfe (interner Nachrang). Dies bedeutet, dass die Leistungen des Achten Kapitels nicht Leistungen der übrigen Kapitel ersetzen, sondern diese ergänzen. Die Leistungen umfassen alle Maßnahmen, die notwendig sind, die sozialen Schwierigkeiten abzuwenden, zu beseitigen, zu mildern oder ihre Verschlimmerung zu verhüten. Entsprechend dem Ziel der Sozialhilfe, Hilfe zur Selbsthilfe zu leisten, sollen Leistungsberechtigte in die Lage versetzt werden, möglichst uneingeschränkt und aus eigener Kraft am gesellschaftlichen Leben teilnehmen zu können.

Folglich liegt der Schwerpunkt der Leistungen nach dem Achten Kapitel auf Beratung und Unterstützung, den sogenannten persönlichen Hilfen. Ziel ist es dabei, Hilfebedürftige in die Lage zu versetzen, andere Hilfeleistungen mit Erfolg in Anspruch zu nehmen. Deshalb zählen so grundlegende Hilfen zu den möglichen Leistungen wie Unterstützung bei Aufbau und Aufrechterhaltung sozialer Beziehungen und zur Gestaltung des Alltags. Zu letzterem gehört auch die aktive Gestaltung, Strukturierung und Bewältigung des Alltags oder eine wirtschaftliche und gesundheitsbewusste Lebensweise. Dies zeigt, dass nach dem Achten Kapitel keine Dauerleistungen gewährt werden sollen.

Nur wenn im Einzelfall keine Leistungen der übrigen Kapitel in Frage kommt, können ergänzende Leistungen gewährt werden. Dies schließt die Möglichkeit, nachgehende Hilfen zu gewähren mit ein, wenn dadurch der dauerhafte Erfolg der Hilfeleistungen gesichert werden kann.

299 Der „interne" Nachrang der Leistungen nach dem Achten Kapitel bedeutet konkret, dass die vorgesehenen Hilfen zur Ausbildung, zur Erlangung und Sicherung eines Arbeitsplatzes sowie Maßnahmen zur Erhaltung und Beschaffung einer Wohnung zwar grundsätzlich in Form von Dienst-, Geld- und Sachleistungen erbracht werden können. Dienstleistungen in Form von Beratung und persönlichen Hilfen stehen allerdings im Vordergrund. So ist es beispielsweise nicht Aufgabe der Leistungen, die Kosten für die Anmietung einer Wohnung oder die Miete zu übernehmen. Dies ist Aufgabe der Leistungen der Hilfe zum Lebensunterhalt nach dem Dritten Kapitel (§§ 27 ff. SGB XII) oder der Grundsicherung im Alter und bei Erwerbsminderung nach dem Vierten Kapitel (§ 42 Nr. 4 SGB XII). Aufgabe der Hilfen in besonderen sozialen Schwierigkeiten ist es, die Ursachen für soziale Schwierigkeiten dem Betroffenen zu verdeutlichen und mit ihm beispielsweise die Voraussetzungen für Erlangung und Erhaltung einer Wohnung zu schaffen. In Ausnahmefällen ist dabei auch die Vermittlung einer Wohnung möglich. Ähnlich verhält es sich bei den Hilfen zur Erlangung oder Sicherung eines Arbeits- oder Ausbildungsplatzes, die allerdings wegen des Vorrangs des SGB II seit 2005 nur mehr geringe Bedeutung haben. Auch hier steht nicht die konkrete Vermittlung im Mittelpunkt, sondern Maßnahmen, durch die Leistungsberechtigte befähigt werden, sich selbst zu helfen, etwa durch Bewerbungstraining oder die Möglichkeit zur Nachholung von Schulabschlüssen. Daneben ist allerdings die Vermittlung an kompetente Stellen, im Falle Erwerbstätigkeit oder Ausbildung vor allem an die Agenturen für Arbeit oder Jobcenter, wichtiges Element der Hilfen.

300 Die Leistungen werden im Regelfall ohne Berücksichtigung von Einkommen und Vermögen erbracht. Dies gilt generell, wenn es sich um Dienstleistungen handelt, da es sich hierbei in erster Linie um die von den Sozialhilfeträgern geleistete Beratung und persönliche Hilfen handelt. Auch bei allen übrigen Leistungen sind Einkommen und Vermögen nicht zu berücksichtigen und von der Inanspruchnahme von Angehörigen abzusehen, soweit dies den Erfolg der Hilfe gefährden würde, etwa weil eine leistungsberechtigte Person im Falle der finanziellen Heranziehung von Eltern oder Kinder die Hilfsangebote nicht in Anspruch nehmen würde. Die Nichtheranziehung gilt allerdings nicht für im Zusammenhang mit Leistungen nach dem Achten Kapitel erbrachte Leistungen nach den übrigen Kapiteln.

Am Jahresende 2009 erhielten 16.132 Personen Hilfen zur Überwindung besonderer sozialer Schwierigkeiten, was einer Erhöhung gegenüber dem Vorjahr um 1,3 Prozent entspricht. Davon lebten 10.647 Personen oder 66 Prozent außerhalb von Einrichtungen und 5.485 Personen in Einrichtungen. Aus der Statistik ergibt sich weiter, dass Hilfen in besonderen Schwierigkeiten am Jahresende 2009 Männer deutlich häufiger als Frauen erhalten haben: 12.193 Männer, was einem Anteil von fast 76 Prozent entspricht, aber nur 3.939 Frauen. Das Durchschnittsalter der Leistungsbezieher und -bezieherinnen lag außerhalb von Einrichtungen bei 38,8 Jahren, in Einrichtungen bei 42,3 Jahren, so dass sich ein Gesamtdurchschnittsalter von 40 Jahren ergab.

Hilfe in anderen Lebenslagen

301 Mit den Hilfe in anderen Lebenslagen nach dem Neunten Kapitel (§§ 70 bis 74 SGB XII) werden Hilfeleistungen in bestimmten Lebenssituationen zusammengefasst.

Hilfe zur Weiterführung des Haushalts

302 Hilfe zur Weiterführung des Haushalts nach § 70 SGB XII ist für den Notfall vorgesehen, dass der gesamte Haushalt, z. B. bei Erkrankung einer alleinerziehenden Person, von keinem Haushaltsangehörigen weitergeführt werden kann, die Weiterführung aber erforderlich ist. Voraussetzung ist ferner, dass sich der Bedarf nicht auf einzelne Verrichtungen im Haushalt beschränkt; entsprechende Leistungen sind im Rahmen der Hilfe zum Lebensunterhalt (vergleiche Rdnr. 172 f.) zu leisten. In diesem Fall besteht kein Anspruch nach § 70 SGB XII.

Die Leistung soll in der Regel nur vorübergehend gewährt werden, längerfristig jedoch dann, wenn dadurch die Unterbringung in einer Einrichtung vermieden oder aufgeschoben werden kann. In der Leistung mit umfasst ist die persönliche Betreuung von Haushaltsangehörigen und die zur Weiterführung des Haushalts erforderlichen Tätigkeiten. Unter Umständen können die für eine vorübergehende anderweitige Unterbringung von Haushaltsangehörigen angemessenen Kosten vom Sozialhilfeträger gezahlt werden, wenn dies neben oder statt der Weiterführung des Haushalts geboten ist. Insgesamt wurden am Jahresende 2009 Hilfen zur Weiterführung des Haushalts in 4.907 Fällen gewährt, was einem Rückgang um 5,4 Prozent gegenüber dem Vorjahr entspricht. Mit einem Anteil von etwas mehr als 54 Prozent erhielten die Hilfeleistung mehr Frauen (2.676) als Männer (2.231). Aus dem Durchschnittsalter der Leistungsberechtigten ergibt sich, dass es sich vorwiegend um Personen in fortgeschrittenem Alter handelt (Gesamtdurchschnittsalter 64 Jahre, bei Männern 61 Jahre, bei Frauen 67 Jahre).

Altenhilfe

303 Mit der Altenhilfe nach § 71 SGB XII sollen ältere Menschen eine spezielle und an ihren speziellen Lebensverhältnissen orientierte Hilfeleistung erhalten, die in dieser angepassten Form von den Leistungen der übrigen Kapitel des SGB XII – und auch von anderen Sozialleistungen – nicht umfasst ist. Vorrangig geht es bei den Leistungen um zusätzliche Beratungsangebote und persönliche Hilfen.

Die Altenhilfe soll – ohne dass dabei eine konkrete Altersgrenze genannt wird – dazu beitragen, Schwierigkeiten, die durch das Alter entstehen, zu verhüten, zu überwinden und zu mildern sowie älteren Menschen die Möglichkeit erhalten, am Leben in der Gemeinschaft teilzunehmen. In der nicht abschließenden Aufzählung der Leistungen in der Altenhilfe werden deshalb Leistungen zu Betätigung und zum gesellschaftlichen Engagement genannt sowie Leistungen beziehungsweise Unterstützung bei der Beschaffung und Erhaltung einer altengerechten Wohnung, was insbesondere auf die Vermeidung einer Heimunterbringung abzielt. Hinzu kommen Beratung und Unterstützung in allen Fragen der Aufnahme in ein Altenheim sowie in allen Fragen der Inanspruchnahme altersgerechter Dienste. Leistungen können ferner für den Besuch von geselligen, unterhaltenden, kulturellen oder bildenden Veranstaltungen sowie für die Erhaltung der Verbindung mit nahe stehenden Menschen erbracht werden.

304 Soweit Leistungen der Altenhilfe erforderlich sind, sollen sie ohne Rücksicht auf vorhandenes Einkommen und Vermögen gewährt werden. Am Jahresende 2009 wurden Leistungen der Altenhilfe 6.414 Personen gewährt, dies waren 1,3 Prozent mehr als im Vorjahr. In Einrichtungen lebende Personen stellten Ausnahmefälle dar (12 Personen). Entsprechend dem Ziel der Leistung waren die Leistungsbezieher und -bezieherinnen in fortgeschrittenem Alter. Das Durchschnittsalter lag bei über 74 Jahren. Wegen der höheren durchschnittlichen Lebenserwartung von Frauen waren die Mehrzahl der Altenhilfe beziehenden Personen weiblich (4.224 Personen oder knapp 66 Prozent).

Blindenhilfe

305 Blinde Menschen erhalten zum Ausgleich der durch die Blindheit bedingten Mehraufwendungen nach § 72 SGB XII Blindenhilfe. Gleichgestellt sind Menschen mit einer hochgradigen Sehschwäche (beidäugige Gesamtsehschärfe nicht mehr als ein Fünfzigstel oder gleich zu achtende und nicht nur vorübergehende Störungen des Sehvermögens).

306 Blindenhilfe wird jedoch nur an Personen gezahlt, soweit diese keine gleichartigen Leistungen nach anderen Rechtsvorschriften erhalten, wie beispielsweise das Blindengeld nach Landesblindengesetzen. Ebenfalls anzurechnen sind Leistungen der sozialen Pflegeversicherung sowie vergleichbare Leistungen der privaten Pflegeversicherung und der Beamtenversorgung. Die Anrechnung wird durch das SGB XII erstmals bundeseinheitlich geregelt. Bei häuslicher Pflege in der Pflegestufe I sind 70 Prozent des Pflegegeldes anzurechnen. Bei Pflegebedürftigen der Pflegestufen II und III sind es 50 Prozent des Pflegegeldes nach Pflegestufe II. Allerdings darf dabei höchstens ein Betrag in Höhe von 50 Prozent der Blindenhilfe angerechnet werden. Blindenhilfe erhielten 11.200 Personen am Jahresende 2009, was einen Anstieg gegenüber Vorjahr um 5 Prozent bedeutet. 7.705 Personen lebten außerhalb von Einrichtungen und 3.495 Personen in Einrichtungen. Frauen (6.395) bezogen am Jahresende 2009 häufiger Blindenhilfe als Männer (4.805). Auch bei der Blindenhilfe handelt es sich um eine Leistung, die vorwiegend ältere Personen beziehen – das Durchschnittsalter belief sich auf 60 Jahre.

307 Die Höhe der Blindenhilfe beläuft sich im ersten Halbjahr 2011 für blinde Menschen nach Vollendung des 18. Lebensjahres auf die Höhe von monatlich 608,96 Euro und für blinde Menschen, die das 18. Lebensjahr noch nicht vollendet haben, auf 304,48 Euro. Diese Beträge verändern sich zum 1. Juli eines Jahres entsprechend der Veränderung des aktuellen Rentenwerts in der gesetzlichen Rentenversicherung. Für dieses Fortschreibungsverfahren haben sich durch die Reform zur Umsetzung des Urteils des Bundesverfassungsgerichts vom 9. Februar 2010 durch das Gesetz zur Ermittlung von Regelbedarfen und zur Änderung des Zweiten und Zwölften Buches Sozialgesetzbuch keine Änderungen ergeben.

308 Lebt ein blinder Mensch als Selbstzahler in einer stationären Einrichtung, wird die Blindenhilfe in voller Höhe gezahlt. Werden die Kosten der stationären Unterbringung jedoch ganz oder teilweise von öffentlich-rechtlichen Leistungsträgern aufgebracht, so verringert sich die Blindenhilfe um diese Kosten, höchstens jedoch um 50 Prozent. Spezielle Regelungen gelten für Tage, in denen ein blinder Mensch nicht in der Einrichtung anwesend ist.

309 Neben Blindenhilfe wird Hilfe zur Pflege außerhalb von stationären Einrichtungen sowie ein Barbetrag nach § 27b Abs. 2 SGB XII bei stationärer Unterbringung nicht gezahlt. Anspruch auf einen Mehrbedarf für unter 65-jährige und voll erwerbsgeminderte Personen nach § 30 Abs. 1 SGB XII besteht neben Anspruch auf Blindengeld nur dann, wenn die volle Erwerbsminderung nicht allein durch die Blindheit verursacht ist. Werden der Hilfe zur Pflege, dem Barbetrag und dem Mehrbedarf gleichartige Leistungen nach anderen Rechtsvorschriften geleistet, gelten diese Einschränkungen in gleichem Umfang.

Hilfe in sonstigen Lebenslagen und Bestattungskosten

310 Nach § 73 SGB XII können die Träger der Sozialhilfe Leistungen in sonstigen Lebenslagen erbringen, wenn hierfür der Einsatz öffentlicher Mittel als gerechtfertigt erscheint. Dabei können Geldleistungen als Darlehen oder als Beihilfe gewährt werden. Diese Vorschrift stellt eine Erweiterung des Leistungskatalogs der Sozialhilfe in § 8 SGB XII (Rdnr. 37) dar, um den Trägern der Sozialhilfe Hilfeleistungen auch in Lebenssituationen zu ermöglichen, die sich nicht im Voraus als Erschwernis für ein menschenwürdiges Leben und damit als Leistungsgrund für Sozialhilfeleistungen definieren lassen oder einer abschließenden gesetzlichen Definition entziehen. Hilfen in besonderen Lebenslagen wurden am Jahresende 2009 für 2.161 Personen geleistet, von denen 649 in Einrichtungen und 1.512 außerhalb von Einrichtungen lebten. Männer bezogen diese Leistung mit einem Anteil von 48,6 Prozent (1.110) etwas häufiger als Frauen (1.051). Das Durchschnittsalter aller Bezieher betrug 55 Jahre.

311 Ferner übernimmt die Sozialhilfe nach § 74 SGB XII die angemessenen Kosten einer Bestattung, wenn diese aus dem Nachlass oder aus Anlass des Todes auszuzahlenden Versicherungsleistungen (wie z. B. eine Sterbegeldversicherung) nicht bezahlt werden können. Es werden die erforderlichen Kosten für ein einfaches, aber der Würde des Verstorbenen entsprechendes Begräbnis übernommen, wobei typische Gebräuche, insbesondere der Religionsgemeinschaft, der der Verstorbene angehört hat, zu berücksichtigen sind. Dies gilt allerdings nur soweit, wie dadurch keine unvertretbaren Mehrkosten entstehen. Bei der Festlegung der Erforderlichkeit sind die Vorgaben der Bestattungsgesetze der Länder zu beachten.

Voraussetzung für die Kostenübernahme ist, dass die hierzu Verpflichteten, also Angehörige beziehungsweise Erben, die Kostentragung nicht zugemutet werden kann. Für die Zumutbarkeit gelten die Einkommens- und Vermögensgrenzen des Elften Kapitels. Der Sozialhilfeträger hat im Falle der Kostenübernahme Anspruch auf Kostenersatz durch Erben nach den §§ 102 bis 104 SGB XII (Rdnr. 382 ff.). Für Personen oder Institutionen, die die Bestattungskosten ausschließlich aus sittlichen oder moralischen Grundsätzen übernommen haben, besteht ein Erstattungsanspruch gegenüber dem Sozialamt bis zur Höhe der ansonsten von der Sozialhilfe zu tragenden Kosten. Bestattungskosten wurden am Jahresende 2009 für 932 Sterbefälle übernommen, über das gesamte Kalenderjahr 2009 gerechnet für 19.106 Sterbefälle.

Einrichtungen

312 Das Zehnte Kapitel des SGB XII fasst mit den §§ 75 bis 81 SGB XII die Vorschriften über die rechtlichen und finanziellen Beziehungen zwischen Trägern der Sozialhilfe und Einrichtungsträgern zusammen. Zu den Einrichtungen zählen auch Dienste, also Dienstleistungen. Die Verordnungsermächtigung zur Regelung von Einzelheiten in § 81 SGB XII enthält eine Ermächtigung für die Landesregierungen, entsprechende Verordnungen zu erlassen.

Einrichtungen und Dienste

313 Stationäre und teilstationäre Einrichtungen im Sinne von § 13 SGB XII sollen von den Trägern der Sozialhilfe nach § 75 SGB XII nicht neu geschaffen werden, wenn geeignete Einrichtungen anderer Träger vorhanden sind beziehungsweise von diesen ausgebaut oder geschaffen werden können. Diese Vorgabe macht es erforderlich, dass die Träger der Sozialhilfe vertragliche Vereinbarungen mit den Einrichtungsträgern schließen. Kriterien für den Vertragsabschluss sind:

– Die Einrichtung muss geeignet sein, wobei sich dieses Kriterium vor allem auf ihre Leistungsfähigkeit bezieht und berücksichtigt, dass sie auch unter Beachtung des Grundsatzes der Sozialhilfe nach den Besonderheiten des Einzelfalles (§ 9 Abs. 1 SGB XII) die Leistung erbringen kann.
– Sind mehrere geeignete Einrichtungen vorhanden, so ist die Vereinbarung vorrangig mit Trägern abzuschließen, deren Vergütung bei vergleichbarem Inhalt, Umfang und Qualität nicht höher ist als die der anderen Träger.

Den Trägern der Sozialhilfe wird ein uneingeschränktes Prüfungsrecht hinsichtlich Qualität und Wirtschaftlichkeit der Leistung eingeräumt.

314 Andererseits ist der Träger der Sozialhilfe nur zur Übernahme der Vergütung für in einer Einrichtung erbrachte Leistungen verpflichtet, wenn mit dem Träger der Einrichtung oder seinem Verband eine entsprechende Vereinbarung geschlossen wurde, die den Grundsätzen der Wirtschaftlichkeit, Sparsamkeit und Leistungsfähigkeit entspricht. Ansonsten darf der Träger der Sozialhilfe die Leistung in einer Einrichtung nur erbringen, wenn dies nach der Besonderheit des Einzelfalles geboten ist. Vergütungen dürfen nur bis zu der Höhe übernommen werden, wie sie bei für vergleichbare Leistungen abgeschlossenen Vereinbarungen mit anderen Einrichtungen entstehen würden. Für Pflegeeinrichtungen gelten besondere Regelungen, die sich nach den Vorschriften des SGB XI richten.

Inhalt, Abschluss und außerordentliche Kündigung von Vereinbarungen

315 Zweck der Vereinbarung zwischen dem Träger der Sozialhilfe und dem Träger der Einrichtung ist nach § 76 SGB XII, die wesentlichen Leistungsmerkmale festzulegen. Dazu zählt insbesondere die Verpflichtung der Einrichtung, im Rahmen des vereinbarten Leistungsangebots Leistungsberechtigte aufzunehmen und zu betreuen.

316 Die zu vereinbarenden Vergütungen bestehen zumindest aus folgenden Bestandteilen:

– der Grundpauschale für Unterkunft und Verpflegung.
– der Maßnahmenpauschale für Maßnahmen, die nach Gruppen für Leistungsberechtigte mit vergleichbarem Bedarf kalkuliert werden kann; hier führt das Gesetz zur Änderung des Vierten Buches Sozialgesetzbuch, zur Errichtung einer Versorgungsausgleichskasse und anderer Gesetze vom 15. Juli 2009 zu einer größeren Flexibilität und ermöglicht damit die Berücksichtigung regionaler Besonderheiten bei der Ermittlung der Höhe pauschalierter Vergütungen für Leistungen. Seit Juli 2009 können bei der Kalkulation deshalb auch andere Maßstäbe berücksichtigen, beispielsweise eine Finanzierung von Leistungsstunden.
– dem Investitionsbetrag, der betriebsnotwendige Anlagen einschließlich ihrer Ausstattung umfasst; Förderungen aus öffentlichen Mitteln sind anzurechnen.

Zur Erhaltung der Wirtschaftlichkeit und zur Qualitätssicherung der Leistungen vereinbaren die Träger der Sozialhilfe mit den Einrichtungsträgern entsprechende Grundsätze und Maßstäbe. Gleiches gilt für das Verfahren zur Durchführung von Wirtschaftlichkeits- und Qualitätsprüfungen. Sie haben dabei sowohl mit dem Medizinischen Dienst der Krankenversicherung als auch den in den Ländern zuständigen Behörden zusammenzuarbeiten. Aufgrund der Neuabgrenzung der Gesetzgebungszuständigkeiten von Bund und Ländern (Föderalismusreform) haben die Länder seit September 2006 die alleinige Zuständigkeit für das Heimrecht. Das bisherige Heimgesetz als Bundesgesetz regelt deshalb nicht mehr die Heimaufsicht, da dies in die Zuständigkeit der Länder fällt. Folglich benennt § 76 SGB XII als zuständige Landesbehörden die nach heimrechtlichen Vorschriften der Länder zuständigen Aufsichtsbehörden.

317 Die Vereinbarungen sind für einen zukünftigen Vereinbarungszeitraum abzuschließen (§ 77 SGB XII). Vertragsparteien der Vereinbarung sind die Träger der Einrichtung und der für Sitz der Einrichtung zuständige Träger der Sozialhilfe. Die geschlossene Vereinbarung ist bindend für alle übrigen Sozialhilfeträger, wenn diese außerhalb ihrer örtlichen Zuständigkeit mit einem Einrichtungsträger Vereinbarungen zur Belegung von Plätzen in der Einrichtung schließen.

Geschlossene Vereinbarungen über Vergütungen können bei unvorhersehbaren wesentlichen Veränderungen der der Vereinbarung zugrunde liegenden Annahmen auf Verlangen einer Vertragspartei für den laufenden Vereinbarungszeitraum neu verhandelt werden. Nachträgliche Ausgleiche sind nicht zulässig. Können sich Träger der Sozialhilfe und Träger der Einrichtung über Gegenstände der Vereinbarung nicht einigen, entscheidet die Schiedsstelle nach § 80 SGB XII (Rdnr. 321) auf Antrag einer Seite über den Streitgegenstand. Gegen deren Entscheidung ist die Bestreitung des Rechtswegs bei den Sozialgerichten möglich.

318 Bei groben Verletzungen der gesetzlichen oder vertraglichen Verpflichtungen durch den Einrichtungsträger gegenüber den Leistungsberechtigten oder dem Träger der Sozialhilfe kann die Vereinbarung nach § 78 SGB XII fristlos gekündigt werden. Dies gilt insbesondere dann, wenn dem Einrichtungsträger – etwa wegen gravierender Mängel bei der Leistungserbringung – nach den heimrechtlichen Vorschriften der Länder die Betriebserlaubnis entzogen oder der Betrieb der Einrichtung untersagt wird oder er nicht erbrachte Leistungen abrechnet.

Rahmenverträge

319 Die überörtlichen Träger der Sozialhilfe (Rdnr. 376 f.) und die Spitzenverbände von kreisfreien Städten beziehungsweise Landkreisen auf Landesebene einerseits und die Vereinigungen der Träger der Einrichtungen auf Landesebene andererseits sind nach § 79 SGB XII verpflichtet, gemeinsame und einheitliche Rahmenverträge abzuschließen. Diese Rahmenverträge bilden die Grundlage für die von Sozialhilfeträgern und Einrichtungsträgern zu schließenden Vereinbarungen, da sie Inhalte, Bestandteile und nähere Abgrenzungen zentraler Bestandteile der Vereinbarungen regeln. Dies sind beispielsweise die Zusammensetzung der Investitionsbeträge, Inhalt oder Kriterien für die Ermittlung und Zusammensetzung der Maßnahmenpauschalen sowie die Merkmale für Bildung der Gruppen mit vergleichbarem Bedarf.

320 Auf Bundesebene sind von der Bundesarbeitsgemeinschaft der überörtlichen Träger der Sozialhilfe, der Bundesvereinigung der kommunalen Spitzenverbände und der Vereinigung der Träger der Einrichtungen auf Bundesebene gemeinsam und einheitlich Empfehlungen zum Inhalt der Rahmenverträge zu vereinbaren.

Schiedsstelle

321 Für den Fall, dass beim Abschluss einer Vereinbarung zwischen Sozialhilfeträger und Einrichtungsträger keine Einigung erzielt werden kann, ist die nach § 80 SGB XII einzuschaltende Schiedsstelle für jedes Land oder Teile eines Landes zu bilden. Es ist den Ländern überlassen, ob die Schiedsstelle auf kommunaler Ebene oder auf Länderebene gebildet wird. Die Schiedsstelle setzt sich paritätisch aus Vertretern der örtlichen und überörtlichen Träger der Sozialhilfe, aus Vertretern der Einrichtungsträger sowie einem unparteiischen Vorsitzenden zusammen. Die Mitglieder der Schiedsstelle sind ehrenamtlich tätig, Entscheidungen werden mit der Mehrheit der Stimmen getroffen.

Einsatz des Einkommens

322 Das Elfte Kapitel des SGB XII mit der Überschrift „Einsatz des Einkommens und Vermögens" umfasst in sechs Abschnitten alle Vorschriften, die erforderlich sind für die Umsetzung des Nachranggrundsatzes der Sozialhilfe (§ 2 SGB XII). Die Abgrenzung des leistungsberechtigten Personenkreises in § 19 SGB XII (Rdnr. 55 ff.) beruht auf der Hilfebedürftigkeit als Konsequenz unzureichenden Einkommens und Vermögens. Die notwendige Konkretisierung, in welchem Umfang Einkommen und Vermögen der Leistungsberechtigten und eventuell auch von unterhaltspflichtigen Personen zur Vermeidung beziehungsweise Verminderung von Hilfebedürftigkeit einzusetzen sind, enthält das Elfte Kapitel. Die ersten beiden Abschnitte des Elften Kapitels mit den §§ 82 bis 89 SGB XII regeln den Einsatz des Einkommens.

Begriff des Einkommens im SGB XII

323 Der Erste Abschnitt enthält die Vorschriften über die sozialhilferechtliche Abgrenzung und die Berechnung von Einkommen. Entsprechend dem Grundsatz der Nachrangigkeit werden in § 82 SGB XII alle Einkünfte in Geld und Geldeswert als Einkommen definiert. Dieser weite Einkommensbegriff aus dem Einkommensteuerrecht umfasst unter anderem Erwerbseinkommen, Renten, Pensionen, Unterhaltszahlungen, Zinsen und sonstige Einkünfte aus Kapitalvermögen sowie aus Vermietung und Verpachtung. Weitergehende Präzisierungen enthält die Verordnung zur Durchführung des § 82 des Zwölften Buches Sozialgesetzbuch (Einkommens-Verordnung); die zugehörige Verordnungsermächtigung ist im Sechsten und letzten Abschnitt des Elften Kapitels in § 96 SGB XII enthalten.

324 Ausnahmen vom Grundsatz des Einsatzes von Einkommen zur Vermeidung beziehungsweise Verminderung von Hilfebedürftigkeit enthält § 82 Abs. 1 SGB XII. Danach zählen nicht zu dem auf einen Sozialhilfeanspruch leistungsmindernd anzurechnenden Einkommen:

– Leistungen nach dem SGB XII und ein zeitlich befristet gezahlter Zuschlag zum Arbeitslosengeld II nach § 24 SGB II. Dieser Zuschlag nach SGB II wird gezahlt, wenn der Anspruch auf Arbeitslosengeld II vor dem 31. Dezember 2010 begonnen hat. Er soll die finanziellen Auswirkungen eines Übergangs von Arbeitslosengeld I in das Arbeitslosengeld II abfedern (vergleiche Kapitel 2). Dieser vorübergehende finanzielle Ausgleich ist folglich einer Person mit Anspruch auf Grundsicherung im Alter und bei Erwerbsminderung, die mit einer Arbeitslosengeld II beziehenden Person in einem Haushalt zusammenlebt, nicht als Einkommen anspruchsmindernd anzurechnen. Für Leistungsberechtigte, deren Anspruch auf Arbeitslosengeld II nach dem 31. Dezember 2010 beginnt, wird der Anspruch durch das Haushaltsbegleitgesetz 2011 gestrichen.

– Leistungen sowie Geldleistungen, die nicht zum Zweck des durch die Sozialhilfe abzudeckenden notwendigen Lebensunterhalts gezahlt werden. Dies sind die Grundrente nach dem Bundesversorgungsgesetz und nach Gesetzen, die eine entsprechende Anwendung des Bundesversorgungsgesetzes vorsehen (z. B. das Opferentschädigungsgesetz oder das Infektionsschutzgesetz). Weiterhin die Renten und Beihilfen nach dem Bundesentschädigungsgesetz für Schäden an Leben sowie an Körper und Gesundheit in Höhe bis zur vergleichbaren Grundrente nach dem Bundesversorgungsgesetz.

– Sozialleistungen, für die in den jeweiligen Leistungsgesetzen eine Anrechnung auf Sozialhilfeleistungen ausgeschlossen wird, so insbesondere das Elterngeld nach dem Bundeselterngeld- und Elternzeitgesetz (BEEG) oder Leistungen für Kindererziehung an Mütter der Geburtsjahrgänge vor 1921 (§ 299 SGB VI).

– Kindergeld, das für minderjährige Kinder gezahlt wird (vergleiche Kapitel 18), zählt nicht zum Einkommen der Eltern, sondern ist dem Kind als Einkommen anzurechnen, soweit es zur Deckung von dessen notwendigem Lebensunterhalt benötigt wird. Dabei bleiben allerdings die ab dem 1. Januar 2011 bestehenden Bedarfe des Bildungs- und Teilhabepakets nach § 34 SGB XII unberücksichtigt, d.h. diese Bedarfe sind nicht über das Kindergeld abzudecken. Dadurch soll die bislang trotz Kindergeldzahlung vorhandene Sozialhilfebedürftigkeit von Kindern vermindert werden. Dem minderjährigen Kind das Kindergeld zuzurechnen kann zur Konsequenz haben, dass die dadurch ermöglichte Bedarfsdeckung des Kindes bei den Eltern oder einem Elternteil einen erhöhten Sozialhilfebedarf zur Folge hat, weil ihnen das Kindergeld nicht oder nicht mehr im vollen Umfang als Einkommen zugerechnet werden kann. Für volljährige behinderte Kinder, für die Kindergeld ohne Altersbegrenzung gezahlt wird, gibt es im SGB XII keine Regelung, ob das Kindergeld den Eltern oder dem Kind zuzurechnen ist. Diese Zurechnung ist in der Grundsicherung im Alter und bei Erwerbsminderung bedeutsam, weil volljährige behinderte Kinder in der Regel grundsicherungsberechtigt sind. Solange Kindergeld nicht direkt an ein kindergeldberechtigtes volljähriges Kinder gezahlt oder an dieses nachweisbar weitergeleitet wird, ist es nach einem Urteil des Bundessozialgerichts den Eltern oder dem Elternteil, der das Kindergeld erhält, zuzurechnen und nicht dem in der Grundsicherung im Alter und bei Erwerbsminderung leistungsberechtigten Kind.

– Durch das Gesetz zur Ermittlung von Regelbedarfen und zur Änderung des Zweiten und Zwölften Buches Sozialgesetzbuch kommt es ab 1. Januar 2011 zu einer Ergänzung. Dadurch wird ein seit längerer Zeit strittige Frage geklärt, nämlich die Anrechnung von Rückzahlungen, die auf Vorauszahlungen beruhen, die Leistungsberechtigte aus dem Regelsatz gezahlt haben. Hierbei handelt es sich im Wesentlichen um Vorauszahlungen für den Energieversorgungsverträge, also vor allem für Stromlieferungen. Vorauszahlungen und Abrechnungen von Nebenkosten für die Heizung sind dadurch nicht umfasst, das sie nicht aus dem Regelsatz zu zahlen sind, sondern aus den Leistungen für Unterkunft und Heizung. Waren die Vorauszahlungen für Strom im Abrechnungszeitraum zu hoch und kommt es deshalb am Ende des Zeitraums zu einer Rückzahlung, kann diese nicht mehr als Einkommen angerechnet werden.

325 Bei der Anrechnung von Einkommen hat sich durch das Haushaltsbegleitgesetz 2011 vom 9. Dezember 2010 eine weitere Änderung ergeben. Bis Jahresende 2010 war Elterngeld nach dem Bundeskindergeldgesetz (BKGG) in Höhe des Grundbetrags von 300 Euro im Monat anrechnungsfrei für Leistungsberechtigte nach dem SGB XII und dem SGB II. Durch eine Änderung in der die Anrechnung von Elterngeld regelnden Vorschrift des BKGG entfällt die Anrechnungsfreiheit des Elterngeldes ab 1. Januar 2011, das heißt der Elterngeldanspruch in Höhe von 300 Euro wird in vollem Umfang auf den Leistungsanspruch nach dem Dritten und Vierten Kapitel angerechnet. Davon ausgenommen sind nur Leistungsberechtigte, die vor Beginn des Elterngeldbezugs Erwerbseinkommen erzielt haben.

326 Ergänzend zählen nach § 83 SGB XII Leistungen, die nach öffentlich-rechtlichen Vorschriften für einen ausdrücklich genannten Zweck gezahlt werden, nur soweit sozialhilferechtlich als Einkommen, als die Sozialhilfe im Einzelfall demselben Zweck dient. Gleiches gilt für Entschädigungen nach dem Bürgerlichen Gesetzbuch, die nicht wegen eines Vermögensschadens geleistet werden. Auch Zuwendungen der freien Wohlfahrtspflege sind nach § 84 SGB XII sozialhilferechtlich kein Einkommen, es sei denn die materielle Situation einer leistungsberechtigten Person wird dadurch so günstig beeinflusst, dass daneben Sozialhilfeleistungen nicht mehr gerechtfertigt sind. Bei der Berücksichtigung von Zuwendungen anderer, die nicht aus rechtlicher oder sittlicher Pflicht erbracht werden, hat der Träger der Sozialhilfe einen Ermessensspielraum: Sie sollen außer Betracht bleiben, wenn die Berücksichtigung für die leistungsberechtigte Person eine Härte darstellen würde.

327 Da die Bestreitung des Lebensunterhalts aus dem verfügbaren Einkommen erfolgt, werden nach § 82 Abs. 2 SGB XII folgende Beträge vom (Brutto-) Einkommen abgezogen („allgemeine Absetzbeträge"): Die darauf entrichteten Steuern, die Pflichtbeiträge zur Sozialversicherung und Beiträge zu anderen Versicherungen, die entweder gesetzlich vorgeschrieben oder nach Grund und Höhe angemessen sind. Dazu zählen beispielsweise auch Rechtsschutz- und Haftpflichtversicherungen. Voraussetzung für den Abzug von Beiträgen vom Einkommen ist, dass sie nicht nach den §§ 32 und 33 SGB XII vom Sozialamt übernommen werden (Rdnr. 188 ff). Vom Einkommen abzuziehen sind darüber hinaus die mit der Erzielung des Einkommens verbundenen Ausgaben (Werbungskosten). Bei einer Beschäftigung in einer Werkstatt für behinderte Menschen sind das Arbeitsförderungsgeld und Erhöhungsbeträge des Arbeitsentgelts im Sinne von § 43 Satz 4 SGB IX (bei einem monatlichen Entgelt von unter 325 Euro bis zu monatlich 26 Euro, ist das Arbeitsentgelt höher als 299 Euro, dann der Unterschiedsbetrag zwischen Arbeitsentgelt und 325 Euro; vgl. Kapitel 9) ebenfalls abzuziehen. Dies gilt für alle Beschäftigten in Werkstätten für behinderte Menschen und nicht nur für diejenigen, die in einer Einrichtung leben. Dadurch wird das Ziel der Gleichstellung von ambulant und stationär umgesetzt (Rdnr. 332).

Einsatz des Einkommens für Leistungen nach dem Dritten und Vierten Kapitel

328 Verfügbares Einkommen ist bei Personen, die leistungsberechtigt in der Hilfe zum Lebensunterhalt und in der Grundsicherung im Alter und bei Erwerbsminderung sind, in vollem Umfang einzusetzen. Der Bedarf in Höhe des notwendigen Lebensunterhalts nach § 27a SGB XII, vermindert um das anzurechnende Einkommen, ergibt die Leistungshöhe im Einzelfall.

329 Sofern Erwerbseinkommen erzielt wird, gilt jedoch eine ergänzende Regelung. Hier wird zusätzlich zu den allgemeinen Absetzbeträgen nach § 82 Abs. 2 SGB XII ein sogenannter Erwerbstätigenabsetzbetrag nach § 82 Abs. 3 SGB XII eingeräumt. Damit können erwerbstätige Leistungsberechtigte in der Hilfe zum Lebensunterhalt und der Grundsicherung im Alter und bei Erwerbsminderung von dem aus einer Erwerbstätigkeit erzielten Erwerbseinkommen einen Teil anrechnungsfrei behalten, d. h. die Sozialhilfe mindert sich nicht um den gesamten Hinzuverdienst. Anrechnungsfreier Hinzuverdienst stellt damit zusätzliches, über das zu gewährleistende menschenwürdige Existenzminimum hinausgehendes, verfügbares Einkommen dar. Weil der Bezug von Hilfe zum Lebensunterhalt und Grundsicherung von der am Existenzminimum festgemachten Hilfebedürftigkeit abhängt, ist eine Begrenzung des nicht anzurechnenden Hinzuverdienstes erforderlich.

330 Anrechnungsfrei ist nach § 82 Abs. 3 SGB XII bei Leistungsberechtigten in der Hilfe zum Lebensunterhalt sowie in der Grundsicherung im Alter und bei Erwerbsminderung 30 Prozent des Verdienstes aus einer Erwerbstätigkeit, was bedeutet, dass 70 Prozent davon anspruchsmindernd anzurechnen sind. Um zu verhindern, dass bei den voll erwerbsgeminderten Beziehern von Hilfe zum Lebensunterhalt und in der Grundsicherung im Alter und bei Erwerbsminderung Hinzuverdienste in unbegrenzter Höhe anteilig abgesetzt werden können, ist der anrechnungsfreie Betrag auf 50 Prozent der Regelbedarfsstufe 1 nach der Anlage zu § 28 SGB XII begrenzt. Damit werden im Jahr 2011 bis zu 182 Euro monatlich nicht anspruchsmindernd angerechnet. Der Erwerbstätigenabsetzbetrag führt dazu, dass von einem Nettoerwerbseinkommen von monatlich 100 Euro ein Betrag von 30 Euro nicht angerechnet wird, der Anspruch auf Hilfe zum Lebensunterhalt oder Grundsicherung im Alter und bei Erwerbsminderung vermindert sich folglich nur um 70 Euro und nicht um 100 Euro. Das verfügbare Einkommen (anrechnungsfreier Hinzuverdienst und Sozialhilfeanspruch nach Einkommensanrechnung) erhöht sich damit um 30 Euro monatlich. Bei einem Nettoerwerbseinkommen von 607 Euro im Jahr 2010 beläuft sich der anrechnungsfreie Betrag auf 182 Euro, damit ist der in seiner Höhe begrenzte Freibetrag ausgeschöpft. Auch bei höheren Hinzuverdiensten bleiben nur 182 Euro anrechnungsfrei.

331 Durch das Gesetz zur Ermittlung von Regelbedarfen und zur Änderung des Zweiten und Zwölften Buches Sozialgesetzbuch wird die Anrechnung von Erwerbseinkommen nach § 82 Abs. 3 SGB XII ergänzt. Ab dem Jahr 2011 gilt neben dem Erwerbstätigenabsetzbetrag auch der steuerliche Freibetrag für Einnahmen aus nebenberuflicher Tätigkeit nach § 3 Nummer 26, 26a oder 26b auch für Leistungsberechtigten nach dem Dritten und Vierten Kapitel SGB XII. Begünstigt werden – wie auch in der Parallelregelung nach § 11b SGB II - dadurch vor allem Übungsleiter, aber auch nebenberuflich tätige Ausbilder, Erzieher oder Betreuer sowie aus einer Bundeskasse oder Landeskasse gezahlte Bezüge, die in einem Bundesgesetz oder Landesgesetz oder einer auf bundesgesetzlicher oder landesgesetzlicher Ermächtigung beruhenden Bestimmung oder von der Bundesregierung oder einer Landesregierung als Aufwandsentschädigung festgesetzt werden. Dabei werden bis zu 175 Euro monatlich nicht als Einkommen angerechnet. Der Freibetrag gilt auch, wenn die nebenberufliche Tätigkeit mit Einkommen aus einer Erwerbstätigkeit zusammenfällt, es werden dann jedoch nicht beide Freibeträge addiert, sondern es gilt nur der höhere Freibetrag. Für Leistungsberechtigte nach dem Dritten und Vierten Kapitel SGB XII bedeutet dies allerdings, dass bei einem maximalen Erwerbstätigenabsetzbetrag im Jahr 2011 in Höhe von 182 Euro faktisch nur eine von beiden Freibetragsregelungen greift.

332 Für Beschäftigte in einer Werkstatt für behinderte Menschen sieht § 82 Abs. 3 SGB XII einen eigenen Erwerbstätigenabsetzbetrag vor: Es gibt einen festen Freibetrag in Höhe eines Achtels der Regelbedarfsstufe 1 nach der Anlage zu § 28 SGB XII (im Jahr 2011: 45,50 Euro), zusätzlich bleiben 25 Prozent des diesen Freibetrag übersteigenden Entgeltes anrechnungsfrei. Dieser spezielle Erwerbstätigenabsetzbetrag für Werkstattbeschäftigte entspricht dem Einkommensteil, den in einer stationären Einrichtung lebende Werkstattbeschäftigte nicht einsetzen müssen (Rdnr. 340). Auch dies dient der mit dem SGB XII angestrebten Gleichbehandlung von ambulant und stationär.

Einkommensgrenzen für Leistungen nach dem Fünften bis Neunten Kapitel

333 Der Zweite Abschnitt des Elften Kapitels enthält in den §§ 85 bis 89 SGB XII die Vorschriften für den Einkommenseinsatz bei den Hilfen zur Gesundheit nach dem Fünften Kapitel, in der Eingliederungshilfe für behinderte Menschen nach dem Sechsten Kapitel, in der Hilfe zur Pflege nach dem Siebten Kapitel, bei den Hilfen zur Überwindung besonderer sozialer

Schwierigkeiten nach dem Achten Kapitel und den Hilfen in anderen Lebenslagen nach dem Neunten Kapitel. Der Einsatz des Einkommens der Leistungsberechtigen und ihrer nicht getrennt lebenden Ehegatten und Lebenspartnern ist angesichts der oftmals hohen Kosten dieser Leistungen, vor allem wenn sie mit einer stationären Unterbringung verbunden sind, gegenüber dem Einkommenseinsatz in der Hilfe zum Lebensunterhalt und der Grundsicherung im Alter und bei Erwerbsminderung eingeschränkt. Damit wird bei Bezug der Leistungen nach dem Fünften bis Neunten Kapitel das Nachrangprinzip der Sozialhilfe abgeschwächt.

334 Den Leistungsberechtigten und ihren Ehegatten oder Lebenspartnern darf nach § 85 SGB XII die Aufbringung der Mittel grundsätzlich nicht zugemutet werden, wenn während der Dauer des Bedarfs ihr monatliches gemeinsames Einkommen eine Einkommensgrenze nicht übersteigt. Diese Einkommensgrenze errechnet sich aus

- einem Grundbetrag in Höhe des zweifachen der Regelbedarfsstufe 1 nach der Anlage zu § 28 SGB XII, im Jahr 2011 also 728 Euro,
- den Kosten der Unterkunft, soweit sie den der Besonderheit des Einzelfalles angemessenen Umfang nicht übersteigen und
- einem Familienzuschlag in Höhe des auf volle Euro aufgerundeten Betrags von 70 Prozent der der Regelbedarfsstufe 1 nach der Anlage zu § 28 SGB XII, woraus sich im Jahr 2011 ein Betrag von 255 Euro ergibt für den nicht getrennt lebenden Ehegatten oder Lebenspartner und für jede Person, die von der nachfragenden Person, ihrem nicht getrennt lebenden Ehegatten oder Lebenspartner überwiegend unterhalten worden ist oder für die sie nach der Entscheidung über die Erbringung der Sozialhilfe unterhaltspflichtig werden.

335 Leistungsberechtigten unverheirateten Minderjährigen und ihren Eltern ist die Aufbringung der Mittel grundsätzlich nicht zuzumuten, wenn während der Dauer des Bedarfs das monatliche Einkommen der minderjährigen Person und ihrer Eltern zusammen eine Einkommensgrenze nicht übersteigt, die sich hinsichtlich Grundbetrag und Kosten der Unterkunft wie bei Volljährigen berechnet. Der Familienzuschlag beläuft sich für einen Elternteil, wenn die Eltern zusammenleben, ebenfalls auf 70 Prozent der Regelbedarfsstufe 1 nach der Anlage zu § 28 SGB XII. Der gleiche Betrag kommt noch einmal für das minderjährige Kind hinzu und für jede weitere Person, die von den Eltern oder dem minderjährigen Kind überwiegend unterhalten wird. Leben die Eltern nicht zusammen, richtet sich die Einkommensgrenze nach dem Elternteil, bei dem die minderjährige Person lebt; lebt sie bei keinem Elternteil, dann bestimmt sich die Einkommensgrenze wie bei Volljährigen.

336 Damit gibt es für den Einkommenseinsatz bei stationären wie ambulanten Leistungen nach dem Fünften bis Neunten Kapitel eine gemeinsame Einkommensgrenze. Auch dies dient der mit dem SGB XII angestrebten Gleichbehandlung von ambulantem und stationärem Bereich. Ergänzend zur bundesrechtlichen Regelung kann der Grundbetrag nach § 89 SGB XII von den Ländern und, wenn Landesrecht dem nicht entgegensteht, auch von den Trägern der Sozialhilfe, für bestimmte Arten der Hilfe nach dem Fünften bis Neunten Kapitel erhöht werden.

337 Aus zu berücksichtigendem Einkommen, das die Einkommensgrenze übersteigt – im SGB XII bezeichnet als Einsatz des Einkommens oberhalb der Einkommensgrenze – ist die Aufbringung der Mittel nach § 87 SGB XII in angemessenem Umfang zuzumuten. Die Angemessenheit richtet sich insbesondere nach Art des Bedarfs, Art oder Schwere der Behinderung oder der Pflegebedürftigkeit. Hinzu kommen bei der Prüfung der Höhe einer angemessenen Beteiligung durch den Träger der Sozialhilfe auch die Dauer und Höhe der erforderlichen Aufwendungen sowie die Berücksichtigung besonderer Belastungen der nachfragenden Person und ihrer unterhaltsberechtigten Angehörigen. Bei Schwerstpflegebedürftigen nach § 64 Abs. 3 SGB XII (entspricht Pflegestufe III in der Pflegeversicherung; Rdnr. 288) und bei Beziehern von Blindenhilfe nach § 72 SGB XII (Rdnr. 296) darf ein Einsatz des Einkommens über der Einkommensgrenze von mindestens 60 Prozent nicht zugemutet werden.

338 In Fällen, in denen die nachfragende Person durch den Eintritt eines nur kurzzeitig bestehenden Bedarfsfalles ihr Einkommen ganz oder teilweise verliert, besteht für die Träger der Sozialhilfe ein Ermessensspielraum dahingehend, dass die Aufbringung der Mittel auch aus künftigem, also nach Wegfall des Bedarfs in einem angemessenen Zeitraum zufließendem Einkommen verlangt werden kann, soweit dieses die Einkommensgrenze übersteigt. Der Umfang der Mittelaufbringung hat sich daran zu orientieren, was ohne Verlust des Einkommens zumutbar gewesen wäre.

339 Auch wenn das Einkommen unterhalb der Einkommensgrenze liegt, kann nach § 88 Abs. 1 SGB XII in den zwei folgenden Ausnahmefällen eine Beteiligung des Leistungsberechtigten an der Aufbringung der Mittel verlangt werden:

– Bei allen Leistungen in Sach- und Geldform, die von Dritten und unabhängig von einer rechtlichen Grundlage für einen Zweck erbracht werden, für den sonst Sozialhilfe zu leisten wäre. Hierdurch wird die Nachrangigkeit von Sozialhilfeleistungen bekräftigt.
– Wenn zur Deckung des Bedarfs nur geringfügige Mittel erforderlich sind. Damit wird die verwaltungsaufwändige Zahlung von Bagatellbeträgen durch die Sozialhilfe ausgeschlossen.

Der dritte Ausnahmefall, nämlich die Einkommensheranziehung bei Aufenthalt in einer stationären Einrichtung, ist in § 92a SGB XII enthalten (Rdnr. 358).

340 Beschäftigte in einer Werkstatt für behinderte Menschen, die in einer stationären Einrichtung – meist in einem der Werkstatt angeschlossenen Wohnheim – leben und in der Werkstatt Arbeitsentgelt erzielen, müssen sich nach § 88 Abs. 2 SGB XII nicht mit dem gesamten Arbeitsentgelt an den Unterkunftskosten, sondern nur in begrenztem Umfang beteiligen. Damit wird die Anreizfunktion für die Ausübung einer Erwerbstätigkeit in der Werkstatt für behinderte Menschen nicht auf die in einem privaten Haushalt lebenden behinderten Menschen beschränkt. Zur Umsetzung des Grundsatzes einer Gleichbehandlung von stationären und ambulanten Leistungsformen werden in Wohnheimen und in Privathaushalten lebende behinderte Menschen finanziell gleichgestellt:

– In beiden Konstellationen gilt der vom Einkommen abzuziehende allgemeine Absetzbetrag in gleicher Höhe (Rdnr. 327).
– Die Höhe des für die Kosten in der stationären Einrichtung einzusetzenden Einkommens bei in einem Wohnheim lebenden Werkstattbeschäftigten entspricht dem speziellen Erwerbstätigenabsetzbetrag für Werkstattbeschäftigte nach § 82 Abs. 3 SGB XII, die nicht in einer stationären Einrichtung leben. Deshalb ist dieser Erwerbstätigenabsetzbetrag für im Wohnheim lebende behinderte Menschen nicht anwendbar (Rdnr. 332).

341 Der – obligatorisch oder im Wege einer Ermessensentscheidung – erforderliche Einsatz von Teilen des Einkommens zur Deckung bestimmter Bedarfe erfordert es, dass dieser Einkommensteil bei Vorliegen mehrerer Bedarfe nach dem SGB XII bei der Prüfung, inwieweit der Einsatz des Einkommens für einen anderen gleichzeitig bestehenden Bedarf zuzumuten ist oder verlangt werden kann, nicht noch einmal berücksichtigt wird. Sind verschiedene Sozialhilfeträger für die unterschiedlichen Bedarfsfälle zuständig, so hat nach § 89 SGB XII der zuerst eingetretene Bedarf Vorrang. Bei gleichzeitigem Eintritt der Bedarfsfälle ist das über die Einkommensgrenze liegende Einkommen in gleichen Teilen bei den Bedarfsfällen zu berücksichtigen.

Einsatz des Vermögens

342 Der Dritte Abschnitt des Elften Kapitels enthält in den §§ 90 und 91 SGB XII die Vorschriften für den Einsatz des Vermögens zur Vermeidung beziehungsweise zur Verminderung des Ausmaßes der Hilfebedürftigkeit. Ebenso wie der Einsatz des Einkommens dient damit auch der Einsatz des Vermögens der Umsetzung des Nachrangprinzips der Sozialhilfe.

Allgemeiner Vermögenseinsatz

343 In § 90 SGB XII wird der Einsatz des gesamten vorhandenen Vermögens verlangt, soweit dieses verwertbar ist. Ebenso wie beim einzusetzenden Einkommen gibt es allerdings auch beim Vermögen Ausnahmen, um nicht generell einen vollständigen Vermögensverzehr zu verlangen. Dies würde die Gefahr in sich bergen, dass Leistungsberechtigte wegen des Verzehrs aller „Reserven" dauerhaft und in vollem Umfang auf Sozialhilfe angewiesen sind, zumindest aber die Umsetzung des Ziel der Sozialhilfe erheblich erschweren, die Leistungsberechtigten zu befähigen, unabhängig von Hilfeleistungen leben zu können.

344 Der Begriff des Vermögens wird im SGB XII nicht definiert. Ausgegangen wird deshalb von der allgemeinen und weitgehenden wirtschaftlichen Vermögensdefinition, nach der alle Gegenstände und Güter, die nicht zur sofortigen Bestreitung des aktuellen Bedarfs vorgesehen sind, zum Vermögen zählen. Dies sind insbesondere Geld als Bargeld wie als Guthaben in jeder Form bei Geldinstituten, Forderungen gegen Dritte (z. B. Aktien, Wechsel und Hypothekenbriefe) und Geldeswerte (z. B. Gutscheine und Schecks). Auch Einkommen führt, soweit es nicht in dem Monat, in dem es dem Einkommensbezieher zufließt, für die Bestreitung des Lebensunterhalts verwendet wird, zu Vermögen. Auch alle Formen von

Sachvermögen sind Vermögensbestandteile – also insbesondere Immobilien, Grundstücke und Wertgegenstände. Erträge aus dem Vermögen sind, sofern sie nicht wieder angelegt werden, Einkommen.

345 Ferner werden die Kriterien für eine Verwertbarkeit des Vermögens im SGB XII nicht explizit festgelegt. Damit gelten allgemeine wirtschaftliche Gesichtspunkte, nach denen entscheidend ist, ob ein Vermögensgegenstand zu einem vertretbaren Preis in absehbarer Zeit veräußert („zu Geld gemacht") werden kann. Dies ist nicht zwingend mit einem „Gewinn" gleichzusetzen, wohl aber damit, dass eine Veräußerung, die mit einem deutlichen Verlust verbunden ist, nicht zugemutet werden kann. Wegen des Verlustrisikos – z. B. wegen der Kursentwicklung von Wertpapieren – kann die Verwertung aber zu einem späteren Zeitpunkt zumutbar sein (Rdnr. 350 f.). Hinzu kommt die objektive Unmöglichkeit einer Veräußerung – etwa weil bei der Zwangsversteigerung einer Immobilie kein Gebot abgegeben wird.

346 Neben dem Verkauf von Vermögenswerten kann ein Vermögensinhaber sich aber auch für andere Nutzungsformen entscheiden: So beispielsweise für Vermietung, Verpachtung oder Beleihung (Kreditbeschaffung gegen dingliche Sicherheiten).

347 Ausgehend von dieser weiten Abgrenzung des Vermögens wird in § 90 SGB XII nicht das einzusetzende Vermögen definiert, sondern im Sinne von Ausnahmeregelungen das nicht einzusetzende Vermögen. Danach darf die Sozialhilfe nicht abhängig gemacht werden vom Einsatz oder der Verwertung folgender Vermögenswerte (sogenanntes „Schonvermögen"):

– Ein Vermögen, das aus öffentlichen Mitteln finanziert wurde und zum Aufbau oder zur Sicherung einer Lebensgrundlage oder zur Gründung eines Hausstands bestimmt ist. Dabei handelt es sich um Zuwendungen seitens Bund, Länder oder Gemeinden sowie Stiftungen, Körperschaften oder Anstalten des öffentlichen Rechts. Diese dienen entweder der Erst- oder Wiederbeschaffung von Hausrat oder der Sicherung der Lebensgrundlage. Letzteres bedeutet, dass damit die Aufnahme einer Tätigkeit ermöglicht wird, aus der dann der Lebensunterhalt bestritten werden kann.
– Ein steuerlich gefördertes Altersvorsorgekapital einschließlich seiner Erträge (nach § 10a oder des Abschnitts XI des Einkommensteuergesetzes), die sogenannte „Riester-Rente". Dies bedeutet, dass das angesparte Altersvorsorgekapital weder während der Ansparphase für den Lebensunterhalt eingesetzt werden muss, noch nach Beginn der Auszahlungsphase über die Auszahlung hinaus aufgelöst werden muss (nur die vertragsmäßigen Auszahlungen sind anrechenbares Einkommen).
– Ein angemessenes Hausgrundstück, das von der nachfragenden Person oder einer anderen Person, die Leistungen nach dem Dritten bis Neunten Kapitel bezieht, allein oder zusammen mit Angehörigen ganz oder teilweise bewohnt wird und nach ihrem Tod von ihren Angehörigen bewohnt werden soll. Damit können Wohnhäuser oder Eigentumswohnungen mit dem zugehörigen Grund, die sich im Allein- oder Miteigentum des Leistungsberechtigten beziehungsweise eines Mitglieds der Haushaltsgemeinschaft befinden oder auf Grund eines Erbbaurechts errichtet wurden, Teil des Schonvermögens sein. Da hierin eine erhebliche Abweichung vom Nachrangprinzip liegt, kommt der Angemessenheit besondere Bedeutung zu. Die Angemessenheit bestimmt sich nach der Zahl der Bewohner, dem Wohnbedarf – wobei ein spezieller Wohnbedarf von behinderten, blinden oder pflegebedürftigen Menschen zu berücksichtigen ist – der Größe von Haus und Grundstück, dem Zuschnitt und der Ausstattung des Wohngebäudes sowie vor allem auch dem Wert von Grundstück und Wohngebäude. Ob diese Kriterien erfüllt werden, kann nur im Wege der Einzelfallentscheidung geprüft werden. Abteilbare und unbebaute Teile des Grundstücks sind grundsätzlich veräußerbar und fallen nicht unter das Schonvermögen. Im Rahmen der Hilfe zum Lebensunterhalt sowie der Grundsicherung im Alter und bei Erwerbsminderung können nach § 35 SGB XII die üblichen Betriebskosten und eventuelle Kapitalkosten übernommen werden, also die anfallenden Zinsen, nicht aber die Tilgung (Rdnr. 215).
– Sonstiges Vermögen, insbesondere in Form von Bausparverträgen, Lebensversicherung oder Sparkonten, mit dem in absehbarer Zeit Beschaffung oder Erhaltung (Instandsetzung und Instandhaltung sowie notwendige Modernisierungen von Heizung und Ähnlichem) eines Hausgrundstücks oder einer Eigentumswohnung im Sinne des voranstehenden Spiegelstriches geplant ist. Als Beleg für diese Absicht können Bau- und Finanzierungspläne oder Vergleichbares dienen. Die Immobilie muss allerdings Wohnzwecken für behinderte Menschen (wenn die Voraussetzungen für Einglie-

derungshilfe erfüllt werden), für blinde Menschen (wenn die Voraussetzungen für Blindenhilfe erfüllt werden), sowie für pflegebedürftige Menschen (wenn die Voraussetzungen für die Hilfe zur Pflege erfüllt werden) dienen. Nicht erforderlich ist allerdings, dass nur eine behinderte, blinde oder pflegebedürftige Person dort wohnt oder Eigentümer ist beziehungsweise wird. Voraussetzung für die Anerkennung als Schonvermögen ist, dass Einsatz oder Verwertung dieses Vermögens den genannten Zweck gefährden würde.

– Ein angemessener Hausrat, dazu zählen vor allem Möbel und sonstige Wohnungseinrichtung einschließlich Haushaltsgeräte. Die Angemessenheit richtet sich nach den bisherigen Lebensverhältnissen der nachfragenden Person beziehungsweise der Haushaltsgemeinschaft.

– Gegenstände, die zur Aufnahme oder Fortsetzung der Berufsausbildung oder der Erwerbstätigkeit unentbehrlich sind. Darin inbegriffen sind Gegenstände für die Fortbildung, berufliche Schulung und Schulausbildung. Ferner Fachliteratur oder Arbeitsgeräte und Werkzeuge. Wegen der Zuordnung der erwerbsfähigen Hilfebedürftigen zum SGB II kann ein aus beruflichen Gründen erforderliches Auto in der Regel nur noch dann berücksichtigt werden, wenn es sich um ein behindertengerechtes Fahrzeug handelt. Ansonsten kann ein Auto nur dann als Schonvermögen anerkannt werden, wenn sein Zeitwert sehr gering ist und dieser zusammen mit vorhandenem kleineren Barbeträgen und sonstigen Geldwerten nicht zur Überschreitung der Schonbeträge führt.

– Familien- und Erbstücke, deren Veräußerung für die nachfragende Person oder ihre Familie eine besondere Härte bedeuten würde. Dies sind bspw. Kunstgegenstände, Schmuckstücke, Sammlungen oder Möbel. Als besondere Härte gelten schwerwiegende Umstände, die einem Verkauf entgegenstehen. Ob solche Hinderungsgründe vorliegen, kann nur im Wege der Einzelfallprüfung entschieden werden.

– Gegenständen, die zur Befriedigung geistiger, insbesondere wissenschaftlicher und künstlerischer Bedürfnisse dienen und deren Besitz nicht Luxus ist. Dies bedeutet, dass sie nicht von erheblichem Wert sein dürfen und damit in keinem unvertretbaren Verhältnis zur Lebenssituation stehen beziehungsweise weit über das allgemein Übliche hinausgehen. Neben künstlerischen oder wissenschaftlichen Bedürfnissen können dies u. a. auch Interessen technischer, literarischer, allgemein bildender Art sein. Eingeschlossen sind aber auch Gegenstände zur Sportausübung oder Freizeitbeschäftigung. Damit sind auch Liebhabereien beziehungsweise Hobbys mit inbegriffen.

– Kleinere Barbeträge oder sonstige Geldwerte, dabei ist die besondere Notlage der nachfragenden Person zu berücksichtigen.

348 Weitergehende Festlegungen, was unter kleineren Barbeträgen und sonstigen Geldwerten zu verstehen ist, enthält die Verordnung zur Durchführung des § 90 Abs. 2 Nr. 9 des Zwölften Buches Sozialgesetzbuch (Vermögensschutz-Verordnung). Die zugehörige Verordnungsermächtigung ist im Sechsten und letzten Abschnitt des Elften Kapitels in § 96 SGB XII enthalten. Unter das als Schonvermögen anzuerkennende Geldvermögen fallen auch Geldbeträge, die aus dem Regelsatz für künftige Bedarfe anzusparen sind (Rdnr. 92).

Folgende Beträge für das Schonvermögen werden durch die Verordnung festgesetzt:

– Für eine alleinlebende leistungsberechtigte Person in der Hilfe zum Lebensunterhalt ist ein Vermögen von 1.600 Euro frei, ab Vollendung des 60. Lebensjahres sowie bei voller Erwerbsminderung im Sinne der gesetzlichen Rentenversicherung jedoch 2.600 Euro; für Leistungsberechtigte in der Grundsicherung im Alter und bei Erwerbsminderung ergibt sich damit ein Schonvermögen von 2.600 Euro. Bei Leistungen der Hilfe zur Gesundheit, der Eingliederungshilfe für behinderte Menschen, der Hilfe zur Pflege, der Hilfen zur Überwindung besonderer sozialer Schwierigkeiten und der Hilfen in anderen Lebenslagen beläuft sich das Schonvermögen ebenfalls auf 2.600 Euro. Hinzu kommen 256 Euro für jede Person, die vom Bezieher dieser Sozialhilfeleistungen überwiegend unterhalten wird.

– Die Vermögensfreigrenzen erhöhen sich, wenn eine leistungsberechtigte Person mit einem Ehegatten oder Lebenspartner zusammenlebt und damit das Vermögen beider zu berücksichtigen ist: 614 Euro für den Ehegatten oder Lebenspartner und 256 Euro für jede Person, die vom Leistungsberechtigten, dessen Ehegatten oder Lebenspartner überwiegend unterhalten wird. Bei einem Ehepaar, beide Ehepartner mindestens 60 Jahre alt oder voll erwerbsgemindert, mit einem Kind ergeben sich damit 3.470 Euro (2.600 zuzüglich 614 zuzüglich 256) an Schonvermögen.

– Bei unverheirateten Minderjährigen und deren Eltern erhöhen sich die Freigrenzen von 1.600 beziehungsweise 2.600 Euro um 614 Euro für einen Elternteil und 256 Euro für die minderjährige Person und jede Person, die von Eltern der minderjährigen Person überwiegend unterhalten wird. Ist bspw. die Leistungsberechtigung in der Hilfe zum Lebensunterhalt ausschließlich vom Vermögen eines minderjährigen Kindes abhängig, so ergeben sich für dieses 1.600 Euro zuzüglich 256 Euro, insgesamt also 1.856 Euro. Ist die Leistungsberechtigung auch vom Vermögen eines Elternteils abhängig, so ergeben sich 2.470 Euro (1.856 Euro zuzüglich 614 Euro).

349 Darüber hinaus darf die Sozialhilfe nicht vom Einsatz oder die Verwertung von Vermögen abhängig gemacht werden, soweit dies für den, der das Vermögen einzusetzen hat, und für seine unterhaltsberechtigten Angehörigen eine Härte bedeuten würde. Dies gilt bei Leistungsberechtigten in der Hilfe zur Gesundheit, der Eingliederungshilfe für behinderte Menschen, der Hilfe zur Pflege, der Hilfen zur Überwindung besonderer sozialer Schwierigkeiten und der Hilfen in anderen Lebenslagen insbesondere soweit eine angemessene Lebensführung oder die Aufrechterhaltung einer angemessenen Alterssicherung bei einem Vermögenseinsatz wesentlich erschwert würde.

Aufgeschobener Vermögenseinsatz durch Darlehensgewährung

350 Einen Ermessensspielraum für die Träger der Sozialhilfe sieht § 91 SGB XII vor, wenn der sozialhilferechtliche Bedarf unmittelbar vorhanden ist, die nicht unter das Schonvermögen fallenden Vermögenswerte aber nicht sofort verbraucht oder veräußert werden können. Dies kann z. B. der Fall sein, weil ein minderjähriger Leistungsberechtigte als Eigentümer nicht zur Veräußerung berechtigt ist, oder weitere rechtliche Hinderungsgründe bestehen – zum Beispiel im Erbfall wegen einer Testamentsvollstreckung oder noch nicht abgeschlossener Nachlassstreitigkeiten. Der Ermessensspielraum gilt auch, wenn die einzusetzenden Vermögenswerte nur unwirtschaftlich verwertet werden können oder gar „verschleudert" werden müssen und die Verwertung deshalb zu einer Härte führt. So bspw. wenn ein hoher Vermögenswert wegen eines im Vergleich dazu nach seiner Höhe geringen oder voraussichtlich von begrenzter zeitlicher Dauer bestehenden Leistungsanspruchs unter Wertverlusten oder hohen Kosten veräußert werden müsste.

351 In diesen Fällen soll die Sozialhilfe als Darlehen geleistet werden. Dabei kann die Darlehensgewährung und damit die Leistungserbringung davon abhängig gemacht werden, dass der Rückzahlungsanspruch dinglich oder auf andere Weise gesichert wird. Dies erfolgt bei Grundstücken und Immobilien durch eine Hypothek oder Grundschuld, bei anderen Vermögenswerten bspw. durch Sicherungsübereignung, Forderungsabtretung, Bestellung eines Pfandrechts oder eine Bürgschaft. Die Rückzahlung des Darlehens erfolgt durch Veräußerung des zugrunde liegenden Vermögenswertes, entweder wenn der Grund für die Unmöglichkeit der Verwertung wegfällt oder nach dem Tod des Leistungsberechtigten.

Einschränkung der Anrechnung von Einkommen und Vermögen

352 Der Vierte Abschnitt des Elften Kapitels beinhaltet mit den §§ 92 und 92a SGB XII zwei weitere Ausnahmeregelung von dem in § 19 Abs. 3 SGB XII enthaltenen Grundsatz des Einsatzes von Einkommen und Vermögen (Rdnr. 58).

353 Die erste Ausnahmeregelung in § 92 SGB XII gilt für den Bezug von Sozialhilfeleistungen wegen einer Behinderung. Das Ziel dieser Ausnahmeregelung ist es, zu verhindern, dass vor allem die für Teilhabe- und Berufschancen behinderter Menschen wichtigen Leistungen der Eingliederungshilfe im Kinder- und Jugendalter aus finanziellen Gründen unterbleiben.

354 Ärztliche oder ärztlich verordnete Leistungen wegen einer Behinderung sind nach § 92 Abs. 1 SGB XII auch dann in vollem Umfang zu erbringen, wenn den Leistungsberechtigten, ihren Ehegatten oder Lebenspartnern und, sofern sie minderjährig und unverheiratet sind, ihren Eltern oder einem Elternteil die Aufbringung der Kosten teilweise zuzumuten ist. Die Sozialhilfe hat damit die Gesamtkosten nach § 19 Abs. 5 SGB XII „vorzuleisten" (sogenanntes Bruttoprinzip, Rdnr. 60), Leistungsberechtigte und deren Unterhaltsverpflichteten haben allerdings in der zumutbaren Höhe zu den Kosten beizutragen.

355 Folgende Leistungen sind nach § 92 Abs. 2 SGB XII ohne Berücksichtigung von Vermögen der Leistungsberechtigten und Eltern oder Elterteilen zu erbringen und die erforderliche Kostenbeteiligung

auf die Höhe der für den häuslichen Lebensunterhalt ersparten Kosten beschränkt:
- bei Maßnahmen und Hilfen für noch nicht eingeschulte Kinder, insbesondere zur Vorbereitung einer angemessenen Schulbildung;
- bei der Hilfe zur schulischen Ausbildung für einen angemessenen Beruf oder zur Ausbildung für eine sonstige angemessene Tätigkeit, wenn die hierzu erforderlichen Leistungen in besonderen Einrichtungen für behinderte Menschen erbracht werden;
- bei Leistungen zur medizinischen Rehabilitation und Leistungen zur Teilhabe am Arbeitsleben nach dem SGB IX;
- bei Leistungen in anerkannten Werkstätten für behinderte Menschen nach dem SGB IX (§ 41 SGB IX) und in vergleichbaren sonstigen Beschäftigungsstätten. Übersteigt das gesamte Einkommen des behinderten Menschen jedoch nicht das Zweifache des geltenden Eckregelsatzes (im Jahr 2010: 718 Euro), so ist auch für den ersparten Lebensunterhalt kein Kostenersatz erforderlich.

Ebenfalls ohne Berücksichtigung von Vermögen, aber mit einer zumutbaren Kostenbeteiligung in Höhe des Lebensunterhalts sind die Hilfen zum Erwerb praktischer Kenntnisse und Fähigkeiten zu erbringen, die erforderlich und geeignet sind, behinderten Menschen die für sie erreichbare Teilhabe am Arbeitsleben zu ermöglichen. Diese Hilfen sollen in besonderen teilstationären Einrichtungen für behinderte Menschen erbracht werden. Auch hier setzt die Kostenbeteiligung voraus, dass das gesamte Einkommen des behinderten Menschen das Zweifache der Regelbedarfsstufe 1 nach der Anlage zu § 28 SGB XII, also 728 Euro im Jahr 2011 nicht übersteigt.

Diese Begünstigung von Leistungsberechtigten und deren Unterhaltsverpflichteten, dass eine Beteiligung an den Kosten der Leistungen („Maßnahmenkosten") nicht zumutbar ist, gilt allerdings nicht für einen Zeitraum, in dem in der Einrichtung gleichzeitig durchgeführte andere Maßnahmen überwiegen.

356 Die zuständigen Landesbehörden können über die Bemessung der für den häuslichen Lebensbedarf ersparten Aufwendungen und einem Kostenbeitrag für den ersparten Lebensunterhalt in Form des Mittagessens in der Einrichtung weitergehende Bestimmungen treffen.

357 Diese Beschränkung des Einsatzes von Einkommen und Vermögen gilt jedoch nicht für Leistungen, die von nicht zum Unterhalt Verpflichteten oder auf öffentlich-rechtlicher Grundlage für denselben Zweck erbracht werden.

358 Nach § 92a SGB XII bestimmt sich, in welchem Umfang Einkommen bei Leistungen in teilstationären und in stationären Einrichtungen einzusetzen ist. Dabei wird zwischen einem kurzzeitigen und längerfristigen Aufenthalt in der Einrichtung differenziert.

Bei einem kurzzeitigen Aufenthalt in einer Einrichtung kann für die dort erbrachten Leistungen der Hilfe zum Lebensunterhalt sowie der Grundsicherung im Alter und bei Erwerbsminderung der Einsatz des gemeinsamen Einkommens des Heimbewohners und seines Ehegatten oder Lebenspartners nach § 92a Abs. 1 SGB XII auf die häusliche Ersparnis beschränkt werden. Damit sind der Lebensunterhaltsbedarf und damit Kosten gemeint, die auch anfallen würden, wenn die leistungsberechtigte Person nicht in der Einrichtung, sondern in der eigenen Wohnung leben würde. Nach höchstrichterlicher Rechtsprechung ist die häusliche Ersparnis auf die Höhe des Regelsatzes beschränkt.

Dauert der Aufenthalt in einer stationären Einrichtung voraussichtlich längere Zeit, dann soll der Einsatz eigenen Einkommens nach § 92a Abs. 2 SGB XII in angemessenem Umfang verlangt werden. Der zuständige Sozialhilfeträger hat hier folglich einen großen Ermessensspielraum für die Bestimmung der Höhe des Kostenbeitrags. Für die Ausübung des Ermessensspielraums gibt § 92a Abs. 3 SGB XII nur grobe Vorgaben. So ist bei der Festsetzung der Höhe des einzusetzenden Einkommens auch die bisherige Lebenssituation des im bisher gemeinsamen Haushalt verbliebenen Ehegatten oder Lebenspartners sowie der im Haushalt lebenden Kinder zu berücksichtigen. Damit soll verhindert werden, dass der Kostenbeitrag für den stationären Aufenthalt die im Haushalt verbliebenen Familienmitglieder zur Aufgabe der bisherigen Wohnung zwingt oder diese sogar zu Sozialhilfebeziehern macht.

359 Bei der Bestimmung der Höhe des Eigenanteils an den Heimkosten nach § 92a SGB XII wird folglich nicht danach differenziert, ob der in die stationäre Einrichtung gewechselte Ehegatte oder Lebenspartner der „Hauptverdiener" ist, sondern es wird auf die gemeinsamen Mittel abgestellt. Dadurch wird verhindert, dass die Höhe des Kostenbeitrags davon abhängt, ob der nun im Heim lebende Ehegatte oder Lebenspartner der „Hauptverdiener" war oder der in der Wohnung verbleibende Partner.

Berücksichtigung von Verpflichtungen anderer Personen sowie von Sozialleistungsträgern

Übergang von Ansprüchen

360 Im Fünften Abschnitt des Elften Kapitels sind mit den §§ 93 bis 95 SGB XII Vorschriften über Ansprüche von Leistungsberechtigten gegen Dritte zusammengefasst. Damit wird den Sozialhilfeträgern ein rechtliches Instrumentarium zur Verfügung gestellt, um die Einhaltung des Nachrangprinzips der Sozialhilfe zu gewährleisten und an Stelle des Leistungsberechtigen Ansprüche realisieren zu können, mit denen die Kosten von Sozialhilfeleistungen ganz oder teilweise refinanziert werden können. Dies bedeutet, dass Leistungen der Sozialhilfe nicht nur von Einkommen und Vermögen der leistungsberechtigten Person und deren Unterhaltspflichtigen abhängig ist, sondern auch von Ansprüchen der leistungsberechtigten Person gegen andere natürliche oder juristische Personen. Diese der Sozialhilfe vorrangigen Ansprüche müssen jedoch von den Leistungsberechtigten nicht selbst realisiert werden und sie ersetzen auch nicht die Leistungsverpflichtung der Träger der Sozialhilfe.

361 Bei dem sogenannten Übergang von Ansprüchen in § 93 SGB XII handelt es sich um Ansprüche, die keine Unterhaltsansprüche sind. Es handelt sich dabei um Ansprüche gegen Andere, die nicht Sozialleistungsträger im Sinne des SGB I sind.

362 Sofern eine leistungsberechtigte Person einen solchen Anspruch hat, kann der Träger der Sozialhilfe durch schriftliche Anzeige an den Anderen bewirken, dass dieser Anspruch bis zur Höhe der tatsächlich angefallenen Sozialhilfekosten auf ihn übergeht. Der Übergang des Anspruchs kann auch diejenigen Aufwendungen für Hilfe zum Lebensunterhalt und der Grundsicherung im Alter und bei Erwerbsminderung umfassen, die der Sozialhilfeträger gleichzeitig mit den Leistungen für die leistungsberechtigte Person, deren nicht getrennt lebendem Ehegatten oder Lebenspartner und deren minderjährigen unverheirateten Kindern erbringt.

Für den Übergang von Ansprüchen bei Gewährung von Leistungen der Hilfe zur Gesundheit, der Eingliederungshilfe für behinderte Menschen, der Hilfe zur Pflege, der Hilfen zur Überwindung besonderer sozialer Schwierigkeiten und der Hilfen in anderen Lebenslagen gilt dies noch in erweitertem Umfang. Hier können Ansprüche der Eltern einer leistungsberechtigten Person, ihren nicht getrennt lebenden Ehegatten oder Lebenspartner gegen Andere für die Zeit, für die Leistungen erbracht werden, übergeleitet werden. Der Anspruch muss dann allerdings in einem Zusammenhang mit der den sozialhilferechtlichen Bedarf hervorrufenden Lebenssituation haben, so bspw. beihilferechtliche Ansprüche der Eltern für ihr behindertes Kind.

363 Der Übergang von Ansprüchen setzt voraus, dass durch rechtzeitige Realisierung dieses Anspruchs Sozialhilfe nicht zu erbringen gewesen wäre. Der Anspruchsübergang ist nicht dadurch ausgeschlossen, dass der Anspruch nicht übertragen, verpfändet oder gepfändet werden kann. Ansprüche gegen einen Arbeitgeber wegen nicht gezahltem Arbeitsentgelt und Schadensersatzansprüche jeglicher Art nach dem Zehnten Buch Sozialgesetzbuch (SGB X) gehen dem Anspruchsübergang nach § 93 SGB XII vor.

Übergang von Unterhaltsansprüchen nach bürgerlichem Recht (Unterhaltsrückgriff)

364 Der Übergang von Unterhaltsansprüchen nach dem Bürgerlichen Gesetzbuch (BGB) ist in § 94 SGB XII geregelt. Dadurch werden die Ansprüche einer leistungsberechtigten Person gegen einen nach bürgerlichem Recht Unterhaltspflichtigen für einen Zeitraum, für den Sozialhilfeleistungen erbracht werden, auf den Sozialhilfeträger übergeleitet. Dies setzt voraus, dass eine unterhaltspflichtige Person ihrer Unterhaltsverpflichtung nicht durch laufende Zahlungen an die unterhaltsberechtigte Person erfüllt. Der Unterhaltsanspruch geht bis zur Höhe der geleisteten Sozialhilfe zusammen mit dem unterhaltsrechtlichen Auskunftsanspruch auf den leistenden Träger der Sozialhilfe über.

365 Für den Übergang des Unterhaltsanspruchs enthalten die Absätze 1 und 3 des § 94 SGB XII allgemeine Grundsätze, durch die allerdings nur bestimmt wird, in welchen Konstellationen ein Unterhaltsrückgriff ausgeschlossen ist:

– wenn die leistungsberechtigte Person und die unterhaltsberechtigte Person vom zweiten Grad an verwandt sind. Dies bedeutet, dass Unterhaltsansprüche in der Sozialhilfe nur in gerader Linie berücksichtigt werden, also ausschließlich von Kindern gegenüber ihren Eltern und umgekehrt;

– wenn die unterhaltspflichtige Person selbst leistungsberechtigt nach § 19 SGB XII ist oder dies durch die Erfüllung des Unterhaltsanspruch werden würde. Dies bedeutet, dass innerhalb von Haushaltsgemeinschaften, deren Mitglieder Leistungen der Hilfe zum Lebensunterhalt sowie Leistungen der Grundsicherung im Alter und bei Erwerbsminderung beziehen, kein Unterhaltsrückgriff genommen wird. Ferner ist ausgeschlossen, dass die unterhaltspflichtige Person durch den Unterhaltsrückgriff selbst hilfebedürftig nach dem Dritten oder Vierten Kapitel SGB XII wird;
– bei unterhaltsberechtigten Personen, wenn sie leistungsberechtigt in der Grundsicherung im Alter und bei Erwerbsminderung sind (§ 43 Abs. 2 SGB XII);
– bei Personen, die schwanger sind oder ihr leibliches Kind bis zur Vollendung seines sechsten Lebensjahres betreuen, gegen Verwandte ersten Grades (§ 19 Abs. 4 SGB XII).

366 Ist danach ein Unterhaltsrückgriff grundsätzlich möglich, dann ist vom zuständigen Sozialamt zu prüfen, ob er zu einer unbilligen Härte für den Unterhaltspflichtigen führen würde. In diesem Fall wäre ein Unterhaltsrückgriff ausgeschlossen. Für die hierfür erforderliche Ermessensausübung des Sozialhilfeträgers enthält § 94 Abs. 3 SGB XII keine weiteren Vorgaben. Für die Umsetzung des Ermessensspielraums hat sich in der Vergangenheit eine umfangreiche Rechtsprechung herausgebildet, auf die sich die Verwaltungspraxis stützt. Für die konkrete Umsetzung bieten die Empfehlungen des Deutschen Vereins für öffentliche und private Fürsorge Anhaltspunkte.

Grundregel für den Unterhaltsrückgriff ist, dass einer unterhaltspflichtigen Person ein angemessenes verfügbares Einkommen verbleiben muss. Dies führt zum sogenannten Selbstbehalt. Die daraus abgeleiteten Selbstbehaltsgrenzen ergeben sich für Unterhaltszahlungen nach der sogenannten Düsseldorfer Tabelle. Diese Tabelle hat keine Gesetzeskraft, sie stellt eine Richtlinie dar.

Die in der Tabelle enthaltenen Selbstbehalte beinhalten stets auch die Kosten für die Warmmiete. Ferner sind die Selbstbehalte danach differenziert, ob der Unterhalt für (geschiedenen) Ehegatten und Kinder oder für die eigenen Eltern zu leisten ist, sowie danach, ob die unterhaltspflichtige Person erwerbstätig ist oder nicht. Bei Kindern ist insbesondere deren Alter zu berücksichtigen. Die sich danach beispielsweise für den Unterhalt von Eltern ergebende Selbstbehalt beläuft sich im Jahr 2011 auf mindestens 1.500 Euro monatlich, worin eine Warmmiete von 450 Euro enthalten ist. Gegenüber volljährigen Kindern, die nicht im Haushalt der Eltern oder eines Elternteils leben, beträgt der Selbstbehalt 1.150 Euro im Jahr 2011, darin ebenfalls eine Warmmiete von 450 Euro enthalten. Für den Unterhalt ist grundsätzlich nur die Hälfte des darüber liegenden Einkommens einzusetzen, beim Unterhalt von Ehegatten und Kinder jedoch das gesamte Einkommen oberhalb des Selbstbehalts.

Die sich aus den einzelnen Tabellen der Düsseldorfer Tabellen ergebenden monatlichen Unterhaltsbeträge stellen jedoch nur Orientierungswerte dar, die Höhe des Selbstbehalts im Einzelfall richtet sich nach den Lebensverhältnissen und vor allem den weiteren Unterhaltspflichten, für die eine unterhaltspflichtige Person einstehen muss. Es wird auch nicht das Bruttoeinkommen des Unterhaltspflichtigen angesetzt, sondern ähnlich wie bei den Abzugsbeträgen nach § 82 Abs. 2 SGB XII (Rdnr. 242) ein bereinigtes Einkommen. Dabei sind zusätzliche Aufwendungen, wie zum Beispiel berufsbedingte Aufwendungen zu berücksichtigen, ferner ist in der Regel davon auszugehen, dass weitere Aufwendungen berücksichtigt werden, so insbesondere der Schuldendienst für ein eigenes Auto oder für das selbstgenutzte Wohneigentum sowie Aufwendungen für eine angemessene Altersvorsorge.

367 Einkommen, das nicht für den eigenen beziehungsweise den Familienunterhalt verwendet wird, sondern zum Vermögensaufbau, steht grundsätzlich für Unterhaltsleistungen zur Verfügung. Für den Einsatz von Vermögen gelten allerdings ebenfalls Freigrenzen, so insbesondere für ein der Altersvorsorge dienendes Vermögen.

368 In Ergänzung zu den besonderen Regelungen beim Einsatz von Einkommen und Vermögen für Leistungsberechtigte nach dem Fünften bis Neunten Kapitel gibt es auch für den Unterhaltsrückgriff eine abweichende Regelung beim Übergang des Unterhaltsanspruchs, allerdings beschränkt auf Unterhaltsansprüche von volljährigen unterhaltsberechtigten Kindern, die wegen einer Behinderung leistungsberechtigt in der Eingliederungshilfe oder wegen Pflegebedürftigkeit leistungsberechtigt in der Hilfe zur Pflege sind. Entsprechend der Aufteilung in Maßnahmenkosten und Kosten für den Lebensunterhalt geht der Unterhaltsanspruch des unterhaltsberechtigten

Kindes gegen seine Eltern für Kosten der Eingliederungshilfe und der Hilfe zur Pflege nach § 94 Abs. 2 SGB XII sowie für Leistungen zum Lebensunterhalt nur in Form von pauschaler Unterhaltsbeträge über. Allerdings gibt es für die Eltern keinen Selbsthalt, die pauschalen Unterhaltsbeträge gelten folglich einkommensunabhängig. Sie erhöhen sich im gleichen Umfang und zum gleichen Zeitpunkt wie das Kindergeld.

Nach der Kindergelderhöhung zum 1. Januar 2010 gelten im Jahr 2011 unverändert als monatlicher pauschaler Unterhaltsbetrag für Kosten der Eingliederungshilfe und der Hilfe zur Pflege 31,07 Euro, für Leistungen zum Lebensunterhalt 23,90 Euro. Damit beschränkt sich die Unterhaltspflicht der Eltern gegenüber dem Sozialamt bei volljährigen Kindern, die Leistungen der Eingliederungshilfe oder der Hilfe zur Pflege erhalten, im Jahr 2011 insgesamt monatlich auf 54,97 Euro.

369 Im Unterschied zur zivilrechtlichen Rechtslage wird dem Träger der Sozialhilfe durch § 94 Abs. 4 SGB XII auch die Möglichkeit eingeräumt, für die Vergangenheit Unterhaltsansprüche überzuleiten und damit geltend zu machen, wenn er dem Unterhaltspflichtigen die Sozialhilfeleistung schriftlich mitteilt. Damit erstreckt sich der Übergang des Unterhaltsanspruchs auch rückwirkend für die Zeit seit Beginn der Sozialhilfeleistung. Aus Verwaltungsvereinfachungsgründen ist es ferner möglich, dass der Sozialhilfeträger bei einer voraussichtlich auf längere Zeit zu zahlenden Sozialhilfeleistung bis zur Höhe der bisherigen monatlichen Aufwendungen auch auf künftige Leistungen einen Anspruch auf Überleitung geltend machen kann.

370 Ergänzend wird durch § 94 Abs. 5 SGB XII die Möglichkeit eingeräumt, dass ein bereits auf den Träger der Sozialhilfe übergegangener Unterhaltsanspruch zur gerichtlichen Geltendmachung in gegenseitigem Einvernehmen wieder an den Leistungsberechtigten rückübertragen wird. Dies ist insbesondere dann angebracht, wenn der bürgerlich-rechtliche Unterhaltsanspruch über den Überleitungsanspruch des Sozialhilfeträgers hinausgeht und der Leistungsberechtigte als Unterhaltsberechtigter den gesamten Unterhaltsanspruch in einem Gerichtsverfahren geltend machen will. Dies kann beispielsweise dann der Fall sein, wenn ein über den Sozialhilfeanspruch hinausgehender Unterhaltsanspruch gegen einen geschiedenen Ehegatten vorhanden ist.

371 Die Komplexität des Unterhaltsrückgriffs nach § 94 SGB XII zeigt, dass dessen Durchsetzung für die Träger der Sozialhilfe regelmäßig mit hohem Aufwand für die Prüfung der wirtschaftlichen Leistungsfähigkeit des Unterhaltsverpflichteten verbunden ist. Häufig führen Bescheide über die Höhe der übergeleiteten Unterhaltsansprüche zu sozialgerichtlichen Auseinandersetzungen. Eine Ausnahme stellt nur der pauschale Unterhaltsrückgriff bei volljährigen Kindern nach § 94 Abs. 2 SGB XII dar.

Feststellung von Sozialleistungen

372 Im Falle von Ansprüchen Leistungsberechtigter auf andere, der Sozialhilfe vorgelagerte Sozialleistungen hat der leistende Träger der Sozialhilfe gegenüber dem betreffenden Sozialleistungsträger einen entsprechenden Erstattungsanspruch und kann die Feststellung der Sozialleistung betreiben sowie im Falle einer ablehnenden Entscheidung Rechtsmittel einlegen.

Träger der Sozialhilfe

373 Das Zwölfte Kapitel des SGB XII enthält in zwei Abschnitten mit den §§ 97 bis 101 SGB XII die Vorschriften über die Träger der Sozialhilfe und deren Zuständigkeiten.

Örtliche und überörtliche Träger der Sozialhilfe

374 Bei den im allgemeinen Sprachgebrauch als „Sozialamt" bezeichneten Trägern der Sozialhilfe ist zu unterscheiden zwischen den örtlichen und den überörtlichen Trägern. Als örtliche Träger werden – eine Auswirkung der geschichtlichen Entwicklung der Sozialhilfe (Rdnr. 7 f.) – die Kommunen, also Kreise beziehungsweise Landkreise und kreisfreien Städte bestimmt. Von den 115 kreisfreien Städten und 329 Landkreisen im Bundesgebiet wird ein dichtes Netz von örtlichen Sozialhilfeträgern getragen. Die örtlichen Träger sind nach § 97 Abs. 1 SGB XII immer dann zuständig, wenn nicht eine Zuständigkeit der überörtlichen Träger bestimmt ist.

375 Im Zusammenhang mit der Definition der örtlichen und überörtlichen Träger in § 3 SGB XII (Rdnr. 29) wird den Ländern die Möglichkeit eingeräumt, neben kreisfreien Städten und Kreisen auch kreisangehörige Gemeinden als örtliche Träger zu bestimmen. Voraussetzung dafür ist allerdings, dass die Eignung der Gemeinde geprüft wurde und diese ihr Einverständnis erklärt hat. Ergänzend hierzu ist in § 99 SGB XII vorgesehen, dass die Länder bestimmen können, inwieweit Landkreise ihnen zugehörige Gemeinden oder Gemeindeverbände zur Durchführung von Aufgaben heranziehen können (sogenannte Delegationsgemeinden). Ferner können die Länder vorsehen, dass überörtliche Träger der Sozialhilfe örtliche Träger sowie diesen zugehörige Gemeinden beziehungsweise Gemeindeverbände zur Durchführung ihrer gesetzlichen Aufgaben heranziehen.

376 Wer überörtlicher Träger der Sozialhilfe ist, wird im SGB XII nicht bestimmt. Diese Festlegung ist allein Angelegenheit der Länder. Die Unterschiede im Verwaltungsaufbau der Länder führen hier zu unterschiedlichen Lösungen. So nehmen sowohl kommunale Selbstverwaltungskörperschaften als auch staatliche Behörden die Funktion der überörtlichen Träger wahr. Feststellbar ist in den vergangenen Jahren eine sogenannte „Kommunalisierung" in der Sozialhilfe. Dies bedeutet, dass verstärkt überörtliche Zuständigkeiten von Landesbehörden an Kommunalverbände übertragen werden. Dies hat allerdings eine Erstattung der dadurch entstehenden Kosten durch die übertragenden Landesbehörden zur Folge.

377 Die Unterscheidung zwischen örtlichen und überörtlichen Trägern begründet sich daraus, dass die überörtlichen Träger Aufgaben innerhalb der Sozialhilfe übernehmen, die eine über den örtlichen Bereich hinausgehende Bedeutung für die Allgemeinheit haben oder von besonderer finanzieller Tragweite sind. Deshalb sind nach § 97 Abs. 2 SGB XII die überörtlichen Träger für Leistungen der Eingliederungshilfe, für Leistungen der Hilfe zur Pflege, für Leistungen der Hilfe zur Überwindung besonderer sozialer Schwierigkeiten und für Leistungen der Blindenhilfe zuständig. Darüber hinaus können die Länder weitere Leistungen des SGB XII den überörtlichen Trägern zuweisen. Dabei haben die Länder allerdings darauf zu achten, dass für alle Leistungen, ausgenommen die Hilfen in anderen Lebenslagen, eine einheitliche sachliche Zuständigkeit besteht.

378 Welcher Träger der Sozialhilfe örtlich – dies heißt regional – zuständig ist, richtet sich nach § 98 SGB XII. Entscheidend ist, wo sich der Leistungsberechtigte tatsächlich aufhält; abweichend davon ist in der Grundsicherung im Alter und bei Erwerbsminderung der gewöhnliche Aufenthaltsort entscheidend (§ 41 Abs. 1 SGB XII, Rdnr. 256). Bei stationären Leistungen ist der Träger zuständig, in dessen Bereich der Leistungsberechtigte zuletzt vor der Aufnahme in die Einrichtung seinen gewöhnlichen Aufenthalt hatte. Damit werden Sozialhilfeträger geschützt, in deren Zuständigkeitsbereich eine Einrichtung besteht, denn andernfalls würden alle Bewohner von Heimen in dessen Finanzierungszuständigkeit fallen (sogenannter Schutz des Einrichtungsortes). Eine weitere Spezialregelung gibt es bei Sozialhilfeleistungen für ambulant betreutes Wohnen. Bei Leistungen der Eingliederungshilfe, der Hilfe zur Pflege, der Hilfe zur Überwindung besonderer sozialer Schwierigkeiten und der Hilfe in anderen Lebenslagen in Formen ambulant betreuten Wohnens ist der Sozialhilfeträger zuständig, der am letzten Aufenthaltsort vor Eintritt in diese Wohnform zuständig war oder gewesen wäre. Die sich danach ergebende örtliche Zuständigkeit gilt für alle im Zusammenhang gewährten Leistungen nach dem SGB XII, also nicht nur für die mit ambulanten betreuten Wohnformen in unmittelbarem Zusammenhang stehenden Leistungen.

Zuständigkeitsregelung bei Sozialhilfeleistungen für Deutsche im Ausland

379 Für die Sozialhilfe für Deutsche im Ausland (Rdnr. 71 ff.) ist nach § 24 Abs. 4 SGB XII der überörtliche Träger der Sozialhilfe zuständig, in dessen Zuständigkeitsbereich die antragstellende Person geboren wurde. Liegt der Geburtsort im Ausland oder kann er nicht ermittelt werden, so wird der zuständige überörtliche Träger von einer Schiedsstelle bestimmt.

Kosten

380 Das Dreizehnte Kapitel des SGB XII fasst unter der Überschrift „Kosten" in drei Abschnitten alle Vorschriften über Kostenerstattungen in der Sozialhilfe zusammen.

Rückzahlung von Sozialhilfe

381 Im Ersten Abschnitt sind mit den §§ 102 bis 105 SGB XII Vorschriften des Kostenersatzes, das heißt Rückzahlungsansprüche der Träger der Sozialhilfe für gezahlte Leistungen, enthalten.

382 Nach § 102 SGB XII sind nach dem Tod eines Leistungsberechtigten dessen Erben oder die Erben von dessen Ehegatten beziehungsweise Lebenspartner, sofern diese vor dem Leistungsberechtigten sterben, zum Ersatz der Kosten der Sozialhilfe für den Leistungsbezug verpflichtet. Davon ausgenommen sind nach § 102 Abs. 5 SGB XII Leistungen der Grundsicherung im Alter und bei Erwerbsminderung nach dem Vierten Kapitel. Die sogenannte Erbenhaftung ist Konsequenz von aus sozialen und familiären Gründen bestehenden Ausnahmeregelungen vom Grundsatz des vollständigen Vermögenseinsatzes (Rdnr. 343 ff., Rdnr. 352 ff.). Vermögen wird in diesen Fällen zu Lasten der Allgemeinheit verschont. Dies kommt nicht nur Ehegatten und Kindern von Leistungsberechtigten, sondern auch Erben, die möglicherweise dem verstorbenen Leistungsberechtigten nicht nahe gestanden hatten, zu Gute. In die Erbenhaftung ist deshalb auch zu Lebzeiten geschütztes Vermögen des Ehegatten oder Lebenspartners einbezogen.

383 Ist der Leistungsberechtigte Erbe seines Ehegatten oder Lebenspartners, dann ist er – da sein Leistungsbezug bereits zu Lebzeiten des Ehegatten oder Lebenspartners Grund für den Vermögensschutz war – nach § 102 Abs. 1 SGB XII nicht ersatzpflichtig. Gleiches gilt für die Eltern als Erben von leistungsberechtigten minderjährigen Kindern. Für Erben der Ehegatten oder Lebenspartner von Leistungsberechtigten beschränkt sich die Erbenhaftung auf Sozialhilfekosten für Zeiten, in denen der Leistungsberechtigte und der Ehegatte oder Lebenspartner nicht getrennt gelebt hatten. Generell ist die Erbenhaftung auf die Sozialhilfekosten in den letzten zehn Jahren vor Eintritt des Erbfalls beschränkt. Der Anspruch des Sozialamtes auf Erbenhaftung erlischt drei Jahre nach dem Tod der leistungsberechtigten Person, ihres Ehegatten oder Lebenspartners; für Fristverlängerung, Hemmung des Fristablaufs und so weiter gelten die Vorschriften des BGB sinngemäß (§ 102 Abs. 4 SGB XII).

384 Die Ersatzpflicht aus dem Erbe zählt zu den Nachlassverbindlichkeiten, der Erbe haftet allerdings nur bis zur Höhe des Wertes des Nachlasses zum Zeitpunkt des Erbfalls. Von der Heranziehung der Erben ist nach § 102 Abs. 3 SGB XII in folgenden Fällen abzusehen:

– Das Erbe beträgt nicht mehr als Dreifache des Grundbetrages nach § 85 Abs. 1 SGB XII (Rdnr. 334). Dieser Betrag ist ein Freibetrag, das heißt nur das darüber liegende Erbe unterliegt der Ersatzpflicht. Bei mehreren Erben gilt dies für das gesamte Erbe. Bei einem Grundbetrag im 1. Halbjahr 2009 in Höhe von 702 Euro ergibt sich ein Freibetrag von 2.106 Euro.

– Unter folgenden Bedingungen, wenn der Wert des Erbes unter einem Freibetrag von 15.340 Euro liegt: Der Erbe war der Ehegatte oder Lebenspartner der leistungsberechtigten Person oder er war mit dieser verwandt und hat zum Todeszeitpunkt nicht nur vorübergehend (in der Regel: mindestens sechs Monate) mit ihr in häuslicher Gemeinschaft gelebt und sie gepflegt.
– Soweit die Erbenhaftung im Einzelfall eine besondere Härte bedeutet, ermöglicht dies auch eine beschränkte, d. h. nicht die gesamten erstattungspflichtigen Sozialhilfekosten umfassende Erbenhaftung.

385 Drei weitere Gründe für einen Kostenersatz sind im Ersten Abschnitt des Dreizehnten Kapitels enthalten:

– Kostenersatz bei schuldhaftem Verhalten nach § 103 SGB XII: Volljährige, die vorsätzlich oder grob fahrlässig mitteilungspflichtige Tatsachen verschwiegen haben und durch solch „sozialwidriges" Tun oder Unterlassen die Voraussetzung für eine Sozialhilfeleistung herbeigeführt haben, sind zum Ersatz der durch die zum Zeitpunkt der Leistungsgewährung rechtmäßig erbrachten Leistung entstandenen Kosten verpflichtet. Hier geht es nicht um Bestrafung, sondern um die Wiederherstellung des Nachrangs der Sozialhilfe. Nur in Härtefällen kann vom Kostenersatz abgesehen werden. Der Anspruch auf Kostenersatz erlischt nach drei Jahren, wobei für Fristablauf, Fristhemmung und so weiter die Vorschriften des BGB entsprechend gelten.
– Kostenersatz bei zu Unrecht erbrachten Sozialhilfeleistungen nach § 104 SGB XII: Der Grund für die sich nach § 103 SGB XII richtende Ersatzpflicht liegt hier in der Tatsache, dass die Leistung rechtswidrig erbracht wurde, der Verantwortliche (Leistungsberechtigter oder Dritter) dies wusste oder nur wegen grober Fahrlässigkeit nicht wusste und der Sozialhilfeträger den Leistungsbescheid aufgehoben hat. Auch hier ist folglich schuldhaftes Verhalten Voraussetzung für den Schadensersatz, etwa wenn beispielsweise falsche oder unvollständige Angaben durch den Leistungsberechtigten, seinen Betreuer oder Bevollmächtigten über Einkommens- und Vermögensverhältnisse gemacht werden.
– Die Kostenersatz für Doppelleistungen nach § 105 Abs. 1 SGB XII: Wenn ein vorrangig verpflichteter Leistungsträger in Unkenntnis der Leistungen

der Sozialhilfe Leistungen erbracht hat, weil eine leistungsberechtigte Person den Sozialhilfeträger nicht über einen möglichen, aber noch nicht durchgesetzten Anspruch informiert hat, konnte dieser nicht rechtzeitig einen Erstattungsanspruch bei dem anderen Sozialleistungsträger anmelden. In diesem Fall sind Leistungsberechtigte zur Herausgabe der erhaltenen Leistung an den Träger der Sozialhilfe verpflichtet. Hier gibt es weder ein Vertrauensschutz noch eine Härtefallklausel.

– Sonderregelung für den Unterkunftskostenanteil nach § 105 Abs. 2 SGB XII: Werden Sozialhilfeleistungen nachträglich zurückgefordert, dann sind von den darin enthaltenen Unterkunftskosten in der Hilfe zum Lebensunterhalt nach § 35 SGB XII sowie in der Grundsicherung im Alter und bei Erwerbsminderung nach § 42 SGB XII ohne den darin enthaltene Anteil der Heizungs- und Warmwasserkosten 56 Prozent nicht zurückzuzahlen. Diese Regelung ist Konsequenz der Abschaffung des Wohngeldanspruchs für Bezieher von steuerfinanzierten Transferleistungsbeziehern und damit auch für Bezieher von Hilfe zum Lebensunterhalt sowie von Grundsicherung im Alter und bei Erwerbsminderung zum 1. Januar 2005. Seither werden die gesamten angemessenen Unterkunftskosten vollständig von der Sozialhilfe übernommen. Da Wohngeldzahlungen im Gegensatz zu Sozialhilfeleistungen nicht zurückgefordert werden, ist die Regelung erforderlich, um aus Gleichbehandlungsgründen unzulässige Benachteiligungen von Sozialhilfebeziehern zu verhindern. Der von der Rückzahlung ausgenommene Anteil in Höhe von 56 Prozent entspricht dem durchschnittlichen Anteil von Wohngeldzahlungen an den Unterkunftskosten von Beziehern von Hilfe zum Lebensunterhalt im Jahr 2001. Diese Begünstigung gilt jedoch nicht, wenn sich Leistungsberechtigte wegen schuldhaften Verhaltens nicht auf Vertrauensschutz berufen können – z. B. wegen grob fahrlässig oder vorsätzlich falscher Angaben.

Kostenerstattung zwischen den Trägern der Sozialhilfe

386 Der Zweite Abschnitt des Dreizehnten Kapitels enthält mit den §§ 106 bis 112 SGB XII Vorschriften über die Kostenerstattung in Leistungsfällen, wo mehr als ein Träger der Sozialhilfe in zeitlicher und örtlicher Hinsicht zuständig ist. Dies ist beispielsweise dann der Fall, wenn ein örtlicher Träger der Sozialhilfe vorläufig leistet, obwohl ein überörtlicher Träger der Sozialhilfe zuständig ist. Der Umfang der Kostenerstattung ist auf den Leistungsumfang nach dem SGB XII beschränkt, ferner gilt eine Verjährungsfrist von vier Jahren. Die Länder können für Träger der Sozialhilfe in ihrem Bereich abweichende Regelungen für die Kostenerstattung treffen.

Sonstige Regelung zur Kostenerstattung

387 Im Dritten Abschnitt des Dreizehnten Kapitels sind mit den §§ 113 bis 115 SGB XII ergänzende Vorschriften enthalten. Danach gehen u. a. die Erstattungsansprüche der Träger der Sozialhilfe gegen andere nachrangig verpflichtete Leistungsträger einer Übertragung, Pfändung oder Verpfändung des Anspruchs vor.

Verfahrensbestimmungen

388 Die im Vierzehnten Kapitel des SGB XII mit den §§ 116 bis 120 SGB XII enthaltenen Verfahrensbestimmungen regeln das Verwaltungsverfahren der Sozialhilfeträger. Da die Träger der Sozialhilfe verfassungsrechtlich Teil der Länder sind (Rdnr. 3 ff.), gelten für sie die landesrechtlichen Verwaltungsvorschriften. Deshalb beschränkt sich das SGB XII auf grundlegende Verwaltungsbestimmungen, die zur bundeseinheitlichen Anwendung des Sozialhilferechts für erforderlich gehalten werden.

Beteiligung sozial erfahrener Dritter

389 Vor dem Erlass von allgemeinen Verwaltungsvorschriften sind nach § 116 SGB XII sozial erfahrende Dritte zu hören. Dies sind vor allem Vertreter von Bedürftige betreuenden Vereinigungen oder von Vereinigungen von Sozialleistungsempfängern. Diese Vertreter sind auch bei Erlass eines Verwaltungsaktes über einen Widerspruch gegen die Ablehnung der Sozialhilfe oder gegen die Art und Höhe der Leistungsfestsetzung zu hören. Der Inhalt von § 116 SGB XII steht unter dem Vorbehalt, dass die Länder davon Abweichendes bestimmen können. Da einige Länder vom Abweichungsrecht Gebrauch gemacht haben, gilt die Beteiligung sozial erfahrener Personen nicht in allen Ländern.

Rücknahme von Verwaltungsakten

390 Der durch das Gesetz zur Ermittlung von Regelbedarfen und zur Änderung des Zweiten und Zwölften Buches Sozialgesetzbuch neu eingefügte und

zum 1. April 2011 in Kraft getretene § 116a SGB XII stellt eine Sonderregelung zur Anwendung einer Verwaltungsverfahrensvorschrift nach dem Zehnten Buch Sozialgesetzbuch (SGB X) dar. Dabei wird die Anwendbarkeit des § 44 SGB X, der die Rücknahme von Verwaltungsakten regelt, für das SGB XII geändert; eine entsprechende Änderung wird auch im SGB II vorgenommen. Durch die neu eingefügte Vorschrift wird eine Regelung für den Fall getroffen, dass eine Verwaltungsentscheidung, also die Entscheidung eines Sozialhilfeträgers, zum Nachteil einer leistungsberechtigten Person rechtswidrig war. Solche Verwaltungsentscheidungen sind zurückzunehmen, nach § 44 SGB X rückwirkend bis zum Tag der Entscheidung, höchstens aber bis zu 4 Jahre. Da es sich bei den Leistungen nach dem SGB XII um Leistungen handelt, die einen aktuellen Bedarf decken, wird diese Frist durch § 116a SGB XII auf ein Jahr verkürzt. Damit hat die Aufhebung eines rechtswidrigen Entscheidung zum Nachteil eines Leistungsberechtigten zur Folge, dass die Leistung längstens bis zum Beginn des Jahres rückwirkend zu erbringen ist, das dem Jahr der Rücknahme des rechtswidrigen Verwaltungsaktes oder der darauf ausgerichteten Antragstellung vorausgegangen ist. Ergänzt wird die Neuregelung durch einen in die Übergangsvorschriften eingefügten § 136 SGB XII, der die Anwendbarkeit von § 116a SGB XII auf Anträge zur Aufhebung eines Verwaltungsaktes begrenzt, die ab dem 1. April 2011 gestellt werden.

Pflicht zur Auskunft

391 Von wesentlicher Bedeutung für Leistungsberechtigte und Dritte ist die Pflicht zur Auskunft nach § 117 SGB XII. So sind Unterhaltspflichtige, ihre nicht getrennt lebenden Ehegatten oder Lebenspartner und die Kostenersatzpflichtigen verpflichtet, gegenüber dem Träger der Sozialhilfe die im Rahmen des SGB XII erforderlichen Auskünfte über ihre Einkommens- und Vermögensverhältnisse zu geben und auch entsprechende Belege und Ähnliches zur Verfügung zu stellen. Dies gilt im Rahmen der Unterhaltsvermutung in der Hilfe zum Lebensunterhalt nach § 39 SGB XII auch für Personen, von denen vermutet wird, dass sie Leistungen zum Lebensunterhalt an andere Mitglieder der Haushaltsgemeinschaft erbringen. Die sich aus § 21 des Zehnten Buch Sozialgesetzbuch (SGB X) ergebende Auskunftspflicht der Finanzbehörden über Einkommens- und Vermögensverhältnisse gilt für alle oben genannten Personen.

392 Auskunftspflichtig ist ferner, wer einer Person, die Leistungen der Sozialhilfe beantragt hat oder bezieht, Leistungen erbringt oder erbracht hat, durch die ein Sozialhilfeanspruch ausgeschlossen oder vermindert wird oder wurde. Gleiches gilt für Personen, die für Leistungsberechtigte Guthaben führen oder Vermögensgegenstände verwahren. Ferner sind Arbeitgeber verpflichtet, den Trägern der Sozialhilfe Auskunft über ein Beschäftigungsverhältnis und Arbeitsentgelt von bei ihm beschäftigten Leistungsberechtigten, Unterhaltspflichtigen und nicht getrennt lebenden Ehegatten und Lebenspartner zu geben.

393 Die Auskunftsverpflichteten können nur Angaben verweigern, mit denen sie sich oder ihnen im Sinne der Zivilprozessordnung nahe stehenden Personen der Gefahr ausgesetzt würden, wegen einer Straftat oder Ordnungswidrigkeit verfolgt zu werden. Werden Auskünfte vorsätzlich oder fahrlässig nicht, nicht richtig, nicht vollständig oder nicht rechtzeitig erteilt, liegt eine Ordnungswidrigkeit vor, die mit einer Geldbuße geahndet werden kann.

Überprüfung durch automatisierten Datenabgleich

394 Ebenfalls von erheblicher Bedeutung für die Überprüfung einer Leistungsberechtigung sind die Vorschriften zu Überprüfung und Verwaltungshilfe in § 118 SGB XII. So können die Träger der Sozialhilfe regelmäßig über einen automatisierten Datenabgleich folgende Informationen über Leistungsberechtigte abrufen:

– Ob, in welcher Höhe und für welche Zeiträume Leistungen der Bundesagentur für Arbeit oder der gesetzlichen Renten- und Unfallversicherung (Auskunftsstellen) bezogen wurden. Gegenüber anderen Sozialleistungsträgern wie Kranken- und Pflegeversicherung können Informationen nur im Einzelfall im Wege der Amtshilfe nach dem SGB X eingeholt werden.
– Ob und in welchem Umfang Zeiten des Sozialhilfebezugs mit Zeiten einer Versicherungspflicht in der Sozialversicherung oder einer geringfügigen Beschäftigung zusammentreffen.
– Ob und welche Daten dem Bundeszentralamt für Steuern über Freistellungsaufträge im Rahmen der Zinsbesteuerung (§ 45d Abs. 1 des Einkommensteuergesetzes) übermittelt worden sind. Zusätzlich kann auch überprüft werden, ob Leistungsberechtigte über Konten oder Depots im EU-Ausland verfügen (§ 45e des Einkommensteuergesetzes).

– Ob und in welcher Höhe ein steuerlich gefördertes Altersvorsorgekapital (§ 90 Abs. 2 Nr. 2, § 10a oder Abschnitt XI des Einkommensteuergesetzes) nicht mehr diesem Zweck dient, also anderweitig verwendet wird.

Bei den auf Anfrage der Sozialämter von den Auskunftsstellen übermittelten Informationen handelt es sich um Sozialdaten, die dem Sozialdatenschutz unterliegen. Die Daten dürfen ausschließlich zur Überprüfung der obigen Zwecke dienen und müssen nach Durchführung des Abgleichs gelöscht werden.

395 Im Wege eines automatisierten Datenabgleichs kann ein Sozialhilfeträger auch überprüfen, ob Leistungsbezieher zusätzlich noch von einem anderen Träger der Sozialhilfe Leistungen beziehen oder bezogen haben.

396 Ferner haben die Träger der Sozialhilfe zur Vermeidung rechtswidriger Inanspruchnahme von Sozialhilfe die Möglichkeit, Daten von Leistungsbeziehern bei anderen Stellen der eigenen Verwaltung, bei deren wirtschaftlichen Unternehmen (Eigenbetriebe), bei Kreisen, Kreisverwaltungsbehörden und Gemeinden zu überprüfen, soweit dies für die Erfüllung der Aufgaben erforderlich ist. Abgefragt im Wege des automatisierten Datenabgleichs kann dabei u. a., für welche Zeiträume und in welcher Höhe Leistungen wie Energie, Wasser, Fernwärme oder Abfallentsorgung bezogen wurden; darüber hinaus auch, ob jemand als Fahrzeughalter registriert ist.

397 Vom automatisierten Datenabgleich sind nur Leistungsberechtigte in der Grundsicherung im Alter und bei Erwerbsminderung ausgenommen. Dies ist Konsequenz des nur in der Grundsicherung geltenden Antragsprinzips: Die Einkommens- und Vermögensverhältnisse sind regelmäßig bei der Stellung des (Folge-) Antrags zu überprüfen (Rdnr. 252).

398 Die Einzelheiten über das Verfahren des automatisierten Datenabgleichs mit anderen Sozialleistungsträgern beziehungsweise anderen Sozialhilfeträgern sind in der Sozialdatenabgleichsverordnung (Verordnung zur Durchführung des § 118 Abs. 1 und 2 des Zwölften Buches Sozialgesetzbuch) geregelt, die Verordnungsermächtigung ist in § 120 SGB XII enthalten.

Statistik

399 Die Vorschriften über die Statistik der Sozialhilfe sind im Fünfzehnten Kapitel in den §§ 121 bis 129 zusammengefasst. Die Sozialhilfestatistik wird vom Statistischen Bundesamt als Bundesstatistik durchgeführt und soll der Beurteilung der Auswirkungen der Sozialhilfe sowie ihrer Fortentwicklung dienen. Statistisch erfasst werden die Daten von den Trägern der Sozialhilfe, deren Ergebnisse werden von den statistischen Landesämtern auf Landesebene zusammengefasst und vom Statistischen Bundesamt ausgewertet und veröffentlicht. Dies sind neben den Ausgaben und Einnahmen der Sozialhilfe die Leistungen nach dem Dritten bis Neunten Kapitel. Die Ergebnisse der Bundesstatistik werden in der Regel einmal jährlich veröffentlicht.

400 Die Statistik für Leistungsempfänger wird jeweils als Bestandserhebung zum 31. Dezember eines Jahres durchgeführt, teilweise auch als Jahresverlaufsstatistik.

– In der Hilfe zum Lebensunterhalt nach dem Dritten Kapitel werden die Leistungsempfänger erfasst, wenn die Leistung für mindestens einen Kalendermonat geleistet wurde. Erfasst werden u. a. die persönlichen Merkmale wie Geschlecht, Geburtsmonat und -jahr, Staatsangehörigkeit, bei Ausländern der aufenthaltsrechtliche Status, Stellung als Haushaltsvorstand sowie die Art der geleisteten Mehrbedarfe. Bei Personengemeinschaften, für die eine gemeinsame Bedarfsberechnung erfolgt, und für einzelne Leistungsempfänger werden erhoben: Wohnortgemeinde und Gemeindeteil, Art des Trägers und der Leistung in und außerhalb von Einrichtungen, Zeitpunkt des Beginns und gegebenenfalls Beendigung der Leistung, monatlicher Bruttobedarf und Anspruch, anerkannte monatliche Bruttokaltmiete, Art und Höhe der angerechneten oder in Anspruch genommenen Einkommen und übergegangenen Ansprüche, Zahl aller Haushaltsmitglieder und der Leistungsempfänger im Haushalt.
– Für die Grundsicherung im Alter und bei Erwerbsminderung werden die in der Hilfe zum Lebensunterhalt zu erhebenden Merkmale übernommen, soweit sie für die Leistung relevant sind.
– Auch die Statistik für Leistungen der Hilfen zur Gesundheit, der Eingliederungshilfe, der Hilfe zur Pflege, der Hilfe zur Überwindung besonderer sozialer Schwierigkeiten und der Hilfe in anderen Lebenslagen orientiert sich hinsichtlich der persönlichen Erhebungsmerkmale an denen der Hilfe zum Lebensunterhalt. Hinzu kommen Art der Leistung und Ausgaben je Fall, Beginn und Ende der Leis-

tungserbringung und Art der Unterbringung sowie weitere leistungsspezifische Erhebungsmerkmale.

401 Bei den Einnahmen und Ausgaben der Sozialhilfeträger wird die statistische Erhebung differenziert nach der Art des Trägers, Ausgaben und Einnahmen jeweils in und außerhalb von Einrichtungen, unterteilt nach Einnahmearten und Leistungen.

402 Für die Regelung von Einzelheiten zulässiger und über den gesetzlich vorgegebenen Erhebungsumfang hinausgehender sogenannter Zusatzerhebungen kann das Bundesministerium für Arbeit und Soziales im Einvernehmen mit dem Bundesministerium des Inneren und mit Zustimmung des Bundesrates eine Rechtsverordnung erlassen. Eine solche Verordnung ist bislang nicht erlassen worden.

Finanzierung und Kostenentwicklung

Finanzierung

403 Nach der verfassungsrechtlichen Aufgabenverteilung zwischen Bund und Ländern tragen die Länder die Kosten der Sozialhilfe. Die Kommunen, also kreisfreie Städte und Kreise, sind verfassungsrechtlich Teil der Länder (Rdnr. 3). Die Länder haben deshalb für eine aufgabenadäquate Finanzausstattung ihrer Kommunen Sorge zu tragen. Als örtliche Träger der Sozialhilfe haben die Kommunen deshalb Sozialhilfeausgaben sowohl aus den ihnen zustehenden Steuereinnahmen als auch aus den Zuwendungen im Rahmen des (landesinternen) kommunalen Finanzausgleichs zu bestreiten. Die Leistungen der überörtlichen Träger – und damit der überwiegende Teil der oftmals in Einrichtungen erbrachten Leistungen nach dem Fünften bis Neunten Kapitel des SGB XII – werden teilweise aus Landesmitteln und teilweise durch die Kommunen finanziert; die entsprechenden Regelungen sind in den Ländern unterschiedlich.

404 Der Bund übernimmt lediglich bei zwei Sozialhilfeleistungen eine, gemessen an den Gesamtkosten der Sozialhilfe, in ihrem Umfang begrenzte finanzielle Mitverantwortung. Erstens trägt der Bund Aufwendungen für die Sozialhilfe an Deutsche im Ausland, die in den ehemaligen deutschen Ostgebieten geboren sind beziehungsweise dort leben. Zweitens übernimmt der Bund in der Grundsicherung im Alter und bei Erwerbsminderung seit 2009 einen prozentualen Anteil der Nettoausgaben über eine Bundesbeteiligung.

Ausgabenentwicklung

405 Die Ausgaben für Sozialhilfeleistungen stellen insbesondere für Kommunen als örtliche Träger der Sozialhilfe einen erheblichen Anteil ihrer Sozialleistungsausgaben dar und haben damit auch große Auswirkungen auf die kommunalen Haushalte. Feststellbar ist, dass sich die Sozialhilfeausgaben zwischen 1963 und 2004, also während der Geltungsdauer des BSHG (und damit ohne die 2003 eingeführte Grundsicherung im Alter und bei Erwerbsminderung), je Einwohner um das 28-fache erhöht haben. Das Bruttoinlandsprodukt als gesamtwirtschaftliche Leistung hat sich hingegen im gleichen Zeitraum nur um das 11-Fache erhöht.

406 Die Ausgaben in der Sozialhilfe sind abweichend von der langfristigen Entwicklung nur im Jahr 2005, dem ersten Jahr nach Inkrafttreten von SGB XII und SGB II, deutlich gesunken. Gegenüber dem Jahr 2004 ergab sich, auch unter Einbeziehung der Ausgaben in der Grundsicherung im Alter und bei Erwerbsminderung nach dem seinerzeitigen GSiG, ein Rückgang der Nettoausgaben (dies sind die Bruttoausgaben abzüglich Einnahmen, wie beispielsweise Erstattungszahlungen anderer Sozialleistungsträger) um rund 30 Prozent. Den Rückgang verursacht haben die Kosten in der Hilfe zum Lebensunterhalt, die auf ein Zehntel des Ausgangsbetrags gesunken sind. Dies wiederum erklärt sich aus daraus, dass erwerbsfähige Bezieher von Hilfe zum Lebensunterhalt nach dem BSHG ab dem Jahresanfang 2005 Leistungen der vom Bund finanzierten Grundsicherung für Arbeitsuchende nach SGB II beziehen. Entsprechend dem Rückgang der Ausgaben in der Hilfe zum Lebensunterhalt ist auch deren Anteil an den Gesamtausgaben zurückgegangen, von gut 35 Prozent im Jahr 2004 auf nur noch knapp 6 Prozent im Jahr 2004.

In der nachfolgenden Tabelle ist die Nettoausgabenentwicklung in den Jahren 2005 bis 2009 enthalten. Die Gesamtausgaben in der Sozialhilfe betrugen im Jahr 2009 rund 20,9 Milliarden Euro, im Vergleich zum Vorjahr ein Anstieg um 5,9 Prozent. Den mit Abstand höchsten Anteil an den Gesamtausgaben der Sozialhilfe erreichten, wie schon in den Vorjahren, die Ausgaben in der Eingliederungshilfe für behinderte Menschen. Auf diese Leistung entfielen 57,2 Prozent aller Sozialhilfeausgaben, der Anstieg gegenüber dem Vorjahr belief sich auf 6,8 Prozent. Den zweitgrößten Anteil an den Gesamtausgaben erreichten wiederum mit 18,7 Prozent der Gesamtausgaben die Ausgaben in der Grundsicherung im Alter und bei Erwerbsminderung, der Anstieg zum Vorjahr betrug 6,7 Prozent. Ausgaben für die Hilfe zur Pflege machten im Jahr 2009 einen Anteil an den Gesamtausgaben von 13,8 Prozent aus, hier betrug der Ausgabenanstieg 4,6 Prozent. Der Anteil der Ausgaben in der Hilfe zum Lebensunterhalt an den Gesamtkosten lag 2004 nur geringfügig unter dem Anteil der Eingliederungshilfe, im Jahr 2009 aber nur noch bei 4,8 Prozent – trotz eines überdurchschnittlichen Ausgabenanstiegs von 12,5 Prozent im Berichtsjahr. Eine Ausnahme in der Ausgabenentwicklung ist seit dem Jahr 2006 bei den Hilfen zur Gesundheit feststellbar. Im Jahr 2009 gingen die Ausgaben um 9,2 Prozent zurück. Bereits in den Vorjahren kam es nur 2007 zu einem geringen Anstieg, in den übrigen Jahren zu deutlichen Ausgabenrückgängen. Hilfen zur Gesundheit machen mittlerweile nur noch 3,7 Prozent der Gesamtausgaben aus. Ein wesentlicher Grund für den absoluten wie relativen Bedeutungsverlust dieser Leistung liegt darin, dass eine zunehmende Zahl an Personen über eine Krankenversicherung verfügt. Die Ausgaben in der Hilfe zur Überwindung besonderer sozialer Schwierigkeiten sowie in der Hilfe in anderen Lebenslagen sind mit 392 Millionen Euro quantitativ gesehen wenig bedeutsam, ihr Anteil an den Gesamtausgaben belief sich 2009 auf weniger als 2 Prozent (siehe Tabelle 7).

Rechtsschutz

407 Für öffentlich-rechtliche Streitigkeiten auf dem Gebiet des Sozialhilferechts, insbesondere für bei Klagen gegen Bescheide der Sozialhilfeträger, sind seit 1. Januar 2005 nicht mehr die Verwaltungsgerichte, sondern die Sozialgerichte zuständig. Damit gilt für Leistungsberechtigte nach SGB II und SGB XII der gleiche Rechtsweg.

Rechtsquellen

Sozialgesetzbuch

Rechtsverordnungen zum SGB XII:

Regelsatzverordnung – RSV (Verordnung zur Durchführung des § 28 des Zwölften Buches Sozialgesetzbuch)

Eingliederungshilfe-Verordnung (Verordnung nach § 60 des Zwölften Buches Sozialgesetzbuch)

Verordnung zur Durchführung der Hilfe zur Überwindung besonderer sozialer Schwierigkeiten

Einkommens-Verordnung (Verordnung zur Durchführung des § 82 des Zwölften Buches Sozialgesetzbuch)

Vermögensschutz-Verordnung (Verordnung zur Durchführung des § 90 Abs. 2 Nr. 9 des Zwölften Buches Sozialgesetzbuch)

Sozialdatenabgleichsverordnung (Verordnung zur Durchführung des § 118 Abs. 1 und 2 des Zwölften Buches Sozialgesetzbuch)

Verordnung zur Durchführung der Hilfe zur Überwindung besonderer sozialer Schwierigkeiten

Sonstige Verordnungen:

Verordnung zur Durchführung des § 17 Abs. 2 bis 4 des Neunten Buches Sozialgesetzbuch (Budgetverordnung)

Tabelle 7: Nettoausgaben in der Sozialhilfe nach Leistungsarten in den Jahr 2005 bis 2008

	3. Kapitel: Hilfe zum Lebensunterhalt	4. Kapitel: Grundsicherung im Alter und bei Erwerbsminderung[1]	5. Kapitel: Hilfen zur Gesundheit[2]	6. Kapitel: Eingliederungshilfe	7. Kapitel: Hilfe zur Pflege	8. Kapitel: Hilfen zur Überwindung besonderer sozialer Schwierigkeiten 9. Kapitel: Hilfen in anderen Lebenslagen	Ausgaben insgesamt
2005							
Nettoausgaben	615,5	2.799,6	1.076,3	10.111,8	2.610,7	365,6	17.579,4
Anteil an Gesamtausgaben	3,5%	15,9%	6,1%	57,5%	14,9%	2,1%	
2006							
Nettoausgaben	676,3	3.072,6	930,1	10.539,1	2.529,9	360,7	18.109,6
Anteil an Gesamtausgaben	3,7%	17,0%	5,1%	58,2%	14,0%	2,0%	
Erhöhung zum Vorjahr	9,9%	9,8%	–13,6%	4,2%	–3,1%	–1,3%	3,0%
2007							
Nettoausgaben	765,1	3.463,2	933,4	10.638,1	2.666,2	371,8	18.837,8
Anteil an Gesamtausgaben	4,1%	18,4%	5,0%	56,5%	14,2%	2,0%	
Erhöhung zum Vorjahr	13,1%	12,7%	0,4%	0,9%	5,4%	3,1%	4,0%
2008							
Nettoausgaben	888,4	3.669,3	856,0	11.200,5	2.751,3	389,9	19.755,4
Anteil an Gesamtausgaben	4,5%	18,6%	4,3%	56,7%	13,9%	2,0%	
Erhöhung zum Vorjahr	16,1%	6,0%	–8,3%	5,3%	3,2%	4,9%	4,9%
2009							
Nettoausgaben	999,2	3.916,5	777,3	11.967,3	2.878,3	391,6	20.930,1
Anteil an Gesamtausgaben	4,8%	18,7%	3,7%	57,2%	13,8%	1,9%	
Erhöhung zum Vorjahr	12,5%	6,7%	–9,2%	6,8%	4,6%	0,4%	5,9%

1) Ausgaben ohne Kosten für von den Trägern der gesetzlichen Rentenversicherung durchgeführte Gutachten zur Feststellung einer dauerhaften vollen Erwerbsminderung

2) Einschließlich Erstattungszahlungen an die Krankenkassen für Krankenbehandlung nach § 264 SGB V

13 Organisation und Selbstverwaltung

Überblick

Die Selbstverwaltung ist ein Stück gelebte Demokratie in der Bundesrepublik Deutschland. Unter Selbstverwaltung versteht man die selbständige und selbstverantwortliche Gestaltung und Verwaltung eigener Angelegenheiten. Grundlage der Selbstverwaltung ist die Mitwirkung und Beteiligung der Betroffenen. Der Selbstverwaltungsgedanke basiert auf den preußischen Verwaltungsreformen des Freiherrn vom Stein Anfang des 19. Jahrhunderts. Die Selbstverwaltung ist nicht nur im kommunalen Bereich und im Bereich der Wissenschaft, sondern auch im Bereich der Sozialen Sicherung verankert.

Die Selbstverwaltung wird in der Regel durch öffentlich-rechtliche Körperschaften ausgeübt. Das Selbstverwaltungsprinzip für die Sozialversicherung wurde erstmals 1883 durch das „Gesetz, betreffend die Krankenversicherung der Arbeiter" für das gesamte Reichsgebiet festgelegt. Bereits vor diesem Gesetz gab es unterschiedliche Formen der Beteiligung von Versicherten und Arbeitgebern an der Selbstverwaltung (z. B. im Bergbau). Ziel des damaligen Gesetzgebers war es, die gesellschaftlich relevanten Kräfte direkt in die Verantwortung zu nehmen und somit Versichertennähe und Leistungsfähigkeit sicherzustellen.

Im Nationalsozialismus wurde die Selbstverwaltung faktisch abgeschafft. Die Sozialversicherung wurde dem Reichsversicherungsamt unterstellt. Nach dem Zweiten Weltkrieg wurden die im Dritten Reich in der Sozialversicherung beseitigten demokratischen Verhältnisse allmählich wiederhergestellt. In seiner ersten Regierungserklärung im Jahr 1949 sagte Bundeskanzler Konrad Adenauer: „Die Selbstverwaltung der Sozialpartner muss an die Stelle staatlicher Bevormundung treten." Die ersten Sozialwahlen fanden 1953 in der Bundesrepublik Deutschland statt.

Danach wirken Arbeitnehmer und Arbeitgeber über gewählte Vertreter in den Organen der Sozialversicherungsträger an der Willensbildung und Aufgabenerfüllung mit.

Das höchste Organ eines Sozialversicherungsträgers ist die Vertreterversammlung. Die Vertreterversammlung geht aus den Sozialwahlen hervor. Von der Vertreterversammlung wird der Vorstand gewählt. Der Vorstand hat die Beschlüsse der Vertreterversammlung auszuführen und verwaltet den Sozialversicherungsträger. Für die laufenden Verwaltungsgeschäfte bedient sich der Vorstand einer hauptamtlichen Geschäftsführung. In der gesetzlichen Krankenversicherung gibt es statt der Vertreterversammlung und des Vorstandes nur ein Selbstverwaltungsorgan, den Verwaltungsrat.

Seit Jahren gibt es unter den Sozialversicherungsträgern eine Fusionswelle, insbesondere in der gesetzlichen Krankenversicherung. Durch die Fusionen sollen wirtschaftlichere Verwaltungseinheiten entstehen. Der Fusionsprozess wird in der nächsten Zeit anhalten.

Organisation und Selbstverwaltung

1 Sozialversicherung und Selbstverwaltung – das sind in der mehr als 120-jährigen Geschichte der Sozialversicherung in Deutschland zwei untrennbar miteinander verbundene Begriffe. Von den Anfängen der sozialen Sicherung an waren die verschiedenen damit befassten Institutionen selbstverwaltet, nicht zuletzt ausgehend und beeinflusst von den Ideen des Freiherrn vom Stein und der mit seinem Namen verbundenen preußischen Städteordnung von 1808. Selbstverwaltung in der Sozialversicherung und kommunale Selbstverwaltung sind auch heute noch

13 Organisation und Selbstverwaltung

von ihren Grundprinzipien her vergleichbar. Allerdings weist die Sozialversicherung ganz spezifische Besonderheiten auf.

So wird die Sozialversicherung in der Bundesrepublik Deutschland nicht durch allgemeine staatliche oder kommunale Verwaltungen, sondern durch eigenständige Verwaltungen mit eigener Rechtspersönlichkeit ausgeführt. Die Sozialverwaltung gliedert sich in die drei klassischen Zweige der Kranken-, Unfall- und Rentenversicherung. Die Pflegeversicherung ist dagegen kein eigener Zweig der Sozialversicherung, Träger der Pflegeversicherung sind vielmehr die Pflegekassen, die bei jeder Krankenkasse errichtet sind.

Mitwirkung und Mitverantwortung

2 Tragendes Prinzip der Sozialversicherung ist die Mitwirkung und Beteiligung der Betroffenen durch die Selbstverwaltung der Träger der Sozialversicherung. Bereits die als Gründungsakt der deutschen Sozialversicherung anzusehende „Kaiserliche Botschaft" vom 17. November 1881 spricht von der Lösung der sozialen Aufgaben „in der Form kooperativer Genossenschaften unter staatlichem Schutz und staatlicher Förderung", die „die Lösung auch von Aufgaben möglich machen, denen die Staatsgewalt allein in gleichem Umfang nicht gewachsen sein würde". Damit war das auch heute noch gültige Wesensprinzip der sozialen Selbstverwaltung im Grundsatz ausgesprochen.

Die Träger der Sozialversicherung erfüllen öffentliche Aufgaben eigenverantwortlich in eigenem Namen durch eigene Organe unter Aufsicht des Staates und sind in Form öffentlich-rechtlicher Körperschaften mit Selbstverwaltung organisiert.

Den eigentlichen Kern der Selbstverwaltung macht jedoch die unmittelbare Beteiligung der Betroffenen durch gewählte Selbstverwaltungsorgane aus. In ihnen sind ehrenamtlich tätige Vertreter der Betroffenen, in der Regel Versicherte und Arbeitgeber, an der Durchführung der Sozialverwaltung beteiligt. So können anstehende Probleme unter Mitwirkung und Mitverantwortung aller Beteiligten sachgerecht und lebensnah gelöst werden.

3 Selbstverwaltung ist gelebte Demokratie, sie sorgt dafür, dass die Sozialversicherung im Bewusstsein der Betroffenen wie der gesamten Bevölkerung fest verwurzelt ist. Die vielen Tausend in ihr ehrenamtlich tätigen Vertreter der beteiligten Sozialpartner garantieren den unmittelbaren Kontakt zur Bevölkerung

besser als jede Bürokratie es könnte. Vorteile ergeben sich daraus in zwei Richtungen: Die Selbstverwaltung kann die Bedürfnisse der Betroffenen aufnehmen und entweder durch eigenes Handeln oder durch Einwirken auf den Gesetzgeber umsetzen. Umgekehrt ist sie besser im Stande, dem Bürger gesetzliche Grundlagen und die daraus resultierenden Probleme in der täglichen Praxis eines Verwaltungsträgers zu vermitteln.

Dieses System des Miteinanders aller Beteiligten hat sich von den ersten Anfängen einer Sozialversicherung bis heute auch und gerade in kritischen Situationen immer wieder bewährt.

Geschichtliche Entwicklung

4 Bereits vor der genannten „Kaiserlichen Botschaft" gab es in Deutschland unterschiedliche Formen der Beteiligung von Versicherten und Arbeitgebern an der Selbstverwaltung, insbesondere im Bergbau. So erfolgte die Verwaltung der Knappschaftsvereine in Preußen durch einen Knappschaftsvorstand, der je zur Hälfte von Arbeitgebern und Knappschaftsältesten gewählt wurde. Die Knappschaftsvereine waren die erste öffentlich-rechtliche Arbeiterversicherung, die auch erste Elemente einer Invalidenversicherung enthielt. Trotz einer Vielzahl von Versicherungen war jedoch Mitte des 19. Jahrhunderts nur ein relativ geringer Teil der Bevölkerung erfasst. Zudem waren die Leistungen bei weitem nicht ausreichend.

Im Gefolge der „Kaiserlichen Botschaft" von 1881 entstand dann die deutsche Sozialversicherung in ihren heute noch bestehenden Grundzügen als Kranken-, Unfall- und Rentenversicherung. Die Zusammensetzung der Selbstverwaltungsorgane war unterschiedlich, je nachdem, wie die Beiträge aufgebracht und aufgeteilt wurden.

5 Mit der Reichsversicherungsordnung (RVO) von 1911 wurden die Versicherungsträger rechtsfähig in Form von Körperschaften oder Anstalten öffentlichen Rechts. Allen Trägern gemeinsam war der Vorstand, der sie nach außen vertrat und nach innen verwaltete. Daneben gab es ein weiteres, unterschiedlich benanntes Selbstverwaltungsorgan, das neben weiteren Aufgaben vor allem das Recht der autonomen Rechtsetzung erhielt.

Nach dem Ende des Zweiten Weltkrieges wurden auch in der Sozialversicherung die im Dritten Reich beseitigten demokratischen Verhältnisse allmählich wiederhergestellt. 1951 trat in der Bundesrepublik das Selbstverwaltungsgesetz in Kraft, das in der Folgezeit mehrfach geändert wurde. Die ersten Sozialwahlen nach dem Krieg fanden 1953 statt. In den siebziger Jahren erfolgten dann weitere Änderungen, die ihren Abschluss mit dem In-Kraft-Treten des Vierten Buchs des Sozialgesetzbuchs (SGB IV) am 1. Juli 1977 fanden. Das SGB IV – Gemeinsame Vorschriften für die Sozialversicherung – löste das Selbstverwaltungsgesetz ab. Im SGB IV sind alle Regelungen für die Selbstverwaltung der gesetzlichen Kranken-, Unfall- und Rentenversicherung einschließlich der Altershilfe für Landwirte zusammengefasst. Die Arbeitslosenversicherung ist im dritten Buch des SGB geregelt.

Aufgabe und Funktion

6 Arbeitnehmer und Arbeitgeber wirken über gewählte Vertreter in den Organen an der Willensbildung und Aufgabenerfüllung der Versicherungsträger mit. An erster Stelle gehört dazu die Befugnis, die innere Ordnung der Versichertengemeinschaft und die Rechte und Pflichten ihrer Mitglieder im Rahmen der Gesetze in eigener Verantwortung zu regeln. Dadurch kann die Sozialversicherung auf veränderte Bedürfnisse und Rahmenbedingungen schnell und flexibel unter Mitwirkung aller Beteiligten reagieren. Sie kann aber auch vorausschauend tätig werden, so etwa auf den Feldern der Gesundheitsvorsorge, der Unfallverhütung und der Rehabilitation.

7 Wichtigstes Instrument der eigenverantwortlichen Rechtsetzung ist die Befugnis zur Satzungsgebung. Mit der Satzung, sozusagen der Verfassung des Versicherungsträgers, regelt die Selbstverwaltung in erster Linie den rechtlichen und organisatorischen Aufbau des Versicherungsträgers. Eine Satzung ist für alle Zweige der Sozialversicherung gesetzlich vorgeschrieben.

In der Unfallversicherung obliegt der Selbstverwaltung auch die Festsetzung der Beiträge, ein außerordentlich bedeutsames Recht, hat es doch für alle Mitglieder unmittelbare finanzielle Konsequenzen. Für die Krankenversicherung wurde diese Befugnis jedoch ab 1. Januar 2009 durch das Gesetz zur Stärkung des Wettbewerbs in der gesetzlichen Krankenversicherung (GKV-WSG) eingeschränkt (vgl. Rdnr. 26). Weitere, unterschiedliche Regelungsbefugnisse existieren in den verschiedenen Zweigen der Sozialversicherung, so in den Unfallverhütungsvorschriften und Gefahrtarifen der Berufsgenossenschaften wie auch in den Dienstordnungen von Kranken- und Unfallversicherung.

Wenn auch die Gestaltungsmöglichkeiten der Selbstverwaltung durch gesetzliche Regelungen großenteils vorgegeben sind, so bleibt doch ein weitgehender Gestaltungsraum. Von besonderer Bedeutung ist dabei der Beschluss über den jährlichen Haushalt des Sozialversicherungsträgers und die Wahl des Vorstandes und der hauptamtlichen Geschäftsführung.

Versicherungsträger

8 In der „gegliederten" Sozialversicherung werden die Aufgaben durch verschiedene Versicherungsträger wahrgenommen. Seit Inkrafttreten des SGB IV ist allen die Eigenschaft als rechtsfähige Körperschaft mit Selbstverwaltung gemeinsam.

In der gesetzlichen Krankenversicherung gibt es eine Vielzahl unterschiedlicher, finanziell und organisatorisch selbständiger Versicherungsträger (Stand 1. Januar 2011):

- 12 Allgemeine Ortskrankenkassen,
- 121 Betriebskrankenkassen im Wesentlichen für größere Betriebe,
- 7 Innungskrankenkassen für das Handwerk,
- 9 Landwirtschaftliche Krankenkassen,
- 6 Ersatzkassen,
- 1 Deutsche Rentenversicherung Knappschaft-Bahn-See, die auch Träger der knappschaftlichen Krankenversicherung sowie der Seekrankenkasse ist.

Gerade in den letzten Jahren hat unter den Trägern der gesetzlichen Krankenversicherung ein Fusionsprozess stattgefunden; insbesondere im Bereich der Betriebskrankenkassen. Während 1996 noch 640 Betriebskrankenkassen existierten gibt es heute nur noch 121.

Durch das GKV-WSG wurde das Organisationsrecht der Krankenversicherung geändert. Seit dem 1. April 2007 können sich Krankenkassen kassenartenübergreifend zusammenschließen. Des Weiteren können Ortskrankenkassen auch über Ländergrenzen fusionieren. Seit 2008 haben sich Krankenkassen kassenübergreifend und länderübergreifend zusammengeschlossen. Im Jahre 2010 fusionierten die AOK Westfalen-Lippe und die AOK Schleswig-Holstein zur AOK NordWest und zum Jahresbeginn 2011 fusionierten die AOK Berlin-Brandenburg und die AOK Mecklenburg-Vorpommern zur AOK Nordost.

13 Organisation und Selbstverwaltung

Bereits zum 1. Januar 2010 hatten sich die Barmer Ersatzkasse und die Gmünder Ersatzkasse zur bundesweit größten Krankenkasse mit 8,6 Millionen Versicherten zusammengeschlossen.

Während die Ortskrankenkassen noch in der Regel auf Länderebene oder Teilen von Ländern organisiert sind, sind die Ersatzkassen bundesweit organisiert.

9 Durch das GKV-WSG wurde das Verbänderecht der Krankenkassen vollständig neu geregelt. Für die Bundesebene hat der Gesetzgeber vorgeschrieben, dass die Krankenkassen einen Spitzenverband Bund der Krankenkassen (GKV-Spitzenverband) bilden. Der Sitz des Spitzenverbandes ist in Berlin. Bei dem neuen Verband handelt es sich um eine Körperschaft des öffentlichen Rechts. Die bisher bestehenden Bundesverbände wurden ab 1. Januar 2009 in Gesellschaften des bürgerlichen Rechts oder eingetragene Vereine umgewandelt. Anders als die Krankenkassenartenverbände hat der neue GKV-Spitzenverband nicht nur die Versicherten einer Kassenart im Blick, sondern alle Versicherten und Beitragszahler. Der neue Spitzenverband Bund der Krankenkassen ist für die Vertretung der GKV-Interessen gegenüber Dritten (z. B. Gesetzgeber, Ministerien und Gemeinsamer Bundesausschuss) zuständig. Daneben ist er auch für die Wahrnehmung bestimmter Aufgaben (z. B. Ausgestaltung der Telematik im Gesundheitswesen und Definition von Grundsätzen der Prävention, Selbsthilfe und Rehabilitation) zuständig.

Die bisherigen Bundesverbände der Krankenkassen können weiter Dienstleistungsaufgaben erbringen. Einen Großteil der bisherigen Aufgaben haben sie jedoch an den neuen Spitzenverband abgegeben.

Darüber hinaus wurde zum 1. Januar 2009 der Spitzenverband der landwirtschaftlichen Sozialversicherung in Kassel gegründet, in dem die bisherigen Bundesverbände der landwirtschaftlichen Sozialversicherung, u. a. auch der Bundesverband der Landwirtschaftlichen Krankenkassen und der landwirtschaftlichen Unfallversicherung, aufgegangen sind. Der Spitzenverband der landwirtschaftlichen Sozialversicherung ist eine bundesunmittelbare Körperschaft, die die Interessen der landwirtschaftlichen Sozialversicherung auf der Bundesebene und der europäischen Ebene vertritt.

Die Verbändelandschaft stellt sich wie folgt dar:

- Spitzenverband Bund der Krankenkassen (GKV-Spitzenverband) in Berlin,
- Bundesverband der Betriebskrankenkassen in Essen,
- Innungskrankenkassen e. V. in Berlin,
- Bundesverband der Ersatzkassen in Berlin.

10 In der Unfallversicherung existiert ebenfalls eine Vielzahl von Versicherungsträgern (Stand 1. Januar 2011):

- 9 gewerbliche Berufsgenossenschaften,
- 9 landwirtschaftliche Berufsgenossenschaften sowie
- 27 Unfallversicherungsträger der öffentlichen Hand.

Die Unfallversicherungsträger der öffentlichen Hand gliedern sich in 20 Unfallkassen und Gemeindeunfallversicherungsverbände, vier Feuerwehr-Unfallkassen sowie die Eisenbahnunfallkasse, die Unfallkasse Post und Telekom und die Unfallkasse des Bundes. Obwohl die Unfallversicherungsträger der öffentlichen Hand keine eigenständigen Versicherungsträger sind, werden auch bei ihnen Selbstverwaltungsorgane nach dem SGB IV gebildet. Auch bei den landes- und bundesunmittelbaren Unfallversicherungsträgern der öffentlichen Hand soll nach den Willen des Gesetzgebers ein Konzentrationsprozess stattfinden, so dass es am Ende für jedes Land und für den Bund jeweils nur einen Unfallversicherungsträger gibt.

Während die gewerblichen Berufsgenossenschaften nach Branchen gegliedert sind, erstrecken sich die landwirtschaftlichen Berufsgenossenschaften, die Gemeindeunfallversicherungsverbände und Feuerwehrunfallkassen auf bestimmte Regionen.

Die Anzahl der Unfallversicherungsträger in der Unfallversicherung hat sich aufgrund des Gesetzes zur Modernisierung der gesetzlichen Unfallversicherung bei den gewerblichen Berufgenossenschaften von 21 im Jahre 2009 auf aktuell neun Träger verringert.

11 Die Träger der Unfallversicherung haben sich zum Verband Deutsche gesetzliche Unfallversicherung e.V. (DGUV) in Berlin in Form eines eingetragenen Vereins zusammengeschlossen. Die Deutsche gesetzliche Unfallversicherung e.V. ist aus dem Hauptverband der gewerblichen Berufsgenossenschaften e. V. und dem Bundesverband der Unfallkassen hervorgegangen. Der DGUV hat sechs Landesverbände. Die Landesverbände übernehmen landesbezogene Aufgaben ihrer Mitglieder auf den Gebieten der Prävention und Rehabilitation. Durch die Fusion hat die Selbstverwaltung der Unfallversicherung Forderungen aus der Politik aufgegriffen und umgesetzt.

12 In der Rentenversicherung gibt es relativ wenige Versicherungsträger (Stand 1. Januar 2011):

- 14 Regionalträger (die ehemaligen Landesversicherungsanstalten),
- 1 Deutsche Rentenversicherung Bund (die ehemalige Bundesversicherungsanstalt für Angestellte) und
- 1 Deutsche Rentenversicherung Knappschaft-Bahn-See (Zusammenschluss von Bundesknappschaft, Bundesbahnversicherungsanstalt und Seekasse).

Organe der Selbstverwaltung

13 Bei den Versicherungsträgern außer den Krankenkassen sind als Selbstverwaltungsorgane eine Vertreterversammlung und ein Vorstand zu bilden; die Geschäftsführung gehört dem Vorstand mit beratender Stimme an. Durch Art. 3 Gesundheitsstrukturgesetz (GSG) wurde bei den Krankenkassen mit Wirkung vom 1. Januar 1996 eine neue Struktur der Selbstverwaltung eingeführt. Vertreterversammlung und Vorstand wurden durch einen Verwaltungsrat als alleiniges ehrenamtliches Organ abgelöst, der Geschäftsführer oder die Geschäftsführung durch den nunmehr hauptamtlichen Vorstand ersetzt. Die Organe der einzelnen Versicherungsträger sind in der Regel paritätisch durch Vertreter der Versicherten und der Arbeitgeber zusammengesetzt. Die folgende Übersicht verdeutlicht die Besetzung bei den einzelnen Versicherungsträgern:

Sozialversicherungsträger	Versicherte	Arbeitgeber
Rentenversicherung	1/2	1/2
Ausnahme:		
Deutsche Rentenversicherung Knappschaft-Bahn-See	2/3	1/3
Krankenversicherung	1/2	1/2
Ausnahmen*:		
Betriebskrankenkassen	1/2	1/2
Deutsche Rentenversicherung Knappschaft-Bahn-See	2/3	1/3
grundsätzlich Ersatzkassen	1/1	0
Unfallversicherung	1/2	1/2
Ausnahme:		
Landwirtschaftliche Berufsgenossenschaften	1/3	1/3
	1/3 Selbständige ohne fremde Arbeitskräfte	

* Bei den Betriebskrankenkassen ist der Arbeitgeber nur durch eine Person vertreten, diese hält aber die Hälfte der Stimmen. Bei den Ersatzkassen gibt es auch Krankenkassen, in denen die Selbstverwaltungsgremien paritätisch von Versicherten und Arbeitgebern besetzt sind (z. B. TK).

Nach Ablauf der am 1. Oktober 2005 begonnenen Wahlperiode werden auch die Organe der Deutschen Rentenversicherung Knappschaft-Bahn-See paritätisch besetzt.

14 Die von der Parität abweichende Zusammensetzung der Organe bei verschiedenen Versicherungsträgern hat überwiegend historische Ursachen. So trugen in der Knappschaft ursprünglich die Versicherten zwei Drittel und die Arbeitgeber ein Drittel der Beiträge. Die Ersatzkassen waren zunächst rein privatrechtliche Versicherungsunternehmen. Von daher war auch das Versicherungsverhältnis privatrechtlich, und zwar ausschließlich im Verhältnis zwischen Versichertem und der jeweiligen Ersatzkasse. Daher sind bis heute ausschließlich Vertreter der Versicherten in den Organen der Ersatzkassen.

Die Zusammenarbeit von Arbeitgebern und Versicherten in der sozialen Selbstverwaltung hat sich seit ihren Anfängen immer wieder bewährt. Sie ist der Garant für einen Interessenausgleich zwischen den Sozialpartnern.

Sozialversicherungswahlen

15 Die Mitglieder der Selbstverwaltungsorgane werden alle sechs Jahre durch freie und geheime Wahlen, den Sozialversicherungswahlen, ermittelt. Versicherte und Arbeitgeber wählen die Vertreter ihrer Gruppe getrennt auf Grund von Vorschlagslisten. Bei der landwirtschaftlichen Unfallversicherung kommt noch die Gruppe der Selbständigen ohne fremde Arbeitskräfte hinzu. In der Knappschaftsversicherung dagegen wählen die Wahlberechtigten zunächst die Knappschaftsältesten, die dann ihrerseits die Mitglieder der Vertreterversammlung wählen. Diese knappschaftliche Besonderheit wird zu den Sozialwahlen 2011 beendet. 2011 werden in der Knappschaftsversicherung Sozialwahlen wie bei den anderen Sozialversicherungsträgern durchgeführt.

16 Wahlberechtigt ist jeder, der am Stichtag für das Wahlrecht zu einer der Gruppen eines Versicherungsträgers gehört, das 16. Lebensjahr vollendet hat und seine Wohnung im Gebiet der Bundesrepublik hat, sich gewöhnlich in ihm aufhält oder in ihm beschäftigt ist. Wählbar ist, wer darüber hinaus volljährig ist, das Wahlrecht zum Deutschen Bundestag besitzt und im Bezirk des Versicherungsträgers oder nicht mehr als 100 Kilometer davon entfernt seine Wohnung hat, sich gewöhnlich aufhält oder beschäftigt ist. Daneben sind auch Beauftragte wählbar, sofern sie von einer der Gruppen vorgeschlagen werden. Ihre Zahl darf ein Drittel der Gruppenmitglieder eines Organs nicht übersteigen. Nicht wählbar sind unter anderem Beschäftigte des Versicherungsträgers.

17 Die Aufstellung der Kandidaten auf den Vorschlagslisten nehmen in erster Linie die Sozialpartner, d. h. auf der einen Seite die Gewerkschaften und „andere selbständige Arbeitnehmervereinigungen mit sozial- oder berufspolitischer Zwecksetzung" (sonstige Arbeitnehmervereinigungen), auf der anderen Seite Arbeitgebervereinigungen vor. Daneben sind auch die Verbände dieser Organisationen vorschlagsberechtigt.

18 Als Gewerkschaften sind neben den Einzelgewerkschaften des Deutschen Gewerkschaftsbundes (DGB) und des Christlichen Gewerkschaftsbundes (CGB) auch die Gewerkschaft der Sozialversicherung anerkannt.

19 Die sonstigen Arbeitnehmervereinigungen müssen allerdings, um zur Wahl zugelassen zu werden, eine Reihe von gesetzlich festgelegten Voraussetzungen erfüllen, die sie darzulegen haben. So müssen sie die Gewähr für die Ernst- und Dauerhaftigkeit ihrer sozial- oder berufspolitischen Zwecksetzung bieten. Diese kann sich aus Umfang und Festigkeit der Organisation, aus der Anzahl der beitragszahlenden Mitglieder und aus Art und Umfang ihrer Öffentlichkeitsarbeit ergeben. Die Tätigkeit darf sich nicht auf die Einreichung von Vorschlagslisten zu den Sozialversicherungswahlen beschränken, sie muss vielmehr der Verwirklichung sozialer oder beruflicher Ziele dienen. Es dürfen nur Arbeitnehmer Mitglied sein; der Einfluss von Beschäftigten des Versicherungsträgers, für den die Liste aufgestellt werden soll, darf ein bestimmtes Maß nicht überschreiten. Nicht zuletzt muss eine Arbeitnehmervereinigung eine Satzung haben, die vereinsrechtlichen Mindestanforderungen entspricht. Die Entscheidung über die erstmalige Zulassung als vorschlagsberechtigte Vereinigung trifft der Wahlausschuss des jeweiligen Versicherungsträgers oder in bestimmten Fällen der Bundesbeauftragte für die Sozialversicherungswahlen. Die sonstigen Arbeitnehmervereinigungen spielen bislang lediglich bei der Deutschen Rentenversicherung Bund und bei den Ersatzkassen eine größere Rolle.

20 Auf der anderen Seite sind Arbeitgebervereinigungen und deren Verbände, wie z. B. die Bundesvereinigung der Deutschen Arbeitgeberverbände (BDA), vorschlagsberechtigt.

21 Neben den Organisationen sind unter bestimmten Voraussetzungen, wie einer bestimmten Anzahl von Unterstützungsunterschriften je nach Größe des Versicherungsträgers, auch Versicherte und Arbeitgeber vorschlagsberechtigt. Sie können „freie Listen" einreichen.

22 Gewählt wird ausschließlich in Form der Briefwahl. Dazu werden den Wahlberechtigten die notwendigen Wahlunterlagen entweder durch den Versicherungsträger übersandt oder etwa im Betrieb ausgehändigt. Für die Wahlberechtigten entstehen für die Rücksendung des Wahlbriefs durch die Post an den jeweiligen Versicherungsträger keine Kosten. Die näheren Einzelheiten des Wahlverfahrens regelt der Bundesminister für Arbeit und Soziales durch eine Rechtsverordnung, die Wahlordnung für die Sozialversicherung.

23 Anders als bei den staatlichen und kommunalen Wahlen kommt es in der Sozialversicherung aber nicht auf jeden Fall zu einer echten Wahlhandlung. Reichen die Mitglieder einer Gruppe, etwa die Gewerkschaften, nur eine Vorschlagsliste ein oder werden auf mehreren Vorschlagslisten insgesamt nicht mehr Kandidaten benannt, als Organmitglieder zu wählen sind, gelten die vorgeschlagenen Kandidaten ohne weitere Wahlhandlung als gewählt. Eine solche „Friedenswahl" ist in der Praxis nicht selten. 2005 wurde nur bei 8 von insgesamt etwa 340 Versicherungsträgern gewählt, so bei der BfA (jetzt DRV Bund) und 4 von 7 Ersatzkassen für Angestellte, und das auch nur auf der Versichertenseite. Die Arbeitgeber hatten sich überall auf gemeinsame Vorschlagslisten geeinigt. Der Einigung auf eine Vorschlagsliste geht innerhalb einer Gruppe ein demokratischer Willensbildungs- und Entscheidungsprozess voraus, dass in der Regel durchaus eine ausreichende regionale, branchenmäßige und fachliche Ausgewogenheit erzielt wird. Da die Sozialversicherungswahlen nicht flächendeckend bei allen Sozialversicherungsträgern stattfinden, erreichen sie nicht die Bedeutung staatlicher Wahlen.

Vertreterversammlung

24 Die Vertreterversammlung ist das höchste Organ jedes Versicherungsträgers. Ihr obliegt als zentrale Befugnis die autonome Rechtsetzung, die zum Kernbereich der Selbstverwaltung gehört. Die Vertreterversammlung geht unmittelbar aus den Sozialversicherungswahlen hervor, sie wird direkt gewählt. Aus diesen Gründen wird sie vielfach als das „Parlament" eines Versicherungsträgers oder als „Legislative" bezeichnet. Die Anzahl der Mitglieder der Vertreterversammlung ist in der Satzung entsprechend der Größe des Versicherungsträgers zu regeln, als Obergrenze hat der Gesetzgeber 60 Mitglieder vorgegeben. Nach Ablauf der am 1. Oktober 2005 begonnenen Wahlperiode wird die Obergrenze auf 30 Mitglieder gesenkt.

25 Wichtigster Bestandteil der autonomen Rechtsetzung ist das Recht zur Satzungsgebung. Die Satzung ist die Grundordnung, gewissermaßen die „Verfassung" des Versicherungsträgers. Sie regelt im Rahmen der bestehenden Gesetze den rechtlichen und organisatorischen Aufbau des Trägers. Ein bestimmter Mindestinhalt ist für die verschiedenen Zweige der Sozialversicherung in den entsprechenden gesetzlichen Bestimmungen vorgegeben.

26 Eine ganz wesentliche Befugnis ist in diesem Zusammenhang die Beitragshoheit in der Unfallversicherung und die eingeschränkte Beitragshoheit in der Krankenversicherung. In der Krankenversicherung besteht ab dem 1. Januar 2009 nur noch die Möglichkeit, einen kassenindividuellen Zusatzbeitrag festzulegen. Der eigentliche Krankenversicherungsbeitrag wird durch den Gesetzgeber festgelegt. Hierdurch wurden die Gestaltungsspielräume der Selbstverwaltung erheblich eingeschränkt. Zukünftig bestehen die Gestaltungsmöglichkeiten der Krankenkassen verstärkt darin festzulegen, ob und in welcher Höhe ein Zusatzbeitrag erhoben wird und bei einem vom Gesetzgeber vorgegebenen Budget die Kosten der Leistungen zu senken bzw. deren Qualität zu regeln. Von den insgesamt 156 Krankenkassen haben 2010 16 Krankenkassen einen Zusatzbeitrag erhoben. Die Unfallversicherung setzt ihre ausschließlich durch die Unternehmer zu erbringenden Beiträge ebenfalls mittels Satzung fest. Sie hat dabei weitergehende Handlungsfreiheit als die Krankenversicherung. Die Rentenversicherung kennt dagegen keine Beitragshoheit, die Beitragsfestsetzung erfolgt bei ihr durch gesetzliche Regelung.

27 Da die Sozialversicherung eine gesetzliche Zwangsversicherung ist, müssen alle Versicherten im Wesentlichen gleiche Leistungsansprüche haben. Daher sind die so genannten Regelleistungen gesetzlich geregelt und für alle Träger eines Versicherungszweiges identisch. Insoweit hat die Selbstverwaltung auf die Leistungen keinen Einfluss.

28 Über die Regelleistungen hinaus können jedoch Mehrleistungen durch Regelung in der Satzung erbracht werden. In der Krankenversicherung betrifft dies bspw. die Bereiche der Vorsorge, der häuslichen Krankenpflege und der Haushaltshilfe. Die Unfallversicherung kann in der Satzung für bestimmte Personenkreise, die ehrenamtlich im Interesse der Allgemeinheit tätig sind, Mehrleistungen vorsehen. Auch in der Rentenversicherung können durch Beschluss ergänzende Mehrleistungen vor allem im Bereich der Rehabilitation erbracht werden, wozu es allerdings keiner Regelung in der Satzung bedarf.

29 Neben der Satzung beschließt die Vertreterversammlung über das sonstige autonome Recht. Dazu zählen bspw. die Unfallverhütungsvorschriften und Gefahrtarife der Berufsgenossenschaften, die Dienstordnungen bei Kranken- und Unfallversicherungsträgern wie auch die Entschädigungsregelungen für die ehrenamtlich tätigen Mitglieder der Selbstverwaltungsorgane und der Versichertenältesten in allen Zweigen.

Weiter hat die Vertreterversammlung in allen anderen Fällen zu beschließen, die Gesetz und sonstiges Recht vorsehen. So stellt sie den vom Vorstand aufgestellten Haushaltsplan fest und beschließt über die Entlastung von Vorstand und Geschäftsführung hinsichtlich der Jahresrechnung.

30 Nicht zuletzt wählt die Vertreterversammlung den Vorstand. Dies geschieht ähnlich wie bei den Sozialversicherungswahlen auf Grund von Vorschlagslisten nach Gruppen getrennt. Wird ein Mitglied der Vertreterversammlung in den Vorstand gewählt, so verliert es kraft Gesetzes die Mitgliedschaft in der Vertreterversammlung.

31 Die Vertreterversammlung wählt aus ihrer Mitte einen Vorsitzenden und seinen Stellvertreter, die verschiedenen Gruppen angehören müssen. In der Satzung kann vorgesehen werden, dass sich Vorsitzender und Stellvertreter in mindestens jährlichem Turnus abwechseln, oft auch alternierender Vorsitz genannt.

32 Die Vertreterversammlung wählt auf Vorschlag des Vorstands auch den Geschäftsführer und seinen Stellvertreter. Bei großen Versicherungsträgern kann durch die Satzung bestimmt werden, dass eine aus drei Personen bestehende Geschäftsführung gewählt wird.

Vorstand

33 Der von der Vertreterversammlung gewählte Vorstand ist gewissermaßen das Exekutivorgan. Es hat

13 Organisation und Selbstverwaltung

die Beschlüsse der Vertreterversammlung auszuführen. Der Vorstand verwaltet den Versicherungsträger und vertritt ihn gerichtlich und außergerichtlich. Er ist für alle Angelegenheiten zuständig, die nicht der Vertreterversammlung, dem Geschäftsführer oder einem Ausschuss zugewiesen sind. Damit ist er das zentrale Verwaltungsorgan des Versicherungsträgers. Der hauptamtlichen Geschäftsführung gegenüber hat er eine Richtlinienkompetenz. Danach kann er der Geschäftsführung Grundsätze allgemeiner Art an die Hand geben, und zwar in Form von Richtlinien für die Führung der Verwaltungsgeschäfte, die diese zu beachten hat. Dabei ist zwar die Entscheidung, nicht aber die Überprüfung von Einzelfällen ausgeschlossen. Die Richtlinien dürfen der Geschäftsführung allerdings nicht den ihr eigenen Kompetenzbereich entziehen. Die allgemeine Kompetenzzuweisung wird ergänzt durch eine Reihe von Einzelzuweisungen. Der Vorstand schlägt der Vertreterversammlung die Geschäftsführung zur Wahl vor, er stellt den Haushaltsplan auf und über- und außerplanmäßige Aussagen bedürfen seiner Einwilligung.

34 Der Vorstand wählt aus seiner Mitte einen Vorsitzenden und einen Stellvertreter im gleichen Modus wie in der Vertreterversammlung. Der Vorsitzende des Vorstands hat insofern eine Sonderstellung, als er alle Beschlüsse der Organe, die gegen geltendes Recht verstoßen, schriftlich mit Begründung zu beanstanden und unter Fristsetzung zur erneuten Beschlussfassung vorzulegen hat. Die Beanstandung hat aufschiebende Wirkung. Bleibt das Organ bei seinem Beschluss, hat er die Aufsichtsbehörde zu unterrichten.

Verwaltungsrat

35 Das bisher für die Vertreterversammlung der Krankenkassen geltende Selbstverwaltungsrecht der Krankenversicherung bildet die Grundlage für die Aufgaben und Befugnisse des Verwaltungsrats (Rdnr. 24 ff.). Darüber hinaus kommen dem Verwaltungsrat auch Bereiche zu, die bisher vom zweiten Selbstverwaltungsorgan, dem ehrenamtlichen Vorstand wahrzunehmen waren. Er hat den hauptamtlichen Vorstand zu wählen und zu kontrollieren sowie Entscheidungen grundsätzlicher Art zu treffen. Der Verwaltungsrat hat sich daher intensiver mit den Grundsätzen des Krankenkassenhandelns zu befassen, als es den bisherigen Organen möglich war. Insgesamt sind die Befugnisse des Verwaltungsrates, die Arbeit des Vorstands kontrollierend zu begleiten, um einiges verstärkt worden.

36 Da die Zahl der Mitglieder des Verwaltungsrates auf 30 begrenzt ist, bedeutet das aber auch für die einzelnen Mitglieder ein Mehr an Arbeit als bisher. Deshalb sollen sich nach der Begründung zu § 197 SGBV die Verwaltungsratsmitglieder durch Spezialisierung auf bestimmte Sachgebiete Fachkompetenz aneignen, um die Kontrolle wirkungsvoll ausüben zu können. Dagegen ist die gerichtliche und außergerichtliche Vertretung der Krankenkasse nicht mehr Aufgabe eines Selbstverwaltungsorgans, sondern auf den hauptamtlichen Vorstand übergegangen.

Ausschüsse

37 Die Selbstverwaltungsorgane können zur besseren Aufgabenbewältigung Ausschüsse zur Erledigung einzelner Aufgaben mit Ausnahme der Rechtsetzung bilden. Über die ihnen überwiesenen Gegenstände können die Ausschüsse in eigener Verantwortung entscheiden, daher nennt man sie Erledigungsausschüsse. Es ist aber auch möglich, Ausschüsse nur zur Vorbereitung bestimmter Angelegenheiten zu bilden, die Entscheidung selbst aber dem jeweiligen Organ vorzubehalten, so genannte Vorbereitungsausschüsse.

In der Praxis bedienen sich vor allem die Vorstände der Hilfe durch derartige beratende Ausschüsse, etwa in Form von Personalausschüssen. Daneben gibt es eine Vielzahl unterschiedlich ausgestalteter Ausschüsse, wie etwa Finanz-, Organisations- oder Bau- und Vergabeausschuss.

38 Ausdrücklich gesetzlich geregelte Ausschüsse sind die besonderen Ausschüsse, denen bestimmte, genau umschriebene Aufgaben übertragen werden können. Größere Bedeutung haben dabei die Widerspruchsausschüsse, welchen vielfach die Entscheidung über Widersprüche von Betroffenen gegen Verwaltungsakte des Versicherungsträgers im Vorverfahren übertragen ist. An dieser Stelle wird die Mitwirkung der Betroffenen in der Sozialversicherung mit unmittelbarer Außenwirkung deutlich. Ein derartiges Verwaltungsverfahren, in dem Vertreter der Betroffenen die Entscheidung über Widersprüche gegen Verwaltungsakte treffen, ist dem gesamten übrigen öffentlichen Recht fremd. Nur das Sozialrecht kennt diese weitgehende Form der Mitwirkung von Betroffenen.

Versichertenälteste

39 Die von der Vertreterversammlung zu wählenden Versichertenältesten haben vor allem die Aufgabe, eine ortsnahe Betreuung und Beratung der Versicherten zu garantieren. Sie sollen ein Bindeglied zwischen dem Versicherungsträger und seinen Versicherten sein. Ihre Tätigkeit hat daher zweierlei Funktionen, einerseits die Versicherten über ihre Rechte und Pflichten zu beraten, andererseits können sie aber auch viel zum Verständnis für Verwaltungsabläufe und die damit verbundenen Probleme beitragen.

In der Rentenversicherung ist die Wahl von Versichertenältesten grundsätzlich vorgegeben, sie kann allerdings durch die Satzung ausgeschlossen werden. In der Deutschen Rentenversicherung Knappschaft-Bahn-See sind dagegen auf jeden Fall Versichertenälteste zu wählen, und zwar nicht von der Vertreterversammlung, sondern von den Versicherten in Urwahl. Diese besondere knappschaftliche Regelung wurde vom Gesetzgeber zu den nächsten Sozialwahlen im Jahre 2011 aufgehoben.

Die übrigen Versicherungsträger können Versichertenälteste in der Satzung verankern. Allerdings haben nur wenige Träger im Bereich der Krankenversicherung Versichertenälteste eingeführt.

Zusätzlich zu den Versichertenältesten kann in der Satzung die Wahl von Vertrauenspersonen der Arbeitgeber festgeschrieben werden. Bei den Trägern der landwirtschaftlichen Unfallversicherung (mit Ausnahme der Gartenbau Berufsgenossenschaft) kann in der Satzung die Wahl von Vertrauensmännern der Selbständigen ohne fremde Arbeitskräfte normiert werden.

Geschäftsführung

40 Der Geschäftsführer und sein Stellvertreter werden auf Vorschlag des Vorstands von der Vertreterversammlung gewählt. Versicherungsträger mit mehr als 1,5 Mio. Versicherten oder der Zuständigkeit für mehr als einen Versicherungszweig können in der Satzung auch eine aus drei Personen bestehende Geschäftsführung und aus deren Mitte einen Vorsitzenden bestellen. In einigen Bereichen – etwa bei den Betriebskrankenkassen – gelten Sonderregelungen.

41 Der Geschäftsführer führt hauptamtlich die laufenden Verwaltungsgeschäfte und vertritt den Versicherungsträger insoweit nach außen. Laufende Verwaltungsgeschäfte sind solche Geschäfte, die der Erfüllung der dem Versicherungsträger gesetzlich übertragenen Pflichtaufgaben dienen und alle übrigen, die sich in einer gewissen Regelmäßigkeit wiederholen und vor allem wirtschaftlich keine besondere Bedeutung haben. Dazu zählen insbesondere die Leitung des inneren Dienstbetriebs, Feststellung und Einzug von Beiträgen und Entscheidungen im Leistungsbereich. Im Übrigen entscheidet in Zweifelsfällen der Vorstand, in welchen Zuständigkeitsbereich ein Verwaltungsgeschäft fällt. Außerdem können die Zuständigkeiten der Geschäftsführung sowohl eingeschränkt als auch erweitert werden, so weit nicht der Kernbereich der Zuständigkeit eines Selbstverwaltungsorgans beschnitten wird.

Vorstand in der Krankenversicherung

42 Der hauptamtliche Vorstand in der Krankenversicherung wird vom Verwaltungsrat für die Dauer von 6 Jahren gewählt. Er besteht bei Krankenkassen mit bis zu 500.000 Mitgliedern aus maximal 2, bei größeren aus bis zu 3 Personen.

43 Der Vorstand verwaltet die Krankenkassen und vertritt sie gerichtlich und außergerichtlich. Damit obliegen alle Entscheidungen von nicht grundsätzlicher Bedeutung dem Vorstand. D. h., das alltägliche, konkrete Verwaltungshandeln ist auf der Grundlage der grundlegenden Beschlüsse des Verwaltungsrates Aufgabe des Vorstands.

Aufsicht

44 Die Sozialversicherungsträger erfüllen öffentliche Aufgaben im Wege der mittelbaren Staatsverwaltung, die anderenfalls der Staat selbst durch eine unmittelbare Staatsverwaltung wahrzunehmen hätte. Ihn trifft daher die Pflicht, eine ordnungsgemäße, Recht und Gesetz entsprechende Erledigung der Aufgabenerfüllung sicherzustellen. Dazu bedient er sich der Aufsicht über die selbständigen Träger der Sozialversicherung. Die soziale Selbstverwaltung findet in der Aufsicht die notwendige Ergänzung und Begrenzung. Die heutige Aufsicht versteht sich als beratender Partner der Selbstverwaltung.

Die Aufsicht erstreckt sich auf die Einhaltung von Gesetzen und sonstigem Recht, das für die Versicherungsträger maßgebend ist. Damit wird lediglich die Rechtmäßigkeit des Handelns des Trägers, nicht dagegen seine Zweckmäßigkeit überprüft; der Staat übt lediglich die Rechtsaufsicht aus. Die weitergehende Fachaufsicht hat er sich nur in einigen Teilbereichen, wie in der Unfallverhütung und Ersten Hilfe bei Arbeitsunfällen, vorbehalten. Neben der Aufsicht gibt es noch die staatlichen Mitwirkungsrechte, die sich in bestimmten erforderlichen Genehmigungen für die Wirksamkeit von Beschlüssen der Träger konkretisieren; so ist bspw. die Satzung genehmigungsbedürftig.

13 Organisation und Selbstverwaltung

45 Die Aufsicht ist je nach Versicherungszweig und Zuständigkeitsbereich der Versicherungsträger unterschiedlich organisiert. So übt die Rechtsaufsicht über die Träger, deren Zuständigkeit über das Gebiet eines Bundeslandes hinausreicht, das Bundesversicherungsamt in Berlin aus. Abweichend davon können Versicherungsträger, deren Zuständigkeitsbereich über das Gebiet eines Landes hinaus geht, aber sich nicht über mehr als drei Länder erstreckt, von einer Aufsichtsbehörde eines Landes beaufsichtigt werden, wenn diese durch die beteiligten Länder dazu bestimmt wurde. Die Fachaufsicht in den oben genannten Bereichen der Unfallversicherung hat dagegen der Bundesminister für Arbeit und Soziales. Die meisten anderen Versicherungsträger werden von den für die Sozialversicherung zuständigen obersten Verwaltungsbehörden der Länder oder den von diesen bestimmten Behörden beaufsichtigt.

Die Zuständigkeit für die Aufsicht ist in den einzelnen Ländern und Versicherungszweigen sehr unterschiedlich geregelt. Entweder ist das entsprechende Fachministerium, teils sind besondere Behörden auf Landesebene, teils regional abgegrenzte Behörden (z. B. Versicherungsämter) zuständig.

46 Die Aufsichtsbehörden können die Geschäfts- und Rechnungsführung der Versicherungsträger prüfen. Dazu sind ihnen auf Verlangen alle Unterlagen vorzulegen und alle Auskünfte zu erteilen, die zur Ausübung der Aufsicht erforderlich sind. Dabei darf die Aufsicht nicht über das zu ihrer Aufgabenerfüllung notwendige Maß hinausgehen.

Die Aufsichtsbehörde ist bei der Feststellung eines eindeutigen Rechtsverstoßes nicht auf jeden Fall verpflichtet einzuschreiten. Bei relativ geringen Verstößen kann sie nach pflichtgemäßem Ermessen eingreifen, sie muss es aber nicht; bei schwereren Rechtsverstößen kann sich das Ermessen bis auf Null reduzieren, so dass sie tätig werden muss. Dabei soll die Aufsichtsbehörde zunächst beratend darauf hinwirken, dass der Versicherungsträger die Rechtsverletzung behebt. Kommt der Träger innerhalb einer angemessenen Frist dem nicht nach, kann die Aufsichtsbehörde den Träger verpflichten, den Rechtsverstoß zu beheben. Notfalls kann sie die Aufsichtsanordnung im Wege des Verwaltungsvollstreckungsverfahrens durchsetzen.

47 Die Mitwirkungsrechte des Staates könnte man als eine Art vorbeugender Aufsicht bezeichnen. Sie konkretisieren sich in bestimmten Genehmigungsvorbehalten, was bedeutet, dass eine Entscheidung eines Trägers erst nach der Genehmigung durch die Aufsicht wirksam wird. Die Mitwirkungserfordernisse sind im Gesetz im Einzelnen geregelt. So müssen Satzungen, Dienstordnungen, Unfallverhütungsvorschriften und Gefahrtarife genehmigt werden. Für die Haushaltspläne gilt ein besonders Verfahren.

Selbstverwaltung – gelebte Demokratie

48 Mit ihren zahllosen ehrenamtlich Tätigen ist die soziale Selbstverwaltung ein maßgeblicher Teil unserer Demokratie. Der Grundgedanke der Selbstverwaltung ist zeitgemäßer denn je. Die soziale Selbstverwaltung bleibt gerade auch in der Zukunft unentbehrlich für die Lösung der schwierigen Probleme der sozialen Sicherung. Sie ist Garant für eine unbürokratische und versichertennahe Betreuung der Versicherten. Als Bindeglied zwischen den Versicherten und der Verwaltung sorgt sie dafür, dass auch in Zukunft alle Anstrengungen zum Wohle der Versicherten unternommen werden.

Organisationsreform in der gesetzlichen Rentenversicherung

49 Nach jahrelangen intensiven Bemühungen erfolgte im Jahr 2005 eine Neuordnung der gesetzlichen Rentenversicherung. Ziel dieser Reform war es zum einen, den Abbau von Bürokratie zu fördern und damit mehr Bürgernähe zu erreichen. Zum anderen sollte durch die Modernisierung der Verwaltungsstrukturen die Wirtschaftlichkeit und Effektivität der Rentenversicherer erhöht werden und die Organisation der Rentenversicherung an die veränderte Versichertenstruktur angepasst werden.

In den ersten fünf Jahren nach Inkrafttreten der Organisationsreform sollte nach Vorgabe des Gesetzgebers der Verwaltungs- und Verfahrenskostenanteil in der gesetzlichen Rentenversicherung um 10 Prozent (ca. 350 Mio. Euro pro Jahr) gesenkt werden. Dieses Ziel wurde 2010 erreicht.

50 Seit dem 1. Januar 2005 gilt: Es gibt nicht mehr die überholte Unterscheidung zwischen Angestellten und Arbeitern. Sie wurde durch einen einheitlichen Versichertenbegriff im Rahmen der allgemeinen Rentenversicherung ersetzt. Dadurch wird insbesondere ein weiterer Rückgang der Versichertenzahlen bei den Regionalträgern verhindert, die bislang ausschließlich für die immer weiter zurückgehende Zahl der Arbeiter zuständig waren.

Der einheitliche Versichertenbegriff beinhaltet zugleich auch eine Entlastung für die Arbeitgeber, da nur noch ein einheitlicher Rentenversicherungsbeitrag ohne Kennzeichnung an die Einzugsstellen abzuführen ist.

Die Zuständigkeit für neue Versicherte erfolgt im Rahmen einer zentralen Vergabe der Versicherungsnummern nach einer festen Quote zwischen den Regionalträgern (55 Prozent), der Deutschen Rentenversicherung Bund (40 Prozent) sowie der Deutschen Rentenversicherung Knappschaft-Bahn-See (5 Prozent).

51 Zum 1. Oktober 2005 gab es noch folgende Änderungen: Alle Rentenversicherungsträger führen die gemeinsame Bezeichnung „Deutsche Rentenversicherung" in ihrem Namen. Der Verband Deutscher Rentenversicherungsträger (VDR) und die BfA wurden zur „Deutschen Rentenversicherung Bund", die drei weiteren Bundesträger zur „Deutschen Rentenversicherung Knappschaft-Bahn-See" zusammengeschlossen.

Die Deutsche Rentenversicherung Bund hat eine Doppelfunktion. Auf der einen Seite nimmt die sie die Grundsatz- und Querschnittsaufgaben sowie die gemeinsamen Angelegenheiten für alle Rentenversicherungsträger wahr. Auf der anderen Seite gibt es den Trägerbereich. Der Trägerbereich ist für das operative Geschäft der Deutschen Rentenversicherung Bund zuständig.

Für den Grundsatz- und Querschnittsbereich heißen die Selbstverwaltungsorgane Bundesvertreterversammlung und Bundesvorstand. Die Bundesvertreterversammlung und der Bundesvorstand bestehen aus Vertretern der Deutschen Rentenversicherung Bund und der Regionalträger. Bei Beschlüssen der Bundesvertreterversammlung und des Bundesvorstandes werden die Stimmen der Deutschen Rentenversicherung Bund mit 40 Prozent, die Stimmen der Knappschaft-Bahn-See mit 5 Prozent und die Stimmen der Regionalträger mit insgesamt 55 Prozent gewichtet.

Für den Trägerbereich heißen die Selbstverwaltungsorgane Vertreterversammlung und Vorstand. Diese Selbstverwaltungsorgane sind nur mit Vertretern der Deutschen Rentenversicherung Bund besetzt. Die Vertreterversammlung und der Vorstand haben die gleichen Kompetenzen wie die entsprechenden Selbstverwaltungsorgane der anderen Rentenversicherungsträger.

14 Soziale Sicherung der freien Berufe

Überblick

Neben den beiden wichtigsten Altersversorgungssystemen, der gesetzlichen Rentenversicherung und der Beamtenversorgung, gibt es noch einige besondere, für kleinere Personenkreise geschaffene gesetzliche (Pflicht)Altersversorgungssysteme. Für die freien Berufe ist dies die sogenannte Künstlersozialversicherung und für die pflichtverkammerten freien Berufe (Ärzte, Rechtsanwälte, Apotheker usw.) die berufsständische Versorgung.

In der Künstlersozialversicherung sind alle selbständigen Künstler und Publizisten versichert, wobei es sich hierbei eigentlich nicht um eine eigenständige Versorgung handelt, sondern um eine besondere Absicherung innerhalb der gesetzlichen Rentenversicherung. So zählen selbständige Künstler und Publizisten – neben einigen weiteren Gruppen von Selbständigen, wie z. B. Handwerker, Privatlehrer – zu den Selbständigen, die ausnahmsweise der Versicherungspflicht zur gesetzlichen Rentenversicherung unterliegen. Für diese Personen gelten aber nicht die allgemeinen versicherungs- und beitragsrechtlichen Regelungen nach dem für die gesetzliche Rentenversicherung maßgebenden Sechsten Buch Sozialgesetzbuch, sondern die besonderen Regelungen des Künstlersozialversicherungsgesetzes. Das Leistungsrecht hingegen richtet sich nach den allgemeinen Regeln des Sechsten Buches Sozialgesetzbuch.

Wichtigste beitragsrechtliche Besonderheit der Absicherung selbständiger Künstler und Publizisten ist, dass diese Selbständigen nicht – wie alle sonstigen selbständig Tätigen – den vollen Beitrag zur Alterssicherung alleine zahlen müssen, sondern nur die Hälfte des Beitrags – wie dies bei Arbeitnehmern der Fall ist; hier zahlt die andere Beitragshälfte der Arbeitgeber. Bei selbständigen Künstlern und Publizisten wird die zweite Beitragshälfte aus Steuermitteln und aus den Einnahmen aus der Verwerterabgabe gezahlt. Diese Abgabe haben alle die Unternehmen zu zahlen, die künstlerische und publizistische Werke verwerten, wie etwa Verlage, CD-Hersteller, Rundfunkanstalten etc.

Die berufsständische Versorgung schließlich beruht nicht auf bundes-, sondern auf landesgesetzlicher Grundlage. Es gibt hier für die verschiedenen freien Berufe jeweils eigene sogenannte berufsständische Versorgungswerke, bei denen nicht nur die selbständig tätigen Freiberufler, sondern auch die abhängig beschäftigten Freiberufler (also z. B. der im Krankenhaus angestellte Arzt, der in einer Kanzlei angestellte Rechtsanwalt) pflichtversichert sind. Da beschäftigte Freiberufler auch in der gesetzlichen Rentenversicherung pflichtversichert sind, haben diese Personen dort ein Befreiungsrecht, um eine doppelte Beitragszahlungspflicht zu vermeiden.

Die berufsständischen Versorgungswerke können ihre beitrags- und leistungsrechtlichen Regelungen weitgehend autonom durch Satzungen regeln, wobei insbesondere das Leistungsrecht weitgehend dem der gesetzlichen Rentenversicherung entspricht. Anders als die gesetzliche Rentenversicherung werden die berufsständischen Versorgungswerke jedoch nicht im Umlageverfahren finanziert, sondern überwiegend – wie etwa private Lebensversicherungen – im Kapitaldeckungsverfahren bzw. Mischverfahren zwischen Umlage- und Kapitaldeckungsverfahren.

Neben den beiden genannten Absicherungssystemen wird in diesem Kapitel noch die ebenfalls auf gesetzlicher Grundlage beruhende Zusatzversorgung für selbständige Schornsteinfegermeister dargestellt, die eine Sonderstellung einnimmt. Hierbei handelt es sich nicht um eine Vollversorgung, sondern nur um eine die Absicherung in der gesetzlichen Rentenversicherung ergänzende Vorsorge.

Soziale Sicherung der selbständigen Künstler und Publizisten

Aufgabe und Entwicklung des Künstlersozialversicherungsgesetzes

1 Selbständige Künstler und Publizisten sind durch das Künstlersozialversicherungsgesetz (KSVG) seit dem 1. Januar 1983 als Pflichtversicherte in den Schutz der gesetzlichen Kranken- und Rentenversicherung einbezogen. Bereits vor dem In-Kraft-Treten des KSVG war ein geringer Teil der selbständigen Künstler (Lehrer und Erzieher, Musiker und Artisten) in der gesetzlichen Kranken- und Rentenversicherung pflichtversichert, da sie als sozial besonders schutzbedürftig galten. Die übrigen selbständigen Künstler und Publizisten konnten sich freiwillig versichern oder (seit 1972) auf Antrag der gesetzlichen Rentenversicherung als Pflichtversicherte beitreten. Diese Regelungen waren, wie mehrere – zum Teil im Auftrag der Bundesregierung durchgeführte – Untersuchungen zeigten, unzureichend. Selbständige Künstler und Publizisten waren für ihr Alter, den Eintritt von Berufs- oder Erwerbsunfähigkeit oder für den Krankheitsfall erheblich schlechter abgesichert als die sonstigen Erwerbstätigen. In vielen Fällen war es ihnen nicht möglich, die für eine angemessene soziale Absicherung notwendigen finanziellen Mittel aufzubringen, insbesondere auch deshalb, weil die Beiträge von ihnen in voller Höhe allein zu tragen waren.

Mit dem KSVG, das am 27. Juli 1981 vom Deutschen Bundestag verabschiedet wurde, ist dieser Situation abgeholfen worden. Die Pflichtversicherung in der gesetzlichen Kranken- und Rentenversicherung ist auf alle selbständigen Künstler und Publizisten ausgedehnt worden. Das KSVG regelt die Voraussetzungen der Versicherungspflicht sowie die Finanzierung und die Durchführung der Versicherung. Krankenversichert sind die selbständigen Künstler und Publizisten bei einer Allgemeinen Ortskrankenkasse oder einer Ersatzkasse, rentenversichert bei der Bundesversicherungsanstalt für Angestellte in Berlin. Ab 1. Januar 2005 werden die ab diesem Zeitpunkt neu versicherten selbständigen Künstler und Publizisten in der so genannten „allgemeinen Rentenversicherung" versichert. Die Aufteilung in einen Rentenversicherungsträger für Angestellte (bisher die Bundesversicherungsanstalt für Angestellte) und mehrere Rentenversicherungsträger für Arbeiter (bisher waren dies die Landesversicherungsanstalten) ist in Folge der Neuregelungen im Gesetz zur Organisationsreform in der gesetzlichen Rentenversicherung (Gesetz vom 9. Dezember 2004, BGBl. I, S. 3242) entfallen. Bisher bei der Bundesversicherungsanstalt für Angestellte versicherte Personen blieben grundsätzlich zunächst dort versichert; ab 1. Oktober 2005 wurde dann die Bundesversicherungsanstalt für Angestellte aufgelöst und ging in der Deutschen Rentenversicherung Bund (Zusammenschluss aus der bisherigen Bundesversicherungsanstalt für Angestellte und dem Verband Deutscher Rentenversicherungsträger) auf. Von den genannten Versicherungsträgern erhalten sie die üblichen Leistungen. Die Versicherten zahlen – wie Arbeitnehmer – nur den halben Beitragsanteil; die andere Beitragshälfte wird durch die so genannte Künstlersozialabgabe und einen Zuschuss des Bundes aufgebracht. Das KSVG wurde früher von der Künstlersozialkasse (KSK) in Wilhelmshaven, einer besonderen Abteilung der Landesversicherungsanstalt Oldenburg-Bremen, durchgeführt. Seit dem 1. Juli 2001 ist die Bundesausführungsbehörde für Unfallversicherung in Wilhelmshaven zuständig.

2 Gegen das KSVG und insbesondere gegen die Künstlersozialabgabe wurde noch vor dem In-Kraft-Treten eine Reihe von Verfassungsbeschwerden erhoben. Die hieraus resultierende langjährige Rechtsunsicherheit ist seit der Entscheidung des Bundesverfassungsgerichts vom 8. April 1987 beseitigt. Das Gericht hat die Verfassungsbeschwerden im Wesentlichen als unbegründet zurückgewiesen und damit die Konzeption der Künstlersozialversicherung als mit dem Grundgesetz vereinbar bestätigt. Durch das Gesetz zur finanziellen Sicherung der Künstlersozialversicherung aus dem Jahr 1987, das Gesetz zur Änderung des KSVG aus dem Jahr 1988 und durch das Zweite Gesetz zur Änderung des KSVG und anderer Gesetze vom 13. Juni 2001 hat der Gesetzgeber darüber hinaus eine Reihe von Maßnahmen ergriffen, um die organisatorische Durchführung und die Struktur der Künstlersozialversicherung zu verbessern und die soziale Absicherung der selbständigen Künstler und Publizisten durch das KSVG sicherzustellen. Insbesondere wurde die Durchführung des Gesetzes zuletzt der Bundesausführungsbehörde für Unfallversicherung in Wilhelmshaven, einem erfahrenen Versicherungsträger, übertragen, das Verwaltungsverfahren vereinfacht und die finanzielle Grundlage verbreitert. Im Jahr 2007 wurde eine weitere Reform verabschiedet, mit der insbesondere durch die Einführung einer neuen Prüfbefugnis der Deutschen

Rentenversicherung der Kreis der abgabepflichtigen Unternehmer besser erfasst wird und die Versicherteneinkünfte intensiver als bisher überprüft werden. Hintergrund ist, dass durch die in den letzten Jahren stark gestiegene Zahl der Versicherten bei gleichzeitiger mangelhafter Erfassung der abgabepflichtigen Unternehmer der erforderliche Finanzbedarf nicht mehr ausreichend abgedeckt werden kann.

3 Seit dem 1. Januar 1992 sind auch die selbständigen Künstler und Publizisten aus den neuen Bundesländern in die Künstlersozialversicherung einbezogen. Übergangsregelungen haben eine möglichst nahtlose und sozial ausgewogene Eingliederung sichergestellt. So weit im Folgenden nichts Besonderes vermerkt ist, gelten deshalb für sie die allgemeinen Vorschriften des KSVG.

4 Zur sozialen Absicherung des Risikos der Pflegebedürftigkeit ist mit der Einführung des Elften Buches Sozialgesetzbuch als neuer eigenständiger Zweig der Sozialversicherung, die soziale Pflegeversicherung, geschaffen worden. Die nach dem KSVG versicherten Künstler und Publizisten werden – wie alle anderen Personenkreise – in diese Versicherung einbezogen, wenn sie Mitglied in der gesetzlichen Krankenversicherung sind. Nur wer bei einem privaten Versicherungsunternehmen krankenversichert ist, muss sich in der privaten Pflegeversicherung versichern.

Anzahl der versicherten Künstler

31.12.1983	12.569	31.12.2000	112.209
31.12.1985	23.349	31.12.2001	118.969
31.12.1987	30.295	31.12.2002	124.504
31.12.1989	37.215	31.12.2003	131.699
31.12.1991	47.713	31.12.2004	140.790
31.12.1993	65.305	30.09.2005	146.376
31.12.1994	73.726	30.09.2006	152.723
31.12.1995	81.698	31.12.2007	157.754
31.12.1996	90.500	30.11.2008	161.518
31.12.1997	96.577	31.10.2009	163.893
31.12.1998	102.212	30.11.2010	168.427
31.12.1999	108.000		

Personenkreis

5 Aufgrund des KSVG unterliegen selbständige Künstler und Publizisten der Versicherungspflicht in der gesetzlichen Kranken- und Rentenversicherung sowie in der sozialen Pflegeversicherung. Künstler in diesem Sinne ist, wer Musik, darstellende oder bildende Kunst schafft, ausübt oder lehrt; Publizist ist, wer als Schriftsteller, Journalist oder in anderer Weise publizistisch tätig ist. Eine nähere Definition der Begriffe „Künstler" und „Publizist" oder eine abschließende Aufzählung künstlerischer und publizistischer Tätigkeiten enthält das Gesetz nicht. Auch ist die Versicherungspflicht nicht von bestimmten Qualifikationen (Besuch von Schauspielschulen, Konservatorien, Kunsthochschulen etc.) oder einem bestimmten künstlerischen oder publizistischen Wert der Tätigkeit abhängig. Die Entscheidung, ob jemand künstlerisch oder publizistisch tätig ist, wird von der KSK getroffen. Dabei kann davon ausgegangen werden, dass Angehörige der im sogenannten Künstlerbericht der Bundesregierung (Bundestagsdrucksache 7/3071, S. 7) aufgeführten insgesamt 55 typischen Berufsgruppen regelmäßig eine künstlerische oder publizistische Tätigkeit ausüben. Eine weitere Orientierungshilfe gibt der von der KSK herausgegebene „Künstlerkatalog" (abrufbar unter www.kuenstlersozialkasse.de). Allerdings werden wegen der Vielfalt und der Weiterentwicklung von Kunst und Publizistik nicht alle Formen künstlerischer und publizistischer Betätigung von diesen Berufsgruppen umfasst, d. h. auch anders tätige Künstler und Publizisten können versicherungspflichtig sein. Darüber hinaus muss die Tätigkeit selbständig, erwerbsmäßig und nicht nur vorübergehend ausgeübt werden. Zweifelsfragen werden von der KSK, gegebenenfalls unter Mitwirkung der fachkundigen Mitglieder des Beirats (Rdnr. 16), entschieden.

6 Die Versicherungspflicht nach dem KSVG setzt weiter voraus, dass der Künstler oder Publizist aus seiner Tätigkeit ein bestimmtes jährliches Mindesteinkommen (2011: weiterhin 3.900 Euro einheitlich für die alten und neuen Bundesländer) erzielt. Früher lag diese Grenze bei einem Siebtel der Bezugsgröße. Der Betrag von 3.900 Euro entsprach der früheren Geringfügigkeitsgrenze von 325 Euro monatlich. Trotz der Heraufsetzung dieses Geringfügigkeitswertes auf 400 Euro monatlich (= 4.800 Euro jährlich) ab 1. April 2003 blieb die Grenze von 3.900 Euro nach dem KSVG unverändert. Ferner wird für Künstler und Publizisten wegen der möglicherweise erheblichen Einkommensschwankungen während des Jahres nicht auf das Monats-, sondern auf das Jahreseinkommen abgestellt. Berufsanfänger haben im künstlerischen und publizistischen Bereich oft eine sehr schwierige Anlaufphase zu überwinden und sind deshalb besonders schutzbedürftig. Das KSVG sieht daher von der Voraussetzung des Mindesteinkommens eine Ausnahme vor. In den ersten drei Jahren nach erstmaliger Aufnahme der künstlerischen oder publizistischen Tätigkeit besteht auch dann Versicherungspflicht, wenn das Arbeitseinkommen die Mindestgrenze nicht erreicht, d. h. bspw. nur 2.000 Euro im Jahr beträgt, oder wenn etwa überhaupt kein Einkommen erzielt wird. Darüber hinaus gilt, dass innerhalb von sechs Jahren die Geringfügigkeitsgrenze bis zu zweimal unterschritten werden darf, ohne dass der Versicherungsschutz verloren geht. In Kombination mit der Ausnahmeregelung für Berufsanfänger verlängert sich daher die Frist, in der ein Mindesteinkommen für die Aufrechterhaltung des Versicherungsschutzes nicht erforderlich ist, auf bis zu fünf Jahre.

7 Versicherungspflichtig nach dem KSVG ist allerdings nicht, wer bereits anderweitig kraft Gesetzes sozial abgesichert oder schon aus allgemeinen Gründen von der Sozialversicherungspflicht ausgenommen ist. So ist bspw. nach dem KSVG versicherungsfrei, wer

- Beamter oder Richter und aufgrund dieser Tätigkeit versicherungsfrei ist,
- aus einer Beschäftigung ein beitragspflichtiges Arbeitsentgelt oder aus einer nicht künstlerischen selbständigen Tätigkeit ein Arbeitseinkommen erhält, das voraussichtlich mindestens die Hälfte der für das jeweilige Jahr geltenden Beitragsbemessungsgrenze der allgemeinen Rentenversicherung beträgt (in den alten Bundesländern in 2011 weiterhin: 33.000 Euro, in den neuen Bundesländern in 2011: 28.800 Euro),
- Empfänger einer Altersrente ist oder
- als Gewerbetreibender in Handwerksbetrieben nach § 2 Satz 1 Nr. 8 oder § 229 Abs. 2a SGB VI versicherungspflichtig ist.

8 Unter bestimmten Voraussetzungen besteht auch die Möglichkeit, sich auf Antrag von der Versicherungspflicht befreien zu lassen. Das Gesetz sieht allerdings nur eine Befreiung von der Versicherungspflicht in der gesetzlichen Krankenversicherung vor; eine Befreiung von der Rentenversicherungspflicht ist nicht möglich. Befreien lassen können sich Berufsanfänger, wenn sie für sich und ihre Angehörigen eine private Krankenversicherung abgeschlossen haben. Die Befreiung kann bis zum Ablauf von drei Jahren nach erstmaliger Aufnahme der Tätigkeit durch den Künstler oder Publizisten widerrufen werden. Danach ist ein Widerruf ausgeschlossen. Außerdem können sich Künstler und Publizisten befreien lassen, deren Arbeitseinkommen in den jeweils letzten drei Jahren eine bestimmte Grenze überstiegen hat, und zwar die Summe der für diese Jahre maßgebenden Jahresarbeitsentgeltgrenze der gesetzlichen Krankenversicherung (Summe 2008 bis 2010: 146.700 Euro). Diese Befreiung ist unwiderruflich. Künstler und Publizisten, die von der Krankenversicherungspflicht befreit und entweder freiwillig in der gesetzlichen Krankenversicherung oder privat krankenversichert sind, erhalten von der KSK auf Antrag einen Zuschuss zu ihrem Versicherungsbeitrag. Eine Befreiung von der Krankenversicherungspflicht hat außerdem zur Folge, dass der Künstler oder Publizist in der sozialen Pflegeversicherung nicht mehr nach dem KSVG, sondern nach den allgemeinen Vorschriften versicherungspflichtig ist. Für seine Versicherung bei einer Pflegekasse oder einem privaten Versicherungsunternehmen erhält er aber – wie in der Krankenversicherung – von der KSK einen Beitragszuschuss.

Versicherungsverhältnis und Leistungen

9 Jeder selbständige Künstler oder Publizist ist nach dem KSVG verpflichtet, sich bei der KSK zu melden; diese entscheidet dann über seine Versicherungspflicht. Die Versicherungspflicht beginnt mit dem Tag der Meldung; bei Fehlen einer Meldung beginnt sie erst mit dem Tag, an dem die KSK die Versicherungspflicht feststellt. Versichert wird der Künstler oder Publizist in der Krankenversicherung bei einer Allgemeinen Ortskrankenkasse, wahlweise auch bei einer Ersatzkasse, in der Rentenversicherung bei der Bundesversicherungsanstalt für Angestellte (bzw. ab 1. Oktober 2005 in der allgemeinen Rentenversicherung, vgl. Rdnr. 1) und in der Pflegeversicherung bei einer Pflegekasse. Besondere leistungsrechtliche Vorschriften enthält das KSVG nicht, d. h. die Versicherten erhalten grundsätzlich die in der gesetzlichen Kranken- und Rentenversicherung und in der sozialen Pflegeversicherung üblichen Leistungen. Wegen der Eigenart der selbständigen Tätigkeit beginnt allerdings – abweichend von der Regelung für die meisten anderen Krankenversicherten – der Anspruch auf Krankengeld für Künstler und Publizisten erst mit der siebten Woche der Arbeitsunfähigkeit; die Versicherten können aber wählen, ob sie gegen Zahlung eines Erhöhungsbetrages bereits von einem früheren Zeitpunkt – spätestens vom Beginn der dritten Woche der Arbeitsunfähigkeit an – Krankengeld beziehen wollen. Der Erhöhungsbetrag und der Zeitpunkt werden von der jeweiligen Krankenkasse festgesetzt.

10 Die Versicherungspflicht endet grundsätzlich nur durch Feststellung der KSK. Dabei sind zwei Fälle zu unterscheiden:

– Ist eine Änderung der Verhältnisse eingetreten, die einen versicherten Künstler oder Publizisten nach dem KSVG versicherungsfrei stellt, endet die Versicherungspflicht mit dem Zeitpunkt dieser Änderung, d. h. die KSK hebt auf eine entsprechende Mitteilung hin die Versicherungspflicht rückwirkend ab diesem Zeitpunkt auf.
– In allen übrigen Fällen (z. B. Einstellung der künstlerischen oder publizistischen Tätigkeit) wird die Versicherungspflicht nur mit Wirkung für die Zukunft aufgehoben.

Finanzierung

11 Die Mittel für die Künstlersozialversicherung werden zur einen Hälfte durch Beitragsanteile der versicherten Künstler und Publizisten und zur anderen Hälfte durch die so genannte Künstlersozialabgabe (sie deckt rd. 30 Prozent der Ausgaben) und einen Zuschuss des Bundes (er deckt rd. 20 Prozent der Ausgaben) aufgebracht. Die Versicherten zahlen also – wie Arbeitnehmer – nur den halben Sozialversicherungsbeitrag; die andere Hälfte stellt gleichsam den Arbeitgeberanteil dar.

12 Die KSK entrichtet für die Versicherten monatlich die Beiträge zur Kranken-, Renten- und Pflegeversicherung. Der versicherte Künstler oder Publizist hat an die KSK als Beitragsanteil jeweils die Hälfte des Beitrags zu zahlen. Die Beiträge bemessen sich nach dem voraussichtlichen Jahresarbeitseinkommen aus der künstlerischen oder publizistischen Tätigkeit, das jeder Versicherte der KSK bis zum 1. Dezember eines Jahres für das jeweils folgende Kalenderjahr zu melden hat. Das Einkommen wird, wie in der sonstigen Sozialversicherung auch, nur bis zu einer bestimmten Grenze, der so genannten Beitragsbemessungsgrenze, in die Beitragspflicht einbezogen. Die Grenze beträgt 2011 in der Kranken- und Pflegeversicherung jährlich 44.550 Euro (einheitlich für die alten und neuen Bundesländer) und in der Rentenversicherung jährlich weiterhin 66.000 Euro in den alten Bundesländern sowie 57.600 Euro in den neuen Bundesländern. Darüber hinausgehendes künstlerisches oder publizistisches Einkommen ist beitragsfrei. Als Beitrag ist monatlich ein bestimmter Prozentsatz (der sogenannte Beitragssatz) des gemeldeten Arbeitseinkommens zu zahlen; hierzu wird das Jahreseinkommen entsprechend auf die Monate aufgeteilt. In der Krankenversicherung ist der vom Bundesgesundheitsministerium festgelegte, seit Einführung des Gesundheitsfonds ab 1. Januar 2009 einheitliche Beitragssatz (2011 15,5 Prozent) maßgebend, wobei die Versicherten hiervon 0,9 Prozent alleine tragen müssen und von dem Restbeitragssatz in Höhe von 14,6 Prozent die Hälfte, insgesamt also 8,2 Prozent. In der Rentenversicherung gilt 2011 – wie in den letzten Jahren – der allgemeine Beitragssatz in Höhe von 19,9 Prozent. In der sozialen Pflegeversicherung beträgt der Beitragssatz seit 1. Juli 2008 1,95 Prozent für diejenigen, die zu irgendeinem Zeitpunkt Kinder erzogen haben, und 2,2 Prozent für diejenigen, die keine Kinder erzogen haben (diese Beitragsdifferenzierung ist mit dem Kinder-Berücksichtigungsgesetz vom 15. Dezember 2004, BGBl. I, S. 3448, eingeführt worden).

> **Beispiel:**
>
> Hat demnach ein Künstler oder Publizist der KSK sein voraussichtliches Arbeitseinkommen für 2010 mit 8.000 Euro angegeben, so beträgt sein Beitragsanteil zur Rentenversicherung 66,33 Euro (8.000 Euro : 12 Monate = 666,66 Euro × 19,9 Prozent : 2 = 66,33 Euro).

Da es für die Versicherten im Einzelfall schwierig sein kann, am 1. Dezember das Arbeitseinkommen des nächsten Kalenderjahres vorauszuschätzen, räumt das KSVG den Künstlern und Publizisten die Möglichkeit ein, ihre Einkommensschätzung während des Jahres noch zu korrigieren. Gibt der Versicherte eine solche Änderungsmeldung bei der KSK ab, werden in der Folgezeit die Beiträge diesem korrigierten Einkommen angepasst, d. h. entsprechend erhöht oder vermindert. Eine rückwirkende Veränderung der bereits gezahlten Beiträge ist dagegen ausgeschlossen. Teilt in dem obigen Beispiel der Künstler oder Publizist im Juni der KSK mit, sein Arbeitseinkommen werde 2011 statt 8.000 Euro 9.000 Euro betragen, erhöht sich sein monatlicher Beitragsanteil zur Rentenversicherung ab Juli auf 74,63 Euro. Die Beitragsanteile für die Monate Januar bis Juni bleiben unverändert.

13 Die zweite Beitragshälfte wird aus der Künstlersozialabgabe und dem Bundeszuschuss aufgebracht. Bei der Künstlersozialabgabe handelt es sich um eine Umlage, die die KSK bei bestimmten Verwertern von Kunst und Publizistik erhebt. Zur Abgabe herangezogen werden Unternehmer, deren Unternehmen darauf ausgerichtet sind, Werke oder Leistungen selbständiger Künstler oder Publizisten für Zwecke des Unternehmens gegen Entgelt zu nutzen (Verlage, Schallplattenhersteller, Galerien, Werbeagenturen, Konzertdirektionen, Theater, Museen, Rundfunkanstalten etc.). Der Abgabepflicht unterliegen außerdem Unternehmer, die nicht nur „gelegentlich" Aufträge für solche Werke oder Leistungen erteilen, um im Zusammenhang mit deren Nutzung Einnahmen zu erzielen (Diskotheken, die Life-Auftritte veranstalten; Unternehmen, die ihre Produkte von selbständigen Designern gestalten lassen etc.). Als (nur) „gelegentlich" gelten hierbei Aufträge in jedem Fall dann, wenn in einem Kalenderjahr lediglich bis zu drei Veranstaltungen durchgeführt werden (z. B. Karnevalsveranstaltungen).

Neu ist ferner, dass auf die sogenannte „Übungsleiterpauschale", die gem. § 3 Nr. 26 EStG steuerfrei ist, keine Künstlersozialabgabe mehr zu zahlen ist. Damit sind seit der Heraufsetzung der „Übungsleiterpauschale" im Jahre 2007 Honorare von bis zu 2.100 Euro jährlich bloße Aufwandsentschädigung und unterliegen nicht der Abgabepflicht nach dem KSVG. Durch diese Neuregelung werden insbesondere Musikvereine, die eine Ausbildungseinrichtung mit nebenberuflichen Ausbildern betreiben, und Volkshochschulen, die für ihre Kurse im künstlerischen Bereich nebenberufliche Kräfte einsetzen, entlastet.

Bemessungsgrundlage für die Abgabe sind die an selbständige Künstler und Publizisten gezahlten Honorare. Dabei kommt es nicht darauf an, ob der einzelne Künstler oder Publizist, an den ein Honorar gezahlt wird, nach dem KSVG versicherungspflichtig ist oder nicht. So unterliegt auch ein Honorar, das ein Verlag einem „Hobbyautor" zahlt, der Abgabepflicht. Die Höhe der Künstlersozialabgabe richtet sich nach einem Prozentsatz, der vom Bundesministerium für Arbeit und Soziales im Einvernehmen mit dem Bundesministerium der Finanzen entsprechend dem Finanzbedarf der KSK für Beiträge, Zuschüsse und Betriebsmittel jeweils für ein Jahr im Voraus bestimmt wird. Ab 2000 ist eine für alle Künstlerbereiche einheitliche Künstlersozialabgabe zu zahlen. Für das Jahr 2011 ist sie durch Rechtsverordnung auf 3,9 Prozent festgelegt worden und damit ebenso hoch wie im Jahr zuvor. Jeder abgabepflichtige Unternehmer hat nach Ablauf eines Kalenderjahres die für die Künstlersozialabgabe maßgebenden Honorare der KSK zu melden und die Abgabe zu zahlen. Auf die Abgabe ist während des Jahres eine monatliche Vorauszahlung zu leisten, die sich aus der Abgabe des jeweils letzten Kalenderjahres berechnet. Am 30. November 2010 waren von der KSK 131.661 abgabepflichtige Unternehmer erfasst. Die massive Steigerung der abgabepflichtigen Unternehmer gegenüber den Vorjahren (2007: 62.834; 2008: 87.930, 2009: 109.699) ist auf die verschärfte Prüfung der Abgabepflicht seit 2007 zurückzuführen.

14 Neben der Künstlersozialabgabe finanziert sich die zweite Beitragshälfte in der Künstlersozialversicherung aus einem Zuschuss des Bundes. Dieser Zuschuss soll dem Umstand Rechnung tragen, dass die versicherten Künstler und Publizisten ihre Honorare nicht ausschließlich von abgabepflichtigen Unternehmern, sondern auch von Endabnehmern erhalten (private Kunstsammler, Gagen für Auftritte bei Vereinsfeiern oder sonstigen privaten Festen etc.). Diese Endabnehmer sind keine „Verwerter" von Kunst und Publizistik und können deshalb auch nicht zu einer Abgabe herangezogen werden. In diesen Fällen wird die zweite Beitragshälfte aus dem Bundeszuschuss aufgebracht. Dieser Zuschuss beträgt insgesamt (mit Zuschuss für Verwaltungskosten) entsprechend dem durchschnittlichen Anteil solcher Geschäfte am Gesamteinkommen der Versicherten aus künstlerischer und publizistischer Tätigkeit seit dem 1. Januar 2000 nur noch rd. 20 Prozent (bis Ende 1999 26 Prozent) der Ausgaben der KSK. Für 2011 ist der Zuschuss auf rd. 156 Mio. Euro veranschlagt, d. h. auf jeden Künstler und Publizisten werden bei einer für 2011 erwarteten Versichertenzahl von rd. 175.500 durchschnittlich rd. 890 Euro entfallen.

Organisation

15 Das KSVG wird von der Künstlersozialkasse in Wilhelmshaven durchgeführt. Sie ist eine besondere Abteilung der Bundesausführungsbehörde für Unfallversicherung mit rd. 150 Mitarbeitern. Ihr Haushaltsvolumen für 2011 ist auf rd. 800 Mio. Euro veranschlagt (gegenüber dem Vorjahr eine Steigerung um rd. 2 Prozent), wovon voraussichtlich 54,6 Prozent auf Beiträge zur Rentenversicherung, 37,7 Prozent auf Beiträge zur Krankenversicherung, 5,1 Prozent auf Beiträge zur Pflegeversicherung und 1,5 Prozent auf Zuschüsse an privat kranken- und pflegeversicherte Künstler und Publizisten entfallen. Die KSK ist kein Versicherungsträger, wie z. B. eine Allgemeine Ortskrankenkasse, sondern hat im Wesentlichen die Funktion eines Mittlers, der zwischen Versicherten und Abgabepflichtigen auf der einen und den Versicherungsträgern auf der anderen Seite eingeschaltet ist. Im Wesentlichen obliegen ihr folgende Aufgaben:

- Feststellung der Versicherungspflicht der selbständigen Künstler und Publizisten,
- Feststellung der Abgabepflicht der Verwerter,
- Berechnung und Entrichtung der Beiträge für die Versicherten an die jeweils zuständige Krankenkasse, Pflegekasse und den jeweils zuständigen Rentenversicherungsträger,
- Berechnung und Einzug der Beitragsanteile der Versicherten, Einzug der Künstlersozialabgabe und Verwaltung des Bundeszuschusses,
- Überwachung der rechtzeitigen und vollständigen Entrichtung der Beitragsanteile der Versicherten und der Künstlersozialabgabe,
- Zahlung von Zuschüssen zur privaten Kranken- und Pflegeversicherung von Künstlern und Publizisten sowie
- Aufklärung und Beratung der Versicherten und der Abgabepflichtigen.

16 Die KSK wird bei der Erfüllung ihrer Aufgaben von einem Beirat unterstützt. Dieser setzt sich aus 24 sachverständigen Personen aus den Kreisen der Versicherten und der Abgabepflichtigen zusammen, wobei die vier Kunstbereiche (Wort, bildende und darstellende Kunst, Musik) mit gleicher Zahl vertreten sind. Der Beirat hat insbesondere die Aufgabe, die KSK bei ihren Entscheidungen fachkundig zu beraten und ist vor der Feststellung des Haushaltsplans zu hören. Außerdem werden je zwei Mitglieder in die Widerspruchsausschüsse berufen, die für die vier Kunstbereiche errichtet worden sind und die über Widersprüche von Versicherten oder Abgabepflichtigen gegen Entscheidungen der KSK entscheiden. Die Aufsicht über die KSK führt das Bundesversicherungsamt in Berlin. Aufsicht bedeutet hier Rechtmäßigkeitskontrolle, d. h. das Bundesversicherungsamt überprüft, ob die KSK allgemein – gegebenenfalls auch im konkreten Einzelfall – unter Beachtung von Gesetz und sonstigem Recht handelt. Eine darüber hinausgehende Überprüfung der Zweckmäßigkeit des Handelns ist dagegen nur bei ausdrücklicher gesetzlicher Bestimmung zulässig.

Gesetzliche Grundlagen

- Gesetz über die Sozialversicherung der selbständigen Künstler und Publizisten vom 27. Juli 1981 (BGBl. I, S. 705), zuletzt geändert insbesondere durch das Zweite Gesetz zur Änderung des Künstlersozialversicherungsgesetzes und anderer Gesetze vom 13. Juni 2001 (BGBl I, S. 1027),
- Verordnung zur Durchführung des Künstlersozialversicherungsgesetzes vom 23. Mai 1984 (BGBl. I, S. 709),
- Künstlersozialabgabe-Verordnung 2011 vom 13. September 2010 (BGBl. I, S. 1294).

Berufsständische Versorgungswerke

Aufgabe

17 Die berufsständischen Versorgungswerke sind Sondersysteme, die die Pflichtversorgung der Angehörigen kammerfähiger freier Berufe für den Fall des Alters, der Invalidität und des Todes gewährleisten. Erfasst werden derzeit Ärzte (einschließlich Zahnärzte und Tierärzte), Apotheker, Architekten, Rechtsanwälte, Notare, Wirtschaftsprüfer/vereidigte Buchprüfer und Steuerberater (seit jüngerer Zeit) sowie zunehmend (Bau-) Ingenieure.

18 Anlass für die Gründungen der Versorgungswerke waren in erster Linie die aus den Folgen der beiden Weltkriege gewonnene Erkenntnis, dass Grundbesitz, Kapitalanlagen und private Lebensversicherung eine sichere Altersversorgung nicht mehr garantieren konnten. Die ersten Gründungen finden sich im süddeutschen Raum, z. B. die Bayerische Ärzteversorgung von 1923. Eine „Gründungswelle" war aber erst in den 60er Jahren und dann wieder in den 80er Jahren zu erkennen. In den 90er Jahren ist die berufsständische Versorgung insbesondere auf weitere verkammerte Berufsgruppen ausgedehnt worden (Wirtschaftsprüfer und Steuerberater sowie (beratende) Ingenieure), für die es bisher keine Versorgungswerke gab.

19 Die Versorgungswerke beruhen auf landesgesetzlicher Rechtsgrundlage; der Bund hat insoweit den Ländern innerhalb seiner Gesetzgebungskompetenz nach Art. 74 Nr. 12 GG („Sozialversicherung") Freiraum gelassen. An dieser Rechtslage hat sich auch durch die Föderalismusreform vom 1. September

2006 nichts geändert. So weit – wie häufig bei älteren Gründungen – der Landesgesetzgeber nur allgemeine Vorgaben gemacht hat, findet sich die nähere Ausgestaltung in der Satzung des einzelnen Werkes. Über Einzelheiten informieren die einzelnen Versorgungseinrichtungen.

Mitglieder

20 Pflichtmitglieder der Versorgungswerke sind die Kammerangehörigen der freien Berufe, in der Regel also Selbständige und Angestellte gleichermaßen. Bei Angestellten ersetzen die Versorgungswerke die Pflichtversicherung in der gesetzlichen Rentenversicherung, wenn sie sich auf Antrag von der Versicherungspflicht in der gesetzlichen Rentenversicherung befreien lassen. Obwohl nach dem seit Anfang 2005 geltenden Recht sowohl die bundesunmittelbare Deutsche Rentenversicherung Bund (DRV-Bund) als auch die Regionalträger zuständige Rentenversicherungsträger für Freiberufler sind, ist es aufgrund einer Verfahrensabsprache zwischen den Rentenversicherungsträgern dabei geblieben, dass Befreiungsanträge bei der DRV Bund (als Nachfolger der Bundesversicherungsanstalt für Angestellte) zu stellen sind und dieser Träger auch materiell-rechtlich über diese Anträge entscheidet. Grund hierfür ist, dass bei diesem Träger das entsprechende Fachwissen vorgehalten wird und nicht erst bei den Regionalträgern aufgebaut werden muss.

Ab 1992 ist die Befreiung auf die jeweilige Beschäftigung beschränkt, d. h. berufsfremde Tätigkeiten, die nicht die Kammermitgliedschaft begründen, führen zur Versicherungspflicht in der Rentenversicherung. Personen, die am 31. Dezember 1991 von der Versicherungspflicht befreit waren, bleiben in derselben Beschäftigung oder selbständigen Tätigkeit auch weiterhin befreit.

In den 90er Jahren setzte die Tendenz ein, berufsständische Versorgungswerke für neue Berufsgruppen zu gründen, insbesondere für solche Personen, bei denen die Berufsausübung nicht die Pflichtmitgliedschaft in einer Berufskammer voraussetzt (so z. B. Versorgungswerke für (Bau-) Ingenieure, die mit Ausnahme der beratenden (Bau-) Ingenieure nicht Pflichtmitglied der Ingenieurkammer sind). Aufgrund dieser Entwicklung ist mit Wirkung vom 1. Januar 1996 das Recht zur Befreiung von der Versicherungspflicht zur gesetzlichen Rentenversicherung (§ 6 SGB VI) eingeschränkt worden (Gesetz zur Änderung des SGB VI und anderer Gesetze vom 15. Dezember 1995, BGBl. I, S. 1824). Von der Versicherungspflicht zur gesetzlichen Rentenversicherung können sich hiernach nur diejenigen befreien lassen, die sowohl Pflichtmitglied in der berufsständischen Versorgungseinrichtung als auch Pflichtmitglied in der jeweiligen Berufskammer sind, wobei die Pflichtmitgliedschaft in der jeweiligen Berufskammer bereits nach dem vor dem 1. Januar 1995 geltenden Berufsrecht bestanden haben muss. Nachträgliche Erweiterungen des Kreises der Pflichtmitglieder der Berufskammern durch entsprechende Rechtsänderungen führen somit nicht dazu, dass die hiervon betroffenen Personen ein Befreiungsrecht erlangen. Personen, die nach der bis Ende 1995 geltenden Rechtslage bereits von der Versicherungspflicht zur gesetzlichen Rentenversicherung befreit wurden, bleiben in derselben Beschäftigung oder selbständigen Tätigkeit allerdings weiterhin befreit.

21 Von der Versicherungspflicht zur berufsständischen Versorgung gibt es einige Ausnahmen. Aus versicherungsmathematischen Gründen wurde bisher außerhalb von Neugründungen in der Regel nicht mehr aufgenommen, wer eine bestimmte Altersgrenze (meistens das 45. Lebensjahr) überschritten hat. Diese Altersgrenzen werden in jüngster Vergangenheit jedoch aus europarechtlichen Gründen (mögliche Altersdiskriminierung) zunehmend abgeschafft (bei allen Heilberufen bereits erfolgt). Weiterhin nicht als Pflichtmitglied aufgenommen bzw. von der Versicherungspflicht befreit werden in der Regel Kammerangehörige, die dauernd berufsunfähig sind oder ihren Beruf nicht ausüben, ferner Kammerangehörige, die Anspruch auf eine anderweitige ausreichende Altersversorgung haben. Als eine solche Versorgung anerkannt sind z. B. die Beamtenversorgung oder die Mitgliedschaft in einem anderen Versorgungswerk, nicht jedoch (von wenigen Ausnahmen abgesehen) die Pflichtversicherung in der gesetzlichen Rentenversicherung.

22 Neben der Pflichtversicherung ist in den meisten Versorgungswerken auch eine freiwillige Versicherung möglich, insbesondere im Anschluss an eine frühere Pflichtversicherung. In den berufsständischen Versorgungseinrichtungen sind nach dem Stand Ende 2007 (neuere Zahlen liegen nicht vor) etwa 750.000 Mitglieder versichert, davon 696.000 aktiv beitragszahlende Mitglieder. 42 Prozent sind Ärzte, 8,3 Prozent Zahnärzte, 3 Prozent Tierärzte, 7,7 Prozent Apotheker, 11,2 Prozent Architekten. Die

Versorgungswerke der rechts- und steuerberatenden Berufe stellen 21 Prozent der Gesamtmitgliedschaft; insbesondere ihre Zahl ist in den letzten Jahren vergleichsweise stark gestiegen.

Leistungen

23 Die Versorgungswerke haben die Sicherung des Lebensstandards auf der Grundlage des versicherten Einkommens zum Ziel; die Leistungen sind daher auch dynamisch. Bei der Beurteilung des Verhältnisses von Beitrag und Leistung im Vergleich zu anderen Sicherungssystemen ist der im Versorgungswerk abgegrenzte homogene Personenkreis zu berücksichtigen, weshalb versicherungsfremde Leistungen sowie Aspekte des sozialen Ausgleichs kaum eine Rolle spielen.

Leistungen bei Alter

24 Die Versorgungswerke gewähren Altersrenten ab Vollendung des 65. Lebensjahrs. Die Altersgrenze gilt in der Regel auch für Frauen. Der Versicherte braucht seine Berufstätigkeit nicht aufzugeben, um Rente zu erhalten. Eine Wartezeit wird in den meisten Fällen nicht vorausgesetzt; ist dies ausnahmsweise doch der Fall, beträgt sie regelmäßig 60 Beitragsmonate. Einige Versorgungswerke haben flexible Altersgrenzen eingeführt, d. h. der Versicherte kann Altersrente bereits vor oder erst nach Vollendung des 65. Lebensjahrs beziehen. Er erhält allerdings aus versicherungsmathematischen Gründen eine niedrigere Rente, wenn er sie früher in Anspruch nimmt. Umgekehrt ist die Rente höher, wenn sie erst später in Anspruch genommen wird. Die berufsständischen Versorgungswerke zahlen nach dem Stand 2007 (neuere Zahlen nicht verfügbar) Renten an rd. 163.700 Versorgungsempfänger. 2006 waren es lediglich rd. 154.000 Rentenempfänger und 2005 134.000. In dieser Zunahme spiegelt sich wieder, dass jetzt vermehrt Rentenzugänge entstehen, nachdem früher wegen der z. T. späten Gründung der Versorgungswerke zunächst kaum Renten zu zahlen waren. Es bleibt abzuwarten, ob und inwieweit die berufsständischen Versorgungswerke die für die gesetzliche Rentenversicherung und die Beamtenversorgung vorgesehene, ab 2012 beginnende schrittweise Anhebung der Regelaltersgrenze von 65 auf 67 Jahre übernehmen werden. Die berufsständischen Versorgungswerke, die auf landesgesetzlicher Grundlage beruhen, sind hierbei in ihren Entscheidungen nicht an die für andere Systeme geltenden Regelungen gebunden.

25 Die Höhe der Renten wird sehr unterschiedlich ermittelt. Sie ist abhängig von Höhe und Zahl der geleisteten Beiträge, die mit einer nach versicherungsmathematischen Grundsätzen ermittelten Rentenbemessungsgrundlage multipliziert werden. Oft wird zusätzlich eine pauschale Ausfallzeit für die Dauer der Ausbildung berücksichtigt. Zeiten der Kindererziehung ohne Berufsausübung sind grundsätzlich dadurch involviert, dass ein Kindererziehungsjahr bei der Berechnung der Invaliditätsrente unberücksichtigt bleibt und damit den Rentenwert nicht negativ beeinflusst. Nach einem vollen Erwerbsleben mit entsprechend hohen Beiträgen (die Durchschnittsbeiträge betrugen 2007 770 Euro monatlich) können Monatsrenten von 2.000 Euro und darüber erzielt werden. In jüngster Vergangenheit sind die durchschnittlichen Monatsbeiträge jedoch gesunken, was auf eine im Durchschnitt leicht verschlechterte allgemeine Einkommenssituation auch der Angehörigen der freien Berufe hindeutet. Derzeit ist allerdings zu berücksichtigen, dass die meisten Werke noch kein volles Erwerbsleben abdecken können, da sie erst in den 60er oder 80er Jahren gegründet wurden. Die durchschnittliche Altersrente beträgt nach dem Stand 2007 rd. 1.970 Euro (neuere Zahlen nicht verfügbar).

Viele Einrichtungen gewähren zum Altersruhegeld einen Kinderzuschuss für Kinder, die das 18. Lebensjahr noch nicht vollendet haben.

Im Zusammenhang mit Leistungen für Kindererziehung ist ein Urteil des Bundessozialgerichts vom 31. Januar 2008 von Bedeutung. In diesem Urteil hat das Gericht entschieden, dass trotz eines anderslautenden Gesetzeswortlauts auch Angehörige berufsständischer Versorgungswerke, die von der Versicherungspflicht zur gesetzlichen Rentenversicherung befreit sind, im Wege verfassungskonformer Auslegung Anspruch auf Anrechnung von Kindererziehungszeiten in der gesetzlichen Rentenversicherung haben, sofern das jeweilige berufsständische Versorgungswerk keine gleichwertigen Leistungen gewährt. Da kein Versorgungswerk derart umfängliche Leistungen für Kindererziehung vorsieht wie die gesetzlichen Rentenversicherung – insbesondere im Hinblick darauf, dass die Versorgungswerke keine staatlichen Zuschüsse hierfür erhalten –, führt diese Rechtsprechung im Ergebnis dazu, dass regelmäßig für diese Personen Kindererziehungszeiten in der gesetzlichen Rentenversicherung anzurechnen sind.

Im Rahmen des Gesetzes zur Änderung des Vierten Buches Sozialgesetzbuch, zur Errichtung einer Versorgungsausgleichskasse und anderer Gesetze (Gesetz vom 15. Juli 2009, BGBl. I, S. 1939) ist das Sechste Buch Sozialgesetzbuch entsprechend dem Urteil des Bundessozialgerichts angepasst worden. Gleichzeitig wurde ein besonderes Nachzahlungsrecht für diejenigen geschaffen, denen jetzt Kindererziehungszeiten in der gesetzlichen Rentenversicherung anzurechnen sind, die aber bis zum Erreichen der Regelaltersgrenze die allgemeine Wartezeit in der gesetzlichen Rentenversicherung (fünf Jahre) nicht erfüllt haben und vor dem 1. Januar 1955 geboren sind (ursprünglich in § 208 Sechstes Buch Sozialgesetzbuch geregelt und nunmehr in § 282 Absatz 1 Sechstes Buch Sozialgesetzbuch). Diese Nachzahlungsmöglichkeit wurde insbesondere im Hinblick auf Angehörige berufsständischer Versorgungswerke geschaffen, die bisher im Glauben, ihnen würden keine Kindererziehungszeiten in der gesetzlichen Rentenversicherung angerechnet, von einem Ausbau ihrer Anrechte in der gesetzlichen Rentenversicherung zumindest bis zum Erfüllen der allgemeinen Wartezeit abgesehen haben.

Leistungen bei Berufsunfähigkeit

26 Die Versorgungseinrichtungen gewähren Berufsunfähigkeitsrente, wenn der Versicherte den spezifischen Beruf, für den die jeweilige Versorgungseinrichtung eingerichtet wurde, nicht mehr ausüben kann. Der Versicherte darf nur innerhalb dieses Berufs auf eine andere Tätigkeit verwiesen werden, nicht aber auf einen ganz anderen Beruf.

27 Die meisten Versorgungseinrichtungen gewähren Schutz bei Berufsunfähigkeit bereits dann, wenn nur ein Beitrag gezahlt worden ist, also praktisch ohne Erfüllung einer Wartezeit. Nur in wenigen Fällen wird eine (meistens fünfjährige) Wartezeit vorausgesetzt.

28 Die Höhe der Berufsunfähigkeitsrenten wird in enger Anlehnung an die Berechnung der Altersrenten bestimmt. Auch Kinderzuschüsse werden unter denselben Voraussetzungen wie bei Altersrenten gezahlt.

Leistungen an Hinterbliebene

29 Bei Tod des Versicherten werden Witwen- bzw. Witwer- und Waisenrenten gezahlt. Zusätzlich wird oft ein einmaliges Sterbegeld gewährt. Wie in der gesetzlichen Rentenversicherung betragen Witwen- und Witwerrenten in der Regel 60 Prozent, sonst zwischen 50 und 70 Prozent der zugrunde gelegten Alters- oder Berufsunfähigkeitsrente.

30 Vollwaisenrenten betragen meistens 30 Prozent der zugrunde gelegten Alters- oder Hinterbliebenenrente; die Höhe der Halbwaisenrenten ist sehr unterschiedlich, sie beträgt oft die Hälfte einer Vollwaisenrente.

31 Renten an geschiedene Ehegatten können gewährt werden, wenn eine Ehe vor dem 1. Juli 1977 geschieden worden ist. Für ab dem 1. Juli 1977 Geschiedene wird der Versorgungsausgleich durchgeführt, wobei viele Versorgungswerke eine Realteilung der während der Ehezeit erworbenen Anrechte vorsehen (d. h. der ausgleichsberechtigte Ehegatte erhält ebenfalls Anrechte im Versorgungswerk des Ausgleichsverpflichteten). Am 1. September 2009 ist allerdings eine Reform des Rechts des Versorgungsausgleichs in Kraft getreten, mit der die Realteilung für alle berufsständischen Versorgungswerke verpflichtend vorgeschrieben wird. Nach dem bis Ende August 2009 geltenden Recht wurden vielfach Anrechte aus der berufsständischen Versorgung mittels Begründung von Anrechten in der gesetzlichen Rentenversicherung ausgeglichen – mit entsprechenden Erstattungsregelungen zu Gunsten der gesetzlichen Rentenversicherung. Bei der künftig verpflichtenden Realteilung müssen die Versorgungswerke dem ausgleichsberechtigten Ehegatten in der Regel ein entsprechendes Anrecht in der berufsständischen Versorgung einräumen (interne Realteilung). Unter bestimmten Voraussetzungen – insbesondere bei kleineren auszugleichenden Anrechten sowie im Wege einer Vereinbarung – kann die Realteilung auch in der Weise durchgeführt werden, dass das Versorgungswerk des Ausgleichspflichtigen den Kapitalwert des Anrechts in eine andere Alterssicherung des Ausgleichsberechtigten nach dessen Wahl einzahlt (so genannte externe Realteilung). Versorgungswerke, die bisher noch keine Realteilung kannten, müssen daher ihr Leistungsrecht insoweit anpassen.

Sonstige Leistungen

32 Die meisten Versorgungswerke gewähren in unterschiedlichem Umfang Rehabilitationsleistungen (in der Regel Geldzuschüsse) zur Verbesserung oder Wiederherstellung der Erwerbsfähigkeit. Diese Leistungen sind Ermessensleistungen; d. h. auf ihre Gewährung besteht anders als etwa in der gesetzlichen Rentenversicherung kein Anspruch.

33 Einige Einrichtungen gewähren einen Einmal- oder Rückgewährbetrag, wenn das Mitglied keine Leistungen in Anspruch genommen hat und/oder keine versorgungsberechtigten Hinterbliebenen hinterlässt. Anspruchsberechtigt können z. B. sein der Ehegatte, Eltern oder vom verstorbenen Mitglied benannte Empfangsberechtigte. Einige Einrichtungen sehen ferner freiwillige Unterhaltsleistungen an bestimmte Personen vor, wenn ein versichertes Mitglied stirbt, ohne versorgungsberechtigte Hinterbliebene zu hinterlassen. Diese Leistungen stellen sicher, dass die Versorgungseinrichtung für gezahlte Beiträge stets eine Gegenleistung erbringt.

Seit dem 1. Januar 2005 sind die berufsständischen Versorgungswerke im Übrigen in den Geltungsbereich der koordinierenden EG-Verordnung 1408/71 (seit dem 1. Mai 2010 Verordnung 883/2004) einbezogen worden. Dies bedeutet, dass bei Ausübung mehrere Kammertätigkeiten in der EU die in den jeweiligen Ländern zurückgelegten Versicherungszeiten gegenseitig bei der Wartezeiterfüllung angerechnet werden – wie dies schon seit Jahrzehnten im Hinblick auf Versicherungszeiten in der gesetzlichen Rentenversicherung gilt.

Organisation

34 Derzeit existieren 89 berufsständische Versorgungswerke. Vielfach sind durch Staatsverträge zwischen einzelnen Bundesländern Angehörige freier Berufe aus verschiedenen Bundesländern in einem Versorgungswerk zusammengefasst. Fast alle Versorgungswerke (87) haben sich in der Arbeitsgemeinschaft Berufsständischer Versorgungswerke, einem eingetragenen Verein mit Sitz in Köln und Berlin, zusammengeschlossen. Für die einzelnen Berufe ist der Bestand an Versorgungseinrichtungen nicht identisch. Weitgehend flächendeckend gibt es Versorgungswerke für die Arztberufe, für Apotheker, Rechtsanwälte, Architekten, Notare sowie in jüngster Zeit für Wirtschaftprüfer und Steuerberater.

Finanzierung

35 Die Ausgaben der Berufsständischen Versorgungswerke werden allein durch Beiträge der Mitglieder und Vermögenserträge finanziert. Öffentliche Zuschüsse aus Bundes- oder Landesmitteln gibt es nicht. Die Beitragshöhe orientiert sich in der Regel an der Beitragshöhe der gesetzlichen Rentenversicherung. Die Mitglieder können die Beitragshöhe in einem gewissen Rahmen selbst bestimmen.

36 Das am meisten verwendete Finanzierungssystem ist das offene Deckungsplanverfahren. Es stimmt mit Hilfe versicherungsmathematischer Methoden Leistungen und Beiträge langfristig ab. Außerdem finden die modifizierte Anwartschaftsdeckung und das Umlageverfahren mit Kapitalstock Verwendung. Die Deckungsanlagen der berufsständischen Versorgungswerke betragen nach dem Stand 2007 rd. 113 Mrd. Euro, an Vermögenserträgen wurden rd. 6,4 Mrd. Euro erzielt (neuere Zahlen nicht verfügbar).

Beratungsstellen und Auskunft

37 Auskunft und Beratung können bei den einzelnen Versorgungseinrichtungen bzw. Berufskammern in Anspruch genommen werden.

Übergangsregelungen für die neuen Bundesländer

Berufsständische Versorgungswerke

38 Nach dem Staats- und Einigungsvertrag war in den alten und neuen Bundesländern die Organisationsstruktur der Alters- und Invaliditätssicherung zu harmonisieren. Dies bedeutet, dass auch in den neuen Bundesländern der Weg zur Gründung berufsständischer Versorgungseinrichtungen offen war. Freiberufler, die ihren Beruf in den neuen Bundesländern ausüben, konnten daher frei wählen, ob sie allein in den bereits bestehenden oder noch zu gründenden berufsständischen Versorgungseinrichtungen ihren sozialen Schutz suchen oder aber gleichzeitig Versicherte der gesetzlichen Rentenversicherung bleiben wollten. Insoweit bestand zwischen den in den alten und neuen Bundesländern maßgebenden rentenrechtlichen Vorschriften kein Unterschied.

39 Sofort nach dem 3. Oktober 1990, dem Tag der Einigung, sind zunächst nur die Ärzte im Ostteil der Stadt Berlin in die (bereits bestehende) Berliner Ärzteversorgung einbezogen worden. Nur kurze Zeit später hat dann in allen neuen Bundesländern die Gründung von berufsständischen Versorgungswerken eingesetzt. Mittlerweile gibt es in den neuen Bundesländern ebenso wie in den alten Bundesländern so gut wie flächendeckend berufsständische Versorgungswerke für die pflichtverkammerten freien Berufe (Rdnr. 17).

40 Die landesrechtlichen Versorgungsregelungen sahen früher regelmäßig vor, dass diejenigen freiberuflich Tätigen, die bei Errichtung der berufsständischen Versorgungseinrichtung noch nicht das 45. Lebensjahr vollendet haben, pflichtversichert sind. Den

45- bis unter 60jährigen freiberuflich Tätigen ist in der Regel die Möglichkeit eingeräumt, die Mitgliedschaft in der Versorgungseinrichtung auf Antrag herbeizuführen. Diese Altersgrenze von 45 Jahren wird jedoch aus europarechtlichen Gründen (mögliche Altersdiskriminierung) zunehmend abgeschafft. Wie in den alten Bundesländern haben die freiberuflich Tätigen, die gesetzlich verpflichtet sind, der berufsständischen Versorgungseinrichtung anzugehören, das Recht, sich auf Antrag von einer aufgrund ihrer freiberuflichen Tätigkeit oder Beschäftigung bestehenden Versicherungspflicht in der gesetzlichen Rentenversicherung befreien zu lassen. Den 45- bis unter 60jährigen freiberuflich Tätigen, die nicht kraft gesetzlicher Verpflichtung, sondern aufgrund ihres Antrags Mitglied der Versorgungseinrichtung geworden sind, steht damit ein Recht zur Befreiung von der Versicherungspflicht in der gesetzlichen Rentenversicherung nicht zu.

Zusatzversorgung für Bezirksschornsteinfegermeister

41 In den alten Bundesländern wird – seit 1970 – selbständigen Schornsteinfegermeistern nach dem Schornsteinfegergesetz eine Zusatzrente auf der Grundlage einer Gesamtversorgungsberechnung gewährt. Die Gesamtversorgung beläuft sich für die ersten 20 Jahre auf 3,5 Prozent des Jahreshöchstbetrages pro Versicherungsjahr und für die darauf folgenden 10 Jahre auf drei Prozent des Jahreshöchstbetrages pro Versicherungsjahr. Ab dem Jahr 2013 wird dieses Gesamtversorgungssystem allerdings nach dem Vorbild der früheren Reform der „VBL-Zusatzversorgung" abgeschafft und die Höhe der Versorgung wird dann unabhängig von der Höhe der „Grundversorgung" aus der gesetzlichen Rentenversicherung alleine anhand der gezahlten Versicherungsbeiträge ermittelt. Vorerst bleibt es jedoch bis Ende 2012 bei dem bisherigen Gesamtversorgungssystem. Der Jahreshöchstbetrag beträgt seit 28. November 2008 81 Prozent des Brutto(grund)entgelts (ohne leistungsorientierte Bezahlungskomponente, Jahressonder- und Einmalzahlungen) eines Beschäftigten des Bundes der Endgeltgruppe VIII, Stufe 6 des neuen TVöD. Er beträgt ab 1. Januar 2011 26.726,76 Euro (monatlich 2.227,23 Euro). Ab 2009 erfolgte die seit langem aufgeschobene Ablösung der Anknüpfung an den alten Bundesangestelltentarifvertrag (BAT) durch die Anknüpfung an den neuen Tarifvertrag für den öffentlichen Dienst (TVöD). Soweit unterjährig eine Tariferhöhung für die im öffentlichen Dienst beschäftigten Arbeiter und Angestellten erfolgt, erhöht sich zeitgleich und entsprechend der Jahreshöchstbetrag. Auf den so ermittelten Gesamtversorgungsbetrag wird die Rente aus der gesetzlichen Rentenversicherung angerechnet, soweit diese auf Pflichtbeitragszeiten beruht. Als Zusatzversorgungsrente wird somit die Differenz zwischen der Gesamtversorgung und der anrechenbaren Rente aus der gesetzlichen Rentenversicherung geleistet. Ist die gesetzliche Rente höher als die maßgebende Gesamtversorgung, wird eine Mindestzusatzversorgung in Höhe von 1,5 Prozent. des Jahreshöchstbetrages pro Jahr der Bestellung als Bezirksschornsteinfegermeister gewährt.

42 Die Zusatzversorgung für Bezirksschornsteinfegermeister ist zum 1. August 1994 auf die neuen Bundesländer mit folgenden Maßgaben übergeleitet worden:

- Zusatzrentenberechtigt sind nur Personen, die zum Zeitpunkt des In-Kraft-Tretens der Überleitung der Schornsteinfegerversorgung (1. August 1994) noch aktiv als Bezirksschornsteinfegermeister in den neuen Bundesländern tätig waren.
- Zeiten als Bezirksschornsteinfegermeister in den neuen Bundesländern werden rückwirkend ab dem 1. Januar 1992 (dem Zeitpunkt des In-Kraft-Tretens des Rentenrechts nach dem SGB VI in den neuen Bundesländern) als Versicherungszeit in der Schornsteinfegerversorgung angerechnet.
- Als Jahreshöchstbetrag (Ost) gilt in den neuen Bundesländern der Betrag, der sich ergibt, wenn der Jahreshöchstbetrag (West) mit dem Verhältnis aus dem jeweiligen aktuellen Rentenwert (Ost) – ab 1. Juli 2010 weiterhin: 24,13 Euro – zu dem aktuellen Rentenwert – ab 1. Juli 2010 weiterhin: 27,20 Euro – vervielfacht wird. Ab 1. Januar 2011 ergibt sich danach ein Jahreshöchstbetrag (Ost) in Höhe von 23.710,20 Euro (26.726,76,80 Euro Í 24,13 : 27,20 Euro = monatlich 1.975,85 Euro).

43 Da für die Ermittlung der Gesamtversorgung ausschließlich Zeiten als bestellter Bezirksschornsteinfegermeister ab 1. Januar 1992 berücksichtigt werden, wird in den ersten Jahren nach der Überleitung der Schornsteinfegerversorgung die Gesamtversorgung regelmäßig niedriger sein als die anzurechnende Rente aus der gesetzlichen Rentenversicherung. Dies bedeutet, dass in den ersten Jahren nach der Überleitung der Schornsteinfegerversorgung in den meisten Fällen die Mindestzusatzversorgung in Höhe von 1,5 Prozent des Jahreshöchstbetrages (Ost) pro Jahr – frühestens ab 1. Januar 1992 – der Bestellung als Bezirksschornsteinfegermeister in den neuen Bundesländern zur Auszahlung kommt.

44 Die Erstreckung des Geltungsbereiches der Zusatzversorgung der Bezirksschornsteinfeger auf die neuen Bundesländer machte auch eine Erweiterung der Selbstverwaltungsorgane der Versorgungsanstalt (Vertreterversammlung, Vorstand) erforderlich.

15 Soziale Sicherung der Beamten

Überblick

Die Wahrnehmung hoheitlicher Aufgaben bei Bund, Ländern und Gemeinden obliegt überwiegend Beamtinnen und Beamten, die in einem öffentlich-rechtlichen Dienst- und Treueverhältnis zu ihrem jeweiligen Dienstherrn stehen. Das Beamtenverhältnis ist in der Regel als Rechtsbeziehung auf Lebenszeit ausgestaltet. Die im Grundgesetz festgelegten „hergebrachten Grundsätze des Berufsbeamtentums" bilden die rechtliche Basis für eigenständige Sicherungssysteme der Beamten, Richter und Soldaten neben der gesetzlichen Sozialversicherung.

Bis zum Ausscheiden aus dem aktiven Dienst mit Erreichen der Altersgrenze oder wegen Dienstunfähigkeit folgt aus dem verfassungsrechtlichen Alimentationsprinzip die Pflicht des Dienstherrn, die Beamten so zu besolden, dass ihnen und ihren Familien ein amtsangemessener Lebensunterhalt möglich ist. Zur Alimentation gehört es auch, den Beamten zu ihren Aufwendungen im Krankheitsfall Beihilfen zu gewähren. Nach dem Ausscheiden aus dem aktiven Dienst besteht die Alimentationspflicht fort, da sich das Rechtsverhältnis zwischen Dienstherrn und Ruhestandsbeamten – mit verändertem Inhalt – fortsetzt. Wegen entfallender Aufwendungen im Ruhestand und der geringeren Bedürfnisse im Alter ist das Ruhegehalt niedriger als die Besoldung.

Die soziale Sicherung der Beamten stellt ein eigenständiges Sicherungssystem neben der gesetzlichen Sozialversicherung dar. Während die Sozialversicherung wesentlich geprägt ist durch den Gedanken der Solidargemeinschaft, sind die beamtenrechtliche Alters- und Hinterbliebenenversorgung, die Kranken- und Pflegesicherung sowie die Unfallfürsorge Ausdruck der Alimentations- und Fürsorgepflicht des Dienstherrn aus dem öffentlich-rechtlichen Dienstverhältnis. Die Sozialversicherung wird in der Regel paritätisch von Arbeitnehmern und Arbeitgebern und zusätzlich aus Steuermitteln finanziert, während die beamtenrechtlichen Leistungen grundsätzlich in vollem Umfang aus Steuermitteln bestritten werden.

Bei aller Unterschiedlichkeit in der rechtlichen und tatsächlichen Ausgangsposition bestehen dennoch vielfache Gemeinsamkeiten und Berührungspunkte zwischen der sozialen Sicherung der Beamten und der gesetzlichen Sozialversicherung. Dementsprechend sind Reformen und Einsparungen in der gesetzlichen Renten- und in der Kranken- und Pflegeversicherung in den letzten beiden Jahrzehnten stets von parallelen Regelungen im Beamtenversorgungs- und im Beihilferecht begleitet worden. Politisches Ziel war dabei jeweils eine weitgehende Angleichung und Harmonisierung der Systeme unter Wahrung der unterschiedlichen Strukturprinzipien.

Nach der föderalen Neuordnung der dienstrechtlichen Regelungskompetenzen gilt das Beamtenversorgungsgesetz nur noch für die Beamten und Richter des Bundes. Die Versorgung der Beamten und Richter der Länder und der Kommunalbeamten wird durch Landesrecht geregelt. Die Ausführungen zur Beamtenversorgung wie zur Beihilfe beziehen sich ausschließlich auf das Bundesrecht.

Allgemeines

1 Die soziale Sicherung der Beamten und Richter stellt ein eigenständiges Sicherungssystem neben der gesetzlichen Sozialversicherung dar. Während die Sozialversicherung wesentlich geprägt ist durch den Gedanken des sozialen Ausgleichs und die Sicherung des Arbeitnehmers einschließlich seiner Familie durch eine Solidargemeinschaft, sind die beamtenrechtliche Alters- und Hinterbliebenenversorgung, die Kranken- und Pflegesicherung sowie die Unfallfürsorge Ausdruck der Alimentations- und Fürsorgepflicht des Dienstherrn aus dem öffentlich-rechtlichen Dienst-

15 Soziale Sicherung der Beamten

verhältnis. Die Leistungen werden grundsätzlich in vollem Umfang aus Steuermitteln finanziert. Die im Grundgesetz verankerten „hergebrachten Grundsätze des Berufsbeamtentums" stellen die rechtliche Basis für das Beamtenversorgungsrecht und die beamtenrechtliche Beihilfe im Krankheits-, Pflege- und Geburtsfällen dar. Bei aller Unterschiedlichkeit in der rechtlichen und tatsächlichen Ausgangsposition bestehen vielfache Gemeinsamkeiten und Berührungspunkte zwischen der sozialen Sicherung der Beamten und dem allgemeinen Sozialversicherungssystem. Änderungen sowohl in der gesetzlichen Renten- als auch der Kranken- und Pflegeversicherung sind in den beiden letzten Jahrzehnten stets von parallelen Regelungen im Beamtenversorgungs- und im Beihilferecht begleitet worden. Politisches Ziel war dabei jeweils eine weitgehende Angleichung und Harmonisierung der Systeme unter Wahrung der unterschiedlichen Strukturprinzipien.

2 Die Vorausberechnungen des Vierten Versorgungsberichts der Bundesregierung vom 20. April 2009 belegen, dass die Beamtenversorgung des Bundes nachhaltig finanziert ist. Zwar werden die Versorgungsausgaben auch beim Bund in den nächsten Jahren nominal weiter steigen. Nach dem Ergebnis der Vorausberechnungen ist jedoch davon auszugehen, dass selbst unter der Annahme jährlicher Bezügeanpassungen von drei Prozent bis 2030 der Anteil des Bruttoinlandsprodukts, der für Versorgungsausgaben aufgewendet werden muss, höchstens von 0,20 auf 0,21 Prozent steigen wird.

3 Die Zahl der Versorgungsempfänger beim Bund ist seit 2001 rückläufig. Sie lag 2007 bei rund 698.000 (einschließlich der Berufssoldaten und der Beamten der ehemaligen Deutschen Bundesbahn und Deutschen Bundespost) und wird nach den dem Vierten Versorgungsbericht zugrunde liegenden Vorausberechnungen bis 2050 auf etwa 384.000 zurückgehen. Allerdings ist die Entwicklung in den einzelnen Bereichen nicht einheitlich. Bei den Beamten, Richtern und Soldaten des Bundes sowie bei den bundesunmittelbaren Trägern der Sozialversicherung wird die Zahl der Versorgungsempfänger bis 2035 weiter ansteigen und ab 2040 zurückgehen, während die Zahl der Versorgungsempfänger der ehemaligen Deutschen Bundesbahn und Deutschen Bundespost schon jetzt rückläufig ist.

Die Versorgungskosten werden darüber hinaus entscheidend beeinflusst durch die Bezugsdauer der Leistungen. Hier spielt neben der Lebenserwartung auch das durchschnittliche Alter bei der Zurruhesetzung eine Rolle. Infolge der Maßnahmen der Bundesregierung zur Eindämmung von Frühpensionierungen ist der Anteil der Beamten, Richter und Soldaten, die erst mit Erreichen der für sie geltenden Altersgrenze aus dem aktiven Dienst ausscheiden, von 1999 bis 2006 von 59 auf 82 Prozent gestiegen. Der Anteil von Frühpensionierungen ist parallel von 32 auf 7 Prozent zurückgegangen. Das durchschnittliche Ruhestandseintrittsalter bei den Beamten, Richtern und Soldaten des Bundes ist seit 1993 um 3,2 Jahre auf 62,6 Jahre gestiegen.

Bereits seit 1998 besteht das Sondervermögen „Versorgungsrücklage des Bundes". Es wird durch verminderte Bezügeanpassungen für die Beamten, Richter, Soldaten und Versorgungsempfänger finanziert und dient dazu, den Bundeshaushalt von Versorgungsaufwendungen zu entlasten. Daneben hat der Bund einen Versorgungsfonds des Bundes eingerichtet. Aus dem Fonds sollen die Versorgungsausgaben für alle seit 1. Januar 2007 beim Bund neu eingestellten Beamten und Richter in voller Höhe getragen werden (vollständige Kapitaldeckung). Die Anlage und Verwaltung der Sondervermögen erfolgt durch die Deutsche Bundesbank.

4 Die gesetzliche Krankenversicherung und das System der Krankenfürsorge für Beamte (Beihilfe) haben als gemeinsames Ziel die finanzielle Absicherung des einzelnen Arbeitnehmers oder Beamten und seiner Familienangehörigen im Krankheits- und Pflegefall. Auch hier unterscheiden sich die Strukturprinzipien der für Beamte und Richter geltenden Regelungen von denen des entsprechenden Sozialversicherungssystems (gesetzliche Krankenversicherung) grundlegend. Zu den charakteristischen Elementen der gesetzlichen Krankenversicherung und der sozialen Pflegeversicherung gehören das Solidarprinzip (Beitragspflicht der abhängig Beschäftigten und der Arbeitgeber), das Sachleistungsprinzip und das Prinzip der Leistungsverantwortung durch einen vom Arbeitgeber in der Regel rechtlich getrennten Leistungsträger (Krankenkasse). Kennzeichnend für die beamtenrechtliche Beihilfe ist demgegenüber die verfassungsrechtlich verankerte Alimentations- und Fürsorgepflicht des Dienstherrn, das Prinzip der (teilweisen) Erstattung der krankheits- und pflegebedingten Aufwendungen des Beamten in Geld (Erstattungsprinzip) und die Leistungsverantwortung des Dienstherrn selbst.

Die Beihilfeleistungen stellen eine Ergänzung der Besoldung dar; die Beamten und Richter haben die Aufwendungen im Krankheitsfall in erster Linie aus ihren monatlichen Bezügen zu bestreiten. Wegen der Unvorhersehbarkeit der Krankheitsbelastungen wird die Beihilfe als ergänzende Hilfe zur möglichen und zumutbaren Eigenvorsorge gezahlt. Die Beamten und Richter sind nicht zum Abschluss einer Krankenversicherung verpflichtet. Überwiegend erfolgt die Absicherung durch eine private Krankenversicherung. Entsprechendes gilt für Aufwendungen im Falle einer notwendigen häuslichen oder stationären Pflege; nach dem Pflegeversicherungsgesetz sind Beamte und Richter allerdings gesetzlich verpflichtet, eine die Beihilfeleistungen ergänzende private Pflegeversicherung abzuschließen.

Aus dem Erstattungsprinzip folgt, dass die in Anspruch genommenen medizinischen Leistungen zunächst mit eigenen Mitteln zu finanzieren sind und erst danach auf Antrag die Aufwendungen teils von der privaten Krankenversicherung und teils vom Dienstherrn (Beihilfe) erstattet werden.

Beamtenversorgung

Aufgabe des Beamtenversorgungsrechts

5 Das Beamtenverhältnis ist in der Regel als Rechtsbeziehung auf Lebenszeit ausgestaltet. Bis zum Ausscheiden aus dem aktiven Dienst mit Erreichen der Altersgrenze oder wegen Dienstunfähigkeit folgt aus dem verfassungsrechtlichen Alimentationsprinzip die Pflicht des Dienstherrn, dem Beamten und seiner Familie den amtsangemessenen Lebensunterhalt durch die Besoldung zu ermöglichen. Nach dem Ausscheiden aus dem aktiven Dienst besteht die Alimentationspflicht fort, da sich das Rechtsverhältnis zwischen Dienstherrn und Ruhestandsbeamten – mit verändertem Inhalt – fortsetzt. Wegen entfallender Aufwendungen im Ruhestand und der geringeren Bedürfnisse im Alter sind die Altersbezüge niedriger als die Besoldung.

Durch die Aufhebung des Artikels 74a des Grundgesetzes mit Wirkung vom 1. September 2006 hat der Bund die konkurrierende Gesetzgebungskompetenz für die Versorgung der Landes- und Kommunalbeamten verloren. Die Versorgung für diesen Personenkreis ist landesgesetzlich zu regeln. Die nachfolgenden Ausführungen beziehen sich auf das für die Beamten und Richter des Bundes geltende Beamtenversorgungsgesetz.

Versorgungsberechtigte

6 Anspruch auf Leistungen der Beamtenversorgung haben Beamtinnen und Beamte auf Lebenszeit und auf Zeit mit dem Beginn des Ruhestandes. Ferner sind beim Tod der Beamtin bzw. des Beamten oder der Ruhestandsbeamtin bzw. des Ruhestandsbeamten die Hinterbliebenen, also Witwe oder Witwer sowie Waisen, anspruchsberechtigt.

Versorgungsarten

7 Zu den Leistungen der Beamtenversorgung gehören insbesondere

– das Ruhegehalt,
– der Unterhaltsbeitrag,
– die Hinterbliebenenversorgung und
– die Unfallfürsorge.

Ruhegehalt

8 Das Ruhegehalt ist der Kernbestandteil der Versorgung. Anspruch auf Ruhegehalt haben Beamte, die mit Erreichen der Altersgrenze in den Ruhestand getreten sind oder – bei dauernder Dienstunfähigkeit – vorzeitig in den Ruhestand versetzt worden sind. Wie in der gesetzlichen Rentenversicherung ist die Ableistung einer Dienstzeit von mindestens fünf Jahren Voraussetzung für den Anspruch.

Keinen Ruhegehaltsanspruch haben Beamte, die – sei es auf eigenen Antrag oder als Folge eines Disziplinarverfahrens – aus dem Beamtenverhältnis entlassen worden sind; sie werden in der gesetzlichen Rentenversicherung nachversichert, nicht jedoch in der betrieblichen Altersversorgung der Tarifbeschäftigten des Bundes.

9 Die Regelaltersgrenze wurde wie in der gesetzlichen Rentenversicherung vom 65. auf das 67. Lebensjahr angehoben. Für die Geburtsjahrgänge von 1947 bis 1963 erfolgt die Anhebung stufenweise. Für die 1964 und später geborenen Beamten wird sie voll wirksam werden. Wenn es im dienstlichen Interesse liegt, kann der Ruhestand auf Antrag des Beamten um höchstens drei Jahre hinausgeschoben werden.

Auf Antrag können Beamte bereits mit 63 Jahren (Antragsaltersgrenze) in den Ruhestand versetzt werden. In diesem Fall wird das Ruhegehalt jedoch um einen Versorgungsabschlag gemindert. Für jedes Jahr des vorgezogenen Ruhestandes werden von dem nach den allgemeinen Regelungen errechneten Ruhegehalt 3,6 Prozent auf Dauer abgezogen. Eine Ausnahme

15 Soziale Sicherung der Beamten

von der Abschlagsregelung gilt für Beamtinnen und Beamte, die das 65. Lebensjahr vollendet und mindestens 45 Jahre mit ruhegehaltfähigen Zeiten oder bestimmten Zeiten der Kindererziehung oder Pflege zurückgelegt haben. In diesen Fällen wird das Ruhegehalt nicht gemindert.

10 Mit dem Dienstrechtsneuordnungsgesetz wurde ab 12. Februar 2009 die Antragsaltersgrenze für Schwerbehinderte vom 60. auf das 62. Lebensjahr angehoben. Für die Jahrgänge von 1952 bis 1963 gilt eine stufenweise Anhebung: Die vor dem 1. Januar 1952 Geborenen können weiterhin bereits mit Erreichen des 60. Lebensjahres die Versetzung in den Ruhestand beantragen. Die für schwerbehinderte Beamtinnen und Beamte geltende Altersgrenze für den Anspruch auf ein abschlagsfreies Ruhegehalt wurde ebenfalls zum 12. Februar 2009 stufenweise von 63 auf 65 Jahre angehoben. Bei einer früheren Versetzung in den Ruhestand wird das Ruhegehalt für jedes Jahr um 3,6 Prozent, insgesamt höchstens um 10,8 Prozent vermindert.

11 Besondere Altersgrenzen gelten für Beamtengruppen, die überdurchschnittlich hohe Anforderungen an die körperliche Leistungsfähigkeit erfüllen müssen, z. B. Polizisten oder Feuerwehrleute. Für sie bildet ab 12. Februar 2009 das 62. Lebensjahr die Altersgrenze. Auch hier gibt es Übergangsregelungen für die Geburtsjahrgänge von 1947 bis 1963.

12 Für alle Beamtengruppen gilt der Grundsatz „Rehabilitation vor Versorgung", das heißt, es muss im Fall der Dienstunfähigkeit stets geprüft werden, ob die volle Dienstfähigkeit wiederhergestellt werden kann oder ob eine Weiterbeschäftigung in einem anderen Tätigkeitsbereich (z. B. Innendienst statt Vollzugsaufgaben für Polizisten) in Betracht kommt.

Seit 1999 gibt es das Institut der Teildienstfähigkeit. Danach kann bei eingeschränkter Dienstfähigkeit die verbliebene Arbeitskraft des Beamten weiter genutzt werden, sofern die Einschränkung 50 Prozent nicht überschreitet. Die Besoldung des begrenzt dienstfähigen Beamten entspricht dem Umfang seiner Arbeitsleistung. Er erhält jedoch Bezüge mindestens in Höhe des Ruhegehalts, das er im Falle einer Versetzung in den Ruhestand wegen Dienstunfähigkeit erhalten würde. Erst wenn alle Möglichkeiten einer anderweitigen oder teilweisen Weiterverwendung definitiv ausscheiden, darf die vorzeitige Zurruhesetzung erfolgen.

Bei Versetzung in den Ruhestand wegen Dienstunfähigkeit wird ein Versorgungsabschlag in Höhe von 3,6 Prozent für jedes Jahr des vor dem 65. Lebensjahr in Anspruch genommenen Ruhegehalts berechnet, höchstens jedoch 10,8 Prozent. Beruht die Dienstunfähigkeit auf einem Dienstunfall, wird ein Abschlag nicht vorgenommen. Eine Ausnahme von der Abschlagsregelung gilt auch dann, wenn die Dienstunfähigkeit zwar nicht auf einem Dienstunfall beruht, der Beamte aber das 63. Lebensjahr vollendet und mindestens 40 Jahre mit ruhegehaltfähigen Zeiten oder bestimmten Zeiten der Kindererziehung oder Pflege zurückgelegt hat. Für Beamte, die bis zum Jahr 2023 wegen Dienstunfähigkeit in den Ruhestand versetzt werden, genügen 35 Jahre solcher Zeiten für ein abschlagsfreies Ruhegehalt.

Berechnung des Ruhegehalts

13 Das Ruhegehalt errechnet sich aus den ruhegehaltfähigen Dienstbezügen und der ruhegehaltfähigen Dienstzeit.

Ruhegehaltfähig sind die Dienstbezüge, die bei Eintritt in den Ruhestand zugestanden haben oder zugestanden hätten, wenn eine Vollbeschäftigung ausgeübt worden wäre. Zu den ruhegehaltfähigen Dienstbezügen gehören das Grundgehalt, der Familienzuschlag der Stufe eins und sonstige Dienstbezüge, wie etwa Zulagen, die im Besoldungsrecht als ruhegehaltfähig bezeichnet sind.

Dienstbezüge aus einem Beförderungsamt sind nur dann ruhegehaltfähig, wenn die Besoldung aus diesem Amt seit mindestens zwei Jahren bezogen worden ist.

Im Fall der Dienstunfähigkeit aufgrund Dienstunfalls wird die Besoldungsstufe zugrunde gelegt, die der Beamte bis zum Eintritt in den Ruhestand wegen Erreichens der gesetzlichen Altersgrenze hätte erreichen können.

14 Weiterer Berechnungsfaktor für das Ruhegehalt ist die ruhegehaltfähige Dienstzeit. Hierzu zählt zunächst die im Beamtenverhältnis verbrachte Zeit ab Vollendung des 17. Lebensjahres, ausgenommen ist zum Beispiel die Zeit einer Beurlaubung im privaten Interesse. Hinzugerechnet werden beispielsweise der Wehrdienst sowie Ausbildungs- und Studienzeiten, wenn sie für die Einstellung vorgeschrieben sind. Ferner können z. B. Zeiten als Arbeitnehmer im öffentlichen Dienst und Zeiten im ausländischen öffentlichen Dienst berücksichtigt werden. Eine hauptberufliche Beschäftigung im ausländischen öffentlichen Dienst wird jedoch nicht berücksichtigt, wenn sie zu Ansprüchen in anderen Alterssicherungssystemen führt

Zeiten einer Fachschulausbildung werden bis zu drei Jahren als ruhegehaltfähige Dienstzeit berücksichtigt. Zeiten einer Hochschulausbildung werden seit 12. Februar 2009 nur noch mit höchstens 855 Tagen berücksichtigt, Fachschul- und Hochschulausbildung zusammen mit höchstens drei Jahren. Mit der verminderten Berücksichtigung von Hochschulzeiten wurden die Änderungen im Rentenrecht durch das RV-Nachhaltigkeitsgesetz wirkungsgleich auf die Beamtenversorgung übertragen. Für bis zum 31. Dezember 2012 eintretende Versorgungsfälle gibt es Übergangsregelungen.

Bei vorzeitiger Versetzung in den Ruhestand wegen Dienstunfähigkeit wird eine Zurechnungszeit berücksichtigt. Dabei wird die Zeit vom Eintritt in den Ruhestand bis zur Vollendung des 60. Lebensjahres für die Berechnung des Ruhegehalts der ruhegehaltfähigen Dienstzeit zu zwei Dritteln hinzugerechnet.

Zeiten einer Teilzeitbeschäftigung sind nur zu dem Teil ruhegehaltfähig, der dem Verhältnis der ermäßigten zur vollen (regelmäßigen) Arbeitszeit entspricht.

Wenn Teilzeit- oder Beurlaubungsphasen insgesamt länger als zwölf Monate gedauert haben, werden Ausbildungszeiten, einschließlich der Anwärter- oder Referendardienstzeiten, nur anteilig berücksichtigt.

Ruhegehaltssatz

15 Bis 1991 galt eine degressive Ruhegehaltsskala, nach der der Ruhegehaltssatz bis zum vollendeten 10. Dienstjahr 35 Prozent betrug, mit jedem weiteren bis zum 25. Dienstjahr um 2 Prozentpunkte und danach für jedes Jahr um einen Prozentpunkt anstieg. Der Höchstsatz von 75 Prozent wurde nach dieser Regelung bereits nach 35 Dienstjahren erreicht. 1992 wurde ein linearer Steigerungsfaktor eingeführt; der Ruhegehaltssatz betrug nun für jedes Jahr ruhegehaltfähiger Dienstzeit 1,875 Prozent bis zur Höchstgrenze von 75 Prozent, die nach einer ruhegehaltfähigen Dienstzeit von 40 Jahren erreicht wird.

Für den Übergang von der degressiven auf die lineare Ruhegehaltsskala gilt folgende Überleitungsregelung: Beamte, deren Beamtenverhältnis bereits am 31. Dezember 1991 bestanden hat, behalten den nach damaligem Recht am 31. Dezember 1991 erreichten Ruhegehaltssatz. Ab 1. Januar 1992 steigt dieser grundsätzlich um jährlich 1 Prozent. Ist die Anwendung des linearen Steigerungsfaktors auf die gesamte ruhegehaltfähige Dienstzeit aber günstiger, wird der Ruhegehaltssatz auf diese Weise berechnet.

Mit dem Versorgungsänderungsgesetz 2001 hat der Gesetzgeber die allmähliche Absenkung des Versorgungsniveaus von höchstens 75 auf 71,75 Prozent festgelegt. Der Höchstruhegehaltssatz wurde ab 1. Januar 2003 stufenweise gesenkt. Die Absenkung erfolgte in acht Schritten, jeweils bei einer Besoldungs- und Versorgungsanpassung. Die Erhöhung der Versorgungsbezüge ist deshalb seit 2003 um insgesamt 4,33 Prozent geringer ausgefallen als der Anstieg der Besoldung. Zum 1. Januar 2011, dem Zeitpunkt der achten Anpassung ab dem Jahr 2003, wurde der Höchstruhegehaltssatz für alle vorhandenen und zukünftigen Versorgungsempfänger auf 71,75 Prozent vermindert.

Altersteilzeit

16 Nach dem Vorbild der gesetzlichen Rentenversicherung wurde 1998 eine Regelung zur Altersteilzeit für Beamte eingeführt. Ziel der Altersteilzeit war es, ein besonderes Personalsteuerungselement zu schaffen, das auch einen arbeitsmarktpolitischen Beitrag des öffentlichen Dienstes ermöglicht. Altersteilzeit konnte gewährt werden, wenn der Antrag sich auf die Zeit bis zum Beginn des Ruhestandes erstreckte und der Beamte bereits zum Zeitpunkt der Antragstellung verbindlich erklärte, ob er mit Erreichen der gesetzlichen Altersgrenze oder vorher nach Erreichen einer Antragsaltersgrenze in den Ruhestand treten will. Ferner war Voraussetzung, dass der Beamte das 55. Lebensjahr vollendet hatte und in den letzten fünf Jahren vor Beginn der Altersteilzeit drei Jahre mindestens teilzeitbeschäftigt war. Die Regelung war befristet; die Altersteilzeit muss vor dem 1. Januar 2010 begonnen haben.

Die Altersteilzeit konnte entweder durchgehend mit der Hälfte der bisherigen Arbeitszeit oder in Form der Blockbildung (z. B. fünf Jahre Vollzeitarbeit, fünf Jahre Freistellung) wahrgenommen werden. Zuzüglich zu den auf 50 Prozent reduzierten Bezügen erhielt der mit der Hälfte der regelmäßigen Arbeitszeit beschäftigte Beamte in Altersteilzeit einen Zuschlag in Höhe der Differenz zwischen 83 Prozent der Nettobezüge, die bei Vollzeitbeschäftigung zustehen würden, und den Nettobezügen aus der Altersteilzeit. Hinsichtlich der Ruhegehaltfähigkeit wurde er so gestellt, als würde er im Umfang von 90 Prozent der regelmäßigen Arbeitszeit Dienst leisten.

Ein Rechtsanspruch auf Bewilligung der Altersteilzeit bestand nicht. Für den Bereich des Bundes wurde die Inanspruchnahme schon vor dem 1. Januar 2010 erheblich eingeschränkt. So wurde für die Altersgruppe der 55- bis 59-jährigen Beamtinnen und Beamten Altersteilzeit seit 1. Januar 2005 grundsätzlich nicht mehr bewilligt. Für die Älteren stand die Bewilligung unter dem Vorbehalt, dass dringende dienstliche Belange nicht entgegenstehen.

Zum 1. Januar 2011 wurde für die Beamten des Bundes ein neues Altersteilzeitmodell eingeführt. Danach ist die Inanspruchnahme von Altersteilzeit erst ab dem 60. Lebensjahr möglich. Weitere Voraussetzungen sind, dass der Beamte in einem festgelegten Restrukturierungs- oder Stellenabbaubereich beschäftigt ist, dienstliche Belange der Altersteilzeit nicht entgegenstehen und der Beamte in den letzten fünf Jahren vor dem Beginn der Altersteilzeit drei Jahre mindestens teilzeitbeschäftigt war. Die Altersteilzeit kann auch im Blockmodell bewilligt werden. Auch Beamten, die nicht in einem Restrukturierungs- oder Stellenabbaubereich beschäftigt sind, kann Altersteilzeit bewilligt werden. Hier gilt aber eine Quote von höchstens 2,5 Prozent aller Beamtinnen und Beamten im Geschäftsbereich einer obersten Dienstbehörde. Zusätzlich zu den aufgrund der ermäßigten Arbeitszeit reduzierten Bezügen wird ein Zuschlag von 20 Prozent der Dienstbezüge gewährt.

Mindestruhegehalt

17 Bei vorzeitigem Ruhestand aufgrund Dienstunfähigkeit wird das Ruhegehalt nach den allgemeinen Regeln unter der Berücksichtigung einer Zurechnungszeit berechnet. Dabei kann das errechnete Ruhegehalt (z. B. aufgrund nur weniger Dienstjahre) hinter dem Niveau zurückbleiben, das der Ruhestandsbeamte und seine Familie für einen angemessenen Lebensunterhalt benötigen. Für diesen Fall besteht Anspruch auf das Mindestruhegehalt. Es beträgt 35 Prozent der ruhegehaltfähigen Dienstbezüge oder, wenn dies günstiger ist, 65 Prozent der Besoldung aus der Endstufe der Besoldungsgruppe A 4 zuzüglich eines Erhöhungsbetrags von 30,68 Euro.

Die Mindestversorgung dient der Sicherung des Existenzminimums im Alter und bei Dienstunfähigkeit. Sie ist unmittelbare Konsequenz aus dem Alimentationsprinzip und stellt sicher, dass Ruhestandsbeamte nicht auf Leistungen der Sozialhilfe angewiesen sind.

Eine Ausnahme vom Prinzip der Mindestversorgung gilt, wenn ein Beamter wegen langer Freistellungszeiten (Beurlaubung, Teilzeitbeschäftigung) mit seinem erdienten Ruhegehalt hinter der gesetzlichen Mindestversorgung zurückbleibt. In diesem Fall erhält er nur das erdiente Ruhegehalt.

Unterhaltsbeitrag

18 Ein Unterhaltsbeitrag kann auf Antrag bewilligt werden, wenn ein Ruhegehaltsanspruch nicht entstanden ist. Erfasst sind Beamte, die vor Erreichen der fünfjährigen Wartezeit dienstunfähig werden oder schon vor der Berufung in das Beamtenverhältnis auf Lebenszeit wegen Dienstunfähigkeit entlassen werden müssen.

Hinterbliebenenbezüge

19 Hinterbliebenenbezüge können der Witwe bzw. dem Witwer und den Kindern eines Beamten zustehen. Die Dienstbezüge oder das Ruhegehalt für den Sterbemonat gehören zum Nachlass des Verstorbenen; die Erben müssen den Teil der Bezüge, der auf den Monatsteil nach dem Todestag entfällt, nicht zurückerstatten. Der überlebende Ehegatte und die Kinder erhalten ein Sterbegeld in Höhe des Zweifachen der monatlichen Bezüge des verstorbenen (Ruhestands-) Beamten. Der überlebende Ehegatte hat Anspruch auf Witwen- bzw. Witwergeld. Mit dem Versorgungsänderungsgesetz 2001 wurde das Witwengeld von 60 auf 55 Prozent des Ruhegehalts abgesenkt, das der Verstorbene erhalten hat oder erhalten hätte, wenn er am Todestag in den Ruhestand versetzt worden wäre. Das Witwengeld wird weiterhin in Höhe von 60 Prozent gezahlt, wenn die Ehe vor dem 1. Januar 2002 geschlossen wurde und ein Ehegatte bis zum 31. Dezember 2001 das 40. Lebensjahr vollendet hat.

Voraussetzung für das Witwengeld ist, dass der verstorbene Beamte eine mindestens fünfjährige Dienstzeit abgeleistet hat. Wenn die Ehe weniger als ein Jahr gedauert hat, wird gesetzlich das Vorliegen einer so genannten „Versorgungsehe" vermutet, mit der Folge, dass in der Regel kein Anspruch auf Witwengeld besteht. Den Kindern des verstorbenen Beamten steht Waisengeld zu. Es beträgt für Vollwaisen 20 Prozent, für Halbwaisen zwölf Prozent des Ruhegehalts und wird bis zum vollendeten 18. Lebensjahr, für Waisen, die noch in der Ausbildung sind, längstens bis zum 25. Lebensjahr gewährt.

Besonderheiten für das Witwen- und Waisengeld bestehen für den Fall, dass der Beamte oder Ruhestandsbeamte infolge eines Dienstunfalls verstirbt.

Unfallfürsorge

20 Unfallfürsorge wird als Schadensausgleich bei Dienstunfällen gewährt. Der Begriff des Dienstunfalls ist gesetzlich definiert als „auf äußerer Einwirkung beruhendes, plötzliches, örtlich und zeitlich bestimmbares, einen Körperschaden verursachendes Ereignis, das in Ausübung des Dienstes eingetreten ist". Eine Krankheit des Beamten gilt als Dienstunfall, wenn nach Art der dienstlichen Tätigkeit eine besondere Gefahr der Erkrankung an bestimmten Krankheiten bestanden hat. Es gilt die Berufskrankheiten-Verordnung der gesetzlichen Unfallversicherung. Der Dienstunfallschutz erfasst auch Unfälle bei dienstlich veranlassten Nebentätigkeiten und bei Tätigkeiten, deren Wahrnehmung von dem Beamten im Zusammenhang mit seinem Hauptamt erwartet wird. Einbezogen in den Kreis der Unfallfürsorgeberechtigten ist auch das während einer Schwangerschaft durch einen Dienstunfall der Beamtin geschädigte Kind.

Grob fahrlässiges Verhalten führt stets zum Ausschluss der Gewährung von Unfallfürsorge, es sei denn, die Nichtgewährung würde beim Verletzten zu unbilligen Härten führen.

Sachschäden

21 Ersatz für Sachschäden wird gewährt, wenn bei einem Dienstunfall Kleidungsstücke oder sonstige Gegenstände, die der Beamte mit sich geführt hat, beschädigt oder zerstört wurden oder abhanden gekommen sind.

Heilverfahren

22 Der Anspruch des durch Dienstunfall verletzten Beamten auf Heilverfahren (ärztliche Behandlung, Arznei- und andere Hilfsmittel, ggf. Krankenhausbehandlung) wird dadurch erfüllt, dass ihm grundsätzlich die notwendigen und angemessenen Auslagen erstattet werden. Wenn der Beamte infolge des Dienstunfalls so hilflos ist, dass er nicht ohne fremde Hilfe und Pflege auskommen kann, werden die Kosten einer notwendigen Pflege in angemessenem Umfang erstattet. Ist der Beamte in den Ruhestand versetzt worden, so ist ihm auf Antrag für die Dauer der Hilflosigkeit ein Zuschlag zum Unfallruhegehalt bis zum Erreichen der ruhegehaltfähigen Dienstbezüge zu gewähren. Der Anspruch auf Unfallfürsorgeleistungen geht dem Beihilfeanspruch vor.

Unfallausgleich

23 Einen Unfallausgleich erhält der verletzte Beamte, wenn er infolge des Dienstunfalls in seiner Erwerbsfähigkeit länger als sechs Monate wesentlich beschränkt ist. Der Unfallausgleich wird neben den Dienstbezügen oder dem Ruhegehalt gezahlt. In der Höhe entspricht der Unfallausgleich der Grundrente aus der Kriegsopferversorgung unter Berücksichtigung des Grades der Minderung der Erwerbsfähigkeit.

Unfallruhegehalt

24 Ein Unfallruhegehalt erhält der Beamte auf Lebenszeit oder auf Probe, der infolge eines Dienstunfalles dauernd dienstunfähig und in den Ruhestand versetzt worden ist. Für die Berechnung des Unfallruhegehalts eines vor Vollendung des 60. Lebensjahres in den Ruhestand versetzten Beamten wird der ruhegehaltfähigen Dienstzeit die Hälfte der Zurechnungszeit (Rdnr. 14) hinzugerechnet. Der Ruhehaltsatz erhöht sich gegenüber dem nach den allgemeinen Regelungen berechneten Ruhegehaltsatz um 20 Prozent. Das Unfallruhegehalt beträgt mindestens 66 2/3 Prozent der ruhegehaltfähigen Dienstbezüge.

25 Hat ein Beamter bei Ausübung einer Diensthandlung, mit der für ihn eine besondere Lebensgefahr verbunden war, sein Leben eingesetzt und infolge dieser Gefährdung einen Dienstunfall erlitten, so sind bei der Bemessung des Unfallruhegehalts 80 Prozent der ruhegehaltfähigen Dienstbezüge aus der Endstufe der übernächsten Besoldungsgruppe zugrunde zu legen, wenn er infolge dieses Dienstunfalls dienstunfähig geworden, in den Ruhestand getreten und vom Zeitpunkt des Eintritts in den Ruhestand an infolge des Dienstunfalls in seiner Erwerbsfähigkeit um mindestens 50 Prozent beschränkt ist. Für Beamte in den niedrigeren Besoldungsgruppen ihrer Laufbahn gelten hinsichtlich der Bemessungsgrundlage weitere die Versorgung verbessernde Besonderheiten.

Einmalige Unfallentschädigung

26 Ist der Dienstunfall bei einer mit besonderer Lebensgefahr verbundenen Diensthandlung eingetreten, wird neben einer beamtenrechtlichen Versorgung bei Beendigung des Dienstverhältnisses eine einmalige Entschädigung von 80.000 Euro gezahlt, wenn der Beamte infolge des Unfalls in seiner Erwerbsfähigkeit um wenigstens 50 Prozent beeinträchtigt ist. Bei einem tödlichen Dienstunfall beträgt die Entschädigung für den Ehegatten und die versorgungsberechtigten Kinder 60.000 Euro. Wenn ein Ehegatte und versorgungsberechtigte Kinder nicht vorhanden sind, beträgt die Entschädigung für die Eltern und die nicht versorgungsberechtigten Kinder insgesamt 20.000 Euro; sind solche Anspruchsberechtigte auch nicht vorhanden, beträgt die Entschädigung für die Großeltern und die Enkel insgesamt 10.000 Euro.

Versorgung von Beamten im einstweiligen Ruhestand

27 In den einstweiligen Ruhestand können die so genannten politischen Beamten versetzt werden. Dies sind z. B. die Staatssekretäre und die Ministerialdirektoren in den Bundesministerien, leitende Beamte des Bundesamtes für Verfassungsschutz, des Bundesnachrichtendienstes, des Militärischen Abschirmdienstes, des Bundeskriminalamtes, Beamte des Auswärtigen Dienstes von der Besoldungsgruppe B 3 an aufwärts, der Generalbundesanwalt beim Bundesgerichtshof sowie der Bundesbeauftragte für den Zivildienst. Die Ausübung dieser besonderen Funktionen erfordert dauernde Übereinstimmung mit den politischen Ansichten und Zielen der Regierung. Die Schnittstellen zwischen Politik und Verwaltung sollen mit Beamten besetzt werden können, mit denen die Regierung die wirkungsvolle Durchsetzung ihrer politischen Ziele gewährleistet sieht. Politische Beamte können jederzeit in den einstweiligen Ruhestand versetzt werden; allerdings haben sie, wenn ihnen ein gleichwertiges Amt verliehen werden soll, der Wiederberufung in den aktiven Dienst Folge zu leisten (was aufgrund der herausgehobenen Positionen jedoch in der Praxis nur selten möglich ist).

Im Fall der Auflösung oder einer wesentlichen Änderung des Aufbaus oder der Aufgaben einer Behörde oder der Verschmelzung von Behörden können auch andere Beamte auf Lebenszeit, die ein Amt der Bundesbesoldungsordnung B innehaben, in den einstweiligen Ruhestand versetzt werden, wenn ihr Aufgabengebiet davon betroffen ist. Voraussetzung ist außerdem, dass eine Versetzung des Beamten nicht möglich ist und eine seinem Amt entsprechende Planstelle eingespart wird.

In den einstweiligen Ruhestand versetzte politische Beamte erhalten zunächst die volle Besoldung für den laufenden und die folgenden drei Monate. Anschließend wird eine Versorgung auf Lebenszeit nur dann gezahlt, wenn eine Dienstzeit von fünf Jahren abgeleistet und damit die allgemeine Wartezeit erfüllt worden ist. Das Ruhegehalt wird entsprechend der Anzahl der Monate, die der Beamte das politische Amt innehatte – mindestens für sechs Monate, längstens für drei Jahre – in Höhe von 71,75 Prozent der ruhegehaltfähigen Dienstbezüge aus der Endstufe der zuletzt maßgeblichen Besoldungsgruppe gewährt. Danach wird das tatsächlich erdiente Ruhegehalt – berechnet nach den allgemeinen Vorschriften – gezahlt.

Wird die allgemeine Wartezeit nicht erfüllt, ist der Beamte zu entlassen, wird nachversichert und erhält ein Übergangsgeld.

Kindererziehungs- und Pflegezuschläge

28 Kindererziehungszeiten einer Beamtin oder eines Beamten wurden in der Beamtenversorgung ursprünglich in der Weise berücksichtigt, dass die Zeit eines Erziehungsurlaubs (jetzt: Elternzeit) bis zu dem Tag als ruhegehaltfähig gewertet wurde, an dem das Kind sechs Monate alt wurde. Diese Rechtslage gilt für vor dem 1. Januar 1992 geborene Kinder grundsätzlich fort.

Für ab dem 1. Januar 1992 geborene Kinder wird neben dem Ruhegehalt ein Zuschlag gezahlt. Dieser Kinderzuschlag wird entsprechend der in der Rentenversicherung geltenden Regelung berechnet. Berechnungsfaktoren sind Entgeltpunkte und aktueller Rentenwert.

Die Höhe des Kinderzuschlags entspricht für jedes Jahr der Kindererziehung ca. einem Entgeltpunkt in der gesetzlichen Rentenversicherung. Für jedes Kind werden höchstens drei Jahre der Kindererziehung berücksichtigt.

Die kinderbezogenen Verbesserungen in der gesetzlichen Rentenversicherung durch die Rentenreform 2001 wurden auf die Beamtenversorgung übertragen:

– Kindererziehungsergänzungszuschlag: Ihn erhalten Versorgungsempfänger, die gleichzeitig mehrere Kinder erzogen haben oder neben der Kindererziehung Dienst geleistet oder nicht erwerbsmäßig Pflegeleistungen (§ 3 SGB VI) erbracht haben.
– Pflegezuschlag: Dieser steht zu, wenn eine nicht erwerbsmäßige Pflegeleistung (mindestens 14 Stunden pro Woche) durch einen Beamten oder eine Beamtin nicht zu Ansprüchen in der gesetzlichen Rentenversicherung geführt hat (z. B., weil die rentenrechtliche Wartezeit nicht erreicht wird).

Die Höhe des Pflegezuschlags hängt vom Grad der Pflegebedürftigkeit ab.
- Kinderpflegeergänzungszuschlag: Dieser Zuschlag wird ergänzend zum Pflegezuschlag gewährt. Er setzt die nicht erwerbsmäßige Pflege eines Kindes voraus, längstens für die Zeit bis zur Vollendung des 18. Lebensjahres des Kindes. Pflege – und Kinderpflegeergänzungszuschlag dürfen zusammen den Wert eines Entgeltpunktes nicht übersteigen. Der Anspruch auf den Kinderpflegeergänzungszuschlag besteht nicht neben Rentenversicherungsansprüchen aus der Pflegetätigkeit und ebenfalls nicht neben dem Kindererziehungsergänzungszuschlag.
- Die Zuschläge werden nicht gezahlt, soweit durch sie die erreichbare Höchstversorgung des Beamten oder der Beamtin überschritten würde.

Vorübergehende Erhöhung des Ruhegehaltssatzes

29 Für Beamte, die erst nach einer länger als fünf Jahre dauernden rentenversicherungspflichtigen Beschäftigung in das Beamtenverhältnis berufen worden sind und vor Erreichen des rentenrechtlichen Regelaltersgrenze in den Ruhestand versetzt werden, besteht nach dem Rentenrecht grundsätzlich kein Anspruch auf Altersrente oder Rente wegen verminderter Erwerbsfähigkeit. Eine hierdurch entstehende Versorgungslücke bis zum Erreichen des Regelrentenalters kann auf Antrag durch vorübergehende Erhöhung des erdienten Ruhegehaltsatzes überbrückt werden.

Voraussetzung ist, dass der Beamte oder die Beamtin einen Ruhegehaltssatz von 66,97 Prozent noch nicht erreicht hat, keine Rente aus der gesetzlichen Rentenversicherung bezieht, wegen Dienstunfähigkeit in den Ruhestand versetzt wurde oder wegen Erreichens einer besonderen Altersgrenze in den Ruhestand getreten ist, die Wartezeit für eine Rente der gesetzlichen Rentenversicherung (60 Kalendermonate) erfüllt und keine höheren Einkünfte als 400 Euro im Monatsdurchschnitt bezieht.

Anpassung der Versorgungsbezüge

30 Änderungen in der Besoldung der aktiven Beamten wirken sich auf die Höhe der Versorgungsbezüge insoweit aus, als gleichzeitig entsprechende gesetzliche Regelungen für die Beamtenversorgung zu treffen sind. Dadurch ist sichergestellt, dass die Ruhegehaltsempfänger an der allgemeinen wirtschaftlichen und finanziellen Entwicklung teilhaben. Für den Aufbau der mit dem Versorgungsreformgesetz 1998 eingeführten Versorgungsrücklage wurden in den Jahren 1999, 2001 und 2002 die linearen Besoldungs- und Versorgungsanpassungen um jeweils 0,2 Prozentpunkte pro Jahr gegenüber dem Tarifabschluss für die Arbeitnehmer des Bundes vermindert, und die eingesparten Haushaltsmittel wurden der Versorgungsrücklage zugeführt.

Während der schrittweisen Abflachung des Versorgungsniveaus bei den acht auf den 31. Dezember 2002 folgenden Anpassungen (vgl. Rdnr. 15) wurde diese Minderung der Bezügeanpassungen jedoch ausgesetzt, um eine Doppelbelastung zu vermeiden. Zum 1. August 2011 wird die Verminderung der Besoldungs- und Versorgungsanpassung um 0,2 Prozentpunkte im Vergleich zum Tarifabschluss wieder aufgenommen.

Anrechnung beim Zusammentreffen von Versorgungsbezügen mit sonstigen Einkünften

31 Neben dem Ruhegehalt oder sonstigen Versorgungsbezügen kann der Versorgungsempfänger weitere Einkünfte beziehen. Für bestimmte Fallgruppen hat der Gesetzgeber Bedarf für eine Anrechnung sonstiger Einkünfte auf Versorgungsbezüge gesehen. Geregelt sind folgende Konstellationen:

Zusammentreffen von Versorgungsbezügen mit Einkommen

32 Neben Erwerbseinkommen aus einer Tätigkeit im öffentlichen Dienst werden auch Einkünfte aus selbständiger und nichtselbständiger Tätigkeit im privatwirtschaftlichen Bereich sowie aus Gewerbebetrieb und Land- und Forstwirtschaft auf die Versorgung angerechnet. Ausgenommen sind Aufwandsentschädigungen, soweit sie steuerfrei sind, sowie Einkünfte aus wissenschaftlicher und künstlerischer Tätigkeit eines Versorgungsempfängers, die nach Art und Umfang einer Nebentätigkeit eines aktiven Beamten entspricht.

33 Die Versorgungsbezüge werden neben dem Einkommen nur bis zum Erreichen einer bestimmten Höchstgrenze gezahlt. Als Höchstgrenze gilt für Ruhestandsbeamte grundsätzlich die Endstufe der Besoldung eines aktiven Beamten in der für das Ruhegehalt maßgeblichen Besoldungsgruppe. Der Betrag, um den die Höchstgrenze überschritten wird, wird von den Versorgungsbezügen abgezogen. Allen Versorgungsberechtigten ist jedoch mindestens ein

15 Soziale Sicherung der Beamten

Betrag in Höhe von 20 Prozent des Versorgungsbezugs zu belassen. Der Dienstherr soll – unabhängig von der Höhe des Hinzuverdienstes – zur Gewährung eines Mindestmaßes an Alimentation verpflichtet bleiben. Dies gilt aber dann nicht, wenn das Einkommen aus einer Verwendung im öffentlichen Dienst aus derselben oder einer höheren Besoldungs- oder vergleichbaren Entgeltgruppe gezahlt wird wie die Versorgungsbezüge.

Nach Erreichen der Regelaltersgrenze gelten die Anrechnungsvorschriften nur noch für Erwerbseinkommen aus einer Verwendung im öffentlichen Dienst (Verwendungseinkommen). Unter den Begriff „Verwendung im öffentlichen Dienst" fällt jede Beschäftigung im öffentlichen Dienst des Bundes, eines Landes, einer Gemeinde oder einer öffentlich-rechtlichen Körperschaft, Anstalt oder Stiftung.

Für politische Beamte im einstweiligen Ruhestand gilt für Einkommen aus privatwirtschaftlicher Tätigkeit eine Sonderregelung; die Versorgungsbezüge ruhen lediglich in Höhe der Hälfte des Betrages, um den sie und das Einkommen die Höchstgrenze übersteigen.

Ferner gelten Sonderbestimmungen für das Zusammentreffen von Versorgungsbezügen eines Wahlbeamten auf Zeit (z. B. kommunale Wahlbeamten wie Bürgermeister) mit Erwerbseinkommen aus einer Verwendung im öffentlichen Dienst.

Zusammentreffen von mehreren Versorgungsbezügen in einer Person

34 Treffen mehrere Versorgungsbezüge zusammen – Beispiel: Die Witwe eines Beamten erhält ein Ruhegehalt aus eigenem Beamtenverhältnis –, so werden die früher entstandenen neben den neuen Versorgungsbezügen nur bis zu einer bestimmten Höchstgrenze gezahlt. Die neueren Versorgungsbezüge bleiben unberührt. Als Höchstgrenze gelten z. B. für die Witwe, die neben dem Witwengeld einen eigenen Ruhegehaltanspruch erwirbt, in der Regel 71,75 Prozent der ruhegehaltfähigen Dienstbezüge aus der Endstufe der dem Witwengeld zugrunde liegenden Besoldungsgruppe des verstorbenen Ehemannes.

35 Vom Prinzip her in ähnlicher Weise wird die Versorgung gekürzt, wenn ein Beamter während einer – ruhegehaltfähigen – Zeit der Beurlaubung für eine Tätigkeit bei einer internationalen Einrichtung (z. B. Europäische Union, NATO) dort zusätzlich eigenständige Versorgungsansprüche erwirbt.

Zusammentreffen von Versorgungsbezügen mit Renten

36 Neben Renten aus der gesetzlichen Rentenversicherung, aus der betrieblichen Altersversorgung des öffentlichen Dienstes und aus der gesetzlichen Unfallversicherung sowie neben Leistungen aus berufsständischen Versorgungseinrichtungen und befreienden Lebensversicherungen aufgrund einer Beschäftigung im öffentlichen Dienst werden Versorgungsbezüge ebenfalls nur bis zu einer Höchstgrenze gezahlt. Das Gleiche gilt, wenn anstelle einer Rente Kapitalleistungen, Beitragserstattungen oder Abfindungen gezahlt werden. Für Ruhestandsbeamte gilt als Höchstgrenze ein fiktives Ruhegehalt, das sich errechnet aus einer ruhegehaltfähigen Dienstzeit, die insbesondere die Zeit vom vollendeten 17. Lebensjahr bis zum Eintritt des Versorgungsfalles berücksichtigt, und ruhegehaltfähigen Dienstbezügen die sich aus der Endstufe der jeweiligen Besoldungsgruppe berechnen.

Die Regelung ist vom Grundgedanken her zugeschnitten auf die nicht seltenen Fälle, in denen vor Eintritt in das Beamtenverhältnis eine langjährige rentenversicherungspflichtige Tätigkeit ausgeübt wurde. Zum Teil zählen dieselben Zeiten für die Höhe sowohl der Rente als auch der Beamtenversorgung mit, insbesondere die Anrechnungs- und Zurechnungszeiten. Die zeitlich aufeinander folgende Zugehörigkeit zu unterschiedlichen Alterssicherungssystemen darf aber nicht zu einer höheren Gesamtversorgung führen als die ausschließliche Versorgung nach dem Beamtenversorgungsgesetz.

Dabei lässt die vom Gesetzgeber getroffene Regelung den Rentenanspruch ungeschmälert bestehen. Die beamtenrechtlichen Versorgungsbezüge werden gekürzt, so dass keine höhere Gesamtversorgung als bei einem „Nur-Beamten" entsteht.

Versorgungsausgleich bei Ehescheidung

37 Bei Ehescheidung ist nach dem Bürgerlichen Gesetzbuch der Ehegatte, der während der Ehezeit die höheren Anwartschaften oder Ansprüche erworben hat, verpflichtet, die Hälfte des Wertes an den anderen Ehegatten abzugeben. Bei Renten aus der gesetzlichen Rentenversicherung überträgt das Familiengericht Rentenanwartschaften auf den berechtigten Ehegatten in Höhe der Hälfte des Unterschiedsbetrages. Bei Ansprüchen auf Beamtenversorgung ist dies nicht möglich; der geschiedene Ehegatte eines Beamten erhält keine Versorgungsbezüge nach dem

Beamtenversorgungsgesetz. Stattdessen begründet das Familiengericht für den Berechtigten eine Rentenanwartschaft in der gesetzlichen Rentenversicherung in Höhe der Hälfte des Unterschiedsbetrages (so genanntes „fiktives" oder „Quasi-Splitting").

Die Versorgung des ausgleichspflichtigen Beamten wird in diesem Fall grundsätzlich um den Monatsbetrag der Rentenanwartschaft gekürzt, die für den berechtigten Ehegatten begründet worden ist. Die Versorgungsanrechte der geschiedenen Ehegatten sind mit Rechtskraft des Urteils des Familiengerichts voneinander unabhängig. Daraus folgt z. B., dass die Kürzung der Beamtenversorgung bestehen bleibt, auch wenn die Rentenzahlung an den früheren Ehegatten endet.

Der geschiedene Beamte oder Ruhestandsbeamte kann die Kürzung seiner Versorgungsbezüge durch Zahlung eines Kapitalbetrags an den Dienstherrn ganz oder teilweise abwenden.

Nachversicherung

38 Ein Beamter, der ohne Versorgungsansprüche aus dem Dienstverhältnis ausscheidet, wird für die Dauer des Beamtenverhältnisses in der gesetzlichen Rentenversicherung – nicht aber in der betrieblichen Altersversorgung der Beschäftigten des öffentlichen Dienstes – nachversichert. Die Nachversicherungsbeiträge, Arbeitgeber- und Arbeitnehmeranteil, werden allein vom Dienstherrn getragen.

Ausblick: Zukunft der Beamtenversorgung im Bereich des Bundes

39 Die Versorgungsberichte der Bundesregierung von 1996 bis 2005 haben die Notwendigkeit der seit 1992 eingeleiteten Reformen durch die Versorgungsnovelle 1992, das Dienstrechtsreformgesetz 1997, das Versorgungsreformgesetz 1998 und zuletzt durch das Versorgungsänderungsgesetz 2001 nachdrücklich belegt. Durch die Maßnahmen zur Kostenreduzierung in der Beamten- und Soldatenversorgung ist der Bundeshaushalt von 1998 bis 2006 um rund 1,67 Mrd. Euro entlastet worden. In dem im April 2009 erschienenen Vierten Versorgungsbericht der Bundesregierung wurden die aktuelle Entwicklung der Beamtenversorgung sowie die Auswirkungen der Reformmaßnahmen und Einsparungen dargestellt. Die Vorausberechnungen belegen, dass die Beamtenversorgung des Bundes nachhaltig finanziert ist. Zwar werden die Versorgungsausgaben in den kommenden Jahren auch beim Bund steigen. Entscheidend ist jedoch das Verhältnis der Versorgungsausgaben zum künftigen Bruttoinlandsprodukt sowie zu den künftigen Steuereinnahmen des Bundes. Hier zeichnet sich ein Rückgang bzw. eine Stabilisierung der gegenwärtigen Belastung ab. Ursächlich für die insgesamt stabile Entwicklung beim Bund sind die umfangreichen Reformmaßnahmen in der Beamtenversorgung, mit denen seit Anfang der 1990er Jahre die Kosten senkenden Maßnahmen in der gesetzlichen Rentenversicherung wirkungsgleich auf die Beamtenversorgung übertragen worden sind. Des Weiteren führt der Personalabbau der letzten 15 Jahre langfristig zu einem Rückgang der Zahl der Versorgungsempfänger.

Alle Änderungen im Beamtenversorgungsrecht sind an dem verfassungsrechtlich festgelegten Alimentationsprinzip zu messen; zugleich sind jedoch auch die Entwicklungen in der Sozialversicherung bei der Fortentwicklung der Beamtenversorgung mit zu berücksichtigen.

Beihilfe in Krankheits-, Pflege- und Geburtsfällen

40 Das Recht der Beihilfe in Krankheits-, Pflege- und Geburtsfällen ist für den Bereich des Bundes durch eine Rechtsverordnung, die Bundesbeihilfeverordnung, geregelt. Die für Landes- und Kommunalbeamte geltenden Vorschriften lehnen sich häufig an die für den Bund getroffenen Regelungen an. Besondere Vorschriften gelten für die Polizeibeamten und die Soldaten; diese haben vorrangig Anspruch auf freie Heilfürsorge.

Die nachfolgende Darstellung bezieht sich auf die Bundesbeihilfeverordnung.

Beihilfeberechtigte Personen und berücksichtigungsfähige Angehörige

41 Beihilfe erhalten Beamtinnen und Beamte, die Anspruch auf Besoldung haben oder Elternzeit in Anspruch nehmen sowie Versorgungsempfängerinnen und Versorgungsempfänger. Berücksichtigungsfähige Angehörige sind der Ehegatte des Beihilfeberechtigten sowie die nach dem Besoldungsrecht im Familienzuschlag berücksichtigungsfähigen Kinder.

Höhe der Beihilfe

42 Die beamtenrechtliche Krankenfürsorge gewährleistet keine Vollabsicherung, sondern nur eine antei-

15 Soziale Sicherung der Beamten

lige Erstattung der notwendigen und angemessenen Aufwendungen. Für beihilfeberechtigte Bundesbeamte und -richter gilt ein Erstattungssatz von 50 Prozent, für berücksichtigungsfähige Ehegatten 70 Prozent und für Kinder 80 Prozent.

Für die verbleibenden Aufwendungen haben die Beamten und Richter selbst Vorsorge zu treffen, die aus den Dienstbezügen zu bestreiten ist. Die Unternehmen der privaten Krankenversicherung bieten auf die jeweiligen Beihilfesätze abgestimmte Tarife für beihilfeberechtigte Beamte und deren berücksichtigungsfähige Angehörige an. Die Beihilfeleistungen dürfen zusammen mit Leistungen aus einer privaten Versicherung die Aufwendungen, die dem Grunde nach beihilfefähig sind, nicht übersteigen. Ggf. wird die Beihilfeleistung entsprechend gekürzt. Übererstattungen sind somit ausgeschlossen.

Beihilfefähige Aufwendungen

Beihilfen im Krankheitsfall

43 Beihilfen werden z. B. gewährt zu Aufwendungen

- für ärztliche, zahnärztliche und psychotherapeutische Leistungen sowie Leistungen der Heilpraktiker,
- für Arzneimittel, Heilbehandlungen, Hilfsmittel,
- für Krankenhausbehandlungen, Sanatoriumsbehandlungen, Heilkuren, für häusliche und stationäre Pflege sowie
- in Geburtsfällen.

Beihilfen im Pflegefall

44 Die Versicherungspflicht in der sozialen (gesetzlichen) Pflegeversicherung folgt grundsätzlich der Versicherungspflicht in der gesetzlichen Krankenversicherung. Die Beamtinnen und Beamten, die einer privaten Krankenversicherung angehören, haben zur Absicherung des Risikos der Pflegebedürftigkeit einen privaten Versicherungsvertrag abzuschließen und aufrechtzuerhalten. Der Versicherungsvertrag muss für den Beamten selbst, seinen Ehegatten und seine Kinder Vertragsleistungen vorsehen, die nach Art und Umfang dem Leistungskatalog der sozialen Pflegeversicherung gleichwertig sind. Die Beiträge der Beamten zu privaten, beihilfekonformen Pflegeversicherungsverträgen sind gesetzlich in gleicher Höhe begrenzt wie die Arbeitnehmerbeiträge zur sozialen Pflegeversicherung.

45 Sowohl für die häusliche als auch für die stationäre Pflege sehen die Beihilfevorschriften Leistungen vor, die unter Beachtung des verfassungsrechtlichen Alimentationsprinzips eine Mindestabsicherung für den Fall der Pflegebedürftigkeit sicherstellen. Insbesondere stellt die Ausgestaltung der Beihilfevorschriften grundsätzlich sicher, dass Beamte auch im Pflegefall nicht auf die Leistungen der Sozialhilfe angewiesen sind.

Organisation/Zuständigkeiten

46 Im Bereich der Bundesverwaltung ist Festsetzungsstelle für die Versorgungsbezüge die oberste Dienstbehörde, also grundsätzlich das Ministerium, zu dessen Geschäftsbereich die letzte Beschäftigungsbehörde gehört. Die Festsetzungsbehörde entscheidet über die Berücksichtigung von Zeiten als ruhegehaltfähige Dienstzeit sowie über die Bewilligung von Versorgungsbezügen aufgrund von Ermessensvorschriften. Pensionsregelungsbehörden, u. a. verantwortlich sind für die Berücksichtigung von Versorgungsanpassungen, sind die örtlich zuständigen Bundesfinanzdirektionen.

47 Beihilfen für aktive Beamtinnen und Beamte werden von der jeweiligen Beschäftigungsbehörde oder einer von ihr beauftragten anderen Behörde festgesetzt, für Ruhestandsbeamte und Hinterbliebene von der Pensionsregelungsbehörde.

Finanzierung

48 Die Beamtenversorgung wie auch die Beihilfeleistungen werden grundsätzlich aus den Haushaltsmitteln des jeweiligen Dienstherrn (Bund, Land, Gemeinde, Gemeindeverband, öffentlich-rechtliche Körperschaft) finanziert.

Durch das Versorgungsreformgesetz 1998 sind beim Bund – wie auch bei den Ländern – Versorgungsrücklagen eingeführt worden, die zur Zeit aufgebaut werden. Der Aufbau erfolgt dadurch, dass Besoldung und Versorgung gegenüber den Entgelten der Tarifbeschäftigten in geringerem Umfang angepasst und die eingesparten Mittel der Versorgungsrücklage zugeführt werden. Die Rücklage steht dann zur Entlastung der öffentlichen Haushalte von den Versorgungsaufwendungen zur Verfügung. Bund und Länder treffen im Rahmen ihrer selbständigen Haushaltsführung die näheren Regelungen über die Ausgestaltung und Verwaltung der Sondervermögen jeweils eigenständig durch Gesetz. Für den Bereich des Bundes bestimmt das Versorgungsrücklagegesetz vom 9. Juli 1998, dass die Mittel des Sondervermögens von der Bundesbank in handelbaren Schuldverschreibungen angelegt und im Übrigen vom Bundesministerium des Innern verwaltet werden. Die Rücklage darf zweckgebunden nur zur Deckung von Versorgungsausgaben verwendet werden.

Der Bund hat darüber hinaus zum 1. Januar 2007 einen Versorgungsfonds zur Finanzierung zukünftiger Versorgungsausgaben errichtet. Für Beamtinnen und Beamte, deren Dienstverhältnis zum Bund oder einer bundesunmittelbaren Körperschaft, Anstalt oder Stiftung des öffentlichen Rechts erstmals nach dem 31. Dezember 2006 begründet wird, sind vom 1. Januar 2007 an und während der gesamten Dienstzeit regelmäßige Zuweisungen an ein auf Dauer angelegtes Sondervermögen zu leisten. Damit wird die Finanzierung der Beamtenversorgung des Bundes schrittweise auf eine vollständige Kapitaldeckung umgestellt. Ab dem Jahr 2020 sollen die Versorgungsausgaben für den in den Versorgungsfonds einbezogenen Personenkreis vollständig aus diesem Sondervermögen getragen werden.

Rechtsschutz

49 Für alle Streitigkeiten aus dem Beamtenverhältnis steht der Rechtsweg zu den Verwaltungsgerichten offen. Dies gilt auch für die Versorgungs- und Beihilfeangelegenheiten. Voraussetzung für das Beschreiten des Rechtsweges zu den Verwaltungsgerichten ist in beamtenrechtlichen Streitigkeiten grundsätzlich, dass zuvor ein Widerspruchsverfahren (Vorverfahren) ohne Erfolg für den Beamten durchgeführt worden ist.

Rechtsquellen

Grundgesetz (Artikel 33)

Bundesbeamtengesetz

Beamtenstatusgesetz

Beamtenversorgungsgesetz

Bundesbesoldungsgesetz

Bundessonderzahlungsgesetz

Bundesbeihilfeverordnung

16 Zusätzliche Altersversorgung

Überblick

Dieses Kapitel stellt verschiedene Altersversorgungssysteme dar, deren gemeinsames Ziel es ist, durch zusätzliche Leistungen einen sozialen Ausgleich für besondere, in der Art oder den Modalitäten spezifischer Branchen gründende Sicherungsbedürfnisse zu schaffen. Darüber hinaus werden mit einzelnen Zusatzversorgungssystemen auch sozialversicherungsfremde struktur- bzw. ordnungspolitische Ziele verfolgt, etwa die Behebung oder Vermeidung des Arbeitskräftemangels durch Berufsbindung in der Seefahrt oder in der Landwirtschaft.

Die **Zusatzversorgung im öffentlichen Dienst** *ist das größte System der betrieblichen Altersversorgung in Deutschland. Es wurde geschaffen, um den Beschäftigten des öffentlichen Dienstes eine den Beamten vergleichbare Altersvorsorge zu sichern. Im Wege einer privatrechtlichen Versicherung wird den Arbeitnehmern eine zusätzliche Alters-, Erwerbsminderungs- und Hinterbliebenenversorgung gewährt. Hierzu bedienen sich die Arbeitgeber staatlicher, kommunaler oder kirchlicher Zusatzversorgungskassen. Im Jahr 2002 wurde das Zusatzversorgungsrecht im öffentlichen Dienst grundlegend umgestaltet. Das bisherige beamtenähnliche Gesamtversorgungssystem wurde geschlossen und durch ein Betriebsrentensystem in Form eines Versorgungspunktemodells abgelöst.*

Die **Seemannskasse**, *1974 eingerichtet, ist ein wichtiger Teil des sozialen Schutzes der Seeleute, der das deutsche Sozialversicherungssystem ergänzt. Seeleute, die bereits vor Erreichen der in der gesetzlichen Rentenversicherung geltenden Altersgrenzen aus der Seefahrt ausscheiden, erhalten unter bestimmten Voraussetzungen ein Überbrückungsgeld in Höhe der Regelaltersrente. Dieses wird solange gezahlt, bis ein Anspruch auf eine Rente wegen voller Erwerbsminderung oder eine Vollrente wegen Alters aus der gesetzlichen Rentenversicherung besteht. Damit trägt die Seemannskasse den speziellen Anforderungen und Bedingungen der Seeschifffahrt, die in der gesetzlichen Rentenversicherung keine Berücksichtigung finden, Rechnung.*

Die **Hüttenknappschaftliche Zusatzversicherung (HZV)** *ist eine zusätzliche Rentenversicherung auf öffentlich-rechtlicher Grundlage für Arbeitnehmer in den Betrieben der Saarhütten und anderer Unternehmen der eisenerzeugenden, -verarbeitenden und -weiterverarbeitenden Industrie im Saarland. Sie blickt auf eine lange Tradition mit unterschiedlicher rechtlicher Ausgestaltung und organisatorischer Zuordnung zurück. Im Jahr 2002 wurde die bisherige Umlagefinanzierung auf eine kapitalgedeckte betriebliche Altersvorsorge umgestellt; seither erfolgt die Durchführung der kapitalgedeckten Zusatzversicherung über eine Pensionskasse. Aus Gründen des Vertrauensschutzes wird die umlagefinanzierte HZV für Rentner und ältere Versicherte fortgeführt. Langfristig wird die umlagefinanzierte HZV jedoch geschlossen.*

Die **Zusatzversorgung für Bezirksschornsteinfegermeister** *gewährt Alters- und Hinterbliebenen-Zusatzleistungen für selbstständige Bezirksschornsteinfegermeister unter Berücksichtigung der besonderen Eigenheiten ihres Berufsrechts. Die Zusatzversorgung der Bezirksschornsteinfegermeister stellt – zumindest bis 2012 – eine Gesamtversorgung sicher, indem sie Leistungen erbringt, die die Beträge aus der gesetzlichen Rentenversicherung auf einen Versorgungshöchstbetrag, der sich an ein Tarifentgelt im öffentlichen Dienst anlehnt, auffüllen.*

Die **Zusatzversorgung in der Land- und Forstwirtschaft**, *die 1974 für die in der Agrarwirtschaft Beschäftigten (sog. Landarbeiter) eingerichtet wurde, verfolgt das Ziel, den Arbeitnehmern in der Land- und Forstwirtschaft sowie ihren Hinterbliebenen zusätzlich zu der Rente aus der gesetzlichen Rentenversicherung eine Geldleistung zu gewähren und damit*

16 Zusätzliche Altersversorgung

ihre Gesamtalters- bzw. Hinterbliebenenversorgung zu verbessern. Dieses erfolgt vor dem Hintergrund, dass in landwirtschaftlichen Arbeitsverhältnissen im Vergleich zu anderen Beschäftigtengruppen vielfach geringe Löhne und somit geringe Renten erzielt werden.

*Die **Zusatzversorgung für Bühnenkünstler** hat die Aufgabe, den an deutschen Theatern abhängig beschäftigten und überwiegend künstlerisch tätigen Bühnenangehörigen eine zusätzliche Alters-, Berufsunfähigkeits- und Hinterbliebenenversorgung zu bieten. Bereits im Jahre 1925 wurde die heutige Versorgungsanstalt der deutschen Bühnen (VddB) gegründet, da sich der Lebenslauf eines Bühnenkünstlers vielfach anders darstellt als der des klassischen Festangestellten. Die Versicherung bei der VddB trägt diesen Besonderheiten Rechnung. Ziel ist es, Lücken in der gesetzlichen Rentenversicherung zu schließen. Daneben soll dem erhöhten Berufsunfähigkeitsrisiko von Bühnenkünstlern Rechnung getragen werden.*

Zusatzversorgung im öffentlichen Dienst

Aufgabe

1 Ein wesentlicher Grund für die Einführung der zusätzlichen Alters- und Hinterbliebenenversorgung im öffentlichen Dienst war neben dem Bedürfnis der Erhöhung und Ergänzung der Sozialrenten ein verwaltungstechnisches und dienstrechtliches Problem.

Seit der ersten Hälfte des 20. Jahrhunderts waren die Bediensteten der öffentlichen Verwaltung in Beamte, Angestellte und Arbeiter gegliedert. Dem öffentlich-rechtlich ausgestalteten Dienst- und Treueverhältnis des Beamten steht das auf privatrechtlichem Dienstvertrag beruhende Arbeitsverhältnis der Arbeitnehmer des öffentlichen Dienstes gegenüber.

2 Beamte und nicht beamtete Bedienstete erfüllen in vielen Fällen sowohl inhaltlich als auch nach außen gleiche Aufgaben und üben gleiche Tätigkeiten aus. In der Altersversorgung bestand jedoch – mit der Beamtenpension auf der einen und der Sozialversicherungsrente auf der anderen Seite – ein wesentlicher Unterschied. Diese unterschiedliche Behandlung auszugleichen, war eines der Hauptmotive für die Einführung der zusätzlichen Alters- und Hinterbliebenenversorgung.

3 Zweck der Zusatzversorgung im öffentlichen Dienst war und ist es deshalb, Arbeitnehmern im Wege privatrechtlicher Versicherung eine zusätzliche Alters-, Erwerbsminderungs- und Hinterbliebenenversorgung zu gewähren. Hierzu bedienen sich die Arbeitgeber staatlicher, kommunaler oder kirchlicher Zusatzversorgungskassen.

4 Als größte Zusatzversorgungseinrichtung versichert die Versorgungsanstalt des Bundes und der Länder (VBL) ca. 1,8 Millionen Pflichtversicherte. Die kommunalen und kirchlichen Zusatzversorgungskassen versichern zusammen über 3,2 Millionen Pflichtversicherte und sind unter dem Dach der Arbeitsgemeinschaft kommunale und kirchliche Zusatzversorgung (AKA) e. V. zusammengeschlossen.

Reform der Zusatzversorgung

5 Bis zum 31. Dezember 2001 hatten die Beschäftigten des öffentlichen Dienstes Anspruch auf eine beamtenähnliche Gesamtversorgung. Zu diesem Zweck wurde die Grundversorgung (gesetzliche Rente) in Abhängigkeit von der versorgungsfähigen Zeit bis zu einer Obergrenze von 91,75 Prozent des letzten Nettoentgeltes aufgestockt.

6 Wie alle sozialen Sicherungssysteme in Deutschland steht auch die Zusatzversorgung des öffentlichen Dienstes vor dem Problem, die sich aus der demografischen Entwicklung ergebenden Belastungen bewältigen zu müssen.

Angesichts steigender Lebenserwartung und der damit verbundenen längeren Rentenlaufzeiten mussten die Weichen in der Zusatzversorgung neu gestellt werden. Hinzu kam, dass sich die offensive Einstellungspraxis im öffentlichen Dienst Ende der 60er und Anfang der 70er Jahre des vorigen Jahrhunderts in einem verstärkten Anstieg der Rentenzahlen niederschlägt.

Damit die Finanzierung der Zusatzversorgung auch bei einer sinkenden Zahl von Beschäftigen, die nicht zuletzt aus der zunehmenden Privatisierung öffentlicher Aufgaben und einem damit einhergehenden Stellen- und Personalabbau resultiert, sicher gestellt werden kann, waren die Tarifvertragsparteien des öffentlichen Dienstes gezwungen, neue Wege zu gehen.

7 Zu der finanziellen Situation kam hinzu, dass das Bundesverfassungsgericht die Tarifvertragsparteien durch Beschluss vom 22. März 2000 aufgefordert hatte, wesentliche Teile des Gesamtversorgungssystems neu zu regeln. Eine Beibehaltung des unter Berücksichtigung der Entscheidungen des Bundesverfassungsgerichts angepassten Gesamtversorgungssystems hätte kurzfristig zu einem Finanzbedarf geführt, der sowohl die Leistungsfähigkeit der Arbeitgeber als auch die der Arbeitnehmer bei Weitem überschritten hätte.

Im Übrigen war in dem Beschluss auch die Kompliziertheit der Regelungen als an der Grenze des verfassungsrechtlich Zulässigen beurteilt worden.

8 Schließlich war eine Ablösung des bisherigen Gesamtversorgungssystems auch aufgrund der durch das Altersvermögensgesetz vom 26. Juni 2001 geschaffenen steuerlichen Fördermöglichkeiten der betrieblichen Altersversorgung geboten. Der Gesetzgeber hatte nämlich die große Gruppe der knapp 5 Mio. Pflichtversicherten des öffentlichen Dienstes völlig aus den steuerlichen Fördermöglichkeiten des Altersvermögensgesetzes ausgeschlossen, solange das Gesamtversorgungssystem in der Zusatzversorgung des öffentlichen Dienstes zum Tragen kam.

Tarifvertragliche Regelungen

9 Die Tarifvertragsparteien haben sich deshalb mit dem Altersvorsorgeplan 2001 vom 13. November 2001 darauf verständigt, das bisherige Gesamtversorgungssystem der Zusatzversorgung des öffentlichen Dienstes rückwirkend zum 1. Januar 2001 zu schließen und durch ein Betriebsrentensystem in Form eines Versorgungspunktemodells zu ersetzen.

Da es keinen Sinn machte, das alte, in wesentlichen Teilen auf Kritik des Bundesverfassungsgerichts gestoßene System noch für eine Übergangszeit beizubehalten, sollten nach dem Willen der Tarifvertragsparteien alle Renten und Versorgungsanwartschaften vollständig in das neue Punktemodell überführt werden (sogenannte Transfermodelllösung).

Das Jahr 2001 wurde dabei aus Gründen des Besitzstandschutzes von den Tarifvertragsparteien im Rahmen des Übergangsrechts noch entsprechend dem bisherigen Gesamtversorgungssystem berücksichtigt, so dass die in das neue Betriebsrentensystem zu überführenden Anwartschaften zum Stichtag 31. Dezember 2001 zu berechnen waren.

10 Die neue Zusatzversorgung basiert auf einem Versorgungspunktemodell. Damit wird die Gesamtbetrachtung von gesetzlicher Rente und Zusatzrente abgelöst und Leistungen werden unabhängig von externen Bezugssystemen wie der gesetzlichen Rentenversicherung, der Beamtenversorgung und dem Steuer- und Sozialabgabensystem erbracht. Die nach dem Punktemodell ermittelte Betriebsrente tritt zur Grundversorgung (gesetzliche Rente) hinzu und entwickelt sich davon losgelöst.

Aufgegeben wurde insbesondere auch die an die Beamtenversorgung angelehnte endgehaltsbezogene Betrachtung (Dreijahreszeitraum vor Eintritt des Versicherungsfalles). Sie wurde durch eine Formel ersetzt, die in der Zusatzversorgung die gesamte Arbeitsleistung während der Pflichtversicherung widerspiegelt. Dabei werden jährlich Versorgungspunkte ermittelt, die zwei wesentliche individuelle Komponenten berücksichtigen: das zusatzversorgungspflichtige Entgelt eines jeden Versicherungsjahres und den sogenannten Altersfaktor, der die Zinseffekte der dem Punktemodell zugrunde liegenden (fiktiven) Beitragsentrichtung beinhaltet.

11 Mit dem „Tarifvertrag über die betriebliche Altersversorgung der Beschäftigten des öffentlichen Dienstes" (Tarifvertrag Altersversorgung – ATV) vom 1. März 2002 für den Bund-/Länderbereich bzw. dem „Tarifvertrag über die zusätzliche Altersvorsorge der Beschäftigten des öffentlichen Dienstes" (Altersvorsorge-Tarifvertrag-Kommunal – ATV-K), ebenfalls vom 1. März 2002, für die kommunalen und kirchlichen Zusatzversorgungseinrichtungen wurde der Altersvorsorgeplan 2001 redaktionell umgesetzt. Die konkrete Ausgestaltung des ATV bzw. ATV-K erfolgte durch die Neufassung der Satzung der jeweiligen Zusatzversorgungseinrichtung.

Die leistungsrechtlichen Elemente in der Pflichtversicherung sind auch in der neuen Zusatzversorgung ab dem 1. Januar 2002 bei allen Zusatzversorgungseinrichtungen nahezu identisch.

Versicherte

12 Der Pflicht zur Versicherung unterliegen grundsätzlich alle Beschäftigten eines an einer Zusatzversorgungseinrichtung beteiligten Arbeitgebers, die drei Voraussetzungen erfüllen.

Pflichtversichert werden Beschäftigte, d. h. Arbeitnehmer und Auszubildende,

– die das 17. Lebensjahr vollendet haben,
– die vom Beginn der Pflichtversicherung an bis zur Vollendung des gesetzlich festgelegten Alters zum Erreichen einer abschlagsfreien Regelaltersrente die Wartezeit von 60 Umlage-/Beitragsmonaten erfüllen können und

- bei denen aufgrund eines Tarifvertrages oder – wenn keine Tarifbindung besteht – aufgrund eines arbeitsvertraglich in Bezug genommenen Tarifvertrages die Pflicht zur Versicherung besteht.

Seit dem 1. Januar 2003 besteht eine Pflichtversicherung unter den oben genannten Voraussetzungen auch für Beschäftigte, die

- für nicht mehr als zwölf Monate eingestellt wurden oder
- im Sinne des § 8 Abs. 1 Nr. 1 SGB IV geringfügig beschäftigt sind.

13 Ausgenommen von der Versicherungspflicht sind hingegen

- geringfügig Beschäftigte im Sinne des § 8 Abs. 1 Nr. 2 SGB IV (sogenannte kurzfristig Beschäftigte),
- Altersrentner, die eine Vollrente erhalten oder erhalten haben sowie
- Beschäftigte, die eine Anwartschaft oder einen Anspruch auf eine lebenslange Versorgung nach beamten- oder soldatenrechtlichen Vorschriften oder nach entsprechenden Grundsätzen oder entsprechenden kirchenrechtlichen Regelungen mindestens in Höhe der beamtenrechtlichen Mindestversorgung haben.

14 Sowohl die Prüfung der Voraussetzungen für die Pflicht zur Versicherung als auch die Meldungen zur Zusatzversorgungseinrichtung sind Sache des Arbeitgebers. Der Beschäftigte erhält einen Nachweis über die Anmeldung.

15 Endet die Pflichtversicherung vor Eintritt des Versicherungsfalles, so entsteht – ohne besonderen Antrag – eine beitragsfreie Versicherung.

Sofern zum Zeitpunkt der Beendigung der Pflichtversicherung die Wartezeit von 60 Kalendermonaten erfüllt ist, hat der beitragsfrei Versicherte bei Eintritt des Versicherungsfalles einen Anspruch auf die Betriebsrente.

Freiwillige Versicherung

16 Ergänzt wird die Pflichtversicherung seit dem 1. Januar 2002 um die Möglichkeit einer freiwilligen Versicherung, die durch Eigenbeiträge des Arbeitnehmers und/oder Beiträge des Arbeitgebers finanziert und in zwei Formen angeboten wird. Alle Zusatzversatzversorgungseinrichtungen bieten hierbei ein Produkt in Anlehnung an das Punktemodell der Pflichtversicherung an (als beitragsorientierte Leistungszusage); die VBL darüber hinaus zusätzlich ein Produkt in Form einer fondsgebundenen Rentenversicherung (als Beitragszusage mit Mindestleistung).

Diese freiwillige Versicherung kann auch nach Beendigung der Pflichtversicherung fortgesetzt werden. Die Fortsetzung ist innerhalb einer Ausschlussfrist von drei Monaten nach Beendigung der Pflichtversicherung zu beantragen.

Leistungen

17 Die Zusatzversorgungseinrichtungen zahlen Betriebsrenten als Altersrenten und Erwerbsminderungsrenten für Versicherte sowie Hinterbliebenenrenten.

Die Betriebsrenten werden grundsätzlich nur dann geleistet, wenn ein vergleichbarer Rentenanspruch aus der gesetzlichen Rentenversicherung besteht. Für einen Anspruch auf eine betriebliche Altersrente der Zusatzversorgungseinrichtung muss demzufolge ein Anspruch auf eine Altersrente aus der gesetzlichen Rentenversicherung als Vollrente gegeben sein.

Für Beschäftigte, die nicht in der gesetzlichen Rentenversicherung versichert sind (z. B. Mitglieder berufsständischer Versorgungseinrichtungen), gelten Sonderregelungen.

18 Darüber hinaus leisten die Zusatzversorgungseinrichtungen Abfindungen und Beitragserstattungen. Das für eine zeitlich begrenzte Übergangszeit gezahlte Sterbegeld ist für Sterbefälle ab dem 1. Januar 2008 entfallen.

Wartezeit

19 Die Wartezeit für einen Anspruch auf Betriebsrente beträgt 60 Kalendermonate.

Für die Wartezeit wird jeder Kalendermonat berücksichtigt, für den bis zum Beginn der Betriebsrente mindestens für einen Tag Umlagen oder Beiträge zur Pflichtversicherung geleistet wurden.

Sofern die Voraussetzungen nach dem Betriebsrentengesetz für die Unverfallbarkeit von Anwartschaften vorliegen (§ 1b BetrAVG i. V. m. § 30f BetrAVG), gilt die Wartezeit ebenfalls als erfüllt.

Die Wartezeit gilt auch vor Ablauf von 60 Monaten als erfüllt, wenn der Versicherungsfall durch einen Arbeitsunfall eingetreten ist, der im Zusammenhang mit dem Beschäftigungsverhältnis steht, aufgrund dessen der Arbeitnehmer pflichtversichert wurde oder wenn der Versicherte infolge eines solchen Arbeitsunfalls gestorben ist.

Beginn und Ende der Betriebsrente

20 Die Betriebsrente beginnt grundsätzlich mit dem Beginn der Rente aus der gesetzlichen Rentenversicherung.

Endet die gesetzliche Rente, wird sie versagt oder nur zu einem Teil gezahlt, z. B. wegen des Überschreitens der Hinzuverdienstgrenzen, wirkt sich dieses entsprechend auf die Betriebsrente aus.

Berechnung der Betriebsrente nach dem Punktemodell

21 Die Summe der jährlich festzustellenden Versorgungspunkte bildet die Grundlage für die Ermittlung der monatlichen Betriebsrente.

Für jeden versicherungspflichtigen Beschäftigten werden dabei auf der Grundlage des zusatzversorgungspflichtigen Entgelts Versorgungspunkte errechnet.

Die Versorgungspunkte werden dabei nach folgender Formel festgestellt:

$$\frac{\text{zusatzversorgungspflichtiges Jahresentgelt} : 12}{\text{Referenzentgelt}} \times \text{Altersfaktor}$$

22 Für die Ermittlung der Versorgungspunkte wird zunächst ein Zwölftel des individuellen zusatzversorgungspflichtigen Jahresarbeitsentgeltes des Versicherten durch das sogenannte Referenzentgelt geteilt. Das Referenzentgelt ist eine von den Tarifvertragsparteien festgelegte versicherungsmathematische Rechengröße. Es beträgt 1.000 Euro.

23 Der sich hieraus ergebende Betrag wird mit dem nach dem Lebensalter gestaffelten Altersfaktor multipliziert.

Dieser Altersfaktor ist eine Rechengröße, die die jährliche Verzinsung während der Anwartschaftsphase berücksichtigt und ist daher umso höher, je jünger der Versicherte im jeweiligen Kalenderjahr der Versicherung ist (z. B. bei Alter 23 = 2,5 oder bei Alter 50 = 1,1).

Der Altersfaktor richtet sich nach der folgenden Tabelle, wobei als Alter die Differenz zwischen dem jeweiligen Kalenderjahr und dem Geburtsjahr gilt.

Altersfaktorentabelle

Alter	Altersfaktor	Alter	Altersfaktor	Alter	Altersfaktor	Alter	Altersfaktor
17	3,1	29	2,1	41	1,5	53	1,0
18	3,0	30	2,0	42	1,4	54	1,0
19	2,9	31	2,0	43	1,4	55	1,0
20	2,8	32	1,9	44	1,3	56	1,0
21	2,7	33	1,9	45	1,3	57	0,9
22	2,6	34	1,8	46	1,3	58	0,9
23	2,5	35	1,7	47	1,2	59	0,9
24	2,4	36	1,7	48	1,2	60	0,9
25	2,4	37	1,6	49	1,2	61	0,9
26	2,3	38	1,6	50	1,1	62	0,8
27	2,2	39	1,6	51	1,1	63	0,8
28	2,2	40	1,5	52	1,1	64 und älter	0,8

24 Die Umrechnung der Versorgungspunkte in Euro erfolgt mittels des so genannten Messbetrages. Der Messbetrag von vier Euro ist der auf versicherungsmathematischer Grundlage festgelegte Wert eines Versorgungspunktes; d. h., pro Versorgungspunkt erhält der Arbeitnehmer eine monatliche Betriebsrente von vier Euro.

Die Zusatzrente ergibt sich somit nach folgender Formel:

Monatliche Betriebsrente = Versorgungspunkte × Messbetrag (4 Euro)

25 Die Berechnung der Betriebsrente soll anhand des folgenden Beispiels verdeutlicht werden.

> **Berechnungsbeispiel**
>
> Arbeitnehmerin A, geb. am 4. 10. 1977, hat im Jahr 2010 ein Entgelt von 28.543,42 Euro bezogen.
>
> Altersfaktor nach der Tabelle 1,9 (Lebensalter : 33)
>
> Berechnung nach Formel
>
> $$\frac{28.543{,}42 \text{ Euro} : 12}{1.000 \text{ Euro (Referenzentgelt)}}$$
>
> × 1,9 = 4,52 Versorgungspunkte
>
> Für das Jahr 2010 hat die Arbeitnehmerin 4,52 Versorgungspunkte erworben.
>
> Hieraus ergibt sich – für das Jahr 2010 – eine monatliche Betriebsrente von 18,08 Euro bei Rentenbeginn.

16 Zusätzliche Altersversorgung

Soziale Komponenten

26 Nach dem Ergebnis der Tarifverhandlungen finden in dem Punktemodell auch soziale Komponenten besondere Berücksichtigung.

Versorgungspunkte für Zurechnungszeiten

27 Bei Bezug einer Erwerbsminderungsrente oder Hinterbliebenenrente vor Vollendung des 60. Lebensjahres werden Versorgungspunkte hinzugerechnet. Dabei werden für je zwölf volle bis zur Vollendung des 60. Lebensjahres fehlende Kalendermonate weitere Versorgungspunkte gutgeschrieben. Diese entsprechen dem Verhältnis, in dem das durchschnittliche monatliche zusatzversorgungspflichtige Entgelt der letzten drei Kalenderjahre vor Eintritt des Versicherungsfalles zum Referenzentgelt steht. Bei der Berechnung des durchschnittlichen Entgelts werden Monate ohne zusatzversorgungspflichtiges Entgelt nicht berücksichtigt.

Somit kommt es bei einem frühzeitigen Eintritt der Erwerbsminderung oder des Todes zu einer Rentensteigerung gegenüber der sich bis dahin aus der Summe der Versorgungspunkte ergebenden Rente.

Versorgungspunkte für Zeiten des Mutterschutzes/der Elternzeit

28 Während der Zeit des Mutterschutzes bzw. der Dauer der Elternzeit wird für jeden Monat, in dem das Arbeitsverhältnis wegen des Mutterschutzes oder der Elternzeit ruht, die Anzahl von Versorgungspunkten pro Monat gutgeschrieben, die sich bei einem Entgelt von 500,00 Euro pro Kind ergeben würden. Die pro Kind höchstens zu berücksichtigende Zeit ist auf 36 Kalendermonate beschränkt.

Mindestversorgungspunkte

29 Bei Beschäftigten, die am 1. Januar 2002 bereits 20 Jahre pflichtversichert sind, werden für jedes volle Kalenderjahr der Pflichtversicherung bis zum 31. Dezember 2001 mindestens 1,84 Versorgungspunkte berücksichtigt, bei Teilzeitbeschäftigten ist dieser Wert mit dem am 31. Dezember 2001 maßgebenden Gesamtbeschäftigungsquotienten zu multiplizieren.

Bonuspunkte

30 Im Altersvorsorgetarifvertrag ist ferner die Dynamik der bisher erworbenen Anwartschaften durch die Gutschrift so genannter Bonuspunkte (Überschussanteile) geregelt.

Im Rahmen einer (ggf. fiktiven) versicherungstechnischen Bilanz ist festzustellen, ob sich Überschüsse ergeben. Diese werden sodann um den Aufwand für die sozialen Komponenten und um die Verwaltungskosten der Zusatzversorgungseinrichtung vermindert. Noch verbleibende Überschüsse fließen den Versorgungspunkten der Versicherten in Form von Bonuspunkten zu.

Bonuspunkte für ein abgeschlossenes Kalenderjahr können allerdings nur für die Versicherte vergeben werden, die am Ende des folgenden Geschäftsjahres pflichtversichert sind oder beitragsfrei versichert sind und eine Wartezeit von 120 Umlage-/ Beitragsmonaten erfüllt haben.

Startgutschrift zum 31. Dezember 2001

31 Soweit Anwartschaften im früheren Gesamtversorgungssystem erworben wurden, werden diese zum Stichtag 31. Dezember 2001 nach den Übergangsregelungen des neuen Zusatzversorgungsrechts in Versorgungspunkte umgerechnet und als Startgutschrift in das Versorgungspunktesystem übertragen.

Der Bundesgerichtshof (BGH) hat in einer Grundsatzentscheidung mit Urteil vom 14. November 2007 festgestellt, dass die Umstellung vom Gesamtversorgungssystem auf das Punktemodell grundsätzlich rechtmäßig ist.

Vom Grundsatz her hat der BGH die von den Tarifvertragsparteien des öffentlichen Dienstes vorgenommene Berechnung der Rentenanwartschaften und deren Übertragung in das Punktemodell in Form von Startgutschriften gebilligt und mit höherrangigem Recht vereinbar gehalten. Nachbesserungsbedarf sieht er jedoch, soweit die rentenfernen Versicherten (nach dem 1. Januar 1947 Geborene) hierbei pro Dienstjahr 2,25 Prozent der möglichen Rente erhalten.

Aufgrund der verfassungsrechtlich geschützten Tarifautonomie konnte der BGH insofern keine Neuregelung treffen. Den Tarifvertragsparteien des öffentlichen Dienstes bleibt es vorbehalten, eine verfassungskonforme Neuregelung zu treffen. Sobald eine entsprechende Neuregelung vorliegt, soll diese in die jeweilige Satzung der Zusatzversorgungseinrichtungen übertragen werden. Eine Neuregelung ist bisher noch nicht absehbar.

Mit Urteil vom 24. September 2008 hat der BGH auch für rentennahe Versicherte, d. h. Versicherte, die am 1. Januar 2002 das 55. Lebensjahr vollendet hatten, eine Grundsatzentscheidung getroffen. Die von den Tarifvertragsparteien für die rentennahen Jahrgänge vereinbarten Übergangsregelungen, die sich weitgehend am früheren Gesamtversorgungssystem orientieren, sind laut BGH verfassungsrechtlich nicht zu beanstanden. Dem Schutzbedürfnis der rentennahen Jahrgänge werde ausreichend Rechnung getragen.

Anpassung der Betriebsrente

32 Die Betriebsrente wird seit dem Jahr 2002 jeweils zum 1. Juli eines jeden Jahres um ein Prozent erhöht.

Vorzeitige Inanspruchnahme

33 Wird die Rente aus der gesetzlichen Rentenversicherung wegen der vorzeitigen Inanspruchnahme um einen Abschlag gemindert, reduziert sich die Betriebsrente analog den Bestimmungen der gesetzlichen Rentenversicherung. Für jeden Monat der vorzeitigen Inanspruchnahme verringert sich die Rente um 0,3 Prozent. Entgegen der Abschlagsregelung in der gesetzlichen Rentenversicherung sind die Abschläge in der Zusatzversorgung jedoch auf 10,8 Prozent begrenzt.

Hinterbliebenenversorgung

34 Neben den Betriebsrenten für die Versicherten leisten die Zusatzversorgungseinrichtungen auch Renten an Hinterbliebene.

35 Bisher wurden Hinterbliebenenrenten an hinterbliebene Ehegatten und Waisen gezahlt. Das Bundesverfassungsgericht hat mit Beschluss vom 7. Juli 2009 die Ungleichbehandlung von Ehe und eingetragener Lebenspartnerschaft in der Hinterbliebenenversorgung der Versorgungsanstalt des Bundes und der Länder (VBL) beanstandet. Die für Ehegatten geltende Regelung sollte – so das BVerfG – mit Wirkung ab dem 1. Januar 2005 auch auf eingetragene Lebenspartner Anwendung finden. Der Verwaltungsrat der VBL hat deshalb am 4. Dezember 2009 beschlossen, dass die VBL bis zu einer Einigung der Tarifvertragsparteien hinterbliebene eingetragene Lebenspartner wie Witwen und Witwer behandelt und entsprechende Leistungen ab dem 1. Januar 2005 zahlt. Der BGH hat sich den Erwägungen des Bundesverfassungsgerichts in seiner Entscheidung vom 7. Juli 2010 angeschlossen und seine bisherige anders lautende Rechtsprechung aufgegeben.

Die Arbeitsgemeinschaft kommunale und kirchliche Altersversorgung (AKA) e. V. hat ebenfalls die Empfehlung ausgesprochen, die für Ehegatten geltende Regelung auch auf eingetragene Lebenspartner anzuwenden.

36 Witwe oder Witwer haben Anspruch auf Betriebsrente, wenn die Ehe mit der versicherten Person im Zeitpunkt des Todes noch bestanden hat und die Witwe bzw. der Witwer eine Witwen- oder Witwerrente aus der gesetzlichen Rentenversicherung erhält. Hat die Ehe weniger als zwölf Monate gedauert, besteht grundsätzlich kein Anspruch auf Witwen- bzw. Witwerrente. Der Witwe bzw. dem Witwer steht dann jedoch der Nachweis offen, dass es nicht der alleinige oder überwiegende Zweck der Heirat war, ihr bzw. ihm eine Rente zu verschaffen. Wird ein solcher Nachweis erbracht, besteht der Rentenanspruch, auch wenn die Ehe weniger als zwölf Monate gedauert hat.

Entsprechendes gilt nunmehr für hinterbliebene eingetragene Lebenspartner.

37 Die Betriebsrente für die Witwe, Witwer oder hinterbliebenen Lebenspartner beträgt nach Ablauf des Sterbevierteljahrs bei Bezug einer kleinen Witwen-/Witwerrente aus der gesetzlichen Rentenversicherung 25 Prozent der Betriebsrente des Verstorbenen; bei Bezug einer großen Witwen-/Witwerrente aus der gesetzlichen Rentenversicherung beträgt die Betriebsrente 60 Prozent. Wurde die Ehe oder die eingetragene Lebenspartnerschaft nach dem 31. Dezember 2001 geschlossen oder sind beide Partner, unabhängig davon, wann die Ehe oder die eingetragene Lebenspartnerschaft geschlossen wurde, nach dem 1. Januar 1962 geboren, beträgt die große Betriebsrente für die Witwe, Witwer bzw. hinterbliebenen Lebenspartner 55 Prozent der Betriebsrente des Verstorbenen.

38 Leibliche oder die diesen gleichgestellte Kinder des/der verstorbenen Versicherten oder des/der verstorbenen Betriebsrentenberechtigten haben Anspruch auf eine Betriebsrente für Waisen, wenn eine entsprechende Rente aus der gesetzlichen Rentenversicherung geleistet wird.

Der Anspruch auf eine Betriebsrente für Waisen besteht grundsätzlich bis zur Vollendung des 18. Lebensjahres. Über diesen Zeitpunkt hinaus besteht Anspruch bis zur Vollendung des 25. Lebensjahres, wenn und solange die Waise

– sich in Schul- oder Berufsausbildung befindet oder
– ein freiwilliges soziales oder ökologisches Jahr leistet oder

– wegen körperlicher, geistiger oder seelischer Behinderung außerstande ist, sich selbst zu unterhalten.

Soweit sich die Waise in Berufsausbildung befindet, dürfen bestimmte Verdienstgrenzen nicht überschritten werden. Über das 25. Lebensjahr hinaus besteht Anspruch auf Waisenrente nur dann, wenn die Schul- oder Berufsausbildung durch den gesetzlichen Wehr-, Zivil- oder Entwicklungshelferdienst unterbrochen oder verzögert worden ist und die Ausbildung aus diesem Grunde über das 25. Lebensjahr hinaus andauert.

39 Die Betriebsrente für die Vollwaise beträgt 20 Prozent, für die Halbwaise zehn Prozent der Betriebsrente, die der Verstorbene bezogen hat bzw. hätte beziehen können.

40 Die Betriebsrente für Hinterbliebene beginnt grundsätzlich zu demselben Zeitpunkt, von dem an die Hinterbliebenenrente aus der gesetzlichen Rentenversicherung geleistet wird.

41 Ergibt sich bei Zusammenrechnung der Betriebsrenten für alle Hinterbliebenen ein höherer Betrag als die Betriebsrente des Verstorbenen, werden die Hinterbliebenenrenten im gleichen Verhältnis so gekürzt, dass die Betriebsrente des Verstorbenen nicht überschritten wird.

42 Bei den Hinterbliebenenrenten wird Einkommen entsprechend den Vorschriften der gesetzlichen Rentenversicherung auf die Betriebsrente angerechnet. Hierbei bleiben eventuelle Freibeträge sowie das Einkommen, das auf die Rente aus der gesetzlichen Rentenversicherung angerechnet wird, unberücksichtigt. Der bzw. dem Hinterbliebenen werden jedoch mindestens 35 Prozent der ihr bzw. ihm zustehenden Betriebsrente gezahlt. Eine Doppelanrechnung von Beträgen, die bereits auf die gesetzliche Rente angerechnet wurden, findet nicht statt. Zu dem anzurechnenden Einkommen zählen nicht nur Arbeitsentgelte, sondern auch sonstige Rentenbezüge wie die Rente aus der gesetzlichen Rentenversicherung oder Leistungen der betrieblichen Altersversorgung aus einer eigenen Versicherung.

Beiträge zur Kranken- und Pflegeversicherung

43 Die Zusatzversorgungseinrichtungen haben aufgrund gesetzlicher Bestimmungen von der Betriebsrente Beiträge zur gesetzlichen Krankenversicherung und Pflegeversicherung einzubehalten und an die Krankenkasse abzuführen.

Das gilt gleichermaßen für Ansprüche aus der Pflichtversicherung und aus der freiwilligen Versicherung. Die Beiträge zur Krankenversicherung aus der Betriebsrente bemessen sich mit der Einführung des Gesundheitsfonds zum 1. Januar 2009 nach einem einheitlichen allgemeinen Beitragssatz. Der Beitragssatz in der gesetzlichen Krankenversicherung wird zum 1. Januar 2011 von 14,9 auf 15,5 Prozent angehoben und festgeschrieben. Über die Einnahmeentwicklung hinausgehende Ausgabensteigerungen in der gesetzlichen Krankenversicherung werden künftig durch Zusatzbeiträge der Mitglieder finanziert. Die Beiträge sind seit 2004 von den Rentnern allein zu tragen. Die gegen diese Regelung eingereichten Verfassungsbeschwerden wurden mit Beschluss vom 28. Februar 2008 nicht zur Entscheidung angenommen, da die Verdoppelung der Beitragslast verfassungsrechtlich nicht zu beanstanden sei.

Auch die Beiträge zur Pflegeversicherung sind vom Rentner allein zu tragen. Hier gilt seit dem 1. Juli 2008 ein einheitlicher Beitragssatz von 1,95 Prozent bzw. ein für kinderlose Mitglieder der Pflegeversicherung um 0,25 Prozentpunkte erhöhter Beitragssatz von 2,20 Prozent. Für Rentner, die vor dem 1. Januar 1940 geboren sind, entfällt dieser Zuschlag. Auch für Waisenrentenberechtigte, die das 23. Lebensjahr noch nicht vollendet haben, sowie für Wehr- und Zivildienstleistende, entfällt der Zuschlag.

Vom Beitragszuschlag befreit sind neben leiblichen Eltern auch Adoptiv-, Stief- und Pflegeeltern. Die Elterneigenschaft ist nachzuweisen.

Versorgungsausgleich

44 Zum 1. September 2009 trat die Strukturreform des Versorgungsausgleichs in Kraft. Die Reform soll im Fall der Scheidung zu mehr Gerechtigkeit bei der Verteilung der Versorgungen führen.

Nach dem bisherigen Recht wurde der Ausgleich aller in der Ehezeit erworbenen Versorgungsanrechte in der Regel über die gesetzliche Rentenversicherung durchgeführt. Dazu waren teilweise komplexe Umrechnungen erforderlich, die zu Wertveränderungen führen.

Mit der Reform hat der Gesetzgeber das Verfahren wesentlich einfacher und verständlicher gestaltet.

Künftig wird jedes in der Ehe aufgebaute Versorgungsrecht gesondert im jeweiligen Versorgungssystem zwischen den Ehegatten geteilt (so genannte interne Teilung).

Dadurch ist gewährleistet, dass ein eigenständiges und entsprechend gesichertes Anrecht mit vergleichbarer Wertentwicklung übertragen wird. Die ausgleichsberechtigte Person, die bislang nicht bei der Zusatzversorgungseinrichtung versichert war, erhält ein eigenes Versichertenkonto und im späteren Rentenfall eine Betriebsrente. Das Versichertenkonto des ausgleichspflichtigen Partners ist um den vom Familiengericht übertragenen Wert zu vermindern. Die Betriebsrente wird aus dem verbleibenden Anrecht berechnet.

Das aus dem Versorgungsausgleich erworbene Anrecht besteht unabhängig neben den Anwartschaften und Ansprüchen aus einer Pflicht- oder freiwilligen Versicherung des ausgleichsberechtigten Partners bei der Zusatzversorgungseinrichtung. Es kann daher insbesondere für die Erfüllung der Wartezeit seiner eigenen Betriebsrente nicht berücksichtigt werden.

Die Neuregelungen sind auf alle ab dem 1. September 2009 eingeleiteten Scheidungsverfahren anzuwenden. Für vor diesem Zeitpunkt begonnene Verfahren gilt das neue Recht dann, wenn das Verfahren bereits am 1. September 2009 oder später abgetrennt, ausgesetzt oder das Ruhen angeordnet ist bzw. wurde oder bis zum 31. August 2010 keine Entscheidung des Familiengerichts in der 1. Instanz vorliegt.

Abfindung

45 Soweit ein Versicherter bei Eintritt des Versicherungsfalls einen Anspruch auf eine Betriebsrente hat, die ein Prozent der monatlichen Bezugsgröße nach § 18 SGB IV nicht übersteigt, wird die Betriebsrente abgefunden. Dabei sind Betriebsrenten aufgrund einer Pflichtversicherung und Betriebsrenten aufgrund einer freiwilligen Versicherung zusammenzurechnen. Bei der Zusammenrechnung von Rentenleistungen werden auch bereits abgefundene oder zu einem späteren Zeitpunkt anstehende Leistungen berücksichtigt. Bei höheren Renten soll die Zusatzversorgungseinrichtung dann eine Abfindung anbieten, wenn die Überweisungskosten unverhältnismäßig hoch sind. Die Abfindung einer Betriebsrente als Erwerbsminderungsrente erfolgt jedoch nur auf Antrag des Betriebsrentenberechtigten.

Beitragserstattung

46 Anspruch auf Beitragserstattung hat der beitragsfreie Versicherte, der die Wartezeit von 60 Umlage-/Beitragsmonaten nicht erfüllt hat. Erstattungsfähig sind alle vom Versicherten selbst getragenen Beiträge mit Ausnahme der Arbeitnehmerbeiträge zum Kapitaldeckungsverfahren. Eine Verzinsung der gezahlten Beiträge erfolgt nicht. Eine Beitragserstattung kann jedoch nur bis zur Vollendung des 69. Lebensjahres beantragt werden.

Übergangsrecht

47 Die Anwartschaften der Arbeitnehmer wurden zum 1. Januar 2002 vollständig in das Punktemodell übergeleitet. Dabei wurde den Versicherten, die bereits eine Rente bezogen, der Besitzstandsbetrag in Form einer sogenannten Startgutschrift gutgeschrieben.

48 Hinsichtlich des Übergangsrechts sind folgende Personengruppen zu unterscheiden:

– Rentenberechtigte mit einem Rentenbeginn bis 31. Dezember 2001:
 Die Höhe der laufenden Renten und der Ausgleichsbeträge wurden zum Stichtag 31. Dezember 2001 festgestellt und als Besitzstandsrente weitergezahlt. Diese Besitzstandsrenten werden zum 1. Juli eines Jahres mit jeweils ein Prozent dynamisiert. Die Ausgleichsbeträge aus den Übergangsregelungen des alten Systems werden in Höhe des Dynamisierungsgewinns abgebaut.

– Pflichtversicherte Arbeitnehmer im Tarifgebiet West, die am 1. Januar 2002 das 55. Lebensjahr vollendet haben (rentennahe Jahrgänge) oder als schwerbehinderte Menschen (Stichtag für die Schwerbehinderung und für die Erfüllung der rentenrechtlichen Wartezeit von 420 Monaten: 31. Dezember 2001) vor dem 1. Januar 1950 geboren sind oder die vor dem 14. November 2001 Altersteilzeit bzw. Vorruhestand vereinbart haben:
 Für diesen Personenkreis garantiert eine Sonderregelung grundsätzlich die Höhe der Rente, mit der im alten System zu rechnen war. Auf der Grundlage der am 31. Dezember 2000 geltenden Satzung und unter Berücksichtigung der am 31. Dezember 2001 maßgeblichen Bemessungsgrößen ist einmalig die individuell bestimmte Versorgungsrente des Beschäftigten im Alter von grundsätzlich 63 Jahren (mit Besonderheiten bei Schwerbehinderung,

16 Zusätzliche Altersversorgung

Altersteilzeit und Vorruhestand) als Ausgangswert zu ermitteln. Von diesem Ausgangswert ist die vom 1. Januar 2002 an nach dem Punktemodell noch zu erwartende Zusatzrente abzuziehen. Die Differenz wird als Besitzstand in Versorgungspunkte umgerechnet und transferiert. Die Zusatzrente im Punktemodell aus der Summe der transferierten und der im neuen System erworbenen Versorgungspunkte erreicht somit insgesamt die Höhe der Versorgungsrente des alten Systems. Die Pflichtversicherten dieses Personenkreises haben, sofern sie nicht bereits über eine Rentenauskunft aus dem Jahr 2001 verfügen, eine Rentenauskunft zu beantragen und diese unverzüglich der zuständigen Zusatzversorgungseinrichtung zu übersenden.

– Pflichtversicherte Arbeitnehmer, bei denen der Versicherungsfall der vollen Erwerbsminderung vor dem 1. Januar 2007 eingetreten ist (faktisch rentennahe Pflichtversicherte):
Für diesen Personenkreis wurde eine besondere – zeitlich befristete – Sonderregelung geschaffen. Bei Eintreten der vollen Erwerbsminderung vor dem 1. Januar 2007 erhielten Versicherte, die am 31. Dezember 2001 das 47. Lebensjahr vollendet sowie mindestens 120 Umlagemonate zurückgelegt hatten, eine Startgutschrift in Anlehnung an die Bestimmungen für rentennahe Jahrgänge (siehe oben).

– Pflichtversicherte Arbeitnehmer im Tarifgebiet West, die am 1. Januar 2002 das 55. Lebensjahr noch nicht vollendet haben sowie pflichtversicherte Arbeitnehmer im Tarifgebiet Ost (sogenannte rentenferne Jahrgänge):
Die im alten System erworbenen Anwartschaften der am 31. Dezember 2001 schon und am 1. Januar 2002 noch Pflichtversicherten werden auf der Grundlage des § 18 Abs. 2 BetrAVG (Gesetz zur Verbesserung der betrieblichen Altersversorgung) errechnet. Stichtag für die Berechnung der so genannten Alt-Anwartschaften ist der 31. Dezember 2001. Dieser Betrag wird in Versorgungspunkte umgerechnet und in das neue System eingestellt.
Nach § 18 Abs. 2 BetrAVG wird auf der Basis des bisherigen Rechts ausgehend von der höchstmöglichen Gesamtversorgung durch Abzug einer nach dem steuerlichen Näherungsverfahren ermittelten gesetzlichen Rente die so genannte Voll-Leistung auf der Grundlage des höchstmöglichen Versorgungsprozentsatzes (91,75 Prozent) errechnet. Für jedes Jahr der Pflichtversicherung erhalten die Arbeitnehmer 2,25 Prozent der Voll-Leistung.

– Ehemalige Arbeitnehmer, die am 1. Januar 2002 nicht mehr pflichtversichert sind, jedoch die Wartezeit erfüllt haben:
In diesen Fällen werden die Anwartschaften entsprechend der bisher maßgeblichen Rentenberechnung festgestellt und in das Punktemodell übernommen.

Finanzierung

49 Während das Leistungsrecht der Zusatzversorgung seit jeher einheitlich geregelt war, erfolgt die Finanzierung bei den einzelnen Zusatzversorgungseinrichtungen in Abhängigkeit von der jeweiligen Finanzlage. Bis zum 31. Dezember 2001 erfolgte die Finanzierung bei allen Einrichtungen im Umlageverfahren, d. h., in einem festgesetzten Zeitraum wurden die Ausgaben durch Umlagen, Vermögen und Vermögenserträge finanziert.

Mit der Reform der Zusatzversorgung zum 1. Januar 2002 wurde ein allmählicher Übergang in die Kapitaldeckung eingeleitet. Den höchsten Kapitaldeckungsgrad weisen hier die kirchlichen Zusatzversorgungskassen auf. Die laufend erworbenen Ansprüche werden durch Beiträge kapitalgedeckt hinterlegt; evtl. vorhandene Deckungslücken aus der Vergangenheit werden durch Sanierungsgelder ausgeglichen. Die Sanierungsgelder der Arbeitgeber sollen den Mehrbedarf decken, der über die am 1. November 2001 jeweils geltende Umlage hinausgeht.

Seit dem 1. Januar 2002 beträgt der Umlagesatz bei der VBL im Abrechnungsverband West 7,86 Prozent. Davon tragen die Arbeitgeber 6,45 Prozent und die Arbeitnehmer 1,41 Prozent. Zur Finanzierung der aus dem geschlossenen Gesamtversorgungssystem herrührenden Leistungsverpflichtungen wird außerdem lastengerecht ein Sanierungsgeld erhoben.

Die kommunalen Zusatzversorgungskassen erheben seit dem 1. Januar 2002 ebenfalls weiterhin Umlagen (mit und ohne Mitarbeiterbeteiligung). Ergänzt werden diese Zahlungen um Sanierungsgelder und teilweise um Zusatzbeiträge zum schrittweisen Umstieg auf die Kapitaldeckung.

50 Zahlreiche flankierende steuer- und sozialversicherungsrechtliche Bestimmungen haben Auswirkungen auf die Berechnung der Bezüge der Mitarbeiter.

So wurde ab dem 1. Januar 2008 auch bei der Zusatzversorgung im öffentlichen Dienst eine stufenweise nachgelagerte Besteuerung eingeführt. Während die Umlagen des Arbeitgebers bislang voll steuerpflichtig waren, hat der Gesetzgeber im Jahressteuergesetz 2007 mit dem § 3 Nr. 56 EStG erstmalig eine Regelung zur Steuerfreiheit der umlagefinanzierten Altersversorgung getroffen.

Seit dem 1. Januar 2008 sind Umlagenzahlungen bis zu ein Prozent der Beitragsbemessungsgrenze der allgemeinen Rentenversicherung (im Jahre 2011 55 Euro monatlich bzw. 660 Euro jährlich) steuerfrei. Bis zum Jahr 2025 wird der Höchstbetrag in drei weiteren Schritten auf vier Prozent angehoben. Für die nicht von der Steuerfreiheit erfassten Beträge besteht weiterhin die Möglichkeit einer Pauschalbesteuerung nach Maßgabe des § 40 b Abs. 1 EStG.

Riester-Rente (steuerliche Förderung nach § 10a EStG)

51 Die Arbeitnehmerinnen und Arbeitnehmer des öffentlichen Dienstes gehören seit dem Jahr 2002 zum Kreis der nach §§ 10a, 79 ff. EStG begünstigten Personen, da sie durch den Systemwechsel keinen Anspruch mehr auf eine beamtenähnliche Gesamtversorgung haben.

Seit dem 1. Januar 2002 besteht damit die Möglichkeit, aus dem individuell versteuerten und verbeitragten Nettoeinkommen – neben der Pflichtversicherung – eine zusätzliche kapitalgedeckte Altersversorgung freiwillig unter Inanspruchnahme der steuerlichen Förderung aufzubauen. Die Zusatzversorgungseinrichtungen bieten hierfür entsprechende Produkte an.

Brutto-Entgeltumwandlung (Steuerbefreiung nach § 3 Nr. 63 EStG)

52 Sofern die tarifvertraglichen Regelungen es zulassen, ist darüber hinaus die Umwandlung von Teilen des Arbeitsentgelts zur Erhöhung der eigenen Rentenanwartschaft bei der Zusatzversorgungseinrichtung möglich. Da dieses in einem eigenen Abrechnungsverband mit Kapitaldeckung erfolgt, können alle steuer- und sozialversicherungsrechtlichen Privilegien (§ 3 Nr. 63 EStG, § 14 Abs. 1 Satz 2 SGB IV) genutzt werden. Allerdings ist dieses nur in dem Rahmen möglich, wie die Aufwendungen aus der Pflichtversicherung die entsprechenden Freibeträge nicht bereits aufgezehrt haben. Beträge, die nach § 3 Nr. 63 EStG steuerfrei sind, reduzieren die Steuerfreiheit für die Umlagenzahlung nach § 3 Nr. 56 EStG.

Zusatzversorgung in den neuen Bundesländern

53 Mit Datum vom 1. Februar 1996 haben die Tarifvertragsparteien des öffentlichen Dienstes den „Tarifvertrag zur Einführung der Zusatzversorgung im Tarifgebiet Ost (TV EZV-O)" abgeschlossen.

Seit dem 1. Januar 1997 haben die Arbeitgeber des öffentlichen Dienstes im Tarifgebiet Ost – nach Abschluss einer Beteiligungsvereinbarung mit der entsprechenden Zusatzversorgungseinrichtung – die tarifliche Verpflichtung, ihre Arbeitnehmer bei Erfüllung der Voraussetzungen für die Pflichtversicherung anzumelden.

54 Für die kommunalen Arbeitgeber wurden kommunale Zusatzversorgungskassen im Beitrittsgebiet errichtet; bei der VBL wurde ein eigener Abrechnungsverband innerhalb des Anstaltsvermögens eingeführt (Abrechnungsverband Ost).

55 Die Finanzierung der Zusatzversorgung in den neuen Bundesländern ist ähnlich vielfältig wie in den alten Bundesländern.

Allerdings ist der Anteil der Umlagefinanzierung vergleichsweise gering und entsprechend werden die niedrigeren Umlagesätze in den neuen Bundesländern genutzt, parallel durch die Erhebung von Zusatzbeiträgen den Einstieg in die Kapitaldeckung zu erreichen. Dieses erfolgt unter Inanspruchnahme der steuer- und sozialversicherungsrechtlichen Privilegien für umlagefinanzierte und kapitalgedeckte betriebliche Altersversorgungen. Sofern die Mitarbeiter mit einem eigenen Beitrag an der Kapitaldeckung beteiligt werden (z. B. im Abrechnungsverband Ost der VBL) steht ihnen für den eingezahlten Beitrag die steuerliche Förderung nach § 10 a EStG („Riester-Rente") zur Verfügung.

56 Die unterschiedlichen Aufwendungen zur Pflichtversicherung und deren steuer- und sozialversicherungsrechtliche Behandlung wirken sich nicht auf die Höhe der Betriebsrente aus. Die Rente wird in allen Fällen in gleicher Weise berechnet. Allerdings ist die Verteilung von Bonuspunkten in den verschiedenen Zusatzversorgungseinrichtungen – ebenso wie in den alten Bundesländern – durchaus unterschiedlich.

Organisation und Aufsicht

57 Die Zusatzversorgungseinrichtungen sind entweder als unabhängige Einrichtungen (z. B. Anstalten des öffentlichen Rechts) oder als Sondervermögen der kommunalen Verwaltung oder der Beamtenversorgungskassen organisiert.

Die Aufsicht obliegt in der Regel dem Innenministerium des jeweiligen Bundeslandes; die Aufsicht der VBL obliegt dem Bundesministerium der Finanzen.

Rechtsgrundlage ist die Satzung der jeweiligen Zusatzversorgungseinrichtung.

Beratung und Information

58 Kraft Satzung gehört es zu den Pflichten der Arbeitgeber, die von der Zusatzversorgung erstellten Informationsmaterialien für den Bereich der Pflichtversicherung zur Verfügung zu stellen und ggf. zu erläutern. Bei speziellen Fragen zum Anspruch und zur Höhe der Betriebsrente stehen auch die Zusatzversorgungseinrichtungen zur Verfügung.

Im Bereich der freiwilligen Versicherung sind die Zusatzversorgungseinrichtungen alleinige Ansprechpartner und treten hier unmittelbar in Kontakt zu ihren Versicherten.

Weitere Informationen über die Zusatzversorgungskassen des kommunalen und kirchlichen Dienstes erteilt die Arbeitsgemeinschaft kommunale und kirchliche Altersversorgung (AKA) e. V., Denninger Str. 37, 80993 München, Homepage: www.aka.de; weitergehende Auskünfte zur VBL erteilt die Versorgungsanstalt des Bundes und der Länder, Hans-Thoma-Str. 19, 76133 Karlsruhe, Homepage: www.vbl.de.

Die Seemannskasse

Aufgabe

59 Die gesetzliche Rentenversicherung in der Bundesrepublik Deutschland kennt, anders als in einer Reihe von bedeutenden Schifffahrtsländern, keine besonderen niedrigen Altersgrenzen für Seeleute.

60 Die Vertreterversammlung der See-Berufsgenossenschaft hat deshalb am 21. August 1973 mit Genehmigung des Bundesministers für Arbeit und Sozialordnung die Seemannskasse errichtet, die ihre Tätigkeit satzungsgemäß am 1. Januar 1974 aufgenommen hat. Im Zuge der Organisationsreform in der gesetzlichen Unfallversicherung vom 1. Januar 2009 wurde die Seemannskasse in die Deutsche Rentenversicherung Knappschaft-Bahn-See (KBS) integriert.

61 Die Seemannskasse ergänzt das deutsche allgemeine Sozialversicherungssystem für die Seeleute und trägt ihren besonderen Belastungen, speziell der älteren Seeleute, Rechnung. Kernpunkt ist ein Überbrückungsgeld in Höhe der Anwartschaft vor Erreichen der allgemeinen Altersgrenzen der deutschen Rentenversicherung, die naturgemäß die speziellen Anforderungen und die Bedingungen der Schifffahrt nicht berücksichtigen können. Seit dem 1. Januar 2008 besteht zudem die Möglichkeit, auch nach dem Erreichen der Regelaltersgrenze Leistungen zu gewähren. Hierdurch wird den veränderten Beschäftigungsbedingungen in der deutschen Seeschifffahrt Rechnung getragen. Die Seemannskasse wird in die Lage versetzt, auf die Anforderungen des Arbeitsmarktes flexibler als bislang zu reagieren und einen Anreiz für ältere Berufsseeleute zu schaffen, die Beschäftigung in der Seefahrt erst zu Beginn der Regelaltersgrenze bzw. danach zu beenden und dennoch eine, wenn auch geringere, Leistung in Anspruch nehmen zu können.

Versicherte

62 Bei der Seemannskasse werden Seeleute versichert, die auf Seefahrzeugen gegen Entgelt oder zu ihrer Berufsausbildung ohne Entgelt rentenversicherungspflichtig beschäftigt und bei einer gewerblichen Berufsgenossenschaft unfallversichert sind, sofern diese Beschäftigung nicht geringfügig ausgeübt wird. Außerdem sind Küstenschiffer und Küstenfischer, die rentenversicherungspflichtig sind und ihre Tätigkeit nicht im Nebenerwerb ausüben, bei der Seemannskasse Mitglieder.

Unter bestimmten Voraussetzungen sind Seeleute auch während der Seefahrtzeiten auf Seeschiffen unter ausländischer Flagge in der Seemannskasse versichert, insbesondere dann, wenn es sich um Seefahrtzeiten mit der sogenannten Ausstrahlungsversicherung handelt oder um Seefahrtzeiten mit einer gesetzlich vorgeschriebenen Antragsversicherung, soweit diese auch die Seemannskasse erfasst.

Aufgrund des Einigungsvertrages (Vertrag zwischen der Bundesrepublik Deutschland und der Deutschen

Demokratischen Republik über die Herstellung der Einheit Deutschlands vom 31. August 1990) können Seeleute auf den in den neuen Bundesländern beheimateten Schiffen – also insbesondere des Landes Mecklenburg-Vorpommern – seit dem 1. Januar 1992 Versicherungszeiten im Sinne der Satzung der Seemannskasse erwerben.

Geringfügige seemännische Beschäftigungsverhältnisse werden in der Seemannskasse nicht versichert.

Seemännische Beschäftigungen mit einem tatsächlichen Verdienst innerhalb der so genannten Gleitzone (monatlich 400,01 Euro bis monatlich 800,00 Euro) unterliegen jedoch der Versicherungspflicht. Allerdings errechnen sich hier die vom Beschäftigten zu tragenden Beiträge – wie in der gesetzlichen Rentenversicherung – nach dem reduzierten Entgelt.

Die Seeleute, die die Voraussetzungen für den Bezug eines Überbrückungsgeldes bis zum Erreichen der Regelaltersrente nicht mehr erfüllen können, werden auf eigenen Antrag von der Beitragspflicht in der Seemannskasse befreit.

Eine freiwillige Versicherung ist in der Seemannskasse nicht möglich, ebenso wenig eine Beitragserstattung.

Leistungen

63 Die Seemannskasse gewährt satzungsgemäß ein Überbrückungsgeld, die so genannte „Seemannsrente", sowie ergänzende Leistungen.

Überbrückungsgeld

64 Überbrückungsgeld erhält der Versicherte, der

– das 56. Lebensjahr vollendet hat,
– auf Dauer nicht mehr als Seemann, Küstenschiffer, Küstenfischer oder sonst an Bord als Selbständiger in der Seefahrt – auch nicht auf ausländischen Seefahrzeugen – tätig ist,
– keinen Anspruch auf eine Rente wegen voller Erwerbsminderung oder Vollrente wegen Alters nach den Vorschriften der gesetzlichen Rentenversicherung hat,
– die Halbbelegung erfüllt hat; d. h. ab dem Monat nach Vollendung des 38. Lebensjahres muss der Versicherte mindestens 108 Kalendermonate in der deutschen Seefahrt (einschließlich Hochsee- und Küstenfischerei) als Arbeitnehmer beschäftigt oder als Küstenschiffer oder Küstenfischer tätig gewesen sein. Dabei wird der Bemessungszeitpunkt (Vollendung des 38. Lebensjahres) um Zeiten der Arbeitslosigkeit vorverlegt, sofern sie Beitrags- oder Anrechnungszeiten sind und nach dem vollendeten 50. Lebensjahr liegen,
– die Wartezeit von 240 Kalendermonaten erfüllt hat,
– einen Antrag gestellt hat,
– keinen Anspruch auf Arbeitslosengeld I und
– kein Überbrückungsgeld auf Zeit bezogen hat.

Überbrückungsgeld auf Zeit

65 Die Seekasse darf nach der Satzungsänderung zum 1. Oktober 2001 keine Überbrückungsgelder auf Zeit mehr zahlen.

Wartezeit

66 Das Überbrückungsgeld wird nur dann gezahlt, wenn die Wartezeit erfüllt ist. Sie ist erfüllt, wenn eine anrechnungsfähige Seefahrtzeit von 240 Kalendermonaten (20 Jahre) zurückgelegt ist.

67 Anrechnungsfähig sind alle nach der Satzung rentenversicherungspflichtigen Seefahrtzeiten als Arbeitnehmer oder als pflichtversicherte Küstenschiffer und Küstenfischer.

Nicht für die Wartezeit berücksichtigt werden freiwillige Beitragszeiten sowie Anrechnungszeiten (z. B. Schulzeiten – auch auf Seefahrtschulen, Krankheitszeiten, Zeiten der Arbeitslosigkeit), Zeiten der Kindererziehung oder Beitragszeiten aufgrund des Bezuges von Arbeitslosengeld, Krankengeld oder Übergangsgeld, auch wenn sie sich unmittelbar an Seefahrtzeiten anschließen.

Beginn des Überbrückungsgeldes

68 Das Überbrückungsgeld und die ergänzenden Leistungen sind grundsätzlich nach Ablauf des Tages zu zahlen, an dem die Voraussetzungen dafür erfüllt sind, frühestens jedoch ab dem Tag der Antragstellung. Bestand in dem Monat des Erreichens der Regelaltersgrenze ein Anspruch auf das Überbrückungsgeld oder eine als Überbrückungsgeld gezahlte ergänzende Leistung, beginnt die Leistung nach Erreichen der Regelaltersgrenze erst mit Ablauf des betreffenden Monats. Bei verspäteter Antragstellung beginnt sie mit dem Antragstag.

Höhe des Überbrückungsgeldes

69 Das Überbrückungsgeld wird in Höhe einer Regelaltersrente nach dem Stand des Versicherungskontos in der gesetzlichen Rentenversicherung bei Beginn des Überbrückungsgeldes gewährt. Bei der Berechnung des Überbrückungsgeldes bleiben eine Zurechnungszeit nach den Vorschriften der gesetzlichen Rentenversicherung und Zeiten nach über- und zwischenstaatlichen Vorschriften unberücksichtigt.

Das Überbrückungsgeld nimmt nicht wie eine Rente aus der gesetzlichen Rentenversicherung an den jährlichen Rentenanpassungen teil. Auch die Vorschriften des Versorgungsausgleichs im Falle einer Ehescheidung und des Ehegattensplittings finden auf das Überbrückungsgeld keine Anwendung.

Wegfall des Überbrückungsgeldes

70 Das Überbrückungsgeld fällt weg, wenn

– wieder eine Beschäftigung als Seemann oder eine selbständige Tätigkeit in der deutschen oder ausländischen Seefahrt aufgenommen wird, sowie
– die Voraussetzungen für die Zahlung einer Rente wegen voller Erwerbsminderung oder einer Vollrente wegen Alters aus der gesetzlichen Rentenversicherung erfüllt werden, unabhängig davon, ob diese Leistungen beantragt sind. Vollrente wegen Alters ist auch die Altersrente, die aufgrund vorzeitiger Inanspruchnahme gemindert gezahlt wird.

Das Überbrückungsgeld fällt außerdem weg, wenn Anspruch auf Arbeitslosengeld I aufgrund einer Landbeschäftigung besteht. Dies gilt auch, wenn Arbeitslosengeld I nur deshalb nicht gewährt wird, weil es nicht beantragt wurde, die Arbeitslosmeldung nicht erfolgte oder weil anstelle von Arbeitslosengeld I Krankengeld zusteht.

Sofern das Arbeitslosengeld I niedriger ist als das Überbrückungsgeld, kann für die Dauer des Anspruchs auf Arbeitslosengeld I die Differenz zwischen dem Arbeitslosengeld I und dem höheren Überbrückungsgeld gezahlt werden (Überbrückungsgeld als Differenzbetrag). Endet der Anspruch auf Arbeitslosengeld I, wird das Überbrückungsgeld anschließend gegebenenfalls in voller Höhe gezahlt.

Anrechnung von Leistungen auf das Überbrückungsgeld

71 Auf das Überbrückungsgeld und den als Überbrückungsgeld gezahlten Differenzbetrag werden Renten wegen Berufsunfähigkeit, Renten wegen teilweiser Erwerbsminderung, Renten wegen voller Erwerbsminderung als Teilrenten sowie Teilrenten wegen Alters angerechnet.

Das gilt auch dann, wenn die Leistungen nicht bezogen werden, weil sie nicht beantragt sind.

Andere Lohnersatzleistungen, z. B. Krankengeld, Verletztengeld oder Übergangsgeld, unterliegen nicht mehr der Anrechnung.

Auf das Überbrückungsgeld wird auch Arbeitsentgelt aus einer Landbeschäftigung nicht angerechnet.

Krankenversicherung

72 Antragsteller und Bezieher von Überbrückungsgeld unterliegen als solche nicht der Versicherungspflicht in der gesetzlichen Krankenversicherung, können aber versicherungspflichtig aus anderen Gründen sein, z. B. wegen eines Rentenbezuges aus der gesetzlichen Rentenversicherung oder wegen eines Beschäftigungsverhältnisses an Land oder aufgrund des Arbeitslosengeldbezuges.

Bezieher von Überbrückungsgeld, die der gesetzlichen Krankenversicherung als Pflichtmitglied nicht angehören, müssen für eine freiwillige Mitgliedschaft sorgen oder sich bei einem privaten Krankenversicherungsunternehmen ausreichend versichern.

Eine freiwillige Versicherung in der gesetzlichen Krankenversicherung aufgrund des Bezuges von Überbrückungsgeld ist einer Pflichtversicherung gleichgestellt worden, so dass die Voraussetzungen für die Krankenversicherung der Rentner durch eine freiwillige Krankenversicherung bei einer gesetzlichen Krankenkasse nicht mehr verloren gehen können.

Für Bezugszeiten bis zum 31. Dezember 2004 erhöhte sich das Überbrückungsgeld um einen Zuschlag für die Krankenversicherung, der bei Überbrückungsgeldern, die ab dem 1. Januar 1999 begannen, entsprechend den Regelungen in der gesetzlichen Rentenversicherung festzustellen war.

Für Bezugszeiten ab 1. Januar 2005 ist dieser Zuschlag zur Krankenversicherung entfallen.

Pflegeversicherung

73 Die Bezieher von Überbrückungsgeld müssen seit dem 1. Januar 1995 hiervon einen Beitrag zur Pflegeversicherung zahlen. Der Beitrag beträgt derzeit bei Mitgliedern einer gesetzlichen Krankenkasse generell 1,95 Prozent des Überbrückungsgeldes, bei kinderlosen Mitgliedern 2,20 Prozent. In Angleichung an die Regelungen in der gesetzlichen Rentenversicherung zahlt die Seemannskasse seit dem 1. Januar 2005 keinen Zuschlag zu den Aufwendungen für die Pflegeversicherung mehr.

Leistungszuschlag

74 Die Seemannskasse gewährt für Bezugszeiten ab 1. Januar 2005 auf alle Leistungen (auch Einmalzahlungen) einen pauschalen Leistungszuschlag. Dabei wird der Zahlbetrag nach Anwendung der Anrechnungs- und Kürzungsvorschriften um den Leistungszuschlag, der bis zum 31. Dezember 2009 7,5 Prozent betrug, erhöht. Seit dem 1. Januar 2010 beträgt er für alle Bestandsfälle und Neuzugänge neun Prozent. Der Leistungszuschlag unterliegt genau wie das Überbrückungsgeld und die ergänzenden Leistungen der Beitragspflicht in der gesetzlichen Kranken- und Pflegeversicherung.

Leistung nach Erreichen der Regelaltersgrenze

75 Rückwirkend zum 1. Januar 2008 ist die Leistung nach Erreichen der Regelaltersgrenze eingeführt worden. Zielgruppe dieser Versorgung sind Versicherte, die ihre seemännische Tätigkeit erst mit bzw. nach Erreichen der Regelaltersgrenze beenden.

Die Berechnung der Leistung erfolgt – angelehnt an die Berechnung des Überbrückungsgeldes – auf der Basis einer halben Regelaltersrente. Hierbei wird stets auf den Beginn der individuell maßgeblichen Regelaltersgrenze abgestellt. Die Zahlung erfolgt parallel zur Altersrente für 24 Kalendermonate.

Die Leistung wird um alle bereits zuvor gezahlten Überbrückungsgelder der Seemannskasse gekürzt.

Überbrückungsgeld als Abschlagsausgleich

76 In der gesetzlichen Rentenversicherung werden die Altersgrenzen für nahezu alle Altersrenten angehoben.

Eine vorzeitige Inanspruchnahme der Altersrente ist u. U. bereits ab dem 60. Lebensjahr möglich. Die vorzeitige Inanspruchnahme hat jedoch einen Rentenabschlag zur Folge. Auch die Renten wegen voller Erwerbsminderung, die vor vollendetem 63. Lebensjahr beginnen, unterliegen einer Rentenminderung.

Dieser Rentenabschlag, d. h. der Betrag, um den sich die Altersrente bzw. die Rente wegen voller Erwerbsminderung wegen der vorzeitigen Inanspruchnahme gemindert hat, wird seit dem 1. Januar 1999 bis zum Erreichen der Regelaltersgrenze von der Seekasse voll ausgeglichen.

Der Rentenabschlag ist nicht auf das Erreichen der Regelaltersgrenze begrenzt. Deshalb erfolgt ein weiterer halber Ausgleich durch eine Einmalzahlung in Höhe der Hälfte des Betrages, der nach § 187a SGB VI als Beitrag zum Ausgleich der Rentenminderung durch die vorzeitige Inanspruchnahme einer Rente wegen Alters notwendig wäre (Überbrückungsgeld als einmaliger Abschlagsausgleich).

Mit dem Betrag der Einmalzahlung kann die monatliche Rentenminderung zur Hälfte ausgeglichen werden, wenn dieser Betrag in die Rentenversicherung eingezahlt wird.

Die Höhe der möglichen Einmalzahlung ist nachfolgend beispielhaft dargestellt:

Rentenabschlagsausgleichs-Einmalzahlung bei Vollendung des 65. Lebensjahres

(im Jahr 2011 und einer angenommenen Rentenminderung von 18 Prozent = Zugangsfaktor 0,82)

Berechnungsformel (ohne Beiträge zur knappschaftlichen Rentenversicherung):

$$\frac{\text{auszugleichende Entgeltpunkte} \times \text{Umrechnungsfaktor}}{\text{Zugangsfaktor} \times 2}$$

= **Einmalzahlung (Euro)**

Betrag der Minderung Euro	entspricht Entgeltpunkten		Umrechnungsfaktor West: 6.023,3320 Ost: 5.270,2179	
			Einmalzahlung	
	West	Ost	West in Euro	Ost in Euro
5,00	0,1838	0,2072	675,05	665,85
10,00	0,3676	0,4144	1.350,11	1.331,69
25,00	0,9191	1,0361	3.375,64	3.329,56
50,00	1,8382	2,0721	6.751,27	6.658,79
75,00	2,7574	3,1082	10.127,28	9.988,35
100,00	3,6765	4,1442	13.502,91	13.317,58
150,00	5,5147	6,2163	20.254,19	19.976,38
200,00	7,3529	8,2884	27.005,46	26.635,17
250,00	9,1912	10,3605	33.757,10	33.293,96
300,00	11,0294	12,4327	40.508,38	39.953,07

77 Die auszugleichenden Entgeltpunkte werden ermittelt, indem der Betrag der Rentenminderung durch den aktuellen Rentenwert dividiert wird. Der aktuelle Rentenwert (West) beträgt seit dem 1. Juli 2009 27,20 Euro, der aktuelle Rentenwert (Ost) 24,13 Euro.

78 Der Umrechnungsfaktor West ergibt sich aus der Vervielfältigung des amtlich festgesetzten vorläufigen Durchschnittsentgelts aller Versicherten für 2011 (= 30.268,00 Euro) mit dem derzeit gültigen Beitragssatz zur Rentenversicherung von 19,9 Prozent.

Das vorläufige Durchschnittsentgelt im Bereich Ost beträgt im Jahr 2011 26.483,51 Euro.

79 Beträgt der Rentenabschlag bspw. 10,8 Prozent, so ergibt sich der Ausgleichsbetrag durch Ansatz des Zugangsfaktors von 0,892 anstelle von 0,82, d. h., die Einmalzahlung vermindert sich.

80 Bei Tod des Versicherten vor dem Erreichen der Regelaltersgrenze wird die laufende Zahlung des Rentenabschlagsausgleichs mit Ablauf des Sterbemonats eingestellt. An die Hinterbliebenen wird dann die Rentenabschlagsausgleichs-Einmalzahlung gezahlt.

Über die Einmalzahlung kann im Übrigen grundsätzlich frei verfügt werden.

81 Bei dem Rentenabschlagsausgleich handelt es sich um eine besondere Form des Überbrückungsgeldes, was u. U. die Anrechnung von weiteren Einkommen auf diese Leistung zur Folge hat.

Rechtliche Regelung in den neuen Bundesländern

82 Nach Kapitel III, Sachgebiet J, Abschnitt III, Abs. 9 Buchstabe f des Einigungsvertrages finden die Vorschriften über die Seemannskasse erst ab dem 1. Januar 1992 in den neuen Bundesländern Anwendung. Seeleute auf in den neuen Bundesländern beheimateten Schiffen können Versicherungszeiten daher erst ab dem 1. Januar 1992 erwerben.

Die nach der Satzung versicherten Seefahrtzeiten werden mit entsprechenden Seefahrtzeiten in den neuen Bundesländern (auch unter DDR-Flagge) zusammengerechnet, sofern der Seemann für mindestens ein Jahr versicherungspflichtig nach der Satzung beschäftigt war und nicht vor dem 31. Dezember 1992 aus der Seefahrt ausgeschieden ist.

Organisation

83 Mit dem 1. Januar 2009 ist die Seemannskasse, die bis dahin als unselbständige Sondereinrichtung der See-Berufsgenossenschaft verwaltet wurde, in die Deutsche Rentenversicherung Knappschaft-Bahn-See (KBS) integriert worden. Diese ist bereits seit Oktober 2005 im Auftrag der See-Berufsgenossenschaft für die Seemannskasse tätig. Die Aufgaben der Seemannskasse werden von den Mitarbeiterinnen und Mitarbeitern der Deutschen Rentenversicherung KBS, Regionaldirektion Hamburg, Seemannskasse, Millerntorplatz 1, 20359 Hamburg wahrgenommen.

Finanzierung

84 Die Mittel für die Ausgaben der Seemannskasse werden von den Unternehmern, die bei ihr versichert sind oder bei einer gewerblichen Berufsgenossenschaft versicherte Seeleute beschäftigen, sowie den Beschäftigten im Umlageverfahren aufgebracht. Bei einem Umlagesatz bis zu zwei Prozent trägt der Unternehmer die Umlage allein.

Küstenschiffer und Küstenfischer haben für ihre eigene Versicherung den Beitrag allein in voller Höhe zu leisten.

Aufgrund der Finanzlage der Seemannskasse wird der Beitragssatz ab dem 1. Januar 2011 von bisher vier Prozent auf dann ein Prozent gesenkt.

Beratung

85 Auskunft und Beratung erteilen die Mitarbeiterinnen und Mitarbeiter in den Auskunfts- und Beratungsstellen der Deutschen Rentenversicherung Knappschaft-Bahn-See (KBS), Homepage: www.kbs.de.

Hüttenknappschaftliche Zusatzversicherung im Saarland

Aufgaben der Zusatzversicherung

86 Die Hüttenknappschaftliche Zusatzversicherung (HZV), eine der ältesten sozialen Einrichtungen an der Saar, ist eine regionale, zusätzliche Rentenversicherung auf öffentlich-rechtlicher Grundlage. Sie ist bereits in der Mitte des vergangenen Jahrhunderts gegründet worden. Ihren Ursprung hat sie im alten preußischen Knappschaftsgesetz aus dem Jahre 1854. Durch dieses Gesetz wurde das Knappschaftswesen für das ganze damalige preußische Staatsgebiet einheitlich geregelt. Die Übernahme in die knappschaftliche Rentenversicherung im Jahre 1923 konnte wegen der Abtrennung des Saarlandes vom Deutschen Reich nach dem 1. Weltkrieg für die saarländischen Bergleute und die Arbeiter der Saarhütten nicht mitvollzogen werden. Während dieser Schritt für die saarländischen Bergleute nach der Rückgliederung des Saarlandes 1935 nachgeholt wurde, ist er für die Arbeiter der Saarhütten nie erfolgt. Seit der Verordnung über die Hüttenknappschaftliche Pensionsversicherung im Saarland vom 13. Mai 1938 besteht die Versicherung als besondere eigenständige Versicherung.

87 Mit dem Gesetz zur Neuregelung der Hüttenknappschaftlichen Pensionsversicherung im Saarland (Hüttenknappschaftliches Zusatzversicherungs-Gesetz – HZvG) vom 22. Dezember 1971 wurde die Hüttenknappschaftliche Zusatzversicherung auf eine Rechtsgrundlage gestellt, die sie weitgehend an das System der gesetzlichen Rentenversicherung anband und sie in ihrer Existenz und Finanzierung sicherte.

88 Das Gesetz zur Neuregelung der Hüttenknappschaftlichen Zusatzversicherung (HZvG) ist am 1. Juli 2002 in Kraft getreten und löste das bisherige Hüttenknappschaftsrechtliche Zusatzversicherungsgesetz ab.

Mit Wirkung vom 1. Januar 2003 wurde die Hüttenknappschaftliche Zusatzversicherung wesentlich umgestaltet.

Mit diesem Zeitpunkt erfolgte die Umstellung auf eine kapitalgedeckte betriebliche Altersvorsorge. Für Bestandsrentner und ältere Versicherte wird die bisherige umlagefinanzierte HZV weitergeführt.

Berechtigte

89 In der Hüttenknappschaftlichen Zusatzversicherung werden alle Arbeitnehmer in den Betrieben der Saarhütten und anderer Unternehmen der Eisen erzeugenden, verarbeitenden und weiterverarbeitenden Industrie im Saarland (Betriebe der Eisen- und Metallgewinnung, der Eisen-, Stahl- und Metallwarenherstellung sowie Betriebe des Maschinen-, Kessel- und Apparatebaus und Betriebe der elektrotechnischen Industrie) versichert, wenn die Betriebe bereits am 30. Juni 2002 in der Hüttenknappschaftlichen Zusatzversicherung pflichtversichert waren.

90 Darüber hinaus ist auch weiterhin die Mitgliedschaft der Arbeitnehmer weiterer Unternehmen der Eisen erzeugenden, verarbeitenden und weiterverarbeitenden Industrie und entsprechender sonstiger Gewerbebetriebe mit mehr als fünf Beschäftigten auf Antrag möglich. Über den Antrag entscheidet die Deutsche Rentenversicherung Saarland als zuständiger Versicherungsträger.

91 Für die vor dem 2. Januar 1958 geborenen Arbeitnehmer, die am 31. Dezember 2002 in der bisherigen Hüttenknappschaftlichen Zusatzversicherung (HZV) versicherungspflichtig waren oder für den Monat Dezember 2002 einen freiwilligen Beitrag zur HZV wirksam entrichtet haben, wird die Versicherung im bisherigen Umlageverfahren weitergeführt.

Nach dem 1. Januar 1958 geborene, bislang pflichtversicherte Beschäftigte bleiben in dieser Pflichtversicherung, erhalten nunmehr aber durch die HZV kapitalgedeckte Leistungen der betrieblichen Altersversorgung.

Mit der Durchführung der kapitalgedeckten Zusatzversicherung hat die Deutsche Rentenversicherung Saarland (früher: LVA für das Saarland) die Höchster Pensionskasse VVaG, Brüningstr. 50, 65926 Frankfurt beauftragt.

Die Pensionskasse hat hierfür einen eigenen Abrechnungsverband „Tarif HZV" eingerichtet.

Auch für Versicherte, die nach dem 1. Januar 2003 erstmalig oder erneut versicherungspflichtig in der HZV werden, wird die HZV - unabhängig vom Geburtsdatum - im Kapitaldeckungsverfahren bei der Höchster Pensionskasse VVaG durchgeführt.

Geringfügig Beschäftigte sind von der Versicherungspflicht zur HZV ausgenommen.

92 Wechseln die Unternehmen oder einzelne Betriebe oder Betriebsteile den Inhaber oder ändert sich die Rechtsform oder der Gegenstand des Unternehmens, bleiben die darin beschäftigten Arbeitnehmergruppen in der Hüttenknappschaftlichen Zusatzversicherung versicherungspflichtig.

Freiwillige Weiterversicherung

93 Arbeitnehmer können sich nach dem Ausscheiden aus einer die Versicherungspflicht begründenden Beschäftigung freiwillig weiterversichern.

In der umlagefinanzierten HZV können freiwillige Beiträge nur neben einem Beitrag zur gesetzlichen Rentenversicherung gezahlt werden. Zudem müssen vorher bereits mindestens 60 Kalendermonate Pflichtbeiträge zur HZV entrichtet worden sein und der Antrag auf freiwillige Versicherung innerhalb von zwei Jahren nach Beendigung der Pflichtversicherung gestellt werden. Dabei kann als Beitrag jeder Betrag zwischen dem Mindest- und dem Höchstbetrag gezahlt werden.

In der kapitalgedeckten HZV (Pensionskasse) ist bei einer Weiterversicherung der Beitrag in Höhe des letzten Pflichtbeitrages zu zahlen oder – nach Zustimmung des Vorstandes der Kasse – auch in einer anderen Höhe.

Leistungen

94 Das Leistungsrecht der HZV richtet sich nach dem jeweiligen Durchführungsweg.

16 Zusätzliche Altersversorgung

Umlageverfahren

Die weiterhin in der umlagefinanzierten HZV Versicherten und die Bezieher der bereits laufenden Renten erhalten Leistungen aus dem bisherigen System, das sich weitgehend an das Leistungsrecht der gesetzlichen Rentenversicherung anlehnt.

Es sind dies:

- Zusatzrenten wegen Alters,
- Zusatzrenten wegen verminderter Erwerbsfähigkeit,
- Zusatzrenten an Hinterbliebene,
- Abfindungen von Witwen- und Witwerzusatzrenten bei Wiederheirat,
- Beitragserstattungen, sofern die Wartezeit in der HZV nicht erfüllt ist, sowie
- Übertragungen von Anwartschaften.

Die Zusatzrenten wegen Alters, verminderter Erwerbsfähigkeit, die Renten an Hinterbliebene sowie die Abfindungen werden nur zusätzlich zu vergleichbaren Leistungen aus der gesetzlichen Rentenversicherung gezahlt. Zu einer Teilrente aus der gesetzlichen Rentenversicherung wird auch nur der entsprechende Teil der Zusatzrente gezahlt.

Wartezeiten für Renten aus der HZV

95 Voraussetzung für die Zahlung der Zusatzrenten ist die Erfüllung der besonderen Wartezeit von 60 Kalendermonaten. Auf diese Wartezeit werden Beitragszeiten, die in der HZV zurückgelegt worden sind, sowie Ersatzzeiten angerechnet, wenn sie unmittelbar an diese Beitragszeiten anschließen. Unter besonderen Voraussetzungen gilt die Wartezeit auch als erfüllt. Sie ist ferner erfüllt, wenn Anrechte durch eine interne Teilung nach dem Versorgungsausgleichsgesetz übertragen wurden.

Berechnung der Zusatzrente

96 Der Monatsbetrag der Zusatzrente ergibt sich, in dem die unter Berücksichtigung des Zugangsfaktors ermittelten persönlichen Entgeltpunkte, für die die in der Hüttenknappschaftlichen Zusatzversicherung versicherten Arbeitsentgelte zugrunde zu legen sind, mit dem Rentenartfaktor und dem aktuellen Rentenwert vervielfältigt werden.

Der Rentenartfaktor beträgt (im Jahr 2012) für persönliche Entgeltpunkte bei

- Zusatzrenten wegen Alters 0,225
- Zusatzrenten wegen verminderter Erwerbsfähigkeit 0,225
- Witwen- und Witwerzusatzrenten bis zum Ende des dritten Kalendermonats nach Ablauf des Monats, in dem der Ehegatte verstorben ist 0,225
- anschließend 0,135
- Halbwaisenzusatzrenten 0,0225
- Vollwaisenzusatzrenten 0,045

Bei Witwen- und Witwerzusatzrenten an vor dem 1. Juli 1977 geschiedene Ehegatten beträgt der Rentenartfaktor immer 0,135.

Stufenweise Absenkung des Rentenfaktors

97 Das Beitrags-Leistungsverhältnis der umlagefinanzierten HZV wird an das der gesetzlichen Rentenversicherung angeglichen, indem der Rentenartfaktor für Zusatzrenten mit einem Rentenbeginn nach dem 31. Dezember 2002 bis zum Jahr 2012 stufenweise abgesenkt wird. Durch diese Absenkung ergibt sich eine entsprechende Minderung der Zusatzrente.

Für Versichertenrenten wird der Rentenartfaktor von bisher 0,3 jährlich um 0,075 auf 0,225 im Jahr 2012 abgesenkt.

Für Hinterbliebenenrenten gilt diese Absenkung entsprechend.

Bei der Ermittlung des Rentenartfaktors für persönliche Entgeltpunkte treten an die Stelle der Werte

0,225	0,135	0,0225	0,045	
	die W	erte		bei Beginn der Rente im Jahr
0,3	0,18	0,03	0,06	bis 2002
0,2925	0,1755	0,02925	0,0585	2003
0,2850	0,1710	0,02850	0,0570	2004
0,2775	0,1665	0,02775	0,0555	2005
0,2700	0,1620	0,02700	0,0540	2006
0,2625	0,1575	0,02625	0,0525	2007
0,2550	0,1530	0,02550	0,0510	2008
0,2475	0,1485	0,02475	0,0495	2009
0,2400	0,1440	0,02400	0,0480	2010
0,2325	0,1395	0,02325	0,0465	2011
0,225	0,135	0,0225	0,045	ab 2012

98 Im Übrigen bestimmen sich für die Berechnung der Renten die in der gesetzlichen Rentenversicherung maßgebenden Faktoren nach den Vorschriften des SGB VI.

Die Anhebung der Altersgrenzen gilt auch für die Zusatzrenten der Hüttenknappschaftlichen Zusatzversicherung. Sofern die Rente aus der gesetzlichen Rentenversicherung wegen der vorzeitigen Inanspruchnahme um einen Abschlag vermindert wird, erfolgt eine entsprechende Kürzung auch bei der Zusatzrente wegen Alters.

Wenn die Altersrente der gesetzlichen Rentenversicherung wegen Überschreitens der Hinzuverdienstgrenze nur als Teilrente gezahlt wird, so wird die Zusatzrente aus der Hüttenknappschaftlichen Zusatzversicherung ebenfalls nur als entsprechende Teilrente gewährt.

Bei den Zusatzrenten wegen verminderter Erwerbsfähigkeit, wegen Berufs- oder Erwerbsunfähigkeit gelten die Einschränkungen bei den Hinzuverdienstmöglichkeiten der gesetzlichen Rentenversicherung ebenso wie die Vorschriften über die Anrechnung von Arbeitsentgelt, Arbeitseinkommen oder von Sozialleistungen.

Die Renten wegen verminderter Erwerbsfähigkeit mit einem Rentenbeginn ab dem 1. Januar 2001 unterliegen den gleichen Abschlägen wie die Altersrenten für schwerbehinderte Menschen, wenn sie vor Vollendung des 63. Lebensjahres gezahlt werden. Die Minderung beträgt maximal 10,8 Prozent. Die Abschlagsregelung gilt für die Zusatzrenten im gleichen Umfang.

Im Gegensatz zur gesetzlichen Rentenversicherung wird in der Hüttenknappschaftlichen Zusatzversicherung nicht zwischen großer und kleiner Witwen-/Witwerrente unterschieden.

Für die Zusatzrenten an Hinterbliebene gelten die Vorschriften über die Einkommensanrechnung der gesetzlichen Rentenversicherung mit der Maßgabe, dass die Einkommensanrechnung auf Renten der gesetzlichen Rentenversicherung Vorrang hat vor der Einkommensanrechnung auf eine entsprechende Zusatzrente. Dies bedeutet, dass erst bei einem vollständigen Ruhen der Rente aus der gesetzlichen Rentenversicherung der dann noch verbleibende Betrag des anzurechnenden Einkommens bei der Zusatzrente zu berücksichtigen ist.

Wie in der gesetzlichen Rentenversicherung unterliegen auch die Zusatzrenten für Hinterbliebene Rentenabschlägen, wenn der Versicherte vor Vollendung des 63. Lebensjahres verstirbt, ohne selbst eine Rente bezogen zu haben. Für jeden Monat, für den die Rente wegen Todes vor Vollendung des 63. Lebensjahres des verstorbenen Versicherten beansprucht wird, erfolgt ein Abschlag von 0,3 Prozent; höchstens jedoch 10,8 Prozent.

Abfindung von Witwen- und Witwerrenten bei Wiederheirat

99 Bei der ersten Wiederheirat des Berechtigten werden Witwenrenten oder Witwerrenten mit dem 24-fachen Monatsbetrag abgefunden.

Beginn und Ende der Zusatzrenten

100 Die Zusatzrenten werden mit Beginn der Renten aus der Rentenversicherung gezahlt, wenn der Antrag spätestens bis zum Ablauf von einem Monat nach Feststellung der Rente aus der gesetzlichen Renten Versicherung gestellt wird. Sobald die Rente aus der gesetzlichen Rentenversicherung endet, entfällt auch die Zusatzrente. Ansonsten gelten die Vorschriften des SGB VI.

Kapitalabfindung

101 Soweit ein Versicherter bei Eintritt des Versicherungsfalls nur einen Anspruch auf eine Zusatzrente hat, die 1,5 Prozent der Beitragsbemessungsgrenze nicht überschreitet, ist er mit einem Kapital abzufinden, das dem Wert der ihm zustehenden Zusatzrente entspricht.

Beitragserstattung

102 Eine Beitragserstattung erfolgt dann, wenn die Versicherungpflicht in der Hüttenknappschaftlichen Zusatzversicherung entfällt und nicht für 60 Kalendermonate Beiträge zur Hüttenknappschaftlichen Zusatzversicherung entrichtet sind, zudem 24 Kalendermonate seit dem Ausscheiden aus der Versicherungspflicht vergangen sind und nicht wieder Versicherungspflicht eingetreten ist. Dann wird auf Antrag die Hälfte der für die Zeit nach dem 19. November 1947 entrichteten Beiträge erstattet. Hierbei steht auch ein Auslandsaufenthalt des Berechtigten nicht entgegen.

Für Beiträge zur kapitalgedeckten HZV ist eine Erstattung ausgeschlossen.

103 Wenn die Wartezeit für einen Anspruch erfüllt ist, werden Leistungen auch an Berechtigte gezahlt, die ihren Wohnsitz in den neuen Bundesländern haben. Ansonsten enthält der Einigungsvertrag keine neuen Regelungen.

16 Zusätzliche Altersversorgung

Kapitaldeckungsverfahren

104 Die Höchster Pensionskasse VVaG gewährt den Versicherten der HZV entsprechend den Bestimmungen ihrer Satzung und Allgemeinen Versicherungsbedingungen (AVB) Alters-, Dienstunfähigkeits- und Hinterbliebenenrente.

Die Durchführung der kapitalgedeckten HZV erfolgt in einem eigenen Abrechnungsverband, wobei die Interessen der Versicherten in den Organen der Pensionskasse durch die Deutsche Rentenversicherung Saarland wahrgenommen werden.

Der Leistungskatalog der kapitalgedeckten Zusatzversicherung entspricht im Wesentlichen dem der umlagefinanzierten HZV. Folgende Unterschiede sind jedoch zu beachten:

- Leistungen werden nur nach Beendigung des Beschäftigungsverhältnisses erbracht.
- Renten wegen Erwerbsminderung werden nur bei voller Erwerbsminderung erbracht (Dienstunfähigkeitsrente). Bei Berufsunfähigkeit oder teilweiser Erwerbsminderung besteht kein Leistungsanspruch.
- Die Ehegattenrente bei Tod des Versicherten beträgt 60 Prozent der Anwartschaft auf Altersrente zum 65. Lebensjahr bzw. 60 Prozent der laufenden Rente. Bei Eheschließung nach dem 60. Lebensjahr wird, sofern die Ehe noch keine fünf Jahre gedauert hat, für jedes volle Ehejahr zwölf Prozent der Anwartschaft als Ehegattenrente gewährt. Ist zudem der hinterbliebene Ehegatte mehr als 20 Jahre jünger als das verstorbene Mitglied, mindert sich die Ehegattenrente für jedes über 20 Jahre hinausgehende volle Jahr um fünf Prozent.

Wird eine Altersrente der Pensionskasse vorzeitig in Anspruch genommen (vorgezogene Altersrente), ist ein versicherungsmathematischer Abschlag vorzunehmen, der sich nach dem jeweiligen Alter bei Rentenbeginn richtet.

Beiträge zur Kranken- und Pflegeversicherung

105 Die Hüttenknappschaftliche Zusatzversicherung hat von der Zusatzrente Beiträge zur gesetzlichen Krankenversicherung und Pflegeversicherung einzubehalten und an die Krankenkasse abzuführen.

Die Beiträge zur Krankenversicherung aus der Zusatzrente sind seit dem 1. Januar 2004 von den Rentnern allein zu tragen. Mit Einführung des Gesundheitsfonds zum 1. Januar 2009 bemessen sich die Beiträge zur Krankenversicherung nunmehr nach einem einheitlichen allgemeinen Beitragssatz. Dieser beträgt ab dem 1. Januar 2011 15,5 Prozent und wird festgeschrieben. Über die Einnahmeentwicklung hinausgehende Ausgabensteigerungen werden künftig durch Zusatzbeiträge der Mitglieder finanziert.

Auch die Beiträge zur Pflegeversicherung sind von den Rentnern alleine zu tragen. Seit dem 1. Juli 2008 gilt hier ein einheitlicher Beitragssatz von 1,95 Prozent bzw. für kinderlose Mitglieder der Pflegeversicherung ein um 0,25 Prozentpunkte erhöhter Beitragssatz von 2,20 Prozent.

Für Rentner, die vor dem 1. Januar 1940 geboren sind bzw. die das 23. Lebensjahr noch nicht vollendet haben, entfällt dieser Zuschlag.

Wahlrecht

106 Den Beschäftigten, deren bereits bestehende Versicherung in der umlagefinanzierten HZV in der neu errichteten kapitalgedeckten HZV fortgeführt wird, wird ein Wahlrecht auf Übertragung ihrer bisher erworbenen Anwartschaften eingeräumt, sofern sie am 1. Januar 2003 die Wartezeit von fünf Jahren in der HZV erfüllt haben.

Eine gesetzliche Übertragung erfolgt für die Versicherten, die die Wartezeit noch nicht erfüllt haben.

Übergangsregelungen

107 Bei den Bestandsrenten ergibt sich keine Änderung für die Rentenbezieher mit einem Rentenbeginn vor dem 1. Januar 2003. Dies gilt auch für die Neufeststellung einer unterbrochenen oder einer weiteren Rente neben einer bereits laufenden Rente.

- Bei Zusatzrentenbeziehern mit einem Rentenbeginn ab dem 1. Januar 2003 wird der Rentenartfaktor je nach Jahrgang des Rentenzugangs über einen Zeitraum von zehn Jahren kontinuierlich abgesenkt, bis der endgültige Rentenartfaktor bei einem Rentenbeginn ab dem Jahr 2012 erreicht ist.
- Die Versicherten, die vor dem 2. Januar 1958 geboren wurden, am 31. Dezember 2002 und durchgehend versicherungspflichtig sind oder für den Monat Dezember 2002 zur HZV einen freiwilligen Beitrag wirksam entrichtet haben, bleiben weiterhin in der umlagefinanzierten HZV versichert und erhalten daraus Leistungen nach den bisherigen Grundsätzen.
- Die Versicherten, die nach dem 1. Januar 1958 geboren wurden, entrichten seit dem 1. Januar 2003

Zusätzliche Altersversorgung 16

Beiträge zur kapitalgedeckten HZV (Pensionskasse).
- Die Versicherten, die nach dem 31. Dezember 2002 nicht oder nicht wieder versicherungspflichtig sind, in der Vergangenheit Beiträge zur HZV entrichtet und die Wartezeit von fünf Jahren erfüllt haben, erhalten eine Zusatzrente aus der umlagefinanzierten HZV. Sofern die Wartezeit nicht erfüllt ist, besteht ein Anspruch auf Beitragserstattung.

Organisation

108 Die Deutsche Rentenversicherung Saarland führt den geschlossenen Teil der HZV im Umlageverfahren in vollem Umfang selbst weiter.

Auch für den im Wege des Kapitaldeckungsverfahrens finanzierten Teil bleibt die Deutsche Rentenversicherung Saarland im organisationsrechtlichen Sinne Trägerin der HZV. Zu den Aufgaben, die hier von der Deutschen Rentenversicherung Saarland wahrgenommen werden, gehören insbesondere der Beitragseinzug und die Information und Beratung der Versicherten.

Finanzierung

109 Die Mittel für die Ausgaben der Hüttenknappschaftlichen Zusatzversicherung werden durch Beiträge der Versicherten und der Arbeitgeber sowie – in der umlagefinanzierten HZV – auch durch einen jährlichen Zuschuss des Bundes finanziert.

Der Beitragssatz beträgt 4,5 Prozent des Arbeitsentgelts bis zur Beitragsbemessungsgrenze. Die Beitragsbemessungsgrenze (BBG) beträgt seit dem 1. Januar 2003 45 Prozent der BBG der allgemeinen Rentenversicherung; bis zum 31. Dezember 2002 betrug sie die Hälfte der BBG.

Für das Jahr 2011 beträgt die Beitragsbemessungsgrenze weiterhin 2.475,00 Euro monatlich; daraus berechnet sich ein monatlicher Höchstbeitrag von 111,38 Euro. Die Pflichtbeiträge werden vom Versicherten und Arbeitgeber jeweils zur Hälfte getragen. Dies gilt unabhängig davon, ob die Pflichtbeiträge in die umlagefinanzierte oder die kapitalgedeckte Zusatzversicherung zu entrichten sind.

Steuerliche Förderung bei der Durchführung der HZV im Kapitaldeckungsverfahren

110 Beiträge zur HZV im Kapitaldeckungsverfahren werden als Leistungen zur betrieblichen Altersversorgung im Sinne des Einkommensteuergesetzes steuerlich privilegiert behandelt.

111 Die Beiträge des Arbeitgebers sind danach bis zu einer Höhe von vier Prozent der Beitragsbemessungsgrenze in der allgemeinen Rentenversicherung zuzüglich eines pauschalen Betrages von 1.800,00 Euro jährlich steuerfrei (§ 3 Nr. 63 EStG), soweit der Arbeitnehmer keinen eigenen Anspruch auf steuerliche Förderung begründet.

112 Arbeitnehmer können für ihre versteuerten Beiträge unter den Voraussetzungen des Einkommensteuergesetzes die Vorteile der Riester-Förderung (§ 10a, Abschnitt XI EStG) durch staatliche Zulagen bzw. einen Sonderausgabenabzug in Anspruch nehmen.

Beratung

113 Auskunft und Beratung erteilen die Auskunfts- und Beratungsstellen der Deutschen Rentenversicherung Saarland sowie die Hüttenknappschaftliche Zusatzversicherung bei der Deutschen Rentenversicherung Saarland in 66111 Saarbrücken, Martin-Luther-Straße 2-4. Bei diesen Stellen können auch die Anträge gestellt werden.

Zusatzversorgung für Bezirksschornsteinfegermeister

Aufgabe

114 Bereits im Jahr 1912 wurde in Preußen eine Versorgungseinrichtung für die Bezirksschornsteinfegermeister geschaffen, der unter dem Namen „Versorgungsverein Deutscher Schornsteinfegermeister" im Jahre 1932 die Rechte einer Körperschaft des öffentlichen Rechts verliehen wurden. 1937 wurde ihr Tätigkeitsbereich auf das gesamte damalige Reichsgebiet ausgedehnt. Versorgungseinrichtungen, die in anderen Ländern des Reichsgebiets bestanden, wurden vom Versorgungsverein übernommen. Ab 1937 mussten alle deutschen Bezirksschornsteinfegermeister nach ihrer Bestellung die Mitgliedschaft beim Versorgungsverein erwerben. Durch das Gesetz über das Schornsteinfegerwesen (Schornsteinfegergesetz) wurde die Versorgung ab dem 1. Januar 1970 neu geregelt und die Versicherung bei der Versorgungsanstalt der deutschen Bezirksschornsteinfegermeister mit der Handwerkerversicherung in der gesetzlichen Rentenversicherung zu einer

16 Zusätzliche Altersversorgung

Gesamtversorgung verbunden. Der Tätigkeitsbereich der Versorgungsanstalt erstreckte sich auch nach der Wiedervereinigung aufgrund der Regelungen des Einigungsvertrages zunächst nur auf die alten Bundesländer. Seit dem 1. August 1994 sind in das System der Schornsteinfegerversorgung auch die Bezirksschornsteinfegermeister in den neuen Bundesländern einbezogen.

115 Die Versorgung im Schornsteinfegerhandwerk ist auf die Einrichtung fester Kehrbezirke und auf eine feste Altersgrenze zurückzuführen. Folge der Kehrbezirkseinteilung und der zwangsweisen Versetzung in den Ruhestand war die Notwendigkeit einer Alterssicherung der Bezirksschornsteinfegermeister. Die Versorgung im Schornsteinfegerhandwerk verbindet die Pflichtversicherung in den sozialen Rentenversicherungen mit der Mitgliedschaft bei der Versorgungsanstalt (Gesamtversorgung). Jeder Bezirksschornsteinfegermeister ist nicht nur Mitglied der Versorgungsanstalt, sondern während der gesamten Dauer seiner Bestellung auch in der Handwerkerversicherung pflichtversichert.

Bei den Bezirksschornsteinfegermeistern endet diese Versicherungspflicht in der gesetzlichen Rentenversicherung nicht wie bei den übrigen Handwerkern mit der Entrichtung des 216. Pflichtbeitrages zur Handwerkerversicherung.

116 Aufgrund von Vorgaben des Europäischen Gemeinschaftsrechts musste eine Neuregelung des Schornsteinfegerrechts erfolgen.

Mit dem Inkrafttreten des Gesetzes zur Neuregelung des Schornsteinfegerwesens am 29. November 2008 ergeben sich erhebliche Veränderungen im Berufsrecht der Schornsteinfeger bzw. der Bezirksschornsteinfegermeister. Das neue Berufsrecht hat mittel- bis langfristig auch Auswirkungen auf die Zusatzversorgung. Wegen der künftig nur noch auf sieben Jahre befristeten Vergabe der Kehrbezirke wird das bestehende Gesamtversorgungssystem auf ein beitragsäquivalentes System umgestellt.

Da der versorgungsrechtliche Teil jedoch erst zum 1. Januar 2013 in Kraft tritt, wird auf eine nähere Darstellung verzichtet.

117 Bis zur Umstellung der Zusatzversorgung auf ein beitragsäquivalentes System ab dem 1. Januar 2013 setzt sich die Gesamtversorgung aus dem Ruhegeld der Versorgungsanstalt und der Rente aus der gesetzlichen Rentenversicherung zusammen. Das System der Gesamtversorgung stellt sicher, dass der Bezirksschornsteinfegermeister im Ruhestand ein angemessenes Versorgungsniveau erreicht. Gleichzeitig ist sichergestellt, dass er im Ruhestand unabhängig von der Rente aus der gesetzlichen Rentenversicherung für seine Beitragsleistungen einen angemessenen Betrag von der Versorgungsanstalt erhält (Mindestversorgung).

118 Die Zusatzversorgung sichert nicht nur die Berufsangehörigen, sondern auch ihre Hinterbliebenen ab und gewährleistet eine angemessene Sicherung bei Berufsunfall und bei berufsbedingter Krankheit.

Berechtigte

119 Jeder Schornsteinfegermeister wird mit dem Tag seiner Bestellung zum Bezirksschornsteinfegermeister kraft Gesetzes Mitglied der Versorgungsanstalt. Für einen Bezirksschornsteinfegermeister in den neuen Bundesländern konnte die Mitgliedschaft frühestens am 1. August 1994 beginnen. Auch der Ruhegeldempfänger ist Mitglied der Versorgungsanstalt.

Leistungen

120 Die Versorgungsanstalt gewährt Ruhegeld, Witwengeld, Witwergeld und Waisengeld.

121 Ruhegeld erhalten ehemalige Bezirksschornsteinfegermeister, deren Bestellung wegen Erreichens der Altersgrenze oder Versetzung in den Ruhestand aus gesundheitlichen Gründen erloschen ist. Eine Wartezeit muss nicht erfüllt werden.

Endet die Bestellung allerdings wegen Rücknahme, Widerrufs oder Aufhebung, erhält der ehemalige Bezirksschornsteinfegermeister Ruhegeld ab Vollendung des 65. Lebensjahres. Außerdem müssen mindestens für fünf Jahre Beiträge entrichtet worden sein.

122 Witwengeld erhält die Witwe eines Bezirksschornsteinfegermeisters, die Witwe eines ehemaligen Bezirksschornsteinfegermeisters, der für mindestens fünf Jahre Beiträge zur Versorgungsanstalt entrichtet hat, und die Witwe eines Ruhegeldempfängers. Die Regelungen gelten für das Witwergeld, das an Witwer und überlebende Lebenspartner aus eingetragenen Lebenspartnerschaften gezahlt wird, entsprechend.

123 Waisengeld erhalten die Waisen eines Bezirksschornsteinfegermeisters, eines ehemaligen Bezirksschornsteinfegermeister mit mindestens fünfjähriger Beitragszahlung und eines Ruhegeldempfängers.

124 Seit dem 1. Juli 2010 werden die Versorgungsbezüge monatlich im Voraus überwiesen. Bis zu diesem Zeitpunkt erfolgte die Überweisung vierteljährlich, jeweils zu Beginn eines Quartals.

125 Die Höhe des Ruhegeldes ist von der Dauer der mit Beiträgen belegten Mitgliedschaft des Bezirksschornsteinfegermeisters bei der Versorgungsanstalt abhängig. Für jedes mit Beiträgen belegte Jahr der Mitgliedschaft werden während der ersten 20 Jahre 3,5 Prozent, für jedes weitere Jahr 3 Prozent des Jahreshöchstbetrages als Gesamtruhegeld (Ruhegeld aus der Versorgungsanstalt und anrechenbare Teile der Renten aus der Sozialversicherung) festgesetzt, bis – bei einer Mitgliedschaftsdauer von 30 Jahren – 100 Prozent des Jahreshöchstbetrages erreicht sind. Der Jahreshöchstbetrag betrug bis zum Inkrafttreten des Gesetzes zur Neuregelung des Schornsteinfegerhandwerks am 29. November 2008 72 Prozent der jährlichen Gesamtvergütung eines verheirateten, kinderlosen Angestellten des Bundes in der höchsten Lebensaltersstufe der Vergütungsgruppe Vc des Bundes-Angestelltentarifvertrages (BAT). Vermögenswirksame Leistungen und solche Leistungen, die nicht allen Angestellten dieser Vergütungsgruppe gezahlt werden, blieben unberücksichtigt.

Da der BAT durch den Tarifvertrag für den öffentlichen Dienst (TVöD) für den Bereich der Bundesverwaltung und der Kommunen am 1. Oktober 2005 abgelöst wurde, erfolgte mit der Änderung im Schornsteinfegergesetz (SchfG) zum 29. November 2008 eine Anbindung des Jahreshöchstbetrages an den TVöD.

Der Jahreshöchstbetrag des Ruhegeldes nach dem TVöD beträgt 81 Prozent des jährlichen Bruttoarbeitseinkommens eines Beschäftigten des Bundes in Entgeltgruppe 8 Stufe 6 des Tarifvertrages für den öffentlichen Dienst in der jeweils geltenden Fassung ohne leistungsorientierte Bezahlungskomponente, Jahressonderzahlungen und Einmalzahlungen.

Die neue Entgeltgruppe wurde dabei so gewählt, dass im Vergleich zum bisherigen Recht ein nahtloser Übergang in der Höhe der Bemessungsgrundlage gewährleistet ist.

Der Jahreshöchstbetrag (West) belief sich für das Jahr 2010 auf 26.512,20 Euro. Ab dem 1. Januar 2011 beträgt der Jahreshöchstbetrag (West) 26.726,76 Euro.

Dynamisierung der Versorgungsleistungen

126 Durch die Bindung des Jahreshöchstbetrages an den BAT bzw. den Tarifvertrag für den öffentlichen Dienst wurde sichergestellt, dass die Versorgung im Schornsteinfegerhandwerk mit der allgemeinen Einkommensentwicklung Schritt hält.

Die Anwartschaften eines aktiven Bezirksschornsteinfegermeisters und die Leistungen der Versorgungsanstalt an den Bezirksschornsteinfegermeister im Ruhestand oder seine Hinterbliebenen erhöhen sich mit jeder Steigerung der Vergütungen der Beschäftigten des Bundes in der Entgeltgruppe 8 Stufe 6 TVöD.

Jeweils zum 1. Januar eines Jahres wird der Jahreshöchstbetrag neu berechnet.

Sofern sich die Tarifparteien des öffentlichen Dienstes zu Beginn eines Jahres noch nicht auf einen Tarifvertrag für das gesamte Jahr geeinigt haben, kann der Jahreshöchstbetrag nicht rechtzeitig berechnet werden.

Sobald die neuen Vergütungstarifverträge abgeschlossen sind, wird die Dynamisierung rückwirkend zum 1. Januar durchgeführt und die entstandene Nachzahlung ausgezahlt.

Bis zur Herstellung einheitlicher Einkommensverhältnisse in Deutschland gilt für die neuen Bundesländer ein eigener Jahreshöchstbetrag (Ost), der vom aktuellen Rentenwert (Ost) abhängig ist. Gemäß der Änderung der Berechnung des Jahreshöchstbetrags ergab sich für das Jahr 2010 ein Jahreshöchstbetrag (Ost) von 23.519,88 Euro. Durch die Tarifanpassung zum 1. Januar 2011 beträgt der Jahreshöchstbetrag (Ost) ab dem 1. Januar 2011 23.710,20 Euro.

Anrechenbare Renten

127 Auf das Ruhegeld werden die Versichertenrenten aus der gesetzlichen Rentenversicherung, soweit sie auf Pflichtbeiträgen beruhen, angerechnet. Auch die auf Pflichtversicherung in der ehemaligen DDR beruhenden Renten sowie Auffüllbeträge, Renten- und Übergangszuschläge müssen angerechnet werden. Rentenleistungen aufgrund von Ersatz-, Anrechnungs- und Zurechnungszeiten werden nicht angerechnet. Ebenso bleiben Handwerkerversicherungsbeiträge, die für Zeiten vor dem 1. Januar 1970 entrichtet wurden, bei der Ermittlung der anrechenbaren Rente außer Ansatz.

16 Zusätzliche Altersversorgung

Auch eine Verletztenrente aus der gesetzlichen Unfallversicherung ist anzurechnen, wenn ein Arbeitsunfall oder eine berufsbedingte Erkrankung des Bezirksschornsteinfegermeisters zur Versetzung in den Ruhestand geführt hat.

> **Berechnungsbeispiel:**
>
> Der Bezirksschornsteinfegermeister B. hat 33 Jahre Mitgliedschaft aufzuweisen. Anrechenbar zur Ermittlung des Prozentsatzes des Jahreshöchstbetrages sind jedoch nur 30 Jahre.
>
> Das Ruhegeld beträgt 100 Prozent des Jahreshöchstbetrages, nämlich 3,5 Prozent × 20 Jahre und 3 Prozent × 10 Jahre.
>
> Der Jahreshöchstbetrag des Ruhegeldes (81 Prozent der Entgeltgruppe 8 Stufe 6 TVöD) beläuft sich
>
> | | |
> |---|---|
> | am 1. Januar 2011 auf | 26.726,76 Euro |
> | Das Ruhegeld des B. beträgt somit | 26.726,76 Euro |
> | Die Rente aus der gesetzlichen Rentenversicherung beträgt monatlich | 865,00 Euro |
> | Davon beruhen auf Pflichtbeiträgen monatlich | 800,00 Euro |
> | Das Ruhegeld ist zu kürzen um 800,00 Euro × 12 | 9.600,00 Euro |
> | Der von der Versorgungsanstalt zu erbringende Teil der Gesamtversorgung beträgt jährlich | 17.126,76 Euro |

Mindestversorgung

128 Eine Kürzung des Ruhegeldes um die anrechenbaren Renten aus der gesetzlichen Renten- und Unfallversicherung unterbleibt jedoch, soweit 1,5 Prozent des Jahreshöchstbetrages für jedes Jahr der echten, d. h. mit Beiträgen belegten Mitgliedschaft unterschritten wird (Mindestversorgung). Bei dieser 1,5 Prozentberechnung spielt also die Höhe der anrechenbaren Rente keine Rolle mehr. Nach einer Mitgliedschaftszeit von 30 Jahren beträgt das Ruhegeld in keinem Fall weniger als 45 Prozent des Jahreshöchstbetrages. Durch diese Regelung hat der Gesetzgeber sichergestellt, dass jedes Mitglied für seine Beiträge eine angemessene Mindestleistung aus der Versorgungsanstalt erhält.

129 Wird ein Bezirksschornsteinfegermeister vor Vollendung des 55. Lebensjahres aus gesundheitlichen Gründen in den Ruhestand versetzt, wird er so gestellt, als sei er bis zur Vollendung des 55. Lebensjahres Mitglied der Versorgungsanstalt gewesen. Ergibt sich trotz dieser so genannten Zurechnungszeit eine Mitgliedschaftsdauer von weniger als zehn Jahren, werden bei der Berechnung des Ruhegeldes zehn Mitgliedschaftsjahre zugrunde gelegt.

130 Ist die Versetzung in den Ruhestand des Bezirksschornsteinfegermeisters auf einen Berufsunfall bzw. eine berufsbedingte Krankheit zurückzuführen, beträgt sein Gesamtruhegeld ohne Rücksicht auf die tatsächliche Dauer der Mitgliedschaft mindestens 85 Prozent des Jahreshöchstbetrages. Der Bezirksschornsteinfegermeister wird also so gestellt, als sei er 25 Jahre (3,5 × 20 Jahre + 3 Prozent × 5 Jahre = 85 Prozent) Mitglied der Versorgungsanstalt gewesen. In diesem Fall wird allerdings außer der anrechenbaren Rente aus der gesetzlichen Rentenversicherung auch die Verletztenrente aus der gesetzlichen Unfallversicherung auf das Gesamtruhegeld angerechnet.

Hinterbliebenenversorgung

131 Das Witwen-/Witwergeld beträgt 60 Prozent, das Vollwaisengeld 40 Prozent und das Halbwaisengeld 20 Prozent des Ruhegeldes.

Wurde die Ehe nach dem 31. Dezember 2001 geschlossen oder sind beide Ehegatten, unabhängig davon, wann die Ehe geschlossen wurde, nach dem 1. Januar 1962 geboren, beträgt der Prozentsatz des Witwen- und Witwergeldes 55 Prozent des Ruhegeldes.

132 Der Anspruch auf Hinterbliebenenversorgung entsteht beim Tod eines Ruhegeldempfängers mit dem Beginn des nächsten Kalendervierteljahres, beim Tod eines Bezirksschornsteinfegermeisters mit Ablauf des Todestages des Anwartschaftsberechtigten.

Hinsichtlich der Anrechnung der Hinterbliebenenrenten aus der gesetzlichen Rentenversicherung (Witwen-/Witwerrente, Halbwaisen- sowie Vollwaisenrente) und aus der gesetzlichen Unfallversicherung gelten die entsprechenden Regelungen wie beim Ruhegeld. Eine Einkommensanrechnung bei der Hinterbliebenenversorgung findet jedoch bei den Leistungen der Versorgungsanstalt nicht statt.

Der Witwen- oder Witwergeldbezug endet mit Ablauf des Quartals, in dem die Witwe/der Witwer stirbt oder mit dem Tag der Wiederverheiratung. Bei Wiederheirat wird eine Abfindung in Höhe von zwei Jahreswitwen-/Jahreswitwergelder gezahlt.

133 Das Waisengeld wird bis zum Ablauf des Quartals, in dem die Waise das 18. Lebensjahr vollendet, gezahlt. Darüber hinaus besteht im Fall der Schul- oder Berufsausbildung, bei Ableistung eines freiwilligen sozialen oder ökologischen Jahres oder bei Gebrechlichkeit ein Anspruch bis zum Ablauf des Quartals, in dem die Waise das 27. Lebensjahr vollendet.

134 Witwen-/Witwergeld und Waisengelder dürfen zusammen die Höhe des Ruhegeldes nicht übersteigen, das dem Verstorbenen bei seinem Tode zustand oder zugestanden hätte.

Rechtliche Regelung in den neuen Bundesländern

135 Nach den Übergangsregelungen im Gesetz zur Änderung des Schornsteinfegergesetzes (SchfG) vom 20. Juli 1994 wird an Bezirksschornsteinfegermeister, die am 1. August 1994 als Bezirksschornsteinfegermeister im Gebiet der neuen Bundesländer bestellt waren oder nach diesem Tag bestellt oder wiederbestellt werden, Ruhegeld gezahlt bzw. werden die Zeiten für die Berechnung des Witwen- oder Witwergeldes und des Waisengeldes berücksichtigt.

War der Bezirksschornsteinfegermeister allerdings zwischen dem 31. Dezember 1991 und dem 1. August 1994 bereits bestellt, so werden diese Zeiten bei der Ruhegeldberechnung wie Mitgliedschaftszeiten behandelt.

Organisation

136 Trägerin der Zusatzversorgung im Schornsteinfegerhandwerk ist die Versorgungsanstalt der deutschen Bezirksschornsteinfegermeister (Versorgungsanstalt). Die Verwaltung der Versorgungsanstalt hat seit 1951 die Bayerische Versicherungskammer - Versorgung (Versorgungskammer) übernommen. Die Versorgungsanstalt hat ihren Sitz in München und ist eine bundesunmittelbare rechtsfähige Anstalt des öffentlichen Rechts.

Organe der Versorgungsanstalt sind die von den Mitgliedern gewählte Vertreterversammlung, der Vorstand und die Geschäftsführung. Die Geschäftsführung der Versorgungsanstalt wird von der Bayerischen Versorgungskammer wahrgenommen. Die Aufsicht über die Versorgungsanstalt führt das Bundesversicherungsamt.

Finanzierung

137 Die Versorgungsanstalt finanziert ihre Leistungen aus den Beiträgen der Mitglieder und den Erträgnissen der Vermögensanlagen. Sie erhält keine staatlichen Zuschüsse.

Die Höhe des jährlichen Beitrags wird von der Vertreterversammlung nach dem jeweiligen Finanzbedarf der Versorgungsanstalt, also nach der voraussichtlichen Höhe der anfallenden Versorgungsleistungen, festgesetzt. Der Beschluss muss vom Bundesversicherungsamt genehmigt werden.

Die Beiträge des einzelnen Bezirksschornsteinfegermeisters dienen nicht der Ansparung der eigenen Rente, sondern der Finanzierung der laufenden Rentenzahlungen (Umlageverfahren wie in der gesetzlichen Rentenversicherung).

Beiträge sind seit dem 1. Juli 2010 monatlich im Voraus zu entrichten. Bis zu diesem Zeitpunkt mussten sie vierteljährlich im Voraus bezahlt werden.

Beratung

138 Auskunft erteilt die Versorgungsanstalt der deutschen Bezirksschornsteinfegermeister in 81921 München.

Zusatzversorgung in der Land- und Forstwirtschaft

Aufgabe

139 Die land- und forstwirtschaftliche Zusatzversorgung ist eine gesetzliche und eine tarifvertragliche Sozialeinrichtung für land- und forstwirtschaftliche Arbeitnehmer sowie deren Hinterbliebene. Sie will durch die Gewährung von Ausgleichsleistungen und von Beihilfen die Nachteile überwinden helfen, die dadurch entstanden sind, dass die Renten ehemaliger landwirtschaftlicher Arbeitnehmer regelmäßig niedriger sind als die Renten anderer vergleichbarer Arbeitnehmer.

Um eine entsprechende Angleichung der Renten zu verwirklichen, haben die Gewerkschaft Gartenbau, Land- und Forstwirtschaft – jetzt Industriegewerk-

16 Zusätzliche Altersversorgung

schaft Bauen-Agrar-Umwelt – einerseits und die Mitgliedsverbände des Gesamtverbandes der Deutschen Land- und Forstwirtschaftlichen Arbeitgeberverbände e. V. andererseits einen Tarifvertrag über eine Zusatzversorgung der Arbeitnehmer in der Land- und Forstwirtschaft geschlossen.

Dieser Tarifvertrag sah vom 1. Juli 1972 an die Versicherung der in der Land- und Forstwirtschaft beschäftigten Arbeitnehmer beim „Zusatzversorgungswerk für Arbeitnehmer in der Land- und Forstwirtschaft e. V. (ZLF)" vor.

Das ZLF gewährt ehemaligen landwirtschaftlichen Arbeitnehmern, deren Witwen und Witwern sowie Vollwaisen eine Beihilfe zu den Renten der gesetzlichen Rentenversicherung.

Seit dem 1. Januar 2001 wird das ZLF in der Rechtsform eines Versicherungsvereins auf Gegenseitigkeit (VVaG) geführt.

Um die Gesamtaltersversorgung älterer ehemaliger Arbeitnehmer bzw. deren hinterbliebenen Ehegatten zu verbessern, wird für sie darüber hinaus auf der Grundlage des ZVALG (Gesetz über die Errichtung einer Zusatzversorgungskasse für Arbeitnehmer in der Land- und Forstwirtschaft) eine aus Bundesmitteln finanzierte Ausgleichsleistung zu den Renten aus der gesetzlichen Rentenversicherung durch die Zusatzversorgungskasse für Arbeitnehmer in der Land- und Forstwirtschaft (ZLA) gezahlt.

Berechtigte

140 Beihilfen und Ausgleichsleistungen können die landwirtschaftlichen Arbeitnehmer erhalten, die in der gesetzlichen Rentenversicherung pflichtversichert und in einem land- und forstwirtschaftlichen Betrieb beschäftigt waren.

Als ehemalige landwirtschaftliche Arbeitnehmer sind auch die mitarbeitenden Familienangehörigen eines Arbeitgebers anzusehen, sofern sie in der gesetzlichen Rentenversicherung pflichtversichert und in den entsprechenden Betrieben ständig beschäftigt waren.

Beihilfen und Ausgleichsleistungen werden nicht gezahlt, wenn die Altersversorgung des landwirtschaftlichen Arbeitnehmers oder seines hinterbliebenen Ehegatten durch vergleichbare Ansprüche gegen andere Versorgungseinrichtungen gewährleistet ist.

Leistungen

Beihilfen

141 Beihilfen können gewährt werden zur Altersrente, Erziehungsrente, Rente wegen verminderter Erwerbsfähigkeit, Rente wegen Erwerbs- oder Berufsunfähigkeit, Witwen- oder Witwerrente sowie zur Vollwaisenrente aus der gesetzlichen Rentenversicherung. Sie sind dann zu zahlen, wenn der ehemalige landwirtschaftliche Arbeitnehmer einen Rentenbescheid des Rentenversicherungsträgers vorlegen kann und die Wartezeit erfüllt ist.

Wartezeit

142 Die Wartezeit beträgt 180 Kalendermonate. Hierbei werden alle Zeiten der rentenversicherungspflichtigen Tätigkeit in einem Betrieb der Land- und Forstwirtschaft berücksichtigt. Die Zeiten der rentenversicherungspflichtigen Tätigkeit werden jedoch nur dann für die Wartezeit berücksichtigt, wenn der Arbeitgeber für sie Beiträge nach dem Tarifvertrag zu leisten hatte. Die Zeiten einer rentenversicherungspflichtigen Tätigkeit in einem Betrieb der Land- und Forstwirtschaft vor dem 1. Juli 1972 (alte Bundesländer) bzw. vor dem 1. Juli 1995 (neue Bundesländer) werden für die Berechnung der Wartezeit jedoch nur angerechnet, wenn für diese Tätigkeit keine Ausnahme von der Beitragspflicht nach dem Tarifvertrag bestanden haben würde.

Außerdem angerechnet werden Ersatz- und Anrechnungszeiten sowie Pflichtbeitragszeiten aufgrund des Bezuges von Sozialleistungen, wenn durch diese Zeiten eine Beschäftigung als landwirtschaftlicher Arbeitnehmer unterbrochen wurde.

Trotz nicht erfüllter Wartezeit besteht ein Anspruch auf Beihilfe dann, wenn der Versicherungsfall infolge eines Arbeitsunfalls oder einer Berufskrankheit in der Land- und Forstwirtschaft im Sinne der gesetzlichen Unfallversicherung eingetreten ist.

143 Grundsätzlich erlischt ein Anspruch auf Beihilfe, wenn der landwirtschaftliche Arbeitnehmer vor Gewährung einer Rente aus der gesetzlichen Rentenversicherung aus dem Beschäftigungsverhältnis ausscheidet. Dies gilt jedoch dann nicht, wenn er im Zeitpunkt des Ausscheidens das 35. Lebensjahr vollendet hat und für mindestens zehn Jahre Beitragspflicht bestanden hat oder wenn der Beginn seiner erstmaligen Beschäftigung in einem entsprechenden land- und forstwirtschaftlichen Betrieb mindestens

12 Jahre zurückliegt und für mindestens drei Jahre Beitragspflicht für den landwirtschaftlichen Arbeitnehmer bestanden hat.

144 Beihilfen werden auch an Witwen und Witwer landwirtschaftlicher Arbeitnehmer gezahlt, wenn sie eine Witwen- oder Witwerrente aus der gesetzlichen Rentenversicherung erhalten, der verstorbene Ehegatte die Wartezeit erfüllt hatte und die Ehe vor Vollendung des 65. Lebensjahres des Verstorbenen geschlossen war.

145 Vollwaisen erhalten eine Beihilfe, wenn sie eine Vollwaisenrente aus der gesetzlichen Rentenversicherung beziehen und in der Person des Vaters oder der Mutter die Wartezeit erfüllt war.

146 Die Höhe der Beihilfe richtet sich nach der Leistungsfähigkeit des ZLF. Dabei sind insbesondere die notwendigen Rückstellungen wegen Anstiegs der Beihilfeberechtigtenzahl sowie die Entwicklung des Beitragsaufkommens zu berücksichtigen. Seit dem 1. Januar 2001 beträgt die Beihilfe zur Altersrente, zur Erwerbsunfähigkeitsrente, zur Rente wegen Erwerbsminderung und zur Erziehungsrente monatlich 1,30 Euro je zwölf Monate, für die Beitragspflicht bestand, zur Berufsunfähigkeitsrente und Witwen-/Witwer- sowie Vollwaisenrente zwei Drittel hiervon (0,87 Euro).

Solange das Deckungskapital nicht ausreicht, um allen Berechtigten die Beihilfe auf Lebenszeit zu garantieren, wird ein Teil der Beihilfen nur zeitlich befristet gewährt. Eventuelle Überschüsse werden vorrangig zu einer Weiterzahlung der zeitlich befristeten Leistungsanteile und darüber hinaus entweder zur Ermäßigung des Beitrags oder als Erhöhung oder Ergänzung der Leistungen verwendet.

Beginn und Ende der Beihilfe

147 Die Beihilfen werden vom Beginn des Monats an gezahlt, in dem ein Anspruch gegenüber der gesetzlichen Rentenversicherung besteht und die Wartezeit erfüllt ist.

Sie werden bis zum Ablauf des Monats gewährt, in dem der Berechtigte stirbt oder die Leistungsvoraussetzungen aus anderen Gründen entfallen.

Beihilfen werden möglichst für jeweils zwölf Monate nachträglich gezahlt.

Zeiten nach dem 31. Dezember 2000 werden nur berücksichtigt, soweit für diese Zeiten Beiträge gezahlt sind.

Ausgleichsleistung

148 Eine Ausgleichsleistung wird zu den Altersrenten, Erziehungsrenten, Erwerbsunfähigkeitsrenten, Renten wegen verminderter Erwerbsfähigkeit oder Witwen- und Witwerrenten aus der gesetzlichen Rentenversicherung gezahlt. Im Gegensatz zu den Bestimmungen über die Gewährung einer Beihilfe erhalten Empfänger einer Rente wegen Berufsunfähigkeit und einer Vollwaisenrente aus der gesetzlichen Rentenversicherung keine Ausgleichsleistung.

Ehemalige landwirtschaftliche Arbeitnehmer erhalten eine Ausgleichsleistung, wenn sie aus der gesetzlichen Rentenversicherung eine Altersrente, Erziehungsrente, eine Rente wegen verminderter Erwerbsfähigkeit oder eine Rente wegen Erwerbsminderung erhalten, in den letzten 25 Jahren vor Beginn dieser Leistung mindestens 180 Kalendermonate eine Beschäftigung als landwirtschaftliche Arbeitnehmer ausgeübt haben und am 1. Juli 2010 das 50. Lebensjahr vollendet haben. Erfasst werden also alle Arbeitnehmer, die bis zum 1. Juli 1960 (einschließlich) geboren sind.

Ehemalige landwirtschaftliche Arbeitnehmer aus den neuen Bundesländern müssen außerdem nach dem 31. Dezember 1994 für mindestens sechs Monate rentenversicherungspflichtig in einem land- oder fortwirtschaftlichen Betrieb beschäftigt gewesen sein. Die Anrechnung von Ersatz- und Anrechnungszeiten ist hierbei nicht möglich.

149 Bezieht ein ehemaliger landwirtschaftlicher Arbeitnehmer Leistungen von der landwirtschaftlichen Alterskasse, so besteht kein Anspruch auf Ausgleichsleistung.

150 Witwen und Witwer landwirtschaftlicher Arbeitnehmer erhalten eine Ausgleichsleistung, wenn der verstorbene Ehegatte Anspruch auf diese hatte oder gehabt hätte, wenn er im Zeitpunkt seines Todes erwerbsunfähig oder erwerbsgemindert im Sinne der gesetzlichen Rentenversicherung gewesen wäre und die Witwe oder der Witwer eine so genannte große Witwen- bzw. Witwerrente aus der Rentenversicherung erhält und die Ehe vor Vollendung des 65. Lebensjahres des landwirtschaftlichen Arbeitnehmers geschlossen worden ist.

151 Die Ausgleichsleistung in den alten Bundesländern beträgt für den verheirateten Berechtigten seit dem 1. Juli 2009 80,00 Euro monatlich, für den unverheirateten Berechtigten 6/10 dieses Betrages, also

48,00 Euro monatlich. In den neuen Bundesländern beträgt die Leistung seit dem 1. Juli 2009 70,96 Euro für den verheirateten und 42,58 Euro monatlich für den unverheirateten Berechtigten.

Die Beträge für die neuen Bundesländer werden jährlich unter Berücksichtigung des allgemeinen Rentenwertes (Ost) ermittelt.

Sofern beide Ehegatten Anspruch auf die Leistung haben, erhält jeder die Leistung für den unverheirateten Berechtigten. Soweit mehrere Ausgleichsleistungen zusammentreffen (z. B. bei einer landwirtschaftlichen Arbeitnehmerin, die zugleich einen Anspruch als Witwe eines landwirtschaftlichen Arbeitnehmers hat), wird nur die höchste Leistung gezahlt.

Die Ausgleichsleistung wird nachträglich für zwölf Monate in einer Summe ausgezahlt.

152 Werden sowohl Beihilfe als auch Ausgleichsleistung bezogen, muss die Ausgleichsleistung gemäß den Bestimmungen des Gesetzes über die Errichtung einer Zusatzversorgungskasse für Arbeitnehmer in der Land- und Forstwirtschaft (ZVALG) gekürzt werden. Auf das nachfolgende Beispiel wird insoweit verwiesen.

Beispiel zur Leistungsberechnung	
Beihilfe und Ausgleichsleistung zur Altersrente bei 20 Beitragsjahren	
Beihilfe: 20 Jahre × 1,30 Euro	26,00 Euro/Monat
Ausgleichsleistung für Verheiratete, alte Bundesländer	80,00 Euro/Monat
Die Ausgleichsleistung in Höhe von	80,00 Euro/Monat
ist um die Beihilfe zu kürzen, so dass eine	./. 26,00 Euro/Monat
gekürzte Ausgleichsleistung von verbleibt.	54,00 Euro/Monat
Somit ergibt sich eine Gesamtleistung aus gekürzter Ausgleichsleistung von	54,00 Euro/Monat
und der Beihilfe von	26,00 Euro/Monat
d. h. eine Gesamtleistung von	80,00 Euro/Monat

Regelungen für die neuen Bundesländer

153 Die Regelungen über die Leistungen nach dem Gesetz über die Errichtung einer Zusatzversorgungskasse für Arbeitnehmer in der Land- und Forstwirtschaft (ZVALG) erstrecken sich nach dem Gesetz zur Reform der agrarsozialen Sicherung (ASRG 1995) für Ansprüche ab 1. Juli 1995 auch auf das Gebiet der neuen Bundesländer.

Die Tarifvertragsparteien haben ebenso durch Tarifvertrag vom 25. Februar 1994 die Übernahme der tarifvertraglichen Leistungen auf Gewährung einer Beihilfe aus dem Zusatzversorgungswerk für Arbeitnehmer in der Land- und Forstwirtschaft auf die neuen Bundesländer mit Wirkung ab dem 1. Juli 1995 erweitert.

Organisation

154 Zur Verwirklichung der Aufgaben haben die Tarifvertragsparteien als gemeinsame Einrichtung das Zusatzversorgungswerk für Arbeitnehmer in der Land- und Forstwirtschaft e. V. (ZLF) gegründet.

Um die Gesamtaltersversorgung älterer ehemaliger Arbeitnehmer zu verbessern, ist durch Gesetz die Zusatzversorgungskasse für Arbeitnehmer in der Land- und Forstwirtschaft (ZLA), Anstalt des öffentlichen Rechts, in Kassel gegründet worden. Sie hat die Aufgabe, die aus Mitteln des Bundes finanzierten Ausgleichsleistungen zu zahlen. Außerdem ist sie berechtigt, Aufgaben des ZLF durchzuführen.

Finanzierung

155 Die Beihilfen werden aus Beiträgen der Arbeitgeber finanziert. Für jeden beschäftigten rentenversicherungspflichtigen Arbeitnehmer und Auszubildenden (Ausnahme Elternlehre) sind monatlich 5,20 Euro zu entrichten. Es ist nicht maßgebend, welche Art der Beschäftigung im Betrieb ausgeübt wird. Auch für Mitarbeiter, die nichtlandwirtschaftliche Tätigkeiten (z. B. Buchhalter, Sekretär, Schlosser usw.) ausüben, besteht Beitragspflicht.

Die Kosten der Ausgleichsleistung einschließlich der Verwaltungskosten trägt der Bund.

Auskunft

156 Auskunft über Einzelheiten im Zusammenhang mit der gesetzlichen Zusatzversorgung erteilt die Zusatzversorgungskasse für Arbeitnehmer in der Land- und Forstwirtschaft, Druseltalstraße 51, 34131 Kassel.

16 Zusätzliche Altersversorgung

Zusatzversorgung für Bühnenkünstler

Aufgabe

157 Bereits am 1. September 1925 wurde die heutige Versorgungsanstalt der deutscher Bühnen (VddB), kurz Bühnenversorgung oder „Münchner" genannt, als Versorgungsanstalt deutscher Bühnen gegründet. Dieser Gründung vorausgegangen waren zahlreiche, meist erfolglose Versuche, in Deutschland eine Versorgungseinrichtung für Bühnenkünstler zu schaffen. Örtliche Pensionseinrichtungen wurden zwar zur Gewährung von Unterstützungsleistungen gegründet, dauerhaft hatten sie jedoch keinen Bestand. Auch die bereits im Jahr 1846 vom Deutschen Bühnenverein (DBV) vorgesehene Errichtung einer Pensions- und Versorgungskasse für alle Bühnenangehörigen schlug fehl. Im Jahr 1871 gründete dann die Genossenschaft Deutscher Bühnen-Angehöriger (GDBA) zum Zweck der Versorgung der Bühnenangehörigen im Alter und bei Invalidität nach dem Grundsatz der Gegenseitigkeit eine Pensionsanstalt. Die Beitragseinnahmen deckten jedoch kaum die Pensionsausgaben. Während der Währungskrise und vor allem nach dem Zweiten Weltkrieg geriet die Pensionsanstalt, die 1936 in „Pensionsanstalt für Bühne, Film und Rundfunk" umbenannt wurde, in finanzielle Schwierigkeiten. 1949 wurde sie der treuhänderischen Verwaltung der Bayerischen Versicherungskammer unterstellt, bis sie 1962 als geschlossener Sonderbestand in die Versorgungsanstalt der deutschen Bühnen überging.

158 Auf dem Höhepunkt der Inflation fassten der Verband der gemeinnützigen Theater, die GDBA und der Deutsche Chorsängerverband und Tänzerbund im Jahr 1921 den Plan, gemeinsam ein umfassendes Regelwerk für die Versorgung der Bühnenangehörigen zu schaffen, um die unzureichende Versorgung aus den Leistungen der gesetzlichen Rentenversicherung aufzustocken. Am 1. September 1925 nahm die Versorgungsanstalt deutscher Bühnen (VdB) als Körperschaft des öffentlichen Rechts ihre Tätigkeit auf. Die VdB war als Alters-, Berufsunfähigkeits- und Hinterbliebenenversorgung Ausgleichskasse, die Mitgliedschaft war freiwillig. Allerdings konnten zum damaligen Zeitpunkt nur Bühnen mit öffentlich-rechtlichen Trägern beitreten. Bis zur Umwandlung in die Versorgungsanstalt der deutschen Bühnen (VddB) im Jahr 1938 gehörten der Versorgungsanstalt etwa 60 Theater als Mitglied an.

Nach der 'Machtergreifung' 1933 wurden die Theater umfassend in den Einflussbereich der Nationalsozialisten eingegliedert. DBV und GDBA wurden aufgelöst und durch die dem Propagandaminister unmittelbar unterstellte Reichstheaterkammer ersetzt. Nur deren Mitglieder konnten an Bühnen beschäftigt werden. Zum Zweck der Neuordnung der sozialen Fürsorge und insbesondere einer ausreichenden Altersversorgung für die deutschen Schauspieler wurde die Tarifordnung für die deutschen Theater vom 27. Oktober 1937 erlassen, die bis heute Bestand hat und die materielle gesetzliche Grundlage darstellt. Diese verpflichtete jeden Rechtsträger eines Theaters im Deutschen Reich, für die in seinem Theaterbetrieb beschäftigten Bühnenangehörigen eine Alters- und Hinterbliebenenversorgung abzuschließen. Die VddB wurde mit Wirkung vom 1. März als Versicherungsanstalt im Sinne der Tarifordnung bestimmt. Damit waren nunmehr auch Privattheater zur Durchführung der Versicherung für die bei der ihnen beschäftigten Bühnenkünstler verpflichtet. Das Satzungsrecht der VdB wurde weitestgehend übernommen. Neu hingegen war die Einführung einer Altersversorgungsabgabe von zehn Pfennig für jede ausgegebene Eintrittskarte, die auch heute noch als Sonderbeitrag zur Sicherung der Altersversorgung der Bühnenangehörigen in Höhe von 0,10 Euro von den Bühnen zu entrichten ist.

Nach dem Zweiten Weltkrieg waren sich die wieder gegründeten GDBA und DBV einig, die Bühnenversorgung zu erhalten. Satzungsrecht und Verwaltung wurden auf eine demokratische Basis gestellt. Mit der Aufsicht über die VddB wurde das Bayerische Staatsministerium des Innern betraut.

Die Versorgungsanstalt der deutschen Bühnen hat bis heute Bestand. Mit den im Laufe der Jahrzehnte seither vorgenommenen Anpassungen der rechtlichen Regelungen trägt die Bühnenversorgung den finanziellen Erfordernissen bzw. Möglichkeiten Rechnung und sichert seit mehr als 85 Jahren mit ihren Versorgungsleistungen nicht nur die Bühnenangehörigen, sondern auch ihre Hinterbliebenen ab.

Mitgliedschaft

159 Die Mitgliedschaft in der Versorgungsanstalt der deutschen Bühnen besteht für jeden Rechtsträger eines Theaters (Theaterunternehmer) kraft Gesetzes (Pflichtmitgliedschaft). Umfasst von der Satzungsvorschrift werden Theater im gesamten Bundesgebiet.

16 Zusätzliche Altersversorgung

Beginn und Ende der Mitgliedschaft

160 Die Mitgliedschaft beginnt am ersten Tag des Monats, in dem das Theater seine Tätigkeit - dazu gehört auch eine Probentätigkeit - aufnimmt. Die Mitgliedschaft endet am letzten Tag des Monats, in dem das Theater seinen Betrieb einstellt bzw. die sonstigen Voraussetzungen wie die Beschäftigung von überwiegend künstlerisch tätigen Bühnenangehörigen und die Veranstaltung von öffentlichen Theateraufführungen nicht mehr erfüllt.

Freiwillige Mitgliedschaft

161 Durch Abschluss einer Vereinbarung mit der Versorgungsanstalt der deutschen Bühnen können Rechtsträger von Kabaretts und Puppentheatern zur freiwilligen Mitgliedschaft zugelassen werden, ebenso Rechtsträger von Schulen, die mit dem Theaterwesen in Verbindung stehen, wie Schauspiel-, Opern- und Musikschulen, für die bei ihnen hauptberuflich angestellten Lehrkräfte. Durch die freiwillige Mitgliedschaft erhalten sie die gleichen Rechte und Pflichten wie ein Pflichtmitglied. Diese Vereinbarung bedarf der Zustimmung des Arbeitsausschusses. Weiterhin zugelassen als freiwillige Mitglieder sind bestimmte, in der Satzung genannte Organisationen für ihre Angestellten, soweit sie diese zur Versicherung anmelden.

Versicherte

162 Pflichtversichert bei der Versorgungsanstalt der deutschen Bühnen ist unabhängig von seiner Staatsangehörigkeit jeder Bühnenangehörige, der bei einer Mitgliedsbühne beschäftigt ist und gegen Entgelt eine künstlerische oder überwiegend künstlerische Tätigkeit ausübt. Die Pflichtversicherung tritt frühestens ab Vollendung des 17. Lebensjahres ein und ist nur dann möglich, wenn unter Berücksichtigung bereits zurückgelegter Beitragsmonate bis zum Erreichen der Regelaltersgrenze 60 Beitragsmonate erreicht werden können.

Die Pflichtversicherung beginnt zeitgleich mit dem Beschäftigungsverhältnis und umfasst auch die Zeit der Proben und Vorproben. Sie endet, wenn der Bühnenangehörige aus dem Beschäftigungsverhältnis ausscheidet oder wenn er trotz Fortdauer desselben keine Dienst- oder Krankenbezüge mehr erhält.

Bühnenangehörige, denen eine Versorgung nach beamtenrechtlichen Grundsätzen zusteht, können sich auf Antrag von der Versicherung befreien lassen.

Weiterversicherung

163 Die Besonderheiten des Bühnenberufs führen oft dazu, dass ein Bühnenangehöriger nicht ununterbrochen bei einem Mitglied der Versorgungsanstalt beschäftigt und damit auch nicht kontinuierlich durch ein Mitglied versichert ist. Um dadurch keine Nachteile zu erleiden, wie beispielsweise den Verlust des Versicherungsschutzes bei Berufs- oder Erwerbsunfähigkeit, besteht die Möglichkeit der Weiterversicherung. Als Weiterversicherungsbeitrag sind monatlich 12,50 Euro zu entrichten (Grundbeitrag); wahlweise kann zum Grundbeitrag ein Zusatzbeitrag bis zum Jahreshöchstbeitrag (16 Prozent der monatlichen Beitragsbemessungsgrenze) gezahlt werden.

Beitragsfreie Versicherung

164 Die Versicherung wird beitragsfrei weitergeführt, wenn das Beschäftigungsverhältnis des Versicherten bei einem Mitglied endet und er nicht von der Möglichkeit der Weiterversicherung Gebrauch macht. Während der beitragsfreien Versicherung besteht nur ein eingeschränkter Versicherungsschutz, denn Ruhegeld wegen Berufs- oder Erwerbsunfähigkeit beziehungsweise flexibles Altersruhegeld wird während der beitragsfreien Versicherung nicht gezahlt.

Der beitragsfrei Versicherte hat zwar weiterhin einen Anspruch auf das Ruhegeld wegen des Erreichens der Altersgrenze, der weitere Aufbau unterbleibt jedoch. Zudem werden Zeiten einer beitragsfreien Versicherung nicht als Wartezeiten angerechnet.

Der Anspruch auf eine Hinterbliebenenversorgung bleibt erhalten, allerdings unter strengeren Voraussetzungen.

Leistungen

165 Die Versorgungsanstalt der deutschen Bühnen leistet Ruhegeld wegen Berufs- oder Erwerbsunfähigkeit, Altersruhegeld und als Hinterbliebenenversorgung Sterbegeld, Witwengeld, Witwergeld und Waisengeld, wenn der Versicherte unmittelbar vor Eintritt des Versorgungsfalles pflicht-, freiwillig oder weiterversichert war und die Wartezeit erfüllt ist. Stirbt ein Ruhegeldempfänger, leistet die Anstalt Hinterbliebenenversorgung, sofern die Wartezeit erfüllt ist.

Außerdem kann die VddB als freiwillige Leistung einen Zuschuss zu den Kosten bestimmter Heilverfahren gewähren, soweit die Kosten nicht durch Leistungen anderer Stellen gedeckt werden können.

Versorgungsleistungen wegen Alters

166 Altersruhegeld erhalten alle Versicherten, die das 65. Lebensjahr vollendet und eine Wartezeit von 60 Beitragsmonaten erfüllt haben. Bei nicht ausreichender Wartezeit wird ein Altersruhegeld aus den seit dem 1. Januar 2003 geleisteten Arbeitnehmeranteilen der Pflichtbeiträge, aus freiwillig entrichteten Beiträgen und ggf. Zulagen (der „Riester-Förderung") gezahlt.

167 Flexibles Altersruhegeld können Versicherte nach Vollendung des 60. Lebensjahres beanspruchen, die beitragspflichtig versichert sind und mindestens 60 Beitragsmonate zurückgelegt haben. Dabei wird das flexible Altersruhegeld für jeden Monat der vorzeitigen Inanspruchnahme vor dem Erreichen der Regelaltersgrenze gekürzt. Während der Ausübung einer Erwerbstätigkeit mit einem Einkommen, das monatlich mehr als 30 Prozent der Beitragsbemessungsgrenze (2011: 1.650 Euro) beträgt, ruht es in vollem Umfang. Das Ruhen endet spätestens mit Ablauf des Monats, in dem die Regelaltersgrenze erreicht wird.

Anhebung der Altersgrenzen

168 Der Verwaltungsrat der VddB hat in seiner Sitzung am 29. Oktober 2010 die Anhebung der Regelaltersgrenze für den Altersruhegeldbezug auf das 67. Lebensjahr analog den Regelungen in der gesetzlichen Rentenversicherung beschlossen. Zeitgleich wurde entschieden, auch die Mindestaltersgrenze für den Bezug des flexiblen Altersruhegeldes um zwei Jahre vom 60. auf das 62. Lebensjahr anzuheben. Die Änderungen treten zum 1. Januar 2012 in Kraft. Aus Vertrauensschutzgründen erfolgt die Umsetzung allerdings stufenweise nach Geburtsjahrgängen, beginnend mit dem Geburtsjahrgang 1947 bei der Regelaltersgrenze bzw. dem Jahrgang 1952 beim flexiblen Altersruhegeld. Darüber hinaus ist ab dem Jahr 2012 ein Hinzuverdienst neben dem Bezug von flexiblem Altersruhegeld unbeschränkt möglich.

Versorgungsleistungen wegen Berufs- oder Erwerbsunfähigkeit

169 Ruhegeld wegen Berufsunfähigkeit erhalten – unabhängig vom Alter – Versicherte, deren Erwerbsfähigkeit im bisherigen Beruf auf nicht absehbare Zeit wegen Krankheit oder Behinderung um mehr als die Hälfte gemindert ist, wenn bei Eintritt der Berufsunfähigkeit eine Wartezeit von 60 Beitragsmonaten erfüllt ist. Bisheriger Beruf ist die Tätigkeit, für die zuletzt eine Pflichtversicherung oder freiwillige Versicherung bestanden hat. Nach Erfüllung der Wartezeit wird das Ruhegeld auch gezahlt, wenn die gesetzliche Rentenversicherung Rente wegen teilweiser Erwerbsminderung bei Berufsunfähigkeit gewährt. Das Ruhegeld wegen Berufsunfähigkeit wird auf Zeit geleistet und endet mit der Aufnahme einer zumutbaren Tätigkeit, spätestens jedoch nach Ablauf von drei Jahren. Liegen die Voraussetzungen weiterhin vor, wird es längstens für weitere drei Jahre gezahlt. Ohne zeitliche Begrenzung wird Ruhegeld wegen Berufsunfähigkeit gezahlt bei Eintritt der Berufsunfähigkeit nach Vollendung des 58. Lebensjahres oder bei Bezug des Ruhegeldes nach dieser Altersgrenze.

170 Ruhegeld wegen Erwerbsunfähigkeit erhalten – unabhängig vom Alter – Versicherte, die wegen Krankheit oder Behinderung auf nicht absehbare Zeit außerstande sind, unter den üblichen Bedingungen des allgemeinen Arbeitsmarktes mindestens drei Stunden täglich erwerbstätig zu sein. Die Erwerbsminderung bezieht sich nicht nur auf die künstlerischen, sondern auf alle Berufe, d. h. ein Anspruch besteht nur dann, wenn die Erwerbsfähigkeit für alle auf dem Arbeitsmarkt angebotenen Tätigkeiten im vorgeschriebenen Maß gemindert ist.

Wer mindestens drei, aber keine sechs Stunden täglich erwerbstätig sein kann, erhält das Ruhegeld, solange er wegen seiner Krankheit oder Behinderung keinen Arbeitsplatz findet. Wer über sechs Stunden täglich erwerbstätig sein kann, hat keinen Anspruch auf das Ruhegeld. Die Definitionen entsprechen den Voraussetzungen für die Rente wegen voller Erwerbsminderung aus der gesetzlichen Rentenversicherung. Die erforderliche Wartezeit beträgt 60 Beitragsmonate. Ferner muss der Versicherte bei Eintritt des Versorgungsfalls durch ein Mitglied versichert oder weiterversichert sein. Im Falle einer beitragsfreien Versicherung besteht der Ruhegeldanspruch nur dann, wenn diese kürzer als ein Jahr ist.

Das Ruhegeld wegen Erwerbsunfähigkeit wird im Gegensatz zum Ruhegeld wegen Berufsunfähigkeit immer unbefristet geleistet.

Höhe des Ruhegeldes

171 Die Höhe des jährlichen Ruhegeldes bestimmt sich nach einem Prozentsatz der eingezahlten Beiträge (Verrentungssatz). Abhängig vom Zeitraum, für den ein Beitrag entrichtet wurde, bestehen unterschiedliche Verrentungssätze. Seit dem Jahr 2006 erfolgt eine altersabhängige Verrentung; der Verrentungssatz bestimmt sich jeweils nach dem voll-

16 Zusätzliche Altersversorgung

endeten Lebensjahr im jeweiligen Kalenderjahr. Im Rahmen der am 29. Oktober 2010 beschlossenen und vom Bayerischen Staatsministerium des Innern genehmigten Satzungsänderungen wurden auch neue Verrentungssätze für die ab 2011 eingezahlten Beiträge festgelegt. Aufgrund der unterschiedlichen, vom Geburtsjahrgang abhängigen Regelaltersgrenzen für den Rentenbezug in der Übergangszeit wird es ab dem 1. Januar 2012 zudem für jeden Geburtsjahrgang dieses Zeitraums eine eigene Verrentungstabelle geben.

172 Tritt die Berufs- oder Erwerbsunfähigkeit vor Vollendung des 55. Lebensjahres ein, wird das Ruhegeld so berechnet, als sei der durchschnittlich entrichtete Beitrag bis zur Vollendung des 55. Lebensjahres gezahlt worden. Das so berechnete Ruhegeld darf jedoch jährlich 6.300 Euro nicht überschreiten, soweit es nicht aufgrund der tatsächlich entrichteten Beiträge höher ist.

173 Erzielt der Berechtigte ein monatliches Einkommen, das 20 Prozent der Beitragsbemessungsgrenze (BBG) übersteigt (2011: 1.100 Euro), wird das Ruhegeld wegen Berufsunfähigkeit gekürzt, und zwar um ein Drittel des Betrages, um den das monatliche Einkommen 20 Prozent der BBG überschreitet. Die Kürzung erfolgt maximal bis zur Hälfte des Ruhegeldes. Ein zweimaliges Überschreiten der Hinzuverdienstgrenzen mit einem Verdienst bis zu 50 Prozent der monatlichen BBG pro Kalenderjahr ist zulässig.

174 Die Inanspruchnahme eines flexiblen Altersruhegeldes hat versicherungsmathematische Rentenabschläge zur Folge. Für Versicherte, deren Versicherung vor dem 1. Januar 2012 bestand und die am 31. Dezember 2011 das 55. Lebensjahr vollendet haben, beträgt der Abschlag 0,3 Prozent für jeden Monat der vorzeitigen Inanspruchnahme. Für die übrigen Versicherten gelten neue, versicherungsmathematisch exakte Abschlagsprozentsätze zwischen 0,34 Prozent und 0,54 Prozent pro Monat des vorgezogenen Ruhegeldbeginns.

175 Eine Anrechnung von Versichertenrenten aus der gesetzlichen Renten- oder Unfallversicherung auf das Ruhegeld wird nicht vorgenommen.

Wartezeit

176 Die Wartezeit für einen Anspruch auf laufende Versorgungsleistungen beträgt 60 Beitragsmonate; für den Anspruch auf Altersrente wegen Erreichens der Regelaltersgrenze besteht allerdings keine Wartezeit.

Die Wartezeit gilt auch vor Ablauf von 60 Beitragsmonaten als erfüllt, wenn der Versorgungsfall infolge eines Arbeitsunfalls eingetreten ist.

Voraussetzung für den Anspruch auf Sterbegeld sind sechs Beitragsmonate, wenn der Versicherte während einer Pflichtversicherung, freiwilligen Versicherung oder Weiterversicherung stirbt. Während einer beitragsfreien Versicherung beträgt die Wartezeit für das Sterbegeld 60 Beitragsmonate. Eine Ausnahme gilt, wenn der Tod innerhalb von 24 Monaten nach dem Versicherungsende eintritt; in diesen Fällen ist die Wartezeit von sechs Beitragsmonaten ausreichend. Tritt der Tod infolge eines Arbeitsunfalls ein, entfällt die Wartezeit.

Hinterbliebenenversorgung

177 Nach dem Tod eines Versicherten oder eines Ruhegeldempfängers erhält dessen Ehepartner Witwen- oder Witwergeld. Gleiches gilt für die Hinterbliebenen aus einer eingetragenen Lebenspartnerschaft. Hinterbliebenenversorgung

Dauerte die Ehe oder eingetragene Lebenspartnerschaft weniger als ein Jahr, wird ein Witwen- oder Witwergeld nicht gezahlt, wenn die Ehe oder eingetragene Lebenspartnerschaft erst nach Erreichen der Regelaltersgrenze durch den Ruhegeldempfänger geschlossen wurde oder die Vermutung nicht entkräftet werden kann, dass Zweck der Eheschließung oder die Begründung der eingetragenen Lebenspartnerschaft die Verschaffung einer Hinterbliebenenversorgung war.

Der Witwen- oder Witwergeldbezug endet mit Ablauf des Monats, in dem die Witwe bzw. der Witwer stirbt, erneut heiratet oder eine eingetragene Lebenspartnerschaft begründet. Bei Wiederheirat oder Begründung einer Lebenspartnerschaft wird auf Antrag eine Abfindung in Höhe des fünffachen Betrages des jährlichen Witwen- bzw. Witwergeldes gezahlt.

Das Witwen- oder Witwergeld beträgt 60 Prozent des Ruhegeldes. Im Gegensatz zur gesetzlichen Rentenversicherung wird in der Bühnenversorgung nicht zwischen großer und kleiner Witwen- bzw. Witwerrente unterschieden.

178 Waisengeld erhalten die Kinder eines verstorbenen Versicherten oder Ruhegeldempfängers. Kinder, die ein Ruhegeldempfänger erst nach Erreichen der Regelaltersgrenze als Kind angenommen hat, haben keinen Anspruch auf Waisengeld.

Anspruch auf Waisengeld besteht für Kinder des verstorbenen Versicherten oder des Ruhegeldempfängers grundsätzlich bis zum Ablauf des Monats, in dem die Waise das 18. Lebensjahr vollendet. Über diesen Zeitpunkt hinaus besteht Anspruch bis zur Vollendung des 25. Lebensjahres, wenn und solange die Waise

- sich in Schul- oder Berufsausbildung oder in einer Übergangszeit von höchstens vier Kalendermonaten befindet oder
- ein freiwilliges soziales oder ökologisches Jahr leistet oder
- wegen körperlicher, geistiger oder seelischer Behinderung außerstande ist, sich selbst zu unterhalten.

Über das 25. Lebensjahr hinaus besteht Anspruch auf Waisenrente nur dann, wenn die Schul- oder Berufsausbildung durch den gesetzlichen Wehrdienst, Zivildienst oder gleichgestellten Dienst unterbrochen oder verzögert worden ist und die Ausbildung aus diesem Grunde über das 25. Lebensjahr hinaus andauert.

Das Waisengeld beträgt für eine Halbwaise ein Viertel, für eine Vollwaise ein Drittel des Ruhegeldes.

179 Der Anspruch auf Hinterbliebenenversorgung beginnt mit dem Todestag des Versicherten oder mit Ablauf des Sterbemonats des Ruhegeldempfängers.

180 Eine Anrechnung der Hinterbliebenenrenten aus der gesetzlichen Rentenversicherung beziehungsweise aus der gesetzlichen Unfallversicherung erfolgt nicht. Auch eine Einkommensanrechnung bei der Hinterbliebenenversorgung findet nicht statt.

Beiträge zur Kranken- und Pflegeversicherung

181 Die Versorgungsanstalt der deutschen Bühnen hat von den Versorgungsbezügen Beiträge zur gesetzlichen Krankenversicherung und Pflegeversicherung einzubehalten und an die Krankenkasse abzuführen.

Die Beiträge zur Krankenversicherung aus den Versorgungsbezügen sind von den Versorgungsempfängern allein zu tragen. Der einheitliche allgemeine Beitragssatz beträgt ab dem 1. Januar 2011 15,5 Prozent und wird festgeschrieben. Über die Einnahmeentwicklung hinausgehende Ausgabensteigerungen werden künftig durch Zusatzbeiträge der Mitglieder finanziert.

Auch die Beiträge zur Pflegeversicherung trägt der Versorgungsempfänger alleine. Seit dem 1. Juli 2008 gilt hier ein einheitlicher Beitragssatz von 1,95 Prozent bzw. für kinderlose Mitglieder der Pflegeversicherung ein um 0,25 Prozentpunkte erhöhter Beitragssatz von 2,20 Prozent.

Für Versorgungsempfänger, die vor dem 1. Januar 1940 geboren sind bzw. die das 23. Lebensjahr noch nicht vollendet haben, entfällt dieser Zuschlag.

Dynamisierung der Versorgungsleistungen

182 Im Rahmen der zur Verfügung stehenden Mittel werden die laufenden Versorgungsleistungen erhöht, wenn dieses unter Berücksichtigung der allgemeinen wirtschaftlichen Entwicklung und der Veränderung der Lebenshaltungskosten angezeigt ist. Dynamisierung

Sterbegeld

183 Beim Tod eines Versicherten oder eines Versorgungsberechtigten wird ein Sterbegeld in Höhe von 1.200 Euro gezahlt.

Kapitalabfindung

184 Ruhegelder, deren Monatsbetrag ein Prozent der monatlichen Bezugsgröße nach § 18 SGB IV (2011: 25,55 Euro) nicht übersteigt, werden mit einem Kapitalbetrag abgefunden. Die Abfindung berechnet sich nach dem geschäftsplanmäßigen Deckungskapital im Zeitpunkt der Entstehung des Leistungsanspruchs.

Beitragserstattung und Abfindung

185 Anspruch auf eine Beitragserstattung oder eine Abfindung hat der Versicherte, der mindestens zwölf, aber noch keine 60 Beitragsmonate zurückgelegt hat und

- in den letzten 24 Monaten beitragsfrei versichert war und die endgültige Aufgabe des Bühnenberufs im Anstaltsbereich glaubhaft darlegt oder
- beitragsfrei versichert und berufsunfähig ist oder
- nicht mehr pflichtversichert wird, da er 60 Beitragsmonate bis zum Erreichen der Regelaltersgrenze nicht mehr erreichen kann oder
- von der Pflichtversicherung befreit ist oder
- der wegen Berufsunfähigkeit – ohne Anspruch auf Ruhegeld wegen Berufsunfähigkeit – aus einem beitragspflichtigen Versicherungsverhältnis ausscheidet.

Erstattet werden alle vor dem 1. Januar 2003 entrichteten Arbeitnehmeranteile der Pflichtbeiträge und alle freiwilligen Beiträge (Weiterversicherungs- und Zusatzbeiträge).

16 Zusätzliche Altersversorgung

Für die ab dem 1. Januar 2003 erworbenen unverfallbaren Anwartschaften besteht bei Vorliegen der oben genannten Voraussetzungen ein Anspruch auf eine Abfindung in Höhe der vom Versicherten getragenen Beiträge.

Eine Verzinsung der erstatteten oder abgefundenen Beiträge erfolgt nicht.

Unter bestimmten Voraussetzungen ist die Wiedereinzahlung der erstatteten oder der im Rahmen der Abfindung zurückgezahlten Beiträge möglich.

Rechtliche Regelung in den neuen Bundesländern

186 Nach Anlage I, Kapitel VIII, Sachgebiet H, Abschnitt III Nr. 2 des Einigungsvertrages finden die Regelungen der Tarifordnung für die deutschen Theater vom 27. Oktober 1937 einschließlich der Satzung der Versorgungsanstalt der deutschen Bühnen ab dem 1. Januar 1991 in den neuen Bundesländern Anwendung. Anwartschaften können erst für Zeiten nach dem 31. Dezember 1990 begründet werden.

Organisation

187 Die Versorgungsanstalt der deutschen Bühnen ist als öffentlich-rechtliche Pflichtversorgung mit Selbstverwaltung organisiert.

Organe der Bühnenversorgung sind der Verwaltungsrat als satzungsgebendes Organ und Vertretung der Versicherten und Mitglieder und die Geschäftsführung, die von der Bayerischen Versorgungskammer (Versorgungskammer) wahrgenommen wird. Die Rechts- und Fachaufsicht über die Bühnenversorgung führt das Bundesministerium für Arbeit und Soziales; ausgeübt wird diese vom Bayerischen Staatsministerium des Innern.

Finanzierung

188 Die Bühnenversorgung finanziert ihre Leistungen aus den Beiträgen der Versicherten und ihrer Arbeitgeber sowie aus den Erträgen der Vermögensanlagen. Sie erhält keine staatlichen Zuschüsse.

Für alle durch ein Mitglied Versicherten sind monatlich neun Prozent des Diensteinkommens als Pflichtbeiträge zu entrichten. Die Beiträge entfallen jeweils zur Hälfte auf das Mitglied (Arbeitgeberanteil) und den Versicherten (Arbeitnehmeranteil).

Die für den einzelnen Versicherten entrichteten Beiträge dienen der Ansparung des eigenen Ruhegeldes (Kapitaldeckungsverfahren) und nicht der Finanzierung laufender Rentenzahlungen.

Riester-Rente (steuerliche Förderung nach § 10a EStG)

189 Die Versorgungsanstalt der deutschen Bühnen gilt als Pensionskasse im Rahmen der betrieblichen Altersversorgung. Die Versicherung bei der VddB erfüllt somit die für die staatliche Förderung erforderlichen Voraussetzungen.

Die Arbeitnehmeranteile der Beiträge an die VddB sind bei gleichzeitiger Pflichtversicherung in der inländischen gesetzlichen Rentenversicherung nach §§ 10a und 82 ff EStG begünstigt. Neben der Zahlung von staatlichen Zulagen können Beiträge bei der Einkommensteuer als Sonderausgaben abgezogen werden.

Auch Beiträge zu einer freiwilligen Weiterversicherung können in die Förderung einbezogen werden, wenn sie im Anschluss an eine geförderte Pflichtversicherung, die nach dem 31. Dezember 2001 beendet wurde, gezahlt werden und die allgemeinen Voraussetzungen für die Förderung erfüllt sind.

Brutto-Entgeltumwandlung (Steuerbefreiung nach § 3 Nr. 63 EStG)

190 Jeder Versicherte, dessen Arbeitgeberanteil vier Prozent der Beitragsbemessungsgrenze (2011: jährlich 2.640 Euro) nicht übersteigt, kann zusätzlich steuerlich gefördert Beiträge im Wege der Entgeltumwandlung (Umwandlungsbeitrag) einzahlen. Der steuerfreie Höchstbetrag ist durch das Alterseinkünftegesetz um jährlich 1.800 Euro erhöht worden. Er gilt jedoch im Fall der Versicherung bei der VddB nur dann, wenn nach dem 31. Dezember 2004 ein neues Dienstverhältnis begründet wurde.

Bei der Ermittlung des Umwandlungsbeitrags ist zu beachten, dass der Höchstbetrag zunächst durch die Arbeitgeberanteile ausgeschöpft wird, die gemäß § 3 Nr. 63 EStG steuerlich begünstigt sind. Nur der Unterschiedsbetrag zwischen dem steuerfreien Höchstbetrag und den steuerlich begünstigten Arbeitgeberanteilen steht für die steuerfreie Entgeltumwandlung zur Verfügung.

Beratung

191 Auskunft erteilt die Versorgungsanstalt der deutschen Bühnen, Arabellastr. 31, 81925 München, Homepage: www.buehnenversorgung.de.

17 Alterssicherung der Landwirte

Überblick

Die Alterssicherung der Landwirte ist ein Sondersystem für selbständig tätige landwirtschaftliche Unternehmer und ihre mithelfenden Familienangehörigen. Sie ist im Jahre 1957 eingeführt und Mitte der neunziger Jahre umfassend reformiert worden. Die wichtigste Besonderheit ist, dass nicht nur der selbständige Landwirt, sondern auch sein Ehegatte (in der Regel die Ehefrau) in diesem Sondersystem pflichtversichert ist. Die Pflichtversicherung besteht unabhängig vom Umfang der Mitarbeit des Ehegatten im landwirtschaftlichen Unternehmen. Diese sozialpolitische Neuerung wurde erst 1995 eingeführt und sie ist im Vergleich zu allen anderen in der Bundesrepublik Deutschland bestehenden Alterssicherungssystemen einmalig. Eine weitere wichtige Besonderheit der Alterssicherung der Landwirte ist, dass dieses System nur eine Teilsicherung darstellt, d. h. dass die Leistungen nicht zur Lebensstandardsicherung ausreichen, sondern in noch höherem Maße als Leistungen der gesetzlichen Rentenversicherung der Ergänzung durch private Vorsorge (insbesondere der Einnahmen aus Verpachtung des landwirtschaftlichen Unternehmens) bedürfen.

Jeder in der Alterssicherung der Landwirte Versicherte muss den gleichen Beitrag zahlen – unabhängig von seinem Einkommen. Für mitarbeitende Familienangehörige beträgt der Beitrag die Hälfte und er muss von dem landwirtschaftlichen Unternehmer bezahlt werden. Den unterschiedlichen Einkommensverhältnissen wird durch Zuschüsse zum Einheitsbeitrag Rechnung getragen, die mit steigendem Einkommen zurückgehen. Ab einem Jahreseinkommen von 15.500 Euro werden keine Zuschüsse zum Beitrag mehr gezahlt. Die tatsächliche (Netto-)Beitragsbelastung ergibt sich aus der Höhe des Einheitsbeitrages abzüglich des Zuschusses zum Beitrag. Der Beitrag ist – wie bei allen Selbständigen – von den landwirtschaftlichen Unternehmern alleine zu tragen, d. h., es wird nicht wie bei Arbeitnehmern die eine Hälfte des zu entrichtenden Beitrages vom Arbeitgeber getragen.

Aufgrund des Strukturwandels in der Landwirtschaft, der dazu geführt hat und auch weiter dazu führt, dass einer immer geringer werdenden Zahl von aktiven Landwirten eine immer größere Zahl von Rentnern gegenübersteht, werden in der Alterssicherung der Landwirte die Ausgaben zum größten Teil durch Zuschüsse aus allgemeinen Haushaltsmitteln finanziert. Nur etwa 25 Prozent der Ausgaben werden durch Beitragseinnahmen abgedeckt, der Rest (75 Prozent) muss aus dem Bundeshaushalt beigesteuert werden.

Im Übrigen ist die Beitragshöhe in der Alterssicherung der Landwirte so bemessen, dass aus einem Jahr Beitragszahlung zur Alterssicherung der Landwirte eine Leistung resultiert, die auch in der gesetzlichen Rentenversicherung bei entsprechender Beitragsleistung erbracht würde. Da jedoch einkommensschwache Landwirte – wie erwähnt – Zuschüsse zum Beitrag bekommen, ist die Alterssicherung der Landwirte insbesondere für einkommensschwache Landwirte sehr attraktiv, da sie dort für vergleichsweise niedrige Nettobeiträge (d. h. Einheitsbeitrag abzüglich Beitragszuschuss) eine Leistung erhalten, die höher ist als die Leistung, die bei entsprechender Beitragszahlung zur gesetzlichen Rentenversicherung in diesem System erzielbar wäre.

Die in der Alterssicherung der Landwirte gewährten Leistungen entsprechen weitgehend den Leistungen, die auch in der gesetzlichen Rentenversicherung erbracht werden. Als besondere Leistung in der Alterssicherung der Landwirte gibt es die sogenannte Betriebs- und Haushaltshilfe. Mit ihr wird sichergestellt, dass bei Krankheit des Landwirts der Hof durch einen Betriebshelfer weitergeführt werden kann. Dieser Betriebshelfer wird von der landwirtschaftlichen Alterssicherung bezahlt und gestellt.

17 Alterssicherung der Landwirte

Die Alterssicherung der Landwirte wird durch neun Alterskassen durchgeführt. Diese sind selbstverwaltete Körperschaften, die der staatlichen Rechtsaufsicht unterliegen.

Entstehungsgeschichte

1 Mit dem am 1. Oktober 1957 in Kraft getretenen Gesetz über eine Altershilfe für Landwirte (GAL) wurde für selbständige landwirtschaftliche Unternehmer und ihre mitarbeitenden Familienangehörige ein Sondersystem der Altersversicherung eingeführt. Die ursprüngliche Zielsetzung des Gesetzes bestand darin, den zusätzlichen Bargeldbedarf neben dem Altenteil („Taschengeld") abzudecken, wenn der Unternehmer den Hof an seinen Nachfolger abgegeben hatte. Die Höhe der Leistung betrug zunächst 60 DM monatlich für Verheiratete und 40 DM monatlich für Unverheiratete.

2 Das Sicherungskonzept der Altershilfe für Landwirte hat sich dann in den folgenden Jahrzehnten vom Taschengeld zu einer echten Teilaltersversicherung mit Verdienstersatzfunktion entwickelt. Die Altershilfe war jedoch nach wie vor nicht als alleinige und vollständige Alterssicherung der Landwirte gedacht. Vielmehr wird davon ausgegangen, dass die Altersversorgung der Landwirte auf drei Säulen beruht: Alterssicherung der Landwirte, Altenteil und zusätzliche freiwillige Vorsorge.

3 Die Altershilfe für Landwirte kann nicht mit der klassischen gesetzlichen Rentenversicherung verglichen werden und wurde daher auch nicht – anders als z. B. die knappschaftliche Rentenversicherung – in das SGB VI aufgenommen. Sie verfolgt neben der Alterssicherung auch agrarstrukturpolitische Ziele, indem sie z. B. die Gewährung von Altersrenten stets von der Abgabe des landwirtschaftlichen Unternehmens abhängig macht. Damit soll erreicht werden, dass der Hofnachfolger das Unternehmen frühzeitig übernehmen kann und der Altersgeldempfänger sich in der Regel mit Erreichen des 65. Lebensjahres aus der Unternehmensleitung zurückzieht. Nicht zuletzt deshalb haben die Landwirte in Deutschland das niedrigste Durchschnittsalter in der gesamten Europäischen Gemeinschaft.

4 Organisatorisch besteht die landwirtschaftliche Sozialversicherung aus selbständigen Versicherungszweigen:

1886/88
Gründung der landwirtschaftlichen Berufsgenossenschaften

1957
Gründung der landwirtschaftlichen Alterskassen

1972
Gründung der landwirtschaftlichen Krankenkassen.

Mit Wirkung zum 1. Januar 1995 ist das landwirtschaftliche Alterssicherungsrecht umfassend reformiert worden (Gesetz zur Reform der agrarsozialen Sicherung – Agrarsozialreformgesetz 1995 (ASRG 1995) – vom 29. Juli 1994 (BGBl. I, S. 1890). Das Gesetz über die Alterssicherung der Landwirte löste das alte Gesetz über eine Altershilfe für Landwirte ab. Ergänzend hierzu ist Ende 1995 das Gesetz zur Änderung des ASRG 1995 – ASRGÄndG – verkündet worden (Gesetz vom 15. Dezember 1995, BGBl. I, S. 1814), mit dem einige Korrekturen am Agrarsozialreformgesetz vorgenommen wurden, deren Notwendigkeit sich in den ersten Monaten des Vollzugs der Reform herausgestellt hatte. Schließlich ist am 1. August 2001 das Gesetz zur Organisationsreform in der landwirtschaftlichen Sozialversicherung (Gesetz vom 17. Juli 2001, BGBl. I, S. 1600) in Kraft getreten. Mit diesem Gesetz wurden für alle Zweige der landwirtschaftlichen Sozialversicherung Änderungen beschlossen, wobei insbesondere für die Alterssicherung der Landwirte wesentliche organisatorische Veränderungen beschlossen wurden. Deren Ziel war es insbesondere, wegen der hohen Bundesmittelfinanzierung der Alterssicherung der Landwirte den Einfluss des Bundes zu stärken. Zu diesem Zweck wurden insbesondere Aufgaben von den einzelnen Alterskassen zu dem – unter Bundesaufsicht stehenden – Dachverband der Alterskassen, dem Gesamtverband der landwirtschaftlichen Alterskassen in Kassel, verlagert.

Mit dem Gesetz zur Modernisierung des Rechts der landwirtschaftlichen Sozialversicherung (Gesetz vom 18. Dezember 2007, BGBl. I, S. 2984) ist erst jüngst eine weitere Organisationsreform verabschiedet worden. Wesentlicher Inhalt dieser Reform war die – mit Wirkung ab Beginn des Jahres 2009 – Bildung eines alle Sozialversicherungszweige (Renten-, Kranken-, Pflege- und Unfallversicherung) erfassenden Spitzenverbandes der landwirtschaftlichen Sozialversicherung und eine weitere Bündelung von Aufgaben bei diesem Spitzenverband. Da dieser Spitzenverband unter der Aufsicht des Bundes (und nicht der Länder) steht, gewinnt der Bund noch stärkeren Einfluss auf die landwirtschaftliche Sozialversicherung. Dies war auch ein Ziel dieser Reform, da der Bund erhebliche Steuermittel insbesondere zur landwirtschaftlichen Alters- und Krankenversicherung beisteuert.

Die wesentlichen Zielsetzungen der Agrarsozialreform

Einführung einer eigenständigen Sicherung der Bäuerin

5 Ein Kernstück der Reform war die Einführung einer eigenständigen Sicherung der Ehegatten von Landwirten in der Alterssicherung der Landwirte. Alle Ehegatten von Landwirten, die bei In-Kraft-Treten der Reform (1. Januar 1995) noch nicht das 65. Lebensjahr vollendet hatten, werden ab dem 1. Januar 1995 wie ein Unternehmer in der Alterssicherung der Landwirte versichert. Damit wird der Stellung des Landwirtsehegatten im landwirtschaftlichen Familienbetrieb Rechnung getragen und zugleich der Forderung nach einer eigenen, nicht abgeleiteten sozialen Sicherung des Ehegatten für das Alter und bei Eintritt von Erwerbsunfähigkeit entsprochen.

Beitragsfestsetzung und Beteiligung des Bundes

6 Der Einheitsbeitrag wird ab dem Jahr 1995 entsprechend dem Beitrags-/Leistungsverhältnis in der gesetzlichen Rentenversicherung festgesetzt. Dabei wird den unterschiedlichen Leistungsstrukturen zwischen Alterssicherung der Landwirte einerseits und gesetzlicher Rentenversicherung andererseits durch einen Abschlag Rechnung getragen. Dieser beträgt seit 2003 zehn Prozent (Haushaltssanierungsgesetz vom 22. Dezember 1999; BGB1 I, S. 2534).

7 Da die Festsetzung des Einheitsbeitrags ab 1995 nicht mehr aus dem System heraus, d. h. auf der Grundlage des nach Abzug des Bundesanteils vom Beitragszahler zu finanzierenden Anteils an den Ausgaben, sondern systemextern, nämlich entsprechend dem Beitrags-/ Leistungsverhältnis in der gesetzlichen Rentenversicherung, erfolgt, wurde begleitend zu dem neuen Beitragsfestsetzungsverfahren die Defizitdeckung des Bundes eingeführt; d. h. der Bund trägt die Differenz zwischen den Gesamtausgaben und den Beitragseinnahmen. Der Bund hat damit das agrarstrukturelle Risiko übernommen und garantiert hiermit die finanzielle Stabilität der Alterssicherung der Landwirte.

Beitragsgerechtigkeit

8 Die Neugestaltung des Beitragszuschussrechts hat dafür gesorgt, dass die Höhe der Zuschüsse sich ab 1995 stärker an der Belastungsfähigkeit der Betriebe und der Familien ausrichtet. Beitragszuschussberechtigt sind diejenigen Versicherten, deren Gesamteinkünfte den Betrag von 15.500 Euro (für Ehepaare: 31.000 Euro) jährlich nicht übersteigen. Für die Zuschussberechnung wird das Gesamteinkommen des Versicherten herangezogen; bei verheirateten Versicherten wird das Gesamteinkommen beider Ehegatten jedem Ehegatten zur Hälfte zugerechnet. Dies gilt unabhängig davon, ob beide Ehegatten oder nur einer von ihnen in der Alterssicherung der Landwirte versichert ist.

Rentenberechnung

9 Die Rentenberechnung wurde in Anpassung an andere Alterssicherungssysteme gerechter gestaltet. Der bisherige so genannte Grundbetrag der einheitlich bei einer Versicherungszeit bis zu 15 Jahren gezahlt wurde, ist entfallen; stattdessen erbringt ab 1995 jedes Beitragsjahr denselben Rentenertrag; und zwar so, dass sich nach 40 Jahren für jeden Versicherten eine ebenso hohe Rente ergibt wie nach früherem Recht für den ledigen Landwirt. Die neue Rentenberechnung hat somit mehr Leistungsgerechtigkeit gebracht, indem sie die frühere, bei Einführung der Altershilfe für Landwirte ursprünglich auch gerechtfertigte Begünstigung nur kurzzeitiger Beitragszahlung beseitigte.

Überleitung der Alterssicherung der Landwirte auf die neuen Bundesländer

10 Die – reformierte – Alterssicherung der Landwirte wurde zum 1. Januar 1995 auf die neuen Bundesländer übergeleitet. Bei der Überleitung der Alterssicherung der Landwirte wurde den differenzierten Sicherungsbedürfnissen, die sich aus der in der Vergangenheit unterschiedlichen Entwicklung der Betriebsstrukturen und Sozialversicherungssysteme ergeben haben, Rechnung getragen.

Versicherter Personenkreis

11 Pflichtversichert in der Alterssicherung der Landwirte ist der landwirtschaftliche Unternehmer. Land-

17 Alterssicherung der Landwirte

wirtschaftliche Unternehmer sind alle Unternehmer der Land- und Forstwirtschaft einschließlich des Wein-, Obst-, Gemüse- und Gartenbaus sowie der Teichwirtschaft und der Fischzucht. Unternehmer ist, wer seine berufliche Tätigkeit selbständig ausübt. Versicherungspflicht in der Alterssicherung besteht jedoch nur, wenn das Unternehmen eine bestimmte Mindestgröße erreicht.

Diese Mindestgröße wird von jeder landwirtschaftlichen Alterskasse unter Berücksichtigung der örtlichen oder regionalen Gegebenheiten eigenverantwortlich festgelegt. Als Maßstab ist dabei der Wirtschaftswert, der Flächenwert oder der Arbeitsbedarf heranzuziehen. Die Mindestgröße ist durchweg sehr niedrig festgesetzt, so dass auch Unternehmer mit sehr kleinen Unternehmen in der Alterssicherung der Landwirte versichert sein können. Im Bundesdurchschnitt bilden etwa vier Hektar eine Mindestgröße; hier können sich aber je nach Alterskasse, örtlichen Gegebenheiten und Betriebsform ganz erhebliche Abweichungen ergeben.

12 Die Zahl der beitragspflichtigen landwirtschaftlichen Unternehmer ist stark rückläufig. 1958 waren fast 800.000 in der Altershilfe versichert, Mitte 1994 dagegen nur noch rd. 401.000 Unternehmer. Seit 1988 ist die Zahl der Beitragszahler geringer als die Zahl der Leistungsempfänger. Mitte 1994 gab es rd. 530.000 Leistungsbezieher, so dass im Jahr 1994 auf 100 Beitragszahler 132 Leistungsempfänger entfallen sind. Durch die Agrarsozialreform hat sich dieses Verhältnis allerdings zunächst erheblich zu Gunsten der Beitragszahler verändert. Der Grund hierfür war die Einbeziehung der Ehegatten von Landwirten in die Versicherungspflicht. In den Jahren nach In-Kraft-Treten der Agrarsozialreform ist die Zahl der Versicherten dann aber wieder stark rückläufig. Nach dem Stand September 2010 waren rd. 259.000 Personen in der Alterssicherung versichert.

13 Mit dem Agrarsozialreformgesetz wurde zum 1. Januar 1995 die obligatorische, eigenständige Sicherung der Ehegatten von Landwirten in der Alterssicherung der Landwirte eingeführt. Dies bedeutet, dass alle Ehegatten von Landwirten, die bei In-Kraft-Treten der Reform noch nicht das 65. Lebensjahr vollendet haben, wie ein landwirtschaftlicher Unternehmer in der Alterssicherung der Landwirte versicherungspflichtig sind. Innerhalb einer Frist von drei Monaten nach Übernahme des landwirtschaftlichen Unternehmens oder – im Falle der Eheschließung nach Übernahme des Betriebes – innerhalb einer Frist von drei Monaten nach der Eheschließung können die Ehegatten gegenüber der landwirtschaftlichen Alterskasse erklären, welcher Ehegatte als landwirtschaftlicher Unternehmer und welcher Ehegatte als Ehegatte des landwirtschaftlichen Unternehmers versichert ist. Es kann aber auch die Erklärung abgegeben werden, dass beide Ehegatten als landwirtschaftlicher Unternehmer versichert sind, weil das Unternehmen gemeinsam betrieben wird. Geben die Ehegatten eine Erklärung nicht fristgerecht ab, bestimmt die landwirtschaftliche Alterskasse darüber, welcher Ehegatte als landwirtschaftlicher Unternehmer versichert ist.

Die Verfassungsmäßigkeit der eigenständigen Versicherungs- und Beitragspflicht des Landwirtsehegatten – unabhängig von einer tatsächlichen Mitarbeit – ist jüngst vom Bundesverfassungsgericht mit Beschluss vom 9. Dezember 2003 (1 BvR 558/99) bestätigt worden.

Die Versicherungspflicht bleibt auch nach der Einführung der so genannten „eingetragenen Lebenspartnerschaft", die in vielen Bereichen für eingetragene Lebenspartner dieselben Rechte und Pflichten wie für Ehegatten vorsieht, auf die Ehegatten von landwirtschaftlichen Unternehmern beschränkt.

Notwendige Folge der Versicherungspflicht ist die Verpflichtung des Landwirtsehegatten, Beiträge im gleichen Umfang wie der landwirtschaftliche Unternehmer zu zahlen; d. h. überschreitet das dem Landwirtsehegatten hälftig zugerechnete Familieneinkommen nicht die Einkommensgrenze für den Beitragszuschuss (ab 1. Januar 2002 für jeden Ehegatten 15.500 Euro), erhält er/sie ebenso wie der landwirtschaftliche Unternehmer einen Zuschuss zum Beitrag.

Die Fiktion einer Unternehmerstellung des Landwirtsehegatten zur Begründung einer eigenständigen Sicherung beschränkt das Gesetz ausdrücklich auf den Bereich der Alterssicherung der Landwirte. Daher ist ausgeschlossen, dass der Landwirtsehegatte auch in anderen Rechtsbereichen, insbesondere in der Krankenversicherung oder in der gesetzlichen Rentenversicherung, regelmäßig als Unternehmer/Unternehmerin anzusehen ist. Insbesondere bleibt der Landwirtsehegatte in der Krankenversicherung in der Regel familienversichert.

14 Pflichtversicherte in der Alterssicherung der Landwirte sind außerdem die mitarbeitenden Familienangehörigen des Unternehmers und seines Ehegatten, wenn sie hauptberuflich im Unternehmen mitarbeiten. Als mitarbeitende Familienangehörige gelten

– Verwandte bis zum dritten Grad,
– Verschwägerte bis zum zweiten Grad sowie
– Pflegekinder (Personen, mit denen der Unternehmer oder sein Ehegatte durch ein familienähnliches, auf längere Dauer berechnetes Band verbunden ist, sofern er sie in seinen Haushalt aufgenommen hat).

Nicht zu den mitarbeitenden Familienangehörigen gehört dagegen der Ehegatte oder eingetragene Lebenspartner des Unternehmers.

15 Ende September 2010 waren 10.539 mitarbeitende Familienangehörige beitragspflichtig.

16 Versicherungspflichtig sind auch diejenigen ehemaligen landwirtschaftlichen Unternehmer, die das Unternehmen bis Ende 1994 vor Vollendung des 60. Lebensjahres oder vor Eintritt der Erwerbsunfähigkeit aufgegeben und zur Vermeidung des nach dem bis zu diesem Zeitpunkt geltenden Altershilferecht eintretenden vollständigen Verlusts der Rentenanwartschaft die so genannte Weiterentrichtung von Beiträgen beantragt haben. Deren Anzahl ist naturgemäß immer mehr zurückgegangen. Nach dem Stand Ende September 2010 sind es noch 46 Personen.

Versicherungsfreiheit

17 Versicherungsfrei sind Landwirte und mitarbeitende Familienangehörige, die

– das 18. Lebensjahr noch nicht oder das 65. Lebensjahr bereits vollendet haben oder
– bei Beginn der Versicherung die fünfjährige Wartezeit für eine Rente wegen Erwerbsunfähigkeit nicht mehr erfüllen können.

Darüber hinaus sind mitarbeitende Familienangehörige auch versicherungsfrei, solange sie als Landwirt in der Alterssicherung der Landwirte versichert sind.

Befreiung von der Versicherungspflicht

18 Jeder landwirtschaftliche Unternehmer sowie der als Ehegatte versicherte Landwirt kann sich auf Antrag von der Versicherungspflicht befreien lassen, wenn er

– eigenes außerlandwirtschaftliches Einkommen oder Erwerbsersatzeinkommen von mehr als 4.800 Euro jährlich hat oder
– wegen Kindererziehung, Betreuung eines pflegebedürftigen Familienangehörigen oder Wehr- bzw. Zivildienst Anwartschaften in anderen Alterssicherungssystemen erwirbt.

Im Zuge der Änderung der Regelungen über geringfügige Beschäftigungsverhältnisse durch das Zweite Gesetz für moderne Dienstleistungen am Arbeitsmarkt vom 23. Dezember 2002 (BGBl I, S. 4621), das am 1. April 2003 in Kraft getreten ist, ist das Befreiungsrecht in der Alterssicherung der Landwirte leicht geändert worden. Bis zum 31. März 2003 konnte sich befreien lassen, wer außerlandwirtschaftliches Einkommen von mehr als einen Siebtel der Bezugsgröße bezogen hatte (2007 waren dies jährlich 4.200 Euro in den alten und 3.600 Euro in den neuen Bundesländern).

Für die Befreiung ist ein Antrag bei der Alterskasse erforderlich. Die Befreiung ist begrenzt auf die Zeit des Bezugs des außerlandwirtschaftlichen Einkommens oder die Zeit des anderweitigen Erwerbs von Versorgungsanwartschaften durch Kindererziehung, Betreuung eines pflegebedürftigen Familienangehörigen oder Wehr- bzw. Zivildienst.

Neu eingeführt wurde mit Wirkung ab 1. Januar 2008 ein Befreiungsrecht für Bezieher von Arbeitslosengeld II, die während des Bezugs dieser Leistung weiterhin in der gesetzlichen Rentenversicherung versicherungspflichtig bleiben. Bisher hatten diese Personen kein Befreiungsrecht, da Arbeitslosengeld II nicht Erwerbsersatzeinkommen ist, sondern eine bedürftigkeitsabhängige Fürsorgeleistung. Zusammen mit ebenfalls zum 1. Januar 2008 in Kraft getretenen Änderungen im Sechsten Buch Sozialgesetzbuch gilt ab diesem Zeitpunkt grundsätzlich, dass Bezieher von Arbeitslosengeld II während des Bezugs dieser Leistung dort versichert bleiben, wo sie zuvor versichert waren.

19 Ehemalige landwirtschaftliche Unternehmer, die das Unternehmen bis Ende 1994 vor Vollendung des 60. Lebensjahres oder vor Eintritt der Erwerbsunfähigkeit aufgegeben und zur Vermeidung des nach dem bis zu diesem Zeitpunkt geltenden Altershilferecht eintretenden vollständigen Verlusts der Rentenanwartschaft die so genannte Weiterentrichtung von Beiträgen beantragt hatten, konnten sich auf Antrag mit Wirkung vom 1. Januar 1995 an oder, so weit zu diesem Zeitpunkt die Wartezeit für eine Altersrente noch nicht erfüllt ist, mit Wirkung von dem Zeitpunkt an, in dem die Wartezeit für eine Altersrente erfüllt ist, von der Versicherungspflicht befreien lassen.

17 Alterssicherung der Landwirte

Freiwillige Versicherung

20 Ehemalige landwirtschaftliche Unternehmer sowie die ehemalig als Ehegatten versicherten Landwirte, die – z. B. wegen Aufgabe oder Veräußerung des Unternehmens – in der Alterssicherung der Landwirte nicht mehr versicherungspflichtig sind, können die Versicherung freiwillig fortsetzen, wenn sie

- die Wartezeit von fünf Jahren, aber noch nicht die Wartezeit von fünfzehn Jahren für eine Altersrente erfüllt haben,
- eine Rente noch nicht beziehen,
- das 65. Lebensjahr noch nicht vollendet haben und
- die Fortsetzung der Versicherung innerhalb von sechs Monaten nach dem Ende der Versicherungspflicht beantragen.

Die Versicherung beginnt mit dem ersten Tag des Monats, der dem Monat folgt, in dem die Versicherungspflicht endet. Sie endet spätestens mit Beginn des Kalendermonats, zu dessen Beginn die Voraussetzungen für die freiwillige Versicherung nicht mehr vorliegen.

21 Die Ehegatten von ehemaligen Landwirten können sich auch nach Erfüllung der fünfzehnjährigen Wartezeit weiterhin freiwillig versichern, wenn sie nicht der Versicherungspflicht in der Alterssicherung der Landwirte unterliegen, nicht versicherungsfrei und auch nicht von der Versicherungspflicht befreit sind. Voraussetzung für die weitergehende freiwillige Versicherung ist ferner, dass der ehemalige landwirtschaftliche Unternehmer eine Rente bezieht. Dagegen ist bei einem Rentenbezug des Ehegatten die freiwillige Versicherung ausgeschlossen.

Leistungen

22 Die Alterssicherung der Landwirte gewährt Leistungen, die grundsätzlich denen der gesetzlichen Rentenversicherung ähneln. Da die Alterssicherung der Landwirte als Teilsicherung konzipiert ist, sind die Rentenleistungen jedoch betragsmäßig durchweg niedriger als die Renten der gesetzlichen Rentenversicherung (ab 1. Juli 2010 nach neuem Recht rd. 565 Euro bei 45 Versicherungsjahren [West]; ohne Berücksichtigung des Übergangsrechts). Hinzu kommen Besonderheiten durch die zusätzlichen agrarpolitischen Ziele, die mit der Alterssicherung der Landwirte verfolgt werden.

Im Einzelnen gewährt die Alterssicherung der Landwirte Renten wegen Alters, Renten wegen Erwerbsminderung (durch die am 1. Januar 2001 in Kraft getretene Reform der Renten wegen verminderter Erwerbsfähigkeit wurde in der Alterssicherung der Landwirte die bisherige Rente wegen Erwerbsunfähigkeit durch die Rente wegen teilweiser oder voller Erwerbsminderung abgelöst), Witwen- und Witwerrenten, Waisenrenten und Rehabilitationsleistungen; außerdem werden Betriebs- und Haushaltshilfe gewährt oder Überbrückungsgeld gezahlt, damit das Unternehmen bei Krankheit oder Tod des Unternehmers weitergeführt werden kann. Seit 1986 werden zusätzlich Zuschüsse und Entlastungen zum Versicherungsbeitrag gewährt, die ab 1991 in einem Beitragszuschuss zusammengefasst sind.

Renten wegen Alters

23 Landwirte sowie die als Ehegatten versicherten Landwirte erhalten Rente wegen Alters, wenn

- sie das 65. Lebensjahr vollendet haben,
- die Wartezeit von 15 Jahren erfüllt ist, wobei auf die Wartezeit nicht nur in der Alterssicherung zurückgelegte Beitragszeiten angerechnet werden (Rdnr. 46) und
- das landwirtschaftliche Unternehmen abgegeben ist.

Mit dem am 30. April 2007 verkündeten Altersgrenzenanpassungsgesetz (Gesetz vom 20. April 2007, BGBl. I, S. 554) wird in der Alterssicherung der Landwirte – wie in der gesetzlichen Rentenversicherung auch – die Regelaltersgrenze schrittweise in Abhängigkeit vom Geburtsjahrgang und beginnend ab 2012 von 65 auf 67 Jahre angehoben. Als erstes wird der Geburtsjahrgang 1947 betroffen sein, der im Jahr 2012 sein 65. Lebensjahr vollenden wird. Für diesen Jahrgang beträgt die Regelaltersgrenze 65 Jahre und einen Monat. Der Jahrgang 1948 erreicht die Regelaltersgrenze mit 65 Jahren und zwei Monaten usw. Bis zum Jahrgang 1958 erfolgt die Anhebung in „Einmonatsschritten", für die Jahrgänge ab 1959 in Zweimonatsschritten (die Regelaltersgrenze für den Jahrgang 1959 liegt bei 66 Jahren und zwei Monaten). Für die Jahrgänge 1964 und jünger liegt dann die Regelaltersgrenze bei 67 Jahren. Da diese Anhebung erst ab dem Jahr 2012 beginnen wird, verbleibt es für die nächsten Jahre noch bei der Regelaltersgrenze von 65 Jahren.

24 Die Abgabe des Unternehmens ist eine besondere Voraussetzung in der Alterssicherung der Landwirte, mit der agrarstrukturelle Ziele verfolgt werden (Rdnr. 3). Betreibt ein Unternehmer mehrere Unternehmen, muss er alle abgeben, um eine Rente erhalten zu können. Die Abgabe des Unternehmens ist in verschiedenen Formen möglich. Zunächst ist das Unternehmen natürlich dann abgegeben, wenn das Eigentum am Unternehmen auf jemand anderen übertragen worden ist (z. B. durch Hofübergabe an den Erben oder Verkauf). Wird das Eigentum am Unternehmen nicht auf einen anderen übertragen, ist eine Abgabe des Unternehmens durch eine mindestens neunjährige Verpachtung oder neunjährige Einräumung eines Nießbrauchs zugunsten eines Dritten möglich.

25 Nach dem bis Ende 1994 geltenden Altershilferecht war eine Abgabe an den Ehegatten nicht ausreichend, um einen Rentenanspruch zu begründen. Hieran hält auch das ab 1. Januar 1995 geltende Recht der Alterssicherung der Landwirte grundsätzlich fest. Insbesondere um den sich aus der Einführung der eigenständigen Sicherung ergebenden Erfordernissen Rechnung zu tragen, ist jedoch ab dem 1. Januar 1995 unter bestimmten, sehr eingeschränkten Voraussetzungen auch eine Hofabgabe an den Ehegatten leistungsunschädlich. Eine Hofabgabe an den Ehegatten ist dann ausreichend, wenn der den Hof abgebende Unternehmer aus dem Unternehmen ausscheidet und medizinisch, also unabhängig vom Arbeitsmarkt, voll erwerbsgemindert im Sinne der gesetzlichen Rentenversicherung ist oder der den Hof übernehmende Ehegatte eine Lebensalter erreicht hat, ab dem er eine vorzeitige Altersrente erhalten könnte, weil der andere Ehegatte bereits Rente bezieht (siehe Rdnr. 30 f.). Dies bedeutet, dass eine Hofabgabe bereits dann möglich ist, wenn der den Hof übernehmende Ehegatte das 55. Lebensjahr vollendet hat. Nach dem bis Ende September 2007 geltenden Recht war eine Hofabgabe insoweit erst möglich, wenn der den Hof übernehmende Ehegatte das 62. Lebensjahr vollendet hatte. Die Herabsetzung dieser Altersgrenze erfolgte mit dem 1. SGB IV-Änderungsgesetz (Gesetz vom 19. Dezember 2007, BGBl. I, S. 3024). Die unter diesen Voraussetzungen erfolgte Abgabe an den Ehegatten ist aber nur solange rentenunschädlich, bis auch der übernehmende Ehegatte das 65. Lebensjahr vollendet hat (und damit selbst rentenberechtigt ist) oder erwerbsgemindert nach den Vorschriften der gesetzlichen Rentenversicherung ist. Ist also bis zu diesem Zeitpunkt das Unternehmen nicht an einen anderen abgegeben worden, entfällt der Anspruch auf die Rente.

26 Um zu verhindern, dass ein Unternehmer nur deshalb eine Rente nicht beziehen kann, weil er niemanden findet, der sein Unternehmen übernimmt, sieht das Gesetz noch Ersatztatbestände vor, die der Abgabe gleichstehen, obwohl der Unternehmer seine Flächen behält. Danach liegt unter bestimmten Voraussetzungen eine Abgabe auch dann vor, wenn die landwirtschaftlichen Flächen ganz oder teilweise erstmals aufgeforstet worden sind, oder wenn der Unternehmer eine nach dem jeweiligen Landesrecht bestimmte Stelle dazu ermächtigt, die ihm gehörenden landwirtschaftlichen Flächen zum ortsüblichen, angemessenen Preis zu veräußern oder zu verpachten. Als ein weiterer Ersatztatbestand für die Hofabgabe wurde mit dem Agrarsozialreformgesetz die Stilllegung der landwirtschaftlich genutzten Flächen eingeführt.

27 Von den als Landwirt versicherten Ehegatten kann eine Abgabe des Unternehmens nicht verlangt werden, da sie gerade nicht landwirtschaftlicher Unternehmer sind, sondern allein aufgrund ihrer Stellung als Ehegatte in der Alterssicherung der Landwirte versichert sind. Für sie wird deshalb die Hofabgabe als erfüllt angesehen, wenn sie unabhängig von der Arbeitsmarktlage voll erwerbsgemindert sind oder das 65. Lebensjahr vollendet haben und bis zu diesem Zeitpunkt mindestens 5 Jahre lang als Ehegatte in der Alterssicherung der Landwirte versichert waren.

28 Damit ein Altersrentenbezieher weiter für seinen Eigenbedarf produzieren kann, darf er Flächen in Höhe von höchstens einem Viertel der für die Begründung der Versicherungspflicht maßgebenden Mindestgröße zurückbehalten (im Bundesdurchschnitt etwa ein Hektar; die zulässige Rückbehaltsfläche kann jedoch je nach Alterskasse, örtlichen Gegebenheiten und Betriebsform sehr unterschiedlich sein). Behält der Unternehmer weitere Flächen oder übernimmt er sie später, entfällt der Rentenanspruch.

29 Mitarbeitende Familienangehörige erhalten eine Rente wegen Alters, wenn sie

– das 65. (künftig 67.) Lebensjahr vollendet haben,
– die Wartezeit von 15 Jahren erfüllen und
– nicht landwirtschaftliche Unternehmer sind.

Vorzeitige Altersrente

30 Landwirtschaftliche Unternehmer sowie die als Ehegatte versicherten Landwirte können die Altersrente bis zu zehn Jahre vor Vollendung des 65. (künftig 67.) Lebensjahres vorzeitig in Anspruch nehmen, wenn von der Vollendung des 65. Lebensjahres abgesehen die übrigen Voraussetzungen zum Bezug einer Rente wegen Alters vorliegen und der andere Ehegatte bereits Anspruch auf eine Altersrente vom 65. (künftig 67.) Lebensjahr an hat oder gehabt hat.

31 Mit der Berechtigung zum vorzeitigen Bezug der Altersrente wird der Einführung der eigenständigen Sicherung der Bäuerin Rechnung getragen. Bei einem Altersunterschied von bis zu zehn Jahren ist ein Rentenbezug beider Ehegatten möglich, wenn einer der Ehegatten Altersrente bereits ab Vollendung des 65. (künftig 67.) Lebensjahres bezieht. Hierdurch wird vermieden, dass bei größerem Altersunterschied im Verhältnis zum bisherigen Recht erhebliche Rentenminderungen eintreten. Diese können sich dadurch ergeben, dass der ältere Ehegatte nur die eigene Rente (ohne Verheiratetenzuschlag) erhält, der andere Ehegatte wegen seines Alters aber einen Anspruch auf seine Rente noch nicht hat.

32 Da sich durch den vorzeitigen Rentenbezug die Rentenbezugsdauer durchschnittlich insgesamt verlängert, entspricht es einer versicherungsrechtlichen Notwendigkeit, durch versicherungsmathematisch begründete Abschläge sicherzustellen, dass auf den Bezieher einer vorzeitigen Altersrente auf die gesamte Rentenbezugsdauer gesehen durchschnittlich nicht höhere Rentenleistungen entfallen als auf den Bezieher einer Altersrente ab dem vollendeten 65. (künftig 67.) Lebensjahr. Daher vermindert sich die Rente für jeden Monat, für den der Versicherte eine Altersrente vor Vollendung des 65. (künftig 67.) Lebensjahres in Anspruch nimmt, um einen Abschlag in Höhe von 0,3 Prozent Sie sind ebenso hoch wie in der gesetzlichen Rentenversicherung. Mitarbeitende Familienangehörige können eine Altersrente nicht vorzeitig in Anspruch nehmen.

Mit dem Altersgrenzenanpassungsgesetz (siehe Rdnr. 23) ist in der Alterssicherung der Landwirte parallel zur Anhebung der Regelaltersgrenze auf 67 eine neue vorzeitige Altersrente ab 65 mit Abschlägen eingeführt worden. Grund hierfür war, dass die Anhebung der Regelaltersgrenze auf 67 in der Alterssicherung der Landwirte erheblich gravierendere Auswirkungen hätte als in der gesetzlichen Rentenversicherung, da in der Alterssicherung der Landwirte – bis auf die vorgenannte besondere vorzeitige Altersrente – ansonsten keine Möglichkeit des vorzeitigen Altersrentenbezugs besteht. Ab 2012 haben daher Versicherte Anspruch auf eine vorzeitige Altersrente frühestens ab Vollendung des 65. Lebensjahres, wenn sie eine 35-jährige Wartezeit erfüllen. In dem Maße, in dem vor Vollendung der sich dann schrittweise erhöhenden Regelaltersgrenze (siehe Rdnr. 23) diese vorzeitige Altersrente in Anspruch genommen wird, werden dann Abschläge (Rdnr. 32) vorgenommen. Wie für die gesetzliche Rentenversicherung vorgesehen werden allerdings dann in solchen Fällen keine Abschläge vorgenommen, wenn (sogar) 45 Jahre mit Pflichtbeiträgen zur Alterssicherung der Landwirte zurückgelegt wurden.

Rente wegen Erwerbsminderung

33 Die versicherungsrechtlichen Voraussetzungen dieser Rente lehnen sich eng an die entsprechenden Voraussetzungen der Rente wegen Erwerbsminderung in der gesetzlichen Rentenversicherung an. Ebenso wie in der gesetzlichen Rentenversicherung haben sich zum 1. Januar 2001 mit In-Kraft-Treten der Reform der Renten wegen verminderter Erwerbsfähigkeit die Voraussetzungen für diese Renten geändert. In der Alterssicherung der Landwirte ist an die Stelle der Rente wegen Erwerbsunfähigkeit die Rente wegen voller oder teilweiser Erwerbsminderung getreten. Landwirtschaftliche Unternehmer und die als Ehegatten versicherten Landwirte haben daher einen Anspruch auf Rente wegen Erwerbsminderung, wenn

– sie voll oder teilweise erwerbsgemindert nach den Vorschriften der gesetzlichen Rentenversicherung sind,
– sie vor Eintritt der Erwerbsminderung die Wartezeit von fünf Jahren erfüllt haben,
– sie in den letzten fünf Jahren vor Eintritt der Erwerbsminderung mindestens drei Jahre Pflichtbeiträge in der landwirtschaftlichen Alterssicherung gezahlt haben („Drei-in-fünf-Erfordernis") und
– das Unternehmen der Landwirtschaft abgegeben ist.

34 Voll erwerbsgemindert sind Versicherte, die wegen Krankheit oder Behinderung auf nicht absehbare Zeit außerstande sind, unter den üblichen Bedingungen des allgemeinen Arbeitsmarktes mindestens drei Stunden täglich erwerbstätig zu sein. Der allgemeine Arbeitsmarkt umfasst jede nur denkbare Tätigkeit, die es auf dem Arbeitsmarkt gibt. Darüber hinaus haben Versicherte auch dann einen Anspruch auf Rente wegen voller Erwerbsminderung, wenn sie noch mindestens drei, aber weniger als sechs Stunden täglich arbeiten und das verbliebene Restleistungsvermögen wegen Arbeitslosigkeit nicht in Erwerbseinkommen umsetzen können.

35 Teilweise erwerbsgemindert sind Versicherte, die wegen Krankheit oder Behinderung auf nicht absehbare Zeit außerstande sind, unter den üblichen Bedingungen des allgemeinen Arbeitsmarktes mindestens sechs Stunden täglich erwerbstätig zu sein. Eine Rente wegen teilweiser Erwerbsminderung wird gezahlt, wenn das verbliebene Restleistungsvermögen noch in Erwerbseinkommen umgesetzt werden kann. Hingegen wird – wie erwähnt – eine Rente wegen voller Erwerbsminderung gezahlt, wenn das Restleistungsvermögen nicht verwertet werden kann.

36 Von Bedeutung ist speziell in der Alterssicherung der Landwirte, dass sowohl für die Erfüllung der Wartezeit als auch für die Erfüllung des „Drei-in-fünf-Erfordernisses" Beitragszeiten bzw. Pflichtbeitragszeiten der Alterssicherung der Landwirte Zeiten gleichstehen, in denen eine Pflichtversicherung in der gesetzlichen Rentenversicherung, eine Pflichtmitgliedschaft in einem berufsständischen Versorgungswerk (Kapitel 14) oder eine Absicherung über die Beamtenversorgung bestand (Rdnr. 46, 49). Dies bedeutet: Bei einem Wechsel von einer außerlandwirtschaftlichen zu einer landwirtschaftlichen Erwerbstätigkeit entsteht sofort ein Schutz gegen den Eintritt von Erwerbsminderung in der Alterssicherung. Bei einem umgekehrten Wechsel von einer landwirtschaftlichen zu einer außerlandwirtschaftlichen Erwerbstätigkeit wirkt sich dies ebenfalls nicht zu Lasten des Versicherten aus. Denn der vorgenannte Fünf-Jahres-Zeitraum verlängert sich in diesem Fall um die Zeit einer außerlandwirtschaftlichen Berufstätigkeit und die sonstige Zeiten, die auch in der gesetzlichen Rentenversicherung den entsprechenden Fünf-Jahres-Zeitraum verlängern und damit die Anwartschaft auf eine Rente wegen Erwerbsunfähigkeit aus der Alterssicherung wahren.

37 Mitarbeitende Familienangehörige erhalten – vom Erfordernis der Hofabgabe abgesehen – unter denselben Voraussetzungen Rente wegen Erwerbsminderung.

38 Wer bereits vor dem 1. Januar 2001 eine Rente wegen Erwerbsunfähigkeit bezogen hat, behält seinen Anspruch auf diese Rente weiter – auch wenn nach neuem Recht selbst ein Anspruch auf Rente wegen teilweiser Erwerbsminderung nicht bestünde (z. B. Restleistungsvermögen von sieben Stunden täglich und fehlender Möglichkeit, dieses Restleistungsvermögen auf dem allgemeinen Arbeitsmarkt zu verwerten).

Leistungen an Hinterbliebene

39 Als Hinterbliebenenleistungen werden gewährt

– Witwenrente sowie Witwerrente und
– Halb- sowie Vollwaisenrente.

Nach den zum 1. Januar 2005 in Kraft getretenen Neuregelungen auf Grund des Gesetzes zur Überarbeitung des Lebenspartnerschaftsgesetzes (Gesetz v. 15. Dezember 2004, BGBl. I, S. 3396) haben ab 1. Januar 2005 auch hinterbliebene Lebenspartner einer eingetragenen Lebenspartnerschaft Anspruch auf Witwen- oder Witwerrente wie hinterbliebene Ehegatten.

40 Witwen oder Witwer (einschließlich hinterbliebene Lebenspartner) haben nach dem Tode des Versicherten Anspruch auf Witwenrente oder Witwerrente, wenn

– das Unternehmen der Landwirtschaft des Verstorbenen abgegeben ist,
– der verstorbene Ehegatte die Wartezeit von fünf Jahren erfüllt hat,
– der überlebende Ehegatte nicht Landwirt ist und
– der überlebende Ehegatte entweder
  – ein eigenes Kind oder ein Kind des verstorbenen Ehegatten, das das 18. Lebensjahr noch nicht vollendet hat, erzieht,
  – das 45. Lebensjahr vollendet hat oder
  – voll oder teilweise erwerbsgemindert nach den Vorschriften der gesetzlichen Rentenversicherung ist.

Im Zuge der Anhebung der Regelaltersgrenze auf das 67. Lebensjahr (siehe Rdnr. 23) wurde durch das RV-Altersgrenzenanpassungsgesetz ebenso die Altersgrenze für den Bezug der Witwen- bzw. Witwerrente schrittweise in Abhängigkeit vom Todesjahr des Versicherten (Todesjahr 2012; Witwen-/ Witwerrente ab Alter 45 Jahre und einem Monat, Todesjahr 2013; Witwen-/Witwerrente ab Alter 45 Jahre und zwei Monate) vom 45. auf das 47. Lebensjahr angehoben.

41 Als Kinder werden auch Stief- und Pflegekinder sowie Enkel und Geschwister, die in den Haushalt der Witwe oder des Witwers aufgenommen sind oder von diesen überwiegend unterhalten werden, berücksichtigt. Rentenunschädlich ist darüber hinaus auch die ausgeübte Sorge für ein eigenes Kind oder ein Kind des versicherten Ehegatten, das das 18. Lebensjahr noch nicht vollendet hat oder wegen körperlicher, geistiger oder seelischer Behinderung außerstande ist, sich selbst zu unterhalten.

42 Wie in der gesetzlichen Rentenversicherung entfällt der Anspruch auf Witwen- bzw. Witwerrente im Falle der Wiederheirat der Witwe bzw. des Witwers. Der Anspruch lebt jedoch bei Vorliegen aller sonstigen Voraussetzungen wieder auf, wenn die erneute Ehe aufgelöst oder für nichtig erklärt ist (Witwenrente oder Witwerrente nach dem vorletzten Ehegatten).

43 Mitarbeitenden Familienangehörigen wird die Witwen- bzw. Witwerrente – abgesehen vom Erfordernis der Hofabgabe – unter den gleichen Voraussetzungen gezahlt wie den Landwirten.

44 Für den Anspruch der Kinder von Landwirten und mitarbeitenden Familienangehörigen auf Waisenrente gelten die gleichen Voraussetzungen wie in der gesetzlichen Rentenversicherung; d. h. der überlebende bzw. der verstorbene Elternteil muss unterhaltspflichtig sein bzw. gewesen sein und der verstorbene Elternteil muss die Wartezeit von fünf Jahren erfüllt haben. Als besondere Anspruchsvoraussetzung tritt auch hier hinzu, dass die Kinder keine landwirtschaftlichen Unternehmer sein dürfen. Der Anspruch auf Halb- oder Vollwaisenrente besteht längstens bis zur Vollendung des 18. Lebensjahres oder bis zur Vollendung des 27. Lebensjahres, wenn die Waise sich in einer Schul- oder Berufsausbildung befindet, ein freiwilliges soziales oder ökologisches Jahr ableistet oder wegen körperlicher, geistiger oder seelischer Behinderung außerstande ist, sich selbst zu unterhalten, wobei eine maximal viermonatige „Unterbrechungszeit" den Waisenrentenanspruch unberührt lässt. Besteht Anspruch auf Waisenrente wegen einer Schul- oder Berufsausbildung bis zur Vollendung des 27. Lebensjahres, erhöht sich die für den Anspruch auf Waisenrente maßgebende Altersbegrenzung bei Unterbrechung oder Verzögerung der Schulausbildung oder Berufsausbildung durch den gesetzlichen Wehrdienst oder Zivildienst um die Zeit dieser Dienstleistung. In der Alterssicherung der Landwirte ist es in diesem Zusammenhang bei der Altersgrenze von grundsätzlich 27 Jahren geblieben, obwohl in anderen Bereichen, insbesondere im Steuerrecht, die Vergünstigung für Kinder (Kindergeld, Kinderfreibetrag) zum 1. Januar 2007 grundsätzlich auf die Vollendung des 25. Lebensjahres des Kindes herabgesetzt wurde.

Wartezeit

45 Voraussetzung für die Rentengewährung ist, dass eine Mindestversicherungszeit (Wartezeit) erfüllt ist. Die Wartezeit für die Rente wegen Erwerbsminderung und die Rente an Hinterbliebene beträgt fünf Jahre, und die Wartezeit für die Rente wegen Alters und die vorzeitige Rente wegen Alters für den Ehegatten, wenn der Partner bereits Altersrente bezieht, beträgt fünfzehn Jahre. Die Wartezeit für die ab 2012 neu eingeführte vorzeitige Altersrente ab 65 beträgt 35 Jahre.

46 Als Besonderheit in der Alterssicherung gilt, dass auf die Wartezeiten nicht nur Zeiten angerechnet werden, in denen Beiträge zur Alterssicherung der Landwirte gezahlt wurden. Angerechnet werden auch

– Pflichtbeitragszeiten in der gesetzlichen Rentenversicherung,
– Zeiten, in denen eine Tätigkeit als Beamter ausgeübt wurde und
– Zeiten, in denen Pflichtbeiträge an ein berufsständisches Versorgungswerk gezahlt wurden.

Im Ergebnis werden damit alle Zeiten, in denen in anderen öffentlich-rechtlichem Alterssicherungssystemen Anwartschaften aufgrund einer Pflichtversicherung erworben wurden, auf die Wartezeiten für Renten aus der Alterssicherung angerechnet.

Weitere Voraussetzung für die Anrechnung dieser Zeiten ist jedoch, dass nicht zeitgleich Beiträge zur Alterssicherung gezahlt wurden oder deshalb nicht gezahlt worden sind, weil eine Befreiung von der als landwirtschaftlicher Unternehmer in der Alterssicherung bestehenden Versicherungspflicht – d. h. nicht von der als Ehegatte eines Unternehmers bestehenden Versicherungspflicht – vorlag. Dies bedeutet: Lässt sich der Landwirtsehegatte von der Versicherungspflicht in der Alterssicherung befreien, werden ihr/ihm auch die während dieser Zeit in anderen Alterssicherungssystemen zurückgelegten Zeiten auf die Wartezeiten für Renten aus der Alterssicherung angerechnet.

47 Eine besondere Wartezeitregelung gilt ferner für diejenigen Landwirtsehegatten, die vor dem 1. Januar 1995 bereits das 40. Lebensjahr vollendet hatten. Für diese gilt die Wartezeit als erfüllt, wenn sie

– am 31. Dezember 1994 bereits mit einem zu diesem Zeitpunkt von der Beitragspflicht zur Altershilfe befreiten Landwirt verheiratet waren und

– bis zur Abgabe des landwirtschaftlichen Unternehmens lückenlos Beiträge zur Alterssicherung gezahlt haben oder zeitweise nur deshalb Beiträge nicht gezahlt haben, weil sie sich wegen Pflegetätigkeit oder Kindererziehung von der Versicherungspflicht in der Alterssicherung haben befreien lassen.

Diese Neuregelung kommt insbesondere solchen Landwirtsehegatten zugute, bei denen der andere Ehegatte (der Unternehmer) nur wenige Jahre nach Einführung der eigenen Versicherungs- und Beitragspflicht des Landwirtsehegatten den Hof abgegeben hat. Ohne diese Wartezeitfiktion könnte der Landwirtsehegatte in diesen Fällen bis zur Hofabgabe die 15-jährige Wartezeit nicht erfüllen, wenn sie/er in anderen Alterssicherungssystemen keine oder nur wenige Zeiten zurückgelegt hat.

48 Die Wartezeit von fünf Jahren ist ferner – wie in der gesetzlichen Rentenversicherung – vorzeitig erfüllt, wenn der Versicherte wegen eines Arbeitsunfalls erwerbsgemindert nach den Vorschriften der gesetzlichen Rentenversicherung geworden oder gestorben ist und im Zeitpunkt des Arbeitsunfalls versicherungspflichtig war.

49 Diejenigen in anderen Sicherungssystemen zurückgelegten Zeiten, die auf die Wartezeiten in der Alterssicherung angerechnet werden, werden im Übrigen auch für die Erfüllung der besonderen versicherungsrechtlichen Voraussetzungen für Renten wegen Erwerbsminderung („Drei-in-fünf-Erfordernis", vgl. Rdnr. 33, 36) angerechnet. Anspruch auf eine Rente wegen Erwerbsminderung aus der Alterssicherung besteht daher schon dann, wenn in den letzten fünf Jahren vor Eintritt der Erwerbsunfähigkeit für drei Jahre Pflichtbeiträge zur Alterssicherung gezahlt wurden und/oder solche Zeiten zurückgelegt wurden, die auf die Wartezeiten in der Alterssicherung angerechnet werden.

Rentenrechtliche Zeiten

50 Das Gesetz unterscheidet bei den rentenrechtlichen Zeiten zwischen Beitragszeiten, Zurechnungszeiten und Zeiten des Rentenbezugs.

Beitragszeiten

51 Beitragszeiten sind Zeiten, für die Pflichtbeiträge oder freiwillige Beiträge zu einer landwirtschaftlichen Alterskasse gezahlt sind.

52 Unter den Beitragszeiten kommt den bis zum 31. Dezember 1994 vom verheirateten Landwirt zurückgelegten Beitragszeiten eine besondere Bedeutung zu. Denn die mit dem Agrarsozialreformgesetz eingeführte eigenständige Sicherung des Landwirtsehegatten soll auch denjenigen Landwirtsehegatten zugute kommen, die bei fortgeschrittenem Lebensalter bis zum Erreichen des 65. Lebensjahres durch Entrichtung eigener Beiträge nur noch geringe Anwartschaften aufbauen können. Daher werden die Beiträge, die die landwirtschaftlichen Unternehmer während einer Unternehmertätigkeit vor In-Kraft-Treten der Agrarsozialreform am 1. Januar 1995 gezahlt haben und die auf die Ehezeit entfallen, bei ihren Ehegatten als Beitragszeiten angerechnet. Die Anrechnung erfolgt nur, wenn die Beitragszeiten auch bei der künftigen Rente an den landwirtschaftlichen Unternehmer berücksichtigt werden (Lückenlosigkeit der Beitragszahlung bis Ende 1994) und die Bäuerin

- am 1. Januar 1995 noch nicht das 65. Lebensjahr vollendet hat,
- ab dem 1. Januar 1995 Pflichtbeiträge in der Alterssicherung der Landwirte zahlt, sofern der Ehegatte am 1. Januar 1995 noch Landwirt ist und
- sich bis zu ihrem Rentenbeginn, längstens jedoch bis zum 31. Dezember 2000, nicht wegen Erzielung außerlandwirtschaftlichen Erwerbs- und Erwerbsersatzeinkommens von der Versicherungspflicht hat befreien lassen.

Angerechnet werden dem Landwirtsehegatten jedoch nur die vom anderen Ehegatten als Landwirt zurückgelegten Beitragszeiten, nicht aber diejenigen Beitragszeiten des Ehegatten, die dieser nach der Hofabgabe aufgrund freiwilliger Erklärung zur Weiterentrichtung von Beiträgen zurückgelegt hat.

53 In den Genuss der Beitragsanrechnung kommt neben dem Ehegatten, der am 1. Januar 1995 mit einem landwirtschaftlichen Unternehmer verheiratet ist, auch der Ehegatte, der am 1. Januar 1995 mit einem ehemaligen landwirtschaftlichen Unternehmer verheiratet war, der Rente wegen Alters oder (damals) Erwerbsunfähigkeit oder eine Rente nach dem Gesetz zur Förderung der Einstellung der landwirtschaftlichen Erwerbstätigkeit bezog.

Zurechnungszeit

54 Zurechnungszeit ist die Zeit zwischen dem Eintritt des Versicherungsfalles bzw. dem Rentenbeginn und der Vollendung des 60. Lebensjahres durch den Versicherten. Sie wird bei der Berechnung einer Rente wegen Erwerbsunfähigkeit oder einer Rente an Hinterbliebene den Beitragszeiten hinzugerechnet. Hierdurch wird gewährleistet, dass bei Eintritt der Erwerbsunfähigkeit und bei Tod vor Vollendung des 60. Lebensjahres der Versicherte bzw. seine Hinterbliebenen so gestellt werden, als wenn während der Zurechnungszeit weiterhin Beiträge zur Alterssicherung der Landwirte gezahlt worden wären.

Rentenbezugszeiten

55 Rentenbezugszeiten sind Zeiten des Bezugs einer Rente wegen Erwerbsunfähigkeit oder (ab 1. Januar 2001) Erwerbsminderung, die mit einer Zurechnungszeit zusammentreffen, und die vor dem Beginn dieser Rente liegende Zurechnungszeit.

Berechnung der Renten

Berechnung der Renten für Versicherte

56 Mit dem Agrarsozialreformgesetz wurde in der Alterssicherung der Landwirte die „linearisierte" Rentenberechnung eingeführt. Sie ist an die Stelle der bisherigen Rentenberechnung getreten, wonach sich bei bis zu 15 Beitragsjahren ein einheitlicher Rentenbetrag (Grundbetrag) einstellte und für jedes über 15 Jahre hinausgehende Beitragsjahr 3 Prozent des Grundbetrages (Staffelungsbetrag) hinzukamen. Ferner wird die Rente für einen verheirateten Landwirt bei gleicher Versicherungsdauer in derselben Höhe gezahlt wie für einen unverheirateten Landwirt. Somit ist der bei verheirateten Landwirten nach dem bis Ende 1994 geltenden Recht zur Rente gezahlte Verheiratetenzuschlag (= 50 Prozent der Rente an Ledige) grundsätzlich entfallen. An seine Stelle ist die eigene Rente des Landwirtsehegatten getreten, auf die jedoch ein Anspruch nur besteht, sofern der Landwirtsehegatte in der Alterssicherung der Landwirte versichert ist.

57 Nach dem Prinzip der „linearisierten" Rentenberechnung erbringt jedes Jahr der Beitragszahlung denselben Rentenertrag. Der Rentenertrag pro Beitragsjahr ist mit dem Agrarsozialreformgesetz in der Weise festgelegt worden, dass sich nach neuem Recht für einen Versicherten mit 40 Jahren Beitragszahlung eine ebenso hohe Rente ergibt, wie sie sich nach altem Recht für einen Ledigen mit gleicher Versicherungsdauer ergeben würde. Der monatliche Rentenertrag pro Beitragsjahr nennt sich – in Anlehnung an die Terminologie in der gesetzlichen Rentenversicherung – „allgemeiner Rentenwert". Er beträgt ab 1. Juli 2010 weiterhin 12,56 Euro, da es zum 1. Juli 2010 keine Rentenerhöhung gegeben hat.

Rentenformel

Monatsrente = Steigerungszahl (Sz) × Rentenartfaktor (RAF) × allgemeiner Rentenwert (a. Rw.)

58 Die Monatsrente nach neuem Recht errechnet sich durch Vervielfältigung des allgemeinen Rentenwerts mit der so genannten Steigerungszahl und dem Rentenartfaktor.

59 Die Steigerungszahl wird ermittelt, indem die Summe der Kalendermonaten an

– Pflichtbeiträgen, die als landwirtschaftlicher Unternehmer gezahlt worden sind,
– an freiwilligen Beiträgen,
– an Zurechnungszeit für Berechtigte, die zuletzt als Landwirt versichert waren, und
– an Zeiten des Bezugs einer Rente an Landwirte mit dem Faktor 0,0833 vervielfältigt wird.

60 Die Rentenformel bewirkt damit, dass – insoweit abweichend vom früheren Altershilferecht – nicht nur volle Jahre der Beitragszahlung, sondern jeder Kalendermonat mit Beiträgen zu einer Rentenleistung führt.

61 Der Rentenartfaktor wurde mit dem Gesetz zur Reform der Renten wegen verminderter Erwerbsfähigkeit eingeführt. Er beschreibt das Sicherungsziel der jeweiligen Rente. Mit der Einführung des Rentenartfaktors war – isoliert betrachtet – keine Änderung im Hinblick auf die Höhe der Rente verbunden. Änderungen hat es nur insoweit gegeben, als die neue Rente wegen (nur) teilweiser Erwerbsminderung nur in halber Höhe gezahlt wird und insofern, als mit dem Gesetz zur Ergänzung des Gesetzes zur Reform der gesetzlichen Rentenversicherung und zur Förderung eines kapitalgedeckten Altersvorsorgevermögens (Gesetz vom 21. März 2001, BGBl. I, S. 403) die Renten an Witwen und Witwer – wenn auch unter Geltung großzügiger Vertrauensschutzregelungen – abgesenkt wurden. Grundsätzlich beträgt der Rentenartfaktor ab 1. Januar 2002 für

– Renten wegen Alters und Renten wegen voller Erwerbsminderung 1,0
– Renten wegen teilweiser Erwerbsminderung 0,5
– Witwen- und Witwerrenten 0,55

(bis zum Ablauf des dritten Kalendermonats nach dem Sterbemonat beträgt der Rentenartfaktor wie bisher allerdings 1,0)
– Waisenrenten 0,2

Der Rentenartfaktor für Witwen- und Witwerrenten beträgt allerdings weiterhin 0,6 (d. h. die Witwen- und Witwerrente beträgt nach Ablauf des so genannten „Sterbevierteljahres" 60 Prozent der Rente des Verstorbenen), wenn

– der andere Ehegatte vor dem 1. Januar 2002 verstorben ist oder
– die Ehe bereits vor dem 1. Januar 2002 bestand und zumindest einer der Ehegatten am 1. Januar 2002 bereits das 40. Lebensjahr vollendet hatte.

Soweit der Rentenartfaktor auf 0,55 abgesenkt wird, werden jedoch eventuell Zuschläge zur Witwen- oder Witwerrente gewährt, wenn der Hinterbliebene Kinder erzogen hat (Näheres s. unten Berechnung der Renten an Hinterbliebene).

Für vor dem 1. Januar 2001 bereits bezogene Renten wegen Erwerbsunfähigkeit nach dem bis Ende 2000 geltenden Recht gilt ebenfalls der Rentenartfaktor 1,0.

> **Beispiel**
>
> Versicherung als Landwirt für 30 Jahre und 7 Monate = 367 Monate;
>
> Steigerungszahl = 367 × 0,0833 = 30,5711;
>
> Monatsrente = 30,5711 × 1 × 12,56 = 383,97 Euro

Anpassung

62 Die Renten aus der Alterssicherung der Landwirte werden ebenso wie die Renten der gesetzlichen Rentenversicherung grundsätzlich am 1. Juli jeden Jahres angepasst. Entsprechend den für die gesetzliche Rentenversicherung zuletzt mit dem RV-Nachhaltigkeitsgesetz (Gesetz v. 21. Juli 2004, BGBl. I, S. 1791) getroffenen Neuregelungen zur Anpassung der Renten (SGB VI) werden die Renten entsprechend der Entwicklung der beitragspflichtigen Bruttolöhne unter Berücksichtigung der Aufwendungen für private Vorsorge, des so genannten „Nachhaltigkeitsfaktors" und der Veränderung des Beitragssatzes zur gesetzlichen Rentenversicherung angepasst. Der Nachhaltigkeitsfaktor spiegelt das sich in Zukunft insbesondere aus demografischen Gründen verändernde Verhältnis der Zahl der Beitragszahler zur Rentenversicherung im Vergleich zur Zahl der Rentenempfänger wider. Eine Verschlechterung dieses Verhältnisses infolge Zunahme der Rentenempfänger führt dann zu einer Minderung der Rentenanpassung im Ausmaß dieser – relativen – Verschlechterung der Relation zwischen Beitragszahlern und Rentenempfängern. Der allgemeine Rentenwert verändert sich daher grundsätzlich zum 1. Juli eines jeden Jahres entsprechend dem Vomhundertsatz, um den der aktuelle Rentenwert in der gesetzlichen Rentenversicherung jeweils verändert wird. Die Anpassung erfolgt, indem der bisherige allgemeine Rentenwert durch den neuen allgemeinen Rentenwert ersetzt wird. Zuletzt wurde der allgemeine Rentenwert zum 1. Juli 2009 von 12,26 Euro auf 12,56 Euro angehoben. Ab 1. Juli 2010 ist der allgemeine Rentenwert unverändert geblieben.

Berechnung der Rente an mitarbeitende Familienangehörige

63 Die Rente für mitarbeitende Familienangehörige wird nach der gleichen Rentenformel berechnet. Allerdings wird die Steigerungszahl ermittelt, indem die Summe der Kalendermonate an

– Pflichtbeiträgen, die als mitarbeitender Familienangehöriger gezahlt worden sind,
– an Zurechnungszeit für Berechtigte, die zuletzt als mitarbeitende Familienangehörige versichert waren, und
– an Zeiten des Bezugs einer Rente an mitarbeitende Familienangehörige

mit dem Faktor 0,0417 vervielfältigt wird.

64 Hiermit wird der Tatsache Rechnung getragen, dass für mitarbeitende Familienangehörige nur die Hälfte des für den landwirtschaftlichen Unternehmer maßgebenden Beitrags zu entrichten ist und infolgedessen auch nur eine Rente zu zahlen ist, die der Hälfte der Rente eines landwirtschaftlichen Unternehmers entspricht.

65 Sind rentenrechtliche Zeiten sowohl als landwirtschaftlicher Unternehmer als auch als mitarbeitender Familienangehöriger zurückgelegt worden, werden jeweils zwei Teilrentenbeträge ermittelt, deren Summe den Monatsbetrag der Rente ergibt.

Abschläge vom allgemeinen Rentenwert bei Renten wegen Erwerbsminderung und Renten wegen Todes ab 1. Januar 2001

66 Sowohl bei einer Rente wegen voller als auch bei einer Rente wegen teilweiser Erwerbsminde-

rung werden Abschläge vom allgemeinen Rentenwert vorgenommen, wenn der Rentenbeginn vor Vollendung des 63. Lebensjahres („Referenzalter") liegt. Für jeden Kalendermonat, für den die Rente wegen Erwerbsminderung vor Ablauf des Kalendermonats der Vollendung des 63. Lebensjahres in Anspruch genommen wird, wird ein Abschlag in Höhe von 0,3 Prozent vorgenommen. Entsprechendes gilt bei Renten wegen Todes, wenn der Versicherte, aus dessen Anwartschaften die Rente wegen Todes berechnet wird, vor Vollendung des 63. Lebensjahres verstorben ist. Die Regelung ist vergleichbar den Regelungen für vorzeitige Altersrenten, bei denen ebenfalls Abschläge vorgenommen werden. Wer eine Rente wegen Erwerbsminderung vor Vollendung des 60. Lebensjahres in Anspruch nimmt, wird allerdings so gestellt, als hätte er das 60. Lebensjahr vollendet. Hiermit wird der höchstmögliche Abschlag auf 10,8 Prozent begrenzt, da sich maximal ein Abschlag aus 36 Monaten (drei Jahren) ergibt, um die die Rente vor dem 63. Lebensjahr in Anspruch genommen werden kann (36 × 0,3 Prozent = 10,8 Prozent). Auch bei den Renten wegen Todes wird maximal ein Abschlag in Höhe von 10,8 Prozent vorgenommen.

67 Im Zuge der Anhebung der Regelaltersgrenze ab 2012 (durch das RV-Altersgrenzenanpassungsgesetz aus dem Jahre 2007, siehe Rdnr. 23) wird auch das „Referenzalter" (siehe Rdnr. 66) für die Ermittlung der Abschläge schrittweise in Abhängigkeit vom Beginn der Erwerbsminderungsrente vom 63. auf das 65. Lebensjahr angehoben (Ausnahmen gibt es für bestimmte langjährig Versicherte). Da es bei einem Höchstabschlag von 10,8 Prozent bleibt, verändert sich für Versicherte, die schon bis zur Vollendung des 60. Lebensjahres erwerbsgemindert werden, nichts. Bei Versicherten, die zwischen 60 und 63 erwerbsgemindert werden fallen künftig dann höhere Abschläge an, Personen, die ab 63 erwerbsgemindert werden, werden dann künftig – anders als nach dem bis Ende 2011 geltenden Recht – Abschläge hinnehmen müssen.

Beispiel

Beginn einer Rente wegen voller Erwerbsminderung ab Januar 2010; Alter des Versicherten bei Rentenbeginn: 61 Jahre und 5 Kalendermonate (d. h. 19 Monate vor Ablauf des Kalendermonats der Vollendung des 63. Lebensjahres). Bis Rentenbeginn wurden 35 Versicherungsjahre zurückgelegt (d. h. Steigerungszahl = 35 × 12 × 0,0833 = 34,986)

Monatsrente
= 34,986 × 1 × (12,56 – (19 × 0,3 Prozent))
= 34,986 × (12,56 – 5,7 Prozent)
= 34,986 × 11,8441
= 414,38 Euro.

Begrenzung des Rentenbetrags aus den dem Ehegatten beitragsfrei angerechneten Beitragsjahren des Landwirts

68 Der Rentenzahlbetrag aus den dem Ehegatten beitragsfrei angerechneten Beitragsjahren des landwirtschaftlichen Unternehmers, die dieser vor 1995 zurückgelegt hat und die auf die Ehezeit entfallen, wird auf den Ehegattenzuschlag begrenzt, auf den der landwirtschaftliche Unternehmer mit seinen insgesamt bis zum Rentenbeginn der Frau zurückgelegten Beitragsjahren nach dem bisherigen Altershilferecht Anspruch gehabt hätte. Die sich nach altem Recht ergebenden Rentenzahlbeträge sind der Anlage 2 des Gesetzes über die Alterssicherung der Landwirte zu entnehmen; die dort angeführten Faktoren sind mit dem jeweils gültigen allgemeinen Rentenwert zu vervielfältigen. Aus der Differenz der Rente nach altem Recht für Verheiratete einerseits und Unverheiratete andererseits ergibt sich dann der Verheiratetenzuschlag nach altem Recht.

Beispiel

Beginn der Versicherung des Landwirts:
1. 1. 1972

Ende der Versicherung des Landwirts:
31. 12. 2001

Beginn der Ehezeit: 1. 1. 1975

Rentenbeginn der Bäuerin: 1. 1. 2011

Rente aus den 20 beitragsfrei angerechneten, auf die Ehezeit bis Ende 1994 entfallenden Beitragsjahren:

240 × 0,0833 × 12,56 Euro = 251,10 Euro

Ehegattenzuschlag aus den vom Landwirt bis zum Rentenbeginn seines Ehegatten insgesamt zurückgelegten 30 Beitragsjahren des Landwirts (= Differenz der Faktoren nach Anlage 2 des Gesetzes über die Alterssicherung der Landwirte für Unverheiratete einerseits und Verheiratete andererseits, vervielfältigt mit dem jeweiligen allgemeinen Rentenwert): 207,74 Euro.

Rentenbetrag aus den 20 beitragsfrei angerechneten Beitragsjahren = 207,74 Euro.

Berechnung der Renten für Hinterbliebene

69 Nach altem Altershilferecht erhielt der überlebende Ehegatte nur eine Rente, und zwar in Höhe der Rente für Unverheiratete. Mit dem Agrarsozialreformgesetz wurde die Berechnung der Renten an Hinterbliebene an die entsprechenden Regelungen der gesetzlichen Rentenversicherung angepasst. Dies bedeutet, dass eine Witwe bzw. ein Witwer neben der Rente aus eigener Versicherung eine Rente aus der Versicherung des verstorbenen Ehegatten erhält. Diese beträgt 55 Prozent der Rente des verstorbenen Ehegatten bzw. 60 Prozent, wenn die Ehe bereits vor dem 1. Januar 2002 geschlossen wurde und mindestens ein Ehegatte am 1. Januar 2002 bereits das 40. Lebensjahr vollendet hatte. Sofern der Rentenartfaktor 0,55 beträgt, werden jedoch bei Ermittlung der Witwen- oder Witwerrente Zuschläge zur Steigerungszahl gewährt, wenn dem hinterbliebenen Ehegatten in der gesetzlichen Rentenversicherung Kinderberücksichtigungszeiten zugeordnet wurden, d. h. wenn der hinterbliebene Ehegatte Kinder erzogen hat. Der Zuschlag zur Steigerungszahl ist für das erste Kind – vereinfacht gesagt – so bemessen, dass sich ein Rentenzuschlag in Höhe des Doppelten des allgemeinen Rentenwerts ergibt. Für jedes weitere Kind ergibt sich ein Rentenzuschlag in Höhe des allgemeinen Rentenwerts. Im Ergebnis bedeutet dies, dass eine durchschnittliche Witwen- oder Witwerrente bei einem erzogenen Kind in etwa so hoch ist wie nach altem Recht (nach dem die Witwen- oder Witwerrente 60 Prozent betrug) und sich bereits bei zwei oder mehr erzogenen Kindern eine Verbesserung der Witwen- oder Witwerrente nach neuem Recht ergibt.

70 In den ersten drei Kalendermonaten nach dem Tod wird als Witwen- oder Witwerrente die Rente wegen Erwerbsminderung des Verstorbenen in voller Höhe zugrunde gelegt.

71 Die Waisenrente beträgt für Vollwaisen jeweils 20 Prozent der Anwartschaften der zwei verstorbenen Landwirte oder mitarbeitenden Familienangehörigen mit den höchsten Renten, wobei für den Fall, dass nur ein Elternteil Rentenanwartschaften in der Alterssicherung erworben hat oder ein Elternteil nur sehr geringe Rentenanwartschaften erworben hat, die Vollwaisenrente um einen Zuschlag erhöht wird. Die Halbwaisenrente beträgt 20 Prozent der vom verstorbenen Landwirt oder mitarbeitenden Familienangehörigen erworbenen Anwartschaften.

Einkommensanrechnung auf Hinterbliebenenrenten

72 Auf die Witwen- bzw. Witwerrente finden grundsätzlich die allgemeinen Vorschriften des SGB VI zur Anrechnung von Einkommen auf Renten Anwendung. Im Zuge des Gesetzes zur Ergänzung des Gesetzes zur Reform der gesetzlichen Rentenversicherung und zur Förderung eines kapitalgedeckten Altersvorsorgevermögens (Gesetz vom 21. 3. 2001, BGBl. I, S. 403) sowie dem Gesetz zur Verbesserung des Hinterbliebenenrentenrechts vom 17. Juli 2001 (BGBl. I, S. 1598) hat es in diesem Bereich einige Änderungen gegeben, die u. a. dazu geführt haben, dass das Recht zur Einkommensanrechnung auf Hinterbliebenenrenten in der Alterssicherung der Landwirte nicht mehr völlig deckungsgleich mit den entsprechenden Regelungen in der gesetzlichen Rentenversicherung ist. Nach diesen Neuregelungen werden grundsätzlich auf Hinterbliebenenrenten 40 Prozent aller Einkünfte angerechnet, die einen bestimmten Freibetrag übersteigen – und nicht nur – wie nach dem bis Ende 2001 geltenden Recht – Erwerbs- und Erwerbsersatzeinkommen. Angerechnet werden also künftig auch Einnahmen aus Vermietung und Verpachtung, Zinsen und sonstige Vermögenseinkünfte. Zum Ausgleich dieser erweiterten Anrechnung von Einkünften wird jedoch der in der Alterssicherung der Landwirte geltende Freibetrag gegenüber dem in der gesetzlichen Rentenversicherung geltenden Freibetrag um 50 Prozent erhöht, da die Alterssicherung der Landwirte (lediglich) ein Teilsicherungssystem ist und die dort Versicherten seit jeher mehr als die in der gesetzlichen Rentenversicherung Versicherten im Alter auf sonstige Einkünfte angewiesen sind und waren. Der Freibetrag liegt in der Alterssicherung der Landwirte für Witwen- und Witwerrenten beim 39,6-fachen des aktuellen Rentenwerts der gesetzlichen Rentenversicherung zuzüglich des 5,6-fachen des aktuellen Rentenwerts der gesetzlichen Rentenversicherung für jedes waisenrentenberechtigte Kind und für Waisenrenten beim 26,4-fachen des aktuellen Rentenwerts der gesetzlichen Rentenversicherung (er beträgt ab 1. Juli 2010 weiterhin monatlich 1.077,12 Euro für Witwen- und Witwerrenten zuzüglich 152,32 Euro monatlich für jedes waisenrentenberechtigte Kind und 718,08 Euro monatlich für Waisenrenten). Anders als bei den Hinzuverdienstgrenzen bei Erwerbsminderungsrenten (siehe Rdnr. 74) ist die Berechnung der Einkommensgrenzen für Hinterbliebenenrenten ab 2008 unverändert geblieben.

> **Beispiel**
>
> Witwenrente (ohne Einkommensanrechnung): 300 Euro
>
> Sonstige Einkünfte: 1500 Euro
>
> Freibetrag: 1.077,12 Euro
>
> Anrechenbar: 40 Prozent des den Freibetrag übersteigenden Einkommens
> = 40 Prozent von (1500 – 1077,12 Euro)
> = 169,15 Euro.
>
> Witwenrente nach Einkommensanrechnung:
> 300 Euro – 169,15 Euro = 130,85 Euro

73 Wie in der gesetzlichen Rentenversicherung gilt die erweiterte Anrechnung von Einkünften auf Hinterbliebenenrenten jedoch nicht für die Fälle, in denen der Tod des früheren Ehegatten bereits vor dem 1. Januar 2002 eingetreten ist oder in denen die Ehe bereits vor dem 1. Januar 2002 geschlossen wurde und mindestens einer der Ehegatten am 1. Januar 2002 bereits das 40. Lebensjahr vollendet hatte. Hier bleibt es auch in der Alterssicherung der Landwirte dabei, dass auf Hinterbliebenenrenten nur Erwerbs- und Erwerbsersatzeinkommen angerechnet wird. Gleichzeitig sind aber in diesen Fällen auch die Freibeträge niedriger, d. h. sie betragen für Witwen- und Witwerrenten das 26,4-fache des aktuellen Rentenwerts der gesetzlichen Rentenversicherung und für Waisenrenten das 17,6-fache des aktuellen Rentenwerts der gesetzlichen Rentenversicherung.

Einkommensanrechnung auf Renten wegen Erwerbsminderung

74 Seit dem 1. Januar 2001 wird erstmals auch auf Renten wegen Erwerbsminderung in der Alterssicherung der Landwirte Erwerbseinkommen angerechnet. Auf die bis Ende 2000 zu leistenden Erwerbsunfähigkeitsrenten nach altem Recht ist allerdings auch weiterhin kein anderweitiges Einkommen anzurechnen.

Angelehnt an die Regelungen für die gesetzliche Rentenversicherung werden Renten wegen voller oder teilweiser Erwerbsminderung abhängig von der Höhe eines Hinzuverdienstes in voller Höhe, in Höhe von drei Vierteln, der Hälfte oder eines Viertels der Vollrente gezahlt. Durch das RV-Altersgrenzenanpassungsgesetz und ergänzend durch das erst 2008 verkündete und rückwirkend zum 1. Januar 2008 in Kraft getretene 7. SGB III-Änderungsgesetz ist sowohl in der gesetzlichen Rentenversicherung als auch in der Alterssicherung der Landwirte die Berechnung der Hinzuverdienstgrenzen umfassend umgestellt worden. Die Hinzuverdienstgrenzen berechnen sich nicht mehr aus einem bestimmten Vielfachen des aktuellen Rentenwerts, sondern aus einem bestimmten Anteil der jeweils gültigen Bezugsgröße (West). Grund hierfür war sicherzustellen, dass die Hinzuverdienstgrenzen auch dann steigen, wenn es keine Rentenanpassung gibt – was in der Vergangenheit häufig der Fall war. Die Hinzuverdienstgrenzen für das Beitrittsgebiet werden im Ergebnis errechnet, indem die jeweilige Hinzuverdienstgrenze (West) mit dem Verhältnis vervielfältigt wird, in dem der jeweilige allgemeine Rentenwert (Ost) zum allgemeinen Rentenwert (West) steht. Seit 1. Juli 2009 beträgt der zuletzt genannte Verhältniswert 0,8869 (11,14 Euro / 12,56 Euro), da es zum 1. Juli 2010 keine Rentenerhöhung gegeben hat. Streng genommen ergeben sich nach dem Gesetz geringfügig andere Werte, da die Division durch den allgemeinen Rentenwert (West) rechnerisch zuletzt erfolgt. Dadurch ergeben sich geringfügig andere Werte als mittels Vervielfältigung der Hinzuverdienstgrenze (West) mit dem genannten Verhältniswert. Die Hinzuverdienstgrenzen ändern sich daher ab 1. Januar 2008 jeweils zum Jahresanfang (ab dann gilt eine neue Bezugsgröße), die Hinzuverdienstgrenzen für das Beitrittsgebiet ändern sich zusätzlich zum 1. Juli eines Jahres, wenn sich der allgemeine Rentenwert (Ost) dann anders verändert als der allgemeine Rentenwert (West).

Eine Rente wegen voller Erwerbsminderung wird nur dann in voller Höhe gezahlt, wenn der Hinzuverdienst nicht mehr als 400 Euro monatlich beträgt (für alte und neue Bundesländer gleich hoch). Ab 1. Januar 2008 entspricht (anders als die Jahre vorher) die Mindesthinzuverdienstgrenze der so genannten Geringfügigkeitsgrenze. Sie wird in Höhe von drei Vierteln der Vollrente gezahlt, wenn der monatliche Hinzuverdienst nicht mehr als das 0,51fache der monatlichen Bezugsgröße (diese beläuft sich in 2011 weiterhin auf 2.555 Euro) beträgt (2011 1.303,05 Euro alte Bundesländer, 1.155,68 Euro neue

Bundesländer), in Höhe der Hälfte, wenn der Hinzuverdienst monatlich nicht mehr als das 0,69fache der monatlichen Bezugsgröße beträgt (2011 weiterhin 1.762,95 Euro alte Bundesländer, 1.563,56 Euro neue Bundesländer) und in Höhe von einem Viertel, wenn der Hinzuverdienst monatlich nicht mehr als das 0,84fache der monatlichen Bezugsgröße beträgt (2011 weiterhin 2.146,20 Euro alte Bundesländer, 1.903,46 Euro neue Bundesländer). Diese Hinzuverdienstgrenzen bei Renten wegen voller Erwerbsminderung betreffen in der Regel die Fälle, in denen auf Kosten der Gesundheit gearbeitet wird, da bei entsprechenden Hinzuverdiensten ansonsten bereits das Vorliegen von voller Erwerbsminderung zweifelhaft wird. Ausnahmsweise sind die Hinzuverdienstgrenzen 2011 gleich geblieben, da die Bezugsgröße 2011 ebenso hoch liegt wie 2010 und nur die Bezugsgröße (Ost) gegenüber 2010 gestiegen ist.

Anders ist es bei Renten wegen teilweiser Erwerbsminderung. Hier ist die Höhe dieser Renten (die nur halb so hoch sind wie Renten wegen voller Erwerbsminderung) so angelegt, dass davon ausgegangen wird, der Rentenbezieher kann noch in nennenswertem Umfang arbeiten. Hier wird eine Rente wegen teilweiser Erwerbsminderung in voller Höhe gezahlt, wenn der Hinzuverdienst nicht mehr als das 0,69fache der monatlichen Bezugsgröße beträgt (2011 weiterhin 1.762,95 Euro alte Bundesländer, 1.563,56 Euro neue Bundesländer) und in Höhe der Hälfte, wenn der Hinzuverdienst monatlich nicht mehr als das 0,84fache der monatlichen Bezugsgröße beträgt (2011 weiterhin 2.146,20 Euro alte Bundesländer, 1.903,46 Euro neue Bundesländer).

Da in der Alterssicherung der Landwirte u. U. Erwerbsminderungsrenten auch über das 65. Lebensjahr hinaus gezahlt werden, findet eine Einkommensanrechnung nicht mehr statt, wenn der Erwerbsminderungsrentenbezieher das 65. (künftig 67.) Lebensjahr vollendet hat.

Berechnung der Renten nach Übergangsrecht

75 Die bereits vor In-Kraft-Treten des Agrarsozialreformgesetzes bestehenden Rentenansprüche wurden nicht auf der Grundlage der reformierten Rentenberechnungsformel neu berechnet. Sie wurden in unveränderter Höhe weitergezahlt. Auch die Renten, die im 1. Halbjahr 1995 (also bis zum 30. Juni 1995) zugegangen sind, wurden noch nach dem bisherigen Altershilferecht (Grund- und Staffelungsbetrag) berechnet. Die Renten der ab 1. Januar 1995 als Ehegatten versicherten Landwirte werden allerdings ausschließlich nach der neuen Rentenberechnung ermittelt, da für sie nach dem bisherigen Recht ein eigener Rentenanspruch nicht bestanden hat.

76 Die ab 1. Juli 1995 zugegangenen Renten wurden nicht sofort, sondern in einem Übergangszeitraum von 14 Jahren schrittweise an die neue Rentenberechnung herangeführt.

Dies geschah, indem bei den in diesem 14-Jahreszeitraum (1. Juli 1995 bis 30. Juni 2009) zugegangenen Renten zunächst jeweils eine Rente nach neuem Recht und eine Rente nach altem Recht (Vergleichsrente) berechnet wurden. Die Rente nach altem Recht ist bei Verheirateten immer höher als die Rente nach neuem Recht und bei Ledigen dann, wenn weniger als 40 Beitragsjahre zurückgelegt wurden. Die Rente nach altem Recht für unverheiratete bzw. verheiratete Rentenanwärter ergab sich, indem die der Anlage 2 zu entnehmenden Faktoren mit dem jeweils gültigen allgemeinen Rentenwert vervielfältigt wurden.

77 In einem zweiten Schritt wurde der Mehrbetrag der Rente nach altem Recht mit einem vom Rentenzugangsjahr abhängigen Abschmelzungsfaktor vervielfältigt. Bei Rentenzugang vom 1. Juli 1995 bis zum 30. Juni 1996 betrug der Abschmelzungsfaktor 14/15, bei Rentenzugang vom 1. Juli 1996 bis 30. Juni 1997 13/15 usw. Bei Rentenzugang zwischen dem 1. Januar 2007 und dem 30. Juni 2007 betrug er folglich 3/15, bei Rentenzugang in der 2. Jahreshälfte 2007 2/15. Erst bei Rentenzugang ab 1. Juli 2009 wird die Rente ausschließlich nach neuem Recht berechnet.

78 Der sich ergebende Betrag wird dauerhaft als Zuschlag zu der nach neuem Recht ermittelten Rente gezahlt. Der Zuschlag zur Rente nach neuem Recht wird nur neu berechnet, wenn in den tatsächlichen Umständen Veränderungen eintreten, die nach altem Recht zu einer Änderung der Rentenhöhe führen würden (Änderung des Familienstandes, Fortfall bzw. Hinzutritt einer Rente an den Ehegatten). Die Neuberechnung des Zuschlags erfolgt mit dem Abschmelzungsfaktor, der für die erstmalige Berechnung des Zuschlags maßgebend war. Folgt auf eine Rente wegen Erwerbsunfähigkeit bzw. Erwerbsminderung eine Altersrente an Versicherte, bleibt der Abschmelzungsfaktor maßgebend, der beim Beginn der Rente wegen Erwerbsunfähigkeit anzuwenden

war, es sei denn, die Altersrente beginnt nicht innerhalb von 24 Kalendermonaten nach Ende des Bezugs der Rente wegen Erwerbsunfähigkeit. Bei Renten an Hinterbliebene bleibt der Abschmelzungsfaktor maßgebend, der auf die bereits an den Verstorbenen gezahlte Rente anzuwenden war, wenn die Hinterbliebenenrente innerhalb von 24 Kalendermonaten nach Ende des Bezugs der Rente an den Verstorbenen beginnt. Von daher ist das Übergangsrecht auch über den Juni 2009 weiterhin von Bedeutung. Der Zuschlag gilt als Rente; für ihn wird die Steigerungszahl ermittelt, indem der Zahlbetrag des Zuschlags durch den allgemeinen Rentenwert geteilt wird.

Übergangsrecht und eigenständige Sicherung von Landwirtsehegatten

79 Wenn der Landwirt verheiratet ist und seine Ehefrau eine Rente aus der Alterssicherung der Landwirte noch nicht bezieht, errechnet sich die Vergleichsrente unter Einschluss des Verheiratetenzuschlags nach altem Recht. Ab dem Zeitpunkt, zu dem auch die Ehefrau eine Rente aus der Alterssicherung der Landwirte bezieht oder diese stirbt, wird der Zuschlag zur Rente des Mannes neu berechnet, da Vergleichsrente nicht mehr die Rente für Verheiratete, sondern die Rente für Ledige nach altem Recht ist. Dies gilt unabhängig davon, wie hoch im Einzelfall die Rente für die Ehefrau ist.

> **Beispiel**
>
> Verheirateter Leistungsbezieher mit 35 Beitragsjahren (420 Monate)
>
> Rentenzugang des Bauern 1. Januar 2009 (Abschmelzungsfaktor 1/15)
>
> Altersgeld (bis 1994 geltendes Recht, [= Faktor nach Anlage 2 des Gesetzes über die Alterssicherung der Landwirte für Verheiratete mit 35 Versicherungsjahren, vervielfältigt mit dem jeweiligen allgemeinen Rentenwert]): 688,57 Euro
>
> Altersrente (ab 1995 geltendes Recht):
> $420 \times 0{,}0833 \times 12{,}56$ Euro = 439,42 Euro
>
> Unterschiedsbetrag: 249,15 Euro
>
> davon Zuschlag
> (249,15 Euro × 1/15 =) 16,61 Euro
>
> Rente nach Übergangsrecht
> (439,42 Euro + 16,61 Euro =) 456,03 Euro

Rente des Landwirts ab 2011, wenn der Ehegatte ab September 2011 eine eigene Rente bezieht oder stirbt.

> Altersgeld an Unverheiratete (bis 1994 geltendes Recht, (= Faktor nach Anlage 2 des Gesetzes über die Alterssicherung der Landwirte für Unverheiratete mit 35 Versicherungsjahren, vervielfältigt mit dem jeweiligen allgemeinen Rentenwert)): 459,32 Euro
>
> Altersrente (ab 1995 geltendes Recht):
> $420 \times 0{,}0833 \times 12{,}56$ Euro = 439,42 Euro
>
> Unterschiedsbetrag: 19,90 Euro
>
> davon Zuschlag
> (19,90 Euro × 1/15 =) 1,33 Euro
>
> Rente nach Übergangsrecht
> (439,42 Euro + 1,33 Euro =) 440,75 Euro

Im umgekehrten Fall, in dem der Landwirt nach Rentenzugang (wieder) heiratet, erfolgt eine entsprechende Neuberechnung des Zuschlags, wobei als Vergleichsrente nunmehr die Rente für Verheiratete nach altem Recht herangezogen wird.

Berechnung der Renten für Hinterbliebene nach Übergangsrecht

80 Ist ein Versicherter, der vor In-Kraft-Treten der Agrarsozialreform mindestens für fünf Jahre als landwirtschaftlicher Unternehmer versichert war, vor dem 1. Juli 2009 verstorben oder hat er vor diesem Zeitpunkt bereits eine Rente bezogen, ist bei der Berechnung der Hinterbliebenenrente eine Vergleichsrente zu errechnen, die der Rente für Unverheiratete nach altem Recht entspricht. So weit hiernach zur Hinterbliebenenrente noch ein Zuschlag zu zahlen ist, wird dieser jedoch um den Betrag der Rente aus eigener Versicherung gemindert.

> **Beispiel**
>
> Der Landwirt hat 35 Beitragsjahre (420 Monate) und der als Landwirt versicherte Ehegatte hat 30 Beitragsjahre (360 Monate) zurückgelegt; der Landwirt verstirbt im Jahr 2011 und hat bereits ab 1. Juli 2004 eine Rente bezogen.
>
> Rente des Ehegatten aus eigener Versicherung
> $(360 \times 0{,}0833 \times 12{,}56$ Euro =) 376,65 Euro

Hinterbliebenenrente (nach dem bis 1994 geltenden Recht, (= Faktor nach Anlage 2 des Gesetzes über die Alterssicherung der Landwirte für Unverheiratete mit 35 Versicherungsjahren, vervielfältigt mit dem jeweilgen allgemeinen Rentenwert)):
459,32 Euro

Hinterbliebenenrente
(nach dem ab 1995 geltenden Recht):
420 × 0,0833 × 0,6 × 12,56 Euro
(angenommen, dass Absenkung des Rentenartfaktors auf 0,55 nicht greift =) 263,65 Euro

Unterschiedsbetrag 195,67 Euro

davon Zuschlag (195,67 Euro × 5/15
(Abschmelzungsfaktor vom 1.7.2004
bis 30. 6. 2005) = 65,22 Euro
(Abschmelzungsfaktor bleibt!)

abzüglich Rente aus eigener Versicherung;
(65,22 Euro – 376,65 Euro =) 0,00 Euro

Gesamtrenteneinkünfte
(376,65 Euro + 263,65 Euro =) 640,30 Euro

Rehabilitationsleistungen

81 In der Alterssicherung der Landwirte werden Rehabilitationsleistungen gewährt, wenn die Erwerbsfähigkeit eines landwirtschaftlichen Unternehmers oder des als Ehegatte versicherten Landwirts wegen Krankheit oder körperlicher, geistiger oder seelischer Behinderung erheblich gefährdet oder gemindert ist. Die Erwerbsfähigkeit muss durch diese Leistung wesentlich gebessert oder wiederhergestellt werden können, oder es muss der Eintritt von Erwerbsunfähigkeit abgewendet werden können. Der Ehegatte eines Landwirts ist – abweichend vom bisherigen Altershilferecht – nur dann leistungsberechtigt, wenn er in der Alterssicherung der Landwirte versicherungspflichtig ist.

82 Im Einzelnen werden stationäre Heilbehandlung in Krankenanstalten, Heilstätten, Kureinrichtungen, Spezialanstalten, außerdem Behandlungen in Kur- und Badeorten finanziert. Während der Durchführung dieser Maßnahmen wird als Betriebs- und Haushaltshilfe in der Regel für bis zu 3 Monate eine Ersatzkraft gewährt, ersatzweise Kostenerstattung für eine Ersatzkraft, um die ausgefallene Arbeitskraft des Leistungsempfängers auf dem Hof zu ersetzen. Für den Einsatz von Verwandten und Verschwägerten bis zum 2. Grad werden allerdings keine Kosten erstattet.

Zuschüsse zum Beitrag

83 In der Alterssicherung der Landwirte wird, anders als in der gesetzlichen Rentenversicherung, ein einkommensunabhängiger Einheitsbeitrag erhoben. Da dieser Beitrag früher stark gestiegen ist (1977: 63 DM, 1994: 291 DM), die Einkommen in der Landwirtschaft andererseits stark differieren, werden seit 1986 Zuschüsse zum Beitrag gewährt, die der unterschiedlichen Einkommenssituation Rechnung tragen und einkommensschwächeren Betrieben zugute kommen sollen.

84 Beitragszuschussberechtigt sind ab 2002 diejenigen Versicherten, deren Gesamteinkünfte den Betrag von 15.500 Euro (bei Ehepaaren: 31.000 Euro) jährlich nicht übersteigen. 2010 betrug der Anteil der Zuschussberechtigten rd. 14 Prozent. Der hohe, in den letzten Jahren wegen der gleichbleibenden Zuschussgrenze aber stark gesunkene Anteil der Zuschussberechtigten ist dadurch legitimiert, dass die Alterssicherung der Landwirte zugleich einkommenspolitische Zielsetzungen verfolgt.

85 Das jährliche Einkommen wird aus dem Jahreseinkommen des Landwirts und seines nicht dauernd von ihm getrennt lebenden Ehegatten ermittelt und beiden je zur Hälfte zugerechnet. Die Halbierung des Jahreseinkommens gilt unabhängig von der Versicherungspflicht beider Ehegatten. Ist nur ein Ehegatte versichert, erfolgt gleichwohl die Halbierung. Grundlage für die Ermittlung des Jahreseinkommens ist die Summe der erzielten positiven Einkünfte im Sinne des Einkommensteuergesetzes. Dies sind Einkünfte aus

– Land- und Forstwirtschaft,
– Gewerbebetrieb,
– selbständiger Arbeit,
– nichtselbständiger Arbeit,
– Kapitalvermögen sowie
– Vermietung und Verpachtung.

Dabei sind die Einkünfte aus Land- und Forstwirtschaft, Gewerbebetrieb und selbständiger Arbeit aus dem Gewinn, d. h. aus den Betriebseinnahmen abzüglich Betriebsausgaben, zu ermitteln. Betriebsausgaben sind hierbei die Aufwendungen, die durch den Betrieb veranlasst sind (z. B. auch die Abschreibung auf getätigte Investitionen).

Wird der Gewinn aus Land- und Forstwirtschaft nicht durch Buchführung oder Einnahmen-Ausgaben-

17 Alterssicherung der Landwirte

Überschussrechnung ermittelt, wird für Landwirte das Arbeitseinkommen aus der Land und Forstwirtschaft auf der Grundlage von Beziehungswerten ermittelt, die sich aus dem Wirtschaftswert und dem 5-jährigen Durchschnitt der Gewinne der für den Agrarbericht der Bundesregierung ausgewerteten landwirtschaftlichen Testbetriebe ergeben (Korrekturfaktoren).

86 Darüber hinaus ist bei der Ermittlung des Einkommens ebenfalls das Erwerbsersatzeinkommen heranzuziehen, wie bei anderen einkommensabhängigen Sozialleistungen auch. Erwerbsersatzeinkommen sind Leistungen, die aufgrund oder in entsprechender Anwendung öffentlich-rechtlicher Vorschriften erbracht werden, um Erwerbseinkommen zu ersetzen, also insbesondere Renten aus der gesetzlichen Renten- oder Unfallversicherung sowie Krankengeld und Arbeitslosengeld. Wie auch in anderen Sozialleistungsbereichen, bei denen die Leistung einkommensabhängig gewährt werden (z. B. Kindergeld, Wohngeld), wird auch für die Beitragsbezuschussung die Rente in vollem Umfang in Ansatz gebracht.

87 Maßgebend für die Feststellung des Einkommens sind die sich aus dem sich auf das zeitnächste Veranlagungsjahr beziehenden Einkommensteuerbescheid ergebenden Einkünfte so, wie sie der Besteuerung zugrunde gelegt worden sind. Für Erwerbsersatzeinkommen ist das Jahr, auf das sich der Einkommensteuerbescheid bezieht, maßgebend. Liegt ein Einkommensteuerbescheid für die letzten 4 Kalenderjahre nicht vor, wird das im vorvergangenen Kalenderjahr bezogene Erwerbs- und Erwerbsersatzeinkommen herangezogen.

Abgestellt wird somit immer auf einen in der Vergangenheit liegenden Zeitraum. Ist hinsichtlich der außerlandwirtschaftlichen Einkünfte auf einen Zeitraum abzustellen, in dem ein landwirtschaftliches Unternehmen noch nicht betrieben wurde, wird Einkommen aus Land- und Forstwirtschaft im Rahmen der Zuschussberechnung nicht berücksichtigt.

88 Die Beitragszuschussregelung ist ab 1. Januar 2002 so ausgestaltet, dass sich bis zu einer Einkommenshöhe von jährlich 8.220 Euro je Zuschussberechtigten eine Mindestbelastung in Höhe von 40 Prozent (bis Ende 1999 betrug die Mindestbelastung nur 20 Prozent) des Einheitsbeitrags einstellt. Bis zur Zuschussgrenze von 15.500 Euro nimmt der Zuschuss anschließend je angefangene 520 Euro, um die das Einkommen 7.701 Euro überschreitet, um 4 Prozent des Einheitsbetrages ab, d. h. die Nettobelastung steigt entsprechend an, wobei die sich rechnerisch ergebenden Zuschussbeträge auf volle Euro-Beträge aufgerundet werden.

Verfahrenstechnisch erfolgt die Zuschussgewährung durch Verrechnung; d. h., der Beitragszahler entrichtet einen um den Zuschussanspruch verminderten (Netto-)Beitrag.

Tabelle 1: Beitragszuschüsse im Jahr 2011 bei einem Einheitsbeitrag von 219 EUR (West)

Einkommensklasse	monatlicher Zuschussbetrag
bis 8.220 EUR	131 EUR
8.221 bis 8.740 EUR	123 EUR
8.741 bis 9.260 EUR	114 EUR
9.261 bis 9.780 EUR	105 EUR
9.781 bis 10.300 EUR	96 EUR
10.301 bis 10.820 EUR	88 EUR
10.821 bis 11.340 EUR	79 EUR
11.341 bis 11.860 EUR	70 EUR
11.861 bis 12.380 EUR	61 EUR
12.381 bis 12.900 EUR	53 EUR
12.901 bis 13.420 EUR	44 EUR
13.421 bis 13.940 EUR	35 EUR
13.941 bis 14.460 EUR	26 EUR
14.461 bis 14.980 EUR	18 EUR
14.981 bis 15.500 EUR	9 EUR

Organisation

89 Bei Einführung der Altershilfe für Landwirte im Jahr 1957 wurde sie von 19 landwirtschaftlichen Alterskassen durchgeführt, die bei den damals schon bestehenden landwirtschaftlichen Berufsgenossenschaften errichtet wurden. Mit Überleitung der landwirtschaftlichen Alterssicherung auf die neuen Bundesländer im Jahr 1995 wurden für die neuen Bundesländer landwirtschaftliche Alterskassen bei den dort bestehenden landwirtschaftlichen Berufsgenossenschaften Berlin und Sachsen errichtet. Nach einer im Zuge des Gesetzes zur Organisationsreform in der landwirtschaftlichen Sozialversicherung von Bundestag und Bundesrat ausgesprochenen Empfehlung sollte die Zahl der landwirtschaftlichen Berufsgenossenschaften bis 2003 auf neun reduziert werden, wobei in den letzten Jahren bereits eine Reduzierung durch Zusammenlegung von Berufsgenossenschaften stattgefunden hat. Die Alterskassen sind Körperschaften des öffentlichen Rechts und unterstehen staatlicher Aufsicht. Sie sind im Gesamtverband der landwirtschaftlichen Alterskassen in Kassel zusammengeschlossen, der als Körperschaft des öffentlichen Rechts ebenfalls staatlicher Aufsicht unterliegt.

Nach dem Stand 2010 gibt es folgende landwirtschaftliche Alterskassen:

- Landwirtschaftliche Alterskasse Schleswig-Holstein und Hamburg,
- Landwirtschaftliche Alterskasse Niedersachsen-Bremen,
- Landwirtschaftliche Alterskasse Nordrhein-Westfalen,
- Landwirtschaftliche Alterskasse Hessen, Rheinland-Pfalz und Saarland,
- Landwirtschaftliche Alterskasse Franken und Oberbayern,
- Landwirtschaftliche Alterskasse Niederbayern-Oberpfalz und Schwaben,
- Landwirtschaftliche Alterskasse Baden-Württemberg,
- Alterskasse für den Gartenbau,
- Landwirtschaftliche Alterskasse Mittel- und Ostdeutschland.

Finanzierung

90 Die Leistungen der Alterssicherung der Landwirte werden durch Beiträge und Bundesmittel finanziert. Wegen der agrarstrukturellen und einkommenspolitischen Ziele der Alterssicherung der Landwirte und des ungünstigen Verhältnisses zwischen der Zahl der Beitragszahler und der Zahl der Leistungsempfänger bilden die Bundesmittel den größten Anteil bei der Finanzierung der Alterssicherung der Landwirte.

Tabelle 2: Bundesmittel in der Alterssicherung der Landwirte (in Mio. DM, ab 2002 in Mio. EUR)

Jahr	Bundesmittel	Beitragseinnahmen	Gesamtausgaben
1960	69	114	183
1970	639	266	905
1980	1.985	564	2.549
1985	2.060	1.001	3.061
1989	2.636	1.307	3.943
1990	2.757	1.346	4.103
1991	3.083	1.352	4.435
1992	3.411	1.397	4.808
1993	3.744	1.419	5.163
1994	3.865	1.520	5.385
1995*	3.965	1.776	5.741
1996	4.186	1.789	5.975
1997	4.300	1.800	6.100
1998	4.330	1.770	6.100
1999	4.400	1.646	6.046
2000	4.237	1.587	5.824
2001	4.515	1.487	6.002
2002	2.303	759	3.062
2003	2.338	880	3.219
2004	2.332	742	3.101
2005	2.348	709	3.089
2006	2.350	688	3.068
2007	2.309	679	2.988
2008	2.269	675	2.963
2009	2.275	672	2.952
2010**	2.280	638	2.922

* neue Rechtslage nach Agrarsozialreform
** vorläufig lt. Lagebericht über die Alterssicherung der Landwirte

Festsetzung des Beitrags

91 Auch das Agrarsozialreformgesetz hat am Prinzip des Einheitsbeitrags festgehalten. Verändert hat sich allerdings die Art und Weise der Beitragsfestsetzung. Der Beitrag wird künftig entsprechend dem Beitrags-/Leistungsverhältnis in der gesetzlichen Rentenversicherung festgesetzt. Dabei wird den unterschiedlichen Leitungsstrukturen zwischen Alterssicherung der Landwirte einerseits und gesetzlicher Rentenversicherung andererseits durch einen Abschlag Rechnung getragen, der ab dem Jahr 2003 zehn Prozent beträgt. Auf dieser Grundlage wurde der Beitrag für das Jahr 1995 gesetzlich auf 291 DM festgesetzt. Der Beitrag für einen mitarbeitenden Familienangehörigen ist halb so hoch; er wird vom landwirtschaftlichen Unternehmer getragen. Ab 2008 wird der Beitrag jährlich durch Bekanntmachung des Bundesministeriums für Arbeit und Soziales im Bundesgesetzblatt festgelegt (bis 2007 durch Rechtsverordnung der Bundesregierung); 2011 beträgt er 219 Euro.

92 Der Beitragsanstieg ist somit nachhaltig gedämpft worden und er wird es auch weiterhin. Dies wird deutlich, wenn man die voraussichtliche Entwicklung des Beitrags betrachtet, die sich ohne Reform eingestellt hätte:

Jahr	voraussichtlicher Beitrag ohne Reform
1995	358 DM
1996	381 DM
1997	414 DM
1998	449 DM
1999	494 DM
2000	535 DM
2005	704 DM (rund 360 EUR)
2010	874 DM (rund 447 EUR)

Bundeszuschuss

93 Begleitend zu der nicht mehr aus dem System heraus erfolgenden, sondern systemextern, nämlich entsprechend dem Beitrags-/Leistungsverhältnis in der gesetzlichen Rentenversicherung, erfolgenden Festsetzung des Beitrags wurde die Defizitdeckung des Bundes eingeführt; d. h. der Bund trägt die Differenz zwischen den Gesamtausgaben und den Beitragseinnahmen sowie sonstigen Einnahmen. Der Bund übernimmt damit das agrarstrukturelle Risiko und garantiert hiermit die finanzielle Stabilität der Alterssicherung der Landwirte. Mit diesen Finanzierungsregelungen erhalten Landwirte somit die Garantie, dass ihre Beitragsbelastung in gleicher Weise steigt wie die der Arbeitnehmer, auch wenn die Zahl der Beitragszahler stärker zurückgehen sollte, als dies nach den Erfahrungen der Vergangenheit zu erwarten ist.

Beratungsstellen und Auskunft

94 Die landwirtschaftlichen Alterskassen sind verpflichtet, die Versicherten umfassend über ihre Rechte und Pflichten aufzuklären, zu beraten und Auskünfte zu erteilen. Umfassende Beratung kann jedoch auch in den Kreis- und Bezirksgeschäftsstellen der Bauernverbände in Anspruch genommen werden. Die Verwaltungsstellen der landwirtschaftlichen Krankenkassen haben die Alterskassen ebenfalls zu unterstützen.

Übergangsregelungen für die neuen Bundesländer

95 Die – reformierte – Alterssicherung der Landwirte wurde zum 1. Januar 1995 auf die neuen Bundesländer übergeleitet. Da in den neuen Bundesländern bis zu diesem Zeitpunkt ein vergleichbares eigenständiges landwirtschaftliches Alterssicherungssystem nicht bestanden hat, waren – insoweit abweichend von der Überleitung des Rechts der gesetzlichen Rentenversicherung – besondere Übergangsbestimmungen innerhalb des Systems der landwirtschaftlichen Alterssicherung entbehrlich. Daher kann für die Darstellung der Alterssicherung der Landwirte in den neuen Bundesländern uneingeschränkt auf die in Kapitel 17 enthaltenen Ausführungen verwiesen werden.

96 Die Schaffung besonderer Regelungen für die Landwirte in den neuen Bundesländern war jedoch dort erforderlich, wo den differenzierten Sicherungsbedürfnissen Rechnung zu tragen war, die sich aus der in der Vergangenheit unterschiedlichen Entwicklung der Betriebsstrukturen und Sozialversicherungssysteme ergeben haben. Besonderer Regelungen bedurfte es hier vor allem unter dem Gesichtspunkt, dass landwirtschaftliche Unternehmer sowohl vor der Überleitung des Rechts der gesetzlichen Rentenversicherung auf die neuen Bundesländer zum 1. Januar 1992 als auch danach in der gesetzlichen Rentenversicherung pflichtversichert gewesen sind.

97 Darüber hinaus sind besondere Regelungen in den Bereichen notwendig, in denen die unterschiedlichen Einkommensverhältnisse in den alten und neuen Bundesländern zu berücksichtigen sind (Rentenhöhe – Ost – und dementsprechend Höhe des Beitrags – Ost – sowie der Beitragszuschüsse – Ost –).

Versicherungspflicht des als Ehegatten versicherten Landwirts

98 Für den Ehegatten eines am 31. Dezember 1994 in den neuen Bundesländern selbständig tätig gewesenen Landwirts gelten die Vorschriften für die Versicherungspflicht und der Befreiung von der Versicherungspflicht auf Antrag wie für die Bäuerinnen in den alten Bundesländern.

Befreiung von der Versicherungspflicht

99 Landwirte in den neuen Bundesländern können sich – wie die Landwirte in den alten Bundesländern – auf Antrag von der Versicherungspflicht in der Alterssicherung der Landwirte befreien lassen, wenn sie außerlandwirtschaftliches Einkommen von mehr als 4.800 Euro (ab 1. April 2003) beziehen. Dieser Wert gilt gleichermaßen für die alten und neuen Bundesländer. Bis 31. März 2003 bestand dieses Befreiungsrecht bei außerlandwirtschaftlichen Einkommen von mehr als einem Siebtel der Bezugsgröße und war daher für die neuen Bundesländer an einen gesonderten, niedrigeren „Ostwert" gebunden.

Wartezeit

100 Auf die Wartezeit für eine Altersrente in der Alterssicherung der Landwirte werden Pflichtbeitragszeiten in der gesetzlichen Rentenversicherung, die in den neuen Bundesländern zurückgelegt worden sind, unabhängig davon angerechnet, ob diese Zeiten in der Sozialpflichtversicherung der ehemaligen DDR oder in der gesetzlichen Rentenversicherung nach den Vorschriften des SGB VI zurückgelegt wurden.

Beitragsfreie Anrechnung von Beitragsjahren für den Ehegatten des Landwirts

101 Für Ehegatten von Landwirten in den neuen Bundesländern erfolgt eine Anrechnung der auf die Ehezeit entfallenden Beitragsjahre des Landwirts, die dieser in der Zeit vom 1. Oktober 1957 bis 31. Dezember 1994 nach den Vorschriften der gesetzlichen Rentenversicherung in den neuen Bundesländern zurückgelegt hat, wenn

– diese Zeiten nicht vor Vollendung des 18. Lebensjahres des Ehegatten liegen und
– der Ehegatte in dieser Zeit nicht bereits selbst Beitragszeiten nach den Vorschriften der gesetzlichen Rentenversicherung in den neuen Bundesländern zurückgelegt hat.

Berechnung der Hinterbliebenenrenten

102 Auf die Witwen- bzw. Witwerrente finden – wie für die Leistungsberechtigten in den alten Bundesländern – die allgemeinen Vorschriften des SGB VI zur Anrechnung von Einkommen auf Renten Anwendung, d. h. eine Anrechnung von Einkommen auf die Witwen- bzw. Witwerrente findet grundsätzlich nur statt, wenn die Rente aus eigener Versicherung den Anrechnungsfreibetrag übersteigt. Für Berechtigte mit gewöhnlichem Aufenthalt in den neuen Bundesländern beträgt der Anrechnungsfreibetrag ab 1. Juli 2010 weiterhin 955,55 Euro monatlich, zuzüglich 135,13 Euro monatlich für jedes waisenrentenberechtigte Kind. Soweit noch nicht die neuen Einkommensanrechnungsvorschriften zum Zuge kommen (Rdnr. 71, 72), d. h. soweit nur Erwerbs- und Erwerbsersatzeinkommen anzurechnen ist, ist der Freibetrag um ein Drittel geringer; er beträgt dann 637,03 Euro. Ist das eigene Einkommen höher als der Anrechnungsfreibetrag, werden 40 Prozent des den Freibetrag übersteigenden Einkommens auf die Witwen- bzw. Witwerrente angerechnet. Für Waisenrentenberechtigte mit gewöhnlichem Aufenthalt in den neuen Bundesländern beträgt der Anrechnungsfreibetrag ab 1. Juli 2010 weiterhin 637,03 Euro monatlich bzw. – soweit noch nicht das neue Einkommensanrechnungsrecht gilt – weiterhin 424,69 Euro monatlich.

Festsetzung des allgemeinen Rentenwerts

103 Wie in der gesetzlichen Rentenversicherung sind auch die Renten aus der Alterssicherung der Landwirte auf einem Niveau festzulegen, das den unterschiedlichen Einkommensverhältnissen und damit auch den unterschiedlichen Rentenhöhen in den alten und neuen Bundesländern Rechnung trägt. In den neuen Bundesländern tritt daher an die Stelle des allgemeinen Rentenwerts der allgemeine Rentenwert (Ost). Der allgemeine Rentenwert (Ost) verändert sich zu dem Zeitpunkt der Veränderung des aktuellen Rentenwerts (Ost) in der gesetzlichen Rentenversicherung und um den Vomhundertsatz, um den der aktuelle Rentenwert (Ost) in der gesetzlichen Rentenversicherung jeweils verändert wird. Er beträgt ab 1. Juli 2010 weiterhin 11,14 Euro, da es zum 1. Juli 2010 keine Rentenerhöhung gegeben hat.

Höhe des Beitrags

104 Entsprechend dem noch niedrigen Lohn und Einkommensniveau in den neuen Bundesländern ist der Beitrag für Landwirte mit Unternehmenssitz in den neuen Bundesländern geringer als der Beitrag, den Landwirte in den alten Bundesländern zur Alterssicherung der Landwirte zu zahlen haben. Das unterschiedliche Lohn- und Einkommensniveau findet seinen Ausdruck in den Umrechnungswerten der Anlage 10 des SGB VI. Dieser Umrechnungswert bildet für jedes Kalenderjahr das jeweilige Verhältnis der Durchschnittsentgelte in den alten und neuen Bundesländern ab. Der Beitrag (Ost) errechnet sich, indem der Beitrag (West) durch den vorläufigen Umrechnungsfaktor nach Anlage 10 des SGB VI geteilt wird. Er beträgt für das Jahr 2011 192 Euro.

Höhe der Beitragszuschüsse

105 Aus dem Beitrag (Ost) leiten sich für die Landwirte mit Unternehmenssitz in den neuen Bundesländern für das Jahr 2011 die folgenden Zuschüsse zum Beitrag ab:

Einkommensklasse	monatlicher Zuschussbetrag
bis 8.220 EUR	115 EUR
8.221 bis 8740 EUR	108 EUR
8.741 bis 9.260 EUR	100 EUR
9.261 bis 9.780 EUR	92 EUR
9.781 bis 10.300 EUR	84 EUR
10.301 bis 10.820 EUR	77 EUR
10.821 bis 11.340 EUR	69 EUR
11.341 bis 11.860 EUR	61 EUR
11.861 bis 12.380 EUR	54 EUR
12.381 bis 12.900 EUR	46 EUR
12.901 bis 13.420 EUR	38 EUR
13.421 bis 13.940 EUR	31 EUR
13.941 bis 14.460 EUR	23 EUR
14.461 bis 14.980 EUR	15 EUR
14.981 bis 15.500 EUR	8 EUR

18 Familienleistungsausgleich

Überblick

Für alle Kinder ist im Rahmen des Familienleistungsausgleichs das Kindergeld vorgesehen. Es wurde mit dem Wachstumsbeschleunigungsgesetz zum 1. Januar 2010 monatlich für erste und zweite Kinder auf 184 Euro, für dritte Kinder auf 190 Euro und für vierte und weitere Kind auf 215 Euro angehoben. Das Kindergeld wird generell bis zur Vollendung des 18. Lebensjahres des Kindes gezahlt, darüber hinaus bis zur Vollendung des 21. Lebensjahres für arbeitslose Kinder sowie bis zur Vollendung des 25. Lebensjahres für Kinder in Berufsausbildung, in Übergangszeiten zwischen Ausbildungsabschnitten sowie in bestimmten Freiwilligendiensten. Das Kindergeld ist seit 1996 als Steuervergütung ausgestaltet und sichert zusammen mit dem ebenfalls im Wachstumsbeschleunigungsgesetz auf 4.368 Euro angehobenen Kinderfreibetrag und dem Freibetrag für den Betreuungs-, Erziehungs- oder Ausbildungsbedarf eines Kindes von 2.640 Euro die steuerliche Freistellung eines Einkommensbetrages der Eltern in Höhe des Existenzminimums ihrer Kinder. Während des Jahres wird Kindergeld gezahlt und im Rahmen der Veranlagung zur Einkommensteuer prüft das Finanzamt, ob der Abzug der Freibeträge zu einer höheren Entlastung führt. Weitere steuerliche Entlastungen gibt es für Alleinerziehende und für Eltern volljähriger Auszubildender, die während der Ausbildung nicht mehr im Hause der Eltern wohnen. Für Familien mit geringem Einkommen kann zusätzlich zum Kindergeld noch ein Kinderzuschlag von bis zu 140 Euro je Kind gezahlt werden.

Für die Betreuung kleiner Kinder ab Geburtsjahrgang 2007 wurde zum 1. Januar 2007 das neue Elterngeld nach dem Bundeselterngeld- und Elternzeitgesetz (BEEG) eingeführt. Die Gesamtkosten von jährlich über 4 Mrd. Euro trägt der Bund. Die Bundesregierung entschloss sich zu dieser neuen Familienpolitik, weil die Geburtenzahlen seit vielen Jahren ständig zurückgingen und das alte Erziehungsgeld – eine einkommensabhängige Leistung von monatlich maximal 300 Euro bis längstens zum zweiten Geburtstag des Kindes – immer weniger Familien erreichte. Der Anspruch auf Elterngeld setzt voraus, dass der berechtigte Elternteil mit seinem kleinen Kind zusammenlebt, es selbst betreut und erzieht und nicht mehr als 30 Wochenstunden arbeitet. Das monatliche Elterngeld beträgt grundsätzlich 67 Prozent des durchschnittlichen Nettoeinkommens aus der Erwerbstätigkeit in den zwölf Kalendermonaten vor der Geburt des Kindes, maximal 1.800 Euro und mindestens 300 Euro, wenn der Elternteil in diesen zwölf Monaten kein Erwerbseinkommen hatte. Das Haushaltsbegleitgesetz 2011 schränkt das Elterngeld ein: Es entfällt für sehr gut verdienende Familien (Jahreseinkommen von mehr als 500.000 Euro bzw. für den Alleinerziehenden mehr als 250.000 Euro). Beim monatlichen Einkommen von über 1.200 Euro verringert sich das Elterngeld bis auf 65 Prozent des Nettoeinkommens. Auf die Leistungen des SGB II, der Sozialhilfe und des Kinderzuschlags wird das Elterngeld voll angerechnet. Das Elterngeld wird für das erste Lebensjahr gezahlt; für den alleinerziehenden Elternteil verlängert es sich auf die ersten 14 Lebensmonate und ebenso für die Familie, in der auch der andere Elternteil für wenigstens zwei Monate die Kinderbetreuung übernimmt (zwei Partnermonate). Eltern mit mehreren kleinen Kindern, insbesondere mit Zwillingen etc. erhalten zum Elterngeld weitere Zuschläge. Die Bilanz des Elterngeldes ist im Wesentlichen positiv, zwar nicht bei den Geburtenzahlen, aber fast 100 Prozent der berechtigten Eltern bekommen Elterngeld und der Väteranteil erhöhte sich von 3,5 Prozent (beim Erziehungsgeld) auf inzwischen 23 Prozent. Die Regelungen des BEEG über die Elternzeit stammen aus dem aufgehobenen Gesetz zum Erziehungsgeld und zur Elternzeit (BErzGG). Wenn die Eltern Arbeitnehmer sind, haben sie gegenüber *ihrem Arbeitgeber einen Anspruch auf Elternzeit – d. h. unbezahlte Freistellung – für die Dauer von drei Jahren bis zum dritten Geburtstag des Kindes. Mit Zustimmung des Arbeitgebers sind bis zu zwölf Monate bis zum achten Geburtstag übertragbar. Die Eltern können ihre Elternzeit flexibel gestalten. Bei der Kinderbetreuung und eingeschränkten Erwerbstätigkeit sind die persönlichen Voraussetzungen für die Elternzeit und das Elterngeld im Wesentlichen identisch. Zur Elternzeit gehören grundsätzlich Kündigungsschutz und ein Anspruch auf Teilzeitarbeit. Für Beamte und Soldaten gelten analoge dienstrechtliche Regelungen.*

Kinder unter 12 Jahren, die bei einem alleinerziehenden Elternteil leben und von dem anderen Elternteil keinen Unterhalt beziehen, haben für bis zu sechs Jahre lang Anspruch auf Unterhaltsleistungen nach dem Unterhaltsvorschussgesetz. Der Unterhaltsvorschuss beträgt für Kinder unter 6 Jahren 133 Euro und für Kinder bis unter 12 Jahren 180 Euro.

Familie und Kinder als Aufgabe des Sozialrechts

1 Die Familie ist die Grundlage unserer gesellschaftlichen Ordnung. Kinder sind die künftigen Träger der Gesellschaft. Die Familie regelt das Verhalten des Menschen, in ihr werden Rücksichtnahme und Toleranz, Liebe und Vertrauen, Geborgenheit und Mitverantwortung erlernt. Nach dem Grundgesetz stehen Ehe und Familie unter dem besonderen Schutz des Staates.

Soziale Hilfen

2 Daher berücksichtigt das Sozialrecht in vielen Fällen Familienstand und Kinder. So sind die Leistungen an Arbeitslose mit Kindern höher als an Alleinstehende. In der gesetzlichen Krankenversicherung sind Familienangehörige eines Pflichtversicherten ohne eigene Beiträge familienversichert.

3 Reichen die Möglichkeiten der Familie zur Betreuung und Erziehung der Kinder und Jugendlichen nicht aus oder fehlt es an einer Familie, so greifen die Leistungen der Jugendhilfe ein.

4 Die Maßnahmen zur Sicherung der Familie und für Kinder sollen nicht nur Nachteile ausgleichen, die eine Entscheidung für ein Leben mit Familie und für Kinder, für eine Tätigkeit im Haus und in der Familie gegenüber einer Entscheidung für eine Tätigkeit außerhalb des Hauses, für ein Leben ohne Familie und ohne Kinder haben kann, sondern Familien auch bei der Sicherung ihrer Lebensgrundlage unterstützen, wenn sich die Eltern vorrangig um die Betreuung ihrer Kinder kümmern. Daher gibt es Angebote der Familienberatung, Familienbildung und Maßnahmen zum Schutz des ungeborenen Lebens. Familiengerechte Wohnungen und eine kinderfreundliche Wohnumwelt werden angestrebt. Ein gerechter Familienlastenausgleich bemüht sich, die materiellen Belastungen durch eine Familie und Kinder auszugleichen.

Familienleistungsausgleich

5 Unter Weiterentwicklung der im Ersten Gesetz zur Familienförderung 1999 geschaffenen Grundlagen hat der Gesetzgeber mit Wirkung vom 1. Januar 2002 im Zweiten Gesetz zur Familienförderung vom 16. August 2001 den finanziellen Familienleistungsausgleich durch steuerliche Freibeträge und Kindergeld entsprechend der Vorgaben des Bundesverfassungsgerichtes in dessen Urteil vom 10. November 1998 geregelt.

6 Nicht nur die Freibeträge für Kinder, sondern auch das Kindergeld sind im Steuerrecht geregelt, und zwar die Freibeträge für Kinder in § 32 Abs. 6 des Einkommensteuergesetzes und das Kindergeld im X. Abschnitt des Einkommensteuergesetzes. Mit dem Wachstumsbeschleunigungsgesetz vom 22. Dezember 2009 (BGBl. I, S. 3950) wurde der Kinderfreibetrag zum 1. Januar 2010 angehoben. Er beträgt jährlich 4.368 Euro für Ehepaare und 2.184 Euro für Alleinstehende. Zusätzlich gibt es einen Freibetrag für den Betreuungs- und Erziehungs- oder Ausbildungsbedarf eines Kindes in Höhe von 2.640 Euro für Verheiratete und 1.320 Euro für Alleinstehende. Das Kindergeld wird monatlich als Steuervergütung gezahlt. Nach Ende des Kalenderjahres zieht das Finanzamt im Rahmen der Einkommensteuerveranlagung die Freibeträge für Kinder vom zu versteuernden Einkommen ab, falls dies günstiger als die Kindergeldzahlung ist, und verrechnet gezahltes Kindergeld.

Die steuerliche Lösung des Familienleistungsausgleichs hat den Vorteil, dass durch sie sowohl das Gebot der Steuergerechtigkeit als auch sozial- und familienpolitische Gesichtspunkte am wirkungsvollsten berücksichtigt werden. Die Freibeträge für Kinder (zusammen 7.008 Euro bei Ehepaaren) verhindern, dass Eltern – unabhängig von der Höhe des erzielten

Einkommens – zusätzlich zum Kindesunterhalt auf dafür zwangsläufig zu verwendende Einkommensteile noch Steuern entrichten müssen. Dies führt zu einer gerechten steuerlichen Belastung von Eltern, gerade auch im Verhältnis zu Kinderlosen.

Daneben berücksichtigt das Steuerrecht besondere Belastung durch Kinder in zusätzlichen Einzelregelungen. Einen Entlastungsbetrag von 1.308 Euro im Kalenderjahr können Alleinerziehende abziehen, wenn sie mit einem Kind, für das ihnen Kindergeld oder ein Kinderfreibetrag zusteht, eine Haushaltsgemeinschaft bilden. Weitere Voraussetzung dafür ist, dass bei dem Alleinerziehenden nicht die Voraussetzungen für eine Ehegattenveranlagung vorliegen und keine Haushaltsgemeinschaft mit einer anderen volljährigen Person vorliegt, es sei denn mit einem bei ihm zu berücksichtigenden erwachsenen Kind. Für volljährige Kinder, die während der Ausbildung nicht mehr im Hause wohnen, besteht ein Ausbildungsfreibetrag. Wer – berufsbedingt – Aufwendungen für die Betreuung seiner noch nicht 14 Jahre alten Kinder hat, kann diese vom Jahre 2006 an zu zwei Dritteln bis zu einem Höchstbetrag von 4.000 Euro wie Betriebsausgaben oder als Sonderausgaben absetzen. Für Kinder, die sich wegen einer vor Vollendung des 25. Lebensjahres eingetretenen Behinderung nicht selbst unterhalten können, ist dies zeitlich unbegrenzt möglich.

Seit 1. Januar 1986 hat das Bundeserziehungsgeldgesetz für die ersten Lebensjahre eines Kindes die Wahlfreiheit zwischen Familie und Beruf erweitert. Ab 1. Januar 2007 wurde es durch das Bundeselterngeld- und Elternzeitgesetz ersetzt, das mit einem Elterngeld von 67 Prozent des zuvor erzielten Erwerbseinkommens, höchstens 1.800 Euro in den ersten 14 Lebensmonaten des Kindes einen Schonraum eröffnet, damit Familien ohne finanzielle Nöte in ihr Familienleben hineinfinden und sich vorrangig der Betreuung ihrer Kinder widmen können.

7 Im Dezember 2010 wurde an rd. 10,6 Mio. Berechtigte für 17,5 Mio. Kinder Kindergeld gewährt. Im Jahr 2010 wurden rd. 38,8 Mrd. Euro Kindergeld gezahlt.

Kindergeld

8 Neben dem Kindergeld nach dem X. Abschnitt des Einkommensteuergesetzes oder dem Bundeskindergeldgesetz haben die seit dem 1. Januar 1984 auslaufenden Kinderzulagen aus der gesetzlichen Unfallversicherung oder Kinderzuschüsse aus den gesetzlichen Rentenversicherungen sowie die Auslandskinderzuschläge im öffentlichen Dienst und die von zwischen- oder überstaatlichen Einrichtungen gezahlten Leistungen für Kinder ihrer Arbeitnehmer zahlenmäßig nur geringe Bedeutung.

Auch das Kindergeld nach dem Bundeskindergeldgesetz für in Deutschland nicht unbeschränkt Steuerpflichtige oder Vollwaisen und alleinstehende Kinder tritt zahlenmäßig gegenüber dem Kindergeld nach dem X. Abschnitt des Einkommensteuergesetzes völlig zurück, nur in 0,3 Prozent der Fälle wurde im Jahr 2010 rd. 100 Mio. Euro Kindergeld nach dem Bundeskindergeldgesetz gezahlt.

Berechtigte

9 Kindergeld wird grundsätzlich nicht an ein Kind, sondern für ein Kind an den so genannten Kindergeldberechtigten gezahlt. Eine Ausnahme gilt nur für Kinder, die Vollwaisen sind oder den Aufenthalt ihrer Eltern nicht kennen und für die kein anderer Kindergeld erhält.

Unbeschränkte Steuerpflicht

10 Der Kindergeldberechtigte muss in Deutschland unbeschränkt steuerpflichtig sein oder als unbeschränkt steuerpflichtig behandelt werden. Nach dem auch für den Kindergeldanspruch geltenden Steuerrecht ist unbeschränkt steuerpflichtig, wer im Inland einen Wohnsitz oder gewöhnlichen Aufenthalt hat. Auch wer im Ausland wohnt, aber in Deutschland entweder unbeschränkt einkommensteuerpflichtig ist oder entsprechend behandelt wird, erhält Kindergeld.

Ausnahmsweise können auch Berechtigte, die im Ausland wohnen und in Deutschland nicht unbeschränkt steuerpflichtig sind, Kindergeld erhalten – und zwar als Sozialleistung nach dem Bundeskindergeldgesetz –, wenn sie nämlich:

– als Arbeitnehmer eine Beschäftigung ausüben, die der Beitragspflicht zur Bundesagentur für Arbeit unterliegt,
– Entwicklungshelfer sind, die Unterhaltsleistungen nach dem Entwicklungshilfegesetz erhalten oder als Missionare bestimmter christlicher Missionsgesellschaften tätig sind, oder
– Rente nach deutschen Rechtsvorschriften beziehen, Staatsangehörige eines Mitgliedstaates der Europäischen Union sind und in einem Mitgliedstaat der Europäischen Union leben.

18 Familienleistungsausgleich

Staatsangehörigkeit

11 Ausländer erhalten nur dann Kindergeld, wenn sie

- als Staatsangehörige eines Mitgliedstaats der EU oder eines Staates, der dem Abkommen über den Europäischen Wirtschaftsraum beigetreten ist, freizügigkeitsberechtigt sind,
- eine Niederlassungserlaubnis besitzen,
- eine Aufenthaltserlaubnis besitzen, die zur Erwerbstätigkeit berechtigt oder berechtigt hat und nicht zum Zwecke der Ausbildung, zur befristeten Ausübung einer Erwerbstätigkeit oder aus humanitären oder völkerrechtlichen Gründen nur für einen vorübergehenden Aufenthalt erteilt wurde oder
- im Besitz einer in § 62 Abs. 2 Nr. 2c EStG ausdrücklich genannten Aufenthaltserlaubnis aus humanitären oder völkerrechtlichen Gründen sind, sich seit mindestens drei Jahren erlaubt, gestattet oder geduldet im Inland aufhalten und erwerbstätig sind, laufende Geldleistungen nach dem SGB III beziehen oder Elternzeit in Anspruch nehmen.

Sofern die Ausländer zwar diese Voraussetzungen nicht erfüllen, aber im Inland unbeschränkt steuerpflichtig sind oder als steuerpflichtig gelten, können sie zwar kein Kindergeld erhalten, ihnen steht jedoch die Freibeträge für Kinder zu. Auf Antrag können sie die Freibeträge für Kinder in ihrer Lohnsteuerkarte eintragen lassen, so dass die Familienausgleichsentlastung bei jeder Lohnzahlung und nicht erst im Rahmen der jährlichen Steuerveranlagung wirksam wird.

Berücksichtigte Kinder / Begriff des Kindes

12 Kinder, die einen Kindergeldanspruch auslösen können, sind die mit dem Kindergeldberechtigten im ersten Grad verwandten Kinder, also die ehelichen, für ehelich erklärten, nichtehelichen und adoptierten Kinder.

Für die Gewährung von Kindergeld werden auch berücksichtigt

- Kinder eines Ehegatten (Stiefkinder),
- Enkel sowie
- Pflegekinder.

Der Kindergeldberechtigte muss die Kinder in seinen Haushalt aufgenommen haben. Pflegekinder dürfen nicht zu Erwerbszwecken in den Haushalt aufgenommen sein. Ein Obhuts- oder Pflegeverhältnis der Pflegekinder zu den leiblichen Eltern darf nicht mehr bestehen.

Örtliche Voraussetzungen

13 Grundsätzlich erhält der Kindergeldberechtigte nur für ein Kind, das seinen Wohnsitz oder gewöhnlichen Aufenthalt im Bundesgebiet hat, Kindergeld. Bei den wegen unbeschränkter Einkommensteuerpflicht im Inland Kindergeldberechtigten und bei den Kindergeldberechtigten, für die eine der Ausnahmen vom Wohnsitz oder gewöhnlichen Aufenthalt in Deutschland gilt (Rdnr. 10), werden Kinder auch dann berücksichtigt, wenn sie im ausländischen Haushalt dieser Berechtigten leben.

14 Von weitaus größerer Bedeutung als diese Ausnahmen sind die aufgrund von Rechtsvorschriften der Europäischen Gemeinschaft (Europäische Union) oder aufgrund internationaler Verträge zu berücksichtigenden Kinder im Ausland. Nach der EG-Verordnung Nr. 883/04 haben alle EU-Bürger, anerkannten Flüchtlinge und Staatenlose sowie deren Familienangehörige, die aufgrund ihres Wohnsitzes oder ihrer Beschäftigung oder selbständigen Erwerbstätigkeit deutschen Rechtsvorschriften unterliegen oder eine deutsche Rente beziehen, Anspruch auf deutsches Kindergeld für ihre in einem Mitgliedstaat der EU lebenden Kinder. Nach der EU-VO 1231/2010 gilt dies vom 1. Januar 2011 an auch für Staatsangehörige von Drittstaaten, wenn sie ihren rechtmäßigen Wohnsitz in Deutschland haben und sich in einer Lage befinden, die auch einen anderen Mitgliedstaat der EU als Deutschland betrifft. Nach dieser VO haben also Drittstaatsangehörige auch ohne Besitz des nach deutschem Recht erforderlichen Aufenthaltstitels (Rdnr. 11) Anspruch auf deutsches Kindergeld,

- wenn sie aus einem anderen Mitgliedstaat der EU nach Deutschland gekommen sind,
- wenn ihre Kinder in einem anderen Mitgliedstaat der EU leben oder
- wenn der andere Elternteil ihrer Kinder in einem anderen Mitgliedstaat der EU lebt oder erwerbstätig ist.

Die EG-Verordnung Nr. 883/04 ist bisher nicht auch auf den Europäischen Wirtschaftsraum erstreckt worden. Deshalb ist in Fällen mit Bezug zu Island, Liechtenstein und Norwegen weiter die VO (EWG) Nr. 1408/71 anzuwenden. Deutsches Kindergeld für in diesen Staaten lebende Kinder kann daher vorläufig weiter nur an in Deutschland gegen Arbeitslosigkeit pflichtversicherte Arbeitnehmer und rentenversicherte Selbständige gezahlt werden.

Dasselbe gilt auf Grund des Abkommens zwischen der Europäischen Gemeinschaft und ihren Mitgliedstaaten einerseits und der Schweiz andererseits auch für Kinder mit Wohnsitz oder gewöhnlichem Aufenthalt in der Schweiz.

15 Aufgrund internationaler Abkommen der Bundesrepublik Deutschland mit dem ehemaligen Jugoslawien erhalten Arbeitnehmer, gleichgültig welche Staatsangehörigkeit sie haben, für Kinder mit Wohnsitz oder gewöhnlichen Aufenthalt im ehemaligen Jugoslawien Kindergeld. Kinder in der Türkei werden nach dem deutsch-türkischen Abkommen bei deutschen und türkischen Arbeitnehmern und bei den Staatsangehörigen solcher Staaten berücksichtigt, für die in der Bundesrepublik Deutschland EG-Recht oder ein anderes Abkommen anzuwenden ist.

16 Nach den Abkommen mit Marokko und Tunesien erhalten Arbeitnehmer mit deutscher und marokkanischer bzw. tunesischer Staatsangehörigkeit für Kinder mit Wohnsitz oder gewöhnlichem Aufenthalt in Marokko oder Tunesien Kindergeld. Abweichend vom deutschen Kindergeldrecht wird jedoch Kindergeld nur bis zur Vollendung des 16. Lebensjahrs und nicht für Pflege- und Enkelkinder gezahlt. In Marokko werden höchstens 6 Kinder eines Arbeitnehmers und in Tunesien höchstens 4 Kinder eines Arbeitnehmers berücksichtigt.

Rangfolge der Kindergeldberechtigung

17 Für jedes Kind wird nur einer Person Kindergeld gewährt. Die Reihenfolge mehrerer möglicher Berechtigter ist genau geregelt.

18 Grundsätzlich gilt das sogenannte Obhutsprinzip. Bei mehreren Berechtigten wird das Kindergeld dem gezahlt, der das Kind in seinen Haushalt aufgenommen hat. Befindet sich das Kind nicht im Haushalt eines Elternteils, ist auf Antrag kindergeldberechtigt der Elternteil, der dem Kind laufend den höheren Unterhalt in Geld zahlt, nicht in Geld gewährter Unterhalt (z. B. Betreuungsleistungen) wird nicht berücksichtigt.

19 Für die häufigsten Fälle, dass sich nämlich das Kind in einem gemeinsamen Haushalt von Eltern, die nicht getrennt leben, befindet oder dem gemeinsamen Haushalt eines Elternteils und dessen Ehegatten, von Pflegeeltern oder Großeltern angehört, können diese untereinander durch eine Berechtigtenbestimmung festlegen, wer das Kindergeld erhält. Die Berechtigtenbestimmung bleibt wirksam, bis sie widerrufen wird. Eine Änderung ist jederzeit möglich. Die Änderung wirkt allerdings nur für die Zukunft. Wenn das Kind den gemeinsamen Haushalt auf Dauer verlässt, wird die Berechtigtenbestimmung unwirksam.

Treffen die im gemeinsamen Haushalt lebenden Eltern, Pflege- oder Großeltern keine Bestimmung, so bestimmt auf Antrag das Vormundschaftsgericht den Berechtigten. Den Antrag kann jede Person stellen, die ein berechtigtes Interesse an der Zahlung des Kindergeldes hat.

20 Lebt ein Kind im gemeinsamen Haushalt von Eltern und Großeltern, so wird das Kindergeld vorrangig einem Elternteil gezahlt. Der Elternteil kann jedoch auf seinen Vorrang schriftlich verzichten. Das Kindergeld erhält dann ein Großelternteil.

Altersgrenzen für das Kindergeld

21 Kindergeld wird für ein Kind nur bis zum Erreichen eines bestimmten Alters gewährt. Eine Ausnahme gilt nur für Kinder, die wegen körperlicher, geistiger oder seelischer Behinderung außerstande sind, sich selbst zu unterhalten. Für diese Kinder wird ohne Altersgrenze Kindergeld gewährt. Die Behinderung und die Unfähigkeit, sich selbst zu unterhalten, müssen aber schon vor Vollendung des 25. Lebensjahres vorgelegen haben.

18. Lebensjahr

22 Bis zur Vollendung des 18. Lebensjahres werden Kinder ohne besondere Voraussetzungen berücksichtigt.

21. Lebensjahr

23 Nach dem 18. Lebensjahr, aber nur bis zur Vollendung des 21. Lebensjahres können Kinder berücksichtigt werden, die bei einer Agentur für Arbeit in Deutschland als Arbeitsuchende gemeldet sind. Über das 21. Lebensjahr hinaus werden Zeiten berücksichtigt, in denen das arbeitslose Kind vor Vollendung des 21. Lebensjahres den gesetzlichen Grundwehrdienst oder Zivildienst geleistet oder einen davon befreiende Tätigkeit als Entwicklungshelfer ausgeübt hat.

25. Lebensjahr

24 Vom 18. bis zum vollendeten 25. Lebensjahr werden Kinder berücksichtigt, wenn sie

– in Schul- oder Berufsausbildung stehen,
– bestimmte im Gesetz ausdrücklich genannte freiwillige Dienste leisten oder

– eine beabsichtigte Berufsausbildung wegen fehlender Ausbildungsplätze nicht beginnen oder fortsetzen können.

Schul- und Berufsausbildung

25 Die weitaus größte Bedeutung hat das Kindergeld wegen Schul- oder Berufsausbildung.

Zur Schulausbildung gehört jede Ausbildung an allgemein- oder berufsbildenden öffentlichen oder privaten Schulen, in denen Unterricht nach staatlich genehmigten Lehrplänen oder in Anlehnung daran erteilt wird.

26 In Berufsausbildung befindet sich, wer sein Berufsziel noch nicht erreicht hat und sich ernsthaft darauf vorbereitet. Bei Berufsausbildungen nach dem Berufsausbildungsgesetz ist immer eine Ausbildung im kindergeldrechtlichen Sinne anzunehmen, also auch bei zweiten Ausbildungen. Auch ein Studium als ordentlicher Studierender ist Berufsausbildung in diesem Sinne. Praktika sind zu berücksichtigen, wenn sie rechtlich vorgeschrieben sind oder von den für das Kind erreichbaren Ausbildungsstätten verlangt werden. Bei anderen Praktika und sonstigen Maßnahmen zur Vorbereitung auf ein Berufsziel hängt ihre Berücksichtigung als Berufsausbildung davon ab, dass der Ausbildungscharakter im Vordergrund steht und es sich nicht nur um ein gering entlohntes Arbeitsverhältnis handelt.

Übergangszeiten

27 Kindergeld wird auch für die Übergangszeit zwischen zwei Ausbildungsabschnitten gewährt, wenn der nächste Ausbildungsabschnitt spätestens im vierten auf die Beendigung des vorherigen Ausbildungsabschnitts folgenden Monat beginnt; bleibt die Bewerbung um einen Ausbildungsplatz in diesem Ausbildungsabschnitt erfolglos, endet diese Berücksichtigung mit dem Ablauf des Monats, in dem der Ausbildungswillige die Ablehnung erhält. Dasselbe gilt für Übergangszeiten zwischen einem Ausbildungsabschnitt und dem Wehr- oder Zivildienst (Rdnr. 30) oder einem freiwilligen Dienst (Rdnr. 28).

Freiwillige Dienste

28 Auch für Kinder, die sich in einem freiwilligen sozialen oder freiwilligen ökologischen Jahr im Sinne des Jugendfreiwilligendienstegesetzes befinden, einen Freiwilligendienst nach dem gemeinschaftlichen Aktionsprogramm der Europäischen Union „Jugend in Aktion", einen entwicklungspolitischen Freiwilligendienst „weltwärts", einen Freiwilligendienst aller Generationen im Sinne von § 2 Abs. 1a SGB VII oder einen Auslandsdienst nach § 14b Zivildienstgesetz leisten, wird bis zur Altersgrenze von 25 Jahren Kindergeld gezahlt. Die mehrmalige Ableistung eines derartigen Jahres wird kindergeldrechtlich nicht berücksichtigt.

Fehlender Ausbildungsplatz

29 Während der Suche nach einem Ausbildungsplatz wird ein Kind berücksichtigt, wenn es eine Berufsausbildung nicht beginnen oder fortsetzen kann, weil ein Ausbildungsplatz fehlt. Es müssen ernsthafte Bemühungen des Kindes um einen Ausbildungsplatz, z. B. an einer Hochschule oder Fachschule bestehen. Das Kind kann sich auch um einen Ausbildungsplatz im Ausland bemühen. Zum Nachweis der Suche nach einer beruflichen Ausbildungsstelle reicht es aus, wenn das Kind bei der Berufsberatung der Agentur für Arbeit als Bewerber um eine berufliche Ausbildungsstelle gemeldet ist. In diesem Fall beginnt die Berücksichtigung mit der Anmeldung bei der Agentur für Arbeit. Andere Bemühungen bspw. um einen Studienplatz müssen durch eine Bewerbung – z. B. bei der zentralen Vergabestelle für Studienplätze (ZVS) – nachgewiesen werden.

Wehr- und Zivildienst

30 Die Altersgrenze von 25 Jahren für Kinder in Schul- oder Berufsausbildung und die von 21 Jahren für Arbeitslose verlängern sich um die Dauer der Zeit, in der das Kind gesetzlichen Grundwehrdienst oder Zivildienst geleistet hat, oder bei Kindern, die sich freiwillig für eine Dauer von nicht mehr als drei Jahren zum Wehrdienst verpflichtet oder eine vom Wehr- und Zivildienst befreiende Tätigkeit als Entwicklungshelfer ausgeübt haben, für einen der Dauer des Dienstes entsprechenden Zeitraum, höchstens jedoch für die Dauer des gesetzlichen Grundwehrdienstes, bei anerkannter Kriegsdienstverweigerung für die Dauer des gesetzlichen Zivildienstes.

Diese Verlängerung ist ein Ausgleich dafür, dass den Eltern während der Zeit der Ableistung der genannten Dienste kein Kindergeld zustand. Sie steht daher auch nach Wegfall der Dienstpflicht ab 1. April 2010 für die in der Vergangenheit geleisteten Dienste zu.

Wegfall bei Einkünften und Bezügen

31 Das Kindergeld für Kinder über 18 Jahre entfällt, wenn das Kind Einkünfte und Bezüge von mehr als

8.004 Euro im Kalenderjahr hat. Es gelten im Wesentlichen die Begriffsbestimmungen des Einkommensteuergesetzes.

Einkünfte sind alle Einnahmen aus nichtselbständiger Arbeit, Kapitalvermögen sowie Vermietung und Verpachtung, von denen die Werbungskosten und Sozialversicherungsbeiträge abgezogen sind. Einkünfte aus Land- und Forstwirtschaft, Gewerbebetrieben und selbständiger Arbeit sind die nach Abzug der Betriebsausgaben verbleibenden Gewinne. Danach sind z. B. Einkünfte die Ausbildungsvergütungen und alle Einnahmen aus Erwerbstätigkeit. Auch während einer Übergangszeit (Rdnr. 27) oder in Ferien durch Erwerbstätigkeiten erzielte Einkünfte werden unter Abzug des Arbeitnehmerpauschbetrages oder etwaiger höherer Werbungskosten berücksichtigt. Das gleiche gilt für Einkünfte aus Kapitalvermögen nach Abzug der Werbungskosten oder für Sachbezüge und Taschengeld, die der Träger eines freiwilligen sozialen, ökologischen Jahres oder Europäischen Dienstes gewährt. Hinterbliebenen- und Erwerbsunfähigkeitsrenten aus der gesetzlichen Rentenversicherung werden mit dem steuerlichen Ertragsanteil abzüglich des Werbungskostenpauschbetrages als Einkünfte und mit den darüber hinaus gehenden Beträgen als Bezüge berücksichtigt. Bei geschiedenen oder dauernd getrennt lebenden Kindern werden Unterhaltsleistungen des Ehegatten angerechnet.

Bezüge sind alle Einnahmen in Geld oder Geldeswert, die von der einkommensteuerlichen Einkunftsermittlung nicht erfasst werden. Hierzu zählen insbesondere Leistungen wegen Arbeitslosigkeit, Krankengeld, Mutterschaftsgeld, Renten aus der gesetzlichen Unfallversicherung, Geld- und Sachbezüge von Wehrdienst- und Zivildienstleistenden und Unterhaltsleistungen des Ehegatten eines verheirateten Kindes in Höhe der Hälfte des Nettoeinkommens des Ehegatten, sowie steuerfreie Gewinne und der Versorgungs- und der Sparer-Freibetrag. Keine Bezüge sind Unterhaltsleistungen der Eltern, Erziehungsgeld nach dem Bundeserziehungsgeldgesetz oder landesrechtlichen Vorschriften und alle Leistungen der Jugendhilfe.

Ausdrücklich bleiben Bezüge außer Ansatz, die für besondere Ausbildungszwecke bestimmt sind sowie Einkünfte, die für solche Zwecke verwendet werden. Das sind Leistungen, mit denen ein individueller Sonderbedarf des Kindes abgedeckt wird. Bei behinderten Menschen zählen dazu auch Leistungen, die eine Teilnahme an einer Bildungsmaßnahme überhaupt erst ermöglichen. Bei der Begabtenförderung werden Büchergeld und bei einem Auslandsstudium Studiengebührenerstattungen nicht berücksichtigt.

Ein völliger oder teilweiser Verzicht auf zustehende Einkünfte und Bezüge ist kindergeldrechtlich unbeachtlich.

Die Bundesregierung erwägt, im Rahmen der Steuervereinfachung ab 1. Januar 2012 die Einkommensgrenze beim Kindergeld entfallen zulassen. Kinder, für die wegen Überschreitens der Einkommensgrenze nach geltendem Recht kein Kindergeld zusteht, können bei Umsetzung dieses Gesetzesvorhabens ab 1. Januar 2012 wieder berücksichtigt werden. Die Familienkassen kennen nicht alle in Betracht kommenden Einzelfälle. Deshalb sollten Eltern, deren Kinder derzeit wegen Überschreitens der Einkommensgrenze nicht für einen Kindergeldanspruch berücksichtigt werden, die Berichterstattung über die Steuervereinfachung verfolgen und ggf. einen neuen Kindergeldantrag für die Zeit ab 1. Januar 2012 stellen.

Zeitliche Aufteilung

32 Die Einkünfte und Bezüge werden jeweils für das Kalenderjahr berücksichtigt. Dabei wird der Jahresbetrag grundsätzlich nicht gezwölftelt. Ein Kind wird also auch dann kindergeldrechtlich während des ganzen Jahres berücksichtigt, wenn es in einigen Monaten mehr als 667 Euro Einkünfte hatte. Besteht der Anspruch des über 18 Jahre alten Kindes allerdings nur in einem Teil des Jahres, z. B. weil es seine Ausbildung abschließt, wird der Betrag von 8.004 Euro für jeden Monat, in dem die Voraussetzungen für den Kindergeldbezug nicht vorliegen, um ein Zwölftel gemindert.

Höhe des Kindergeldes

33 Die Höhe des Kindergeldes hängt ab von

– der Stelle des Kindes in der Reihenfolge der beim Kindergeldberechtigten zu berücksichtigenden Kinder,
– dem Aufenthaltsort des Kindes und
– der Anrechnung von ähnlichen kindbezogenen Leistungen.

Staffelung des Kindergeldes

34 Das Kindergeld ist der Höhe nach gestaffelt, je nachdem an welcher Stelle das Kind, für das Kindergeld gezahlt wird, in der Reihenfolge der Geburten der beim Kindergeldberechtigten zu berücksichtigenden Kinder steht.

Mit dem Wachstumsbeschleunigungsgesetz vom 22. Dezember 2009 (BGBl. I, S. 3950) wurde das Kindergeld zum 1. Januar 2010 angehoben. Es beträgt monatlich:

- für das erste und zweite Kind je 184 Euro,
- für das dritte Kind 190 Euro und
- für das vierte und jedes weitere Kind je 215 Euro.

Für Vollwaisen beträgt das Kindergeld 184 Euro.

Zahl- und Zählkinder

35 Entsprechend dem natürlichen Sprachgebrauch sowie der Lebens- und Verkehrsauffassung ist das älteste Kind das erste. Jedoch werden nur die Kinder mitgezählt, für die Kindergeld gewährt wird. Wird daher für das erste Kind, z. B. wegen Erreichens der Altersgrenze, kein Kindergeld mehr gezahlt, rücken die anderen Kinder auf. Doch werden nicht nur die so genannten Zahlkinder berücksichtigt, für die dem Kindergeldberechtigten Kindergeld gezahlt wird, sondern auch die Kinder, die tatsächlich Kinder des Kindergeldberechtigten sind, für die er aber wegen Anrechnung von kindergeldähnlichen Leistungen kein Kindergeld erhält oder für die ein anderer kindergeldberechtigt ist. Für diese so genannten Zählkinder wird zwar kein Kindergeld gezahlt, aber sie werden bei der Berechnung der Zahl der Kinder und der Reihenfolge mitgezählt.

Aufenthaltsort des Kindes

36 Nicht nur die Stelle des Kindes in der Reihenfolge der Geburten, sondern auch sein Aufenthaltsort beeinflusst die Höhe des Kindergeldes. Für Kinder mit Wohnsitz oder gewöhnlichem Aufenthalt in anderen Mitgliedstaaten der Europäischen Union oder des Europäischen Wirtschaftsraumes sowie der Schweiz gelten die inländischen Kindergeldsätze. Für Kinder mit Wohnsitz oder gewöhnlichem Aufenthalt in der Türkei oder in den Nachfolgestaaten des ehemaligen Jugoslawien, die aufgrund von zwischenstaatlichen Abkommen über Soziale Sicherheit berücksichtigt werden, beträgt das Kindergeld monatlich

- für das erste Kind 5,11 Euro
- für das zweite Kind 12,78 Euro
- für das dritte und vierte Kind 30,68 Euro
- für das fünfte und jedes weitere Kind je 35,79 Euro

Für Kinder in Marokko und Tunesien sind 5,11 Euro für das erste und 12,78 Euro für jedes weitere Kind vereinbart.

Anrechnung von Leistungen

37 Auf das Kindergeld werden dem Kindergeld entsprechende oder ähnliche Leistungen angerechnet, so dass das Kindergeld gekürzt werden oder ganz entfallen kann. Es handelt sich dabei um im Ausland für Kinder gewährte Leistungen, die dem Kindergeld vergleichbar sind, um Leistungen für Kinder, die von einer zwischen- oder überstaatlichen Einrichtung gewährt werden und dem Kindergeld vergleichbar sind oder um die „auslaufenden" Kinderzulagen aus der gesetzlichen Unfall- oder Kinderzuschüsse aus der gesetzlichen Rentenversicherung (Rdnr. 8). Ist der Bruttobetrag der Kinderzulage oder des Kinderzuschusses monatlich mindestens 5 Euro niedriger als das Kindergeld, wird ein so genanntes Teilkindergeld in Höhe des Unterschiedsbetrages gezahlt.

38 Ausländische kindbezogene Leistungen oder Leistungen einer zwischen- oder überstaatlichen Einrichtung – wie z. B. der Europäischen Union – werden nicht durch ein Teilkindergeld aufgestockt. Nur für Familienleistungen eines anderen Mitgliedstaates des Europäischen Wirtschaftsraums und der Schweiz gibt es nach Europäischem Recht einen Anspruch auf einen Kindergeldunterschiedsbetrag.

Kinderzuschlag

39 Mit Wirkung zum 1. Januar 2005 wurde ein Kinderzuschlag von bis zu 140 Euro je Kind neu eingeführt. Bezugsberechtigt sind Eltern bzw. Elternteile, wenn ihre Kinder unverheiratet sind und bei ihnen im Haushalt leben, unter 25 Jahre alt sind und wenn die Eltern für diese auch Kindergeld erhalten. Die Eltern müssen mindestens über Einkommen in Höhe von 900 Euro oder, wenn sie alleinerziehend sind, in Höhe von 600 Euro verfügen. Der Kinderzuschlag wird jedoch nur dann gezahlt, wenn dadurch Hilfebedürftigkeit im Sinne des SGB II vermieden werden kann. Kann Hilfebedürftigkeit nicht vermieden werden, steht Arbeitslosengeld II zu. Ein gleichzeitiger Bezug von Arbeitslosengeld II und Kinderzuschlag ist nicht möglich. Seit dem 1. Oktober 2008 können Berechtigte auf den Anspruch auf Arbeitslosengeld II verzichten, wenn sie nur wegen der zu berücksichtigenden Mehrbedarfe – z. B. als Alleinerziehende oder Behinderte oder wegen einer aus medizinischen Gründen notwendigen kostenaufwändigen Ernährung

– Hilfebedürftigkeit nicht vermeiden können. Nach einem solchen Verzicht kann dann Kinderzuschlag gezahlt werden. Der Verzicht kann jederzeit mit Wirkung für die Zukunft widerrufen werden.

Die Höhe des Kinderzuschlags ist vom Einkommen der Eltern und der Kinder abhängig. Der Kinderzuschlag steht bis zu einem Einkommen der Eltern in Höhe des eigenen Bedarfs (also ohne den Bedarf für die Kinder) in der vollen Höhe von 140 Euro je Kind zu. Übersteigt das Erwerbseinkommen der Eltern ihren eigenen Bedarf, vermindert sich der Kinderzuschlag für jede 10 Euro, die Eltern mehr verdienen, um 5 Euro. Erwerbseinkünfte werden in diesem Bereich also nur zu 50 Prozent angerechnet. Einkünfte und Vermögen der Eltern dürfen aber eine bestimmte Obergrenze nicht überschreiten. Wenn die Eltern so viel verdienen, dass sie für ihren eigenen Bedarf und den ihrer Kinder aufkommen können, entfällt der Anspruch auf Kinderzuschlag. Eigenes Einkommen der Kinder wie Ausbildungsvergütungen, Unterhalt, Unterhaltsvorschuss oder Waisenrente wird als bedarfsmindernd auf den Kinderzuschlag angerechnet.

Im Rahmen der Umsetzung der Rechtsprechung des Bundesverfassungsgerichts zu den Leistungen nach dem SGB II ist nach dem derzeitigen Stand der Gesetzgebung vorgesehen, ab 1. Januar 2011 zusätzliche Leistungen für Bildung und Teilhabe für Kinder zu erbringen. Diese Leistungen sollen auch den Empfängern von Kinderzuschlag für ihre Kinder zustehen. Die Einzelheiten stehen noch nicht fest. Da alle kinderzuschlagsberechtigten Eltern berechtigt sind, ist von einer gezielten Unterrichtung aller Berechtigten durch die Familienkassen nach Beendigung des Gesetzgebungsverfahrens auszugehen.

40 Der Kinderzuschlag ist eine Familienleistung. Deshalb ist er folgerichtig im Bundeskindergeldgesetz geregelt und wird von den Familienkassen ausgezahlt, die bereits wissen, für welche Kinder der Berechtigte Kindergeld erhält. Der Kinderzuschlag muss schriftlich bei der Familienkasse beantragt werden. Im Jahr 2010 wurden rd. 399 Mio. Euro Kinderzuschlag gezahlt.

Kinderbonus

41 Für das Kalenderjahr 2009 wurde für jedes Kind, für das wenigstens in einem Monat Kindergeld gezahlt wird, ein zusätzlicher Einmalbetrag von 100 Euro gezahlt. Auf diese Einmalzahlung wurden grundsätzlich alle Regelungen angewendet, die für das Kindergeld gelten. Die Einmalzahlung wurde jedoch nicht auf den Anspruch auf andere Sozialleistungen wie z. B. das Arbeitslosengeld II oder den Unterhaltsvorschuss angerechnet. Die Regelung galt ausdrücklich nur für 2009; eine erneute Reglung für 2010 oder zukünftige Jahre gibt es nicht.

Organisation und Verfahren

Zuständige Stellen

Familienkassen

42 Kindergeldberechtigte, die nicht Angehörige des öffentlichen Dienstes sind, erhalten Kindergeld von der Bundesagentur für Arbeit, und zwar sowohl das steuerliche Kindergeld nach dem X. Abschnitt des Einkommensteuergesetzes als auch das sozialrechtliche Kindergeld nach dem Bundeskindergeldgesetz.

43 Seit 1. Januar 1999 ist die Auszahlung des Kindergeldes außerhalb des öffentlichen Dienstes durch den Arbeitgeber abgeschafft. Insoweit gewährt nur die Bundesagentur für Arbeit das Kindergeld. Ebenfalls ist die Bundesagentur für Arbeit zuständig, wenn ein Angehöriger des öffentlichen Dienstes Kinder in anderen Mitgliedstaaten der Europäischen Union oder des Europäischen Wirtschaftsraumes oder in einem der so genannten Vertragsstaaten (Schweiz, Türkei, Nachfolgestaaten des ehemaligen Jugoslawiens) hat, selbst wenn daneben bei so genannten „Mischfällen" Kinder zu berücksichtigen sind, die in Deutschland leben.

44 Die Bundesagentur für Arbeit führt bei der Durchführung des X. Abschnitts des Einkommensteuergesetzes und des Bundeskindergeldgesetzes die Bezeichnung „Familienkasse". Familienkassen sind eigenständige Dienststellen der Bundesagentur für Arbeit, die auch für die Bezirke mehrerer Arbeitsagenturen eingerichtet sind.

Öffentlicher Dienst

45 Angehörige des öffentlichen Dienstes erhalten Kindergeld von den Stellen, die Bezüge oder Arbeitsentgelt an diese Personen zahlen. Ausgenommen sind die Religionsgemeinschaften des öffentlichen Rechts, die Spitzenverbände der Freien Wohlfahrtspflege und die einem solchen Verband unmittelbar oder mittelbar angeschlossenen Mitgliedsverbände, Einrichtungen oder Anstalten. Insoweit entscheidet die Bundesagentur für Arbeit über die Gewährung des Kindergeldes.

18 Familienleistungsausgleich

So weit die Arbeitgeber des öffentlichen Dienstes den X. Abschnitt des Einkommensteuergesetzes durchführen, gelten sie als Familienkassen.

Aufsicht

46 So weit die Familienkassen bei der Bundesagentur für Arbeit das Kindergeld nach dem X. Abschnitt des Einkommensteuergesetzes gewähren, unterstehen sie wie die Familienkassen des öffentlichen Dienstes der Aufsicht des Bundeszentralamtes für Steuern, das seinerseits wiederum dem Bundesministerium der Finanzen untersteht. Für die Durchführung des Bundeskindergeldgesetzes durch die Familienkassen der Bundesagentur für Arbeit ist innerhalb der Bundesregierung das Bundesministerium für Familie, Senioren, Frauen und Jugend federführend.

Verfahren

Antrag

47 Kindergeld und Kinderzuschlag werden nur auf Antrag gewährt. Der Antrag ist schriftlich zu stellen, er muss also unterschrieben werden. Rückwirkend kann Kindergeld für vier Jahre festgesetzt werden. Kinderzuschlag wird nur ab dem Monat der Antragstellung gezahlt.

Örtliche Zuständigkeit

48 Örtlich zuständig ist die für den Wohnort oder gewöhnlichen Aufenthaltsort des Kindergeldberechtigten zuständige Familienkasse. Für Berechtigte mit Wohnsitz oder Erwerbstätigkeit im Ausland sind für die Niederlande und Belgien die Familienkasse Aachen, für Luxemburg und Frankreich, wenn sich die Lohnabrechnungsstelle des letzten inländischen Arbeitgebers oder der Betriebssitz in Rheinland-Pfalz oder im Saarland befand, die Familienkasse Saarbrücken, für alle anderen Berechtigten in Frankreich oder der Schweiz die Familienkasse Offenburg, für Österreich die Familienkasse Passau, für Grenzgänger aus Polen und Tschechien die Familienkasse Bautzen und sonst die Familienkasse Nürnberg zuständig. Die Familienkasse Nürnberg ist auch für Vollwaisen und alleinstehende Kinder zuständig. Ausnahmen gelten für Vollwaisen und alleinstehende Kinder aus Nordrhein-Westfalen, für die die Familienkasse Aachen, aus Rheinland-Pfalz oder Saarland, für die die Familienkasse Saarbrücken, und aus Baden-Württemberg, für die die Familienkasse Offenburg zuständig sind.

Auszahlung des Kindergeldes

49 Das Kindergeld und der Kinderzuschlag werden monatlich gezahlt.

50 Abtretung oder Verpfändung von Kindergeldansprüchen sind nur wegen gesetzlicher Unterhaltsansprüche eines Zahl- oder Zählkindes zulässig. Abtretungen wegen anderer Ansprüche sind unwirksam. Das gleiche gilt für eine rechtsgeschäftliche Verpfändung.

Leistet der Kindergeldberechtigte seinem Kind keinen Unterhalt, kann das auf dieses Kind entfallende Kindergeld auf Verlangen an die Person oder Behörde ausgezahlt werden, die dem Kind tatsächlich Unterhalt gewährt. Bei dieser so genannten Abzweigung wird der auf das Kind entfallende Betrag ausgezahlt, der sich bei gleichmäßiger Verteilung des monatlichen Gesamtanspruchs auf alle Kinder ergibt.

Finanzierung

51 Das Kindergeld und der Kinderzuschlag werden aus dem Einkommensteueraufkommen gezahlt. Der Bund stellt der Bundesagentur für Arbeit die Mittel bereit, die sie für die Zahlung des Kindergelds und des Kinderzuschlags benötigt, und erstattet ihr die Verwaltungskosten für die Durchführung des X. Abschnittes des Einkommensteuergesetzes und des Bundeskindergeldgesetzes.

Beratungsstellen und Auskunft

52 Die Bundesagentur für Arbeit und das Bundeszentralamt für Steuern haben ein gemeinsames Merkblatt zum Kindergeld herausgegeben, das bei jeder Familienkasse angefordert werden kann. Auch für den Kinderzuschlag hat die Bundesagentur für Arbeit ein Merkblatt herausgegeben. Die Familienkassen geben auch ergänzende Auskünfte zum Kindergeld und Kinderzuschlag. Für den öffentlichen Dienst erteilen die Arbeitgeber des öffentlichen Dienstes Auskünfte.

Elterngeld und Elternzeit im Bundeselterngeld- und Elternzeitgesetz

Einführung

53 Die Bundesregierung hatte 1986 das Bundeserziehungsgeldgesetz (BErzGG) eingeführt mit dem Erziehungsgeld als einkommensabhängige und aus Steuern finanzierte Familienleistung des Bundes und dem Erziehungsurlaub (später umbenannt in Elternzeit), einem arbeitsrechtlichen Anspruch der Eltern als Arbeitnehmer gegenüber ihrem Arbeitgeber. Das Erziehungsgeld war keine Lohnersatzleistung, sondern eine besondere Form der Anerkennung für das persönliche Engagement des betreffenden Elternteils in der Betreuung seines kleinen Kindes. Die Länder führten das Erziehungsgeld im Auftrag des Bundes durch und bestimmten die zuständigen Behörden. Nach der Rechtslage 2006 konnte die Mutter oder der Vater, gleichgültig ob vorher berufstätig oder nicht, unter den gesetzlichen Voraussetzungen ein monatliches Erziehungsgeld von bis zu 300 Euro bis zum zweiten Geburtstag des Kindes beanspruchen. Die Zahl der Erziehungsgeldempfänger ging immer weiter zurück, bedingt durch die sinkenden Geburtenzahlen und die fehlende Dynamisierung der Einkommensgrenzen.

Bei den staatlichen Ausgaben für die Familien befindet sich Deutschland im europäischen Vergleich zwar im oberen Drittel, das Erziehungsgeld hat aber die bestehenden Probleme in der Frühphase der Familien kaum verringert. Es bot für die meisten Eltern keine ausreichende finanzielle Absicherung und hat Müttern und Vätern nicht die angestrebte größere Wahlfreiheit zur Vereinbarkeit von Familie und Beruf ermöglicht. Die moderne Familienpolitik musste deshalb reagieren und ein Schwerpunkt der neuen Konzeption war die Ablösung des eher ideellen Erziehungsgeldes durch das neue (ebenfalls allein vom Bund aus Steuern finanzierte) Elterngeld als eine Entgeltersatzleistung besonderer Art (Bestandteil des Koalitionsvertrages zwischen CDU, CSU und SPD vom 11. November 2005).

Die Koalitionsfraktionen und die Bundesregierung legten im Sommer 2006 je einen identischen Entwurf eines Gesetzes zur Einführung des Elterngeldes vor, der die Zustimmung des Bundesrates benötigte. Die Elternzeit wurde im Wesentlichen inhaltsgleich aus dem Bundeserziehungsgeldgesetz übernommen. Nach einigen Änderungen durch den Bundestag und Bundesrat wurde das Gesetz zur Einführung des Elterngeldes (Artikel 1: Bundeselterngeld- und Elternzeitgesetz – BEEG) am 11. Dezember 2006 im BGBl. I S. 2748 verkündet und trat am 1. Januar 2007 in Kraft.

Es gelten

– das BEEG wegen des Elterngeldes für Geburtsjahrgänge ab 2007 (entsprechende Stichtagsregelung bei der Adoptionspflege) und wegen der Elternzeit für alle berechtigten Eltern ab 2007;
– das BErzGG wegen des Erziehungsgeldes für die Geburtsjahrgänge vor 2007 (der restliche Teil des BErzGG ist am 31. Dezember 2008 außer Kraft getreten).

Das BEEG wurde bereits mehrfach geändert:

a. Folgeänderung des § 1 Abs. 7 Nr. 2 durch Artikel 6 Abs. 8 des Gesetzes zur Umsetzung aufenthalts- und asylrechtlicher Richtlinien der Europäischen Union vom 19. August 2007 (BGBl. I S. 1970).
b. Erstes Gesetz zur Änderung des Bundeselterngeld- und Elternzeitgesetzes vom 17. Januar 2009 (BGBl. I S. 61) mit folgendem wesentlichen Inhalt: Einheitliche Mindestbezugszeit des Elterngeldes von zwei Monaten, zulässige einmalige Änderung des Elterngeldantrages ohne notwendige Begründung und unter engen Voraussetzungen auch ein Elternzeitanspruch der Großeltern.
c. Folgeänderung des § 1 Abs. 2 Nr. 3 durch das Dienstrechtsneuordnungsgesetz vom 5. Februar 2009.
d. Änderung des § 2 Abs. 7 Satz 4 und des § 9 durch Artikel 10 des Gesetzes über das Verfahren des elektronischen Entgeltnachweises vom 28. März 2009 (BGBl. I S. 634)
e. Einsparung durch Artikel 14 des Haushaltsbegleitgesetzes 2011 vom 9. Dezember 2010 (BGBl. I S. 1885):
   – Absenkung der Ersatzquote ab einem zu berücksichtigendem Einkommen von 1.200 Euro von 67 Prozent auf 65 Prozent.
   – Nichtberücksichtigung von pauschal besteuerten Einnahmen und von Einnahmen, die nicht im Inland zu versteuern sind.
   – Aufhebung der Anrechnungsfreiheit des Elterngeldes beim Leistungsbezug gemäß SGB II (Arbeitslosengeld II), SGB XII (Sozialhilfe) und § 6a BKGG (Kinderzuschlag).
   – Steuerpflichtige, die als Alleinerziehende mehr als 250.000 Euro oder als Verheiratete mehr als 500.000 Euro im Jahr versteuern, erhalten ab dem 1. Januar 2011 kein Elterngeld mehr.

Im Haushaltsbegleitgesetz 2011 rechnet der Bund mit jährlicher Einsparung von fast 160 Millionen Euro beim Elterngeld und von rund 440 Millionen Euro im SGB II durch Anrechnung des Elterngeldes auf das Arbeitslosengeld II. Die Elterngeldausgaben sollen von 4,48 Milliarden Euro im Jahr 2010 auf rund

4,32 Milliarden Euro ab dem Jahr 2011 zurückgehen. Der Bundesrat befürchtet in seinem Beschluss vom 26. November 2010 zum Haushaltsbegleitgesetz 2011 erhebliche Schwierigkeiten der Länderverwaltungen bei Ermittlung der jährlichen Einkommensgrenzen von 250.000 Euro bzw. 500.000 Euro für den Wegfall des Elterngeldanspruchs und erwartet von der Bundesregierung demnächst eine gesetzliche Problemlösung (BR-Drs. 680/10 – Beschluss). Maßgebend für den geltenden Gesetzeswortlaut ist jetzt das BEEG vom 5. Dezember 2006 (BGBl. I S. 2748), zuletzt geändert durch Artikel 14 des Gesetzes vom 9. Dezember 2010 (BGBl. I S. 1885); das Bundesministerium für Familie, Senioren, Frauen und Jugend kann im Bundesgesetzblatt die geltende BEEG-Fassung bekanntmachen (Artikel 23 des Gesetzes vom 9. Dezember 2010).

Das BEEG regelt im Abschnitt 1 (§§ 1–14) den Anspruch auf das Elterngeld als Familienleistung des Bundes, im Abschnitt 2 (§§ 15–21) die Ansprüche von Arbeitnehmerinnen und Arbeitnehmern auf Elternzeit, gleichzeitige Teilzeitarbeit und Kündigungsschutz sowie im Abschnitt 3 (§§ 22–27) die Statistik- und Schlussvorschriften. (§ 27 ist eine Übergangsvorschrift zum Erziehungsgeld und der Elternzeit; das Inkrafttreten des BEEG und das Außerkrafttreten des BErzGG regelt Artikel 3 des Gesetzes zur Einführung des Elterngeldes). Der Bund trägt die Ausgaben für das Elterngeld (§ 12).

Der Bericht der Bundesregierung an den Bundestag über die Auswirkungen des BEEG (BT-Drucksache 16/10770 vom 30. Oktober 2008) zeigte das neue Elterngeld als familienpolitischen Erfolg, vor allem, weil 2007 zum ersten Mal seit zehn Jahren die Geburtenzahlen etwas stiegen, allerdings war es eine Ausnahme. 2009 wurden so wenige Kinder lebend geboren wie nie zuvor, vor zehn Jahren waren es noch über 100.000 Kinder mehr. Konstant positiv ist dagegen die Anzahl der Eltern, die Elterngeld und Elternzeit beanspruchen, über 96 Prozent der Mütter und inzwischen 23 Prozent der Väter (beim Bundeserziehungsgeldgesetz nur 3,5 Prozent). Während fast alle Mütter zwölf Monate Elterngeld bezogen, beschränkten sich 75 Prozent der beteiligten Väter auf die beiden Partnermonate als Mindestbedingung für die Verlängerung des Elterngeldes von zwölf auf 14 Monate. Das durchschnittliche monatliche Elterngeld der Mütter betrug nach jüngsten Angaben des Statistischen Bundesamtes 856 Euro, das der Väter 1168 Euro.

Die Länder führen das BEEG im Auftrag des Bundes durch (Art. 104a Abs. 3 Satz 2 GG). Zuständig sind die Elterngeldstellen der Länder und Kommunen. Die Bundesauftragsverwaltung der Länder regelt Art. 85 GG (Abs. 4: Bundesaufsicht wegen der Gesetzmäßigkeit und Zweckmäßigkeit der Durchführung). Für die Ausführung des Elterngeldes gilt, abgesehen von ausdrücklich abweichenden BEEG-Vorschriften, das Erste Kapitel des SGB X (§ 26 Abs. 1 BEEG). Die Federführung hat das Bundesministerium für Familie, Senioren, Frauen und Jugend (BMFSFJ) in Berlin. Die Broschüre „Elterngeld, Elternzeit" kann kostenlos bestellt werden beim Publikationsversand der Bundesregierung, Postfach 48 10 09, 18132 Rostock (E-Mail-Adresse: publikationen@bundesregierung.de).

Aufgaben

54 Das BEEG soll mit dem Elterngeld als Lohnersatzleistung für den berechtigten Elternteil wesentlich wirksamer als das bisherige BErzGG die Vereinbarkeit von Familie und Beruf erleichtern. Für berufstätige Eltern mit mindestens durchschnittlichem Einkommen ist ein Elterngeld in Höhe von 67 bzw. 65 Prozent des bisherigen Netto-Erwerbseinkommens des berechtigten Elternteils trotz der im Vergleich zum Erziehungsgeld kürzeren Laufzeit (zwölf bzw. 14 Monate statt 24 Monate) finanziell eine deutliche Verbesserung. Anders als beim Erziehungsgeld spielt die Höhe des gesamten Familieneinkommens (z. B. der Verdienst des anderen Elternteils) keine Rolle mehr. Das Erziehungsgeld von monatlich 300 Euro bekamen zahlreiche Familien ab dem siebten Lebensmonat wegen der dann sehr viel niedrigeren Einkommensgrenze nur noch gekürzt oder gar nicht mehr, obwohl ihr Familieneinkommen kaum überdurchschnittlich war.

Streitpunkte zum Elterngeld waren Partnermonate und Stichtagsregelung, die Kritiker hatten insoweit auch verfassungsrechtliche, allerdings nicht stichhaltige Einwände. Zweck der beiden angebotenen Partnermonate ist die stärkere Beteiligung der berufstätigen Väter bei der Kinderbetreuung (Väteranteil beim Erziehungsgeld unter 4 Prozent). Die mögliche Verlängerung des Elterngeldes von 12 auf 14 Monate, wenn auch der andere Elternteil für zwei Monate seinen Beruf für die persönliche Betreuung des Kindes zumindest einschränkt, ist ein Angebot an die Eltern, das weder ihr Recht zur Erziehung ihrer Kinder (Art. 6 Abs. 2 GG) beeinträchtigt noch gegen die Gleichberechtigung von Frau und Mann (Art. 3 Abs. 2 GG) verstößt. Der Gesetzgeber geht davon aus, dass die einseitige Kinderbetreuung durch die Mütter zu ihrer beruflichen Benachteiligung führt, und möchte deshalb mit seiner Aufteilung des Elterngeldes einen Anreiz schaffen für eine verbesserte Partnerschaft der Eltern in Familie und Beruf. Das ist ihm auch gelungen (vgl. Elterngeldbericht der Bundesregierung vom Oktober 2008). Er sieht bei den Partnermonaten keinen unzulässigen Eingriff in die Verfassungsrechte von Ehe und Familie und bezieht sich auf seinen Auftrag nach Art. 3 Abs. 2 Satz 2 GG zur Förderung der Gleichberechtigung von Frauen. Eine Stichtagsregelung für Geburtsjahrgänge gab es bereits 1986 beim Beginn des Bundeserziehungsgeldes. Der Gesetzgeber hat diesen, verfassungsrechtlich bestätigten Handlungsspielraum in der Familien- und Sozialpolitik und der Stichtag ist bei Leistungsgesetzen der Normalfall. Ohne diese Abgrenzung zwischen Erziehungs- und Elterngeld ist die Verwaltung überfordert (zustimmend Bundessozialgerichts-Urteil vom 23. Januar 2008 – B 10 EG 3/07 R). Die Elternzeit – ein Anspruch von Eltern als Arbeitnehmer gegenüber ihrem Arbeitgeber auf unbezahlte Freistellung bis zum dritten Geburtstag des Kindes – dient ebenfalls der Kinderbetreuung. Seit dem Jahr 2001 gibt es die flexibilisierte Elternzeit (mögliche gemeinsame Freistellung der Eltern, Anspruch auf Verringerung der Arbeitszeit, höhere Stundenzahl für die zulässige Teilzeitarbeit). Das BEEG hat diese verbesserte Elternzeit aus dem BErzGG übernommen.

Elterngeld

Berechtigte

55 Die Berechtigten für das Elterngeld und das Erziehungsgeld sind identisch: Elternteile, Stiefeltern, werdende Adoptiveltern (während der Adoptionspflege), Lebenspartner im Sinne des Lebenspartnerschaftsgesetzes und in besonderen Härtefällen Verwandte bis zum dritten Grad. Der Berechtigte muss grundsätzlich folgende persönliche Voraussetzungen erfüllen:

– einen Wohnsitz oder seinen gewöhnlichen Aufenthalt in Deutschland haben,
– mit dem Kind in einem Haushalt leben und es selbst betreuen und erziehen und
– keine oder keine volle Erwerbstätigkeit ausüben (§ 1).

Bestimmte Ausnahmen von diesen Voraussetzungen: z. B. bei vorübergehender beruflicher Tätigkeit im Ausland oder zeitweiser Unterbrechung der Kinderbetreuung aus einem wichtigen Grund; zulässig sind eine Erwerbstätigkeit von bis zu 30 Wochenstunden, eine Beschäftigung zur Berufsbildung oder eine Tätigkeit als geeignete Tagespflegeperson (Betreuung von bis zu fünf fremden Kindern). Das Personensorgerecht ist anders als beim Erziehungsgeld kein originäres Anspruchsmerkmal.

Ausländer und Grenzgänger in Deutschland

56 Da das Elterngeld eine Familienleistung im Sinne der Verordnung (EWG) Nr. 1408/71 über die Anwendung der Grundsätze der sozialen Sicherheit auf „Wander-Arbeitnehmer" ist, gilt das Europäische Gemeinschaftsrecht. Grundsätzlich gleichberechtigt mit den Deutschen sind die freizügigkeitsberechtigten Bürger der Europäischen Union, des Europäischen Wirtschaftsraums oder der Schweiz, wenn sie die allgemeinen Anspruchsvoraussetzungen des Elterngeldes erfüllen. Besondere Regelungen (Europa-Mittelmeer-Abkommen bzw. EWG-Assoziationsabkommen) bestehen für algerische, marokkanische, tunesische oder türkische Arbeitnehmer und ihre Familienangehörigen. Wenn sie sich im Gastland (hier in Deutschland) rechtmäßig aufhalten, haben sie grundsätzlich einen Anspruch auf Gleichbehandlung mit den eigenen Staatsangehörigen (Deutsche) bei den staatlichen Familienleistungen einschließlich des neuen Elterngeldes.

Die nicht freizügigkeitsberechtigten Ausländer in Deutschland erhalten Elterngeld unter den besonderen aufenthaltsrechtlichen Voraussetzungen des § 1 Abs. 7. Diese Regelung entspricht im Wesentlichen dem durch das Bundesverfassungsgericht veranlassten Gesetz zur Anspruchsberechtigung von Ausländern wegen Kindergeld, Erziehungsgeld und Unterhaltsvorschuss. Staatliche Familienleistungen erhalten diese Ausländer nur, wenn sie sich voraussichtlich dauerhaft in Deutschland aufhalten. Indikatoren sind die Niederlassungserlaubnis und die Aufenthaltserlaubnis in Verbindung mit der zulässigen Ausübung einer Erwerbstätigkeit (BSG Urteile vom 30. September 2010 – B 10 EG 6 und 7/09 R). Ob § 1 Abs. 7 Nr. 2 Buchstabe c in Verbindung mit Nr. 3 Buchstabe b BEEG (eine der engen Anspruchsbedingungen für den nicht freizügigkeitsberechtigten Ausländer) verfassungsgemäß ist, muss das Bundesverfassungsgericht klären (Vorlagebeschluss des Bundessozialgerichts vom 30. September 2010 – B 10 EG 9/09).

Asylberechtigte und anerkannte Flüchtlinge im Sinne der Genfer Flüchtlingskonvention können Elterngeld beanspruchen.

Kein Elterngeld bekommen Asylbewerber und Kontingentflüchtlinge, ausländische Saisonarbeiter und Werkvertragsarbeiter, Mitglieder und Beschäftigte diplomatischer Missionen und konsularischer Vertretungen und Personen, für die das NATO-Truppenstatut gilt. Der Angehörige eines NATO-Truppenmitglieds kann aber Elterngeld beanspruchen, wenn er ein Tatbestandsmerkmal des BEEG erfüllt, das außerhalb des „NATO-Bereichs" liegt (BSG-Urteil vom 30. September 2010 – B 10 EG 11/09 R).

Bezugsdauer

57 Die Bezugszeit reicht grundsätzlich bis zum ersten Geburtstag des Kindes, unter bestimmten Voraussetzungen noch zwei Monate länger:

– für einen Elternteil mindestens zwei und höchstens zwölf Monate, Ausnahme: 14 Monate für Berechtigte mit einem schwerkranken oder schwerbehinderten Partner oder für Alleinerziehende, deren vorherige Erwerbstätigkeit wegen der Kinderbetreuung eingeschränkt oder unterbrochen ist;
– für die Eltern bis 14 Monate, wenn sich auch der andere Elternteil für wenigstens zwei Monate (Partnermonate) an der Kinderbetreuung beteiligt. Weitere Bedingung: Die vorherige Berufstätigkeit muss während der Kinderbetreuung eingeschränkt oder unterbrochen werden.

Im Falle der Adoptionspflege wird das Elterngeld ab dem Tag der Aufnahme in die Familie gezahlt (Altersgrenze ist der achte Geburtstag).

Das Elterngeld wird in Monatsbeträgen für Lebensmonate des Kindes gezahlt. Die Eltern können die jeweiligen Monatsbeträge abwechselnd beziehen oder gleichzeitig (dann proportional verkürzte Bezugsdauer). Sie können auch beantragen, dass die Monatsbeträge in zwei Hälften ausgezahlt werden und sich die Bezugsdauer entsprechend verlängert (§§ 4, 6).

Höhe und Berechnung des Elterngeldes

58 Die Höhe des Elterngeldes bestimmen zwei Zahlen: Grundsätzlich beträgt es 67 Prozent des monatlichen Einkommens aus Erwerbstätigkeit und höchstens 1.800 Euro monatlich. Seit dem Haushaltsbegleitgesetz 2011 verringert sich der Anteil beim monatlichen Einkommen von über 1200 Euro auf bis zu 65 Prozent (§ 2). Für das Einkommen aus Erwerbstätigkeit gelten die steuerrechtlichen Begriffe des § 2 Abs. 1 Satz 1 Nr. 1 bis 4 des Einkommensteuergesetzes (Einkünfte aus Land- und Forstwirtschaft, Gewerbebetrieb, aus selbständiger und nichtselbständiger Arbeit). Pauschal besteuerte Einnahmen und Einkünfte, die nicht im Inland zu versteuern sind, zählen aber nicht mit. Innerhalb jeder dieser vier Einkunftsarten werden die Einkünfte nach steuerrechtlichen Grundsätzen ermittelt und die Summe der positiven Einkünfte aus den genannten Einkunftsarten unter Berücksichtigung der ergänzenden Vorschriften des § 2 Abs. 7 bis 9 BEEG gebildet. Maßgebend ist das durchschnittliche Nettoeinkommen des berechtigten Elternteils in den zwölf Kalendermonaten vor dem Monat der Geburt des Kindes. Dabei kommt es nicht nur auf das im Bemessungszeitraum eingegangene Einkommen an, sondern auch auf das während dieser Zeit erarbeitete und erst danach wegen nachträglicher Vertragserfüllung gezahlte Arbeitsentgelt (BSG Urteil vom 30. September 2010 – B 10 EG 19/09 R). Das Ergebnis ist im Falle gleichbleibender Monatsbezüge der monatliche Durchschnittsverdienst, bei unterschiedlichen Monatsverdiensten ist der Gesamtverdienst der 12 Kalendermonate durch 12 zu teilen. Kalendermonate ohne Erwerbseinkommen werden in der Berechnung nicht ausgespart, sondern mit dem Betrag Null und Monate mit negativem Erwerbseinkommen mit dem negativen Ergebnis berücksichtigt. Der Gesetzgeber orientiert sich beim Höchstbetrag des Elterngeldes von monatlich 1.800 Euro an einem Nettoverdienst von 2.700 Euro. Das entsprechende Bruttoeinkommen erreicht die sozialversicherungsrechtliche Beitragsbemessungsgrenze.

Für den berechtigten Elternteil sind folgende Ergänzungen zur Höhe des Elterngeldes wichtig:

– Geringes Einkommen: Hier gilt ein günstigerer Berechnungsfaktor. Bei einem monatlichen Durchschnittsverdienst von netto weniger als 1.000 Euro vor der Geburt erhöht sich der Faktor von 67 Prozent proportional auf bis zu 100 Prozent, konkret um 0,1 Prozent für je 2 Euro, um die das Einkommen den Betrag von 1.000 Euro unterschreitet. Bei einem Monatsverdienst von 340 Euro vor der Geburt erreicht der Faktor die Obergrenze von 100 Prozent).
– Mindestbetrag: Der Elternteil erhält monatlich mindestens 300 Euro Elterngeld. Dieser Betrag entspricht dem bisherigen Erziehungsgeld. Betroffen sind Berechtigte ohne Berufstätigkeit oder mit

einem sehr geringen Erwerbseinkommen vor der Geburt des Kindes. Wie schon erwähnt, hätten sie sich beim Erziehungsgeld wegen seiner längeren Laufzeit besser gestanden.
- Geschwisterbonus: Der Elternteil mit zwei Kindern unter drei oder mit drei Kindern unter sechs Jahren im gemeinsamen Haushalt bekommt für sein Elterngeld, auch für den Mindestbetrag, einen monatlichen Zuschlag von 10 Prozent, mindestens 75 Euro.

Für die Adoptionspflege und für behinderte Kinder gelten spezifische Altersgrenzen.

- Mehrlingsgeburten: Bei Zwillingen, Drillingen etc. erhöht sich das Elterngeld um je 300 Euro für das zweite und jedes weitere Kind.
- Einkommen aus Teilzeitarbeit nach der Geburt des Kindes: Errechnet wird die Differenz zwischen dem höheren Erwerbseinkommen vor der Geburt und dem geringeren danach. Für die Höhe des Elterngeldes ist der Prozentsatz von diesem Betrag maßgebend.

Anrechnung von Entgeltersatzleistungen

59 Entgeltersatzleistungen, vor allem das Mutterschaftsgeld, werden auf das Elterngeld grundsätzlich angerechnet, um Doppelleistungen zum eigenen Lebensunterhalt zu vermeiden (§ 3; siehe auch § 10 wegen des Verhältnisses zu anderen Sozialleistungen). Die Entgeltersatzleistungen und das Elterngeld müssen aber für dieselbe Person bestimmt und jeweils für den einzelnen Kalendertag zeitgleich sein. Beim Mutterschaftsgeld galt dieser Grundsatz auch schon für das Erziehungsgeld. Trotzdem reagieren viele Mütter überrascht und enttäuscht, wenn sie erst bei ihrem Antrag erfahren, dass sie das Elterngeld (wegen der Anrechnung von Mutterschaftsleistungen) praktisch nur für zehn statt zwölf Monate bekommen. Das Mutterschaftsgeld der gesetzlichen Krankenkasse und einige andere Leistungen werden ab dem Tag der Geburt angerechnet, anders als beim Erziehungsgeld auch der Zuschuss des Arbeitgebers (im Verhältnis zum Mutterschaftsgeld ca. 2/3 des Nettoverdienstes) bzw. die Dienst- und Anwärterbezüge und Zuschüsse für Beamtinnen und Soldatinnen. Das Mutterschaftsgeld der gesetzlichen Krankenversicherung, das wie die genannten Zuschüsse bis Ende der Mutterschutzfrist (mindestens acht Wochen) gezahlt wird, beträgt bis zu 13 Euro täglich und rd. 390 Euro monatlich. Nicht angerechnet wird das erheblich niedrigere Mutterschaftsgeld des Bundesversicherungsamtes in Bonn für die unversicherte, privat versicherte oder in der gesetzlichen Krankenkasse nur familienversicherte Arbeitnehmerin. Es beträgt für die Gesamtdauer der Mutterschutzfristen vor und nach der Geburt maximal insgesamt 210 Euro.

Abgesehen vom Mutterschaftsgeld erfasste das BErzGG die übrigen Entgeltersatzleistungen nur beim Einkommen. Das BEEG verrechnet sie grundsätzlich mit dem Elterngeld, wenn der berechtigte Elternteil vor der Geburt des Kindes erwerbstätig war und jetzt eine, nicht mit der Geburt zusammenhängende Entgeltersatzleistung bezieht. Nicht anrechenbar ist ein monatlicher Freibetrag des Elterngeldes von 300 Euro (Zwillinge 600 Euro, Drillinge 900 Euro etc.).

Entgeltersatzleistungen sind Arbeitslosengeld I, Unterhaltsgeld bei beruflicher Weiterbildung, Insolvenzgeld, Krankengeld und Renten. Eine Parallele zum BErzGG ist die Anrechnung der mit dem Elterngeld vergleichbaren Familienleistungen anderer Staaten oder internationaler Einrichtungen (Europäische Kommission), soweit das vorrangige Europäische Gemeinschaftsrecht entweder nicht anzuwenden ist oder nichts Abweichendes regelt. Maßgebend für das Recht der Europäischen Union sind vor allem die beiden EWG-Verordnungen Nr. 1408/71 und Nr. 574/72 sowie ergänzend die Nr. 859/2003 (Drittstaatsangehörige). Das BEEG erfasst insoweit nur noch einige Ausnahmefälle. Betroffen sind in der Regel die im Ausland lebenden Eltern. Der Anspruch auf die ausländische Familienleistung könnte aber auch an den Arbeitsplatz im Ausland anknüpfen. Da es um die Vermeidung staatlicher Doppelleistungen zum Lebensunterhalt geht, dürfte die Anrechnung der dem Elterngeld vergleichbaren ausländischen Leistung nicht davon abhängen, ob sie auch eine Art Entgeltersatzleistung ist.

Verhältnis zu anderen Sozialleistungen

60 Das Erziehungsgeld des Bundes (monatlich 300 Euro) und vergleichbare Leistungen der Länder blieben bei einkommensabhängigen Sozialleistungen (z.B. Arbeitslosengeld II, Sozialgeld, BAföG, Stipendien, Wohngeld, Kinder- und Jugendhilfe, Sozialhilfe) als Einkommen unberücksichtigt. Es ist verständlich, dass der Gesetzgeber im BEEG analog nur einen Grundbetrag von insgesamt 300 Euro im Monat gegenüber anderen Sozialleistungen freigestellt hat. Seit dem Haushaltsbegleitgesetz 2011 wird das Elterngeld allerdings vollständig mit den Leistungen

18 Familienleistungsausgleich

des SGB II, der Sozialhilfe und dem Kinderzuschlag verrechnet (§ 10). Gesetzliche Kann-Leistungen dürfen bis zu 300 Euro nicht wegen des Elterngeldes unterbleiben.

Der freie monatliche Gesamtbetrag umfasst neben dem Elterngeld auch die vergleichbaren Leistungen der Länder (praktisch das noch in Bayern, Baden-Württemberg, Sachsen und Thüringen gezahlte Landeserziehungsgeld) sowie die auf das Elterngeld nach § 3 angerechneten Entgeltersatzleistungen (Mutterschaftsgeld, Arbeitslosengeld I etc.). Die Freibeträge erhöhen sich entsprechend für Mehrlingsgeburten (z. B. bei Zwillingen auf 600 Euro). Falls das monatliche Elterngeld auf Antrag des Elternteils halbiert und damit doppelt so lang gezahlt wird, gilt statt 300 Euro nur ein Freibetrag von 150 Euro im Monat.

Antragstellung

61 Für jeden Antragsteller auf Elterngeld ist ein Antrag notwendig. Elterngeld ist schriftlich zu beantragen (§ 7). Antragsvordrucke gibt es bei den Elterngeldstellen (siehe weiter unten) und bei vielen Gemeindeverwaltungen und Krankenkassen. Zur gesetzlichen Schriftform gehört die eigenhändige Namensunterschrift. Die Eltern müssen den Antrag grundsätzlich gemeinsam unterschreiben. Damit bleibt keiner uninformiert. Auch für die Elterngeldstelle ist die gemeinsame Unterschrift wichtig für die Überprüfung des Gesamtanspruchs auf Elterngeld. Beim Antrag durch eine allein sorgeberechtigte Person reicht deren alleinige Unterschrift aus. Der Antragsteller muss in seinem Antrag angeben, für wie viele und welche Monate er Elterngeld beantragt. Gemeint sind die Lebensmonate des Bezugszeitraums, grundsätzlich vom Tage der Geburt bis zur Vollendung des 14. Lebensmonats des Kindes. Die im Antrag getroffene Entscheidung kann bis zum Ende des Bezugszeitraums ohne Angabe von Gründen einmal geändert werden, eine einmalige weitere Änderung ist in Fällen besonderer Härte (insbesondere schwere Krankheit, Schwerbehinderung oder Tod eines Elternteiles oder Kindes oder erheblich gefährdete wirtschaftliche Existenz der Eltern) zulässig. Notwendige Unterlagen für den Antrag auf Elterngeld (Antragsformulare bei der Elterngeldstelle) sind:

– Geburtsurkunde des Kindes vom Standesamt bzw. Auszug aus dem Familienstammbuch,
– Erklärung zum Einkommen und Verdienstbescheinigung des Arbeitgebers,
– Bescheinigung über den Bezug von Mutterschaftsgeld nach der Geburt der gesetzlichen Krankenkasse, für die Beamtin die Bescheinigung ihrer entsprechenden Dienstbezüge.

Die rückwirkende Zahlung des Elterngeldes beschränkt sich auf die letzten drei Lebensmonate vor Beginn des Antragsmonats (beim Erziehungsgeld sechs Monate). Die Dreimonatsfrist beginnt am letzten Tag vor dem Ersten des Lebensmonats, in dem der Antrag auf Elterngeld bei der Behörde (§ 16 SGB I) tatsächlich eingegangen ist. Auf das Datum des Poststempels kommt es nicht an.

Steuern und Sozialversicherung

62 Das Elterngeld selbst ist steuerfrei, es zählt aber, auch der Mindestbetrag von 300 Euro (Bundesfinanzhof-Beschluss vom 21. September 2009 – VI B 31/09), für den maßgebenden Steuersatz im Rahmen des steuerrechtlichen Progressionsvorbehaltes als Teil des zu versteuernden Gesamteinkommens. Da das Elterngeld von der Höhe des Nettoverdienstes abhängt, spielen die Wahl und der Wechsel der Steuerklassen und die auf der Lohnsteuerkarte eingetragenen Freibeträge eine Rolle. Was dabei im konkreten Fall zulässig ist, entscheidet sich allein nach den steuerrechtlichen Regelungen (zum zulässigen Wechsel der Lohnsteuerklasse während der Schwangerschaft: Bundessozialgerichts-Urteil vom 25.Juni 2009 – B 10 EG 3/08).

In der gesetzlichen Krankenversicherung ist das Elterngeld kein Teil der beitragspflichtigen Einnahmen. Das Pflichtmitglied bleibt solange beitragsfrei versichert, wenn es keine sonstigen beitragspflichtigen Einkünfte hat. Für den familienversicherten Ehegatten ändert sich nichts. Wenn ein Ehepartner bisher als Arbeitnehmer freiwilliges Mitglied der gesetzlichen Krankenkasse war, ist er während seiner Elternzeit im Rahmen der sonstigen Voraussetzungen ebenfalls familienversichert. Das freiwillige Mitglied der gesetzlichen Krankenkasse muss weiter Beiträge, ggf. den vorgesehenen Mindestbeitrag zahlen. Der privat versicherte Elternteil kann in der Elternzeit nicht in die beitragsfreie Familienversicherung des Ehegatten wechseln. Er muss seine Versicherungsprämie weiterzahlen, sie erhöht sich sogar um den bisherigen Arbeitgeberanteil, weil die Kostenbeteiligung des Arbeitgebers in der Elternzeit entfällt. Das Elterngeld befreit den versicherungspflichtigen Studenten nicht von seiner Beitragspflicht.

Familienleistungsausgleich 18

Zuständige Behörden

63 Das Elterngeld wird bei den Elterngeldstellen (identisch mit den früheren Erziehungsgeldstellen) beantragt. Anträge auf Sozialleistungen nehmen nach § 16 Abs. 1 SGB I auch alle anderen Sozialleistungsträger und alle Gemeinden an (bei Personen, die sich im Ausland aufhalten, die amtlichen Vertretungen der Bundesrepublik Deutschland) und leiten sie an die zuständigen Behörden unverzüglich weiter. Die Länder bestimmen die Elterngeldstellen und Aufsichtsbehörden (§ 12). Örtlich ist die Elterngeldstelle zuständig, in deren Bezirk der berechtigte Elternteil wohnt oder sich gewöhnlich aufhält (§ 2 SGB X bei mehreren zuständigen Behörden). Falls der Berechtigte wegen seiner vorübergehenden beruflichen Entsendung oder Abordnung im Ausland lebt, ist die Elterngeldstelle zuständig, in deren Bezirk er zuletzt wohnte oder wo der entsendende Arbeitgeber seinen inländischen Sitz hat. Zu den Aufgaben der Elterngeldstelle gehört neben der Beratung der Eltern zum Elterngeld und Antragsverfahren die Bearbeitung der Anträge sowie die Bewilligung und Auszahlung des Elterngeldes. Die Elterngeldstelle muss auch zur Elternzeit, den rechtlichen Voraussetzungen und die mit ihr verbundenen Rechte und Pflichten, beraten – die Eltern als Arbeitnehmer und ihre Arbeitgeber; die Beratungspflicht gegenüber Arbeitgebern ist zwar nicht eindeutig geregelt, aber aus § 14 SGB I abzuleiten.

Elterngeldstellen:

Baden-Württemberg:
Landeskreditbank Baden-Württemberg in Karlsruhe

Bayern:
Zentrum Bayern Familie und Soziales in Augsburg, Bayreuth, Landshut, München, Nürnberg, Regensburg und Würzburg

Berlin:
Bezirksämter (Jugendämter), zentrale Auskunft 030/90-0

Brandenburg:
Landkreise und folgende Städte: Brandenburg, Cottbus, Frankfurt/Oder, Potsdam und Schwedt

Bremen:
Amt für soziale Dienste Bremen
(Bremerhaven: Amt für Familie und Jugend)

Hamburg:
Bezirksämter

Hessen:
Ämter für Versorgung und Soziales in Darmstadt, Frankfurt, Fulda, Gießen, Kassel und Wiesbaden

Mecklenburg-Vorpommern:
Versorgungsämter in Neubrandenburg, Rostock, Schwerin und Stralsund

Niedersachsen:
Landkreise, kreisfreie Städte und in einigen Fällen auch kreisangehörige Städte und Gemeinden
Zuständige Elterngeldstelle unter
www.ms.niedersachsen.de

Nordrhein-Westfalen:
Landkreise und kreisfreie Städte
zuständige Elterngeldstelle in NRW unter
www.elterngeld.nrw.de/elterngeldstellen/index.php

Rheinland-Pfalz:
Jugendämter der Landkreise, kreisfreien und großen kreisangehörigen Städte

Saarland:
Ministerium für Arbeit, Familie, Prävention, Soziales und Sport – Elterngeldstelle, in Saarbrücken

Sachsen:
Landkreise und folgende Städte: Chemnitz, Dresden und Leipzig

Sachsen-Anhalt:
Landkreise und die kreisfreien Städte Dessau-Rosslau, Halle und Magdeburg

Schleswig-Holstein:
Außenstellen des Landesamtes für soziale Dienste Schleswig-Holstein in Heide, Kiel, Lübeck und Schleswig

Thüringen:
Jugendämter der Landkreise und kreisfreien Städte

Aufsichtsbehörden der Elterngeldstellen:

Baden-Württemberg:
Ministerium für Arbeit und Soziales Baden-Württemberg in Stuttgart

Bayern:
Zentrum Bayern Familie und Soziales in Bayreuth

Berlin:
Senatsverwaltung für Bildung, Wissenschaft und Forschung

Brandenburg:
Ministerium für Arbeit, Soziales, Gesundheit und Familie des Landes Brandenburg in Potsdam

Bremen:
Senator für Arbeit, Frauen, Gesundheit, Jugend und Soziales, Abteilung Junge Menschen und Familie

Hamburg:
Behörde für Soziales und Familie der Freien und Hansestadt Hamburg

Hessen:
Landesversorgungsamt Hessen in Gießen

Mecklenburg-Vorpommern:
Landesamt für Gesundheit und Soziales Mecklenburg-Vorpommern in Rostock

Niedersachsen:
Niedersächsisches Ministerium für Soziales, Frauen, Familie und Gesundheit in Hannover

Nordrhein-Westfalen:
Bezirksregierung in Münster

Rheinland-Pfalz:
Landesjugendamt in Mainz

Saarland:
Ministerium für Arbeit, Familie, Prävention, Soziales und Sport in Saarbrücken

Sachsen:
Kommunaler Sozialverband Sachsen in Chemnitz

Sachsen-Anhalt:
Landesverwaltungsamt in Halle

Schleswig-Holstein:
Landesamt für soziale Dienste Schleswig-Holstein in Neumünster

Thüringen:
Thüringer Landesverwaltungsamt in Suhl

Elternzeit und Teilzeitarbeit

Berechtigte

64 Die Elternzeit ist ein arbeitsrechtlicher gesetzlicher Anspruch von Arbeitnehmern gegen ihren Arbeitgeber auf unbezahlte Freistellung (§ 15). Unter den Berechtigten beteiligen sich 96 % der Mütter und 23 % der Väter daran. Für Beamte und Soldaten gelten analoge dienstrechtliche Regelungen. Soweit es um die Kinderbetreuung und eingeschränkte Erwerbstätigkeit geht, sind die persönlichen Voraussetzungen für Elternzeit und Elterngeld im Wesentlichen identisch. Für die Elternzeit kommt es jedoch nicht auf die Merkmale Wohnsitz oder gewöhnlicher Aufenthalt in Deutschland an, sondern nur auf die Geltung des BEEG für den Arbeitgeber. Berechtigt sind Eltern, Stiefeltern, Vollzeit-Pflegeeltern (beim Elterngeld allerdings nicht berücksichtigt), Eltern im Sinne der Adoptionspflege, Lebenspartner im Sinne des Lebenspartnerschaftsgesetzes und in besonderen Härtefällen auch Verwandte bis zum dritten Grad. Durch das Erste Gesetz zur Änderung des Bundeselterngeld- und Elternzeitgesetzes vom 17. Januar 2009 (BGBl. I S. 61) wurde eine Großeltern-Klausel eingefügt: Soweit die Eltern ihre Elternzeit nicht selbst beanspruchen, haben auch Großeltern, die mit dem Enkelkind zusammenleben und es betreuen, einen Anspruch auf Elternzeit, wenn zumindest ein Elternteil minderjährig ist oder vor Vollendung des 18. Lebensjahres eine Ausbildung begonnen hat und noch maximal zwei Jahre bis zum regulären Abschluss benötigt. Die nicht sorgeberechtigten Elternteile und anderen Berechtigten brauchen für ihre Elternzeit die Zustimmung des sorgeberechtigten Elternteils. Das Recht auf Elternzeit, die ebenfalls nur bei unterbrochener oder eingeschränkter Berufstätigkeit (Ausnahme nur für Tagespflege, nicht für Berufsbildung) möglich ist, haben auch Eltern, die kein Elterngeld bekommen.

Umfang der Elternzeit und Teilzeitarbeit

65 Die Eltern können die Elternzeit ganz oder zeitweise auch gemeinsam nehmen. Der Anspruch besteht bis zum dritten Geburtstag des Kindes, ein restlicher Teil von bis zu zwölf Monaten lässt sich mit Zustimmung des Arbeitgebers übertragen und bis zum achten Geburtstag nutzen. Das gilt für jedes Kind, bei mehreren Kindern können sich die Elternzeiten im Einzelfall gleichwohl mehr oder weniger überschneiden. In Fällen der Vollzeitpflege, Adoptionspflege oder Adoption gelten entsprechende Rechte für die ersten acht Lebensjahre. Der Vater kann Elternzeit auch dann nehmen, wenn sich die Mutter noch im Mutterschutz befindet oder nicht berufstätig ist. Die zulässige Teilzeitarbeit beträgt für einen Elternteil wie beim Elterngeld bis zu 30 Wochenstunden, im Falle der gemeinsamen Elternzeit bis zu 60 Wochenstunden (maßgebend ist dabei der monatliche Durchschnitt). Seit der BErzGG-Reform von 2001 haben die Eltern in der Elternzeit sogar einen grundsätzlichen Anspruch auf Verringerung der Arbeitszeit (Teilzeitarbeit), wenn der Arbeitgeber mehr als 15 Personen beschäftigt und im konkreten Fall nicht innerhalb von vier Wochen schriftlich dringende betriebliche Gründe mitteilt, die dem Anspruch auf Teilzeitarbeit entgegenstehen. Das Gesetz über Teilzeitarbeit und befristete Arbeitsverträge enthält einen ähnlichen Anspruch vor Beginn und nach Ende der Elternzeit.

Wirkungen der Elternzeit

66 Während der Elternzeit besteht der gleiche Kündigungsschutz wie im Mutterschutzgesetz. Er beginnt ab der Anmeldung der Elternzeit, frühestens acht Wochen vor ihrem Anfang. In besonderen Fällen (z. B. drohende Gefährdung der Existenz des Betriebes) ist ausnahmsweise eine Kündigung möglich, aber erst nachdem die zuständige Landesbehörde für Arbeitsschutz den Fall geprüft und die Kündigung zugelassen hat. Die hierfür zuständigen Behörden (Anschriften unter www.bmfsfj.de; Suchbegriff: Aufsichtsbehörden):

Baden-Württemberg:
Regierungspräsidium

Bayern:
Gewerbeaufsichtsamt des Bezirks

Berlin:
Landesamt für Arbeitsschutz, Gesundheitsschutz und technische Sicherheit

Brandenburg:
Landesamt für Arbeitsschutz

Bremen:
Gewerbeaufsichtsamt

Hamburg:
Behörde für Soziales, Familie, Gesundheit und Verbraucherschutz; Amt für Gesundheit und Verbraucherschutz

Hessen:
Regierungspräsidium

Mecklenburg-Vorpommern:
Landesamt für Gesundheit und Soziales, Abteilung Arbeitsschutz

Niedersachsen:
Gewerbeaufsichtsamt

Nordrhein-Westfalen:
Bezirksregierung

Rheinland-Pfalz:
Struktur- und Genehmigungsdirektion

Saarland:
Landesamt für Umwelt und Arbeitsschutz

Sachsen:
Landesdirektion Abteilung Arbeitsschutz

Sachsen-Anhalt:
Landesamt für Verbraucherschutz, Gewerbeaufsicht

Schleswig-Holstein:
Landesamt für Gesundheit und Arbeitssicherheit

Thüringen:
Thüringer Landesbetrieb für Arbeitsschutz und technischen Verbraucherschutz

Anschriften im Internet: www.bmfsfj.de.

Die Eltern können sowohl im Rahmen ihres Arbeitsvertrages als auch mit einer Frist von drei Monaten zum Ende der Elternzeit kündigen. Die Teilzeitarbeit während der Elternzeit berührt nicht das Stamm-Arbeitsverhältnis der Eltern; sie haben das Recht, nach Ablauf der Elternzeit zu ihrer früheren Arbeitszeit zurückzukehren. In der gesetzlichen Krankenversicherung sind Pflichtmitglieder während der Elternzeit beitragsfrei versichert, wenn sie keine beitragspflichtigen Einnahmen haben; das Elterngeld zählt nicht dazu. Freiwillige Mitglieder müssen in diesem Fall den von der Krankenkasse festgesetzten Mindestbeitrag zahlen. Wer als Ehegatte zu Beginn der Elternzeit in der gesetzlichen Krankenkasse bereits familienversichert ist, behält diesen Status auch anschließend. Wenn die sonstigen Voraussetzungen der Familienversicherung vorliegen, ist in der Elternzeit auch der Ehegatte familienversichert, der vorher als Arbeitnehmer freiwilliges Mitglied war. Privatversicherte können nicht für die Dauer der Elternzeit in die Familienversicherung aufgenommen werden. Die Arbeitslosenversicherung berücksichtigt beim Versicherten die Betreuung des Kindes bis zu seinem dritten Geburtstag (Erziehungszeit) als beitragsfreie Versicherungszeit. In der gesetzlichen Rentenversicherung hat diese Erziehungszeit dieselbe Wirkung, bei ihr ist – anders als in der Arbeitslosenversicherung – eine bereits bestehende Versicherung nicht erforderlich. In beiden Bereichen hängt die Gutschrift der Erziehungszeit nicht davon ab, ob die Eltern Elternzeit genommen hatten. Die Gutschrift für die eigene Rentenversicherung erhält der Elternteil, der das Kind während dieser Erziehungszeit überwiegend betreut. Falls sich die Eltern nicht rechtzeitig mit ihrem Rentenversicherungsträger absprechen, wird die Erziehungszeit automatisch der Mutter zugeordnet. Über wesentliche Details informiert die Broschüre „Kindererziehung – Plus für die Rente" der Deutschen Rentenversicherung, Vordruckversandstelle, 10704 Berlin (www.deutsche-rentenversicherung.bund.de).

Inanspruchnahme der Elternzeit und Teilzeitarbeit

67 Für die Elternzeit gilt gegenüber dem Arbeitgeber eine schriftliche grundsätzliche Anmeldefrist von spätestens sieben Wochen vor Beginn (§ 16). Bei der ersten Anmeldung sind gleichzeitig für zwei Jahre (ab Beginn der Elternzeit) die konkreten Termine der Elternzeit – einzelne Zeitabschnitte oder die vollen zwei Jahre – verbindlich mitzuteilen, damit der Arbeitgeber für diesen Zeitraum fest planen kann. Spätere Änderungen dieses Zeitplans, eine Verkürzung oder Verlängerung der Elternzeit, sind grundsätzlich nur mit Zustimmung des Arbeitgebers möglich. Die vorzeitige Beendigung wegen der Geburt eines weiteren Kindes oder wegen eines besonderen Härtefalles kann der Arbeitgeber aber nur innerhalb von vier Wochen aus dringenden betrieblichen Gründen schriftlich ablehnen. Jeder Elternteil kann seine Elternzeit in zwei Zeitabschnitte aufteilen, mit Zustimmung des Arbeitgebers auch noch öfter. Ihre korrekte Anmeldung muss der Arbeitgeber akzeptieren, die Elternzeit wird also anders als die Teilzeitarbeit nicht beantragt. Über seinen Antrag auf Teilzeitarbeit und ihre Ausgestaltung in der Elternzeit soll sich der Elternteil nach dem Willen des Gesetzgebers mit dem Arbeitgeber innerhalb von vier Wochen einigen (§ 15 Abs. 5 Satz 2). Der Elternteil muss im Antrag Beginn und Umfang seiner Teilzeitarbeit – dazu möglichst auch die gewünschten Arbeitszeiten – angeben. Den Antrag kann er mit der Anmeldung der Elternzeit verbinden oder auch später stellen, je früher umso besser für die Planung des Arbeitgebers. Falls eine Einigung über die Teilzeitarbeit scheitert, hat der Elternteil immer noch seinen grundsätzlichen Anspruch auf Teilzeitarbeit (schriftliche Anmeldung, gleiche Anmeldefrist wie für die Elternzeit). Wichtig ist die gesetzliche Klarstellung, dass der Elternteil in seinem Antrag auf Teilzeitarbeit bereits seinen gegebenenfalls bestehenden Anspruch mitteilen kann (§ 15 Abs. 5 Satz 3). Damit läuft die Anmeldefrist für den Anspruch, über den im Streitfall das Arbeitsgericht entscheidet.

Unterhaltsvorschuss

68 Leistungen nach dem Unterhaltsvorschussgesetz stellen eine besondere Sozialleistung – auch für den alleinerziehenden Elternteil – dar. Der Gesetzgeber hat sie vorgesehen, weil alleinerziehende Elternteile ihre Kinder in der Regel unter erschwerten Bedingungen erziehen und bei Ausfall von Unterhaltsleistungen des anderen Elternteils auch im Rahmen ihrer Leistungsfähigkeit für den von dem anderen Elternteil geschuldeten Unterhalt aufkommen müssen. Diese zusätzliche Belastung soll durch eine öffentliche Unterhaltsleistung aufgehoben oder wenigstens gemildert werden. Die öffentliche Unterhaltsleistung unterstützt den alleinerziehenden Elternteil damit in Situationen, in denen erwartete Unterhaltsleistungen des anderen Elternteils – gewissermaßen planwidrig und in besonders schwierigen Lebenslagen – ausbleiben.

Durch die Beschränkungen des Gesetzes (Ausgestaltung als vorübergehende Sozialleistung, Beschränkung auf den Regelbetrag) hat der Gesetzgeber aber eindeutig zum Ausdruck gebracht, dass die Leistung nicht als staatliche Unterhaltsausfallgarantie für Kinder bis zu deren wirtschaftlicher Selbständigkeit konzipiert war und ist, sondern in besonders schwierigen Lebens- und Erziehungssituationen helfen will. Aus diesem Grunde beschränkt sich die Unterhaltsleistung nach dem UVG auch darauf, für einen bestimmten Zeitraum den aktuellen Unterhalt zu sichern.

Berechtigte

69 Unterhaltsleistungen nach dem Unterhaltsvorschussgesetz erhält ein Kind, wenn es

– das 12. Lebensjahr noch nicht vollendet hat,
– in Deutschland bei einem seiner Elternteile lebt, der ledig, verwitwet oder geschieden ist oder von seinem Ehegatten dauernd getrennt lebt und
– nicht oder nicht regelmäßig Unterhalt von dem anderen Elternteil oder Waisenbezüge mindestens in Höhe des sich nach § 1612a Abs. 1 Satz 3 Nr. 1 oder 2 des Bürgerlichen Gesetzbuchs ergebenden monatlichen Mindestunterhalts bezieht und der Bedarf des Kindes nicht durch Leistungen nach dem Achten Buch Sozialgesetzbuch (Jugendhilfe) gedeckt ist.

Anspruch auf Unterhaltsleistungen nach dem Unterhaltsvorschussgesetz besteht nicht, wenn der Elternteil bei dem das Kind lebt, mit dem anderen Elternteil zusammenlebt oder sich weigert, Auskünfte, die für die Durchführung des Gesetzes – insbesondere für den Rückgriff bei dem anderen Elternteil – notwendig sind, zu erteilen oder bei der Feststellung der

Vaterschaft oder des Aufenthalts des anderen Elternteils mitzuwirken.

Ein ausländisches Kind hat nur dann Anspruch auf Leistungen nach dem Unterhaltsvorschussgesetz, wenn es selbst oder der Elternteil, bei dem es in Deutschland lebt, im Besitz einer Niederlassungserlaubnis oder einer Aufenthaltserlaubnis ist, die zur Erwerbstätigkeit berechtigt oder berechtigt hat und nicht zum Zwecke der Ausbildung, zur befristeten Ausübung einer Erwerbstätigkeit oder aus humanitären oder völkerrechtlichen Gründen nur für einen vorübergehenden Aufenthalt erteilt wurde oder im Besitz einer in § 1 Abs. 2a Nr. 2c UVG ausdrücklich genannten Aufenthaltserlaubnis aus humanitären oder völkerrechtlichen Gründen ist, sich seit mindestens drei Jahren erlaubt, gestattet oder geduldet im Inland aufhält und erwerbstätig ist, laufende Geldleistungen nach dem SGB III bezieht oder Elternzeit in Anspruch nimmt.

Leistungshöhe

70 Unterhaltsleistungen nach dem Unterhaltsvorschussgesetz sind Unterhaltsvorschussleistungen oder Unterhaltsausfallleistungen, deren Höhe sich nach dem für die betreffende Altersstufe nach § 1612a Abs. 1 BGB ergebenden monatlichen Mindestunterhalt richtet. Von diesem Betrag ist das für ein erstes Kind zustehende Kindergeld abzuziehen.

Unter Berücksichtigung der Übergangsregelung ergeben sich ab 1. Januar 2010 folgende Unterhaltsvorschussbeträge:

– für Kinder bis unter 6 Jahren 133 Euro monatlich;
– für ältere Kinder bis unter 12 Jahren 180 Euro monatlich.

Von diesen Beträgen werden Unterhaltszahlungen des anderen Elternteils oder Waisenbezüge abgezogen.

Leistungszeitraum

71 Leistungen nach dem Unterhaltsvorschussgesetz werden grundsätzlich ab Antragstellung gezahlt. Rückwirkend können sie auch für den Monat vor dem Eingang des Antrags bei der Unterhaltsvorschuss-Stelle gezahlt werden, wenn es nicht an zumutbaren Bemühungen gefehlt hat, den unterhaltspflichtigen anderen Elternteil zu Unterhaltszahlungen zu veranlassen.

Leistungen nach dem Unterhaltsvorschussgesetz werden insgesamt längstens 72 Monate gezahlt, dabei muss es sich nicht um einen zusammenhängenden Zeitraum handeln.

Übergang von Unterhaltsansprüchen

72 Hat das Kind einen Unterhaltsanspruch gegen den nicht mit ihm zusammenlebenden Elternteil, geht dieser für den Zeitraum und in der Höhe auf das Bundesland über, für den das Kind Leistungen nach dem Unterhaltsvorschussgesetz erhalten hat. Wenn die Leistungen nach dem Unterhaltsvorschussgesetz voraussichtlich auf längere Zeit gewährt werden, kann das Land bis zur Höhe der bisherigen monatlichen Aufwendungen auch auf künftige Leistungen klagen. Der Unterhaltsschuldner kann gegenüber dem Land grundsätzlich keine Einwände erheben, die er nicht auch dem Kinde gegenüber erheben kann.

Der Übergang des Unterhaltsanspruchs kann nicht zum Nachteil des Kindes geltend gemacht werden. Hat das Kind einen Unterhaltsanspruch für die Zeit nach dem Leistungsbezug nach dem Unterhaltsvorschussgesetz, geht der Anspruch des Kindes den Rückgriffsansprüchen des Landes gegenüber dem Unterhaltsverpflichteten vor. Das Land darf seine Ansprüche auf Unterhalt für vergangene Zeiten nur soweit geltend machen, als der Verpflichtete bei Erfüllung der laufenden Unterhaltsverpflichtung dem Kind gegenüber leistungsfähig ist.

Ausgaben und Einnahmen

73 Im Jahre 2010 haben rd. 500.000 Kinder Unterhaltsvorschuss bezogen. Die Ausgaben beliefen sich auf rd. 911 Mio. Euro. Davon tragen Länder und Gemeinden zwei Drittel und der Bund ein Drittel. Die Einnahmen aus dem Rückgriff bei den Unterhaltspflichtigen beliefen sich auf rd. 165 Mio. Euro, wovon der Bund entsprechend seinem Anteil an den Ausgaben ein Drittel erhalten hat.

Verfahren

74 Unterhaltsvorschussgesetz wird von den Ländern als eigene Angelegenheit ausgeführt. Sie bestimmen die zuständige Behörde. In der Regel ist dies das örtlich zuständige Jugendamt.

Über die Zahlung der Unterhaltsleistung wird auf schriftlichen Antrag des Elternteils, bei dem das Kind lebt oder des gesetzlichen Vertreters des Kindes durch schriftlichen Bescheid entschieden. Die Unterhaltsleistung ist monatlich im Voraus zu zahlen.

18 Familienleistungsausgleich

Auszuzahlende Beträge sind auf volle Euro aufzurunden; Beträge unter 5 Euro werden nicht geleistet. Für Zeiten, in denen für ein Kind zunächst Sozialgeld oder Sozialhilfe gezahlt wurde, ist der Unterhaltsvorschuss an den betreffenden Träger der Leistung zu erstatten.

19 Bundesgesetz über individuelle Förderung der Ausbildung; Bildungskredit und Aufstiegsfortbildungsförderung

Überblick

Bis Ende der 60er Jahre wurde es als Aufgabe der Eltern und notfalls des Auszubildenden selbst angesehen, für eine weitergehende Ausbildung selbst aufzukommen. Der Bund und die Länder beschränkten sich im Rahmen der weiteren Ausbildung auf die Bereitstellung entsprechender Ausbildungsstätten. Da es dem Bund bis Ende der 60er Jahre an ausreichender Gesetzgebungskompetenz fehlte, konnte eine bundeseinheitliche Ausbildungsförderung nicht erfolgen. Dies bedeutete, dass einer nicht unerheblichen Zahl ausbildungsfähiger und ausbildungswilliger junger Menschen, deren Eltern die hohen Aufwendungen während der oft vierjährigen Ausbildungszeit nicht leisten konnten, damit eine qualifizierte Ausbildung versagt blieb. Nach der von der Großen Koalition der Jahre 1966 bis 1969 durchgeführten Finanzverfassungsreform wurde am 12. Mai 1969 die Gesetzgebungskompetenz des Bundes auf die „Regelung der Ausbildungsbeihilfen" erweitert (Art. 74 Nr. 13 Grundgesetz – BGBl. I. S. 363). Der Deutsche Bundestag verabschiedete in seiner Plenarsitzung vom 26. Juni 1969 das Erste Gesetz über die individuelle Förderung der Ausbildung (Ausbildungsförderungsgesetz – BAföG), das am 1. Juli 1970 in Kraft trat.

Individuelle Förderung der Ausbildung durch die öffentliche Hand bedeutet seitdem: Der Staat stellt dem einzelnen Auszubildenden die für den Lebensunterhalt und die Ausbildung während der Ausbildung benötigten Mittel zur Verfügung.

*Das **BAföG** ist seither dazu da, dass Jugendliche und junge Erwachsene eine ihrer Eignung und Neigung entsprechende Ausbildung absolvieren können, unabhängig davon, ob die finanzielle Situation ihrer Familie diese Ausbildung zulässt oder nicht. Ziel ist es, auf eine berufliche Chancengleichheit aller Jugendlichen hinzuwirken.*

Förderungsfähig sind Ausbildungen an allgemein- und berufsbildenden Schulen, an Kollegs, Akademien und Hochschulen, einschließlich dort geforderter Praktika. Dies gilt für Ausbildungen an öffentlichen Ausbildungsstätten und gleichwertigen privaten Ausbildungsstätten. Ebenfalls förderungsfähig ist die Teilnahme an entsprechenden Fernunterrichtslehrgängen. Betriebliche Ausbildungen können nach dem BAföG nicht gefördert werden.

Aufgrund der jugendpolitischen Zielrichtung des BAföG wird Ausbildungsförderung grundsätzlich nur denjenigen gewährt, die bei Beginn des beantragten Ausbildungsabschnitts, das 30. Lebensjahr noch nicht vollendet haben. Ausnahmen gelten z. B. für Auszubildende des Zweiten Bildungsweges und für Auszubildende, die wegen der Erziehung ihrer Kinder gehindert waren, den Ausbildungsabschnitt rechtzeitig zu beginnen.

Ausbildungsförderung wird für den Lebensunterhalt und die Ausbildung geleistet. Das BAföG sieht hierfür pauschale Bedarfssätze vor, die nach der Art der Ausbildung und danach differenziert sind, ob die Auszubildenden bei ihren Eltern wohnen können. Die Förderung nach dem BAföG erfolgt grundsätzlich familienabhängig. Soweit das Einkommen und Vermögen der Auszubildenden selbst sowie das Einkommen ihrer Ehegatten und/oder ihrer Eltern die im Gesetz festgelegten Freibeträge übersteigt, wird es auf den jeweiligen Bedarfssatz angerechnet und verringert den Förderungsbetrag entsprechend. Ausnahmen sieht das BAföG zugunsten von Behinderten, Schwangeren und Auszubildenden mit Kindern vor.

Das BAföG wird im Auftrag des Bundes von den Ländern ausgeführt. Die Mittel zur Förderung der Auszubildenden werden zu 65 Prozent vom Bund und zu 35 Prozent von den Ländern bereitgestellt.

Die zuständigen Ämter entscheiden über die Förderung und beraten zudem die Auszubildenden und ihre

19 Bundesgesetz über individuelle Förderung der Ausbildung

Eltern in allen Fragen der Ausbildungsförderung. Der Bund führt die Fach- und Rechtsaufsicht.

Das **Aufstiegsfortbildungsförderungsgesetz (AFBG)**, das sogenannte „Meister-BAföG", unterstützt mit finanziellen Mitteln die berufliche Aufstiegsfortbildung von Handwerkern und anderen Fachkräften und will Existenzgründungen erleichtern. Vorausgesetzt wird der Abschluss einer Erstausbildung oder ein vergleichbarer Berufsabschluss nach dem Berufsbildungsgesetz oder der Handwerksordnung.

Gefördert werden Handwerker und andere Fachkräfte, die sich auf einen Fortbildungsabschluss zu Handwerks- oder Industriemeistern vorbereiten, ebenso Techniker, Fachkaufleute, Fachkrankenpfleger, Programmierer, Betriebsinformatiker, Betriebswirte die sich auf eine vergleichbare Qualifikation vorbereiten und die über eine nach dem Berufsbildungsgesetz oder der Handwerksordnung anerkannte, abgeschlossene Erstausbildung oder einen vergleichbaren Berufsabschluss verfügen. Eine Altersgrenze bei der Förderung besteht nicht.

Fortbildungswillige mit Kindern werden finanziell besonders unterstützt. Der Kinderzuschlag wird zu 50 Prozent bezuschusst. Zugleich gibt es einen Kinderbetreuungszuschlag als Zuschuss für Alleinerziehende.

An Förderleistungen wurden 2007 insgesamt rund 356 Millionen Euro bewilligt. Für die Zeit von 2010 bis 2013 sind vom Bund weitere 782 Millionen Euro vorgesehen. Dies sind 78 Prozent der Gesamtausgaben.

Über Art und Höhe des Föderanspruchs entscheiden von den Ländern bestimmte Behörden, die auch die Zuschüsse auszahlen. Die Darlehen werden von der Kreditanstalt für Wiederaufbau vergeben, wenn mit ihr hierüber ein gesonderter Darlehensvertrag abgeschlossen wird.

Das **Bildungskreditprogramm** bietet seit April 2001 Schülern und Studenten in fortgeschrittenen Ausbildungsphasen die Möglichkeit, einem zinsgünstigen Kredit nach Maßgabe der Förderbestimmungen des Bundesministeriums für Bildung und Forschung in Anspruch zu nehmen.

Zum Bezug des Bildungskredites sind Studierende berechtigt, die bereits die Zwischenprüfung ihres Studienganges bestanden haben, ein Master- oder Magisterstudium im Sinne des Hochschulrahmengesetzes (HRG), ein postgraduales Diplomstudium oder ein Zusatz-, Ergänzungs- oder Aufbaustudium betreiben. Kreditberechtigt sind ferner volljährige Schüler, im vorletzten und letzten Jahr ihrer Ausbildung, sofern sie nach dieser Ausbildung mit einem berufsqualifizierenden Abschluss ins Berufsleben eintreten können. Die Inanspruchnahme des Kredits ist auch während einer Auslandsausbildung oder eines Auslandspraktikums möglich. Die Bedürftigkeit des Auszubildenden oder die konkrete Verwendung der Kreditleistungen spielen bei der Vergabe keine Rolle. Die Förderung erfolgt unabhängig vom Vermögen und Einkommen des Antragstellers und seiner Eltern.

Der Kreditumfang ist auf eine Auszahlung von maximal 24 Monatsraten zu 300 Euro beschränkt. In begründeten Fällen können mehrere Monatsraten in einer Summe ausgezahlt werden. Außerdem ist die maximale Auszahlung von 24 Monatsraten bei Bedarf auf zwei Zeiträume aufteilbar. Auszubildende können darüber hinaus für einen weiteren Ausbildungsabschnitt (z. B. Zweitstudium) erneut einen Bildungskredit beantragen. Innerhalb eines Ausbildungsabschnittes können bis zu 7.200 Euro bewilligt werden.

Leitgedanken

1 Individuelle Förderung der Ausbildung durch die öffentliche Hand bedeutet: Der Staat stellt dem einzelnen Auszubildenden die für den Lebensunterhalt und für die Ausbildung benötigten finanziellen Mittel während der Ausbildungszeit zur Verfügung. Diesen individuellen Unterhalts- und Ausbildungsbedarf zu decken, wurde immer als Aufgabe der Eltern und notfalls des Auszubildenden selbst angesehen. Der Staat beschränkte sich auf institutionelle Ausbildungsförderung, indem er die Ausbildungsstätten bereitstellte. Einer großen Zahl ausbildungsfähiger und ausbildungswilliger junger Menschen, deren Eltern nicht in der Lage waren, die hohen Aufwendungen während der oft vieljährigen Ausbildungszeit zu tragen, blieb damit eine gründliche, qualifizierende Ausbildung versagt.

2 Ende der sechziger Jahre des letzen Jahrhunderts hielt dies keiner der politischen Kräfte in Bund und Ländern mit dem Sozialstaatsprinzip des Art. 20 Abs. I des Grundgesetzes, einem Grundgedanken der staatlichen Ordnung der Bundesrepublik Deutschland, für vereinbar. Der soziale Rechtsstaat, der – soweit möglich – soziale Unterschiede durch eine differenzierte Sozialordnung auszugleichen hat, wurde vielmehr als verpflichtet angesehen, durch Gewährung individueller Ausbildungsförderung auf eine berufliche Chancengleichheit der jungen Menschen hinzuwirken. Er hat jedem die Ausbildung zu ermöglichen, die seiner Neigung, Eignung und Leistung entspricht und die er erhielte, wenn er und seine unmittelbaren Angehörigen in der Lage wären, die hierfür erforderlichen Mittel aufzuwenden.

3 Neben dem persönlichen Schicksal des Einzelnen war zu diesem Zeitpunkt auch das Interesse der Allgemeinheit an der Heranbildung eines qualifizierten, den Anforderungen unserer hoch industrialisierten Gesellschaft auch zahlenmäßig genügenden Nachwuchses gegeben und forderte somit eine erweiterte staatliche Mitwirkung an der Ausbildung. Als eine wesentliche Voraussetzung hierfür wurde angesehen, dass den Kindern aus Familien mit niedrigem und mittlerem Einkommen eine intensive Ausbildung durch individuelle Hilfen der öffentlichen Hand ermöglicht wurde.

Das Bundesausbildungsförderungsgesetz hat nicht die Aufgabe, alle Bereiche der Ausbildungsförderung abzudecken.

Entwicklung der Ausbildungsförderung

4 Die Ausbildungsförderung ist erst nach dem Zweiten Weltkrieg für größere Personenkreise ausgebaut worden. Vorher sahen nur die Kriegsopferversorgung, die öffentliche Fürsorge und die Arbeitslosenversicherung begrenzte Förderungsmöglichkeiten vor. Der Zweite Weltkrieg und seine Folgen brachten vielfach eine Unterbrechung, Verzögerung oder Verlängerung der Berufsausbildung der Jugendlichen mit sich. Zum Ausgleich dieser Schäden führten die Kriegsfolgegesetze eine Förderung der beruflichen Ausbildung ein.

5 Daneben wurden verschiedenartige Förderungsmöglichkeiten wie die Studienförderung nach den Honnefer und Rhöndorfer Modellen, die Ausbildungszulagen nach dem Kindergeldrecht (1965-1967) und zahlreiche auf Landesrecht beruhende Ausbildungshilfen entwickelt.

6 In den Jahren 1976 bis 1978 prüfte eine von der Bund-Länder-Kommission (BLK) für Bildungsplanung und Forschungsförderung eingesetzte Arbeitsgruppe, in der Wissenschaftler und Praktiker zusammenwirkten, die Grundstruktur des bestehenden Förderungsrechts des Bundes sowie seine Verbindung mit anderen Sozialleistungen und dem Steuerrecht.

7 Der Gesetzgeber ist der Arbeitsgruppe insoweit gefolgt, als sie sich bei der Vorlage des Entwurfs des 6. BAföGÄndG dafür aussprach, an dem System der subsidiären Finanzierung der individuellen Aufwendungen während der Ausbildungszeit festzuhalten, da es besonders geeignet sei, den sozialen Ausgleich gegenüber den Auszubildenden zu schaffen und den Zugang zu einer qualifizierenden Ausbildung chancengleich zu eröffnen. Dabei bleibt dies auf die Fälle des notwendigen sozialen Ausgleichs beschränkt.

8 Die Inanspruchnahme der Förderungsempfänger entsprechend ihrer späteren wirtschaftlichen Leistungskraft erfolgt im Rahmen des sozial strukturierten Besteuerungssystems.

9 In den Jahren 1981 und 1982 erfolgte eine erste Leistungsbegrenzung und Leistungsrückführung nach einem unerwarteten, sprunghaften Ausgabenzuwuchs von mehr als 20 Prozent gegenüber dem Jahr 1979; das entspricht Mehrkosten von 312,7 Mio. DM über dem Ansatz des Bundes von 2.070 Mio. DM.

10 Die Änderungen erfolgten im Wesentlichen im 7. BAföGÄndG durch die

– Beschränkung der Förderung weiterer Ausbildungen auf Ausnahmefälle,
– Veränderung des Einkommensbegriffs, um Einnahmen in erweitertem Maße als anrechenbares Einkommen zu erfassen und
– das Heranziehen des ermittelten Einkommens für die Ausbildung, d. h. es wurde in stärkerem Maße auf den Bedarf angerechnet.

11 Trotzdem reichten die erzielten Einsparungen noch nicht aus. Daher wurden nach dem 2. HStruktG (Haushaltsstrukturgesetz) im Jahre 1981 weitere schwerwiegende Eingriffe in das BAföG vorgesehen; so wurde u. a. vom Schuljahr 1983/1984 an die Förderung auf die notwendig außerhalb des Elternhauses untergebrachten Schüler, die Auszubildenden in den Abendschulen und Kollegs, also des 2. Bildungswegs im eigentlichen Sinne, sowie eine Gruppe von Fachschülern beschränkt. Die Förderung der Studenten wurde vom Wintersemester 1983/84 an auf Volldarlehen umgestellt.

Durch diese Maßnahmen wurde eine Basis für weitere Ausbildungsförderung gewonnen.

19 Bundesgesetz über individuelle Förderung der Ausbildung

12 Mit den vorgenannten Änderungen war es gelungen, auf abgesenktem Niveau eine neue solide Finanzierungsgrundlage für die Ausbildungsförderung des Bundes zu schaffen. An der bereits im 7. BAföGÄndG vorgesehenen Anhebung der Freibeträge zum Herbst 1983 wurde festgehalten und es konnte im 8. und 10. BAföGÄndG vorgesehen werden, dass die Bedarfssätze jeweils im Herbst 1984 und 1986 sowie die Freibeträge in den Jahren 1984 bis 1987 jeweils im Herbst anstiegen. Es wurden damit die Leistungsparameter im ausgleichenden Umfang angehoben. Die durchschnittliche Anhebung der Bedarfssätze um 2 Prozent zum Herbst 1988 und der Freibeträge um 3 Prozent jeweils zum Herbst 1988 und 1989 durch das 11. BAföGÄndG führte – wiederum in Verbindung mit der Preisstabilität – zu einem erneuten spürbaren Wertanstieg der Förderungsbeträge. Zudem war es möglich, durch das 9., 10. und 11. BAföGÄndG jeweils einige nicht unerhebliche Verbesserungen der Förderungsbestimmungen vorzunehmen.

13 In den Jahren 1987 bis 1990 erfolgte eine Weiterentwicklung und Reform des BAföG

14 Auf der Basis einer wiedergewonnenen Stabilität der Finanzierung der Ausbildungsförderung wurden in den Jahren 1987 bis 1989 – neben der Verabschiedung des 11. BAföGÄndG – Arbeiten zur Stabilisierung und Verbesserung des BAföG durchgeführt.

15 Durch das 12. BAföGÄndG, das für Schüler in Klasse 10 berufsbildender Schulen durch das 13. BAföGÄndG im Dezember 1990 noch geringfügig nachgebessert wurde, sind die Förderungsleistungen

- für Schüler berufsbildender Schulen und der Ausbildungsstätten des 2. Bildungsweges zur Fachhochschulreife, auch wenn die Ausbildung vom Elternhaus aus durchgeführt werden kann, wieder aufgenommen worden,
- insbesondere für Auszubildende an Hochschulen qualitativ wesentlich verbessert worden (50 Prozent des Betrages wurden als Zuschuss geleistet, eine einjährige Studienabschlussförderung wurde eingeführt) und
- durch Anhebung insbesondere der relativen Freibeträge weit in den Bereich der Eltern mit mittlerem Einkommen ausgedehnt worden.

Insgesamt war damit eine Leistungshöhe erreicht, die die vor den Leistungseinschränkungen in den Jahren 1981/82 bestehende Leistungshöhe merklich überragte.

16 Die Ausbildungsförderung wurde in den Jahren 1996, 1998 und 1999 erneut novelliert.

17 Die zum Ende der 12. Legislaturperiode beabsichtigte Novellierung des BAföG fand nicht die Zustimmung des Bundesrates. Daher legte die Bundesregierung zunächst zu Beginn der 13. Legislaturperiode ein 17. BAföGÄndG erneut vor, dessen Verbesserungen aber erst im Herbst 1995 wirksam wurden.

18 Die weitere Entwicklung gestaltete sich außerordentlich schwierig, denn es mussten

- die Folge der notwendigen Transferleistungen in die neuen Länder,
- die zur Erfüllung der „Maastricht-Kriterien" erforderlichen Beschränkung der Neuverschuldung und
- die Konjunktur- und Strukturschwäche der deutschen Wirtschaft

beachtet werden.

19 Es erfolgte eine Anhebung der Förderungsleistungen um 6 Prozent, kompensiert durch Änderungen am zinslosen Staatsdarlehen in der Studentenförderung

20 Bund und Länder verständigten sich darauf, die verzinslichen Darlehen im Wesentlichen nur für die Fälle vorzusehen, in denen im Tertiärbereich Ausbildungsförderung über die Förderungshöchstdauer hinaus geleistet wird. Die nur in geringem Umfang vermehrt zur Verfügung stehenden Mittel wurden dann im 18. BAföGÄndG durch geringfügige Leistungsverbesserungen realisiert.

21 Mit dem 19. Gesetz zur Änderung des BAföG vom 25. Juni 1998 sind Schlussfolgerungen aus dem 12. Bericht nach § 35 BAföG gezogen worden. § 35 fordert die Bundesregierung auf, alle 2 Jahre einen umfassenden Bericht zum BAföG abzugeben. Im Hinblick auf die Veränderungen der Lebenshaltungskosten und die Entwicklung der Einkommensverhältnisse ist die finanzielle Situation der geförderten Auszubildenden durch Anhebung der Freibeträge, Bedarfssätze und Anpassung der Sozialpauschalen erneut verbessert worden. Weiterhin wurde durch Aufnahme entsprechender Förderungsvorschriften die Erprobung von Bachelor-/Bakkalaureus- und Master-/Magisterstudiengängen finanziell abgesichert. Des Weiteren wurden im Rahmen der Gleichbehandlung die Vorschriften der Vermögensanrechnung geändert.

22 Mit dem 20. Gesetz zur Änderung des BAföG vom 7. Mai 1999 ist die finanzielle Situation der geförderten Auszubildenden durch die Anhebung der Bedarfssätze und der Freibeträge zum Herbst 1999 erheblich verbessert worden. Im Übrigen bleibt eine Auslandsausbildung von längstens bis zu einem Jahr künftig bei der Leistung von Ausbildungsförderung für eine Ausbildung im Inland wieder unberücksichtigt. Mit der Umstellung der Förderungsart von verzinslichem Bankdarlehen auf Zuschuss und Staatsdarlehen wurde sichergestellt, dass Studienzeitverlängerungen aus schwerwiegenden Gründen sowie Gremientätigkeit und Mitarbeit in der studentischen Selbstverwaltung nicht mehr zu finanziellen Nachteilen für die Studierenden führen. Weiterhin wurde ein Fachrichtungswechsel aus wichtigem Grund bis zum Beginn des vierten Fachsemesters ermöglicht. Weiterhin erfolgte eine Verlängerung der befristet eingeführten Hilfe zum Studienabschluss bis zum 30. September 2001. Des Weiteren erfolgten im Interesse der Rechtsklarheit die Streichung einer Reihe von Regelungen des BAföG, die durch Zeitablauf gegenstandslos geworden sind sowie die Einfügung der aktuellen Behördenbezeichnung „Bundesministerium für Bildung und Forschung" in das BAföG. Ferner erfolgte die Anhebung der Bedarfssätze der Berufsausbildungsbeihilfe nach SGB III und der Freibeträge bei der Förderung der beruflichen Eingliederung behinderter Menschen nach dem SGB III zum Herbst 1999.

23 Mit dem Gesetz zur Reform und Verbesserung der Ausbildungsförderung – Ausbildungsförderungsreformgesetz (AföRG) vom 19. März 2001 – erfolgte eine zweite, umfassende Änderung des BAföG. Mit diesem am 1. April 2001 in Kraft getretenen Gesetz wurde das bereits in der Koalitionsvereinbarung vom 20. Oktober 1998 festgelegte Ziel umgesetzt, die Ausbildungsförderung durch eine grundlegende Reform nachhaltig zu verbessern und ihr dauerhaft eine solide Grundlage zu verschaffen.

Das Reformgesetz enthält erhebliche strukturelle Veränderungen und Vereinfachungen bei der Einkommensanrechnung und Bedarfsermittlung:

– durch generelle Nichtanrechnung des Kindergeldes beim Einkommen der Eltern,
– durch eine erhebliche Ausweitung der Auslandsförderung beim Auslandsstudium. (Im Inland begonnene und für mindestens zwei Semester durchgeführte Studien können künftig an jedem Studienort innerhalb der Europäischen Union nicht mehr nur für wenige Semester, sondern ggf. auch bis zum Abschluss innerhalb der Förderungshöchstdauer zu Inlandssätzen gefördert werden),
– durch Gleichstellung von Studierenden aus Ost und West,
– durch Änderung der Voraussetzungen bei Masterstudiengängen, die auf einem Bachelor aufbauen, denn sie müssen nicht mehr streng fachidentisch sein, sondern werden generell dann gefördert, wenn sie den Bachelorstudiengang in einem für den angestrebten Beruf besonders förderlichen Maß ergänzen,
– durch Einführung einer festen Belastungsobergrenze von 10.000 Euro bei der „normalen" Förderung mit Zuschuss und Staatsdarlehen für die ab dem 1. März 2001 begonnenen Ausbildungsabschnitte, bis zu der der einzelne BAföG-Empfänger die erhaltenen Förderleistungen höchstens zurückzahlen muss,
– durch die Regelung bei der Hilfe zum Studienabschluss, dass der Auszubildende auch nach einer Überschreitung der Förderungshöchstdauer, aus welchen Gründen auch immer, noch eine Förderung – dann aber mit Bankdarlehen – erhalten kann,
– durch bedarfsgerechte Berücksichtigung bei der Bemessung der Förderungshöchstdauer bei der Studienverzögerung wegen der Pflege und Erziehung von Kindern bis zum 10. Lebensjahr, und
– bei den Beträgen durch eine massive Anhebung der Bedarfssätze und Freibeträge sowie die Anpassung der Sozialpauschalen.

24 Mit dem Reformgesetz wurden auch zur Durchführung des BAföG erforderliche Verordnungen und Verwaltungsvorschriften novelliert.

25 Mit dem 21. Gesetz zur Änderung des BAföG vom 2. Dezember 2004 wurden neben einigen Klarstellungen und Rechtsbereinigungen, die durch zwischenzeitliche Entwicklungen erforderlich geworden waren, die mit dem Ausbildungsförderungsreformgesetz bereits begonnene Entbürokratisierung und Verwaltungsvereinfachung im BAföG weiter geführt. Nachfolgend sind die wichtigsten Maßnahmen vorgestellt:

Es wurde klargestellt, dass zur Überprüfung von verschwiegenen Kapitalerträgen der automatisierte Datenabgleich eingesetzt werden darf. Zugleich wurde die bestehende Ordnungswidrigkeitsvorschrift des § 58 BAföG neu formuliert, um noch deutlicher zu

19 Bundesgesetz über individuelle Förderung der Ausbildung

machen, dass der Antragsteller und seine Eltern bzw. sein Ehegatte Angaben stets wahrheitsgemäß machen müssen, unabhängig davon, ob ein zusätzliches förmliches Auskunftsverlangen des Amts für Ausbildungsförderung vorliegt.

Die Regelungen zur Darlehensrückzahlung lassen künftig sowohl beim Bank- als auch beim Staatsdarlehen vorzeitige Rückzahlungen auch in kleineren Teilbeträgen zu, sodass eine frühzeitige Rückführung der Darlehenslast und damit bei Bankdarlehen auch der Zinsbelastung nicht durch prohibitiv hohe Mindestsummen erschwert wird.

Es wird darauf verzichtet, dass Auszubildende, die erstmalig einen Fachrichtungswechsel vornehmen, dies besonders begründen müssen, wobei dies bei Studierenden nur innerhalb der ersten beiden Fachsemester gilt.

Die Förderungsausschüsse, die bislang bei Entscheidungen über Fachrichtungswechsel, Zweitausbildungen sowie bei Überschreiten der Altersgrenze beteiligt werden mussten, werden abgeschafft.

Der Beseitigung nicht angemessener Förderungsergebnisse dienen die künftig einheitliche Anknüpfung an den Termin der Antragstellung für die Bewertung von Auszubildendenvermögen auch in Form von Wertpapieren sowie der Ausschluss anderweitig bereits kranken- und pflegeversicherter Auszubildender vom zusätzlichen Kranken- und Pflegeversicherungszuschlag.

In Umsetzung EU-rechtlicher Vorgaben des Freizügigkeitsrechts und Diskriminierungsverbots sind jetzt auch (dritt-) ausländische Ehegatten von EU-Wanderarbeitnehmern grundsätzlich BAföG-berechtigt, wie dies bei Ehegatten von Deutschen gemäß § 8 Abs. 1 Nr. 7 BAföG bereits vorher der Fall war.

Mit einer Änderung im SGB II soll die grundsätzliche Ausschlussregelung von Arbeitsuchenden, die eine dem Grunde nach mit BAföG förderungsfähige Ausbildung absolvieren, dahin geöffnet werden, dass im Einzelfall ALG II wenigstens dann geleistet werden kann, wenn eine BAföG-Förderung wegen Überschreitung der Altersgrenze ausscheidet. Eine entsprechende Ergänzung wurde auch zum SGB XII vorgesehen.

26 Mit dem 22. BAföGÄndG vom 23. Dezember 2007 wurden erhebliche materielle Leistungsverbesserungen im BAföG und im Arbeitsförderungsrecht nach dem SGB III vorgenommen:

a) Zum Schuljahresbeginn bzw. zum Beginn des Wintersemesters wurden die Bedarfssätze um 10 Prozent und die Freibeträge um 8 Prozent angehoben.

b) Auszubildende mit Kindern werden seit 2008 durch einen als Vollzuschuss ohne Darlehensanteil gewährten pauschalen Kinderbetreuungszuschlag zum Bedarfssatz von 113 Euro monatlich für das erste und 85 Euro für jedes weitere Kind bereits während der Ausbildung stärker unterstützt. Der bisherige, erst Jahre nach der Ausbildung gewährte Kinderteilerlass beim Darlehensanteil Studierender wird nach einer Übergangszeit ab 2010 entfallen.

c) Auszubildenden mit Migrationshintergrund ist seit 2008 als Beitrag zur Integration die Förderungsberechtigung nach dem BAföG und damit der Zugang zur Höherqualifizierung erleichtert worden. Ausländische Auszubildende, die in Deutschland leben und eine dauerhafte Bleibeperspektive haben, werden jetzt auch ohne Anknüpfung an eine Mindesterwerbsdauer der Eltern nach dem BAföG gefördert. So wird verhindert, dass diejenigen, denen sonst andere staatliche Transferleistungen der sozialen Sicherung zustehen, auf die Aufnahme einer nach dem BAföG förderungsfähigen qualifizierten Ausbildung verzichten müssen, um überhaupt finanzielle Unterstützung zum Lebensunterhalt zu erhalten.

d) Die Internationalisierung der Ausbildung ist im Ausbildungsförderungsrecht weiter gestärkt worden. Durch Wegfall der obligatorischen Orientierungsphase, die insbesondere Studierende bislang zum Studienbeginn in Deutschland zwang, sind nun auch komplett im europäischen Ausland durchgeführte Ausbildungsgänge nach dem BAföG förderungsfähig; zugleich werden jetzt ohne weitere Voraussetzungen auch Praktika außerhalb Europas gefördert. Eine Pauschalierung der Zuschläge für Auslandsreisekosten und Herabsetzung der abrechenbaren Zahl der Zwischenheimfahrten hat den bisher erheblichen Verwaltungsaufwand im Vollzug spürbar reduziert. Studiengebühren im Ausland werden weiterhin als Zuschuss gewährt, allerdings auf ein Jahr beschränkt.

e) Die Grenzen für eigenen Hinzuverdienst von Auszubildenden ohne Anrechnung auf das BAföG werden zum Herbst 2008 einheitlich und ohne länger nach der jeweiligen Ausbildungsart zu differenzieren, auf 255 Euro monatlich ausgedehnt. Dies entspricht brutto auch dem für sogenannte „Minijobs" geltenden Grenzbetrag von 400 Euro.

f) Eine Änderung im Altenpflegegesetz stellt sicher, dass die gesetzlich vorgeschriebene Ausbildungsvergütung im Bereich der Altenpflegeberufe künftig nicht mit dem Hinweis auf mögliche BAföG-Förderung verweigert werden darf, wie es derzeit vereinzelt geschieht.

27 Das 23. BAföGÄndG trat am 27. Oktober 2010, dem Tag nach der Verkündung im Bundesgesetzblatt (BGBl. I S. 1422), mit erheblichen Änderungen in Kraft. Für Bewilligungszeiträume, die zu diesem Zeitpunkt bereits begonnen haben, führen die Maßgaben des neugefassten § 66a Abs. 2 BAföG dazu, dass die dort genannten Regelungen rückwirkend zum 1. Oktober 2010 gelten. Dies gilt ohne Einschränkung, sodass auch Schüler/innen und Fachhochschüler/innen, deren Bewilligungszeiträume am 1. August oder 1. September 2010 begonnen haben, erst ab 1. Oktober 2010 von den betreffenden Regelungen profitieren. Auszubildende, die durch das 23. BAföG-ÄndG erst förderungsberechtigt werden, sind nicht rückwirkend förderungsberechtigt, sondern erst ab dem 28. Oktober 2010.

Die wichtigsten Änderungen sind:

– Alle für Ehegatten geltenden Vorschriften des BAföG gelten künftig auch für Partner einer eingetragenen (gleichgeschlechtlichen) Lebenspartnerschaft; auch im Falle einer Scheidung oder eines Getrenntlebens.

– Bei der Auslandsförderung wird auf den Nachweis ausreichender Sprachkenntnisse künftig bei allen Auslandsaufenthalten verzichtet; des weiteren sind Auslandsaufenthalte von Schüler/innen der gymnasialen Oberstufe künftig förderungsfähig, wenn von vornherein feststeht, dass keine Anrechnung auf die Inlandsausbildung erfolgt; Auslandsaufenthalte von Schüler/innen bei mindestens zweijähriger Fachoberschulen werden in die Förderung einbezogen. Die Förderung erfolgt unter denselben Voraussetzungen wie bei Schüler/innen der gymnasialen Oberstufe. Neu ist auch die Förderungsmöglichkeit von Auslandsaufenthalten von Schüler/innen mindestens zweijähriger Fachschulen. Sie sind künftig unter denselben Voraussetzungen förderungsfähig wie Auslandsaufenthalte von Schüler/innen der Berufsfachschulklassen nach § 2 Abs. 1 Nr. 2 BAföG. Der Reisekostenzuschlag für Schüler/innen wird auf die Hinreise zum Ausbildungsort und eine Rückreise begrenzt.

– Die Höhe der monatlichen Auslandszuschläge für Studierende außerhalb der EU und der Schweiz wird nicht mehr unmittelbar in Auslandszuschlagsverordnung beziffert. Den Ländern werden Listen zur Verfügung gestellt, in denen die jeweiligen Auslandszuschläge betragsmäßig abgelesen sind.

– Die Sonderregelung, nach der im Ausland während eines befristeten Ausbildungsaufenthalts erworbene berufsqualifizierende Abschlüsse für die weitere Förderung unschädlich sind, wird auf kooperative Studiengänge ausgedehnt.

– Bei Studiengängen nach § 7 Abs. 1a BAföG und Masterstudiengängen wird die Altersgrenze von 30 Jahren auf 35 Jahre angehoben. Des Weiteren gilt die Altersgrenzen nicht mehr für Auszubildende, die eine weitere Ausbildung nach § 7 Abs. 2 Nr. 2 oder 3 BAföG unverzüglich nach Erreichen der Zugangsvoraussetzungen aufnehmen. Die Förderung wird durch BAföG-Bankdarlehen gefördert.

– Bei Auszubildende mit Kindern verschiebt sich, wenn sie eigene Kinder unter 10 Jahren ohne Unterbrechung erziehen und höchstens 30 Wochenstunden im Monatsdurchschnitt erwerbstätig sind, die Altersgrenze bis zu dem Zeitpunkt, wenn die Kinder das 10. Lebensjahr vollenden oder nicht mehr durchgängig von den Auszubildenden erzogen werden oder die Auszubildenden ihre Erwerbstätigkeit auf über 30 Wochenstunden erhöhen. Eine jeweils höhere Erwerbstätigkeit ist nur bei Alleinerziehenden unschädlich, die dadurch Leistungen der Grundsicherung vermeiden wollen.

– Des Weiteren werden die Bedarfssätze um 2 Prozent und die Freibeträge um 3 Prozent angehoben. Der Mietkostenanteil für auswärtig Wohnende wird vollständig pauschaliert. Den förderungsberechtigten Schülerinnen/Schülern steht bei auswärtiger Unterbringung künftig immer ohne weitere Voraussetzung der Bedarfssatz für auswärtige Unterbringung zu.

– Die Förderungshöchstdauer ist ab sofort nur noch in Höhe Regelstudienzeit oder einer vergleichbaren Festsetzung gegeben.

- Ab sofort hat auf die Förderungsart für den neuen Studiengang ein Fachrichtungswechsel oder Abbruch aus wichtigem Grund keine Auswirkungen mehr.
- Die Teilerlasse für die Prüfungsbesten und für diejenigen, die vor Ablauf der Förderungshöchstdauer ihr Studium beenden, werden abgeschafft. Sie gelten nur noch für Auszubildende, die die Abschlussprüfung bis zum 31. Dezember 2012 bestanden oder die Ausbildung bis zu diesem Zeitpunkt beendet haben.
- Die Rückzahlungspflicht für das BAföG-Bankdarlehen beginnt ab sofort ein Jahr später als bisher und der Garantieanspruch der KfW für den Fall, dass der Darlehensnehmer Hilfe zum Lebensunterhalt erhält, entsteht künftig erst nach einem Jahr Bezugsdauer.
- Eingetragene Lebenspartner werden bei der Einkommensberechnung und der Einkommensanrechnung genauso behandelt wie Ehegatten.
- Leistungen nach den Regelungen der Länder über die Förderung des wissenschaftlichen und künstlerischen Nachwuchses führen nicht mehr zu einem Ausschluss von der Förderung nach dem BAföG. Die Leistungen werden künftig bei der Einkommensanrechnung berücksichtigt.
- Nicht einkommensteuerpflichtige begabungs- und leistungsabhängige Stipendien bleiben bis zu einem Gesamtbetrag, der einem Monatsdurchschnitt von 300 Euro entspricht, anrechnungsfrei. Im Übrigen gelten sie nach dem BAföG als Einkommen, falls die Zweckbestimmung einer Anrechnung auf den Bedarf nicht entgegensteht. Wenn der Auszubildende selbst Stipendiat ist und das Stipendium ganz oder teilweise aus öffentlichen Mitteln stammt, ist der als Einkommen geltende Teil des Stipendiums nach dem BAföG voll auf den Bedarf anzurechnen.
- Der Abzug der tatsächlich zu leistenden Gewerbesteuer ist jetzt vorgesehen. Er beschränkt sich aber wie bisher auf Einkommen ab dem Jahr 2008, da die Gewerbesteuer zuvor bereits die positiven Einkünfte minderte.
- Neu aufgenommen ist die Abzugsmöglichkeit der geförderten Altersvorsorgebeiträge nach zur Riester-Rente. Leisten Einkommensbezieher entsprechende Beiträge, erfolgt ein Abzug in Höhe der Mindesteigenbeiträge.
- Die Sozialpauschalen werden den aktuellen Beitragssätzen angepasst.
- Für den eingetragenen Lebenspartner des Auszubildenden wird derselbe Freibetrag gewährt wie für einen Ehegatten.
- Der Leistungsnachweis nach § 48 BAföG kann künftig auch durch den Nachweis der individuell erreichten Zahl von ECTS-Leistungspunkten erbracht werden, wenn diese zumindest der entspricht, die für den jeweiligen Studiengang und Zeitpunkt von dem zuständigen hauptamtlichen Mitglied des Lehrkörpers als üblich festgelegt wurde.

28 Seit Anfang der 90er Jahre hat das BAföG weitere Änderungen durch die folgenden Artikelgesetze erfahren:

- Gesetz zur Sicherung der Strukturverbesserung der gesetzlichen Krankenversicherung (Gesundheitsstrukturgesetz) vom 21. Dezember 1992
  Es wurde die förderungsrechtliche Bedarfsregelung zur studentischen Krankenversicherung ergänzt.
- Gesetz zur Ausführung des Abkommens vom 2. Mai 1992 über den Europäischen Wirtschaftsraum (EWR-Ausführungsgesetz) vom 27. April 1993
  Es erfolgte die förderungsrechtliche Gleichstellung der Staatsangehörigen eines anderen Vertragsstates des EWR-Abkommens mit den Staatsangehörigen eines anderen EG-Mitgliedstaates.
- Zweites Gesetz zur Umsetzung des Spar-, Konsolidierungs- und Wachstumsprogramms (2. SKWPG) vom 21. Dezember 1993
  Ausschluss der Förderung nach dem BAföG, wenn der Auszubildende Leistungen zum Lebensunterhalt nach den §§ 41 bis 47 des Arbeitsförderungsgesetzes erhält, Neuregelung der förderungsmindernden Berücksichtigung von Kindergeld nach dem Bundeskindergeldgesetz als Einkommen.
- Zweites Gesetz zur Bereinigung von SED-Unrecht (Zweites SED-Unrechtsbereinigungsgesetz – 2. SED-UnBerG) vom 23. Juni 1994
  Es sieht für Opfer politischer Verfolgung durch SED-Unrecht für den Bereich des BAföG die Aufhebung der Altersgrenze von 30 Jahren für die Förderung vor, wenn der Ausbildungsabschnitt vor dem 1. Januar 1998 beginnt. Dies gilt für Schüler

und Studenten gleichermaßen. Ferner wird auf Antrag der nach dem 31. Dezember 1990 geleistete Darlehensbetrag erlassen, sofern in einer besonderen Bescheinigung eine Verfolgungszeit oder verfolgungsbedingte Unterbrechung der Ausbildung von mehr als 3 Jahren festgestellt wird.

– Gesetz zur Einführung des Euro im Sozial- und Arbeitsrecht sowie zur Änderung anderer Vorschriften (4. Euro-Einführungsgesetz) vom 21. Dezember 2000

Dieses Gesetz änderte durch Art. 18 eine wichtige grundsätzliche Bestimmung im BAföG. Es erfolgte die Neufassung des § 28 Abs. 1 BAföG, denn das Bundesverfassungsgericht hatte in seinem Beschluss vom 2. Februar 1999 (1 BvL 8/97; BVerfGE 100, 195 ff.; BGBL. I, S. 1983) entschieden, dass § 28 Abs. 1 Satz 1 BAföG gegen den allgemeinen Grundsatz des Art. 3 Grundgesetz verstößt, soweit Grundstücke bei der Berechnung des auf den Bedarf anzurechnenden Vermögens des Auszubildenden lediglich mit dem Einheitswert berücksichtigt werden, während anderes Vermögen des Auszubildenden mit dem Kurs- oder Zeitwert angesetzt wird. Der Gesetzgeber wurde aufgefordert, bis zum 31. Dezember 2000 eine verfassungskonforme Regelung zu treffen. Mit der Neufassung des § 28 Abs. 1, die am 1. Januar 2001 in Kraft getreten ist, wurde dieser Vorgabe Rechnung getragen. Danach werden bei der Anrechnung des Vermögens des Auszubildenden auch Grundstücke mit dem Zeitwert, d. h. dem Verkehrswert zum Zeitpunkt der Antragstellung, berücksichtigt. Dasselbe gilt für Betriebsvermögen, die bislang ebenfalls nur mit dem Einheitswert berücksichtigt worden sind.

– Zweites Gesetz zur Familienförderung vom 16. August 2001

Durch dieses Gesetz ist das Kindergeld ab 2002 für das erste und zweite Kind um monatlich 31,20 DM auf 154 Euro (301,20 DM) gestiegen. Damit erhalten Eltern für die ersten drei Kinder künftig jeweils 154 Euro und für jedes weitere Kind 179 Euro. Der allgemeine Kinderfreibetrag wurde ebenfalls ab dem 1. Januar 2002 angehoben. Für das sächliche Existenzminimum werden 3.649 Euro jährlich freigestellt.
Der Betreuungsfreibetrag von 3.024 DM, den die Bundesregierung im Jahr 2000 eingeführt hat, wurde entsprechend den Vorgaben des Bundesverfassungsgerichts ab dem Jahr 2002 zu einem „Freibetrag für Betreuung und Erziehung oder Ausbildung" von 2.160 Euro (4.224 DM) ausgebaut, der für alle zu berücksichtigenden Kinder gilt. Insgesamt sind die steuerlich für jedes Kind zu berücksichtigenden Freibeträge auf rd. 5.808 Euro gestiegen. Die bisherigen Ausbildungsfreibeträge auch § 33a Abs. 2 EStG sind darin aufgegangen und kommen deshalb letztmals für 2001 zur Anwendung.

Kinder, die das 18. Lebensjahr vollendet haben und für einen Beruf ausgebildet werden, können kindergeldrechtlich nur dann berücksichtig werden, wenn ihre Einkünfte und Bezüge, die zur Bestreitung des Unterhalts oder der Berufsausbildung bestimmt oder geeignet sind, in den Jahren 2002 und 2003 den Betrag von 7.680 Euro übersteigen. Dieser Betrag entspricht jeweils dem einem allein stehenden Erwachsenen steuerfrei belassenen Existenzminimum. Zu berücksichtigen sind die Einkünfte des Kindes und die zur Bestreitung des Unterhalts und der Berufsausbildung bestimmten oder geeigneten Bezüge. Besondere Ausbildungskosten mindern die Höhe der Einkünfte und Bezüge eines Kindes.

Daneben kommt ab 2002 ein Freibetrag zur Abgeltung des Sonderbedarfs eines sich in Berufsausbildung befindenden, auswärtig untergebrachten, volljährigen Kindes von jährlich bis zu 924 Euro zum Abzug.

– Gesetz zur Änderung rehabilitierungsrechtlicher Vorschriften vom 20. Dezember 2001

Durch § 60 BAföG, der durch das Zweite Gesetz zur Bereinigung von SED-Unrecht (2. SED-UnBerG) vom 23. Juni 1994 in das BAföG aufgenommen wurde, wird den Opfern politischer Verfolgung durch SED-Unrecht die Aufnahme einer Ausbildung erleichtert, indem Ausbildungsförderung ohne Anwendung der Altersgrenze gewährt und der zur Förderung geleistete Darlehensbetrag erlassen werden können. Mit Artikel 4 des Gesetzes zur Änderung rehabilitierungsrechtlicher Vorschriften vom 20. Dezember 2001 (BGBl. I, S. 3986) wurde in § 60 BAföG die Frist erneut verlängert, bis zu der eine entsprechend privilegiert geförderte Ausbildung begonnen werden kann. Nunmehr finden die Vergünstigungen des § 60 BAföG für Ausbildungsabschnitte Anwendung, die vor dem 1. Januar 2003 begonnen haben.

– Familienleistungsausgleich vom 16. August 2002
Die vom Bundesverfassungsgericht zuletzt in seine

Entscheidung vom 10. November 1998 geforderte Steuerfreistellung von Elterneinkommen in Höhe des sächlichen Bedarfs sowie des Betreuungs- und Erziehungsbedarfs eines Kindes wird nach § 31 EStG durch Zahlung von Kindergeld oder durch Abzug der Freibeträge für Kinder bewirkt. Erreicht das im Laufe des Jahres ausgezahlte Kindergeld die Höhe der steuerlichen Wirkung der Freibeträge für Kinder, verbleibt es beim Kindergeld, und es kommt nicht zum Abzug der Freibeträge für Kinder. Erreicht das Kindergeld nicht die steuerliche Wirkung der Freibeträge für Kinder, so werden diese vom Einkommen abgezogen und das bereits erhaltene Kindergeld verrechnet. In diesem Fall beschränkt sich der Familienleistungsausgleich auf die gebotene Steuerfreistellung. Soweit das Kindergeld über den für diesen Zweck erforderlichen Betrag hinausgeht, dient es der Förderung der Familien und zwar vornehmlich der Familien mit geringerem Einkommen und mehreren Kindern.

- Gesetz zur Neustrukturierung der Förderbanken des Bundes vom 15. August 2003
  Es handelt sich um die durch die Zusammenlegung der Deutschen Ausgleichsbank (DtA) und Kreditanstalt für Wiederaufbau (KfW) bedingten Folgeänderungen. Der Begriff DtA war durch den Begriff KfW zu ersetzen, da die Kreditanstalt für Wiederaufbau die Aufgabe der staatlichen Bildungsförderung übernommen hat.

- Drittes Gesetz für moderne Dienstleistungen am Arbeitsmarkt vom 23. Dezember 2003 (Hartz III)
  Die Änderungen sind Folgeänderungen zur Zusammenfassung des Arbeitslosengeldes und Unterhaltsgeldes zu einer einheitlichen Versicherungsleistung bei Arbeitslosigkeit und bei beruflicher Weiterbildung sowie zur Umbenennung der Bundesanstalt für Arbeit.

- Viertes Gesetz für moderne Dienstleistungen am Arbeitsmarkt vom 24. Dezember 2003 (Hartz IV)
  Es handelt sich um Folgeänderungen zur Aufhebung der Vorschriften über die Arbeitslosenhilfe im Rahmen der Einführung der Grundsicherung für Arbeitsuchende mit dem SGB II. An die Stelle der Arbeitslosenhilfe sind seit dem 1. Januar 2005 die Leistungen zur Sicherung des Lebensunterhalts nach dem SGB II getreten.

- Gesetz zur Einordnung des Sozialhilferechts in das Sozialgesetzbuch vom 27. Dezember 2003
  Es handelt sich um eine redaktionelle Anpassung des Verweises des BAföG auf das 12. Buch Sozialgesetzbuch (SGB XII).

- Gesetz zur Steuerung und Begrenzung der Zuwanderung und zur Regelung des Aufenthalts und der Integration von Unionsbürgern und Ausländern vom 30. Juni 2004
  Durch die Änderung des § 5 Abs. 1 S. 1 BAföG wird den ausländischen Auszubildenden, die nach § 8 Abs. 1 BAföG förderungsrechtlich deutschen Staatsangehörigen gleichgestellt sind, die Möglichkeit eröffnet, Ausbildungsförderung für eine als „Grenzpendler" im grenznahen Ausland durchgeführte Ausbildung zu erhalten. Zudem können durch die Neufassung des § 5 Abs. 2 Satz 4 BAföG künftig auch ausländische Auszubildende nach § 8 Abs. 2 BAföG ohne weiteres Ausbildungsförderung für im Rahmen einer Inlandsausbildung befristet durchgeführte Auslandsausbildungen beanspruchen. Die bisherige Beschränkung der Auslandsförderung für ausländische Auszubildende auf die Fälle, in denen der Auslandsaufenthalt in den Ausbildungsbestimmungen zwingend vorgeschrieben ist, entfällt. Die Förderung bis zum Abschluss der Ausbildung an einer Ausbildungsstätte im EU-Ausland (§ 5 Abs. 2 Nr. 3 BAföG) bleibt dagegen weiterhin Auszubildenden nach § 8 Abs.1 BAföG vorbehalten.
  Die Änderungen in § 8 BAföG vollziehen eine Anpassung der Bezugnahmen des BAföG an die mit dem Zuwanderungsgesetz geänderten ausländerrechtlichen Vorschriften.

- Gesetz zur Neuorganisation der Bundesfinanzverwaltung und zur Straffung eines Refinanzierungsregisters (BFinVwNeuOG) vom 22. September 2005
  Mit diesem Gesetz wurden steuerliche Aufgaben des Bundesamtes für Finanzen (BfF) zusammengeführt und mit den administrativen steuerfachlichen Aufgaben des Bundesministeriums der Finanzen (BMF) in einem neuen Bundeszentralamt für Steuern (BZSt) gebündelt. Dies machte Folgeänderungen im BAföG notwendig, da dem Bundesamt für Finanzen durch § 41 Abs. 4 BAföG Aufgaben im Rahmen des Datenabgleichs zugewiesen waren.

- Gesetz zur Fortentwicklung der Grundsicherung für Arbeitsuchende vom 20. Juni 2006
  Es begründete aufstockende Förderansprüche unmittelbar für nach dem BAföG Geförderte ohne

direkte Änderungen im BAföG zu bewirken und hat damit bedeutsame Auswirkungen auf die finanzielle Situation der BAföG-Geförderten während der Ausbildung.

– Gesetz zur Fortentwicklung der Grundsicherung für Arbeitssuchende vom 25. Juli 2006
Nach diesem Gesetz erhalten BAföG-Geförderte, deren Bedarf sich nach § 12 Abs. 1 Nr. 2, Abs. 2 und 3 oder nach § 13 Abs. 1 i. V. m. Abs. 2 Nr. 1 BAföG bemisst, ab dem 1. Januar 2007 einen Anspruch auf aufstockenden Zuschuss zu den ungedeckten angemessenen Kosten für Unterkunft und Heizung nach § 22 SGB II. Dies erhalten bei Ihren Eltern und auswärts wohnende BAföG-geförderte Schüler von Abendhauptschulen, Berufsaufbauschulen, Abendrealschulen und Fachoberschulklassen, deren Besuch eine abgeschlossene Berufsausbildung voraussetzt, sowie die nicht bei den Eltern wohnenden, nach dem BAföG-geförderten Schüler von weiterführenden, allgemein bildenden Schulen, Berufsfachschulen, Fach- und Fachoberschulklassen, deren Besuch eine abgeschlossene Berufsausbildung nicht voraussetzt. Ferner sind BAföG-geförderte Studenten, die bei Ihren Eltern wohnen, von der Aufstockungsregelung erfasst, nicht jedoch auswärts untergebrachte Studierende. Bei der Feststellung der Aufstockungsberechtigung nach SGB II wird allerdings – anders als beim BAföG – das Kindergeld, das für den Auszubildenden gewährt wird, als dessen Einkommen angerechnet.

– Gesetz zum Elterngeld und zur Elternzeit (BEEG) vom 5. Dezember 2006
Das BEEG hat für nach dem 1. Januar 2007 geborene Kinder das bis dahin gültige Bundeserziehungsgeldgesetz abgelöst. Es ist auch für Auszubildende mit Kindern wirksam. Praktische Auswirkung hinsichtlich des monatlich verfügbaren Einkommens hat dies für betroffene BAföG-Empfänger während des ersten Bezugsjahres zunächst nicht, da die Mindesthöhe des Elterngeldes von 300 Euro, die nach § 10 Abs. 1 BEEG als Einkommen in anderen Sozialleistungsgesetzen anrechnungsfrei bleibt, dem Betrag des früheren Erziehungsgelds entspricht. Die für das Mindestelterngeld geltende Begrenzung der Bezugsdauer auf höchstens 14 Monate (einschließlich Partnermonate) wird im Vergleich zum bisherigen zweijährigen Erziehungsgeldanspruch im zweiten Jahr für diese Personengruppe aber spürbar. Dieser Effekt wird durch die Einführung des neuen Kinderbetreuungszuschlags im BAföG durch das 22. BAföGÄndG seit 2008 aber größtenteils aufgefangen.

– Gesetz zur Förderung von Kindern unter drei Jahren in Tageseinrichtungen und in Kindertagespflege (Kinderförderungsgesetz – KiföG) vom 10. Dezember 2008
Durch das KiföG wurde der mit dem 22. BAföGÄndG neu eingeführte § 14b BAföG in einem neuen Abs. 2 durch eine ausdrückliche Klarstellung dahingehend ergänzt, dass der Kinderbetreuungszuschlag bei Sozialleistungen nach anderen gesetzlichen Regelungen als Einkommen unberücksichtigt bleibt, auf diese Leistungen also grundsätzlich nicht angerechnet wird.

– Mit dem Arbeitsmigrationssteuerungsgesetz wurde in Umsetzung des Aktionsprogramms der Bundesregierung „Beitrag der Arbeitsmigration zur Sicherung der Arbeitskräftebasis in Deutschland" § 8 BAföG um einen neuen Abs. 2a ergänzt, der auch geduldeten Ausländern (also solchen ohne Aufenthaltstitel) nach einem vierjährigen Aufenthalt in Deutschland die grundsätzliche Förderungsberechtigung nach dem BAföG eröffnet.

– Durch das Gesetz zur arbeitsmarktadäquaten Steuerung der Zuwanderung Hochqualifizierter und zur Änderung weiterer aufenthaltsrechtlicher Regelungen (Arbeitsmigrationssteuerungsgesetz) vom 20. Dezember 2008 wurde in Umsetzung des Aktionsprogramms der Bundesregierung „ Beitrag der Arbeitsmigration zur Sicherung Arbeitskraftbasis in Deutschland" § 8 BAföG um einen weiteren Abs. 2a ergänzt, der auch geduldeten Ausländern (also solchen ohne Aufenthaltstitel) näh einen vierjährigen Aufenthalt in Deutschland die grundsätzliche Förderungsberechtigung nach dem BAföG eröffnet.

– Durch das Gesetz zur Förderung von Kindern unter drei Jahren in Tageseinrichtungen und in Kindertagespflege (KiföG) vom 10. Dezember 2008 wurde der mit dem 22. BAföGÄndG neu eingeführte § 14b BAföG in einen neuen Abs. 2 durch eine ausdrückliche Klarstellung dahingehend ergänzt, dass der Kinderbetreuungszuschlag bei Sozialleistungen nach anderen gesetzlichen Regelungen als Einkommen unberücksichtigt bleibt, auf diese Leistungen also grundsätzlich nicht angerechnet wird.

19 Bundesgesetz über individuelle Förderung der Ausbildung

Rechtsverordnungen und Verwaltungsvorschriften

29 Durch Ermächtigungen im BAföG wurden die nachfolgenden Rechtsnormen (Rechtsverordnungen und Verwaltungsvorschriften) erlassen und werden ständig dem aktuellen Recht angepasst:

– die Allgemeine Verwaltungsvorschrift zum BAföG (BAföGVwV),
– die Verordnung über die Zuschläge zu dem Bedarf nach dem BAföG bei einer Ausbildung im Ausland (AuslandszuschlagsV),
– die Verordnung über die örtliche Zuständigkeit für Ausbildungsförderung im Ausland (AuslandszuständigkeitsV),
– die Verordnung über die Errichtung eines Beirates für Ausbildungsförderung (einschließlich der Geschäftsordnung des Beirates) (BeiratsV),
– die Verordnung über die Einziehung der nach dem BAföG geleisteten Darlehen (DarlehensV),
– die Verordnung zur Bezeichnung der als Einkommen geltenden sonstigen Einnahmen nach § 21 Abs. 3 Nr. 4 des BAföG (EinkommensV),
– die Verordnung über die Ausbildungsförderung für den Besuch von Instituten zur Ausbildung von Fachlehrern und Sportlehrern (FachlehrerV),
– die Allgemeine Verwaltungsvorschrift zur Bestimmung der Formblätter nach § 46 Abs. 3 des BAföG (FormblattVwV),
– die Verordnung über Zusatzleistungen in Härtefällen nach dem BAföG (HärteV),
– die Verordnung über die Ausbildungsförderung für den Besuch von Ausbildungsstätten für kirchliche Berufe (KirchenberufeV),
– die Verordnung über die Ausbildungsförderung für Medizinalfachberufe (MedizinalfachberufeV),
– die Verordnung über die Ausbildungsförderung für den Besuch von Ausbildungsstätten für Psychotherapie und Kinder- und Jugendpsychotherapie (PsychThV),
– die Verordnung über die Ausbildungsförderung für den Besuch von Ausbildungsstätten, an denen Schulversuche durchgeführt werden (SchulversucheV),
– die Verordnung über die Ausbildungsförderung für soziale Berufe (SozPflegerV),
– die Verordnung über die Ausbildungsförderung für den Besuch von Ausbildungsstätten für landwirtschaftlich-technische, milchwirtschaftlich-technische und biologisch-technische Assistentinnen und Assistenten (Techn.AssistentenV),
– die Verordnung über den leistungsabhängigen Teilerlass von Ausbildungsförderungsdarlehen (TeilerlassV),
– die Verordnung über die Ausbildungsförderung für den Besuch der Trainerakademie Köln (TrainerV),
– die Verordnung über die Ausbildungsförderung für die Teilnahme an Vorkursen zur Vorbereitung des Besuchs von Kollegs und Hochschulen (Vorkurs AFöV).

Der Familienleistungsausgleich

30 Die vom Bundesverfassungsgericht zuletzt in seiner Entscheidung vom 10. November 1998 geforderte Steuerfreistellung von Elterneinkommen in Höhe des sachlichen Bedarfs sowie des Betreuungs- und Erziehungsbedarfs eines Kindes wird nach § 31 EStG durch Kindergeld oder durch Abzug der Freibeträge für Kinder bewirkt. Erreicht der Anspruch auf Kindergeld (bis einschließlich 2003: im Laufe des Jahres ausgezahltes Kindergeld) die Höhe der steuerlichen Wirkung der Freibeträge für Kinder, verbleibt es dabei, und es kommt nicht zum Abzug der Freibeträge für Kinder. Erreicht der Anspruch auf Kindergeld nicht die steuerliche Wirkung der Freibeträge für Kinder, so werden diese vom Einkommen abgezogen und der Anspruch auf Kindergeld (bis einschließlich 2003: das bereits erhaltene Kindergeld) verrechnet. In diesem Fall beschränkt sich der Familienleistungsausgleich auf die gebotene Steuerfreistellung. Soweit das Kindergeld über den für diesen Zweck erforderlichen Betrag hinausgeht, dient es der Förderung der Familien. und zwar vornehmlich der Familien mit geringerem Einkommen und mehreren Kindern.

Für das Jahr 2008 erhalten Eltern für das erste und zweite Kind monatlich jeweils 164 Euro für das dritte Kind 170 Euro und für das vierte Kind und jedes weiter Kind 195 Euro. Darüber hinaus wird für jedes Kind, das im Kalenderjahr 2009 mindestens für einen Kalendermonat ein Anspruch auf Kindergeld besteht, für das Kalenderjahr 2009 ein Einmalbetrag in Höhe von 100 Euro gezahlt"). Ab dem Jahr 2010 erhöhen sich die Kindergeldbeträge um jeweils 20 Euro auf 184 Euro für das erste und zweite Kind, auf 190 Euro für das dritte Kind und auf 215 Euro für jedes weitere Kind monatlich.

Der Kinderfreibetrag für das sächliche Existenzminimum wurde für den Veranlagungszeitraum 2009 auf 3.864 Euro und ab dem Jahr 2010 auf 4.368 Euro angehoben. Daneben besteht ein Anspruch auf den einheitlichen Freibetrag für den Betreuungs- und Erziehungs- oder Ausbildungsbedarf eines Kindes, der für alle zu berücksichtigenden Kinder gilt. Dieser Freibetrag betrug bis einschließlich des Veranlagungszeitraums 2009 jährlich 2.260 Euro. Ab dem Jahr 2010 beträgt er 2.540 Euro. Insgesamt erhöhen sich die steuerlich für jedes Kind zu berücksichtigenden Freibeträge von 6.024 Euro für den Veranlagungszeitraum 2009 auf insgesamt 7.008 Euro ab dem Jahr 2010.

Kinder, die das 18. Lebensjahr vollendet haben und z. B. für einen Beruf ausgebildet werden, können für den Anspruch auf Kindergeld nur dann berücksichtigt werden, wenn ihre Einkünfte und Bezüge den Betrag von 7.680 Euro nicht übersteigen. Diese Einkünfte- und Bezügegrenze für die Berücksichtigung volljähriger Kinder im Rahmen des Familienleistungsausgleichs wird ab dem Veranlagungszeitraum 2010 entsprechend dem steuerlichen Grundfreibetrag für das Existenzminimum eines alleinstehenden Erwachsenen von 8.004 Euro angehoben. Zu berücksichtigen sind die Einkünfte und Bezüge des Kindes, die zur Bestreitung des Unterhaltes und der Berufsausbildung bestimmt und geeignet sind. Besondere Ausbildungskosten sowie bestimmte Sozialversicherungsbeiträge mindern die Höhe der Einkünfte und Bezüge eines Kindes.

Für volljährige Kinder, die bei Vorliegen der gesetzlichen Voraussetzungen des § 32 EStG noch berücksichtigt werden können, ist die Altersgrenze für die Gewährung von Kindergeld bzw. kindbedingten Freibeträgen durch das Steueränderungsgesetz 2007 vom 19. Juli 2006 für Kinder ab dem Geburtsjahrgang 1983 auf die Zeit vor Vollendung des 25. Lebensjahres abgesenkt worden. Für Kinder der Geburtsjahrgänge 1980 bis 1982 und für Kinder, welche die Voraussetzungen für einen sog. Verlängerungstatbestand erfüllen, gelten Übergangsregelungen. Die Altersstruktur der mit BAföG-Geförderten relativiert die unmittelbare Relevanz dieser einkommensteuerrechtlichen Änderung für diesen Personenkreis zusätzlich. Die verbleibenden mindestens 25-Jährigen machen je nach Art der Ausbildungsstätte nur noch einen Anteil von bereits deutlich unter 50 Prozent der BAföG-Empfänger aus.

Außerhalb des Familienleistungsausgleichs kommt seit 2002 ein Freibetrag zur Abgeltung des Sonderbedarfs eines sich in Berufsausbildung befindenden, auswärtig untergebrachten, volljährigen Kindes von jährlich bis zu 924 Euro zum Abzug.

Deutsche Einheit

31 Wie bei vielen anderen Lebens- und Rechtsgebieten hat die Herstellung der Deutschen Einheit auch zu wichtigen Folgerungen auf dem Gebiet der individuellen Ausbildungsförderung geführt. Der Geltungsbereich des BAföG – mit einigen Modifikationen – wurde durch den Einigungsvertrag mit Wirkung vom 1. Januar 1991 auf das Beitrittsgebiet ausgedehnt. Es wurde angenommen, dass in dem neuen Teil der Bundesrepublik Deutschland von dem genannten Zeitpunkt an etwa 220.000 Auszubildende in Schulen und Hochschulen mit einem jährlichen Gesamtaufwand von rd. 1,25 Mrd. DM zu fördern seien.

Nach einer Übergangszeit von 10 Jahren gilt das BAföG ab dem 1. April 2001 einheitlich in allen Bundesländern.

Übergangsregelungen für die neuen Bundesländer zwischen dem 1. Januar 1991 und 31. März 2001

32 Das BAföG gilt ab 1. Januar 1991 auch in den Ländern Brandenburg, Mecklenburg-Vorpommern, Sachsen, Sachsen-Anhalt, Thüringen und dem Teil Berlins, in dem das BAföG bisher nicht galt.

Die Freibeträge, Bedarfssätze und Sozialpauschalen bei der Anrechnung von Einkommen des Auszubildenden, seiner Eltern und ggf. seines Ehegatten gelten seit 2001 im Gebiet der beigetretenen Länder in unveränderter Höhe wie in den alten Bundesländern.

Bei der Wertbestimmung von im Beitrittsgebiet gelegenem Grundbesitz ist es nicht möglich, wie in den alten Bundesländern von den Einheitswerten auf der Grundlage der Wertverhältnisse vom 1. Januar 1964 auszugehen. Das durch den Einigungsvertrag geänderte Bewertungsgesetz enthält zwar bestimmte Ersatzregelungen; die danach zu ermittelnden Ersatzwirtschaftswerte bzw. die auf der Grundlage der Wertverhältnisse vom 1. Januar 1935 zu bestimmenden Einheitswerte liegen jedoch (noch) nur partiell vor. Auch für das Betriebsvermögen im Beitrittsgebiet gibt es kurzfristig keine geeignete Bemessungsgrundlage. Für den Zeitraum bis zum 31. Juli 1992 wurden daher übergangsweise im Beitrittsgebiet gelegene Grundstücke und Betriebsvermögen bei der Vermögensanrechnung nicht berücksichtigt.

Die Leistung von Ausbildungsförderung nach dem BAföG ab Januar 1991 setzt einen Antrag des Auszubildenden bei dem zuständigen Amt für Ausbildungs-

19 Bundesgesetz über individuelle Förderung der Ausbildung

förderung (Organisation wie in der alten Bundesrepublik) voraus. Dies gilt auch für Auszubildende, die im Ausland studieren. In der Übergangsphase überzahlte Förderungsbeträge sind nicht zu erstatten. Wie im alten Geltungsbereich des BAföG wird auch in den neuen Ländern die Schülerförderung als Zuschuss und die studentische Ausbildungsförderung nunmehr je zur Hälfte als Zuschuss und Darlehen geleistet.

Vorgesehen sind weitere Übergangsregelungen insbesondere zugunsten einzelner Gruppen von Auszubildenden, die sich im Zeitpunkt der Rechtsänderung in einer nach dem BAföG im Regelfall nicht mehr förderungsfähigen Ausbildung befinden. So findet für Auszubildende, die die Ausbildung vor dem 1. Januar 1991 aufgenommen haben und für den Monat Dezember 1990 nach dem Stipendienrecht der ehemaligen DDR gefördert wurden, die Altersgrenze von 30 Jahren keine Anwendung. Auch wird eine Auslandsausbildung, die vor dem 1. Oktober 1990 begonnen hat und die im Dezember 1990 nach dem Stipendienrecht der ehemaligen DDR gefördert wurde, nach In-Kraft-Treten des BAföG ohne die sonst vorgeschriebene zeitliche Begrenzung gefördert. Auszubildende der Palucca-Schule Dresden, der Staatlichen Ballettschule Berlin, der Fachschule für Tanz Leipzig und der Staatlichen Fachschule für Artistik Berlin, die die Ausbildung vor dem 1. Januar 1991 aufgenommen haben, werden in den Klassen 9 und 10 wie Schüler von weiterführenden allgemein bildenden Schulen und in den Klassen 11 und 12 wie Schüler von Berufsfachschulen gefördert.

Die Förderungshöchstdauer für die Ausbildung an Hochschulen in den beigetretenen Ländern sowie in Berlin (Ost) bestimmt sich nach der vom zuständigen Fachministerium für die jeweilige Fachrichtung festgelegten Regelstudienzeit.

Im Übrigen waren bis zur Änderung durch das Ausbildungsförderungsreformgesetz (AföRG) vom 19. März 2001 für den Vollzug des BAföG folgende weitere Ausnahmeregelungen vorgesehen:

– Ausbildungsförderung für eine einzige weitere Ausbildung wird nur geleistet, wenn die besonderen Umstände des Einzelfalles, insbesondere das angestrebte Ausbildungsziel dies erfordern. Diese Voraussetzung liegt vor, wenn der Auszubildende aus politischen oder ideologischen Gründen in der DDR an der Aufnahme, der jetzt angestrebten weiteren Ausbildung trotz nachweislich ernsthaften Bemühens gehindert war und die weitere Ausbildung unverzüglich nach den eingetretenen Veränderungen aufgenommen worden ist. Die besonderen Umstände des Einzelfalles werden auch für Auszubildende aus der DDR als gegeben angesehen, wenn erst eine erforderliche Zusatzausbildung zu der vorhergehenden Ausbildung die Ausübung eines Berufes ermöglicht (z. B. viersemestriges ergänzendes Studium an Fachhochschulen für Absolventen der ehemaligen Ingenieurschulen der DDR mit dem Abschluss Diplom-Ingenieur). Die Ausnahmeregelung gilt auch für die Ausübung einer selbstständigen Tätigkeit als Landwirt (z. B. zweijährige Wirtschaftsausbildung an der Agraringenieurschule Biendorf für Wiedereinrichter privater bäuerlicher Betriebe mit dem Abschluss Staatlich geprüfter Wirtschafter).

– Für Auszubildende aus der DDR gilt bis zur Einrichtung geregelter ergänzender Studiengänge, längstens bis zum 30. September 1994, auch die Ausbildung in einem grundständigen Studiengang als weitere Ausbildung, wenn die Hochschule bescheinigt, dass der Auszubildende den ergänzenden Abschluss – einschließlich der Abschlussprüfung – in einer längstens zwei Jahre dauernden Ausbildung erreichen kann.

– Bei einem Fachrichtungswechsel für den neuen Studiengang wird Ausbildungsförderung nur geleistet, wenn der Wechsel der Fachrichtung aus wichtigem Grund erfolgt ist. Für Auszubildende aus der DDR wird ein wichtiger Grund für den Fachrichtungswechsel angenommen, wenn der Auszubildende aus politischen oder ideologischen Gründen in der DDR an der Aufnahme der jetzt angestrebten Ausbildung trotz nachweislich ernsthaften Bemühens gehindert war.

– Nach Überschreiten der Altersgrenze von 30 Jahren wird Ausbildungsförderung nur geleistet, wenn der Auszubildende aus persönlichen oder familiären Gründen, insbesondere der Erziehung von Kindern bis zu 10 Jahren, gehindert war, den Ausbildungsabschnitt rechtzeitig zu beginnen.

Auch in diesem Zusammenhang werden bei Auszubildenden aus der DDR persönliche Gründe, die eine Förderung nach Überschreiten der Altersgrenze rechtfertigen, angenommen, wenn der Auszubildende aus politischen oder ideologischen Gründen in der DDR trotz nachweislich ernsthaften Bemühens gehindert war, die jetzt angestrebte Ausbildung rechtzeitig zu beginnen. Damit wird der politisch Verfolgten auch noch in fortgeschrittenem Alter die Aufnahme einer nach dem BAföG förderungsfähigen Ausbildung ermöglicht.

Das Zweite Gesetz zur Bereinigung von SED-Unrecht vom 23. Juni 94 hat für den Bereich des BAföG folgende Regelungen zum Inhalt:
– für Opfer politischer Verfolgung durch SED-Unrecht wird die Altersgrenze von 30 Jahren aufgehoben,
– Opfer politischer Verfolgung, die auf Grund von SED-Unrecht das Studium erst nach dem 1. Januar 1991 aufnehmen konnten, und dafür Darlehen erhalten haben, werden von der Rückzahlung dieser Darlehen freigestellt und
– verfolgte Schüler werden insoweit ebenfalls berücksichtigt.

Die Rechtsquelle dazu ist das Gesetz zum Vertrag vom 31. August 1990 zwischen der Bundesrepublik Deutschland und der Deutschen Demokratischen Republik über die Herstellung der Einheit Deutschlands (Einigungsvertragsgesetz) und der Vereinbarung vom 18. September 1990 (BGBl. II, S. 885) sowie das Bundesausbildungsförderungsgesetz (BAföG).

Weitere Regelungen individueller Ausbildungsförderung

33 Weitere wesentliche Hilfen zur Schulausbildung, zur betrieblichen und schulischen Berufsausbildung sind auch besonderen Regelungen vorbehalten.

Arbeitsförderung (SGB III)

34 Die Förderung der betrieblichen und überbetrieblichen Berufsausbildung sowie der Teilnahme an berufsvorbereitenden Maßnahmen als Aufgabe der Bundesagentur für Arbeit richtet sich nach dem Recht der Arbeitsförderung. Auszubildende erhalten Berufsausbildungsbeihilfe als Zuschuss oder Darlehen. Die Höhe der Beihilfe bestimmt sich nach dem Bedarf und hängt vom Einkommen des Auszubildenden, seines Ehegatten und seiner Eltern ab. Dem Bedarf sind bestimmte Kosten, etwa Fahrtkosten und Kosten für Lernmittel und Lehrgangsgebühren, hinzuzurechnen. In ähnlicher Weise fördert die Bundesagentur für Arbeit die berufliche Bildung behinderter Menschen z. B. in besonderen Ausbildungsstätten und Werkstätten für behinderte Menschen. Teilnehmer an diesen berufsfördernden Bildungsmaßnahmen erhalten ebenfalls eine Berufsausbildungsbeihilfe.

Kriegsopferversorgung

35 Auch die Erziehungsbeihilfen nach dem Bundesversorgungsgesetz sind bestehen geblieben, weil sie meist höher sind und ihre Voraussetzungen gegenüber denen der Leistungen nach dem Bundesausbildungsförderungsgesetz teilweise erheblich abweichen. Erziehungsbeihilfen kommen z. B. den Kindern von Kriegsbeschädigten, geschädigten Bundeswehrsoldaten und Zivildienstangehörigen zugute und haben Vorrang vor den Leistungen nach dem BAföG.

Kriegsfolgengesetze

36 Das BAföG lässt außerdem die Bestimmungen der Kriegsfolgengesetze wie Lastenausgleichs-, Häftlingshilfe- und Heimkehrergesetz und des Bundesentschädigungsgesetzes unberührt, weil diese Ausbildungsleistungen auslaufen. Auch diese Förderung hat Vorrang gegenüber der BAföG-Förderung. Die Zahl der Empfänger von Ausbildungshilfe und die Höhe der Aufwendungen sind in diesen Bereichen nur noch sehr gering.

Berufsfördernde Maßnahmen zur Rehabilitation

37 Ausbildungsförderung ist auch möglich als berufsfördernde Maßnahme zur Rehabilitation nach den Bestimmungen der gesetzlichen Unfall- und Rentenversicherung, der Arbeitsförderung und der Kriegsopferversorgung (Übergangsgeld). Von dieser beruflichen Förderung werden in erster Linie Personen begünstigt, die im Arbeitsleben gestanden haben und nach Art und Schwere des Gesundheitsschadens den bisherigen Beruf nicht mehr ausüben können und eine Zweitausbildung beginnen. Allerdings werden vornehmlich in der Unfallversicherung für Studenten, Schüler und Kindergartenkinder auch Erstausbildungen finanziert.

Jugendhilfe

38 Schließlich gibt es noch die besonderen Erziehungsmaßnahmen der Jugendhilfe für junge Menschen, die ihre Schul- und Berufsausbildung in Heimen, Heimsonderschulen und Heimwerkstätten erhalten. Die Leistung hat subsidiären Charakter, tritt also nur ein, wenn andere Hilfen nicht gegeben werden können oder nicht ausreichen.

Begabtenförderung im Hochschulbereich

39 Das BMBF finanziert maßgeblich auch die Begabtenförderung und regelt deren Grundsätze.

40 Die Förderung des wissenschaftlichen Nachwuchses auf öffentliche Kosten nach dem Graduiertenförderungsgesetz ist Ende 1983 ausgelaufen, allerdings sind die gezahlten Darlehen auch über diesen Zeitpunkt hinaus zurückzuzahlen.

Weitere Möglichkeiten finanzieller Förderung eines Studiums

41 Politik, Hochschulen und Wirtschaft sollten das Begabungspotential in unserem Land gezielt fördern und eine vorausschauende Talent- und Personalpolitik betreiben. Dazu gehört insbesondere die Vergabe von Stipendien. Mit www.stipendienlotse.de bringt das Bundesministerium für Bildung und Forschung (BMBF) Ordnung in das unübersichtliche System der deutschen Stipendienlandschaft und gibt zugleich den Startschuss für eine neue Stipendienkultur.

42 Als Alternative zu einer Ausbildungsförderung durch das BAföG gibt es auch den Weg einer Unterstützung durch eines der zwölf Begabtenförderungswerke.

Studierende aus dem in §8 BAföG genannten Personenkreis können auch eine Begabtenförderung erhalten. Die Sätze und die Laufzeit sind an das BAföG angelehnt. Das Stipendium muss nicht zurückgezahlt werden. Zusätzlich wird ein ideeles Förderprogramm angeboten.

Voraussetzung für eine Förderung ist eine besondere Befähigung der Studierenden, deren Begabung und Persönlichkeit besondere Leistungen in Studium und Beruf erwarten lässt. Neben überdurchschnittlichen Leistungen in Schule und Studium wird auch gesellschaftliches Engagement erwartet. Die Bewerbungsverfahren sind unterschiedlich, die meisten Werke lassen eine Selbstbewerbung zu. Zur Aufnahme in ein Stipendienprogramm durchlaufen alle Bewerberinnen und Bewerber ein Auswahlverfahren. Während der Förderung beraten und begleiten die Begabtenförderungswerke ihre Stipendiaten durch Mitarbeiter der Werke und Vertrauensdozenten am Hochschulort. Grundlage der Förderung ist eine für alle zwölf Werke geltende Richtlinie des BMBF. Die Werke unterscheiden sich durch ihre jeweilige weltanschauliche, politische oder konfessionelle Ausrichtung und setzen dementsprechend unterschiedliche inhaltliche Schwerpunkte.

Eine Doppelförderung durch Leistungen nach dem BAföG und die Begabtenförderungswerke ist nicht möglich: Bei einer Förderung durch die Begabtenförderungswerke ist die Finanzierung durch BAföG-Leistungen ausgeschlossen.

43 Zusätzlich zu den Leistungen nach dem BAföG kann eine Förderung durch das Deutschlandstipendium erfolgen. Das Deutschlandstipendium ergänzt die bestehende Studienfinanzierung mit einem neuen Ansatz. Die Stipendien werden von privaten Geldgebern und dem Bund gemeinsam finanziert. Der private Teil der Stipendienmittel in Höhe von 150 Euro monatlich wird durch die Hochschulen eingeworben und vom Bund um 150 Euro aufgestockt. Damit kann das Programm der Einstieg in eine von breiter gesellschaftlicher Verantwortung getragene Stipendienkultur in Deutschland sein. Das Deutschlandstipendium richtet sich an begabte und leistungsstarke Studierende. Es wird nicht auf die BAföG-Leistungen angerechnet, so dass Studierende beide Fördermöglichkeiten gleichzeitig ohne Abschläge in Anspruch nehmen können. Beginn des Programms ist Sommersemester 2011.

Weitere Informationen gibt es unter www.deutschland-stipendium.de.

44 Es gibt folgende Förderungswerke:

– Cusanuswerk
  Bischöfliche Studienförderung
  Baumschulallee 5, 53155 Bonn
  Tel. (02 28) 9 83 84-0
  Internet: www.cusanuswerke.de

– Evangelisches Studienwerk e. V. (Haus Villigst)
  Iserlohner Straße 25, 58239 Schwerte
  Tel. (0 23 04) 7 55-196
  E-Mail: info@evstudienwerk.de
  Internet: www.evstudienwerk.de

– Friedrich-Ebert-Stiftung e. V.
  Abteilung Studienförderung
  Godesberger Allee 149, 53175 Bonn
  Tel. (02 28) 8 83-0
  Internet: www.fes.de

– Friedrich-Naumann-Stiftung
  Karl-Marx-Str. 2, 14482 Potsdam
  Tel. (331) 7019-0
  E-Mail: infot@freiheit.org
  Internet: www.freiheit.org

– Hans-Böckler-Stiftung e. V.
  Hans-Böckler-Str. 39, 40476 Düsseldorf
  Tel. (0211) 77 78-0
  E-Mail: zentrale@boeckler.de
  Internet: www.boeckler.de

- Förderungswerk Hanns-Seidel-Stiftung e. V.
  Lazarettstraße 33, 80636 München
  Tel. (0 89) 12 58-3 00
  E-Mail: info@hss.de
  Internet: www.hss.de

- Konrad-Adenauer-Stiftung e. V.
  Rathausallee 12, 53757 Sankt Augustin
  Tel. (0 22 41) 24 60
  E-Mail: zentrale@kas.de
  Internet: www.kas.de

- Stiftung der Deutschen Wirtschaft
  Studienförderwerk Klaus Murmann
  Uhlandstraße 29, 10719 Berlin
  Tel. (0 30) 20 33-15 03
  E-Mail: Studienfoerderwerk.sdw@bda-online.de
  Internet: www.sdw.org

- Heinrich-Böll-Stiftung e. V.
  Rosenthaler Straße 40-41, 10178 Berlin
  Tel. (0 30) 2 85 34-0
  E-Mail: info@boell.de
  Internet: www.boell.de

- Studienstiftung des Deutschen Volkes
  Ahrstraße 11, 53173 Bonn
  Tel. (02 28) 8 20 96-0
  E-Mail: info@studienstiftung.de
  Internet: www.studienstiftung.de

- Bundesstiftung Rosa Luxemburg e. V.
  Franz-Mehring-Platz 1, 10243 Berlin
  Tel. (0 30) 44310-0
  Internet: www.rosaluxemburgstiftung.de

- Stipendium für besonders Begabte
  nach dem Bayerischen Begabtenförderungswerk

Aufstiegsstipendium

45 Das Programm Aufstiegsstipendium richtet sich an Frauen und Männer mit Berufserfahrung, die in Ausbildung und Beruf hoch motiviert und besonders talentiert sind. Die Stipendien geben einen zusätzlichen Anreiz zur Aufnahme eines Studiums und verbessern damit die beruflichen Aufstiegschancen für begabte Fachkräfte. Das BMBF fördert durch die Aufstiegsstipendien die Durchlässigkeit zwischen beruflicher und akademischer Bildung. Mittlerweile wurden bereits drei Auswahlrunden mit einem außerordentlich hohen Interesse abgeschlossen. Die aktuelle Auswahlrunde läuft bis Anfang Februar 2010.

Das Programm richtet sich an beruflich besonders Begabte, die ihre Hochschulzugangsberechtigung durch mehrjährige Berufserfahrung, Anerkennung einer besonderen fachlichen Begabung durch eine Begabtenprüfung oder Eignungsprüfung bzw. eine berufliche Fortbildung als Techniker, Meister oder vergleichbaren Abschlüssen erworben haben. Doch auch diejenigen, die vor, während oder nach ihrer Ausbildung die Hochschulzugangsberechtigung z.B. an einer Fachoberschule erworben haben, sind grundsätzlich förderberechtigt.

Die Gewährung eines Aufstiegsstipendiums und eine andere Studienförderung aus öffentlichen Mitteln schließen sich gegenseitig aus.

Mit dem Programm erhielten zum Wintersemester 2008/2009 erstmals besonders begabte Absolventen einer Berufsausbildung mit mindestens zweijähriger Berufserfahrung eine finanzielle Unterstützung, um an einer Hochschule zu studieren. Es wurden im ersten Jahr bereits knapp 1.500 Hochschulstipendien für berufliche Talente vergeben.

Das Bundesausbildungs-förderungsgesetz (BAföG)

Allgemeines

46 Jeder Auszubildende hat einen Rechtsanspruch auf individuelle Ausbildungsförderung bei einer der Neigung, Eignung und Leistung entsprechenden Ausbildung, wenn ihm die für seinen Lebensunterhalt und seine Ausbildung erforderlichen Mittel anderweitig nicht zur Verfügung stehen. Dazu muss er grundsätzlich die deutsche Staatsangehörigkeit besitzen und seine Leistungen müssen erwarten lassen, dass er sein angestrebtes Ausbildungsziel erreicht. Dies wird angenommen, solange er z. B. die Ausbildungsstätte besucht. Eine Altersgrenze darf bei der Antragstellung nicht überschritten sein. Damit wird dem Auszubildenden unabhängig von der wirtschaftlichen Situation seiner Familie die Ausbildung ermöglicht, für die er sich nach seinen Interessen und Fähigkeiten entschieden hat. Das BAföG ist zusammen mit dem seit 1999 deutlich erhöhten Kindergeld, den steuerlichen Entlastungen durch Kinder- und Ausbildungsfreibeträgen sowie der seit dem 1. April 2001 massiven Anhebung der Bedarfssätze und Freibeträge sowie der Anpassung der Sozialpauschalen durch das Ausbildungsförderungsreformgesetz eine wichtige Maßnahme des Familienleistungsausgleichs.

19 Bundesgesetz über individuelle Förderung der Ausbildung

Förderungsfähige Ausbildung

Grundsatz

47 Ausbildungsförderung nach dem BAföG wird grundsätzlich nur geleistet, wenn die besuchte Ausbildungsstätte in der Bundesrepublik Deutschland liegt. Gleichgültig ist indessen, ob der Auszubildende oder seine Eltern ihren ständigen Wohnsitz innerhalb oder außerhalb der Bundesrepublik Deutschland haben. Förderung können also auch Kinder von Auslandsdeutschen erhalten, die sich in der Bundesrepublik einer förderungsfähigen Ausbildung unterziehen. Gefördert werden auch so genannte Bildungspendler, wenn sie täglich zur Ausbildung in die Bundesrepublik einpendeln.

48 Ob eine angestrebte Ausbildung gefördert werden kann, ist im Wesentlichen von der positiven Beantwortung der folgenden Fragen abhängig:

– Ist die angestrebte Ausbildung förderungsfähig?
– Werden die persönlichen Förderungsvoraussetzungen erfüllt?
– Kann der Ausbildungsbedarf nicht durch das eigenes Einkommen und Vermögen oder, wenn der Auszubildende verheiratet ist, das Einkommen des Ehegatten bzw. des eingetragenen Lebenspartners und der Eltern gedeckt werden?

49 Ausbildungsförderung wird geleistet für den Besuch von

1. weiterführenden allgemeinbildenden Schulen (z.B. Haupt-, Real- und Gesamtschulen, Gymnasien) ab Klasse 10,
2. Berufsfachschulen, deren Besuch eine abgeschlossene Berufsausbildung nicht voraussetzt, einschließlich der Klassen aller Formen der beruflichen Grundbildung (z. B. Berufsvorbereitungsjahr), ab Klasse 10,
3. Fach- und Fachoberschulklassen, deren Besuch eine abgeschlossene Berufsausbildung nicht voraussetzt,
4. Berufsfachschulklassen und Fachschulklassen, deren Besuch eine abgeschlossene Berufsausbildung nicht voraussetzt, sofern sie in einem zumindest zweijährigen Bildungsgang einen berufsqualifizierenden Abschluss vermitteln,
5. Fach- und Fachoberschulklassen, deren Besuch eine abgeschlossene Berufsausbildung voraussetzt,
6. Abendhauptschulen, Berufsaufbauschulen, Abendrealschulen, Abendgymnasien und Kollegs,
7. Höheren Fachschulen und Akademien,
8. Hochschulen.

Besonderheit

50 Für Schüler und Schülerinnen wird Ausbildungsförderung für den Besuch von einer der in Nr. 1 bis Nr. 3 genannten Schulen *nicht* geleistet. Sie erhalten nur dann Förderung, wenn sie nicht bei den Eltern wohnen und notwendig auswärts untergebracht sind.

Der Besuch einer Berufsschule sowie die betriebliche oder überbetriebliche Ausbildung – die Ausbildung im dualen System – können nach dem BAföG nicht gefördert werden.

Überbetriebliche Ausbildungen

51 Sogenannte Ausbildungen im dualen System werden nach dem BAföG nicht gefördert. Dies gilt auch für den Besuch der Berufsschule.

52 Den individuellen Unterhalts- und Ausbildungsbedarf zu decken, ist grundsätzlich Aufgabe der Eltern oder des Auszubildenden selbst. Der Staat beschränkte sich vor Einführung des BAföG traditionell auf eine institutionelle Ausbildungsförderung, indem er die Ausbildungsstätten bereitstellte.

Individuelle Förderung der Ausbildung durch die öffentliche Hand bedeutet, dass der Staat dem einzelnen Auszubildenden die für Lebensunterhalt und Ausbildung während der Ausbildungszeit benötigten finanziellen Mittel zur Verfügung stellt. Wer an einer Ausbildung teilnimmt, die seiner Neigung, Eignung und Leistung entspricht, hat nach dem SGB I – Allgemeiner Teil – ein Recht auf individuelle Förderung seiner Ausbildung, wenn ihm die hierfür erforderlichen Mittel nicht anderweitig zur Verfügung stehen.

Schülerförderung

53 Schüler erhalten Ausbildungsförderung nach dem BAföG nur, wenn sie weiterführende allgemein bildende Schulen und berufsbildende Schulen (einschließlich des Berufsgrundbildungsjahres) besuchen und wenn sie aus ausbildungsbezogenen Gründen notwendig auswärts untergebracht sein müssen.

54 Schüler ohne abgeschlossene Berufsausbildung in Berufsfachschul- und Fachschulklassen, die in einem wenigstens zweijährigen Bildungsgang einen berufsqualifizierenden Abschluss vermitteln, erhalten nur dann den erhöhten Bedarfssatz für eine auswärtige Unterbringung, wenn sie notwendigerweise auswärts untergebracht sind. Schüler von Fach- und Berufsfachschulklassen, die in zwei Jahren berufsqualifizierend abschließen, Schüler von Abendschulen und Kollegs sowie Schüler, die einen eigenen Haushalt führen und verheiratet sind oder waren oder mit mindestens einem Kind zusammenleben, haben einen Anspruch auf Ausbildungsförderung.

55 Zu Hause wohnende Schüler von weiterführenden allgemein bildenden Schulen oder berufsbildenden Schulen, die nicht nach dem BAföG gefördert werden, können unter bestimmten Voraussetzungen Förderungsleistungen aufgrund von Ländervorschriften erhalten.

56 Notwendig auswärts untergebracht sind Schüler/innen, wenn von der Wohnung der Eltern aus eine entsprechende zumutbare Ausbildungsstätte – z. B. wegen der Entfernung – nicht erreichbar ist, sie einen eigenen Haushalt führen und verheiratet oder in eingetragener Lebenspartnerschaft verbunden sind oder waren, sie einen eigenen Haushalt führen und mit mindestens einem Kind zusammenleben.

57 Zu beachten ist, dass Schüler – ohne abgeschlossene Berufsausbildung – an weiterführenden allgemein bildenden Schulen, Berufsfachschulen, Fach- und Fachoberschulen, nur dann Förderung mit erhöhtem Bedarfssatz für auswärtige Unterbringung erhalten, wenn sie nicht bei den Eltern wohnen und notwendig auswärts untergebracht sind.

58 Ein Schüler ist notwendig auswärts untergebracht, wenn

– von der Wohnung der Eltern aus eine entsprechende Ausbildungsstätte, z. B. wegen der Entfernung, nicht erreichbar ist oder
– der einen eigenen Haushalt führt und verheiratet ist oder war oder
– der einen eigenen Hausstand führt und mit mindestens einem Kind zusammenlebt.

59 Die Förderung an weiterführenden allgemein bildenden Schulen wird längstens bis zum Abitur geleistet.

60 Die Leistungen für Schüler werden ausschließlich als nicht rückzahlbarer Zuschuss gewährt (siehe Beispiel, Seite 932)

Ausnahme

61 Beim Besuch von Berufsschulen im sogenannten dualen System richtet sich die Förderung der Auszubildenden (Lehrlinge) nach dem Arbeitsförderungsgesetz (AFG); auch betriebliche oder überbetriebliche Ausbildungen – sogenannte Ausbildungen im dualen System – werden nicht nach dem BAföG gefördert. Durch das Arbeitsförderungs-Reformgesetz (AFRG) wurde das Arbeitsförderungsrecht zum 1. Januar 1998 als Drittes Buch (SGB III) in das Sozialgesetzbuch eingeordnet.

62 Nach Einstellung der breiten Förderung der Schüler in den weiterführenden allgemein- und berufsbildenden Schulen durch das Haushaltsbegleitgesetz 1983 haben die Länder landesrechtliche Förderungsregelungen geschaffen. Die Regelungen sind sehr unterschiedlich. In einigen Ländern werden nur Schüler mit herausgehobenen schulischen Leistungen gefördert, während andere Länder die schlichte Eignung genügen lassen.

Leistungsanspruch

Staatsangehörigkeit

63 Persönliche Voraussetzungen für den Anspruch auf Ausbildungsförderung ist grundsätzlich die deutsche Staatsangehörigkeit.

Neben Deutschen sind auch viele Ausländer/innen BAföG-berechtigt. Vom Grundsatz förderungsberechtigt sind Ausländer/innen, die eine Bleiberecht in Deutschland haben und bereits gesellschaftlich integriert sind.

Dies sind beispielsweise

– Personen mit einem Daueraufenthaltsrecht nach dem Freizügigkeitsgesetz/EU,
– einer Erlaubnis zum Daueraufenthalt-EG oder einer Niederlassungserlaubnis oder
– ein in § 8 aufgeführter aufenthaltsrechtlicher Status,
– die allgemeine Eignung für die gewählte Ausbildung und
– das Nichtüberschreiten der Altersgrenze.

Da die gesetzliche Regelung sehr vielschichtig ist, ist die frühzeitige Kontaktaufnahme mit dem zuständigen Amt für Ausbildungsförderung wichtig.

Eignung zur Förderung

64 Erforderlich sind Leistungen, die erwarten lassen, dass das angestrebte Ausbildungsziel auch tatsächlich

19 Bundesgesetz über individuelle Förderung der Ausbildung

> **Beispiel**
>
> Schülerin M. möchte kaufmännische Angestellte werden. Die nächste Berufsfachschule liegt so weit von der Wohnung ihrer Eltern entfernt, dass sie auswärts wohnen muss. M. wohnt daher in einem Wohnheim. Sie ist beitragsfrei bei ihren Eltern in der Kranken- und Pflegeversicherung mitversichert. Die Schwester J. geht in die 7. Klasse und ihr Bruder D. in den Kindergarten. Die Mutter ist Hausfrau. Der Vater ist Beamter und hatte vor 2 Jahren ein Bruttojahreseinkommen von 46.500 Euro. Er zahlt in eine Riester-Rente ein.
>
> Berechnung des Einkommens des Vaters im Sinne des BAföG:
>
> | | Betrag (Euro) |
> |---|---:|
> | Bruttoeinkommen aus nichtselbständiger Arbeit (1/12) | 3.875,00 |
> | *abzüglich* | |
> | Werbungskosten | |
> | (mindestens 1/12 des jährlichen Werbungskostenpauschbetrages von 920 Euro) | 76,67 |
> | *abzüglich* | |
> | Sozialpauschale 14,4 %, Höchstbetrag 525 Euro monatlich | 525,00 |
> | „Riester-Rente" | 95,92 |
> | tatsächlich geleistete Steuern | |
> | – Einkommensteuer / Lohnsteuer | 532,50 |
> | – Kirchensteuer | 14,12 |
> | – Solidaritätszuschlag | 0,00 |
> | Einkommen des Vaters (im Sinne des BAföG) | 2.630,80 |
>
> Die Mutter gibt die Zusatzerklärung für ein Elternteil ohne Einkommen ab.
>
> | | |
> |---|---:|
> | Einkommen der Eltern (im Sinne des BAföG) | 2.630,80 |
> | *abzüglich* | |
> | Grundfreibetrag: | |
> | – für die Eltern | 1.605,00 |
> | – für die Tochter J. | 485,00 |
> | – für den Sohn D. | 485,00 |
> | Einkommen der Eltern (im Sinne des BAföG) abzüglich der Grundfreibeträge | 55,80 |
> | Kein Grundfreibetrag für M., da sie in einer nach dem BAföG förderungsfähigen Ausbildung steht | |
> | Zusatzfreibetrag: 60% (50% für die Eltern und je 5% für J. und D.) | 33,48 |
> | Anrechnungsbetrag vom Elterneinkommen | 22,32 |
>
> Berechnung des „BAföG" von M.:
>
> | | |
> |---|---:|
> | Bedarfssatz M.: | |
> | Grundbedarf Berufsfachschüler/innen, auswärtig wohnend | 465,00 |
> | *abzüglich* | |
> | Anrechnungsbetrag vom Elterneinkommen | 22,32 |
> | Förderungsbetrag | 442,68 |
> | Förderungsbetrag (gerundet) | 443 |
>
> Sie erhält Förderungsleistungen in Höhe von monatlich 443 Euro als Zuschuss.

erreicht wird. Dies wird in der Regel angenommen, solange die Auszubildenden die Ausbildungsstätte besuchen oder am Praktikum teilnehmen.

65 Auszubildende an Höheren Fachschulen, Akademien oder Hochschulen müssen zudem zu Beginn des fünften Fachsemesters entsprechende Leistungsnachweise vorlegen. Schreiben die Ausbildungs- und Prüfungsordnungen eine Zwischenprüfung oder einen entsprechenden Leistungsnachweis bereits vor Beginn des dritten Fachsemesters verbindlich vor, ist die Förderung auch im dritten und vierten Fachsemester von der Vorlage entsprechender Nachweise abhängig.

Altersbegrenzung bei der Förderung

66 Auszubildende können grundsätzlich nur gefördert werden, wenn sie die Ausbildung, für die sie Förderung beantragen, vor Vollendung des 30. Lebensjahres bzw. bei Masterstudiengängen vor Vollendung des 35. Lebensjahres beginnen.

Tabelle 1: Zahl der geförderten Schüler in Deutschland

	1998	1999	2000	2001	2002	2003	2004	2005	2006	2007	2008
Gymnasium[1]	7,9	7,8	7,7	8,3	9,4	10,1	10,6	10,7	10,3	9,9	9,4
Abendhauptschule	0,2	0,2	0,2	0,2	0,2	0,3	0,4	0,4	0,4	0,4	0,5
Abendrealschule	0,8	0,8	0,9	1,2	1,7	2,3	3,1	3,6	3,9	4,3	4,7
Abendgymnasium	1,0	1,0	1,0	1,0	1,3	1,6	1,9	2,1	2,2	2,2	2,3
Kolleg	16,6	15,3	15,4	16,5	18,8	21,1	22,7	23,9	24,1	23,2	22,4
Berufsaufbauschule	1,4	1,3	1,3	1,3	1,4	1,5	1,5	1,5	1,5	1,9	1,9
Berufsfachschule	55,4	62,0	66,7	76,3	86,9	95,6	103,9	109,5	110,7	107,7	106,9
Fachoberschule	9,5	9,7	10,6	12,4	15,4	17,5	18,1	17,3	15,9	14,5	14,1
davon											
– mit vorheriger Ausbildung	7,6	7,7	8,5	10,1	12,7	14,6	14,9	14,2	12,9	11,6	11,1
– ohne vorherige Ausbildung	1,9	2,0	2,1	2,3	2,6	2,9	3,2	3,2	3,0	2,9	3,0
Fachschule	24,3	24,1	23,5	25,4	28,0	28,9	29,5	29,9	29,6	29,2	30,0
davon											
– mit vorheriger Ausbildung	17,5	17,4	17,1	18,4	20,4	20,8	23,3	24,3	23,8	23,1	23,6
– ohne vorherige Ausbildung	7,1	6,7	6,4	7,0	7,6	8,1	6,3	5,6	5,7	6,2	6,4
Schulen insgesamt	**116,3**	**122,3**	**127,2**	**142,7**	**163,2**	**179,1**	**191,7**	**199,0**	**198,6**	**193,3**	**192,1**

1) Einschl. sonstige allgemeinbildende Schulen.
Alle Zahlen geben den Jahresdurchschnitt in Tausend an. Quelle: 18. Bericht nach § 35 BAföG, BTDrs. 17/485.

Tabelle 2: Zahl der geförderten Studenten in Deutschland

Jahr	eingeschriebene Studenten insgesamt[1]	davon anspruchsberechtigt	in %	dem Grunde nach anspruchsberechtigt[2]	Geförderte	Gefördertenquote in %
1977		695.000		695.000	318.000	45,8
1980		722.000		722.000	341.000	47,2
1983		867.000		867.000	327.000	37,7
1986		900.000		900.000	276.000	30,7
1989		947.000		947.000	263.000	27,8
1991	1.697.000	1.145.000	65,5	1.145.000	442.000	38,6
1992	1.754.000	1.186.000	66,1	1.186.000	442.000	37,3
1993	1.806.000	1.198.000	66,3	1.198.000	408.000	34,1
1994	1.836.000	1.201.000	65,4	1.201.000	355.000	29,6
1995	1.829.000	1.157.000	63,3	1.157.000	311.000	26,9
1996	1.814.000	1.108.000	61,1	1.108.000	274.000	24,7
1998	1.780.000	1.059.000	59,5	1.059.000	225.000	21,2
1999	1.755.000	1.063.000	60,6	1.063.000	226.000	21,3
2000	1.741.000	1.086.000	62,4	1.086.000	232.000	21,4
2001	1.777.000	1.135.000	63,9	1.135.000	265.000	23,3
2002	1.845.000	1.203.000	65,2	1.203.000	304.000	25,3
2003	1.916.000	1.274.000	66,5	1.274.000	326.000	25,6
2004	1.961.000	1.344.000	68,6	1.344.000	340.000	25,3
2005	1.925.000	1.372.000	71,3	1.372.000	345.000	25,1
2006	1.940.000	1.385.000	71,4	1.385.000	342.000	24,7
2007	1.926.000	1.372.000	71,2	1.372.000	331.000	24,1
2008	1.919.000	1.366.000	71,2	1.366.000	333.000	24,4

Alle Zahlen geben den Jahresdurchschnitt an, für 2003 sind die Zahlen gerundet. Ab 1991 gelten die Zahlen für die gesamte Bundesrepublik.
1) Gesamtzahl der eingeschriebenen Studierenden an Akademien, Höheren Fachschulen und allen Hochschulen.
2) Erfasste Studierende, die dem Grunde nach förderungsberechtigt sind.
Quelle: 18. Bericht nach § 35 BAföG; BTDrs. 17/485.

67 In folgenden Fällen kann Ausbildungsförderung auch bei Überschreiten der jeweiligen Altersgrenze geleistet werden:

- bei Absolventen des zweiten Bildungsweges,
- bei Studierenden, die ihre Hochschulzugangsberechtigung aufgrund ihrer beruflichen Qualifikation eingeschrieben wurden,
- bei Personen in einer weiteren Ausbildung, die für den angestrebten Beruf rechtlich erforderlich ist,
- bei Personen in einer Zusatzausbildung, zu der der Zugang durch die vorherige Ausbildung eröffnet wurde,
- bei Auszubildenden, die aus familiären Gründen an der früheren Aufnahme der Ausbildung gehindert waren,
- bei Auszubildenden, die aufgrund einer einschneidenden Änderung der persönlichen Verhältnisse bedürftig wurden.

Die Ausbildung muss unverzüglich aufgenommen werden.

68 Bei Auszubildenden, die bei Erreichen des 30. bzw. 35. Lebensjahres eigene Kinder unter 10 Jahren ohne Unterbrechung erziehen und dabei nicht mehr als 30 Wochenstunden arbeiten, verschiebt sich die Altersgrenze bis zum 10. Geburtstag des Kindes.

69 Ob eine Ausnahme von der Altersgrenze möglich ist, kann der Auszubildende durch einen Antrag auf Vorabentscheidung rechtzeitig vor Aufnahme der Ausbildung klären lassen. Örtlich und sachlich zuständig für die Vorabentscheidung ist das Amt, das nach Aufnahme der Ausbildung über den Antrag auf Ausbildungsförderung zu entscheiden hat. Im Falle einer positiven Entscheidung ist das Amt für Ausbildungsförderung an die Entscheidung für den gesamten Ausbildungsabschnitt gebunden, da die Entscheidung für den gesamten Ausbildungsabschnitt gilt. Art und Höhe der Leistung sind aber nicht Gegenstand der Vorabentscheidung. Hierüber kann erst bei Aufnahme der Ausbildung entschieden werden. Das Amt ist zudem nicht mehr an die Entscheidung gebunden, wenn die Ausbildung nicht binnen eines Jahres nach Antragstellung begonnen wird.

Beantragung von Leistungen nach dem BAföG

70 Die Leistungen nach dem BAföG müssen schriftlich auf den dafür vorgesehenen Formblättern beantragt werden. Der Antrag kann sowohl von den Auszubildenden, sofern sie das 15. Lebensjahr vollendet haben, oder auch von ihren gesetzlichen Vertretern gestellt werden.

71 Die Formblätter sind bei allen Ämtern für Ausbildungsförderung erhältlich, die auch die BAföG-Anträge bearbeiten und entscheiden, ob Auszubildende Leistungen nach dem BAföG erhalten. Die Formblätter können auch im Internet unter der Adresse http://www.das-neue-bafög.de im Menüpunkt „Antragstellung" eingesehen, ausgefüllt und ausgedruckt werden.

72 Die Beantragung der Leistungen nach dem BAföG muss bei dem zuständigen Amt für Ausbildungsförderung erfolgen.

In der Regel ist zuständig

- für Studierende das Studentenwerk der Hochschule, an der sie immatrikuliert sind,
- für Auszubildende an Abendgymnasien, Kollegs, Höheren Fachschulen und Akademien das Amt für Ausbildungsförderung, in dessen Bezirk sich die Ausbildungsstätte befindet,
- für alle anderen Schüler/innen das Amt für Ausbildungsförderung der Stadt bzw. die Kreisverwaltung am Wohnort der Eltern.

Die Adressen, Telefonnummern und/oder Internetverbindungen der Ämter für Ausbildungsförderung können im Internet unter der Adresse http://www.das-neue-bafög.de ermittelt werden.

73 Über Gewährung von Förderungsleistungen entscheidet das Amt für Ausbildungsförderung in der Regel für ein Jahr, dem sogenannten Bewilligungszeitraum.

Leistungen nach dem BAföG werden mit Aufnahme der Ausbildung, aber frühestens vom Beginn des Antragsmonats an erbracht gezahlt. Wenn zum Beispiel ein Studierender sich zum Wintersemester 2010/2011 an einer Fachhochschule immatrikuliert und das Studium im September aufgenommen hat, allerdings erst im November einen BAföG-Antrag gestellt hat, wird frühestens ab November Ausbildungsförderung nach dem BAföG geleistet. Die Zahlung der Leistungen kann nicht rückwirkend ab September erfolgen.

Es ist deshalb sehr wichtig, möglichst rechtzeitig den Antrag zu stellen. Fehlen bei der Antragstellung einzelne Unterlagen, reicht zur Fristwahrung auch ein formloser, aber schriftlicher Antrag.

74 Die Antragstellung ist möglich für

- ein Studium (einschließlich Praktika) im Inland,
- eine schulische Ausbildung (einschließlich Praktika) im Inland,
- ein Studium, eine schulische Ausbildung, ein Praktikum im Ausland.

Dabei ist zu beachten, dass auch, wenn nur einen Teil der Ausbildung oder ein Praktikum/Praxissemester im Ausland absolviert werden soll, ein gesonderter Antrag beim zuständigen Amt für Auslandsförderung gestellt werden muss. Das gilt auch, wenn bereits im Inland Ausbildungsförderung gezahlt wird.

Leistungen

Förderungsarten

75 Es gibt Vollzuschuss, Zuschuss, Staats- oder Bankdarlehen für

- Schüler/innen; da sie die Förderung als Vollzuschuss erhalten, müssen sie die Förderung nicht zurückzahlen;
- Studierende an Höheren Fachschulen, Akademien und Hochschulen; sie erhalten die Förderung grundsätzlich zur Hälfte als Zuschuss und zur Hälfte als zinsloses Staatsdarlehen.

Erläuterungen zur Rückzahlung sind im Abschnitt Darlehensrückzahlung (Rdnr. 86) aufgeführt.

Abweichend hiervon werden in voller Höhe als Zuschuss erbracht:

1. Auslandsstudiengebühren bis zur gesetzlichen Höhe für ein Jahr;
2. die wegen einer Behinderung, einer Schwangerschaft oder der Pflege und Erziehung eines Kindes bis zu zehn Jahren über die Förderungshöchstdauer hinaus geleistete Ausbildungsförderung;
3. der Kinderbetreuungszuschlag für Auszubildende, die mit mindestens einem Kind, das das zehnte Lebensjahr noch nicht vollendet hat, in einem Haushalt leben.

Sonderregelungen für Schwangere und für Auszubildende mit Kindern

76 Kinderbetreuungszuschlag nach § 14b BAföG:

Für Auszubildende, die mit mindestens einem eigenen Kind, das das zehnte Lebensjahr noch nicht vollendet hat, in einem Haushalt leben, erhöht sich der Bedarfssatz um monatlich 113 Euro für das erste und 85 Euro für jedes weitere dieser Kinder. Der Zuschlag erfolgt pauschal ohne Nachweis entsprechender Betreuungskosten. Eigene Kinder sind nur leibliche Abkömmlinge oder durch Adoption angenommene Kinder; § 25 Abs. 5 BAföG findet hier keine Anwendung.

Der Kinderbetreuungszuschlag wird für denselben Zeitraum nur einem Elternteil gewährt. Sind beide Elternteile nach dem BAföG dem Grunde nach förderungsfähig und leben in einem gemeinsamen Haushalt, bestimmen sie untereinander, wer den Kinderbetreuungszuschlag erhält. Der jeweils andere Elternteil muss deshalb auf der neuen Anlage 2 zum Formblatt 1 erklären, dass er den Zuschlag nicht bezieht oder beantragt hat und dass er mit der Zahlung an den antragstellenden Auszubildenden einverstanden ist.

Der Kinderbetreuungszuschlag wird durch die Inanspruchnahme von Leistungen nach dem Bundeselterngeldgesetz oder anderer Sozialleistungen nicht ausgeschlossen.

Der Kinderbetreuungszuschlag wird gemäß § 17 Abs. 2 Nr. 3 BAföG als Zuschuss gewährt, auf den Einkommen und Vermögen nach § 11 Abs. 2 Satz 1 BAföG erst nachrangig anzurechnen sind.

Der Kinderbetreuungszuschlag wird gemäß § 17 Abs. 3 Satz 3 BAföG auch dann als Zuschuss gewährt, wenn die Förderung im Übrigen als Bankdarlehen erfolgt.

77 Weitere Sonderregelungen für Schwangere und Auszubildende mit Kind bzw. Kindern:

1. Förderung bei Ausbildungsunterbrechung
   (§ 15 Abs. 2a BAföG)
   Grundsätzlich wird Förderung nur geleistet, solange die Ausbildung tatsächlich betrieben wird. Sie wird jedoch auch geleistet, solange Auszubildende durch eine Schwangerschaft gehindert sind, ihrer Ausbildung nachzugehen, allerdings nicht über das Ende des dritten Kalendermonats der schwangerschaftsbedingten Ausbildungsunterbrechung hinaus (§ 15 Abs. 2a BAföG). Der Monat, in den der Beginn der Unterbrechung fällt, wird dabei nicht mitgezählt.
   Für Auszubildende, die Kinder bekommen, stellt sich die Frage, ob sie die Ausbildung zeitweise unterbrechen oder trotz ihrer Erziehungsaufgaben fortsetzen.
   Wird die Ausbildung über den oben genannten Zeitraum hinaus unterbrochen, wird die Förderung eingestellt. Nach dem Ende der Unterbrechung ist

später allerdings auch die Wiederaufnahme der Förderung möglich. Solange die Ausbildung unterbrochen ist, besteht möglicherweise einen Anspruch auf Leistungen zur Sicherung des Lebensunterhaltes nach dem SGB II.

Wird die Ausbildung nicht unterbrochen, wird unter den oben genannten Voraussetzungen ein Kinderbetreuungszuschlag gewährt. Eine mögliche Bedürftigkeit des Kindes kann zusätzlich zu einem eigenen Anspruch des Kindes nach dem SGB II führen.

2. Verlängerung der Förderung

Das BAföG trägt der zeitlichen Belastung durch Schwangerschaft und Kindererziehung Rechnung. Nach dem BAföG kann für eine „angemessene Zeit" Förderung über die Förderungshöchstdauer hinaus gewährt werden, wenn diese infolge einer Schwangerschaft oder der Pflege und Erziehung eines Kindes bis zu zehn Jahren überschritten worden ist.

Als „angemessen" im Sinne des BAföG werden folgende Verlängerungszeiten für Schwangerschaft und Kindererziehung angesehen:
– für die Schwangerschaft: 1 Semester,
– bis zu Vollendung des 5. Lebensjahres des Kindes: 1 Semester pro Lebensjahr,
– für das 6. und 7. Lebensjahr des Kindes: insgesamt 1 Semester,
– für das 8. bis 10. Lebensjahr des Kindes: insgesamt 1 Semester.

Die Schwangerschaft oder die Pflege und Erziehung des Kindes müssen ursächlich für die Studienzeitverlängerung sein. Die Frage ob diese Voraussetzung vorliegt, klärt das zuständige Amt für Ausbildungsförderung in jedem Einzelfall.

3. Die Verlängerungszeiten für die Kindererziehung können auf beide studierenden Elternteile verteilt werden. In diesem Fall haben die Eltern eine Erklärung darüber abzugeben, wie die Kinderbetreuung zwischen ihnen aufgeteilt wurde.

Wichtig ist, dass die Förderung, die nach dem BAföG über die Förderungshöchstdauer hinaus geleistet wird, vollständig als Zuschuss erfolgt. Die BAföG-Schulden werden hierdurch also nicht erhöht.

4. Leistungsnachweise

Wird die Ausbildung trotz der Erziehungsaufgaben fortgesetzt, muss u. U. gegenüber dem Amt für Ausbildungsförderung nachgewiesen werden, dass die erforderlichen Ausbildungsfortschritte gemacht wurden. Ausreichend sind durchschnittliche Studienfortschritte, die die Auszubildenden nachweisen können durch
– ein Zeugnis über eine bestandene Zwischenprüfung, die nach den Ausbildungsbestimmungen erst vom Ende des dritten Fachsemesters an abgeschlossen werden kann und vor dem Ende des vierten Fachsemesters abgeschlossen worden ist,
– oder eine nach Beginn des vierten Fachsemesters ausgestellte Bescheinigung der Ausbildungsstätte darüber, dass sie die bei geordnetem Verlauf ihrer Ausbildung bis zum Ende des jeweils erreichten Fachsemesters üblichen Leistungen erbracht haben (sog. 48-Bescheinigung),
– Nachweis der für den jeweiligen Studiengang üblichen ECTS-Leistungspunkte.

Das Amt für Ausbildungsförderung kann jedoch die Vorlage dieses Leistungsnachweises zu einem späteren Zeitpunkt zulassen, wenn Tatsachen vorliegen, die voraussichtlich eine spätere Überschreitung der Förderungshöchstdauer rechtfertigen, also auch im Falle einer Ausbildungsverzögerung aufgrund von Schwangerschaft sowie Pflege und Erziehung eines Kindes bis zu zehn Jahren

Freibeträge nach dem BAföG beim Nebenverdienst

78 Sollte neben Ausbildung und Kindererziehung auch noch ein Einkommen erzielt werden, erhöhen Kinder die Freibeträge, d. h. die Beträge, die ohne eine Kürzung des BAföG verdient werden dürfen. Es wird für jedes Kind des Auszubildenden ein Freibetrag in Höhe von 485 Euro gewährt, es sei denn, das Kind selbst befindet sich in einer nach dem BAföG oder gem. § 59 des Dritten Buches Sozialgesetzbuch förderungsfähigen Ausbildung. Zu beachten ist außerdem, dass sich der Freibetrag insbesondere um eigenes Einkommen der Kinder mindert.

Darlehensarten

79 Es gibt zinslose Staatsdarlehen und verzinsliche Bankdarlehen.

Das Besondere an den Staatsdarlehen ist
– die Zinslosigkeit,
– die Begrenzung der maximalen Rückzahlungssumme und
– die sozialen Rückzahlungsbedingungen.

80 Niemand braucht bei der Rückzahlung ernsthafte Schwierigkeiten zu befürchten. Allen Geförderten fließt mit dem Darlehen ein beachtlicher wirtschaftlicher Wert zu, denn hier besteht ein langfristiges zinsloses Darlehen.

Wesentlich für die Rückzahlung sind

– die Rückzahlungsbegrenzung:
Staatsdarlehen, die für Ausbildungsabschnitte gewährt werden, die nach dem 28. Februar 2001 begonnen haben, müssen nur bis zu einem Gesamtbetrag von 10.000 Euro zurückgezahlt werden.

– der späte Rückzahlungsbeginn:
Mit der Rückzahlung muss erst fünf Jahre nach Ende der Förderungshöchstdauer bzw. im Falle einer Akademienausbildung fünf Jahre nach dem Ende der in der Ausbildungs- und Prüfungsordnung vorgesehenen Ausbildungszeit begonnen werden, also in der Regel erst nach Ende der beruflichen Einstiegsphase.

– die lange Rückzahlungsfrist:
Das Darlehen kann in Mindestraten von 105 Euro monatlich in einem Zeitraum von bis zu 20 Jahren zurückgezahlt werden.

– die Abhängigkeit der Rückzahlung vom Einkommen:
Bei Darlehensnehmern, deren Einkommen 1.070 Euro monatlich nicht übersteigt, wird die Rückzahlung auf Antrag ausgesetzt; diese Einkommensgrenze erhöht sich noch, wenn ein Ehepartner bzw. eingetragener Lebenspartner oder Kinder mit zu versorgen sind.

Der Staat erlässt außerdem auf Antrag Auszubildenden, die das Darlehen ganz oder teilweise vor Fälligkeit tilgen – je nach Höhe des Ablösungsbetrages – zwischen 8 und 50,5 Prozent dieses Betrages.

81 Förderungsleistungen nach dem BAföG für Studierende an Hochschulen, Akademien und Höheren Fachschulen, die als zinsfreie Staatsdarlehen geleistet wurden, sind nach den Bestimmungen und Regelungen des BAföG zurückzuzahlen.

82 Für die Einziehung der Staatsdarlehen ist zentral das Bundesverwaltungsamt (BVA), 50728 Köln, zuständig (http://www.bva.bund.de/ oder 0221-7584500).

Etwa 4 1/2 Jahre nach dem Ende der Förderungshöchstdauer erteilt das BVA jedem Empfänger von Staatsdarlehen einen Bescheid, in dem die Gesamthöhe des Darlehens und die Höhe der Rückzahlungsrate verbindlich festgestellt werden. Gleichzeitig erfolgt die Unterrichtung der Darlehensnehmer über den Zeitpunkt der Fälligkeit der ersten Rückzahlungsrate.

Unverzinsliches Darlehen

83 Das Staatsdarlehen ist während der gesamten Laufzeit zinslos. Nur bei Zahlungsrückstand wird das Darlehen in Höhe der gesamten jeweiligen Restschuld (und nicht nur der bereits fälligen Raten) für die Dauer des Zahlungsrückstandes mit 6 Prozent verzinst.

Berücksichtigung eigener Kinder bei der Darlehensrückzahlung

84 Kinder spielen auch bei der Rückzahlung von BAföG-Staatsdarlehen eine Rolle. In der Rückzahlungsphase (die 5 Jahre nach Ende der Förderungshöchstdauer beginnt) kann bei geringem Einkommen ein Freistellungsantrag nach dem BAföG gestellt werden, der wie eine zinslose Stundung wirkt. Bei der Berechnung des anrechenbaren Einkommens werden neben dem Grundfreibetrag von 1.070 für jedes Kind (soweit es nicht bereits seinerseits dem Grunde nach förderungsberechtigt nach BAföG oder nach SGB III ist) zusätzlich 485 Euro als Freibetrag abgezogen. Alleinstehende, die Kosten für Fremdbetreuung ihrer Kinder nachweisen, können die Ausgaben zusätzlich mit bis zu 175 Euro monatlich für das erste und je 85 Euro für jedes weitere Kind vom Anrechnungsbetrag absetzen. Anträge dazu nimmt in jedem Fall das Bundesverwaltungsamt in Köln entgegen.

Ratenzahlung

85 Die monatliche Rückzahlungsmindestrate beträgt z. Zt. 105 Euro. In der Regel sind die Raten für drei Monate in einer Summe zu entrichten. Für die Rückzahlung ist das Lastschrifteinzugsverfahren vorgesehen.

Rückzahlungsbeginn und Rückzahlungszeitraum

86 Fünf Jahre nach dem Ende der Förderungshöchstdauer beginnt die Rückzahlungsverpflichtung. Für Absolventen von Zweitstudien ist die Förderungshöchstdauer des mit BAföG-Darlehen geförderten Erststudiums maßgeblich. Hat der Darlehensnehmer während des Studiums auch ein Bankdarlehen nach § 18c BAföG in Anspruch genommen, so ist dieses zuerst zurückzuzahlen. Der Rückzahlungsbeginn für das Staatsdarlehen verschiebt sich dann bis zur Fälligkeit der letzten Rückzahlungsrate für das Bankdarlehen.

Das erhaltene Staatsdarlehen ist innerhalb von höchstens 20 Jahren in gleichbleibenden Raten zurückzuzahlen. Eventuelle Kosten und Zinsen müssen zusätzlich entrichtet werden.

Mitteilungspflichten der Empfänger der Staatsdarlehen

87 Empfänger von Staatsdarlehen sind verpflichtet, dem BVA in Köln – auch schon vor Beginn der Rückzahlungspflicht, insbesondere nach dem Ende der Förderung – jeden Wohnungswechsel und jede Änderung des Familiennamens unverzüglich mitzuteilen. Kommt jemand dieser Verpflichtung nicht nach und muss seine Anschrift deshalb ermittelt werden, werden ihm hierfür pauschal 25 Euro in Rechnung gestellt.

Freistellung von der Rückzahlungsverpflichtung

88 Wer nach Beginn der Rückzahlungspflicht des Staatsdarlehens wenig verdient, braucht keine Rückzahlungen zu leisten, wenn er dies beim BVA beantragt. Darlehensnehmer, deren bereinigtes Monatseinkommen im Antragsmonat die nachfolgenden Freibeträge nicht übersteigt, können eine Freistellung beantragen.

Freibetrag	für den Darlehensnehmer	den Ehegatten	jedes Kind
seit 1. Oktober 2010	1.070 Euro	335 Euro	485 Euro

89 Auf besonderen Antrag erhöht sich der maßgebliche Freibetrag bei Menschen mit Behinderung um den Betrag der behinderungsbedingten Aufwendungen entsprechend § 33b des Einkommensteuergesetzes (EStG), bei Alleinstehenden um den Betrag der notwendigen Aufwendungen für die Dienstleistungen zur Betreuung eines zum Haushalt gehörenden Kindes, das das 16. Lebensjahr noch nicht vollendet hat, bis zur Höhe von monatlich 175 Euro für das erste und je 85 Euro für jedes weitere Kind.

90 Einkommen eines Familienangehörigen mindert den ihm zugeordneten Freibetrag.

Darlehensteilerlass

91 Auf Antrag, der innerhalb eines Monats nach Bekanntgabe des Feststellungs- und Rückzahlungsbescheides zu stellen ist, vermindert sich das Staatsdarlehen

– bei überdurchschnittlichem Studienerfolg (§ 18b Abs. 2 BAföG, die Regelung entfällt ersatzlos ab dem 1. Januar 2013):
Wer mit einem bis spätestens zum 31. Dezember 2012 abgeschlossenen Studium nach dem Ergebnis der Abschlussprüfung zu den 30 Prozent Leistungsbesten eines Kalenderjahres gehört, dem werden 25 Prozent des Staatsdarlehens erlassen, wenn die Ausbildung innerhalb der Förderungshöchstdauer abgeschlossen wurde. Liegt der Abschluss innerhalb von sechs Monaten nach dem Ende der Förderungshöchstdauer, werden 20 Prozent des Darlehensbetrages erlassen, bei einem Ausbildungsende innerhalb von 12 Monaten nach dem Ende der Förderungshöchstdauer 15 Prozent.

– bei vorzeitigem Studienabschluss (§ 18b Abs. 3 BAföG, die Regelung entfällt ersatzlos ab dem 1. Januar 2013):
Wer seine Ausbildung bis spätestens zum 31. Dezember 2012 vorzeitig mit Erfolg abgeschlossen hat, erhält einen Teilerlass des Staatsdarlehens. Dieser beträgt 1.025 Euro, wenn die Ausbildung mindestens zwei Monate vor Ende der Förderungshöchstdauer abgeschlossen wurde. Er erhöht sich auf 2.560 Euro, wenn die Ausbildung mindestens vier Monate vor Ende der Förderungshöchstdauer abgeschlossen worden ist.

– bei vorzeitiger Darlehensrückzahlung (§ 18 Abs. 5b BAföG):
Wer seine Darlehensschuld ganz oder teilweise vorzeitig ablöst, erhält auf Antrag einen prozentualen Nachlass, dessen Höhe der nachfolgenden Tabelle zu entnehmen ist. Die vorzeitige Rückzahlung der Darlehensrestschuld ist bis zur endgültigen Tilgung des Darlehens zu jeder Zeit möglich.

Darlehensdeckelung

92 Auszubildende, die nach dem 28. Februar 2001 ein mit BAföG-Darlehen gefördertes Studium aufnehmen, müssen insgesamt nur maximal 10.000 Euro zurückzahlen. Maßgeblich ist die tatsächlich gezahlte Summe. Die Deckelung reduziert also nicht sogleich den ursprünglich mit Feststellungs- und Rückzahlungsbescheid verbindlich festgestellten Darlehensbetrag, sondern wirkt erst nach Abzug etwaiger Teilerlasse (§ 18bBAföG) oder Nachlässe (§ 18 Abs. 5b BAföG) bei Erreichen von 10.000 Euro in der Rückzahlung selbst und wird automatisch und ohne gesonderten Antrag durch das Bundesverwaltungsamt berücksichtigt.

Tabelle 3: Darlehensverwaltung – Rückzahlungsverpflichtungen und Teilerlasse

Jahr	Feststellungs- und Rück-zahlungs-bescheide	Teilerlasse wegen vorzeitiger Abschlüsse	Teilerlasse wegen Kinder-betreuung	Leistungs-abhängiger Teilerlass	Leistungs-abhängiger Teilerlass wegen Behinderung	Nachlass wegen vorzeitiger Rückzahlung	Freistellung von der Rückzahlungs-verpflichtung	Freistellung von der Rück-zahlungsver-pflichtung bei Anträgen auf Teilerlass wegen Kinder-betreuung
1998	135.801	12.042	31.179	22.675	36	76.281	84.337	29.201
1999	144.662	12.284	30.368	21.091	14	96.033	88.316	29.499
2000	126.406	10.036	37.523	18.473	11	85.522	90.682	31.466
2001	107.661	8.111	37.159	16.223	7	80 91	90.275	31.066
2002	90.582	6.524	38.056	13.826	2	77.581	90.571	32.411
2003	81.905	5.195	42.861	12.006	2	67.126	98.717	32.687
2004	81.245	3.756	37.179	9.959	2	60.659	92.703	30.443
2005	80.000	3.004	35.640	8.816	3	59.820	106.785	26.812
2006	76.050	2.723	33.605	8.046	0	43.354	107.259	25.199
2007	77.321	2.649	26.556	8.413	2	53.137	101.015	22.282
2008	88.490	2.950	24.303	9.765	2	56.782	105.051	22.031

Quelle: 18. Bericht nach § 35 BAföG des BMBF.

Tabelle 4: Nachlass bei Ablösung des Darlehensbetrages

Ablösung des Darlehens bis zu einschließlich	Nachlass in Prozent und Zahlungsbetrag zur Ablösung des Darlehensbetrages in Spalte 1 bei einer monatlichen Rückzahlungsmindestrate von					
	25,56 Euro oder 40,90 Euro		61,36 Euro		105 Euro	
Euro	Nachlass %	Zahlungsbetrag Euro	Nachlass %	Zahlungsbetrag Euro	Nachlass %	Zahlungsbetrag Euro
1	2	3	4	5	6	7
500	10,0	450	9,0	455	8,0	460
1 000	13,0	870	11,0	890	9,0	910
1 500	16,0	1 260	13,0	1 305	10,0	1 350
2 000	19,0	1 620	15,0	1 700	11,5	1 770
2 500	21,5	1 963	17,0	2 075	12,5	2 188
3 000	24,5	2 265	19,0	2 430	13,5	2 595
3 500	27,0	2 555	21,0	2 765	15,0	2 975
4 000	29,5	2 820	22,5	3 100	16,0	3 360
4 500	31,5	3 083	24,5	3 398	17,0	3 735
5 000	34,0	3 300	26,0	3 700	18,5	4 075
5 500	36,0	3 520	27,5	3 988	19,5	4 428
6 000	38,0	3 720	29,5	4 230	20,5	4 770
6 500	40,0	3 900	31,0	4 485	21,5	5 103
7 000	41,5	4 095	32,5	4 725	22,5	5 425
7 500	43,5	4 238	34,0	4 950	23,5	5 738
8 000	45,0	4 400	35,0	5 200	24,5	6 040
8 500	47,0	4 505	36,5	5 398	25,5	6 333
9 000	48,5	4 635	38,0	5 580	26,5	6 615
9 500	50,0	4 750	39,0	5 795	27,5	6 888
10 000	50,0	5 000	40,5	5 950	28,5	7 150
10 500	50,0	5 250	41,5	6 143	29,5	7 403
11 000	50,0	5 500	43,0	6 270	30,0	7 700
11 500	50,0	5 750	44,0	6 440	31,0	7 935
12 000	50,0	6 000	45,0	6 600	32,0	8 160
12 500	50,0	6 250	46,5	6 688	33,0	8 375
13 000	50,0	6 500	47,5	6 825	33,5	8 645
13 500	50,0	6 750	48,5	6 953	34,5	8 843
14 000	50,0	7 000	49,5	7 070	35,5	9 030
14 500	50,0	7 250	50,5	7 178	36,0	9 280
15 000	50,0	7 500	50,5	7 425	37,0	9 450
15 500	50,0	7 750	50,5	7 673	37,5	9 688
16 000	50,0	8 000	50,5	7 920	38,5	9 840
16 500	50,0	8 250	50,5	8 168	39,0	10 065
17 000	50,0	8 500	50,5	8 415	40,0	10 200
17 500	50,0	8 750	50,5	8 663	40,5	10 413
18 000	50,0	9 000	50,5	8 910	41,5	10 530
18 500	50,0	9 250	50,5	9 158	42,0	10 730
19 000	50,0	9 500	50,5	9 405	43,0	10 830
19 500	50,0	9 750	50,5	9 653	43,5	11 018
20 000	50,0	10 000	50,5	9 900	44,0	11 200
20 500	50,0	10 250	50,5	10 148	45,0	11 275
21 000	50,0	10 500	50,5	10 395	45,5	11 445
21 500	50,0	10 750	50,5	10 643	46,0	11 610
22 000	50,0	11 000	50,5	10 890	47,0	11 660
22 500	50,0	11 250	50,5	11 138	48,0	11 700
23 000	50,0	11 500	50,5	11 385	49,0	11 730
23 500	50,0	11 750	50,5	11 633	50,0	11 750
24 000 (und mehr)	50,0	12 000	50,5	11 880	50,5	11 880

Bundesgesetz über individuelle Förderung der Ausbildung

Tabelle 5: Entwicklung der Darlehensrückflüsse

Jahr	Tilgung	Zinsen	Gesamt-einnahmen	darunter vorzeitige Rückzahlung	Anschriften-ermittlung, Bußgelder	Mahnkosten	Verwaltungs-kostenanteil in %[2]
1995	421.037	3.348	424.385	199.918	533	177	rd. 2,66
Bund[1]	273.674	2.176	275.851	129.959			
1996	482.392	3.423	485.815	246.177	608	180	rd. 2,30
Bund[1]	313.555	2.225	315.780	160.015			
1997	516.566	3.625	520.191	267.448	724	197	rd. 2,45
Bund[1]	335.708	2.356	336.124	173.841			
1998	564.782	4.001	568.753	310.930	888	215	rd. 2,59
Bund[1]	367.108	2.601	369.709	202.104			
1999	638.578	4.014	642.592	371.552	653	164	rd. 2,57
Bund[1]	415.076	2.609	417.685	241.509			
2000	578.620	4.248	582.868	303.782	966	275	rd. 2,54
Bund[1]	376.103	2.761	378.864	197.465			
2001	568.929	4.579	573.508	285.509	942	285	rd. 2,45
Bund[1]	369.804	2.976	372.780	185.581			
2002	532.567	4.091	536.658	259.287	754	279	rd. 2,51
Bund[1]	346.169	2.659	348.828	168.537			
2003	486.034	3.985	490.019	234.463	770	292	rd. 2,49
Bund[1]	315.922	2.590	318.512	152.401			
2004	442.500	3.750	446.250	218.973	684	247	rd. 2,31
Bund[1]	287.625	2.438	290.063	142.332			
2005	419.063	3.775	442.838	210.872	646	247	rd. 2,69
Bund[1]	272.391	2.454	274.845	137.067			
2006	380.058	4.065	384.123	190.218	637	213	rd. 3,01
Bund[1]	247.038	2.642	249.680	123.642			
2007	373.813	4.062	377.875	193.682	644	213	rd. 2,53
Bund[1]	242.978	2.640	245.619	125.893			
2008	390.459	4.272	394.731	210.841	714	213	rd. 2,78
Bund[1]	253.798	2.777	256.575	137.047			

1) Bundesanteil: 65 Prozent der Gesamtrückflüsse.
2) Ohne Bundeskassenanteil
Quelle: 18. Bericht nach § 35 BAföG des BMBF.

Verzinsliches Bankdarlehen

93 Nur ausnahmsweise wird Förderung als verzinsliches Bankdarlehen gewährt und zwar

– für eine einzige weitere Ausbildung, die eine Hochschulausbildung insoweit ergänzt, als dies für die Aufnahme des angestrebten Berufs rechtlich erforderlich ist,
– für eine einzige weitere Ausbildung, wenn die besonderen Umstände des Einzelfalls, insbesondere das angestrebte Ausbildungsziel, dies erfordern,
– für die durch einen zweiten oder weiteren Fachrichtungswechsel verlängerte Studiendauer und
– in den Fällen der Hilfe zum Studienabschluss.

Antragstellung für ein verzinslichen Bankdarlehen

94 Wie bei der Förderung innerhalb der Regelstudienzeit, die grundsätzlich hälftig als Zuschuss und hälftig als zinsloses Staatsdarlehen erfolgt, wird über die Höhe der Darlehenssumme des verzinslichen Bankdarlehens nur auf schriftlichen Antrag durch das zuständige Amt für Ausbildungsförderung entschieden. Für die Beantragung sind die dafür vorgesehenen Formblätter, die über das Internet oder bei allen Ämtern für Ausbildungsförderung erhältlich sind, zu verwenden.

Die Höhe des Bankdarlehens kann von den Auszubildenden bei der Antragstellung begrenzt werden. Zu beachten ist jedoch, dass eine solche Begrenzung innerhalb des Bewilligungszeitraums nicht widerrufen werden kann.

Vertragsbescheidung und Auszahlung

95 Mit dem Bescheid über die Gewährung von Ausbildungsförderung erhalten die Auszubildenden ein von der Kreditanstalt für Wiederaufbau gezeichnetes Vertragsangebot. Damit der Förderungsbescheid wirksam bleibt, muss das Angebot innerhalb eines Monats nach Bekanntgabe beim Amt für Ausbildungsförderung unter Vorlage eines Ausweisdokuments unterzeichnet und zurückgegeben werden. Das Bankdarlehen wird direkt von der Kreditanstalt für Wiederaufbau gezahlt.

Zahlungen sind dabei nur auf ein inländisches Bankkonto möglich.

Rückzahlung von Bankdarlehen

96 Das Bankdarlehen einschließlich der Zinsen muss in Mindestraten von 105 Euro monatlich in längstens 20 Jahren zurückgezahlt werden. Die Rückzahlungspflicht beginnt 18 Monate nach dem Ende der Förderungszeit. Das Bankdarlehen wird an die Kreditanstalt für Wiederaufbau, 53170 Bonn, zurückgezahlt, die vor Beginn der Rückzahlung die Höhe der Darlehensschuld und der gestundeten Zinsen, die jeweils geltende Zinsregelung, die Höhe der monatlichen Zahlungsbeträge und den Rückzahlungszeitraum mitteilt.

In den Fällen, in denen Auszubildende sowohl Staatsdarlehen als auch Bankdarlehen erhalten haben, ist zuerst das Bankdarlehen und im Anschluss daran das Staatsdarlehen zurückzuzahlen. Die Frist, innerhalb derer alle Darlehen getilgt werden müssen, verlängert sich dann auf 22 Jahre.

97 Auch bei der Rückzahlung der Bankdarlehen ist eine vorzeitige Tilgung, jedoch ohne Nachlassgewährung, möglich. Informationen zur Rückzahlung des Bankdarlehens enthält der Darlehensvertrag.

Individuelle Förderungshöhe

98 Ausgangspunkt für die Höhe der BAföG-Förderung ist der jeweils maßgebliche Bedarfssatz. Hier-

Tabelle 6: Jährlicher Finanzaufwand und Neubewilligung bei Bankdarlehen

Jahr	Gesamt-ausgaben	Neu-bewilligungen	durchschnittlicher Bewilligungsbetrag pro Darlehensnehmer	durchschnittlicher Förderungszeitraum pro Darlehensnehmer	durchschnittlicher Förderungsbetrag pro Monat
	Euro		Euro		Euro
1998	25.959.116,07	6.139	4.200,64	8,92	470,92
1999	22.443.887,51	5.051	4.070,53	8,85	459,95
2000	15.884.940,92	3.907	3.958,96	8,87	446,33
2001	14.074.277,61	3.726	4.255,92	8,87	479,81
2002	17.934.242,47	4.676	4.215,19	8,89	474,15
2003	19.244.614,47	5.454	4.240,79	8,94	474,36
2004	27.559.456,56	6.986	4.324,90	9,00	480,54
2005	32.061.676,66	7.593	4.477,82	9,04	495,33
2006	36.468.654,63	8.204	4.445,23	9,29	478,37
2007	35.766.480,95	7.603	4.704,26	9,27	507,58
2008	36.854.437,68	7.568	4.869,77	9,30	523,74

Quelle: 18. Bericht nach § 35 BAföG / KfW

Tabelle 7: Bank-Darlehensverträge bei KfW nach Laufzeit und Höhe zum 30. September 2009

Laufzeit in Monaten	Höhe bis zu ... Euro										Gesamt in Euro
	49	99	149	199	249	299	349	399	449	499	500	
1	0	2	11	13	21	28	43	48	62	96	296	620
2	7	13	28	40	65	107	102	147	159	268	772	1.708
3	5	23	35	49	101	117	160	192	191	275	880	2.028
4	6	27	42	80	83	124	167	181	240	272	914	2.136
5	18	63	114	177	281	344	422	487	545	697	2.128	5.276
6	16	76	152	256	374	487	636	681	864	1026	3.450	8.018
7	72	220	497	641	926	1226	1340	1.471	1.843	2.117	6.958	17.311
8	10	32	65	124	150	208	243	295	338	392	1353	3.210
9	10	38	73	119	189	249	256	300	375	387	1251	3.247
10	10	49	97	149	205	265	340	334	381	414	1401	3.645
11	10	42	76	141	208	239	295	336	350	404	1387	3.488
12	15	50	122	183	196	287	323	350	448	503	1.643	4.120
13	128	361	625	941	1.327	1.788	2.144	2.267	2.853	3.065	11.251	26.750
14	4	1	10	9	18	25	17	26	24	28	94	256
15	3	8	4	17	14	29	24	20	34	36	125	314
Gesamt	314	1.005	1.951	2.939	4.168	5.523	6.512	7.135	8.707	9.980	33.903	82.137
	Darlehen bis 249 Euro: 10.377					Darlehen über 249 Euro: 71.760						
	Darlehen bis 349 Euro: 22.412							Darlehen über 349 Euro: 59.725				

Quelle: 18. Bericht nach § 35 BAföG / KfW

19 Bundesgesetz über individuelle Förderung der Ausbildung

von werden das anzurechnende eigene Einkommen und Vermögen der Auszubildenden sowie das anzurechnende Einkommen der etwaigen Ehegatten und ihrer Eltern – in dieser Reihenfolge – in Abzug gebracht (familienabhängige Förderung).

Bedarfssätze

99 Ob Auszubildende, die eine förderungsfähige Ausbildung betreiben und die persönlichen Förderungsvoraussetzungen erfüllen, BAföG erhalten, hängt davon ab, ob ihre finanziellen Mittel und die ihrer etwaigen Ehegatten und ihrer Eltern reichen, um ihren Ausbildungsbedarf zu decken.

Maßgebend dafür sind nicht der bei den Auszubildenden tatsächlich und individuell anfallende konkreter Bedarf, der aufgrund der großen Anzahl der Antragsteller nicht individuell ermittelt werden kann, sondern der abstrakte Bedarf. Unter Bedarf versteht das BAföG danach die Geldsumme, die Auszubildende nach der Vorstellung des Gesetzgebers typischerweise für ihren Lebensunterhalt (Ernährung, Unterkunft, Bekleidung etc.) und ihre Ausbildung (Lehrbücher, Fahrtkosten zur Ausbildungsstätte etc.) benötigen.

Als monatlicher Bedarf sind im BAföG Pauschalbeträge vorgesehen, deren Höhe abhängig ist von der Art der Ausbildungsstätte (z. B. Gymnasium, Hochschule) und der Unterbringung (bei den Eltern oder auswärts wohnend).

100 Reichen also bei verheirateten Auszubildenden eigenes Einkommen und Vermögen und das Einkommen ihrer Ehegatten zur Deckung des Bedarfs nicht aus, wird auch das Einkommen der Eltern herangezogen. Nur bei Vorliegen bestimmter Voraussetzungen bleibt das Einkommen der Eltern außer Betracht Eigenes Einkommen und Vermögen der Auszubildenden selbst und das Einkommen ihrer nicht dauernd von ihnen getrennt lebenden Ehegatten wird hingegen immer angerechnet.

101 In einem ersten Schritt ist also stets das jeweilige Einkommen festzustellen. Dann sind die einschlägigen Freibeträge zu ermitteln und vom zuvor festgestellten Einkommen abzuziehen. Der verbleibende Betrag ist das anzurechnende Einkommen.

Vermögensanrechnung

102 Eigenes Vermögen der Auszubildenden ist bis auf einen Betrag von 5.200 Euro voll zur Finanzierung der Ausbildung einzusetzen. Für verheiratete bzw. in eingetragener Lebenspartnerschaft verbundene Auszubildende sowie für Auszubildende mit Kindern erhöht sich der anrechnungsfreie Betrag für jede der genannten Personen jeweils um 1.800 Euro. Auf den monatlichen Bedarf wird der Betrag angerechnet, der sich ergibt, wenn der die Vermögensfreigrenzen übersteigende Vermögensbetrag durch die Zahl der Kalendermonate des Bewilligungszeitraums geteilt wird.

Vermögen des etwaigen Ehegatten bzw. eingetragenen Lebenspartners oder der Eltern der Auszubildenden werden nicht auf den Bedarf angerechnet, wohl

Tabelle 8: Die Übersicht enthält die derzeit geltenden Bedarfssätze

Ausbildungsstättenart	gesetzliche Grundlage (BAföG)	Betrag (Euro)
Schüler		
Bei den Eltern wohnende Schüler von Berufsfachschulen und Fachschulklassen, deren Besuch eine abgeschlossene Berufsausbildung nicht voraussetzt	§ 12 Abs. 1 Nr. 1	216
Bei den Eltern wohnende Schüler von Abendhauptschulen, Berufsaufbauschulen, Abendrealschulen und Fachschuloberklassen, deren Besuch eine abgeschlossene Berufsausbildung voraussetzt	§ 12 Abs. 1 Nr. 2	391
Notwendig auswärts wohnende Schüler von weiterführenden allgemein bildenden Schulen, Berufsfachschulen, Fach- und Fachoberschulklassen, deren Besuch eine abgeschlossene Berufsausbildung nicht voraussetzt	§ 12 Abs. 2 Nr. 1	465
Auswärts wohnende Schüler von Abendhauptschulen, Berufsaufbauschulen, Abendrealschulen, Fachoberschulklassen, deren Besuch eine abgeschlossene Berufsausbildung voraussetzt	§ 12 Abs. 2 Nr. 2	543
Studierende		
Studierende an Fachschulklassen, deren Besuch eine abgeschlossene Berufsausbildung voraussetzt Abendgymnasien und Kollegs	§ 13 Abs. 1 Nr. 1	348
Studierende an Höheren Fachschulen, Akademien und Hochschulen	§ 13 Abs. 1 Nr. 2	373
Wohnbedarf für bei den Eltern wohnende Studierende	§ 13 Abs. 2 Nr. 1	49
Wohnbedarf für auswärts wohnende Studierende	§ 13 Abs. 2 Nr. 2	224
Zuschlag zum Bedarf	§ 13a BAföG	
Krankenversicherung	§ 13a Abs. 1 Satz 1	62
Pflegeversicherung	§ 13a Abs. 2	11

aber das Einkommen, das diese Personen aus ihrem Vermögen erzielen.

Anzurechnendes Einkommen

103 Ausgangspunkt für die Einkommensberechnung ist grundsätzlich die Summe der positiven Einkünfte im Sinne des § 2 Abs. 1 und 2 des Einkommensteuergesetzes (EStG).

Positive Einkünfte im Sinne des EStG sind:

1. Einkünfte aus Land- und Forstwirtschaft,
2. Einkünfte aus Gewerbebetrieb,
3. Einkünfte aus selbständiger Arbeit,
4. Einkünfte aus nichtselbständiger Arbeit,
5. Einkünfte aus Kapitalvermögen,
6. Einkünfte aus Vermietung und Verpachtung,
7. sonstige Einkünfte im Sinne des § 22,

104 Davon abgezogen werden die Einkommen- und Kirchensteuer, pauschal festgesetzte Beträge für die soziale Sicherung (insbesondere Kranken-, Arbeitslosen- und Rentenversicherung) sowie der Altersentlastungsbetrag. Bei selbstgenutzten Eigentumswohnungen oder Einfamilienhäusern werden außerdem die nach dem Einkommensteuergesetz als Sonderausgaben berücksichtigten Beträge abgezogen.

Abzüge erfolgen auch für geförderte Altersvorsorgebeiträge nach den Riester-Renten (§ 82 EStG), soweit sie dem Mindesteigenbeitrag nach § 86 EStG nicht überschreiten

Hinzugerechnet werden die in § 21 Abs. 2a und 3 BAföG aufgeführten weiteren Einnahmen, die zwar nicht bzw. nicht in Deutschland zu versteuern sind, aber die tatsächliche Leistungsfähigkeit der Einkommensbezieher erhöhen.

Der sich daraus ergebende Betrag ist das Einkommen im Sinne des BAföG (vgl. Rdnr. 128).

105 Für die Be- und Anrechnung des Einkommens der Auszubildenden ist das aktuelle – d. h. das im Bewilligungszeitraum erzielte – Einkommen maßgebend.

106 Bei den Ehegatten und Eltern des Auszubildenden ist grundsätzlich das Einkommen im vorletzten Kalenderjahr vor Beginn des Bewilligungszeitraums maßgebend, d. h., dass das BAföG bei den Ehegatten und Eltern von im wesentlichen gleich bleibenden Einkommensverhältnissen ausgeht und es den Ämtern für Ausbildungsförderung deshalb ermöglichen soll, bei der Berechnung des Einkommens an die entsprechenden Steuerbescheide anzuknüpfen. Ist allerdings das aktuelle Einkommen der Ehegatten oder Eltern voraussichtlich wesentlich niedriger (z. B. aufgrund von Arbeitslosigkeit oder Eintritt in den Ruhestand), wird auf besonderen Antrag der Auszubildenden (Aktualisierungsantrag), das aktuelle Einkommen be- und angerechnet. In einem solchen Fall wird Ausbildungsförderung unter dem Vorbehalt der Rückforderung geleistet, da die endgültige Berechnung des Förderungsanspruchs erst dann erfolgen kann, wenn sich das tatsächlich erzielte Einkommen endgültig feststellen lässt.

107 Zeigt sich bei der endgültigen Berechnung des Förderungsanspruchs, dass das Einkommen höher war als in der Einkommensprognose angegeben, ergibt sich ein Rückzahlungsanspruch gegen die Auszubildenden nach § 20 Abs. 1 Satz 1 Nr. 4 BAföG. Ob ein Aktualisierungsantrag gestellt wird, muss gut überlegt sein, denn eine einmal beantragte Aktualisierung kann nicht rückgängig gemacht werden, wenn z. B. wider Erwarten das Elterneinkommen im Bewilligungszeitraum steigt.

Elternunabhängige Förderung

108 Nur bei Vorliegen bestimmter Voraussetzungen bleibt das Einkommen der Eltern außer Betracht. Dann erfolgt nur eine Anrechnung des eigenen Einkommens und Vermögens der Auszubildenden sowie des Einkommens ihrer etwaigen Ehegatten oder eingetragener Lebenspartner.

Eine elternunabhängige Förderung erfolgt,

1. wenn der Aufenthaltsort der Eltern nicht bekannt ist oder sie im Ausland leben und dort rechtlich oder tatsächlich gehindert sind, Unterhalt im Inland zu leisten,

2. wenn die Ausbildungsförderung für den Besuch eines Abendgymnasiums oder Kollegs geleistet wird,

3. wenn die Auszubildenden bei Beginn des Ausbildungsabschnitts bereits das 30. Lebensjahr vollendet haben (und ausnahmsweise trotz dieses Umstands gefördert werden),

4. wenn die Auszubildenden bei Beginn des Ausbildungsabschnitts schon fünf Jahre erwerbstätig gewesen sind, nachdem sie das 18. Lebensjahr vollendet haben,

5. wenn die Auszubildenden vor Beginn des Ausbildungsabschnitts eine zumindest dreijährige berufsqualifizierende Ausbildung absolviert haben und anschließend mindestens drei Jahre erwerbstätig waren (eine kürzere Ausbildung kann durch eine entsprechend längere Erwerbstätigkeit kompensiert werden, wenn insgesamt mindestens sechs Jahre erreicht werden; umgekehrt gilt dies nicht: auch bei einer Ausbildung von mehr als drei Jahren muss anschließend noch eine Erwerbstätigkeit von mindestens drei Jahren nachgewiesen werden).

In den Fällen der Nummern 4 und 5 der vorgenannten Aufzählung müssen die Auszubildenden in den Jahren ihrer Erwerbstätigkeit in der Lage gewesen sein, sich aus deren Ertrag selbst zu unterhalten. Als Zeit der den Lebensunterhalt sichernden Erwerbstätigkeit gelten z. B. auch Zeiten des Wehr- oder Zivildienstes.

Gewährung von Freibeträgen

109 Zunächst ist das jeweilige Einkommen festzustellen. Dann sind die Freibeträge zu ermitteln und vom zuvor festgestellten Einkommen abzuziehen. Der verbleibende Betrag ist das anzurechnende Einkommen.

Welche Einkünfte überhaupt der Anrechnung unterliegen, sind in der Einkommensverordnung nach § 21 BAföG geregelt. So zählen z. B. auch Einkünfte aus sog. Minijobs und Praktikantenvergütungen zu den anrechnungspflichtigen Einkünften.

Die Einkünfte aus einem Ausbildungsverhältnis, z. B. Vergütungen aus Pflichtpraktika, werden ohne Abzug von Freibeträgen angerechnet; sie vermindern die Förderung also in voller Höhe.

110 Zu berücksichtigen ist ggf. auch die Anrechnung von Stipendien. Nicht einkommensteuerpflichtige begabungs- und leistungsabhängige Stipendien sind allerdings bis zu einem Gesamtbetrag, der einem Monatsdurchschnitt von 300 Euro entspricht, von vornherein von der Anrechnung ausgenommen.

Im Übrigen gelten Stipendien als Einkommen und sind anzurechnen, falls ihre besondere Zweckbestimmung einer Anrechnung auf den Bedarf nicht entgegensteht. Die Anrechnung erfolgt dann grundsätzlich unter Berücksichtigung der Einkommensfreibeträge. Nur wenn die Auszubildenden selbst Stipendiaten sind und das Stipendium ganz oder teilweise aus öffentlichen Mitteln stammt, werden für den 300 Euro übersteigenden Betrag keine Einkommensfreibeträge gewährt. Für steuerpflichtige Stipendien- oder Beihilfeleistungen gilt die Sonderregelung, dass bis zu 300 Euro monatlich von vornherein von der Anrechnung ausgenommen sind, nicht.

111 Bei Arbeitseinkünften werden zunächst die pauschalierten Werbungskosten in Höhe von 920 Euro jährlich (77 Euro monatlich) entsprechend dem Einkommensteuergesetz abgesetzt. Von diesem verminderten Betrag wird dann nach § 21 Abs. 2 Nr. 1 BAföG zusätzlich eine Sozialpauschale in Höhe von 21,3 Prozent (maximal 12.100 Euro jährlich) und ab einer gewissen Einkommenshöhe eine Pauschale für die Einkommen- und Kirchensteuer abgezogen.

Von dem so errechneten Betrag können dann noch die jeweils geltenden Freibeträge nach § 23 BAföG abgezogen werden.

Freibeträge vom eigenen Einkommen der Auszubildenden

112 Die Freibeträge vom eigenen Einkommen der Auszubildenden richten sich im Wesentlichen nach der Ausbildungsart und der familiären Situation. Im Einzelnen gelten die folgenden Freibeträge:

1. Für die Auszubildenden selbst
   Alle Auszubildenden erhalten stets einen Freibetrag von monatlich 255 Euro.

2. Für den Ehegatten bzw. eingetragenen Lebenspartner und/oder Kinder der Auszubildenden
   Sind Auszubildende verheiratet bzw. in eingetragener Lebenspartnerschaft verbunden und/oder haben sie Kinder, erhöhen sich die Freibeträge, und zwar
   – für den Ehegatten bzw. eingetragenen Lebenspartner monatlich um 535 Euro und
   – für jedes Kind monatlich um 485 Euro
   Voraussetzung hierfür ist jedoch, dass der Ehegatte bzw. eingetragene Lebenspartner oder die Kinder nicht in einer Ausbildung stehen, die nach dem BAföG oder nach § 59 des Dritten Buches Sozialgesetzbuch gefördert werden kann. Zu beachten ist außerdem, dass sich die Freibeträge insbesondere um eigenes Einkommen der jeweiligen Person reduzieren.

3. Für Härtefälle
   Zur Vermeidung unbilliger Härten kann nach § 23 Abs. 5 BAföG auf besonderen Antrag, der vor dem Ende des Bewilligungszeitraums zu stellen ist, ein

weiterer Teil des Einkommens anrechnungsfrei gestellt werden, sofern er zur Deckung besonderer Kosten der Ausbildung erforderlich ist, die nicht durch den Bedarfssatz gedeckt sind, höchstens jedoch bis zu einem Betrag von 205 Euro monatlich.

113 Bei Einkommen der Auszubildenden aus Ferien- oder Nebenjobs ist grundsätzlich das Bruttoeinkommen im Zeitraum, für den BAföG bewilligt wird, maßgeblich. Von diesem Bruttoeinkommen werden als erstes die Werbungskostenpauschale in Höhe von 920 Euro und dann die Sozialpauschale von 21,3 Prozent abgezogen. Der verbleibende Betrag wird durch die Zahl der Monate des Bewilligungszeitraums geteilt. Schließlich wird der Freibetrag von 255 Euro monatlich abgezogen.

Somit bleibt ein Bruttoeinkommen von 4.800 Euro in zwölf Monaten oder monatlich 400 Euro anrechnungsfrei. Danach kann der Auszubildende einem 400-Euro-Minijob nachgehen, ohne dass monatliche Abzüge von der Förderung nach dem BAföG vorgenommen werden.

114 Bis zur Höhe von 400 Euro ist das Einkommen aus geringfügiger Beschäftigung auch für eine etwaig bestehende beitragsfreie Mitversicherung in der gesetzlichen Familienversicherung unschädlich. Bei nicht geringfügiger Beschäftigung darf das Gesamteinkommen eines Auszubildenden im Hinblick auf die Familienversicherung monatlich 365 Euro nicht übersteigen.

115 Das Einkommen der Auszubildenden ist auch im Hinblick auf einen etwaig bestehenden Kindergeldanspruch von Bedeutung. Danach Es gilt eine Einkommenshöchstgrenze von 8.004 Euro im Jahr, denn wenn die eigenen Einkünfte und Bezüge des Kindes, zu denen auch der Zuschussanteil der Förderung nach dem BAföG gehört, nach allen Abzügen höher sind als diese Einkommensgrenze, entfällt der Kindergeldanspruch.

116 Von der Waisenrente und dem Waisengeld bleiben für Schüler/innen von Berufsfachschulen und Fachschulklassen, deren Besuch eine abgeschlossene Berufsausbildung nicht voraussetzt, monatlich 170 Euro, für andere Auszubildende 125 Euro anrechnungsfrei.

117 Stammt das Einkommen der Auszubildenden aus einem Pflichtpraktikum oder dem Ausbildungsverhältnis, wird es voll – also ohne Freibetrag – auf den Bedarf angerechnet (vgl. § 23 Abs. 3 BAföG). Dies gilt grundsätzlich auch für Ausbildungsbeihilfen und gleichartige Leistungen, für Förderungsleistungen ausländischer Staaten sowie für Unterhaltsleistungen der dauernd getrennt lebenden oder geschiedenen Ehegatten bzw. eingetragenen Lebenspartner.

118 Ausbildungsförderung nach dem Bundesausbildungsförderungsgesetz (BAföG) wird nicht geleistet, soweit Auszubildende die Ausbildung aus eigenem Einkommen oder Vermögen finanzieren können. Nur wenn Auszubildende bedürftig sind, ist der Einsatz von Steuermitteln gerechtfertigt. Deshalb ist Einkommen, das Auszubildende erzielen, auf die mögliche Förderung anzurechnen. Vom Gesetz gewährte Freibeträge führen jedoch in vielen Fällen dazu, dass Neben- oder Ferienjobs ganz oder zumindest in erheblichem Umfang anrechnungsfrei bleiben und damit die Förderung nicht oder nur in beschränktem Umfang mindern. Insbesondere zu der Frage, wie viel anrechnungsfrei hinzu verdient werden kann, will dieses Merkblatt Hinweise geben.

Eltern-Rechnung

119 Vom Einkommen der Eltern bleiben monatlich anrechnungsfrei für

– Eltern, verheiratet bzw. in eingetragener Lebenspartnerschaft verbunden und zusammenlebend: 1.605 Euro,
– alleinstehendes Elternteil: 1.070 Euro,
– Stiefelternteil: 535 Euro,
– Kinder und sonstige Unterhaltsberechtigte, die nicht in einer förderungsfähigen Ausbildung stehen, je 485 Euro.

Die vorgenannten Freibeträge mindern sich für den Stiefelternteil, die Kinder und die sonstigen Unterhaltsberechtigten um das jeweilige eigene Einkommen dieser Personen. Vom Einkommen der Eltern bleiben nach Abzug dieser Grundfreibeträge weitere 50 Prozent sowie für jedes Kind, für das ein Freibetrag gewährt wird, weitere 5 Prozent anrechnungsfrei. Der nach Abzug aller Freibeträge verbleibende Betrag ist der Anrechnungsbetrag, den die Eltern nach dem BAföG für die Finanzierung der Ausbildung ihres Kindes aufwenden können.

120 Haben die Auszubildenden Geschwister, die in einer Ausbildung stehen, die nach dem BAföG oder nach § 59 SGB III gefördert werden kann, wird der Anrechnungsbetrag zu gleichen Teilen auf die Auszubildenden und die Geschwister umgelegt.

Verbleibt also z. B. ein Anrechnungsbetrag von 1.200 Euro, der auf insgesamt drei Auszubildende umzulegen ist, so werden jeweils 400 Euro angerechnet.

Belasten Geschwister der Auszubildenden die Eltern finanziell nicht, weil sie z. B. als Studierende an Bundeswehruniversitäten oder Verwaltungsfachhochschulen bedarfsdeckende Bezüge erhalten, nehmen sie nicht an der Aufteilung teil.

121 Auszubildende, deren Eltern die von ihnen nach dem BAföG aufzubringenden Unterhaltsleistungen verweigern, können auf Antrag Ausbildungsförderung als Vorausleistung erhalten. In diesem Fall geht der zivilrechtliche Unterhaltsanspruch der Auszubildenden gegen ihre Eltern bis zur Höhe der vorausgeleisteten Aufwendungen auf das jeweilige Bundesland über, das dann die Eltern auf Zahlung in Anspruch nimmt.

Ehegatten-Rechnung bzw. Rechnung für den eingetragenen Lebenspartner

122 Vom Einkommen des Ehegatten bzw. eingetragenen Lebenspartner bleiben monatlich anrechnungsfrei für

– Ehegatten bzw. eingetragenen Lebenspartner selbst: 1.070 Euro,
– Kinder und sonstige Unterhaltsberechtigte des Ehegatten bzw. eingetragenen Lebenspartners, die nicht in einer förderungsfähigen Ausbildung stehen, je 485 Euro.

Förderungsdauer

123 **Schüler** werden grundsätzlich gefördert, solange sie die Ausbildungsstätte besuchen. Dies gilt auch, wenn eine Klasse wiederholt werden muss. Förderung wird grundsätzlich auch in der unterrichtsfreien Zeit geleistet.

124 Der Besuch eines Abendgymnasiums wird gefördert, sobald die Verpflichtung zur Ausübung der Berufstätigkeit nicht mehr besteht, regelmäßig während der letzten drei Schulhalbjahre.

125 **Auszubildende an Akademien und Höheren Fachschulen** werden für die Dauer der nach der jeweiligen Ausbildungs- und Prüfungsordnung vorgesehenen Ausbildungszeit gefördert.

126 Auszubildende **an Hochschulen** werden grundsätzlich bis zum Erreichen der Förderungshöchstdauer gefördert. Die Förderungshöchstdauer richtet sich nach der gewählten Fachrichtung und ergibt sich aus der jeweiligen Regelstudienzeit, die in der Studien- und Prüfungsordnung festgelegt ist.

127 Zu beachten ist jedoch, dass Auszubildende an Höheren Fachschulen, Akademien und Hochschulen ab dem fünften Fachsemester nur nach Vorlage eines Leistungsnachweises gemäß § 48 BAföG gefördert werden. Mit dem Nachweis dokumentieren die Auszubildenden, dass sie die den jeweiligen Ausbildungs- und Prüfungsordnungen entsprechenden Studienfortschritte gemacht haben.

Ausreichend sind durchschnittliche Studienfortschritte, die die Auszubildenden nachweisen können durch

– ein Zeugnis über eine bestandene Zwischenprüfung, die nach den Ausbildungsbestimmungen erst vom Ende des dritten Fachsemesters an abgeschlossen werden kann und vor dem Ende des vierten Fachsemesters abgeschlossen worden ist,
– oder eine nach Beginn des vierten Fachsemesters ausgestellte Bescheinigung der Ausbildungsstätte darüber, dass sie die bei geordnetem Verlauf ihrer Ausbildung bis zum Ende des jeweils erreichten Fachsemesters üblichen Leistungen erbracht haben (sog. 48-Bescheinigung),
– oder einen Nachweis der für den jeweiligen Studiengang üblichen ECTS-Leistungspunkte.

Schreiben die Ausbildungs- und Prüfungsordnungen eine Zwischenprüfung oder einen entsprechenden Leistungsnachweis bereits vor Beginn des dritten Fachsemesters verbindlich vor, ist die Förderung auch im dritten und vierten Fachsemester von der Vorlage entsprechender Nachweise abhängig.

Fallbeispiele zur Ermittlung des individuellen Bedarfs

128 Wenn in den Beispielen von Einkommen oder Verdienst die Rede ist, handelt es sich um Einkommen im Sinne des BAföG, es geht also weder um das monatliche Brutto- noch Nettoeinkommen.

Je nach Art und Höhe der Steuerfreibeträge und der Sozialpauschalen (z. B. Altersentlastungsbetrag nach § 24a EStG; Sozialpauschale für Nichtarbeitnehmer 35 Prozent) kann das Bruttoeinkommen im Einzelfall erheblich höher sein, ohne dass sich dies auf das Ergebnis (Einkommen im Sinne des BAföG) auswirken muss.

Bundesgesetz über individuelle Förderung der Ausbildung **19**

Tabelle 9: Freibeträge vom Einkommen bei der Leistungsgewährung

Art der Freibeträge	gesetzliche Grundlage	Betrag (Euro)
Einkommen der Eltern und des Ehegatten		
Freibetrag für miteinander verheirateten Eltern, wenn sie nicht dauernd getrennt leben	§ 25 Abs. 1 Nr. 1	1.605
Freibetrag für jedes Elternteils in sonstigen Fällen sowie für Ehegatten des Auszubildenden	§ 25 Abs. 1 Nr. 2	1.070
Freibetrag für den nicht in Eltern-Kind-Beziehung zum Auszubildenden stehenden Ehegatten	§ 25 Abs. 3 Satz 1 Nr. 1	535
Freibetrag je Kind des Einkommensbeziehers sowie für weitere dem Einkommensbezieher gegenüber nach dem BGB Unterhaltsberechtigte	§ 25 Abs. 3 Satz 1 Nr. 2	485
Einkommen des Auszubildenden		
Freibetrag für den Auszubildenden	§ 23 Abs. 1 Nr.1	255
Freibetrag für den Ehegatten	§ 23 Abs. 1 Nr.2	535
Freibetrag für jedes Kind	§ 23 Abs. 1 Nr.3	485
Abweichende Freibeträge von Waisengeld und Waisenrente	§ 23 Abs. 4 Nr. 1	170
Härtefreibetrag – höchstens -	§ 23 Abs. 5	125 205
Darlehensrückzahlung		
Freibetrag vom Einkommen der Darlehensnehmer für sich selbst	§ 18a Abs. 1 Satz 1	1.070
Für den Ehegatten	§ 18a Abs. 1 Satz 1 Nr. 1	535
Je Kind	§ 18a Abs. 1 Satz 1 Nr. 2	485
Freibeträge für Pflichtbeiträge zur Sozialversicherung, Bundesagentur für Arbeit sowie freiwillige Aufwendungen zur Sozialversicherung und private Kranken-, Pflege-, Unfall- oder Lebensversicherung		
für rentenversicherungspflichtige Arbeitnehmer und für Arbeitende	§ 21 Abs. 2 Nr. 1	21,3 % bis 12.100 Euro jährlich
für nicht rentenversicherungspflichtige Arbeitnehmer und für Personen im Ruhestandsalter, die einen Anspruch auf Alterssicherung aus einer renten- oder nicht rentenversicherungspflichtigen Beschäftigung oder Tätigkeit haben	§ 21 Abs. 2 Nr. 2	14,4 % bis 6.300 Euro jährlich
für Nichtarbeitnehmer und auf Antrag von der Versicherungspflicht befreite oder wegen geringfügiger Beschäftigung versicherungsfreie Arbeitnehmer	§ 21 Abs. 2 Nr. 3	37,3 % bis 2.900 Euro jährlich
für Personen im Ruhestandsalter, soweit sie nicht erwerbstätig sind, und für sonstige nicht Erwerbstätige	§ 21 Abs. 2 Nr. 4	14,4 % bis 6.300 Euro jährlich

Tabelle 10: Entwicklung der Bedarfssätze und Freibeträge im Verhältnis zu den Lebenshaltungskosten und der Einkommensentwicklung

Jahr	Bedarfssatz für				Freibeträge[3]		Preisindex[4]	Einkommensentwicklung[5] Index	
	Schüler[1]		Studierende[2]						
	Euro	Index	Euro	Index	Euro	Index		netto	brutto
1991	284	100,0	383	100,0	929	100,0	100,0	100,0	100,0
1992	302	106,3	406	106,0	946	102,8	105,1	106,5	108,2
1993	302	106,3	406	106,0	971	105,5	109,7	109,5	111,0
1994	302	106,3	406	106,0	971	105,5	112,8	109,1	112,6
1995	314	110,6	424	110,7	1.012	110,0	114,8	110,0	116,2
1996	314	110,6	424	110,7	1.012	112,3	116,3	109,5	117,5
1997	314	110,6	424	110,7	1.012	112,3	118,6	107,7	117,3
1998	320	112,7	432	112,8	1.094	118,9	119,8	110,1	119,7
1999	327	115,1	440	114,9	1.161	126,2	120,4	113,8	123,3
2000	327	115,1	440	114,9	1.161	126,2	122,1	118,4	127,5
2001	348	122,5	465	121,7	1.440	153,4	124,5	122,7	130,2
2002	348	122,5	465	121,7	1.440	153,4	126,4	123,0	131,0
2003	348	122,5	465	121,7	1.440	153,4	127,7	122,4	131,1
2004	348	122,5	465	121,7	1.440	153,4	129,8	125,4	132,0
2005	348	122,5	465	121,7	1.440	153,4	131,8	125,2	131,6
2006	348	122,5	465	121,7	1.440	153,4	133,9	125,7	133,7
2007	348	122,5	465	121,7	1.440	153,4	133,9	125,7	133,7
2008	383	134,9	512	133,7	1.555	169,0	140,4	133,6	143,7

1) Bedarfssatz eines auswärts untergebrachten Gymnasiasten und Berufsfachschülers (2000 alte Länder).
2) Bedarfssatz eines außerhalb des Elternhauses lebenden Studierenden (bis 2000 alte Länder).
3) Freibetrag für ein verheiratetes Ehepaar.
4) Verbraucherpreisindex berechnet nach Angaben des Statistischen Bundesamtes.
5) Brutto- bzw. Nettolöhne und –gehälter je Arbeitnehmer im Inland, Jahresdurchschnitte des Statistischen Bundesamtes.
Die Angaben sind jeweils bezogen auf den Zeitpunkt des durchschnittlichen Inkrafttretens der Anpassungsgesetze, dem September des jeweiligen Jahres. Alle Eurobeträge sind gerundet.
Quelle: 18. Bericht der Bundesregierung zu § 35 BAföG.

19 Bundesgesetz über individuelle Förderung der Ausbildung

Beispiel: Studentin, auswärts wohnend

Sie, 26 Jahre alt, studiert Medizin und wohnt in einem Studentenwohnheim. Sie ist bei ihren Eltern beitragsfrei in der Kranken- und Pflegeversicherung mitversichert. Ihr Bruder absolviert eine Ausbildung zum Bankkaufmann und erhält dafür eine monatliche Ausbildungsvergütung von 733 Euro. Der Vater ist Hausmann. Die Mutter ist Arbeitnehmerin und hatte vor 2 Jahren ein Bruttojahreseinkommen von 35.470 Euro. Sie zahlt in eine Riester-Rente ein.

Berechnung des Einkommens der Mutter im Sinne des BAföG:	Betrag (Euro)
Bruttoeinkommen aus nichtselbständiger Arbeit (1/12)	2.955,83
abzüglich	
Werbungskosten (mindestens 1/12 des jährlichen Werbungskostenpauschbetrages von 920 Euro)	–76,67
Sozialpauschale (21,3 Prozent, Höchstbetrag 1008,33 Euro monatlich)	–613,26
Beitrag zur Riester-Rente	–74,57
tatsächlich geleistete Steuern	
Einkommensteuer / Lohnsteuer	–257,33
Kirchensteuer	–3,77
Solidaritätszuschlag	–0,00
Einkommen der Mutter im Sinne des BAföG	= 1.930,24

Der Vater gibt die Zusatzerklärung für einen Elternteil ohne Einkommen ab.

Berechnung des Einkommens des Bruders (im Sinne des BAföG):

Ausbildungsvergütung (1/12)	733,00
abzüglich	
Pauschalbetrag nach Tz 21.1.32 BAföGVwV	–138,05
anzurechnendes Einkommen des Bruders im Sinne des BAföG	=594,95

Einkommen der Eltern (im Sinne des BAföG)		1.930,24
abzüglich		
Grundfreibetrag:		
– für die Eltern		–1.605,00
– für den Bruder		
Grundfreibetrag	485,00	
abzüglich des anrechenbaren Einkommens des Bruders	–594,95	
verbleibender Grundfreibetrag	= 0,00	–0,00
Einkommen der Eltern im Sinne des BAföG		= 325,24
Kein Freibetrag für die Studentin, da sie in einer nach dem BAföG förderungsfähigen Ausbildung steht		
Zusatzfreibetrag: 50 Prozent für die Eltern selbst		–162,62
Anrechnungsbetrag vom Elterneinkommen		162,62

Berechnung des BAföG für die auswärts wohnende Studentin	
Bedarfssatz	
Grundbedarf Student/in	373,00
auswärts wohnend	+224,00
	= 597,00
abzüglich	
Anrechnungsbetrag vom Elterneinkommen	–162,62
Förderungsbetrag	**434,38**
Förderungsbetrag gerundet	434,00

Die Studentin erhält Förderungsleistungen in Höhe von monatlich 434 Euro, davon 217 Euro als Zuschuss und 217 Euro als zinsloses Darlehen.

19 Bundesgesetz über individuelle Förderung der Ausbildung

Beispiel: Studentin, auswärts wohnend mit Nebenjob und Bruder (22), Fachoberschüler

Der 28jährige Student studiert Maschinenbau im 6. Semester an einer Technischen Hochschule und wohnt in einer Wohngemeinschaft. Er verdient als studentische Hilfskraft monatlich 400 Euro (brutto) und führt eine Riester-Rente fort, in die er zuvor bereits während seiner betrieblichen Berufsausbildung eingezahlt hat. Er ist selbst beitragspflichtig kranken- und pflegeversichert. Sein Bruder (22) hat eine Berufsausbildung abgeschlossen und besucht jetzt die Fachoberschule. Er wohnt bei seinen Eltern und ist beitragsfrei bei ihnen in der Kranken- und Pflegeversicherung mitversichert.

Der Vater ist Arbeitnehmer, hatte vor 2 Jahren ein Bruttojahreseinkommen von 35.000 Euro und zahlt in eine Riester-Rente ein. Die Mutter der beiden hatte im Jahr 2008 als Vollzeitbeschäftigte ein Bruttojahreseinkommen von 30.000 Euro. Im Bewilligungszeitraum hat sich ihr Bruttojahreseinkommen wegen Aufnahme einer Teilzeitbeschäftigung auf 15.000 Euro verringert. Sie zahlt weiterhin in eine Riester-Rente ein. Aufgrund des im Vergleich zum vorletzten Kalenderjahr deutlich niedrigeren Einkommens der Mutter, stellen die Brüder beim Amt für Ausbildungsförderung jeweils einen Antrag auf Einkommensaktualisierung.

Berechnung des Einkommens des Studenten im Sinne des BAföG:	Betrag (Euro)
Bruttoeinkommen aus nichtselbständiger Arbeit (1/12)	400,00
abzüglich	
Werbungskosten (monatlich)	−77,00
Sozialpauschale (21,3 Prozent, Höchstbetrag 1008,33 Euro monatlich)	−68,87
Beitrag zur Riester-Rente	−5,00
tatsächlich geleistete Steuern	−0,00
Einkommen des Studenten im Sinne des BAföG	= 249,13
abzüglich	
Grundfreibetrag	−255,00
anzurechnendes Einkommen	0,00

Berechnung des Einkommens des Vaters im Sinne des BAföG	
Bruttoeinkommen aus nichtselbständiger Arbeit (1/12)	2.916,67
abzüglich	
Werbungskosten (mindestens 1/12 des jährlichen Werbungskostenpauschbetrags von 920 Euro)	−76,67
Sozialpauschale (21,3 Prozent, Höchstbetrag 1008,33 Euro monatlich)	−604,92
Beitrag zur Riester-Rente	−88,42
tatsächlich geleistete Steuern	
Einkommensteuer / Lohnsteuer	−246,00
Kirchensteuer	−11,67
Solidaritätszuschlag	−0,00
Einkommen des Vaters im Sinne des Bafög	= 1.888,99

Berechnung des Einkommens der Mutter im Sinne des BAföG

Die Mutter stellt einen Antrag auf Aktualisierung ihres Einkommens, wodurch statt ihres Einkommens vor zwei Jahres das Einkommen im Bewilligungszeitraum berücksichtigt wird:

Bruttoeinkommen aus nichtselbständiger Arbeit (1/12)	1.250,00
abzüglich	
Werbungskosten (mindestens 1/12 des jährlichen Werbungskostenpauschbetrags von 920 Euro)	−76,67
Sozialpauschale (21,3 Prozent, Höchstbetrag 1008,33 Euro monatlich)	−249,92
Beitrag zur Ricster-Rente	−31,17
tatsächliche geleistete Steuern	
Einkommensteuer / Lohnsteuer	−283,33
Kirchensteuer	−25,50
Solidaritätszuschlag	−15,58
Einkommen der Mutter im Sinne des BAföG	561,83

Fortsetzung nächste Seite

Fortsetzung

Berechnung des Einkommens der Eltern im Sinne des BAföG — Betrag (Euro)

Einkommen des Vaters	1.888,99
Einkommen der Mutter	+561,83
Einkommen der Eltern	= 2.450,82
abzüglich	
Grundfreibetrag für die Eltern	−1.605,00
Einkommen der Eltern im Sinne des BAföG	= 845,82
Kein Freibetrag für den Studenten und seinen Bruder, da beide in einer nach dem BAföG förderungsfähigen Ausbildung stehen	
Zusatzfreibetrag: 50 Prozent für die Eltern selbst	−422,91
Anrechnungsbetrag vom Elterneinkommen	422,91

Berechnung des BAföG für den Studenten

Bedarfssatz	
Grundbedarf Student/in	373,00
auswärts wohnend	+224,00
Erhöhungsbetrag eigene Krankenversicherung	+62,00
Erhöhungsbetrag eigene Pflegeversicherung	+11,00
	= 670,00
abzüglich	
1/2 des anzurechnenden Elterneinkommens	−211,46
Förderungsbetrag	**458,55**
Förderungsbetrag gerundet	459,00

Berechnung des BAföG für den Bruder

Bedarfssatz	
Grundbedarf Fachoberschüler/in	391,00
abzüglich	
1/2 des anzurechnenden Elterneinkommens	−211,46
Förderungsbetrag	**179,55**
Förderungsbetrag gerundet	180,00

Der Student erhält Förderungsleistungen in Höhe von monatlich 459 Euro, davon 229,50 Euro als Zuschuss und 229,50 Euro als zinsloses Darlehen.

Sein Bruder erhält Förderungsleistungen in Höhe von monatlich 180 Euro als Zuschuss.

19 Bundesgesetz über individuelle Förderung der Ausbildung

Beispiel: Student und Gymnasiast, beide auswärts wohnend, die Eltern sind geschieden

Der 25jährige Student studiert Elektrotechnik an einer Fachhochschule. Er hat gemeinsam mit Kommilitonen eine Wohnung gemietet. Sein 18jähriger Bruder besucht die 12. Klasse eines Gymnasiums. Er wohnt bei den Großeltern, weil das Gymnasium von den Wohnungen der Eltern aus nicht in angemessener Zeit erreichbar ist.

Die Eltern von beiden sind seit mehreren Jahren geschieden, beide Elternteile sind als Arbeitnehmer tätig und beziehen für jeweils eines ihrer Kinder Kindergeld. Der Vater hatte vor 2 Jahren ein Bruttojahreseinkommen von 29.470 Euro, die Mutter von 18.740 Euro. Vater und Mutter zahlen jeweils in eine Riester-Rente ein. Die Geschwister sind beitragsfrei bei ihren Eltern in der Kranken- und Pflegeversicherung mitversichert.

	Betrag (Euro)
Berechnung des Einkommens des Vaters im Sinne des BAföG:	
Bruttoeinkommen aus nichtselbständiger Arbeit (1/12)	2.455,83
abzüglich	
Werbungskosten ((mindestens 1/12 des jährlichen Werbungskostenpauschbetrages von 920 Euro)	–76,67
Sozialpauschale (21,3 Prozent, Höchstbetrag 1008,33 Euro monatlich)	–506,76
Beitrag zur Riester-Rente	–69,98
tatsächlich geleistete Steuern	–0,00
Einkommensteuer / Lohnsteuer	–350,25
Kirchensteuer	–19,26
Solidaritätszuschlag	–11,77
Einkommen des Vaters im Sinne des BAföG	= 1.421,14
abzüglich	
Grundfreibetrag für sich selbst	–1.070,00
	= 351,14
Kein Freibetrag für die Geschwister, da beide in einer nach dem BAföG förderungsfähigen Ausbildung stehen.	0,00
	= 351,14
Zusatzfreibetrag: 50 Prozent für den Vater selbst	175,57
Anrechnungsbetrag vom Einkommen des Vaters	175,57
Berechnung des Einkommens der Mutter im Sinne des BAföG	
Bruttoeinkommen aus nichtselbständiger Arbeit (1/12)	1.561,67
abzüglich	
Werbungskosten ((mindestens 1/12 des jährlichen Werbungskostenpauschbetrages von 920 Euro)	–76,67
Sozialpauschale (21,3 Prozent, Höchstbetrag 1008,33 Euro monatlich)	–316,31
Beitrag zur Riester-Rente	–34,22
tatsächlich geleistete Steuern	
Einkommensteuer / Lohnsteuer	–115,67
Kirchensteuer	–1,07
Solidaritätszuschlag	–0,00
Einkommen der Mutter im Sinne des BAföG	= 1.017,74
abzüglich	
Grundfreibetrag für sich selbst	1.070,00
	= –52,26
Kein Freibetrag für die Geschwister, da beide in einer nach dem BAföG förderungsfähigen Ausbildung stehen.	
Zusatzfreibetrag: 50 Prozent für die Mutter selbst	–0,00
Anrechnungsbetrag vom Einkommen der Mutter	0,00

Fortsetzung nächste Seite

19 Bundesgesetz über individuelle Förderung der Ausbildung

Fortsetzung

Berechnung des BAföG für den Studenten	Betrag (Euro)
Bedarfssatz	
Grundbedarf Student/in	373,00
auswärts wohnend	+224,00
	= 597,00
abzüglich	
1/2 des anzurechnenden Einkommens des Vaters	−87,79
1/2 des anzurechnenden Einkommens der Mutter	−0,00
Förderungsbetrag	**509,22**
Förderungsbetrag gerundet	509,00
Berechnung des BAföG für den Gymnasiasten	
Bedarfssatz	
Grundbedarf Schüler/in an einer weiterführenden allgemeinbildenden Schule (notwendig auswärts untergebracht)	465,00
abzüglich	
1/2 des anzurechnenden Einkommens des Vaters	−87,79
1/2 des anzurechnenden Einkommens der Mutter	−0,00
Förderungsbetrag	**377,22**
Förderungsbetrag gerundet	377,00

Der Student erhält Förderungsleistungen in Höhe von monatlich 509 Euro, davon 254,50 Euro als Zuschuss und 254,50 Euro als zinsloses Darlehen.

Sein Bruder erhält als Gymnasiast Förderleistungen in Höhe von monatlich 377 Euro als Zuschuss.

Beispiel: Student mit eigenem Pkw

Der Student (19) studiert Mathematik im ersten Semester. Er wohnt bei seinen Eltern und ist beitragsfrei bei ihnen in der Kranken- und Pflegeversicherung mitversichert. Sein Bruder besucht die 5. Klasse des Gymnasiums. Der Vater hatte vor 2 Jahren ein Bruttojahreseinkommen von 37.400 Euro, die Mutter von 11.200 Euro. Sie haben keinen Riester-Renten-Vertrag abgeschlossen. Der Student verfügt über einen eigenen Pkw mit einem Zeitwert von 2.300 Euro und über ein Sparbuch mit einer Einlage in Höhe von 4.400 Euro.

Berechnung des Vermögens des Studenten im Sinne des BAföG:	Betrag (Euro)
Zeitwert Pkw	2.300,00
Sparbuch	4.400,00
Vermögen insgesamt	6.700,00
abzüglich	
Vermögensfreibetrag	−5.200,00
anzurechnendes Vermögen im Sinne des BAföG	= 1.500,00
Anrechnungsbetrag monatliches Vermögen (1/12)	125,00
Berechnung des Einkommens des Vaters im Sinne des BAföG	
Bruttoeinkommen aus nichtselbständiger Arbeit (1/12)	3.116,67
abzüglich	
Werbungskosten (mindestens 1/12 des jährlichen Werbungskostenpauschbetrages von 920 Euro)	−76,67
Sozialpauschale (21,3 Prozent, Höchstbetrag 1008,33 Euro monatlich)	−647,52
Beiträge zur Riester-Rente	−0,00

Fortsetzung nächste Seite

Fortsetzung

tatsächlich geleistete Steuern	
Einkommensteuer / Lohnsteuer	−303,67
Kirchensteuer	−6,84
Solidaritätszuschlag	−0,00
Einkommen des Vaters im Sinne des BAföG	2.081,97
Berechnung des Einkommens der Mutter im Sinne des BAföG	
Bruttoeinkommen aus nichtselbständiger Arbeit (1/12)	933,33
abzüglich	
Werbungskosten (mindestens 1/12 des jährlichen Werbungskostenpauschbetrages von 920 Euro)	−76,67
Sozialpauschale (21,3 Prozent, Höchstbetrag 1008,33 Euro monatlich)	−182,47
Beiträge zur Riester-Rente	−0,00
tatsächlich geleistete Steuern	
Einkommensteuer / Lohnsteuer	−154,75
Kirchensteuer	−13,93
Solidaritätszuschlag	−8,51
Einkommen der Mutter im Sinne des BAföG	497,01
Einkommen der Eltern im Sinne des BAföG	
Einkommen des Vaters	2.081,97
Einkommen der Mutter	497,01
	= 2.578,98
abzüglich	
Grundfreibetrag für die Eltern	−1.605,00
Grundfreibetrag für den Gymnasialschüler	−485,00
Einkommen der Eltern im Sinne des BAföG	= 488,98
Zusatzfreibetrag: 55 Prozent (50 Prozent für die Eltern und 5 Prozent für den Schüler)	−268,94
Anrechnungsbetrag vom Elterneinkommen	= 220,04
Berechnung des BAföG des Studenten	
Bedarfssatz	
Grundbedarf Student/in	373,00
nicht auswärts wohnend	−49,00
	= 422,00
abzüglich	
Anrechnungsbetrag aus eigenem Vermögen	125,00
Anrechnungsbetrag vom Elterneinkommen	220,04
Förderungsbetrag	**76,96**
Förderungsbetrag gerundet	77,00

Der Student erhält Förderungsleistungen in Höhe von monatlich 77 Euro, davon 38,50 Euro als Zuschuss und 38,50 Euro als zinsloses Darlehen.

19 Bundesgesetz über individuelle Förderung der Ausbildung

Beispiel: Student, verheiratet, ein Kind

Nach seinem Hauptschulabschluss hat der Student (29) eine abgeschlossene Berufsausausbildung und vier Berufsjahre hinter sich. In den letzten Jahren hat er an einem Abendgymnasium das Abitur nachgeholt. Nun studiert er im zweiten Semester Informatik an einer Universität. Aufgrund seiner abgeschlossenen Berufsausbildung und der vierjährigen Berufstätigkeit wird er elternunabhängig gefördert. Er bewohnt mietfrei mit seiner Frau und der gemeinsamen fünfjährigen Tochter eine Wohnung, die seinen Eltern gehört. Er ist bei seiner Frau, die als Angestellte arbeitet, in der gesetzlichen Kranken- und Pflegeversicherung beitragsfrei mitversichert. Seine Frau hatte vor 2 Jahren ein Bruttojahreseinkommen von 32.252 Euro. Er selbst verdient mit einem Nebenjob monatlich 360 Euro (brutto) dazu Die Ehefrau zahlt in eine Riester-Rente ein. Der Student selbst hatte während seiner Berufsausbildung eine Riester-Rente begründet und führt diese weiterhin fort.

	Betrag (Euro)
Berechnung des Einkommens des Studenten im Sinne des BAföG:	
Einkünfte aus nichtselbständiger Arbeit (1/12)	360,00
abzüglich	
Werbungskosten (monatlich)	−77,00
Sozialpauschale (21,3 Prozent, Höchstbetrag 1008,33 Euro monatlich)	−60,35
Beitrag zur Riester-Rente	−5,00
tatsächlich geleistete Steuern	−0,00
Einkommen im Sinne des BAföG	= 217,65
abzüglich	
Grundfreibetrag	−255,00
	= −37,35
anzurechnendes Einkommen	0,00
Berechnung des Einkommens der Ehegattin im Sinne des BAföG	
Bruttoeinkommen aus nichtselbständiger Arbeit (1/12)	2.687,67
abzüglich	
Werbungskosten (mindestens 1/12 des jährlichen Werbungskostenpauschbetrages von 920 Euro)	−76,67
Sozialpauschale (21,3 Prozent, Höchstbetrag 1.008,33 Euro monatlich)	−556,14
Beitrag zur Riester-Rente	−79,26
tatsächlich geleistete Steuern	
Einkommensteuer / Lohnsteuer	−180,83
Kirchensteuer	−6,66
Solidaritätszuschlag	−0,00
Einkommen der Ehegattin im Sinne des BAföG	1.788,11
abzüglich	
Grundfreibetrag für sich selbst	−1.070,00
Grundfreibetrag für die Tochter	485,00
	= 233,11
Zusatzfreibetrag: 55 Prozent (50 Prozent für sich selbst und 5 Prozent für die Tochter)	−128,21
Anrechnungsbetrag vom Einkommen der Ehegattin	= 104,90
Berechnungen der Leistungen nach dem BAföG für den verheirateten Studenten	
Bedarfssatz	
Grundbedarf Student/in	373,00
bei den Eltern wohnen (Eigentumswohnung der Eltern)	+49,00
Kinderbetreuungszuschlag	+113,00
	= 535,00
abzüglich	
Anrechnungsbetrag vom eigenen Einkommen	−0,00
Anrechnungsbetrag vom Einkommen der Ehegattin	104,90
Förderungsbetrag	**430,10**
Förderungsbetrag gerundet	430,00

Der verheiratete Student erhält Förderungsleistungen von monatlich 430 Euro, davon 215 Euro als Zuschuss und 215 Euro als Staatsdarlehen.

Auslandsförderung

129 Unter bestimmten, im BAföG in den §§ 4 und 16 geregelten Voraussetzungen kann auch eine Ausbildung im Ausland gefördert werden.

Innerhalb der Europäischen Union und in der Schweiz kann eine Ausbildung an Berufsfachschulen, mindestens zweijährigen Fachschulen, Höheren Fachschulen, Akademien und Hochschulen von Beginn an bis zum Erwerb des ausländischen Ausbildungsabschlusses gefördert werden.

Auslandsausbildungsaufenthalte im Rahmen einer grenzüberschreitenden Zusammenarbeit zwischen einer inländischen und einer oder mehreren ausländischen Ausbildungsstätten können für die jeweilige Dauer der Auslandsaufenthalte gefördert werden.

Auslandsausbildungsaufenthalte, die im Rahmen einer Inlandsausbildung außerhalb der EU durchgeführt werden, sind für die Dauer von einem Jahr bzw. bei Vorliegen besonderer Gründe für maximal zweieinhalb Jahre förderungsfähig; finden sie innerhalb der EU oder der Schweiz statt, gilt diese Beschränkung nicht.

130 Nach § 5 Abs. 3 Nr. 2 und 3 BAföG gefördert werden kann der Besuch von Schulen, die Schulen mit gymnasialer Oberstufe ab Klasse 11, bestimmten Berufsfachschulklassen, mindestens zweijährigen Fach- und Fachoberschulklassen, Höheren Fachschulen, Akademien oder Hochschulen gleichwertig sind, nicht jedoch der Besuch anderer Ausbildungsstättenarten wie z. B. Abendgymnasien und Berufsaufbauschulen. Soweit die Hochschulzugangsberechtigung nach 12 Schuljahren erworben werden kann, ist eine Förderung für einen Auslandsaufenthalt ab Klasse 10 möglich.

Ein Auslandsausbildungsaufenthalt nach § 5 Abs. 3 Nr. 3 BAföG kann außerhalb der EU nur gefördert werden, wenn die Ausbildung im Ausland nach dem Ausbildungsstand förderlich ist (d. h. regelmäßig Grundkenntnisse in einem mindestens einjährigen Studium im Inland erworben wurden) und mindestens teilweise auf die Inlandsausbildung angerechnet werden kann. Das Anrechnungserfordernis entfällt bei Schüler/innen von Schulen mit gymnasialer Oberstufe und bei Schüler/innen von Fachoberschulklassen.

131 Auslandsausbildungsaufenthalte müssen eine Mindestdauer von sechs Monaten oder einem Semester bzw. zwölf Wochen (Studium im Rahmen einer Hochschulkooperation) aufweisen. Stets erforderlich sind ausreichende Kenntnisse der Unterrichts- und Landessprache.

132 Auslandspraktika können gefördert werden, wenn sie im Zusammenhang mit dem Besuch einer im Inland gelegenen Höheren Fachschule, Akademie oder Hochschule durchgeführt werden und die besonderen Förderungsvoraussetzungen für Auslandspraktika erfüllt sind. Dazu gehört, dass das Praktikum für die Durchführung der Ausbildung erforderlich und in den Ausbildungsbestimmungen geregelt sein muss. Ferner muss die vorgeschriebene Dauer mindestens zwölf Wochen betragen und das Auslandspraktikum muss nach dem Ausbildungsstand förderlich sein. Zudem muss die Ausbildungsstätte bzw. die zuständige Prüfungsstelle anerkennen, dass die Praktikantenstelle den Anforderungen der Prüfungsordnung genügt.

Auslandspraktika können auch im Zusammenhang mit einer Berufsfachschulausbildung gefördert werden, sofern es sich um den Besuch einer Berufsfachschulklasse nach § 2 Abs. 1 Nr. 2 BAföG handelt und die Durchführung des Praktikums nach dem Unterrichtsplan zwingend im Ausland vorgeschrieben ist (§ 5 Abs. 5 Satz 1 BAföG). Dasselbe gilt für mindestens zweijährige Fachschulen.

Zuschläge zum Bedarf bei einem Ausbildungsaufenthalt im Ausland

133 Bei einem Ausbildungsaufenthalt im Ausland werden zusätzlich zu den Bedarfssätzen für nicht bei den Eltern wohnende Auszubildende folgende Zuschläge zum Bedarf geleistet:

– für nachweisbar notwendige Studiengebühren bis zu 4.600 Euro für maximal ein Jahr,
– für Reisekosten:
– bei Studierenden innerhalb Europas: für eine Hin- und eine Rückfahrt je Fahrt 250 Euro,
– bei Studierenden außerhalb Europas: für eine Hin- und eine Rückfahrt je Fahrt 500 Euro,
– bei Schüler/innen innerhalb Europas: für eine (in Härtefällen zwei) Hin- und Rückfahrt(en) pro Schuljahr je Fahrt 250 Euro,
– bei Schüler/innen außerhalb Europas: für eine (in Härtefällen zwei) Hin- und Rückfahrt(en) pro Schuljahr je Fahrt 500 Euro,
– für eventuelle Zusatzkosten der Krankenversicherung bei Studierenden (monatlich bis zur Höhe des Krankenversicherungszuschlags nach § 13a BAföG),

19 Bundesgesetz über individuelle Förderung der Ausbildung

– für höhere Lebenshaltungskosten bei Studierenden außerhalb der EU und der Schweiz je nach Land differierende Auslandszuschläge.

134 Studierenden gleichgestellt sind hier alle Auszubildenden, deren Bedarf sich nach § 13 BAföG bemisst. Die genannten Zuschläge werden grundsätzlich in derselben Form wie die Grundförderung geleistet. Einzige Ausnahme ist der Zuschlag für die Studiengebühren, er wird stets in voller Höhe als Zuschuss gewährt, muss also später nicht zurückgezahlt werden.

135 Die höheren Förderungssätze bei einer Ausbildung im Ausland können dazu führen, dass auch solche Auszubildende während eines Ausbildungsaufenthaltes im Ausland gefördert werden können, die im Inland wegen der Höhe des Einkommens ihrer Eltern keine Förderung erhalten.

136 In Ausnahmefällen kann zusätzlich eine Förderung von Deutschen mit ständigem Wohnsitz im Ausland erfolgen, wenn sie dort oder von dort aus in einem ausländischen Staat eine Ausbildungsstätte besuchen. Dies gilt zum Beispiel für minderjährige Schüler/innen.

Auslandsämter

137 Für die Förderung einer Auslandsausbildung sind bestimmte Förderungsämter als Auslandsämter zuständig. Jedes der insgesamt siebzehn Auslandsämter ist für einen bestimmten ausländischen Staat oder mehrere ausländische Staaten zuständig.

138 Anträge auf Auslandsförderung sind bei dem zuständigen Auslandsamt mit einem Formblatt zu stellen. Die Anträge sollen mindestens sechs Monate vor Beginn des geplanten Auslandsaufenthalt gestellt werden.

Verzeichnis der Ämter für Ausbildungsförderung, die für die Förderung einer Ausbildung außerhalb der Bundesrepublik zuständig sind

Österreich
Landeshauptstadt München
Schul- und Kultusreferat
Amt für Ausbildungsförderung
Schwanthalerstr. 40, 80336 München
Tel.: 089 / 233-96266
Fax: 089 / 233-83388
E-Mail: afa.scu@muenchen.de
Internet: http://www.muenchen.de/afa

Liechtenstein, Schweiz
Studentenwerk Augsburg
Amt für Ausbildungsförderung
Eichleitnerstr. 40, 86159 Augsburg
Tel.: 0821 / 598-4930
Fax: 0821 / 598-4945
E-Mail: bafoeg@stw.uni-augsburg.de
Internet: http//www.studentenwerk-augsburg.de

Frankreich
Kreisverwaltung Mainz-Bingen
Amt für Ausbildungsförderung
Postfach 13 55, 55206 Ingelheim
Tel.: 06132 / 787 - 0
Fax: 06132 / 787 3298
E-Mail: kreisverwaltung@mainz-bingen.de
Internet: http://www.mainz-bingen.de

Italien
Bezirksamt Charlottenburg-Wilmersdorf von Berlin
Amt für Ausbildungsförderung
Auslandsamt
10617 Berlin
Hausanschrift: Otto-Suhr-Allee 100, 10585 Berlin
Tel.: 030 / 9029-10
Fax: 030 / 9029-17593; -17594
E-Mail: bafoegitalien@charlottenburg-wilmersdorf.de

Spanien
Studentenwerk Heidelberg
Amt für Ausbildungsförderung
Marstallhof 1-5, 69117 Heidelberg
Tel.: 06221 / 54 – 54 04
Fax: 06221 / 54 3524
E-Mail: foe@stw.uni-heidelberg.de
Internet: http//www.studentenwerk.uni-heidelberg.de

Großbritannien, Irland, Türkei
Bezirksregierung Köln
Dezernat 49
50606 Köln
Tel.: 0221 / 147 - 4990
Fax: 0221 / 147 - 4950
E-Mail: auslandsbafoeg@bezreg-koeln.nrw.de
Internet: http://www.bezreg-koeln.nrw.de

Schweden
Studentenwerk Rostock
Amt für Ausbildungsförderung
Auslandsamt
St.-Georg-Str. 104-107, 18055 Rostock
Tel.: 0381 / 4592-617
Fax: 0381 / 4592-9431
E-Mail: auslands-bafoeg@studentenwerk-rostock.de
Internet: http://www.studentenwerk-rostock.de

Bundesgesetz über individuelle Förderung der Ausbildung 19

Dänemark, Island, Norwegen
Studentenwerk Schleswig-Holstein
Förderungsverwaltung
Westring 385, 24118 Kiel
Tel.: 0431 / 8816-0
Fax: 0431 / 8816-204
E-Mail: Studentenwerk.s-h@t-online.de
Internet: http://www.Studentenwerk-S-H.de

Finnland
Studentenwerk Halle
Amt für Ausbildungsförderung
W.-Langenbeck-Str. 5, 06120 Halle/Saale
Tel.: 0345 / 684-7113
Fax: 0345 / 684-7202
E-Mail: bafoeg@studentenwerk-halle.de
Internet: http://www.studentenwerk-halle.de

Malta, Portugal
Universität des Saarlandes
Amt für Ausbildungsförderung i. A. Studentenwerk im Saarland
Campus, Gebäude D4, 66123 Saarbrücken
Tel.: 0681 / 302-4992
Fax: 0681 / 302-4993
E-Mail: bafoeg-amt@studentenwerk-Daarland.de
Internet: http//www.studentenwerk-saarland.de

Albanien, Bosnien-Herzegowina, Griechenland, Kroatien, Mazedonien, Serbien und Montenegro, Slowenien, Zypern, Australien
Studentenwerk Marburg
Amt für Ausbildungsförderung
Erlenring 5, 35037 Marburg
Tel.: 06421 / 296-0
Fax: 06421 / 296-223
E-Mail: bafoeg@studentenwerk-marburg.de
Internet: http://www.studentenwerk-marburg.de

Afrika, Ozeanien
Studentenwerk Frankfurt/Oder
Amt für Ausbildungsförderung
Paul-Feldner-Str. 8, 15230 Frankfurt/Oder
Tel.: 0335 / 5650-922
Fax: 0335 / 5650-999
E-Mail: bafoeg@studentenwerk-frankfurt.de
Internet: http://www.studentenwerk-frankfurt.de

Amerika
(mit Ausnahme der Vereinigte Staaten von Amerika und Kanada)
Senator für Bildung und Wissenschaft
Landesamt für Ausbildungsförderung
Rembertiring 8-12, 28195 Bremen
Hausanschrift: Emil-Waldmann-Str. 3, 28195 Bremen
Tel.: 0421 / 361-11993
Fax: 0421 / 361-15543
E-Mail: auslands-bafoeg.lfa@bildung.bremen.de
Internet: http//www.bildung.bremen.de

Vereinigte Staaten von Amerika
Studentenwerk Hamburg
Amt für Ausbildungsförderung
Postfach 13 01 13, 20101 Hamburg
Hausanschrift: Grindelallee 9, 20146 Hamburg
Tel.: 040 / 41902-0
Fax: 040 / 41902-126
E-Mail: bafoeg@studentenwerk.hamburg.de
Internet: http://www.studentenwerk-hamburg.de

Kanada
Studentenwerk Erfurt-Ilmenau
Amt für Ausbildungsförderung
Auslandsförderung
Max-Planck-Ring 9, 98693 Illmenau
Tel.: 03677 / 692752
Fax: 03677 / 691924
E-Mail: fri@stw-thueringen.de
Internet: www.stw-thueringen.de

Asien mit Ausnahme der dort gelegenen Teile der Türkei und mit Ausnahme von Armenien, Aserbaidschan, Kasachstan, Kirgisistan, Tadschikistan, Turkmenistan, Usbekistan, Belgien, Luxemburg, Niederlande
Region Hannover
Fachbereich Schulen
Ausbildungsförderung
Hildesheimer Str.20, 30169 Hannover
Tel.: 0511 / 616-22252; -22253; -22554
Fax: 0511 / 616-1123205
E-Mail: bafoeg@region-hannover.de

Armenien, Aserbaidschan, Bulgarien, Estland, Georgien, Kasachstan, Kirgisistan, Lettland, Litauen, Moldau, Polen, Rumänien, Russische Föderation, Slowakei, Tadschikistan, Tschechien, Turkmenistan, Ukraine, Ungarn, Usbekistan, Weißrussland
Studentenwerk Chemnitz-Zwickau
Amt für Ausbildungsförderung
Abt. Studienfinanzierung
Thüringer Weg 3, 09126 Chemnitz
Tel.: 0371 / 5628-450
Fax: 0371 / 5628-455
E-Mail: auslands.bafoeg@swcz.tu-chemnitz.de
Internet: http://www.tu.Chemnitz.de/stuwe

19 Bundesgesetz über individuelle Förderung der Ausbildung

Beispiel: Studium im EU-Ausland

Eine 23jährige Studentin studiert im 5. Semester Rechtswissenschaften und besucht für ein Jahr eine Universität in Frankreich. Sie wohnt bei einer Gastfamilie zur Miete. Außerdem hat sie Reisekosten von 360 Euro. Sie erhält aufgrund ihrer guten Leistungen ein Stipendium in Höhe von 350 Euro im Monat, das von einer privaten Stiftung finanziert wird. Sie ist bei ihren Eltern beitragsfrei in der Kranken- und Pflegeversicherung mitversichert. Ihre Schwester geht in die 9. Klasse des Gymnasiums. Die Mutter ist Hausfrau. Der Vater ist Arbeitnehmer und hatte vor 2 Jahren ein Bruttojahreseinkommen von 42.500 Euro.

	Betrag (Euro)
Berechnung des Einkommens der Studentin im Sinne des BAföG:	
Leistungsstipendium einer privaten Stiftung	350,00
davon nicht als Einkommen anzurechnen	300,00
Einkommen der Studentin im Sinne des BAföG	50,00
abzüglich	
Grundfreibetrag, da das Stipendium ausschließlich privat finanziert wird	−255,00
	= −205,00
anzurechnendes Einkommen der Studentin	0,00
Berechnung des Einkommens des Vaters im Sinne des BAföG	
Bruttoeinkommen aus nichtselbständiger Arbeit (1/12)	3.541,67
abzüglich	
Werbungskosten (mindestens 1/12 des jährlichen Werbungskostenpauschbetrages von 920 Euro)	−76,67
Sozialpauschale (21,3 Prozent, Höchstbetrag 1008,33 Euro monatlich)	−738,05
Beitrag zur Riester-Rente	−0,00
tatsächlich geleistete Steuern	
Einkommensteuer / Lohnsteuer	−411,00
Kirchensteuer	−14,94
Solidaritätszuschlag	−0,80
Einkommen des Vaters im Sinne des BAföG	2.300,22
Die Mutter gibt die Zusatzerklärung für ein Elternteil ohne Einkommen ab.	
Einkommen der Eltern im Sinne des BAföG	2.300,22
abzüglich	
Grundfreibetrag	
– für die Eltern	−1.605,00
– für die jüngere Schwester	−485,00
Einkommen der Eltern im Sinne des BAföG	= 210,22
Kein Grundfreibetrag für die jüngere Schwester, da sie in einer nach dem BAföG förderungsfähigen Ausbildung steht	−115,62
Zusatzfreibetrag: 55 Prozent (50 Prozent für die Eltern und 5 Prozent für die jüngere Schwester)	
Anrechnungsbetrag vom Elterneinkommen	94,60
Berechnung des BAföG des Studenten	
Bedarfssatz	
Grundbedarf Student/in	373,00
auswärts wohnend	+224,00
Erhöhungsbeträge	
Reisekosten (1/12 der Reisekostenpauschale in Höhe von 500 Euro innerhalb Europas[1])	+41,67
	= 638,67
abzüglich	
Anrechnungsbetrag aus dem Einkommen der Studentin	−0,00
Anrechnungsbetrag vom Elterneinkommen	−94,60
Förderungsbetrag	**= 544,07**
Förderungsbetrag gerundet	544,00

Die Studentin erhält Förderleistungen von monatlich 544 Euro, davon 272 Euro als Zuschuss und 272 Euro als zinsloses Darlehen.

[1] Für die Hinfahrt zum Ausbildungsort sowie für eine Rückfahrt wird ein pauschaler Reisekostenzuschlag geleistet. Der Reisekostenzuschlag beträgt innerhalb Europas 250 Euro pro Fahrt, außerhalb Europas 500 Euro.

19 Bundesgesetz über individuelle Förderung der Ausbildung

Beispiel: Studium im außereuropäischen Ausland

Student (22) studiert im 3. Semester Betriebswirtschaft und besucht für ein Jahr eine Universität in Brasilien. Er wohnt dort zur Miete bei einer Gastfamilie. Er hat Reisekosten von 2.200 Euro. Dazu kommen Studiengebühren von insgesamt 3.500 Euro. Er ist grundsätzlich bei seinen Eltern beitragsfrei in der Kranken- und Pflegeversicherung mitversichert. Für seinen Auslandsaufenthalt in Brasilien hat er jedoch eine eigene private Krankenversicherung abgeschlossen. Seine jüngere Schwester geht in die 8. Klasse der Realschule und wohnt noch zu Hause bei den Eltern. Seine Mutter ist Arbeitnehmerin und hatte vor 2 Jahren ein Bruttojahreseinkommen von 60.000 Euro. Sie zahlt in eine Riester-Rente ein. Sein Vater ist Hausmann.

Berechnung des Einkommens der Mutter im Sinne des BAföG:	Betrag (Euro)
Bruttoeinkommen aus nichtselbständiger Arbeit (1/12)	5.000,00
abzüglich	
Werbungskosten (mindestens 1/12 des jährlichen Werbungskostenpauschbetrages von 920 Euro)	−76,67
Sozialpauschale (21,3 Prozent, Höchstbetrag 1.008,33 Euro monatlich)	−1.008,33
Beitrage zur Riester-Rente	131,33
tatsächlich geleistete Steuern	
Einkommensteuer / Lohnsteuer	−814,50
Kirchensteuer	−47,87
Solidaritätszuschlag	−29,25
Einkommen der Mutter im Sinne des BAföG	= 2.892,05

Der Vater des Studenten gibt die Zusatzerklärung für ein Elternteil ohne Einkommen ab.

Einkommen der Eltern im Sinne des BAföG	2.892,05
abzüglich	
Grundfreibetrag für die Eltern	−1.605,00
Grundfreibetrag für die jüngere Schwester	−485,00
Einkommen der Elter im Sinne des BAföG	= 802,05
Kein Grundfreibetrag für den Studenten, da er in einer nach dem BAföG förderungsfähigen Ausbildung steht	
Zusatzfreibetrag: 55 Prozent (50 Prozent für die Eltern und 5 Prozent für die jüngere Schwester	−441,13
Anrechnungsbetrag vom Elterneinkommen	360,92

Berechnung des BAföG des Studenten	
Bedarfssatz	
Grundbedarf Student/in	373,00
auswärts wohnend	+224,00
Erhöhungsbeträge	
Studiengebühren (1/12 der Gesamtkosten)[1]	+291,67
Reisekosten (1/12 der Reisekostenpauschale in Höhe von 1.000 Euro außerhalb Europas[2])	+83,33
Auslandszuschlag für Brasilien[3]	+54,00
Krankenversicherung	62,00
	= 1.088,00
abzüglich	
Anrechnungsbetrag vom Elterneinkommen	−360,92
Förderungsbetrag	**= 727,08**
Förderungsbetrag gerundet	727,00

Die Studentin erhält Förderleistungen von monatlich 727 Euro, davon 509,33 Euro als Zuschuss und 217,67 Euro als zinsloses Darlehen.

[1] Nur Zuschuss.
[2] Für die Hinfahrt zum Ausbildungsort sowie für eine Rückfahrt wird ein pauschaler Reisekostenzuschlag geleistet. Der Reisekostenzuschlag beträgt innerhalb Europas 250 Euro pro Fahrt, außerhalb Europas 500 Euro.
[3] Auslandszuschläge werden für Ausbildungsaufenthalte außerhalb der EU und der Schweiz zum Kaufkraftausgleich gewährt. Sie werden halbjährlich aktualisiert. Der hier ausgewiesene Auslandszuschlag gilt für Bewilligungszeiträume, die ohne Übergangsregelung im zweiten Halbjahr 2010 beginnen jeweils für den gesamten Bewilligungszeitraum.

19 Bundesgesetz über individuelle Förderung der Ausbildung

Aufstellung der Länder in denen eine Ausbildung gefördert wird

- Ägypten
- Äquatorialguinea
- Äthiopien
- Afghanistan
- Albanien
- Algerien
- Andorra
- Angola
- Antigua und Barbuda
- Argentinien
- Armenien
- Aserbaidschan
- Australien
- Bahamas
- Bahrain
- Bangladesch
- Barbados
- Belgien
- Belize
- Benin
- Bhutan
- Bolivien
- Bosnien und Herzegowina
- Botsuana
- Brasilien
- Brunei Darussalam
- Bulgarien
- Burkina Faso
- Burundi
- Chile
- China
- Costa Rica
- Cote d'Ivoire
- Dänemark
- Dominica
- Dominikanische Republik
- Dschibuti
- Ecuador
- El Salvador
- Eritrea
- Estland
- Fidschi
- Finnland
- Frankreich
- Gabun
- Gambia
- Georgien
- Ghana
- Grenada
- Griechenland
- Großbritannien
- Guatemala
- Guinea
- Guinea - Bissau
- Guyana
- Haiti
- Honduras
- Indien
- Indonesien
- Irak
- Iran
- Irland
- Island
- Israel
- Italien
- Jamaika
- Japan
- Jemen
- Jordanien
- Kambodscha
- Kamerun
- Kanada
- Kap Verde
- Kasachstan
- Katar
- Kenia
- Kirgisistan
- Kiribati
- Kolumbien
- Komoren
- Kongo, Demokratische Republik
- Korea, Demokratische Volksrepublik
- Korea, Republik
- Kroatien
- Kuba
- Kuwait
- Laos
- Lesotho
- Lettland
- Libanon
- Liberia
- Libyen
- Liechtenstein
- Litauen
- Luxemburg
- Madagaskar
- Malawi
- Malaysia
- Malediven
- Mali
- Malta
- Marokko
- Marshallinseln
- Mauretanien
- Mauritius
- Mazedonien
- Mexico
- Mikronesien, Föderierte Staaten von
- Moldau
- Monaco
- Mongolei
- Montenegro
- Mosambik
- Myanmar
- Namibia
- Nauru
- Nepal
- Neuseeland
- Nicaragua
- Niederlande
- Niger
- Nigeria
- Niue
- Norwegen
- Oman
- Österreich
- Pakistan
- Panama
- Papua-Neuguinea
- Palästin. Auton.
- Paraguay
- Peru
- Philippinen
- Polen
- Portugal
- Ruanda
- Rumänien
- Russische Föderation
- Salomonen
- Sambia
- Samoa
- San Marino
- Sao Tome und Principe
- Saudi Arabien
- Schweden
- Schweiz
- Senegal
- Serbien
- Seychellen
- Sierra Leone
- Simbabwe
- Singapur
- Slowakei
- Slowenien
- Somalia
- Spanien
- Sri Lanka
- St. Kitts und Nevis
- St. Lucia
- St. Vincent und die Grenadinen
- Südafrika
- Sudan
- Suriname
- Swasiland
- Syrien
- Tadschikistan
- Taiwan
- Tansania
- Thailand
- Timor-Leste
- Togo
- Trinidad und Tobago
- Tschad
- Tschechische Republik
- Tunesien
- Türkei
- Turkmenistan
- Tuvalu
- Uganda
- Ukraine
- Ungarn
- Uruguay
- Usbekistan
- Vanuatu
- Venezuela
- Vereinigte Arabische Emirate
- Vereinigte Staaten von Amerika
- Vietnam
- Vatikan (Heiliger Stuhl)
- Weißrussland
- Zentralafrikanische Republik

Auslandszuschläge

139 Die Auslandszuschläge nach dem 23. BAföG ÄndG betragen monatlich bei Beginn des Bewilligungszeitraums im Jahr 2010 (bzw. bei Beginn des Bewilligungszeitraums im 1. Halbjahr 2011) bei einer Ausbildung

in Europa (ohne Schweiz und EU-Mitgliedsstaaten) für

Norwegen	119 Euro (90 Euro)

in Afrika für

Angola	146 Euro (146 Euro)
Benin	30 Euro (30 Euro)
Burkina Faso	60 Euro (60 Euro)
Burundi	60 Euro (60 Euro)
Cote d'Ivoire	60 Euro (60 Euro)
Dschibuti	0 Euro (60 Euro)
Eritrea	90 Euro (90 Euro)
Gabun	119 Euro (90 Euro)
Ghana	0 Euro (30 Euro)
Kamerun	60 Euro (60 Euro)
Kap Verde	30 Euro (30 Euro)
Kongo, Demokratische Republik	30 Euro (60 Euro)
Madagaskar	30 Euro (30 Euro)
Mali	119 Euro (119 Euro)
Mauritanien	60 Euro (60 Euro)
Mosambik	0 Euro (30 Euro)
Niger	60 Euro (60 Euro)
Nigeria	119 Euro (119 Euro)
Ruanda	30 Euro (30 Euro)
Sambia	0 Euro (30 Euro)
Senegal	30 Euro (30 Euro)
Togo	30 Euro (30 Euro)
Simbabwe	30 Euro (30 Euro)
Sudan	30 Euro (30 Euro)
Tschad	119 Euro (149 Euro)
Uganda	30 Euro (0 Euro)

in Amerika für

Brasilien	54 Euro (54 Euro)
El Salvador	0 Euro (30 Euro)
Guatemala	0 Euro (30 Euro)
Haiti	30 Euro (30 Euro)
Honduras	0 Euro (30 Euro)
Jamaika	90 Euro (90 Euro)
Kanada	0 Euro (40 Euro)
Kuba	30 Euro (30 Euro)
Pananma	0 Euro (30 Euro)
Uruguay	30 Euro (60 Euro)
USA	3 Euro (50 Euro)

in Asien für

Aserbaidschan	0 Euro (30 Euro)
China	0 Euro (6 Euro)
Georgien	0 Euro (30 Euro)
Irak	30 Euro (30 Euro)
Israel	30 Euro (30 Euro)
Japan	179 Euro (209 Euro)
Kambodscha	0 Euro (30 Euro)
Korea, Demokratische Volksrepublik	60 Euro (30 Euro)
Myamar	90 Euro (90 Euro)
Palästinens. Autonomiegebiete	30 Euro (30 Euro)

in Australien für

Australien	30 Euro (30 Euro)

140 In den Ländern der Europäischen Union und der Schweiz wird kein Auslandszuschlag geleistet.

141 Für alle nicht genannten Staaten wird der Auslandszuschlag auf monatlich 50 Euro festgesetzt. In diesen Fällen kann im Benehmen mit dem Bundesministerium für Bildung und Forschung ein höherer Zuschlag festgesetzt werden, wenn dies zum Ausgleich höherer Lebenshaltungskosten und von Kaufkraftunterschieden erforderlich ist.

Zweit-, Ergänzungs- oder Vertiefungsausbildung

142 Grundsätzlich wird nach dem BAföG Ausbildungsförderung nur für eine Erstausbildung geleistet. Die Erstausbildung im Sinne des BAföG setzt sich zusammen aus der weiterführenden allgemeinbildenden Schulausbildung und der berufsbildenden Ausbildung.

Weiterführend allgemeinbildend ist eine Ausbildung, wenn sie zum Haupt- oder Realschulabschluss, zur Fachhochschulreife oder zur fachgebundenen oder allgemeinen Hochschulreife führt. Zur allgemeinbildenden Ausbildung zählt danach z. B. der Besuch von Gymnasien, Fachoberschulen und von Ausbildungsstätten des zweiten Bildungsweges.

Eine berufsqualifizierende Ausbildung ist eine Ausbildung, die eine berufliche Grundbildung oder berufliche Fachkenntnisse und im Regelfall auch eine berufliche Qualifikation vermittelt (z. B. Ausbildung an einer Berufsfachschule, Fachschule, Höheren Fachschule, Akademie, Hochschule).

143 Nach dem BAföG werden über die weiterführende allgemeinbildende Schulausbildung hinaus zumindest drei Jahre berufsbildender Ausbildung gefördert.

144 Der Grundförderungsanspruch nach dem BAföG erlischt nicht bei betrieblichen Ausbildungen, die nicht an einer Ausbildungsstätte durchgeführt werden, z. B. bei einer Ausbildung zum Automechaniker in einer Kfz-Werkstatt.

145 Den Grundförderungsanspruch nach dem BAföG haben z. B. Auszubildende ausgeschöpft, die nach dem Abitur ein Studium erfolgreich abgeschlossen haben. Ein von ihnen angestrebtes Aufbaustudium könnte als weitere Ausbildung nur unter den im BAföG genannten Ausnahmevoraussetzungen gefördert werden.

Eine berufsqualifizierende Ausbildung erschöpft dann nicht den Grundanspruch auf Ausbildungsförderung, wenn der Auszubildende sie in weniger als drei Schul- oder Studienjahren abgeschlossen hat. Er hat Anspruch auf Förderung einer weiteren z. B. zweijährigen Ausbildung nach dem BAföG, auch wenn damit der Dreijahreszeitraum erheblich überschritten wird. Die Förderung einer dritten Ausbildung richtet sich dann auch nach dem BAföG.

146 Nach § 7 Abs. 2 BAföG kann ausnahmsweise für eine einzige weitere Ausbildung Förderung geleistet werden. Eine Förderung ist danach möglich

- für eine weitere Hochschulausbildung, die eine Hochschulausbildung insoweit ergänzt, als dies für die Aufnahme des angestrebten Berufs rechtlich erforderlich ist,
- für eine Schulausbildung mit dem Ziel, nach einer Berufsausbildung einen Abschluss des allgemeinbildenden Schulwesens nachzuholen (zweiter Bildungsweg),
- für eine Ausbildung, die durch den zweiten Bildungsweg eröffnet wurde (z. B. Hochschulstudium nach dem Erwerb des Abiturs am Abendgymnasium),
- für eine weitere Ausbildung, wenn die Auszubildenden als erste Ausbildung eine Ausbildung an einer Berufsfachschule oder einer Fachschule absolviert haben.

Daneben wird Förderung für eine einzige weitere Ausbildung geleistet, wenn die besonderen Umstände des Einzelfalles, insbesondere das angestrebte Ausbildungsziel, dies erfordern.

Ob eine weitere Ausbildung nach § 7 Abs. 2 BAföG dem Grunde nach überhaupt förderungsfähig ist, kann auch schon vor Beginn der Ausbildung durch einen Antrag auf Vorabentscheidung nach dem BAföG geklärt werden.

147 Neben den aufgezeigten Möglichkeiten der Förderung einer weiteren Ausbildung sieht das BAföG die Förderung eines Masterstudienganges vor, wenn dieser auf einem Bachelorstudiengang aufbaut und der Auszubildende außer dem Bachelorstudiengang noch keinen Studiengang abgeschlossen hat. Hierbei ist ein zeitlicher Zusammenhang zwischen Bachelor- und Masterstudiengang nicht erforderlich. Ist der Auszubildende zwischen dem Bachelor- und dem Masterstudiengang mindestens drei Jahre erwerbstätig, so erfolgt die Förderung ohne Berücksichtigung des Einkommens der Eltern. Die Altersgrenze für die Förderung von Masterstudiengängen liegt bei 35 Jahren. Entscheidend ist auch hier der Beginn des Masterstudiengangs.

Fachrichtungswechsel und Ausbildungsabbruch

148 Bei einem Fachrichtungswechsel kann die Ausbildungsförderung nur auf Grundlage des BAföG weiter geleistet werden.

Nach einem Fachrichtungswechsel oder Ausbildungsabbruch wird Ausbildungsförderung für eine andere Ausbildung nur geleistet, wenn für den Fachrichtungswechsel oder Ausbildungsabbruch ein wichtiger oder unabweisbarer Grund bestand.

Wichtiger Grund ist z. B. die mangelnde intellektuelle Eignung oder ein schwerwiegender und grundsätzlicher Neigungswandel.

Unabweisbar ist ein Grund, der den Abbruch oder Wechsel zwingend erfordert. Fachrichtungswechsel oder Ausbildungsabbruch müssen unverzüglich nach Kenntnis des wichtigen Grundes vorgenommen werden.

149 Ein Ausbildungsabbruch liegt vor, wenn Auszubildende die Art der Ausbildungsstätte wechseln, also z. B. von einer Hochschule zu einer Akademie wechseln. Ein Fachrichtungswechsel ist dagegen gegeben, wenn Auszubildende innerhalb derselben Art von Ausbildungsstätte ein anderes Ausbildungsziel anstreben, also z. B. vom Theologie- zum Medizinstudium wechseln.

150 Allgemein ist bei einem Fachrichtungswechsel oder Ausbildungsabbruch an Hochschulen, Höheren Fachschulen und Akademien zu beachten, dass ein wichtiger Grund nur bis zum Beginn des vierten Fachsemesters anerkannt werden kann. Ein unabweisbarer Grund ist auch später noch zu beachten.

151 Erfolgt in der neuen Fachrichtung eine Anrechnung aller bisherigen Fachsemester, ist nicht von einem Fachrichtungswechsel, sondern von einer – förderungsunschädlichen – Schwerpunktverlagerung auszugehen Bei einem erstmaligen Fachrichtungswechsel oder Ausbildungsabbruch wird in der Regel vermutet, dass ein wichtiger Grund vorgelegen hat und der Fachrichtungswechsel bzw. Ausbildungsabbruch unverzüglich nach Kenntnis des wichtigen Grundes vorgenommen wurde. Bei Auszubildenden an Höheren Fachschulen, Akademien und Hochschulen gilt dies nur, wenn der Wechsel oder Abbruch bis zum Beginn des dritten Fachsemesters erfolgt.

152 Bei der Auslegung des unbestimmten Rechtsbegriffs ist nach ständiger Rechtsprechung des Bundesverwaltungsgerichts eine Zumutbarkeitsprüfung, die auf einer Interessenabwägung beruht, vorzunehmen. Ein wichtiger Grund ist danach dann gegeben, wenn unter Berücksichtigung aller im Rahmen der Ausbildungsförderung erheblichen Umstände, die sowohl durch die am Ziel der Ausbildungsförderung orientierten öffentlichen Interessen, als auch durch die Interessen der Auszubildenden bestimmt werden, den Auszubildenden die Fortsetzung der bisherigen Ausbildung nicht mehr zugemutet werden kann (Entscheidung des Bundesverwaltungsgerichts [BVerwGE] Bd. 50, S. 161 (164); BVerwGE 58, 270 (272); BVerwGE 60, 235 (236); BVerwGE 82, 156 (158)).

Im Interessenbereich der Auszubildenden hat das Bundesverwaltungsgericht im Hinblick auf die Förderungsgrundsätze in § 1 BAföG vor allem die Umstände berücksichtigt, die an Neigung, Eignung und Leistung der Auszubildenden anknüpfen. Daher kann in einem Eignungsmangel oder einem Neigungswandel ein wichtiger Grund gesehen werden, der es unzumutbar werden lässt, die bisherige Ausbildung fortzusetzen (BVerwGE 50, 161 (167); BVerwGE 58, 270 (272)).

Ebenso wie das Interesse der Auszubildenden ist auch das öffentliche Interesse an einer sparsamen, zielgerichteten Verwendung der Förderungsmittel zu berücksichtigen. Aus dem Ziel des BAföG, grundsätzlich nur solche Ausbildungen zu fördern, die zu einem berufsqualifizierenden Abschluss führen, werden im Rahmen des § 7 Abs. 3 BAföG auch Verpflichtungen der Auszubildenden hergeleitet. Die Auszubildenden haben ihre Ausbildung umsichtig zu planen und zielstrebig durchzuführen. Dieser Verpflichtung genügen sie regelmäßig nur dann, wenn sie sich unmittelbar derjenigen Ausbildung zuwenden, die ihrer Eignung und Neigung am besten entspricht und die ihnen die Qualifikation für den erstrebten Beruf verschafft. Treten bei der Beurteilung ihrer Eignung und Neigung Schwierigkeiten auf, so sind die Auszubildenden entsprechend ihrem Ausbildungsstand und Erkenntnisvermögen gehalten, den Gründen, die einer Fortsetzung der Ausbildung entgegenstehen, rechtzeitig zu begegnen (BVerwGE 50, 161 (165); BVerwGE 58, 270 (273)).

153 Auszubildende sind deshalb bei einem Eignungsmangel oder Neigungswandel gehalten, unverzüglich die erforderlichen Konsequenzen zu ziehen und die bisherige Ausbildung abzubrechen, sobald sie sich über die fehlende Neigung oder Eignung Gewissheit verschafft haben oder nach ihrem Ausbildungsstand und Erkenntnisvermögen hätten verschaffen können. Mit dem gesetzlichen Förderungszweck ist es unvereinbar, wenn Auszubildende eine Ausbildung aufnehmen oder noch weiterführen, obwohl sie erkannt haben oder hätten erkennen können, dass diese nicht ihrer Neigung oder Eignung entspricht und sie diese auch nicht berufsqualifizierend abschließen wollen. Wurde die Ausbildung nicht unverzüglich abgebrochen oder die Fachrichtung gewechselt, nachdem die als wichtiger Grund zu wertende Tatsache den jeweiligen Auszubildenden bekannt oder in ihrer Bedeutung bewusst geworden ist, so ist eine spätere Berufung auf diese Tatsache förderungsrechtlich nicht beachtlich.

154 Ein wichtiger Grund ist in der Regel anzunehmen im Falle des Wechsels von einer Ausbildungsstätte der in § 2 Abs. 1 Nr. 1 bis 4 BAföG bezeichneten Arten zu einer anderen der dort bezeichneten Arten. Dies gilt auch für einen Wechsel innerhalb derselben Ausbildungsstättenart (z. B. Wechsel von einer Berufsfachschule zu einer anderen.

Ein wichtiger Grund ist nicht eine allgemeine Verschlechterung der Berufsaussichten.

Unbeschadet der vorstehenden Grundsätze kann eine Tatsache aber nur dann als wichtiger Grund beachtlich sein, wenn sie den Auszubildenden vor Aufnahme der bisher betriebenen Ausbildung nicht bekannt war oder in ihrer Bedeutung nicht bewusst sein konnte.

155 Aus der Verpflichtung der Auszubildenden, ihre Ausbildung umsichtig zu planen und zielstrebig durchzuführen, folgt, dass die Aufnahme einer Parkausbildung, d. h. einer nicht der wahren Neigung und Eignung entsprechenden Ausbildung, die die Auszubildenden lediglich zur Überbrückung notwendiger Wartezeiten und nicht mit dem Ziel eines berufsqualifizierenden Abschlusses betreiben, im Regelfall förderungsschädlich ist. Eine Ausnahme hiervon gilt nur in den eng begrenzten Fällen, in denen Auszubildende durch rechtliche Beschränkungen bei der Vergabe von Studienplätzen zunächst daran gehindert sind, die ihrer Neigung entsprechende Ausbildung aufzunehmen und statt dessen eine andere Ausbildung beginnen, die sie für den Fall, dass eine Zulassung in der Fachrichtung ihrer Wahl endgültig nicht zu erreichen ist, auch berufsqualifizierend abschließen wollen. Die zeitliche Begrenzung nach § 7 Abs. 3 Satz 1 BAföG ist in jedem Fall zu beachten. Davon, dass Auszubildende zunächst allein durch Zulassungsbeschränkungen an der Aufnahme des Wunschstudiums gehindert worden sind, kann im allgemeinen nur dann ausgegangen werden, wenn sie fortlaufend, ohne Unterbrechung, die ihnen zur Verfügung stehenden Bewerbungsmöglichkeiten für ihr Wunschstudium genutzt haben.

Hochschulrechtlichen Zulassungsbeschränkungen nicht gleichzusetzen ist die Nichtzulassung zum Wunschstudium wegen fehlender Nachweise der erforderlichen besonderen künstlerischen oder sonstigen Befähigung. Ein Parkstudium ist in diesen Fällen nicht gerechtfertigt.

156 Ein Wechsel oder Abbruch „aus unabweisbarem Grund" nach § 7 Abs. 3 Satz 1 Nr. 2 BAföG ist gegeben, wenn dieser Grund eine Wahl zwischen der Fortsetzung der bisherigen Ausbildung und ihrem Abbruch oder Wechsel nicht zulässt. Ein unabweisbarer Grund ist z.B. eine nach Aufnahme der Ausbildung eingetretene Behinderung oder eine Allergie gegen bestimmte Stoffe, die die Fortsetzung der Ausbildung oder die Ausübung des bisher angestrebten Berufs unmöglich macht.

157 Der erste Wechsel oder Abbruch aus wichtigem Grund hat keine Auswirkungen auf die Förderungsart. Weitere Wechsel oder Abbrüche aus wichtigem Grund können dazu führen, dass die neue Ausbildung nicht vollständig mit der Förderungsart Zuschuss und zinsloses Staatsdarlehen gefördert wird. Dies ist immer dann der Fall, wenn Zeiten der ursprünglichen Ausbildung nicht (vollständig) auf die neue Ausbildung angerechnet werden. Dann wird für die zusätzlich zugestandene Zeit Förderung als Bankdarlehen gewährt.

Erfolgt der Wechsel oder Abbruch hingegen „aus unabweisbarem Grund", bleibt es bei der Förderungsart Zuschuss bzw. zinsloses Staatsdarlehen auch während der zusätzlich benötigten Zeit.

158 Ob eine andere Ausbildung nach § 7 Abs. 3 BAföG dem Grunde nach überhaupt förderungsfähig ist, kann auch schon vor Beginn der Ausbildung durch Beantragung einer Vorabentscheidung nach § 46 Abs. 5 Satz 1 Nr. 3 BAföG geklärt werden. Im Falle einer positiven Entscheidung erlangen die Auszubildenden eine gesicherte Rechtsposition, da die Entscheidung für den gesamten Ausbildungsabschnitt gilt.

Art und Höhe der Leistung sind nicht Gegenstand der Vorabentscheidung. Hierüber kann erst bei Aufnahme der Ausbildung entschieden werden. Das Amt für Ausbildungsförderung ist an die Entscheidung nicht mehr gebunden, wenn die Auszubildenden die Ausbildung nicht binnen eines Jahres nach Antragstellung beginnen.

159 Das zuständige Amt für Ausbildungsförderung ist verpflichtet, die Auszubildenden und ihre Eltern zu beraten und über die individuellen Voraussetzungen einer Förderung nach dem BAföG Auskunft zu erteilen.

Hilfe zum Studienabschluss

160 Auszubildende an Hochschulen, die sich in einem in sich selbständigen Studiengang (nicht dagegen z. B. in einer Ergänzungsausbildung) befinden, können nach Überschreiten der Förderungshöchstdauer nach § 15 Abs. 3a BAföG für maximal zwölf Monate Hilfe zum Studienabschluss erhalten, wenn sie innerhalb von vier Semestern nach Überschreiten der Förderungshöchstdauer zur Prüfung zugelassen werden und die Ausbildungsstätte bescheinigt, dass die Ausbildung innerhalb der Abschlusshilfedauer abgeschlossen werden kann. Die Hilfe zum Studienabschluss wird in Form von Bankdarlehen gewährt.

161 Die Bedarfssätze und Freibeträge wurden in der Vergangenheit insgesamt nicht regelmäßig in einem dem Anstieg der Lebenshaltungskosten ausgleichenden Umfang angehoben, da nach § 35 BAföG auch der finanzwirtschaftlichen Entwicklung der Haushalte Rechnung getragen werden musste.

Entwicklung der Leistungsparamenter

162 Der Vergleich der Bedarfssätze mit den Lebenshaltungskosten zeigt, dass der Anstieg der Lebenshaltungskosten höher ausfiel als der der Bedarfssätze. Die Anhebung der Bedarfssätze um rund 10 Prozent durch das 22. BAföGÄndG im Jahr 2008 hat den Abstand der beiden Indexwerte merklich verkürzt, konnte den Anstieg des Preisindexes jedoch nicht vollständig ausgleichen (siehe Tabelle 10). Wird der Vergleich auf die Entwicklung des Nettoeinkommens angewandt, wird aber deutlich, dass die auf das Basisjahr 1991 indexierten Bedarfssätze in diesem Vergleich den entsprechenden Einkommensindex wie zuvor schon in 1999 und 2003 nun auch im Jahr geringfügig überholt haben.

163 Der Vergleich der Freibeträge mit den Lebenshaltungskosten einerseits und den Nettoeinkommen andererseits zeigt noch deutlicher, und dies nicht nur nach dem letzten Berichtszeitraum, dass die Freibeträge stärker angestiegen sind als die Preise und Einkommen. Diese Tendenz wurde durch die Anhebung der Freibeträge mit dem 22. BAföGÄndG um 8 Prozent noch verstärkt. Dies zeigt die bewusste Prioritätensetzung des Gesetzgebers, den Kreis der Förderungsberechtigten auszudehnen und durch die Freistellung der Elterneinkommen über das bloße eigene Existenzminimum hinaus gezielt Bildungsanreize zu schaffen.

Berichte der Bundesregierung nach § 35 BAföG

164 Nach § 35 des Bundesausbildungsförderungsgesetzes sind die Bedarfssätze, Freibeträge sowie die Vomhundertsätze und Höchstbeträge nach § 21 Abs. 2 alle zwei Jahre zu überprüfen und durch Gesetz gegebenenfalls neu festzusetzen. Dabei ist der Entwicklung der Einkommensverhältnisse und der Vermögensbildung, den Veränderungen der Lebenshaltungskosten sowie der finanzwirtschaftlichen Entwicklung Rechnung zu tragen. Die Bundesregierung hat hierüber dem Deutschen Bundestag und dem Bundesrat zu berichten.

165 Die Bundesregierung hat bisher 17 Berichte nach § 35 BAföG vorgelegt. Die Vorlage des 2. und 5. Berichts war durch das 1. bzw. 2. Haushaltsstrukturgesetz jeweils um ein Jahr hinausgeschoben, die des 15. Berichts – wie bereits im 14. Bericht angekündigt – um ein Jahr vorverlegt worden. Der 16. und 17. Bericht wurden wieder im regulären Zweijahresturnus vorgelegt. Durch das 22. BAföGÄndG wurde die eigentlich für 2009 vorgesehene Vorlage des 18. Berichts auf das Jahr 2010 verschoben, um dann wenigstens erste Auswirkungen der mit dem 22. BAföGÄndG erfolgten Änderungen ermessen zu können.

Die Berichte sind im Bundesgesetzblatt abgedruckt.

1. Bericht vom 13. Dezember 1973
– BT-Drucksache 7/1440

2. Bericht vom 30. Dezember 1976
– BT-Drucksache 8/28

3. Bericht vom 9. November 1978
– BT-Drucksache 8/2269

4. Bericht vom 26. Februar 1981
– BT-Drucksache 9/206

5. Bericht vom 21. Dezember 1983
– BT-Drucksache 10/835

6. Bericht vom 2. Januar 1986
– BT-Drucksache 10/4617

7. Bericht vom 2. Oktober 1987
– BT-Drucksache 11/877

8. Bericht vom 2. Oktober 1989
– BT-Drucksache 11/5524

9. Bericht vom 14. Januar 1992
– BT-Drucksache 12/1920

10. Bericht vom 17. Januar 1994
– BT-Drucksache 12/6605

11. Bericht vom 21. Dezember 1995
– BT-Drucksache 13/3413

12. Bericht vom 16. Dezember 1997
– BT-Drucksache 13/9515

13. Bericht vom 23. Dezember 1999
– BT-Drucksache 14/1927

14. Bericht vom 14. Dezember 2001
– BT-Drucksache 14/7972

15. Bericht vom 15. April 2003
– BT-Drucksache 15/890

16. Bericht vom 21. Februar 2005
– BT-Drucksache 15/4995

17. Bericht vom 18. Januar 2007
– BT-Drucksache 16/4123

18. Bericht vom 19. Januar 2010
– BT-Drucksache 17/485

Bundesgesetz über individuelle Förderung der Ausbildung

Rechtsschutz

166 Für öffentlich-rechtliche Streitigkeiten aus dem BAföG ist der Verwaltungsrechtsweg gegeben. Es gelten die Vorschriften der Verwaltungsgerichtsordnung.

Rechtsquellen

Bundesausbildungsförderungsgesetz (BAföG)

Literaturnachweise

Ausbildungsförderungsrecht – Vorschriftensammlung - Verlag Kohlhammer

Internetauftritt www.das-neue-bafoeg.de

Einführungserlass zum 23. BAföGÄndG vom 15.10.2010 (Az. 414-42501-ÄndG/239)

Berichte der Bundesregierung nach § 35 BAföG

Reihen des Statistischen Bundesamtes

BMBF, BAföG-Statistiken

Bildungskredit

Aufgabe des Bildungskredits

167 Seit dem 1. April 2001 wird Auszubildenden in fortgeschrittenen Ausbildungsphasen ein Bildungskredit über die Kreditanstalt für Wiederaufbau – Bankengruppe – angeboten, für den der Bund die Garantie in Form einer Ausfallbürgschaft übernimmt. Zum Bezug des Bildungskredites sind Studierende berechtigt, die bereits die Zwischenprüfung ihres Studienganges bestanden haben, ein Master- oder Magisterstudium im Sinne des § 19 Hochschulrahmengesetz (HRG), ein postgraduales Diplomstudium oder ein Zusatz-, Ergänzungs- oder Aufbaustudium betreiben. Kreditberechtigt sind ferner volljährige Schüler, im vorletzten und letzten Jahr ihrer Ausbildung, sofern sie nach dieser Ausbildung mit einem berufsqualifizierenden Abschluss ins Berufsleben eintreten können. Die Inanspruchnahme des Kredits ist auch während einer Auslandsausbildung oder eines Auslandspraktikums möglich. Die Bedürftigkeit des Auszubildenden oder die konkrete Verwendung der Kreditleistungen spielen bei der Vergabe keine Rolle.

168 Das Bildungskreditprogramm ist somit eine weitere Möglichkeit der Ausbildungsfinanzierung, die ergänzend zum BAföG zur Verfügung steht. Der Bildungskredit ist von Einkommen und Vermögen der Auszubildenden oder ihrer Eltern unabhängig. Eine Bonitätsprüfung erfolgt nicht.

169 Zur Unterstützung von Studierenden sowie von Schülerinnen und Schülern in fortgeschrittenen Ausbildungsphasen wird im Rahmen des Bildungskreditprogramms ein zeitlich befristeter, zinsgünstiger Kredit zur Ausbildungsfinanzierung angeboten. Er steht neben oder zusätzlich zu Leistungen nach dem Bundesausbildungsförderungsgesetz (BAföG) zur Verfügung.

Tabelle 11: Entwicklung des Finanzaufwandes der Ausbildungsförderung

	Schüler insgesamt	davon Bund	Studierende insgesamt[1]	davon Bund	darunter Zuschuss	darunter Darlehen[2]	insgesamt	davon Bund
			Die Insgesamtbeträge sind die Mittel von Bund und Ländern (in Mio. Euro)					
1995	373	242	1.425	926	465	462	1.798	1.170
1996	346	225	1.241	807	395	413	1.588	1.032
1997	347	225	1.111	722	361	361	1.458	948
1998	355	231	845	549	265	284	1.201	780
1999	377	245	847	550	274	276	1.224	796
2000	381	248	854	574	287	287	1.265	822
2001	497	323	1.109	721	368	353	1.606	1.606
2002	606	393	1.343	873	442	431	1.948	1.267
2003	647	421	1.382	899	471	428	2.029	1.319
2004	698	454	1.414	919	477	442	2.112	1.373
2005	730	475	1.488	967	501	466	2.218	1.442
2006	724	470	1.500	975	501	474	2.224	1.446
2007	714	464	1.464	952	490	462	2.178	1.416
2008	752	4.898	1.561	1.015	524	491	2.313	1.503

1) Inklusive des von der KfW für den geleisteten Darlehensanteils und ohne die früher hierfür an die KfW geleisteten Zinsen.
2) Seit dem Haushaltsjahr 2000 von der KfW (früher DtA) bereitgestellt.
Quelle: BMBF, 18. Bericht nach § 35 BAföG (Bundeskasse).

Tabelle 12: Finanzaufwand nach dem BAföG in Mio.

Jahr	Schüler insgesamt	davon Bund	Studenten insgesamt	davon Bund	Zinszuschüsse nur West	insgesamt insgesamt	davon Bund
1972	557	363	1.044	675		1.597	1.038
1975	927	603	1.700	1.105		2.627	1.708
1980	1.670	1.085	1.996	1.298		3.666	2.383
1982	1.621	1.054	2.006	1.304		3.627	2.358
1985	428	278	1.889	1.228		2.317	1.506
1988	459	299	1.778	1.155		2.237	1.454
1989	474	308	1.849	1.202		2.323	1.510
1990	507	330	2.010	1.306		2.517	1.636
1991[1]	944	613	2.976	1.935		3.920	2.548
1992	854	555	3.038	1.975		3.892	2.530
1993	729	477	2.788	1.812		3.517	2.289
1994	677	440	2.428	1.578		3.105	2.018
1995	678	441	2.173	1.413		2.851	1.854
1996	674	438	2.047	1.331		2.721	1.769
1997	672	437	1.739	1.130		2.411	1.567
1998	695	452	1.653	1.074		2.348	1.526
1999	737	479	1.656	1.077		2.393	1.556
2000	746	485	937	562	4	1.687	1.051
2001	972	632	1.105	718	32	2.109	1.382
2002[2]	607	394	680	442	31	1.318	867
2003	648	421	725	471	48	1.421	940
2004	697	453	734	477	60	1.491	990
2005	731	475	771	501	73	1.575	1.049
2006	723	470	771	501	101	1.595	1.072
2007	714	464	754	490	138	1.606	1.092
2008	752	489	806	524	180	1.738	1.193
2009	829	539	946	615	170	1.945	1.324

1) Ab 2002 Beträge in Euro.
Ab 1983 wegen Wegfall der Schülerförderung erheblich gesunken
2) Zwischen 1991 und 1999 addierte Zahlen der alten und neuen Länder
Quelle: Ausbildungsförderungsrecht; Blanke/Deres - 35. Auflage

Tabelle 13: Entwicklung der Prozentsätze und Höchstbeträge nach § 21 Abs. 2 BAföG

	Inkrafttreten	Nr. 1 Pauschale %	Höchstbetrag DM	Nr. 2 Pauschale %	Höchstbetrag DM	Nr. 3 Pauschale %	Höchstbetrag DM	Nr. 4 Pauschale %	Höchstbetrag DM	Abstand zur vorhergehenden Änderung in Kalendermonaten
BAföG 1971		15	3.200	9	1.900	25	5.400			
2. ÄndG 1974	01.10.1974	16	4.400	11	3.000	29	8.000	11	3.000	36
1. HStrukG 1975	Die für 1975 vorgeschriebene Überprüfung nach § 35 BAföG erfolgte 1976. Verschiebung der Anpassung um ein halbes Jahr auf April 1977 (vgl. 4. ÄndG)									
4. ÄndG 1977	01.04.1977	19	7.400	13	4.600	33	12.700	13	4.600	30
6. ÄndG 1979	01.10.1979		8.300		4.900		14.300		4.900	18
	01.10.1980		8.800		5.200		15.000		5.200	12
7. ÄndG 1991	01.04.1982	18	9.600	12	5.500	32	16.500	12	5.500	18
2. HStruktG 1981	01.08.1983		9.900	11	5.000	31	16.800	11	5.000	15
8. ÄndG 1984	01.10.1984	18,5	10.600		5.100		17.500		5.100	15
	01.10.1985		11.000		5.300		18.100		5.300	12
10. ÄndG 1986	01.10.1986	18,7	11.600		5.600		18.500		5.600	12
	01.10.1987		12.000		5.800		18.900		5.800	12
11. ÄndG 1988	01.10.1988	19	12.500		6.000		20.000		6.000	12
	01.10.1989		13.000		6.200		20.800		6.200	12
12. ÄndG 1990	01.10.1990		0		0		21.000		0	12
	01.10.1991		13.400		6.400		21.700		6.400	12
15. ÄndG 1990	01.10.1992	19,2	14.400		6.700	30,6	22.400		6.700	12
	01.10.1993	19,4	15.400		7.100	30,9	24.000		7.100	12
17. ÄndG 1995	01.10.1995	20,8	17.800	12	8.400	33	27.700	12	8.400	24
18. ÄndG 1996	01.10.1996	21,4	18.700	12,7	9.100	34,7	29.700	12,7	9.100	12
19. ÄndG 1996	01.10.1998	22,1	20.300	13	9.800	36,1	32.600	33	9.800	24
AföRG 2001	01.04.2001	21,5	20.200	12,9	9.900	35	32.200	12,9	9.900	30
AföRG 2002	01.10.2002	21,5	10.400	12,9	5.100	35	16.500	12,9	5.100	18

Quelle: 18. Bericht der Bundesregierung nach § 35 BAföG.

Bundesgesetz über individuelle Förderung der Ausbildung

Tabelle 14: Durchschnittlicher monatlicher Förderungsbetrag[1]

Jahr	Schüler alte Länder	Schüler neue Länder	Studenten alte Länder	Studenten neue Länder
1972	200	–	340	–
1975	235	–	405	–
1980	275	–	500	–
1985[2]	0	–	542	–
1986	0	–	549	–
1987	0	–	551	–
1988	0	–	571	–
1989	0	–	585	–
1990	0	–	576	–
1991[3]	489	348	590	483
1992	488	423	589	495
1993	502	437	602	498
1994	513	418	600	471
1995	503	432	615	493
1996	513	448	649	537
1997	517	436	643	543
1998	509	423	637	549
1999	508	425	648	564
2000	500	430	655	581
2001	563		714	
2002	302		371	
2003	303		370	
2004	303		371	
2005	304		375	
2006	301		375	
2007	301		375	
2008	321		398	

1) Beträge in DM, ab 2001 in Euro.
2) Ab 1985 weitgehender Wegfall der Schülerförderung.
3) Beitritt der neuen Bundesländer.
Quelle: 18. Bericht des BMBF nach § 35 BAföG.

Tabelle 15: Einkünfte der Eltern der im Jahr 2008 geförderten Studierenden

Ausbildungsstättenart	Anteil der Geförderten insgesamt in %	Durchschnittliche Einkünfte pro Geförderten in Euro	davon Vollförderungsanteil in %	Durchschnittliche Einkünfte pro Geförderten in Euro	Teilförderungsanteil in %	Durchschnittliche Einkünfte[1] pro Geförderten in Euro
Universitäten[2]						
Eltern	61,3	36.481	33,4	21.707	66,6	43.878
Vater[3]	16,2	23.232	34,6	15.824	65,4	27.160
Mutter	22,5	19.384	33,0	12.063	67,0	22.994
Akademien, Kunsthochschulen						
Eltern	56,1	34.449	28,1	22.079	71,9	39.275
Vater[3]	18,8	25.676	30,2	27.563	69,8	24.860
Mutter	25,1	18.170	29,3	11.410	70,7	20.976
Fachhochschulen[4]						
Eltern	61,2	33.213	35,9	20.925	64,1	40.107
Vater[3]	15,9	21.418	36,7	14.909	63,3	25.157
Mutter	22,8	18.033	35,7	11.581	64,3	21.553

1) Summe der positiven Einkünfte vor Abzug der Steuern und der pauschalen Versorgebeiträge gemäß § 21 Abs. 2 bei Eltern, für die positive Einkünfte zu berücksichtigen sind.
2) Einschließlich pädagogische Hochschulen und Gesamthochschulen.
3) Falls Eltern nicht miteinander verheiratet sind oder dauernd getrennt leben. In den übrigen Fällen (Differenzierung bis zu 100 Prozent) liegen keine elterlichen Einkünfte vor (Waisen).
4) Einschließlich Höhere Fachschulen.
Quelle: BMBF, BAföG-Statistiken 2008.

Höhe der Förderung

170 Der Bildungskredit wird monatlich im Voraus in gleich bleibenden Raten durch die KfW ausbezahlt. Beantragt werden können monatliche Raten von 100 Euro, 200 Euro oder 300 Euro. Innerhalb eines Ausbildungsabschnittes können bis zu 24 Monatsraten, also maximal bis zu 7.200 Euro bewilligt werden. Die Zahl der Monatsraten kann auf Antrag auf eine geringere Anzahl beschränkt werden, wobei die Kreditsumme mindestens 1.000 Euro betragen muss. In diesem Fall kann später, bis zur Höhe von insgesamt 24 Raten, ein weiterer Bildungskredit beantragt werden. Die Teilung des Gesamtkredites in mehr als zwei Teile ist nicht möglich. Soweit insgesamt die Grenze von 24 Raten und 7.200 Euro nicht überschritten wird, kann ggf. neben dem monatlich auszuzahlenden Kredit, einmalig, bis zur Höhe von 3.600 Euro, ein Teil des Kredits als Abschlag im Voraus ausgezahlt werden, wenn im Einzelfall glaubhaft gemacht wird, dass der Betrag unmittelbar für die Finanzierung eines außergewöhnlichen Aufwands benötigt wird.

Der Kredit ist von der Auszahlung an zu verzinsen. Bis zum Beginn der Rückzahlung werden die Zinsen jedoch ohne Antrag gestundet. Als Zinssatz erhebt die KfW die European Interbank Offered Rate (EURIBOR) mit einer Laufzeit von 6 Monaten zuzüglich eines Aufschlags von einem Prozent pro Jahr.

Wer erhält den Bildungskredit?

171 Ein Rechtsanspruch auf den Bildungskredit besteht nicht. Es handelt sich, anders als beim BAföG, um ein Programm mit einem vorgegebenen Budget. Berechtigt sind volljährige Schüler und Schülerinnen, die bereits über einen berufsqualifizierenden Abschluss verfügen oder diesen mit dem Abschluss ihrer gegenwärtigen schulischen Ausbildung erlangen werden, im vorletzten und letzten Jahr dieser Ausbildung. Ferner sind Studierende zum Bezug des Kredites berechtigt, die sich in einer fortgeschrittenen Phase ihrer Ausbildung befinden.

Dazu gehören Studierende, die

– die Zwischenprüfung ihres Studiengangs bestanden haben für die Fortsetzung dieses Studiengangs,
– eine schriftliche Erklärung der Ausbildungsstätte vorlegen, aus der hervorgeht, dass in dem Studiengang eine Zwischenprüfung nicht vorgesehen ist und sie die üblichen Leistungen mindestens der ersten beiden Ausbildungsjahre erbracht haben; bei Studierenden in Bachelorstudiengängen reicht eine Erklärung der Ausbildungsstätte, aus der hervorgeht, dass in dem Studiengang eine Vorprüfung nicht vorgesehen ist und sie die üblichen Leistungen des ersten Ausbildungsjahrs erbracht haben,
– den ersten Teil eines Konsekutiv-Studiengangs erfolgreich abgeschlossen haben für die Fortsetzung dieses Studiengangs,
– bereits über einen Abschluss in einem grundständigen Studiengang verfügen, für einen postgradualen Studiengang, z. B. Masterstudiengang.

172 Mit dem Bildungskreditprogramm werden nur Ausbildungen an Ausbildungsstätten gefördert, die auch im Rahmen des BAföG anerkannt sind.

Förderung und Staatsangehörigkeit

173 Der Bildungskredit wird Deutschen im Sinne des Grundgesetzes gewährt. Darüber hinaus können auch Ausländer den Bildungskredit erhalten, sofern sie zu einer der in § 8 BAföG benannten Gruppen gehören. Zusammengefasst sind dies:

– Unionsbürger bzw. die ihnen gleichgestellten Staatsangehörigen von EWR-Staaten (Norwegen, Island, Liechtenstein), die ein Recht auf Daueraufenthalt im Sinne des Freizügigkeitsgesetzes/EU besitzen sowie andere Ausländer, die eine Niederlassungserlaubnis oder eine Erlaubnis zum Daueraufenthalt/EG nach dem Aufenthaltsgesetz besitzen,
– Ehegatten und Kinder von Unionsbürgern bzw. die ihnen gleichgestellten Staatsangehörigen von EWR-Staaten, die unter den Voraussetzungen des § 3 Abs. 1 und 4 des Freizügigkeitsgesetzes/EU gemeinschaftsrechtlich freizügigkeitsberechtigt sind oder denen diese Rechte nur deshalb nicht zustehen weil sie 21 Jahre oder älter sind und von ihren Eltern oder deren Ehegatten keinen Unterhalt erhalten,
– Unionsbürger bzw. die ihnen gleichgestellten Staatsangehörigen von EWR-Staaten, die vor dem Beginn der Ausbildung im Inland in einem Beschäftigungsverhältnis gestanden haben, dessen Gegenstand mit dem der Ausbildung in inhaltlichem Zusammenhang steht,
– Ausländer, die ihren gewöhnlichen Aufenthalt im Inland haben und die außerhalb des Bundesgebiets als Flüchtlinge anerkannt und im Gebiet der Bundesrepublik Deutschland nicht nur vorübergehend zum Aufenthalt berechtigt sind,

19 Bundesgesetz über individuelle Förderung der Ausbildung

- heimatlose Ausländer/innen im Sinne der entsprechenden Vorschriften.
- Andere Ausländer, wenn sie ihren ständigen Wohnsitz im Inland haben und eine Aufenthaltserlaubnis nach den §§ 22, 23 Abs. 1 oder 2, den §§ 23a, 25 Abs. 1 oder 2, den §§ 28, 37, 38 Abs. 1 Nr. 2, § 104a oder als Ehegatte oder Kind eines Ausländers/einer Ausländerin mit Niederlassungserlaubnis eine Aufenthaltserlaubnis nach § 30 oder den §§ 32 bis 34 des Aufenthaltsgesetzes besitzen, oder

wenn sie ihren ständigen Wohnsitz im Inland haben und eine Aufenthaltserlaubnis nach § 25 Abs. 3, Abs. 4 Satz 2 oder Abs. 5, § 31 des Aufenthaltsgesetzes oder als Ehegatte oder Kind eines Ausländers mit Aufenthaltserlaubnis eine Aufenthaltserlaubnis nach § 30 oder den §§ 32 bis 34 des Aufenthaltsgesetzes besitzen und sich seit mindestens vier Jahren in Deutschland ununterbrochen rechtmäßig, gestattet oder geduldet aufhalten.

- Geduldete Ausländer (§ 60a des Aufenthaltsgesetzes), die ihren ständigen Wohnsitz im Inland haben, wenn sie sich seit mindestens vier Jahren ununterbrochen rechtmäßig, gestattet oder geduldet im Bundesgebiet aufhalten.
- Andere Ausländer, wenn sie sich selbst vor Beginn des förderungsfähigen Teils des Ausbildungsabschnitts insgesamt fünf Jahre im Inland aufgehalten haben und in dieser Zeit rechtmäßig erwerbstätig waren oder wenn sich ein Elternteil in den letzten sechs Jahren vor Beginn des förderfähigen Teils des Ausbildungsabschnitts insgesamt drei Jahre im Inland aufgehalten hat und rechtmäßig erwerbstätig gewesen ist oder aus einem von ihm nicht zu vertretendem Grund kürzer, mindestens aber sechs Monate rechtmäßig erwerbstätig gewesen ist.

Kreditvergabe und Alter

174 Voraussetzung ist einerseits die Volljährigkeit. Der Kredit wird andererseits nur bis zum Ende des Monats geleistet, in dem die Auszubildenden das 36. Lebensjahr vollenden.

Inanspruchnahme des Bildungskredites

175 Die Inanspruchnahme des Bildungskredites ist grundsätzlich nur bis zum Ende des 12. Studiensemesters möglich. Über das Ende des 12. Studiensemesters hinaus kann der Bildungskredit Auszubildenden an Hochschulen nur dann gewährt werden, wenn sie zur Abschlussprüfung zugelassen sind und die Prüfungsstelle ihnen bescheinigt, dass sie die Ausbildung innerhalb des möglichen Förderzeitraums abschließen können, oder wenn sie als Studierende der Humanmedizin das sogenannte Praktische Jahr als Zugangsvoraussetzung zum letzten Abschnitt der ärztlichen Prüfung absolvieren.

Förderung einer Ausbildung im Ausland

176 Der Bildungskredit kann auch für den Besuch einer ausländischen Ausbildungsstätte gewährt werden, wenn er dem Besuch einer inländischen Ausbildungsstätte gleichwertig ist. Darüber hinaus ist die Bewilligung des Kredites auch während der Teilnahme an einem Praktikum im Ausland möglich, das im Zusammenhang mit dem Besuch einer anerkannten oder gleichwertigen Ausbildungsstätte durchgeführt wird.

Bildungskredit und BAföG

177 Die Förderung durch das Bildungskreditprogramm ist unabhängig vom BAföG zu sehen. Das Programm ist eine zusätzliche Hilfe für Auszubildende in besonderen Lagen und ersetzt nicht die Förderung nach dem BAföG. Es kann daher auch neben dem BAföG in Anspruch genommen werden.

Beantragung

178 Zuständig dafür ist das Bundesverwaltungsamt (BVA) in 50728 Köln.

Der Bildungskredit kann schriftlich oder über das Internet (www.bildungskredit.de) beim Bundesverwaltungsamt beantragt werden.

179 Das Bundesverwaltungsamt erteilt bei Vorliegen der Förderungsvoraussetzungen einen Bewilligungsbescheid, der die Auszubildenden berechtigt, einen Kreditvertrag mit der KfW abzuschließen. Ein Vertragsangebot der KfW ist dem Bewilligungsbescheid bereits beigefügt. Damit der Förderungsbescheid wirksam bleibt, muss das Vertragsangebot innerhalb eines Monats angenommen und unterzeichnet an die KfW geschickt werden. Die Auszahlung erfolgt dann direkt durch die KfW.

Rückzahlung

180 Der Bildungskredit ist nach einer mit der ersten Auszahlung beginnenden Frist von 4 Jahren in monatlichen Raten von 120 Euro an die KfW zurückzuzahlen. Er kann aber auch vorab ganz oder teilweise zurückgezahlt werden.

Sollte die Bürgschaft des Bundes von der KfW in Anspruch genommen werden, weil ein Kreditnehmer nicht ordnungsgemäß zurückzahlt, übernimmt das Bundesverwaltungsamt die Einziehung der noch offenen Rückforderung.

Weitere Informationen zum Thema Bildungskredit gibt es unter

www.bildungskredit.de

www.bmbf.de

www.das-neue-bafoeg.de

Aufstiegsfortbildungsförderung (AFBG)

181 Mit dem am 1. Januar 1996 in Kraft getretenen und von Bund und Ländern gemeinsam finanzierten AFBG ist ein individueller Rechtsanspruch auf Förderung von beruflichen Aufstiegsfortbildungen, d. h. von Meisterkursen oder anderen auf einen vergleichbaren Fortbildungsabschluss vorbereitenden Lehrgängen, eingeführt worden. Das AFBG unterstützt die Erweiterung und den Ausbau beruflicher Qualifizierung, stärkt damit die Fortbildungsmotivation des Fachkräftenachwuchses und bietet über den Darlehensteilerlass hinaus für potentielle Existenzgründer einen Anreiz, nach erfolgreichem Abschluss der Fortbildung den Schritt in die Selbstständigkeit zu wagen und Arbeitsplätze zu schaffen.

182 Mit dem 23. Gesetz zur Änderung des Bundesausbildungsförderungsgesetzes (23. BAföGÄndG) wurden auch bei Aufstiegsfortbildungsförderung die Bedarfssätze und Freibeträge angehoben. Die neuen Bedarfssätze und Freibeträge gelten ab dem 1. Oktober 2010. 2011 sind für die Aufstiegsfortbildungsförderung allein vom Bund insgesamt 197 Mio. Euro vorgesehen. Dies sind 78 Prozent der Gesamtausgaben. Die Länder beteiligen sich an der Aufstiegsfortbildungsförderung mit rd. 56 Mio. Euro. Dies sind 22 Prozent der Gesamtausgaben.

183 Alleinstehende Teilnehmerinnen und Teilnehmer an Vollzeitmaßnahmen erhalten einen monatlichen einkommens- und vermögensabhängigen Unterhaltsbeitrag zum Lebensunterhalt in Höhe von bis zu 697 Euro, davon 238 Euro Zuschuss und 459 Euro Darlehen.

184 Für nicht dauernd getrennt lebende Ehegatten erhöht sich der Darlehensanteil beim Unterhaltsbeitrag um 215 Euro (Darlehensanteil). Für jedes Kind erhöht sich der Unterhaltsbeitrag (Einkommens- und vermögensabhängig) um 210 Euro, davon bis zu 50 Prozent als Zuschuss. Alleinerziehende können darüber hinaus einen pauschalierten monatlichen Zuschuss in Höhe von 113 Euro je Monat und je Kind erhalten.

185 Vermögen der Teilnehmer wird auf den Unterhaltsbeitrag angerechnet, soweit es die Freibeträge in Höhe von 35.800 Euro für die Teilnehmerin bzw. den Teilnehmer, 1.800 Euro für die Ehegattin/eingetragenen Lebenspartner bzw. den Ehegatten/eingetragene Lebenspartnerin und 1.800 Euro je Kind der Teilnehmerin bzw. des Teilnehmers übersteigt. In Härtefällen können weitere Vermögenswerte freigestellt werden.

186 Die notwendigen Kosten der Anfertigung des Prüfungsstücks (so genanntes Meisterstück oder eine vergleichbare Prüfungsarbeit) werden bis zur Hälfte, höchstens jedoch bis zu einer Höhe von 1.534 Euro mit Darlehen gefördert.

Tabelle 16: Übersicht über die Entwicklung des Bildungskreditprogramms ab 1. April 2001

Jahr	Bewilligungen	Ablehnungen	Bewilligungssumme in Euro	Erstanträge	Veränderung zum Vorjahr in %
2001	5.977	unbekannt	29.500.000	5.977 + x	41
2002	8.255	ca. 2.740	41.600.000	9.182	59
2003	12.950	4.904	66.000.000	16.985	42
2004	18.120	7.952	94.000.000	23.804	17
2005	21.442	9.731	109.686.300	27.426	-7
2006	19.777	8.042	101.798.100	24.357	-30
2007	14.017	6.512	71.696.100	17.718	-12
2008	12.383	5.978	62.818.800	15.873	-10
2009	14.377	7.053	73.740.200	19.940	26
Gesamt	127.293	ca. 52.912	650.839.500	161.262 + x	

Quelle: Statistisches Bundesamt

19 Bundesgesetz über individuelle Förderung der Ausbildung

187 Bei Vollzeit- und Teilzeitmaßnahmen ist zur Finanzierung der Lehrgangs- und Prüfungsgebühren ein einkommens- und vermögensunabhängiger Maßnahmebeitrag in Höhe der tatsächlich anfallenden Gebühren, höchstens jedoch 10.226 Euro vorgesehen. Er besteht aus einem Zuschuss in Höhe von 30,5 Prozent und im Übrigen aus einem zinsgünstigen Bankdarlehen.

188 Vollzeitgeförderten wird auf Antrag für die Zeit zwischen dem Ende der Weiterbildungsmaßnahme und dem letzten Prüfungstag (Prüfungsvorbereitungsphase) der Unterhaltsbeitrag für maximal drei Monate als Darlehen weitergewährt. Die Leistungen werden ab dem Beginn der Prüfungsvorbereitungsphase, frühestens jedoch ab Antragsstellung gewährt.

189 Bestehen Geförderte die Abschlussprüfung werden ihnen auf Antrag 25 Prozent des zu diesem Zeitpunkt noch nicht fällig gewordenen Restdarlehens für die Lehrgangs- und Prüfungsgebühren erlassen.

190 Die Darlehen für den Unterhalts- als auch für den Maßnahmebeitrag sind während der Fortbildung und während einer anschließenden Karenzzeit von zwei Jahren – längstens jedoch sechs Jahre – zins- und tilgungsfrei. Danach sind diese innerhalb von zehn Jahren mit monatlichen Raten von mindestens 128 Euro zu tilgen. Die Absolventen der Fortbildungsmaßnahme können ab dem Beginn ihrer Rückzahlungspflicht zwischen einem festen und einem variablen Zins wählen, der in der Regel erheblich unter dem marktüblichen Zinssatz liegt.

191 Gründen oder übernehmen Geförderte nach erfolgreichem Abschluss der Weiterbildung innerhalb von drei Jahren nach Beendigung der Maßnahme ein Unternehmen und tragen sie dafür überwiegend die unternehmerische Verantwortung, werden ihnen auf Antrag 33 Prozent des auf die Lehrgangs- und Prüfungsgebühren entfallenden Restdarlehens erlassen, wenn zusätzliche Auszubildende oder Arbeitnehmer eingestellt werden. Voraussetzung für den Nachlass ist, dass ein zusätzlicher Auszubildender (oder eine Auszubildende) eingestellt wurde, dessen Ausbildungsverhältnis seit mindestens zwölf Monaten besteht, oder ein zusätzlicher Arbeitnehmer (bzw. Arbeitnehmerin) eingestellt wird, dessen sozialversicherungspflichtiges unbefristetes Vollzeitarbeitsverhältnisses zum Zeitpunkt der Antragstellung seit mindestens sechs Monaten besteht. Ein Erlass in Höhe von 66 Prozent ist möglich, wenn zwei zusätzliche Arbeitnehmer (bzw. Arbeitnehmerinnen) bzw. ein zusätzlicher Arbeitnehmer (bzw. Arbeitnehmerin) und ein zusätzlicher Auszubildender (bzw. Auszubildende) beschäftigt werden und die genannten Voraussetzungen auch hier erfüllt sind.

192 Die Förderung mit Unterhaltsbeiträgen sollte rechtzeitig vor Beginn der Maßnahme beantragt werden, da eine Förderung frühestens ab dem Antragsmonat möglich ist. Maßnahmebeiträge können noch bis zum Ende (letzten Unterrichtstag) der Maßnahme, bei Maßnahmeabschnitten bis zum Ende des jeweiligen Maßnahmeabschnitts beantragt werden. Über Art und Höhe des Förderanspruchs entscheiden von den Ländern bestimmte Behörden, die auch die Zuschüsse auszahlen. Die Darlehen werden von der KfW Bankengruppe ausgezahlt, wenn mit ihr hierüber ein gesonderter Darlehensvertrag abgeschlossen werden muss.

193 Für die Entgegennahme von Förderanträgen und die Beratung zuständige Behörden sind in der Regel die kommunalen Ämter für Ausbildungsförderung bei den Kreisen und kreisfreien Städten am ständigen Wohnsitz des Antragstellers.

Ausnahmen davon bestehen in:

– Hamburg: zuständig ist die Handwerkskammer Hamburg;

– Hessen: zuständig sind die Ämter für Ausbildungsförderung bei den Studentenwerken;

– Niedersachsen und Bremen: zuständig ist die Investitions- und Förderbank Niedersachsen (NBank), Hannover;

– Nordrhein-Westfalen: zuständig ist die Bezirksregierung Köln, Amt für Ausbildungsförderung - Dezernat 40 in Aachen (Beratung und Antragsannahme durch die Kammern für ihre jeweiligen Berufsbereiche)

– Sachsen: zuständig sind die Handwerkskammern und Industrie- und Handelskammern in Chemnitz, Dresden und Leipzig für ihre jeweiligen Berufsbereiche sowie die Landesdirektion Chemnitz, Landesamt für Ausbildungsförderung;

– Schleswig-Holstein: zuständig ist die Investitionsbank des Landes Schleswig-Holstein, Kiel;

– Thüringen: zuständig ist das Thüringer Landesverwaltungsamt, Weimar.

Anschriften der Ämter für Ausbildungsförderung an Universitäten

194 Zusammenstellung der Hochschulen und der Studentenwerke, die gemäß § 40 Abs. 2 BAföG Ämter für Ausbildungsförderung sind bzw. zur Durchführung dieser Aufgaben herangezogen werden:

Baden-Württemberg

Studentenwerk Freiburg
Anstalt des öffentlichen Rechts
Amt für Ausbildungsförderung
Schreiberstr. 12-16
79089 Freiburg
Tel.: 0761 2101-200
Fax: 0761 2101 201
E-Mail: bafoeg@studentenwerk.uni-freiburg.de

Universität Freiburg
Pädagogische Hochschule Freiburg
Staatliche Hochschule für Musik Freiburg
Fachhochschule Furtwangen (auch Außenstelle Villingen-Schwenningen)
Fachhochschule Offenburg (auch Außenstelle Gengenbach)
Fachhochschule für Sozialwesen und Religionspädagogik (Deutscher Caritas-Verband) Freiburg
Fachhochschule für Sozialwesen, Religionspädagogik und Gemeindediakonie (Evangelische Landeskirche) Freiburg
Fachhochschule für öffentliche Verwaltung Kehl
Fachhochschule für Polizei in Villingen Schwenningen
Gustav-Siewerth-Akademie, Weilheim Bierbronnen

Studentenwerk Heidelberg
Anstalt des öffentlichen Rechts
Amt für Ausbildungsförderung
Marstallhof 1
69117 Heidelberg
Tel.: 06221 54 3731; -3734; -2690
Fax: 06221 54 3524
E-Mail:
Internet: www.studentenwerk.uni-heidelberg

Universität Heidelberg
Pädagogische Hochschule Heidelberg
Fachhochschule Heidelberg
Fachhochschule Heilbronn/Künzelsau
Hochschule für Jüdische Studien Heidelberg
Hochschule für Kirchenmusik Heidelberg
Fachhochschule Schwäbisch-Hall
Fachhochschule Schwetzingen, Hochschule für Rechtspflege

Studentenwerk Hohenheim
Anstalt des öffentlichen Rechts
Amt für Ausbildungsförderung
Kirchnerstr. 5
70599 Stuttgart
Tel.: 0711 4592782
Fax: 0711 459 4235
E-Mail: swho@uni-hohenheim.de

Universität Hohenheim

Außenstelle Esslingen
Flandernstr. 107
73732 Esslingen
Tel.: 0711 937 8280.
Fax: 0711 937 82822

Fachhochschule Esslingen
Hochschule für Technik (einschl. Standort Göppingen)
Fachhochschule Esslingen -Hochschule für Sozialwesen
Hochschule für Wirtschaft und Umwelt Nürtingen-Geislingen
Staatl. anerkannte Fachhochschule für Kunsttherapie der Stiftung für Kunst und Kunsttherapie Nürtingen

Studentenwerk Karlsruhe
Anstalt des öffentlichen Rechts
Amt für Ausbildungsförderung
Adenauerring 7
76131 Karlsruhe
Tel.: 0721 6909 0
Fax: 0721 6909 222
E-Mail: bafoeg@studentenwerk-karlsruhe.de

Universität Karlsruhe (TH)
Hochschule für Musik Karlsruhe
Staatliche Akademie der Bildenden Künste Karlsruhe
Pädagogische Hochschule Karlsruhe
Hochschule Karlsruhe, Hochschule für Technik und Wirtschaft
Fachhochschule Pforzheim
Staatl. Hochschule für Gestaltung Karlsruhe
International University Bruchsal
University of Southern Queensland Bretten
Merkur Internationale Fachhochschule Karlsruhe
Fachhochschule Calw Hochschule für Wirtschaft und Medien
Die Internationale Hochschule Calw (Staatlich anerkannte Fachhochschule für Kreativpädagogik und Künstlerische Therapien des Zentrums für Neue Lernverfahren gGmbH)

Seezeit Studentenwerk Bodensee
Anstalt des öffentlichen Rechts
Amt für Ausbildungsförderung
Robert-Gerwig-Str. 12
78467 Konstanz
Tel.: 07531 9805 0
Fax: 07531 9805 55
E-Mail: bafoeg@uni-konstanz.de

Universität Konstanz
Fachhochschule Konstanz
Fachhochschule Isny (Allgäu)
Pädagogische Hochschule Weingarten
Hochschule Ravensburg-Weingarten
Zeppelin University Friedrichshafen

Beratungsbüro Weingarten
Tel.: 0751 43 107

19 Bundesgesetz über individuelle Förderung der Ausbildung

Studentenwerk Mannheim Anstalt des öffentlichen Rechts Amt für Ausbildungsförderung Parkring 39 68159 Mannheim Postfach 10 30 37 68030 Mannheim Tel.: 0621 292 1930 Fax: 0621 292 1940 E-Mail: bafoeg@studentenwerk-mannheim.de Internet: www.studentenwerk-Mannheim.de	Universität Mannheim Staatliche Hochschule für Musik und Darstellende Kunst Mannheim Hochschule für Technik, Gestaltung und Sozialwesen Mannheim Fachhochschule der Bundesagentur für Arbeit Fachhochschule des Bundes für öffentliche Verwaltung, Fachbereich Bundeswehrverwaltung Freie Hochschule für anthroposophische Pädagogik Mannheim
Studentenwerk Stuttgart Anstalt des öffentlichen Rechts Amt für Ausbildungsförderung Höhenstrasse 10 70736 Fellbach Postanschrift Postfach 20 69 70710 Fellbach Tel.: 0711 9574 517 oder -509 Fax: 0711 9574 5 50 E-Mail: bafoeg@sws-internet.de	Universität Stuttgart Staatliche Hochschule für Musik und Darstellende Stuttgart Staatliche Akademie der Bildenden Künste Stuttgart Pädagogische Hochschule Ludwigsburg Fachhochschule Stuttgart, Hochschule für Technik Hochschule der Medien (ehemals Druck + Medien) Hochschule der Medien (ehemals Bibliotheks- und Informationswesen) Fachhochschule Ludwigsburg, Hochschule für Finanzen und öffentliche Verwaltung Merz Akademie, Fachschule für Gestaltung, Stuttgart, staatl. anerkannte Fachhochschule Freie Hochschule der Christengemeinschaft, Priesterseminar Stuttgart Freie Hochschule Stuttgart, Seminar für Waldorfpädagogik Evangelische Fachhochschule Reutlingen – Ludwigsburg (Hochschule für Soziale Arbeit, Religionspädagogik und Diakonie der Evangelischen Landeskirche in Württemberg)
Studentenwerk Tübingen Anstalt des öffentlichen Rechts Amt für Ausbildungsförderung Wilhelmstrasse 15 72074 Tübingen Tel.: 07071 75011 0 Fax: 07071 75011 59 E-Mail: bafoeg@studentenwerk.uni-tuebingen.de	Universität Tübingen Hochschule für Musik Trossingen Fakultät für Sonderpädagogik der Pädagogischen Hochschule Ludwigsburg mit Sitz in Reutlingen Fachhochschule Reutlingen, Hochschule für Technik und Wirtschaft Fachhochschule Albstadt / Sigmaringen, Hochschule für Technik und Wirtschaft Theologisches Seminar der Evangelischen Methodistischen-Kirche Reutlingen – Staatlich anerkannte Fachhochschule- Fachhochschule Rottenburg, Hochschule für Forstwirtschaft Hochschule für Kirchenmusik der Diözese Rottenburg-Stuttgart Hochschule für Kirchenmusik der Evangelischen Landeskirche Tübingen
Studentenwerk Ulm Anstalt des öffentlichen Rechts Amt für Ausbildungsförderung Karlstr. 36 89073 Ulm / Donau Tel.: 0731 50 2 5246 5248 Fax: 0731 50 2 5251 E-Mail: bafoeg@studentenwerk.uni-ulm.de **Beratungsbüro Schwäbisch Gmünd** Tel.: 07171 983 400	Universität Ulm Fachhochschule Ulm Hochschule für Technik Fachhochschule Biberach Hochschule für Bauwesen und Wirtschaft Fachhochschule Aalen, Hochschule für Technik Fachhochschule Schwäbisch-Gmünd, Hochschule für Gestaltung Pädagogische Hochschule Schwäbisch-Gmünd Fachhochschule Neu-Ulm

Bayern

Studentenwerk Augsburg Anstalt des öffentlichen Rechts Amt für Ausbildungsförderung Eichleitnerstr. 30 86159 Augsburg Tel.: 0821 598 49 30 Fax: 0821 598 49 45 E-Mail: bafoeg@stw.uni-ausgsburg.de Internet: www.uni-augsburg.de/stw	Universität Augsburg Fachhochschule Augsburg Fachhochschule Kempten Hochschule für Musik Nürnberg/Augsburg Abt. Augsburg

Studentenwerk Oberfranken Anstalt des öffentlichen Rechts Amt für Ausbildungsförderung Universitätsstr. 30 95447 Bayreuth Tel.: 0921 55 59 00 Fax: 0921 55 59 99 E-Mail: post@swo.uni-bayreuth.de Internet: http://www.swo.uni-bayreuth.de	Universität Bayreuth Fachhochschule Amberg-Weiden Fachhochschule Coburg Fachhochschule Hof (einschließlich Abt. Münchberg) Hochschule für ev. Kirchenmusik Bayreuth
Studentenwerk Erlangen-Nürnberg Anstalt des öffentlichen Rechts Amt für Ausbildungsförderung Hofmannstr. 27 91052 Erlangen Tel.: 09131 8917 0 Fax: 09131 8002 15 E-Mail: stw.afa@rzmail.uni-erlangen.de Internet: www.studentenwerk.uni-erlangen.de	Universität Erlangen-Nürnberg (ausgenommen die Wirtschafts- und Sozialwissenschaftliche sowie die Erziehungswissenschaftliche Fakultät in Nürnberg) Wirtschaftswissenschaftliche Fakultät der Katholischen Universität Eichstätt in Ingolstadt Fachhochschule Ansbach Fachhochschule Ingolstadt Augustana-Hochschule Neuendettelsau Fachhochschule Weihenstephan, Abteilung Triesdorf
Geschäftsstelle Nürnberg Andreij-Sacharow-Platz 1 90403 Nürnberg Tel.: 0911 588 570	Universität Erlangen-Nürnberg Wirtschafts- und Sozial wissenschaftliche sowie die Erziehungswissenschaftlich Fakultät) Fachhochschule Nürnberg Katholische Universität Eichstätt (ohne die Wirtschaftswissenschaftliche Fakultät in Ingolstadt) Akademie der Bildenden Künste Nürnberg Evangelische Fachhochschule Nürnberg Hochschule für Musik Nürnberg-Augsburg in Nürnberg
Studentenwerk München Anstalt des öffentlichen Rechts Amt für Ausbildungsförderung Leopoldstr. 15 80802 München Tel.: 089 381 96 0 Fax: 089 381 96 111 E-Mail: muenchen@bafoeg-bayern.de	Ludwig-Maximilians-Universität München Technische Universität München (einschl. Weihenstephan) Hochschule für Philosophie München Akademie der Bildenden Künste München Hochschule für Musik und Theater München Hochschule für Fernsehen und Film München Fachhochschule München Fachhochschule Rosenheim Phil.-Theol. Hochschule der Salesianer Don Boscos in Benediktbeuern Fachhochschule Weihenstephan (mit Ausnahme der Abteilung Triesdorf) Fachhochschule der Stiftung katholische Bildungsstätten für Sozialberufe in Bayern in München Hochschule für Politik München Universität Eichstätt, Abt. München, FHS Studiengang Religionspädagogik und Kirchliche Bildungsarbeit Fachhochschule der Stiftung kath. Bildungsstätten für Sozialberufe in Bayern, Abt. Benediktbeuern Munich Business School Fachhochschule für angewandtes Management Erding
Studentenwerk Niederbayern/Oberpfalz Anstalt des öffentlichen Rechts Amt für Ausbildungsförderung Albertus-Magnus-Str. 4 93053 Regensburg Tel.: 0941 943 2209 Fax: 0941 943 1938 E-Mail: Utto.Spielbauer@studentenwerk.uni-Regensburg.de Internet: http://www.studentenwerk.uni-regensburg.de	Universität Regensburg Universität Passau Fachhochschule Regensburg Fachhochschule Landshut Fachhochschule Deggendorf Hochschule für kath. Kirchenmusik Regensburg Private Fachhochschule für Physio- und Ergotherapie Döpfer in Schwandorf
Studentenwerk Würzburg Anstalt des öffentlichen Rechts Amt für Ausbildungsförderung Am Studentenhaus 97072 Würzburg Tel.: 0931 8005 0 Fax: 0931 8005 412 E-Mail: wuerzburg@bafoeg.bayern.de Internet: www.studentenwerk-wuerzburg.de	Universität Würzburg Hochschule für Musik Würzburg Fachhochschule Würzburg / Schweinfurt Fachhochschule Aschaffenburg
Zweigstelle Bamberg Austr. 37 96047 Bamberg Tel.: 0951 29781 20 oder -21 Fax: 0951 29781 15	Universität Bamberg

19 Bundesgesetz über individuelle Förderung der Ausbildung

Berlin

Studentenwerk Berlin
Amt für Ausbildungsförderung
Behrenstr. 40/41
10117 Berlin
Tel.: 030 93939 - 70
Fax: 030 93939 - 6002
E-Mail: info@studentenwerk-berlin.de
Internet: http://home.t-online.de/ home/ studentenwerk.bln/

Das Studentenwerk ist für alle Hochschulen des Landes Berlin zuständig

Brandenburg

Studentenwerk Frankfurt/Oder
Anstalt des öffentlichen Rechts
Amt für Ausbildungsförderung
Paul-Feldner-Str. 8
15230 Frankfurt/Ode
Tel.: 0335 56509 0
Fax: 0335 56509 99
E-Mail: bafoeg@studentenwerk-frankfurt.de

Europa-Universität Frankfurt/Oder
Fachhochschule Eberswalde

Außenstelle Cottbus
Amt für Ausbildungsförderung
Juri-Gagarinstr. 8a
03046 Cottbus
Tel.: 0355 7821 0
Fax: 0355 7821 360
E-Mail: bafoeg.cb@studentenwerk-frankfurt.de

Brandenburgische Technische Universität Cottbus
Fachhochschule Lausitz

Studentenwerk Potsdam
Anstalt des öffentlichen Rechts
Amt für Ausbildungsförderung
Friedrich-Ebert-Str. 4
14467 Potsdam
Postfach 60 13 53
14413 Potsdam
Tel.: 0331 3706 0
Fax: 0331 3706 325
E-Mail: bafoeg@studentenwerk-potsdam.de

Universität Potsdam
Hochschule für Film und Fernsehen „Konrad Wolf"
Potsdam-Babelsberg
Fachhochschule Potsdam
Fachhochschule Brandenburg
Technische Fachhochschule Wildau

Bremen

Studentenwerk Bremen
Anstalt des öffentlichen Rechts
Amt für Ausbildungsförderung
Bibliothekstr. 3
28359 Bremen
Postfach 33 04 49
28334 Bremen
Tel.: 0421 2201 0
Fax: 0421 2201 205
E-Mail: bafoeg@studentenwerk.bremen.de
Internet: www.studentenwerk.bremen.de

Universität Bremen
International University Bremen
Hochschule Bremen
Hochschule der Künste Bremen
Hochschule Bremerhaven

Hamburg

Studierendenwerk Hamburg
Anstalt des öffentlichen Rechts
Amt für Ausbildungsförderung
Grindelallee 9
20146 Hamburg
Postanschrift:
Postfach 13 01 03
20101 Hamburg
Tel.: 040 41902 0
Fax: 040 41902 126
E-Mail: bafoeg@studierendenwerk.hamburg.de

Universität Hamburg
Hochschule für angewandte Wissenschaften Hamburg
Hochschule für Musik und Theater
Hochschule für bildende Künste
Technische Universität Hamburg-Harburg
Evangelische Fachhochschule für Sozialpädagogik
Bucerius Law School
HafenCity Universität Hamburg

Hessen

Studentenwerk Darmstadt
Anstalt des öffentlichen Rechts
Amt für Ausbildungsförderung
Petersenstr. 14
64287 Darmstadt
Postanschrift:
Postfach 10 13 21
64213 Darmstadt
Tel.: 06151 16 2510
Fax: 06151 16 5182
E-Mail: bafoeg@studentenwerkdarmstadt.de
http://www.studentenwerkdarmstadt.de

Technische Universität Darmstadt
Hochschule Darmstadt, University of Applied Scienes
(einschließlich Standort Dieburg)
Evangelische Fachhochschule Darmstadt
Private Fern-Fachhochschule Darmstadt

Studentenwerk Frankfurt am Main
Anstalt des öffentlichen Rechts
Amt für Ausbildungsförderung
Bockenheimer Landstr. 133
60325 Frankfurt am Main
Postanschrift:
Postfach 90 04 60
60444 Frankfurt am Main
Tel.: 0180 3 2236343
Fax: 069 798 23046
E-Mail: bafoeg@studentenwerkfrankfurt.de
http://www.studentenwerkfrankfurt.de

Johann Wolfgang Goethe-Universität Frankfurt am Main
Fachhochschule FFM, University of Applied Sciences
Hochschule für Musik und Darstellende Kunst FFM
Staatl. Hochschule für Bildende Künste Städelschule FFM
Hochschule für Gestaltung Offenbach am Main
Fachhochschule Wiesbaden, University of Applied Sciences
Europa-Fachhochschule Fresenius Idstein
Lutherisch Theologische Hochschule Oberursel
Philosophisch-Theologische Hochschule St. Georgen FFM
EBS European Business School, Int. University, Oestrich-Winkel
Verwaltungsfachhochschule Wiesbaden
Fachhochschule des Bundes für öffentliche Verwaltung, Fachbereich Öffentliche Sicherheit, Abteilung Kriminalpolizei, Wiesbaden
Hochschule für Bankwirtschaft (HfB), Business School of Finance Management, Private Fachhochschule der Bankakademie e. V. Frankfurt am Main
accadis Bad Homburg, Private Hochschule für Int. Management, School of Int. Business
Provadis School of International Management and Technology Frankfurt am Main

Studentenwerk Gießen
Anstalt des öffentlichen Rechts
Amt für Ausbildungsförderung
Otto-Behaghel-Str. 23-27
35394 Gießen
Postanschrift:
Postfach 11 11 29
35356 Gießen
Tel.: 0641 40008 0
Fax: 0641 40008 109
E-Mail: studentenwerk@studwerk.uni-giessen.de
http://hrza1.uni-giessen.de/studentenwerk

Justus-Liebig-Universität Gießen
Fachhochschule Gießen-Friedberg
Fachhochschule Fulda
Theologische Fakultät Fulda

Außenstelle Fulda
Marquardstraße 26
36039 Fulda
Tel.: 0661 69031
Fax: 0661 607826

Studentenwerk Kassel
Anstalt des öffentlichen Rechts
Amt für Ausbildungsförderung
Wolfhager Str. 10
34117 Kassel
Tel.: 0561 8042551
Fax: 0561 804 2548
E-Mail: foerderung@studentenwerk.uni-kassel.de
http://www.studentenwerk-kassel.de

Universität Kassel
Verwaltungsfachhochschule Rotenburg an der Fulda
Private Fachhochschule Nordhessen der Diploma
Priv. Hochschulgesellschaft mbH Bad Sooden-Allendorf
Hochschule der Gesetzlichen Unfallversicherung, Private Fachhochschule des Bundesverbandes der Unfallkassen (BUK) e. V. Bad Hersfeld
Kassel International Management School (KIMS)

19 Bundesgesetz über individuelle Förderung der Ausbildung

Außenstelle Witzenhausen
Stubenstr. 20
37213 Witzenhausen
Postanschrift:
Postfach 1641
37206 Witzenhausen
Tel.: 05542 981 202
Fax: 05542 981 400
E-Mail: witzenhausen@studentenwerk.uni-kassel.de

Studentenwerk Marburg	Philipps-Universität Marburg
Anstalt des öffentlichen Rechts	Archivschule Marburg, Fachhochschule für Archivwesen

Amt für Ausbildungsförderung
Erlenring 5
35037 Marburg
Postanschrift:
Postfach 22 80
35010 Marburg
Tel.: 06421 296201
Fax: 06421 15761
E-Mail: bafoeg@studentenwerk-marburg.de
http://www.studentenwerk-marburg.de

Mecklenburg-Vorpommern

Studentenwerk Greifswald	Ernst-Moritz-Arndt Universität Greifswald

Anstalt des öffentlichen Rechts
Amt für Ausbildungsförderung
Am Schießwall 1-4
17489 Greifswald
Postanschrift:
Postfach 11 05
17464 Greifswald
Tel.: 03834 8617 40
Fax: 03834 86 7 48
E-Mail: bafoeg@studentenwerk-greifswald.de
Internet: http:://www.studentenwerk-greifswald.de

Außenstelle Neubrandenburg	Fachhochschule Neubrandenburg

Brodraer Straße 4
17033 Neubrandenburg
Tel.: 0395 5693 944
Fax: 0395 5693 960
E-Mail: bafoeg@studentenwerk-greifswald.de
Internet: http:://www.studentenwerk-greifswald.de

Außenstelle Stralsund	Fachhochschule Stralsund

Zur Schwedenschanze 15
18435 Stralsund
Tel.: 03831 – 45 68 35
Fax: 03831 – 45 69 00
E-Mail: bafoeghst@studentenwerk-greifswald.de
Internet: http:://www.studentenwerk-greifswald.de

Studentenwerk Rostock	Universität Rostock
Anstalt des öffentlichen Rechts	Fachhochschule Wismar
Amt für Ausbildungsförderung	Hochschule für Musik und Theater Rostock

St.-Georg-Str. 104-107
18055 Rostock
Tel.: 0381 4592 600
Fax: 0381 4592 638
E-Mail: bafoeg@studentenwerk-rostock.de
Internet:

Niedersachsen

Studentenwerk Braunschweig
Anstalt des öffentlichen Rechts
- Förderungsabteilung -
Nordstr. 11
38106 Braunschweig
Tel.: 0531 391 49, -02, -22
Fax: 0531 391 4920
E-Mail: swbs-bafoeg@tu-bs.de

Außenstelle Hildesheim
Wallstr. 3-5
31134 Hildesheim
Tel.: 05121 150210
Fax: 05121 150230

Außenstelle Wolfenbüttel
Am Exer 23
38302 Wolfenbüttel
Tel.: 05331 939550
Fax: 05331 939594

Studentenwerk Clausthal
Anstalt des öffentlichen Rechts
Amt für Ausbildungsförderung
Gerhard-Rauschenbach-Str. 4
38678 Clausthal-Zellerfeld
Tel.: 05323 7272 10; -11; -12
Fax: 05323 7272 49
E-Mail: studentenwerk@tu-clausthal.de

Ernst-Moritz-Arndt Universität Greifswald
Fachhochschule Neubrandenburg
Fachhochschule Stralsund

Technische Universität Clausthal

Studentenwerk Göttingen
Anstalt des öffentlichen Rechts
Abt. für Ausbildungsförderung
Platz der Göttinger Sieben 4
37073 Göttingen
Tel.: 0551 395 134
Fax: 0551 395 368
E-Mail: bafoeg@studentenwerk-goettingen.de

Universität Göttingen
Fachhochschule Hildesheim/Holzminden (Fachbereiche in Göttingen und Holzminden)
Private Fachhochschule Göttingen

Studentenwerk Hannover
Anstalt des öffentlichen Rechts
Abt. für Ausbildungsförderung
Callinstr. 30a
30167 Hannover
Postfach 58 20
30058 Hannover
Tel.: 0511 76881 26
Fax: 0511 76881 52
E-Mail: bafoeg@studentenwerk.uni-hannover.de

Universität Hannover
Medizinische Hochschule Hannover
Tierärztliche Hochschule Hannover
Hochschule für Musik und Theater Hannover
Fachhochschule Hannover (mit Fachbereichen Architektur und Bauingenieurwesen in Nienburg und Fachbereiche Bioverfahrenstechnik in Ahlen)
Evangelische Fachhochschule Hannover, Fachbereiche Sozialwesen und Religionspädagogik
Fachhochschule Ottersberg, Fachbereiche Kunsttherapie und Kunstpädagogik
Fachhochschule für die Wirtschaft (FHDW) (mit dem Fachbereich Betriebswirtschaft)
Fachhochschule für Verwaltung und Rechtspflege (mit dem Fachbereich Verwaltungsbetriebswirtschaft in Hildesheim)

Studentenwerk Oldenburg
Anstalt des öffentlichen Rechts
Abt. für Ausbildungsförderung
Schützenweg 44
26129 Oldenburg
Tel.: 0441 97175 0
Fax: 0441 97175-99
E-Mail: bafoeg@sw-ol.de

Universität Oldenburg
Fachhochschule Oldenburg / Wilhelmshaven / Emden

19 Bundesgesetz über individuelle Förderung der Ausbildung

Studentenwerk Osnabrück
Anstalt des öffentlichen Rechts
Amt für Ausbildungsförderung
Studienfinanzierung
Neuer Graben 27
49074 Osnabrück
Tel.: 0541 969 6310
Fax: 0541 969 6340
E-Mail: bafoeg@studentenwerk-osnabrueck.de

Universität Osnabrück
Hochschule Vechta
Fachhochschule Osnabrück
Fachhochschule Osnabrück, Standort Lingen
Katholische Fachhochschule Norddeutschland, (Staatl. anerkannte
Fachhochschule für Sozialwesen, Vechta und Osnabrück)

Außenstelle Vechta
Universitätsstr. 1
49377 Vechta
Tel.: 04441 55 15

Außenstelle Lingen
Fachhochschule Am Wall
Süd 16
49808 Lingen
Tel.: 0591 91269 30

Nordrhein-Westfalen

Studentenwerk Aachen
Anstalt des öffentlichen Rechts
Amt für Ausbildungsförderung
Turmstrasse 3
52072 Aachen
Tel.: 0241 8093200
Fax: 0241 8093151
E-Mail: bafoeg@studentenwerk-aachen.de
Internet: www.studentenwerk-aachen.de

Rheinisch-Westfälische Technische Hochschule Aachen
Fachhochschule Aachen, Abteilung Aachen und Abteilung Jülich
Katholische Fachhochschule NRW, Abteilung Aachen
Hochschule für Musik Köln, Abteilung Aachen

Studentenwerk Bielefeld
Anstalt des öffentlichen Rechts
Amt für Ausbildungsförderung
Universitätsstr. 25
33615 Bielefeld
Postfach 10 02 03
33502 Bielefeld
Tel.: 0521 1063581
Fax: 0521 1066434
E-Mail: stw.bafoeg@uni-bielefeld.de
Internet: www.studentenwerk-bielefeld.de

Universität Bielefeld
Kirchliche Hochschule Bethel
Fachhochschule Bielefeld
Hochschule für Musik Detmold
Fachhochschule Lippe und Höxter
Hochschule für Kirchenmusik Herford
Oberstufen-Kolleg des Landes NRW an der Universität Bielefeld,
4. Ausbildungsjahr
Fachhochschule des Mittelstandes (FHM) Bielefeld
Fachhochschule der Wirtschaft Bielefeld und Gütersloh

Akademisches Förderungswerk Bochum
- Studentenwerk -
Anstalt des öffentlichen Rechts
Amt für Ausbildungsförderung
Universitätsstr. 150
44801 Bochum
Tel.: 0234 -3211010
Fax: 0234 – 3214010
E-Mail: Bafoeg@akafoe.de
Internet: www.akafoe.de

Ruhr-Universität Bochum
Fachhochschule Bochum
Fachhochschule Gelsenkirchen
Evangelische Fachhochschule Rheinland Westfalen-Lippe, Bochum
Folkwang-Hochschule Essen, Abteilung Bochum
Technische Fachhochschule Georg Agricola Bochum
Universität Witten-Herdecke

Studentenwerk Bonn
Anstalt des öffentlichen Rechts
Amt für Ausbildungsförderung
Nassestr. 11
53113 Bonn
Tel.: 0228 737171
Fax: 0228 737180
E-Mail: bafoeg@stw-bonn.de

Universität Bonn
Philosophisch-Theologische Hochschule St. Augustin
Fachhochschule Bonn-Rhein-Sieg
Fachhochschule für das öffentliche Bibliothekswesen Bonn
(keine neuen Anträge, auslaufend)
Fachhochschule Bad Honnef-Bonn
Alanus Hochschule Alfter

Studentenwerk Dortmund Anstalt des öffentlichen Rechts Amt für Ausbildungsförderung Vogelpothsweg 85 44227 Dortmund Postfach 50 02 48 44202 Dortmund Tel.: 0231 7553642 Fax: 0231 754060 E-Mail: bafoeg.info@stwdo.de	Universität Dortmund Fachhochschule Dortmund ISM International School of Management GmbH Dortmund Fachhochschule Südwestfalen, Abteilungen Iserlohn, Hagen, Meschede, Soest Fern-Universität Hagen BITS – Business and Information Technology School Iserlohn SRH Fachhochschule Hamm
Studentenwerk Düsseldorf Anstalt des öffentlichen Rechts Amt für Ausbildungsförderung Universitätsstr. 1 40225 Düsseldorf Tel.: 0211 8113381 Fax: 0211 8112383 E-Mail: BafoeGAmt@Studentenwerk-Duesseldorf.de Internet: www.studentenwerk-duesseldorf.de	Universität Düsseldorf Kunstakademie Düsseldorf Hochschule Düsseldorf Hochschule Niederrhein Krefeld (mit Abt. Mönchengladbach) Robert-Schumann-Hochschule für Musik Rheinland
Studentenwerk Essen-Duisburg Anstalt des öffentlichen Rechts Amt für Ausbildungsförderung Reckhammerweg 1 45141 Essen Tel.: 0201 820100 Fax: 0201 8201061 E-Mail: bafoeg@stw.essen-duisburg.de Internet: www.studentenwerk.essen-duisburg.de	Universität Duisburg-Essen Folkwang Hochschule Standorte Essen und Duisburg
Kölner Studentenwerk Anstalt des öffentlichen Rechts Amt für Ausbildungsförderung Universitätsstr. 16 50937 Köln Tel.: 0221 942650 Fax: 0221 94265134 E-Mail: bafoeg@kstw.de	Universität zu Köln Deutsche Sporthochschule Hochschule für Musik Fachhochschule Köln (mit Abt. Gummersbach) Katholische Fachhochschule NRW Abteilung Köln Rheinische Fachhochschule Köln Kunsthochschule für Medien Köln Fachhochschule der Wirtschaft Paderborn, Abt. Bergisch Gladbach Europäische Fachhochschule Rhein-Erft in Brühl Cologne Business School in Köln
Studentenwerk Münster Anstalt des öffentlichen Rechts Amt für Ausbildungsförderung Bismarckallee 5 48151 Münster Tel.: 0251 8370 Fax: 0251 8379642 E-Mail: bafoeg@studentenwerk-muenster.de	Universität Münster Fachhochschule Münster Katholische Fachhochschule Nordrhein-Westfalen, Abteilung Münster Kunstakademie Münster Phil. Theol. Hochschule der Franziskaner und Kapuziner in Münster
Studentenwerk Paderborn Anstalt des öffentlichen Rechts Amt für Ausbildungsförderung Warburger Str. 100 33098 Paderborn Tel.: 05251 603118 Fax: 05251 603860 E-Mail: bafoeg@studentenwerk-pb.de Internet: www.studentenwerk-pb.de	Universität Paderborn Theologische Fakultät Paderborn Katholische Fachhochschule NRW Abteilung Paderborn Fachhochschule der Wirtschaft (FHDW)
Studentenwerk Siegen Anstalt des öffentlichen Rechts Amt für Ausbildungsförderung Postfach 10 02 20 57002 Siegen Postanschrift Herrengarten 5 57072 Siegen Tel.: 0271 7400 Fax: 0271 7404982 E-Mail: bafoeg@studentenwerk.uni-siegen.de Internet: www.studentenwerk-siegen.de	Universität Siegen

Hochschulwerk Witten-Herdecke e. V.   Förderungsanträge an das Akademische Förderungswerk Bochum

Hochschul-Sozialwerk Wuppertal
Studentenwerk
Anstalt des öffentlichen Rechts
Studentenhaus
Amt für Ausbildungsförderung
Max-Horkheimer-Str. 15
42119 Wuppertal
Tel.: 0202 4392562
Fax: 0202 4392568
E-Mail: bafoeg@uni-wuppertal.de

Bergische Universität Wuppertal
Hochschule für Musik Köln, Abt. Wuppertal
Kirchliche Hochschule Wuppertal

Rheinland-Pfalz

In Rheinland-Pfalz werden die BAföG-Anträge direkt an der Hochschule abgegeben.

Johannes-Gutenberg-Universität Mainz
Amt für Ausbildungsförderung
Saarstr. 21
55122 Mainz
Tel.: 06131 39 22430
Fax: 06131 39 254 52
E-Mail: bafoeg@verwaltung.uni-mainz.de

Außenstelle Germersheim
Amt für Ausbildungsförderung
An der Hochschule 2
76726 Germersheim
Tel.: 07274 50835 429
E-Mail: wohlfahrt@mail.fask.uni-mainz.de

Universität Koblenz-Landau
Amt für Ausbildungsförderung
Universitätsstr. 1
56070 Koblenz
Tel.: 0261 287 1759, 1760, -1758
E-Mail: degen@uni-koblenz-landau.de
    ritter@uni-koblenz-landau.de
    reuter@uni-koblenz-landau.de

Abteilung Landau
Amt für Ausbildungsförderung
Westring 2
76829 Landau
Tel.: 06341 9241 63, -62, -70
Fax: 06341 9241 985
E-Mail: bamberger@uni-koblenz-landau.de
    harsch@uni-koblenz-landau.de
    thomas@uni-koblenz-landau.de

Fachhochschule Bingen
Amt für Ausbildungsförderung
Berlinstraße 109
55411 Bingen
Tel.: 06721 409 330
E-Mail: vandenoever@fh-bingen.de

Fachhochschule Koblenz
Amt für Ausbildungsförderung
Rheinau 3-4
56075 Koblenz
Tel.: 0261 9528 223, -156
E-Mail: schmitt@verw.fh-koblenz.de
    ramroth@fh-koblenz.de

Abteilung Remagen
Amt für Ausbildungsförderung
Südallee 2
53424 Remagen
Tel.: 02642 932150
E-Mail: lahr@rheinahrcampus.de

Fachhochschule Ludwigshafen
Amt für Ausbildungsförderung
Ernst-Boehe-Straße 4
67059 Ludwigshafen
Tel.: 0621 5203 165
E-Mail: kotulla@fh-ludwigshafen.de

Fachhochschule Worms
Amt für Ausbildungsförderung
Erenburgerstraße 19
67549 Worms
Tel.: 06241 509 184, -183
E-Mail: bernhard@fh-worms.de
        augustin@fh-worms.de

Technische Universität Kaiserslautern   Universität Kaiserslautern
Förderungsabteilung Amt für Ausbildungsförderung
Gottlieb-Daimler-Straße
67663 Kaiserslautern
Tel.: 0631 205 2700, -2043
Fax: 0631 205 43 86
E-Mail: foerd-abt@verw.uni-kl.de

Universität Trier   Universität Trier
Amt für Ausbildungsförderung   Theologische Fakultät Trier
54286 Trier
Besucheradresse:
Universitätsring 15
Tel.: 0651 201 2786
Fax: 0651 201 3853
E-Mail: denis@uni-trier.de

Fachhochschule Trier   Fachhochschule Trier
Amt für Ausbildungsförderung
Schneidershof
54293 Trier
Tel.: 0651 8103 285
Fax: 0651 8103 558
E-Mail: r.ackermann@exc.fh-trier.de

Standort Birkenfeld
Amt für Ausbildungsförderung
Umwelt-Campus
55678 Neubrücke
Tel.: 06782 17 1318, -1806
Fax: 06782 17 1689
E-Mail: h.alles@umwelt-campus.de
        s.anell@umwelt-campus.de

Saarland

Universität des Saarlandes   Universität des Saarlandes, Saarbrücken
Amt für Ausbildungsförderung   Universität des Saarlandes,
Im Auftrag Studentenwerk im Saarland e.V.   Medizinische Fakultät, Homburg / Saar
Campus, Gebäude D4   Hochschule des Saarlandes für Musik
66123 Saarbrücken   Hochschule der Bildenden Künste, Saarbrücken
Tel.: 0681 302 4992   Katholische Hochschule für soziale Arbeit, Saarbrücken
Fax: 0681 302 49 93   Hochschule für Technik und Wirtschaft des Saarlandes
E-Mail: bafoeg-amt@studentenwerk-saarland.de
Internet: http://www.studentenwerk-saarland.de

19 Bundesgesetz über individuelle Förderung der Ausbildung

Sachsen

Studentenwerk Chemnitz-Zwickau
Anstalt des öffentlichen Rechts
Amt für Ausbildungsförderung
Thüringer Weg 3
09126 Chemnitz
Tel.: 0371 5628 450
Fax: 0371 56 28 4 55
E-Mail: studentenwerk@th-chemnitz.de
Internet: www.tu.chemnitz.de

Bereich Zwickau
Innere Schneeberger Str. 23
08056 Zwickau
Tel.: 0375 2710 116
Fax: 0375 2710 100
E-Mail: studentenwerk@th-chemnitz.de
Internet: www.tu.chemnitz.de

Studentenwerk Dresden
Anstalt des öffentlichen Rechts
Amt für Ausbildungsförderung
Fritz-Löffler-Str. 18
01069 Dresden
Tel.: 0351 469 7518
Fax: 0351 469 7550
E-Mail: bafoeg@swdd.tu-dresden.de
Internet: www.studentenwerk-dresden.de

Technische Universität Dresden
Hochschule für Bildende Künste Dresden
Hochschule für Musik „Carl Maria von Weber" Dresden
Hochschule für Technik und Wirtschaft Dresden (FH)
Evangelische Fachhochschule für Sozialarbeit Dresden
Fachhochschule für Religionspädagogik und Gemeindediakonie Moritzburg
Paccula Schule Dresden, Akademie für Künstlerischen Tanz

Außenstelle Zittau (FH)
Hochwaldstraße 12
02763 Zittau
Tel.: 03583 6881 51
Fax: 03583 6881 57

Hochschule für Technik und Wirtschaft Zittau/ Görlitz
Internationales Hochschulinstitut Zittau

Studentenwerk Freiberg
Anstalt des öffentlichen Rechts
Amt für Ausbildungsförderung
Petersstr. 5
09599 Freiberg
Tel.: 03731 2624 15
Fax: 03731 2624 16
E-Mail: studwerk@student.tu-freiberg.de

Technische Universität Bergakademie Freiberg
Hochschule für Technik und Wirtschaft Mittweida (FH)

Studentenwerk Leipzig
Anstalt des öffentlichen Rechts
Amt für Ausbildungsförderung
Goethestr. 6
04109 Leipzig
Tel.: 0341 9659 710
Fax: 0341 9659 923
E-Mail: koch@swl.uni-leipzig.de

Universität Leipzig
Hochschule für Grafik und Buchkunst
Hochschule für Musik und Theater
Hochschule für Technik, Wirtschaft und Kultur Leipzig (FH)
Fachhochschule Leipzig der Deutschen Telekom

Sachsen-Anhalt

Studentenwerk Halle
Anstalt des öffentlichen Rechts
Amt für Ausbildungsförderung
Wolfgang-Langenbeck-Straße 5
06120 Halle
Postanschrift:
Postfach 11 05 41
06119 Halle
Tel.: 0345 6847 113
Fax: 0345 6847 202
E-Mail: bafoeg@studentenwerk-halle.de
Internet: www.studentenwerk-halle.de

Martin-Luther-Universität Halle
Hochschule für Kunst und Design Halle
Hochschule Anhalt (FH), Hochschule für angewandte Wissenschaften,
Standorte Bernburg, Dessau und Köthen
Fachhochschule Merseburg
Evangelische Hochschule für Kirchenmusik Halle

Studentenwerk Magdeburg
Anstalt des öffentlichen Rechts
Amt für Ausbildungsförderung
Johann-Gottlob-Nathusius-Ring 5
39106 Magdeburg
Tel.: 0391 67 18352
Fax: 0391 67 11513
E-Mail: bafoeg@studentenwerk-magdeburg.de
Internet: www.studentenwerk-magdeburg.de

Otto-von-Guericke-Universität Magdeburg
Theologische Hochschule Friedensau
Fachhochschule Magdeburg
Hochschule Harz, Wernigerode
Fachhochschule Altmark, Stendal

Schleswig-Holstein

Studentenwerk Schleswig-Holstein
Anstalt des öffentlichen Rechts
Amt für Ausbildungsförderung
Westring 385
24118 Kiel
Tel.: 0431 8816205
Fax: 0431 805416
E-Mail: Studentenwerk.S-H@t-online.de
Internet: www.studentenwerk-S.-H.de

Christian-Albrechts-Universität zu Kiel
Universität Flensburg
Fachhochschule Flensburg
Fachhochschule Kiel mit Standorten Eckernförde und Standort Osterrönfeld/Rendsburg
Muthesius-Hochschule Kiel, Fachhochschule für Kunst und Gestaltung
Fachhochschule Lübeck

Geschäftsstelle Flensburg
Kanzleistr. 94
24943 Flensburg
Tel.: 0461 17585

Musikhochschule Lübeck
Medizinische Universität zu Lübeck
Fachhochschule Westküste, Heide

Geschäftsstelle Lübeck
Mönkehofer Weg 241
23562 Lübeck
Tel.: 0451 5003301

Staatlich anerkannte Fachoberschule für Physikalische Technik und Informationstechnik, PTL Wedel, Prof. Dr. H. Harms Gemeinnützige Schulgesellschaft mbH
Private Fachhochschule Nordakademie GmbH, Pinneberg

Standort FH Kiel
Grenzstraße 17
24149 Kiel-Dietrichsdorf
Tel. 0431 2059418

Fachhochschule für Verwaltung Altenholz

Thüringen

Studentenwerk Erfurt-Illmenau
Anstalt des öffentlichen Rechts
Amt für Ausbildungsförderung
Nordhäuser Str. 63
99089 Erfurt
Postfach 8 48
99016 Erfurt
Tel.: 0361 737 1853
Fax: 0361 737 1992
E-Mail: karl.theile@swe.uni-erfurt.de

Universität Erfurt
Fachhochschule Erfurt
Theologische Fakultät Erfurt
Fachhochschule Nordhausen
Fachhochschule Schmalkalden
Technische Universität Illmenau

Studentenwerk Jena-Weimar
Anstalt des öffentlichen Rechts
Amt für Ausbildungsförderung
Philosophenweg 20
07743 Jena
Postanschrift
Postfach 10 08 22
07708 Jena
Tel.: 03641 930560
Fax: 03641 930502
E-Mail: F@stw.uni-jena.de

Friedrich-Schiller-Universität Jena
Fachhochschule Jena
Bauhaus-Universität Weimar
Hochschule für Musik „Franz Liszt" Weimar

20 Wohngeld

Überblick

Wohngeld ist ein Zuschuss des Staates zu den Wohnkosten für Bürgerinnen und Bürger mit geringem Einkommen. Ziel ist es, jedem ein angemessenes und familiengerechtes Wohnen zu ermöglichen. Wohngeld wird auf Antrag für selbst bewohnten Wohnraum an Personen die Mieter sind als Mietzuschuss und an Personen die Eigentümer sind als Lastenzuschuss geleistet.

Ob und in welcher Höhe Wohngeld geleistet werden kann, hängt von den folgenden drei Faktoren ab

1. Anzahl der zu berücksichtigenden Haushaltsmitglieder,
2. Höhe der zu berücksichtigenden Miete (bei Mietern) oder Belastung (bei Eigentümern) und
3. Höhe des zu berücksichtigenden Gesamteinkommens.

Als Haushaltsmitglieder werden neben der antragstellenden Person

– ihr Ehegatte,
– ihre Verwandten und Verschwägerten in gerader Linie sowie 2. und 3. Grades in der Seitenlinie,
– ihre Pflegekinder, ihre Pflegemutter, ihr Pflegevater,
– ihre Lebenspartnerin, ihr Lebenspartner und
– Personen, mit denen sie in einer Verantwortungs- und Einstehensgemeinschaft lebt,

berücksichtigt.

Vom Wohngeld ausgeschlossen sind Personen, die bestimmte Transferleistungen erhalten, bei deren Berechnung die Unterkunftskosten bereits berücksichtigt worden sind.

Als zu berücksichtigendes Gesamteinkommen gelten alle steuerpflichtigen Einkünfte sowie eine Reihe von steuerfreien, im Wohngeldgesetz gesondert aufgeführten Einnahmen von allen zu berücksichtigenden Haushaltsmitgliedern. Die Berechnung des zu berücksichtigenden Gesamteinkommens geht vom Bruttoeinkommen aus. Für gezahlte

– Steuern,
– Beiträge für die Kranken- und Pflegeversicherung und
– Beiträge für die Rentenversicherung

werden pauschal jeweils zehn Prozent (also höchstens 30 Prozent) vom Einkommen abgesetzt. Außerdem werden unter bestimmten Voraussetzungen weitere Freibeträge vom Einkommen abgesetzt, so zum Beispiel für behinderte Menschen, Unterhalt zahlende Personen und Alleinerziehende.

Als Miete wird das vereinbarte Entgelt ohne Heizkosten berücksichtigt. Um zu hohe Mieten nicht zu subventionieren, sind im Wohngeldgesetz Höchstbeträge festgesetzt worden. Diese sind in den Gemeinden und Städten unterschiedlich hoch, da sie abhängig vom jeweiligen Mietenniveau im Vergleich zum bundesweiten Mietenniveau sind. Bei Mieten, die diese Höchstbeträge übersteigen, wird der den Höchstbetrag übersteigende Teil der Miete bei der Berechnung des Wohngeldes nicht berücksichtigt.

Als Belastung werden die Ausgaben für den Kapitaldienst (Zinsen, Tilgung usw.) für solche Fremdmittel, die dem Bau, der Verbesserung oder dem Erwerb des Eigentums gedient haben, berücksichtigt. Außerdem werden Instandhaltungskosten und Betriebskosten in einer festgelegten Höhe sowie Grundsteuer und zu entrichtende Verwaltungskosten einbezogen. Auch für die Belastung gelten die im vorstehenden Absatz beschriebenen Höchstbeträge.

Das Wohngeld wird für einen bestimmten Zeitraum bewilligt, im Regelfall für 12 Monate. Während eines Bewilligungszeitraums sind bestimmte wohngeldmindernde Änderungen in den persönlichen und wirt-

20 Wohngeld

schaftlichen Verhältnissen meldepflichtig, die dann zu einer Neuberechnung des Wohngeldes führen. Bei bestimmten wohngelderhöhenden Änderungen kann ein Antrag auf Neuberechnung gestellt werden.

Aufgaben des Wohngeldgesetzes

1 Wohngeld ist ein steuerfinanzierter Zuschuss des Staates zu den Wohnkosten. Nach seinem gesellschafts- und wohnungspolitischen Grundgedanken soll es jedem Haushalt ein angemessenes und familiengerechtes Wohnen wirtschaftlich sichern. Sind die persönlichen und sachlichen Voraussetzungen gegeben, so hat jede berechtigte Person, sei sie Mieter oder Eigentümer von selbst genutztem Wohnraum, einen Rechtsanspruch auf Wohngeld. Diesem Rechtsanspruch steht die Verpflichtung gegenüber, bei jedem Erst- oder Weiterbewilligungsantrag das Einkommen und die Miete oder Belastung sowie die Haushaltsgröße nachzuweisen. Damit wird eine treffsichere, nach objektiven Kriterien bemessene Hilfe gewährleistet und zugleich eine Fehlförderung vermieden.

2 Während durch die staatliche Förderung des Wohnungsbaus (Objektförderung) einkommensschwachen Bevölkerungskreisen mittelbar geholfen wird, eine angemessene Wohnung zu erhalten (Bindung des Eigentümers bei der Vergabe von Wohnungen und bei der Festsetzung der Mietpreise), hilft das Wohngeld im Wege der Subjektförderung unmittelbar den Mietern und Eigentümern, die hohe Mieten und Lasten nicht tragen können, durch einen Zuschuss zur Miete bzw. zur Belastung.

Entwicklung des Wohngeldrechts

3 Bei der Wohnraumversorgung der Bevölkerung zu angemessenen Bedingungen kommt dem Wohngeld ein hoher Stellenwert zu. Bereits 1955 wurden Beihilfen zur Milderung von Härten für einkommensschwache Mieter vorgesehen. Als soziale Abfederung der Lockerung der Wohnungszwangswirtschaft enthielten in den Folgejahren verschiedene Gesetze Miet- und Lastenbeihilfen; diese wurden 1965 unter dem Begriff Wohngeld im (1.) Wohngeldgesetz (WoGG) zusammengefasst. Es wurde 1970 durch das zielgenauere und verbesserte 2. Wohngeldgesetz abgelöst.

Seit dem Inkrafttreten des Ersten Buches Sozialgesetzbuch (Allgemeiner Teil) im Jahre 1976 ist die finanzielle Unterstützung für eine angemessene Wohnung als soziales Recht ausgestaltet und damit das Wohngeld als eine eigenständige, auf Dauer angelegte Sozialleistung bestätigt geworden (§ 7 SGB I). Das Wohngeldgesetz gilt nach § 68 Nr. 10 SGB I als besonderer Teil des Sozialgesetzbuches.

4 Das Wohngeldgesetz ist in der Folgezeit mehrfach geändert und das Wohngeld an die Entwicklung der Einkommen und Wohnkosten angepasst worden. Strukturelle Maßnahmen haben 1984 zum Abbau von Vergünstigungen für Personengruppen, deren sozialer Bedarf bereits auf andere Weise gesichert ist, und zur Umstellung des Systems der pauschalen Abzüge vom Einkommen geführt. Seit 1986 werden die Höchstbeträge für Miete und Belastung statt nach der Gemeindegröße nach dem tatsächlichen örtlichen Mietenniveau der Wohngeldempfänger gestaffelt (Mietenstufen). Als familienpolitische Komponente wurden Freibeträge für Kinder und ein Freibetrag zur Förderung des Zusammenlebens mehrerer Generationen eingeführt. Seit 1990 werden Gemeinden und Kreise mit überdurchschnittlich hohem Mietenniveau (mindestens 25 Prozent über Bundesdurchschnitt) durch eine zusätzliche Mietenstufe berücksichtigt. Die Achte Wohngeldnovelle hat zum 1. Oktober 1990 die Wohngeldleistungen durch Anhebung der Höchstbeträge für Miete und Belastung und der Beträge in den Wohngeldtabellen allgemein verbessert. Zugleich wurde für Empfänger von laufenden Leistungen der Sozialhilfe oder Kriegsopferfürsorge das pauschalierte Wohngeld mit Wirkung vom 1. April 1991 (in den neuen Bundesländern zum 1. Januar 1991) eingeführt. Außerdem galt ab 1. Januar 1992 eine neue Baualtersklasse (Bezugsfertigkeit ab 1. Januar 1992), um den höheren Mieten in Neubauten angemessen Rechnung zu tragen.

5 Die zum 1. Januar 2001 in Kraft getretene Wohngeld-Leistungsnovelle beinhaltete insbesondere familienfreundliche Leistungsverbesserungen, eine weitgehende Vereinheitlichung des Rechts in den alten und neuen Ländern, die Angleichung der Einkommensermittlung an das Wohnungsbaurecht und die Vorbereitungen zu einer erstmalig gesamtdeutschen Mietenstufenzuordnung.

Für die neuen Bundesländer galt noch die gesonderte Miethöchstbetragstabelle fort. Daneben wurde unter bestimmten Voraussetzungen ein Härteausgleich gewährt, wenn sich das Wohngeld ab 1. Januar 2001 um mehr als 10,00 DM unter die Wohngeldleistung für den Monat Dezember 2000 verringerte. Diese „Härtausgleichsregelung" endete am 31. Dezember 2004.

Ab 1. Januar 2002 wurden die Gemeinden und Kreise der neuen Bundesländer dem bereits in den alten Ländern angewandten Mietenstufensystem zugeordnet, so dass bundeseinheitlich nur noch eine Höchstbetragstabelle für Miete und Belastung (Rdnr. 31) anzuwenden ist.

6 Nach der Änderung des Wohngeldgesetzes ab 1. Januar 2005 sind Empfänger der in § 1 Abs. 2 WoGG (in der bis zum 31. Dezember 2008 geltenden Fassung) genannten Sozialleistungen und unter bestimmten Voraussetzungen auch mit ihnen lebende Personen vom Wohngeld ausgeschlossen, wenn bei der Berechnung der jeweiligen Leistung die Kosten der Unterkunft bereits berücksichtigt worden sind (Rdnr. 19).

Finanzielle Auswirkungen ergaben sich für diese Personenkreise nicht, denn vor dieser Gesetzesänderung wurden diese Leistungen (soweit es sie bereits vor dem 1. Januar 2005 gab) um das gezahlte Wohngeld gekürzt. Der Vorteil dieser Rechtsänderung war, dass eine doppelte Antragstellung und Bearbeitung sowie die bisherigen arbeitsaufwendigen Verrechnungen zwischen den Leistungsträgern entfallen und somit erhebliche Verwaltungskosten eingespart werden konnten.

Als Folge der Neuregelung entfiel das Wohngeld nach dem Fünften Teil des Wohngeldgesetzes (besonderer Mietzuschuss) vom gleichen Zeitpunkt an.

7 Das Wohngeldgesetz ist ab 1. Januar 2009 neu gefasst worden und enthält im Wesentlichen folgende Änderungen:

1. Die Tabellenwerte wurden um acht Prozent angehoben.
2. Die Miethöchstbeträge sind um zehn Prozent angehoben worden.
3. Die Baualtersklassen sind auf Neubauniveau zusammengefasst worden.
4. Erstmals wurden bei der Wohngeldberechnung Heizkosten in Form eines nach der Haushaltsgröße gestaffelten Festbetrages berücksichtigt.
5. Ein neuer Haushaltsbegriff ist eingeführt worden, der neben Verwandten und Verheirateten auch Lebensgefährten und Mitglieder von Verantwortungs- und Einstehensgemeinschaften berücksichtigt.
6. Allen Haushalten, die in der Zeit von Oktober 2008 bis März 2009 Wohngeld erhalten haben, wurde ein einmaliger zusätzlicher Wohngeldbetrag geleistet, der nach der Haushaltsgröße gestaffelt ist.

Änderungen ab 1. Januar 2011

8 Seit 1. Januar 2011 erhalten Personen für die Kinder, welche bei der Wohngeldbewilligung berücksichtigt worden sind und für die Kindergeld bezogen wird, Leistungen für Bildung und Teilhabe nach dem Bundeskindergeldgesetz. Auskunft über den hierfür zuständigen Ansprechpartner, erteilen die Mitarbeiterinnen und Mitarbeiter in den Rathäusern und Bürgerämtern. Die Leistungen werden überwiegend als Sach- oder Dienstleistungen gewährt.

9 Mit dem Inkrafttreten des Haushaltsbegleitgesetzes 2011 entfällt ab dem 1. Januar 2011 bei der Ermittlung der zu berücksichtigenden Miete und Belastung die Hinzurechnung des Betrages für Heizkosten.

Allgemeines

10 Seit seiner Einführung hat das Wohngeld eine immer größere Bedeutung als treffsicheres, auf die individuellen Verhältnisse ausgerichtetes Instrument der marktwirtschaftlichen Wohnungsversorgung erlangt. Es ist ein fester Bestandteil des Systems der sozialen Sicherung.

11 Am Jahresende 2009 erhielten in Deutschland rund 860.000 Haushalte Wohngeld. Das entsprach 2,1 Prozent aller privaten Haushalte (2009: 1,4 Prozent). 3,4 Prozent aller ostdeutschen Privathaushalte und 1,9 Prozent aller westdeutschen Privathaushalte bezogen Wohngeld. 56 Prozent der Wohngeldempfänger führten einen Ein-Personen-Haushalt, 13 Prozent einen Zwei-Personen-Haushalt, 8 Prozent einen Drei-Personen-Haushalt. In 23 Prozent der Empfängerhaushalte wohnten vier oder mehr Personen. 90 Prozent erhielten 2009 ihr Wohngeld als Mietzuschuss, 10 Prozent als Lastenzuschuss. Der durchschnittliche monatliche Wohngeldanspruch lag bei 125 Euro: Den Empfängerhaushalten von Mietzuschuss wurden durchschnittlich 122 Euro im Monat an Wohngeld ausgezahlt und Empfängerhaushalten von Lastenzuschuss durchschnittlich 152 Euro.

Arten des Wohngeldes

12 Das Wohngeld gleicht soziale Härten aus, soweit der Einsatz von öffentlichen Mitteln nicht zu tragbaren Mieten oder Belastungen führt. Wohngeld gibt es als

– Mietzuschuss für Personen, die Mieter einer Wohnung oder eines Zimmer sind oder

– Lastenzuschuss für Personen, die Eigentümer ihres selbst genutzten Wohnraums sind.

Beantragung des Wohngeldes

13 Wohngeld wird nur auf Antrag der wohngeldberechtigten Person geleistet (§ 22 Abs. 1 WoGG). Nach Antragstellung besteht bei Vorliegen der übrigen Voraussetzungen ein gesetzlicher Anspruch auf Wohngeld. Der Antrag ist bei der zuständigen Wohngeldbehörde der Gemeinde-, der Stadt-, Amts- oder Kreisverwaltung zu stellen. Dort werden auch die erforderlichen Formulare bereitgehalten. Einige Bundesländer haben ihre Antragsformulare auch im Internet auf ihren Landesseiten zum Herunterladen eingestellt.

Mietzuschuss

14 Wohngeldberechtigt für einen Mietzuschuss ist jede Person, die

– Mieter einer Wohnung oder eines Zimmers ist,
– Untermieter ist,
– ein mietähnliches Nutzungsverhältnis oder ein mietähnliches Dauerwohnrecht hat,
– Bewohner eines Heimes ist oder
– Eigentümer eines Mehrfamilienhauses mit drei oder mehr Wohnungen ist und in diesem Haus eine Wohnung bewohnt.

Lastenzuschuss

15 Wohngeldberechtigt für einen Lastenzuschuss ist jede Person, die

– Eigentümer von selbst genutztem Wohnraum ist,
– Inhaber eines eigentumsähnlichen Dauerwohnrechts, eines Wohnungsrechts oder eines Nießbrauch ist,
– Erbbauberechtigte ist oder
– Anspruch auf Bestellung oder Übertragung des Gebäudes oder der Wohnung, des eigentumsähnlichen Dauerwohnrechts, des Wohnungsrechts, des Nießbrauchs oder des Erbbaurechts hat.

16 Voraussetzung sowohl für den Miet- als auch für den Lastenzuschuss ist, dass die wohngeldberechtigte Person den Wohnraum, für den sie Wohngeld beantragt selbst nutzt. Unerheblich für die Gewährung des Zuschusses ist, ob der Wohnraum in einem Altbau oder einem Neubau liegt oder ob er öffentlich gefördert, steuerlich begünstigt oder frei finanziert worden ist.

17 Kommen für die Wohngeldberechtigung mehrere Personen in Frage, bestimmen diese Personen die wohngeldberechtigte Person (Beispiel: Beide Ehepartner sind Mieter des Wohnraums und somit sind beide wohngeldberechtigt. Sie bestimmen, dass die Ehefrau den Wohngeldantrag stellt; demnach ist sie die wohngeldberechtigte Person). Die Regelungen über die Wohngeldberechtigung gelten auch für vom Wohngeld ausgeschlossene Haushaltsmitglieder, wenn sie mit anderen, nicht vom Wohngeld ausgeschlossenen Haushaltsmitgliedern den Wohnraum gemeinsam bewohnen.

Berechnung des Wohngeldes

18 Das Wohngeld richtet sich nach

– der Anzahl der zu berücksichtigenden Haushaltsmitglieder,
– der zu berücksichtigenden Miete oder Belastung und
– dem Gesamteinkommen.

Die Höhe ergibt sich nach den in § 19 WoGG genannten Berechnungsvorschriften (siehe auch Rdnr. 43 ff.).

Haushaltsmitglieder (§ 5 WoGG)

19 Haushaltsmitglieder sind die wohngeldberechtigte Person, ihre Angehörigen (der Ehegatte, Verwandte und Verschwägerte in gerader Linie, zweiten und dritten Grades in der Seitenlinie, Pflegekinder, Pflegemutter oder Pflegevater) und ihre Lebenspartnerin oder ihr Lebenspartner. Außerdem werden Personen berücksichtigt, die mit der wohngeldberechtigten Person in einer sogenannten Verantwortungs- und Einstehensgemeinschaft leben. Alle Personen müssen mit der wohngeldberechtigten Person eine Wohn- und Wirtschaftsgemeinschaft führen, d. h. sie müssen den Wohnraum gemeinsam bewohnen, sich ganz oder teilweise gemeinsam mit dem täglichen Lebensbedarf versorgen und dort den jeweiligen Mittelpunkt ihrer Lebensbeziehungen haben.

Ausgeschlossene Haushaltsmitglieder (§ 7 WoGG)

20 Haushaltsmitglieder, die eine in § 7 Abs. 1 Satz 1 WoGG genannte Leistung empfangen, sind vom Wohngeld ausgeschlossen, wenn bei der Berechnung der jeweiligen Leistung die Kosten der Unterkunft ganz oder teilweise berücksichtigt wurden. Zu diesen Leistungen gehören:

- das Arbeitslosengeld II und das Sozialgeld nach dem SGB II, auch in den Fällen des § 25 SGB II,
- das Übergangsgeld in Höhe des Arbeitslosengeldes II nach § 21 Abs. 4 Satz 1 SGB VI,
- das Verletztengeld in Höhe des Arbeitslosengeldes II nach § 47 Abs. 2 SGB VIII,
- Zuschüsse nach § 22 Abs. 7 SGB II,
- die Grundsicherung im Alter und bei Erwerbsminderung nach dem SGB XII,
- die Hilfe zum Lebensunterhalt nach dem SGB XII,
- die ergänzende Hilfe zum Lebensunterhalt oder andere Hilfen in einer stationären Einrichtung, die den Lebensunterhalt umfassen, nach dem Bundesversorgungsgesetz oder nach einem Gesetz, das dieses für anwendbar erklärt,
- andere Hilfen in einer stationären Einrichtung, wenn sie die Kosten für den Lebensunterhalt einschließen, nach dem Bundesversorgungsgesetz oder nach einem Gesetz, das dieses für anwendbar erklärt,
- die Leistungen in besonderen Fällen und die Grundleistungen nach dem Asylbewerberleistungsgesetz und
- die Leistungen nach dem SGB VIII in Haushalten, zu denen ausschließlich Empfänger dieser Leistungen gehören.

Die Ausschlussregelungen gelten auch für die im Haushalt des Empfängers lebenden Personen, die bei der Berechnung der betreffenden Leistung (im Rahmen der Bedarfsermittlung oder bei der Berechnung der Leistungshöhe) berücksichtigt wurden.

21 Der Ausschluss vom Wohngeld kommt grundsätzlich bereits dann zum Tragen, wenn eine der genannten Leistungen beantragt wird. Der Ausschluss besteht dagegen nicht, wenn die genannten Leistungen ausschließlich als Darlehen gewährt werden oder wenn durch das Wohngeld die Hilfebedürftigkeit im Sinne des jeweiligen Transferleistungsgesetzes vermieden oder beseitigt werden kann.

Zu berücksichtigende Haushaltsmitglieder (§ 6 WoGG)

22 Leben im Haushalt sowohl Personen, die vom Wohngeld ausgeschlossen sind, als auch Personen, die nicht von der Ausschlussregelung erfasst werden, werden nur diese (nicht ausgeschlossenen) Haushaltsmitglieder bei der Wohngeldberechnung berücksichtigt. Sie werden als zu berücksichtigende Haushaltsmitglieder bezeichnet. Die Regelungen des Wohngeldgesetzes zur Wohngeldberechtigung sind zu beachten (Rdnr. 14 ff.). Wenn also z. B. ein Mieter durch Empfang des Arbeitslosengeldes II vom Wohngeld ausgeschlossen ist, sein in der Wohnung lebender volljähriger Sohn aber nicht zur Bedarfsgemeinschaft beim Arbeitslosengeld II gehört, kann der Vater als Mieter Wohngeld beantragen. Das Wohngeld wird dann nur mit den Einnahmen des Sohnes und der hälftigen Miete berechnet und an den Mieter ausgezahlt. Da dieses Wohngeld nicht bei der Berechnung anderer Sozialleistungen als Einnahme zählt, kürzt es somit nicht das Arbeitslosengeld II des Vaters.

Zu berücksichtigende Miete und Belastung (§§ 9 – 11 WoGG)

23 Die bei der Berechnung des Wohngeldes zu berücksichtigende Miete oder Belastung ergibt aus der Miete nach § 9 WoGG oder Belastung nach § 10 WoGG.

24 Nicht berücksichtigt werden sowohl bei der Ermittlung der Miete als auch der Belastung der Anteil des Wohnraums, der ausschließlich gewerblich oder beruflich genutzt wird und der einer Person, die kein Haushaltsmitglied ist, unentgeltlich oder entgeltlich zum Gebrauch überlassen wird. Übersteigt das Entgelt für diese Gebrauchsüberlassung die auf den Wohnraum anteilig entfallende Miete oder Belastung, so wird das Entgelt in voller Höhe von der Miete oder Belastung abgezogen.

Miete (§ 9 WoGG)

25 Miete ist das vereinbarte Entgelt für die Gebrauchsüberlassung von Wohnraum aufgrund von Mietverträgen, Untermietverträgen oder ähnlichen Nutzungsverhältnissen.

26 Zur Miete gehören auch die „kalten" Betriebskosten, wie z. B. die Kosten des Wasserverbrauchs, der Abwasser- und Müllbeseitigung und der Treppenbeleuchtung. Diese Kosten können der Miete auch dann zugeschlagen werden, wenn sie aufgrund des Mietvertrages oder einer ähnlichen Nutzungsvereinbarung nicht an den Vermieter, sondern direkt an einen Dritten (z. B. die Gemeinde) bezahlt werden.

27 Nicht zur Miete im wohngeldrechtlichen Sinne gehören die Kosten des Betriebs zentraler Heizungs- und Warmwasserversorgungsanlagen, zentraler

Brennstoffversorgungsanlagen sowie die vergleichbaren Kosten für die Fernheizung, Untermietzuschläge des Mieters an den Vermieter, Vergütungen für die Überlassung von Möbeln, Kühlschränken und Waschmaschinen und Zuschläge für die Benutzung von Wohnraum zu anderen als Wohnzwecken.

28 Für eine Wohnung im eigenen Mehrfamilienhaus oder vergleichbaren Wohnraum, z. B. in einem Geschäftshaus, ist anstelle der Miete der Mietwert des Wohnraums zugrunde zu legen. Das ist jener Betrag, der einer Miete für vergleichbaren Wohnraum entspricht. Ist ein solcher Vergleich nicht möglich, so wird der Mietwert durch die Wohngeldbehörde geschätzt.

Belastung (§ 10 WoGG)

29 Belastung sind die Kosten für den Kapitaldienst und die Bewirtschaftung des Wohnraums. Die Belastung ist in einer besonderen Wohngeldlasten-Berechnung zu ermitteln.

30 Zu den Kosten für die Belastung aus dem Kapitaldienst gehören im Wesentlichen Zinsen und Tilgung für solche Fremdmittel, die dem Neubau, der Modernisierung oder dem Erwerb des Eigentums gedient haben.

31 Die Kosten für die Belastung aus der Bewirtschaftung sind die Instandhaltungskosten, Betriebskosten (ohne Heizkosten) und Verwaltungskosten. Als Instandhaltungs- und Betriebskosten sind im Jahr 20 Euro je Quadratmeter Wohnfläche sowie die Grundsteuer anzusetzen (§ 13 Abs. 2 Wohngeldverordnung). Der Ansatz des Pauschbetrages ist unabhängig davon, ob und in welcher Höhe Instandhaltungs- und Betriebskosten tatsächlich anfallen. Verwaltungskosten sind die an einen Dritten, z. B. an ein Wohnungs- oder Siedlungsunternehmen, zu leistenden Kosten.

Höchstbeträge für Miete und Belastung (§ 12 Abs. 1 WoGG)

32 Wohngeld wird nicht für unangemessen hohe Wohnkosten gewährt. Nur bis zu bestimmten Höchstbeträgen ist die Miete oder die Belastung zuschussfähig. Die Höchstbeträge richten sich nach der Anzahl der zu berücksichtigenden Haushaltsmitglieder und dem örtlichen Mietenniveau (siehe auch Rdnr. 31).

Die Höchstbeträge können aus Tabelle 1 abgelesen werden.

Tabelle 1: Höchstbeträge für Miete und Belastung

Bei einem Haushalt mit	in Gemeinden mit Mieten der Stufe	beträgt der Höchstbetrag in Euro
einem zu berücksichtigendem Haushaltsmitglied	I	292
	II	308
	III	330
	IV	358
	V	385
	VI	407
zwei zu berücksichtigenden Haushaltsmitgliedern	I	352
	II	380
	III	402
	IV	435
	V	468
	VI	501
drei zu berücksichtigenden Haushaltsmitgliedern	I	424
	II	451
	III	479
	IV	517
	V	556
	VI	594
vier zu berücksichtigenden Haushaltsmitgliedern	I	490
	II	523
	III	556
	IV	600
	V	649
	VI	693
fünf zu berücksichtigenden Haushaltsmitgliedern	I	561
	II	600
	III	638
	IV	688
	V	737
	VI	787
Mehrbetrag für jedes weitere zu berücksichtigende Haushaltsmitglied	I	66
	II	72
	III	77
	IV	83
	V	88
	VI	99

Mietenstufen der Gemeinden (§ 12 Abs. 2-5 WoGG)

33 Die Höchstbeträge, bis zu denen Mieten oder Belastungen durch Wohngeld bezuschusst werden können, sind nach dem regionalen Mietenniveau gestaffelt. Welcher Mietenstufe jede Gemeinde angehört, ergibt sich aus der Anlage zur Wohngeldverordnung, in der die Gemeinden getrennt nach Bundesländern alphabetisch aufgeführt sind. Das Mietenniveau der Gemeinden wird an Hand der Mieten der Wohngeldempfänger festgestellt. Die durchschnittlichen Mieten pro Quadratmeter einer Gemeinde werden den durchschnittlichen Mieten pro Quadratmeter der gesamten Bundesrepublik gegenübergestellt. Je nach Über- oder Unterschreitung des Gesamtmietenniveaus werden die Gemeinden den Mietenstufen zugeordnet. Die Neuzuordnung der Gemeinden zu den Mietenstufen wird nur nach einer Anpassung der Höchstbeträge für Miete und Belastung vorgenommen. Jede Gemeinde gehört entsprechend ihrem Mietenniveau einer bestimmten Mietenstufe an. Ab 1. Januar 2009 erfolgte eine bundesweite Neufestlegung der Mietenstufen. Welcher Mietenstufe eine Gemeinde zugeordnet ist, kann der Wohngeldverordnung entnommen werden.

> **Beispiel a**
>
> Eine alleinstehende Person bewohnt eine Wohnung und zahlt eine monatliche Bruttokaltmiete von 270 Euro. Die Wohnung liegt in einer Gemeinde, die der Mietenstufe III angehört. Der Höchstbetrag für die zuschussfähige Miete beträgt 330 Euro und liegt damit über der von ihm zu zahlenden monatlichen Bruttokaltmiete. Bei der Wohngeldberechnung wird daher die gesamte Bruttokaltmiete von 270 Euro berücksichtigt.
>
> **Beispiel b**
>
> Für eine andere von einer alleinstehenden Person bewohnte Wohnung im selben Ort beträgt die monatliche Bruttokaltmiete 350 Euro. In diesem Fall wird bei der Wohngeldberechnung nur der Höchstbetrag für die zuschussfähige Miete, nämlich 330 Euro berücksichtigt.

Gesamteinkommen (§ 13 WoGG)

34 Das anzurechnende Gesamteinkommen setzt sich zusammen aus der Summe der Jahreseinkommen der zu berücksichtigenden Haushaltsmitglieder (Rdnr. 22) abzüglich der Freibeträge (§ 17 WoGG) und Abzugsbeträge für Unterhaltsleistungen (§ 18 WoGG). Das Kindergeld bleibt grundsätzlich bei der Einkommensermittlung ohne Berücksichtigung.

Jahreseinkommen (§§ 14 und 15 WoGG)

Welche Einkünfte rechnen zum Jahreseinkommen?

35 Die wohngeldrechtliche Einkommensermittlung orientiert sich am steuerrechtlichen Einkommensbegriff. Maßgebend sind die steuerpflichtigen positiven Einkünfte im Sinne des § 2 Abs. 1 und 2 Einkommensteuergesetz (EStG), ergänzt um bestimmte (im Wohngeldgesetz genannte) zu berücksichtigende steuerfreie Einnahmen.

Einkünfte sind bei den Einkunftsarten

– Land- und Forstwirtschaft
– Gewerbetrieb
– selbständige Arbeit

der Gewinn und bei den Einkunftsarten

– nichtselbständige Arbeit
– Kapitalvermögen
– Vermietung und Verpachtung
– Sonstige Einkünfte im Sinn des § 22 EStG

der Überschuss der Einnahmen über die Werbungskosten.

Eine Verringerung der positiven Einkünfte durch Ausgleich mit negativen Einkünften aus anderen Einkunftsarten ist nicht zulässig, auch nicht im Rahmen der steuerrechtlichen Zusammenveranlagung von Ehegatten.

Den steuerpflichtigen positiven Einkünften der einzelnen Haushaltsmitglieder sind die im Wohngeldgesetz aufgeführten steuerfreien Einnahmen hinzuzurechnen, da sie dem jeweiligen Haushalt zur Lebensführung zur Verfügung stehen.

Welche Beträge werden abgezogen?

1. Abzugsbeträge für Steuern und Sozialversicherungsbeiträge (§ 16 WoGG)

36 Bei der Ermittlung des Jahreseinkommens sind von dem sich ergebenden Betrag (Summe der steuerpflichtigen und steuerfreien Einnahmen) jeweils zehn Prozent abzuziehen, wenn zu erwarten ist, dass

– Steuern vom Einkommen,
– Pflichtbeiträge zur gesetzlichen Kranken- und Pflegeversicherung oder
– Pflichtbeiträge zur gesetzlichen Rentenversicherung

zu leisten sind. Der Abzug beträgt also maximal 30 Prozent.

37 Den Pflichtbeiträgen zur gesetzlichen Kranken- und Pflegeversicherung sowie zur gesetzlichen Rentenversicherung sind laufende Beiträge mit entsprechender Zweckbestimmung gleichgestellt. Dies sind z. B. freiwillige Beiträge zur gesetzlichen Kranken- oder Rentenversicherung, Beiträge zu privaten Krankenversicherungen oder unter bestimmten Voraussetzungen Beiträge für Lebensversicherungen, soweit sie von einem Haushaltsmitglied für sich oder ein zu berücksichtigenden Haushaltsmitglied entrichtet werden. Die Pauschalen dürfen nicht abgezogen werden, wenn eine im Wesentlichen beitragsfreie Sicherung (wie z. B. bei Beamten) oder eine Sicherung, für die Beiträge von einem Dritten geleistet werden, besteht.

Werden weder Steuern noch Beiträge zur gesetzlichen Kranken- und Pflegeversicherung noch zur gesetzlichen Rentenversicherung geleistet, beträgt der pauschale Abzug sechs Prozent (z. B. bei Beziehern von Arbeitslosengeld I).

2. Frei- und Abzugsbeträge (§§ 17 und 18 WoGG)

38 Von der Summe der Jahreseinkommen aller zu berücksichtigenden Haushaltsmitglieder werden folgende Beträge abgezogen:

2.1 Freibeträge für bestimmte Personengruppen (§ 17 WoGG)

39 Folgende monatliche Freibeträge sind abzuziehen:

- 125 Euro für jedes schwer behinderte zu berücksichtigende Haushaltsmitglied mit einem Grad der Behinderung von 100 oder von wenigstens 80, wenn gleichzeitig eine häuslich oder teilstationär Pflegebedürftigkeit im Sinne des § 14 SGB XI vorliegt,
- 100 Euro für jedes schwer behinderte zu berücksichtigende Haushaltsmitglied mit einem Grad der Behinderung von unter 80, wenn gleichzeitig eine häuslich oder teilstationäre Pflegebedürftigkeit im Sinne des § 14 SGB XI vorliegt,
- 50 Euro für jedes Haushaltsmitglied unter zwölf Jahren, wenn für dieses Haushaltsmitglied Kindergeld oder eine in § 65 Abs. 1 Satz 1 EStG genannte Leistung gewährt wird und die wohngeldberechtigte Person allein mit noch nicht volljährigen Haushaltsmitgliedern zusammen wohnt und wegen Erwerbstätigkeit oder Ausbildung nicht nur kurzfristig vom Haushalt abwesend ist.
- Bis zu 50 Euro für jedes Kind eines Haushaltsmitgliedes mit eigenem Einkommen, das mindestens 16 Jahre, aber noch nicht 25 Jahre alt ist.

2.2 Abzugsbeträge für Unterhaltsleistungen (§ 18 WoGG)

40 Die Aufwendungen zur Erfüllung gesetzlicher Unterhaltsverpflichtungen sind bis zu dem in einer notariell beurkundeten Unterhaltsvereinbarung festgelegten oder in einem Unterhaltstitel oder Bescheid festgestellten Betrag abzuziehen. Liegt eine solche Unterhaltsfeststellung nicht vor, sind die Aufwendungen nur bis zu denen im Wohngeldgesetz genannten Pauschalbeträgen abzugsfähig.

Wie wird das Jahreseinkommen ermittelt?

41 Als Jahreseinkommen ist das Einkommen zu Grunde zu legen, das zum Zeitpunkt der Antragstellung im Bewilligungszeitraum zu erwarten ist. Um dieses zu prognostizieren, kann auch von dem Einkommen ausgegangen werden, das vor der Antragstellung erzielt worden ist. Das Jahreseinkommen wird für jedes zu berücksichtigende Haushaltsmitglied gesondert ermittelt.

Bis zu welchem Einkommen besteht ein Wohngeldanspruch?

42 Die nachfolgenden Übersichten (Tabelle 2 bis Tabelle 7) zeigen für die einzelnen Mietenstufen die sich nach der Haushaltsgröße ergebenden Beträge des monatlichen Gesamteinkommens, bei deren Überschreitung kein Wohngeldanspruch mehr besteht. Daneben sind die Beträge des Bruttoeinkommens zu finden, die vor dem jeweils vorzunehmenden pauschalen Abzug annähernd den Grenzen des Gesamteinkommens entsprechen. Wenn absetzbare Beträge geltend gemacht werden können, wie z. B. Werbungskosten oder Freibeträge, können die in der Übersicht genannten Bruttoeinkommen entsprechend höher sein, ohne dass dadurch die Grenze des jeweiligen Gesamteinkommens überschritten wird.

Ob in diesen Fällen tatsächlich Wohngeld geleistet werden kann, hängt von der Höhe der tatsächlichen zu berücksichtigenden Miete oder Belastung ab.

Höhe des Wohngeldes (§ 19 WoGG)

43 Wenn die zu berücksichtigenden Haushaltsmitglieder, die Höhe des Gesamteinkommens und die Höhe der zuschussfähigen Miete bzw. Belastung ermittelt sind, ist das Wohngeld nach der Formel (§ 19 Abs. 1 WoGG) zu berechnen. Die Höhe des zu gewährenden Wohngeldes kann aber auch aus einem umfangreichen Tabellenwerk, das der Allgemeinen Verwaltungsvorschrift zur Durchführung des Wohngeldgesetzes 2009 angefügt ist, abgelesen werden. Auf diesen vorstehend genannten drei Merkmalen sind die Wohngeldtabellen aufgebaut. Wohngeld stellt immer nur einen Zuschuss zur Miete oder zur Belastung dar. Ein Teil der Aufwendungen für den Wohnraum muss in jedem Fall selbst getragen werden.

Die der Allgemeinen Verwaltungsvorschrift zur Durchführung des Wohngeldgesetzes 2009 angefügten Tabellen für Ein- bis Acht-Personen-Haushalte enthalten neben der Miete und Belastung auch Beträge für das monatliche Gesamteinkommen. Wird der jeweils höchste Betrag der Tabellen durch das anrechenbare Einkommen überschritten, besteht kein Anspruch auf Wohngeld. Die Beträge für Haushalte mit mehr als acht Personen ergeben sich aus der An-

Tabelle 2: Übersicht über Einkommensgrenzen für Wohnungen in Gemeinden der Mietenstufe I

Anzahl der zu berücksichtigenden Haushaltsmitglieder	Grenze für das monatliche Gesamteinkommen (nach den Wohngeldtabellen) (in Euro)	Entsprechendes monatliches Bruttoeinkommen (ohne Kindergeld) bei einem Verdiener vor einem pauschalen Abzug von ... (in Euro)			
		6 %	10 %	20 %	30 %
1	780	830	867	975	1.114
2	1.050	1.117	1.167	1.313	1.500
3	1.310	1.394	1.456	1.638	1.871
4	1.710	1.819	1.900	2.138	2.443
5	1.980	2.106	2.200	2.475	2.829
6	2.240	2.383	2.489	2.800	3.200
7	2.520	2.681	2.800	3.150	3.600
8	2.790	2.968	3.100	3.488	3.986

Tabelle 3: Übersicht über Einkommensgrenzen für Wohnungen in Gemeinden der Mietstufe II

Anzahl der zu berücksichtigenden Haushaltsmitglieder	Grenze für das monatliche Gesamteinkommen (nach den Wohngeldtabellen) (in Euro)	Entsprechendes monatliches Bruttoeinkommen (ohne Kindergeld) bei einem Verdiener vor einem pauschalen Abzug von ... (in Euro)			
		6 %	10 %	20 %	30 %
1	790	840	878	988	1.129
2	1.070	1.138	1.189	1.338	1.529
3	1.340	1.426	1.489	1.675	1.914
4	1.750	1.862	1.944	2.188	2.500
5	2.010	2.138	2.233	2.513	2.871
6	2.280	2.426	2.533	2.850	3.257
7	2.550	2.713	2.833	3.188	3.643
8	2.830	3.011	3.144	3.538	4.043

Tabelle 4: Übersicht über Einkommensgrenzen für Wohnungen in Gemeinden der Mietenstufe III

Anzahl der zu berücksichtigenden Haushaltsmitglieder	Grenze für das monatliche Gesamteinkommen (nach den Wohngeldtabellen) (in Euro)	Entsprechendes monatliches Bruttoeinkommen (ohne Kindergeld) bei einem Verdiener vor einem pauschalen Abzug von ... (in Euro)			
		6 %	10 %	20 %	30 %
1	800	851	889	1.000	1.143
2	1.100	1.170	1.222	1.375	1.571
3	1.350	1.436	1.500	1.688	1.929
4	1.780	1.894	1.978	2.225	2.543
5	2.040	2.170	2.267	2.550	2.914
6	2.310	2.457	2.567	2.888	3.300
7	2.580	2.745	2.867	3.225	3.686
8	2.850	3.032	3.167	3.563	4.071

Tabelle 5: Übersicht über Einkommensgrenzen für Wohnungen in Gemeinden der Mietenstufe IV

Anzahl der zu berücksichtigenden Haushaltsmitglieder	Grenze für das monatliche Gesamteinkommen (nach den Wohngeldtabellen) (in Euro)	Entsprechendes monatliches Bruttoeinkommen (ohne Kindergeld) bei einem Verdiener vor einem pauschalen Abzug von … (in Euro)			
		6 %	10 %	20 %	30 %
1	820	872	911	1.025	1.171
2	1.120	1.191	1.244	1.400	1.600
3	1.380	1.468	1.533	1.725	1.971
4	1.810	1.926	2.011	2.263	2.586
5	2.080	2.213	2.311	2.600	2.971
6	2.350	2.500	2.611	2.938	3.357
7	2.620	2.787	2.911	3.275	3.743
8	2.880	3.064	3.200	3.600	4.114

Tabelle 6: Übersicht über Einkommensgrenzen für Wohnungen in Gemeinden der Mietenstufe V

Anzahl der zu berücksichtigenden Haushaltsmitglieder	Grenze für das monatliche Gesamteinkommen (nach den Wohngeldtabellen) (in Euro)	Entsprechendes monatliches Bruttoeinkommen (ohne Kindergeld) bei einem Verdiener vor einem pauschalen Abzug von … (in Euro)			
		6 %	10 %	20 %	30 %
1	840	894	933	1.050	1.200
2	1.140	1.213	1.267	1.425	1.629
3	1.410	1.500	1.567	1.763	2.014
4	1.850	1.968	2.056	2.313	2.643
5	2.110	2.245	2.344	2.638	3.014
6	2.380	2.532	2.644	2.975	3.400
7	2.650	2.819	2.944	3.313	3.786
8	2.910	3.096	3.233	3.638	4.157

Tabelle 7: Übersicht über Einkommensgrenzen für Wohnungen in Gemeinden der Mietenstufe VI

Anzahl der zu berücksichtigenden Haushaltsmitglieder	Grenze für das monatliche Gesamteinkommen (nach den Wohngeldtabellen) (in Euro)	Entsprechendes monatliches Bruttoeinkommen (ohne Kindergeld) bei einem Verdiener vor einem pauschalen Abzug von … (in Euro)			
		6 %	10 %	20 %	30 %
1	860	915	956	1.075	1.229
2	1.170	1.245	1.300	1.463	1.671
3	1.430	1.521	1.589	1.788	2.043
4	1.880	2.000	2.089	2.350	2.686
5	2.150	2.287	2.389	2.688	3.071
6	2.410	2.564	2.678	3.013	3.443
7	2.680	2.851	2.978	3.350	3.829
8	2.940	3.128	3.267	3.675	4.200

> **Ermittlung des Wohngeldes**
>
> **Beispiel 1: Alleinstehende Person**
>
> Einkommen: Arbeitslosengeld, keine Eigenbeteiligung an der gesetzlichen Kranken- und Pflegeversicherung, keine Steuern.
>
> Wohnort: Stadt der Mietenstufe IV
>
> | | |
> |---|---:|
> | Monatliches Arbeitslosengeld | 730,00 Euro |
> | pauschaler Abzug (6 %) | – 43,80 Euro |
> | monatliches Gesamteinkommen | **= 686,20 Euro** |
> | zu bezahlende monatliche Bruttokaltmiete | 345,00 Euro |
> | Höchstbetrag | 358,00 Euro |
> | zu berücksichtigende Miete | **345,00 Euro** |
> | Mietzuschuss monatlich | **77,00 Euro** |
>
> Der Mietzuschuss von 77 Euro ergibt sich aus der Wohngeldtabelle für ein zu berücksichtigendes Haushaltsmitglied bei einem zu berücksichtigenden monatlichen Gesamteinkommen von mehr als 680 bis 690 Euro und einer zuschussfähigen Miete von mehr als 340 bis 350 Euro.

wendung der Wohngeldformel, die im Wohngeldgesetz genannt ist (§ 19 Abs. 1 Satz 1 WoGG).

44 Beispiele für die Ermittlung des Wohngeldes enthalten die vier Berechnungen für eine alleinstehende Person (Beispiel 1), für einen Zweipersonenhaushalt (Beispiel 2), für einen Dreipersonenhaushalt (Beispiel 3) und einen Vierpersonenhaushalt (Beispiel 4).

Bewilligung und Auszahlung des Wohngeldes (§§ 24 – 26 WoGG)

45 Wohngeld wird grundsätzlich vom Beginn des Monats an gezahlt, in welchem der Antrag bei der Wohngeldbehörde eingegangen ist. Der Bewilligungszeitraum soll zwölf Monate betragen. Das Wohngeld wird in der Regel an die wohngeldberechtigte Person monatlich im Voraus gezahlt. Ein Mietzuschuss kann unter bestimmten Voraussetzungen auch an den Empfänger der Miete oder ein anderes Haushaltsmitglied gezahlt werden.

46 Für zurückliegende Zeiträume wird Wohngeld grundsätzlich nicht gezahlt. Der Zeitpunkt der Antragstellung und der Beginn des Wohngeldbewilligungszeitraums können in einigen Ausnahmefällen voneinander abweichen:

Erhöhen sich z. B. rückwirkend die zuschussfähigen Wohnkosten um mehr als 15 Prozent, kann bereits bewilligtes Wohngeld auf Antrag rückwirkend erhöht werden.

Wohngeld kann in bestimmten Fällen auch für einen zukünftigen Zeitpunkt beantragt werden, z. B. vor Bezugsfertigkeit der neuen Wohnung oder des Eigenheims; allerdings wird das Wohngeld frühestens vom Beginn des Monats an gewährt, in dem der Wohnraum bezogen wird.

Änderungen des Wohngeldes im laufenden Bewilligungszeitraum (§ 27 WoGG)

47 Grundsätzlich bleibt das Wohngeld während des laufenden Bewilligungszeitraums unverändert. Doch ist innerhalb des Bewilligungszeitraumes eine Erhöhung des Wohngeldes auf Antrag möglich, wenn sich die Zahl der zu berücksichtigenden Haushaltsmitglieder erhöht (z. B. durch Geburt eines Kindes), die zu berücksichtigende Miete oder Belastung um mehr als 15 Prozent gestiegen ist oder sich das Gesamteinkommen um mehr als 15 Prozent verringert hat und dies zu einer Erhöhung des Wohngeldes führt.

48 In Fällen, in denen sich das Einkommen im laufenden Bewilligungszeitraum um mehr als 15 Prozent erhöht oder sich die zu berücksichtigende Miete

20 Wohngeld

Ermittlung des Wohngeldes

Beispiel 2: Zweipersonenhaushalt

Einkommen: Renten, keine Steuern, Eigenbeteiligung an der gesetzlichen Kranken- und Pflegeversicherung, Ehemann schwer behindert (Grad der Behinderung 100)

Wohnort: Stadt der Mietenstufe V

Monatliche Bruttorente	des Ehemanns	der Ehefrau
	925,00 Euro	320,00 Euro
Werbungskostenpauschale	– 8,50 Euro	– 8,50 Euro
	916,50 Euro	311,50 Euro
pauschaler Abzug (10 %/10 %)	– 91,65 Euro	– 31,15 Euro
	= 824,85 Euro	= 280,35 Euro

Summe der Einkommen	1105,20 Euro
1 Schwerbehindertenfreibetrag bei einem GdB von 100	– 125,00 Euro
monatliches Gesamteinkommen	**= 980,20 Euro**
zu bezahlende monatliche Bruttokaltmiete	423,00 Euro
Höchstbetrag	468,00 Euro
zu berücksichtigende Miete	**423,00 Euro**
Mietzuschuss monatlich	**71,00 Euro**

Der Mietzuschuss von 71 Euro ergibt sich aus der Wohngeldtabelle für zwei zu berücksichtigende Haushaltsmitglieder bei einem zu berücksichtigenden monatlichen Gesamteinkommen von mehr als 980 bis 990 Euro und einer zuschussfähigen Miete von mehr als 420 bis 430 Euro.

oder Belastung um mehr als 15 Prozent gesenkt hat, wird – u. U. auch rückwirkend – über das Wohngeld von Amts wegen neu entschieden, wenn die Berechnung ergibt, dass es sich verringert oder wegfällt. Die wohngeldberechtigte Person ist verpflichtet, solche Einkommenserhöhungen oder Miet- oder Belastungssenkungen der Wohngeldbehörde mitzuteilen. Ein eventuell zu viel gezahltes Wohngeld ist von der wohngeldberechtigten Person zurückzuzahlen.

Unwirksamkeit des Wohngeldbewilligungsbescheides und Wegfall des Wohngeldanspruchs (§ 28 WoGG)

49 Wohngeld wird grundsätzlich bis zum Ende des im Bescheid genannten Bewilligungszeitraums geleistet. Wenn kein zu berücksichtigendes Haushaltsmitglied mehr den Wohnraum nutzt (z. B. durch Auszug oder Tod), wird der Bewilligungsbescheid unwirksam. Den Auszug hat die wohngeldberechtigte Person bzw. das Haushaltsmitglied, an welches das Wohngeld gezahlt wird, der Wohngeldbehörde unverzüglich mitzuteilen. Verbleiben nach einem Auszug oder beim Tod eines zu berücksichtigenden Haushaltsmitgliedes andere bei der Wohngeldberechnung berücksichtigte Haushaltsmitglieder in den Wohnräumen, wird das Wohngeld grundsätzlich bis zum Ende des Bewilligungszeitraums unverändert weitergezahlt.

50 Wird das geleistete Wohngeld nicht für die Bezahlung der Miete oder Belastung verwendet, entfällt der Anspruch ebenfalls. Ggf. kann die Wohngeldbehörde das Wohngeld auch direkt an den Vermieter überweisen.

Ermittlung des Wohngeldes

Beispiel 3: Dreipersonenhaushalt

(Alleinerziehender Elternteil mit 2 Kindern unter 12 Jahren)

Einkommen: Der Elternteil ist Arbeitnehmer, entrichtet Pflichtbeiträge zur gesetzlichen Kranken- und Pflegeversicherung und zur gesetzlichen Rentenversicherung, keine Steuern, erhält Unterhalt für die Kinder

Wohnort: Stadt der Mietenstufe I

	des Elternteils	Unterhalt für Kind 1	Unterhalt für Kind 2
Brutto-Monatseinkommen	1108,00 Euro	200,00 Euro	200,00 Euro
./. Werbungskostenpauschale	– 76,67 Euro		
	1031,33 Euro		
./. pauschaler Abzug (20 % / 6 % / 6 %)	– 206,27 Euro	– 12,00 Euro	– 12,00 Euro
	= 825,06 Euro	= 188,00 Euro	= 188,00 Euro
Summe der Einkommen		1201,06 Euro	
./. 2 Alleinerziehendenfreibeträge		– 100,00 Euro	
monatliches Gesamteinkommen		**= 1101,06 Euro**	
zu bezahlende monatliche Bruttokaltmiete		411,50 Euro	
Höchstbetrag		424,00 Euro	
zu berücksichtigende Miete		**411,50 Euro**	
Mietzuschuss monatlich		**83 Euro**	

Der Mietzuschuss von 83 Euro ergibt sich aus der Wohngeldtabelle für drei zu berücksichtigende Haushaltsmitglieder bei einem zu berücksichtigenden monatlichen Gesamteinkommen von mehr als 1100 bis 1110 Euro und einer zuschussfähigen Miete von mehr als 410 bis 420 Euro.

51 Beantragt oder erhält ein bei der Berechnung des Wohngeldes berücksichtigtes Haushaltsmitglied eine der im § 7 Abs. 1 Satz 1 WoGG genannten Transferleistungen (Rdnr. 20), wird der Wohngeldbewilligungsbescheid unwirksam und der Wohngeldanspruch entfällt für den gesamten Haushalt. Innerhalb des nächsten Kalendermonats kann ein neuer Wohngeldantrag für die nicht ausgeschlossenen Haushaltsmitglieder gestellt werden, damit das neu berechnete Wohngeld lückenlos weitergeleistet werden kann. Wird der gesamte Haushalt vom Wohngeld ausgeschlossen, weil eine in § 7 Abs. 1 Satz 1 WoGG genannte Leistung beantragt wurde, und wird dieser Antrag abgelehnt, kann Wohngeld bis zum Ende des nächsten Kalendermonats nach Erhalt des Ablehnungsbescheides rückwirkend beantragt werden.

Zuständige Stellen (§ 24 Abs. 1 WoGG)

52 Die für das Wohngeld zuständigen Behörden (Wohngeldbehörde) werden nach Landesrecht oder von den Landesregierungen bestimmt. Die Landesregierungen können diese Befugnis auf oberste Landesbehörden übertragen. Im Allgemeinen sind die Wohngeldbehörden die Gemeinde-, Stadt-, Amts- oder Kreisverwaltungen.

Ermittlung des Wohngeldes

Beispiel 4: Vierpersonenhaushalt

(Ehepaar mit 2 Kindern)

Einkommen: Beide Eheleute sind Arbeitnehmer, beide entrichten Pflichtbeiträge zur gesetzlichen Kranken- und Pflegeversicherung und zur gesetzlichen Rentenversicherung, nur der Ehemann zahlt Steuern vom Einkommen

Wohnort: Stadt der Mietenstufe III

Brutto-Monatseinkommen (ohne Kindergeld)	des Ehemanns	der Ehefrau
	1875,00 Euro	456,00 Euro
./. Werbungskostenpauschale	– 76,67 Euro	– 76,67 Euro
	1798,33 Euro	379,33 Euro
./. pauschaler Abzug (30 % / 20 %)	– 539,50 Euro	– 75,87 Euro
	= 1258,83 Euro	= 303,46 Euro
monatliches Gesamteinkommen	**1562,29 Euro**	
zu bezahlende monatliche Bruttokaltmiete	582,00 Euro	
Höchstbetrag	556,00 Euro	
zu berücksichtigende Miete	**556,00 Euro**	
Mietzuschuss monatlich	**88 Euro**	

Der Mietzuschuss von 88 Euro ergibt sich aus der Wohngeldtabelle für vier zu berücksichtigende Haushaltsmitglieder bei einem zu berücksichtigenden monatlichen Gesamteinkommen von mehr als 1560 bis 1570 Euro und einer zuschussfähigen Miete von mehr als 550 bis 560 Euro.

Finanzierung (§ 32 WoGG)

53 Das Wohngeld wird vom Bund und von den Ländern getragen. Wohngeld, das von einem Land gezahlt worden ist, wird ihm vom Bund zur Hälfte erstattet.

Beratung und Auskunft

54 Die Mitarbeiter der Wohngeldbehörden sind verpflichtet, die Bürgerinnen und Bürger über alle Rechte und Pflichten nach dem Wohngeldgesetz aufzuklären, zu beraten und Auskünfte zu erteilen (§§ 13-15 SGB I), soweit diese Aufgaben nicht von anderen Stellen wahrgenommen werden.

Rechtsschutz

55 Die Möglichkeit von Rechtsmitteln gegen den Wohngeldbescheid richtet sich nach den länderspezifischen Regelungen. Hierzu sind die Hinweise in der Rechtsbehelfsbelehrung des Bescheides zu beachten. In den meisten Ländern kann innerhalb eines Monats nach Zugang Widerspruch bei der Behörde eingelegt werden, die den Wohngeldbescheid erlassen hat. Das Widerspruchsverfahren ist, im Gegensatz zu der danach möglichen Klage vor dem Verwaltungsgericht, kostenfrei. Es gelten die Vorschriften der Verwaltungsgerichtsordnung.

Wohngeld **20**

Auszug aus dem Tabellenwerk

(weitere Tabellen im Internet unter www.bmvbs.de/Wohngeld)

20 Wohngeld

Wohngeld für ein zu berücksichtigendes Haushaltsmitglied
Bei einem zu berücksichtigenden Haushaltsmitglied beträgt das Wohngeld monatlich

bei einem Zwölftel des Gesamteinkommens (§ 13 Abs. 2) von mehr als bis	0 bis 50	50 bis 60	60 bis 70	70 bis 80	80 bis 90	90 bis 100	100 bis 110	110 bis 120	120 bis 130	130 bis 140	140 bis 150	150 bis 160	160 bis 170	170 bis 180	180 bis 190	190 bis 200	200 bis 210	210 bis 220	220 bis 230
	1	2	3	4	5	6	7	8	9	10	11	12	13	14	15	16	17	18	19
								Euro											
0 - 210	23	32	41	50	59	68	77	86	95	104	113	122	131	140	149	158	167	176	185
210 - 220	21	30	39	48	57	66	75	84	93	102	111	120	129	137	146	155	164	173	182
220 - 230	20	28	37	46	55	64	73	82	91	99	108	117	126	135	144	153	161	170	179
230 - 240	18	27	36	44	53	62	71	80	88	97	106	115	123	132	141	150	159	167	176
240 - 250	17	25	34	43	51	60	69	77	86	95	103	112	121	130	138	147	156	164	173
250 - 260	15	24	32	41	49	58	67	75	84	92	101	110	118	127	135	144	153	161	170
260 - 270	13	22	30	39	47	56	65	73	82	90	99	107	116	124	133	141	150	158	167
270 - 280	12	20	29	37	46	54	62	71	79	88	96	105	113	121	130	138	147	155	164
280 - 290	10	19	27	35	44	52	60	69	77	85	94	102	110	119	127	135	144	152	160
290 - 300		17	25	33	42	50	58	66	75	83	91	99	108	116	124	133	141	149	157
300 - 310		15	23	31	40	48	56	64	72	80	89	97	105	113	121	130	138	146	154
310 - 320		13	21	29	38	46	54	62	70	78	86	94	102	110	118	127	135	143	151
320 - 330		12	20	28	36	44	52	60	68	76	84	92	100	108	116	124	132	140	148
330 - 340		10	18	26	33	41	49	57	65	73	81	89	97	105	113	121	129	136	144
340 - 350			16	24	31	39	47	55	63	71	78	86	94	102	110	118	125	133	141
350 - 360			14	22	29	37	45	53	60	68	76	84	91	99	107	115	122	130	138
360 - 370			12	20	27	35	43	50	58	65	73	81	88	96	104	111	119	127	134
370 - 380			10	17	25	33	40	48	55	63	70	78	86	93	101	108	116	124	131
380 - 390				15	23	30	38	45	53	60	68	75	83	90	98	105	113	120	128
390 - 400				13	21	28	36	43	50	58	65	73	80	87	95	102	110	117	124
400 - 410				11	19	26	33	40	48	55	62	70	77	84	92	99	106	114	121
410 - 420					16	24	31	38	45	52	60	67	74	81	89	96	103	110	118
420 - 430					14	21	28	35	43	50	57	64	71	78	86	93	100	107	114
430 - 440					12	19	26	33	40	47	54	61	68	75	82	89	97	104	111
440 - 450					10	16	23	30	37	44	51	58	65	72	79	86	93	100	107
450 - 460						14	21	28	35	42	49	55	62	69	76	83	90	97	104
460 - 470						12	19	25	32	39	46	53	59	66	73	80	87	93	100
470 - 480							16	23	29	36	43	50	56	63	70	76	83	90	97
480 - 490							13	20	27	33	40	47	53	60	67	73	80	86	93
490 - 500							11	17	24	31	37	44	50	57	63	70	76	83	89
500 - 510								15	21	28	34	41	47	54	60	66	73	79	86
510 - 520								12	19	25	31	38	44	50	57	63	69	76	82
520 - 530									16	22	28	35	41	47	53	60	66	72	79
530 - 540									13	19	25	32	38	44	50	56	63	69	75
540 - 550									10	16	22	28	35	41	47	53	59	65	71
550 - 560										13	19	25	31	37	43	49	56	62	68
560 - 570										10	16	22	28	34	40	46	52	58	64
570 - 580											13	19	25	31	37	43	48	54	60
580 - 590											10	16	22	28	33	39	45	51	56
590 - 600												13	18	24	30	36	41	47	53
600 - 610												10	15	21	26	32	38	43	49
610 - 620													12	17	23	28	34	39	45
620 - 630														14	19	25	30	36	41
630 - 640														11	16	21	27	32	37
640 - 650															12	18	23	28	33
650 - 660																14	19	24	30
660 - 670																10	15	21	26
670 - 680																	12	17	22
680 - 690																		13	18
690 - 700																			14
700 - 710																			10
710 - 720																			
720 - 730																			
730 - 740																			
740 - 750																			
750 - 760																			
760 - 770																			
770 - 780																			
780 - 790																			
790 - 800																			
800 - 810																			
810 - 820																			
820 - 830																			
830 - 840																			
840 - 850																			
850 - 860																			
860 - 870																			

bei einer zu berücksichtigenden Miete oder

Wohngeld 20

Belastung (§ 11) von monatlich mehr als … Euro																				
230 bis 240	240 bis 250	250 bis 260	260 bis 270	270 bis 280	280 bis 290	290 bis 300	300 bis 310	310 bis 320	320 bis 330	330 bis 340	340 bis 350	350 bis 360	360 bis 370	370 bis 380	380 bis 390	390 bis 400	400 bis 410	410 bis 420	420 bis 430	430 bis 440
20	21	22	23	24	25	26	27	28	29	30	31	32	33	34	35	36	37	38	39	40
Euro																				
194	203	212	221	230	239	249	258	267	276	285	294	303	312	321	330	339	348	357	366	375
191	200	209	218	227	236	245	254	263	272	281	290	299	308	316	325	334	343	352	361	370
188	197	206	215	224	232	241	250	259	268	277	286	294	303	312	321	330	339	348	356	365
185	194	202	211	220	229	238	246	255	264	273	281	290	299	308	317	325	334	343	352	360
182	190	199	208	216	225	234	243	251	260	269	277	286	295	303	312	321	329	338	347	356
179	187	196	204	213	222	230	239	247	256	265	273	282	290	299	308	316	325	333	342	351
175	184	192	201	209	218	226	235	243	252	261	269	278	286	295	303	312	320	329	337	346
172	181	189	197	206	214	223	231	240	248	256	265	273	282	290	299	307	315	324	332	341
169	177	186	194	202	211	219	227	236	244	252	261	269	277	286	294	302	311	319	327	336
166	174	182	190	199	207	215	223	232	240	248	256	265	273	281	289	298	306	314	323	331
162	170	179	187	195	203	211	220	228	236	244	252	260	269	277	285	293	301	309	318	326
159	167	175	183	191	199	207	216	224	232	240	248	256	264	272	280	288	296	305	313	321
156	164	172	180	188	196	204	212	220	228	236	244	252	260	268	276	284	292	300	308	316
152	160	168	176	184	192	200	208	216	224	231	239	247	255	263	271	279	287	295	303	311
149	157	165	172	180	188	196	204	212	219	227	235	243	251	259	266	274	282	290	298	306
146	153	161	169	176	184	192	200	207	215	223	231	238	246	254	262	269	277	285	293	300
142	150	157	165	173	180	188	196	203	211	219	226	234	242	249	257	265	272	280	288	295
139	146	154	161	169	177	184	192	199	207	214	222	230	237	245	252	260	267	275	283	290
135	143	150	158	165	173	180	188	195	203	210	218	225	233	240	248	255	263	270	278	285
132	139	147	154	161	169	176	184	191	198	206	213	221	228	235	243	250	258	265	272	280
128	136	143	150	158	165	172	179	187	194	201	209	216	223	231	238	245	253	260	267	275
125	132	139	146	154	161	168	175	183	190	197	204	212	219	226	233	240	248	255	262	269
121	128	136	143	150	157	164	171	178	186	193	200	207	214	221	228	236	243	250	257	264
118	125	132	139	146	153	160	167	174	181	188	195	202	209	217	224	231	238	245	252	259
114	121	128	135	142	149	156	163	170	177	184	191	198	205	212	219	226	233	240	247	254
111	117	124	131	138	145	152	159	166	173	179	186	193	200	207	214	221	228	235	241	248
107	114	121	127	134	141	148	155	161	168	175	182	189	195	202	209	216	223	229	236	243
103	110	117	123	130	137	144	150	157	164	170	177	184	191	197	204	211	217	224	231	238
100	106	113	120	126	133	139	146	153	159	166	173	179	186	192	199	206	212	219	226	232
96	103	109	116	122	129	135	142	148	155	161	168	175	181	188	194	201	207	214	220	227
92	99	105	112	118	125	131	138	144	150	157	163	170	176	183	189	196	202	209	215	221
89	95	101	108	114	120	127	133	140	146	152	159	165	171	178	184	191	197	203	210	216
85	91	97	104	110	116	123	129	135	141	148	154	160	167	173	179	185	192	198	204	211
81	87	94	100	106	112	118	125	131	137	143	149	156	162	168	174	180	187	193	199	205
77	83	90	96	102	108	114	120	126	132	139	145	151	157	163	169	175	181	187	194	200
74	80	86	92	98	104	110	116	122	128	134	140	146	152	158	164	170	176	182	188	194
70	76	82	88	94	99	105	111	117	123	129	135	141	147	153	159	165	171	177	183	189
66	72	78	84	89	95	101	107	113	119	125	130	136	142	148	154	160	166	171	177	183
62	68	74	79	85	91	97	103	108	114	120	126	131	137	143	149	154	160	166	172	178
58	64	70	75	81	87	92	98	104	109	115	121	126	132	138	144	149	155	161	166	172
54	60	66	71	77	82	88	94	99	105	110	116	122	127	133	138	144	150	155	161	166
50	56	62	67	73	78	84	89	95	100	106	111	117	122	128	133	139	144	150	155	161
47	52	57	63	68	74	79	85	90	95	101	106	112	117	123	128	133	139	144	150	155
43	48	53	59	64	69	75	80	85	91	96	101	107	112	117	123	128	133	139	144	149
39	44	49	54	60	65	70	75	81	86	91	96	102	107	112	117	123	128	133	138	144
35	40	45	50	55	61	66	71	76	81	86	92	97	102	107	112	117	123	128	133	138
31	36	41	46	51	56	61	66	71	76	81	87	92	97	102	107	112	117	122	127	132
27	32	37	42	47	52	57	62	67	72	77	82	87	92	97	102	107	112	117	122	127
23	28	32	37	42	47	52	57	62	67	72	77	82	86	91	96	101	106	111	116	121
19	23	28	33	38	43	48	52	57	62	67	72	76	81	86	91	96	101	105	110	115
14	19	24	29	33	38	43	48	52	57	62	67	71	76	81	86	90	95	100	104	109
10	15	20	24	29	34	38	43	48	52	57	62	66	71	76	80	85	89	94	99	103
	11	15	20	25	29	34	38	43	48	52	56	61	66	70	75	79	84	88	93	98
		11	16	20	25	29	34	38	43	47	51	56	60	65	69	74	78	83	87	92
			11	16	20	25	29	33	38	42	47	51	55	59	64	68	73	77	81	86
				11	16	20	24	28	33	37	41	45	50	54	58	63	67	71	76	80
					15	19	23	28	32	36	40	44	49	53	57	61	66	70	74
					10	14	18	22	26	30	34	38	42	46	50	54	58	62	68
						13	17	21	25	29	33	37	41	44	48	52	56	62
							11	15	19	23	27	31	35	39	42	46	50
								10	14	18	21	25	29	33	37	40	44
									12	16	20	23	27	31	34	38
										10	14	18	21	25	28	32
											12	15	19	22	26
												10	13	16	20
													10	14

20 Wohngeld

Wohngeld für zwei zu berücksichtigende Haushaltsmitglieder
Bei zwei zu berücksichtigenden Haushaltsmitgliedern beträgt das Wohngeld monatlich

bei einem Zwölftel des Gesamteinkommens (§ 13 Abs. 2) von mehr als bis	0 bis 60	60 bis 70	70 bis 80	80 bis 90	90 bis 100	100 bis 110	110 bis 120	120 bis 130	130 bis 140	140 bis 150	150 bis 160	160 bis 170	170 bis 180	180 bis 190	190 bis 200	200 bis 210	210 bis 220	220 bis 230	230 bis 240	240 bis 250	250 bis 260	260 bis 270	270 bis 280	280 bis 290
	1	2	3	4	5	6	7	8	9	10	11	12	13	14	15	16	17	18	19	20	21	22	23	24
0 - 250	32	41	50	60	69	78	87	97	106	115	125	134	143	152	162	171	180	189	199	208	217	227	236	245
250 - 260	30	40	49	58	67	77	86	95	104	113	123	132	141	150	159	169	178	187	196	206	215	224	233	242
260 - 270	29	38	47	57	66	75	84	93	102	112	121	130	139	148	157	166	176	185	194	203	212	221	230	240
270 - 280	28	37	46	55	64	73	82	91	101	110	119	128	137	146	155	164	173	182	191	200	210	219	228	237
280 - 290	26	35	45	54	63	72	81	90	99	108	117	126	135	144	153	162	171	180	189	198	207	216	225	234
290 - 300	25	34	43	52	61	70	79	88	97	106	115	124	133	142	151	160	169	177	186	195	204	213	222	231
300 - 310	24	33	42	50	59	68	77	86	95	104	113	122	131	139	148	157	166	175	184	193	202	211	220	228
310 - 320	22	31	40	49	58	67	75	84	93	102	111	120	128	137	146	155	164	173	181	190	199	208	217	226
320 - 330	21	30	38	47	56	65	74	82	91	100	109	117	126	135	144	153	161	170	179	188	196	205	214	223
330 - 340	20	28	37	46	54	63	72	81	89	98	107	115	124	133	142	150	159	168	176	185	194	203	211	220
340 - 350	18	27	35	44	53	61	70	79	87	96	105	113	122	131	139	148	157	165	174	183	191	200	208	217
350 - 360	17	25	34	42	51	60	68	77	85	94	103	111	120	128	137	146	154	163	171	180	188	197	206	214
360 - 370	15	24	32	41	49	58	66	75	83	92	100	109	118	126	135	143	152	160	169	177	186	194	203	211
370 - 380	14	22	31	39	48	56	65	73	81	90	98	107	115	124	132	141	149	158	166	175	183	192	200	208
380 - 390	12	21	29	37	46	54	63	71	79	88	96	105	113	121	130	138	147	155	164	172	180	189	197	206
390 - 400	11	19	27	36	44	52	61	69	77	86	94	102	111	119	128	136	144	153	161	169	178	186	194	203
400 - 410		17	26	34	42	51	59	67	75	84	92	100	109	117	125	133	142	150	158	167	175	183	191	200
410 - 420		16	24	32	41	49	57	65	73	82	90	98	106	115	123	131	139	147	156	164	172	180	188	197
420 - 430		14	22	31	39	47	55	63	71	80	88	96	104	112	120	128	137	145	153	161	169	177	186	194
430 - 440		13	21	29	37	45	53	61	69	77	86	94	102	110	118	126	134	142	150	158	166	175	183	191
440 - 450		11	19	27	35	43	51	59	67	75	83	91	99	107	115	123	132	140	148	156	164	172	180	188
450 - 460			17	25	33	41	49	57	65	73	81	89	97	105	113	121	129	137	145	153	161	169	177	185
460 - 470			16	24	31	39	47	55	63	71	79	87	95	103	111	118	126	134	142	150	158	166	174	182
470 - 480			14	22	30	37	45	53	61	69	77	85	92	100	108	116	124	132	139	147	155	163	171	179
480 - 490			12	20	28	36	43	51	59	67	74	82	90	98	106	113	121	129	137	144	152	160	168	176
490 - 500			10	18	26	34	41	49	57	64	72	80	88	95	103	111	118	126	134	142	149	157	165	173
500 - 510				16	24	32	39	47	55	62	70	78	85	93	101	108	116	124	131	139	146	154	162	169
510 - 520				14	22	30	37	45	52	60	68	75	83	90	98	106	113	121	128	136	144	151	159	166
520 - 530				13	20	28	35	43	50	58	65	73	80	88	95	103	111	118	126	133	141	148	156	163
530 - 540				11	18	26	33	41	48	56	63	70	78	85	93	100	108	115	123	130	138	145	153	160
540 - 550					16	24	31	38	46	53	61	68	75	83	90	98	105	113	120	127	135	142	150	157
550 - 560					14	22	29	36	44	51	58	66	73	80	88	95	102	110	117	124	132	139	146	154
560 - 570					12	20	27	34	41	49	56	63	71	78	85	92	100	107	114	122	129	136	143	151
570 - 580					10	17	25	32	39	46	54	61	68	75	82	90	97	104	111	119	126	133	140	147
580 - 590						15	23	30	37	44	51	58	66	73	80	87	94	101	108	116	123	130	137	144
590 - 600						13	20	28	35	42	49	56	63	70	77	84	91	98	106	113	120	127	134	141
600 - 610						11	18	25	32	39	46	53	60	67	75	82	89	96	103	110	117	124	131	138
610 - 620							16	23	30	37	44	51	58	65	72	79	86	93	100	107	114	121	128	135
620 - 630							14	21	28	35	42	48	55	62	69	76	83	90	97	104	111	118	124	131
630 - 640							12	19	25	32	39	46	53	60	66	73	80	87	94	101	108	114	121	128
640 - 650								16	23	30	37	43	50	57	64	71	77	84	91	98	104	111	118	125
650 - 660								14	21	27	34	41	48	54	61	68	74	81	88	95	101	108	115	122
660 - 670								12	18	25	32	38	45	52	58	65	72	78	85	92	98	105	112	118
670 - 680									16	23	29	36	42	49	56	62	69	75	82	89	95	102	108	115
680 - 690									14	20	27	33	40	46	53	59	66	72	79	85	92	98	105	112
690 - 700									11	18	24	31	37	43	50	56	63	69	76	82	89	95	102	108

Wohngeld 20

Belastung (§ 11) von monatlich mehr als … Euro																									
290	300	310	320	330	340	350	360	370	380	390	400	410	420	430	440	450	460	470	480	490	500	510	520	530
bis	bis	bis	bis	bis	bis	bis	bis	bis	bis	bis	bis	bis	bis	bis	bis	bis	bis	bis	bis	bis	bis	bis	bis	bis
300	310	320	330	340	350	360	370	380	390	400	410	420	430	440	450	460	470	480	490	500	510	520	530	540
25	26	27	28	29	30	31	32	33	34	35	36	37	38	39	40	41	42	43	44	45	46	47	48	49
												Euro												
254	264	273	282	291	301	310	319	329	338	347	356	366	375	384	394	403	412	421	431	440	449	458	468	477
252	261	270	279	288	298	307	316	325	335	344	353	362	371	381	390	399	408	417	427	436	445	454	463	473
249	258	267	276	285	295	304	313	322	331	340	349	359	368	377	386	395	404	413	423	432	441	450	459	468
246	255	264	273	282	291	300	310	319	328	337	346	355	364	373	382	391	400	410	419	428	437	446	455	464
243	252	261	270	279	288	297	306	315	324	333	342	351	360	369	379	388	397	406	415	424	433	442	451	460
240	249	258	267	276	285	294	303	312	321	330	339	348	357	366	375	384	393	402	411	420	429	437	446	455
237	246	255	264	273	282	291	300	309	318	326	335	344	353	362	371	380	389	398	407	415	424	433	442	451
235	243	252	261	270	279	288	296	305	314	323	332	341	349	358	367	376	385	394	402	411	420	429	438	447
232	240	249	258	267	275	284	293	302	311	319	328	337	346	354	363	372	381	390	398	407	416	425	433	442
229	237	246	255	264	272	281	290	298	307	316	325	333	342	351	359	368	377	386	394	403	412	420	429	438
226	234	243	252	260	269	278	286	295	304	312	321	330	338	347	356	364	373	382	390	399	407	416	425	433
223	231	240	249	257	266	274	283	292	300	309	317	326	335	343	352	360	369	377	386	395	403	412	420	429
220	228	237	245	254	263	271	280	288	297	305	314	322	331	339	348	356	365	373	382	390	399	408	416	425
217	225	234	242	251	259	268	276	285	293	302	310	319	327	335	344	352	361	369	378	386	395	403	412	420
214	222	231	239	248	256	264	273	281	290	298	306	315	323	332	340	348	357	365	374	382	390	399	407	416
211	219	228	236	244	253	261	269	278	286	294	303	311	319	328	336	344	353	361	369	378	386	394	403	411
208	216	225	233	241	249	258	266	274	282	291	299	307	316	324	332	340	349	357	365	374	382	390	398	407
205	213	221	230	238	246	254	262	271	279	287	295	304	312	320	328	336	345	353	361	369	377	386	394	402
202	210	218	226	235	243	251	259	267	275	283	292	300	308	316	324	332	341	349	357	365	373	381	389	398
199	207	215	223	231	239	247	255	264	272	280	288	296	304	312	320	328	336	345	353	361	369	377	385	393
196	204	212	220	228	236	244	252	260	268	276	284	292	300	308	316	324	332	340	348	356	364	372	380	389
193	201	209	217	225	233	241	248	256	264	272	280	288	296	304	312	320	328	336	344	352	360	368	376	384
190	198	205	213	221	229	237	245	253	261	269	277	284	292	300	308	316	324	332	340	348	356	364	371	379
187	194	202	210	218	226	234	241	249	257	265	273	281	288	296	304	312	320	328	336	343	351	359	367	375
183	191	199	207	215	222	230	238	246	253	261	269	277	285	292	300	308	316	323	331	339	347	355	362	370
180	188	196	203	211	219	227	234	242	250	257	265	273	281	288	296	304	311	319	327	335	342	350	358	366
177	185	192	200	208	215	223	231	238	246	254	261	269	277	284	292	300	307	315	323	330	338	346	353	361
174	182	189	197	204	212	220	227	235	242	250	258	265	273	280	288	295	303	311	318	326	333	341	349	356
171	178	186	193	201	208	216	224	231	239	246	254	261	269	276	284	291	299	306	314	321	329	337	344	352
168	175	183	190	197	205	212	220	227	235	242	250	257	265	272	280	287	295	302	310	317	324	332	339	347
164	172	179	187	194	201	209	216	224	231	238	246	253	261	268	276	283	290	298	305	313	320	327	335	342
161	169	176	183	191	198	205	213	220	227	235	242	249	257	264	271	279	286	293	301	308	315	323	330	337
158	165	173	180	187	194	202	209	216	224	231	238	245	253	260	267	274	282	289	296	304	311	318	325	333
155	162	169	177	184	191	198	205	212	220	227	234	241	249	256	263	270	277	285	292	299	306	314	321	328
151	159	166	173	180	187	194	202	209	216	223	230	237	245	252	259	266	273	280	287	295	302	309	316	323
148	155	162	169	177	184	191	198	205	212	219	226	233	240	248	255	262	269	276	283	290	297	304	311	319
145	152	159	166	173	180	187	194	201	208	215	222	229	236	243	250	257	264	272	279	286	293	300	307	314
142	149	156	163	169	176	183	190	197	204	211	218	225	232	239	246	253	260	267	274	281	288	295	302	309
138	145	152	159	166	173	180	187	194	200	207	214	221	228	235	242	249	256	263	270	277	283	290	297	304
135	142	149	155	162	169	176	183	190	197	203	210	217	224	231	238	245	251	258	265	272	279	286	292	299
132	138	145	152	159	166	172	179	186	193	199	206	213	220	227	233	240	247	254	261	267	274	281	288	294
128	135	142	148	155	162	169	175	182	189	196	202	209	216	222	229	236	243	249	256	263	269	276	283	290
125	132	138	145	152	158	165	172	178	185	192	198	205	212	218	225	231	238	245	251	258	265	271	278	285
122	128	135	141	148	155	161	168	174	181	188	194	201	207	214	221	227	234	240	247	254	260	267	273	280
118	125	131	138	144	151	157	164	170	177	183	190	197	203	210	216	223	229	236	242	249	255	262	268	275
115	121	128	134	141	147	154	160	167	173	179	186	192	199	205	212	218	225	231	238	244	251	257	264	270

20 Wohngeld

noch Wohngeld für zwei zu berücksichtigende Haushaltsmitglieder
Fortsetzung

bei einem Zwölftel des Gesamteinkommens (§ 13 Abs. 2) von mehr als bis	0 bis 60	60 bis 70	70 bis 80	80 bis 90	90 bis 100	100 bis 110	110 bis 120	120 bis 130	130 bis 140	140 bis 150	150 bis 160	160 bis 170	170 bis 180	180 bis 190	190 bis 200	200 bis 210	210 bis 220	220 bis 230	230 bis 240	240 bis 250	250 bis 260	260 bis 270	270 bis 280	280 bis 290
	1	2	3	4	5	6	7	8	9	10	11	12	13	14	15	16	17	18	19	20	21	22	23	24
										Euro														
700 - 710										15	21	28	34	41	47	54	60	66	73	79	86	92	98	105
710 - 720										13	19	25	32	38	44	51	57	63	70	76	82	89	95	101
720 - 730										10	16	23	29	35	41	48	54	60	67	73	79	86	92	98
730 - 740											14	20	26	32	39	45	51	57	64	70	76	82	88	95
740 - 750											11	17	23	30	36	42	48	54	60	67	73	79	85	91
750 - 760												15	21	27	33	39	45	51	57	63	70	76	82	88
760 - 770												12	18	24	30	36	42	48	54	60	66	72	78	84
770 - 780													15	21	27	33	39	45	51	57	63	69	75	81
780 - 790													12	18	24	30	36	42	48	54	60	66	72	77
790 - 800													10	15	21	27	33	39	45	51	56	62	68	74
800 - 810														13	18	24	30	36	42	47	53	59	65	70
810 - 820														10	15	21	27	33	38	44	50	56	61	67
820 - 830															12	18	24	29	35	41	46	52	58	63
830 - 840																15	21	26	32	37	43	49	54	60
840 - 850																12	18	23	29	34	40	45	51	56
850 - 860																	14	20	25	31	36	42	47	53
860 - 870																	11	17	22	28	33	38	44	49
870 - 880																		13	19	24	30	35	40	46
880 - 890																		10	16	21	26	31	37	42
890 - 900																			12	17	23	28	33	38
900 - 910																				14	19	24	30	35
910 - 920																				11	16	21	26	31
920 - 930																					12	17	22	27
930 - 940																						14	19	24
940 - 950																						10	15	20
950 - 960																							11	16
960 - 970																								13
970 - 980																								
980 - 990																								
990 - 1000																								
1000 - 1010																								
1010 - 1020																								
1020 - 1030																								
1030 - 1040																								
1040 - 1050																								
1050 - 1060																								
1060 - 1070																								
1070 - 1080																								
1080 - 1090																								
1090 - 1100																								
1100 - 1110																								
1110 - 1120																								
1120 - 1130																								
1130 - 1140																								
1140 - 1150																								
1150 - 1160																								
1160 - 1170																								
1170 - 1180																								
1180 - 1190																								

bei einer zu berücksichtigenden Miete oder

Wohngeld 20

Belastung (§ 11) von monatlich mehr als … Euro																									
290	300	310	320	330	340	350	360	370	380	390	400	410	420	430	440	450	460	470	480	490	500	510	520	530
bis	bis	bis	bis	bis	bis	bis	bis	bis	bis	bis	bis	bis	bis	bis	bis	bis	bis	bis	bis	bis	bis	bis	bis	bis
300	310	320	330	340	350	360	370	380	390	400	410	420	430	440	450	460	470	480	490	500	510	520	530	540
25	26	27	28	29	30	31	32	33	34	35	36	37	38	39	40	41	42	43	44	45	46	47	48	49

Euro

111	118	124	131	137	143	150	156	163	169	175	182	188	195	201	207	214	220	227	233	240	246	252	259	265
108	114	121	127	133	140	146	152	159	165	171	178	184	190	197	203	209	216	222	229	235	241	248	254	260
104	111	117	123	130	136	142	148	155	161	167	174	180	186	192	199	205	211	218	224	230	236	243	249	255
101	107	113	120	126	132	138	145	151	157	163	169	176	182	188	194	201	207	213	219	225	232	238	244	250
97	104	110	116	122	128	134	141	147	153	159	165	171	178	184	190	196	202	208	215	221	227	233	239	245
94	100	106	112	118	124	131	137	143	149	155	161	167	173	179	185	192	198	204	210	216	222	228	234	240
90	96	103	109	115	121	127	133	139	145	151	157	163	169	175	181	187	193	199	205	211	217	223	229	235
87	93	99	105	111	117	123	129	135	141	147	153	159	165	171	177	183	189	195	201	206	212	218	224	230
83	89	95	101	107	113	119	125	131	137	143	148	154	160	166	172	178	184	190	196	202	208	214	219	225
80	86	92	97	103	109	115	121	127	133	138	144	150	156	162	168	174	179	185	191	197	203	209	214	220
76	82	88	94	99	105	111	117	123	128	134	140	146	152	157	163	169	175	181	186	192	198	204	209	215
73	78	84	90	96	101	107	113	119	124	130	136	141	147	153	159	164	170	176	182	187	193	199	204	210
69	75	80	86	92	97	103	109	114	120	126	131	137	143	148	154	160	165	171	177	182	188	194	199	205
66	71	77	82	88	94	99	105	110	116	122	127	133	138	144	150	155	161	166	172	178	183	189	194	200
62	67	73	79	84	90	95	101	106	112	117	123	128	134	139	145	151	156	162	167	173	178	184	189	195
58	64	69	75	80	86	91	97	102	108	113	119	124	130	135	140	146	151	157	162	168	173	179	184	190
55	60	65	71	76	82	87	93	98	103	109	114	120	125	130	136	141	147	152	158	163	168	174	179	185
51	56	62	67	72	78	83	88	94	99	105	110	115	121	126	131	137	142	147	153	158	163	169	174	179
47	53	58	63	68	74	79	84	90	95	100	106	111	116	121	127	132	137	143	148	153	158	164	169	174
44	49	54	59	65	70	75	80	85	91	96	101	106	112	117	122	127	133	138	143	148	153	159	164	169
40	45	50	55	61	66	71	76	81	86	92	97	102	107	112	117	123	128	133	138	143	148	154	159	164
36	41	46	52	57	62	67	72	77	82	87	92	97	103	108	113	118	123	128	133	138	143	149	154	159
32	37	43	48	53	58	63	68	73	78	83	88	93	98	103	108	113	118	123	128	133	138	143	148	154
29	34	39	44	49	54	59	64	69	74	79	84	88	93	98	103	108	113	118	123	128	133	138	143	148
25	30	35	40	45	50	54	59	64	69	74	79	84	89	94	99	104	109	114	118	123	128	133	138	143
21	26	31	36	41	45	50	55	60	65	70	75	79	84	89	94	99	104	109	113	118	123	128	133	138
17	22	27	32	37	41	46	51	56	61	65	70	75	80	85	89	94	99	104	109	113	118	123	128	132
14	18	23	28	33	37	42	47	51	56	61	66	70	75	80	85	89	94	99	104	108	113	118	122	127
10	14	19	24	28	33	38	42	47	52	56	61	66	71	75	80	85	89	94	99	103	108	113	117	122
	11	15	20	24	29	34	38	43	47	52	57	61	66	70	75	80	84	89	94	98	103	107	112	117
		11	16	20	25	29	34	38	43	48	52	57	61	66	70	75	79	84	88	93	98	102	107	111
			12	16	21	25	30	34	39	43	48	52	57	61	66	70	75	79	83	88	92	97	101	106
				12	17	21	25	30	34	39	43	47	52	56	61	65	70	74	78	83	87	92	96	101
					12	17	21	25	30	34	38	43	47	52	56	60	65	69	73	78	82	86	91	95
						12	17	21	25	30	34	38	42	47	51	55	60	64	68	73	77	81	85	90
							12	17	21	25	29	33	38	42	46	50	55	59	63	67	72	76	80	84
								12	16	20	25	29	33	37	41	46	50	54	58	62	66	71	75	79
									12	16	20	24	28	32	37	41	45	49	53	57	61	65	69	74
										11	15	19	24	28	32	36	40	44	48	52	56	60	64	68
											11	15	19	23	27	31	35	39	43	47	51	55	59	63
												10	14	18	22	26	30	34	38	41	45	49	53	57
													13	17	21	25	28	32	36	40	44	48	52
														12	16	20	23	27	31	35	39	42	46
															11	14	18	22	26	29	33	37	41
																13	17	20	24	28	31	35
																	12	15	19	22	26	30
																		10	13	17	20	24
																				11	15	18
																						13

20

21 Soziale Leistungen an ausländische Flüchtlinge – Asylbewerberleistungsgesetz

Überblick

In der Bundesrepublik Deutschland sichert das Grundgesetz politisch Verfolgten ein individuelles Recht auf Asyl zu. Der Mindestunterhalt für ausländische Flüchtlinge, die sich typischerweise nur vorübergehend in Deutschland aufhalten, wird in dem im Jahre 1993 geschaffenen Asylbewerberleistungsgesetz geregelt. Die Leistungen nach diesem Gesetz sind deutlich niedriger als die Sozialhilfe nach dem Zwölften Buch Sozialgesetzbuch (früher nach dem Bundessozialhilfegesetz) und sollen im Regelfall in Form von Sachleistungen – nur in Ausnahmefällen als Geldleistungen oder über Gutscheine – gewährt werden. Das Asylbewerberleistungsgesetz wurde wiederholt geändert. Insbesondere hat der Gesetzgeber den Kreis der Leistungsberechtigten und die Dauer des Bezugs der abgesenkten Leistungen mehrfach verändert. Ferner hat er Vorschriften eingefügt, durch die Leistungsmissbrauch verhindert werden soll.

Leistungen nach dem Asylbewerberleistungsgesetz erhalten im Falle ihrer Bedürftigkeit neben Asylbewerbern insbesondere Ausländer mit einer Duldung und sonstige vollziehbar zur Ausreise verpflichtete Ausländer. Die abgesenkten Leistungen nach dem Asylbewerberleistungsgesetz werden für die Dauer von vier Jahren gewährt. Die Leistungen umfassen im Einzelnen den notwendigen Bedarf an Ernährung, Unterkunft, Heizung, Kleidung, Gesundheits- und Körperpflege sowie Gebrauchs- und Verbrauchsgüter des Haushalts. Zusätzlich erhalten Leistungsberechtigte zur Deckung persönlicher Bedürfnisse ein so genanntes Taschengeld von monatlich 40,90 Euro, Kinder bis zum vollendeten 14. Lebensjahr erhalten 20,45 Euro im Monat als Taschengeld. Ferner werden den Leistungsberechtigten nach dem Asylbewerberleistungsgesetz ärztliche und zahnärztliche Behandlung, Versorgung mit Arznei- und Verbandmitteln sowie sonstige zur Genesung, zur Besserung oder zur Linderung von Krankheiten oder deren Folgen erforderliche Leistungen nur bei akuten Erkrankungen und Schmerzzuständen gewährt. Welche Behandlung geboten ist, ist im Einzelfall unter medizinischen Gesichtspunkten zu entscheiden. Die Umsetzung des Gesetzes liegt in der Verantwortung des jeweiligen Bundeslandes.

Durch die grundsätzliche Gewährung von Sachleistungen anstelle von Geldleistungen wird die Möglichkeit ausgeschlossen, dass ein Leistungsberechtigter die empfangenen Leistungen in seine Heimat zur finanziellen Unterstützung dort zurückgebliebener Personen oder zur Zahlung von Geldleistungen an so genannte Schlepperorganisationen nutzt, und so seine eigene Existenz nicht mehr gesichert ist. Ferner soll das Sachleistungsprinzip dazu beitragen, die Anziehungskraft der Bundesrepublik Deutschland für Flüchtlinge ohne politische, rassische oder religiöse Verfolgung zu verringern. Die Tatsache, dass die Geldleistungen nach dem Asylbewerberleistungsgesetz deutlich unter den Regelsätzen der Sozialhilfe liegen, wird damit begründet, dass den Leistungsberechtigten nach dem Asylbewerberleistungsgesetz wegen ihres typischerweise nur vorübergehenden Aufenthaltes in der Bundesrepublik Deutschland Integrationsleistungen nicht zu gewähren sind.

Die Zahl der Ausländer, die in die Bundesrepublik Deutschland kommen und hier Asyl beantragen, hat sich in den letzten Jahren stark verändert. Verglichen mit dem Höchststand im Jahre 1992 betrug sie 2010 nur etwa ein Zehntel.

Grundrecht auf Asyl

1 Das Grundrecht auf Asyl wurde 1949 aufgrund der Erfahrungen Deutschlands mit dem Nationalsozialismus im Grundgesetz der Bundesrepublik Deutschland verankert. Gemäß Artikel 16a Abs. 1 des Grundgesetzes (GG) genießen politisch Verfolgte in der Bundesrepublik Deutschland Asyl. Das Wort „Asyl"

21 Soziale Leistungen an ausländische Flüchtlinge – Asylbewerberleistungsgesetz

stammt aus dem Griechischen. Hier bedeutet „asylon" Zufluchtsstätte, „asylos" das, was nicht ergriffen werden kann. Nach einer Entscheidung des Bundesverfassungsgerichts vom 10. Juli 1989 ist eine Verfolgung dann eine politische, „wenn sie dem Einzelnen in Anknüpfung an seine politische Überzeugung, seine religiöse Grundentscheidung oder an für ihn unverfügbare Merkmale, die sein Anderssein prägen, gezielt Rechtsverletzungen zufügt, die ihn ihrer Intensität nach aus der übergreifenden Friedensordnung der staatlichen Einheit ausgrenzen". Allgemeine Notsituationen wie Armut, Bürgerkriege, Naturkatastrophen oder Arbeitslosigkeit sind damit als Gründe für eine Asylgewährung ausgeschlossen. Mit der Gewährung eines Individualanspruchs auf Asyl geht das Grundgesetz über das Völkerrecht hinaus, das einen solchen Anspruch nicht kennt, sondern in der Asylgewährung nur ein Recht des Staates gegenüber anderen Staaten sieht. Asylrecht hat in der Bundesrepublik Deutschland als Grundrecht Verfassungsrang und kann vor Gericht eingeklagt werden. Es ist das einzige Grundrecht, das nur Ausländern zusteht.

2 Ausländer, die sich auf das Asylrecht berufen, so genannte Asylbewerber, müssen ein Anerkennungsverfahren durchlaufen, dessen Einzelheiten im Wesentlichen im Asylverfahrensgesetz (AsylVerfG) geregelt sind. Zuständig für die Durchführung des Asylverfahrens ist das Bundesamt für Migration und Flüchtlinge (bis zum 31. Dezember 2004 hieß diese Behörde Bundesamt zur Anerkennung ausländischer Flüchtlinge). Zurzeit gliedert es sich in eine Zentrale mit Sitz in Nürnberg und 22 Außenstellen, die über die Bundesrepublik Deutschland verteilt sind; es beschäftigt gut 2.000 Mitarbeiter. Asylsuchende, denen die Grenzbehörde die Einreise in die Bundesrepublik Deutschland gestattet, werden in die nächstgelegene Aufnahmeeinrichtung des jeweiligen Bundeslandes weitergeleitet. Mit Hilfe eines bundesweiten Verteilungssystems werden sie nach einem im Asylverfahrensgesetz festgelegten Schlüssel auf die einzelnen Bundesländer verteilt. Nach diesem Schlüssel wird auch die zuständige Aufnahmeeinrichtung ermittelt. Nach der Verteilung entscheidet die zuständige Außenstelle des Bundesamtes für Migration und Flüchtlinge über den Asylantrag. Hierzu hören Mitarbeiter des Bundesamtes für Migration und Flüchtlinge die Asylbewerber zu ihrem Reiseweg und ihren Verfolgungsgründen unter Hinzuziehung eines Dolmetschers an. Auf dieser Grundlage und ggf. nach weiteren Ermittlungen wird über den Asylantrag entschieden. Nach der Anerkennung erhalten die Asylberechtigten eine befristete Aufenthaltserlaubnis. Für die Dauer des Asylverfahrens bekommen die Asylsuchenden eine Aufenthaltsgestattung; dadurch wird ihnen ein vorläufiges Bleiberecht in der Bundesrepublik Deutschland zur Durchführung des Asylverfahrens gewährt.

3 Anfang der 90er Jahre stiegen die Asylbewerberzahlen in der Bundesrepublik Deutschland stark an. Die Quote der Anerkennungen als Asylberechtigte blieb jedoch stets deutlich unter 10 Prozent. Für viele ausländische Flüchtlinge war der wirtschaftliche Wohlstand in Verbindung mit der günstigen geographischen Lage und der verfassungsrechtlich verankerten Asylgarantie der Bundesrepublik Deutschland Hauptursache ihres Kommens nach Deutschland; die politische Verfolgung als Fluchtmotiv stand weniger im Vordergrund. Vor diesem Hintergrund einigten sich die Bundestagsfraktionen von CDU/CSU, SPD und FDP am 6. Dezember 1992 in dem so genannten „Asylkompromiss" auf eine Neugestaltung des Asylrechts. Auf dem Asylkompromiss basierend trat am 1. Juli 1993 zum Asylrecht eine Verfassungsänderung in Kraft (vgl. BGBl. I, S. 1002). Danach wird der Schutz vor politischer Verfolgung nach wie vor in Form eines individuellen Grundrechts gewährt. Der Schutzumfang wird nunmehr aber in der Verfassung selbst nach den Kriterien der Schutzbedürftigkeit konkretisiert. Deshalb können sich Ausländer, die aus sicheren Drittstaaten einreisen, in denen sie bereits Schutz vor politischer Verfolgung hätten finden können, in der Bundesrepublik Deutschland nicht mehr auf das Grundrecht auf Asyl berufen. Es werden darüber hinaus verkürzte Verfahren ermöglicht, und zwar für Asylbewerber aus sicheren Herkunftsstaaten, in denen grundsätzlich keine politische Verfolgung oder menschenrechtswidrige Behandlung vorkommt, ferner in groben Missbrauchsfällen und bei erheblicher Straffälligkeit.

Asylbewerberzugänge

Asylanträge und deren Behandlung in der Bundesrepublik Deutschland

4 Tabelle 1 zeigt für die Jahre 1987 bis 2010 die Zahl der Ausländer, die erstmals einen Asylantrag stellten und den Anteil der Asylanerkennungen an der Zahl der in dem jeweiligen Jahr getroffenen Entscheidungen über Asylanträge. Ferner enthält die Übersicht die Zahl der Folgeanträge von dem Jahr 1995 an.

Tabelle 1: Asylanträge

Jahr	Zahl der Erstanträge	Anerkennungen als Asylberechtigte in %	Zahl der Folgeanträge
1987	57.379	9,4	
1988	103.076	8,6	
1989	121.318	5,0	
1990	193.063	4,4	
1991	256.112	6,9	
1992	438.191	4,3	
1993	322.599	3,2	
1994	127.210	7,3	
1995	127.937	9,0	39.014
1996	116.367	7,4	32.826
1997	104.353	4,9	47.347
1998	98.644	3,9	44.785
1999	95.113	3,0	43.206
2000	78.564	3,0	39.084
2001	88.287	5,3	30.019
2002	71.127	1,8	20.344
2003	50.563	1,6	17.285
2004	35.607	1,5	14.545
2005	28.914	0,9	13.994
2006	21.029	0,8	9.071
2007	19.164	1,1	11.139
2008	22.085	1,1	5.933
2009	27.649	1,6	5.384
2010	41.332	1,3	7.257

Die Zahlen von 1987 bis 1991 beziehen sich auf das frühere Bundesgebiet, die Zahlen ab 1992 auf das vereinigte Deutschland.

Im Asylverfahren werden zwei Arten von Asylanträgen unterschieden. Seit dem Jahr 1995 werden sie statistisch getrennt erfasst. Ein Erstantrag liegt vor, wenn ein Ausländer erstmals einen Asylantrag stellt. Ein Folgeantrag ist gegeben, wenn ein Ausländer nach Rücknahme oder unanfechtbarer Ablehnung eines früheren Asylantrags erneut einen Asylantrag stellt (vgl. § 71 Abs. 1 Satz 1 AsylVfG). Ein erneutes Verfahren ist auf einen Folgeantrag hin nur durchzuführen, wenn ein Wiederaufnahmegrund nach § 51 des Verwaltungsverfahrensgesetzes vorliegt. Das ist beispielsweise der Fall, wenn sich die der ersten Entscheidung zugrunde liegende Sach- oder Rechtslage für den Antragsteller geändert hat.

Im Jahre 2008 war in Deutschland verglichen mit dem Vorjahr erstmals seit 1992 wieder ein deutlicher Anstieg der Zahl der Erstanträge zu verzeichnen, nämlich um 15,2 Prozent verglichen mit den Zahlen aus dem Jahr 2007. In den Jahren 2009 und 2010 stiegen die Zahlen der Erstanträge erneut. Im Jahre 2010 ist mit 41.332 Erstanträgen ein Zuwachs um 49,5 Prozent verglichen mit der Zahl der Erstanträge im Jahre 2009 zu verzeichnen.

Im Jahre 2010 wurden neben den Erstanträgen 7.257 Asylfolgeanträge gestellt. Der Anteil der Asylfolgeanträge an allen Asylanträgen lag damit bei 14,9 Prozent.

5 Der Anteil der Asylanerkennungen an der Zahl der in dem jeweiligen Jahr getroffenen Entscheidungen über Asylanträge liegt seit dem Jahr 2002 stets unter 2 Prozent; im Jahre 2010 betrug er 1,3 Prozent und ist damit verglichen mit dem Vorjahr etwas gesunken.

Im Jahre 2010 hat das Bundesamt für Migration und Flüchtlinge 48.187 Entscheidungen getroffen. Im Vorjahr wurden 28.816 Entscheidungen getroffen. Unter den Entscheidungen aus dem Jahr 2010 waren 643 Entscheidungen (1,3 Prozent), mit denen Ausländer als Asylberechtigte anerkannt wurden.

7.061 Personen (14,7 Prozent) erhielten im Jahr 2010 Flüchtlingsschutz nach § 3 AsylVerfG in Verbindung mit § 60 Abs. 1 des Aufenthaltsgesetzes (AufenthG). Nach dieser Bestimmung darf ein Ausländer nicht in einen Staat abgeschoben werden, in dem sein Leib oder seine Freiheit wegen seiner Rasse, Religion, Staatsangehörigkeit, seiner Zugehörigkeit zu einer bestimmten sozialen Gruppe oder wegen seiner politischen Überzeugung bedroht ist.

Ferner hat das Bundesamt für Migration und Flüchtlinge im Jahre 2010 bei 2.691 Personen (5,6 Prozent) Abschiebungsverbote gemäß § 60 Abs. 2, 3, 5 und 7 AufenthG (so genannter subsidiärer Schutz) festgestellt. Nach diesen Vorschriften wird Schutz vor schwerwiegenden Gefahren für Freiheit, Leib oder Leben, die nicht vom asylrechtlichen Schutzbereich oder dem Schutzbereich des § 60 Abs. 1 AufenthG umfasst werden, gewährt. Dabei sind auch solche Gefahren nicht ausgeschlossen, die aus einer drohenden politischen Verfolgung herrühren. Relevant sind ausschließlich Gefahren, die dem Antragsteller im Zielland der Abschiebung drohen. Schutz wird insbesondere bei konkret drohender Todesstrafe, Folter oder einer anderen unmenschlichen oder erniedrigenden Behandlung oder einer erheblichen Gefahr für Leib, Leben oder persönliche Freiheit gewährt.

Abgelehnt wurde die Anträge von 27.255 Personen (56,5 Prozent). Anderweitig erledigt wurden die Anträge von 10.537 Personen (21,9 Prozent); ein Grund hierfür war z. B. die Verfahrenseinstellung wegen Rücknahme des Asylantrags.

Ende Dezember 2010 war über 23.289 Asylanträge noch nicht entschieden. Es handelt sich dabei um 19.753 Erstanträge und 3.536 Folgeverfahren.

Asylantragszahlen im europäischen Vergleich

6 Im europäischen Vergleich war Deutschland in den Jahren 1994 bis 1999 das Land mit dem – in

21 Soziale Leistungen an ausländische Flüchtlinge – Asylbewerberleistungsgesetz

absoluten Zahlen betrachtet – mit Abstand größten Asylbewerberzugang. In den Jahren 2000 bis 2002 hatte Deutschland jeweils die zweithöchste Erstantragszahl zu verzeichnen; die meisten Erstanträge wurden in Großbritannien gestellt. In den Jahren 2003 bis 2006 lag Deutschland hinter Frankreich und Großbritannien mal an dritter, mal an vierter Stelle. Im Jahre 2007 stellten die meisten Personen in Schweden einen Asylantrag, gefolgt von Frankreich, Großbritannien und Griechenland. Deutschland lag mit 19.164 Anträgen auf Platz 5. Auch im Jahr 2008 nahm Deutschland mit 22.085 Erstanträgen im europäischen Vergleich Platz 5 ein, und zwar hinter Frankreich, Italien, Großbritannien und Schweden.

Im Jahre 2009 war im europäischen Vergleich in Frankreich mit 47.686 Asylanträgen der größte Asylbewerberzugang zu verzeichnen. Gefolgt wurde Frankreich von Großbritannien (mit 29.847 Asylbewerberzugängen), Deutschland (mit 27.649 Asylbewerberzugängen), Schweden (mit 24.194 Asylbewerberzugängen) und Belgien (mit 17.186 Asylbewerberzugängen).

In den 27 Staaten der EU stieg die Zahl der Erstanträge im Jahre 2009 gegenüber dem Vorjahr um insgesamt 3.733 (1,5 Prozent), am stärksten in Deutschland mit 5.564 (25,2 Prozent), in Frankreich mit 5.173 (12,2 Prozent), in Belgien mit 4.934 (40,3 Prozent) und in Polen mit 3.389 (47,0 Prozent) mehr Erstanträgen als im Vorjahr.

In neun EU-Staaten ging die Zahl der Erstanträge im Jahr 2009 zurück. Ein besonders starker Rückgang ist in Italien mit 15.720 (50,4 Prozent) zu verzeichnen.

In den Staaten, die im Jahre 2007 der EU beigetreten sind, liegen die Zahlen der Erstanträge insgesamt auf niedrigem Niveau. In Rumänien waren 834 Erstanträge im Jahre 2009 zu verzeichnen; das stellt verglichen mit dem Vorjahr einen Rückgang um 23 Prozent dar. In Bulgarien gab es 853 Erstanträge im Jahre 2009; dies ist ein Anstieg um 14,3 Prozent verglichen mit dem Vorjahr.

Ein deutlicher Anstieg der Erstanträge verglichen mit dem Vorjahr ist im Jahre 2009 auch in dem Nicht-EU-Staat Norwegen registriert. Während 14.407 Erstanträge im Jahre 2008 gestellt wurden, waren ein Jahr später 17.207 Erstanträge (knapp 20 Prozent mehr) zu verzeichnen.

Asylantragszahlen pro 1.000 Einwohner der Asylzielländer

7 Anders als die absoluten Asylantragszahlen stellt sich das Verhältnis der Asylanträge zur jeweiligen Bevölkerungszahl der Asylzielländer dar. Das Fürstentum Liechtenstein hatte im Jahre 2009 pro Kopf betrachtet mit Abstand die höchste Quote in Europa (8,5 Antragsteller entfielen auf 1.000 Einwohner). Deutschland stand mit 0,3 Antragstellern pro 1.000 Einwohner wie auch im Vorjahr auf Platz 18 in Europa. Frankreich als zugangsstärkstes Asylantragsland im Jahr 2009 lag bei der Pro-Kopf-Betrachtung ebenfalls wie im Jahr zuvor auf Platz 13. Großbritannien nahm Platz 16 ein. Nur in neun europäischen Ländern lagen die Antragszahlen bei mehr als einem Asylbewerber pro 1.000 Einwohner.

Asylantragszahlen in der Europäischen Union nach Hauptherkunftsländern

8 Zwischen 1986 und 1994 zählten europäische Staaten wie vor allem Polen, Ungarn Rumänien und Bulgarien zu den Hauptherkunftsländern. Seit Mitte der 90er Jahre spielten sie eine unbedeutende Rolle. Inzwischen sind sie Mitgliedstaaten der EU. Im Jahre 2009 war in der Europäischen Union das Hauptherkunftsland Afghanistan mit 19.393 Antragstellern. Das waren 43,7 Prozent mehr als im Vorjahr. Die Hauptzielländer der afghanischen Antragsteller waren Norwegen mit 3.871 Anträgen, Großbritannien mit 3.535 Anträgen, Deutschland mit 3.375 Anträgen und Österreich mit 2.233 Anträgen. Das zweitstärkste Herkunftsland war 2009 Somalia mit 18.653 Anträgen. Darauf folgten die Russische Föderation mit 17.887 Anträgen, der Irak mit 17.554 Anträgen und Serbien mit 16.791 Anträgen.

Asylantragszahlen in der Bundesrepublik Deutschland nach Hauptherkunftsländern

9 Im Jahre 2009 war in der Bundesrepublik Deutschland der Irak mit 6.538 Antragstellern das Hauptherkunftsland der Erstantragsteller. Gefolgt wurde der Irak mit etwa halb so vielen Antragstellern (3.375) von Afghanistan. Platz drei nahm die Türkei mit 1.429, Platz vier der Kosovo mit 1.400 Antragstellern ein.

Im Jahre 2010 war in der Bundesrepublik Deutschland Afghanistan mit 5.905 Antragstellern das Hauptherkunftsland; das waren etwa 75 % mehr Antragsteller als im Vorjahr. 5.555 Antragsteller kamen aus dem Irak. An dritter Stelle lag Serbien mit 4.978

Antragstellern, gefolgt vom Iran mit 2.475 Antragstellern und Mazedonien mit 2.466 Antragstellern.

Hauptherkunftsländer bei den Asylfolgeanträgen waren im Jahre 2010 Serbien mit 1.817 Anträgen, Mazedonien mit 1.081 Anträgen und dem Kosovo mit 589 Anträgen.

Leistungen an ausländische Flüchtlinge

Leistungen vor dem 1. November 1993

10 Vor dem 1. November 1993 erhielten ausländische Flüchtlinge in der Bundesrepublik Deutschland Leistungen nach dem Bundessozialhilfegesetz. Nach § 120 Abs. 2 des Bundessozialhilfegesetzes (BSHG) in der damals geltenden Fassung hatten Asylbewerber und zur Ausreise verpflichtete Ausländer, auch wenn sie im Besitz einer ausländerrechtlichen Duldung waren, nur einen Anspruch auf Hilfe zum Lebensunterhalt. Sonstige Sozialhilfe, zu der auch die Hilfe im Krankheitsfall zählt, konnte lediglich gewährt werden, ohne dass der Einzelne einen Anspruch darauf hatte. Auch die Entscheidung über die Gewährung von Hilfe in besonderen Lebenslagen lag im pflichtgemäßen Ermessen der Behörde. Die Hilfe zum Lebensunterhalt sollte, soweit dies möglich war, in Form von Sachleistungen gewährt werden. Sie konnte auf das zum Lebensunterhalt Unerlässliche eingeschränkt werden. Hierzu hat das Bundesverwaltungsgericht die Auffassung vertreten, dass über die Einschränkung der Hilfe auf das zum Lebensunterhalt Unerlässliche vom Träger der Sozialhilfe im Einzelfall in Ausübung von Ermessen zu entscheiden sei, wobei die Begründung für eine solche Einschränkung die Gesichtspunkte erkennen lassen muss, von denen bei der Ausübung des Ermessens ausgegangen wurde (BVerwGE 280, 233). Das bedeutete für die Praxis, dass eine generelle Kürzung der Regelsätze für ausländische Flüchtlinge, die vor dem 1. November 1993 nicht selten praktiziert wurde, nun nicht mehr möglich war, denn nur in wenigen Ausnahmefällen konnte eine Kürzung der Sozialhilfe aus sozialhilferechtlichen Grundsätzen heraus gerechtfertigt werden.

Schaffung des Asylbewerberleistungsgesetzes

11 Vor dem Hintergrund eines kontinuierlichen Anstiegs der Asylbewerberzahlen einigte sich die Politik parteiübergreifend im Asylkompromiss vom 6. Dezember 1992 u. a. darauf, ein Gesetz zur Regelung des Mindestunterhalts von Asylbewerbern zu schaffen, das außerhalb des Bundessozialhilfegesetzes deutlich abgesenkte Leistungen und den Vorrang von Sachleistungen vorsieht. Auf dieser Grundlage entstand das Asylbewerberleistungsgesetz vom 30. Juni 1993 (BGBl. I, S. 1074), das am 1. November 1993 in Kraft trat. Während die Sozialhilfe vom Individualisierungsgrundsatz ausgeht und ein dauerhaft existentiell gesichertes und sozial integriertes Leben des Hilfeempfängers „aus eigener Kraft" zum Ziel hat, ist Kerngedanke des Asylbewerberleistungsgesetzes, die Leistungen für Asylbewerber und vollziehbar ausreisepflichtige Ausländer gegenüber der Sozialhilfe zu vereinfachen und auf die Bedürfnisse eines in aller Regel nur vorübergehenden Aufenthaltes in der Bundesrepublik Deutschland abzustellen.

Das Asylbewerberleistungsgesetz stellt nach der Gesetzesbegründung (vgl. Bundestagsdrucksache 12/4451, S. 5) eine Regelung des Aufenthalts- und Niederlassungsrechts dar. Die Zuständigkeit des Bundes für die Gesetzgebung ergibt sich daher aus Artikel 74 Nr. 4 GG in Verbindung mit Artikel 74 Nr. 7 GG.

Die Grundleistungen nach dem Asylbewerberleistungsgesetz sind im Vergleich zu den Regelsätzen der Sozialhilfe eingeschränkt und grundsätzlich als Sachleistungen zu gewähren. Nach dem Asylbewerberleistungsgesetz in seiner ursprünglichen Fassung bezogen Asylbewerber diese abgesenkten Leistungen nur ein Jahr lang. Dauerte ihr Asylverfahren länger als ein Jahr, so war für sie vom zweiten Jahr an das Bundessozialhilfegesetz entsprechend anzuwenden. Für Ausländer mit einer Duldung galt das Bundessozialhilfegesetz von vornherein entsprechend, wenn die Duldung erteilt worden war, weil der freiwilligen Ausreise und der Abschiebung Hindernisse entgegenstanden, die die Ausländer nicht zu vertreten hatten; diese Voraussetzung war in einem Großteil der Duldungsfälle erfüllt.

Sowohl der Kreis der Leistungsberechtigten wie auch die Dauer des Bezugs der abgesenkten Leistungen nach dem Asylbewerberleistungsgesetzes waren in den nun folgenden Jahren immer wieder Diskussionsgegenstand und gaben Anlass zu Gesetzesänderungen.

Erstes Änderungsgesetz

12 Bei der Anwendung des Asylbewerberleistungsgesetzes ergaben sich in der Praxis Schwierigkeiten.

Ferner wurden Ungereimtheiten deutlich, die insbesondere bei der Abgrenzung des unter das Asylbewerberleistungsgesetz fallenden Personenkreises auftauchten. Darüber hinaus war die Dauer des Bezugs abgesenkter Leistungen nach dem Asylbewerberleistungsgesetz häufig Gegenstand von Kritik. Gleiches galt für die Voraussetzungen, unter denen Leistungen entsprechend dem Bundessozialhilfegesetz zu gewähren waren. Dem trug der Gesetzgeber mit dem Ersten Gesetz zur Änderung des Asylbewerberleistungsgesetzes vom 25. Mai 1997 (BGBl. I, S. 1130), das am 1. Juni 1997 in Kraft getreten ist, Rechnung. Nun wurde der Kreis der Leistungsberechtigten nach dem Asylbewerberleistungsgesetz dahingehend konkretisiert, dass Ausländer, die sich typischerweise nur vorübergehend und ohne Verfestigung ihres ausländerrechtlichen Status in Deutschland aufhalten, Leistungsberechtigte nach dem Asylbewerberleistungsgesetz wurden. So wurden Ausländer, die über einen Flughafen einreisen wollten und denen die Einreise nicht oder noch nicht gestattet worden war, sowie Ausländer, die wegen des Krieges in ihrem Heimatland eine Aufenthaltsbefugnis nach den §§ 32 oder 32a des Ausländergesetzes (AuslG) besaßen, neu zu Leistungsberechtigten nach dem Asylbewerberleistungsgesetz erklärt.

Die Zeit des Bezugs der abgesenkten Grundleistungen nach dem Asylbewerberleistungsgesetz wurde für alle Leistungsberechtigten auf drei Jahre festgesetzt.

Ferner wurde durch eine Reihe von Regelungen das Verfahren bei den zuständigen Behörden erleichtert und vereinfacht, so insbesondere bei der örtlichen Zuständigkeit und der Kostenerstattung der Behörden untereinander.

Zweites Änderungsgesetz

13 Das Zweite Gesetz zur Änderung des Asylbewerberleistungsgesetzes vom 25. August 1998 (BGBl. I, S. 2505) trat am 1. September 1998 in Kraft. Die mit diesem Gesetz umgesetzten Änderungen dienten in erster Linie der Verhinderung von Sozialleistungsmissbrauch. Das Gesetz sieht eine Anspruchseinschränkung für vollziehbar ausreisepflichtige Ausländer vor, die durch rechtsmissbräuchliches Verhalten ihren Aufenthalt oder ihr weiteres Verbleiben in der Bundesrepublik Deutschland verursacht und damit die Leistungspflicht des Staates ausgelöst haben.

Nach der zuvor gültigen Rechtslage waren die Gründe eines vollziehbar ausreisepflichtigen Ausländers für seine Einreise oder für seinen weiteren Aufenthalt unerheblich. Damit hatten Leistungsberechtigte nach dem Asylbewerberleistungsgesetz, die nur wegen des Leistungsbezugs nach Deutschland gekommen waren, einen uneingeschränkten Anspruch auf Leistungen nach diesem Gesetz. Gleiches galt auch für vollziehbar ausreisepflichtige Ausländer, insbesondere für abgelehnte Asylbewerber, die die Durchsetzung ihrer Ausreisepflicht durch gezielte Maßnahmen wie Untertauchen, Vernichten von Ausweispapieren oder durch Verschleierung ihrer Identität verhinderten. Für solche Fälle wurde durch das Zweite Gesetz zur Änderung des Asylbewerberleistungsgesetzes eine Anspruchseinschränkung in das Gesetz eingefügt.

Zuwanderungsgesetz

14 Das Asylbewerberleistungsgesetz wurde nochmals durch Artikel 8 des Gesetzes zur Steuerung und Begrenzung der Zuwanderung und zur Regelung des Aufenthalts und der Integration von Unionsbürgern und Ausländern (Zuwanderungsgesetz) vom 30. Juli 2004 (BGBl. I, S. 1950) geändert. Mit dieser zum 1. Januar 2005 in Kraft getretenen Änderung hat der Gesetzgeber den Kreis der Empfänger abgesenkter Leistungen erneut verändert. Nunmehr erhalten Ausländer, die rechtsmissbräuchlich die Dauer ihres Aufenthalts selbst beeinflusst haben, nicht mehr nach drei Jahren die vollen Leistungen entsprechend dem Zwölften Buch Sozialgesetzbuch (SGB XII). Damit soll der Anreiz zur missbräuchlichen Asylantragstellung weiter eingeschränkt werden.

Zweites Änderungsgesetz zum Zuwanderungsgesetz

15 Das Gesetz zur Umsetzung aufenthalts- und asylrechtlicher Richtlinien der Europäischen Union (Zweites Änderungsgesetz zum Zuwanderungsgesetz) vom 19. August 2007 (BGBl. I, S. 1970), das am 28. August 2007 in Kraft getreten ist, änderte das Asylbewerberleistungsgesetz in seinem Artikel 6 erneut. Mit dem Zweiten Änderungsgesetz zum Zuwanderungsgesetz ist die Bundesrepublik Deutschland ihrer Verpflichtung zur Umsetzung von elf aufenthalts- und asylrechtlichen Richtlinien der EU nachgekommen.

16 Die zentrale Änderung des Asylbewerberleistungsgesetzes durch das Zweite Änderungsgesetz zum Zuwanderungsgesetz besteht in einer Verlängerung der Bezugsdauer für Leistungen nach dem Asylbewerberleistungsgesetz von drei Jahren auf vier Jahre. Nach der Gesetzesbegründung (siehe Bundestagsdrucksache 16/5055, S. 232) steht diese Anhebung im Zusammenhang mit der gesetzlichen Altfallregelung in § 104a AufenthG und der Änderung des § 10 der Beschäftigungsverfahrensverordnung. Danach erhalten Ausländer mit einer Duldung einen gleichrangigen Arbeitsmarktzugang, wenn sie sich seit vier Jahren im Bundesgebiet aufhalten. Dies ist gerechtfertigt – so die Gesetzesbegründung – da bei Asylbewerbern und den anderen Leistungsberechtigten nach § 1 Abs. 1 des Asylbewerberleistungsgesetzes (AsylbLG) angesichts der ungewissen Aufenthaltsperspektive grundsätzlich kein sozialer Integrationsbedarf vorhanden ist. Die Entscheidung über den Beginn der sozialen Einbindung und damit über die Gewährung der höheren Leistungen entsprechend dem Sozialgesetzbuch, die für die Integration in hiesige Lebensverhältnisse zu gewähren sind, hängt von dem Grad der zeitlichen Verfestigung des Aufenthalts ab. Nach Einschätzung des Gesetzgebers kann auch im Hinblick auf die Änderung der Beschäftigungsverfahrensverordnung bei einem Voraufenthalt von vier Jahren davon ausgegangen werden, dass bei den Betroffenen eine Aufenthaltsperspektive entsteht, die es gebietet, Bedürfnisse anzuerkennen, die auf eine bessere soziale Integration gerichtet sind.

17 Durch das Zweite Änderungsgesetz zum Zuwanderungsgesetz wurde darüber hinaus der Kreis der Leistungsberechtigten nach dem Asylbewerberleistungsgesetz erweitert. So wurden Opfer des Menschenhandels im Sinne der Opferschutzrichtlinie, die mit den zuständigen Strafverfolgungs- und Gerichtsbehörden kooperieren, zu Leistungsberechtigten nach dem Asylbewerberleistungsgesetz. Diese Regelung geht auf das zeitgleich mit dem Zweiten Änderungsgesetz zum Zuwanderungsgesetz geschaffene Aufenthaltsrecht für diesen Personenkreis nach § 25 Abs. 4a AufenthG zurück. Da das Aufenthaltsrecht nur für einen vorübergehenden Aufenthalt besteht und es damit keine längerfristige Aufenthaltsperspektive gibt, kommen nach der Gesetzessystematik nur Leistungen nach dem Asylbewerberleistungsgesetz, nicht aber Leistungen entsprechend dem Sozialgesetzbuch in Betracht, wenn der betroffene Ausländer über keine ausreichenden eigenen Mittel verfügt.

18 Eine weitere Gesetzesänderung ist auf den Beschluss des Bundesverfassungsgerichts vom 11. Juli 2006 (1 BvR 293/05) zurückzuführen. Danach war es mit dem Gleichheitssatz unvereinbar, dass Asylbewerber Schmerzensgeld nach § 253 Abs. 2 des Bürgerlichen Gesetzbuches (BGB) für ihren Lebensunterhalt einsetzen mussten, bevor sie staatliche Leistungen erhielten. Die vom Bundesverfassungsgericht beanstandete Ungleichbehandlung bestand gegenüber den Empfängern von Sozialhilfe. Bei diesen ist gemäß § 83 Abs. 2 des Zwölften Buches Sozialgesetzbuch (SGB XII) eine Entschädigung, die nach § 253 BGB wegen eines Schadens geleistet wird, der nicht Vermögensschaden ist, nicht als Einkommen zu berücksichtigen. Das Bundesverfassungsgericht hatte dem Bundesgesetzgeber aufgegeben, bis zum 30. Juni 2007 eine Neuregelung zu treffen. Dem kommt das zweite Änderungsgesetz zum Zuwanderungsgesetz nach. Die neue Bestimmung (§ 7 Abs. 5 AsylbLG) ist gleichlautend mit § 83 Abs. 2 SGB XII.

Empfänger von Leistungen nach dem Asylbewerberleistungsgesetz

19 Die Zahl der Empfänger von Regelleistungen nach dem Asylbewerberleistungsgesetz stellte sich in den Jahren 1994 bis 2009 jeweils am 31. Dezember wie folgt dar:

Jahr	Anzahl
1994	446.500
1995	488.974
1996	489.742
1997	486.643
1998	438.873
1999	435.930
2000	351.642
2001	314.116
2002	278.592
2003	263.240
2004	230.107
2005	211.122
2006	193.562
2007	153.300
2008	127.865
2009	121.235

In den Jahren 1995 bis 1997 bezogen jeweils knapp 490.000 Ausländer Leistungen nach dem Asylbewerberleistungsgesetz. Von dem Jahr 1998 an ging die Zahl bis zum Jahr 2009 kontinuierlich auf nunmehr ein Viertel der Leistungsbezieher – verglichen mit dem Höchststand im Jahr 1996 – zurück. Von 2008 auf 2009 ist ein Rückgang um 5,2 Prozent zu verzeichnen.

Ausgaben nach dem Asylbewerberleistungsgesetz

20 Die gesamten Ausgaben nach dem Asylbewerberleistungsgesetz stellen sich vom Jahr 1994 bis zum Jahr 2009 wie folgt dar:

1994	5,582 Mrd. DM
1995	5,477 Mrd. DM
1996	5,631 Mrd. DM
1997	5,188 Mrd. DM
1998	4,378 Mrd. DM
1999	4,135 Mrd. DM
2000	3,804 Mrd. DM
2001	3,344 Mrd. DM
2002	1,585 Mrd. Euro
2003	1,440 Mrd. Euro
2004	1,308 Mrd. Euro
2005	1,252 Mrd. Euro
2006	1,165 Mrd. Euro
2007	1,032 Mrd. Euro
2008	0,843 Mrd. Euro
2009	0,789 Mrd. Euro

Die Ausgaben nach dem Asylbewerberleistungsgesetz sind von 1996 bis 2009 rückläufig. Dies korrespondiert mit der abnehmenden Zahl der Empfänger von Leistungen nach diesem Gesetz. Von 2008 auf 2009 ist ein Rückgang der Ausgaben um 6,4 Prozent zu verzeichnen.

Wesentliche Bestimmungen des Asylbewerberleistungsgesetzes

Das Asylbewerberleistungsgesetz, zuletzt geändert durch Artikel 2e des Gesetzes zur Neuregelung des Wohngeldrechts und zur Änderung des Sozialgesetzbuches vom 24. September 2008 (BGBl. I, S. 1856), umfasst in der ab 1. Januar 2009 geltenden Fassung insbesondere folgende Regelungen:

Leistungsberechtigte gemäß § 1 des Asylbewerberleistungsgesetzes

21 § 1 Abs. 1 des Asylbewerberleistungsgesetzes (AsylbLG) zählt die Leistungsberechtigten nach diesem Gesetz enumerativ auf (Anmerkung: Im Folgenden nicht näher bezeichnete Paragraphen sind solche des Asylbewerberleistungsgesetzes).

Das Asylbewerberleistungsgesetz wurde für Ausländer geschaffen, die sich typischerweise nur vorübergehend in der Bundesrepublik Deutschland aufhalten.

22 Nach Nr. 1 fallen Ausländer mit einer Aufenthaltsgestattung nach § 55 AsylVerfG unter das Asylbewerberleistungsgesetz. Eine solche Aufenthaltsgestattung erhalten Ausländer, die in der Bundesrepublik Deutschland um Asyl nachsuchen, für die Dauer ihres Asylverfahrens. Die Aufenthaltsgestattung erlischt u. a. bei Unanfechtbarkeit der Entscheidung des Bundesamtes für Migration und Flüchtlinge. Asylbewerber waren diejenigen, für die 1993 das Asylbewerberleistungsgesetz nach der ursprünglichen Konzeption im Rahmen des Asylkompromisses geschaffen worden war.

23 Gemäß Nr. 2 sind Ausländer, die über einen Flughafen einreisen wollen und denen die Einreise nicht oder noch nicht gestattet ist, leistungsberechtigt nach dem Asylbewerberleistungsgesetz. Es handelt sich bei diesen Personen um Ausländer, die das so genannte Flughafenverfahren nach § 18a AsylVfG durchlaufen. Nach dieser Vorschrift ist für Ausländer, die aus einem sicheren Herkunftsstaat oder ohne gültigen Pass oder Passersatz über einen Flughafen einreisen wollen, das Asylverfahren im Transitbereich des Flughafens und damit vor ihrer Einreise durchzuführen. Dadurch wird gewährleistet, dass im Falle der Ablehnung des Asylantrags als offensichtlich unbegründet die Rückführung in den Staat des Abflughafens problemlos erfolgen kann. Das Asylverfahren muss binnen einer Frist von zwei Tagen, das gerichtliche Eilverfahren innerhalb von 14 Tagen abgeschlossen sein. Andernfalls ist dem Ausländer die Einreise in die Bundesrepublik Deutschland zur weiteren Durchführung seines Asylverfahrens zu gestatten (§ 18a Abs. 6 Nr. 1 AsylVerfG). Sichere Herkunftsstaaten sind Staaten, bei denen aufgrund der allgemeinen politischen Verhältnisse gewährleistet ist, dass dort weder politische Verfolgung noch unmenschliche oder erniedrigende Bestrafung stattfindet. Sichere Herkunftsstaaten sind derzeit neben den 27 EU-Mitgliedstaaten Ghana und Senegal (vgl. Anlage II zum Asylverfahrensgesetz). Nach der ursprünglichen Fassung des Asylbewerberleistungsgesetzes, die vor dem 1. Juni 1997 galt, bezogen Ausländer, die unter die so genannte Flughafenregelung fielen, keine Leistungen nach dem Asylbewerberleistungsgesetz, sondern die höheren Leistungen nach dem Bundessozialhilfegesetz. Da diese leistungsrechtliche Besserstellung verglichen mit Asylbewerbern mit einer Aufenthaltsgestattung nach § 55 AsylVfG ungerechtfertigt war, wurden die Ausländer, die über einen Flughafen einreisen wollen, durch das Erste Gesetz zur Änderung des Asylbewerberleistungsgesetzes in den Kreis der Leistungsberechtigten nach dem Asylbewerberleistungsgesetz einbezogen.

24 Durch das erste Änderungsgesetz ist auch Nr. 3 in § 1 Abs. 1 eingefügt worden. Danach wurden Ausländer, die wegen des Krieges in ihrem Heimatland eine Aufenthaltsbefugnis nach § 32 oder § 32a AuslG besaßen, Leistungsberechtigte nach dem Asylbewerberleistungsgesetz. Da Kriegsflüchtlinge sich ebenso wie bspw. Asylbewerber typischerweise nur vorübergehend – nämlich für die Zeit, in der sie wegen der Situation in ihrem Heimatland Schutz in Deutschland finden – hier aufhalten, sah es der Gesetzgeber als nicht gerechtfertigt an, Kriegsflüchtlingen Leistungen nach dem Bundessozialhilfegesetz zu gewähren, wohingegen Asylbewerber lediglich Leistungen nach dem Asylbewerberleistungsgesetz erhielten. Nr. 3 wurde vor dem Hintergrund der Bürgerkriegsflüchtlinge aus dem ehemaligen Jugoslawien, die Mitte der 90er Jahre sehr stark in Deutschland vertreten waren (am 30. Juni 1994 hielten sich rd. 350.000 Bürgerkriegsflüchtlinge aus dem ehemaligen Jugoslawien in Deutschland auf), in § 1 Abs. 1 aufgenommen. Nach der aktuellen Fassung des Asylbewerberleistungsgesetzes sind gemäß Nr. 3 Ausländer mit einer Aufenthaltserlaubnis nach den § 23 Abs. 1, § 24 oder § 25 Abs. 4 Satz 1 oder Abs. 4a oder 5 AufenthG leistungsberechtigt. Damit sind neben Ausländern mit einer Aufenthaltserlaubnis wegen des Krieges in ihrem Heimatland (§ 23 Abs. 1 und § 24 AufenthG) auch Ausländer aus humanitären Gründen (§ 25 Abs. 4 Satz 1 und Abs. 5 AufenthG) leistungsberechtigt. Letzteres gilt zum einen für Ausländer, denen für einen vorübergehenden Aufenthalt eine Aufenthaltserlaubnis erteilt wurde, und zwar für die Zeit, in der dringende humanitäre oder persönliche Gründe oder erhebliches öffentliches Interesse ihre vorübergehende weitere Anwesenheit im Bundesgebiet erfordern. Zum anderen gilt es für vollziehbar ausreisepflichtige Ausländer, denen eine Aufenthaltserlaubnis erteilt wurde, weil ihre Ausreise aus rechtlichen oder tatsächlichen Gründen unmöglich ist und mit dem Wegfall der Ausreisehindernisse in absehbarer Zeit nicht zu rechnen ist. Ferner sind Opfer des Menschenhandels im Sinne der Opferschutzrichtlinie, die mit den zuständigen Strafverfolgungs- und Gerichtsbehörden kooperieren, leistungsberechtigt nach dem Asylbewerberleistungsgesetz.

25 Nach Nr. 4 sind Ausländer mit einer Duldung nach § 60a AufenthG Leistungsberechtigte nach dem Asylbewerberleistungsgesetz. Ausländer mit einer Duldung sind vollziehbar ausreisepflichtig; ihre Abschiebung ist lediglich vorübergehend befristet ausgesetzt. Die Duldung ist kein Titel, der zum Aufenthalt berechtigt, sie legalisiert lediglich für den Zeitraum, in dem die Abschiebung aus dem Bundesgebiet aus tatsächlichen oder rechtlichen Gründen nicht möglich ist, den weiteren Aufenthalt des ausreisepflichtigen Ausländers. Ausländer mit einer Duldung bleiben trotz Duldung vollziehbar zur Ausreise verpflichtet. Sie waren bereits in der ursprünglichen Fassung des Asylbewerberleistungsgesetzes gemäß § 1 Abs. 1 Nr. 2 Leistungsberechtigte nach diesem Gesetz. Duldungsgründe sind z. B. drohende Folter, Todesstrafe, menschenunwürdige Behandlung, drohende Gefahr für Leib und Leben, Abschiebestopp und sonstige Abschiebehindernisse wie Krankheit.

26 Nach Nr. 5 sind auch vollziehbar ausreisepflichtige Ausländer ohne Duldung Leistungsberechtigte nach dem Asylbewerberleistungsgesetz. Zu diesen Personen zählen Ausländer, die keinen Asylantrag gestellt haben und denen kein Aufenthaltstitel erteilt worden ist, Ausländer, die ihren Asylantrag zurück gezogen haben und Ausländer, die nach Ablehnung ihres Asylantrags noch nicht ausgereist sind oder abgeschoben worden sind.

27 Gemäß Nr. 6 sind weitere Leistungsberechtigte nach dem Asylbewerberleistungsgesetz Ehegatten, Lebenspartner und minderjährige Kinder der in den Nummern 1 bis 5 genannten Personen, wenn sie selbst die dort genannten Voraussetzungen nicht erfüllen. Durch diese Regelung wird der Tatsache Rechnung getragen, dass es Fälle gibt, in denen Familienangehörige oder Lebenspartner selbst keinen Asylantrag stellen oder selbst nicht vollziehbar zur Ausreise verpflichtet sind. Durch § 1 Abs. 1 Nr. 6 soll sichergestellt werden, dass grundsätzlich die Mitglieder eines solchen Haushalts leistungsrechtlich gleichbehandelt werden.

28 Nach Nr. 7 – eingefügt durch das Zuwanderungsgesetz – sind Ausländer leistungsberechtigt nach dem Asylbewerberleistungsgesetz, wenn sie einen Folgeantrag nach § 71 AsylVfG oder einen Zweitantrag nach § 71a AsylVfG stellen. Sie sind damit leistungsrechtlich den Erstantragstellern gleichgestellt.

29 Nach § 1 Abs. 2 zählen abweichend von Absatz 1 Ausländer für die Zeit nicht zu den Leistungsberechtigten nach dem Asylbewerberleistungsgesetz, für die

21 Soziale Leistungen an ausländische Flüchtlinge – Asylbewerberleistungsgesetz

ihnen ein anderer Aufenthaltstitel als die in § 1 Abs. 1 Nr. 3 bezeichnete Aufenthaltserlaubnis mit einer Gesamtgeltungsdauer von mehr als sechs Monaten erteilt worden ist. Diese Menschen erhalten folglich Leistungen nach dem Zweiten oder dem Zwölften Buch Sozialgesetzbuch.

30 Am 31. Dezember 2009 waren

- 33.881 Asylbewerber,
- 2.079 über einen Flughafen Einreisende,
- 11.969 Flüchtlinge mit einer Aufenthaltserlaubnis wegen des Krieges in ihrem Heimatland,
- 50.531 Ausländer mit einer Duldung,
- 9.543 sonstige vollziehbar zur Ausreise Verpflichtete,
- 1.060 Folge- und Zweitantragsteller sowie
- 12.172 Familienangehörige

leistungsberechtigt gemäß § 1 Abs. 1.

Insgesamt bezogen 121.235 Ausländer Regelleistungen nach dem Asylbewerberleistungsgesetz.

Grundleistungen nach dem Asylbewerberleistungsgesetz gemäß § 3

31 Den Leistungsberechtigten nach dem Asylbewerberleistungsgesetz soll durch die in diesem Gesetz vorgesehenen Grundleistungen nach § 3 ein menschenwürdiger Aufenthalt in der Bundesrepublik Deutschland ermöglicht werden. Der notwendige Bedarf an Ernährung, Unterkunft, Heizung, Kleidung, Gesundheits- und Körperpflege sowie an Gebrauchs- und Verbrauchsgütern des Haushalts wird grundsätzlich durch Sachleistungen gedeckt. Der Umfang dieser Leistungen wird nicht im Einzelnen festgeschrieben, sondern durch den Begriff des „notwendigen Bedarfs" abstrakt bestimmt; er ist durch die zuständige Behörde aufgrund der persönlichen Situation, der Art der Unterbringung und der örtlichen Gegebenheiten näher auszufüllen. Es hängt z. B. von Art und Ausstattung der Unterkunft ab, ob die Leistungsberechtigten eine Gemeinschaftsverpflegung erhalten oder ob ihnen Lebensmittel zur eigenen Zubereitung zur Verfügung gestellt werden. Indem der Gesetzgeber in § 3 den notwendigen Bedarf nennt, bestimmt er, dass ernährungsphysiologische Erfordernisse zu berücksichtigen sind. Ebenso ist soweit wie möglich religiös bedingtem Ernährungsverhalten Rechnung zu tragen. Zu den Verbrauchsgütern des Haushalts zählen im Wesentlichen die Haushaltsenergie, Putz- und Reinigungsmittel. Gebrauchsgüter des Haushalts wie Hausrat, Bettwäsche, Handtücher usw. können leihweise zur Verfügung gestellt werden. Häufig sind die Unterkünfte mit diesen Gebrauchsgegenständen bereits ausgestattet. Zusätzlich zu diesen Grundleistungen wird ein monatlicher Geldbetrag von 40,90 Euro von Beginn des 15. Lebensjahres an bzw. von 20,45 Euro bis zur Vollendung des 14. Lebensjahres, das so genannte Taschengeld, gewährt. Die Geldbeträge in § 3 sind auch im Jahre 2010 noch in der Währung DM angegeben, da seit Einführung des Euro die erforderliche Verordnung zur Anpassung der Währung nicht zustande gekommen ist. Die Beträge sind folglich mit dem offiziellen Umrechnungskurs (1,95583) umzurechnen. In Abschiebungs- oder Untersuchungshaft genommene Leistungsberechtigte erhalten ein Taschengeld nur in Höhe von 70 Prozent dieser Beträge. Damit sind notwendige Ausgaben z. B. für Verkehrsmittel, Telefon, Porto, Schreibmittel, Lesestoff oder Genussmittel in kleinen Mengen zu bestreiten. Den Leistungsberechtigten wird dadurch eine gewisse Dispositionsfreiheit eingeräumt, ohne dass aber die Höhe der Barbeträge einen ernsthaften Spielraum für zweckfremde Verwendung zulässt.

32 Von dem grundsätzlichen Vorrang der Sachleistungen kann abgewichen werden, wenn Leistungsberechtigte außerhalb von Erstaufnahmeeinrichtungen im Sinne des § 44 AsylVfG untergebracht sind. Eine Verpflichtung zum Wohnen in diesen Erstaufnahmeeinrichtungen besteht für Asylbewerber gemäß § 47 Abs. 1 AsylVfG für eine Zeit bis zu drei Monaten. Im Anschluss an die Zeit der Unterbringung in einer Erstaufnahmeeinrichtung sollen Asylbewerber während der Dauer ihres Asylverfahrens gemäß § 53 AsylVfG in Gemeinschaftsunterkünften untergebracht werden. Eine anderweitige Unterbringung – z. B. die dezentrale Unterbringung in angemieteten Wohnungen oder Zimmern – ist damit nach dem Gesetz der Ausnahmefall. Sind Leistungsberechtigte nach dem Asylbewerberleistungsgesetz außerhalb von einer Erstaufnahmeeinrichtung, also in einer Gemeinschaftsunterkunft oder dezentral, untergebracht, so können, soweit es nach den Umständen der Unterbringung oder nach den örtlichen Gegebenheiten erforderlich ist, anstelle von Sachleistungen Leistungen in Form von Wertgutscheinen, von anderen vergleichbaren unbaren Abrechnungen oder von Geldleistungen gewährt werden. Der Wert dieser Geldleistungen beträgt für den Haushaltsvorstand 184,07 Euro, für Haushaltsangehörige bis zur Vollendung des 7. Lebensjahres 112,48 Euro und für Haushaltsangehörige von Beginn des 8. Lebensjahres an 158,50 Euro. Hinzu kommen jeweils noch das so genannte Taschengeld in Höhe von 40,90 Euro bzw. 20,45 Euro sowie Leistungen für Unterkunft, Heizung und Hausrat.

33 Von den 121.235 Ausländern, die am 31. Dezember 2009 Regelleistungen nach dem Asylbewerberleistungsgesetz bezogen, waren 14.617 Ausländer in einer Erstaufnahmeeinrichtung, 37.734 Ausländer in einer Gemeinschaftsunterkunft und 68.884 Ausländer dezentral untergebracht.

Die Ausgaben nach dem Asylbewerberleistungsgesetz im Jahre 2009 von insgesamt rd. 798 Mio. Euro verteilen sich mit rd. 29 Prozent (230 Mio. Euro) auf Leistungen in Einrichtungen und mit rd. 71 Prozent (559 Mio. Euro) auf Leistungen außerhalb von Einrichtungen.

34 Um zu verhindern, dass Leistungen in Geld oder Geldeswert wie z. B. Wertgutscheine oder Kundenkontenblätter in falsche Hände geraten, ist gesetzlich vorgeschrieben, dass diese Leistungen den Leistungsberechtigten oder einem volljährigen berechtigten Mitglied des Haushalts persönlich ausgehändigt werden sollen (vgl. § 3 Abs. 4).

Über den Wert der Sachleistungen gibt das Asylbewerberleistungsgesetz keine Auskunft. Vielmehr ist hier der von der Behörde jeweils im Einzelfall festzustellende notwendige Bedarf ausschlaggebend. Häufig wird als Orientierung der Wert der Geldleistungen zugrunde gelegt.

35 Die Gründe, die bei der Schaffung des Asylbewerberleistungsgesetzes für das Sachleistungsprinzip sprachen, haben nach wie vor Geltung, so dass der Gesetzgeber trotz vielfacher Kritik an dem Sachleistungsprinzip festhält. Durch die grundsätzliche Gewährung von Sachleistungen anstelle von Geldleistungen wird die Möglichkeit ausgeschlossen, dass ein Leistungsberechtigter die empfangenen Leistungen in seine Heimat zur finanziellen Unterstützung dort zurückgebliebener Personen oder zur Zahlung von Geldleistungen an so genannte Schlepperorganisationen nutzt und so seine eigene Existenz nicht mehr gesichert ist. Ferner soll das Sachleistungsprinzip dazu beitragen, die Anziehungskraft der Bundesrepublik Deutschland für Flüchtlinge ohne politische, rassische oder religiöse Verfolgung zu verringern.

36 Kosten, die durch die Umsetzung des Sachleistungsprinzips entstehen (z. B. Kosten für die Zubereitung von Mahlzeiten in Gemeinschaftsunterkünften, Kosten für die Zusammenstellung von Essenspaketen oder Kosten im Zusammenhang mit der Aufstellung von Speiseplänen), sind Durchführungskosten und dürfen folglich keinen Einfluss auf die Qualität oder Quantität der zu gewährenden Sachleistungen haben. Mit den Sachleistungen muss der notwendige Bedarf im Sinne des § 3 Abs. 1 gedeckt werden; dieser darf nicht durch in Zusammenhang mit der Umsetzung des Sachleistungsprinzips entstehende Kosten geschmälert werden.

37 Von den rd. 364 Mio. Euro, die im Jahre 2009 für Grundleistungen nach § 3 ausgegeben wurden, entfielen rd. 164 Mio. Euro auf Sachleistungen, rd. 151 Mio. Euro auf Geldleistungen für den Lebensunterhalt, rd. 24 Mio. Euro auf Wertgutscheine und rd. 25 Mio. Euro auf das so genannte Taschengeld.

38 Die Tatsache, dass die Geldleistungen nach dem Asylbewerberleistungsgesetz deutlich unter den Regelsätzen nach dem Zwölften Buch Sozialgesetzbuch (SGB XII) liegen, bedeutet nicht, dass damit das Existenzminimum der Leistungsberechtigten nach dem Asylbewerberleistungsgesetz nicht mehr gesichert ist, denn die Leistungen nach dem SGB XII gehen über die bloße Sicherung des physischen Existenzminimums hinaus. Das ergibt sich schon daraus, dass das SGB XII selber die Möglichkeit von Kürzungen auf das zum Lebensunterhalt Unerlässliche vorsieht (vgl. § 26 Abs. 1 SGB XII). Ebenso ist es im Hinblick auf die Sicherung des Existenzminimums auch bei Ausländern, die sich nur vorübergehend in Deutschland aufhalten, möglich, die Leistungen niedriger als die Regelsätze des SGB XII zu bemessen. Dass die Geldleistungen nach dem Asylbewerberleistungsgesetz unter den Regelsätzen des SGB XII liegen, wird damit begründet, dass den Leistungsberechtigten nach dem Asylbewerberleistungsgesetz wegen ihres typischerweise nur vorübergehenden Aufenthaltes in der Bundesrepublik Deutschland Integrationsleistungen nicht zu gewähren sind.

39 Das Asylbewerberleistungsgesetz bestimmt in § 3 Abs. 3, dass jeweils zum 1. Januar eines Jahres durch Rechtsverordnung die Beträge für die Geldleistungen, die ausnahmsweise anstelle von Sachleistungen gewährt werden können, und die Beträge für das so genannte Taschengeld neu festgesetzt werden, wenn und soweit dies unter Berücksichtigung der tatsächlichen Lebenshaltungskosten zur Deckung des not-

21 Soziale Leistungen an ausländische Flüchtlinge – Asylbewerberleistungsgesetz

wendigen Bedarfs erforderlich ist. Eine solche Anpassung der Beträge hat trotz vielfacher Kritik seit Inkrafttreten des Asylbewerberleistungsgesetzes am 1. November 1993 bisher noch nicht stattgefunden.

Die Bundesregierung hat in diesem Zusammenhang in ihrer Antwort auf die Große Anfrage der Abgeordneten Ulla Jelpke, Sevim Dagdelen, Petra Pau, weiterer Abgeordneter und der Fraktion DIE LINKE (Bundestagsdrucksache 16/7213) betont, dass die Steigerung des Lebenshaltungskostenindex ein Anhaltspunkt für die Erforderlichkeit nach § 3 Abs. 3 sei. Allerdings sei er um den Anteil zu reduzieren, der Waren oder Leistungen betrifft, die nicht von § 3 erfasst werden. Ferner hätten Preissteigerungen durch die Gewährung der erforderlichen Sachleistungen nicht die Auswirkungen auf die Deckung des erforderlichen Bedarfs, wie dies bei den Leistungen nach dem SGB II oder dem SGB XII der Fall sein könne (vgl. Bundestagsdrucksache 16/9018).

Leistungen bei Krankheit, Schwangerschaft und Geburt gemäß § 4

40 § 4 regelt die Leistungen im Krankheitsfall. Danach werden ärztliche und zahnärztliche Behandlung, Versorgung mit Arznei- und Verbandmitteln sowie sonstige zur Genesung, zur Besserung oder zur Linderung von Krankheiten oder deren Folgen erforderliche Leistungen nur bei akuten Erkrankungen und Schmerzzuständen gewährt. Welche Behandlung geboten ist, ist im Einzelfall unter medizinischen Gesichtspunkten zu entscheiden. Nicht eindeutig indizierte medizinische Behandlungen oder solche langfristiger Natur, die wegen der zeitlich begrenzten Dauer des Aufenthalts in der Bundesrepublik Deutschland voraussichtlich nicht abgeschlossen werden können, lösen keine Leistungspflicht aus. Zahnersatz kann nur in Ausnahmefällen gewährt werden, nämlich nur soweit dies im Einzelfall aus medizinischen Gründen unaufschiebbar ist. Bei der Beurteilung, ob Maßnahmen des Zahnersatzes unaufschiebbar sind, ist folglich nicht auf die manchmal erheblich weiteren zahnmedizinischen Gesichtspunkte abzustellen. So kann bspw. das Schließen einer Lücke durch eine Zahnprothese aus zahnmedizinischen Gründen geboten sein, da sich andernfalls auch die Position der unmittelbar angrenzenden Zähne verändern kann. Für das Vorliegen medizinischer Gründe reicht dieser Sachverhalt aber noch nicht aus. Hier werden z. B. durch die Lücke entstehende massive Kaubeschwerden gefordert, die aber bei einer einzelnen Zahnlücke im Regelfall noch nicht auftreten.

Die Höhe der Kosten einer Maßnahme darf für die Entscheidung der zuständigen Behörde darüber, ob die Maßnahme von § 4 Abs. 1 gedeckt ist, nicht ausschlaggebend sein. Die Behörde hat vielmehr zu prüfen, ob die konkrete Maßnahme zu den im Sinne dieser Vorschrift erforderlichen Leistungen zählt.

Schwangeren und jungen Müttern werden die ärztliche und pflegerische Hilfe und Betreuung sowie Hebammenhilfe, Arznei-, Verband- und Heilmittel gewährt. Diese Regelung ist im Wesentlichen dem früheren § 38 Abs. 2 des Bundessozialhilfegesetzes (nunmehr § 50 SGB XII) nachgebildet; Leistungsberechtigten nach dem Asylbewerberleistungsgesetz fehlt jedoch der Anspruch auf Pflege in stationären Einrichtungen und auf häusliche Pflegeleistungen nach § 65 SGB XII.

Leistungsberechtigte nach dem Asylbewerberleistungsgesetz können Leistungen bei einem nicht rechtswidrigen oder unter den Voraussetzungen des § 218a Abs. 1 des Strafgesetzbuches vorgenommenen Schwangerschaftsabbruch gemäß dem Gesetz zur Hilfe für Frauen bei Schwangerschaftsabbrüchen in besonderen Fällen vom 21. August 1995 (vgl. BGBl. I, S. 1054) in Anspruch nehmen.

Die zuständige Behörde stellt die ärztliche und zahnärztliche Versorgung einschließlich der Teilnahme an amtlich empfohlenen Schutzimpfungen und medizinisch gebotenen Vorsorgeuntersuchungen sicher. Die freie Arztwahl ist somit für Leistungsberechtigte nach dem Asylbewerberleistungsgesetz ausgeschlossen. Die medizinische Versorgung kann durch das Gesundheitsamt, die Einrichtung von Arztpraxen in den Unterkünften, die Behandlung durch Vertragsärzte oder die Ausgabe von Krankenscheinen mit den im Gesetz vorgesehenen Einschränkungen durchgeführt werden.

41 Im Jahr 2009 wurden 133 Mio. Euro für Leistungen bei Krankheit, Schwangerschaft und Geburt gemäß § 4 ausgegeben; das sind rd. 17 Prozent der Gesamtausgaben nach dem Asylbewerberleistungsgesetz in diesem Jahr.

Sonstige Leistungen gemäß § 6

42 Im Hinblick darauf, dass es sich bei den Grundleistungen um pauschalierte Leistungen auf niedrigem Niveau handelt und dass auch die Leistungen im Krankheitsfall eingeschränkt sind, wird der zuständigen Behörde in § 6 die Möglichkeit eingeräumt, im Einzelfall zusätzliche Leistungen zu gewähren. Diese sonstigen Leistungen können insbesondere dann gewährt werden, wenn sie im Einzelfall zur Sicherung des Lebensunterhalts oder der Gesundheit unerlässlich sind, zur Deckung besonderer Bedürfnisse von Kindern geboten sind oder zur Erfüllung einer verwaltungsrechtlichen Mitwirkungspflicht erforderlich sind. Diese Aufzählung im Gesetz ist nicht abschließend; das bedeutet, dass sonstige Leistungen auch in anderen, nicht ausdrücklich genannten Fällen gewährt werden können. Durch die Alternativen der Anwendungsvarianten der §§ 4 und 6 soll sichergestellt werden, dass allen Leistungsberechtigten auch im Bereich der gesundheitlichen Versorgung ein menschenwürdiger Aufenthalt in der Bundesrepublik Deutschland ermöglicht wird.

Die sonstigen Leistungen sind wie auch die Grundleistungen im Regelfall in Form von Sachleistungen und nur bei Vorliegen besonderer Umstände als Geldleistungen zu gewähren. Zu den sonstigen Leistungen zählen bspw. Hygienemittel, Babyausstattung und Windeln, Schwangerschaftsbekleidung und Sonderbedarfe bei Behinderung sowie ergänzende Leistungen für Diabetiker wie z. B. Krankenkost. Ferner können Seh- und Hörhilfen gewährt werden. Zu besonderen Bedürfnissen von Kindern zählen z. B. Schulsachen und Kosten für die Teilnahme an einem Schulausflug oder einer Klassenfahrt. Zu unerlässlichen Kosten im Rahmen von verwaltungsrechtlichen Mitwirkungspflichten können Reisekosten zu Behörden und Übersetzungskosten gehören.

Durch Artikel 6 des Gesetzes zur Änderung des Aufenthaltsgesetzes und weiterer Gesetze vom 14. März 2005 (BGBl. I, S. 721), in Kraft getreten am 15. März 2005, wurde § 6 um einen weiteren Absatz ergänzt. Danach soll Personen, die eine Aufenthaltserlaubnis nach § 24 Abs. 1 AufenthG besitzen und die besondere Bedürfnisse haben, wie beispielsweise unbegleitete Minderjährige oder Personen, die Folter, Vergewaltigung oder sonstige schwere Formen psychischer, physischer oder sexueller Gewalt erlitten haben, die erforderliche medizinische oder sonstige Hilfe gewährt werden. § 6 Abs. 2 setzt Artikel 13 Abs. 4 der Richtlinie 01/55/EG des Rates vom 20. Juli 2001 über Mindestnormen für die Gewährung vorübergehenden Schutzes im Falle eines Massenzustroms von Vertriebenen und über Maßnahmen zur Förderung einer ausgewogenen Verteilung der mit der Aufnahme dieser Personen und den Folgen dieser Aufnahme verbundenen Belastungen auf die Mitgliedstaaten in nationales Recht um. Danach soll aus humanitären Erwägungen bei der medizinischen Versorgung eine Privilegierung für vorübergehend geschützte Personen vorgesehen werden.

Während § 6 Abs. 1 als Ermessensnorm ausgestaltet ist, beinhaltet Abs. 2 eine Soll-Vorschrift.

43 Im Jahre 2009 wurden rd. 20 Mio. Euro für sonstige Leistungen gemäß § 6 ausgegeben; das sind rd. 2,5 Prozent der gesamten Ausgaben nach dem Asylbewerberleistungsgesetz. Rd. 8 Mio. Euro wurden für Sachleistungen verwandt, rd. 12 Mio. Euro als Geldleistungen gewährt.

Arbeitsgelegenheiten gemäß § 5

44 Gemäß § 5 sollen in Gemeinschaftsunterkünften Arbeitsgelegenheiten insbesondere zur Aufrechterhaltung und Betreibung der Einrichtung zur Verfügung gestellt werden. Hierbei handelt es sich z. B. um die Reinigung von Gemeinschaftsräumen, die Pflege von Gartenanlagen, kleinere Renovierungsarbeiten wie Anstreichen, Hilfe in der Kleiderkammer oder in der Waschküche oder um die Betreuung von Kindern. Darüber hinaus sollen so weit wie möglich Arbeitsgelegenheiten bei staatlichen, kommunalen und gemeinnützigen Trägern zur Verfügung gestellt werden; Voraussetzung hierfür ist jedoch, dass die Arbeit sonst nicht, nicht zu diesem Zeitpunkt oder nicht in diesem Umfang verrichtet würde. Der Arbeitsmarkt darf nämlich durch den Einsatz von Leistungsberechtigten nach dem Asylbewerberleistungsgesetz nicht beeinflusst werden, so dass die Heranziehung zu gemeinnützigen Arbeiten nicht anstelle, sondern nur zusätzlich zum Einsatz von Arbeitnehmern erfolgen darf.

Nicht erwerbstätige arbeitsfähige Leistungsberechtigte, die nicht mehr im schulpflichtigen Alter sind, sind zur Wahrnehmung einer zur Verfügung gestellten Arbeitsgelegenheit verpflichtet. Lehnen sie die Wahrnehmung einer solchen Tätigkeit unbegründet ab, so haben sie keinen Anspruch mehr auf Leistungen nach dem Asylbewerberleistungsgesetz.

Für die zu leistende Arbeit wird eine Aufwandsentschädigung von 1,05 Euro pro Stunde gezahlt.

Für die Ausübung von Tätigkeiten im Sinne des § 5 wird keine Arbeitserlaubnis nach dem Arbeitsförderungsgesetz benötigt. Es liegt weder ein Arbeitsverhältnis im Sinne des Arbeitsrechts noch ein Beschäftigungsverhältnis im Sinne der Vorschriften über die gesetzliche Kranken- und Rentenversicherung vor. Die Leistungsberechtigten, die eine Arbeitsgelegenheit nach § 5 wahrnehmen, sind somit weder renten- noch kranken-, pflege- oder arbeitslosenversichert.

45 Im Jahr 2009 wurden rd. 4,3 Mio. Euro für Arbeitsgelegenheiten gemäß § 5 ausgegeben; das sind rd. 0,5 Prozent der gesamten Ausgaben nach dem Asylbewerberleistungsgesetz. Rd. 2,2 Mio. Euro wurden außerhalb von Einrichtungen, rd. 2,1 Mio. Euro wurden in Einrichtungen für Arbeitsgelegenheiten verwandt.

Nachrangigkeit der Leistungen nach dem Asylbewerberleistungsgesetz gemäß § 8

46 § 8 Abs. 1 Satz 1 verankert das Subsidiaritätsprinzip im Asylbewerberleistungsgesetz. Das bedeutet, dass Leistungen nach dem Asylbewerberleistungsgesetz nicht gewährt werden, wenn der erforderliche Lebensunterhalt anderweitig gedeckt wird. Das ist z. B. bei Leistungen aufgrund von Unterhaltsansprüchen oder einer Verpflichtungserklärung nach § 68 Abs. 1 Satz 1 AufenthG der Fall.

Einsatz von Einkommen und Vermögen gemäß § 7

47 Die Leistungen nach dem Asylbewerberleistungsgesetz werden gemäß § 7 nur dann gewährt, wenn Einkommen und Vermögen des leistungsberechtigten Ausländers und seiner Familienangehörigen vorher aufgebraucht worden sind. Das gleiche gilt auch für Einkommen und Vermögen eines Partners aus einer nichtehelichen Lebensgemeinschaft. Eine Aufwandsentschädigung für die Wahrnehmung einer Arbeitsgelegenheit nach § 5 zählt nicht zum Einkommen im Sinne des § 7.

Ist ein Leistungsberechtigter in einer Einrichtung untergebracht, in der Sachleistungen gewährt werden, so sind, soweit Einkommen und Vermögen vorhanden sind, die Kosten für die gewährten Leistungen zu erstatten. Es handelt sich hierbei um 184,07 Euro für den Haushaltsvorstand, um 112,48 Euro für Haushaltsangehörige bis zur Vollendung des 7. Lebensjahres und um 158,50 Euro für Haushaltsangehörige vom Beginn des 8. Lebensjahres an. Hinzu kommen die Kosten für Unterkunft und Heizung, für die Pauschalbeträge festgesetzt werden können.

Einkommen aus einer Erwerbstätigkeit bleibt in Höhe von 25 Prozent, höchstens jedoch in Höhe von 60 Prozent des Betrages außer Betracht, der sich aus dem Taschengeld und dem Betrag der ausnahmsweise zu gewährenden Geldleistungen errechnet. Das bedeutet, dass für den Haushaltsvorstand ein Betrag von maximal 134,98 Euro und für Haushaltsangehörige ein Betrag von maximal 119,64 Euro als Einkommen nicht angerechnet werden dürfen. Damit soll ein Anreiz zur Arbeitsaufnahme gegeben sein. Darüber hinaus sollen die mit der Erwerbstätigkeit verbundenen Mehrkosten wie etwa Fahrkosten abgedeckt werden.

48 Am 31. Dezember 2009 erhielten Angehörige von insgesamt 72.192 Haushalten Leistungen nach § 3 oder § 2. Davon setzten 8.414 Haushalte (11,6 Prozent) Einkommen und Vermögen ein. 37 Prozent dieser Haushalte (3.076 Haushalte) setzten Einkommen aus Erwerbstätigkeit ein. 63.778 Haushalte bezogen Regelleistungen nach dem Asylbewerberleistungsgesetz, ohne eigenes Einkommen oder Vermögen einzusetzen.

49 Bei Schaffung des Asylbewerberleistungsgesetzes hatte die Fraktion der SPD beantragt, die Vorschrift über die Berücksichtigung von Einkommen und Vermögen so zu gestalten, dass Schmerzensgeld unberücksichtigt bleibe. Sie stützte sich dabei auf eine vergleichbare Bestimmung des Bundessozialhilfegesetzes, die Schmerzensgeld von der Anrechnung als Einkommen bei der Gewährung von Sozialhilfe ausnimmt. Dieser Antrag fand jedoch keine Mehrheit. Damit wurde die Frage der Anrechnung von Schmerzensgeld bei Leistungen nach dem Asylbewerberleistungsgesetz und bei Sozialhilfe unterschiedlich geregelt.

Daran hat auch die Überführung des Sozialhilferechts in das Sozialgesetzbuch nichts geändert. In § 11 Abs. 3 Nr. 2 des Zweiten Buches Sozialgesetzbuch und in § 83 Abs. 2 SGB XII ist ausdrücklich geregelt, dass Schmerzensgeld als Einkommen nicht zu berücksichtigen ist.

Mit Beschluss vom 11. Juli 2006 hat das Bundesverfassungsgericht es für mit dem Gleichheitssatz des Art. 3 Abs. 1 GG unvereinbar erklärt, dass Leistungsberechtigte nach dem Asylbewerberleistungsgesetz aufgrund von § 7 Abs. 1 Satz 1 AsylbLG Schmerzensgeld nach § 253 Abs. 2 BGB für ihren Lebensunterhalt einsetzen müssen, bevor sie staatliche Leistungen erhalten (vgl. 1 BvR 293/05). Empfänger von Leistungen nach dem Asylbewerberleistungsgesetz werden danach im Hinblick auf das Schmerzensgeld durch § 7 Abs. 1 Satz 1 im Vergleich zu allen anderen Personengruppen benachteiligt, die einkommens- und vermögensabhängige staatliche Fürsorgeleistungen erhalten, da sie Schmerzensgeld für ihren Lebensunterhalt einzusetzen haben, bevor sie Leistungen auf asylrechtlicher Grundlage beziehen können. Diese unterschiedliche Behandlung ist nach Auffassung des Bundesverfassungsgerichts nicht hinreichend gerechtfertigt. Die dem Schmerzensgeld eigene Funktion verleiht ihm eine Sonderstellung innerhalb der sonstigen Einkommens- und Vermögensarten, der auch in der übrigen Rechtsordnung durchweg durch den Ausschluss der Anrechnung auf staatliche Fürsorgeleistungen Rechnung getragen wird. Das Schmerzensgeld dient seiner Funktion nach nicht der Deckung des materiellen Bedarfs, den das Asylbewerberleistungsgesetz im Auge hat. Es dient vielmehr vor allem auch dem Ausgleich einer erlittenen oder andauernden Beeinträchtigung der körperlichen und seelischen Integrität und trägt zugleich dem Gedanken Rechnung, dass der Schädiger dem Geschädigten für das, was er ihm angetan hat, Genugtuung schuldet.

Das Bundesverfassungsgericht hatte in dem o. a. Beschluss den Gesetzgeber verpflichtet, bis zum 30. Juni 2007 eine Neuregelung zu treffen. Der Gesetzgeber ist dem mit dem zweiten Änderungsgesetz zum Zuwanderungsgesetz nachgekommen, indem er § 7 einen Abs. 5 angefügt hat. Danach ist nunmehr auch bei Beziehern von Leistungen nach dem Asylbewerberleistungsgesetz eine Entschädigung, die nach § 253 Abs. 2 BGB wegen eines Schadens geleistet wird, der nicht Vermögensschaden ist, nicht als Einkommen zu berücksichtigen.

Meldepflicht gemäß § 8a

50 Gemäß § 8a sind Leistungsberechtigte, die eine Erwerbstätigkeit aufnehmen, verpflichtet, dies spätestens am dritten Tag nach Aufnahme der Tätigkeit der zuständigen Behörde zu melden, damit die Behörde Kenntnis davon hat, dass Einkommen auf die Leistungen nach dem Asylbewerberleistungsgesetz anzurechnen ist oder eine Erstattungspflicht auslöst. Wer vorsätzlich oder fahrlässig gegen diese Pflicht verstößt, indem er eine Meldung nicht, nicht richtig, nicht vollständig oder nicht rechtzeitig erstattet, handelt ordnungswidrig im Sinne des § 13. Dieser Verstoß kann mit einer Geldbuße von bis zu 5.000,00 Euro geahndet werden.

51 Am 31. Dezember 2009 waren 117.052 Bezieher von Regelleistungen nach dem Asylbewerberleistungsgesetz nicht erwerbstätig. Das ist der ganz überwiegende Teil (96,5 Prozent). 1.501 Regelleistungsbezieher waren vollzeiterwerbstätig, 2.682 waren teilzeiterwerbstätig.

Sicherheitsleistungen gemäß § 7a

52 § 7a greift, wenn Leistungsberechtigte nach dem Asylbewerberleistungsgesetz bei ihrer Einreise Vermögen bei sich haben, das gemäß § 7 vor dem Bezug von Leistungen nach dem Asylbewerberleistungsgesetz aufgebraucht bzw. für eine Kostenerstattung nach dieser Vorschrift benutzt werden muss. Um zu gewährleisten, dass dieses Vermögen auch entsprechend eingesetzt wird, kann gemäß § 7a von Leistungsberechtigten wegen der ihnen und ihren Familienangehörigen zu gewährenden Leistungen entsprechende Sicherheit durch Sicherstellung dieser Vermögenswerte verlangt werden. Die Vorschrift über die Sicherheitsleistungen räumt ferner die Möglichkeit zur Vollstreckung ohne vorherige Androhung ein.

Dauer des Bezugs der abgesenkten Leistungen

53 Nach der seit 28. August 2007 geltenden Fassung des Asylbewerberleistungsgesetzes gelten die Vorschriften der §§ 3 bis 7, die Einschränkungen verglichen mit dem Leistungen nach dem SGB XII beinhalten, grundsätzlich für die Dauer von vier Jahren. Ein Leistungsberechtigter, der diese abgesenkten Leistungen vier Jahre lang bezogen hat, erhält gemäß § 2 Abs. 1 Leistungen entsprechend dem SGB XII, wenn er die Dauer seines Aufenthalts nicht rechtsmissbräuchlich selbst beeinflusst hat. Mit dieser Regelung unterscheidet der Gesetzgeber zwischen denjenigen Ausländern, die unverschuldet nicht ausreisen können – sie erhalten nach vier Jahren Leistungen nach dem SGB XII – und denjenigen, die ihrer Ausreisepflicht rechtsmissbräuchlich nicht nachkommen – sie erhalten auch nach vier Jahren weiter die abgesenkten Leistungen des Asylbewerberleistungsgesetzes. Rechtsmissbräuchliches Verhalten im Sinne dieser Vorschrift stellt z. B. das Vernichten des Passes oder das Angeben einer falschen Identität dar.

Die Bundesregierung begründet die Verlängerung des Bezugs von abgesenkten Leistungen nach dem Asylbewerberleistungsgesetz von drei auf vier Jahre in ihrer Antwort auf die Große Anfrage der Abgeordneten Ulla Jelpke, Sevim Dagdelen, Petra Pau, weiterer Abgeordneter und der Fraktion DIE LINKE (Bundestagsdrucksache 16/7213) wie folgt: „Nach Einschätzung des Gesetzgebers kann bei einem Voraufenthalt von vier Jahren davon ausgegangen werden, dass bei den Betroffenen eine Aufenthaltsperspektive entsteht, die es gebietet, Bedürfnisse anzuerkennen, die auf eine bessere soziale Integration gerichtet sind, was durch den Verzicht auf die Vorrangprüfung einer Beschäftigung und die Erhöhung der Leistungen zum Ausdruck kommt" (vgl. Bundestagsdrucksache 16/9018).

54 Die durch das zweite Änderungsgesetz zum Zuwanderungsgesetz geschaffene Verlängerung der Bezugsdauer für die abgesenkten Leistungen nach dem Asylbewerberleistungsgesetz hat zur Folge, dass Leistungsberechtigte nach dem Asylbewerberleistungsgesetz, die nach einem dreijährigen Bezug der abgesenkten Leistungen vor Inkrafttreten der Änderung am 28. August 2007 bereits die höheren Leistungen entsprechend dem SGB XII erhalten haben, nach Inkrafttreten des Zweiten Änderungsgesetzes zum Zuwanderungsgesetzes erneut für ein Jahr die niedrigeren Leistungen nach dem Asylbewerberleistungsgesetz beziehen mussten.

55 Am 31. Dezember 2009 betrug die durchschnittliche Dauer des Bezugs von Leistungen nach dem Asylbewerberleistungsgesetz etwa drei Jahre (36,8 Monate).

56 Die Bezieher von Leistungen entsprechend dem SGB XII sind keine Sozialhilfeempfänger, sondern Leistungsberechtigte nach dem Asylbewerberleistungsgesetz, die demzufolge auch in der Asylbewerberleistungsstatistik nach § 12 und nicht in der Sozialhilfestatistik nach § 121 SGB XII geführt werden. Auf sie sind mit Ausnahme der §§ 3 bis 7 die Vorschriften des Asylbewerberleistungsgesetz anwendbar.

Sind Bezieher von Leistungen entsprechend dem SGB XII in einer Gemeinschaftsunterkunft untergebracht, so entscheidet die zuständige Behörde aufgrund der örtlichen Umstände, ob die Leistungen als Sachleistungen oder als Geldleistungen gewährt werden.

Am 31. Dezember 2009 bezogen 81.314 Leistungsberechtigte Grundleistungen nach § 3, und 39.921 Leistungsberechtigte Leistungen entsprechend dem Zwölften Buch Sozialgesetzbuch nach § 2.

57 Während im Jahre 2009 rd. 364 Mio. Euro für Grundleistungen nach § 3 ausgegeben wurden, beliefen sich die Leistungen entsprechend dem Zwölften Buch Sozialgesetzbuch nach § 2 auf rd. 267 Mio. Euro.

Anspruchseinschränkung gemäß § 1a

58 Durch das am 1. September 1998 in Kraft getretene Zweite Gesetz zur Änderung des Asylbewerberleistungsgesetzes ist § 1a in das Gesetz eingefügt worden. Diese Vorschrift sieht unter bestimmten Voraussetzungen für vollziehbar ausreisepflichtige Ausländer eine Anspruchseinschränkung vor. Vollziehbar ausreisepflichtige Ausländer, die nach Deutschland gekommen sind, um Leistungen zu erhalten (§ 1a Nr. 1) oder bei denen aus von ihnen zu vertretenden Gründen aufenthaltsbeendende Maßnahmen nicht vollzogen werden können (§ 1a Nr. 2), erhalten nur Leistungen nach dem Asylbewerberleistungsgesetz, soweit dies im Einzelfall nach den Umständen unabweisbar geboten ist. Diese Regelung wurde zur Verhinderung von Sozialleistungsmissbrauch geschaffen.

Bei beiden im Gesetz genannten Fällen ist eine klare Abgrenzung zu solchen Fällen möglich, in denen kein Leistungsmissbrauch vorliegt. So gibt es zu Nr. 1 eine eindeutige Rechtsprechung. Eine vergleichbare Vorschrift enthält nämlich § 23 Abs. 3 SGB XII (zuvor § 120 Abs. 3 BSHG) für Ausländer, die keine Leistungen nach dem Asylbewerberleistungsgesetz, sondern Leistungen nach dem SGB XII erhalten. Nach der Rechtsprechung ist ein Ausländer in die Bundesrepublik Deutschland gekommen, um Leistungen zu erhalten, wenn der Sozialleistungsbezug für seine Einreise von prägender Bedeutung war. Die Tatsache, dass vor September 1998 eine entsprechende Regelung im Asylbewerberleistungsgesetz fehlte, stellte eine ungerechtfertigte Besserstellung der Leistungsberechtigten nach dem Asylbewerberleistungsgesetz dar, die durch das zweite Änderungsgesetz beseitigt wurde.

Unter § 1a Nr. 2 fallen z. B. vollziehbar ausreisepflichtige Ausländer, die ihre Identität verschleiern, ihre Ausweispapiere vernichtet haben oder ihre Abschiebung durch Widerstandshandlungen oder auf andere von ihnen zu vertretende Weise vereiteln. Von Nr. 2 erfasst werden darüber hinaus Personen, die zwar den Verlust ihres Passes nicht zu vertreten haben – so z. B. wenn dieser durch Behörden in der Heimat eingezogen wurde –, die jedoch ihre Mitwirkung bei der Beschaffung von Passersatzpapieren verweigern. Dagegen hat ein vollziehbar ausreisepflichtiger Ausländer nicht zu vertreten, dass er nicht abgeschoben werden kann, wenn seine Ausweispapiere durch Heimatbehörden eingezogen wurden, er in der Bundesrepublik Deutschland jedoch bei der Beschaffung von Passersatzpapieren mitwirkt; hier greift § 1a Nr. 2 folglich nicht.

59 Über das Ausmaß einer Anspruchseinschränkung im Sinne des § 1a wird jeweils im konkreten Einzelfall, orientiert an den individuellen Umständen, entschieden. Das ist Ausdruck des ohnehin im Asylbewerberleistungsgesetz gültigen Grundsatzes, nach dem jede Leistung individuell auf den Einzelfall zugeschnitten sein muss. Wie im Bericht des Bundestagsausschusses für Gesundheit (vergleiche Bundestags-Drucksache 13/11172) klargestellt ist, sind im Falle einer Anspruchseinschränkung in der Regel Sachleistungen in Gemeinschaftsunterkünften zu gewähren; bis auf besondere Ausnahmen wird das so genannte Taschengeld von 40,90 Euro bzw. 20,45 Euro entfallen. Es handelt sich bei der Rechtsfolge des § 1a um einen unbestimmten Rechtsbegriff. § 1a sieht aber keine Ermessensregelung vor, so dass das gemäß § 1a im Einzelfall nach den Umständen unabweisbar Gebotene gerichtlich voll überprüfbar ist.

Leistungen im Falle des Verstoßes gegen räumliche Beschränkungen gemäß § 11 Abs. 2

60 Gilt für einen Leistungsberechtigten eine asyl- oder ausländerrechtliche räumliche Beschränkung und befolgt er diese Beschränkung nicht, so darf die Behörde an dem tatsächlichen Aufenthaltsort gemäß § 11 Abs. 2 nur die nach den Umständen unabweisbar gebotene Hilfe leisten. Dies gilt auch für den Krankheitsfall. Unter der nach den Umständen gebotenen Hilfe sind in der Regel eine Fahrkarte an den zugewiesenen Aufenthaltsort und Reiseproviant sowie unaufschiebbare Maßnahmen der Krankenhilfe zu verstehen.

Durchführung, Zuständigkeit und Kostenerstattung gemäß §§ 10, 10a und § 10b

61 Gemäß Artikel 83 GG führen die Länder das Asylbewerberleistungsgesetz als eigene Angelegenheit aus. Sie sind dementsprechend für die Einrichtung der Behörden und das Verwaltungsverfahren zuständig und tragen gemäß Artikel 104a Abs. 1 GG die durch das Gesetz entstehenden Kosten.

62 Nach § 10 AsylbLG bestimmen die Landesregierungen oder die von ihnen beauftragten obersten Landesbehörden die für die Durchführung dieses Gesetzes zuständigen Behörden und Kostenträger und können Näheres zum Verfahren festlegen.

Das Asylbewerberleistungsgesetz enthielt in seiner ursprünglichen Fassung keine Regelung über die örtliche Zuständigkeit. Die Praxis zeigte jedoch, dass in den Fällen, in denen sich der Leistungsberechtigte im Zuständigkeitsbereich einer anderen als der für ihn für zuständig erklärten Behörde aufhielt und diese Behörde mit Leistungen eintreten musste, häufig Unklarheit darüber bestand, wer letztendlich die Kosten zu tragen hatte. Für diese Fälle wurden durch das Erste Gesetz zur Änderung des Asylbewerberleistungsgesetzes detaillierte Regelungen über die örtliche Zuständigkeit und über die Kostenerstattung eingeführt.

Die Bestimmung über die örtliche Zuständigkeit (§ 10a) ist in ihrem Kern § 97 BSHG – nunmehr § 98 SGB XII – unter besonderer Berücksichtigung der Verhältnisse und des betroffenen Personenkreises des Asylbewerberleistungsgesetzes nachgebildet.

Ebenfalls orientiert an den entsprechenden Bestimmungen des Bundessozialhilfegesetzes (§§ 103, 107 BSHG – nunmehr §§ 106 SGB XII) ist die Regelung über die Kostenerstattung (§ 10b) zwischen den zuständigen Behörden nach dem Asylbewerberleistungsgesetz.

Verhältnis zu anderen Bestimmungen

63 Gemäß § 9 Abs. 1 erhalten Leistungsberechtigte nach dem Asylbewerberleistungsgesetz keine Leistungen nach SGB XII oder vergleichbaren Landesgesetzen. Das Asylbewerberleistungsgesetz ist nachrangig; das bedeutet, dass Leistungen anderer, besonders Unterhaltspflichtiger, Träger von Sozialleistungen oder der Länder durch das Asylbewerberleistungsgesetz nicht berührt werden.

Das Asylbewerberleistungsgesetz ist kein Teil des Sozialgesetzbuches. Deshalb gelten grundsätzlich die Verwaltungsverfahrensgesetze der Länder. Einige Vorschriften des Sozialgesetzbuches werden jedoch im Asylbewerberleistungsgesetz ausdrücklich für anwendbar erklärt:

Hierbei handelt es sich um die Vorschriften über die Mitwirkungspflichten der Leistungsberechtigten (§§ 60 bis 67 SGB I) und die Auskunftspflicht Dritter (§ 99 SGB X) – vergleiche § 7 Abs. 4.

In § 9 Abs. 3 werden die Vorschriften über die Rücknahme, den Widerruf und die Aufhebung von Verwaltungsakten sowie die Erstattung von zu Unrecht erbrachten Leistungen (§§ 44 bis 50 SGB X) für anwendbar erklärt.

Nach § 9 Abs. 3 sind auch die Vorschriften über die Erstattungsansprüche der Leistungsträger untereinander (§§ 102 bis 114 SBG X) entsprechend anwendbar.

§ 9 Abs. 4 bestimmt, dass § 120 SGB XII und die aufgrund dieser Vorschrift oder des § 120 BSHG erlassenen Rechtsverordnungen entsprechend anwendbar sind. Die aufgrund des § 120 BSHG erlassene Sozialhilfedatenabgleichsverordnung dient der Verhinderung von Sozialleistungsmissbrauch und gilt damit auch für Leistungsberechtigte nach dem Asylbewerberleistungsgesetz entsprechend. Danach ist der automatisierte Datenabgleich zwischen den für das Asylbewerberleistungsgesetz zuständigen Behörden untereinander möglich. Darüber hinaus wird auch der Abgleich im automatisierten Verfahren mit bestimmten Daten über Leistungen der Bundesagentur für Arbeit und der gesetzlichen Renten- und Unfallversicherungsträger ermöglicht. Abgleiche nach der Sozialhilfedatenabgleichsverordnung werden seit April 1998 jeweils bezogen auf das vorangegangene Kalendervierteljahr vierteljährlich durchgeführt. Seit Januar 2002 können die Daten der Empfänger von Leistungen nach dem Asylbewerberleistungsgesetz zusätzlich daraufhin überprüft werden, ob die Leistungsempfänger Freistellungsaufträge über nicht angegebenes Vermögen erteilt haben. Mit den Datenabgleichen soll ungerechtfertigter Bezug von Sozialleistungen verhindert werden.

Der durch das Zweite Gesetz zur Änderung des Asylbewerberleistungsgesetzes eingefügte § 11 Abs. 3 ermöglicht den automatisierten Datenabgleich zwischen den für die Durchführung des Asylbewerberleistungsgesetzes zuständigen Behörden und den Ausländerbehörden.

Asylbewerberleistungsstatistik gemäß § 12

64 Gemäß § 12 wird eine Asylbewerberleistungsstatistik über die Leistungsbezieher nach dem Asylbewerberleistungsgesetz sowie über die anfallenden Ausgaben und Einnahmen geführt. Damit soll sichergestellt werden, dass die für politische Entscheidungen sowie für Zwecke der Planung und der Fortentwicklung des Asylrechts unabdingbar notwendigen Daten zur Verfügung stehen. Erhebungsinhalte und Erhebungsverfahren orientieren sich dabei weitgehend an der Bundesstatistik gemäß § 121 SGB XII. Für die Erhebungen besteht grundsätzlich Auskunftspflicht. Auskunftspflichtig sind die für die Durchführung des Asylbewerberleistungsgesetzes zuständigen Stellen. Erhebungsmerkmale für jeden Leistungsberechtigten sind unter anderem Geschlecht, Geburtsmonat und Geburtsjahr sowie Staatsangehörigkeit, aufenthaltsrechtlicher Status und Stellung zum Haushaltsvorstand.

Weitere Erhebungsmerkmale richten sich nach der Art der Leistung.

Das Statistische Bundesamt ist zuständig für die Durchführung der Erhebungen. Die Erhebungen werden jährlich durchgeführt. Die ersten Erhebungen über das Asylbewerberleistungsgesetz beziehen sich auf das Jahr 1994.

Aufgaben der Bundesländer

Zuständige oberste Landesbehörden in den Bundesländern

65 In den Bundesländern sind – wie sich aus der folgenden Aufstellung ergibt – zum Teil die Innenressorts, zum Teil die Sozialressorts für die Durchführung des Asylbewerberleistungsgesetzes zuständig:

Baden-Württemberg:
Innenministerium Baden-Württemberg, Dorotheenstraße 6, 70173 Stuttgart

Bayern:
Bayerisches Staatsministerium für Arbeit und Sozialordnung, Familie und Frauen, Winzererstraße 9, 80797 München

Berlin:
Senatsverwaltung für Integration, Arbeit und Soziales, Oranienstraße 106, 10969 Berlin

Brandenburg:
Ministerium für Arbeit, Soziales, Frauen und Familie des Landes Brandenburg, Heinrich-Mann-Allee 103, 14473 Potsdam

Bremen:
Senatorin für Arbeit, Frauen, Gesundheit, Jugend und Soziales der Freien und Hansestadt Bremen, An der Weide 50, 28195 Bremen

Hamburg:
Behörde für Wirtschaft und Arbeit, Alter Steinweg 4, 20459 Hamburg

Hessen:
Hessisches Sozialministerium, Dostojewskistraße 4, 65187 Wiesbaden

Mecklenburg-Vorpommern:
Innenministerium des Landes Mecklenburg-Vorpommern, Alexandrinenstraße 1, 19055 Schwerin

Niedersachsen:
Niedersächsisches Ministerium für Inneres und Sport, Lavesallee 6, 30169 Hannover

Nordrhein-Westfalen:
Ministerium für Inneres und Kommunales des Landes Nordrhein-Westfalen, Haroldstraße 5, 40213 Düsseldorf

Rheinland-Pfalz:
Ministerium des Innern und für Sport des Landes Rheinland-Pfalz, Schillerstraße 3-5, 55116 Mainz

Saarland:
Ministerium für Arbeit, Familie, Prävention, Soziales und Sport, Josef-Röder-Str. 23, 66119 Saarbrücken

Sachsen:
Sächsisches Staatsministerium des Innern, Wilhelm-Buck-Straße 2-4, 01097 Dresden

Sachsen-Anhalt:
Ministerium des Innern des Landes Sachsen-Anhalt, Halberstädter Straße 2, 39112 Magdeburg

Schleswig-Holstein:
Innenministerium des Landes Schleswig-Holstein, Düsternbrookerweg 92, 24105 Kiel

Thüringen:
Thüringer Innenministerium, Steigerstraße 24, 99096 Erfurt

Aufnahmequoten der Bundesländer nach dem Königsteiner Schlüssel

66 Mit Hilfe des bundesweiten Verteilungssystems EASY (Erstverteilung von Asylbegehrenden) wird die für die Unterbringung des Asylsuchenden zuständige Erstaufnahmeeinrichtung ermittelt. Das EASY-System dient der Erstverteilung der Asylbegehrenden auf die Bundesländer und existiert seit April 1993. Die Asylsuchenden werden gemäß § 45 AsylVerfG durch dieses System zahlenmäßig auf die einzelnen Bundesländer verteilt. Die quotengerechte Verteilung findet unter Anwendung des so genannten Königsteiner Schlüssels statt. Dieser Verteilungsschlüssel setzt sich zu zwei Dritteln aus dem Steueraufkommen und zu einem Drittel aus der Bevölkerungszahl der Länder zusammen.

67 Nach dem Königsteiner Schlüssel hat Nordrhein-Westfalen mit rd. 21,6 Prozent die höchste Quote, d. h., dass diesem Bundesland rd. 21,6 Prozent der Erstantragsteller zugewiesen werden. Nordrhein-Westfalen wird gefolgt von Bayern mit rd. 15 Prozent, Baden-Württemberg mit rd. 12,6 Prozent, Niedersachsen mit rd. 9,3 Prozent, Hessen mit rd. 7,2 Prozent und Sachsen mit rd. 5,3 Prozent. Die niedrigste Quote entfällt auf Bremen mit rd. 0,9 Prozent. Die tatsächliche Verteilung der Asylbewerber entspricht weitestgehend dem Königsteiner Schlüssel.

68 Abweichungen sind bei der Verteilung der Empfänger von Leistungen nach dem Asylbewerberleistungsgesetz auf die Bundesländer festzustellen, da auch andere Personengruppen zu den Leistungsberechtigten zählen. Nordrhein-Westfalen ist das Bundesland, das auch im Jahre 2009 mit Abstand für die meisten Empfänger von Leistungen nach dem Asylbewerberleistungsgesetz zuständig war. Am 31. Dezember 2009 fielen 33.555 Leistungsempfänger in die Zuständigkeit dieses Bundeslandes; das waren rd. 27,5 Prozent aller Leistungsempfänger. Gefolgt wurde Nordrhein-Westfalen von Niedersachsen mit 16.069 Leistungsempfängern (rd. 13,2 Prozent). Dahinter kamen Berlin mit 10.541 (rd. 8,6 Prozent), Baden-Württemberg mit 9.292 (rd. 7,6 Prozent), Bayern mit 8.934 (rd. 7,3 Prozent) und Hessen mit 7.507 (rd. 6,2 Prozent) Leistungsempfängern.

Ausgaben der Bundesländer

69 Von den rd. 789 Mio. Euro, die im Jahre 2009 für Leistungen nach dem Asylbewerberleistungsgesetz ausgegeben wurden, entfielen auf die Länder Nordrhein-Westfalen, Niedersachsen, Bayern, Berlin, Hessen und Baden-Württemberg fast drei Viertel (rd. 73 Prozent). Die Ausgaben der einzelnen Bundesländer für Leistungen nach dem Asylbewerberleistungsgesetz pro Einwohner des jeweiligen Bundeslandes lagen im Jahr 2009 zwischen 4,53 Euro in Baden-Württemberg und 33,59 Euro in Bremen.

Tabelle 2: Ausgaben der Bundesländer nach dem Asylbewerberleistungsgesetz 2009

Bundesland	Ausgaben nach dem Asylbewerberleistungsgesetz	Ausgaben pro Einwohner
Baden-Württemberg	51 Mio. Euro	4,53 Euro
Bayern	80 Mio. Euro	6,27 Euro
Berlin	71 Mio. Euro	20,33 Euro
Brandenburg	15 Mio. Euro	5,89 Euro
Bremen	22 Mio. Euro	33,59 Euro
Hamburg	37 Mio. Euro	20,16 Euro
Hessen	52 Mio. Euro	8,25 Euro
Mecklenburg-Vorpommern	14 Mio. Euro	8,42 Euro
Niedersachsen	92 Mio. Euro	11,21 Euro
Nordrhein-Westfalen	228 Mio. Euro	12,28 Euro
Rheinland-Pfalz	26 Mio. Euro	6,20 Euro
Saarland	6 Mio. Euro	5,26 Euro
Sachsen	29 Mio. Euro	6,75 Euro
Sachsen-Anhalt	25 Mio. Euro	10,30 Euro
Schleswig-Holstein	26 Mio. Euro	8,99 Euro
Thüringen	16 Mio. Euro	6,91 Euro

Leistungen an Ausländer nach dem Zwölften Buch Sozialgesetzbuch

70 Gehört ein Ausländer keiner der in § 1 Abs. 1 genannten Personengruppen an, so erhält er im Falle seiner Bedürftigkeit Leistungen nach dem SGB XII gemäß § 23 SGB XII. Nach § 23 Abs. 1 SGB XII haben Ausländer, die sich in der Bundesrepublik Deutschland aufhalten, im Falle ihrer Bedürftigkeit einen Anspruch auf Hilfe zum Lebensunterhalt, Hilfe bei Krankheit, Hilfe bei Schwangerschaft und Mutterschaft sowie auf Hilfe zur Pflege. Auf darüber hinaus gehende Leistungen besteht kein Anspruch; sie können gewährt werden, soweit dies im Einzelfall gerechtfertigt ist. Diese im Ermessen der Behörde stehenden Leistungen sind die Hilfe zum Aufbau oder zur Sicherung der Lebensgrundlage, die vorbeugende Gesundheitshilfe, die Hilfe zur Familienplanung, die Hilfe bei Sterilisation, die Eingliederungshilfe für Behinderte, die Hilfe zur Überwindung besonderer sozialer Schwierigkeiten sowie die Hilfe in anderen Lebenslagen (z. B. Altenhilfe und Blindenhilfe). Ein Unterschied zu deutschen Sozialhilfeempfängern besteht bei diesen für Ausländer ins Ermessen der Behörde gestellten Leistungen insofern, als mit Ausnahme der Hilfe zum Aufbau oder zur Sicherung der Lebensgrundlage die genannten Hilfen für deutsche Sozialhilfeempfänger gewährt werden sollen oder müssen.

Die Einschränkungen, verglichen mit den Leistungen an Deutsche, gelten gemäß § 23 Abs. 1 Satz 3 SGB XII nicht für Ausländer, die im Besitz einer Aufenthaltsberechtigung oder einer unbefristeten Aufenthaltserlaubnis sind und sich voraussichtlich dauerhaft im Bundesgebiet aufhalten.

Der Verhinderung von Sozialleistungsmissbrauch dient § 23 Abs. 3 SGB XII. Danach haben Ausländer, die sich in die Bundesrepublik Deutschland begeben haben, um Sozialhilfe zu erlangen, keinen Anspruch auf Sozialhilfe. Sind sie zwecks Behandlung oder Linderung einer Krankheit nach Deutschland gekommen, soll Hilfe bei Krankheit insoweit nur zur Behebung eines akut lebensbedrohlichen Zustandes oder für eine unaufschiebbare oder unabweisbar gebotene Behandlung einer schweren oder ansteckenden Erkrankung geleistet werden. Diese Vorschrift korrespondiert mit dem durch das Zweite Gesetz zur Änderung des Asylbewerberleistungsgesetzes in das Asylbewerberleistungsgesetz eingefügten § 1a, der eine entsprechende Regelung für vollziehbar ausreisepflichtige Ausländer darstellt (Rdnr. 51 f.).

Nach § 23 Abs. 5 Satz 1 SGB XII darf Ausländern in den Teilen Deutschlands, in denen sie sich einer ausländerrechtlichen räumlichen Beschränkung zuwider aufhalten, der für den tatsächlichen Aufenthaltsort zuständige Träger der Sozialhilfe nur die nach den Umständen unabweisbar gebotene Hilfe leisten. Das gleiche gilt nach § 23 Abs. 5 Satz 2 SGB XII für Ausländer, die eine räumlich nicht beschränkte Aufenthaltsbefugnis besitzen, wenn sie sich außerhalb des Bundeslandes aufhalten, in dem die Aufenthaltsbefugnis erteilt worden ist. D. h., dass das Aufenthaltsrecht den Ausländern zwar erlaubt, sich überall in der Bundesrepublik Deutschland aufzuhalten, die Ausländer sich jedoch für den Bezug von Leistungen nach dem SGB XII in dem Bundesland aufhalten müssen, in dem ihnen die Aufenthaltsbefugnis erteilt worden ist. Ziel dieser Regelung ist es, der illegalen Binnenwanderung zu begegnen und unverhältnismäßige Mehrbelastungen einzelner Sozialhilfeträger zu verhindern. § 23 Abs. 5 Satz 2 SGB XII findet keine Anwendung, wenn der Ausländer im Bundesgebiet die Rechtsstellung eines ausländischen Flüchtlings im Sinne der Genfer Flüchtlingskonvention vom 28. Juli 1951 genießt oder der Wechsel in ein anderes Land zur Wahrnehmung der Rechte zum Schutz der Ehe und Familie nach Art. 6 GG oder aus vergleichbar wichtigen Gründen gerechtfertigt ist.

22 Lastenausgleich

Überblick

Deutsche, die im Zusammenhang mit den Ereignissen des Zweiten Weltkriegs Vermögensschäden erlitten haben, konnten unter gewissen Voraussetzungen Ansprüche zum Ausgleich der ihnen entstandenen Schäden aus dem Lastenausgleich ableiten und verschiedene Leistungen erhalten.

Als Ausgleichsleistungen wurden bzw. werden Leistungen mit Rechtsanspruch (z. B. Hauptentschädigung, Kriegsschadenrente, Hausratentschädigung) und Leistungen ohne Rechtsanspruch (z. B. Eingliederungsdarlehen, Härteleistungen) gewährt. Zu den Leistungen der sozialen Sicherung zählen nur die Kriegsschadenrente und die ihr vergleichbare laufende Beihilfe. Diese Leistungen erhalten nur alte oder erwerbsunfähige Geschädigte; sie sollen die Berechtigten von Leistungen der Sozialhilfe oder von Verwandten unabhängig machen.

Da die Antragsfristen für die Gewährung von Leistungen des Lastenausgleichs bereits seit langem abgelaufen sind, können neue Anträge nicht mehr gestellt werden; die bereits eingewiesenen Kriegsschadenrentenempfänger erhalten ihre Leistungen aber bis zum Lebensende. Seit 1. Oktober 2006 ist das Bundesausgleichsamt in Bad Homburg für die Durchführung der Kriegsschadenrente zuständig.

Aufgaben des Lastenausgleichs

Allgemeines

1 Ziel des Lastenausgleichs ist es, für Schäden und Verluste, die sich infolge der Zerstörungen in der Kriegs- und Nachkriegszeit, der Neuordnung des Geldwesens bei der Währungsreform 1948 sowie der Vertreibung während und nach dem Krieg ergeben haben, einen Ausgleich nach den Grundsätzen der sozialen Gerechtigkeit und unter Berücksichtigung der volkswirtschaftlichen Möglichkeiten herbeizuführen. Durch die Annahme von Leistungen begibt sich der Berechtigte nicht seines Rechts auf Geltendmachung von Ansprüchen auf Rückgabe zurückgelassenen Vermögens. Eingeschlossen in den Lastenausgleich sind die in der ehemaligen DDR entstandenen Vermögensschäden, die dort durch den Krieg und die politischen Verhältnisse der Nachkriegszeit bewirkt worden sind, sowie Vertreibungsschäden von Aussiedlern (Aussiedlungsschäden).

2 Bis Ende 2010 wurden Leistungen zugunsten der Geschädigten in einem Gesamtvolumen von rd. 65,5 Mrd. Euro erbracht. Die Gesamtausgaben des Lastenausgleichs betrugen 2010 rd. 38 Mio. Euro.

Entwicklung des Lastenausgleichs

3 Nach dem Krieg von 1870/71 wurde der Zivilbevölkerung erstmalig der materielle Schaden ersetzt, der durch Krieg entstanden war. Im Ersten Weltkrieg entstanden zum Ausgleich von Kriegsschäden weitere gesetzliche Regelungen, die allerdings nur zu Teilentschädigungen führten. Im Anschluss an den Versailler Vertrag vom 28. Juni 1919 ergingen von 1923 bis 1928 Gesetze über die Entschädigung der in den abgetretenen Gebieten enteigneten Deutschen. Es wurden etwa 10,4 Mrd. Mark für rd. 390.000 Schadensfälle aufgewendet.

4 Im Verlauf des Zweiten Weltkriegs wurden ebenfalls Regelungen über die Sachschäden, deren Feststellung, die Ersatzbeschaffung und über Leistungen für den Lebensunterhalt in solchen Fällen erlassen. 1945 wurden diese Regelungen suspendiert. Im August 1949 trat im damaligen Vereinigten Wirtschaftsgebiet das Gesetz zur Milderung dringender sozialer Notstände (Soforthilfegesetz) in Kraft. Die Länder der französischen Besatzungszone schlossen sich alsbald mit gleichlautenden Gesetzen an. Alle diese Gesetze sahen als Vorläufer des Lastenausgleichsgesetzes in erster Linie Hilfen zum Lebensunterhalt vor; die Durchführung erforderte über 6 Mrd. DM (3,1 Mrd. Euro). 1952 erging eine gesetzliche Regelung über die Feststellung von Vertreibungsschäden und Kriegssachschäden, die zur Vorbereitung des Lastenausgleichs diente (Feststellungsgesetz). Dem Lastenausgleichsgesetz, ebenfalls von 1952, schlossen sich das Gesetz über den Währungsausgleich von Sparguthaben Vertriebener (Währungsausgleichsgesetz) vom selben Jahr und das Gesetz zur Milderung der Härten der Währungsreform (Altsparergesetz) von 1953 an. Das Beweissicherungs- und Feststellungsgesetz von 1965 hat die 1969 erfolgte Einbeziehung von Vermögensschäden in der früheren DDR in die Hauptentschädigung des Lastenausgleichs vorbereitet; das Gesetz zur Abgeltung von Reparations-, Restitutions-, Zerstörungs- und Rückerstattungsschäden (Reparationsschädengesetz) von 1969 sieht die Entschädigung für bestimmte, im Lastenausgleich bis dahin nicht erfasste Schadenstatbestände vor. Seitdem sind diese Gesetze vielfach ergänzt und verbessert worden, jedoch blieb die Struktur des gesamten Gesetzgebungswerks erhalten. Im Laufe der Jahre wurde die Lastenausgleichsgesetzgebung durch 34 Novellen verbessert und der Kreis der Leistungsberechtigten erweitert; zahlreiche Rechtsverordnungen regelten Pflichten und Ansprüche im einzelnen. Mit dem 28. Gesetz zur Änderung des Lastenausgleichsgesetzes wurde die bisher noch in gewissem Umfang bestehende Benachteiligung der Flüchtlinge aus der ehemaligen DDR gegenüber den Heimatvertriebenen und Kriegssachgeschädigten hinsichtlich der Hauptentschädigung beseitigt. 1987 wurden Schäden, die einem Aussiedler vor dem 1. Januar 1992 im Zusammenhang mit der Aussiedlung entstanden sind, in den Lastenausgleich einbezogen.

Soweit es die Gesetzgebung betrifft, wurde der „klassische" Lastenausgleich, also der die Leistungen betreffende Bereich, durch das Kriegsfolgenbereinigungsgesetz vom 21. Dezember 1992 zum Abschluss gebracht. Antragsberechtigt (bis zum 31. Dezember 1995) waren danach nur noch Aussiedler, die vor dem 1. Januar 1993 ihren ständigen Aufenthalt in der Bundesrepublik Deutschland genommen hatten. Allerdings wird die Ausgleichsverwaltung noch einige Zeit mit der Erledigung von ca. 160 offenen Feststellungsanträgen (Bodensatz) und deutlich länger mit der Betreuung der noch vorhandenen rd. 6.400 Empfänger von Kriegsschadenrente befasst sein.

5 Der Lastenausgleich hat einen wesentlichen Beitrag dazu geleistet, dass aus dem Chaos des Zusammenbruchs nach dem Zweiten Weltkrieg heraus der Wiederaufbau rascher als erwartet durchgeführt werden konnte, und dass in den ersten Nachkriegsjahren etwa 10 Mio. Vertriebene und Flüchtlinge im Allgemeinen reibungslos eingegliedert oder jedenfalls vor akuter Not bewahrt werden konnten.

6 Das Recht des Lastenausgleichs wurde wegen seines auslaufenden Charakters nicht in das Sozialgesetzbuch einbezogen.

Folgen des Zweiten Weltkriegs

7 Als Folge des Zweiten Weltkriegs sind von den fast 17 Mio. Deutschen, die in den Gebieten jenseits der Oder-Neiße-Linie und in den sonstigen Vertreibungsgebieten wohnten, bis 1950 mehr als 14 Mio. vertrieben worden, von denen rd. 7,7 Mio. Personen die Bundesrepublik Deutschland erreicht haben; rd. 4 Mio. gelangten zunächst in die damalige Sowjetische Besatzungszone und in andere Aufnahmegebiete. 2,1 Mio. sind umgekommen oder werden vermisst. In den Heimatgebieten zurückgehalten oder zurückgeblieben sind rd. 2,6 Mio. Personen. Seit 1950 gelangten von den in den Heimatgebieten zurückgebliebenen Deutschen und ihren Nachkommen bis Ende 2010 weitere ca. 4,5 Mio. Personen in die Bundesrepublik Deutschland.

8 Mit der Wiedervereinigung Deutschlands ist der Tatbestand der „Übersiedlung aus der DDR" weggefallen. Personen, die seither aus den neuen Ländern in die alten Länder zuziehen, werden nicht gesondert erfasst. Nach wie vor kommen aber Deutsche als Aussiedler aus den ehemaligen Vertreibungsgebieten zu uns. Waren es 1990 nochmals rd. 397.000 Personen, so hatte sich ihre Zahl seit 1991 bei rd. 220.000 bis 230.000 eingependelt (1991: 221.000, 1992: 230.000, 1995: 218.000). Seit 1996 sind die Zahlen rückläufig (Tabelle 1). Im Jahr 2010 wurden lediglich noch 2.350 Aussiedler aufgenommen. Der ganz überwiegende Teil dieser Aussiedler stammte auch im Jahr 2010 aus dem Gebiet der ehemaligen Sowjetunion.

Tabelle 1: Entwicklung der Aussiedlerzahlen 1996 bis 2010

Jahr	Anzahl aufgenommener Aussiedler und Angehöriger
1996	177.751
1997	134.419
1998	103.080
1999	104.916
2000	95.615

Lastenausgleich 22

2001	98.484
2002	91.416
2003	72.885
2004	59.093
2005	35.522
2006	7.747
2007	5.792
2008	4.362
2009	3.360
2010	2.350

9 Durch die Kriegsereignisse und Kriegsfolgen gingen Vermögenswerte in kaum schätzbarer Höhe verloren. Allein für Zwecke des Lastenausgleichs wurden in über 6,4 Mio. Fällen Schäden mit einem Gesamtbetrag von über 63 Mrd. RM festgestellt. Außerdem wurde in über 13 Mio. Fällen der Verlust von Hausrat und in rd. 3,2 Mio. Fällen im Rahmen des Währungsausgleichsgesetzes für Vertriebene der Verlust von Spareinlagen festgestellt.

Personenkreis

10 Der Lastenausgleich sieht Ausgleichsleistungen an Personen vor, die Schäden an ihrem Vermögen oder in ihrer Existenzgrundlage erlitten haben. Es handelt sich um Kriegssachschäden (in der Zeit vom 26. August 1939 bis zum 31. Juli 1945) innerhalb der Bundesrepublik, um Vertreibungsschäden, die im Zusammenhang mit den gegen Deutsche gerichteten Vertreibungsmaßnahmen oder im Zusammenhang mit der Aussiedlung entstanden sind, um Ostschäden, die in den Ostgebieten des Deutschen Reichs nach dem Gebietsstand 1937 entstanden und nicht Vertreibungsschäden sind und um durch die Währungsumstellung 1948 entstandene Sparerschäden. Ferner wurden Schäden in der ehemaligen DDR nach dem Beweissicherungs- und Feststellungsgesetz berücksichtigt. Nach der Wiedervereinigung müssen allerdings die hierauf erbrachten Leistungen vielfach infolge Schadensausgleichs zurückgefordert werden (Rdnr. 66).

11 Von Ausgleichsleistungen ausgeschlossen sind die Personen, denen Schäden und Verluste an Vermögensgegenständen oder Wirtschaftsgütern entstanden sind, die sie in Ausnutzung von Maßnahmen der nationalsozialistischen Gewaltherrschaft oder durch eine sonstige unerlaubte Handlung erworben haben, oder die gegen die Grundsätze der Menschlichkeit verstoßen haben.

Leistungen

Leistungsarten

12 Die Ausgleichsleistungen werden als Leistungen mit Rechtsanspruch und Leistungen ohne Rechtsanspruch gewährt.

13 Bei den Leistungen mit Rechtsanspruch handelt es sich um Hauptentschädigung, Kriegsschadenrente, Hausratentschädigung, Entschädigung im Währungsausgleich für Sparguthaben Vertriebener und Entschädigung nach dem Altsparergesetz.

14 Bei den Leistungen ohne Rechtsanspruch handelt es sich insbesondere um Eingliederungsdarlehen, um als Härteleistung gewährte laufende Beihilfe und sonstige Förderungsmaßnahmen, wobei hier insbesondere die Ausbildungshilfe zu nennen ist. Im Wesentlichen sind diese Leistungsbereiche schon seit längerem abgewickelt, so dass hierauf nicht mehr näher eingegangen wird.

15 Zu den Leistungen der Sozialen Sicherung im Sinne dieser Darstellung zählen aber nur die Kriegsschadenrente und die der Kriegsschadenrente vergleichbare laufende Beihilfe. Diese stellen für die alten und die erwerbsunfähigen Geschädigten hauptsächlich die soziale Sicherung dar, indem sie diese Geschädigten durch die Schaffung einer Vollversorgung von Leistungen der Sozialhilfe und von Verwandten unabhängig machen.

Kriegsschadenrente

16 Die Kriegsschadenrente vereinigt in sich das Prinzip der sozialen Sicherung mit dem Prinzip der Entschädigung aus dem Lastenausgleich. Sie wird – wenn bestimmte Einkommensgrenzen nicht überschritten werden – in zwei Formen gewährt, von denen jede für sich allein oder beide nebeneinander in Betracht kommen können, als Unterhaltshilfe und als Entschädigungsrente. Zweck der Unterhaltshilfe ist in erster Linie die Sicherung des laufenden Lebensbedarfs. Zusätzlich zur Unterhaltshilfe können Leistungen der Krankenversorgung einschließlich der Maßnahmen zur Früherkennung von Krankheiten sowie der Pflegeversicherung und ein Sterbegeld gewährt werden. Die Entschädigungsrente ist dagegen überwiegend Schadensausgleich in Form einer Rente. Nach einem Höchststand 1960 mit fast 800.000 Beziehern von Kriegsschadenrente wurde am 1. Januar 2011 noch an rd. 6.400 Personen Kriegsschadenrente gezahlt.

Voraussetzungen für die Kriegsschadenrente

17 Anspruchsberechtigt ist der unmittelbar Geschädigte, also z. B. der Vertriebene, der Eigentümer eines kriegssachbeschädigten oder ausgebombten Hauses oder der Berechtigte aus einem Sparbuch. Sofern dieser die Alters- oder Erwerbsunfähigkeitsvoraussetzungen für die Gewährung der Kriegsschadenrente nicht erfüllt oder vor der Antragstellung verstorben ist, steht das Antragsrecht seinem Ehegatten zu. Stirbt der Berechtigte während des Bezugs von Kriegsschadenrente, so wird diese im Allgemeinen an den überlebenden Ehegatten dann weitergezahlt, wenn die Ehe am 31. Dezember 2005 bestanden hatte und die Witwe im Zeitpunkt des Todes des Ehegatten das 45. Lebensjahr oder der Witwer das 65. Lebensjahr vollendet hat oder erwerbsunfähig ist oder wenn und solange eine Witwe für mindestens ein im Zeitpunkt des Todes des Ehegatten zu ihrem Haushalt gehörendes Kind zu sorgen hat. Nach dem Tod des unmittelbar Geschädigten und seines Ehegatten kam bis zum 31. Dezember 2005 auch eine alleinstehende Tochter als Anspruchsberechtigte in Betracht, wenn sie mit ihren Eltern oder einem Elternteil bis zu deren/dessen Tode mindestens ein Jahr im gemeinsamen Haushalt gelebt, während dieses Zeitraums anstelle einer Erwerbstätigkeit für ihre Angehörigen hauswirtschaftliche Arbeit geleistet hatte und sie darüber hinaus Erbin des verlorenen Vermögens geworden wäre. Die Rechtsnachfolge der alleinstehenden Tochter wurde durch das 34. Gesetz zur Änderung des Lastenausgleichsgesetzes vom 21. Juli 2004 (BGBl. I, S. 1742) mit Wirkung zum 1. Januar 2006 aufgegeben, weil ein Kausalzusammenhang zwischen der fehlenden Altersvorsorge und einem Vermögensverlust im Laufe der Jahre immer seltener anerkannt werden konnte.

18 Kriegsschadenrente setzt einen Vertreibungsschaden, einen Kriegssachschaden, einen Ostschaden oder einen Sparerschaden voraus.

19 Bei den Vertreibungs-, Kriegssach- und Ostschäden sind die wichtigsten die Verluste oder Schäden an Wirtschaftsgütern, die zum land- oder forstwirtschaftlichen Vermögen, Grundvermögen oder Betriebsvermögen gehören, sowie an Gegenständen, die für die Berufsausübung oder wissenschaftliche Forschung erforderlich sind. Bei den Vertreibungs- und Ostschäden werden ferner Schäden an Reichsmarkspareinlagen, an anderen privatrechtlichen geldwerten Ansprüchen (bspw. Hypotheken), an Gesellschaftsanteilen und an Gewerbeberechtigungen berücksichtigt.

20 Sparerschäden sind nur die Verluste an Sparanlagen oder Spareinlagen, die durch die Währungsreform 1948 im Bundesgebiet dadurch entstanden sind, dass sie im Verhältnis 10:1 oder in einem ungünstigeren Verhältnis oder überhaupt nicht auf die neue Währung umgestellt wurden. Die wichtigsten Sparerschäden sind die an Sparguthaben bei Banken und Sparkassen, an Wertpapieren, an Ansprüchen aus Lebensversicherungsverträgen sowie an Grundpfandrechten (Hypotheken, Grund- und Rentenschulden).

21 Bei Vertreibungs-, Kriegssach- und Ostschäden bildet der Verlust der beruflichen oder sonstigen Existenzgrundlage (Existenzverlust) einen besonderen und in der Praxis sehr häufigen Schadenstatbestand. Schadensgrundlage ist hier nicht ein Vermögensverlust, sondern der Verlust von laufenden Einkünften. Maßgebend sind hierfür in den Regelfällen die Einkünfte, die der Geschädigte und sein Ehegatte in den Jahren 1937, 1938 und 1939 gehabt und später verloren hatten. Ein nach dem Lastenausgleichsrecht relevanter Existenzverlust liegt bereits dann vor, wenn die Einkünfte im Durchschnitt der genannten Jahre 35 RM monatlich betragen hatten.

22 Vermögensschäden werden nach den Vorschriften des Feststellungsgesetzes, Sparerschäden und der Existenzverlust werden nach dem Lastenausgleichsgesetz festgestellt. Die Grundbeträge von Ehegatten (bei Vermögensschäden) und ihre Einkünfte (bei Existenzverlust) werden zusammengerechnet. Auch die Höhe des Schadens wirkt sich auf die Kriegsschadenrente in bestimmtem Umfang aus.

Persönliche Voraussetzungen

23 Kriegsschadenrente ist in erster Linie eine Altersrente. Sie wird wegen vorgeschrittenen Lebensalters gewährt, wenn der Geschädigte bei Antragstellung das 65. (eine Frau das 60.) Lebensjahr vollendet hat. Für die früheren Regelfälle konnte Kriegsschadenrente nur gewährt werden, wenn der Geschädigte vor dem 1. Januar 1890 (eine Frau vor dem 1. Januar 1895) geboren war und der Antrag bis spätestens 31. Dezember 1970 gestellt wurde.

24 Kriegsschadenrente wird auch wegen Erwerbsunfähigkeit gewährt. Erwerbsunfähig ist, wer dauernd außerstande ist, durch eine seinen Kräften und Fähigkeiten entsprechende und ihm billigerweise zumutbare Tätigkeit die Hälfte dessen zu erwerben, was körperlich und geistig gesunde Menschen derselben Art und in derselben Wohngegend zu verdienen pflegen.

Erwerbsunfähigen gleichgestellt ist eine alleinstehende Frau ohne Rücksicht auf ihr Lebensalter, wenn sie bei Antragstellung für mindestens drei zu ihrem Haushalt gehörende Kinder zu sorgen hatte. Kriegsschadenrente wegen Erwerbsunfähigkeit konnte im Regelfall nur gewährt werden, wenn die Erwerbsunfähigkeit ein Jahr nach Inkrafttreten des Lastenausgleichsgesetzes vorgelegen hatte und der Antrag bis zum 31. Dezember 1955 gestellt wurde.

25 Mit der Beschränkung auf bestimmte Geburtsjahrgänge bzw. Stichtage für das Vorliegen von Erwerbsunfähigkeit sollte verhindert werden, dass Jahr für Jahr weitere Personen nachträglich in die Kriegsschadenrente hineinwachsen können. Es wurde davon ausgegangen, dass die jüngeren der Geschädigten, die auf Grund der geltenden Stichtagsregelungen keine Kriegsschadenrente mehr erhalten konnten, sich trotz der erlittenen Verluste noch selbst eine ausreichende Versorgung schaffen können. Mit dem 33. Gesetz zur Änderung des Lastenausgleichsgesetzes vom 16. Dezember 1999 wurde die Möglichkeit des Hineinwachsens generell beendet. Eine Antragsberechtigung bestand danach nur noch für Personen, die spätestens am 31. Dezember 1999 die Voraussetzungen für die Gewährung von Kriegsschadenrente erfüllt hatten.

26 Hinsichtlich der Antragsfristen für die Kriegsschadenrente galten für Personen, die erst später in die Bundesrepublik Deutschland gekommen sind, Besonderheiten. Sie brauchten weder den sonst bestimmten Geburtsjahrgängen anzugehören noch bereits ein Jahr nach In-Kraft-Treten des Lastenausgleichsgesetzes erwerbsunfähig gewesen zu sein. In bestimmten Fällen genügte es, wenn sie bei Aufenthaltnahme in der Bundesrepublik Deutschland, spätestens jedoch am 31. Dezember 1971, das 65. (Frauen das 60.) Lebensjahr vollendet hatten oder erwerbsunfähig waren. Bei Aussiedlern und nach dem 31. Dezember 1964 zugezogenen anerkannten Flüchtlingen aus der DDR endete die Antragsfrist zwei Jahre nach Ablauf des Monats, in dem der ständige Aufenthalt in der Bundesrepublik Deutschland genommen wurde, in bestimmten Fällen zwei Jahre nach Ablauf des Monats, in dem der Geschädigte das 65. (Frauen das 60.) Lebensjahr vollendet hatte oder in dem Erwerbsunfähigkeit eingetreten war. Für Personen, die die Voraussetzungen für die Gewährung von Kriegsschadenrente bis zum 31. Dezember 1999 erfüllt hatten, endete die Antragsfrist spätestens am 30. Juni 2000. Nach dieser Ausschlussfrist können Anträge in keinem Fall mehr gestellt werden.

Bemessung der Kriegsschadenrente

27 Die beiden Arten der Kriegsschadenrente werden auf unterschiedliche Weise bemessen; wobei sie in beiden Formen dem Grundsatz nach nur einkommensabhängig zuerkannt werden konnte. Dabei wurden bei der Zuerkennung von Unterhaltshilfe strengere Maßstäbe angelegt als bei der Entschädigungsrente.

28 Der Grundsatz, dass Kriegsschadenrente nur gewährt wird, wenn dem Geschädigten nach seinen Einkommens- und Vermögensverhältnissen die Bestreitung des laufenden Lebensunterhalts nicht möglich oder nicht zumutbar ist (Subsidiarität der Kriegsschadenrente), wurde bis zur Leistungsfestsetzung zum 1. Januar 2006 durch die Einkommensgrenzen und durch sonstige Regelungen unterschiedlich verwirklicht.

29 Die Bemessung der Unterhaltshilfe erfolgte bis zu der letztmaligen Festsetzung zum 1. Januar 2006 nach festen Beträgen, abgestuft nach der Größe der Familie. Die Entschädigungsrente wurde dagegen nach einem Vomhundertsatz des für einen Vermögensschaden zustehenden Grundbetrags berechnet. Für beide Formen der Kriegsschadenrente galten bis zur letztmaligen Festsetzung (Rdnr. 30) Einkommenshöchstbeträge. Diese waren bei der Unterhaltshilfe erheblich geringer als bei der Entschädigungsrente.

30 Der Grundsatz der Subsidiarität der Kriegsschadenrente wurde durch das 34. Gesetz zur Änderung des Lastenausgleichsgesetzes aus Gründen der Verwaltungsvereinfachung in engen Grenzen aufgegeben. Für die Bemessung der Kriegsschadenrente für Zeiträume ab dem 1. Januar 2006 wird ausschließlich auf die Einkommens- und Vermögensverhältnisse sowie den Familienzuschnitt am 31. Dezember 2005 abgestellt. Die Unterhaltshilfe und die Entschädigungsrente wurden aus diesem Grund zum 1. Januar 2006 auf der Grundlage der am 31. Dezember 2005 maßgebenden Familien- und Vermögensverhältnisse letztmalig individuell berechnet. Die dabei errechneten Leistungen bildeten die Grundlage für die Festsetzung der Kriegsschadenrente zum 1. Januar 2006 und damit auch die Ausgangsbasis für deren dauerhafte Weitergewährung. Die nach dem 1. Januar 2006 tatsächlich eingetretenen bzw. die künftig noch eintretenden Veränderungen in den Familien- bzw. Einkommens- und Vermögensverhältnissen werden nicht mehr berücksichtigt. Die für die jeweilige Leistung maßgeblichen Verhältnisse wurden sozusagen

„eingefroren". Deshalb ist es ab dem 1. Januar 2006 nicht mehr erforderlich, die Sätze der Unterhaltshilfe sowie die damit zusammenhängenden Einkommenshöchstbeträge (Rdnr. 42, Rdnr. 53) anzupassen.

Unterhaltshilfe

Höhe

31 Unterhaltshilfe wird seit dem 1. April 1949 gezahlt. Sie soll den Geschädigten die verlorene Altersvorsorge ersetzen, ihnen dabei eine Vollversorgung gewähren und eine Lebensführung unabhängig von der Sozialhilfe ermöglichen. Sie wird – wie die Renten der gesetzlichen Rentenversicherung – laufend an die wirtschaftliche Entwicklung angepasst (Rdnr. 41).

32 Seit 1. Juli 2003 betrug die Unterhaltshilfe für den Berechtigten monatlich 451 Euro, für den Ehegatten 300 Euro und für jedes unterhaltsberechtigte Kind 153 Euro. Vollwaisen erhielten 249 Euro. Bei Vorliegen von Pflegebedürftigkeit wurde zudem eine Pflegezulage von 26 Euro, bei Heimunterbringung von 11 Euro gewährt. Die Pflegezulage von 26 Euro erhöhte sich seit 1. Juli 2003 um 159 Euro, wenn Pflegeleistungen nach anderen Gesetzen nicht gewährt wurden. Mit In-Kraft-Treten des Pflege-Versicherungsgesetzes wurde die Pflegezulage nach dem Lastenausgleichsgesetz jedoch in aller Regel durch die vorrangigen Leistungen der Pflegeversicherung ersetzt, in der die im Bundesgebiet lebenden Berechtigten versichert sind.

33 Seit dem 1. Januar 1972 konnte zu der Unterhaltshilfe ein Sozialzuschlag gewährt werden. Dieser betrug ab 1. Juli 2003 für den Berechtigten 63 Euro, für den Ehegatten 78 Euro und für jedes Kind, das das 7. Lebensjahr vollendet hatte, 97 Euro. Vollwaisen erhielten einen Zuschlag von 36 Euro. Sofern Geschädigten sowohl der Sozialzuschlag als daneben auch der Selbständigenzuschlag (Rdnr. 38 ff.) zustand, konnte der Sozialzuschlag nur in der Höhe gewährt werden, in der er den zustehenden Selbständigenzuschlag überstieg.

Auf der Grundlage der vorgenannten ab dem 1. Juli 2003 geltenden Sätze betrug die monatliche Unterhaltshilfe für ein Ehepaar, das über keine anzurechnenden Einkünfte verfügte, mindestens 892 Euro monatlich. Da die ab 1. Juli 2003 maßgebenden Beträge der Unterhaltshilfe und die damit zusammenhängenden Beträge bis zum 31. Dezember 2005 nicht mehr angepasst wurden, bildeten sie die Grundlage für die letztmalige Festsetzung der Unterhaltshilfe zum 1. Januar 2006.

34 Bis zur letztmaligen Festsetzung der Unterhaltshilfe zum 1. Januar 2006 war die laufende Gewährung der Unterhaltshilfe von Einkommensgrenzen abhängig, die von den Einkünften der Familieneinheit nicht überschritten werden durften. Die Einkommenshöchstbeträge entsprachen den vorgenannten Sätzen der Unterhaltshilfe. Zur Familieneinheit zählten der Berechtigte, sein Ehegatte und die zuschlagsberechtigten Kinder. Für die letztmalige Festsetzung der Unterhaltshilfe war es erforderlich, dass sich nach Anrechnung des zu berücksichtigenden Einkommens noch ein Auszahlungsbetrag der Unterhaltshilfe von mindestens 5 Euro ergeben hat. War dies nicht der Fall, ist der Anspruch auf Unterhaltshilfe mit Ablauf des 31. Dezember 2005 erloschen. Da die nach dem 31. Dezember 2005 eintretenden Veränderungen der für die Leistungsgewährung bedeutsamen Umstände – insbesondere die sich verändernden Einkommensverhältnisse – nicht mehr berücksichtigt werden, sind die Einkommensgrenzen für den weiteren Bezug der Unterhaltshilfe faktisch obsolet.

35 Als Einkünfte, die bei der Kriegsschadenrente bis zu deren letztmaligen Festsetzung zu berücksichtigen waren, rechneten alle Bezüge der Familieneinheit in Geld oder Geldeswert nach Abzug der Aufwendungen, die nach den Grundsätzen des Einkommensteuerrechts als Werbungskosten zu berücksichtigen sind. Zugunsten der Geschädigten blieben gewisse Einkünfte völlig unberücksichtigt (gesetzliche und freiwillige Unterhaltsleistungen von Verwandten, karitative Leistungen sowie Grundrente und Schwerstbeschädigtenzulage der Kriegsopferversorgung). Andere Einkünfte wurden nur zum Teil berücksichtigt (z. B. aus der Land- und Forstwirtschaft, aus einem Gewerbebetrieb, aus selbständiger Arbeit und aus einem gegenwärtigen Arbeitsverhältnis). Für zahlreiche Bezüge wurden zudem Freibeträge gewährt.

36 Die Unterhaltshilfe wurde grundsätzlich ohne zeitliche Begrenzung, d. h. auf Lebenszeit gewährt. Für einen engen Personenkreis – Kriegssachgeschädigte, Ost- und Spargeschädigte, die keinen Existenzverlust erlitten hatten und bei denen sich der für die Schäden ergebende Grundbetrag 2.863,23 Euro nicht überstieg – konnte allerdings nur Unterhaltshilfe auf Zeit gewährt werden. Deren Dauer war von der Höhe des Grundbetrags abhängig. In der Praxis hatte diese Regelung im Zeitpunkt der letztmaligen Festsetzung der Unterhaltshilfe keine Bedeutung mehr, weil die zeitlich befristet gewährten Unterhaltshilfen nach Verbrauch des Grundbetrags entweder eingestellt worden waren oder aber durch spätere Ergänzungen der gesetzlichen Vorschriften in solche auf Lebenszeit umgestellt werden konnten.

37 Die Unterhaltshilfe wurde teilweise auf den Hauptentschädigungsanspruch angerechnet; dies geschah bis 1957 zu 50 Prozent, bis 1961 zu 40 Prozent, bis 1965 zu 20 Prozent und seitdem zu 10 Prozent. Somit zehrte sich der Anspruch auf Hauptentschädigung durch den laufenden Bezug der Unterhaltshilfe sukzessiv auf. Auch wenn der Anspruch durch die anzurechnenden Zahlungen der Kriegsschadenrente vollständig verbraucht war, wurde die Leistung nicht eingestellt, sondern auf Lebenszeit weitergezahlt. Sofern bis zum Tod eines Empfängers von Unterhaltshilfe dessen Anspruch auf Hauptentschädigung durch die anzurechnende Unterhaltshilfe und ggf. Entschädigungsrente (Rdnr. 45) nicht aufgezehrt war, wurde der nicht verbrauchte Betrag, ggf. mit noch zustehenden Zinsen, an die Erben ausgezahlt. Bereits im Jahr 2001 kam es zu einer abschließenden Anrechnung der Kriegsschadenrente in allen Fällen, in denen zu diesem Zeitpunkt noch offene, d. h. nicht durch die Kriegsschadenrente aufgezehrte Ansprüche auf Hauptentschädigung bestanden haben.

Sonderregelungen für ehemals Selbständige

38 In Bezug auf die Bewilligung und die Bemessung der Unterhaltshilfe galten für ehemals selbständige Geschädigte dann besondere Vorschriften, wenn deren Alters- und Hinterbliebenensicherung durch den Verlust ihrer Existenzgrundlage vernichtet oder beeinträchtigt worden ist. Begünstigt waren ehemals Selbständige, für deren Vermögensverlust ein Anspruch auf Hauptentschädigung mit einem Grundbetrag von mindestens 1.840,65 Euro zuerkannt worden war und deren verloren gegangene Existenzgrundlage überwiegend auf der Ausübung einer selbständigen Erwerbstätigkeit oder auf daraus abgeleiteten Ansprüchen beruht hat.

39 Die Begünstigung betraf auch ehemals Selbständige, die einen Einkommensverlust von mindestens 2.000 RM jährlich aus selbständiger Erwerbstätigkeit nachweisen konnten. Diese Voraussetzung galt auch dann als erfüllt, wenn neben der selbständigen Tätigkeit eine andere bezahlte Tätigkeit nicht oder nur in geringem Umfang ausgeübt und der Lebensunterhalt nicht oder nur unwesentlich aus anderen Einkünften mitbestritten wurde.

40 Bei der Bewilligung von Unterhaltshilfe waren diese ehemals selbständigen Geschädigten insofern begünstigt, als ihnen Unterhaltshilfe auch über die allgemeine Lebensaltersgrenze (Rdnr. 23) hinaus gewährt werden konnte. Während nach der allgemeinen Regelung Unterhaltshilfe nur in Betracht kam, wenn ein Geschädigter vor dem 1. Januar 1890 (Frauen vor dem 1. Januar 1895) geboren war, wurden von den ehemals Selbständigen weitere Geburtsjahrgänge berücksichtigt. Sie konnten Unterhaltshilfe auch dann erhalten, wenn sie vor dem 1. Januar 1907 (Frauen vor dem 1. Januar 1912) geboren oder spätestens am 31. Dezember 1971 erwerbsunfähig geworden waren. Selbst den nach diesen Stichtagen geborenen oder erwerbsunfähig gewordenen ehemals Selbständigen konnte noch Unterhaltshilfe zuerkannt werden, wenn sie nach Vollendung des 16. Lebensjahres bis zur Schädigung mindestens zehn Jahre selbständig oder von einem ehemals selbständigen Familienangehörigen wirtschaftlich abhängig waren.

Hinsichtlich der Bemessung der Unterhaltshilfe lag die Begünstigung der ehemals Selbständigen darin, dass sich die Unterhaltshilfe für sie – bis zur letztmaligen Festsetzung – um den Selbständigenzuschlag erhöhte. Dieser war – je nach Höhe des für die Schäden im Einzelfall zuerkannten Grundbetrags – in sechs Stufen gestaffelt. Er betrug ab 1. Juli 2003 und damit im Zeitpunkt der Festsetzung (Rdnr. 30) für den Berechtigten 102 Euro in der niedrigsten Zuschlagsstufe 1 und 208 Euro in der höchsten Zuschlagsstufe 6. Für den Ehegatten des Berechtigten wurde ein Zuschlag von 54 Euro (in Zuschlagsstufe 1) bis maximal 107 Euro (in Zuschlagsstufe 6) monatlich gewährt.

Der Zuschlag der niedrigsten Stufe wurde auch Personen zuerkannt, die im Zeitpunkt der Schädigung als künftige Erben eines landwirtschaftlichen oder gewerblichen Betriebes mit dem Betriebsinhaber in häuslicher Gemeinschaft gelebt hatten und von ihm wirtschaftlich abhängig waren und die nur deswegen keine selbständige Erwerbstätigkeit ausgeübt hatten, weil es bis zum Zeitpunkt der Schädigung nicht mehr zu einer Vermögensübertragung gekommen war.

Ehemals Selbständige, die über keine anzurechnenden Einkünfte verfügten, konnten danach im Zeitpunkt der Festsetzung der Unterhaltshilfe für sich und ihren Ehegatten monatlich bis zu 1.066 Euro an Unterhaltshilfe erhalten.

Anpassung der Unterhaltshilfe

41 Die Unterhaltshilfe wurde zunächst durch Einzelgesetze erhöht, um die Berechtigten an der wirtschaftlichen Entwicklung teilnehmen zu lassen. Seit 1974 wird sie durch Rechtsverordnung an die Lohn- und Gehaltsentwicklung angepasst. Aufgrund von Artikel 2 der Verordnung zur Regelung von Vorschriften der Kriegsschadenrente nach dem Lastenausgleichsgesetz vom 10. Juli 1997 (BGBl. I, S. 1806) ist die Ermächtigung zum Erlass von Rechtsverordnungen nach § 277a des Lastenausgleichsgesetzes gemäß § 367 Abs. 2 des Lastenausgleichsgesetzes auf den Präsidenten des Bundesausgleichsamtes übertragen worden. Von dieser Ermächtigung wurde erstmals zum Rentenanpassungstermin 1. Juli 1998 Gebrauch gemacht. Die Unterhaltshilfe wurde zum 1. Juli entsprechend dem Vomhundertsatz angepasst, um den sich die Renten der gesetzlichen Rentenversicherung verändert hatten.

42 Bis zum 31. Dezember 2005 bzw. bis zur letztmaligen Festsetzung der Unterhaltshilfe waren nicht nur die Sätze der Unterhaltshilfe anzupassen, sondern auch die Einkommenshöchstbeträge, der Selbständigenzuschlag, der Sozialzuschlag sowie andere von der wirtschaftlichen Entwicklung abhängige Beträge. Infolge des 34. Gesetzes zur Änderung des Lastenausgleichsgesetzes unterliegen nunmehr nicht mehr diese einzelnen Beträge einer Anpassung; angepasst wird nur noch die zum 1. Januar 2006 festgesetzte Unterhaltshilfe. Dabei ist die Anpassung der Unterhaltshilfe seit diesem Zeitpunkt – sowohl zeitlich als auch der Höhe nach – unmittelbar an die Anpassung der Renten der gesetzlichen Rentenversicherung in den alten Bundesländern gekoppelt. Einer besonderen Anpassungsverordnung für die Unterhaltshilfe bedarf es nicht mehr.

Krankenversorgung, Pflegeversicherung und Sterbevorsorge

43 Wer unterhaltshilfeberechtigt und nicht nach anderen gesetzlichen Vorschriften für den Krankheitsfall abgesichert ist, hat Anspruch auf Krankenversorgung für sich und seine zuschlagsberechtigten Angehörigen. Die Krankenversorgung entspricht nach Art, Form und Maß der Krankenbehandlung, die den nicht versicherten Empfängern laufender Leistungen zum Lebensunterhalt nach dem Dritten Kapitel des Zwölften Buches Sozialgesetzbuch gewährt wird und damit den Leistungen der gesetzlichen Krankenversicherung. Die Unterhaltshilfeempfänger haben allerdings kein Wahlrecht bezüglich der sie betreuenden Krankenkasse; der Präsident des Bundesausgleichsamtes hat gemäß § 276 Abs. 3 LAG die AOK Sachsen-Anhalt mit der Übernahme der Krankenbehandlung für sämtliche Berechtigten beauftragt.

Im Fall einer freiwilligen oder privaten Krankenversicherung können die Unterhaltshilfeempfänger für jede am 1. Januar 2005 versicherte oder mitversicherte Person einen Beitragszuschuss in Höhe von 150 Euro monatlich erhalten.

Mit dem In-Kraft-Treten des Pflege-Versicherungsgesetzes (vgl. Kap. 11) am 1. Januar 1995 wurden alle Empfänger von Kriegsschadenrente in die gesetzliche Pflegeversicherung einbezogen. Wenn sie nicht auf Grund einer gesetzlichen, freiwilligen oder privaten Krankenversicherung pflegeversicherungspflichtig wurden, begründete der Bezug von Kriegsschadenrente die Versicherungspflicht für die soziale Pflegeversicherung. Für die Personen, deren Pflegeversicherungspflicht auf dem Bezug der Kriegsschadenrente beruht, trägt der Bund die Beiträge zur Pflegeversicherung. Empfänger von Kriegsschadenrente, die auf der Grundlage einer freiwilligen oder privaten Krankenversicherung pflegeversicherungspflichtig sind, erhalten zu ihrer Kriegsschadenrente einen monatlichen Zuschuss, der seit 1. Januar 2010 unverändert 16,61 Euro beträgt.

44 Empfänger von Unterhaltshilfe können ferner gegen einen Monatsbeitrag von 2 Euro an der Sterbevorsorge teilnehmen. Im Todesfall werden 750 Euro ausgezahlt. Das Sterbegeld darf auf vergleichbare Leistungen nicht angerechnet werden.

Entschädigungsrente

45 Entschädigungsrente wird seit 1953 gewährt. Sie stellt überwiegend einen Schadensausgleich in Form einer laufenden monatlichen Geldleistung für den Verlust eines größeren Vermögens oder höherer Einkünfte dar; bei gleichzeitigem Anspruch auf Hauptentschädigung ist sie zugleich die Auszahlung verrenteter Hauptentschädigung. Demzufolge wurden die Zahlungen der Entschädigungsrente auf den Hauptentschädigungsanspruch angerechnet und zehrten diesen allmählich auf. Bei gleichzeitigem Bezug einer Unterhaltshilfe wurde diese vorrangig angerechnet.

Voraussetzungen und Höhe

46 Die Entschädigungsrente wurde letztmalig zum 1. Januar 2006 nach dem Stand vom 31. Dezember

2005 festgesetzt (Rdnr. 30). Sie wurde bis zur Festsetzung nur gewährt, wenn die Einkünfte der Familieneinheit bestimmte Einkommensgrenzen nicht überschritten haben.

47 Auch bei der Entschädigungsrente bestanden bis zur letztmaligen Festsetzung Auffanggrenzen in Form von Einkommenshöchstbeträgen. Überstieg die Entschädigungsrente zuzüglich Unterhaltshilfe sowie zuzüglich sonstiger Einkünfte (nach Abzug der Freibeträge und Vergünstigungen) den im Einzelfall maßgebenden Einkommenshöchstbetrag, war die Entschädigungsrente um den übersteigenden Betrag zu kürzen. Überstiegen die Gesamteinkünfte zusammen mit der Kriegsschadenrente (Entschädigungsrente und Unterhaltshilfe) 150 Prozent des Einkommenshöchstbetrags, war die Entschädigungsrente zusätzlich um den übersteigenden Betrag zu kürzen. Für die letztmalige Festsetzung der Entschädigungsrente war es erforderlich, dass sich nach Anrechnung des zu berücksichtigenden Einkommens noch ein Auszahlungsbetrag der Entschädigungsrente von mindestens 5 Euro ergeben hat. War dies nicht der Fall, ist der Anspruch auf Entschädigungsrente mit Ablauf des 31. Dezember 2005 erloschen.

48 Die Höhe der Entschädigungsrente wegen eines Vermögensschadens orientiert sich an der Höhe des Schadens. Der aus dem in Reichsmark festgestellten Schadensbetrag ermittelte Grundbetrag der Kriegsschadenrente oder Hauptentschädigung in Euro bildet die Grundlage für die Höhe der Entschädigungsrente.

49 Die Entschädigungsrente ist nach Vomhundertsätzen des zugrundeliegenden Grundbetrags berechnet und beträgt jährlich mindestens 4 Prozent des Grundbetrags. War der Berechtigte beim erstmaligen Bezug von Entschädigungsrente älter als 65 Jahre, wurde für jedes weitere in diesem Zeitpunkt vollendete Lebensjahr ein Alterszuschlag von 1 Prozent gewährt. Unter bestimmten Voraussetzungen gelten Mindestvomhundertsätze von 7 oder 8 Prozent.

50 Nimmt der Berechtigte sowohl Unterhaltshilfe als auch Entschädigungsrente wegen eines Vermögensschadens in Anspruch, gilt ein Teil des Grundbetrags der Kriegsschadenrente als gesperrt. Die Entschädigungsrente bemisst sich dann nur von dem den Sperrbetrag übersteigenden Teil des Grundbetrags.

51 Entschädigungsrente konnte auch Personen zuerkannt werden, die keinen Vermögensschaden, aber einen Schaden durch Verlust der beruflichen oder sonstigen Existenzgrundlage erlitten haben. Aufgrund einer Sonderregelung wurde die Entschädigungsrente für diesen Empfängerkreis nach festen Beträgen in Höhe von monatlich 16 bis 52 Euro gewährt.

Hierbei wird für die Bemessung der Entschädigungsrente nicht auf einen Vermögensverlust, sondern auf die Einkünfte abgestellt, die vor dem Schaden, im Allgemeinen in den Jahren 1937 bis 1939, erzielt worden waren. Hatte der Berechtigte zugleich aufschiebend bedingte privatrechtliche Versorgungsansprüche verloren, erhöhen sich die Sätze um 50 Prozent. Bei gleichzeitigem Bezug von Unterhaltshilfe gelten 16 Euro von dem sich ergebenden Betrag der Entschädigungsrente durch die Unterhaltshilfe als abgegolten.

52 Ehemals selbständigen Geschädigten konnte Entschädigungsrente unter den gleichen persönlichen Voraussetzungen zuerkannt werden, wie sie für die Zahlung von Unterhaltshilfe an ehemals selbständige Geschädigte maßgebend waren.

Anpassung der Einkommensgrenzen

53 Die Entschädigungsrente selbst wird nicht angepasst. Jedoch wurden bis zum 31. Dezember 2005 die Einkommenshöchstbeträge für die Entschädigungsrente um die Beträge angepasst, um die die Sätze der Unterhaltshilfe einschließlich des Sozialzuschlags durch Anpassung erhöht werden. Die Anpassung erfolgte jeweils durch Rechtsverordnung zusammen mit der Anpassung der Unterhaltshilfe.

54 Durch die Erhöhung der Einkommensgrenzen für die Entschädigungsrente wurde vermieden, dass sie wegen Erreichens des Einkommenshöchstbetrags durch Dynamisierung anrechnungspflichtiger Einkünfte irgendwann nicht mehr hätte gewährt werden können. Da Veränderungen der Einkünfte ab dem 1. Januar 2006 nicht mehr berücksichtigt werden (Rdnr. 28), besteht kein Grund mehr, die Einkommensgrenzen zu erhöhen. Die zum 1. Januar 2006 letztmalig festgesetzte Entschädigungsrente wird in unveränderter Höhe auf Lebenszeit weitergezahlt.

Krankenversorgung, Sterbegeld und Pflegeversicherung

55 Der Bezug von Entschädigungsrente begründet keinen eigenständigen Anspruch auf Krankenversorgung und Teilnahme an der Sterbevorsorge zur Erlangung eines Sterbegeldes. Ein Anspruch auf diese

Leistungen besteht nur dann, wenn der Berechtigte neben der Entschädigungsrente auch Unterhaltshilfe erhält. In die Pflegeversicherung sind jedoch auch Empfänger von Entschädigungsrente allein einbezogen.

Sonstige Vorschriften zur Kriegsschadenrente

56 Weitere Regelungen bestehen für Beginn und Ende der Kriegsschadenrente, über ihr Verhältnis zur Hauptentschädigung, zu einem Existenzaufbaudarlehen und zur Sozialhilfe.

Laufende Beihilfen

57 Für bestimmte Personengruppen kommen laufende Härteleistungen in Betracht, sofern ihnen Schäden entstanden sind, die den im Lastenausgleichsgesetz berücksichtigten Schäden entsprechen oder ähnlich sind.

58 Berechtigt sind Personen, die als Flüchtlinge aus der früheren DDR oder ihnen gleichgestellte Personen anerkannt sind und einen entsprechenden Ausweis besitzen, Vertriebene, die bestimmte Stichtagsvoraussetzungen nicht erfüllen sowie Einwohner des Landes Berlin, die Kriegssachschäden im Ostsektor von Berlin erlitten hatten, ferner Bewohner der deutschen Zoll-Anschlussgebiete (Kleines Walsertal und Gemeinde Jungholz/Tirol). Die Gründe, die die Zahlung von allgemeinen Ausgleichsleistungen ausschließen (etwa Verstoß gegen die Menschlichkeit), gelten auch bei laufenden Härteleistungen.

59 Die laufenden Härteleistungen werden entsprechend den Voraussetzungen und Grundsätzen gewährt, die für die Unterhaltshilfe (in gewissem Umfang auch für die Entschädigungsrente) gelten. Die Härteleistungen an den einzelnen Geschädigten dürfen die entsprechenden Ausgleichsleistungen nicht übersteigen.

Organisation

60 Der Lastenausgleich wird von den Ausgleichsbehörden durchgeführt. An ihrer Spitze steht das Bundesausgleichsamt; diesem sind entsprechend dem für Zwecke des Lastenausgleichs in das Grundgesetz eingefügten Artikel 120a zur Bewältigung seiner Aufgaben Rechte der Bundesregierung übertragen worden.

61 Mittelbehörden in der Ausgleichsverwaltung sind die Landesausgleichsämter, die in jedem Land (der alten Bundesrepublik) als Teil eines Landesministeriums eingerichtet sind. Sie unterstehen der Fachaufsicht des Präsidenten des Bundesausgleichsamtes. Teil der Ausgleichsverwaltung sind ferner die Beschwerdeausschüsse bzw. die Beschwerdestellen, die als überregionale Dienststellen ihren Sitz im Allgemeinen bei den Außenstellen der Landesausgleichsämter haben.

62 Die Unterbehörden der Lastenausgleichsverwaltung sind die Ausgleichsämter. Ursprünglich war für jeden Landkreis und jeden Stadtkreis innerhalb der allgemeinen Verwaltung ein Ausgleichsamt, ggf. mit entsprechenden Zweigstellen, eingerichtet. Die Errichtung eines Ausgleichsamts für mehrere Kreise ist zulässig, wenn dies aus Gründen der Wirtschaftlichkeit der Verwaltung geboten ist; aus den gleichen Gründen können bestimmte Aufgaben eines Ausgleichsamtes einem anderen Ausgleichsamt oder dem Landesausgleichsamt übertragen werden. Von dieser Möglichkeit wurde im Zusammenhang mit dem Rückgang der Aufgaben des „klassischen" Lastenausgleichs und zum Zwecke einer effizienteren Verwaltung besonders in den letzten Jahren in zunehmendem Maße Gebrauch gemacht. Ursprünglich gab es 598 kommunale Ausgleichsämter. Inzwischen hat sich ihre Zahl durch Ämterzusammenlegung und Konzentration auf 55 verringert. Zum 1. Oktober 2006 ist die Zuständigkeit für die Durchführung der Kriegsschadenrente sowie der vergleichbaren laufenden Leistungen auf das Bundesausgleichsamt übergegangen. Seit 1. Januar 2010 ist das Bundesausgleichsamt auch für die Rückforderung von Lastenausgleichsleistungen zuständig, wenn ein Schadensausgleich nach dem 30. Juni 2009 bekannt wird (vgl. Rdnr. 67).

Finanzierung

63 Die Finanzierung des Lastenausgleichs erfolgte bis 31. Dezember 2004 über den Ausgleichsfonds, ein Sondervermögen des Bundes, dessen Verwaltung dem Präsidenten des Bundesausgleichsamtes oblag. In den Ausgleichsfonds flossen die Ausgleichsabgaben der Nicht- oder Teilgeschädigten, gesetzlich festgelegte Zuschüsse des Bundes und der Länder sowie Rückflüsse aus Darlehen. Für einen dadurch nicht gedeckten Bedarf hat der Bund mit allgemeinen Haushaltsmitteln gemäß § 6 Abs. 3 LAG gehaftet.

Der Ausgleichsfonds wurde durch das 34. Gesetz zur Änderung des Lastenausgleichsgesetzes zum 31. Dezember 2004 aufgelöst, weil die Gründe für seine Errichtung, die Zweckbindung der Ausgleichsabgaben sicherzustellen, keine Bedeutung mehr hatten; ab 1. Januar 2005 werden die Einnahmen und Ausgaben unmittelbar über den Bundeshaushalt abgewickelt.

64 Bei den Lastenausgleichsabgaben (Vermögensabgabe, Hypothekengewinnabgabe, Kreditgewinnabgabe) handelte es sich um Abgaben, die aufgrund bestimmter Tatbestände, die am Währungsstichtag (21. Juni 1948) oder im Zusammenhang mit der Währungsreform vorlagen, festgesetzt worden waren. Sie waren 30 Jahre nach Inkrafttreten des Soforthilfegesetzes am 30. März 1979 im Wesentlichen erhoben.

65 Da Einnahmen aus Ausgleichsabgaben nicht mehr vorhanden sind und die Rückflüsse aus Darlehen bei weitem die Ausgaben nicht decken, müssen die Lastenausgleichsleistungen überwiegend aus Steuermitteln von Bund und Ländern gedeckt werden.

66 Bis zu seiner Auflösung Ende 2004 hatte der Ausgleichsfonds ein Gesamtvolumen an Einnahmen und Ausgaben von 73,7 Mrd. Euro erreicht. 2005, das erste Haushaltsjahr nach Auflösung des Ausgleichsfonds, schloss für den Lastenausgleich, der nunmehr im Einzelplan 08 des Bundesfinanzministeriums angesiedelt ist, mit Einnahmen (Darlehensrückflüsse, Rückforderungen wegen Schadensausgleich, Zuschüsse etc.) in Höhe von 73,3 Mio. Euro und Ausgaben insbesondere für Leistungen sowie Abführungen an den Entschädigungsfonds in Höhe von 94,5 Mio. Euro. Diese Beträge verringern sich seitdem kontinuierlich. So haben sich im Haushaltsjahr 2010 die Gesamtausgaben auf rund 48 Mio. Euro reduziert.

Abschluss

67 Mehr als 50 Jahre nach Kriegsende kann die Zielsetzung des „klassischen" Lastenausgleichs heute im Wesentlichen als erfüllt angesehen werden. Stattdessen ist inzwischen in den Mittelpunkt der Tätigkeit der Ausgleichsverwaltung die Rückforderung von Lastenausgleichsleistungen wegen Schadensausgleichs getreten. Der Ausgleich der Schäden (insbesondere durch Rückgabe zuvor weggenommener Vermögenswerte) wurde vor allem ermöglicht durch die Wiederherstellung der Einheit Deutschlands aber auch durch Liberalisierungsmaßnahmen in den Staaten des ehemaligen Ostblocks. Von den Rückforderungsmaßnahmen betroffen sind daher hauptsächlich nach dem Beweissicherungs- und Feststellungsgesetz festgestellte und entschädigte Schäden, in geringem Umfang aber auch Schäden nach dem Feststellungsgesetz.

Näher eingegangen wird auf die Rückforderungsmaßnahmen hier in diesem Zusammenhang nicht; denn der Schwerpunkt dieses Werkes liegt im Leistungsbereich, während es sich bei der Rückforderung im Wesentlichen um Maßnahmen der Eingriffsverwaltung handelt. Soweit hieran besonderes Interesse besteht, wird auf den jeweiligen Jahresbericht des Bundesausgleichsamtes verwiesen, der vom Präsidenten des Bundesausgleichsamtes herausgegeben wird. Der aktuelle Jahresbericht 2010 kann ab dem Frühjahr beim Bundesausgleichsamt bezogen werden.

68 Durch Zeitablauf, Ablauf allgemeiner Antragsfristen, durch die politischen Umwälzungen in der früheren DDR und zuletzt in Osteuropa haben Vorschriften ihren Sinngehalt verloren oder sind obsolet geworden. Schadenstatbestände, die zu Leistungen aus dem Lastenausgleich führen konnten, kamen nur noch in seltenen Ausnahmefällen in Betracht. Aus diesem Grund wurden durch das Gesetz zur Änderung und Bereinigung des Lastenausgleichsgesetzes vom 21. Juni 2006 (BGBl. I. S. 1323) im Wege einer umfassenden Gesetzesbereinigung folgende Gesetze aufgehoben:

– das Altsparergesetz,
– das Feststellungsgesetz,
– das Reparationsschädengesetz und
– das Soforthilfegesetz.

Die aufgehobenen Vorschriften finden aber in Verfahren nach diesen Gesetzen, die erst nach dem 1. Juli 2006 abgeschlossen werden, weiter Anwendung.

69 Schäden, die nach dem Beweissicherungs- und Feststellungsgesetz festzustellen wären, können nach der Herstellung der deutschen Einheit nicht mehr entstehen. Durch das „Gesetz zur Regelung offener Vermögensfragen" das im Zusammenhang mit dem Einigungsvertrag in Kraft getreten ist, wurde die „Wiedergutmachung" von Wegnahmeschäden in der ehemaligen DDR generell geregelt. Mit dem Einigungsvertrag wurde deshalb das Beweissicherungs- und Feststellungsgesetz ausdrücklich nicht übernommen.

70 Wie bereits angedeutet (Rdnr. 4) wurde durch das Kriegsfolgenbereinigungsgesetz vom 21. Dezember 1992 der Lastenausgleich im Grundsatz dadurch abgeschlossen, dass – von wenigen Ausnahmen abgesehen – Anträge nur noch bis zum 31. Dezember 1995 eingereicht werden konnten. Dies bedeutet, dass unter Berücksichtigung der individuellen dreijährigen Antragsfrist ab Eintreffen im Bundesgebiet nur noch die Aussiedler einen berücksichtigungsfähigen Antrag stellen konnten, die spätestens bis Ende 1992 in der Bundesrepublik Deutschland Aufenthalt genommen und einen echten Vertreibungsschaden erlitten hatten. Handelt es sich um einen aussiedlungsbedingten Schaden, muss dieser vor dem 1. Januar 1992 im Zusammenhang mit der Aussiedlung entstanden sein, d. h. Antragsberechtigung lag nur vor bei Eintreffen bis spätestens Ende 1991. Mit neuen Anträgen ist daher nicht mehr zu rechnen.

71 Antrag auf Kriegsschadenrente konnten Aussiedler, wenn sie das 65. (Frauen das 60.) Lebensjahr vollendet hatten oder dauernd erwerbsunfähig waren, nur noch unter der Voraussetzung stellen, dass ihre Existenzgrundlage im Zeitpunkt des Schadenseintritts nach Vollendung des 16. Lebensjahres bis zum Verlust dieser Existenzgrundlage mindestens zehn Jahre überwiegend auf der Ausübung einer selbständigen Erwerbstätigkeit, auf Ansprüchen und anderen Gegenwerten aus der Übertragung, sonstigen Verwertung oder Verpachtung des einer solchen Tätigkeit dienenden Vermögens oder auf einer Altersversorgung, die aus den Erträgen einer solchen Tätigkeit begründet worden war, beruht hatte.

Rechtsquellen

Lastenausgleichsgesetz

Feststellungsgesetz

Währungsausgleichsgesetz

Altsparergesetz

Beweissicherungs- und Feststellungsgesetz

Reparationsschädengesetz

Regelungen für die neuen Bundesländer

72 Die zum Bereich des Lastenausgleichs zählenden Gesetze (Lastenausgleichsgesetz, Feststellungsgesetz, Beweissicherungs- und Feststellungsgesetz, Reparationsschädengesetz, Währungsausgleichsgesetz, Altsparergesetz) wurden im Beitrittsgebiet des Einigungsvertrages, also in den fünf neuen Bundesländern und im bisherigen Ostteil von Berlin, grundsätzlich nicht in Kraft gesetzt, da der Zweck dieser Gesetze im Kern weitgehend als erfüllt angesehen werden konnte. Eine Generalbereinigung des gesamten Kriegsfolgenrechts wurde dem gesamtdeutschen Gesetzgeber vorbehalten.

Etwas anderes galt für Gesetze, die die Aufnahme, Eingliederung und Entschädigung für neu eintreffende Aussiedler regeln. Es bestand Einvernehmen, dass das in Artikel 3 des Vertrages genannte Gebiet in die Aufnahmeverpflichtung für Aussiedler einzubeziehen war. Da das geltende Recht Leistungen an Personen mit Aufenthalt in diesem Gebiet nicht vorsah, war dies jedoch nur dann erfolgversprechend, wenn neu eintreffende Aussiedler dort Leistungen erhielten. Soweit Kriegsfolgengesetze Leistungen an Aussiedler vorsahen, musste daher für diese Aussiedler die Antrags- und Leistungsberechtigung geschaffen werden. Damit wurde zugleich klargestellt, dass die Bewohner der ehemaligen DDR, die ihren Wohnsitz bereits vor dem Beitritt dort hatten, nicht erfasst wurden.

Zur Erreichung dieses Ziels waren die geltenden Vorschriften teils zu ändern, teils mit Maßgaben überzuleiten. Dabei bestand Einigkeit, dass die Regelungen nur befristet bis zum 31. Dezember 1991 gelten sollen, um den gesamtdeutschen Gesetzgeber nicht zu präjudizieren. Diese Frist wurde durch das Gesetz vom 20. Dezember 1991 für das Lastenausgleichsgesetz und das Kriegsgefangenenentschädigungsgesetz um ein Jahr verlängert. Im Einzelnen wurden folgende Regelungen getroffen:

73 Das Lastenausgleichsgesetz wurde im Beitrittsgebiet mit der Maßgabe in Kraft gesetzt, dass neu eintreffende Aussiedler, die in der Zeit vom 3. Oktober 1990 bis zum 31. Dezember 1991 (verlängert bis 31. Dezember 1992) ihren ständigen Aufenthalt im Beitrittsgebiet genommen hatten, die im Zusammenhang mit der Vertreibung und Aussiedlung entstandenen Schäden geltend machen und die dafür vorgesehenen Leistungen erhalten konnten.

Der Präsident des Bundesausgleichsamtes wurde ermächtigt, für diese Personen das zuständige Ausgleichsamt – abweichend von der regulären Zuständigkeit – zu bestimmen. Danach ist zuständig für Antragsteller mit ständigem Aufenthalt

- im Land Mecklenburg-Vorpommern das Ausgleichsamt Hamburg,

- im Land Brandenburg und im Ostteil des Landes Berlin das Ausgleichsamt Berlin,
- im Land Sachsen-Anhalt das Ausgleichsamt Braunschweig,
- im Land Thüringen das Ausgleichsamt Frankfurt am Main und
- im Land Sachsen das Ausgleichsamt Fürth (Bayern).

Für die Feststellung der geltend gemachten Schäden gilt das Feststellungsgesetz.

Einer besonderen Überleitung bedurfte es nicht.

74 Das Beweissicherungs- und Feststellungsgesetz wurde im Beitrittsgebiet nicht in Kraft gesetzt mit der Folge, dass Schäden, die im Gebiet der ehemaligen DDR entstanden sind, von den Bewohnern der neuen Länder nicht geltend gemacht werden können. Für die Anwendung dieses Gesetzes im Beitrittsgebiet ist kein Raum, nachdem im Grundsatz die abschließende Regelung solcher Schäden in dem mit dem Einigungsvertrag in Kraft getretenen „Gesetz zur Regelung offener Vermögensfragen" getroffen worden ist.

Das Beweissicherungs- und Feststellungsgesetz wurde inzwischen insgesamt aufgehoben.

75 Das Reparationsschädengesetz wurde im Beitrittsgebiet nicht in Kraft gesetzt. Durch eine Änderung des Gesetzes wurde jedoch sichergestellt, dass ein Anspruch auf Entschädigung auch einem Aussiedler zuerkannt werden kann, der in der Zeit vom 3. Oktober 1990 bis zum 31. Dezember 1991 seinen ständigen Aufenthalt im Beitrittsgebiet genommen hat. Gleichzeitig wurde die Antragsberechtigung mit einem Aufenthaltsstichtag vom 31. Dezember 1991 generell beendet. Das Reparationsschädengesetz wurde inzwischen aufgehoben (Rdnr. 68).

Das Währungsausgleichsgesetz wurde im Beitrittsgebiet nicht in Kraft gesetzt. Schäden im Sinne dieses Gesetzes werden im Rahmen des Lastenausgleichsgesetzes entschädigt. Das Währungsausgleichsgesetz wurde durch das Gesetz zur Umstellung auf Euro-Beträge im Lastenausgleich und zur Anpassung der LAG-Vorschriften vom 9. September 2001 (BGBl. I S. 2306) aufgehoben.

Das Altsparergesetz wurde im Beitrittsgebiet nicht in Kraft gesetzt. Durch eine Änderung des Gesetzes wurde jedoch sichergestellt, dass Aussiedler, die ihren ständigen Aufenthalt nach dem 2. Oktober 1990 im Beitrittsgebiet nahmen, die Leistungen nach dem Altsparergesetz erhalten. Gleichzeitig wurde das Antragsrecht generell bis zum 31. Dezember 1991 befristet. Das Altsparergesetz wurde inzwischen aufgehoben (Rdnr. 68).

Vertriebenenzuwendungsgesetz

76 Als Ausgleich für die Nichteinbeziehung in die Kriegsfolgengesetze der Bundesrepublik Deutschland erhielten Vertriebene in der ehemaligen DDR nach dem Vertriebenenzuwendungsgesetz vom 27. September 1994 eine einmalige pauschale Zuwendung von 4.000 DM. Berechtigt waren Vertriebene im Sinne des § 1 des Bundesvertriebenengesetzes, die nach der Vertreibung (bzw. Aussiedlung) ihren ständigen Wohnsitz in der ehemaligen DDR genommen und ihn dort bis zum 3. Oktober 1990 ohne Unterbrechung innegehabt hatten.

Ausgenommen waren jedoch Vertriebene, die dort Bodenreformland erhalten hatten, das ihnen noch heute rechtsbeständig zusteht. Dieser Leistungsausschluss ist gerechtfertigt, weil die Betroffenen insoweit eine werthaltige Eingliederungsleistung erhalten hatten, während die einmalige Zuwendung gerade denjenigen Vertriebenen zugute kommen soll, die in der DDR nicht in den Genuss von Eingliederungsleistungen gekommen sind.

Bis zum Ablauf der Antragsfrist am 30. September 1995 waren bei den zuständigen Behörden rd. 1,4 Mio. Anträge eingegangen.

23 Hilfen für Spätaussiedler

Übersicht

In diesem Kapitel werden die besonderen Hilfen dargestellt, die ab 1. Januar 1993 eingereiste Spätaussiedler erhalten können.

Die Hilfen für Spätaussiedler sollen in erster Linie die Eingliederung in die neuen Wirtschafts- und Lebensverhältnisse erleichtern und sie in Deutschland vor unmittelbarer wirtschaftlicher Not bei Arbeitslosigkeit oder Krankheit schützen. Diese Leistungen haben den Charakter von Starthilfen. Daneben sollen die Nachteile gemildert werden, die durch die Spätaussiedlung entstanden sind.

Seit dem 1. Januar 1993 sind die Hilfen auf Spätaussiedler konzentriert. Neben den Spätaussiedlern erhalten einige Hilfen noch folgende Personengruppen:

- *Vertriebene,*
- *Heimatvertriebene,*
- *ehemalige Kriegsgefangene,*
- *Heimkehrer und*
- *ehemalige politische Häftlinge.*

Gemeinsam ist diesen Personengruppen, dass zu ihnen nur deutsche Staatsangehörige und deutsche Volkszugehörige gerechnet werden, nicht also Ausländer oder Staatenlose, gleichgültig aus welchem Grund sie sich in Deutschland aufhalten.

Die Kernvorschriften über Hilfen an Spätaussiedler finden sich im Bundesvertriebenengesetz – Gesetz über die Angelegenheiten der Vertriebenen und Flüchtlinge (BVFG), einzelne Hilfen sind auch in allgemeinen Leistungsgesetzen wie z. B. dem Zweiten Buch Sozialgesetzbuch geregelt.

Aufgabe der Leistungen

Leistungszweck

1 Seit der Herstellung der Einheit Deutschlands und dem Zusammenbruch der kommunistischen Unrechtssysteme in Mittel- und Osteuropa wurden die Leistungen an Deutsche, die im Geltungsbereich des Grundgesetzes Aufnahme finden, grundlegend umgestaltet und gestrafft. In diesem Kapitel werden die besonderen Hilfen für diesen Personenkreis dargestellt, die ab 1. Januar 1993 eingereiste Spätaussiedler erhalten können.

2 Die Hilfen für Spätaussiedler sollen in erster Linie die Eingliederung in die neuen Wirtschafts- und Lebensverhältnisse erleichtern und sie in Deutschland vor unmittelbarer wirtschaftlicher Not bei Arbeitslosigkeit oder Krankheit schützen. Diese Leistungen haben den Charakter von Starthilfen. Daneben sollen die Nachteile gemildert werden, die durch die Spätaussiedlung entstanden sind.

Personenkreis

3 Seit dem Kriegsfolgenbereinigungsgesetz sind die Hilfen auf Spätaussiedler konzentriert. Neben den Spätaussiedlern erhalten einige Hilfen noch folgende Personengruppen:

- Vertriebene,
- Heimatvertriebene,
- ehemalige Kriegsgefangene,
- Heimkehrer und
- ehemalige politische Häftlinge.

4 Gemeinsam ist diesen Personengruppen, dass zu ihnen nur deutsche Staatsangehörige und deutsche Volkszugehörige gerechnet werden, nicht also Ausländer oder Staatenlose, gleichgültig aus welchem Grund sie sich in Deutschland aufhalten.

Für den Erwerb der deutschen Staatsangehörigkeit sind für diese Personengruppen die Geburt von einem deutschen Elternteil, die Legitimation, die Annahme als Kind oder die Einbürgerung von Bedeutung. Das Gesetz zur Regelung von Fragen der Staatsangehörigkeit ermöglicht deutschen Volkszugehörigen, denen die deutsche Staatsangehörigkeit in den Jahren

23 Hilfen für Spätaussiedler

1938 bis 1945 durch Sammeleinbürgerung verliehen worden ist, die deutsche Staatsangehörigkeit beizubehalten. Deutscher Volkszugehöriger ist nach dem Bundesvertriebenengesetz, wer sich in seiner Heimat zum deutschen Volkstum bekannt hat, sofern dieses Bekenntnis durch bestimmte Merkmale wie Abstammung, Sprache, Erziehung oder Kultur bestätigt wird.

Wer nach dem 31. Dezember 1923 geboren ist, ist deutscher Volkszugehöriger, wenn er von einem deutschen Staatsangehörigen oder deutschen Volkszugehörigen abstammt, und sich bis zum Verlassen der Aussiedlungsgebiete (Rdnr. 5) durch eine entsprechende Nationalitätenerklärung oder auf vergleichbare Weise nur zum deutschen Volkstum bekannt oder nach dem Recht des Herkunftsstaates zur deutschen Nationalität gehört hat. Das Bekenntnis oder die Zuordnung zur deutschen Nationalität muss durch familiäre Vermittlung der deutschen Sprache bestätigt sein, so dass der Spätaussiedler zumindest ein einfaches Gespräch in Deutsch führen kann. Hierzu werden in den Herkunftsländern Sprachtests durchgeführt. Wenn familiäre Vermittlung wegen der Verhältnisse im Herkunftsgebiet nicht möglich oder nicht zumutbar war, entfällt die Feststellung der Deutschkenntnisse. Ein Bekenntnis zum deutschen Volkstum wird unterstellt, wenn es wegen der damit verbundenen Gefahr für Leib und Leben oder schwerwiegenden beruflichen oder wirtschaftlichen Nachteilen unterblieben ist, jedoch aufgrund der Gesamtumstände der Wille unzweifelhaft ist, der deutschen Volksgruppe und keiner anderen anzugehören.

Vertriebene

5 Vertriebener ist, wer als Deutscher (Rdnr. 4) seinen Wohnsitz in den ehemals unter fremder Verwaltung stehenden deutschen Ostgebieten oder in den Gebieten außerhalb der Grenzen des Deutschen Reiches nach dem Gebietsstand vom 31. Dezember 1937 hatte und diesen im Zusammenhang mit den Ereignissen des Zweiten Weltkrieges infolge Vertreibung, insbesondere durch Ausweisung oder Flucht, verloren hat. Zu den Vertriebenen zählt auch, wer nach Abschluss der allgemeinen Vertreibungsmaßnahmen vor dem 1. Juli 1990 oder danach im Wege des Aufnahmeverfahrens vor dem 1. Januar 1993 die Aussiedlungsgebiete verlassen hat. An Personen, die nach diesen Stichtagen die Aussiedlungsgebiete verlassen, werden Hilfen nur noch gewährt, wenn sie Spätaussiedler sind.

6 Als Heimatvertriebene bezeichnet das Bundesvertriebenengesetz die Vertriebenen, die am 31. Dezember 1937 oder vorher ihren Wohnsitz in dem Gebiet hatten, aus dem sie vertrieben wurden und dieses Gebiet vor dem 1. Januar 1993 verlassen haben.

7 Bis 31. Dezember 1992 wurden in den alten Bundesländern 9,6 Mio. Vertriebene durch Ausstellung des Vertriebenenausweises A oder B anerkannt. 1992 wurden 137.890 Vertriebenenausweise ausgestellt.

Spätaussiedler

8 Wer nach dem 31. Dezember 1992 seinen Wohnsitz in Deutschland begründet, hat nur dann Anspruch auf besondere Hilfen und Vergünstigungen, wenn er Spätaussiedler ist. Spätaussiedler müssen in einem förmlichen Aufnahmeverfahren, das vom Bundesverwaltungsamt durchgeführt wird, in Deutschland aufgenommen sein und innerhalb von 6 Monaten nach dem Verlassen der Herkunftsländer in Deutschland ihren ständigen Aufenthalt genommen haben.

Herkunftsländer sind die Republiken der ehemaligen Sowjetunion. Spätaussiedler aus den übrigen Aussiedlungsgebieten (Rdnr. 5) müssen zusätzlich glaubhaft machen, dass sie am 31. Dezember 1992 oder danach Benachteiligungen oder Nachwirkungen früherer Benachteiligungen aufgrund deutscher Volkszugehörigkeit unterlagen.

Ausnahmsweise kann Personen, die ohne Aufnahmebescheid im Bundesgebiet sind, ein Aufnahmebescheid erteilt werden, wenn die Versagung eine besondere Härte bedeuten würde und die sonstigen Voraussetzungen vorliegen.

Die Aufnahme ist schriftlich zu beantragen. Das Bundesverwaltungsamt entscheidet durch Aufnahmebescheid. Nutzt der Spätaussiedler den Aufnahmebescheid aus und reist er nach Deutschland ein, erhält er einen Registrierschein, mit dem er einem bestimmten Bundesland zugewiesen wird.

9 Die Zahl der nach Deutschland kommenden Spätaussiedler ist in den letzten Jahren zurückgegangen. Kamen 1991 397.073 noch Spätaussiedler, so waren es 2010 nur noch 2.350 Spätaussiedler.

Kriegsgefangene

10 Nach der Aufhebung des Kriegsgefangenenentschädigungsgesetzes zum 31. Dezember 1992 hat die Zugehörigkeit zum Personenkreis der Kriegsgefangenen nur noch Bedeutung für Rentenansprüche

und für die Leistungen nach dem Gesetz über die Heimkehrerstiftung (eine Ausnahme gilt für Kriegsgefangene, die nach der Rückkehr aus der Gefangenschaft ihren Wohnsitz in der ehemaligen DDR hatten und deshalb keine Leistungen nach dem Kriegsgefangenenentschädigungsgesetz in Anspruch nehmen konnten – siehe Rdnr. 35). Nach dem Gesetz über die Heimkehrerstiftung sind Kriegsgefangene

- Deutsche, die wegen militärischen oder militärähnlichen Dienstes im Zusammenhang mit dem Zweiten Weltkrieg gefangengenommen und von einer ausländischen Macht festgehalten wurden,
- hinterbliebene Ehegatten verstorbener ehemaliger Kriegsgefangener, sofern sie keine neue Ehe eingegangen sind sowie
- so genannte Geltungskriegsgefangene.

Dabei handelt es sich um Deutsche, die im Zusammenhang mit dem Zweiten Weltkrieg von einer ausländischen Macht entweder auf eng begrenztem Raum unter dauernder Bewachung festgehalten oder in ein ausländisches Staatsgebiet verschleppt worden sind und Deutsche, die im Zusammenhang mit dem Zweiten Weltkrieg im Ausland wegen ihrer Volkszugehörigkeit oder ihrer Staatsangehörigkeit entweder auf eng begrenztem Raum unter dauernder Bewachung festgehalten oder aus dem Ausland in ein anderes ausländisches Staatsgebiet verschleppt wurden.

11 Bis zum 31. Dezember 1996 konnten nach dem Kriegsgefangenenentschädigungsgesetz Anträge auf Entschädigung gestellt werden. Bis zum 31. Dezember 1996 wurden über zwei Mio. Anträge auf Kriegsgefangenenentschädigung bewilligt und etwa 2,5 Mrd. DM Kriegsgefangenenentschädigung gezahlt.

Heimkehrer

12 Seit der Aufhebung des Heimkehrergesetzes zum 1. Januar 1992 ist der Heimkehrerbegriff ohne Bedeutung. Heimkehrerbescheinigungen werden nicht mehr ausgestellt. Ob in der Rentenversicherung Zeiten der Kriegsgefangenschaft oder ähnlichen Gewahrsams anerkannt werden, entscheiden die Rentenversicherungsträger selbst, sie können dabei Heimkehrerbescheinigungen, die während der Geltungsdauer des Heimkehrergesetzes erteilt wurden, berücksichtigen.

Ehemalige politische Häftlinge

13 Deutsche Staatsangehörige und Volkszugehörige, die nach der Besetzung ihres Aufenthaltsortes oder nach dem 8. Mai 1945 in den Aussiedlungsgebieten (Rdnr. 5), in der ehemaligen DDR oder Berlin (Ost) aus politischen und nach freiheitlich demokratischer Auffassung von ihnen nicht zu vertretenden Gründen in Gewahrsam genommen wurden, sind ehemalige politische Häftlinge. Sie erhalten Leistungen nach dem Häftlingshilfegesetz. Bei gesundheitlichen Schäden als Folge der Haft findet das Bundesversorgungsgesetz Anwendung (siehe Kap. 24). Nach der Dauer des Gewahrsams gestaffelte Eingliederungshilfen konnten bis zum 31. Dezember 1994 beantragt werden.

14 Bis Ende 1994 wurden 377.550 Personen als Berechtigte anerkannt. Bis Ende 1996 wurden insgesamt Eingliederungshilfen nach dem Häftlingshilfegesetz in Höhe von über 2,5 Mrd. DM gezahlt.

Leistungen

Aufnahmehilfen

15 Zur Aufnahme der Spätaussiedler besteht eine Erstaufnahmeeinrichtung in Friedland. Spätaussiedler erhalten dort ein Betreuungsgeld von 11 Euro sowie unentgeltlich Unterkunft und Verpflegung bis zur Festlegung des Bundeslandes, in dem sie aufgenommen und eingegliedert werden sollen, dem so genannten Aufnahmeland. Bei Bedürftigkeit können sie durch Sachleistungen der Friedlandhilfe im Wert von bis zu 40 Euro unterstützt werden.

Aus der Erstaufnahmeeinrichtung werden die Spätaussiedler auf Kosten des Bundes zum zukünftigen Wohnort oder zu Anlaufstellen im Aufnahmeland transportiert.

Kosten der Reise nach Deutschland

16 Spätaussiedler aus den Nachfolgestaaten der Sowjetunion erhalten eine Pauschale von 102 Euro, aus Rumänien von 51 Euro und aus Polen von 25 Euro.

Die Erstattung der Rückführungskosten muss innerhalb von 6 Monaten nach dem Eintreffen in Deutschland beantragt werden.

Leistungen bei Arbeitslosigkeit

17 Spätaussiedler und ihre Ehegatten sowie Abkömmlinge haben Anspruch auf Leistungen der Grundsicherung für Arbeitsuchende (SGB II), wenn sie bestimmte Erfordernisse erfüllt haben. Sie müssen u. a. erwerbsfähig und hilfebedürftig sein und ihren gewöhnlichen Aufenthalt in der Bundesrepu-

23 Hilfen für Spätaussiedler

blik Deutschland haben (§ 7 Abs. 1 SGB II). Nähere Informationen hierzu enthält das SGB II „Grundsicherung für Arbeitsuchende".

Leistungen bei Krankheit

18 Spätaussiedler, die nicht der gesetzlichen Krankenversicherung angehören, erhalten einmalig Leistungen wie Versicherte der gesetzlichen Krankenversicherung, wenn sie innerhalb von zwei Monaten nach Verlassen der Herkunftsgebiete im Bundesgebiet ständigen Aufenthalt genommen haben und der Grund für die Leistung, also die Krankheit, innerhalb von drei Monaten seit der ständigen Aufenthaltsaufnahme eintritt oder bei der Aufenthaltsnahme bestand.

19 Krankengeld oder Mutterschaftsgeld in Höhe der Leistungen zur Sicherung des Lebensunterhalts nach dem SGB II erhalten Spätaussiedler, die zusätzlich im Herkunftsland eine der folgenden Voraussetzungen erfüllt haben, nämlich:

– in einem Arbeitsverhältnis gestanden haben,
– eine Tätigkeit als Selbständiger oder mithelfender Familienangehöriger hauptberuflich ausgeübt haben,
– eine gesetzliche Wehrpflicht erfüllt haben,
– wegen ihrer Volkszugehörigkeit, ihrer Aussiedlungs- oder Übersiedlungsabsicht oder wegen eines vergleichbaren nach freiheitlichdemokratischer Auffassung von ihnen nicht zu vertretenden Grundes gehindert waren, ein Arbeitsverhältnis oder eine Tätigkeit als Selbständiger oder mithelfender Familienangehöriger hauptberuflich auszuüben oder
– ehemalige politische Häftlinge sind.

Die Leistungen bei Krankheit sind unabhängig von Bedürftigkeit und Einkommen; sie werden höchstens für die Dauer von 78 Wochen gewährt, Krankengeld und Mutterschaftsgeld längstens für 182 Tage.

20 Anerkannte ehemalige politische Häftlinge erhalten für Gesundheitsschäden, die sie infolge des Gewahrsams erlitten haben, auf Antrag wegen der gesundheitlichen und wirtschaftlichen Folgen dieser Schädigung Versorgung in entsprechender Anwendung der Vorschriften des Bundesversorgungsgesetzes, also z. B. kostenlose Heilbehandlung und Beschädigtenrente (siehe Kap. 24). Auch wer bei der Flucht aus der früheren DDR oder Berlin (Ost) infolge von Maßnahmen zur Verhinderung der Flucht eine gesundheitliche Schädigung erlitten hat, erhält Versorgung wie ein ehemaliger politischer Häftling.

Rentenleistungen

21 Nach dem Fremdrentengesetz werden an Spätaussiedler Renten aus der gesetzlichen Rentenversicherung wegen Alters, wegen verminderter Erwerbsfähigkeit oder wegen Todes an Hinterbliebene unter denselben Voraussetzungen wie für einheimische Versicherte gewährt. Beitragszeiten, die in den Aussiedlungsgebieten (Rdnr. 5) zurückgelegt wurden, stehen den nach Bundesrecht zurückgelegten Beitragszeiten gleich. Zeiten einer Beschäftigung nach Vollendung des 16. Lebensjahres, für die in den Aussiedlungsgebieten keine Beiträge geleistet wurden, aber im Bundesgebiet nach dem am 1. März 1957 geltenden Bundesrecht Versicherungspflicht in der gesetzlichen Rentenversicherung bestanden hätte, werden ebenfalls als Beitragszeiten berücksichtigt.

22 Für die Rentenbemessungsgrundlage werden die Beiträge und Beschäftigungszeiten der Spätaussiedler je nach der Art der Tätigkeit bestimmten Leistungsgruppen zugeordnet. Die Reform des Fremdrentenrechts im Rahmen der Rentenreform hat bei dieser Eingruppierung bisher bestehende Besserstellungen für Spätaussiedler beseitigt. Spätaussiedler erhalten keine höhere Rente als hiesige Rentner, die eine vergleichbare Tätigkeit ausgeübt haben. Für Spätaussiedler, die nach dem 6. Mai 1996 nach Deutschland zugezogen sind oder zuziehen, wird die Rente in einem pauschalierenden Verfahren festgesetzt.

23 Bei Spätaussiedlern werden als Ersatzzeiten im Sinne des Rentenrechts die Zeit vom 1. Januar 1945 bis 31. Dezember 1946 auch bei fehlendem Nachweis einer Beitragsleistung oder Beschäftigung gewertet, ebenfalls im Regelfall Zeiten der Flucht oder einer anschließenden Krankheit oder unverschuldeten Arbeitslosigkeit.

24 In der Unfallversicherung erhalten Spätaussiedler grundsätzlich Leistungen auch aus einem Arbeitsunfall in den Aussiedlungsgebieten. Dabei gilt für Voraussetzung, Art und Umfang der Leistungen das im Bundesgebiet geltende Versicherungsrecht.

25 Für ehemalige Kriegsgefangene (sowie deren hinterbliebene nicht wiederverheiratete Ehegatten) können nach dem Gesetz über die Heimkehrerstiftung zusätzlich auf Antrag – in wenigen Ausnahmefällen – Rentenausgleichsleistungen bzw. Leistungen zum Ausgleich von Nachteilen bei der Hinterbliebenenversorgung gewährt werden. Anträge auf einmalige Unterstützung nach diesem Gesetz können seit dem 18. Dezember 2007 nicht mehr gestellt werden.

26 Auch bestimmte in den Herkunftsländern eingetretene Impfschäden werden bei Spätaussiedlern so entschädigt, als ob sie im Bundesgebiet eingetreten seien.

Hilfen zur beruflichen Eingliederung

27 Von den Spätaussiedlern in den Herkunftsländern abgelegte Prüfungen und erworbene Befähigungsnachweise werden in einem förmlichen Verfahren durch Behörden der Bundesländer anerkannt. Eine Fahrerlaubnis, die in den Herkunftsländern erworben wurde, berechtigt noch für 6 Monate, nachdem der Spätaussiedler einen ständigen Aufenthalt in Deutschland begründet hat, zum Führen eines Kraftfahrzeugs im Inland. Danach benötigt der Spätaussiedler einen deutschen Führerschein.

28 Spätaussiedler und ihre Angehörigen haben die Möglichkeit, im Rahmen von Integrationskursen ihre deutschen Sprachkenntnisse zu vertiefen. Die Teilnahme ist kostenlos. Der Sprachkurs ist in einen Basis- und einen Aufbaukurs unterteilt; er soll bei ganztägigem Unterricht (mit höchstens 25 Wochenstunden) nicht länger als sechs Monate dauern. Der Kurs endet mit einer Sprachprüfung. Bei erfolgreicher Teilnahme an einem Integrationskurs können weitere Integrationshilfen wie z. B. Ergänzungsförderung für Jugendliche und ergänzende Sprach- und sozialpädagogische Förderung zur Verfügung gestellt werden. An diesen Maßnahmen, mit denen die Eingliederung in das Lebensumfeld und den Arbeitsmarkt erleichtert werden soll, können außer Ehegatten und Kindern auch sonstige miteinreisende Familienangehörige teilnehmen.

Das Bundesverwaltungsamt händigt Spätaussiedlern zusammen mit dem Registrierschein auf Antrag eine Bestätigung über die Berechtigung zur Teilnahme am Integrationskurs aus. Mit dieser Bestätigung können sie sich bei den örtlichen Kursträgern anmelden. Auskünfte darüber, welche Kursträger für Integrationskurse zugelassen sind, erteilen die örtlichen kommunalen Behörden oder das Bundesverwaltungsamt.

Während der Teilnahme am Integrationskurs kann Arbeitslosengeld II nach dem SGB II bezogen werden. In bestimmten Fällen (z. B. bei Rentnern) kommen auch Leistungen nach dem SGB XII in Betracht.

29 Spätaussiedler werden unter erleichterten Voraussetzungen in die Handwerksrolle eingetragen. Es reicht aus, wenn der Spätaussiedler vor der Aussiedlung ein Handwerk selbständig ausgeübt hat oder zur Ausbildung von Lehrlingen befugt war.

30 Hochschulabsolventinnen und -absolventen im Alter von bis zu 55 Jahren können im Rahmen des Programms AQUA-Migration eine Förderung erhalten, sofern dies für eine angemessene berufliche Eingliederung notwendig ist. Voraussetzung ist im Regelfall der Bezug von Arbeitslosengeld (nach dem SGB III) oder von Leistungen der Grundsicherung für Arbeitsuchende (nach dem SGB II). Auf die Förderung besteht kein Rechtsanspruch.

31 Spätaussiedler bis zum vollendeten 30. Lebensjahr können nach den Bestimmungen für den Garantiefonds-Hochschulbereich (RL-GF-H) - Sprachkurse und Stipendien für Sonderlehrgänge erhalten.

Existenzgründungshilfen

32 Spätaussiedler können die Existenzgründungsprogramme der KfW-Bankengruppe in Anspruch nehmen. Die bisherigen Angebote der Kreditanstalt für Wiederaufbau (KfW) und der Deutschen Ausgleichsbank sind im Rahmen der Fusion der beiden Institute zusammengeführt worden.

Zu den Angeboten gehören z. B. „StartGeld" (Investitionskredite für Existenzgründer, kleine Unternehmer und freiberuflich Tätige) und die Produktfamilie „Unternehmerkapital", die sowohl Hilfen für Neugründungen als auch für bestehende Unternehmen anbietet.

Nähere Informationen sind unter http://www.kfw.de oder im Infocenter der KfW Mittelstandsbank (Tel.: 01801-241124) erhältlich.

Anträge können bei jedem Kreditinstitut gestellt werden.

Entschädigungen

33 Spätaussiedler aus der ehemaligen UdSSR, die vor dem 1. April 1956 geboren sind, können zum Ausgleich von Freiheitsbeschränkungen eine pauschale Eingliederungshilfe in Höhe von 2.046 Euro erhalten; für Personen, die vor dem 1. Januar 1946 geboren sind, beläuft sich die Höhe der Eingliederungshilfe auf 3.068 Euro. Der Antrag muss innerhalb von drei Jahren nach Erhalt der Spätaussiedlerbescheinigung gestellt werden.

34 Für ehemalige politische Häftlinge kann die Stiftung für ehemalige politische Häftlinge, wenn der Häftling in seiner wirtschaftlichen Lage besonders beeinträchtigt ist, zusätzliche Unterstützungen gewähren. Auf die Förderung besteht kein Rechtsanspruch.

35 Nach dem Heimkehrerentschädigungsgesetz können ehemalige Kriegsgefangene, die nach dem 31. Dezember 1946 in das Gebiet der ehemaligen DDR entlassen worden sind, eine einmalige Entschädigung beantragen. Sie beträgt für die Entlassungsjahrgänge 1947 und 1948 500 Euro, für die Entlassungsjahrgänge 1949 und 1950 1.000 Euro und für die Entlassungsjahrgänge ab 1951 1.500 Euro.

Das Heimkehrerentschädigungsgesetz ist am 1. Juli 2008 in Kraft getreten. Anträge konnten bis zum 30. Juni 2009 gestellt werden. Bis zum 30. Juni 2009 wurden in über 45.000 Fällen Entschädigungen gezahlt.

Organisation und Verfahren

36 Der Aufnahmebescheid wird vom Bundesverwaltungsamt, Barbarastraße 1, 50728 Köln (www.bundesverwaltungsamt.de), erteilt. Das Bundesverwaltungsamt stellt Spätaussiedlern zum Nachweis ihrer Spätaussiedlereigenschaft nach Einreise und Registrierung eine Bescheinigung aus. Ein Antrag ist nicht erforderlich.

37 Die Aufnahmehilfen im engeren Sinne (Rdnr. 15 f.) gewähren die Aufnahmestellen.

38 Leistungen bei Arbeitslosigkeit gewähren im Regelfall die örtlichen Jobcenter nach dem SGB II (Auskunft erteilen auch die Agenturen für Arbeit oder die kommunalen Behörden). Leistungen bei Krankheit erbringen die Allgemeinen Ortskrankenkassen, Versorgungsleistungen an ehemalige politische Häftlinge die Versorgungsämter.

39 Renten gewähren die Rentenversicherungsträger, Anträge sind über die örtlichen Versicherungsämter der Gemeinde oder des Kreises zu stellen.

40 Die Anerkennung von Zeugnissen, Schulabschlüssen, Diplomen und anderen Befähigungsnachweisen ist von den Ländern von Land zu Land unterschiedlich geregelt. Zur Geltung von Führerscheinen erteilt die Straßenverkehrsbehörde Auskunft.

41 Das Programm AQUA-Migration und die Leistungen nach dem Garantiefonds (Hochschulbereich) wickelt die Otto-Benecke-Stiftung, Kennedyallee 105-107, Postfach 260154, 53153 Bonn (www.obs-ev.de) ab.

42 Anträge auf Entschädigung für Freiheitsentzug sind bei der Stadt- oder Kreisverwaltung zu stellen.

43 Leistungen für Kriegsgefangene und Heimkehrer können beim Bundesverwaltungsamt beantragt werden (www.bundesverwaltungsamt.de). Für ehemalige politische Häftlinge ist die Stiftung für ehemalige politische Häftlinge (An der Marienkapelle 10, 53179 Bonn, www.stiftung-hhg.de) Ansprechpartner.

Finanzierung

44 Die meisten Ausgaben für Hilfen an Aussiedler trägt der Bund, entweder unmittelbar, wie z. B. die Kosten der Erstaufnahmeeinrichtungen oder durch die Finanzierung von Stiftungen wie der Otto-Benecke-Stiftung und der Stiftung für ehemalige politische Häftlinge sowie durch die Finanzierung von Leistungen nach dem Gesetz über die Heimkehrerstiftung und nach dem Heimkehrerentschädigungsgesetz.

45 Die Kosten der Integrationskurse trägt der Bund. Die Rentenversicherer tragen die durch die Anrechnung der Fremdrentenzeiten entstehenden Kosten. Das gleiche gilt für die Träger der Unfallversicherung bei der Gewährung von Renten für in Herkunftsgebieten erlittene Unfälle. Die Kosten der Leistungen bei Krankheit werden den Krankenkassen vom Bund ersetzt, zuzüglich einer Verwaltungskostenpauschale von 8 v. H. der aufgewandten Kosten, die von den Ländern getragen wird.

Beratungsstellen und Auskunft

46 Das Bundesministerium des Innern gibt eine Broschüre „Willkommen in Deutschland – Informationen für Zuwanderer" heraus. Spezielle Informationen für Spätaussiedler mit weiterführenden Hinweisen zu Merkblättern und Auskunftsstellen sind in einer Teilbroschüre zusammen gefasst. Auskunft zum Aufnahmeverfahren erteilt das Bundesverwaltungsamt, Barbarastraße 1, 50728 Köln (www.bundesverwaltungsamt.de).

Rechtsgrundlagen

47 Das Gesetz zur Bereinigung von Kriegsfolgengesetzen (Kriegsfolgenbereinigungsgesetz – KfbG) vom 21. Dezember 1992 hat die Hilfen für Spätaussiedler, d. h. für Deutsche, die aus den Staaten Ost- und Südeuropas ausreisen und ihren ständigen Aufenthalt in

Deutschland nehmen, grundlegend neu gestaltet. Das Kriegsfolgenbereinigungsgesetz hat das Bundesvertriebenengesetz umfassend umgestaltet, zahlreiche andere Gesetze geändert, das Kriegsgefangenenentschädigungsgesetz aufgehoben und das Gesetz über die Heimkehrerstiftung geschaffen.

48 Die Kernvorschriften über Hilfen an Spätaussiedler finden sich im Bundesvertriebenengesetz – Gesetz über die Angelegenheiten der Vertriebenen und Flüchtlinge (BVFG), einzelne Hilfen sind auch in allgemeinen Leistungsgesetzen wie z. B. dem Zweiten Buch Sozialgesetzbuch geregelt.

24 Kriegsopferversorgung/ Soziale Entschädigung bei Gesundheitsschäden

Übersicht

Leistungen der Sozialen Entschädigung erhalten Menschen, die einen Gesundheitsschaden erlitten haben, für dessen Folgen die staatliche Gemeinschaft in Abgeltung eines besonderen Opfers oder aus anderen Gründen einsteht, sowie deren Hinterbliebene. Art und Umfang der Leistungen richten sich nach dem Bundesversorgungsgesetz (BVG), das nach dem Zweiten Weltkrieg für die Kriegsopfer geschaffen wurde, sich aber inzwischen zum „Grundgesetz des Sozialen Entschädigungsrechts" entwickelt hat und auch Anwendung auf die Versorgung der Opfer von Gewalttaten, der Wehr- und Zivildienstopfer sowie der Opfer des SED-Regimes findet.

Das Leistungsspektrum des BVG umfasst Leistungen der Heil- und Krankenbehandlung, Rentenleistungen und fürsorgerische Leistungen für Beschädigte und Hinterbliebene. Kennzeichnend für dieses Leistungssystem ist, dass sich die Versorgung nach Umfang und Schwere der Schädigungsfolgen und dem jeweiligen Bedarf aus mehreren Einzelleistungen zusammensetzt und so in schweren Schadensfällen zu beachtlichen Leistungen kumulieren kann, die im Prinzip einem vollen Ausgleich des gesundheitlichen Schadens gleichkommen.

Die Ausgaben für die Soziale Entschädigung stellen den drittgrößten Ausgabenposten im Haushalt des Bundesministeriums für Arbeit und Soziales dar.

Einführung

1 Kernstück der sozialen Entschädigung bei Gesundheitsschäden nach dem Sozialgesetzbuch ist die Kriegsopferversorgung, d. h. die Gesamtheit der staatlichen Leistungen, die nach dem Gesetz über die Versorgung der Opfer des Krieges (Bundesversorgungsgesetz) den durch Krieg, militärischen oder militärähnlichen Dienst gesundheitlich geschädigten Personen und den Hinterbliebenen der infolge einer solchen Schädigung verstorbenen Personen erbracht werden.

2 Die Versorgung der Kriegsbeschädigten und Kriegshinterbliebenen durch staatliche Geldleistungen entwickelte sich in Deutschland zunächst in Preußen, wo es ab 1865 entsprechende gesetzliche Regelungen gab. Diese Regelungen wurden durch das Militärpensionsgesetz vom 27. Juni 1871 auf das gesamte damalige Deutsche Reich übertragen. Eine Militärpension wurde allerdings nicht nur gezahlt, wenn ein Offizier als Folge einer Dienstbeschädigung dienstunfähig geworden war, sondern auch dann, wenn eine Dienstunfähigkeit aus anderen Gründen nach Ableistung einer Dienstzeit von zehn Jahren eintrat. Unteroffiziere und einfache Soldaten konnten eine Invalidenpension erhalten, wenn Sie nach Ableistung einer Dienstzeit von mindestens acht Jahren durch eine Dienstbeschädigung invalide geworden waren. Nach Ableistung einer Dienstzeit von 18 Jahren musste Invalidität nicht mehr nachgewiesen werden, um eine Pension zu bekommen. Witwen, Waisen und unter bestimmten Voraussetzungen auch Eltern konnten nach dem Tode eines Beschädigten monatliche Beihilfen erhalten. In der Weimarer Republik wurde mit dem Reichsversorgungsgesetz im Jahre 1920 erstmals ein klagbarer Anspruch auf Versorgung geschaffen. Dieses Gesetz rückte die Heilbehandlung und die Berufsfürsorge für Beschädigte in den Vordergrund und machte die Beschädigtenrente allein von der Minderung der Erwerbsfähigkeit abhängig.

3 Das Bundesversorgungsgesetz vom 21. Dezember 1950 (BGBl. I S. 791) vereinheitlichte das nach dem Zusammenbruch zersplitterte Versorgungsrecht. Es fasste die Versorgung für Schädigungen durch Kriegsdienst, militärischen Dienst in Friedenszeiten, militärähnlichen Dienst und für gesundheitliche Schädigungen von Zivilpersonen durch unmittelbare Kriegseinwirkungen in einem Gesetz zusammen.

4 Das Bundesversorgungsgesetz ist durch zahlreiche Gesetze geändert bzw. weiterentwickelt worden. Während sich diese Gesetze bis 1957 darauf beschränkten, die Rentenbeträge anzuheben und Erleichterungen bei der Anrechnung von Einkünften vorzusehen, wurde mit den Neuordnungsgesetzen von 1960, 1964 und 1967 das Leistungsgefüge wesentlich geändert.

5 Mit dem Ersten Neuordnungsgesetz begann die Umwandlung des Bundesversorgungsgesetzes von einem fürsorgerischen Gesetz zu einem Entschädigungsgesetz, das den beruflichen und wirtschaftlichen Schaden des Einzelnen in den Vordergrund rückte. Im Jahre 1976 wurde der Anspruch auf soziale Entschädigung im Ersten Buch des Sozialgesetzbuchs für diejenigen anerkannt, die einen Gesundheitsschaden erleiden, für dessen Folgen die staatliche Gemeinschaft in Abgeltung eines besonderen Opfers nach versorgungsrechtlichen Grundsätzen einsteht, sowie für deren Hinterbliebene.

6 Seit 1970 werden die laufenden Leistungen der Kriegsopferversorgung jährlich entsprechend den Leistungen der gesetzlichen Rentenversicherung angepasst (so genannte Dynamisierung). Bisher haben 37 weitere Anpassungen stattgefunden, die zum Teil mit so genannten strukturellen Verbesserungen verbunden waren.

7 Wesentliche weitere Leistungsverbesserungen wurden im Jahre 1990 mit dem Gesetz zur Verbesserung der Struktur der Leistungen nach dem Bundesversorgungsgesetz (KOV-Strukturgesetz) eingeführt.

8 In der ehemaligen DDR waren die Leistungen für Kriegsopfer an die Leistungen der Sozialversicherung gekoppelt. Beim Beschädigten setzten sie einen Körperschaden von mindestens 66 ☐ Prozent voraus. Zeitlicher Zusammenhang des Körperschadens mit dem militärischen Dienst genügte. Mit der Bewilligung der Invaliden- oder Altersrente entfiel die Kriegsbeschädigtenrente, falls die andere Rente höher war. Der Anspruch auf Witwenrente hing davon ab, dass der Verstorbene die Voraussetzungen zum Bezug einer Kriegsbeschädigtenrente erfüllte. Neben einer Invaliden- oder Altersrente wurde die Witwenrente nur dann in voller Höhe gezahlt, wenn sie die höhere Rente war.

9 Das Bundesversorgungsgesetz ist zum 1. Januar 1991 mit einer Reihe von Maßgaben auf die neuen Bundesländer übergeleitet worden. Diese Maßgaben waren durch die Verhältnisse in den neuen Bundesländern oder durch die Überleitung selbst bedingt. Sie betreffen u. a. die Höhe der Leistungen, die Anpassung der Versorgungsbezüge, die Vermeidung von Doppelleistungen, die Fortgeltung früherer Entscheidungen, die Rückwirkung des Antrags bei späterer Antragstellung und eine Erleichterung des Verwaltungsverfahrens.

10 Die Maßgaben für das Beitrittsgebiet gelten für Berechtigte, die am 18. Mai 1990, dem Tag der Unterzeichnung des Vertrages über die Währungs-, Wirtschafts- und Sozialunion, ihren Wohnsitz oder gewöhnlichen Aufenthalt in der ehemaligen DDR hatten, auch wenn sie ihren Wohnsitz oder gewöhnlichen Aufenthalt in das bisherige Bundesgebiet verlegt haben oder verlegen.

11 Nach Inkrafttreten des Bundesversorgungsgesetzes machten weitere Bundesgesetze die Leistungen dieses Gesetzes zum Maßstab für Leistungen auf Grund anderer Schädigungstatbestände. Dies sind vor allem: das Häftlingshilfegesetz, das Soldatenversorgungsgesetz, das Zivildienstgesetz, das Infektionsschutzgesetz) und das Opferentschädigungsgesetz (OEG). Diese Gesetze stellen eigene Schädigungstatbestände auf und verweisen hinsichtlich ihrer Leistungen und deren besonderen Voraussetzungen auf die entsprechende Anwendung der Vorschriften des Bundesversorgungsgesetzes. Ihre Leistungen sind Leistungen des sozialen Entschädigungsrechts im Sinne des Sozialgesetzbuchs.

12 Mit dem Einigungsvertrag sind das Häftlingshilfegesetz, das Soldatenversorgungsgesetz, das Bundes-Seuchengesetz (heute: Infektionsschutzgesetz), das Opferentschädigungsgesetz und das Unterhaltsbeihilfegesetz (seit 1. Januar 2008 aufgehoben; die Berechtigten sind jetzt durch § 86 BVG erfasst) auf die neuen Bundesländer übergeleitet worden. Für die Versorgung gelten die gleichen Maßgaben wie für das Bundesversorgungsgesetz.

13 Das Opferentschädigungsgesetz gilt seither auch für Taten, die nach dem 2. Oktober 1990 im Beitrittsgebiet begangen worden sind oder werden; für Gewalttaten aus der Zeit vom 7. Oktober 1949 bis zum 2. Oktober 1990 kommt die Härteregelung nach § 10a OEG in Betracht.

14 Für Personen, die ihren Wohnsitz oder gewöhnlichen Aufenthalt in den neuen Bundesländern haben oder nach der Schädigung in das frühere Bundesgebiet verlegt haben, gilt das Opferentschädigungsgesetz, unabhängig vom Ort der Gewalttat, mit den gleichen Maßgaben wie das Bundesversorgungsgesetz. Diese Maßgaben gelten entsprechend für Ausländer bei einer Schädigung in den neuen Bundesländern, sofern sie nicht ihren Wohnsitz oder ihren gewöhnlichen oder ständigen Aufenthalt in den alten Bundesländern haben.

15 Versorgung in entsprechender Anwendung des Bundesversorgungsgesetzes sehen auch das 1992 erlassene Strafrechtliche Rehabilitierungsgesetz und das 1994 erlassene Verwaltungsrechtliche Rehabilitierungsgesetz (beide jeweils 1997 neu bekannt gemacht) vor.

16 Mit dem Pflege-Versicherungsgesetz sind Kriegsopfer und Berechtigte nach den Gesetzen, die eine entsprechende Anwendung des Bundesversorgungsgesetzes vorsehen, in die Pflegeversicherung einbezogen worden. Soweit Leistungen des Bundesversorgungsgesetzes als Entschädigungsleistungen besser sind als die der Pflegeversicherung, haben sie Vorrang, wie z. B. die Pflegezulage. Leistungen der Pflegeversicherung gehen zwar der Kriegsopferfürsorge vor, jedoch sieht diese weiterhin aufstockende Leistungen und Leistungen an Personen vor, die zwar pflegebedürftig, jedoch nicht hilflos sind. Rentenberechtigten Beschädigten und Hinterbliebenen mit Anspruch auf Heil- oder Krankenbehandlung, die bei einem privaten Versicherungsunternehmen oder bei einer Pflegekasse versichert sind, wird der Beitrag erstattet.

17 Aufgrund des am 21. Januar 1998 in Kraft getretenen Gesetzes zur Änderung des Bundesversorgungsgesetzes können bei Verstößen gegen die Menschlichkeit oder Rechtsstaatlichkeit während der Herrschaft des Nationalsozialismus die Bewilligung von Leistungen sowohl der Beschädigten- als auch der Hinterbliebenenversorgung aufgrund von Neuanträgen versagt und bereits laufende Versorgungsleistungen ganz oder teilweise entzogen werden.

18 Nach dem Gesetz zur Beendigung der Diskriminierung gleichgeschlechtlicher Gemeinschaften: Lebenspartnerschaften vom 16. Februar 2001 können zwei Personen gleichen Geschlechts eine Lebenspartnerschaft auf Lebenszeit begründen, die wirksam wird, wenn die entsprechenden Erklärungen vor der zuständigen Behörde abgegeben werden. Die Lebenspartner gelten dann jeweils als Familienangehöriger des anderen Lebenspartners soweit nichts anderes bestimmt ist. Dementsprechend werden die Lebenspartner in den einzelnen Vorschriften des Bundesversorgungsgesetzes behandelt.

Mit dem Gesetz zur Änderung des Bundesversorgungsgesetzes und anderer Vorschriften des Sozialen Entschädigungsrechts vom 13. Dezember 2007 wurden zahlreiche Änderungen vorgenommen. Dabei wurde der bisher im BVG zur Bemessung des Ausmaßes einer Gesundheitsschädigung verwendete Begriff „Minderung der Erwerbsfähigkeit" (MdE) durch den Begriff „Grad der Schädigungsfolgen" (GdS) ersetzt, der aus sich heraus das Kausalitätserfordernis zwischen der Schädigung und dem zu entschädigenden Gesundheitsschaden besser deutlich macht. Zudem wurde in § 30 Abs. 17 BVG eine materielle Ermächtigungsgrundlage zum Erlass einer Rechtsverordnung eingefügt, auf deren Grundlage dann die Grundsätze zur Ermittlung des GdS verfassungsrechtlich unbedenklich erlassen werden können. Das Ausmaß einer nach dem Bundesversorgungsgesetz auszugleichenden gesundheitlichen Schädigungsfolge wurde nämlich bislang – ebenso wie der Grad der Behinderung nach dem Neunten Buch Sozialgesetzbuch – nach den vom Bundesministerium für Arbeit und Soziales (BMAS) herausgegebenen „Anhaltspunkten für die ärztliche Gutachtertätigkeit im sozialen Entschädigungsrecht und nach dem Schwerbehindertenrecht" (AHP) festgestellt. Bei den AHP handelte es sich nach der Rechtsprechung um antizipierte Sachverständigengutachten, die im Einzelfall nicht widerlegbar sind. Allerdings hatte die höchstrichterliche Rechtsprechung wiederholt gerügt, dass die AHP nicht demokratisch legitimiert seien. Denn weder für die AHP selbst noch für die Organisation, das Verfahren und die Zusammensetzung des dieses Regelwerk erarbeitenden und ständig überprüfenden Expertengremiums (Ärztlicher Sachverständigenbeirat – Sektion Versorgungsmedizin – beim BMAS) gab es bislang eine Rechtsgrundlage im Sinne eines materiellen Gesetzes. Diese wurde jetzt geschaffen. Weiterhin wurden Änderungen zum veränderten Sprachgebrauch im Zwölften Buch Sozialgesetzbuch und zur Gleichstellung von Frauen und Männern in der Gesetzessprache vorgenommen.

Die in § 30 Abs. 17 BVG neu eingeführte Ermächtigungsgrundlage wurde durch die Verordnung zur Durchführung des § 1 Abs. 1 und 3, des § 30 Abs. 1

und des § 35 Abs. 1 des Bundesversorgungsgesetzes (Versorgungsmedizin-Verordnung – VersMedV) vom 10. Dezember 2008 umgesetzt. Als Anlage zu § 2 sind die „Versorgungsmedizinischen Grundsätze" Bestandteil der VersMedV. In ihnen werden die Grundsätze für die medizinische Begutachtung im Bereich der Sozialen Entschädigung aufgestellt. Da die Versorgungsmedizinischen Grundsätze auf der Grundlage des aktuellen Stands der medizinischen Wissenschaft ständig fortentwickelt werden sollen, sind bislang bereits drei Änderungsverordnungen zur VersMedV ergangen.

Nach § 69 Abs. 1 Satz 4 SGB XI gilt die VersMedV auch für die Feststellung des Grades der Behinderung (GdB) im Schwerbehindertenrecht. Sie gilt daher über den Bereich der Sozialen Entschädigung hinaus auch für Millionen von Menschen mit Behinderungen in Deutschland.

19 Das Durchschnittsalter der rentenberechtigten Beschädigten nach dem Bundesversorgungsgesetz beträgt z. Zt. rd. 80, das der Witwen rd. 85 Jahre.

Tabelle 1: Entwicklung der Zahl der Empfänger von Versorgungsleistungen nach dem Bundesversorgungsgesetz (In- und Ausland)

Jahr	1952	1970	1980
Beschädigte	1.561.740	1.220.914	924.104
Witwen/Witwer	1.128.693	1.120.170	950.278
Waisen	1.438.232	50.803	26.874
Eltern	249.655	194.615	79.317
insgesamt	4.378.320	2.586.502	1.980.673
Jahr	1990	2000	2010
Beschädigte	600.146	361.781	121.451
Witwen/Witwer	678.240	449.794	148.434
Waisen	13.521	9.941	6.768
Eltern	15.535	1.356	94
insgesamt	1.307.442	822.872	276.747

1952: Stand 30. September, ab 1970: Stand: 30. Juni.

Berechtigte

20 Anspruch nach dem Recht der sozialen Entschädigung haben Personen, die durch den in den einzelnen Gesetzen für maßgebend erklärten Dienst oder durch die dort näher bestimmten Ereignisse eine gesundheitliche Schädigung erlitten haben (Beschädigte), sowie die Hinterbliebenen von Personen, die infolge der Schädigung gestorben sind.

Soziale Entschädigung nach dem Bundesversorgungsgesetz

21 Schädigungstatbestände nach dem Bundesversorgungsgesetz sind gesundheitliche Schädigungen

– durch eine militärische oder militärähnliche Dienstverrichtung,
– durch einen Unfall während der Ausübung militärischen oder militärähnlichen Dienstes,
– durch die dem militärischen oder militärähnlichen Dienst eigentümlichen Verhältnisse,
– durch eine Kriegsgefangenschaft,
– durch eine Internierung wegen deutscher Staatsangehörigkeit oder deutscher Volkszugehörigkeit,
– durch offensichtlich unrechtmäßige Straf- oder Zwangsmaßnahmen im Zusammenhang mit militärischem oder militärähnlichem Dienst,
– durch unmittelbare Kriegseinwirkung oder
– durch einen Unfall als Beschädigter, Angehöriger eines Schwerbeschädigten, Hinterbliebener, Pflegeperson oder als notwendige Begleitperson eines Beschädigten bei der Durchführung von Maßnahmen der Heilbehandlung, von Leistungen zur Teilhabe am Arbeitsleben, durch ein vom Leistungsträger verlangtes persönliches Erscheinen sowie auf den damit verbundenen Wegen.

22 Militärischer Dienst ist jeder Dienst nach früherem deutschen Wehrrecht als Soldat oder Wehrmachtbeamter, der Dienst im Volkssturm, in der Feldgendarmerie und in den Heimatflakbatterien. Gleichgestellt ist der Dienst von Vertriebenen, die Deutsche oder deutsche Volkszugehörige sind, als Wehrpflichtige in ihrem Heimatstaat vor dem Ende des Zweiten Weltkriegs sowie der Dienst deutscher Staatsangehöriger in einer verbündeten Wehrmacht sowie der tschechoslowakischen oder österreichischen Wehrmacht, wenn der Berechtigte schon vor Ende des Krieges seinen ständigen Aufenthalt im Reichsgebiet hatte.

23 Militärähnlicher Dienst sind bestimmte Dienstleistungen, deren Hauptmerkmal eine enge Verbindung zur deutschen Wehrmacht oder zu ihren Zwecken oder zu sonstigen mit einem der beiden Weltkriegen zusammenhängenden Maßnahmen des deutschen Staates ist, wie z. B. der Reichsarbeitsdienst, der Dienst der Wehrmachthelferinnen, des Personals der Freiwilligen Krankenpflege bei der Wehrmacht im Kriege, der Dienst auf Grund der Notdienstverordnung und der Dienst im Luftschutz während des Krieges.

24 Unmittelbare Kriegseinwirkungen sind nur zu berücksichtigen, wenn sie mit einem der beiden Weltkriege in Zusammenhang stehen. Zu ihnen zählen Kampfmitteleinwirkungen, militärische oder behördliche Maßnahmen in Zusammenhang mit Kampfhandlungen, besondere Gefahren infolge Flucht oder infolge der militärischen Besetzung deutschen oder

Tabelle 2: Versorgung von Kriegsopfern und gleichgestellten Personen innerhalb und außerhalb des Bundesgebiets/Anerkannte Versorgungsberechtigte, Anspruchsmonat: Januar 2011

Versorgungsberechtigte	Bundesversorgungsgesetz	Soldatenversorgungsgesetz	Zivildienstgesetz	Gesetz über die Entschädigung für Opfer von Gewalttaten	Infektionsschutzgesetz	Häftlingshilfegesetz	Sonstige Gesetze, die Versorgung in Anwendung des BVG vorsehen	Versorgungsberechtigte insgesamt
Beschädigte GdS 30	43.577	7.645	127	7.666	270	597	557	60.439
Beschädigte GdS 40	18.595	2.042	34	2.543	158	270	240	23.882
Beschädigte GdS 50	18.981	1.256	23	1.514	224	184	142	22.324
Beschädigte GdS 60	9.413	644	17	815	183	104	105	11.281
Beschädigte GdS 70	8.176	450	5	485	170	74	46	9.406
Beschädigte GdS 80	6.507	368	10	392	222	49	18	7.566
Beschädigte GdS 90	3.410	253	6	220	158	22	5	4.074
Beschädigte GdS 100	5.945	780	31	859	1.525	57	5	9.202
Beschädigte insgesamt	114604	13.438	253	14.494	2.910	1.357	1117	148.173
Witwen/Witwer	140248	1.917	5	1.383	70	408	57	144.078
Halbwaisen	1.029	327	4	2.147	8	7	2	3.524
Vollwaisen	5.609	11	0	329	0	10	2	5.961
Elternteile	80	52	0	92	38	0	0	262
Elternpaare (Kopfzahl)	4	20	0	58	4	0	0	86
Versorgungsberechtigte insgesamt	261574	15.765	262	17.761	3.030	1.782	1.178	303.352

ehemals deutsch besetzten Gebietes sowie nachträgliche Auswirkungen kriegerischer Vorgänge.

25 Zwischen dem militärischen oder militärähnlichen Dienst oder der unmittelbaren Kriegseinwirkung und dem schädigenden Ereignis sowie zwischen dem schädigenden Ereignis und der Gesundheitsstörung muss ein ursächlicher Zusammenhang bestehen. Für den Nachweis des ursächlichen Zusammenhangs zwischen dem schädigenden Ereignis und der Gesundheitsstörung genügt die Wahrscheinlichkeit.

26 Ist diese Wahrscheinlichkeit im Einzelfall nicht gegeben, weil in der medizinischen Wissenschaft Ungewissheit über die Ursache des festgestellten Leidens besteht, so kann das Leiden mit Zustimmung des Bundesministeriums für Arbeit und Soziales dennoch als Schädigungsfolge anerkannt werden.

27 Leistungen sind – auch bei Erfüllung der Anspruchsvoraussetzungen – zu versagen, wenn der Berechtigte (Antragsteller) während der Herrschaft des Nationalsozialismus gegen die Grundsätze der Menschlichkeit oder der Rechtsstaatlichkeit verstoßen hat, sofern der Versorgungsantrag nach dem 13. November 1997 gestellt worden ist. Das Gesetz geht dabei davon aus, dass sich Anhaltspunkte für solche Verstöße insbesondere aus einer freiwilligen Mitgliedschaft in der SS ergeben können und schreibt für diesen Fall eine besonders intensive Prüfung vor. Berechtigten, die bereits Versorgung erhalten, sind die Versorgungsleistungen für die Zukunft ganz oder teilweise zu entziehen, wenn sie die Versagungsgründe erfüllen und ihr Vertrauen auf die Weitergewährung der Versorgungsleistungen auch angesichts der (geringeren) Schwere der Verstöße nicht überwiegend schutzbedürftig ist. Bei unbilligen Härten ist die Entziehung oder Minderung der Leistungen erst nach einer angemessenen Übergangsfrist vorzunehmen.

28 Leistungen nach dem Bundesversorgungsgesetz erhalten Deutsche und deutsche Volkszugehörige, die ihren Wohnsitz oder gewöhnlichen Aufenthalt im Geltungsbereich des Bundesversorgungsgesetzes haben. Ausländer haben dann einen Anspruch, wenn ihre Schädigung mit einem Dienst im Rahmen der deutschen Wehrmacht oder mit einem militärähnlichen Dienst für eine deutsche Organisation in ursächlichem Zusammenhang steht und sie ihren Wohnsitz oder gewöhnlichen Aufenthalt im Bundesgebiet haben. Der Anspruch ist ausgeschlossen, wenn sie einen Anspruch auf Versorgung gegen ihren Heimatstaat haben.

29 Deutsche und deutsche Volkszugehörige erhalten auch dann Versorgung, wenn sie ihren Wohnsitz oder gewöhnlichen Aufenthalt im Ausland haben.

30 Ist der Beschädigte an den Folgen der Schädigung gestorben, so erhalten die Hinterbliebenen Versorgung. Hinterbliebene sind Witwen, Witwer, frühere Ehegatten, außerdem Witwen und Witwer, deren Ehe nach einer Wiederverheiratung aufgelöst worden ist, Waisen, Eltern und Großeltern sowie Ehegatten, Kinder, Eltern und Großeltern von Verschollenen.

31 Für Hinterbliebene gelten die Regelungen bei Verstoß gegen die Grundsätze der Menschlichkeit oder Rechtsstaatlichkeit während der Herrschaft des Nationalsozialismus ebenso wie für Beschädigte. Sie beziehen sich hierbei auf Verstöße der Person, von der sich die Versorgungsberechtigung der Hinterbliebenen ableitet.

32 Grundlegendes Erfordernis der Hinterbliebenenversorgung ist der ursächliche Zusammenhang zwischen der Schädigung und dem Tod. Aufgrund einer Rechtsvermutung ist beim Anspruch der Hinterbliebenen nicht erneut zu prüfen, ob ein Leiden zu Recht als Schädigungsfolge anerkannt war, wenn dieses Leiden zum Tode geführt hat.

33 In der Hinterbliebenenversorgung beziehen sich die Erfordernisse der Staatsangehörigkeit und des Wohnsitzes bzw. des gewöhnlichen Aufenthalts auf die Person der Hinterbliebenen.

Soziale Entschädigung nach anderen Gesetzen

34 Versorgung nach dem Häftlingshilfegesetz in entsprechender Anwendung der Vorschriften des Bundesversorgungsgesetzes erhalten Deutsche, die aus politischen Gründen in der ehemaligen DDR, in Berlin (Ost) oder in den im Bundesvertriebenengesetz genannten Vertreibungsgebieten in Gewahrsam genommen worden sind und dadurch eine gesundheitliche Schädigung erlitten haben. Ist der Beschädigte an den Folgen der Schädigung gestorben, so erhalten seine Hinterbliebenen Versorgung.

35 Soldaten der Bundeswehr, die eine Wehrdienstbeschädigung erlitten haben, sowie die Hinterbliebenen von ehemaligen Soldaten der Bundeswehr, die infolge einer Wehrdienstbeschädigung verstorben sind, erhalten nach dem Dritten Teil des Soldatenversorgungsgesetzes Versorgung in entsprechender Anwendung der Vorschriften des Bundesversorgungsgesetzes.

36 Wehrdienstbeschädigungen sind gesundheitliche Schädigungen durch Wehrdienstverrichtungen, Unfälle während der Dienstausübung, wehrdiensteigentümliche Verhältnisse, Unfälle bei der Durchführung bestimmter Heilbehandlungsmaßnahmen, der Rehabilitation oder im Verwaltungs- und Gerichtsverfah-

ren sowie durch bestimmte Wegeunfälle. Darüber hinaus kommen Schädigungen durch Angriffe auf den Soldaten wegen seines pflichtgemäßen dienstlichen Verhaltens, seiner Zugehörigkeit zur Bundeswehr oder, bei dienstlichem Aufenthalt im Ausland, durch Angriffe bei Kriegshandlungen, Aufruhr, Unruhen oder durch gesundheitsschädigende Verhältnisse in Betracht, sofern der Soldat diesen Angriffen oder Verhältnissen am Aufenthaltsort besonders ausgesetzt war.

37 Versorgung wird auch bei gesundheitlichen Schädigungen während einer besonderen Verwendung des Soldaten im Ausland gewährt. Das ist die Verwendung bei humanitären und unterstützenden Maßnahmen, vor allem bei so genannten UNO-Blauhelmeinsätzen. Entschädigt werden Gesundheitsstörungen, die auf Verhältnissen beruhen, die von denen des Inlands wesentlich abweichen und denen der Soldat besonders ausgesetzt war.

38 Versorgung wird auch gewährt, wenn ein dienstlich im Ausland verwendeter Soldat, eine gesundheitliche Schädigung aufgrund eines Unfalls oder einer Erkrankung im Zusammenhang mit einer Verschleppung oder Gefangenschaft erleidet. Versorgung in entsprechender Anwendung des Bundesversorgungsgesetzes wird auch für gesundheitliche Schädigungen gewährt, die ein dienstlich im Ausland verwendeter Soldat, ein Familienangehöriger des Soldaten oder eine sonst zur häuslichen Gemeinschaft gehörende Person in diesem Land oder auf dem Hin- oder Rückweg nach oder von diesem Land durch einen vorsätzlichen, rechtswidrigen tätlichen Angriff erleidet. Das gilt auch für Schädigungen in der Zeit zwischen dem 1. April 1956 und dem 29. Juli 1995, wenn der Geschädigte allein infolge dieser Schädigung schwerbeschädigt ist.

39 Das Zivildienstgesetz regelt die Versorgung beschädigter Zivildienstpflichtiger und deren Hinterbliebener. Insoweit entsprechen seine Vorschriften weitgehend denen des Dritten Teils des Soldatenversorgungsgesetzes.

40 Das Infektionsschutzgesetz sieht für Impfgeschädigte und deren Hinterbliebene eine Versorgung nach den Vorschriften des Bundesversorgungsgesetzes vor. Geschützt sind: Schutzimpfungen und andere Maßnahmen der spezifischen Prophylaxe, die entweder von der zuständigen Behörde öffentlich empfohlen und in ihrem Bereich vorgenommen wurden, auf Grund des Infektionsschutzgesetzes angeordnet wurden, gesetzlich vorgeschrieben waren oder aufgrund der Verordnungen zur Ausführung der Internationalen Gesundheitsvorschriften bei wiedereinreisenden Personen vorgenommen wurden sowie bestimmte Impfungen außerhalb des Bundesgebietes. Bei Impfung mit vermehrungsfähigen Erregern kommt Versorgung auch in Betracht, wenn diese Impfung einen Gesundheitsschaden bei einer anderen Person hervorruft.

41 Das Opferentschädigungsgesetz regelt die Versorgung für Personen, die durch einen vorsätzlichen, rechtswidrigen tätlichen Angriff gegen ihre oder eine andere Person oder durch dessen rechtmäßige Abwehr eine gesundheitliche Schädigung erlitten haben, sowie die Versorgung der Hinterbliebenen schädigungsbedingt gestorbener Gewaltopfer.

42 Tätlicher Angriff ist ein gewaltsames handgreifliches Vorgehen gegen eine Person in kämpferischer, feindseliger Absicht ohne Rücksicht auf dessen Erfolg. Keine Rolle spielt dabei, ob der Angriff gegen den Geschädigten selbst oder gegen eine andere Person gerichtet war. Vorsätzliches Handeln setzt nach dem Opferentschädigungsgesetz nicht die Schuldfähigkeit des Handelnden voraus. Daher ist eine Entschädigung auch bei einem tätlichen Angriff durch Kinder oder Geisteskranke möglich. Ein tätlicher Angriff kann auch dann vorliegen, wenn der Täter, wie z. B. beim sexuellen Missbrauch von Kindern, keine nennenswerte Kraft aufwendet, um einen Widerstand des Opfers zu überwinden, sondern den Widerstand des Opfers durch Täuschung, Überredung oder sonstige Mittel ohne besonderen Kraftaufwand bricht oder gar nicht erst aufkommen lässt. Durch einen tätlichen Angriff verursacht ist auch eine Gesundheitsstörung, die der Angegriffene sich oder einem anderen durch eigenes Handeln (z. B. durch Ausweichen vor einer Angriffshandlung oder Flucht) zufügt, oder wenn der Handelnde bei der Abwehr eines gegen ihn oder einen andere Person gerichteten rechtswidrigen Angriffs in Notwehr gehandelt oder Nothilfe geleistet hat, sofern er nicht selbst die Notwehrsituation herbeigeführt hat.

43 Dem tätlichen Angriff stehen außerdem die vorsätzliche Giftbeibringung und die fahrlässige Herbeiführung einer Gefahr für Leib und Leben durch ein mit gemeingefährlichen Mitteln (z. B. Sprengstoff, Brandstiftung) begangenes Verbrechen gleich.

44 Entschädigung nach dem Opferentschädigungsgesetz kam früher nur in Betracht, wenn die Schädigung im Bundesgebiet oder auf einem deutschen Schiff oder Luftfahrzeug eingetreten war. Durch das 3. OEG-Änderungsgesetz wurden mit Wirkung ab dem 1. Juli 2009 auch im Ausland an Deutschen und an rechtmäßig in Deutschland lebenden ausländischen Mitbürgern begangene Gewalttaten in das OEG einbezogen. Deutsche und rechtmäßig in Deutschland lebende ausländische Staatsangehörige, die durch eine Gewalttat in einem anderen Mitgliedstaat der EU gesundheitliche Schäden erlitten haben, können über das Bundesministerium für Arbeit und Soziales einen Antrag auf Entschädigung an diesen Staat richten.

45 Leistungen nach dem Opferentschädigungsgesetz sind zu versagen, wenn der Geschädigte die Schädigung verursacht hat oder wenn es unbillig wäre, ihm Entschädigung zu gewähren.

46 Als Verursachung ist ein Verhalten des Geschädigten anzusehen, wenn es eine wesentliche Bedingung für den Eintritt der Schädigung war, z. B. wenn der Geschädigte den Angriff herausgefordert hat. Unbilligkeit bedeutet, dass die Leistungspflicht der Allgemeinheit im Einzelfall aus besonderen Gründen nicht gerechtfertigt erscheint.

47 Leistungen nach dem Opferentschädigungsgesetz sind auch zu versagen, wenn der Geschädigte oder Antragsteller an politischen oder kriegerischen Auseinandersetzungen in seinem Heimatland aktiv beteiligt war oder ist und die Schädigung darauf beruht bzw. damit zusammenhängt, oder wenn er in die organisierte Kriminalität verwickelt ist oder war oder einer gewalttätigen Organisation angehört oder angehört hat.

48 Leistungen nach dem Opferentschädigungsgesetz können schließlich versagt werden, wenn der Geschädigte es unterlassen hat, bei der Aufklärung des Sachverhalts mitzuwirken, z. B. nicht unverzüglich Strafanzeige erstattet hat.

49 Auf gesundheitliche Schädigungen aus einem tätlichen Angriff mit einem Kraftfahrzeug ist das Opferentschädigungsgesetz nicht anzuwenden. Für diese Schäden kommt der Entschädigungsfonds des Vereins Verkehrsopferhilfe e.V., Glockengießerwall 1V, 20095 Hamburg, auf.

50 Anspruch auf Leistungen nach dem Opferentschädigungsgesetz haben ausländische Staatsangehörige, die nicht Angehörige eines Mitgliedstaats der Europäischen Gemeinschaften sind, wenn die Gegenseitigkeit mit ihrem Heimatstaat gewährleistet ist. Dabei kommt es auf die Staatsangehörigkeit des jeweiligen Antragstellers an.

51 Nicht erforderlich ist die Gegenseitigkeit bei Bürgern aus Staaten, für die Rechtsvorschriften der Europäischen Gemeinschaften oder zwischenstaatliche Vereinbarungen eine Gleichbehandlung mit Deutschen vorsehen, wie z. B. das Europäische Übereinkommen über die Entschädigung für Opfer von Gewalttaten.

52 Ausländer, die rechtmäßig für einen längeren Aufenthalt als sechs Monate im Bundesgebiet sind, erhalten Leistungen wie Deutsche, wenn sie sich ununterbrochen rechtmäßig seit mindestens drei Jahren im Bundesgebiet aufhalten, andernfalls erhalten sie ausschließlich einkommensabhängige Leistungen. Ein rechtmäßiger Aufenthalt ist auch gegeben, wenn die Abschiebung aus rechtlichen oder tatsächlichen Gründen oder auf Grund erheblicher öffentlicher Interessen ausgesetzt ist.

53 Ausschließlich einkommensunabhängige Leistungen erhalten auch ausländische Geschädigte, die sich rechtmäßig für einen vorübergehenden Aufenthalt von längstens sechs Monaten im Bundesgebiet befinden, wenn sie mit einem Deutschen oder einem anspruchsberechtigten Ausländer verheiratet oder in gerader Linie verwandt sind oder wenn sie Staatsangehörige eines Vertragsstaates des Europäischen Übereinkommens sind, soweit dieser Staat keine Vorbehalte zu dem Übereinkommen erklärt hat.

54 Reist einer der zuvor genannten Ausländer endgültig aus, so erhält er eine Abfindung.

55 Für Touristen und Besucher sowie für deren Hinterbliebene sieht das Gesetz eine einmalige Leistung vor. Geschädigte erhalten diese Leistung nur, wenn sie schwerbeschädigt sind.

56 Ursprünglich ließ das Opferentschädigungsgesetz Versorgung nur für Schädigungen zu, die nach dem 16. Mai 1976 eingetreten waren. Mit dem Ersten OEG-Änderungsgesetz ist eine Härteregelung für Schädigungen aus der Zeit zwischen dem 23. Mai 1949 und dem 15. Mai 1976 eingeführt worden. Danach erhalten Geschädigte Versorgung, wenn sie schwerbeschädigt und bedürftig sind. Einkommen wird auch auf die Grundrente, die Schwerstbeschädigtenzulage und die Pflegezulage angerechnet. Die besonderen Vergünstigungen für Pflegezulageempfänger bei der Ausgleichsrente, dem Ehegattenzuschlag und dem Kinderzuschlag gelten nicht. Bedürftigkeit wird auch in der Hinterbliebenenversorgung gefordert. Ggf. findet eine Einkommensanrechnung auf die Grundrente statt. Berufsschadensausgleich für Beschädigte und Schadensausgleich für Witwen sind im Rahmen der Härteregelung ausgeschlossen. Sonstige Ausländer (Rdnr. 51) erhalten Versorgung, wenn die Gewalttat nach dem 30. Juni 1990 verübt wurde. Wurde die Gewalttat vor diesem Stichtag verübt, so kann ihnen Versorgung auf Grund der oben bezeichneten Härteregelung gewährt werden.

57 Deutsche und rechtmäßig in Deutschland lebende ausländische Mitbürger können für Gesundheitsschäden durch an ihnen im Ausland nach dem 30. Juni 2009 begangene Gewalttaten ebenfalls Leistungen nach dem Opferentschädigungsgesetz erhalten. Anders als bei im Inland begangenen Taten ist in diesen Fällen jedoch keine Einstandspflicht des deutschen Staates gegeben, sondern der Anspruch beruht vielmehr auf Fürsorgegesichtspunkten. Dies hat zur Folge, dass nicht das gesamte Leistungsspektrum, sondern lediglich Einmalzahlungen sowie Leistungen der Heil- und Krankenbehandlung erbracht werden.

58 Deutsche und sich rechtmäßig in Deutschland aufhaltende ausländische Mitbürger, die nach dem 1. Juli 2005 durch eine Gewalttat in einem anderen Mitgliedstaat der EU gesundheitliche Schäden erlitten haben, können nach der EU-Richtlinie zur Entschädigung der Opfer von Straftaten vom 29. April 2004 über das Bundesministerium für Arbeit und Soziales einen Antrag auf Entschädigung an diesen Staat richten.

59 Versorgung in entsprechender Anwendung des Bundesversorgungsgesetzes erhält nach dem Strafrechtlichen Rehabilitierungsgesetz auf Antrag, wer als Betroffener infolge der Freiheitsentziehung eine gesundheitliche Schädigung erlitten hat und rehabilitiert worden ist. Hinterbliebene erhalten Versorgung (einschließlich Witwenbeihilfe), wenn der Betroffene an den Folgen der Schädigung gestorben ist. Für Betroffene in den neuen Bundesländern gelten die gleichen Maßgaben wie beim Bundesversorgungsgesetz.

60 Rehabilitiert werden können alle Personen, gegen die eine strafrechtliche Entscheidung eines staatlichen deutschen Gerichts im Beitrittsgebiet in der Zeit vom 8. Mai 1945 bis zum 2. Oktober 1990 ergangen ist. Die Entscheidung wird aufgehoben, soweit sie mit wesentlichen Grundsätzen einer freiheitlichen rechtsstaatlichen Ordnung unvereinbar ist, d. h. wenn die angeordneten Rechtsfolgen in grobem Missverhältnis zu der zugrunde liegenden Tat stehen oder die Entscheidung der politischen Verfolgung gedient hat.

61 Die Rehabilitierung erfolgt auf Antrag durch Beschluss des zuständigen Gerichts (Landgericht oder Bezirksgericht).

62 Wer aufgrund einer Verwaltungsentscheidung einer deutschen behördlichen Stelle im Beitrittsgebiet aus der Zeit vom 8. Mai 1945 bis zum 2. Oktober 1990 eine gesundheitliche Schädigung erlitten hat, erhält nach dem Verwaltungsrechtlichen Rehabilitierungsgesetz auf Antrag Versorgung in entsprechender Anwendung des Bundesversorgungsgesetzes, wenn die Verwaltungsentscheidung aufgehoben wird. Hinterbliebene erhalten Versorgung (einschließlich Witwenbeihilfe), wenn der Betroffene an den Folgen der Schädigung gestorben ist. Für Betroffene aus den neuen Bundesländern gelten die gleichen Maßgaben wie beim Bundesversorgungsgesetz. Die Verwaltungsentscheidung wird aufgehoben, wenn sie mit tragenden Grundsätzen eines Rechtsstaats schlechthin unvereinbar ist.

63 Die Aufhebung der Verwaltungsentscheidung erfolgt auf Antrag durch die Rehabilitationsbehörde des Landes, in dessen Gebiet nach dem Stande vom 3. Oktober 1990 die Maßnahme ergangen ist.

64 Versorgung nach dem Bundesversorgungsgesetz aufgrund der vorgenannten Rehabilitierungsgesetze wird nicht gewährt, wenn der Berechtigte oder derjenige, von dem die Berechtigung abgeleitet wird, gegen die Grundsätze der Menschlichkeit oder der Rechtsstaatlichkeit verstoßen oder in schwerwiegendem Maße seine Stellung zum eigenen Vorteil oder zum Nachteil anderer missbraucht hat.

Leistungen

65 Die Versorgung nach dem Bundesversorgungsgesetz umfasst Heilbehandlung, Versehrtenleibesübungen, Krankenbehandlung, Kriegsopferfürsorge, Beschädigtenrente, Pflegezulage, Bestattungsgeld, Sterbegeld, Hinterbliebenenrente und Bestattungsgeld beim Tode von Hinterbliebenen. Renten und andere Geldleistungen werden seit dem 1. Januar 2002 in Euro festgestellt und gezahlt.

66 Renten für Berechtigte in den neuen Bundesländern werden mit dem Teilbetrag der im Bundesversorgungsgesetz festgesetzten Leistungen erbracht, der sich aus dem Verhältnis der verfügbaren Standardrente der Sozialversicherung im Beitrittsgebiet zur verfügbaren Standardrente im bisherigen Bundesgebiet ergibt. Durch diese Anbindung und durch die Ableitung von den jeweils geltenden Rentenbeträgen nehmen die Renten der Kriegsopfer in den neuen Bundesländern automatisch an der Entwicklung der Sozialversicherungsrenten in diesem Gebiet teil.

67 Seit dem 1. Juli 2009 beträgt der Ableitungssatz für Renten in den neuen Bundesländern 88,71 v. H. der im Gesetz ausgewiesenen Beträge. Für die Grundrenten der Beschädigten nach dem Bundesversorgungsgesetz, dem Häftlingshilfegesetz, dem Strafrechtlichen Rehabilitierungsgesetz und dem Verwaltungsrechtlichen Rehabilitierungsgesetz gelten jedoch auf Grund einer gesetzlichen Regelung im Anschluss an ein Urteil des Bundesverfassungsgerichts vom 1. Januar 1999 an die im Gesetz ausgewiesenen Beträge ungekürzt.

68 Der oben bezeichnete Ableitungssatz gilt nicht für Leistungen der Heil- und Krankenbehandlung und der Kriegsopferfürsorge.

Tabelle 3: Übersicht über die Höhe der Leistungen nach dem Bundesversorgungsgesetz (gültig seit 1. Juli 2009)

		Alte Bundesländer	Neue Bundesländer[1)]
		monatlich Euro	
Führzulage (Leistung für Blinde)		147	130
Pauschalbetrag für Kleider und Wäscheverschleiß		18 bis 120	16 bis 106
Grundrente für Beschädigte bei einem GdS von	30	123	109[2)]
	40	168	149[2)]
	50	226	200[2)]
	60	286	254[2)]
	70	396	351[2)]
	80	479	425[2)]
	90	576	511[2)]
	100	646	573[2)]
Alterserhöhung zur Grundrente bei einem GdS von	50 u. 60	25	22
	70 u. 80	31	28
	90 u. 100	38	34
Schwerstbeschädigtenzulage	Stufe I	74	68
	Stufe II	154	137
	Stufe III	229	203
	Stufe IV	306	271
	Stufe V	382	339
	Stufe VI	460	408
[3)]Ausgleichsrente für Beschädigte bei einer GdS von	50 u. 60	396	351
	70 u. 80	479	425
	90	576	511
	100	646	573

3)Ehegattenzuschlag		71	63
Pflegezulage	Stufe I	272	241
	Stufe II	466	466
	Stufe III	661	586
	Stufe IV	849	753
	Stufe V	1104	979
	Stufe VI	1357	1204
Grundrente	für Witwen/Witwer	387	343
3)Ausgleichsrente	für Witwen/Witwer	429	381
Grundrente	für Halbwaisen	110	98
	für Vollwaisen	204	181
3)Ausgleichsrente	für Halbwaisen	192	170
	für Vollwaisen	266	236
3)Elternrente	für Elternpaar	525	46
	für Elternteil	366	325
3)Erhöhungsbetrag bei Verlust des einzigen, des letzten, aller oder von mindestens drei Kindern	für Elternpaar	297	263
	für Elternteil	215	191
4)Bestattungsgeld beim Tod von Beschädigten	wenn Beschädigter rentenberechtigt und Tod Schädigungsfolge ist	1560	1384
	wenn Beschädigter rentenberechtigt, Tod aber nicht Schädigungsfolge ist	781	693
	wenn Beschädigter nicht rentenberechtigt, Tod aber Schädigungsfolge	bis zu 1560	bis zu 1384
4)Bestattungsgeld beim Tod von Hinterbliebenen	beim Tod einer Witwe, die mindestens ein waisenrentenberechtigtes Kind hinterlässt	1560	1384
	in den übrigen Fällen	781	693

1) Der Ableitungssatz für Leistungen an Berechtigte in den neuen Bundesländern beträgt seit dem 1. Juli 2009 88,71 v. H.
2) Nach § 84a BVG beträgt der Ableitungssatz für Beschädigtengrundrenten nach dem Bundesversorgungsgesetz, dem Häftlingshilfegesetz, dem Strafrechtlichen Rehabilitierungsgesetz und dem Verwaltungsrechtlichen Rehabilitierungsgesetz in den neuen Ländern ab 1. Januar 1999 100 v. H. Die angegebenen, auf einem Ableitungssatz von 88,71 v. H. beruhenden Beträge bleiben jedoch für Beschädigte nach den anderen Gesetzen, die das BVG für anwendbar erklären, von Bedeutung.
3) Bei den einkommensabhängigen Leistungen (Ausgleichsrente, Ehegattenzuschlag und Elternrente) sind jeweils die Höchstbeträge angegeben. Diese Leistungen werden um das anzurechnende Einkommen gekürzt.
4) Gesetzliche Leistungen für den gleichen Zweck sind anzurechnen.

Tabelle 4: Empfänger ausgewählter Versorgungsleistungen nach dem Bundesversorgungsgesetz und den Gesetzen, die Versorgung nach den Vorschriften des BVG vorsehen

Inlandsversorgung[1]
(Anspruchsmonat Januar 2011)

Beschädigte

Empfänger von	
Ausgleichsrente	15.013
Berufsschadensausgleich	20.476
Sonderfürsorgeberechtigte	16.963
davon Blinde	852
Ohnhänder	120
Hirnbeschädigte	9.801
Querschnittgelähmte	254
Empfänger von	
Schwerstbeschädigtenzulage	5.038
Pflegezulage	6.863

Witwen/Witwer

Empfänger von	
Witwenbeihilfe	57.853
Wiederaufgelebter Witwenrente	27.625
Ausgleichsrente	42.366
Schadensausgleich	9.937

Halbwaisen

Empfänger von	
Waisenversorgung wegen Gebrechlichkeit	994
Ausgleichsrente	2.547

Vollwaisen

Empfänger von	
Waisenversorgung wegen Gebrechlichkeit	5.162
Ausgleichsrente	4.544

Elternteile

Empfänger von	
Erhöhung bei Verlust mehrerer Kinder	10
Erhöhung bei Verlust des einzigen, des letzten, aller oder von mindestens 3 Kindern	88

Elternpaare

Empfänger von	
Erhöhung bei Verlust mehrerer Kinder	1
Erhöhung bei Verlust des einzigen, des letzten, aller oder von mindestens 3 Kindern	14

1) Alte und neue Bundesländer.

69 Bei einkommensabhängigen Leistungen bezieht sich die Regelung auf den Betrag der vollen Rente. Sie gilt außerdem für den Bemessungsbetrag, von dem die Freibeträge für die Einkommensanrechnung und die Einkommensgrenzen für die Anrechnung des Einkommens abhängen.

Leistungen für Beschädigte

Heilbehandlung

70 Nach dem Bundesversorgungsgesetz hat die Heilbehandlung Vorrang vor der Gewährung von Renten. Ihr Zweck ist es, die Gesundheitsstörung oder die durch sie bewirkte Beeinträchtigung der Berufs- oder Erwerbsfähigkeit zu beseitigen oder zu bessern, eine Zunahme des Leidens zu verhüten, körperliche Beschwerden zu beheben und die Folgen der Schädigung zu erleichtern oder den Beschädigten entsprechend den in § 4 Abs. 1 des Neunten Buchs Sozialgesetzbuch genannten Zielen eine möglichst umfassende Teilhabe am Leben in der Gesellschaft zu ermöglichen. Außerdem dient sie dem Zweck, Pflegebedürftigkeit zu vermeiden, zu überwinden, zu mindern oder deren Verschlimmerung zu verhüten.

Kriegsopferversorgung/Soziale Entschädigung bei Gesundheitsschäden

71 Heilbehandlung wegen der Folgen der Schädigung erhalten Beschädigte ohne Rücksicht auf den Grad der Schädigungsfolgen. Heilbehandlung auch für Gesundheitsstörungen, die nicht Folgen einer Schädigung sind, wird dagegen nur Schwerbeschädigten gewährt. Diese haben außerdem für den Ehegatten und die Kinder sowie für sonstige Angehörige, die mit ihnen in häuslicher Gemeinschaft leben, Anspruch auf Krankenbehandlung. Pflegezulageempfänger erhalten Krankenbehandlung auch für ihre unentgeltlich tätigen Pflegepersonen. Schwerbeschädigung liegt ab einem Grad der Schädigungsfolgen von mindestens 50 vor.

72 Der Anspruch auf Heilbehandlung für Schädigungsfolgen besteht grundsätzlich ohne Rücksicht auf andere Ansprüche und die wirtschaftliche Lage des Beschädigten. Heilbehandlung wegen Nichtschädigungsfolgen und Krankenbehandlung für Angehörige und Pflegepersonen werden dagegen aus fürsorgerischen Gründen gewährt und sind deshalb nachrangig gegenüber anderen Leistungsansprüchen; außerdem sind sie nicht zu gewähren, wenn der Beschädigte, der Angehörige oder die Pflegeperson wirtschaftlich so gestellt sind, dass sie der staatlichen Hilfe nicht bedürfen. Diese Leistungen sind u. a. ausgeschlossen,

- wenn der Berechtigte oder der Leistungsempfänger (Ehegatte, Kind, Pflegeperson) ein Bruttoeinkommen hat, das die Jahresarbeitsentgeltgrenze in der gesetzlichen Krankenversicherung (für 2008: 48.150 Euro) übersteigt,
- wenn ein Sozialversicherungsträger (z. B. eine Krankenkasse) zu einer entsprechenden Leistung verpflichtet ist, es sei denn, dass dem Anspruch des Berechtigten für sich nur ein Anspruch aus der Familienversicherung gegenübersteht oder
- wenn der Berechtigte oder Leistungsempfänger nach dem 31. Dezember 1982 von der Versicherungspflicht in der gesetzlichen Krankenversicherung befreit worden ist.

Beschädigte, die wegen der Höhe ihres Einkommens an sich ausgeschlossen wären, aber wegen der Schädigungsfolgen keine private Krankenversicherung abschließen können, erhalten für ihre Person weiterhin Heilbehandlung. Ein Ausschluss wegen der Höhe des Einkommens findet bei Pflegezulageempfängern nicht statt.

73 Die Heilbehandlung umfasst ambulante ärztliche und zahnärztliche Behandlung, die Versorgung mit Arznei-, Verband-, Heilmitteln (u a. Krankengymnastik, Bewegungstherapie, Sprachtherapie, Beschäftigungstherapie, Brillen und Kontaktlinsen) und Zahnersatz, Krankenhausbehandlung, stationäre Behandlung in einer Rehabilitationseinrichtung, häusliche Krankenpflege, Versorgung mit Hilfsmitteln (Körperersatzstücke, orthopädische und andere Hilfsmittel sowie Blindenführhunde), Belastungserprobung und Arbeitstherapie, nichtärztliche sozialpädiatrische Leistungen sowie Psychotherapie als ärztliche und psychotherapeutische Behandlung und Soziotherapie. Im Rahmen der Heilbehandlung nach dem Infektionsschutzgesetz und dem Opferentschädigungsgesetz werden darüber hinaus heilpädagogische Behandlung sowie heilgymnastische und bewegungstherapeutische Übungen gewährt, wenn diese bei der Heilbehandlung notwendig sind.

74 Der Umfang der Krankenbehandlung entspricht dem Umfang der Heilbehandlung, ausgenommen die Versorgung mit Zahnersatz. An ihrer Stelle werden Zuschüsse zum Zahnersatz gewährt.

75 Leistungen der Heil- und Krankenbehandlung setzen voraus, dass der Versorgungsanspruch anerkannt ist. Sie können schon vorher gewährt werden, wenn die Anerkennung beantragt ist. Hat der Beschädigte eine ärztliche Behandlung vor der Anerkennung begonnen oder durchgeführt, ohne das Versorgungsamt oder die Krankenkasse in Anspruch zu nehmen oder hat er sich andere Leistungen (z. B. Hilfsmittel) selbst beschafft, so sind die notwendigen Kosten in angemessenem Umfang zu erstatten.

76 Die Heilbehandlung für Beschädigte wird durch folgende Leistungen ergänzt: Leistungen zur Förderung der Gesundheit und zur Verhütung und Früherkennung von Krankheiten, Leistungen bei Schwangerschaft und Mutterschaft, Badekuren, Ersatzleistungen, Versehrtenleibesübungen, Versorgungskrankengeld und Beihilfe bei Beeinträchtigung der Erwerbsgrundlage sowie Haushaltshilfe und ergänzende Leistungen zur Rehabilitation nach den Vorschriften für die entsprechenden Leistungen der Krankenkasse. Die beiden erstgenannten Leistungen erhalten nur Schwerbeschädigte.

77 Im Rahmen der Krankenbehandlung für Angehörige werden die vorgenannten Leistungen mit Ausnahme der Badekuren, der Ersatzleistungen, der Versehrtenleibesübungen, des Versorgungskrankengeldes und der Beihilfe gewährt. Hinzu treten Zuschüsse zum Zahnersatz sowie medizinische und ergänzende Leistungen zur Rehabilitation und Leistungen zur Gesundheitsvorsorge in Form einer Kur entsprechend den Vorschriften der Krankenkasse.

78 Ärztliche und zahnärztliche Behandlung sowie Leistungen von anderen Leistungserbringern erhält der Berechtigte auf Vorlage einer Ausweiskarte. Krankenversicherte Beschädigte erhalten die Heilbehandlung für Schädigungsfolgen aufgrund der Krankenversicherungskarte ihrer Krankenkasse. Berechtigte müssen bei der Behandlung von Schädigungsfolgen weder Praxisgebühr noch Zuzahlungen entrichten. Das gilt auch für Berechtigte mit umfassenden Ansprüchen auf Heilbehandlung oder Krankenbehandlung, die von den Krankenkassen gemäß gesetzlichem Auftrag betreut werden. Ausnahmen gelten nur für solche Leistungen, die nicht zur Heil- und Krankenbehandlung im engeren Sinne zählen und bei denen das Bundesversorgungsgesetz uneingeschränkt auf die Vorschriften für die entsprechenden Leistungen der Krankenkasse verweist, wie z. B. Haushaltshilfen und ergänzende Leistungen zur Rehabilitation.

79 Ersatzleistungen sind Geldleistungen zur Ergänzung der Hilfsmittelversorgung. Sie werden vornehmlich für die Beschaffung, Umrüstung und Instandhaltung von Kraftfahrzeugen, zur Beschaffung von Tonaufnahme- und Tonwiedergabegeräten sowie für Telefonausstattungen erbracht.

80 Der Zuschuss zur Beschaffung eines Kraftfahrzeugs kommt für einseitig Beinamputierte mit besonders schwierigen Amputationsverhältnissen, für Doppel-Beinamputierte und für Mehrfachamputierte in Betracht. Seine Höhe beträgt bis zu 3.579 Euro.

81 Beschädigte, die wegen ihrer Schädigungsfolgen und Schwerbeschädigte, die wegen anderer Behinderungen auf Änderungen der Bedienungseinrichtungen, automatische Getriebe oder auf Zusatzgeräte im Kraftfahrzeug angewiesen sind, können Geldleistungen für die Umrüstung oder besondere Ausstattung ihres Fahrzeugs erhalten. Blinden werden Zuschüsse zur Beschaffung von Tonaufnahme- und -wiedergabegeräten erbracht. Die notwendigen Kosten für eine Zusatzausstattung des Telefons können übernommen werden, wenn Benutzer von Hörgeräten und Ohnhänder dringend auf diese besondere Ausstattung ihres Telefons angewiesen sind.

82 Badekuren (stationäre Behandlungen in Kureinrichtungen) können Beschädigten gewährt werden, um den Heilerfolg zu sichern, einer in absehbarer Zeit zu erwartenden Verschlechterung des Gesundheitszustands, dem Eintritt einer Arbeitsunfähigkeit oder einer Pflegebedürftigkeit vorzubeugen. Im Jahr 2009 sind 5.736 Badekuren durchgeführt worden.

83 Kuren sind im Regelfall nur im Abstand von mindestens drei Jahren zu bewilligen. Eine vorzeitige erneute Gewährung aus dringenden gesundheitlichen Gründen ist jedoch möglich.

84 Versorgungskrankengeld ist eine vorübergehende Geldleistung zum Ausgleich des infolge Arbeitsunfähigkeit oder stationärer Maßnahmen der medizinischen Rehabilitation entgehenden Einkommens. Es wird in erster Linie bei schädigungsbedingter Arbeitsunfähigkeit oder bei Maßnahmen wegen der Schädigungsfolgen gezahlt. Schwerbeschädigte erhalten Versorgungskrankengeld auch wegen anderer Gesundheitsstörungen, wenn die Heilbehandlung wegen dieser Gesundheitsstörungen nicht ausgeschlossen ist.

85 Die Leistungsdauer bestimmt sich nach der Dauer der Arbeitsunfähigkeit bzw. der Dauer der medizinischen Rehabilitationsmaßnahme. Ist die Arbeitsunfähigkeit nicht zu beseitigen, so endet die Leistung, wenn feststeht, dass die Arbeitsunfähigkeit in den nächsten 78 Wochen voraussichtlich nicht zu beseitigen ist, frühestens jedoch nach einer Zahlung für mindestens 78 Wochen; sie endet auch mit der Bewilligung einer Altersrente oder der Zahlung von Vorruhestandsgeld. Nach Ablauf eines Jahres seit dem Ende des Bemessungszeitraums wird das Versorgungskrankengeld jeweils entsprechend der Veränderung der Bruttolohn- und -gehaltssumme je durchschnittlich beschäftigten Arbeitnehmer vom vorvergangenen zum vergangenen Kalenderjahr an die Entwicklung der Bruttoarbeitsentgelte angepasst.

86 Die Höhe des Versorgungskrankengeldes richtet sich nach dem Regelentgelt, das höchstens bis zur Leistungsbemessungsgrenze (360. Teil der Beitragsbemessungsgrenze der Rentenversicherung für Jahresbezüge, zurzeit 183,33 Euro täglich – alte Bundesländer – bzw. 155 Euro täglich – neue Bundesländer) zu berücksichtigen ist. Das Versorgungskrankengeld beträgt 80 v. H. des Regelentgelts, darf jedoch das entgangene regelmäßige Nettoarbeitsentgelt nicht übersteigen.

Renten für Beschädigte

87 Die Beschädigtenversorgung setzt sich je nach Umfang und Schwere der Schädigungsfolgen aus mehreren Rententeilen zusammen und kann so in schweren Schadensfällen zu beachtlichen Leistungen kumulieren. Das Gesetz sieht folgende Rentenleistungen vor:

- die Grundrente,
- die Schwerstbeschädigtenzulage,
- die Ausgleichsrente,
- den Ehegattenzuschlag,
- den Kinderzuschlag,
- den Berufsschadensausgleich,
- die Pflegezulage,
- die Führzulage für Blinde und
- den Pauschbetrag für Kleider- und Wäscheverschleiß.

Abgesehen von der Ausgleichsrente, dem Ehegattenzuschlag, dem Kinderzuschlag und dem Berufsschadensausgleich ist die Höhe dieser Leistungen nicht vom Einkommen des Beschädigten abhängig.

Grundrente

88 Grundrente erhalten Beschädigte ab einem Grad der Schädigungsfolgen (GdS) von 30. Dieser ist jeweils in Zehnergraden bis zu einem GdS von 100 gestaffelt. Von der Vollendung des 65. Lebensjahres an wird die Grundrente für Schwerbeschädigte erhöht.

89 Der Begriff des Grades der Schädigungsfolgen ist durch das Gesetz vom 13. Dezember 2007 in das BVG eingeführt worden und hat den Begriff der Minderung der Erwerbsfähigkeit abgelöst, weil dieser irreführend war. Der Grad der Schädigungsfolgen ist maßgebend für die Höhe der Grundrente und der Ausgleichsrente. Andere Leistungen wie z. B. der Berufsschadensausgleich hängen von einer bestimmten Höhe des Grades der Schädigungsfolgen ab. Der Grad der Schädigungsfolgen ist nach der körperlichen und geistigen Beeinträchtigung im allgemeinen Erwerbsleben zu beurteilen. Dabei sind seelische Begleiterscheinungen und Schmerzen zu berücksichtigen.

90 Der Begriff Grad der Schädigungsfolgen hat darüber hinaus die Funktion, die negativen Auswirkungen der gesundheitlichen Folgen der Schädigung auf die berufliche Leistung des einzelnen Beschädigten auszudrücken. Haben sich die Schädigungsfolgen nachteilig auf den vor der Schädigung ausgeübten oder begonnenen Beruf, auf den nachweislich angestrebten oder auf den Beruf ausgewirkt, der nach der Schädigung ausgeübt worden ist oder noch ausgeübt wird, so ist der Grad der Schädigungsfolgen höher zu bewerten.

91 Der Sicherstellung einer gleichmäßigen Begutachtung und Beurteilung des Grades der Schädigungsfolgen dient die Versorgungsmedizin-Verordnung vom 10. Dezember 2008. In dieser sind die bisher vom Bundesministerium für Arbeit und Soziales herausgegebenen sogenannten „Anhaltspunkte für die ärztliche Gutachtertätigkeit im sozialen Entschädigungsrecht und nach dem Schwerbehindertengesetz" aufgegangen. Bundesverfassungsgericht und Bundessozialgericht hatten diesen Anhaltspunkten rechtsnormähnliche Qualität zuerkannt, jedoch beanstandet, dass die Anhaltspunkte nicht auf einer gesetzlichen Grundlage beruhen. Die von der Rechtsprechung angemahnte gesetzliche Grundlage für die Anhaltspunkte wurde durch Gesetz vom 21. Dezember 2007 in das BVG eingefügt und durch die Versorgungsmedizin-Verordnung umgesetzt.

92 Die Grundrente ist eine Entschädigung für die Beeinträchtigung der körperlichen Unversehrtheit und soll die Mehraufwendungen oder Ausgaben, die ein Gesunder nicht hat, oder Ausfälle an wirtschaftlichen Vorteilen aus einer Betätigung außerhalb des Berufs ausgleichen. Sie dient somit nicht der Sicherstellung des Lebensunterhalts. Wegen ihres Leistungszwecks wird die Beschädigtengrundrente bei der Feststellung der einkommensabhängigen Leistungen (z. B. Ausgleichsrente) nicht als Einkommen berücksichtigt. Sie bleibt darüber hinaus in vielen anderen Leistungsbereichen unberücksichtigt.

Schwerstbeschädigtenzulage

93 Schwerstbeschädigtenzulage in sechs Stufen erhalten erwerbsunfähige Beschädigte, die durch die Folgen der Schädigung außergewöhnlich betroffen sind. Eine Differenzierung zwischen den einzelnen erwerbsunfähigen Beschädigten erfolgt, weil bei diesen unterschiedlich schwere Schädigungsfolgen vorliegen können.

94 Bei der Schwerstbeschädigtenzulage werden die Schädigungsfolgen nach einem Punktsystem bewertet. Dabei werden Schädigungsfolgen mit einem niedrigen GdS unberücksichtigt gelassen oder geringer bewertet, während das funktionell besonders ungünstige Zusammentreffen von schweren Schädigungsfolgen mit Punktzuschlägen bedacht wird. Schwerstbeschädigtenzulage wird bei mindestens 130 Punkten nach Stufe I gewährt. Diese wird z. B. erreicht, wenn der Verlust einer Hand und eines Oberschenkels zusammentreffen; Stufe VI erhält ein Beschädigter, bei

dem Blindheit mit Taubheit und dem Verlust einer Hand zusammentrifft.

95 Pflegezulageempfänger der Stufen III bis V erhalten mindestens Schwerstbeschädigtenzulage der Stufen I, II bzw. III.

Abgeltung des wirtschaftlichen Schadens

96 Zum Ausgleich wirtschaftlicher Folgen der Schädigung, die nicht in schädigungsbedingten Mehraufwendungen bestehen, stehen Berufsschadensausgleich, Ausgleichsrente, Ehegattenzuschlag und der aus der Erhöhung des GdS resultierende Mehrbetrag an Grundrente zur Verfügung.

97 Der Berufsschadensausgleich gleicht die schädigungsbedingte Einbuße an Einkommen aus einer beruflichen Tätigkeit sowie die Auswirkungen dieses Einkommensverlustes auf die Höhe der Altersversorgung aus. Ausgleichsrente und Ehegattenzuschlag stellen den Lebensunterhalt des Beschädigten zusammen mit den anderen Leistungen (z. B. der Heilbehandlung für Nichtschädigungsfolgen und der Krankenbehandlung für Angehörige von Schwerbeschädigten) und dem Einkommen des Beschädigten sicher. Die Ausgleichsrente wird bei der Feststellung des Berufsschadensausgleichs berücksichtigt, der Ehegattenzuschlag nur bei der alternativen Berechnung des Berufsschadensausgleichs.

98 Ausgleichsrente, Berufsschadensausgleich und Höherbewertung des GdS wegen besonderen beruflichen Betroffenseins kommen nicht in Betracht, solange Maßnahmen zur Rehabilitation Erfolg versprechen und zumutbar, jedoch noch nicht abgeschlossen sind.

Ausgleichsrente

99 Ausgleichsrente wird Schwerbeschädigten gewährt. Ihre Höhe ist vom GdS und dem sonstigen Einkommen des Beschädigten abhängig. Die Höhe der vollen Ausgleichsrente ist nach dem GdS gestaffelt. Für Beschädigte mit einem GdS von 50 und 60 sowie für Beschädigte mit einem GdS von 70 und 80 wird Ausgleichsrente in jeweils gleicher Höhe gewährt. Mit der Ausgleichsrente soll den Schwerbeschädigten ein Beitrag zu ihrem Lebensunterhalt geleistet werden. Der Anspruch auf Ausgleichsrente setzt voraus, dass der Beschädigte infolge seines Gesundheitszustands, hohen Alters oder aus sonstigen Gründen keine zumutbare Tätigkeit ausüben oder nur in beschränktem Maße oder nur mit überdurchschnittlichem Kräfteaufwand ausüben kann. Grundsätzlich sind alle Einkünfte in Geld oder Geldeswert anzurechnen. Unberücksichtigt bleiben lediglich die in einem Katalog der Ausgleichsrentenverordnung genannten Einkünfte. Im Prinzip sind dies Leistungen, die entweder dem Ausgleich von Mehraufwendungen dienen (z. B. Pflegegeld) oder die gegenüber den BVG-Leistungen nachrangig sind (z. B. Sozialhilfe) oder die anderen Zwecken als der Sicherstellung des Lebensunterhalts dienen (z. B. vermögenswirksame Leistungen).

100 Einkommen wird nach Abzug von Freibeträgen angerechnet. Ausgehend vom Bruttoeinkommen bleiben bei Einkünften aus gegenwärtiger Erwerbstätigkeit derzeit 404 Euro (neue Bundesländer 358 Euro) monatlich und vom darüber hinausgehenden Betrag rd. 64 v. H. anrechnungsfrei; bei den übrigen Einkünften bleiben 175 Euro (neue Bundesländer 156 Euro) und von dem Rest rd. 44 v. H. anrechnungsfrei. Die Höhe der Freibeträge richtet sich nach einem gesetzlich festgelegten Bemessungsbetrag, der jährlich um den Vomhundertsatz angepasst wird, um den sich die Bruttolohn- und -gehaltssumme je durchschnittlich beschäftigten Arbeitnehmer im Kalenderjahr vor der Anpassung gegenüber dem Vorjahr verändert hat. Durch diese Bruttoanpassung wird u. a. gewährleistet, dass dem Berechtigten die Erhöhung der Sozialrenten verbleibt und er an der Anpassung der Ausgleichsrenten teilnimmt. Die Anrechnung von Einkommen vollzieht sich in 200 Stufen nach der so genannten Anrechnungsverordnung.

101 Pflegezulageempfänger der Stufen I und II erhalten wenigstens die Hälfte der vollen Ausgleichsrente, Pflegezulageempfänger mindestens der Stufe III stets die volle Ausgleichsrente.

Ehegattenzuschlag

102 Verheiratete Schwerbeschädigte erhalten einen Ehegattenzuschlag, auch wenn die Ehe aufgelöst oder für nichtig erklärt worden ist, der Schwerbeschädigte aber in seinem Haushalt für ein Kind sorgt. Das nach den Grundsätzen für die Feststellung der Ausgleichsrente ermittelte anzurechnende Einkommen wird insoweit berücksichtigt, als es den Betrag übersteigt, der zum Wegfall der Ausgleichsrente geführt hat. Pflegezulageempfänger erhalten den vollen Ehegattenzuschlag.

Kinderzuschlag

103 Kinderzuschlag wird Schwerbeschädigten erbracht. Da diese Leistung entfällt, wenn für das Kind ein Anspruch nach dem Bundeskindergeldgesetz besteht, erhalten diesen Zuschlag, der in Höhe des gesetzlichen Kindergeldes gezahlt wird, im Wesentlichen nur noch Berechtigte im Ausland. Die Ausführungen über die Anrechnung von Einkommen auf den Ehegattenzuschlag gelten auch für den Kinderzuschlag. Der Kinderbegriff umfasst auch die in den Haushalt des Beschädigten aufgenommenen Stiefkinder. Die Leistung wird bis zur Vollendung des 16. Lebensjahres, bei Schul- oder Berufsausbildung oder Ableistung eines freiwilligen sozialen Jahres bis zum 27. Lebensjahr, bei Eintritt von Gebrechlichkeit vor Vollendung des 27. Lebensjahres unter bestimmten Voraussetzungen auch darüber hinaus gewährt.

Berufsschadensausgleich

104 Berufsschadensausgleich erhalten Beschädigte zur Abgeltung der wirtschaftlichen Folgen der Schädigung, soweit diese in einer Einbuße an Einkommen aus einer beruflichen Tätigkeit bestehen. Er ist eine Entschädigungsleistung und steht dem Beschädigten neben der Ausgleichsrente und dem Ehegattenzuschlag zur Verfügung. Der Berufsschadensausgleich richtet sich bei Beschädigten nach dem im Einzelfall eingetretenen Verlust an Erwerbseinkommen. Nach dem Eintritt in das Rentenalter gleicht der Berufsschadensausgleich einen Verlust an Renteneinkommen aus.

105 Schädigungsbedingter Einkommensverlust ist der Unterschiedsbetrag zwischen dem derzeitigen Bruttoeinkommen aus gegenwärtiger oder früherer Tätigkeit und dem höheren Erwerbseinkommen, das der Beschädigte ohne die Schädigung wahrscheinlich erzielt hätte (so genanntes Vergleichseinkommen). Derzeitiges Einkommen aus anderen Einkunftsarten wird wegen der Zielsetzung des Berufsschadensausgleichs, den beruflichen Schaden auszugleichen, nicht berücksichtigt.

106 Die Vergleichseinkommen sind Bruttoeinkommen. Sie werden aus den Durchschnittseinkommen von Berufs- und Wirtschaftsgruppen aufgrund der Erhebungen des Statistischen Bundesamtes ermittelt oder aus den Besoldungs- und Vergütungstabellen für den öffentlichen Dienst entnommen und nach Hochrechnung auf aktuelle Werte jährlich in Tabellen bekannt gemacht.

107 Für Berechtigte in den neuen Bundesländern werden die Vergleichseinkommen aus den geltenden Tabellen mit dem Vomhundertsatz ermittelt, der für die Höhe der Rentenleistungen maßgebend ist.

108 Im Einzelfall wird festgestellt, welcher Berufs- und Wirtschaftsgruppe der Beschädigte ohne die Schädigung nach seinen Lebensverhältnissen, Kenntnissen und Fähigkeiten und dem bisher betätigten Arbeits- und Ausbildungswillen wahrscheinlich angehört hätte und in welcher Leistungsgruppe er tätig wäre.

109 Der Berufsschadensausgleich wurde bis 1990 ausschließlich nach der so genannten Bruttomethode berechnet. Dazu wird von dem Vergleichseinkommen, das als fiktives Bruttoeinkommen individuell festgestellt worden ist, das derzeitige Bruttoeinkommen und die Ausgleichsrente abgezogen. 42,5 v. H. dieses Einkommensverlustes werden als Berufsschadensausgleich gezahlt. Ist die Grundrente wegen besonderen beruflichen Betroffenseins erhöht worden, so ruht der Berufsschadensausgleich in Höhe des Mehrbetrages an Grundrente.

110 Berufsschadensausgleich wird auch nach dem Ausscheiden aus dem Berufsleben gezahlt. Dabei ist von dem Alterseinkommen auszugehen, das sich ohne die Schädigung ergeben hätte. Für die Zeit nach dem Eintritt in das Rentenalter ist eine Kürzung des Vergleichseinkommens auf 75 v. H. vorgesehen. Der jeweilige Zeitpunkt hierfür ist in der Berufsschadensausgleichs-Verordnung bestimmt; spätestens ist das die Vollendung des 65. Lebensjahres.

111 Für Beschädigte, die im Laufe ihres Berufslebens nur zeitweise ein schädigungsbedingt gemindertes Erwerbseinkommen gehabt haben, sieht das Gesetz nach dem Ausscheiden aus dem Erwerbsleben einen Berufsschadensausgleich vor, der sich ausschließlich an dem eingetretenen Rentenverlust orientiert. Eine andere Sonderform ist für Hausfrauen vorgesehen, denen infolge der Schädigung Mehraufwendungen im Haushalt entstehen.

112 Neben der Bruttoberechnung des Berufsschadensausgleichs wurde im Jahre 1990 alternativ eine Nettoberechnung (so genannte netto-orientierte Mindestklausel) eingeführt. Da diese Berechnungsart für den Beschädigten in aller Regel günstiger ist, wurde durch Gesetz vom 13. Dezember 2007 festgelegt, dass zukünftig nur noch eine Nettoberechnung erfolgt. Bei bestehenden Zahlfällen wurde zum 21. Dezember 2007 endgültig entschieden, welche Berechnungsweise in Zukunft anzuwenden ist. Damit werden ansonsten erforderliche und sich z. T. über Jahre hinziehende Vergleichsberechnungen künftig vermieden.

113 Die Nettoberechnung zielt darauf ab, den durch die Schädigung eingetretenen Nettoschaden zu ersetzen und Nachteile der Bruttoberechnung auszugleichen. Da der Berufsschadensausgleich bei der Bruttoberechnung von einem Bruttoeinkommensverlust ausgeht und darauf eine einheitliche Abgeltungsquote anwendet, ergeben sich infolge der unterschiedlichen Steuer- und Beitragsbelastung jeweils unterschiedliche wirtschaftliche Ergebnisse, bezogen auf den entschädigungsrechtlich gebotenen Ersatz des verloren gegangenen Nettoeinkommens.

114 Die netto-orientierte Mindestklausel geht von einem für den einzelnen Beschädigten festgestellten Nettovergleichseinkommen aus, von dem das derzeitige Nettoeinkommen des Beschädigten sowie die Ausgleichsrente und der Ehegattenzuschlag abgezogen werden.

115 Bei der Feststellung ist zu unterscheiden zwischen Beschädigten, die ohne die Schädigung noch erwerbstätig wären, und den übrigen Beschädigten.

116 Bei der Ermittlung des Nettovergleichseinkommens und des derzeitigen Nettoeinkommens werden zur Berücksichtigung der Steuer- und Beitragsbelastung pauschal bestimmte Vomhundertsätze vom Bruttovergleichseinkommen bzw. vom derzeitigen Bruttoeinkommen abgezogen. Dabei wird beim Einkommen aus Erwerbstätigkeit zwischen Verheirateten und Ledigen unterschieden.

117 Bei Beschädigten, die im Rentenalter stehen, wird als ohne die Schädigung zu erwartendes Nettoeinkommen (fiktives Nettoalterseinkommen) 50 v. H. des (Brutto-)Vergleichseinkommens angesetzt. Dies entspricht bei einer Altersversorgung ausschließlich aus der gesetzlichen Rentenversicherung bei Abzug der Hälfte des Beitrags für die Krankenversicherung der Rentner etwa dem Ergebnis nach einem vollen Arbeitsleben.

118 Dem fiktiven Nettoalterseinkommen wird außer der Ausgleichsrente und dem Ehegattenzuschlag das Nettoeinkommen aus früherer Erwerbstätigkeit gegenübergestellt. Von Sozialrenten wird dabei die Hälfte des Krankenversicherungsbeitrags der Rentner abgezogen.

119 Rentenberechtigte Beschädigte, die mit ihren Angehörigen einen gemeinsamen Haushalt führen oder ohne die Schädigung zu führen hätten, erhalten als Berufsschadensausgleich einen Betrag in Höhe der Hälfte der schädigungsbedingten Mehraufwendungen bei der Haushaltsführung.

Ausgleich schädigungsbedingter Mehraufwendungen

Pflegezulage

120 Pflegezulage in 6 Stufen erhalten Beschädigte, die infolge der Schädigung hilflos sind. Hilflos ist der Beschädigte, wenn er für eine Reihe von häufig und regelmäßig wiederkehrenden Verrichtungen zur Sicherung seiner persönlichen Existenz im Ablauf eines jeden Tages fremder Hilfe dauernd bedarf. Blinde erhalten mindestens die Pflegezulage nach Stufe III, erwerbsunfähige Hirnbeschädigte mindestens Pflegezulage nach Stufe I.

121 Muss der Pflegezulageempfänger eine Pflegekraft gegen Entgelt beschäftigen, so werden ihm der Bruttolohn und die Arbeitgeberanteile zur Sozialversicherung und zur Bundesagentur für Arbeit durch Erhöhung der Pflegezulage erstattet. Wird der Pflegezulageempfänger von einem Elternteil oder seinem Ehegatten noch zusätzlich gepflegt, so ist aus der pauschalen Pflegezulage nur ein Viertel der Aufwendungen für fremde Pflege zu tragen.

122 Bei einem Krankenhausaufenthalt wird Pflegezulageempfängern der Stufen I und II die Pflegezulage bis zum Ablauf des ersten, den übrigen Pflegezulageempfängern bis zum Ablauf des 12. Monats nach der Aufnahme weiter gezahlt. Die Aufwendungen für eine fremde Pflegekraft werden auch weiterhin übernommen, solange eine Kündigung des Arbeitsvertrages mit der Pflegekraft nicht zumutbar ist.

123 Bei einem Krankenhausaufenthalt unmittelbar im Anschluss an die Entstehung der Hilflosigkeit oder bei Eintritt der Hilflosigkeit während eines Krankenhausaufenthalts wird Pflegebeihilfe in Höhe von mindestens einem Viertel der Pflegezulage der Stufe I gezahlt.

124 Ist der Beschädigte so hilflos, dass er auf Pflege in einer Pflegeeinrichtung angewiesen ist, so können die Kosten dafür übernommen werden.

Blindenführzulage

125 Neben der Pflegezulage erhalten Blinde eine Blindenführzulage.

Ersatz für Kleider- und Wäscheverschleiß

126 Der Pauschbetrag als Ersatz für Kleider- und Wäscheverschleiß soll Mehraufwendungen ausgleichen, die durch einen schädigungsbedingten außergewöhnlichen Verschleiß an Kleidung oder Wäsche entstehen. Typische Schädigungsfolgen werden in einer Rechtsverordnung bewertet.

Kriegsopferfürsorge

127 Die Kriegsopferfürsorge dient der Ergänzung der übrigen Leistungen für Beschädigte und Hinterbliebene im Einzelfall. Dabei werden Beschädigte auch dann berücksichtigt, wenn sie nur Anspruch auf Heilbehandlung wegen der Schädigungsfolgen haben. Leistungen werden nur erbracht, wenn und soweit die Beschädigten infolge der Schädigung und die Hinterbliebenen infolge des Verlustes des Angehörigen nicht in der Lage sind, ihren Lebensbedarf aus den übrigen, vorrangig zu erbringenden Leistungen nach dem Bundesversorgungsgesetz und dem sonstigen Einkommen oder Vermögen zu decken. Die Prüfung der Kausalität wird durch eine Vermutung erleichtert. Bei der Bemessung der Leistungen der Kriegsopferfürsorge sind andere Einkünfte nur eingeschränkt zu berücksichtigen. Grundrenten und Schwerstbeschädigtenzulagen bleiben außer Betracht. Beim Vermögen dürfen bestimmte Vermögensgegenstände, z. B. ein Familienheim, nicht berücksichtigt werden.

128 Art und Umfang der Leistungen werden von Inhalt und Ausmaß des Bedarfs bestimmt. In Betracht kommen persönliche Hilfe, Geld- und Sachleistungen. Das Ausmaß der Hilfe ergibt sich aus der Differenz zwischen dem anzuerkennenden Bedarf und den einzusetzenden Mitteln.

Leistungen zur Teilhabe am Arbeitsleben und ergänzende Leistungen

129 Die Gewährung von Leistungen zur medizinischen Rehabilitation oder zur Teilhabe am Arbeitsleben hat Vorrang vor der Gewährung von Renten, die dem Ausgleich des beruflichen Schadens oder der Sicherung des Lebensunterhalts dienen. Der Beschädigte erhält daher Leistungen zur Teilhabe am Arbeitsleben nach dem Neunten Buch Sozialgesetzbuch einschließlich eines Übergangsgeldes.

Erziehungsbeihilfe

130 Mit der Gewährung von Erziehungsbeihilfe für Kinder von Beschädigten und für Waisen übernimmt der Staat Aufwendungen, die sonst dem Vater obliegen hätten. Die Hilfen umfassen die Aufwendungen für den gesamten Lebensunterhalt und die Erziehung des Kindes.

Ergänzende Hilfe zum Lebensunterhalt

131 Reichen in besonderen Fällen die Rentenleistungen nach dem Bundesversorgungsgesetz nicht aus, um den notwendigen Lebensunterhalt zu bestreiten, kommt ergänzende Hilfe zum Lebensunterhalt in Betracht. Dabei wird dem nach Regelsätzen ermittelten Bedarf das gesamte einzusetzende Einkommen (d. h. das um Abzüge verminderte Einkommen) gegenübergestellt.

Hilfe zur Pflege

132 Hilfe zur Pflege erhalten Beschädigte und Hinterbliebene, die wegen einer körperlichen, geistigen oder seelischen Krankheit oder Behinderung für die gewöhnlichen und regelmäßig wiederkehrenden Verrichtungen im Ablauf des täglichen Lebens auf Dauer, d. h. voraussichtlich für mindestens sechs Monate, in erheblichem oder höherem Maß der Hilfe bedürfen. Leistungen der Pflegeversicherung gehen der Hilfe zur Pflege vor, doch sieht diese aufstockende Leistungen bis zur vollen Kostenübernahme vor. Eigenes Einkommen und Vermögen ist erst oberhalb der Leistungsgrenzen des Pflege-Versicherungsgesetzes einzusetzen. Außerdem erhalten Personen, die zwar pflegebedürftig, jedoch noch nicht so hilflos sind, dass sie Leistungen der Pflegeversicherung erhalten können oder die voraussichtlich für weniger als sechs Monate der Pflege bedürfen oder die der Hilfe für andere Verrichtungen als die durch die Pflegeversicherung abgedeckten Verrichtungen bedürfen, Leistungen der Kriegsopferfürsorge. Pflegegeld kann im Rahmen der Hilfe zur Pflege in drei Stufen gewährt werden.

133 Als weitere Leistungen der Kriegsopferfürsorge kommen Erholungshilfe, Wohnungshilfe, Hilfe zur Weiterführung des Haushalts, Altenhilfe und Krankenhilfe in Betracht. Außerdem werden Hilfen in besonderen Lebenslagen erbracht. Für Gruppen besonders schwer betroffener Beschädigter ist eine Sonderfürsorge vorgesehen.

Leistungen für Hinterbliebene

Leistungen für Witwen

134 Witwenversorgung erhalten außer Witwen auch Witwer, frühere Ehegatten des Verstorbenen (bei Scheidung, Aufhebung oder Nichtigerklärung der Ehe), Witwen, deren Ehe nach der Wiederverheiratung aufgelöst oder für nichtig erklärt wurde, Ehegatten von Verschollenen und Ehegatten von

Kriegsgefangenen. Zur Witwenversorgung gehören Leistungen der Krankenbehandlung, Grundrente, Ausgleichsrente, Schadensausgleich und Leistungen der Kriegsopferfürsorge.

Krankenbehandlung für Witwen

135 Witwen erhalten Krankenbehandlung für sich und, während einer beruflichen Rehabilitation, auch für Angehörige. Art und Umfang decken sich mit den Leistungen für Angehörige von Schwerbeschädigten. Für den Ausschluss des Anspruchs gelten die gleichen Vorschriften wie bei der Heilbehandlung für Schwerbeschädigte.

136 Witwen erhalten zur Ergänzung der Krankenbehandlung Leistungen zur Förderung der Gesundheit und zur Verhütung und Früherkennung von Krankheiten sowie Leistungen bei Schwangerschaft und Mutterschaft, Leistungen zur medizinischen Rehabilitation und ergänzende Leistungen, Zuschüsse zur Beschaffung von Zahnersatz, Leistungen zur Gesundheitsvorsorge in Form einer Kur und Haushaltshilfe. Witwen, die nicht krankenversichert sind, erhalten in Ausnahmefällen auch Versorgungskrankengeld.

Grundrente

137 Grundrente und Ausgleichsrente der Witwe sollen zusammen den Unterhaltsbedarf decken. Dabei kommt der Grundrente die Aufgabe eines pauschalierten Teilausgleichs einer typischen Verschlechterung des Unterhaltsstandards der Hinterbliebenen zu. Aus diesem Grund wird die Witwengrundrente beim entschädigungsrechtlich gestalteten Schadensausgleich als Einkommen berücksichtigt.

Ausgleichsrente

138 Ausgleichsrente erhalten Witwen, die mindestens die Hälfte der Erwerbsfähigkeit verloren haben oder 45 Jahre alt sind oder für ein Kind des Verstorbenen oder ein eigenes, nach dem Recht der sozialen Entschädigung rentenberechtigtes Kind sorgen oder gesorgt haben oder aus anderen zwingenden Gründen nicht erwerbstätig sind.

139 Die Höhe der Witwenausgleichsrente ist u. a. von dem sonstigen Einkommen der Witwe abhängig. Auf die Ausgleichsrente wird Einkommen jeder Art nach Abzug von Freibeträgen stufenweise angerechnet. Dabei wird zwischen Einkünften aus gegenwärtiger Erwerbstätigkeit und übrigen Einkünften unterschieden. Die Vorschriften der Ausgleichsrentenverordnung für Beschädigte gelten mit geringfügigen Abweichungen. Das anzurechnende Einkommen wird nach der Anrechnungsverordnung ermittelt.

140 Einkommen wird auf die Ausgleichsrente mit geringeren Sockelfreibeträgen angerechnet als bei Beschädigten. Diese Freibeträge, die ursprünglich den Freibeträgen bei der Beschädigtenausgleichsrente entsprachen, wurden seinerzeit herabgesetzt, um – im Zusammenwirken mit einer gleichzeitigen Erhöhung der vollen Ausgleichsrente – insbesondere den Witwen ohne oder mit geringem Einkommen wirtschaftlich zu helfen.

Schadensausgleich

141 Der Schadensausgleich für Witwen dient der Abgeltung des wirtschaftlichen Schadens. Er kommt für Witwen in Betracht, die die Voraussetzungen für den Bezug der Ausgleichsrente erfüllen.

142 Zur Berechnung des Schadensausgleichs wurde bis 1990 ausschließlich die so genannte Bruttomethode benutzt. Dabei wird der Hälfte des Einkommens, das der Verstorbene ohne die Schädigung erzielt hätte, die Summe aus dem Bruttoeinkommen der Witwe, der Grundrente, dem Pflegeausgleich und der Ausgleichsrente gegenübergestellt. Der Schadensausgleich beträgt 42,5 v. H. des Unterschiedsbetrages.

143 Bei der Ermittlung des Einkommens, das der Verstorbene ohne die Schädigung erzielt hätte, ist von dem (Brutto-)Vergleichseinkommen der Berufs- oder Wirtschaftsgruppe, der der Verstorbene angehört hat oder ohne die Schädigung nach seinen Lebensverhältnissen, Kenntnissen und Fähigkeiten wahrscheinlich angehört hätte, auszugehen.

144 Von dem Zeitpunkt an, zu dem der Verstorbene 65 Jahre alt geworden wäre, ist das maßgebliche Vergleichseinkommen auf 75 v. H. herabzusetzen. Dadurch wird berücksichtigt, dass der Verstorbene spätestens mit diesem Zeitpunkt in den Ruhestand getreten wäre und ein geringeres Alterseinkommen als das Einkommen aus Erwerbstätigkeit hätte. Eine Übergangsregelung erleichtert die Umstellung.

145 Bei Witwen von Pflegezulageempfängern mindestens nach Stufe III wird, wenn es günstiger ist, die Hälfte eines Vergleichseinkommens entsprechend der Besoldungsgruppe eines Oberregierungsrates zugrunde gelegt. Gleichgestellt sind Witwen von Beschädigten, die einen Anspruch auf Pflegezulage nicht geltend machen konnten, weil sie vor dem

Kriegsopferversorgung/Soziale Entschädigung bei Gesundheitsschäden 24

1. Januar 1991 ihren Wohnsitz im Beitrittsgebiet hatten. Bei dieser Regelung wird das Vergleichseinkommen nicht mit dem Zeitpunkt herabgesetzt, zu dem der Verstorbene 65 Jahre alt geworden wäre.

146 Dem ermittelten Vergleichseinkommen sind Einkünfte jeglicher Art in Geld oder Geldeswert gegenüberzustellen.

147 Neben der Bruttoberechnung des Schadensausgleichs wurde im Jahre 1990 alternativ eine Nettoberechnung (so genannte netto-orientierte Mindestklausel) eingeführt. Da diese Berechnungsart für die Betroffenen in aller Regel günstiger ist, wurde durch Gesetz vom 13. Dezember 2007 festgelegt, dass zukünftig nur noch eine Nettoberechnung erfolgt. Bei bestehenden Zahlfällen wurde zum 14. Dezember 2007 endgültig entschieden, welche Berechnungsweise in Zukunft anzuwenden ist. Damit werden ansonsten erforderliche und sich z. T. über Jahre hinziehende Vergleichsberechnungen künftig vermieden.

148 Die netto-orientierte Mindestklausel soll Unausgewogenheiten des auf Bruttowerten basierenden Systems ausgleichen und eine volle Entschädigung des Nettoverlustes anstreben. Sie geht davon aus, dass ein Erwerbstätiger eine Nettorente in Höhe von 50 v. H. seines Bruttoeinkommens hätte erreichen können und dass die Witwe daraus eine Hinterbliebenenversorgung in Höhe von 60 v. H. erhalten hätte. Dem entspricht rechnerisch der Ansatz von 30 v. H. des Vergleichseinkommens des Verstorbenen. Von diesem Vergleichseinkommen werden die Grundrente und die Ausgleichsrente mit ihrem vollen Betrag, Einkommen aus gegenwärtiger Erwerbstätigkeit und Renten aus der gesetzlichen Rentenversicherung mit einem pauschal ermittelten Nettobetrag abgezogen.

Pflegeausgleich

149 Pflegeausgleich wird Witwen gewährt, die ihren Ehemann mindestens zehn Jahre lang während der Ehe in einer Zeit gepflegt haben, zu der dieser mindestens in einem der Stufe II entsprechenden Umfang hilflos oder schädigungsbedingt blind war. Das gleiche gilt für einen Elternteil, mit dem der Pflegezulageempfänger in häuslicher Gemeinschaft gelebt hat. Der Pflegeausgleich beträgt für jedes Jahr der über zehn Jahre hinausgehenden Pflegezeit 0,5 v. H. monatlich des derzeitigen Betrages der jeweiligen Pflegezulage. Er wird jährlich wie die Versorgungsbezüge angepasst.

Andere Leistungen

150 War die Ehe geschieden, aufgehoben oder für nichtig erklärt, so kommt Versorgung in Betracht, wenn der Verstorbene seines Todes Unterhalt zu leisten hatte oder im letzten Jahr vor seinem Tod geleistet hat. Hat eine Unterhaltsverpflichtung aus kriegs- oder wehrdienstbedingten Gründen nicht bestanden, so bleibt dies außer Betracht.

151 Heiratet eine Witwe wieder, so erlischt der Anspruch auf Versorgung. Sie erhält jedoch eine Abfindung in Höhe des Fünfzigfachen der Grundrente. Wird die neue Ehe durch Tod oder Scheidung aufgelöst oder wird sie für nichtig erklärt, so lebt der Anspruch auf Witwenversorgung wieder auf. Versorgungs-, Renten- und Unterhaltsansprüche aus der neuen Ehe werden jedoch auf die sich ergebende Witwenrente mit ihrem vollen Betrag – ggf. auch auf die Grundrente – angerechnet.

152 Witwenbeihilfe kommt in Betracht, wenn ein rentenberechtigter Beschädigter nicht an den Folgen der Schädigung stirbt.

153 Unterstellt wird eine schädigungsbedingte Beeinträchtigung der Hinterbliebenenversorgung bei Witwen von Pflegezulageempfängern, von erwerbsunfähigen Beschädigten und von Beschädigten, die mindestens fünf Jahre Berufsschadensausgleich bezogen haben. In den übrigen Fällen muss die Beeinträchtigung gesondert festgestellt werden. Das Gesetz fordert je nach der Höhe der Hinterbliebenenversorgung eine Mindestbeeinträchtigung zwischen 10 und 15 v. H. der Witwenversorgung.

154 Witwenbeihilfe wird Witwen von Pflegezulageempfängern und erwerbsunfähigen Beschädigten in der gleichen Höhe wie die Witwenrente gezahlt. In den übrigen Fällen beträgt die Beihilfe zwei Drittel der Witwenrente. Die Vorschriften über die Witwenbeihilfe gelten entsprechend, wenn der Beschädigte seinen Wohnsitz oder gewöhnlichen Aufenthalt im Beitrittsgebiet hatte und seine Ansprüche nur deshalb nicht geltend machen konnte.

155 Witwen, die Witwenrente oder Witwenbeihilfe beziehen, haben bei Bedarf Anspruch auf Kriegsopferfürsorge. Das gilt auch für Witwen, deren Rente wiederaufgelebt ist, wenn die Versorgung wegen Anrechnung der Versorgungs-, Renten- oder Unterhaltsansprüche aus der zweiten Ehe entfallen ist. Witwen, die zur Erhaltung oder Erlangung einer angemessenen Lebensstellung erwerbstätig sein wollen, erhalten ggf. auch Leistungen zur Teilhabe am Arbeitsleben.

Leistungen für Waisen

156 Waisenversorgung erhalten nach dem Tode des Beschädigten seine Kinder sowie Stief- und Pflegekinder, die er in den Haushalt aufgenommen hatte. Leistungen werden bis zur Vollendung des 18. Lebensjahres erbracht, bei Schul- oder Berufsausbildung oder Ableistung eines freiwilligen sozialen Jahres auch über diesen Zeitpunkt hinaus, längstens jedoch bis zur Vollendung des 27. Lebensjahres. Waisen, die zu diesem Zeitpunkt körperlich oder geistig gebrechlich sind, wird Waisenversorgung auch darüber hinaus gewährt. Wird die Schul- oder Berufsausbildung durch die Erfüllung der gesetzlichen Wehr- oder Zivildienstpflicht verzögert, so wird Versorgung für einen der Unterbrechung entsprechenden Zeitraum auch über das 27. Lebensjahr hinaus geleistet.

157 Die Waisenversorgung umfasst Leistungen der Krankenbehandlung, Grundrente, Ausgleichsrente und Leistungen der Kriegsopferfürsorge. Die Krankenbehandlung für Waisen entspricht der Krankenbehandlung für Witwen.

158 Das Gesetz unterscheidet zwischen Vollwaisen und Halbwaisen. Ausgleichsrente wird um das anzurechnende Einkommen gemindert. Hierfür gelten im Wesentlichen die gleichen Vorschriften wie für Beschädigte.

159 Ist der Beschädigte nicht an den Folgen der Schädigung gestorben, so erhalten Waisen unter Voraussetzungen, die denen der Witwenbeihilfe entsprechen, Waisenbeihilfe.

160 Waisen, die Waisenrente oder Waisenbeihilfe beziehen, haben bei Bedarf Anspruch auf Leistungen der Kriegsopferfürsorge, insbesondere auf Erziehungsbeihilfe.

Leistungen für Eltern

161 Elternversorgung erhalten leibliche Eltern, Adoptiveltern, wenn sie den Verstorbenen vor der Schädigung als Kind angenommen haben, Stief- und Pflegeeltern, wenn sie den Verstorbenen vor der Schädigung unentgeltlich unterhalten haben, sowie Großeltern, wenn der Verstorbene ihnen Unterhalt geleistet hat oder hätte. Voraussetzung ist, dass die Eltern entweder voll erwerbsgemindert oder erwerbsunfähig sind oder aus anderen zwingenden Gründen eine zumutbare Erwerbstätigkeit nicht ausüben können oder sechzig Jahre alt sind. Die Elternversorgung umfasst Leistungen der Krankenbehandlung, Elternrente und Kriegsopferfürsorge.

162 Voraussetzungen und Leistungen der Krankenbehandlung für Eltern entsprechen denen der Krankenbehandlung für Witwen.

163 Bei der Elternrente wird jedes Einkommen wie so genannte übrige Einkünfte behandelt.

164 Die Höhe der vollen Elternrente richtet sich danach, ob beide Elternteile oder nur ein Elternteil anspruchsberechtigt ist. Rente für ein Elternpaar steht zu, wenn jeder Ehegatte zu dem infolge einer Schädigung gestorbenen Kind in einem Elternschaftsverhältnis gestanden hat und beide Ehegatten die Anspruchsvoraussetzungen erfüllen.

165 Die volle Elternrente erhöht sich, wenn mehrere Kinder an den Folgen einer Schädigung gestorben sind. Eine weitere Erhöhung ist für den Verlust des einzigen Kindes, des letzten Kindes, aller Kinder oder von mindestens drei Kindern vorgesehen. Beim Zusammentreffen beider Erhöhungen gilt die günstigere Regelung. Auf die Erhöhungen ist das Einkommen der Eltern anzurechnen.

166 Das System der Einkommensanrechnung entspricht dem der Witwenausgleichsrente.

167 Eltern haben bei Bedarf Anspruch auf Kriegsopferfürsorge. Das gilt auch, wenn sie nur wegen der Höhe ihres Einkommens keine Elternrente erhalten.

Sonstige Leistungen

Bestattungsgeld

168 Beim schädigungsbedingten Tod eines rentenberechtigten Beschädigten und beim Tod einer Witwe, die mindestens ein waisenrenten- oder waisenbeihilfeberechtigtes Kind hinterlässt, wird ein Bestattungsgeld von derzeit 1.523 Euro gezahlt. Beim Tode eines rentenberechtigten Beschädigten, der nicht an Schädigungsfolgen stirbt, und beim Tode der übrigen versorgungsberechtigten Hinterbliebenen beträgt das Bestattungsgeld derzeit 763 Euro. Stirbt ein nichtrentenberechtigter Beschädigter an den Folgen der Schädigung, so wird ein Bestattungsgeld gezahlt, soweit Kosten der Bestattung entstanden sind, höchstens jedoch 1.523 Euro. In den neuen Bundesländern betragen diese Leistungen 1.341 bzw. 672 Euro.

169 Auf das Bestattungsgeld werden andere gesetzliche Leistungen für den gleichen Zweck angerechnet.

170 Stirbt ein Beschädigter außerhalb seines Wohnsitzes an den Folgen der Schädigung, so werden die Kosten der Leichenüberführung zusätzlich übernommen.

Sterbegeld

171 Neben dem Bestattungsgeld wird beim Tode eines rentenberechtigten Beschädigten ein Sterbegeld in Höhe der dreifachen Monatsbezüge, ausgenommen Ehegatten- und Kinderzuschlag, gezahlt. Pflegezulage wird höchstens nach Stufe II einbezogen.

172 Das Sterbegeld steht den Hinterbliebenen, die mit dem Verstorbenen in häuslicher Gemeinschaft gelebt haben, nach einer bestimmten Rangfolge zu.

Kapitalabfindung

173 Mit der Kapitalabfindung der Grundrente wird Beschädigten und Witwen der Erwerb eigenen Wohngrundbesitzes oder dessen wirtschaftliche Stärkung erleichtert.

174 Das Gesetz unterscheidet Abfindungen für einen Zeitraum von zehn bzw. fünf Jahren. Bei Antragstellung nach Vollendung des 60. Lebensjahres ist nur eine Kapitalisierung auf fünf Jahre möglich; nach Vollendung des 65. Lebensjahres ist die Abfindung ausgeschlossen. Bei einer Kapitalisierung auf zehn Jahre wird der neunfache Jahresbetrag des kapitalisierten Grundrentenbetrages, bei Abfindung auf fünf Jahre der siebenundfünfzigfache Monatsbetrag ausgezahlt.

Härteausgleich

175 Ergeben sich in einzelnen Fällen besondere Härten aus den Vorschriften des Gesetzes, so kann mit Zustimmung des Bundesministeriums für Arbeit und Soziales ein Ausgleich gewährt werden. Dieser Härteausgleich ist für Fälle geschaffen worden, deren Besonderheiten der Gesetzgeber entweder übersehen, nicht vorhergesehen oder nicht genügend differenziert geregelt hat.

Zusammentreffen von Leistungen und Ruhen von Ansprüchen

176 Bei mehrfacher Anspruchsberechtigung gilt folgendes: Treffen Beschädigtenrente und Witwen- oder Waisenrente zusammen, so wird nur die günstigere Ausgleichsrente gewährt; der Berufsschadensausgleich ist bei der Festsetzung eines Schadensausgleichs als Einkommen zu berücksichtigen. Trifft eine Beschädigten- oder Witwenrente mit einer Elternrente zusammen, so sind Ausgleichsrente, Ehegattenzuschlag, Berufsschadensausgleich und Schadensausgleich bei der Festsetzung der Elternrente als Einkommen zu berücksichtigen.

177 Erleidet ein Beschädigter eine weitere Schädigung, so ist ggf. eine einheitliche Rente unter Berücksichtigung der gesamten Schädigungsfolgen festzusetzen.

178 Ist das schädigende Ereignis zugleich ein Unfall im Sinne der gesetzlichen Unfallversicherung oder ein Dienstunfall im Sinne der beamtenrechtlichen Unfallfürsorge oder im Sinne des Zweiten Teils des Soldatenversorgungsgesetzes, so ruht der Anspruch auf Versorgungsbezüge ganz oder teilweise.

Anpassung der Versorgungsbezüge

179 Die laufenden Versorgungsbezüge sowie der Betrag des Bestattungsgeldes werden grundsätzlich jährlich zum 1. Juli entsprechend dem Vomhundertsatz angepasst, um den sich die Renten aus der gesetzlichen Rentenversicherung verändern. Von 2003 bis 2006 sowie 2010 hat es jedoch als Folge des Ausfalls der Rentenanpassungen in der gesetzlichen Rentenversicherung auch im Bereich der Kriegsopferversorgung/sozialen Entschädigung keine Rentenanpassungen gegeben.

180 Seit Einführung der Anpassung der Versorgungsbezüge im Jahre 1970 haben 37 Anpassungen stattgefunden. Versorgungsberechtigte in den neuen Bundesländern nehmen zurzeit noch nicht unmittelbar an der Rentenanpassung teil, dennoch wirkt diese sich auch für sie aus, weil ihre Renten von den jeweils geltenden Rentenbeträgen nach dem Bundesversorgungsgesetz abgeleitet werden.

181 Berufsschadensausgleich und Schadensausgleich unterliegen nicht der Rentenanpassung. Sie werden jedoch durch eine Aktualisierung der Vergleichseinkommen jährlich in dem Maße weiterentwickelt, in dem sich die Einkommen in den entsprechenden Wirtschaftsbereichen verändern.

Beginn, Änderung und Ende der Versorgung

182 Versorgung wird nur auf Antrag gewährt. Ein Antrag ist auch bei Soldaten und Zivildienstleistenden erforderlich, die bereits während der Dienstzeit einen Ausgleich in Höhe der Grundrente bezogen haben.

183 Beim Erstantrag beginnt die Beschädigtenversorgung mit dem Monat, in dem ihre Voraussetzungen erfüllt sind, frühestens mit dem Antragsmonat. Wird der Erstantrag innerhalb eines Jahres nach Eintritt der Schädigung gestellt, so beginnt die Versorgung grundsätzlich mit dem Zeitpunkt der Erfüllung der Voraussetzungen. Hinterbliebenenrente beginnt frühestens mit dem auf den Sterbemonat folgenden Monat.

184 Gemindert oder entzogen werden Versorgungsleistungen mit Ablauf des Monats, in dem ihre Voraussetzungen weggefallen sind. Herabsetzungen oder Entziehungen der Rente wegen Besserung des Gesundheitszustandes treten mit Ablauf des Monats ein, in dem der Bescheid bekannt gegeben wird.

185 Bei einer wesentlichen Änderung der Verhältnisse sind die Versorgungsbezüge neu festzustellen. Der Grad der Schädigungsfolgen darf aber nicht vor Ablauf von zwei Jahren seit der letzten Feststellung herabgesetzt werden. Bei Versorgungsberechtigten, die 55 Jahre alt sind, ist eine niedrigere Festsetzung nicht mehr vorzunehmen, wenn der Grad der Schädigungsfolgen in den letzten zehn Jahren unverändert geblieben ist.

Versorgung von Kriegsopfern im Ausland

186 Deutsche und deutsche Volkszugehörige, mit Wohnsitz oder gewöhnlichem Aufenthalt in Staaten, mit denen die Bundesrepublik Deutschland diplomatische Beziehungen unterhält, erhalten grundsätzlich Versorgung wie Berechtigte im Inland.

187 Heilbehandlung wegen der Schädigungsfolgen ist von den Beschädigten selbst zu veranlassen. Die dafür notwendigen und angemessenen Kosten werden ihnen erstattet. Versorgungskrankengeld, Beihilfe wegen Beeinträchtigung der Erwerbsgrundlage, Heilbehandlung wegen Nichtschädigungsfolgen, Krankenbehandlung, Mutterschaftshilfe und Früherkennungsmaßnahmen werden nicht erbracht. An ihrer Stelle kann jedoch eine Zuwendung bis zum Zweifachen der Inlandsleistungen bzw. – bei Arznei- und Verbandmitteln – in Höhe der anfallenden Kosten erbracht werden. Auch bei Pflegebedürftigkeit kann eine Zuwendung gegeben werden. Beim Berufsschadensausgleich tritt bei Beschädigten, die überwiegend ausländische Einkünfte beziehen, an die Stelle des derzeitigen Einkommens aus gegenwärtiger oder früherer Erwerbstätigkeit das Durchschnittseinkommen der Berufs- oder Wirtschaftsgruppe, der der Beschädigte im Inland angehören würde.

188 Kriegsopfern mit Wohnsitz in Ost- und Südosteuropa – ausgenommen Griechenland – wird grundsätzlich nur eine Teilversorgung gewährt. Die Gründe hierfür liegen in der wirtschaftlichen bzw. besonderen Nachkriegssituation dieser Staaten. Die Teilversorgung ist jedoch – soweit Leistungsberechtigte mit Wohnsitz in einem EU-Mitgliedstaat betroffen sind – vom Europäischen Gerichtshof (EuGH) durch Beschluss vom 4. Dezember für gemeinschaftsrechtswidrig erklärt worden und darf daher insoweit nicht mehr angewendet werden. Eine baldige gesetzliche Neuregelung ist deshalb erforderlich. Für Berechtigte nach dem Soldatenversorgungsgesetz, dem Zivildienstgesetz, dem Häftlingshilfegesetz, dem Opferentschädigungsgesetz und dem Infektionsschutzgesetz gab es eine Teilversorgung wie bei Kriegsopfern allerdings schon bislang nicht.

189 Bei Kriegsopfern, die nicht Deutsche oder deutsche Volkszugehörige sind und die ihren Wohnsitz oder gewöhnlichen Aufenthalt nicht im Bundesgebiet haben, ruht grundsätzlich der Anspruch auf Versorgung. Ihnen wird jedoch mit Zustimmung des Bundesministeriums für Arbeit und Soziales Versorgung wie Deutschen gewährt. Gehört, wie im Infektionsschutzgesetz und im Opferentschädigungsgesetz, die deutsche Staatsangehörigkeit oder deutsche Volkszugehörigkeit nicht zum anspruchsbegründenden Tatbestand, so sind die Berechtigten wie deutsche Volkszugehörige nach dem Bundesversorgungsgesetz zu behandeln, nach dem Opferentschädigungsgesetz jedoch nur dann, wenn Gegenseitigkeit entweder gewährleistet oder nicht zu fordern ist. Für sonstige Ausländer gelten nach dem Opferentschädigungsgesetz bei Verlassen des Bundesgebiets bestimmte Abfindungsregelungen.

190 8.584 Personen erhielten im Januar 2011 Leistungen der Auslandsversorgung, davon 4.900 Personen in ost- und südosteuropäischen Staaten.

Verfahren

191 Für die Durchführung der Kriegsopferversorgung in den neuen Bundesländern hat der Einigungsvertrag besondere Regelungen getroffen. Ist über den ursächlichen Zusammenhang einer Gesundheitsstörung mit einer Schädigung bereits nach den vor dem 1. Oktober 1950 geltenden versorgungsrechtlichen Vorschriften entschieden worden, so ist – falls der ursächliche Zusammenhang bejaht wurde – diese Entscheidung verbindlich. Frühere versorgungsrechtliche Vorschriften sind u. a. das Wehrmachtfürsorge- und -versorgungsgesetz, die Personenschädenverordnung, die in der britischen Zone geltende Sozialversicherungsdirektive Nr. 27, das in der amerikanischen Zone geltende KB-Leistungsgesetz und die in der französischen Zone geltenden Versorgungsgesetze. Nicht zu den versorgungsrechtlichen Vorschriften gehört dagegen die in der sowjetischen Zone geltende Verordnung über die Zahlung von Renten an Kriegsinvalide und Kriegshinterbliebene vom 21. Juli 1948. Diese Verordnung lässt den zeitlichen Zusammenhang mit dem militärischen Dienst genügen. Anders zu beurteilen sein dürfte dagegen die Verordnung über Leistungen an Kriegsbeschädigte und deren Hinterbliebene vom 22. Februar 1950. Dicsc Verordnung galt jedoch nur für Berlin.

Tabelle 5: Soziale Entschädigung (Kriegsopferversorgung)
Leistungen in Mio. Euro 2010

Leistungen insgesamt	1.958
davon:	
Bundesversorgungsgesetz	
Versorgungsbezüge	1.275
Heilbehandlung	204
Übrige Leistungen	40
Kriegsopferfürsorge[1]	313
Soldatenversorgungsgesetz	
Versorgungsbezüge	77
Heilbehandlung	6
Zivildienstgesetz	2,5
Häftlingshilfegesetz, Strafrechtl. und Verwaltungsrechtl. Rehagesetz	
Versorgungsbezüge	13,7
Heilbehandlung	0,5
Gesetz über die Entschädigung für Opfer von Gewalttaten	
Leistungen	36

1) nur Bundesanteil

192 Die Rechtsverbindlichkeit früherer versorgungsrechtlicher Entscheidungen erstreckt sich nur auf den ursächlichen Zusammenhang einer Gesundheitsstörung mit einer Schädigung. Diese sind demnach nicht rechtsverbindlich für andere Fragen, z. B. ob militärischer Dienst vorlag.

193 Zugunsten der Antragsteller ist bei der Überleitung bestimmt worden, dass Entscheidungen nach früheren versorgungsrechtlichen Vorschriften, in denen der Ursachenzusammenhang abgelehnt worden ist, nicht rechtsverbindlich sind. Diese Vorschrift ermöglicht es den Betroffenen, eine Entscheidung nach dem Bundesversorgungsgesetz herbeizuführen.

Finanzierung

194 Die Aufwendungen für die Versorgung nach dem Bundesversorgungsgesetz, dem Soldatenversorgungsgesetz, dem Zivildienstgesetz und dem Häftlingshilfegesetz trägt der Bund; Leistungen der Kriegsopferfürsorge werden vom Bund zu 80 v. H. und zu 20 v. H. von den Ländern getragen. Die Kosten für die Versorgung nach dem Opferentschädigungsgesetz obliegen, soweit es sich um Geldleistungen handelt, zu 40 v. H. dem Bund, im Übrigen den Ländern. Die Leistungen für die Versorgung nach dem Infektionsschutzgesetz werden in vollem Umfang von den Ländern getragen. Diese übernehmen auch allgemein die persönlichen und sachlichen Verwaltungsausgaben für die Durchführung der Versorgung. Ausgaben für Leistungen nach dem Strafrechtlichen Rehabilitierungsgesetz werden zu 65 v. H. vom Bund getragen; von den Ausgaben für Geldleistungen nach dem Verwaltungsrechtlichen Rehabilitierungsgesetz, trägt der Bund 60 v. H.

Organisation

195 Die Versorgung der Kriegsopfer wird von den Dienststellen der Versorgungsverwaltung durchgeführt. Das sind Versorgungsämter, Landesversorgungsämter, orthopädische Versorgungsstellen und Versorgungskuranstalten. In einzelnen Bundesländern führen diese auch Bezeichnungen wie z. B. Amt für Versorgung und Familienförderung, Amt für Familie und Soziales, Amt für Versorgung und Soziales. In Baden-Württemberg sind die Landratsämter, in Nordrhein-Westfalen die Landschaftsverbände, in Sachsen ist der Kommunale Sozialverband zuständig. Diese Dienststellen führen auch die Versorgung nach dem Soldatenversorgungsgesetz, Zivildienstgesetz, Häftlingshilfegesetz, Opferentschädigungsgesetz, Infektionsschutzgesetz, Strafrechtlichen Rehabilitierungsgesetz und Verwaltungsrechtlichen Rehabilitierungsgesetz durch, soweit sich die Versorgung nach den Leistungsvorschriften des Bundesversorgungsgesetzes richtet.

196 Die Durchführung der Versorgung obliegt den Versorgungsämtern und den ihnen angeschlossenen orthopädischen Versorgungsstellen. Die Landesversorgungsämter sind daneben nur für bestimmte Angelegenheiten wie Kuren und Kapitalabfindung zuständig. Die Zuständigkeit richtet sich nach dem Wohnsitz oder gewöhnlichen Aufenthalt des Antragstellers. Abweichend hiervon sind beim Opferentschädigungsgesetz die Behörden des Landes zuständig, in dem die Schädigung eingetreten ist.

197 Die Heil- und Krankenbehandlung wird von den Trägern der gesetzlichen Krankenversicherung (Krankenkassen) erbracht. Zuständig ist bei Mitgliedern und deren Familienangehörigen die Kasse des Mitglieds, in den übrigen Fällen die Allgemeine Ortskrankenkasse des Wohnorts. Zahnersatz, Hilfsmittel, bestimmte Heilmittel und Zuschüsse zum Zahnersatz werden von der Versorgungsbehörde erbracht.

198 Leistungen der Kriegsopferfürsorge werden von den Trägern der Kriegsopferfürsorge erbracht. Das sind die Kreise und kreisfreien Städte sowie die Hauptfürsorgestellen.

199 Auskunft in Angelegenheiten der Versorgung erteilen die Versorgungsämter und, im Rahmen ihres jeweiligen Aufgabengebiets, die Krankenkassen und die Fürsorgestellen für Kriegsbeschädigte und Kriegshinterbliebene.

Rechtsquellen

Bundesversorgungsgesetz

Häftlingshilfegesetz

Soldatenversorgungsgesetz

Zivildienstgesetz

Infektionsschutzgesetz

Opferentschädigungsgesetz

Einigungsvertrag

Einigungsvertragsgesetz

Strafrechtliches Rehabilitierungsgesetz

Verwaltungsrechtliches Rehabilitierungsgesetz

25 Internationale Soziale Sicherung

Übersicht

Die Bundesrepublik Deutschland ist durch mannigfaltige Regelungen im Bereich der sozialen Sicherheit mit anderen Staaten verbunden. Mit ihnen wurden bilaterale Abkommen abgeschlossen, durch die grenzüberschreitende Tätigkeiten von Arbeitnehmern geregelt werden. Die Abkommen über Soziale Sicherheit stellen auf der Grundlage der Gegenseitigkeit den sozialen Schutz der Arbeitnehmer und ihrer Angehörigen sicher, wenn sie im anderen Vertragsstaat arbeiten. Es gilt der Grundsatz der Gleichbehandlung der beiderseitigen Staatsangehörigen. Waren sie in beiden Vertragsstaaten beschäftigt, so werden für den Erwerb von Leistungsansprüchen, insbesondere Renten, Versicherungszeiten aus beiden Staaten zusammengerechnet. Renten und andere Geldleistungen werden grundsätzlich ohne Einschränkung auch bei gewöhnlichem Aufenthalt einer Person im anderen Vertragsstaat gezahlt (sog. Leistungsexport). Für vorübergehend im anderen Vertragsstaat sich aufhaltende Versicherte und ihre Angehörigen wird der Krankenversicherungsschutz des Heimatstaats weiterhin gewährleistet. Werden Arbeitnehmer für eine vorübergehende Beschäftigung in den anderen Staat entsandt, unterliegen sie weiterhin dem System der Sozialen Sicherheit des Herkunftslandes. Dies sind Kernelemente, die in den Abkommen eine differenzierte Ausgestaltung finden.

Standen zunächst bilaterale Regelungen im Vordergrund, so wurde mit Gründung der Europäischen Wirtschaftsgemeinschaft im Jahr 1957 überstaatliches Recht geschaffen, durch das zur Herstellung der Freizügigkeit der Arbeitnehmer grenzüberschreitende Regelungen und damit einhergehende wechselseitige Beziehungen zwischen ursprünglich sechs Staaten entstanden, seit der Weiterentwicklung zur Europäischen Gemeinschaft und Europäischen Union (EU) zwischen nunmehr 27 Mitgliedstaaten. Nimmt man die Mitgliedstaaten des Europäischen Wirtschaftsraums, die nicht der EU angehören, sowie die Schweiz hinzu, besteht ein komplexes wechselseitiges Regelungsnetz zwischen 31 Staaten. So kann es bei Beschäftigung eines Arbeitnehmers in mehreren Mitgliedstaaten zur Zusammenrechnung von Versicherungszeiten aus drei und mehr Staaten für den Rentenanspruch kommen. Es gilt auch die Pflicht zum Export von Geldleistungen bei gewöhnlichem Aufenthalt einer berechtigten Person in einem dem „Netz" angehörenden Staat und zur Sicherstellung des Krankenversicherungsschutzes bei vorübergehendem Aufenthalt des Arbeitnehmers und seiner Familienangehörigen in einem dieser Staaten. Während die bilateralen Abkommen nicht immer alle Zweige der sozialen Sicherheit erfassen, erstreckt sich der sachliche Geltungsbereich des EU-Rechts, die Verordnung (EG) 883/2004, die ab 1. Mai 2010 für den EU-Bereich die Verordnung (EWG) 1408/71 ersetzt, umfassend auf die Renten-, Kranken-, Pflege- und Unfallversicherung sowie auf Leistungen bei Arbeitslosigkeit und Familienleistungen. Die genannten grenzüberschreitenden Regelungen in den Abkommen über Soziale Sicherheit und in der EG-Verordnung 883/2004 bzw. EG-Verordnung 1408/71 gehen von den geltenden innerstaatlichen Rechtsvorschriften der beteiligten Staaten aus und koordinieren deren Anwendung für den Fall, dass sich die betroffenen Personen im anderen Vertrags- oder Mitgliedstaat aufhalten, greifen aber abgesehen hiervon nicht in die nationalen Systeme der sozialen Sicherheit ein.

Deutschland ist auch Mitglied internationaler Organisationen wie der Internationalen Arbeitsorganisation (IAO) in Genf und des Europarats in Straßburg, deren Aufgabe und Ziel es ist, durch Zusammenarbeit der Mitgliedstaaten den sozialen Schutz der Arbeitnehmer angemessen zu gestalten und zu verbessern. Die von den Organisationen verabschiedeten Übereinkommen enthalten teilweise Regelungen grenzü-

25 Internationale Soziale Sicherung

berschreitender Tatbestände, z. B. die Verpflichtung zur Gleichbehandlung ausländischer Arbeitnehmer und zum Leistungsexport. Darüber hinaus werden aber in den Übereinkommen vielfach Standards in Bezug auf die Systeme der Sozialen Sicherheit gesetzt, zu deren Umsetzung und Einhaltung in ihrem innerstaatlichen Recht sich die das Übereinkommen ratifizierenden Staaten verpflichten. Schließlich findet innerhalb der internationalen Organisationen auch ohne Bezug auf konkrete Rechtsakte und rechtliche Verpflichtungen der Mitgliedstaaten eine Zusammenarbeit statt, durch die im Rahmen von innerhalb der internationalen Organisation erarbeiteten Konzepten und Agenden – wie z. B. dem Konzept der Internationalen Arbeitsorganisation für eine faire Globalisierung und menschenwürdige Arbeit – sozialer Schutz und gerechte Arbeitsbedingungen sichergestellt werden sollen. Dies reicht auch hinein in Aktivitäten der Vereinten Nationen im sozialpolitischen Bereich.

Innerhalb der Europäischen Union gelten zur Gewährleistung von Arbeitnehmerrechten Mindestvorschriften z. B. über Arbeitsbedingungen, Teilzeitarbeit und befristete Arbeitsverträge, gleichen Lohn für gleiche Arbeit. Mit der im Jahr 2000 verabschiedeten Sozialpolitischen Agenda werden im Zusammenwirken zwischen den Organen der Gemeinschaft und den Mitgliedstaaten Prioritäten festgelegt, an denen sich Maßnahmen des Europäischen Sozialmodells ausrichten sollen und die der Weiterentwicklung und Modernisierung der Systeme der Sozialversicherung gerade auch im Hinblick auf die aktuellen Veränderungsprozesse – so stärkerer globaler Wettbewerb, Alterung der Bevölkerung – dienen sollen. Die soziale Dimension der Europäischen Union ist auch Bestandteil der im Jahr 2000 vereinbarten Lissabonner Strategie, die sich zum Ziel gesetzt hatte, die EU „zum wettbewerbsfähigsten und dynamischsten wissensbasierten Wirtschaftsraum der Welt" zu machen, wie auch der hieran anknüpfenden neuen Strategie „Europa 2020" für Beschäftigung sowie intelligentes, nachhaltiges und integratives Wachstum.

Ausgangslage

1 Die Europäische Union zählt seit dem 1. Januar 2007 27 Mitgliedstaaten. Ihr gehören jetzt die meisten Staaten Mittel-, West-, Nord-, Ost- und Südeuropas an. Zwischen ihnen findet eine zunehmende Verflechtung ihrer Volkswirtschaften und Arbeitsmärkte statt. Aber auch mit der übrigen Welt entstehen in Handel und Wirtschaft immer engere Beziehungen. Die globalen Verflechtungen haben zwangsläufig starke Auswirkungen auch auf die Arbeitswelt und die Menschen, die sich in ihr bewegen und in Staatsgrenzen bei ihrer Berufsausübung längst keine Hindernisse mehr sehen.

Deutsche sind von jeher in großer Zahl in fremde Länder ausgewandert. Die letzte große Auswanderungswelle ergab sich als Folge des 2. Weltkriegs. Ebenfalls seit jeher sind Arbeitnehmer aus den Nachbarstaaten der Bundesrepublik als Grenzgänger im heutigen Bundesgebiet erwerbstätig, wie umgekehrt auch Deutsche als Grenzgänger in den Nachbarstaaten Deutschlands, insbesondere in der Schweiz, arbeiten. In den 60er und frühen 70er Jahren des vorigen Jahrhunderts wurden über 2 Mio. ausländische Arbeitnehmer aus dem Mittelmeerraum für eine Beschäftigung in der Bundesrepublik Deutschland angeworben. Seitdem ist ein beträchtlicher Prozentsatz der in Deutschland beschäftigten Arbeitnehmer Ausländer. Infolge der weltumspannenden Tätigkeit der deutschen Wirtschaft arbeiten aber auch viele deutsche Arbeitnehmer im Ausland. Viele Deutsche fahren auf Urlaub in ferne Länder, viele verbringen ihren Lebensabend bei ihren Kindern im Ausland, wie auch viele Deutsche nach einem Arbeitsleben im Ausland in ihre Heimat zurückkehren. Schließlich ist seit Jahren Deutschland das Ziel vieler Menschen, die ihre Heimat aus politischen oder wirtschaftlichen Gründen verlassen und hier Schutz vor politischer Verfolgung und ein menschenwürdiges Leben suchen.

2 Durch diese Vorgänge entstehen gemischt-nationale soziale Tatbestände. Ein Versicherter der deutschen gesetzlichen Krankenversicherung erkrankt während seines Urlaubs im Ausland und muss dort ärztliche Hilfe in Anspruch nehmen. Er erwartet, dass die deutsche Krankenversicherung für die Kosten aufkommt. Ein Deutscher, der nach dem 2. Weltkrieg aus der Bundesrepublik Deutschland nach Amerika oder Australien ausgewandert ist und unter Aufgabe seiner deutschen Staatsangehörigkeit die Staatsangehörigkeit des Aufnahmelandes angenommen hat, erwartet, dass er im Alter neben seiner amerikanischen oder australischen Rente auch eine deutsche Rente erhält. Ein in Deutschland beschäftigt gewesener ausländischer Arbeitnehmer beansprucht eine deutsche Rente, für die er während seiner Erwerbstätigkeit Beiträge zur gesetzlichen Rentenversicherung entrichtet hat, auch dann, wenn er im Alter in sein Heimatland zurückkehrt. Der Angestellte eines Unternehmens in

Deutschland, der im Interesse seines Arbeitgebers bei dessen Tochtergesellschaft in Spanien beschäftigt wird, erwartet, dass für ihn auch in Spanien deutsches Recht der sozialen Sicherheit gilt.

3 Aufgabe des Rechts der internationalen sozialen Sicherung ist es, den Regelungsbedürfnissen, die sich aus zwischenstaatlichen Tatbeständen ergeben, gerecht zu werden. Dies geschieht teilweise durch die innerstaatliche Gesetzgebung, z. B. durch das in Kapitel 6 behandelte Auslandsrentenrecht.

Das deutsche innerstaatliche Recht – ebenso wie die Rechte anderer Staaten – regelt aber solche zwischenstaatlichen Tatbestände nur teilweise. Dies hat verschiedene Gründe. Zum einen kann die deutsche Gesetzgebung nicht in das Recht anderer Staaten eingreifen, etwa Ärzte im Ausland zur Behandlung deutscher Touristen verpflichten.

Zum anderen können aber auch praktische Gesichtspunkte einer Regelung zwischenstaatlicher sozialer Tatbestände durch die innerstaatliche Gesetzgebung entgegenstehen. Die Regelung sozialer Tatbestände setzt ihre genaue Kenntnis und Möglichkeiten zur Durchsetzung der Regelung voraus. Beide Voraussetzungen sind aber bei Tatbeständen, die in das Ausland hineinreichen, nicht in gleicher Weise wie bei rein inländischen Tatbeständen gegeben. Die deutsche gesetzliche Krankenversicherung hat bspw. keine Möglichkeit, die Arbeitsunfähigkeit eines Versicherten im Ausland festzustellen. Die hierfür notwendige Zusammenarbeit mit den Krankenversicherungen anderer Staaten lässt sich durch die innerstaatliche Gesetzgebung nicht sicherstellen. Die Regelung von Tatbeständen, die ins Ausland reichen, würde auch zu ständigen Kollisionen mit dem Recht anderer Staaten führen, die nämlich ebenfalls die sich in ihrem Staatsgebiet abspielenden Tatbestände regeln. Solche Kollisionen treten etwa bei der Regelung der Versicherungspflicht von Arbeitnehmern auf, die von ihrem Arbeitgeber in Deutschland zu einer vorübergehenden Beschäftigung in einen anderen Staat entsandt werden. Sie führt in der Praxis immer wieder zu einer Doppelversicherung mit doppelter Beitragszahlung, da andere Staaten vielfach solche Arbeitnehmer ebenfalls der Versicherungspflicht nach ihren Rechtsvorschriften unterwerfen.

Schließlich kann der Gesetzgeber auch bewusst von einer innerstaatlichen Regelung absehen. Verständlicherweise ist ein Staat nicht daran interessiert, Lücken in seiner Gesetzgebung zugunsten der Staatsangehörigen eines anderen Staates zu schließen, wenn der andere Staat nicht seinerseits bereit ist, Lücken zugunsten der Staatsangehörigen des ersten Staates durch seine innerstaatliche Gesetzgebung zu beseitigen.

4 Gemischt-nationale soziale Tatbestände, die sich der Regelung durch die innerstaatliche Gesetzgebung entziehen oder die bewusst von der innerstaatlichen Gesetzgebung nicht geregelt worden sind, können nur durch übernationale Rechtsetzung oder durch zwischenstaatliche Abkommen, d. h. durch internationales Recht in einem engeren Sinne geregelt werden. Das – noch keineswegs erreichte – Ziel des internationalen Rechts der sozialen Sicherung in diesem engeren Sinne ist es, durch überstaatliche Rechtsetzung und durch zwischenstaatliche Abkommen die Lücken, die zwischen den innerstaatlichen Rechten zweier oder mehrerer Staaten bestehen, zu schließen und andererseits zu verhindern, dass es zu Überschneidungen (Kollisionen) zwischen den innerstaatlichen Rechten zweier oder mehrerer Staaten kommt. Das internationale Recht der sozialen Sicherung versucht zu diesem Zweck, die Rechtssysteme der sozialen Sicherung zweier oder mehrerer Staaten zu koordinieren. So sorgen das EG-Recht und zwischenstaatliche Abkommen dafür, dass ein Arbeitnehmer, der von seiner Firma ins Ausland entsandt wird, nicht in zwei Staaten Beiträge zur sozialen Sicherheit zahlen muss. EG-Recht und zwischenstaatliche Abkommen gewährleisten auch, dass ein Arbeitnehmer, der während seines Arbeitslebens in zwei Staaten beschäftigt gewesen ist, Rentenleistungen für ein volles Arbeitsleben erhalten kann, nämlich in Form von zwei Teilrenten, unabhängig davon, wo er wohnt.

Historische Entwicklung

5 Die ersten Abkommen des früheren Deutschen Reiches über Teilgebiete der Sozialen Sicherheit gehen noch auf das frühe 20. Jahrhundert zurück. Das erste Abkommen über Rentenversicherung wurde 1912 mit Italien geschlossen. Nach ihm wurden die Beiträge der im Deutschen Reich beschäftigten italienischen Arbeitnehmer an die italienische Rentenversicherung überwiesen und führten dort zu Rentenansprüchen.

Nach dem Ersten Weltkrieg wurden mehrere Abkommen geschlossen, welche die Folgen der Gebietsabtretungen für die Ansprüche und Anwartschaften der Versicherten sowie die finanziellen Auswirkungen für die beteiligten Versicherungsträger regelten.

25 Internationale Soziale Sicherung

1919 wurde die Internationale Arbeitsorganisation gegründet, deren Mitglied das Deutsche Reich von 1919 bis 1935 war und die Bundesrepublik Deutschland seit 1951 ist. Die Internationale Arbeitsorganisation (IAO) hat die Entwicklung des internationalen Rechts der sozialen Sicherung sehr befruchtet, nicht zuletzt durch die Entwicklung einheitlicher Grundsätze, die von den Mitgliedstaaten beim Abschluss zweiseitiger Abkommen untereinander beachtet werden und auch in das Recht der Europäischen Gemeinschaft eingegangen sind. Bereits das Übereinkommen Nr. 2 über die Arbeitslosigkeit von 1919 verpflichtet die Mitgliedstaaten, Arbeitnehmern der anderen Mitgliedstaaten dieselben Versicherungsleistungen wie den staatsangehörigen Arbeitnehmern zu gewähren.

In den folgenden Jahren hatte das Deutsche Reich mit allen Nachbarstaaten Abkommen über Soziale Sicherheit geschlossen, die auf den Grundsätzen der Gleichbehandlung der Staatsangehörigen der Vertragsstaaten, der Zahlung von Leistungen auch an Berechtigte, die im anderen Vertragsstaat wohnen (Leistungsexport), der Zusammenrechnung der Versicherungszeiten in beiden Vertragsstaaten zur Erfüllung der Wartezeit für einen Leistungsanspruch (Totalisierung) und der anteiligen Rentenzahlung (pro-rata-Prinzip) beruhen.

Nach dem Zweiten Weltkrieg hat die Bundesrepublik Deutschland, ähnlich wie nach dem Ersten Weltkrieg das Deutsche Reich, mit anderen Staaten wieder mehrere Versicherungslastregelungen vereinbart, um die Versicherungsverhältnisse der Personen zu bereinigen, bei denen als Folge des Zweiten Weltkriegs ein Wechsel der Rentenversicherungszugehörigkeit zwischen mehreren Staaten eingetreten war. Im Übrigen ist die Entwicklung nach dem Zweiten Weltkrieg durch das Zusammenwachsen Europas geprägt. Bereits 1950 wurde von der Bundesrepublik Deutschland, Belgien, Frankreich, den Niederlanden und der Schweiz das Abkommen über die Soziale Sicherheit der Rheinschiffer geschlossen. 1953 entstanden als erste Abkommen des Europarats die beiden Vorläufigen Abkommen über Soziale Sicherheit. Weiter führte die Wiedereingliederung der Bundesrepublik Deutschland in die Völkerfamilie seit den 50er Jahren zu einem Netz von Abkommen über Soziale Sicherheit mit anderen Staaten.

Außer mit Staaten, die inzwischen Mitglied der Europäischen Gemeinschaft oder des Europäischen Wirtschaftsraums (EWR) geworden sind und mit Ausnahme der Schweiz, die ein Freizügigkeitsabkommen mit der EG und ihren Mitgliedstaaten abgeschlossen hat, bestehen derzeit zwischenstaatliche Abkommen über Soziale Sicherheit mit folgenden Staaten: Australien, Chile, China, Indien, Israel, Japan, dem ehemaligen Jugoslawien (siehe hierzu Rdnr. 51), der Republik Korea, Kanada, Kroatien, Marokko, Mazedonien, Tunesien, der Türkei und den USA. Die Abkommen haben zum Teil einen unterschiedlichen sachlichen Geltungsbereich; mit etlichen Staaten bestehen mehrere Abkommen, zum Teil mit mehreren ergänzenden Vereinbarungen.

Gründung der Europäischen Wirtschaftsgemeinschaft

6 Das entscheidende Ereignis für das Zusammenwachsen Europas in der zweiten Hälfte des letzten Jahrhunderts war die Gründung der Europäischen Wirtschaftsgemeinschaft, der späteren Europäischen Gemeinschaft (EG), durch die am 25. März 1957 geschlossenen Römischen Verträge. Der Gemeinschaft von ursprünglich 6 Staaten gehörten seit 1995 15 Mitgliedstaaten an: Belgien, Deutschland, Dänemark, Finnland, Frankreich, Griechenland, Großbritannien, Irland, Italien, Luxemburg, die Niederlande, Österreich, Portugal, Schweden und Spanien. Mit dem Beitritt von acht mittel- und osteuropäischen Staaten sowie zwei Mittelmeerstaaten am 1. Mai 2004 folgte angesichts der Überwindung des Ost-West-Konflikts und des Kalten Kriegs Anfang der 90er Jahre des vorigen Jahrhunderts eine historisch bedeutsame Erweiterung der Europäischen Union (EU) um zehn weitere Mitglieder: Estland, Lettland, Litauen, Malta, Polen, die Slowakei, Slowenien, Tschechien, Ungarn und Zypern. Am 1. Januar 2007 sind Bulgarien und Rumänien beigetreten, so dass der Union nunmehr 27 Mitgliedstaaten angehören.

Grundlage des derzeit geltenden Rechts der EU war bis zum 30. November 2009 der Vertrag von Nizza vom 26. Februar 2001, der am 1. Februar 2003 in Kraft trat. Auf dem weiteren Weg der Integration in Europa war am 29. Oktober 2004 in Rom der Vertrag über eine Verfassung für Europa unterzeichnet worden. Negative Referenden in Frankreich und den Niederlanden im Jahr 2005 brachten jedoch den erforderlichen Ratifizierungsprozess zum Stillstand. Nach entscheidender Weichenstellung während der deutschen Ratspräsidentschaft in der ersten Jahreshälfte 2007 und nach Erarbeitung eines Reformvertrags auf Grund eines auf der Tagung des Europäischen Rats im

Juni 2007 vereinbarten Mandats für eine nachfolgende Regierungskonferenz unterzeichneten die europäischen Staats- und Regierungschefs am 13. Dezember 2007 den Vertrag von Lissabon. Der Reformvertrag sieht einen demokratischeren, transparenteren und effizienteren Rahmen für die Entwicklung in Europa vor und erleichtert die Entscheidungsprozesse in der auf 27 Mitgliedstaaten erweiterten Union. Er ist, nachdem ihn alle Mitgliedstaaten ratifiziert haben – auch Irland nach einem zweiten Referendum – am 1. Dezember 2009 in Kraft getreten. Die Europäische Union erhält eine einheitliche Rechtspersönlichkeit und tritt an die Stelle der Europäischen Gemeinschaft, deren Rechtsnachfolgerin sie wird. Der EG-Vertrag wird in den Vertrag über die Arbeitsweise der Europäischen Union (AEU-Vertrag) umbenannt.

Der EG-Vertrag in seiner ursprünglichen Fassung schreibt auf dem Gebiet der Sozialpolitik nur in einigen Bereichen zwingende Gemeinschaftsregelungen vor. Er beschränkt sich dabei mit Rücksicht auf die sehr unterschiedliche Sozialstruktur in den Mitgliedstaaten auf solche Gebiete, die für die Herstellung des Gemeinsamen Marktes als notwendig und vordringlich angesehen wurden. Es sind dies im Wesentlichen die Freizügigkeit und die soziale Sicherheit der Wanderarbeitnehmer, die Gleichbehandlung der Männer und Frauen beim Arbeitsentgelt und der Europäische Sozialfonds als beschäftigungspolitisches Instrument in den Mitgliedstaaten. Darüber hinaus verpflichtet der Vertrag die Kommission, die enge Zusammenarbeit zwischen den Mitgliedstaaten in sozialen Fragen zu fördern.

Nach Artikel 48 des Vertrags über die Arbeitsweise der Europäischen Union (konsolidierte Fassung) (davor Artikel 42 des EG-Vertrags) beschließen das Europäische Parlament und der Rat auf dem Gebiet der Sozialen Sicherheit die für die Herstellung der Freizügigkeit der Arbeitnehmer notwendigen Maßnahmen. Zu diesem Zweck führen sie insbesondere ein System ein, das zu- und abwandernden Arbeitnehmern und Selbständigen sowie deren anspruchsberechtigten Angehörigen Folgendes sichert: die Zusammenrechnung aller nach den Rechtsvorschriften der Mitgliedstaaten zurückgelegten Versicherungszeiten für den Erwerb und die Aufrechterhaltung des Leistungsanspruchs sowie für die Berechnung der Leistungen und die Zahlung der Leistungen an Personen, die sich im Hoheitsgebiet eines anderen Mitgliedstaates aufhalten.

Auf dieser Grundlage sind bereits 1958 als erste gemeinschaftliche Rechtsakte mit einem materiellen Inhalt die Verordnung Nr. 3 über die Soziale Sicherheit der Wanderarbeitnehmer sowie die Verordnung Nr. 4 zur Durchführung der vorgenannten Verordnung erlassen worden. Die Verordnungen sind 1971 und 1972 durch die EWG-Verordnungen 1408/71 und 574/72 ersetzt worden. Diese Verordnungen wurden ihrerseits mehrfach geändert und mit Wirkung vom 1. Mai 2010 durch die Verordnungen (EG) 883/2004 und 987/2009 ersetzt. Beschlüsse des Rates nach Artikel 48 AEU-Vertrag werden auf Grund des Lissabonvertrags nicht mehr einstimmig, sondern mit qualifizierter Mehrheit gefasst. Ein „Notbremse"-Mechanismus soll sicherstellen, dass auf Antrag eines Mitgliedstaats wichtige Aspekte seines Systems der sozialen Sicherheit wie Geltungsbereich, Kosten und finanzielles Gleichgewicht vom Europäischen Rat erörtert werden und das Gesetzgebungsverfahren zeitweilig ausgesetzt wird, evtl. mit der Folge, dass die Kommission um Vorlage eines neuen Vorschlags ersucht wird.

Der Weg zur Europäischen Union

7 Die Europäische Gemeinschaft hat seit ihrer Gründung große Schritte nach vorn getan.

Am 1. Juli 1987 trat die Einheitliche Europäische Akte in Kraft. Mit ihr wurden der Gemeinschaft neue Ziele gesetzt, vor allem die Schaffung eines gemeinsamen Binnenmarktes, der zum 1. Januar 1993 in Kraft trat. Dieses Vorhaben war zunächst allein mit wirtschaftspolitischer Zielsetzung konzipiert worden. Es war das Verdienst der deutschen Präsidentschaft im ersten Halbjahr 1988, dass der Europäische Rat bei seiner Tagung vom 27. bis 28. Juni 1988 in Hannover die „soziale Dimension" des Binnenmarktes erstmals deutlich herausgestellt hatte. In der Folgezeit wurden zahlreiche sozialpolitische Maßnahmen (insbesondere Richtlinien mit dem Schwerpunkt Arbeitsschutz) verabschiedet. Am 8. Dezember 1989 haben elf Staats- und Regierungschefs (ohne Großbritannien) die Gemeinschaftscharta der sozialen Grundrechte der Arbeitnehmer als eine politische Willenserklärung angenommen, die u. a. Forderungen auf „Leistungen der sozialen Sicherheit in ausreichender Höhe" und für den Arbeitnehmer im Ruhestand auf „Mittel, die ihm einen angemessenen Lebensstandard sichern", erhebt. Diese Sozialcharta war auch die politische Grundlage für das [erste] Aktionsprogramm der Kommission zur Anwendung der

Gemeinschaftscharta der sozialen Grundrechte, das zum Teil deutsche Vorschläge aufgreifend vorwiegend Gesetzgebungsvorschläge zu sozialen Mindeststandards enthielt, die der Ministerrat inzwischen zu einem großen Teil verabschiedet hat.

8 Ein weiterer wichtiger Schritt war die Schaffung des Europäischen Wirtschaftsraums (EWR). Er beruht auf einem völkerrechtlichen Vertrag, der seinerzeit von der EG, der EKGS (Europäische Gemeinschaft für Kohle und Stahl) und den 12 EG-Mitgliedstaaten mit den damaligen EFTA-Staaten Finnland, Island, Liechtenstein, Norwegen, Österreich und Schweden (EFTA = European Free Trade Association – Europäische Freihandelsgesellschaft) geschlossen wurde. Finnland, Österreich und Schweden sind inzwischen der EG beigetreten. Der Vertrag sollte ursprünglich gleichzeitig mit dem Binnenmarkt in Kraft treten. Insbesondere wegen der Ablehnung des Vertrags in der Schweiz konnte der Termin nicht eingehalten werden. Der Vertrag ist seit dem 1. Januar 1994 in Kraft, für Liechtenstein seit dem 1. Mai 1995. Er dehnt das EG-Sozialrecht auf die beigetretenen EFTA-Staaten aus. Mit der Erweiterung der EU am 1. Mai 2004 und am 1. Januar 2007 traten die neuen Mitgliedstaaten auch dem EWR-Abkommen bei, das damit seit dem 1. August 2007 auf 30 Staaten angewandt wird.

9 Der für das Zusammenwachsen Europas entscheidende Schritt war aber die Gründung der Europäischen Union (EU) zum 1. November 1993 durch den am 7. Februar 1992 von den EG-Mitgliedstaaten geschlossenen Vertrag von Maastricht. Ihm sind zum 1. Januar 1995 Finnland, Österreich und Schweden beigetreten. Norwegen hat den Beitritt aufgrund einer Volksabstimmung abgelehnt. Im Bereich der Sozialpolitik werden in dem „Vertrag zur Gründung der Europäischen Gemeinschaft" gleichen Datums die Bestimmungen des EWG-Vertrags übernommen. Gleichzeitig haben alle Mitgliedstaaten in einem „Protokoll über Sozialpolitik" vereinbart, auf dem durch die Sozialcharta vorgezeichneten Weg weitergehen zu wollen und – seinerzeit noch mit Ausnahme von Großbritannien – hierzu das Abkommen über die Sozialpolitik geschlossen, das eine wesentliche Erweiterung der sozialen Dimension der Gemeinschaft gebracht hat.

Als eine wichtige Voraussetzung für eine Weiterentwicklung des europäischen Sozialrechts erleichtert der Vertrag die Beschlussfassung auf dem Gebiet der Sozialpolitik insbesondere dadurch, dass Rechtsakte, die auf der Grundlage des Sozialabkommens ergehen, grundsätzlich nicht mehr einstimmig gefasst werden müssen, sondern dass für sie eine qualifizierte Mehrheit genügt. Allerdings ist in dem wichtigen Bereich der Sozialversicherungen nach wie vor Einstimmigkeit notwendig, jedoch genügt nach dem Vertrag von Lissabon im Bereich der Koordinierung der Systeme der sozialen Sicherheit ein qualifizierte Mehrheit für Beschlüsse des Rats der EU (siehe Rdnr. 6).

Weiter entwickelt hat der Vertrag den sogenannten „Sozialen Dialog". Danach können die Sozialpartner der EU-Kommission mitteilen, dass sie über einen bestimmten Rechtsetzungsvorschlag verhandeln und Vereinbarungen treffen wollen. Die Kommission kann dann diese autonomen Vereinbarungen zum Gegenstand einer europaweiten verbindlichen Regelung machen. Hiervon haben die EG-Sozialpartner in Rahmenvereinbarungen u. a. zum Elternurlaub, zur Teilzeitarbeit und befristeten Arbeitsverträgen Gebrauch gemacht. Der Rat hat entsprechende verbindliche Richtlinien verabschiedet.

10 In ihrem sozialpolitischen Weißbuch vom Juni 1994 hat die Kommission ihre sozialpolitischen Ziele bis zum Jahre 2000 vorgestellt. Ziel der europäischen Sozialpolitik ist danach die Koordinierung und langfristig auch eine Konvergenz der nationalen Sozialversicherungssysteme. Die Kommission schließt jedoch eine allgemeine Harmonisierung der Sozialpolitik aus. Nach dem Grundsatz der Subsidiarität muss es vielmehr Aufgabe der Mitgliedstaaten bleiben, ihre Systeme der sozialen Sicherheit selbst zu steuern.

Das (zweite) sozialpolitische Aktionsprogramm der Kommission vom April 1995 konkretisiert die meisten Ziele des Weißbuchs zu einem detaillierten „Fahrplan". Bedeutsam ist hierbei besonders das Ziel des schrittweisen Ausbaus von gemeinsamen sozialen Mindeststandards, u. a. um einem Sozialdumping zwischen den Mitgliedstaaten vorzubeugen.

Beispiele für konkrete Rechtsakte dieser Entwicklung sind die Richtlinie zur Einsetzung europäischer Betriebsräte und die so genannte Entsenderichtlinie, nach der in einem anderen Mitgliedstaat eingesetzte Arbeitnehmer in bestimmten Bereichen Anspruch auf diejenigen Arbeitsbedingungen haben, die am Arbeitsort zwingend vorgeschrieben sind.

Entsprechend den Bestimmungen des Maastrichter Vertrages trat im Frühjahr 1996 die Regierungskonferenz zusammen, um die Bestimmungen des Vertrags zu überprüfen. Sie hat zu dem Vertrag von Amsterdam vom 2. Oktober 1997 geführt, der am 1. Mai 1999 in Kraft trat.

11 Der Vertrag von Amsterdam brachte die Einbeziehung des Sozialabkommens in den EG-Vertrag. Dies wurde dadurch ermöglicht, dass die neue britische Regierung einen Kurswechsel vollzog und nicht nur den Beitritt Großbritanniens zum Sozialabkommen erklärte, sondern auch die aufgrund des Sozialabkommens beschlossenen Richtlinien akzeptierte. Seitdem sind wieder die Voraussetzungen für eine einheitliche, alle Mitgliedstaaten umfassende europäische Sozialpolitik gegeben.

Nachdem mit dem sozialpolitischen Aktionsprogramm 1998 ein neuer Rahmen für die Europäische Sozialpolitik umrissen war, wurden in der Nachfolge in der vom Europäischen Rat in Nizza gebilligten und vom Arbeitsministerrat im November 2000 verabschiedeten Sozialpolitischen Agenda die sozialpolitischen Schwerpunkte der nächsten 5 Jahre festgelegt: mehr und bessere Arbeitsplätze, Sicherheiten für Arbeitnehmer in einer sich wandelnden Wirtschaft, Bekämpfung von Armut, sozialer Ausgrenzung und Diskriminierung, Modernisierung der Sozialschutzsysteme, Gleichstellung von Männern und Frauen sowie Soziale Dimension der Osterweiterung. Angestrebt werden legislative Maßnahmen, z. B. Ausbau von sozialen Mindeststandards; der Erreichung der Ziele soll aber unterhalb der Rechtsetzungsebene auch die neue offene Methode der Koordinierung im Sinne einer konzertierten Strategie dienen (Informations- und Erfahrungsaustausch, Vergleich der besten Verfahren, Leitlinien des Rates). Ausgehend von einem Beschluss des Europäischen Rates in Laeken im Dezember 2001 und auf der Grundlage von Strategieberichten der Mitgliedstaaten über ihre Rentenpolitik wurde dem Rat auf seiner Frühjahrstagung 2003 ein gemeinsamer Rentenbericht des Rates und der Kommission vorgelegt. Ziel ist es, der Herausforderung der Überalterung der Bevölkerung zu begegnen und die Reform der Rentensysteme zu beschleunigen. Der Bericht nennt als wirksame Mittel die Anhebung des tatsächlichen Renteneintrittsalters und damit der Beschäftigungsquote für ältere Arbeitnehmer. Ein Gemeinsamer Bericht über das Gesundheitswesen und die Altenpflege greift die in Barcelona 2002 festgelegten Hauptziele – allgemeiner Zugang unabhängig von Einkommen oder Vermögen, qualitativ hochwertige Gesundheitsversorgung, langfristige Finanzierbarkeit der Gesundheitssysteme – auf. Generell besteht bereits seit dem Vertrag von Maastricht und insbesondere seit dem Vertrag von Amsterdam eine Gemeinschaftskompetenz der EU für Gesundheit. Sie bildet damit ebenfalls einen Schwerpunkt der Europäischen Integration, indem bei Festlegung und Durchführung aller Gemeinschaftspolitiken und –maßnahmen ein hohes Gesundheitsschutzniveau sicherzustellen ist.

Angesichts der hohen europäischen Arbeitslosigkeit hat eine gemeinschaftliche Beschäftigungspolitik erhöhte Bedeutung gewonnen. So beschloss der Europäische Rat auf seinem Gipfeltreffen in Essen 1994 eine umfassende Zusammenarbeit und gemeinsame Strategie zur Förderung der Beschäftigung.

Auf dem Amsterdamer Gipfel 1997 wurde in den EG-Vertrag ein Beschäftigungskapitel aufgenommen, durch das der Beschäftigung rechtlich der gleiche Stellenwert zuerkannt wird wie anderen wirtschafts- und gesellschaftspolitischen Themen. Aufgrund des 1997 zur Umsetzung des Beschäftigungskapitels eingeführten Luxemburg-Prozesses sind jährlich beschäftigungspolitische Leitlinien zu verabschieden, deren Umsetzung in nationalen beschäftigungspolitischen Aktionsplänen der Mitgliedstaaten erfolgt und vom Ministerrat überprüft wird. Die im Dezember 2001 vom Europäischen Rat verabschiedeten Leitlinien beruhen auf 4 Säulen: Verbesserung der Beschäftigungsfähigkeit, Entwicklung des Unternehmergeistes und der Schaffung von Arbeitsplätzen, Förderung der Anpassungsfähigkeit der Unternehmen und ihrer Beschäftigten, Verstärkung der Maßnahmen zur Förderung der Chancengleichheit für Männer und Frauen.

Ergänzt wird der Luxemburg-Prozess durch den Cardiff-Prozess von 1998, der Strukturreformen im Bereich der Waren-, Dienstleistungs- und Kapitalmärkte anstrebt, und den Köln-Prozess von 1999, der das Element des Makroökonomischen Dialogs hinzufügt. Dieser ist zur Förderung eines starken Beschäftigungswachstums bei Preisstabilität auf ein spannungsfreies Zusammenwirken von Finanzpolitik, Geldpolitik und Lohnentwicklung ausgerichtet. Partner des Dialogs sind die Europäische Zentralbank, die Sozialpartner sowie der Europäische Rat und die Kommission.

12 Alle drei sich gegenseitig ergänzenden und unterstützenden Prozesse bilden den 1999 in Köln verabschiedeten Europäischen Beschäftigungspakt. Aufgrund des in Lissabon im März 2000 vereinbarten Ziels einer europäischen Beschäftigungsstrategie soll die Europäische Union bis 2010 „zum wettbewerbsfähigsten und dynamischsten wissensbasierten Wirtschaftsraum der Welt werden – zu einem Wirtschaftsraum, der fähig ist, ein dauerhaftes Wirtschaftswachstum mit mehr und besseren Arbeitsplätzen und einem größeren Zusammenhalt zu erzielen." Alle Maßnahmen sollen im Rahmen einer übergeordneten politischen Orientierung zu einem Wechselspiel zwischen Wirtschafts-, Beschäftigungs- und Sozialpolitik beitragen. Die allgemeine Beschäftigungsquote soll bis 2010 auf 70 Prozent, diejenige von Frauen auf 60 Prozent steigen. Ergänzt und konkretisiert wird dies durch ein vom Europäischen Rat 2001 in Stockholm eingeführtes Konzept zur Verbesserung der „Qualität der Arbeit" (nicht nur mehr, sondern auch bessere Arbeitsplätze, um Vollbeschäftigung zu erreichen) und ein Nachhaltigkeitskonzept, nach dem gesellschaftliche Lasten auf die verschiedenen Generationen gerecht verteilt werden. Als zusätzliches Ziel bis 2010 wurde eine Quote von 50 Prozent für die Beschäftigung älterer Menschen (55-64 Jahre) beschlossen.

Der Europäische Rat hat in Barcelona im März 2002 Vorgaben für die Weiterentwicklung der Europäischen Beschäftigungsstrategie gemacht: eine Vereinfachung der Strategie, insbesondere durch Verringerung der Leitlinien, eine Angleichung des Zeitrahmens an die in Lissabon festgelegte Frist (2010) mit einer Zwischenbewertung 2005 und eine Stärkung der Rolle der Sozialpartner bei der Umsetzung der Leitlinien und der Kontrolle ihrer Einhaltung. Im Rahmen einer genaueren Definition der quantitativen Ziele der Beschäftigungsstrategie wurde das Ziel festgelegt, die effektive Lebensarbeitszeit bis 2010 um 5 Jahre zu verlängern. Im Juni 2003 in Thessaloniki beschloss der Europäische Rat, dass künftig die beschäftigungspolitischen Leitlinien gemeinsam mit den Empfehlungen der Grundzüge der Wirtschaftspolitik mit einer Dreijahres-Perspektive erstellt werden. Er nennt unter den Prioritäten und Schwerpunkten zur Erzielung des Lissabonner Ziels eine substanzielle Reform der Steuer- und Sozialleistungssysteme, Maßnahmen für effizientere, integrativere und anpassungsfähigere Arbeitsmärkte sowie eine Stärkung der Solidität der öffentlichen Finanzen durch weitere Senkung der öffentlichen Verschuldung und sofortigen Durchführung der Reform der Renten- und Krankenversicherungssysteme. Eine 2003 eingesetzte „Task Force" über „Die Schaffung von mehr Beschäftigung in Europa" unterstreicht, dass die Umsetzung der erforderlichen Reformen im Beschäftigungssektor beschleunigt werden muss.

Im Rahmen der Halbzeitprüfung der Lissabonner Strategie stellte der Europäische Rat (ER) im März 2005 einen deutlichen Rückstand bei ihrer Umsetzung fest. Er sieht es als unabdingbar an, der Lissabonner Strategie neue Impulse zu geben und die Prioritäten auf Wachstum und Beschäftigung auszurichten. Danach gilt es für Europa, die Grundlagen seiner Wettbewerbsfähigkeit zu erneuern, sein Wachstumspotenzial sowie seine Produktivität zu erhöhen und den sozialen Zusammenhalt zu stärken, indem es vor allem auf Wissen, Innovation und Erschließung des Humankapitals (Anhebung des allgemeinen Bildungsniveaus, lebenslanges Lernen) setzt. In einem Neuansatz des Verfahrens werden aufgrund „integrierter Leitlinien" des ER (mit den Grundzügen der Wirtschaftspolitik und den Leitlinien der Beschäftigungspolitik) von den Mitgliedstaaten jährlich nationale Reformprogramme (NRP) erstellt, die in einen Jahresfortschrittsbericht der Kommission als Grundlage für Schlussfolgerungen des ER eingehen. Am Ende des dritten Jahres werden die „integrierten Leitlinien" und die NRP erneuert, ebenso auch ein von der Kommission jeweils als Gegenstück zu den NRP erstelltes Lissabon-Programm der Gemeinschaft. Schließlich soll auch die Sozialpolitische Agenda durch Stärkung des auf Vollbeschäftigung und größeren Zusammenhalt ausgerichteten europäischen Sozialmodells zur Verwirklichung der Ziele der Lissabonner Strategie beitragen.

Im März 2005 haben die Staats- und Regierungschefs den „Europäischen Pakt für die Jugend" als eines der Instrumente zur Verwirklichung der Ziele von Lissabon für mehr Wachstum und Beschäftigung angenommen. Der Pakt zielt darauf ab, in einem vereinten Ansatz die allgemeine und die berufliche Bildung, die Mobilität sowie die berufliche und soziale Eingliederung der Jugendlichen in Europa zu verbessern und hierzu alle Politikbereiche, die junge Menschen betreffen, miteinander zu vernetzen.

Auf seinen Tagungen im März und Dezember 2007 stellte der Europäische Rat fest, dass die Lissabon-Strategie Wirkung zeige und zu dem vielversprechenden gesamtwirtschaftlichen Aufschwung beitrage. Er unterstrich hierbei auch die Bedeutung der sozialen Dimension der EU und eine stärkere Berücksichtigung der gemeinsamen sozialen Ziele der Mitgliedstaaten im Rahmen der Lissabon-Agenda. Auf seiner Tagung im März 2008 leitete der Europäische Rat den zweiten Dreijahreszyklus der Lissabonner Strategie ein. Auf der Grundlage der Weitergeltung der integrierten Leitlinien über die Grundzüge der Wirtschafts- und Beschäftigungspolitik wird der Schwerpunkt auf die Umsetzung der (noch ausstehenden) Strukturreformen gelegt. Diese werden angesichts des aktuellen Konjunkturrückgangs und der Turbulenzen auf den Finanzmärkten als besonders wichtig angesehen und sollen – so der Europäische Rat im Dezember 2008 – mit den von den Mitgliedstaaten im Rahmen der Wirtschafts- und Finanzkrise getroffenen Maßnahmen einhergehen. Die Wichtigkeit der sozialen Dimension der EU als Bestandteil der Lissabonner Strategie und eine stärkere Verzahnung von Wirtschafts-, Beschäftigungs- und Sozialpolitik wurden nochmals hervorgehoben. In Anbetracht der Auswirkungen der Wirtschafts- und Finanzkrise, der Herausforderungen der Bevölkerungsalterung, zunehmender Ungleichheiten und des Klimawandels wird – so der Europäische Rat im Dezember 2009 – ein neuer Ansatz in Bezug auf die Lissabon-Strategie benötigt.

Der Umsetzung der Lissabonner Strategie sollen auch Grundsätze zur sogenannten Flexicurity (Flexibilität und Sicherheit) dienen, über die auf der Tagung des Rats im September 2007 Einigung erzielt wurde. Es handelt sich hierbei um einen integrierten Ansatz zur gleichzeitigen Stärkung von Flexibilität und Sicherheit auf dem Arbeitsmarkt. Dies soll eine Möglichkeit bieten, erfolgreich mit Veränderungen umzugehen und Beschäftigungs- und Sozialreformen voranzubringen, um den Herausforderungen der Globalisierung, der technischen Innovation und einer alternden Bevölkerung zu begegnen.

Im Juni 2010 nahm der Europäische Rat anknüpfend an die Lissabon-Strategie die neue Zehnjahresstrategie für Beschäftigung sowie intelligentes, nachhaltiges und integratives Wachstum „Europa 2020" an. Er bestätigte fünf Kernziele, davon drei im beschäftigungs- und sozialpolitischen Bereich: Erhöhung der Beschäftigungsquote unter den 20- bis 64-jährigen Frauen und Männern auf 75 Prozent, auch durch vermehrte Einbeziehung der Jugendlichen, älteren Arbeitnehmer und Geringqualifizierten sowie bessere Eingliederung von legalen Migranten; Förderung der sozialen Eingliederung insbesondere durch Verminderung der Armut, wobei angestrebt wird, mindestens 20 Millionen Menschen vor dem Risiko der Armut oder der Ausgrenzung zu bewahren; Verbesserungen in Bezug auf Qualität und Leistungsfähigkeit des allgemeinen und beruflichen Bildungsniveaus. Die Kernziele im wirtschaftlichen Bereich betreffen die Verbesserung der Bedingungen für Innovation, Forschung und Entwicklung sowie die Erreichung näher festgelegter Klimaschutz- und Energieziele. Die hierzu vom Rat der Europäischen Union in der zweiten Jahreshälfte 2010 angenommenen integralen Leitlinien (Grundzüge der Wirtschaftspolitik, beschäftigungspolitische Leitlinien) sind das zentrale Element der Strategie „Europa 2020".

Im September 2010 billigte der Rat die Einführung eines „Europäischen Semesters". Es handelt sich um einen erstmals im Januar 2011 eingeleiteten Zyklus der wirtschaftlichen Koordinierung, bei dem in einem alljährlichen Zeitraum von sechs Monaten die Haushalts- und Strukturpolitik der Mitgliedstaaten überprüft wird, um Unstimmigkeiten und entstehende Gleichgewichte aufzudecken und schon in der Vorbereitungsphase die Koordinierung von wichtigen haushaltspolitischen Entscheidungen zu verstärken. In diesem Zusammenhang sind auch von den Mitgliedstaaten zu erstellende nationalen Reformprogramme von Bedeutung, in denen die Maßnahmen festgelegt werden, die zur Verstärkung ihrer Politik in Bereichen wie Beschäftigung und soziale Eingliederung zu ergreifen sind. Das „Europäische Semester" steht im Einklang mit den Zielen der Strategie „Europa 2020".

13 Wichtigstes arbeitsmarktpolitisches Instrument der Gemeinschaft zur Förderung der beschäftigungspolitischen Anstrengungen der Mitgliedstaaten ist der Europäische Sozialfonds (ESF). Seine Aufgabe ist es, die Beschäftigungsmöglichkeiten der Arbeitskräfte im Binnenmarkt zu verbessern, zur Hebung der Lebenshaltung beizutragen, sowie innerhalb der Gemeinschaft die berufliche Verwendbarkeit und die örtliche und berufliche Mobilität der Arbeitskräfte sowie die Gleichstellung von Männern und Frauen zu fördern. Er beteiligt sich an der Gemeinschaftsinitiative zur Bekämpfung von Diskriminierungen und Ungleichbehandlungen jeglicher Art in Bezug auf den Arbeitsmarkt. Der ESF soll außerdem die Anpassung an die industriellen Wandlungsprozesse und an Veränderungen der Produktionssysteme insbesondere durch berufliche Bildung und Umschulung erleichtern. Seine Zielsetzung enthält damit explizit den Aspekt der präventiven Arbeitsmarktpolitik. Arbeitslosigkeit soll möglichst gar nicht erst entstehen, sondern rechtzeitig durch Vermittlung neuer oder zusätzlicher, am Arbeitsmarkt nachgefragter Qualifikationen vermieden werden.

14 Über den EU-Raum hinaus ist die EU mit zahlreichen weiteren Staaten durch Assoziations- und Kooperationsabkommen verbunden, die zum Teil auch sozialrechtliche Bestimmungen enthalten. Neben dem Assoziationsabkommen von 1963 mit der Türkei sind insbesondere die seit 2004 abgeschlossenen Stabilisierungs- und Assoziationsabkommen mit den Staaten des westlichen Balkan zu nennen, d. h. mit Kroatien, der ehemaligen jugoslawischen Republik Mazedonien, Albanien, Montenegro, (alle vier Abkommen bereits in Kraft), Bosnien und Herzegowina (im Ratifikationsverfahren), und Serbien (unterzeichnet). Die Abkommen dienen auf der Grundlage der von der EU und den westlichen Balkanstaaten im Juni 2003 abgeschlossenen Agenda von Thessaloniki der Heranführung dieser Staaten an die EU letztlich mit dem Ziel des Beitritts. Assoziationsabkommen bestehen auch im Rahmen der Partnerschaft Europa-Mittelmeer mit Ländern des südlichen Mittelmeerraums wie Israel, Marokko, Tunesien und Algerien. Bestimmungen zur Anwendung der in diesen Assoziationsabkommen enthaltenen Vorschriften zur Koordinierung der Systeme der Sozialen Sicherheit zwischen dem jeweiligen Mittelmeerland und den Mitgliedstaaten der EU sind in Vorbereitung (Gleichbehandlung, wechselseitiger Rentenexport); gleiches gilt auch im Verhältnis zu Kroatien und Mazedonien. Allerdings ist zu berücksichtigen, dass zwischen Deutschland und diesen Staaten – ausgenommen Algerien – bereits bilaterale Abkommen über Soziale Sicherheit bestehen (vgl. Rdnr. 51 ff.).

15 Durch Beschluss des Europäischen Rates 1993 in Kopenhagen wurde die Grundlage dafür gelegt, die ostmitteleuropäischen Staaten durch eine verstärkte Zusammenarbeit Schritt für Schritt an die EU heranzuführen (Osterweiterung). Nach dem Beitritt der 10 neuen Mitgliedstaaten am 1. Mai 2004 im Rahmen der sog. Osterweiterung sind auch Bulgarien und Rumänien am 1. Januar 2007 Mitglieder der Union geworden. Mit Kroatien und der Türkei wurden im Oktober 2005 Beitrittsverhandlungen aufgenommen; für die Türkei gelten aufgrund eines Beschlusses des Europäischen Rats vom Dezember 2006 gewisse Einschränkungen. Der ehemaligen jugoslawischen Republik Mazedonien wurde vom Europäischen Rat im Dezember 2005 Kandidatenstatus zuerkannt. Im Juni 2010 beschloss der Europäische Rat, mit Island Beitrittsverhandlungen aufzunehmen. Im Dezember 2010 wurde Montenegro Kandidatenstatus zuerkannt.

Die einzelnen Instrumente der Sozialen Sicherung

Instrumente der Internationalen Arbeitsorganisation (IAO)

16 Die IAO wurde 1919 gegründet und ist heute eine Sonderorganisation der Vereinten Nationen. Sie hat ihren Sitz in Genf. Ihr gehören gegenwärtig 183 Staaten als Mitglieder an. Zu den wichtigsten Aufgaben der IAO zählt die Verbesserung der Lebens- und Arbeitsbedingungen der Arbeitnehmer in der Welt. Hierzu verabschiedet sie Übereinkommen und Empfehlungen. Die Übereinkommen erlangen im Wege der Ratifizierung durch die einzelnen Mitgliedstaaten für diese völkerrechtliche Verbindlichkeit. Von den 188 Übereinkommen der IAO hat die Bundesrepublik Deutschland insgesamt 83 Übereinkommen ratifiziert; davon sind für sie (infolge zwischenzeitlicher Kündigung) noch 73 in Kraft. Deutschland gehört damit zu den 17 Staaten mit den meisten Ratifizierungen.

Besonders erwähnenswert sind folgende Übereinkommen:

17 Das Übereinkommen Nr. 102 über die Mindestnormen der Sozialen Sicherheit vom 28. Juni 1952 verpflichtet die Mitglieder, die das Übereinkommen ratifiziert haben, bestimmte Mindeststandards für die Leistungen in den verschiedenen Zweigen der Sozialen Sicherheit einzuhalten. Die Bundesrepublik Deutschland hat als erster Staat die Verpflichtungen aus dem Übereinkommen für alle Zweige der Sozialen Sicherheit übernommen.

18 Das Übereinkommen Nr. 118 über die Gleichbehandlung von Inländern und Ausländern in der Sozialen Sicherheit vom 28. Juni 1965 verpflichtet die Mitglieder zur Gleichbehandlung und ergänzt die Mindestnormen der Sozialen Sicherheit des Übereinkommens Nr. 102. Die Bundesrepublik Deutschland hat die Verpflichtungen des Übereinkommens für folgende Zweige der Sozialen Sicherheit übernommen: ärztliche Betreuung, Krankengeld, Leistungen bei Mutterschaft, Leistungen bei Arbeitsunfällen und Berufskrankheiten sowie Leistungen bei Arbeitslosigkeit.

Weitere wichtige Übereinkommen, die für die Bundesrepublik Deutschland verbindlich sind, sind die Übereinkommen Nr. 19 über die Gleichbehandlung einheimischer und ausländischer Arbeitnehmer in der Entschädigung bei Betriebsunfällen, Nr. 121 über Leistungen bei Arbeitsunfällen und Berufskrankheiten, Nr. 128 über Leistungen bei Invalidität und Alter sowie an Hinterbliebene und Nr. 130 über ärztliche Betreuung und Krankengeld.

19 Mit einer Erklärung über die grundlegenden Prinzipien und Rechte bei der Arbeit vom Juni 1998 hat die IAO die Durchsetzung von Kernarbeitsnormen zu einem prioritären Ziel gemacht. Es handelt sich hierbei um vier Grundprinzipien – Vereinigungsfreiheit, Verbot von Zwangsarbeit, Kinderarbeit und Diskriminierung – die insbesondere in acht Übereinkommen ihre Ausformung finden. Die zu den Kernarbeitsnormen stattfindende Ratifizierungskampagne der IAO hat bereits nennenswerte weltweite Fortschritte erbracht.

20 Eine bei der IAO eingerichtete Weltkommission zur Sozialen Dimension der Globalisierung hat in ihrem Bericht vom Februar 2004 Globalisierungsstrategien und Politiken benannt, die zur Verringerung von Armut, zur Forcierung von Wachstum, Beschäftigung und Entwicklung sowie zur Förderung von menschenwürdiger Arbeit („decent work") beitragen können. Im Blick steht hierbei auch die Unterstützung der internationalen Gemeinschaft, in ihrer Politik Ökonomie und soziale Ziele gleichrangig zu verfolgen. Der Bericht bildet einen Schwerpunkt der Arbeit der IAO. Er hat eine breite Diskussion ausgelöst. Diese geht in Richtung einer Vernetzung der Initiativen im Bereich Wachstum, Innovation und Beschäftigung innerhalb der internationalen Organisationen.

21 Im Juni 2008 hat die Internationale Arbeitskonferenz der IAO die „Erklärung über soziale Gerechtigkeit für eine faire Globalisierung" verabschiedet. Sie institutionalisiert das Konzept der menschenwürdigen Arbeit und betont die Notwendigkeit einer Lohn- und Arbeitspolitik, „die sicherstellt, dass alle Menschen einen gerechten Anteil an den Früchten des Fortschritts und alle Beschäftigten ... einen zum Leben ausreichenden Lohn erhalten". Die Mitglieder der IAO sind gehalten, dieses Konzept auf der Grundlage der vier strategischen Ziele – Beschäftigung, sozialer Schutz, sozialer Dialog und Rechte bei der Arbeit – zu verfolgen und werden hierbei von der IAO unterstützt. Die Erklärung richtet sich auch an andere internationale Organisationen, die Agenda für menschenwürdige Arbeit zu fördern. Ein von der Internationalen Arbeitskonferenz der IAO im Juni 2009 angenommener „Globaler Beschäftigungspakt" soll angesichts der aktuellen weltweiten Finanz- und Wirtschaftskrise international akzeptierte grundlegende Strategien bereitstellen, um die zeitliche Verzögerung zwischen wirtschaftlicher Erholung und Wiederherstellung von Möglichkeiten menschenwürdiger Arbeit zu verkürzen.

Treffen der führenden Industrie- und Schwellenländer

22 Kernelemente für Beschäftigungskonzepte und sozialen Schutz der Arbeitnehmer, wie sie von der IAO entwickelt worden sind, haben auch Eingang gefunden in die Gipfeltreffen der führenden Industrie- und Schwellenländer. Das Gipfeltreffen der acht großen Industriestaaten im Juni 2007 (G8-Gipfel) in Heiligendamm stand unter dem Kernthema der deutschen Präsidentschaft „Wachstum und Verantwortung". Die Staats- und Regierungschefs sprachen sich im Zusammenhang mit grenzüberschreitenden Investitionen für die Förderung und Weiterentwicklung sozialer Standards – so auch die Stärkung der sozialen Sicherheitssysteme in den Schwellen- und Entwicklungsländern – aus. Sie unterstützen die Agenda für menschenwürdige Arbeit der IAO, insbesondere auch die weitere Umsetzung der IAO-Erklärung von 1998 (s. Abschnitt 19). Die Unternehmen wurden auf ihre soziale Verantwortung hingewiesen. Die Staats- und Regierungschefs riefen die betroffenen internationalen Organisationen zu enger Zusammenarbeit auf. Soziale Sicherheit im Verbund mit Wirtschaftswachstum und einer aktiven Arbeitsmarktpolitik sind – so die Erklärung – Instrumente für nachhaltige soziale und wirtschaftliche Entwicklung.

Die Gipfeltreffen im Jahre 2009 (G8-Gipfel in L'Aquila, G20-Gipfel der acht führenden Industriestaaten und wichtigsten Schwellenländer in London und Pittsburgh), die im Zeichen der Wirtschafts- und Finanzkrise und der Entwicklung einer neuen Weltwirtschafts- und Finanzordnung standen, betonen die Bedeutung der Kernelemente der IAO für Beschäftigung und sozialen Schutz der Arbeitnehmer und den Globalen Beschäftigungspakt. Der auf dem G20-Gipfel in Seoul im November 2010 verabschiedete „Seoul Action Plan" umfasst neben Maßnahmen zum

Aufbau einer stabilen Weltwirtschafts- und Finanzordnung Strukturmaßnahmen u. a. im Bereich des Arbeitsmarkts, des Humankapitals, der Bildung und Ausbildung, die Schaffung von Arbeitsplätzen sowie die Verbesserung und Stärkung des sozialen Sicherheitsnetzes, vor allem im Bereich Gesundheit und Rentenversicherung.

VN, OECD und OSZE

23 Die Vereinten Nationen (VN), die Organisation für wirtschaftliche Zusammenarbeit und Entwicklung (OECD = Organization for Economic Cooperation and Development) und die Organisation für Sicherheit und Zusammenarbeit in Europa (OSZE) entwickeln zunehmend Aktivitäten im sozialpolitischen Bereich.

Zu den Vertragswerken der VN im Menschenrechtsbereich gehört der Internationale Pakt über wirtschaftliche, soziale und kulturelle Rechte vom 16. Dezember 1966, der seit seinem Inkrafttreten am 3. Januar 1973 auch für Deutschland verbindlich ist. In dem Pakt sind Rechte im Arbeitsleben, das Recht auf soziale Sicherheit, auf einen angemessenen Lebensstandard, auf das erreichbare Höchstmaß an Gesundheit, auf Bildung und Teilhabe am kulturellen Leben sowie der Anspruch auf Genuss dieser Rechte ohne Diskriminierung verankert. Die Vertragsstaaten sind aufgefordert, unter Ausschöpfung ihrer Möglichkeiten geeignete Maßnahmen zur schrittweisen Umsetzung der in dem Pakt niedergelegten Rechte zu ergreifen.

Im März 1995 fand in Kopenhagen ein Weltsozialgipfel statt, der die Notwendigkeit einer weltweiten Zusammenarbeit im Kampf gegen die Armut herausstellte und auf dem Übereinstimmung über einen Kernbereich von Arbeitsstandards erzielt wurde.

Das am 13. Dezember 2006 durch die VN-Generalversammlung angenommene „Übereinkommen über die Rechte von Menschen mit Behinderungen" und das dazugehörige Zusatzprotokoll sind für Deutschland seit dem 26. März 2009 verbindlich. Es basiert auf den zentralen Menschenrechtsabkommen der Vereinten Nationen und konkretisiert die dort verankerten Menschenrechte für die Lebenssituation von Menschen mit Behinderungen. Es verbietet die Diskriminierung von Menschen mit Behinderungen in allen Lebensbereichen und garantiert ihnen die bürgerlichen, politischen, wirtschaftlichen, sozialen und kulturellen Menschenrechte.

Das Konzept einer gerechten Globalisierung und menschenwürdigen Arbeit (vgl. Rdnr. 21) fand auch Eingang in das Ergebnisdokument des Weltgipfels der Vereinten Nationen im September 2005, der der Weiterverfolgung der Gipfeltreffen der VN im Wirtschafts- und Sozialbereich und der so genannten Milleniumserklärung diente: In dieser haben sich im Jahr 2000 Staats- und Regierungschefs aus 189 Ländern acht Entwicklungsziele, so die Bekämpfung von Armut und Hunger, gesetzt. Auch nahm die Generalversammlung der VN im Dezember 2008 einstimmig die „Erklärung über soziale Gerechtigkeit für eine faire Globalisierung" an und rief die Organisationen der VN einschließlich der finanziellen Institutionen auf, das Ziel einer produktiven Vollbeschäftigung und menschenwürdigen Arbeit für alle, das als Schlüsselelement für Strategien zur Armutsbekämpfung betrachtet wird, in einem integrierten Lösungsansatz zu verfolgen. Auf dem Milleniumsgipfel im September 2010 wurden in einer Zwischenbilanz Fortschritte, aber auch – u. a. bedingt durch die Wirtschafts- und Finanzkrise – Rückschläge festgestellt, so auch in der Armutsbekämpfung, dem Ziel einer produktiven Vollbeschäftigung und menschenwürdigen Arbeit für alle. Die Staats- und Regierungschefs bekräftigten in einer Resolution die Entschlossenheit, die angestrebten Ziele bis 2015 zu erreichen und beschlossen ein dahingehendes detailliertes Aktionsprogramm.

Die OECD untersucht die Zusammenhänge von wirtschaftlicher Entwicklung und Arbeitslosigkeit und versucht, Lösungsmöglichkeiten für die strukturellen Ursachen der Arbeitslosigkeit und Beschäftigungsstrategien aufzuzeigen.

In der OSZE spielen Wanderungsfragen unter dem Gesichtspunkt ihrer „menschlichen Dimension" eine wachsende Rolle.

Instrumente des Europarats

24 Der Europarat wurde 1949 zur Förderung des wirtschaftlichen und sozialen Fortschritts in Europa gegründet. Die Bundesrepublik Deutschland gehört ihm seit 1950 an (zunächst als assoziiertes Mitglied, seit 1951 als Vollmitglied). Auf den Europarat gehen sowohl Instrumente zurück, welche die Mitgliedstaaten völkerrechtlich verpflichten, als auch Instrumente, die Ansprüche für den Einzelnen begründen.

25 Die Europäische Sozialcharta vom 18. Oktober 1961, in Kraft seit dem 26. Februar 1965, soll als multilateraler Vertrag des Europarats wichtige sozial-

politische Forderungen als gemeinsame Ziele der 47 Mitgliedstaaten des Europarats herausstellen. Die Charta ist das grundlegende Vertragswerk auf dem Gebiet der Sozialpolitik. Sie begründet kein unmittelbar geltendes Recht, sondern zwischenstaatliche Verpflichtungen der Vertragsparteien. Zu den Grundsätzen der Europäischen Sozialcharta gehören das Recht auf Arbeit, gerechte, sichere und gesunde Arbeitsbedingungen und gerechtes Entgelt, Berufsberatung und berufliche Ausbildung, Schutz der Gesundheit, soziale Sicherheit und Fürsorge sowie Inanspruchnahme sozialer Dienste. Ferner gehören dazu das Recht der körperlich, geistig und seelisch behinderten Menschen auf berufliche Ausbildung sowie auf berufliche und soziale Eingliederung oder Wiedereingliederung, der Familienschutz und das Recht der Wanderarbeitnehmer und ihrer Familienangehörigen auf Schutz und Beistand. Die Vertragsstaaten haben sich verpflichtet, die Grundsätze der Charta als eigene Erklärung der Ziele ihrer Politik anzusehen, die sie mit allen geeigneten Mitteln verfolgen werden. Die Charta wurde u. a. durch ein Zusatzprotokoll vom 5. Mai 1988 um weitere Rechte – Chancengleichheit von Frauen und Männern im Berufsleben, Mitwirkung der Arbeitnehmer im Betrieb und sozialen Schutz alter Menschen – ergänzt. Neben der Bundesrepublik Deutschland haben noch weitere 42 Staaten die Europäische Sozialcharta bzw. die 1996 zur Zeichnung aufgelegte revidierte Europäische Sozialcharta ratifiziert.

26 Die Europäische Ordnung der Sozialen Sicherheit vom 16. April 1964, für Deutschland in Kraft seit 28. Januar 1972, setzt für die Mitgliedstaaten des Europarats in allen Zweigen der sozialen Sicherheit Normen hinsichtlich des Kreises der zu schützenden Personen, der Anspruchsvoraussetzungen sowie der Art und Höhe der zu gewährenden Leistungen. Sie begründet kein unmittelbar geltendes Recht, sondern zwischenstaatliche Verpflichtungen der Vertragsparteien. Die Einhaltung der Verpflichtungen wird durch umfangreiche Berichtspflichten gewährleistet. Gegliedert ist die Europäische Ordnung nach Leistungen: ärztliche Betreuung, Krankengeld, Leistungen bei Arbeitslosigkeit und Berufskrankheiten, Familienleistungen, Leistungen bei Mutterschaft, bei Invalidität und an Hinterbliebene. Das Protokoll zur Europäischen Ordnung enthält völkerrechtlich verpflichtende Bestimmungen, die über die der Ordnung hinausgehen. Deutschland gehört zu den wenigen Mitgliedstaaten, die sämtliche Verpflichtungen aus der Ordnung und aus dem Protokoll übernommen haben. 1990 wurde die Revidierte Europäische Ordnung der Sozialen Sicherheit unterzeichnet. Sie setzt höhere Mindeststandards, ist aber noch nicht in Kraft getreten, da noch nicht die erforderlichen zwei Ratifikationsurkunden vorliegen.

27 Die beiden Vorläufigen Europäischen Abkommen über Soziale Sicherheit vom 11. Dezember 1953, in Kraft seit 1. September 1956, beziehen sich auf Alters-, Invaliden- und Hinterbliebenenrenten einerseits und auf Leistungen bei Krankheit, Mutterschaft, Arbeitsunfällen und Berufskrankheiten sowie Arbeitslosigkeit und auf Familienbeihilfen andererseits. Die Abkommen regeln, wie jeder Vertragsstaat die Angehörigen anderer Vertragsstaaten, insbesondere Wanderarbeitnehmer, zu behandeln hat. Sie verpflichten die Vertragsstaaten, unter bestimmten Bedingungen Angehörige jedes anderen Vertragsstaats sowie Flüchtlinge bei der Anwendung der innerstaatlichen Rechtsvorschriften über Soziale Sicherheit und bei der Anwendung der zwischen den Vertragsstaaten bestehenden zwei- und mehrseitigen Abkommen die gleiche Behandlung wie den eigenen Staatsangehörigen zu gewähren. Die Abkommen schaffen unmittelbar geltendes Recht.

EG-Recht und zwischenstaatliche Abkommen

28 Die EWG-Verordnungen Nr. 1408/71 und 574/72, deren Geltung auf die Mitgliedstaaten des Europäischen Wirtschaftsraums (EWR) ausgedehnt wurde, sowie die bilateralen Abkommen der Bundesrepublik Deutschland mit anderen Staaten haben das Ziel, die Sozialleistungssysteme der Mitgliedstaaten bzw. der Vertragsstaaten zu koordinieren. Sie eröffnen durchweg einklagbare Leistungsansprüche für den Berechtigten und sind deshalb für diesen von größter Bedeutung. Die genannten Verordnungen werden ab 1.Mai 2010 für den EU-Bereich durch die Verordnungen (EG) 883/2004 und 987/2009 abgelöst, gelten jedoch für den EWR-Bereich bis zu einer Anpassung weiter.

29 Das Verständnis der vielen und vielfältigen internationalen Regelungen wird sehr erleichtert, wenn man berücksichtigt, dass sich im Laufe der Zeit für die Gestaltung von internationalen Regelungen auf dem Gebiet der Sozialen Sicherheit bestimmte Grundsätze entwickelt haben, die von allen Staaten, die an der Ausgestaltung solcher Regelungen beteiligt sind, beachtet werden.

30 Sowohl das EU-Recht wie auch die zwischenstaatlichen Abkommen beachten das Prinzip der Gegenseitigkeit. Das bedeutet, die Regelungen gelten grundsätzlich für alle EU/EWR-Mitgliedstaaten und für die jeweiligen Vertragsstaaten in gleicher Weise im Verhältnis zueinander. Allerdings können Besonderheiten der nationalen Rechtssysteme einseitige Regelungen erforderlich machen. Nicht zu verwechseln ist der – formale – Grundsatz der Gegenseitigkeit mit dem – materiellen – Grundsatz der Gleichwertigkeit der Leistungen der Mitgliedstaaten bzw. der Vertragsstaaten. Nach dem international anerkannten Grundsatz des „ich gebe, damit du gibst" ist jeder Staat bestrebt, für die seinem Schutz anvertrauten Personen vom Vertragspartner Leistungen zu erhalten, die den Leistungen gleichwertig sind, die er den Staatsangehörigen des Vertragspartners erbringt. Die Gleichwertigkeit der Leistungen ist allerdings sehr viel schwieriger zu beurteilen. Schon der Umstand, dass manche Leistungen in der Sozialen Sicherheit auf Beiträgen der Versicherten und ihrer Arbeitgeber beruhen und andere aus Haushaltmitteln des Staates finanziert werden, erschwert die Beurteilung, denn die ersten haben Eigentumscharakter und sollten daher dem Berechtigten nicht vorenthalten werden, während letztere tendenziell Bedürftigkeitserwägungen zugänglich sind. Gravierender ist aber Folgendes: Die Leistungen der beiden Vertragspartner können auf verschiedenen Gebieten liegen. So kann der eine Staat Arbeitskräfte zur Verfügung stellen und der andere sichert Tariflöhne und soziale Sicherheit zu. Ein gesondertes Abkommen über Soziale Sicherheit erweckt dann beim Bürger des Staates, in dem die ausländischen Arbeitnehmer beschäftigt werden, leicht den Eindruck eines einseitigen Abkommens. Darüber hinaus sollte bei der Beurteilung eines solchen scheinbar einseitigen Abkommens berücksichtigt werden, dass die ausländischen Arbeitnehmer auch Beiträge und Steuern zahlen. Betrachtet man unter diesen Gesichtspunkten die Abkommen, welche die Bundesrepublik Deutschland mit den ehemaligen Anwerbeländern geschlossen hat, so waren diese für die Bundesrepublik Deutschland durchweg günstig. Konkrete Regelungen lassen sich daher aus dem Grundsatz der Gleichwertigkeit der Leistungen nur sehr bedingt ableiten. Er ist jedoch eine Handlungsmaxime, die bei internationalen Verhandlungen zu beachten ist.

31 Die meisten Staaten kennen in ihrem Recht Einschränkungen, soweit Leistungen auch an Personen erbracht werden sollen, die sich im Ausland aufhalten. So werden Renten überhaupt nicht oder nur eingeschränkt ins Ausland gezahlt, oder der Schutz der Krankenversicherung endet an der Grenze. Die internationalen Regelungen über Soziale Sicherheit können diese Einschränkungen aufheben und bestimmen, dass die Leistungen, auf die ein Berechtigter im Inland Anspruch hat, auch dann erbracht werden, wenn er sich im Ausland vorübergehend oder gewöhnlich aufhält. Man spricht hier vom Leistungsexportprinzip.

Ziel internationaler Instrumente kann es aber auch sein, Berechtigte mit Versicherungszeiten in einem anderen Staat in das jeweils eigene Rechtssystem einzugliedern. Die Anwendung des Eingliederungsprinzips hat zur Folge, dass der Berechtigte, der im Inland wohnt, Leistungen auch für die in einem anderen Staat zurückgelegten Versicherungszeiten erhält. Es bietet sich u. a. dann an, wenn komplizierte sozialversicherungsrechtliche Tatbestände – etwa als Folge von Kriegen – abschließend geregelt werden sollen. Auf dem Eingliederungsprinzip beruhen das deutsch-polnische Abkommen über Renten- und Unfallversicherung von 1975, das nach Ablösung durch das deutsch-polnische Abkommen von 1990 – seit 1. Mai 2004 aufgrund EG-Rechts - nur noch für Besitzstandsfälle gilt, und das so genannte Südtirolabkommen vom 27. Januar 1976.

32 Zur Koordinierung der nationalen Rechtssysteme der Sozialen Sicherheit bedienen sich das EU-Recht wie auch die zwischenstaatlichen Abkommen folgender Mittel:

– der Abgrenzung des Anwendungsbereichs der Rechtsvorschriften der beteiligten Staaten, um Überschneidungen zu vermeiden,
– der Verzahnung der Rechtsvorschriften der beteiligten Staaten, um Lücken auszufüllen und
– der Zusammenarbeit der beteiligten Staaten, um die Bestimmungen durchzuführen.

Eine Abgrenzung des Anwendungsbereichs der Rechtsvorschriften der beteiligten Staaten kann sowohl hinsichtlich der Pflichten als auch der Rechte des von dem internationalen Instrument erfassten Personenkreises erforderlich sein.

33 Eine wesentliche Pflicht ist die Versicherungspflicht der Arbeitnehmer mit der damit verbundenen Pflicht zur Beitragszahlung. Grundsätzlich gilt für die Versicherungs- und Beitragspflicht das Territorialitätsprinzip. Nach deutschem Recht gelten die deutschen Vorschriften über die Versicherungspflicht für alle Personen, die in Deutschland beschäftigt sind. Versicherungspflichtig sind jedoch auch Arbeitnehmer, die von ihrem Arbeitgeber vorübergehend ins Ausland entsandt werden. Das ist die so genannte Ausstrahlung inländischer Beschäftigungsverhältnisse. Solch ein entsandter Arbeitnehmer, der nach deutschen Rechtsvorschriften versicherungspflichtig ist, ist aber in der Regel auch nach den Rechtsvorschriften des anderen Staates, der für die Versicherungspflicht ebenfalls das Territorialitätsprinzip anwendet, versicherungspflichtig. Aufgabe des internationalen Rechts der Sozialen Sicherung ist es, hier eine doppelte Versicherungs- und Beitragspflicht zu verhindern. Es geschieht dies dadurch, dass sowohl das EU-Recht als auch die internationalen Abkommen Bestimmungen enthalten, die sicherstellen, dass das Beschäftigungsverhältnis eines Arbeitnehmers nur den Rechtsvorschriften über die Versicherungspflicht eines einzigen Staates unterstellt ist. Abgrenzungsvorschriften gibt es jedoch auch beim Leistungsrecht, um Doppelleistungen zu vermeiden. So enthalten das EU- und Abkommensrecht Bestimmungen darüber, nach welchen Rechtsvorschriften Leistungen für Kinder zu erbringen sind, wenn die Rechtsvorschriften beider Vertragsstaaten Leistungen für Kinder vorsehen.

34 Zur Verzahnung der Rechtsvorschriften der Mitgliedstaaten der EU und des EWR sowie der Vertragsstaaten eines internationalen Abkommens hat das internationale Recht der Sozialen Sicherung folgende Grundsätze entwickelt:

35 Der Grundsatz der Personengleichstellung bedeutet, dass die Staatsangehörigen jedes anderen EU-/EWR-Mitgliedstaates sowie des anderen Vertragsstaates bei der Anwendung der innerstaatlichen Rechtsvorschriften wie eigene Staatsangehörige behandelt werden. Hierdurch werden die Einschränkungen, die das deutsche Recht für Ausländer vorsieht, für die Staatsangehörigen der anderen Mitgliedstaaten und des anderen Vertragsstaates aufgehoben. Nach dem deutschen Auslandsrentenrecht werden bei Berechtigten, die nicht Deutsche bzw. – seit August 2004 – nicht EU-/EWR-Staatsangehörige sind und die sich im Ausland gewöhnlich aufhalten, bei der Berechnung der Höhe der Rente die auf Beitragszeiten beruhenden persönlichen Entgeltpunkte nur zu 70 v. H. und beitragsfreie Zeiten wie z. B. Ausbildungszeiten überhaupt nicht berücksichtigt. Die Personengleichstellung bewirkt – gemeinschaftsrechtlich bzw. vertraglich bindend –, dass auch bei Staatsangehörigen eines anderen EU-/EWR-Mitgliedstaates oder eines anderen Vertragsstaats die Rente nicht gekürzt und beitragsfreie Zeiten unter denselben Voraussetzungen wie bei Deutschen berücksichtigt werden können.

36 Der Grundsatz der Gebietsgleichstellung bedeutet, dass in Fällen, in denen nach innerstaatlichen Rechtsvorschriften die Leistungserbringung für Deutsche und Ausländer vom Inlandsaufenthalt abhängig ist, die Leistung auch an Personen erbracht werden kann, die sich in einem anderen EU-/EWR-Mitgliedstaat oder in einem anderen Vertragsstaat aufhalten. Damit entfallen die Leistungseinschränkungen, die das deutsche nationale Recht bei Auslandsaufenthalt vorsieht. So ruhen grundsätzlich die Leistungen der deutschen gesetzlichen Krankenversicherung, wenn sich der Versicherte außerhalb Deutschlands aufhält. Urlauber, die in der deutschen gesetzlichen Krankenversicherung versichert sind, erhalten damit grundsätzlich keine Leistungen der deutschen Krankenversicherung, wenn sie im Ausland ärztliche Leistungen in Anspruch nehmen müssen. Die Gebietsgleichstellung im Recht der EU und in zwischenstaatlichen Abkommen hebt diese Leistungseinschränkung – jedenfalls im Prinzip – auf. Der deutsche Krankenversicherungsschutz erstreckt sich damit auch auf Versicherte, die sich – etwa während ihres Urlaubs – im Ausland aufhalten.

Andere wichtige Beispiele für die Wirkung der Gebietsgleichstellung gibt es im Recht der gesetzlichen Rentenversicherung und Unfallversicherung. Durch die Gebietsgleichstellung wird es möglich, Berufsunfähigkeitsrenten auch dann an Berechtigte in einem anderen EU-/EWR-Staat oder Vertragsstaat zu zahlen, wenn die Berufsunfähigkeit erst in diesem Staat eingetreten ist. Die Gebietsgleichstellung gilt – wie bereits angedeutet – in den internationalen Instrumenten in der Regel nicht uneingeschränkt. So werden auch Renten für außerhalb des Bundesgebiets nach den Reichsversicherungsgesetzen zurückgelegte Beitragszeiten und für die nach dem Fremdrentengesetz gleichgestellten Beitragszeiten grundsätzlich nicht mehr an Berechtigte im Ausland erbracht. Für den Bereich der EU ist diese Einschränkung inzwischen weggefallen (siehe Rdnr. 44).

37 Der Grundsatz der Tatbestandsgleichstellung hat zur Folge, dass bestimmte Rechtsfolgevoraussetzungen, die im innerstaatlichen Recht vorgesehen sind, auch durch gleichartige Tatbestände in einem anderen Mitgliedstaat der EG bzw. des EWR oder im anderen Vertragsstaat erfüllt werden können.

Ein solcher Fall der Tatbestandsgleichstellung ist die Gleichstellung einer versicherungspflichtigen Beschäftigung im Vertragsstaat mit einer versicherungspflichtigen Beschäftigung im Inland. Sie ermöglicht die Zusammenrechnung der Versicherungszeiten in zwei oder mehr EU-/EWR-Mitgliedstaaten oder in zwei Vertragsstaaten zur Erfüllung der Wartezeit für einen Rentenanspruch, die so genannte Totalisierung. Sie ist eine der ältesten Regelungen in internationalen Abkommen über Soziale Sicherheit, weswegen diese gelegentlich auch als Totalisierungsabkommen bezeichnet werden.

38 Schließlich enthalten die internationalen Instrumente Bestimmungen über die Zusammenarbeit der Staaten bei der Durchführung des nationalen und internationalen Rechts. Eine solche Zusammenarbeit ist in allen Zweigen der Sozialen Sicherung nötig. Die ärztlichen Untersuchungen zur Feststellung der Arbeitsunfähigkeit eines während des Urlaubs im Ausland erkrankten Versicherten können nur von einem Vertragsarzt der dortigen Krankenversicherung vorgenommen werden. Bei der Inanspruchnahme der medizinischen Leistungen durch die Krankenversicherten im anderen EU-/EWR-Mitgliedstaat oder Vertragsstaat arbeiten diese eng zusammen. Kann die Wartezeit für einen Rentenanspruch nur durch Zusammenrechnung der Versicherungszeiten in zwei Staaten erfüllt werden, ist ein Austausch der entsprechenden Daten zwischen den Versicherungsträgern beider Staaten erforderlich. Lebensbescheinigungen für Kinder im Ausland können nur von den dortigen Behörden erstellt werden.

Koordinierung der Systeme der sozialen Sicherheit in der EU

39 Die EG-Verordnung Nr. 1408/71 und die Durchführungsverordnung Nr. 574/72 sind die umfassenden Instrumente der EG und des EWR (also mit Island, Liechtenstein und Norwegen) zur Koordinierung der nationalen Systeme über Soziale Sicherheit. Sie sind mehrfach geändert worden und wurden durch die Verordnung (EG) Nr. 118/97 in der geänderten Fassung bekannt gemacht. Sie wurde zuletzt durch die Verordnung (EG) Nr. 1791/2006 vom 20. November 2006 (betr. EU-Beitritt von Bulgarien und Rumänien) und die Verordnung (EG) Nr. 592/2008 vom 17. Juni 2008 geändert. Mit der Verordnung (EG) Nr. 883/2004, geändert durch die Verordnung (EG) Nr. 988/2009 vom 16. September 2009, wurde nach langen Vorarbeiten eine Modernisierung und Vereinfachung geschaffen. Der Verordnungstext wurde gestrafft, die Systematik verbessert, die zwischenzeitliche Rechtsprechung des Europäischen Gerichtshofs eingearbeitet. Zu gravierenden inhaltlichen Änderungen ist es nicht gekommen. Die Vereinfachungsverordnung ist mit Inkrafttreten der Durchführungsverordnung 987/2009 vom 16. September 2009 ab dem 1. Mai 2010 an Stelle der Verordnung 1408/71 anwendbar. Für den EWR-Bereich gelten bis zu einer Anpassung die Verordnungen 1408/71 und 574/72 weiter; Arbeiten, durch sie im Rahmen des EWR-Abkommens durch die Verordnungen 883/2004 und 987/2009 ersetzt werden sollen, sind im Gange.

40 Die Verordnungen haben im Wesentlichen die Abkommen über Soziale Sicherheit verdrängt, welche die Mitgliedstaaten der EU und des EWR untereinander geschlossen haben. Einzelne Bestimmungen dieser Abkommen gelten jedoch weiter, sofern sie für die Berechtigten günstiger sind oder sich aus besonderen historischen Gründen ergeben und ihre Geltung zeitlich begrenzt ist; ferner müssen sie in die entsprechenden Anhänge zur Verordnung aufgenommen sein.

Schließlich können die Staaten, soweit ein Bedürfnis besteht, nach den Grundsätzen und dem Geist der Verordnungen Abkommen und Durchführungsvereinbarungen miteinander schließen.

41 Die Verordnungen haben einen umfassenden sachlichen Anwendungsbereich. Sie beziehen sich auf folgende Systeme der Sozialen Sicherheit *(kursiv: Ergänzungen durch die Vereinfachungsverordnung)*:

– Leistungen bei Krankheit, Mutterschutz *und gleichgestellte Leistungen bei Vaterschaft,*
– Leistungen bei Alter, Invalidität und an Hinterbliebene (im Folgenden: Rentenversicherung),
– Leistungen bei Arbeitsunfällen und Berufskrankheiten (Unfallversicherung),
– Sterbegeld,
– Leistungen bei Arbeitslosigkeit,
– *Vorruhestandsleistungen,*
– Familienleistungen (Kindergeld, Elterngeld).

Zum sachlichen Anwendungsbereich der Verordnungen gehört auch die in Deutschland eingeführte Pflegeversicherung. Sie ist EU-rechtlich den Leistungen bei Krankheit und Mutterschaft zuzuordnen. Seit dem 1. Januar 2005 sind (durch Aufnahme in Anhang II der Verordnung 1408/71) auch die deutschen berufsständischen Versorgungseinrichtungen in den sachlichen Geltungsbereich (Leistungen bei Alter, Invalidität und an Hinterbliebene) einbezogen; mit der Verordnung 883/2004 gilt dies für den EU-Bereich generell für die Sondersysteme aller Mitgliedstaaten.

42 Der persönliche Geltungsbereich der EG-Verordnung 883/2004 erstreckt sich auf Personen, für welche die Rechtsvorschriften eines oder mehrerer Mitgliedstaaten gelten oder galten, in ihrer Eigenschaft als

– Staatsangehörige eines Mitgliedstaates,
– Staatenlose und Flüchtlinge im Sinne der einschlägigen internationalen Abkommen mit Wohnort in einem Mitgliedstaat.

Die Verordnung gilt auch

– für die Familienangehörigen und Hinterbliebenen der vorgenannten Personen und
– ggf. für Hinterbliebene von Personen mit Drittstaatsangehörigkeit, sofern die Hinterbliebenen Staatsangehörige eines Mitgliedstaats oder Staatenlose oder Flüchtlinge mit Wohnort in einem Mitgliedstaat sind.

Die neue Verordnung 883/2004 erfasst alle versicherten Personen und deren Familienangehörige, also z.B. auch bisher nicht einbezogene freiwillig Versicherte, während sich die EG-Verordnung 1408/71 im persönlichen Geltungsbereich auf Arbeitnehmer, Selbständige und Studierende bezieht.

43 Auf dem Gebiet Krankenversicherung ermöglichen diese Verordnungen – mit gewissen Einschränkungen – die Inanspruchnahme von medizinischer Versorgung in jedem Mitgliedstaat der Gemeinschaft. Versicherte der deutschen gesetzlichen Krankenversicherung, die während ihres Aufenthalts in einem anderen EU/EWR-Mitgliedstaat erkranken, können grundsätzlich ärztliche Versorgung, Arzneimittel und sonstige medizinische Leistungen auch in diesem Staat in Anspruch nehmen. Die dortige Krankenversicherung ist verpflichtet, die medizinische Versorgung im Wege der so genannten Sachleistungsaushilfe durch die ihr angeschlossenen Krankenhäuser, Ärzte, Apotheker usw. wie eigenen Versicherten zu erbringen. Dabei werden die Kosten grundsätzlich durch die Krankenkasse des Versicherten im Herkunftsstaat erstattet.

Versicherte bedürfen, damit sie die Sachleistungen im anderen EU-/EWR-Mitgliedstaat in Anspruch nehmen können, eines Dokuments ihrer Krankenversicherung, das ihren Leistungsanspruch bestätigt. Für Versicherte, die sich vorübergehend in einem anderen Mitgliedstaat aufhalten, z. B. Urlauber, wurde ab 1. Juli 2004 eine Europäische Krankenversicherungskarte eingeführt, die nunmehr direkt dem Leistungserbringer wie Arzt oder Krankenhaus vorzulegen ist. Nach einer Übergangsregelung mussten die Mitgliedstaaten die Europäische Krankenversicherungskarte Anfang 2006 endgültig einführen. Ab diesem Zeitpunkt erhalten auch alle Versicherte der deutschen Krankenversicherung die Europäische Krankenversicherungskarte, mit der schrittweisen Einführung der elektronischen Gesundheitskarte, die sich noch im Praxistest befindet, auf deren Rückseite. Aufgrund der Rechtsprechung des Europäischen Gerichtshofs können Versicherte – anstelle der Sachleistungsaushilfe durch den Krankenversicherungsträger im anderen EU-/EWR-Staat – dort ambulante Leistungen ohne Genehmigung ihrer Krankenkasse in Anspruch nehmen und sich von dieser die Kosten nach innerstaatlichen Sätzen erstatten lassen. Dies ist ab 1. Januar 2004 auch in innerstaatliches deutsches Recht umgesetzt. Allerdings ist dieses Vorgehen mit Vorleistungen des Versicherten, Abschlägen u. a. wegen Verwaltungskosten und unter Umständen mit zusätzlichen eigenen Kosten bei Privatrechnungen verbunden. Es gilt im Übrigen für Krankenhausleistungen nur nach vorheriger Zustimmung der Krankenkasse (vgl. Kapitel 5, Rdnr. 295 ff.). In der EU läuft ein Rechtsetzungsverfahren zur Verabschiedung einer Richtlinie, die – unter Berücksichtigung der Rechtsprechung des Europäischen Gerichtshofs – ergänzend zur Verordnung 883/2004 -anstelle der hierin geregelten Sachleistungsaushilfe Bestimmungen über die Inanspruchnahme ärztlicher Leistungen im anderen Staat als dem zuständigen Staat und die Kostenerstattung regeln sollen.

Aus der Einordnung der Leistungen der Pflegeversicherung in solche bei Krankheit im Sinne der EG-Verordnungen ergibt sich, dass die für einen Leistungsanspruch notwendige Vorversicherungszeit auch durch eine Versicherungszeit nach den Rechtsvorschriften eines anderen EU-/EWR-Mitgliedstaats erfüllt werden kann. Leistungen der Pflegeversicherung können als Sachleistungen im Wege der Leistungsaushilfe auch in einem anderen EU-/EWR-Staat in Anspruch genommen werden, soweit die Rechtsvorschriften des anderen Staates solche Leistungen vorsehen. Pflegegeld für selbstbeschaffte Pflegehilfen muss auch Versicherten der deutschen Pflegeversicherung und ihren mitversicherten Familienangehörigen gezahlt werden, die sich in einem anderen EU-/EWR-Staat gewöhnlich aufhalten.

44 Auf dem Gebiet der Rentenversicherung stellen die Verordnungen sicher, dass Staatsangehörige eines EU-/EWR-Mitgliedstaats bei der Anwendung der Rechtsvorschriften dieses Mitgliedstaates wie dessen eigene Staatsangehörige behandelt werden (Personengleichstellung). Deutsche, die in der Rentenversicherung eines anderen Mitgliedstaates versichert waren und in Deutschland oder in einem anderen Mitgliedstaat wohnen, erhalten also von der Rentenversicherung des Mitgliedstaates, in dem sie versichert waren, im Versicherungsfall grundsätzlich die gleiche Rente wie dessen eigene Staatsangehörige. Seit dem 5. Mai 2005 gilt dies nach EU-Recht auch bei gewöhnlichem Aufenthalt außerhalb der Mitgliedstaaten der EU, ab dem 27. September 2008 auch nach dem EWR-Abkommen für Rentenzahlungen bei gewöhnlichem Aufenthalt außerhalb der Mitgliedstaten des EWR. Entsprechendes gilt selbstverständlich auch für die Staatsangehörigen anderer Mitgliedstaaten, die in der deutschen gesetzlichen Rentenversicherung versichert waren und in einem Mitgliedstaat oder außerhalb der Mitgliedstaaten wohnen (seit August 2004 auch innerstaatliches deutsches Recht).

Weiter gelten die Einschränkungen, die das deutsche Auslandsrentenrecht für Rentner vorsieht, die im Ausland wohnen, nicht für die EU-/EWR-Staatsangehörigen, die sich in einem anderen Mitgliedstaat der EU und des EWR gewöhnlich aufhalten (Gebietsgleichstellung). Nach einem Urteil des Europäischen Gerichtshofs vom 18. Dezember 2007 sind – entgegen innerstaatlichem deutschem Recht und entsprechenden Ausschlussbestimmungen in den Anhängen III und VI der Verordnung 1408/71 – Renten auch für außerhalb des Bundesgebiets nach den Reichsversicherungsgesetzen zurückgelegte Beitragszeiten und für nach dem Fremdrentengesetz zurückgelegte Beitragszeiten an Berechtigte mit gewöhnlichem Aufenthalt in einem EU-Mitgliedstaat zu zahlen. In der Verordnung 883/2004 ist dies nunmehr festgeschrieben. Für die Anfang 2003 eingeführte bedarfsorientierte Grundsicherung im Alter und bei Erwerbsminderung ist der Leistungsexport ausgeschlossen.

Erfüllt ein Versicherter im Versicherungsfall nicht die zeitlichen Voraussetzungen für einen Rentenanspruch, so sind ggf. die in einem anderen Mitgliedstaat zurückgelegten Versicherungszeiten mit zu berücksichtigen (Tatbestandsgleichstellung). Zur Erfüllung der im deutschen Recht vorgeschriebenen Wartezeiten von fünf oder mehr anrechnungsfähigen Versicherungsjahren sind erforderlichenfalls die Versicherungszeiten in Deutschland mit denen in einem anderen EU-/EWR-Mitgliedstaat zusammenzurechnen (Totalisierung). Zur Erfüllung der Sondervoraussetzungen der Rente wegen verminderter Erwerbsfähigkeit (36 Beitragsmonate für eine versicherungspflichtige Beschäftigung innerhalb der letzten 5 Jahre vor Eintritt des Versicherungsfalls) genügt es, dass entsprechende Zeiten in einem anderen Mitgliedstaat zurückgelegt worden sind.

Die deutschen Versicherungsträger und die der anderen Mitgliedstaaten zahlen aber auch in den Fällen, in denen der Rentenanspruch aufgrund der Berücksichtigung von Versicherungszeiten in einem anderen Mitgliedstaat besteht, nur eine Rente, die der nach den eigenen Rechtsvorschriften zurückgelegten Versicherungszeit entspricht, nicht aber eine Rente etwa aus fremden Versicherungszeiten. Auch hier gibt es allerdings geringfügige Ausnahmen.

45 In der Unfallversicherung gelten ähnliche Regelungen wie für die Kranken- und Rentenversicherung. Insbesondere gelten die Grundsätze der Gleichstellung der Staatsangehörigen der EU-/EWR-Mitgliedstaaten und der uneingeschränkten Leistungserbringung bei Aufenthalt in einem anderen Mitgliedstaat. Die medizinische Versorgung wird hierbei ebenso wie in der Krankenversicherung durch die Sachleistungsaushilfe der Versicherungsträger im anderen Mitgliedstaat sichergestellt. Außerdem wird bestimmt, wie die in anderen Mitgliedstaaten eingetretenen Tatbestände – einschließlich der Expositionszeiten bei Berufskrankheiten – zu berücksichtigen sind. Geldleistungen wegen einer Berufskrankheit werden von dem Mitgliedstaat erbracht, in dem die Tätigkeit, die ihrer Art nach geeignet ist, eine solche Krankheit zu verursachen, zuletzt ausgeübt wurde. Die Bestimmung der EG-Verordnung 1408/71, nach der bei bestimmten Berufskrankheiten mit langer Expositionszeit, wie z. B. Asbestose und Silikose, die Aufwendungen unter den beteiligten Staaten aufgeteilt werden, ist in der Verordnung 883/2004 weggefallen.

46 Bei den Leistungen an Arbeitslose gelten im EU-Recht uneingeschränkt der Grundsatz der Gleichbehandlung der Staatsangehörigen der Mitgliedstaaten, jedoch nur eingeschränkt die Grundsätze des Leistungsexports und der Zusammenrechnung der Versicherungszeiten. Das hängt damit zusammen, dass die Arbeitslosenversicherung es mit Tatbeständen zu tun hat, die, wenn sie sich im Ausland abspielen, für den Träger, der die Leistungen zu erbringen hat, nur schwer zu überprüfen und seiner Einflussnahme entzogen sind. Solche Tatbestände sind etwa die Umstände des Eintritts der Arbeitslosigkeit und die Möglichkeiten einer erneuten Beschäftigung. Von gewissen Ausnahmen abgesehen, findet deshalb eine Zusammenrechnung der Versicherungszeiten für den Anspruchserwerb und die Anspruchsdauer nur statt, wenn der Arbeitslose zuletzt in dem Staate beschäftigt gewesen ist, in dem er Leistungen wegen Arbeitslosigkeit beantragt.

Das Ziel, die Freizügigkeit der Arbeitnehmer in der Gemeinschaft herzustellen, kommt in der Regelung des Leistungsexports zum Ausdruck. Ein Leistungsempfänger, der in dem Mitgliedstaat, in dem er beschäftigt gewesen ist, keine neue Beschäftigung finden kann, behält seinen Leistungsanspruch bis zur Dauer von drei Monaten, wenn er sich zur Arbeitssuche in einen anderen Mitgliedstaat begibt; nach der Verordnung 883/2004 kann der Zeitraum von der zuständigen Arbeitsverwaltung oder dem zuständigen Träger auf sechs Monate verlängert werden. Der Leistungsempfänger muss sich bei der Arbeitsverwaltung des anderen Mitgliedstaates als Arbeitsuchender melden und kann dort das Arbeitslosengeld des Staates seiner letzten Beschäftigung erhalten. Diese Regelung über den Leistungsexport gilt für das Arbeitslosengeld II nur, wenn der Leistungsempfänger dem Grunde nach die Voraussetzungen für den befristeten Leistungszuschlag nach Bezug von Arbeitslosengeld (§ 24 Sozialgesetzbuch II) erfüllt.

Sonderregelungen gelten besonders für Grenzgänger, die Leistungen wegen Arbeitslosigkeit in dem Staat erhalten, in dem sie wohnen. Nach der Verordnung 883/2004 erstattet der letzte Beschäftigungsstaat den Gesamtbetrag der Leistungen für die ersten drei Monate.

Nach der Verordnung 883/2004 sind auch Selbständige in die Regelungen über die Leistungen bei Arbeitslosigkeit einbezogen, da in diesem Versicherungszweig nunmehr in vielen Mitgliedstaaten der EU, auch in Deutschland, eine selbständige Erwerbstätigkeit zu einer Versicherungspflicht führen kann.

47 Die Verordnung 883/2004, die Vorruhestandsleistungen ausdrücklich in den sachlichen Geltungsbereich einbezieht, schließt die Zusammenrechnung von Versicherungszeiten oder Zeiten der Erwerbstätigkeit für den Erwerb des Leistungsanspruchs aus. Der Leistungsexport ist gewährleistet.

48 Eine Person hat Anspruch auf Familienleistungen nach den Rechtsvorschriften eines Mitgliedstaats auch für die in einem anderen Mitgliedstaat wohnenden Familienangehörigen, als ob diese im erstgenannten Mitgliedstaaten wohnen würden. Besteht Anspruch auf Familienleistungen nach dem Recht mehrerer Mitgliedstaaten, so gelten Prioritätsregeln darüber, welcher Staat vorrangig leisten muss. So erhalten Arbeitnehmer und Selbständige, die in einem Mitgliedstaat beschäftigt bzw. erwerbstätig sind oder in diesem Leistungen wegen Arbeitslosigkeit beziehen, Kindergeld nach den Rechtsvorschriften dieses Staates auch für die in einem anderen Mitgliedstaat wohnenden Kinder (Leistungsexportprinzip oder Beschäftigungslandprinzip). Ist der andere Elternteil in dem Mitgliedstaat, in dem die Kinder wohnen, ebenfalls beschäftigt, so ist dieser Staat vorrangig leistungspflichtig. Ist das Kindergeld im erstgenannten Staat höher, so hat dieser den Differenzbetrag zu leisten.

Ein Rentner hat Anspruch auf Kindergeld nach den Rechtsvorschriften des Mitgliedstaats, nach dessen Rechtsvorschriften die Rente erbracht wird. Erbringen mehrere Mitgliedstaaten eine Rente, bestehen auch hier Prioritätsregeln, nach denen ein Mitgliedstaat vorrangig für das Erbringen der Leistung zuständig ist. Nach der Verordnung 883/2004 ist das grundsätzlich der Mitgliedstaat, in dem der Familienangehörige wohnt.

Anders als nach der Verordnung 1408/71 können Rentner nach der Verordnung 883/2004 auch andere Familienleistungen als Kindergeld (z.B. Erziehungsleistungen) nach den vorgenannten Regelungen für ihre im anderen Mitgliedstaat wohnenden Familienangehörigen erhalten.

49 Am 1. Juni 2003 ist die Verordnung (EG) Nr. 859/2003 vom 14. Mai 2003 in Kraft getreten, durch die auch so genannte Drittstaatsangehörige, die nicht EG/EWR-Staatsangehörige sind, in die EG-Verordnung 1408/71 und 574/72 einbezogen werden. Deren Regelungen gelten dann auch für diese Personen, wenn sie ihren rechtmäßigen Wohnsitz in einem Mitgliedstaat haben. Die Verordnung (EU) Nr. 1231/2010 vom 24. November 2010, in Kraft getreten am 1. Januar 2011, ersetzt die Verordnung 859/2003 und dehnt nunmehr die Verordnungen (EU) 883/2004 und 987/2009 auf die genannten Drittstaatsangehörigen aus. (In Bezug auf Großbritannien gilt jedoch die Verordnung 859/2003 weiter; Dänemark ist weiterhin von ihrer Anwendung wie auch der Verordnung 1231/10 ausgenommen.)

EG-Abkommen mit der Schweiz, das sog. vierseitige Abkommen und das Rheinschifferübereinkommen

50 Nachdem der Beitritt der Schweiz zum Europäischen Wirtschaftsraum 1992 gescheitert war, haben die EG und deren Mitgliedstaaten mit der Schweiz ein Paket von sieben Sektoralabkommen ausgehandelt mit dem Ziel einer stärkeren Bindung der Schweiz an Europa. Hierzu gehört auch ein Abkommen über die Freizügigkeit. Es garantiert für Staatsangehörige der Schweiz und der EG-Mitgliedsstaaten innerhalb bestimmter Übergangsfristen u. a. den freien Personenverkehr und eine Öffnung des Arbeitsmarkts zwischen den EG-Staaten und der Schweiz. Aufgrund des Abkommens gilt die sozialrechtliche Koordinierung der EG-Verordnung Nr. 1408/71 und Nr. 574/72 auch zwischen der Schweiz und den EG-Mitgliedstaaten (z. B. Zusammenrechnung schweizerischer mit mitgliedstaatlichen Versicherungszeiten für den Rentenanspruch, Rentenexport, Krankenversicherungsschutz auch bei Aufenthalt des Versicherten in einem anderen der beteiligten Staaten); Arbeiten, durch die die Verordnungen 1408/71 und 574/72 im Rahmen des Freizügigkeitsabkommens durch die Verordnungen 883/2004 und 987/2009 ersetzt werden sollen, sind im Gange. Besonderheiten können im Verhältnis zwischen Deutschland und der Schweiz bei der Frage der Zugehörigkeit zur deutschen oder schweizerischen Krankenversicherung bei Grenzgängern zur Schweiz und Rentnern zur Anwendung kommen. Das am 21. Juni 1999 unterzeichnete Abkommen ist am 1. Juni 2002 in Kraft getreten und verdrängt damit die bisherigen bilateralen Abkommen mit der Schweiz, weitgehend auch ein vierseitiges Abkommen über Soziale Sicherheit zwischen Deutschland, Liechtenstein, Österreich und der Schweiz. Die am 1. Mai 2004 der EU beigetretenen Mitgliedstaaten sind seit dem 1. April 2006 Vertragsparteien des Freizügigkeitsabkommens. Das Freizügigkeitsabkommen wurde für eine anfängliche Dauer von sieben Jahren abgeschlossen mit automatischer Verlängerung, falls Gegenteiliges nicht notifiziert wird. Mit Referendum vom 8. Februar 2009 hat das Schweizer Volk die Weiterführung des Abkommens auf unbestimmte Zeit ab 1. Juni 2009 angenommen, zu diesem Zeitpunkt ist auch die Ausdehnung auf die EU-Mitgliedstaaten Bulgarien und Rumänien in Kraft getreten.

Das bereits erwähnte Abkommen über die Soziale Sicherheit der Rheinschiffer von 1950 – nunmehr Übereinkommen über die Soziale Sicherheit der Rheinschiffer von 1979 – zwischen Deutschland, Belgien, Frankreich, Luxemburg, den Niederlanden und der Schweiz entspricht im Wesentlichen den EG-rechtlichen Bestimmungen. Es ergänzt diese, soweit dies die besonderen Verhältnisse der Rheinschiffer erfordern. Es hat nur noch Bedeutung für Personen, die nicht vom EG-Recht erfasst werden.

Die Abkommen mit den Anwerbeländern

51 Abkommen sind auch mit den ehemaligen Anwerbeländern, nämlich mit dem ehemaligen Jugoslawien, mit Marokko, Tunesien und der Türkei geschlossen worden. Die weitere Anwendung des mit der ehemaligen Sozialistischen Föderativen Republik Jugoslawien geschlossenen Abkommens über Soziale Sicherheit und des Abkommens über Arbeitslosenversicherung wurde im Verhältnis zum Nachfolgestaat Bundesrepublik Jugoslawien – der späteren Staatenunion Serbien und Montenegro – aufgrund eines bilateralen Protokolls und aufgrund besonderer Notenwechsel im Verhältnis zu Bosnien-Herzegowina, Kroatien, Mazedonien und Slowenien vereinbart. Die weitere Anwendung wird auch fortgesetzt jeweils im Verhältnis zu der seit Juni 2006 unabhängigen Republik Montenegro und zur Republik Serbien, ebenso im Verhältnis zu der seit Februar 2008 unabhängigen Republik Kosovo. Mit Kroatien trat am 1. Dezember 1998, mit Slowenien am 1. September 1999 und mit Mazedonien am 1. Januar 2005 je ein neues Abkommen über Soziale Sicherheit in Kraft. Für Slowenien wurde das Abkommen mit dem Beitritt zur EU am 1. Mai 2004 durch die EG-Verordnung 1408/71 (ab 1. Mai 2010 EG-Verordnung 883/2004) nach deren Bestimmungen abgelöst. Mit der Anwerbung von Arbeitnehmern aus den genannten Staaten übernahm die Bundesrepublik Deutschland auch Verantwortung für die soziale Sicherheit der Arbeitnehmer und ihrer Familien. Die Arbeitnehmer zahlen Beiträge zur Sozialversicherung und Steuern und haben deshalb auch Anspruch auf Sozialleistungen.

Die Abkommen sind grundsätzlich auf einen umfassenden sachlichen Geltungsbereich hin angelegt. Sie beziehen sich auf die Kranken-, Unfall- und Rentenversicherung, die Abkommen mit dem ehemaligen

Jugoslawien und mit der Türkei auch auf das Kindergeld. Mit Marokko und Tunesien bestehen besondere Kindergeldabkommen.

Das Abkommen mit dem ehemaligen Jugoslawien über Soziale Sicherheit (s. hierzu oben) ist ein so genanntes offenes Abkommen, gilt also für jedermann, der die im Abkommen genannten Voraussetzungen erfüllt. Die Abkommen mit der Türkei, Marokko und Tunesien sowie das Arbeitslosenversicherungsabkommen mit dem ehemaligen Jugoslawien sind geschlossene Abkommen, die nur für die Staatsangehörigen der Vertragsstaaten und für Staatenlose und Flüchtlinge im Sinne der einschlägigen internationalen Konventionen sowie ggf. für Angehörige und Hinterbliebene gelten. Der Gleichbehandlungsgrundsatz gilt in allen Abkommen nur für diese Personenkreise.

Die Abkommen dehnen den Versicherungsschutz der deutschen Krankenversicherung auf den Aufenthalt im anderen Vertragsstaat aus. Die bei einem Aufenthalt im anderen Vertragsstaat benötigten Sachleistungen werden von der dortigen Krankenversicherung im Wege der Sachleistungsaushilfe durch die dortigen Ärzte, Apotheker und sonstigen Sachleistungserbringer erbracht. Die Anwendung der diesbezüglichen Bestimmungen im deutsch-marokkanischen Abkommen bedarf allerdings noch einer besonderen Vereinbarung.

Auf dem Gebiet der Rentenversicherung und Unfallversicherung gelten im Wesentlichen die allgemeinen Regelungen des internationalen Rechts der Sozialen Sicherheit, Zusammenrechnung der Versicherungszeiten für den Anspruchserwerb, bei Berufskrankheiten die Zusammenrechnung der Expositionszeiten, Gleichbehandlung der Staatsangehörigen des anderen Vertragsstaates auch hinsichtlich des Leistungsexports in Drittstaaten und die Leistungserbringung in den anderen Vertragsstaat (Gebietsgleichstellung). Außerdem enthalten die Abkommen (zum Teil) Bestimmungen über die Beitragserstattung, wenn Arbeitnehmer in ihr Heimatland zurückkehren. Bosnische, serbische, montenegrinische und türkische Arbeitnehmer in Deutschland erhalten für ihre im Heimatland lebenden Kinder Kindergeld zu ermäßigten Sätzen (5,11 Euro für das erste Kind, 12,78 Euro für das zweite Kind, je 30,68 Euro für das dritte und vierte Kind und 35,79 Euro für jedes weitere Kind monatlich). Nach den anders gestalteten besonderen Kindergeldabkommen mit Marokko und Tunesien wird Kindergeld unter Berücksichtigung der Kindergeldgesetzgebung in diesen Staaten in Höhe von 5,11 Euro für das erste Kind und je 12,78 Euro für das zweite bis sechste in Marokko lebende, bzw. das zweite bis vierte in Tunesien lebende Kind geleistet. Hierbei werden in Deutschland lebende und zum Kindergeld berechtigende Kinder als so genannte Zählkinder mit berücksichtigt. Außerdem wird Kindergeld für die in Marokko und Tunesien lebenden Kinder nur bis zu deren vollendetem 16. Lebensjahr geleistet.

Das mit dem ehemaligen Jugoslawien geschlossene Abkommen über Arbeitslosenversicherung soll die Rückkehr der Arbeitnehmer aus dem ehemaligen Jugoslawien bzw. aus den hieraus neu entstandenen Staaten (jetzt noch Bosnien-Herzegowina, Montenegro, Serbien, Kosovo) in ihr Heimatland erleichtern. Das Abkommen sieht vor, dass unter bestimmten Voraussetzungen diese Arbeitnehmer, die im Falle von Arbeitslosigkeit in ihr Heimatland zurückkehren, für begrenzte Zeit die dortigen Leistungen wegen Arbeitslosigkeit auf Kosten der Bundesagentur für Arbeit erhalten können. Für Slowenien gilt seit dem 1. Mai 2004 die EG-Verordnung 1408/71 (ab 1. Mai 2010 EG-Verordnung 883/2004).

Abkommen mit den Auswanderungsländern

52 Die sozialpolitischen Beziehungen zu den USA, Kanada und Australien sind besonders dadurch gekennzeichnet, dass es in diesen Staaten viele deutsche Auswanderer gibt. Viele von ihnen haben, um in ihrer neuen Heimat besser Fuß zu fassen, die deutsche Staatsangehörigkeit aufgegeben und die Staatsangehörigkeit des Aufnahmelandes angenommen. Viele ehemalige Auswanderer sind aber inzwischen wieder nach Deutschland zurückgekehrt.

Alle diese Auswanderer sind daran interessiert, ihre in Deutschland erworbenen Rentenansprüche auch in ihrer neuen Heimat verwirklichen zu können, voll in das dortige Rentensystem eingegliedert zu werden und im Fall der Rückkehr ihre ausländische Rente auch in Deutschland zu erhalten. Aber auch die wirtschaftliche Verflechtung mit diesen Staaten erfordert den rechtlichen Ausbau der gegenseitigen Beziehungen.

Dieser Zielsetzung entsprechend wurden mit den USA, Kanada und Australien Abkommen geschlossen, die sich auf die Rentenversicherung beziehen. Zu nennen sind in diesem Zusammenhang auch die

Abkommen mit Israel und Chile (hier insbesondere auch zur Förderung der Rückkehr der Flüchtlinge aus der Zeit des Pinochet-Regimes). Das Abkommen mit Israel hat eine eingeschränkte Bedeutung auch für die Krankenversicherung und Unfallversicherung. Die Bestimmungen über die Rentenversicherung entsprechen den allgemeinen Grundsätzen des internationalen Rechts. Sie sehen die Zusammenrechnung der Versicherungszeiten für den Anspruchserwerb, die Gleichbehandlung der beiderseitigen Staatsangehörigen, den Leistungsexport in den anderen Vertragsstaat sowie in gleicher Weise wie bei eigenen Staatsangehörigen auch den Leistungsexport in einen Drittstaat sowie (zum Teil) eine Beitragserstattung vor. Mit Australien wurde am 9. Februar 2007 ein Ergänzungsabkommen unterzeichnet, durch das eine Doppelversicherung für vorübergehend von ihren Unternehmen im anderen Vertragsstaat beschäftigte Arbeitnehmer vermieden werden soll (sog. Entsendeabkommen). Es ist am 1. Oktober 2008 in Kraft getreten. Mit Brasilien wurde am 3. Dezember 2009 ein umfassendes Abkommen unterzeichnet, das die Rentenversicherung und - in Bezug auf Geldleistungen, insbesondere Renten – die Unfallversicherung einbeziht (Ausschluss der Doppelversicherung für vorübergehend entsandte Arbeitnehmer, Zusammenrechnung der beiderseitigen Versicherungszeiten, Leistungsexport). Das deutsche Gesetzgebungsverfahren ist abgeschlossen. Mit der kanadischen Provinz Quebec sind Verhandlungen über die Revision der – im Rahmen des Abkommens mit Kanada bereits bestehenden – Regierungsvereinbarung abgeschlossen, die sich auf die Rentenversicherungen beider Vertragsparteien – Quebec hat eine eigene Beitragsrentenversicherung – erstreckt. Der sachliche Geltungsbereich soll künftig auch die gesetzliche Unfallversicherung beider Vertragsparteien erfassen: Renten und andere Geldleistungen sowie Sachleistungen, d. h. das Erbringen von ärztlichen Leistungen der Unfallversicherung für Versicherte der anderen Vertragspartei. Die revidierte Vereinbarung wurde am 20. April 2010 unterzeichnet. Die Gesetzgebungsverfahren sind beiderseits abgeschlossen, so dass mit einem Inkrafttreten im Jahr 2011 zu rechnen ist.

Polen

53 Mit Polen war 1975 ein Abkommen über Renten- und Unfallversicherung geschlossen worden. Das Abkommen folgte nicht dem Leistungsexport-, sondern dem Eingliederungsprinzip. Die Versicherungsträger des Staates, in dem sich eine Person gewöhnlich aufhält, hatte die Rente auch für Versicherungszeiten und aus Arbeitsunfällen im anderen Vertragsstaat zu leisten. Das Abkommen trug der – später durch den deutsch-polnischen Vertrag vom 14. November 1990 bestätigten – Zugehörigkeit der früheren deutschen Ostgebiete zu Polen und den durch Vertreibung, Flucht und Aussiedlung der dortigen deutschen Bevölkerung in die Bundesrepublik Deutschland entstandenen Verhältnissen Rechnung. Diese Personen waren bereits durch die Fremdrentengesetzgebung in das deutsche Rentenrecht eingegliedert worden, ebenso wie die polnische Gesetzgebung die in ihrer Heimat verbliebene deutschstämmige Bevölkerung ins polnische Rentenrecht eingegliedert hatte.

Die zunehmende Entfernung von der Zeit, in der in den ehemaligen deutschen Ostgebieten noch Versicherungszeiten nach deutschen Rechtsvorschriften zurückgelegt worden waren, und die zunehmende Durchlässigkeit der deutsch-polnischen Grenze infolge des politischen Wandels in Ostmitteleuropa hatten dazu geführt, dass das Eingliederungsprinzip für die Erbringung von Renten als überholt angesehen wurde. Es leuchtete kaum mehr ein, dass deutsche Versicherungsträger verpflichtet sein sollten, Renten für Versicherungszeiten zu zahlen, für die sie keine Beiträge erhalten hatten. Auf der anderen Seite war zu erwarten, dass es künftig zu einer vermehrten Beschäftigung polnischer Arbeitnehmer in Deutschland kommen werde. Damit schien es aber vernünftig, dass deutsche Versicherungsträger – auf der Basis der Gegenseitigkeit – Renten an polnische Berechtigte für Versicherungszeiten leisten, während der sie in Deutschland gearbeitet und Beiträge zur sozialen Sicherheit gezahlt haben, und zwar auch dann, wenn sie nach Polen zurückkehren.

Dieser Entwicklung trug das am 1. Oktober 1991 in Kraft getretene neue deutsch-polnische Abkommen über Soziale Sicherheit Rechnung. Es wurde als Leistungsexportabkommen abgeschlossen und orientierte sich bewusst an den Grundsätzen, wie sie in der Europäischen Gemeinschaft und nach anderen Abkommen der Bundesrepublik Deutschland gelten. An Stelle dieses Abkommens ist mit dem Beitritt Polens zur EU am 1. Mai 2004 die EG-Verordnung 1408/71 (ab 1. Mai 2010 EG-Verordnung 883/2004) mit dem hiernach geltenden Prinzip des Leistungsexports getreten. Die Verordnung lässt jedoch – wie bisher das bilaterale Abkommen – Ansprüche und Anwartschaften von Personen unberührt, die diese vor dem 1. Januar 1991 aufgrund des Abkommens von 1975 in einem Vertragsstaat erworben haben, solange die Personen weiterhin in diesem Vertragsstaat wohnen. Für diese Personen gelten die Bestimmungen des Abkommens von 1975 mit gewissen Modifikationen weiter.

Südtirolabkommen

54 Das deutsch-italienische Abkommen vom 27. Januar 1976 (Südtirolabkommen) regelt im sozialversicherungsrechtlichen Bereich die Auswirkungen der zwischen dem Deutschen Reich und Italien im Jahre 1939 vereinbarten, jedoch nur teilweise durchgeführten Umsiedlung der Volksdeutschen und deutschen Reichsangehörigen aus dem deutsch- bzw. gemischtsprachigen Gebiet Südtirols in das Deutsche Reich. Es soll für die Personen, die für das Deutsche Reich optiert hatten und entweder in Italien verblieben oder nach 1945 dorthin zurückgekehrt sind, die im Bereich der Sozialversicherung eingetretenen nachteiligen Folgen der Option ungeschehen machen. Hierzu wurden sie hinsichtlich ihrer optionsbedingten Lücken in ihrer italienischen Versicherungslaufbahn in das italienische Rentenrecht eingegliedert. Die den italienischen Trägern hierdurch entstehenden Mehraufwendungen wurden von der Bundesrepublik Deutschland erstattet.

Asiatische Staaten

55 Die Globalisierung der nationalen Wirtschaften, auch der deutschen Wirtschaft, stellt die Abkommenspolitik der Bundesregierung vor neue Herausforderungen. So hat sich Deutschland zum Stützpunkt der japanischen Wirtschaft in Europa mit zahlreichen Banken und anderen Unternehmen und mit für lange Zeit in Deutschland beschäftigten japanischen Arbeitnehmern entwickelt. Umgekehrt hat auch die deutsche Wirtschaft mit deutschen Unternehmen und Töchtern deutscher Unternehmen in Japan Fuß gefasst. Nach langjährigen Verhandlungen konnte am 20. April 1998 ein Abkommen unterzeichnet werden, das die aus dieser Lage sich ergebenden wichtigsten Fragen regelt. Es erstreckt sich auf die Rentenversicherung und sieht die Zusammenrechnung deutscher und japanischer Versicherungszeiten für den Leistungsanspruch sowie den Rentenexport vor. Wichtig sind vor allem die Regelungen, durch die vorübergehend für ihre Unternehmen im anderen Vertragsstaat beschäftigte Mitarbeiter nur den Rechtsvorschriften eines Vertragsstaats, in der Regel des Heimatstaats, unterliegen, so dass eine doppelte Beitragslast für die Arbeitnehmer und Unternehmen vermieden wird. Damit werden Investitionen deutscher Firmen in Japan und umgekehrt japanischer Firmen in Deutschland gefördert und ein Beitrag zur Erhaltung und Schaffung von Arbeitsplätzen geleistet. Das Abkommen ist am 1. Februar 2000 in Kraft getreten.

Mit ähnlichem Ziel wie mit Japan wurde auch mit der Republik Korea ein am 10. März 2000 unterzeichnetes Abkommen für den Bereich der Rentenversicherung ausgehandelt. Es ist am 1. Januar 2003 in Kraft getreten. Am 12. Juli 2001 wurde ein Abkommen mit China unterzeichnet, durch das eine Doppelversicherung für vorübergehend von ihren Unternehmen im anderen Vertragsstaat beschäftigte Arbeitnehmer ausgeschlossen werden soll. Es ist am 4. April 2002 in Kraft getreten. Ein gleichartiges Abkommen (sog. Entsendeabkommen) mit Indien vom am 8. Oktober 2008 ist am 1. Oktober 2009 in Kraft getreten. Mit Indien sind ferner Verhandlungen über ein umfassendes Abkommen im Bereich der Rentenversicherung (Zusammenrechnung der Versicherungszeiten, Rentenexport) abgeschlossen.

Weitere osteuropäische Staaten

56 Die DDR hatte mit den osteuropäischen Staaten Abkommen über die Zusammenarbeit auf dem Gebiet der Sozialpolitik geschlossen, deren Zweck die Koordinierung der beiderseitigen Vorschriften über soziale Sicherheit war. Der Einigungsvertrag verpflichtete nicht, die völkerrechtlichen Verträge der DDR fortzuführen, sondern sah hierzu in Artikel 12 Konsultationen mit den Vertragspartnern vor. Die Abkommen mit Bulgarien, Rumänien, der ehemaligen Sowjetunion, der ehemaligen Tschechoslowakei und Ungarn wurden aufgrund einer Verordnung der Bundesregierung vom 3. April 1991 (BGBl. II, S. 614) vorübergehend in Bezug auf das Beitrittsgebiet weiter angewandt; die Anwendung wurde nach Konsultation mit den betreffenden Staaten durch Verordnung der Bundesregierung vom 18. Dezember 1992 (BGBl. 1992 II, S. 1231) beendet (mit Übergangsregelung).

57 Im Zuge der politischen Umwälzungen Anfang der 90er Jahre und der damit verbundenen politischen Öffnung nach Osten wurden mit den meisten osteuropäischen Staaten Verhandlungen über den Abschluss von Abkommen über Soziale Sicherheit für das vereinigte Deutschland aufgenommen, um vor dem Hintergrund des wachsenden Wirtschafts- und Reiseverkehrs

kehrs den sozialen Schutz der Staatsangehörigen der Vertragsstaaten sicherzustellen.

Die Abkommen wurden nach den gleichen Grundsätzen ausgestaltet, die auch in der Europäischen Gemeinschaft und in den Abkommen mit anderen westlichen Staaten gelten. Die Abkommen mit Ungarn, Tschechien und der Slowakei sind mit dem Beitritt dieser Staaten zur EU am 1. Mai 2004, die Abkommen mit Bulgarien und Rumänien durch deren Beitritt am 1. Januar 2007 durch die EG-Verordnung 1408/71 (ab 1. Mai 2010 EG-Verordnung 883/2004) ersetzt worden. Mit der Ukraine sind Verhandlungen abgeschlossen, während frühere Verhandlungen mit Russland 2005 wieder aufgenommen wurden.

Finanzielles

58 Das EU-Recht und die zwischenstaatlichen Abkommen führen zu Mehraufwendungen der Versicherungsträger der Mitgliedstaaten der EU, des EWR und der Vertragsstaaten. Die Mehraufwendungen sind jedoch sehr schwer zu erfassen und noch schwerer zu beurteilen. Die Regelungen wie bspw. die Zusammenrechnung der Versicherungszeiten für den Anspruchserwerb haben Auswirkungen für die Rentenzahlungen im Inland wie auch im Ausland. Die Zahlungen ins Ausland beruhen zum Teil bereits auf innerstaatlichen Vorschriften, zum Teil werden sie durch die zwischenstaatlichen Regelungen begründet oder aufgestockt, ohne dass dies aus den vorliegenden Statistiken ersichtlich ist. Teils beruhen die Leistungen auf eigenen Beiträgen der Versicherten, teils werden sie aus allgemeinen Haushaltsmitteln finanziert. Es ist einleuchtend, dass die Erfassung der Aufwendungen ausländischer Versicherungsträger noch schwerer ist als die Erfassung der Aufwendungen der eigenen. In der öffentlichen Diskussion spielen besonders die Renten- und Kindergeldzahlungen an Ausländer eine gewisse Rolle. Hierzu ist Folgendes zu bemerken:

EU-Recht und zwischenstaatliche Abkommen dienen sowohl den Interessen deutscher wie auch ausländischer Versicherter und deren Angehöriger. Nach dem Stand vom 31. Dezember 2009 zahlten die deutschen Versicherungsträger an Berechtigte mit Wohnsitz im Ausland über 1,5 Mio. Renten, die ohne EU-Recht oder zwischenstaatliche Abkommen nicht oder nicht in voller Höhe gezahlt werden könnten. Von den Berechtigten sind rd. 157.000 deutsche Staatsangehörige.

Nach EU-Recht und zwischenstaatlichen Abkommen wurden aber auch Renten an Berechtigte im Inland gezahlt, insgesamt über 1,44 Mio., davon rd. 1,03 Mio. an Deutsche. Der durchschnittliche Rentenzahlbetrag, der nach deutschem innerstaatlichem Recht unter Berücksichtigung von EU-Recht oder zwischenstaatlichen Abkommen von deutschen Trägern an Ausländer gezahlt wird, beträgt bei Zahlungen im Inland rd. 614 Euro monatlich (bei Deutschen rd. 711 Euro monatlich) und bei Zahlungen ins Ausland rd. 237 Euro monatlich (bei Deutschen rd. 408 Euro monatlich). Wegen näherer Einzelheiten siehe Deutsche Rentenversicherung Bund (Hrsg.), „Statistik der Deutschen Rentenversicherung, Rentenbestand", Bd. 177.

Was die Zahlung von Kindergeld anbelangt, so zeigt sich, dass die Zahlung von Kindergeld an Ausländer für ihre im Ausland lebenden Kinder aufgrund zwischen- oder überstaatlichen Rechts im Vergleich zur Zahlung von Kindergeld für Kinder im Inland aufgrund allein deutschen Rechts nur noch eine geringe Rolle spielt. Ende 2009 standen ausländischen Berechtigten mit rd. 1,97 Mio. Kindern im Inland ausländische Berechtigte mit 62.064 Kindern im Ausland, davon 58.248 in anderen Staaten der Europäischen Union und des Europäischen Wirtschaftsraums und 3.816 im übrigen Ausland, gegenüber. Dementsprechend ist auch die Summe des Kindergeldes für Kinder im Ausland verhältnismäßig gering, zumal für Kinder in der Türkei, in Bosnien-Herzegowina, Serbien, Montenegro, im Kosovo, in Marokko und Tunesien nur ein gekürztes Abkommenskindergeld zu zahlen ist.

Die Zahl wie auch die Höhe der Leistungen ausländischer Träger an Berechtigte in Deutschland ist in der Regel niedriger als umgekehrt. Dies gilt jedenfalls im Verhältnis zu den Staaten, aus denen Deutschland Arbeitnehmer angeworben hat, aber auch im Verhältnis zu den klassischen Einwanderungsländern wie den USA, in die Deutsche ausgewandert sind. Im Einzelnen können die Verhältnisse zu anderen Staaten sehr unterschiedlich sein.

In den Fällen, in denen Deutschland hohe Leistungen an Ausländer erbringt, muss berücksichtigt werden, dass den Leistungen auch beträchtliche Beitrags- und Steuereinnahmen gegenüber stehen. Die deutsche Rentenversicherung hat in den Anfangsjahren der Ausländerbeschäftigung im Hinblick auf die seinerzeit junge Altersstruktur der Arbeitnehmer aus den früheren Anwerbestaaten praktisch nur Beitragseinnahmen von den in der Bundesrepublik Deutschland beschäftigten Ausländern erzielt, aber an diese kaum Leistungen erbracht. Aber immer noch überwiegen die Beitragsleistungen der ausländischen Arbeitnehmer die Rentenleistungen an Ausländer. Auch wenn man berücksichtigt, dass durch die hohen Beitragszahlungen auch Rentenanwartschaften aufgebaut werden, die in späteren Perioden eingelöst werden müssen, und dass die Rentenversicherung nicht nur Renten, sondern auch andere Leistungen erbringt, leisten damit die in Deutschland beschäftigten Ausländer einen nicht zu unterschätzenden Beitrag zur Finanzierung der Rentenversicherung.

Letztlich sind die finanziellen Auswirkungen der Beschäftigung ausländischer Arbeitnehmer in Deutschland und deutscher Arbeitnehmer im Ausland, mögen sie im konkreten Fall zu einer überwiegenden Belastung deutscher oder ausländischer Versicherungsträger führen, jedoch nur eine Folge der zunehmenden Verflechtung Deutschlands mit den anderen Staaten Europas sowie mit außereuropäischen Staaten. Diese Verflechtung hat sich für Deutschland bisher vorteilhaft ausgewirkt und es ist damit zu rechnen, dass es aus ihr auch künftig Nutzen ziehen wird.

Durchführung des EG-Rechts und der zwischenstaatlichen Abkommen

59 Die Verordnungen (EG) 883/2004 und 987/2009 (bzw. sofern noch anwendbar die EWG-Verordnungen 1408/71 und 574/72) sowie die zwischenstaatlichen Abkommen werden durch die Versicherungsträger der Mitgliedstaaten der EU, des EWR und der Vertragsstaaten durchgeführt. Darüber hinaus sind sowohl im EG-Recht als auch in den Abkommen bestimmte Versicherungsträger zu Verbindungsstellen bestimmt worden, denen die Zusammenarbeit mit den Verbindungsstellen der anderen Mitgliedstaaten sowie der Vertragsstaaten bei der Verwirklichung der Ansprüche der Berechtigten obliegt. Die Verbindungsstellen (und – im EU-/EWR-Bereich – die Europäische Kommission) entwickeln auch Vordrucke und Merkblätter, die notwendig sind, um Leistungen unter Anwendung der EU-/EWR-Rechtsvorschriften und der zwischenstaatlichen Abkommen in Anspruch nehmen zu können. Sie erteilen Auskünfte über das EU-/EWR- und das zwischenstaatliche Recht.

Beratung der Versicherten und der Berechtigten

60 Versicherte eines Trägers der gesetzlichen Krankenversicherung wenden sich zweckmäßigerweise an ihre Krankenkasse. Die Krankenkasse wird sie beraten und mit den einschlägigen Merkblättern und erforderlichen Dokumenten ausstatten. Versicherte der gesetzlichen Rentenversicherung wenden sich am besten an die zuständige Verbindungsstelle. Diese ist auch zuständiger Träger zur Feststellung der Rente bei Anwendung des EU-/EWR-Rechts und der Abkommen.

In der Unfallversicherung wenden sich Versicherte am besten an ihre Berufsgenossenschaft.

Für die Beratung in Fragen der Arbeitslosenversicherung und Arbeitslosenhilfe sowie des Kindergelds sind die Agenturen für Arbeit zuständig.

Verbindungsstellen und zuständige Träger für die Durchführung der Verordnungen der Europäischen Gemeinschaft und der Abkommen über Soziale Sicherheit

61 Verbindungsstellen

Krankenversicherung:
Deutsche Verbindungsstelle Krankenversicherung – Ausland (DVKA), Bonn.

Unfallversicherung:
Deutsche Gesetzliche Unfallversicherung (DGUV) (bis 30. Mai 2007 Hauptverband der gewerblichen Berufsgenossenschaften) in St. Augustin bei Bonn; wird bei der Wahrnehmung seiner Aufgaben von mehreren Berufsgenossenschaften unterstützt.

Gesetzliche Rentenversicherung:
Regionalträger der Rentenversicherung (siehe Liste; bis 30. September 2005 Bezeichnung „Landesversicherungsanstalt" als Träger der Rentenversicherung der Arbeiter);
Deutsche Rentenversicherung Bund, Berlin (ehemals „Bundesversicherungsanstalt für Angestellte);
Deutsche Rentenversicherung Knappschaft-Bahn-See, Bochum (ehemals getrennt „Bundesknappschaft", „Bundesbahnversicherung" und „Seekasse");
Aufgrund einer Neuorganisation der gesetzlichen Rentenversicherung werden Neuversicherte ab 1. Januar 2005 einem Rentenversicherungsträger zuge-

25 Internationale Soziale Sicherung

Regionalträger der Rentenversicherung als Verbindungsstellen und zuständige Träger

Regionalträger	Für
DRV Schwaben, Augsburg	Italien, Malta, Marokko, Tunesien
DRV Oberfranken und Mittelfranken, Bayreuth	Türkei
DRV Berlin	Polen (zuständiger Träger für Abkommen von 1975: Regionalträger des Wohnsitzes)
DRV Braunschweig-Hannover, Braunschweig	Japan, Republik Korea
DRV Rheinland, Düsseldorf	Belgien, Chile, Israel, Spanien, Rheinschifferabkommen
DRV Mitteldeutschland, Standort Erfurt	Ungarn
DRV Mitteldeutschland, Standort Halle	Bulgarien
DRV Nord, Standort Hamburg	Großbritannien, Irland, Kanada/Quebec, USA
DRV Nord, Sitz Lübeck	Dänemark, Finnland, Norwegen, Schweden
DRV Nord, Standort Neubrandenburg	Estland, Lettland, Litauen
DRV Baden-Württemberg, Karlsruhe	Liechtenstein, Schweiz
DRV Baden-Württemberg, Stuttgart	Griechenland, Zypern
DRV Niederbayern-Oberpfalz, Landshut	Bosnien-Herzegowina, Serbien, Montenegro, Kroatien, Mazedonien, Slowakei, Slowenien, Tschechien
DRV Oberbayern, München	Österreich
DRV Westfalen, Münster	Island, Niederlande
DRV Rheinland-Pfalz, Speyer	Frankreich, Luxemburg
DRV Unterfranken, Würzburg	Portugal, Rumänien
DRV Oldenburg-Bremen, Oldenburg	Australien

ordnet und erhalten hierüber eine Mitteilung. Für bereits am 31. Dezember 2004 Versicherte bleibt grundsätzlich der bisherige Rentenversicherungsträger zuständig.

Arbeitslosenversicherung:
Bundesagentur für Arbeit, Nürnberg.

Kindergeld:
Bundesagentur für Arbeit in Nürnberg als Familienkasse.

Zuständige Träger

62 Zuständiger Träger für die Feststellung von Leistungsansprüchen sind die Bundesagentur für Arbeit für ihren Bereich, die Verbindungsstellen der Rentenversicherung für die Feststellung von Rentenansprüchen in Bezug auf alle EU-/EWR-Mitgliedstaaten und Abkommensstaaten. In der Kranken- bzw. Unfallversicherung ist zuständiger Träger die Krankenkasse bzw. der Unfallversicherungsträger des Berechtigten. Sachleistungsaushilfe der Krankenversicherung für ausländische Versicherte bei Erkrankung in Deutschland erbringt eine vom Berechtigten zu wählende Krankenkasse, in der Unfallversicherung der bei Anwendung deutschen Rechts zuständige Träger.

Rechtliche Grundlagen

Es werden nur die wichtigsten Rechtsgrundlagen aufgeführt (siehe ferner Bundesarbeitsblatt 2/2004 S. 11).

Mehrseitige Rechtsgrundlagen

Internationale Arbeitsorganisation

63 Übereinkommen Nr. 2 über Arbeitslosigkeit von 1919 (RGBl. 1925 II, S. 162); in Kraft seit 6. Juni 1925.

Übereinkommen Nr. 19 über die Gleichbehandlung einheimischer und ausländischer Arbeitnehmer bei Entschädigung aus Anlass von Betriebsunfällen vom 5. Juni 1925 (RGBl. 1928 II, S. 509); in Kraft seit 18. September 1928.

Übereinkommen Nr. 102 über Mindestnormen der Sozialen Sicherheit vom 28. Juni 1952 (BGBl. 1957 II, S. 1321); in Kraft seit 21. Februar 1959.

Übereinkommen Nr. 118 über die Gleichbehandlung von Inländern und Ausländern in der Sozialen Sicherheit vom 28. Juni 1962 (BGBl. 1970 II, S. 802); in Kraft seit 18. Juni 1971.

Übereinkommen Nr. 121 über Leistungen bei Arbeitsunfällen und Berufskrankheiten vom 8. Juli 1964 (BGBl. 1971 II, S. 1169); in Kraft seit 1. März 1973.

Übereinkommen Nr. 128 über Leistungen bei Invalidität und Alter und an Hinterbliebene vom 29. Juni 1967 (BGBl. 1970 II, S. 813); in Kraft seit 15. Januar 1972.

Übereinkommen Nr. 130 über ärztliche Betreuung und Krankengeld vom 25. Juni 1969 (BGBl. 1974 II, S. 705); in Kraft seit 8. August 1975.

Vereinte Nationen

64 Internationaler Pakt über wirtschaftliche, soziale und kulturelle Rechte vom 19. Dezember 1966 (BGBl. 1973 II, S. 1569); in Kraft seit 3. Januar 1976.

Übereinkommen der Vereinten Nationen über die Rechte von Menschen mit Behinderungen vom 13. Dezember 2006 und Fakultativprotokoll vom 13. Dezember 2006 hierzu (BGBl. 2008 II, S. 1419, 1420); für die Bundesrepublik Deutschland in Kraft getreten am 26. März 2009.

Europarat

65 (Zwei) Vorläufige Europäische Abkommen über Soziale Sicherheit vom 11. Dezember 1953 (BGBl. 1956 II, S. 507); in Kraft seit 1. September 1956. Die Anhänge I, II und III gelten in der Bundesrepublik Deutschland in der revidierten Fassung vom 15. Mai 1983 (BGBl. 1985 II, S. 311, 333).

Europäische Sozialcharta vom 18. Oktober 1961 (BGBl. 1964 II, S. 1261); in Kraft seit 26. Februar 1965.

Europäische Ordnung der Sozialen Sicherheit vom 16. April 1964 und Protokoll zur Europäischen Ordnung der Sozialen Sicherheit (BGBl. 1970 II, S. 909); in Kraft seit 28. Januar 1972.

Gemeinschaftsrechtliche Regelungen (EU/EWR)

66 Verordnung (EWG) Nr. 1612/68 des Rates vom 15. Oktober 1968 über die Freizügigkeit der Arbeitnehmer innerhalb der Gemeinschaft; in Kraft seit 8. November 1968.

Verordnung (EWG) Nr. 1408/71 des Rates vom 14. Juni 1971 zur Anwendung der Systeme der sozialen Sicherheit auf Arbeitnehmer, Selbständige sowie deren Familienangehörige, die innerhalb der Gemeinschaft zu- und abwandern; in Kraft seit 1. Oktober 1972.

Verordnung (EWG) Nr. 574/72 des Rates vom 21. März 1972 über die Durchführung der Verordnung (EWG) Nr. 1408/71, in Kraft seit 1. Oktober 1972.

Die Verordnungen 1408/71 und Nr. 574/72 wurden durch die Verordnung (EG) Nr. 118/97 des Rates vom 2. Dezember 1996 (ABl. EG. L 28 vom 30. Januar 1997) in der damals geltenden Fassung neu bekannt gemacht. Die Verordnung 1408/71 wurde zuletzt durch die Verordnung (EG) Nr. 629/2006 vom 5. April 2006 (ABl. L 114 vom 27. April 2006, S. 1), Artikel 1, Anhang Nr. 2 der Verordnung (EG) Nr. 1791/2006 vom 20. November 2006 (ABl. L 363 vom 20. Dezember 2006, S. 1) betr. EU-Beitritt von Bulgarien und Rumänien und die Verordnung (EG) Nr. 1992/2006 vom 18. Dezember 2006 (ABl. L 392 vom 30. Dezember 2006, S. 1) und die Verordnung Nr. 592/2008 (ABl. L 177 vom 4. Juli 2008, S. 1) geändert. Die Verordnung 574/72 (ABl. L 74 vom 27. März 1972 S. 1) wurde zuletzt durch die Verordnung (EG) Nr. 120/2009 vom 9. Februar 2009 (ABl. L 39 vom 10. Februar 2009, S. 29) geändert.

(Unverbindlicher) konsolidierter Text der Verordnung (EWG) Nr. 1408/71 siehe www.eur-lex.europa.eu unter CELEX-Nr. 31971R1408 oder 01971R1408, der Verordnung (EWG) Nr. 574/72 unter CELEX-Nr. 31972R0574 oder 01972/0574.

Aufhebung der Verordnung (EG) Nr.1408/71 mit Anwendung der Verordnung (EG) 883/2004 vom 29. April 2004 (ABl. L 166 vom 30. April 2004), berichtigte Fassung in ABl. L 200 vom 7. Juni 2004, S. 1, geändert durch Verordnung Nr. 988/2009 vom 16. September 2009 (ABl. L 284, S. 43) mit Inkrafttreten der Durchführungsverordnung am 1. Mai 2010, zuletzt geändert durch Verordnung (EU) Nr. 1244/2010 vom 9. Dezember 2010 (ABl. L 338 S. 35), in Kraft getreten am 11. Januar 2011; (unverbindlicher) konsolidierter Text siehe www.eur-lex.europa.eu unter CELEX-Nr. 2004R0883.

Aufhebung der Verordnung (EG) Nr. 574/72 durch die Verordnung (EG) Nr. 987/2009 vom 16. September 2009 zur Festlegung der Modalitäten und Durchführung der Verordnung (EG) Nr. 883/2004 (ABl. L 284, S. 31 vom 30. Oktober 2009) mit Wirkung vom 1. Mai 2010, geändert durch Verordnung (EU) Nr. 1244/2010 vom 9. Dezember 2010 (ABl. L 338 S. 35).

Die Verordnungen 1408/71 und 574/72 gelten im Verhältnis zu Island, Liechtenstein und Norwegen in Verbindung mit dem Abkommen über den EWR i. d. F. des Anpassungsprotokolls (ABl. EG 1994 Nr. L 1 – BGBl. 1993 II, S. 267, 1295), in Kraft seit 1. Januar 1994, für Liechtenstein (BGBl. 1994 II, S. 515) in Kraft seit 1. Mai 1995; geändert durch das Übereinkommen (betr. Beteiligung der 10 neuen Mitgliedstaaten der EU im Rahmen der Osterweiterung) vom 14. Oktober 2003 (BGBl. II S. 1202), nach vorläufiger Anwendung ab 1. Mai 2004 (ABl. L 130 vom 29. April 2004 S. 1; vgl. ABl. L 149 vom 2. Juni 2006 S. 28) in Kraft seit 6. Dezember 2005 (ABl. L 149 vom 2. Juni 2006 S. 30); geändert durch EWR-Erweiterungsabkommen (betr. die neuen EU-Staaten Bulgarien und Rumänien) vom 25. Juli 2007 (ABl. L 221 vom 25. August 2007 S. 1), vorläufig angewandt seit 1. August 2007 bis zum Abschluss erforderlicher Ratifikationsverfahren.

Verordnung (EG) Nr. 859/2003 vom 14. Mai 2003 zur Ausdehnung der Bestimmungen der Verordnung (EWG) Nr. 1408/71 und der Verordnung (EWG) Nr. 574/72 auf Drittstaatsangehörige, die ausschließlich aufgrund ihrer Staatsangehörigkeit nicht bereits unter diese Bestimmungen fallen (ABl. EG 2003 Nr. L 124/1); in Kraft seit 1. Juni 2003. Die Verordnung wurde (ausgenommen in Bezug auf Großbritannien) aufgehoben durch Verordnung (EU) Nr. 1231/2010 vom 24. Dezember 2010 (ABl. L 344 vom 29. Dezember 2010 S. 1) zur Ausdehnung der Verordnung (EG) Nr. 883/2004 und der Verordnung (EG) Nr. 987/2009 auf Drittstaatsangehörige, die ausschließlich auf Grund ihrer Staatsangehörigkeit nicht bereits unter diese Verordnung fallen; in Kraft seit 1. Januar 2011.

Die Verordnungen Nr. 1408/71 und Nr. 574/72 gelten im Verhältnis zur Schweiz aufgrund des Abkommens zwischen der EG und ihren Mitgliedstaaten einerseits und der Schweizerischen Eidgenossenschaft andererseits über die Freizügigkeit vom 21. Juni 1999 (BGBl. 2001 II, S. 810 – Anhang II); in Kraft ab 1. Juni 2002; geändert durch Protokoll über die Freizügigkeit (betr. die Aufnahme der am 1. Mai 2004 der EU beigetretenen zehn neuen Mitgliedstaaten) vom 26. Oktober 2004 (ABl. L 89 vom 28. März 2006 S. 30), in Kraft seit 1. April 2006, und durch das Protokoll zum Abkommen betr. die Aufnahme von Bulgarien und Rumänien (ABl. L 124 vom 20. Mai 2009, S. 51, 53), in Kraft seit 1. Juni 2009.

Innerstaatliche Rechtsvorschriften zur Durchführung von EG-Recht

67 Gesetz über die Ermächtigung zum Erlass von Rechtsverordnungen im Rahmen der Verordnung (EWG) Nr. 1408/71 des Rates vom 14. Juni 1971 zur Anwendung der Systeme der sozialen Sicherheit auf Arbeitnehmer und deren Familien, die innerhalb der Gemeinschaft zu- und abwandern, und der Verordnung (EWG) Nr. 574/72 des Rates vom 21. März 1972 über die Durchführung der Verordnung (EWG) Nr. 1408/71 vom 17. Mai 1974 (BGBl. I S. 1177).

Sonstige mehrseitige Abkommen

68 Belgien, Bundesrepublik Deutschland, Frankreich, Luxemburg, Niederlande, Schweiz:

Übereinkommen über die Soziale Sicherheit der Rheinschiffer vom 30. November 1979 (BGBl. 1983 II, S. 593); in Kraft seit 1. Dezember 1987.

Bundesrepublik Deutschland, Liechtenstein, Österreich, Schweiz:

Übereinkommen im Bereich der Sozialen Sicherheit vom 9. Dezember 1977 (BGBl. 1980 II, S. 796) i. d. F. des Zusatzübereinkommens vom 8. Oktober 1982 (BGBl. 1983 II, S. 562); in Kraft seit 12. Dezember 1983.

Zweiseitige Verträge

Australien

69 Abkommen über Soziale Sicherheit vom 13. Dezember 2000 (BGBl. 2002 II, S. 2306); in Kraft seit 1. Januar 2003.

Abkommen über die Soziale Sicherheit vom 9. Februar 2007 von vorübergehend im Hoheitsgebiet des anderen Staates beschäftigten Personen („Ergänzungsabkommen") (BGBl. 2007 II, S. 1938); in Kraft seit 1. Oktober 2008.

Bulgarien

Abkommen über Soziale Sicherheit vom 17. Dezember 1997 (BGBl. 1998 II, S. 2011), in Kraft am 1. Februar 1999. Seit dem 1. Januar 2007 ersetzt durch die EG- Verordnung 1408/71.

Chile

Abkommen über Rentenversicherung vom 5. März 1993 (BGBl. 1993 II, S. 1225), in Kraft seit 1. Januar 1994.

China

Abkommen über Sozialversicherung vom 12. Juli 2001; in Kraft seit 4. April 2002.

Indien

Abkommen über Sozialversicherung vom 8. Oktober 2008 (BGBl. 2009 II, S. 623); in Kraft seit 1. Oktober 2009.

Israel

Abkommen über Soziale Sicherheit vom 17. Dezember 1973 (BGBl. 1975 II, S. 245), zuletzt geändert durch das Zusatzabkommen vom 12. Februar 1995 (BGBl. 1996 II, S. 298), in Kraft seit 1. Juni 1996.

Japan

Abkommen über Soziale Sicherheit vom 20. April 1998 (BGBl.1999 II, S. 874), in Kraft seit 1. Februar 2000.

Jugoslawien, ehemaliges

Im Verhältnis zu

- Bosnien-Herzegowina, Kroatien, Slowenien und Mazedonien Fortgeltung gemäß Bekanntmachung BGBl. 1992 II, S. 1196, 1146; 1993 II, S. 1261; 1994 II, S. 326;
- Serbien und Montenegro (ehemals Bundesrepublik Jugoslawien) unmittelbare Weiteranwendung gemäß Bekanntmachung BGBl. 1997 II, S. 961[1]:

Vertrag vom 10. März 1956 über die Regelung gewisser Forderungen aus der Sozialversicherung (BGBl. 1958 II, S. 168); in Kraft seit 29. November 1958. Bosnien-Herzegowina sowie Serbien und Montenegro: siehe oben. Auch für Kroatien, Mazedonien, Slowenien (siehe dort) weiterhin anwendbar aufgrund der neuen Abkommen. Slowenien: ab 1. Mai 2004 EG-Verordnung 1408/71.

Abkommen über Arbeitslosenversicherung vom 12. Oktober 1968 (BGBl. 1969 II, S. 1473); in Kraft seit 1. November 1969. Für Slowenien (siehe dort) abgelöst durch EG-Verordnung 1408/71.

Abkommen über Soziale Sicherheit vom 12. Oktober 1968 (BGBl. 1969 II, S. 1437) i. d. F. des Änderungsabkommens vom 30. September 1974 (BGBl. 1975 II, S. 389); in Kraft seit 14. Mai 1975 mit Wirkung vom 1. Januar 1975. Bosnien-Herzegowina sowie Serbien und Montenegro: siehe oben. Für Kroatien, Mazedonien, Slowenien (siehe dort) abgelöst durch die neuen Abkommen. Slowenien: ab 1. Mai 2004 EG-Verordnung 1408/71.

Kanada

Abkommen über Soziale Sicherheit vom 14. November 1985 (BGBl. 1988 II, S. 26); in Kraft seit 1. April 1988. Geändert und ergänzt durch Zusatzabkommen vom 27. August 2002 (BGBl. 2003 II, S. 678); in Kraft seit 1. Dezember 2003.

Vereinbarung zwischen der Regierung der Bundesrepublik Deutschland und der Regierung von Quebec über Soziale Sicherheit vom 14. Mai 1987 (BGBl. 1988 II, S. 26,51)

Korea

Abkommen über Soziale Sicherheit vom 10. März 2000 (BGBl. 2001 II, S. 914); in Kraft seit 1. Januar 2003.

Kroatien

Abkommen über Soziale Sicherheit vom 24. November 1997 (BGBl. 1998 II, S. 2032), in Kraft seit 1. Dezember 1998.

Mazedonien

Abkommen über Soziale Sicherheit vom 8. Juli 2003 (BGBl. 2004 II, S. 1066); in Kraft seit 1. Januar 2005.

Marokko

Abkommen über Soziale Sicherheit vom 25. März 1981 (BGBl. 1986 II, S. 550); in Kraft seit 1. August 1986. Abkommen über Kindergeld vom 25. März 1981 (BGBl. 1995 II, S. 634) i. d. F. des Zusatzabkommens vom 22. November 1991 (BGBl. 1995 II, S. 634, in Kraft seit 1. September 1996).

Polen

Abkommen über Renten- und Unfallversicherung vom 9. Oktober 1975 (BGBl. 1976 II, S. 393); in Kraft am 1. Mai 1976. Abkommen über Soziale Sicherheit vom 8. Dezember 1990 (BGBl. 1991 II, S. 741); in Kraft am 1. Oktober 1991. Seit 1. Mai 2004 ersetzt durch EG-Verordnung 1408/71(ab 1. Mai 2010 EG-Verordnung 883/2004). S. ferner Rdnr. 53.

Rumänien

Abkommen über Sozialversicherung vom 29.6.1973 (BGBl. 1974 II, S. 697) i .d. F. des Zusatzabkommens vom 8. Juli 1976 (BGBl. 1977 II, S. 661); in Kraft seit 11. Oktober 1977 mit Wirkung vom 1. Oktober 1974, außer Kraft seit 1. Januar 1996 (BGBl. 1996 II, S. 340).

Abkommen über Soziale Sicherheit vom 8. April 2005 (BGBl. 2006 II, S. 13); in Kraft am 1. Juni 2006. Seit dem 1. Januar 2007 ersetzt durch die EG-Verordnung 1408/71.

---

1) Weitere Anwendung durch die zuständigen deutschen Träger auch auf die seit Juni 2006 unabhängige Republik Montenegro und auf die Republik Serbien sowie auf die seit Februar 2008 unabhängige Republik Kosovo.

Schweiz

Abkommen über Soziale Sicherheit vom 25. Februar 1964 (BGBl. 1965 II, S. 1293), zuletzt geändert durch das 2. Zusatzabkommen vom 2. März 1989 (BGBl. 1989 II, S. 899); in Kraft seit 1. April 1990. Abkommen über Arbeitslosenversicherung vom 20. Oktober 1982 (BGBl. 1983 II, S. 578) i. d. F. des Zusatzabkommens vom 22. Dezember 1992 (BGBl. 1994 II, S. 430); in Kraft seit 1. August 1994. Abgelöst seit 1. Juni 2002 durch das Freizügigkeitsabkommen Schweiz – EG (siehe Rdnr. 66).

Slowakei

Abkommen über Soziale Sicherheit vom 12. September 2002 (BGBl. 2003 II, S. 666); in Kraft seit 1. Dezember 2003. Seit 1. Mai 2004 ersetzt durch EG-Verordnung 1408/71.

Slowenien

Abkommen über Soziale Sicherheit vom 24. September 1997 (BGBl. 1998 II, S. 1987), in Kraft 1. September 1999. Seit 1. Mai 2004 ersetzt durch EG-Verordnung 1408/71.

Tschechien

Abkommen über Soziale Sicherheit vom 27. Juli 2001 (BGBl. 2002 II, S. 1126); in Kraft seit 1. September 2002. Seit 1. Mai 2004 ersetzt durch EG-Verordnung 1408/71.

Türkei

Abkommen über Soziale Sicherheit vom 30. April 1964 (BGBl. 1965 II, S. 1169), zuletzt geändert durch das Zusatzabkommen vom 2. November 1984 (BGBl. 1986 II, S. 1038); in Kraft seit 1. April 1987.

Tunesien

Abkommen über Soziale Sicherheit vom 16. April 1984 (BGBl. 1986 II, S. 582); in Kraft seit 1. Januar 1978. Abkommen über Kindergeld vom 20. September 1991 (BGBl. 1995 II, S. 641), in Kraft seit 1. August 1996.

Ungarn

Abkommen über Soziale Sicherheit vom 2. Mai 1998 (BGBl. 1999 II, S. 900), in Kraft seit 1. Mai 2000. Seit 1. Mai 2004 ersetzt durch EG-Verordnung 1408/71.

Vereinigte Staaten von Amerika

Abkommen über Soziale Sicherheit vom 7. Januar 1976 (BGBl. 1976 II, S. 1357); i. d. F. des zweiten Zusatzabkommens vom 6. März 1995 (BGBl. 1996 II, S. 301); in Kraft seit 1. Mai 1996.

26 Sozialgerichtsbarkeit

Überblick

Ist jemand mit der Entscheidung einer Behörde oder eines Versicherungsträgers in sozialrechtlichen Angelegenheiten nicht einverstanden, so kann er dagegen vor den Gerichten der Sozialgerichtsbarkeit Klage erheben. Die Sozialgerichte sind besondere Verwaltungsgerichte und dreistufig aufgebaut mit örtlichen Sozialgerichten, Landessozialgerichten auf Ebene der Bundesländer und dem Bundessozialgericht mit Sitz in Kassel. Die Gerichte der Sozialgerichtsbarkeit sind in allen Instanzen mit jeweils zwei ehrenamtlichen Richtern und einem Berufsrichter am Sozialgericht bzw. jeweils drei Berufsrichtern am Landessozialgericht sowie am Bundessozialgericht besetzt.

Vor dem Gerichtsverfahren muss in vielen sozialrechtlichen Angelegenheiten ein verwaltungsinternes Vor- oder Widerspruchsverfahren als Prozessvoraussetzung durchgeführt werden. Erst anschließend kann durch die Erhebung einer Klage das Gerichtsverfahren eingeleitet werden. Im sozialgerichtlichen Verfahren gilt der Untersuchungs- oder Amtsermittlungsgrundsatz, d. h. das Gericht ermittelt den Sachverhalt von Amts wegen, die Beteiligten sollen dabei aber mitwirken. Das Verfahren kann durch einen Vergleich zwischen Kläger und Beklagtem, eine Klagerücknahme des Klägers oder ein Anerkenntnis des Beklagten enden. Andernfalls entscheidet das Gericht: In einfachen Verfahren ohne mündliche Verhandlung, aber nach schriftlicher Anhörung der Beteiligten durch einen Gerichtsbescheid, zumeist jedoch durch Urteil nach mündlicher Verhandlung mit den Beteiligten.

Gegen Gerichtsbescheide und Urteile des Sozialgerichts ist außer in Bagatellsachen die Berufung an das Landessozialgericht zulässig. Dieses prüft den Sachverhalt noch einmal im gleichen Umfang wie das Sozialgericht und, wenn die Beteiligten sich wiederum nicht einigen, entscheidet es in einfachen Sachen durch Beschluss und in anderen nach mündlicher Verhandlung durch Urteil. Gegen die Entscheidungen der Landessozialgerichte ist die Revision an das Bundessozialgericht nur ausnahmsweise zulässig. Das Verfahren ist für Versicherte und Sozialleistungsempfänger nach wie vor gerichtskostenfrei. Darüber hinaus kann im Wege der Prozesskostenhilfe ein Rechtsanwalt kostenfrei beigeordnet werden.

Allgemeine Hinweise

1 Wird jemand durch Verwaltungshandeln in seinen Rechten verletzt, so steht ihm grundsätzlich der Rechtsweg zu den Gerichten offen. Bei Streitigkeiten über Ansprüche auf gesetzliche Sozialleistungen (etwa auf Rente aus der Rentenversicherung oder aus der Unfallversicherung, auf Arbeitslosengeld, auf Leistungen aus der Pflegeversicherung usw.) ist im Allgemeinen der Rechtsweg zu den Sozialgerichten gegeben. Die Sozialgerichtsbarkeit wurde im Jahre 1954 errichtet und besteht seitdem als selbständige und gleichgeordnete Gerichtsbarkeit neben der ordentlichen Gerichtsbarkeit (Zivil- und Strafgerichte), der allgemeinen Verwaltungsgerichtsbarkeit, der Finanzgerichtsbarkeit und der Arbeitsgerichtsbarkeit. Bestrebungen, einen Teil dieser Gerichtsbarkeiten zusammenzulegen, sind zumindest vorerst gescheitert.

2 Rechtsstreitigkeiten über Leistungsansprüche der Versicherten wurden früher zunächst von Schiedsämtern und danach von Versicherungsämtern sowie dem Reichsversicherungsamt als oberste Instanz entschieden. Diese übten neben der Spruchtätigkeit auch Verwaltungsaufgaben aus. Nach 1945 nahmen die Versicherungs- und Oberversicherungsämter ihre rechtsprechende Tätigkeit wieder auf. Dies galt jedoch nicht für das Reichsversicherungsamt. Der in Artikel 20 Grundgesetz verankerte Grundsatz der Dreiteilung der Gewalten im Staat in eine gesetzgebende, ausführende und rechtsprechende Gewalt führte dann zur Errichtung der Sozialgerichtsbarkeit durch das Sozialgerichtsgesetz (SGG) vom 3. September 1953. Die durch dieses Gesetz zum 1. Januar 1954 geschaffenen Gerichte der Sozialgerichtsbarkeit (örtliche Sozialgerichte, Landessozialgerichte sowie das Bundessozialgericht) sind unabhängige, von den Verwaltungsbehörden getrennte, besondere Verwaltungsgerichte. Sie dienen vornehmlich dem Schutz der sozialen Rechte des Bürgers sowie der Kontrolle der Rechtmäßigkeit des Verwaltungshandelns und ggf. seiner Korrektur im Einzelfall. Das Sozialgerichtsgesetz wurde immer wieder geändert, die letzte größere Änderung war die Schaffung von erstinstanzlichen Zuständigkeiten der Landessozialgerichte und die Verschärfung der Mitwirkungspflichten der Beteiligten zum 1. April 2008.

Aufbau und Besetzung der Gerichte der Sozialgerichtsbarkeit

3 Die Sozialgerichtsbarkeit ist dreistufig aufgebaut:

4 Als erste Instanz entscheiden in der Regel die Sozialgerichte über alle Streitigkeiten, für die der Rechtsweg zu den Gerichten der Sozialgerichtsbarkeit offen steht. Bei den Sozialgerichten werden nach Bedarf in entsprechender Anzahl Kammern gebildet für Angelegenheiten der Sozialversicherung (Rente-, Unfall-, Kranken- und Pflegeversicherung), für Angelegenheiten der Grundsicherung für Arbeitsuchende einschließlich der Streitigkeiten aufgrund § 6a Bundeskindergeldgesetz und der Arbeitsförderung, für Angelegenheiten der Sozialhilfe und des Asylbewerberleistungsgesetzes, für Angelegenheiten des sozialen Entschädigungsrechts (bei Gesundheitsschäden) und des Schwerbehindertenrechts sowie für Angelegenheiten des Vertragsarztrechts. Bei Bedarf können für Angelegenheiten der Knappschaftsversicherung einschließlich der Unfallversicherung für den Bergbau eigene Kammern gebildet werden.

Jede Kammer eines Sozialgerichts wird in der Besetzung mit einem Berufsrichter als Vorsitzendem und zwei ehrenamtlichen Richtern als Beisitzer tätig. Diese Besetzung gilt allerdings nur für die Entscheidung durch Urteil und für die in der mündlichen Verhandlung erforderlich werdenden Beschlüsse. Beschlüsse, die ohne mündliche Verhandlung ergehen, hat ebenso wie Gerichtsbescheide der Vorsitzende allein zu treffen.

5 Als zweite Instanz hat das Landessozialgericht, in der Regel in jedem Bundesland eines, über Berufungen gegen Urteile und Gerichtsbescheide sowie über Beschwerden gegen Beschlüsse der Sozialgerichte als weitere Tatsacheninstanz zu befinden. Ähnlich wie bei den Sozialgerichten die Fachkammern (Rdnr. 4) bestehen beim Landessozialgericht Fachsenate mit einer entsprechenden Gliederung nach Sachgebieten. Seit dem Jahr 2008 haben die Landessozialgerichte zudem eine erstinstanzliche Zuständigkeit für bestimmte Klagen gegen Entscheidungen nach dem Fünften Buch Sozialgesetzbuch (Gesetzliche Krankenversicherung) von (Landes-)Schiedsämtern, Schiedsstellen, des Gemeinsamen Bundesausschusses usw., über Aufsichtssachen gegen Leistungsträger, ihre Verbände usw., bei Streitigkeiten über einen Finanzausgleich zwischen ihnen. Die bisherige Zuständigkeit in Vergabesachen für bestimmte Angelegenheiten nach den Fünften Buch Sozialgesetzbuch ist zum 1. Januar 2011 weggefallen.

Jeder Senat entscheidet normalerweise mit einem Vorsitzenden, zwei weiteren Berufsrichtern und zwei ehrenamtlichen Richtern. Bei Entscheidungen außerhalb der mündlichen Verhandlung wirken die ehrenamtlichen Richter nicht mit. Auf Anordnung der Landesregierung können außerhalb des Sitzes des Landessozialgerichts Zweigstellen errichtet werden, so geschehen in Bayern durch die Errichtung der Zweigstelle Schweinfurt des Bayerischen Landessozialgerichts. Niedersachsen und Bremen haben das gemeinsame Landessozialgericht Niedersachsen-Bremen mit Sitz in Celle und einer Zweigstelle in Bremen, Berlin und Brandenburg das gemeinsame Landessozialgericht Berlin-Brandenburg mit Sitz in Potsdam errichtet.

6 Als dritte Instanz entscheidet das Bundessozialgericht mit Sitz in Kassel über das Rechtsmittel der Revision gegen Urteile und ihnen gleichgestellte Beschlüsse des Landessozialgerichts sowie über die Beschwerden gegen die Nichtzulassung der Revision in diesen Entscheidungen des Landessozialgerichts. Die, wie bei den Landessozialgerichten, nach Sachgebieten gegliederten Senate entscheiden in Sitzungen gleichfalls in der Besetzung mit einem Vorsitzenden, zwei weiteren Berufsrichtern und zwei ehrenamtlichen Richtern. Ebenso wie bei den anderen obersten Gerichtshöfen des Bundes besteht beim Bundessozialgericht ein Großer Senat. Dieser setzt sich zusammen aus dem Präsidenten des Bundessozialgerichts, je einem Berufsrichter der Senate, in denen der Präsident nicht den Vorsitz führt, und insgesamt – je nach Materie – sechs bis acht ehrenamtlichen Richtern.

Sozialgerichtsbarkeit 26

Der Große Senat entscheidet auf Anrufung eines Senats des Bundessozialgerichts, wenn dieser von einer Entscheidung eines anderen Senats oder einer solchen des Großen Senats abweichen will, sowie in Fragen von grundsätzlicher Bedeutung, wenn nach Auffassung des anrufenden Senats die Fortbildung des Rechts oder die Sicherung einer einheitlichen Rechtsprechung eine solche Entscheidung erfordern.

Übersicht über die Gerichte der Sozialgerichtsbarkeit

Bundessozialgericht in 34119 Kassel, Graf-Bernadotte-Platz 5

LSG Baden-Württemberg in 70190 Stuttgart, Hauffstr. 5
SG Freiburg
SG Heilbronn
SG Karlsruhe
SG Konstanz
SG Mannheim
SG Reutlingen
SG Stuttgart
SG Ulm

Bayerisches LSG in 80539 München, Ludwigstr. 15 mit Zweigstelle in Schweinfurt
SG Augsburg
SG Bayreuth
SG Landshut
SG München
SG Nürnberg
SG Regensburg
SG Würzburg

LSG Berlin-Brandenburg in 14482 Potsdam, Försterweg 2-6
SG Berlin
SG Cottbus
SG Frankfurt/Oder
SG Neuruppin
SG Potsdam

LSG Hamburg in 22297 Hamburg, Kapstadtring 1
SG Hamburg

Hessisches LSG in 64293 Darmstadt, Steubenplatz 14
SG Darmstadt
SG Frankfurt
SG Fulda
SG Gießen
SG Kassel
SG Marburg
SG Wiesbaden

LSG Mecklenburg-Vorpommern in 17033 Neubrandenburg, Gerichtsstr. 10
SG Neubrandenburg
SG Rostock
SG Schwerin
SG Stralsund

LSG Niedersachsen-Bremen in 29223 Celle, Georg-Wilhelm-Str. 1 mit Zweigstelle in Bremen
SG Aurich
SG Braunschweig
SG Bremen
SG Hannover
SG Hildesheim
SG Lüneburg
SG Oldenburg
SG Osnabrück
SG Stade

LSG Nordrhein-Westfalen in 45130 Essen, Zweigertstr. 54
SG Aachen
SG Detmold
SG Dortmund
SG Düsseldorf
SG Duisburg
SG Gelsenkirchen
SG Köln
SG Münster

LSG Rheinland-Pfalz in 55116 Mainz, Ernst-Ludwig-Platz 1
SG Koblenz
SG Mainz
SG Speyer
SG Trier

LSG für das Saarland in 66111 Saarbrücken, Egon-Reinert-Str. 4-6
SG für das Saarland

Sächsisches LSG in 09120 Chemnitz, Parkstr. 28
SG Chemnitz
SG Dresden
SG Leipzig

LSG Sachsen-Anhalt	in 06112 Halle-Neustadt, Thüringer Str. 16
SG Dessau	
SG Halle	
SG Magdeburg	
LSG Schleswig-Holstein	in 24837 Schleswig, Gottorfstr. 2
SG Itzehoe	
SG Kiel	
SG Lübeck	
SG Schleswig	
Thüringisches LSG	in 99092 Erfurt, Rudolfstr. 46
SG Altenburg	
SG Gotha	
SG Nordhausen	
SG Meiningen	

Richteramt

7 Die Berufsrichter müssen die Befähigung zum Richteramt nach den für alle Richter geltenden allgemeinen Vorschriften haben. Die Richter an den Sozial- und Landessozialgerichten werden nach Maßgabe des jeweiligen Landesrechts ernannt. Die Berufsrichter des Bundessozialgerichts werden nach Vorbereitung durch das Bundesministerium für Arbeit und Soziales von einem Richterwahlausschuss, der aus den für die Sozialgerichtsbarkeit zuständigen Landesministern und einer gleichen Anzahl von Mitgliedern des Deutschen Bundestages besteht, gewählt und vom Bundespräsidenten ernannt. Die besondere Rechtsnatur des Richterdienstverhältnisses wird durch die verfassungsrechtlich garantierte Unabhängigkeit des Richters und seine Bindung an Gesetz und Recht geprägt.

8 In jeder Instanz wirken bei Entscheidungen im Rahmen der mündlichen Verhandlung neben den Berufsrichtern ehrenamtliche Richter mit, die für die Dauer von 5 Jahren berufen werden. Eine erneute Berufung ist möglich und auch üblich. Die Mitwirkung der ehrenamtlichen Richter an der Rechtsfindung soll die Verbindung zwischen Rechtsprechung und sozialer Wirklichkeit fördern. Die ehrenamtlichen Richter üben ihr Amt mit denselben Rechten und Pflichten wie die Berufsrichter aus. Sie sind sachlich unabhängig und von Weisungen frei. Bei der Abstimmung haben sie dasselbe Stimmrecht wie die Berufsrichter. Bei den Sozial- und Landessozialgerichten erfolgt ihre Berufung durch die Landesregierung oder die von ihr beauftragte Stelle und beim Bundessozialgericht durch das Bundesministerium für Arbeit und Soziales auf Grund von Vorschlagslisten. Die Vorschlagslisten werden insbesondere von den Gewerkschaften, von anderen selbständigen Vereinigungen mit sozial- und berufspolitischer Zwecksetzung, von Vereinigungen von Arbeitgebern, Verbänden der Krankenkassen, kassenärztlichen Vereinigungen, den Landesversorgungsämtern sowie den Kreisen und kreisfreien Städten aufgestellt.

Aufgaben der Gerichte der Sozialgerichtsbarkeit

9 Die Gerichte der Sozialgerichtsbarkeit entscheiden nach § 51 Sozialgerichtsgesetz über öffentlich-rechtliche Streitigkeiten

– in Angelegenheiten der gesetzlichen Rentenversicherung (SGV VI) einschließlich der Alterssicherung der Landwirte,

– in Angelegenheiten der gesetzlichen Krankenversicherung (SGV V), der sozialen Pflegeversicherung und der privaten Pflegeversicherung (SGB XI), auch soweit durch diese Angelegenheiten Dritte betroffen werden,

– in Angelegenheiten der gesetzlichen Unfallversicherung (SGV VII) mit Ausnahme der Streitigkeiten aufgrund der Überwachung der Maßnahmen zur Prävention durch die Träger der gesetzlichen Unfallversicherung,

– in Angelegenheiten der Arbeitsförderung einschließlich der übrigen Aufgaben der Bundesagentur für Arbeit (z. B. Arbeitsvermittlung, Berufsberatung, Arbeitslosenhilfe, Förderungsmaßnahmen nach dem SGB III),

– in Angelegenheiten der Grundsicherung für Arbeitsuchende (SGB II),

– in sonstigen Angelegenheiten der Sozialversicherung (damit sind alle sonstigen öffentlich-rechtlichen Streitigkeiten erfasst, die nicht einzelnen Versicherungszweigen zugeordnet werden können, z. B. Streitigkeiten aus den gemeinsamen Vorschriften des SGB I, IV oder X – etwa in Selbstverwaltungsangelegenheiten – oder aus dem Künstlersozialversicherungsgesetz),

– in Angelegenheiten der Sozialhilfe (SGB XII) und des Asylbewerberleistungsgesetzes,

– in Angelegenheiten des sozialen Entschädigungsrechts mit Ausnahme der Kriegsopferfürsorge (die ausdrücklich der Verwaltungsgerichtsbarkeit

zugewiesen ist); dies umfasst insbesondere Streitigkeiten aus der Kriegsopfer- und Soldatenversorgung, aus dem Zivildienstgesetz hinsichtlich des Anspruchs auf Beschädigtenversorgung, aus dem Häftlingshilfegesetz, dem Opferentschädigungsgesetz, dem Infektionsschutzgesetz bei Impfschäden sowie Streitigkeiten aus Artikel 1 des Ersten bzw. des Zweiten SED-Unrechtsbereinigungsgesetzes,
– bei der Feststellung von Behinderungen und ihrem Grad (GdB genannt) sowie weiterer gesundheitlicher Merkmale, ferner bei der Ausstellung, Verlängerung, Berichtigung und Einziehung von Schwerbehindertenausweisen nach dem SGB IX,
– die aufgrund des Aufwendungsausgleichsgesetzes (früher: Lohnfortzahlungsgesetz) entstehen (nicht hierunter fallen z. B. Ansprüche des Arbeitnehmers auf Lohn- bzw. Entgeltfortzahlung nach dem Entgeltfortzahlungsgesetz, weil es sich dabei nicht um eine öffentlich-rechtliche Angelegenheit handelt; über diese Streitigkeiten entscheiden die Arbeitsgerichte),
– für die durch Gesetz der Rechtsweg vor diesen Gerichten ausdrücklich eröffnet wird; das sind insbesondere öffentlich-rechtliche Streitigkeiten nach dem Bundeskindergeldgesetz und dem Bundeselterngeld- und Elternzeitgesetz.

Die Gerichte der Sozialgerichtsbarkeit entscheiden auch über

– privatrechtliche Streitigkeiten in Angelegenheiten der gesetzlichen Krankenversicherung, auch soweit durch diese Angelegenheiten Dritte betroffen werden, und im Rahmen der privaten Pflege-Pflichtversicherung, insbesondere über Streitigkeiten zwischen den bei privaten Pflegeversicherungsunternehmen Pflichtversicherten und diesen Unternehmen. Obwohl es sich um einen privatrechtlichen Versicherungsvertrag zwischen dem Unternehmen der privaten Pflegeversicherung und dem Versicherungsnehmer handelt, sind die Sozialgerichte im Rahmen der privaten Pflegeversicherung zuständig. Dadurch können die Versicherten bei Rechtsstreitigkeiten mit ihren Versicherungsunternehmen den gleichen Rechtsschutz erlangen wie Versicherte in der gesetzlichen sozialen Pflegeversicherung, ohne z. B. durch das Kostenrisiko von einer Klageerhebung vor dem Zivilgericht abgehalten zu werden, sowie

Ausdrücklich ausgenommen sind seit dem 1. Januar 2011 Streitigkeiten in Verfahren nach dem Gesetz gegen Wettbewerbsbeschränkungen, die Rechtsbeziehungen nach § 69 des Fünften Buches Sozialgesetzbuch betreffen.

Die allgemeinen Verwaltungsgerichte sind zuständig für Streitigkeiten aus dem Lastenausgleich, dem Zivildienst, dem Wohngeldgesetz, der Kinder- und Jugendhilfe, dem Bundesausbildungsförderungsgesetz (BAföG) und für einige Versorgungswerke der freien Berufe. Für Streitigkeiten über Sozialhilfe sind seit dem 1. Januar 2005 die Sozialgerichte zuständig.

Das Verfahren vor den Sozialgerichten

Klageerhebung

10 Der Rechtsschutz in der Sozialgerichtsbarkeit wird auf Klage gewährt. Das Gericht leitet das Verfahren nur auf Antrag des Betroffenen ein. Die Klage ist beim örtlich zuständigen Sozialgericht schriftlich zu erheben. Welches Sozialgericht das ist, muss in der jedem anfechtbaren Bescheid beigefügten Rechtsmittelbelehrung angegeben sein. Die Klage kann aber auch durch Erklärung zur Niederschrift des Urkundsbeamten der Geschäftsstelle, der bei jedem Sozialgericht während der allgemeinen Dienststunden zur Verfügung steht, erhoben werden. Er hat den Antragsteller (= Kläger) hinsichtlich der Fassung seines Klageantrags und des Mindestinhalts einer Klage zu beraten.

Die Klageschrift muss den Kläger, den Beklagten – insofern genügt die Angabe der Behörde – und den Gegenstand des Klagebegehrens bezeichnen. Sind diese zwingenden Mindestvoraussetzungen nicht erfüllt, so kann das Gericht dem Kläger eine Frist für ihre Nachholung setzen. Verstreicht diese erfolglos, muss mit einer Abweisung der Klage als unzulässig gerechnet werden. Die Klageschrift soll außerdem einen bestimmten Antrag enthalten und unterzeichnet sein. Tatsachen und Beweismittel, die der Begründung der Klage dienen, soll angegeben werden. Die Verfügung, der Verwaltungsakt oder der Bescheid, gegen den sich die Klage richtet, soll beigefügt werden. Die Nichtbeachtung dieser zuletzt genannten Formvorschriften hat auf die Entscheidung des Gerichts in der Sache keinen Einfluss, kann aber das Verfahren verzögern.

Durch die Erhebung der Klage wird die Streitsache rechtshängig. Das hat zur Folge, dass wegen desselben Streitgegenstandes nicht noch einmal bei demselben oder vor allem bei einem anderen Sozialgericht eine Klage anhängig gemacht werden darf.

11 Die Klagefrist beträgt einen Monat nach Bekanntgabe des Verwaltungsakts; hat ein Vorverfahren stattgefunden, so beginnt die Frist mit der Bekanntgabe des Widerspruchsbescheids. Bei Bekanntgabe im Ausland beträgt die Klagefrist drei Monate. Diese Regelungen über die Fristen gelten aber nur, wenn der angefochtene Bescheid mit einer ordnungsgemäßen, d. h. vollständigen und richtigen Rechtsmittelbelehrung versehen ist.

War der Kläger ohne Verschulden an der Einhaltung der Klagefrist von einem Monat gehindert (z. B. weil er sich während dieser ganzen Zeit in stationärer Krankenhausbehandlung befand), so ist ihm auf Antrag Wiedereinsetzung in den vorigen Stand zu gewähren. Dieser Antrag ist binnen eines Monats nach Wegfall des Hindernisses zu stellen und entsprechend zu begründen.

Zulässigkeit der Klage

12 Es wird zwischen der Zulässigkeit und der Begründetheit einer Klage unterschieden. Bevor sich das Gericht mit der Begründetheit einer Klage (z. B. ob dem Kläger die vom Versicherungsträger abgelehnte Rente zusteht) auseinandersetzt, muss es von Amts wegen die Zulässigkeitsvoraussetzungen der Klage zu prüfen, insbesondere seine sachliche und örtliche Zuständigkeit, die Durchführung eines Vorverfahrens in den gesetzlich dafür vorgesehenen Fällen, die Ordnungsmäßigkeit der Klageerhebung (Form und Frist), die Beteiligten- und die Prozessfähigkeit. Ist bspw. eine Klage nicht fristgerecht (binnen eines Monats nach Bekanntgabe des angefochtenen Bescheides) erhoben, so muss das Gericht die Klage als unzulässig abweisen. Ob der angefochtene Bescheid in der Sache zu Recht ergangen ist, kann und darf das Gericht nicht mehr überprüfen. Es erörtert in den Entscheidungsgründen dann lediglich die Versäumung der Klagefrist.

13 Die Sozialgerichte sind im ersten Rechtszug zur Entscheidung der allermeisten Streitigkeiten, für die der Sozialrechtsweg gegeben ist (Rdnr. 9), sachlich zuständig (Ausnahmen siehe Rdnr. 5). Ist der beschrittene Sozialrechtsweg unzulässig, so muss das Sozialgericht dies nach Anhörung der Beteiligten durch Beschluss von Amts wegen – also auch ohne entsprechenden Antrag – aussprechen und zugleich den Rechtsstreit an das zuständige Gericht verweisen. Die örtliche Zuständigkeit (d. h. bei welchem Sozialgericht die Klage zu erheben ist) richtet sich nach dem Wohnsitz, Aufenthaltsort oder Beschäftigungsort des Klägers. Unter mehreren zuständigen Gerichten (bspw. wenn der Wohnsitz des Klägers in einem anderen Gerichtsbezirk als dem des Beschäftigungsortes liegt) hat der Kläger die Wahl; mit der Klageerhebung ist diese Wahl endgültig getroffen.

14 Der Anfechtungs- oder Verpflichtungsklage muss regelmäßig ein Vorverfahren (Widerspruchsverfahren) vorausgehen. Dieses Vorverfahren dient der nochmaligen Überprüfung der Verwaltungsentscheidung in einem besonderen, verwaltungsinternen Verfahren. Es gibt der Verwaltung die Möglichkeit, das Begehren des Antragstellers nochmals eingehend zu überprüfen und ggf. den Bescheid zu ändern. Der Betroffene hat schon in diesem Verfahrensabschnitt das Recht auf Akteneinsicht. Die Akteneinsicht muss nicht bei der Behörde erfolgen, welche die Akten führt. Wie im sozialgerichtlichen Verfahren besteht grundsätzlich auch die Möglichkeit der Aktenübersendung zur Einsichtnahme an eine Behörde z. B. am Wohnort des Bürgers. Das Vorverfahren beginnt mit der Erhebung des Widerspruchs binnen eines Monats nach Bekanntgabe des Bescheides. Wird dem Widerspruch nicht stattgegeben, so ergeht ein Widerspruchsbescheid, gegen den dann die Klage beim Sozialgericht erhoben werden kann. Er ist schriftlich zu erlassen, zu begründen und den Beteiligten bekannt zu geben. Das Vorverfahren gehört bei diesen Klagen zu den unverzichtbaren Prozessvoraussetzungen für das sozialgerichtliche Verfahren. Solange es nicht durchgeführt ist, fehlt es an der Zulässigkeit der Klage. Dieser Mangel kann aber dadurch geheilt werden, dass der Widerspruchsbescheid bis zum Schluss der letzten mündlichen Verhandlung ergeht; ggf. muss das Gericht dem Versicherungsträger hierzu Gelegenheit geben.

15 Beteiligte am Verfahren sind Kläger, Beklagte und Beigeladene. Als Beteiligte am sozialgerichtlichen Verfahren können insbesondere auftreten: Natürliche Personen, juristische Personen des öffentlichen und des privaten Rechts (z. B. eine Aktiengesellschaft oder eine Gesellschaft mit beschränkter Haftung), nichtrechtsfähige Personenvereinigungen (z. B. die offene Handelsgesellschaft, die Kommanditgesellschaft). Von dieser prozessualen Rechtsfähigkeit unterscheidet man die Prozessfähigkeit, das ist die rechtliche Fähigkeit, Prozesshandlungen rechtswirksam vorzunehmen (also z. B. eine Klage zu erheben). Prozessfähig ist, wer sich durch Verträge verpflichten kann. Ein Minderjähriger ist in eigenen sozialgerichtlichen Angelegenheiten prozessfähig, soweit er durch Vorschriften des bürgerlichen Rechts (des Bürgerlichen Gesetzbuchs) oder des öffentlichen Rechts für den Gegenstand des Verfahrens als geschäftsfähig anerkannt wird. Im Sozialrecht gilt dies für einen Minderjährigen, der mindestens das 15. Lebensjahr vollendet hat. Dieser kann Anträge auf Sozialleistungen stellen und auch gerichtlich verfolgen sowie Sozialleistungen entgegennehmen. Diese Handlungsfähigkeit gilt aber nicht uneingeschränkt. Sie kann vom gesetzlichen Vertreter jederzeit durch schriftliche Erklärung gegenüber dem Leistungsträger eingeschränkt werden.

16 Die Beteiligten können sich in jeder Lage des Verfahrens durch Bevollmächtigte vertreten lassen. Als Prozessbevollmächtigte kommen vor den Sozial- und den Landessozialgerichten neben Rechtsanwälten und Rechtslehrern (an einer Hochschule und mit der Befähigung zum Richteramt) folgende Personen in Betracht: Mitglieder und Angestellte von Gewerkschaften, von selbständigen Vereinigungen von Arbeitnehmern mit sozial- oder berufspolitischer Zwecksetzung, von Vereinigungen von Arbeitgebern, von berufsständischen Vereinigungen der Landwirtschaft und von Vereinigungen, deren satzungsgemäße Aufgaben die gemeinschaftliche Interessenvertretung, die Beratung und Vertretung der Leistungsempfänger nach dem sozialen Entschädigungsrecht oder der behinderten Menschen wesentlich umfassen, sofern sie kraft Satzung des Verbandes oder Vollmacht des Vorstandes zur Prozessvertretung befugt sind, außerdem Angestellte von juristischen Personen, z. B. einer GmbH, wenn diese im Eigentum einer der zuvor genannten Organisationen stehen und ausschließlich Rechtsberatung und Prozessvertretung durchführen, sowie Mitglieder und Angestellte der in § 23 Abs. 1 des Allgemeinen Gleichbehandlungsgesetzes genannten Vereinigungen.

Ein Vertretungszwang durch Prozessbevollmächtigte mit der Befähigung zum Richteramt besteht nur vor dem Bundessozialgericht und auch dort können sich Behörden, juristische Personen des öffentlichen Rechts, private Pflegeversicherungsunternehmen und deren Verbände von Beschäftigten mit der Befähigung zum Richteramt vertreten lassen. Die Prozessvollmacht ist schriftlich zu erteilen und muss spätestens bis zur Verkündung der Entscheidung bei Gericht eingereicht sein. Sie ermächtigt grundsätzlich zu allen Prozesshandlungen. Der Bevollmächtigte ist daher berechtigt, mit Wirkung für und gegen die Vertretenen Vergleiche abzuschließen, die Klage zurückzunehmen oder einen Anspruch anzuerkennen.

17 Das Sozialgericht kann von Amts wegen oder auf Antrag andere Personen oder Behörden (z. B. Versicherungsträger), deren berechtigte Interessen durch die gerichtliche Entscheidung berührt werden, beiladen. Sie müssen beigeladen werden (sogenannte notwendige Beiladung), wenn sie an dem streitigen Rechtsverhältnis derart beteiligt sind, dass die Entscheidung auch ihnen gegenüber nur einheitlich ergehen kann, oder wenn sich während des Rechtsstreits ergibt, dass bei Ablehnung des Anspruchs ein anderer Leistungsträger in Betracht kommt (z. B. eine landwirtschaftliche Berufsgenossenschaft statt einer gewerblichen Berufsgenossenschaft oder die Bundesagentur für Arbeit). Der Beiladung kommt im sozialgerichtlichen Verfahren große Bedeutung zu. Sie dient im zuletzt genannten Beispiel der schnelleren Durchsetzung sozialrechtlicher Ansprüche: Der beigeladene Träger kann ohne Klageänderung in diesem Rechtsstreit zur Leistung verurteilt werden. Er kann, allerdings innerhalb der Anträge der anderen Beteiligten, selbständig Angriffs- und Verteidigungsmittel geltend machen und alle Verfahrenshandlungen wirksam vornehmen. Im Fall der notwendigen Beiladung ist er hinsichtlich der Anträge nicht beschränkt.

Klagearten

18 Das sozialgerichtliche Verfahren kennt im Wesentlichen vier Klagearten: Die Anfechtungsklage, die Verpflichtungsklage, die Leistungsklage und die Feststellungsklage sowie Kombinationen von ihnen.

Mit der Anfechtungsklage erstrebt der Kläger die Aufhebung oder Abänderung eines Verwaltungsaktes. Sie ist eine Abwehrklage gegen einen Eingriff der Verwaltung in seine Rechtssphäre. Beispiele hierfür sind: Rückforderung von erbrachten Leistungen oder Entziehung einer laufenden Leistung (z. B. Rente, Arbeitslosengeld wegen einer Sperrzeit usw.). Solche reinen Anfechtungsklagen sind im sozialgerichtlichen Verfahren relativ selten. Oft begehrt der Kläger neben der Aufhebung eines ablehnenden Bescheides eine höhere Geldleistung (z. B. bei einer Rehabilitationsmaßnahme) oder die Anerkennung von Versicherungszeiten in der Rentenversicherung, von Schädigungsfolgen im sozialen Entschädigungsrecht, von Behinderungen nach dem Neunten Buch

Sozialgesetzbuch – Rehabilitation und Teilhabe behinderter Menschen (SGB IX). Die Durchsetzung dieser Ansprüche geschieht durch eine kombinierte Anfechtungs- und Verpflichtungsklage. Des Weiteren können die Versicherten, wenn eine beantragte Leistung abgelehnt wurde, in einer kombinierten Anfechtungs- und Leistungsklage nicht nur den Ablehnungsbescheid angreifen, sondern unmittelbar die Verurteilung der Verwaltung zu der Leistung (z. B. Rente, Arbeitslosengeld, Krankengeld) beantragen. Eine Feststellungsklage ist nur zulässig, wenn der Kläger an der alsbaldigen Feststellung ein berechtigtes Interesse hat und das Begehren mit keiner anderen der erwähnten Klagearten erreicht werden kann (z. B. Anfechtung einer Sozialversicherungswahl). Häufig gibt es jedoch kombinierte Anfechtungs- und Feststellungsklagen (z. B. Feststellung eines Versicherungsverhältnisses, des Vorliegens einer Berufskrankheit). Die Kombination von Anfechtungsklage mit Verpflichtungs- oder Leistungs- oder Feststellungsklage ist die Hauptform der im sozialgerichtlichen Verfahren anhängigen Klagen. Reine Leistungsklagen gibt es für Versicherte oder Leistungsempfänger praktisch nicht, weil die begehrte Leistung zunächst bei der jeweiligen Behörde beantragt werden und diese hierüber mittels Verwaltungsakt entscheiden muss, gegen den dann eine Anfechtungsklage in Kombination mit einer anderen Klageart zulässig ist. Bei den reinen Leistungsklagen ist vielmehr an Ersatz- und Erstattungsstreitigkeiten zwischen gleichgeordneten Versicherungsträgern gedacht.

Einstweiliger Rechtsschutz

19 Ebenso wie der Widerspruch (Rdnr. 14) hat die Anfechtungsklage grundsätzlich aufschiebende Wirkung. Diese entfällt nur bei der Entscheidung über Versicherungs-, Beitrags- und Umlagepflichten sowie Anforderung der entsprechenden Gelder, bei Verwaltungsakten in Angelegenheiten des sozialen Entschädigungsrechts, der Bundesagentur für Arbeit oder der Sozialversicherung, die eine laufende Leistung (z. B. Rente oder Arbeitslosengeld) entziehen oder herabsetzen, in anderen durch Bundesgesetz vorgeschriebenen Fällen und bei Anordnung der sofortigen Vollziehung des Verwaltungsaktes. Hat die Anfechtungsklage ausnahmsweise keine aufschiebende Wirkung, so kann das Gericht auf Antrag die aufschiebende Wirkung ganz oder teilweise anordnen. Das Gericht der Hauptsache (das Sozialgericht oder im Berufungsverfahren das Landessozialgericht) kann kraft ausdrücklicher gesetzlicher Regelung auf Antrag auch eine einstweilige Anordnung in Bezug auf den Streitgegenstand treffen, wenn die Gefahr besteht, dass durch eine Veränderung des bestehende Zustands die Verwirklichung eines Rechts des Antragstellers vereitelt oder wesentlich erschwert werden könnte. Dasselbe gilt zur Regelung eines vorläufigen Zustands in Bezug auf ein streitiges Rechtsverhältnis, wenn eine solche Regelung zur Abwendung wesentlicher Nachteile nötig erscheint. Solche Anträge sind sogar schon vor Klageerhebung zulässig.

Allgemeine Grundsätze des Verfahrens

20 Im Gegensatz zum Zivilprozess gilt für das sozialgerichtliche Verfahren der Untersuchungs- oder Amtsermittlungsgrundsatz (§ 103 Sozialgerichtsgesetz): Das Gericht erforscht den Sachverhalt von Amts wegen. Es ist an das Vorbringen und an die Beweisanträge der Beteiligten nicht gebunden. Solange und soweit das Sozialgericht den Sachverhalt als nicht geklärt ansieht, muss es von seinen Ermittlungsmöglichkeiten Gebrauch machen, z. B. ein medizinisches Sachverständigengutachten einholen.

21 Als Beweismittel stehen dem Sozialgericht Urkunden, die Augenscheinseinnahme, die Zeugenvernehmung und die Anhörung von Sachverständigen zur Verfügung. Eine förmliche Parteivernehmung, wie sie im Zivilprozess durchgeführt werden kann, kennt das Sozialgerichtsverfahren nicht. Allerdings sind die Beteiligten im Verfahren anzuhören. Ihre Angaben sind im Rahmen der freien richterlichen Beweiswürdigung zu berücksichtigen. Zudem kann das Gericht Unterlagen beiziehen, Auskünfte jeder Art einholen und einen Erörterungstermin mit den Beteiligten durchführen. Es ist also nicht auf die Beweismittel des Zivilprozesses beschränkt.

Die Beteiligten sollen an der Aufklärung des Sachverhalts mitwirken. Der Vorsitzende kann ihnen daher unter Fristsetzung aufgeben, zu bestimmten Vorgängen Tatsachen anzugeben, Beweismittel zu bezeichnen und Urkunden vorzulegen. Kommen sie dem nicht innerhalb der gesetzten Frist nach, können später eingehende Erklärungen und Beweismittel zurückgewiesen und ohne weitere Ermittlungen entschieden werden (sogenannte Präklusion). Abweichend von den zivilrechtlichen Beweisvorschriften muss das Gericht in der Tatsacheninstanz auf Antrag des Versicherten, Behinderten, Versorgungsberechtigten oder Hinterbliebenen einen bestimmten Arzt gutachtlich hören (§ 109 Sozialgerichtsgesetz). Die Anhörung (meist die Einholung eines schriftlichen Gutachtens) kann davon abhängig gemacht werden, dass der Antragsteller deren voraussichtlichen Kosten vorschießt und vorbehaltlich einer anderen Entscheidung des Sozialgerichts endgültig trägt.

Verfahrensabschluss ohne gerichtliche Entscheidung

22 Um den geltend gemachten Anspruch vollständig oder zum Teil zu erledigen, können die Beteiligten in jeder Lage des Verfahrens einen Vergleich schließen; dies geschieht im sozialgerichtlichen Verfahren meist durch den Abschluss eines so genannten außergerichtlichen Vergleichs, in dem z. B. die beklagte Behörde ein Vergleichsangebot unterbreitet, das der Kläger annimmt.

Wenn die beklagte Behörde den gegen ihn erhobenen Anspruch anerkennt, so muss der Kläger dieses Anerkenntnis ausdrücklich annehmen, um den Rechtsstreit in der Hauptsache zu erledigen.

Über den Schluss der mündlichen Verhandlung hinaus bis zur Rechtskraft des Urteils kann die Klage zurückgenommen werden. Dies ist auch im Berufungs- oder Revisionsverfahren möglich. Die Klagerücknahme kann ganz oder teilweise erfolgen und erledigt den Rechtsstreit in der Hauptsache.

Des Weiteren gibt es seit dem 1. April 2008 eine so genannte Klagerücknahmefiktion, nach der die Klage als zurückgenommen gilt, wenn der Kläger das Verfahren trotz Aufforderung des Gerichts länger als drei Monate nicht betreibt.

Das Gericht kann außerdem einen Rechtsstreit binnen sechs Monaten nach Eingang der Verwaltungsakten an die Verwaltung zurückzuverweisen, wenn eine erhebliche, weitere Sachaufklärung erforderlich ist und die Zurückverweisung sachdienlich ist.

Verfahrensabschluss durch Gerichtsbescheid

23 Das Sozialgericht kann ohne mündliche Verhandlung durch Gerichtsbescheid entscheiden, und zwar auch zu Gunsten des Klägers, wenn die Sache keine besonderen Schwierigkeiten tatsächlicher und rechtlicher Art aufweist und der Sachverhalt geklärt ist (§ 105 Sozialgerichtsgesetz). Letzteres kann auch auf Grund einer Beweisaufnahme der Fall sein. Das Gericht muss vorher den Beteiligten mitteilen, dass es eine solche Entscheidung erwägt und sich die Beteiligten dazu äußern können. Der Gerichtsbescheid ergeht ohne Mitwirkung der ehrenamtlichen Richter. Er muss wie ein Urteil abgefasst werden. Gegen den Gerichtsbescheid kann das Rechtsmittel eingelegt werden, das zulässig wäre, wenn das Sozialgericht durch Urteil entschieden hätte: Ist die Berufung unbeschränkt gegeben oder vom Sozialgericht zugelassen worden, so ist nur diese statthaft. Ist die Berufung nicht gegeben, können die Beteiligten Antrag auf mündliche Verhandlung stellen. Ist ein solcher Antrag binnen eines Monats gestellt, so gilt der Gerichtsbescheid als nicht ergangen.

Verfahrensabschluss durch Urteil

24 Kommt es nicht zu einem der zuvor genannten Verfahrensabschlüsse, wird über die Klage grundsätzlich durch Urteil aufgrund einer mündlichen Verhandlung entschieden. Die mündliche Verhandlung findet mit ehrenamtlichen Richtern statt. Sie wird vom vorsitzenden Berufsrichter geleitet. Er gibt nach Aufruf der Sache eine gedrängte Darstellung des Sachverhalts. Sodann erhalten die Beteiligten das Wort. Der Vorsitzende hat mit ihnen das Sach- und Streitverhältnis zu erörtern und darauf hinzuwirken, dass sie sich über die erheblichen Tatsachen vollständig erklären sowie angemessene und sachdienliche Anträge stellen. Nach genügender Erörterung der Streitsache erklärt der Vorsitzende die mündliche Verhandlung für geschlossen. Ihre Wiedereröffnung ist bis zur Verkündung des Urteils jederzeit möglich. Über die mündliche Verhandlung ist eine Niederschrift zu fertigen.

25 Die mündliche Verhandlung stellt ein Mittel für die Gewährung des rechtlichen Gehörs dar. Sie dient der Klarstellung des vom Kläger erhobenen Anspruchs sowie der vollständigen Erörterung des Streitstoffs mit den Beteiligten. Die Pflicht des Gerichts zur Gewährung des rechtlichen Gehörs (Artikel 103 Grundgesetz und § 62 Sozialgerichtsgesetz) ist ein besonders wichtiger und deshalb auch im Grundgesetz ausdrücklich geschützter Grundsatz und bedeutet: Den Beteiligten ist Gelegenheit zur Äußerung zu geben, insbesondere darf sich das Urteil nur auf Tatsachen und Beweismittel stützen, zu denen sich die Beteiligten äußern konnten. Durch die Gewährung rechtlichen Gehörs soll auch verhindert werden, dass die Beteiligten durch eine Entscheidung des Gerichts überrascht werden, die auf einer Rechtsauffassung beruht, zu der die Beteiligten keine Gelegenheit hatten, sich zu äußern. Außerdem soll sichergestellt werden, dass das Gericht das Vorbringen der Beteiligten in seine Erwägungen miteinbezieht. Allerdings gibt es keinen allgemeinen Verfahrensgrundsatz, der das Gericht verpflichtet, vor seiner Entscheidung auf eine in Aussicht genommene Beweiswürdigung hinzuweisen oder die für die richterliche Überzeugungsbildung möglicherweise leitenden Gründe zuvor mit den Beteiligten zu erörtern. Unterstrichen wird die Bedeutung dieses Grundsatzes durch die neu geschaffene Anhörungsrüge, mit der eine entscheidungserhebliche Verletzung des rechtlichen Gehörs durch eine Entscheidung eines Gerichts bei diesem geltend gemacht werden kann, wenn gegen die Entscheidung kein Rechtsmittel oder Rechtsbehelf gegeben ist.

26 In engem Zusammenhang mit dem Anspruch auf rechtliches Gehör steht der Grundsatz der Öffentlichkeit, wonach die Verhandlung vor dem erkennenden Gericht einschließlich der Verkündung der Urteile und Beschlüsse öffentlich ist. Ferner darf das Urteil nur von den Richtern gefällt werden, die an der der Entscheidung zugrunde liegenden letzten mündlichen Verhandlung teilgenommen haben (Grundsatz der Unmittelbarkeit).

27 Das Gericht entscheidet entweder durch Prozess- oder durch Sachurteil. Ein Prozessurteil ergeht, wenn eine zwingende Prozessvoraussetzung nicht erfüllt ist. Entscheidet das Gericht hingegen in der Sache, so ergeht ein Sachurteil. Entsprechend den Klagearten kann zwischen Leistungs- (Verpflichtungs-), Gestaltungs- (Anfechtungs-) und Feststellungsurteilen unterschieden werden. Das Urteil wird grundsätzlich in dem Termin verkündet, in dem die mündliche Verhandlung stattfand. Mit Einverständnis der Beteiligten kann das Gericht ohne mündliche Verhandlung durch Urteil entscheiden; das Einverständnis muss ausdrücklich, eindeutig und vorbehaltlos erklärt werden.

Das Gericht entscheidet nach seiner freien, aus dem Gesamtergebnis des Verfahrens gewonnenen Überzeugung. Dieser Grundsatz der freien richterlichen Beweiswürdigung (§ 128 Absatz 1 Satz 1 Sozialgerichtsgesetz) besagt, dass das Sozialgericht bei seiner Entscheidungsfindung die einzelnen Umstände des Falles insbesondere auf Grund einer durchgeführten Beweisaufnahme zu berücksichtigen und nach freier Überzeugung vollständig zu würdigen hat. Es kann bspw. einem Beteiligten durchaus mehr Glauben schenken als der Aussage eines Zeugen. Es kann einem von zwei eingeholten Gutachten folgen, muss also bei widerstreitenden Gutachten kein Obergutachten einholen.

28 Das Urteil ist schriftlich zu begründen. Das Sozialgericht kann aber von einer weiteren Darstellung der Entscheidungsgründe absehen, soweit es sich der Begründung des Bescheids anschließt und sie für richtig erklärt.

Das nicht angefochtene Urteil wird rechtskräftig. Es bindet die Beteiligten, soweit über den Streitgegenstand entschieden worden ist.

Berufungsverfahren

29 Die Berufung an das Landessozialgericht ist gegen jedes Urteil des Sozialgerichts statthaft; ausgenommen hiervon sind Streitigkeiten über Geld-, Dienst- oder Sachleistungen mit einem Beschwerdewert von nicht mehr als 750 Euro (so genannte Bagatellstreitigkeiten) und Erstattungsstreitigkeiten zwischen juristischen Personen des öffentlichen Rechts oder Behörden von nicht mehr als 10.000 Euro. Bei dem maßgeblichen Beschwerdewert ist abzustellen auf die Differenz zwischen dem, was der Berufungskläger in dem Verfahren vor dem Sozialgericht erhalten hat und dem, was er im Berufungsverfahren begehrt. Die Beschränkung der Berufung gilt jedoch nicht, wenn das Rechtsmittel wiederkehrende oder laufende Leistungen für mehr als ein Jahr betrifft.

Ist die Berufung ausgeschlossen, hat das Sozialgericht sie in seinem Urteil zuzulassen, wenn die Rechtssache grundsätzliche Bedeutung hat oder wenn das Urteil von einer Entscheidung des Landessozialgerichts, des Bundessozialgerichts, des Gemeinsamen Senats der obersten Gerichtshöfe des Bundes oder des Bundesverfassungsgerichts abweicht.

Die Nichtzulassung der Berufung kann durch die Nichtzulassungsbeschwerde angefochten werden und als weiterer Grund ein Verfahrensmangel geltend gemacht werden. Die Beschwerde ist unmittelbar beim Landessozialgericht innerhalb eines Monats nach Zustellung des vollständigen Urteils schriftlich oder zur Niederschrift des Urkundsbeamten des Landessozialgerichts, nicht des Sozialgerichts (!) einzulegen. Das Landessozialgericht entscheidet durch Beschluss, in dem es die Berufung zulässt oder dies ablehnt. Lässt das Landessozialgericht die Berufung zu, so wird das Beschwerdeverfahren als Berufungsverfahren fortgesetzt. Der Einlegung einer Berufung bedarf es nicht mehr.

30 Bei einer form- und fristgerecht eingelegten zulässigen Berufung prüft das Landessozialgericht den

Streitfall in gleichem Umfang wie das Sozialgericht. Es hat auch neu vorgebrachte Tatsachen und Beweismittel zu berücksichtigen. Im Übrigen gelten für das Verfahren in der Berufungsinstanz, insbesondere für die mündliche Verhandlung und das Urteil, die Vorschriften des ersten Rechtszuges entsprechend. Es ist also eine weitere Tatsacheninstanz. Entscheidet das Landessozialgericht bei einer zulässigen Berufung über die Begründetheit des Rechtsmittels, so weist es entweder die Berufung zurück oder es hebt das Urteil des Sozialgerichts auf und entscheidet selbst neu in der Sache. Es kann aber auch das angefochtene Urteil aufheben und die Sache an das Sozialgericht zurückverweisen, z. B. wenn dieses die Klage zu Unrecht ohne Sachentscheidung (als unzulässig) abgewiesen hat.

Das Urteil des Landessozialgerichts ist schriftlich zu begründen. Das Gericht hat jedoch die Möglichkeit, in dem Urteil von einer weiteren Darstellung der Entscheidungsgründe abzusehen, soweit es die Berufung aus den Gründen der angefochtenen Entscheidung des Sozialgerichts als unbegründet zurückweist.

Das Landessozialgericht kann die Berufung gegen ein Urteil des Sozialgerichts – ausdrücklich ausgenommen davon ist die Berufung gegen einen Gerichtsbescheid – durch Beschluss zurückweisen, wenn die drei Berufsrichter sie einstimmig für unbegründet und eine mündliche Verhandlung nicht für erforderlich halten. Das Gericht muss vorher den Beteiligten mitteilen, dass es eine Entscheidung durch Beschluss ohne mündliche Verhandlung erwägt und sich die Beteiligten dazu äußern können. Die Entscheidung durch Beschluss bedarf nicht der Zustimmung der Beteiligten; ein Beteiligter kann deshalb eine solche Entscheidung auch nicht verhindern. Der die Berufung zurückweisende Beschluss ergeht ohne Mitwirkung der ehrenamtlichen Richter.

Der Vorsitzende des Senats oder der Berichterstatter kann – mit vorheriger Zustimmung aller Beteiligten, also auch der Beigeladenen – ohne die übrigen Senatsmitglieder und die ehrenamtlichen Richter allein als Einzelrichter die abschließende Entscheidung durch Urteil treffen. Eine solche Entscheidung kann entweder auf Grund einer mündlichen Verhandlung oder mit gesondert zu erklärendem Einverständnis der Beteiligten ohne mündliche Verhandlung ergehen.

Die Entscheidung über einen Gerichtsbescheid kann durch Beschluss des Senats an den Berichterstatter zusammen mit den ehrenamtlichen Richtern übertragen werden, die dann zu dritt anstelle des gesamten Senats nach mündlicher Verhandlung durch Urteil entscheiden.

Revisionsverfahren

31 Gegen das Urteil oder den die Berufung zurückweisenden Beschluss des Landessozialgerichts kann nur unter bestimmten Voraussetzungen Revision an das Bundessozialgericht eingelegt werden. Die Revision ist zulässig, wenn sie vom Landessozialgericht ausdrücklich zugelassen worden ist. Sie ist zuzulassen bei Rechtssachen von grundsätzlicher Bedeutung, bei einer Abweichung von einer Entscheidung des Bundessozialgerichts, des Gemeinsamen Senats der obersten Gerichtshöfe des Bundes oder des Bundesverfassungsgerichts und bei bestimmten Verfahrensmängeln des Landessozialgerichts. Sie ist außerdem zulässig, wenn das Bundessozialgericht einer Nichtzulassungsbeschwerde gegen die Nichtzulassung der Revision durch das Landessozialgericht stattgibt. Diese Beschwerde ist nach Zustellung des Urteils oder Beschlusses des Landessozialgerichts innerhalb eines Monats beim Bundessozialgericht einzulegen und innerhalb von zwei Monaten zu begründen. In der Begründung, an die die Rechtsprechung hohe Anforderungen stellt, muss die grundsätzliche Bedeutung der Rechtssache dargelegt bzw. die Entscheidung, von der das Landessozialgericht abweicht, oder der Verfahrensfehler, auf dem die Entscheidung beruhen kann, bezeichnet werden. Kommt das Bundessozialgericht zu dem Ergebnis, dass ein Verfahrensmangel des Landessozialgerichts vorliegt, so kann es in dem Beschluss über die Nichtzulassungsbeschwerde gleich das angefochtene Urteil des Landessozialgerichts aufheben und den Rechtsstreit an die Vorinstanz zurückverweisen. In allen anderen Fällen lässt das Bundessozialgericht in einem Beschluss entweder die Revision zu oder weist die Nichtzulassungsbeschwerde zurück.

Neben der eigentlichen Revision gibt es noch das Rechtsmittel der Sprungrevision. Unter Übergehung des Landessozialgerichts kann dieses Rechtsmittel gegen ein Urteil des Sozialgerichts unmittelbar beim Bundessozialgericht eingelegt werden, wenn der Gegner schriftlich zustimmt und das Sozialgericht die Sprungrevision zugelassen hat. Das Sozialgericht hat die Sprungrevision nur dann zuzulassen, wenn die Rechtssache von grundsätzlicher Bedeutung ist oder das Urteil von einer Entscheidung des Bundessozialgerichts usw. abweicht.

32 Das Bundessozialgericht ist eine reine Rechtsinstanz und keine Tatsacheninstanz. Seine Nachprüfung des Urteils oder Beschlusses des Landessozialgerichts im Revisionsverfahren beschränkt sich auf die Frage, ob es auf einer Verletzung von Bundesrecht beruht. Eine solche Verletzung liegt vor, wenn das Landessozialgericht eine Rechtsnorm (z. B. eine Bestimmung aus dem Sozialgesetzbuch) nicht oder nicht richtig angewandt hat. Bei dieser Überprüfung auf Rechtsfehler ist das Bundessozialgericht an die im angefochtenen Urteil des Landessozialgerichts getroffenen tatsächlichen Feststellungen gebunden, insbesondere auch an die Würdigung der vom Landessozialgericht erhobenen Beweise. Dies gilt nur dann nicht, wenn insoweit zulässige und begründete Verfahrensrügen vorgebracht werden.

Kosten des Verfahrens

33 Bis Ende des Jahres 2001 waren die Verfahren vor allen Gerichten der Sozialgerichtsbarkeit grundsätzlich gerichtskostenfrei. Dieser Grundsatz gilt nach wie vor für Versicherte, Leistungsempfänger einschließlich Hinterbliebenenleistungsempfänger, Behinderte oder deren Sonderrechtsnachfolger nach § 56 des Ersten Buches Sozialgesetzbuch (SGB I) (z. B. Ehegatten und Kinder des Versicherten), soweit sie in dieser Eigenschaft als Kläger oder Beklagte im Verfahren beteiligt sind. Diese Personen können ihre Ansprüche unabhängig von einem Gerichtskostenrisiko klären. Für sonstige Rechtsnachfolger gilt die Kostenfreiheit nur für die laufende Instanz. Andere Kläger und Beklagte – nicht aber Beigeladene –, insbesondere Behörden, haben in diesen Verfahren für jede Streitsache eine Gerichtsgebühr zu entrichten, die sich für ein Verfahren vor den Sozialgerichten auf 150 Euro, vor den Landessozialgerichten auf 225 Euro und vor dem Bundessozialgericht auf 300 Euro beläuft.

In den übrigen Verfahren gilt diese Gerichtskostenfreiheit nicht, z. B. für Streitigkeiten von Sozialleistungsträgern untereinander oder für Klagen von Unternehmen. In diesen Fällen werden Kosten nach den Vorschriften des Gerichtskostengesetzes erhoben.

Soweit Gerichtskostenfreiheit besteht, ist auch das Beweisverfahren (z. B. Einholung von Sachverständigengutachten von Amts wegen oder Zeugenvernehmung) kostenfrei. Eine Ausnahme bildet die Anhörung eines bestimmten vom Kläger benannten Arztes seines Vertrauens nach § 109 Sozialgerichtsgesetz (Rdnr. 21). Das Gericht kann außerdem einem Beteiligten ganz oder teilweise die Kosten auferlegen, die dadurch entstanden sind, dass ein Beteiligter schuldhaft das Verfahren verzögert hat oder missbräuchlich fortgeführt hat, wenn er auf die Missbräuchlichkeit der Rechtsverfolgung oder -verteidigung sowie auf eine mögliche Kostenauferlegung durch den Vorsitzenden hingewiesen worden ist (Verschuldens- oder Missbrauchskosten). Dem Beteiligten steht gleich sein Vertreter oder Bevollmächtigter.

Prozesskostenhilfe

34 Auch im sozialgerichtlichen Verfahren kann Prozesskostenhilfe beantragt werden. In den meisten Fällen ist Ziel eines solchen Antrags die für den Antragsteller kostenfreie Beiordnung eines Rechtsanwalts. Voraussetzungen für die Bewilligung von Prozesskostenhilfe sind, dass der Betreffende nach seinen persönlichen und wirtschaftlichen Verhältnissen die Kosten für einen Rechtsanwalt nicht oder nur zum Teil oder nur in Raten aufbringen kann, die beabsichtigte Rechtsverfolgung oder Rechtsverteidigung hinreichende Aussicht auf Erfolg bietet und nicht mutwillig erscheint. Sind diese Voraussetzungen erfüllt, besteht Anspruch auf Gewährung von Prozesskostenhilfe und Beiordnung eines Rechtsanwalts, wenn es sich um ein Verfahren vor dem Bundessozialgericht handelt. Bei Streitverfahren vor dem Sozialgericht oder dem Landessozialgericht besteht dieser Anspruch, wenn die Vertretung durch einen Rechtsanwalt erforderlich ist oder der Gegner durch einen Rechtsanwalt vertreten ist.

Mitglieder von Gewerkschaften oder selbständigen Verbänden mit sozial- oder berufspolitischer Zielsetzung können sich durch entsprechend ausgebildete Prozessbevollmächtigte kostenlos beraten und vor Gericht vertreten lassen. In solchen Fällen besteht kein Bedürfnis für die Bewilligung von Prozesskostenhilfe und die Beiordnung eines Rechtsanwalts.

Zahl der neuen Klagen, Berufungen und Revisionen in der Sozialgerichtsbarkeit

Jahr	Sozialgerichte Klagen	Landessozialgerichte Berufungen	Bundessozialgericht Revisionen (Nichtzulassungsbeschwerden)
1995	226.048	20.549	749 (1593)
2000	262.905	26.781	657 (1714)
2005	328.663	27.703	532 (1943)
2009	387.791	25.925	488 (2068)

Sozialgerichtsbarkeit

Gesetzliche Grundlagen

35 Sozialgerichtsgesetz vom 3. September 1953 in der Fassung der Bekanntmachung vom 23. September 1975 (BGBl I, S. 2535 ff.), zuletzt geändert durch Artikel 2 des Arzneimittelmarktneuordnungsgesetzes vom 22. Dezember 2010 (BGBl. I S. 2262) mit Wirkung zum 1. Januar 2011.

27 Sozialbudget

Überblick

Das Sozialbudget gibt einen Überblick über Umfang, Struktur und Entwicklung des Systems der sozialen Sicherung in Deutschland. Die statistisch-methodische Aufbereitung dieses Rechenwerkes erlaubt es, das soziale Sicherungssystem aus verschiedenen Blickwinkeln zu betrachten. Im Vordergrund stehen neben der Höhe der Leistungen und ihrer Finanzierung die Leistungen in der funktionalen Gliederung des Sozialbudgets. Das funktionale Sozialbudget zeigt auf, in welchem Umfang soziale Leistungen für welche Zwecke ausgegeben werden. In der Notation des Sozialbudgets gliedert sich die Zweckbestimmung nach den Funktionen Krankheit, Invalidität, Alter, Hinterbliebene, Kinder, Ehegatten, Mutterschaft, Arbeitslosigkeit, Wohnen sowie Allgemeine Lebenshilfen. Als weiteres Gliederungsmerkmal werden im Sozialbudget die einzelnen Sicherungssysteme bzw. Institutionen verwendet, welche die sozialen Leistungen tatsächlich erbringen. Das institutionelle Sozialbudget weist die innerhalb der Institutionsgruppen Sozialversicherungssysteme, Sondersysteme, Systeme des öffentlichen Dienstes, Arbeitgebersysteme, Entschädigungssysteme, Förder- und Fürsorgesysteme und Steuerliche Leistungen erbrachten Sozialleistungen auf. Neben der Leistungsseite erfasst das Sozialbudget auch die Finanzierungsseite. Dabei werden Finanzierungsarten (Sozialbeiträge, Zuschüsse des Staates und Sonstige Einnahmen) und Finanzierungsquellen (Unternehmen, Staat, Private Organisationen ohne Erwerbszweck, Private Haushalte und Übrige Welt) unterschieden.

Für das Jahr 2009 weist das Sozialbudget Leistungen im Umfang von insgesamt 753,9 Mrd. Euro aus. Die Sozialleistungsquote – sie setzt die im Sozialbudget erfassten Sozialleistungen ins Verhältnis zum jeweiligen nominalen Bruttoinlandsprodukt – beträgt 31,3 Prozent. Nachdem sich die Quote über fünf Jahre kontinuierlich verringert hatte, ist sie vor dem Hintergrund der globalen Wirtschafts- und Finanzkrise deutlich gestiegen. Der Anstieg ist überwiegend Folge des rückläufigen Wirtschaftswachstums in Kombination mit Mehrausgaben der Bundesagentur für Arbeit. In der funktionalen Betrachtung wird der größte Teil der Mittel für die Alters- und Hinterbliebenenversorgung aufgewendet. Gegenwärtig (2009) sind das mit rd. 288 Mrd. Euro knapp 40 Prozent aller sozialen Leistungen. In der Gliederung nach Institutionen liegt das Schwergewicht innerhalb der Sozialleistungen eindeutig auf den Systemen der Sozialversicherung (Renten-, Kranken-, Pflege-, Unfall- und Arbeitslosenversicherung). Auf sie entfallen mit rd. 464 Mrd. Euro gut 62 Prozent des Sozialbudgets. Finanziert wird das Sozialbudget im Jahr 2009 mit rd. 60 Prozent überwiegend aus Sozialbeiträgen, aus Zuschüssen des Staates stammen rd. 39 Prozent. Der Staat trägt durch die Finanzierung der Zuschüsse des Staates und der Sozialbeiträge als Arbeitgeber mit insgesamt rd. 45 Prozent aller Finanzmittel die Hauptlast der Budgetfinanzierung.

Aus den Daten des nationalen Sozialbudgets wird auch der deutsche Beitrag zum Europäischen System der Integrierten Sozialschutzstatistik (ESSOSS) erzeugt und jährlich an Eurostat, das statistische Amt der Europäischen Union, geliefert. Um die Vergleichbarkeit zwischen den Mitgliedstaaten der Europäischen Union zu gewährleisten, gehen nicht alle im nationalen Budget enthaltenen Sozialleistungen in ESSOSS ein, der Leistungsumfang und die Sozialleistungsquote sind daher nach den europäischen Kriterien niedriger. Im europäischen Vergleich liegt die aktuell für das Jahr 2008 ausgewiesene Sozialleistungsquote Deutschlands mit 27,8 Prozent über dem europäischen Durchschnitt von 26,4 Prozent. Die höchste Sozialleistungsquote weist Frankreich mit 30,8 Prozent aus, die niedrigste Quote wird von Lettland mit 12,6 Prozent gemeldet.

27 Sozialbudget

Aufgaben und Entwicklung des Sozialbudgets

1 Das gegenwärtige Bild der sozialen Sicherung in Deutschland ist das Ergebnis einer jahrzehntelangen wirtschaftlichen, demografischen und rechtlichen Entwicklung. Das Sozialbudget gibt hierzu einen Überblick über die Gesamtheit der sozialen Sicherung, insbesondere über ihre finanzielle Dimension. Dabei steht das Ziel im Vordergrund, das Bild des Sozialschutzes aufzuhellen und Transparenz über die soziale Sicherung zu schaffen sowie die Diskussion auf eine statistische Grundlage zu stellen. Das jährlich veröffentlichte Sozialbudget ist einmal in jeder Legislaturperiode Bestandteil des Sozialberichts der Bundesregierung (zuletzt im Jahr 2009). Mit dem Sozialbericht dokumentiert die Bundesregierung Umfang und Bedeutung der sozialstaatlichen Leistungen und die in diesem Kontext ergriffenen Reformen in der abgelaufenen Legislaturperiode. Das aktuelle Sozialbudget 2009 gibt nach dem letztjährigen Sozialbericht wieder einen turnusmäßigen Überblick über das Leistungsspektrum und die Finanzierung der sozialen Sicherung. Von anderen Rechenwerken – z. B. den im Rahmen der umfassenderen Sozialproduktsrechnung des Statistischen Bundesamtes ermittelten sozialen Leistungen – hebt sich das Sozialbudget insbesondere durch den Umfang der erfassten Tatbestände und dadurch ab, dass die Leistungen nicht nur institutionell, sondern auch funktional, d. h. nach ihrem sozialen Sicherungszweck, aufbereitet und präsentiert werden. Außerdem sind die Angaben für das Sozialbudget insgesamt und für die Institutionsgruppen um die Transfers der Sicherungssysteme bzw. Institutionen untereinander – Verrechnungen und Beiträge des Staates für Empfänger sozialer Leistungen – konsolidiert.

2 Das Sozialbudget informiert über Umfang, Struktur und Entwicklung der Ausgaben für die soziale Sicherung in Deutschland und soll Hilfe bei Entscheidungen über die Einkommensumverteilung zugunsten der Empfängerinnen und Empfänger von Sozialleistungen geben. Ursprünglich stand allein die Absicht im Vordergrund, die Höhe der Belastung der Volkswirtschaft bzw. der Steuer- und Beitragszahler zu ermitteln. Inzwischen sind weitere Ziele gleichberechtigt hinzugetreten: Das Sozialbudget dient heute vor allem dazu, die bisherige Entwicklung der Sozialleistungen und ihrer Finanzierung ausführlich darzustellen, die gegenwärtige Situation zu beschreiben sowie im Rahmen des Sozialberichts alle vier Jahre Modellrechnungen zum weiteren mittelfristigen Verlauf der sozialen Leistungen und ihrer Finanzierung vorzulegen.

Sozialbudget und gesamtwirtschaftliche Entwicklung

3 Über längere Zeiträume hinweg werden die absoluten Beträge für Sozialleistungen vor allem von der Entwicklung der Löhne und Gehälter und der Preise beeinflusst. Einen Maßstab, der diese Einflüsse bei langfristiger Betrachtung eliminiert und der gleichzeitig Anhaltspunkte dafür bietet, inwieweit sich die Ausgaben für die soziale Sicherung und die gesamtwirtschaftliche Wertschöpfung in Übereinstimmung befinden, liefert eine als Sozialleistungsquote bezeichnete Verhältniszahl. Die Sozialleistungsquote setzt die im Sozialbudget ermittelten Sozialleistungen ins Verhältnis zum jeweiligen nominalen Bruttoinlandsprodukt (siehe Tabelle 1, Grafik 1).

Tabelle 1: Entwicklung des Sozialbudgets zwischen 1961 und 2009[1]

Jahr	Milliarden Euro	Veränderung in %[2]	Sozialleistungsquote[3]
1960	32,3	-	20,9
1961	35,9	11,2	21,2
1962	39,6	10,3	21,5
1963	42,6	7,6	21,8
1964	46,9	10,0	21,8
1965	52,0	11,0	22,2
1966	57,3	10,1	22,9
1967	61,9	8,1	24,5
1968	66,6	7,7	24,4
1969	73,8	10,7	24,2
1970	84,2	14,1	23,3
1971	94,6	12,4	23,6
1972	106,3	12,3	24,4
1973	120,8	13,7	24,9
1974	138,4	14,6	26,3
1975	158,8	14,8	28,8
1976	170,3	7,2	28,5
1977	181,8	6,8	28,6
1978	193,7	6,6	28,5
1979	206,3	6,5	28,0
1980	222,9	8,1	28,3
1981	237,4	6,5	28,7
1982	244,2	2,9	28,4
1983	250,8	2,7	27,9
1984	261,1	4,1	27,7
1985	272,9	4,5	27,7
1986	287,4	5,3	27,7
1987	300,6	4,6	28,2
1988	314,7	4,7	28,0
1989	323,1	2,7	26,9
1990	338,3	4,7	25,9
1991[4]	423,6		27,6
1992	480,3	13,4	29,2
1993	506,0	5,3	29,9
1994	529,3	4,6	29,7
1995	559,4	5,7	30,3
1996	585,7	4,7	31,2
1997	589,2	0,6	30,7

1998	603,6	2,4	30,7
1999	625,9	3,7	31,1
2000	643,2	2,8	31,2
2001	660,8	2,7	31,3
2002	683,7	3,5	31,9
2003	698,4	2,1	32,3
2004	697,3	-0,2	31,5
2005	702,5	0,7	31,3
2006	703,0	0,1	30,2
2007	708,9	0,9	29,2
2008p	723,4	2,0	29,0
2009s	753,9	4,2	31,3

1) Stand Sozialbudget 2009.
2) Veränderung gegenüber dem Vorjahr.
3) Sozialleistungen im Verhältnis zum Bruttoinlandsprodukt in Prozent.
4) Ab 1991 einschließlich neue Länder.
p: vorläufig, s: geschätzt.

4 Für Deutschland lassen sich grob sechs Phasen in der Entwicklung der Sozialleistungsquote feststellen. In allen sechs Phasen haben neben der Wirtschaftsentwicklung, die sich mit zeitlichem Abstand insbesondere auf die Höhe der Einkommensersatzleistungen und Renten auswirkt, immer auch Verschiebungen im Altersaufbau der Bevölkerung und gesetzliche Veränderungen der geschützten Personenkreise und des Leistungsumfangs zur Entwicklung der Sozialleistungsquote beigetragen.

– Die erste Phase in der Entwicklung der Sozialleistungsquote reichte ungefähr bis in die Mitte der 1970er Jahre. Sie ist gekennzeichnet von einem allmählichen Anstieg der Sozialleistungsquote von 20,9 Prozent im Jahr 1960 auf einen ersten Höhepunkt im Jahr 1975 (28,8 Prozent). Hohe gesamtwirtschaftliche Wachstumsraten ließen in diesem Zeitraum eine politisch gewollte überproportionale Ausdehnung der sozialen Leistungen zu. Am Ende dieser Zeitspanne war im Wesentlichen der rechtliche und gesellschaftliche Rahmen für die soziale Sicherung abgesteckt, innerhalb dessen sich sozialpolitische Veränderungen seither weitgehend vollziehen.

– In der zweiten Phase ging die Sozialleistungsquote bis 1979 auf 28,0 Prozent zurück. In dieser Entwicklung kommt das Bemühen der Sozialpolitik in der 2. Hälfte der 1970er Jahre zum Ausdruck, die bis dahin erreichten Leistungen des sozialen Sicherungssystems und die volkswirtschaftliche Leistungsfähigkeit in Einklang zu bringen. Bis 1981 stieg sie aber wieder auf einen zweiten Höhepunkt (28,7 Prozent).

– Seit 1982 (Beginn der dritten Phase) ist die Sozialleistungsquote als Folge einer gleichzeitig auf finanzielle Konsolidierung und auf Neustrukturierung des sozialen Sicherungssystems ausgerichteten Politik mit Ausnahme des Jahres 1987

Grafik 1 **Sozialleistungsquote in Deutschland 1991-2009**
erklärt durch abweichendes Wachstum von Sozialleistungen und nominalem Bruttoinlandsprodukt (BIP)

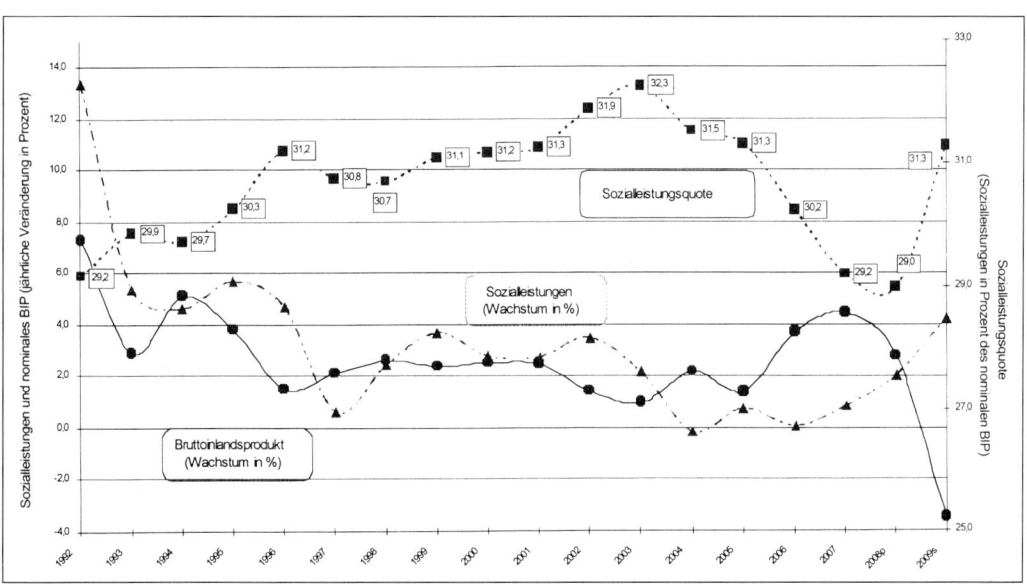

kontinuierlich gesunken. Sie erreichte 1990 mit 25,9 Prozent in Westdeutschland einen Tiefpunkt – so niedrig wie seit Anfang der 1970er Jahre nicht mehr. Neben den gesetzgeberischen Maßnahmen im Sozialbereich vom Beginn der 1980er Jahre lag eine weitere wichtige Ursache in dem kontinuierlichen gesamtwirtschaftlichen Wachstumsprozess, insbesondere in der zweiten Hälfte der 1980er Jahre.

- Mit der Wiedervereinigung Deutschlands beginnt die vierte Phase in der Entwicklung der Sozialleistungsquote. Das nominale Bruttoinlandsprodukt nahm von 1991 bis 2003 um rd. 41 Prozent zu, während die Sozialleistungen um knapp 65 Prozent stiegen. Damit erreichte die Sozialleistungsquote trotz eines zwischenzeitlichen Rückgangs in den Jahren 1994, 1997 und 1998 im Jahr 2003 mit 32,3 Prozent einen historischen Höchststand. Maßgeblich für den Anstieg der im Sozialbudget erfassten Leistungen waren die Übertragung des westdeutschen sozialen Sicherungssystems auf die neuen Länder und deren weiterer Ausbau in den Folgejahren, sowie steigende Ausgaben in den drei großen Sozialversicherungssystemen Rentenversicherung, Krankenversicherung und Arbeitslosenversicherung. Der Ausgabenanstieg dieser Systeme ist vor allem auf demografische Veränderungen, eine höhere arbeitsmarktbedingte Inanspruchnahme, sowie Mehrausgaben für die lohn- und preisabhängigen Leistungen zurückzuführen. Dies sind bspw. hohe Rentenanpassungen in den neuen Ländern, die sich auch aus dem Aufholprozess der Löhne ergaben. Zu dem Anstieg der Leistungen des Sozialbudgets nach der Wiedervereinigung trugen auch die Einführung der Pflegeversicherung im Jahr 1995 und des Familienleistungsausgleichs im Jahr 1996 bei.

- Die fünfte Phase der Entwicklung ist durch Reformen im sozialen Sicherungssystem geprägt, die das Ausgabenwachstum bremsen sollten. Obwohl schon früher eingeleitet, werden die Auswirkungen der Reformen im Sozialbudget erst im Jahr 2004 sichtbar. In diesem Jahr konnte das erste Mal in der Geschichte Deutschlands ein nominaler Rückgang der Sozialleistungen beobachtet werden. Dies war vor allem auf erhebliche Einsparungen in der gesetzlichen Krankenversicherung zurückzuführen. Zum globalen Rückgang der Ausgaben trugen außerdem die anhaltend rückläufigen Leistungen der Entschädigungssysteme und der Entgeltfortzahlung im Krankheitsfall bei. Mit der Einführung der Grundsicherung für Arbeitsuchende im Jahr 2005 wurden die ehemalige Arbeitslosenhilfe und Teile der Sozialhilfe zusammengelegt und eine einheitliche Leistung für alle erwerbsfähigen Menschen geschaffen, die hilfebedürftig sind. Entscheidend für die bis zum Jahr 2008 zu beobachtende Gesamtentwicklung sind aber der deutliche Rückgang bei den Ausgaben der Arbeitslosenversicherung und die nur moderat gestiegenen Ausgaben der gesetzlichen Rentenversicherung. Beim Kindergeld und Familienleistungsausgleich sind die Leistungen zudem seit dem Jahr 2007 demografisch bedingt gesunken. Die Sozialleistungsquote verringerte sich somit bis zum Jahr 2008 auf 29,0 Prozent, dem niedrigsten Wert seit 1992.

- Diese Entwicklung wurde im Jahr 2009 mit der globalen Wirtschafts- und Finanzkrise jäh unterbrochen (sechste Phase). Der deutliche Anstieg der Sozialleistungsquote auf 31,3 Prozent ist überwiegend Folge des rückläufigen Wirtschaftswachstums in Kombination mit Mehrausgaben der Bundesagentur für Arbeit.

Das funktionale Sozialbudget

5 Die Leistungsseite des Sozialbudgets wird im Wesentlichen unter zwei Betrachtungsweisen erstellt: Zum einen werden die Aufwendungen nach Sicherungssystemen bzw. Institutionen gegliedert, zum anderen nach den sozialen Funktionen. In der funktionalen Gliederung werden die Leistungen nach ihrer Zweckbestimmung (Risiken, Schadensursachen), zusammengefasst. Die Gliederung nach Funktionen macht deutlich, in welcher Höhe soziale Leistungen für welche Lebensrisiken bereitgestellt werden. Welche Institution diese Leistungen erbringt, ist bei dieser Betrachtung nicht von Bedeutung. Das nationale Sozialbudget gliedert sich nach den zehn Funktionen Krankheit, Invalidität, Alter, Hinterbliebene, Kinder, Ehegatten, Mutterschaft, Arbeitslosigkeit, Wohnen sowie Allgemeine Lebenshilfen. Auf die funktionale Aufteilung der Verwaltungsausgaben wird verzichtet.

6 Der größte Teil der Mittel wird für die Alters- und Hinterbliebenenversorgung aufgewendet (siehe Tabelle 2). Gegenwärtig (2009) sind das mit rd. 288 Mrd. Euro knapp 40 Prozent aller sozialen Leistungen. Dabei entfallen rd. vier Fünftel der Leistungen auf die Funktion Alter, etwa ein Fünftel dieser

Tabelle 2: Leistungen nach Funktionen

	1960	1970	1980	1990	2000	2005	2006	2007	2008p	2009s
					Milliarden Euro					
Sozialbudget insgesamt[1]	30,8	81,0	215,1	326,9	621,8	677,3	677,4	683,3	696,4	725,3
Krankheit	6,9	20,8	62,7	95,4	169,7	179,4	183,1	190,3	198,9	208,6
Invalidität	2,5	5,4	15,4	26,1	48,7	52,1	52,0	52,2	54,5	55,8
Alter	9,7	23,5	59,5	97,0	194,2	223,0	225,3	228,0	231,9	237,8
Hinterbliebene	4,4	10,9	26,6	36,1	49,7	49,6	49,4	49,0	49,1	49,7
Kinder	3,5	8,4	20,6	28,1	64,9	68,8	67,4	68,3	69,3	71,4
Ehegatten	1,7	7,5	14,4	14,6	25,9	23,7	22,4	23,3	23,7	22,8
Mutterschaft	0,3	0,7	2,0	2,5	3,9	4,8	5,0	5,1	5,4	5,5
Arbeitslosigkeit	0,6	1,8	8,1	19,3	47,6	51,1	47,3	42,6	40,7	50,2
Wohnen	0,7	1,7	4,9	6,4	13,9	20,7	21,5	20,1	18,6	18,9
Allgemeine Lebenshilfen	0,5	0,4	0,9	1,4	3,4	4,1	4,1	4,4	4,4	4,6

1) Ohne Verwaltungs- und Sonstige Ausgaben.
p: vorläufig, s: geschätzt. Differenzen in den Summen sind rundungsbedingt.

Leistungen werden für die Funktion Hinterbliebene ausgegeben. Ganz überwiegend handelt es sich um Renten der gesetzlichen Rentenversicherung, Pensionen sowie Renten der betrieblichen Altersversorgung, der Zusatzversorgung im öffentlichen Dienst und der Alterssicherung der Landwirte. Die Aufwendungen für die Funktionen Krankheit und Invalidität nehmen mit rd. 264 Mrd. Euro etwas mehr als ein Drittel aller Sozialleistungen in Anspruch; ihr Anteil ist im Jahr 2009 mit gut 36 Prozent etwa so hoch wie Anfang der 1980er Jahre. Zu den Sozialleistungen der Funktionen Krankheit und Invalidität zählen neben den Leistungen zur Erhaltung und Wiederherstellung der Gesundheit auch die Entgeltfortzahlung im Krankheitsfall und Invaliditätsrenten.

7 Die Leistungen der Funktion Arbeitslosigkeit wurden seit Anfang der 1990er Jahre wegen der Probleme am Arbeitsmarkt erheblich ausgeweitet. Der bis 2008 zu beobachtende Rückgang der Arbeitslosigkeit spiegelte sich in geringeren Ausgaben wider. Gegenüber dem Jahr 2005 waren die Ausgaben der Funktion Arbeitslosigkeit um etwa ein Fünftel auf rd. 41 Mrd. Euro im Jahr 2008 gesunken. Vor dem Hintergrund der weltweiten Wirtschafts- und Finanzkrise gibt es im Jahr 2009 wieder einen deutlichen Anstieg dieser Leistungen. Ursächlich hierfür ist neben der höheren Anzahl an Arbeitslosen insbesondere eine intensive Inanspruchnahme der Kurzarbeit. Die Ausgaben in der Größenordnung von etwa 50 Mrd. Euro entsprechen in etwa 7 Prozent der Leistungen des Sozialbudgets. In dieser Funktion werden im Wesentlichen die Leistungen der Arbeitslosenversicherung und die der Grundsicherung für Arbeitsuchende zusammengefasst. Ihr Umfang ist dennoch erheblich geringer als der Umfang der Leistungen für Kinder, Ehegatten und Mutterschaft, die im Jahr 2009 rd. 100 Mrd. Euro betragen. Die Leistungen für Kinder stiegen zwischen 1995 und 2000 mit der Einführung und Ausweitung des Familienleistungsausgleichs überdurchschnittlich an, während gleichzeitig der Anteil der unter 20-Jährigen an der Gesamtbevölkerung in diesem Zeitraum stetig abnahm. Seither liegt der Anteil der Leistungen für Kinder, Ehegatten und Mutterschaft zwischen knapp 14 Prozent und gut 15 Prozent aller Sozialleistungen. Die Leistungen für die Funktion Wohnen haben sich mit der Einführung der Grundsicherung für Arbeitsuchende seit 2004 deutlich auf rd. 19 Mrd. Euro bzw. knapp 3 Prozent der im Sozialbudget erfassten Leistungen erhöht. Neben dem Wohngeld werden hier auch die Leistungen für Unterkunft und Heizung für erwerbsfähige Hilfebedürftige erfasst.

Das institutionelle Sozialbudget

8 Das Sozialbudget gegliedert nach Institutionen stellt einen Bezug zur bestehenden Ordnung der sozialen Sicherung her und definiert damit auch zu großen Teilen den Umfang der im Sozialbudget erfassten Sozialleistungen. Insgesamt weist das Sozialbudget 28 Sicherungssysteme bzw. Institutionen aus.

9 Die Gliederung nach Institutionen gibt dem Leser außerdem einen Überblick über die finanzielle Bedeutung der in diesem Buch beschriebenen Bereiche des Sozialrechts. Der überwiegende Teil der Artikel dieses Buches beziehen sich auf die im Sozialbudget enthaltenen Institutionen. Abweichend vom Sozial-

recht sind im Sozialbudget noch die gesetzlich geregelte Lohnfortzahlung im Krankheitsfall, die private Altersvorsorge (Riester- und Basisrente), die betriebliche Altersversorgung und sonstige Sozialleistungen der Arbeitgeber enthalten. Des Weiteren erfasst das Sozialbudget noch einige steuerliche Leistungen (Ehegattensplitting), die keine Sozialleistungen im engeren Sinne darstellen.

10 Innerhalb der Sozialleistungen liegt das Schwergewicht eindeutig auf den Systemen der Sozialversicherung (Renten-, Kranken-, Pflege-, Unfall- und Arbeitslosenversicherung). Auf sie entfallen im Jahr 2009 mit 62,2 Prozent fast zwei Drittel aller im Sozialbudget erfassten Leistungen. Die vergleichbaren Leistungen der Systeme des öffentlichen Dienstes (Pensionen, Familienzuschläge und Beihilfen) nehmen einen Anteil von 7,0 Prozent, die der Arbeitgebersysteme von 7,8 Prozent ein. Mit den übrigen Institutionen – Förder- und Fürsorgesysteme (17,6 Prozent), Entschädigungssysteme (0,4 Prozent) und Sondersysteme (0,8 Prozent) – werden vom Staat gezielt Lücken im Gesamtsystem geschlossen. Finanziell haben sie erhebliches Gewicht, wobei die Grundsicherung für Arbeitsuchende mit 5,8 Prozent einen wesentlichen Anteil hat. Die steuerlichen Leistungen machen 4,1 Prozent der Sozialleistungen aus.

11 Die unterschiedliche Entwicklung einzelner Sozialleistungen hat im Laufe der Jahre zu teilweise erheblichen Verschiebungen in der Zusammensetzung des Gesamtbildes geführt. Während die kriegsverursachten Aufwendungen mit zunehmendem zeitlichen Abstand zurückgingen, gewannen die Leistungen der Renten- und auch der Krankenversicherung immer mehr an Bedeutung. Ihre Anteile am Sozialbudget sind seit 1960 von zusammen rd. 45 Prozent auf inzwischen rd. 53 Prozent gestiegen. Im Verhältnis zum Bruttoinlandsprodukt hatte die Rentenversicherung 1960 einen Leistungsumfang von 6,4 Prozent; 2009 waren es schon 10,4 Prozent. Die Krankenversicherung erhöhte ihren Leistungsumfang im gleichen Zeitraum von 3,1 Prozent auf 7,0 Prozent des Bruttoinlandsprodukts. Infolge der Ausweitung arbeitsmarktpolitischer Maßnahmen seit Mitte der 1970er Jahre, der Arbeitsmarktentwicklung nach 1991 in den alten Ländern sowie der nach der Wiedervereinigung hinzugekommenen erheblichen, strukturellen Arbeitsmarktprobleme in den neuen Ländern, der bis zum Jahr 2008 zu beobachtenden Entspannung am Arbeitsmarkt und der globalen Wirtschafts- und Finanzkrise im Jahr 2009 hat die Institution Arbeitslosenversicherung ihr Gewicht im Sozialbudget und im Verhältnis zum Bruttoinlandsprodukt im Zeitverlauf am deutlichsten verändert. Im Jahr 1961 hatte diese Institution lediglich einen Anteil von 1,3 Prozent am Sozialbudget, während im Jahr 1993 mit 10,3 Prozent der höchste Anteil erreicht wurde. Für das Jahr 2009 wird ein Anteil von 5,0 Prozent ausgewiesen. Im Verhältnis zum Bruttoinlandsprodukt betrugen die Leistungen Anfang der 1960er Jahre 0,3 Prozent, 1993 3,2 Prozent und 2009 waren es 1,6 Prozent (siehe Tabelle 3).

Die Finanzierung der sozialen Sicherung

12 Die Finanzierungsrechnung des Sozialbudgets gibt Auskunft über die von der Volkswirtschaft jährlich aufgebrachten Finanzierungsmittel zur Erbringung der Sozialleistungen, über ihre Höhe und Zusammensetzung nach Arten und Quellen. Sie bildet die Mittelherkunft ab. Auf der Finanzierungsseite des Sozialbudgets ergibt sich für das Jahr 2009 ein Volumen in Höhe von rd. 777 Mrd. Euro. Die Darstellung nach Finanzierungsarten unterscheidet Sozialbeiträge, Zuschüsse des Staates und sonstige Einnahmen (i. d. R. Vermögenseinkommen). Die Sozialbeiträge werden nach einzelnen sozioökonomischen Gruppen (Arbeitgeber, Arbeitnehmer, Selbständige, Empfänger sozialer Leistungen, sonstige Personengruppen) differenziert. Die Darstellung nach Finanzierungsquellen lehnt sich eng an die Konzeption der Volkswirtschaftlichen Gesamtrechnungen an und unterscheidet Unternehmen (Kapitalgesellschaften), Staat, Private Haushalte, Private Organisationen ohne Erwerbszweck und die Übrige Welt. Die Gliederung nach Arten und Quellen hilft bei der Beurteilung der Belastung der Unternehmen und der Arbeitskosten.

13 Das Sozialbudget wird im Jahr 2009 zu rd. 60 Prozent aus Sozialbeiträgen finanziert. 1960 machte diese Finanzierungsart etwas mehr als die Hälfte aus (54,8 Prozent). Die Einnahmen aus Beiträgen stellen das Hauptfinanzierungsinstrument der Sozialversicherungszweige (Renten-, Kranken-, Arbeitslosen-, Pflege- und Unfallversicherung) dar. Sozialleistungen außerhalb dieser Systeme werden überwiegend aus Steuermitteln finanziert. Aus Zuschüssen des Staates stammen 38,5 Prozent (1960: 37,8 Prozent) des Finanzvolumens. Dieser langfristige Vergleich verdeckt das überproportionale Wachstum der bei-

Tabelle 3: Leistungen nach Institutionen[1]

	1960	1970	1980	1990	2000	2005	2006	2007	2008p	2009s
					Milliarden Euro					
Sozialbudget insgesamt	**32,3**	**84,2**	**222,9**	**338,3**	**643,2**	**702,5**	**703,0**	**708,9**	**723,4**	**753,9**
Sozialversicherungssysteme	15,4	40,3	122,8	196,6	396,8	426,2	426,6	429,2	439,5	463,5
Rentenversicherung	10,0	26,5	72,4	109,3	217,4	239,9	240,0	241,6	244,8	250,2
Krankenversicherung	4,8	12,9	45,4	71,6	132,1	142,1	146,0	151,9	158,9	168,6
Pflegeversicherung	-	-	-	-	16,7	17,8	18,0	18,3	19,1	20,3
Unfallversicherung	0,9	2,0	4,8	6,6	10,8	11,2	11,1	11,0	11,9	11,4
Arbeitslosenversicherung	0,5	1,8	10,7	20,4	49,7	44,4	38,1	31,3	28,9	39,7
Sondersysteme	0,1	0,6	1,9	3,3	5,2	6,2	6,3	6,5	6,6	6,7
Alterssicherung der Landwirte	0,1	0,5	1,4	2,3	3,3	3,2	3,1	3,1	3,0	3,0
Versorgungswerke	0,0	0,1	0,5	1,0	2,0	3,0	3,2	3,4	3,5	3,6
Private Altersvorsorge[2]	-	-	-	-	-	-	-	0,0	0,1	0,1
Systeme des öffentlichen Dienstes	4,9	12,3	23,7	32,8	49,6	53,5	50,9	51,5	53,4	55,1
Pensionen	3,5	8,1	16,8	22,6	33,6	37,1	37,3	37,8	39,1	40,5
Familienzuschläge	1,1	3,2	3,9	5,0	7,0	6,1	3,0	2,9	3,0	3,0
Beihilfen	0,3	1,0	2,9	5,2	8,9	10,3	10,6	10,8	11,4	11,6
Arbeitgebersysteme	2,4	9,2	23,0	37,7	53,7	56,4	56,9	58,6	60,6	61,4
Entgeltfortzahlung	1,5	6,5	14,7	20,3	26,7	25,2	25,0	26,3	27,9	27,9
Betriebliche Altersversorgung	0,6	1,6	4,4	10,0	17,5	20,6	21,2	21,3	21,6	22,2
Zusatzversorgung	0,2	0,9	3,0	5,7	8,2	9,4	9,4	9,7	9,7	10,0
Sonstige Arbeitgeberleistungen	0,1	0,3	0,8	1,7	1,2	1,3	1,3	1,3	1,4	1,3
Entschädigungssysteme	4,1	6,0	8,9	8,4	6,4	4,6	4,0	3,6	3,6	3,4
Soziale Entschädigung	2,0	3,8	6,8	6,5	5,0	3,6	3,1	2,8	2,6	2,3
Lastenausgleich	1,0	0,9	0,9	0,5	0,1	0,1	0,1	0,0	0,0	0,0
Wiedergutmachung	1,1	1,2	1,1	0,9	1,2	0,8	0,8	0,7	0,9	0,9
Sonstige Entschädigungen	0,0	0,2	0,2	0,5	0,1	0,1	0,1	0,1	0,1	0,1
Förder- und Fürsorgesysteme	1,4	4,7	23,2	37,9	98,8	130,0	133,6	131,9	133,0	139,1
Kindergeld u. Familienleistungsausgleich	0,5	1,5	8,8	7,4	32,0	36,9	37,1	37,0	36,7	39,3
Erziehungsgeld / Elterngeld	-	-	-	2,5	3,7	3,1	3,1	4,0	5,1	4,7
Grundsicherung für Arbeitsuchende	-	-	-	-	-	43,8	48,5	45,0	44,2	46,1
Arbeitslosenhilfe / sonst. Arbeitsförderung	0,1	0,1	0,9	4,6	14,9	2,0	0,4	0,4	0,4	0,1
Ausbildungsförderung	0,0	0,3	1,6	0,4	0,9	1,7	1,7	1,7	1,8	2,1
Sozialhilfe	0,5	1,6	6,5	14,2	25,8	21,9	22,2	22,9	23,5	24,6
Kinder- und Jugendhilfe	0,3	0,9	4,3	6,8	17,3	19,1	19,4	20,0	20,6	20,7
Wohngeld	0,0	0,0	1,0	2,0	4,3	1,5	1,2	1,0	0,8	1,7
Steuerliche Leistungen	3,9	11,1	19,8	23,4	38,1	36,0	35,5	35,6	34,5	32,6

1) Leistungen der Institutionen ohne Verrechnungen; Sozialbudget insgesamt und Sozialversicherungssysteme konsolidiert um die Beiträge des Staates für die Empfänger sozialer Leistungen.
2) Die geförderten privaten Altersvorsorge-Verträge befinden sich überwiegend noch in der Beitragsphase.
p: vorläufig, s: geschätzt. Differenzen in den Summen sind rundungsbedingt.

tragsfinanzierten Zweige vor der Wiedervereinigung (siehe Tabelle 4) und die nahezu kontinuierliche Abnahme des Anteils der Sozialbeiträge seit 1991 um rd. 10 Prozent. Kompensiert wird dieser Rückgang durch steigende Zuschüsse des Staates (letztendlich Steuern), deren Anteil um 23 Prozent gegenüber 1991 gestiegen ist. Das Verhältnis von Steuern und Sozialbeiträgen gestaltet sich heute wieder so wie zuletzt Anfang der 1970er Jahre. Der überdurchschnittliche Anstieg der Zuschüsse des Staates seit den 1990er Jahren ist in erster Linie auf den gestiegenen Zuschuss des Bundes zur gesetzlichen Rentenversicherung zurückzuführen, hinzu kommt der deutliche Ausbau der steuerfinanzierten Förder- und Fürsorgesysteme, unter anderem das ab 1996 gestiegene Kindergeld (Familienleistungsausgleich).

14 Die Darstellung nach Finanzierungsquellen zeigt, dass der Staat die Hauptlast der Budgetfinanzierung trägt (im Jahr 2009 insgesamt 45 Prozent aller Finanzmittel als Finanzier mit Zuschüssen des Staates und als Arbeitgeber mit Beiträgen). Anfang der 1960er Jahre waren dies ebenfalls rd. 45 Prozent. Die beschriebene Entwicklung verdeckt erneut, dass der Finanzierungsanteil des Staates Anfang der 1990er Jahre nur rd. 40 Prozent betrug und von 1976 bis 2001 immer unter 44 Prozent lag. Der gestiegene Anteil des Staates an der Finanzierung seit der Wiedervereinigung resultiert aus der Zunahme der Steuerfinanzierung (Zuschüsse des Staates) der sozialen Leistungen. Die Unternehmen (Kapitalgesellschaften) tragen heute mit 26,3 Prozent weniger als die privaten Haushalte (27,2 Prozent) zur Finanzierung

27 Sozialbudget

der Sozialleistungen bei. Der Anteil der Unternehmen ist seit 1960 (34,6 Prozent) erheblich gesunken und erreicht im Jahr 2009 erneut einen historischen Tiefstand. Dagegen hat sich der Anteil der privaten Haushalte seit 1960 (20,0 Prozent) stark erhöht - dies ist in erster Linie Folge gestiegener Eigenbeiträge der Leistungsempfängerinnen und -empfänger (z. B. die Beiträge der Rentnerinnen und Rentner für die gesetzlichen Kranken- und Pflegeversicherung), die den privaten Haushalten zugerechnet werden. In den letzten Jahren stieg der Anteil vor allem aufgrund der zunehmenden Arbeitnehmersozialbeiträge zur betrieblichen und privaten Altersversorgung. Zu einem weiteren Teil lässt sich die Entwicklung auf Abweichungen von der paritätischen Finanzierung der Sozialbeiträge zwischen Arbeitgebern und Arbeitnehmern zurückführen. Mit den 2005 eingeführten Zusatzbeiträgen in der Pflegeversicherung (Beitragszuschlag für Kinderlose) und in der Krankenversicherung stieg der Anteil der von den privaten Haushalten zu erbringenden Beiträge.

Finanzierungssaldo

15 Der Finanzierungssaldo ergibt sich als Differenz aus Einnahmen und Ausgaben des Sozialbudgets (siehe Tabelle 5). Er entspricht – nach Konsolidierung des Verrechnungsverkehrs zwischen den Institutionen – der Summe der Salden derjenigen Institutionen, die ihre Ausgaben und Einnahmen über konkrete Einrich-

Tabelle 4: Finanzierung

	Finanzierung nach Arten (in Milliarden Euro)									
	1960	1970	1980	1990	2000	2005	2006	2007	2008p	2009s
Sozialbudget insgesamt	35,1	88,7	233,0	359,4	670,0	720,6	733,7	747,8	768,8	777,4
Sozialbeiträge	19,2	51,8	146,8	242,5	416,1	431,7	441,7	448,5	463,5	463,2
der Arbeitgeber	12,4	33,1	93,9	147,1	241,8	241,9	247,0	249,1	256,4	255,7
– Tatsächliche Beiträge	8,1	18,4	56,2	92,3	165,5	170,8	173,6	175,3	179,2	178,0
– Unterstellte Beiträge	4,4	14,6	37,8	54,9	76,3	71,1	73,5	73,7	77,1	77,7
der Versicherten	6,8	18,7	52,9	95,4	174,3	189,8	194,6	199,4	207,1	207,5
– Arbeitnehmer	6,1	16,7	46,7	78,2	143,1	150,1	154,0	157,8	164,1	163,8
– Selbständige	0,2	0,5	2,5	4,2	7,3	8,9	9,3	9,4	9,5	9,6
– Eigenbeiträge der LE[1]	0,2	0,1	0,3	6,7	15,5	19,3	19,3	19,9	20,6	21,5
– Übrige	0,2	1,4	3,4	6,2	8,3	11,5	12,1	12,3	12,8	12,5
Zuschüsse des Staates	13,3	32,8	80,1	107,9	239,3	275,2	278,3	284,4	291,3	299,5
Sonstige Einnahmen	2,6	4,1	6,1	9,0	14,6	13,7	13,7	14,9	14,1	14,6
	Finanzierung nach Quellen (in Milliarden Euro)									
	1960	1970	1980	1990	2000	2005	2006	2007	2008p	2009s
Sozialbudget insgesamt	35,1	88,7	233,0	359,4	670,0	720,6	733,7	747,8	768,8	777,4
Unternehmen (Kapitalges.)	12,2	29,3	76,5	119,3	196,3	193,4	198,6	200,7	205,2	204,5
Bund	8,8	21,1	54,3	69,2	145,6	173,4	176,3	181,4	185,6	190,5
Länder	4,9	11,9	26,8	37,1	75,0	76,4	75,6	76,2	78,3	80,5
Gemeinden	1,8	6,0	18,2	30,5	61,8	70,3	71,1	72,3	74,2	75,8
Sozialversicherung	0,1	0,2	0,7	1,2	2,8	2,7	2,8	2,9	3,2	3,0
Private Organisationen	0,4	0,7	2,7	5,1	10,4	10,8	10,7	10,8	11,2	11,1
Private Haushalte	7,0	19,2	53,7	96,9	177,6	193,3	198,3	203,5	211,3	211,8
Übrige Welt		0,0	0,1	0,1	0,5	0,3	0,3	–	-0,2	–

1) Eigenbeiträge von Empfängern sozialer Leistungen.
p: vorläufig, s: geschätzt. Differenzen in den Summen sind rundungsbedingt.

Tabelle 5: Finanzierungssaldo

	Sozialbudget insgesamt (in Milliarden Euro)									
	1960	1970	1980	1990	2000	2005	2006	2007	2008p	2009s
Einnahmen	35,1	88,7	233,0	359,4	670,0	720,6	733,7	747,8	768,8	777,4
Ausgaben	32,3	84,2	222,9	338,3	643,0	702,5	703,0	708,9	723,4	753,9
Finanzierungssaldo	2,8	4,5	10,1	21,0	26,8	18,1	30,8	38,8	45,4	23,5

p: vorläufig, s: geschätzt. Differenzen in den Summen sind rundungsbedingt.

tungen abwickeln und daher über ein vollständiges und abgeschlossenes Rechnungswesen verfügen. Es sind dies die Rentenversicherung, die Kranken- und Pflegeversicherung, die Arbeitslosenversicherung, die Unfallversicherung, die Sondersysteme (in der Alterssicherung der Landwirte erfolgt Defizitdeckung durch den Bund), die betriebliche Altersversorgung und die Zusatzversorgung. Der Finanzierungssaldo dieser Institutionen kann dabei sowohl Einnahme- als auch Ausgabenüberschüsse ausweisen. Die übrigen Institutionen sind abstrakter Natur; diesen werden im Sozialbudget rechnerisch Einnahmen (Zuschüsse des Staates, unterstellte Beiträge) genau in Höhe ihrer Ausgaben zugewiesen, so dass ihre Finanzierungssalden definitionsgemäß Null sind. Die Finanzierungssalden sind vergleichsweise gering und bewegen sich im langjährigen Durchschnitt in einem Bereich von etwa 4 Prozent des Sozialbudgets. Der in den letzten Jahren zu beobachtende Zuwachs der Finanzierungssalden resultiert unter anderem aus der Finanzierung der privaten Altersvorsorge. Da sich die geförderten privaten Altersvorsorge-Verträge überwiegend noch in der Beitragsphase befinden, werden in diesem System entsprechende Überschüsse ausgewiesen. Das Jahr 2009 schließlich ist geprägt durch das rückläufige Wirtschaftswachstum. Die damit einhergehende Leistungsausweitung schlägt sich in einem deutlich geringeren Finanzierungssaldo nieder. Gegenüber dem Vorjahr hat sich dieses von 45,4 Mrd. Euro auf 23,5 Mrd. Euro nahezu halbiert.

Das Europäische Sozialbudget

16 Das statistische Amt der Europäischen Union (EUROSTAT) hatte in den 1970er Jahren gemeinsam mit den Mitgliedstaaten eine Statistik zur Erfassung des Sozialschutzes entwickelt. Diese anfangs noch in Form von Sozialkonten geführte Statistik wurde 1981 in dem Europäischen System der Integrierten Sozialschutzstatistik (ESSOSS) zusammengefasst und 1995 methodisch gründlich überarbeitet. Dies führte zur Veröffentlichung des ESSOSS-Handbuchs 1996. In den Jahren 2007 und 2008 wurde eine Rechtsgrundlage in Form einer Verordnung des Europäischen Parlaments und des Rates[1] (Rahmenverordnung) sowie ergänzender Verordnungen der Kommission der Europäischen Gemeinschaften[2] (Durchführungsverordnungen) geschaffen. Mit in Kraft treten einer gesetzlichen Grundlage wurde ein revidiertes ESSOSS-Handbuch veröffentlicht, welches in den beiden Kommissionsverordnungen als Referenzpapier genannt wird und in dem die Definitionen und detaillierte Klassifikationen der Sozialschutzleistungen festgelegt sind.

17 Aus den Daten des nationalen Sozialbudgets wird der deutsche Beitrag zum Europäischen System der Integrierten Sozialschutzstatistik abgeleitet und jährlich an EUROSTAT geliefert. Der in ESSOSS erfasste Umfang des Sozialschutzes ist klar definiert, um die Vergleichbarkeit der Sozialschutzleistungen und ihrer Finanzierung zwischen den Mitgliedstaaten zu gewährleisten. Nicht alle im nationalen Budget enthaltenen Sozialleistungen gehen in ESSOSS ein und sowohl der Leistungsumfang als auch die Sozialleistungsquote sind daher nach den ESSOSS-Kriterien niedriger (siehe Grafik 2). Nicht erfasst werden die steuerlichen Leistungen (mit Ausnahme des Familienleistungsausgleichs) und bestimmte Leistungen privater Arbeitgeber, die nach europäischer Methodik als Arbeitsentgelt angesehen werden. Das Kernsystem von ESSOSS wird darüber hinaus durch zusätzliche statistische Datensätze, die Module „Leistungsempfänger von Renten" und „Nettosozialschutzleistungen", ergänzt.

18 Auch ESSOSS gliedert die Sozialschutzleistungen nach Institutionen, Arten und Funktionen. Es sind im Gegensatz zum nationalen Sozialbudget aber nur 8 Funktionen (Krankheit, Invalidität, Alter, Hinterbliebene, Familie/Kinder, Arbeitslosigkeit, Wohnen, Soziale Ausgrenzung) definiert. Innerhalb der Funktionen werden funktionsspezifische Kategorien unterschieden. Separat erfasst werden Verwaltungsausgaben und sonstigen Ausgaben. Die Methodik hinsichtlich der Finanzierung entspricht weitgehend der deutschen.

19 Grafik 2 zeigt, dass die Sozialleistungsquote Deutschlands im Jahre 2008 mit 27,8 Prozent über dem europäischen Durchschnitt von 26,4 Prozent an achter Stelle liegt. Aufgrund der unterschiedlichen

---

1) Verordnung (EG) Nr. 458/2007 des Europäischen Parlaments und des Rates vom 25. April 2007 über das Europäische System integrierter Sozialschutzstatistiken (ESSOSS).

2) Verordnung (EG) Nr. 1322/2007 der Kommission vom 12. November 2007 zur Durchführung der Verordnung (EG) Nr. 458/2007 des Europäischen Parlaments und des Rates über das Europäische System integrierter Sozialschutzstatistiken (ESSOSS) im Hinblick auf die geeigneten Formate für die Datenübermittlung, die zu übermittelnden Ergebnisse und die Kriterien für die Qualitätsbeurteilung für das ESSOSS-Kernsystem und das Modul Rentenempfänger.
Verordnung (EG) Nr. 10/2008 der Kommission vom 8. Januar 2008 zur Durchführung der Verordnung (EG) Nr. 458/2007 des Europäischen Parlaments und des Rates über das Europäische System integrierter Sozialschutzstatistiken (ESSOSS) im Hinblick auf die Definitionen, die detaillierten Klassifikationen und die Aktualisierung der Verbreitungsregelungen für das ESSOSS-Kernsystem und das Modul Rentenempfänger.

Abgrenzung beträgt die Differenz zwischen dem nationalen (723,4 Mrd. Euro) und dem internationalen Budget (688,7 Mrd. Euro) rd. 35 Mrd. Euro bzw. bezogen auf die Sozialleistungsquote 1,2 Prozentpunkte. Innerhalb der EU weist Frankreich mit 30,8 Prozent noch vor den skandinavischen Ländern Dänemark und Schweden die höchste Sozialleistungsquote auf. Die erst in den Jahren 2004 und 2007 der EU beigetretenen Länder weisen mit Ausnahme von Ungarn und Slowenien überwiegend sehr niedrige Sozialleistungsquoten von deutlich weniger als 20 Prozent des jeweiligen Bruttoinlandsprodukts auf.

20 Zur Beurteilung des sozialen Sicherungsniveaus in den einzelnen Mitgliedstaaten können auch unterschiedliche Lohn- und Preisniveaus und unterschiedliche Beanspruchungen der sozialen Sicherungssysteme in Rechnung gestellt werden. Die Darstellung der Sozialschutzleistungen pro Kopf der Bevölkerung in Kaufkraftstandards[3] (Grafik 3) verdeutlicht, dass Deutschland auch bei dieser Betrachtung seine relative Position in etwa beibehält. In der Rangfolge der insgesamt 27 Mitgliedstaaten der EU liegt Deutschland im Jahr 2008 wiederum im oberen Drittel. Bei den Sozialschutzausgaben pro Kopf der Bevölkerung in Kaufkraftstandards liegt Luxemburg weit vorne; allerdings überzeichnet der Wert die Höhe der Sozialschutzleistungen insofern, als dass in Luxemburg ein großer Teil der Leistungen an Personen gezahlt wird, die außerhalb des Landes leben (in erster Linie Aufwendungen für Gesundheitsversorgung, Altersversorgung und Familien).

21 Letztendlich sind die von EUROSTAT veröffentlichten Bruttosozialschutzleistungen aber nur bedingt vergleichbar, denn unterschiedliche Steuer- und Abgabensysteme in den einzelnen Mitgliedstaaten führen zu unterschiedlich hohen Differenzen zwischen den Brutto- und Nettoleistungen des Sozialschutzes. Um die Nettosozialschutzleistungen zu erhalten, sind von den Bruttoleistungen die auf sie gezahlten Steuern und Sozialbeiträge abzuziehen und in einem zweiten Schritt die steuerlichen Leistungen hinzuzurechnen. Die so gewonnenen Ergebnisse dokumentieren die Sozialschutzausgaben, die die Leistungsempfänger und -empfängerinnen tatsächlich erhalten. Erste Ergebnisse einer von EUROSTAT für das Jahr 2005 durchgeführten Pilot-Datenerhebung über Nettosozialschutzleistungen[4] zeigen, dass die Nettoleistungen europaweit etwa 93 Prozent der Bruttosozialschutzleistungen entsprechen. In den einzelnen Mitgliedstaaten gibt es jedoch deutliche Unterschiede. Während beispielsweise in den Ländern Bulgarien, Tschechien, der Slowakei und Rumänien die Nettoleistungen weitestgehend identisch mit den Bruttoleistungen sind, betragen die Nettoleistungen in den Niederlanden, Dänemark, Schweden, Polen, Finnland und Italien weniger als 90 Prozent der Bruttoleistungen. Die deutschen Werte entsprechen in etwa dem europäischen Durchschnitt.

22 Die Belastung der Bruttosozialschutzleistungen mit Steuern und Sozialbeiträgen hat entsprechende Auswirkungen auf die Höhe der Sozialleistungsquoten. In der europäischen Rangfolge der Nettosozialleistungsquoten (Nettosozialschutzleistungen im Verhältnis zum nominalen Bruttoinlandsprodukt) verbleibt Deutschland für das Jahr 2005 auch nach Berücksichtigung der Rückflüsse an den Staat hinter Frankreich. Dagegen fallen etwa Schweden und Dänemark – Ländern, in denen in weitaus größerem Umfang Steuern und Sozialbeiträge auf Leistungen des Sozialschutzes erhoben werden – bei dieser Sichtweise hinter Deutschland zurück. Aufgrund der insgesamt positiven Erfahrungen mit der Pilot-Datenerhebung wird zur Zeit eine Kommissions-Verordnung zur regelmäßigen Erhebung der Nettosozialschutzleistungen vorbereitet.

23 Insgesamt ist die Struktur der Sozialschutzleistungen in Europa ausgesprochen heterogen. Es zeigen sich deutliche Unterschiede im Leistungsniveau und in den sozialen Funktionen der Sozialschutzausgaben, die immer auch vor dem Hintergrund nationaler Besonderheiten und der historischen Entwicklung in den jeweiligen Ländern interpretiert werden müssen.

---

3) Kaufkraftstandards (KKS): Von einer nationalen Währung unabhängige Einheit, mit der Verzerrungen durch unterschiedliche Preisniveaus vermieden werden. Die KKS-Werte werden von Kaufkraftparitäten abgeleitet. Diese Paritäten erhält man aus dem gewichteten Durchschnitt der Preisrelationen eines homogenen Waren- und Dienstleistungskorbs, der für alle Mitgliedstaaten vergleichbar und repräsentativ ist.

4) Mattonetti, Maria Liviana: "Net expenditure on social protection benefits" in: Eurostat, Statistics in focus 102/2009.

Grafik 2 — **Europäische Sozialleistungsquoten im Jahr 2008**

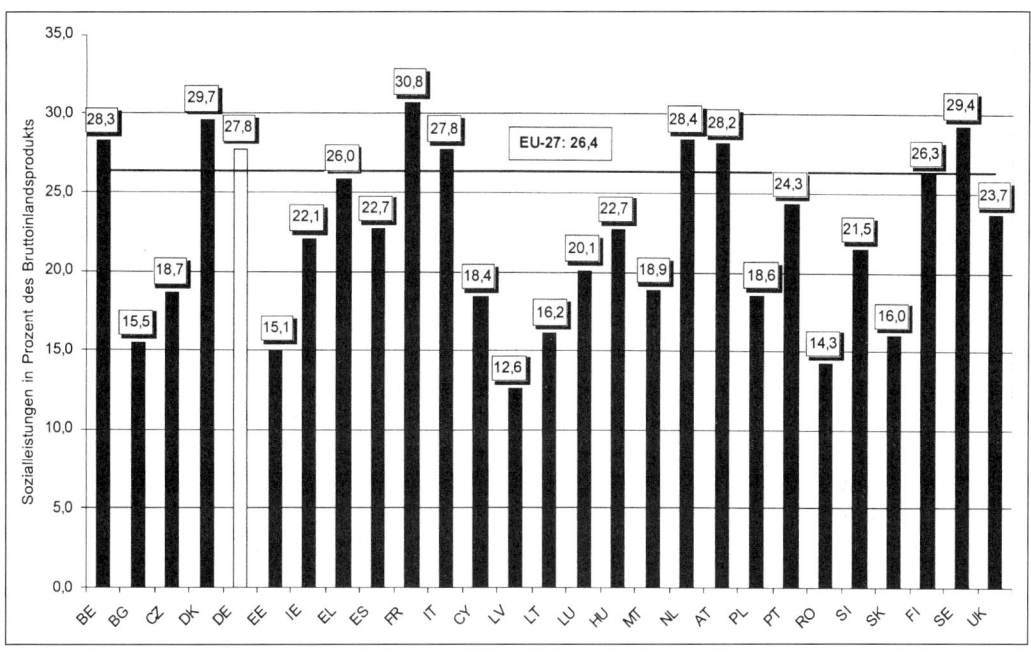

Grafik 3 — **Sozialschutzausgaben pro Einwohner in Kaufkraftstandards (KKS) im Jahr 2008**

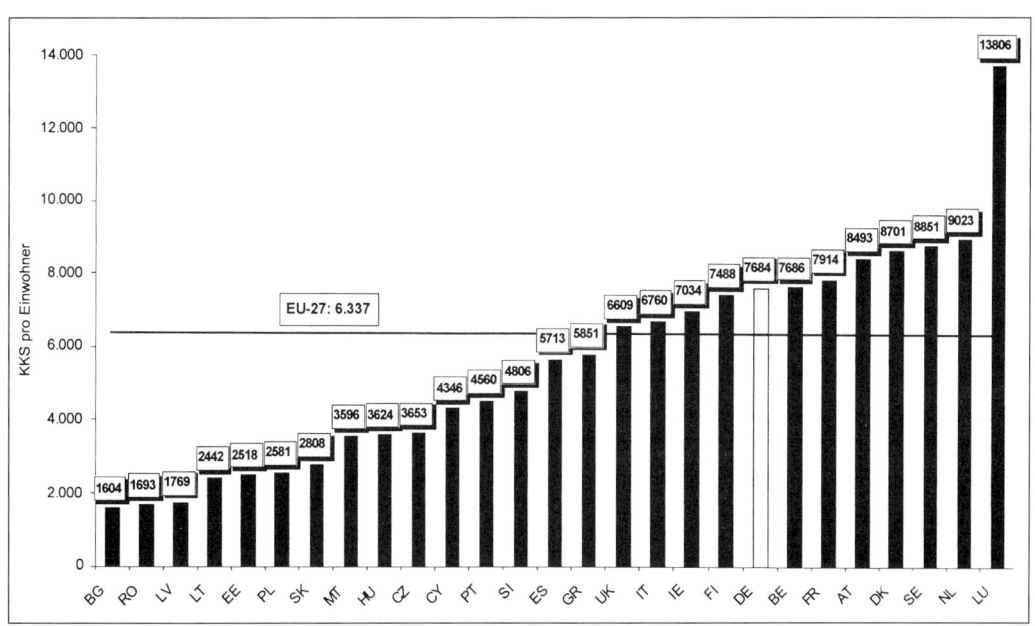

Overview of Social Security Law (Übersicht über das Sozialrecht)

Summaries

1 Social Code Book I – General Provisions (Sozialgesetzbuch 1. Buch – Allgemeiner Teil)

Book I of the German Social Code (SGB I) contains general provisions applicable to all benefit sectors. SGB I is divided into three parts:

The first part describes the purpose of the Social Code and lists social basic rights.

The second part contains initiatory provisions. These aim to ensure that citizens are fully informed of benefits and the competent agencies. They also set out administrative duties to explain, advise and provide information.

The third part brings together general provisions for all benefit sectors under the Social Code in a way similar to the German Civil Code. These provisions cover, for example, principles of benefit law and duties of claimants.

An understanding of Book I is aided by a brief survey of the overall conceptual structure and history of the Social Code.

2 Social Code Book II – Basic Security Benefits for Job-Seekers (Sozialgesetzbuch 2. Buch – Grundsicherung für Arbeitsuchende)

On 1 January 2005, Germany adopted a uniform system of basic security benefits for job-seekers (Grundsicherung für Arbeitsuchende). This system replaced unemployment assistance (Arbeitslosenhilfe) and social assistance (Sozialhilfe) under the Federal Social Assistance Act.

Basic security benefits for job seekers under Book II of the German Social Code (SGB) constitute help for those who cannot help themselves. The benefits are provided for individuals who are capable of earning and for their dependants, with the aim of helping them into employment from which they can earn a living. This aim has priority under SGB II. Assistance towards living expenses is only paid if there is no other way of meeting the need for assistance.

The various forms of assistance are provided on certain conditions. Acting at their own initiative, job seekers must do all they can to become self-reliant. This not only means accepting reasonable employment; there is also an obligation to take part in integration measures and sign an integration agreement. Reasonable occasional work must also be accepted.

Claimants who cannot meet their living expenses out of paid employment are generally expected to use any other sources of income and any assets subject to certain exempt amounts and exceptions.

Various types of benefits are provided under SGB II:

- Services, mostly in the form of information and advice at job centres
- Cash benefits for integration and living expenses (including housing and heating)
- Non-cash benefits, for example where recipients prove unable to manage money

Basic security benefits for job seekers are not provided if there is a claim to other benefits that take precedence.

Basic security benefits for job seekers can be claimed by individuals capable of earning and in need of assistance who are:

- Over the age of 15 but below pensionable age
- Capable of earning (defined as able to do paid work for at least three hours a day)
- In need of assistance
- Normally resident in Germany

Benefits are also provided to others who share a joint household (Bedarfsgemeinschaft) with individuals

Summaries

capable of earning and in need of assistance. The joint household comprises:

- The individuals capable of earning and in need of assistance
- In the case of unmarried individuals under the age of 25, their parents, or parent and parent's partner, if these share the household
- The partners of the individuals capable of earning and in need of assistance
- Any unmarried children of other members of the joint household where the unmarried children are up to the age of 25 and cannot meet their living expenses from other sources of income or from other assets

3 Social Code Book III – Employment Promotion (Sozialgesetzbuch 3. Buch – Arbeitsförderung)

Employment promotion lies at the heart of state labour market policy. Under the framework of social, economic and financial policy, its objectives include achieving and maintaining the highest possible of level of employment, and continuously improving the structure of employment. Preventing unemployment and cushioning its impact where it arises are in the interests of individual workers and the economy as a whole.

The primary purpose of employment promotion benefits and services is to help match supply and demand on the labour market. People seeking training places and employment are provided with guidance on the situation and developments in the labour market and in career options. Vacancies need to be filled quickly and the conditions improved for integrating disadvantaged job and training seekers into the labour and training market. This helps avoid and reduce the duration of any unemployment. When workers do become unemployed, employment promotion aims to provide them with financial security.

In line with these comprehensive aims, employment promotion law contains a wide range of active (directed at creating and maintaining jobs) instruments of labour market policy and social security provision for the event of unemployment. The latter is primarily the task of unemployment insurance, which is an integral part of employment promotion.

Employment promotion benefits and services generally cover all persons who are, have been or want to be in dependant employment. Fostering self-employment, on the other hand, is mainly a responsibility of business promotion and is only carried out in a small number of instances through benefits and services under Book III of the Social Code (SGB III). Certain key aspects of provision under SGB III require a job of work that is subject to mandatory social insurance contributions and hence membership of the solidarity-based insurance system. This applies in particular to benefits in place of pay in the event of unemployment. All remaining provision – notably job placement, advice and placement assistance – is open to all current and future employees. Job placement services are also open to employers.

SGB III also governs subsidies and services for employers and organisations in charge of certain facilities.

The main objectives of employment promotion are to prevent unemployment and to return people to work as soon as possible when they do become unemployed. These objectives are served by guidance, placement and other active employment promotion services. Such services include:

- Assistance to enhance integration opportunities, help people take up employment and encourage employers to take people on
- Promotion of initial and further vocational training, including grants to supplement training allowances and pay
- Promotion of the integration of disabled persons into the labour market
- Short-time allowances, including on a seasonal basis
- Subsidies for job-creation schemes and to promote participation in transfer programmes.

These measures take precedence over wage replacement benefits in the event of unemployment, which aim to make up for financial losses due to unemployment. The wage replacement benefits are unemployment benefit (Arbeitslosengeld) and partial unemployment benefit (Teilarbeitslosengeld).

Employees whose employers are unable to fulfil their payroll obligations for a substantial length of time are provided with security in the form of an insolvency allowance (Insolvenzgeld).

Responsibilities under SGB III are discharged by Federal Employment Services (the Bundesagentur für Arbeit) consisting of their Nuremberg headquarters, ten regional directorates and 176 local employment agencies. Supervision lies with the Federal Ministry of Labour and Social Affairs. The supervision consists of ensuring compliance with the law.

Federal Employment Services is primarily financed through contributions. These are generally paid half each by employees who are subject to mandatory contributions and their employers. The current contribution rate is 2.8 percent of pay before deductions. If funding needs cannot be met from income and reserves, the shortfall is made up out of government loans and if necessary subsidies.

4 Social Code Book IV – Common Provisions (Sozialgesetzbuch 4. Buch – Gemeinsame Vorschriften)

Book IV of the German Social Code (SGB IV) only partly fulfils the purpose for which it was created in 1977 of bringing together in one place common provisions that relate to all sectors of social insurance. It does, however, contain a range of important common provisions, such as the law relating to contributions and registration and to the self-administration and supervision of statutory social insurance funds. It also includes many common provisions that are important to the social insurance system as a whole, for example provisions relating to territorial application, choice of jurisdiction for German employees temporarily working abroad and foreign employees temporarily working in Germany, resolution of conflicts with foreign social insurance systems, and provisions defining common concepts such as pay and employment that are fundamental in determining who is covered by the system in all sectors of social insurance. Specific groups of employees and forms of employment are often the centre of heated social policy debate, for example on marginal employment and abuse of self-employed status. It is also not always easy to draw the line between employment and self-employment not subject to statutory social insurance, for example with regard to mayors serving on an unpaid, honorary basis, sports club coaches, family members helping in a business, and general managers of limited companies. Long-term working time accounts – the rules on which have recently been updated – likewise have their legal basis in SGB IV. Insolvency safeguards in respect of pay earned by employees and accumulated in such accounts for later career breaks provide an important element of security and legal certainty of the kind that applies or at least should apply throughout the statutory social insurance system.

SGB IV is also the point of departure for the rules on contributions and registration, which are of particular relevance to employers – a set of provisions whose complexity and frequent modification mean that they are not always looked upon favourably by employers, accountants and business consultants consultants particularly since all registration processes have been electronically-based for the past few years.. It is important to bear in mind in this connection that collecting and monitoring contributions are central to social insurance, because no benefits and services can be provided if the financial underpinnings of social insurance are not adequately secured. To collect contributions, social insurance providers must know who works where and for what pay, hence the sometimes complicated registration rules. All these provisions ultimately help meet the guarantee that an individual's contributions correspond to constitutionally safeguarded entitlements whose fulfilment in compliance with the rule of law is also subject to judicial review.

The last part of SGB IV contains common provisions that are less directly relevant to insured individuals but form an important basis for the work of social insurance providers. These include the law governing budgeting by social insurance providers, asset management – mostly consisting of special rules on how funds are invested – the democratic constitution of the right of self-administration inherent to the social insurance system, and finally the law of supervision, with legal supervision of social insurance providers carried out by Länder social insurance agencies and the Federal Social Insurance Office (Bundesversicherungsamt). In 2009, the new central provisions concerning the ELENA procedure (Electronic Income Documentation) were introduced; in the public debate, however, its potential benefit has not yet been fully acknowledged.

5 Social Code Book V – Health Insurance (Sozialgesetzbuch 5. Buch – Krankenversicherung)

The law governing statutory health insurance (gesetzliche Krankenversicherung) in Germany is part of social insurance law. Germany's statutory health insurance system was created by an act of parliament dated 15 June 1883. This makes public health insurance the oldest part of the German social insurance

Summaries

system. Most of its legal framework is now contained in Book V of the German Social Code (SGB V). Other important legal provisions are in Book I and Book X (SGBI and SGB X), which apply to all parts of the Social Code, and in Book IV (SGB IV) of the Social Code.

An essential structural element of statutory health insurance is the principle of mandatory insurance. This means that people who meet the statutory criteria must be insured by law, and there are generally no exemptions. Those covered by the statutory insurance system statutory insurance system are in particular entitled to benefits and services regarding the prevention of diseases or their aggravation, contraception, sterilisation and abortion, and the early detection and treatment of diseases; they are also entitled to medical rehabilitation benefits, to income support and other supplementary benefits. Women are entitled to benefits and services in the event of pregnancy and maternity. Service delivery is by independent providers (doctors, hospitals, pharmacies, etc.). Details of service provision, including remuneration, are governed by contractual agreements between health insurance funds or their associations and services providers or their associations.

Health insurance funds are not business enterprises aiming to generating a profit, but bodies constituted under public law. They are under state supervision to ensure their compliance with the law. Members can generally choose which health insurance fund to join.

The expenditure of health insurance funds is generally financed from contributions. These are generally paid in equal parts by members and their employers, pension funds or unemployment insurance. The health insurance funds also receive federal government subsidies. Insofar as increased spending is not covered by the incoming revenue health insurance funds may individually impose flat-rate surcharges on their members. If the average surcharge surpasses 2 per cent of the individual member's earnings that are liable to contributions, social compensation is provided.

6 Social Code Book VI – Pension Insurance (Sozialgesetzbuch 6. Buch – Rentenversicherung)

The purpose of statutory pension insurance is to provide financial security for those insured in the event of old age and reduced earning capacity. The German statutory pension insurance system contains entitlements to a number of benefits:

– Old-age pensions
– Reduced earning capacity pensions
– Surviving dependants' pensions
– Top-up contributions to statutory health insurance

Statutory pension insurance also covers medical treatment, occupational integration assistance and other assistance to maintain, improve or restore earning capacity, avert impending loss of earning capacity, or remedy an existing incapacity.

Statutory pension insurance covers all employees, self-employed individuals other than those required by law to be in a professional pension system (such as the separate systems for the medical profession and farmers), and insured persons not in paid work (such as housewives). A distinction is made between:

– Compulsory members
– Voluntary members

The largest group of compulsory members consists of employees and young people in vocational training. Some self-employed persons are also compulsory members of the statutory pension insurance system, for example self-employed master craftspeople. Anyone who is self-employed but not required by law to pay compulsory statutory pension insurance contributions can apply to do so. All others who are not compulsory members of the statutory health insurance system (housewives are compulsory members, for example) have the option of becoming voluntary members.

The size of an individual's pension depends on the number of earnings points accumulated during their membership of the statutory pension system. The earnings points for contribution periods correspond to the length of an insured person's working life, adjusted for the size of the person's income from employment relative to the average for the employed population. An insured person whose income from employment in a given year exactly equals the average for all employees accumulates one earnings point for that year. If this is repeated every year for 40 years, the individual will accumulate 40 earnings points in total. At the values applicable from 1 July 2011, an insured person whose income from employment was earned in western Germany is paid €27.47 per earnings point per month. Forty earnings points

Summaries

thus correspond to a monthly pension of €1,099. As of 1 July 2009, almost 25 million pensions were being paid out to some 20.5 million pensioners. Thus over 4 million pensioners received more than one pension (a pension in their own right plus a survivor's pension).

Pension insurance is funded from two sources:

– Contributions; in the case of people in paid employment, these are paid half each by employers and employees
– Government subsidies from the national budget

An essential feature of the German statutory pension insurance system is pay-as-you-go financing based on an implicit social contract between the generations. Under a pay-as-you-go system, money paid into the system in the form of employee and employer contributions is immediately paid back out again to pensioners. That is, instead of contributions being used to accumulate a reserve for each individual, they are paid out as pensions straight away. This funding system is based on what is referred to as the intergenerational contract – an unspoken and indeed unwritten pact between the contributor and pensioner generations. Under this pact, the current generation of workers undertake by paying contributions to secure the pensions of the generation that preceded them in the expectation that the next generation along will accept the same responsibility for them. If the contributions and government subsidies should ever be insufficient to meet the costs of the pension fund, the financial resources needed to meet the costs must be made available from the national budget. The total cost of statutory pension insurance in 2009 (pensions, rehabilitation measures, share of pensioners' health insurance contributions, administrative expenses, etc.) amounted to some €246 billion. About 75 percent of this sum is met out of contributions and about 25 percent from national tax receipts.

Statutory health insurance goes together with company pensions and private pension plans to make up the classic 'three-pillar' model of the pension system. As time goes on, the changing age structure of the population will bring about a marked shift in the ratio of pensioners to contributors to the detriment of contributors. Fewer contribution payers will have to fund more pensioners. Legislative action has therefore been taken to lower pension levels in order to slow the increase in contributions. Under the resulting legislation, statutory pension insurance contributions must not rise beyond 20 percent before 2020 and 22 percent before 2030. To secure pension provision capable of maintaining standards of living in old age while reducing statutory pensions, policies were adopted in 2002 to promote the widespread use of personal and company pension plans with tax relief and top-up payments financed from tax receipts. Just under 14 million state-sponsored pension plans had been signed up for by the end of 2010 (plans with 'Riester' bonuses after the Minister of Labour and Social Affairs under whom they were introduced). Statutory health insurance will nonetheless continue to have special importance within the three-pillar pension system, and today it accounts for two-thirds of total expenditure on providing for old age in Germany. Nevertheless, the reforms that have been launched over recent years have set the course for a long-term modernisation of the pension system. The modernisation of the pension system was aimed at placing the system on a broader basis, i.e. reinforcing its foundation on all three pillars. The risk of negative developments will thus be spread and significantly reduced in the long term.

Germany's pension insurance system has proved to be comparatively robust to date in holding its own in the financial and economic crisis of the years 2008 and 2009. In its report "Pensions at a Glance" which was published in June 2009, the OECD emphasizes that Germany's statutory pension insurance system was not affected by the upheavals on the capital market because it is a pay-as-you-go system. In the opinion of the German Social Advisory Council, the principle underlying Germany's statutory pension insurance system according to which current pensions are financed from current revenue has turned out to be a highly stabilising element. In its expert opinion on the Federal Government's 2009 Pension Insurance Report, the Social Advisory Council emphasized that the crisis on the capital markets has not affected the pension insurance system's sustainability reserves. The pension insurance got its deposits plus interest back in all cases. Since the positive development of the pension insurance system's finances continued in 2010, the sustainability reserve grew to €18 billion by the end of 2010 according to the 2010 Pension Insurance Report. This is equal to 1.07 month's expenditure. In late 2009, the sustainability reserve stood only at €16,2 billion (0.97 month's expenditure). The rise is primarily due to the economic recovery experienced since the beginning of the year 2010 and

Summaries

the concomitant increase in contribution revenue. According to the model calculations, the contribution rate can be kept stable at 19.9 per cent until 2013 and can even be reduced to 19.3 per cent in 2014. But the economic crisis that has accompanied the financial crisis also hit Germany's statutory pension insurance system insofar as it has put a damper on employment and incomes. Except for this, it can however be said that Germany's statutory pension insurance system has withstood the crisis well to date and that its financial situation remains sound.

But also the capital-funded schemes of private supplementary retirement provision, i.e. occupational pension schemes and private retirement provision, whose establishment and expansion is supported by the state in a targeted manner, are well protected against any losses because of their specific design and guarantee facilities. The German government therefore maintains its view that even after the financial and economic crisis of the years 2008 and 2009 the reforms launched over recent years have set the right course for a long-term modernisation of the German pension insurance system. In its Coalition Agreement the governing coalition of CDU/CSU and FDP therefore explicitly advocates capital-funded, state-subsidized supplementary retirement provision as a supplement to the statutory pension insurance.

7 Social Code Book VII – Occupational Accident Insurance (Sozialgesetzbuch 7. Buch – Unfallversicherung)

The primary purpose of the German system of statutory occupational accident insurance is to apply all suitable means to:

- Prevent occupational accidents, diseases and health hazards
- Restore insured persons to health and reintegrate them into employment after an occupational accident or disease
- Provide financial compensation for insured persons and their surviving dependants

Occupational accident insurance is based on the causation principle. It solely covers accidents and diseases suffered by insured persons where there is a causal link with the employment or other activity for which they are insured. Travel to and from work is also covered. Other accidents and diseases are covered by health and pension insurance.

Occupational accident insurance is based on the principle of statutory compulsory membership. Compulsory members include:

- Employees, including apprentices
- Children while at nursery school, children and adolescents while at school, and students while at university or other tertiary education institutions
- Business owners in the farming, shipping and fishing sectors
- People acting for the general public good (e.g. welfare careers, members of voluntary emergency services and blood donors)
- Other volunteers working on behalf of public bodies or religious communities

Business owners outside of the farming, shipping and fishing sectors and certain voluntary workers can become voluntary members.

Accident insurance benefits include:

- Medical treatment and medical rehabilitation
- Occupational integration assistance
- Social integration assistance
- Benefits in place of pay during medical treatment and rehabilitation
- Compensation (pensions)

Medical treatment includes medical consultation, hospital treatment and the provision of drugs and aids (spectacles, prostheses, etc.); it also includes medical rehabilitation measures such as physiotherapy. Occupational integration assistance aims to reintegrate people into employment who have suffered an occupational injury and cannot resume their previous work at all or without some form of change. For this purpose, occupational accident insurance provides assistance for people to retain their existing employment, take initial or further training, or retrain for a new occupation. Social integration assistance covers assistance relating to everyday life, such as home adaptations for disabilities. During medical treatment and occupational rehabilitation, insured persons receive cash benefits in place of pay.

If any lasting health impairment remains after rehabilitation and the insured person's earning capacity is reduced by at least 20 percent, compensation is paid in the form of a pension. The size of the pension depends on the degree of incapacity and the insured person's previous earnings. Should the insured person die, the spouse or registered partner and the dependent children are paid a survivor's pension.

Summaries

Statutory occupational accident insurance is the sole responsibility of public insurance providers. There are three main sectors (non-agricultural private sector, agriculture, and public sector). Each of these is covered by independent insurance providers structured either by branch of the economy (non-agricultural private sector) or by region (agriculture and public sector). The providers are self-administering and subject solely to legal supervision by the state.

Occupational accident insurance is funded on a payas-you-go basis, i.e. contribution levels depend on the previous year's expenditure. Contributions are paid entirely by employers, and in the public sector by the state. In the non-agricultural private sector, contribution levels mainly depend on the earned income of insured persons and accident risk in each branch of the economy; in the remaining sectors, contribution levels are determined in other ways.

8 Social Code Book VIII – Child and Youth Welfare (Sozialgesetzbuch 8. Bauch – Kinder- und Jugendhilfe)

The objectives of the German child and youth welfare system are to foster the development of young people and to support and supplement their upbringing so that they become independent, socially capable individuals. With the primary responsibility for bringing up children assigned to parents under the first sentence of Article 6 (2) of the German Basic Law, child and youth welfare attains its objectives first and foremost by strengthening, supporting and supplementing parents in this responsibility. However, the second sentence of Article 6 (2) of the German Basic Law also assigns the state a duty to watch over parents in exercising their responsibility, and to protect children and adolescents from threats to their welfare. This duty of protection, which must normally be discharged by and with parents but in specific cases by public authorities acting in a child's or adolescent's interests without parental consent, distinguishes child and youth welfare from all other social services.

In accordance with its purpose, the beneficiaries of child and youth welfare are young people. First and foremost among these are children and adolescents, who as minors are in the care of their parents. As parents have the primary responsibility for upbringing, the main task of child and youth welfare is to foster the development of children and adolescents and safeguard their welfare by providing parents with assistance in performing that responsibility. Help and support is consequently provided in each case not for a specific individual, but for the family comprising parent or parents and child or children. Child and youth welfare also provides assistance targeting young adults up to the age of 27.

As regards structural principles of child and youth welfare in Germany, child and youth welfare is subordinate to the benefits and services provided by other agencies, and public youth services work in partnership with other providers of youth services, including charities and private-sector providers.

In line with the statutory objective of fostering the development of young people and of supporting and supplementing parents in their responsibility for upbringing, Book VIII of the German Social Code (SGB VIII) contains a broad spectrum of assistance for young people and their families in a range of situations and circumstances. Alongside individual appointment-based, semi-residential and residential services, this assistance mainly consists of day-care provision for children. The various services are not provided on a means-tested basis, but to make good a structural or individual deficit concerning in-family upbringing, education and care. Ensuring the material welfare of young people is primarily the tasks of social assistance under Book XII of the Social Code and basic security benefits for job-seekers under Book II of the Social Code. If there is a threat to child welfare, the responsible youth welfare office is authorised to take the child or adolescent (temporarily) into care. If parents are not willing or able to cooperate in averting such a threat, a family court must order the child's or adolescent's protection.

The success and effectiveness of educational services depends to a large degree on the recipients of assistance (parents and children/adolescents/young adults) interacting with social education workers and being ready and willing to cooperate. Book VIII of the Social Code therefore stipulates, for all assistance meeting an individual need, a specific help plan procedure that involves recipients both in clarifying and assessing their situation and in deciding the type of assistance required, the specific form it takes and how it changes with evolving needs.

In addition to providing (social) benefits, the public youth services also have other responsibilities including participation in proceedings before family and juvenile courts and, in particular, the task of acting as counsel or (official) guardian.

The great majority of child and youth welfare services are provided and funded by local authority (urban or rural district) youth welfare offices as an aspect of local self-government. These youth welfare offices work together with a wide range of non-governmental providers.

9 Social Code Book IX – Rehabilitation and Integration of People with Disabilities (Sozialgesetzbuch 9. Buch – Rehabilitation und Teilhabe behinderter Menschen)

German social welfare law relating to people with disabilities or at risk of becoming disabled was revised and codified in Book IX of the Social Code (SGB IX), which came into force on 1 July 2001. SGB IX aims to eliminate barriers resulting from disabilities and provides for integration assistance ('Leistungen zur Teilhabe') with the objective of enabling people with disabilities or at risk of becoming disabled to lead a self-determined existence and to enjoy equal opportunities.

A disability is defined for the purposes of SGB IX as an impairment of physical ability, mental ability or mental health to an extent that participation in society is impaired on more than a temporary basis. As a general rule, it is not necessary for a disabled person to have been assessed as having a specific degree of disability in order to claim the help and assistance that their disability requires. A disability is only considered to be severe, on the other hand, if there is at least a 50 percent impairment. Provisions specially relating to the integration of severely disabled persons (and of certain others who are entitled to equal assistance) are contained in the second part of SGB IX.

The focus in SGB IX is on the disabled individual. Self-determined integration into society takes precedence over specific forms of care and provision. There are numerous provisions relating to involvement and participation by disabled people and disabled people's organisations. For example, anyone entitled to help or assistance under SGB IX has a right to express their wishes and a right of choice regarding integration assistance.

This is also the objective of the 'personal budget'. In place of non-cash provision or services, assistance can also be provided in the form of cash or vouchers. In recognition of the fact that people themselves are the best judge of their own requirements, the personal budget enables people with disabilities to buy the facilities and services they need. This is a further step for disabled people towards greater self-determination, greater independence and greater self-confidence.

SGB IX contains various forms of integration assistance for which different providers are responsible in line with the division of responsibilities in the German system of social services. The assistance can be grouped into three main areas:

- Medical rehabilitation assistance
- Occupational integration assistance
- Assistance to cover living expenses and other supplementary assistance
- Social integration assistance

Assistance under SGB IX is delivered by the various rehabilitation providers except where the sections of benefit law that govern them stipulate otherwise. Many other provisions of benefit law were modified, adapted or harmonised on the introduction of SGB IX. A range of additional provisions serve to coordinate procedures and are cross-sectional in nature. These are binding for all rehabilitation providers and, among other things, govern cooperation among providers and relations between them and the disabled people they serve. But despite these provisions interfaces between the providers and the various benefits continue to exist and coordination needs to be further improved.

10 Social Code Book X – Administrative Procedure (Sozialgesetz 10. Buch – Verwaltungsverfahren)

Prior to the entry into force of Book X of the German Social Code (SGB X), administrative procedure relating to social services in Germany was laid down in a large number of separate laws. In the interests of legal certainty and procedural simplification, it was decided to codify social services administrative procedure in one legislative act. In line with the longstanding project to bring together social security law in an all-embracing social code, administrative procedure became the subject of SGB X, which at the time was planned to be the last book of the Social Code.

SGB X is divided into three main parts. The first part sets out administrative procedure and is largely based on laws governing such procedure for other areas of public administration at national and Länder level. Among other things, the provisions contained here define the scope of application of the Social Code and procedural principles. Sector-specific procedural rules that could not be harmonised were left to be dealt with in legislation on each benefit sector.

The second part of SGB X relates to the protection of personal data and business secrets (which are placed on the same footing as personal data). The second part entered into force with the first on 1 January 1981. To comply with a Constitutional Court decision in a census case, the protection of social security data was substantially improved in a major revision of the second part that came into force on 1 July 1994. With effect from 23 May 2001, an act amending Germany's Federal Data Protection Act and other acts (BGBl. 2001 I., p. 904 ff.) then brought the sector-specific protection of social security data under the second part of SGB X into line with European Law as set out in Directive 95/46/EC of 24 October 1995 on the Protection of Individuals with Regard to the Processing of Personal Data and on the Free Movement of Such Data (the EC Data Protection Directive). To comply with the Directive, the data protection provisions were supplemented and more precisely delineated among other things with regard to the handling of special types of personal data on health, sex life etc. defined in Section 67 (12), SGB X, and to the required technical and organisational precautions, for example concerning data avoidance and data economy (Section 78b) and data protection audits (Section 78c). The gathering, processing and use of often highly sensitive data on individuals, for example on their state of health, must generally be considered an intrusion on the individual's constitutional right to informational self-determination, an intrusion for which a statutory basis is required that must satisfy the criteria, deriving from the rule of law, of clarity of the law and proportionality (resulting in a German-law construct known as a 'Verbot mit Erlaubnisvorbehalt', a prohibition with the right to grant permission reserved). The second part of SGB X makes provision for this with regard to social security data protection.

The third part of SGB X contains provisions on cooperation among providers of social benefits and services and their relations with third parties; most of these provisions concern providers' ability to claim back expenditure from each other and expenditure and compensation from third parties; this part of SGB X was added later and entered into force on 1 July 1983.

11 Social Code Book XI – Long-Term Care Insurance (Sozialgesetzbuch 11. Buch – Pflegeversicherung)

The introduction of social long-term care insurance as Book XI of the German Social Code in 1994 added a fifth pillar to the country's social insurance system and an important new last chapter to the story of German welfare provision, begun over a century earlier with the creation of statutory health insurance in 1883. This system of over 100 years' standing has played a key part in fostering social harmony in Germany. The social security system turned the market economy into the social market economy. It is a constitutive element of contemporary German society. Until the introduction of long-term care insurance, society's answer to people needing long-term care generally consisted in the granting of social assistance benefits, certainly as far as residential care was concerned. And before the introduction of long-term care insurance, except under a small number of special-purpose provisions in law, the fact of needing care did not feature sufficiently or even at all among the circumstances covered by social insurance. Statutory health insurance, for instance, provided a flat-rate benefit for persons in severe need of care. As a result, most people needing care and their families largely had to provide for themselves and face the problems and almost all costs of nursing care provision out of their own resources. Social assistance benefits only came into play to the extent that individuals were unable to shoulder the financial burden. Frequent recourse to social assistance benefits, especially when it came to residential care, was felt demeaning by those needing care, many of whom could look back on a full working life, not least when children were called upon to pay care costs. Pensions failed in this instance to fulfil their normal social security role. Pensioners who came to need nursing care found themselves on an equal footing in economic terms with people who had never paid into the system. In light of all this, there

Summaries

was broad political consensus in Germany that the situation of those needing long-term care and their families was unsatisfactory, that fundamental change was necessary and an overall solution had to be found for the problem. Long-term care insurance provided a sound basis for making provision for the risk of needing care. Since 1995, people in need of care and their families must no longer turn to social assistance, and can rely instead on a solidarity-based new pillar of the social insurance system.

Long-term care insurance has met with widespread acceptance among the insured population and those in need of care. Its benefits help ensure that many people in need of care can be looked after at home in accordance with their personal wishes, and help those in need of care and their families meet the cost of care. All the same, various areas for improvement were identified during the first decade of the new insurance. For example, there was the question of how to better meet the general care and supervision needs of people with dementia-induced incapacity, mental disabilities and mental illnesses without overstretching the long-term care insurance system financially. Another key issue in the reform of long-term care insurance was how to adjust the benefits, which had remained unchanged since the system's introduction, to the rising cost of living. Finally, it was necessary to further improve the quality of care provision and to enhance quality assurance and quality development tools. Against this backdrop, the German government adopted an initial set of reforms as part of an act to promote competition in the statutory health insurance system that entered into force on 1 April 2007. The changes were enacted in Book V and Book XI of the Social Code – which are particularly relevant to care provision – and include several key improvements for people in need of care. A more major reform of long-term care insurance then built on these changes. The aim in this reform was to bring long-term care insurance even better into line with the needs and wishes of people needing care and their families. An act for the reform of the long-term care insurance system, in force since 1 July 2008, introduced structural changes giving greater priority within the system to non-residential over residential care. Notable features include an increase in benefit amounts, particularly in home care, the linking of benefits to income, the introduction of an entitlement to advisory support on care (case management), and the provision of support funding when creating the legal requirements for the establishment of care support centres. These measures promote the creation and expansion of local care structures to sustain the provision of district-level care and support in line with the requirements of those in need of assistance.

12 Social Code Book XI – Social Assistance (Sozialgesetzbuch 12. Buch – Sozialhilfe)

Social assistance (Sozialhilfe) under Book XII of the German Social Code (SGB XII) is a last-stop safety net integral to German social security provision. As such, social assistance is subordinate to other benefits and services and all other benefits and services take precedence over it. Primary benefit sectors each cover specific groups, for whom they offer security by providing insurance benefits in the event of a specified risk or welfare benefits in the event of specified circumstances. Social insurance, employment promotion and other forms of welfare provision consequently leave gaps in that they do not provide for benefits in the event of certain emergencies, for certain groups, or for sufficient assistance in special cases. Social assistance, on the other hand, must be provided, regardless of cause, where there is no entitlement under any other benefit system. it is conditional, however, on recipients not being able to meet their needs in whole or part from their own resources, which generally include entitlements to maintenance. In other words, as a last-stop safety net, social assistance only comes into play where there is no other recourse. This subsidiarity principle is enshrined in Section 2 of SGB XII. In line with its special role within the social security system, social assistance law under SGB XII provides for a wide variety of benefits so that assistance of the appropriate type and scope can be given in cases of need brought about by different circumstances.

The right to social assistance is contained in the listing of social rights in the general provisions comprising Book I of the Social Code (SGB I) as Section 9, SGB I; the forms of assistance are listed in Section 28, SGB I. The statutory provisions relating to social assistance have been contained in Book XII of the Social Code (SGB XII) since 1 January 2005.

Applying SGB XII is the responsibility of Länder authorities, which constitutionally include local authorities (urban and rural districts), acting in their own right (Article 84 of the German Basic Law). This means that the Länder set up agencies and determine

Summaries

administrative procedure. Accordingly, the Länder each decide which agencies serve as regional or inter-regional providers in charge of social assistance.

Acting in their own right also means that the agencies providing social assistance are each subject to legal supervision by the respective Länder and not supervision by the Ministry of Labour and Social Affairs, which is responsible for social assistance within the German government.

With the exception of a supplementary federal contribution towards needs-based pension supplement in old age and in the event of reduced earning capacity, social assistance is funded out of the taxpayers' money by the agencies responsible for applying it. Responsibility for funding it therefore lies with the Länder and not national government.

13 Organisation of Self-Government (Organisation und Selbstverwaltung)

Self-government is an example of German democracy in action. A self-governing body sets policy and conducts its own affairs independently and under its own responsibility. Self-government is based on involvement and participation of all concerned. The concept goes back to administrative reforms initiated in the early 1800s by Prussian statesman Baron vom Stein. Self-government is found not only in local government and the academic domain, but also in social security.

Self-government is generally exercised through public bodies. Self-government for social insurance was first introduced for the entire area of the then German Empire under an act of parliament introducing workers' health insurance in 1883. Earlier forms of self-government for insured workers and employers had been restricted in scope (for example to the mining industry). The 1883 act aimed to assign responsibility directly to relevant social groupings and hence to ensure an effective system that served their needs.

Self-government was effectively abolished under the National Socialist regime. Social insurance came under the auspices of the Reich Insurance Office. After the Second World War, democratic structures that had been stripped out of the social insurance system in the Third Reich were gradually restored. In his first statement of government policy in 1949, Chancellor Adenauer said "self-administration by the two social partners must take the place of state tutelage".

The first elections to the decision-making bodies of social insurance providers were held in 1953.

Employers and employees had a say in policy setting and the running of the social insurance providers from then on through their elected representatives in the decision-making bodies.

The highest decision-making body for most social insurance providers is the representatives' assembly. It is the members of this assembly who are elected. The representatives' assembly itself elects a presiding board. The presiding board is responsible for implementing resolutions of the representatives' assembly and for the administration of the social insurance provider. The presiding board appoints a full-time executive management team to look after the everyday running of the provider's affairs. In statutory health insurance, the place of the representatives's assembly and presiding board is taken by a single self-governing body, the administrative board.

For many years now, social insurance providers – especially statutory health insurance providers – have been caught up in a wave of merger activity. The aim of the mergers is to create more cost-effective administrative units. The merger process is set to continue for some time.

14 Social Security and the Independent Professions (Soziale Sicherung der freien Berufe)

The two main German pension systems – statutory pension insurance and civil service pensions – are supplemented by a number of special statutory (compulsory) pension systems created for specific groups. With regard to the independent professions, these comprise the artists' social insurance fund and, for professions with compulsory membership of professional associations (physicians, lawyers, dispensing chemists, etc.), professional pension funds.

The artists' social insurance fund (Künstlersozialversicherung), which covers all self-employed artists, writers and journalists, is not strictly a separate pension fund but a special division of the statutory pension insurance system. Self-employed artists, writers and journalists – along with a small number of other groups of self-employed persons such as tradesmen and private tutors – are therefore among the category of self-employed individuals who are exceptionally subject to compulsory membership of the statutory pension insurance system. However, this group is not subject to the general provisions on insurance and contributions under Book VI of the German Social Code (SGB VI) on the statutory pension insurance system, but to special provisions under the Artists' Social Insurance Act (KSVG). The law pertaining to benefits, on the other hand, is governed by the general provisions of SGB VI.

The main special feature regarding contributions by self-employed artists, writers and journalists is that unlike other self-employed people, these individuals pay not the full amount but only half the amount of contributions themselves in the same way as employees. Whereas with employees the remaining half is paid by the employer, in the case of self-employed artists, writers and journalists it is paid out of taxpayers' money and from levies paid to the German performing rights society. These levies are paid by all commercial users of artistic, literary and journalistic works (publishing houses, CD manufacturers, broadcasters, etc.).

Professional pension funds have their legal foundation not in national but in Länder law. Each of the independent professions have their own pension fund (berufsständisches Versorgungswerk). Membership is mandatory not only for self-employed practitioners of the professions concerned, but also for those working under a contract of employment (such as medical practitioners employed at hospitals and lawyers employed by law firms). As employed members of independent professions also have mandatory membership of statutory pension insurance, they are exempted from the latter to prevent them from being required to pay two sets of contributions.

To a large extent, the professional pension funds are free to determine contributions and benefits in their own governing statutes, although the benefits in particular mostly correspond to those under the statutory health insurance system. Unlike statutory health insurance, however, professional pension funds are financed not on a pay-as-you-go basis but – like personal life assurance policies – on a fully funded basis or using a combination of pay-as-you-go and full funding.

Alongside the two systems described above, this chapter also covers supplementary pensions for master chimney sweeps, which are likewise based on the statutory framework but represent a separate arrangement in their own right. This does not comprise a full pension, but a supplementary arrangement within the statutory pension insurance system.

15 Social Security Provision for Civil Servants (Soziale Sicherung der Beamten)

The exercise of sovereign authority at national, Länder and local government level in Germany is largely entrusted to civil servants whose relationship of service and loyalty to their employer is governed by public law. Civil servants in Germany generally have life tenure. Under the German Basic Law, public service is governed by "traditional principles of the professional civil service", which provide the legal basis for a separate system of social protection for civil servants, judges and soldiers.

These principles place an obligation on the employer to provide civil servants, until retirement from active service on reaching pensionable age or due to incapacity, with a salary enabling them to live in a manner commensurate with their station. This maintenance obligation also includes assisting civil servants with expenditure in the event of illness. On retirement from active service, the maintenance obligation continues to apply, as the legal relationship between the employer and the civil servant remains in place (albeit changed in substance). Reflecting the lower personal expenses and needs in retirement, civil service pensions are lower than salaries.

Social protection for civil servants is organised in the form of a separate system alongside statutory social insurance. Whereas social insurance is largely a solidarity-based system, civil service old age pensions, surviving dependants' pensions, healthcare provision, long-term care provision and accident provision are part of the employer's obligation of maintenance and care under the publiclaw contract of service. Social insurance is generally funded in equal amounts by employers and employees and also from tax revenue, while civil service benefits are generally paid in full out of taxpayers' money.

Notwithstanding their different legal and factual basis, there are many common features and overlaps between the system of social protection for civil servants and the statutory social insurance system. Accordingly, reforms and cost savings in statutory pension, health and long-term care insurance in the last two decades have always gone hand in hand with parallel changes in the system of provision and assistance for civil servants. The policy objective in these changes has been largely to align and harmonise the two systems while maintaining their different structural principles.

Following a redistribution of legislative powers relating to public service law within Germany's federal system, the Civil Servants' Benefits Act (BeamtVG) now applies solely to federal civil servants and federal judges. Civil servants' benefits at Länder and local-authority level are governed by Länder law. The information on provision and assistance for civil servants relates exclusively to federal law.

16 Supplementary Pension Provision (Zusätzliche Altersversorgung)

This chapter describes a number of pension systems whose common purpose is to make social security provision, in the form of additional benefits, for special needs arising from the nature and circumstances of specific branches of the economy. Some supplementary systems also serve structural and regulatory policy objectives, such as eliminating or averting labour shortages in shipping or farming by providing a long-term incentive to remain in the occupation.

The public service supplementary pension system is the largest employer-based system of pension provision in Germany. It was created so that other public service employees would enjoy similar provision to tenured civil servants. Employees receive supplementary old age, reduced earning capacity and surviving dependants' pensions on the basis of civil law insurance arrangements. These arrangements are made between employers and state, municipal or church supplementary insurance funds. Supplementary provision in the public service underwent a fundamental restructuring in 2002. The previous civil service-style system of integrated provision was superseded by an employer-based pension system in the form of a pension points model.

The seamen's fund (Seemannskasse), set up in 1974, is a key element of social security provision for seamen that is supplementary to the German social insurance system. In certain circumstances, seamen who retire from the sea before reaching pensionable age under the statutory pension insurance system are paid bridging benefit in the amount of the normal old age pension. The benefit is paid until the recipient becomes entitled to a full reduced earning capacity pension or a full old age pension under the statutory pension insurance system. In this way, the seamen's fund makes provision for special needs and conditions of the shipping sector that are not taken into account by statutory pension insurance.

The supplementary pension insurance system for iron and steel workers (Hüttenknappschaftliche Zusatzversicherung, or HZV) is a supplementary pension insurance system on a public-law basis for workers in the Saarland region iron and steel works and other enterprises in the Saarland iron and steel industry. The system looks back on a long tradition with a varying legal and organisational framework. It was converted from a pay-as-you-go to a fully funded basis in 2002, since when the fully funded supplementary insurance is provided through a pension fund. The unfunded system remains in place for existing pensioners and older insured persons for equity reasons but is to be closed in the long term.

The supplementary pension insurance system for master chimney sweeps (Zusatzversorgung für Bezirksschornsteinfegermeister) provides supplementary pension and surviving dependants' benefits for master chimney sweeps making allowance for special features of the law relating to their profession. The system secures all-round provision (at least up to 2012) by topping up statutory pension insurance contributions to a maximum pension level corresponding to collectively agreed pay levels in public service.

The supplementary pension insurance system for agricultural and forestry workers (Zusatzversorgung in der Land- und Forstwirtschaft), set up for workers in the agricultural sector in 1974, provides monetary payments in addition to pensions from the statutory pension insurance system and thus improves overall old-age and surviving dependants' provision. This makes up for the fact that farm workers tend to earn less and thus receive lower pensions than other groups of employees.

The supplementary pension insurance system for stage artists has the purpose of providing supplementary old age, reduced earning capacity and surviving dependants' pensions for employed stage personnel predominantly involved in artistic activities. The Supplementary Pension Insurance Institution (Versorgungsanstalt der deutschen Bühnen - VddB) was already established in 1925 since the work career of a stage artist is often very different from that of a standard employee. It provides an insurance coverage that is tailored to the particularities of these jobs and

Summaries

it is aimed at closing potential gaps in the insurance record in the statutory pension insurance. It is also meant to take account of the increased risk of occupational disability that artist have to face.

17 Farmers' Pension Insurance (Alterssicherung der Landwirte)

The farmers' pension insurance system in Germany (Alterssicherung der Landwirte, or AdL) is a dedicated pension system for self-employed farmers and family members who help on the farm. The system was introduced in 1957 and underwent major reform in the mid-1990s. The main distinguishing feature is that both farmers and their spouses are compulsory members of the insurance scheme. Compulsory membership for spouses applies regardless of the extent to which they work in the farming enterprise. Introduced only in 1995, this social policy innovation is unique among the pension systems in use in Germany. Another important feature of the farmers' pension insurance system is that it only represents partial provision; that is, the pension benefits are not enough to maintain a reasonable standard of living and instead must be supplemented with private provision (including rental income from the farm to an even greater extent than the benefits from the statutory pension insurance.

All members of the farmers' pension insurance system pay the same contributions regardless of income. The contribution for family members who help on a farm is half the regular amount and is paid by the farmer. Provision is made for differing income levels in the form of subsidies towards the standard contribution, with the subsidies decreasing in amount as income rises. No subsidy is paid upwards of an annual income of €15,500. The actual (net) amount payable is the standard contribution less any subsidy. Like other self-employed persons, farmers pay the contributions in their entirety rather than half being paid by the employer as is the case with employees.

As a result of structural change in agriculture, active farmers are falling in number while the number of pensioned farmers continues to grow. Because of this, much of the cost of the farmers' pension insurance system is met out of general public funds. Only about 25 percent of the cost is covered by contributions, the remaining 75 percent being financed out of the national budget.

The level of contributions to the farmers' pension insurance system is set so that a year's contributions produce the same pension amount as a year's contributions to the statutory pension insurance system. As mentioned above, however, contributions by lowincome farmers are subsidised, making the farmers' pension insurance system especially attractive for this group: For a relatively low net contribution (standard contribution less subsidy), low-income farmers gain a higher pension than they would for the same level of contributions in the statutory pension insurance scheme.

The benefits provided by the farmers' pension insurance system largely match those in the statutory pension insurance system. One form of benefit unique to the farmers' system is provision for a stand-in to run the farm in the event of the farmer falling ill. The stand-in is appointed and paid by the farmers' pension insurance fund.

The farmers' pension insurance system is operated through nine pension funds. These are self-administrating bodies under the legal oversight of the state.

18 Support for Families with Dependent Children (Familienleistungsausgleich)

The German system of support for families with dependent children (Familienleistungsausgleich) provides for child benefit (Kindergeld) to be paid in respect of each child. As of 1 January 2010, child benefit was increased to €184 a month each for the first and second child, €190 for the third child and €215 each for the fourth and subsequent children under the Growth Acceleration Act (Wachstumsbeschleunigungsgesetz) Child benefit is paid up to age 18 generally, up to age 21 for unemployed children and up to age 25 for children in education or training, between stages of education or training, and in certain voluntary services. Child benefit has taken the form of a tax rebate since 1996. Together with a tax allowance for children (Kinderfreibetrag), which increased to €4,368 under the Growth Acceleration Act, and a further tax allowance of €2,640 per child for childcare, child-rearing and educational needs, the system ensures that parents' income is exempt from tax up to the subsistence level required for their children. Parents' year-end tax returns are assessed to determine whether deducting these allowances would provide greater relief than the child benefit already paid out during the year. There is further tax relief for single parents and for parents whose children have reached

Summaries

the age of majority and no longer live at home but are still in education or training. In addition to child benefit, low-income families may also receive supplementary benefit of up to €140 per child.

A new parental benefit (Elterngeld) for the care of small children born in 2007 or later was introduced on 1 January 2007 under the Federal Parental Benefit and Parental Leave Act (Bundeselterngeld- und Elternzeitgesetz). The total annual cost of over €4 billion is paid by central government. This new family policy measure was adopted in response to a long-term decline in birth rates and because fewer and fewer families were able to claim the former child-raising allowance (Erziehungsgeld – a means-based benefit of up to €300 a month payable at most until a child's second birthday). To be able to claim parental benefit, the parent entitled to it must live with, look after and raise the child and must not work for more than 30 hours a week. Parental benefit is paid monthly and is normally equal to 67 percent of the average earned income, after deductions, in the twelve months prior to the child's birth, subject to a maximum limit of €1,800 and a minimum of €300 (if the parent had no earned income during the twelve months in question). The 2011 Budget Support Act restricted parental benefits. Parental benefits are no longer paid to high income families (annual income over €500,000 or, in the case of single parents, over €250,000). When the monthly income is above €1,200, the parental benefit is reduced to 65 per cent of the net income. Parental benefits are fully deducted from any benefits paid under SGB II, from social assistance benefits and child supplements. The benefit is paid until the child's first birthday, or up to 14 months for single parents and for families where the other parent takes over looking after the child for at least two 'partner' months. Parents with two or more small children (in particular twins, triplets, etc.) are paid supplementary amounts. The new Parental Benefit achieved primarily positive results which does not clearly imply an increase in the number of births but almost 100 percent of entitled parents are paid parental benefit and the proportion of fathers claiming increased from 3.5 percent under child-raising allowance to now 23 percent. The rules of the Federal Parental Benefit and Parental Leave Act on parental leave originated in the now superseded Federal Child-Raising Benefit Act (Bundeserziehungsgeldgesetz). If parents are employees, they have a right to (unpaid) parental leave from their employment for a period of three years until the child's third birthday. If the employer consents, a period of up to twelve months is transferable until the child's eighth birthday. Parents are given flexible scope to decide how to share out their parental leave. The rules for claiming parental leave and parental benefit are virtually identical as regards childcare and the restrictions on working. During parental leave, parents generally enjoy protection from dismissal and are entitled to work part time. There are comparable arrangements for civil servants and the armed forces

Children under 12 who live with a single parent and do not receive maintenance from their other parent are entitled for up to six years to a maintenance advance (Unterhaltsvorschuss) under the Maintenance Advance Act (Unterhaltsvorschussgesetz). The amount is €133 for children under 6 and €180 for those between 6 and 12.

19 The Federal Education Assistance Act, Student Loans, and Career Advancement Promotion (Bundesgesetz über individuelle Förderung der Ausbildung, Bildungskredit und Aufstiegsfortbildungsförderung)

Since 1972, the Federal Education Assistance Act (Bundesausbildungsförderungsgesetz, or BAföG) has helped young people obtain education and training in line with their aptitudes and interests, regardless of their family financial situation. The aim is to provide equal opportunities for all young people.

Assistance is provided for courses at schools of general and vocational education, vocational colleges, academies, universities and other higher education institutions, including during any work placements that may be required. The assistance is available for courses at public education institutions and their private equivalents. Assistance is also provided for equivalent distance learning courses, but not for workplace-based training.

In accordance with the youth policy focus of the Act, education assistance is generally restricted to individuals who are under 30 when commencing the course of education or training in question. Exceptions are made for second-chance education and anyone who has to put off the next stage of their education or training in order to raise children.

Education assistance is paid to cover living expenses and course costs. For this purpose, the Act sets standard rates that differ according to the type of course and whether or not the student or trainee lives at home. Education assistance is generally provided on a family needs basis. If the income and assets of the student or trainee, their spouse and/or parents exceed the exempt amounts stipulated in the Act, the excess is deducted from the standard rate and the amount paid out reduced accordingly. There are exceptions for people with disabilities, during pregnancy, and students or trainees with children of their own.

The Act's provisions are implemented by the Länder on behalf of central government. Central government provides 65 percent of the funding for education assistance, with the remaining 35 percent coming from the Länder. The competent authorities decide applications and also provide students, trainees and parents with guidance in all matters relating to education assistance. Policy and legal supervision lies with the government.

The **Career Advancement Promotion Act** (Aufstiegsfortbildungsförderungsgesetz or 'Meister-BAföG') provides financial support enabling tradespeople and other skilled workers to upgrade their qualifications and aiming to help them enter selfemployment. Applicants must have completed initial vocational training or gained an equivalent vocational certificate under the Vocational Training Act (Berufsbildungsgesetz) or the Crafts Code (Handwerksordnung).

Assistance is available for tradespeople and other skilled workers who have completed initial vocational training in an occupation recognised under the Vocational Training Act or under the Crafts Code and who are preparing for a master's certificate in a recognised trade or industrial occupation or for an equivalent qualification in a technical, commercial, nursing, programming, business computing or business management profession. There is no age limit for applicants.

Additional financial support is provided for applicants with children. A 50 percent supplementary child allowance is paid, and there is a supplementary childcare allowance for single parents.

In 2007, assistance was granted in the amount of €356 million in total. Between 2010 and 2013, the federal government wants to increase this amount by further € 782 million which will account for 78 % of total expenditure.

The nature and amount of the entitlement is determined by public agencies designated by the Länder. The same agencies also pay out the assistance. Any loans are issued subject to the signing of a loan agreement with the government-owned development bank, KfW.

The **student loan** (Bildungskredit) scheme allows trainees and higher education students at an advanced stage in their studies to take out a low-interest loan on terms laid down by the Federal Ministry of Education and Research.

Students are entitled to take out a student loan once they have passed an intermediate examination (Zwischen prüfung) in their course of study, are studying for a master's or 'Magister' degree under the Higher Education Framework Act (Hochschulrahmengesetz), or are attending a course of postgraduate study leading to a 'Diplom' or other qualification. Trainees are also entitled to a student loan in the last two years of their course of training provided that on completion they will be able to enter working life with a vocational qualification. It is also possible to take out a student loan during a training course or work placement abroad. There is no means test and the loans are not conditional on the money being used for any specific purpose. Student loans are available regardless of the income and assets of applicants and their parents.

Student loans are limited to a maximum of €300 a month for 24 months. Where there is a legitimate need, several months' loan amounts can be paid out as a lump-sum advance. The 24-month maximum period can also be split between two periods if required. Trainees and students can also apply for a second student loan for a subsequent course of training or study (e.g. a second degree). A maximum of €7,200 can be granted for each course.

20 Housing Benefit (Wohngeld)

Housing benefit (Wohngeld) is a state subsidy towards the housing costs of people on low incomes. The aim is to enable people to live in appropriate housing suitable for families. Housing benefit is paid on application for housing occupied by the applicant. It takes the form of rent support (Mietzuschuss) for tenants and mortgage and home upkeep support (Lastenzuschuss) for homeowners.

The granting of housing benefit and the amount paid depend on three factors:

Summaries

1. Number of members of the household to be taken into account
2. Rent (for tenants) or mortgage and home upkeep costs (for homeowners) and
3. Total income to be taken into account

Household members consist of the applicant together with their:

– Husband or wife
– Direct relatives and in-laws, and relatives once and twice removed
– Foster children and foster parents
– Live-in partner
– Common-law husband or wife

Housing benefit cannot be claimed by recipients of certain transfer benefits for which housing costs are already included when determining the benefit amount.

The total income to be taken into account consists of all taxable income, plus a number of non-taxable sources of income separately listed in the Housing Benefit Act (Wohngeldgesetz), accruing to all members of the household who are taken into account. The starting point for computing total income is income before any deductions. A flat ten percent (making a maximum of 30 percent in total) is deducted for each of the following that are paid:

– Taxes
– Health and long-term care insurance contributions
– Pension insurance contributions

In certain circumstances, additional exempt amounts are deducted from the total income, for example in the case of people with disabilities, people paying maintenance, and single parents.

Rent is taken to consist of the agreed rent amount excluding heating costs. To avoid subsidising excessive rents, the Act stipulates maximum amounts which vary from one administrative district to another according to local rent levels compared with the national average. If an applicant's rent exceeds the maximum, the excess is not taken into account when determining the amount of housing benefit.

Mortgage and home upkeep are taken to consist of debt service costs (interest, payments on principle, etc.) for any loans taken out to build, improve or purchase the property. Maintenance and running costs are also included in a specified amount, as are land tax and any administration costs paid. These amounts are subject to maximum limits as for rent.

Heating costs are provided for by taking the rent or mortgage and home upkeep determined as described and adding a fixed amount stipulated in the Act and scaled according to the size of the household.

Housing benefit is approved for a specific length of time, normally 12 months. Certain changes in circumstances that arise during this period and would result in a lower amount of housing benefit must be reported; housing benefit is then reassessed. An application for reassessment can also be submitted if certain circumstances arise that would result in a higher amount of housing benefit.

21 Benefits for Foreign Refugees: The Asylum Seekers Benefits Act (Soziale Leistungen an ausländische Flüchtlinge – Asylbewerberleistungsgesetz)

Under the Basic Law of the Federal Republic of Germany persons persecuted for political reasons are guaranteed an individual right of asylum. Minimum assistance for foreign refugees, whose stay in Germany is usually only temporary, is legislated in the Asylum Seekers Benefits Act (Asylbewerberleistungsgesetz) adopted in 1993. Under this Act, the level of assistance is significantly lower than social assistance under Book XII of the Social Code and is mostly provided in non-cash form, with cash payments and vouchers being the exception. The Act has been revised several times. In particular, there have been several changes concerning who is entitled to the reduced assistance and the length of time for which it is provided. Moreover, the legislator included provisions to prevent benefit fraud.

Assistance under the Asylum Seekers Benefits Act is available in case of need to asylum seekers, aliens granted a temporary suspension of deportation ('Duldung') and other aliens who are under an enforceable obligation to leave the country. The reduced assistance under the Act is granted for a period of four years. Specifically, the assistance meets individual needs regarding food, housing, heating, clothing, healthcare, personal care, and non-durable and durable household goods. Recipients are also given 'pocket money' of €40.90 a month for their personal needs; children up to age 14 receive €20.45 a

Summaries

month as pocket money. Implementation of the Act is the responsibility of the Länder. Medical and dental treatment, medical drugs and dressings, and other assistance directed at recovery or relief from illness and consequences of illness are only provided in the case of acute illness or if the recipient is in pain. What treatment is necessary is decided on medical criteria in the individual case.

The emphasis on non-cash rather than cash benefits prevents recipients from remitting money they need to live on back to their home country or using it to pay people smugglers. It also avoids a situation in which cash benefits might boost Germany's attractiveness to refugees who are not fleeing political, racial or religious persecution. Cash benefits under the Asylum Seekers Benefits Act are clearly below the standard rates for social assistance because recipients coming under the Act typically only stay temporarily in Germany and hence are not generally entitled to integration assistance.

Over the past few years the numbers of foreigners who came to the Federal Republic of Germany to apply for asylum changed substantially. In 2010, the influx was only one-tenth of the figure for the peak year 1992.

22 The 'Lastenausgleich' Compensation System (Lastenausgleich)

Germans who suffered property damage in connection with events of the Second World War may claim compensation for the losses sustained under the Lastenausgleich compensation system and qualify for various benefits.

Compensation may be granted by virtue of a legal entitlement, as is the case with the principal compensation (Hauptentschädigung), pensions for wartime losses or damage (Kriegsschadenrente) and compensation for loss of household goods (Hausratsentschädigung), or it may be granted on a discretionary basis (as with integration loans and assistance in case of hardship). Only the pension for wartime losses or damage and the similar 'laufende Beihilfe' (ongoing support payments) are classed as social security benefits. These benefits, which are granted on a means-tested basis, are restricted to aged or incapacitated victims and serve to prevent those entitled to them from being dependent on social assistance benefits or relatives.

The application period for compensation under the Lastenausgleich system has long expired, and applications can no longer be submitted; anyone who has been granted a pension for wartime losses or damage will continue to receive it to the end of their lives. The Federal Equalisation of Burdens Office (Bundesausgleichsamt) in Bad Homburg has been in charge of these pensions since 1 October 2006.

23 Assistance for 'Spätaussiedler' (Hilfen für Spätaussiedler)

This chapter describes the special assistance provided for Spätaussiedler – individuals of German extraction resettling from former Eastern Bloc countries since 1 January 1993.

The main aim of the assistance provided for Spätaussiedler is to help them settle into their new social and economic surroundings and to safeguard them in their new home from immediate financial need in the event of unemployment or illness. The assistance is thus mainly intended as help in starting out. A further aim is to counter any disadvantage from moving to Germany at a later stage in life as opposed to having always lived and worked there. With certain contribution-based benefits, therefore, Spätaussiedler who have not paid into the system receive a level of benefit that permanent residents of Germany only attain after paying contributions in some cases for a period of many years.

Since 1 January 1993, the assistance has been primarily directed at Spätaussiedler. Other groups who receive the same benefits include:

– Expellees (Vertriebene), including those from the former eastern territories of Germany and the former Austria-Hungary (Heimatvertriebene)
– Former prisoners of war, including those returning to Germany directly after World War II (Heimkehrer)
– Former political prisoners

The above groups are restricted for these purposes to German nationals and individuals of German extraction. Foreigners and stateless persons are therefore excluded regardless of why they came to Germany.

The main legal provisions governing assistance for Spätaussiedler are contained in the Federal Expellees Act (Bundesvertriebenengesetz, or BVFG). Some forms of assistance also come under legislation on general social benefits, such as Book II of the Social Code.

Summaries

24 Assistance for War Victims and Compensation for Injury (Kriegsopferversorgung / Soziale Entschädigung bei Gesundheitsschäden)

Compensation benefits are provided in Germany for people who have suffered injury (or for surviving dependants) in circumstances where the state takes responsibility in recognition of a special sacrifice or for other reasons. The nature and scope of the benefits are stipulated in the Federal War Victims Relief Act (Bundesversorgungsgesetz, or BVG). This was originally created for war victims following the Second World War, but has since evolved into a comprehensive body of law on compensation, serving victims of crime, of injury while on military or civilian service, and of the former East German regime.

Benefits include medical treatment, pensions, and assistance for invalids and surviving dependants. A distinguishing feature of the benefits system is that a package of benefits is put together in accordance with the extent and severity of the injury and in line with individual needs. In cases of severe injury, this can result in substantial benefits amounting in principle to full compensation to the health damage incurred.

Compensation is the third-largest expenditure item in the budget of the Federal Ministry of Labour and Social Affairs.

25 International Social Security (Internationale Soziale Sicherung)

Germany has mutual relations with other states through a wide range of social security arrangements. Various bilateral agreements have been signed on the subject of cross-border employment. Each of these social security agreements ensures social protection on a reciprocal basis for employees and their dependants when employed in the respective other party state. A principle of equal treatment for nationals of both states applies. If a person has been employed in both states, accumulated benefit entitlements – mostly pensions – are determined by combining periods of insurance from both states. Pensions and other cash benefits generally continue to be paid out without any restriction when individuals move their main place of residence to the other state (this is referred to as export of benefits). When their stay in the other state is temporary, insured persons and their dependants continue to have health cover from their home country. When employees are temporarily seconded abroad, they remain subject to the social security system of their country of origin. These features are common to all bilateral social agreements, although the agreements differ at detail level.

Bilateral agreements predominated until after 1957, when the birth of the European Economic Community ushered in a supranational legal framework that fostered free movement of labour by forging cross-border arrangements and hence interrelationships between six founding member states. With the evolution of the EEC into the European Community and then the European Union (EU), this number has since grown to 27. Adding in non-EU members of the European Economic Area and Switzerland, there is now a complex network of reciprocal arrangements between a total of 31 states. Computing a person's pension entitlement can involve combining periods of insurance from three or more states. There is also an obligation to export cash benefits when entitled individuals move their main place of residence to any other state in the network, and to ensure health cover for employees and their family members during temporary stays. While bilateral agreements do not necessarily include all sectors of social security, the EU legislation – Regulation (EEC) No 1408/71(which, for the EU area, will be replaced by Regulation (EC) 883/2004 on 1 May 2010) – covers pensions, sickness benefits, invalidity benefits, benefits in respect of accidents at work and occupational diseases, unemployment benefits and family benefits. The cross-border provisions of bilateral social security agreements and Regulation (EEC) No 1408/71 or EU Regulation 883/2004 take prevailing national legislation as their point of departure and coordinate its application when affected individuals are present in the respective other party state or another member state; beyond this, they do not impinge on national social security systems.

Germany is also a member of international organisations such as the International Labour Organisation (ILO) in Geneva and the Council of Europe in Strasbourg, who have the purpose and objective of appropriately shaping and enhancing protection for employees through cooperation among member states. The conventions adopted by these organisations contain some cross-border arrangements, such as requiring the equal treatment of foreign employees and export of benefits. Many such conventions also set standards for social security systems where ratifying states undertake to implement and conform to the standards in

Summaries

national legislation. Finally, outside of the context of specific conventions and member state obligations, member states also cooperate within the international organisations to draw up strategies and agendas – such as the ILO agenda on Fair Globalisation and Decent Work – in order to secure social protection and fair working conditions. This extends through to United Nations activities relating to social policy.

Inside the European Union, employee rights are secured with minimum requirements, for example on working conditions, part-time working and temporary contracts, and equal pay for equal work. Under the Social Policy Agenda adopted in 2000, the Community decision-making bodies and the member states set priorities to guide action in development of the European social model and to help refine and up-date social insurance systems with particular regard to current processes of change such as heightened global competition and ageing populations. The social dimension of the European Union is also part of the Lisbon Strategy adopted in 2000 that had the aim of making the EU "the most competitive and dynamic knowledge-based economy in the world" and of the new follw-up Europe 2020 Strategy for employment and smart, sustainable and inclusive growth.

26 The Social Courts (Sozialgerichtsbarkeit)

Anyone who contests a decision of a public agency or insurance provider in a matter of social security law can file a complaint with a social court (Sozialgericht). Social courts are a special form of administrative court and exist at three levels, comprising local social courts, Länder social courts (Landessozialgerichte) and the Federal Social Court (Bundessozialgericht) in Kassel. At all three levels, the court consists of three judges – two lay judges and a professional judge in a local social court and three professional judges in a Länder social court and the Federal Social Court.

In many social security matters, an internal preliminary or appeal procedure must have run its course before it is possible to file for action in a social court. Social court proceedings are investigative; that is, the court investigates the facts ex officio. The parties are expected to assist. Proceedings can be terminated by negotiated settlement between the parties, retraction of the complaint, or acceptance by the respondent. Otherwise, the court decides, in straightforward cases without an oral hearing but by court order after written submissions from the parties, but in most cases by handing down a decision after an oral hearing of the parties.

Except in minor cases, orders and decisions of local social courts can be taken to appeal at the responsible Länder social court. This investigates the case to the same depth as the local social court and, if the parties still cannot agree, decides in straightforward matters by court order and in other matters by handing down a decision after an oral hearing. Länder social court decisions can only be appealed against in exceptional instances on a point of law. No court costs are charged for insured persons and recipients of social benefits. Legal counsel can be appointed free of charge through the legal aid scheme.

27 The Social Security Budget (Sozialbudget)

The social security budget (Sozialbudget) provides an overview of the size, structure and development of the social security system in Germany. The statistical methodology used makes it possible to analyse the social security system from various different angles. The primary focus is on total amounts of benefits and their financing, together with the functional classification of benefits within the budget. The functional analysis shows the total amount of benefits disbursed for each purpose, classified into expenditure for sickness or invalidity, age and surviving dependants, children, spouses, maternity, unemployment, housing and general assistance towards living expenses. There is also an analysis of expenditure by the system or institution through which benefits are delivered.

This institutional analysis lists benefits by institutional groups consisting of social insurance systems, special systems, public service systems, employer systems, compensation systems, promotional and assistance systems, and tax relief. Alongside benefit expenditure, the social security budget also presents the financing side of the equation. This comprises an analysis by types of finance (contributions, subsidies and other income) and another by source (business, the state, private non-for-profit organisations, private households and the rest of the world).

The social security budget showed €753.9 billion in benefit for 2009. The social expenditure ratio - which shows social security benefits as a percentage of (nominal) GDP - came to 31.3. After a continuous decli-

Summaries

ne over five years, the ratio rose sharply in the wake of the global economic and financial crisis. This rise is primarily the result of shrinking economic growth in combination with the increased spending of the Federal Employment Agency. In the functional analysis, the largest share of funds is accounted for by old age and surviving dependants' pensions. These amounted to some €288 billion or just under 40 percent of all benefits in 2009. The institutional analysis showed a clear bias towards social insurance benefits (pension, health, long-term care, occupational accident and unemployment insurance). At some €464 billion, these made up 62 percent of the social security budget. On the financing side, the majority of the social security budget – around 60 percent – came from contributions in 2009, with another 39 percent consisting of state subsidies. In providing these subsidies and paying contributions in its capacity as an employer in its own right, the state meets the largest share of financing the budget, at about 45 percent.

Data from the national social security budget are used in compiling Germany's contribution to the European System of Integrated Social Protection Statistics (ESSPROS), which is submitted annually to the European Union's statistical service, Eurostat. For comparability between EU member states, not all benefits included in the German national budget feature in ESSPROS. As a result, the total benefit amount and benefits as a percentage of GDP are lower when measured using the European criteria. On a European comparison, the share of GDP spent on benefits in 2008 is higher in Germany, at 27.8 percent, than the EU average of 26.4 percent. The highest percentage is recorded by France with 30.8 percent and the lowest by Latvia at 12.6 percent.

Stichwortverzeichnis

Ziffern vor dem Schrägstrich verweisen auf das Kapitel, Ziffern nach dem Schrägstrich auf die Randnummern.

400-Euro-Grenze	4/46, 4/51

A

Abfindung	16/45, 16/101, 16/185
Abfindung (Unfallrente)	7/82, 7/92
Abgabepreis des pharmazeutischen Unternehmers	5/607
Abkommen über die Freizügigkeit EG - Schweiz	25/50
Abkommen über Soziale Sicherheit	25/1, 25/5
Abschmelzungsfaktor	17/77
Absetzbetrag	2/79, 12/327
AEU-Vertrag	25/6
Agentur für Arbeit	3/223
Agrarsozialreform	17/5, 17/26, 17/52, 17/91
Akteneinsicht	10/8
Aktivierende Pflege	11/45
Aktivierung und beruflichen Eingliederung	3/77
Aktivierungshilfen	12/42
Aktueller Rentenwert	6/364
Aktueller Rentenwert (Ost)	6/863, 6/874
Alleinerziehende	2/46, 12/59, 12/182, 18/67
Allgemeine Erklärung der Menschenrechte	4/20
Allgemeine Ortskrankenkasse	5/729
Allgemeine Rentenversicherung	6/4, 6/573, 6/933
Allgemeines Gleichstellungsgesetz	9/5
Altenhilfe	12/303
Altenteil	17/2
Ältere Arbeitnehmer	3/79, 3/86, 3/93, 3/121, 3/205
Ältere Arbeitsuchende	2/28
Altersarmut	6/569
Altersbedingte Gesundheitsgefahren	7/2
Alterseinkünftegesetz	6/447, 6/456, 6/565
Altersfaktor	16/23
Altersgrenze für Ärzte	5/516
Altersgrenzenanpassungsgesetz	6/30
Altershilfe für Landwirte	4/6, 17/1
Altersrente	3/207, 6/105, 6/107, 22/23
für besonders langjährig Versicherte	6/109
für Frauen	6/127
für langjährig unter Tage beschäftigte Bergleute	6/678
für langjährig Versicherte	6/110
für schwerbehinderte Menschen	6/115
wegen Arbeitslosigkeit und nach Altersteilzeit	6/120
Alterssicherung in Deutschland	6/101
Altersteilzeit	3/205, 4/58, 6/124, 6/156, 6/620, 15/16
Altersteilzeitgesetz	3/2, 3/205, 4/64
Altersvermögensgesetz	6/26, 12/233
Altersvermögens-Ergänzungsgesetz	6/233, 6/274, 6/412, 6/451
Altersvorsorge-Tarifvertrag-Kommunal - ATV-K	16/11
Altersvorsorgeverträge-Zertifizierungsgesetz	6/455
Altsparergesetz	22/4, 22/68, 22/75
Ambulante ärztliche Behandlung	5/501
Ambulante Pflege	11/124
Ambulante Pflegeeinrichtung	11/123
Ämter für Ausbildungsförderung	19/194
Amtsermittlungsgrundsatz	1/48, 26/20
Amtshilfe	10/46
Amtspflegschaft	8/47
Amtssprache	10/5
Amtsvormundschaft	8/47
Anatomisch-Therapeutisch-Chemische Klassifikation	5/616
Anrechnungszeiten	6/29, 6/264, 6/519, 6/713, 6/793
Anscheinsbeweis	7/38
Anschubfinanzierung Ost	11/237
Anspruchs- und Anwartschaftsüberführungsgesetz	6/818, 6/830
Anspruchsübergang (SGB II)	2/91
Anthroposophische Arzneimittel	5/606
Antidiskriminierungsgesetz	9/5
Antragsaltersgrenze	15/9
Antragstellung	1/17, 10/2
Anwartschaftsversicherung	5/233
Anwartschaftszeit (Arbeitslosengeld)	3/180
Anwerbeländer	25/51

1153

Stichwortverzeichnis

AOP-Katalog	5/709
Apothekenrabatt	5/609
Apothekenverkaufspreis	5/607
AQUA-Migration	23/30, 23/41
Äquivalenzprinzip	4/7
Äquivalenzrentner	6/880
Arbeitgeber	7/16
Arbeitgebermodell	11/160
Arbeitnehmerähnliche Selbständige	4/36, 4/38, 4/66, 6/41, 6/59
Arbeitnehmerüberlassungsgesetz	3/2, 4/14
Arbeitsassistenz	9/94
Arbeitsausfall, erheblicher	3/126
Arbeitsbereich (Werkstatt für behinderte Menschen)	9/117
Arbeitsbeschaffungsmaßnahmen	3/7, 3/110, 3/158
Arbeitseinkommen	4/89
Arbeitsentgelt	4/86
Arbeitserprobung	9/77
Arbeitsförderung	3/3, 19/34
Arbeitsförderungsgesetz	1/5, 2/1
Arbeitsförderungsreformgesetz	2/1
Arbeitsgelegenheiten	2/36, 21/44
mit Entgelt	2/37
mit Mehraufwandsentschädigung	2/39, 6/440
Arbeitsgemeinschaft (ARGE)	2/7, 9/95
Arbeitsgemeinschaft Berufsständischer Versorgungswerke	14/34
Arbeitsgemeinschaft kommunale und kirchliche Zusatzversorgung e. V.	16/4
Arbeitskampf	3/22, 3/202
Arbeitslose	5/176
Arbeitslosengeld	3/166, 3/178, 3/182, 3/184, 3/222, 6/706
Bemessungsgrundlage	3/186
Arbeitslosengeld II	Einf./13, 2/7, 2/41, 5/245, 6/627, 6/709, 11/31, 18/39, 18/41
Arbeitslosenhilfe	2/1, 6/625
Arbeitslosenversicherung	4/6, 25/46
Beiträge	3/227
Beitragshöhe	3/232
Arbeitslosigkeit	3/169
Arbeitslosmeldung	3/178
Arbeitsmarktberatung	3/15
Arbeitsmarktpolitik	3/1
Arbeitsschutz, innerbetrieblich	7/16
überbetrieblich	7/7
Arbeitsuchende	7/20
Arbeitsunfähigkeit wegen Krankheit	5/369
Arbeitsunfall	7/2, 7/5, 7/36
Arbeitsvermittlung	3/18, 3/19
Arbeitszeitflexibilisierung	4/58
Arbeitszeitkonten	3/129, 4/60
ARGE *siehe* Arbeitsgemeinschaft (ARGE)	
Armenwesen	12/7
Armut	12/25
Arznei- und Heilmittelvereinbarung	5/643
Arzneimittel	5/97, 5/143, 5/601
Arzneimittelbudget-Ablösegesetz	5/664
Arzneimittelfestbetrag	5/611
Arzneimittelmarkt-Neuordnungsgesetz	5/143
Arzneimittelrichtlinie	5/648
Arztdichte	5/510
Ärztliche Untersuchung	10/28
Ärztliche Vergütung	5/518
Ärztliche Verordnung	5/642
Arzt-Software	5/651
Assoziations- und Kooperationsabkommen	25/14
Asyl	21/1
Asylantrag	21/4
Asylbewerber	18/56
Asylbewerberleistungsgesetz	21/11
Arbeitsgelegenheit	21/44
Dauer der Leistungen	21/53
Gewaltopfer	21/42
Krankheitsfall	21/40
Leistungen	21/31
Leistungsberechtigte	21/21
Leistungsempfänger	21/19
Schwangerschaft und Geburt	21/40
Asylbewerberleistungsstatistik	21/64
Asylkompromiss	21/3
Asylverfahrensgesetz	21/2
Aufenthaltserlaubnis	21/24
Aufenthaltsgestattung	21/22
Auffüllbetrag	6/842
Aufklärung	7/114
Aufrechnung	1/41
Aufsicht	3/225, 13/44
über Unfallversicherungsträger	7/103
Aufsichtsbehörde	4/132, 4/146
Aufstiegsstipendium	19/45
Aufwendungsausgleichsgesetz	5/284
Ausbildungsabbruch	19/148
Ausbildungsbegleitende Hilfen	3/49, 3/52
Ausbildungsbonus	3/48
Ausbildungsförderung	3/32, 12/64, 19/4
Bedarfssätze	19/99
Bericht der Bundesregierung nach § 35 BAföG	19/164
Schüler	19/53
Ausbildungsförderungsreformgesetz	19/23
Ausbildungsgeld	3/107

Stichwortverzeichnis

Ausbildungsvermittlung	3/28
Ausgleichsabgabe	9/25, 9/98, 9/102, 9/104
Ausgleichsbehörden	22/60
Ausgleichsfonds	9/105, 22/63, 22/66
Ausgleichsleistung	16/148
Ausgleichsrente (Bundesversorgungsgesetz)	24/99, 24/138
Auskunft	6/743, 7/114
Auskunfts- und Beratungsstellen	6/747
Auskunftspflicht	2/90, 10/29, 12/391
der Beschäftigten	4/116
Auskunftsstellen	1/15
Ausländer	18/56
Ausländische Hilfebedürftige	2/15
Auslandsdeutsche	12/71
Auslandsdienst nach § 14b Zivildienstgesetz	18/28
Auslandsförderung (BAföG)	19/129
Auslands-Krankenversicherung	5/277
Auslandsrentenrecht	6/507
Auslandsverwendungszuschlag	2/77
Ausschreibungen bei Hilfsmitteln	5/694
Außerbetriebliche Ausbildung	3/53
Aussiedler	22/8, 22/70, 22/71
Aussiedlungsschaden	22/1
Ausstrahlung	4/12
Auswanderungsländer	25/52
Auszubildende	2/20, 2/64, 2/65
Aut-idem-Substitution	5/637
Automatisierte Datenverarbeitung	10/54

B

Bachelor-/Bakkalaureusstudiengang	19/21
Bankdarlehen	19/93, 19/160
Barbetrag	12/96
Barrierefreiheit	9/4, 9/125
Basistarif	5/282
Bayerische Ärzteversorgung	14/18
Bayerische Versicherungskammer	16/136
Beamte	3/7, 11/8, 14/7
Beamte (Sozialversicherungspflicht)	4/83
Beamtenversorgung	15/1
Versorgungsberechtigte	15/6
Beauftragte der Bundesregierung für die Belange behinderter Menschen	9/4
Bedarfsdeckungsgrundsatz	12/26
Bedarfsgemeinschaft	2/13, 2/71
Befreiung von der Versicherungspflicht	5/186, 6/58, 6/760, 11/38, 14/8, 14/20, 17/18, 17/99
Begabtenförderung	19/41
Begabtenförderungswerk	19/42
Begutachtung	11/86
Behandlungsfehler	5/816
Behinderte junge Menschen (Ausbildungsbonus)	3/48
Behinderte Kinder und Jugendliche	8/42
Behinderte Menschen	2/32, 2/47, 2/65, 3/37, 3/70, 3/96, 5/21, 6/39, 6/718, 11/64, 12/183, 12/267
Behinderte Menschen (Begriffsbestimmung)	9/7
Behinderte Studierende	9/67
Behindertenbeauftragter des Bundes *siehe* Beauftragte der Bundesregierung für die Belange behinderter Menschen	
Behindertengleichstellungsgesetz	9/4
Behindertensportverband	9/54
Behinderungsgerechte Wohnung	9/94, 9/123
Beihilfe	5/283, 15/4, 15/40, 15/42, 16/141
Beiladung im Gerichtsverfahren	26/17
Beistandschaft	8/47
Beistandschaftsgesetz	8/9
Beiträge	6/588, 6/604, 6/609, 6/928
zur Alterssicherung für Landwirte	17/51, 17/91
zur Arbeitslosenversicherung	3/227
zur Künstlersozialversicherung	14/11
Beitragsbemessungsgrenze	5/207, 5/208, 6/604, 6/688, 6/932, 14/12
Beitragsbemessungsgrundlage	4/102, 6/603
Beitragsentlastungsgesetz	5/104
Beitragserstattung	6/644, 16/46, 16/102, 16/185
Beitragsfreie Zeiten	6/263, 6/331
Beitragsgeminderte Zeiten	6/286, 6/331
Beitragsnachzahlung	6/69
Beitragssatz	6/589, 6/597, 6/602
Beitragsübernahme	12/189
Beitragszeiten	6/260, 6/789
Beitrittsrecht	11/42, 11/108
Bekleidung	2/62
Bemessungsgrundsätze	11/182
Benachteiligungsverbot	9/4, 9/98
Beratung	1/11, 7/114, 8/61, 19/159
Beratung behinderter Menschen	9/131
Beratung und Information	16/58
Beratungsstelle für behinderte Studienbewerber und Studenten	9/67
Bergleute	6/676
Bericht der Bundesregierung nach § 35 BAföG	19/164
Bericht über Sicherheit und Gesundheit bei der Arbeit	7/5
Berlin	11/243
Berliner Abkommen	5/11
Berufliche Bildung	3/29

1155

Stichwortverzeichnis

Berufliche Weiterbildung	3/57, 3/91
Berufsausbildung	18/26
behinderte Menschen	9/82
Berufsausbildungsbeihilfe	2/33, 3/36, 3/46
Berufsbeamtentum	15/1
Berufsberatung	3/15
für behinderte Menschen	9/71
Berufsbildung	4/39
Berufsbildungsbereich (Werkstatt für behinderte Menschen)	9/116
Berufsbildungswerk	6/722, 9/88
Berufseinstiegsbegleitung	3/56
Berufsfindung	9/77
Berufsförderungswerk	9/88
Berufsgenossenschaften	7/99
Berufshelfer	7/116
Berufskrankheit	7/2, 7/5, 7/38
Berufskrankheiten-Verordnung	7/25, 7/38, 7/119, 15/20
Berufsorientierung	3/16
Berufsschadensausgleich	24/104
Berufsschulpflicht (behinderte Menschen)	9/64
Berufssoldaten	3/7
Berufsständische Versorgungswerke	4/6, 14/17
Berufsunfähigkeit	6/193
Berufsunfähigkeitsrente	6/174, 14/26
Berufsvorbereitende Bildungsmaßnahmen	3/34, 9/77
Berufungsverfahren	26/29
Beschädigtenversorgung	24/87
Beschäftigte	7/16, 7/20
Beschäftigung	4/24, 4/33, 4/43
in der Gleitzone	4/56
Beschäftigungslandprinzip	25/48
Beschäftigungslosigkeit	3/170
Beschäftigungsort	4/9, 4/70
Beschäftigungspflicht (schwerbehinderte Menschen)	9/101, 9/103
Beschäftigungszuschuss	2/40
Besonderen Leistungen zur Teilhabe am Arbeitsleben	3/102
Bestattungsgeld	24/168
Bestattungskosten	12/311
Besteuerung von Renten	6/563
Betreuter Umgang	8/31
Betreuungsgeld (Spätaussiedler)	23/15
Betriebliche Altersversorgung	6/26, 6/478
Betriebliche Ausbildung	19/51
Betriebliche Gesundheitsförderung	5/479
Betriebliches Eingliederungsmanagement	9/38
Betriebsärzte	7/16
Betriebshilfe	7/54, 7/62
Betriebskosten (Wohngeld)	20/26, 20/27
Betriebskrankenkasse	5/729, 5/763
Betriebsrat	7/17, 9/111
Betriebsrente	16/20
Beurkundung	8/47
Bewertungsausschuss	5/522
Bewilligungszeitraum	19/73
Bezirksschornsteinfegermeister	6/701, 14/41, 16/114
Bezugsgröße	4/93
BfA	4/31
Bildung für behinderte Menschen	9/56
Bildung und Teilhabe	2/41, 2/67, 12/201
Bildungsgutschein	3/60
Bildungskredit	19/167
Bildungspaket	12/201
Blindenführzulage	24/125
Blindenhilfe	12/305
Blindentechnische Grundausbildungen	9/77
Blindenwerkstatt	6/718
Bonusmodelle für gesundheitsbewusstes Verhalten	5/412
Bonuspunkt	16/30
Bonusregelungen bei Zahnersatz	5/578
Brandenburg	11/244
Briefwahl	13/22
Brutto-Entgeltumwandlung	16/52, 16/190
Bruttoprinzip	12/60
Budgetierung	5/90
Budgetverordnung	9/23
Bund der Krankenkassen	5/617, 5/753, 5/765
Bund der Pflegekassen	5/766
Bundesagentur für Arbeit	3/223, 6/191, 9/73, 9/95, 9/97, 9/112, 18/42
Bundesamt für Migration und Flüchtlinge	21/2
Bundesamt zur Anerkennung ausländischer Flüchtlinge	21/2
Bundesanstalt für Finanzdienstleistungsaufsicht	11/120, 6/476
Bundesarbeitsgemeinschaft für Rehabilitation	9/19, 9/49
Bundesausbildungsförderungsgesetz	9/69, 9/93
Bundesausbildungsförderungsgesetz (BAföG)	19/7
Bundesausführungsbehörde für Unfallversicherung	14/1, 14/15
Bundesausgleichsamt	22/60, 22/62
Bundesausschuss der Ärzte und Krankenkassen	5/500
Bundesbahnversicherungsanstalt	6/571
Bundesbeauftragter für den Datenschutz	10/57
Bundesbeihilfeverordnung	15/41
Bundesdatengesetz	1/26
Bundesdatenschutzgesetz	10/34
Bundeselterngeld- und Elternzeitgesetz	18/53

Stichwortverzeichnis

Bundesempfehlungen	11/149
Bundeserziehungsgeldgesetz	18/53
Bundesknappschaft	6/571, 6/574
Bundesministerium für Familie, Senioren, Frauen und Jugend (BMFSFJ)	18/53
Bundespflegesatzverordnung	5/714
Bundesrechnungshof	4/135
Bundessozialgericht	6/41, 6/57, 6/179, 6/184, 6/196, 6/206, 6/807, 6/845, 6/891, 26/6
Bundessozialhilfegesetz	2/1, 12/9, 21/10
Bundesurlaubsgesetz	4/54
Bundesverband der Betriebskrankenkassen	13/9
der Ersatzkrankenkassen	13/9
Bundesvereinbarungen	11/154
Bundesvereinigung der Deutschen Arbeitgeberverbände	13/20
Bundesverfassungsgericht	6/504, 6/561, 6/829, 6/845, 6/848, 6/859, 6/861, 6/890, 10/55, 11/42, 11/94, 12/82, 14/2, 16/7, 19/30, 21/49
Bundesversicherungsamt	4/135, 5/16, 5/785, 16/136, 16/187
Bundesversicherungsanstalt für Angestellte	6/571
Bundesversorgungsgesetz	23/13, 24/3
Bundesvertreterversammlung	13/51
Bundesvertriebenengesetz	23/6, 23/48
Bundesverwaltungsamt	23/36, 23/43
Bundesverwaltungsgericht	8/54
Bundesvorstand	13/51
Bundeszuschuss	5/205, 6/528, 6/581, 6/650, 6/934
zur Alterssicherung der Landwirte	17/6, 17/93
zur Künstlersozialversicherung	14/14
zur Sozialversicherung	4/99
Bund-Länder-Kommission für Bildungsplanung und Forschungsförderung	19/6
Bürgerversicherung	5/130
Bußgeld (Sozialversicherung)	4/120

C

Cardiff-Prozess	25/11
Carl-Zeiss-Jena-Stiftung	6/925
Case-Management	11/13
Chancengleichheit	19/2
Christlicher Gewerkschaftsbund	13/18
Clearingstelle	4/82
der Deutschen Rentenversicherung Bund	4/68

D

Darlehensteilerlass	19/91
Datenabgleich	12/394
Datenerfassungs- und Übermittlungsverordnung	4/113
Datenschutz	5/445, 8/48, 10/33
Datenschutzaufsicht	10/57
Datentransparenz	5/440
Datenübermittlung	10/45
Datenvermeidung	10/54
DDR-Regime, Verfolgte	6/740
DDR-Unfallrente	7/3
Deckungsverfahren	6/581
Degressiver Punktwert	5/595
Demografischer Faktor	6/23, 6/410
Deutsche Gesetzliche Unfallversicherung e. V.	7/104, 13/11
Deutsche nach Art. 116 Abs. 1 GG	12/76
Deutsche Post	6/807
Deutsche Reichsbahn	6/807
Deutsche Rentenversicherung Bund	4/31, 6/574, 6/580, 13/12, 13/50, 14/2, 14/20
Deutsche Rentenversicherung Knappschaft-Bahn-See	4/46, 5/729, 6/580, 6/676, 13/12, 13/50, 16/83
Deutsche Verbindungsstelle Krankenversicherung – Ausland	5/766
Deutscher Gewerkschaftsbund	13/18
Deutscher Verein für öffentliche und private Fürsorge	12/184, 12/366
Deutschlandstipendium	19/43
Diagnosis Related Groups (DRG)	5/114, 5/127, 5/602, 5/714
Diakonissen	6/723
Dienstrechtsneuordnungsgesetz	15/10
Disease-Management-Programme (DMP)	5/465, 5/740
DMF-T-Wert	5/553
Drei-in-fünf-Erfordernis	17/33
Duale Studiengänge	4/41
Duales Ausbildungssystem	19/51
Duales Finanzierungssystem	11/167
Duldung (Ausländer)	21/25
Durchführungsverordnung 987/2009	25/39
Durchgangsarzt	7/48
durchschnittlicher Zusatzbeitrag	5/241, 5/254
Düsseldorfer Tabelle	12/366
Dynamische Rente	6/5, 6/399
Dynamisierung	16/126, 16/182

E

EASY	21/66
EG-Datenschutzrichtlinie	10/38
EG-Verordnung 1408/71	25/6, 25/28, 25/39

Stichwortverzeichnis

574/72	25/6, 25/28, 25/39	Elternzeit	15/28, 16/28, 18/53, 18/64
883/2004	25/6, 25/28, 25/39	Entbindungspfleger	6/40, 6/691, 6/753
987/2009	25/6, 25/28, 25/39	Entgeltersatzleistung	3/167, 18/59
Ehrenamt	3/7, 3/172, 4/26, 4/77, 4/81, 6/735	Entgeltfortzahlungsgesetz	4/54, 5/369
Ehrenamtlich Tätige	7/22	Entgeltpunkte	6/307, 6/351, 6/798
Ehrenamtliche Pflege	4/80	Entgeltsicherung	2/31
Richter	26/8	Entgeltumwandlung	6/480
Eigenbemühungen	3/171	Entgeltvereinbarung	8/56
Eigenheimrentengesetz	6/463	Entschädigungsrente	22/16, 22/45
Eigenheimzulage	2/77	Entsendeabkommen	25/52, 25/55
Eilfall	12/78	Entsendung ins Ausland	4/11, 4/12, 4/15
Eingangsverfahren (Werkstatt für behinderte Menschen)	9/116	Entstehungsprinzip	4/88
		Entwicklungshelfer	6/733
Eingliederungsbilanz	3/160	Erbenhaftung	2/93, 12/382
Eingliederungsgutschein	3/90	E-Rezept	5/442
Eingliederungshilfe	8/42, 8/50, 9/65, 9/96, 9/117, 12/267	Ergotherapie	5/655
		Erhebung (Sozialdaten)	10/40
Eingliederungshilfe-Verordnung	12/275	Erlaubnisvorbehalt	8/47
Eingliederungsleistungen	2/3, 2/7	Ermessensleistung	1/30, 2/31, 3/158
Eingliederungsprinzip	25/53	Ernährungskosten	12/184
Eingliederungstitel	3/158	Erntehelfer	4/51
Eingliederungsvereinbarung	2/9, 2/29, 3/25, 3/27	Ersatzkasse	5/729
Eingliederungszuschuss	3/82, 3/158	Ersatzkrankenkasse	5/764
für Ältere	3/86	Ersatzzeiten	6/284, 6/795
für Jüngere	3/85	Erstanträge (Asylrecht)	21/4
Einheitliche Europäische Akte	25/7	Erstattung von Sozialleistungen	10/30
Einheitlicher Bewertungsmaßstab	5/523	Erstattungsprinzip	15/4
Einigungsvertrag	6/750, 19/31, 22/72	Erstattungsvereinbarung	5/627
Einkommen	2/73, 12/323, 21/47	Erstaufnahmeeinrichtung Friedland	23/15
im Sinne des BAföG	19/104, 19/128	Erstausstattungen	2/94
Einkommens- und Verbrauchsstichprobe	12/99	Erwerbseinkommen	15/32
Einkommenseinsatz	8/50	Erwerbsfähige Hilfebedürftige	2/12
Einmalausgleichsprinzip	6/532	Erwerbsfähigkeit	2/16, 6/173, 7/69
Einmalige Einnahmen	2/82	Erwerbslosenfürsorge	2/2
Einmalzahlungen	4/50, 4/92	Erwerbsminderung	5/376, 6/175, 12/242, 12/255, 17/33
Einrichtung der medizinisch-beruflichen Rehabilitation	9/90	Erwerbsminderungsrente	6/190, 6/774, 6/816
Einstiegsgeld	2/31, 2/35	Erwerbsunfähigkeit	17/33
Einstrahlung	4/16	Erwerbsunfähigkeitsrente	6/174
Einstweiliger Rechtsschutz	26/19	Erzieher	6/691
Einzelperson	11/157	Erzieherischer Kinder- und Jugendschutz	8/28
Einzelpflegekräfte	11/157	Erziehung in einer Tagesgruppe	8/41
Einzugsstelle	4/33, 4/108	Erziehungsbeihilfe (Bundesversorgungs-	
Elektronische Gesundheitskarte	5/127, 5/442	gesetz)	24/130
Elektronische Signatur	1/29	Erziehungsbeistandschaft	8/41
ELENA (elektronischer Entgeltnachweis)	4/3, 4/114	Erziehungsberatung	8/41
Elternarbeit	8/46	Erziehungsgeld	18/53, 18/60
Elterngeld	18/53	Erziehungsrente	6/784
Elterngeldstelle	18/63	Erziehungsurlaub	18/53
Elterntraining	8/29	Erziehungszeiten	6/513
Elternversorgung (Bundesversorgungsgesetz)	24/161	ESSOSS	27/16

Stichwortverzeichnis

Euro-Einführung	4/94
Europa 2020	25/12
Europäische Abkommen über Soziale Sicherheit	25/27
Europäische Beschäftigungsstrategie	25/12
Europäische Gemeinschaft (EG)	25/6, 25/7, 25/9
Europäische Gesundheitskarte	5/310
Europäische Ordnung der Sozialen Sicherheit	25/26
Europäische Sozialcharta	4/20, 25/25
Europäische Union (EU)	4/17, 25/1, 25/6, 25/9
Europäische Wirtschaftsgemeinschaft (EWG)	25/6
Europäischer Beschäftigungspakt	25/12
Europäischer Gerichtshof	4/13, 5/307, 25/44
Europäischer Sozialfonds (ESF)	3/161, 25/6, 25/13
Europäischer Wirtschaftsraum (EWR)	25/8
Europäisches Fürsorgeabkommen	8/17
Europäisches Semester	25/12
Europarat	25/24
EUROSTAT	27/16
EWR-Abkommen	25/8
Existenzgründung	3/94
Existenzgründungsprogramm	23/32
Existenzgründungszuschuss	5/227
Existenzminimum	12/90

F

Fachkundige Stelle	3/61
Fachrichtungswechsel	19/148
Fahrkosten	5/384
Fallmanagement	11/46
Fallpauschale	5/114, 5/602, 5/713
Familienbildung	8/29
Familienförderung	18/5
Familiengericht	8/32, 8/47
Familienkassen	18/42
Familienleistungsausgleich	18/5, 19/30
Familienverfahrensgesetz	8/33
Familienversicherung	5/192, 11/35, 11/104, 19/114
Feiertagsgeld	4/54
Festbetrag	5/611
Festbeträge für Hilfsmittel	5/684
Feststellung der Pflegebedürftigkeit	11/85
Feststellungsgesetz	22/4, 22/22, 22/68, 22/73
Feuerwehr	4/79
FGG-Reformgesetz	8/13, 8/33
Finanzausgleich	5/29, 6/672, 11/101, 11/120
Flaggenstaatsprinzip	4/9
Flexigesetz	4/64, 4/91
Flexigesetz II	4/65, 4/91
Flughafenverfahren	21/23
Föderalismusreform	8/51, 8/53, 8/59, 12/2
Folgeantrag (Asylrecht)	21/4
Fördern und Fordern	2/24
Förderplan	12/45
Förderschule	9/61
Werkstufe	9/64
Förderungswerke	19/44
Forstwirtschaft	16/139
Fortbildung	4/39
Fortbildungspflicht (Ärzte)	5/509
Freie Berufe	6/698, 14/17
Freie Jugendhilfe	8/20
Freie Wohlfahrtspflege	12/30
Freiwillige Versicherung	4/7, 5/189, 5/271, 6/36, 6/65, 7/34, 11/40, 16/16
in der Alterssicherung der Landwirte	17/20
Freiwillige Weiterversicherung	3/9
Freiwilligen-Zusatzrentenversicherung	6/803, 6/916
Freiwilliges Ökologisches Jahr	18/28
Freiwilliges Soziales Jahr	18/28
Freizügigkeitsabkommen	25/50
Fremdrentengesetz	6/495, 6/892, 7/3, 7/119, 23/21
Friedenswahl	13/23
Früherkennungsuntersuchung	5/320
für Kinder	5/322
Frühförderstelle	9/34, 9/35
Führungszeugnis	8/22

G

G20-Gipfel	25/22
G8-Gipfel	25/22
Gebietsgleichstellung	25/36, 25/44, 25/51
Gebührenordnung	11/202
für Zahnärzte	5/573
Geburtenentwicklung	6/12
Gehbehinderung	12/180
Gemeinsame Deutsche Arbeitsschutzstrategie	7/8
Gemeinsame Servicestelle	6/747
Gemeinsame Servicestellen der Rehabilitationsträger	9/131
Gemeinsame Vorschriften	4/4
Gemeinsamer Bundesausschuss	5/320, 5/451, 5/461, 5/466, 5/500, 5/624, 5/649, 5/656, 5/725
Gemeinschaftliche Mittagsverpflegung	2/68
Gemeinschaftscharta der sozialen Grundrechte	25/7
Gender Mainstreaming	9/4
Generationenvertrag	6/10
Generikum	5/615, 5/633
Geriatrische Ambulanz	9/52
Gerichte	26/3

Stichwortverzeichnis

Gerichtsbescheid	26/23
Gerichtskosten	26/33
Gerichtsverfahren	26/1
Geringfügig Beschäftigte	4/43, 4/46, 6/51, 6/610, 6/617
Entgeltfortzahlung im Krankheitsfall	4/54
in Privathaushalten	4/47, 4/49
Urlaub	4/54
Geringfügigkeitsgrenze	3/212, 5/212, 6/608
Geringverdienergrenze	4/103
Gesamtsozialversicherungsbeitrag	4/95, 4/108
Fälligkeit	4/97
Gesamtversorgungsvertrag	11/135
Gesamtwirtschaftliches Gleichgewicht	4/137
Geschäftsführer	13/40
Geschiedenenwitwenrente	6/230
Geschwisterbonus	18/58
Gesellschaft für Prävention und Rehabilitation von Herz-Kreislauferkrankungen	9/54
Gesetz	
über das Verfahren in Familiensachen und in den Angelegenheiten der freiwilligen Gerichtsbarkeit (Familienverfahrensgesetz)	8/33
über den Nachweis der für ein Arbeitsverhältnis geltenden wesentlichen Bedingungen	4/54
über die Heimkehrerstiftung	23/25, 23/44, 23/47
über die Zahlung des Arbeitsentgelts an Feiertagen und im Krankheitsfall	4/54
über eine Altershilfe für Landwirte	17/1
zur Änderung des Bundesausbildungsförderungsgesetzes	19/7
zur Änderung krankenversicherungsrechtlicher und anderer Vorschriften	5/141
zur Änderung und Bereinigung des Lastenausgleichsgesetzes	22/68
zur Anpassung der Regelaltersgrenze an die demografische Entwicklung und zur Stärkung der Finanzierungsgrundlagen der gesetzlichen Rentenversicherung	6/30
zur Bekämpfung der illegalen Beschäftigung	3/2
zur Förderung der Stabilität und des Wachstums der Wirtschaft	4/137
zur Förderung eines gleitenden Übergangs in den Ruhestand (1996)	6/136
zur Gleichstellung behinderter Menschen *siehe* Behindertengleichstellungsgesetz	
zur Modernisierung der gesetzlichen Unfallversicherung	13/10
zur Modernisierung des Gesundheitssystems	5/32, 5/205, 5/790
zur nachhaltigen Sicherung der Finanzierungsgrundlagen in der gesetzlichen Rentenversicherung	6/451
zur nachhaltigen und sozial ausgewogenen Finanzierung der Gesetzlichen Krankenversicherung	5/142, 5/202, 5/536
zur Neuordnung des Arzneimittelmarktes in der gesetzlichen Krankenversicherung	5/143, 5/703
zur Neuordnung des Kinder- und Jugendhilferechts	8/6
zur Neuordnung und Modernisierung des Bundesdienstrechts	15/10
zur Organisationsreform in der landwirtschaftlichen Sozialversicherung	5/789
zur Reform der Organisation in der gesetzlichen Rentenversicherung	6/2, 6/573
zur Reform der Renten wegen verminderter Erwerbsfähigkeit	6/116, 6/144
zur Reform des Risikostrukturausgleichs	5/466, 5/740
zur Reform des Verfahrens in Familiensachen und in Angelegenheiten der freiwilligen Gerichtsbarkeit	8/13
zur Sicherung der nachhaltigen Finanzierungsgrundlagen der gesetzlichen Rentenversicherung	6/29, 6/145, 6/277, 6/920
zur Sicherung von Beschäftigung und Stabilität in Deutschland	5/238
zur sozialrechtlichen Absicherung flexibler Arbeitszeitregelungen	4/64
zur Stärkung des Wettbewerbs in der gesetzlichen Krankenversicherung	13/8, 13/9
zur strukturellen Weiterentwicklung der Pflegeversicherung	5/133
zur Verbesserung der Wirtschaftlichkeit in der Arzneimittelversorgung	5/149
zur Weiterentwicklung der Organisationsstrukturen in der gesetzlichen Krankenversicherung	5/134
Gesetze für moderne Dienstleistungen am Arbeitsmarkt	1/5
Gesundheit	5/50
Gesundheitsamt	12/280
Gesundheitsfonds	5/200
Gesundheitsförderung	5/474
Gesundheitsleistungen der Sozialhilfe	12/262
Gesundheitspolitik	5/1
Gesundheits-Reformgesetz	5/32, 5/83
Gesundheitsstrukturgesetz	5/32, 5/95
Gewaltopfer	21/42, 12/297
Gewerbeaufsicht	7/13, 7/14
Gewerkschaft der Sozialversicherung	13/18
Gewerkschaften	13/18
Gewöhnlicher Aufenthalt	1/22, 2/18
Ghetto	6/738
GKV- Spitzenverband	13/9

Stichwortverzeichnis

- Finanzierungsgesetz	5/142, 5/202, 5/204, 5/236, 5/238, 5/254, 5/536, 5/599, 5/723
- Spitzenverband	5/765
- Wettbewerbsstärkungsgesetz	12/189
- Wettbewerbsstärkungsgesetz (GKV-WSG)	11/29
Gleitzeit	4/61
Gleitzone	4/56, 5/266, 6/610
Globalbudget	5/109
GmbH-Geschäftsführer	4/30, 4/31
Grad der Behinderung	9/99
Grad der Schädigungsfolgen	24/89
Graduiertenförderungsgesetz	19/40
Grenzgänger	4/19
Große Witwen-/Witwerrente	6/226
Großer Senat	26/6
Grundausbildung	9/80
Grundgesetz	Einf./5, 19/2, 26/2
Grundrente (Bundesversorgungsgesetz)	24/88, 24/137
Grundsicherung bei Erwerbsminderung	2/19
für Arbeitsuchende *siehe* SGB II	
im Alter	2/19
Grundsicherungsgesetz	12/11, 12/233
Gründungszuschuss	2/31, 3/94, 5/227, 9/80
Gutachter	11/87

H

Haager Minderjährigenschutzabkommen	8/17
Haftentlassene	12/297
Häftlingshilfegesetz	24/11, 24/34
Halbwaisenrente	6/232
Handlungsfähigkeit	1/18
Härteausgleich (Bundesversorgungsgesetz)	24/175
Härtefallregelungen bei Zahnersatz	5/579
Hartz II *siehe* Zweites Gesetz für moderne Dienstleistungen am Arbeitsmarkt	
Hartz IV *siehe* SGB II	
Hauptfürsorgestellen	24/198
Hauptschulabschluss	3/34, 3/35, 3/59
Hausarzt	5/505
Hausarzttarif	5/415
Hausgewerbetreibende	4/73, 6/40, 6/691, 6/703, 6/753
Haushaltsführung	12/302
Haushaltsgemeinschaft	2/14
Haushaltshilfe	5/341, 6/95, 7/54, 7/62
Haushaltsplan (Aufsicht)	4/132
Haushaltsscheck	4/47, 4/111
Häusliche Pflege	11/157, 12/287
Hebammen	6/40, 6/691, 6/753
Heil- und Kostenplan	5/580
Heilbehandlung	7/46, 24/70
Heilmittel	5/653
Heilmittelkatalog	5/657
Heilmittel-Richtgrößen	5/664
Heilmittel-Richtlinien	5/656
Heilmittelverordnung, Regelfall	5/659
Heimarbeit	4/73
Heimatvertriebene	23/3, 23/6
Heimaufsicht	8/51
Heimerziehung	8/41
Heimgesetz	11/219
Heimkehrer	23/3
Heimkehrerentschädigungsgesetz	23/35, 23/44
Heimkehrergesetz	23/12
Heimkehrerstiftung	23/10, 23/47
Heimmindestbauverordnung	11/237
Heizung	2/56
Herstellungsanspruch	1/13
Hilfe	
zum Lebensunterhalt	12/56, 12/168
zum Studienabschluss	19/160
zur Erziehung	8/40, 8/50
zur Gesundheit	12/58
zur Selbsthilfe	12/27
Hilfebedürftigkeit	2/17
Hilfeplanverfahren	8/45, 8/54
Hilfsmittel	5/653, 5/674
Ausschreibung	5/694
Festbeträge	5/684
Mehrkostenregelung	5/696
Qualitätssicherung	5/680
Vertragswettbewerb	5/690
Hilfsmittelverzeichnis	5/680
Hinterbliebene	24/30
Hinterbliebenenbezüge	15/19
Hinterbliebenenrente	6/226, 6/780, 7/88, 14/29, 17/39, 17/102
Hinterbliebenenrenten- und Erziehungszeiten-Gesetz	6/513
Hinterbliebenenversorgung	16/34, 16/177
Hinzuverdienst und Teilrente	6/131, 6/162, 6/212, 6/770, 6/773
Hinzuverdienstgrenzen	6/163, 6/216, 6/771
Hochschulrahmengesetz	19/167
Höchstbeträge für Miete und Belastung	20/32
Höchstruhegehaltssatz	15/15
Höherversicherung	6/72
Homöopathische Arzneimittel	5/606
Honnefer Modell	19/5
Hörgeräte	5/689
Hospiz	5/345, 5/348, 11/229
Hüttenknappschaftliche Zusatzversicherung	16/86

Stichwortverzeichnis

I

ICF	9/9
Implantate	5/591
Individualisierung	12/38
Individualprophylaxe	5/560
Infektionsschutzgesetz	24/11, 24/40
Informationsfreiheitsgesetz	10/60
Inklusion	8/43
innerbetrieblicher Arbeitsschutz	7/16
Innovative Ansätze der aktiven Arbeitsförderung	3/159
Innungskrankenkasse	5/729, 13/9
Inobhutnahme	8/21, 8/47
Insolvenz von Krankenkassen	5/748
Insolvenzgeld	3/213, 3/218, 3/219, 3/220, 3/233
Insolvenzschutz	4/64
Insolvenzsicherung bei Altersteilzeit	3/213
Institut für Qualität und Wirtschaftlichkeit im Gesundheitswesen	5/126, 5/461
Integrationsamt	9/38, 9/98, 9/107, 9/108, 9/110
Integrationsfachdienst	9/109
Integrationskurs	23/28
Integrationsleistungen	21/38
Intensive sozialpädagogische Einzelbetreuung	8/41
Internationale Arbeitsorganisation	25/5, 25/16
Internationale Klassifikation der Funktionsfähigkeit, Behinderung und Gesundheit (ICF)	9/9
Internationalen Arbeitsorganisation	4/20
Internationalen Klassifikation der Krankheiten (ICD-10)	8/42
Internetportal „einfach-teilhaben.de"	9/134
Invalidenrente	6/777
Invalidität	6/173
Invaliditäts- und Altersversicherungsgesetz (1889)	6/1
Investitionskosten	11/169

J

Jahresarbeitsentgeltgrenze	5/207
Jahreseinkommen (Wohngeld)	20/35, 20/42
Jahresmeldung zur Sozialversicherung	4/112
Jobcard	4/119
Jobcenter	2/8
Jugendamt	8/21, 8/52
Jugendgerichtsgesetz	8/47
Jugendhilfe	19/38
Jugendhilfeausschuss	8/52
Jugendschutz	8/28
Jugendsozialarbeit	8/27
Junge Volljährige	8/16, 8/44

K

Kaiserliche Botschaft (1881)	6/1, 13/2
Kapitalabfindung	16/184
Kapitalgedeckte Altersvorsorge	6/451, 16/51
KAPOVAZ (Kapazitätsorientierte Variable Arbeitszeit)	4/58
Kassenärztliche Bundesvereinigung	5/497
Kassenärztliche Vereinigung	5/496
Kassenarztrecht	5/16
Kassenwahlfreiheit	5/734
Kieferorthopädische Versorgung	5/586
Kinder in Kindestageseinrichtungen	7/23
Kinder- und Jugendhilfegesetz	8/6
Kinder- und Jugendhilfeweiterentwicklungsgesetz (KICK)	8/11, 8/21
Kinder- und Jugendschutz	8/28
Kinder-Berücksichtigungsgesetz	6/561, 14/12
Kinderbetreuung	2/7, 2/26, 2/94
Kinderbetreuungszuschlag	19/76
Kinderbonus	18/41, 19/30
Kindererziehung	6/514, 11/94
Kindererziehungsergänzungszuschlag	15/28
Kindererziehungszeit	6/288, 6/314, 6/513, 6/518, 6/526, 6/792, 6/899, 14/25, 15/28, 16/28
Kinderförderungsgesetz	8/12, 8/38
Kinderfreibetrag	18/6
Kindergarten	8/36
für behinderte Kinder	9/58
Kindergeld	2/77, 18/6, 25/51
Anrechnung von	12/324
Kinderkomponente (Rente)	6/234
Kinderschutzgesetz	8/14, 8/22
Kindertagespflege	8/35
Kindertagespflegeperson	8/39, 8/58
Kindertagesstättengesetze	8/36
Kinderzuschlag	18/39, 24/103
Kindeswohlgefährdung	8/21
Kindschaftsrechtsreform	8/9, 8/32
Kindschaftsrechtsreformgesetz	8/32
Klagearten	26/18
Klageerhebung	26/10
Klagerücknahme	26/22
Klagerücknahmefiktion	26/22
Klassenfahrten	2/62
Kleider- und Wäscheverschleiß	24/126
Kleine Witwen-/Witwerrente	6/226
Klinische Studie	5/606
Knappschaft-Bahn-See	6/574
Knappschaftliche Rentenversicherung	6/4, 6/570
Knappschaftsältester	6/748

Stichwortverzeichnis

Knappschaftsvereine	13/4
Köln-Prozess	25/11
Kommission zur Reform der Gemeindefinanzen	2/7, 2/97
Kommunale Option	2/8
Kommunen	2/7
Kommunikationshilfe	9/122
Komplexvergütung	11/206
Königsteiner Schlüssel	21/66
Konjunkturpaket II	5/238
Kontingentflüchtlinge	18/56
Konzertierte Aktion im Gesundheitswesen	5/28, 5/447
Koordinierung der nationalen Rechtssysteme der Sozialen Sicherung	25/32
Kopfpauschale	5/528
Kostenbeteiligung	8/50
Kostendämpfung	5/27, 5/67
Kostenerstattung	5/57, 5/297, 21/62
Kostenerstattungstarif	5/418
Kosten-Nutzenbewertung	5/649
Kostenübernahme durch den Bund (SGB III)	3/234
Kraftfahrzeughilfe	7/55, 9/81, 9/128
Kranken- und Pflegeversicherung (SGB II)	2/86
Krankenfürsorge für Beamte	15/4
Krankengeld	3/197, 5/126, 5/147, 5/369, 6/706
für Künstler und Publizisten	14/9
Krankenhausbehandlung	5/704
Krankenhausfinanzierung	5/27
Krankenhausfinanzierungsreformgesetz	5/716, 5/724
Krankenhausnotopfer	5/106
Krankenhauswahl	5/706
Krankenhilfe	8/25
Krankenkasse	5/729
Krankenkassen	
Prüfung nach § 274 SGB V	5/789
Selbstverwaltung	5/750
Krankenkassenfusion	5/169
Krankenversichertenkarte	5/87, 5/303, 5/441
Krankenversicherung	4/6, 25/43
Beitragssatz	4/101
der Künstler und Publizisten	14/1
der Landwirte	5/270
der Rentner	6/546, 6/908
Krankenversicherungsbeiträge (Übernahme durch die Sozialhilfe)	12/189
Krankenversorgung	22/16, 22/43, 22/55
Krankheit	5/46
Kreditanstalt für Wiederaufbau	19/167, 23/32
Kriegsflüchtlinge	21/24
Kriegsfolgenbereinigungsgesetz	22/4, 22/70, 23/3, 23/47
Kriegsgefangene	23/3, 23/10, 23/35
Kriegsgefangenenentschädigungsgesetz	23/10
Kriegsopferfürsorge	24/127
Kriegsopferrente	6/890
Kriegssachschaden	22/10, 22/18
Kriegsschadenrente	22/13
Kultusministerkonferenz	9/73
Kündigungsschutz	Einf./13, 4/55, 18/66
für schwerbehinderte Beschäftigte	9/98, 9/110
Künstler	14/5
Künstlersozialabgabe	14/1, 14/13
Künstlersozialkasse	14/1, 14/15
Künstlersozialversicherungsgesetz	4/6, 5/21, 5/35, 14/1, 14/16
Künstliche Befruchtung	5/383
Kuratorium Deutsche Altershilfe	11/232
Kurzarbeitergeld	3/124, 3/147
Kurzfristige Beschäftigung	4/51
Kurzzeitpflege	11/22, 11/55
Küstenfischer	6/40, 6/753
Küstenschiffer	6/40, 6/691, 6/753

L

Landesausgleichsamt	22/61
Landesbeauftragte für den Datenschutz	10/57
Landesjugendamt	8/52
Landesrahmenverträge	11/149
Landessozialgericht	26/5
Landesverbände der Pflegekassen	11/136
Landesversicherungsanstalt	6/571
Landesversicherungsanstalt Oldenburg-Bremen	14/1
Landwirte	5/20, 5/34, 5/180, 17/1
Landwirtschaft	16/139
Landwirtschaftliche Alterskasse	17/4, 17/89
Landwirtschaftliche Berufsgenossenschaft	17/4, 17/89
Landwirtschaftliche Krankenkasse	5/729, 17/4
Landwirtschaftliche Unfallversicherung	7/62
landwirtschaftliche Unternehmer	7/21
Langzeitarbeitslosigkeit	6/187
Lastenausgleich	7/111, 22/1
Ausgleichsbehörden	22/60
Gesetz zur Änderung und Bereinigung des Lastenausgleichsgesetzes	22/68
Leistungsarten	22/12
Neue Bundesländer	22/72
Personenkreis	22/10
Lastenausgleichsabgabe	22/64
Lastenausgleichsgesetz	22/4
Lastenzuschuss	20/15
Lebenserwartung	6/13

Stichwortverzeichnis

Lebenshaltungskosten	11/179, 11/197
Lehrer	6/691, 6/699
Leistung nach Erreichen der Regelaltersgrenze	16/75
Leistungen	
für Bildung und Teilhabe	2/41, 2/67, 12/86, 12/200, 20/8
für Unterkunft und Heizung	2/51
zum Lebensunterhalt	2/7, 8/57
zur Teilhabe am sozialen und kulturellen Leben in der Gemeinschaft	2/69
zur Rehabilitation	6/78
Leistungs- und Preisvergleich (Pflegeeinrichtungen)	11/147
Leistungs- und Qualitätsvereinbarung	11/163
Leistungsabsprache	12/45
Leistungsanpassung	11/72
Leistungsexportprinzip	25/48, 25/53
Leistungskomplexe (Pflege)	11/205
Leistungskonkurrenz	12/292
Leistungsträger	9/17
Leistungsvereinbarung	8/56
Lernbeeinträchtigte Jugendliche	3/51
Lernförderung	2/68
Lissabonner Strategie	25/12
Logopädie	5/655
Lohnabstandsgebot	12/107
Lohnersatzleistung	6/706
Lohnfortzahlung	5/18, 7/58
Lohnkostenzuschuss	9/106
Luxemburg-Prozess	25/11

M

Managed-Care-Strukturen	5/548
Maßnahmen zur Aktivierung und beruflichen Eingliederung	3/77
Master-/Magisterstudiengang	19/21
Mecklenburg-Vorpommern	11/245
Mediation	8/33
Medizinische Versorgungszentren	5/502
Medizinische Vorsorge	5/726
Medizinischer Dienst der Krankenversicherung	5/805, 11/86
des Spitzenverbandes Bund der Krankenkassen	5/810
Mehraufwandsentschädigung	2/39
Mehraufwands-Wintergeld	3/148
Mehrbedarfe	2/44
Mehrbedarfszuschläge	12/179
Mehrkostenregelung bei Hilfsmitteln	5/696
bei Zahnfüllungen	5/573
bei Zahnersatz	5/581
Meister-BAföG	19/181
Meldepflicht	11/92, 21/50
Meldeverfahren	4/116
Menschen mit Behinderung (*siehe auch* behinderte Menschen)	19/89
Messbetrag	16/24
Metallkosten bei Zahnersatz	5/576
Miete	12/213
Mietenstufen der Gemeinden	20/33
Mietkaution	12/214
Mietzuschuss	20/14
Militärischer Dienst	24/22
Militärpensionsgesetz	24/2
Milleniumserklärung	25/23
Mindestbedarf	2/2
Mindestbeitrag	6/607
Mindestbemessungsgrundlage	6/607
Mindesteigenbeitrag	6/468
Mindestruhegehalt	15/17
Mindesturlaubsgesetz für Arbeitnehmer	4/54
Mindestversicherungszeit	6/253, 17/45
Mindestversorgung	16/128
Minijob-Zentrale	4/46, 4/108
Mitarbeitende Familienangehörige	17/14
Mithelfende Familienangehörige	4/26, 4/31, 4/82
Mitwirkung in gerichtlichen Verfahren	8/47
Mitwirkungspflicht	1/44, 2/90
des Beschäftigten	4/116
Mobilitätshilfe	9/80, 9/122
Modellprogramm zur Förderung der medizinischen Qualitätssicherung	5/462
Modellvorhaben zur Verbesserung der Zusammenarbeit von Arbeitsämtern und Trägern der Sozialhilfe (MoZArT)	2/6
Monistisches Finanzierungssystem	11/168
Morbiditätsbedingte Gesamtvergütung	5/528
Morbiditätsunterschied	5/740
MoZArT *siehe* Modellvorhaben zur Verbesserung der Zusammenarbeit von Arbeitsämtern und Trägern der Sozialhilfe	
Müheloses Einkommen	2/73
Müttergenesungswerk	5/316
Mutter-Kind-Einrichtungen	8/34
Mutterschaft	5/377
Mutterschaftsgeld	3/197, 5/378, 18/59
Mutterschaftshilfe	5/476
Mutterschafts-Richtlinien	5/557

N

Nachhaltigkeitsfaktor	Einf./12, 6/29, 6/423, 6/879
Nachhaltigkeitsrücklage	4/141, 6/600

Stichwortverzeichnis

Nachrangprinzip Einf./9, 8/18, 12/28, 12/298, 21/46	
Nachversicherung	6/61, 6/62, 6/762, 15/38
Nachweisgesetz	4/54
Nationale Arbeitsschutzkonferenz	7/8
Nationaler Aktionsplan	9/6
Nationalsozialismus, Verfolgte	6/736
NATO-Truppenstatut, Zusatzabkommen	4/22
Nebenbeschäftigung	6/52
Nettoentgeltdifferenz	3/138
Nettorentenniveau in der DDR	6/862
Nettoreproduktionsrate	6/12
Neue Bundesländer 4/150, 5/31, 5/118, 6/7, 6/749, 6/818, 14/38, 16/53, 16/82, 16/135, 16/153, 16/186, 17/10, 17/95, 19/31, 20/5, 22/72	
Nominalwertzusage	6/475
Notwendiger Lebensunterhalt	12/90
Nutzenbewertung	5/624, 5/649

O

Obhutsprinzip	18/18
OECD	25/23
OEG-Änderungsgesetz	24/56
Offene Methode der Koordinierung	25/11
Öffentliche Fürsorge	12/2
Off-Label-Anwendung von Arzneimitteln	5/606
Ökologische Steuer- und Abgabenreform	6/598, 6/661
Opferentschädigungsgesetz	24/11, 24/41
Optimierungsberechnung	1/12
Optionskommune *siehe* Kommunale Option	
Optionsmodell 2003	5/715
Ordensleute	6/723
Organisationsreform in der Rentenversicherung	13/49
Osterweiterung der EU	25/15
Ostschaden	22/18
OSZE	25/23

P

Packungsgrößenkennzeichen	5/605
Palliativversorgung	5/340
Parkausbildung	19/155
Partnermonate	18/54
Partnerschaftsberatung	8/30
Patientenbeauftragter	5/126
Patientenquittung	5/444
Pauschalabgaben für geringfügig Beschäftigte	6/657
Pendelzeiten	3/174
Personalitätsprinzip	4/9
Personalrat	9/111
Personalrichtwert	11/155
Personengleichstellung	25/35
Persönlicher Ansprechpartner	2/29
Persönliches Budget	9/23, 12/277
Pfändung	1/37
Pfändungsschutzkonto	1/38
Pflege (Berücksichtigung bei der Rentenversicherung)	6/288
von Angehörigen	2/26
ehrenamtliche	4/80
Pflegeausgleich	24/149
Pflegebedürftige Kinder	11/83
Pflegebedürftigkeit	11/73, 12/285
Pflegeberatung	11/13, 11/46
Pflege-Buchführungsverordnung	11/154
Pflegedienst	11/123
Pflegeeinrichtungen	11/123
Pflegeeinrichtungsvergleich	11/213
Pflegefachkraft	11/127
Pflegegeld 2/77, 7/56, 11/20, 11/47, 11/50, 24/132	
Pflegeheim	11/123
Pflegehilfsmittel	11/57
Pflegekasse	11/88
Pflegekind	8/41, 8/46, 8/57
Pflegekurs	11/59
Pflegeperson	3/9, 6/724, 7/26
Soziale Sicherung	11/60
Pflege-Pflichteinsätze	11/140
Pflegeplan	11/86
Pflege-Qualitätssicherungsgesetz	11/163
Pflegesätze	11/181
Pflegesatzkommission	11/195
Pflegesatzvereinbarung	11/189, 11/190
Pflegestufen	11/79
Pflegestützpunkt	11/13, 11/216
Pflegevergütung	11/166
Pflegeversicherung	4/6, 15/44, 22/43, 22/55, 24/16, 25/43
der Künstler und Publizisten	14/4
der Rentner	6/560, 6/561
Pflegeversicherungsbeiträge (Übernahme durch die Sozialhilfe	12/189
Pflege-Versicherungsweiterentwicklungsgesetz	12/282
Pflege-Weiterentwicklungsgesetz	11/12
Pflegezeit	11/28
Pflegezeitgesetz	3/6, 3/9, 3/230, 11/61
Pflegezulage (Bundesversorgungsgesetz)	24/120
Pflegezuschlag	15/28
Pflichtversicherung	4/7, 11/8
Physikalische Therapie	5/655

1165

Stichwortverzeichnis

Pilot-Pflegestützpunkt	11/216
Podologie	5/655
Politische Häftlinge	23/3, 23/13, 23/34, 24/34
Positivliste	5/97, 5/107
Potenzialanalyse	3/26, 3/28
Präklusion	26/21
Praktikanten (Sozialversicherungspflicht)	4/84
Praktikum	18/26
Prävention	5/24, 5/474, 5/555, 9/31, 9/38
Praxisgebühr	5/147, 5/325, 5/390, 5/593, 7/48
Praxisübergabe	5/513
Preisbindung	5/607
Privatärzte	5/501
Private Arbeitsvermittlung	3/23
Private Pflegeversicherung	11/10, 11/102
Produkttheorie	2/51
Profiling	3/154
Progressionsvorbehalt	3/81, 3/210
Progressionszone	4/56
Prozessbevollmächtigte	26/16
Prozesskostenhilfe	26/34
Prüfwesen in der GKV	5/789
Psychosoziale Betreuung	2/7, 2/34, 2/94
Psychotherapeutengesetz	5/517
Publizist	14/5
Punktemodell	16/21

Q

Qualifizierungszuschuss	3/92
Qualitätsentwicklungsvereinbarung	8/56
Qualitätsmanagementverfahren	9/45
Qualitätssicherung	5/459
bei Hilfsmittel	5/680
in der Zahnmedizin	5/568

R

Rabattvertrag	5/637
Rahmenvereinbarung über die Zusammenarbeit von Schule und Berufsberatung	9/73
Rahmenverträge	12/319
Realteilungsprinzip	6/535
Recht auf informationelle Selbstbestimmung	10/33, 10/58
der freien Arztwahl	5/501
Rechtliches Gehör	10/7
Rechtsanspruch	1/30
Rechtsbehelfsbelehrung	10/13
Rechtsschutz	5/811, 7/118
Referenzentgelt	16/22

Regelaltersgrenze	15/9
Regelaltersrente	3/7, 3/168, 3/197, 3/227, 6/106
Regelbedarf zur Sicherung des Lebensunterhalts	2/42
Regelbedarf-Ermittlungsgesetz	12/86, 12/120
Regelfall bei Heilmittelverordnung	5/659
Regelleistungsvolumen	5/126, 5/523
Regionaldirektionen (Bundesagentur für Arbeit)	3/223
Rehabilitation	3/97, 5/25, 5/353, 6/78, 7/42, 7/44, 11/45, 19/36
Rehabilitationsleistung	17/81
Rehabilitationssport	6/95, 7/54, 9/54
Rehabilitationsträger	9/17
Reichsjugendwohlfahrtsgesetz	8/4
Reichsversicherungsordnung	5/9, 6/1, 13/5
Reichsversorgungsgesetz	24/2
Reisekosten	6/95, 7/54
Rente	7/68, 15/36
für Bergleute	6/678
nach Mindesteinkommen	6/313
wegen Alters	17/23
wegen Berufsunfähigkeit	6/223, 6/776
wegen Erwerbsminderung	6/173, 17/33, 17/74
wegen Erwerbsunfähigkeit	6/220
wegen Todes	6/225, 17/66
Rentenabschläge *siehe* Zugangsfaktor	
Rentenabschlagsausgleich	16/76
Rentenanpassung	6/366, 6/399, 17/62
neue Bundesländer	6/862, 6/869
Rentenartfaktor	6/295, 6/363
Rentenausgaben	6/4
Rentenauskunft	6/301
Rentenberechnung	6/302, 6/303, 6/304, 17/56, 17/75
Rentenbezugszeit	17/55
Rentenformel	6/292
Rentengarantie *siehe* Schutzklausel	
Rentennettoquote	6/408
Rentenreform	6/2, 6/19, 6/23, 6/135, 6/141
Rentenreform 2001 *siehe* Altersvermögensgesetz und Altersvermögens-Ergänzungsgesetz	
Rentenreformgesetz 1992	6/19
Rentenreformgesetz 1999	6/22
Rentensplitting	6/240, 6/241, 6/242, 6/323
Rentenüberleitungsgesetz	1/5, 4/150, 6/502, 6/749
Rentenversicherung	2/88, 4/6, 9/95, 25/44
der Angestellten	6/570, 6/672
der Arbeiter	6/570, 6/672
der Arbeiter und Angestellten	6/4
der Künstler und Publizisten	14/1
der Landwirte	17/1
für Angehörige kammerfähiger freier Berufe	14/17

Stichwortverzeichnis

Rentenversicherungsbeiträge	6/588, 6/928
Rentenversicherungsbericht	6/584
Renten-Versicherungskonto	6/298
Renten-Versicherungsnummer	6/297
Rentenversicherungsreform	13/49
Rentenwert	6/296, 6/364
Rentner	5/19, 5/178, 5/212
Reparationsschädengesetz	22/4, 22/68, 22/75
Revision	26/31
Rheinschifferabkommen	4/22, 25/50
Rheumaliga	9/54
Rhöndorfer Modell	19/5
Richter	3/7, 14/7, 26/7
Richtgrößen bei Heilmitteln	5/664
Riester-Rente	2/79, 2/85, 16/51, 16/189
Risikostrukturausgleich	5/738
Risikostruktur-Ausgleichsverordnung	5/466
Römische Verträge	25/6
Rothenfelser Denkschrift	1/1
RSA-Reformgesetz	5/740
Ruhegehalt	15/8
Ruhegehaltsskala	15/15
Rundfunk- und Fernsehgebühren, Befreiung	9/121
RV-Altersgrenzenanpassungsgesetz	6/30, 6/147, 12/22
RV-Nachhaltigkeitsgesetz	6/29, 6/145, 6/146

S

Sachbezüge	4/90
Sachleistung	2/61, 5/55, 5/296, 21/31
Sachsen	11/246
Sachsen-Anhalt	11/247
Sachverständigenkommission für die Weiterentwicklung der sozialen Krankenversicherung	5/65
zur Begutachtung der Entwicklung im Gesundheitswesen	5/447
Saison-Kurzarbeitergeld	3/142, 3/143, 3/144
Satzung	13/7
Satzungsermächtigung	2/54
Schadenersatzanspruch	10/32
Schadensausgleich	24/141
Scheinselbständigkeit	4/36, 4/66
Schiedsstelle	8/56, 11/156, 12/321
Schließung von Krankenkassen	5/745
Schmerzensgeld	21/49
Schonvermögen	12/347
Schornsteinfeger	6/701, 16/114
Schornsteinfegergesetz	14/41
Schulabschluss	3/34, 3/59
Schulausbildung	18/25
Schulausflüge	2/68
Schuldenübernahme	12/221
Schuldnerberatung	2/7, 2/34, 2/94
Schüler	3/173, 7/23
Sozialversicherungspflicht	4/84
Schülerförderung	19/53
Schutzimpfung	5/317, 9/33
Schutzklausel	6/425, 6/883
Schwangerschaft	2/45, 5/377, 12/59, 12/181
Schwangerschaftsabbruch	5/26, 5/382
Schwankungsreserve in der Rentenversicherung der Arbeiter und Angestellten	6/594
Schwerbehinderte Menschen	3/83, 6/115, 9/10, 9/98
Schwerbehindertenausweis	2/47, 9/99
Schwerbehindertenvertretung	9/38, 9/98, 9/111
Schwerbehinderung	12/180
Schwerstbeschädigtenzulage	24/93
SED-Unrechtsbereinigungsgesetz	6/740, 6/914
See-Berufsgenossenschaft	16/83
Seekasse	6/571
Seeleute	4/74, 4/75, 6/40, 6/691, 6/734
Seelisch behinderte Kinder und Jugendliche	8/42, 8/43
Seemannskasse	16/60, 16/83
Seemannsrente	16/63
Sehbehinderung	5/682
Selbständige	2/80, 3/9, 3/94, 3/230, 4/34, 4/53, 4/105, 6/40, 6/51, 6/630, 6/691, 6/700, 6/704, 6/753
Selbstbehalttarif	5/417
Selbstbeschaffung	8/54
Selbstbestimmungsrecht	11/63
Selbsthilfe	5/481
Selbstverschulden	5/305
Selbstverwaltung	4/130, 5/750, 13/1
Selbstverwaltungsgesetz	13/5
Selbstverwaltungsprinzip	5/4
Selektivvertrag	5/594
SGB II – Grundsicherung für Arbeitsuchende	23/17
Antragstellung	2/71
Berechnung	2/71
Finanzierung	2/97
Leistungsarten	2/11
Leistungsberechtigte	2/12
Sanktionen	2/89
Widerspruch, Klage	2/96
SGB III – Arbeitsförderung	3/2
Leistungen	3/10
Leistungen an Arbeitgeber	3/82, 3/86
Leistungen bei Arbeitslosigkeit	3/166
Leistungen zur Schaffung von Arbeitsplätzen	3/110

Stichwortverzeichnis

Leistungen zur Teilhabe behinderter Menschen	3/96
SGB IV – Gemeinsame Vorschriften	13/5
SGB V – Gesetzliche Krankenversicherung	9/44
Aufgaben	9/36
Behinderte Menschen	5/21
Beitragsentlastungsgesetz	5/104
Beitragssatz	5/241
Beitragssatzsicherungsgesetz	5/121
Bundesausschüsse	5/115, 5/126, 5/461, 5/500
Gesetz über die Neuregelung der Kassenwahlrechte	5/120
Gesetz zur Rechtsangleichung in der gesetzlichen Krankenversicherung	5/743
Gesetz zur Reform des Risikostrukturausgleichs in der gesetzlichen Krankenversicherung	5/120
Gesundheitssystemmodernisierungsgesetz	5/123
GKV-Finanzstärkungsgesetz	5/743
GKV-Gesundheitsreform 2000	5/108
GKV-Modernisierungsgesetz	5/32
GKV-Neuordnungsgesetze	5/104
GKV-Solidaritätsstärkungsgesetz	5/32, 5/106
GKV-Wettbewerbsstärkungsgesetz	5/32, 5/131
Landwirte	5/20, 5/34
Leistungen	5/311
Leistungsausgaben	5/67
Mitgliedschaft	5/195
Rechtsschutz	5/811
Rentner	5/19
Studierende	5/22
Versicherter Personenkreis	5/171
Versorgungsbereiche	5/538
Zusatzversicherung	5/551
SGB VI – Rentenversicherung	
Freiwillige Versicherung	6/65
Nachversicherung	6/762
SGB VII – Unfallversicherung	7/3
Aufgaben	7/1, 7/4
Aufsicht	7/103
Beiträge	7/105, 7/106, 7/107
Berufsfördernde Leistungen	7/51
Entwicklung	7/3
Landwirte	7/62
Leistungen	7/41
Leistungen zur Teilhabe am Arbeitsleben	7/50
Leistungen zur Teilhabe am Leben in der Gemeinschaft	7/53
Rechtsquellen	7/119
Rechtsschutz	7/118
Träger	7/99
Versicherte Personen	7/19
Versicherung kraft Gesetzes	7/20, 7/21, 7/22
Versicherung kraft Satzung	7/30, 7/31
Versicherungsfreiheit	7/33
Zuständige Träger	7/100, 7/101
SGB VIII – Kinder- und Jugendhilfe	8/6
Leistungen und andere Aufgaben	8/24
Personenkreis	8/15, 8/16, 8/17
Träger der öffentlichen Jugendhilfe	8/51
SGB IX – Rehabilitation und Teilhabe behinderter Menschen	9/3
Grundsätze	9/14
Leistungen zur medizinischen Rehabilitation	9/39
Leistungen zur Teilhabe	9/13
Leistungen zur Teilhabe am Arbeitsleben	9/79
Leistungen zur Teilhabe am Leben in der Gemeinschaft	9/119, 9/120, 9/121
SGB XI – Pflegeversicherung	
Änderungsgesetze	11/29
Beiträge	11/94
Beitragsbemessung	11/94, 11/95, 11/96
Beitragsfreiheit	11/100
Beitrittsrecht	11/42
In-Kraft-Treten	11/7
Investitionshilfen	11/238
Leistungen	11/44, 11/47
Leistungs- und Preisvergleich von Pflegeeinrichtungen	11/147
Leistungsvoraussetzung	11/74
Pflegesachleistungen	11/48
Qualitätssicherung	11/25
SGB XI-Änderungsgesetz	11/127
Soziale Sicherung der Pflegeperson	11/60
Stationäre Pflege	11/62
Träger	11/88
Versicherter Personenkreis	11/31
Weiterentwicklung	5/133, 11/12
SGB XII – Sozialhilfe	
Leistungen an Ausländer	21/70
Eingliederungshilfe für behinderte Menschen	12/267
Einrichtungen	12/312
Grundsicherung bei Erwerbsminderung	12/233
Grundsicherung im Alter	12/233
Hilfe in besonderen sozialen Schwierigkeiten	12/296
Hilfe zur Gesundheit	12/262
Hilfe zur Pflege	12/282
Kostenerstattung	12/380
Leistungen	12/35, 12/36, 12/37
Leistungsberechtigte	12/55
Träger	12/29, 12/373
Ursachen des Leistungsbezugs	12/176

Stichwortverzeichnis

Verfahrensbestimmungen	12/388
Sicherer Herkunftsstaat	21/23
Sicherheitsbeauftragte	7/3, 7/18
Sicherheitsfachkräfte	7/16
Sicherheitsleistung	21/52
Sicherstellungsauftrag	11/122
Soforthilfegesetz	22/4, 22/64, 22/68
Sofortmeldung (Beschäftigung)	4/115
Soldaten	2/77
Soldatenversorgungsgesetz	24/11
Solidarische Gesundheitsprämie	5/130
Solidaritätsprinzip	5/59
Sonderpädagogischer Förderbedarf	9/61
Sonderversorgungssystem der ehemaligen DDR	6/818, 6/827, 6/843, 6/856, 6/918
Sozialamt	12/29, 12/374
Sozialausgleich	5/205, 5/241, 5/254
Sozialbeirat	6/587
Sozialbeiträge	27/13
Sozialbericht	27/1
Sozialbudget	4/122, 27/1
Sozialcharta	25/7
Sozialdaten	1/24, 8/48, 10/36
Sozialdatenschutz	8/48, 10/33
Soziale Gruppenarbeit	8/41
Soziale Integration	8/27
Soziale Rechte	1/7
Soziale Schwierigkeiten	12/297
Sozialer Dialog	25/9
Sozialgeheimnis	1/24, 10/34, 10/35
Sozialgeld	2/41
Sozialgerichte	26/3
Sozialgerichtsbarkeit	5/811, 10/25, 26/1
Sozialgerichtsgesetz	26/2
Sozialhilfe	2/1, 9/96, 9/117
für Ausländer	12/66
für Auszubildende	12/64
für Deutsche im Ausland	12/71
Antrag auf	12/52, 12/253
Sozialhilfereform	12/13
Sozialhilfestatistik	12/399
Sozialhilfeträger	12/373
Sozialleistungsquote	27/3
Sozialleistungsträger	10/30
Sozialpädagogische Begleitung	3/54
Sozialpädagogische Familienhilfe	8/41
Sozialpädiatrisches Zentrum	9/34, 9/35
Sozialpolitische Agenda	25/11
Sozialstaat	Einf./1
Sozialstaatsprinzip	Einf./5, 19/2
Sozialunion	6/7
Sozialversicherung	
Begriffsbestimmung	4/5
Freiwillige Versicherung	4/7
Pflichtversicherung	4/7
Versicherter Personenkreis	4/8, 4/23
Versicherungspflicht	4/13
Versicherungspflicht auf Antrag	4/7
Sozialversicherungsabkommen	4/13
Sozialversicherungsanstalt Berlin	5/14
Sozialversicherungsausweis	4/3, 4/115, 4/117, 4/118, 4/119
Sozialversicherungsbeitrag	4/99, 4/100, 4/102
Beitragszuschuss	4/107
Sozialversicherungswahl	6/579, 13/15
Soziokulturelles Existenzminimum	2/42
Soziotherapie	5/338
Spareschaden	22/18, 22/20
Spätaussiedler	23/1, 23/8
Sperrzeit	3/118, 3/193, 3/198
Spitzenverband Bund der Krankenkassen	5/685, 13/9
Bund der Pflegekassen	11/90
der landwirtschaftlichen Sozialversicherung	7/104, 13/9
Sprungrevision	26/31
Staatliche Ämter für Arbeitsschutz	7/13
Staatliche Arbeitsschutzüberwachung	7/12
Staatsangehörigkeit	23/4
Staatsaufsicht	5/773
Staatsdarlehen	19/79
StartGeld	23/32
Startgutschrift	16/31
Stationäre Pflege	11/23, 11/62
Stationäre Pflegeeinrichtung	11/123
Stationäre Vorsorge- und Rehabilitationseinrichtungen	5/726
Statistik	12/399
der Kinder- und Jugendhilfe	8/60
Sterbegeld	7/87, 16/183, 24/171
Sterbegeldversicherung	12/198
Sterbevorsorge	22/44, 22/55
Sterilisation	5/26, 5/382
Steuerbefreiung nach § 3 Nr. 63 EStG	16/52
Steuerliche Förderung nach § 10a EStG	16/51, 16/189
Stiftung „Erinnerung, Verantwortung und Zukunft"	6/739
Stipendium	19/41, 19/110
Strafgefangene	3/5, 3/229
Strukturierte Behandlungsprogramme	5/465
Strukturreform des Versorgungsausgleichs	16/44
Strukturverträge nach § 73a SGB V	5/548
Studienabschluss, Hilfe zum	19/160

Stichwortverzeichnis

Studienförderung	19/5
für behinderte Menschen	9/69
Studienzeiten	6/55
Studierende	3/173, 5/22, 5/177, 6/55, 7/23
Sozialversicherungspflicht	4/84
Studium	18/26
Subsidiarität	Einf./9, 21/46
Suchtberatung	2/7, 2/34, 2/94

T

Tabaksteuererhöhung	5/126
Tages- und Nachtpflege	11/54
Tagesbetreuungsausbaugesetz	8/11, 8/36, 8/39
Tageseinrichtungen	8/35
Tagesgruppe	8/41
Tagespflege *siehe* Kindertagespflege	
Tagespflegeperson *siehe* Kindertagespflegeperson	
Tarifvertrag Altersversorgung – ATV	16/11
Tatbestandsgleichstellung	25/37, 25/44
Tbc-Erkrankung	6/81
Techniker-Krankenkasse	13/13
Technische Arbeitshilfen	9/81, 9/94, 9/100
Technische Hilfen	11/57
Teilarbeitslosengeld	3/204
Teilhabe	9/5, 9/7
am Arbeitsleben	7/42, 9/79
am gesellschaftlichen Leben	2/69, 7/42
Teilhabemanagement	9/22
Teilrente	6/162, 6/770
Teilzeitarbeit	4/58
Telematik	5/127
Territorialitätsprinzip	1/22, 4/9, 4/10
Thüringen	11/248
Träger der Sozialhilfe	9/117
Trainingsmaßnahme	9/80
Transferkurzarbeitergeld	3/154
Transfermaßnahmen	3/156, 3/158
Trennung und Scheidung	8/30

U

U1-Verfahren	5/288
U2-Verfahren	5/291
Überbrückungsgeld	7/55, 16/63
Übereinkommen über die Rechte von Menschen mit Behinderungen	8/43
Überführungskosten	7/87
Übergang von Ansprüchen	12/360
Übergangsgeld	3/103, 3/197, 6/93, 6/706, 7/63
Übersiedler (aus der ehemaligen DDR)	6/812, 22/8
Überweisungsscheine	5/303
Übungsleiter	4/78
Übungsleiterpauschale	14/13
Umgangsrecht	8/31
Umlage	3/233
Umlageverfahren	5/284, 6/10
Umschulung	4/39, 9/85
Umzug	3/174
Unabweisbare Bedarfe	2/60
Unentgeltliche Beförderung schwerbehinderter Menschen im öffentlichen Personenverkehr	9/126
Unfallfürsorge	15/20
Unfallrente	7/68
DDR	7/3
Unfallverhütung	7/5, 7/9
Unfallverhütungsbericht	7/3
Unfallversicherung	4/6, 4/106, 6/484, 6/888, 9/95, 25/45
Unfallversicherungseinordnungsgesetz	7/3
Unfallversicherungsmodernisierungsgesetz	7/3, 7/8, 7/99
Unfallversicherungsträger der Öffentlichen Hand	7/99
Unisex-Tarife	6/459
UNO-Blauhelmeinsatz	24/37
Unständige Beschäftigungen	3/7, 4/69
Unterhaltsansprüche	2/91
Unterhaltsbeitrag	15/18
Unterhaltsersatz	6/225
Unterhaltsgeld	6/706
Unterhaltshilfe	22/16, 22/31
Unterhaltsrückgriff	12/364
Unterhaltsvermutung	12/230
Unterhaltsvorschuss	18/41, 18/67
Unterkunft	12/213
Unterkunft und Heizung	12/215
Unterkunft und Verpflegung	11/197
Unternehmer (Sozialversicherungspflicht)	4/85
Unternehmerrisiko	4/35
Unterstützte Beschäftigung	9/80, 9/91
Unterstützung und Förderung der Berufsausbildung	3/49
Untersuchungsgrundsatz	1/44, 10/6, 26/20
Untervollschichtig arbeitsfähig	6/184
UN-Übereinkommen über die Rechte von Menschen mit Behinderungen	9/6, 9/57
Urlaub für Arbeitsuchende	2/30
Urlaubsgeld	4/54, 4/92
Urteil	26/24

V

Verband der Ersatzkassen	5/764
Verband Deutscher Rentenversicherungsträger	6/572

Stichwortverzeichnis

Verbindungsstellen	25/60
Verein Verkehrsopferhilfe e.V.	24/49
Vereinte Nationen (VN)	25/23
Verfolgte des DDR-Regimes	6/740, 6/914
Verfolgte des Nationalsozialismus	6/736
Verfügbarkeit	3/172
Vergleich	26/22
Vergleichsrente	6/851
Vergütungsempfehlung	11/205
Verhinderungspflege	11/53
Verjährung	1/34
Verletztengeld	3/197, 6/706, 7/57
Vermittlung	3/20
Vermittlungsbudget	3/75
Vermittlungsgutschein	2/31, 3/23
Vermögen	2/73, 2/83, 12/344, 21/47
Vermögenseinsatz	8/50, 12/342
Vermögensschutz-Verordnung	12/348
Vermutungsregelung über das Vorliegen eines Beschäftigungsverhältnisses	4/67
Verrechnung	1/42
Verrentungssatz	16/171
Versicherte Personen	6/33, 6/752
Versichertenältester	6/748, 13/39
Versicherung kraft Gesetzes	7/23
Versicherungsbefreiung	7/32
Versicherungsfreiheit	3/7, 5/181, 6/49, 6/57, 7/32, 11/105
Verzicht auf Versicherungsfreiheit	6/54
Versicherungspflicht	3/4, 4/7, 4/68, 5/173, 6/33, 6/35, 6/39, 7/20, 11/30, 11/103, 25/33
auf Antrag	4/7, 6/44, 6/710
der Künstler und Publizisten	14/5
in der Alterssicherung der Landwirte	17/11
Rentenversicherung	6/706
Versicherungspflichtgrenze	5/207
Versicherungträger	13/8
Versicherungszweige (der Sozialversicherung)	4/6
Versorgungsamt	9/99, 24/195
Versorgungsänderungsgesetz	15/15, 15/39
Versorgungsanstalt der deutscher Bühnen des Bundes und der Länder (VBL)	16/157, 16/4
Versorgungsausgleich	6/529, 6/904, 15/37, 16/44
Versorgungsbericht der Bundesregierung	15/2, 15/39
Versorgungsehe	6/238, 6/251, 15/19
Versorgungsfonds	15/3, 15/48
Versorgungskrankengeld	3/197, 6/706, 24/86
Versorgungsmedizin-Verordnung	24/18, 24/91
Versorgungspunkte	16/21, 16/28
Versorgungsreformgesetz	15/30, 15/48
Versorgungsrücklage	15/3, 15/30, 15/48
Versorgungsvertrag	11/132
Verspätungszuschlag	5/258
Vertrag über die Europäische Union	25/6
über eine Verfassung für Europa	25/6
von Amsterdam	25/11
von Lissabon	25/6
von Maastricht	25/9
von Nizza	25/6
Vertragsarzt	5/98
Vertragsarztrecht	5/493
Vertragswettbewerb bei Hilfsmitteln	5/690
Vertrauensmänner der Selbständigen ohne fremde Arbeitskräfte	13/39
Vertrauenspersonen der Arbeitgeber	13/39
Vertreibungsschaden	22/1, 22/18
Vertreterversammlung	13/24
Vertretungsvermutung	2/71
Vertriebene	22/5, 22/76, 23/3, 23/5
Vertriebenenzuwendungsgesetz	22/76
Verwahrkonten	11/239
Verwaltungsakt	10/11
Verwaltungsgericht	8/62
Verwaltungsgerichtsordnung	8/62
Verwaltungsvermögen (Sozialversicherungsträger)	4/144
Verzahnte Ausbildung	9/89
Verzinsung	1/33
Viertes Gesetz für moderne Dienstleistungen am Arbeitsmarkt	2/94, 4/31
Volkszählungsurteil	10/55
Vollzeitpflege	8/41, 8/57
Vorläufige Leistung	1/32
Vorschuss	1/31
Vorsorgeuntersuchung	9/36
für Kinder	9/33
Vorstand	13/33, 13/42
Vorversicherungszeit	11/66

W

Wachstums- und Beschäftigungsförderungsgesetz	6/55, 6/138, 6/504
Wachstumsbeschleunigungsgesetz	18/6, 18/34
Wahltarife	5/414
Währungsausgleichsgesetz	22/4, 22/72, 22/75
Waisenrente	6/395, 6/787, 7/93
Waisenversorgung (Bundesversorgungsgesetz)	24/156
Wandergesellen	5/230
Wanderversicherungsausgleich	6/690
Wartezeit	6/253, 17/45, 17/100
Wegeunfall	7/37
Wehrdienst	18/30
Wehrdienstbeschädigung	24/35
Wehrdienstleistende	3/5, 6/623, 6/730, 6/731

Stichwortverzeichnis

Wehrpflicht	6/732
Weibernetz	9/54
Weihnachtsgeld	4/54, 4/92
Weiterbildung	3/69, 3/158
Weiterbildungsmaßnahmen	2/3
Weltgesundheitsorganisation	9/15
Weltkommission zur Sozialen Dimension der Globalisierung	25/20
Weltsozialgipfel	25/23
Werkstatt für behinderte Menschen	6/718, 6/816, 9/114, 9/117, 11/64, 12/273, 12/332, 12/340
Werkstufe	9/64
Widerspruchsverfahren	26/14
Wie-Beschäftigung	7/28
Winterausfallgeld	3/142
Wintergeld	3/142, 3/233
Wirtschaftlichkeitsgebot	5/295, 5/642, 11/71
Wirtschaftlichkeitsprüfung	4/126, 5/652, 11/161
Witwen- und Witwerrente	6/226, 6/376, 7/89
Witwen-/Witwerversorgung	24/134
Witwenausgleichsrente	24/139
Wohn- und Betreuungsvertragsgesetz	11/221
Wohngeld	
Ausschluss	20/20
Berechnung	20/18
Personenkreis	20/12
Wohngeldgesetz (WoGG)	20/4
Wohnkostenzuschuss	2/65
Wohnsitzgrundsatz	1/23
Wohnsitzprinzip	4/9
Wohnung	2/52, 2/62
Wohnungshilfe	7/55
Wohnungslose	5/337
Wohnungslosigkeit	12/297
Wunsch- und Wahlrecht	8/24, 9/20, 9/30

Z

Zählkinder (Kindergeld)	18/35
Zahnärztliche Vorsorgeuntersuchung	5/557
Zahnersatz	5/126, 5/591
Bonusregelungen	5/578
Härtefallregelungen	5/579
Mehrkostenregelungen	5/581
Metallkosten	5/576
Preisvergleichsportale	5/600
Zahnfüllungen	5/572
Mehrkostenregelung	5/573
Zahnmedizinische Gruppenprophylaxe	5/558
Zahnmedizinische Prophylaxe	5/555
Zahnmedizinische Versorgung	5/553
Zeitaufwand für die Pflege	11/84
Zeitwertkonten	4/63
Zentrale Zulagenstelle für Altersvermögen	6/468
Zertifizierung	9/45
Zielvereinbarung	9/23
Zirkelschlussproblematik	12/103
Zivildienst	18/30
Zivildienstgesetz	24/11, 24/39
Zivildienstleistende	3/5, 6/623, 6/730
Zivilprozessordnung	1/39
Zugangsfaktor	6/133, 6/294, 6/351
Zumutbarkeit	2/16, 2/24, 3/174
Zurechnungszeit	6/281, 17/54
Zurechnungszeiten	16/27
Zusammenrechnung der Versicherungszeiten	25/37
Zusatzbarbetrag	12/97
Zusatzbeitrag	5/251, 5/254
Zusatzbeitrag (Krankenkasse)	2/86
Zusatzjobs	2/36, 6/440
siehe Arbeitsgelegenheiten mit Mehraufwandsentschädigung	
Zusatzleistungen	11/200
Zusätzlicher Bundeszuschuss	6/655
Zusatzrente für Bezirksschornsteinfegermeister	14/41
Zusatzurlaub für schwerbehinderte Menschen	9/113
Zusatzversorgung für Bezirksschornsteinfegermeister	16/114
für Bühnenkünstler	16/157
im öffentlichen Dienst	16/1
Beratung	16/58
Finanzierung	16/49
Leistungen	16/17
Organisation	16/57
im Tarifgebiet Ost	16/53
in der Land- und Forstwirtschaft	16/139
Zusatzversorgungskasse für Arbeitnehmer in der Land- und Forstwirtschaft	16/139, 16/154
Zusatzversorgungssystem der ehemaligen DDR	6/818, 6/827, 6/843, 6/856, 6/918
Zusatzversorgungswerk für Arbeitnehmer in der Land- und Forstwirtschaft	16/139, 16/154
Zuschuss-Wintergeld	3/149
Zuständigkeit des Versicherungsträgers	6/38, 6/570, 6/580
Zuständigkeit, örtliche	8/55
Zuwanderungsgesetz	2/15, 21/14
Zuwendungen	8/56
Zuzahlung	5/330, 5/389, 5/605, 5/681, 5/704, 5/722, 6/97
Zweitantrag	21/28
Zweites Gesetz für moderne Dienstleistungen am Arbeitsmarkt	2/7, 4/46, 17/18

Das Bundesministerium für Arbeit und Soziales als Arbeitgeber

Das BMAS bietet Hochschulabsolventinnen und -absolventen vielfältige interessante und spannende Tätigkeitsfelder und gute persönliche Entwicklungs- und Karrierechancen an den Dienstorten Bonn und Berlin. In einem gutem Arbeitsklima und teamorientierten Arbeitsabläufen können Sie an politischen und verwaltungsrechtlichen Themen mitarbeiten, z. B. in den Bereichen Arbeitsmarktpolitik, Arbeitsförderung, Arbeitsrecht, Arbeitsschutz, Kündigungsschutz, Renten- und Unfallversicherung, Sozialgesetzbuch, Soziales Entschädigungsrecht, Rehabilitation, Behindertenpolitik, Arbeits- und Sozialgerichtsbarkeit, europäische und internationale Beschäftigungs- und Sozialpolitik oder auf den Gebieten Personal, Haushalt und Organisation.

Das BMAS nimmt seine Verantwortung für „Gute Arbeit" nicht nur politisch wahr, sondern auch für seine Beschäftigten. Dazu gehören:

– Einkommens- und Beschäftigungssicherheit,

– leistungsgerechte und faire Bezahlung,

– hausinterne Einführungsveranstaltungen, Nachwuchskräftenetzwerk und Mentorensystem zur schnellen Integration und Vernetzung neuer Mitarbeiter/innen,

– Einflussmöglichkeiten bei der Aufgabengestaltung und der persönlichen Weiterentwicklung (regelmäßiger Dialog mit Führungskräften, Feedback und Zielvereinbarungen),

– ein hohes Niveau von Entwicklungsmöglichkeiten (vielfältige Fortbildungsangebote sowie hausinterne, nationale und internationale Einsatzmöglichkeiten),

– eine moderne Personalentwicklung, die Motivation und Arbeitszufriedenheit, Gleichstellung, die Vereinbarkeit von Beruf und Familie sowie die Beschäftigungsfähigkeit älterer Beschäftigter fördert und unterstützt,

– Unterstützungsmöglichkeiten für eine kollegiale Zusammenarbeit (Teamentwicklungsprozesse, regelmäßig stattfindende Diskussionsabende zu Förderung des fachlichen Austausches),

– betriebliche Gesundheitsförderung und Prävention.

Darüber hinaus können Sie gerne bereits als Rechtsreferendarin und Rechtsreferendar eine Stage Ihres juristischen Vorbereitungsdienstes bei uns ableisten. Mit dem Referendariat erhalten Sie einen guten Einblick in die Arbeitswelt einer obersten Bundesbehörde. Sie können Ihre beruflichen Kenntnisse erweitern und haben die Möglichkeit, Ihre Kompetenzen unter Beweis zu stellen, u. a. wenn Sie über einen späteren festen Einstieg in unser Haus nachdenken. Bei Interesse finden Sie hierzu weitere Informationen sowie Hinweise zum Bewerbungsverfahren auf unserer Homepage www.bmas.de unter dem Link „Das Ministerium".

Wir freuen uns über Ihr Interesse!

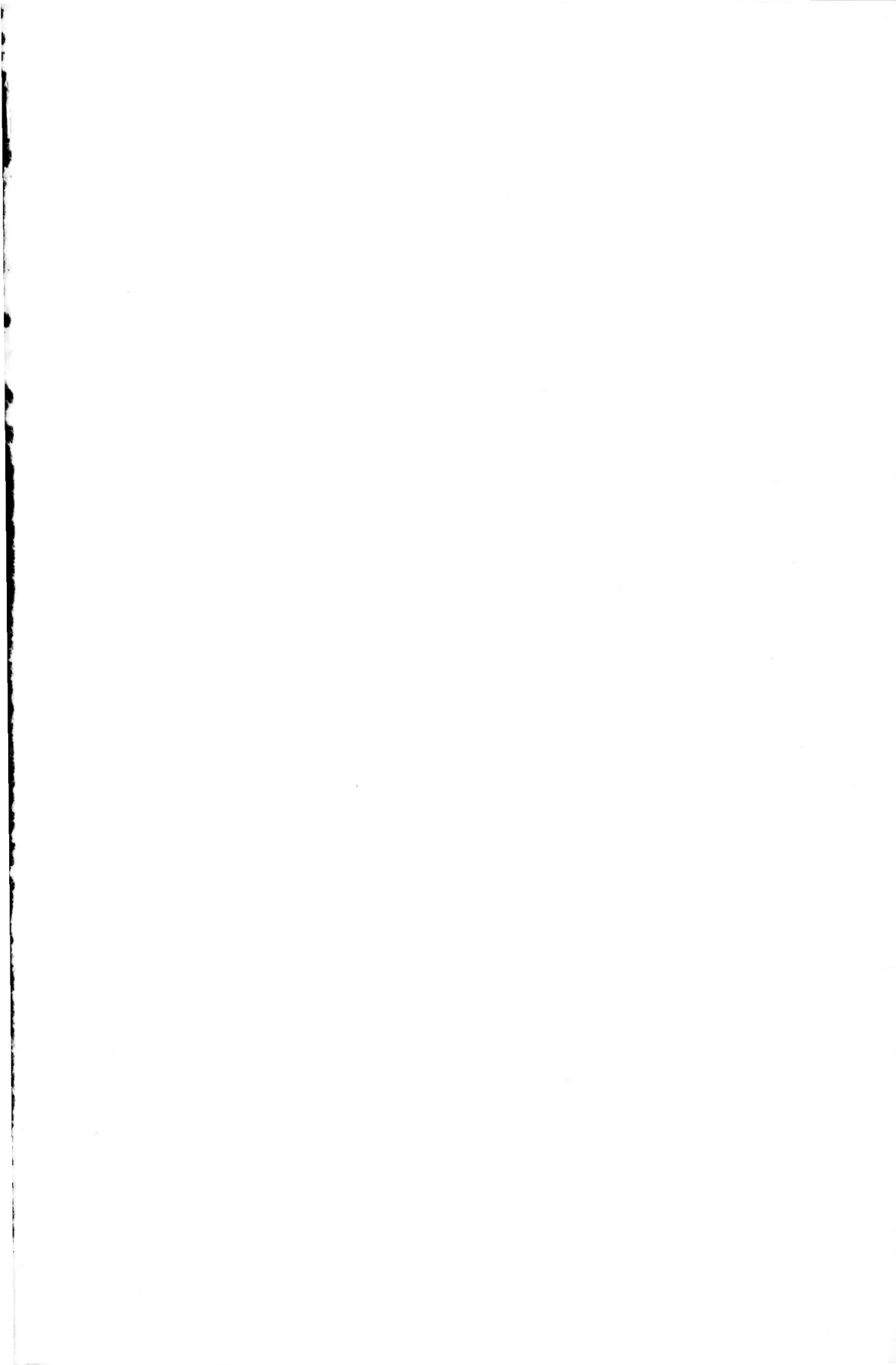